MICHEL®

Seit über 100 Jahren

# MICHEL®

## Europa 2025/2026

### Band 12: Benelux

SCHWANEBERGER VERLAG GMBH

## Bewertungshinweise

Für ungebrauchte Marken bis zum Ausgabejahr 1919 gelten die Bewertungen, sofern nichts anderes vermerkt, für Marken mit Falz ✶. Postfrische Qualität ✶✶ rechtfertigt zum Teil erhebliche Preisaufschläge. Vorsicht vor nachgummierten oder entfalzten Marken. Auch auf Reparaturen achten.

Ab dem Ausgabejahr 1920 gelten für ungebrauchte Marken Postfrisch-Notierungen ✶✶, Marken mit Falz ✶ bedingen Preisermäßigungen.

Alle Preisnotierungen sind Richtwerte auf Euro-Basis (€) und beinhalten die deutschen Steuern und Abgaben. Sie gelten, sofern bei einzelnen Sammelgebieten oder Ausgaben nicht ausdrücklich anders angegeben, für Marken in einwandfreier Qualität. Sie geben auch das ungefähre Wertverhältnis der Briefmarken untereinander wieder. Einzelheiten und Ausnahmen sind am Beginn der jeweiligen Kapitel bzw. bei einzelnen Ausgaben dargestellt. Einzelne Marken aus Sätzen können teurer sein als ihre Notierung. Gravierende Preisänderungen nach Redaktionsschluss werden in der MICHEL®-Rundschau angezeigt.

Als Grundlage für die Ermittlung der Preisnotierungen dienten Verkaufspreislisten des Briefmarkenhandels und Arbeitsvorlagen von Sammlern sowie (Bundes-)Arbeitsgemeinschaften im In- und Ausland.

BPP MICHEL – vom Bund Philatelistischer Prüfer e.V. empfohlen

ISBN 978-3-95402-512-1


E-Mail: europa@michel.de
Internet: https://www.michel.de oder
https://www.briefmarken.de

Automatischer Satz durch metiTEC-Software · DocAlign GmbH, Lindenthaler Allee 6, 14163 Berlin

Druck: Druckerei C.H.Beck, Bergerstr. 3, 86720 Nördlingen

# Vorwort

Der MICHEL Benelux 2025/2026 ist der zwölfte unserer sechzehnbändigen Europa-Reihe. Er umfasst die beliebten Länder Belgien, Niederlande und Luxemburg.

Informations- sowie Markenbeschaffung erweisen sich, trotz Internet, als zunehmend schwierig. So kommen immer wieder neue Fragen auf, die einer langen und intensiven Recherche bedürfen. Wir in der MICHEL-Redaktion haben uns über viele Jahrzehnte ein großes Netzwerk an Korrespondenten und Postverwaltungen aufgebaut, die uns in diesen Belangen unterstützen. Philatelisten können sich daher darauf verlassen, in unseren Katalogen die aktuellsten und zuverlässigsten Informationen zu finden.

Die redaktionellen Verbesserungen verteilen sich über das gesamte Werk. Interessante Entdeckungen konnten wir bei der belgischen Militärpost im Rheinland sowie den Ausgaben für Eupen und Malmédy machen. Die Zähnungsvarianten der Urmarken wurden nun auch bei den Aufdruckmarken nachgewiesen. Außerdem ergänzten wir etliche Auflagenzahlen oder schlüsselten diese basierend auf den Satzauflagen genauer auf. In Luxemburg konnten wir eine Reihe von Bogenformaten bestimmen. Zudem fügten wir Portoinformationen für die tarifkodierten Marken hinzu.

Ein weiterer Schwerpunkt lag in der Überprüfung und Aktualisierung der Preisnotierungen. Über alle drei Länder hinweg gibt es inflationsbedingte Anhebungen bei den tarifkodierten Marken. In den Niederlanden sind fast alle Marken der 2010er Jahre betroffen. Hier ergeben sich teils sogar Verdopplungen der Notierungen.

Im vorliegenden Band sind alle bis einschließlich Heft 8/2025 der MICHEL-Rundschau erfassten Neuheiten enthalten. Um keine der nachfolgenden Ausgaben zu verpassen und aktuell zu bleiben, empfehlen wir ein Abonnement ab Heft 9/2025 oder den MICHEL-Online.

Der Redaktion standen zahlreiche Helfer aus Sammlerschaft, Prüferbund und Handel zur Seite, denen wir für ihre wertvolle Mitarbeit danken.

Wir wünschen unseren Lesern viel Freude bei der Beschäftigung mit der Philatelie und dem neuen MICHEL Benelux 2025/2026.

Schwaneberger Verlag
Redaktion

## Hinweise für den Sammler

**Prüfungen und Begutachtungen** von Briefmarken oder Feststellungen, ob es sich eventuell um Abarten handelt, sowie Recherche von MICHEL-Nummern auf Sammlerwunsch etc. sind der Redaktion aus Zuständigkeits- bzw. Zeitgründen nicht möglich.

Zur **Bestimmung von unbekannten Briefmarken** können Sie als Hilfestellung über unsere Homepage www.michel.de oder telefonisch (+49 89 32393 02) die **MICHEL-Recherchebroschüre** anfordern. Diese wurde eigens für Sie entwickelt und gibt Ihnen wertvolle Tipps zur philatelistischen Recherche. Dort finden Sie auch wichtige Hinweise zur Aufnahme von Abarten, Plattenfehlern usw. im MICHEL. Aufwändige Recherchen im Kundenauftrag können nur gegen Entgelt durchgeführt werden.

Alle Zuschriften im Zusammenhang mit der MICHEL-Recherchebroschüre werden aufmerksam gelesen, aber nicht immer beantwortet. Nur Anfragen, die mittels **ausgefüllter** MICHEL-Recherchebroschüre im Verlag eingehen, werden bearbeitet. Denken Sie bitte in Ihrem eigenen Interesse daran, in der MICHEL-Recherchebroschüre deutlich Ihren Namen und Ihre genaue Anschrift, nach Möglichkeit auch Ihre telefonische Erreichbarkeit anzugeben.

Vor Einsendung von (geprüften) Markenvorlagen oder Belegen nehmen Sie bitte postalisch oder per E-Mail unter recherche@michel.de Kontakt mit der Redaktion auf. Telefonische Auskünfte dazu sind leider nicht möglich. Für **unverlangt eingesandte Briefsendungen und Markenvorlagen** wird keinerlei Haftung übernommen.

Sollten Sie **Irrtümer, Satz- oder Druckfehler** entdecken, bitten wir Sie, uns diese unter Verwendung des MICHEL-Korrekturvorschlags entweder auf dem Postweg an die Verlagsadresse oder per E-Mail an recherche@michel.de mitzuteilen. Der Vordruck MICHEL-Korrekturvorschlag findet sich im Anhang, in der MICHEL-Recherchebroschüre und kann auch telefonisch (+49 89 32393 02) angefordert werden.

Sie tragen so dazu bei, dass wir diese Fehler für die nächste Auflage korrigieren können. Für Ihre Mithilfe bedanken wir uns bereits an dieser Stelle.

# Einführung in den MICHEL-Europa

## Allgemeine Hinweise zur Benutzung

### Aufbau und Inhalt

Die europäischen Länder (ohne Deutschland) sind nach geographischen und historischen Gesichtspunkten in den Europa-Bänden 1 bis 16 aufgeführt.

Erfasst werden auch die nur zum Teil in Europa liegenden Staaten Russland, Türkei und die im Ostteil des Ägäischen Meeres gelegenen, geographisch zu Asien, staatlich jedoch zu Griechenland oder zeitweise zu Italien gehörenden Inseln, dazu Zypern, ebenso die Kanarischen Inseln, welche zeitweise vom Mutterland unabhängig eigene Flugpostmarken verausgabten, sonst aber die allgemeinen spanischen Marken benützen.

Die Marken der von einem Staat im Gebiet eines andern errichteten Auslands- und Militär-(Feld-)Postämter sind hinter den Marken des ausgebenden Staates aufgeführt.

Begrifflich zusammenhängende Postgebiete sind in Gruppen zusammengefasst. Marken, die nur für einzelne Landesteile oder Orte eines Postgebietes ausgegeben worden sind, stehen bei größerer Zahl, welche die Übersichtlichkeit stören würde, zusammengefasst am Schluss aller Marken dieses Postgebietes als „Bezirks- und Lokalausgaben".

Am Anfang der einzelnen Sammelgebiete stehen allgemeingültige Bemerkungen zu nachfolgenden Katalogisierungen. Auch die Wasserzeichenaufstellungen sind dort zu finden. Es empfiehlt sich daher grundsätzlich, auch den Einleitungstexten Aufmerksamkeit zu schenken.

Block- und Markenheftchenaufstellung sind meistens im direkten Anschluss an die Hauptkatalogisierung und vor den Katalogisierungen von Dienstmarken usw. eingefügt.

Das am Schluss des Kataloges befindliche Stichwortverzeichnis bietet eine große Hilfe bei der Auffindung von einzelnen Gebieten oder Marken.

### Gliederung der Markengattungen

Innerhalb eines Landes sind ohne besondere Überschriften die Marken in chronologischer Reihenfolge numeriert, die der Vorauszahlung der Postgebühren durch den Absender dienen; dazu gehören auch Eilmarken, Flugpostmarken (gekennzeichnet durch ✈), Einschreibmarken, Zeitungsmarken usw.

Anschließend folgen jeweils mit eigener Überschrift und Numerierung die Gattungen besonderer Postwertzeichen, z.B. Automatenmarken, Dienstmarken, Paketmarken, Portomarken, Zwangszuschlagsmarken usw.

### MICHEL-Numerierung

Die Marken sind innerhalb ihrer Gattungen chronologisch numeriert, einzelne Nachzügler mit Angabe ihres Ausgabejahres eingefügt. Wo nötig, sind Übersichtstabellen oder Hinweise in kursiv eingefügt. Nachträglich eingefügte Hauptarten erhalten in Ausnahmefällen die Nummern der vorangegangenen Marken mit den Buchstaben A, B, C usw. vor der Nummer.

Innerhalb eines Sammelgebietes erhalten bestimmte Markengattungen zur Unterscheidung zu den Normalausgaben eigene chronologische Numerierungen mit vorangestellten Buchstaben(-kombinationen).

Die wichtigsten sind:

H-Bl. = Markenheftchenblatt
Hz = Herzstück
K = Kehrdruck (aus Markenheftchen[-bogen])
KZ = Kehrdruck mit Zwischensteg (aus Markenheftchen[-bogen])
MH = Markenheftchen
MHB = Markenheftchenbogen
S = senkrechter Zusammendruck (aus Markenheftchen[-bogen])
SZ = senkrechter Zusammendruck mit Zwischensteg (aus Markenheftchen[-bogen])
SZd = senkrechter Zusammendruck (aus Schalterbogen)
W = waagerechter Zusammendruck (aus Markenheftchen[-bogen])
WZ = waagerechter Zusammendruck mit Zwischensteg (aus Markenheftchen[-bogen])
WZd = waagerechter Zusammendruck (aus Schalterbogen)

### Nachgestellte Buchstaben(-kombinationen) bei Unterarten

A, B, C, D, E ... (die ersten Großbuchstaben des Alphabetes) hinter der Nummer bezeichnen Trennungsarten der Marken.

In neuerer Zeit stehen dabei die Buchstaben B stets für ungezähnt, D für dreiseitig, E für zweiseitig gezähnt. Dl steht für links ungezähnt, Eru für rechts unten ungezähnt usw.

a, b, c, d, e ... (die ersten Kleinbuchstaben des Alphabetes) hinter der Nummer bezeichnen wichtige Farbtönungsunterschiede.

... V, W, X, Y, Z (die letzten Großbuchstaben des Alphabetes) hinter der Nummer bezeichnen Wasserzeichenarten.

... v, w, x, y, z (die letzten Kleinbuchstaben des Alphabetes) hinter der Nummer bezeichnen Papier- und Gummierungsunterschiede.

I, II, III, IV, V ... (römische hinter arabischen Ziffern) bezeichnen Druckarten und Typenunterschiede.

L = Leerfeld in Markengröße
R = Rollenmarke
Zf = Zierfeld in Markengröße
ZS = senkrechtes Zwischenstegpaar
ZW = waagrechtes Zwischenstegpaar

### Nachgestellte Buchstaben(-kombinationen) bei Abarten

DD = Doppel(-bild)-druck oder doppelter Aufdruck
DK = doppelter Aufdruck, einer kopfstehend
F = Fehldruck oder Fehlfarbe
G = Druck auf der Gummiseite
K = Kehrdruckpaar oder kopfstehender Aufdruck
Pa = auf geklebter Papierbahn
U = ungezähnt (Uo usw. siehe Abkürzungsverzeichnis)

I, II, III, IV, V ... (römische Ziffern am Ende der MICHEL-Nr.) numerieren die Plattenfehler.

Aus irgendwelchen Gründen nicht zur Ausgabe gelangte Marken erhalten römische Ziffern ohne weitere Zusätze.

#### Reihenfolge der Unternummern

Die Reihenfolge der Unternummern kann von Ausgabe zu Ausgabe verschieden sein, da die Aufteilungen bei den Katalogisierungen so gewählt werden, wie sie sich am übersichtlichsten darstellen lassen. Abartenbezeichnungen werden grundsätzlich zuletzt genannt.

## Wertangaben

Die Wertbezeichnungen (Nominalen) der Marken werden in der Regel in Ziffern angegeben. Währungsbezeichnungen sind innerhalb der Sammelgebiete einheitlich abgekürzt, ohne Berücksichtigung der Schreibweise auf den betreffenden Postwertzeichen. Stehen Währungsbezeichnungen in Klammern, ist auf der Marke selbst keine Bezeichnung angegeben. Wertaufdrucke sind durch fette Schrift gekennzeichnet.

## Abbildungen

Briefmarken sind, soweit nichts anderes vermerkt, in ½ Größe wiedergegeben, Blocks in unterschiedlichen Verkleinerungen abgebildet. Die Größenangaben der Blocks sind Durchschnittsmaße, da die Größen der Blocks nicht einheitlich sind. Die Maßangaben erfolgen immer in Breite × Höhe. Bei Abarten und Besonderheiten ist der Vergrößerungsmaßstab so gewählt, dass eine möglichst große Aussagekraft erreicht werden kann.

Die Abbildungen entstehen in einem aufwendigen und vielstufigen Prozess, in dem die Marken und Blocks gescannt und für die verschiedenen Verwendungsarten aufbereitet werden. Das sind unter anderem Analyse des Farbspektrums, Farbabgleich, Wahl des Bildausschnittes sowie Speicherung und Archivierung in unterschiedlichen Ausgabeformaten.

Die Abbildungen können nicht als Vergleichsmaterial zu Prüfungen herangezogen werden.

## Klischeezeichen

Fortlaufende Buchstabenangaben (= Klischeezeichen) vor den Bildlegenden sowie vor den Preisspalten in den Katalogisierungszeilen ermöglichen eine problemlose Zuordnung der Markenabbildungen zu den MICHEL-Nummern.

## Bildbeschreibungen

Die Bildbeschreibungen sind so informativ wie möglich gehalten, können und wollen jedoch kein Lexikon ersetzen.

In der Philatelie bezieht sich die Bildbeschreibung „rechts" oder „links" immer auf die Vorderseite der vor dem Betrachter liegenden Marke. Dies geschieht auch, wenn es dem eigentlichen Sachverhalt widerspricht; so ist z.B. das auf einer Marke abgebildete linke Auge eines Menschen körperlich dessen rechtes Auge.

## Preisspalten

Die Notierungen gelten in den linken Spalten für ungebrauchte (✶, (✶), ✶✶), in den rechten für gebrauchte (⊙, ⁓, ✉) Stücke. Bei Marken mit Vorausentwertung gilt die rechte Spalte für ungestempelte oder mit „Zurück"-Stempel entwertete Marken ohne Gummi.

In besonderen Fällen sind noch weitere Preisspalten, z. B. für Einheiten eingefügt. Sie sind durch die im Abkürzungsverzeichnis näher erläuterten Zeichen gekennzeichnet. Im übrigen sind im Vortext jedes Landes die Bewertungsgrundlagen für ungebrauchte Marken angegeben.

## Preisnotierungen

Alle Preisnotierungen sind Richtwerte auf Euro-Basis (€) und beinhalten die deutschen Steuern und Abgaben. Sie gelten für Marken in einwandfreier Qualität. Mängel bewirken in der Regel Abschläge. Einzelheiten und Ausnahmen sind am Beginn der jeweiligen Kapitel bzw. bei einzelnen Ausgaben dargestellt. Satzpreise sind, wenn nicht anders angegeben, nach den niedrigsten Preisen der Einzelmarken errechnet. Einzelne Marken aus Sätzen können teurer sein als ihre Notierung. Satzpreise können niedriger sein als die Summe der Einzelpreise. Preisbewegungen nach oben und unten sind auf Grund von Angebot und Nachfrage die Regel. Da immer nur die Marktlage zum Zeitpunkt der Bearbeitung berücksichtigt werden kann, werden gravierende Preisänderungen nach Redaktionsschluss in der monatlich erscheinenden MICHEL-Rundschau angezeigt.

Eine Notierung in Schrägschrift bedeutet, dass die Bewertungsunterlagen für eine eindeutige Preisfestsetzung nicht ausreichen.

Die Bezeichnung „—,—" innerhalb der Preisspalten besagt: Diese Marke gibt es, eine Notierung ist jedoch nicht möglich, weil Bewertungsunterlagen fehlen. Dies muss nicht zwangsläufig bedeuten, dass die Marke sehr teuer ist.

Ist weder „—,—" noch ein Preis eingesetzt, gibt es diese Marke nicht bzw. wurde sie noch nicht vorgelegt.

Grundlage für die Ermittlung der Preisnotierungen sind Unterlagen des Briefmarken-Groß- und Einzelhandels, Arbeitsvorlagen von Sammlern sowie Arbeitsgemeinschaften im In- und Ausland.

### FDCs

Die FDC-Bewertungen gelten für Belege mit Abstempelung vom 1. Gültigkeitstag, ohne Rücksicht auf die Portogerechtheit der Frankatur.

Portogerechte, echt gelaufene Belege vom 1. Gültigkeitstag verdienen oft zum Teil erhebliche Aufschläge.

## Erhaltung der Marken

Bei der Beurteilung der Qualität wird der einsichtsvolle Philatelist immer von dem Zustand der Marke bei der Ausgabe ausgehen und die Eigenarten ihrer Grundstoffe (Papier, Farben, Gummi), der Herstellung, ihre Widerstandsmöglichkeiten gegen äußere Einflüsse und die übliche Behandlung im Postverkehr (Zähnung, Abstempelung usw.) berücksichtigen; der Qualitätsanspruch ist diesen Voraussetzungen unterzuordnen. Man kann z. B. von geschnittenen Marken, die nahezu ohne Ränder oder mit sehr kleinen Zwischenräumen hergestellt wurden, keine vollrandigen Stücke, bei reißschlechten Papiersorten keine vollständigen Durchstiche oder Zähnungen verlangen.

Wenn bei einzelnen Ausgaben nicht anders vermerkt, muss bei gezähnten Marken die Zähnung allseits vollständig sein, bei geschnittenen Marken darf der Schnitt das Markenbild nicht berühren, postfrische Qualität setzt vollkommen unberührte Gummierung voraus, Marken mit Falz dürfen nur einen sauberen Erstfalz haben und gestempelte Marken sollten eine saubere und möglichst lesbare Abstempelung aufweisen; allerdings ist zu berücksichtigen, dass es zeit- und ortsbedingt Qualitätsunterschiede der Stempel sowie der Stempelfarbe gibt. So sind zu bestimmten Zeiten und/oder in einigen Gebieten verschwommene, leicht verschmierte Abstempelungen durchaus als vollwertig zu betrachten. Alle Marken, denen vorgenannte Qualitätsmerkmale fehlen, erfordern je nach Erhaltungsgrad mehr oder weniger Preisabschläge. Überdurchschnittliche, selten anzutreffende Erhaltung bedingt höhere Preise.

**Ausbesserungen (Reparaturen)** haben den Zweck, den weiteren Verfall einer beschädigten, noch sammelwürdigen Marke aufzuhalten. Reparierte Marken sind darum den philatelistischen Begriffsbestimmungen entsprechend eine bestimmte, durchaus sammelwürdige Art der Erhaltung, wenn der Zweck der Reparatur nicht eine betrügerische Veränderung der Katalognummer ist (z. B. falsch eingesetzte Mittelstücke). Da die Werteinbuße nach dem Grad der Verschönerung bzw. Ausbesserung schwankt, sollten in Zweifelsfällen anerkannte Prüfer zu Rate gezogen werden.

# Markentechnische und wichtige philatelistische Begriffe von A bis Z

## Abarten

Abweichungen vom gewollten Erscheinungsbild der Marken in Form von Druckfehlern, Fehldrucken, Plattenfehlern, Zähnungsausfällen usw. treten zuweilen auf. Sie werden als Abarten bezeichnet. Genaue Beschreibungen und Abbildungen siehe MICHEL-Abartenführer.

### Aufdruckfehler

Gerade bei Aufdrucken kann es herstellungsbedingt eine Unzahl von Abarten geben: Aufdruck auf einem anderen als dem bestimmten Wert oder in falscher Farbe. Ausgefallene Aufdrucke (Paar mit und ohne Aufdruck). Setz- oder Plattenfehler in Aufdrucken. Kopfstehende und seitliche, mehrfache und rückseitige Aufdrucke und vieles mehr.

### Ausgefallener Druckgang

Marken, bei deren Fertigung ein Druckgang ausgefallen ist, zeigen eine Farbe zu wenig, es fehlt also ein Teil der Zeichnung. Dies kann auch bei einfarbigen Marken auftreten, wenn sie in mindestens zwei Druckgängen gedruckt wurden.

### Doppeldrucke

Doppeldrucke entstehen, wenn ein Druckbogen zweimal die Druckmaschine durchläuft. Das Markenbild oder ein Aufdruck ist dadurch doppelt zu sehen, da es unmöglich ist, die Bogen genau deckungsgleich einzulegen.

### Farbfehldruck

Wird eine Marke oder Teile davon in der falschen Farbe oder auf falschfarbigem Papier gedruckt, spricht man von Farbfehldruck.

### Geklebte Papierbahn

Diese Abart entsteht durch das Zusammenkleben des Endes einer Papierbahn mit dem Beginn der nächsten oder durch das Kleben einer gerissenen Papierbahn während des Druckvorganges.

### Kopfstehende Bildteile

Dieser Fehler entsteht, wenn ein Markenbild aus mehreren Klischees zusammengesetzt ist und eines davon kopfstehend einmontiert wurde.

### Druck auf der Gummiseite

Er entsteht, wenn der schon gummierte Bogen oder die Papierbahn falsch in die Druckmaschine eingelegt wird.

### Plattenfehler

Dies sind Schäden, die entweder schon bei der Vervielfältigung des Urklischees oder durch Abnutzung während des Drucks in der Druckform auftreten. Sie ziehen sich über ganze Auflagen oder größere Teilauflagen unverändert hin. Katalogisiert werden Plattenfehler nur, wenn eine amtliche Bestätigung vorliegt, dass es sich wirklich um einen Plattenfehler und nicht nur um einen Druckzufall handelt. Außerdem muss die Abweichung für einen normalsichtigen Menschen ohne Lupe oder sonstige Hilfsmittel gut erkennbar sein.

### Wasserzeichenabart

Wenn der Druck einer Marke auf einem Wasserzeichenpapier erfolgte, das für diese Marke nicht vorgesehen war, so handelt es sich um eine Wasserzeichenabart. Als Abarten werden auch versehentlich falsche Stellungen des Wasserzeichens anerkannt.

### Zähnungsabarten

Versagen die Zähnungsmaschinen ganz oder teilweise, so entstehen ganz oder teilweise ungezähnte Bogenreihen. Wegen Fälschungsgefahr sollten solche Stücke nur als Randstücke oder in Paaren gesammelt werden.

## Aufdruck

Marken werden aus den unterschiedlichsten Gründen mit Aufdrucken versehen:

Änderung der Markengattung (z.B. Freimarke wird Dienst- oder Portomarke), Änderung der Wertstufe oder der Währungsbezeichnung, Änderung des Ausgabeanlasses oder Zuweisung eines neuen Verwendungsbezirkes.

Klammerzahlen vor den Preisspalten weisen bei Aufdruckmarken auf die Katalognummern der betreffenden Urmarken hin, Kleinbuchstaben auf die entsprechenden Abbildungen. Die danach eingesetzten Großbuchstaben sind die Farbabkürzungen der Aufdruckfarben. Sind keine angegeben, so ist die Aufdruckfarbe immer schwarz.

## Aufheller

Dem Papierbrei werden chemische Mittel beigefügt, die das Papier weißer erscheinen lassen und damit die Farben leuchtender machen. Unter der UV-Lampe leuchten diese Marken bläulich auf. Eine katalogmäßige Erfassung muss unterbleiben.

## Bogenplatz einer Marke (Feld)

Im Normalfall besteht beim Bogendruck ein Druckbogen aus mehreren (meist vier) Schalterbogen.

Die Basis für die philatelistische Zählweise ist, unabhängig von Bogenrandbeschriftungen, das normalstehende Markenbild. Der Philatelist zählt in waagerechter Richtung von links nach rechts, abweichend von der postalischen Zählweise (von oben nach unten).

## Drucker(ei)zeichen

Am Bogenrand befinden sich Buchstaben, Zahlen oder Zeichen, die Hinweise auf den verantwortlichen Drucker oder die Druckerei geben.

## Druckprobe

Zur Überprüfung der Druckmaschine auf ordnungsgemäße Funktion werden während der Herstellung Druckproben vorgenommen.

## Druckverfahren

Grundsätzlich unterscheidet man: Hochdruck (Buchdruck, Flexodruck, Prägedruck), indirekter Hochdruck (Letterset), Flachdruck (Steindruck, Offsetdruck, Lichtdruck), Tiefdruck (Stichtiefdruck, Rastertiefdruck) und Siebdruck.

Relativ häufig findet man Kombinationen aus zwei verschiedenen Druckverfahren.

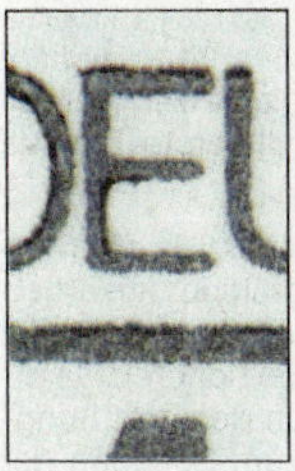

Buchdruck

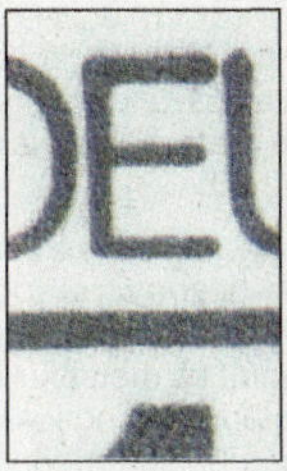

Letterset

Prägedruck

## Hochdruck

### Buchdruck (Bdr.)

Die Hochdruckform hat erhabene (das sind die drukkenden) und tieferliegende (nichtdruckende) Teile. Die erhabenen Druckelemente werden gleichmäßig eingefärbt, anschließend mit verhältnismäßig großem Druck gegen das Papier gepresst. Daraus ergeben sich folgende Erkennungsmerkmale:

- Quetschränder an Schrift und Linien
- Farbflächen erscheinen unter der Lupe unruhig
- rückseitig meist leichte Prägung sichtbar

### Prägedruck (Pdr.)

Für das herzustellende Markenbild werden zwei übereinstimmende Druckformen angefertigt, bei der einen ist das Prägebild erhaben, bei der anderen vertieft. Beim Druckvorgang liegt das Papier zwischen den beiden Formen, die mit hohem Druck gegeneinander gepresst werden und dadurch die Prägung auf das Papier übertragen.

Der Prägedruck tritt fast immer in Kombination mit anderen Druckverfahren auf. Erkennungsmerkmal: vorderseitig positives, rückseitig negatives Relief.

### Heißfoliendruck (Hfdr.)

Eine mehrschichtige Folie wird unter Hitze und Druck aufgeprägt. Der Heißfoliendruck wird in der Regel angewendet, um hochglänzende, metallische Oberflächen zu erzeugen, da er nicht mit flüssigen Druckfarben arbeitet. Auch Hologramme werden so appliziert. Aufgrund des besonderen Interesses für Hologramme sind diese besonders erwähnt.

## Indirekter Hochdruck

### Letterset

Der indirekte Hochdruck wird auch Letterset oder Trockenoffset genannt. Der Unterschied zum konventionellen Hochdruck besteht darin, dass hier nicht direkt von der Druckform auf das Papier gedruckt wird. Die Hochdruck-Platte druckt auf einen mit einem Gummituch bespannten Zylinder. Von dort wird das Druckmotiv auf das Papier übertragen. Das Schriftbild der Druckplatte muss seitenrichtig sein. Dieser Übertragungsvorgang ist auch im Offsetverfahren üblich. Erkennungsmerkmale:

- wie bei Offsetdruck.

## Flachdruck

Beim Flachdruck befinden sich druckende und nichtdruckende Flächen nahezu auf einer Ebene. Die druckenden Stellen sind so präpariert, dass sie Wasser abstoßen und dadurch die fettige Druckfarbe annehmen, während die nichtdruckenden Stellen wasserfreundlich sind und Farbe abstoßen. Auf diesem Gegensatz zwischen Fett und Wasser beruht das Wesen des Flachdruckverfahrens. Je mehr es dabei möglich ist, diesen Gegensatz zu steigern, desto leichter und besser gestaltet sich der spätere Druckvorgang.

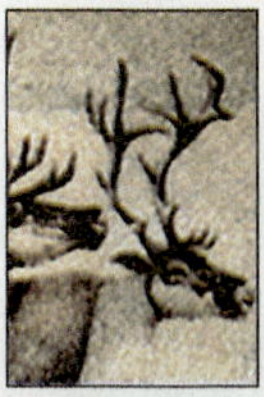

Lichtdruck

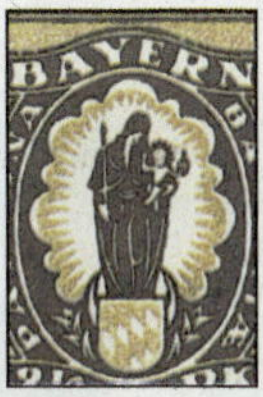


Steindruck

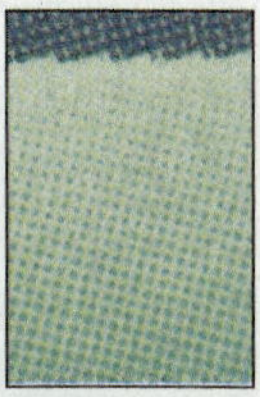

Offsetdruck

### Lichtdruck (Lichtdr.)

Die Druckform besteht beim Lichtdruck (auch Phototypie) aus einer mit einer Gelatine-Chromschicht beschichteten Glasplatte, die mit einem (seitenrichtigen) Halbtonnegativ belichtet wird. Die Gelatine wird entsprechend den Tonwerten unterschiedlich stark gehärtet und anschließend gefeuchtet, es bildet sich ein Relief auf der Platte. Die unbelichteten Stellen stoßen die Druckfarbe ab, belichtete nehmen sie an.

Charakteristisch für den Lichtdruck ist das unter der Lupe erkennbare sogen. Runzelkorn, das den Raster ersetzt, in der Vergrößerung ergibt sich ein unscharfes Bild.

### Steindruck (Stdr.)

Der Steindruck oder die Lithografie ist das älteste Flachdruckverfahren, das heute für den Druck von Briefmarken nicht mehr gebräuchlich ist. Als Druckträger dienen Kalkstein- oder Schieferplatten, auf die die Zeichnungen manuell oder fotolithografisch, in beiden Fällen seitenverkehrt, übertragen werden. Der Druck erfolgt direkt vom Stein auf das Papier, es handelt sich also im Gegensatz zum Offsetdruck um ein direktes Druckverfahren. Für den Steindruck ergeben sich folgende Erkennungsmerkmale:

- unscharfe, in der Linienführung oft unterbrochene Bilder
- matte, weiche Farben (dünner Farbauftrag)
- Konturen undeutlich

**Offsetdruck** (Odr.)

Als Druckträger werden biegsame Metallplatten verwendet, welche um die Druckzylinder gespannt werden. Der Druck erfolgt über Gummituchzylinder auf das Papier. Der Offsetdruck ist also ein indirektes Druckverfahren, die Zeichnung auf der Platte muss seitenrichtig sein.

Halbtöne müssen gerastert werden. Der Raster täuscht durch verschieden große Punkte verschiedene Tonwerte vor. Helle Bildstellen (helle Tonwerte) werden von kleinen Punkten gebildet, dunkle von großen.

Da das Offsetverfahren keine großen Anforderungen an die Papierqualität stellt und eine sehr schnelle Arbeitsweise gestattet, verdrängte es bei Massenauflagen, besonders auch im Mehrfarbendruck, den Buchdruck. Erkennungsmerkmale des Offsetdrucks:

- Farbflächen gleichmäßig eingefärbt
- saubere, nicht ausgefranste, nicht gequetschte Ränder
- rückseitig keine Prägung sichtbar
- Tonwertabstufung durch Aufrasterung
- Rasterpunkte unterschiedlich groß aber mit gleicher Farbintensität

In jüngster Zeit trat neben die regelmäßige Rasterung des Bildes (Anordnung der Bildpunkte in Linien) der sogenannte stochastische Raster mit zufälliger Streuung der Bildpunkte.

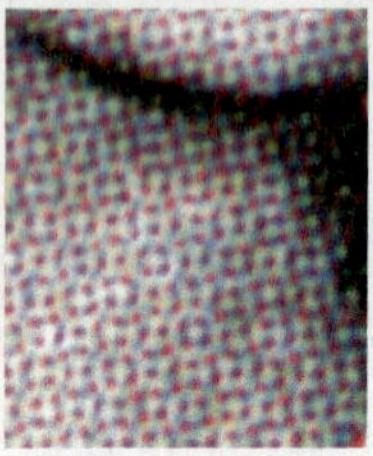

Regelmäßiger Raster

Stochastischer Raster

**Laserdruck**

Der Laserdruck arbeitet im Unterschied zum Offsetdruck mit pulverförmigen Farbpartikeln (ähnlich wie Kopiergeräte). Auf glatten Oberflächen erzeugt er eine erhabene Farbschicht, wie unter kleinem Blickwinkel erkennbar ist.

Bilder erscheinen mehr oder weniger grob gerastert.

**Siebdruck**

Beim Siebdruck wird die Farbe durch ein feinmaschiges Gewebe hindurchgedrückt. An Stellen, die keine Farbe erhalten sollen, wurde das Gewebe zuvor versiegelt. Für den Briefmarkendruck wird der Siebdruck selten verwendet.

## Tiefdruck

Beim Tiefdruck wird die Druckfarbe über Einfärbewalzen in die tiefliegenden Bildteile übertragen, wobei die auf der Oberfläche des Zylinders haftende Farbe durch eine Wischeinrichtung (Rakel) entfernt wird. Die Papierbahn übernimmt die Farbe aus den Vertiefungen des Druckzylinders.

**Stichtiefdruck** (StTdr.)

Beim Kupferstich – der ältesten Technik des Tiefdrucks – wird die Zeichnung mit Stichel in eine Kupferplatte eingraviert, beim Stahlstich in eine Stahlplatte.

Nach dem Härten der Platte wird das vertieft liegende Markenbild auf ein Stück Rundstahl (Molette) übertragen. Dabei wird das Markenbild reliefartig geprägt. Von der gehärteten Molette erfolgt die Übertragung auf den mit einer Kupferschicht (weich) überzogenen Druckzylinder, der durch Verchromung gehärtet wird. Das Bild erscheint auf dem Druckzylinder vertieft und seitenverkehrt.

Beim Druckvorgang wird die zähflüssige Farbe von dem angepressten feuchten saugfähigen Papier aufgenommen und trocknet leicht erhaben auf. Durch das Zusammenziehen des trocknenden Papieres ergeben sich häufig messbare Größenunterschiede des Markenbildes.

Die Schabetechnik – Mezzotinto genannt – bedient sich des Gravierstahles und bringt zusätzlich kleine Vertiefungen in die Platte; dies war die erste Technik mit Halbton-Wiedergabe.

Das Stichtiefdruckverfahren wird bevorzugt für Markenbilder, die eine besonders sorgfältige Ausarbeitung jeder Bildeinzelheit erfordern; wegen seiner Kostspieligkeit kommt es meist für die höheren Nennwerte in Frage, bietet allerdings auch den größtmöglichen Schutz gegen Fälschungen zum Schaden der Post.

Die Erkennungsmerkmale sind:

- Farbauftrag als Relief spürbar
- Zeichnung besteht aus feinen Linien und Punkten
- Farbflächen werden durch eng nebeneinanderliegende und/oder kreuzende Linien erzielt
- klares, detailreiches Markenbild

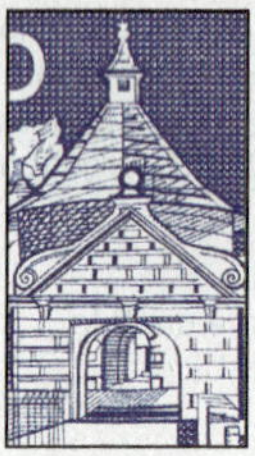

Stichtiefdruck

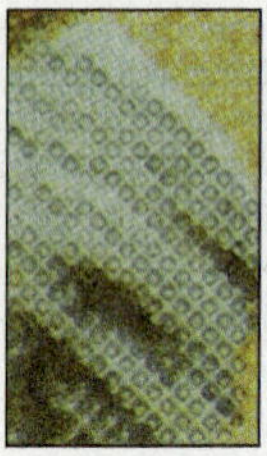

Rastertiefdruck

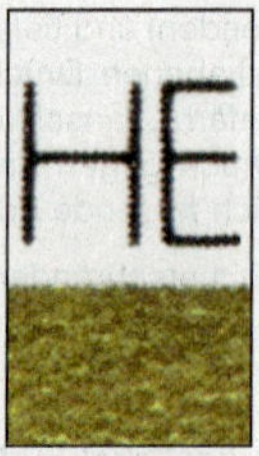


Rastertiefdruck

**Rastertiefdruck** (RaTdr.)

Der Rastertiefdruck wird auch Ätztiefdruck oder Rakeltiefdruck genannt. Im Gegensatz zum StTdr. wird die Zeichnung auf fotografischem Wege auf eine Kupferplatte übertragen. Die älteste Form des Ätztiefdrucks ist die Heliogravüre oder Fotogravüre.

Vor dem Aufbringen der Negativ-Zeichnung mittels Pigmentpapier wird der Kupferplatte eine Asphalt- oder Harzstaubschicht als Kornraster aufgeschmolzen. Durch das Pigmentpapier hindurch wird die Platte in mehreren Schritten geätzt, dadurch bilden sich Vertiefungen.

Der heute gebräuchliche Rastertiefdruck ist eine Weiterentwicklung der Heliogravüre. Hier wird in zwei Arbeitsgängen der Raster und die Zeichnung durch Belichtung auf das Pigmentpapier übertragen. Dieses wird auf dem Druckzylinder entwickelt. Beim nachfolgenden Ätzen entstehen die Vertiefungen.

Der eigentliche Druckvorgang ist bei Heliogravüre und Rastertiefdruck identisch: die Vertiefungen werden mit dünnflüssiger Farbe aufgefüllt, überflüssige Farbe wird mittels Rakel abgestreift. Die Farbe wird von dem angepressten Papier aufgenommen und trocknet im Gegensatz zum StTdr. eben auf.

Da das Papier nicht so feucht ist wie beim StTdr., sind Größenunterschiede des Markenbildes kaum feststellbar.

Erkennungsmerkmale des Rastertiefdrucks:

- Sägezahneffekt bei Linien, Schriften und Bildrändern
- Rasterpunkte in etwa gleich groß mit häufiger Farbabschwächung zur Rasterpunktmitte („Näpfchen")
- Markenbild wirkt in der Vergrößerung unscharf
- hohe Farbintensität möglich, großer Tonwertumfang
- perliger Ausdruck an vielen Stellen (Farben-Fließstruktur)

## Entwertung

Die Entwertung erfolgt durch Stempel, Feder- oder Farbstiftzug, seltener durch Aufdruck, Lochung, Scherenschnitt, Dienstsiegel oder ähnliche Maßnahmen. Postalisch gebraucht bedeutet mit Poststempel entwertet (im Gegensatz zur fiskalischen, steuerlichen Verwendung).

**Seltene Entwertungen.** Seltene, in Form und Farbe abweichende oder aus sonstigen Gründen wenig vorkommende Entwertungen bedingen je nach Seltenheit, besonders bei älteren Ausgaben, oft sehr hohe Preiszuschläge.

**Entwertungen zu philatelistischen Zwecken** erfolgen von Postbehörden mit unveränderten oder auch besonderen, eigens dafür vorgesehenen Stempeln. Zum Teil wurden auch während oder nach der Kurszeit aufgedruckte, spezielle Stempel verwendet. Beide Arten werden mit ⊘ bezeichnet.

**Falschstempel** sind solche Abstempelungen, welche mit betrügerischer Absicht mittels von unbefugter Seite hergestellter, also falscher Stempel vorgenommen wurden, um dadurch den Wert der ungebraucht billigeren Marken zu erhöhen. Auf das Vorkommen von Falschstempeln wird mit dem Zeichen ⓕ hingewiesen.

Unter **verfälschten Stempeln** versteht man Abstempelungen, die nach der Kurszeit von privater, bzw. unbefugter Seite mit echten, aber rückdatierten, veränderten Stempeln vorgenommen wurden.

Die Formulierung „ohne Obligo" bedeutet, dass der Stempel nicht prüfbar, verfälscht oder falsch ist.

## Ersttagsbrief (FDC) (First Day Cover)

Umschläge oder Karten, die am ersten Gültigkeitstag der aufgeklebten Marke(n) abgestempelt werden. Einige Postverwaltungen geben besondere (Schmuck-) Umschläge, oft mit ausgabeanlassbezogenen Sonderstempeln, heraus. Zwischen amtlichen oder privaten (Schmuck-)Belegen wird nur in Ausnahmefällen unterschieden (vgl. Landeseinleitung).

## Essay

Um für eine Markenausgabe die geeignetste Gestaltung hinsichtlich Entwurf, Druck, Farbe etc. zu finden, werden von der Post Vorlagen angefordert. Solche nicht angenommenen Proben gelangen in den Handel. Sie werden Essays genannt.

## Faksimile

Von privater Seite hergestellte Nachahmung seltener Marken, die in Farbe, Papier und/oder Druckverfahren vom Original abweicht.

## Fälschungen

Es gibt verschiedene Arten von Fälschungen:

**1. Fälschungen zum Schaden der Sammler und Händler** FALSCH

Es kann sich um Ganz- oder Teilfälschungen handeln, z.B. falscher Durchstich, falsche, verfälschte oder entfernte Zähnung, falsche Abstempelung, falscher Aufdruck, chemische Veränderung von Papier und Druckfarbe, im Wege der Reparatur verkehrt eingesetzte Mittelstücke etc. Ferner chemisch oder mechanisch entfernte Aufdrucke, Stempel und dgl.

**2. Fälschungen zum Schaden der Post** PFä

Hierunter fallen nur solche Fälschungen, die während der Kurszeit der Marken zum Schaden der Post hergestellt wurden.

**3. Fälschungen als Kriegsmaßnahmen** PFä sind Fälschungen, die von kriegführenden Staaten zur Schädigung des Gegners hergestellt wurden. Man unterscheidet Kriegs-Postfälschungen, die den Originalen täuschend nachgebildet sind und Propagandafälschungen, deren ursprüngliches Bild originalähnlich umgezeichnet wurde.

## Feldbestimmung

Die Feldbestimmung kann wichtig sein für das Auffinden von katalogisierten Typen oder Plattenfehlern im Bogen. Feld 27 bedeutet also im Beispiel eines 50er-Bogens der Anordnung 10×5 (10 Marken waagerecht und 5 Marken senkrecht), dass die gesuchte Marke die 7. von links in der 3. Reihe von oben ist.

## Fluoreszenz, Phosphoreszenz

Zur Erleichterung der Postautomation werden den Markenpapieren chemische Verbindungen beigemischt oder aufgedruckt. Fluoreszierende Stoffe leuchten unter der Prüflampe gelblich bis grünlich auf, phosphoreszierende leuchten nach dem Ausschalten der Lampe kurz nach. Unterschiede der Fluoreszenz- oder Phosphoreszenzstoffe werden nur in eng umgrenzten Ausnahmefällen erfasst.

## Ganzsache

Ganzsachen sind mit vorauszubezahlenden Wertzeichen oder Wertstempeln bedruckte, für einen postalischen Verwendungszweck bestimmte Umschläge, Kartenbriefe, Postkarten o.ä. Alle Ganzsachen sind Postwertzeichen wie Briefmarken. Sofern es offizielle

Ganzsachen mit (eingedrucktem) bildgleichem Wertstempel gibt, ist nach der Farbangabe der entsprechenden Marke das Zeichen GA eingefügt.

## Gummierung

In aller Regel wurden und werden die Papierbogen und -Bahnen für den Briefmarkendruck aus technischen Gründen vor dem Druck maschinell mit einer Gummierung versehen, früher manchmal auch per Hand mit Pinsel. Bei einigen klassischen geschnittenen Marken wurde die Gummierung erst nach dem Druck aufgetragen, vereinzelt wurden Marken auch ungummiert ausgegeben.

Hauptbestandteile waren früher tierische Leime, dann pflanzliche Stoffe (z.B. Dextrin und Gummi arabicum), seit geraumer Zeit werden hauptsächlich Kunststoffe (z.B. PVA) verwendet. Struktur und Erscheinungsbild können sehr unterschiedlich sein: glatt, brüchig, körnig, gestreift, borkig, matt oder glänzend, weiß, gelblich, bräunlich, rötlich, bläulich oder fast unsichtbar (sogen. Trockengummi). Beim auch vorkommenden sogenannten Spargummi wurden, um Rohstoff zu sparen, kreisförmige Stellen nicht gummiert.

körniger Gummi

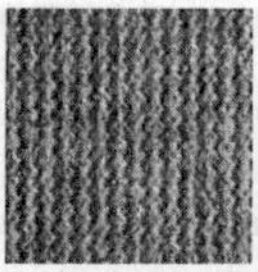
senkr. geriffelt

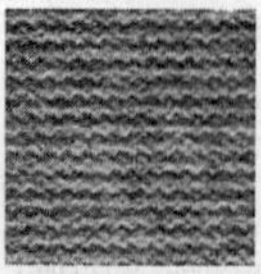
waager. geriffelt

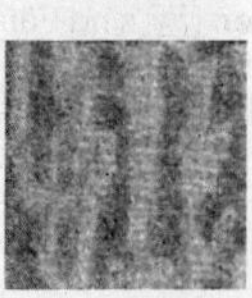
Borkengummi

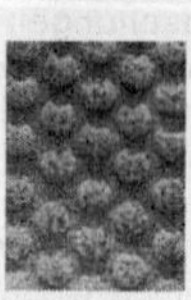
Spargummi

Es gibt auch Marken mit schwefelsäurehaltiger Gummierung, die die Marken rasch zu beschädigen droht. Es empfiehlt sich, bei solchen Marken den Gummi sofort zu entfernen. Auch bei älteren Marken kann die Beschaffenheit des Gummis (gefährliche chemische Zusammensetzung oder Bruchgefahr) zur Ablösung zwingen.

Unter **Gummiriffelung** wird das Brechen des Gummis nach dem Trocknen durch Walzen verstanden. Das Brechen erfolgt in verschiedene Richtungen (waagerechte oder senkrechte Riffelung) und soll dem Rollen des Papiers entgegenwirken.

Auf die Bedeutung, die der Originalgummi heute bei der Bewertung spielt, wird an anderer Stelle („Ungebraucht") noch eingegangen.

## Kehrdruck (tête-bêche)

Unter Kehrdrucken versteht der Philatelist waagerechte oder senkrechte Paare, die vom Markenbild aus gesehen kopfstehend unmittelbar oder durch Zwischenstege getrennt zusammenhängen. Das Kurzzeichen lautet ⊔⊓. Die meisten Kehrdrucke stammen aus Markenheftchenbogen.

## Literatur

Die Möglichkeit, die geradezu unerschöpflichen, sich ständig ergänzenden Informationsquellen des philatelistischen Schrifttums Sammlern und Händlern in gedruckter Form zugänglich zu machen, beschränkt sich heute auf nur wenige zentrale Fachbüchereien. Die Münchner Stadtbibliothek, Philatelistische Bibliothek (www.muenchner-stadtbibliothek.de/philatelistische-bibliothek.de) und die Philatelistische Bibliothek Hamburg (www.philatelistische-bibliothek.de) bieten Zugang zu ihren umfangreichen Buch- und Zeitschriftenbeständen, deren Titel in den jeweiligen Online-Katalogen veröffentlicht sind und in ihren Lesesälen, aber auch für die Fernleihe, zur Verfügung stehen. Aus der Münchner Stadtbibliothek können BdPh-Mitglieder direkt ausleihen. Alle übrigen Personen erhalten im Rahmen des nationalen und internationalen Leihverkehrs durch Vermittlung einer öffentlichen Bibliothek Fachbücher und Fotokopien unter Beachtung der Nutzungsbedingungen der jeweiligen Bibliothek.

## Lochungen

**Amtliche Lochungen** verändern meist den Charakter der Marke oder beschränken ihren Verwendungsbereich. Durch E-Lochung wurden z.B. Marken von Bayern 1911 in Dienstmarken umgewandelt.

Nur diese amtlichen Lochungen werden katalogisiert.

**Nichtamtliche Einlochungen** von Buchstaben oder Firmenzeichen wurden zum Schutz vor Diebstählen und unberechtigter Verwendung durch Dritte meist von privaten Stellen, die einen größeren Markenbestand vorrätig halten, angewandt. Amtliche Stellen kennzeichnen vereinzelt die Marken auf aufbewahrten Postformularen ebenfalls durch eine Einlochung als Schutz gegen Diebstähle.

Marken mit Firmenlochung gelten echt gebraucht auf Ganzstücken als vollwertig.

## Makulatur

Unter Makulatur versteht man die durch unsauberen Druck, durch Material- oder Zähnungsfehler oder aus anderen Gründen unbrauchbar gewordenen, vor der Ausgabe an den Postschaltern ausgeschiedenen Druckbogen, die zur Vernichtung bestimmt sind. Solche Stücke kommen vereinzelt illegal in den Handel, sind aber philatelistisch wertlos.

## Markenanordnung im Bogen

In der Regel werden die Klischees in gleicher Lage und in regelmäßigen Zwischenräumen zusammengestellt. Die Abstände lassen im allgemeinen auch genügend Raum für die Anbringung einer Trennungsart (Durchstich oder Zähnung), doch gibt es auch oft eine zu enge Bogenzusammenstellung; in solchen Fällen reicht der Durchstich oder die Zähnung in das Markenbild hinein, und man spricht von schlechter Zentrierung. Bei geschnittenen, im Bogen zu eng zusammenstehenden Marken stellen im Schnitt leicht berührte Ränder die einwandfreie Durchschnittsqualität dar.

## Marken auf Brief

Alle mit Briefmarken frankierte Poststücke, welche auf dem üblichen Wege durch die Post befördert wurden, erhalten das Symbol ⊠, wenn es sich um, nach den jeweils gültigen Portosätzen frankierte Bedarfspost handelt, im Gegensatz zu Sammlerbriefen, die zu Sammelzwecken der Post zur Beförderung übergeben wurden. Besonders Briefe mit älteren Ausgaben und viele mit Flugpost richtig beförderte Briefe werten oft das Vielfache der gleichen losen Marken. Die Bewertung für Briefstücke (⊠) bewegt sich zwischen dem Preis für die gestempelte Marke und dem Briefpreis, je nach Größe und Aussagekraft des Briefstücks. Briefstücke, die außer dem kompletten Stempel keine weiteren Informationen enthalten, werden kaum teurer als die gestempelte Marke gehandelt, wohingegen beispielsweise eine komplett erhaltene Briefvorderseite dem Briefpreis schon ziemlich nahekommen kann. Eine Bewertung von Briefstücken muss also stets individuell vorgenommen werden.

**Ersttagsstempel** (First day), oft auf zu diesem Zweck eigens von der Postverwaltung oder von privater Seite hergestellten Sonderumschlägen oder Karten, benutzen manche Postverwaltungen am ersten Verwendungstag neuer Postwertzeichen-Ausgaben.

Die Bewertung „Ersttag" bzw. „FDC" bezieht sich auf alle Belege, die mit dem Datum des ersten Tages der Gültigkeit der aufgeklebten Marke(n) abgestempelt wurden, nicht aber auf lose gestempelte Marken. Dabei ist es gleichgültig, ob die Belege einen Sonderstempel oder den Tagesstempel irgendeines Postamtes aufweisen, ob es sich um gefälligkeitsgestempelte Belege oder um echt gelaufene Sendungen handelt (Ausnahmen siehe Landeseinleitung).

**Sonderstempel,** die in einer Beziehung zu dem Postwertzeichen stehen, auf dem sie angebracht sind, sind nur dann gesondert bewertet, wenn der Sonderstempel einen vom gewöhnlichen Poststempel erheblich abweichenden Mehrwert hat.

## Markenfarben

Die verschiedenen Tönungen sind eine technisch bedingte Begleiterscheinung des Markendrucks. Besonders häufig sind sie zu beobachten, wenn der Druck in mehreren Auflagen erfolgt. Solche Farbunterschiede werden nur dann berücksichtigt, wenn sie verschiedenen Auflagen zugeordnet werden können bzw. mit ihnen Preisdifferenzen verbunden sind.

**Farbbenennungen.** Die Farbbenennungen richten sich im wesentlichen nach der Ostwaldschen Farbenlehre. Phantasienamen, wie sämisch, rahmfarben oder Zusammensetzungen mit anderen Wörtern wie ziegelrot, kornblumenblau, lichtblau, wasserblau, maigrün, seegrün usw., dienten in früherer Zeit der Erweiterung der Farbnamen-Palette. Um falsche Assoziationen zu vermeiden, wird seit geraumer Zeit auf derartige unpräzise Angaben verzichtet.

Unverzichtbar als Anhaltspunkt zum Bestimmen der Markenfarben ist der **MICHEL-Farbenführer,** nach dem seit Anfang der 1980er-Jahre alle Farbbenennungen von Neuaufnahmen durchgeführt werden. Die Farben älterer Ausgaben werden in den nächsten Jahren Schritt für Schritt ausschließlich nach der ab 1991 erweiterten Ausgabe des MICHEL-Farbenführers benannt.

Ausdrücklich sei darauf hingewiesen, dass der MICHEL-Farbenführer gerade bei teuren Farbvarianten eine Prüfung durch anerkannte Verbandsprüfer nicht ersetzen kann!

**Zu beachten ist, dass für den Druck von Briefmarken viel mehr Farben bzw. Farbtönungen verwendet werden als abgebildet und durch Namen oder Bezeichnungen sinnvoll ausgedrückt werden können. Zu wählen ist also die Farbbezeichnung im Farbenführer, die der Markenfarbe am nächsten kommt.**

Bei mehrfarbigen Marken beginnt die Farbenbezeichnung in der Regel bei der Umrahmung und setzt sich danach bis zur Markenmitte fort; weist eine Marke mehr als zwei Farben auf, wird sie als „mehrfarbig" geführt.

## Maximumkarte

Voraussetzung für eine Maximumkarte ist, dass das Markenmotiv und das Bild der Karte weitgehend übereinstimmen. Die Marke wird auf die Bildseite der Karte geklebt und mit Sonderstempel oder Ortsdatumstempel entwertet. Maximumkarten werden im MICHEL-Europa nicht katalogisiert.

## Nachdrucke

sind in staatlichem Auftrag hergestellte Drucke, zu deren Herstellung ein mehr oder weniger abgeänderter bzw. erneuerter Originaldruckstock verwendet wurde, und zwar nachdem die Frankaturgültigkeit gleichwertiger Postwertzeichen beendet war. Nachdrucke, die nicht in staatlichem Auftrag hergestellt wurden, werden Fälschungen gleichgestellt.

## Neuauflage

Frankaturgültige neue Ausgaben eines Postwertzeichens, die sich von den ursprünglichen Erstauflagen durch irgendwelche Merkmale unterscheiden, nennt man Neuauflagen. Sie werden entsprechend dieser Unterschiede als Unterarten katalogisiert und numeriert.

## Neudruck

Begriff für alle „neuen Drucke" eines Postwertzeichens, welche von einer staatlichen Postverwaltung mit unveränderten (Original-) Druckstöcken oder Druckplatten hergestellt wurden, nachdem die Frankaturgültigkeit solcher Marken beendet war. Neudrucke sind mit dem Zeichen ND gekennzeichnet. Da sie vielfach von den Originalen nur schwer zu unterscheiden sind, wird absichtlich von der leicht irreführenden Angabe der Unterscheidungsmerkmale meist abgesehen. Neudrucke werden häufig zu Studienzwecken gesammelt, den Spezialisten sind sie unentbehrlich. Wenn es sich um Neudrucke handelt, die nicht von (beziehungsweise im Auftrag) der betreffenden staatlichen Postverwaltung hergestellt wurden, so muss die Bezeichnung „privater Neudruck" lauten.

Die Bezeichnung „Neudruck" ist für Fälschungen, Phantasiedrucke, Nachdrucke oder dergleichen nicht zu verwenden.

## Postwertzeichenpapier

In der Regel werden für den Markendruck Papiersorten gewählt, die den besonderen drucktechnischen Anforderungen qualitativ entsprechen und oft noch mit besonderen Sicherungen gegen Fälschungen (Seidenfaden, Wasserzeichen) versehen werden. In Zeiten wirtschaftlicher Not kommen natürlich auch Papiere minderer Qualität zur Verwendung.

Häufig verwendete Papiersorten sind Glanz- und Kunstdruckpapiere, maschinenglatte, satinierte (geglättete), gestrichene (Kreide-)Papiere mit und ohne Fasern. Weitere Unterscheidungsmerkmale sind dünnes, dickes, kartonartiges, durchscheinendes, rauhes, gestreiftes oder geripptes Papier.

Bei farbigem Papier enthält die Papiermasse selbst den Farbstoff, bei gefärbtem Papier ist er nur auf der Oberfläche aufgetragen.

Heute wird für Postwertzeichen auch ein Papier benutzt, welchem bei der Herstellung ein Fluoreszenz- oder Phosphoreszenzkörper beigemischt oder aufgetragen ist, der bei Bestrahlung mit ultraviolettem Licht hell aufleuchtet (Fluoreszenz) oder kurz nachleuchtet (Phosphoreszenz). Eine UV-Lampe ist hier eine unentbehrliche Hilfe. Mit ihr sind auch der Papiermasse beigegebene optische Aufheller zu erkennen, die unter der Lampe bläulich-weiß aufleuchten; diese können jedoch nicht gesondert katalogisiert werden.

Der Hinweis auf Papiersorten in der Katalogisierung erfolgt meist nur dann, wenn eine Ausgabe in verschiedenen Sorten existiert.

## Probedruck

Der Probedruck ist der letzte Versuchsdruck vor Annahme der Zeichnung und Ausführung zur Überprüfung von Druckform, Druckfarbe und Druckverfahren.

## Prüfungen und Prüfordnung

Der beste Schutz gegen den Erwerb falscher oder minderwertiger Marken ist der Einkauf im gutberufenen Fachgeschäft. In Zweifelsfällen ist die Hinzuziehung eines Experten angebracht.

**Prüfordnung:** Die von den Spitzenverbänden der Sammler und Händler anerkannten Experten für Marken, Abstempelungen und Erhaltung prüfen nach einheitlichen Richtlinien, die jeder Philatelist kennen sollte.
Prüfordnung und Prüferliste finden Sie entweder im Anhang oder im Internet unter http://www.bpp.de.

**Ergänzend wird darauf hingewiesen, dass die MICHEL-Redaktion keine Markenprüfungen vornimmt.**

## Retusche

Nachgravierungen oder Ausbesserungen einer ganzen Druckplatte oder einzelner Klischees werden oft vorgenommen, wenn der Stecher durch Überarbeitung eine bessere Bildwirkung erzielen oder ursprüngliche Gravurfehler sowie Abnutzungserscheinungen und Druckschäden beseitigen will.

## Schriftarten

Der Umfang der Schriftarten und -formen auf Briefmarken ist derart groß, dass an dieser Stelle nur auf die wichtigsten Hauptgruppen eingegangen wird. Am meisten verwendet wird die aus der römischen Kapitalschrift hervorgegangene Antiqua mit ihren verschiedenen Unterarten, z.B. Mediaeval (Linearantiqua), Egyptienne (serifenbetonte Antiqua) und Grotesk oder Blockschrift (ohne Serifen, also ohne Abschlussstriche an Kopf und/oder Fuß der Buchstaben = Schrift dieser Einführung). Eine Nebenform ist die Kursivschrift (Schrägschrift), die als Druckschrift die altrömische, handgeschriebene Kursiv nachbildet. Weitere häufig vorkommende Schriftarten sind Schreibschriften (z.B. Englische Schreibschrift) und besonders bei älteren Marken Frakturschriften wie z.B. Gotisch und Schwabacher. Außerdem findet man vereinzelt auch nichtlateinische Schriften wie z.B. Kyrillisch. Alle diese Schriften kommen natürlich in den verschiedensten Größen (Graden) und Erscheinungsformen (mager bis fett, schmal bis breit usw.) vor.

## Specimen

Der Aufdruck oder Stempel „SPECIMEN" oder „MUSTER" auf Originalmarken besagt, dass diese Stücke als amtliche Orientierungsmuster, meist bei Neuausgabe der betreffenden Serie, gedient haben; der Aufdruck soll die Verwendung dieser Marken zu Frankaturzwecken verhindern. Nicht immer sind Specimen-Marken billiger als die gleichen Marken ohne Aufdruck, weil Spezialsammler ihnen besondere Beachtung schenken und die Auflagen meist gering sind.

## Trennungsarten

Die vier bei Postwertzeichen vorkommenden Trennungsarten sind mit geschnitten, gestanzt, durchstochen und gezähnt bezeichnet. Die verwendeten Abkürzungen lauten für geschnitten □, für gestanzt gest., für durchstochen ⁝⁝ und für gezähnt gez.

#### Geschnitten

Anfangs wurden die Markenbogen häufig ohne Trennungshilfen hergestellt, so dass die Marken mit der Schere herausgeschnitten werden mussten, später geschah dies meist nur noch in Notzeiten oder für Sammlerzwecke.

In der Philatelie werden als geschnitten nur solche Marken bezeichnet, die amtlich und regulär ohne Durchstich bzw. ohne Zähnung ausgegeben wurden.

Versehentlich nicht gezähnte Marken werden als ungezähnt (U) bezeichnet und als Abarten katalogisiert.

#### Gestanzt

Üblicherweise werden selbstklebende Marken schon bei der Herstellung vereinzelt und können nur mittels der gemeinsamen Trägerfolie größere Einheiten bilden.

#### Durchstochen

Schon bald bemühte man sich, Hilfen für das Heraustrennen der Marken aus den Bogen zu finden: mittels feiner Messer wurde das Papier zwischen den Markenreihen teilweise eingeschnitten, so dass Papierbrücken zwischen den einzelnen Schnitten stehenblieben. Die häufigsten Durchsticharten sind Linien-, Punkt-, Zickzack-, Sägezahn- und Bogendurchstiche, vereinzelt farbig unterlegt.

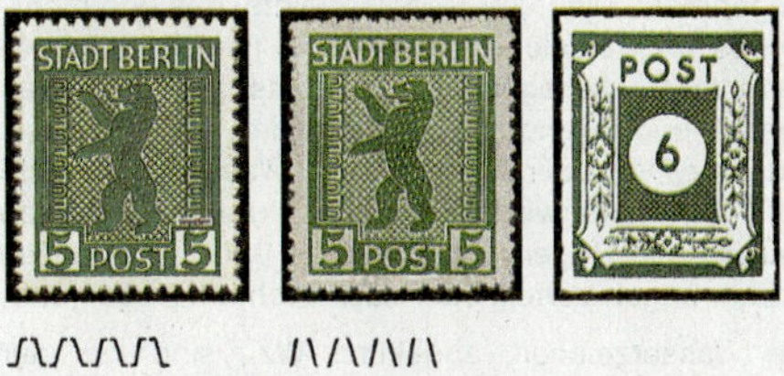


Zickzack-Durchstich | Sägezahnartiger Durchstich | Linien-Durchstich

Bedingt durch die Herstellungsart bringt der Reißvorgang mit sich, dass an die Randbeschaffenheit bei durchstochenen Marken nicht die gleichen Ansprüche wie an gezähnte gestellt werden können. Die Trennung wird immer unsauber und ungenau sein.

In Notzeiten, vor allem nach dem Zweiten Weltkrieg, wurden in größerer Zahl private Durchstiche hergestellt, die im Gegensatz zu den auf Veranlassung unterer Dienststellen entstandenen Postmeistertrennungen nicht katalogisiert werden.

Versehentlich nicht durchstochene Marken werden als undurchstochen (U) bezeichnet und als Abarten katalogisiert.

**Gezähnt**

Die heute gebräuchlichste Trennungsart ist die Zähnung. Die Philatelie bezeichnet je nach Herstellungsmethode die Zähnung als Linien-, Kamm- oder Kastenzähnung.

Bei der Linienzähnung erfolgt erst die Zähnung der einen, dann die der anderen Richtung, wodurch die Eckzähne der einzelnen Marken meistens unregelmäßig ausfallen. Verschiedene Markengrößen bei Linienzähnungsmarken entstehen dadurch, dass die Lochleisten nicht immer im gleichen Abstand eingestellt sind.

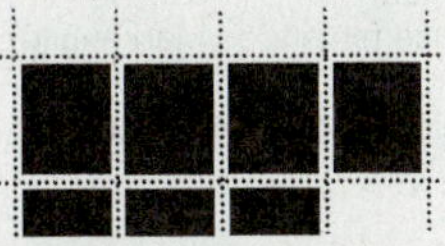

Linienzähnung

Bei Kammzähnung werden Breiten- und Höhenzähnung einer Bogenreihe, bei Kastenzähnung die des ganzen Bogens in einem Arbeitsgang der Zähnungsmaschine ausgeführt; bei diesen Zähnungsvarianten sind die Eckzähne der einzelnen Marken daher gleichmäßig.

Bei der einfachen Kammzähnung werden alle Marken einer waagerechten Reihe auf drei Seiten (oben oder unten und links und rechts) gezähnt. Bei der Kreuzkammzähnung ist der Kamm H-förmig, so dass in einem Arbeitsgang eine waagerechte Reihe und je zur Hälfte der Markenhöhe die linken und rechten senkrechten Reihen gezähnt werden.

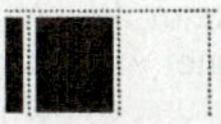

Kammzähnung

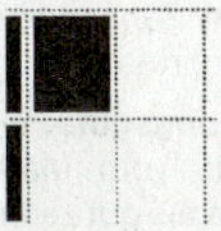

Doppelkammzähnung

Bei Doppelkamm- und Doppelkreuzkammzähnung werden je 2 waagerechte Reihen gleichzeitig gezähnt.

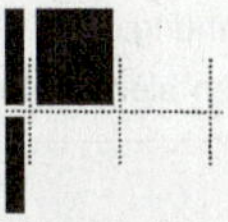

Kreuzkammzähnung

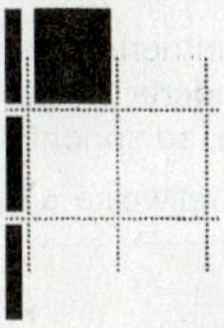

Doppelkreuzkammzähnung

**Besondere Zähnungen.** Erstmals 1992 in Großbritannien wurden Briefmarken mit einer **Sicherheitszähnung** versehen, bei der die durchgehende Zahnreihe an zwei gegenüberliegenden Seiten durch ovale Ausbuchtungen unterbrochen wurde.

Sicherheitszähnung

Gelegentlich werden besondere Zähnungsformen auch als gestalterisches Element eingesetzt, z. B. sternförmige Zähnungslöcher an den Markenecken bei USA MiNr. 2745.

**Zähnungszahl.** Die Zähnungslöcher werden international auf 2 cm berechnet, z. B. gez.12 heißt: auf 2 cm gehen 12 Zähnungslöcher. Bei Zähnungsverschiedenheiten einer Marke (gemischte Zähnung) ist die erste Zahl die (waagerechte) **Breiten-,** die zweite aber die (senkrechte) **Höhenzähnung.** So kommen z. B. bei gez.14½ :15 in der Breite auf 2 cm 14½ , in der Höhe 15 Zähnungslöcher.

Bei Mischzähnungen (unterschiedliche Zähnungen auf mindestens drei Seiten) wird die Zähnung – von der Markenvorderseite aus betrachtet – zuerst oben, dann rechts, dann unten und zuletzt links gemessen. Steht zwischen den Zähnungsangaben ein Bindestrich (z. B. 9–11), so zeigt das an, dass die Marken in verschiedenen Zähnungen von 9 bis 11 vorkommen.

Ein genaues Bestimmen der Zähnung ist nur mit Hilfe eines zuverlässigen Zähnungsschlüssels möglich, der zu den notwendigsten Bedarfsartikeln eines Sammlers gehört. Die Zähnungsspitzen müssen mit den senkrechten Einteilungsstrichen von links bis rechts übereinstimmen.

Ganz neu auf dem Markt ist das MICHELperfoscope. Diese auch vom Bund der Philatelistischen Prüfer (BPP) empfohlene Computer-Software ermöglicht eine exakte Zähnungsmessung auch von Bogenteilen, Blocks oder Marken auf Brief. Zu beachten ist, dass auch die beste Zähnungsmessung gerade bei teuren Zähnungsvarianten eine Prüfung durch Verbandsprüfer nicht ersetzen kann.

**Zähnungsgüte.** Wenn die Zähnung gleichmäßige Abstände vom Markenbild hat, bezeichnet man die Marke als gut zentriert; schlechte Zentrierung entsteht bei ungenauem Einlegen des Bogens oder bei nicht ausreichendem Zähnungszwischenraum im Bogen.

Von unvollkommener Zähnung spricht man, wenn die Beschaffenheit des Papiers (zu weich, wollig, dick) eine reine Zähnung unmöglich machte.

Ist die Dezentrierung sehr stark oder verläuft die Zähnung an anderer Stelle oder in andere Richtung als vorgesehen, so spricht man von Verzähnung.

Ganz oder teilweise ungezähnte Marken siehe unter Abarten.

## Ungebraucht

Bezeichnung für alle nicht entwerteten Marken. Man unterscheidet:

**Postfrisch = **:** Alle gummiert verausgabten Postwertzeichen, die in dem Zustand sind, in dem sie am Postschalter erhältlich waren.

Bei einigen – insbesondere älteren – Markenausgaben musste die Gummierung entfernt werden, da sie auf Grund ihrer Zusammensetzung die Marken zerstörte. **Vorsicht vor Teil- bzw. Ganzfälschungen der Gummierung (Nachgummierungen).**

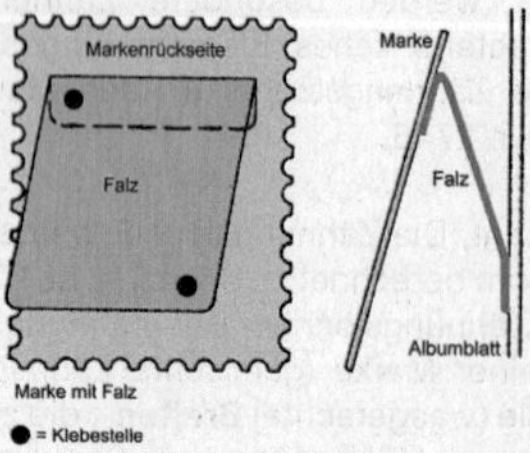


**Ungebraucht mit Falz = *:** Ungestempelte Postwertzeichen, die mit Falz(resten) behaftet sind. Diese sind in jedem Falle „postfrisch gemachten" Marken vorzuziehen. Vorsicht: Formulierungen wie „ungebraucht ohne Falz mit Gummierung" sind oft Umschreibungen für nachgummierte Marken.

**Ungebraucht ohne Gummi = (*):** Damit sind alle Marken bezeichnet, die entweder so verausgabt wurden oder deren Originalgummi aus bestimmten Gründen entfernt wurde.

## Wasserzeichen

Sie werden bei der Herstellung der Postwertzeichen in die noch nicht trockene Papiermasse mit Formen eingepresst. Man unterscheidet einfaches und mehrfaches Wasserzeichen, stehendes, liegendes (gegebenenfalls linksliegendes und rechtsliegendes), steigendes und fallendes, kopfstehendes und seitenvertauschtes Wasserzeichen. Das Wasserzeichenbild befindet sich entweder auf jeder Marke, auf mehreren Marken, als Bogenwasserzeichen über den ganzen Markenbogen verteilt oder zusätzlich am Bogenrand.

Die Wasserzeichen, abgekürzt Wz., sind von der Rückseite der Marke aus gesehen wiedergegeben. Fehlen Wz.-Angaben, so sind die Marken auf Papier ohne Wasserzeichen gedruckt.

Das Wasserzeichen ist meist zu erkennen, wenn man die Marke rückseitig gegen das Licht hält. Versagt diese Methode, gibt es zwei Möglichkeiten: Einmal in der herkömmlichen Art mit Benzin und dem in jedem Fachgeschäft erhältlichen Wasserzeichensucher. Hier wird die zu untersuchende Marke mit der Bildseite auf die schwarze Platte gelegt und einige Tropfen chemisch reines (sehr wichtig!) Benzin auf die Marke geträufelt. Bei Marken auf gestrichenem Papier kann es u. U. erforderlich sein, die Marken mehrere Minuten im Benzinbad zu belassen, bis das Wasserzeichen erkennbar wird. Benzinempfindliche Marken dürfen jedoch so nicht untersucht werden. Dem Gummi schadet im allgemeinen ein Benzinbad nicht. Eine andere, sehr gute Möglichkeit bieten Geräte, die auf optisch-elektrischer Basis unter Druck und ohne jegliche chemische Hilfsmittel arbeiten. Bei Marken auf Briefen lässt sich das Wasserzeichen manchmal bei schräg auf die Marke auffallendem Licht und seitlicher Betrachtungsweise erkennen.

## Zufälligkeiten

Mit katalogwürdigen Abarten sollten folgende Zufälligkeiten nicht verwechselt werden:

- Abklatsch (seitenverkehrtes Bild auf der Rückseite)
- abspringende Farbe (bei StTdr.)
- Aufdruckverstümmelungen
- Bogenumschlag (teilweise fehlendes Markenbild)
- Doppelbilddruck
- Farbbläschen, Farbstreifen und Verklecksungen
- Papierfalten, Quetschfalten
- Passerverschiebungen
- Butzenauflage und andere Druckmängel
- Schmitzdrucke
- verschnittene und verzähnte Marken

# Abkürzungen und Zeichenerklärungen

**Abkürzungen der Druckverfahren:**

Bdr. = Buchdruck
Hfdr. = Heißfoliendruck
Odr. = Offsetdruck
Pdr. = Prägedruck
RaTdr. = Rastertiefdruck
Rdr. = Reliefdruck
Stdr. = Steindruck
StTdr. = Stichtiefdruck

**Abkürzungen der Farbenbezeichnungen:**

dkl' = dunkel-
lebh' = lebhaft-
mfg. = mehrfarbig
schwärzl' = schwärzlich

Bl = blauer Aufdruck
Br = brauner Aufdruck
Bz = bronzener Aufdruck
G = goldener Aufdruck
Gb = gelber Aufdruck
Gr = grüner Aufdruck
Gra = grauer Aufdruck
K = karminer Aufdruck
Ku = kupferner Aufdruck
L = lila Aufdruck
Or = oranger Aufdruck
R = roter Aufdruck
S = schwarzer Aufdruck*)
Si = silberner Aufdruck
V = violetter Aufdruck

*) Wenn nicht anders angegeben, ist die Aufdruckfarbe immer schwarz.

**Andere Abkürzungen und Abkürzungszeichen:**

Platten, Typen und Trennungsarten:

Pl = Platte
T = Type
gez. = gezähnt
gest. = gestanzt
K = Kammzähnung
Ks = Kastenzähnung
L = Linienzähnung
Shz. = Sicherheitszähnung
~ = Zähnung richtungsvertauscht
⬚ = durchstochen
□ = geschnitten
U = ungezähnt
Ul = links ungezähnt (⌧)
Ur = rechts ungezähnt (⌧)
Uo = oben ungezähnt (⌧)
Uu = unten ungezähnt (⌧)
Us = senkrecht ungezähnt (⌧)
Uw = waagerecht ungezähnt (⌧)
Udr = dreiseitig ungezähnt (⌧, ⌧, ⌧, ⌧)
Uzw = zweiseitig ungezähnt (⌧, ⌧, ⌧, ⌧)
UMs = waagerechtes Paar, Mitte ungezähnt (⌧⌧)
UMw = senkrechtes Paar, Mitte ungezähnt

Wasserzeichen:

oWz. = ohne Wasserzeichen (Bezeichnung nur in Sonderfällen)
Wz. = Wasserzeichen

Gummierung:

(✱) = ungebraucht ohne Gummi oder mit Teilgummi
✱ = ungebraucht mit Originalgummi (Falz)
✱✱ = ungebraucht mit Originalgummi (postfrisch)
o.G. = ohne Gummi

Entwertungen:

⊙ = mit Poststempel entwertet
〰 = Federzugentwertung
⊗ = fiskalische Entwertung
◍ = Abstempelung zu philatelistischen Zwecken
○ = Lochentwertung
Ⓢ = (ausgabebezogener) Sonderstempel
Ⓣ = Tagesstempel

Fälschungen:

FALSCH = Fälschungen (Teilfälschungen) vorkommend (zum Schaden der Sammler)
Ⓕ = Falschstempel vorkommend, Stempelprüfung erforderlich
[F] = Fälschungen zum Schaden der Post

Aufdrucke:

⩓ = Aufdruck normalstehend
⩓⩓ (DD) = doppelter Aufdruck bzw. auch Doppeldruck
⩓⩔ (DK) = doppelter Aufdruck, davon einer kopfstehend
⩔ (K) = kopfstehender Aufdruck
↖ = schräger Aufdruck nach links oben
↙ = schräger Aufdruck nach links unten
↗ = schräger Aufdruck nach rechts oben
↘ = schräger Aufdruck nach rechts unten

Briefe und Briefstücke:

✉ = Marke auf Bedarfsbrief, -Postkarte, Paketkarte oder Drucksache, bei Flugpostmarken auf Flugpostbrief oder -karte
◸ = Marke auf Briefstück
◪ = schräg halbiert vorkommend
◧ = senkrecht halbiert vorkommend
⬓ = waagerecht halbiert vorkommend
FDC = Ersttagsbrief

Verschiedenes:

Ak = Ankündigungskarton
AkB = Ankündigungsblatt mit Druckvermerk
Bl. = Block
Br l/u = Bogenrand links/unten
DD = doppelter (Auf-)Druck bzw. Doppelprägung
DDD = Dreifachaufdruck bzw. Dreifachdruck
DZ = Drucker(ei)zeichen
EB = Erinnerungsblatt
ETB = Ersttagsblatt
F = Fehldruck, Fehlfarbe oder Fehlverwendung
G = Druck auf der Gummiseite
HAN = Hausauftragsnummer
H-Bl. = Heftchenblatt
Hz = Herzstück
K (⊔⊓) = Kehrdruckpaar
KZ = Kehrdruckpaar mit Zwischensteg
L = Leerfeld bzw. anhängendes gez. Feld mit Bogenrandbedruckung
MH = Markenheftchen
MHB = Markenheftchenbogen
MK = Maximumkarte
NA = Neuauflage
ND = amtlicher Neudruck
Nachdr. (N) = Nachdruck
Neudr. (N) = privater Neudruck
P = Plattendruck oder Probedruck
Pa = auf geklebter Papierbahn
Papier fl. = fluoreszierendes Papier
Papier ph. = phosphoreszierendes Papier
PF = Plattenfehler
PH = Phasendruck
Pl.-Nr. = Plattennummer
POL = POL-Lochung
R = Rollendruck oder Rollenmarke
RWZ = Reihenwertzahl
S = Seite, Sonderdruck oder Schwarzdruck
s. = siehe
SD = Schwarzdruck
SZ = senkrechter Zusammendruck mit Zwischensteg
VE = Vorausentwertung
W = Walzendruck oder waager. Zusammendruck
WSt. = Wertstempel
WZ = waagerechter Zusammendruck mit Zwischensteg
Zd = Zusammendruck
Zf = Zierfeld
ZS = Zwischenstegpaar (senkrecht)
ZW = Zwischenstegpaar (waagerecht)
[E] = Entwurf
[GA] = es gibt Ganzsache mit bildgleichem Wertstempel
[S] = Stich
[UV] = Marke erscheint unter der UV-Lampe …
□□ = Doppelstück (2 Marken zusammenhängend)
□□□ = Dreierstreifen (3 Marken zusammenhängend)
□□/□□, ⊞ = Viererblock
–,– = kein Preisansatz möglich
✈ = Flugpostmarke
~ = Bogenkonfiguration richtungsvertauscht

# EUROPA

## Die Länder in Band 12 (Benelux)

Historische Länder und Teilgebiete siehe MICHEL-Weltatlas zur Philatelie

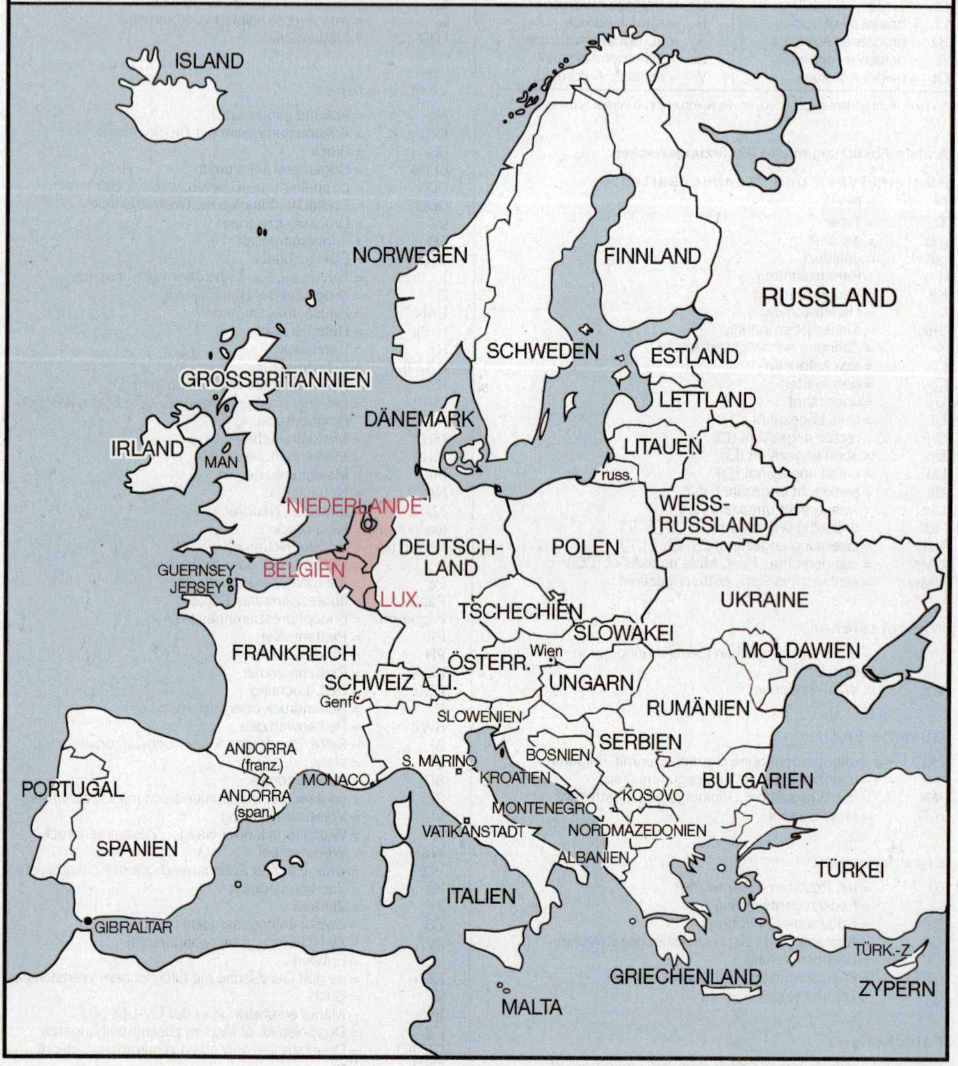

# Neueinteilung der Europa-Bände seit 2020

## Band 1: Alpenländer

| | Früher in Band: |
|---|---|
| Liechtenstein | 1 |
| Österreich | 1 |
| Schweiz | 1 |
| Vereinte Nationen – Genf | 1 |
| Vereinte Nationen – Wien | 1 |

## Band 2: Mitteleuropa

| | Früher in Band: |
|---|---|
| Slowakei | 1 |
| Tschechische Republik | 1 |
| Tschechoslowakei | 1 |
| Ungarn | 1 |
| Westungarn | 1 |

## Band 3: Westeuropa

| | Früher in Band: |
|---|---|
| Andorra (franz.) | 2 |
| Frankreich | 2 |
| Monaco | 2 |

## Band 4: Iberische Halbinsel

| | Früher in Band: |
|---|---|
| Andorra (span.) | 2 |
| Portugal | 2 |
| Spanien | 2 |

## Band 5: Apenninen-Halbinsel

| | Früher in Band: |
|---|---|
| Fiume | 3 |
| Italien | 3 |
| San Marino | 3 |
| Triest – Zone A | 3 |
| Vatikanstadt | 3 |

## Band 6: Westlicher Balkan

| | Früher in Band: |
|---|---|
| Bosnien und Herzegowina | 3 |
| Jugoslawien | 3 |
| Kosovo | 3 |
| Kroatien | 3 |
| Montenegro | 3 |
| Nordmazedonien | 3 |
| Serbien | 3 |
| Slowenien | 3 |
| Triest – Zone B | 3 |

## Band 7: Südlicher Balkan

| | Früher in Band: |
|---|---|
| Ägäische Inseln | 4 |
| Albanien | 3 |
| Bulgarien | 4 |
| Epirus | 4 |
| Griechenland | 4 |
| Ikarien | 4 |
| Ionische Inseln | 4 |
| Kreta | 4 |
| Ostrumelien | 4 |
| Samos | 4 |
| Thrakien | 4 |

## Band 8: Südosteuropa

| | Früher in Band: |
|---|---|
| Moldawien | 7 |
| Rumänien | 4 |

## Band 9: Mittelmeerländer

| | Früher in Band: |
|---|---|
| Gibraltar | 2 |
| Malta | 3 |
| Türkei | 4 |
| Türkisch-Zypern | 4 |
| Zypern | 4 |

## Band 10: Skandinavien

| | Früher in Band: |
|---|---|
| Dänemark | 5 |
| Island | 5 |
| Norwegen | 5 |
| Schweden | 5 |

## Band 11: Baltikum und Finnland

| | Früher in Band: |
|---|---|
| Estland | 5 |
| Finnland | 5 |
| Karelien | 5 |
| Lettland | 5 |
| Litauen | 5 |
| Mittellitauen | 5 |
| Nordingermanland | 5 |

## Band 12: Benelux

| | Früher in Band: |
|---|---|
| Belgien | 6 |
| Luxemburg | 6 |
| Niederlande | 6 |

## Band 13: Britische Inseln

| | Früher in Band: |
|---|---|
| Großbritannien | 6 |
| Irland | 6 |

## Band 14: Kanalinseln und Man

| | Früher in Band: |
|---|---|
| Guernsey | 6 |
| Isle of Man | 6 |
| Jersey | 6 |

## Band 15: Osteuropa

| | Früher in Band: |
|---|---|
| Karpaten-Ukraine | 7 |
| Polen | 7 |
| Ukraine | 7 |
| Weißrussland | 7 |
| Westukraine | 7 |

## Band 16: Russland und Sowjetunion

| | Früher in Band: |
|---|---|
| Russland | 7 |
| Sowjetunion | 7 |

# Belgien (Belgique, België)

Königreich, seit 1831 parlamentarische Erbmonarchie.

Währung: 1 Belgischer Franc (Fr) = 100 Centimes (C), ab 1.1.2002 : 1 Euro (€) = 100 Cent

Eintritt in den Weltpostverein: 1. Juli 1875

Bei bildgleichen Marken, jedoch mit abwechselnder Beschriftung französisch/niederländisch, wird kein Unterschied im Klischeezeichen gemacht.

Ab MiNr. 1228 sind alle Ausgaben unbeschränkt frankaturgültig; außerdem alle älteren Freimarken – auch mit Wertaufdruck – Leopold III., Baudouin und Heraldischer Löwe sowie alle Sondermarken ohne Zuschlag ab dem Jahre 1954.

**Preise ungebraucht: MiNr. 1–144 ✶, ab MiNr. 145 ✶✶ (MiNr. 145–707 mit Falz ✶ ca. 20–40% der ✶✶-Preise, sofern nichts anderes angegeben).**

**1849, 1. Juli. Freimarken: König Leopold I. mit Epauletten. StTdr. (10×10 + 10×10); Wz. 1, Monogramm rechts- oder linksliegend; verschieden starkes Papier; ☐.**

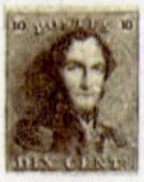

a) König Leopold I. (1790–1865, reg. ab 1831)

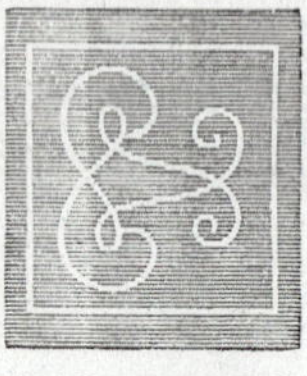

Wz. 1 Monogramm mit Rahmen

| | | | (✶) | ✶ | ⊙ |
|---|---|---|---|---|---|
| 1 | 10 C | ........................ a | | | |
| a | | graubraun bis rötlichbraun | 2000,— | 2500,— | 95,— |
| b | | rotbraun | 3000,— | 3600,— | 500,— |
| 2 | 20 C | ........................ a | | | |
| a | | blau bis hellblau | 2200,— | 2600,— | 60,— |
| b | | milchblau | 2600,— | 3500,— | 170,— |
| c | | hellgrünlichblau | 3000,— | 3600,— | 300,— |
| d | | schwarzblau | 2800,— | 3600,— | 170,— |

MiNr. 1 b nicht verwechseln mit rötlichbraunen Tönungen der MiNr. 1 a.

Bei MiNr. 1 b und 2 b ist der Kragen nicht vom Hintergrund getrennt.

MiNr. 2 c ist ein helles Grünlichblau, nicht verwecheln mit der durch gelblichen Gummi verfärbten hellblauen MiNr. 2 a.

Kopffrei gestempelte Stücke MiNr. 1-9 erfordem je nach dem Randzustand erhebliche Aufschläge.

MiNr. 1–2 und 5 mit waagerechtem rotem Tintenstrich entwertet wurden nach Ende der Kurszeit an den Brüsseler Briefmarkenhändler J.-B. Moens abgegeben; ca. 20% Nachlass.

Auflagen: MiNr. 1–2 je 5.250.000 Stück

*Gültig bis 30.6.1866*

**Neudruck von 1866 dickes, gewöhnliches Papier:**

| | | ✶ |
|---|---|---|
| 1 ND I a | rotbraun | 170,— |
| 2 ND I a.a | dunkelblau | 200,— |
| 2 ND I a.b | schieferblau | 220,— |

**dickes, gestreiftes Papier:**

| | | |
|---|---|---|
| 1 ND I b | braun | 220,— |
| 2 ND I b | blau | 220,— |

**Neudruck von 1882 dünnes, satiniertes Papier:**

| | | |
|---|---|---|
| 2 ND II | grünlichblau | 150,— |

**Neudruck von 1895 dünnes, satiniertes Papier:**

| | | |
|---|---|---|
| 1 ND III | violettbraun | 120,— |
| 2 ND III | graublau | 150,— |

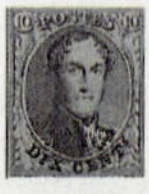

**1849, 17. Okt./1850, 10. Aug. Freimarken: König Leopold I. im Medaillon. StTdr. (10×10 + 10×10); A = Wz. 1, Monogramm rechts- oder linksliegend; verschieden starkes Papier; ☐.**

b) König Leopold I. (1790–1865, reg. ab 1831)

| | | | (✶) | ✶ | ⊙ |
|---|---|---|---|---|---|
| 3 A | 10 C | dunkelbraun (10.8.1850) . . b | 2000,— | 2200,— | 100,— |
| 4 A | 20 C | dunkelblau (10.8.1850) . . . . b | 1700,— | 2000,— | 60,— |
| 5 A | 40 C | rosa/karmin (17.10.1849) . . b | 1700,— | 1900,— | 450,— |
| | | Satzpreis (3 W.) | 5000,— | 6000,— | 600,— |

Auflagen: MiNr. 3 A = 498.000, MiNr. 4 A = 376.000, MiNr. 5 A = 292.000 Stück

*Gültig bis 30.6.1866*

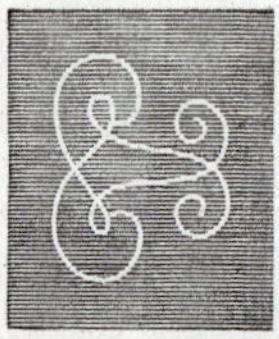

**1851/1854. Freimarken: König Leopold I. im Medaillon. StTdr. (10×10 + 10×10); B = Wz. 2, Monogramm rechts- oder linksliegend; x = Pergamentpapier, y = normales Papier, z = waagerecht geripptes Papier; ☐.**

Wz. 2 Monogramm ohne Rahmen

**x = Pergamentpapier (mittel oder dünn)**

| | | | | ✶ | ⊙ |
|---|---|---|---|---|---|
| 3 B x | 10 C | dunkelbraun | b | 650,— | 10,— |
| 4 B x | 20 C | dunkelblau | b | 800,— | 9,— |
| 5 B x | 40 C | rosa/karmin | b | 4000,— | 120,— |

**y = normales Papier (1851) (dick, mittel oder dünn)**

| | | | | | |
|---|---|---|---|---|---|
| 3 B y | 10 C | dunkelbraun | b | 600,— | 9,— |
| 4 B y | 20 C | dunkelblau | b | 750,— | 8,— |
| 5 B y | 40 C | rosa/karmin | b | 4000,— | 120,— |

**z = waagerecht geripptes Papier (1854)**

| | | | | | |
|---|---|---|---|---|---|
| 3 B z | 10 C | dunkelbraun | b | —,— | 60,— |
| 4 B z | 20 C | dunkelblau | b | —,— | 60,— |
| 5 B z | 40 C | rosa/karmin | b | —,— | 260,— |

Die Preise gelten nur für klare Rippung auf der Rückseite; teilweise Rippung wertet wie gewöhnliches Papier.

◧ MiNr. 4 halbiert mit Balkenstempel 78 (= Mecheln), Balkenstempel 85 (= Namur) oder Balkenstempel 140 (= Herbesthal) 50000,—.

Auflagen: MiNr. 3 B = 53.800.000, MiNr. 4 B = 39.200.000, MiNr. 5 B = 4.350.000 Stück

*Gültig bis 30.6.1866*

Die Besucher der BEPITEC 1949 (Int. Briefm.-Ausstellung in Brüssel) erhielten mit der Eintrittskarte ein Gedenkblatt (90×140 mm) mit Neudrucken der ersten belgischen Marken (MiNr. 1, 2 und 5) ohne Frankaturwert; Auflage: 45.000 Stück.

Am 17. Oktober 1949, zum hundertsten Jahrestag der Ausgabe der 40-Centimes-Marke MiNr. 5, gelangte dieses Gedenkblatt noch mit einem in Stichtiefdruck ausgeführten zusätzlichen roten Aufdruck mit Zuschlag von 50 Francs zugunsten des Comité des Œuvres Culturelles zur Ausgabe (ohne Frankaturwert); Auflage: 5.000 Stück.

*In gleicher Zeichnung: MiNr. 7–9, 10–13*

**1858, Juli/1861, 1. Juni. Freimarken: König Leopold I. im Medaillon. StTdr. in zwei Typen; oWz.; ☐.**

**I = Erste Platte („petits médaillons"): Oval 16–17 mm hoch und 14½–15 mm breit; dünnes, satiniertes Papier (10×10 + 10×10) (Juli 1858)**

| | | | | | |
|---|---|---|---|---|---|
| 7 I | 10 C | braun bis graubraun | b | 650,— | 12,— |
| 8 I | 20 C | blau/hellblau | b | 650,— | 12,— |
| 9 I | 40 C | karminrosa bis rot | b | 4500,— | 100,— |

**II = Zweite Platte („grands médaillons"): Oval 17–17¾ mm hoch und 14–14¼ mm breit; mittleres, dickes und körniges Papier (15×10 + 15×10)**

| | | | | | |
|---|---|---|---|---|---|
| **6 II** | 1 C | (hell- oder dunkel-)grün (1.6.1861) | b | 220,— | 140,— |
| **7 II** | 10 C | braun bis graubraun (1.4.1861) | b | 480,— | 10,— |
| **8 II** | 20 C | blau/hellblau (1.4.1861) | b | 500,— | 10,— |
| **9 II** | 40 C | karminrosa bis rot (1.4.1861) | b | 3500,— | 90,— |

Auflagen: MiNr. 6 II = 16.000.000, MiNr. 7 I = 28.800.000, MiNr. 7 II = 24.500.000, MiNr. 8 I = 20.700.000, MiNr. 8 II = 16.900.000, MiNr. 9 I = 2.300.000, MiNr. 9 II = 3.100.000 Stück

*Gültig bis 30.6.1866*

*In gleicher Zeichnung: MiNr. 3–5, 10–13*

**Neudrucke von 1892, dünnes, satiniertes Papier:**

| | | ✶ |
|---|---|---|
| 6 ND I | gelbgrün | —,— |
| 7 ND I | braun | —,— |
| 8 ND I | dunkelblau | —,— |
| 9 ND I | lebhaftrot | —,— |

**Neudrucke von 1895, dünnes, satiniertes Papier:**

| | | |
|---|---|---|
| 6 ND II | blassgrün | —,— |
| 8 ND II | blau | —,— |

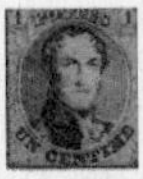

**1863, 11. April/1865, 8. Mai. Freimarken: König Leopold I. im Medaillon. StTdr. (10×10 + 10×10); oWz.; A = gez. 12½, B = gez. 12½:13–13½, C = gez. 14¼–14½.**

b) König Leopold I. (1790–1865, reg. ab 1831)

**A = gez. 12½ (11.4.1863)**

| | | | | ✶ | ⊙ |
|---|---|---|---|---|---|
| **10 A** | 1 C | blaugrün bis gelbgrün | b | 250,— | 90,— |
| **11 A** | 10 C | dunkelbraun, graubraun | b | 300,— | 5,50 |
| **12 A** | 20 C | dunkelblau, hellblau | b | 300,— | 5,50 |
| **13 A** | 40 C | karmin, rot | b | 1500,— | 40,— |

**B = gez. 12½:13–13½ (6.8.1863)**

| | | | | | |
|---|---|---|---|---|---|
| **10 B** | 1 C | blaugrün bis gelbgrün | b | 100,— | 40,— |
| **11 B** | 10 C | dunkelbraun, graubraun | b | 150,— | 4,50 |
| **12 B** | 20 C | dunkelblau, hellblau | b | 150,— | 4,50 |
| **13 B** | 40 C | karmin, rot | b | 800,— | 30,— |

**C = gez. 14¼–14½ (8.5.1865)**

| | | | | | |
|---|---|---|---|---|---|
| **10 C** | 1 C | blaugrün bis gelbgrün | b | 80,— | 30,— |
| **11 C** | 10 C | dunkelbraun, graubraun | b | 100,— | 4,— |
| **12 C** | 20 C | dunkelblau, hellblau | b | 100,— | 4,— |
| **13 C** | 40 C | karmin, rot | b | 550,— | 26,— |

Roter oder blauer Aufdruck G: Kennzeichnung (wie Firmenlochung) des Bankhauses Guillochin.

MiNr. 10–13 in Doppeldrucken sehr selten.

Auflagen: MiNr. 10 = 37.250.000, MiNr. 11 = 39.800.000, MiNr. 12 = 27.300.000, MiNr. 13 = 5.900.000 Stück

*Gültig bis 30.6.1866*

*In gleicher Zeichnung: MiNr. 3–5, 7–9*

**1865, 6. Okt./1867, Juli. Freimarken: König Leopold I. nach links. Bdr. (30×10, unterteilt in 6 Gruppen zu 10×5); A = gez. 14½:14 (Brüsseler Druck), C = gez. 14 (Londoner Druck), D = gez. 15 (Brüsseler Druck); Papier dünn, mittelstark und dick.**

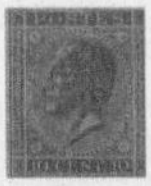
c
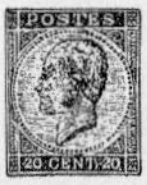
d
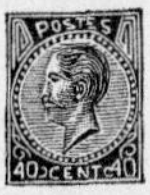
e
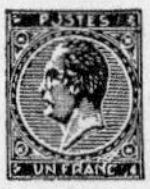
f

c–f) König Leopold I. (1790–1865, reg. ab 1831)

| | | | | | |
|---|---|---|---|---|---|
| **14** | 10 C | | c | | |
| A | | gez. 14½ (1.1.1866) | | | |
| a | | grau(schwarz) | | 300,— | 2,50 |
| b | | blaugrau | | 320,— | 5,— |
| D | | gez. 15 (16.4.1867) | | | |
| a | | grau(schwarz) | | 220,— | 2,50 |
| b | | blaugrau | | 250,— | 4,— |
| **15** | 20 C | | d | | |
| A a | | gez. 14½, (hell)blau (1.1.1866) | | 450,— | 3,— |
| D | | gez. 15 (1.2.1867) | | | |
| a | | (hell)blau | | 500,— | 3,— |
| b | | ultramarin | | 350,— | 3,50 |
| **16** | 30 C | braun | d I | | |
| A | | gez. 14½ (1.11.1865) | | 900,— | 12,— |
| D | | gez. 15 (Juli 1867) | | 700,— | 11,— |
| **17** | 40 C | rosa | e | | |
| A | | gez. 14½ (1.1.1866) | | 1300,— | 22,— |
| D | | gez. 15 (1.2.1867) | | 900,— | 20,— |
| **18** | 1 Fr | violett | f | | |
| A | | gez. 14½ (1.11.1865) | | 2500,— | 130,— |
| C | | gez. 14, hellviolett (6.10.1865) | | 2000,— | 120,— |
| D | | gez. 15 (1.7.1867) | | 2400,— | 110,— |

| | | ✶ |
|---|---|---|
| 14 U | ungezähnt | 170,— |
| 15 U | ungezähnt | 170,— |
| 16 U | ungezähnt | 360,— |
| 17 U | ungezähnt | 500,— |

Der Brüsseler Druck zeigt anfangs feine klare, ab 1.11.1866 schlechtere unsaubere Ausführung.

Der Londoner Druck von MiNr. 18 C zeigt matte Farben und scharfe Linienwiedergabe. Die Zähnung 14½:14 wurde von der Firma „Gouweloos Frères" angebracht, die Zähnung 15 von der Postverwaltung mit einer eigenen aus Wien bezogenen Zähnungsmaschine.

FALSCH MiNr. 16–18

Von 1865 ab ließ die belgische Post die ersten Bogen jeder Ausgabe ungezähnt bei den Akten aufbewahren. Von diesen Bogen stammen fast alle im Handel befindlichen □-Marken. □ am Schalter ausgegeben wurden nur folgende: MiNr. 14–17, 21–25, 27, 29, 41, 227, 257, 289 und 416. - Sehr selten sind ferner Stücke, die an einer Seite ungezähnt verblieben. Es gibt so die MiNr. 14, 16, 53, 58, 67, 71, 78, 108, 111, 116, 118, 143, 145, 147, 165, 167, 181, 182, 188, 190, 208 und 234. Wert: je 25,— bis 60,—. Nur mit breitem Rand oder in Paaren sammeln.

Auflagen: MiNr. 14 = 79.500.000, MiNr. 15 = 46.500.000, MiNr. 16 = 5.700.000, MiNr. 17 = 4.800.000, MiNr. 18 = 915.000 Stück

*Gültig bis 28.2.1911*

**Neudruck 1895 □, dünnes satiniertes Papier, lebhafte Farben:**

| | |
|---|---|
| 14 ND | 20,— |
| 15 ND | 20,— |
| 16 ND | 20,— |
| 17 ND | 20,— |
| 18 ND | 26,— |

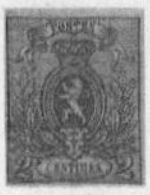

**1866, 1. Juni/1867, 1. März. Zeitungsmarken. Bdr. (30×10, unterteilt in 6 Gruppen zu 10×5); dickes oder dünnes Papier; MiNr. 19 □, MiNr. 20–22 A = gez. L 14½:14, C = K 15.**

g) Wappen

| | | | | ✶ | ⊙ |
|---|---|---|---|---|---|
| **19** | 1 C | grauschwarz (10.8.1866) | g | 300,— | 150,— |
| **20** | 1 C | | g | | |
| A | | gez. L 14½:14 (1.6.1866) | | | |
| a | | grau | | 70,— | 15,— |
| b | | grauschwarz | | 100,— | 17,— |
| C | | gez. L 15 (1867) | | | |
| a | | grau | | 50,— | 14,— |
| b | | grauschwarz | | 70,— | 17,— |
| c | | bläulichgrau | | 400,— | 110,— |
| **21** | 2 C | | g | | |
| A a | | gez. L 14½:14, blau (1.3.1867) | | 220,— | 100,— |
| C | | gez. L 15 (1867) | | | |
| a | | blau | | 180,— | 100,— |
| b | | ultramarin | | 160,— | 100,— |
| **22** | 5 C | | g | | |
| A | | gez. L 14½:14 (1.9.1866) | | | |
| a | | braun | | 250,— | 90,— |
| b | | gelbbraun | | 300,— | 120,— |
| C | | gez. L 15 (1867) | | | |
| a | | braun | | 220,— | 95,— |
| b | | gelbbraun | | 250,— | 100,— |

| | | ✶ |
|---|---|---|
| 21 U | ungezähnt | –,– |
| 22 U | ungezähnt | –,– |

Die Zähnung 14½:14 wurde bei Gouweloos, dagegen ab Dezember 1866 die Zähnung 15 mit der Maschine der Postverwaltung hergestellt. Schlecht zentrierte Stücke werten weniger.

FALSCH MiNr. 19, häufig MiNr. 20 mit abgeschnittener Zähnung.

Auflagen: MiNr.19 = 6.795.000, MiNr. 20 = 353.205.000, MiNr. 21 = 4.740.000, MiNr. 22 = 7.320.000 Stück

*Gültig bis 28.2.1911*

**Neudruck von 1895, ▢, dünnes satiniertes Papier, lebhaftere Farben:**

| | |
|---|---|
| 19/20 ND | 25,– |
| 21 ND | 25,— |
| 22 ND | 25,— |

**1869, 15. Febr./1880. Freimarken: Ziffer und liegender Löwe. Bdr. (30×10, unterteilt in 6 Gruppen zu 10×5); A = gez. 15, C = gez. 14.**

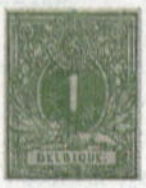
h

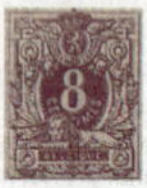
i

h–i) Ziffer und liegender Löwe

**A = gez. 15**

| | | | | | ✶ | ⊙ |
|---|---|---|---|---|---|---|
| **23 A** | 1 C | (15.2.1869) | | h | | |
| | a | gelbgrün | | | 9,– | 0,50 |
| | b | olivgrün | | | 10,– | 0,50 |
| **24 A** | 2 C | (1.1.1870) | | h | | |
| | a | ultramarin | | | 30,— | 2,— |
| | b | preußischblau (gez. 15) | | | 600,— | 35,— |
| **25 A** | 5 C | (1.3.1870) | | i | | |
| | a | gelbbraun | | | 75,— | 0,70 |
| | b | braunorange | | | 100,— | 0,70 |
| **26 A** | 8 C | (1.1.1870) | | i | | |
| | a | mattlila | | | 85,— | 60,— |
| | b | violett | | | 150,— | 75,— |

**C = gez. 14 (1880)**

| | | | | | |
|---|---|---|---|---|---|
| **23 C** | 1 C | graugrün | h | 17,— | 0,50 |
| **24 C** | 2 C | ultramarin | h | 22,— | 3,— |
| **25 C** | 5 C | braunorange | i | 60,— | 0,70 |

| | | ✶ |
|---|---|---|
| 23 U | ungezähnt | *50,—* |
| 24 U | ungezähnt | *75,—* |
| 25 U | ungezähnt | *150,—* |

FALSCH MiNr. 26

Auflagen: MiNr. 23 = 536.395.500, MiNr. 24 = 40.579.000, MiNr. 25 = 106.722.846, MiNr. 26 = 3.000.000 Stück

*Gültig bis 28.2.1911*

*In gleichen Zeichnungen: MiNr. 39–41, 48*

**1869, 15. Nov./1880. Freimarken: König Leopold II. Bdr. (30×10, unterteilt in 6 Gruppen zu 10×5); dickes, ab 1880 dünneres, satiniertes Papier; A = gez. 15, C = gez. 14.**

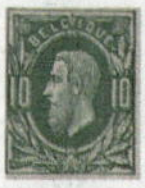
k

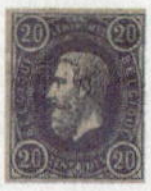
l

m

n

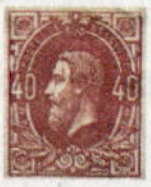
o

p

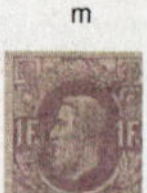
r

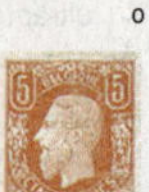
s

k–s) König Leopold II. (1835–1909, reg. ab 1865)

| | | | | ✶ | ⊙ |
|---|---|---|---|---|---|
| **27** | 10 (C) | | k | | |
| A | | gez. 15 (15.11.1869) | | | |
| a | | (hell- oder dkl')grün, graugrün | | 25,— | 0,30 |
| b | | gelbgrün | | 30,— | 0,50 |
| C | | gez. 14, graugrün (1880) | | 25,— | 0,60 |
| **28 A** | 20 C | (1.1.1870) | l | | |
| a | | blau, ultramarin | | 130,— | 1,10 |
| b | | preußischblau | | 1200,— | 50,— |
| **29** | 25 C | | m | | |
| A | | gez. 15 (1.7.1875) | | | |
| a | | olivgelb | | 220,— | 1,70 |
| b | | braunoliv | | 200,— | 1,50 |
| C | | gez. 14, gelboliv (1880) | | 110,— | 2,50 |
| **30 A** | 30 (C) | braunorange bis ocker (1.3.1870) | n | 100,— | 3,— |
| **31 A** | 40 (C) | mattrosa, rosa, karmin (1.4.1870) | o | 160,— | 7,50 |
| **32 A** | 50 C | (1.7.1875) | p | | |
| a | | grau | | 320,— | 12,— |
| b | | schwarz | | 2000,— | 300,— |
| c | | schwarzgrau | | 350,— | 36,— |
| **33 A** | 1 Fr | (1.4.1870) | r | | |
| a | | hellviolett, violett | | 500,— | 20,— |
| b | | dkl'lila, rotlila | | 500,— | 20,— |
| **34 A** | 5 Fr | | s | | |
| a | | gelbbraun (Juni 1878) | | 4400,— | 1600,— |
| b | | rotbraun (1.4.1878) | | 1900,— | 1600,— |

| | | ✶ |
|---|---|---|
| 27 U | ungezähnt | –,– |
| 29 U | ungezähnt | –,– |

Angebliche ND sind Probedrucke

FALSCH MiNr. 34 a und 34 b

Auflagen: MiNr. 27 = 579.000.000, MiNr. 28 = 34.000.000, MiNr. 29 = 57.000.000, MiNr. 30 = 17.500.000, MiNr. 31 = 9.300.000, MiNr. 32 = 3.109.401, MiNr. 33 = 7.228.230, MiNr. 34 = 30.000 Stück

*MiNr. 27–33 gültig bis 28.2.1911, MiNr. 34 gültig bis 30.10.1894*

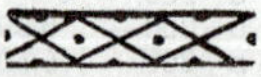
**Rollstempel-Muster:**

I. Für Postsparkassen oder Verrechnungszwecke: Sauberer, waagerechter oder senkrechter Abdruck. Preise, wo nicht anders vermerkt, etwa ⅓ bis ½ der für ⊙ eingesetzten.

II. Für nachträgliche Entwertung ungestempelt gebliebener Marken: Unsauberer Abdruck in beliebiger Richtung auch über Briefteile reichend.

**1883, 20. Okt./1. Nov. Freimarken: König Leopold II. Bdr. (30×10, unterteilt in 6 Gruppen zu 10×5); gez. 14.**

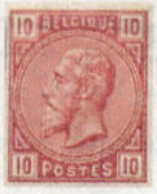
t

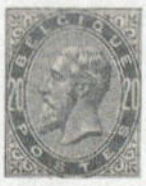
u

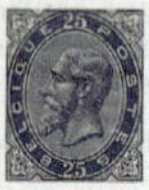
v

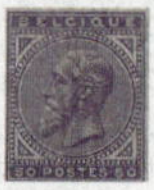
w

t–w) König Leopold II. (1835–1909, reg. ab 1865)

| | | | | ✶ | ⊙ |
|---|---|---|---|---|---|
| **35** | 10 C | rosa (20. Dez.) | t | 30,— | 2,— |
| **36** | 20 C | blaugrau (20. Okt.) | u | 220,— | 10,— |
| **37** | 25 C | blau (1. Nov.) | v | 450,— | 35,— |
| **38** | 50 C | hellviolett (1. Nov.) | w | 400,— | 33,— |
| | | Satzpreis (4 W.) | | 1100,— | 80,— |

Weitere Werte 1 Fr, violett, und 2 Fr, braun, mit Aufdruck Specimen sind Probedrucke.

Auflagen: MiNr. 35 = 9.000.000, MiNr. 36 = 300.000, MiNr. 37 = 150.000, MiNr. 38 = 120.000 Stück

*Gültig bis 3.9.1910*

**1884, 1. Jan./1. Nov. Freimarken: Ziffer und liegender Löwe. Bdr. (30×10, unterteilt in 6 Gruppen zu 10×5); gez. 14.**

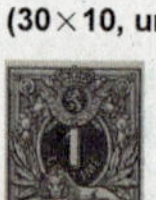
h

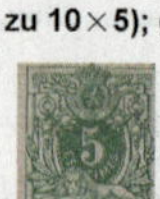
i

h–i) Ziffer und liegender Löwe

| | | | | | |
|---|---|---|---|---|---|
| **39** | 1 C | bronzegrün, oliv (1. Jan.) | h | 17,— | 0,80 |
| **40** | 1 C | grau bis hellgrau (1. Juli) | h | 5,— | 0,30 |
| **41** | 5 C | grün bis blaugrün (1. Nov.) | i | 45,— | 0,50 |
| | | Satzpreis (3 W.) | | 65,— | 1,60 |

| | | ✶ |
|---|---|---|
| 41 U | ungezähnt | 200,— |

Auflagen: MiNr. 39 = 54.600.000, MiNr. 40 = 224.700.000, MiNr. 41 = 108.480.000 Stück

*Gültig bis 3.9.1910*

*In gleichen Zeichnungen: MiNr. 23–26, 48*

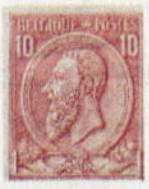

**1884, 15. Juni/1886, 1. Jan. Freimarken: König Leopold II. Bdr. (30×10, unterteilt in 6 Gruppen zu 10×5); gefärbtes Papier; gez. 14.**

x

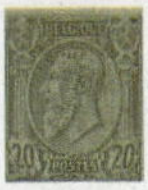
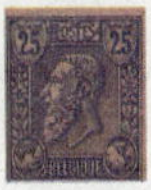
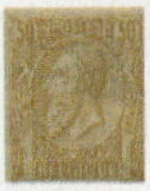
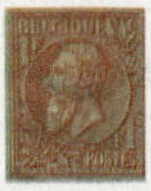
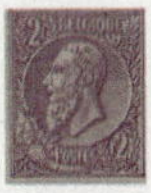

y z aa ab ac

x–ac) König Leopold II. (1835–1909, reg. ab 1865)

| | | | | ✶ | ⊙ |
|---|---|---|---|---|---|
| **42** | 10 C | | x | | |
| a | | karminrosa auf bläulich (15.7.1884) | | 15,— | 0,50 |
| b | | karminrosa auf gelblich (1885) | | 250,— | 30,— |
| **43** | 20 C | oliv (1.1.1886) | y | 250,— | 2,— |
| **44** | 25 C | blau auf rosa (1.7.1885) | z | 15,— | 0,70 |
| **45** | 50 C | gelbbraun auf gelb (1.1.1886) | aa | 15,— | 2,20 |
| **46** | 1 Fr | braunrot auf grünlich (15.6.1884) | ab | 900,— | 18,— |
| **47** | 2 Fr | violett auf blasslila (1.1.1886) | ac | 50,— | 38,— |
| | | Satzpreis (6 W.) | | 1200,— | 60,— |

MiNr. 42 a–b wurden früher als MiNr. 42 und 42 x katalogisiert.

Auflagen: MiNr. 42 = 720.000.000, MiNr. 43 = 4.000.000, MiNr. 44 = 65.000.000, MiNr. 45 = 1.130.000, MiNr. 46 = 675.000, MiNr. 47 = 411.443 Stück

*Gültig bis 3.9.1910*

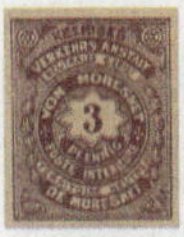

Für das Gebiet von Neutral-Moresnet an der belgisch-preußischen Grenze bei Aachen (1816–1919) gab eine private „Kelmiser Verkehrsanstalt" unter Missachtung bestehender Verträge am 1.10.1886 eine aus 8 Werten bestehende ☐ Freimarkenserie (1, 2, 3, 4, 5, 10, 20, 50 Pf) für den internen Postverkehr innerhalb des Gebietes von Moresnet heraus, die aber schon am 21.10.1886 auf Einspruch des preußischen und des belgischen Kommissars wieder zurückgezogen werden musste. Die erst später auch gezähnt herausgegebene gleiche Serie ist reine Privatmache.

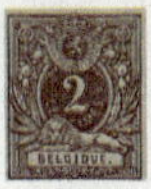

**1888, 31. Dez. Freimarke: Ziffer und liegender Löwe. Bdr. (30×10, unterteilt in 6 Gruppen zu 10×5); gez. 14.**

h) Ziffer und liegender Löwe

| | | | | | |
|---|---|---|---|---|---|
| **48** | 2 C | lilabraun | h | 16,— | 2,— |

Auflage: 15.570.000 Stück

*In gleicher Zeichnung: MiNr. 23–24, 39–40*
*Weitere Werte: MiNr. 25–26, 41*

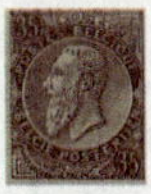

**1891, 1. Juli. Freimarke: König Leopold II. Bdr. (30×10, unterteilt in 6 Gruppen zu 10×5); gez. 14.**

ad) König Leopold II. (1835–1909, reg. ab 1865)

| | | | | | |
|---|---|---|---|---|---|
| **49** | 35 C | lilabraun auf bräunlich | ad | 20,— | 3,— |

Auflage: 1.180.000 Stück

*Gültig bis 3.9.1910*

MiNr. 49 hat im Gegensatz zu MiNr. 56 unten keine Anhängeleiste. Vom 1. Juni 1893 bis Okt. 1914 hatten die belgischen Marken, um die Sonntagsruhe der Postbeamten zu fördern, unten ein Anhängsel mit der zweisprachigen Inschrift NE PAS LIVRER LE DIMANCHE / NIET BESTELLEN OP ZONDAG (Sonntags nicht zustellen). Absender, welche die Sonntagszustellung wünschten, trennten das Anhängsel ab.
Stücke ohne Anhängsel werten 1/4–1/5 der vollständigen Marke.

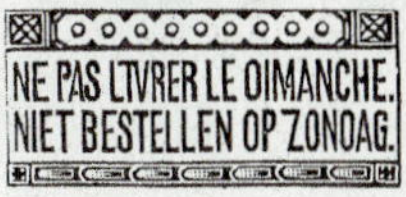

Verbindungsleiste

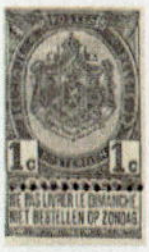

**1893, 1. Juni/1. Sept. Freimarken: Staatswappen. Marken mit Anhängsel (sogenannte Sonntagsmarken) und dazwischen Verbindungsleiste; Bdr.; oWz.; gez. 14.**

ae) Staatswappen

| | | | | | |
|---|---|---|---|---|---|
| **50** | 1 C | grau, schwarzgrau (1. Juni) | ae | 0,70 | 0,30 |
| **51** | 2 C | gelb (1. Aug.) | ae | 0,70 | 1,— |
| **52** | 5 C | (1. Sept.) | ae | | |
| a | | hellgrün | | 11,— | 0,70 |
| b | | blaugrün | | 11,— | 0,70 |
| | | Satzpreis (3 W.) | | 12,— | 2,— |

| | | | |
|---|---|---|---|
| 50 x | Zigarettenpapier | 3,60 | 2,50 |
| 51 W | Bogen-Wz. „Staatswappen" (1895) | —,— | —,— |
| 52 x | Zigarettenpapier | 13,— | 10,— |

**Vorausentwertung:**

| | | (✶) | ✶ |
|---|---|---|---|
| 50 V | Aufdrucktype b 1 (1906/1907) | 0,50 | 0,80 |

Das Bogen-Wz. „Staatswappen" kommt im Papier der Eisenbahnmarken vor (siehe Eisenbahn-Paketmarken, Fußnote nach MiNr. 14). MiNr. 51 W entstand durch versehentliche Benutzung solcher Bogen. 1895 wenige Stücke in Tournai gefunden.

Auflagen: MiNr. 50 = 1.134.000, MiNr. 51 = 4.580.000, MiNr. 52 = 118.000.000 Stück

*Gültig bis 14.10.1915*

*Weiterer Wert in Zeichnung ae: MiNr. 60; MiNr. 50 und 52 ohne Verbindungsleiste: MiNr. 78, 80*

**Vorausentwertungen:**

Das Ministerium der Eisenbahn, Post und Telegraphen gab am 21.6.1894 die Einführung von Marken mit Vorausentwertung bekannt. Zunächst wurden die Vorausentwertungen mittels Handstempeln angebracht. Die große Vielfalt und gleichzeitige Seltenheit dieser Vorausentwertungstypen macht eine Katalogisierung im Rahmen dieses Kataloges unmöglich.
1906 wurden Vorausentwertungen mittels Buchdruck eingeführt.

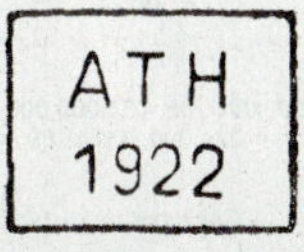

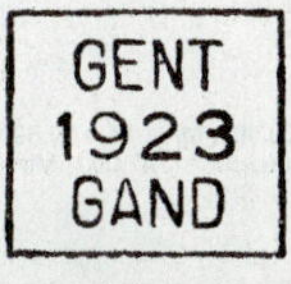

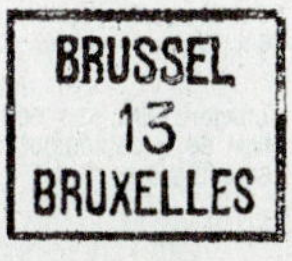


a (zweizeilig) a (dreizeilig) b 1

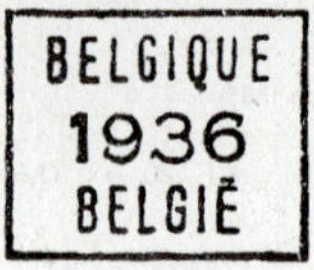


b 2

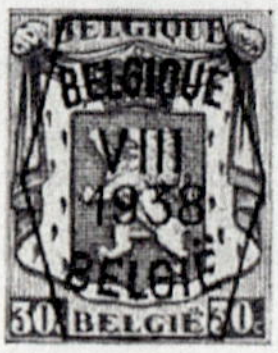

b 3

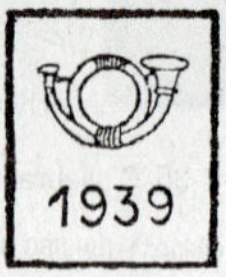


b 4

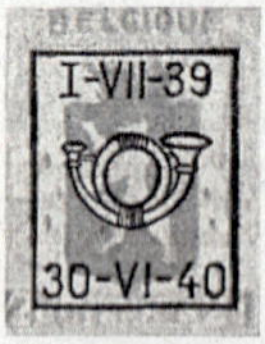


b 5

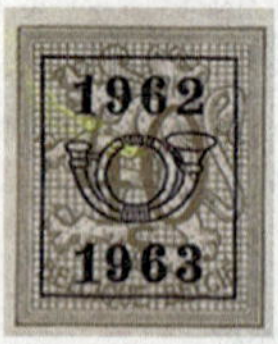


b 6 (bis 1962)

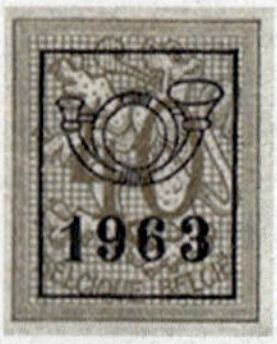


b 6 (ab 1963)

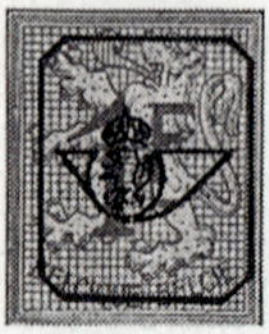

b 7

Stempelbilder in Originalgröße

Vorausentwertungstypen:

a) Handstempel (Rollstempel) des betreffenden Postamtes, vorkommend in vier Stellungen: rechts oder linksliegend, aufrecht oder kopfstehend; außerdem durch Buchdruckstempel, entweder links oder rechtsliegend. Jahreszahl zwei- oder vierstellig, Ortsangabe ein- oder zweisprachig.
b) Buchdruckaufdruck des Atelier du Timbre:
1. für Antwerpen, Brüssel, Charleroi, Gent, Lüttich, Löwen, Verviers;
2. allgemeine Ausgabe für ganz Belgien, Landesname zweisprachig;
3. im Jahre 1938 und Jan./Febr. 1939 sechseckiger Aufdruck (1938 mit Landesnamen, 1939 mit Posthorn);
4. 1939 Posthorn mit Jahreszahl;
5. 1939–1954 Posthorn mit Gültigkeitsdaten (jährlich 2 Serien);
6. 1954–1966 Posthorn mit Jahreszahl der Gültigkeit (jährlich 1 Serie); bis 1962 mit zwei Jahreszahlen, ab 1963 mit einer Jahreszahl.
7. seit 1967 Posthorn stilisiert und Löwe mit Krone.

Von Nr. 1–2 kommen nur senkrechte Stellungen vor, von den übrigen waagerechte; Abweichungen sind teils sehr selten. Sofern mit den Vorausentwertungen gleichzeitig auch der Nennwert der Marke verändert wurde, sind diese unter Freimarken aufgeführt; siehe MiNr. 251–253, 301, 322, 323, 373–375, 451 und 987–988.

FALSCH Gefälschte Aufdrucke, besonders bei Type b 3

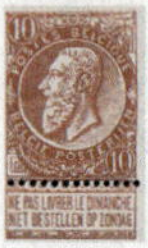

**1893, 1. Juni. Freimarken: König Leopold II. Bdr.; gez. 14.**

af) König Leopold II. (1835–1909, reg. ab 1865)

| | | | | | ✶ | ⊙ |
|---|---|---|---|---|---|---|
| **53** | 10 (C) | rötlichbraun | | af | 3,— | 0,30 |
| **54** | 20 (C) | oliv | | af | 17,— | 0,70 |
| **55** | 25 (C) | blau, ultramarin | | af | 12,— | 0,50 |
| **56** | 35 (C) | | | af | | |
| | **a** | | lilabraun | | 25,— | 1,50 |
| | **b** | | rotbraun | | 35,— | 2,50 |
| **57** | 50 (C) | gelbbraun | | af | 65,— | 18,— |
| **58** | 1 Fr | karmin auf grünlich | | af | 90,— | 25,— |
| **59** | 2 Fr | lila auf blassrosa | | af | 75,— | 65,— |
| | | | | Satzpreis (7 W.) | 280,— | 110,— |

| | | |
|---|---|---|
| 55 x Zigarettenpapier | 45,— | 30,— |
| 56 x Zigarettenpapier | 50,— | 32,— |

Auflagen: MiNr. 53 = 567.000.000, MiNr. 54 = 12.600.000, MiNr. 55 = 36.000.000, MiNr. 56 = 69.200.000, MiNr. 57 = 747.000, MiNr. 58 = 224.000, MiNr. 59 = 168.000 Stück

*Gültig bis 14.10.1915*

*In gleicher Zeichnung: MiNr. 67–70*

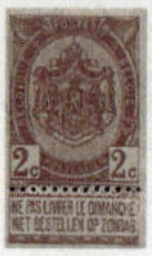

**1894, 15. Sept. Freimarke: Staatswappen. Bdr.; gez. 14.**

ae) Staatswappen

| | | | | |
|---|---|---|---|---|
| **60** 2 C lilabraun | ae | 2,— | 0,50 |
| 60 x Zigarettenpapier | | 7,50 | 5,— |

**Vorausentwertung:**

| | (✶) | ✶ |
|---|---|---|
| 60 V Aufdrucktype b 1 (1906/1907) | 1,— | 2,50 |

Auflage: 42.500.000 Stück

*Gültig bis 14.10.1915*

*In gleicher Zeichnung: MiNr. 50–52*

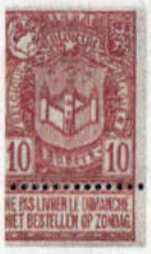

**1894, 20. Febr. Weltausstellung, Antwerpen. Bdr.; gez. 14.**

ag) Stadtwappen

| | | | | ✶ | ⊙ |
|---|---|---|---|---|---|
| **61** | 5 (C) | grün auf rosa | ag | 6,— | 4,— |
| **62** | 10 (C) | karmin auf blau | ag | 3,50 | 3,— |
| **63** | 25 (C) | blau auf rosa | ag | 1,— | 1,— |
| | | | Satzpreis (3 W.) | 10,— | 8,— |

Auflagen: MiNr. 61 = 5.635.300, MiNr. 62 = 8.289.300, MiNr. 63 = 2.810.000 Stück

*Gültig bis 30.12.1897*

**1896, 15. Okt./1897, 11. Jan. Internationale Ausstellung, Brüssel. Bdr. (5×5), Unterdruck grau, rosa oder sämisch; gez. 14.**

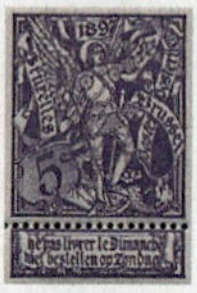

ah) Stadtwappen von Brüssel, St. Michael besiegt den Teufel

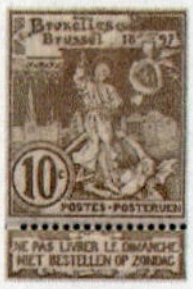

ai) St. Michael bekämpft den Teufel; Rathaus und Justizpalast, Brüssel

| | | | | | |
|---|---|---|---|---|---|
| **64** | 5 C | blauviolett (15.11.1896) | ah | 1,— | 0,70 |
| **65** | 10 C | hellbraun (11.1.1897) | ai | 8,50 | 4,50 |
| **66** | 10 C | lilabraun (15.10.1896) | ai | 0,50 | 0,30 |
| | | | Satzpreis (3 W.) | 10,— | 5,50 |

Ungezähnte Marken sind Probedrucke.

Auflagen: MiNr. 64 = 6.406.800, MiNr. 65 = 1.840.000, MiNr. 66 = 5.493.000 Stück

*Gültig bis 30.12.1917*

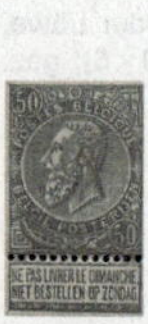

**1897, 15. Sept./1900, 1. April. Freimarken: König Leopold II. Bdr.; gez. 14.**

af) König Leopold II. (1835–1909, reg. ab 1865)

| | | | | | |
|---|---|---|---|---|---|
| **67** | 10 (C) | karminrosa (1.1.1900) | af | 2,50 | 0,50 |
| **68** | 50 (C) | grau, schwarzgrau (15.9.1897) | af | 70,— | 2,60 |
| **69** | 1 Fr | orange (1.4.1900) | af | 110,— | 6,— |
| **70** | 2 Fr | hellviolett (1.4.1900) | af | 170,— | 12,— |
| | | | Satzpreis (4 W.) | 350,— | 20,— |

| | | |
|---|---|---|
| 67 x Zigarettenpapier | 26,— | 20,— |
| 68 x Zigarettenpapier | 110,— | 65,— |
| 69 x Zigarettenpapier | 260,— | 160,— |

Auflagen: MiNr. 67 = 486.000.000, MiNr. 68 = 1.305.000, MiNr. 69 = 270.000, MiNr. 70 = 140.000 Stück

*Gültig bis 14.10.1915*

**1905, 1. Mai/21. Juli. 75 Jahre Unabhängigkeit. Bdr.; gez. 14.**

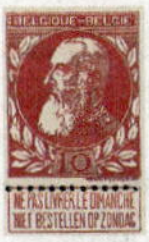
ak

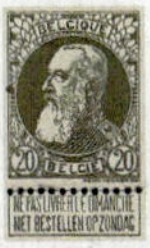
al

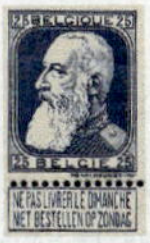
am

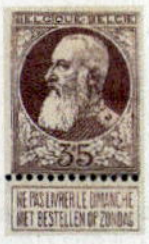
an

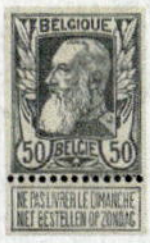
ao

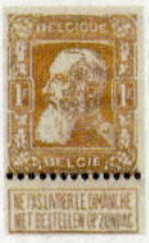
ap

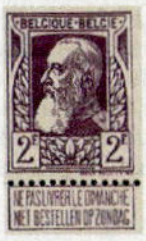
ar

ak–ar) König Leopold II. nach einem Gemälde von Omer Dierickx (1862–1939)

| | | | | | |
|---|---|---|---|---|---|
| **71** | 10 (C) | rot, karminrosa (1. Mai) | ak | 1,50 | 0,70 |
| **72** | 20 (C) | oliv (1. Mai) | al | 35,— | 1,20 |
| **73** | 25 (C) | blau, hellblau (1. Mai) | am | 20,— | 1,10 |
| **74** | 35 (C) | braunlila (1. Mai) | an | 35,— | 3,— |
| **75** | 50 (C) | grau, dunkelgrau (21. Juli) | ao | 120,— | 2,50 |
| **76** | 1 Fr | (21. Juli) | ap | | |
| a | | orangegelb | | 180,— | 10,— |
| b | | orange | | 200,— | 11,— |
| **77** | 2 Fr | violett, lila (21. Juli) | ar | 120,— | 25,— |
| | | Satzpreis (7 W.) | | 500,— | 42,— |

FALSCH MiNr. 74–77

Auflagen: MiNr. 71 = 365.000.000, MiNr. 72 = 12.586.000, MiNr. 73 = 33.344.700, MiNr. 74 = 6.083.000, MiNr. 75 = 3.363.000, MiNr. 76 = 684.000, MiNr. 77 = 597.000 Stück

*Gültig bis 14.10.1915*

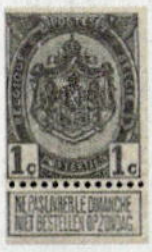

**1907/1908. Freimarken: Staatswappen; ohne Verbindungsleiste zwischen Marke und Anhängsel. Bdr.; MiNr. 78 in zwei Typen; gez. 14.**

as) Staatswappen

| | | | | | |
|---|---|---|---|---|---|
| **78** | 1 C | grau (1907) | as | | |
| I | | „NEPASLIVRER“ | | 1,50 | 0,50 |
| II | | „NE PAS LIVRER“ | | 1,— | 0,30 |
| **79** | 2 C | lilabraun (1.10.1907) | as | 18,— | 7,50 |
| **80** | 5 C | hellgrün, blaugrün (1.10.1907) | as | 12,— | 0,70 |
| | | Satzpreis (3 W.) | | 30,— | 8,50 |

**Vorausentwertungen:**

| | | (✱) | ✱ |
|---|---|---|---|
| 78 II V | Aufdrucktype b 1 (1907/1911) | 0,50 | 1,20 |
| 79 V | Aufdrucktype b 1 (1907/1911) | 5,— | 10,— |

Außer durch den fehlenden Abstand zwischen den Wörtern „NE PAS LIVRER“ unterscheidet sich Type I von Type II durch den größeren Abstand von 1 mm zwischen „N“ und Rahmenlinie, der bei Type II nur 0,5 mm mißt.

Auflagen: MiNr. 79 = 59.000.000, MiNr. 80 = 280.000.000 Stück

*Gültig bis 14.10.1915*

**1910, 1. Juni. Weltausstellung in Brüssel und Nationalfonds zum Kampf gegen die Tuberkulose. Bdr. (5×5); gez. 14.**

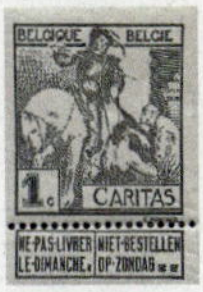
at) schraffierter Grund

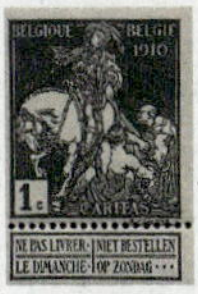
au) glatter Grund

at–au) Hl. Martin von Tours; Altarbild von van Dyck aus der Kirche von Zaventem

| | | | | | ✱ | ⊙ |
|---|---|---|---|---|---|---|
| **81 I** | 1 C | (+1 C) grau | at | | 1,— | 1,— |
| **82 I** | 2 C | (+2 C) lilabraun | at | | 10,— | 10,— |
| **83 I** | 5 C | (+5 C) grünblau | at | | 3,— | 2,50 |
| **84 I** | 10 (C) | (+5 C) bräunlichkarmin | at | | 3,— | 2,50 |
| **85 I** | 1 C | (+1 C) schwarzgrün | au | | 3,— | 2,50 |
| **86 I** | 2 C | (+2 C) lilabraun | au | | 9,— | 8,— |
| **87 I** | 5 C | (+5 C) blaugrün | au | | 3,— | 2,50 |
| **88 I** | 10 (C) | (+5 C) rot/karmin | au | | 3,— | 2,50 |
| | | Satzpreis I (8 W.) | | | 35,— | 30,— |

FALSCH

Auflage: 850.000 Sätze

*Gültig bis (nur Inland) 30.1.1911*

*In ähnlichen Zeichnungen: MiNr. 208–209*

**1911, 4. April. Nationalfonds zum Kampf gegen die Tuberkulose. Ausgabe vom Vorjahr mit Aufdruck „1911“. Bdr. (5×5); gez. 14.**

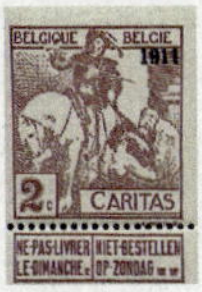
82 II

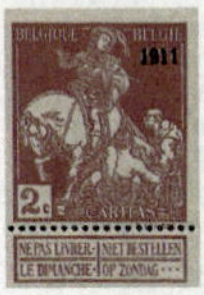
86 II

| | | | | | |
|---|---|---|---|---|---|
| **81 II** | 1 C | (+1 C) grau | (81 I) | 30,— | 20,— |
| **82 II** | 2 C | (+2 C) lilabraun | (82 I) | 130,— | 90,— |
| **83 II** | 5 C | (+5 C) grünblau | (83 I) | 10,— | 8,— |
| **84 II** | 10 (C) | (+5 C) bräunlichkarmin | (84 I) | 10,— | 8,— |
| **85 II** | 1 C | (+1 C) schwarzgrün | (85 I) | 40,— | 35,— |
| **86 II** | 2 C | (+2 C) lilabraun | (86 I) | 60,— | 40,— |
| **87 II** | 5 C | (+5 C) blaugrün | (87 I) | 10,— | 10,— |
| **88 II** | 10 (C) | (+5 C) rot/karmin | (88 I) | 10,— | 10,— |
| | | Satzpreis II (8 W.) | | 300,— | 220,— |

FALSCH

Auflagen: MiNr. 81 II–82 II und 85 II–86 II je 25.000, MiNr. 83 II–84 II und 87 II–88 II je 125.000 Stück

*Gültig bis (nur Inland) 30.1.1912*

**1911, Juni. Ausstellung in Charleroi und Nationalfonds zum Kampf gegen die Tuberkulose. Ausgabe vom Vorjahr mit Aufdruck „CHARLEROI / 1911“. Bdr. (5×5); gez. 14.**

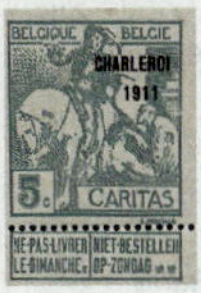
83 III

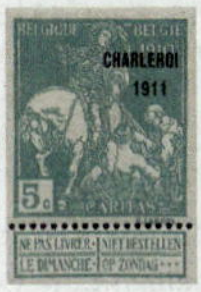
87 III

| | | | | | |
|---|---|---|---|---|---|
| **81 III** | 1 C | (+1 C) grau | (81 I) | 5,— | 2,50 |
| **82 III** | 2 C | (+2 C) lilabraun | (82 I) | 20,— | 15,— |
| **83 III** | 5 C | (+5 C) grünblau | (83 I) | 12,— | 12,— |
| **84 III** | 10 (C) | (+5 C) bräunlichkarmin | (84 I) | 12,— | 12,— |
| **85 III** | 1 C | (+1 C) schwarzgrün | (85 I) | 5,— | 2,50 |
| **86 III** | 2 C | (+2 C) lilabraun | (86 I) | 15,— | 15,— |
| **87 III** | 5 C | (+5 C) blaugrün | (87 I) | 12,— | 10,— |
| **88 III** | 10 (C) | (+5 C) rot/karmin | (88 I) | 12,— | 10,— |
| | | Satzpreis III (8 W.) | | 90,— | 75,— |

FALSCH

Auflagen: MiNr. 81 III–82 III und 85 III–86 III je 125.000, MiNr. 83 III–84 III und 87 III–88 III je 187.500 Stück

*Gültig bis (nur Inland) 30.1.1912*

**1912, 15. April/1. Okt. Freimarken: Ziffer, schreitender Löwe, König Albert I. in Uniform mit zwei Knöpfen. Bdr.; gez. 14.**

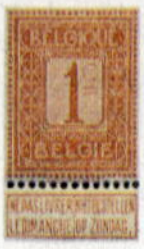
av) Ziffer

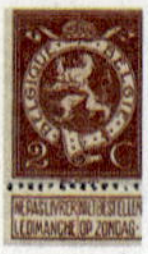
aw) Löwe

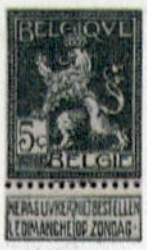
ax) Löwe

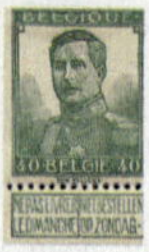
ay) König Albert I.

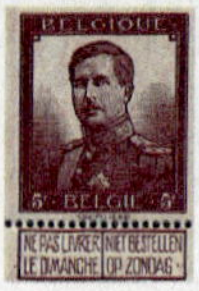
az) König Albert I.

| | | | | | | |
|---|---|---|---|---|---|---|
| **89** | 1 C | orange (15. April) | av | 0,30 | 0,30 |
| **90** | 2 C | rotbraun (1. Sept.) | aw | 0,30 | 0,30 |
| **91** | 5 C | grün (15. April) | ax | 0,30 | 0,30 |
| **92** | 10 (C) | rot (15. April) | ay | 0,80 | 0,50 |
| **93** | 20 (C) | oliv (1. Sept.) | ay | 10,— | 4,— |
| **94** | 35 (C) | fahlbraun (1. Aug.) | ay | 1,— | 0,50 |
| **95** | 40 (C) | hellgrün (1. Juli) | ay | 12,— | 10,— |
| **96** | 50 (C) | grau (1. Juli) | ay | 1,— | 0,60 |
| **97** | 1 Fr | orange (1. Sept.) | ay | 5,— | 3,50 |
| **98** | 2 Fr | violett (1. Okt.) | ay | 15,— | 15,— |
| **99** | 5 Fr | lilabraun (1. Okt.) | az | 75,— | 25,— |
| | | Satzpreis (11 W.) | | 120,— | 60,— |

**Vorausentwertungen:**

| | | (✱) | ✱ |
|---|---|---|---|
| 89 V | Aufdrucktype b 1 (1912/1914) | 0,50 | 0,80 |
| 90 V | Aufdrucktype b 1 (1912/1914) | 2,50 | 4,— |

Die ⊙-Bewertung bei MiNr. 97 und 99 gilt nur für gewöhnliche Poststempel. Mit dem achteckigen Telegraphenstempel wurden die nach Postschluss ausgelieferten Eilbriefe vom Telegraphenamt entwertet. Außerdem gibt es die höheren Werte auch mit den querrechteckigen Eisenbahn-(Paket)-Stempeln.
MiNr. 97 mit Bahn- oder Telegraphenstempel ca. drei- bis vierfacher Preis, MiNr. 99 ca. 30% Aufschlag.

Ungezähnte Marken ohne Gummi oder in anderen Farben sind Probedrucke. FALSCH

FALSCH MiNr. 93, 95, 97–99 ungebraucht oder ⊙

*Gültig bis 14.10.1915*

*MiNr. 91–99 mit Aufdruck „CHEMINS DE FER / SPOORWEGEN" und eines Flügelrades: Eisenbahnpaketmarken MiNr. 48–49, B 49, B 50, 52, A 53–57*

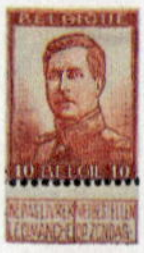

**1912, 15. Sept./1913, Dez. Freimarken: König Albert I. in Uniform mit einem Knopf. Bdr., zwei Typen; gez. 14.**

ba) König Albert I. (1875–1934, reg. ab 1909)

**I = mit Entwerfernamen Edw. Pellens am unteren Rand**

| | | | | | ✱ | ⊙ |
|---|---|---|---|---|---|---|
| **100 I** | 10 (C) | rot bis rosa (15.12.1912) | ba | 0,50 | 0,30 |
| **101 I** | 20 (C) | oliv (15.12.1912) | ba | 0,30 | 0,30 |
| **102 I** | 25 (C) | blau (15.9.1912) | ba | 4,20 | 3,60 |
| **103 I** | 40 (C) | hellgrün (15.7.1913) | ba | 0,50 | 0,30 |
| | | Satzpreis (4 W.) | | 5,50 | 4,50 |

**II = ohne Entwerfernamen (Dez. 1913)**

| | | | | | |
|---|---|---|---|---|---|
| **100 II** | 10 (C) | rot bis rosa | ba | 0,30 | 0,30 |
| **101 II** | 20 (C) | oliv | ba | 2,— | 2,— |
| **102 II** | 25 (C) | blau | ba | 0,30 | 0,30 |

MiNr. 100 ungezähnt ohne Gummi ist Probedruck.

*Gültig bis 14.10.1915*

*Mit Aufdruck „CHEMINS DE FER / SPOORWEGEN" und eines Flügelrades: Eisenbahnpaketmarken MiNr. 49–A 49, 50–A 50, 51–A 51, 53*

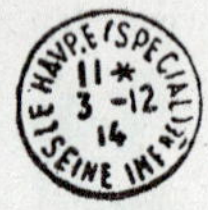


Während der deutschen Besetzung Belgiens hatte die belgische Exilregierung ihren Sitz in Sainte-Adresse bei Le Havre, wo ein besonderes Postamt bestand, das u. a. Stempel mit den Umschriften LE HAVRE (SPECIAL) SEINE INFRE. sowie SAINTE ADRESSE (SEINE INFRE) verwendete. Dieses Postamt war für den Publikumsverkehr vom 18. Oktober 1914 bis zum 22. November 1918, für den amtlichen Verkehr noch bis zum 30. September 1919 geöffnet. Außerdem wurden die belgischen Marken der Ausgabe 1912 (bis 15. Oktober 1915) und der folgenden Ausgaben von den 23 Postämtern im unbesetzten Belgien und in der von niederländischem Gebiet umschlossenen Exklave Baarle-Hertog (Baarle Duc) benützt (20% Preisaufschlag). Es gibt die Stempel von Sainte-Adresse auch auf französischen Marken (meistens philatelistische Mache).

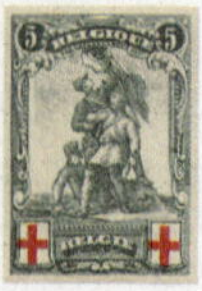

**1914, 3. Okt. Rotes Kreuz (I). Stdr. (5×5 + 5×5 + 5×5); gez. 14.**

bb) Denkmal des Grafen Mérode (gefallen im Unabhängigkeitskrieg 1830) in Berchem

| | | | | | |
|---|---|---|---|---|---|
| **104** | 5 (C) | (+ 5 C) grün/rot | bb | 4,— | 2,— |
| **105** | 10 (C) | (+ 10 C) rot | bb | 6,— | 3,— |
| **106** | 20 (C) | (+ 20 C) violett/rot | bb | 65,— | 45,— |
| | | Satzpreis (3 W.) | | 75,— | 50,— |

FALSCH Marken mit „O" statt „Q" im Landesnamen „BELGIQUE"

Von MiNr. 104–106 und 107–109 gibt es private Neudrucke.

Auflagen: MiNr. 104–105 je 150.000, MiNr. 106 = 50.000 Stück

*Gültig bis 14.8.1920*

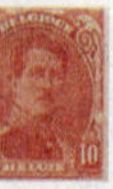

**1914, 3. Okt. Rotes Kreuz (II). Stdr. (15×10 + 15×10); gez. K 14.**

bc) König Albert I. (1875–1934, reg. ab 1909)

| | | | | | |
|---|---|---|---|---|---|
| **107** | 5 (C) | (+ 5 C) grün/rot | bc | 4,— | 5,— |
| **108** | 10 (C) | (+ 10 C) scharlach/rot | bc | 0,50 | 0,50 |
| **109** | 20 (C) | (+ 20 C) violett/rot | bc | 7,50 | 15,— |
| | | Satzpreis (3 W.) | | 12,— | 20,— |

| | | | |
|---|---|---|---|
| 107 I | Rotes Kreuz fehlt | 5,— | 3,— |

FALSCH Marken mit „O" statt „Q" im Landesnamen „BELGIQUE"

Auflagen: MiNr. 107 = 70.669, MiNr. 108 = 299.989, MiNr. 109 = 60.000 Stück

*Gültig bis 14.8.1920*

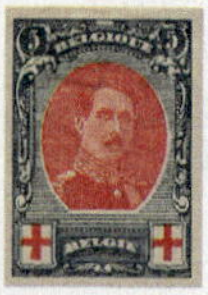

**1915, 1. Jan. Rotes Kreuz (III). Stdr. (10×10, unterteilt in 4 Gruppen zu 5×5); A = gez. K 14; B = gez. 12:14, MiNr. 112 ~; C = gez. 12.**

bd) König Albert I. (1875–1934, reg. ab 1909)

| | | | | | | |
|---|---|---|---|---|---|---|
| **110** | | 5 C | (+ 5 C) grün/rot | bd | | |
| | A | | gez. K 14 | | 10,— | 2,— |
| | B | | gez. 12:14 | | 40,— | 15,— |
| **111** | A | 10 C | (+ 10 C) scharlach/rot | bd | 20,— | 13,— |
| **112** | | 20 C | (+ 20 C) violett/rot | bd | | |
| | A | | gez. K 14 | | 40,— | 20,— |
| | B | | gez. 14:12 | | 650,— | 300,— |
| | C | | gez. 12 | | 55,— | 40,— |
| | | | Satzpreis (3 W.) | | 70,— | 35,— |

Auflagen: MiNr. 110 = 328.915, MiNr. 111 = 336.582, MiNr. 112 = 250.173 Stück

*Gültig bis 14.8.1920*

**1915, 15. Okt./1922, Juni. Freimarken: König Albert I. Bdr. (20×20, unterteilt in 4 Gruppen zu 10×10); Type I–III und V Londoner Druck, Type IV Mechelner Druck; gez. 14.**

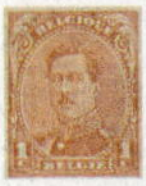

be) König Albert I. (1875–1934, reg. ab 1909)

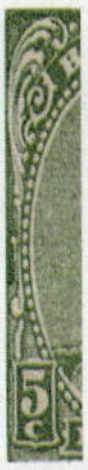

Type I

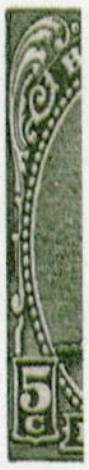

Type II

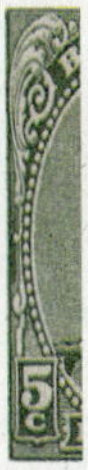

Type III

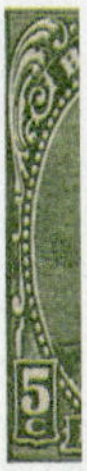

Type IV

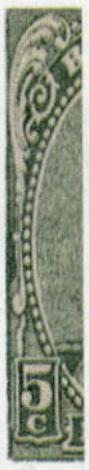

Type V

Merkmale zur Typenunterscheidung:
- äußeres Spiralende berührt oberes Oval oder nicht
- Spirale wird von farbiger Linie geschnitten oder nicht
- kurzer oder langer Zweig auf Höhe der 14. Perle über linker Wertziffer
- großer oder kleiner Abstand zwischen dem oberen Querstrich der Nominale und dem Rahmen des Wertschildes

Type I = Spirale berührt Oval; Spirale wird von Linie geschnitten; kurzer Zweig; großer Abstand
Type II = Spirale berührt Oval; Spirale wird nicht von Linie geschnitten; kurzer Zweig; großer Abstand
Type III = Spirale berührt nicht Oval; Spirale wird von Linie geschnitten; kurzer Zweig; großer Abstand
Type IV = Spirale berührt Oval; Spirale wird von Linie geschnitten; langer Zweig; großer Abstand
Type V = Spirale berührt Oval; Spirale wird von Linie geschnitten; kurzer Zweig; kleiner Abstand

| | | | | | | |
|---|---|---|---|---|---|---|
| **113** | | 1 C | orange | be | | |
| I | | | Type I (15.10.1915) | | 0,30 | 0,30 |
| II | | | Type II (1920) | | 0,30 | 0,30 |
| **114** | | 2 C | dunkelbraun | be | | |
| I | | | Type I (15.10.1915) | | 0,30 | 0,30 |
| II | | | Type II (1919) | | 0,30 | 0,30 |
| III | | | Type III (1920) | | 0,70 | 0,30 |
| **115** | | 3 C | blaugrau (30.12.1920) | be | 0,30 | 0,30 |
| **116** | | 5 C | | be | | |
| I | | | Type I (15.10.1915) | | | |
| | a | | grün | | 0,50 | 0,30 |
| | c | | blaugrün | | 1,70 | 0,40 |
| II | | | Type II (1919) | | | |
| | a | | grün | | 1,10 | 0,30 |
| | b | | hellgelblichgrün | | 1,70 | 0,50 |
| III | | | Type III (1920) | | | |
| | a | | grün | | 2,— | 0,30 |
| | c | | blaugrün | | 2,— | 0,30 |
| IV | | | Type IV, grün (Juni 1922) | | 1,50 | 0,30 |
| V | | | Type V, grün (1918) | | 100,— | 4,— |
| **117** | | 10 C | karmin | be | | |
| I | | | Type I (15.10.1915) | | 0,50 | 0,30 |
| III | | | Type III (1920) | | 25,— | 1,50 |
| **118** | | 15 C | violett | be | | |
| I | | | Type I (15.10.1915) | | 0,80 | 0,30 |
| II | | | Type II (1919) | | 1,20 | 0,30 |
| III | | | Type III (1920) | | 40,— | 4,— |
| **119** | | 20 C | | be | | |
| I | | | Type I, lila (15.10.1915) | | 1,20 | 0,30 |
| IV | | | Type IV, braunlila (März 1922) | | 2,— | 0,30 |
| **120** | | 25 C | blau (15.10.1915) | be | 0,30 | 0,30 |
| | | | Satzpreis (8 W.) | | 4,20 | 1,60 |

| | | |
|---|---|---|
| 119 F 20 C rot | 2800,— | 2800,— |

**Vorausentwertungen:**

| | (✶) | ✶ |
|---|---|---|
| 113 V Aufdrucktype b 1 (1922) | 0,50 | 0,80 |
| 114 V Aufdrucktype b 1 (1922/1926) | 0,50 | 0,80 |
| 115 V Aufdrucktype b 1 (1922) | 0,50 | 0,80 |
| 116 V Aufdrucktype b 1 (1922) | 0,70 | 1,20 |

Ein Bogen von MiNr. 119 F wurde in Aubel (Provinz Lüttich) verkauft.

MiNr. 116 in blaugrau ist ein nachträglich gezähnter und gummierter Probedruck.

Ab 1923 ist das Jahr in der Vorausentwertung stets mit 4 statt 2 Ziffern angegeben. MiNr. 114 V gibt es in beiden Versionen.

*Gültig bis 30.4.1931*

*Mit Aufdruck: Belgische Militärpost im Rheinland MiNr. 1–7, 15; Eupen und Malmédy MiNr. 1–5; Eupen MiNr. 1–7, 15; Malmédy MiNr. 1–7, 15*

**1915, 15. Okt./1920, 5. Aug. Freimarken: Ansichten. StTdr. (10×10, MiNr. 124 auch 5×5); A = gez. L 14, C = gez. L 15, MiNr. 124 gez. 11–11½.**

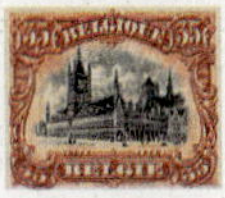

bf) Tuchhallen von Ypern

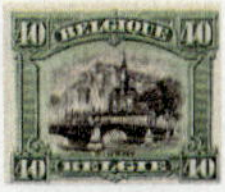

bg) Brücke von Dinant

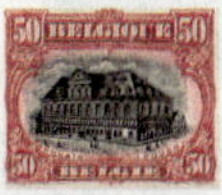

bh) Universität Löwen

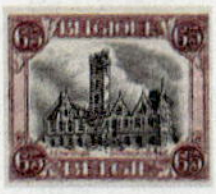

bi) Stadthaus von Dendermonde

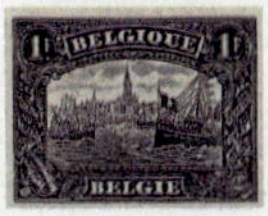

bk) Hafen Antwerpen

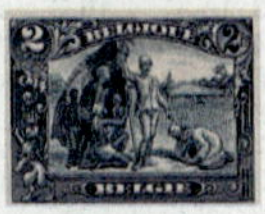

bl) Allegorie: Schutz der Neger vor Sklavenhändlern

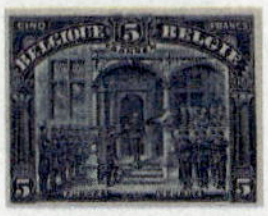

bm) Fahnenübergabe in Veurne durch König Albert I.

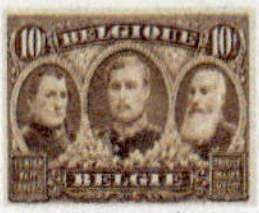

bn) Leopold I., Albert I. und Leopold II.

| | | | | | ✶ | ⊙ |
|---|---|---|---|---|---|---|
| **121** | | 35 (C) | rotbraun/schwarz | bf | | |
| | A | | gez. L 14 | | 0,50 | 0,30 |
| | C | | gez. L 15 | | 0,50 | 0,30 |
| **122** | | 40 (C) | grün/schwarz | bg | | |
| | A | | gez. L 14 | | 0,50 | 0,30 |
| | C | | gez. L 15 | | 0,50 | 0,30 |
| **123** | | 50 (C) | karmin/schwarz | bh | | |
| | A | | gez. L 14 | | 5,— | 0,30 |
| | C | | gez. L 15 | | 15,— | 2,50 |
| **124** | | 65 (C) | lilarot/schwarz (5.8.1920) | bi | 1,20 | 0,30 |
| **125** | | 1 Fr | violett | bk | | |
| | A | | gez. L 14 | | 35,— | 0,50 |
| | C | | gez. L 15 | | 70,— | 6,— |
| **126** | | 2 Fr | blaugrau | bl | | |
| | A | | gez. L 14 | | 25,— | 2,— |
| | C | | gez. L 15 | | 70,— | 8,— |
| **127** | | 5 Fr | blau (Inschrift „FRANKEN“) | bm | | |
| | A | | gez. L 14 | | 400,— | 150,— |
| | C | | gez. L 15 | | 900,— | 250,— |
| **128** | | 10 Fr | braun | bn | | |
| | A | | gez. L 14 | | 20,— | 20,— |
| | C | | gez. L 15 | | 40,— | 30,— |
| | | | Satzpreis (8 W.) | | 480,— | 170,— |

| | | |
|---|---|---|
| 124 F Mitte kopfstehend | *150000,—* | —,— |

MiNr. 127 mit Telegraphen- oder Bahnstempel ca. 30% billiger.

FALSCH MiNr. 127 aus MiNr. 144 gemacht.

*Gültig bis 30.4.1931*

*MiNr. 121–126 und 128 Aufdruck: MiNr. 168; Belgische Militärpost im Rheinland MiNr. 8–12, 14, 17; Eupen und Malmédy MiNr. 6–7; Eupen MiNr. 8–12, 14, 17; Malmédy MiNr. 8–12, 14, 17*

*In gleicher Zeichnung bm: MiNr. 144 („FRANK“)*

**1918, 15. Jan. Rotes Kreuz. MiNr. 113, 114, 116–123 und 125–128 in geänderten Farben mit rotem Aufdruck eines Kreuzes und des Zuschlagswertes; Bogenformat für alle Werte 10×10; gez. 14:14½.**

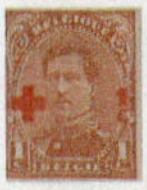

129

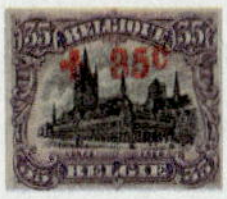

136

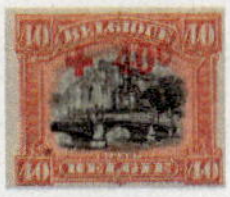

137

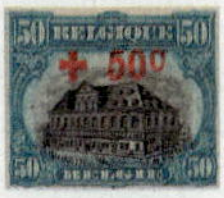

138

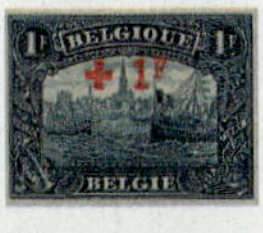

139

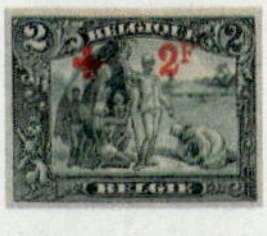

140

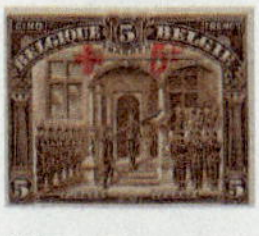

141

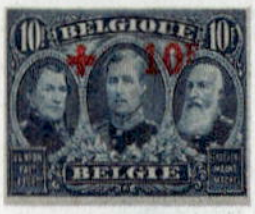

142

| | | | | | |
|---|---|---|---|---|---|
| **129** | 1 C | **+ 1 C** dunkelorange | (be) | 0,30 | 0,30 |
| **130** | 2 C | **+ 2 C** hellbraun | (be) | 0,30 | 0,30 |
| **131** | 5 C | **+ 5 C** dunkelgrün | (be) | 1,— | 1,— |
| **132** | 10 C | **+ 10 C** rot | (be) | 3,— | 2,50 |
| **133** | 15 C | **+ 15 C** blauviolett | (be) | 5,— | 5,— |
| **134** | 20 C | **+ 20 C** rotlila | (be) | 10,— | 10,— |
| **135** | 25 C | **+ 25 C** blau | (be) | 20,— | 20,— |
| **136** | 35 C | **+ 35 C** violett/schwarz | (bf) | 12,— | 12,— |
| **137** | 40 C | **+ 40 C** rot/schwarz | (bg) | 12,— | 12,— |
| **138** | 50 C | **+ 50 C** hellbl./schwarz | (bh) | 12,— | 12,— |
| **139** | 1 Fr | **+ 1 Fr** schiefer | (bk) | 40,— | 40,— |
| **140** | 2 Fr | **+ 2 Fr** graugrün | (bl) | 90,— | 70,— |
| **141** | 5 Fr | **+ 5 Fr** braun | (bm) | 200,— | 200,— |
| **142** | 10 Fr | **+ 10 Fr** dunkelblau | (bn) | 700,— | 620,— |
| | | | Satzpreis (14 W.) | 1100,— | 1000,— |

| | |
|---|---|
| | ✶ |
| 130 I ohne Aufdruck „2 C“ | *4000,—* |

Auflagen: MiNr. 129 = 320.000, MiNr. 130 = 400.000, MiNr. 131 = 260.000, MiNr. 132 = 210.000, MiNr. 133 = 140.000, MiNr. 134 = 110.000, MiNr. 135 = 135.000, MiNr. 136 = 53.000, MiNr. 137 = 54.500, MiNr. 138 = 52.000, MiNr. 139 = 22.722, MiNr. 140 = 18.923, MiNr. 141 = 14.233, MiNr. 142 = 12.175 Stück

*Gültig bis 14.8.1920*

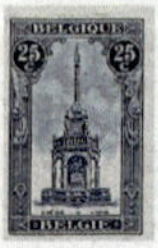

**1919, 19./25. Juli. Perron de Liège. StTdr.; MiNr. 143 a (10×10), MiNr. 143 b (5×2); gez. L 11.**

bo) Brunnen „Perron de Liège“ von Jean Delcour (1631–1707), Bildhauer

| | | | | ✶ | ⊙ |
|---|---|---|---|---|---|
| **143** | 25 C | | bo | | |
| | **a** | blau (Töne) (25. Juli) | | 3,— | 0,50 |
| | **b** | dunkelblau bis indigo (19. Juli) | | *500,—* | *500,—* |
| | | Kleinbogen (MiNr. 143 b) | | —,— | —,— |

MiNr. 143 b wurde ab 19.7.1919 nur in Lüttich verkauft und auch fast ausschließlich dort verwendet, während MiNr. 143 a ab 25.7.1919 überall im Lande erhältlich war.

Unterschiede: MiNr. 143 a (2. Auflage) Bildbreite 18 bis 18¼ mm, Bildhöhe 28½ mm; Farben blau, hellblau, dunkelblau, schwarzblau und graublau, Papier meist gelblich. MiNr. 143 b (1. Auflage) Bildbreite 18½ mm, Bildhöhe 28 mm; Farbe dunkelblau bis indigo; Papier bläulichweiß.

Auflage: MiNr. 143 b = 5.000 Stück

*Gültig bis 30.4.1931*

*Mit Aufdruck: Belgische Militärpost im Rheinland MiNr. 16; Eupen MiNr. 16; Malmédy MiNr. 16*

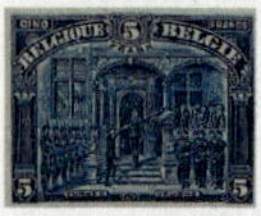

**1919, Dez. Freimarke MiNr. 127 mit berichtigter Inschrift. StTdr. (10×10); A = gez. L 14, C = gez. L 15.**

bm) Fahnenübergabe in Veurne durch König Albert I.

| | | | | | |
|---|---|---|---|---|---|
| **144** | 5 Fr blau (Inschrift „FRANK“) | | bm | | |
| **A** | | gez. L 14 | | 2,— | 1,50 |
| **C** | | gez. L 15 | | 50,— | 5,— |

*Gültig bis 30.4.1931*

*Mit Aufdruck: Belgische Militärpost im Rheinland MiNr. 13; Eupen MiNr. 13; Malmédy MiNr. 13*
*In gleicher Zeichnung: MiNr. 127 („FRANKEN“)*

**1919, 19. Juli/1920, 1. Juni. Freimarken: König Albert I. mit Helm. StTdr.; MiNr. 145 (15×10), MiNr. 146–154 (10×10), MiNr. 148–149 auch (5×5), MiNr. 155–158 (5×5); gez. L 11½.**

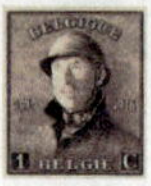

bp

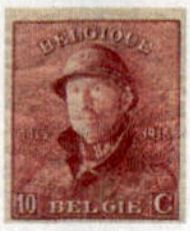

br

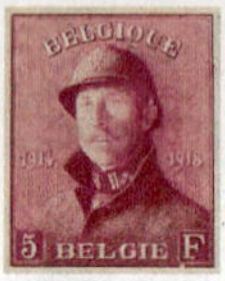

bs

bp–bs) König Albert I. in Felduniform

| | | | | ✶✶ | ⊙ |
|---|---|---|---|---|---|
| **145** | 1 C | braunlila (1.6.1920) | bp | 0,30 | 0,30 |
| **146** | 2 C | oliv (1.6.1920) | bp | 0,30 | 0,30 |
| **147** | 5 C | grün (10.5.1920) | br | 0,50 | 0,30 |
| **148** | 10 C | rot (19.7.1919) | br | 0,50 | 0,30 |
| **149** | 15 C | violett (19.7.1919) | br | 0,70 | 0,30 |
| **150** | 20 C | schwarzbraun (20.12.1919) | br | 2,50 | 1,— |
| **151** | 25 C | dunkelblau (20.12.1919) | br | 3,50 | 2,— |
| **152** | 35 C | olivbraun (20.12.1919) | br | 4,20 | 3,— |
| **153** | 40 C | zinnober (20.12.1919) | br | 15,— | 6,— |
| **154** | 50 C | gelbbraun (20.12.1919) | br | 25,— | 10,— |
| **155** | 1 Fr | orange (25.10.1919) | br | 100,— | 50,— |
| **156** | 2 Fr | lila (Okt. 1919) | br | 900,— | 450,— |
| **157** | 5 Fr | lilarot (20.12.1919) | bs | 320,— | 100,— |
| **158** | 10 Fr | braunlila (10.5.1920) | bs | 450,— | 130,— |
| | | | Satzpreis (14 W.) | 1800,— | 750,— |

MiNr. 157-158 sind oft schlecht gezähnt und schlecht zentriert.

Auflagen: MiNr. 145 = 5.002.200, MiNr. 146 = 10.272.700, MiNr. 147 = 5.003.200, MiNr. 148 = 10.050.000, MiNr. 149 = 10.463.900, MiNr. 150 = 1.065.000, MiNr. 151 = 2.141.300, MiNr. 152 = 335.000, MiNr. 153 = 337.000, MiNr. 154 = 338.800, MiNr. 155 = 330.000, MiNr. 156 = 109.000, MiNr. 157 = 32.500, MiNr. 158 = 33.225 Stück

*Gültig bis 30.4.1931*

**1920, 20. Mai. Olympische Spiele, Antwerpen. StTdr. (10×10); gez. L 12.**

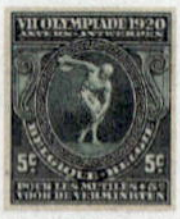

bt) Diskuswerfer

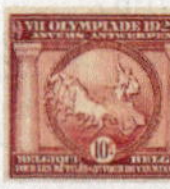

bu) Römisches Viergespann

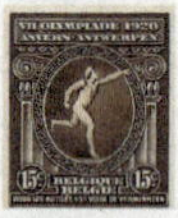

bv) Läufer

| | | | | | |
|---|---|---|---|---|---|
| **159** | 5 C | + 5 C grün | bt | 6,— | 2,20 |
| **160** | 10 C | + 5 C karmin | bu | 4,50 | 2,20 |
| **161** | 15 C | + 5 C sepia | bv | 8,50 | 1,60 |
| | | | Satzpreis (3 W.) | 19,— | 6,— |

Auflagen: MiNr. 159 = 134.524, MiNr. 160 = 472.393, MiNr. 161 = 406.655 Stück

*Gültig bis 14.1.1921*

*Mit Aufdruck: MiNr. 162–164*

**1921, 5. März. Freimarken. MiNr. 159–161 mit rotem bzw. schwarzem Bdr.-Aufdruck der neuen Wertstufe.**

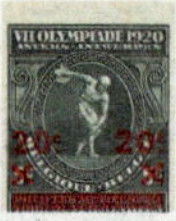

162

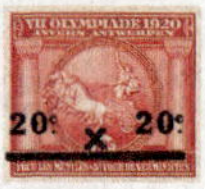

163

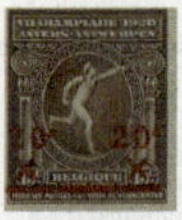

164

| | | | | | |
|---|---|---|---|---|---|
| **162** | **20 C** | auf 5 C + 5 C grün | (159) R | 2,50 | 0,40 |
| **163** | **20 C** | auf 10 C + 5 C karmin | (160) S | 2,— | 0,40 |
| **164** | **20 C** | auf 15 C + 5 C sepia | (161) R | 2,— | 0,40 |
| | | | Satzpreis (3 W.) | 6,50 | 1,— |

Von MiNr. 162 und 164 sind kopfstehende Aufdrucke bekannt; Vorsicht vor Fälschungen.

Auflagen: MiNr. 162 = 7.810.000, MiNr. 163 = 8.356.700, MiNr. 164 = 8.293.5000 Stück

*Gültig bis 30.4.1931*

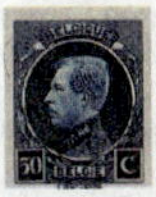

**1921, 26. Mai. Internationale Briefmarkenausstellung in Brüssel. StTdr. (5×5); dünnes, hartes Kunstdruckpapier; gez. L 11½.**

bw) König Albert I. (Typ Montenez)

| | | | | | |
|---|---|---|---|---|---|
| 165 | 50 C | tiefblau | bw | 12,— | 2,50 |

MiNr. 165 nicht mit MiNr. 166 verwechseln.

Auflage: 250.000 Stück

*Gültig bis 31.3.1948*

*In gleicher Zeichnung: MiNr. 166–167, 181–184, 186, 189–190*
*In größerem Format: MiNr. 262–265*

**1921, 1. Sept./1922, 6. Febr. Freimarken: König Albert I. Ⓔ Montenez. StTdr.; MiNr. 166 (10×15 und 15×10), MiNr. 167 (10×15 und 10×10), MiNr. 167 K (10×5); weiches Papier; A = gez. L 11½, C = gez. L 11:11½, F = gez. L 11½:11, G = gez. L 11½:12, H = gez. L 11½:12½, K = gez. L 11.**

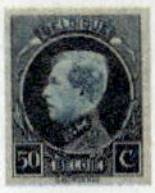

bw) König Albert I. (Typ Montenez)

| | | | | | |
|---|---|---|---|---|---|
| 166 | 50 C | graublau (1.9.1921) | bw | | |
| A | | gez. L 11½ | | 2,— | 0,30 |
| C | | gez. L 11:11½ | | 45,— | 4,50 |
| F | | gez. L 11½:11 | | 180,— | 12,— |
| G | | gez. L 11½:12 | | 40,— | 6,— |
| H | | gez. L 11½:12½ | | 5,— | 1,50 |
| 167 | 1 Fr | schwarzbraun (6.2.1922) | bw | | |
| A | | gez. L 11½ | | 2,50 | 0,30 |
| C | | gez. L 11:11½ | | 60,— | 4,50 |
| K | | gez. L 11 | | 75,— | 5,— |
| | | Satzpreis (2 W.) | | 4,50 | 0,50 |

*Gültig bis 31.3.1948*

*In gleicher Zeichnung: MiNr. 165, 181–184, 186, 189–190*
*In größerem Format: MiNr. 262–265*

**1921, 5. Nov. Freimarke. MiNr. 124 mit rotem Wertaufdruck, alte Wertangabe durchbalkt.**

168

| | | | | | |
|---|---|---|---|---|---|
| 168 | 55 C | auf 65 C lilarot/schwarz | (124) | 6,— | 0,50 |
| | | | Paar MiNr. 124/168 | 8,— | 1,50 |

Nur jede zweite Marke des Bogens erhielt den neuen Wertaufdruck, so dass jeweils MiNr. 168 mit MiNr. 124 zusammen den Frankaturbetrag für einen Inlandseilbrief (1.20 Fr) ergab.

*Gültig bis 30.4.1931*

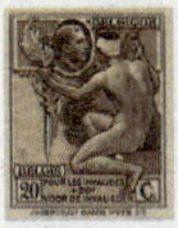

**1922, 20. Mai. Für die Kriegsbeschädigten. StTdr. (10×10); gez. L 12.**

bx) Nackter Mann mit Kopfverband

| | | | | | |
|---|---|---|---|---|---|
| 169 | 20 C | +20 C hellbraun | bx | 3,— | 1,20 |

Auflage: 584.041 Stück

*Gültig bis 18.1.1923*

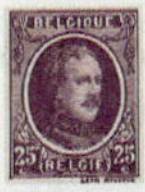

**1922, 31. Juli/1925, 10. Jan. Freimarken: König Albert I., Ⓔ Houyoux. Bdr., Bogen (B) (20×20, unterteilt in 4 Gruppen zu 10×10) und Markenheftchen (MH) (3×2); gez. K 13¾:14.**

by) König Albert I. (Typ Houyoux)

| | | | | | |
|---|---|---|---|---|---|
| 170 | 1 C | orange (B) (1.9.1922) | by | 0,30 | 0,30 |
| 171 | 3 C | braunrot (B) (1.9.1922) | by | 0,30 | 0,30 |
| 172 | 5 C | schwarzschiefer (B) (MH) (10.10.1922) | by | 0,30 | 0,30 |
| 173 | 10 C | blaugrün (B) (10.10.1922) | by | 0,30 | 0,30 |
| 174 | 15 C | (B) (MH) (1.3.1923) | by | | |
| a | | lila | | 0,30 | 0,30 |
| b | | dunkellila | | 2,— | 1,— |
| 175 | 20 C | (B) (10.10.1922) | by | | |
| a | | rotbraun | | 0,50 | 0,30 |
| b | | dunkelbraun | | 2,— | 1,— |
| 176 | 25 C | braunlila (B) (31.7.1922) | by | 0,50 | 0,30 |
| 177 | 30 C | zinnober (B) (1.9.1922) | by | 0,50 | 0,30 |
| 178 | 35 C | rotbraun (B) (5.12.1922) | by | 0,50 | 0,30 |
| 179 | 40 C | rosa (B) (5.12.1922) | by | 1,50 | 0,30 |
| 180 | 50 C | olivbraun (B) (10.1.1925) | by | 1,50 | 0,30 |
| | | Satzpreis (11 W.) | | 6,50 | 2,— |

**Vorausentwertungen:**

| | | (✶) | ✶✶ |
|---|---|---|---|
| 170 V I | Aufdrucktype b 1 (1922/1925) | 0,50 | 1,— |
| 170 V II | Aufdrucktype b 2 (1931) | 35,— | 70,— |
| 171 V | Aufdrucktype b 1 (1922/1929) | 0,50 | 1,— |
| 172 V | Aufdrucktype b 1 (1923/1929) | 0,50 | 1,— |
| 173 V | Aufdrucktype b 1 (1926/1929) | 0,50 | 1,— |

MiNr. 170 V I und 171 V gibt es mit zwei- und mit vierstelliger Jahreszahl in der Vorausentwertung.

MiNr. 170 mit Aufdruck „OFFICL" und neuer Wertangabe 15 C bzw. 25 C sind Privaterzeugnisse.

*Gültig bis 31.3.1948*

*MiNr. 174 und 179 mit neuem Wertaufdruck: MiNr. 224–225*
*MiNr. 172–173 mit Flügelrad-Aufdruck: Dienstmarken MiNr. 1–2*

*In gleicher Zeichnung: MiNr. 187–188, 210–217, 227–229, 250*
*In gleicher Zeichnung mit Aufdruck „COLIS / POSTAL / POSTCOLLO": Postpaketmarken MiNr. 1–2*

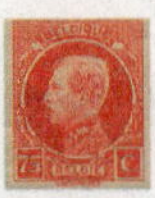

**1922, 5. Dez./1923, 15. Okt. Freimarken: König Albert I. StTdr. (10×10); gez. L 11½.**

bw) König Albert I. (Typ Montenez)

| | | | | ✶✶ | ⊙ |
|---|---|---|---|---|---|
| 181 | 75 C | scharlach (5.12.1922) | bw | 1,— | 0,30 |
| 182 | 2 Fr | moosgrün (5.12.1922) | bw | 4,— | 0,30 |
| 183 | 5 Fr | bräunlichlila (15.10.1923) | bw | 25,— | 15,— |
| 184 | 10 Fr | lilakarmin (5.12.1922) | bw | 30,— | 8,50 |
| | | Satzpreis (4 W.) | | 60,— | 24,— |

Auflagen: MiNr. 181 = 8.545.300, MiNr. 182 = 7.900.000, MiNr. 183 = 100.000, MiNr. 184 = 670.000 Stück

*Gültig bis 31.3.1948*

*In gleicher Zeichnung: MiNr. 165, 166–167, 186, 189–190*
*In größerem Format: MiNr. 262–265*

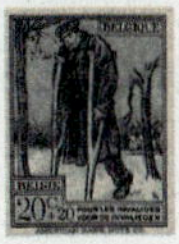

**1923, 5. Juli. Für die Kriegsversehrten. StTdr. (10×10); gez. L 12.**

bz) Invalide

| | | | | | |
|---|---|---|---|---|---|
| 185 | 20 C | +20 (C) blaugrau | bz | 7,50 | 2,50 |

Auflage: 404.827 Stück

*Gültig bis 29.4.1924*

*In ähnlicher Zeichnung: MiNr. 1567*

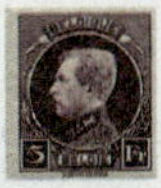

**1924, 24. Mai. Internationale Briefmarkenausstellung, Brüssel: Albert I. Ⓔ Montenez. StTdr. (2×2); gez. L 11½.**

bw) König Albert I. (Typ Montenez)

**186** 5 Fr rotbraun auf sämisch .................. bw 15,— 11,—
Kleinbogen 420,— 170,—

Auch die ungebrauchten Kleinbogen tragen stets auf dem Bogenrand eine Abstempelung sowie eine Kontroll-Perforation. In der Regel ist ein Teil des Bogenrandes ungummiert.

Auflage: 202.400 Stück

*Gültig bis 31.3.1948*

*In gleicher Zeichnung: MiNr. 165, 166–167, 181–184, 189–190*
*In größerem Format: MiNr. 262–265*

**1923/25. Freimarken: König Albert I., Ⓔ Montenez bzw. Ⓔ Houyoux. Bdr.; MiNr. 187–188 (20×20), unterteilt in 4 Gruppen zu (10×10), MiNr. 189 (10×10), MiNr. 190 (10×15); A = gez. L 11½, C = gez. L 11½:12½, F = gez. L 12½; MiNr. 187–188 gez. K 13¾:14.**

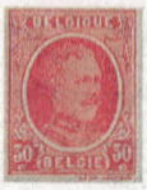
by) (Typ Houyoux)

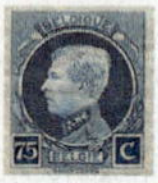
bw) (Typ Montenez)

by, bw) König Albert I. (1875–1934, reg. ab 1909)

| | | | | | | |
|---|---|---|---|---|---|---|
| **187** | | 25 C | violett (1.3.1923) | by | 1,50 | 0,30 |
| **188** | | 30 C | lilarosa (1.12.1925) | by | 1,— | 0,30 |
| **189** | | 75 C | dunkelultramarin (1.10.1924) | bw | | |
| | A | | gez. L 11½ | | 1,— | 0,30 |
| | C | | gez. L 11½:12½ | | 4,— | 1,— |
| | F | | gez. L 12½ | | 75,— | 4,50 |
| **190** | | 1 Fr | dunkelblau (1.12.1925) | bw | | |
| | A | | gez. L 11½ | | 1,— | 0,30 |
| | C | | gez. L 11½:12½ | | 55,— | 4,50 |
| | | | Satzpreis (4 W.) | | 4,50 | 0,80 |

Auflagen: MiNr. 189 = 34.252.500, MiNr. 190 = 24.000.000 Stück

*Gültig bis 31.3.1948*

*MiNr. 188 mit neuem Wertaufdruck und Vorausentwertung: MiNr. 251; in geänderter Farbe mit Aufdruck: MiNr. 207*

*Weitere Werte in Zeichnung bw: MiNr. 165, 166–167, 181–184, 186*
*Weitere Werte in Zeichnung by: MiNr. 170–180, 210–217, 227–229, 250*

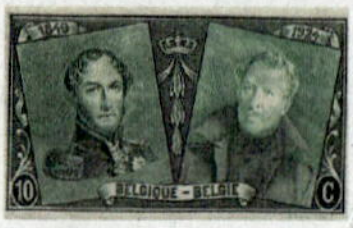

**1925, 1. Juni. 75 Jahre belgische Briefmarken. StTdr. (5×10); gez. K 14:13½.**

ca) Könige Leopold I. und Albert I.

| | | | | | |
|---|---|---|---|---|---|
| **191** | 10 C | grün | ca | 20,— | 7,50 |
| **192** | 15 C | violett | ca | 8,— | 5,— |
| **193** | 20 C | dunkelbraun | ca | 8,— | 5,— |
| **194** | 25 C | olivgrau | ca | 8,— | 5,— |
| **195** | 30 C | zinnober | ca | 8,— | 5,— |
| **196** | 35 C | hellblau | ca | 8,— | 5,— |
| **197** | 40 C | sepia | ca | 8,— | 5,— |
| **198** | 50 C | ockerbraun | ca | 8,— | 5,— |
| **199** | 75 C | blau | ca | 8,— | 5,— |
| **200** | 1 Fr | lila | ca | 20,— | 7,50 |
| **201** | 2 Fr | ultramarin | ca | 8,— | 5,— |
| **202** | 5 Fr | schwarzblau | ca | 8,— | 5,— |
| **203** | 10 Fr | karmin | ca | 20,— | 7,50 |
| | | Satzpreis (13 W.) ✱ 50,— | | 140,— | 70,— |

Gummi häufig gebrochen.

Auflage: 100.000 Sätze

*Gültig bis 30.6.1938*

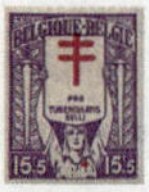

**1925, 15. Dez. Für die Kriegstuberkulösen. Bdr. (10×10 + 10×10); gez. 14.**

cb) Schild mit Inschrift „Pro Tuberculatis Belli"

| | | | | | |
|---|---|---|---|---|---|
| **204** | 15 C | + 5 (C) hellviolett/rot | cb | 0,30 | 0,30 |
| **205** | 30 C | + 5 (C) schiefer/rot | cb | 0,30 | 0,30 |
| **206** | 1 Fr | + 10 C hellblau/rot | cb | 1,90 | 0,90 |
| | | Satzpreis (3 W.) | | 2,50 | 1,50 |

Auflagen: MiNr. 204 = 1.296.585, MiNr. 205 = 2.089.690, MiNr. 206 = 617.333 Stück

*Gültig bis 29.4.1926*

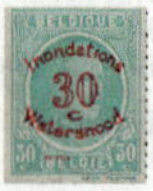
207

**1926, 10. Febr. Hochwasserhilfe Lüttich (I). MiNr. 188 in Farbänderung mit rotem Bdr.-Aufdruck „Inondations / Watersnood" und des Zuschlagswertes; gez. K 13½:14.**

**207** 30 C **+ 30 C** bläulichgrün .............. (by) 1,50 1,—

Auflage: 387.589 Stück

*Gültig bis 31.12.1926*

**1926, 25. Febr. Hochwasserhilfe Lüttich (II). Bdr. (5×5); gez. 14.**

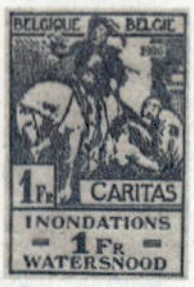
cc

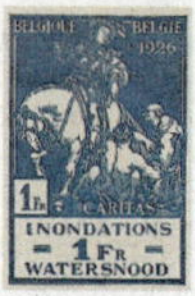
cd

cc–cd) Hl. Martin von Tours, Altarbild von van Dyck aus der Kirche zu Zaventem

| | | | | | |
|---|---|---|---|---|---|
| **208** | 1 Fr | + 1 Fr hellblau | cc | 14,— | 8,50 |
| **209** | 1 Fr | + 1 Fr hellblau | cd | 2,50 | 1,50 |
| | | Satzpreis MiNr. 207-209 (3 W.) | | 18,— | 11,— |

Auflagen: MiNr. 208 = 172.420, MiNr. 209 = 208.401 Stück

*Gültig bis 31.12.1926*

*In ähnlichen Zeichnungen: MiNr. 81–88*

**1926, 1. Mai/1927, 10. Jan. Freimarken: König Albert I., Ⓔ Houyoux. Bdr. (20×20, unterteilt in 4 Gruppen zu 10×10); gez. K 13¾:14.**

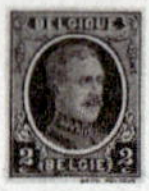
by

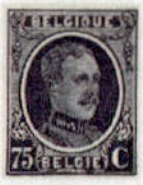
by I

by, by I) König Albert I. (1875–1934, reg. ab 1909) (Typ Houyoux)

| | | | | | | |
|---|---|---|---|---|---|---|
| **210** | | 2 C | grauoliv (1.5.1926) | by | 0,30 | 0,30 |
| **211** | | 75 C | grauviolett (26.10.1926) | by I | 5,— | 0,80 |
| **212** | | 1 Fr | olivgelb (6.12.1926) | by I | 1,50 | 0,50 |
| **213** | | 1.25 Fr | blau (30.7.1926) | by | 2,50 | 1,40 |
| **214** | | 1.50 Fr | (6.12.1926) | by | | |
| | a | | hellblau | | 7,50 | 0,50 |
| | b | | lebhaftblau | | 30,— | 2,— |
| | c | | dunkelblau | | 15,— | 1,— |
| **215** | | 2 Fr | grünblau (11.10.1926) | by I | 10,— | 0,50 |
| **216** | | 5 Fr | grün (10.1.1927) | by I | 110,— | 2,— |
| **217** | | 10 Fr | braun (10.1.1927) | by I | 220,— | 8,— |
| | | | Satzpreis (8 W.) | | 350,— | 15,— |

**Vorausentwertung:**

| | (✱) | ✱✱ |
|---|---|---|
| 210 V Aufdrucktype b 1 (1926/1927) | 0,50 | 0,80 |

FALSCH Ganzfälschungen von MiNr. 216–217 auf Originalpapier

*Gültig bis 31.3.1948*

*MiNr. 210–211 und 213–214 mit neuem Wertaufdruck: MiNr. 223, 226, 252, 253*
*MiNr. 214 mit Flügelrad-Aufdruck: Dienstmarke MiNr. 5*
*In gleichen Zeichnungen: MiNr. 170–180, 187–188, 227–229, 250*

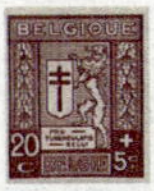

**1926, 6. Dez. Kampf gegen die Tuberkulose (I). Bdr. (20×20, unterteilt in 4 Gruppen zu 10×10); gez. 14.**

cf) Löwe und Lothringer Kreuz

| | | | | | ★★ | ⊙ |
|---|---|---|---|---|---|---|
| **218** | 5 C | + 5 C dunkelbraun | | cf | 0,30 | 0,30 |
| **219** | 20 C | + 5 C rotbraun | | cf | 0,70 | 0,60 |
| **220** | 50 C | + 5 C hellviolett | | cf | 0,50 | 0,30 |

Auflagen: MiNr. 218 = 866.144, MiNr. 219 = 805.531, MiNr. 220 = 1.801.744 Stück

*Gültig bis 30.4.1927*

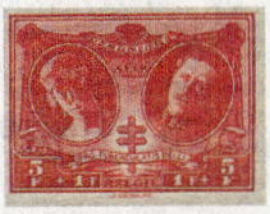

**1926, 20. Dez. Kampf gegen die Tuberkulose (II). StTdr.; MiNr. 221 (5×5), MiNr. 222 (5×2); gez. 11½.**

cg) König Albert I. und Königin Elisabeth

| | | | | | |
|---|---|---|---|---|---|
| **221** | 1.50 Fr | + 25 C dunkelblau | cg | 1,20 | 1,— |
| **222** | 5 Fr | + 1 Fr karmin | cg | 12,— | 6,— |
| | | Satzpreis MiNr. 218–222 (5 W.) | | 14,— | 8,— |
| | | Kleinbogen (MiNr. 222) | | 300,— | 150,— |

Auflagen: MiNr. 221 = 541.865, MiNr. 222 = 202.964 Stück

*Gültig bis 30.4.1927*

**1927, 25. Juni/1928, 1. Mai. Freimarken: König Albert I., Ⓔ Houyoux. MiNr. 174, 179, 210 und 214 mit rotem bzw. blauem Bdr.-Aufdruck der neuen Wertstufe.**

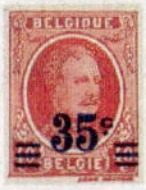
225

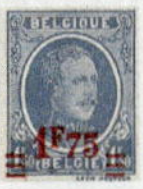
226

| | | | | | |
|---|---|---|---|---|---|
| **223** | **3 C** | auf 2 C grauoliv | (210) R | 0,30 | 0,30 |
| **224** | **10 C** | auf 15 C lila | (174) R | 0,30 | 0,30 |
| **225** | **35 C** | auf 40 C rosa | (179) Bl | 0,50 | 0,30 |
| **226** | **1.75 Fr** | auf 1.50 Fr (1.5.1928) | | | |
| **a** | | hellblau | (214 a) R | 3,— | 0,60 |
| **b** | | lebhaftblau | (214 b) R | 60,— | 8,— |
| **c** | | dunkelblau | (214 c) R | 20,— | 2,50 |
| | | Satzpreis (4 W.) | | 4,— | 1,50 |

*Gültig bis 31.3.1948*

**1927, 1. Aug./15. Dez. Freimarken: König Albert I. Ⓔ Houyoux. Bdr. (10×10 + 10×10 + 10×10 + 10×10); gez. 13¾:14.**

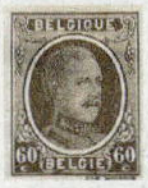
by) König Albert I. (1875–1934, reg. ab 1909)

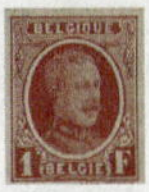
by I

| | | | | | |
|---|---|---|---|---|---|
| **227** | 60 C | braunoliv (15. Dez.) | by | 14,— | 0,30 |
| **228** | 1 Fr | rot (Töne) (30. Nov.) | by I | 3,50 | 0,30 |
| **229** | 1.75 Fr | ultramarin (1. Aug.) | by | 7,50 | 0,30 |
| | | Satzpreis (3 W.) | | 25,— | 0,50 |

| | | | |
|---|---|---|---|
| 227 F | ohne Stecherzeichen | 180,— | 60,— |
| 227 U | ungezähnt | —,— | |
| 229 F | ohne Stecherzeichen | 120,— | 50,— |

*Gültig bis 31.3.1948*

*MiNr. 227 und 229 mit Flügelrad-Aufdruck: Dienstmarken MiNr. 4, 15*
*In gleichen Zeichnungen: MiNr. 170–180, 187–188, 210–217, 250*

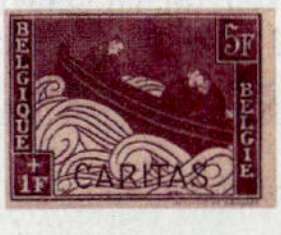

**1927, 15. Dez. Für die Kriegsverletzten und Kriegstuberkulösen. StTdr. (5×5, MiNr. 234 2×5); gez. K 14, MiNr. 230 und 233 gez. L 11½.**

ch) Drei Männer im Rettungsboot

| | | | | | |
|---|---|---|---|---|---|
| **230** | 25 C | + 10 C braunschwarz | ch | 2,— | 0,70 |
| **231** | 35 C | + 10 C grün | ch | 1,50 | 0,30 |
| **232** | 60 C | + 10 C violett | ch | 1,— | 0,30 |
| **233** | 1.75 Fr | + 25 C dunkelblau | ch | 3,50 | 0,70 |
| **234** | 5 Fr | + 1 Fr lilarot | ch | 10,— | 6,50 |
| | | Satzpreis (5 W.) | | 18,— | 8,50 |
| | | Kleinbogen (MiNr. 234) | | 450,— | 120,— |

Auflagen: MiNr. 230 = 491.306, MiNr. 231 = 471.541, MiNr. 232 = 899.068, MiNr. 233 = 384.059, MiNr. 234 = 300.000 Stück

*Gültig bis 29.4.1928*

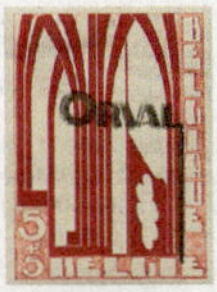

**1928, 15. Sept. Wiederaufbau der Abtei Orval (I). MiNr. 235–236 komb. RaTdr. und Bdr. (10×5); MiNr. 237–243 StTdr. (15×5, MiNr. 242–243 5×5); MiNr. 235–241 gez. 11½, MiNr. 242–243 gez. 14:13¾.**

ci) Kirchenhalle

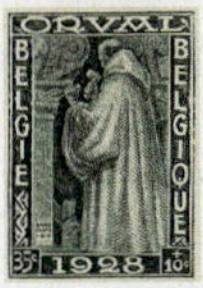
ck) Mönch als Bildhauer

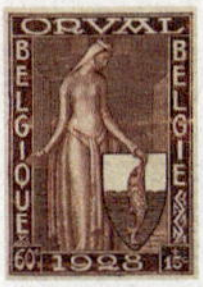
cl) Stifterin Herzogin Mathilde und Wappen der Abtei

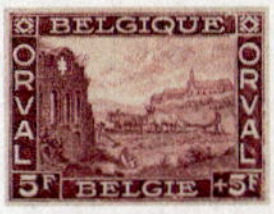
cm) Ruinen der alten Abtei, nach Gemälde von M. Chaplin

| | | | | | |
|---|---|---|---|---|---|
| **235** | 5 (C) | + 5 (C) rot/gold | ci | 0,50 | 0,30 |
| **236** | 25 (C) | + 5 (C) violett/gold | ci | 0,50 | 0,30 |
| **237** | 35 C | + 10 C grün | ck | 2,50 | 1,— |
| **238** | 60 C | + 15 C rotbraun | cl | 4,— | 0,40 |
| **239** | 1.75 Fr | + 25 C dunkelblau | cl | 14,— | 2,— |
| **240** | 2 Fr | + 40 C violett | ck | 60,— | 20,— |
| **241** | 3 Fr | + 1 Fr rot | cl | 40,— | 20,— |
| **242** | 5 Fr | + 5 Fr karmin | cm | 30,— | 13,— |
| **243** | 10 Fr | + 10 Fr sepia | cm | 30,— | 13,— |
| | | Satzpreis (9 W.) | | 180,— | 70,— |

Auflagen: MiNr. 235 = 867.486 MiNr. 236 = 451.222, MiNr. 237 = 472.391, MiNr. 238 = 1.011.549, MiNr. 239 = 297.548, MiNr. 240 = 145.799, MiNr. 241 = 128.693, MiNr. 242 = 114.105, MiNr. 243 = 110.451 Stück

*Gültig bis 30.4.1930*

*Mit Aufdrucken und Lochung siehe im Anschluss.*

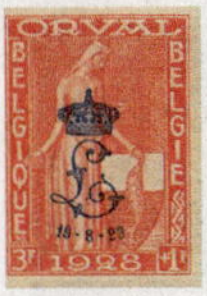
241 I

**1929, 19. Aug. Grundsteinlegung der Kirche der Abtei Orval. MiNr. 235–243 mit blauem bzw. rotem Bdr.-Aufdruck des Monogramms von Kronprinz Leopold (geschwungenes „L“ mit Krone) und dem Datum „19 - 8 - 29“.**

| | | | | | |
|---|---|---|---|---|---|
| **235 I** | 5 (C) | + 5 (C) rot/gold | (235) | —,— | —,— |
| **236 I** | 25 (C) | + 5 (C) violett/gold | (236) | —,— | —,— |
| **237 I** | 35 C | + 10 C grün | (237) | —,— | —,— |
| **238 I** | 60 C | + 15 C rotbraun | (238) | —,— | —,— |
| **239 I** | 1.75 Fr | + 25 C dunkelblau | (239) | —,— | —,— |
| **240 I** | 2 Fr | + 40 C violett | (240) | —,— | —,— |
| **241 I** | 3 Fr | + 1 Fr rot | (241) | —,— | —,— |
| **242 I** | 5 Fr | + 5 Fr karmin | (242) | —,— | —,— |
| **243 I** | 10 Fr | + 10 Fr sepia | (243) | —,— | —,— |
| | | Satzpreis (9 W.) | | 1600,— | 750,— |

MiNr. 235 I–243 I wurden nicht am Postschalter, sondern nur durch das Orval-Komitee und nur in kompletten Sätzen verkauft.

FALSCH

Auflage: 5.000 Sätze

*Gültig bis 29.6.1930*

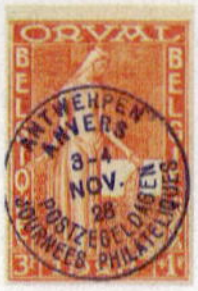

**1928, 3. Nov. Philatelistentage, Antwerpen. MiNr. 235–243 mit violettem Handstempelaufdruck.**

241 II

| | | | | | |
|---|---|---|---|---|---|
| **235 II** | 5 (C) | + 5 (C) rot/gold | (235) | –,– | –,– |
| **236 II** | 25 (C) | + 5 (C) violett/gold | (236) | –,– | –,– |
| **237 II** | 35 C | + 10 C grün | (237) | –,– | –,– |
| **238 II** | 60 C | + 15 C rotbraun | (238) | –,– | –,– |
| **239 II** | 1.75 Fr | + 25 C dunkelblau | (239) | –,– | –,– |
| **240 II** | 2 Fr | + 40 C violett | (240) | –,– | –,– |
| **241 II** | 3 Fr | + 1 Fr rot | (241) | –,– | –,– |
| **242 II** | 5 Fr | + 5 Fr karmin | (242) | –,– | –,– |
| **243 II** | 10 Fr | + 10 Fr sepia | (243) | –,– | –,– |
| | | | Satzpreis (9 W.) | 1500,– | 500,– |

MiNr. 235–243 wurden anlässlich der Philatelistentage am 3. und 4.11.1928 mit einem violetten Handstempel überdruckt. Ursprünglich war der verwendete Handstempel als Sonderstempel vorgesehen. Die damit versehenen Marken blieben jedoch frankaturgültig.

FALSCH

Auflage: 5.000 Sätze

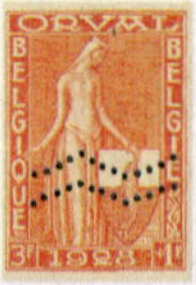

**1929, Okt. MiNr. 235–243 mit Lochung.**

241 III

| | | | | | |
|---|---|---|---|---|---|
| **235 III** | 5 (C) | + 5 (C) rot/gold | (235) | –,– | –,– |
| **236 III** | 25 (C) | + 5 (C) violett/gold | (236) | –,– | –,– |
| **237 III** | 35 C | + 10 C grün | (237) | –,– | –,– |
| **238 III** | 60 C | + 15 C rotbraun | (238) | –,– | –,– |
| **239 III** | 1.75 Fr | + 25 C dunkelblau | (239) | –,– | –,– |
| **240 III** | 2 Fr | + 40 C violett | (240) | –,– | –,– |
| **241 III** | 3 Fr | + 1 Fr rot | (241) | –,– | –,– |
| **242 III** | 5 Fr | + 5 Fr karmin | (242) | –,– | –,– |
| **243 III** | 10 Fr | + 10 Fr sepia | (243) | –,– | –,– |
| | | | Satzpreis (9 W.) | 700,– | 250,– |

Der Postverkauf von MiNr. 235–243 endete am 30.9.1929. Die danach vom Orval-Komitee verkauften Marken sind mit einer doppelten Zickzacklinie durchlocht. Es handelt sich um eine Privatausgabe, die Marken blieben jedoch frankaturgültig.

**1928, 1. Dez. Kampf gegen die Tuberkulose: Kathedralen. MiNr. 244–245 RaTdr. (10×10), MiNr. 246–249 StTdr. (15×5, MiNr. 249 5×5); MiNr. 244–245 gez. 14:13½; MiNr. 246–248 gez. L 11½, MiNr. 249 gez. K 13½:14.**

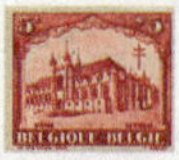

cn) Kathedrale St. Waltrudis, Mons

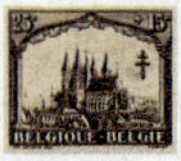

co) Kathedrale Notre-Dame, Tournai

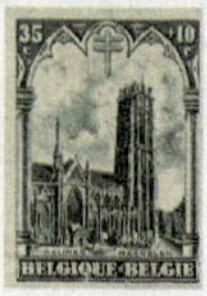

cp) Kathedrale St. Romuald, Mecheln

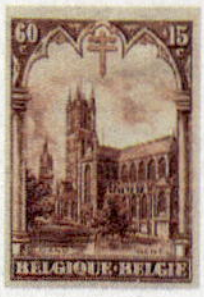

cr) St.-Bavo-Kirche, Gent

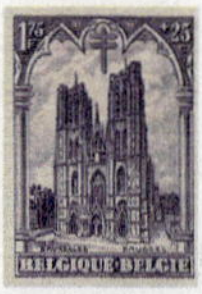

cs) Kathedrale St. Gudula, Brüssel

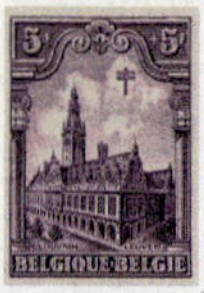

ct) Bibliothek der Universität Löwen

| | | | | | | |
|---|---|---|---|---|---|---|
| **244** | 5 C | + 5 C karmin | cn | 0,50 | 0,30 |
| **245** | 25 C | + 15 C sepia | co | 0,80 | 0,30 |
| **246** | 35 C | + 10 C grün | cp | 2,50 | 1,20 |
| **247** | 60 C | + 15 C braun | cr | 1,20 | 0,30 |
| **248** | 1.75 Fr | + 25 C blauviolett | cs | 25,– | 10,– |
| **249** | 5 Fr | + 5 Fr dunkellila | ct | 70,– | 20,– |
| | | | Satzpreis (6 W.) | 100,– | 32,– |

Auflagen: MiNr. 244 = 692.834, MiNr. 245 = 672.304, MiNr. 246 = 482.032, MiNr. 247 = 1.309.004, MiNr. 248 = 315.520, MiNr. 249 = 122.961 Stück

*Gültig bis 29.6.1929*

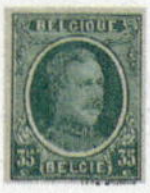

**1928, 30. Nov. Freimarke: König Albert I., Ⓔ Houyoux. Bdr. (20×20, unterteilt in 4 Gruppen zu 10×10); gez. 14.**

by) König Albert I. (Typ Houyoux)

| | | | | | |
|---|---|---|---|---|---|
| **250** | 35 C | blaugrün | by | 3,50 | 0,30 |
| 250 F | | ohne Stecherzeichen | | 150,– | 50,– |

*Gültig bis 31.3.1948*

*Mit Flügelrad-Aufdruck: Dienstmarke MiNr. 3*
*Weitere Werte siehe Fußnote nach MiNr. 180.*

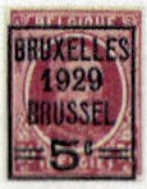

**1929, 1. Jan. Freimarken: König Albert I., Ⓔ Houyoux. MiNr. 188, 211 und 213 mit Aufdruck der Vorausentwertung (Jahreszahl 1929) und des neuen Wertes.**

251

| | | | | (★) | ★★ |
|---|---|---|---|---|---|
| **251** | **5 C** | auf 30 C lilarosa | (188) | 0,30 | 0,30 |
| **252** | **5 C** | auf 75 C grauviolett | (211) | 0,30 | 0,40 |
| **253** | **5 C** | auf 1.25 Fr blau | (213) | 0,30 | 0,30 |
| | | | Satzpreis (3 W.) | 0,50 | 1,– |

*Gültig bis 28.2.1930*

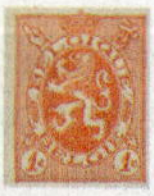

**1929, 25. Jan. Freimarken: Wappenschild. Bdr. (20×20, unterteilt in 4 Gruppen zu 10×10); gez. 13½:14.**

cu) Wappenlöwe

| | | | | ★★ | ⊙ |
|---|---|---|---|---|---|
| **254** | 1 C | orange | cu | 0,30 | 0,30 |
| **255** | 3 C | rotbraun | cu | 0,30 | 0,30 |
| **256** | 5 C | grau | cu | 0,30 | 0,30 |
| **257** | 10 C | braunoliv | cu | 0,30 | 0,30 |
| **258** | 20 C | violett | cu | 4,50 | 0,30 |
| **259** | 25 C | karminrot | cu | 1,– | 0,30 |
| **260** | 35 C | dunkelgrün | cu | 1,30 | 0,30 |
| **261** | 50 C | blau | cu | 1,– | 0,30 |
| | | | Satzpreis (8 W.) | 9,– | 1,60 |

**Vorausentwertungen:**

| | | (★) | ★★ |
|---|---|---|---|
| 255 V I | Aufdrucktype b 1 (1929/1930) | 0,50 | 0,80 |
| 255 V II | Aufdrucktype b 2 (1930/1931) | 1,– | 2,– |
| 256 V I | Aufdrucktype b 1 (1929/1933) | 0,50 | 0,80 |
| 256 V II | Aufdrucktype b 2 (1930/1932) | 0,50 | 0,80 |
| 257 V I | Aufdrucktype b 1 (1929/1930) | 0,50 | 0,80 |
| 257 V II | Aufdrucktype b 2 (1930/1931) | 0,50 | 0,80 |
| 258 V I | Aufdrucktype b 1 (1930) | 7,50 | 15,– |
| 258 V II | Aufdrucktype b 2 (1931) | 6,50 | 13,– |

| | | ★★ |
|---|---|---|
| 257 U | ungezähnt | –,– |

*Gültig bis 30.6.1938*

*MiNr. 255 mit Aufdruck: MiNr. 302*
*MiNr. 256–261 mit Flügelrad-Aufdruck: Dienstmarken MiNr. 6–9, 12*
*In gleicher Zeichnung: MiNr. 278–279, 299–300, 303, 324*

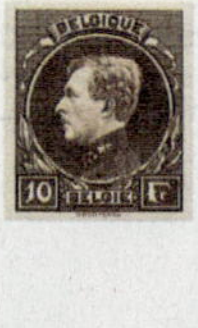

**1929, 25. Jan./1941. Freimarken: König Albert I. Ⓔ Montenez, Kopfzeichnung größeres Format. StTdr. (5×5); I = Pariser Druck auf weißem Papier, gez. L 14½; II = Mechelner Druck auf grauem Papier, gez. L 14:14½.**

cv) König Albert I. (1875–1934, reg. ab 1909)

**I = Pariser Druck (25.1.1929)**

| | | | | ★★ | ⊙ |
|---|---|---|---|---|---|
| **262 I** | 10 Fr | dunkelbraun | cv | 50,— | 5,— |
| **263 I** | 20 Fr | hellgrün | cv | 280,— | 30,— |
| **264 I** | 50 Fr | hellweinrot | cv | 150,— | 55,— |
| **265 I** | 100 Fr | hellkarmin | cv | 120,— | 50,— |
| | | Satzpreis (4 W.) | | 600,— | 140,— |

**II = Mechelner Druck**

| | | | | | |
|---|---|---|---|---|---|
| **263 II** | 20 Fr | | cv | | |
| | a | graugrün | | 400,— | 8,— |
| | b | dunkelgrün | | 1000,— | 25,— |
| | c | schwarzgrün | | 3000,— | 130,— |
| **264 II** | 50 Fr | | cv | | |
| | a | weinrot (1931) | | 70,— | 20,— |
| | b | dunkelweinrot (1939) | | 30,— | 20,— |
| | c | violettbraun (1941) | | 30,— | 25,— |
| **265 II** | 100 Fr | | cv | | |
| | a | braunkarmin (1939) | | 30,— | 25,— |
| | b | rotkarmin (1941) | | 50,— | 35,— |

Auflagen: MiNr. 262 I = 651.000, MiNr. 263 I = 101.300, MiNr. 263 II = 287.150, MiNr. 264 I = 50.000, MiNr. 264 II = 142.100, MiNr. 265 I = 50.000, MiNr. 265 II = 34.125 Stück

*Gültig bis 31.3.1948*

*In kleinerem Format: MiNr. 165–167, 181–184, 186, 189–190*

**1929, 19. Febr. Eilmarken. RaTdr.; gez. 11½.**

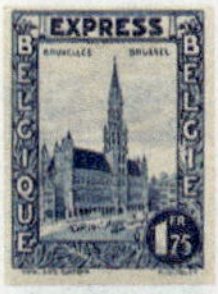


Ea) Rathaus, Brüssel

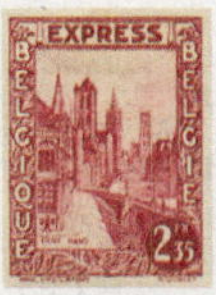


Eb) St.-Nikolaus-kirche und St.-Bavon-Kirche, Gent

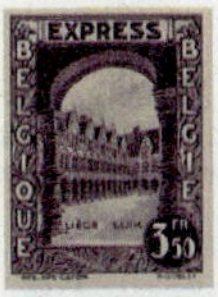


Ec) Justizpalast, Lüttich

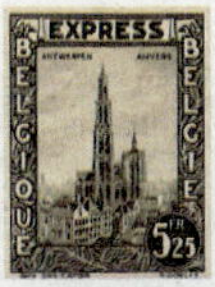


Ed) Kathedrale, Antwerpen

| | | | | | |
|---|---|---|---|---|---|
| **266** | 1.75 Fr | blau | Ea | 5,— | 0,30 |
| **267** | 2.35 Fr | karmin | Eb | 10,— | 0,30 |
| **268** | 3.50 Fr | violett | Ec | 30,— | 11,— |
| **269** | 5.25 Fr | dunkeloliv | Ed | 30,— | 11,— |
| | | Satzpreis (4 W.) | | 75,— | 22,— |

Auflagen: MiNr. 266 = 1.300.000, MiNr. 267 = 1.250.000, MiNr. 268–269 je 500.000 Stück

*Gültig bis 30.6.1938*

*Weiterer Wert: MiNr. 304*

**1929, 2. Dez. Kampf gegen die Tuberkulose: Landschaften. StTdr. (5×15, MiNr. 271 ~, MiNr. 275 5×5); MiNr. 270–274 gez. 11, MiNr. 275 gez. 14.**

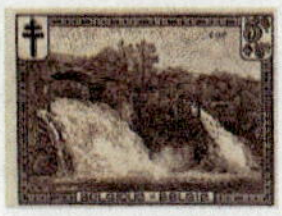

cw) Wasserfall der Amblève bei Coo

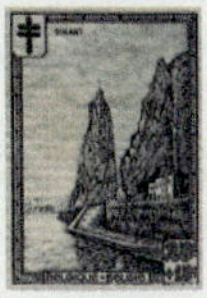

cx) Bayard-Felsen, Dinant

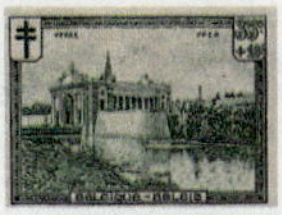

cy) Menin-Tor, Ypern

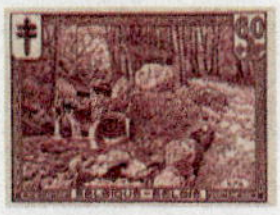

cz) Orleans-Promenade, Spa

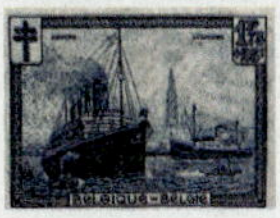

da) „Aquitania“ im Hafen von Antwerpen

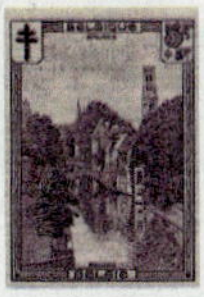

db) Grüner Kai, Brügge

| | | | | | |
|---|---|---|---|---|---|
| **270** | 5 C | + 5 C braun | cw | 0,50 | 0,30 |
| **271** | 25 C | + 15 C graublau | cx | 2,— | 0,70 |
| **272** | 35 C | + 10 C grün | cy | 1,50 | 0,70 |
| **273** | 60 C | + 15 C lilarot | cz | 1,— | 0,30 |
| **274** | 1.75 Fr | + 25 C blau auf bläulich | da | 10,— | 4,— |
| **275** | 5 Fr | + 5 Fr lila | db | 75,— | 30,— |
| | | Satzpreis (6 W.) | | 90,— | 36,— |

Auflagen: MiNr. 270 = 821.534, MiNr. 271 = 549.449, MiNr. 272 = 594.095, MiNr. 273 = 1.583.842, MiNr. 274 = 412.236, MiNr. 275 = 106.074 Stück

*Gültig bis 29.9.1930*

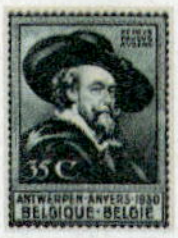


**1930, 26. April. Ausstellung „Schifffahrt und flämische Kunst“ in Antwerpen. RaTdr.; gez. K 12½:12.**

dc) Peter Paul Rubens (1577–1640), Selbstbildnis

| | | | | | |
|---|---|---|---|---|---|
| **276** | 35 C | grün | dc | 1,20 | 0,30 |

Auflage: 15.000.000 Stück

*Gültig bis 30.6.1938*

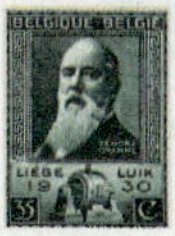


**1930, 26. April. Industrieausstellung in Lüttich. RaTdr.; gez. K 12½:12.**

dd) Zénobe Gramme (1826–1901), Erfinder des Drehstrommotors

| | | | | | |
|---|---|---|---|---|---|
| **277** | 35 C | grün | dd | 1,20 | 0,30 |

| | ★★ |
|---|---|
| 277 U ungezähnt | *50,—* |

Auflage: 15.000.000 Stück

*Gültig bis 30.6.1938*

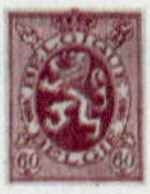

**1930, 9. April. Freimarken: Wappenschild. Bdr. (20×20, unterteilt in 4 Gruppen zu 10×10); gez. K 13½:14.**

cu) Wappenlöwe

| | | | | ★★ | ⊙ |
|---|---|---|---|---|---|
| **278** | 60 C | lilarosa | cu | 9,— | 0,30 |
| **279** | 75 C | dunkelviolett | cu | 11,— | 0,30 |
| | | Satzpreis (2 W.) | | 20,— | 0,50 |

*Gültig bis 30.6.1938*

*MiNr. 278 mit neuem Wertaufdruck und Vorausentwertung: MiNr. 301*
*Mit Flügelrad-Aufdruck: Dienstmarken MiNr. 10, 14*
*In gleicher Zeichnung: MiNr. 254–261, 299–300, 303, 324*

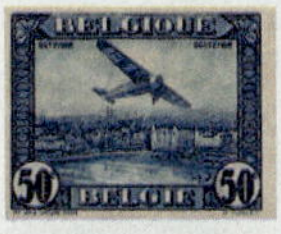


**✈ 1930, 30. April. Flugpostmarken: Flugzeug Fokker F. VII über belgischen Städten. RaTdr.; gez. L 11½.**

Fa) Ostende

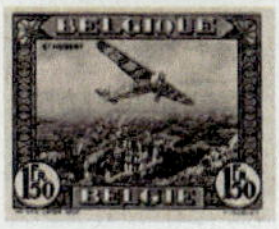


Fb) St. Hubert

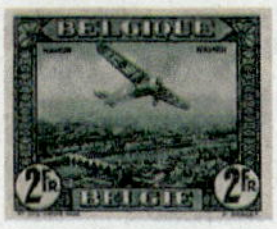


Fc) Namur

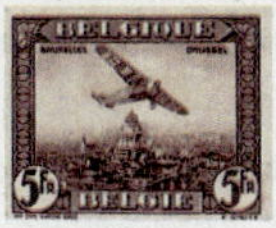


Fd) Brüssel

| | | | | | |
|---|---|---|---|---|---|
| **280** | 50 C | blau | Fa | 2,— | 0,30 |
| **281** | 1.50 Fr | schwarzbraun | Fb | 8,— | 3,— |
| **282** | 2 Fr | grün | Fc | 6,— | 1,— |
| **283** | 5 Fr | rotbraun | Fd | 6,— | 1,30 |
| | | Satzpreis (4 W.) | | 22,— | 5,50 |

| | | ✱✱ |
|---|---|---|
| 280 U | ungezähnt | –,– |
| 281 U | ungezähnt | –,– |
| 282 U | ungezähnt | –,– |

Zu Beginn der Flugpostausstellung 1931 in Antwerpen ließ die Ausstellungsleitung MiNr. 280 mit rotem Aufdruck der Postflugrouten ANVERS–LONDRES, –PARIS, –AMSTERDAM, –MALMOE und –DÜSSELDORF überdrucken. Diese Marken waren nicht frankaturgültig; dennoch sind einige durchgeschlüpfte Postkarten bekannt.

*Gültig bis 31.3.1948*

*MiNr. 281 und 283 mit Aufdruck: MiNr. 399–400*
*In gleicher Zeichnung wie MiNr. 283: MiNr. 298*

**1930, 1. Juli. 100 Jahre Unabhängigkeit: Könige. StTdr. (15×5); gez. 11½.**

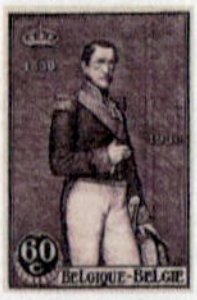
de) König Leopold I. (1790–1865, reg. ab 1831)

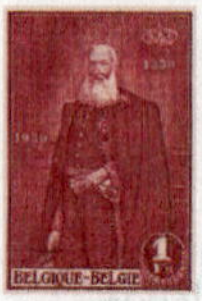
df) König Leopold II. (1835–1909, reg. ab 1865)

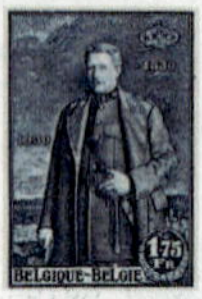
dg) König Albert I. (1875–1934, reg. ab 1909)

| | | | | ✱✱ | ⊙ |
|---|---|---|---|---|---|
| **284** | 60 C | lila | de | 0,50 | 0,30 |
| **285** | 1 Fr | karmin | df | 3,50 | 0,70 |
| **286** | 1.75 Fr | blau | dg | 8,— | 1,50 |
| | | Satzpreis (3 W.) | | 12,— | 2,50 |

*Gültig bis 30.6.1938*

*Neuauflage mit Aufdruck: MiNr. 288–290*

**1930, 9. Aug. Blockausgabe: Philatelistische Ausstellung in Antwerpen. StTdr.; gez. 11½.**

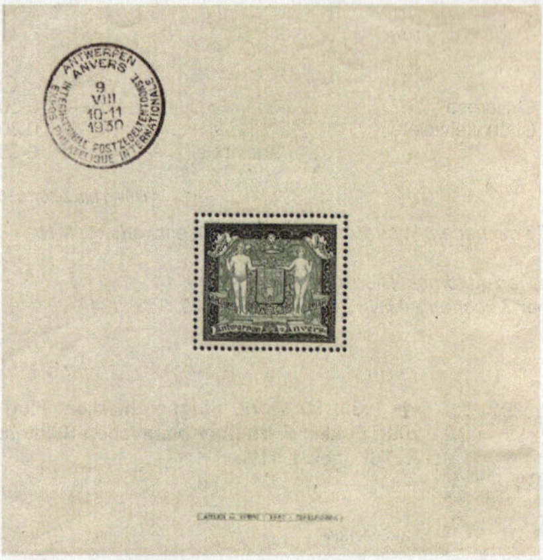
dh I

dh) Stadtwappen von Antwerpen

| | | | | |
|---|---|---|---|---|
| **287** 4 Fr grün | | dh | 110,— | 90,— |
| **Block 1** | (138×136 mm) | dh I | 750,— | 300,— |

Postpreis: 10 Fr, einschließlich einer Eintrittskarte zur Ausstellung

Bl. 1 weist immer Löcher von Heftklammern auf. Auch die ungebrauchten Blocks tragen stets auf dem Blockrand eine Abstempelung. Häufig ist ein Teil des Blockrandes ungummiert.

Auflage: 61.500 Blocks

*Gültig bis 30.6.1938*

**1930, 6. Okt. 50. Tagung des Verwaltungsrates des Internationalen Arbeitsamtes. Neuauflage von MiNr. 284–286 (mit Entwerfer- und Stechernamen) mit blauem bzw. rotem Stdr.-Aufdruck „B. I. T. / OCT. 1930".**

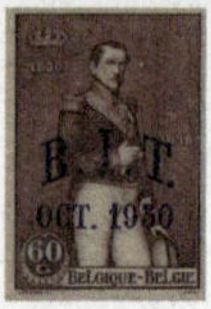
de I) König Leopold I. (1790–1865, reg. ab 1831)

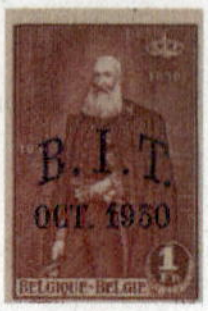
df I) König Leopold II. (1835–1909, reg. ab 1865)

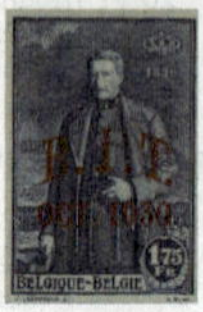
dg) König Albert I. (1875–1934, reg. ab 1909)

| | | | | | |
|---|---|---|---|---|---|
| **288** | 60 C | lila | (de I) Bl | 5,— | 2,50 |
| **289** | 1 Fr | karmin | (df I) Bl | 25,— | 7,50 |
| **290** | 1.75 Fr | blau | (dg I) R | 40,— | 22,— |
| | | Satzpreis (3 W.) | | 70,— | 32,— |

| | | ✱✱ |
|---|---|---|
| 289 U | ungezähnt | –,– |

FALSCH Aufdruck auf Urmarken ohne Entwerfer- und Stechernamen

Auflagen: MiNr. 288 = 225.000, MiNr. 289–290 je 150.000 Stück

*Gültig bis 29.11.1930*

**1930, 1. Dez. Kampf gegen die Tuberkulose: Burgen und Schlösser. MiNr. 291–292 RaTdr. (15×10); MiNr. 293–297 StTdr. (15×10, Großformat 5×5); gez. 13:14½.**

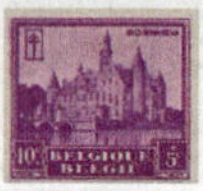
di) Bornhem

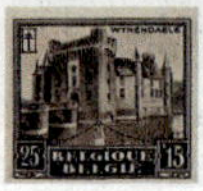
dk) Wijnendale

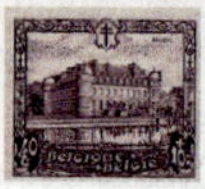
dl) Belœil

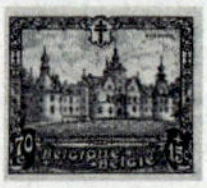
dm) Ooidonk

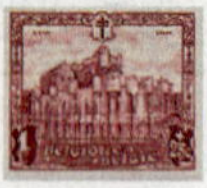
dn) Grafenschloss in Gent

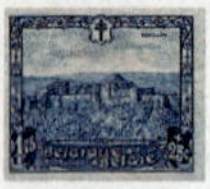
do) Bouillon

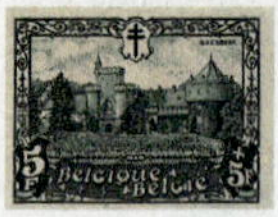
dp) Gaasbeek

| | | | | | ✱✱ | ⊙ |
|---|---|---|---|---|---|---|
| **291** | 10 C | + 5 C rotlila | | di | 0,70 | 0,50 |
| **292** | 25 C | + 15 C dunkelbraun | | dk | 1,50 | 1,— |
| **293** | 40 C | + 10 C braunlila | | dl | 2,— | 1,— |
| **294** | 70 C | + 15 C grau | | dm | 2,— | 1,— |
| **295** | 1 Fr | + 25 C rot | | dn | 18,— | 8,— |
| **296** | 1.75 Fr | + 25 C blau | | do | 18,— | 5,— |
| **297** | 5 Fr | + 5 Fr grün | | dp | 120,— | 40,— |
| | | Satzpreis (7 W.) | ✱ 50,— | | 160,— | 55,— |

Auflagen: MiNr. 291 = 767.508, MiNr. 292 = 444.087, MiNr. 293 = 655.836, MiNr. 294 = 1.406.448, MiNr. 295 = 230.629, MiNr. 296 = 349.055, MiNr. 297 = 95.516 Stück

*Gültig bis 29.9.1931*

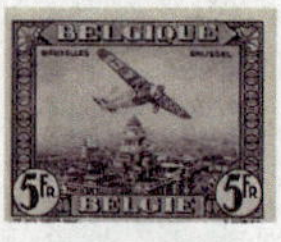

**✈ 1930, 3. Dez. Nonstop-Flug von Brüssel nach Leopoldville (Belgisch-Kongo) durch Omer Vanderlinden und Robert Fabry. RaTdr.; gez. L 11½.**

Fd) Flugzeug Fokker F. VII über Brüssel

| | | | | |
|---|---|---|---|---|
| **298** 5 Fr | dunkelviolett | Fd | 60,— | 30,— |

Auflage: 40.000 Stück

*Gültig bis 31.3.1948*

*In gleicher Zeichnung: MiNr. 283*

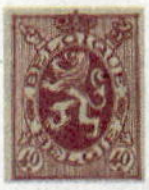

**1930, 7. Nov. Freimarken: Wappenschild. Bdr. (20×20, unterteilt in 4 Gruppen zu 10×10); gez. 13¾:14.**

cu) Wappenlöwe

| | | | | |
|---|---|---|---|---|
| **299** | 40 C bräunlichlila | cu | 2,— | 0,30 |
| **300** | 70 C braunrot | cu | 5,— | 0,30 |
| | Satzpreis (2 W.) | | 7,— | 0,50 |

*Gültig bis 30.6.1938*

*Mit neuen Wertaufdrucken und Vorausentwertung: MiNr. 322, 323, 373–374, 375, 451*
*Mit Flügelrad-Aufdruck: Dienstmarken MiNr. 11, 13*
*In gleicher Zeichnung: MiNr. 254–261, 278–279, 303, 324*

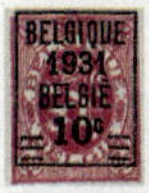

**1931, 20. Febr. Freimarke: Wappenschild. MiNr. 278 mit Aufdruck der Vorausentwertung (Jahreszahl 1931) und des neuen Wertes.**

301

| | | | (✱) | ✱✱ |
|---|---|---|---|---|
| **301** | **10 C** auf 60 C lilarosa | (278) | 0,30 | 2,20 |

*Gültig bis 30.6.1938*

*Weitere Werte mit anderen Jahreszahlen: MiNr. 322, 323, 373–375, 451*

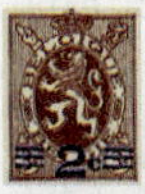

**1931, 20. Febr. Freimarke: Wappenschild. MiNr. 255 mit Bdr.-Aufdruck.**

302

| | | | ✱✱ | ⊙ |
|---|---|---|---|---|
| **302** | **2 C** auf 3 C rotbraun | (255) | | |
| a | Aufdruck blau | | 0,30 | 0,30 |
| b | Aufdruck schwarzblau | | 0,30 | 0,30 |

**Vorausentwertungen:**

| | | (✱) | ✱✱ |
|---|---|---|---|
| 302 V I | Aufdrucktype b 1 (1933/1937) | 2,50 | 4,— |
| 302 V II | Aufdrucktype b 2 (1931/1937) | 2,50 | 4,— |

*Gültig bis 30.6.1938*

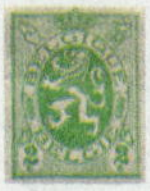

**1931, 20. Jan. Freimarke: Wappenschild. Bdr. (20×20, unterteilt in 4 Gruppen zu 10×10); gez. 14.**

cu) Wappenlöwe

| | | | ✱✱ | ⊙ |
|---|---|---|---|---|
| **303** | 2 C hellgrün | cu | 0,50 | 0,30 |

**Vorausentwertungen:**

| | | (✱) | ✱✱ |
|---|---|---|---|
| 303 V I | Aufdrucktype b 1 (1934) | 4,50 | 8,— |
| 303 V II | Aufdrucktype b 2 (1931/1932) | 4,50 | 8,— |

*Gültig bis 30.6.1938*

*In gleicher Zeichnung: MiNr. 254–261, 278–279, 299–300, 324*

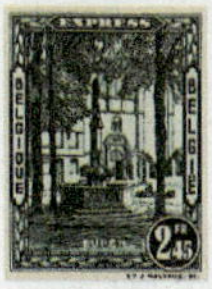

**1931, 5. Juni. Eilmarke. RaTdr.; gez. 11½.**

Ee) Brunnen in Eupen

| | | | ✱✱ | ⊙ |
|---|---|---|---|---|
| **304** | 2.45 Fr dunkelgrün | Ee | 55,— | 2,— |

*Gültig bis 30.6.1938*

*Mit Aufdruck: MiNr. 325*

*Weitere Werte: MiNr. 266–269*

**1931, 15. Juni/1932, 1. Juni. Freimarken: König Albert I. mit Schirmmütze. MiNr. 305 RaTdr., MiNr. 306–313 StTdr.; (10×15); gez. 14:13½.**

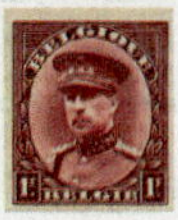

dr

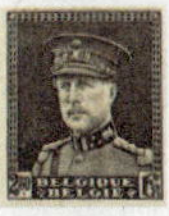

ds

dr–ds) König Albert I. (1875–1934, reg. ab 1909)

| | | | | | |
|---|---|---|---|---|---|
| **305** | 1 Fr braunkarmin | dr | | 1,— | 0,30 |
| **306** | 1.25 Fr grauschwarz | ds | | 3,— | 0,30 |
| **307** | 1.50 Fr dunkelpurpur bis schwarzlila | ds | | 8,— | 0,30 |
| **308** | 1.75 Fr dunkelblau | ds | | 2,— | 0,30 |
| **309** | 2 Fr braun | ds | | 4,— | 0,30 |
| **310** | 2.45 Fr violett | ds | | 12,— | 0,50 |
| **311** | 2.50 Fr dunkelbraun (1.6.1932) | ds | | 30,— | 0,50 |
| **312** | 5 Fr grün | ds | | 90,— | 1,50 |
| **313** | 10 Fr lilakarmin | ds | | 150,— | 8,— |
| | Satzpreis (9 W.) | | ✱ 100,— | 300,— | 12,— |

*Gültig bis 31.3.1948*

*In ähnlicher Zeichnung wie MiNr. 305: MiNr. 332*

**1931, 19. Juli. Blockausgabe: Philatelistische Ausstellung der Kriegsinvaliden in Brüssel. RaTdr.; gez. 13½.**

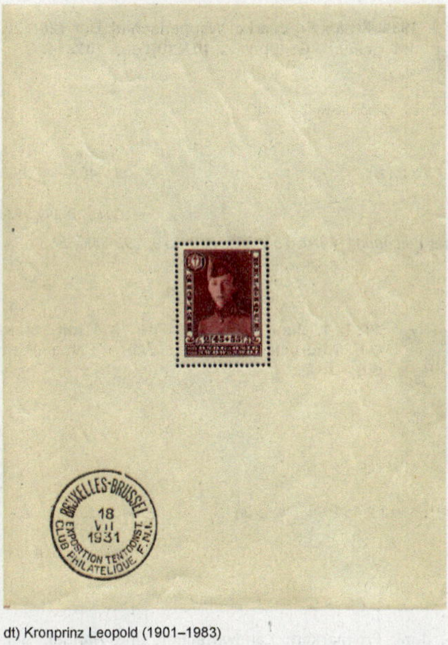


dt I

dt) Kronprinz Leopold (1901–1983)

| | | | | |
|---|---|---|---|---|
| **314** | 2.45 Fr + 55 C karminbraun | dt | 110,— | 90,— |
| **Block 2** | (123×161 mm) | dt I | 600,— | 180,— |

Auch die ungebrauchten Blocks weisen immer am Blockrand eine Abstempelung auf.

Auflage: 59.224 Blocks

*Gültig bis 29.7.1931*

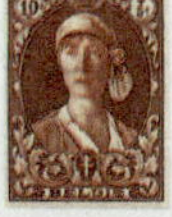

**1931, 1. Dez. Kampf gegen die Tuberkulose. StTdr.; MiNr. 315–320 (10×10), MiNr. 321 (5×4); gez. 14:13½.**

du) Königin Elisabeth (1876–1965)

| | | | | | |
|---|---|---|---|---|---|
| **315** | 10 C + 5 C braun | du | 0,50 | 0,50 |
| **316** | 25 C + 15 C violett | du | 2,50 | 0,70 |
| **317** | 50 C + 10 C grün | du | 2,50 | 0,70 |
| **318** | 75 C + 15 C sepia | du | 2,— | 0,50 |
| **319** | 1 Fr + 25 C karmin | du | 18,— | 7,50 |
| **320** | 1.75 Fr + 25 C ultramarin | du | 18,— | 7,50 |
| **321** | 5 Fr + 5 Fr lila | du | 130,— | 60,— |
| | Satzpreis (7 W.) | | 170,— | 75,— |

Auflagen: MiNr. 315 = 602.037, MiNr. 316 = 415.971, MiNr. 317 = 549.087, MiNr. 318 = 1.296.665, MiNr. 319 = 177.330, MiNr. 320 = 289.870, MiNr. 321 = 69.780 Stück

*Gültig bis 29.9.1932*

*In ähnlicher Zeichnung: MiNr. 1421*

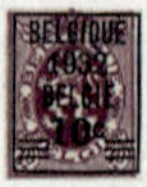

322

**1932, 1. Jan. Freimarken: Wappenschild. MiNr. 299 und 300 mit Aufdruck der Vorausentwertung (Jahreszahl 1932) und des neuen Wertes.**

| | | | (✱) | ✱✱ |
|---|---|---|---|---|
| **322** | **10 C** auf 40 C bräunlichlila | (299) | 0,30 | 14,— |
| **323** | **10 C** auf 70 C rotbraun | (300) | 0,30 | 14,— |
| | Satzpreis (2 W.) | | 0,50 | 28,— |

*Mit Jahreszahl 1933: MiNr. 373–374, mit 1934: MiNr. 375, mit 1937: MiNr. 451*

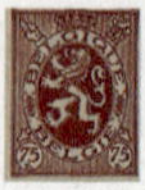

**1932, 7. Jan. Freimarke: Wappenschild. Bdr. (20×20, unterteilt in 4 Gruppen zu 10×10); gez. 13¾:14.**

cu) Wappenlöwe

| | | | ✱✱ | ⊙ |
|---|---|---|---|---|
| **324** | 75 C rotbraun | cu | 40,— | 0,40 |

*Gültig bis 30.6.1938*

*In gleicher Zeichnung: MiNr. 254–261, 278–279, 299–300, 303*

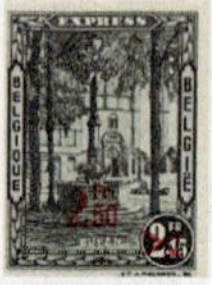

325

**1932, 1. Juni. Eilmarke. MiNr. 304 mit rotem Bdr.-Aufdruck des neuen Wertes, alter Wert durchkreuzt.**

| | | | | |
|---|---|---|---|---|
| **325** | **2.50 Fr** auf 2.45 Fr dunkelgrün | (304) | 65,— | 2,— |

*Gültig bis 30.6.1938*

**1932, 1. Juni. Freimarken: Landwirtschaft und Handel. Bdr. (10×10 + 10×10 + 10×10 + 10×10); gez. 13½:14.**

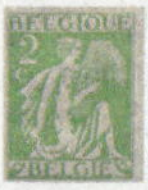

dv) Ceres, Göttin der Landwirtschaft; Kupferstich von Louis Buisseret (1888–1956)

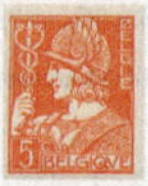

dw) Merkur, Gott des Handels; Holzschnitt von Edward Pellens (1872–1947)

| | | | | |
|---|---|---|---|---|
| **326** | 2 C hellgelbgrün | dv | 0,60 | 0,30 |
| **327** | 5 C orangerot | dw | 0,60 | 0,30 |
| **328** | 10 C olivbraun | dv | 0,60 | 0,30 |
| **329** | 20 C hellviolett | dw | 3,— | 0,30 |
| **330** | 25 C dunkelkarmin | dv | 2,20 | 0,30 |
| **331** | 35 C dunkelgrün | dw | 10,— | 0,30 |
| | Satzpreis (6 W.) | | 17,— | 1,— |

**Vorausentwertungen:**

| | | (✱) | ✱✱ |
|---|---|---|---|
| 326 V I | Aufdrucktype b 1 (1934) | 4,50 | 8,— |
| 326 V II | Aufdrucktype b 2 (1934) | 5,— | 10,— |
| 327 V I | Aufdrucktype b 1 (1933/1936) | 0,50 | 0,80 |
| 327 V II | Aufdrucktype b 2 (1933/1936) | 0,60 | 1,— |
| 328 V I | Aufdrucktype b 1 (1933/1936) | 0,50 | 0,80 |
| 328 V II | Aufdrucktype b 2 (1933/1936) | 0,60 | 1,— |

*Gültig bis 30.6.1938*

*MiNr. 328 und 331 mit Flügelrad-Aufdruck: Dienstmarken MiNr. 16, 18*

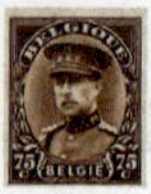

**1932, 15. Juni. Freimarke: König Albert I. mit Schirmmütze. RaTdr. (10×10 + 10×10); gez. 13¾:14.**

dx) König Albert I. (1875–1934, reg. ab 1909)

| | | | ✱✱ | ⊙ |
|---|---|---|---|---|
| **332** | 75 C sepia | dx | 6,— | 0,30 |

*Gültig bis 31.3.1948*

*Mit Flügelrad-Aufdruck: Dienstmarke MiNr. 17*
*In gleicher Zeichnung mit Trauerrand: MiNr. 376*
*In ähnlicher Zeichnung: MiNr. 305*

**1932, 10. Juni. Kardinal Désiré Mercier. MiNr. 333–336 RaTdr., gez. 14:13½; MiNr. 337–341 StTdr., gez. 11½.**

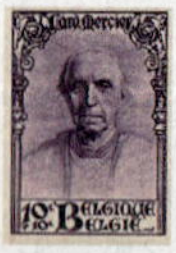

dy) Kardinal Mercier (1851–1926), Erzbischof von Mecheln, Neuscholastiker

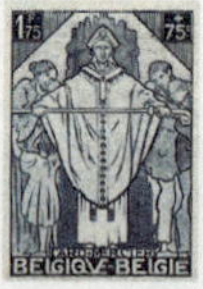

dz) Kardinal Mercier als Schützer der Armen und Verfolgten

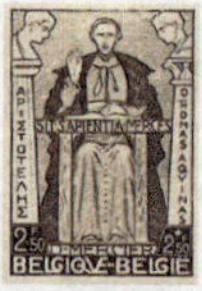

ea) Kardinal Mercier als Lehrer und Gelehrter

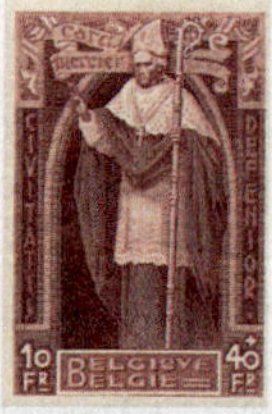

eb) Kardinal Mercier als Erzbischof von Mecheln

| | | | | |
|---|---|---|---|---|
| **333** | 10 C + 10 C dunkelviolet | dy | 0,50 | 0,30 |
| **334** | 50 C + 30 C lila | dy | 5,— | 2,— |
| **335** | 75 C + 25 C braun | dy | 3,— | 1,— |
| **336** | 1 Fr + 2 Fr rot | dy | 12,— | 7,— |
| **337** | 1.75 Fr + 75 C blau | dz | 160,— | 80,— |
| **338** | 2.50 Fr + 2.50 Fr sepia | ea | 160,— | 80,— |
| **339** | 3 Fr + 4.50 Fr grün | dz | 160,— | 80,— |
| **340** | 5 Fr + 20 Fr dunkellila | ea | 200,— | 100,— |
| **341** | 10 Fr + 40 Fr dunkelkarmin | eb | 400,— | 200,— |
| | Satzpreis (9 W.) | | 1100,— | 550,— |

FALSCH

Auflagen: MiNr. 333 = 317.390, MiNr. 334 = 188.540, MiNr. 335 = 368.464, MiNr. 336 = 92.507, MiNr. 337 = 25.337, MiNr. 338 = 25.321, MiNr. 339 = 25.317, MiNr. 340 = 25.299, MiNr. 341 = 25.309 Stück

*Gültig bis 8.12.1933*

Von MiNr. 333–341 wurden 4700 Sätze mit einem Handstempel-Aufdruck versehen. Der Stempel war als Sonderstempel vorgesehen, wurde aber zweckentfremdet. Verkauf auf Ausstellungspostamt. Auch auf anderen Ausgaben bekannt.

333 I-341 I mit Handstempelaufdruck Satzpreis (9 W.) ....... *4400,— 2000,—*

FALSCH

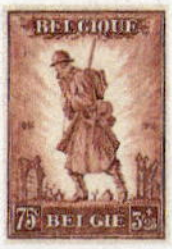

**1932, 4. Aug. Errichtung eines Denkmals für die Infanterie. StTdr. (10×10); gez. 14:13½.**

ec) Infanterist

| | | | | | | |
|---|---|---|---|---|---|---|
| **342** | 75 C | + 3.25 Fr braunrot | ec | 200,— | 75,— | |
| **343** | 1.75 Fr | + 4.25 Fr dunkelblau | ec | 200,— | 75,— | |
| | | Satzpreis (2 W.) | ✶ 150,— | 400,— | 150,— | |

Auflage: 40.000 Sätze

*Gültig bis 30.3.1933*

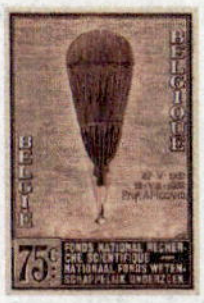

**1932, 26. Nov. Nationalfonds für wissenschaftliche Forschung (FNRS). StTdr.; gez. 11½.**

ed) Stratosphärenballon von Auguste Piccard

| | | | | | |
|---|---|---|---|---|---|
| **344** | 75 C | braun | ed | 15,— | 0,30 |
| **345** | 1.75 Fr | dunkelblau | ed | 40,— | 0,70 |
| **346** | 2.50 Fr | violett | ed | 75,— | 14,— |
| | | Satzpreis (3 W.) | | 130,— | 15,— |

Auflagen: MiNr. 344 = 1.750.000, MiNr. 345 = 1.500.000, MiNr. 346 = 900.000 Stück

*Gültig bis 30.6.1938*

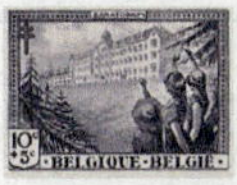

**1932, 1. Dez. Kampf gegen die Tuberkulose. RaTdr.; gez. 13½:14.**

ee) Sanatorium der Postbeamten „De Dennen", La Hulpe

| | | | | | |
|---|---|---|---|---|---|
| **347** | 10 C | + 5 C dunkelviolett | ee | 0,50 | 0,30 |
| **348** | 25 C | + 15 C lila | ee | 3,50 | 0,70 |
| **349** | 50 C | + 10 C braunkarmin | ee | 6,— | 0,70 |
| **350** | 75 C | + 15 C braun | ee | 6,— | 0,30 |
| **351** | 1 Fr | + 25 C karmin | ee | 45,— | 14,— |
| **352** | 1.75 Fr | + 25 C blau | ee | 40,— | 14,— |
| **353** | 5 Fr | + 5 Fr dunkelgrün | ee | 150,— | 100,— |
| | | Satzpreis (7 W.) | | 250,— | 130,— |

Auflagen: MiNr. 347 = 485.494, MiNr. 348 = 301.317, MiNr. 349 = 468.851, MiNr. 350 = 917.692, MiNr. 351 = 125.430, MiNr. 352 = 194.198, MiNr. 353 = 49.901 Stück

*Gültig bis 29.9.1933*

**1933, 15. Okt. Wiederaufbau der Abtei Orval (II). RaTdr.; MiNr. 354–364 gez. 14:13¾ oder ~, MiNr. 365 gez. 11½.**

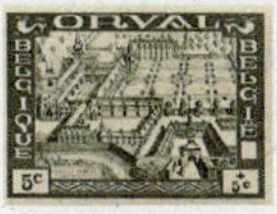

ef) Abtei Orval; Stich von 1760

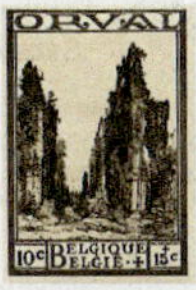

eg) Ruinen von Orval; Radierung der Gräfin von Flandern, der nachmaligen Königin Astrid

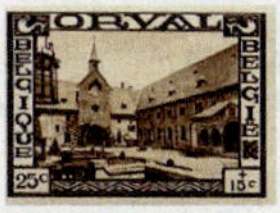

eh) Hof

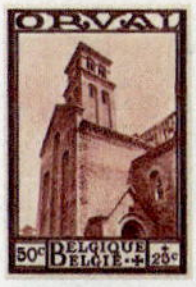

ei) Glockenturm

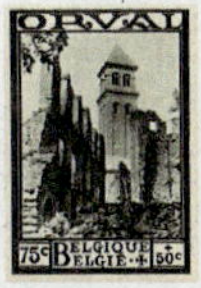

ek) Laubengang und Glockenturm

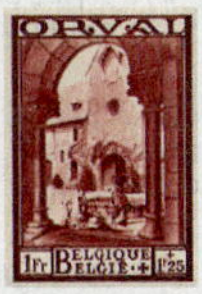

el) Springbrunnen

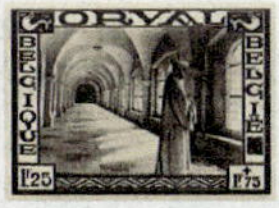

em) Klostergang

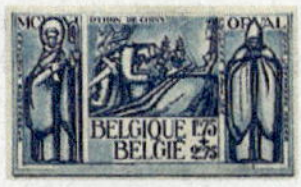

en) Gründung der Abtei 1131: Bernhard von Clairvaux und erster Abt Constantin

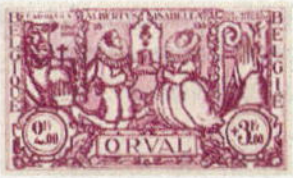

eo) Wiederaufbau der Abtei im 16. und 17. Jh.: Kaiser Karl V., Erzherzog Albert und Isabella, Abt Bernhard von Montgaillard

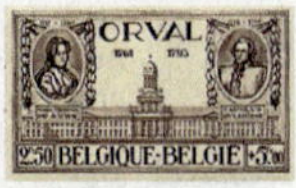

ep) Fassade der Abtei von 1761–1793, erbaut von Dewez; Kaiserin Maria Theresia und Herzog Karl von Lothringen

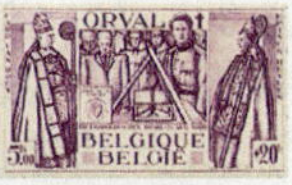

er) Grundsteinlegung für die neue Abtei durch Prinz Leopold; Kardinal von Roey und Bischof Heylen von Namur

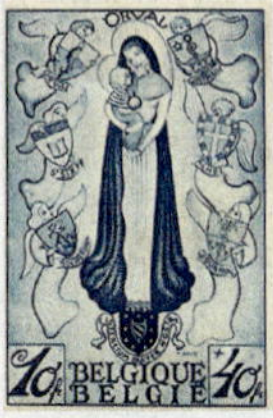

es) Maria, Patronin der Zisterzienser; Wappen der belgischen Klöster Westmalle, St. Sixte, Achel, Scourmont, Rochefort und Orval

| | | | | | |
|---|---|---|---|---|---|
| **354** | 5 C | + 5 C olivgrün | ef | 140,— | 60,— |
| **355** | 10 C | + 15 C dunkelbraunoliv | eg | 140,— | 60,— |
| **356** | 25 C | + 15 C dunkelbraun | eh | 110,— | 45,— |
| **357** | 50 C | + 25 C karminbraun | ei | 110,— | 45,— |
| **358** | 75 C | + 50 C dunkelgrün | ek | 110,— | 45,— |
| **359** | 1 Fr | + 1.25 Fr braunkarmin | el | 110,— | 45,— |
| **360** | 1.25 Fr | + 1.75 Fr schwarzgraubraun | em | 110,— | 45,— |
| **361** | 1.75 Fr | + 2.75 Fr blau | en | 180,— | 70,— |
| **362** | 2 Fr | + 3 Fr rotlila | eo | 180,— | 70,— |
| **363** | 2.50 Fr | + 5 Fr dunkelbraun | ep | 180,— | 70,— |
| **364** | 5 Fr | + 20 Fr violett | er | 180,— | 70,— |
| **365** | 10 Fr | + 40 Fr blau | es | 650,— | 300,— |
| | | Satzpreis (12 W.) | | 2200,— | 900,— |

MiNr. 354–365 wurden nur in kompletten Sätzen verkauft.

FALSCH

Auflage: 17.713 Sätze

*Gültig bis 14.10.1934*

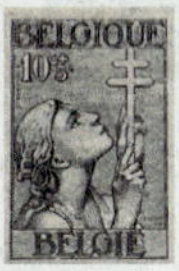

**1933, 1. Dez. Kampf gegen die Tuberkulose. StTdr.; gez. 14:13½.**

et) Mädchen mit Lothringer Kreuz

| | | | | | |
|---|---|---|---|---|---|
| **366** | 10 C | + 5 C grau | et | 2,— | 0,50 |
| **367** | 25 C | + 15 C violett | et | 7,— | 2,50 |
| **368** | 50 C | + 10 C braun | et | 7,— | 2,50 |
| **369** | 75 C | + 15 C schwarzbraun | et | 200,— | 0,50 |
| **370** | 1 Fr | + 25 C karmin | et | 40,— | 15,— |
| **371** | 1.75 Fr | + 25 C violettblau | et | 90,— | 30,— |
| **372** | 5 Fr | + 5 Fr dunkellila | et | 460,— | 130,— |
| | | Satzpreis (7 W.) | | 800,— | 180,— |

Auflagen: MiNr. 366 = 452.729, MiNr. 367 = 265.119, MiNr. 368 = 417.184, MiNr. 369 = 762.040, MiNr. 370 = 108.853, MiNr. 371 = 164.442, MiNr. 372 = 40.216 Stück

*Gültig bis 29.9.1934*

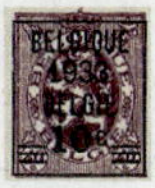

**1933, 1. Jan. Freimarken: Wappenschild. MiNr. 299 und 300 mit Aufdruck der Vorausentwertung (Jahreszahl 1933) und des neuen Wertes.**

373

| | | | | (✶) | ✶✶ |
|---|---|---|---|---|---|
| **373** | **10 C** | auf 40 C bräunlichlila | (299) | 3,50 | 65,— |
| **374** | **10 C** | auf 70 C rotbraun | (300) | 1,50 | 65,— |
| | | Satzpreis (2 W.) | | 5,— | 130,— |

*Mit Jahreszahl 1932: MiNr. 322–323; mit 1934: MiNr. 375; mit 1937: MiNr. 451*

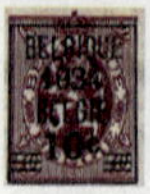

**1934, 1. Jan. Freimarke: Wappenschild. MiNr. 299 mit Aufdruck der Vorausentwertung (Jahreszahl 1934) und des neuen Wertes.**

375

**375** **10 C** auf 40 C bräunlichlila ........... (299) 1,50 65,—

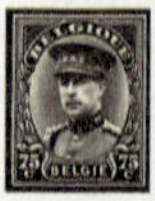

**1934, 10. März. Tod König Alberts I. MiNr. 332 in geänderter Farbe und mit schwarzem Rand; RaTdr. (10×10 + 10×10); gez. 14:13½.**

dx) König Albert I. (1875–1934)

| | | | | ** | ⊙ |
|---|---|---|---|---|---|
| **376** | 75 C | ............................ | dx | | |
| **a** | | schwarzoliv (1. Auflage) ............ | | 1,— | 0,30 |
| **b** | | schwarz ........................... | | 1,50 | 0,30 |

Auflage: 32.000.000 Stück

*Gültig bis 31.3.1948*

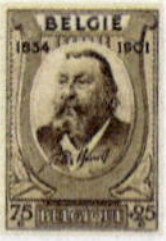

**1934, 1. Juni. 100. Geburtstag von Peter Benoit. RaTdr. (10×5 + 10×5); gez. 14:13½.**

eu) Peter Benoit (1834–1901), Komponist

**377** 75 C + 25 C brau ........................ eu 17,— 6,50

Auflage: 298.136 Stück

*Gültig bis 29.6.1935*

**1934, 1. Juli. Weltausstellung 1935, Brüssel. RaTdr.; gez. 14:13½.**

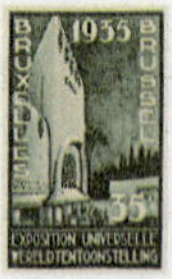

ev) Kongo-Palast

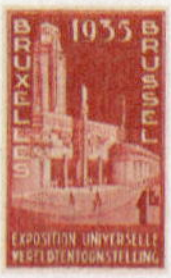

ew) Palast der Stadt Brüssel

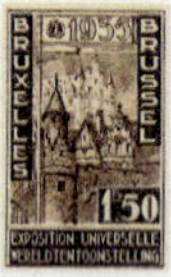

ex) Das alte Brüssel

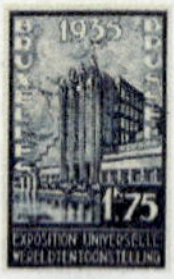

ey) Großer Palast der belgischen Sektion

**378** 35 C dunkelgrün ........................ ev 3,50 0,50
**379** 1 Fr karmin ........................ ew 5,50 0,50
**380** 1.50 Fr dunkelbraun ........................ ex 25,— 1,—
**381** 1.75 Fr blau ........................ ey 30,— 0,50
Satzpreis (4 W.) 60,— 2,50

*Gültig bis 29.6.1936*

**1934, 15. Sept. Kriegsbeschädigtenhilfe (I). RaTdr.; MiNr. 382 (10×10 und 4×5), gez. 14; MiNr. 383 (10×15 und 4×5), gez. 14:13½.**

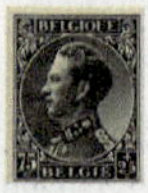

ez

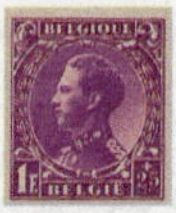

fa

ez–fa) König Leopold III. (1901–1983, reg. 1934–1951)

**382** 75 C + 25 C schwarzoliv ............... ez 42,— 18,—
**383** 1 Fr + 25 C purpur ............... fa 38,— 12,—
Satzpreis (2 W.) 80,— 30,—

Auflage: 47.660 Sätze

*Gültig bis 29.6.1935*

*In gleichen Zeichnungen: MiNr. 384–385*
*In ähnlichen Zeichnungen: MiNr. 393–395*

**1934, 24. Sept. Kriegsbeschädigtenhilfe (II). RaTdr.; MiNr. 384 (10×10), gez. 14; MiNr. 385 (10×15), gez. 14:13½.**

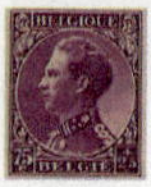

ez

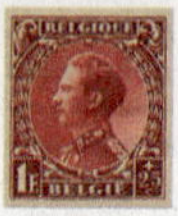

fa

ez–fa) König Leopold III. (1901–1983, reg. 1934–1951)

**384** 75 C + 25 C dunkelviolett ............... ez 18,— 4,—
**385** 1 Fr + 25 C braunkarmin ............... fa 10,— 7,—
Satzpreis (2 W.) 28,— 11,—

Auflagen: MiNr. 384 = 176.043, MiNr. 385 = 139.687 Stück

*Gültig bis 29.6.1935*

*In gleichen Zeichnungen: MiNr. 382–383*
*In ähnlichen Zeichnungen: MiNr. 393–395*

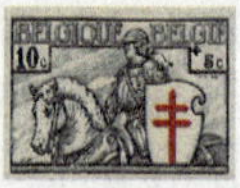

**1934, 1. Dez. Kampf gegen die Tuberkulose. Komb. StTdr. und Bdr. (5×10 + 5×10); gez. 13½:14.**

fb) Ritter mit Lothringer Schild

**386** 10 C + 5 C grau/rot ............... fb 2,— 0,30
**387** 25 C + 15 C braun/rot ............... fb 10,— 2,20
**388** 50 C + 10 C olivgrün/rot ............... fb 6,50 1,50
**389** 75 C + 15 C violettbraun/rot ............... fb 4,50 1,—
**390** 1 Fr + 25 C karmin/rot ............... fb 42,— 15,—
**391** 1.75 Fr + 25 C ultramarin/rot ............... fb 35,— 10,—
**392** 5 Fr + 5 Fr lila/rot ............... fb 320,— 120,—
Satzpreis (7 W.) ✶ 140,— 420,— 150,—

Auflagen: MiNr. 386 = 638.266, MiNr. 387 = 262.967, MiNr. 388 = 393.538, MiNr. 389 = 682.127, MiNr. 390 = 109.839, MiNr. 391 = 172.398, MiNr. 392 = 42.035 Stück

*Gültig bis 29.9.1935*

**1934, 1. Dez./1935, 15. Juli. Freimarken: König Leopold III. RaTdr.; MiNr. 393–394 (10×10 + 10×10), MiNr. 395 (10×15); gez. 13½:14.**

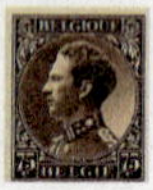

fc

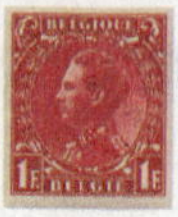

fd

fc–fd) König Leopold III. (1901–1983, reg. 1934–1951)

**393** 70 C olivschwarz (1.2.1935) ............ fc 0,50 0,30
**394** 75 C braun (1.12.1934) ............ fc 2,50 0,30
**395** 1 Fr karmin (15.7.1935) ............ fd 10,— 0,40
Satzpreis (3 W.) 13,— 1,—

*MiNr. 393 mit Flügelrad-Aufdruck: Dienstmarke MiNr. 19*
*In ähnlichen Zeichnungen: MiNr. 382–383, 384–385*

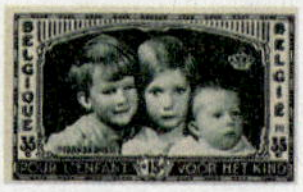

**1935, 10. April. Nationales Hilfskomitees für das Kind. RaTdr.; gez. 13½:14.**

fe) Kronprinz Baudouin, Prinzessin Josephine-Charlotte, Prinz Albert

**396** 35 C + 15 C dunkelgrün ............... fe 3,— 1,—
**397** 70 C + 30 C dunkelkarmin ............... fe 3,— 1,—
**398** 1.75 Fr + 50 C dunkelblau ............... fe 12,— 5,50
Satzpreis (3 W.) 18,— 7,50

Auflagen: MiNr. 396 = 583.419, MiNr. 397 = 680.751, MiNr. 398 = 443.685 Stück

*Gültig bis 30.6.1936*

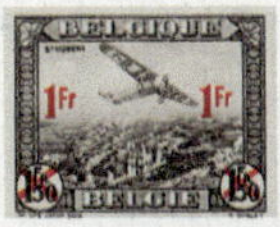

✈ **1935, April/23. Mai. Flugpostmarken. MiNr. 281 und 283 mit Bdr.-Aufdruck.**

399

| | | | | | |
|---|---|---|---|---|---|
| **399** | **1 Fr** | auf 1.50 Fr schwarzbraun (23. Mai) | (281) R | 1,— | 0,50 |
| **400** | **4 Fr** | auf 5 Fr rotbraun (April) | (283) B | 44,— | 8,50 |
| | | Satzpreis (2 W.) | | 45,— | 9,— |

FALSCH

Auflage: 149.800 Sätze

*Gültig bis 31.3.1948*

MiNr. 401 entfällt.

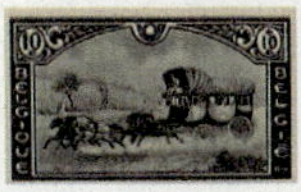

**1935, 27. April. Salon International du Timbre de Belgique et du Congo Belge (SITEB), Brüssel (I). RaTdr. (2×5); gez. 13¾:14.**

ff) Alte fünfspännige Postkutsche (Mallepost)

| | | | | | |
|---|---|---|---|---|---|
| **402** | 10 C | + 10 C olivschwarz | ff | 1,— | 0,30 |
| **403** | 25 C | + 25 C dunkelbraun | ff | 5,— | 1,40 |
| **404** | 35 C | + 25 C dunkelgrün | ff | 6,— | 2,80 |
| | | Satzpreis (3 W.) | | 12,— | 4,50 |
| | | Kleinbogensatz | | 150,— | 100,— |

Auflagen: MiNr. 402 = 497.898, MiNr. 403 = 433.430, MiNr. 404 = 436.872 Stück

*Gültig bis 30.6.1936*

**1935, 25. Mai. Blockausgabe: Salon International du Timbre de Belgique et du Congo Belge (SITEB), Brüssel (II). StTdr.; gez. Ks 14.**

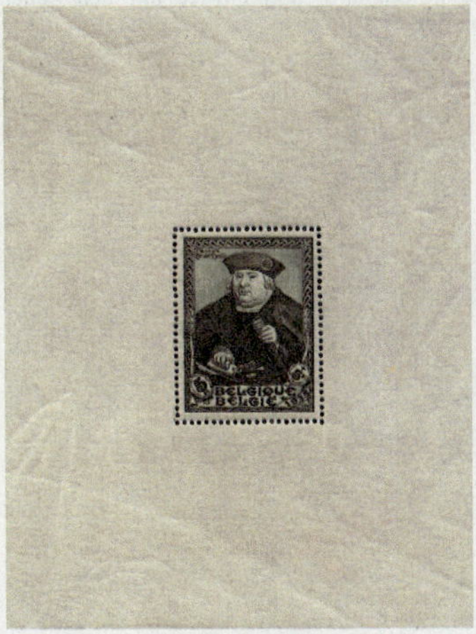

fg I

fg) Franz von Taxis (um 1460–1517), Begründer des Taxisschen Postwesens, nach Tafelbild (frühes 16. Jh.) des unbek. „Frankfurter Meisters"

| | | | | | |
|---|---|---|---|---|---|
| **405** | 5 Fr | + 5 Fr olivschwarz | fg | 130,— | 110,— |
| **Block 3** | | (92×119 mm) | fg I | 400,— | 150,— |

Bl. 3 weist immer Löcher von Heftklammern auf. Auch die ungebrauchten Blocks weisen oft am Blockrand eine Abstempelung auf.

Auflage: 53.600 Blocks

*Gültig bis 30.6.1936*

MiNr. 406 entfällt.

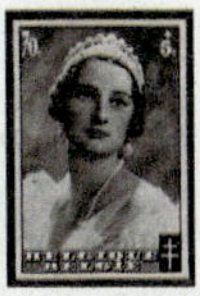

**1935, 3. Okt. Tod von Königin Astrid; Kampf gegen die Tuberkulose (I). RaTdr. (10×5 + 10×5); gez. 11½.**

fh) Königin Astrid (1905–1935)

| | | | | | |
|---|---|---|---|---|---|
| **407** | 70 C | + 5 C schwarz | fh | 0,30 | 0,30 |

Auflage: 10.494.365 Stück

*Gültig bis 30.9.1936*

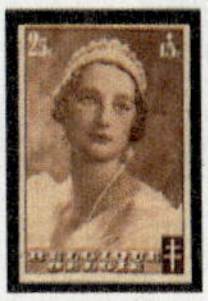

**1935, 1. Dez. Tod von Königin Astrid; Kampf gegen die Tuberkulose (II). Komb. RaTdr. und Bdr. (10×5 + 10×5); gez. 11½.**

fh) Königin Astrid (1905–1935)

| | | | | | |
|---|---|---|---|---|---|
| **408** | 10 C | + 5 C schwarz/schwarzoliv | fh | 0,30 | 0,30 |
| **409** | 25 C | + 15 C schwarz/dunkelbraun | fh | 0,30 | 0,30 |
| **410** | 35 C | + 5 C schwarz/dunkelgrün | fh | 0,30 | 0,30 |
| **411** | 50 C | + 10 C schwarz/lila | fh | 0,80 | 0,30 |
| **412** | 1 Fr | + 25 C schwarz/karmin | fh | 3,— | 0,50 |
| **413** | 1.75 Fr | + 25 C schwarz/dunkelblau | fh | 7,— | 2,— |
| **414** | 2.45 Fr | + 55 C schwarz/dunkelviolett | fh | 10,— | 3,— |
| | | Satzpreis MiNr. 407–414 (8 W.) | | 22,— | 7,— |

MiNr. 412 ist sehr lichtempfindlich.

Auflagen: MiNr. 408 = 3.902.737, MiNr. 409 = 1.724.218, MiNr. 410 = 2.170.870, MiNr. 411 = 1.624.006, MiNr. 412 = 911.186, MiNr. 413 = 1.058.026, MiNr. 414 = 696.373 Stück

*Gültig bis 30.9.1936*

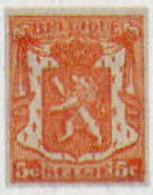

**1936, 5. Febr. Freimarken: Staatswappen. Bdr. (20×20, unterteilt in 4 Gruppen zu 10×10); gez. 13½:14.**

fi) Staatswappen

| | | | | | |
|---|---|---|---|---|---|
| **415** | 5 C | rotorange | fi | 0,30 | 0,30 |
| **416** | 10 C | olivbraun | fi | 0,30 | 0,30 |
| **417** | 15 C | violettgrau | fi | 0,30 | 0,30 |
| **418** | 20 C | violett, lebhaftviolett | fi | 0,30 | 0,30 |
| **419** | 25 C | karmin | fi | 0,30 | 0,30 |
| **420** | 30 C | braun | fi | 0,30 | 0,30 |
| **421** | 35 C | grün | fi | 0,30 | 0,30 |
| **422** | 50 C | blau | fi | 0,30 | 0,30 |
| | | Satzpreis (8 W.) | | 2,20 | 2,20 |

| | | | |
|---|---|---|---|
| 415 U | ungezähnt | 15,— | |
| 416 I | fehlendes „C" im rechten Wertschild | 6,50 | 1,— |
| 416 U | ungezähnt | 20,— | |
| 419 U | ungezähnt | 7,— | |
| 421 U | ungezähnt | 10,— | |

**Vorausentwertungen:**

| | | (✱) | ✱✱ |
|---|---|---|---|
| 415 V I | Aufdrucktype b 1 (1936/1937) | 0,50 | 0,80 |
| 415 V II | Aufdrucktype b 2 (1936/1938) | 0,50 | 0,80 |
| 415 V IV | Aufdrucktype b 4 (1939) | 0,30 | 1,— |
| 415 V V | Aufdrucktype b 5 (1939/1951) | 0,30 | 0,30 |
| 416 V I | Aufdrucktype b 1 (1936/1937) | 0,50 | 0,80 |
| 416 V II | Aufdrucktype b 2 (1936/1938) | 0,60 | 1,— |
| 416 V IV | Aufdrucktype b 4 (1939) | 0,60 | 2,80 |
| 416 V V | Aufdrucktype b 5 (1939/1951) | 0,30 | 0,30 |
| 417 V III | Aufdrucktype b 3 (1938/1939) | 0,30 | 1,30 |
| 417 V V | Aufdrucktype b 5 (1939/1948) | 0,30 | 0,30 |
| 418 V III | Aufdrucktype b 3 (1938/1939) | 0,30 | 0,60 |
| 418 V V | Aufdrucktype b 5 (1939/1951) | 0,30 | 0,30 |
| 419 V III | Aufdrucktype b 3 (1938/1939) | 0,40 | 1,30 |
| 419 V V | Aufdrucktype b 5 (1939/1946) | 0,30 | 0,30 |
| 420 V III | Aufdrucktype b 3 (1938/1939) | 0,30 | 0,60 |
| 420 V V | Aufdrucktype b 5 (1939/1948) | 0,30 | 0,30 |
| 421 V III | Aufdrucktype b 3 (1938/1939) | 0,40 | 1,40 |
| 421 V V | Aufdrucktype b 5 (1941/1945) | 0,30 | 0,30 |
| 422 V III | Aufdrucktype b 3 (1938/1939) | 0,40 | 1,30 |
| 422 V V | Aufdrucktype b 5 (1939/1948) | 0,30 | 0,30 |

| | | | |
|---|---|---|---|
| 415 U V I | ungezähnt, Aufdrucktype b 1 (1937) | 150,— | 300,— |
| 416 U V I | ungezähnt, Aufdrucktype b 1 (1937) | 150,— | 300,— |
| 416 U V II | ungezähnt, Aufdrucktype b 2 (1937) | 150,— | 300,— |

*Gültig bis 30.9.1959*

*MiNr. 417–418 und 420 mit Aufdruck: MiNr. 596, 682–683, 847–848*
*MiNr. 416 und 421–422 mit Flügelrad-Aufdruck oder „B" im Oval: Dienstmarken MiNr. 20–21, 23, 26, 28*
*In gleicher Zeichnung: MiNr. 452, 480, 566, 730–735, A 840*

**1936, 10. Sept./1969. Freimarken: König Leopold III. MiNr. 423–424 RaTdr. (10×10 + 10×10, MiNr. 424 auch 10×15), gez. 13½:14; MiNr. 425–431 StTdr. (10×15), gez. 14:13½, MiNr. 430 c und 431 b gez. 11½; x = normales Papier, y = Papier ph.**

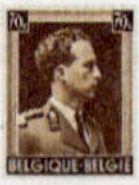
fk

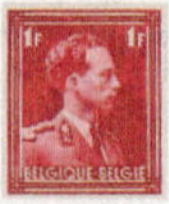
fl

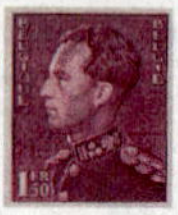
fm

fk–fm) König Leopold III. (1901–1983, reg. 1934–1951)

**x = normales Papier**

| | | | | | ★★ | ⊙ |
|---|---|---|---|---|---|---|
| **423 x** | | 70 C | sepia (10.9.1936) | fk | 0,60 | 0,30 |
| **424 x** | | 1 Fr | | fl | | |
| | **a** | | karmin (10.9.1936) | | 1,— | 0,30 |
| | **b** | | rosakarmin (1941) | | 1,20 | 0,30 |
| **425 x** | | 1.50 Fr | lilakarmin (1.12.1936) | fm | 1,70 | 0,30 |
| **426 x** | | 1.75 Fr | | fm | | |
| | **a** | | dunkelblau (10.9.1936) | | 4,— | 0,30 |
| | **b** | | mattblau (1941) | | 2,80 | 0,30 |
| **427 x** | | 2 Fr | violett (1.12.1936) | fm | 1,20 | 0,30 |
| **428 x** | | 2.45 Fr | grauschwarz (1.12.1936) | fm | 120,— | 0,30 |
| **429 x** | | 5 Fr | dunkelgrün (1.12.1936) | fm | 5,— | 0,30 |
| **430 x** | | 10 Fr | | fm | | |
| | **a** | | violettbraun (1936) | | 1,— | 0,30 |
| | **b** | | mattbraun (1946) | | 50,— | 0,30 |
| | **c** | | bräunlichlila, dunkelviolett (1951/1969) | | 1,70 | 0,30 |
| **431 x** | | 20 Fr | | fm | | |
| | **a** | | orange, rotorange (1.12.1936) | | 1,70 | 0,30 |
| | **b** | | dunkelrotorange (1951/1969) | | 3,20 | 0,30 |
| | | | Satzpreis x (9 W.) | | 130,— | 2,50 |

**y = phosphoreszierendes Papier (1969)**

| | | | | | |
|---|---|---|---|---|---|
| **430 y c** | 10 Fr | bräunlichlila, dunkelviolett | fm | 0,70 | 0,30 |
| **431 y b** | 20 Fr | dunkelrotorange | fm | 1,30 | 0,30 |
| | | Satzpreis y (2 W.) | | 2,— | 0,50 |

| | ★★ |
|---|---|
| 425 x U ungezähnt | 7,— |

Auflagen: MiNr. 424 x = 560.900.750, MiNr. 425 x = 24.863.550, MiNr. 426 x = 80.796.750, MiNr. 427 x = 22.636.950, MiNr. 428 x = 4.849.650, MiNr. 429 x = 6.497.100 Stück

*MiNr. 423, 425, 427–429 mit Aufdruck: MiNr. 479, 592, 736–738*
*MiNr. 423–424 mit Flügelrad-Aufdruck oder „B" im Oval: Dienstmarken MiNr. 24, 29*
*Weitere Werte in Zeichnung fk: MiNr. 481, 581; in Zeichnung fl: MiNr. 636–641, 874, 898, 899; in Zeichnung fm: MiNr. 528, 567–568, 875, 900–901, 2163*
*In ähnlicher Zeichnung fl: MiNr. 685–691*

**1936, 3. Okt. Blockausgabe: Philatelistische Ausstellung und Jahrhundertfeier, Borgerhout. RaTdr.; gez. 11½.**

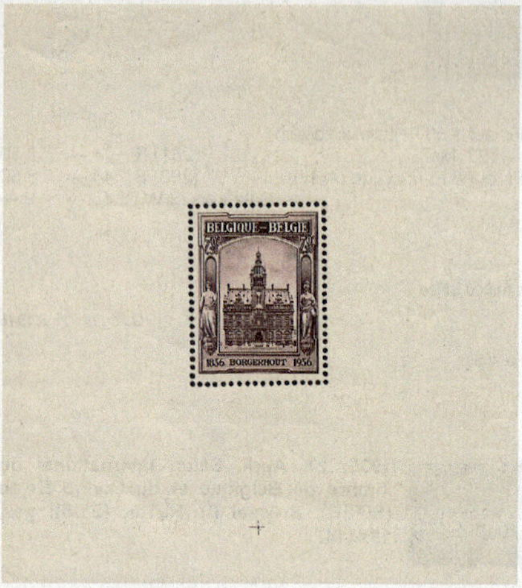

fn I

fn) Rathaus, Borgerhout

| | | | | ★★ | ⊙ |
|---|---|---|---|---|---|
| **432** | 70 C + 30 C violettbraun | fn | | 60,— | 40,— |
| **Block 4** | (115×124 mm) | fn I | | 200,— | 80,— |

Postpreis: 2 Fr, einschließlich Eintrittskarte zur Ausstellung

Auflage: 93.915 Blocks

*Gültig bis 28.2.1937*

**1936, 18. Okt. Blockausgabe: Nationale Philatelistische Austellung der Jugend in Charleroi und Einweihung des neuen Rathauses. StTdr.; gez. 11½.**

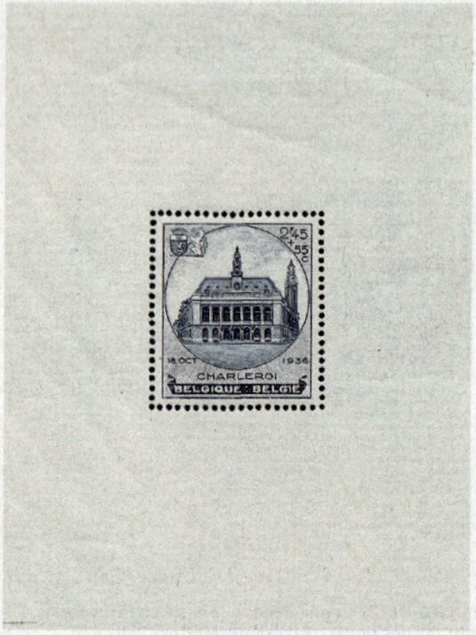

fo I

fo) Neues Rathaus, Charleroi

| | | | | |
|---|---|---|---|---|
| **433** | 2.45 Fr + 55 C dunkelblau | fo | 60,— | 40,— |
| **Block 5** | (94×118 mm) | fo I | 120,— | 60,— |

Postpreis: 5 Fr, einschließlich Eintrittskarte zur Ausstellung

Auflage: 92.409 Blocks

*Gültig bis 28.2.1937*

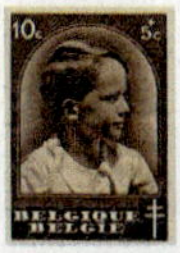

**1936, 1. Dez. Kampf gegen die Tuberkulose. RaTdr. (10×5 + 10×5); gez. 14:13¾.**

fp) Kronprinz Baudouin

| | | | | | | |
|---|---|---|---|---|---|---|
| **434** | 10 C | + 5 C braun | fp | 0,30 | 0,30 |
| **435** | 25 C | + 5 C violett | fp | 0,50 | 0,30 |
| **436** | 35 C | + 5 C dunkelgrün | fp | 0,50 | 0,30 |
| **437** | 50 C | + 5 C dunkellilabraun | fp | 0,80 | 0,30 |
| **438** | 70 C | + 5 C schwarzoliv | fp | 0,50 | 0,30 |
| **439** | 1 Fr | + 25 C karmin | fp | 3,50 | 1,— |
| **440** | 1.75 Fr | + 25 C ultramarin | fp | 5,— | 1,50 |
| **441** | 2.45 Fr | + 2.55 Fr lila | fp | 14,— | 5,— |
| | | Satzpreis (8 W.) | | 25,— | 9,— |

MiNr. 439 ist lichtempfindlich.

Auflagen: MiNr. 434 = 2.044.624, MiNr. 435 = 1.191.511, MiNr. 436 = 1.370.894, MiNr. 437 = 1.192.828, MiNr. 438 = 3.076.390, MiNr. 439 = 545.378, MiNr. 440 = 660.080, MiNr. 441 = 359.407 Stück

*Gültig bis 30.9.1937*

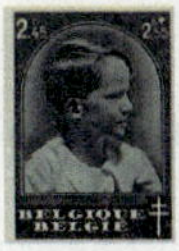

**1937, 10. Jan. Tag der Briefmarke. RaTdr.; gez. 14:13¾.**

fp) Kronprinz Baudouin

**442** 2.45 Fr + 2.55 Fr dunkelblaugrau ........ fp 3,80 1,70

Auflage: 323.729 Stück

*Gültig bis 30.9.1937*

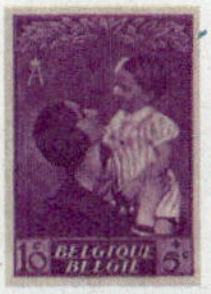

**1937, 15. April. Königin-Astrid-Erinnerungsfonds. RaTdr. (10×5 + 10×5); gez. 11½.**

fr) Königin Astrid mit Prinz Baudouin

| | | | | | |
|---|---|---|---|---|---|
| **443** | 10 C | + 5 C rotlila | fr | 0,30 | 0,30 |
| **444** | 25 C | + 5 C schwarzoliv | fr | 0,30 | 0,30 |
| **445** | 35 C | + 5 C blaugrün | fr | 0,30 | 0,30 |
| **446** | 50 C | + 5 C violett | fr | 1,— | 0,30 |
| **447** | 70 C | + 5 C dunkelblaugrau | fr | 0,30 | 0,30 |
| **448** | 1 Fr | + 25 C karmin | fr | 5,— | 0,50 |
| **449** | 1.75 Fr | + 25 C violettblau | fr | 11,— | 3,— |
| **450** | 2.45 Fr | + 1.55 Fr dunkelbraun | fr | 20,— | 7,— |
| | | Satzpreis (8 W.) | | 38,20 | 12,— |

MiNr. 448 ist lichtempfindlich.

Auflagen: MiNr. 443 = 2.156.913, MiNr. 444 = 1.089.892, MiNr. 445 = 1.573.091, MiNr. 446 = 1.191.228, MiNr. 447 = 3.445.517, MiNr. 448 = 723.709, MiNr. 449 = 853.928, MiNr. 450 = 510.356 Stück

*Gültig bis 30.11.1937*

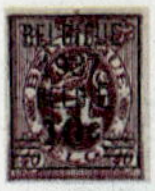

**1937, 11. April. Freimarke: Wappenschild. MiNr. 299 mit Aufdruck der Vorausentwertung (Jahreszahl 1937) und des neuen Wertes.**

451

| | | | | (✶) | ✶✶ |
|---|---|---|---|---|---|
| **451** | **10 C** | auf 40 C bräunlichlila | (299) | 0,30 | 0,50 |

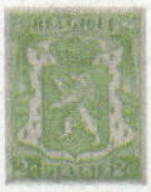

**1937, 20. Juni. Freimarke: Staatswappen. Bdr. (20×20, unterteilt in 4 Gruppen zu 10×10); gez. 13½:14.**

fi) Staatswappen

| | | | | ✶✶ | ⊙ |
|---|---|---|---|---|---|
| **452** | 2 C | hellgrün | fi | 0,30 | 0,30 |

**Vorausentwertungen:**

| | | (✶) | ✶✶ |
|---|---|---|---|
| 452 V I | Aufdrucktype b 1 (1937) | 0,50 | 0,80 |
| 452 V II | Aufdrucktype b 2 (1937/1938) | 0,50 | 0,80 |
| 452 V IV | Aufdrucktype b 4 (1939) | 0,30 | 0,30 |
| 452 V V | Aufdrucktype b 5 (1939/1945) | 0,30 | 0,30 |

*Gültig bis 30.6.1959*

*Mit Aufdruck: MiNr. 681*

*In gleicher Zeichnung: MiNr. 415–422, 480, 566, 730–735, A 840*

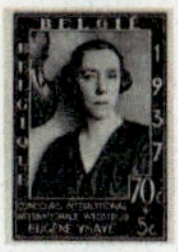

**1937, 15. Sept. Eugène-Ysaye-Musikwettbewerb. RaTdr.; gez. 14:13¾.**

fs) Königin Elisabeth

| | | | | ✶✶ | ⊙ |
|---|---|---|---|---|---|
| **453** | 70 C | + 5 C bläulichschwarz | fs | 0,50 | 0,30 |
| **454** | 1.75 Fr | + 25 C ultramarin | fs | 0,80 | 0,40 |
| | | Satzpreis (2 W.) | | 1,30 | 0,70 |

**Blockausgabe mit 2 × MiNr. 455–456, gez. 11¼**

| | | | | | |
|---|---|---|---|---|---|
| **455** | 1.50 Fr | + 2.50 Fr dunkelkarminbraun | fs | 9,— | 4,50 |
| **456** | 2.45 Fr | + 3.55 Fr violett | fs | 6,— | 3,50 |
| **Block 6** | | (112×145 mm) | ft | 80,— | 20,— |

Postpreis: 30 Fr

Auflagen: MiNr. 453 = 912.762, MiNr. 454 = 501.062 Stück, Bl. 6 = 146.189 Blocks

*Gültig bis 30.9.1938*

*In ähnlicher Zeichnung: MiNr. 1423*

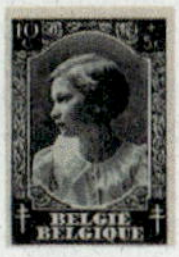

**1937, 1. Dez. Kampf gegen die Tuberkulose. RaTdr. (10×5 + 10×5); gez. 14:13¾.**

fu) Prinzessin Josephine Charlotte

| | | | | | |
|---|---|---|---|---|---|
| **457** | 10 C | + 5 C dunkelgrünlichgra | fu | 0,30 | 0,30 |
| **458** | 25 C | + 5 C braun | fu | 0,30 | 0,30 |
| **459** | 35 C | + 5 C grün | fu | 0,50 | 0,30 |
| **460** | 50 C | + 5 C dunkelolivgrau | fu | 0,50 | 0,30 |
| **461** | 70 C | + 5 C dunkelbräunlichkarmin | fu | 0,50 | 0,30 |
| **462** | 1 Fr | + 25 C dunkelkarminrot | fu | 3,— | 0,80 |
| **463** | 1.75 Fr | + 25 C dunkelultramarin | fu | 5,— | 1,20 |
| **464** | 2.45 Fr | + 2.55 Fr lila | fu | 15,— | 3,50 |
| | | Satzpreis (8 W.) | | 25,— | 7,— |

MiNr. 462 ist lichtempfindlich.

Auflagen: MiNr. 457 = 1.925.306, MiNr. 458 = 1.107.552, MiNr. 459 = 1.260.233, MiNr. 460 = 1.083.698, MiNr. 461 = 2.598.001, MiNr. 462 = 510.571, MiNr. 463 = 602.037, MiNr. 464 = 341.221 Stück

*Gültig bis 30.9.1938*

**1938, 17. Febr. Blockausgabe: König-Albert-Denkmal in Nieuwpoort an der Ysermündung. RaTdr.; gez. 11½.**

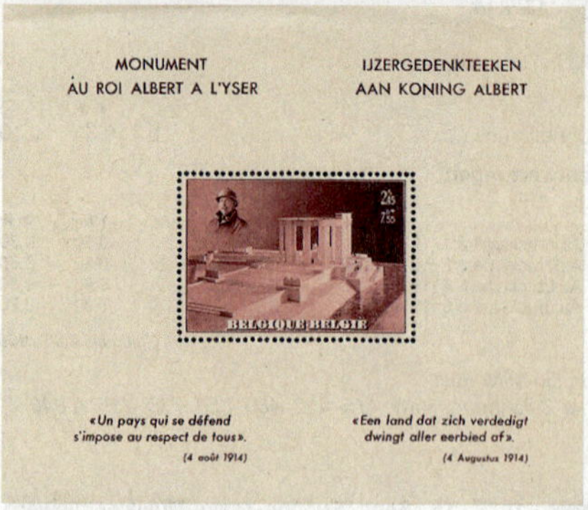


fv I

fv) Entwurf des Denkmals

| | | | | | |
|---|---|---|---|---|---|
| **465** | 2.45 Fr + 7.55 Fr dunkellilabraun | fv | 17,— | 12,— |
| **Block 7** | (138×115 mm) | fv I | 50,— | 22,— |

Auch die ungebrauchten Blocks weisen normalerweise am Blockrand die Abstempelung „BRUXELLES-BRUSSEL/17-2-38“ auf; ohne Stempel ★★ ca. 15facher, ⊙ ca. 25facher Preis.

Auflage: 205.090 Blocks

*Gültig bis 30.9.1938*

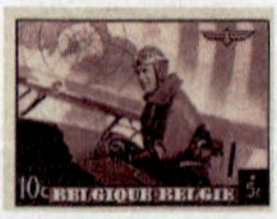

**1938, 15. März. Europäische Luftpostkonferenz; Nationaler Ausschuss für Flugsportförderung. RaTdr. (5×10 + 5×10); gez. 11½.**

fw) König Leopold III. als Flieger

| | | | | | |
|---|---|---|---|---|---|
| **466** | 10 C + 5 C karminbraun | fw | 0,30 | 0,30 |
| **467** | 35 C + 5 C dunkelgrün | fw | 0,50 | 0,30 |
| **468** | 70 C + 5 C dunkelgrünlichgrau | fw | 1,20 | 0,80 |
| **469** | 1.75 Fr + 25 C ultramarin | fw | 6,— | 2,20 |
| **470** | 2.45 Fr + 2.55 Fr violett | fw | 12,— | 4,40 |
| | Satzpreis (5 W.) | | 20,— | 8,— |

Auflagen: MiNr. 466 = 1.029.484, MiNr. 467 = 877.857, MiNr. 468 = 1.116.527, MiNr. 469 = 434.593, MiNr. 470 = 284.357 Stück

*Gültig bis 30.9.1939*

**1938, 1. Juni. Fonds zur Vollendung der Basilika von Koekelberg. MiNr. 471–476 RaTdr. (5×10 + 5×10), MiNr. 477 StTdr. (5×2); gez. 11½.**

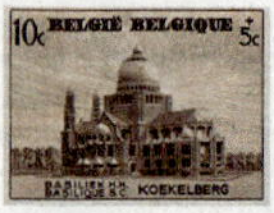

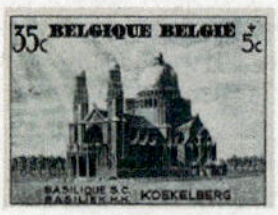

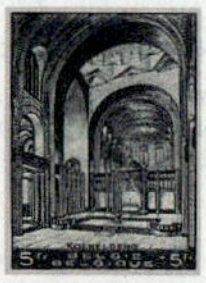

fx) Ansicht von Nordwesten fy) Ansicht von Südosten fz) Innenansicht

fx–fz) Herz-Jesu-Basilika von Koekelberg bei Brüssel, erbaut 1905–1960 nach Plänen von Langerock und van Nuffel

| | | | | |
|---|---|---|---|---|
| **471** | 10 C + 5 C braun | fx | 0,30 | 0,30 |
| **472** | 35 C + 5 C grün | fy | 0,30 | 0,30 |
| **473** | 70 C + 5 C dunkelgrüngrau | fx | 0,30 | 0,30 |
| **474** | 1 Fr + 25 C karmin | fy | 1,60 | 0,30 |
| **475** | 1.75 Fr + 25 C blau | fx | 2,— | 0,30 |
| **476** | 2.45 Fr + 2.55 Fr braunkarmin | fy | 7,50 | 3,50 |
| **477** | 5 Fr + 5 Fr dunkelblaugrün | fz | 28,— | 10,— |
| | Satzpreis (7 W.) | | 40,— | 15,— |
| | Kleinbogen (MiNr. 477) | | 650,— | —,— |

**Blockausgabe, StTdr., gez. 14 (21. Juli)**

| | | | | |
|---|---|---|---|---|
| **478** | 5 Fr + 5 Fr violett | fz | 17,— | 15,— |
| **Block 8** | (95×120 mm) | fz I | 25,— | 17,— |

Bl. 8 weist immer Löcher von Heftklammern auf. Auch die ungebrauchten Blocks weisen normalerweise am Blockrand die Abstempelung „KOEKELBERG/21-7-1938“ auf; ohne Stempel ca. 50facher Preis.

Auflagen: MiNr. 471 = 1.619.281, MiNr. 472 = 1.046.156, MiNr. 473 = 1.611.781, MiNr. 474 = 361.391, MiNr. 475 = 377.087, MiNr. 476 = 195.494, MiNr. 477 = 186.000 Stück, Bl. 8 = 146.978 Blocks

*Gültig bis 30.9.1939*

*MiNr. 472–473 und 476 mit Aufdruck: MiNr. 486–488*

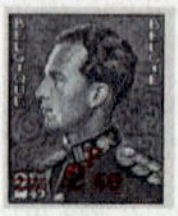

**1938, 31. Okt. Freimarke: König Leopold III. MiNr. 428 mit rotem Aufdruck des neuen Wertes, alter Wert durchbalkt.**

479

| | | | | |
|---|---|---|---|---|
| **479** | **2.50 Fr** auf 2.45 Fr grauschwarz | (428) | 30,— | 0,30 |

Auflage: 3.681.750 Stück

**1938, 31. Okt. Freimarken: Staatswappen und König Leopold III. MiNr. 480 Bdr., MiNr. 481 RaTdr.; gez. 13¾:14.**

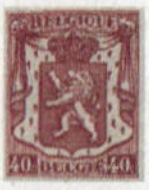

fi) Staatswappen

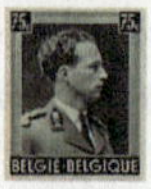

fk) König Leopold III. (1901–1983, reg. 1934–1951)

| | | | | |
|---|---|---|---|---|
| **480** | 40 C | fi | | |
| **a** | lila | | 1,— | 0,30 |
| **b** | lilarosa | | 1,60 | 0,30 |
| **481** | 75 C | fk | | |
| **a** | olivschwarz | | 0,70 | 0,30 |
| **b** | schwarzoliv | | 1,30 | 0,30 |
| | Satzpreis (2 W.) | | 1,70 | 0,50 |

**Vorausentwertungen:**

| | | (★) | ★★ |
|---|---|---|---|
| 480 V III | Aufdrucktype b 3 (1938/1939) | 0,40 | 2,40 |
| 480 V V | Aufdrucktype b 5 (1939/1951) | 0,50 | 1,20 |

*MiNr. 480 gültig bis 30.9.1959*

*Mit Aufdruck: MiNr. 593, 597, 849*
*Mit Flügelrad-Aufdruck oder „B“ im Oval: Dienstmarken MiNr. 22, 25, 27*
*Weitere Werte in Zeichnung fi: MiNr. 415–422, 452, 566, 730–735, A 840; in Zeichnung fk: MiNr. 423, 581*

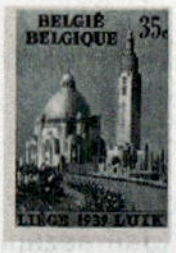

**1938, 31. Okt. Internationale Ausstellung „Wasser“, Lüttich; Fertigstellung des Albertkanals. RaTdr.; gez. 13½:14, Hochformat ∼.**

ga) Herz-Jesu-Kirche mit Glockenturm, Lüttich

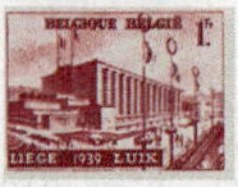

gb) Ausstellungspavillon, Lüttich

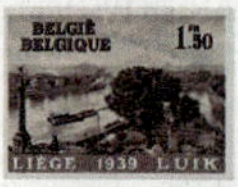

gc) Blick von der Ausstellung auf den Albertkanal

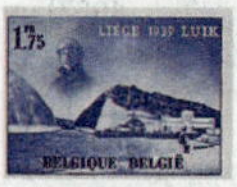

gd) Albertkanal am Eingang zur Ausstellung

| | | | ★★ | ⊙ |
|---|---|---|---|---|
| **482** | 35 C dunkelgrün | ga | 0,30 | 0,30 |
| **483** | 1 Fr karmin | gb | 2,— | 0,30 |
| **484** | 1.50 Fr dunkelbraun | gc | 5,— | 0,30 |
| **485** | 1.75 Fr ultramarin | gd | 5,— | 0,30 |
| | Satzpreis (4 W.) | | 12,— | 1,20 |

Auflagen: MiNr. 482–483 je 1.750.000, MiNr. 484 = 1.250.000, MiNr. 485 = 2.200.000 Stück

*Gültig bis 30.9.1940*

**1938, 10. Nov. Fonds zur Vollendung der Basilika von Koekelberg (III). MiNr. 472–473 und 476 mit Bdr.-Aufdruck der neuen Wertstufe.**

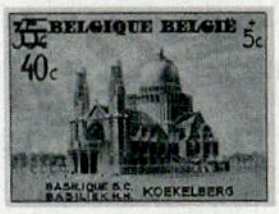
486

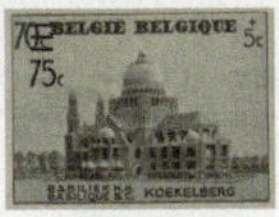
487

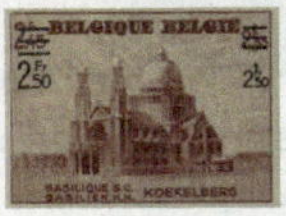
488

| | | | | | |
|---|---|---|---|---|---|
| **486** | **40 C** | auf 35 C + 5 C grün | (472) | 0,50 | 0,30 |
| **487** | **75 C** | auf 75 C + 5 C dunkelgrüngrau | (473) | 0,50 | 0,30 |
| **488** | **2.50 Fr** | **+ 2.50 Fr** auf 2.45 Fr + 2.55 Fr braunkarmin | (476) | 14,— | 7,— |
| | | Satzpreis (3 W.) | | 15,— | 7,50 |

Auflagen: MiNr. 486 = 369.610, MiNr. 487 = 647.843, MiNr. 488 = 143.732 Stück

*Gültig bis 30.9.1939*

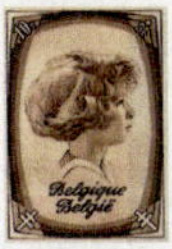

**1938, 10. Dez. Kampf gegen die Tuberkulose. RaTdr. (10×5 + 10×5); gez. 14:13¾.**

ge) Prinz Albert von Lüttich, nachmaliger König Albert II.

| | | | | | |
|---|---|---|---|---|---|
| **489** | 10 C | + 5 C braun | ge | 0,30 | 0,30 |
| **490** | 30 C | + 5 C purpurviolett | ge | 0,50 | 0,30 |
| **491** | 40 C | + 5 C braunschwarz | ge | 0,50 | 0,30 |
| **492** | 75 C | + 5 C dunkelgrau | ge | 0,30 | 0,30 |
| **493** | 1 Fr | + 25 C karmin | ge | 2,50 | 0,50 |
| **494** | 1.75 Fr | + 25 C ultramarin | ge | 3,— | 1,— |
| **495** | 2.50 Fr | + 2.50 Fr dunkelgrün | ge | 14,— | 4,50 |
| **496** | 5 Fr | + 5 Fr dunkelbraunkarmin | ge | 34,— | 10,— |
| | | Satzpreis (8 W.) | | 55,— | 17,— |

Auflagen: MiNr. 489 = 1.607.992, MiNr. 490 = 747.358, MiNr. 491 = 847.137, MiNr. 492 = 1.868.801, MiNr. 493 = 327.055, MiNr. 494 = 392.663, MiNr. 495 = 180.196, MiNr. 496 = 168.889 Stück

*Gültig bis 30.9.1939*

**1939, 1. April. 75 Jahre Belgisches Rotes Kreuz. Komb. RaTdr. und Bdr., MiNr. 497–503 RaTdr. (10×5, Querformat ~), MiNr. 503 (3×5 + 3×5); gez. L 11½.**

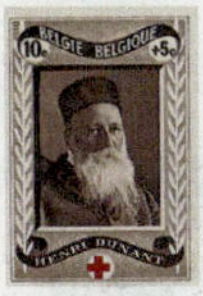
gf) Henry Dunant (1828–1910), Gründer des Roten Kreuzes, Friedensnobelpreis 1901

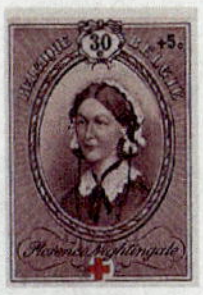
gg) Florence Nightingale (1820–1910), Bahnbrecherin der Krankenpflege durch Frauen in England

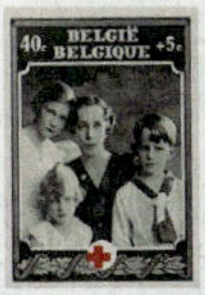
gh) Königin Elisabeth mit ihren drei Kindern

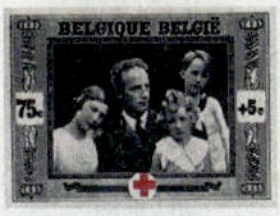
gi) König Leopold III. mit seinen drei Kindern

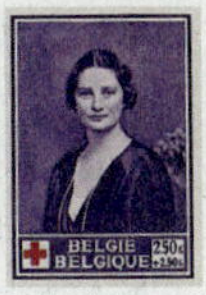
gk) Königin Astrid

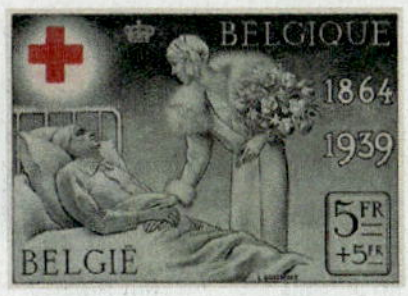

gl) Königin Elisabeth am Krankenbett

| | | | | | | |
|---|---|---|---|---|---|---|
| **497** | 10 C | + 5 C dkl'braun/dkl'karmin | gf | 0,30 | 0,30 |
| **498** | 30 C | + 5 C braunlila/dkl'karmin | gg | 0,50 | 0,30 |
| **499** | 40 C | + 5 C schwarzoliv/dkl'karmin | gh | 0,50 | 0,30 |
| **500** | 75 C | + 5 C blauschwarz/dkl'karmin | gi | 1,— | 0,30 |
| **501** | 1 Fr | + 25 C lilakarmin | gh | 3,50 | 2,— |
| **502** | 1.75 Fr | + 25 C dkl'ultramarin/dkl'karmin | gi | 2,— | 1,— |
| **503** | 2.50 Fr | + 2.50 Fr dkl'violett/dkl'karmin | gk | 2,20 | 1,80 |
| **504** | 5 Fr | + 5 Fr schwarzgrün/dkl'karmin | gl | 20,— | 6,— |
| | | Satzpreis (8 W.) | | 30,— | 12,— |

Auflagen: MiNr. 497 = 1.467.206, MiNr. 498 = 708.615, MiNr. 499 = 971.613, MiNr. 500 = 1.984.613, MiNr. 501 = 435.032, MiNr. 502 = 521.193, MiNr. 503 = 284.926, MiNr. 504 = 260.249 Stück

*Gültig bis 30.9.1940*

*In ähnlicher Zeichnung wie MiNr. 504: MiNr. 1424*

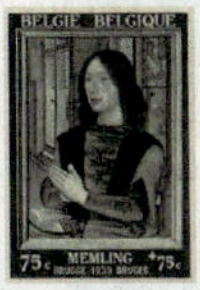

**1939, 1. Juli. Memling-Ausstellung, Brügge. RaTdr. (10×5 + 10×5); gez. 11½.**

gm) Diptychon des Maarten van Nieuwenhoven (Detail); Gemälde von Hans Memling (um 1435–1494)

| | | | | | |
|---|---|---|---|---|---|
| **505** | 75 C | + 75 C schwarzgrün | gm | 3,50 | 2,— |

Auflage: 279.522 Stück

*Gültig bis 30.9.1940*

**1939, 1. Juli. Erneuerung des Rubens-Hauses in Antwerpen. RaTdr.; MiNr. 506–512 (5×10 + 5×10, Hochformate ~), MiNr. 513 (5×4 + 5×4); gez. 11½.**

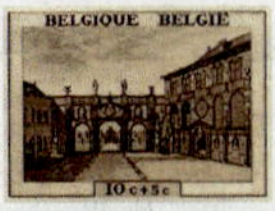
gn) Rubens-Haus

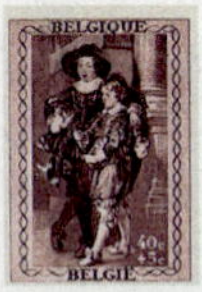
go) Rubens' Söhne Albert und Nicolas

gp) Laubengang am Rubens-Haus, nach einem Stich von Harrewyn

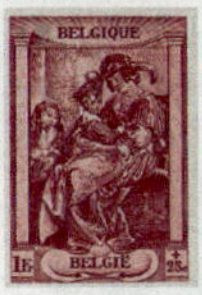
gr) Rubens' zweite Frau Helene Fourment

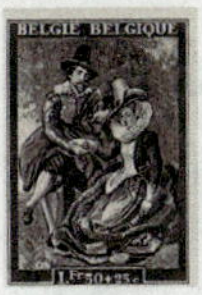
gs) Rubens mit seiner Frau Isabella Brant

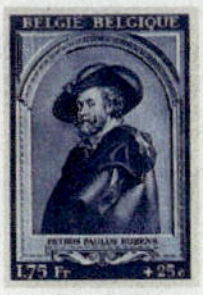
gt) Peter Paul Rubens (1577–1640) nach Stich von P. Pontius

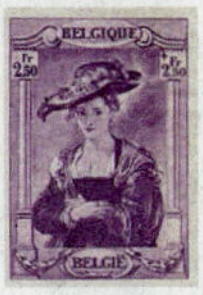
gu) „Der Velourhut" Rubens' Schwägerin Suzanne Fourment

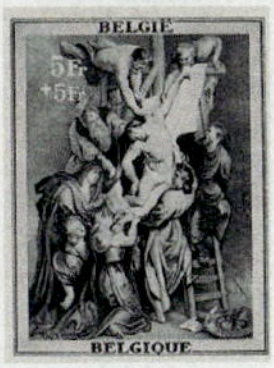
gv) „Kreuzabnahme"

| | | | | | | |
|---|---|---|---|---|---|---|
| **506** | 10 C | + 5 C sepia | gn | | 0,30 | 0,30 |
| **507** | 40 C | + 5 C braunlila | go | | 0,50 | 0,30 |
| **508** | 75 C | + 5 C schwarzgrün | gp | | 1,50 | 0,30 |
| **509** | 1 Fr | + 25 C karmin | gr | | 3,80 | 1,50 |
| **510** | 1.50 Fr | + 25 C graubraun | gs | | 6,— | 1,70 |
| **511** | 1.75 Fr | + 25 C dunkelviolettblau | gt | | 8,— | 2,— |
| **512** | 2.50 Fr | + 2.50 Fr violettpurpur | gu | | 30,— | 12,— |
| **513** | 5 Fr | + 5 Fr dunkelgrau | gv | | 50,— | 20,— |
| | | Satzpreis (8 W.) | | ✶ 35,— | 100,— | 38,— |

Auflagen: MiNr. 506 = 592.035, MiNr. 507 = 397.672, MiNr. 508 = 466.504, MiNr. 509 = 222.404, MiNr. 510 = 194.656, MiNr. 511 = 227.733, MiNr. 512 = 152.690, MiNr. 513 = 148.302 Stück

*Gültig bis 30.9.1940*

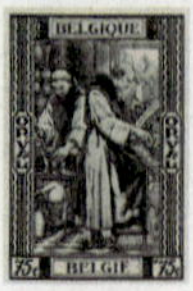

**1939, 20. Juli. Wiederaufbau der Abtei Orval (III). RaTdr.; MiNr. 514–518 (10×5 + 10×5, Querformate ~), gez. 11½; MiNr. 518–519 (5×5), gez. 12½.**

gw) Mönche bei der Arbeit (12. Jh.)

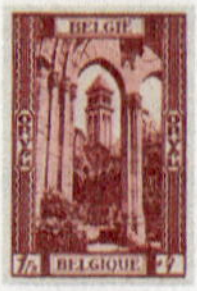

gx) Blick auf den Hof der Abtei

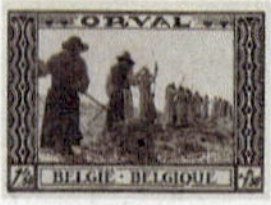

gy) Mönche bei der Arbeit auf dem Felde

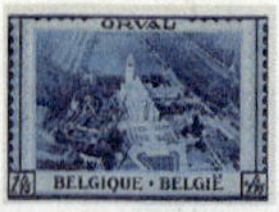

gz) Gesamtansicht der Abtei

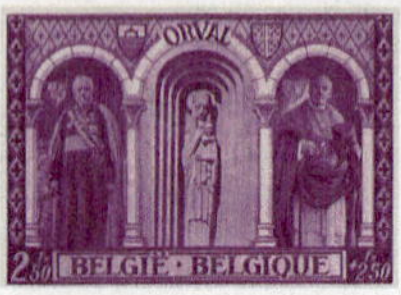

ha) Bischof Heylen von Namur, Madonna, Generalabt Dom Hermann Josef Smets

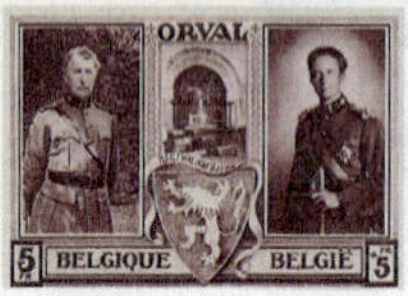

hb) König Albert I., Altar und Wappen, König Leopold III.

| | | | | | | |
|---|---|---|---|---|---|---|
| **514** | 75 C | + 75 C schwarzoliv | gw | 9,— | 3,50 |
| **515** | 1 Fr | + 1 Fr karminrot | gx | 5,— | 2,— |
| **516** | 1.50 Fr | + 1.50 Fr sepia | gy | 5,— | 2,— |
| **517** | 1.75 Fr | + 1.75 Fr blau | gz | 7,— | 3,— |
| **518** | 2.50 Fr | + 2.50 Fr violettpurpur | ha | 22,— | 8,— |
| **519** | 5 Fr | + 5 Fr karminbraun | hb | 22,— | 8,— |
| | | Satzpreis (6 W.) | | 70,— | 25,— |

Auflage: 137.806 Sätze

*Gültig bis 30.9.1940*

**1939, 1. Dez. Kampf gegen die Tuberkulose: Türme (Beffrois de Belgique). MiNr. 520–523 RaTdr., MiNr. 524–527 StTdr.; gez. 14:13¾.**

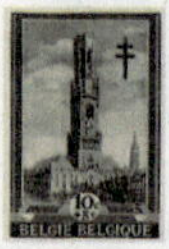

hc) Brügge

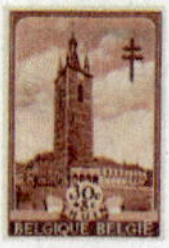

hd) Thuin

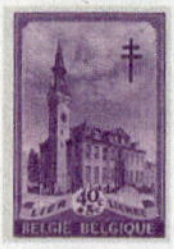

he) Lier

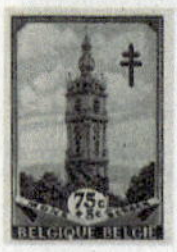

hf) Mons

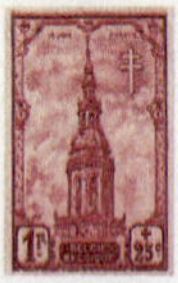

hg) Veurne

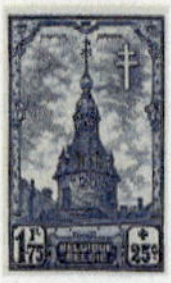

hh) Namur

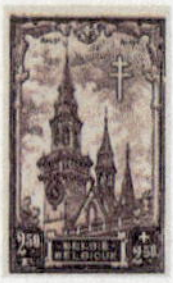

hi) Aalst

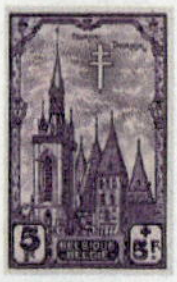

hk) Tournai

| | | | | | | |
|---|---|---|---|---|---|---|
| **520** | 10 C | + 5 C bräunlicholiv | hc | 0,30 | 0,30 |
| **521** | 30 C | + 5 C rotbraun | hd | 0,30 | 0,30 |
| **522** | 40 C | + 5 C violettpurpur | he | 0,30 | 0,30 |
| **523** | 75 C | + 5 C schwarzgrün | hf | 0,30 | 0,30 |
| **524** | 1 Fr | + 25 C karmin | hg | 2,50 | 0,50 |
| **525** | 1.75 Fr | + 25 C blau | hh | 2,50 | 0,50 |
| **526** | 2.50 C | + 2.50 Fr lilabraun | hi | 22,— | 10,— |
| **527** | 5 Fr | + 5 Fr bläulichviolett | hk | 22,— | 10,— |
| | | Satzpreis (8 W.) | | 50,— | 22,— |

MiNr. 522 ist wasserempfindlich.

Auflagen: MiNr. 520 = 973.344, MiNr. 521 = 593.461, MiNr. 522 = 682.848, MiNr. 523 = 1.406.246, MiNr. 524 = 258.844, MiNr. 525 = 294.754, MiNr. 526 = 144.942, MiNr. 527 = 138.620 Stück

*Gültig bis 30.9.1940*

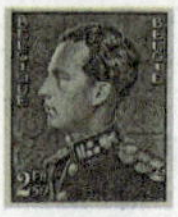

**1940, Jan. Freimarke: König Leopold III. StTdr.; gez. 14:13½.**

fm) König Leopold III. (1901–1983, reg. 1934–1951)

| | | | | | |
|---|---|---|---|---|---|
| **528** | 2.50 Fr | schwarzoliv | fm | 12,— | 0,50 |

Auflage: 3.352.800 Stück

*Mit Aufdruck: MiNr. 565*
*In gleicher Zeichnung: MiNr. 425–431, 567–568, 875, 900–901, 2163*

**1940, 1. Mai. Musikstiftung der Königin Elisabeth (I). RaTdr. (5×10 + 5×10, Hochformate ~); gestrichenes Papier; gez. 11½:11¼, Querformate ~.**

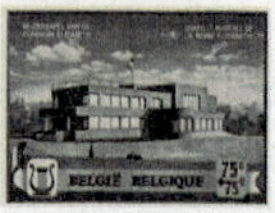

hl) Konzerthaus in Argenteuil-Ohain

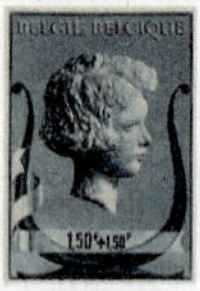

hm) Prinz Albert von Lüttich, Skulptur der Königin Elisabeth

| | | | | | | |
|---|---|---|---|---|---|---|
| | | | | | ★★ | ⊘ |
| **529** | 75 C | + 75 C grünschwarz | hl | | 10,— | 1,50 |
| **530** | 1 Fr | + 1 Fr karminrot | hl | | 5,— | 1,— |
| **531** | 1.50 Fr | + 1.50 Fr dunkelgrünblau | hm | | 5,— | 1,— |
| **532** | 1.75 Fr | + 1.75 Fr ultramarin | hm | | 5,— | 1,— |
| **533** | 2.50 Fr | + 2.50 Fr orangebraun | hl | | 12,— | 2,50 |
| **534** | 5 Fr | + 5 Fr purpur | hm | | 13,— | 3,— |
| | | Satzpreis (6 W.) | | | 50,— | 10,— |

MiNr. 529–534 wurden ab 1. Mai – auch gefälligkeitsgestempelt, meist auf Gedenkblättern – an Abonennten verkauft. Vor Verkündung der Postgültigkeit erfolgte die deutsche Besetzung (10. Mai). Die deutschen Behörden verfügten, dass die Marken nicht postalisch verwendet werden dürfen.

Auflage: 193.497 Sätze

*Weitere Werte in ähnlicher Zeichnung hl: MiNr. 594–595*

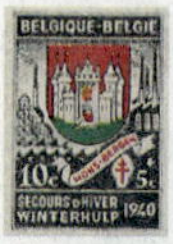

**1940, Dez./1941, 20. Jan. Winterhilfe: Stadtwappen (I). Bdr.; gez. 14:13½.**

hn) Mons

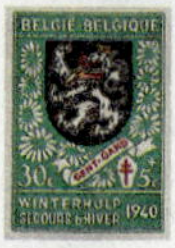

ho) Gent

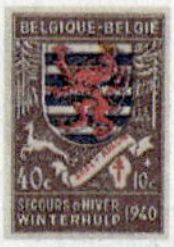

hp) Arlon

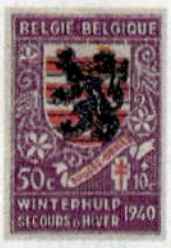

hr) Brügge

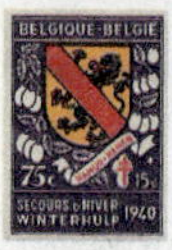

hs) Namur

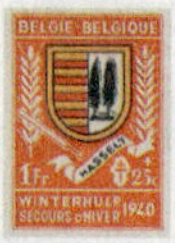

ht) Hasselt

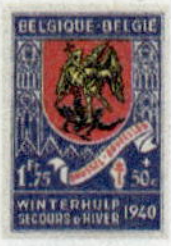

hu) Brüssel

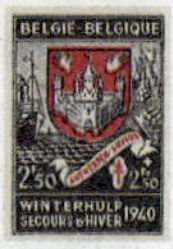

hv) Antwerpen

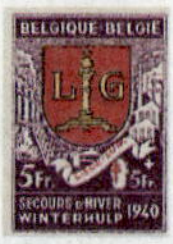

hw) Lüttich

| | | | | | |
|---|---|---|---|---|---|
| | | | | ★★ | ⊙ |
| **535** | 10 C | + 5 C mehrfarbig (20.1.1941) | hn | 0,30 | 0,30 |
| **536** | 30 C | + 5 C mehrfarbig | ho | 0,30 | 0,30 |
| **537** | 40 C | + 10 C mehrfarbig | hp | 0,30 | 0,30 |
| **538** | 50 C | + 10 C mehrfarbig | hr | 0,30 | 0,30 |
| **539** | 75 C | + 15 C mehrfarbig | hs | 0,30 | 0,30 |
| **540** | 1 Fr | + 25 C mehrfarbig (20.1.1941) | ht | 0,50 | 0,30 |
| **541** | 1.75 Fr | + 50 C mehrfarbig (20.1.1941) | hu | 0,50 | 0,30 |
| **542** | 2.50 Fr | + 2.50 Fr mehrfarbig (20.1.1941) | hv | 1,50 | 0,70 |

| | | | | | |
|---|---|---|---|---|---|
| **543** | 5 Fr + 5 Fr mehrfarbig (20.1.1941) | hw | 3,— | 1,20 |
| | | Satzpreis (9 W.) | 7,— | 4,— |

Auflagen: MiNr. 535 = 1.325.321, MiNr. 536 = 1.078.000, MiNr. 537 = 1.163.225, MiNr. 538 = 1.123.070, MiNr. 539 = 2.363.758, MiNr. 540 = 444.462, MiNr. 541 = 445.293, MiNr. 542 = 360.212, MiNr. 543 = 349.807 Stück

*Gültig bis 30.9.1941*

*In gleichen Zeichnungen: MiNr. 544–552*

**Private Aufdrucke**

Verschiedene Werte der Ausgaben Staatswappen, König Leopold III. und der Flugpostausgabe Fokker F VII wurden 1940 privat mit dem Aufdruck „Hakenkreuz / Eupen ist frei“ versehen. Die Ausgaben waren nicht frankaturgültig.

**1941, Mai. Blockausgabe: Winterhilfe: Stadtwappen (II). Bdr.; A = gez. K 14:13½, B = □.**

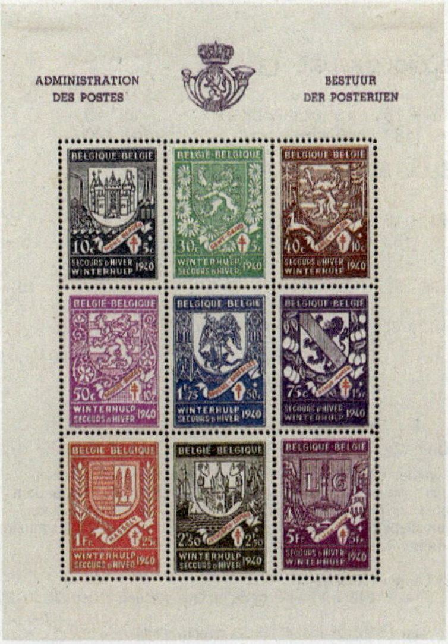


hw I

hn) Mons
ho) Gent
hp) Arlon

hr) Brügge
hs) Namur
ht) Hasselt

hu) Brüssel
hv) Antwerpen
hw) Lüttich

| | | | | | | |
|---|---|---|---|---|---|---|
| **544 A** | 10 C | + 5 C dunkelblaugrau/ karmin | hn | 1,50 | 1,20 |
| **545 A** | 30 C | + 5 C grün/karmin | ho | 1,50 | 1,20 |
| **546 A** | 40 C | + 10 C braun/karmin | hp | 1,50 | 1,20 |
| **547 A** | 50 C | + 10 C hellviolett/karmin | hr | 1,50 | 1,20 |
| **548 A** | 75 C | + 15 C grauviolett/ karmin | hs | 1,50 | 1,20 |
| **549 A** | 1 Fr | + 25 C karmin | ht | 1,50 | 1,20 |
| **550 A** | 1.75 Fr | + 50 C hellblau/karmin | hu | 1,50 | 1,20 |
| **551 A** | 2.50 Fr | + 2.50 Fr mehrfarbig | hv | 1,50 | 1,20 |
| **552 A** | 5 Fr | + 5 Fr grauviolett/karmin | hw | 1,50 | 1,20 |
| **Block 9 A** | | (103×145 mm) | hw I | 17,— | 15,— |
| **Block 9 B** | | (103×145 mm) | hw I | 17,— | 15,— |

Auflagen: Bl. 9 A = 202.000, Bl. 9 B = 182.000 Blocks

*Gültig bis 30.9.1941*

*In gleichen Zeichnungen: MiNr. 535–543*

Bl. 10 entfällt.

**1941, 1. Juli. Wiederaufbau der Abtei Orval (IV): Tätigkeiten der Trappistenmönche. RaTdr.; gez. 11½.**

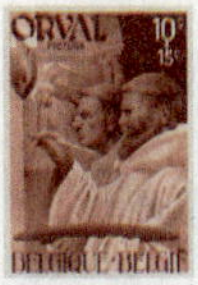
hx) Malerei

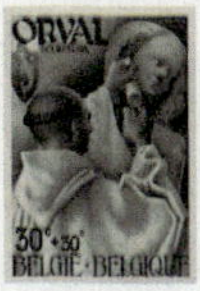
hy) Bildhauerei

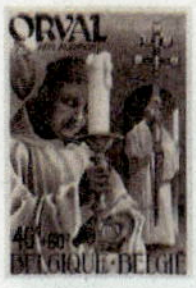
hz) Goldschmiedekunst

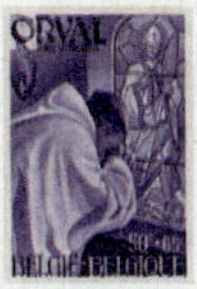
ia) Glasmalerei

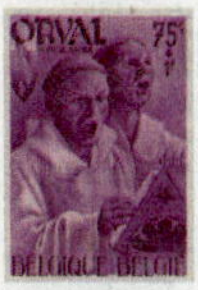
ib) Musik

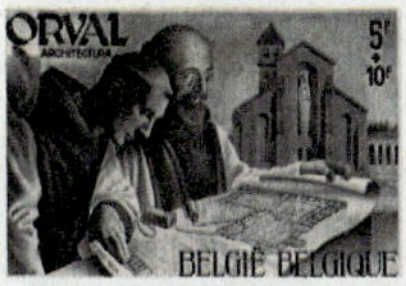
ic) Architektur

| | | | | | | |
|---|---|---|---|---|---|---|
| **553** | 10 C | + 15 C rotbraun | hx | 0,60 | 0,40 |
| **554** | 30 C | + 30 C dunkelgrauoliv | hy | 0,60 | 0,40 |
| **555** | 40 C | + 60 C dunkelbraun | hz | 0,60 | 0,40 |
| **556** | 50 C | + 65 C violett | ia | 0,60 | 0,40 |
| **557** | 75 C | + 1 Fr purpur | ib | 0,60 | 0,40 |
| **558** | 1 Fr | + 1.50 Fr karmin | hy | 0,60 | 0,40 |
| **559** | 1.25 Fr | + 1.75 Fr grün | hx | 0,60 | 0,40 |
| **560** | 1.75 Fr | + 2.50 Fr kornblumenblau | ia | 0,60 | 0,40 |
| **561** | 2 Fr | + 3.50 Fr lilapurpur | hz | 0,60 | 0,40 |
| **562** | 2.50 Fr | + 4.50 Fr dunkelkarminbraun | hy | 0,60 | 0,40 |
| **563** | 3 Fr | + 5 Fr dunkelolivgrau | ib | 0,60 | 0,40 |
| **564** | 5 Fr | + 10 Fr schwarz | ic | 2,— | 1,30 |
| | | | Satzpreis (12 W.) | 8,50 | 5,50 |

Auflage: 418.812 Sätze

*Gültig bis 30.9.1942*

*In gleicher Zeichnung wie MiNr. 564: MiNr. 579–580/Bl. 11–12*

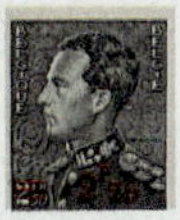

**1941, 1. Aug. Freimarke: König Leopold III. MiNr. 528 mit rotem Aufdruck des neuen Wertes.**

565

| | | | | | |
|---|---|---|---|---|---|
| **565** | **2.25 Fr** | auf 2.50 Fr schwarzoliv | (528) | 0,70 | 0,50 |

Auflage: 1.064.850 Stück

**1941, 1. Aug. Freimarken: Staatswappen und Leopold III. MiNr. 566 Bdr., gez. 13¾:14; MiNr. 567–568 StTdr., gez. 14:13¾.**

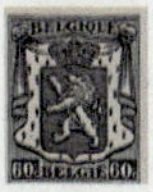
fi) Staatswappen

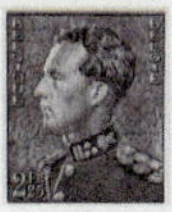
fm) König Leopold III. (1901–1983, reg. 1934–1951)

| | | | | | | |
|---|---|---|---|---|---|---|
| **566** | 60 C | dunkelblaugrau | fi | 0,30 | 0,30 |
| **567** | 2.25 Fr | schwarzviolett | fm | 0,70 | 0,30 |
| **568** | 3.25 Fr | rotbraun | fm | 0,50 | 0,30 |
| | | Satzpreis (3 W.) | | 1,50 | 0,50 |

**Vorausentwertung:**

| | (✶) | ✶✶ |
|---|---|---|
| 566 V Aufdrucktype b 5 (1941/1948) | 0,30 | 0,30 |

Auflagen: MiNr. 567 = 7.198.950, MiNr. 568 = 10.236.900 Stück

*MiNr. 566 gültig bis 30.9.1959*

*MiNr. 566 mit Aufdruck: MiNr. 684*
*MiNr. 567 mit Aufdruck „B“ im Oval: Dienstmarke MiNr. 30*
*Weitere Werte in Zeichnung fi: MiNr. 415–422, 452, 480, 730–735, A 840; in Zeichnung fm: 425–431, 528, 875, 900–901, 2163*

**1941, 25. Aug. Nationales Hilfswerk für die Familien der belgischen Soldaten: Herrscher. RaTdr. (10×5 + 10×5); gez. 11½.**

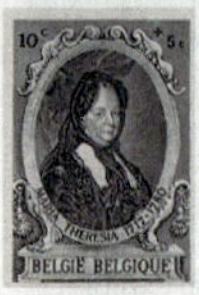

id) Maria Theresia (1717–1780); von Joseph Ducreux (1735–1802)

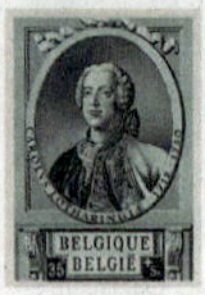

ie) Karl von Lothringen (1712–1780)

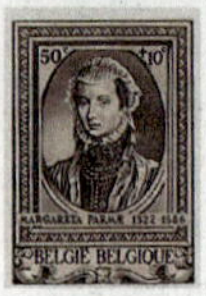

if) Margarethe von Parma (1522–1586); von Anthonis Mor (1519–1575)

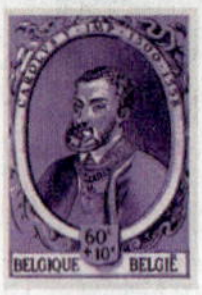

ig) Kaiser Karl V. (1500–1558); von Tizian (um 1488–1576)

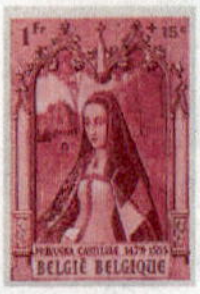

ih) Johanna von Kastilien (1479–1555)

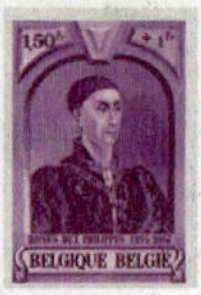

ii) Philipp III. der Gute (1396–1467); von Rogier van der Weyden (1399/1400–1464)

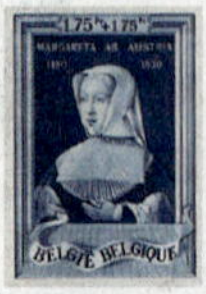

ik) Margarethe von Österreich (1480–1530); von Bernard van Orley (um 1490–1541)

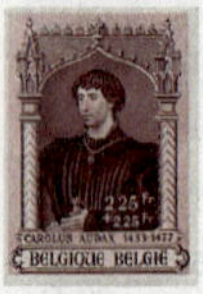

il) Karl der Kühne (1433–1477); von Rogier van der Weyden (1399/1400–1464)

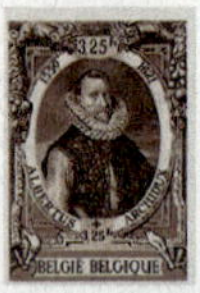

im) Erzherzog Albert (1559–1621); von Peter Paul Rubens (1577–1640)

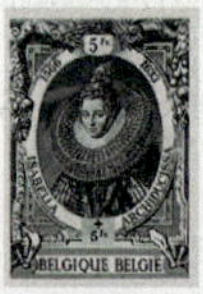

in) Erzherzogin Isabella (1566–1633); von Peter Paul Rubens (1577–1640)

| | | | | ★★ | ⊙ |
|---|---|---|---|---|---|
| **569** | 10 C | + 5 C dunkelolivgrau | id | 0,30 | 0,30 |
| **570** | 35 C | + 5 C dunkelgrün | ie | 0,30 | 0,30 |
| **571** | 50 C | + 10 C olivbraun | if | 0,30 | 0,30 |
| **572** | 60 C | + 10 C bläulichviolett | ig | 0,30 | 0,30 |
| **573** | 1 Fr | + 15 C karmin | ih | 0,30 | 0,30 |
| **574** | 1.50 Fr | + 1 Fr lilapurpur | ii | 0,30 | 0,30 |
| **575** | 1.75 Fr | + 1.75 Fr dunkelblau | ik | 0,40 | 0,30 |
| **576** | 2.25 Fr | + 2.25 Fr dunkelkarminbraun | il | 0,40 | 0,30 |
| **577** | 3.25 Fr | + 3.25 Fr dunkelgelbbraun | im | 0,60 | 0,30 |
| **578** | 5 Fr | + 5 Fr dunkelolivgrün | in | 0,80 | 0,30 |
| | | Satzpreis (10 W.) | | 4,— | 3,— |

Auflagen: MiNr. 569 = 1.721.205, MiNr. 570 = 867.324, MiNr. 571 = 977.007, MiNr. 572 = 892.249, MiNr. 573 = 1.417.342, MiNr. 574 = 588.942, MiNr. 575 = 591.263, MiNr. 576 = 571.848, MiNr. 577 = 569.035, MiNr. 578 = 569.759 Stück

*Gültig bis 30.9.1942*

*In gleichen Zeichnungen wie MiNr. 577–578: MiNr. 609–610/Bl. 17*

**1941, 5. Okt. Blockausgabe: Wiederaufbau der Abtei Orval (V). MiNr. 564 in geänderter Farbe und mit erhöhtem Zuschlag. RaTdr., Blockrand Bdr.**

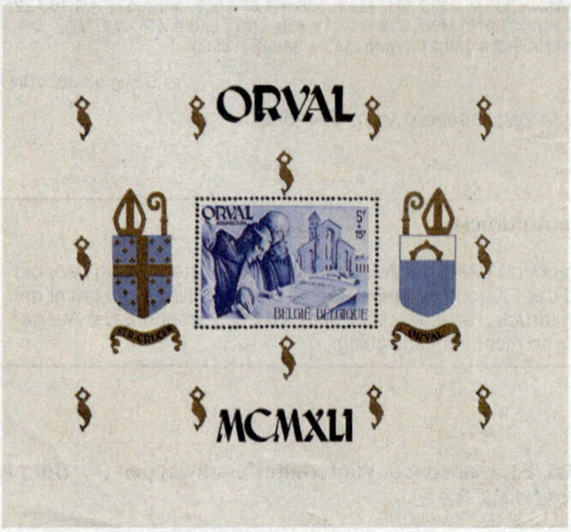


ic I

ic) Architektur

**Inschrift „BELGIQUE BELGIË“, □**

| | | | | |
|---|---|---|---|---|
| **579** 5 Fr + 15 Fr kornblumenblau | ic | 10,— | 7,50 |
| **Block 11** (183×165 mm) | ic I | 20,— | 15,— |

**Inschrift „BELGIË BELGIQUE“, gez. 11½**

| | | | |
|---|---|---|---|
| **580** 5 Fr + 15 Fr kornblumenblau | ic | 10,— | 7,50 |
| **Block 12** (183×165 mm) | ic I | 20,— | 15,— |

| | | |
|---|---|---|
| Block 11 I gezähnt | 50,— | 50,— |

Auflagen: Bl. 11–12 je 253.960, Bl. 11 I = 400 Blocks

*Gültig bis 30.9.1942*

**Privatausgabe:**

Im August 1942 wurden beide Blocks MiNr. 11–12 zum 800jährigen Jubiläum der Abtei Orval mit privaten Zudrucken auf den z.T. beschnittenen Blockrändern verkauft. Die Blocks behielten dennoch ihre Frankaturgültigkeit, da die Marken selbst unverändert blieben. Ein Teil der Blocks erhielt links unten Kontrollnummern in den gleichen Farben wie die jeweiligen Zudrucke.

Man unterscheidet zwei Zudrucktypen:
I = Jahreszahlen „1142 - 1942“ mit jeweils geraden Querstrichen in den Ziffern „2“ und „4“,
II = Querstriche in den Ziffern „2“ und „4“ jeweils geschwungen.

Format des Blocks III–VI: 120×76 mm;
Format des Blocks VII–VIII: 183×165 mm.

| | | | |
|---|---|---|---|
| Block III.I | Zudruck Type I, mit Kontroll-Nr. (Bl. 11) Bl | 85,— | 25,— |
| Block III.II | Zudruck Type II, mit Kontroll-Nr. (Bl. 11) Bl | *50,—* | *15,—* |
| Block IV.I | Zudruck Type I, mit Kontroll-Nr. (Bl. 12) R | 20,— | 12,— |
| Block IV.II | Zudruck Type II, mit Kontroll-Nr. (Bl. 12) R | 45,— | 25,— |
| Block V.I | Zudruck Type I, ohne Kontroll-Nr. (Bl. 11) Bl | 120,— | 55,— |
| Block V.II | Zudruck Type II, ohne Kontroll-Nr. (Bl. 11) Bl | 40,— | 20,— |
| Block VI.I | Zudruck Type I, ohne Kontroll-Nr. (Bl. 12) R | 30,— | 15,— |
| Block VI.II | Zudruck Type II, ohne Kontroll-Nr. (Bl. 12) R | 75,— | 45,— |
| Block VII.I | Zudruck Type I, mit Kontroll-Nr. (Bl. 11) Bl | 110,— | 85,— |
| Block VII.II | Zudruck Type II, mit Kontroll-Nr. (Bl. 11) Bl | 80,— | 30,— |
| Block VIII.I | Zudruck Type I, mit Kontroll-Nr. (Bl. 12) R | 26,— | 15,— |
| Block VIII.II | Zudruck Type II, mit Kontroll-Nr. (Bl. 12) R | 75,— | 55,— |

Bl. III–VI: verwechselte Aufdruckfarben stammen aus illegal in den Handel gelangten Makulaturbeständen.

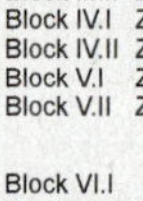

**1941, 1. Aug. Freimarke: König Leopold III. RaTdr.; gez. 14:13¾.**

fk) König Leopold III. (1901–1983, reg. 1934–1951)

| | | | |
|---|---|---|---|
| **581** 1 Fr rosakarmin | fk | 0,30 | 0,30 |

*Mit Aufdruck „B“ im Oval: Dienstmarke MiNr. 31*
*In gleicher Zeichnung: MiNr. 423, 481*

**1941, 3. Nov. Winterhilfswerk: Sankt Martin (I). RaTdr. (10×5 + 10×5, MiNr. 591 5×5); gez. 11½.**

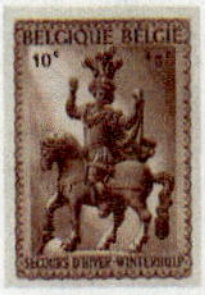

io) Standbild (17. Jh.) in der Kirche von Onhaye-lez-Dinant

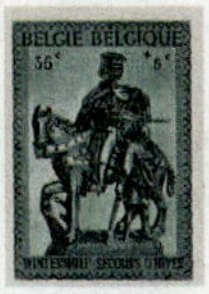

ip) Flämisches Standbild (15. Jh.) in der Sankt-Martins-Kirche von Lennik

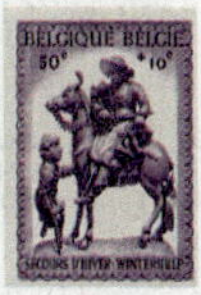

ir) Flämisches Standbild (17. Jh.) in der Kirche von Beek

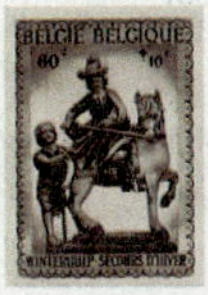

is) Wallonisches Standbild (17. Jh.) in der Kirche von Dave-sur-Meuse

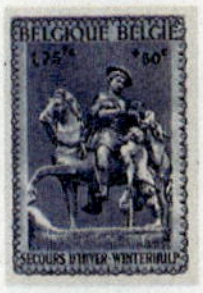

it) Kopie eines brabantischen Kunstwerkes (17. Jh.) in der St.-Martins-Kirche in Halle

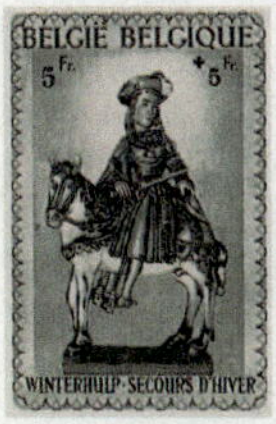


iu) Standbild (16. Jh.) in der St.-Martins-Kirche in St. Truiden

| | | | | | | | |
|---|---|---|---|---|---|---|---|
| **582** | 10 | C | + 5 C rotbraun | io | 0,30 | 0,30 |
| **583** | 35 | C | + 5 C dunkelblaugrün | ip | 0,30 | 0,30 |
| **584** | 50 | C | + 10 C violett | ir | 0,30 | 0,30 |
| **585** | 60 | C | + 10 C dunkelbraun | is | 0,30 | 0,30 |
| **586** | 1 | Fr | + 15 C lilakarmin | ip | 0,30 | 0,30 |
| **587** | 1.50 | Fr | + 25 C schwarzgrün | io | 0,30 | 0,30 |
| **588** | 1.75 | Fr | + 50 C schwarzblau | it | 0,30 | 0,30 |
| **589** | 2.25 | Fr | + 2.25 Fr purpur | is | 0,30 | 0,30 |
| **590** | 3.25 | Fr | + 3.25 Fr dunkelkarminbraun | ir | 0,30 | 0,30 |
| **591** | 5 | Fr | + 5 Fr olivschwarz | iu | 0,50 | 0,30 |
| | | | Satzpreis (10 W.) | | 3,20 | 2,50 |

Auflagen: MiNr. 582 = 1.501.715, MiNr. 583 = 1.358.027, MiNr. 584 = 1.417.027, MiNr. 585 = 1.351.174, MiNr. 586 = 1.250.141, MiNr. 587 = 675.311, MiNr. 588 = 640.314, MiNr. 589 = 625.273, MiNr. 590 = 615.274, MiNr. 591 = 521.687 Stück

*Gültig bis 30.9.1942*

*In gleicher Zeichnung wie MiNr. 591: MiNr. 598–599/Bl. 15–16*

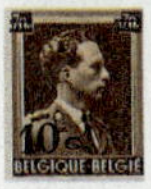

592

**1941, Nov./Dez. Freimarken: König Leopold III. MiNr. 423 und 481 mit schwarzem bzw. rotem Aufdruck.**

| | | | | | |
|---|---|---|---|---|---|
| **592 10 C** | auf 70 C sepia (Nov. 1941) | (423) S | 0,30 | 0,30 |
| **593 50 C** | auf 75 C schwarzoliv (Dez. 1941) | (481 b) R | 0,50 | 0,30 |
| | Satzpreis (2 W.) | | 0,80 | 0,60 |

Auflagen: MiNr. 592 = 23.226.000, MiNr. 593 = 15.443.000 Stück

**1941, Dez. Blockausgabe: Musikstiftung der Königin Elisabeth (II). RaTdr.**

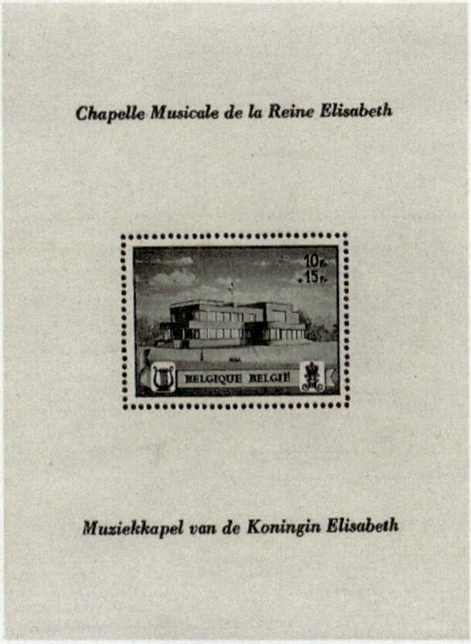


iv I

iv) Konzerthaus in Argenteuil-Ohain

**Inschrift „BELGIË BELGIQUE", □**

| | | | | | |
|---|---|---|---|---|---|
| **594** | 10 Fr + 15 Fr grünlichschwarz | iv | 5,— | 4,— |
| **Block 13** | (105×133 mm) | iv I | 9,— | 8,— |

**Inschrift „BELGIQUE BELGIË", gez. 11½**

| | | | | | |
|---|---|---|---|---|---|
| **595** | 10 Fr + 15 Fr grünlichschwarz | iv | 5,— | 4,— |
| **Block 14** | (105×133 mm) | iv I | 9,— | 8,— |

| | | | |
|---|---|---|---|
| 594 A | private Durchlochung | 1,20 | 1,20 |
| Block I | | 2,50 | 2,50 |
| 595 A | private Durchlochung | 1,20 | 1,20 |
| Block II | | 2,50 | 2,50 |

Beide Marken wurden 1942 mit dem Monogramm der Königin durchlocht, der Blockrand mit Kontrollnummern in Bdr. versehen (Privatausgabe, aber frankaturgültig):

Auflage: Bl. 13 und Bl. 14 je 235.754, Bl. I und II je 112.000 Blocks

*Gültig bis 30.9.1942*

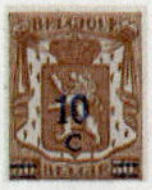

596

**1942, Jan. Freimarken: Staatswappen. MiNr. 420 und 480 mit blauem Aufdruck.**

| | | | | |
|---|---|---|---|---|
| **596 10 C** | auf 30 C braun | (420) | 0,30 | 0,30 |
| **597 10 C** | auf 40 C lila | (480) | 0,30 | 0,30 |
| | Satzpreis (2 W.) | | 0,50 | 0,50 |

Auflagen: MiNr. 596 = 16.000.000, MiNr. 597 = 12.400.000 Stück

*Gültig bis 30.9.1959*

**1942, 12. März. Blockausgabe: Winterhilfswerk: Sankt Martin (II). MiNr. 591 in geänderter Farbe und mit geändertem Zuschlag. RaTdr.**

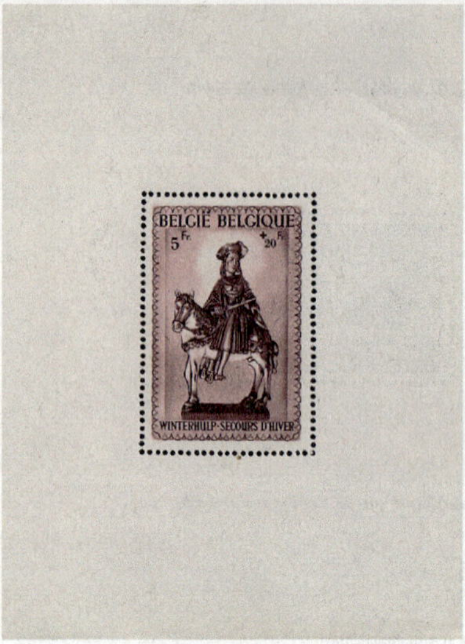


iu I

iu) Standbild (16. Jh.) in der St.-Martins-Kirche in St. Truiden

**Inschrift „BELGIQUE BELGIË", □**

| | | | | |
|---|---|---|---|---|
| **598** | 5 Fr + 20 Fr dunkellilabraun ....... | iu | 20,— | 20,— |
| **Block 15** | (105×139 mm) ................ | iu I | 32,— | 25,— |

**Inschrift „BELGIË BELGIQUE", gez 11¼**

| | | | | |
|---|---|---|---|---|
| **599** | 5 Fr + 20 Fr dunkellilabraun ....... | iu | 20,— | 20,— |
| **Block 16** | (105×139 mm) ................ | iu I | 32,— | 25,— |

Auflage: je 154.613 Blocks

*Gültig bis 30.9.1942*

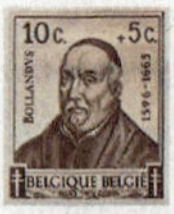

**1942, 15. Mai/Juni. Kampf gegen die Tuberkulose: Flämische Gelehrte des 16. Jahrhunderts. MiNr. 600–603 RaTdr., MiNr. 604–608 StTdr.; gez. 14:13¾, MiNr. 608 gez. 13¾:14.**

iw) Johannes Bollandus (1596–1665), Historiker

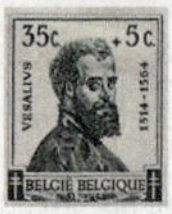

ix) Andries van Wesel (Vesalius) (1514–1564), Anatom und Chirurg

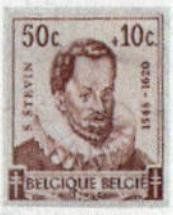

iy) Simon Stevin (1548–1620), Mathematiker, Physiker und Ingenieur

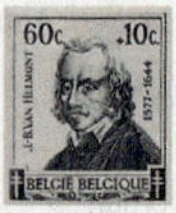

iz) Johann Baptist von Helmont (1577–1644), Mediziner und Chemiker

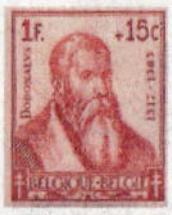

ka) Rembert Dodoens (1517–1585), Botaniker und Arzt

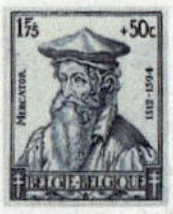

kb) Gerhard Kremer (Mercator) (1512–1594), Neubegründer der wissenschaftlichen Kartographie

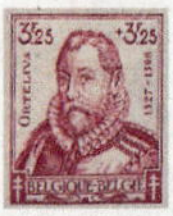

kc) Abraham Oertel (Ortelius) (1527–1598), Geograph und Kartograph

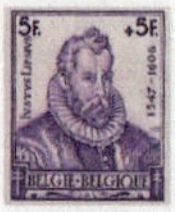

kd) Joest Lips (Justus Lipsius) (1547–1606), Philosoph und Philologe

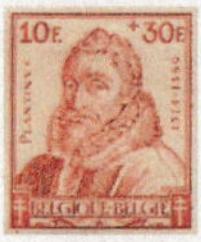

ke) Christoph Planin (Plantinus) (1514–1589), Buchdrucker (Biblia polyglotta)

| | | | | |
|---|---|---|---|---|
| **600** | 10 C + 5 C olivbraun ................ | iw | 0,30 | 0,30 |
| **601** | 35 C + 5 C dunkelgrün ............... | ix | 0,30 | 0,30 |
| **602** | 50 C + 10 C rotbraun ................ | iy | 0,30 | 0,30 |
| **603** | 60 C + 10 C grünschwarz ............. | iz | 0,30 | 0,30 |
| **604** | 1 Fr + 15 C karmin .................. | ka | 0,30 | 0,30 |
| **605** | 1.75 Fr + 50 C dunkelblau ............ | kb | 0,30 | 0,30 |
| **606** | 3.25 Fr + 3.25 Fr rotlila ............ | kc | 0,40 | 0,30 |
| **607** | 5 Fr + 5 Fr bläulichviolett ........... | kd | 0,50 | 0,30 |
| **608** | 10 Fr + 30 Fr orangerot (Juni 1942) .... | ke | 0,80 | 0,30 |
| | Satzpreis (9 W.) | | 3,50 | 2,50 |

Auflagen: MiNr. 600 = 1.110.175, MiNr. 601 = 1.017.014, MiNr. 602 = 942.174, MiNr. 603 = 875.905, MiNr. 604 = 1.241.750, MiNr. 605 = 842.143, MiNr. 606 = 675.400, MiNr. 607 = 640.345, MiNr. 608 = 371.438 Stück

**1942, 25. Aug. Blockausgabe: Kampf gegen die Tuberkulose. MiNr. 577–578 in geänderten Farben und mit geändertem Zuschlagswert. RaTdr.; gez. 11¼.**

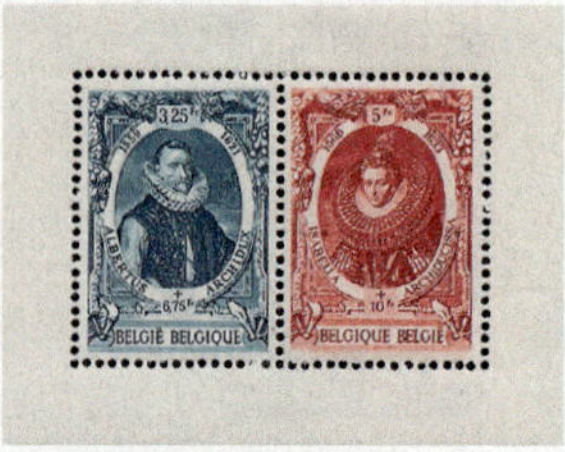

in I

im) Erzherzog Albert (1559–1621)
in) Erzherzogin Isabella (1566–1633)

im–in) Gemälde von Peter Paul Rubens (1577–1640)

| | | | | |
|---|---|---|---|---|
| **609** | 3.25 Fr + 6.75 Fr blaugrün ........ | im | 5,— | 3,50 |
| **610** | 5 Fr + 10 Fr dunkelkarmin ....... | in | 5,— | 3,50 |
| **Block 17** | (78×59 mm) ................ | in I | 15,— | 12,— |

Auflage: 250.122 Blocks

*Gültig bis 30.9.1942*

MiNr. 611–612/Bl. 18–19 entfallen.

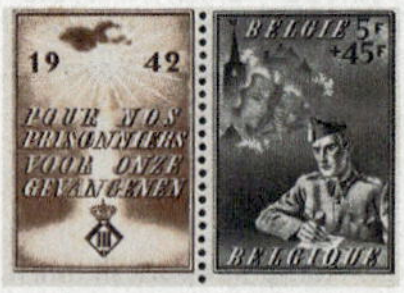


**1942, 1. Okt. Für die belgischen Kriegsgefangenen (I). RaTdr. (10×5); gez. 11¼.**

Zierfeld
kf) Briefschreibender Gefangener, im Hintergrund Vision der Heimat

| | | | | |
|---|---|---|---|---|
| **613** | 5 Fr + 45 Fr olivgrau .............. | kf | 10,— | 6,— |
| | | 613 Zf | 12,— | 8,— |

MiNr. 613 wurde schachbrettartig zusammenhängend im Bogen zu 25 Marken und 25 Zierfeldern gedruckt.

Auflage: 163.288 Stück

*Gültig bis 30.9.1943*

**1942, 12. Nov. Winterhilfswerk: Sankt Martin (III). RaTdr.; gez. 11½.**

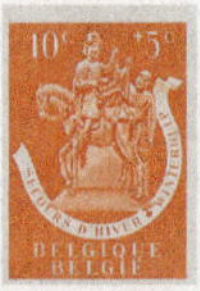

kg

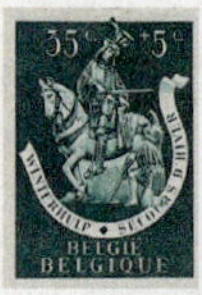

kh

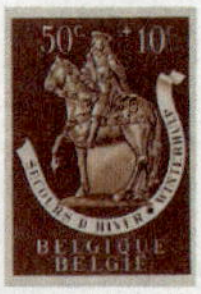

ki

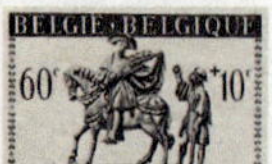

kk

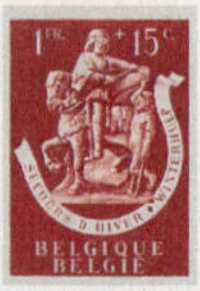

kl

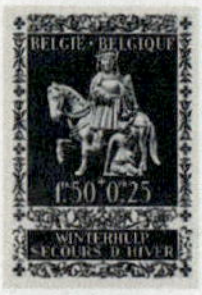

km

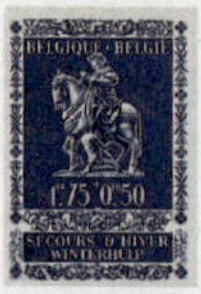

kn

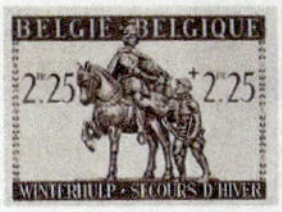
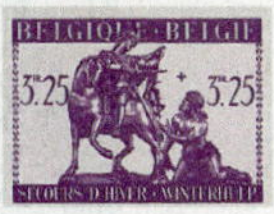
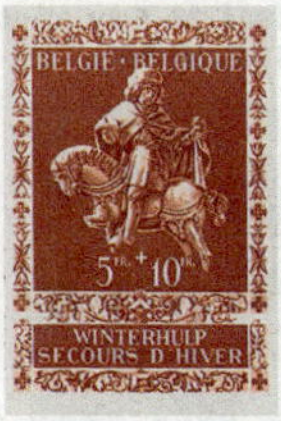

ko kp kr

kg–kr) Statuen des hl. Martin aus Privatsammlungen

| | | | | | |
|---|---|---|---|---|---|
| **614** | 10 C | + 5 C orange | kg | 0,30 | 0,30 |
| **615** | 35 C | + 5 C dunkelgrün | kh | 0,30 | 0,30 |
| **616** | 50 C | + 10 C dunkelbraun | ki | 0,30 | 0,30 |
| **617** | 60 C | + 10 C schwarz | kk | 0,30 | 0,30 |
| **618** | 1 Fr | + 15 C karminrot | kl | 0,30 | 0,30 |
| **619** | 1.50 Fr | + 0.25 Fr schwarzgrün | km | 0,50 | 0,30 |
| **620** | 1.75 Fr | + 0.50 Fr schwarzblau | kn | 1,— | 0,30 |
| **621** | 2.25 Fr | + 2.25 Fr dunkelbraun | ko | 0,50 | 0,30 |
| **622** | 3.25 Fr | + 3.25 Fr violettpurpur | kp | 1,50 | 0,30 |
| **623** | 5 Fr | + 10 Fr rotbraun | kr | 2,— | 0,50 |
| | | Satzpreis (10 W.) | | 7,— | 3,20 |

Auflagen: MiNr. 614 = 951.174, MiNr. 615 = 655.117, MiNr. 616 = 700.014, MiNr. 617 = 1.150.430, MiNr. 618 = 654.197, MiNr. 619 = 600.174, MiNr. 620 = 574.057, MiNr. 621 = 590.072, MiNr. 622 = 590.055, MiNr. 623 = 422.455 Stück

*Gültig bis 30.9.1943*

**1943, 3. April. Winterhilfswerk: Sankt Martin (IV). RaTdr. (5×5); gez. 11½.**

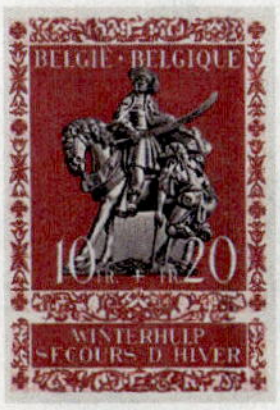

ks) Inschriften niederländisch und französisch

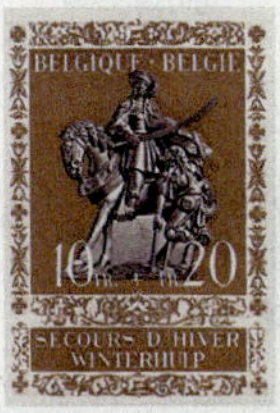

kt) Inschriften französisch und niederländisch

| | | | | | |
|---|---|---|---|---|---|
| **624** | 10 Fr | + 20 Fr dkl'karminrot/dkl'braunlila | ks | 1,50 | 1,— |
| **625** | 10 Fr | + 20 Fr braun/dkl'braunlila | kt | 1,50 | 1,— |
| | | Satzpreis (2 W.) | | 3,— | 2,— |

Auflagen: MiNr. 624 = 311.075, MiNr. 625 = 309.042 Stück

*Gültig bis 30.9.1943*

**1943, 1. Mai. Für die belgischen Kriegsgefangenen (II). RaTdr. (5×5); gez. 11½.**

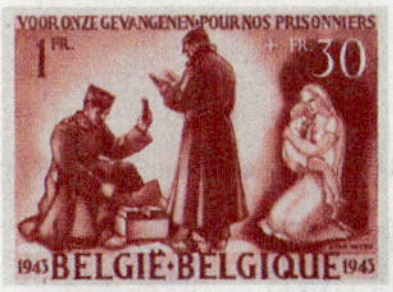

ku

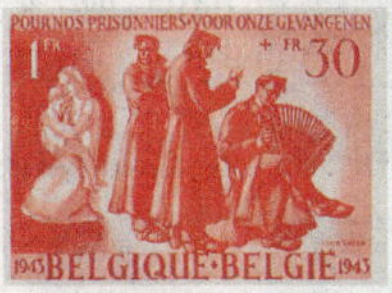

kv

ku–kv) Alltag im Gefangenenlager, Vision von Frau und Kind

| | | | | | |
|---|---|---|---|---|---|
| **626** | 1 Fr | + 30 Fr braunkarmin | ku | 4,50 | 2,50 |
| **627** | 1 Fr | + 30 Fr rot | kv | 4,50 | 2,50 |
| | | Satzpreis (2 W.) | | 9,— | 5,— |

Auflage: 200.000 Sätze

*Gültig bis 30.9.1944*

**1943, 1. Juni. Kampf gegen die Tuberkulose: Handwerk und Gewerbe. RaTdr.; gez. 11½.**

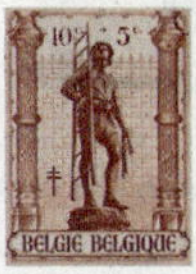

kw) Dachdecker; von Albert Desenfans

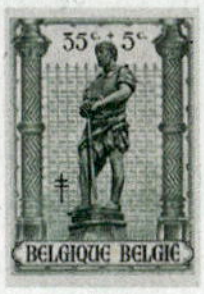

kx) Schmied; von Eugène Cambier

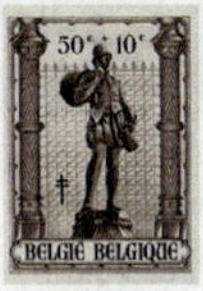

ky) Kupferschmied; von Jef Lambeau

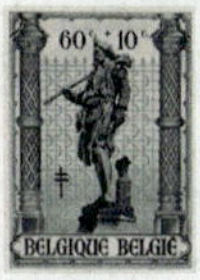

kz) Büchsenmacher; von Godefroid Van den Kerckhove

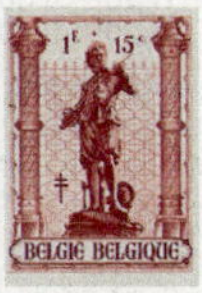

la) Waffenschmied; von Godefroid Van den Kerckhove

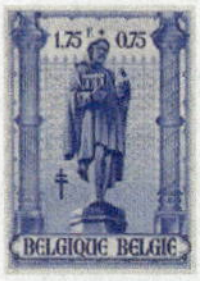

lb) Goldschmied; von Émile Namur

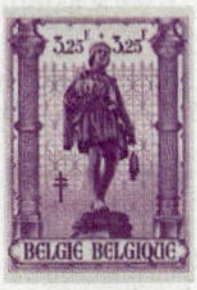

lc) Salzfischhändler; von Charles Geefs

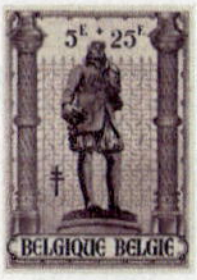

ld) Uhrmacher; von Jules Cuypers

kw–ld) Figuren vom Platz du Petit Sablon in Brüssel

| | | | | | |
|---|---|---|---|---|---|
| **628** | 10 C | + 5 C dunkelrotbraun | kw | 0,30 | 0,30 |
| **629** | 35 C | + 5 C dunkelgrün | kx | 0,30 | 0,30 |
| **630** | 50 C | + 10 C dunkelbraun | ky | 0,30 | 0,30 |
| **631** | 60 C | + 10 C grauschwarz | kz | 0,30 | 0,30 |
| **632** | 1 Fr | + 15 C karminrot | la | 0,40 | 0,30 |
| **633** | 1.75 Fr | + 0.75 Fr kornblumenblau | lb | 0,40 | 0,30 |
| **634** | 3.25 Fr | + 3.25 Fr violettpurpur | lc | 0,50 | 0,30 |
| **635** | 5 Fr | + 25 Fr dunkelviolett | ld | 1,— | 0,30 |
| | | Satzpreis (8 W.) | | 3,50 | 2,— |

Auflagen: MiNr. 628 = 1.115.075, MiNr. 629 = 1.215.682, MiNr. 630 = 900.674, MiNr. 631 = 902.632, MiNr. 632 = 840.500, MiNr. 633 = 527.075, MiNr. 634 = 521.175, MiNr. 635 = 388.796 Stück

*Gültig bis 30.9.1944*

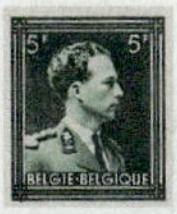

**1943, 10. Juli. Freimarken: König Leopold III. RaTdr.; gez. 14:13¾.**

fl) König Leopold III. (1901–1983, reg. 1934–1951)

| | | | | | |
|---|---|---|---|---|---|
| **636** | 1.50 Fr | violett (Töne) | fl | 2,— | 0,30 |
| **637** | 1.75 Fr | blau | fl | 0,50 | 0,30 |
| **638** | 2 Fr | violett | fl | 2,50 | 1,50 |
| **639** | 2.25 Fr | schwarzgrün | fl | 0,50 | 0,30 |
| **640** | 3.25 Fr | dunkelbraun | fl | 0,50 | 0,30 |
| **641** | 5 Fr | grün | fl | 9,— | 0,30 |
| | | Satzpreis (6 W.) | | 15,— | 3,— |

Auflagen: MiNr. 636 = 6.146.400, MiNr. 637 = 2.708.400, MiNr. 638 = 1.595.850, MiNr. 639 = 5.124.600, MiNr. 640 = 11.405.550, MiNr. 641 = 4.110.300 Stück

*MiNr. 636, 638 und 641 mit Aufdruck: MiNr. 739–741*
*MiNr. 639 mit „B“ im Oval: Dienstmarke MiNr. 35*
*In gleicher Zeichnung: MiNr. 424, 874, 898–899*
*In ähnlicher Zeichnung: MiNr. 685–691*

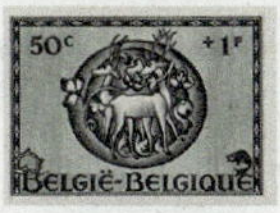

**1943, 8. Okt. Wiederaufbau der Abtei Orval (VI). RaTdr.; gez. 11½.**

le) „O“

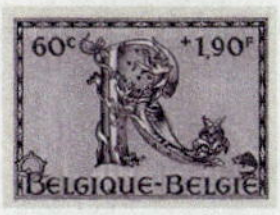

lf) „R“

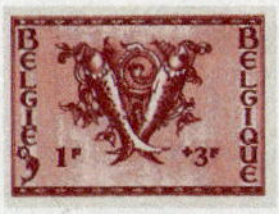

lg) „V“

lh) „A“

li) „L"

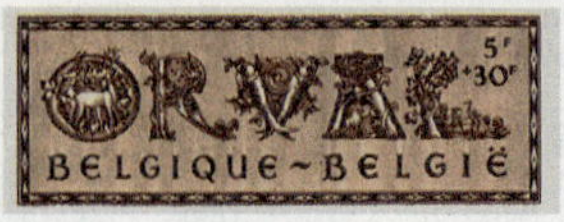


lk) „ORVAL"

le–lk) Initialen von Handschriften des 12. und 13. Jahrhunderts aus der Abtei Orval

| | | | | | | |
|---|---|---|---|---|---|---|
| **642** | 50 C | + 1 Fr dunkeloliv | le | 0,60 | 0,30 |
| **643** | 60 C | + 1.90 Fr dunkellila | lf | 0,30 | 0,30 |
| **644** | 1 Fr | + 3 Fr dunkelrot | lg | 0,30 | 0,30 |
| **645** | 1.75 Fr | + 5.25 Fr schwarzblau | lh | 0,30 | 0,30 |
| **646** | 3.25 Fr | + 16.75 Fr dunkelgrün | li | 0,50 | 0,40 |
| **647** | 5 Fr | + 30 Fr dunkelrotbraun | lk | 1,20 | 0,60 |
| | | Satzpreis (6 W.) | | 3,20 | 2,20 |

Auflagen: MiNr. 642 = 955.017, MiNr. 643 = 917.125, MiNr. 644 = 842.737, MiNr. 645 = 827.175, MiNr. 646 = 431.817, MiNr. 647 = 431.866 Stück

*Gültig bis 30.9.1944*

**1943, 15. Nov. Winterhilfe: Sankt Martin (V) – Standbilder des hl. Martin und die Kirchen, in denen sie aufgestellt sind. RaTdr.; gez. 11½.**

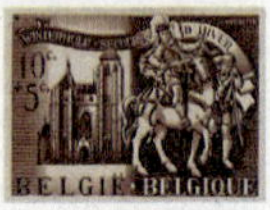

ll) Triptychon auf Holz (16. Jh.), Kirche St. Leonhard in Zoutleeuw

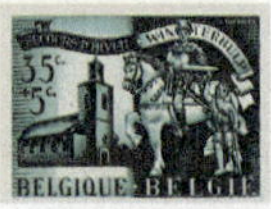

lm) Holzschnitt (16. Jh.), Kirche St. Martin in Dion-le-Val

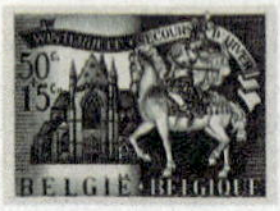

ln) Holzstatuette (17. Jh.), Kirche St. Martin in Aalst

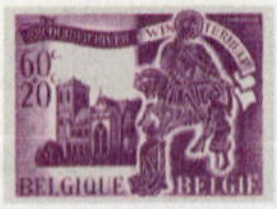

lo) Flachrelief eines Grabsteins (1468), Basilika St. Martin in Lüttich

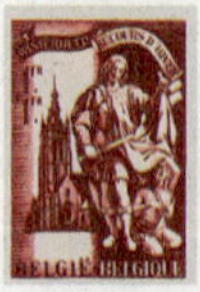

lp) Flügel eines Triptychons auf Holz (17. Jh.) von Bernard de Rijcker, Kirche St. Martin in Kortrijk

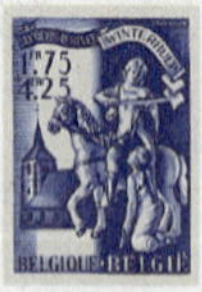

lr) Holzstatuette, Kirche St. Martin in Angre

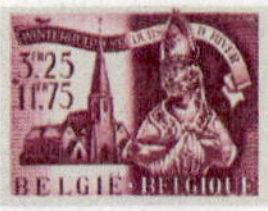

ls) Silberbüste (1768), Kirche St. Martin in Loppem

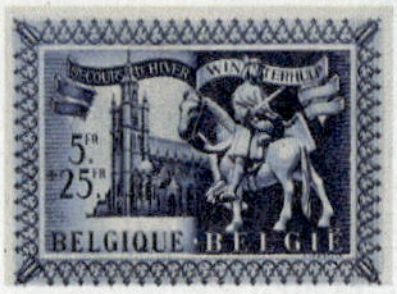

lt) Messingstatuette (1446) von G. le Févre, Basilika St. Martin in Halle

| | | | | | | |
|---|---|---|---|---|---|---|
| **648** | 10 C | + 5 C dunkellilabraun | ll | 0,30 | 0,30 |
| **649** | 35 C | + 5 C dunkelblaugrün | lm | 0,30 | 0,30 |
| **650** | 50 C | + 15 C schwarzoliv | ln | 0,30 | 0,30 |
| **651** | 60 C | + 20 C lilapurpur | lo | 0,40 | 0,30 |
| **652** | 1 Fr | + 1 Fr karminrot | lp | 0,70 | 0,30 |
| **653** | 1.75 Fr | + 4.25 Fr kornblumenblau | lr | 1,50 | 0,50 |
| **654** | 3.25 Fr | + 11.75 Fr lilakarmin | ls | 2,— | 0,70 |
| **655** | 5 Fr | + 25 Fr schwarzblau | lt | 3,— | 1,80 |
| | | Satzpreis (8 W.) | | 8,50 | 4,50 |

Auflagen: MiNr. 648 = 940.724, MiNr. 649 = 750.124, MiNr. 650 = 750.840, MiNr. 651 = 842.170, MiNr. 652 = 510.894, MiNr. 653 = 470.219, MiNr. 654 = 420.317, MiNr. 655 = 299.878 Sätze

*Gültig bis 30.9.1944*

**1944, 23. Febr. Winterhilfe: Sankt Martin (VI). RaTdr. (5×5); gez. 11½.**

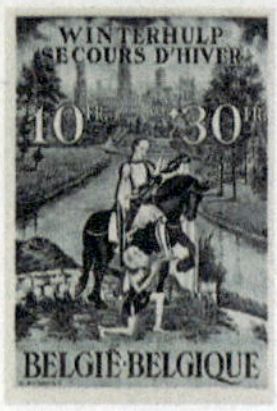


lu) Der hl. Martin mit einem Armen, im Hintergrund Gent

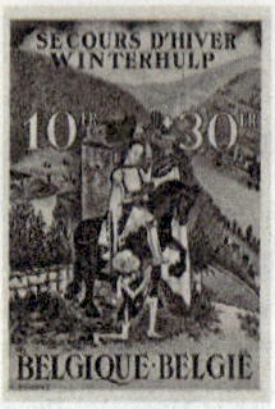


lv) Der hl. Martin mit einem Armen, im Hintergrund Bouillon

| | | | | | | |
|---|---|---|---|---|---|---|
| **656** | 10 Fr | + 30 Fr graugrün | lu | 3,50 | 1,50 |
| **657** | 10 Fr | + 30 Fr schwarzbraun | lv | 3,50 | 1,50 |
| | | Satzpreis (2 W.) | | 7,— | 3,— |

Auflagen: MiNr. 656 = 234.000, MiNr. 657 = 236.840 Stück

*Gültig bis 30.9.1944*

**1944. 1. April. 80 Jahre Belgisches Rotes Kreuz: Gemälde von Anthonis van Dyck. RaTdr.; gez. 11¼.**

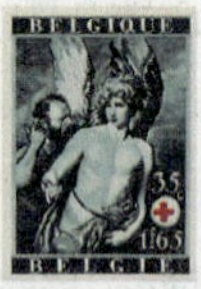

ly) Dädalus und Ikarus

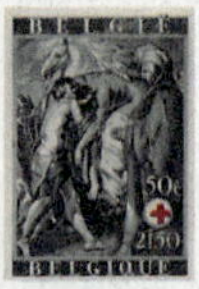

lz) Der barmherzige Samariter

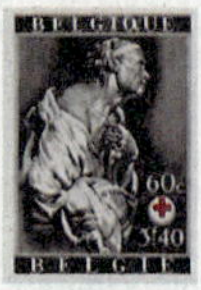

ma) Christus heilt die Aussätzigen (Detail)

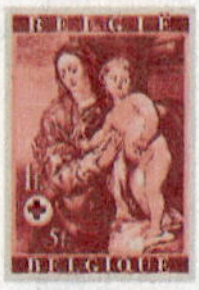

mb) Madonna mit Kind

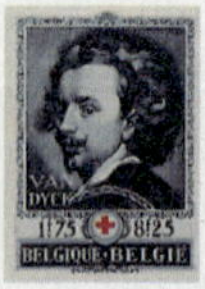


mc) Selbstbildnis des Anthonis van Dyck (1599–1641)

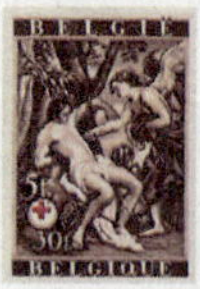

md) Der heilige Sebastian

| | | | | | | |
|---|---|---|---|---|---|---|
| **658** | 35 C | + 1.65 Fr dkl'olivgrün/karmin | ly | 0,40 | 0,30 |
| **659** | 50 C | + 2.50 Fr russischgrün/karmin | lz | 0,40 | 0,30 |
| **660** | 60 C | + 3.40 Fr dkl'violettbraun/karmin | ma | 0,40 | 0,30 |
| **661** | 1 Fr | + 5 Fr lilarot/karmin | mb | 0,80 | 0,60 |
| **662** | 1.75 Fr | + 8.25 Fr grauschwarz/karmin | mc | 0,60 | 0,30 |
| **663** | 5 Fr | + 30 Fr karminbraun/karmin | md | 0,60 | 0,40 |
| | | Satzpreis (6 W.) | | 3,20 | 2,20 |

Auflage: 406.237 Sätze

*Gültig bis 30.9.1945*

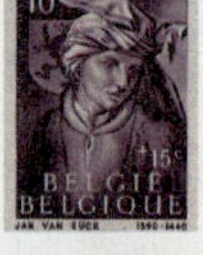

**1944, 15. April. Für die belgischen Kriegsgefangenen und ihre Familien: Persönlichkeiten. RaTdr.; gez. 11¼.**

me) Jan van Eyck (1390–1441), flämischer Maler (Selbstbildnis)

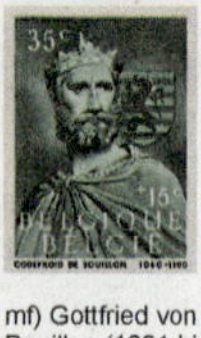

mf) Gottfried von Bouillon (1061 bis 1100), König von Jerusalem

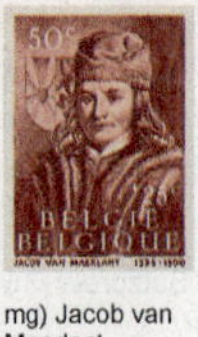

mg) Jacob van Maerlant (1235–1300), Dichter

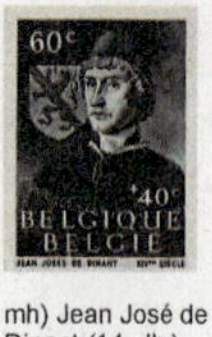

mh) Jean José de Dinant (14. Jh.), Kupferschmied

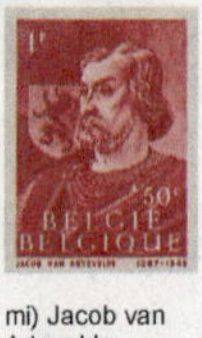

mi) Jacob van Artevelde (1290–1345), flämischer Volksführer

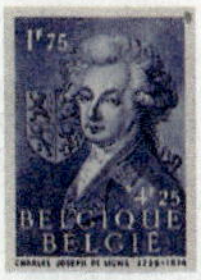
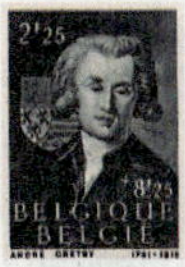
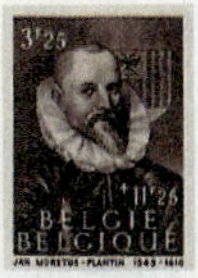
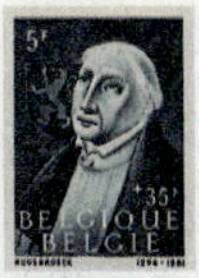

mk) Charles Joseph de Ligne (1735–1814), Staatsmann

ml) André Ernest Modeste Grétry (1741–1813), Komponist

mm) Jan Moretus-Plantin (1543 bis 1610), Drucker zu Antwerpen

mn) Jan van Ruysbroeck (1293–1381), Mystiker und Schriftsteller

| | | | | | |
|---|---|---|---|---|---|
| **664** | 10 C | + 15 C dunkelviolett | me | 0,40 | 0,30 |
| **665** | 35 C | + 15 C dunkelolivgrün | mf | 0,40 | 0,30 |
| **666** | 50 C | + 25 C rotbraun | mg | 0,40 | 0,30 |
| **667** | 60 C | + 40 C schwarzoliv | mh | 0,40 | 0,30 |
| **668** | 1 Fr | + 50 C karmin | mi | 0,40 | 0,30 |
| **669** | 1.75 Fr | + 4.25 Fr grauultramarin | mk | 0,40 | 0,30 |
| **670** | 2.25 Fr | + 8.25 Fr schwarzoliv | ml | 1,— | 0,50 |
| **671** | 3.25 Fr | + 11.25 Fr dunkelilabraun | mm | 0,40 | 0,30 |
| **672** | 5 Fr | + 35 Fr schwarzblaugrün | mn | 1,20 | 1,— |
| | | | Satzpreis (9 W.) | 5,— | 3,60 |

Auflagen: MiNr. 664 = 1.099.150, MiNr. 665 = 875.119, MiNr. 666 = 850.117, MiNr. 667 = 750.815, MiNr. 668 = 620.115, MiNr. 669 = 490.517, MiNr. 670 = 485.075, MiNr. 671 = 470.115, MiNr. 672 = 329.991 Stück

*Gültig bis 30.9.1945*

**1944, 25. Juni. Kampf gegen die Tuberkulose: Belgische Legenden. RaTdr. (5×10, Hochformate ~); gez. 11½.**

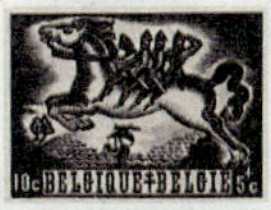
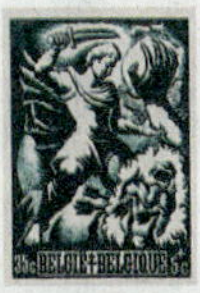
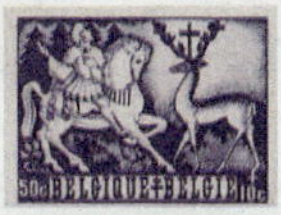

mo) Die vier Haimons-Söhne auf dem Pferde Bayard

mp) Brabo verwundet den Riesen Antigoon

mr) Der hl. Hubertus begegnet dem weißen Hirsch

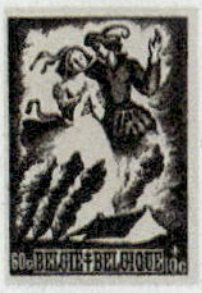
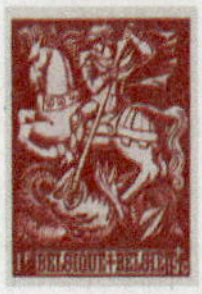
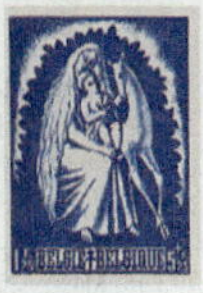

ms) Till Eulenspiegel und das Mädchen Nele

mt) Hl. Georg tötet den Drachen

mu) Genoveva von Brabant

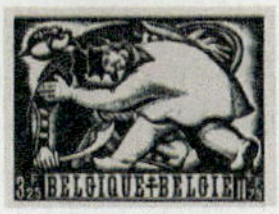
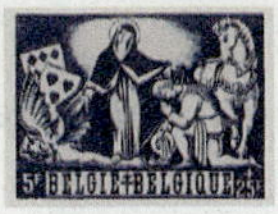

mv) Tchantchès' Kampf gegen die Sarazenen

mw) Die hl. Gertrud rettet den „Ritter mit den Karten"

| | | | | | |
|---|---|---|---|---|---|
| **673** | 10 C | + 5 C dunkelviolettbraun | mo | 0,30 | 0,30 |
| **674** | 35 C | + 5 C dunkelblaugrün | mp | 0,30 | 0,30 |
| **675** | 50 C | + 10 C violett | mr | 0,30 | 0,30 |
| **676** | 60 C | + 10 C olivschwarz | ms | 0,30 | 0,30 |
| **677** | 1 Fr | + 15 C karmin | mt | 0,30 | 0,30 |
| **678** | 1.75 Fr | + 5.25 Fr ultramarin | mu | 0,30 | 0,30 |
| **679** | 3.25 Fr | + 11.75 Fr schwarzgrün | mv | 0,30 | 0,30 |
| **680** | 5 Fr | + 25 Fr dunkelblau | mw | 0,30 | 0,30 |
| | | | Satzpreis (8 W.) | 2,— | 2,— |

Fünf Werte dieses Satzes wurden 1946 anlässlich einer philatelistischen Ausstellung in Brüssel privat mit einem Aufdruck „BREENDONK" und Zuschlagswert +10 Fr überdruckt; nicht frankaturgültig.

Auflagen: MiNr. 673 = 2.426.715, MiNr. 674 = 1.071.300, MiNr. 675 = 1.127.020, MiNr. 676 = 996.575, MiNr. 677 = 1.132.600, MiNr. 678 = 441.021, MiNr. 679 = 432.375, MiNr. 680 = 427.424 Stück

*Gültig bis 30.9.1945*

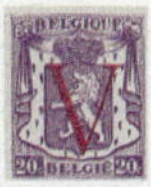

683

**1944, 10. Nov. Befreiung (I). Freimarken in Wappenzeichnung mit rotem Aufdruck eines „V" (= Victory).**

| | | | | | |
|---|---|---|---|---|---|
| **681** | 2 C | hellgrün | (452) | 0,30 | 0,30 |
| **682** | 15 C | violettgrau | (417) | 0,30 | 0,30 |
| **683** | 20 C | violett | (418) | 0,30 | 0,30 |
| **684** | 60 C | dunkelblaugrau | (566) | 0,30 | 0,30 |
| | | | Satzpreis (4 W.) | 1,20 | 1,— |

*Andere Marken mit Aufdruck Krone, „V" und „1945" sind Privaterzeugnisse.*

**1944, 18. Dez./1957. Befreiung (II): König Leopold III. mit „V" und Königskrone. RaTdr.; A = gez. 14, B = gez. 11½.**

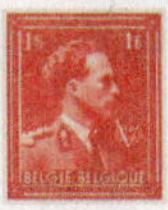

mx

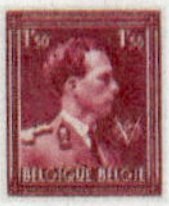

my

mx–my) König Leopold III. (1901–1983, reg. 1934–1951); „V" und Königskrone

| | | | | | | | |
|---|---|---|---|---|---|---|---|
| **685** | **A** | 1 Fr | rot (18.12.1944) | mx | 0,50 | 0,30 |
| **686** | **A** | 1.50 Fr | lilakarmin (18.12.1944) | my | 0,50 | 0,30 |
| **687** | **A** | 1.75 Fr | dunkelblau (18.12.1944) | mx | 0,80 | 0,30 |
| **688** | **A** | 2 Fr | violett (18.12.1944) | my | 1,50 | 0,30 |
| **689** | **A** | 2.25 Fr | grüngrau (18.12.1944) | mx | 0,80 | 0,30 |
| **690** | **A** | 3.25 Fr | dunkelbraun (18.12.1944) | my | 0,50 | 0,30 |
| **691** | | 5 Fr | dunkelgrün | mx | | |
| | **A** | | gez. 14 (18.12.1944) | | 5,50 | 0,30 |
| | **B** | | gez. 11½ (1957) | | 170,— | 0,30 |
| | | | | Satzpreis A (7 W.) | 10,— | 1,80 |

*MiNr. 686, 688 und 691 mit Aufdruck: MiNr. 742–744, 748–750*

**1944, 10. Nov. Befreiung (III): Wappenlöwe und „V". RaTdr. (10×10); I = Inschrift „BELGIË - BELGIQUE", II = Inschrift „BELGIQUE - BELGIË"; gez. 12:12½.**

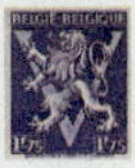

mz

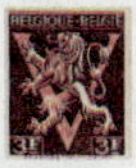

na

mz–na) Wappenlöwe und „V"

**I = Inschrift „BELGIË - BELGIQUE"**

| | | | | | | |
|---|---|---|---|---|---|---|
| **692 I** | 5 C | dunkellilabraun | mz | 0,30 | 0,30 |
| **693 I** | 10 C | dunkelgrün | mz | 0,30 | 0,30 |
| **694 I** | 25 C | hellblau | mz | 0,30 | 0,30 |
| **695 I** | 35 C | hellbraun | mz | 0,30 | 0,30 |
| **696 I** | 50 C | blaugrün | mz | 0,30 | 0,30 |
| **697 I** | 75 C | purpurviolett | mz | 0,30 | 0,30 |
| **698 I** | 1 Fr | karminrot | mz | 0,30 | 0,30 |
| **699 I** | 1.25 Fr | rotbraun | mz | 0,30 | 0,30 |
| **700 I** | 1.50 Fr | orange | mz | 0,30 | 0,30 |
| **701 I** | 1.75 Fr | ultramarin | mz | 0,30 | 0,30 |
| **702 I** | 2 Fr | grünblau | mz | 2,— | 1,— |
| **703 I** | 2.75 Fr | rotlila | mz | 0,30 | 0,30 |
| **704 I** | 3 Fr | dunkelpurpur | mz | 0,50 | 0,30 |
| **705 I** | 3.50 Fr | dunkelgrau | mz | 0,50 | 0,30 |
| **706 I** | 5 Fr | grauoliv | mz | 5,— | 2,— |
| **707 I** | 10 Fr | schwarz | mz | 0,70 | 0,30 |
| | | | Satzpreis (16 W.) | 12,— | 7,— |

**II = Inschrift „BELGIQUE - BELGIË"**

| | | | | | |
|---|---|---|---|---|---|
| **692 II** | 5 C | dunkellilabraun | na | 0,30 | 0,30 |
| **693 II** | 10 C | dunkelgrün | na | 0,30 | 0,30 |
| **694 II** | 25 C | hellblau | na | 0,30 | 0,30 |
| **695 II** | 35 C | hellbraun | na | 0,30 | 0,30 |
| **696 II** | 50 C | blaugrün | na | 0,30 | 0,30 |
| **697 II** | 75 C | purpurviolett | na | 0,30 | 0,30 |
| **698 II** | 1 Fr | karminrot | na | 0,30 | 0,30 |
| **699 II** | 1.25 Fr | rotbraun | na | 0,30 | 0,30 |
| **700 II** | 1.50 Fr | orange | na | 0,30 | 0,30 |
| **701 II** | 1.75 Fr | ultramarin | na | 0,30 | 0,30 |
| **702 II** | 2 Fr | grünblau | na | 6,— | 2,— |
| **703 II** | 2.75 Fr | rotlila | na | 0,30 | 0,30 |
| **704 II** | 3 Fr | dunkelpurpur | na | 0,30 | 0,30 |
| **705 II** | 3.50 Fr | dunkelgrau | na | 0,30 | 0,30 |

| | | | | | |
|---|---|---|---|---|---|
| **706 II** | 5 Fr grauoliv | na | 8,— | 6,— |
| **707 II** | 10 Fr schwarz | na | 0,30 | 0,30 |
| | Satzpreis (16 W.) | | 18,— | 12,— |

Auflage: 1.000.000 Sätze

*Gültig bis 30.9.1959*

*MiNr. 700, 702 und 706 mit Aufdruck: MiNr. 745–747*

**1945, 1. Mai. Für die Kriegsgeschädigten. RaTdr. (5×5); gez. 11½.**

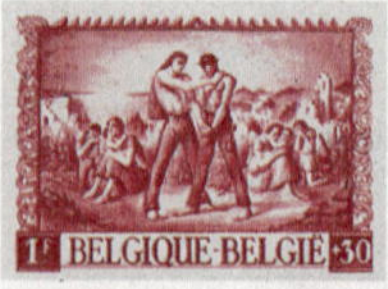

nb) Zusammenarbeit zwischen Flamen und Wallonen

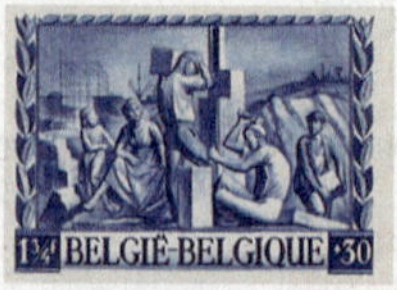

nc) Wiederaufbau

| | | | | |
|---|---|---|---|---|
| **708** | 1 Fr + 30 (Fr) karminrot | nb | 1,50 | 1,— |
| **709** | 1¾ Fr + 30 (Fr) ultramarin | nc | 1,50 | 1,— |
| | Satzpreis (2 W.) | | 3,— | 2,— |

Auflage: 317.945 Sätze

*Gültig bis 30.9.1946*

*In kleinerem Format: MiNr. 710–711*

**1945, 21. Juli. Für die kriegsgeschädigten Postbeamten. RaTdr. (5×10); gez. 11½.**

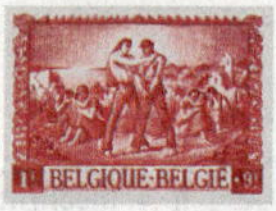

nd) Zusammenarbeit zwischen Flamen und Wallonen

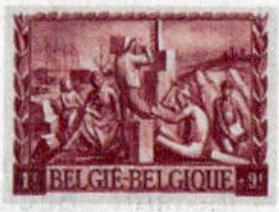

ne) Wiederaufbau

| | | | | |
|---|---|---|---|---|
| **710** | 1 Fr + 9 Fr rot | nd | 0,30 | 0,30 |
| **711** | 1 Fr + 9 Fr karmin | ne | 0,40 | 0,30 |
| | Satzpreis (2 W.) | | 0,70 | 0,50 |

Auflagen: MiNr. 710 = 491.375, MiNr. 711 = 487.936 Stück

*Gültig bis 30.9.1946*

*In größerem Format: MiNr. 708–709*

**1945, 10. Sept. Für die Kriegsgefangenen, Deportierten und Kämpfer der Widerstandsbewegung. RaTdr.; gez. 11½.**

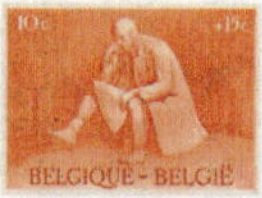

nf) Kriegsgefangener

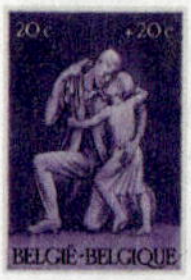

ng) Wiedersehen

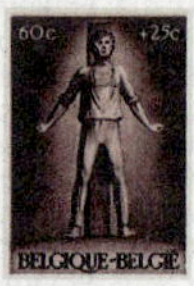

nh) Exekution

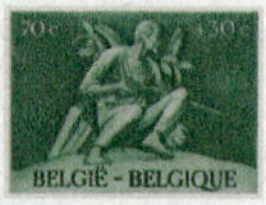

ni) Widerstandskämpfer

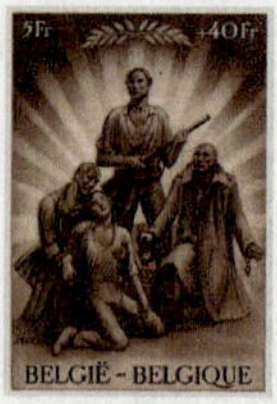

nk) Freiheit

| | | | | |
|---|---|---|---|---|
| **712** | 10 C + 15 C orange | nf | 0,30 | 0,30 |
| **713** | 20 C + 20 C dunkelviolett | ng | 0,30 | 0,30 |
| **714** | 60 C + 25 C purpurbraun | nh | 0,30 | 0,30 |
| **715** | 70 C + 30 C gelbgrün | ni | 0,30 | 0,30 |
| **716** | 75 C + 50 C rotbraun | nf | 0,30 | 0,30 |
| **717** | 1 Fr + 75 C blaugrün | ng | 0,30 | 0,30 |
| **718** | 1.50 Fr + 1 Fr karmin | nh | 0,50 | 0,30 |
| **719** | 3.50 Fr + 3.50 Fr blau | ni | 1,— | 0,40 |
| **720** | 5 Fr + 40 Fr sepia | nk | 1,20 | 0,70 |
| | Satzpreis (9 W.) | | 4,50 | 3,20 |

Auflagen: MiNr. 712 = 1.342.387, MiNr. 713 = 844.164, MiNr. 714 = 723.149, MiNr. 715 = 646.896, MiNr. 716 = 619.474, MiNr. 717 = 611.616, MiNr. 718 = 639.854, MiNr. 719 = 340.130, MiNr. 720 = 340.123 Stück

*Gültig bis 30.9.1946*

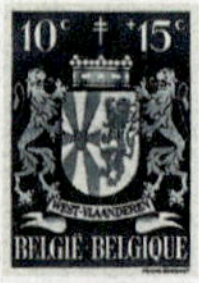

nl) Westflandern

**1945, 1. Dez. Kampf gegen die Tuberkulose: Provinzwappen. RaTdr.; gez. 11½.**

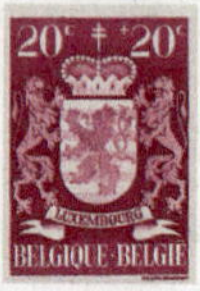

nm) Luxemburg

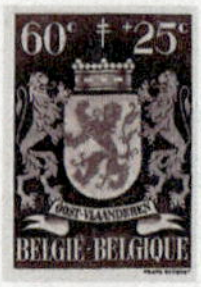

nn) Ostflandern

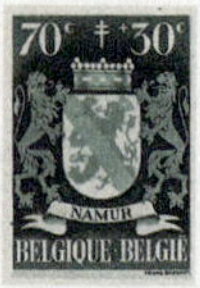

no) Namur

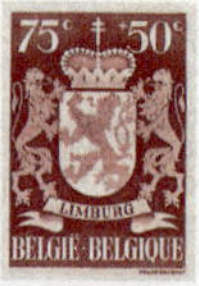

np) Limburg

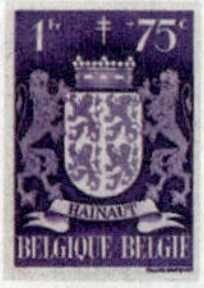

nr) Hennegau

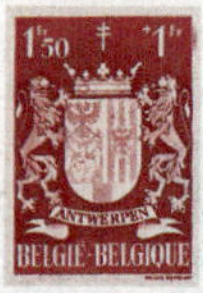

ns) Antwerpen

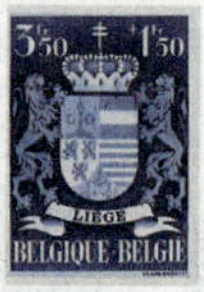

nt) Lüttich

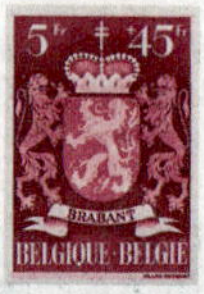

nu) Brabant

| | | | | |
|---|---|---|---|---|
| **721** | 10 C + 15 C schwarzgrün | nl | 0,30 | 0,30 |
| **722** | 20 C + 20 C karminrot | nm | 0,30 | 0,30 |
| **723** | 60 C + 25 C dunkelbraun | nn | 0,30 | 0,30 |
| **724** | 70 C + 30 C dunkelgrün | no | 0,30 | 0,30 |
| **725** | 75 C + 50 C orangebraun | np | 0,30 | 0,30 |
| **726** | 1 Fr + 75 C purpur | nr | 0,30 | 0,30 |
| **727** | 1.50 Fr + 1 Fr karmin | ns | 0,40 | 0,30 |
| **728** | 3.50 Fr + 1.50 Fr dunkelblau | nt | 0,80 | 0,30 |
| **729** | 5 Fr + 45 Fr lilarot | nu | 2,— | 1,10 |
| | Satzpreis (9 W.) | | 5,— | 3,50 |

Auflagen: MiNr. 721 = 1.259.107, MiNr. 722 = 644.345, MiNr. 723 = 583.422, MiNr. 724 = 530.248, MiNr. 725 = 523.419, MiNr. 726 = 507.078, MiNr. 727 = 641.898, MiNr. 728 = 454.090, MiNr. 729 = 289.886 Stück

*Gültig bis 30.9.1946*

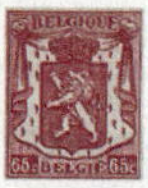

fi) Staatswappen

**1945/1946. Freimarken: Staatswappen. Bdr.; gez. 14.**

| | | | | |
|---|---|---|---|---|
| **730** | 25 C gelborange | fi | 0,50 | 0,30 |
| **731** | 65 C lila | fi | 3,— | 0,30 |
| **732** | 70 C hellgrün | fi | 0,50 | 0,30 |
| **733** | 75 C lilarosa | fi | 0,80 | 0,30 |
| **734** | 90 C braunviolett | fi | 0,60 | 0,30 |
| **735** | 1 Fr lilabraun | fi | 0,60 | 0,30 |
| | Satzpreis (6 W.) | | 6,— | 1,50 |

733 I fehlendes „C" im rechten Wertschild . . . 5,— 4,50

**Vorausentwertungen:**

| | (✶) | ✶✶ |
|---|---|---|
| 734 V Aufdrucktype b 5 (1946/1948) | 0,30 | 0,30 |
| 735 V Aufdrucktype b 5 (1946) | 0,40 | 0,80 |

*Gültig bis 30.9.1959*

*MiNr. 732 und 733 mit Aufdruck: MiNr. A 747 und 850–851; mit „B" im Oval siehe Dienstmarken.*
*In gleicher Zeichnung: MiNr. 415–422, 452, 480, 566, A 840*

**1946, 20. Mai. Freimarken: Van-Acker-Ausgabe. Herabsetzung verschiedener Portosätze um 10 Prozent. Kursierende Freimarken mit Handstempelaufdruck „–10%".**

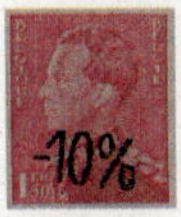
736
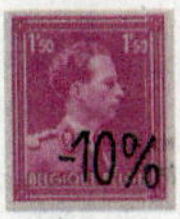
739
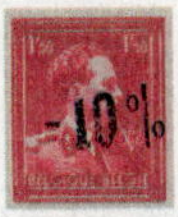
742
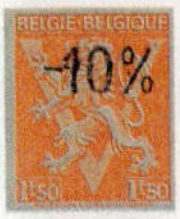
745 I
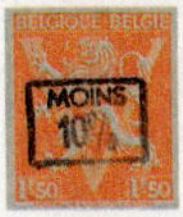
745 II

A 747

**Auf Leopold III. (Ausgabe 1936, StTdr.):**

| | | | | ★★ | ⊙ |
|---|---|---|---|---|---|
| **736** | 1.50 Fr | **–10%** lilakarmin | (425) | 2,— | 0,50 |
| **737** | 2 Fr | **–10%** violett | (427) | 2,— | 0,50 |
| **738** | 5 Fr | **–10%** dunkelgrün | (429) | 17,— | 1,— |

**Auf Leopold III. (Ausgabe 1943, RaTdr.):**

| | | | | | |
|---|---|---|---|---|---|
| **739** | 1.50 Fr | **–10%** lilakarmin | (636) | 2,— | 0,70 |
| **740** | 2 Fr | **–10%** violett | (638) | 2,— | 1,50 |
| **741** | 5 Fr | **–10%** grün | (641) | 5,— | 1,— |

**Auf Leopold III. und „V" (Ausgabe 1944):**

| | | | | | |
|---|---|---|---|---|---|
| **742** | 1.50 Fr | **–10%** lilakarmin | (686) | 2,— | 0,30 |
| **743** | 2 Fr | **–10%** violett | (688) | 2,— | 0,30 |
| **744** | 5 Fr | **–10%** dunkelgrün | (691 A) | 3,— | 1,— |

**Auf Wappenlöwe und „V", Inschrift „BELGIË - BELGIQUE":**

| | | | | | |
|---|---|---|---|---|---|
| **745 I** | 1.50 Fr | **–10%** orange | (700 I) | 2,— | 0,70 |
| **746 I** | 2 Fr | **–10%** grünblau | (702 I) | 5,— | 2,— |
| **747 I** | 5 Fr | **–10%** grauoliv | (706 I) | 10,— | 5,50 |

**Auf Wappenlöwe und „V", Inschrift „BELGIQUE - BELGIË":**

| | | | | | |
|---|---|---|---|---|---|
| **745 II** | 1.50 Fr | **–10%** orange | (700 II) | 2,— | 1,— |
| **746 II** | 2 Fr | **–10%** grünblau | (702 II) | 10,— | 4,— |
| **747 II** | 5 Fr | **–10%** grauoliv | (706 II) | 17,— | 7,50 |

**Auf Staatswappen (1945):**

| | | | | | |
|---|---|---|---|---|---|
| **A 747** | 75 C | **–10%** lilarosa | (733) | 2,— | 0,50 |
| | | | Satzpreis (16 W.) | 85,— | 28,— |

Diese Ausgabe hat ihren Namen „Van-Acker-Ausgabe" nach dem belgischen Ministerpräsidenten van Acker, welcher diese Portoermäßigung verfügte. Laut Postverordnung hatten die Postämter die Wertstufen zu 1.50, 2 und 5 Fr in der Form „-10%" zu überdrucken. Alle anderen Werte und Aufdruckformen (z.B. „Min. 10%", „Moins 10%") sind allenfalls toleriert worden. Die ca. 400 verschiedenen Arten siehe René Berlingin & Lejeune, Catalogue des -10% Van Acker sowie Catalogue spécialisé PRINET. Obige Preise gelten für die jeweils billigste Sorte.

FALSCH Viele Phantasieprodukte und Fälschungen

*MiNr. 745–747 gültig bis 30.9.1959*

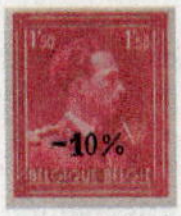
748

**1946, 4. Juni. Freimarken: Van-Acker-Ausgabe. Leopold-Freimarken mit schwarzem bzw. rotem Bdr.-Aufdruck „–10%" durch das Atelier du Timbre.**

| | | | | | |
|---|---|---|---|---|---|
| **748** | 1.50 Fr | **–10%** lilakarmin | (686) S | 0,50 | 0,30 |
| **749** | 2 Fr | **–10%** violett | (688) R | 2,— | 0,40 |
| **750** | 5 Fr | **–10%** dunkelgrün | (691 A) R | 1,50 | 0,30 |
| | | | Satzpreis (3 W.) | 4,— | 1,— |

FALSCH

Außer diesem Aufdruck gibt es noch weitere auf Veranlassung einzelner Postämter ausgeführte Buchdruck-Aufdrucke in abweichenden Formen.

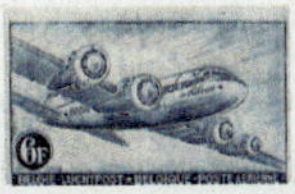

✈ **1946, 25. Febr./1954. Flugpostmarken. StTdr.; A = gez. 11½, B = gez. 13¾:11½.**

Fe) Flugzeug Douglas C-54 Skymaster

| | | | | | |
|---|---|---|---|---|---|
| **751 A** | 6 Fr | dunkelblau | Fe | 0,50 | 0,30 |
| **752 A** | 8.50 Fr | dunkelbraunkarmin | Fe | 0,50 | 0,30 |
| **753** | 50 Fr | gelbgrün | Fe | | |
| A | | gez. 11½ (20.6.1946) | | 5,— | 0,70 |
| B | | gez. 13¾:11½ (1954) | | 280,— | 1,50 |
| **754** | 100 Fr | schwarzgrau | Fe | | |
| A | | gez. 11½ (20.6.1946) | | 9,— | 0,70 |
| B | | gez. 13¾:11½ (1954) | | 100,— | 0,70 |
| | | Satzpreis A (4 W.) | | 15,— | 2,— |

Die Inschrift lautet bei MiNr. 751 und 753 „BELGIË - BELGIQUE", bei MiNr. 752 und 754 umgekehrt.

Die Auflage von 1946 wurde in Bogen zu 75 Stück auf leicht getöntem Papier, die Auflage 1954 in Bogen zu 25 Stück auf weißem Papier gedruckt. Das Bildformat bei „A" ist 37×21,5 mm, bei „B" 38×21 mm.

**1946, 15. Juni. 100 Jahre Fährverbindung Ostende–Dover. RaTdr.; gez. 14.**

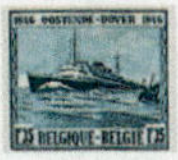
nv) Motorschiff „Prince Baudouin"

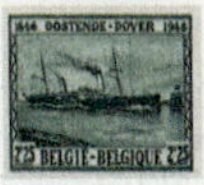
nw) Raddampfer „Marie Henriette"

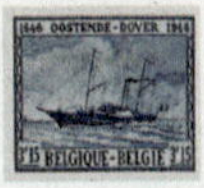
nx) Raddampfer „Diamant"

| | | | | | |
|---|---|---|---|---|---|
| **755** | 1.35 Fr | blaugrün | nv | | |
| I | | Bildformat 21¼:18¼ mm | | 0,30 | 0,30 |
| II | | Bildformat 21:17 mm | | 0,30 | 0,30 |
| **756** | 2.25 Fr | grün | nw | 0,40 | 0,30 |
| **757** | 3.15 Fr | blauschwarz | nx | 0,80 | 0,30 |
| | | Satzpreis (3 W.) | | 1,50 | 0,70 |

Auflagen: MiNr. 755 = 243.677.800, MiNr. 756 = 5.970.400, MiNr. 757 = 21.077.100 Stück

*Gültig bis 30.9.1959*

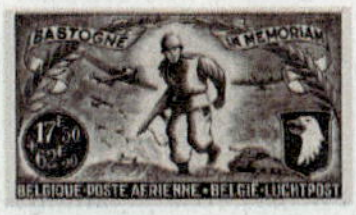

✈ **1946, 15. Juni. Denkmal für die Kämpfer von Bastogne. StTdr.; gez. 11:11½.**

Ff) Stürmender Infanterist

| | | | | | |
|---|---|---|---|---|---|
| **758** | 17.50 Fr | + 62.50 Fr sepia | Ff | 1,50 | 1,— |
| **759** | 17.50 Fr | + 62.50 Fr dunkelgrün | Ff | 1,50 | 1,— |
| | | Satzpreis (2 W.) | | 3,— | 2,— |

Aufdrucke „Hommage / á Roosevelt", „16-12-1945 / 25-1-1945 / DEDICATION JULY 16, 1950" und andere auf MiNr. 758-759 sind privaten Ursprungs.

Auflage: 187.244 Sätze

*Gültig bis 30.9.1947*

**1946, 18. Juli. Pater Damian. RaTdr.; gez. 11½.**

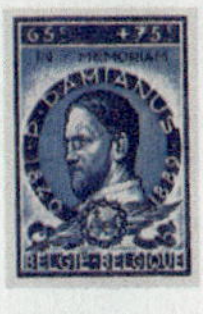
ny) Pater Damian (Joseph de Veuster) (1840–1889), katholischer Missionar auf den Hawaii-Inseln, Apostel der Aussätzigen

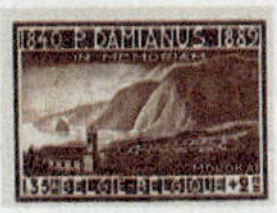
nz) Insel Molokai (Hawaii)

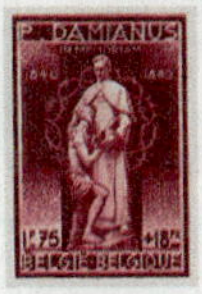
oa) Pater Damian; Skulptur von Constantin Meunier (1831–1905) in Löwen

| | | | | | |
|---|---|---|---|---|---|
| **760** | 65 C | + 75 C blau | ny | 1,70 | 1,— |
| **761** | 1.35 Fr | + 2 Fr braun | nz | 1,70 | 1,— |
| **762** | 1.75 Fr | + 18 Fr braunkarmin | oa | 1,70 | 1,— |
| | | Satzpreis (3 W.) | | 5,— | 3,— |

Auflagen: MiNr. 760 = 413.141, MiNr. 761 = 411.087, MiNr. 762 = 411.088 Stück

*Gültig bis 30.9.1947*

**1946, 18. Juli. Émile Vandervelde. RaTdr.; gez. 11½.**

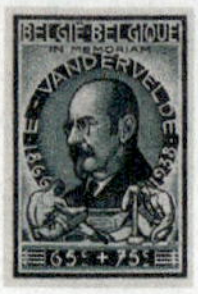
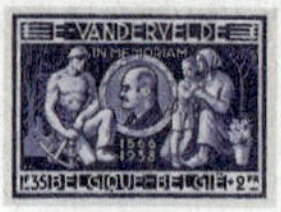
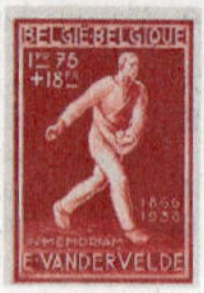

ob) Émile Vandervelde (1866–1938), Staatsminister — oc) Arbeiter, Vandervelde, Mutter mit Kind — od) Sämann

| | | | | | |
|---|---|---|---|---|---|
| **763** | 65 C + 75 C grün | ob | 1,70 | 1,— |
| **764** | 1.35 Fr + 2 Fr ultramarin | oc | 1,70 | 1,— |
| **765** | 1.75 Fr + 18 Fr karmin | od | 1,70 | 1,— |
| | Satzpreis (3 W.) | | 5,— | 3,— |

Auflagen: MiNr. 763 = 189.530, MiNr. 764 = 187.477, MiNr. 765 = 187.474 Stück

*Gültig bis 30.9.1947*

**1946, 18. Juli. François Bovesse. RaTdr.; gez. 11½.**

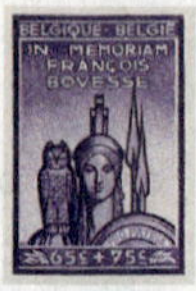
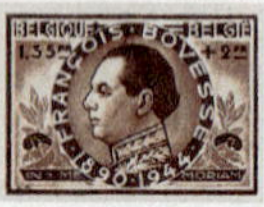
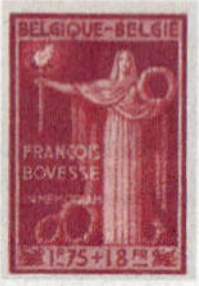

oe) Pallas Athene — of) François Bovesse (1890–1944) — og) Allegorie der Kunst

| | | | | |
|---|---|---|---|---|
| **766** | 65 C + 75 C violett | oe | 1,70 | 1,— |
| **767** | 1.35 Fr + 2 Fr braun | of | 1,70 | 1,— |
| **768** | 1.75 Fr + 18 Fr karmin | og | 1,70 | 1,— |
| | Satzpreis (3 W.) | | 5,— | 3,— |

Auflagen: MiNr. 766 = 409.657, MiNr. 767 = 407.715, MiNr. 768 = 407.606 Stück

*Gültig bis 30.9.1947*

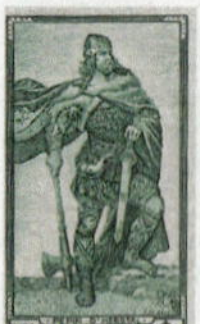

**1946, 15. Aug./15. Sept. Für die Kriegsgefangenen, Deportierten und Kämpfer der Widerstandsbewegung: Fürstenbildnisse (I). StTdr. (15×5); gez. 11½:11.**

oh) Pippin II. von Herstal (um 635–714)

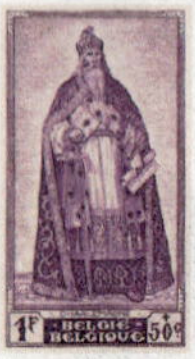
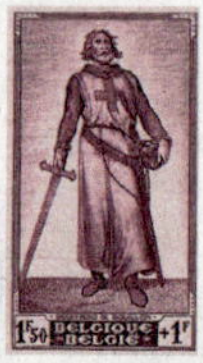
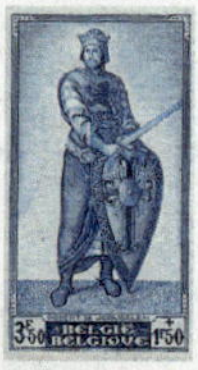
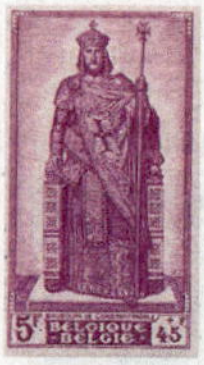

oi) Karl der Große (747–814) — ok) Gottfried von Bouillon (um 1060–1100) — ol) Robert von Jerusalem (1087–1111) — om) Balduin von Konstantinopel (1171–1206)

oh–om) Gemälde von Louis Gallait (1810–1887)

| | | | | |
|---|---|---|---|---|
| **769** | 75 C + 25 C hellgrün | oh | 0,60 | 0,30 |
| **770** | 1 Fr + 50 C violett | oi | 0,70 | 0,50 |
| **771** | 1.50 Fr + 1 Fr lilarot | ok | 0,70 | 0,50 |
| **772** | 3.50 Fr + 1.50 Fr blau | ol | 1,— | 0,70 |
| **773** | 5 Fr + 45 Fr lila (15.9.1946) | om | 12,— | 8,— |
| | Satzpreis (5 W.) | | 15,— | 10,— |

Auflagen: MiNr. 769 = 291.070, MiNr. 770 = 265.982, MiNr. 771 = 258.994, MiNr. 772 = 250.308, MiNr. 773 = 140.020 Stück

*Gültig bis 30.9.1947*

*In gleicher Zeichnung wie MiNr. 773: MiNr. 774*

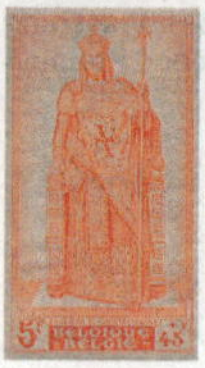

**1946, 15. Nov. Königlicher Landesverband der belgischen philatelistischen Organisationen. StTdr.; gez. 11½.**

om) Balduin von Konstantinopel (1171–1206); Gemälde von Louis Gallait (1810–1887)

| | | | | |
|---|---|---|---|---|
| **774** | 5 Fr + 45 Fr rotorange | om | 12,— | 8,— |

Auflage: 115.180 Stück

*Gültig bis 30.9.1947*

*In gleicher Zeichnung: MiNr. 773*

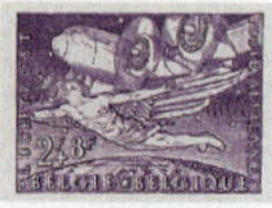

✈ **1946, 8. Sept. Fonds de Propagande Aéronautique. StTdr.; gez. 11.**

Fg) Ikarus und Flugzeug

| | | | | |
|---|---|---|---|---|
| **775** | 2 Fr + 8 Fr violett | Fg | 0,60 | 0,60 |

Auflage: 228.842 Stück

*Gültig bis 30.9.1947*

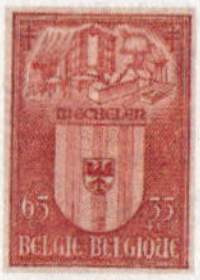

**1946, 2. Dez./1947, 15. Jan. Kampf gegen die Tuberkulose: Belgische Stadtwappen (I). StTdr.; gez. 11½.**

on) Mechelen

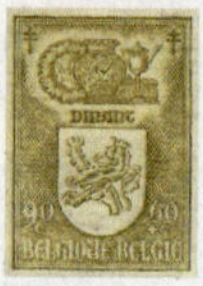
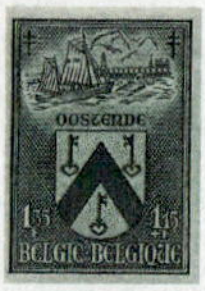
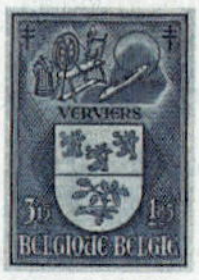
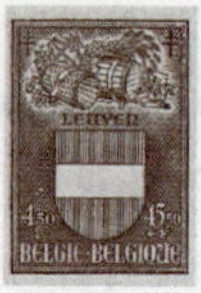

oo) Dinant — op) Ostende — or) Verviers — os) Löwen

| | | | | |
|---|---|---|---|---|
| **776** | 65 C + 35 C karmin | on | 0,50 | 0,50 |
| **777** | 90 C + 60 C gelboliv | oo | 0,50 | 0,50 |
| **778** | 1.35 Fr + 1.15 Fr grün | op | 0,50 | 0,50 |
| **779** | 3.15 Fr + 1.85 Fr blau | or | 1,— | 0,70 |
| **780** | 4.50 Fr + 45.50 Fr purpurbraun (15.1.1947) | os | 15,— | 12,— |
| | Satzpreis (5 W.) | | 17,— | 14,— |

Auflagen: MiNr. 776 = 296.880, MiNr. 777 = 276.500, MiNr. 778 = 346.460, MiNr. 779 = 237.825, MiNr. 780 = 117.686 Stück

*Gültig bis 30.9.1948*

✈ **1947, 18. Mai. Internationale philatelistische Ausstellung CIPEX, New York. MiNr. 760–768 in verschiedenen Farben überdruckt.**

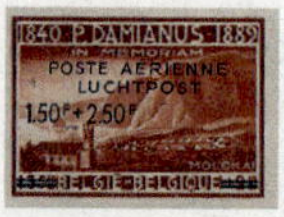

782 I

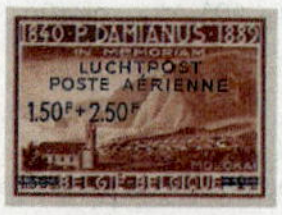

782 II

**I = Aufdruck „POSTE AÉRIENNE / LUCHTPOST"**

| | | | | | |
|---|---|---|---|---|---|
| **781 I** | **1 Fr + 2 Fr** auf 65 C + 75 C blau | (760) R | 0,70 | 0,60 |
| **782 I** | **1.50 Fr + 2.50 Fr** auf 1.35 Fr + 2 Fr braun | (761) Bl | 0,70 | 0,60 |
| **783 I** | **2 Fr + 45 Fr** auf 1.75 Fr + 18 Fr braunkarmin | (762) Bl | 0,70 | 0,60 |

| | | | | | |
|---|---|---|---|---|---|
| **784 I** | **1 Fr + 2 Fr** auf 65 C + 75 C grün | (763) R | 0,70 | 0,60 |
| **785 I** | **1.50 Fr + 2.50 Fr** auf 1.35 Fr + 2 Fr ultramarin | (764) R | 0,70 | 0,60 |
| **786 I** | **2 Fr + 45 Fr** auf 1.75 Fr + 18 Fr karmin | (765) Bl | 0,70 | 0,60 |
| **787 I** | **1 Fr + 2 Fr** auf 65 C + 75 C violett | (766) R | 0,70 | 0,60 |
| **788 I** | **1.50 Fr + 2.50 Fr** auf 1.35 Fr + 2 Fr braun | (767) Bl | 0,70 | 0,60 |
| **789 I** | **2 Fr + 45 Fr** auf 1.75 Fr + 18 Fr karmin | (768) Bl | 0,70 | 0,60 |
| | Satzpreis I (9 W.) | | 6,— | 5,— |

**II = Aufdruck „LUCHTPOST / POSTE AÉRIENNE“**

| | | | | |
|---|---|---|---|---|
| **781 II** | **1 Fr + 2 Fr** auf 65 C + 75 C blau | (760) R | 0,70 | 0,60 |
| **782 II** | **1.50 Fr + 2.50 Fr** auf 1.35 Fr + 2 Fr braun | (761) Bl | 0,70 | 0,60 |
| **783 II** | **2 Fr + 45 Fr** auf 1.75 Fr + 18 Fr braunkarmin | (762) Bl | 0,70 | 0,60 |
| **784 II** | **1 Fr + 2 Fr** auf 65 C + 75 C grün | (763) R | 0,70 | 0,60 |
| **785 II** | **1.50 Fr + 2.50 Fr** auf 1.35 Fr + 2 Fr ultramarin | (764) R | 0,70 | 0,60 |
| **786 II** | **2 Fr + 45 Fr** auf 1.75 Fr + 18 Fr karmin | (765) Bl | 0,70 | 0,60 |
| **787 II** | **1 Fr + 2 Fr** auf 65 C + 75 C violett | (766) R | 0,70 | 0,60 |
| **788 II** | **1.50 Fr + 2.50 Fr** auf 1.35 Fr + 2 Fr braun | (767) Bl | 0,70 | 0,60 |
| **789 II** | **2 Fr + 45 Fr** auf 1.75 Fr + 18 Fr karmin | (768) Bl | 0,70 | 0,60 |
| | Satzpreis II (9 W.) | | 6,— | 5,— |

MiNr. 781–789 mit Lochung und rückseitigem Aufdruck „IMABA“ sind Privaterzeugnisse anlässlich der Briefmarkenausstellung 1948 in Basel.

Auflage: 90.000 Sätze

*Gültig bis 30.9.1948*

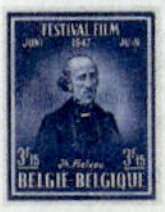


**1947, 9. Juni. Filmfestwoche „FESTIVAL-FILM“. RaTdr.; gez. 13½.**

ot) Joseph Antoine Ferdinand Plateau (1801–1883), Physiker und Fotopionier

| | | | | |
|---|---|---|---|---|
| **790** | 3.15 Fr blau | ot | 1,— | 0,30 |

Auflage: 1.419.600 Stück

*Gültig bis 30.9.1959*

**1947, Juni. 50. Jahrestag der belgischen Antarktis-Expedition von 1897. RaTdr.; MiNr. 791 gez. 14, MiNr. 792 gez. 11½.**

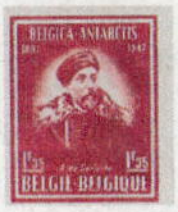


ou) Adrien de Gerlache de Gomery (1866–1934), Kapitän der Expedition

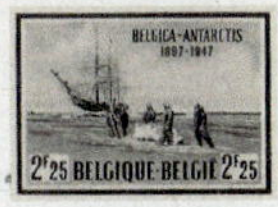


ov) Expeditionsschiff „Belgica“ in der Antarktis

| | | | | |
|---|---|---|---|---|
| **791** | 1.35 Fr karmin | ou | 0,30 | 0,30 |
| **792** | 2.25 Fr graugrün | ov | 3,70 | 0,50 |
| | Satzpreis (2 W.) | | 4,— | 0,80 |

Auflagen: MiNr. 791 = 156.827.600, MiNr. 792 = 1.428.600 Stück

*Gültig bis 30.9.1959*

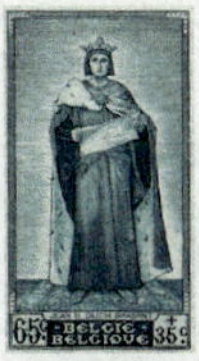

**1947, 25. Sept./1. Okt. Für die Kriegsopfer: Fürstenbildnisse (II). StTdr.; gez. 11½.**

ow) Johann II. der Friedfertige (1275–1312)

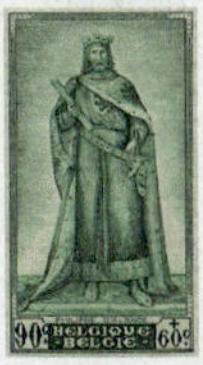
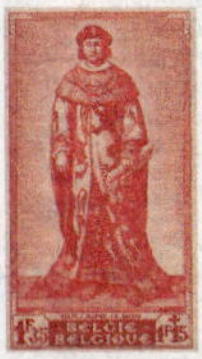
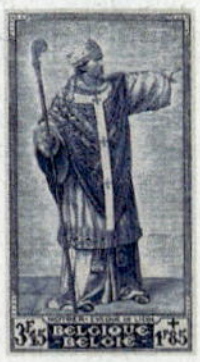
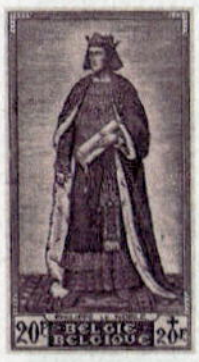

ox) Philipp von Elsass (1138–1191)
oy) Wilhelm der Gute (1285–1337)
oz) Hl. Notger (940–1008), Bischof von Lüttich
pa) Philipp I. von Hennegau (1175–1212)

ow–pa) Gemälde von Louis Gallait (1810–1887)

| | | | | | |
|---|---|---|---|---|---|
| **793** | 65 C | + 35 C graublau (25. Sept.) | ow | 0,70 | 0,30 |
| **794** | 90 C | + 60 C gelbgrün (25. Sept.) | ox | 1,— | 0,30 |
| **795** | 1.35 Fr | + 1.15 Fr karmin (25. Sept.) | oy | 1,70 | 0,70 |
| **796** | 3.15 Fr | + 1.85 Fr ultramarin (25. Sept.) | oz | 1,70 | 0,70 |
| **797** | 20 Fr | + 20 Fr purpur (1. Okt.) | pa | 50,— | 33,— |
| | | Satzpreis (5 W.) | | 55,— | 35,— |

Auflagen: MiNr. 793 = 148.092, MiNr. 794 = 139.613, MiNr. 795 = 143.942, MiNr. 796 = 131.295, MiNr. 797 = 79.247 Stück

*Gültig bis 30.9.1948*

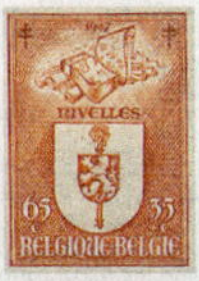


**1947, 15. Dez. Kampf gegen die Tuberkulose: Belgische Stadtwappen (II). StTdr.; gez. 11½.**

pb) Nivelles

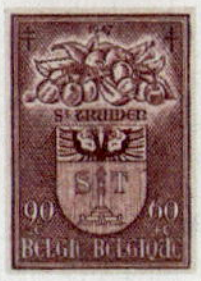

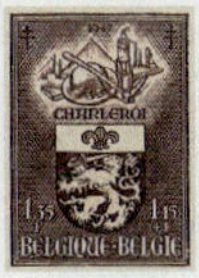

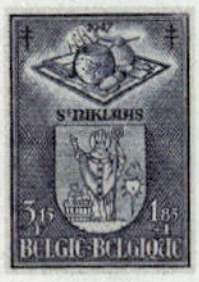

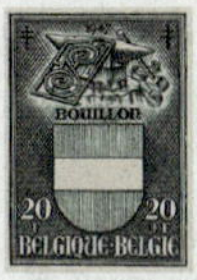


pc) St. Truiden
pd) Charleroi
pe) St. Niklaas
pf) Bouillon

| | | | | | |
|---|---|---|---|---|---|
| **798** | 65 C | + 35 C orange | pb | 0,70 | 0,60 |
| **799** | 90 C | + 60 C purpur | pc | 0,70 | 0,60 |
| **800** | 1.35 Fr | + 1.15 Fr sepia | pd | 1,— | 0,80 |
| **801** | 3.15 Fr | + 1.85 Fr blau | pe | 1,60 | 1,— |
| **802** | 20 Fr | + 20 Fr dunkelgrün | pf | 24,— | 15,— |
| | | Satzpreis (5 W.) | | 28,— | 18,— |

Auflagen: MiNr. 798 = 193.996, MiNr. 799 = 179.371, MiNr. 800 = 259.156, MiNr. 801 = 147.005, MiNr. 802 = 94.377 Stück

*Gültig bis 30.9.1948*

MiNr. 803 entfällt.

**1948, 2. Febr./15. Dez. Exportförderung. MiNr. 804–806 und 808 RaTdr., MiNr. 807 und 810 Bdr., MiNr. 809 und 811–815 StTdr.; gez. 11½.**

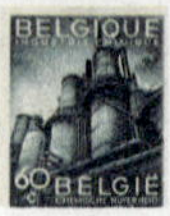
pg) Chemische Industrie

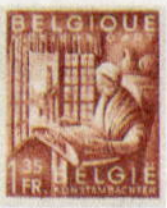
ph) Spitzenklöpplerin

pi) Obst- und Gemüsebau: Wein (Vitis vinifera) und Zichorie (Cichorium intybus)

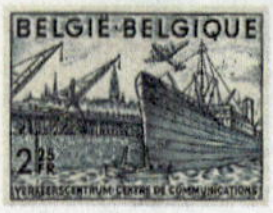
pk) Verkehrszentrum Antwerpen

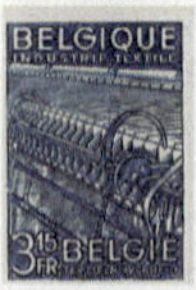
pl) Textilindustrie

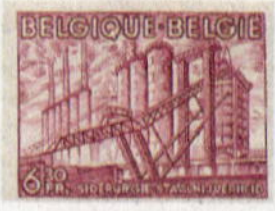
pm) Stahlindustrie

| | | | | | |
|---|---|---|---|---|---|
| **804** | 60 C | blaugrün (2. Febr.) | pg | 0,30 | 0,30 |
| **805** | 1.20 Fr | braun (15. Dez.) | pg | 2,50 | 0,30 |
| **806** | 1.35 Fr | rotbraun (2. Febr.) | ph | 0,30 | 0,30 |
| **807** | 1.75 Fr | rot (2. Febr.) | pi | 0,30 | 0,30 |
| **808** | 1.75 Fr | olivgrün (15. Dez.) | ph | 0,60 | 0,30 |
| **809** | 2.25 Fr | blaugrau (2. Febr.) | pk | 1,— | 0,50 |
| **810** | 2.50 Fr | rotlila (15. Dez.) | pi | 8,— | 0,50 |
| **811** | 3 Fr | lila (15. Dez.) | pk | 10,— | 0,50 |
| **812** | 3.15 Fr | blau (2. Febr.) | pl | 1,— | 0,50 |
| **813** | 4 Fr | ultramarin (15. Dez.) | pl | 8,— | 0,30 |
| **814** | 6 Fr | blaugrün (15. Dez.) | pm | 20,— | 0,30 |
| **815** | 6.30 Fr | rotlila (2. Febr.) | pm | 3,— | 2,— |
| | | Satzpreis (12 W.) | | 55,— | 6,— |

Auflagen: MiNr. 805 = 344.171.099, MiNr. 808 = 339.330.818, MiNr. 810 = 49.304.331, MiNr. 811 = 21.053.944, MiNr. 813 = 41.656.745, MiNr. 814 = 13.730.475 Stück

*Gültig bis 30.9.1959*

*Gleiche Marken mit „B“ im Oval siehe Dienstmarken.*

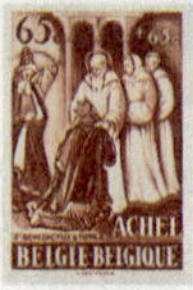

**1948, 5. April. Wiederaufbau der Abtei von Achel. RaTdr.; gez. 11½.**

pn) St. Benedikt und König Totila; nach Fresko von Spinello Aretino (um 1350–1410)

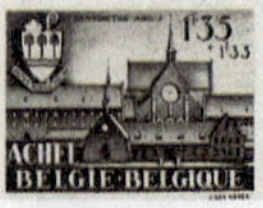
po) Abtei von Achel

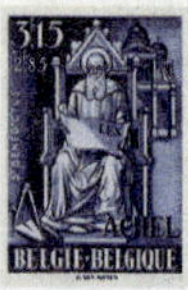
pp) St. Benedikt als Gesetzgeber; Gemälde von Tommaso da Modena (1326–1379)

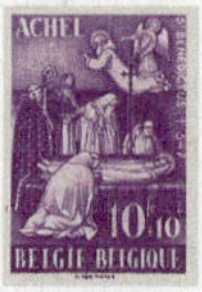
pr) Der Tod von St. Benedikt; nach Fresko von Spinello Aretino (um 1350–1410)

| | | | | | |
|---|---|---|---|---|---|
| **816** | 65 C | + 65 C rotbraun | pn | 1,— | 0,70 |
| **817** | 1.35 Fr | + 1.35 Fr grauschwarz | po | 1,50 | 1,— |
| **818** | 3.15 Fr | + 2.85 Fr dunkelblau | pp | 3,50 | 2,— |
| **819** | 10 Fr | + 10 Fr lilarosa | pr | 11,— | 11,— |
| | | Satzpreis (4 W.) | | 17,— | 14,— |

Auflagen: MiNr. 816 = 110.127, MiNr. 817 = 100.111, MiNr. 818 = 90.117, MiNr. 819 = 81.115 Stück

*Gültig bis 30.9.1949*

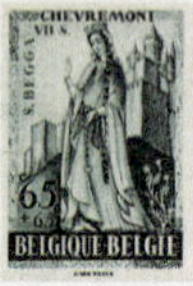

**1948, 5. April. Wiederaufbau der Kirche von Chèvremont. RaTdr.; gez. 11½.**

ps) St. Begga

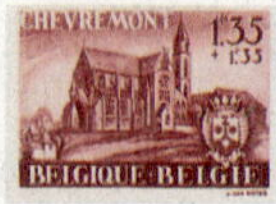
pt) Kirche von Chèvremont

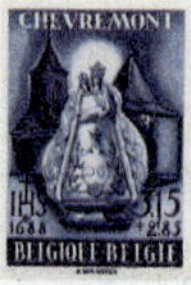
pu) Madonna von Chèvremont

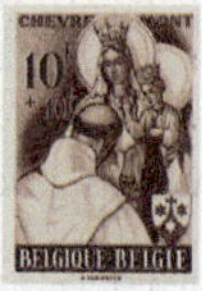
pv) Madonna vom Berge Carmel

| | | | | | |
|---|---|---|---|---|---|
| **820** | 65 C | + 65 C grünblau | ps | 1,— | 0,70 |
| **821** | 1.35 Fr | + 1.35 Fr rotbraun | pt | 1,— | 0,70 |
| **822** | 3.15 Fr | + 2.85 Fr blau | pu | 3,— | 1,60 |
| **823** | 10 Fr | + 10 Fr sepia | pv | 12,— | 10,— |
| | | Satzpreis (4 W.) | | 17,— | 13,— |

Auflagen: MiNr. 820 = 111.515, MiNr. 821 = 100.127, MiNr. 822 = 90.715, MiNr. 823 = 80.979 Stück

*Gültig bis 30.9.1949*

**1948, 21. Juni. Einweihung des Denkmals für Eduard Anseele. RaTdr.; gez. 14:13½.**

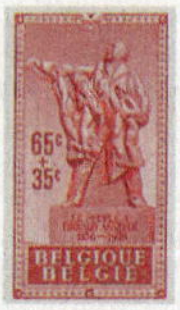
pw

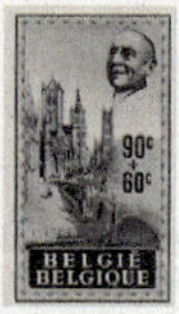
px

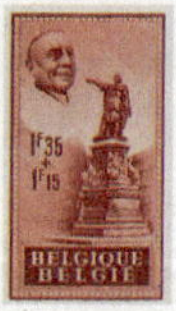
py

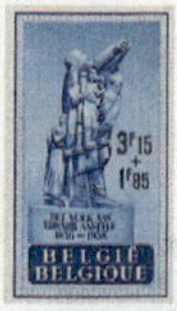
pz

pw–pz) Denkmal in Gent für den Arbeiterführer Eduard Anseele (1856–1938)

| | | | | | |
|---|---|---|---|---|---|
| **824** | 65 C | + 35 C karmin | pw | 2,50 | 1,20 |
| **825** | 90 C | + 60 C grau | px | 3,— | 2,— |
| **826** | 1.35 Fr | + 1.15 Fr rotbraun | py | 2,— | 1,30 |
| **827** | 3.15 Fr | + 1.85 Fr hellblau | pz | 6,50 | 4,— |
| | | Satzpreis (4 W.) | | 14,— | 8,50 |

**Blockausgabe mit MiNr. 824–827**

**Block 20** (145×82 mm) . . . . . . . . . . . . . . . . . . pz I 180,— 70,—

Postpreis von Bl. 20: 50 Fr

Auflagen: MiNr. 824–827 = 194.639 Sätze, Bl. 20 = 40.000 Blocks

*Gültig bis 30.9.1949*

*MiNr. 824–827 mit Vorausentwertung und neuem Wertaufdruck siehe nach MiNr. A 840.*

**1948, 4. Sept. Bau von Befreiungsdenkmälern in Antwerpen und Lüttich. RaTdr.; gez. 12:11.**

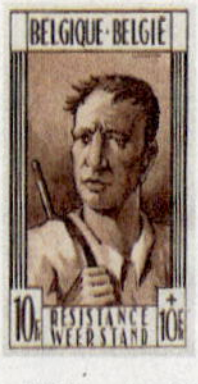
qa) Widerstandskämpfer

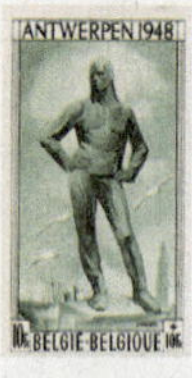
qb) Lastträger; Skulptur von Constantin Meunier (1831–1905)

| | | | | |
|---|---|---|---|---|
| **828** | 10 Fr + 10 Fr braun | qa | 20,— | 12,— |
| **829** | 10 Fr + 10 Fr grün | qb | 40,— | 24,— |
| | Satzpreis (2 W.) | | 60,— | 35,— |
| | FDC (MiNr. 828) | | | 60,— |
| | FDC (MiNr. 829) | | | 75,— |

Auflagen: MiNr. 828 = 93.560, MiNr. 829 = 90.291 Stück

*Gültig bis 30.9.1949*

**1948, 15. Dez. Kampf gegen die Tuberkulose: Lothringer Kreuz; Fürstenbildnisse (III). MiNr. 830–832 RaTdr., gez. 13½; MiNr. 833–834 StTdr., gez. 11½.**

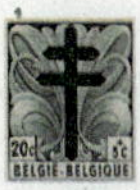

qc) Lothringer Kreuz

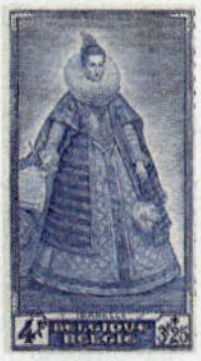

qd) Isabella Clara Eugenia von Spanien (1566–1633)

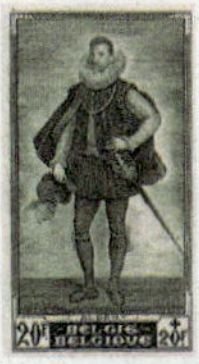

qe) Albrecht VII. von Habsburg (1559–1621)

qd–qe) Gemälde von Louis Gallait (1810–1887)

| | | | | |
|---|---|---|---|---|
| **830** | 20 C + 5 C grünoliv | qc | 0,30 | 0,30 |
| **831** | 1.20 Fr + 30 C lila | qc | 1,— | 0,30 |
| **832** | 1.75 Fr + 25 C rot | qc | 1,20 | 0,40 |
| **833** | 4 Fr + 3.25 Fr blau | qd | 7,50 | 4,— |
| **834** | 20 Fr + 20 Fr grünblau | qe | 40,— | 30,— |
| | Satzpreis (5 W.) | | 50,— | 35,— |
| | FDC | | | 100,— |

Auflagen: MiNr. 830 = 174.998, MiNr. 831 = 165.714, MiNr. 832 = 125.241, MiNr. 833 = 110.111, MiNr. 834 = 83.053 Stück

*Gültig bis 30.9.1949*

**1949, 1. April. Blockausgabe: Kultur – Gemälde. RaTdr.; gez. 11½.**

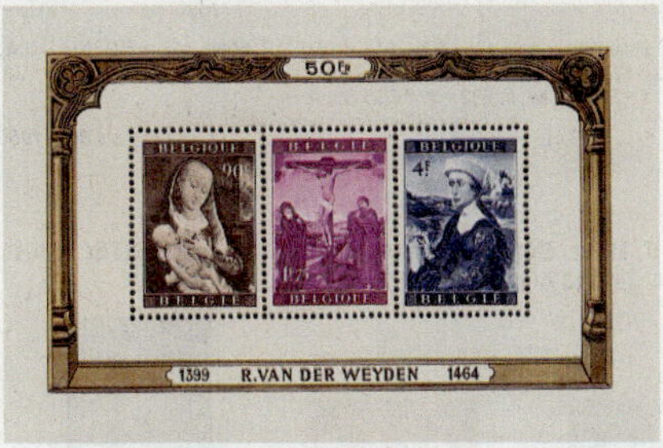

rc I

ra) Hl. Jungfrau mit dem Kind
rb) Christus am Kreuz
rc) Die hl. Magdalena

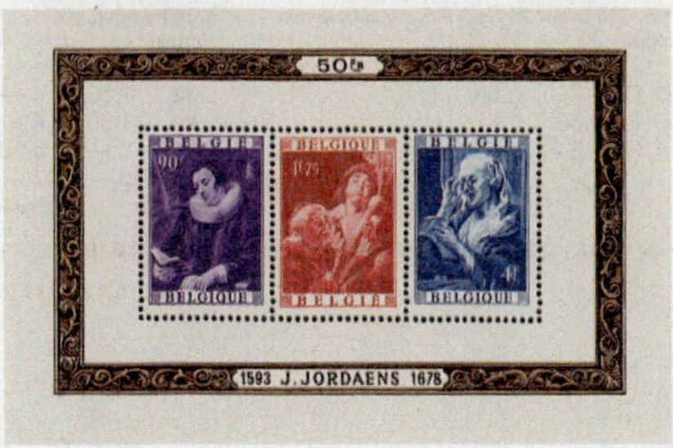

rf I

rd) Lesende Frau
re) Flötenspieler
rf) Alte Frau mit Brief

ra–rc) Gemälde von Rogier van der Weyden (1400–1464)
rd–rf) Gemälde von Jacob Jordaens (1593–1678)

| | | | | |
|---|---|---|---|---|
| **835** | 90 C braunlila | ra | 40,— | 30,— |
| **836** | 1.75 Fr rosalila | rb | 40,— | 30,— |
| **837** | 4 Fr blau | rc | 40,— | 30,— |
| **Block 21** | (140×90 mm) | rc I | 150,— | 120,— |
| | FDC | | | 200,— |
| **838** | 90 C dunkelviolett | rd | 40,— | 30,— |
| **839** | 1.75 Fr dunkelrot | re | 40,— | 30,— |
| **840** | 4 Fr hellblau | rf | 40,— | 30,— |
| **Block 22** | (140×90 mm) | rf I | 150,— | 120,— |
| | FDC | | | 200,— |

Postpreis: je 50 Fr

Auflage: je 60.000 Blocks

*Gültig bis 30. 9. 1950*

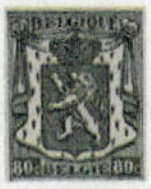

**1949, Jan. Freimarke: Staatswappen. Bdr.; gez. 14.**

fi) Staatswappen

| | | | | |
|---|---|---|---|---|
| **A 840** | 80 C hellgrün | fi | 11,— | 0,60 |

FALSCH

*Gültig bis 30.9.1959*

*In gleicher Zeichnung: MiNr. 415–422, 452, 480, 566, 730–735*

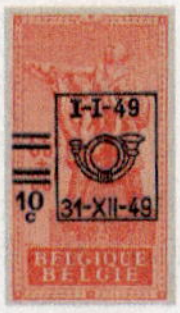

**1949, 18. Juni. Eduard-Anseele-Denkmal mit Aufdruck der Vorausentwertung und neuem Wert.**

824 I

| | | | | (✶) | ✶✶ |
|---|---|---|---|---|---|
| **824 I** | **10 C** | auf 65 C + 35 C karmin | (824) | 2,80 | 2,80 |
| **825 I** | **40 C** | auf 90 C + 60 C grau | (825) | 1,50 | 1,50 |
| **826 I** | **80 C** | auf 1.35 Fr + 1.15 Fr rotbraun | (826) | 0,60 | 0,60 |
| **827 I** | **1.20 Fr** | auf 3.15 Fr + 1.85 Fr hellblau | (827) | 1,60 | 1,60 |
| | | Satzpreis (4 W.) | | 6,50 | 6,50 |

Diese Marken wurden 1949 zur Frankatur der Propaganda-Drucksachen des Anseele-Komitees benutzt.

FALSCH MiNr. 824 I ist mit falschem Aufdruck der Vorausentwertung bekannt.

Auflage: 102.450 Sätze

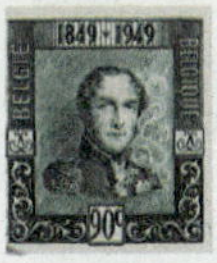

**1949, 1. Juli. 100 Jahre Belgische Briefmarken (I). StTdr. (5×5); gez. 14-14¼.**

rg) König Leopold I. (ähnlich Marken MiNr. 1–2)

| | | | ✶✶ | ⊙ |
|---|---|---|---|---|
| **841** | 90 C dunkelgrün | rg | 0,50 | 0,30 |
| **842** | 1.75 Fr schwarzbraun | rg | 0,50 | 0,30 |
| **843** | 3 Fr organgerot | rg | 8,— | 3,— |
| **844** | 4 Fr dunkelblau | rg | 7,— | 1,— |
| | Satzpreis (4 W.) | | 16,— | 4,50 |
| | FDC | | | 26,— |

Auflagen: MiNr. 841 = 870.125, MiNr. 842 = 6.802.900, MiNr. 843 = 503.275, MiNr. 844 = 1.529.975 Stück

*Gültig bis 30.9.1959*

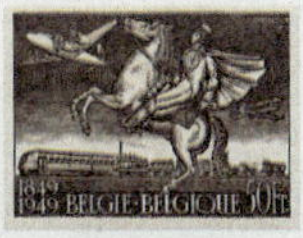

**1949, 1. Juli. 100 Jahre belgische Briefmarken (II). StTdr. (5×5); gez. 11½.**

rh) Postreiter und Postkutsche im Mittelalter, Flugzeug und Eisenbahn

| | | | | |
|---|---|---|---|---|
| **845** | 50 Fr graubraun | rh | 45,— | 20,— |
| | | FDC | | 65,— |

Auflage: 160.275 Stück

*Gültig bis 30.9.1959*

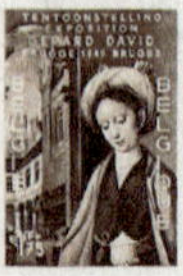

**1949, 21. Juli. Ausstellung von Gemälden Gerard Davids in Brügge. RaTdr. (10×5); gez. 11½.**

rk) Maria Magdalena (Detail); von Gerard David (um 1460–1523)

| | | | | |
|---|---|---|---|---|
| **846** | 1.75 Fr sepia | rk | 0,60 | 0,30 |
| | | FDC | | 3,60 |

Auflage: 3.342.500 Stück

*Gültig bis 30.9.1959*

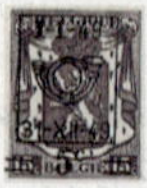

847

**1949, 18. Juni. Freimarken: Staatswappen; mit Aufdruck der Vorausentwertung, des Datums „I-I-49 / 31-XII-49" und des neuen Wertes.**

| | | | (✱) | ✱✱ |
|---|---|---|---|---|
| **847** | 5 C auf 15 C violettgrau | (417) | 0,30 | 0,30 |
| **848** | 5 C auf 30 C braun | (420) | 0,30 | 0,30 |
| **849** | 5 C auf 40 C lila | (480) | 0,30 | 0,30 |
| **850** | 20 C auf 70 C hellgrün | (732) | 0,30 | 0,30 |
| **851** | 20 C auf 75 C lilarosa | (733) | 0,30 | 0,30 |
| | | Satzpreis (5 W.) | 1,20 | 1,50 |

Auflagen: MiNr. 847 und 849–851 je 3.000.000, MiNr. 848 = 3.200.000 Stück

*Gültig bis 31.12.1949*

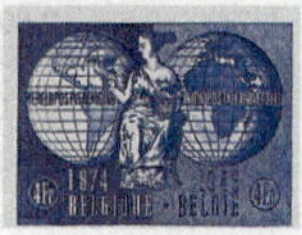

**1949, 1. Okt. 75 Jahre Weltpostverein (UPU). StTdr. (5×5); gez. 11½.**

rm) Frauengestalt zwischen den Hemisphären

| | | | ✱✱ | ⊙ |
|---|---|---|---|---|
| **852** | 4 Fr blau | rm | 4,20 | 2,20 |
| | | FDC | | 12,— |

Auflage: 769.611 Stück

*Gültig bis 30.9.1959*

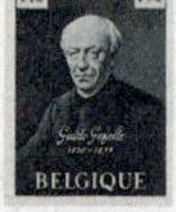

**1949, 15. Nov. 50. Todestag von Guido Gezelle. RaTdr.; gez. 14:13½.**

rn) Guido Gezelle (1830–1899), Dichter; Gemälde von Henri de Graer (1856–1915)

| | | | | |
|---|---|---|---|---|
| **853** | 1.75 Fr + 75 C dunkelgrün | rn | 2,— | 1,50 |
| | | FDC | | 7,— |

Auflage: 398.553 Stück

*Gültig bis 30.9.1950*

**1949, 20. Dez. Kampf gegen die Tuberkulose: Blumen; Fürstenbildnisse (IV). MiNr. 854–857 Bdr., gez. 14; MiNr. 858–862 StTdr., gez. 12:11½.**

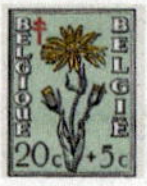

ro) Arnika (Arnica montana)

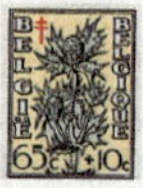

rr) Stranddistel (Eryngium maritimum)

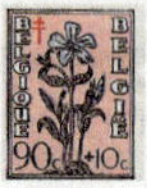

rs) Immergrün (Vinca minor)

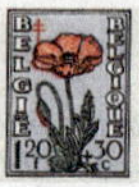

rt) Klatschmohn (Papaver rhoeas)

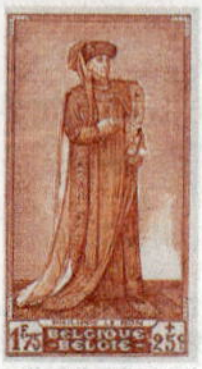

ru) Philipp der Gute (1396–1467), Herzog von Burgund; Gemälde von Louis Gallait (1810–1887)

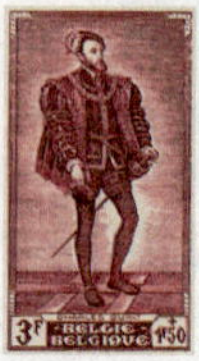

rv) Karl V. (1500–1558), römisch-deutscher Kaiser; Gemälde von Louis Gallait

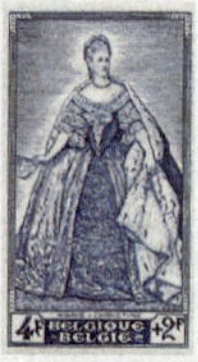

rw) Maria Christina von Österreich (1742–1798); Gemälde von Albrecht de Vriendt (1843–1900)

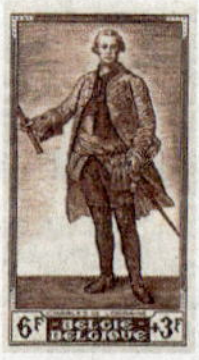

rx) Karl Alexander von Lothringen (1712–1780); Gemälde von André Hennebicq (1836–1904)

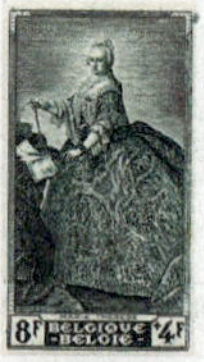

ry) Maria Theresia von Österreich (1717–1780); Gemälde von André Hennebicq

| | | | | |
|---|---|---|---|---|
| **854** | 20 C + 5 C mehrfarbig | ro | 0,30 | 0,30 |
| **855** | 65 C + 10 C mehrfarbig | rr | 1,— | 0,30 |
| **856** | 90 C + 10 C mehrfarbig | rs | 1,70 | 0,30 |
| **857** | 1.20 Fr + 30 C mehrfarbig | rt | 2,— | 1,— |
| **858** | 1.75 Fr + 25 C rotorange | ru | 1,— | 0,30 |
| **859** | 3 Fr + 1.50 Fr dunkelweinrot | rv | 8,— | 5,— |
| **860** | 4 Fr + 2 Fr ultramarin | rw | 8,— | 5,— |
| **861** | 6 Fr + 3 Fr tiefbraun | rx | 18,— | 8,— |
| **862** | 8 Fr + 4 Fr dunkelgrün | ry | 20,— | 10,— |
| | | Satzpreis (9 W.) | 60,— | 30,— |
| | | FDC | | 120,— |

Auflagen: MiNr. 854 = 994.115, MiNr. 855 = 950.117, MiNr. 856 = 840.514, MiNr. 857 = 712.112, MiNr. 858 = 750.115, MiNr. 859 = 180.150, MiNr. 860 = 160.122, MiNr. 861 = 139.732, MiNr. 862 = 116.635 Stück

*Gültig bis 30.9.1950*

**1950, 15. März. Belgisch-Britische Partnerschaft. StTdr.; MiNr. 863–864 gez. 13½:14, MiNr. 865 gez. 11½.**

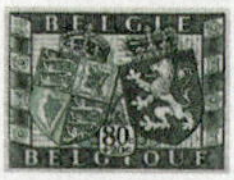

rz) Britisches und belgisches Wappen

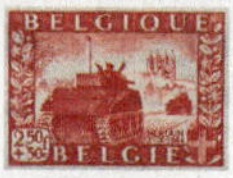

sa) Panzer vor Hertain

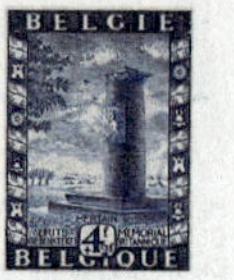

sb) Ehrenmal bei Hertain

| | | | | |
|---|---|---|---|---|
| **863** | 80 C + 20 C grün | rz | 1,50 | 1,— |
| **864** | 2.50 Fr + 50 C rot | sa | 4,50 | 4,— |
| **865** | 4 Fr + 2 Fr blau | sb | 9,— | 6,50 |
| | | Satzpreis (3 W.) | 15,— | 11,— |
| | | FDC | | 25,— |

Auflagen: MiNr. 863 = 217.327, MiNr. 864 = 186.579, MiNr. 865 = 186.165 Stück

*Gültig bis 30.9.1951*

**1950, 1. Mai. 100 Jahre Allgemeine Spar- und Pensionskasse. RaTdr.; gez. 11½.**

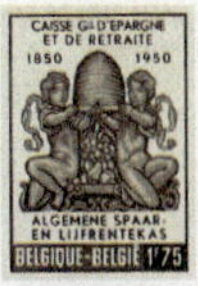

sc) Emblem der Spar- und Pensionskasse

| | | | | | |
|---|---|---|---|---|---|
| **866** | 1.75 Fr | sepiabraun | sc | 0,60 | 0,30 |
| | | | FDC | | 4,50 |

Auflage: 3.835.131 Stück

*Gültig bis 30.9.1959*

**1950, 1. Juli. Leichtathletik-Europameisterschaften, Brüssel (I). StTdr.; gez. 13½:14, Hochformate ~.**

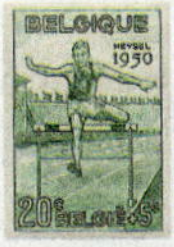

sd) Hürdenlauf

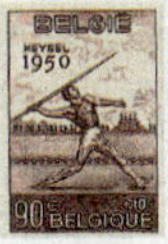

se) Speerwerfen

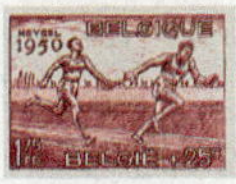

sf) Staffellauf

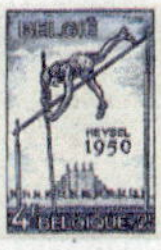

sg) Stabhochsprung

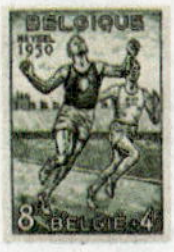

sh) Kurzstreckenlauf

| | | | | | |
|---|---|---|---|---|---|
| **867** | 20 C | + 5 C hellgrün | sd | 0,50 | 0,30 |
| **868** | 90 C | + 10 C lilabraun | se | 3,50 | 1,70 |
| **869** | 1.75 Fr | + 25 C karmin | sf | 8,— | 2,— |
| **870** | 4 Fr | + 2 Fr blau | sg | 28,— | 13,— |
| **871** | 8 Fr | + 4 Fr russischgrün | sh | 30,— | 18,— |
| | | | Satzpreis (5 W.) | 70,— | 35,— |
| | | | FDC | | 180,— |

**Blockausgabe mit MiNr. 869 (23. Aug.)**

| | | | | |
|---|---|---|---|---|
| **Block 23** | (89×70 mm) | sf I | 70,— | 60,— |
| | | FDC | | 130,— |

Postpreis von Bl. 23: 20 Fr

Auflagen: MiNr. 867 = 1.174.115, MiNr. 868 = 714.132, MiNr. 869 = 684.145, MiNr. 870 = 140.175, MiNr. 871 = 101.860 Stück, Bl. 23 = 80.000 Blocks

*Gültig bis 30.9.1951*

**Privatausgabe:**

1951 wurde Block 23 von privater Seite beschnitten (47×33 mm) und mit französischem oder niederländischem Randzudruck „25 Fr für den Sportfonds" versehen. Die enthaltene Marke MiNr. 869 und die Postgültigkeit blieben davon unberührt.

| | | | |
|---|---|---|---|
| Block IX.I 253 | Zudruck französisch (Bl. 23) | 15,— | 10,— |
| Block IX.II 254 | Zudruck niederländisch (Bl. 23) | 17,— | 12,— |

Auflage: je 10.000 Blocks

MiNr. 872 entfällt.

**✈ 1950, 7. Aug. Helikopter-Postflugdienst. StTdr. (5×10); gez. 13½.**

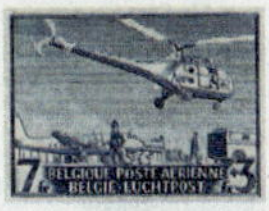

si) Hubschrauber Sikorsky S 51

| | | | | | |
|---|---|---|---|---|---|
| **873** | 7 Fr | + 3 Fr hellblau | si | 7,50 | 5,— |

Auflage: 116.746 Stück

*Gültig bis 30.9.1951*

**1950. Freimarken: König Leopold III. MiNr. 874 RaTdr., gez. 14:13½; MiNr. 875 StTdr., gez. 11½.**

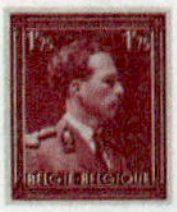

fl

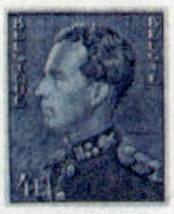

fm

fl–fm) König Leopold III. (1901–1983, reg. 1934–1951)

| | | | | | |
|---|---|---|---|---|---|
| **874** | 1.75 Fr | dunkelkarmin (20. Dez.) | fl | 0,30 | 0,30 |
| **875** | 4 Fr | | fm | | |
| **a** | | hellblau | | 12,— | 0,30 |
| **b** | | dunkelblau | | 3,— | 0,30 |
| **c** | | ultramarin | | 18,— | 0,30 |
| | | | Satzpreis (2 W.) | 3,30 | 0,50 |

*In gleicher Zeichnung wie MiNr. 874: MiNr. 424, 636–641, 898, 899*
*In gleicher Zeichnung wie MiNr. 875: MiNr. 425-431, 528, 567, 568, 900–901, 2163*

**1950, 20. Dez. Kampf gegen die Tuberkulose: Blumen und Sanatorien. MiNr. 876–879 Bdr., gez. 14:13½; MiNr. 880–882 StTdr., gez. 11½.**

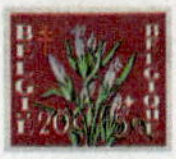

sk) Lungenenzian (Gentiana pneumonanthe)

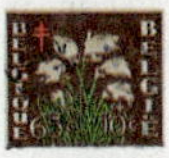

sl) Scheidiges Wollgras (Eriophorum vaginatum)

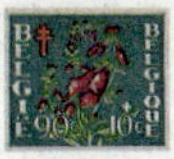

sm) Roter Fingerhut (Digitalis purpurea)

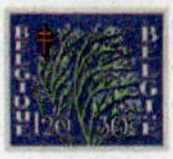

sn) Strandflieder (Limonium vulgare)

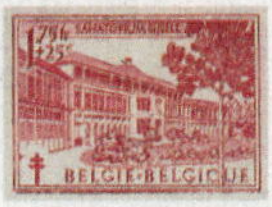

so) Sanatorium Sijsele

sp) Sanatorium Jauche

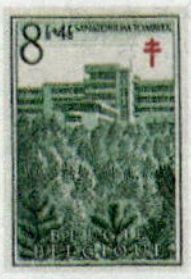

sr) Sanatorium Tombeek

| | | | | | |
|---|---|---|---|---|---|
| **876** | 20 C | + 5 C mehrfarbig | sk | 0,50 | 0,30 |
| **877** | 65 C | + 10 C mehrfarbig | sl | 1,— | 0,60 |
| **878** | 90 C | + 10 C mehrfarbig | sm | 1,50 | 0,80 |
| **879** | 1.20 Fr | + 30 C mehrfarbig | sn | 1,50 | 0,80 |
| **880** | 1.75 Fr | + 25 C karminrosa/rot | so | 3,50 | 1,50 |
| **881** | 4 Fr | + 2 Fr hellblau/rot | sp | 12,— | 6,— |
| **882** | 8 Fr | + 4 Fr grün/rot | sr | 25,— | 15,— |
| | | | Satzpreis (7 W.) | 45,— | 25,— |
| | | | FDC | | 75,— |

Auflagen: MiNr. 876 = 890.117, MiNr. 877 = 674.127, MiNr. 878 = 624.174, MiNr. 879 = 600.112, MiNr. 880 = 641.904, MiNr. 881 = 287.824, MiNr. 882 = 117.361 Stück

*Gültig bis 30.9.1951*

**1951, 15. Febr. Freimarke: Heraldischer Löwe. StTdr.; gez. 11½.**

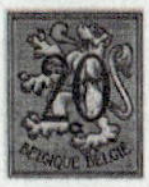

ss) Wertzahl über heraldischem Löwen

| | | | | | |
|---|---|---|---|---|---|
| **883** | 20 C | dunkelblau | ss | 0,30 | 0,30 |
| | | | FDC | | 6,— |

**Vorausentwertung:**

| | | | |
|---|---|---|---|
| | | (✱) | ✱✱ |
| 883 V | Aufdrucktype b 5 (1951) | 0,30 | 1,— |

*Weitere Werte siehe Übersicht nach Jahrgangswerttabelle.*

**1951, 27. März. UNESCO. StTdr.; gez. 11½.**

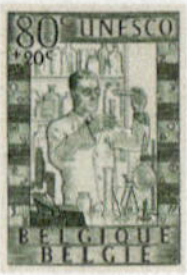
st) Chemiker

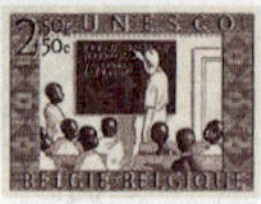
su) Kolonialschüler

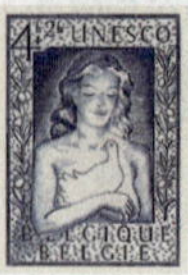
sv) Frau mit Friedenstaube

| | | | | ★★ | ⊙ |
|---|---|---|---|---|---|
| **884** | 80 C + 20 C grün | | st | 1,50 | 0,50 |
| **885** | 2.50 Fr + 50 C dunkelbraun | | su | 8,50 | 7,— |
| **886** | 4 Fr + 2 Fr blau | | sv | 10,— | 7,— |
| | | Satzpreis (3 W.) | | 20,— | 14,— |
| | | FDC | | | 45,— |

Auflagen: MiNr. 884 = 169.595, MiNr. 885 = 140.102, MiNr. 886 = 135.879 Stück

*Gültig bis 30.9.1952*

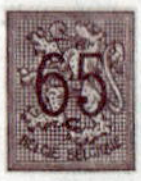

**1951/1980. Freimarken: Heraldischer Löwe. Bdr. (20×20, unterteilt in 4 Gruppen zu 10×10; ab 1970 10×10), x = normales Papier, zx = polyvalentes Papier; A = gez. K 14; C = gez. K 13¾:13¼.**

ss) Wertzahl über heraldischem Löwen

**x = normales Papier**

| | | | | | | |
|---|---|---|---|---|---|---|
| **887** | x | A | 5 C graulila | ss | 0,30 | 0,30 |
| **888** | x | A | 10 C orange, rotorange | ss | 0,30 | 0,30 |
| **889** | x | A | 20 C lilakarmin | ss | 0,30 | 0,30 |
| **890** | x | A | 25 C graugrün | ss | 1,30 | 0,30 |
| **891** | x | A | 40 C (hell-)braunoliv | ss | 0,30 | 0,30 |
| **892** | x | A | 50 C hellblau | ss | 0,30 | 0,30 |
| **893** | x | A | 60 C rosalila | ss | 0,30 | 0,30 |
| **894** | x | A | 65 C violettbraun | ss | 10,— | 0,30 |
| **895** | x | A | 80 C smaragdgrün | ss | 0,60 | 0,30 |
| **896** | x | A | 90 C (dunkel-)blau | ss | 1,— | 0,30 |
| **897** | x | | 1 Fr rosakarmin, rosalila | ss | | |
| | | A | gez. K 14 | | 0,30 | 0,30 |
| | | C | gez. K 13¾:13¼ (1967) | | 80,— | 1,50 |
| | | | Satzpreis (11 W.) | | 15,— | 1,60 |

**Vorausentwertungen:**

| | | (★) | ★★ |
|---|---|---|---|
| 887 x A V I | Aufdrucktype b 5 (1951/54) | 0,50 | 1,— |
| 887 x A V II | Aufdrucktype b 6 (1954/61) | 0,30 | 0,50 |
| 888 x A V I | Aufdrucktype b 5 (1951/54) | 0,30 | 0,40 |
| 888 x A V II | Aufdrucktype b 6 (1954/66) | 0,30 | 0,40 |
| 888 x A V III | Aufdrucktype b 7 (1967/75) | 0,30 | 0,30 |
| 889 x A V I | Aufdrucktype b 5 (1951/54) | 0,30 | 0,40 |
| 889 x A V II | Aufdrucktype b 6 (1954/66) | 0,30 | 0,40 |
| 889 x A V III | Aufdrucktype b 7 (1967/75) | 0,30 | 0,30 |
| 889 x C V III | Aufdrucktype b 7 (1967/75) | 3,— | 40,— |
| 891 x A V I | Aufdrucktype b 5 (1951/54) | 0,50 | 1,— |
| 891 x A V II | Aufdrucktype b 6 (1954/65) | 0,30 | 0,70 |
| 892 x A V II | Aufdrucktype b 6 (1957/66) | 0,30 | 0,70 |
| 892 x A V III | Aufdrucktype b 7 (1967/75) | 0,80 | 4,— |
| 893 x A V II | Aufdrucktype b 6 (1954/66) | 0,30 | 1,30 |
| 893 x A V III | Aufdrucktype b 7 (1967/75) | 0,30 | 0,30 |
| 895 x A V I | Aufdrucktype b 5 (1951/54) | 0,50 | 1,— |
| 895 x A V II | Aufdrucktype b 6 (1954/65) | 0,40 | 0,80 |
| 896 x A V II | Aufdrucktype b 6 (1957/65) | 0,50 | 1,— |
| 897 x A V II | Aufdrucktype b 6 (1954/66) | 0,30 | 0,70 |
| 897 x A V III | Aufdrucktype b 7 (1967/75) | 0,30 | 0,50 |
| 897 x C V III | Aufdrucktype b 7 (1967/75) | 0,80 | 120,— |

**zx = polyvalentes Papier, gez. K 14**

| | | | | ★★ | ⊙ |
|---|---|---|---|---|---|
| **889** | **zx** | 20 C mattpurpur (21.7.1980) | ss | 0,50 | 0,30 |
| **892** | **zx** | 50 C grauultramarin (1.10.1979) | ss | 0,50 | 0,30 |
| **893** | **zx** | 60 C rosalila (29.11.1979) | ss | 0,50 | 0,30 |
| | | Satzpreis (3 W.) | | 1,50 | 0,30 |

**Vorausentwertung:**

| | | (★) | ★★ |
|---|---|---|---|
| 893 zx V | Aufdrucktype b 7 (1979/1980) | 0,30 | 0,30 |

Ab 1963 ist in der Vorausentwertung Type b 6 nur noch eine Jahreszahl angegeben.

MiNr. 889 x C V III ist ohne Vorausentwertung nicht erschienen.

Polyvalentes Papier siehe Hinweis nach MiNr. 1641.

*Weitere Werte siehe Übersicht nach Jahrgangswerttabelle.*

**1951, 11. Juni/1956, Dez. Freimarken: König Leopold III. MiNr. 898–899 RaTdr., MiNr. 900–901 StTdr., A = gez. K 14:13½, B = gez. K 11½.**

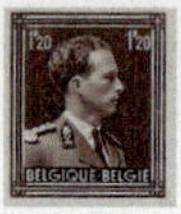
fl

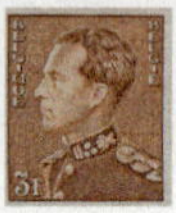
fm

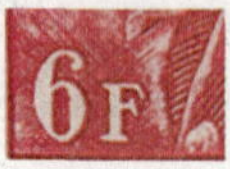
Type I von MiNr. 901: unterbrochene Schraffur links der Nominale

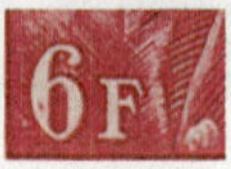
Type II von MiNr. 901: nachgestochene Schraffur links der Nominale

fl–fm) König Leopold III. (1901–1983, reg. 1934–1951)

| | | | | ★★ | ⊙ |
|---|---|---|---|---|---|
| **898** | | 1.20 Fr schwarzbraun | fl | | |
| | A | gez. K 14:13½ | | 1,— | 0,30 |
| | B | gez. K 11½ (Dez. 1956) | | 5,— | 0,30 |
| **899** | | 2.50 Fr ziegelrot | fl | | |
| | A | gez. K 14:13½ | | 8,— | 0,30 |
| | B | gez. K 11½ (Dez 1956) | | 55,— | 0,70 |
| **900** | B | 3 Fr braungelb | fm | 2,— | 0,30 |
| **901** | B | 6 Fr karminrosa | fm | | |
| | I | Type I | | 14,— | 0,30 |
| | II | Type II | | *250,—* | 5,— |
| | | Satzpreis (4 W.) | | 25,— | 0,70 |

*Weitere Werte in Zeichnung fl: MiNr. 424, 636–641, 874; in Zeichnung fm: MiNr. 425–431, 528, 567, 568, 875, 2163*

**✈ 1951, 1. Juli. 50 Jahre Königlich Belgischer Aero-Club. RaTdr. (2×10 Zd); gez. 13½.**

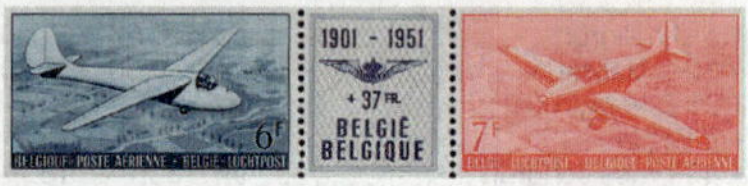

sw) Segelflugzeug Arsenal Air 100 Zierfeld
sx) Sportflugzeug Tipsy

| | | | ★★ | ⊙ |
|---|---|---|---|---|
| **902** | 6 Fr blau | sw | 20,— | 15,— |
| **903** | 7 Fr karminrosa | sx | 20,— | 15,— |
| | Satzpreis (2 W.) | | 40,— | 30,— |
| | Dreierstreifen | | 70,— | 55,— |

Postpreis des Dreierstreifens: 50 Fr

Auflage: 40.000 Sätze

*Gültig bis 30.9.1952*

**✈ 1951, 25. Juli. Flugpostmarken. MiNr. 902-903 in geänderten Farben. RaTdr. (5×10); gez. 13½.**

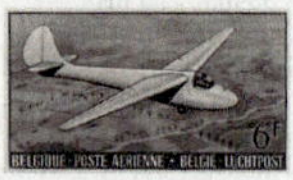
sw) Segelflugzeug Arsenal Air 100

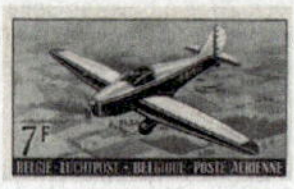
sx) Sportflugzeug Tipsy

| | | | ★★ | ⊙ |
|---|---|---|---|---|
| **904** | 6 Fr schwarzbraun | sw | 4,— | 0,30 |
| **905** | 7 Fr russischgrün | sx | 4,— | 0,70 |
| | Satzpreis (2 W.) | | 8,— | 1,— |

**1951, 20. Aug. Denkmal zu Ehren der politischen Gefangenen in Breendonk. RaTdr. auf gestrichenem Papier; gez. 11½.**

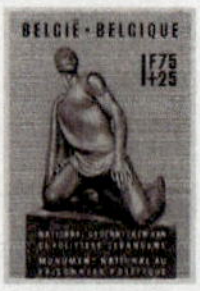
sy) Denkmal

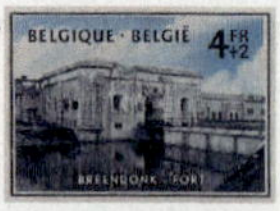
sz) Fort Breendonk

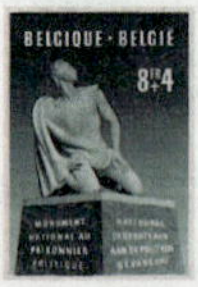
ta) Denkmal

| | | | | | | | |
|---|---|---|---|---|---|---|---|
| **906** | 1.75 Fr | + 25 (C) schwarzbraun | sy | 5,— | 1,— |
| **907** | 4 Fr | + 2 (Fr) schwarzblau/hellblau | sz | 20,— | 15,— |
| **908** | 8 Fr | + 4 (Fr) russischgrün | ta | 25,— | 20,— |
| | | Satzpreis (3 W.) | | 50,— | 35,— |
| | | FDC | | | 120,— |

Auflagen: MiNr. 906 = 194.015, MiNr. 907 = 110.123, MiNr. 908 = 99.679 Stück

*Gültig bis 30.9.1952*

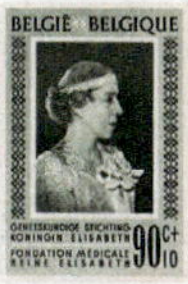

**1951, 22. Sept. Königin-Elisabeth-Fonds. RaTdr. (10×5); gez. 11¼.**

tb) Königin Elisabeth (1876–1965)

| | | | | | |
|---|---|---|---|---|---|
| **909** | 90 C | + 10 (C) graugrün | tb | 5,— | 1,— |
| **910** | 1.75 Fr | + 25 (C) weinrot | tb | 8,— | 2,— |
| **911** | 3 Fr | + 1 (Fr) dunkelgrün | tb | 22,— | 16,— |
| **912** | 4 Fr | + 2 (Fr) dunkelblau | tb | 30,— | 16,— |
| **913** | 8 Fr | + 4 (Fr) schwarzbraun | tb | 35,— | 20,— |
| | | Satzpreis (5 W.) | | 100,— | 55,— |
| | | FDC | | | 150,— |

Auflagen: MiNr. 909 = 149.784, MiNr. 910 = 218.618, MiNr. 911 = 93.221, MiNr. 912 = 95.884, MiNr. 913 = 87.370 Stück

*Gültig bis 30.9.1952*

**1951, 17. Dez. Kampf gegen die Tuberkulose: Lothringer Kreuz; Burgen und Schlösser. StTdr.; gez. 11½.**

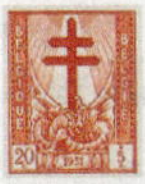

tc) Lothringer Kreuz besiegt Drachen

td) Schloss Beersel

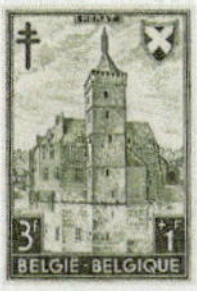

te) Schloss Hors, Sint-Pieters-Rode

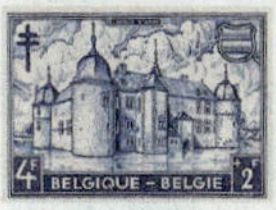

tf) Schloss Lavaux-Saint-Anne

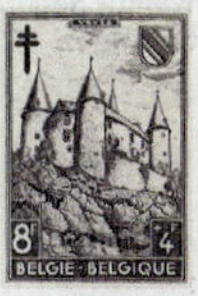

tg) Schloss Vêves, Celles

| | | | | | |
|---|---|---|---|---|---|
| **914** | 20 C | + 5 C rotorange | tc | 0,30 | 0,30 |
| **915** | 65 C | + 10 C ultramarin | tc | 0,50 | 0,30 |
| **916** | 90 C | + 10 C lilabraun | tc | 0,70 | 0,40 |
| **917** | 1.20 Fr | + 30 C dunkellila | tc | 1,50 | 0,50 |
| **918** | 1.75 Fr | + 75 C rotbraun | td | 4,— | 1,50 |
| **919** | 3 Fr | + 1 Fr grün | te | 11,— | 8,— |
| **920** | 4 Fr | + 2 Fr blau | tf | 15,— | 10,— |
| **921** | 8 Fr | + 4 Fr schwarzgrau | tg | 22,— | 15,— |
| | | Satzpreis (8 W.) | | 55,— | 36,— |
| | | FDC | | | 140,— |

Auflagen: MiNr. 914 = 863.305, MiNr. 915 = 311.080, MiNr. 916 = 289.229, MiNr. 917 = 283.365, MiNr. 918 = 356.628, MiNr. 919 = 115.442, MiNr. 920 = 135.390, MiNr. 921 = 103.682 Stück

*Gültig bis 30.9.1953*

**1952, 1. März. 25. Jahrestag der Erhebung Erzbischofs J. E. van Roey zum Kardinal; Einweihung der Basilika von Koekelberg. MiNr. 922–923 und 925–926 RaTdr.; MiNr. 924 und 927 StTdr.; gez. 11½.**

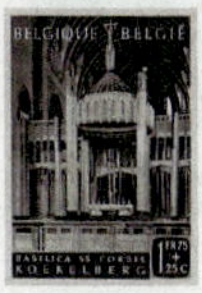

th) Innenansicht der Basilika

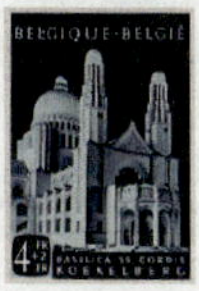

ti) Außenansicht der Basilika

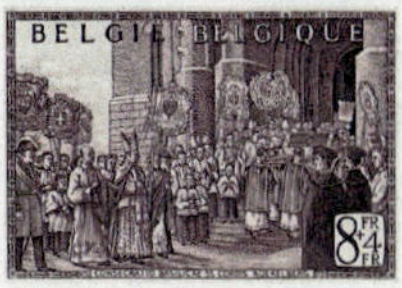

tk) Einweihung der Basilika (14.10.1951)

| | | | | | |
|---|---|---|---|---|---|
| **922** | 1.75 Fr | + 25 C schwarzbraun | th | 1,— | 0,50 |
| **923** | 4 Fr | + 2 Fr schwarzblau | ti | 10,— | 7,50 |
| **924** | 8 Fr | + 4 Fr dunkellila | tk | 14,— | 10,— |
| | | Satzpreis (3 W.) | | 25,— | 18,— |
| | | FDC | | | 85,— |

**Blockausgabe, dünnes Papier**

| | | | | | |
|---|---|---|---|---|---|
| **925** | 1.75 Fr | + 25 C schwarzbraun | th | 60,— | 40,— |
| **926** | 4 Fr | + 2 Fr schwarzblau | ti | 60,— | 40,— |
| **927** | 8 Fr | + 4 Fr dunkellila | tk | 60,— | 40,— |
| **Block 24** | | (120×72 mm) | tl | 300,— | 150,— |

Postpreis von Bl. 24: 30 Fr

Auflagen: MiNr. 922 = 2.084.326, MiNr. 923 = 190.133, MiNr. 924 = 131.147 Stück, Bl. 24 = 40.000 Blocks

*Gültig bis 30.9.1953*

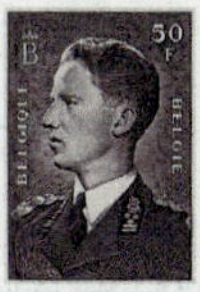

**1952, 14. Mai/1977, 4. März. Freimarke: König Baudouin. Ⓔ De Bast. StTdr. (5×6); x = normales Papier, y = phosphoreszierendes Papier, zy = polyvalentes, phosphoreszierendes Papier; gez. K 11½.**

tm) König Baudouin I. (1930–1993, reg. ab 1951)

| | | | | | |
|---|---|---|---|---|---|
| **928** | | 50 Fr | tm | | |
| x | | normales Papier | | | |
| | a | dunkelbraunlila (14.5.1952) | | 100,— | 0,30 |
| | b | schwarzgraubraun | | 20,— | 0,30 |
| y | b | Papier ph., schwarzgraubraun (1969) | | 3,50 | 0,30 |
| zy | b | Papier polyvalent ph., schwarzgraubraun (4.3.1977) | | 3,60 | 0,30 |

Polyvalentes Papier siehe Hinweis nach MiNr. 1641.

MiNr. 928 ist teils wasserempfindlich.

*In gleicher Zeichnung: MiNr. 1125*

**1952, 14. Mai. 13. Weltpostkongress, Brüssel: Bilder der Erb-Generalpostmeister aus dem Fürstenhaus Thurn und Taxis. MiNr. 940 mit Zuschlag zugunsten der „Freunde des Schlosses von Beaulieu". StTdr. (5×6); gez. 11½.**

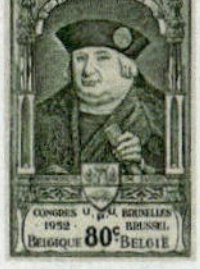

tn) Franz von Taxis (um 1459–1517)

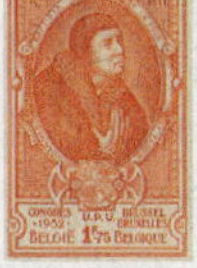

to) Johann Baptista von Taxis (um 1470–1541)

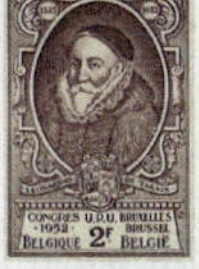

tp) Leonhard I. von Taxis (um 1522–1612)

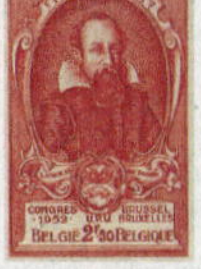

tr) Lamoral von Taxis (1567–1624)

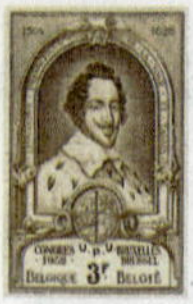

ts) Leonhard II. von Taxis (1594–1628)

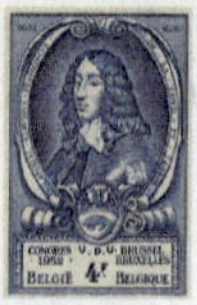

tt) Lamoral Claudius Franz von Thurn und Taxis (1621–1676)

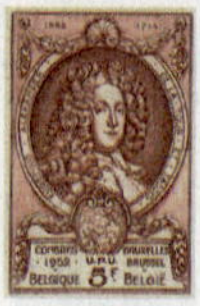

tu) Eugen Alexander von Thurn und Taxis (1652–1714)

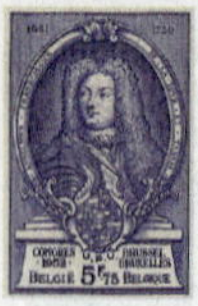

tv) Anselm Franz von Thurn und Taxis (1681–1739)

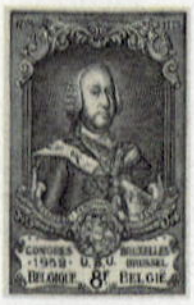

tw) Alexander Ferdinand von Thurn und Taxis (1704–1773)

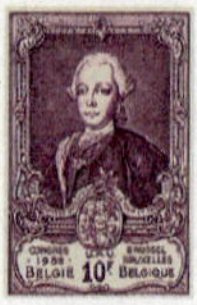

tx) Karl Anselm von Thurn und Taxis (1733–1805)

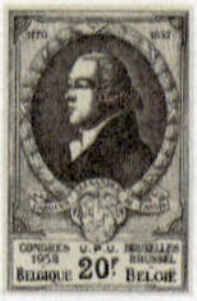

ty) Karl Alexander von Thurn und Taxis (1770–1827)

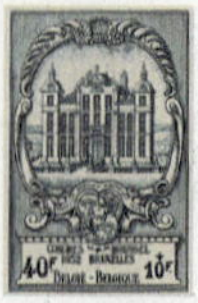

tz) Schloss Beaulieu in Mecheln

| | | | | | |
|---|---|---|---|---|---|
| **929** | 80 C | hellolivgrün | tn | 0,30 | 0,30 |
| **930** | 1.75 Fr | gelborange | to | 0,30 | 0,30 |
| **931** | 2 Fr | braunlila | tp | 0,60 | 0,30 |
| **932** | 2.50 Fr | blutrot | tr | 1,20 | 0,30 |
| **933** | 3 Fr | gelboliv | ts | 1,20 | 0,30 |
| **934** | 4 Fr | blau | tt | 1,20 | 0,30 |
| **935** | 5 Fr | rotbraun | tu | 3,20 | 0,50 |
| **936** | 5.75 Fr | hellblauviolett | tv | 4,— | 1,20 |
| **937** | 8 Fr | graublau | tw | 16,— | 3,50 |
| **938** | 10 Fr | rotviolett | tx | 22,— | 8,— |
| **939** | 20 Fr | grauolivgrün | ty | 80,— | 35,— |
| **940** | 40 Fr | + 10 Fr blaugrün | tz | 150,— | 120,— |
| | | Satzpreis (12 W.) | | 280,— | 170,— |
| | | FDC | | | 500,— |

Auflagen: MiNr. 929 = 2.052.000, MiNr. 930 = 48.520.000, MiNr. 931 = 2.393.000, MiNr. 932 = 1.219.000, MiNr. 933 = 2.177.000, MiNr. 934 = 5.938.000, MiNr. 935 = 817.000, MiNr. 936 = 594.000, MiNr. 937 = 619.000, MiNr. 938 = 429.000, MiNr. 939 = 215.000, MiNr. 940 = 66.474 Stück

*Gültig bis 30.9.1959*

**1952, 3. Nov. Kultur: Schriftsteller (I). RaTdr. (10×5), gestrichenes Papier; gez. 11½.**

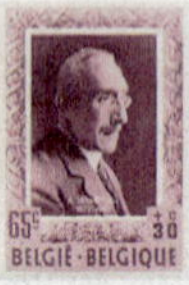

ua) August Vermeylen (1872–1945)

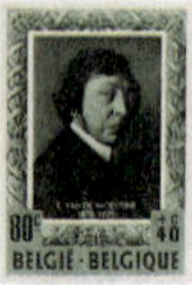

ub) Karel van de Woestijne (1878–1929)

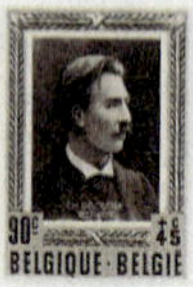

uc) Charles de Coster (1827–1879)

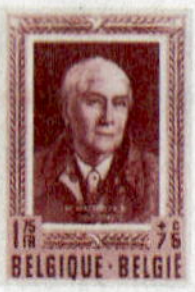

ud) Maurice Maeterlinck (1862–1949)

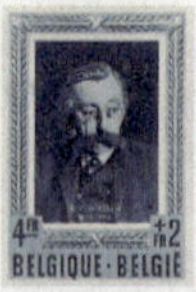

ue) Émile Verhaeren (1855–1916)

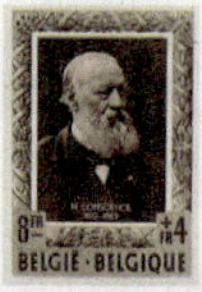

uf) Hendrik Conscience (1812–1883)

| | | | | | |
|---|---|---|---|---|---|
| **941** | 65 C | + 30 C lilaviolett | ua | 5,— | 2,— |
| **942** | 80 C | + 40 C schwarzgrün | ub | 6,— | 3,— |
| **943** | 90 C | + 45 C schwarzoliv | uc | 7,— | 3,— |
| **944** | 1.75 Fr | + 75 C lilakarmin | ud | 12,— | 4,— |
| **945** | 4 Fr | + 2 Fr tiefblau | ue | 22,— | 15,— |
| **946** | 8 Fr | + 4 Fr sepia | uf | 28,— | 18,— |
| | | Satzpreis (6 W.) | | 80,— | 45,— |
| | | FDC | | | 160,— |

Auflagen: MiNr. 941 = 118.899, MiNr. 942 = 111.986, MiNr. 943 = 110.897, MiNr. 944 = 117.279, MiNr. 945 = 93.870, MiNr. 946 = 87.697 Stück

*Gültig bis 30.9.1953*

**1952, 15. Nov. Kultur: Schriftsteller (II). RaTdr. (5×5 Zd); gez. 11¼.**

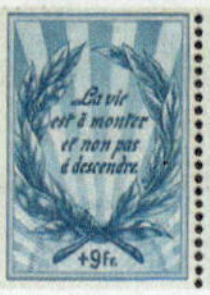


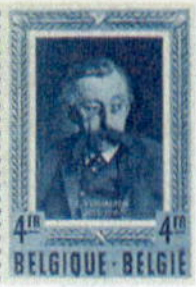

Zierfeld
ue) Émile Verhaeren (1855–1916)

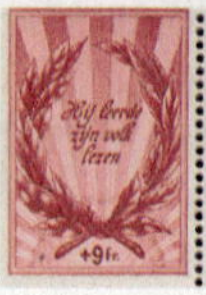


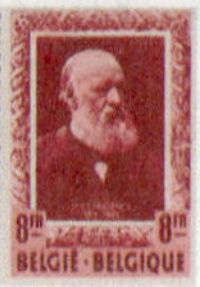

Zierfeld
uf) Hendrik Conscience (1812–1883)

| | | | | | |
|---|---|---|---|---|---|
| **947** | 4 Fr | (+ 9 Fr) ultramarin/grünblau | ue | 60,— | 35,— |
| **948** | 8 Fr | (+ 9 Fr) weinrot/braunrot | uf | 60,— | 35,— |
| | | Satzpreis (2 W.) | | 120,— | 70,— |
| | | 947 Zf–948 Zf | | 200,— | 120,— |
| | | FDC | | | 340,— |

Die zweite Farbe ist die des Zierfeldes. Der Zuschlag von 9 Fr ist auf dem Zierfeld ausgewiesen.

Auflage: 60.000 Sätze

*Gültig bis 30.9.1953*

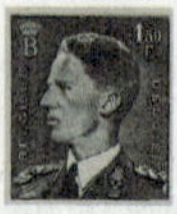

**1952, 10. Dez. Freimarken: König Baudouin. StTdr. (10×5); gez. 11½.**

ui) König Baudouin I. (1930–1993, reg. ab 1951)

| | | | | | |
|---|---|---|---|---|---|
| **949** | 1.50 Fr | grüngrau | ui | 1,— | 0,30 |
| **950** | 2 Fr | rot | ui | 0,50 | 0,30 |
| **951** | 4 Fr | blau | ui | 6,50 | 0,30 |
| | | Satzpreis (3 W.) | | 8,— | 0,50 |
| | | FDC | | | 60,— |

Auflagen: MiNr. 949 = 48.489.000, MiNr. 950 = 205.435.000, MiNr. 951 = 21.843.000 Stück

**1952, 15. Dez. Kampf gegen die Tuberkulose: Lothringer Kreuz; Ostkantone. StTdr.; gez. 11½.**

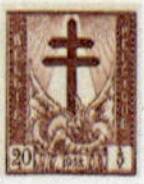

uk) Lothringer Kreuz besiegt Drachen

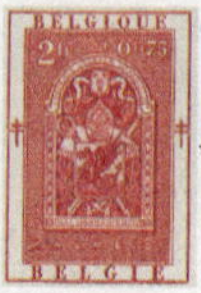

ul) Wappen der Reichsabtei Malmédy (Glasfenster)

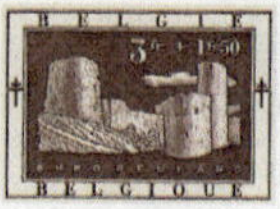

um) Burg Reuland

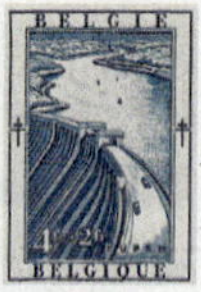

un) Wesertalsperre

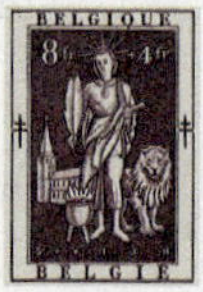

uo) St. Vitus, Patron von St. Vith

| | | | | | |
|---|---|---|---|---|---|
| **952** | 20 C | + 5 C rotbraun | uk | 0,30 | 0,30 |
| **953** | 80 C | + 20 C grün | uk | 0,70 | 0,30 |
| **954** | 1.20 Fr | + 30 C rotviolett | uk | 1,— | 0,50 |
| **955** | 1.50 Fr | + 50 C schwarzoliv | uk | 2,— | 0,50 |
| **956** | 2 Fr | + 0.75 Fr scharlachrot | ul | 2,— | 0,50 |
| **957** | 3 Fr | + 1.50 Fr schwarzbraun | um | 18,— | 12,— |
| **958** | 4 Fr | + 2 Fr hellblau | un | 18,— | 10,— |
| **959** | 8 Fr | + 4 Fr violettbraun | uo | 18,— | 12,— |
| | | Satzpreis (8 W.) | | 60,— | 36,— |
| | | FDC | | | 100,— |

Auflagen: MiNr. 952 = 657.219, MiNr. 953 = 243.599, MiNr. 954 = 169.448, MiNr. 955 = 199.175, MiNr. 956 = 238.733, MiNr. 957 = 101.106, MiNr. 958 = 114.740, MiNr. 959 = 94.287 Stück

*Gültig bis 30.9.1953*

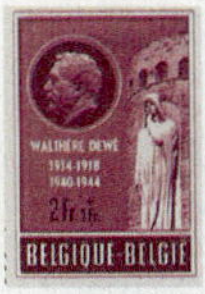

**1953, 16. Febr. Fonds zur Errichtung eines Denkmals für den Widerstandskämpfer Walthère Dewé. RaTdr. (10×5); gez. 11¼.**

up) Walthère Dewé (1880–1944); Denkmal auf der Thier-Höhe bei Lüttich

| | | | | |
|---|---|---|---|---|
| **960** | 2 Fr + 1 Fr weinrot | up | 2,50 | 1,50 |
| | | FDC | | 7,— |

Auflage: 315.984 Stück

*Gültig bis 30.9.1954*

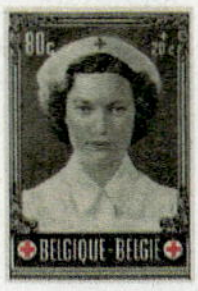

**1953, 14. März. Hochzeit von Prinzessin Joséphine-Charlotte von Belgien und Erbprinz Jean von Luxemburg. RaTdr., Bogen (B) (10×5) und Markenheftchen (MH) (4×2); gez. 11¼.**

ur) Prinzessin Joséphine-Charlotte (1927–2005 ) in Rot-Kreuz-Schwesterntracht

| | | | | |
|---|---|---|---|---|
| **961** | 80 C + 20 C dunkelolivgrün/rot (B) | ur | 1,30 | 0,70 |
| **962** | 1.20 Fr + 30 C braun/rot (B) | ur | 1,30 | 0,70 |
| **963** | 2 Fr + 50 C weinrot/rot (B) (MH) | ur | 1,40 | 0,70 |
| **964** | 2.50 Fr + 50 C scharlachrot/rot (B) | ur | 16,— | 10,— |
| **965** | 4 Fr + 1 Fr blau/rot (B) | ur | 10,— | 6,50 |
| **966** | 5 Fr + 2 Fr grauschwarz/rot (B) | ur | 10,— | 6,50 |
| | | Satzpreis (6 W.) | 40,— | 25,— |
| | | FDC | | 32,— |
| | | Markenheftchen I | 80,— | |
| | | Markenheftchen II | 180,— | |

Das Markenheftchen mit 8 × MiNr. 963 gibt es in zwei Versionen: I = oberer Heftchenblattrand mit französichem, II = mit niederländischem Text.

Auflagen: MiNr. 961 = 649.315, MiNr. 962 = 650.314, MiNr. 963 = 857.274, MiNr. 964 = 161.214, MiNr. 965 = 164.705, MiNr. 966 = 165.906 Stück, 35.426 Markenheftchen

*Gültig bis 30.9.1954*

**1953, 22. Juni. Arbeitsgemeinschaft für touristische Entwicklung der Ardennen-Maas-Gegend. RaTdr.; gez. 11½.**

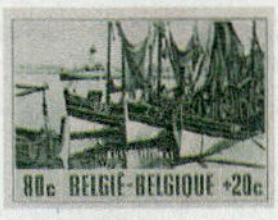


us) Fischerboote bei Ostende

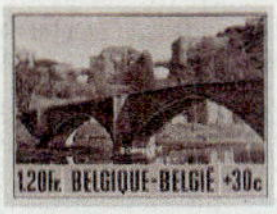


ut) Bouillon

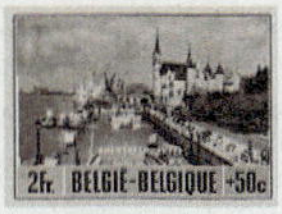


uu) Antwerpen

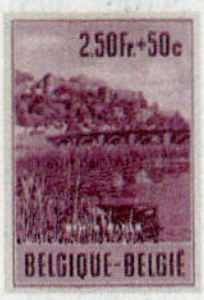


uv) Namur

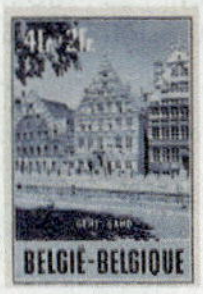


uw) Gent

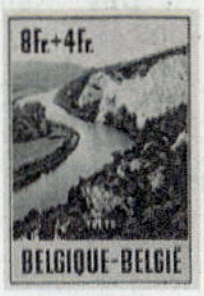


ux) Freyr

| | | | | |
|---|---|---|---|---|
| **967** | 80 C + 20 C dunkelgelbgrün | us | 2,— | 1,— |
| **968** | 1.20 Fr + 30 C dunkelkarminbraun | ut | 5,— | 2,50 |
| **969** | 2 Fr + 50 C sepia | uu | 6,— | 1,50 |
| **970** | 2.50 Fr + 50 C lilakarmin | uv | 12,— | 8,— |
| **971** | 4 Fr + 2 Fr dunkelviolettblau | uw | 18,— | 10,— |
| **972** | 8 Fr + 4 Fr schwarzblaugrün | ux | 22,— | 12,— |
| | | Satzpreis (6 W.) | 65,— | 35,— |
| | | FDC | | 130,— |

Auflagen: MiNr. 967 = 694.242, MiNr. 968 = 660.915, MiNr. 969 = 650.114, MiNr. 970 = 317.944, MiNr. 971 = 215.817, MiNr. 972 = 107.778 Stück

*Gültig bis 30.9.1954*

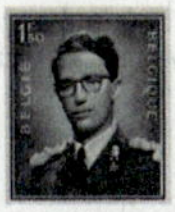

**1953, 10. Sept./1966. Freimarken: König Baudouin, Ⓔ Marchand. RaTdr., Bogen (B) (10×5, MiNr. 973 y 10×6) und Rollen (R) (1000); gez. K 11½.**

uy) König Baudouin I. (1930–1993, reg. ab 1951)

**x = gestrichenes Papier (10.9.1953)**

| | | | | |
|---|---|---|---|---|
| **973 x** | 1.50 Fr schwarzgrau (B) (R) | uy | 0,30 | 0,30 |
| **974 x** | 2 Fr scharlach (B) (R) | uy | 7,50 | 0,30 |
| **975 x** | 4 Fr violettultramarin (B) | uy | 3,20 | 0,30 |
| | | Satzpreis x (3 W.) | 11,— | 0,60 |

**y = gestrichenes, phosphoreszierendes Papier (1966)**

| | | | | |
|---|---|---|---|---|
| **973 y** | 1.50 Fr schwarzgrau (B) (R) | uy | 1,— | 0,30 |
| **975 y** | 4 Fr violettultramarin (B) | uy | 0,50 | 0,30 |
| | | Satzpreis y (2 W.) | 1,50 | 0,50 |

Seit 1970 weist jede 5. Rollenmarke von MiNr. 973 eine rückseitige Zählnummer auf.

*In gleicher Zeichnung siehe Übersicht nach Jahrgangswerttabelle.*

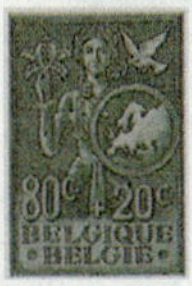


**1953, 26. Okt. Büro der europäischen Jugend. StTdr. (5×6); gez. K 12½.**

uz) Allegorische Darstellung symbolisiert das vereinte Europa

| | | | | |
|---|---|---|---|---|
| **976** | 80 C + 20 C grün | uz | 5,— | 3,— |
| **977** | 2.50 Fr + 1 Fr karmin | uz | 25,— | 20,— |
| **978** | 4 Fr + 1.50 Fr dunkelblau | uz | 30,— | 22,— |
| | | Satzpreis (3 W.) | 60,— | 45,— |
| | | FDC | | 100,— |

Auflagen: MiNr. 976 = 432.000, MiNr. 977 = 150.434, MiNr. 978 = 145.266 Stück

*Gültig bis 30.9.1954*

**1953, 15. Dez. Kampf gegen die Tuberkulose: Lothringer Kreuz; Ärzte. StTdr.; MiNr. 979–982 gez. K 11¾:11½, MiNr. 983–986 gez. K 11½.**

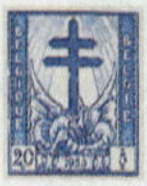

va) Lothringer Kreuz besiegt Drachen

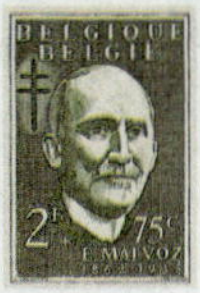

vb) Ernest Malvoz (1862–1938)

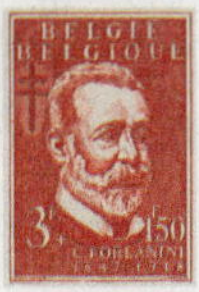

vc) Carlo Forlanini (1847–1918)

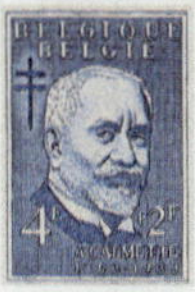

vd) Albert Calmette (1863–1933)

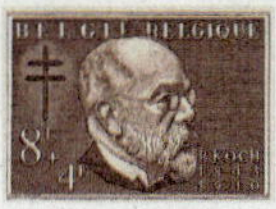

ve) Robert Koch (1843–1910), Nobelpreis 1905

| | | | | |
|---|---|---|---|---|
| **979** | 20 C + 5 C kobalt | va | 0,50 | 0,30 |
| **980** | 80 C + 20 C violettpurpur | va | 1,— | 0,70 |
| **981** | 1.20 Fr + 30 C lilabraun | va | 2,50 | 1,— |
| **982** | 1.50 Fr + 50 C dunkelblaugrau | va | 3,— | 1,— |
| **983** | 2 Fr + 75 C dunkelgelbgrün | vb | 3,— | 2,— |
| **984** | 3 Fr + 1.50 Fr bräunlichrot | vc | 10,— | 8,— |
| **985** | 4 Fr + 2 Fr lebhaftultramarin | vd | 15,— | 10,— |
| **986** | 8 Fr + 4 Fr lilabraun | ve | 20,— | 12,— |
| | | Satzpreis (8 W.) | 55,— | 35,— |
| | | FDC | | 100,— |

Auflagen: MiNr. 979 = 876.952, MiNr. 980 = 284.737, MiNr. 981 = 189.901, MiNr. 982 = 223.149, MiNr. 983 = 266.550, MiNr. 984 = 115.330, MiNr. 985 = 129.154, MiNr. 986 = 106.735 Stück

*Gültig bis 30.9.1954*

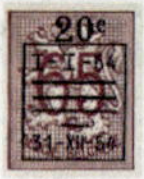

987

**1954, 1. Jan. Freimarken: Heraldischer Löwe. MiNr. 894 und 896 mit Aufdruck der Vorausentwertung und des neuen Wertes.**

| | | | (✱) | ✱✱ |
|---|---|---|---|---|
| 987 | 20 C | auf 65 C violettbraun ........... (894) | 0,30 | 1,50 |
| 988 | 20 C | auf 90 C dunkelblau ........... (896) | 0,30 | 1,50 |
| | | Satzpreis (2 W.) | 0,50 | 3,— |

*Weitere Werte Heraldischer Löwe siehe Übersicht nach Jahrgangswerttabelle.*

**1954, 17. Febr. Komitee für das Nationaldenkmal König Albert I. in Namur. RaTdr.; gez. K 11½.**

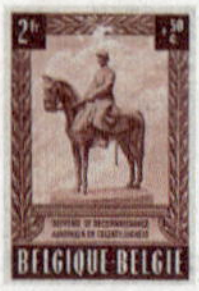


vf) Reiterstandbild König Albert I.

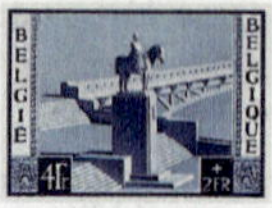


vg) Gesamtansicht des Denkmals

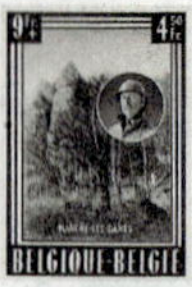


vh) Felsen von Marcheles-Dames

| | | | | ✱✱ | ⊙ |
|---|---|---|---|---|---|
| 989 | 2 Fr | + 50 C rotbraun .................... | vf | 10,— | 4,— |
| 990 | 4 Fr | + 2 Fr lebhaftultramarin ............ | vg | 25,— | 12,— |
| 991 | 9 Fr | + 4.50 Fr dunkelgrüngrau ........... | vh | 20,— | 14,— |
| | | Satzpreis (3 W.) | | 55,— | 30,— |
| | | FDC | | | 85,— |

Auflagen: MiNr. 989 = 207.370, MiNr. 990 = 132.712, MiNr. 991 = 115.858 Stück

*Gültig bis 30.9.1955*

**1954, 1. April. Einweihung des Denkmals zu Ehren der politischen Gefangenen in Breendonk. RaTdr.; gez. K 11½.**

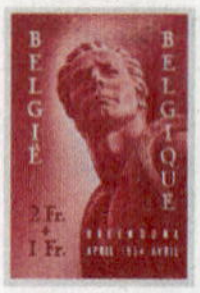


vi) Detail des Denkmals

vk) Gefangenenlager Fort Breendonk

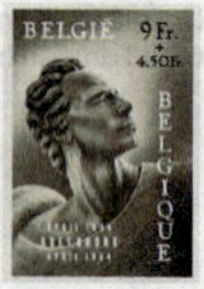


vl) Detail des Denkmals

| | | | | | |
|---|---|---|---|---|---|
| 992 | 2 Fr | + 1 Fr karminrot .................... | vi | 17,— | 10,— |
| 993 | 4 Fr | + 2 Fr dunkelbraun .................. | vk | 28,— | 20,— |
| 994 | 9 Fr | + 4.50 Fr dunkelgelbgrün ........... | vl | 45,— | 25,— |
| | | Satzpreis (3 W.) | | 90,— | 55,— |
| | | FDC | | | 100,— |

Auflagen: MiNr. 992 = 138.251 MiNr. 993 = 103.608, MiNr. 994 = 95.332 Stück

*Gültig bis 30.9.1955*

**1954, 15. Mai. Kultur: Renovierung des Beginenhofes von Brügge. RaTdr.; MiNr. 995–999 (5×10, Hochformate ~), MiNr. 1000 (8×4); gez. K 11½.**

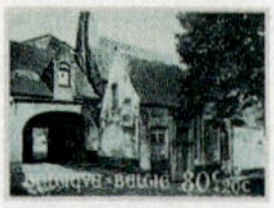

vm

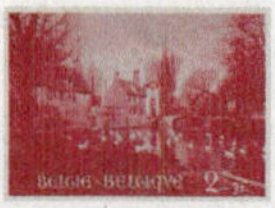

vn

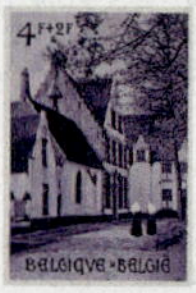

vo

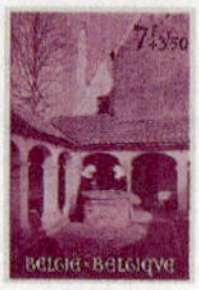

vp

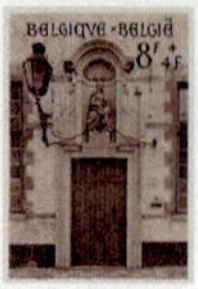

vr

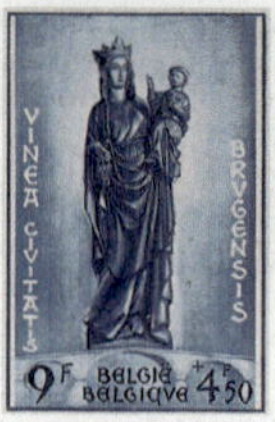


vs) Statue „Unsere Liebe Frau vom Weingarten" aus dem Kloster des Beginenhofes

vm–vr) Ansichten des Beginenhofes in Brügge

| | | | | | |
|---|---|---|---|---|---|
| 995 | 80 C | + 20 C dunkelbläulichgrün ....... | vm | 1,— | 0,70 |
| 996 | 2 Fr | + 1 Fr rot ........................ | vn | 14,— | 7,50 |
| 997 | 4 Fr | + 2 Fr blauviolett ................ | vo | 20,— | 10,— |
| 998 | 7 Fr | + 3.50 Fr lila .................... | vp | 30,— | 22,— |
| 999 | 8 Fr | + 4 Fr lilabraun .................. | vr | 30,— | 22,— |
| 1000 | 9 Fr | + 4.50 Fr violettblau ............ | vs | 55,— | 30,— |
| | | Satzpreis (6 W.) | | 150,— | 90,— |
| | | FDC | | | 160,— |

Auflagen: MiNr. 995 = 246.135, MiNr. 996 = 180.391, MiNr. 997 = 130.200, MiNr. 998 = 108.484, MiNr. 999 = 107.318, MiNr. 1000 = 109.524 Stück

*Gültig bis 30.9.1955*

**1954, 10. Sept. Europakonferenz von Rotary International, Ostende; 50 Jahre Rotary International. StTdr. (6×5); gez. K 11½.**

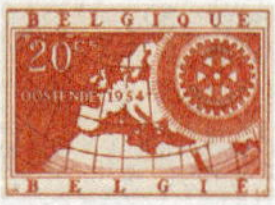

vt) Landkarte und Emblem des Clubs

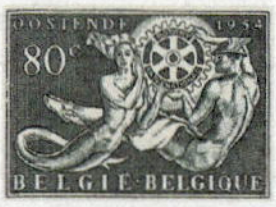


vu) Merkur und das Meer (Symbol von Ostende) halten Emblem des Clubs

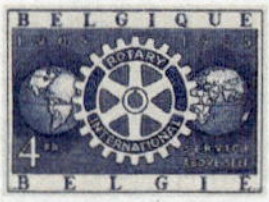


vv) Emblem des Clubs zwischen Weltkugeln

| | | | | | |
|---|---|---|---|---|---|
| 1001 | 20 C | bräunlichrot ..................... | vt | 0,30 | 0,30 |
| 1002 | 80 C | schwarzblaugrün ................ | vu | 0,50 | 0,30 |
| 1003 | 4 Fr | ultramarin ....................... | vv | 1,70 | 0,40 |
| | | Satzpreis (3 W.) | | 2,50 | 1,— |
| | | FDC | | | 8,— |

Ein Gedenkblatt mit eingedruckten ungezähnten Marken MiNr. 1001-1003 entstand durch private Initiative. Die Marken daraus waren nicht frankaturgültig.

Auflagen: MiNr. 1001 = 18.479.433, MiNr. 1002 = 5.225.715, MiNr. 1003 = 4.605.645 Stück

**1954, 1. Dez. Kampf gegen die Tuberkulose. StTdr.; MiNr. 1004–1007 (5×10), MiNr. 1008–1009 (6×5); gez. K 11½.**

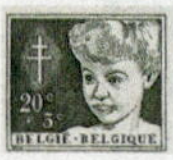


vw) Kinderkopf

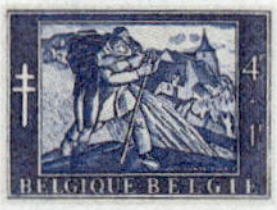


vx) Der Blinde und der Gelähmte; Gemälde von Anto-Carte (1866–1953)

| | | | | | |
|---|---|---|---|---|---|
| 1004 | 20 C | + 5 C dunkelgelbgrün .......... | vw | 0,30 | 0,30 |
| 1005 | 80 C | + 20 C schwarzgrau ............. | vw | 1,— | 0,50 |
| 1006 | 1.20 Fr | + 30 C rotbraun ............... | vw | 2,20 | 1,20 |
| 1007 | 1.50 Fr | + 50 C dunkelviolett .......... | vw | 5,— | 2,— |
| 1008 | 2 Fr | + 75 C karmin .................... | vx | 7,50 | 4,— |
| 1009 | 4 Fr | + 1 Fr ultramarin ............... | vx | 16,— | 12,— |
| | | Satzpreis (6 W.) | | 32,— | 20,— |
| | | FDC | | | 45,— |

Auflagen: MiNr. 1004 = 1.067.029, MiNr. 1005 = 340.543, MiNr. 1006 = 241.206, MiNr. 1007 = 240.679, MiNr. 1008 = 310.052, MiNr. 1009 = 193.288 Stück

*Gültig bis 30.9.1955*

**1955, 15. Febr. Genter Blumenschau. RaTdr. (5×6); gestrichenes Papier; gez. K 11½.**

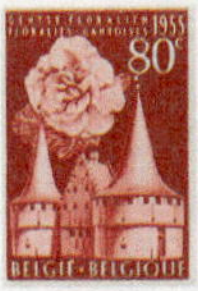
vy) Knollenbegonie (Begonia × tuberhybrida); Rabot, Gent

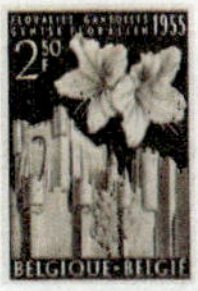
vz) Indische Azalee (Rhododendron simsii); Burg Gravensteen, Gent

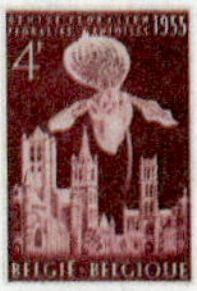
wa) Frauenschuh (Paphiopedilum sp.); Drei Türme von Gent

| | | | | | |
|---|---|---|---|---|---|
| **1010** | 80 C | karminrot | vy | 0,30 | 0,30 |
| **1011** | 2.50 Fr | braunschwarz | vz | 7,50 | 2,— |
| **1012** | 4 Fr | rotlila | wa | 4,20 | 0,70 |
| | | Satzpreis (3 W.) | | 12,— | 3,— |
| | | FDC | | | 20,— |

Auflagen: MiNr. 1010 = 1.934.559, MiNr. 1011 = 764.897, MiNr. 1012 = 2.515.616 Stück

**1955, 25. März. Ausstellung „Karl V. und seine Zeit". RaTdr.; MiNr. 1013 und 1015 (6×5), MiNr. 1014 (10×5) gestrichenes Papier; gez. K 11½.**

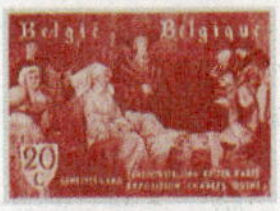
wb) Ehrung Karls V. als Kind (Detail); Gemälde von Albert de Vriendt (1843–1900)

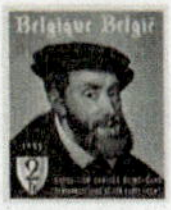
wc) Karl V. (1500–1558); Gemälde von Tizian (um 1488–1576)

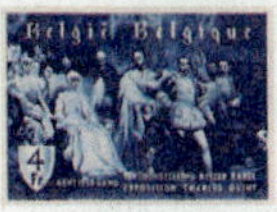
wd) Abdankung Karls V. (Detail), Gemälde von Louis Gallait (1810–1887)

| | | | | | |
|---|---|---|---|---|---|
| **1013** | 20 C | karminrot | wb | 0,30 | 0,30 |
| **1014** | 2 Fr | schwarzgrün | wc | 0,90 | 0,30 |
| **1015** | 4 Fr | blauultramarin | wd | 3,80 | 0,70 |
| | | Satzpreis (3 W.) | | 5,— | 1,30 |
| | | FDC | | | 10,— |

Auflagen: MiNr. 1013 = 8.643.161, MiNr. 1014 = 14.301.091, MiNr. 1015 = 2.390.381 Stück

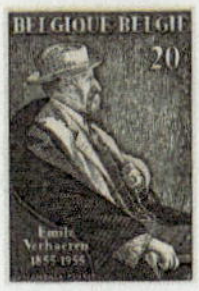

**1955, 11. Mai. 100. Geburtstag von Émile Verhaeren. StTdr. (5×6); gez. K 11½.**

we) Émile Verhaeren (1855–1916), Dichter

| | | | | | |
|---|---|---|---|---|---|
| **1016** | 20 C | dunkelgrüngrau | we | 0,30 | 0,30 |
| | | FDC | | | 1,10 |

Auflage: 11.187.009 Stück

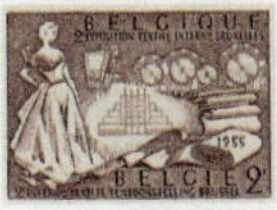

**1955, 11. Mai. 2. Internationale Textilausstellung, Brüssel. StTdr. (6×5); gez. K 11½.**

wf) Mannequin, Ausstellungsgebäude in Heysel, Textilmaschine, Stoffe

| | | | | | |
|---|---|---|---|---|---|
| **1017** | 2 Fr | schwarzlila | wf | 1,— | 0,30 |
| | | FDC | | | 3,20 |

Auflage: 5.480.895 Stück

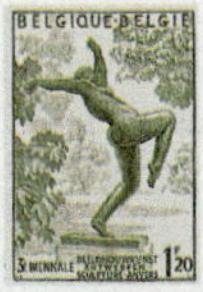

**1955, 10. Juni. 3. Biennale der Bildhauerkunst in Middelheim bei Antwerpen. StTdr.; gez. K 11½.**

wg) Die tolle Jungfrau; Skulptur von Rik Wouters (1882–1916)

| | | | | | |
|---|---|---|---|---|---|
| **1018** | 1.20 Fr | dunkelgelbgrün | wg | 1,— | 0,30 |
| **1019** | 2 Fr | blauviolett | wg | 2,— | 0,30 |
| | | Satzpreis (2 W.) | | 3,— | 0,50 |
| | | FDC | | | 5,— |

Auflagen: MiNr. 1018 = 1.827.351, MiNr. 1019 = 7.070.529 Stück

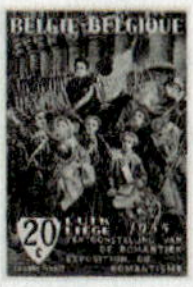

**1955, 10. Sept. Ausstellung „Die Romantik im Gebiet von Lüttich". RaTdr. (5×6); gestrichenes Papier; gez. K 11½.**

wh) Der Auszug der Lütticher Freiwilligen (Detail); Gemälde von Charles Soubre (1821–1895)

| | | | | | |
|---|---|---|---|---|---|
| **1020** | 20 C | schwarzgrün | wh | 0,30 | 0,30 |
| **1021** | 2 Fr | lilabraun | wh | 0,70 | 0,30 |
| | | Satzpreis (2 W.) | | 1,— | 0,50 |
| | | FDC | | | 3,60 |

Auflagen: MiNr. 1020 = 7.056.274, MiNr. 1021 = 7.165.054 Stück

**1955, 22. Okt. Kultur: Erfinder. RaTdr. (5×10, Hochformate ~); gestrichenes Papier; gez. K 11½.**

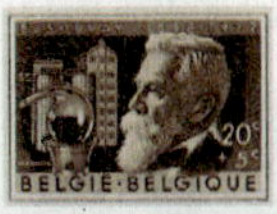
wi) Ernest Solvay (1838–1922), Erfinder der Sodaherstellung nach dem Ammoniak-Verfahren

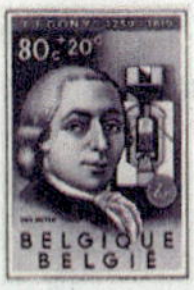
wk) Jean-Jacques Dony (1759–1819), Erfinder des Lütticher Zinkofens

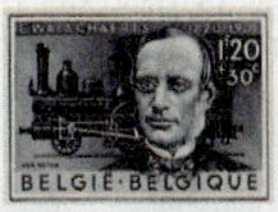
wl) Egide Walschaerts (1820–1901), Konstrukteur einer Radialschiebersteuerung für Dampflokomotiven

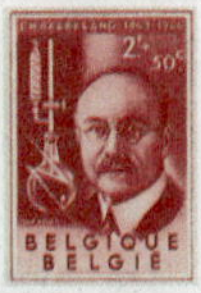
wm) Leo H. Baekeland (1863–1944), Erfinder des Bakelits

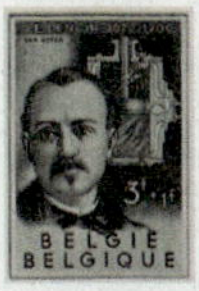
wn) Jean-Etienne Lenoir (1822–1900), Erfinder des Gas-Explosionsmotors

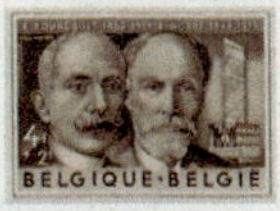
wo) Emile Fourcault (1862–1919) und Emile Gobbe (1849–1915), Erfinder des Tafelglases

| | | | | | |
|---|---|---|---|---|---|
| **1022** | 20 C | + 5 C sepia | wi | 0,30 | 0,30 |
| **1023** | 80 C | + 20 C blauviolett | wk | 0,70 | 0,50 |
| **1024** | 1.20 Fr | + 30 C schwarzblau | wl | 5,— | 2,20 |
| **1025** | 2 Fr | + 50 C karminrot | wm | 6,— | 3,— |
| **1026** | 3 Fr | + 1 Fr schwarzgrün | wn | 12,— | 7,— |
| **1027** | 4 Fr | + 2 Fr dunkelbraun | wo | 12,— | 7,— |
| | | Satzpreis (6 W.) | | 36,— | 20,— |
| | | FDC | | | 50,— |

Auflagen: MiNr. 1022 = 609.380, MiNr. 1023 = 273.224, MiNr. 1024 = 212.196, MiNr. 1025 = 215.454, MiNr. 1026 = 178.807, MiNr. 1027 = 182.778 Stück

*Gültig bis 30.9.1956*

**1955, 26. Nov. Kampf gegen die Tuberkulose. StTdr.; MiNr. 1028–1031 (5×10), MiNr. 1032–1034 (5×6); gez. 11½.**

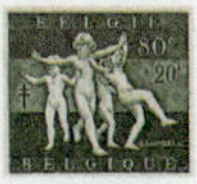
wp) Die Freuden des Frühlings; Skulptur von Eugeen Canneel (1882–1966)

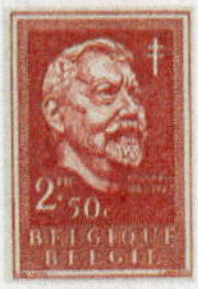
wr) Einar Holbøll (1865–1927), Förderer der dänischen Jul-Marken

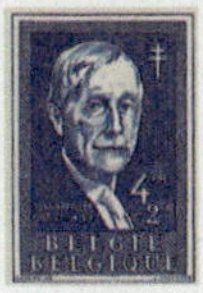
ws) John Davidson Rockefeller (1839–1937), Großindustrieller und Philanthrop

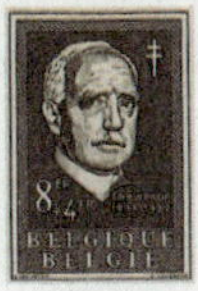
wt) Robert William Philip (1857–1939), englischer Mediziner

| | | | | |
|---|---|---|---|---|
| **1028** | 20 C + 5 C lila | wp | 0,30 | 0,30 |
| **1029** | 80 C + 20 C smaragdgrün | wp | 0,70 | 0,50 |
| **1030** | 1.20 Fr + 30 C dunkelkarminbraun | wp | 2,— | 1,— |
| **1031** | 1.50 Fr + 50 C blauviolett | wp | 3,— | 1,20 |
| **1032** | 2 Fr + 50 C rot | wr | 10,— | 5,— |
| **1033** | 4 Fr + 2 Fr lebhaftultramarin | ws | 22,— | 11,— |
| **1034** | 8 Fr + 4 Fr dunkelolivgrau | wt | 22,— | 11,— |
| | Satzpreis (7 W.) | | 60,— | 30,— |
| | FDC | | | 75,— |

Auflagen: MiNr. 1028 = 1.390.896, MiNr. 1029 = 687.802, MiNr. 1030 = 229.129, MiNr. 1031 = 267.422, MiNr. 1032 = 309.434, MiNr. 1033 = 161.962, MiNr. 1034 = 139.252 Stück

*Gültig bis 30.9.1956*

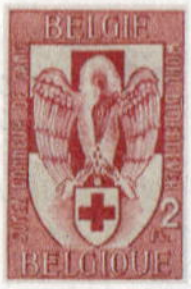

**1956, 14. Jan. Blutspenden. StTdr. (5×6); gez. K 11½.**

wu) Pelikan nährt mit seinem Blut seine Jungen, Rotes Kreuz

| | | | | |
|---|---|---|---|---|
| **1035** | 2 Fr lilarot | wu | 0,40 | 0,30 |
| | FDC | | | 2,— |

Auflage: 12.999.740 Stück

**1956, 19. März. 200. Geburtstag von Wolfgang Amadeus Mozart. StTdr.; MiNr. 1036–1037 (6×5), MiNr. 1038 (4×8); gez. K 11½.**

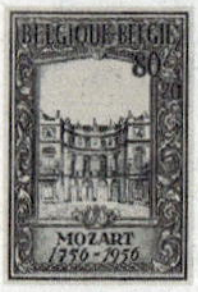
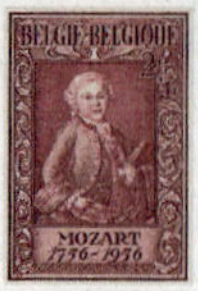
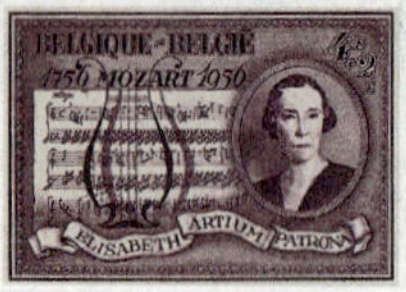

wv) Vorderfront des Schlosses Karls von Lothringen in Brüssel, worin Mozart mit 7 Jahren musizierte

ww) Wolfgang Amadeus Mozart (1756–1791) als Kind, wie er 1763 von Karl von Lothringen empfangen wurde

wx) Königin Elisabeth; erste Allegro-Takte einer Mozart-Sonate

| | | | | |
|---|---|---|---|---|
| **1036** | 80 C + 20 C schwarzgrün | wv | 0,50 | 0,30 |
| **1037** | 2 Fr + 1 Fr dunkelrötlichlila | ww | 2,50 | 2,20 |
| **1038** | 4 Fr + 2 Fr grauviolett | wx | 7,— | 5,— |
| | Satzpreis (3 W.) | | 10,— | 7,50 |
| | FDC | | | 22,— |

Auflagen: MiNr. 1036 = 396.089, MiNr. 1037 = 337.578, MiNr. 1038 = 288.941 Stück

*Gültig bis 30.9.1957*

*In ähnlicher Zeichnung wie MiNr. 1038: MiNr. 1422*

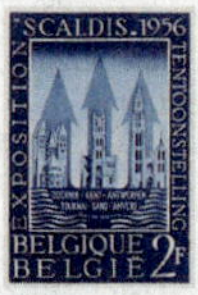

**1956, 14. Juli. „Scaldis"-Ausstellung in Tournai, Gent und Antwerpen. RaTdr. (5×6); gestrichenes Papier; gez. K 11½.**

wy) „Die Glockentürme" von Tournai, die St.-Bavon-Kathedrale von Gent und die Liebfrauen-Kathedrale von Antwerpen im Dreizack Neptuns

| | | | | |
|---|---|---|---|---|
| **1039** | 2 Fr violettultramarin | wy | 0,40 | 0,30 |
| | FDC | | | 2,— |

Auflage: 12.024.867 Stück

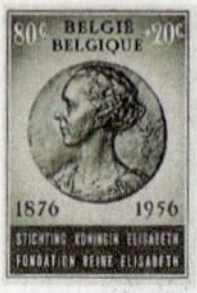

**1956, 16. Aug. 80. Geburtstag der Königin Elisabeth. RaTdr. (5×6); gestrichenes Papier; gez. K 11½.**

wz) Königin Elisabeth (1876–1965); Medaillon von Alfred Courtens (1889–1967), Bildhauer

| | | | | |
|---|---|---|---|---|
| **1040** | 80 C + 20 C russischgrün | wz | 0,50 | 0,30 |
| **1041** | 2 Fr + 1 Fr dunkelkarmin | wz | 3,— | 1,70 |
| **1042** | 4 Fr + 2 Fr dunkelbraun | wz | 4,50 | 3,— |
| | Satzpreis (3 W.) | | 8,— | 5,— |
| | FDC | | | 15,— |

Auflagen: MiNr. 1040 = 333 995, MiNr. 1041 = 296 337, MiNr. 1042 = 253 056 Stück

*Gültig bis 30.9.1957*

*In ähnlicher Zeichnung: MiNr. 1416*

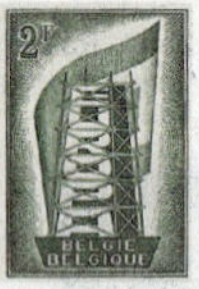

**1956, 15. Sept. Europa. StTdr. (5×6); gez. K 11½.**

xa) „EUROPA" hinter Stahlrohrgerüst, Europafahne

| | | | | |
|---|---|---|---|---|
| **1043** | 2 Fr grün | xa | 3,— | 0,30 |
| **1044** | 4 Fr violett | xa | 13,— | 0,30 |
| | Satzpreis (2 W.) | | 16,— | 0,60 |
| | FDC | | | 14,— |

Auflagen: MiNr. 1043 = 21.403.000, MiNr. 1044 = 5.258.000 Stück

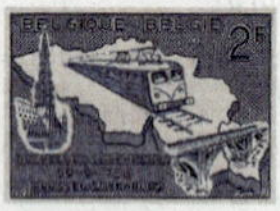

**1956, 29. Sept. Elektrifizierung der Eisenbahnstrecke Brüssel–Luxemburg. StTdr. (6×5); gez. K 11½.**

xb) Umrisse von Belgien und Luxemburg, Zug mit E-Lok BR 122 der SNCB, Rathaus von Brüssel, Adolphe-Brücke in Luxemburg

| | | | | |
|---|---|---|---|---|
| **1045** | 2 Fr dunkelblau | xb | 0,50 | 0,30 |
| | FDC | | | 2,20 |

Auflagen: 7.862.565 Stück

*Parallelausgabe mit Luxemburg MiNr. 558*

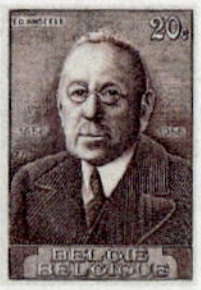

**1956, 27. Okt. 100. Geburtstag von Eduard Anseele. StTdr.; gez. K 11½.**

xc) Eduard Anseele (1856–1938), Politiker

| | | | | |
|---|---|---|---|---|
| **1046** | 20 C schwarzlila, braunlila (Töne) | xc | 0,30 | 0,30 |
| | FDC | | | 1,20 |

MiNr. 1046 ist wasserempfindlich.

Auflage: 11.928.651 Stück

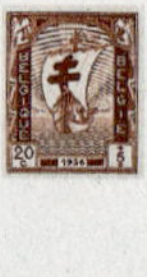

**1956, 17. Dez. Kampf gegen die Tuberkulose. StTdr.; MiNr. 1047–1050 (10×5), MiNr. 1051–1052 (6×5), MiNr. 1053 (5×6); gez. K 11½.**

xd) Segelboot, im Segel Lothringer Kreuz

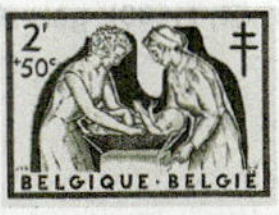
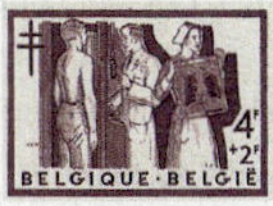
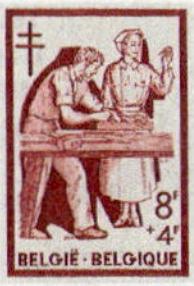

xe) Wiegen eines Säuglings xf) Untersuchung mittels Röntgenstrahlen xg) Arbeitsaufnahme nach der Genesung

| | | | | | |
|---|---|---|---|---|---|
| **1047** | 20 C | + 5 C rotbraun | xd | 0,30 | 0,30 |
| **1048** | 80 C | + 20 C dunkelgrün | xd | 0,70 | 0,50 |
| **1049** | 1.20 Fr | + 30 C dunkelviolett | xd | 1,— | 0,50 |
| **1050** | 1.50 Fr | + 50 C dunkelgraublau | xd | 1,— | 0,50 |
| **1051** | 2 Fr | + 50 C dunkelgelbgrün | xe | 3,— | 1,20 |
| **1052** | 4 Fr | + 2 Fr dunkelkarminbraun | xf | 13,— | 8,50 |
| **1053** | 8 Fr | + 4 Fr lilarot | xg | 13,— | 8,50 |
| | | Satzpreis (7 W.) | | 32,— | 20,— |
| | | FDC | | | 42,— |

Auflagen: MiNr. 1047 = 1.065.311, MiNr. 1048 = 654.691, MiNr. 1049 = 256.392, MiNr. 1050 = 290.791, MiNr. 1051 = 353.748, MiNr. 1052 = 186.560, MiNr. 1053 = 161.109 Stück

*Gültig bis 30.9.1957*

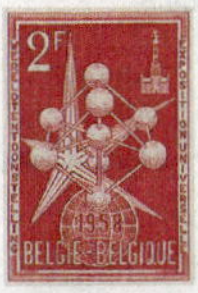

**1957, 17. April. Weltausstellung in Brüssel (1958) (I). StTdr. (5×6); gez. K 11½.**

xh) „Atomium" und Emblem der Ausstellung

| | | | | | |
|---|---|---|---|---|---|
| **1054** | 2 Fr | dunkelrot | xh | 0,30 | 0,30 |
| **1055** | 4 Fr | blauviolett | xh | 0,50 | 0,30 |
| | | Satzpreis (2 W.) | | 0,80 | 0,50 |
| | | FDC | | | 3,60 |

Auflagen: MiNr. 1054 = 15.675.706, MiNr. 1055 = 5.135.466 Stück

*In gleicher Zeichnung: MiNr. 1091–1092*

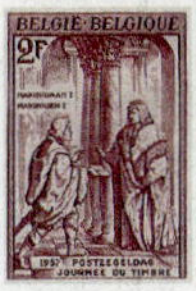

**1957, 19. Mai. Tag der Briefmarke. StTdr. (5×6); gez. K 11½.**

xi) Maximilian I. (1459–1519), deutscher Kaiser, erhält einen Brief durch Boten; Holzschnitt von Hans Burgkmair (1473–1531)

| | | | | | |
|---|---|---|---|---|---|
| **1056** | 2 Fr | dunkelrötlichlila | xi | 0,30 | 0,30 |
| | | FDC | | | 1,50 |

Auflage: 6.894.630 Stück

**1957, 8. Juni. Kultur: Persönlichkeiten. RaTdr. (5×10); gestrichenes Papier; gez. K 11½.**

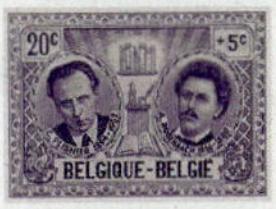
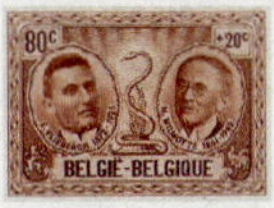
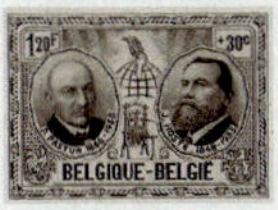

xk) Charles Plisnier (1894–1952) und Albrecht Rodenbach (1856–1880), Schriftsteller

xl) Emiel Vliebergh (1872–1925) und Maurice Wilmotte (1861–1942), Mediziner

xm) Paul Pastur (1866–1938) und Julius Hoste (1848–1933), Publizisten

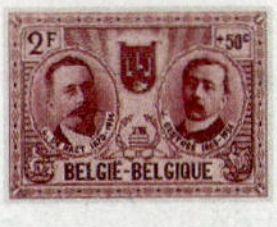
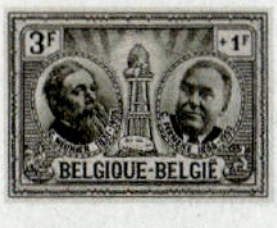
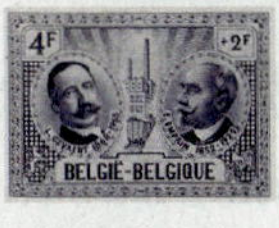

xn) Lodewijk de Raet (1870–1914), Nationalökonom, und Jules Destrée (1863–1936), Politiker

xo) Constantin Meunier (1831–1905), Bildhauer, und Constant Permeke (1886–1952), Maler und Bildhauer

xp) Lieven Gevaert (1868–1935) und Edouard Empain (1852–1929), Industrielle

| | | | | | |
|---|---|---|---|---|---|
| **1057** | 20 C | + 5 C bläulichviolett | xk | 0,30 | 0,30 |
| **1058** | 80 C | + 20 C orangebraun | xl | 0,50 | 0,30 |
| **1059** | 1.20 Fr | + 30 C sepia | xm | 0,70 | 0,30 |
| **1060** | 2 Fr | + 50 C purpur | xn | 2,— | 1,— |
| **1061** | 3 Fr | + 1 Fr schwarzoliv | xo | 4,— | 3,— |
| **1062** | 4 Fr | + 2 Fr dunkelviolettblau | xp | 4,50 | 3,20 |
| | | Satzpreis (6 W.) | | 12,— | 8,— |
| | | FDC | | | 25,— |

Auflagen: MiNr. 1057 = 1.281.619, MiNr. 1058 = 313.641, MiNr. 1059 = 285.862, MiNr. 1060 = 284.970, MiNr. 1061 = 255.768, MiNr. 1062 = 258.311 Stück

*Gültig bis 30.9.1958*

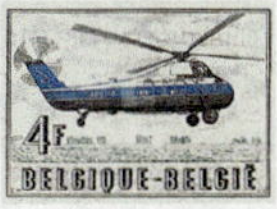

**1957, 15. Juni. Beförderung des 100 000. Flugpassagiers mit dem Hubschrauber der SABENA. StTdr. (5×10); gez. K 11½.**

xr) Hubschrauber Sikorsky S 58

| | | | | | |
|---|---|---|---|---|---|
| **1063** | 4 Fr | mehrfarbig | xr | 0,80 | 0,50 |
| | | FDC | | | 3,— |

Auflage: 1.449.500 Stück

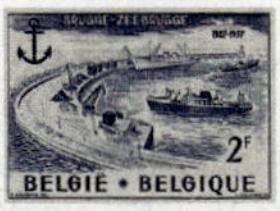

**1957, 6. Juli. 50. Jahrestag der Fertigstellung des Hafens Zeebrugge. StTdr. (6×5); gez. K 11½.**

xs) Mole von Zeebrugge und im Hafen ankernde Schiffe

| | | | | | |
|---|---|---|---|---|---|
| **1064** | 2 Fr | dunkelblau | xs | 0,40 | 0,30 |
| | | FDC | | | 1,70 |

Auflage: 4.697.760 Stück

**1957, 17. Juli. 125. Jahrestag der Ankunft Leopolds I. auf belgischem Boden (1956). RaTdr. (5×6, Querformat ~); gestrichenes Papier; gez. K 11½.**

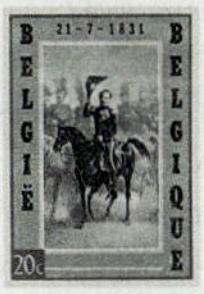
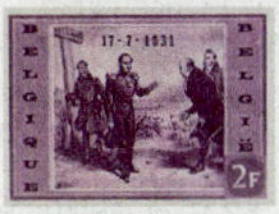

xt) Einzug König Leopolds I. (1790–1865) in Brüssel; Lithographie von Gustave Adolphe Simonau (1810–1870)

xu) Der König an der Grenze Belgiens; Gemälde von Gustave Wappers (1803–1874)

| | | | | | |
|---|---|---|---|---|---|
| **1065** | 20 C | schwarzblaugrün | xt | 0,30 | 0,30 |
| **1066** | 2 Fr | lebhaftviolett | xu | 0,50 | 0,30 |
| | | Satzpreis (2 W.) | | 0,80 | 0,50 |
| | | FDC | | | 2,— |

Auflagen: MiNr. 1065 = 5.639.409, MiNr. 1066 = 4.481.567 Stück

**1957, 29. Juli. 50 Jahre Pfadfinderbewegung; 100. Geburtstag von Robert Baden-Powell. StTdr. (6×5, Hochformat ~); gez. K 11½.**

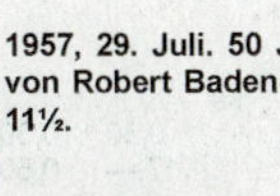
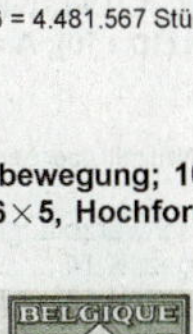

xv) Abzeichen der Pfadfinder und Pfadfinderinnen

xw) Lord Baden-Powell (1857–1941), Gründer der Pfadfinderbewegung

| | | | | | |
|---|---|---|---|---|---|
| **1067** | 80 C dunkelolivbraun | xv | 0,30 | 0,30 |
| **1068** | 4 Fr gelblichgrün | xw | 1,20 | 0,40 |
| | Satzpreis (2 W.) | | 1,50 | 0,70 |
| | FDC | | | 20,— |

Auflagen: MiNr. 1067 = 1.790.142, MiNr. 1068 = 1.593.894 Stück

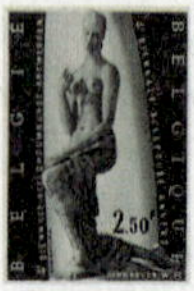

**1957, 20. Aug. 4. Biennale der Bildhauerkunst in Middelheim bei Antwerpen. RaTdr. (10×5); gestrichenes Papier; gez. K 11½.**

xx) Kniende Frau; Skulptur von Wilhelm Lehmbruck (1881–1919)

| | | | | |
|---|---|---|---|---|
| **1069** | 2.50 Fr schwarzgrün | xx | 1,— | 0,70 |
| | FDC | | | 4,— |

Auflage: 972.809 Stück

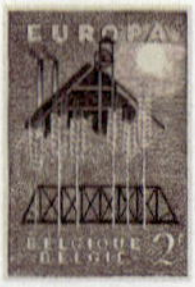

**1957, 16. Sept. Europa. StTdr. (5×6); gez. K 11½.**

xy) Sechs Kornähren vor Querschnitt einer Metallbrücke, Kohlenhalde und Fabrikschornsteinen

| | | | | |
|---|---|---|---|---|
| **1070** | 2 Fr braunviolett | xy | 1,— | 0,30 |
| **1071** | 4 Fr violettultramarin | xy | 4,— | 0,50 |
| | Satzpreis (2 W.) | | 5,— | 0,80 |
| | FDC | | | 7,— |

Auflagen: MiNr. 1070 = 6.433.470, MiNr. 1071 = 2.706.870 Stück

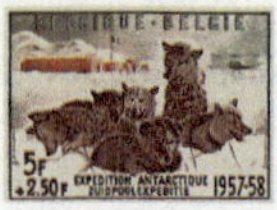

**1957, 18. Okt. Belgische Südpolexpedition; Internationales Geophysikalisches Jahr 1957/58. StTdr. (5×10); gez. K 11½.**

xz) Schlittenhunde (Huskies) vor Expeditionslager

| | | | | |
|---|---|---|---|---|
| **1072** | 5 Fr + 2.50 Fr mehrfarbig, Hunde dunkelkarminbraun | xz | 3,— | 2,50 |
| | FDC | | | 7,— |

**Blockausgabe mit 4 × MiNr. 1073; StTdr., Blockrand Bdr.**

| | | | | |
|---|---|---|---|---|
| **1073** | 5 Fr + 2.50 Fr mehrfarbig, Hunde schwarzgrün | xz | 30,— | 25,— |
| **Block 25** | (115×83 mm) | ya | 140,— | 120,— |
| | FDC | | | 160,— |

Auflagen: MiNr. 1072 = 309.028 Stück, Bl. 25 = 82.700 Blocks

*Gültig bis 30.9.1959*

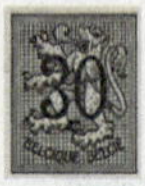

**1957, 1. Okt./1967. Freimarken: Heraldischer Löwe. Bdr. (10×10); A = gez. K 14, C = gez. K 13¾:13¼.**

ss) Wertzahl über heraldischem Löwen

| | | | | |
|---|---|---|---|---|
| **1074** | 30 C schwarzblaugrün | ss | | |
| A | gez. K 14 | | 0,30 | 0,30 |
| C | gez. K 13¾:13¼ (1967) | | 17,— | 0,50 |

**Vorausentwertungen:**

| | | (✶) | ✶✶ |
|---|---|---|---|
| 1074 A V II | Aufdrucktype b 6 (1957/1966) | 0,30 | 0,40 |
| 1074 A V III | Aufdrucktype b 7 (1967) | 0,30 | 0,30 |
| 1074 C V III | Aufdrucktype b 7 (1967) | 10,— | 70,— |

Ab 1963 ist in der Vorausentwertung Type b 6 nur noch eine Jahreszahl angegeben.

*Weitere Werte siehe Übersicht nach Jahrgangswerttabelle.*

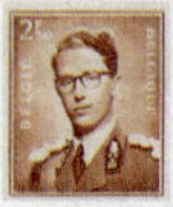

**1957, 1. Okt./1970, 14. Dez. Freimarken: König Baudouin, 🄴 Marchand. RaTdr., Bogen (B) (10×5, MiNr. 1075 y I 10×6) und Rollen (R) (1000); gez. K 11½.**

uy) König Baudouin I. (1930–1993, reg. ab 1951)

**x = gestrichenes Papier (1.10.1957)**

| | | | ✶✶ | ⊙ |
|---|---|---|---|---|
| **1075 x** | 2.50 Fr rotbraun (B) (R) | uy | 0,50 | 0,30 |
| **1076 x** | 5 Fr blauviolett (B) | uy | 1,— | 0,30 |
| | Satzpreis x (2 W.) | | 1,50 | 0,50 |

**y = gestrichenes, phosphoreszierendes Papier**

| | | | | |
|---|---|---|---|---|
| **1075 y** | 2.50 Fr rotbraun | uy | | |
| I | Platte I (B) (R) (1969) | | 0,30 | 0,30 |
| II | Platte II (B) (14.12.1970) | | 0,50 | 0,30 |
| **1076 y** | 5 Fr blauviolett (B) (1967) | uy | 0,90 | 0,30 |
| | Satzpreis y (2 W.) | | 1,20 | 0,50 |

MiNr. 1075 y wurde von 2 verschiedenen Platten gedruckt: I = normal; II = Bildformat geringfügig kleiner, fettere Wertziffern, um Porträt heller, zum Rahmen zu wesentlich dunkler werdender Hintergrund.

Jede fünfte Rollenmarke von MiNr. 1075 y I weist rückseitig eine Zählnummer auf.

*Weitere Werte siehe Übersicht nach Jahrgangswerttabelle.*

**1957, 28. Okt. General George S. Patton. RaTdr.; gestrichenes Papier; gez. K 11½.**

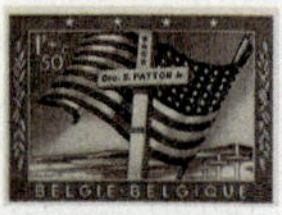

yb) Grabkreuz Pattons vor amerikanischer Flagge und 3 Kreuzen

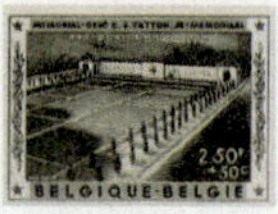

yc) Modell des General-Patton-Denkmals in Bastogne

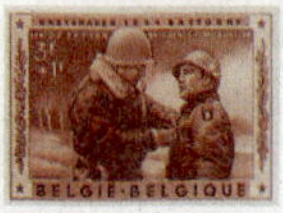

yd) General Patton zeichnet Brigadegeneral Anthony McAuliffe aus

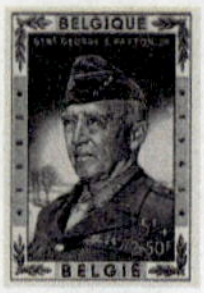

ye) George S. Patton (1885–1945), amerikanischer General

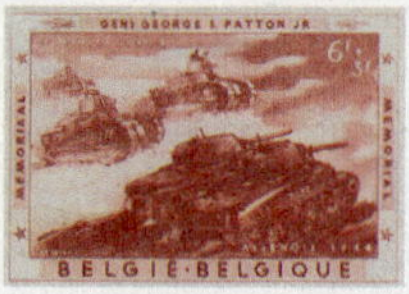

yf) 3 Renault-Panzer (Panzerschlacht von St. Mihiel, 1918) und 2 Sherman-Panzer (Assenois in den Ardennen, 1944)

| | | | | |
|---|---|---|---|---|
| **1077** | 1 Fr + 50 C dunkelolivgrau | yb | 2,— | 1,— |
| **1078** | 2.50 Fr + 50 C schwarzoliv | yc | 2,— | 1,50 |
| **1079** | 3 Fr + 1 Fr orangebraun | yd | 3,— | 2,— |
| **1080** | 5 Fr + 2.50 Fr schwarzblau | ye | 6,— | 4,50 |
| **1081** | 6 Fr + 3 Fr bräunlichkarmin | yf | 7,— | 6,— |
| | Satzpreis (5 W.) | | 20,— | 15,— |
| | FDC | | | 45,— |

Auflagen: MiNr. 1077 = 276.915, MiNr. 1078 = 247.461, MiNr. 1079 = 230.430, MiNr. 1080 = 218.284, MiNr. 1081 = 212.961 Stück

*Gültig bis 30.9.1958*

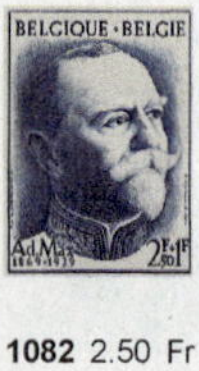

**1957, 10. Nov. Adolphe Max. StTdr. (5×6); gez. K 11½.**

yg) Adolphe Max (1869–1939), Rechtsanwalt und Bürgermeister von Brüssel

| | | | | |
|---|---|---|---|---|
| **1082** | 2.50 Fr + 1 Fr ultramarin | yg | 1,20 | 0,60 |
| | FDC | | | 4,20 |

Auflage: 353.748 Stück

*Gültig bis 30.9.1958*

**y = gestrichenes, phosphoreszierendes Papier**

| | | | | | |
|---|---|---|---|---|---|
| **1126 y** I | 2 Fr | dunkel- bis blaugrün (B) | uy | 0,30 | 0,30 |
| **1127 y** | 3 Fr | lilapurpur | uy | | |
| I | | Type I (B) | | 0,30 | 0,30 |
| II | | Type II (B) (R) | | 25,— | 0,60 |
| **1128 y** | 3.50 Fr | gelblichgrün | uy | | |
| I | | Type I (B) (R) | | 0,40 | 0,30 |
| II | | Type II (B) | | 0,70 | 0,30 |
| **1129 y** | 6 Fr | karminlila (B) | uy | 0,50 | 0,30 |
| **1131 y** | 8 Fr | dunkelblaugrau (B) | uy | 0,70 | 0,30 |
| **1134 y** | 30 Fr | rotorange (B) | uy | 2,— | 0,30 |
| | | Satzpreis y (6 W.) | | 4,20 | 1,80 |

Typenunterscheidungsmerkmale:

MiNr. 1126
I = Wertziffer 0.7 mm vom linken Innenrand entfernt
II = Wertziffer 0.3 mm vom linken Innenrand entfernt

MiNr. 1127
I = Währungsangabe „F" mit gleich langen waagerechten Strichen
II = Währungsangabe „F" mit unterem Strich kürzer als oberer

MiNr. 1128
I = Bildformat 21.0×24.5 mm
II = Bildformat 20.5×24 mm

Die Rollenmarken von MiNr. 1127 y II gibt es auch, die von MiNr. 1126 x II und 1128 y I nur mit rückseitiger Zählnummer auf jedem fünften Exemplar. Spezialsammler bewilligen dafür mehr als den doppelten Preis.

Auflagen: MiNr. 1130 x = 896.185, MiNr. 1132 x = 3.243.556, MiNr. 1133 x = 2.421.482 Stück

*In gleicher Zeichnung siehe Übersicht nach Jahrgangswerttabelle.*

**1958, 6. Dez. Kampf gegen die Tuberkulose: Folklore. StTdr. und RaTdr.; gez. K 11½.**

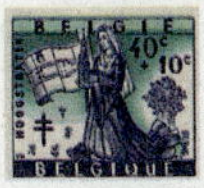
zy) Gräfin von Hoogstraten

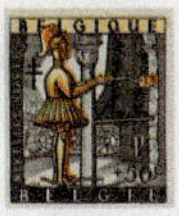
zz) Jean de Nivelles

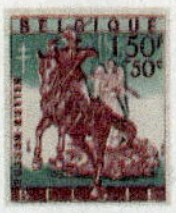
aaa) Spiele von St. Evermare

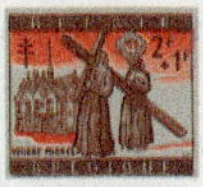
aab) Büßerprozession von Veurne

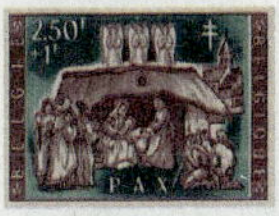
aac) Lebende Krippe von Codroz

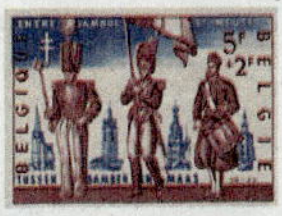
aad) Militärprozession zwischen Samber und Maas

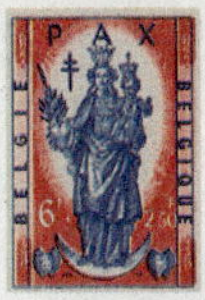
aae) Unsere liebe Frau des Friedens von Arlon

| | | | | | | |
|---|---|---|---|---|---|---|
| **1135** | 40 C | + 10 C violettultramarin/bläulichgrün | | zy | 0,30 | 0,30 |
| **1136** | 1 Fr | + 50 C sepia/orange | | zz | 0,30 | 0,30 |
| **1137** | 1.50 Fr | + 50 C purpur/blaugrün | | aaa | 0,50 | 0,30 |
| **1138** | 2 Fr | + 1 Fr dunkelbraun/orangerot | | aab | 0,60 | 0,30 |
| **1139** | 2.50 Fr | + 1 Fr dunkelkarminbraun/dunkelblaugrün | | aac | 1,50 | 1,10 |
| **1140** | 5 Fr | + 2 Fr lilapurpur/blau | | aad | 3,80 | 3,50 |
| **1141** | 6 Fr | + 2.50 Fr kobalt/rot | | aae | 5,— | 4,20 |
| | | Satzpreis (7 W.) | | | 12,— | 10,— |
| | | FDC | | | | 26,— |

Auflagen: MiNr. 1135 = 857.285, MiNr. 1136 = 327.910, MiNr. 1137 = 276.591, MiNr. 1138 = 278.089, MiNr. 1139 = 320.889, MiNr. 1140 = 240.680, MiNr. 1141 = 236.625 Stück

*Gültig bis 30.9.1959*

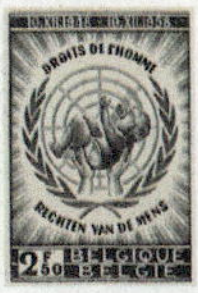

**1958, 10. Dez. 10. Jahrestag der Allgemeinen Erklärung der Menschenrechte durch die UNO. StTdr. (5×6); gez. K 11½.**

aaf) Kind auf Händen vor UN-Emblem

| | | | | | |
|---|---|---|---|---|---|
| **1142** | 2.50 Fr | dunkelblaugrau | aaf | 0,50 | 0,30 |
| | | FDC | | | 2,— |

Auflage: 6.777.555 Stück

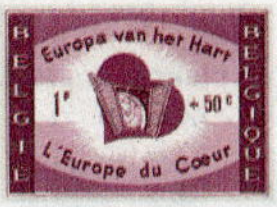

**1959, 25. Febr. Flüchtlingshilfe. RaTdr. (6×5); gestrichenes Papier; gez. K 11½.**

aag) Weltkugel hinter geöffnetem Fenster in einem strahlenden Herz

| | | | | | |
|---|---|---|---|---|---|
| **1143** | 1 Fr | + 50 C lila | aag | 0,30 | 0,30 |
| **1144** | 2.50 Fr | + 1 Fr dunkelgrün | aag | 0,70 | 0,50 |
| **1145** | 5 Fr | + 2.50 Fr violettbraun | aag | 1,50 | 1,20 |
| | | Satzpreis (3 W.) | | 2,50 | 2,— |
| | | FDC | | | 5,50 |

Auflagen: MiNr. 1143 = 553.871, MiNr. 1144 = 492.910, MiNr. 1145 = 424.606 Stück

*Gültig bis 30.9.1960*

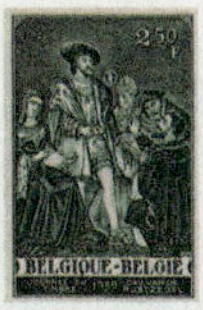

**1959, 15. März. Tag der Briefmarke. StTdr. (5×6); gez. K 11½.**

aah) Eidesleistung des Jean-Baptist von Taxis vor Karl V.; Wandgemälde von Joseph Emmanuel van den Bussche (1837–1908)

| | | | | | |
|---|---|---|---|---|---|
| **1146** | 2.50 Fr | dunkelblaugrün | aah | 0,50 | 0,30 |
| | | FDC | | | 1,50 |

Auflage: 5.543.319 Stück

**1959, 3. April. 10. Jahre Nordatlantikpakt (NATO). RaTdr. (5×6); gestrichenes Papier; gez. K 11½.**

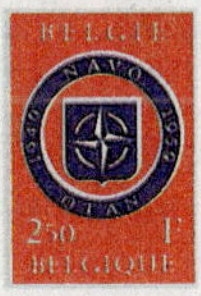
aai

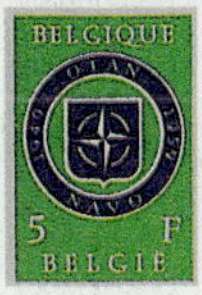
aak

aai–aak) NATO-Emblem

| | | | | | |
|---|---|---|---|---|---|
| **1147** | 2.50 Fr | karminrot/preußischblau | aai | 0,40 | 0,30 |
| **1148** | 5 Fr | gelblichgrün/preußischblau | aak | 1,10 | 0,70 |
| | | Satzpreis (2 W.) | | 1,50 | 1,— |
| | | FDC | | | 4,50 |

Auflagen: MiNr. 1147 = 4.496.526, MiNr. 1148 = 1.325.446 Stück

*In ähnlicher Zeichnung: MiNr. 1549*

**1959, 10. Juni. 100 Jahre Rotes Kreuz. RaTdr. (5×6, MiNr. 1152–1153 ~, MiNr. 1154 5×5); gez. K 11½.**

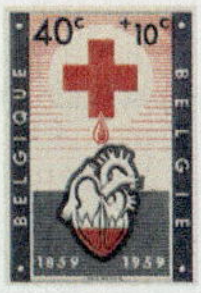
aal) Blutübertragung

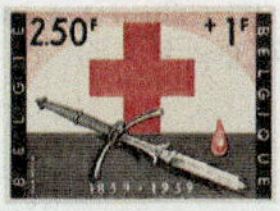
aam) Verwundetenhilfe

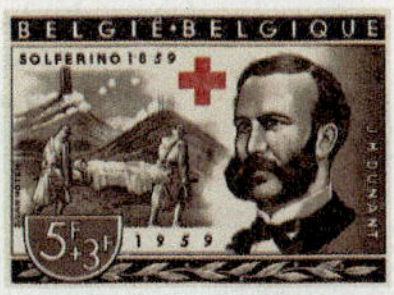
aan) Henry Dunant (1828–1910); Schlacht von Solferino

| | | | | | |
|---|---|---|---|---|---|
| **1149** | 40 C | + 10 C dkl'blaugrau/scharlach | aal | 0,30 | 0,30 |
| **1150** | 1 Fr | + 50 C sepia/scharlach | aal | 0,70 | 0,50 |
| **1151** | 1.50 Fr | + 50 C blauviolett/scharlach | aal | 2,50 | 1,20 |
| **1152** | 2.50 Fr | + 1 Fr schwarzoliv/scharlach | aam | 3,50 | 2,— |
| **1153** | 3 Fr | + 1.50 Fr violettblau/scharlach | aam | 6,— | 5,— |
| **1154** | 5 Fr | + 3 Fr schwarzbraun/scharlach | aan | 12,— | 9,— |
| | | | Satzpreis (6 W.) | 25,— | 18,— |
| | | | FDC | | 30,— |

MiNr. 1149–1154 mit Einlochung AP gibt es ✶✶ und auf einem Gedenkblatt mit Sonderstempel zur Hochzeit Prinz Alberts mit Prinzessin Paola (Privatausgabe).

Auflagen: MiNr. 1149 = 528.397, MiNr. 1150 = 267.799, MiNr. 1151 = 251.816, MiNr. 1152 = 271.256, MiNr. 1153 = 240.235, MiNr. 1154 = 243.923 Stück

*Gültig bis 30.9.1960*

**1959, 4. Juli. Kultur: 400 Jahre Königliche Bibliothek zu Brüssel. StTdr.; MiNr. 1155–1159 (5×6), MiNr. 1160 (5×5); gez. K 11½.**

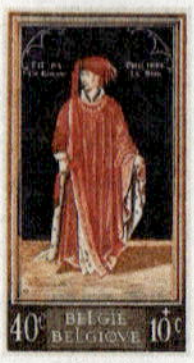

aao) Philipp der Gute (1396–1467)

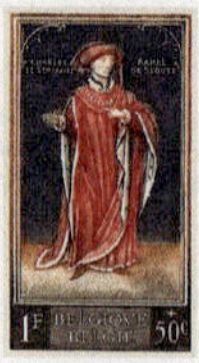

aap) Karl der Kühne (1433–1477)

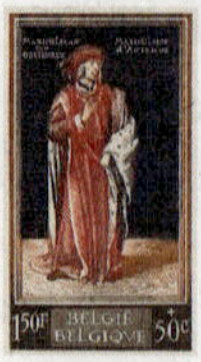

aar) Maximilian von Österreich (1459–1519)

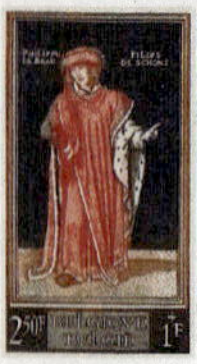

aas) Philipp der Schöne (1478–1506)

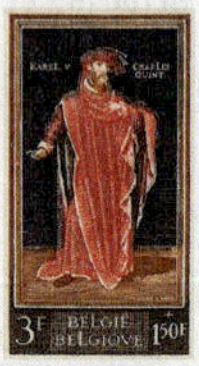

aat) Karl V. (1500–1558)

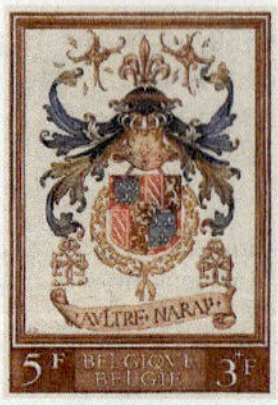

aau) Großes Wappen Philipps des Guten

| | | | | | |
|---|---|---|---|---|---|
| **1155** | 40 C | + 10 C mehrfarbig | aao | 0,30 | 0,30 |
| **1156** | 1 Fr | + 50 C mehrfarbig | aap | 0,30 | 0,30 |
| **1157** | 1.50 Fr | + 50 C mehrfarbig | aar | 1,40 | 1,— |
| **1158** | 2.50 Fr | + 1 Fr mehrfarbig | aas | 2,50 | 2,— |
| **1159** | 3 Fr | + 1.50 Fr mehrfarbig | aat | 4,— | 3,— |
| **1160** | 5 Fr | + 3 Fr mehrfarbig | aau | 5,50 | 4,50 |
| | | | Satzpreis (6 W.) | 14,— | 11,— |
| | | | FDC | | 25,— |

Auflagen: MiNr. 1155 = 1.110.159, MiNr. 1156 = 318.097, MiNr. 1157 = 308.792, MiNr. 1158 = 314.808, MiNr. 1159 = 292.482, MiNr. 1160 = 293.474 Stück

*Gültig bis 30.9.1960*

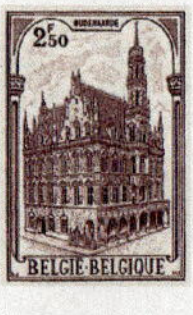

**1959, 17. Aug. Rathaus von Oudenarde. StTdr. (5×6); gez. K 11½.**

aav) Rathaus von Oudenarde

| | | | | | |
|---|---|---|---|---|---|
| **1161** | 2.50 Fr | violettpurpur | aav | 0,50 | 0,30 |
| | | | FDC | | 1,50 |

Auflage: 5.989.946 Stück

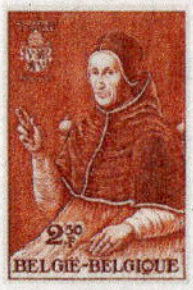

**1959, 31. Aug. 500. Geburtstag von Papst Hadrian VI. StTdr. (5×6); gez. K 11½.**

aaw) Papst Hadrian VI. (1459–1523); Gemälde von Jan van Scorel (1495–1562), niederländischer Maler

| | | | | | |
|---|---|---|---|---|---|
| **1162** | 2.50 Fr | braunrot | aaw | 0,30 | 0,30 |
| **1163** | 5 Fr | schwarzgrün | aaw | 0,40 | 0,30 |
| | | | Satzpreis (2 W.) | 0,70 | 0,50 |
| | | | FDC | | 3,— |

Auflagen: MiNr. 1162 = 5.317.460, MiNr. 1163 = 1.418.623 Stück

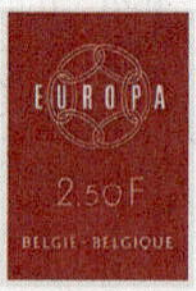

**1959, 19. Sept. Europa. RaTdr. (5×6); gestrichenes Papier; gez. K 11½.**

aax) Sechsgliedrige Kette mit dem Wort „EUROPA"

| | | | | | |
|---|---|---|---|---|---|
| **1164** | 2.50 Fr | bräunlichkarmin | aax | 1,— | 0,30 |
| **1165** | 5 Fr | dunkelblaugrün | aax | 2,— | 0,30 |
| | | | Satzpreis (2 W.) | 3,— | 0,50 |
| | | | FDC | | 4,— |

Auflagen: MiNr. 1164 = 5.981.000, MiNr. 1165 = 2.275.000 Stück

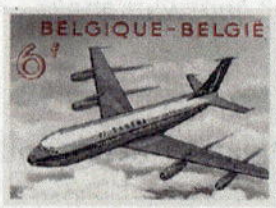

**1959, 1. Dez. Indienststellung einer Boeing 707 bei der SABENA. Komb. StTdr. und RaTdr. (6×5); gestrichenes Papier; gez. K 11½.**

aay) Düsenflugzeug Boeing 707

| | | | | | |
|---|---|---|---|---|---|
| **1166** | 6 Fr | mehrfarbig | aay | 1,80 | 0,60 |
| | | | FDC | | 4,— |

Auflage: 1.707.211 Stück

**1959, 5. Dez. Kampf gegen die Tuberkulose: Folklore. Komb. StTdr. und RaTdr.; MiNr. 1167–1169 (5×10, MiNr. 1170–1171 (5×6), MiNr. 1172–1173 (6×5); gestrichenes Papier; gez. K 11½.**

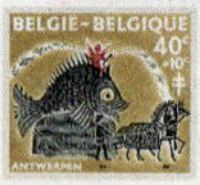

aaz) Fischwagen, Antwerpen – „Spuyter"

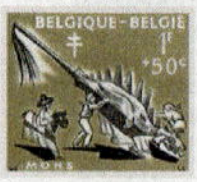

aba) Untier von 1132, Mons – „Le Lumeçon"

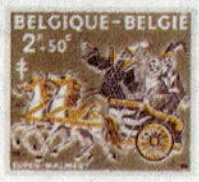

abb) Pferdewagen mit Prinz Karneval, Eupen

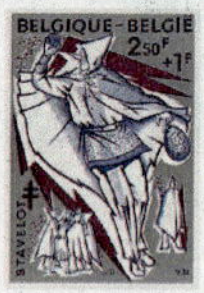

abc) Mönche im Karneval, Stavelot – „Les blancs moussis"

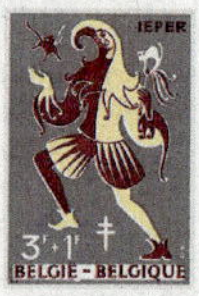

abd) Stadtnarr mit Katzen, Ypern – Das Katzenfest

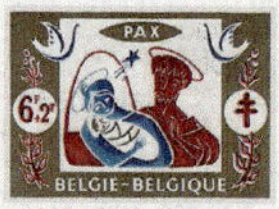

abe) Geburt Christi

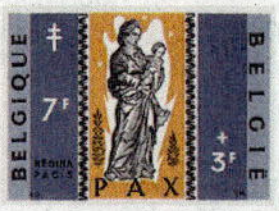

abf) Die Madonna des Friedens (Holzstatue, Lüttich)

| | | | | | |
|---|---|---|---|---|---|
| **1167** | 40 C | + 10 C mehrfarbig | aaz | 0,30 | 0,30 |
| **1168** | 1 Fr | + 50 C mehrfarbig | aba | 0,30 | 0,30 |
| **1169** | 2 Fr | + 50 C mehrfarbig | abb | 0,50 | 0,30 |
| **1170** | 2.50 Fr | + 1 Fr mehrfarbig | abc | 0,60 | 0,30 |
| **1171** | 3 Fr | + 1 Fr mehrfarbig | abd | 1,50 | 1,10 |
| **1172** | 6 Fr | + 2 Fr mehrfarbig | abe | 3,80 | 3,20 |
| **1173** | 7 Fr | + 3 Fr mehrfarbig | abf | 5,— | 4,50 |
| | | | Satzpreis (7 W.) | 12,— | 10,— |
| | | | FDC | | 25,— |

Auflagen: MiNr. 1167 = 1.320.615, MiNr. 1168 = 341.371, MiNr. 1169 = 289.290, MiNr. 1170 = 283.099, MiNr. 1171 = 333.126, MiNr. 1172 = 256.892, MiNr. 1173 = 246.337 Stück

*Gültig bis 30.9.1960*

**1959/1973, 25. Sept. Freimarken: Heraldischer Löwe. MiNr. 1174-1176 Bdr. (20×20, unterteilt in 4 Gruppen zu 10×10), MiNr. 1177 RaTdr., Bogen (B) (10×6 und 10×5) und Rolle (R) (1000); x = normales Papier, y = Papier ph; A = gez. K 14, C = gez. K 13¾:13¼, D = gez. K 11½.**

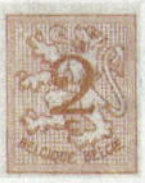
ss

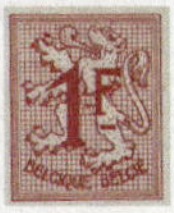
ss I

ss, ss I) Wertzahl über heraldischem Löwen

| | | | | | | |
|---|---|---|---|---|---|---|
| 1174 x A | 2 C | orangebraun | ss | 0,30 | 0,30 |
| 1175 x A | 3 C | hellviolett | ss | 0,30 | 0,30 |
| 1176 x | 15 C | karminlila, normales Papier | ss | | |
| A | | gez. K 14 | | 0,30 | 0,30 |
| C | | gez. K 13¾:13¼ (1967) | | 2,— | 0,30 |
| 1177 | 1 Fr | karmin (Töne) | ss I | | |
| x | | normales Papier | | | |
| D | | gez. K 11½ | | | |
| I | | Type I (B) (R) | | 1,— | 0,30 |
| II | | Type II (B) | | 0,30 | 0,30 |
| y D | | Papier ph. (B) (25.9.1973) | | 0,30 | 0,30 |
| | | Satzpreis (4 W.) | | 0,60 | 0,60 |

**Vorausentwertungen:**

| | | (✶) | ✶✶ |
|---|---|---|---|
| 1174 x A V I | Aufdrucktype b 6 (1959/1966) | 0,30 | 0,30 |
| 1174 x A V II | Aufdrucktype b 7 (1967/1975) | 0,30 | 0,30 |
| 1175 x A V I | Aufdrucktype b 6 (1959/1966) | 0,30 | 0,30 |
| 1175 x A V II | Aufdrucktype b 7 (1967/1975) | 0,30 | 0,30 |
| 1176 x A V I | Aufdrucktype b 6 (1959/1966) | 0,30 | 0,70 |
| 1176 x A V II | Aufdrucktype b 7 (1967/1975) | 0,30 | 0,30 |
| 1176 x C V II | Aufdrucktype b 7 (1967/1975) | 0,80 | 15,— |

Merkmale der zwei Typen von MiNr. 1177 x:
I = in der karierten Hintergrundzeichnung 2 Rechtecke statt Quadrate, und zwar in der 4. waagerechten Reihe links neben der Kralle und zwischen Schwanzbogen und hinterer Tatze;
II = nur Quadrate.

MiNr. 1177 x I gibt es auch mit rückseitiger Zählnummer auf jeder fünften Marke (100,—).

MiNr. 1177 y hat etwas größeres Format.

Ab 1963 ist in der Vorausentwertung Type b 6 nur noch eine Jahreszahl angegeben.

*Weitere Werte siehe Übersicht nach Jahrgangswerttabelle.*

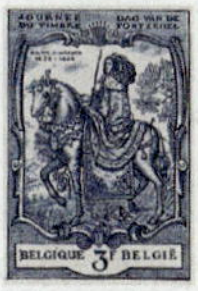

**1960, 20. März. Tag der Briefmarke. StTdr. (5×6); gez. K 11½.**

abg) Alexandrine von Taxis (1589–1666), zu Pferde (Wandteppich)

| | | | | ✶✶ | ⊙ |
|---|---|---|---|---|---|
| 1178 | 3 Fr | blau | abg | 0,60 | 0,30 |
| | | | FDC | | 1,70 |

Auflage: 6.001.534 Stück

**1960, 28. März. Genter Blumenschau. Komb. StTdr. und RaTdr. (5×6); gestrichenes Papier; gez. K 11½.**

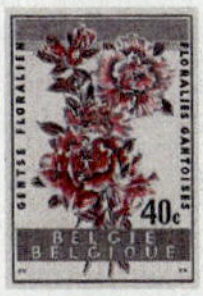
abh) Indische Azalee (Rhododendron simsii)

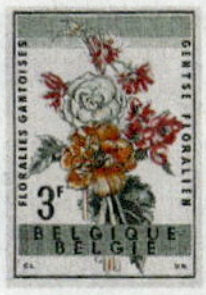
abi) Knollenbegonie (Begonia × tuberhybrida)

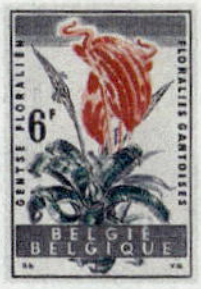
abk) Flamingoblume (Anthurium scherzerianum) und Bromelia agavifolia

| | | | | | |
|---|---|---|---|---|---|
| 1179 | 40 C | mehrfarbig | abh | 0,30 | 0,30 |
| 1180 | 3 Fr | mehrfarbig | abi | 0,40 | 0,30 |
| 1181 | 6 Fr | mehrfarbig | abk | 1,50 | 0,40 |
| | | Satzpreis (3 W.) | | 2,20 | 1,— |
| | | FDC | | | 4,— |

Auflagen: MiNr. 1179 = 9.379.131, MiNr. 1180 = 7.731.266, MiNr. 1181 = 1.785.291 Stück

**1960, 7. April. Weltflüchtlingsjahr. StTdr. (5×6); gez. K 11½.**

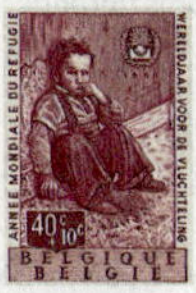
abl) Flüchtlingskind

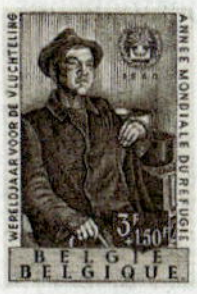
abm) Flüchtling

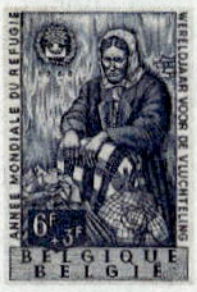
abn) Flüchtlingsfrau

| | | | | | |
|---|---|---|---|---|---|
| 1182 | 40 C | + 10 C purpur | abl | 0,30 | 0,30 |
| 1183 | 3 Fr | + 1.50 Fr sepia | abm | 0,40 | 0,30 |
| 1184 | 6 Fr | + 3 Fr violettultramarin | abn | 1,50 | 1,10 |
| | | Satzpreis (3 W.) | | 2,20 | 1,70 |
| | | FDC | | | 3,60 |

**Blockausgabe mit MiNr. 1185–1187**

| | | | | | |
|---|---|---|---|---|---|
| 1185 | 40 C | + 10 C braunviolett | abl | 15,— | 10,— |
| 1186 | 3 Fr | + 1.50 Fr rotbraun | abm | 15,— | 10,— |
| 1187 | 6 Fr | + 3 Fr braunrot | abn | 15,— | 10,— |
| Block 26 | | (121×93 mm) | abo | 60,— | 50,— |
| | | FDC | | | 60,— |

Ein sogenannter „Luxusblock" mit ungezähnten Weltflüchtlingsjahr-Marken in Originalfarben kam im Dezember 1961 durch Wohltätigkeitsorganisationen mit amtlicher Genehmigung zum Verkauf; die Marken hatten jedoch keine Frankaturgültigkeit.

Auflagen: MiNr. 1182 = 768.826, MiNr. 1183 = 446.925, MiNr. 1184 = 414.455 Stück, Bl. 26 = 213.886 Blocks

*Gültig bis 30.9.1961*

**1960, 30. April. 75 Jahre Sozialistische Partei Belgiens. Komb. StTdr. und RaTdr. (5×6, Querformat ~); gestrichenes Papier; gez. K 11½.**

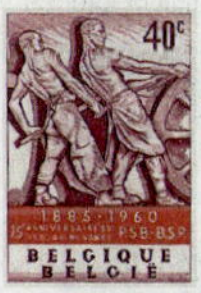
abp) Arbeiter

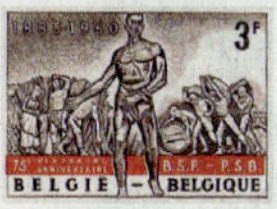
abr) Arbeiter

| | | | | | |
|---|---|---|---|---|---|
| 1188 | 40 C | purpur/hellrot | abp | 0,30 | 0,30 |
| 1189 | 3 Fr | dunkelkarminbraun/hellrot | abr | 0,70 | 0,30 |
| | | Satzpreis (2 W.) | | 1,— | 0,50 |
| | | FDC | | | 1,70 |

Auflagen: MiNr. 1188 = 3.821.751, MiNr. 1189 = 3.284.843 Stück

**1960, 11. Juni. Kultur: Fallschirmspringen. Komb. StTdr. und RaTdr. (6×5, Hochformate ~); gestrichenes Papier; gez. K 11½.**

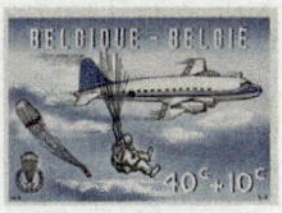
abs) Fallschirmspringer beim Absprung

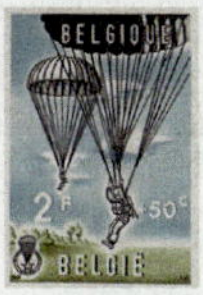
abt) Fallschirmspringer am Fallschirm

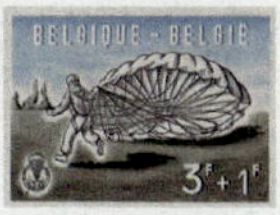
abu) Fallschirmspringer bei der Landung

| | | | | | |
|---|---|---|---|---|---|
| 1190 | 40 C | + 10 C hellkobalt/schwarz | abs | 0,30 | 0,30 |
| 1191 | 1 Fr | + 50 C hellblau/schwarz | abs | 1,20 | 1,— |
| 1192 | 2 Fr | + 50 C türkisblau/schwarz | abt | 3,50 | 1,50 |
| 1193 | 2.50 Fr | + 1 Fr mehrfarbig | abt | 4,— | 3,— |
| 1194 | 3 Fr | + 1 Fr mehrfarbig | abu | 4,— | 3,20 |

| | | | | |
|---|---|---|---|---|
| **1195** | 6 Fr + 2 Fr mehrfarbig | abu | 7,— | 4,— |
| | Satzpreis (6 W.) | | 20,— | 13,— |
| | FDC | | | 22,— |

Auflagen: MiNr. 1190 = 475.456, MiNr. 1191 = 297.012, MiNr. 1192 = 293.144, MiNr. 1193 = 287.085, MiNr. 1194 = 312.031, MiNr. 1195 = 283.411 Stück

*Gültig bis 30.9.1961*

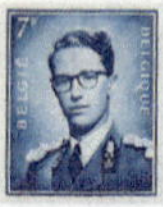

**1960, April/1970, 7. Dez. Freimarken: König Baudouin, 🄴 Marchand. RaTdr. (10×5); x = gestrichenes Papier, y = gestrichenes, phosphoreszierendes Papier; gez. K 11½.**

uy) König Baudouin I. (1930–1993, reg. ab 1951)

| | | | | | |
|---|---|---|---|---|---|
| **1196** | x | 6.50 Fr grauschwarz (1960) | uy | 90,— | 17,— |
| **1197** | | 7 Fr kobalt | uy | | |
| | I | zierliche Wertangabe | | | |
| | x | gestrichenes Papier (1960) | | 0,70 | 0,30 |
| | y | gestr., phosph. Pap. (1967) | | 0,70 | 0,30 |
| | II y | fette Wertangabe (7.12.1970) | | 0,70 | 0,30 |
| | | Satzpreis (2 W.) | | 90,— | 17,— |

Bei MiNr. 1197 I hat das F der Währungsangabe Serifen; bei MiNr. 1197 II sind alle Balken des F annähernd gleich dick.

Auflage: MiNr. 1196 x = 1.029.201 Stück

*In gleicher Zeichnung siehe Übersicht nach Jahrgangswerttabelle.*

**1960, 30. Juni. Unabhängigkeit des Kongo. RaTdr. (6×5); gez. K 11½.**

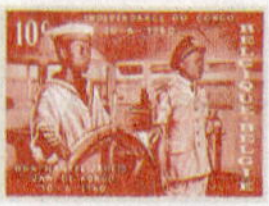

abv) Schiffssteuermann und Kapitän

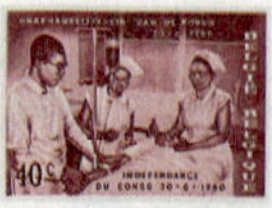

abw) Arzt und Schwestern bei Blutübertragung

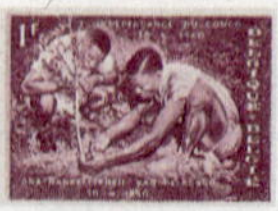

abx) Pflanzer beim Bäumchensetzen

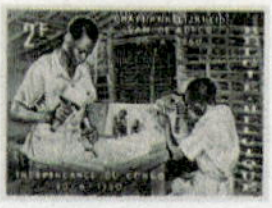

aby) Bildhauer

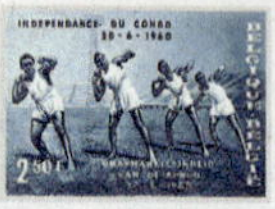

abz) Kugelstoßer

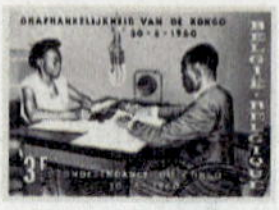

aca) Rundfunksprecher

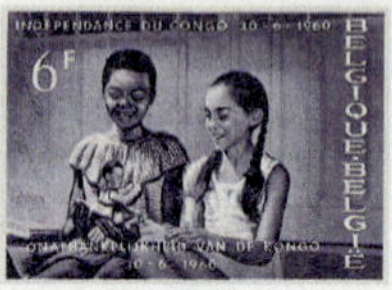

acb) Kongolesisches und belgisches Mädchen

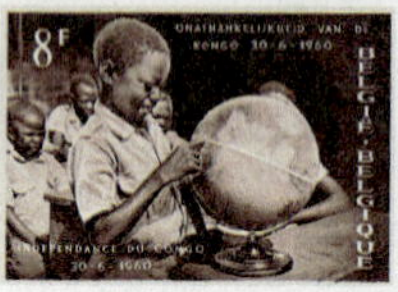

acc) Kongolesische Schüler

| | | | | |
|---|---|---|---|---|
| **1198** | 10 C rot | abv | 0,30 | 0,30 |
| **1199** | 40 C dunkelrötlichlila | abw | 0,30 | 0,30 |
| **1200** | 1 Fr bläulichviolett | abx | 0,50 | 0,30 |
| **1201** | 2 Fr dunkelgrün | aby | 0,50 | 0,30 |
| **1202** | 2.50 Fr kobalt | abz | 0,60 | 0,30 |
| **1203** | 3 Fr schwarzblau | aca | 0,80 | 0,30 |
| **1204** | 6 Fr blauviolett | acb | 2,— | 0,70 |
| **1205** | 8 Fr schwarzbraun | acc | 5,— | 4,— |
| | Satzpreis (8 W.) | | 10,— | 6,50 |
| | FDC | | | 25,— |

Auflagen: MiNr. 1198 = 2.202.320, MiNr. 1199 = 5.112.457, MiNr. 1200 = 1.469.729, MiNr. 1201 = 1.634.558, MiNr. 1202 = 1.655.058, MiNr. 1203 = 5.370.016, MiNr. 1204 = 803.683, MiNr. 1205 = 424.976 Stück

**1960, 3. Aug. Evakuierung der weißen Bevölkerungsteile aus dem Kongo. RaTdr.; MiNr. 1206–1207 (6×5), MiNr. 1208 (5×6); gestrichenes Papier; gez. K 11½.**

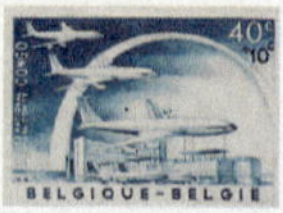

acd) Boeing-Düsenflugzeuge vor Gebäude

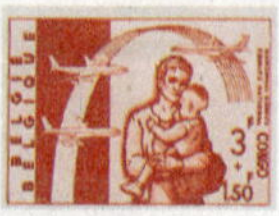

ace) Boeing-Düsenflugzeuge, Flüchtlingsfrau mit Kind

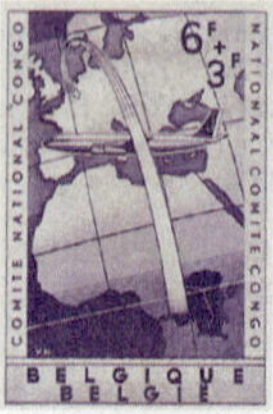

acf) Boeing-Düsenflugzeug vor Landkarte

acd–acf) Darstellungen der Luftbrücke

| | | | | |
|---|---|---|---|---|
| **1206** | 40 C + 10 C grünblau | acd | 0,30 | 0,30 |
| **1207** | 3 Fr + 1.50 Fr rot | ace | 1,70 | 1,20 |
| **1208** | 6 Fr + 3 Fr hellblauviolett | acf | 4,— | 3,50 |
| | Satzpreis (3 W.) | | 6,— | 5,— |
| | FDC | | | 13,— |

Auflagen: MiNr. 1206 = 733.623, MiNr. 1207 = 354.386, MiNr. 1208 = 308.284 Stück

*Gültig bis 30.9.1961*

**1960, 17. Sept. Europa, RaTdr. (6×5); gestrichenes Papier; gez. K 11½.**

acg) „O" in „EUROPA" als Wagenrad mit 19 Speichen

| | | | | |
|---|---|---|---|---|
| **1209** | 3 Fr braunlila | acg | 0,50 | 0,30 |
| **1210** | 6 Fr schwarzoliv | acg | 1,50 | 0,50 |
| | Satzpreis (2 W.) | | 2,— | 0,80 |
| | FDC | | | 5,— |

Auflagen: MiNr. 1209 = 9.234.156, MiNr. 1210 = 2.572.503 Stück

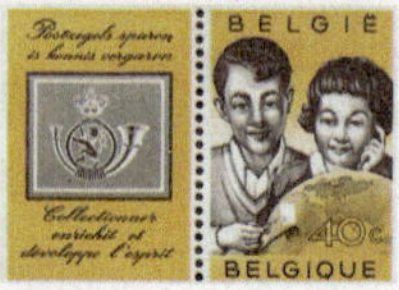

**1960, 1. Okt. Jugendphilatelie. RaTdr. (5×6 Zd); gestrichenes Papier; gez. K 11½.**

Zierfeld
ach) Kinder mit Briefmarke und Globus

| | | | | |
|---|---|---|---|---|
| **1211** | 40 C dunkelchromgelb/schwarz | ach | 0,30 | 0,30 |
| | 1211 Zf | | 0,60 | 0,60 |
| | FDC | | | 1,20 |

Auflage: 5.007.720 Stück

**1960, 8. Okt. Kinderhilfswerk der Vereinten Nationen (UNICEF). Komb. StTdr. und RaTdr. (5×6); gestrichenes Papier; gez. K 11½.**

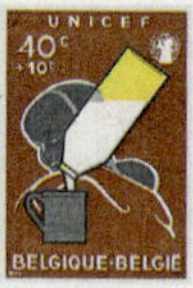

aci) Milchflasche, Topf vor Kleinkind

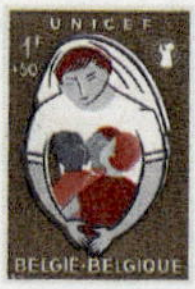

ack) Schwester mit Kindern

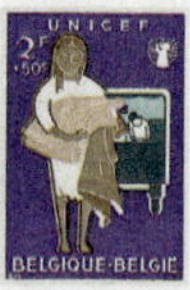

acl) Flüchtlingsmädchen empfängt Bekleidung

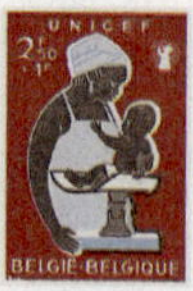

acm) Negerschwester wiegt Kleinkind

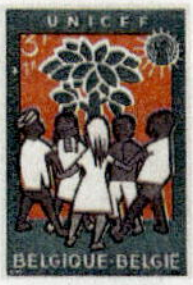
acn) Kinder verschiedener Rassen vor Baum

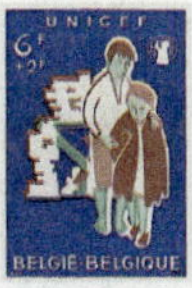
aco) Flüchtlingskinder vor Ruine

| | | | | | |
|---|---|---|---|---|---|
| 1212 | 40 C | + 10 C mehrfarbig | aci | 0,30 | 0,30 |
| 1213 | 1 Fr | + 50 C mehrfarbig | ack | 0,90 | 0,60 |
| 1214 | 2 Fr | + 50 C mehrfarbig | acl | 1,50 | 1,20 |
| 1215 | 2.50 Fr | + 1 Fr mehrfarbig | acm | 1,80 | 1,40 |
| 1216 | 3 Fr | + 1 Fr mehrfarbig | acn | 2,— | 1,50 |
| 1217 | 6 Fr | + 2 Fr mehrfarbig | aco | 3,50 | 3,— |
| | | Satzpreis (6 W.) | | 10,— | 8,— |
| | | FDC | | | 20,— |

Auflagen: MiNr. 1212 = 587.358, MiNr. 1213 = 338.157, MiNr. 1214 = 328.486, MiNr. 1215 = 320.653, MiNr. 1216 = 366.072, MiNr. 1217 = 315.470 Stück

*Gültig bis 30.9.1961*

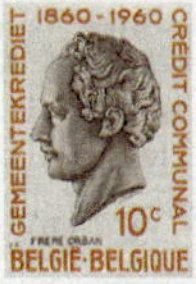

**1960, 15. Okt. 100 Jahre Gemeindekredit Belgiens. Komb. StTdr. und RaTdr. (5×6); gestrichenes Papier; gez. K 11½.**

acp) Hubert Frère-Orban (1812–1896), Politiker und Gründer der Organisation

| | | | | | |
|---|---|---|---|---|---|
| 1218 | 10 C | orangegelb/dunkelbraun | acp | 0,30 | 0,30 |
| 1219 | 40 C | dunkelblaugrün/dunkelbrau | acp | 0,30 | 0,30 |
| 1220 | 1.50 Fr | blauviolett/dunkelbraun | acp | 0,60 | 0,30 |
| 1221 | 3 Fr | rot/dunkelbraun | acp | 0,80 | 0,30 |
| | | Satzpreis (4 W.) | | 2,— | 1,— |
| | | FDC | | | 4,20 |

Auflagen: MiNr. 1218 = 1.500.731, MiNr. 1219 = 6.357.946, MiNr. 1220 = 856.020, MiNr. 1221 = 5.002.378 Stück

**1960, 5. Dez. Kampf gegen die Tuberkulose: Kunsthandwerk. Komb. StTdr. und RaTdr. (6×5, Hochformate ~); gestrichenes Papier; gez. K 11½.**

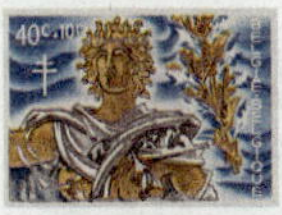
acr) Der Triumph des Friedens (Detail); Wandteppich von Peter Colfs (1906–1983)

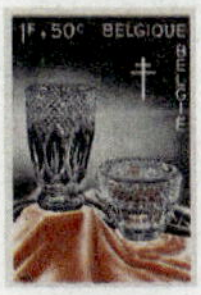
acs) Kristallgläser

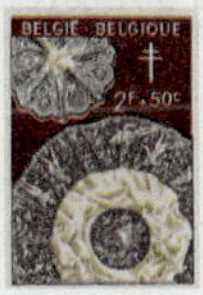
act) Spitzendeckchen

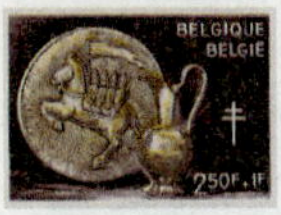
acu) Messingkrug und -teller

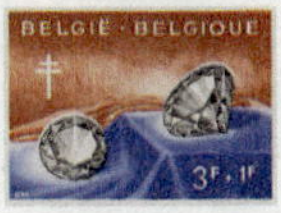
acv) Geschliffene Diamanten

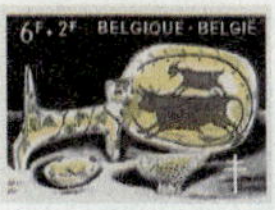
acw) Keramiknippes

| | | | | | |
|---|---|---|---|---|---|
| 1222 | 40 C | + 10 C mehrfarbig | acr | 0,30 | 0,30 |
| 1223 | 1 Fr | + 50 C mehrfarbig | acs | 0,70 | 0,50 |
| 1224 | 2 Fr | + 50 C mehrfarbig | act | 1,40 | 1,— |
| 1225 | 2.50 Fr | + 1 Fr dunkellilabraun/gelb | acu | 2,20 | 1,70 |
| 1226 | 3 Fr | + 1 Fr mehrfarbig | acv | 2,40 | 2,— |
| 1227 | 6 Fr | + 2 Fr blauschwarz/strohgelb | acw | 4,— | 3,— |
| | | Satzpreis (6 W.) | | 11,— | 8,50 |
| | | FDC | | | 20,— |

Auflagen: MiNr. 1222 = 721.355, MiNr. 1223 = 374.260, MiNr. 1224 = 341.205, MiNr. 1225 = 339.325, MiNr. 1226 = 377.925, MiNr. 1227 = 315.796 Stück

*Gültig bis 30.9.1961*

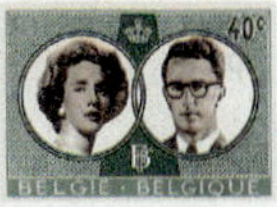

**1960, 13. Dez. Hochzeit König Baudouins mit Doña Fabiola de Mora y Aragon. RaTdr. (6×5); gestrichenes Papier; gez. K 11½.**

acx) Doña Fabiola und König Baudouin; verschlungene Ringe, Krone und Monogramm

| | | | | | |
|---|---|---|---|---|---|
| 1228 | 40 C | dunkelbläulichgrün/dunkellilabraun | acx | 0,30 | 0,30 |
| 1229 | 3 Fr | dunkellila/dunkellilabraun | acx | 0,40 | 0,30 |
| 1230 | 6 Fr | blau/dunkellilabraun | acx | 1,30 | 0,30 |
| | | Satzpreis (3 W.) | | 2,— | 0,80 |
| | | FDC | | | 4,20 |

Auflagen: MiNr. 1228 = 36.061.080, MiNr. 1229 = 21.074.905, MiNr. 1230 = 4.179.424 Stück

*Ab MiNr. 1228 sind alle Ausgaben unbeschränkt frankaturgültig; außerdem alle älteren Freimarken – auch mit Wertaufdruck – Leopold III., Baudouin und Heraldischer Löwe sowie alle Sondermarken ohne Zuschlag ab dem Jahre 1954.*

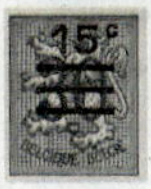
1231

**1960, 17. Aug. Freimarken: Heraldischer Löwe. MiNr. 1074 mit Bdr.-Aufdruck der neuen Wertstufe.**

| | | | | | |
|---|---|---|---|---|---|
| 1231 | 15 C | auf 30 C schwarzblaugrün | (1074) | 0,30 | 0,30 |
| 1232 | 20 C | auf 30 C schwarzblaugrün | (1074) | 0,30 | 0,30 |
| | | Satzpreis (2 W.) | | 0,50 | 0,50 |

**Vorausentwertungen:**

| | | (✱) | ✱✱ |
|---|---|---|---|
| 1231 V | Aufdrucktype b 6 (1960) | 0,30 | 1,— |
| 1232 V | Aufdrucktype b 6 (1960) | 1,50 | 2,50 |

Der Wertaufdruck bei MiNr. 1231 V–1232 V wurde gemeinsam mit dem Aufdruck der Vorausentwertung angebracht.

Auflagen: MiNr. 1231 = 1.500.000, MiNr. 1231 V = 600.000, MiNr. 1232 = 1.250.000, MiNr. 1232 V = 300.000 Stück

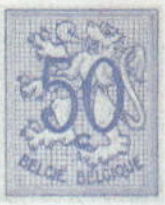

**1960. Freimarke: Heraldischer Löwe. RaTdr., Bogen (10×6 und 10×12) und Rolle (1000); gez. K 11½.**

ss l) Wertzahl über heraldischem Löwen

| | | | | ✱✱ | ⊙ |
|---|---|---|---|---|---|
| 1233 | 50 C | grauultramarin | ss l | 0,50 | 0,30 |

*Weitere Werte siehe Übersicht nach Jahrgangswerttabelle.*

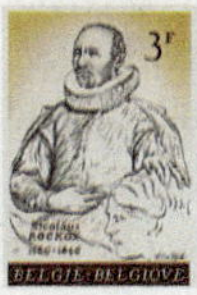

**1961, 20. März. 400. Geburtstag von Nicolaus Rockox. Komb. StTdr. und RaTdr. (5×6); gestrichenes Papier; gez. K 11½.**

acy) Nicolaus Rockox (1560–1640), Bürgermeister von Antwerpen; Zeichnung von Anthonis van Dyck (1599–1641)

| | | | | | |
|---|---|---|---|---|---|
| 1234 | 3 Fr | mehrfarbig | acy | 0,40 | 0,30 |
| | | FDC | | | 1,50 |

Auflage: 6.172.890 Stück

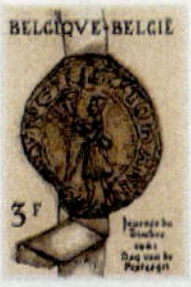

**1961, 16. April. Tag der Briefmarke. RaTdr. (5×6); gez. K 11½.**

acz) Amtssiegel „Briefbote“ von Jan Bode (1264), Stadtrat von Antwerpen

| | | | | | |
|---|---|---|---|---|---|
| **1235** | 3 Fr mehrfarbig | acz | 0,40 | 0,30 |
| | | FDC | | 1,50 |

Auflage: 6.550.530 Stück

**1961, 22. April. Kultur: Persönlichkeiten. Komb. StTdr. und RaTdr. (6×5); gestrichenes Papier; gez. K 11½.**

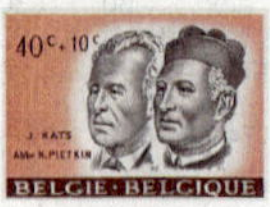


ada) Jacob Kats (1804–1886) und Nicolas Pietkin (1849–1921), Pfarrer und Schriftsteller

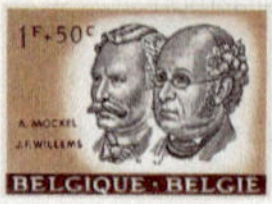


adb) Albert Mockel (1866–1945) und Jan Frans Willems (1793–1846), Schriftsteller

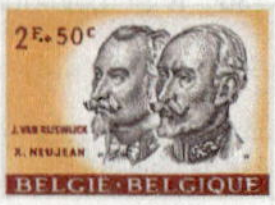


adc) Jan van Rijswijck (1853–1906) und Xavier-Marie Neujean (1865–1940), Politiker

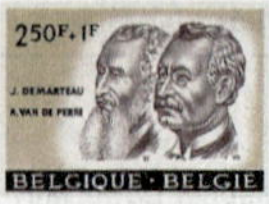


add) Joseph Demarteau (1886–1959), Journalist, und Alfons Van de Perre (1872–1925), Politiker

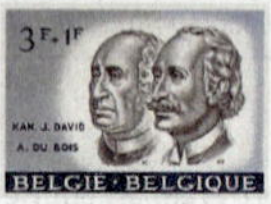


ade) Jean-Baptist David (1801–1866), Kanoniker, und Albert du Bois (1872–1940), Schriftsteller

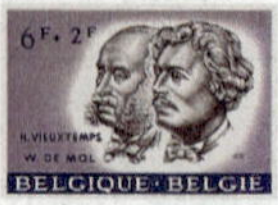


adf) Henri Vieuxtemps (1820–1881), Violinist, und Willem de Mol (1846–1874), Komponist

| | | | | | | |
|---|---|---|---|---|---|---|
| **1236** | 40 C | + 10 C mehrfarbig | ada | 0,50 | 0,30 |
| **1237** | 1 Fr | + 50 C mehrfarbig | adb | 1,50 | 1,20 |
| **1238** | 2 Fr | + 50 C mehrfarbig | adc | 2,50 | 2,50 |
| **1239** | 2.50 Fr | + 1 Fr mehrfarbig | add | 3,— | 2,50 |
| **1240** | 3 Fr | + 1 Fr mehrfarbig | ade | 3,50 | 2,50 |
| **1241** | 6 Fr | + 2 Fr mehrfarbig | adf | 4,— | 3,— |
| | | | Satzpreis (6 W.) | 15,— | 12,— |
| | | | FDC | | 30,— |

Auflagen: MiNr. 1236 = 498.614, MiNr. 1237 = 317.884, MiNr. 1238 = 311.670, MiNr. 1239 = 316.023, MiNr. 1240 = 321.265, MiNr. 1241 = 303.994 Stück

**1961, 3. Juni. Tiere aus dem Zoo von Antwerpen (I). RaTdr. (5×6, Querformate ~); gestrichenes Papier; gez. K 11½.**

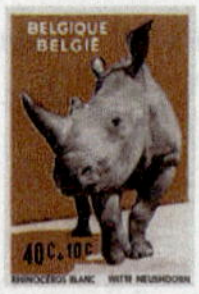


adg) Breitmaulnashorn (Ceratotherium simum)

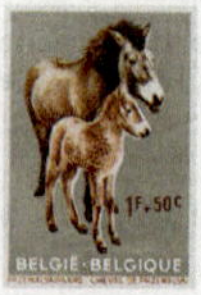


adh) Przewalski-Pferd (Equus przewalskii)

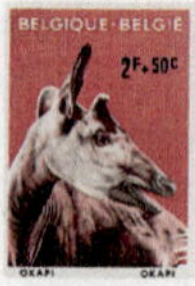


adi) Okapi (Okapia johnstoni)

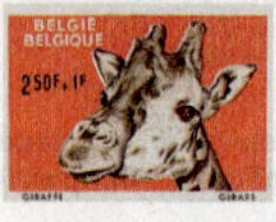


adk) Giraffe (Giraffa camelopardalis)

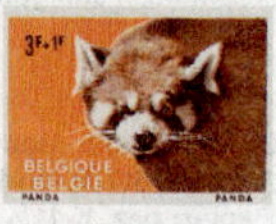


adl) Kleiner Panda (Ailurus fulgens)

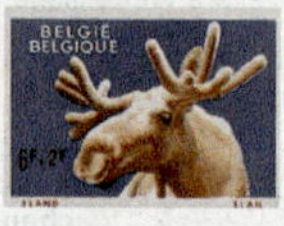


adm) Elch (Alces alces)

| | | | | | | |
|---|---|---|---|---|---|---|
| **1242** | 40 C | + 10 C ockerbraun/dkl'lilabraun | adg | 0,30 | 0,30 |
| **1243** | 1 Fr | + 50 C olivgrau/gelbbrau | adh | 1,20 | 0,60 |
| **1244** | 2 Fr | + 50 C dkl'rosa/sepia | adi | 1,50 | 1,— |
| **1245** | 2.50 Fr | + 1 Fr ziegelrot/dkl'gelbbrau | adk | 2,— | 1,20 |
| **1246** | 3 Fr | + 1 Fr orange/braun | adl | 2,— | 1,20 |
| **1247** | 6 Fr | + 2 Fr hellkobalt/ockerbraun | adm | 3,— | 1,70 |
| | | | Satzpreis (6 W.) | 10,— | 6,— |
| | | | FDC | | 20,— |

Auflagen: MiNr. 1242 = 816.914, MiNr. 1243 = 442.639, MiNr. 1244 = 424.916, MiNr. 1245 = 417.470, MiNr. 1246 = 433.445, MiNr. 1247 = 405.387 Stück

**1961, 29. Juli. 400. Jahrestag der Erhebung Mechelns zum erzbischöflichen Sitz. StTdr. (10×5); gez. K 11½.**

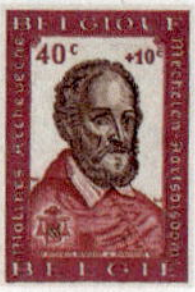


adn) Antoine Perrenot de Granvelle (1517–1586), Kardinal und Politiker

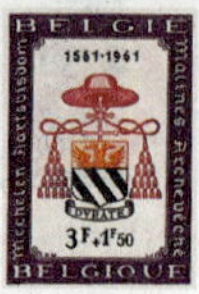


ado) Wappen des Kardinals

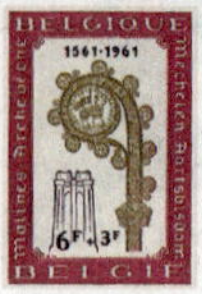


adp) Bischofsstab und Turm der Kathedrale St. Romuald

| | | | | | | |
|---|---|---|---|---|---|---|
| **1248** | 40 C | + 10 C mehrfarbig | adn | 0,30 | 0,30 |
| **1249** | 3 Fr | + 1.50 Fr mehrfarbig | ado | 0,70 | 0,60 |
| **1250** | 6 Fr | + 3 Fr mehrfarbig | adp | 1,— | 0,90 |
| | | | Satzpreis (3 W.) | 2,— | 1,80 |
| | | | FDC | | 4,50 |

Auflagen: MiNr. 1248 = 774.664, MiNr. 1249 = 439.326, MiNr. 1250 = 374.000 Stück

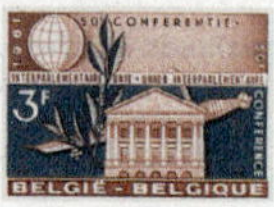


**1961, 14. Sept. 50. Konferenz der Interparlamentarischen Union. Komb. StTdr. und RaTdr. (6×5); gestrichenes Papier; gez. K 11½.**

adr) Nationalpalast in Brüssel abgebrochenem Schwert, Ölbaumzweige, Globus

| | | | | | |
|---|---|---|---|---|---|
| **1251** | 3 Fr | rotbraun/dunkelblaugrün | adr | 0,50 | 0,30 |
| **1252** | 6 Fr | dunkelviolettbraun/dunkelkarminrot | adr | 1,50 | 0,40 |
| | | | Satzpreis (2 W.) | 2,— | 0,70 |
| | | | FDC | | 2,50 |

Auflagen: MiNr. 1251 = 5.714.160, MiNr. 1252 = 1.199.790 Stück

**1961. 16. Sept. Europa. RaTdr. (6×5); gestrichenes Papier; gez. K 11½.**

ads) Stilisierte Taube aus 19 Einzeltauben

| | | | | | |
|---|---|---|---|---|---|
| **1253** | 3 Fr | gelboliv/schwarzgrün | ads | 0,40 | 0,30 |
| **1254** | 6 Fr | hellorangebraun/schwarz | ads | 0,60 | 0,30 |
| | | | Satzpreis (2 W.) | 1,— | 0,50 |
| | | | FDC | | 2,— |

Auflagen: MiNr. 1253 = 10.713.378, MiNr. 1254 = 3.552.851 Stück

**1961, 8. Nov. Nuklearanlagen in Mol; EURATOM. RaTdr. (6×5, Hochformat ~); gestrichenes Papier; gez. K 11½.**

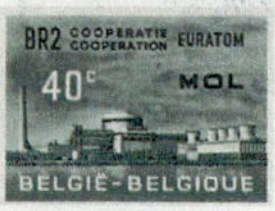


adt) Kernreaktor BR 2

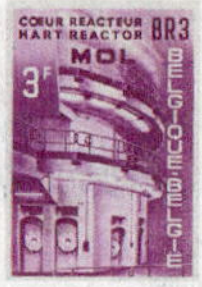


adu) Hauptarbeitsbühne im Kernreaktor BR 3

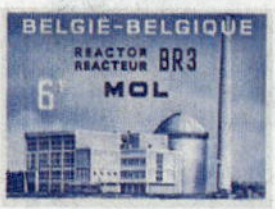


adv) Kernreaktor BR 3

| | | | | | |
|---|---|---|---|---|---|
| **1255** | 40 C | dunkelblaugrün | adt | 0,30 | 0,30 |
| **1256** | 3 Fr | lila | adu | 0,30 | 0,30 |
| **1257** | 6 Fr | kobalt | adv | 0,60 | 0,30 |
| | | | Satzpreis (3 W.) | 1,20 | 0,60 |
| | | | FDC | | 1,50 |

MiNr. 1256 ist wasserempfindlich.

Auflagen: MiNr. 1255 = 10.452.656, MiNr. 1256 = 7.268.226, MiNr. 1257 = 1.976.557 Stück

**1961, 2. Dez. Kampf gegen die Tuberkulose: Mutter und Kind. RaTdr. (5×6); gestrichenes Papier; gez. K 11½.**

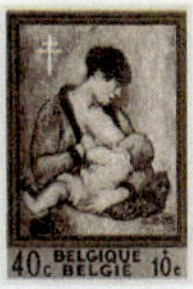
adw) Die Mutter und das Kind; von Pierre Paulus (1881–1959)

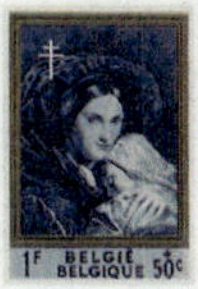
adx) Mutterliebe; von François-Joseph Navez (1787–1869)

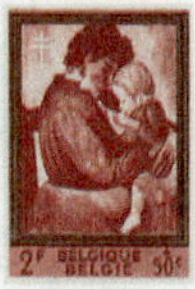
ady) Mutterschaft; von Constant Permeke (1886–1952)

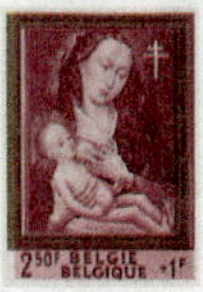
adz) Hl. Jungfrau mit Kind; von Rogier van der Weyden (1399/1400–1464)

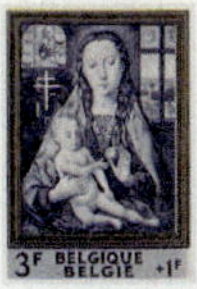
aea) Hl. Jungfrau mit Kind und Apfel; von Hans Memling (1433/1440–1494)

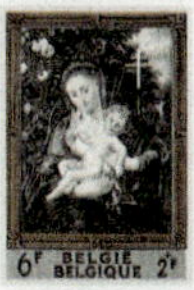
aeb) Hl. Jungfrau mit Kind und Vergissmeinnicht; von Peter Paul Rubens (1577–1640)

| | | | | | | |
|---|---|---|---|---|---|---|
| **1258** | 40 C | + 10 C gold/violettbraun | adw | 0,30 | 0,30 |
| **1259** | 1 Fr | + 50 C gold/ultramarin | adx | 0,50 | 0,50 |
| **1260** | 2 Fr | + 50 C gold/karminrot | ady | 0,60 | 0,60 |
| **1261** | 2.50 Fr | + 1 Fr gold/lilapurpur | adz | 0,80 | 0,80 |
| **1262** | 3 Fr | + 1 Fr gold/blauviolett | aea | 0,80 | 0,80 |
| **1263** | 6 Fr | + 2 Fr gold/schwarzgrün | aeb | 1,— | 1,— |
| | | | Satzpreis (6 W.) | 4,— | 4,— |
| | | | FDC | | 10,— |

Auflagen: MiNr. 1258 = 1.225.781, MiNr. 1259 = 550.111, MiNr. 1260 = 489.034, MiNr. 1261 = 484.040, MiNr. 1262 = 560.742, MiNr. 1263 = 453.852 Stück

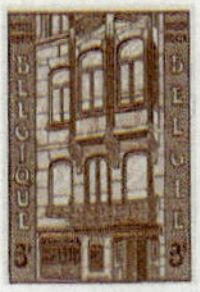

**1962, 15. Febr. 100. Geburtstag von Victor Horta (1861–1947). StTdr. (5×6); gez. K 11½.**

aec) Horta-Museum in St. Gilles

| | | | | | |
|---|---|---|---|---|---|
| **1264** | 3 Fr | rotbraun | aec | 0,40 | 0,30 |
| | | | FDC | | 1,50 |

Auflage: 11.250.000 Stück

**1962, 12. März. Kultur: Baudenkmäler. StTdr. (5×6, Querformate ~); gez. K 11½.**

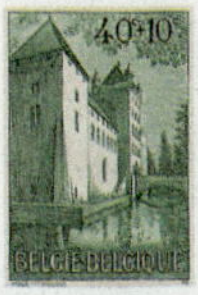
aed) Schloss der Grafen zu Male

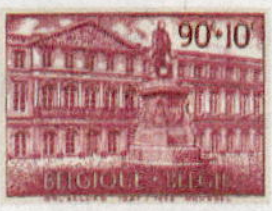
aee) Königliche Bibliothek, Brüssel

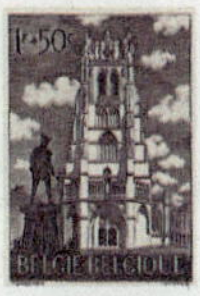
aef) Basilika „Onze Lieve Vrouw", Tongeren

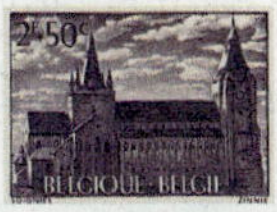
aeg) Stift in Soignies

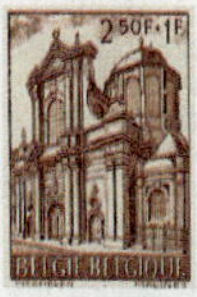
aeh) Kirche „Onze Lieve Vrouw van Hanswijk", Mechelen

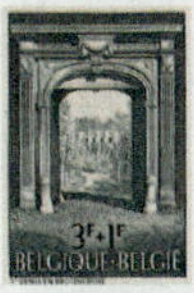
aei) Abtei St. Denis, Broqueroie

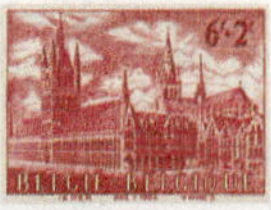
aek) Hallen von Ypern

| | | | | | | |
|---|---|---|---|---|---|---|
| **1265** | 40 C | + 10 C smaragdgrün | aed | 0,30 | 0,30 |
| **1266** | 90 C | + 10 C lila | aee | 0,30 | 0,30 |
| **1267** | 1 Fr | + 50 C grauviolett | aef | 0,60 | 0,50 |
| **1268** | 2 Fr | + 50 C blauviolett | aeg | 0,80 | 0,60 |
| **1269** | 2.50 Fr | + 1 Fr rotbraun | aeh | 1,20 | 1,— |
| **1270** | 3 Fr | + 1 Fr dunkelblaugrün | aei | 1,20 | 1,— |
| **1271** | 6 Fr | + 2 Fr karmin | aek | 1,60 | 1,30 |
| | | | Satzpreis (7 W.) | 6,— | 5,— |
| | | | FDC | | 10,— |

Auflagen: MiNr. 1265 = 883.097, MiNr. 1266 = 458.617, MiNr. 1267 = 397.170, MiNr. 1268 = 396.615, MiNr. 1269 = 383.609, MiNr. 1270 = 392.437, MiNr. 1271 = 378.751 Stück

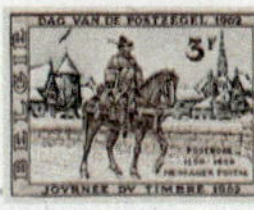

**1962, 25. März. Tag der Briefmarke. Komb. StTdr. und RaTdr. (6×5); gestrichenes Papier; gez. K 11½.**

ael) Postbote zu Pferd (16. Jh.); Zeichnung von James Thiriar (1889–1965)

| | | | | | |
|---|---|---|---|---|---|
| **1272** | 3 Fr | dunkellilabraun/schwarzblaugrün | ael | 0,40 | 0,30 |
| | | | FDC | | 1,50 |

Auflage: 10.200.000 Stück

*In ähnlicher Zeichnung: MiNr. 1452*

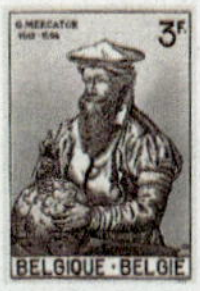

**1962, 14. April. 450. Geburtstag von Gerard De Kremer, genannt Mercator. Komb. StTdr. und RaTdr. (5×6); gestrichenes Papier; gez. K 11½.**

aem) Gerard Mercator (1512–1594), Kartograph, mit Globus

| | | | | | |
|---|---|---|---|---|---|
| **1273** | 3 Fr | braunschwarz/blaugrau | aem | 0,40 | 0,30 |
| | | | FDC | | 1,50 |

Auflage: 10.200.000 Stück

**1962, 19. Mai. Alexis-Marie Gochet und Pierre-Joseph Triest. StTdr. (5×6); gez. K 11½.**

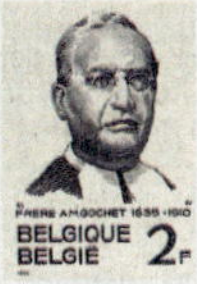
aen) Alexis-Marie Gochet (1835–1910), Erneuerer des Geographie-Unterrichts

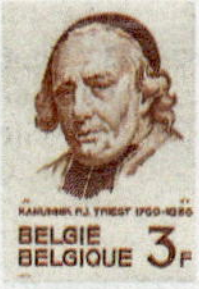
aeo) Pierre-Joseph Triest (1760–1836), Philanthrop

| | | | | | |
|---|---|---|---|---|---|
| **1274** | 2 Fr | indigo | aen | 0,30 | 0,30 |
| **1275** | 3 Fr | orangebraun | aeo | 0,40 | 0,30 |
| | | | Satzpreis (2 W.) | 0,70 | 0,50 |
| | | | FDC | | 1,70 |

Auflagen: MiNr. 1274 = 10.200.000, MiNr. 1275 = 9.000.000 Stück

**1962, 23. Juni. Tiere aus dem Zoo von Antwerpen (II): Vögel. Komb. StTdr. und RaTdr. (5×6); gestrichenes Papier; gez. K 11½.**

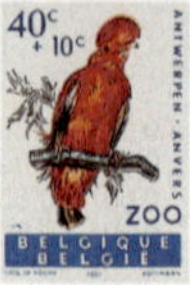

aep) Anden-Klippenvogel (Rupicola peruviana)

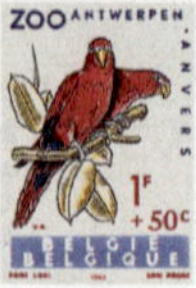

aer) Rotlori (Eos bornea)

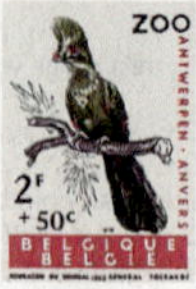

aes) Guineaturako (Tauraco persa)

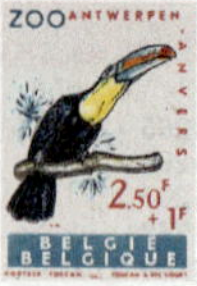

aet) Fischertukan (Ramphastos sulfuratus)

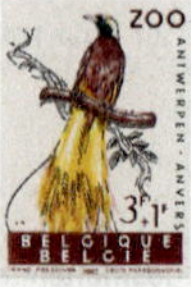

aeu) Großer Paradiesvogel (Paradisaea apoda)

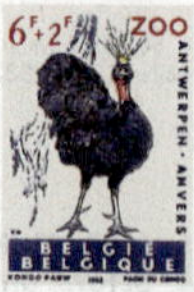

aev) Kongopfau (Afropavo congensis)

| | | | | | |
|---|---|---|---|---|---|
| 1276 | 40 C + 10 C mehrfarbig | aep | 0,30 | 0,30 |
| 1277 | 1 Fr + 50 C mehrfarbig | aer | 0,50 | 0,30 |
| 1278 | 2 Fr + 50 C mehrfarbig | aes | 0,70 | 0,50 |
| 1279 | 2.50 Fr + 1 Fr mehrfarbig | aet | 1,— | 0,80 |
| 1280 | 3 Fr + 1 Fr mehrfarbig | aeu | 1,— | 0,80 |
| 1281 | 6 Fr + 2 Fr mehrfarbig | aev | 2,— | 1,30 |
| | Satzpreis (6 W.) | | 5,50 | 4,— |
| | FDC | | | 10,— |

Auflagen: MiNr. 1276 = 1.485.741, MiNr. 1277 = 518.629, MiNr. 1278 = 500.508, MiNr. 1279 = 487.660, MiNr. 1280 = 518.52, MiNr. 1281 = 483.765 Stück

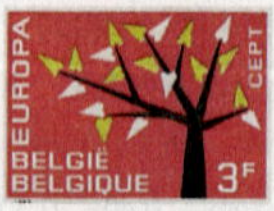

**1962, 15. Sept. Europa. RaTdr. (6×5); gestrichenes Papier; gez. K 11½.**

aew) Stilisierter Baum mit 19 Blättern

| | | | | |
|---|---|---|---|---|
| 1282 | 3 Fr mehrfarbig | aew | 0,50 | 0,30 |
| 1283 | 6 Fr mehrfarbig | aew | 1,— | 0,30 |
| | Satzpreis (2 W.) | | 1,50 | 0,60 |
| | FDC | | | 2,— |

Auflagen: MiNr. 1282 = 9.000.000, MiNr. 1283 = 6.000.000 Stück

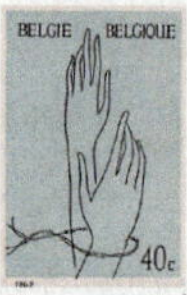

**1962, 16. Sept. Gedenken an die Opfer der Konzentrationslager. Komb. StTdr. und RaTdr. (5×6); gestrichenes Papier; gez. K 11½.**

aex) Zwei Hände mit Stacheldraht; nach einer Skulptur von Idel Ianchelevici (1909–1994)

| | | | | |
|---|---|---|---|---|
| 1284 | 40 C lichtblau/schwarz | aex | 0,30 | 0,30 |
| | FDC | | | 1,30 |

Auflage: 8.400.000 Stück

**1962. 22. Sept. Körperlich behinderte Kinder. RaTdr. (5×6, Querformate ~); gez. K 11½.**

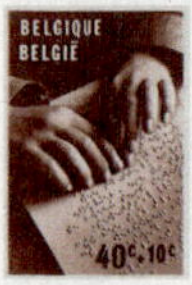

aey) Hände eines blinden Kindes beim Punktschriftlesen

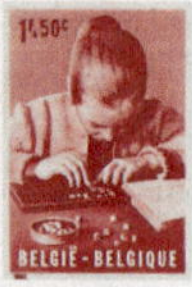

aez) Blindes Kind mit Rechenkasten

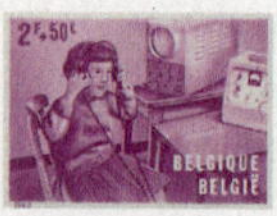

afa) Taubstummes Kind beim Audiogramm

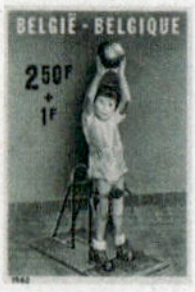

afb) An Kinderlähmung erkranktes Kind beim Ballspiel

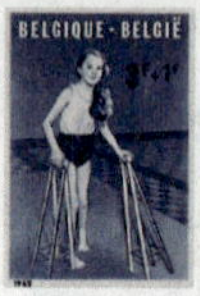

afc) Gehversuch eines an Kinderlähmung erkrankten Mädchens

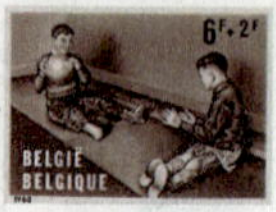

afd) An Kinderlähmung erkrankte Kinder beim Ballspiel

| | | | | |
|---|---|---|---|---|
| 1285 | 40 C + 10 C braun | aey | 0,30 | 0,30 |
| 1286 | 1 Fr + 50 C rot | aez | 0,30 | 0,30 |
| 1287 | 2 Fr + 50 C bläulichviolett | afa | 0,60 | 0,60 |
| 1288 | 2.50 Fr + 1 Fr dunkelbläulichgrün | afb | 0,80 | 0,80 |
| 1289 | 3 Fr + 1 Fr preußischblau | afc | 0,80 | 0,80 |
| 1290 | 6 Fr + 2 Fr dunkellilabraun | afd | 1,20 | 1,20 |
| | Satzpreis (6 W.) | | 4,— | 4,— |
| | FDC | | | 10,— |

Auflagen: MiNr. 1285 = 1.410.867, MiNr. 1286 = 434.082, MiNr. 1287 = 418.577, MiNr. 1288 = 410.713, MiNr. 1289 = 442.918, MiNr. 1290 = 405.471 Stück

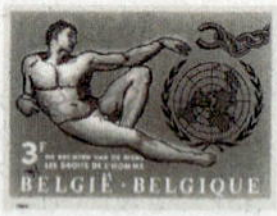

**1962, 24. Nov. Menschenrechte. Komb. StTdr. und RaTdr. (6×5); gestrichenes Papier; gez. K 11½.**

afe) Adam (aus „Die Schöpfung" von Michelangelo), UNO-Emblem, gesprengte Kette

| | | | | |
|---|---|---|---|---|
| 1291 | 3 Fr olivgrau/lilaschwarz | afe | 0,30 | 0,30 |
| 1292 | 6 Fr hellorangebraun/lilaschwarz | afe | 0,30 | 0,30 |
| | Satzpreis (2 W.) | | 0,60 | 0,50 |
| | FDC | | | 1,70 |

Auflagen: MiNr. 1291 = 8.250.000, MiNr. 1292 = 3.750.000 Stück

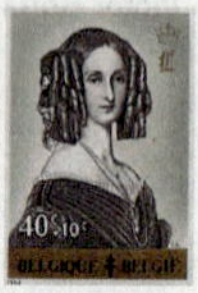

**1962, 8. Dez. Kampf gegen die Tuberkulose: Belgische Königinnen. Komb. StTdr. und RaTdr. (5×6); gestrichenes Papier; gez. K 11½.**

aff) Königin Louise-Marie (1812–1850)

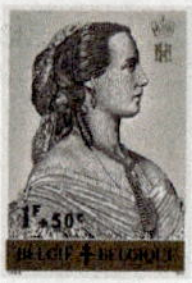

afg) Königin Marie-Henriette (1836–1902)

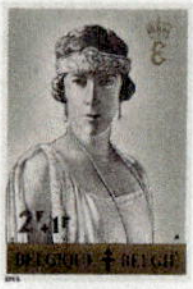

afh) Königin Elisabeth (1876–1965)

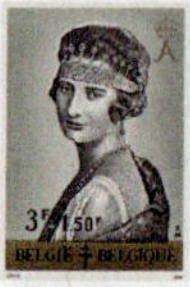

afi) Königin Astrid (1905–1935)

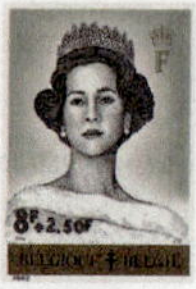

afk) Königin Fabiola (1928–2014)

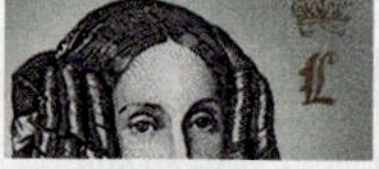

MiNr. 1293 I

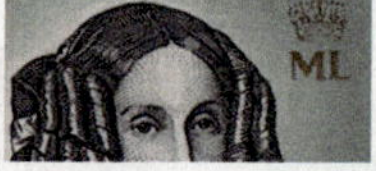

MiNr. 1293 II

| | | | | |
|---|---|---|---|---|
| 1293 | 40 C + 10 C mehrfarbig | aff | | |
| I | Monogramm „L" | | 0,30 | 0,30 |
| II | Monogramm „ML" | | 0,60 | 0,60 |
| 1294 | 1 Fr + 50 C mehrfarbig | afg | 0,40 | 0,40 |
| 1295 | 2 Fr + 1 Fr mehrfarbig | afh | 0,70 | 0,70 |
| 1296 | 3 Fr + 1.50 Fr mehrfarbig | afi | 1,— | 1,— |
| 1297 | 8 Fr + 2.50 Fr mehrfarbig | afk | 1,60 | 1,60 |
| | Satzpreis (5 W.) | | 4,— | 4,— |
| | FDC | | | 9,— |

FALSCH ohne Golddruck (chemisch entfernt)

Auflagen: MiNr. 1293 = 4.693.850, MiNr. 1294 = 713.655, MiNr. 1295 = 641.371, MiNr. 1296 = 705.610, MiNr. 1297 = 586.816 Stück

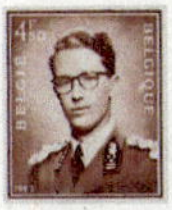

**1962, 30. Okt./1972, 8. Nov. Freimarke: König Baudouin, 🄴 Marchand. RaTdr., Bogen (B) (10×5, MiNr. 1298 y II 10×6) und Rolle (R) (1000); x = gestrichenes Papier, y = gestrichenes, phosphoreszierendes Papier; gez. K 11½.**

uy) König Baudouin I. (1930–1993, reg. ab 1951)

| | | | | |
|---|---|---|---|---|
| **1298** | 4.50 Fr (rot)braun | uy | | |
| x I | gestrichenes Papier (B) (30.10.1962) | | 1,20 | 0,30 |
| y | gestrichenes, phosphoreszierendes Papier | | | |
| I | mit Jahreszahl 1962 (B) (10.2.1967) | | 0,30 | 0,30 |
| II | ohne Jahreszahl (B) (R) (8.11.1972) | | 1,— | 0,50 |

*In gleicher Zeichnung siehe Übersicht nach Jahrgangswerttabelle.*

**1962, 20. Dez. Blockausgabe: 1000 Jahre Stadt Ypern. StTdr., Blockrand Bdr.; gez. Ks 11½.**

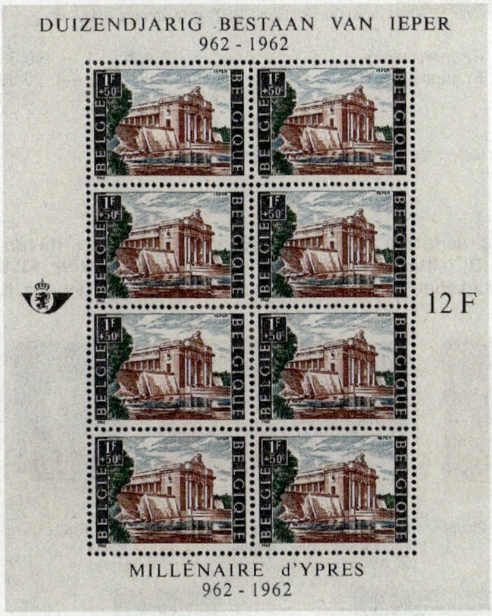


afm

afl) Menin-Tor (Menenpoort/Porte de Menin), britisches Denkmal in Ypern

| | | | | |
|---|---|---|---|---|
| **1299** | 1 Fr + 50 C mehrfarbig | afl | 0,50 | 0,30 |
| **Block 27** | mit 8 × MiNr. 1299 (113×139 mm) | afm | 6,— | 6,— |
| | | FDC | | 9,— |

Bl. 27 wurde nur vom Sammlerschalter in Brüssel verkauft.

Auflage: 338.502 Blocks

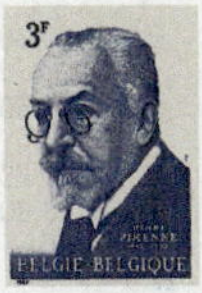

**1963, 15. Jan. 100. Geburtstag von Henri Pirenne. StTdr. (5×6); gez. K 11½.**

afn) Henri Pirenne (1862–1935), Historiker

| | | | | |
|---|---|---|---|---|
| **1300** | 3 Fr violettblau | afn | 0,50 | 0,30 |
| | | FDC | | 1,50 |

Auflage: 8.250.000 Stück

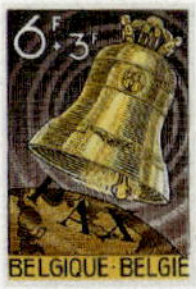

**1963, 18. Febr. Friedensglocke der Basilika von Koekelberg. Komb. StTdr. und RaTdr. (5×6); gestrichenes Papier; gez. K 11½.**

afo) Friedensglocke, Inschrift „PAX" über Weltkugel

| | | | | |
|---|---|---|---|---|
| **1301** | 6 Fr + 3 Fr mehrfarbig | afo | 1,— | 1,— |
| | | FDC | | 2,— |

**Blockausgabe mit 4 × MiNr. 1302**

| | | | | |
|---|---|---|---|---|
| **1302** | 3 Fr + 1.50 Fr mehrfarbig | afo | 1,50 | 1,20 |
| **Block 28** | (82×116 mm) | afp | 7,50 | 7,50 |
| | | FDC | | 12,— |

Auflagen: MiNr. 1301 = 482.357 Stück, Bl. 28 = 393.018 Blocks

**1963, 20. März. Kampf gegen den Hunger. Komb. StTdr. und RaTdr. (5×6); gestrichenes Papier; gez. K 11½.**

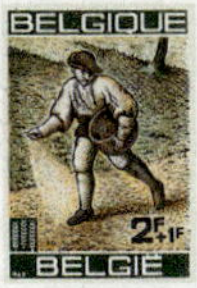
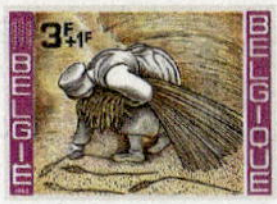
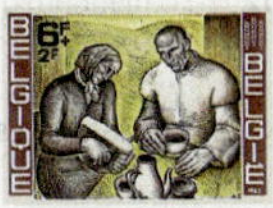

afr) Die Saat; Gemälde von Pieter Bruegel

afs) Die Ernte; Gemälde von Pieter Bruegel

aft) Das Brot; Gemälde von Anto Carte (1886–1954)

| | | | | |
|---|---|---|---|---|
| **1303** | 2 Fr + 1 Fr mehrfarbig | afr | 0,30 | 0,30 |
| **1304** | 3 Fr + 1 Fr mehrfarbig | afs | 0,30 | 0,30 |
| **1305** | 6 Fr + 2 Fr mehrfarbig | aft | 0,40 | 0,40 |
| | Satzpreis (3 W.) | | 1,— | 1,— |
| | | FDC | | 3,50 |

Auflagen: MiNr. 1303 = 546.672, MiNr. 1304 = 579.321, MiNr. 1305 = 522.313 Stück

**1963, 23. März. 350. Jahrestag der offiziellen Anerkennung der „Genter Gilde der Fechter des St. Michel". Komb. StTdr. und RaTdr. (6×5, Hochformat ~); gestrichenes Papier; gez. K 11½.**

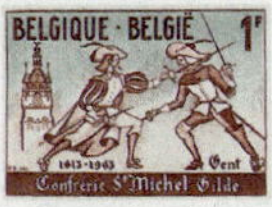
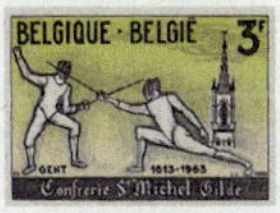
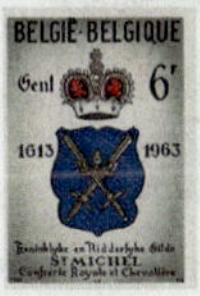

afu) Fechten der Musketiere

afv) Florettfechter

afw) Wappen der königlichen und ritterlichen Gilde St. Michel, Gent

| | | | | |
|---|---|---|---|---|
| **1306** | 1 Fr karminbraun/hellgrünlichblau | afu | 0,30 | 0,30 |
| **1307** | 3 Fr dunkelviolett/gelbgrün | afv | 0,30 | 0,30 |
| **1308** | 6 Fr mehrfarbig | afw | 0,30 | 0,30 |
| | Satzpreis (3 W.) | | 0,70 | 0,60 |
| | | FDC | | 1,80 |

Auflagen: MiNr. 1306 = 2.700.000, MiNr. 1307 = 8.250.000, MiNr. 1308 = 3.000.000 Stück

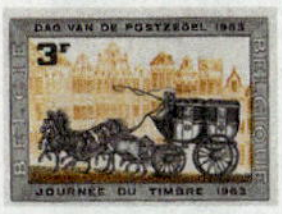

**1963, 7. April. Tag der Briefmarke. Komb. StTdr. und RaTdr. (6×5); gestrichenes Papier; gez. K 11½.**

afx) Vierspännige Reisepostkutsche (19. Jh.)

| | | | | |
|---|---|---|---|---|
| **1309** | 3 Fr schwarz/ocker | afx | 0,30 | 0,30 |
| | | FDC | | 1,50 |

Auflage: 9.000.000 Stück

*In ähnlicher Zeichnung: MiNr. 1453*

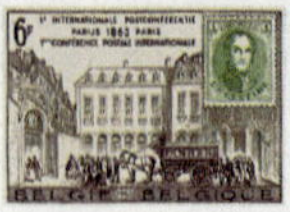

**1963, 7. Mai. 100. Jahrestag der 1. internationalen Postkonferenz, Paris. StTdr. (5×10); gez. K 11½.**

afy) Postkutsche und Passanten vor dem Hôtel des Postes, Paris (Tagungsort 1863); Marke Belgien MiNr. 10

**1310** 6 Fr mehrfarbig ........................ afy 0,50 0,50
FDC 1,50

Auflage: 3.000.000 Stück

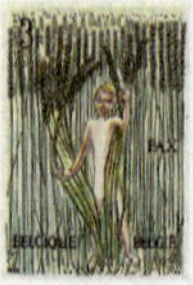

**1963, 8. Mai. Friedensbewegung „8. Mai". Komb. StTdr. und RaTdr. (5×6); gez. K 11½.**

afz) Kind in Kornfeld; Zeichnung von Idel Ianchelevici (1909–1994), Bildhauer und Zeichner

**1311** 3 Fr mehrfarbig ........................ afz 0,30 0,30
**1312** 6 Fr mehrfarbig ........................ afz 0,70 0,30
Satzpreis (2 W.) 1,— 0,50
FDC 1,50

Auflagen: MiNr. 1311 = 8.250.000, MiNr. 1312 = 3.000.000 Stück

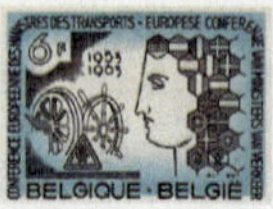

**1963, 13. Juni. 10. Jahrestag der 1. Konferenz der Europäischen Verkehrsminister. Komb. StTdr. und RaTdr. (6×5); gez. K 11½.**

aga) Flügel- und Steuerrad, Verkehrszeichen, Frauenkopf mit Landesfahnen in Wabenform

**1313** 6 Fr hellblau/schwarz ................ aga 0,50 0,30
FDC 1,50

Auflage: 3.000.000 Stück

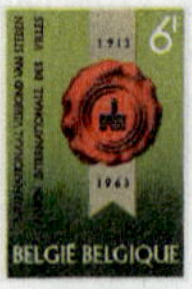

**1963, 15. Juni. 50. Jahrestag des Internationalen Gemeindeverbandes. Komb. StTdr. und RaTdr. (5×6); gestrichenes Papier; gez. K 11½.**

agb) Stadtsiegel

**1314** 6 Fr mehrfarbig ........................ agb 0,50 0,30
FDC 2,—

Auflage: 3.000.000 Stück

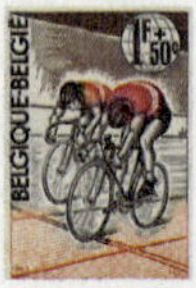

**1963, 13. Juli. 80 Jahre Belgischer Radfahrerverband; StTdr. (10×5, Querformate ~); gez. K 11½.**

agc) Radrennfahrer im Endspurt

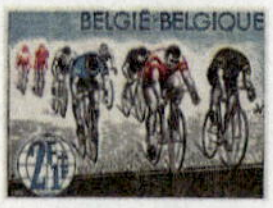

agd) Straßen-Rennfahrer

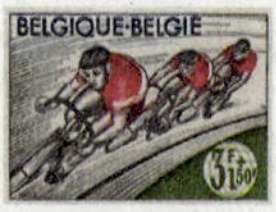

age) Bahn-Rennfahrer

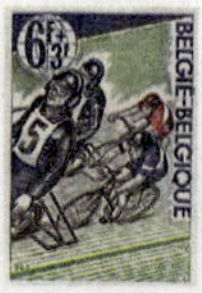

agf) Steherrennen

**1315** 1 Fr + 50 C mehrfarbig ............... agc 0,30 0,30
**1316** 2 Fr + 1 Fr mehrfarbig ................ agd 0,30 0,30
**1317** 3 Fr + 1.50 Fr mehrfarbig ............ age 0,30 0,30
**1318** 6 Fr + 3 Fr mehrfarbig ................ agf 0,30 0,30
Satzpreis (4 W.) 1,10 1,10
FDC 3,60

Auflagen: MiNr. 1315 = 591.186, MiNr. 1316 = 558.555, MiNr. 1317 = 560.155, MiNr. 1318 = 545.888 Stück

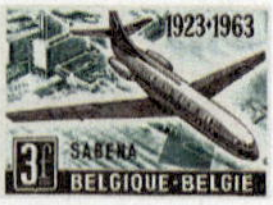

**1963, 1. Sept. 40 Jahre Fluggesellschaft SABENA. Komb. StTdr. und RaTdr. (6×5); gez. K 11½.**

agg) Düsenflugzeug „Caravelle VI" über Brüsseler Flughafen

**1319** 3 Fr dunkelblaugrün/schwarz ......... agg 0,30 0,30
FDC 1,20

Auflage: 8.250.000 Stück

**1963, 14. Sept. Europa. RaTdr. (6×5); gestrichenes Papier; gez. K 11½.**

agh) Buchstaben „CEPT" in Ornament

**1320** 3 Fr mehrfarbig ........................ agh 1,— 0,30
**1321** 6 Fr mehrfarbig ........................ agh 2,— 0,30
Satzpreis (2 W.) 3,— 0,50
FDC 3,50

Auflagen: MiNr. 1320 = 9.000.000, MiNr. 1321 = 4.500.000 Stück

**1963, 28. Sept. 100 Jahre Internationales Rotes Kreuz. RaTdr., Bogen (B) (MiNr. 1322–1325 und 1327–1328 5×6, MiNr. 1326 5×8), Markenheftchen (MH) (4×2); gestrichenes Papier; gez. K 11½.**

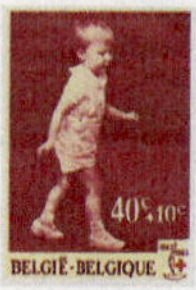

agi) Prinz Philipp

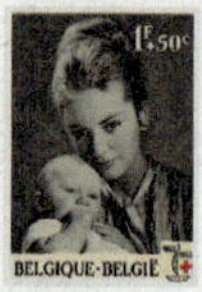

agk) Prinzessin Paola mit Prinzessin Astrid

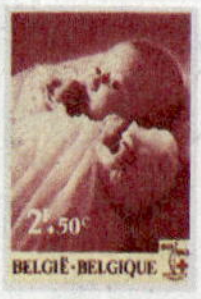

agl) Prinzessin Astrid

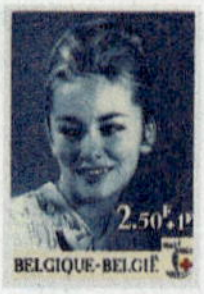

agm) Prinzessin Paola

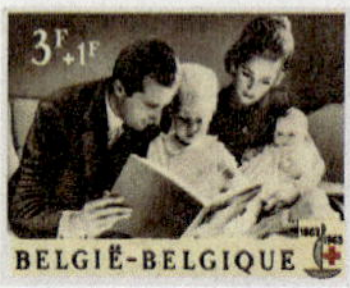

agn) Prinz Albert, Prinzessin Paola, Prinz Philipp und Prinzessin Astrid

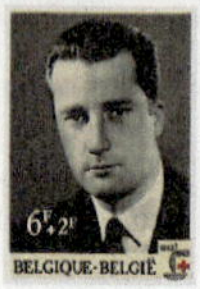

ago) Prinz Albert, Präsident des Belgischen Roten Kreuzes

**1322** 40 C + 10 C rotlila/rahmfarben (B) .. agi 0,30 0,30
**1323** 1 Fr + 50 C schwarzgrün/rahmfarben (B) ............ agk 0,30 0,30
**1324** 2 Fr + 50 C rotlila/rahmfarben (B) .. agl 0,30 0,30
**1325** 2.50 Fr + 1 Fr blau/rahmfarben (B) .... agm 0,30 0,30
**1326** 3 Fr + 1 Fr dunkelolivbraun/rahmfarben (B) ............ agn 0,30 0,30
**1327** 3 Fr + 1 Fr dunkelolivgrün/rahmfarben (MH) ............ agn 1,80 1,60
**1328** 6 Fr + 2 Fr schwarzgrün/rahmfarben (B) ............ ago 0,70 0,70
Satzpreis (7 W.) 4,— 3,80
FDC 10,—
Markenheftchen 22,—

Das Markenheftchen von MiNr. 1327 gibt es in zwei Versionen, unterscheidbar unter anderem an der Reihenfolge der Sprachen auf dem Heftchenblattrand (gleiche Preise).

Auflagen: MiNr. 1322 = 2.249.788, MiNr. 1323 = 670.007, MiNr. 1324 = 631.742, MiNr. 1325 = 631.996, MiNr. 1326 = 728.701, MiNr. 1327 = 231.268, MiNr. = 610.839 Stück

**1963, 16. Nov. 100. Geburtstag von Jules Destrée und von Henry van de Velde. StTdr. (6×5); gez. K 11½.**

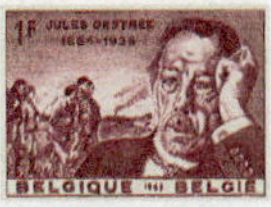


agp) Jules Destrée (1863–1936), Schriftsteller; Skulptur „Rückkehr der Kumpel" von Constantin Meunier (1831–1905)

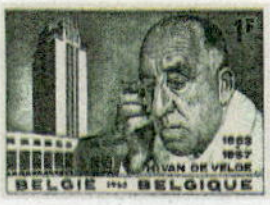


agr) Henry van de Velde (1863–1957), Architekt; Universitätsbibliothek Gent

| | | | | | |
|---|---|---|---|---|---|
| **1329** | 1 Fr | lilapurpur | agp | 0,30 | 0,30 |
| **1330** | 1 Fr | dunkelgrün | agr | 0,30 | 0,30 |
| | | | Satzpreis (2 W.) | 0,60 | 0,50 |
| | | | FDC | | 2,— |

Auflagen: MiNr. 1329 = 3.600.000, MiNr. 1330 = 2.400.000 Stück

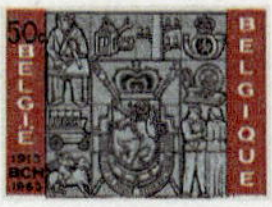

**1963, 23. Nov. 50 Jahre Postscheckamt Brüssel. Komb. StTdr. und RaTdr. (6×5); gestrichenes Papier; gez. K 11½.**

ags) Relief von Oscar Jespers (1887–1970) am Postscheckamt Brüssel

| | | | | | |
|---|---|---|---|---|---|
| **1331** | 50 C | mehrfarbig | ags | 0,30 | 0,30 |
| | | | FDC | | 1,20 |

Auflage: 10.500.000 Stück

**1963, 7. Dez. Kampf gegen die Tuberkulose: Gemälde von Peter Paul Rubens. Komb. StTdr. und RaTdr.; MiNr. 1332–1336 (5×6), MiNr. 1337 (5×8); gestrichenes Papier; gez. K 11½.**

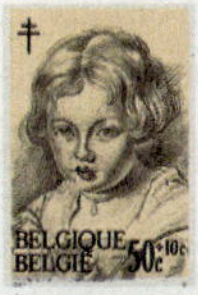

agt) Töchterchen des Balthazar Gerbier

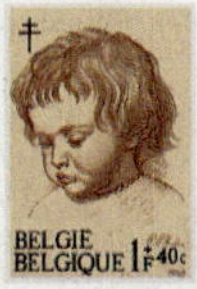

agu) Nicolas, Sohn Rubens', im Alter von 2 Jahren

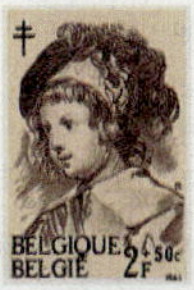

agv) Franz, Sohn Rubens', im Alter von 4 Jahren

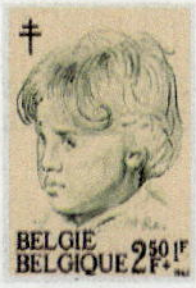

agw) Nicolas, Sohn Rubens', im Alter von 6 Jahren

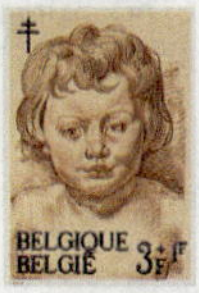

agx) Albert, Sohn Rubens', im Alter von 3 Jahren

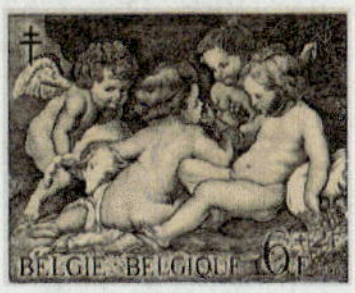

agy) Der kleine Jesus, Johannes der Täufer und zwei Engel

| | | | | | | |
|---|---|---|---|---|---|---|
| **1332** | 50 C | + 10 C mehrfarbig | | agt | 0,30 | 0,30 |
| **1333** | 1 Fr | + 40 C mehrfarbig | | agu | 0,30 | 0,30 |
| **1334** | 2 Fr | + 50 C mehrfarbig | | agv | 0,30 | 0,30 |
| **1335** | 2.50 Fr | + 1 Fr mehrfarbig | | agw | 0,40 | 0,30 |
| **1336** | 3 Fr | + 1 Fr mehrfarbig | | agx | 0,70 | 0,40 |
| **1337** | 6 Fr | + 2 Fr grauschwarz/sämisch | | agy | 1,— | 0,60 |
| | | | | Satzpreis (6 W.) | 3,— | 2,20 |
| | | | | FDC | | 4,20 |

Auflagen: MiNr. 1332 = 1.376.102, MiNr. 1333 = 732.564, MiNr. 1334 = 662.795, MiNr. 1335 = 633.868, MiNr. 1336 = 732.193, MiNr. 1337 = 652.294 Stück

**1964, 25. Jan. Kampf gegen die Lepra. Komb. StTdr. und RaTdr. (6×5); gestrichenes Papier; gez. K 11½.**

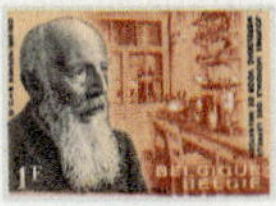

agz) Gerhard Armauer Hansen (1841–1912), norwegischer Arzt, Entdecker des Lepra-Erregers; Laboratorium

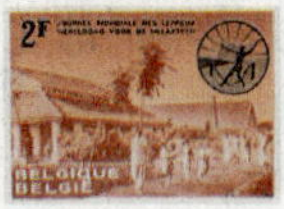

aha) Aussätzigen-Station, Emblem

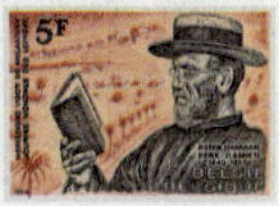

ahb) Pater Damian (Joseph de Veuster) (1840–1889), katholischer Missionar auf den Hawaii-Inseln, Apostel der Aussätzigen

| | | | | | |
|---|---|---|---|---|---|
| **1338** | 1 Fr | orangebraun/schwarz | agz | 0,30 | 0,30 |
| **1339** | 2 Fr | orangebraun/schwarz | aha | 0,30 | 0,30 |
| **1340** | 5 Fr | orangebraun/schwarz | ahb | 0,40 | 0,40 |
| | | | Satzpreis (3 W.) | 1,— | 1,— |
| | | | FDC | | 2,— |

**Blockausgabe mit MiNr. 1338–1340**

| | | | | |
|---|---|---|---|---|
| **Block 29** | (135×98 mm) | ahc | 3,— | 3,— |
| | | FDC | | 5,— |

Postpreis: 12 Fr

Auflagen: MiNr. 1338 = 3.600.000, MiNr. 1339 = 2.100.000, MiNr. 1340 = 1.800.000 Stück, Bl. 29 = 450.573 Blocks

**1964, 2. März. Persönlichkeiten. Komb. StTdr. und RaTdr. (5×6, Querformate ~); gestrichenes Papier; gez. K 11½.**

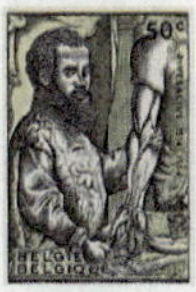

ahd) André Vésal (Vesalius) (1514–1564), Arzt, mit seziertem menschlichem Arm

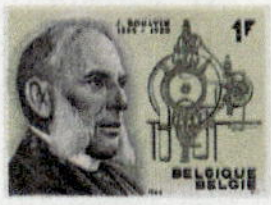

ahe) Jules Boulvin (1855–1920), Ingenieur und Physiker; technische Skizze

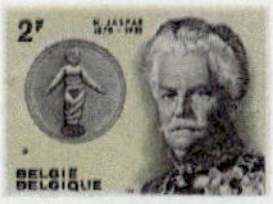

ahf) Henri Jaspar (1870–1939), Politiker und Gründer des belgischen Kinderhilfswerkes; Relief eines Wickelkindes in Florenz

| | | | | | |
|---|---|---|---|---|---|
| **1341** | 50 C | seegrün/schwarz | ahd | 0,30 | 0,30 |
| **1342** | 1 Fr | seegrün/schwarz | ahe | 0,30 | 0,30 |
| **1343** | 2 Fr | seegrün/schwarz | ahf | 0,30 | 0,30 |
| | | | Satzpreis (3 W.) | 0,50 | 0,50 |
| | | | FDC | | 1,50 |

Auflagen: MiNr. 1341 = 12.000.000, MiNr. 1342 = 3.600.000, MiNr. 1343 = 2.100.000 Stück

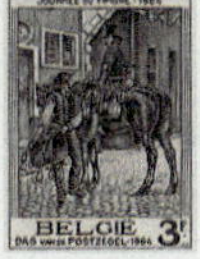


**1964, 5. April. Tag der Briefmarke. StTdr. (5×6); gez. K 11½.**

ahg) Postillione der Lütticher Gegend um 1830–1840; Zeichnung von James Thiriar

| | | | | | |
|---|---|---|---|---|---|
| **1344** | 3 Fr | grauschwarz | ahg | 0,30 | 0,30 |
| | | | FDC | | 1,20 |

Auflage: 7.500.000 Stück

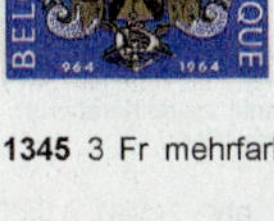


**1964, 16. Mai. 1000 Jahre Ostende. RaTdr. (6×5); gestrichenes Papier; gez. K 11½.**

ahh) Stadtwappen von Ostende

| | | | | | |
|---|---|---|---|---|---|
| **1345** | 3 Fr | mehrfarbig | ahh | 0,30 | 0,30 |
| | | | FDC | | 1,20 |

Auflage: 7.500.000 Stück

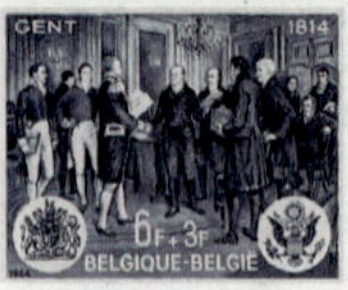

**1964, 16. Mai. 150. Jahrestag der Unterzeichnung des Friedensvertrages zwischen den USA und Großbritannien in Gent. RaTdr. (5×8); gestrichenes Papier; gez. K 11½.**

ahi) Unterzeichnung des Friedensvertrages 1814, Gemälde von Amédée Forestier (1845–1930); Staatswappen von Großbritannien und den USA

| | | | | |
|---|---|---|---|---|
| **1346** | 6 Fr + 3 Fr indigo | ahi | 0,50 | 0,50 |
| | | FDC | | 2,— |

Auflage: 690.866 Stück

**1964, 30. Mai. Protestantismus in Belgien. StTdr. (5×6); gez. K 11½.**

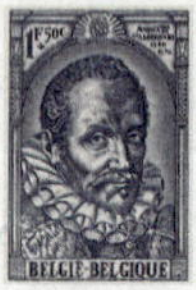

ahk) Philippe Marnix van Aldegonde (1540–1598)

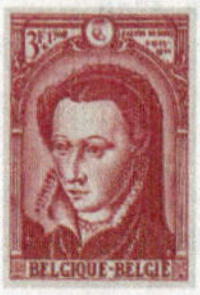

ahl) Ida de Bure (1505–1549), Ehefrau J. Calvins

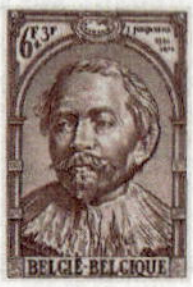

ahm) Jacob Jordaens (1593–1678), Maler

| | | | | |
|---|---|---|---|---|
| **1347** | 1 Fr + 50 C dunkelblau | ahk | 0,30 | 0,30 |
| **1348** | 3 Fr + 1.50 Fr karmin | ahl | 0,30 | 0,30 |
| **1349** | 6 Fr + 3 Fr dunkelkarminbraun | ahm | 0,40 | 0,40 |
| | | Satzpreis (3 W.) | 1,— | 1,— |
| | | FDC | | 2,20 |

Auflagen: MiNr. 1347 = 684.536, MiNr. 1348 = 670.187, MiNr. 1349 = 620.339 Stück

**1964, 18. Juli. 100. Jahrestag der Ersten Sozialistischen Internationale. RaTdr. (5×6); gestrichenes Papier; gez. K 11½.**

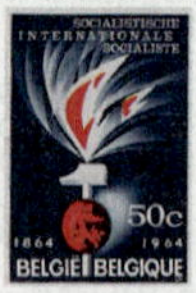

ahn) Weltkugel vor Hammer mit Flammen

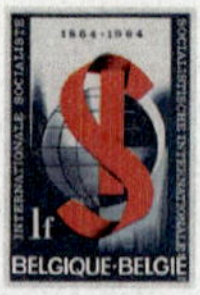

aho) Initialen „SI" vor Weltkugel

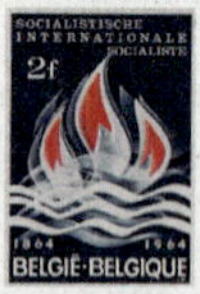

ahp) Flammenmeer

| | | | | |
|---|---|---|---|---|
| **1350** | 50 C preußischblau/hellrot | ahn | 0,30 | 0,30 |
| **1351** | 1 Fr preußischblau/hellrot | aho | 0,30 | 0,30 |
| **1352** | 2 Fr preußischblau/hellrot | ahp | 0,30 | 0,30 |
| | | Satzpreis (3 W.) | 0,50 | 0,50 |
| | | FDC | | 1,20 |

Auflagen: MiNr. 1350 = 10.500.000, MiNr. 1351 = 3.900.000, MiNr. 1352 = 2.250.000 Stück

**1964, 1. Aug. 50. Jahrestag des Ausbruchs des 1. Weltkrieges. RaTdr. (5×6); gestrichenes Papier; gez. K 11½.**

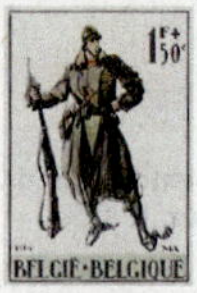

ahr) Infanterist von 1918

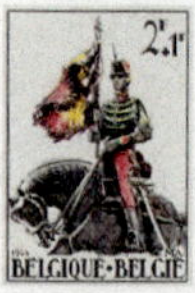

ahs) Fahnenträger des „Regiment des Guides" von 1914

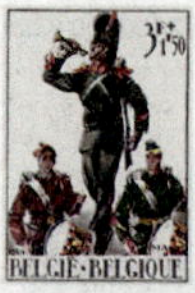

aht) Trompeter (Grenadier) und Trommler (Infanterie und Karabinier) von 1914

| | | | | |
|---|---|---|---|---|
| **1353** | 1 Fr + 50 C mehrfarbig | ahr | 0,30 | 0,30 |
| **1354** | 2 Fr + 1 Fr mehrfarbig | ahs | 0,30 | 0,30 |
| **1355** | 3 Fr + 1.50 Fr mehrfarbig | aht | 0,30 | 0,30 |
| | | Satzpreis (3 W.) | 0,60 | 0,60 |
| | | FDC | | 1,70 |

Auflagen: MiNr. 1353 = 807.518, MiNr. 1354 = 762.243, MiNr. 1355 = 762.917 Stück

**1964, 1. Aug. Ereignisse des 2. Weltkrieges. RaTdr. (5×6); gestrichenes Papier; gez. K 11½.**

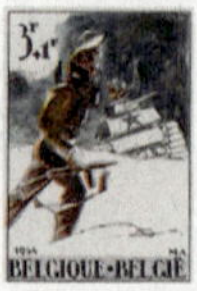

ahu) Kampf um Bastogne (1944)

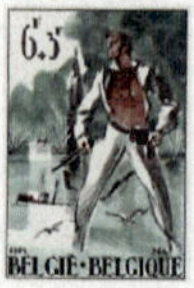

ahv) Befreiung der Scheldemündung (1944)

| | | | | |
|---|---|---|---|---|
| **1356** | 3 Fr + 1 Fr mehrfarbig | ahu | 0,30 | 0,30 |
| **1357** | 6 Fr + 3 Fr mehrfarbig | ahv | 0,30 | 0,30 |
| | | Satzpreis (2 W.) | 0,60 | 0,60 |
| | | FDC | | 1,70 |

Auflagen: MiNr. 1356 = 738.327, MiNr. 1357 = 703.771 Stück

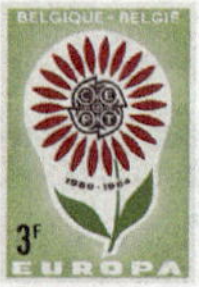

**1964, 12. Sept. Europa. RaTdr. (5×6); gestrichenes Papier; gez. K 11½.**

ahw) Stilisierte Blume mit 22 Blütenblättern um CEPT-Emblem

| | | | | |
|---|---|---|---|---|
| **1358** | 3 Fr mehrfarbig | ahw | 0,50 | 0,30 |
| **1359** | 6 Fr mehrfarbig | ahw | 1,— | 0,30 |
| | | Satzpreis (2 W.) | 1,50 | 0,60 |
| | | FDC | | 2,— |

Auflagen: MiNr. 1358 = 8.400.000, MiNr. 1359 = 3.300.000 Stück

**1964, 19. Sept. Blockausgabe: Kultur – 500. Todestag von Rogier van der Weyden. MiNr. 1360–1362 RaTdr., MiNr. 1363 StTdr., Blockrandzeichnungen und -inschriften RaTdr.; gestrichenes Papier; gez. Ks 11½.**

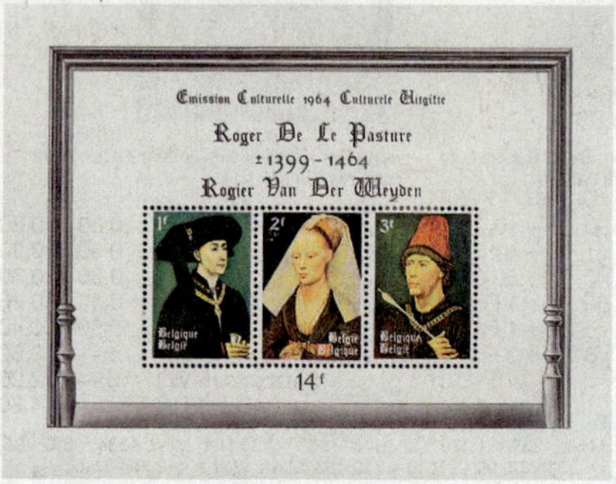


aia

ahx) Philipp der Gute, Herzog von Burgund
ahy) Porträt einer Dame
ahz) Der Mann mit dem Pfeil (Herzog Karl der Kühne von Burgund)

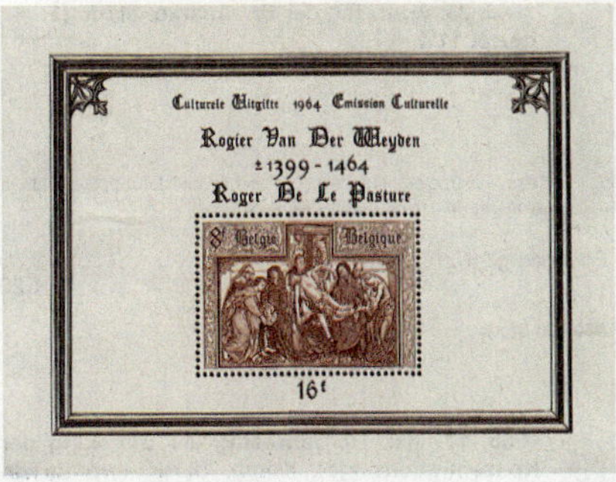


aic

aib) Die Kreuzabnahme

ahx–aib) Gemälde von Rogier van der Weyden (1399–1464)

| | | | | |
|---|---|---|---|---|
| **1360** | 1 Fr mehrfarbig | ahx | 0,70 | 0,70 |
| **1361** | 2 Fr mehrfarbig | ahy | 0,70 | 0,70 |
| **1362** | 3 Fr mehrfarbig | ahz | 0,70 | 0,70 |
| **Block 30** | (153×114 mm) | aia | 3,— | 3,— |
| | | FDC | | 4,— |
| **1363** | 8 Fr rotbraun | aib | 2,20 | 2,20 |
| **Block 31** | (153×114 mm) | aic | 3,50 | 3,50 |
| | | FDC | | 4,50 |

Postpreis: 14 bzw. 16 Fr

Auflagen: Bl. 30 = 615.730, Bl. 31 = 613.973 Blocks

**1964, 10. Okt. Wiederaufbau der Dominikanerabtei Het Pand in Gent. StTdr. (4×5); gez. K 11½.**

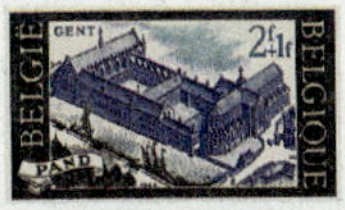

aid) Der „Pand" (13. Jh.)

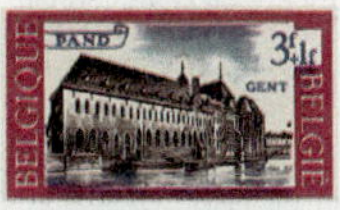

aie) Der „Pand" (1964)

| | | | | |
|---|---|---|---|---|
| **1364** | 2 Fr + 1 Fr mehrfarbig | aid | 0,30 | 0,30 |
| **1365** | 3 Fr + 1 Fr mehrfarbig | aie | 0,30 | 0,30 |
| | | Satzpreis (2 W.) | 0,50 | 0,50 |
| | | FDC | | 1,60 |

Auflagen: MiNr. 1364 = 757.254, MiNr. 1365 = 780.652 Stück

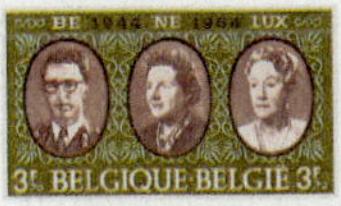

**1964, 12. Okt. 20 Jahre Zollunion „BENELUX". RaTdr. (5×5); gestrichenes Papier; gez. K 11½.**

aif) König Baudouin von Belgien, Königin Juliane der Niederlande und Großherzogin Charlotte von Luxemburg

| | | | | |
|---|---|---|---|---|
| **1366** | 3 Fr mehrfarbig | aif | 0,50 | 0,30 |
| | | FDC | | 1,20 |

Auflage: 7.500.000 Stück

*Parallelausgabe mit Luxemburg MiNr. 700 und Niederlande MiNr. 829*

**1964, 5. Dez. Kampf gegen die Tuberkulose: Gemälde. StTdr.; MiNr. 1367–1371 (5×6), MiNr. 1372 (5×8); gez. K 11½.**

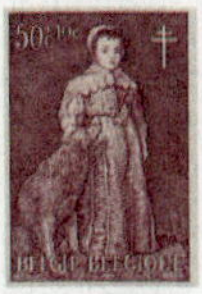

aig) Ein Kind Karls I.; von Anthonis van Dyck (1599–1641)

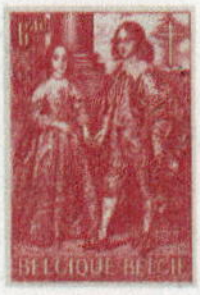

aih) Wilhelm von Oranien mit seiner Braut; von Anthonis van Dyck

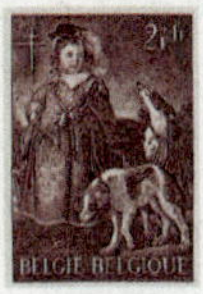

aii) Porträt eines kleinen Knaben; von Erasmus Quellinus d. J. (1607–1678) und Jan Fyt (1611–1661)

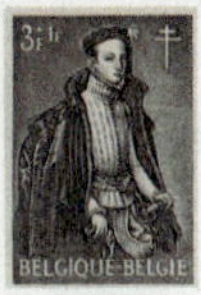

aik) Alexander Farnese im Alter von 12 Jahren; von Anthonis Mor (1520–1576/77)

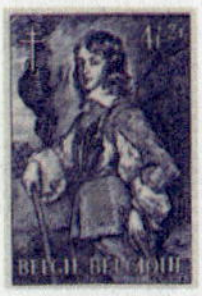

ail) Wilhelm II., Prinz von Oranien; von Anthonis van Dyck

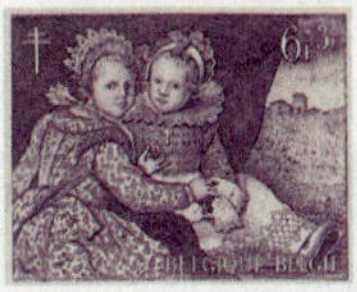

aim) Zwei Kinder Aerne-lis de Vos'; von Cornelis de Vos (1584/85–1651)

| | | | | |
|---|---|---|---|---|
| **1367** | 50 C + 10 C dunkelrötlichlila | aig | 0,30 | 0,30 |
| **1368** | 1 Fr + 40 C rosakarmin | aih | 0,30 | 0,30 |
| **1369** | 2 Fr + 1 Fr violettpurpur | aii | 0,30 | 0,30 |
| **1370** | 3 Fr + 1 Fr grauschwarz | aik | 0,30 | 0,30 |
| **1371** | 4 Fr + 2 Fr hellblauviolett | ail | 0,30 | 0,30 |
| **1372** | 6 Fr + 3 Fr bläulichviolett | aim | 0,30 | 0,30 |
| | | Satzpreis (6 W.) | 1,50 | 1,50 |
| | | FDC | | 3,20 |

Auflagen: MiNr. 1367 = 2.789.565, MiNr. 1368 = 893.144, MiNr. 1369 = 754.284, MiNr. 1370 = 829.583, MiNr. 1371 = 706.121, MiNr. 1372 = 729.680 Stück

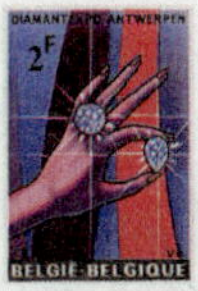

**1965, 23. Jan. Ausstellung „Diamantexpo" in Antwerpen. RaTdr. (5×6); gestrichenes Papier; gez. K 11½.**

ain) Frauenhand mit Diamanten

| | | | | |
|---|---|---|---|---|
| **1373** | 2 Fr mehrfarbig | ain | 0,30 | 0,30 |
| | | FDC | | 1,20 |

Auflage: 2.250.000 Stück

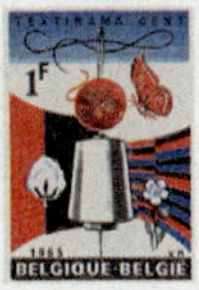

**1965, 25. Jan. Ausstellung „Textirama" in Gent. RaTdr. (5×6); gestrichenes Papier; gez. K 11½.**

aio) Stoffballen, Baumwollfrucht, Flachsblüte, Wollknäuel, Schmetterling, Nähnadel mit Faden

| | | | | |
|---|---|---|---|---|
| **1374** | 1 Fr mehrfarbig | aio | 0,30 | 0,30 |
| | | FDC | | 1,20 |

Auflage: 3.600.000 Stück

**1965, 13. Febr. Genter Blumenschau. I = komb. StTdr. und RaTdr. (5×6); gestrichenes Papier; gez. K 11½.**

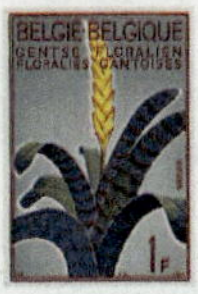

aip) Flammendes Schwert (Vriesea splendens)

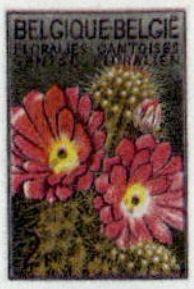

air) Igelsäulenkaktus (Echioncereus fendleri)

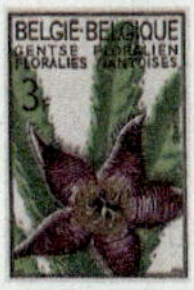

ais) Rauhhaarige Aasblume (Stapelia hirsuta)

| | | | | |
|---|---|---|---|---|
| 1375 I | 1 Fr mehrfarbig | aip | 0,30 | 0,30 |
| 1376 I | 2 Fr mehrfarbig | air | 0,30 | 0,30 |
| 1377 I | 3 Fr mehrfarbig | ais | 0,40 | 0,40 |
| | Satzpreis (3 W.) | | 1,— | 1,— |
| | | FDC | | 1,50 |

**Blockausgabe, II = RaTdr. (26. April)**

| | | | | |
|---|---|---|---|---|
| 1375 II | 1 Fr mehrfarbig | aip | 0,50 | 0,50 |
| 1376 II | 2 Fr mehrfarbig | air | 0,50 | 0,50 |
| 1377 II | 3 Fr mehrfarbig | ais | 0,50 | 0,50 |
| Block 32 | (123×89 mm) | akb | 2,— | 2,— |
| | | FDC | | 3,50 |

Postpreis: 20 Fr (Zuschlag für das UNO-Flüchtlingshilfswerk)

Auflagen: MiNr. 1375 und 1377 je 7.500.000, MiNr. 1376 = 3.600.000 Stück, Bl. 32 = 625.884 Blocks

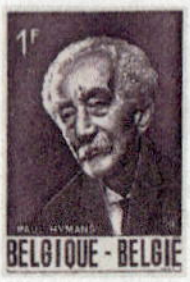

**1965, 24. Febr. 100. Geburtstag von Paul Hymans. StTdr. (5×6); gez. K 11½.**

ait) Paul Hymans (1865–1941), Politiker

| | | | | |
|---|---|---|---|---|
| 1378 | 1 Fr violett | ait | 0,50 | 0,30 |
| | | FDC | | 1,50 |

Auflage: 3.600.000 Stück

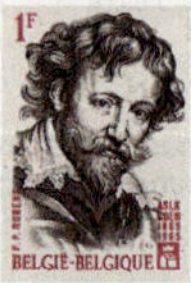

**1965, 15. März. 100 Jahre Allgemeine Spar- und Rentenkasse: Malerportraits von Anthonis van Dyck. Komb. StTdr. und RaTdr. (5×6); gez. K 11½.**

aiu) Peter Paul Rubens (1577–1640).

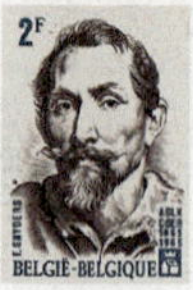
aiv) Franz Snyders (1579–1657)

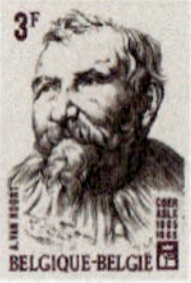
aiw) Adam van Noort (1562–1641)

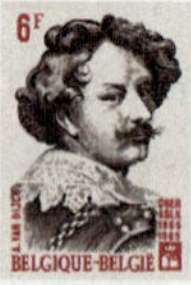
aix) Anthonis van Dyck (1599–1641)

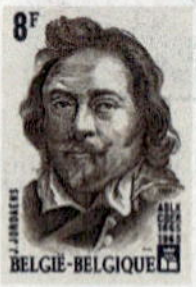
aiy) Jacob Jordaens (1593–1678)

| | | | | |
|---|---|---|---|---|
| 1379 | 1 Fr dunkelrosalila/lilaschwarz | aiu | 0,30 | 0,30 |
| 1380 | 2 Fr dunkelgrünblau/lilaschwarz | aiv | 0,30 | 0,30 |
| 1381 | 3 Fr violett/lilaschwarz | aiw | 0,30 | 0,30 |
| 1382 | 6 Fr dunkelrot/lilaschwarz | aix | 0,30 | 0,30 |
| 1383 | 8 Fr preußischblau/lilaschwarz | aiy | 0,30 | 0,30 |
| | Satzpreis (5 W.) | | 1,20 | 1,— |
| | | FDC | | 2,50 |

Auflagen: MiNr. 1379 = 3.600.000, MiNr. 1380 = 2.250.000, MiNr. 1381 = 7.500.000, MiNr. 1382 = 3.000.000, MiNr. 1383 = 1.500.000 Stück

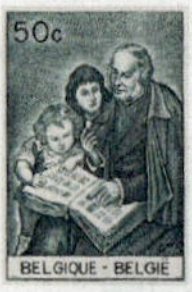

**1965, 27. März. Jugendphilatelie. StTdr. (5×6); gez. K 11½.**

aiz) Rowland Hill (1795–1879) mit Kindern und Briefmarkenalbum; Ausschnitt eines Wandgemäldes im Postamt Brüssel 1 von Joseph Emmanuel van den Bussche (1837–1908)

| | | | | |
|---|---|---|---|---|
| 1384 | 50 C dunkelblaugrün | aiz | 0,30 | 0,30 |
| | | FDC | | 1,20 |

Auflage: 10.500.000 Stück

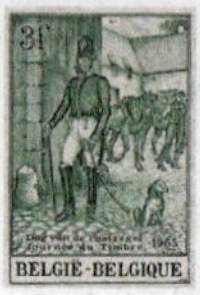

**1965, 25. April. Tag der Briefmarke. StTdr. (5×6); gez. K 11½.**

aka) Postmeister (19. Jh.) vor Posthof mit Pferden; Gemälde von James Thiriar (1889–1965)

| | | | | |
|---|---|---|---|---|
| 1385 | 3 Fr smaragdgrün | aka | 0,30 | 0,30 |
| | | FDC | | 1,20 |

Auflage: 7.950.000 Stück

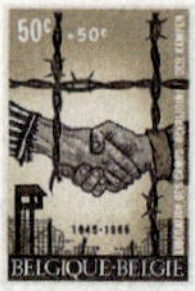

**1965, 10. Mai. 20. Jahrestag der Befreiung der Konzentrationslager. Komb. StTdr. und RaTdr. (5×6, Querformate ~); gestrichenes Papier; gez. K 11½.**

akc) Händedruck durch Stacheldraht, Lager

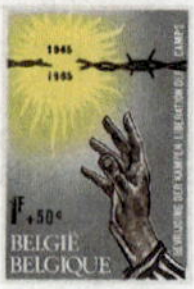
akd) Häftlingshand, Sonne, zerrissener Stacheldraht

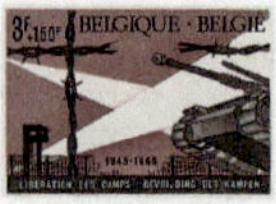
ake) Panzer, gesprengter Stacheldraht, Lager

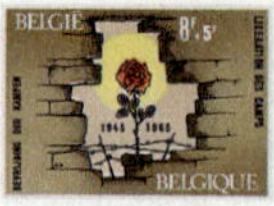
akf) Rose in Mauerloch

| | | | | |
|---|---|---|---|---|
| 1386 | 50 C + 50 C mehrfarbig | akc | 0,30 | 0,30 |
| 1387 | 1 Fr + 50 C mehrfarbig | akd | 0,30 | 0,30 |
| 1388 | 3 Fr + 1.50 Fr mehrfarbig | ake | 0,30 | 0,30 |
| 1389 | 8 Fr + 5 Fr mehrfarbig | akf | 0,30 | 0,30 |
| | Satzpreis (4 W.) | | 1,20 | 1,20 |
| | | FDC | | 1,70 |

Auflagen: MiNr. 1386 = 816.015, MiNr. 1387 = 775.329, MiNr. 1388 = 760.876, MiNr. 1389 = 738.085 Stück

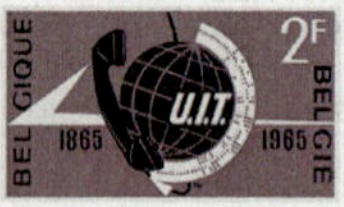

**1965, 10. Mai. 100 Jahre Internationale Fernmeldeunion (ITU). RaTdr. (5×5); gestrichenes Papier; gez. K 11½.**

akg) Weltkugel mit Buchstaben „UIT", Telefonhörer, Morsestreifen

| | | | | |
|---|---|---|---|---|
| 1390 | 2 Fr violett/schwarz | akg | 0,30 | 0,30 |
| | | FDC | | 1,20 |

Auflage: 3.000.000 Stück

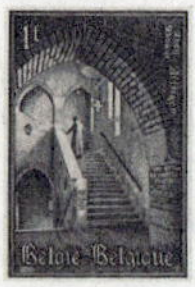

**1965, 27. Mai. Abtei Affligem. StTdr. (5×6); gez. K 11½.**

akh) Innenansicht der Abtei Affligem in Hekelgem

| | | | | |
|---|---|---|---|---|
| 1391 | 1 Fr dunkelgrünlichblau | akh | 0,30 | 0,30 |
| | | FDC | | 1,20 |

Auflage: 4.050.000 Stück

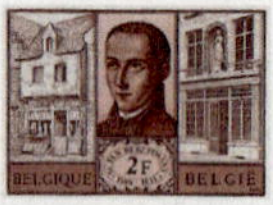

**1965, 27. Mai. 100. Jahrestag der Seligsprechung von Jan Berchmans. Komb. StTdr. und RaTdr. (6×5); gestrichenes Papier; gez. K 11½.**

aki) Jan Berchmans (1599–1621), Jesuitenpater; Geburtshaus in Diest früher und heute

| | | | | |
|---|---|---|---|---|
| **1392** | 2 Fr dunkelkarminbraun/karminbraun | aki | 0,30 | 0,30 |
| | | FDC | | 1,20 |

Auflage: 3.300.000 Stück

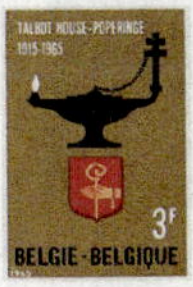

**1965, 19. Juni. 50 Jahre „Talbot-House". RaTdr. (5×6); gestrichenes Papier; gez. K 11½.**

akk) Emblem des Talbot-House und Wappen der Stadt Poperinge

| | | | | |
|---|---|---|---|---|
| **1393** | 3 Fr mehrfarbig | akk | 0,30 | 0,30 |
| | | FDC | | 1,20 |

Auflage: 8.250.000 Stück

**1965, 21. Juni. Palais Stoclet. MiNr. 1394 und 1396 komb. StTdr. und RaTdr. (6×5) auf gestrichenem Papier, MiNr. 1395 StTdr. (5×6); gez. K 11½.**

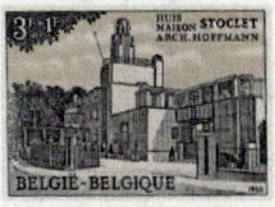
akl

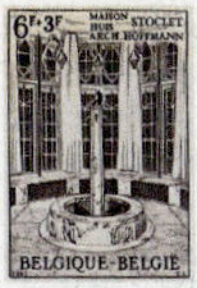
akm

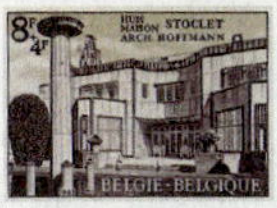
akn

akl–akn) Ansichten des Palais Stoclet in Woluwe-Saint-Pierre bei Brüssel; Architekt: Josef Hoffmann (1870–1956)

| | | | | |
|---|---|---|---|---|
| **1394** | 3 Fr + 1 Fr grüngrau/graubraun | akl | 0,30 | 0,30 |
| **1395** | 6 Fr + 3 Fr dkl'violettbraun | akm | 0,50 | 0,50 |
| **1396** | 8 Fr + 4 Fr dkl'karminbraun/graubraun | akn | 0,70 | 0,70 |
| | | Satzpreis (3 W.) | 1,50 | 1,50 |
| | | FDC | | 2,— |

Auflagen: MiNr. 1394 = 714.395, MiNr. 1395 = 688.583, MiNr. 1396 = 685.837 Stück

**1965, 17. Juli. 75 Jahre Bauernverband. Komb. StTdr. und RaTdr. (5×6); gestrichenes Papier; gez. K 11½.**

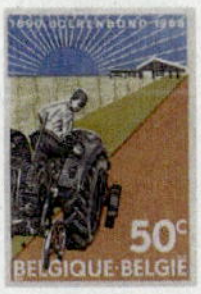
ako) Bauer auf Traktor

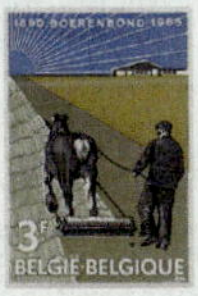
akp) Bauer mit Pferd beim Walzen

| | | | | |
|---|---|---|---|---|
| **1397** | 50 C mehrfarbig | ako | 0,30 | 0,30 |
| **1398** | 3 Fr mehrfarbig | akp | 0,30 | 0,30 |
| | | Satzpreis (2 W.) | 0,60 | 0,50 |
| | | FDC | | 1,20 |

Auflagen: MiNr. 1397 = 8.250.000, MiNr. 1398 = 6.750.000 Stück

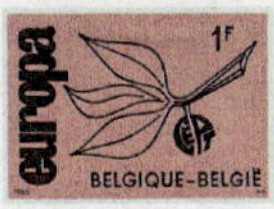

**1965, 25. Sept. Europa. Komb. StTdr. und RaTdr. (6×5); gestrichenes Papier; gez. K 11½.**

akr) Zweig mit aus den Buchstaben „CEPT" gebildeter Frucht

| | | | | |
|---|---|---|---|---|
| **1399** | 1 Fr bräunlichrosa/schwarz | akr | 0,50 | 0,30 |
| **1400** | 3 Fr hellgrüngrau/schwarz | akr | 0,50 | 0,30 |
| | | Satzpreis (2 W.) | 1,— | 0,50 |
| | | FDC | | 2,— |

Auflagen: MiNr. 1399 = 7.500.000, MiNr. 1400 = 9.240.000 Stück

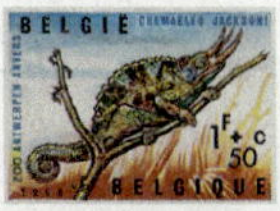

**1965, 16. Okt. Tiere aus dem Zoo von Antwerpen (III): Reptilien. RaTdr. (6×5); gestrichenes Papier; gez. K 11½.**

aks) Jackson-Chamäleon (Chamaeleo jacksoni)

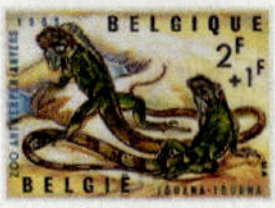
akt) Grüner Leguan (Iguana iguana)

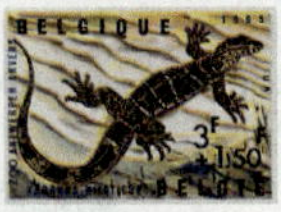
aku) Nilwaran (Varanus niloticus)

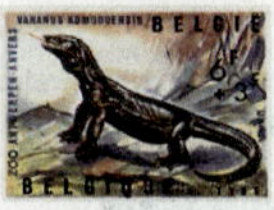
akv) Komodowaran (Varanus komodoensis)

| | | | | |
|---|---|---|---|---|
| **1401** | 1 Fr + 50 C mehrfarbig | aks | 0,30 | 0,30 |
| **1402** | 2 Fr + 1 Fr mehrfarbig | akt | 0,30 | 0,30 |
| **1403** | 3 Fr + 1.50 Fr mehrfarbig | aku | 0,40 | 0,30 |
| **1404** | 6 Fr + 3 Fr mehrfarbig | akv | 0,50 | 0,30 |
| | | Satzpreis (4 W.) | 1,50 | 1,20 |
| | | FDC | | 2,60 |

**Blockausgabe**

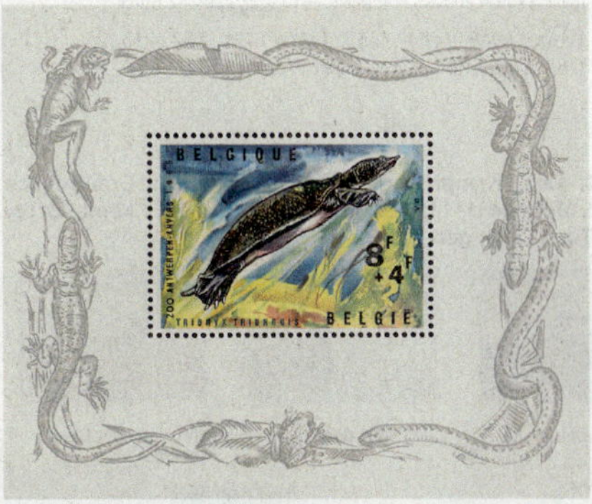
akx

akw) Afrikanische Dreiklaue (Trionyx triunguis)

| | | | | |
|---|---|---|---|---|
| **1405** | 8 Fr + 4 Fr mehrfarbig | akw | 1,50 | 1,50 |
| **Block 33** | (119×95 mm) | akx | 1,80 | 1,80 |
| | | FDC | | 3,50 |

Auflage: MiNr. 1401 = 883.880, MiNr. 1402 = 857.478, MiNr. 1403 = 859.882, MiNr. 1404 = 839.108 Stück, Bl. 33 = 862.748 Blocks

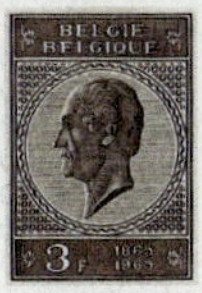

**1965, 13. Nov. 100. Todestag von König Leopold I. StTdr. (5×6); gez. K 11½.**

aky) König Leopold I. (1790–1865, reg. ab 1831)

| | | | | |
|---|---|---|---|---|
| **1406** | 3 Fr dunkelbraun | aky | 0,30 | 0,30 |
| **1407** | 6 Fr bläulichviolett | aky | 0,30 | 0,30 |
| | | Satzpreis (2 W.) | 0,60 | 0,50 |
| | | FDC | | 1,20 |

MiNr. 1407 ist sehr wasserempfindlich.

Auflagen: MiNr. 1406 = 10.500.000, MiNr. 1407 = 2.500.000 Stück

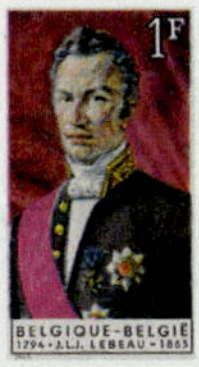

**1965, 13. Nov. 100. Todestag von Joseph Lebeau. RaTdr. (5×5); gez. K 11½.**

akz) Joseph Lebeau (1794–1865), Politiker; Gemälde von Alfred Schollaert (1905–1987)

| | | | | | |
|---|---|---|---|---|---|
| **1408** | 1 Fr mehrfarbig | akz | 0,30 | 0,30 |
| | | FDC | | 2,— |

Auflage: 5.000.000 Stück

**1965, 13. Nov. Freimarken: Sehenswürdigkeiten. StTdr. (10×10); gez. K 11½:11¾, Hochformat ∼.**

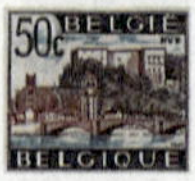

ala) Huy

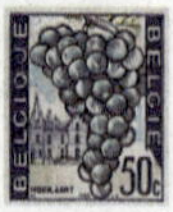

alb) Rathaus von Hoeilaart, Weintraube (Vitis vinifera)

| | | | | |
|---|---|---|---|---|
| **1409** | 50 C mehrfarbig | ala | 0,30 | 0,30 |
| **1410** | 50 C mehrfarbig | alb | 0,30 | 0,30 |
| | | Satzpreis (2 W.) | 0,60 | 0,50 |
| | | FDC | | 1,50 |

Auflagen: MiNr. 1409 = 29.523.314, MiNr. 1410 = 28.229.382 Stück

*Weitere Werte: MiNr. 1454–1455, 1480–1481, 1521–1522, 1537–1538, 1560–1561, 1596–1597, 1653–1654, 1667–1668*

**1965, 4. Dez. Kampf gegen die Tuberkulose: Grand-Place, Brüssel. MiNr. 1411–1414 StTdr. (6×5), MiNr. 1415 komb. StTdr. und RaTdr. (5×5); gez. K 11½.**

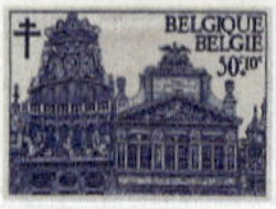

alc) Haus der Zünfte

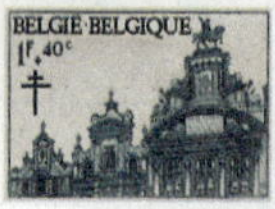

ald) Haus der Brauer

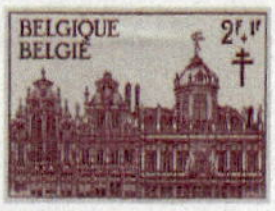

ale) Haus der Binnenschiffer

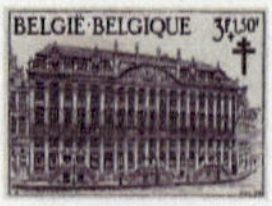

alf) Haus der Herzöge von Brabant

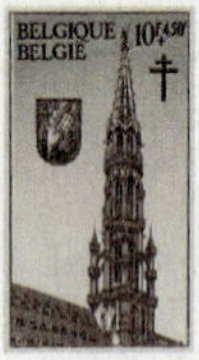

alg) Turm des Rathauses in Brüssel

| | | | | |
|---|---|---|---|---|
| **1411** | 50 C + 10 C ultramarin | alc | 0,30 | 0,30 |
| **1412** | 1 Fr + 40 C grünblau | ald | 0,30 | 0,30 |
| **1413** | 2 Fr + 1 Fr dunkelrötlichblau | ale | 0,30 | 0,30 |
| **1414** | 3 Fr + 1.50 Fr blauviolett | alf | 0,40 | 0,30 |
| **1415** | 10 Fr + 4.50 Fr dunkelbraun/hellgrau | alg | 0,50 | 0,30 |
| | | Satzpreis (5 W.) | 1,80 | 1,40 |
| | | FDC | | 2,20 |

Auflagen: MiNr. 1411 = 1.390.135, MiNr. 1412 = 974.758, MiNr. 1413 = 909.480, MiNr. 1414 = 933.114, MiNr. 1415 = 863.480 Stück

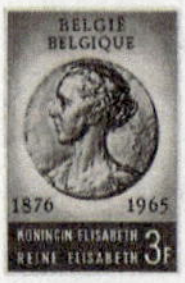

**1965, 23. Dez. Tod von Königin Elisabeth. RaTdr. (5×6); gez. K 11½.**

alh) Königin Elisabeth (1876–1965); Medaillon von Alfred Courtens (1889–1967), Bildhauer

| | | | | |
|---|---|---|---|---|
| **1416** | 3 Fr schwarz | alh | 0,30 | 0,30 |
| | | FDC | | 1,20 |

Auflage: 7.500.000 Stück

*In ähnlicher Zeichnung: MiNr. 1040–1042*

**1966, 12. Febr. 75. Jahrestag der Verkündung der Enzyklika „Rerum Novarum“. RaTdr., MiNr. 1417–1418 (6×5), MiNr. 1419 (5×5); gez. 11½.**

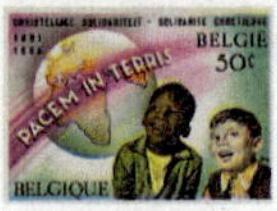

ali) Schwarzes und weißes Kind, Weltkugel

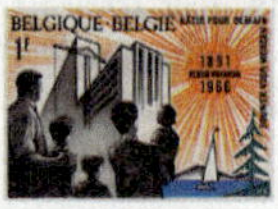

alk) Menschengruppe vor neuem Gebäude, Seelandschaft

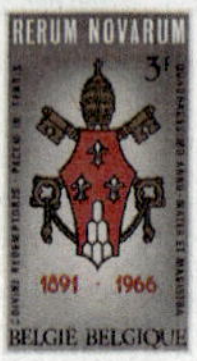

all) Wappen von Papst Paul VI.

| | | | | |
|---|---|---|---|---|
| **1417** | 50 C mehrfarbig | ali | 0,30 | 0,30 |
| **1418** | 1 Fr mehrfarbig | alk | 0,30 | 0,30 |
| **1419** | 3 Fr mehrfarbig | all | 0,40 | 0,40 |
| | | Satzpreis (3 W.) | 1,— | 1,— |
| | | FDC | | 1,20 |

Auflagen: MiNr. 1417 = 6.000.000, MiNr. 1418 = 5.000.000, MiNr. 1419 = 10.500.000 Stück

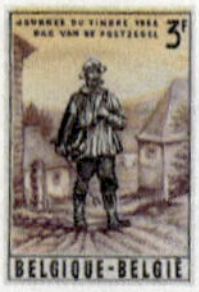

**1966, 17. April. Tag der Briefmarke. Komb. StTdr. und RaTdr. (5×6); gestrichenes Papier; gez. K 11½.**

alm) Bewaffneter Landbriefträger (1852); Aquarell von James Thiriar (1889–1965)

| | | | | |
|---|---|---|---|---|
| **1420** | 3 Fr mehrfarbig | alm | 0,30 | 0,30 |
| | | FDC | | 1,20 |

Auflage: 10.500.000 Stück

*In ähnlicher Zeichnung: MiNr. 1440*

**1966, 16. April. Blockausgabe: Königin Elisabeth. RaTdr.; phosphoreszierendes Papier; gez. Ks 11½.**

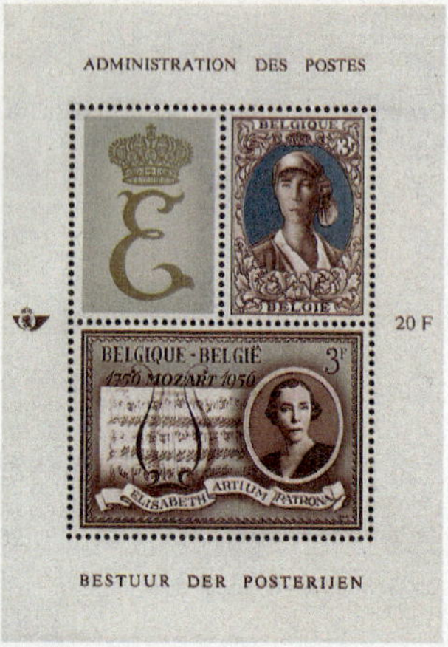


aln

Zierfeld wx I du I

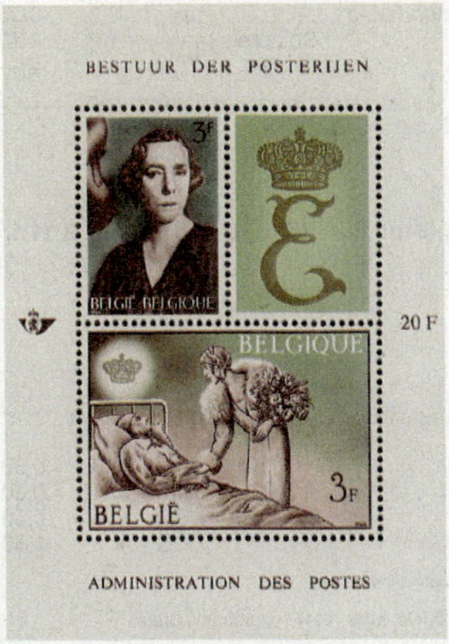


alo

fs I Zierfeld
gl I

| | | | | | |
|---|---|---|---|---|---|
| **1421** | 3 Fr | graulila/grünlichblau | du I | 0,60 | 0,60 |
| **1422** | 3 Fr | schwarzlila/grau | wx I | 0,60 | 0,60 |
| **Block 34** | | (83×114 mm) | aln | 1,50 | 1,50 |
| | | | FDC | | 4,— |

| | | | | | |
|---|---|---|---|---|---|
| **1423** | 3 Fr | schwarzlila/graugrün | fs I | 0,60 | 0,60 |
| **1424** | 3 Fr | schwarzlila/grün | gl I | 0,60 | 0,60 |
| **Block 35** | | (83×114 mm) | alo | 1,50 | 1,50 |
| | | | FDC | | 4,— |

Postpreis: je 20 Fr

Auflagen: Bl. 34 = 765.000, Bl. 35 = 763.791 Blocks

*In ähnlichen Zeichnungen: MiNr. 315–321, 453–456, 504, 1038*

**1966, 9. Mai. Schwimmsport. StTdr. (5×6); gez. K 11½.**

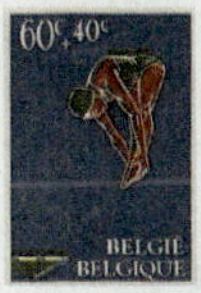

alp) Kunstspringerin

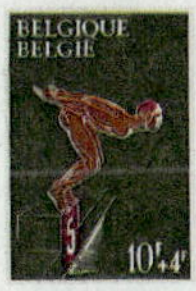

alr) Schwimmer am Start

| | | | | | |
|---|---|---|---|---|---|
| **1425** | 60 C | + 40 C mehrfarbig | alp | 0,30 | 0,30 |
| **1426** | 10 Fr | + 4 Fr mehrfarbig | alr | 0,60 | 0,60 |
| | | | Satzpreis (2 W.) | 0,90 | 0,90 |
| | | | FDC | | 1,50 |

Auflagen: MiNr. 1425 = 1.152.431, MiNr. 1426 = 929.727 Stück

**1966, 28. Mai. Nationales wissenschaftliches Erbe. Komb. StTdr. und RaTdr. (6×5, Hochformate ~); Papier ph.; gez. K 11½.**

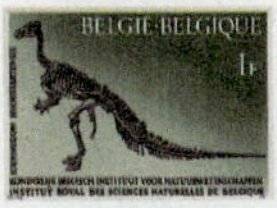

als) Iguanodon bernissartensis (Saurier aus der untersten Kreidezeit) im Königl. Museum für Naturwissenschaften

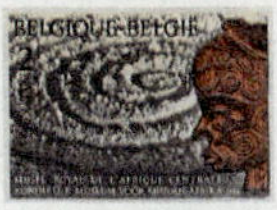

alt) Holzschnitzkunst aus dem Zentralkongo im Königl. Museum für Zentralafrika in Tervuren

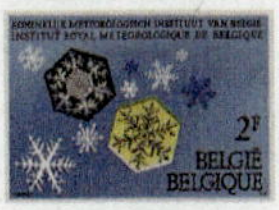

alu) Eiskristallformen im Königl. Meteorologischen Institut

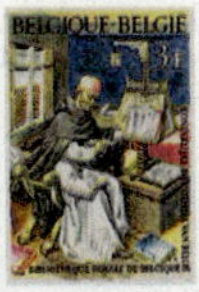

alv) Mittelalterliche Schreibstube in der Königl. Bibliothek

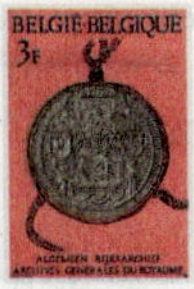

alw) Siegel mit Hendrik I. aus dem Jahre 1197 im Allgemeinen Reichsarchiv

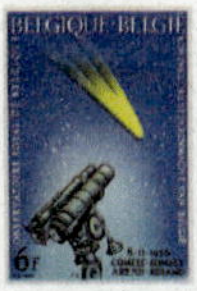

alx) Komet „Roland" am 8.11.1956 im Fernrohr des Königl. Observatoriums

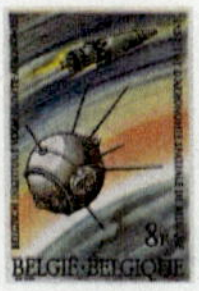

aly) Rakete und Satellit im belgischen Institut für Raumfahrt

| | | | | | |
|---|---|---|---|---|---|
| **1427** | 1 Fr | schwarz/grün | als | 0,30 | 0,30 |
| **1428** | 2 Fr | mehrfarbig | alt | 0,30 | 0,30 |
| **1429** | 2 Fr | mehrfarbig | alu | 0,30 | 0,30 |
| **1430** | 3 Fr | mehrfarbig | alv | 0,30 | 0,30 |
| **1431** | 3 Fr | mehrfarbig | alw | 0,30 | 0,30 |
| **1432** | 6 Fr | mehrfarbig | alx | 0,40 | 0,30 |
| **1433** | 8 Fr | mehrfarbig | aly | 0,60 | 0,30 |
| | | | Satzpreis (7 W.) | 2,50 | 2,— |
| | | | FDC | | 2,60 |

Auflagen: MiNr. 1427 = 5.000.000, MiNr. 1428–1429 je 3.500.000, MiNr. 1430 und 1431 je 6.000.000, MiNr. 1432 = 2.500.000, MiNr. 1433 = 1.250.000 Stück

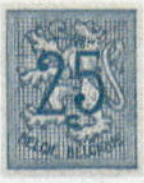

**1966, 31. März/6. Juni. Freimarken: Heraldischer Löwe. Bdr. (20×20, unterteilt in 4 Gruppen zu 10×10); gestrichenes Papier; gez. K 14.**

ss) Wertzahl über heraldischem Löwen

| | | | | | |
|---|---|---|---|---|---|
| **1434** | 25 C | grünblau (6. Juni) | ss | 0,30 | 0,30 |
| **1435** | 75 C | mattpurpurviolett (31. März) | ss | 0,30 | 0,30 |
| | | | Satzpreis (2 W.) | 0,50 | 0,50 |

**Vorausentwertungen:**

| | | (✱) | ✱✱ |
|---|---|---|---|
| 1434 V I | hellgrün, Aufdrucktype b 6 (1966) | 0,40 | 1,— |
| 1434 V II | hellgrün, Aufdrucktype b 7 (1967/1975) | 1,— | 4,— |
| 1435 V I | mattpurpurviolett, Aufdrucktype b 6 (1966) | 0,50 | 0,90 |
| 1435 V II | mattpurpurviolett, Aufdrucktype b 7 (1967/1975) | 0,30 | 0,70 |

| | | ✱✱ | ⊙ |
|---|---|---|---|
| 1434 V F | hellgrün, ohne Vorausentwertung | 150,— | 60,— |

*Weitere Werte siehe Übersicht nach Jahrgangswerttabelle.*

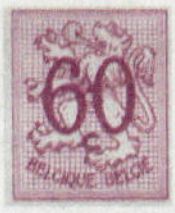

**1966, Febr. Freimarke: Heraldischer Löwe. RaTdr., Bogen (10×6) und Rollen (1000); x = gestrichenes Papier, y = gestrichenes, phosphoreszierendes Papier; gez. K 11½.**

ss I) Wertzahl über heraldischem Löwen

| | | | | | |
|---|---|---|---|---|---|
| **1436** | 60 C | mattlila | ss I | | |
| | x | gestrichenes Papier | | 550,— | 500,— |
| | y | gestr., phosph. Papier | | 1,— | 0,50 |

*Weitere Werte siehe Übersicht nach Jahrgangswerttabelle.*

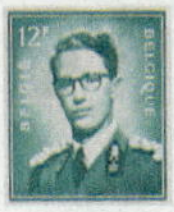

**1966, 31. März. Freimarken: König Baudouin, ⒺMarchand. RaTdr. (10×5); x = gestrichenes Papier, y = gestrichenes, phosphoreszierendes Papier; gez. K 11½.**

uy) König Baudouin I. (1930–1993, reg. ab 1951)

| | | | | | |
|---|---|---|---|---|---|
| **1437** | 12 Fr | blaugrün | uy | | |
| | x | gestrichenes Papier | | 14,— | 0,50 |
| | y | gestr., phosph. Papier | | 1,20 | 0,30 |

*In gleicher Zeichnung siehe Übersicht nach Jahrgangswerttabelle.*

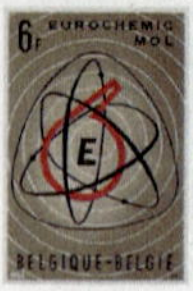

**1966, 9. Juli. Eurochemic in Mol. Komb. StTdr. und RaTdr. (5×6); gestrichenes Papier; gez. K 11½.**

alz) Emblem der Eurochemic Mol vor Spiralengrund

| | | | | |
|---|---|---|---|---|
| **1438** | 6 Fr mehrfarbig | alz | 0,50 | 0,30 |
| | | FDC | | 2,— |

Auflage: 2.500.000 Stück

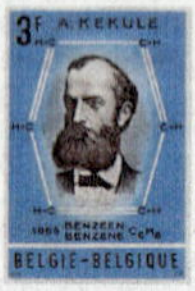

**1966, 9. Juli. 70. Todestag von August Kekulé. Komb. StTdr. und RaTdr. (5×6); gestrichenes Papier; gez. K 11½.**

ama) August Kekulé (1829–1896), Chemiker; Ringstruktur des Benzols

| | | | | |
|---|---|---|---|---|
| **1439** | 3 Fr hellblau/violettbraun | ama | 0,30 | 0,30 |
| | | FDC | | 1,20 |

Auflage: 10.500.000 Stück

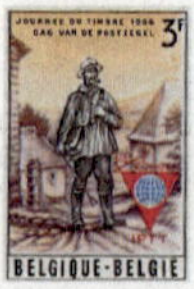

**1966, 11. Juli. 19. Weltkongress der IPTT (Internationale du personnel des Postes, Télégraphes et Téléphones), Brüssel. Komb. StTdr. und RaTdr. (5×6); gestrichenes Papier; gez. K 11½.**

amb) Bewaffneter Landbriefträger (1852); Aquarell von James Thiriar (1889–1965); Kongressemblem

| | | | | |
|---|---|---|---|---|
| **1440** | 3 Fr mehrfarbig | amb | 0,30 | 0,30 |
| | | FDC | | 1,20 |

Auflage: 10.500.000 Stück

*In ähnlicher Zeichnung: MiNr. 1420*

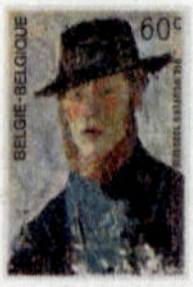

**1966, 6. Aug. 50. Todestag von Rik Wouters. RaTdr. (5×6); gestrichenes Papier; gez. K 11½.**

amc) Rik Wouters (1882–1916), flämischer Maler und Bildhauer (Selbstbildnis)

| | | | | |
|---|---|---|---|---|
| **1441** | 60 C mehrfarbig | amc | 0,30 | 0,30 |
| | | FDC | | 1,20 |

Auflage: 9.000.000 Stück

**1966, 27. Aug. Kultur. StTdr. (4×5); gez. K 11½.**

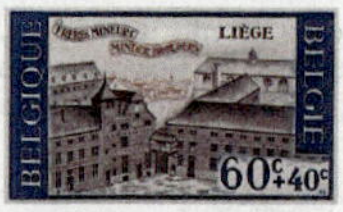

amd) Lüttich, Minoritenkloster aus dem 17. Jh.

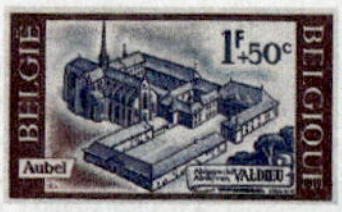

ame) Aubel, Abtei von Val-Dieu, gegründet 1216

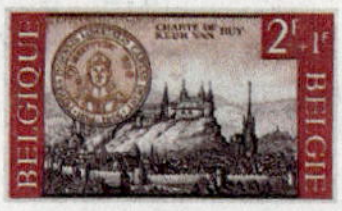

amf) Ansicht von Huy nach mittelalterlichem Stich, Stadtsiegel aus dem Jahre 1066 mit Theoduin von Bayern

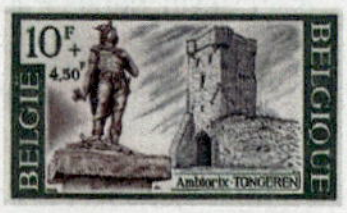

amg) Tongern, Denkmal des Eburonen-Königs Ambiorix, errichtet 1866; Turm der Stadtmauer

| | | | | |
|---|---|---|---|---|
| **1442** | 60 C + 40 C mehrfarbig | amd | 0,30 | 0,30 |
| **1443** | 1 Fr + 50 C mehrfarbig | ame | 0,30 | 0,30 |
| **1444** | 2 Fr + 1 Fr mehrfarbig | amf | 0,30 | 0,30 |
| **1445** | 10 Fr + 4.50 Fr mehrfarbig | amg | 0,30 | 0,30 |
| | | Satzpreis (4 W.) | 1,20 | 1,20 |
| | | FDC | | 2,— |

Auflagen: MiNr. 1442 = 1.160.132, MiNr. 1443 = 1.074.913, MiNr. 1444 = 1.060.282, MiNr. 1445 = 1.011.298 Stück

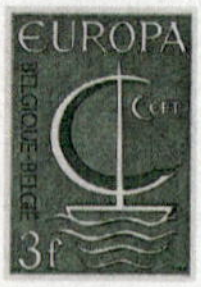

**1966, 24. Sept. Europa. StTdr. (5×6); gez. K 11½.**

amh) Stilisiertes Boot mit geblähtem Segel und Inschrift „CEPT"

| | | | | |
|---|---|---|---|---|
| **1446** | 3 Fr smaragdgrün | amh | 0,30 | 0,30 |
| **1447** | 6 Fr helllilapurpur | amh | 0,70 | 0,30 |
| | | Satzpreis (2 W.) | 1,— | 0,50 |
| | | FDC | | 1,50 |

MiNr. 1447 ist sehr wasserempfindlich.

Auflagen: MiNr. 1446 = 10.500.000, MiNr. 1447 = 2.500.000 Stück

**1966, 8. Okt. Antarktis-Expeditionen. StTdr. (6×5); gez. K 11½.**

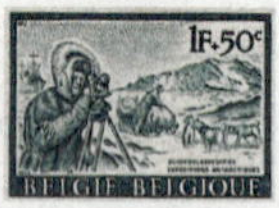

ami) Geometer beim Vermessen, Hundeschlitten, Expeditionsschiff

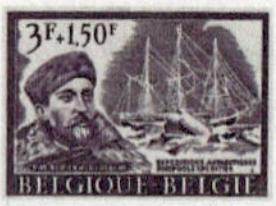

amk) Adrien de Gerlache (1866–1934), Marineoffizier und Polarforscher; Expeditionsschiff „Belgica"

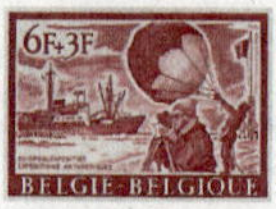

aml) Expeditionsschiff „Magga Dan" mit Geometer, Windvermessung und belgische Flagge

| | | | | |
|---|---|---|---|---|
| **1448** | 1 Fr + 50 C dunkelblaugrün | ami | 0,30 | 0,30 |
| **1449** | 3 Fr + 1.50 Fr grauviolett | amk | 0,30 | 0,30 |
| **1450** | 6 Fr + 3 Fr lilarot | aml | 0,40 | 0,40 |
| | | Satzpreis (3 W.) | 1,— | 1,— |
| | | FDC | | 1,60 |

**Blockausgabe, komb. StTdr. und RaTdr.**

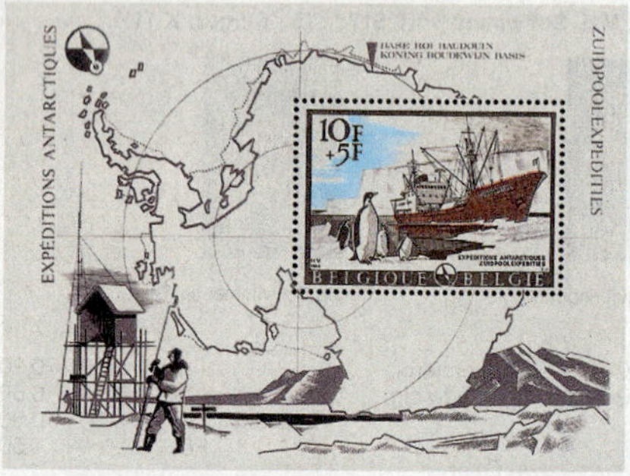

amn

amm) Kaiserpinguin (Aptenodytes forsteri), Expeditionsschiff „Magga Dan"

| | | | | |
|---|---|---|---|---|
| **1451** | 10 Fr + 5 Fr mehrfarbig | amm | 1,— | 1,— |
| **Block 36** | (130×95 mm) | amn | 1,20 | 1,20 |
| | | FDC | | 2,— |

Auflage: MiNr. 1448 = 1.171.885, MiNr. 1449 = 1.115.057, MiNr. 1450 = 1.090.794 Stück, Bl. 36 = 1.272.962 Blocks

**1966, 11. Nov. 75 Jahre Königlich Belgische Philatelistenvereinigung. Komb. StTdr. und RaTdr. (6×5); gestrichenes Papier; gez. K 11½.**

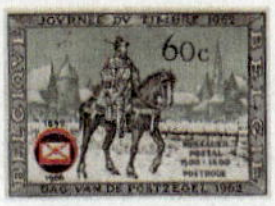

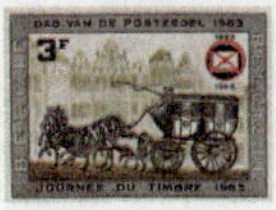

amo) Postreiter aus dem 16. Jh. amp) Vierspännige Postkutsche

amo–amp) FIP-Emblem

| | | | | |
|---|---|---|---|---|
| **1452** | 60 C mehrfarbig | amo | 0,30 | 0,30 |
| **1453** | 3 Fr mehrfarbig | amp | 0,30 | 0,30 |
| | | Satzpreis (2 W.) | 0,60 | 0,50 |
| | | FDC | | 1,20 |

Auflagen: MiNr. 1452 = 9.000.000, MiNr. 1453 = 10.500.000 Stück

*In ähnlichen Zeichnungen: MiNr. 1272, 1309*

**1966, 11. Nov. Freimarken: Sehenswürdigkeiten. StTdr. (10×10); gez. K 11½:11¾, Hochformat ~.**

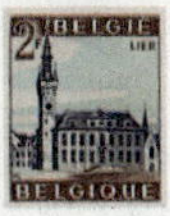

amr) Festung Bouillon ams) Rathaus von Lier

**x = normales Papier**

| | | | | |
|---|---|---|---|---|
| **1454 x** | 2 Fr mehrfarbig | amr | 0,30 | 0,30 |
| **1455 x** | 2 Fr mehrfarbig | ams | 0,30 | 0,30 |
| | | Satzpreis x (2 W.) | 0,50 | 0,50 |
| | | FDC x | | 2,40 |

**y = Papier ph.**

| | | | | |
|---|---|---|---|---|
| **1454 y** | 2 Fr mehrfarbig | amr | 0,50 | 0,30 |
| **1455 y** | 2 Fr mehrfarbig | ams | 0,50 | 0,30 |
| | | Satzpreis y (2 W.) | 1,— | 0,50 |

*Weitere Werte siehe Fußnote nach MiNr. 1410.*

**1966, 3. Dez. Solidarität: Kinderspiele. Komb. StTdr. und RaTdr. (5×6, Querformate ~); Papier ph.; gez. K 11½.**

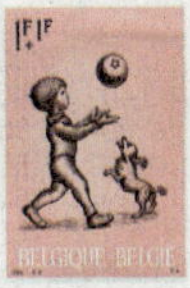

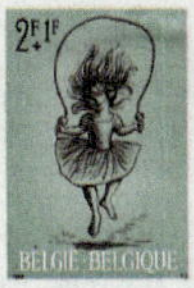

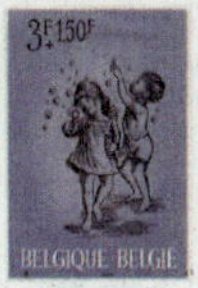

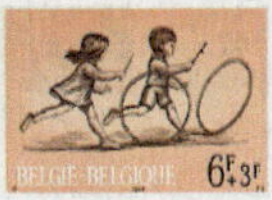

amt) Junge mit Hund beim Ballspiel amu) Mädchen beim Seilspringen amv) Kinder mit Seifenblasen amw) Kinder beim Reifenspiel

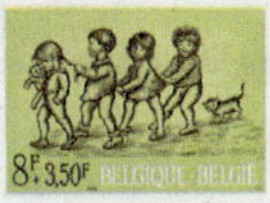

amx) Kinder im Gänsemarsch

| | | | | |
|---|---|---|---|---|
| **1456** | 1 Fr + 1 Fr helllilarosa/braunschwarz | amt | 0,30 | 0,30 |
| **1457** | 2 Fr + 1 Fr hellblaugrün/braunschwarz | amu | 0,30 | 0,30 |
| **1458** | 3 Fr + 1.50 Fr hellblauviolett/schwarz | amv | 0,30 | 0,30 |
| **1459** | 6 Fr + 3 Fr hellorangerot/violettbraun | amw | 0,30 | 0,30 |
| **1460** | 8 Fr + 3.50 Fr hellgelbgrün/braunschwarz | amx | 0,30 | 0,30 |
| | | Satzpreis (5 W.) | 1,50 | 1,50 |
| | | FDC | | 2,— |

Auflagen: MiNr. 1456 = 1.024.038, MiNr. 1457 = 960.044, MiNr. 1458 = 979.345, MiNr. 1459 = 929.011, MiNr. 1460 = 924.746 Stück

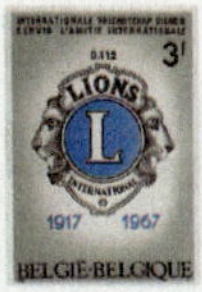

**1967, 14. Jan. 50 Jahre Lions-Club in Belgien. Komb. StTdr. und RaTdr. (5×6); gestrichenes, phosphoreszierendes Papier; gez. K 11½.**

amy) Emblem des Clubs mit Motto „der internationalen Freundschaft dienen"

| | | | | |
|---|---|---|---|---|
| **1461** | 3 Fr mehrfarbig | amy | 0,30 | 0,30 |
| **1462** | 6 Fr mehrfarbig | amy | 0,40 | 0,30 |
| | | Satzpreis (2 W.) | 0,70 | 0,50 |
| | | FDC | | 1,30 |

Auflagen: MiNr. 1461 = 10.500.000, MiNr. 1462 = 2.750.000 Stück

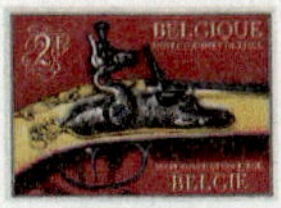

**1967, 1. Febr. Waffenmuseum Lüttich. RaTdr. (6×5); gestrichenes, phosphoreszierendes Papier; gez. K 11½.**

amz) Schloss einer Steinschlosspistole (17. Jh.)

| | | | | |
|---|---|---|---|---|
| **1463** | 2 Fr mehrfarbig | amz | 0,30 | 0,30 |
| | | FDC | | 1,20 |

Auflage: 3.500.000 Stück

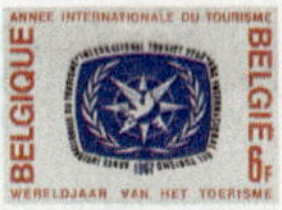

**1967, 11. Febr. Internationales Jahr des Tourismus. RaTdr. (6×5); gestrichenes, phosphoreszierendes Papier; gez. K 11½.**

ana) Emblem des Internationalen Tourismusjahres

| | | | | |
|---|---|---|---|---|
| **1464** | 6 Fr mehrfarbig | ana | 0,50 | 0,30 |
| | | FDC | | 1,30 |

Auflage: 2.750.000 Stück

**1967, 11. März. Blockausgabe: Europäische Aktion zur Flüchtlingshilfe. RaTdr.; gestrichenes, phosphoreszierendes Papier; gez. Ks 11½.**

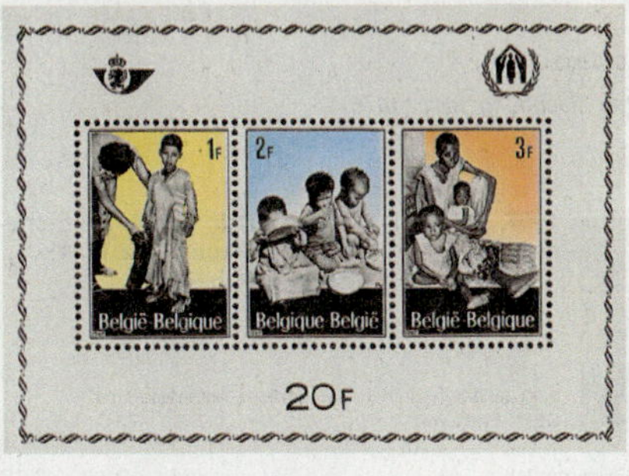

ane

anb–and) Flüchtlingskinder in Obhut

| | | | | |
|---|---|---|---|---|
| **1465** | 1 Fr hellchromgelb/braunschwarz | anb | 0,30 | 0,30 |
| **1466** | 2 Fr hellblau/braunschwarz | anc | 0,30 | 0,30 |
| **1467** | 3 Fr hellorange/braunschwarz | and | 0,30 | 0,30 |
| **Block 37** | (110×76 mm) | ane | 1,20 | 1,20 |
| | | FDC | | 2,20 |

Postpreis: 20 Fr

Auflage: 977.892 Blocks

**1967, 11. März. Naturschutzgebiete. RaTdr. (6×5); gestrichenes Papier; gez. K 11½.**

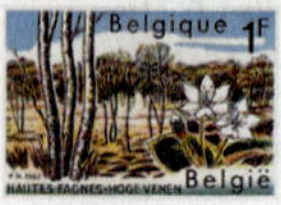

anf) Hohes Venn; Moorbirke (Betula pubescens), Siebenstern (Trientalis europaea)

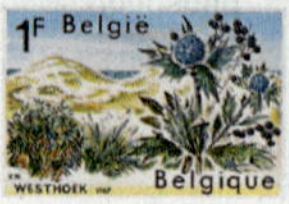

ang) Dünen von Westhoek; Sanddorn (Hippophae salicifolia), Strandhafer (Ammophila arenaria), Strandistel (Eryngium maritimum), Rainweide (Ligustrum vulgare)

| | | | | |
|---|---|---|---|---|
| **1468** | 1 Fr mehrfarbig | anf | 0,30 | 0,30 |
| **1469** | 1 Fr mehrfarbig | ang | 0,30 | 0,30 |
| | Satzpreis (2 W.) | | 0,60 | 0,50 |
| | FDC | | | 2,— |

Auflage: 4.500.000 Sätze

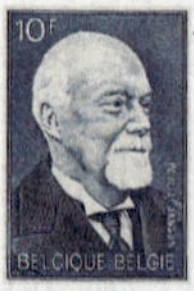

**1967, 15. April. Paul-Émile Janson. StTdr. (5×6); gez. K 11½.**

anh) Paul-Émile Janson (1872–1944), Politiker

| | | | | |
|---|---|---|---|---|
| **1470** | 10 Fr kobalt | anh | 0,60 | 0,50 |
| | FDC | | | 1,50 |

Auflage: 1.770.000 Stück

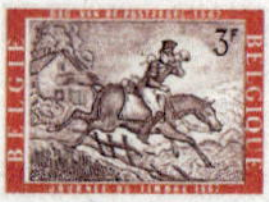

**1967, 16. April. Tag der Briefmarke. Komb. StTdr. und RaTdr. (6×5); gez. K 11½.**

ani) Postreiter (1833)

| | | | | |
|---|---|---|---|---|
| **1471** | 3 Fr rot/violettpurpur | ani | 0,30 | 0,30 |
| | FDC | | | 1,20 |

Auflage: 7.000.000 Stück

*In ähnlicher Zeichnung: MiNr. 1476*

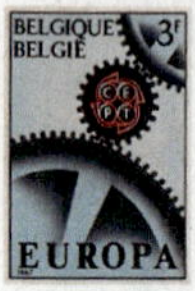

**1967, 29. April. Europa. RaTdr. (5×6); gestrichenes, phosphoreszierendes Papier; gez. K 11½.**

ank) Ineinandergreifende Zahnräder, Antriebsrad mit CEPT-Emblem

| | | | | |
|---|---|---|---|---|
| **1472** | 3 Fr mehrfarbig | ank | 0,40 | 0,30 |
| **1473** | 6 Fr mehrfarbig | ank | 0,80 | 0,30 |
| | Satzpreis (2 W.) | | 1,20 | 0,60 |
| | FDC | | | 1,50 |

Auflagen: MiNr. 1472 = 7.000.000, MiNr. 1473 = 2.750.000 Stück

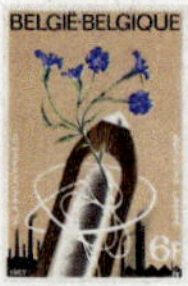

**1967, 3. Juni. Flachsindustrie. RaTdr. (5×6); gestrichenes, phosphoreszierendes Papier; gez. K 11½.**

anl) Flachs und Garnspule vor Fabriksilhouette

| | | | | |
|---|---|---|---|---|
| **1474** | 6 Fr mehrfarbig | anl | 0,50 | 0,30 |
| | FDC | | | 1,20 |

Auflage: 2.750.000 Stück

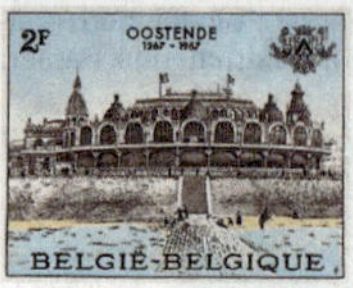

**1967, 3. Juni. 700. Jahrestag der Verleihung der Stadtrechte an Ostende. Komb. StTdr. und RaTdr. (5×8); gez. K 11½.**

anm) Ehemalige Kurhalle in Ostende; Stadtwappen

| | | | | |
|---|---|---|---|---|
| **1475** | 2 Fr mehrfarbig | anm | 0,30 | 0,30 |
| | FDC | | | 1,20 |

Auflage: 3.500.000 Stück

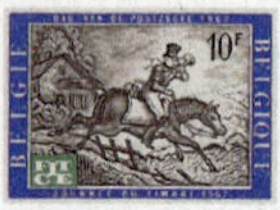

**1967, 24. Juni. Europatage der Telekommunikation. Komb. StTdr. und RaTdr. (6×5); gez. K 11½.**

ann) Postreiter (1833); Abkürzung „FITCE" (= Fédération des Ingénieurs des Télécommunications de la Communauté Européenne)

| | | | | |
|---|---|---|---|---|
| **1476** | 10 Fr mehrfarbig | ann | 0,60 | 0,50 |
| | FDC | | | 1,30 |

Auflage: 1.770.000 Stück

*In ähnlicher Zeichnung: MiNr. 1471*

**1967, 24. Juni. Robert Schuman; Kongolo-Denkmal in Gentinnes; Verbrüderung Mutterland-Kolonie 1940–1945. MiNr. 1477 StTdr. (5×6), normales Papier; MiNr. 1478–1479 komb. StTdr. und RaTdr. (6×5 bzw. 5×6), gestrichenes, phosphoreszierendes Papier; gez. K 11½.**

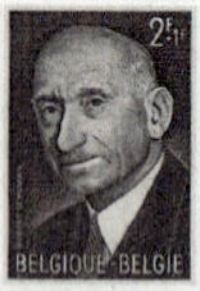

ano) Robert Schuman (1886–1963), Politiker, Förderer des Europagedankens

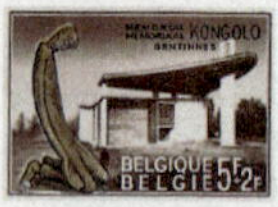

anp) Gedenkstätte Kongolo: Skulptur „Missionar" von Raf Mailleux (1916–1996); Kapelle von Charles Jeandrain (Architektur) und Yves Dehais (Glasarbeiten)

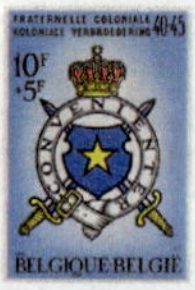

anr) Abzeichen der Verbrüderung zwischen Mutterland und Kolonie

| | | | | |
|---|---|---|---|---|
| **1477** | 2 Fr + 1 Fr dunkelgraublau | ano | 0,30 | 0,30 |
| **1478** | 5 Fr + 2 Fr mehrfarbig | anp | 0,40 | 0,40 |
| **1479** | 10 Fr + 5 Fr mehrfarbig | anr | 0,80 | 0,80 |
| | Satzpreis (3 W.) | | 1,50 | 1,50 |
| | FDC | | | 2,50 |

Auflagen: MiNr. 1477 = 1.056.000, MiNr. 1478 = 904.184, MiNr. 1479 = 880.135 Stück

**1967, 15. Juli/1968, 3. Mai. Freimarken: Sehenswürdigkeiten. StTdr. (10×10); gez. K 11¾:11½.**

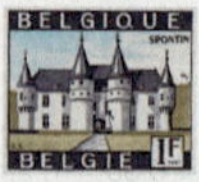

ans) Schloss Spontin

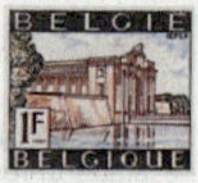

ant) Ehrenmal Menenpoort, Ypern

**x = normales Papier (15.7.1967)**

| | | | | |
|---|---|---|---|---|
| **1480 x** | 1 Fr mehrfarbig | ans | 0,40 | 0,30 |
| **1481 x** | 1 Fr mehrfarbig | ant | 0,40 | 0,30 |
| | Satzpreis x (2 W.) | | 0,80 | 0,50 |
| | FDC x | | | 3,— |

y = Papier ph.

| | | | | | |
|---|---|---|---|---|---|
| **1480 y** | 1 Fr mehrfarbig (3.5.1968) | ans | 90,— | 0,50 |
| **1481 y** | 1 Fr mehrfarbig (10.4.1968) | ant | 90,— | 0,50 |
| | Satzpreis y (2 W.) | | 180,— | 1,— |

Unter UV-Licht weiß oder bläulichweiß leuchtende Marken sind auf Varianten des gewöhnlichen Papiers (x) mit optischen Aufhellern gedruckt. Das y-Papier leuchtet gelb.

Auflagen (x + y): MiNr. 1480 = 87.138.056, MiNr. 1481 = 94.137.917 Stück

*Weitere Werte siehe Fußnote nach MiNr. 1410.*

**1967, 2. Sept. Stiftungen für Volksbildung „Lodewijk de Raet" und „Charles Plisnier". RaTdr. (5×6); gestrichenes Papier; gez. K 11½.**

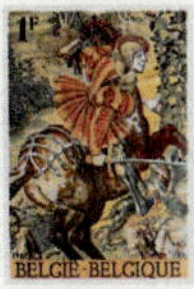

anu) Kaiser Maximilian I. auf der Jagd; Detail eines Brüsseler Wandteppichs (1540)

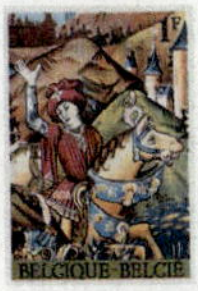

anv) Caesars Erlebnis - die Überschreitung des Flusses Rubikon und der Kampf mit Pompejus; Wandteppich

| | | | | |
|---|---|---|---|---|
| **1482** | 1 Fr mehrfarbig | anu | 0,30 | 0,30 |
| **1483** | 1 Fr mehrfarbig | anv | 0,30 | 0,30 |
| | Satzpreis (2 W.) | | 0,50 | 0,50 |
| | FDC | | | 4,— |

Auflage: 4.500.000 Sätze

**1967, 2. Sept. Kultur: Erasmus und seine Zeit. Komb. StTdr. und RaTdr., MiNr. 1486 und 1488 RaTdr. (5×6, Querformat ~); MiNr. 1485–1488 Papier ph.; gez. K 11½.**

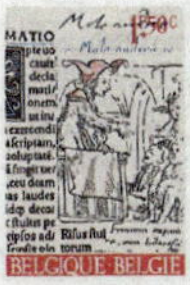

anw) Ausschnitt aus der an Thomas Morus gerichteten Satire „Lob der Torheit" von Erasmus, lateinische Fassung 1509

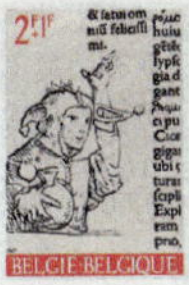

anx) Illustration eines Narren aus der gleichen Satire

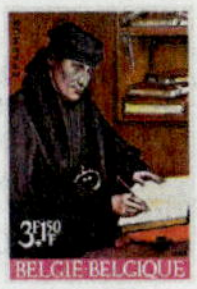

any) Erasmus Desiderius von Rotterdam, eig. Gerhard Gerhards (um 1465–1536), niederländischer Humanist; Gemälde von Quentin Massys

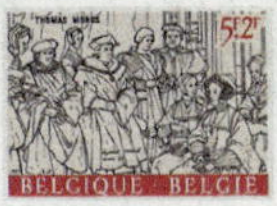

anz) Familie des Sir Thomas Morus (1478–1535), englischer Staatsmann und Humanist; Zeichnung von Hans Holbein d. J. (1497–1543)

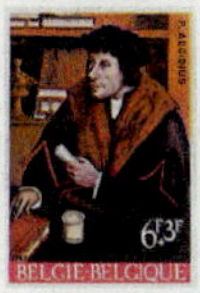

aoa) Pieter Gilles (P. Aegidius); Gemäldefragment von Quentin Massys (um 1465–1530)

| | | | | |
|---|---|---|---|---|
| **1484** | 1 Fr + 50 C mehrfarbig | anw | 0,30 | 0,30 |
| **1485** | 2 Fr + 1 Fr mehrfarbig | anx | 0,30 | 0,30 |
| **1486** | 3 Fr + 1.50 Fr mehrfarbig | any | 0,30 | 0,30 |
| **1487** | 5 Fr + 2 Fr mehrfarbig | anz | 0,40 | 0,30 |
| **1488** | 6 Fr + 3 Fr mehrfarbig | aoa | 0,50 | 0,30 |
| | Satzpreis (5 W.) | | 1,80 | 1,50 |
| | FDC | | | 2,20 |

Auflagen: MiNr. 1484 = 998.665, MiNr. 1485 = 982.666, MiNr. 1486 = 991.449, MiNr. 1487 = 967.067, MiNr. 1488 = 971.181 Stück

**1967, 30. Sept. 150 Jahre Universitäten Gent und Lüttich. Komb. StTdr. und RaTdr. (5×6); gestrichenes, phosphoreszierendes Papier; gez. K 11½.**

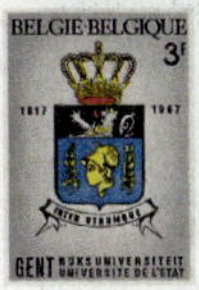

aob) Wappen der Universität Gent

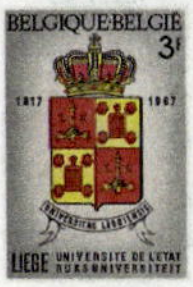

aoc) Wappen der Universität Lüttich

| | | | | |
|---|---|---|---|---|
| **1489** | 3 Fr mehrfarbig | aob | 0,30 | 0,30 |
| **1490** | 3 Fr mehrfarbig | aoc | 0,30 | 0,30 |
| | Satzpreis (2 W.) | | 0,50 | 0,50 |
| | FDC | | | 1,20 |

Auflage: 5.000.000 Sätze

**1967, 30. Sept. Britische Woche in Brüssel. RaTdr. (5×6); gestrichenes, phosphoreszierendes Papier; gez. K 11½.**

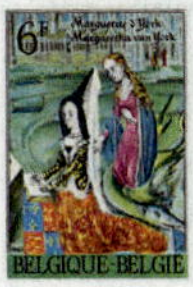

aod) Margareta von York (1446–1503), Gattin Karls des Kühnen von Burgund; Margareta von Antiochia († um 305), Märtyrin

| | | | | |
|---|---|---|---|---|
| **1491** | 6 Fr mehrfarbig | aod | 0,50 | 0,30 |
| | FDC | | | 1,30 |

Auflage: 2.750.000 Stück

**1967, 21. Okt. Blockausgabe: Briefmarkenausstellung „Postphila 1967". Komb. StTdr. und RaTdr. auf gestrichenem, phosphoreszierendem Papier; gez. Ks 11½.**

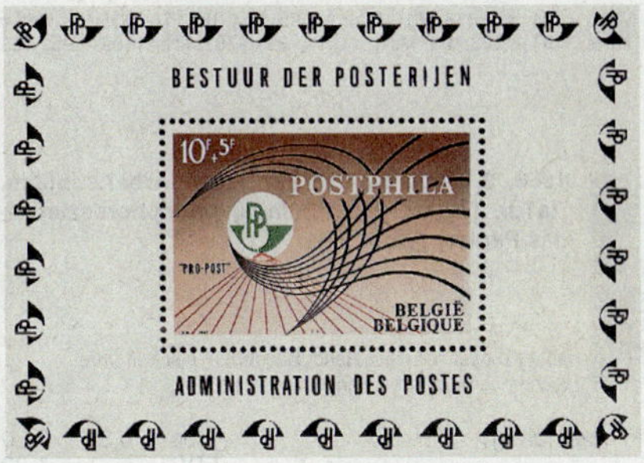


aof

aoe) Ausstellungsemblem von grafischem Liniensystem umgeben

| | | | | |
|---|---|---|---|---|
| **1492** | 10 Fr + 5 Fr mehrfarbig | aoe | 0,70 | 0,70 |
| **Block 38** | (111×77 mm) | aof | 1,— | 1,— |
| | FDC | | | 2,— |

Auflage: 948.410 Blocks

**1967, 11. Nov. Weihnachten. StTdr. (5×5); gez. K 11½.**

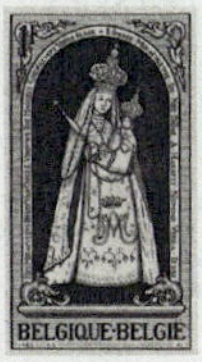

aog) Unsere liebe Frau von Hasselt; Skulptur von Jean Delcour (1627–1707)

| | | | | |
|---|---|---|---|---|
| **1493** | 1 Fr dunkelgraublau | aog | 0,30 | 0,30 |
| | FDC | | | 1,20 |

Auflage: 9.000.000 Stück

**1967, 9. Dez. Solidarität: Kinderspiele von Bruegel. RaTdr. (4×8); gestrichenes, phosphoreszierendes Papier; gez. K 11½.**

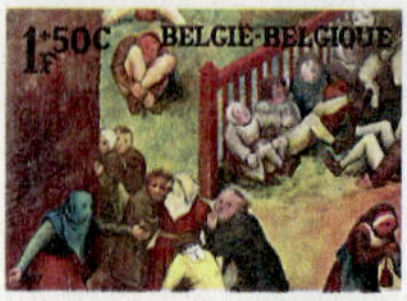
aoh

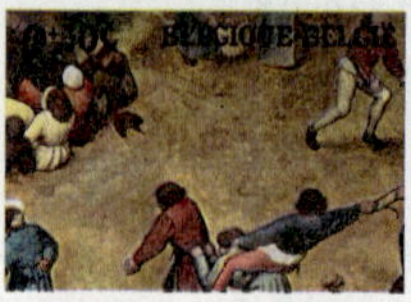
aoi

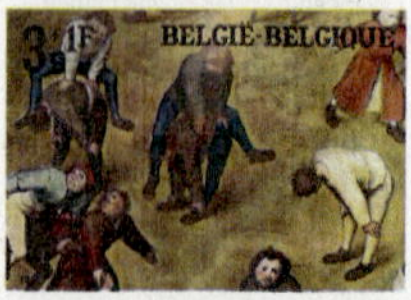
aok

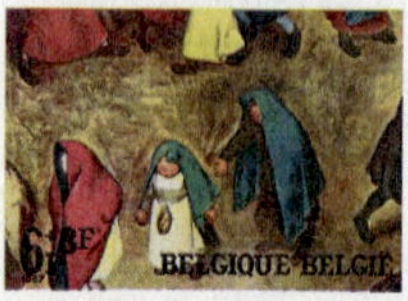
aol

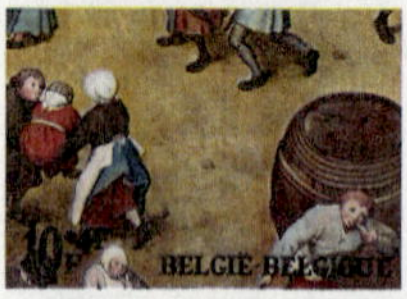
aom

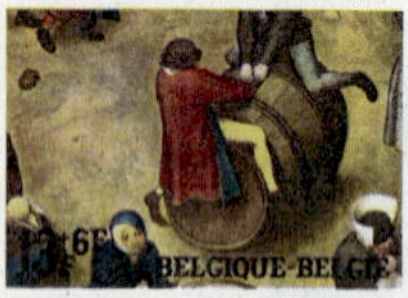
aon

aoh–aon) „Kinderspiele“; Details eines Gemäldes von Pieter Bruegel d. Ä. (um 1525–1569)

| | | | | |
|---|---|---|---|---|
| **1494** | 1 Fr + 50 C mehrfarbig | aoh | 0,30 | 0,30 |
| **1495** | 2 Fr + 50 C mehrfarbig | aoi | 0,30 | 0,30 |
| **1496** | 3 Fr + 1 Fr mehrfarbig | aok | 0,30 | 0,30 |
| **1497** | 6 Fr + 3 Fr mehrfarbig | aol | 0,50 | 0,50 |
| **1498** | 10 Fr + 4 Fr mehrfarbig | aom | 0,60 | 0,60 |
| **1499** | 13 Fr + 6 Fr mehrfarbig | aon | 0,80 | 0,80 |
| | | Satzpreis (6 W.) | 2,80 | 2,80 |
| | | FDC | | 4,— |

Auflagen: MiNr. 1494 = 1.118.661, MiNr. 1495 = 1.052.174, MiNr. 1496 = 1.065.034, MiNr. 1497 = 993.498, MiNr. 1498 = 983.978, MiNr. 1499 = 982.950 Stück

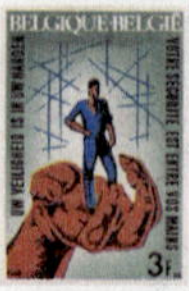

**1968, 3. Febr. Kampagne gegen Arbeitsunfälle. RaTdr. (5×6); gestrichenes, phosphoreszierendes Papier; gez. K 11½.**

aoo) Arbeiter auf einer Hand, Baugerüst, Inschrift „Ihre Sicherheit ist in Ihren Händen“

| | | | | |
|---|---|---|---|---|
| **1500** | 3 Fr mehrfarbig | aoo | 0,30 | 0,30 |
| | | FDC | | 1,20 |

Auflage: 9.000.000 Stück

**1968, 19. Jan./1973. Freimarke: Heraldischer Löwe. Bdr. (20×20, unterteilt in 4 Gruppen zu 10×10); A = gez. K 13¾:14, C = gez. K 13¼:13¼.**

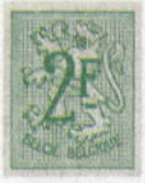
ss) Wertzahl über heraldischem Löwen

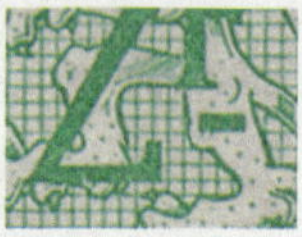
Type I: Bildformat 17,2×20,5 mm, Fuß der Wertziffer „2“ dünn und kurz, Abstand zwischen „2“ und „F“ klein, Balken unter „F“ dick

Type II: Bildformat 17,5×20,8 mm, Fuß der Wertziffer „2“ dick und lang, Abstand zwischen „2“ und „F“ groß, Balken unter „F“ dünn

| | | | | |
|---|---|---|---|---|
| **1501** | 2 Fr hellsmaragdgrün | ss | | |
| I | Type I (1968) | | | |
| A | gez. K 13¾:14 | | 0,70 | 0,30 |
| C | gez. K 13¾:13¼ | | 0,70 | 0,60 |
| II A | Type II (März 1973) | | 0,30 | 0,30 |

**Vorausentwertungen:**

| | | (✱) | ✱✱ |
|---|---|---|---|
| 1501 I A V | Aufdrucktype b 7 | 0,30 | 2,50 |
| 1501 I C V | Aufdrucktype b 7 | 0,30 | 2,50 |
| 1501 II A V | Aufdrucktype b 7 | 0,30 | 0,80 |

*Weitere Werte siehe Übersicht nach Jahrgangswerttabelle.*

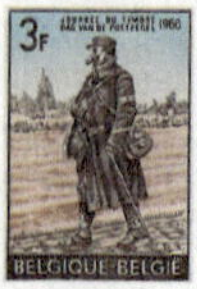

**1968, 17. März. Tag der Briefmarke. Komb. StTdr. und RaTdr. (5×6); Papier ph.; gez. K 11½.**

aop) Feldpostbriefträger (1916)

| | | | ✱✱ | ⊙ |
|---|---|---|---|---|
| **1502** | 3 Fr mehrfarbig | aop | 0,30 | 0,30 |
| | | FDC | | 1,20 |

Auflage: 9.000.000 Stück

**1968, 13. April. Geschichte und Vorgeschichte. RaTdr. (5×6); gestrichenes, phosphoreszierendes Papier; gez. K 11½.**

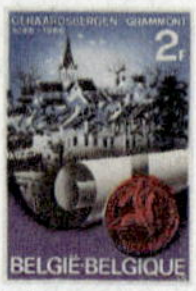
aor) 900 Jahre Geraardsbergen (Grammont): Stadt mit Rathaus und Siegel von Boudewijn (Baudouin) VI., Graf von Flandern

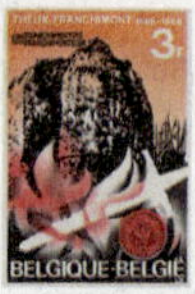
aos) 500. Jahrestag des Angriffs von 600 Franchimontesern auf die Belagerer von Lüttich: Burg Franchimont, Schiffe, Flammen, Schwert und Siegel

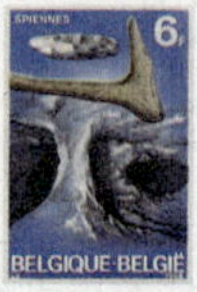
aot) Neolithischer Bergbau und archäologische Entdeckungen von Spienne: Hacke und Faustkeil (um 4500 v. Chr.)

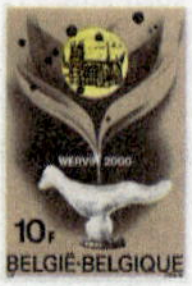
aou) 2000 Jahre Stadt Wervik: Saint-Medardus-Kirche, Tabakblätter, römische Skulptur

| | | | | |
|---|---|---|---|---|
| **1503** | 2 Fr mehrfarbig | aor | 0,30 | 0,30 |
| **1504** | 3 Fr mehrfarbig | aos | 0,30 | 0,30 |
| **1505** | 6 Fr mehrfarbig | aot | 0,30 | 0,30 |
| **1506** | 10 Fr mehrfarbig | aou | 0,60 | 0,30 |
| | | Satzpreis (4 W.) | 1,50 | 1,20 |
| | | FDC | | 2,— |

Auflagen: MiNr. 1503 = 3.500.000, MiNr. 1504 = 9.000.000, MiNr. 1505 = 2.750.000, MiNr. 1506 = 1.770.000 Stück

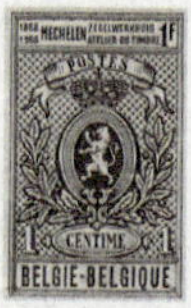

**1968, 13. April. 100 Jahre Briefmarkendruckhaus in Mecheln. StTdr. (10×5); gez. K 13.**

aov) Marke MiNr. 19, erste in Mecheln (Malines) gedruckte Briefmarke

| | | | | |
|---|---|---|---|---|
| **1507** | 1 Fr schwarzgrau | aov | 0,30 | 0,30 |
| | | FDC | | 2,20 |

Auflage: 9.000.000 Stück

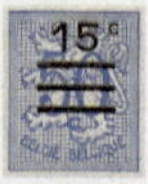

**1968, 18. März. Freimarke: Heraldischer Löwe. MiNr. 892 mit Bdr.-Aufdruck.**

1508

| | | | | |
|---|---|---|---|---|
| **1508** | 15 C auf 50 C graublauultramarin | (892) | 0,30 | 0,30 |
| | | FDC | | 2,50 |

*Weitere Werte siehe Übersicht nach Jahrgangswerttabelle.*

**1968, 27. April. Rotes Kreuz. RaTdr. (5×5); gestrichenes, phosphoreszierendes Papier; gez. K 11½.**

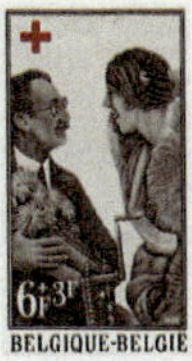


aow) Königin Elisabeth (1876–1965) beschenkt einen Invaliden

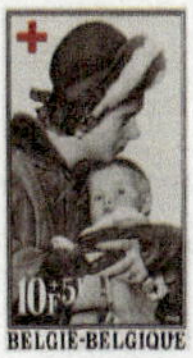


aox) Königin Fabiola (1928–2014) beim Besuch eines Kinderheimes

| | | | | |
|---|---|---|---|---|
| **1509** | 6 Fr + 3 Fr mehrfarbig | aow | 0,70 | 0,60 |
| **1510** | 10 Fr + 5 Fr mehrfarbig | aox | 1,— | 0,90 |
| | | Satzpreis (2 W.) | 1,70 | 1,50 |
| | | FDC | | 5,— |

Auflagen: MiNr. 1509 = 906.760, MiNr. 1510 = 904.375 Stück

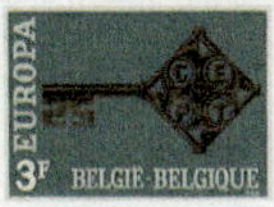


**1968, 27. April. Europa. RaTdr. (6×5); gestrichenes, phosphoreszierendes Papier; gez. K 11½.**

aoy) Kreuzbartschlüssel mit CEPT-Emblem

| | | | | |
|---|---|---|---|---|
| **1511** | 3 Fr mehrfarbig | aoy | 0,60 | 0,30 |
| **1512** | 6 Fr mehrfarbig | aoy | 1,— | 0,30 |
| | | Satzpreis (2 W.) | 1,60 | 0,60 |
| | | FDC | | 3,— |

Auflagen: MiNr. 1511 = 9.000.000, MiNr. 1512 = 2.750.000 Stück

**1968, 25. Mai. Olympische Sommerspiele, Mexiko-Stadt. MiNr. 1513–1516 komb. StTdr. und RaTdr. (6×5), MiNr. 1517 RaTdr. (5×5); MiNr. 1513 gestrichenes, MiNr. 1514–1517 gestrichenes, phosphoreszierendes Papier; gez. K 11¾.**

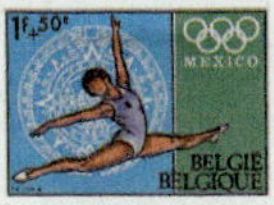


aoz) Turnerin; aztekischer Kalenderstein (Olympiasymbol 1968); 1790 gefunden in Mexiko-Stadt

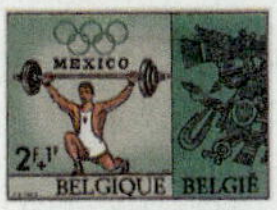


apa) Gewichtheber; Würdenträger im Kostüm einer mayatoltekischen Gottheit (nach Illustration aus einem Maya-Codex)

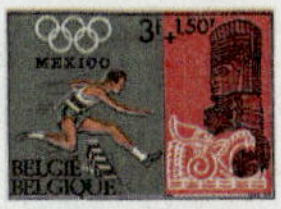


apb) Hindernisläufer; Toltekische Bauplastik; Kopf der „Federschlange" vom Kriegertempel in Chichén Itzá und Atlant vom Morgenstern-Tempel in Tula

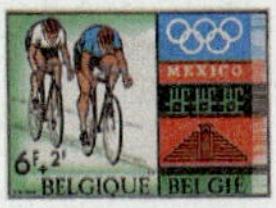


apc) Radrennfahrer; „El Castillo", Kukulcan-Pyramide in Chichén Itzá (Yucatán), mayatoltekischer Mischstil, ca. 11.–13. Jh.

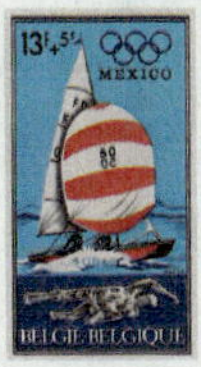


apd) Flying Dutchman; „Kraulschwimmer"; nach einer modernen Plastik von Andrien

| | | | | |
|---|---|---|---|---|
| **1513** | 1 Fr + 50 C mehrfarbig | aoz | 0,30 | 0,30 |
| **1514** | 2 Fr + 1 Fr mehrfarbig | apa | 0,30 | 0,30 |
| **1515** | 3 Fr + 1.50 Fr mehrfarbig | apb | 0,30 | 0,30 |
| **1516** | 6 Fr + 2 Fr mehrfarbig | apc | 0,30 | 0,30 |
| **1517** | 13 Fr + 5 Fr mehrfarbig | apd | 1,— | 1,— |
| | | Satzpreis (5 W.) | 2,— | 2,— |
| | | FDC | | 3,— |

Auflagen: MiNr. 1513 = 949.435, MiNr. 1514 = 891.974, MiNr. 1515 = 889.630, MiNr. 1516 = 873.187, MiNr. 1517 = 853.364 Stück

**1968, 22. Juni. Katastrophenhilfe. RaTdr. (5×6); gestrichenes, phosphoreszierendes Papier; gez. K 11½.**

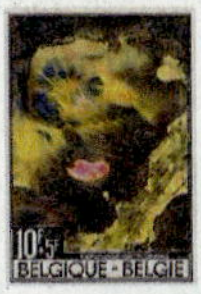


ape) Explosion

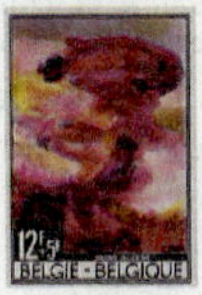


apf) Brand

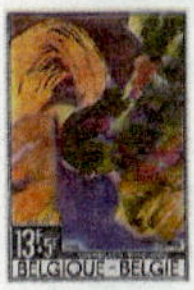


apg) Wirbelsturm

ape–apg) Gemälde von Pol Mara (1920–1998)

| | | | | |
|---|---|---|---|---|
| **1518** | 10 Fr + 5 Fr mehrfarbig | ape | 0,90 | 0,90 |
| **1519** | 12 Fr + 5 Fr mehrfarbig | apf | 0,90 | 0,90 |
| **1520** | 13 Fr + 5 Fr mehrfarbig | apg | 1,— | 1,— |
| | | Satzpreis (3 W.) | 2,80 | 2,80 |
| | | FDC | | 4,— |

Auflagen: MiNr. 1518 = 733.158, MiNr. 1519 = 732.365, MiNr. 1520 = 732.578 Stück

**1968, 22. Juni. Freimarken: Sehenswürdigkeiten. StTdr. (10×10); Papier ph.; gez. K 11½:11¾.**

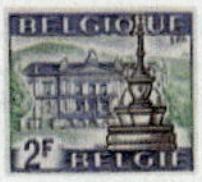


aph) Mineralbad Pouhon, Spa

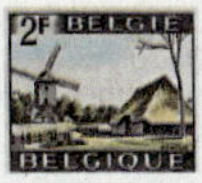


api) Freilichtmuseum Bokrijk

| | | | | |
|---|---|---|---|---|
| **1521** | 2 Fr mehrfarbig | aph | 0,30 | 0,30 |
| **1522** | 2 Fr mehrfarbig | api | 0,30 | 0,30 |
| | | Satzpreis (2 W.) | 0,50 | 0,50 |
| | | FDC | | 1,50 |

Auflagen: MiNr. 1521 = 19.069.117, MiNr. 1522 = 19.139.558 Stück

*Weitere Werte siehe Fußnote nach MiNr. 1410.*

**1968, 7. Sept. Nationale Interessen. Komb. StTdr. und RaTdr. (5×5); gestrichenes, phosphoreszierendes Papier; gez. K 11¾:11½.**

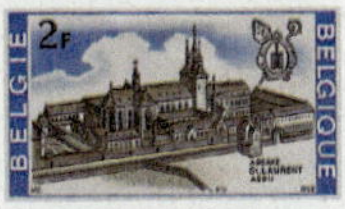


apk) Abtei St. Laurent, Lüttich

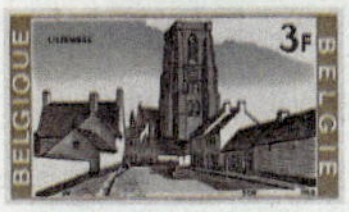


apl) Lissewege

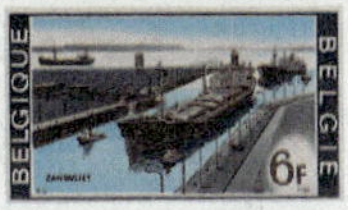


apm) Schleuse bei Zandvliet

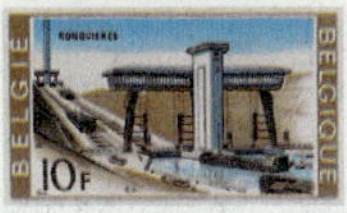


apn) Schiffshebewerk von Ronquières

| | | | | |
|---|---|---|---|---|
| **1523** | 2 Fr mehrfarbig | apk | 0,30 | 0,30 |
| **1524** | 3 Fr mehrfarbig | apl | 0,30 | 0,30 |
| **1525** | 6 Fr mehrfarbig | apm | 0,40 | 0,30 |

| | | | | |
|---|---|---|---|---|
| **1526** 10 Fr mehrfarbig | apn | 0,50 | 0,30 |
| | Satzpreis (4 W.) | 1,50 | 1,20 |
| | FDC | | 2,— |

Auflagen: MiNr. 1523 = 3.500.000, MiNr. 1524 = 10.500.000, MiNr. 1525 = 2.750.000, MiNr. 1526 = 1.770.000 Stück

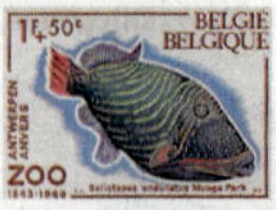

**1968, 19. Okt. 125 Jahre Zoo Antwerpen: Fische. Komb. StTdr. und RaTdr. (6×5); MiNr. 1527 gestrichenes, MiNr. 1528–1530 phosphoreszierendes Papier; gez. K 11½.**

apo) Gestreifter Drückerfisch (Balistapus undulatus)

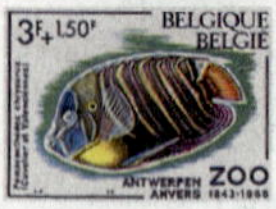

app) Goldschwanz-Kaiserfisch (Pomacanthus chrysurus)

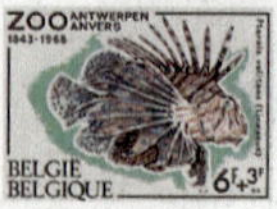

apr) Rotfeuerfisch (Pterois volitans)

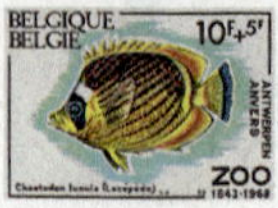

aps) Sichelbinden-Falterfisch (Chaetodon lunula)

| | | | |
|---|---|---|---|
| **1527** 1 Fr + 50 C mehrfarbig | apo | 0,30 | 0,30 |
| **1528** 3 Fr + 1.50 Fr mehrfarbig | app | 0,30 | 0,30 |
| **1529** 6 Fr + 3 Fr mehrfarbig | apr | 0,40 | 0,30 |
| **1530** 10 Fr + 5 Fr mehrfarbig | aps | 0,60 | 0,40 |
| | Satzpreis (4 W.) | 1,60 | 1,30 |
| | FDC | | 2,50 |

Auflagen: MiNr. 1527 = 963.705, MiNr. 1528 = 895.198, MiNr. 1529 = 852.645, MiNr. 1530 = 846.971 Stück

**1968, 9. Nov. 50. Jahrestag des Waffenstillstandes von 1918. MiNr. 1531–1533 RaTdr. (5×6, Querformate ~), MiNr. 1534 komb. StTdr. und RaTdr. (5×8); gestrichenes Papier; außer MiNr. 1531 Papier ph.; gez. K 11½.**

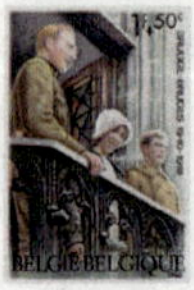

apt) Einzug des Königspaares in Brügge (19.10.1918)

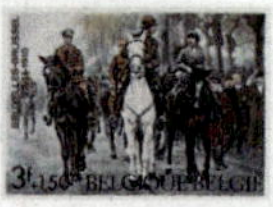

apu) Einzug des Königspaares in Brüssel (22.11.1918)

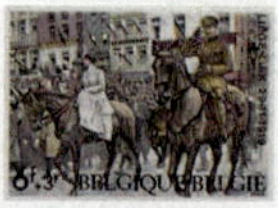

apv) Einzug des Königspaares in Lüttich (29.11.1918)

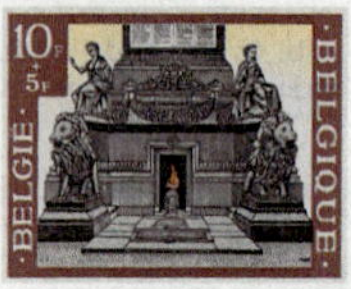

apw) Ewige Flamme und Grabmal des Unbekannten Soldaten vor Kongresssäule, Brüssel

| | | | |
|---|---|---|---|
| **1531** 1 Fr + 50 C mehrfarbig | apt | 0,30 | 0,30 |
| **1532** 3 Fr + 1.50 Fr mehrfarbig | apu | 0,30 | 0,30 |
| **1533** 6 Fr + 3 Fr mehrfarbig | apv | 0,40 | 0,30 |
| **1534** 10 Fr + 5 Fr mehrfarbig | apw | 0,60 | 0,40 |
| | Satzpreis (4 W.) | 1,60 | 1,30 |
| | FDC | | 2,50 |

Auflagen: MiNr. 1531 = 957.283, MiNr. 1532 = 879.313, MiNr. 1533 = 839.883, MiNr. 1534 = 846.846 Stück

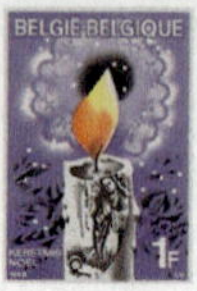

**1968, 7. Dez. Weihnachten. Komb. StTdr. und RaTdr. (5×6); gestrichenes Papier; gez. K 11½.**

apx) Brennende Kerze mit Maria und Jesuskind

| | | | |
|---|---|---|---|
| **1535** 1 Fr mehrfarbig | apx | 0,30 | 0,30 |
| | FDC | | 1,20 |

Auflage: 9.000.000 Stück

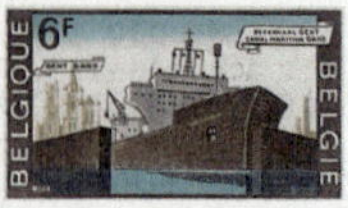

**1968, 14. Dez. Seekanal von Gent. Komb. StTdr. und RaTdr. (5×5); gestrichenes, phosphoreszierendes Papier; gez. K 11½.**

apy) Handelsschiff an den Kaimauern, Hintergrund Türme von Gent

| | | | |
|---|---|---|---|
| **1536** 6 Fr mehrfarbig | apy | 0,40 | 0,30 |
| | FDC | | 1,20 |

Auflage: 2.750.000 Stück

**1968, 14. Dez. Freimarken: Sehenswürdigkeiten. StTdr. (10×10); gestrichenes Papier; gez. K 12:11½, Querformat ~.**

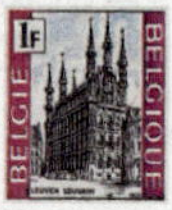

apz) Rathaus von Löwen

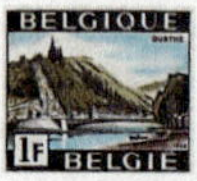

ara) Fluss Ourthe, Esneux

| | | | |
|---|---|---|---|
| **1537** 1 Fr mehrfarbig | apz | 0,30 | 0,30 |
| **1538** 1 Fr mehrfarbig | ara | 0,30 | 0,30 |
| | Satzpreis (2 W.) | 0,50 | 0,50 |
| | FDC | | 1,50 |

Auflagen: MiNr. 1537 = 18.659.897, MiNr. 1538 = 23.070.751 Stück

*Weitere Werte siehe Fußnote nach MiNr. 1410.*

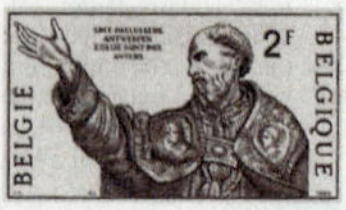

**1969, 15. Febr. St.-Paulus-Kirche, Antwerpen. StTdr. (5×5); Papier ph.; gez. K 11½.**

arb) Holzstatue des St. Albertus Magnus, Detail eines Beichtstuhles der durch Brand 1968 zerstörten Kirche

| | | | |
|---|---|---|---|
| **1539** 2 Fr lilaschwarz | arb | 0,30 | 0,30 |
| | FDC | | 1,20 |

Auflage: 3.500.000 Stück

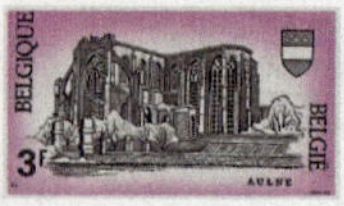

**1969, 15. Febr. Abtei von Aulne. Komb. StTdr. und RaTdr. (5×5); gestrichenes, phosphoreszierendes Papier; gez. K 11½.**

arc) Ruine der Abtei von Aulne in Gozée

| | | | |
|---|---|---|---|
| **1540** 3 Fr hellviolett/schwarz | arc | 0,30 | 0,30 |
| | FDC | | 1,20 |

Auflage: 10.500.000 Stück

**1969, 17. Febr. Freimarken: Heraldischer Löwe und König Baudouin, Ⓔ Marchand. Bildformat jeweils 17,5×22 mm. RaTdr., Markenheftchen (2×3); gestrichenes, phosphoreszierendes Papier; D = dreiseitig, E = zweiseitig gez. K 13½:12½.**

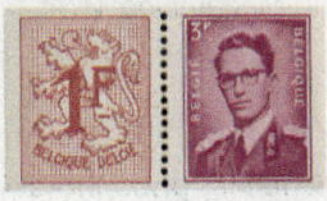

ss II) Wertzahl über heraldischem Löwen
uy I) König Baudouin I. (1930–1993, reg. ab 1951)

| | | | | | |
|---|---|---|---|---|---|
| **1541 DI** | 1 Fr lilarosa (□) | ss II | 1,70 | 0,60 |
| **1542** | 3 Fr mattpurpur (Töne) | uy I | | |
| **DI** | dreiseitig gez. (□) | | 4,50 | 1,— |
| **Dr** | dreiseitig gez. (□) | | 0,30 | 0,30 |
| **El** | zweiseitig gez. (□) | | 0,30 | 0,30 |
| **Er** | zweiseitig gez. (□) | | 0,30 | 0,30 |
| | Satzpreis (2 W.) | | 2,— | 0,90 |
| | Paar 1542 DI/Dr | | 5,— | 2,50 |
| | Paar 1542 DI/EI | | 5,— | 2,50 |
| | Paar 1542 Dr/Er | | 1,— | 1,— |
| | Paar 1542 EI/Er | | 1,— | 1,— |

MiNr. 1541 stammt aus MH 18, MiNr. 1542 aus MH 18 und 19.

*Weitere Werte siehe jeweilige Übersicht nach Jahrgangswerttabelle.*

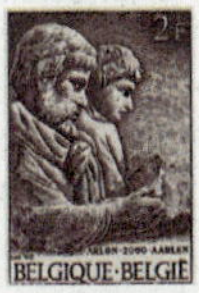

**1969, 15. März. 2000 Jahre Stadt Arlon. StTdr. (5×6); Papier ph.; gez. K 11½.**

ard) Die Reisenden; Bildhauerarbeit aus dem archäologischen Museum in Arlon

| | | | | |
|---|---|---|---|---|
| **1543** | 2 Fr violettpurpur | ard | 0,30 | 0,30 |
| | | FDC | | 1,20 |

Auflage: 3.500.000 Stück

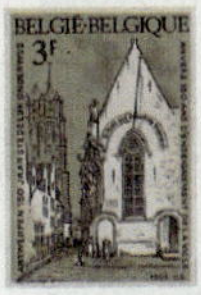

**1969, 15. März. 150 Jahre städtische Schulen in Antwerpen. Komb. StTdr. und RaTdr. (5×6); gestrichenes, phosphoreszierendes Papier; gez. K 11½.**

are) Broodjeskapel, erste Schule in Antwerpen

| | | | | |
|---|---|---|---|---|
| **1544** | 3 Fr hellolivgrau/schwarz | are | 0,30 | 0,30 |
| | | FDC | | 1,20 |

Auflage: 10.500.000 Stück

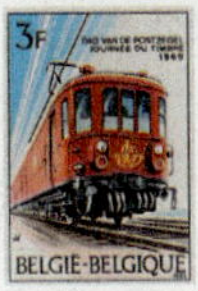

**1969, 13. April. Tag der Briefmarke. RaTdr. (5×6); gestrichenes, phosphoreszierendes Papier; gez. K 11½.**

arf) Zweiteilige elektrische Posttriebwageneinheit der belgischen Post

| | | | | |
|---|---|---|---|---|
| **1545** | 3 Fr mehrfarbig | arf | 0,30 | 0,30 |
| | | FDC | | 1,30 |

Auflage: 10.500.000 Stück

**1969, 26. April. Europa. RaTdr. (6×5); gestrichenes, phosphoreszierendes Papier; gez. K 11½.**

arg) „EUROPA" und „CEPT" in Tempelform

| | | | | |
|---|---|---|---|---|
| **1546** | 3 Fr mehrfarbig | arg | 0,40 | 0,30 |
| **1547** | 6 Fr mehrfarbig | arg | 0,80 | 0,30 |
| | | Satzpreis (2 W.) | 1,20 | 0,60 |
| | | FDC | | 2,— |

Auflagen: MiNr. 1546 = 10.500.000, MiNr. 1547 = 2.750.000 Stück

**1969, 10. Mai. Blockausgabe: Briefmarkenausstellung „Postphila 1969". StTdr. auf phosphoreszierendem Papier; gez. Ks 11½.**

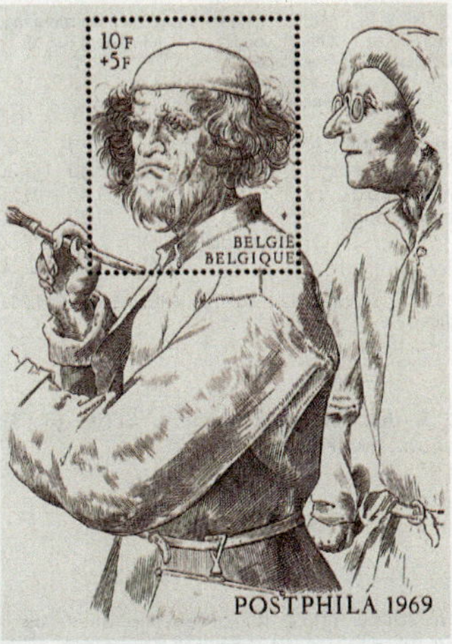


ari

arh) Künstler und Kenner (Detail); Federzeichnung von Pieter Brueghel d. Ä. (um 1525–1569)

| | | | | |
|---|---|---|---|---|
| **1548** | 10 Fr + 5 Fr violettbraun | arh | 1,— | 1,— |
| **Block 39** | (90×123 mm) | ari | 1,40 | 1,40 |
| | | FDC | | 3,— |

Auflage: 953.468 Blocks

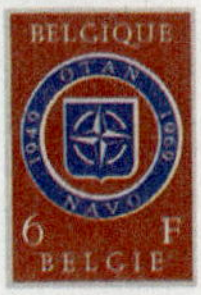

**1969, 31. Mai. 20 Jahre Nordatlantikpakt (NATO). RaTdr. (5×6); Papier ph.; gez. K 11½.**

ark) NATO-Emblem auf Schild

| | | | | |
|---|---|---|---|---|
| **1549** | 6 Fr rotorangebraun/blau | ark | 0,50 | 0,30 |
| | | FDC | | 2,— |

Auflage: 2.750.000 Stück

*In ähnlicher Zeichnung: MiNr. 1147–1148*

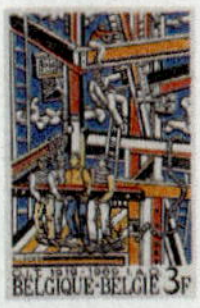

**1969, 31. Mai. 50 Jahre Internationale Arbeitsorganisation (ILO). RaTdr. (5×6); Papier ph.; gez. K 11½.**

arl) Die Bauarbeiter; Gemälde von Fernand Léger (1881–1955)

| | | | | |
|---|---|---|---|---|
| **1550** | 3 Fr mehrfarbig | arl | 0,30 | 0,30 |
| | | FDC | | 1,20 |

Auflage: 10.500.000 Stück

**1969, 31. Mai. Kinderhilfswerk der Vereinten Nationen (UNICEF): Kinderzeichnungen. RaTdr. (5×6, Querformat ~); MiNr. 1551 auf normalem, MiNr. 1552–1554 auf phosphoreszierendem Papier; gez. K 11½.**

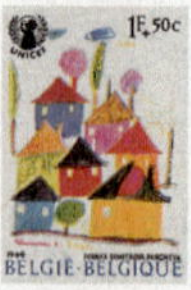

arm) Häuser; von I. D. Pancheva (Bulgarien)

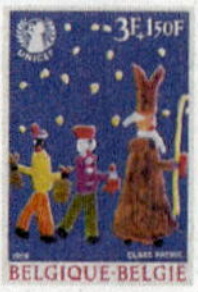

arn) Hl. Nikolaus; von C. Patric (Belgien)

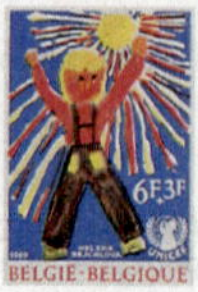

aro) Im Sonnenschein; von H. Rejchlova (Tschechoslowakei)

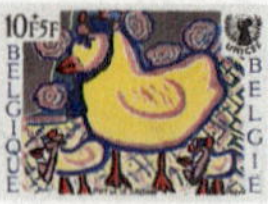

arp) Zum Spaziergang; von P. Sporn (USA)

| | | | | |
|---|---|---|---|---|
| **1551** | 1 Fr + 50 C mehrfarbig | arm | 0,30 | 0,30 |
| **1552** | 3 Fr + 1.50 Fr mehrfarbig | arn | 0,30 | 0,30 |
| **1553** | 6 Fr + 3 Fr mehrfarbig | aro | 0,40 | 0,30 |
| **1554** | 10 Fr + 5 Fr mehrfarbig | arp | 0,60 | 0,40 |
| | | Satzpreis (4 W.) | 1,60 | 1,30 |
| | | FDC | | 2,50 |

Auflagen: MiNr. 1551 = 933.121, MiNr. 1552 = 857.725, MiNr. 1553 = 834.255, MiNr. 1554 = 831.348 Stück

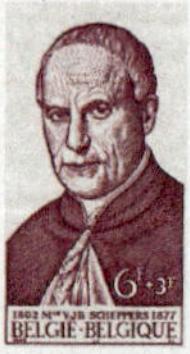

**1969, 5. Juli. Victor Scheppers. StTdr. (5×5); Papier ph.; gez. K 11½.**

arr) Victor Scheppers (1802–1877); Priester und Gründer der Ordensgemeinschaft Barmherzige Brüder von Mecheln

| | | | | |
|---|---|---|---|---|
| **1555** | 6 Fr + 3 Fr lilapurpur | arr | 0,60 | 0,60 |
| | | FDC | | 1,50 |

Auflage: 913.263 Stück

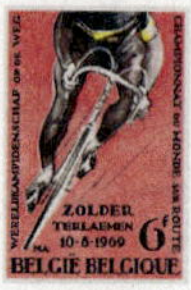

**1969, 5. Juli. Radweltmeisterschaften. RaTdr. (5×6); gestrichenes, phosphoreszierendes Papier; gez. K 11½.**

ars) Radrennfahrer

| | | | | |
|---|---|---|---|---|
| **1556** | 6 Fr mehrfarbig | ars | 0,50 | 0,30 |
| | | FDC | | 1,20 |

Auflage: 2.750.000 Stück

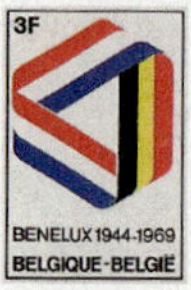

**1969, 6. Sept. 25 Jahre BENELUX-Zollabkommen. RaTdr. (5×6); gestrichenes, phosphoreszierendes Papier; gez. K 11½.**

art) Flaggenband

| | | | | |
|---|---|---|---|---|
| **1557** | 3 Fr mehrfarbig | art | 0,30 | 0,30 |
| | | FDC | | 2,50 |

Auflage: 10.500.000 Stück

*Parallelausgabe mit Luxemburg MiNr. 793 und Niederlande MiNr. 926*

**1969, 6. Sept. Flora. RaTdr. (6×5); gestrichenes, phosphoreszierendes Papier; gez. K 11½.**

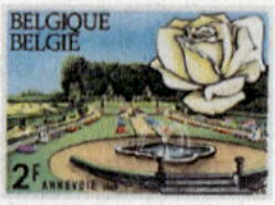

aru) Gärten von Annevoie, Rosenblüte

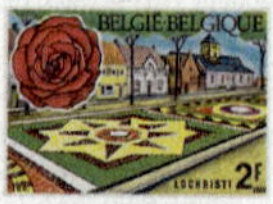

arv) Plantagen von Lochristi, Begonienblüte

| | | | | |
|---|---|---|---|---|
| **1558** | 2 Fr mehrfarbig | aru | 0,30 | 0,30 |
| **1559** | 2 Fr mehrfarbig | arv | 0,30 | 0,30 |
| | | Satzpreis (2 W.) | 0,50 | 0,50 |
| | | FDC | | 1,20 |

Auflage: 3.500.000 Sätze

**1969, 6. Sept. Freimarken: Sehenswürdigkeiten. Komb. StTdr. und RaTdr. (10×10); gestrichenes, phosphoreszierendes Papier; gez. K 11½:12.**

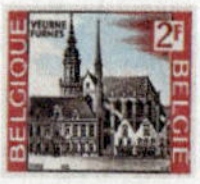

arw) Ansicht von Veurne (Furnes)

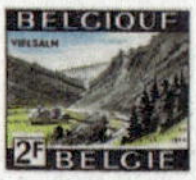

arx) Tal der Amblève bei Vielsalm

| | | | | |
|---|---|---|---|---|
| **1560** | 2 Fr mehrfarbig | arw | 0,30 | 0,30 |
| **1561** | 2 Fr mehrfarbig | arx | 0,30 | 0,30 |
| | | Satzpreis (2 W.) | 0,50 | 0,50 |
| | | FDC | | 1,80 |

*Weitere Werte siehe Fußnote nach MiNr. 1410.*

**1969, 20. Sept. Kultur: Wandteppeiche. RaTdr. (5×6); MiNr. 1562 gestrichenes, MiNr. 1563–1564 gestrichenes, phosphoreszierendes Papier; gez. K 11½.**

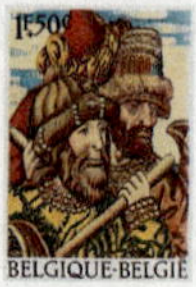

ary) „Krieger“ (Palazzo Doria, Rom)

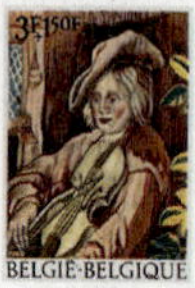

arz) „Das Fest“ (Haus Osterrieth, Antwerpen)

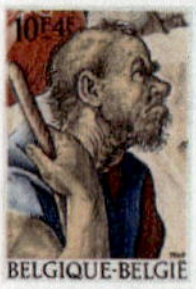

asa) „Die Heilung des Lahmen“ (Madrid)

| | | | | |
|---|---|---|---|---|
| **1562** | 1 Fr + 50 C mehrfarbig | ary | 0,30 | 0,30 |
| **1563** | 3 Fr + 1.50 Fr mehrfarbig | arz | 0,30 | 0,30 |
| **1564** | 10 Fr + 4 Fr mehrfarbig | asa | 0,90 | 0,90 |
| | | Satzpreis (3 W.) | 1,50 | 1,50 |
| | | FDC | | 5,— |

Auflagen: MiNr. 1562 = 933.324, MiNr. 1563 = 908.027, MiNr. 1564 = 888.158 Stück

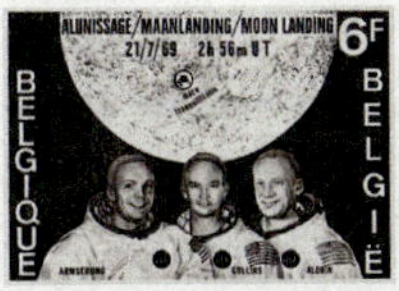


**1969, 20. Sept. Erste bemannte Mondlandung – Apollo 11. RaTdr. (6×5); gestrichenes, phosphoreszierendes Papier; gez. K 11½.**

asb) Neil Armstrong (1930–2012), Michael Collins (1930–2021) und Buzz Aldrin (*1930), Astronauten; Mondoberfläche mit Landeplatz

**1565** 6 Fr lilaschwarz . . . . . . . . . . . . . . . . . . . . asb 0,50 0,50
FDC 1,50

**Blockausgabe**

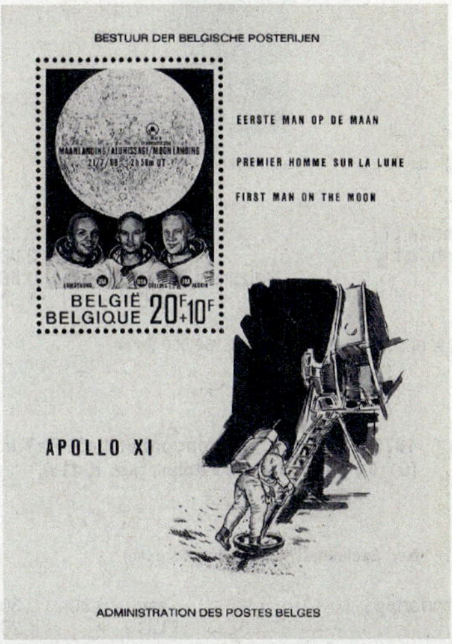


asd

asc) Neil Armstrong (1930–2012), Michael Collins (1930–2021) und Buzz Aldrin (*1930), Astronauten; Mondoberfläche mit Landeplatz

**1566** 20 Fr + 10 Fr dunkelgrauviolett . . . . asc 2,20 2,20
**Block 40** (96×130 mm) . . . . . . . . . . . asd 2,50 2,50
FDC 6,—

Auflagen: MiNr. 1565 = 2.750.000 Stück, Bl. 40 = 893.076 Blocks

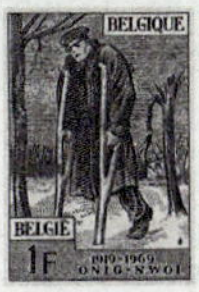

**1969, 11. Okt. 50 Jahre Verband der Kriegsinvaliden (ONIG). StTdr. (5×6); gez. K 11½.**

ase) Invalide vor zerstörter Landschaft

**1567** 1 Fr schwarzgrünblau . . . . . . . . . . . . . . . ase 0,30 0,30
FDC 2,—

Auflage: 9.000.000 Stück

*In ähnlicher Zeichnung: MiNr. 185*

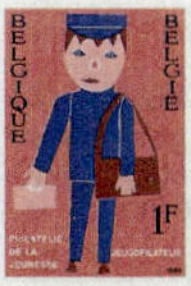

**1969, 18. Okt. Jugendphilatelie. RaTdr. (5×6); gestrichenes Papier; gez. K 11½.**

asf) Briefträger (nach Kinderzeichnung)

**1568** 1 Fr mehrfarbig . . . . . . . . . . . . . . . . . . . . asf 0,30 0,30
FDC 2,—

Auflage: 9.000.000 Stück

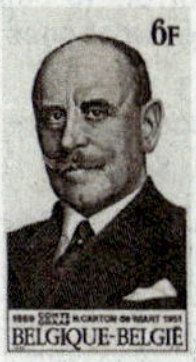

**1969, 8. Nov. 100. Geburtstag von Henri Carton de Wiart. StTdr. (5×5), Papier ph.; gez. K 11½.**

asg) Henri Carton de Wiart (1869–1951), Politiker; Gemälde von Gaston Geleyn (1892–1946)

**1569** 6 Fr braunschwarz . . . . . . . . . . . . . . . . . asg 0,40 0,30
FDC 1,30

Auflage: 2.750.000 Stück

**1969, 8. Nov. Straßenbau. StTdr. (5×8); Papier ph.; gez. K 11¾.**

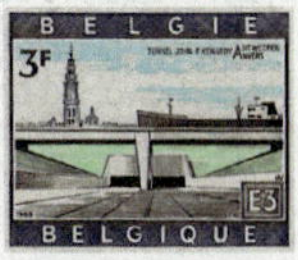

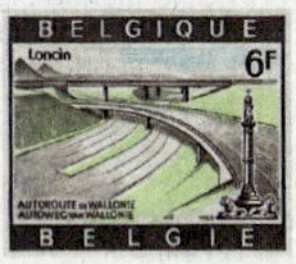

ash) Schelde-Tunnel „John F. Kennedy", Antwerpen

asi) Autobahnkreuz bei Loncin

**1570** 3 Fr mehrfarbig . . . . . . . . . . . . . . . . . . . . ash 0,30 0,30
**1571** 6 Fr mehrfarbig . . . . . . . . . . . . . . . . . . . . asi 0,30 0,30
Satzpreis (2 W.) 0,60 0,50
FDC 1,70

Auflagen: MiNr. 1570 = 10.500.000, MiNr. 1571 = 2.750.000 Stück

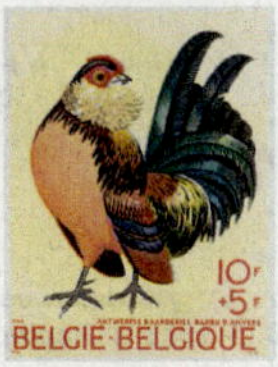

**1969, 8. Nov. Geflügelzucht. Komb. StTdr. und RaTdr. (8×5); gestrichenes, phosphoreszierendes Papier; gez. K 11½.**

ask) Zwerghahn (Antwerpener Bartzwerg)

**1572** 10 Fr + 5 Fr mehrfarbig . . . . . . . . . . . . . . ask 0,90 0,90
FDC 1,80

Auflage: 883.853 Stück

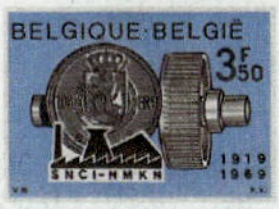

**1969, 13. Dez. Gesellschaft für Industriekredite. Komb. StTdr. und RaTdr. (6×5); gestrichenes, phosphoreszierendes Papier; gez. K 11½.**

asl) Zahnrad und Münze über Industrieanlage

**1573** 3.50 Fr mehrfarbig . . . . . . . . . . . . . . . . . . asl 0,30 0,30
FDC 1,20

Auflage: 10.500.000 Stück

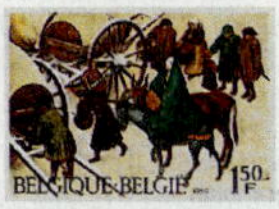

**1969, 13. Dez. Weihnachten. RaTdr. (6×5); gestrichenes Papier; gez. K 11½.**

asm) Die Volkszählung von Bethlehem; Gemäldeausschnitt von Pieter Bruegel

| | | | | |
|---|---|---|---|---|
| **1574** | 1.50 Fr mehrfarbig | asm | 0,30 | 0,30 |
| | | FDC | | 1,20 |

Auflage: 9.000.000 Stück

**1969, 13. Dez. Solidarität: Kunstglasrahmen. RaTdr. (5×6); MiNr. 1575 gestrichenes Papier, MiNr. 1576–1578 gestrichenes, phosphoreszierendes Papier; gez. K 11½.**

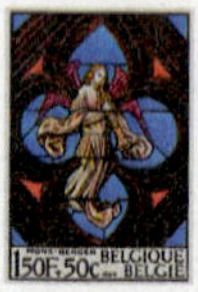

asn) Kunstglasrahmen, Kirche St. Waudru, Mons

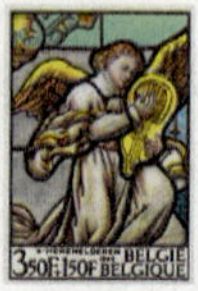

aso) Kunstglasrahmen, Kirche zu 's-Herenelderen

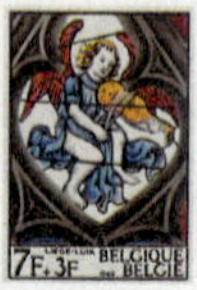

asp) Kunstglasrahmen, Kirche St. Jacob, Lüttich

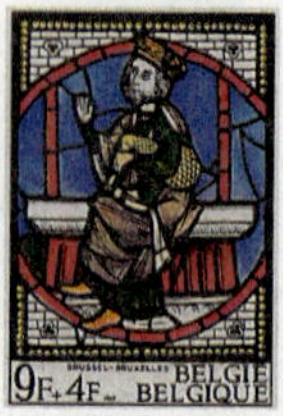

asr) Kunstglasrahmen, Museum der Künste, Brüssel

| | | | | |
|---|---|---|---|---|
| **1575** | 1.50 Fr + 50 C mehrfarbig | asn | 0,30 | 0,30 |
| **1576** | 3.50 Fr + 1.50 Fr mehrfarbig | aso | 0,30 | 0,30 |
| **1577** | 7 Fr + 3 Fr mehrfarbig | asp | 0,50 | 0,40 |
| **1578** | 9 Fr + 4 Fr mehrfarbig | asr | 0,70 | 0,50 |
| | | Satzpreis (4 W.) | 1,80 | 1,50 |
| | | FDC | | 3,20 |

Auflagen: MiNr. 1575 = 940.608, MiNr. 1576 = 894.483, MiNr. 1577 = 868.752, MiNr. 1578 = 867.221 Stück

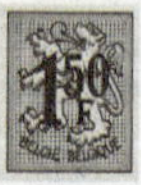

**1969, 24. Nov. Freimarke: Heraldischer Löwe. Bdr. (20×20, unterteilt in 4 Gruppen zu 10×10); gez. K 14.**

ss) Wertzahl über heraldischem Löwen

| | | | | |
|---|---|---|---|---|
| **1579** | 1.50 Fr olivschwarz | ss | 0,30 | 0,30 |
| | | FDC | | 2,20 |

**Vorausentwertung:**

| | | (✱) | ✱✱ |
|---|---|---|---|
| 1579 V | Aufdrucktype b 7 | 0,30 | 0,50 |

*Weitere Werte siehe Übersicht nach Jahrgangswerttabelle.*

**1970, 31. Jan. Genter Blumenschau. RaTdr. (5×6); gestrichenes Papier, MiNr. 1581 I–1582 I und MiNr. 1580 II–1582 II Papier außerdem ph.; gez. K 11½.**

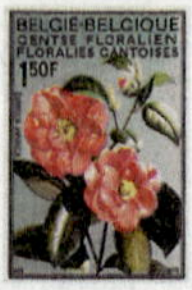

ass) Kamelie

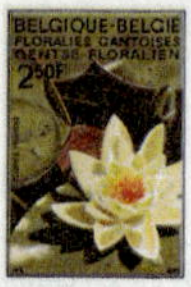

ast) Seerose

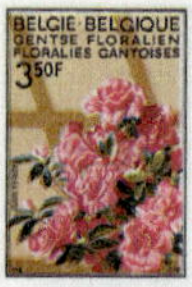

asu) Azalee

| | | | ✱✱ | ⊙ |
|---|---|---|---|---|
| **1580 I** | 1.50 Fr mehrfarbig | ass | 0,30 | 0,30 |
| **1581 I** | 2.50 Fr mehrfarbig | ast | 0,30 | 0,30 |
| **1582 I** | 3.50 Fr mehrfarbig | asu | 0,30 | 0,30 |
| | | Satzpreis (3 W.) | 0,60 | 0,60 |
| | | FDC | | 1,50 |

**Blockausgabe, Papier ph. (25. April)**

| | | | | |
|---|---|---|---|---|
| **1580 II** | 1.50 Fr mehrfarbig | ass | 0,50 | 0,50 |
| **1581 II** | 2.50 Fr mehrfarbig | ast | 0,50 | 0,50 |
| **1582 II** | 3.50 Fr mehrfarbig | asu | 0,50 | 0,50 |
| **Block 41** | (120×90 mm) | asv | 1,70 | 1,70 |
| | | FDC | | 2,50 |

Postpreis: 25 Fr

Unterscheidungsmerkmale für MiNr. 1580 I–1582 I und 1580 II–1582 II:
MiNr. 1580 I = normales Papier, Untergrundfarbe Dunkelgrünblau
MiNr. 1580 II = phosphoreszierendes Papier, Untergrundfarbe Hellkobalt
MiNr. 1581 I = Untergrundfarbe Gelboliv
MiNr. 1581 II = Untergrundfarbe dunkelolivgrün
MiNr. 1582 I = Untergrundfarbe Mattfahlbraun; Farbe des Gitters Ockerbraun, stark hervortretend
MiNr. 1582 II = Untergrundfarbe Fahlbraun; Farbe des Gitters Orangebraun, schwach sichtbar

Auflagen: MiNr. 1580 = 9.000.000, MiNr. 1581 = 3.500.000, MiNr. 1582 = 10.500.000 Stück, Bl. 41 = 817.571 Blocks

**1970, 7. März. Europäisches Naturschutzjahr. Komb. StTdr. und RaTdr. (5×6); gestrichenes, phosphoreszierendes Papier; gez. K 11½.**

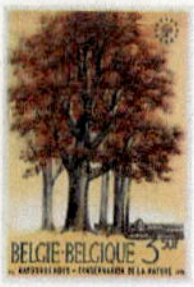

asw) Buchen im staatlichen Botanischen Garten

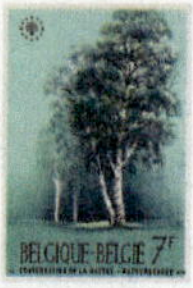

asx) Birken

| | | | | |
|---|---|---|---|---|
| **1583** | 3.50 Fr mehrfarbig | asw | 0,30 | 0,30 |
| **1584** | 7 Fr mehrfarbig | asx | 0,40 | 0,30 |
| | | Satzpreis (2 W.) | 0,70 | 0,50 |
| | | FDC | | 1,30 |

Auflagen: MiNr. 1583 = 10.500.000, MiNr. 1584 = 2.750.000 Stück

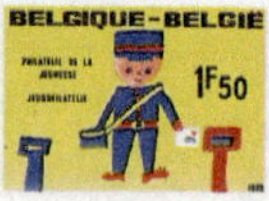

**1970, 4. April. Jugendphilatelie. RaTdr. (6×5); gestrichenes Papier; gez. K 11½.**

asy) Briefträger (nach Kinderzeichnung)

| | | | | |
|---|---|---|---|---|
| **1585** | 1.50 Fr mehrfarbig | asy | 0,30 | 0,30 |
| | | FDC | | 1,20 |

Auflage: 9.000.000 Stück

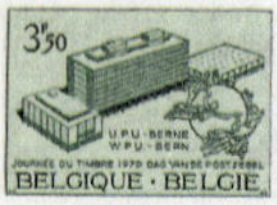

**1970, 12. April. Tag der Briefmarke. Komb. StTdr. und RaTdr. (6×5); gestrichenes, phosphoreszierendes Papier; gez. K 11½.**

asz) Neues Verwaltungsgebäude des Weltpostvereins (UPU) in Bern

| | | | | |
|---|---|---|---|---|
| **1586** | 3.50 Fr hellbläulichgrün/dunkelblaugrün | asz | 0,30 | 0,30 |
| | | FDC | | 1,20 |

Auflage: 10.500.000 Stück

**1970, 1. Mai. Europa. RaTdr. (6×5); gestrichenes, phosphoreszierendes Papier; gez. K 11½.**

ata) Flechtwerk als Sonnensymbol

| | | | | |
|---|---|---|---|---|
| **1587** | 3.50 Fr mehrfarbig | ata | 0,50 | 0,30 |
| **1588** | 7 Fr mehrfarbig | ata | 1,— | 0,30 |
| | | Satzpreis (2 W.) | 1,50 | 0,60 |
| | | FDC | | 3,— |

Auflagen: MiNr. 1587 = 10.500.000, MiNr. 1588 = 2.500.000 Stück

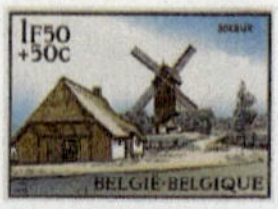

**1970, 30. Mai. Kultur: Museen. Komb. StTdr. und RaTdr. (6×5); MiNr. 1589 gestrichenes Papier, MiNr. 1590–1592 gestrichenes, phosporeszierendes Papier; gez. K 11½.**

atb) Freilichtmuseum Bokrijk

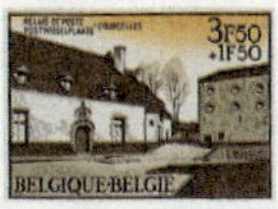

atc) Posthof Courcelles (17. Jh.)

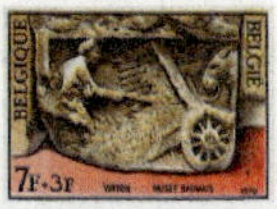

atd) Halbrelief „Gallische Mähmaschine“ (Museum Virton)

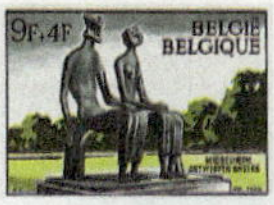

ate) Skulptur „Königin und König“ von Henry Moore (1898–1986) (Freilichtmuseum Middelheim bei Antwerpen)

| | | | | | | |
|---|---|---|---|---|---|---|
| **1589** | 1.50 Fr | + 50 C mehrfarbig | atb | 0,30 | 0,30 |
| **1590** | 3.50 Fr | + 1.50 Fr mehrfarbig | atc | 0,30 | 0,30 |
| **1591** | 7 Fr | + 3 Fr mehrfarbig | atd | 0,40 | 0,40 |
| **1592** | 9 Fr | + 4 Fr mehrfarbig | ate | 0,50 | 0,50 |
| | | | Satzpreis (4 W.) | 1,50 | 1,50 |
| | | | FDC | | 3,20 |

Auflagen: MiNr. 1589 = 890.206, MiNr. 1590 = 855.923, MiNr. 1591 = 838.104, MiNr. 1592 = 831.994 Stück

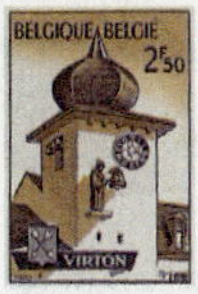

**1970, 27. Juni. 700 Jahre Gemeinde Virton. Komb. StTdr. und RaTdr. (5×6), Papier ph.; gez. K 11½.**

atf) Rathausturm in Virton

| | | | | | |
|---|---|---|---|---|---|
| **1593** | 2.50 Fr | hellbraunocker/dunkelgrauviolett | atf | 0,30 | 0,30 |
| | | | FDC | | 1,10 |

Auflage: 3.500.000 Stück

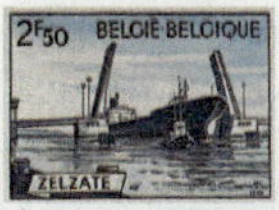

**1970, 27. Juni. 200 Jahre Gemeinde Zelzate. Komb. StTdr. und RaTdr. (6×5), Papier ph.; gez. K 11½.**

atg) Schleuse bei Zelzate, Gent-Terneuzen-Kanal

| | | | | | |
|---|---|---|---|---|---|
| **1594** | 2.50 Fr | hellkobalt/schwarzblau | atg | 0,30 | 0,30 |
| | | | FDC | | 1,10 |

Auflage: 3.500.000 Stück

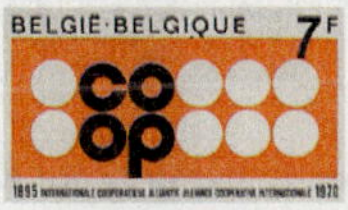

**1970, 27. Juni. 75 Jahre Alliance Coopérative Internationale – ACI (COOP). RaTdr. (5×5), Papier ph.; gez. K 11½.**

ath) Emblem der COOP/ACI

| | | | | | |
|---|---|---|---|---|---|
| **1595** | 7 Fr | rotorange/schwarz | ath | 0,40 | 0,30 |
| | | | FDC | | 1,30 |

Auflage: 2.750.000 Stück

**1970, 4. Juli. Freimarken: Sehenswürdigkeiten. StTdr. (10×10); gez. K 11½:12, Hochformat ∼.**

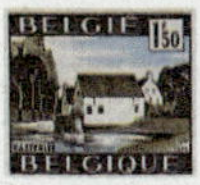

ati) Mühle in Kasterlee

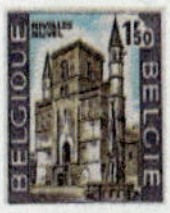

atk) Kloster Nivelles (Nijvel)

| | | | | | |
|---|---|---|---|---|---|
| **1596** | 1.50 Fr | mehrfarbig | ati | 0,30 | 0,30 |
| **1597** | 1.50 Fr | mehrfarbig | atk | 0,30 | 0,30 |
| | | | Satzpreis (2 W.) | 0,50 | 0,50 |
| | | | FDC | | 1,80 |

Auflagen: MiNr. 1596 = 26.939.310, MiNr. 1597 = 22.985.381 Stück

*Weitere Werte siehe Fußnote nach MiNr. 1410.*

**1970, 4. Juli. Widerstandskampf und 25. Jahrestag der Befreiung der Konzentrationslager. RaTdr. (5×6), Papier ph.; gez. K 11½.**

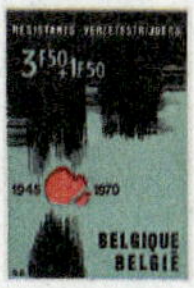

atl

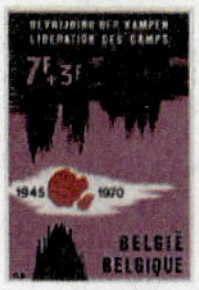

atm

atl–atm) Symbolik

| | | | | | | |
|---|---|---|---|---|---|---|
| **1598** | 3.50 Fr | + 1.50 Fr mehrfarbig | atl | 0,30 | 0,30 |
| **1599** | 7 Fr | + 3 Fr mehrfarbig | atm | 0,50 | 0,50 |
| | | | Satzpreis (2 W.) | 0,80 | 0,80 |
| | | | FDC | | 1,50 |

Auflagen: MiNr. 1598 = 860.363, MiNr. 1599 = 846.417 Stück

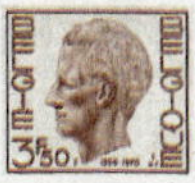

**1970, 7. Sept. Freimarke: König Baudouin; 40. Geburtstag des Königs, ◰ Elstrøm. StTdr. (5×10); Papier ph.; gez. K 11½.**

atn) König Baudouin I. (1930–1993, reg. ab 1951); Jahreszahlen „1930–1970“

| | | | | | |
|---|---|---|---|---|---|
| **1600** | 3.50 Fr | karminbraun | atn | 0,30 | 0,30 |
| | | | FDC | | 2,50 |

Auflage: 27.300.500 Stück

*Weitere Werte siehe Übersicht nach Jahrgangswerttabelle.*

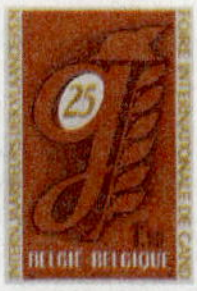

**1970, 12. Sept. 25. Genter Messe. Komb. StTdr. und RaTdr. (5×6); gez. K 11½.**

ato) Sinnbild

| | | | | | |
|---|---|---|---|---|---|
| **1601** | 1.50 Fr | mehrfarbig | ato | 0,30 | 0,30 |
| | | | FDC | | 1,20 |

Auflage: 9.000.000 Stück

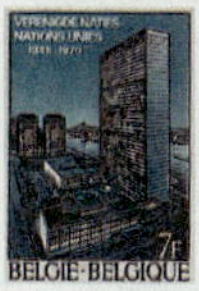

**1970, 12. Sept. 25 Jahre Vereinte Nationen (UNO). Komb. StTdr. und RaTdr. (5×6); Papier ph.; gez. K 11½.**

atp) UNO-Gebäude in New York bei Nacht

| | | | | | |
|---|---|---|---|---|---|
| **1602** | 7 Fr | schwarz/grünlichblau | atp | 0,50 | 0,30 |
| | | | FDC | | 1,20 |

Auflage: 2.750.000 Stück

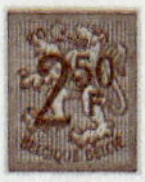

**1970, 25. Aug./1980,19. Okt. Freimarken: Heraldischer Löwe. Bdr. (20×20, unterteilt in 4 Gruppen zu 10×10); x = normales Papier, zx = Papier polyvalent; gez. K 14.**

ss) Wertzahl über heraldischem Löwen

| | | | | | | |
|---|---|---|---|---|---|---|
| **1603** | | 2.50 Fr | rotbraun | ss | | |
| | x | | Papier normal (25.8.1970) | | 0,30 | 0,30 |
| | zx | | Papier polyvalent (19.10.1980) | | 0,30 | 0,30 |
| **1604** | x | 3 Fr | karminlila (25.8.1970) | ss | 0,30 | 0,30 |
| | | | | Satzpreis x (2 W.) | 0,50 | 0,50 |
| | | | | FDC x | | 3,60 |

**Vorausentwertungen:**

| | | (★) | ★★ |
|---|---|---|---|
| 1603 x V | Aufdrucktype b 7 | 0,30 | 0,30 |
| 1603 zx V | Aufdrucktype b 7 | 0,30 | 0,25 |
| 1604 x V | Aufdrucktype b 7 | 0,30 | 0,40 |

Polyvalentes Papier siehe Hinweis nach MiNr. 1641.

*Weitere Werte siehe Übersicht nach Jahrgangswerttabelle.*

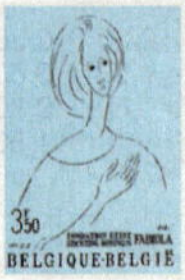


**1970, 19. Sept. Königin-Fabiola-Stiftung. Komb. StTdr. und RaTdr. (5×6), Papier ph.; gez. K 11½.**

atr) Königin Fabiola (1928–2014)

| | | | ★★ | ⊙ |
|---|---|---|---|---|
| **1605** | 3.50 Fr hellblau/violettschwarz | atr | 0,30 | 0,30 |
| | | FDC | | 1,20 |

Auflage: 10.500.000 Stück

**1970, 19. Sept. Sport. Komb. StTdr. und RaTdr. (6×5, Hochformat ~); Papier ph.; gez. K 11½.**

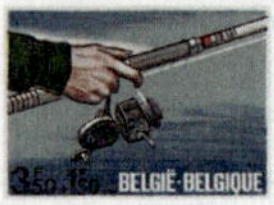


ats) Sportangeln

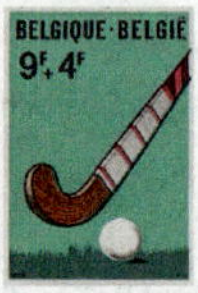


att) Hockey

| | | | | |
|---|---|---|---|---|
| **1606** | 3.50 Fr + 1.50 Fr mehrfarbig | ats | 0,30 | 0,30 |
| **1607** | 9 Fr + 4 Fr mehrfarbig | att | 0,70 | 0,70 |
| | | Satzpreis (2 W.) | 1,— | 1,— |
| | | FDC | | 1,70 |

Auflagen: MiNr. 1606 = 840.320, MiNr. 1607 = 834.442 Stück

**1970, 10. Okt. Blockausgabe: Internationale Briefmarkenausstellung BELGICA '72, Brüssel (I). Komb. StTdr. und RaTdr., Papier ph.; gez. Ks 11½.**

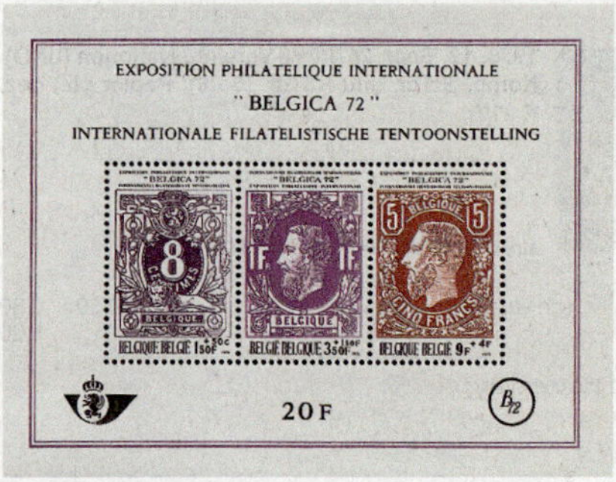


atx

atu) Marke MiNr. 26
atv) Marke MiNr. 33
atw) Marke MiNr. 34

| | | | | |
|---|---|---|---|---|
| **1608** | 1.50 Fr + 50 C grauviolett/ braunschwarz | atu | 1,— | 1,— |
| **1609** | 3.50 Fr + 1.50 Fr hellbläulichviolett/ braunschwarz | atv | 1,— | 1,— |
| **1610** | 9 Fr + 4 Fr orangebraun/ braunschwarz | atw | 1,— | 1,— |
| **Block 42** | (130×97 mm) | atx | 3,20 | 3,20 |
| | | FDC | | 7,— |

Auflage: 846.798 Blocks

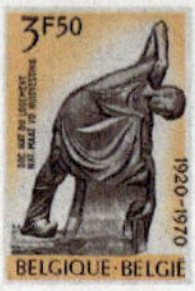


**1970, 17. Okt. 50 Jahre Nationale Wohnungsbaugesellschaft. Komb. StTdr. und RaTdr. (5×6); Papier ph.; gez. K 11½.**

aty) Der Maurer; Skulptur von Georges Minne (1866–1941)

| | | | | |
|---|---|---|---|---|
| **1611** | 3.50 Fr strohgelb/violettbraun | aty | 0,30 | 0,30 |
| | | FDC | | 1,20 |

Auflage: 10.500.000 Stück

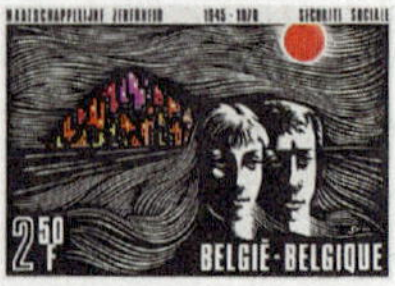


**1970, 17. Okt. Soziale Sicherheit. RaTdr. (6×5); Papier ph.; gez. K 11½.**

atz) Junges Paar vor nächtlicher Stadt

| | | | | |
|---|---|---|---|---|
| **1612** | 2.50 Fr mehrfarbig | atz | 0,30 | 0,30 |
| | | FDC | | 1,20 |

Auflage: 3.500.000 Stück

**1970, 14. Nov. Kultur: Persönlichkeiten. Komb. StTdr. und RaTdr. (5×6); MiNr. 1614–1616 Papier ph.; gez. K 11½.**

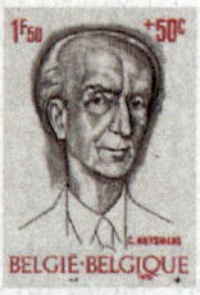


aua) Camille Huysmans (1871–1968), Politiker

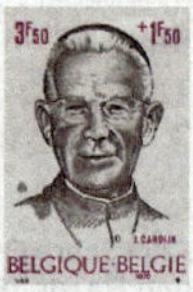


aub) Jozef Cardijn (1882–1967), Kardinal

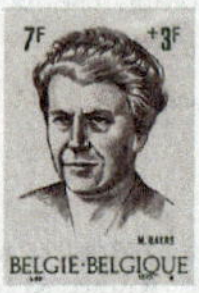


auc) Maria Baers (1883–1959), Politikerin

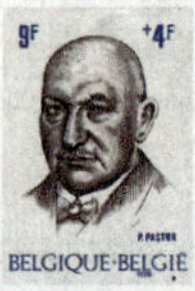


aud) Paul Pastur (1866–1938), Politiker

| | | | | |
|---|---|---|---|---|
| **1613** | 1.50 Fr + 50 C rotlila/violettbraun | aua | 0,30 | 0,30 |
| **1614** | 3.50 Fr + 1.50 Fr bläulichviolett/violettbraun | aub | 0,30 | 0,30 |
| **1615** | 7 Fr + 3 Fr smaragdgrün/violettbraun. | auc | 0,50 | 0,40 |
| **1616** | 9 Fr + 4 Fr kobalt/violettbraun | aud | 0,60 | 0,50 |
| | | Satzpreis (4 W.) | 1,70 | 1,50 |
| | | FDC | | 2,50 |

Auflagen: MiNr. 1613 = 844.691, MiNr. 1614 = 827.233, MiNr. 1615 = 791.835, MiNr. 1616 = 788.357 Stück

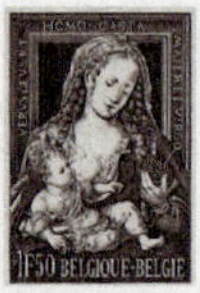


**1970, 14. Nov. Weihnachten. StTdr. (5×6); gez. K 11½.**

aue) Madonna mit der Weintraube; Gemälde von Jan Gossaert (um 1478–1532), genannt Mabuse

| | | | | |
|---|---|---|---|---|
| **1617** | 1.50 Fr violettbraun | aue | 0,30 | 0,30 |
| | | FDC | | 1,20 |

Auflage: 9.000.000 Stück

**1970, 14. Dez. Solidarität: Surrealistische Gemälde. RaTdr. (5×6), Papier ph.; gez. K 11½.**

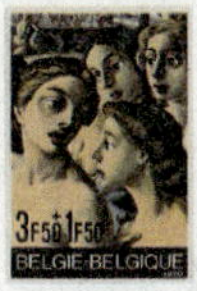

auf) Die unruhige Stadt (Detail); von Paul Delvaux (1897–1994)

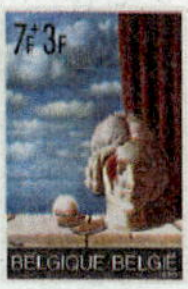

aug) Erinnerungen; von René Magritte (1898–1967)

| | | | | |
|---|---|---|---|---|
| 1618 | 3.50 Fr + 1.50 Fr mehrfarbig | auf | 0,40 | 0,30 |
| 1619 | 7 Fr + 3 Fr mehrfarbig | aug | 0,60 | 0,50 |
| | | Satzpreis (2 W.) | 1,— | 0,80 |
| | | FDC | | 1,80 |

Auflagen: MiNr. 1618 = 902.542, MiNr. 1619 = 875.361 Stück

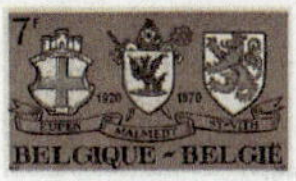

**1970, 12. Dez. 50. Jahrestag der Eingliederung von Eupen, Malmédy und St. Vith. Komb. StTdr. und RaTdr. (5×5), Papier ph.; gez. K 11½.**

auh) Wappen der eingegliederten Gebiete

| | | | | |
|---|---|---|---|---|
| 1620 | 7 Fr dunkelviolettbraun/braunschwarz | auh | 0,50 | 0,30 |
| | | FDC | | 1,30 |

Auflage: 2.750.000 Stück

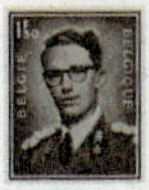

**1970, 4. Dez. Freimarken: König Baudouin, Ⓔ Marchand. Bildformat 17,5×22 mm. RaTdr., Markenheftchen; x = normales Papier, y = Papier ph.; D = dreiseitig, E = zweiseitig gez. K 13½:12½.**

uy I) König Baudouin I. (1930–1993, reg. ab 1951)

| | | | | | |
|---|---|---|---|---|---|
| 1621 | | 1.50 Fr | schwarzgrau | uy I | | |
| | x | | normales Papier | | |
| | Dl | | dreiseitig gez. (⊠) | 0,30 | 0,30 |
| | Dr | | dreiseitig gez. (⊠) | 0,30 | 0,30 |
| | El | | zweiseitig gez. (⊡) | 1,50 | 0,50 |
| | Er | | zweiseitig gez. (⊡) | 1,50 | 0,50 |
| | y | | Papier ph. | | |
| | Dl | | dreiseitig gez. (⊠) | 1,— | 0,50 |
| | El | | zweiseitig gez. (⊡) | 5,— | 4,— |
| 1622 | y Dl | 2.50 Fr | dunkelbraunocker (⊠) ... uy I | 7,— | 5,50 |
| 1623 | y | 3.50 Fr | gelblichgrün ... uy I | | |
| | Dl | | dreiseitig gez. (⊠) | 0,50 | 0,30 |
| | Dr | | dreiseitig gez. (⊠) | 0,30 | 0,30 |
| | El | | zweiseitig gez. (⊡) | 0,30 | 0,30 |
| | Er | | zweiseitig gez. (⊡) | 0,30 | 0,30 |
| | | | Satzpreis (3 W.) | 7,50 | 6,— |
| | | | Markenheftchen mit 10 × MiNr. 1621 x | 7,50 | |
| | | | Paar 1621 x Dl/Dr | 0,60 | 0,50 |
| | | | Paar 1621 x Dl/El | 1,70 | 1,20 |
| | | | Paar 1621 x Dr/Er | 1,70 | 1,20 |
| | | | Paar 1621 x El/Er | 3,— | 2,— |
| | | | Paar 1621 y Dl/El | 6,— | 4,— |
| | | | Paar 1623 y Dl/Dr | 1,— | 0,70 |
| | | | Paar 1623 y Dl/El | 0,50 | 0,50 |
| | | | Paar 1623 y Dr/Er | 0,50 | 0,50 |
| | | | Paar 1623 y El/Er | 0,50 | 0,50 |

MiNr. 1621 x stammt aus Markenheftchen ohne Zusammendrucke (2×5); MiNr. 1621 y–1623 y stammen aus MH 20 und 21, MiNr. 1623 y Dl/Dr außerdem aus MH 22.

*Weitere Werte siehe Übersicht nach Jahrgangswerttabelle.*

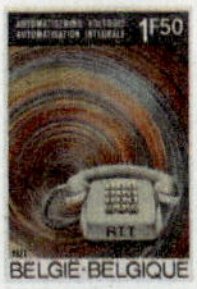

**1971, 16. Jan. Automatisierung des Telefonnetzes. RaTdr. (5×6); gez. K 11½.**

aui) Telefonapparat, Hintergrund aus Kreisen gebildet

| | | | | |
|---|---|---|---|---|
| 1624 | 1.50 Fr mehrfarbig | aui | 0,30 | 0,30 |
| | | FDC | | 2,— |

Auflage: 9.000.000 Stück

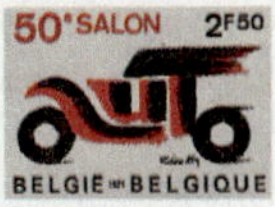

**1971, 16. Jan. 50. Internationaler Automobilsalon, Brüssel. RaTdr., Papier ph. (6×5); gez. K 11½.**

auk) Auto, aus den Lettern „a u t o“ gebildet

| | | | | |
|---|---|---|---|---|
| 1625 | 2.50 Fr schwarz/rot | auk | 0,30 | 0,30 |
| | | FDC | | 1,30 |

Auflage: 3.500.000 Stück

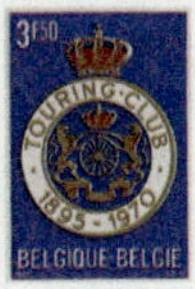

**1971, 13. Febr. 75 Jahre belgischer Touring-Club. RaTdr. (5×6), Papier ph.; gez. K 11½.**

aul) Emblem des Touring-Clubs mit Krone

| | | | | |
|---|---|---|---|---|
| 1626 | 3.50 Fr mehrfarbig | aul | 0,30 | 0,30 |
| | | FDC | | 1,20 |

Auflage: 10.500.000 Stück

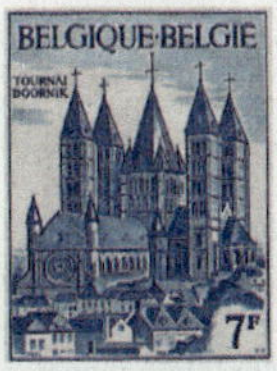

**1971, 13. Febr. 800 Jahre Kathedrale von Tournai (Doornik). StTdr. (8×5), Papier ph.; gez. K 11½.**

aum) Ansicht der Kathedrale

| | | | | |
|---|---|---|---|---|
| 1627 | 7 Fr grauultramarin | aum | 0,40 | 0,40 |
| | | FDC | | 1,30 |

Auflage: 2.750.000 Stück

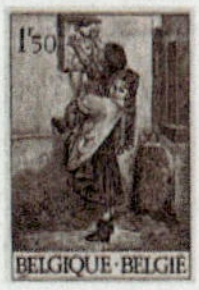

**1971, 13. März. Jugendphilatelie. StTdr. (5×6); gez. K 11½.**

aun) Der Briefkasten; Gemälde von Timoléon Marie Lobrichon (1831–1914)

| | | | | |
|---|---|---|---|---|
| 1628 | 1.50 Fr dunkellilabraun | aun | 0,30 | 0,30 |
| | | FDC | | 1,20 |

Auflage: 9.000.000 Stück

**1971, 13. März. Kultur. RaTdr. (6×5); Papier ph.; gez. K 11½.**

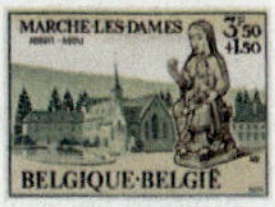

auo) Abtei „Notre-Dame du Vivier“ in Marche-les-Dames

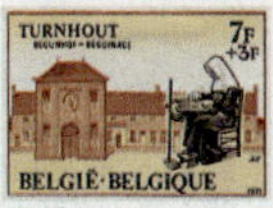

aup) Beginenhof in Turnhout

| | | | | |
|---|---|---|---|---|
| 1629 | 3.50 Fr + 1.50 Fr mehrfarbig | auo | 0,30 | 0,30 |
| 1630 | 7 Fr + 3 Fr mehrfarbig | aup | 0,60 | 0,60 |
| | | Satzpreis (2 W.) | 0,90 | 0,90 |
| | | FDC | | 1,80 |

Auflagen: MiNr. 1629 = 927.462, MiNr. 1630 = 904.953 Stück

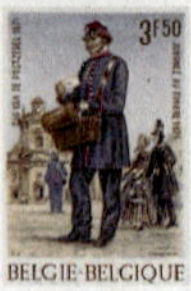


**1971, 25. April. Tag der Briefmarke. Komb. StTdr. und RaTdr. (5×6), Papier ph.; gez. K 11½.**

aur) Briefträger zu Fuß; Gemälde von James Thiriar (1889–1965)

**1631** 3.50 Fr mehrfarbig . . . . . . . . . . . . . . . . . . aur 0,30 0,30
FDC 1,20

Auflage: 10.500.000 Stück

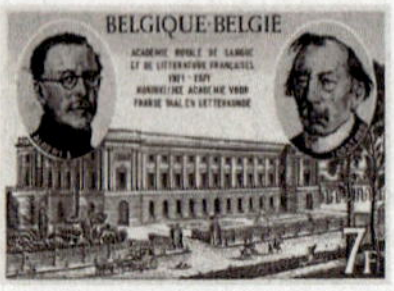


**1971, 17. April. 50 Jahre Königliche Akademie für französische Sprache und Dichtkunst. Komb. StTdr. und RaTdr. (6×5), Papier ph.; gez. K 11½.**

aus) Gebäude der Akademie, Porträts von König Albert I. und Jules Destrée

**1632** 7 Fr schwarz . . . . . . . . . . . . . . . . . . . . . . aus 0,40 0,30
FDC 1,30

Auflage: 2.750.000 Stück

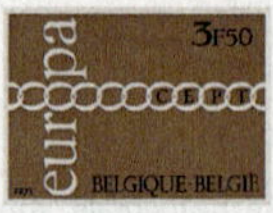


**1971, 1. Mai. Europa. RaTdr. (6×5), Papier ph.; gez. K 11½.**

aut) Brüderlichkeit und Zusammenarbeit durch Kette symbolisiert

**1633** 3.50 Fr braunoliv/schwarz . . . . . . . . . . . . aut 0,40 0,30
**1634** 7 Fr schwarzolivgrün/schwarz . . . . . . aut 0,80 0,40
Satzpreis (2 W.) 1,20 0,70
FDC 3,—

Auflagen: MiNr. 1633 = 10.500.000, MiNr. 1634 = 2.750.000 Stück

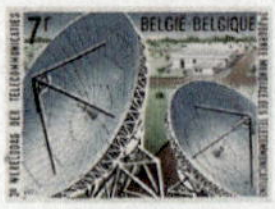


**1971, 15. Mai. 3. Welttag der Internationalen Fernmeldeunion (ITU). RaTdr. (6×5), Papier ph.; gez. K 11½.**

auu) Parabolantennen

**1635** 7 Fr mehrfarbig . . . . . . . . . . . . . . . . . . . auu 0,40 0,30
FDC 1,30

Auflage: 2.750.000 Stück

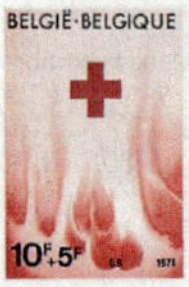


**1971, 22. Mai. Rotes Kreuz. RaTdr. (5×6), Papier ph.; gez. K 11½.**

auv) Rotes Kreuz über Flammen

**1636** 10 Fr + 5 Fr karminrot/schwarz . . . . . . . . auv 0,90 0,90
FDC 1,80

Auflage: 820.270 Stück

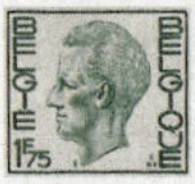


**1971, 24. Mai/1976, 6. Okt. Freimarken: König Baudouin, Ⓔ Elstrøm. StTdr. (5×10), y = Papier ph.; zy = Papier polyvalent phosphoreszierend; gez. K 11½.**

atn I) König Baudouin I. (1930–1993, reg. ab 1951); ohne Jahreszahlen

**1637 y** 1.75 Fr dkl'bläulichgrün (24.5.1971). atn I 0,30 0,30
**1638** 7 Fr karmin . . . . . . . . . . . . . . . . . . atn I
**y** Papier ph. (24.5.1971) . . . . . . . . . 0,30 0,30
**zy** Papier polyvalent ph. (1.7.1976) . 0,50 0,30
**1639 y** 9 Fr sepia (24.5.1971) . . . . . . . . atn I 0,50 0,30
**1640** 15 Fr blauviolett . . . . . . . . . . . . . . . atn I
**y** Papier ph. (24.5.1971) . . . . . . . . . 0,70 0,30
**zy** Papier polyvalent ph. (6.10.1976). 1,— 0,30
**1641 y** 18 Fr dkl'graublau (24.5.1971) . . . atn I 1,— 0,30
Satzpreis y (5 W.) 2,80 0,80

Im Mai 1976 begann die belgische Post mit der Ausgabe von Marken auf sogenanntem polyvalentem Papier, das sowohl für RaTdr. als auch für StTdr. geeignet ist. Das Papier, das sowohl ohne als auch mit Phosphorzusatz vorkommt, unterscheidet sich von den vorher verwendeten Papiersorten durch seine reinweiße, sehr glatte Oberfläche, auf der der Druck sehr klar erscheint. Marken mit diesem polyvalentem Papier werden nur dann gesondert katalogisiert, wenn sie auch auf anderem Papier vorkommen.

Auflagen: MiNr. 1637 y = 9.605.900, MiNr. 1638 y = 19.372.950, MiNr. 1638 zy = 41.182.100, MiNr. 1639 y = 38.717.900, MiNr. 1640 y = 26.270.650, MiNr. 1640 zy = 34.631.550, MiNr. 1641 y = 11.725.550 Stück

*Weitere Werte siehe Übersicht nach Jahrgangswerttabelle.*

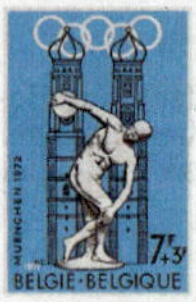


**1971, 19. Juni. Olympische Sommerspiele 1972, München. Komb. StTdr. und RaTdr. (5×6); Papier ph.; gez. K 11½.**

auw) Türme der Münchner Frauenkirche, Statue „Der Diskuswerfer von Myron"

**1642** 7 Fr + 3 Fr hellblau/braunschwarz . . . . . auw 0,70 0,70
FDC 2,20

Auflage: 860.885 Stück

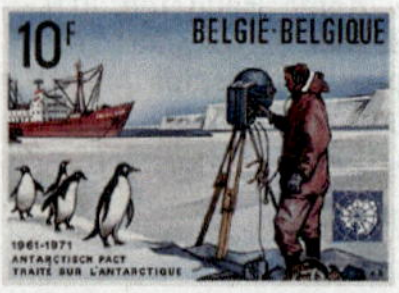


**1971, 19. Juni. 10 Jahre Antarktis-Vertrag. RaTdr. (6×5); Papier ph.; gez. K 11½.**

aux) Landvermesser, Adeliepinguin (Pygoscelis adeliae), Forschungsschiff „Erika Dan"

**1643** 10 Fr mehrfarbig . . . . . . . . . . . . . . . . . . . aux 0,70 0,50
FDC 2,20

Auflage: 1.770.000 Stück

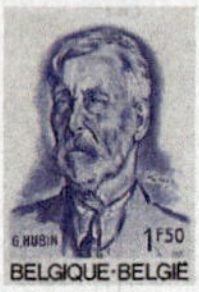


**1971, 26. Juni. Georges Hubin. Komb. StTdr. und RaTdr. (5×6); gez. K 11½.**

auy) Georges Hubin (1863–1947), Staatsminister; Gemälde von Jean Maillard (1863–1947)

**1644** 1.50 Fr hellblauviolett/schwarz . . . . . . . . auy 0,30 0,30
FDC 1,20

Auflage: 9 000 000 Stück

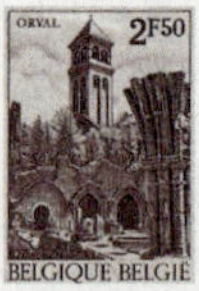


**1971, 26. Juni. 900 Jahre Abtei Orval. StTdr. (5×6); Papier ph.; gez. K 11½.**

auz) Ansicht der Abtei Orval

**1645** 2.50 Fr schwarzlila . . . . . . . . . . . . . . . . . . auz 0,30 0,30
FDC 1,20

Auflage: 3.500.000 Stück

**1971, 7. Aug. Tourismus. MiNr. 1646 RaTdr. (5×6), MiNr. 1647 StTdr. (5×8), Papier ph.; gez. K 11½.**

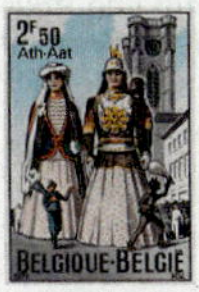


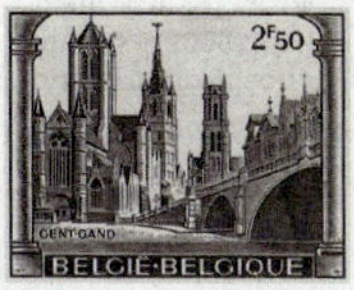


ava) Trachtenpaar aus Ath (Aat), Turm der Kirche
avb) Die drei Türme von Gent

**1646** 2.50 Fr mehrfarbig .................. ava 0,30 0,30
**1647** 2.50 Fr braunschwarz .................. avb 0,30 0,30
Satzpreis (2 W.) 0,60 0,50
FDC 2,20

Auflage: 3.500.000 Sätze

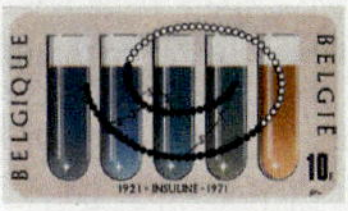


**1971, 7. Aug. 50. Jahrestag der Entdeckung des Insulins. RaTdr. (5×5), Papier ph.; gez. K 11½.**

avc) Glukose-Bestimmung im Harn

**1648** 10 Fr mehrfarbig .................. avc 0,60 0,50
FDC 1,20

Auflage: 1.770.000 Stück

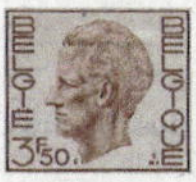


**1971, 13. Sept. Freimarke: König Baudouin, Ⓔ Elstrøm. StTdr. (5×10), Papier ph.; gez. K 11½.**

atn l) König Baudouin I. (1930–1993, reg. ab 1951); ohne Jahreszahlen

**1649** 3.50 Fr karminbraun .................. atn l 0,50 0,30

Auflage: 91.120.900 Stück

*Weitere Werte siehe Übersicht nach Jahrgangswerttabelle.*

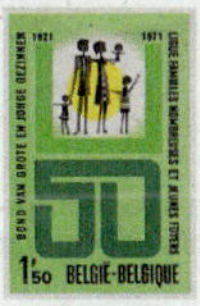


**1971, 11. Sept. 50 Jahre Bund der kinderreichen Familien. RaTdr. (5×6), gez. K 11½.**

avd) Familie und Zahl „50"

**1650** 1.50 Fr mehrfarbig .................. avd 0,30 0,30
FDC 1,20

Auflage: 9.000.000 Stück

**1971, 11. Sept. Kultur: Musikfeste. RaTdr. (5×6); Papier ph.; gez. K 11½.**

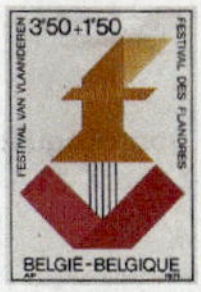


ave

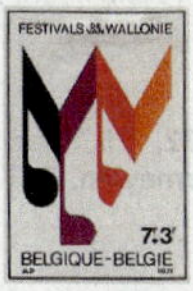


avf

ave–avf) Allegorien für die Musikfeste in Flandern und Wallonien

**1651** 3.50 Fr + 1.50 Fr mehrfarbig .......... ave 0,40 0,40
**1652** 7 Fr + 3 Fr mehrfarbig .............. avf 0,60 0,60
Satzpreis (2 W.) 1,— 1,—
FDC 1,80

Auflagen: MiNr. 1651 = 827.539, MiNr. 1652 = 815.771 Stück

**1971, 11. Sept. Freimarken: Sehenswürdigkeiten. StTdr. (10×10); Papier ph.; gez. K 12:11½.**

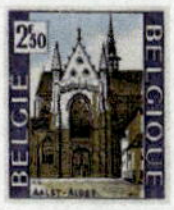


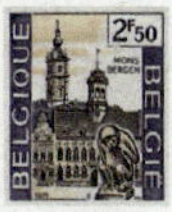


avg) St.-Martins-Kirche, Aalst (Alost)
avh) Rathaus von Mons (Bergen)

**1653** 2.50 Fr mehrfarbig .................. avg 0,30 0,30
**1654** 2.50 Fr mehrfarbig .................. avh 0,30 0,30
Satzpreis (2 W.) 0,60 0,50
FDC 1,80

Auflagen: MiNr. 1653 = 7.584.294, MiNr. 1654 = 9.094.639 Stück

*Weitere Werte siehe Fußnote nach MiNr. 1410.*

**1971, 2. Okt. Persönlichkeiten. StTdr. (5×6); Papier ph.; gez. K 11½.**

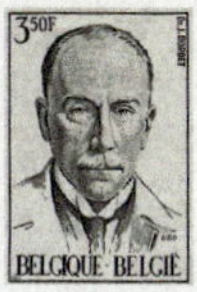


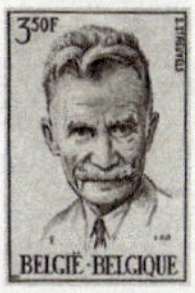


avi) Jules Bordet (1870–1961), Bakteriologe, Nobelpreis 1919
avk) Stijn Streuvels (1871–1969), Schriftsteller

**1655** 3.50 Fr schwarzgrün .................. avi 0,30 0,30
**1656** 3.50 Fr violettbraun .................. avk 0,30 0,30
Satzpreis (2 W.) 0,50 0,50
FDC 1,30

Auflage: 10.500.000 Sätze

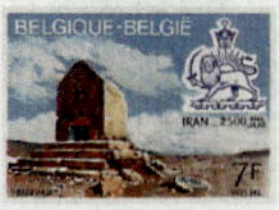


**1971, 2. Okt. 2500 Jahre Persisches Reich. Komb. StTdr. und RaTdr. (6×5); Papier ph.; gez. K 11½.**

avl) Achaemenidisches Grabmal in Buzpar, Iran; Wappen

**1657** 7 Fr mehrfarbig .................. avl 0,40 0,30
FDC 1,60

Auflage: 2.750.000 Stück

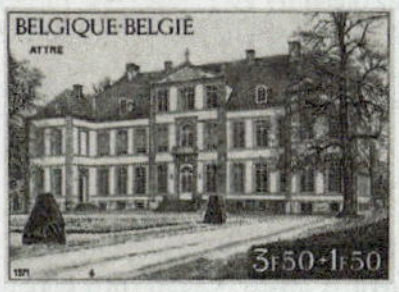


**1971, 23. Okt. Internationale Briefmarkenausstellung BELGICA '72 (II). StTdr. (5×6); Papier ph.; gez. K 11½.**

avm) Schloss Attre

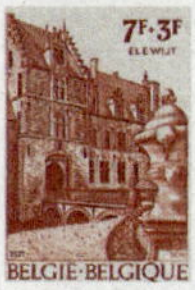


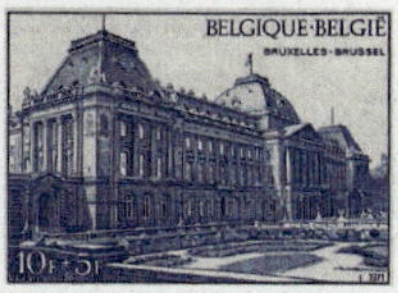


avn) Schloss Elewijt
avo) Königlicher Palast, Brüssel

**1658** 3.50 Fr + 1.50 Fr graugrün .......... avm 0,50 0,50
**1659** 7 Fr + 3 Fr braunrot .............. avn 0,60 0,60
**1660** 10 Fr + 5 Fr violettultramarin ....... avo 0,90 0,90
Satzpreis (3 W.) 2,— 2,—
FDC 3,60

Auflagen: MiNr. 1658 = 801.256, MiNr. 1659 = 784.301, MiNr. 1660 = 780.949 Stück

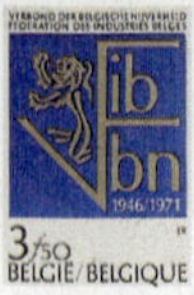

**1971, 13. Nov. 25 Jahre Verband der belgischen Industrie. RaTdr. (5×6); Papier ph.; gez. K 11½.**

avp) Verbandsemblem

1661 3.50 Fr mehrfarbig .................. avp 0,30 0,30
FDC 1,20

Auflage: 10.500.000 Stück

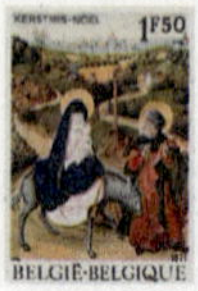

**1971, 13. Nov. Weihnachten. RaTdr. (5×6); gez. K 11½.**

avr) Die Flucht nach Ägypten; Gemälde eines unbekannten Künstlers

1662 1.50 Fr mehrfarbig .................. avr 0,30 0,30
FDC 2,—

Auflage: 9.000.000 Stück

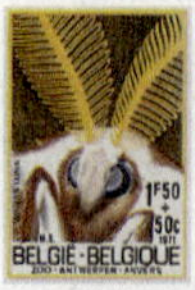

**1971, 11. Dez. Solidarität: Insekten. RaTdr. (5×6, Querformate ~); MiNr. 1664–1666 Papier ph.; gez. K 11½.**

avs) Mondvogel (Actias luna)

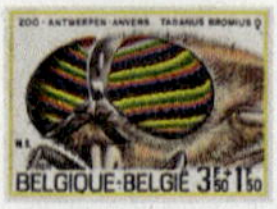

avt) Rinderbremse (Tabanus bromus)

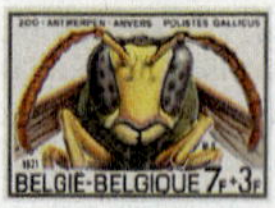

avu) Gallische Wespe (Polistes gallicus)

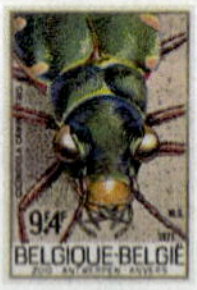

avv) Grüner Sandläufer (Cicindela campestris)

1663 1.50 Fr + 50 C mehrfarbig ............ avs 0,30 0,30
1664 3.50 Fr + 1.50 Fr mehrfarbig .......... avt 0,40 0,30
1665 7 Fr + 3 Fr mehrfarbig ............ avu 0,50 0,40
1666 9 Fr + 4 Fr mehrfarbig ............ avv 0,80 0,60
Satzpreis (4 W.) 2,— 1,60
FDC 3,50

Auflagen: MiNr. 1663 = 849.138, MiNr. 1664 = 819.593, MiNr. 1665 = 796.291, MiNr. 1666 = 792.238 Stück

**1971, 11. Dez. Freimarken: Sehenswürdigkeiten. StTdr. (10×10); MiNr. 1668 Papier ph.; gez. K 11½:12, Hochfrmat ~.**

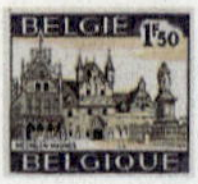

avw) Rathaus von Mechelen, Denkmal der Margerete von Österreich

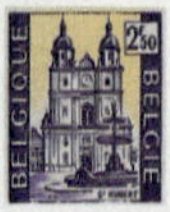

avx) Basilika St. Peter und Paul, Saint-Hubert

1667 1.50 Fr mehrfarbig .................. avw 0,30 0,30
1668 2.50 Fr mehrfarbig .................. avx 0,30 0,30
Satzpreis (2 W.) 0,50 0,50
FDC 1,80

Auflagen: MiNr. 1667 = 18.068.358, MiNr. 1668 = 5.919.094 Stück

*Weitere Werte siehe Fußnote nach MiNr. 1410.*

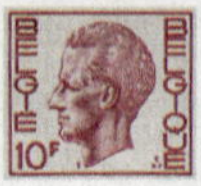

**1971, 15. Dez./1976, 1. Sept. Freimarken: König Baudouin, Ⓔ Elstrøm. StTdr., Bogen (B) (5×10, MiNr. 1669 zy auch 6×10 und 12×10) und Rolle (R) (1000); y = Papier ph., zy = Papier polyvalent phosphoreszierend; gez. K 11½.**

atn I) König Baudouin I. (1930–1993, reg. ab 1951); ohne Jahreszahlen

1669 10 Fr dunkelrosalila ............. atn I
y Papier ph. (B) (15.12.1971) ....... 0,60 0,30
zy Papier polyvalent ph. (B) (R) (8.6.1976) ........ 0,60 0,30
1670 20 Fr blauviolett ................. atn I
y Papier ph. (B) (15.12.1971) ....... 1,20 0,30
zy Papier polyvalent ph. (B) (1.9.1976) 1,20 0,70
Satzpreis y (2 W.) 1,80 0,50

Jede fünfte Rollenmarke trägt rückseitig eine Zählnummer.

Auflagen: MiNr. 1669 y = 74.005.150, MiNr. 1669 zy = 247.294.900, MiNr. 1670 y = 37.877.900, MiNr. 1670 zy = 69.649.950 Stück

*Weitere Werte siehe Übersicht nach Jahrgangswerttabelle.*

**1972, 19. Febr. Verkehrssicherheit. RaTdr. (5×6), Papier ph.; gez. K 11½.**

avy) Verkehrsampel, Verkehrsschilder und Richtungspfeile

1671 3.50 Fr mehrfarbig .................. avy 0,30 0,30
FDC 1,20

Auflage: 10.500.000 Stück

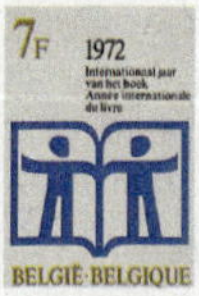

**1972, 19. Febr. Internationales Jahr des Buches. RaTdr. (5×6); Papier ph.; gez. K 11½.**

avz) Aufgeschlagenes Buch mit zwei Personnen (Emblem des Buchjahres)

1672 7 Fr mehrfarbig .................... avz 0,40 0,30
FDC 1,20

Auflage: 2.750.000 Stück

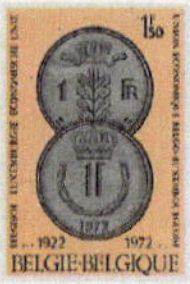

**1972, 19. Febr. 50 Jahre belgisch-luxemburgische Wirtschaftsgemeinschaft. Komb. StTdr. und RaTdr. (5×6); gez. K 11½.**

awa) 1-Franc-Münzen von Belgien und Luxemburg

1673 1.50 Fr mehrfarbig .................. awa 0,30 0,30
FDC 1,20

Auflage: 9.000.000 Stück

*Parallelausgabe mit Luxemburg MiNr. 841*

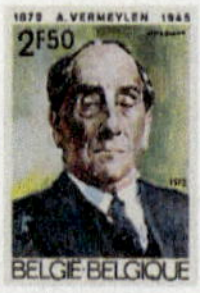

**1972, 25. März. 100. Geburtstag von August Vermeylen. RaTdr. (5×6), Papier ph.; gez. K 11½.**

awb) August Vermeylen (1872–1945), flämischer Schriftsteller und Philologe; Gemälde von Isidore Opsomer (1878–1967)

1674 2.50 Fr mehrfarbig .................. awb 0,30 0,30
FDC 1,20

Auflage: 3.500.000 Stück

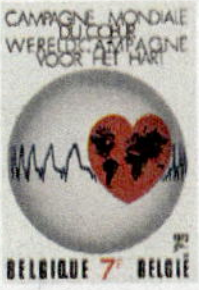

**1972, 25. März. Welt-Herzmonat. RaTdr. (5×6); Papier ph.; gez. K 11½.**

awc) Herz mit Weltkarte, Kurve eines Herzüberwachungsgerätes

| | | | | |
|---|---|---|---|---|
| **1675** | 7 Fr mehrfarbig | awc | 0,40 | 0,30 |
| | | FDC | | 1,20 |

Auflage: 2.750.000 Stück

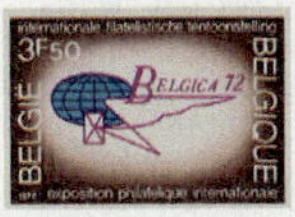

**1972, 25. März. Internationale Briefmarkenausstellung BELGICA '72 (III). RaTdr. (6×5), Papier ph.; gez. K 11½.**

awd) Emblem der Ausstellung

| | | | | |
|---|---|---|---|---|
| **1676** | 3.50 Fr mehrfarbig | awd | 0,30 | 0,30 |
| | | FDC | | 1,20 |

Auflage: 10.500.000 Stück

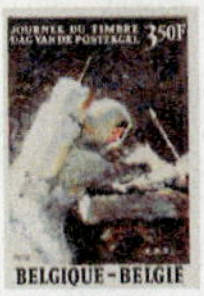

**1972, 23. April. Tag der Briefmarke. RaTdr. (5×6); Papier ph.; gez. K 11½.**

awe) Astronaut David Scott (Apollo 15) stempelt auf dem Mond Post

| | | | | |
|---|---|---|---|---|
| **1677** | 3.50 Fr mehrfarbig | awe | 0,30 | 0,30 |
| | | FDC | | 1,60 |

Auflage: 10.500.000 Stück

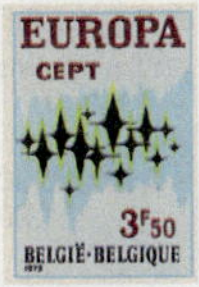

**1972, 29. April. Europa. RaTdr. (5×6); Papier ph.; gez. K 11½.**

awf) Sterne

| | | | | |
|---|---|---|---|---|
| **1678** | 3.50 Fr mehrfarbig | awf | 0,40 | 0,30 |
| **1679** | 7 Fr mehrfarbig | awf | 0,60 | 0,30 |
| | | Satzpreis (2 W.) | 1,— | 0,50 |
| | | FDC | | 3,— |

Auflagen: MiNr. 1678 = 10.500.000, MiNr. 1679 = 2.750.000 Stück

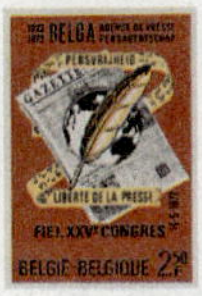

**1972, 13. Mai. Pressefreiheit. RaTdr. (5×6); Papier ph.; gez. K 11½.**

awg) Zeitung, Federkiel

| | | | | |
|---|---|---|---|---|
| **1680** | 2.50 Fr mehrfarbig | awg | 0,30 | 0,30 |
| | | FDC | | 1,20 |

Auflage: 3.500.000 Stück

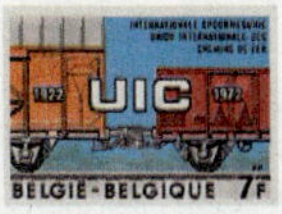

**1972, 3. Juni. 50 Jahre Internationaler Eisenbahnverband. RaTdr. (6×5); Papier ph.; gez. K 11½.**

awh) Güterwagen mit automatischer Mittelpufferkupplung

| | | | | |
|---|---|---|---|---|
| **1681** | 7 Fr mehrfarbig | awh | 0,40 | 0,30 |
| | | FDC | | 1,20 |

Auflage: 2.750.000 Stück

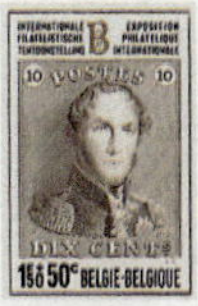

**1972, 24. Juni. Internationale Briefmarkenausstellung BELGICA '72 (IV). Komb. StTdr. und RaTdr. (5×2 und 5×2 + 5×2, untere Bogenhälfte kopfstehend); MiNr. 1684–1690 Papier ph.; gez. Ks 11½.**

awi) Marke MiNr. 1

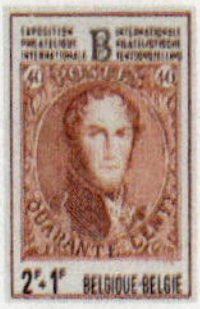

awk) Marke MiNr. 9

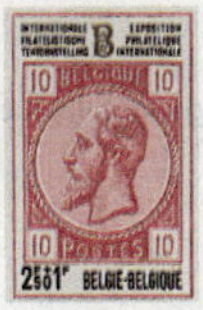

awl) Marke MiNr. 35

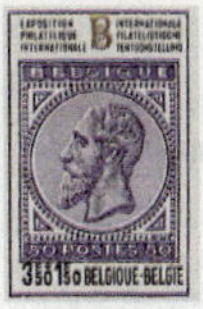

awm) Marke MiNr. 38

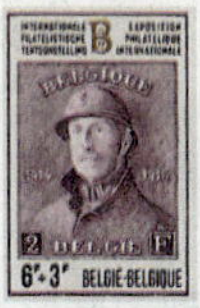

awn) Marke MiNr. 156

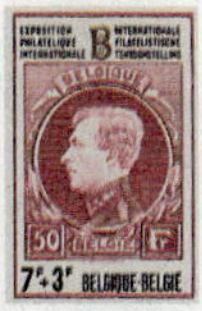

awo) Marke MiNr. 264 I

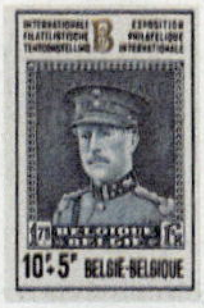

awp) Marke MiNr. 308

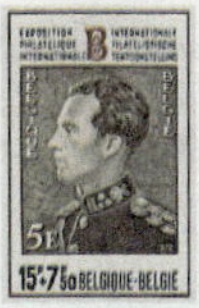

awr) Marke MiNr. 429

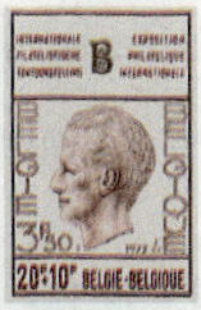

aws) Marke MiNr. 1600

| | | | | |
|---|---|---|---|---|
| **1682** | 1.50 Fr + 50 C mehrfarbig | awi | 0,30 | 0,30 |
| **1683** | 2 Fr + 1 Fr mehrfarbig | awk | 0,30 | 0,30 |
| **1684** | 2.50 Fr + 1 Fr mehrfarbig | awl | 0,30 | 0,30 |
| **1685** | 3.50 Fr + 1.50 Fr mehrfarbig | awm | 0,30 | 0,30 |
| **1686** | 6 Fr + 3 Fr mehrfarbig | awn | 0,30 | 0,30 |
| **1687** | 7 Fr + 3 Fr mehrfarbig | awo | 0,50 | 0,50 |
| **1688** | 10 Fr + 5 Fr mehrfarbig | awp | 0,70 | 0,70 |
| **1689** | 15 Fr + 7.50 Fr mehrfarbig | awr | 0,80 | 0,80 |
| **1690** | 20 Fr + 10 Fr mehrfarbig | aws | 1,50 | 1,50 |
| | | Satzpreis (9 W.) | 5,— | 5,— |
| | | FDC | | 20,— |
| | | Kleinbogensatz | 55,— | 55,— |

FALSCH ohne Golddruck (chemisch entfernt)

Auflagen: MiNr. 1682 = 1.280.569, MiNr. 1683 = 1.206.005, MiNr. 1684 = 1.159.657, MiNr. 1685 = 1.148.609, MiNr. 1686 = 1.142.182, MiNr. 1687 = 1.131.584, MiNr. 1688 = 1.127.263, MiNr. 1689 = 1.126.542, MiNr. 1690 = 1.128.758 Stück

**1972, 24. Juni. Tourismus. StTdr. (5×5); Papier ph.; gez. K 13¼:14, Hochformat ~.**

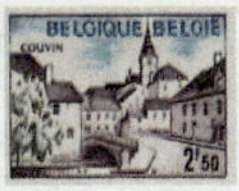

awt) Couvin

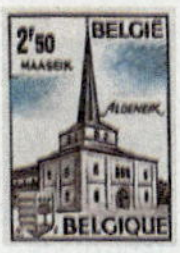

awu) St.-Anna-Kirche, Aldeneik

**1691** 2.50 Fr mehrfarbig .................. awt 0,30 0,30
**1692** 2.50 Fr violettbraun/grünlichblau ....... awu 0,30 0,30
Satzpreis (2 W.) 0,50 0,50
FDC 2,50

Auflagen: MiNr. 1691 = 2.257.687, MiNr. 1692 = 2.237.055 Stück

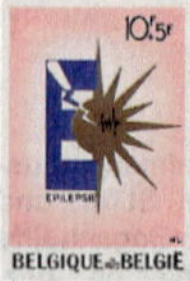


**1972, 9. Sept. Heilanstalt William Lennox. RaTdr. (5×6); Papier ph.; gez. K 11½.**

awv) Symbolik für Heilung epileptischer Krankheiten

**1693** 10 Fr + 5 Fr mehrfarbig .............. awv 0,80 0,80
FDC 1,70

Auflage: 775.344 Stück

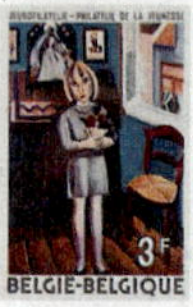


**1972, 9. Sept. Jugendphilatelie. RaTdr. (5×6); Papier ph.; gez. K 11½.**

aww) Beatrijs Permeke; Gemälde von Gustave de Smet (1877–1943)

**1694** 3 Fr mehrfarbig ..................... aww 0,30 0,30
FDC 1,20

Auflage: 2.750.000 Stück

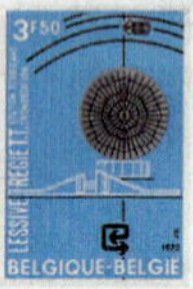


**1972, 16. Sept. Fernmeldeverkehr durch Satelliten. RaTdr. (5×6), Papier ph.; gez. K 11½.**

awx) Bodenstation

**1695** 3.50 Fr mehrfarbig .................. awx 0,30 0,30
FDC 1,20

Auflage: 5.500.000 Stück

**1972, 23. Okt./1982, 5. Jan. Freimarken: König Baudouin, Ⓔ Elström. StTdr., Bogen (B) (5×10, MiNr. 1697 y, 1699 y, 1700 zy und 1701 zy auch 6×10 und 12×10) und Rollen (R) (1000); y = Papier ph., zy = Papier polyvalent phosphoreszierend; gez. K 11½.**

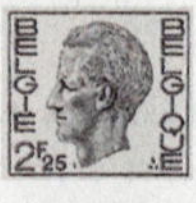

atn I) König Baudouin I. (1930–1993, reg. ab 1951); ohne Jahreszahlen

**1696** y 2.25 Fr dunkelgrün (B) (13.11.1972) atn I 0,30 0,30
**1697** y 4 Fr blau (B) (R) (23.10.1972) .. atn I 0,30 0,30
**1698** y 4.50 Fr dunkelkarminbraun (B) (23.10.1972) ............ atn I 0,30 0,30
**1699** 5 Fr blauviolett ................ atn I
y Papier ph. (B) (R) (23.10.1972) .. 0,30 0,30
zy Papier polyvalent ph. (B) (28.5.1976) ................. 0,80 0,30
**1700** 6 Fr rotlila .................... atn I
y Papier ph. (B) (23.10.1972) ..... 0,40 0,30
zy Papier polyvalent ph. (B) (R) (13.5.1976) ................. 0,50 0,30
**1701** 8 Fr schwarzgrau .............. atn I
y Papier ph. (B) (23.10.1972) ..... 0,40 0,30
zy Papier polyvalent ph. (B) (R) (6.1.1977) .................. 0,50 0,30
**1702** 12 Fr grünblau ................ atn I
y Papier ph. (B) (23.10.1972) ..... 0,80 0,30
zy Papier polyvalent ph. (B) (5.1.1982) .................. 2,— 0,30
**1703** 30 Fr braunorange ............ atn I
y Papier ph. (B) (23.10.1972) ..... 1,40 0,30
zy Papier polyvalent ph. (B) (17.8.1976) .................. 2,— 0,30
Satzpreis y (8 W.) 4,20 1,—

Jede fünfte Rollenmarke trägt eine rückseitige Zählnummer.

Polyvalentes Papier siehe Hinweis nach MiNr. 1641.

Auflagen: MiNr. 1696 y = 3.920.600, MiNr. 1697 y = 63.925.100, MiNr. 1698 y = 178.957.250, MiNr. 1699 y = 410.683.600, MiNr. 1699 zy = 23.674.700, MiNr. 1700 y = 29.116.850, MiNr. 1700 zy = 135.348.100, MiNr. 1701 y = 8.023.800, MiNr. 1701 zy = 653.339.400, MiNr. 1702 y = 12.062.750, MiNr. 1702 zy = 4.555.450, MiNr. 1703 y = 14.342.800, MiNr. 1703 zy = 57.108.050 Stück

*Weitere Werte siehe Übersicht nach Jahrgangswerttabelle.*

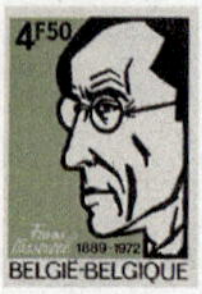


**1972, 21. Okt. Tod von Frans Masereel. RaTdr. (5×6); Papier ph.; gez. K 11½.**

awy) Frans Masereel (1889–1972), Maler und Graphiker; Selbstbildnis

**1704** 4.50 Fr olivgrau/schwarz ............ awy 0,30 0,30
FDC 1,20

Auflage: 10.500.000 Stück

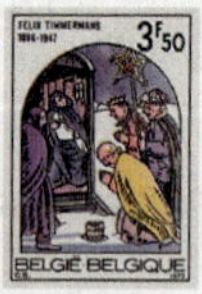


**1972, 11. Nov. Weihnachten. RaTdr. (5×6); Papier ph.; gez. K 11½.**

awz) Als der Stern stille stand; Gemälde von Felix Timmermans (1886–1947)

**1705** 3.50 Fr mehrfarbig ................. awz 0,30 0,30
FDC 1,20

Auflage: 5.500.000 Stück

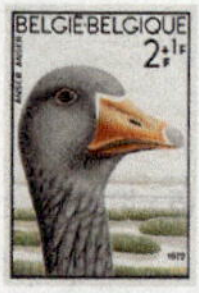


**1972, 16. Dez. Solidarität: Vögel aus dem Naturschutzgebiet Het Zwin. RaTdr. (5×6, Querformat ~); MiNr. 1706 normales Papier, MiNr. 1707–1709 Papier ph.; gez. K 11½.**

axa) Graugans (Anser anser)

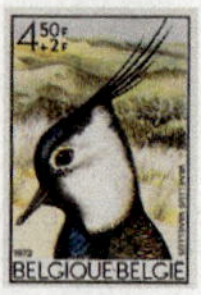


axb) Kiebitz (Vanellus vanellus)

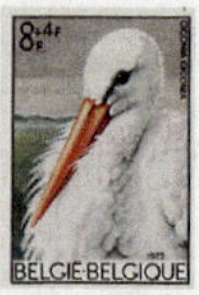


axc) Weißstorch (Ciconia ciconia)

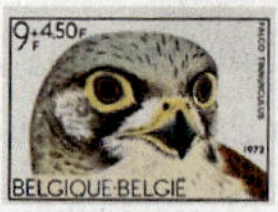


axd) Turmfalke (Falco tinnunculus)

**1706** 2 Fr + 1 Fr mehrfarbig ............ axa 0,30 0,30
**1707** 4.50 Fr + 2 Fr mehrfarbig ............ axb 0,30 0,30
**1708** 8 Fr + 4 Fr mehrfarbig ............ axc 0,60 0,60
**1709** 9 Fr + 4.50 Fr mehrfarbig ........... axd 0,80 0,80
Satzpreis (4 W.) 2,— 2,—
FDC 3,60

Auflagen: MiNr. 1706 = 819.874, MiNr. 1707 = 808.496, MiNr. 1708 = 779.659, MiNr. 1709 = 776.998 Stück

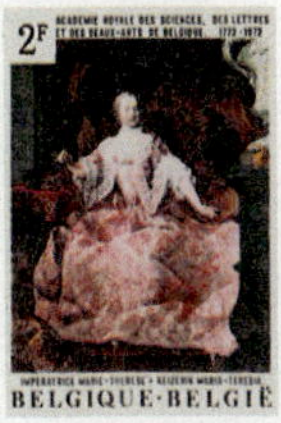

**1972, 16. Dez. 200 Jahre Königliche Akademie der Wissenschaften, der Literatur und schönen Künste. RaTdr. (5×6); gez. K 11½.**

axe) Kaiserin Maria Theresia; Gemälde von Martin van Meytens (1695–1770)

| | | | | |
|---|---|---|---|---|
| 1710 | 2 Fr mehrfarbig | axe | 0,30 | 0,30 |
| | | FDC | | 1,20 |

Auflage: 7.000.000 Stück

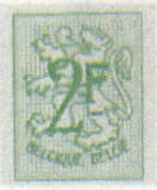

**1972, 8. Dez. Freimarke: Heraldischer Löwe. Bildformat 17,5×22 mm. RaTdr., Markenheftchen (2×3); Papier ph.; D = dreiseitig, E = zweiseitig gez. K 13½:12½.**

ss II) Wertzahl über heraldischem Löwen

| | | | | |
|---|---|---|---|---|
| 1711 | 2 Fr hellsmaragdgrün | ss II | | |
| Dl | dreiseitig gez. (☐) | | 0,70 | 0,30 |
| Dr | dreiseitig gez. (☐) | | 0,30 | 0,30 |
| El | zweiseitig gez. (☐) | | 0,30 | 0,30 |
| Er | zweiseitig gez. (☐) | | 0,30 | 0,30 |
| | | Paar 1711 Dl/Dr | 1,20 | 1,20 |
| | | Paar 1711 Dl/El | 1,20 | 1,20 |
| | | Paar 1711 Dr/Er | 1,— | 1,— |
| | | Paar 1711 El/Er | 1,— | 1,— |

MiNr. 1711 Dl–Er stammen aus MH 22, MiNr. 1711 Dr auch aus MH 23.

*Weitere Werte siehe Übersicht nach Jahrgangswerttabelle.*

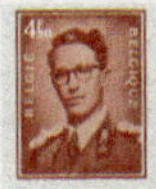

**1972, 8. Dez. Freimarke: König Baudouin, Ⓔ Marchand. Bildformat 17,5×22 mm. RaTdr., Markenheftchen (2×3); Papier ph.; D = dreiseitig, E = zweiseitig gez. K 13½:12½.**

uy I) König Baudouin I. (1930–1993, reg. ab 1951)

| | | | | |
|---|---|---|---|---|
| 1712 | 4.50 Fr hellrotbraun | uy I | | |
| Dl | dreiseitig gez. (☐) | | 2,— | 1,— |
| Dr | dreiseitig gez. (☐) | | 1,50 | 0,70 |
| El | zweiseitig gez. (☐) | | 0,30 | 0,30 |
| Er | zweiseitig gez. (☐) | | 0,30 | 0,30 |
| | | Paar 1712 Dl/Dr | 3,50 | 3,— |
| | | Paar 1712 Dl/El | 2,50 | 2,— |
| | | Paar 1712 Dr/Er | 2,50 | 2,— |
| | | Paar 1712 El/Er | 2,— | 1,50 |

MiNr. 1712 Dl–Er stammen aus MH 23.

*Weitere Werte siehe Übersicht nach Jahrgangswerttabelle.*

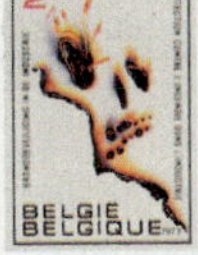

**1973, 24. März. Brandschutz am Arbeitsplatz. RaTdr. (5×6); x = normales Papier, y = Papier ph. gez. K 11½.**

axf) Symbolik

| | | | | |
|---|---|---|---|---|
| 1713 | 2 Fr mehrfarbig | axf | | |
| x | normales Papier | | 0,30 | 0,30 |
| y | Papier ph. | | 2,50 | 1,— |

Auflagen: MiNr. 1713 x = 6.340.000, MiNr. 1713 y = 660.000 Stück

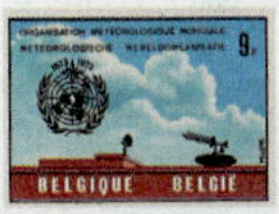

**1973, 24. März. 100 Jahre internationale meteorologische Zusammenarbeit. RaTdr. (6×5); Papier ph.; gez. K 11½.**

axg) Emblem der Organisation, meteorologisches Institut in Ukkel

| | | | | |
|---|---|---|---|---|
| 1714 | 9 Fr mehrfarbig | axg | 0,60 | 0,30 |
| | | FDC | | 1,20 |

Auflage: 3.500.000 Stück

**1973, 24. März. Kultur. StTdr. (6×5); MiNr. 1716–1718 Papier ph.; gez. K 11½.**

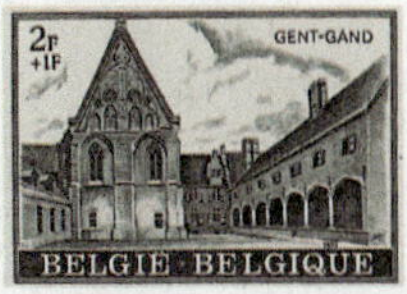

axh) Bijloke-Gent

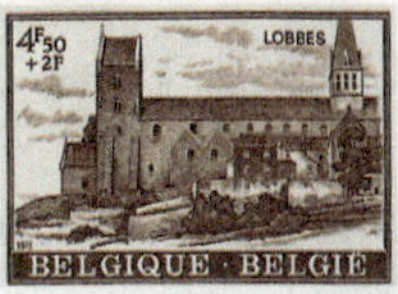

axi) Schulen- und Kirchenkomplex in Lobbes

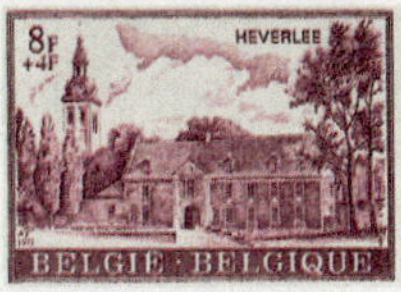

axk) Abtei und Park von Heverlee

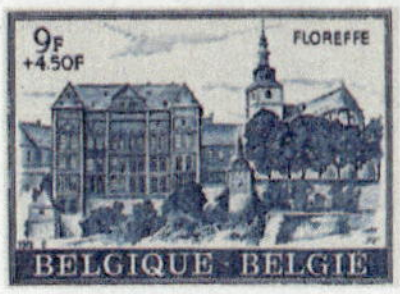

axl) Abtei von Floreffe

| | | | | |
|---|---|---|---|---|
| 1715 | 2 Fr + 1 Fr schwarzgrün | axh | 0,30 | 0,30 |
| 1716 | 4.50 Fr + 2 Fr dunkelbraun | axi | 0,40 | 0,40 |
| 1717 | 8 Fr + 4 Fr violett | axk | 0,70 | 0,70 |
| 1718 | 9 Fr + 4.50 Fr violettblau | axl | 0,80 | 0,80 |
| | | Satzpreis (4 W.) | 2,20 | 2,20 |
| | | FDC | | 4,60 |

Auflagen: MiNr. 1715 = 764.256, MiNr. 1716 = 753.151, MiNr. 1717 = 739.796, MiNr. 1718 = 747.423 Stück

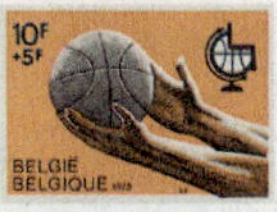

**1973, 7. April. 1. Weltmeisterschaft im Basketball für Rollstuhlfahrer. Komb. StTdr. und RaTdr. (6×5); Papier ph.; gez. K 11½.**

axm) Hände mit Ball, Emblem

| | | | | |
|---|---|---|---|---|
| 1719 | 10 Fr + 5 Fr mehrfarbig | axm | 1,— | 1,— |
| | | FDC | | 2,20 |

Auflage: 730.350 Stück

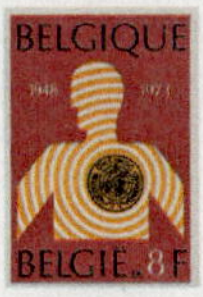

**1973, 7. April. 25 Jahre Welt-Gesundheitsorganisation (WHO). RaTdr. (5×6); Papier ph.; gez. K 11½.**

axn) Symbolik mit Emblem

| | | | | |
|---|---|---|---|---|
| 1720 | 8 Fr mehrfarbig | axn | 0,50 | 0,30 |
| | | FDC | | 1,20 |

Auflage: 2.750.000 Stück

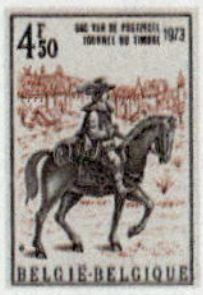

**1973, 28. April. Tag der Briefmarke. Komb. StTdr. und RaTdr. (5×6); Papier ph.; gez. K 11½.**

axo) Postreiter

| | | | | |
|---|---|---|---|---|
| 1721 | 4.50 Fr hellrotbraun/braunschwarz | axo | 0,30 | 0,30 |
| | | FDC | | 1,20 |

Auflage: 10.500.000 Stück

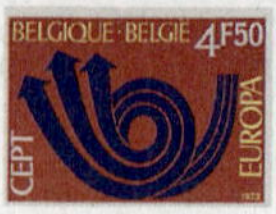


**1973, 28. April. Europa.** RaTdr. (6×5); Papier ph.; gez. K 11½.

axp) Stilisiertes Posthorn

**1722** 4.50 Fr mehrfarbig .................... axp 0,50 0,30
**1723** 8 Fr mehrfarbig .................... axp 1,— 0,30
Satzpreis (2 W.) 1,50 0,60
FDC 3,—

Auflagen: MiNr. 1722 = 10.500.000, MiNr. 1723 = 2.750.000 Stück

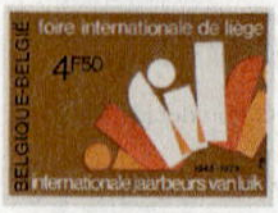


**1973, 12. Mai. 25 Jahre Internationale Messe, Lüttich.** RaTdr. (6×5); Papier ph.; gez. K 11½.

axr) Messeemblem

**1724** 4.50 Fr mehrfarbig .................... axr 0,30 0,30
FDC 1,20

Auflage: 10.500.000 Stück

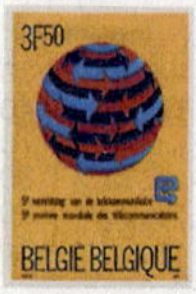


**1973, 12. Mai. Weltfernmeldetag.** Komb. StTdr. und RaTdr. (5×6); Papier ph.; gez. K 11½.

axs) Kugel mit Pfeilen

**1725** 3.50 Fr mehrfarbig .................... axs 0,30 0,30
FDC 1,20

Auflage: 5.500.000 Stück

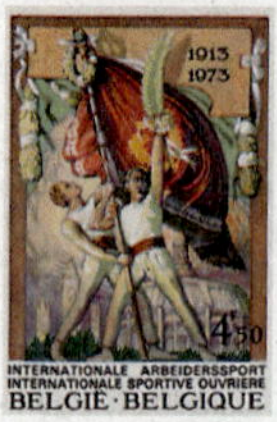


**1973, 12. Mai. 60 Jahre Arbeitersportvereine in Belgien.** RaTdr. (5×6); Papier ph.; gez. K 11½.

axt) Reproduktion eines Plakates von 1913

**1726** 4.50 Fr mehrfarbig .................... axt 0,30 0,30
FDC 1,20

Auflage: 10.500.000 Stück

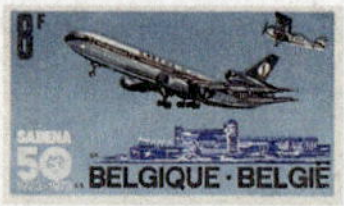


**1973, 19. Mai. 50 Jahre belgische Fluggesellschaft SABENA.** Komb. StTdr. und RaTdr. (5×5); Papier ph.; gez. K 11½.

axu) Verkehrsflugzeug DC 10

**1727** 8 Fr mehrfarbig .................... axu 0,50 0,30
FDC 0,60

Auflage: 2.750.000 Stück

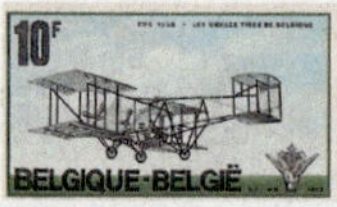


**1973, 19. Mai. Pioniere der Luftfahrt.** Komb. StTdr. und RaTdr. (5×5); Papier ph.; gez. K 11½.

axv) Doppeldecker der Gebrüder Tips (1908)

**1728** 10 Fr mehrfarbig .................... axv 0,70 0,50
FDC 2,—

Auflage: 1.770.000 Stück

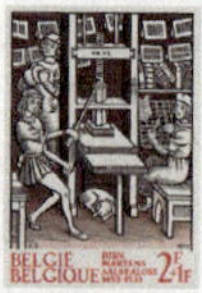


**1973, 23. Juni. Geschichte.** StTdr. und RaTdr. (5×6, Querformate ~); MiNr. 1733 nur RaTdr.; MiNr. 1730–1734 Papier ph.; gez. K 11½.

axw) Handdruckpresse aus der Zeit Dirk Martens (15. Jh.)

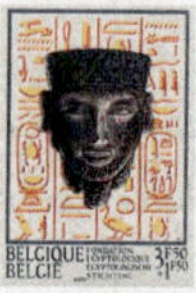


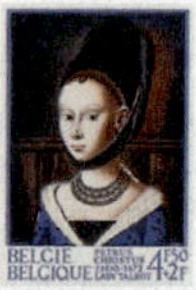


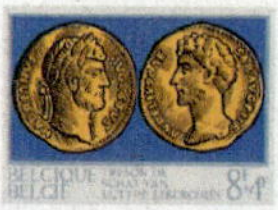


axx) Statuenkopf von Gott Amon, Ägypten (14. Jh. v. Chr.)

axy) Junges Mädchen, Gemälde von Petrus Christus (um 1446)

axz) Römische Goldmünzen

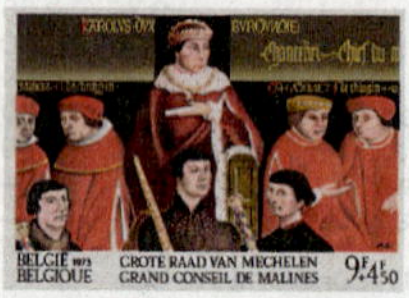


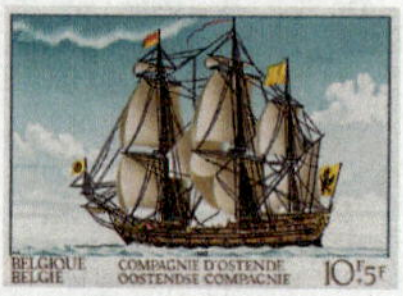


aya) Der Große Rat von Mechelen, Gemäldedetail von Coessaert (15. Jh.)

ayb) Dreimast-Segelschiff der Ostindischen Kompanie (18. Jh.)

**1729** 2 Fr + 1 Fr mehrfarbig .................... axw 0,30 0,30
**1730** 3.50 Fr + 1.50 Fr mehrfarbig .................... axx 0,30 0,30
**1731** 4.50 Fr + 2 Fr mehrfarbig .................... axy 0,50 0,50
**1732** 8 Fr + 4 Fr mehrfarbig .................... axz 0,60 0,60
**1733** 9 Fr + 4.50 Fr mehrfarbig .................... aya 0,80 0,80
**1734** 10 Fr + 5 Fr mehrfarbig .................... ayb 1,— 1,—
Satzpreis (6 W.) 3,50 3,50
FDC 14,—

Auflagen: MiNr. 1729 = 746.158, MiNr. 1730 = 717.300, MiNr. 1731 = 726.039, MiNr. 1732 = 708.059, MiNr. 1733 = 710.714, MiNr. 1734 = 713.833 Stück

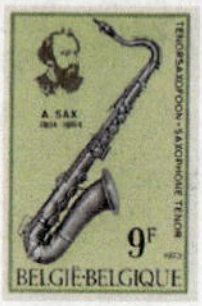


**1973, 15. Sept. Saxophon.** RaTdr. (5×6); Papier ph.; gez. K 11½.

ayc) Adolphe Sax (1814–1894); Tenorsaxophon

**1735** 9 Fr mehrfarbig .................... ayc 0,60 0,30
FDC 1,20

Auflage: 3.500.000 Stück

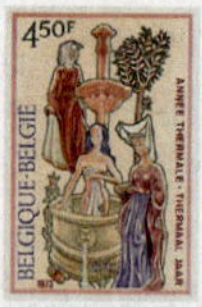


**1973, 15. Sept. Jahr der Thermalbäder.** RaTdr. (5×6); Papier ph.; gez. K 11½.

ayd) Thermalbrunnen; Fresko von Joseph Lemaire (1891–1972) in der Trinkhalle des Thermalinstituts Ostende

**1736** 4.50 Fr mehrfarbig .................... ayd 0,30 0,30
FDC 1,30

Auflage: 10.500.000 Stück

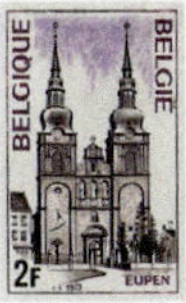

**1973, 29. Sept. Tourismus. StTdr. (10×5); gez. K 13:12¾.**

aye) Kirche St. Nikolaus, Eupen

| | | | | |
|---|---|---|---|---|
| **1737** | 2 Fr mehrfarbig | aye | 0,30 | 0,30 |
| | | FDC | | 1,60 |

Auflage: 3.588.092 Stück

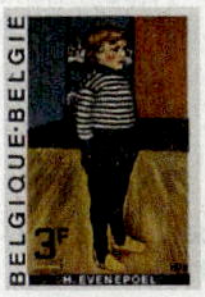

**1973, 13. Okt. Jugendphilatelie. RaTdr. (5×6); gez. K 11¾:11½.**

ayf) Der kleine Karl im gestreiften Jersey; Gemälde von Henri Evenepoel (1872–1899)

| | | | | |
|---|---|---|---|---|
| **1738** | 3 Fr mehrfarbig | ayf | 0,30 | 0,30 |
| | | FDC | | 1,20 |

Auflage: 7.000.000 Stück

**1973, 13. Okt. 50 Jahre Belgischer Briefmarkenhändlerverband. Komb. StTdr. und RaTdr., Papier ph.; gez. K 11½.**

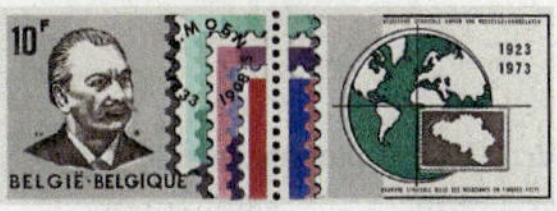

ayg) Jean-Baptiste Moens (1833–1908), Philatelist und Briefmarkenhändler
Zierfeld

| | | | | |
|---|---|---|---|---|
| **1739** | 10 Fr mehrfarbig | ayg | 0,50 | 0,30 |
| | | 1739 Zf | 0,70 | 0,50 |
| | | FDC | | 1,70 |

Auflage: 3.500.000 Stück

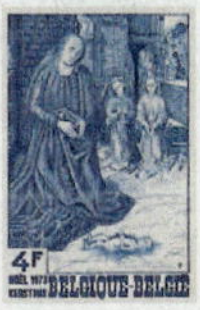

**1973, 17. Nov. Weihnachten. StTdr. (5×6); Papier ph.; gez. K 11½.**

ayh) Die Anbetung des Christkindes; von Hugo van der Goes (um 1440–1482)

| | | | | |
|---|---|---|---|---|
| **1740** | 4 Fr blau | ayh | 0,50 | 0,30 |
| | | FDC | | 1,50 |

Auflage: 5.500.000 Stück

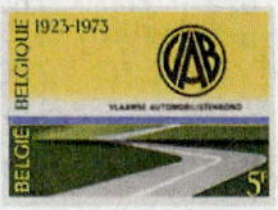

**1973, 17. Nov. 50 Jahre Flämischer Automobilbund. RaTdr. (6×5); Papier ph.; gez. K 11½.**

ayi) Emblem, Straße

| | | | | |
|---|---|---|---|---|
| **1741** | 5 Fr mehrfarbig | ayi | 0,50 | 0,30 |
| | | FDC | | 1,20 |

Auflage: 10.000.000 Stück

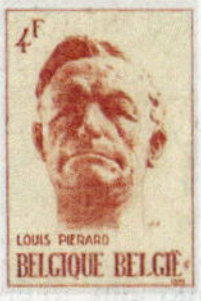

**1973, 17. Nov. 21. Todestag von Louis Piérard. Komb. StTdr. und RaTdr. (5×6); Papier ph.; gez. K 11½.**

ayk) Louis Piérard (1886–1952), Politiker und Schriftsteller

| | | | | |
|---|---|---|---|---|
| **1742** | 4 Fr rot/rahmfarben | ayk | 0,30 | 0,30 |
| | | FDC | | 1,20 |

Auflage: 5.500.000 Stück

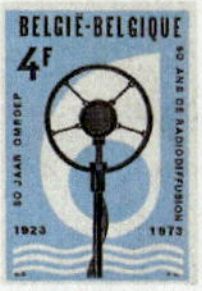

**1973, 24. Nov. 50 Jahre belgischer Rundfunk. Komb. StTdr. und RaTdr. (5×6); Papier ph.; gez. K 11½.**

ayl) Altes Mikrophon

| | | | | |
|---|---|---|---|---|
| **1743** | 4 Fr hellblau/schwarz | ayl | 0,30 | 0,30 |
| | | FDC | | 1,60 |

Auflage: 5.500.000 Stück

**1973, 24. Nov. Tourismus. StTdr. (5×10); MiNr. 1745 Papier ph.; gez. K 13.**

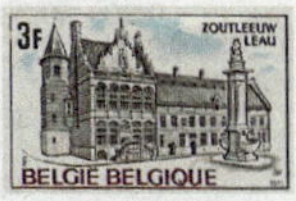

aym) Gemeindehaus, Zoutleeuw

ayn) Schloss Chimay

| | | | | |
|---|---|---|---|---|
| **1744** | 3 Fr mehrfarbig | aym | 0,30 | 0,30 |
| **1745** | 4 Fr schwarzoliv/blaugrün | ayn | 0,30 | 0,30 |
| | | Satzpreis (2 W.) | 0,50 | 0,50 |
| | | FDC | | 1,80 |

Auflagen: MiNr. 1744 = 17.210.314, MiNr. 1745 = 7.051.477 Stück

**1973, 3. Dez. Solidarität: Spielkarten. RaTdr. (5×6), Papier ph.; gez. K 11½.**

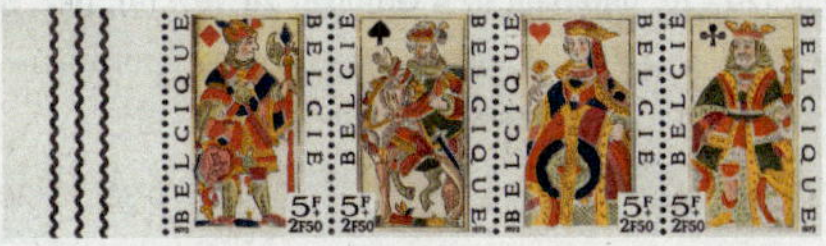

Zierfeld
ayo) Karo-Bube
ayp) Pik-Bube
ayr) Herz-Dame
ays) Kreuz-König

| | | | | |
|---|---|---|---|---|
| **1746** | 5 Fr + 2.50 Fr mehrfarbig | ayo | 0,40 | 0,40 |
| **1747** | 5 Fr + 2.50 Fr mehrfarbig | ayp | 0,40 | 0,40 |
| **1748** | 5 Fr + 2.50 Fr mehrfarbig | ayr | 0,40 | 0,40 |
| **1749** | 5 Fr + 2.50 Fr mehrfarbig | ays | 0,40 | 0,40 |
| | | Satzpreis (4 W.) | 1,50 | 1,50 |
| | | Fünferstreifen | 2,— | 2,— |
| | | FDC | | 4,— |

Markenfolge in der 1., 3. und 5. Bogenzeile: Zf-1746-1747-1748-1749
Markenfolge in der 2., 4. und 6. Bogenzeile: Zf-1748-1749-1746-1747

Auflage: 996.737 Sätze

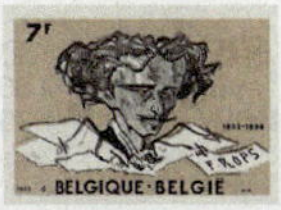

**1973, 8. Dez. 75. Todestag von Felicien Rops. Komb. StTdr. und RaTdr. (6×5), Papier ph.; gez. K 11½.**

ayt) Felicien Rops (1833–1898), Maler; Selbstbildnis

**1750** 7 Fr mattbraun/schwarz . . . . . . . . . . . . . ayt 0,50 0,30
FDC 1,20

Auflage: 3.500.000 Stück

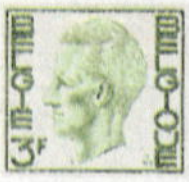

**1973, 1. Dez. Freimarke: König Baudouin, ⓔ Elstrøm. StTdr. (5×10); gez. K 11½.**

atn I) König Baudouin I. (1930–1993, reg. ab 1951); ohne Jahreszahlen

**1751** 3 Fr smaragdgrün . . . . . . . . . . . . . . . atn I 0,30 0,30
FDC 2,50

Auflage: 74.929.600 Stück

*Weitere Werte siehe Übersicht nach Jahrgangswerttabelle.*

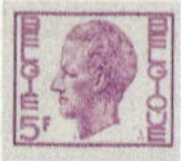

**1973, 28. Dez. Freimarke: König Baudouin, ⓔ Elstrøm. Bildformat 22×17,5 mm. RaTdr., Markenheftchen; Papier ph.; D = dreiseitig, E = zweiseitig gez. K 12¾:13½.**

atn II) König Baudouin I. (1930–1993, reg. ab 1951); ohne Jahreszahlen

| | | | | | |
|---|---|---|---|---|---|
| **1752** | D | 3 Fr gelblichgrün (▢) | atn II | 1,— | 0,50 |
| **1753** | | 4 Fr blau | atn II | | |
| | D | dreiseitig gez. (▢) | | 0,50 | 0,30 |
| | El | zweiseitig gez. (▢) | | 0,30 | 0,30 |
| | Er | zweiseitig gez. (▢) | | 0,30 | 0,30 |
| **1754** | | 5 Fr lebhaftviolett | atn II | | |
| | D | dreiseitig gez. (▢) | | 0,30 | 0,30 |
| | El | zweiseitig gez. (▢) | | 0,30 | 0,30 |
| | Er | zweiseitig gez. (▢) | | 0,30 | 0,30 |
| | | Satzpreis (3 W.) | | 1,60 | 1,10 |
| | | Paar 1753 D/Er | | 0,70 | 0,70 |
| | | Paar 1754 D/Er | | 0,50 | 0,50 |
| | | Paar 1754 El/D | | 0,50 | 0,50 |

MiNr. 1752–1753 stammen aus MH 24, MiNr. 1754 aus MH 25, MiNr. 1754 El/Er außerdem aus MH 26.

*Weitere Werte siehe Übersicht nach Jahrgangswerttabelle.*

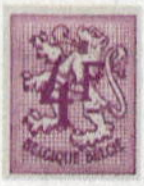

**1974, 14. Jan. Freimarke: Heraldischer Löwe. Bdr. (20×20, unterteilt in 4 Gruppen zu 10×10); gez. K 14.**

ss) Wertzahl über heraldischem Löwen

**1755** 4 Fr mattviolett . . . . . . . . . . . . . . . . ss 0,30 0,30
FDC 2,50

**Vorausentwertung:**

| | | (★) | ★★ |
|---|---|---|---|
| 1755 V | Aufdrucktype b 7 | 0,30 | 0,40 |

*Weitere Werte siehe Übersicht nach Jahrgangswerttabelle.*

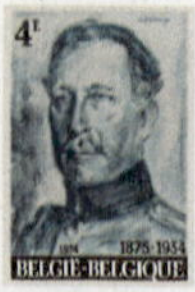

**1974, 16. Febr. 40. Todestag von König Albert I. RaTdr. (5×6); Papier ph.; gez. K 11½.**

ayu) König Albert I. (1875–1934); Gemälde von Isidoor Opsomer (1878–1967)

| | | | ★★ | ⊙ |
|---|---|---|---|---|
| **1756** | 4 Fr mehrfarbig | ayu | 0,30 | 0,30 |
| | | FDC | | 1,30 |

Auflage: 5.500.000 Stück

**1974, 23. Febr. Rotes Kreuz von Belgien. RaTdr. (5×6); Papier ph.; gez. K 11½.**

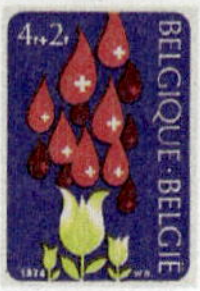

ayv) Tropfen-Blumen-Symbolik

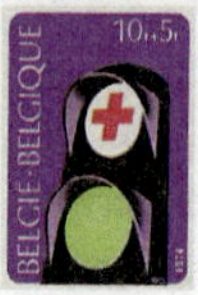

ayw) Ampel mit rotem Kreuz

| | | | | |
|---|---|---|---|---|
| **1757** | 4 Fr + 2 Fr mehrfarbig | ayv | 0,30 | 0,30 |
| **1758** | 10 Fr + 5 Fr mehrfarbig | ayw | 1,— | 1,— |
| | | Satzpreis (2 W.) | 1,30 | 1,30 |
| | | FDC | | 2,20 |

Auflagen: MiNr. 1757 = 807.604, MiNr. 1758 = 794.252 Stück

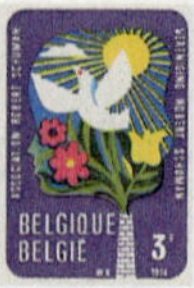

**1974, 23. März. Umweltschutz: Robert-Schuman-Vereinigung. RaTdr. (5×6); gez. K 11¾:11½.**

ayx) Taube, Sonne, Blumen

**1759** 3 Fr mehrfarbig . . . . . . . . . . . . . . . . . . ayx 0,30 0,30
FDC 1,20

Auflage: 7.000.000 Stück

**1974, 6. April. Kultur. RaTdr. (5×6); Papier ph.; gez. K 11½.**

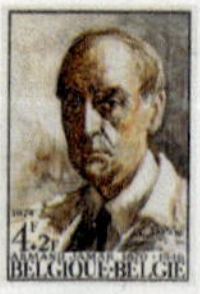

ayy) Armand Jamar (1870–1946), Maler (Selbstporträt)

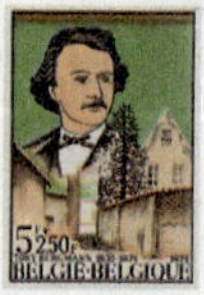

ayz) Tony Bergmann (1835–1874), Schriftsteller; Stadt Lier

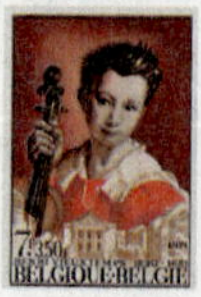

aza) Henry Vieuxtemps (1820–1881) Musiker und Komponist; Stadt Verviers

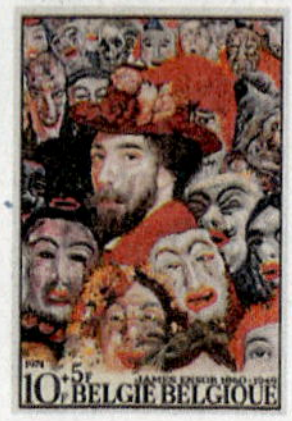

azb) James Ensor (1860–1949), Maler (Selbstporträt)

| | | | | |
|---|---|---|---|---|
| **1760** | 4 Fr + 2 Fr mehrfarbig | ayy | 0,40 | 0,40 |
| **1761** | 5 Fr + 1.20 Fr mehrfarbig | ayz | 0,50 | 0,50 |
| **1762** | 7 Fr + 1.70 Fr mehrfarbig | aza | 0,60 | 0,60 |
| **1763** | 10 Fr + 5 Fr mehrfarbig | azb | 1,— | 1,— |
| | | Satzpreis (4 W.) | 2,50 | 2,50 |
| | | FDC | | 4,50 |

Auflagen: MiNr. 1760 = 774.703, MiNr. 1761 = 773.191, MiNr. 1762 = 769.332, MiNr. 1763 = 776.190 Stück

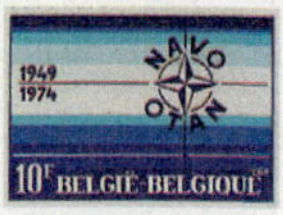

**1974, 20. April. 25 Jahre Nordatlantikpakt (NATO). RaTdr. (6×5); Papier ph.; gez. K 11½.**

azc) NATO-Emblem

**1764** 10 Fr dunkelblau/graublau . . . . . . . . . azc 0,60 0,30
FDC 1,20

Auflage: 3.500.000 Stück

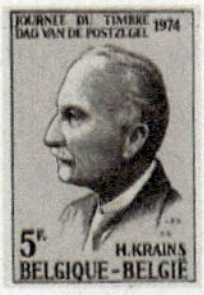

**1974, 27. April. Tag der Briefmarke. Komb. StTdr. und RaTdr. (5×6); Papier ph.; gez. K 11½.**

azd) Hubert Krains (1862–1934), UPU-Generalsekretär

**1765** 5 Fr mehrfarbig .................... azd 0,30 0,30
FDC 1,20

Auflage: 10.000.000 Stück

**1974, 4. Mai. Europa: Skulpturen. Komb. StTdr. und RaTdr. (5×6); Papier ph.; gez. K 11½.**

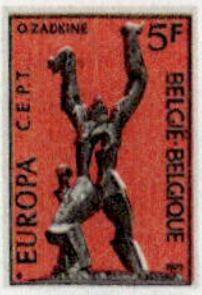

aze) Die zerstörte Stadt; von Ossip Zadkine (1890–1967)

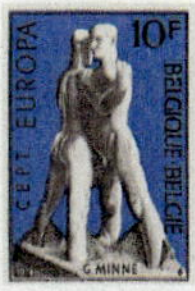

azf) Einigkeit; von Georges Minne (1866–1941)

**1766** 5 Fr schwarz/rot .................... aze 0,50 0,30
**1767** 10 Fr schwarz/blau .................... azf 1,— 0,50
Satzpreis (2 W.) 1,50 0,80
FDC 3,50

Auflagen: MiNr. 1766 = 10.000.000, MiNr. 1767 = 3.500.000 Stück

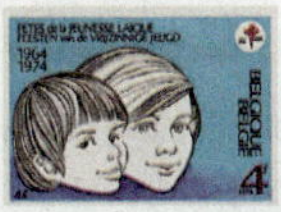

**1974, 18. Mai. 10 Jahre Jugend-Festival. RaTdr. (6×5); Papier ph.; gez. K 11¼:11¾.**

azg) Kindergesichter

**1768** 4 Fr mehrfarbig .................... azg 0,30 0,30
FDC 1,20

Auflage: 5.500.000 Stück

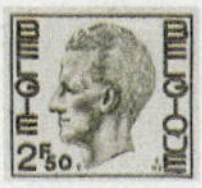

**1974, 16. Mai. Freimarke: König Baudouin, Ⓔ Elstrøm. StTdr. (5×10); gez. K 11½.**

atn I) König Baudouin I. (1930–1993, reg. ab 1951); ohne Jahreszahlen

**1769** 2.50 Fr schwarzgrün .................... atn I 0,30 0,30
FDC 3,50

Auflage: 7.042.650 Stück

*Weitere Werte siehe Übersicht nach Jahrgangswerttabelle.*

**1974, 22. Juni. Geschichte. Komb. StTdr. und RaTdr.; MiNr. 1770–1771 (6×5), MiNr. 1772–1773 (5×5), MiNr. 1774 (5×6); MiNr. 1771–1774 Papier ph.; MiNr. 1770–1771 und 1774 gez. K 11½, MiNr. 1772–1773 gez. K 11¾.**

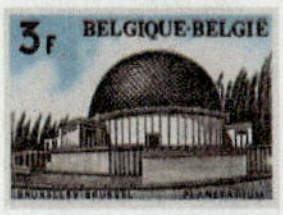

azh) Neues Planetarium, Brüssel

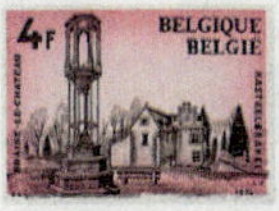

azi) Pranger von Braine le Château

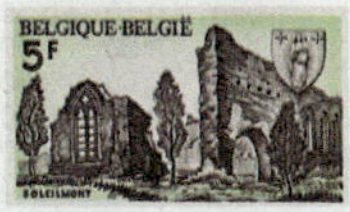

azk) Ruinen der Abtei von Soleilmont bei Charleroi

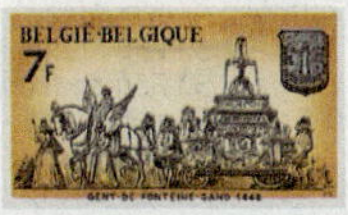

azl) Symbolische Darstellung der Königlichen Hofkammer der Rhetorik

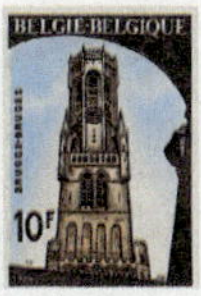

azm) Belfried, Brügge

**1770** 3 Fr türkisblau/braunschwarz ........ azh 0,30 0,30
**1771** 4 Fr dunkelrosalila/braunschwarz .... azi 0,30 0,30
**1772** 5 Fr graugrün/braunschwarz ........ azk 0,30 0,30
**1773** 7 Fr ocker/braunschwarz ............ azl 0,30 0,30
**1774** 10 Fr mehrfarbig .................... azm 0,50 0,30
Satzpreis (5 W.) 1,70 1,—
FDC 3,20

Auflagen: MiNr. 1770 = 7.000.000, MiNr. 1771 = 5.500.000, MiNr. 1772 = 10.000.000, MiNr. 1773–1774 je 3.500.000 Stück

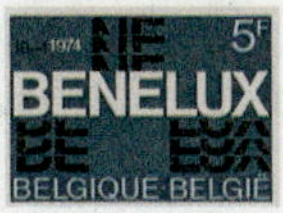

**1974, 7. Sept. 30 Jahre Zollunion BENELUX. RaTdr. (6×5); Papier ph.; gez. K 11½.**

azn) Symbolik

**1775** 5 Fr mehrfarbig .................... azn 0,30 0,30
FDC 1,20

Auflage: 10.000.000 Stück

*Parallelausgabe mit Luxemburg MiNr. 891 und Niederlande MiNr. 1035*

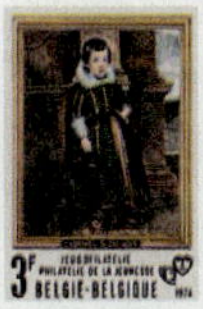

**1974, 14. Sept. Jugendphilatelie. RaTdr. (5×6); gez. K 11½.**

azo) Der 5jährige Jan Vekemans; Gemälde von Cornelis de Vos (1584–1651)

**1776** 3 Fr mehrfarbig .................... azo 0,30 0,30
FDC 1,20

Auflage: 7.000.000 Stück

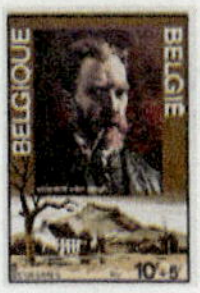

**1974, 21. Sept. Vincent van Gogh. RaTdr. (5×6); Papier ph.; gez. K 11½.**

azp) Vincent van Gogh (1853–1890), niederländischer Maler; Wohnhaus in Cuesmes

**1777** 10 Fr + 5 Fr mehrfarbig .................... azp 1,— 1,—
FDC 1,80

Auflage: 857.522 Stück

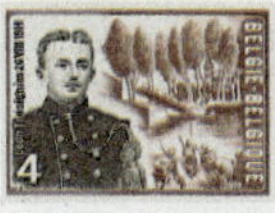

**1974, 28. Sept. 60. Todestag von Léon Trésignies. Komb. StTdr. und RaTdr. (6×5); Papier ph.; gez. K 11½.**

azr) Léon Trésignies (1886–1914), Korporal; Brücke über den Willebroek-Kanal

**1778** 4 Fr dunkelbraun/schwarzgrün ........ azr 0,30 0,30
FDC 1,20

Auflage: 5.500.000 Stück

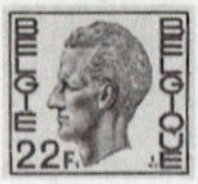


**1974, 30. Sept. Freimarke: König Baudouin, ⓔ Elstrøm. StTdr. (5×10); Papier ph.; gez. K 11½.**

atn I) König Baudouin I. (1930–1993, reg. ab 1951); ohne Jahreszahlen

| | | | | |
|---|---|---|---|---|
| 1779 | 22 Fr schwarz | atn I | 1,80 | 1,50 |
| | | FDC | | 8,50 |

Auflage: 1.484.351 Stück

*Weitere Werte siehe Übersicht nach Jahrgangswerttabelle.*

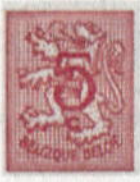

**1974, 30. Sept./1980, 1. Febr. Freimarke: Heraldischer Löwe. Bdr. (MiNr. 1780 x 20×20, unterteilt in 4 Gruppen zu 10×10, MiNr. 1780 zx 10×10); x = normales Papier, zx = polyvalentes Papier; gez. K 14.**

ss) Wertzahl über heraldischem Löwen

| | | | | |
|---|---|---|---|---|
| 1780 | 5 C karminlila | ss | | |
| x | normales Papier (30.9.1974) | | 0,30 | 0,30 |
| zx | polyvalentes Papier (1.2.1980) | | 0,30 | 0,30 |
| | | FDC x | | 2,50 |

**Vorausentwertung:**

| | | (✱) | ✱✱ |
|---|---|---|---|
| 1780 zx V | Aufdrucktype b 7 | 0,30 | 0,30 |

Polyvalentes Papier siehe Hinweis nach MiNr. 1641.

*Weitere Werte siehe Übersicht nach Jahrgangswerttabelle.*

**1974, 5. Okt. 100 Jahre Weltpostverein (UPU). Komb. StTdr. und RaTdr. (6×5); Papier ph.; gez. K 11½.**

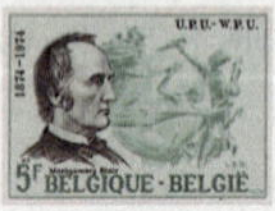


azs) Montgomery Blair (1813–1883), Generalpostmeister der USA

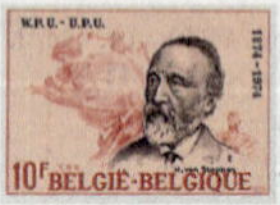


azt) Heinrich von Stephan (1831–1897), 1. deutscher Generalpostmeister und Mitbegründer der UPU

| | | | ✱✱ | ⊙ |
|---|---|---|---|---|
| 1781 | 5 Fr mehrfarbig | azs | 0,30 | 0,30 |
| 1782 | 10 Fr mehrfarbig | azt | 0,70 | 0,30 |
| | | Satzpreis (2 W.) | 1,— | 0,50 |
| | | FDC | | 1,80 |

Auflagen: MiNr. 1781 = 10.000.000, MiNr. 1782 = 3.500.000 Stück

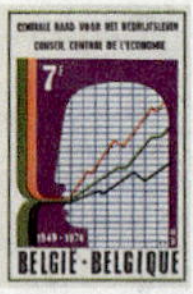


**1974, 12. Okt. 25 Jahre Zentraler Wirtschaftsrat. Komb. StTdr. und RaTdr. (5×6); Papier ph.; gez. K 11¾:11½.**

azu) Symbolik

| | | | | |
|---|---|---|---|---|
| 1783 | 7 Fr mehrfarbig | azu | 0,50 | 0,30 |
| | | FDC | | 1,20 |

Auflage: 3.500.000 Stück

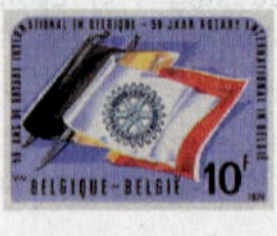


**1974, 19. Okt. 50 Jahre Rotary International in Belgien. Komb. StTdr. und RaTdr. (6×5); Papier ph.; gez. K 11½:11¾.**

azv) Flaggen von Rotary International und Belgien

| | | | | |
|---|---|---|---|---|
| 1784 | 10 Fr mehrfarbig | azv | 0,70 | 0,30 |
| | | FDC | | 1,60 |

Auflage: 3.500.000 Stück

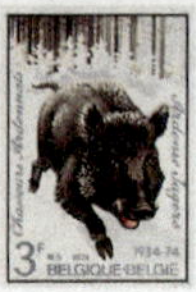


**1974, 26. Okt. 40. Jahrestag der Fahnenübergabe an das Regiment der Ardennenjäger. RaTdr. (5×6); gez. K 11½.**

azw) Wildschwein (Emblem des Regiments)

| | | | | |
|---|---|---|---|---|
| 1785 | 3 Fr mehrfarbig | azw | 0,30 | 0,30 |
| | | FDC | | 1,30 |

Auflage: 7.000.000 Stück

**1974, 2. Nov. Tourismus. StTdr. (10×5, Querformate ∼); MiNr. 1787–1788 Papier ph.; gez. K 13.**

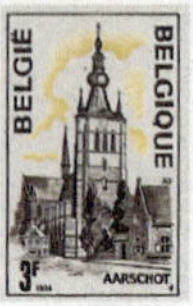


azx) Liebfrauenkirche, Aarschot

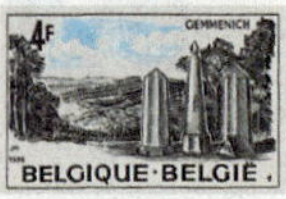


azy) Dreiländer-Punkt bei Gemmenich

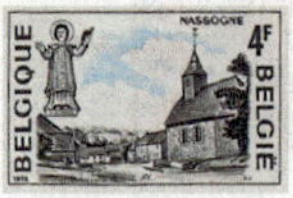


azz) Stiftskirche Saint-Monon, Nassogne

| | | | | |
|---|---|---|---|---|
| 1786 | 3 Fr braunschwarz/gelb | azx | 0,30 | 0,30 |
| 1787 | 4 Fr schwarzgrün/hellblau | azy | 0,30 | 0,30 |
| 1788 | 4 Fr schwarzgrün/hellblau | azz | 0,30 | 0,30 |
| | | Satzpreis (3 W.) | 0,70 | 0,70 |
| | | FDC | | 3,20 |

Auflagen: MiNr. 1786 = 2.320.027, MiNr. 1787 = 2.003.911, MiNr. 1788 = 2.149.270 Stück

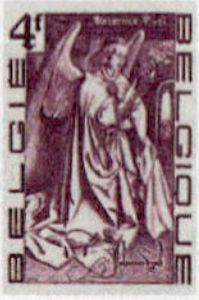


**1974, 16. Nov. Weihnachten. StTdr. (5×6); Papier ph.; gez. K 11½.**

baa) Verkündigung; Gemälde von Jan van Eyck (um 1390–1441)

| | | | | |
|---|---|---|---|---|
| 1789 | 4 Fr violett | baa | 0,50 | 0,30 |
| | | FDC | | 1,50 |

Auflage: 5.500.000 Stück

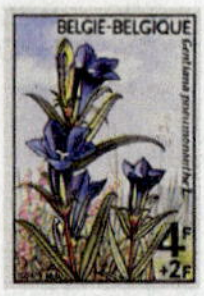


**1974, 7. Dez. Solidarität: Fauna und Flora. RaTdr. (5×6, Querformate ∼); Papier ph.; gez. K 11½.**

bab) Lungenenzian (Gentiana pneumonanthe)

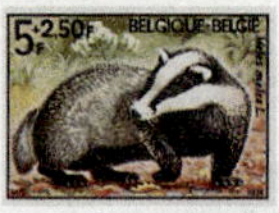


bac) Dachs (Meles meles)

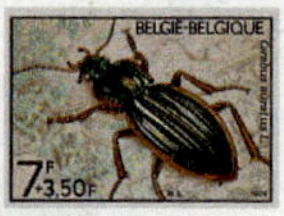


bad) Goldlaufkäfer (Carabus auratus)

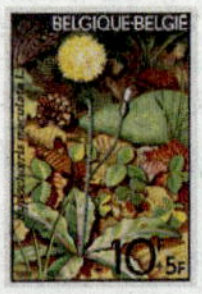


bae) Ferkelkraut (Hypochaeris maculata)

| | | | | |
|---|---|---|---|---|
| 1790 | 4 Fr + 2 Fr mehrfarbig | bab | 0,50 | 0,50 |
| 1791 | 5 Fr + 2.50 Fr mehrfarbig | bac | 0,50 | 0,50 |
| 1792 | 7 Fr + 3.50 Fr mehrfarbig | bad | 0,60 | 0,60 |
| 1793 | 10 Fr + 5 Fr mehrfarbig | bae | 0,90 | 0,90 |
| | | Satzpreis (4 W.) | 2,50 | 2,50 |
| | | FDC | | 4,50 |

Auflagen: MiNr. 1790 = 795.494, MiNr. 1791 = 788.527, MiNr. 1792 = 783.417, MiNr. 1793 = 782.940 Stück

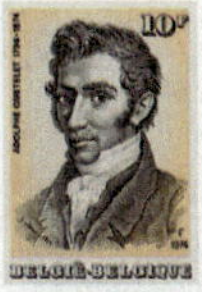

**1974, 14. Dez. 100. Todestag von Adolphe Quetelet. Komb. StTdr. und RaTdr. (5×6); Papier ph.; gez. K 11½.**

baf) Adolphe Quetelet (1796–1874), Astronom, Statistiker; Gemälde von Joseph-Denis Odevaere (1775–1830)

| | | | | |
|---|---|---|---|---|
| **1794** | 10 Fr mattorange/schwarz | baf | 0,60 | 0,50 |
| | | FDC | | 1,20 |

Auflage: 3.500.000 Stück

**1974, 16. Dez./1976, 9. Aug. Freimarken: König Baudouin, Ⓔ Elstrøm. StTdr., Bogen (B) (5×10, MiNr. 1796 auch 6×10 und 12×10) und Rollen (R) (1000); x = normales Papier, y = Papier ph., zx = Papier polyvalent, nichtphosphoreszierend, zy = Papier polyvalent phosphoreszierend; gez. K 11½.**

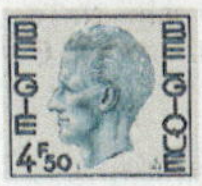

atn I) König Baudouin I. (1930–1993, reg. ab 1951); ohne Jahreszahlen

| | | | | |
|---|---|---|---|---|
| **1795** | 4.50 Fr grünlichblau (B) | atn I | | |
| x | normales Papier (16.12.1974) | | 0,30 | 0,30 |
| zx | polyvalentes Papier (9.8.1976) | | 0,30 | 0,30 |
| **1796** | 6.50 Fr schwarzviolett (B) (R) | atn I | | |
| y | Papier ph. (16.12.1974) | | 0,30 | 0,30 |
| zy | Papier polyvalent ph. (17.6.1976) | | 0,40 | 0,30 |
| | | Satzpreis (2 W.) | 0,60 | 0,50 |
| | | FDC x, y | | 5,— |

Polyvalentes Papier siehe Hinweis nach MiNr. 1641.

Auflagen: MiNr. 1795 x = 86.726.400, MiNr. 1795 zx = 94.726.500, MiNr. 1796 y = 472.227.800, MiNr. 1796 zy = 374.866.350 Stück

*Weitere Werte siehe Übersicht nach Jahrgangswerttabelle.*

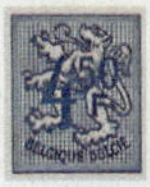

**1974, 16. Dez. Freimarke: Heraldischer Löwe. Bdr. (20×20, unterteilt in 4 Gruppen zu 10×10); gez. K 14.**

ss) Wertzahl über heraldischem Löwen

| | | | | |
|---|---|---|---|---|
| **1797** | 4.50 Fr blau (Töne) | ss | 0,40 | 0,30 |
| | | FDC | | 3,60 |

**Vorausentwertung:**

| | | (✱) | ✱✱ |
|---|---|---|---|
| 1797 V | Aufdrucktype b 7 | 0,30 | 1,— |

*Weitere Werte siehe Übersicht nach Jahrgangswerttabelle.*

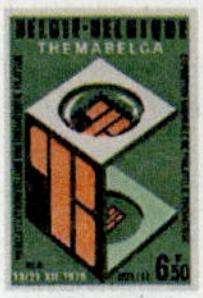

**1975, 15. Febr. Motivbriefmarken-Weltausstellung THEMABELGA (I). RaTdr. (5×6); Papier ph.; gez. K 11¾:11¼.**

bag) Fadenzähler (Emblem der Ausstellung)

| | | | ✱✱ | ⊙ |
|---|---|---|---|---|
| **1798** | 6.50 Fr mehrfarbig | bag | 0,50 | 0,30 |
| | | FDC | | 1,30 |

Auflage: 10.000.000 Stück

**1975, 22. Febr. Genter Blumenschau. MiNr. 1799 RaTdr., MiNr. 1800–1801 komb. StTdr. und RaTdr.; (5×6); MiNr. 1800–1801 Papier ph.; gez. K 11¾:11¼.**

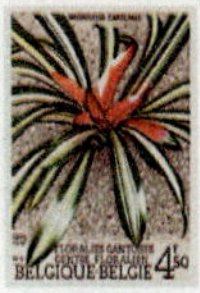

bah) Ananasgewächs (Neoregelia carolinae)

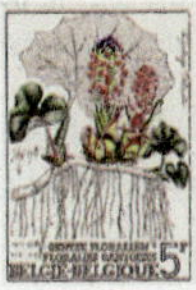

bai) Echte Pestwurz (Petasites officinalis)

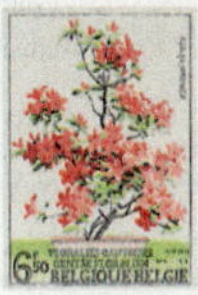

bak) Japanische Azalee (Azalea japonica)

| | | | | |
|---|---|---|---|---|
| **1799** | 4.50 Fr mehrfarbig | bah | 0,30 | 0,30 |
| **1800** | 5 Fr mehrfarbig | bai | 0,30 | 0,30 |
| **1801** | 6.50 Fr mehrfarbig | bak | 0,30 | 0,30 |
| | | Satzpreis (3 W.) | 0,80 | 0,60 |
| | | FDC | | 2,50 |

Auflage: 7.000.000 Sätze

**1975, 17. März/1977, 14. Febr. Freimarken: König Baudouin, Ⓔ Elstrøm. StTdr., Bogen (B) (5×10, MiNr. 1803 zy auch 6×10 und 12×10) und Rolle (R) (1000); x = normales Papier, y = Papier ph., zx = Papier polyvalent nicht phosphoreszierend, zy = Papier polyvalent phosphoreszierend; gez. K 11½.**

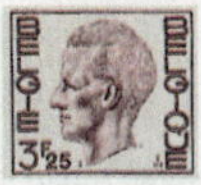

atn I) König Baudouin I. (1930–1993, reg. ab 1951); ohne Jahreszahlen

| | | | | |
|---|---|---|---|---|
| **1802** | 3.25 Fr schwarzlila (B) | atn I | | |
| x | normales Papier (17.3.1975) | | 0,30 | 0,30 |
| zx | polyvalentes Papier (13.5.1976) | | 0,30 | 0,30 |
| **1803** | 7.50 Fr dunkellila | atn I | | |
| y | Papier ph. (17.3.1975) (B) | | 0,50 | 0,30 |
| zy | Papier polyvalent ph. (14.2.1977) (B) (R) | | 0,50 | 0,30 |
| **1804** | 13 Fr schwarzblau (B) | atn I | | |
| y | Papier ph. (17.3.1975) | | 0,80 | 0,30 |
| zy | Papier polyvalent ph. (14.2.1977) | | 0,80 | 0,30 |
| **1805** | 17 Fr violettpurpur (B) | atn I | | |
| y | Papier ph. (17.3.1975) | | 1,20 | 0,30 |
| zy | Papier polyvalent ph. (14.2.1977) | | 1,20 | 0,30 |
| **1806** | 25 Fr violett (B) | atn I | | |
| y | Papier ph. (17.3.1975) | | 1,50 | 0,30 |
| zy | Papier polyvalent ph. (14.2.1977) | | 1,50 | 0,30 |
| | | Satzpreis (5 W.) | 4,30 | 1,— |

MiNr. 1806 ist wasserempfindlich.

Die Rollenmarken von MiNr. 1803 zy unterscheiden sich von den Bogenmarken durch ihren dunkelpurpurnen Farbton. Jede fünfte Rollenmarke weist eine rückseitige Zählnummer auf.

Polyvalentes Papier siehe Hinweis nach MiNr. 1641.

Auflagen: MiNr. 1802 x = 13.886.000, MiNr. 1802 zx = 4.698.450, MiNr. 1803 y = 8.859.000, MiNr. 1803 zy = 42.961.000, MiNr. 1804 y = 13.643.750, MiNr. 1804 zy = 25.296.900, MiNr. 1805 y = 5.179.600, MiNr. 1805 zy = 15.617.150, MiNr. 1806 y = 5.963.750, MiNr. 1806 zy = 27.905.800 Stück

*Weitere Werte siehe Übersicht nach Jahrgangswerttabelle.*

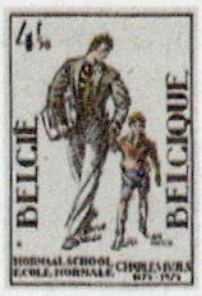

**1975, 15. März. 100 Jahre Charles-Buls-Schule. Komb. StTdr. und RaTdr. (5×6); gez. K 11½.**

bal) Emblem der Schule: Mann und Knabe

| | | | | |
|---|---|---|---|---|
| **1807** | 4.50 Fr mehrfarbig | bal | 0,30 | 0,30 |
| | | FDC | | 1,20 |

Auflage: 7.000.000 Stück

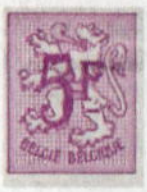

**1975, 17. März/1979, 8. Okt. Freimarke: Heraldischer Löwe. Bdr. (20×20, unterteilt in 4 Gruppen zu 10×10, MiNr. 1808 zx 10×10); x = normales Papier, y = polyvalentes Papier; gez. K 14.**

ss) Wertzahl über heraldischem Löwen

| | | | | |
|---|---|---|---|---|
| **1808** | 5 Fr mattviolett | ss | | |
| x | normales Papier (17.3.1975) | | 0,30 | 0,30 |
| zx | polyvalentes Papier (8.10.1979) | | 0,30 | 0,30 |
| | | FDC | | 2,50 |

**Vorausentwertungen:**

| | | (★) | ★★ |
|---|---|---|---|
| 1808 x V | Aufdrucktype b 7 | 0,30 | 0,40 |
| 1808 zx V | Aufdrucktype b 7 | 0,25 | 0,50 |

Polyvalentes Papier siehe Hinweis nach MiNr. 1641.

*Weitere Werte siehe Übersicht nach Jahrgangswerttabelle.*

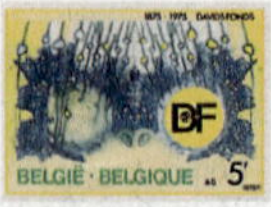

**1975, 22. März. 100 Jahre „Davidsfonds". RaTdr. (6×5), Papier ph.; gez. K 11½.**

bam) Symbolik, Emblem

| | | | ★★ | ⊙ |
|---|---|---|---|---|
| **1809** | 5 Fr mehrfarbig | bam | 0,50 | 0,30 |
| | | FDC | | 1,20 |

Auflage: 5.500.000 Stück

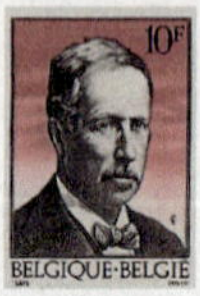

**1975, 5. April. 100. Geburtstag von König Albert I. Komb. StTdr. und RaTdr. (5×6); Papier ph.; gez. K 11½.**

ban) König Albert I. (1875–1934, reg. ab 1909)

| | | | | |
|---|---|---|---|---|
| **1810** | 10 Fr schwarz/braunlila | ban | 0,60 | 0,30 |
| | | FDC | | 1,60 |

Auflage: 3.500.000 Stück

**1975, 12. April. Kultur. StTdr. (6×5, Hochformat); Papier ph.; gez. K 11½.**

bao) Pesaro-Palast, Venedig

bap) Abtei St. Bavon, Gent

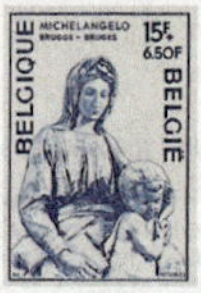

bar) Madonna von Brügge, Skulptur von Michelangelo Buonarroti (1475–1564)

| | | | | |
|---|---|---|---|---|
| **1811** | 6.50 Fr + 2.50 Fr rotbraun | bao | 0,60 | 0,60 |
| **1812** | 10 Fr + 4.50 Fr violettpurpur | bap | 0,80 | 0,80 |
| **1813** | 15 Fr + 6.50 Fr violettultramarin | bar | 1,20 | 1,20 |
| | | Satzpreis (3 W.) | 2,60 | 2,60 |
| | | FDC | | 4,60 |

Auflagen: MiNr. 1811 = 761.207, MiNr. 1812 = 761.835, MiNr. 1813 = 760.383 Stück

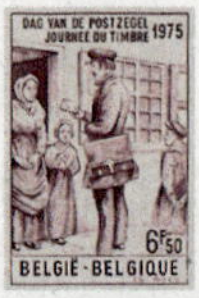

**1975, 19. April. Tag der Briefmarke. StTdr. (5×6); Papier ph.; gez. K 11½.**

bas) Briefträger von 1840; Gemälde von James Thiriar (1889–1965)

| | | | | |
|---|---|---|---|---|
| **1814** | 6.50 Fr violettpurpur | bas | 0,50 | 0,30 |
| | | FDC | | 1,20 |

Auflage: 10.000.000 Stück

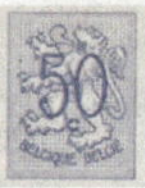

**1975, 19. April. Freimarke: Heraldischer Löwe. Bildformat 17,5×22 mm. RaTdr., Markenheftchen; Papier ph.; dreiseitig gez. K 13¾:12¾, rechts geschnitten.**

ss II) Wertzahl über heraldischem Löwen

| | | | | |
|---|---|---|---|---|
| **1815** | 50 C grauultramarin | ss II | 0,30 | 0,30 |

MiNr. 1815 stammt aus MH 26 und 27.

*Weitere Werte siehe Übersicht nach Jahrgangswerttabelle.*

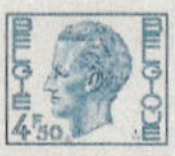

**1975, 19. April. Freimarken: König Baudouin, Typ Elstrøm. Bildformat 22×17,5 mm. RaTdr., Markenheftchen; Papier ph.; D = dreiseitig, E = zweiseitig gez. K 12¾:13¾.**

atn II) König Baudouin I. (1930–1993, reg. ab 1951); ohne Jahreszahlen

| | | | | | |
|---|---|---|---|---|---|
| **1816 D** | 4.50 Fr hellgrünlichblau (⊞) | | atn II | 0,30 | 0,30 |
| **1817** | 6.50 Fr dunkelviolett | | atn II | | |
| D | | dreiseitig gez. (⊞) | | 0,50 | 0,30 |
| El | | zweiseitig gez. (⊞) | | 0,30 | 0,30 |
| Er | | zweiseitig gez. (⊞) | | 0,30 | 0,30 |
| | | | Satzpreis (2 W.) | 0,50 | 0,50 |
| | | | Paar 1817 D/Er | 1,10 | 1,10 |

MiNr. 1816 stammt aus MH 26, MiNr. 1817 aus MH 27.

*Weitere Werte siehe Übersicht nach Jahrgangswerttabelle.*

**1975, 26. April. Europa: Gemälde. Komb. StTdr. und RaTdr. (5×6); Papier ph.; gez. K 11½.**

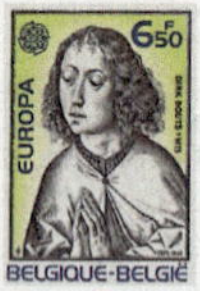

bat) Apostel (Das Abendmahl)

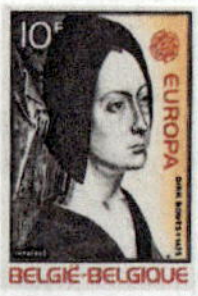

bau) Feuerprobe (Die Gerechtigkeit des Kaisers Otto)

bat–bau) Details aus Gemälden von Dirk Bouts (um 1415–1475)

| | | | | |
|---|---|---|---|---|
| **1818** | 6.50 Fr mehrfarbig | bat | 0,50 | 0,30 |
| **1819** | 10 Fr mehrfarbig | bau | 1,— | 0,30 |
| | | Satzpreis (2 W.) | 1,50 | 0,60 |
| | | FDC | | 3,— |

Auflagen: MiNr. 1818 = 10.000.000, MiNr. 1819 = 3.500.000 Stück

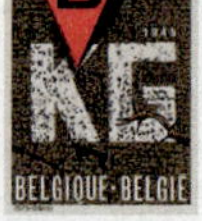

**1975, 3. Mai. 30. Jahrestag der Befreiung aus den Konzentrationslagern. RaTdr. (5×6); gez. K 11½.**

bav) Zeichen der Kriegsgefangenen, Stacheldraht

| | | | | |
|---|---|---|---|---|
| **1820** | 4.50 Fr mehrfarbig | bav | 0,30 | 0,30 |
| | | FDC | | 1,20 |

Auflage: 7.000.000 Stück

**1975, 10. Mai. Europäisches Denkmalschutzjahr. StTdr. (6×5, Hochformat ~); MiNr. 1821 normales Papier, MiNr. 1822–1823 Papier ph.; gez. K 11½.**

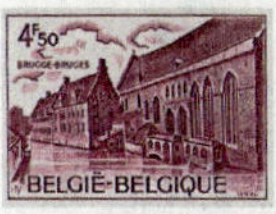

baw) St.-Janshospital, Brügge

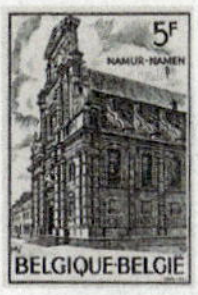

bax) St.-Loup-Kirche, Namur

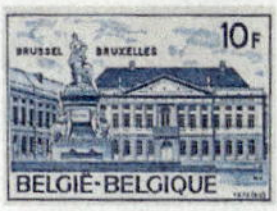

bay) Märtyrerplatz, Brüssel

| | | | | |
|---|---|---|---|---|
| **1821** | 4.50 Fr violettpurpur | baw | 0,30 | 0,30 |
| **1822** | 5 Fr schwarzgrün | bax | 0,30 | 0,30 |
| **1823** | 10 Fr blau | bay | 0,60 | 0,30 |
| | Satzpreis (3 W.) | | 1,20 | 0,70 |
| | FDC | | | 2,50 |

Auflagen: MiNr. 1821 = 7.000.000, MiNr. 1822 = 5.500.000, MiNr. 1823 = 3.500.000 Stück

**1975, 24. Mai. Tourismus. StTdr. (10×5, Querformat ~); MiNr. 1824 normales Papier, MiNr. 1825 Papier ph.; gez. K 13.**

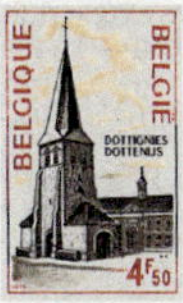

baz) Alte Kirche von Dottignies

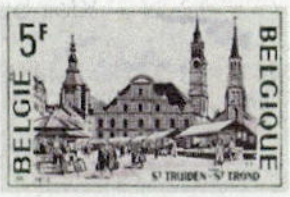

bba) Hauptplatz von Sint-Truiden

| | | | | |
|---|---|---|---|---|
| **1824** | 4.50 Fr mehrfarbig | baz | 0,30 | 0,30 |
| **1825** | 5 Fr mehrfarbig | bba | 0,40 | 0,30 |
| | Satzpreis (2 W.) | | 0,70 | 0,50 |
| | FDC | | | 2,50 |

Auflagen: MiNr. 1824 = 6.252.147, MiNr. 1825 = 4.092.801 Stück

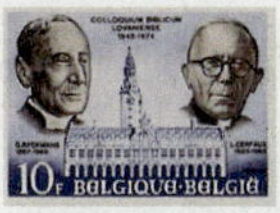

**1975, 7. Juni. „Colloquium Biblicum Lovaniense". RaTdr. (5×10); Papier ph.; gez. K 11½.**

bbb) Gonzague Ryckmans (1887–1969) und Lucien Cerfaux (1883–1968); Bibliothek der Universität von Löwen

| | | | | |
|---|---|---|---|---|
| **1826** | 10 Fr dunkelblau/schwarzbraun | bbb | 0,70 | 0,30 |
| | FDC | | | 1,20 |

Auflage: 3.500.000 Stück

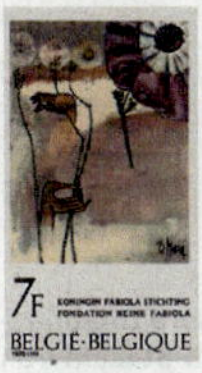

**1975, 14. Juni. Königin-Fabiola-Stiftung. RaTdr. (5×5); Papier ph.; gez. K 11½:11¾.**

bbc) Metamorphose; Gemälde von Pol Mara (1920–1998)

| | | | | |
|---|---|---|---|---|
| **1827** | 7 Fr mehrfarbig | bbc | 0,50 | 0,30 |
| | FDC | | | 1,60 |

Auflage: 3.500.000 Stück

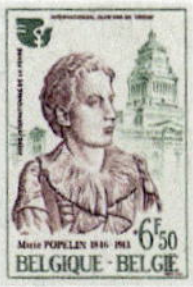

**1975, 21. Juni. Internationales Jahr der Frau. Komb. StTdr. und RaTdr. (5×6); Papier; ph.; gez. K 11¾:11¼.**

bbd) Marie Popelin (1846–1913), erste promovierte Juristin Belgiens; Justizpalast von Brüssel

| | | | | |
|---|---|---|---|---|
| **1828** | 6.50 Fr dunkelbläulichgrün/violettpurpur | bbd | 0,50 | 0,30 |
| | FDC | | | 1,30 |

Auflage: 10.000.000 Stück

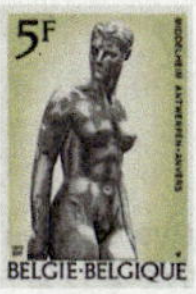

**1975, 6. Sept. 25 Jahre Freiluftmuseum Middelheim, Antwerpen. Komb. StTdr. und RaTdr. (5×6), Papier ph.; gez. K 11½.**

bbe) Assia; Bronzeskulptur von Charles Despiau (1874–1946)

| | | | | |
|---|---|---|---|---|
| **1829** | 5 Fr olivgrün/schwarz | bbe | 0,30 | 0,30 |
| | FDC | | | 1,20 |

Auflage: 5.500.000 Stück

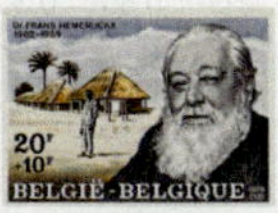

**1975, 13. Sept. 6. Todestag von Frans Hemerijckx. RaTdr. (6×5); Papier ph.; gez. K 11½.**

bbf) Frans Hemerijckx (1902–1969), Missionsarzt; Leprastation

| | | | | |
|---|---|---|---|---|
| **1830** | 20 Fr + 10 Fr mehrfarbig | bbf | 1,40 | 1,40 |
| | FDC | | | 2,60 |

Auflage: 777.368 Stück

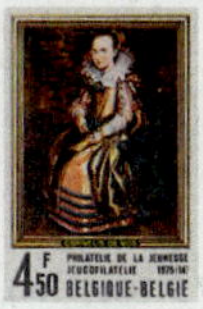

**1975, 20. Sept. Jugendphilatelie. RaTdr. (5×6); gez. K 11¾:11½.**

bbg) Bildnis der Cornelia Vekemans; Gemälde von Cornelis de Vos (1584–1651), niederländischer Maler

| | | | | |
|---|---|---|---|---|
| **1831** | 4.50 Fr mehrfarbig | bbg | 0,30 | 0,30 |
| | FDC | | | 1,20 |

Auflage: 7.000.000 Stück

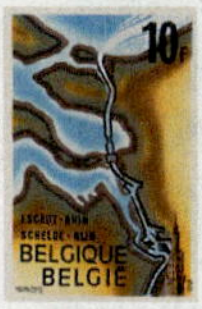

**1975, 20. Sept. Eröffnung des Schelde-Rhein-Kanals. RaTdr. (5×6); Papier ph.; gez. K 11½.**

bbh) Landkarte mit Einzeichnung der Wasserstraße

| | | | | |
|---|---|---|---|---|
| **1832** | 10 Fr mehrfarbig | bbh | 0,60 | 0,30 |
| | FDC | | | 1,20 |

Auflage: 3.500.000 Stück

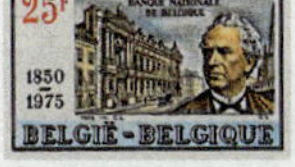

**1975, 11. Okt. 125 Jahre Nationalbank von Belgien. StTdr. (5×10); Papier ph.; gez. K 13.**

bbi) Walthère Frère-Orban (1812–1896), Gründer der Nationalbank in Belgien; Bankgebäude

| | | | | |
|---|---|---|---|---|
| **1833** | 25 Fr mehrfarbig | bbi | 1,80 | 0,50 |
| | | FDC | | 2,20 |

Auflage: 2.000.000 Stück

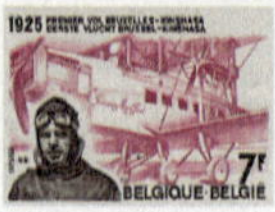

**1975, 18. Okt. 50. Jahrestag der ersten Flugverbindung Brüssel–Léopoldville (Kinshasa). Komb. StTdr. und RaTdr. (6×5); Papier ph.; gez. K 11½.**

bbk) Edmond Thieffry (1892–1929), Pilot; Doppeldecker

| | | | | |
|---|---|---|---|---|
| **1834** | 7 Fr lilaschwarz/dunkelrosalila | bbk | 0,50 | 0,30 |
| | | FDC | | 1,70 |

Auflage: 3.500.000 Stück

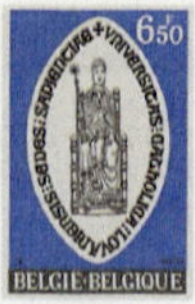

**1975, 8. Nov. 550 Jahre Universität von Löwen. Komb. StTdr. und RaTdr. (5×6); Papier ph.; gez. K 11½.**

bbl) Sedes Sapientiae (Siegel der Katholischen Universität Löwen)

| | | | | |
|---|---|---|---|---|
| **1835** | 6.50 Fr mehrfarbig | bbl | 0,50 | 0,30 |
| | | FDC | | 1,20 |

Auflage: 10.000.000 Stück

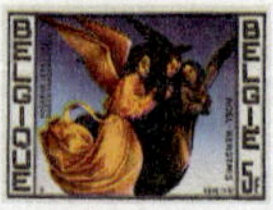

**1975, 15. Nov. Weihnachten. Komb. StTdr. und RaTdr. (6×5); Papier ph.; gez. K 11½.**

bbm) Engelgruppe aus „Die Anbetung der Drei Weisen"; Gemälde von Rogier van der Weyden (1400–1464)

| | | | | |
|---|---|---|---|---|
| **1836** | 5 Fr mehrfarbig | bbm | 0,50 | 0,30 |
| | | FDC | | 1,30 |

Auflage: 5.500.000 Stück

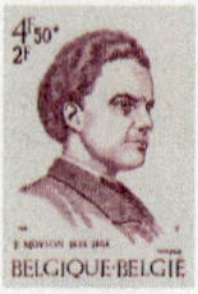

**1975, 22. Nov. Solidarität. MiNr. 1837 StTdr. (5×6), normales Papier; MiNr. 1838 StTdr. (5×6), Papier ph.; MiNr. 1839 komb. StTdr. und RaTdr. (6×5), Papier ph.; MiNr. 1840 RaTdr. (5×6), Papier ph.; gez. K 11½.**

bbn) Emile Moyson (1838–1868), Politiker

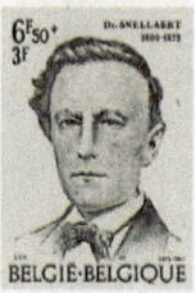

bbo) Ferdinand Augustin Snellaert (1809–1872), Arzt

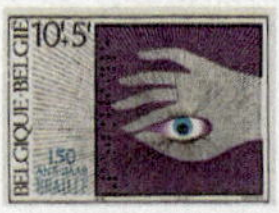

bbp) 150 Jahre Braille-Blindenschrift: „Sehende Hand"

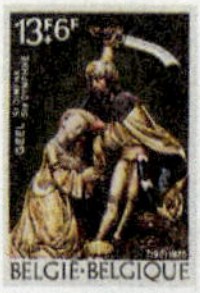

bbr) Martyrium der hl. Dymphna; Fragment des Altars der St. Dymphne-Kirche zu Geel

| | | | | |
|---|---|---|---|---|
| **1837** | 4.50 Fr + 2 Fr violettpurpur | bbn | 0,50 | 0,50 |
| **1838** | 6.50 Fr + 3 Fr schwarzgrün | bbo | 0,70 | 0,70 |
| **1839** | 10 Fr + 5 Fr mehrfarbig | bbp | 0,80 | 0,80 |
| **1840** | 13 Fr + 6 Fr mehrfarbig | bbr | 1,— | 1,— |
| | | Satzpreis (4 W.) | 3,— | 3,— |
| | | FDC | | 5,— |

Auflagen: MiNr. 1837 = 761.519, MiNr. 1838 = 754.411, MiNr. 1839 = 748.508, MiNr. 1840 = 752.603 Stück

**1975, 13. Dez. Motivbriefmarken-Weltausstellung THEMABELGA (II). Komb. StTdr. und RaTdr. (5×2, Querformate ~); MiNr. 1842–1846 Papier ph.; gez. K 11½.**

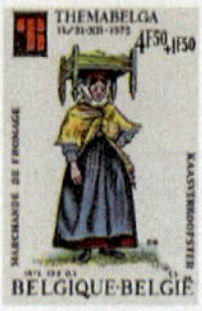

bbs) Käseverkäuferin

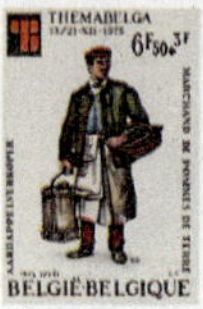

bbt) Kartoffelhändler

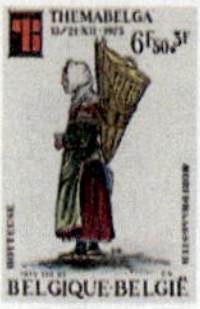

bbu) Korbträgerin

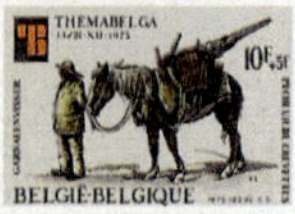

bbv) Garnelenfischer

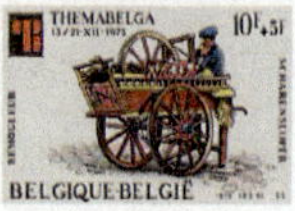

bbw) Scherenschleifer

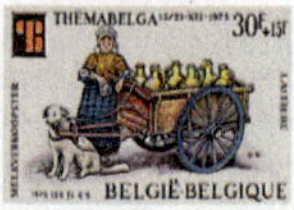

bbx) Milchfrau

| | | | | |
|---|---|---|---|---|
| **1841** | 4.50 Fr + 1.50 Fr mehrfarbig | bbs | 0,40 | 0,40 |
| **1842** | 6.50 Fr + 3 Fr mehrfarbig | bbt | 0,50 | 0,50 |
| **1843** | 6.50 Fr + 3 Fr mehrfarbig | bbu | 0,50 | 0,50 |
| **1844** | 10 Fr + 5 Fr mehrfarbig | bbv | 0,70 | 0,70 |
| **1845** | 10 Fr + 5 Fr mehrfarbig | bbw | 0,70 | 0,70 |
| **1846** | 30 Fr + 15 Fr mehrfarbig | bbx | 1,20 | 1,20 |
| | | Satzpreis (6 W.) | 4,— | 4,— |
| | | FDC | | 10,— |
| | | Kleinbogensatz (6 Klb.) | 40,— | 40,— |

Auflagen: MiNr. 1841 = 1.276.225, MiNr. 1842 = 1.264.259, MiNr. 1843 = 1.266.637, MiNr. 1844 = 1.252.041, MiNr. 1845 = 1.249.316, MiNr. 1846 = 1.247.722 Stück

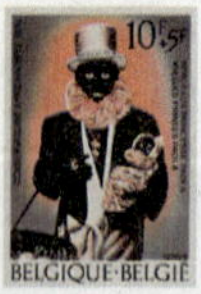

**1976, 15. Febr. 100 Jahre Philanthropische Stiftung „Conservatoire Africain". RaTdr. (5×6); Papier ph.; gez. K 11½.**

bby) „Mohrenkönig" der Brüsseler Karnevalszeit in einem Kostüm von 1876

| | | | | |
|---|---|---|---|---|
| **1847** | 10 Fr + 5 Fr mehrfarbig | bby | 1,— | 1,— |
| | | FDC | | 1,60 |

Auflage: 831.211 Stück

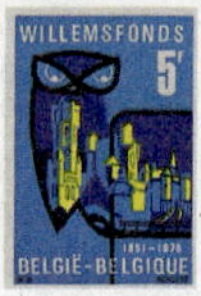

**1976, 21. Febr. 125 Jahre „Willemsfonds". RaTdr. (5×6); Papier ph.; gez. K 11½.**

bbz) Emblem mit Wahrzeichen von Brügge, Antwerpen und Gent

| | | | | |
|---|---|---|---|---|
| **1848** | 5 Fr mehrfarbig | bbz | 0,30 | 0,30 |
| | | FDC | | 1,20 |

Auflage: 5.500.000 Stück

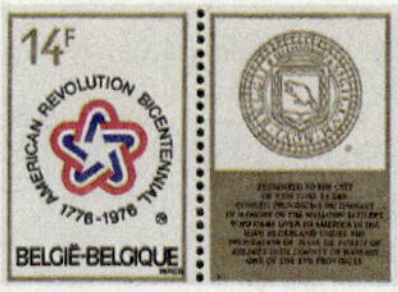

**1976, 13. März. 200 Jahre Unabhängigkeit der Vereinigten Staaten von Amerika. RaTdr. (10×6); Papier ph.; gez. K 11½.**

bca) Emblem der 200-Jahrfeier Zierfeld

| | | | | |
|---|---|---|---|---|
| **1849** | 14 Fr mehrfarbig | bca | 0,50 | 0,30 |
| | | 1849 Zf | 0,80 | 0,50 |
| | | FDC | | 2,— |

MiNr. 1849 wurde mit Zierfeld schachbrettartig zusammenhängend gedruckt.

Auflage: 3.000.000 Stück

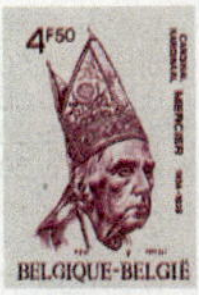


**1976, 20. März. 50. Todestag von Désiré-Joseph Mercier. StTdr. (5×6); gez. K 11½.**

bcb) Désiré-Joseph Mercier (1851–1926), Kardinal

| | | | | |
|---|---|---|---|---|
| **1850** | 4.50 Fr purpur | bcb | 0,30 | 0,30 |
| | | FDC | | 1,20 |

Auflage: 6.000.000 Stück

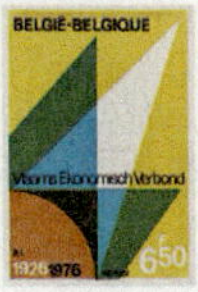


**1976, 3. April. 50 Jahre Flämischer Landwirtschaftsverband. RaTdr. (5×6); Papier ph.; gez. K 11½.**

bcc) Symbolik

| | | | | |
|---|---|---|---|---|
| **1851** | 6.50 Fr mehrfarbig | bcc | 0,50 | 0,30 |
| | | FDC | | 1,20 |

Auflage: 10.000.000 Stück

**1976, 10. April. Olympische Sommerspiele, Montreal. RaTdr. (6×5, Hochformat ~); MiNr. 1852 normales Papier, MiNr. 1853–1854 Papier ph.; gez. K 11½.**

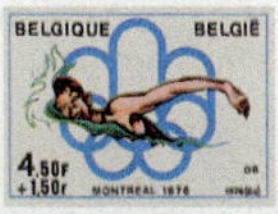


bcd) Schwimmen

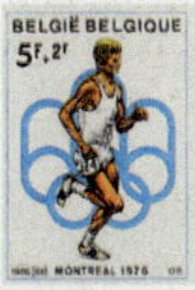


bce) Laufen

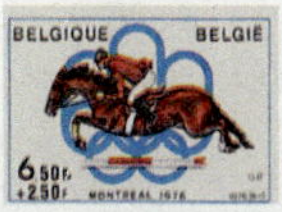


bcf) Springreiten

| | | | | |
|---|---|---|---|---|
| **1852** | 4.50 Fr + 1.50 Fr mehrfarbig | bcd | 0,40 | 0,40 |
| **1853** | 5 Fr + 2 Fr mehrfarbig | bce | 0,50 | 0,50 |
| **1854** | 6.50 Fr + 2.50 Fr mehrfarbig | bcf | 0,60 | 0,60 |
| | | Satzpreis (3 W.) | 1,50 | 1,50 |
| | | FDC | | 2,20 |

Auflagen: MiNr. 1852 = 870.132, MiNr. 1853 = 867.580, MiNr. 1854 = 870.693 Stück

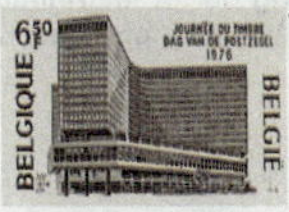


**1976, 24. April. Tag der Briefmarke. StTdr. (6×5); Papier ph.; gez. K 11½.**

bcg) Centre Monnaie in Brüssel, Sitz der Briefmarkenversandstelle

| | | | | |
|---|---|---|---|---|
| **1855** | 6.50 Fr braunschwarz | bcg | 0,50 | 0,30 |
| | | FDC | | 1,20 |

Auflage: 10.000.000 Stück

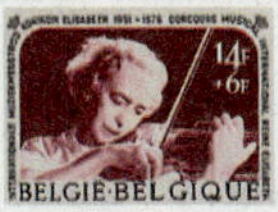


**1976, 1. Mai. Internationaler Musikwettstreit Königin Elisabeth. Komb. StTdr. und RaTdr. (6×5); Papier ph.; gez. K 11½.**

bch) Königin Elisabeth von Belgien (1876–1965) spielt Violine

| | | | | |
|---|---|---|---|---|
| **1856** | 14 Fr + 6 Fr schwarz/purpur | bch | 1,20 | 0,60 |
| | | FDC | | 1,80 |

Auflage: 906.812 Stück

**1976, 8. Mai. Europa: Kunsthandwerk. RaTdr. (5×6, Querformat ~), Papier ph.; gez. K 11½.**

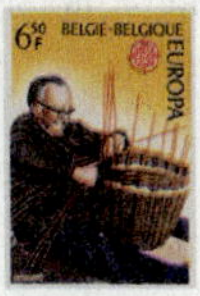


bci) Maurits Vandenneuker (1917–2003), Korbflechter

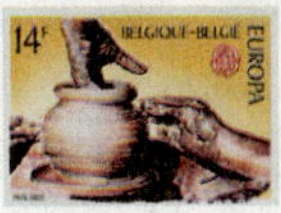


bck) Tontöpferei

| | | | | |
|---|---|---|---|---|
| **1857** | 6.50 Fr mehrfarbig | bci | 0,60 | 0,30 |
| **1858** | 14 Fr mehrfarbig | bck | 1,40 | 0,30 |
| | | Satzpreis (2 W.) | 2,— | 0,60 |
| | | FDC | | 3,— |

Auflagen: MiNr. 1857 = 10.000.000, MiNr. 1858 = 3.000.000 Stück

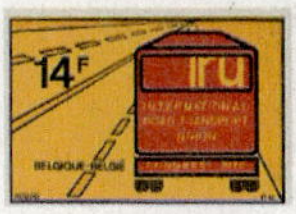


**1976, 8. Mai. 15. Kongress der Internationalen Straßentransport-Union (IRU). RaTdr. (6×5), Papier ph.; gez. K 11½.**

bcl) Lkw auf der Autobahn

| | | | | |
|---|---|---|---|---|
| **1859** | 14 Fr mehrfarbig | bcl | 0,80 | 0,50 |
| | | FDC | | 1,60 |

Auflage: 3.000.000 Stück

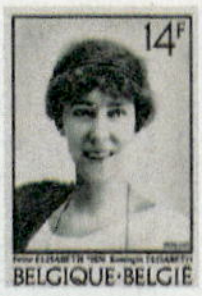


**1976, 22. Mai. 100. Geburtstag von Königin Elisabeth. RaTdr. (5×6), Papier ph.; gez. K 11½.**

bcm) Königin Elisabeth von Belgien (1876–1965)

| | | | | |
|---|---|---|---|---|
| **1860** | 14 Fr schwarzblaugrün | bcm | 0,80 | 0,50 |
| | | FDC | | 1,80 |

Auflage: 3.000.000 Stück

**1976, 12. Juni. Blockausgabe: 75 Jahre Königlicher Aeroclub von Belgien. Komb. StTdr. und RaTdr.; Papier ph.; gez. Ks 11½.**

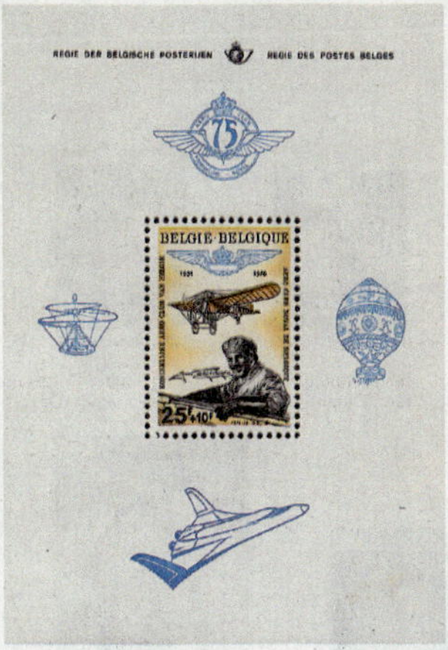


bco

bcn) Jan Olieslagers (1883–1942), Flugpionier; einmotoriger Bleriot-Hochdecker; Club-Emblem

| | | | | |
|---|---|---|---|---|
| **1861** | 25 Fr + 10 Fr mehrfarbig | bcn | 2,20 | 2,20 |
| **Block 43** | (83×115 mm) | bco | 2,50 | 2,50 |
| | | FDC | | 3,— |

Auflage: 830.185 Blocks

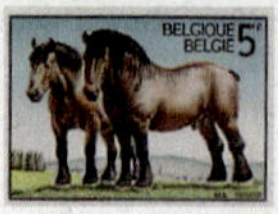

**1976, 19. Juni. 50 Jahre Vereinigung „Le Cheval de Trait Ardennais" (Das ardennische Zug- und Arbeitspferd). RaTdr. (6×5); Papier ph.; gez. K 11½.**

bcp) Ardenner Kaltblutpferde

| | | | | |
|---|---|---|---|---|
| 1862 | 5 Fr mehrfarbig | bcp | 0,30 | 0,30 |
| | | FDC | | 1,30 |

Auflage: 4.000.000 Stück

**1976, 26. Juni. Blockausgabe: 25 Jahre Regentschaft von König Baudouin. RaTdr.; Papier ph.; gez. Ks 11½.**

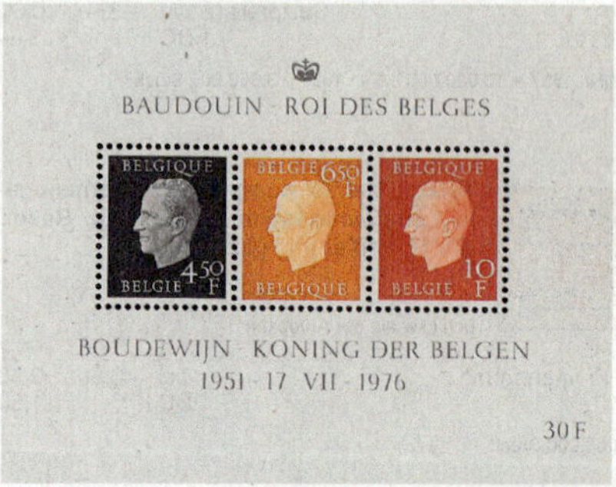


bcs

bcr–bcr I) König Baudouin (1930–1993, reg. ab 1951)

| | | | | |
|---|---|---|---|---|
| 1863 | 4.50 Fr dunkelgrau | bcr | 0,60 | 0,60 |
| 1864 | 6.50 Fr dunkelorange | bcr I | 0,60 | 0,60 |
| 1865 | 10 Fr orangerot | bcr | 0,60 | 0,60 |
| Block 44 | (110×83 mm) | bcs | 2,— | 2,— |
| | | FDC | | 4,— |
| 1866 | 20 Fr grünoliv | bcr I | 1,— | 1,— |
| 1867 | 30 Fr dunkeltürkisblau | bcr | 2,— | 2,— |
| Block 45 | (110×83 mm) | bct | 3,50 | 3,50 |
| | | FDC | | 6,— |

Postpreis: 30 bzw. 70 Fr

Auflagen: Bl. 44 = 798.841, Bl. 45 = 824.107 Blocks

**1976, 4. Sept. 400. Geburtstag von Peter Paul Rubens. RaTdr. (5×6); MiNr. 1868 normales Papier, MiNr. 1869–1873 Papier ph.; gez. K 11½.**

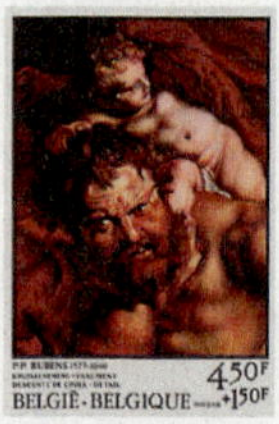

bcu) Hl. Christophorus (Detail aus „Kreuzabnahme")

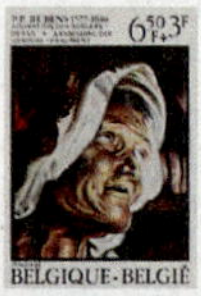

bcv) „Anbetung der Hirten" (Detail)

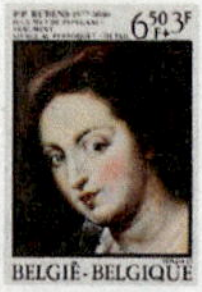

bcw) „Mutter Gottes mit dem Papagei" (Detail)

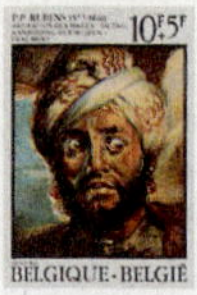

bcx) „Anbetung der Weisen" (Detail)

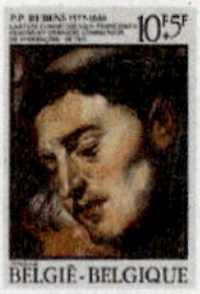

bcy) „Letzte Kommunion des Hl. Franziskus" (Detail)

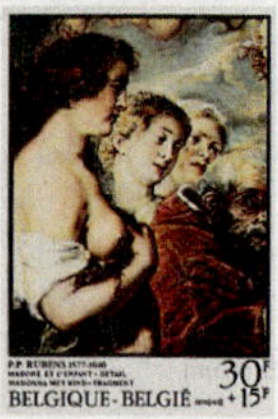

bcz) „Mutter Gottes mit Kind" (Detail)

bcu–bcz) Gemälde von Peter Paul Rubens (1577–1640)

| | | | | |
|---|---|---|---|---|
| 1868 | 4.50 Fr + 1.50 Fr mehrfarbig | bcu | 0,40 | 0,40 |
| 1869 | 6.50 Fr + 3 Fr mehrfarbig | bcv | 0,50 | 0,50 |
| 1870 | 6.50 Fr + 3 Fr mehrfarbig | bcw | 0,50 | 0,50 |
| 1871 | 10 Fr + 5 Fr mehrfarbig | bcx | 0,80 | 0,80 |
| 1872 | 10 Fr + 5 Fr mehrfarbig | bcy | 0,80 | 0,80 |
| 1873 | 30 Fr + 15 Fr mehrfarbig | bcz | 2,— | 2,— |
| | | Satzpreis (6 W.) | 5,— | 5,— |
| | | FDC | | 10,— |

Auflagen: MiNr. 1868 = 861.862, MiNr. 1869 = 830.152, MiNr. 1870 = 831.983, MiNr. 1871 = 823.780, MiNr. 1872 = 824.562, MiNr. 1873 = 824.033 Stück

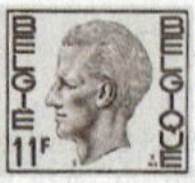

**1976, 6. Sept. Freimarken: König Baudouin, ◫ Elstrøm. StTdr. (5×10), Papier ph.; gez. K 11½.**

atn I) König Baudouin I. (1930–1993, reg. ab 1951); ohne Jahreszahlen

| | | | | |
|---|---|---|---|---|
| 1874 | 11 Fr dunkelbraunoliv | atn I | 0,80 | 0,30 |
| 1875 | 14 Fr dunkelgrün | atn I | 1,— | 0,30 |
| | | Satzpreis (2 W.) | 1,80 | 0,50 |
| | | FDC | | 5,— |

Auflagen: MiNr. 1874 = 30.733.484, MiNr. 1875 = 24.751.450 Stück

*Weitere Werte siehe Übersicht nach Jahrgangswerttabelle.*

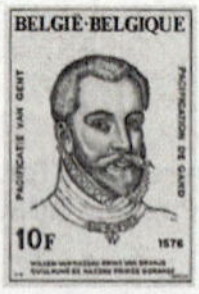

**1976, 11. Sept. 400. Jahrestag der Unterzeichnung des Friedensvertrages von Gent. StTdr. (5×6); Papier ph.; gez. K 11½.**

bda) Wilhelm I. von Nassau-Dillenburg, Prinz von Oranien (1533–1584), Begründer der holländischen Unabhängigkeit

| | | | | |
|---|---|---|---|---|
| 1876 | 10 Fr schwarzgrün | bda | 0,60 | 0,30 |
| | | FDC | | 1,20 |

Auflage: 2.500.000 Stück

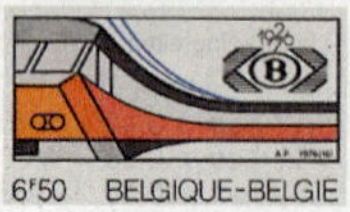

**1976, 11. Sept. 50 Jahre Nationale Belgische Eisenbahngesellschaft (S.N.C.B.). RaTdr. (5×5); Papier ph.; gez. K 11¾.**

bdb) Reisezug mit Schnellfahr-E-Lok BR 20 der SNCB

| | | | | |
|---|---|---|---|---|
| 1877 | 6.50 Fr mehrfarbig | bdb | 0,50 | 0,30 |
| | | FDC | | 1,20 |

Auflage: 10.000.000 Stück

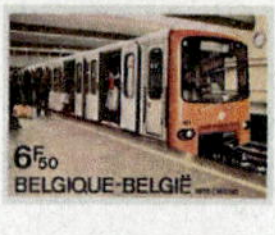

**1976, 18. Sept. Eröffnung der 1. Metrolinie in Brüssel. RaTdr. (6×5); Papier ph.; gez. K 11½.**

bdc) Zweiteilige Triebwageneinheit der Metro

| | | | | |
|---|---|---|---|---|
| 1878 | 6.50 Fr mehrfarbig | bdc | 0,50 | 0,30 |
| | | FDC | | 1,20 |

Auflage: 10.000.000 Stück

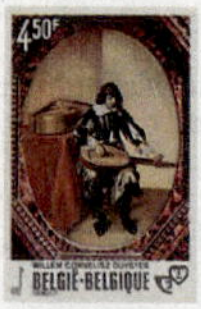

**1976, 2. Okt. Jugendphilatelie; Vereinigung „Jugend und Musik". RaTdr. (5×6); normales Papier; gez. K 11½.**

bdd) Der junge Musikant; Gemälde von Willem Corneliszoon Duyster (1599–1635)

| | | | | |
|---|---|---|---|---|
| 1879 | 4.50 Fr mehrfarbig (Töne) | bdd | 0,30 | 0,30 |
| | | FDC | | 1,30 |

Auflage: 6.000.000 Stück

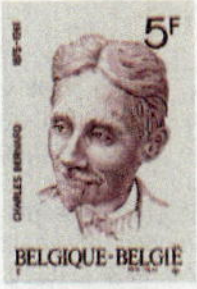

**1976, 16. Okt. Kultur. StTdr. (5×6, Querformat ~); Papier ph.; gez. K 11½.**

bde) Charles Bernard (1875–1961), Journalist

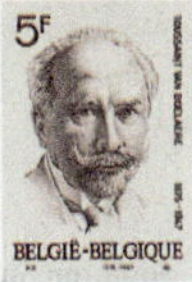
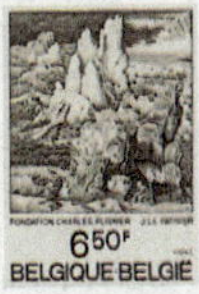
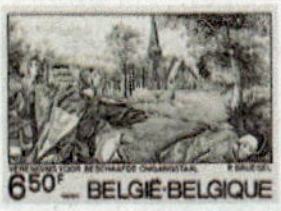

bdf) Toussaint van Boelaere (1875–1947), Schriftsteller

bdg) Stiftung Charles Plisnier: Hl. Hieronymus, von Joachim le Patinier (1470–1524)

bdh) Vereinigung für gute Umgangssprache: Die Parabel der Blinden, von Pieter Bruegel d. Ä. (ca. 1525–1569)

| | | | | | |
|---|---|---|---|---|---|
| **1880** | 5 Fr | violettpurpur | bde | 0,30 | 0,30 |
| **1881** | 5 Fr | dunkelkarminbraun | bdf | 0,30 | 0,30 |
| **1882** | 6.50 Fr | braunschwarz | bdg | 0,40 | 0,30 |
| **1883** | 6.50 Fr | schwarzgrün | bdh | 0,40 | 0,30 |
| | | | Satzpreis (4 W.) | 1,40 | 0,80 |
| | | | FDC | | 2,60 |

Auflagen: MiNr. 1880–1881 je 4.000.000, MiNr. 1882–1883 je 10.000.000 Stück

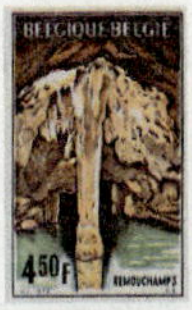

**1976, 23. Okt. Tourismus. StTdr. (10×5, Querformate ~); MiNr. 1884–1885 normales Papier, MiNr. 1886–1887 Papier ph.; gez. K 13.**

bdi) Grotten von Remouchamps

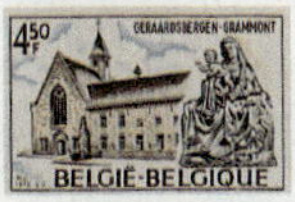
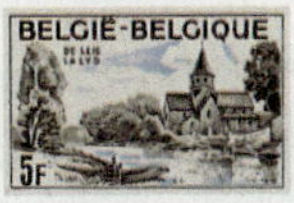
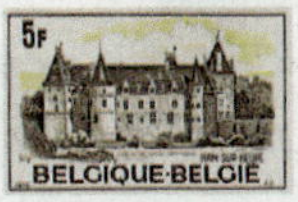

bdk) Kloster Hunnegem, Geraardsbergen

bdl) Fluss Leie bei Deurle und Sint-Martens-Latem

bdm) Schloss Ham-sur-Heure

| | | | | | |
|---|---|---|---|---|---|
| **1884** | 4.50 Fr | mehrfarbig | bdi | 0,30 | 0,30 |
| **1885** | 4.50 Fr | mehrfarbig | bdk | 0,30 | 0,30 |
| **1886** | 5 Fr | mehrfarbig | bdl | 0,30 | 0,30 |
| **1887** | 5 Fr | mehrfarbig | bdm | 0,30 | 0,30 |
| | | | Satzpreis (4 W.) | 1,20 | 1,20 |
| | | | FDC | | 2,60 |

Auflagen: MiNr. 1884 = 4.188.284, MiNr. 1885 = 3.265.555, MiNr. 1886 = 4.971.629, MiNr. 1887 = 3.785.512 Stück

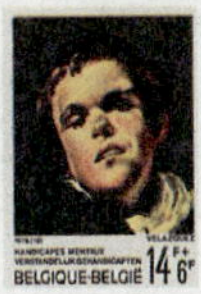

**1976, 6. Nov. Nationale Vereinigung für Hilfe an geistig Behinderten. RaTdr. (5×6); Papier ph.; gez. K 11½.**

bdn) Geistig behindertes Kind (Detail); Gemälde von Diego Velázquez (1599–1660), spanischer Maler

| | | | | | |
|---|---|---|---|---|---|
| **1888** | 14 Fr | + 6 Fr mehrfarbig | bdn | 1,20 | 1,20 |
| | | | FDC | | 1,80 |

Auflage: 824.773 Stück

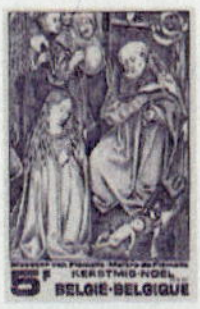

**1976, 20. Nov. Weihnachten. StTdr. (5×6); Papier ph.; gez. K 11½.**

bdo) Die Geburt Christi; vom Meister von Flémalle (um 1378–1444)

| | | | | | |
|---|---|---|---|---|---|
| **1889** | 5 Fr | blauviolett | bdo | 0,30 | 0,30 |
| | | | FDC | | 1,30 |

Auflage: 4.000.000 Stück

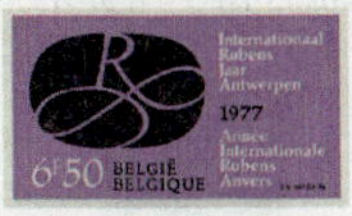

**1977, 12. Febr. Internationales Rubens-Gedenkjahr (I). Komb. StTdr. und RaTdr. (5×5); Papier ph.; gez. K 11½.**

bdp) Monogramm des Internationalen Rubensjahres

| | | | | | |
|---|---|---|---|---|---|
| **1890** | 6.50 Fr | mattviolett/schwarz | bdp | 0,50 | 0,30 |
| | | | FDC | | 1,30 |

Auflage: 10.000.000 Stück

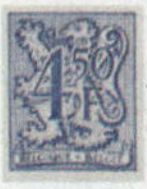

**1977, 14. Febr. Freimarke: Neuer heraldischer Löwe. Bdr. (20×20, unterteilt in 4 Gruppen zu 10×10); gez. K 14.**

bdr) Wertzahl über heraldischem Löwen

| | | | | | |
|---|---|---|---|---|---|
| **1891** | 4.50 Fr | grauultramarin | bdr | 0,30 | 0,30 |
| | | | FDC | | 2,80 |

**Vorausentwertung:**

| | | (✶) | ✶✶ |
|---|---|---|---|
| 1891 V | Aufdrucktype b 7 | 0,30 | 0,50 |

*Weitere Werte siehe Übersicht nach Jahrgangswerttabelle.*

**1977, 19. Febr. Rotes Kreuz von Belgien. RaTdr. (5×6); Papier ph.; gez. K 11½.**

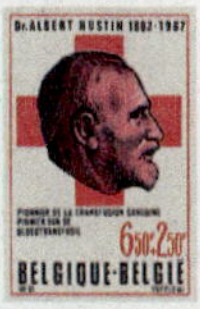
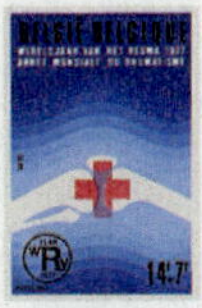

bds) Albert Hustin (1882–1967), Pionier der Bluttransfusion; rotes Kreuz

bdt) Knochengelenk, Emblem des Internationalen Jahres der Rheumabekämpfung

| | | | | ✶✶ | ⊙ |
|---|---|---|---|---|---|
| **1892** | 6.50 Fr | + 2.50 Fr karminrot/schwarzblau | bds | 0,50 | 0,50 |
| **1893** | 14 Fr | + 7 Fr mehrfarbig | bdt | 1,— | 1,— |
| | | | Satzpreis (2 W.) | 1,50 | 1,50 |
| | | | FDC | | 2,60 |

Auflagen: MiNr. 1892 = 842.466, MiNr. 1893 = 827.533 Stück

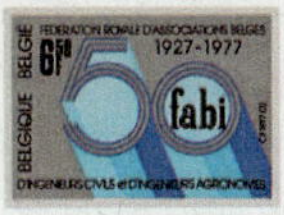

**1977, 12. März. 50 Jahre Königlich-Belgischer Ingenieurverband. RaTdr. (6×5); Papier ph.; gez. K 11½.**

bdu) Zahl „50", Verbandsemblem

| | | | | | |
|---|---|---|---|---|---|
| **1894** | 6.50 Fr | mehrfarbig | bdu | 0,50 | 0,30 |
| | | | FDC | | 1,20 |

Auflage: 10.000.000 Stück

**1977, 19. März. Kultur: 200 Jahre Königliches Athenäum Jules Bordet, 200 Jahre Marie-Thérèse-Schule in Herve, 50 Jahre Philharmonische Vereinigung von Brüssel, 50 Jahre Künstlerunion, 25 Jahre Humanistische Vereinigung, 75 Jahre Vereinigung französischsprachiger Autoren in Belgien. MiNr. 1895–1899 RaTdr. (5×6, Querformate ~), MiNr. 1900 StTdr. (8×5); MiNr. 1895–1896 normales Papier, MiNr. 1897–1900 Papier ph.; gez. K 11½.**

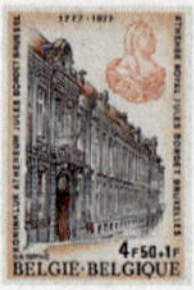

bdv) Königliches Athenäum, Kaiserin Maria Theresia

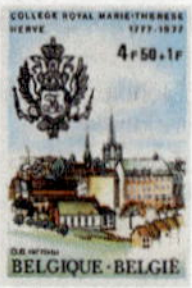

bdw) Schulgebäude, Siegel der Kaiserin Maria Theresia

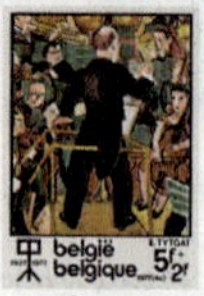

bdx) Die große musikalische Pyramide (Detail); Gemälde von Edgard Tytgat (1879–1957)

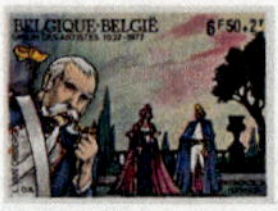

bdy) Lucien van Obbergh (1887–1959), Opernsänger; Theaterszene

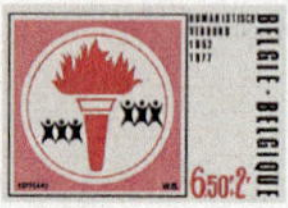

bdz) Emblem der Humanistischen Vereinigung

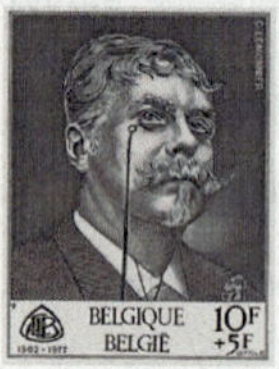

bea) Camille Lemonnier (1844–1913), Schriftsteller

| | | | | |
|---|---|---|---|---|
| **1895** | 4.50 Fr + 1 Fr mehrfarbig | bdv | 0,30 | 0,30 |
| **1896** | 4.50 Fr + 1 Fr mehrfarbig | bdw | 0,30 | 0,30 |
| **1897** | 5 Fr + 2 Fr mehrfarbig | bdx | 0,30 | 0,30 |
| **1898** | 6.50 Fr + 2 Fr mehrfarbig | bdy | 0,30 | 0,30 |
| **1899** | 6.50 Fr + 2 Fr mehrfarbig | bdz | 0,40 | 0,40 |
| **1900** | 10 Fr + 5 Fr blauschwarz | bea | 1,— | 1,— |
| | Satzpreis (6 W.) | | 2,60 | 2,60 |
| | | FDC | | 4,— |

Auflagen: MiNr. 1895 = 806.668, MiNr. 1896 = 805.142, MiNr. 1897 = 820.805, MiNr. 1898 = 801.176, MiNr. 1899 = 806.853, MiNr. 1900 = 811.447 Stück

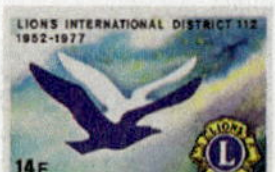

**1977, 26. März. 25 Jahre Belgischer Distrikt 112 von Lions International. RaTdr. (6×5); Papier ph.; gez. K 11½.**

beb) Möwen, Emblem von Lions International

| | | | | |
|---|---|---|---|---|
| **1901** | 14 Fr mehrfarbig | beb | 0,80 | 0,50 |
| | | FDC | | 1,70 |

Auflage: 3.000.000 Stück

**1977, 12. April/1987, Sept. Freimarke: Neuer heraldischer Löwe. Bdr. (MiNr. 1902 x 20×20, unterteilt in 4 Gruppen zu 10×10, andere Werte 10×10); va = Typopapier mit blauer Gummierung, vb = Typopapier mit farbloser Gummierung, x = normales Papier, zx = polyvalentes Papier; gez. K 14.**

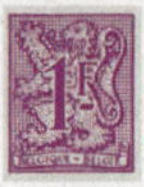

bdr) Wertzahl über heraldischem Löwen

| | | | | |
|---|---|---|---|---|
| **1902** | 1 Fr lebhaftviolett | bdr | | |
| va | Typopapier, blauer Gummi (12.8.1982) | | 0,30 | 0,30 |
| vb | Typopapier, farbloser Gummi (Sept.1987) | | 0,30 | 0,30 |
| x | normales Papier (12.4.1977) | | 0,30 | 0,30 |
| zx | polyvalentes Papier (4.1.1980) | | 0,30 | 0,30 |
| | | FDC x | | 2,50 |

**Vorausentwertungen:**

| | | (✱) | ✱✱ |
|---|---|---|---|
| 1902 x V | Aufdrucktype b 7 | 0,30 | 0,30 |
| 1902 zx V | Aufdrucktype b 7 | 0,30 | 0,30 |

Ab 1982 wurden verschiedene Werte der Freimarken auf sogenanntem Typopapier gedruckt, welches speziell für Marken in Buchdruck (= Typographie) beschafft wurde. Es unterscheidet sich vom polyvalenten Papier durch eine noch glattere, hochglänzende Oberfläche. Typopapier ist stets nicht phosphoreszierend und nicht fluoreszierend.

Polyvalentes Papier siehe Hinweis nach MiNr. 1641.

*Weitere Werte siehe Übersicht nach Jahrgangswerttabelle.*

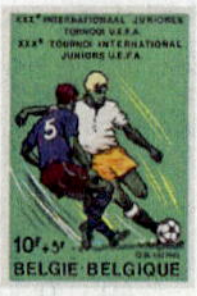

**1977, 16. April. UEFA-Turnier der Junioren in Belgien. RaTdr. (5×6); Papier ph.; gez. K 11½.**

bec) Fußballspielszene

| | | | ✱✱ | ⊙ |
|---|---|---|---|---|
| **1903** | 10 Fr + 5 Fr mehrfarbig | bec | 0,90 | 0,90 |
| | | FDC | | 1,70 |

Auflage: 884.512 Stück

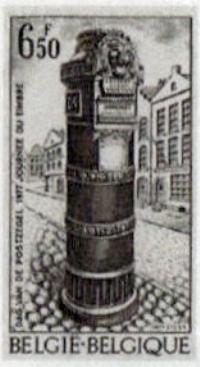

**1977, 23. April. Tag der Briefmarke. StTdr. (5×5); Papier ph.; gez. K 11½.**

bed) Standbriefkasten von 1852

| | | | | |
|---|---|---|---|---|
| **1904** | 6.50 Fr schwarzgrün | bed | 0,50 | 0,30 |
| | | FDC | | 1,30 |

Auflage: 10.000.000 Stück

**1977, 7. Mai. Europa: Landschaften. RaTdr. (6×5); Papier ph.; gez. K 11½.**

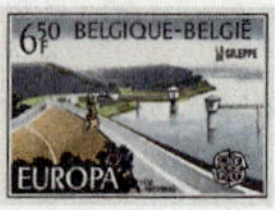

bee) Gileppe-Talsperre

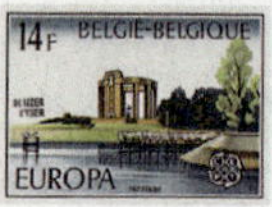

bef) König-Albert-I.-Denkmal an der Mündung der Ijzer, Nieuwpoort

| | | | | |
|---|---|---|---|---|
| **1905** | 6.50 Fr mehrfarbig | bee | 0,40 | 0,30 |
| **1906** | 14 Fr mehrfarbig | bef | 0,80 | 0,70 |
| | Satzpreis (2 W.) | | 1,20 | 1,— |
| | | FDC | | 3,— |

Auflagen: MiNr. 1905 = 10.000.000, MiNr. 1906 = 3.000.000 Stück

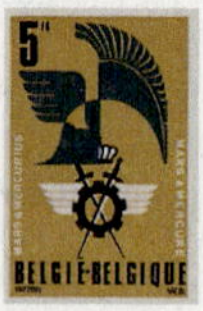

**1977, 14. Mai. 50 Jahre Königliche Vereinigung „Mars und Merkur". RaTdr. (5×6); Papier ph.; gez. K 11½.**

beg) Emblem

| | | | | |
|---|---|---|---|---|
| **1907** | 5 Fr mehrfarbig | beg | 0,30 | 0,30 |
| | | FDC | | 1,20 |

Auflage: 4.000.000 Stück

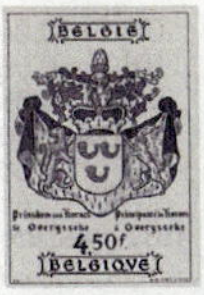

**1977, 11. Juni. Historische Gedenktage: 300 Jahre Fürstentum Overijse, 675. Jahrestag der Schlacht der Goldenen Sporen, 600. Jahrestag der Veröffentlichung von Froissarts „Chroniques“, 1250. Todestag des hl. Hubertus. StTdr. (5×6, MiNr. 1909 5×5); MiNr. 1909–1911 Papier ph.; gez. K 11½.**

beh) Wappen der fürstlichen Familie de Hornes

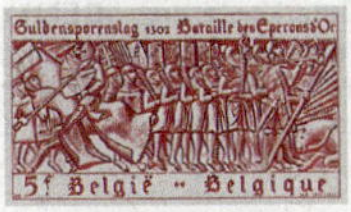

bei) Schlachtszene, Detail des „Koffers von Oxford“

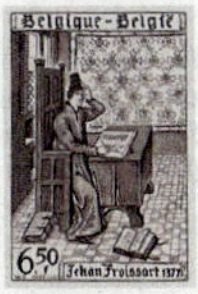

bek) Jean Froissart (1337–1410), französischer Historiker und Dichter

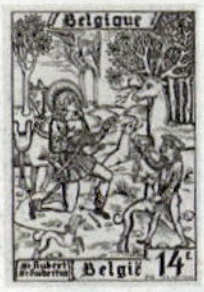

bel) Bekehrung des hl. Hubertus (um 655–727), Bischof von Tongern-Maastricht

| | | | | | |
|---|---|---|---|---|---|
| **1908** | 4.50 Fr blauviolett | beh | 0,30 | 0,30 |
| **1909** | 5 Fr rotkarmin | bei | 0,30 | 0,30 |
| **1910** | 6.50 Fr schwarzkarminbraun | bek | 0,40 | 0,30 |
| **1911** | 14 Fr schwarzgrün | bel | 0,70 | 0,30 |
| | | Satzpreis (4 W.) | 1,70 | 1,20 |
| | | FDC | | 3,20 |

Auflagen: MiNr. 1908 = 6.000.000, MiNr. 1909 = 4.000.000, MiNr. 1910 = 10.000.000, MiNr. 1911 = 3.000.000 Stück

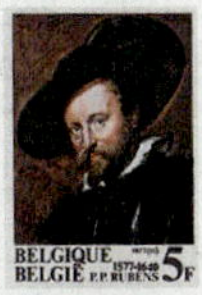

**1977, 25. Juni. Internationales Rubens-Gedenkjahr (II). RaTdr. (5×6); Papier ph.; gez. K 11½.**

bem) Selbstporträt von Peter Paul Rubens (1577–1640)

| | | | | |
|---|---|---|---|---|
| **1912** | 5 Fr mehrfarbig | bem | 0,30 | 0,30 |
| | | FDC | | 1,30 |

**Blockausgabe mit 3 × MiNr. 1913**

| | | | | |
|---|---|---|---|---|
| **1913** | 5 Fr mehrfarbig | bem I | 0,30 | 0,30 |
| **Block 46** | (99×152 mm) | ben | 1,20 | 1,20 |
| | | FDC | | 2,60 |

Postpreis von Bl. 46: 20 Fr

MiNr. 1912 (Bildformat: 24,5×35,4 mm) trägt die Inschrift „1977 (11)“, dagegen MiNr. 1913 (Bildformat: 24,5×37,2 mm) „1977 (12)“.

Auflagen: MiNr. 1912 = 4.000.000 Stück, Bl. 46 = 1.146.270 Blocks

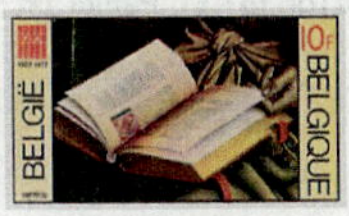

**1977, 3. Sept. 50 Jahre Internationaler Büchereiverband (IFLA). RaTdr. (5×5); Papier ph.; gez. K 11½.**

beo) Detail des Genter Altars (15. Jh.) von Jan (um 1390–1441) und Hubert van Eyck (um 1370–1426)

| | | | | |
|---|---|---|---|---|
| **1914** | 10 Fr mehrfarbig | beo | 0,70 | 0,50 |
| | | FDC | | 1,30 |

Auflage: 2.500.000 Stück

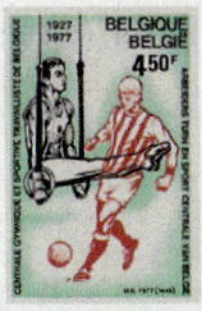

**1977, 10. Sept. Sport: 50 Jahre Arbeiter-Turn- und -Sportzentrale von Belgien, Körperbehindertensport, 20. Basketball-Europameisterschaften, 1. Hockey-Weltpokalspiele. RaTdr. (5×6, Querformat ~); MiNr. 1916–1918 Papier ph.; gez. K 11½.**

bep) Ringeturnen, Fußball

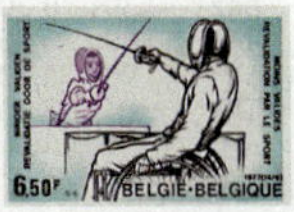

ber) Fechten im Rollstuhl

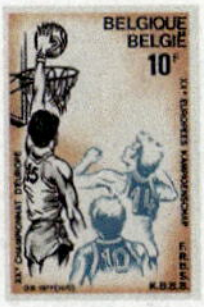

bes) Basketball

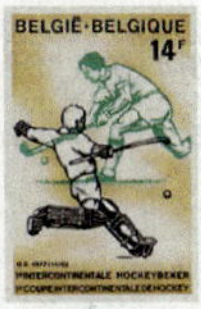

bet) Hockey

| | | | | |
|---|---|---|---|---|
| **1915** | 4.50 Fr mehrfarbig | bep | 0,30 | 0,30 |
| **1916** | 6.50 Fr mehrfarbig | ber | 0,30 | 0,30 |
| **1917** | 10 Fr mehrfarbig | bes | 0,60 | 0,30 |
| **1918** | 14 Fr mehrfarbig | bet | 0,80 | 0,30 |
| | | Satzpreis (4 W.) | 2,— | 1,20 |
| | | FDC | | 3,50 |

Auflagen: MiNr. 1915 = 6.000.000, MiNr. 1916 = 10.000.000, MiNr. 1917 = 2.500.000, MiNr. 1918 = 3.000.000 Stück

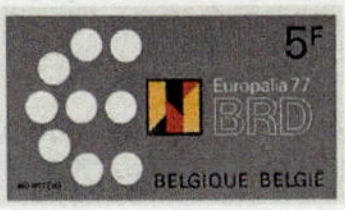

**1977, 17. Sept. Europäisches Kulturfestival „Europalia ’77 – Bundesrepublik Deutschland“, Brüssel. RaTdr. (5×5); Papier ph.; gez. K 11½.**

beu) Symbol

| | | | | |
|---|---|---|---|---|
| **1919** | 5 Fr mehrfarbig | beu | 0,30 | 0,30 |
| | | FDC | | 1,50 |

Auflage: 4.000.000 Stück

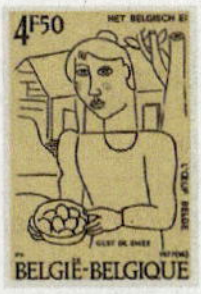

**1977, 8. Okt. Förderung der Produktion und des Konsums des Belgischen Eies. Komb. StTdr. und RaTdr. (5×6); gez. K 11½.**

bev) Studie zum Gemälde „Die Bäuerin mit den Eiern“ von Gust De Smet (1877–1943)

| | | | | |
|---|---|---|---|---|
| **1920** | 4.50 Fr mattbraun/braunschwarz | bev | 0,30 | 0,30 |
| | | FDC | | 1,20 |

Auflage: 6.000.000 Stück

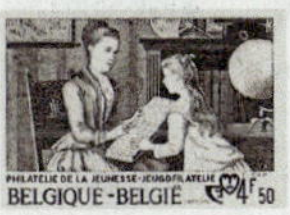

**1977, 15. Okt. Jugendphilatelie. StTdr. (6×5); gez. K 11½.**

bew) Privatunterricht; Gemälde von Constant Cap (1842–1915)

| | | | | |
|---|---|---|---|---|
| **1921** | 4.50 Fr schwarzlilabraun | bew | 0,30 | 0,30 |
| | | FDC | | 1,20 |

Auflage: 6.000.000 Stück

**1977, 22. Okt. Tourismus. StTdr. (10×5, Querformate ~); MiNr. 1924-1925 Papier ph.; gez. K 13.**

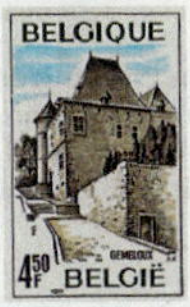

bex) Bailli-Haus, Gembloux

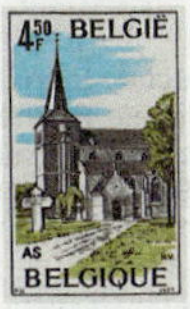

bey) St. Aldegondiskirche, As

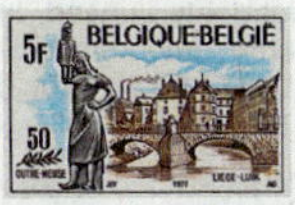

bez) Frauenfigur mit Tchantchès-Puppe; Outre-Brücke, Lüttich

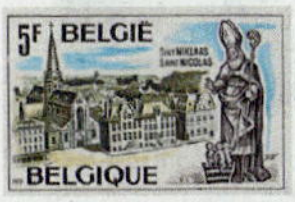

bfa) Großer Markt, Sint Niklaas; Stadtpatron

| | | | | | |
|---|---|---|---|---|---|
| **1922** | 4.50 Fr mehrfarbig | bex | 0,30 | 0,30 |
| **1923** | 4.50 Fr mehrfarbig | bey | 0,30 | 0,30 |
| **1924** | 5 Fr mehrfarbig | bez | 0,30 | 0,30 |
| **1925** | 5 Fr mehrfarbig | bfa | 0,30 | 0,30 |
| | | Satzpreis (4 W.) | 1,20 | 1,20 |
| | | FDC | | 3,50 |

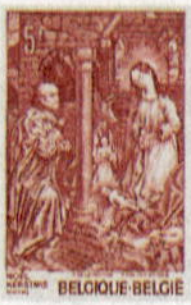

**1977, 11. Nov. Weihnachten. StTdr. (5×6); Papier ph.; gez. K 11½.**

bfb) Die Anbetung des Kindes (Detail); Bladelin-Altar von Rogier van der Weyden (1400–1464)

| | | | | |
|---|---|---|---|---|
| **1926** | 5 Fr lebhaftrot | bfb | 0,30 | 0,30 |
| | | FDC | | 1,30 |

Auflage: 4.000.000 Stück

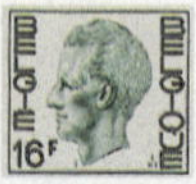

**1977, 28. Nov. Freimarken: König Baudouin, 🄴 Elstrøm. StTdr. (5×10); Papier ph.; gez. K 11½.**

atn I) König Baudouin I. (1930–1993, reg. ab 1951); ohne Jahreszahlen

| | | | | |
|---|---|---|---|---|
| **1927** | 16 Fr schwarzolivgrün | atn I | 1,50 | 0,30 |
| **1928** | 40 Fr dunkelviolettblau | atn I | 3,50 | 0,30 |
| | | Satzpreis (2 W.) | 5,— | 0,50 |
| | | FDC | | 6,50 |

Auflagen: MiNr. 1927 = 30.533.336, MiNr. 1928 = 17.684.127 Stück

*Weitere Werte siehe Übersicht nach Jahrgangswerttabelle.*

**1977, 3. Dez. Solidarität: Persönlichkeiten. StTdr. (5×6); Papier ph.; gez. K 11½.**

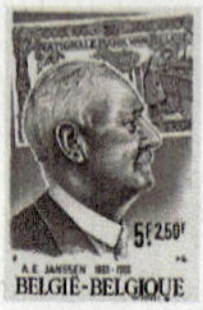

bfc) Albert-Edouard Janssen (1883–1966), Finanzpolitiker; Banknote

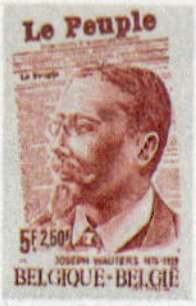

bfd) Joseph Wauters (1875–1929), Sozialpolitiker; Zeitungsausschnitt

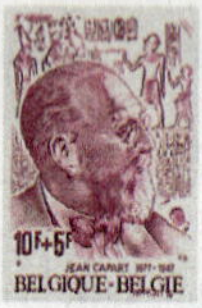

bfe) Jean Capart (1877–1947), Ägyptologe; Hieroglyphen

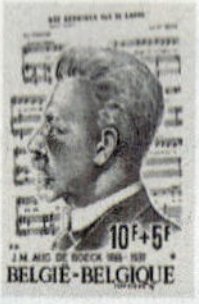

bff) August de Boeck (1865–1937), Komponist; Notenblatt

| | | | | |
|---|---|---|---|---|
| **1929** | 5 Fr + 2.50 Fr schwarz | bfc | 0,40 | 0,40 |
| **1930** | 5 Fr + 2.50 Fr lebhaftrot | bfd | 0,40 | 0,40 |
| **1931** | 10 Fr + 5 Fr violett | bfe | 0,70 | 0,70 |
| **1932** | 10 Fr + 5 Fr dunkelgraublau | bff | 0,70 | 0,70 |
| | | Satzpreis (4 W.) | 2,20 | 2,20 |
| | | FDC | | 4,50 |

Auflagen: MiNr. 1929 = 831.229, MiNr. 1930 = 832.767, MiNr. 1931 = 828.397, MiNr. 1932 = 829.514 Stück

**1978, 18. Febr. Philanthropische Einrichtungen: Hilfe für verwahrloste Jugend, Internationale Bluthochdruckkampagne, 50 Jahre Tuberkulose-Sanatorium in Brasschaat. RaTdr. (5×6, MiNr. 1935 5×5); MiNr. 1934–1935 Papier ph.; MiNr. 1933–1934 gez. K 11½, MiNr. 1935 gez. K 11¾.**

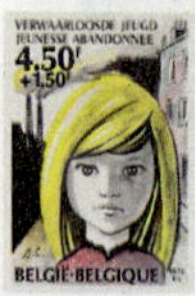

bfg) Mädchengesicht

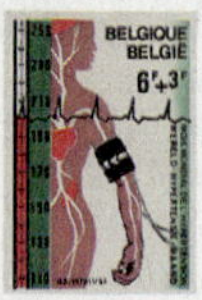

bfh) Blutdruckmessung

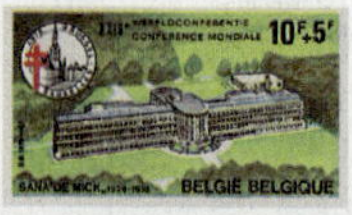

bfi) TBC-Sanatorium „De Mick“, Brasschaat

| | | | | |
|---|---|---|---|---|
| **1933** | 4.50 Fr + 1.50 Fr mehrfarbig | bfg | 0,30 | 0,30 |
| **1934** | 6 Fr + 3 Fr mehrfarbig | bfh | 0,60 | 0,60 |
| **1935** | 10 Fr + 5 Fr mehrfarbig | bfi | 0,80 | 0,80 |
| | | Satzpreis (3 W.) | 1,70 | 1,70 |
| | | FDC | | 3,50 |

Auflagen: MiNr. 1933 = 868.938, MiNr. 1934 = 872.107, MiNr. 1935 = 850.685 Stück

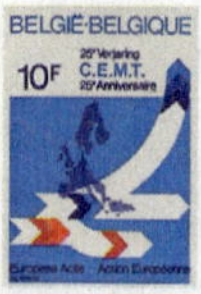

**1978, 18. März. Europäische Aktion: 25 Jahre Europäische Transportministerkonferenz (CEMT), erste Direktwahlen zum Europäischen Parlament, 20 Jahre Römische Verträge, Paul-Henri Spaak; RaTdr. (5×6, Querformate ~); Papier ph.; gez. K 11½.**

bfk) Pfeile, symbolisch für die Transportmöglichkeiten, über Europakarte

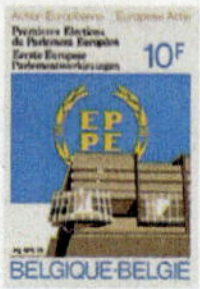

bfl) Europäisches Parlament in Straßburg

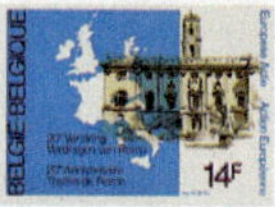

bfm) Palais Campidoglio, Europakarte

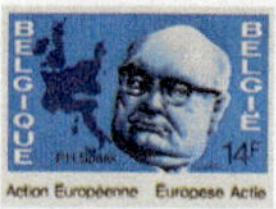

bfn) Paul-Henri Spaak (1899–1972), Politiker

| | | | | |
|---|---|---|---|---|
| **1936** | 10 Fr mehrfarbig | bfk | 0,80 | 0,30 |
| **1937** | 10 Fr mehrfarbig | bfl | 0,80 | 0,30 |
| **1938** | 14 Fr mehrfarbig | bfm | 1,— | 0,50 |
| **1939** | 14 Fr mehrfarbig | bfn | 1,— | 0,50 |
| | | Satzpreis (4 W.) | 3,50 | 1,50 |
| | | FDC | | 7,50 |

Auflagen: MiNr. 1936–1937 je 2.500.000, MiNr. 1938–1939 je 3.000.000 Stück

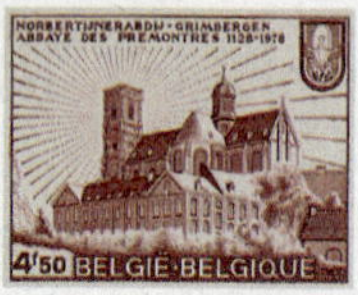

**1978, 1. April. 850 Jahre Prämonstratenserabtei, Grimbergen. StTdr. (5×8); gez. K 11½:11¾.**

bfo) Prämonstratenserabtei

| | | | | |
|---|---|---|---|---|
| **1940** | 4.50 Fr dunkelbraunkarmin | bfo | 0,30 | 0,30 |
| | | FDC | | 1,20 |

Auflage: 6.000.000 Stück

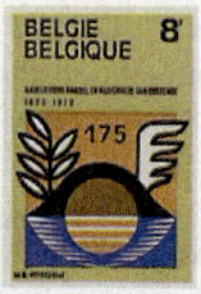

**1978, 8. April. 175 Jahre Industrie- und Handelskammer von Ostende. RaTdr. (5×6); Papier ph.; gez. K 11¾:11½.**

bfp) Symbolik

| | | | | |
|---|---|---|---|---|
| **1941** | 8 Fr mehrfarbig | bfp | 0,50 | 0,30 |
| | | FDC | | 1,20 |

Auflage: 10.000.000 Stück

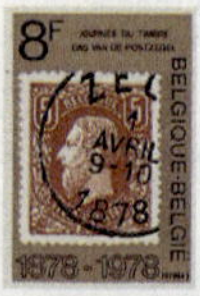

**1978, 15. April. Tag der Briefmarke. RaTdr. (5×6); Papier ph.; gez. K 11¾:11½.**

bfr) Gestempelte Marke MiNr. 34

| | | | | | |
|---|---|---|---|---|---|
| **1942** | 8 Fr mehrfarbig | bfr | 0,50 | 0,30 |
| | | FDC | | 1,20 |

Auflage: 10.000.000 Stück

**1978, 6. Mai. Europa: Baudenkmäler. Komb. StTdr. und RaTdr. (5×6, Querformat ∼), Papier ph.; gez. K 11¾:11¼, Querformat ∼.**

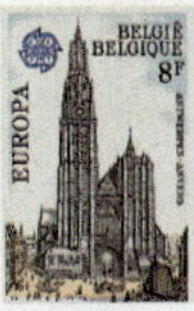


bfs) Kathedrale von Antwerpen

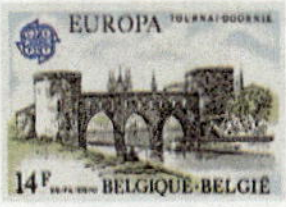


bft) Pont des Trous, Tournai (Doornik)

| | | | | |
|---|---|---|---|---|
| **1943** | 8 Fr mehrfarbig | bfs | 0,80 | 0,30 |
| **1944** | 14 Fr mehrfarbig | bft | 1,70 | 0,40 |
| | | Satzpreis (2 W.) | 2,50 | 0,70 |
| | | FDC | | 3,50 |

| | | ⊙ |
|---|---|---|
| 1943 F | Farbe Cyanblau (CEPT-Emblem) fehlend | —,— |

Auflagen: MiNr. 1943 = 10.000.000, MiNr. 1944 = 3.000.000 Stück

**1978, 17. Juni. Kultur: 100 Jahre Königlich Flämisches Theater in Brüssel, 400 Jahre königliche Garde der Vize-Musketiere, 100. Geburtstag von Karel van de Woestijne, 400. Jahrestag der Unterzeichnung des Perpetual-Edikts durch Don Juan de Austria. MiNr. 1945–1946 komb. StTdr. und RaTdr., MiNr. 1947–1948 StTdr.; (5×6); Papier ph.; gez. K 11½:11¼.**

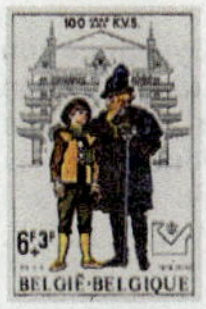


bfu) Szene aus einem Theaterstück, Theatergebäude

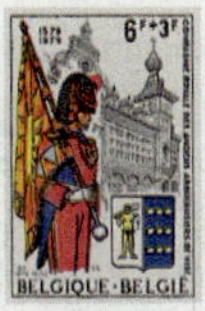


bfv) Musketier, Wappen

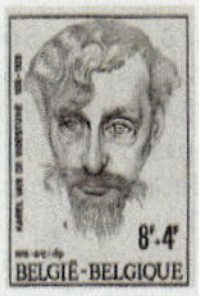


bfw) Karel van de Woestijne (1878–1929), Dichter

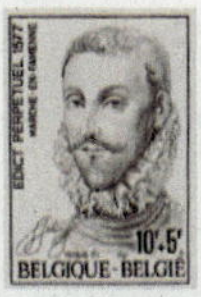


bfx) Don Juan von Österreich (1547–1578)

| | | | ∗∗ | ⊙ |
|---|---|---|---|---|
| **1945** | 6 Fr + 3 Fr mehrfarbig | bfu | 0,50 | 0,50 |
| **1946** | 6 Fr + 3 Fr mehrfarbig | bfv | 0,50 | 0,50 |
| **1947** | 8 Fr + 4 Fr lilaschwarz | bfw | 0,50 | 0,50 |
| **1948** | 10 Fr + 5 Fr lilaschwarz | bfx | 1,— | 1,— |
| | | Satzpreis (4 W.) | 2,50 | 2,50 |
| | | FDC | | 4,— |

Auflagen: MiNr. 1945 = 859.976, MiNr. 1946 = 880.531, MiNr. 1947 = 855.422, MiNr. 1948 = 853.955 Stück

**1978, 28. Aug./1987, Sept. Freimarken: Neuer heraldischer Löwe. Bdr. (MiNr. 1949 x–1951 x 20×20, unterteilt in 4 Gruppen zu 10×10; v und zx 10×10); va = Typopapier mit blauem Gummi, vb = Typopapier mit farblosem Gummi; x = normales Papier, zx = polyvalentes Papier; gez. K 14.**

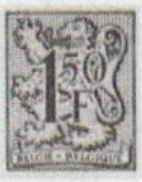

bdr) Wertzahl über heraldischem Löwen

| | | | | |
|---|---|---|---|---|
| **1949** | 1.50 Fr hellgrau | bdr | | |
| va | Typopapier mit blauem Gummi (April 1983) | | 0,30 | 0,30 |
| x | normales Papier (28.8.1978) | | 0,30 | 0,30 |
| zx | polyvalentes Papier (14.5.1980) | | 0,30 | 0,30 |
| **1950** | 2 Fr orange | bdr | | |
| va | Typopapier mit blauem Gummi (April 1983) | | 0,30 | 0,30 |
| vb | Typopapier mit farblosem Gummi (Sept. 1987) | | 0,30 | 0,30 |
| x | normales Papier (28.8.1978) | | 0,30 | 0,30 |
| zx | polyvalentes Papier (6.2.1980) | | 0,30 | 0,30 |
| **1951** | 3 Fr blauviolett | bdr | | |
| va | Typopapier mit blauem Gummi (24.6.1982) | | 0,30 | 0,30 |
| x | normales Papier (28.8.1978) | | 0,30 | 0,30 |
| zx | polyvalentes Papier (30.5.1980) | | 0,30 | 0,30 |
| | | Satzpreis (3 W.) | 0,60 | 0,50 |
| | | FDC x | | 4,60 |

**Vorausentwertungen:**

| | | (∗) | ∗∗ |
|---|---|---|---|
| 1949 va V | Aufdrucktype b 7 | 0,30 | 0,30 |
| 1949 x V | Aufdrucktype b 7 | 0,30 | 0,30 |
| 1949 zx V | Aufdrucktype b 7 | 0,30 | 0,25 |
| 1950 va V | Aufdrucktype b 7 | 0,30 | 0,30 |
| 1950 x V | Aufdrucktype b 7 | 0,30 | 0,30 |
| 1950 zx V | Aufdrucktype b 7 | 0,30 | 0,30 |
| 1951 va V | Aufdrucktype b 7 | 0,30 | 0,30 |
| 1951 vb V | Aufdrucktype b 7 | 0,30 | 10,— |
| 1951 x V | Aufdrucktype b 7 | 0,30 | 0,25 |
| 1951 zx V | Aufdrucktype b 7 | 0,30 | 0,30 |

MiNr. 1951 vb V ist nur mit Vorausentwertung erschienen.

Polyvalentes Papier siehe Hinweis nach MiNr. 1641, Typopapier nach MiNr. 1902.

*Weitere Werte siehe Übersicht nach Jahrgangswerttabelle.*

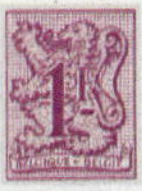

**1978, 10. Aug. Freimarken: Neuer heraldischer Löwe; Bildformat 17,5×22 mm. RaTdr., Markenheftchen; Papier ph.; dreiseitig gez. 13¾:12¾.**

bdr I) Wertzahl über heraldischem Löwen

| | | | ∗∗ | ⊙ |
|---|---|---|---|---|
| **1952** | 1 Fr lebhaftviolett (□) | bdr I | 0,30 | 0,30 |
| **1953** | 2 Fr orange (□) | bdr I | 0,30 | 0,30 |
| **1954** | 3 Fr blauviolett (□) | bdr I | 0,30 | 0,30 |
| | | Satzpreis (3 W.) | 0,70 | 0,50 |

MiNr. 1952–1953 stammen aus MH 28, MiNr. 1952 und 1954 aus MH 29.

*Weitere Werte siehe Übersicht nach Jahrgangswerttabelle.*

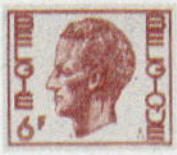

**1978, Aug. Freimarken: König Baudouin, Ⓔ Elstrøm. Bildformat 22×17,5 mm. RaTdr., Markenheftchen; Papier ph; E = zweiseitig gez. 12¾:13¾.**

atn II) König Baudouin I. (1930–1993, reg. ab 1951); ohne Jahreszahlen

| | | | | |
|---|---|---|---|---|
| **1955** | 6 Fr lilapurpur | atn II | | |
| El | zweiseitig gez. (□) | | 0,30 | 0,30 |
| Er | zweiseitig gez. (□) | | 0,30 | 0,30 |
| **1956** | 8 Fr grau | atn II | | |
| El | zweiseitig gez. (□) | | 0,50 | 0,30 |
| Er | zweiseitig gez. (□) | | 0,50 | 0,30 |
| | | Satzpreis (2 W.) | 0,80 | 0,50 |

MiNr. 1955 stammt aus MH 28, MiNr. 1956 aus MH 29.

*Weitere Werte siehe Übersicht nach Jahrgangswerttabelle.*

**1978, 16. Sept. 150 Jahre städtische Schulen in Gent; 75 Jahre Fachhochschule in Charleroi. RaTdr. (5×6); Papier ph.; gez. K 11½:11¼.**

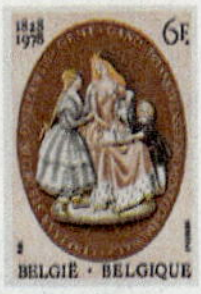


bfy) Königin mit Kindern (Porzellanplakette)

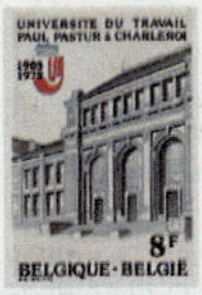


bfz) Fachhochschule Paul Pastur, Charleroi

| | | | | |
|---|---|---|---|---|
| **1957** | 6 Fr mehrfarbig | bfy | 0,30 | 0,30 |
| **1958** | 8 Fr mehrfarbig | bfz | 0,50 | 0,30 |
| | Satzpreis (2 W.) | | 0,80 | 0,50 |
| | FDC | | | 2,20 |

Auflagen: MiNr. 1957 = 4.000.000, MiNr. 1958 = 10.000.000 Stück

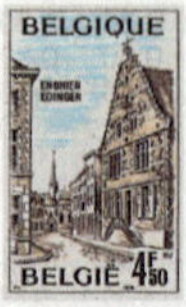


**1978, 25. Sept. Tourismus. MiNr. 1959–1960 StTdr. (5×6, Querformat ~), normales Papier, gez. K 13; MiNr. 1961–1962 RaTdr. (6×5), Papier ph.; gez. K 11½.**

bga) Jonathas-Haus, Enghien (Edingen)

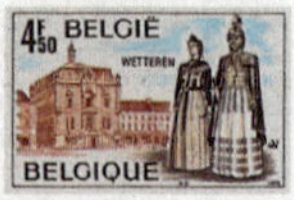


bgb) Paar in Ortstracht von Wetteren

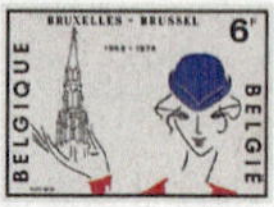


bgc) Touristen-Hostesse von Brüssel

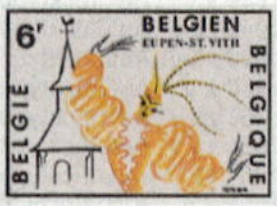


bgd) Karnevalsprinz, Eupen - Sankt Vith

| | | | | |
|---|---|---|---|---|
| **1959** | 4.50 Fr mehrfarbig | bga | 0,30 | 0,30 |
| **1960** | 4.50 Fr mehrfarbig | bgb | 0,30 | 0,30 |
| **1961** | 6 Fr mehrfarbig | bgc | 0,30 | 0,30 |
| **1962** | 6 Fr mehrfarbig | bgd | 0,30 | 0,30 |
| | Satzpreis (4 W.) | | 1,20 | 1,— |
| | FDC | | | 4,— |

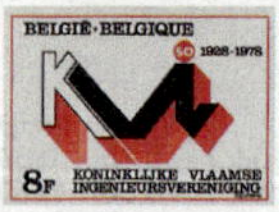


**1978, 7. Okt. 50 Jahre Königlich-Flämischer Ingenieurverband. RaTdr. (6×5); Papier ph.; gez. K 11½.**

bge) Buchstaben „KVI"

| | | | | |
|---|---|---|---|---|
| **1963** | 8 Fr mehrfarbig | bge | 0,50 | 0,30 |
| | FDC | | | 1,20 |

Auflage: 10.000.000 Stück

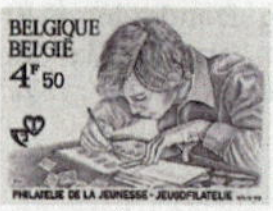


**1978, 14. Okt. Jugendphilatelie. StTdr. (6×5); gez. K 11½.**

bgf) Junger Philatelist mit Briefmarkenalbum

| | | | | |
|---|---|---|---|---|
| **1964** | 4.50 Fr schwarzviolett | bgf | 0,30 | 0,30 |
| | FDC | | | 1,20 |

Auflage: 6.000.000 Stück

**1978, 4. Nov. Vorbereitung der Olympischen Spiele 1980 in Lake Placid und Moskau. RaTdr. (5×6); Papier ph.; gez. K 11½:11¼.**

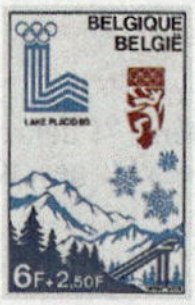


bgg) Berglandschaft, Emblem der Olympischen Spiele in Lake Placid

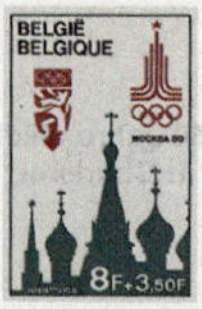


bgh) Kreml, Emblem der Olympischen Spiele in Moskau

bgg–bgh) Emblem des Belgischen Olympischen Komitees

| | | | | |
|---|---|---|---|---|
| **1965** | 6 Fr + 2.50 Fr mehrfarbig | bgg | 0,50 | 0,50 |
| **1966** | 8 Fr + 3.50 Fr mehrfarbig | bgh | 0,70 | 0,70 |
| | Satzpreis (2 W.) | | 1,20 | 1,20 |
| | FDC | | | 3,20 |

**Blockausgabe**

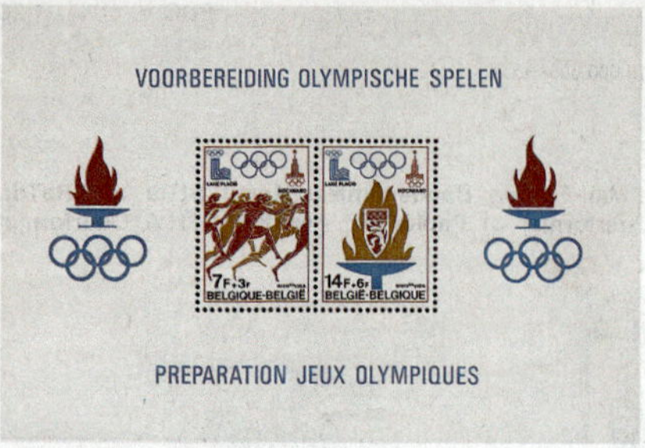


bgl

bgi) Läufer nach altgriechischem Vasenbild, Embleme
bgk) Olympische Flamme, Embleme

| | | | | |
|---|---|---|---|---|
| **1967** | 7 Fr + 3 Fr mehrfarbig | bgi | 0,30 | 0,30 |
| **1968** | 14 Fr + 6 Fr mehrfarbig | bgk | 1,— | 1,— |
| **Block 47** | (150×100 mm) | bgl | 2,— | 2,— |
| | FDC | | | 3,— |

Auflagen: MiNr. 1965 = 980.005, MiNr. 1966 = 969.980 Stück, Bl. 47 = 1.040.601 Blocks

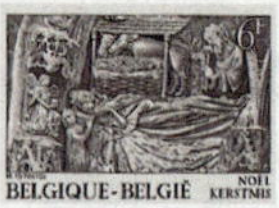


**1978, 18. Nov. Weihnachten. StTdr. (6×5); Papier ph.; gez. K 11¼:11½.**

bgm) Hl. Familie, Teil des Bethlehem-Portals der Notre-Dame-Kirche in Huy

| | | | | |
|---|---|---|---|---|
| **1969** | 6 Fr schwarz | bgm | 0,50 | 0,30 |
| | FDC | | | 1,30 |

Auflage: 4.000.000 Stück

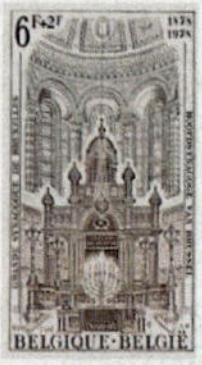


**1978, 2. Dez. Solidarität: 100 Jahre Synagoge von Brüssel, 50 Jahre Katholische Studentenaktion (KSA) und Weibliche Katholische Studierende Jugend (VKSJ), 20. Jahrestag der Verleihung des Friedensnobelpreises an Pater Pire. MiNr. 1970 StTdr. (5×5), gez. K 11½; MiNr. 1971–1972 RaTdr. (6×5), gez. K 11¼:11½; Papier ph.**

bgn) Thoraschrein

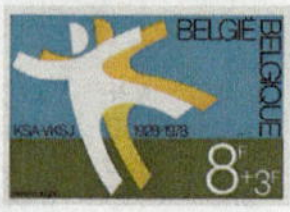


bgo) Menschen

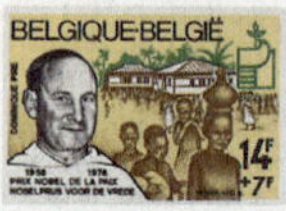


bgp) Dominique Pire (1910–1969), Dominikaner und Gründer von Hilfsorganisationen

| | | | | |
|---|---|---|---|---|
| **1970** | 6 Fr + 2 Fr schwarz/schwarzbraun | bgn | 0,40 | 0,40 |
| **1971** | 8 Fr + 3 Fr mehrfarbig | bgo | 0,60 | 0,60 |
| **1972** | 14 Fr + 7 Fr mehrfarbig | bgp | 1,— | 1,— |
| | Satzpreis (3 W.) | | 2,— | 2,— |
| | FDC | | | 4,50 |

Auflagen: MiNr. 1970 = 897.374, MiNr. 1971 = 875.251, MiNr. 1972 = 873.817 Stück

**1979, 10. Febr. Rotes Kreuz. RaTdr. (5×6); Papier ph.; gez. K 11½:11¼.**

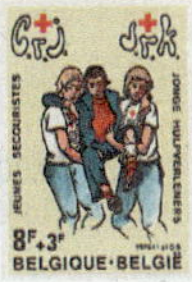


bgr) Jugendliche tragen einen Verletzten

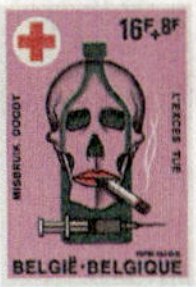


bgs) Totenkopf, Flasche, Zigarette, Spritze

| | | | | |
|---|---|---|---|---|
| **1973** | 8 Fr + 3 Fr mehrfarbig | bgr | 0,70 | 0,70 |
| **1974** | 16 Fr + 8 Fr mehrfarbig | bgs | 1,30 | 1,30 |
| | Satzpreis (2 W.) | | 2,— | 2,— |
| | | FDC | | 3,50 |

Auflagen: MiNr. 1973 = 897.409, MiNr. 1974 = 887.507 Stück

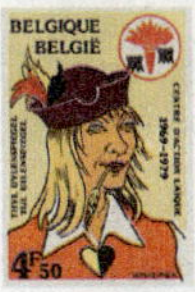


**1979, 24. Febr. 10 Jahre „Laizistische Aktion". RaTdr. (5×6); gez. K 11½:11¼.**

bgt) Till Eulenspiegel, nach Roman von Charles De Coster (1827–1879); Emblem der Humanistischen Vereinigung

| | | | | |
|---|---|---|---|---|
| **1975** | 4.50 Fr mehrfarbig | bgt | 0,70 | 0,50 |
| | | FDC | | 1,20 |

Auflage: 6.000.000 Stück

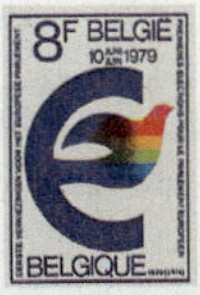


**1979, 3. März. Erste Direktwahlen zum Europäischen Parlament. RaTdr. (5×6); Papier ph.; gez. K 11½:11¼.**

bgu) „E" und Friedenstaube

| | | | | |
|---|---|---|---|---|
| **1976** | 8 Fr mehrfarbig | bgu | 0,50 | 0,30 |
| | | FDC | | 2,20 |

Auflage: 10.000.000 Stück

**1979, 19. März. 1000 Jahre Stadt Brüssel (I). Komb. StTdr. und RaTdr. (5×6); MiNr. 1978 Papier ph.; gez. K 11¾:11½.**

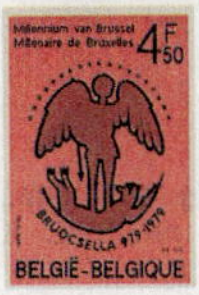


bgv) Text links, Wertstufe rechts

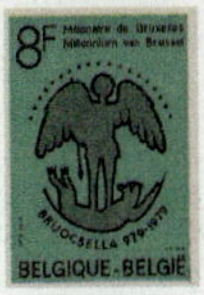


bgv I) Wertstufe links, Text rechts

bgv–bgv I) Jubiläumsemblem

| | | | | |
|---|---|---|---|---|
| **1977** | 4.50 Fr mittelbraunrot/schwarz | bgv | 0,30 | 0,30 |
| **1978** | 8 Fr mittelblaugrün/schwarz | bgv I | 0,70 | 0,30 |
| | Satzpreis (2 W.) | | 1,— | 0,50 |
| | | FDC | | 3,— |

Auflagen: MiNr. 1977 = 6.000.000, MiNr. 1978 = 10.000.000 Stück

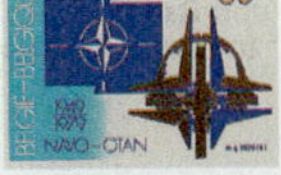


**1979, 31. März. 30 Jahre Nordatlantikpakt (NATO). RaTdr. (6×5); Papier ph.; gez. K 11¾:11½.**

bgw) NATO-Denkmal in Brüssel, Emblem

| | | | | |
|---|---|---|---|---|
| **1979** | 30 Fr mehrfarbig | bgw | 1,50 | 0,50 |
| | | FDC | | 3,— |

Auflage: 2.000.000 Stück

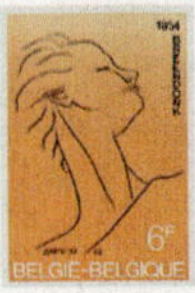


**1979, 7. April. 25 Jahre Denkmal für die politischen Gefangenen in Breendonk. Komb. StTdr. und RaTdr. (5×6); Papier ph.; gez. K 11¾:11½.**

bgx) Denkmal in Breendonk (Graphik von Idel Ianchelevici)

| | | | | |
|---|---|---|---|---|
| **1980** | 6 Fr orange/schwarz | bgx | 0,50 | 0,30 |
| | | FDC | | 1,30 |

Auflage: 4.000.000 Stück

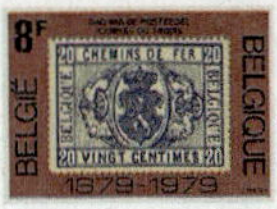


**1979, 21. April. Tag der Briefmarke. RaTdr. (6×5); Papier ph.; gez. K 11½.**

bgy) Eisenbahnpaketmarke MiNr. 2

| | | | | |
|---|---|---|---|---|
| **1981** | 8 Fr mehrfarbig | bgy | 0,50 | 0,30 |
| | | FDC | | 1,30 |

Auflage: 10.000.000 Stück

**1979, 28. April. Europa: Geschichte des Post und Fernmeldewesens. Komb. StTdr. und RaTdr. (5×5); Papier ph.; gez. K 11½.**

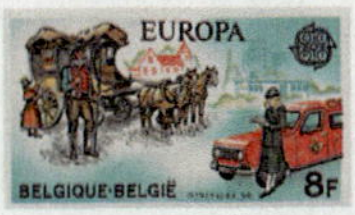


bgz) Postkutsche, Postauto

bha) Optische Telegrafenlinie, Satellit, Antenne einer Erdfunkstelle

| | | | | |
|---|---|---|---|---|
| **1982** | 8 Fr mehrfarbig | bgz | 0,80 | 0,30 |
| **1983** | 14 Fr mehrfarbig | bha | 1,70 | 0,50 |
| | Satzpreis (2 W.) | | 2,50 | 0,80 |
| | | FDC | | 4,— |

Auflagen: MiNr. 1982 = 10.000.000, MiNr. 1983 = 3.000.000 Stück

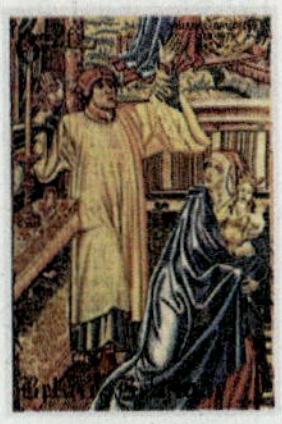

**1979, 14. Mai. 1000 Jahre Stadt Brüssel (II). RaTdr. (6×5); Papier ph.; gez. K 11½.**

bhb) Beatrijs Soenkens stiehlt das Gnadenbild in Antwerpen

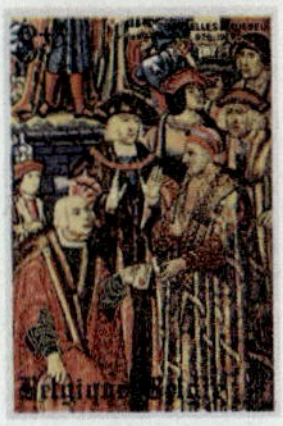

bhc) Der Herzog von Brabant empfängt einen Brief

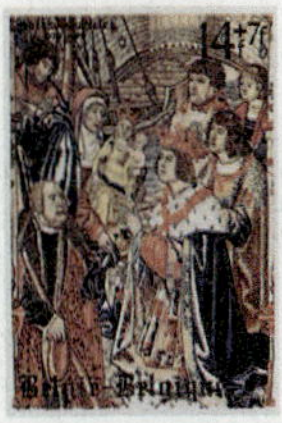

bhd) Das Gnadenbild kommt nach Brüssel

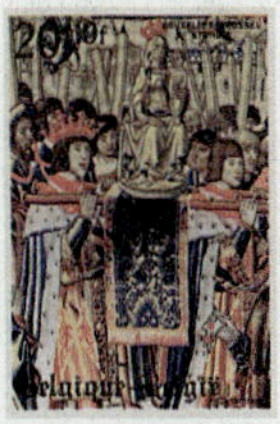

bhe) Das Gnadenbild wird herumgetragen

bhb–bhf) Die Legende von Notre Dame du Sablon, Wandteppiche (Details) aus dem Städtischen Museum Brüssel

| | | | | |
|---|---|---|---|---|
| **1984** | 6 Fr + 2 Fr mehrfarbig | bhb | 0,50 | 0,50 |
| **1985** | 8 Fr + 3 Fr mehrfarbig | bhc | 0,70 | 0,70 |
| **1986** | 14 Fr + 7 Fr mehrfarbig | bhd | 1,20 | 1,20 |
| **1987** | 20 Fr + 10 Fr mehrfarbig | bhe | 1,60 | 1,60 |
| | | Satzpreis (4 W.) | 4,— | 4,— |
| | | FDC | | 7,50 |

**Blockausgabe**

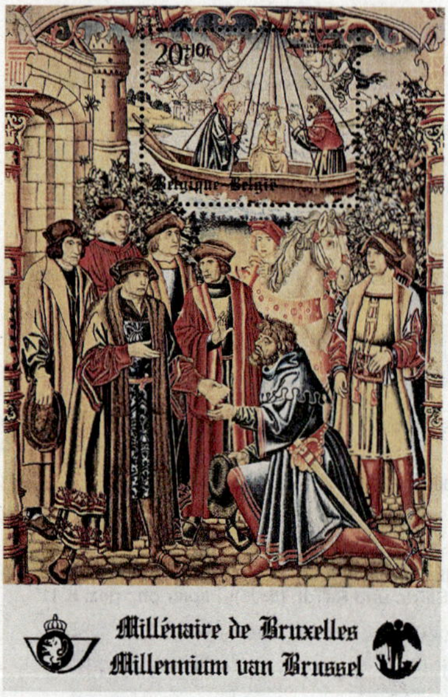


bhg

bhf) Schiffstransport des Gnadenbildes

| | | | | |
|---|---|---|---|---|
| **1988** | 20 Fr + 10 Fr mehrfarbig | bhf | 1,50 | 1,50 |
| **Block 48** | (100×150 mm) | bhg | 1,80 | 1,80 |
| | | FDC | | 3,50 |

Auflagen: MiNr. 1984 = 1.018.304, MiNr. 1985 = 1.009.856, MiNr. 1986 = 1.003.511, MiNr. 1987 = 1.003.044 Stück, Bl. 48 = 1.194.606 Blocks

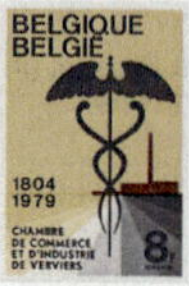


**1979, 19. Mai. 175 Jahre Industrie- und Handelskammer von Verviers. RaTdr. (5×6), Papier ph.; gez. K 11½.**

bhh) Merkurstab

| | | | | |
|---|---|---|---|---|
| **1989** | 8 Fr mehrfarbig | bhh | 0,50 | 0,30 |
| | | FDC | | 1,30 |

Auflage: 10.000.000 Stück

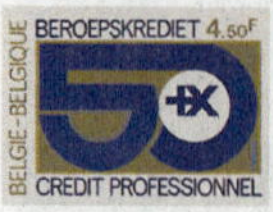


**1979, 11. Juni. 50 Jahre Nationale Berufs-Kreditbank, Brüssel. RaTdr. (6×5); gez. K 11½.**

bhi) Zahl „50“ mit Additions- und Multiplikationszeichen

| | | | | |
|---|---|---|---|---|
| **1990** | 4.50 Fr gold/blau | bhi | 0,30 | 0,30 |
| | | FDC | | 1,20 |

Auflage: 6.000.000 Stück

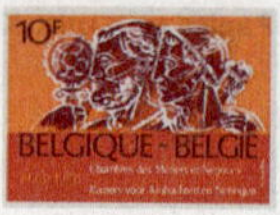


**1979, 11. Juni. 50 Jahre Handelskammern Brügge. RaTdr. (6×5); Papier ph.; gez. K 11½.**

bhk) Handwerker

| | | | | |
|---|---|---|---|---|
| **1991** | 10 Fr mehrfarbig | bhk | 0,60 | 0,30 |
| | | FDC | | 1,60 |

Auflage: 2.500.000 Stück

**1979, 17. Sept. Kultur: 50. Jahrestag der Restauration der Kirche Notre Dame de la Cambre, historisches Bauwerk Wasserschloss von Beauvoorde, 150 Jahre Tageszeitung „Courrier de l'Escaut“, 850 Jahre Stiftskirche St. Hermès de Renaix. Komb. StTdr. und RaTdr. (5×5), Papier ph.; gez. K 11¾.**

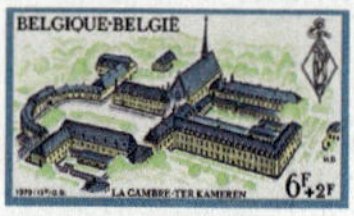


bhl) Abtei La Cambre

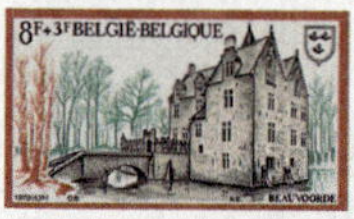


bhm) Wasserschloss Beauvoorde

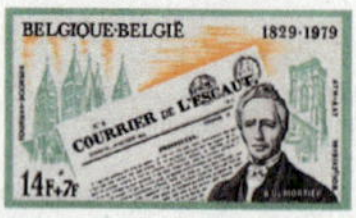


bhn) Barthélemy Charles Joseph Dumortier (1797–1878), Zeitungsgründer; erste Ausgabe des „Courrier de l'Escaut“

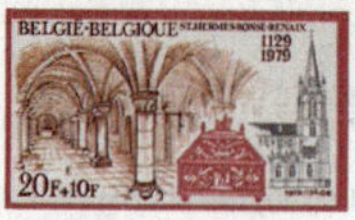


bho) Reliquienschrein, Krypta, St.-Hermès-Kirche

| | | | | |
|---|---|---|---|---|
| **1992** | 6 Fr + 2 Fr mehrfarbig | bhl | 0,50 | 0,50 |
| **1993** | 8 Fr + 3 Fr mehrfarbig | bhm | 0,70 | 0,70 |
| **1994** | 14 Fr + 7 Fr mehrfarbig | bhn | 1,20 | 1,20 |
| **1995** | 20 Fr + 10 Fr mehrfarbig | bho | 1,60 | 1,60 |
| | | Satzpreis (4 W.) | 4,— | 4,— |
| | | FDC | | 7,50 |

Auflagen: MiNr. 1992 = 854.488, MiNr. 1993 = 851.747, MiNr. 1994 = 854.840, MiNr. 1995 = 843.615 Stück

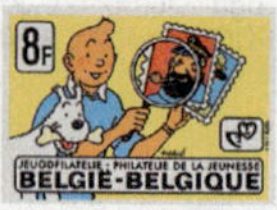


**1979, 1. Okt. Jugendphilatelie. RaTdr. (6×5), Papier ph.; gez. K 11½**

bhp) Tim und Struppi; Comicfiguren von Hergé, eigentlich Georges Remi (1907–1983)

| | | | | |
|---|---|---|---|---|
| **1996** | 8 Fr mehrfarbig | bhp | 1,80 | 0,40 |
| | | FDC | | *70,—* |

Auflage: 10.000.000 Stück

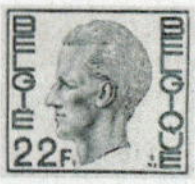


**1979, 15. Okt. Freimarke: König Baudouin, ⓔ Elstrøm. StTdr. (5×10); Papier ph.; gez. K 11½:11¼.**

atn I) König Baudouin I. (1930–1993, reg. ab 1951); ohne Jahreszahlen

| | | | | |
|---|---|---|---|---|
| **1997** | 22 Fr dunkelblaugrün | atn I | 1,50 | 0,50 |
| | | FDC | | 4,50 |

Auflage: 32.507.963 Stück

*Weitere Werte siehe Übersicht nach Jahrgangswerttabelle.*

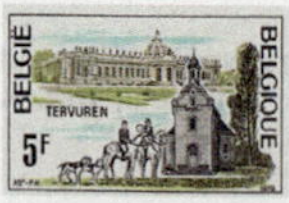


**1979, 20. Okt. Tourismus. MiNr. 1998 und 2000 StTdr. (5×10), gez. K 13; MiNr. 1999 und 2001 komb. StTdr. und RaTdr. (5×6), gez. K 11½:11¼; MiNr. 2000–2001 Papier ph.**

bhr) Zentralafrikanisches Museum, Tervuren

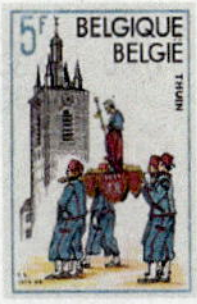


bhs) Glockenturm, Thuin

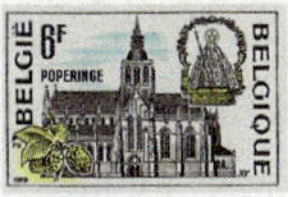


bht) Saint-Jan-Kirche, Poperinge

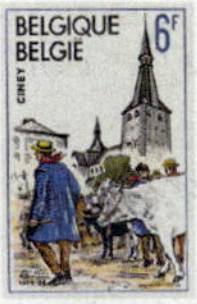


bhu) Saint-Nicolas-Kirche, Ciney

| | | | | | |
|---|---|---|---|---|---|
| **1998** | 5 Fr | mehrfarbig | bhr | 0,40 | 0,30 |
| **1999** | 5 Fr | mehrfarbig | bhs | 0,40 | 0,30 |
| **2000** | 6 Fr | mehrfarbig | bht | 0,50 | 0,30 |
| **2001** | 6 Fr | mehrfarbig | bhu | 0,50 | 0,30 |
| | | | Satzpreis (4 W.) | 1,80 | 1,20 |
| | | | FDC | | 4,— |

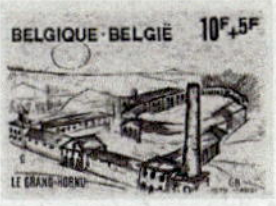


**1979, 20. Okt. Industriedenkmal Le Grand-Hornu. Komb. StTdr. und RaTdr. (6×5); Papier ph.; gez. K 11½.**

bhv) Zechenanlage Le Grand-Hornu bei Mons

| | | | | | |
|---|---|---|---|---|---|
| **2002** | 10 Fr + 5 Fr | violettgrau/schwarz | bhv | 1,— | 0,80 |
| | | | FDC | | 1,80 |

Auflage: 903.763 Stück

**1979, 3. Nov. Musik. Komb. StTdr. und RaTdr. (5×6); MiNr. 2004 bis 2005 Papier ph.; gez. K 11½.**

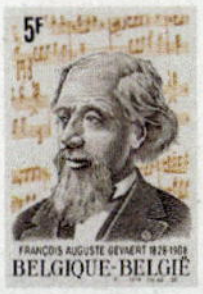


bhw) François-Auguste Gevaert (1828–1908), Komponist

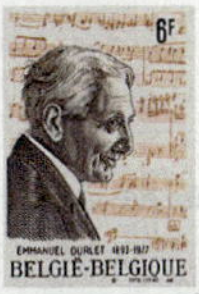


bhx) Emanuel Durlet (1893–1977), Pianist

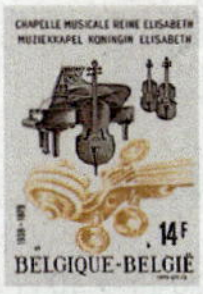


bhy) Musikinstrumente der Königin-Elisabeth-Kapelle (seit 1939)

| | | | | | |
|---|---|---|---|---|---|
| **2003** | 5 Fr | braunocker/dunkelviolettbraun | bhw | 0,30 | 0,30 |
| **2004** | 6 Fr | braunocker/dunkelviolettbraun | bhx | 0,40 | 0,30 |
| **2005** | 14 Fr | dunkelviolettbraun/braunocker | bhy | 0,80 | 0,40 |
| | | | Satzpreis (3 W.) | 1,50 | 1,— |
| | | | FDC | | 2,80 |

Auflagen: MiNr. 2003 = 6.000.000, MiNr. 2004 = 4.000.000, MiNr. 2005 = 3.000.000 Stück

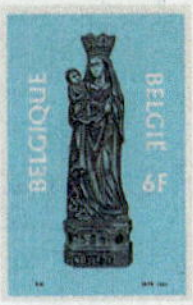


**1979, 24. Nov. Weihnachten. Komb. StTdr. und RaTdr. (5×6); Papier ph.; gez. K 11½.**

bhz) Madonnen-Statue aus der Kirche Foy-Notre-Dame

| | | | | | |
|---|---|---|---|---|---|
| **2006** | 6 Fr | hellcyanblau/schwarz | bhz | 0,30 | 0,30 |
| | | | FDC | | 1,30 |

Auflage: 4.000.000 Stück

**1979, 8. Dez. Solidarität: 100. Geburtstag von Henri Heyman, 50 Jahre Verband der Schwerkriegsbeschädigten, Internationales Jahr des Kindes. RaTdr.; MiNr. 2007–2008 (5×6), MiNr. 2009 (5×5); Papier ph.; gez. K 11½.**

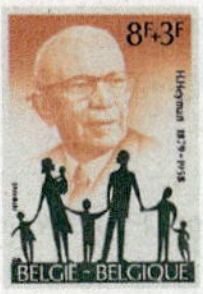


bia) Henri Heyman (1879–1958), Sozialminister

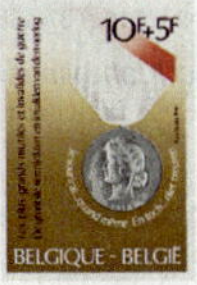


bib) Medaille des Verbandes

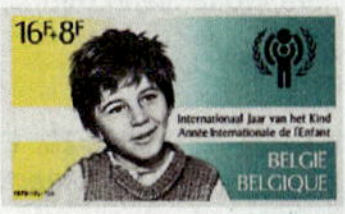


bic) Junge, Emblem

| | | | | | |
|---|---|---|---|---|---|
| **2007** | 8 Fr + 3 Fr | mehrfarbig | bia | 0,50 | 0,50 |
| **2008** | 10 Fr + 5 Fr | mehrfarbig | bib | 0,70 | 0,70 |
| **2009** | 16 Fr + 8 Fr | mehrfarbig | bic | 1,30 | 1,30 |
| | | | Satzpreis (3 W.) | 2,50 | 2,50 |
| | | | FDC | | 5,— |

Auflagen: MiNr. 2007 = 876.423, MiNr. 2008 = 865.107, MiNr. 2009 = 901.687 Stück

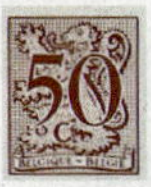


**1979, 17. Dez./1986. Freimarken: Neuer heraldischer Löwe. Bdr. (10×10); va = Typopapier mit blauem Gummi, vb = Typopapier mit farblosem Gummi, z = polyvalentes Papier; gez. K 14.**

bdr) Wertzahl über heraldischem Löwen

| | | | | | | |
|---|---|---|---|---|---|---|
| **2010** | | 50 C | lilabraun | bdr | | |
| | va | | Typopapier, blauer Gummi (8.9.1982) | | 0,30 | 0,30 |
| | vb | | Typopapier, farbloser Gummi (16.9.1986) | | 0,30 | 0,30 |
| | z | | polyvalentes Papier (17.12.1979) | | 0,30 | 0,30 |
| **2011** | z | 2.75 Fr | grünlichblau | bdr | 0,30 | 0,30 |
| **2012** | | 5 Fr | dunkelbläulichgrün | bdr | | |
| | va | | Typopapier, blauer Gummi (7.10.1982) | | 0,30 | 0,30 |
| | vb | | Typopapier, farbloser Gummi (10.9.1986) | | 0,30 | 0,30 |
| | z | | polyvalentes Papier (19.12.1979) | | 0,30 | 0,30 |
| | | | | Satzpreis z (3 W.) | 0,60 | 0,50 |
| | | | | FDC | | 6,— |

**Vorausentwertungen:**

| | | (★) | ★★ |
|---|---|---|---|
| 2010 vb V | Aufdrucktype b 7 | 0,30 | 0,30 |
| 2010 z V | Aufdrucktype b 7 | 0,30 | 0,30 |
| 2011 z V | Aufdrucktype b 7 | 0,30 | 0,25 |
| 2012 va V | Aufdrucktype b 7 | 0,30 | 0,30 |
| 2012 vb V | Aufdrucktype b 7 | 0,30 | 0,50 |
| 2012 z V | Aufdrucktype b 7 | 0,30 | 0,40 |

Polyvalentes Papier siehe Hinweis nach MiNr. 1641, Typopapier nach MiNr. 1902.

*Weitere Werte siehe Übersicht nach Jahrgangswerttabelle.*

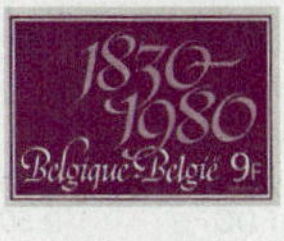


**1980, 26. Jan. 150 Jahre Unabhängigkeit (I). RaTdr. (6×5); Papier ph.; gez. K 11½.**

bid) Jahreszahlen

| | | | | ★★ | ⊙ |
|---|---|---|---|---|---|
| **2013** | 9 Fr | lebhaftviolett | bid | 0,60 | 0,30 |
| | | | FDC | | 1,60 |

Auflage: 10.000.000 Stück

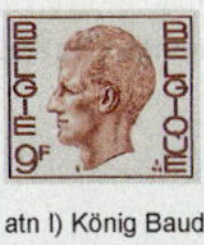


**1980, 28. Jan. Freimarken: König Baudouin, Ⓔ Elström. StTdr., Bogen (B) (5×10, MiNr. 2014 auch 6×10 und 12×10) und Rolle (R) (1000); Papier ph.; gez. K 11½.**

atn I) König Baudouin I. (1930–1993, reg. ab 1951); ohne Jahreszahlen

**2014** 9 Fr dunkelbräunlichrot (B) (R) . . . . . . atn I 0,70 0,30
**2015** 18 Fr cyanblau (B) . . . . . . . . . . . . . . . . . atn I 1,50 0,30
Satzpreis (2 W.) 2,20 0,50
FDC 7,—

Auflagen: MiNr. 2014 = 644.191.100, MiNr. 2015 = 37.488.800 Stück

*Weitere Werte siehe Übersicht nach Jahrgangswerttabelle.*

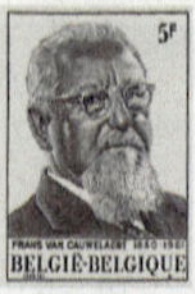


**1980, 23. Febr. 100. Geburtstag von Frans van Cauwelaert. StTdr. (5×6); gez. K 11½.**

bie) Frans van Cauwelaert (1880–1861), Staatsminister und Schriftsteller

**2016** 5 Fr schwarz . . . . . . . . . . . . . . . . . . . . . . . bie 0,30 0,30
FDC 1,30

Auflage: 6.000.000 Stück

**1980, 8. März. Genter Blumenschau. RaTdr. (5×6); MiNr. 2018 bis 2019 Papier ph.; gez. K 11½.**

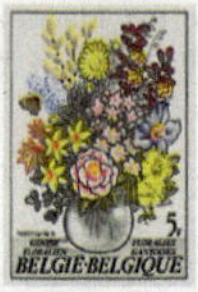


bif) Frühlingsblumenstrauß

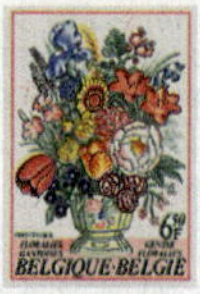


big) Gesteck mit Sommerblumen

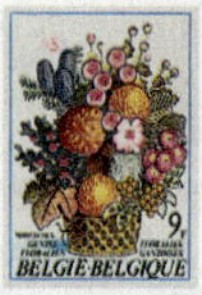


bih) Korb mit Herbstblumen

**2017** 5 Fr mehrfarbig . . . . . . . . . . . . . . . . . . . bif 0,30 0,30
**2018** 6.50 Fr mehrfarbig . . . . . . . . . . . . . . . . . . . big 0,30 0,30
**2019** 9 Fr mehrfarbig . . . . . . . . . . . . . . . . . . . bih 0,60 0,30
Satzpreis (3 W.) 1,20 0,60
FDC 3,20

Auflagen: MiNr. 2017 = 6.000.000, MiNr. 2018 = 4.000.000, MiNr. 2019 = 10.000.000 Stück

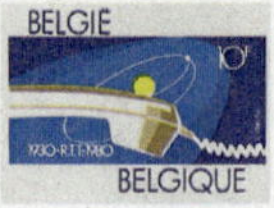


**1980, 12. April. 50 Jahre staatliche Telegrafen- und Telefonverwaltung (RTT). RaTdr. (6×5); Papier ph.; gez. K 11½.**

bii) Telefonhörer, Satellitenumlaufbahn

**2020** 10 Fr mehrfarbig . . . . . . . . . . . . . . . . . . . . bii 0,60 0,30
FDC 1,60

Auflage: 2.500.000 Stück

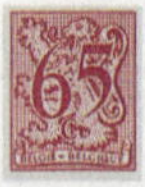

**1980, 14. April. Freimarke: Neuer heraldischer Löwe. Bdr. (10×10); gez. K 14.**

bdr) Wertzahl über heraldischem Löwen

**2021** 65 C lila . . . . . . . . . . . . . . . . . . . . . . . . . . bdr 0,30 0,30
FDC 2,50

**Vorausentwertung:**

(★) ★★
2021 V Aufdrucktype b 7 . . . . . . . . . . . . . . . . . . . . . . . . . . . 0,30 0,30

*Weitere Wertesiehe Übersicht nach Jahrgangswerttabelle.*

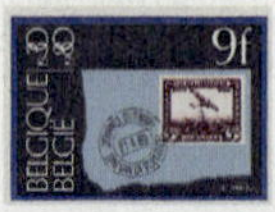


**1980, 19. April. Tag der Briefmarke. RaTdr. (6×5); Papier ph.; gez. K 11½.**

bik) Flugpostmarke MiNr. 298

★★ ⊙
**2022** 9 Fr mehrfarbig . . . . . . . . . . . . . . . . . . . . . . . bik 0,60 0,30
FDC 1,30

Auflage: 10.000.000 Stück

**1980, 26. April. Europa: Bedeutende Persönlichkeiten. RaTdr. (5×6); Papier ph.; gez. K 11½.**

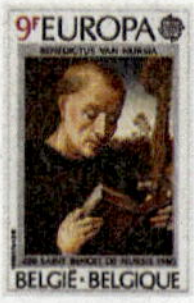


bil) Benedikt von Nursia (480–547), Ordensgründer

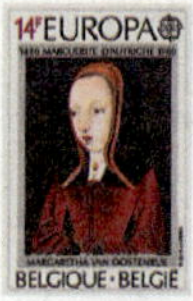


bim) Margarete von Österreich (1480–1530), Fürstin der Niederlande

**2023** 9 Fr mehrfarbig . . . . . . . . . . . . . . . . . . . bil 0,50 0,30
**2024** 14 Fr mehrfarbig . . . . . . . . . . . . . . . . . . . bim 1,50 0,70
Satzpreis (2 W.) 2,— 1,—
FDC 3,50

Auflagen: MiNr. 2023 = 10.000.000, MiNr. 2024 = 3.000.000 Stück

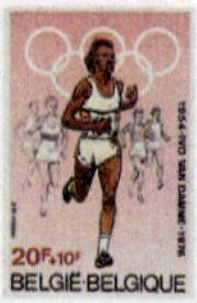


**1980, 3. Mai. Ivo-Van-Damme-Sportfest, Brüssel. RaTdr. (5×6); Papier ph.; gez. K 11½.**

bin) Ivo Van Damme (1954–1976), Mittelstreckenläufer

**2025** 20 Fr + 10 Fr mehrfarbig . . . . . . . . . . . . . bin 1,70 1,70
FDC 3,20

Auflage: 1.034.479 Stück

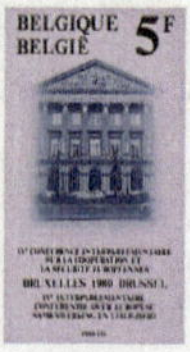


**1980, 12. Mai. 4. Interparlamentarische Konferenz über Sicherheit und Zusammenarbeit in Europa, Brüssel. RaTdr. (5×5); gez. K 11½:11¾.**

bio) Palast der Nation, Brüssel

**2026** 5 Fr mehrfarbig . . . . . . . . . . . . . . . . . . . . . . bio 0,30 0,30
FDC 2,50

Auflage: 6.000.000 Stück

**1980, 17. Mai. Tourismus. RaTdr. (6×5); Papier ph.; gez. K 11½.**

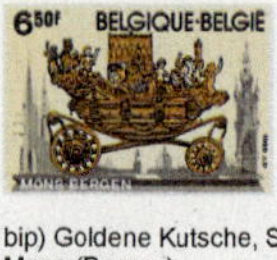


bip) Goldene Kutsche, Stadtansicht von Mons (Bergen)

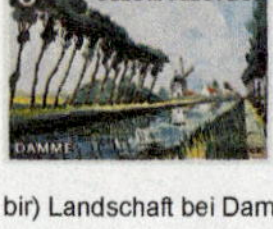


bir) Landschaft bei Damme

**2027** 6.50 Fr mehrfarbig . . . . . . . . . . . . . . . . . . bip 0,50 0,30
**2028** 6.50 Fr mehrfarbig . . . . . . . . . . . . . . . . . . bir 0,50 0,30
Satzpreis (2 W.) 1,— 0,60
FDC 2,50

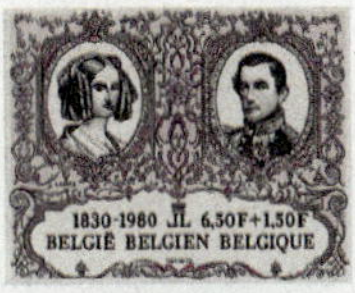


**1980, 31. Mai. 150 Jahre Unabhängigkeit (II). Komb. StTdr. und RaTdr. (5×8); Papier ph.; gez. K 11½.**

bis) Königin Louise Marie, König Leopold I. (reg. 1831–1865)

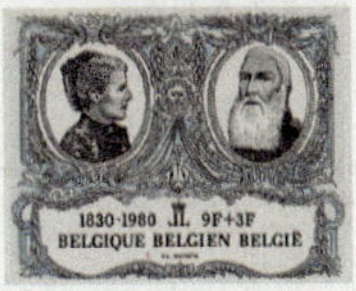


bit) Königin Marie Henriette, König Leopold II. (reg. 1865–1909)

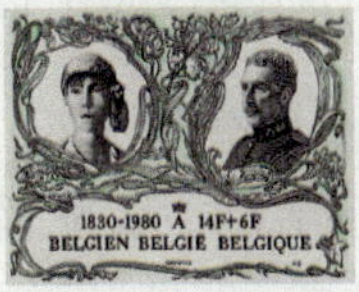


biu) Königin Elisabeth, König Albert I. (reg. 1909–1934)

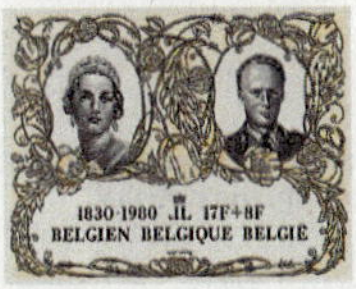


biv) Königin Astrid, König Leopold III. (reg. 1934–1950)

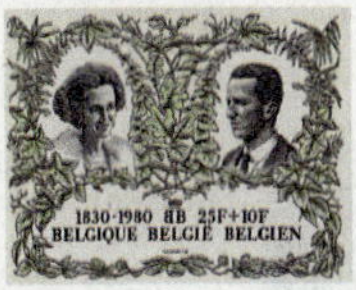


biw) Königin Fabiola, König Baudouin (reg. 1951–1993)

| | | | | |
|---|---|---|---|---|
| **2029** | 6.50 Fr + 1.50 Fr lila/schwarz | bis | 0,50 | 0,50 |
| **2030** | 9 Fr + 3 Fr hellcyanblau/schwarz | bit | 0,70 | 0,70 |
| **2031** | 14 Fr + 6 Fr hellbläulichgrün/schwarz | biu | 1,10 | 1,10 |
| **2032** | 17 Fr + 8 Fr gelborange/schwarz | biv | 1,50 | 1,50 |
| **2033** | 25 Fr + 10 Fr gelbgrün/schwarz | biw | 2,20 | 2,20 |
| | Satzpreis (5 W.) | | 6,— | 6,— |
| | FDC | | | 12,— |

**Blockausgabe**

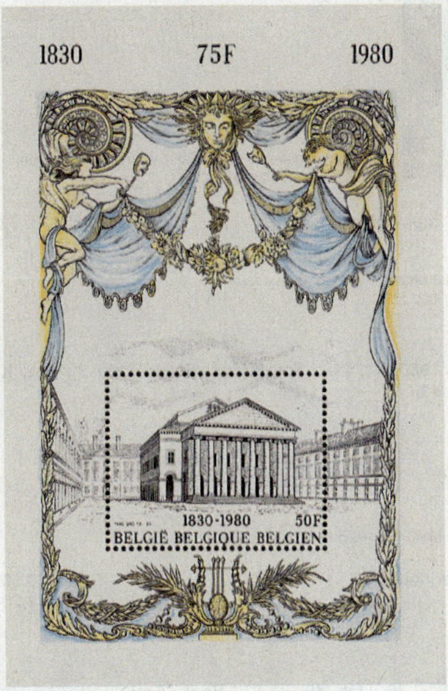


biy

bix) Théâtre Royal de la Monnaie, Brüssel

| | | | | |
|---|---|---|---|---|
| **2034** | 50 Fr schwarz | bix | 3,— | 3,— |
| **Block 49** | (100×150 mm) | biy | 3,50 | 3,50 |
| | FDC | | | 6,50 |

Postpreis von Bl. 49: 75 Fr

Auflagen: MiNr. 2029 = 1.067.063, MiNr. 2030 = 1.048.525, MiNr. 2031 = 1.041.493, MiNr. 2032 = 1.033.564, MiNr. 2033 = 1.035.120 Stück, Bl. 49 = 1.097.035 Blocks

**1980, 23. Febr./1986, 16. Okt. Freimarken: Neuer heraldischer Löwe. Bdr. (MiNr. 2035 x 20×20, unterteilt in 4 Gruppen zu 10×10, übrige Werte 10×10); va = Typopapier mit blauem Gummi, vb = Typopapier mit farblosem Gummi, x = normales Papier, zx = polyvalentes Papier; gez. K 14.**

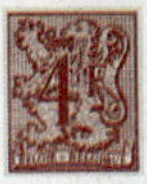

bdr) Wertzahl über heraldischem Löwen

| | | | | |
|---|---|---|---|---|
| **2035** | 4 Fr lilarot | bdr | | |
| **va** | Typopapier mit blauem Gummi (6.7.1982) | | 0,30 | 0,30 |
| **vb** | Typopapier mit farblosem Gummi (16.10.1986) | | 0,30 | 0,30 |
| **x** | normales Papier (23.2.1980) | | 0,30 | 0,30 |
| **zx** | polyvalentes Papier (16.1.1985) | | 1,70 | 0,30 |

**Vorausentwertungen:**

| | | (★) | ★★ |
|---|---|---|---|
| 2035 va V | Aufdrucktype b 7 | 0,30 | 0,30 |
| 2035 vb V | Aufdrucktype b 7 | 0,30 | 0,90 |
| 2035 zx V | Aufdrucktype b 7 | 0,30 | 0,30 |

Polyvalentes Papier siehe Hinweis nach MiNr. 1641, Typopapier nach MiNr. 1902.

*Weitere Werte siehe Übersicht nach Jahrgangswerttabelle.*

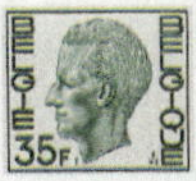


**1980, 23. Juni. Freimarken: König Baudouin, Ⓔ Elstrøm. StTdr. (5×10); Papier ph.; gez. K 11½.**

atn I) König Baudouin I. (1930–1993, reg. ab 1951); ohne Jahreszahlen

| | | | ★★ | ⊙ |
|---|---|---|---|---|
| **2036** | 35 Fr dunkelbläulichgrün | atn I | 3,— | 0,30 |
| **2037** | 45 Fr dunkelrotbraun | atn I | 4,— | 0,30 |
| | Satzpreis (2 W.) | | 7,— | 0,50 |
| | FDC | | | 10,— |

Auflagen: MiNr. 2036 = 11.044.854, MiNr. 2037 = 8.567.265 Stück

*Weitere Werte siehe Übersicht nach Jahrgangswerttabelle.*

**Polyvalentes Papier**

Ab MiNr. 2036 wurden alle belgischen Marken ausschließlich auf sogenanntem polyvalentem Papier gedruckt. Das Papier, das sowohl ohne als auch mit Phosphoreszenz oder Fluoreszenz vorkommt, besitzt eine reinweiße, glatte Oberfläche. Eine Papiersorte mit besonders glatter, hochglänzender Oberfläche wird als Typopapier bezeichnet. Typopapier ist stets nicht phosphoreszierend und nicht fluoreszierend.

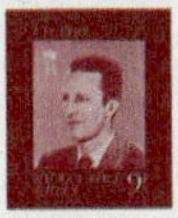

**1980, 6. Sept. 50. Geburtstag von König Baudouin. RaTdr. (10×5), Papier ph.; gez. K 11¾.**

biz) König Baudouin (1930–1993, reg. ab 1951)

| | | | | |
|---|---|---|---|---|
| **2038** | 9 Fr hellpurpur | biz | 0,60 | 0,30 |
| | FDC | | | 1,60 |

Auflage: 10.000.000 Stück

**1980, 13. Sept. 1000 Jahre Fürstbistum Lüttich. RaTdr. (5×6, Querformat ~); Papier ph.; gez. K 11½.**

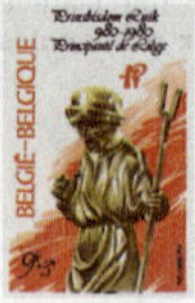

bka) Brauergeselle, Figur am Büstenschrein des hl. Lambrecht

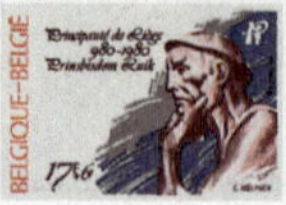

bkb) Bergmann; Skulptur von Constantin Meunier (1831–1905)

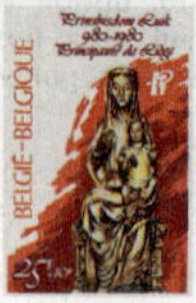

bkc) „Sedes sapientiae" der St.-Johannes-Stiftskirche

| | | | | |
|---|---|---|---|---|
| 2039 | 9 Fr + 3 Fr mehrfarbig | bka | 0,70 | 0,70 |
| 2040 | 17 Fr + 6 Fr mehrfarbig | bkb | 1,— | 1,— |
| 2041 | 25 Fr + 10 Fr mehrfarbig | bkc | 1,80 | 1,80 |
| | Satzpreis (3 W.) | | 3,50 | 3,50 |
| | | FDC | | 7,50 |

**Blockausgabe**

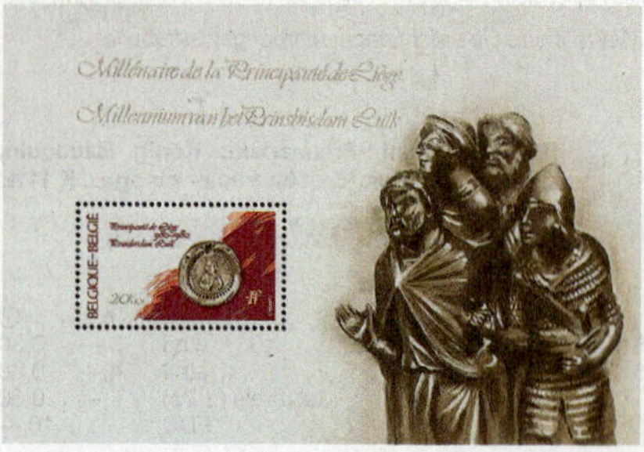


bke

bkd) Siegel des ersten Fürstbischofs Notger

| | | | | |
|---|---|---|---|---|
| 2042 | 20 Fr + 10 Fr mehrfarbig | bkd | 1,20 | 1,20 |
| Block 50 | (150×100 mm) | bke | 1,70 | 1,70 |
| | | FDC | | 4,50 |

Auflagen: MiNr. 2039 = 871.886, MiNr. 2040 = 863.871, MiNr. 2041 = 865.382 Stück, Bl. 50 = 1.006.502 Blocks

**1980, 27. Sept. Tourismus. StTdr. (5×10); gez. K 13.**

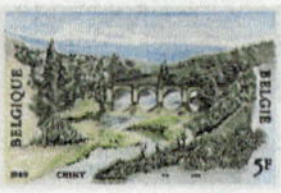

bkf) St.-Nikolaus-Brücke, Chiny

| | | | | |
|---|---|---|---|---|
| 2043 | 5 Fr mehrfarbig | bkf | 0,50 | 0,30 |
| | | FDC | | 1,30 |

**1980, 4. Okt. Herzwoche. RaTdr. (6×5); Papier ph.; gez. K 11½.**

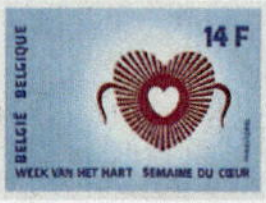

bkg) Emblem der belgischen kardiologischen Liga

| | | | | |
|---|---|---|---|---|
| 2044 | 14 Fr mehrfarbig | bkg | 0,80 | 0,50 |
| | | FDC | | 1,80 |

Auflage: 3.000.000 Stück

**1980, 11. Okt. 100. Todestag von Albrecht Rodenbach. RaTdr. (5×6); Papier ph.; gez. K 11½.**

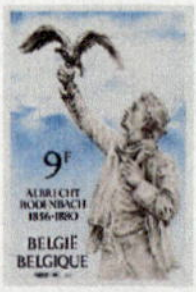

bkh) Albrecht Rodenbach (1856–1880), Dichter (Denkmal in Roeselare)

| | | | | |
|---|---|---|---|---|
| 2045 | 9 Fr mehrfarbig | bkh | 0,60 | 0,30 |
| | | FDC | | 1,70 |

Auflage: 10.000.000 Stück

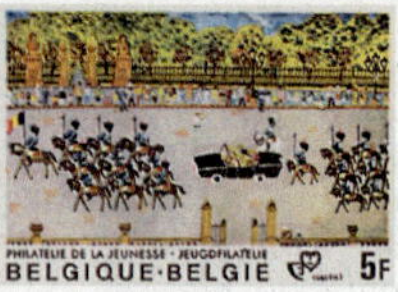

**1980, 25. Okt. Jugendphilatelie. RaTdr. (5×6); gez. K 11½.**

bki) Parade bei Unabhängigkeitsfeier (Kollektivzeichnung von Kindern eines Brüsseler Kindergartens)

| | | | | |
|---|---|---|---|---|
| 2046 | 5 Fr mehrfarbig | bki | 0,30 | 0,30 |
| | | FDC | | 1,30 |

Auflage: 6.000.000 Stück

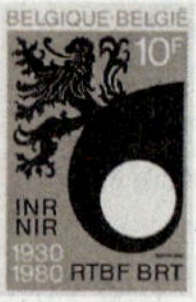

**1980, 8. Nov. 50 Jahre öffentliche Rundfunkanstalt (INR). RaTdr. (5×6); Papier ph.; gez. K 11½.**

bkk) Symbolik

| | | | | |
|---|---|---|---|---|
| 2047 | 10 Fr bräunlichgrau/schwarz | bkk | 0,70 | 0,30 |
| | | FDC | | 1,70 |

Auflage: 2.500.000 Stück

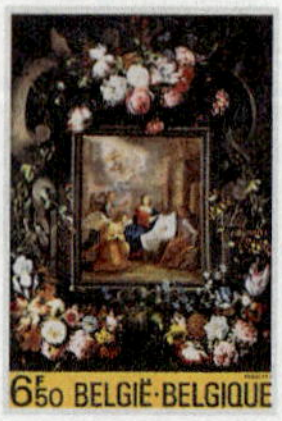

**1980, 15. Nov. Weihnachten. RaTdr. (6×5); Papier ph.; gez. K 11½.**

bkl) Blumengirlande mit Christi Geburt; Gemälde von Daniel Seghers (1590–1661)

| | | | | |
|---|---|---|---|---|
| 2048 | 6.50 Fr mehrfarbig | bkl | 0,50 | 0,30 |
| | | FDC | | 1,30 |

Auflage: 4.000.000 Stück

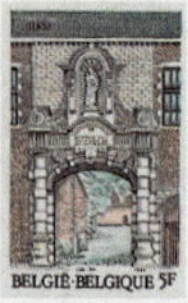

**1980, 13. Dez. Tourismus. StTdr. (10×5); gez. K 13.**

bkm) Tor des Beginenhofes, Diest

| | | | | |
|---|---|---|---|---|
| 2049 | 5 Fr mehrfarbig | bkm | 0,30 | 0,30 |
| | | FDC | | 1,20 |

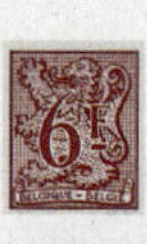

**1981, 26. Jan./1986, 12. Sept. Freimarke: Neuer heraldischer Löwe. Bdr. (10×10); v = Typopapier mit farblosem Gummi, z = polyvalentes Papier; gez. K 14.**

bdr) Wertzahl über heraldischem Löwen

| | | | | |
|---|---|---|---|---|
| 2050 | 6 Fr braunkarmin (Töne) | bdr | | |
| v | Typopapier (12.9.1986) | | 0,60 | 0,30 |
| z | polyvalentes Papier (26.1.1981) | | 0,50 | 0,30 |
| | | FDC z | | 2,50 |

**Vorausentwertungen:**

| | | (✱) | ✱✱ |
|---|---|---|---|
| 2050 v V | Aufdrucktype b 7 | 0,30 | 0,60 |
| 2050 z V | Aufdrucktype b 7 | 0,30 | 0,50 |

Polyvalentes Papier siehe Hinweis nach MiNr. 1641, Typopapier nach MiNr. 1902.

*Weitere Werte siehe Übersicht nach Jahrgangswerttabelle.*

**1981, 7. Febr. Internationales Jahr der Behinderten. RaTdr. (5×6, Querformat ~); Papier ph.; gez. K 11½.**

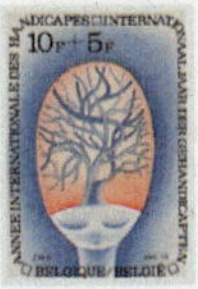


bkn

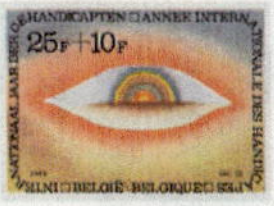


bko

bkn–bko) Symbolische Darstellungen

| | | | | ✱✱ | ⊙ |
|---|---|---|---|---|---|
| **2051** | 10 Fr + 5 Fr mehrfarbig | | bkn | 1,— | 1,— |
| **2052** | 25 Fr + 10 Fr mehrfarbig | | bko | 1,80 | 1,80 |
| | | Satzpreis (2 W.) | | 2,80 | 2,80 |
| | | FDC | | | 5,— |

Auflagen: MiNr. 2051 = 853.427, MiNr. 2052 = 849.012 Stück

**1981, 14. März. 150 Jahre Dynastie und Parlament. MiNr. 2053–2054 RaTdr. (5×6); MiNr. 2055 komb. StTdr. und RaTdr. (6×5); MiNr. 2054–2055 Papier ph.; gez. K 11½.**

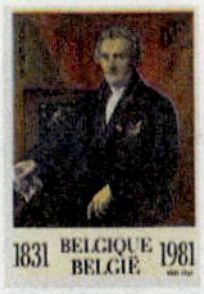


bkp) Étienne Constantin de Gerlache (1785 bis 1871), 1. Präsident der Abgeordnetenkammer

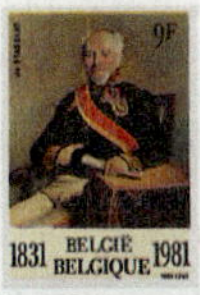


bkr) Goswin de Stassart (1780–1854), 1. Senatspräsident

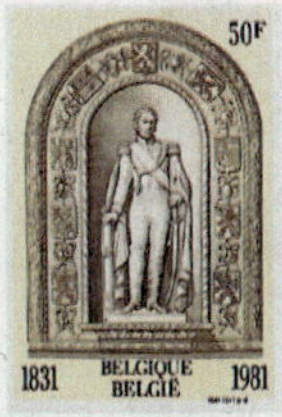


bks) König Leopold I.; Skulptur von Guillaume Geefs (1805–1883)

| | | | | | |
|---|---|---|---|---|---|
| **2053** | 6 Fr mehrfarbig | | bkp | 0,30 | 0,30 |
| **2054** | 9 Fr mehrfarbig | | bkr | 0,40 | 0,30 |
| **2055** | 50 Fr mehrfarbig | | bks | 2,80 | 0,40 |
| | | Satzpreis (3 W.) | | 3,50 | 1,— |
| | | FDC | | | 7,50 |

Auflagen: MiNr. 2053 = 6.000.000, MiNr. 2054 = 10.000.000, MiNr. 2055 = 2.000.000 Stück

**1981, 4. April. Rotes Kreuz: Internationaler Kongress für Radiologie in Brüssel, Internationale Hilfsaktionen des Roten Kreuzes. RaTdr. (5×6, Querformat ~); Papier ph.; gez. K 11½.**

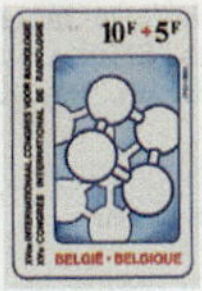


bkt) Atomium in Brüssel (Emblem des Kongresses)

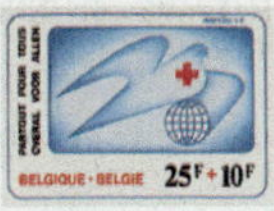


bku) Friedenstaube, Rotes Kreuz, Weltkugel

| | | | | | |
|---|---|---|---|---|---|
| **2056** | 10 Fr + 5 Fr mehrfarbig | | bkt | 1,— | 1,— |
| **2057** | 25 Fr + 10 Fr mehrfarbig | | bku | 1,80 | 1,80 |
| | | Satzpreis (2 W.) | | 2,80 | 2,80 |
| | | FDC | | | 4,50 |

Auflagen: MiNr. 2056 = 812.040, MiNr. 2057 = 806.825 Stück

**1981, 2. Mai. Europa: Folklore. Komb. StTdr. und RaTdr. (5×5); Papier ph.; gez. K 11½:11¾.**

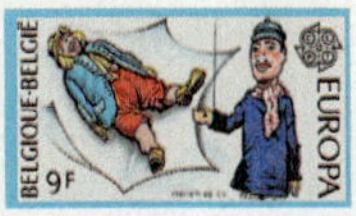


bkv) Puppen „Opsinjoorke“ und „Tchantchès“

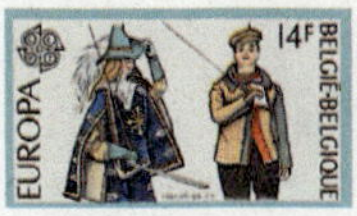


bkw) Marionetten „d'Artagnan“ und „Woltje“

| | | | | | |
|---|---|---|---|---|---|
| **2058** | 9 Fr mehrfarbig | | bkv | 0,70 | 0,30 |
| **2059** | 14 Fr mehrfarbig | | bkw | 1,30 | 0,70 |
| | | Satzpreis (2 W.) | | 2,— | 1,— |
| | | FDC | | | 4,— |

Auflagen: MiNr. 2058 = 10.000.000, MiNr. 2059 = 3.000.000 Stück

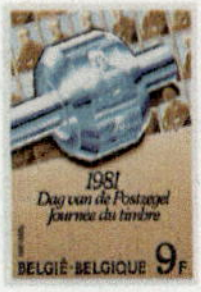


**1981, 16. Mai. Tag der Briefmarke. RaTdr. (5×6); Papier ph.; gez. K 11½.**

bkx) André de Cock (1880–1964), Gründer des Postmuseums; Briefmarken-Molette

| | | | | | |
|---|---|---|---|---|---|
| **2060** | 9 Fr mehrfarbig | | bkx | 0,60 | 0,30 |
| | | FDC | | | 1,70 |

Auflage: 10.000.000 Stück

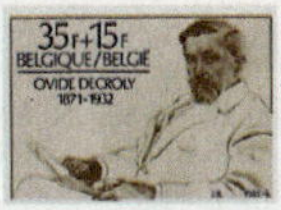


**1981, 30. Mai. 110. Geburtstag von Ovide Decroly. RaTdr. (6×5); Papier ph.; gez. K 11½:11¾.**

bky) Ovide Decroly (1871–1932), Pädagoge

| | | | | | |
|---|---|---|---|---|---|
| **2061** | 35 Fr + 15 Fr dkl'olivbraun/schwarzblau | | bky | 2,60 | 2,60 |
| | | FDC | | | 4,50 |

Auflage: 790.728 Stück

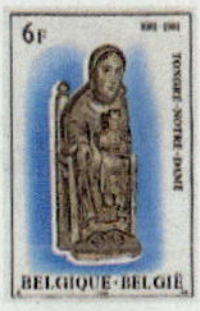


**1981, 13. Juni. Tourismus. MiNr. 2062 und 2064 komb. StTdr. und RaTdr. (5×6, Querformat ~), gez. K 11½; MiNr. 2063 und 2065 StTdr. (10×5, Querformat ~), gez. K 13; MiNr. 2064–2065 Papier ph.**

bkz) Hl. Jungfrau von Tongern, Tongre-Notre-Dame

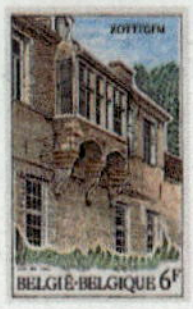


bla) Schloss Egmont, Zottegem

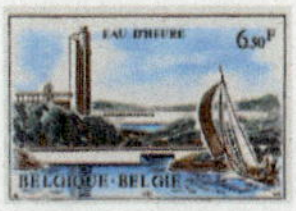


blb) Talsperren der Eau d'Heure

blc) Abtei Tongerlo

| | | | | | |
|---|---|---|---|---|---|
| **2062** | 6 Fr mehrfarbig | | bkz | 0,40 | 0,30 |
| **2063** | 6 Fr mehrfarbig | | bla | 0,40 | 0,30 |
| **2064** | 6.50 Fr mehrfarbig | | blb | 0,40 | 0,30 |
| **2065** | 6.50 Fr mehrfarbig | | blc | 0,40 | 0,30 |
| | | Satzpreis (4 W.) | | 1,60 | 1,20 |
| | | FDC | | | 6,— |

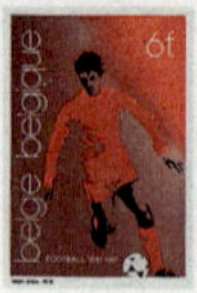

**1981, 5. Sept. 100 Jahre Fußballsport in Belgien. RaTdr. (5×6); gez. K 11¾:11½.**

bld) Fußballspieler

**2066** 6 Fr mehrfarbig . . . . . . . . . . bld 0,50 0,30
FDC 1,70

Auflage: 6.000.000 Stück

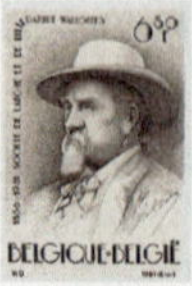

**1981, 5. Sept. 125 Jahre Gesellschaft für wallonische Sprache und Literatur, Lüttich. Komb. StTdr. und RaTdr. (5×6); gez. K 11½.**

ble) Edouard Remouchamps (1836–1900), Dramatiker

**2067** 6.50 Fr mattgelb/dunkelbraun . . . . . . ble 0,50 0,30
FDC 1,30

Auflage: 4.000.000 Stück

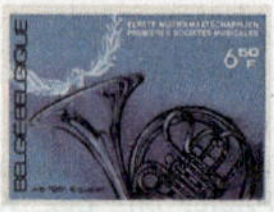

**1981, 12. Sept. 100 Jahre Antwerpener Blaskapelle „De Vredekring". RaTdr. (6×5); Papier ph.; gez. K 11½:11¾.**

blf) Horn

**2068** 6.50 Fr mehrfarbig . . . . . . . . . . blf 0,50 0,30
FDC 1,30

Auflage: 4.000.000 Stück

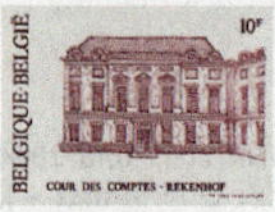

**1981, 12. Sept. 150 Jahre Belgischer Rechnungshof. StTdr. (6×5); Papier ph.; gez. K 11½:11¾.**

blg) Gebäude des Rechnungshofes

**2069** 10 Fr purpur . . . . . . . . . . blg 0,70 0,30
FDC 1,70

Auflage: 2.500.000 Stück

**1981, 19. Sept. Blockausgabe: 25. Jahrestag der Bergwerkskatastrophe im „Bois du Cazier", Marcinelle. RaTdr.; gez. Ks 11¾:11½.**

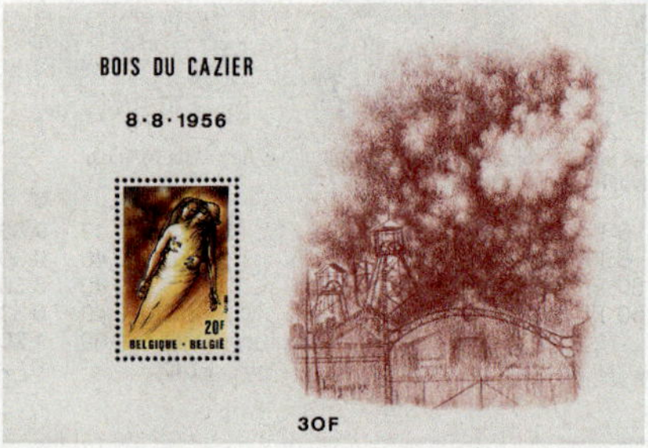


bli

blh) Pietà; Gemälde von Ben Genaux (1911–1996)

**2070** 20 Fr mehrfarbig . . . . . . . . . . blh 1,50 1,50
**Block 51** (150×100) . . . . . . . . . . bli 1,80 1,80
FDC 3,—

Postpreis: 30 Fr

Auflage: 983.997 Blocks

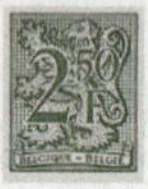

**1981, 21. Sept. Freimarke: Neuer heraldischer Löwe. Bdr. (10×10); gez. K 14:14¼.**

bdr) Wertzahl über heraldischem Löwen

**2071** 2.50 Fr graugrün . . . . . . . . . . bdr 0,30 0,30
FDC 2,50

**Vorausentwertung:**

(✶) ✶✶
2071 V Aufdrucktype b 7 . . . . . . . . . . 0,30 0,70

*Weitere Werte siehe Übersicht nach Jahrgangswerttabelle.*

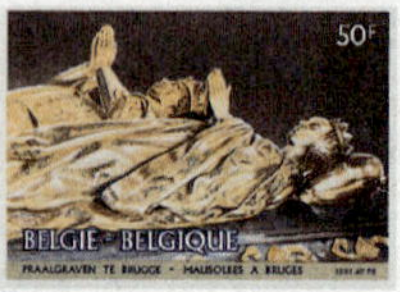

**1981, 10. Okt. Mausoleen zu Brügge. Komb. StTdr. und RaTdr. (5×6); Papier ph.; gez. K 11½.**

blk) Mausoleen (Details) von Maria von Burgund und Karl dem Kühnen in der Marienkirche zu Brügge

✶✶ ⊙
**2072** 50 Fr mehrfarbig . . . . . . . . . . blk 3,— 0,60
FDC 4,50

Auflage: 2.000.000 Stück

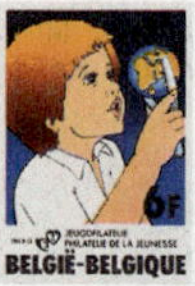

**1981, 24. Okt. Jugendphilatelie. RaTdr. (5×6); Papier ph.; gez. K 11¾:11½.**

bll) Junge hält Erdkugel mit Pinzette

**2073** 6 Fr mehrfarbig . . . . . . . . . . bll 0,50 0,30
FDC 1,30

Auflage: 6.000.000 Stück

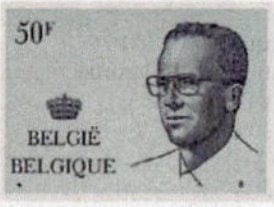

**1981, 5. Nov. Freimarken: König Baudouin mit Brille, 🄴 Velghe. Komb. StTdr. und RaTdr. (6×5); Papier ph.; gez. K 11½.**

blm) König Baudouin (1930–1993, reg. ab 1951)

**2074** 50 Fr mattgrünlichblau/dkl'violettblau . . blm 3,50 0,30
**2075** 65 Fr mattlilarosa/schwarz . . . . . . blm 4,— 0,70
**2076** 100 Fr weißocker/schwarzblau . . . . . blm 7,50 0,50
Satzpreis (3 W.) 15,— 1,50
FDC 35,—

Auflagen: MiNr. 2074 = 7.767.450, MiNr. 2075 = 4.836.300, MiNr. 2076 = 8.671.350 Stück

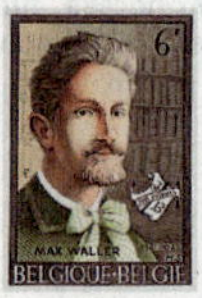

**1981, 7. Nov. Kultur: 100 Jahre Zeitschrift „La Jeune Belgique", 100. Geburtstag von Gustave de Woestijne, 50. Todestag von Fernand Severin, 600. Todestag von Jan van Ruusbroec, 25 Jahre „La Pensée et les Hommes". Komb. StTdr. und RaTdr. (5×6); MiNr. 2078–2081 Papier ph.; gez. K 11½.**

bln) Max Waller (1860–1889), Dichter und Gründer der Zeitschrift „La Jeune Belgique"

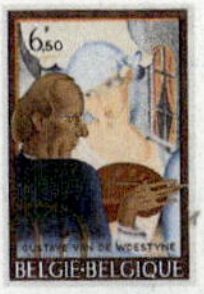


blo) Frauen beim Likör; Gemälde von Gustave de Woestijne (1881–1947)

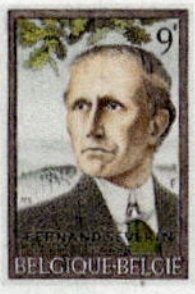


blp) Fernand Severin (1867–1931), Dichter

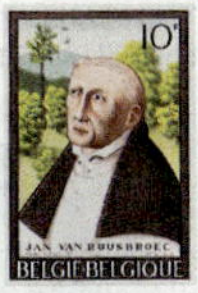


blr) Jan van Ruusbroec (1293–1381), Mystiker

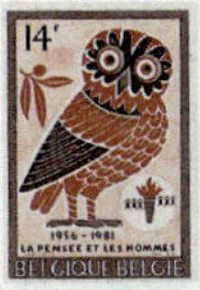


bls) Käuzchen-Prägung der Tetra-Drachme, Emblem

| | | | | | |
|---|---|---|---|---|---|
| **2077** | 6 Fr | mehrfarbig | bln | 0,30 | 0,30 |
| **2078** | 6.50 Fr | mehrfarbig | blo | 0,30 | 0,30 |
| **2079** | 9 Fr | mehrfarbig | blp | 0,50 | 0,30 |
| **2080** | 10 Fr | mehrfarbig | blr | 0,70 | 0,30 |
| **2081** | 14 Fr | mehrfarbig | bls | 1,— | 0,30 |
| | | | Satzpreis (5 W.) | 2,80 | 1,50 |
| | | | FDC | | 5,50 |

Auflagen: MiNr. 2077 = 6.000.000, MiNr. 2078 = 4.000.000, MiNr. 2079 = 10.000.000, MiNr. 2080 = 2.500.000, MiNr. 2081 = 3.000.000 Stück

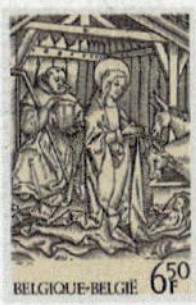

**1981, 21. Nov. Weihnachten. Komb. StTdr. und RaTdr. (5×6); Papier ph.; gez. K 11½.**

blt) Christi Geburt (Miniatur)

| | | | | | |
|---|---|---|---|---|---|
| **2082** | 6.50 Fr | schwarz/mattolivbraun | blt | 0,50 | 0,30 |
| | | | FDC | | 1,30 |

Auflage: 4.000.000 Stück

**1981, 5. Dez. Solidarität: Militäruniformen (I); 150 Jahre Belgische Gendarmerie, Karabiniersregiment und Guiden-Regiment. RaTdr. (5×6); Papier ph.; gez. K 11½.**

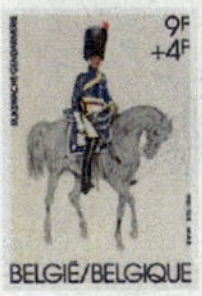

blu) Gendarmerie-Uniform

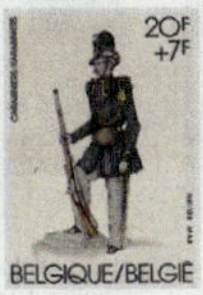

blv) Karabiniers-Uniform

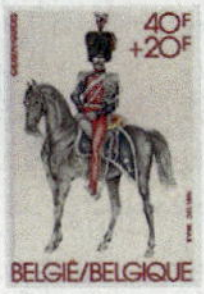

blw) Guiden-Uniform

| | | | | | |
|---|---|---|---|---|---|
| **2083** | 9 Fr + 4 Fr | mehrfarbig | blu | 0,70 | 0,70 |
| **2084** | 20 Fr + 7 Fr | mehrfarbig | blv | 1,80 | 1,80 |
| **2085** | 40 Fr + 20 Fr | mehrfarbig | blw | 3,— | 3,— |
| | | | Satzpreis (3 W.) | 5,50 | 5,50 |
| | | | FDC | | 9,— |

Auflagen: MiNr. 2083 = 760.626, MiNr. 2084 = 745.393, MiNr. 2085 = 743.933 Stück

**1982, 23. Jan. 150 Jahre Königliches Musikkonservatorium, Brüssel; 150 Jahre Justizverfassung. RaTdr. (6×5), Papier ph.; gez. K 11½:11¾.**

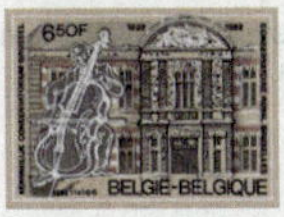

blx) Kontrabassist, Musikkonservatorium Brüssel

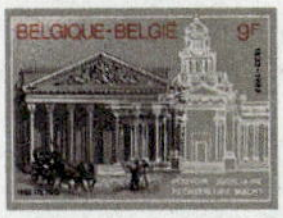

bly) Justizpalast Brüssel

| | | | | | |
|---|---|---|---|---|---|
| **2086** | 6.50 Fr | mehrfarbig | blx | 0,30 | 0,30 |
| **2087** | 9 Fr | mehrfarbig | bly | 0,50 | 0,30 |
| | | | Satzpreis (2 W.) | 0,80 | 0,50 |
| | | | FDC | | 2,50 |

Auflagen: MiNr. 2086 = 3.600.000, MiNr. 2087 = 9.000.000 Stück

**1982, 27. Febr. Wissenschaft: Inbetriebnahme eines Produktionszyklotrons für Radioisotope in Fleurus, Königlich Belgisches Observatorium in Brüssel, 100. Jahrestag der Entdeckung des Tuberkulose-Erregers durch Robert Koch. RaTdr. (5×6); MiNr. 2089–2090 Papier ph.; gez. K 11¼:11½.**

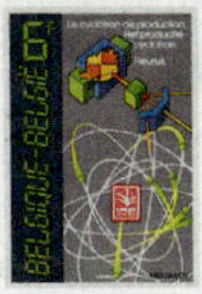

blz) Zyklotron, Atommodell, Emblem

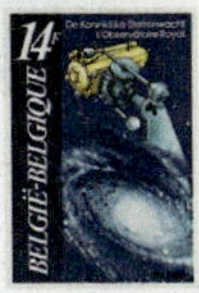

bma) Spiralnebel, Raumsonde

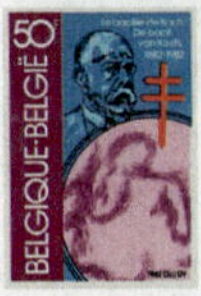

bmb) Robert Koch (1843–1910), Bakteriologe, Nobelpreis 1905; TBC-Erreger unter Mikroskop

| | | | | | |
|---|---|---|---|---|---|
| **2088** | 6 Fr | mehrfarbig | blz | 0,30 | 0,30 |
| **2089** | 14 Fr | mehrfarbig | bma | 0,80 | 0,30 |
| **2090** | 50 Fr | mehrfarbig | bmb | 2,50 | 0,40 |
| | | | Satzpreis (3 W.) | 3,60 | 1,— |
| | | | FDC | | 7,— |

Auflagen: MiNr. 2088 = 5.400.000, MiNr. 2089 = 2.700.000, MiNr. 2090 = 2.000.000 Stück

**1982, 20. März. Breitensport. RaTdr. (5×6); MiNr. 2092–2094 Papier ph.; gez. K 11½.**

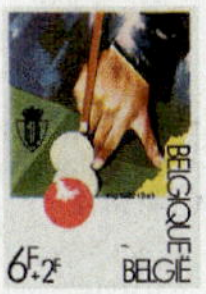

bmc) Billard

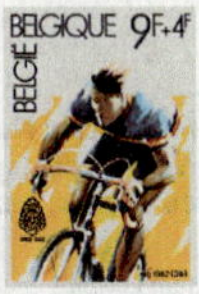

bmd) Radfahren

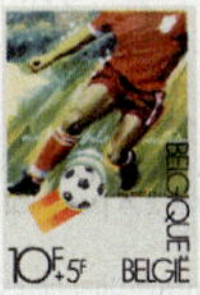

bme) Fußball

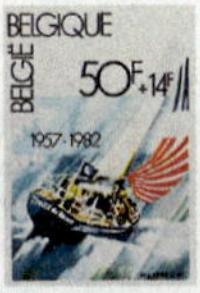

bmf) Segeln

| | | | | | |
|---|---|---|---|---|---|
| **2091** | 6 Fr + 2 Fr | mehrfarbig | bmc | 0,50 | 0,50 |
| **2092** | 9 Fr + 4 Fr | mehrfarbig | bmd | 0,70 | 0,70 |
| **2093** | 10 Fr + 5 Fr | mehrfarbig | bme | 1,— | 1,— |
| **2094** | 50 Fr + 14 Fr | mehrfarbig | bmf | 2,80 | 2,80 |
| | | | Satzpreis (4 W.) | 5,— | 5,— |
| | | | FDC | | 11,— |

**Blockausgabe, Papier ph.**

| | | | | | |
|---|---|---|---|---|---|
| **2095** | 25 Fr | mehrfarbig | bmc | 1,50 | 1,20 |
| **2096** | 25 Fr | mehrfarbig | bmd | 1,50 | 1,20 |
| **2097** | 25 Fr | mehrfarbig | bme | 1,50 | 1,20 |
| **2098** | 25 Fr | mehrfarbig | bmf | 1,50 | 1,20 |
| **Block 52** | | (105×100 mm) | bmg | 6,— | 6,— |
| | | | FDC | | 10,— |

Auflage: MiNr. 2091 = 678.986, MiNr. 2092 = 677.907, MiNr. 2093 = 711.882, MiNr. 2094 = 690.772 Stück, Bl. 52 = 1.200.000 Blocks

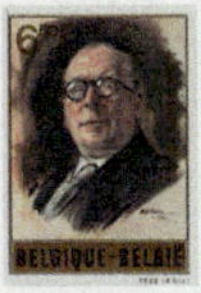


**1982, 17. April. 100. Geburtstag von Joseph Lemaire. RaTdr. (5×6); Papier ph.; gez. K 11½.**

bmh) Joseph Lemaire (1882–1966), Staatsminister

| | | | | | |
|---|---|---|---|---|---|
| **2099** | 6.50 Fr | mehrfarbig | bmh | 0,50 | 0,30 |
| | | | FDC | | 1,30 |

Auflage: 3.000.000 Stück

**1982, 1. Mai. Europa: Historische Ereignisse. Komb. StTdr. und RaTdr. (6×5); Papier ph.; gez. K 11½.**

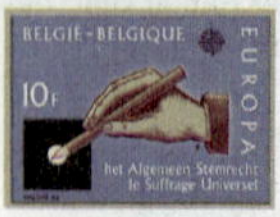


bmi) Hand kreuzt Stimmzettel an (Einführung des allgemeinen Wahlrechts, 1921)

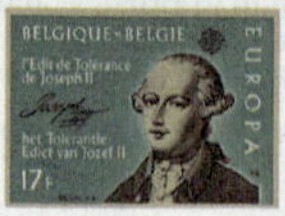


bmk) Kaiser Joseph II. (1741–1790) (Toleranzedikt, 1781)

| | | | | |
|---|---|---|---|---|
| **2100** | 10 Fr mehrfarbig | bmi | 1,— | 0,30 |
| **2101** | 17 Fr mehrfarbig | bmk | 1,50 | 0,40 |
| | | Satzpreis (2 W.) | 2,50 | 0,70 |
| | | FDC | | 3,50 |

Auflagen: MiNr. 2100 = 10.000.000, MiNr. 2101 = 3.000.000 Stück

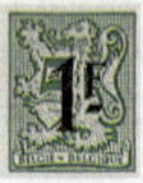

**1982, 3. Mai. Freimarke: Neuer heraldischer Löwe. MiNr. 2012 mit Bdr.-Aufdruck.**

2102

| | | | | |
|---|---|---|---|---|
| **2102** | **1 Fr** auf 5 Fr dunkelbläulichgrün | (2012 z) | 0,30 | 0,30 |
| | | FDC | | 2,50 |

*Weitere Werte siehe Übersicht nach Jahrgangswerttabelle.*

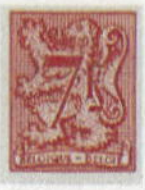

**1982, 17. Mai/22. Sept. Freimarke: Neuer heraldischer Löwe. Bdr. (10×10); v = Typopapier mit blauem Gummi, z = polyvalentes Papier; gez. K 14:14¼.**

bdr) Wertzahl über heraldischem Löwen

| | | | | |
|---|---|---|---|---|
| **2103** | 7 Fr rotlila | bdr | | |
| v | Typopapier (22. Sept.) | | 0,50 | 0,30 |
| z | polyvalentes Papier (17. Mai) | | 0,50 | 0,30 |
| | | FDC z | | 2,50 |

**Vorausentwertungen:**

| | | (★) | ★★ |
|---|---|---|---|
| 2103 v V | Aufdrucktype b 7 | 0,30 | 0,50 |
| 2103 z V | Aufdrucktype b 7 | 0,30 | 0,50 |

Polyvalentes Papier siehe Hinweis nach MiNr. 1641, Typopapier nach MiNr. 1902.

*Weitere Werte siehe Übersicht nach Jahrgangswerttabelle.*

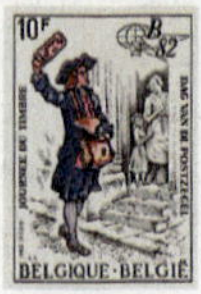


**1982, 22. Mai. Tag der Briefmarke; Internationale Briefmarkenausstellung BELGICA '82 (I). Komb. StTdr. und RaTdr. (5×6); Papier ph.; gez. K 11½.**

bml) Briefträger, Emblem

| | | | ★★ | ⊙ |
|---|---|---|---|---|
| **2104** | 10 Fr mehrfarbig | bml | 0,70 | 0,30 |
| | | FDC | | 1,70 |

Auflage: 10.000.000 Stück

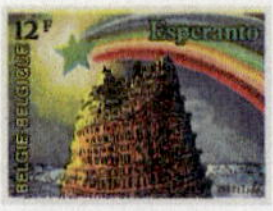


**1982, 5. Juni. Esperanto-Weltkongress, Antwerpen. RaTdr. (6×5); Papier ph.; gez. K 11½.**

bmm) Turmbau zu Babel (nach Gemälde von Pieter Bruegel d. Ä.)

| | | | | |
|---|---|---|---|---|
| **2105** | 12 Fr mehrfarbig | bmm | 0,70 | 0,30 |
| | | FDC | | 2,20 |

Auflage: 2.500.000 Stück

**1982, 19. Juni. Tourismus. Komb. StTdr. und RaTdr. (5×6, Querformate ~); MiNr. 2108–2111 Papier ph.; gez. K 11½.**

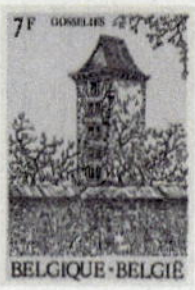


bmn) Turm von Gosselies

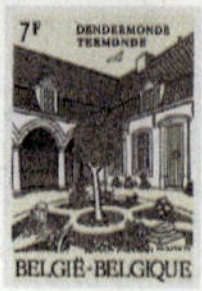


bmo) Abtei Zwijveke, Dendermonde

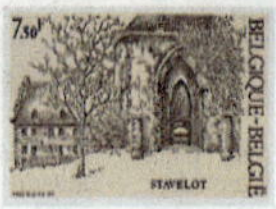


bmp) Abtei Stavelot (Stablo)

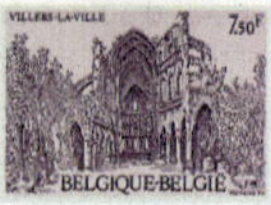


bmr) Ruinen der Abtei Villers-la-Ville

bms) St.-Adrian-Abtei, Geraardsbergen

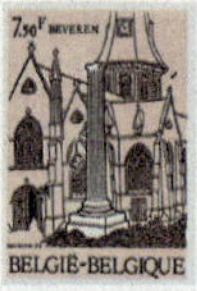


bmt) Schandpfahl in Beveren

| | | | | |
|---|---|---|---|---|
| **2106** | 7 Fr mattblau/schwarzblau | bmn | 0,50 | 0,30 |
| **2107** | 7 Fr mattgrün/schwarz | bmo | 0,50 | 0,30 |
| **2108** | 7.50 Fr mattbraun/schwarzbraun | bmp | 0,50 | 0,30 |
| **2109** | 7.50 Fr mattviolett/purpurviolett | bmr | 0,50 | 0,30 |
| **2110** | 7.50 Fr mattbraunoliv/schwarz | bms | 0,50 | 0,30 |
| **2111** | 7.50 Fr mattorangerot/schwarz | bmt | 0,50 | 0,30 |
| | | Satzpreis (6 W.) | 3,— | 1,80 |
| | | FDC | | 9,— |

Auflage: 4.000.000 Sätze

**1982, 11. Sept. Kultur: 70. Geburtstag von Louis Paul Boon; 500. Todestag von Hugo van der Goes; 20. Todestag von Michel de Ghelderode; 100. Geburtstag von Pierre Paulus. RaTdr. (5×6); MiNr. 2113–2115 Papier ph.; gez. K 11½.**

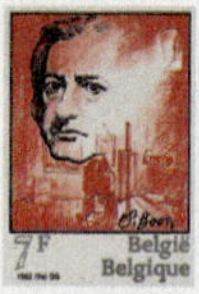


bmu) Louis Paul Boon (1912–1979), Schriftsteller

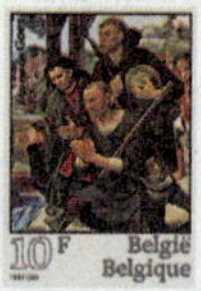


bmv) Die Anbetung der Hirten; Gemälde von Hugo van der Goes (1440–1482)

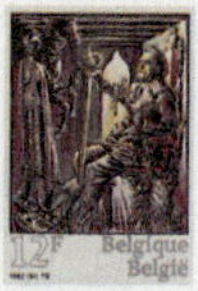


bmw) Michel de Ghelderode (1898–1962), Schauspieldichter und Erzähler

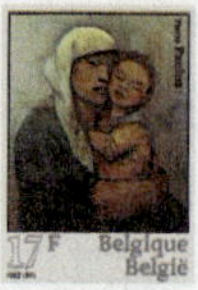


bmx) Mutterschaft; Gemälde von Pierre Paulus (1881–1959)

| | | | | |
|---|---|---|---|---|
| **2112** | 7 Fr mehrfarbig | bmu | 0,50 | 0,30 |
| **2113** | 10 Fr mehrfarbig | bmv | 0,50 | 0,40 |
| **2114** | 12 Fr mehrfarbig | bmw | 0,70 | 0,40 |
| **2115** | 17 Fr mehrfarbig | bmx | 1,30 | 0,40 |
| | | Satzpreis (4 W.) | 3,— | 1,50 |
| | | FDC | | 7,50 |

Auflagen: MiNr. 2112 = 5.400.000, MiNr. 2113 = 9.000.000, MiNr. 2114 = 2.500.000, MiNr. 2115 = 3.000.000 Stück

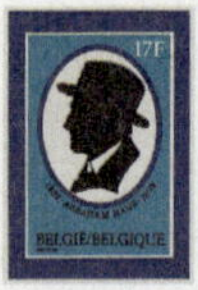


**1982, 25. Sept. 100. Geburtstag von Abraham Hans. RaTdr. (5×6); Papier ph.; gez. K 11½.**

bmy) Abraham Hans (1882–1939), Volksdichter

| | | | | |
|---|---|---|---|---|
| **2116** | 17 Fr mehrfarbig | bmy | 1,— | 0,30 |
| | | FDC | | 2,50 |

Auflage: 3.000.000 Stück

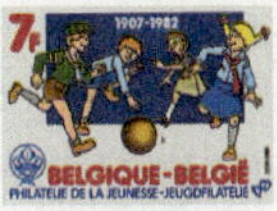


**1982, 2. Okt. Jugendphilatelie: 75 Jahre Pfadfinderbewegung. RaTdr. (6×5); gez. K 11½.**

bmz) Jungpfadfinder beim Ballspiel

| | | | | |
|---|---|---|---|---|
| **2117** | 7 Fr mehrfarbig | bmz | 0,60 | 0,30 |
| | | FDC | | 2,80 |

Auflage: 5.400.000 Stück

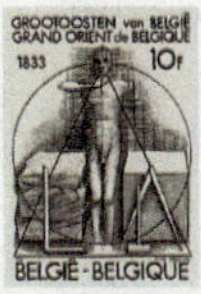


**1982, 16. Okt. 150 Jahre Freimaurerlogen-Föderation „Großorient von Belgien“. Komb. StTdr. und RaTdr. (5×6); Papier ph.; gez. K 12½.**

bna) Symbolische Darstellung

| | | | | |
|---|---|---|---|---|
| **2118** | 10 Fr mittelorangegelb/dkl'violettbraun | bna | 1,20 | 0,30 |
| | | FDC | | 2,— |

Auflage: 9.000.000 Stück

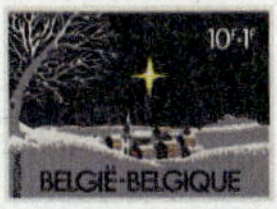


**1982, 6. Nov. Weihnachten und Neujahr. RaTdr. (6×5); Papier ph.; gez. K 11½.**

bnb) Winterlandschaft

| | | | | |
|---|---|---|---|---|
| **2119** | 10 Fr + 1 Fr mehrfarbig | bnb | 0,80 | 0,80 |
| | | FDC | | 2,— |

Auflage: 1.134.209 Stück

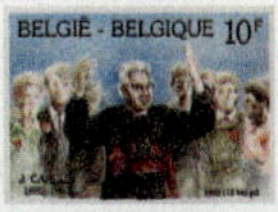


**1982, 13. Nov. 100. Geburtstag von Joseph Cardijn. RaTdr. (6×5); Papier ph.; gez. K 11½.**

bnc) Joseph Cardijn (1882–1967), Kardinal

| | | | | |
|---|---|---|---|---|
| **2120** | 10 Fr mehrfarbig | bnc | 0,70 | 0,30 |
| | | FDC | | 1,70 |

Auflage: 9.000.000 Stück

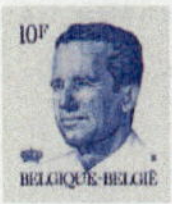


**1982, 15. Nov. Freimarke: König Baudouin, 🄴 Velghe. RaTdr. (10×5); Papier ph.; gez. K 11½.**

bnd) König Baudouin (1930–1993, reg. ab 1951)

| | | | | |
|---|---|---|---|---|
| **2121** | 10 Fr lebhaftviolettultramarin | bnd | 0,60 | 0,30 |
| | | FDC | | 2,80 |

MiNr. 2121 gibt es mit grünlichem und gelblichem Gummi.

Auflage: 203.044.200 Stück

*In gleicher Zeichnung: MiNr. 2137, 2165, 2176–2178, 2187–2188, 2212, 2255, 2261, 2403, 2408*

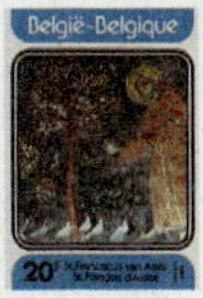


**1982, 27. Nov. 800. Geburtstag des hl. Franz von Assisi. RaTdr. (5×6); Papier ph.; gez. K 11½.**

bne) Vogelpredigt des Franz von Assisi (1182–1226), Ordensgründer

| | | | | |
|---|---|---|---|---|
| **2122** | 20 Fr mehrfarbig | bne | 1,20 | 0,50 |
| | | FDC | | 2,50 |

Auflage: 3.000.000 Stück

**1982, 11. Dez. Internationale Briefmarkenausstellung BELGICA '82, Brüssel (II). Komb. StTdr. und RaTdr. (6×5, Hochformate ~); MiNr. 2124–2128 Papier ph.; gez. K 11½.**

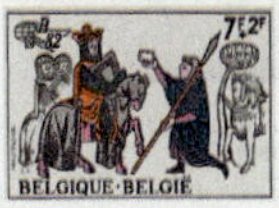


bnf) Bote überbringt dem König einen Brief

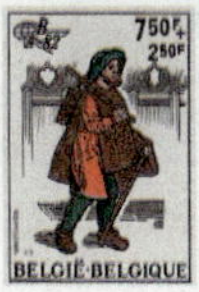


bng) Basler Postbote

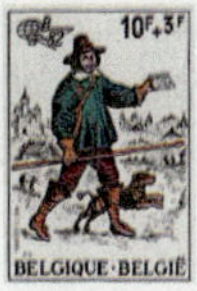


bnh) Nürnberger Postbote

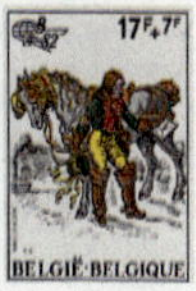


bni) Kaiserliche Stafette (1750)

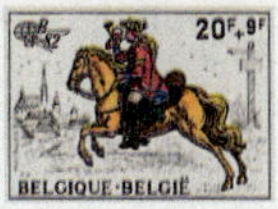


bnk) Kaiserliche Stafette (1800)

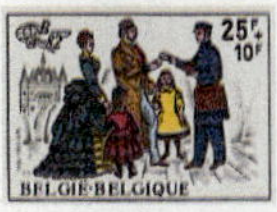


bnl) Belgischer Briefträger (1886)

| | | | | |
|---|---|---|---|---|
| **2123** | 7 Fr + 2 Fr mehrfarbig | bnf | 0,50 | 0,50 |
| **2124** | 7.50 Fr + 2.50 Fr mehrfarbig | bng | 0,60 | 0,60 |
| **2125** | 10 Fr + 3 Fr mehrfarbig | bnh | 0,80 | 0,80 |
| **2126** | 17 Fr + 7 Fr mehrfarbig | bni | 1,20 | 1,20 |
| **2127** | 20 Fr + 9 Fr mehrfarbig | bnk | 1,50 | 1,50 |
| **2128** | 25 Fr + 10 Fr mehrfarbig | bnl | 2,— | 2,— |
| | | Satzpreis (6 W.) | 6,50 | 6,50 |
| | | FDC | | 15,— |

**Blockausgabe, Papier ph.**

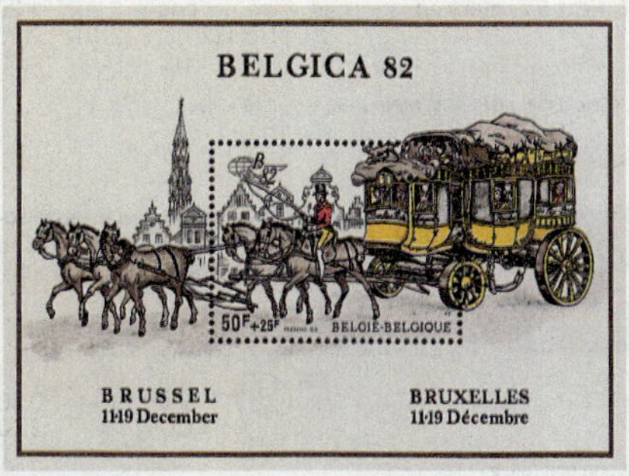


bnn

bnm) Postkutsche

| | | | | |
|---|---|---|---|---|
| **2129** | 50 Fr + 25 Fr mehrfarbig | bnm | 5,— | 5,— |
| **Block 53** | (124×90 mm) | bnn | 5,50 | 5,50 |
| | | FDC | | 8,50 |

Auflagen: MiNr. 2123 = 695.060, MiNr. 2124 = 698.254, MiNr. 2125 = 691.115, MiNr. 2126 = 680.935, MiNr. 2127 = 680.250, MiNr. 2128 = 677.706 Stück, Bl. 53 = 793.349 Blocks

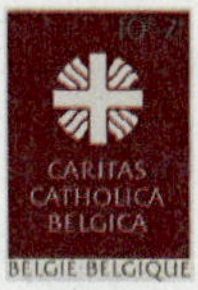


**1983, 22. Jan. 50 Jahre Caritas. RaTdr. (5×6); Papier ph.; gez. K 11½.**

bno) Emblem

| | | | | |
|---|---|---|---|---|
| **2130** | 10 Fr + 2 Fr lilapurpur/hellgrau | bno | 0,80 | 0,70 |
| | | FDC | | 1,80 |

Auflage: 641.654 Stück

**1983, 12. Febr. Historische Straßenbahnen. RaTdr. (6×5); Papier ph.; gez. K 11½.**

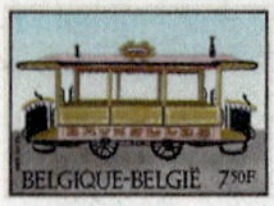
bnp) Pferdebahn

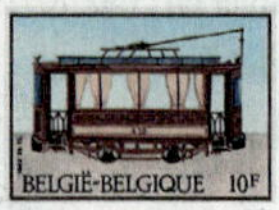
bnr) Elektrische Straßenbahn

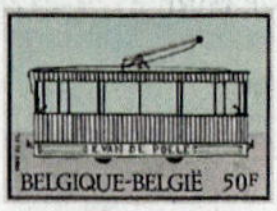
bns) Elektrische Straßenbahn

| | | | | |
|---|---|---|---|---|
| **2131** | 7.50 Fr mehrfarbig | bnp | 0,60 | 0,30 |
| **2132** | 10 Fr mehrfarbig | bnr | 0,90 | 0,30 |
| **2133** | 50 Fr mehrfarbig | bns | 3,50 | 0,40 |
| | Satzpreis (3 W.) | | 5,— | 1,— |
| | FDC | | | 8,— |

Auflagen: MiNr. 2131 = 3.600.000, MiNr. 2132 = 9.000.000, MiNr. 2133 = 2.000.000 Stück

**1983, 5. März. Rotes Kreuz: Gesundheit durch Sport. RaTdr. (5×6); Papier ph.; gez. K 11½.**

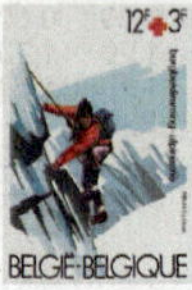
bnt) Bergsteigen

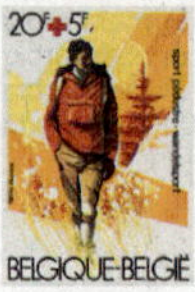
bnu) Wandern

| | | | | |
|---|---|---|---|---|
| **2134** | 12 Fr + 3 Fr mehrfarbig | bnt | 1,— | 1,— |
| **2135** | 20 Fr + 5 Fr mehrfarbig | bnu | 1,20 | 1,20 |
| | Satzpreis (2 W.) | | 2,20 | 2,20 |
| | FDC | | | 4,50 |

Auflagen: MiNr. 2134 = 674.425, MiNr. 2135 = 671.190 Stück

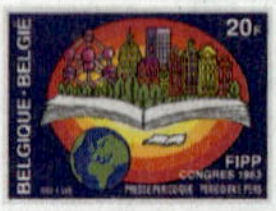

**1983, 19. März. Weltkongress des Internationalen Verbandes der Periodischen Presse (FIPP), Brüssel. RaTdr. (6×5); Papier ph.; gez. K 11½.**

bnv) Bauwerke von Brüssel, Zeitschrift, Weltkugel

| | | | | |
|---|---|---|---|---|
| **2136** | 20 Fr mehrfarbig | bnv | 1,— | 0,50 |
| | FDC | | | 2,50 |

Auflage: 3.000.000 Stück

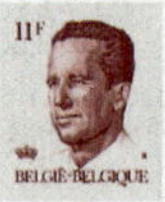

**1983, 5. April. Freimarke: König Baudouin, Ⓔ Velghe. RaTdr. (10×5); Papier ph.; gez. K 11¾:11½.**

bnd) König Baudouin (1930–1993, reg. ab 1951)

| | | | | |
|---|---|---|---|---|
| **2137** | 11 Fr dunkelbraunkarmin | bnd | 0,60 | 0,30 |
| | FDC | | | 3,— |

MiNr. 2137 gibt es mit grünlichem und weißem Gummi.

Auflage: 183.435.450 Stück

*In gleicher Zeichnung: MiNr. 2121, 2165, 2176–2178, 2187–2188, 2212, 2255, 2261, 2403, 2408*

**1983, 16. April. Frauen. RaTdr. (6×5); MiNr. 2139–2140 Papier ph.; gez. K 11½.**

bnw) Angestellte

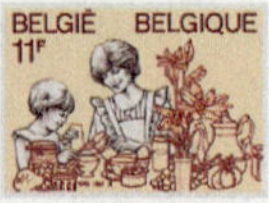
bnx) Hausfrau

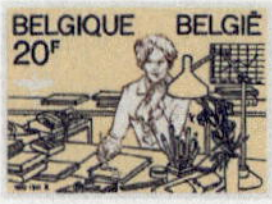
bny) Unternehmerin

| | | | | |
|---|---|---|---|---|
| **2138** | 8 Fr mehrfarbig | bnw | 0,70 | 0,30 |
| **2139** | 11 Fr mehrfarbig | bnx | 0,80 | 0,30 |
| **2140** | 20 Fr mehrfarbig | bny | 1,50 | 0,40 |
| | Satzpreis (3 W.) | | 3,— | 1,— |
| | FDC | | | 6,— |

Auflagen: MiNr. 2138 = 5.400.000, MiNr. 2139 = 9.000.000, MiNr. 2140 = 2.500.000 Stück

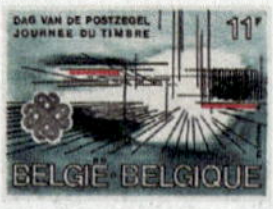

**1983, 23. April. Tag der Briefmarke; Weltkommunikationsjahr. RaTdr. (6×5); Papier ph.; gez. K 11½.**

bnz) Brüsseler Südbahnhof-Viertel, Verteilpostamt „Brüssel X", Emblem

| | | | | |
|---|---|---|---|---|
| **2141** | 11 Fr mehrfarbig | bnz | 0,60 | 0,30 |
| | FDC | | | 1,70 |

Auflage: 10.000.000 Stück

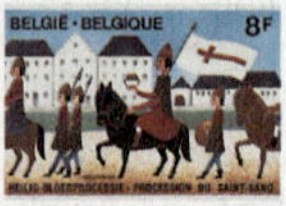

**1983, 30. April. Prozession des hl. Blutes, Brügge. RaTdr. (6×5); gez. K 11½.**

boa) Prozession

| | | | | |
|---|---|---|---|---|
| **2142** | 8 Fr mehrfarbig | boa | 0,60 | 0,30 |
| | FDC | | | 2,— |
| | waagerechtes Paar | | 2,— | 2,— |

Auflage: 5.400.000 Stück

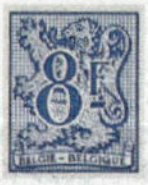

**1983, 9. Mai/1984, Dez. Freimarke: Neuer heraldischer Löwe. Bdr. (10×10); v = Typopapier mit blauem Gummi, z = polyvalentes Papier; gez. K 14:14¼.**

bdr) Wertzahl über heraldischem Löwen

| | | | | |
|---|---|---|---|---|
| **2143** | 8 Fr lebhaftcyanblau | bdr | | |
| v | Typopapier (9.5.1983) | | 0,60 | 0,30 |
| z | polyvalentes Papier (Dez. 1984) | | 0,90 | 0,30 |
| | FDC v | | | 2,50 |

**Vorausentwertung:**

| | | (✶) | ✶✶ |
|---|---|---|---|
| 2143 v V | Aufdrucktype b 7 | 0,30 | 0,50 |

Typopapier siehe Hinweis nach MiNr. 1902, polyvalentes Papier nach MiNr. 1641.

*Weitere Werte siehe Übersicht nach Jahrgangswerttabelle.*

**1983, 14. Mai. Europa: Große Werke des menschlichen Geistes. RaTdr. (5×5); Papier ph.; gez. K 11½.**

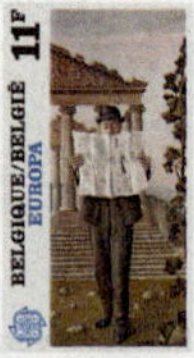
bob) Der Mann von der Straße (Buchdruck)

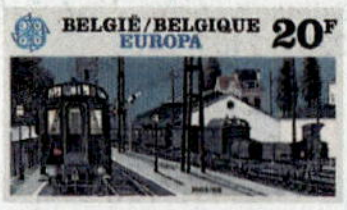
boc) Nachtzüge (Eisenbahn)

bob–boc) Gemälde von Paul Delvaux (1897–1994)

| | | | ✶✶ | ⊙ |
|---|---|---|---|---|
| **2144** | 11 Fr mehrfarbig | bob | 1,50 | 0,30 |
| **2145** | 20 Fr mehrfarbig | boc | 2,50 | 0,70 |
| | Satzpreis (2 W.) | | 4,— | 1,— |
| | FDC | | | 4,— |

Auflagen: MiNr. 2144 = 10.000.000, MiNr. 2145 = 3.000.000 Stück

**1983, 11. Juni. 200 Jahre Luftfahrt. RaTdr. (6×5); Papier ph.; gez. K 11½.**

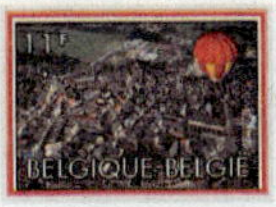

bod) Ballon über Stadt

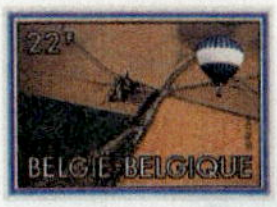

boe) Ballon über Feldern

| | | | | |
|---|---|---|---|---|
| **2146** | 11 Fr mehrfarbig | bod | 0,60 | 0,30 |
| **2147** | 22 Fr mehrfarbig | boe | 1,40 | 0,30 |
| | | Satzpreis (2 W.) | 2,— | 0,60 |
| | | FDC | | 3,60 |

Auflagen: MiNr. 2146 = 9.000.000, MiNr. 2147 = 2.969.008 Stück

**1983, 27. Juni. Tourismus. RaTdr. (6×5); Papier ph.; gez. K 11½.**

bof) Notre Dame von Hastière

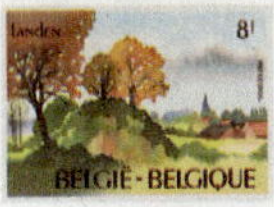

bog) Grabhügel, Landen

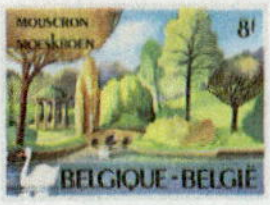

boh) Stadtpark, Mouscron

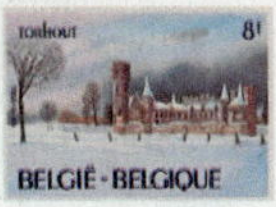

boi) Schloss Wijnendale, Torhout

| | | | | |
|---|---|---|---|---|
| **2148** | 8 Fr mehrfarbig | bof | 0,50 | 0,30 |
| **2149** | 8 Fr mehrfarbig | bog | 0,50 | 0,30 |
| **2150** | 8 Fr mehrfarbig | boh | 0,50 | 0,30 |
| **2151** | 8 Fr mehrfarbig | boi | 0,50 | 0,30 |
| | | Satzpreis (4 W.) | 2,— | 0,80 |
| | | FDC | | 7,— |

Auflage: 3.600.000 Sätze

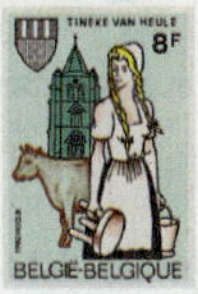

**1983, 10. Sept. 20 Jahre Tineke-Fest, Heule. RaTdr. (5×6); gez. K 11½.**

bok) Illustration zu dem Gedicht „Tineke van Heule" von René Declercq (1877–1932)

| | | | | |
|---|---|---|---|---|
| **2152** | 8 Fr mehrfarbig | bok | 0,50 | 0,30 |
| | | FDC | | 1,70 |

Auflage: 5.400.000 Stück

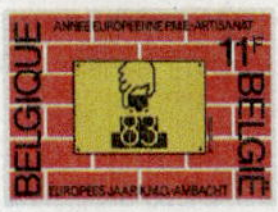

**1983, 24. Sept. Europäisches Jahr der Klein- und Mittelbetriebe und des Handwerks. RaTdr. (6×5); Papier ph.; gez. K 11½.**

bol) Ziegelmauer, Emblem

| | | | | |
|---|---|---|---|---|
| **2153** | 11 Fr mehrfarbig | bol | 0,70 | 0,30 |
| | | FDC | | 2,— |

Auflage: 9.000.000 Stück

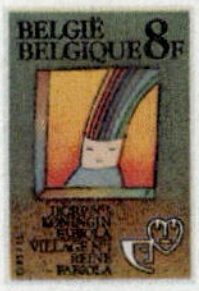

**1983, 8. Okt. Jugendphilatelie: 20 Jahre Behindertenzentrum Königin-Fabiola-I.-Dorf. RaTdr. (5×6); gez. K 11½.**

bom) Graphik von Jean-Michel Folon (1934–2005)

| | | | | |
|---|---|---|---|---|
| **2154** | 8 Fr mehrfarbig | bom | 0,50 | 0,30 |
| | | FDC | | 1,70 |

Auflage: 5.400.000 Stück

**1983, 22. Okt. Belgische Exportgüter (I). RaTdr. (6×5); Papier ph.; gez. K 11½.**

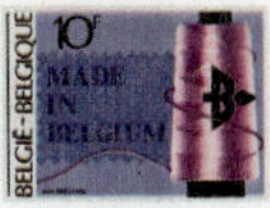

bon) Stoff, Garn (Textilindustrie)

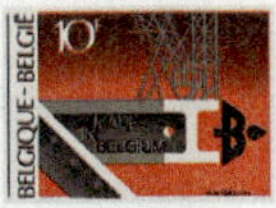

boo) Stahlträger, Gerüst (Stahlindustrie)

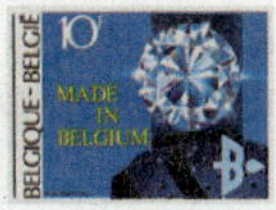

bop) Diamant, Bohrkopf (Diamantindustrie)

| | | | | |
|---|---|---|---|---|
| **2155** | 10 Fr mehrfarbig | bon | 0,60 | 0,30 |
| **2156** | 10 Fr mehrfarbig | boo | 0,60 | 0,30 |
| **2157** | 10 Fr mehrfarbig | bop | 0,60 | 0,30 |
| | | Satzpreis (3 W.) | 1,80 | 0,60 |
| | | FDC | | 5,— |

Auflage: 2.500.000 Sätze

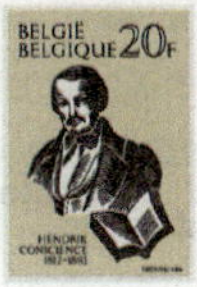

**1983, 5. Nov. 100. Todestag von Hendrik Conscience. RaTdr. (5×6); Papier ph.; gez. K 11½.**

bor) Hendrik Conscience (1812–1883), Schriftsteller

| | | | | |
|---|---|---|---|---|
| **2158** | 20 Fr mattgrauoliv/schwarz | bor | 1,10 | 0,30 |
| | | FDC | | 2,50 |

Auflage: 2.500.000 Stück

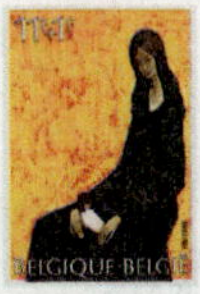

**1983, 19. Nov. Weihnachten. RaTdr. (5×6); Papier ph.; gez. K 11½.**

bos) Muttergottes; Gemälde von Jef Wauters (1927–2013)

| | | | | |
|---|---|---|---|---|
| **2159** | 11 Fr + 1 Fr mehrfarbig | bos | 1,— | 1,— |
| | | FDC | | 2,— |

Auflage: 1.077.057 Stück

**1983, 5. Dez. Solidarität: Alte Militäruniformen (II). RaTdr. (5×6); MiNr. 2861-2862 Papier ph.; gez. K 11½.**

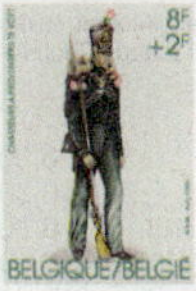

bot) Jäger-Uniform (1831)

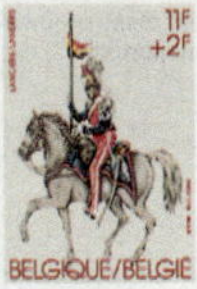

bou) Ulanen-Uniform (1814)

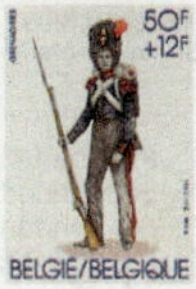

bov) Grenadiers-Uniform (1837)

| | | | | |
|---|---|---|---|---|
| **2160** | 8 Fr + 2 Fr mehrfarbig | bot | 0,60 | 0,60 |
| **2161** | 11 Fr + 2 Fr mehrfarbig | bou | 1,— | 1,— |
| **2162** | 50 Fr + 12 Fr mehrfarbig | bov | 3,40 | 3,40 |
| | | Satzpreis (3 W.) | 5,— | 5,— |
| | | FDC | | 9,— |

Auflagen: MiNr. 2160 = 653.816, MiNr. 2161 = 657.545, MiNr. 2162 = 631.373 Stück

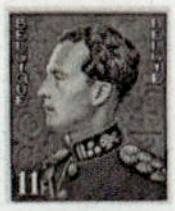

**1983, 10. Dez. Tod des Königs Leopold III. StTdr. (10×5); Papier ph.; gez. K 11½.**

fm) König Leopold III. (1901–1983, reg. 1934–1951)

**2163** 11 Fr schwarz ........ fm 0,70 0,50
FDC 3,20

Auflage: 9.000.000 Stück

*In gleicher Zeichnung: MiNr. 425–431, 528, 567–568, 875, 900–901*

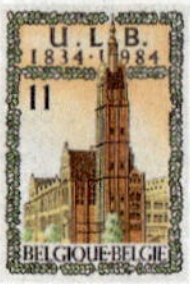


**1984, 14. Jan. 150 Jahre Freie Universität Brüssel. Komb. StTdr. und RaTdr. (5×6); Papier ph.; gez. K 11½.**

bow) Universitätsgebäude

**2164** 11 (Fr) mehrfarbig ........ bow 0,70 0,30
FDC 1,80

Auflage: 9.000.000 Stück

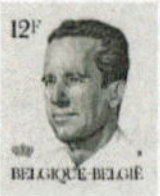


**1984, 23. Jan. Freimarke: König Baudouin, Ⓔ Velghe. RaTdr., Bogen (B) (10×5) und Markenheftchen (MH) (2×5); Papier ph.; gez. K 11¾:11½.**

bnd) König Baudouin (1930–1993, reg. ab 1951)

**2165** 12 Fr grün ........ bnd 0,80 0,30
FDC 2,80
Markenheftchen 30,—

MiNr. 2165 gibt es mit grünlichem (B), gelblichem (MH) und weißem (MH) Gummi.

Auflage: 690.415.050 Stück

*In gleicher Zeichnung: MiNr. 2121, 2137, 2176–2178, 2187–2188, 2212, 2255, 2261, 2403, 2408*

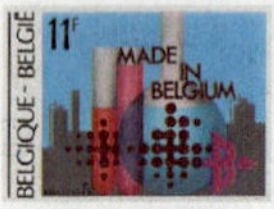


**1984, 28. Jan. Belgische Exportgüter (II). RaTdr. (6×5); Papier ph.; gez. K 11½.**

box) Reagenzgläser, Raffinerie (Chemische Industrie)

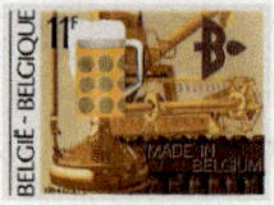

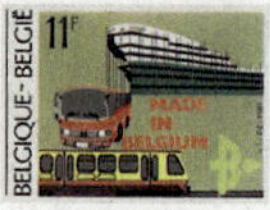

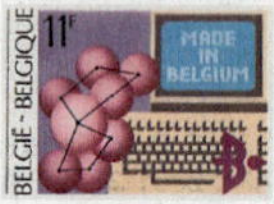

boy) Mähdrescher, Sudkessel, Bierkrug (Agrarindustrie)
boz) Schiff, Bus, Triebwagen (Transportmittelbau)
bpa) Kristallmodell, Bildschirm, Tastatur (Technologie)

**2166** 11 Fr mehrfarbig ........ box 0,70 0,30
**2167** 11 Fr mehrfarbig ........ boy 0,70 0,30
**2168** 11 Fr mehrfarbig ........ boz 0,70 0,30
**2169** 11 Fr mehrfarbig ........ bpa 0,70 0,30
Satzpreis (4 W.) 2,80 1,20
FDC 7,50

Auflage: 2.500.000 Sätze

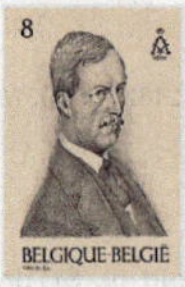


**1984, 11. Febr. 50. Todestag von König Albert I. Komb. StTdr. und RaTdr. (5×6); gez. K 11½.**

bpb) König Albert I. (1875–1934, reg. ab 1909)

**2170** 8 (Fr) matchromgelb/violettschwarz ... bpb 0,50 0,30
FDC 2,20

Auflage: 5.400.000 Stück

**1984, 3. März. Olympische Sommerspiele, Los Angeles. RaTdr. (6×5, Hochformat ~); MiNr. 2172 Papier ph.; gez. K 11½.**

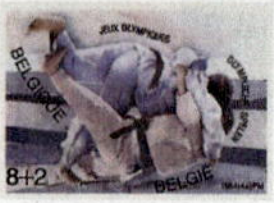


bpc) Judo

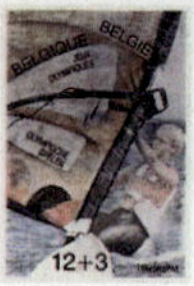


bpd) Windsurfen

**2171** 8 (Fr) + 2 (Fr) mehrfarbig ........ bpc 0,60 0,60
**2172** 12 (Fr) + 3 (Fr) mehrfarbig ........ bpd 0,90 0,90
Satzpreis (2 W.) 1,50 1,50
FDC 3,50

**Blockausgabe, Papier ph.**

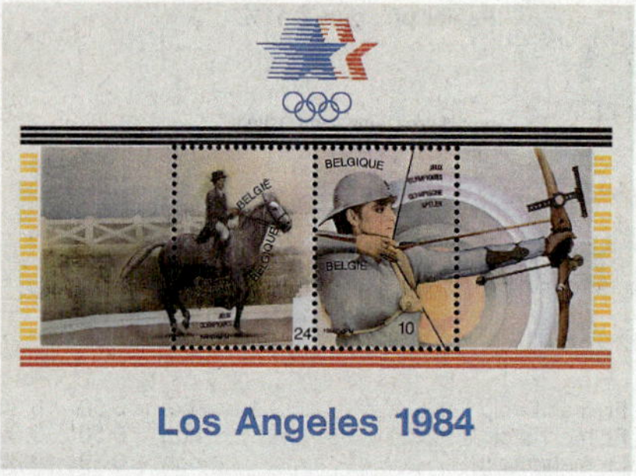


bpg
bpf bpe

bpe) Bogenschießen
bpf) Dressurreiten

**2173** 10 (Fr) mehrfarbig ........ bpe 0,50 0,50
**2174** 24 (Fr) mehrfarbig ........ bpf 1,20 1,20
**Block 54** (123× 90 mm) ........ bpg 2,— 2,—
FDC 4,50

Auflagen: MiNr. 2171 = 749.046, MiNr. 2172 = 730.177 Stück, Bl. 54 = 950.000 Blocks

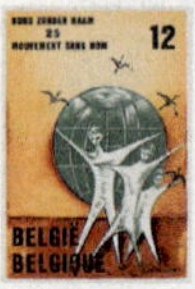


**1984, 24. März. 25 Jahre Bund ohne Namen (BZN). RaTdr. (5×6); Papier ph.; gez. K 11½.**

bph) Weltkugel, Familie

**2175** 12 (Fr) mehrfarbig ........ bph 0,70 0,30
FDC 1,80

Auflage: 9.000.000 Stück

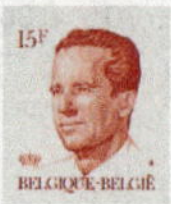


**1984, 26. März. Freimarken: König Baudouin, Ⓔ Velghe. RaTdr. (10×5); Papier ph.; gez. K 11¾.**

bnd) König Baudouin (1930–1993, reg. ab 1951)

**2176** 15 Fr dunkelorangerot ........ bnd 1,50 0,50
**2177** 22 Fr hellviolett ........ bnd 2,— 1,40
**2178** 30 Fr dunkelgraubraun ........ bnd 1,70 0,30
Satzpreis (3 W.) 5,20 2,20
FDC 10,—

MiNr. 2177 gibt es mit gelblichem und weißem, MiNr. 2178 mit grünlichem, gelblichem und weißem Gummi.

Auflagen: MiNr. 2176 = 8.795.600, MiNr. 2177 = 8.429.800, MiNr. 2178 = 132.340.000 Stück

*In gleicher Zeichnung: MiNr. 2121, 2137, 2165, 2187–2188, 2212, 2255, 2261, 2403, 2408*

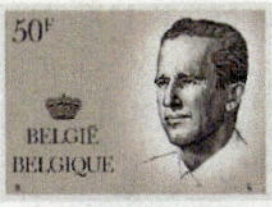


**1984, 26. März. Freimarke: König Baudouin ohne Brille, 🄴 Velghe. Komb. StTdr. und RaTdr. (6×5); Papier ph.; gez. K 11½:11¾.**

bpi) König Baudouin (1930–1993, reg. ab 1951)

**2179** 50 Fr mehrfarbig .................... bpi 3,— 0,30
FDC 6,—

MiNr. 2179 gibt es mit grünlichem, gelblichem und weißem Gummi.

Auflage: 61.886.400 Stück

*In gleicher Zeichnung: MiNr. 2189, 2288*

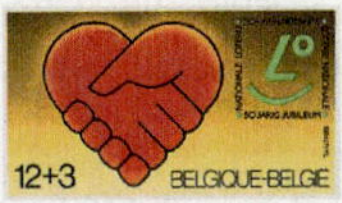


**1984, 31. März. 50 Jahre Staatslotterie. RaTdr. (5×5); Papier ph.; gez. K 11¾.**

bpk) Herz, Emblem

**2180** 12 (Fr) + 3 (Fr) mehrfarbig ........... bpk 0,80 0,80
FDC 2,50

Auflage: 698.835 Stück

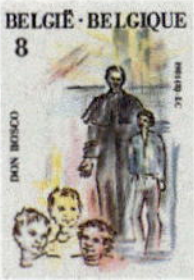


**1984, 7. April. 50. Jahrestag der Heiligsprechung von Giovanni Bosco. RaTdr. (5×6); gez. K 11½.**

bpl) Giovanni Bosco (1815–1888), italienischer Priester und Pädagoge; Jugendliche

**2181** 8 (Fr) mehrfarbig ........................ bpl 0,50 0,30
FDC 1,80

Auflage: 5.400.000 Stück

**1984, 5. Mai. Europa: 25 Jahre Europäische Konferenz der Verwaltungen für das Post- und Fernmeldewesen (CEPT). RaTdr. (6×5); Papier ph.; gez. K 11½:11¾.**

bpm) Brücke

**2182** 12 (Fr) mehrfarbig .................. bpm 1,— 0,30
**2183** 22 (Fr) mehrfarbig .................. bpm 2,50 0,50
Satzpreis (2 W.) 3,50 0,80
FDC 4,—

Auflagen: MiNr. 2182 = 10.000.000, MiNr. 2183 = 2.546.641 Stück

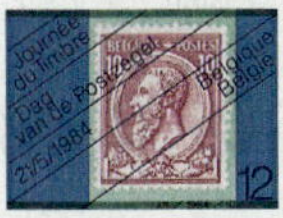


**1984, 19. Mai. Tag der Briefmarke. RaTdr. (6×5); Papier ph.; gez. K 11½.**

bpn) Marke MiNr. 42

**2184** 12 (Fr) mehrfarbig .................. bpn 0,70 0,30
FDC 1,70

Auflage: 10.000.000 Stück

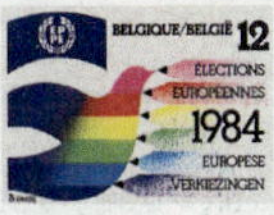


**1984, 26. Mai. Zweite Direktwahlen zum Europäischen Parlament. RaTdr. (6×5); Papier ph.; gez. K 11½.**

bpo) Friedenstaube, Bleistifte, Flagge

**2185** 12 (Fr) mehrfarbig .................. bpo 1,— 0,30
FDC 2,—

Auflage: 9.000.000 Stück

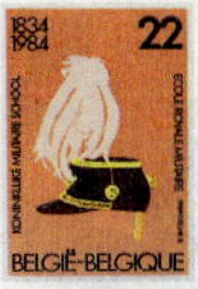


**1984, 9. Juni. 150 Jahre Königliche Militärschule. RaTdr. (5×6); Papier ph.; gez. K 11½.**

bpp) Tschako der Militärstudenten

**2186** 22 (Fr) mehrfarbig .................. bpp 1,20 0,50
FDC 2,60

Auflage: 2.549.088 Stück

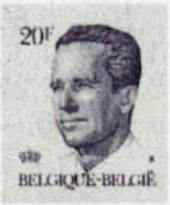


**1984, 12. Juni. Freimarken: König Baudouin, 🄴 Velghe. RaTdr. (10×5); Papier ph.; gez. K 11¾.**

bnd) König Baudouin (1930–1993, reg. ab 1951)

**2187** 20 Fr violettblau .................. bnd 1,50 0,30
**2188** 40 Fr bräunlichrot .................. bnd 3,— 0,30
Satzpreis (2 W.) 4,50 0,50
FDC 7,50

MiNr. 2187–2188 gibt es jeweils mit grünlichem, gelblichem und weißem Gummi.

Auflagen: MiNr. 2187 = 117.187.000, MiNr. 2188 = 106.070.400 Stück

*In gleicher Zeichnung: MiNr. 2121, 2137, 2165, 2176–2178, 2212, 2255, 2261, 2403, 2408*

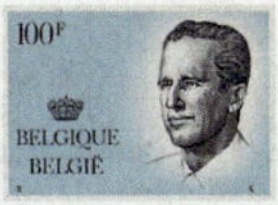


**1984, 12. Juni. Freimarke: König Baudouin ohne Brille, 🄴 Velghe. Komb. StTdr. und RaTdr. (6×5); Papier ph.; gez. K 11½:11¾.**

bpi) König Baudouin (1930–1993, reg. ab 1951)

**2189** 100 Fr mehrfarbig .................. bpi 7,50 0,30
FDC 10,—

MiNr. 2189 gibt es mit grünlichem, gelblichem und weißem Gummi.

Auflage: 59.638.910 Stück

*In gleicher Zeichnung: MiNr. 2179, 2288*

**1984, 23. Juni. Tourismus. Komb. StTdr. und RaTdr. (6×5, Hochformat ~); Papier ph.; gez. K 11½.**

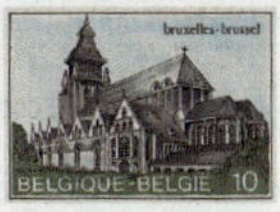


bpr) Kirche Notre-Dame-de-la-Chapelle, Brüssel

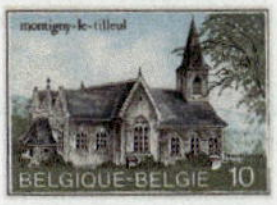


bps) Martinskirche, Montigny-le-Tilleul bei Charleroi

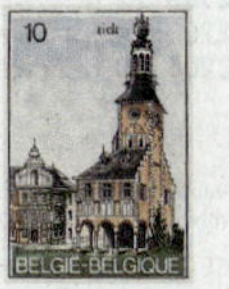


bpt) Lakenhalle und Rathaus, Tielt

**2190** 10 (Fr) mehrfarbig .................. bpr 0,60 0,30
**2191** 10 (Fr) mehrfarbig .................. bps 0,50 0,30
**2192** 10 (Fr) mehrfarbig .................. bpt 0,50 0,30
Satzpreis (3 W.) 1,60 0,60
FDC 7,50

Auflage: 3.600.000 Sätze

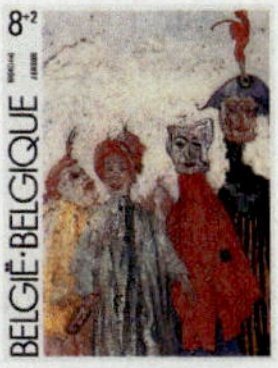


**1984, 1. Sept. Kultur: Einweihung des Museums für moderne Kunst, Brüssel. RaTdr. (8×5); MiNr. 2194–2196 Papier ph.; gez. K 11½.**

bpu) Die sonderbaren Masken (Detail); Gemälde von James Ensor (1860–1949)

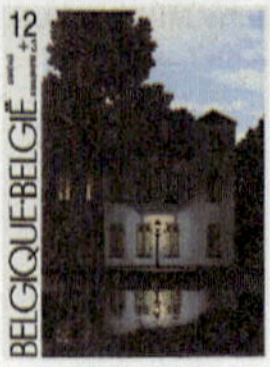
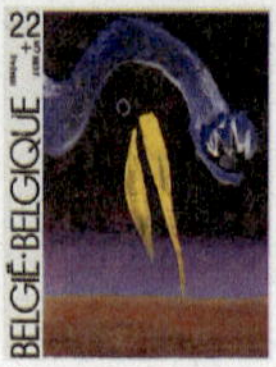
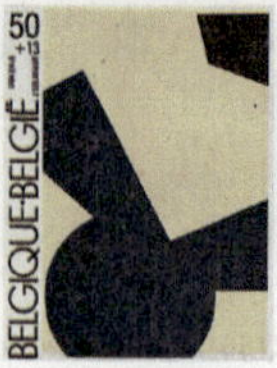

bpv) Das Reich des Lichtes (Detail); Gemälde von René Magritte (1898–1967)

bpw) Das Ende (Detail); Gemälde von Jan Cox (1919–1980)

bpx) Rhythmus Nr. 6; Gemälde von Jo Delahaut (1911–1992)

| | | | | |
|---|---|---|---|---|
| **2193** | 8 (Fr) + 2 (Fr) mehrfarbig | bpu | 0,80 | 0,60 |
| **2194** | 12 (Fr) + 3 (Fr) mehrfarbig | bpv | 1,20 | 0,80 |
| **2195** | 22 (Fr) + 5 (Fr) mehrfarbig | bpw | 1,50 | 1,50 |
| **2196** | 50 (Fr) + 13 (Fr) mehrfarbig | bpx | 3,50 | 3,20 |
| | Satzpreis (4 W.) | | 7,— | 6,— |
| | FDC | | | 10,— |

Auflagen: MiNr. 2193 = 599.970, MiNr. 2194 = 593.244, MiNr. 2195 = 574.967, MiNr. 2196 = 570.089 Stück

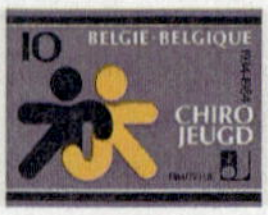

**1984, 15. Sept. 50 Jahre christliche Jugendbewegung „Chirojeugd“. RaTdr. (6×5); Papier ph.; gez. K 11½.**

bpy) Jugendliche, Emblem

| | | | | |
|---|---|---|---|---|
| **2197** | 10 (Fr) mehrfarbig | bpy | 0,60 | 0,30 |
| | FDC | | | 1,80 |

Auflage: 3.600.000 Stück

**1984, 6. Okt. Abteien. Komb. StTdr. und RaTdr. (5×6, Querformat ~); MiNr. 2199–2201 Papier ph.; gez. K 11½.**

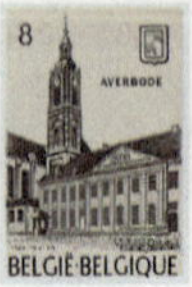
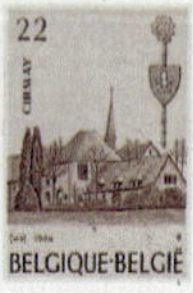
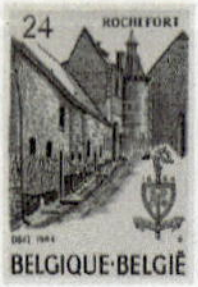
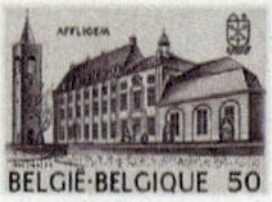

bpz) Abtei von Averbode

bra) Abtei von Chimay

brb) Abtei von Rochefort

brc) Abtei von Affligem

| | | | | |
|---|---|---|---|---|
| **2198** | 8 (Fr) weißchromgelb/schwarzoliv | bpz | 0,50 | 0,30 |
| **2199** | 22 (Fr) weißlila/dunkelbraunkarmin | bra | 1,20 | 0,30 |
| **2200** | 24 (Fr) weißlila/purpurviolett | brb | 1,20 | 0,30 |
| **2201** | 50 (Fr) weißbläul'grün/grünschwarz | brc | 2,60 | 0,60 |
| | Satzpreis (4 W.) | | 5,50 | 1,50 |
| | FDC | | | 12,— |

Auflagen: MiNr. 2198 = 5.400.000, MiNr. 2199 = 2.500.821, MiNr. 2200 = 3.000.000 MiNr. 2201 = 2.000.000 Stück

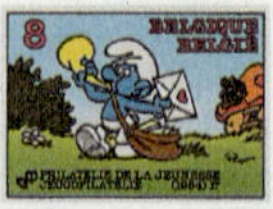

**1984, 20. Okt. Jugendphilatelie. RaTdr. (6×5); gez. K 11½.**

brd) Schlumpf als Postbote; Comicfigur von Peyo, eigentlich Pierre Culliford (1928–1992)

| | | | | |
|---|---|---|---|---|
| **2202** | 8 (Fr) mehrfarbig | brd | 1,— | 0,30 |
| | FDC | | | 5,— |

Auflage: 5.400.000 Stück

**1984, 3. Nov. Kinder. RaTdr. (5×6); Papier ph.; gez. K 11½.**

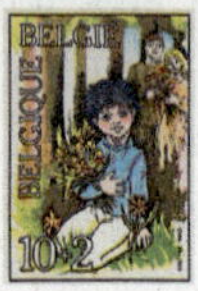
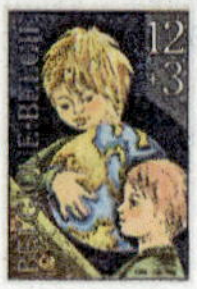
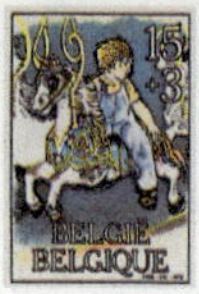

bre) Kind und Familie

brf) Kinder beim Lernen

brg) Kind auf Karussell

| | | | | |
|---|---|---|---|---|
| **2203** | 10 (Fr) + 2 (Fr) mehrfarbig | bre | 0,80 | 0,80 |
| **2204** | 12 (Fr) + 3 (Fr) mehrfarbig | brf | 0,80 | 0,80 |
| **2205** | 15 (Fr) + 3 (Fr) mehrfarbig | brg | 1,20 | 1,20 |
| | Satzpreis (3 W.) | | 2,80 | 2,80 |
| | FDC | | | 6,— |

Auflagen: MiNr. 2203 = 607.931, MiNr. 2204 = 606.602, MiNr. 2205 = 600.380 Stück

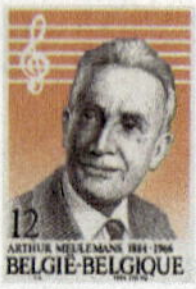

**1984, 17. Nov. 100. Geburtstag von Arthur Meulemans. Komb. StTdr. und RaTdr. (5×6); Papier ph.; gez. K 11½.**

brh) Arthur Meulemans (1884–1966), Komponist

| | | | | |
|---|---|---|---|---|
| **2206** | 12 (Fr) mattorange/braunschwarz | brh | 0,70 | 0,30 |
| | FDC | | | 2,— |

Auflage: 9.000.000 Stück

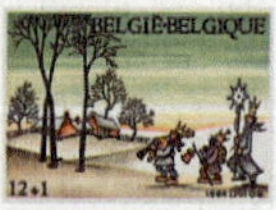

**1984, 1. Dez. Weihnachten und Neujahr. RaTdr. (6×5); Papier ph.; gez. K 11½.**

bri) Sternsinger

| | | | | |
|---|---|---|---|---|
| **2207** | 12 (Fr) + 1 (Fr) mehrfarbig | bri | 0,80 | 0,80 |
| | FDC | | | 2,20 |

Auflage: 1.016.693 Stück

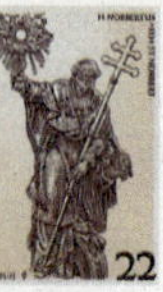

**1985, 12. Jan. 850. Todestag von Norbert von Xanten. Komb. StTdr. und RaTdr. (5×6); Papier ph.; gez. K 11½.**

brk) Norbert von Xanten (um 1080–1134), Erzbischof und Gründer des Prämonstratenserordens (Skulptur)

| | | | | |
|---|---|---|---|---|
| **2208** | 22 (Fr) mattchromgelb/schwarzviolett-purpur | brk | 1,20 | 0,50 |
| | FDC | | | 2,60 |

Auflage: 2.242.053 Stück

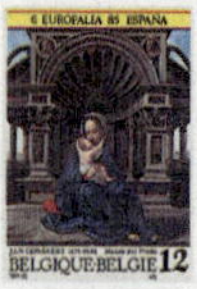

**1985, 19. Jan. Europäisches Kulturfestival „Europalia '85 España“, Brüssel. RaTdr. (5×6); Papier ph.; gez. K 11½.**

brl) Jungfrau von Löwen; Gemälde von Jan Mabuse, eigentlich Jean Gossaert (um 1478–1532), flämischer Maler

| | | | | |
|---|---|---|---|---|
| **2209** | 12 (Fr) mehrfarbig | brl | 0,80 | 0,30 |
| | FDC | | | 2,— |

Auflage: 8.100.000 Stück

*Parallelausgabe mit Spanien MiNr. 2664*

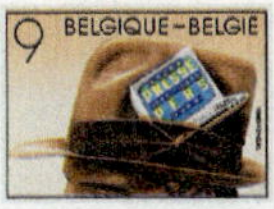


**1985, 9. Febr. 100 Jahre Generalverband der Berufsjournalisten in Belgien. RaTdr. (6×5); gez. K 11½.**

brm) Hut mit Texterfassungsgerät

**2210** 9 (Fr) mehrfarbig .................... brm 0,60 0,30
FDC 1,80

Auflage: 4.900.000 Stück

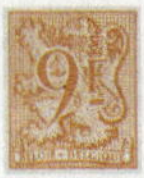

**1985, 11. Febr. Freimarke: Neuer heraldischer Löwe. Bdr. (10×10); gez. K 14:14¼.**

bdr) Wertzahl über heraldischem Löwen

**2211** 9 Fr orange .......................... bdr 0,80 0,30
FDC 2,50

**Vorausentwertung:**

| | | (✱) | ✱✱ |
|---|---|---|---|
| 2211 V | Aufdrucktype b 7 | 0,30 | 0,80 |

*Weitere Werte siehe Übersicht nach Jahrgangswerttabelle.*

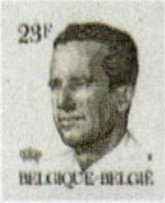

**1985, 25. Febr. Freimarke: König Baudouin, E Velghe. RaTdr. (10×5); Papier ph.; gez. K 11¾.**

bnd) König Baudouin (1930–1993, reg ab 1951)

| | | ✱✱ | ⊙ |
|---|---|---|---|
| **2212** 23 Fr dunkelgrünoliv | bnd | 2,— | 0,50 |
| | FDC | | 3,60 |

Auflage: 13.703.600 Stück

*In gleicher Zeichnung: MiNr. 2121, 2137, 2165, 2176–2178, 2187–2188, 2255, 2261, 2403, 2408*

**1985, 2. März. Rotes Kreuz: Bluttransfusionen. RaTdr. (5×6); Papier ph.; gez. K 11½.**

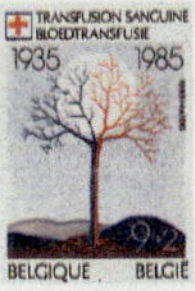


brn

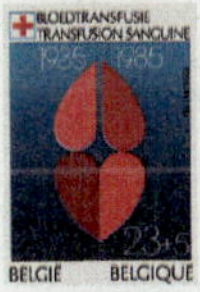


bro

brn–bro) Symbolische Darstellungen

**2213** 9 (Fr) + 2 (Fr) mehrfarbig ............ brn 0,70 0,70
**2214** 23 (Fr) + 5 (Fr) mehrfarbig ............ bro 1,50 1,50
Satzpreis (2 W.) 2,20 2,20
FDC 5,—

Auflagen: MiNr. 2213 = 608.961, MiNr. 2214 = 596.636 Stück

**1985, 16. März. Genter Blumenschau: Orchideen. Komb. StTdr. und RaTdr. (5×6); Papier ph; gez. K 11½.**

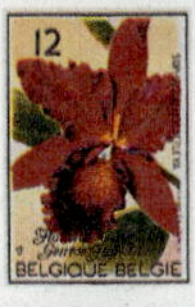

brp) Sophrolaeliocattleya Riffe „Burlingame“

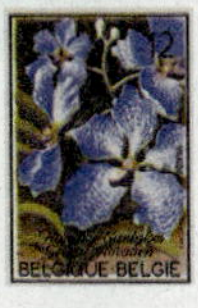

brr) Vanda coerulea

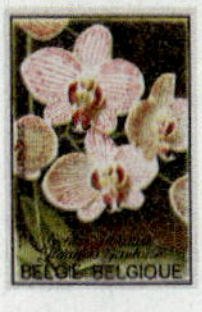

brs) Phalaenopsis „Malibu Lipstick“

**2215** 12 (Fr) mehrfarbig .................... brp 0,80 0,30
**2216** 12 (Fr) mehrfarbig .................... brr 0,80 0,30
**2217** 12 (Fr) mehrfarbig .................... brs 0,80 0,30
Satzpreis (3 W.) 2,40 0,60
FDC 6,—

Auflage: 4.000.000 Sätze

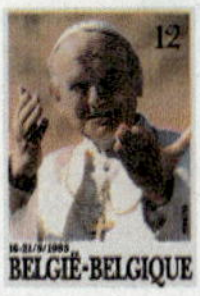


**1985, 30. März. Besuch von Papst Johannes Paul II. in Belgien. RaTdr. (5×6); Papier ph.; gez. K 11½.**

brt) Papst Johannes Paul II. (1920–2005, reg. ab 1978)

**2218** 12 (Fr) mehrfarbig .................... brt 0,70 0,30
FDC 2,50

Auflage: 8.100.000 Stück

**1985, 13. April. 100 Jahre Belgische Arbeiterpartei (BWP/POB). RaTdr. (6×5); MiNr. 2220 Papier ph.; gez. K 11½.**

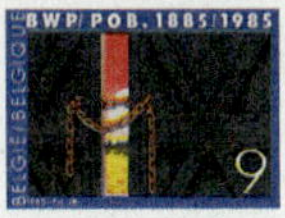


bru) Verschlossenes Tor

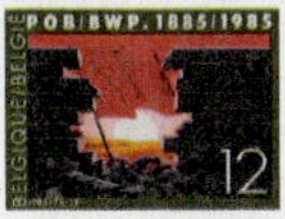


brv) Durchbrochene Mauer, Rote Fahne

**2219** 9 (Fr) mehrfarbig .................... bru 0,60 0,30
**2220** 12 (Fr) mehrfarbig .................... brv 0,70 0,30
Satzpreis (2 W.) 1,30 0,50
FDC 3,60

Auflagen: MiNr. 2219 = 4.900.000, MiNr. 2220 = 8.100.000 Stück

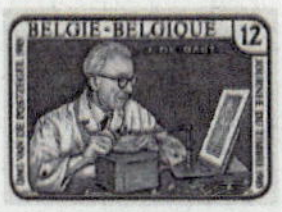


**1985, 20. April. Tag der Briefmarke. StTdr. (6×5); Papier ph.; gez. K 11½.**

brw) Jan De Bast (1883–1975), Briefmarkenstecher; Arbeit an Marke MiNr. 1146

**2221** 12 (Fr) schwarzblau .................... brw 0,70 0,30
FDC 1,80

Auflage: 9.000.000 Stück

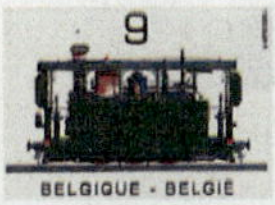


**1985, 4. Mai. Jahr des öffentlichen Verkehrswesens. RaTdr. (6×5); MiNr. 2223–2225 Papier ph.; gez. K 11½.**

brx) Straßenbahn-Dampflokomotive Typ 18 (1896)

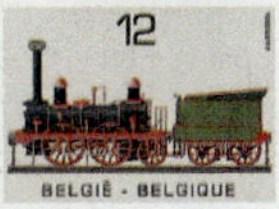


bry) Tenderlok „Elephant“ (1835)

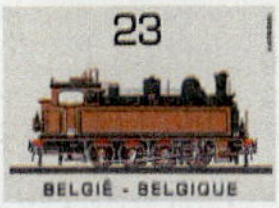


brz) Tenderlok Typ 23 (1904)

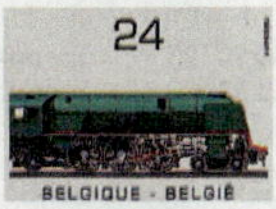


bsa) Lokomotive „Pacific“ Typ 1 (1935)

**2222** 9 (Fr) mehrfarbig .................... brx 0,50 0,30
**2223** 12 (Fr) mehrfarbig .................... bry 0,60 0,30
**2224** 23 (Fr) mehrfarbig .................... brz 1,30 0,40
**2225** 24 (Fr) mehrfarbig .................... bsa 1,60 0,50
Satzpreis (4 W.) 4,— 1,50
FDC 8,—

**Blockausgabe, Papier ph.**

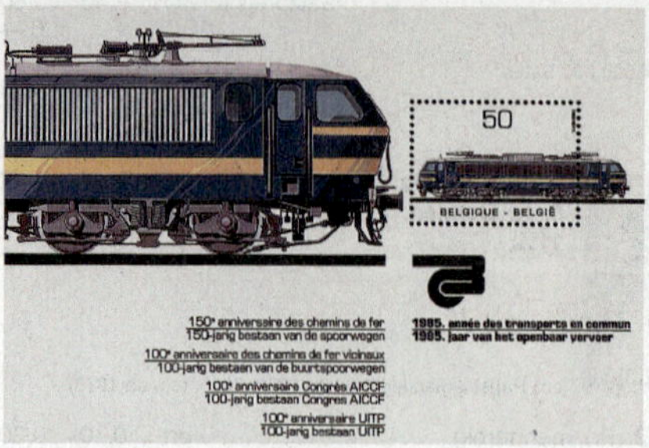


bsc

bsb) Elektrolokomotive Typ 27 (1979)

| | | | | |
|---|---|---|---|---|
| 2226 | 50 (Fr) mehrfarbig | bsb | 4,60 | 4,60 |
| Block 55 | (150×100 mm) | bsc | 5,— | 5,— |
| | | FDC | | 7,50 |

Auflagen: MiNr. 2222 = 4.900.000, MiNr. 2223 = 8.100.000, MiNr. 2224 = 2.466.062, MiNr. 2225 = 2.700.000 Stück, Bl. 55 = 1.000.000 Blocks

**1985, 11. Mai. Europa: Europäisches Jahr der Musik. RaTdr. (6×5); Papier ph.; gez. K 11½.**

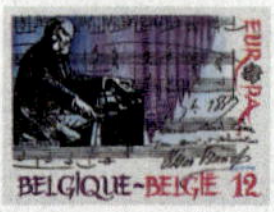


bsd) César Franck (1822–1890), Komponist

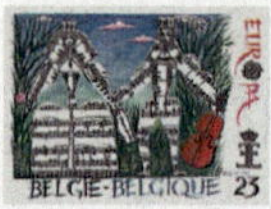


bse) Musikwettbewerb „Königin Elisabeth“

| | | | | |
|---|---|---|---|---|
| 2227 | 12 (Fr) mehrfarbig | bsd | 1,— | 0,30 |
| 2228 | 23 (Fr) mehrfarbig | bse | 2,50 | 0,50 |
| | Satzpreis (2 W.) | | 3,50 | 0,80 |
| | | FDC | | 5,— |

Auflagen: MiNr. 2227 = 9.000.000, MiNr. 2228 = 2.318.408 Stück

**1985, 8. Juni. Internationaler Schifffahrtskongress, Brüssel. RaTdr. (6×5); Papier ph.; gez. K 11½.**

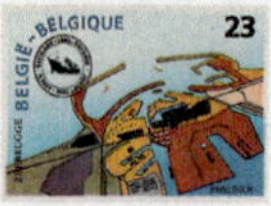


bsf) Neue Hafenanlage, Zeebrugge

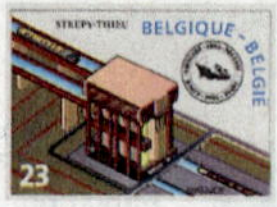


bsg) Bau eines Schiffsaufzuges, Strépy-Thieu

bsf–bsg) Kongressemblem

| | | | | |
|---|---|---|---|---|
| 2229 | 23 (Fr) mehrfarbig | bsf | 1,30 | 0,50 |
| 2230 | 23 (Fr) mehrfarbig | bsg | 1,30 | 0,50 |
| | Satzpreis (2 W.) | | 2,60 | 1,— |
| | | FDC | | 5,50 |

Auflagen: MiNr. 2229 = 2.090.728, MiNr. 2230 = 2.067.986 Stück

**1985, 22. Juni. Tourismus. RaTdr. (5×6, Querformate ~); Papier ph.; gez. K 11½.**

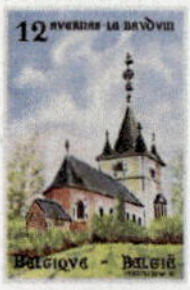

bsh) Mariä-Himmelfahrts-Kirche, Avernas-le-Bauduin

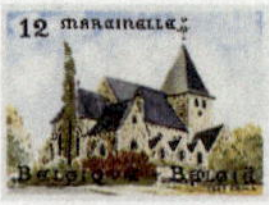

bsi) Martinskirche, Marcinelle

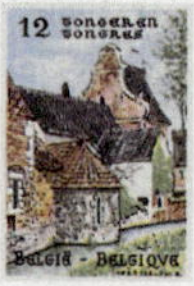

bsk) Römischer Festungsturm und Beginenstiftskirche, Tongern

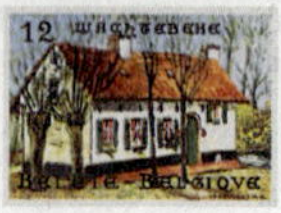

bsl) Wohnhaus in Puyenbroeck, Wachtebeke

| | | | | |
|---|---|---|---|---|
| 2231 | 12 (Fr) mehrfarbig | bsh | 0,80 | 0,30 |
| 2232 | 12 (Fr) mehrfarbig | bsi | 0,80 | 0,30 |
| 2233 | 12 (Fr) mehrfarbig | bsk | 0,80 | 0,30 |
| 2234 | 12 (Fr) mehrfarbig | bsl | 0,80 | 0,30 |
| | Satzpreis (4 W.) | | 3,— | 1,— |
| | | FDC | | 8,50 |

Auflage: 3.200.000 Sätze

**1985, 31. Aug. 50. Todestag von Königin Astrid. RaTdr. (5×6); Papier ph.; gez. K 11¾:11½.**

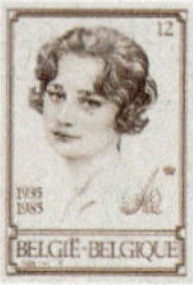


bsm) Königin Astrid (1905–1935)

| | | | | |
|---|---|---|---|---|
| 2235 | 12 (Fr) orangebraun/braun | bsm | 0,70 | 0,30 |
| | | FDC | | 2,50 |

Auflage: 8.100.000 Stück

**1985, 14. Sept. Folklore: Geraardsbergener „Mattetaart“; 100-Jahr-Feier der Jugendorganisation „Les Rouges“, Hermalle-sous-Argenteau. RaTdr. (5×6); Papier ph.; gez. K 11¾:11½.**

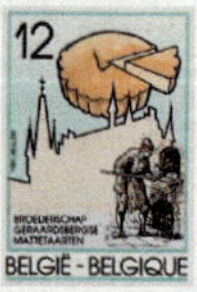


bsn) „Mattetaart“, Bäcker, Abtei von Geraardsbergen (Grammont)

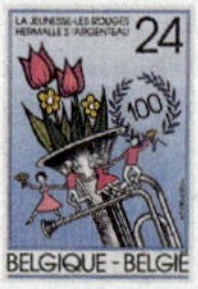


bso) Blechblasinstrument mit Blumen und tanzenden Jugendlichen

| | | | | |
|---|---|---|---|---|
| 2236 | 12 (Fr) mehrfarbig | bsn | 0,80 | 0,30 |
| 2237 | 24 (Fr) mehrfarbig | bso | 1,70 | 0,40 |
| | Satzpreis (2 W.) | | 2,50 | 0,70 |
| | | FDC | | 5,— |

Auflage: MiNr. 2236 = 3.200.000, MiNr. 2237 = 2.700.000 Stück

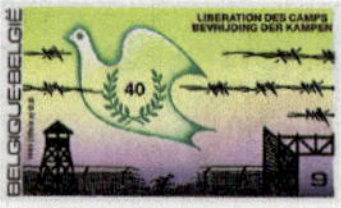

**1985, 28. Sept. 40. Jahrestag der Befreiung. RaTdr. (5×5); MiNr. 2239–2240 Papier ph.; gez. K 11¾.**

bsp) Befreiung der Kriegsgefangenen aus den Konzentrationslagern (1945)

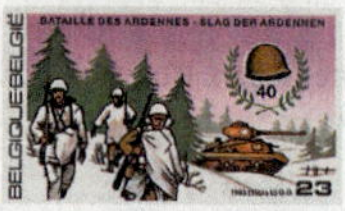

bsr) Ardennen-Schlacht (1944)

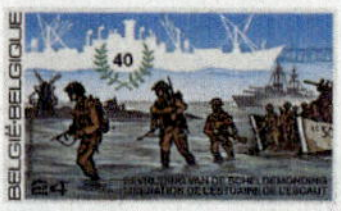

bss) Befreiung der Scheldemündung (1944)

| | | | | |
|---|---|---|---|---|
| 2238 | 9 (Fr) mehrfarbig | bsp | 0,50 | 0,30 |
| 2239 | 23 (Fr) mehrfarbig | bsr | 1,20 | 0,40 |
| 2240 | 24 (Fr) mehrfarbig | bss | 1,30 | 0,50 |
| | Satzpreis (3 W.) | | 3,— | 1,20 |
| | | FDC | | 7,50 |

Auflagen: MiNr. 2238 = 4.900.000, MiNr. 2239 = 1.787.739, MiNr. 2240 = 2.700.000 Stück

**1985, 30. Sept./1986, 12. Aug. Freimarken: Vögel. Bdr. (10×5); v = Typopapier, x = normales Papier; gez. K 11½.**

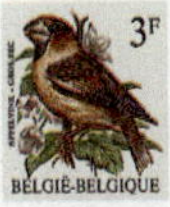

bst) Kernbeißer (Coccothraustes coccothraustes)

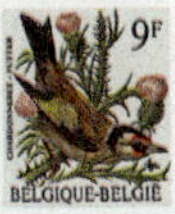

bsu) Stieglitz (Carduelis carduelis)

**v = Typopapier**

| | | | | |
|---|---|---|---|---|
| **2241 v** 3 Fr mehrfarbig (9.6.1986) | bst | 0,30 | 0,30 |
| **2242 v** 9 Fr mehrfarbig (12.8.1986) | bsu | 0,70 | 0,30 |
| | Satzpreis v (2 W.) | 1,— | 0,50 |

**x = normales Papier (30.9.1985)**

| | | | |
|---|---|---|---|
| **2241 x** 3 Fr mehrfarbig | bst | 0,50 | 0,30 |
| **2242 x** 9 Fr mehrfarbig | bsu | 1,20 | 0,30 |
| | Satzpreis x (2 W.) | 1,70 | 0,50 |
| | FDC x | | 8,— |

**Vorausentwertungen:**

| | (✱) | ✱✱ |
|---|---|---|
| 2241 x V Aufdrucktype b 7 | 0,30 | 0,30 |
| 2242 x V Aufdrucktype b 7 | 0,30 | 0,80 |

*Weitere Werte siehe Übersicht nach Jahrgangswerttabelle.*

**Papiere der Freimarkenserie „Vögel"**

Die Papierunterschiede der Freimarkenserie „Vögel" erhalten folgende einheitliche Kodierung:

**v = Typopapier** (polyvalentes, hochglänzendes Papier ohne Fluoreszenz oder Phosphoreszenz)
**w = Papier fl.** (polyvalentes, fluoreszierendes Papier)
**x = normales Papier** (polyvalentes Papier ohne Fluoreszenz oder Phosphoreszenz)
**y = Papier ph.** (polyvalentes, phosphoreszierendes Papier)

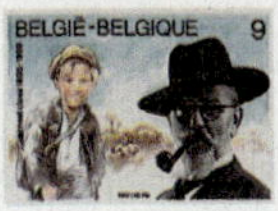

**1985, 5. Okt. 100. Geburtstag von Ernest Claes. RaTdr. (6×5); gez. K 11½:11¾.**

bsv) Ernest Claes (1885–1968), Schriftsteller; Romanfigur „de Witte"

| | | ✱✱ | ⊙ |
|---|---|---|---|
| **2243** 9 Fr mehrfarbig | bsv | 0,50 | 0,40 |
| | FDC | | 2,20 |

Auflage: 4.900.000 Stück

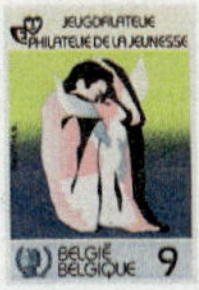

**1985, 19. Okt. Jugendphilatelie: Internationales Jahr der Jugend. RaTdr. (5×6); gez. K 11¾:11½.**

bsw) Jugendlicher, Emblem

| | | | |
|---|---|---|---|
| **2244** 9 (Fr) mehrfarbig | bsw | 0,50 | 0,30 |
| | FDC | | 2,— |

Auflage: 4.900.000 Stück

**1985, 2. Nov. Solidarität: Schlösser. Komb. StTdr. und RaTdr. (6×5); MiNr. 2246–2248 Papier ph.; gez. K 11½.**

bsx) Schloss von Trazegnies bei Charleroi

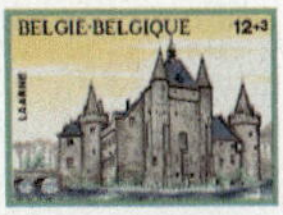

bsy) Schloss von Laarne

bsz) Schloss von Turnhout

bta) Schloss von Colonster bei Lüttich

| | | | |
|---|---|---|---|
| **2245** 9 (Fr) + 2 (Fr) mehrfarbig | bsx | 0,80 | 0,80 |
| **2246** 12 (Fr) + 3 (Fr) mehrfarbig | bsy | 1,— | 1,— |
| **2247** 23 (Fr) + 5 (Fr) mehrfarbig | bsz | 1,60 | 1,60 |
| **2248** 50 (Fr) + 12 (Fr) mehrfarbig | bta | 3,20 | 3,20 |
| | Satzpreis (4 W.) | 6,50 | 6,50 |
| | FDC | | 10,— |

Auflagen: MiNr. 2245 = 569.609, MiNr. 2246 = 567.354, MiNr. 2247 = 549.946, MiNr. 2248 = 546.648 Stück

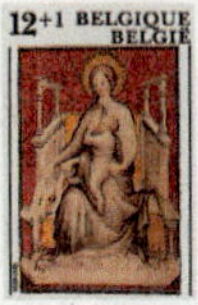

**1985, 23. Nov. Weihnachten und Neujahr. RaTdr. (5×6); Papier ph.; gez. K 11¾:11½.**

btb) Maria mit Kind; Miniatur aus Stundenbuch von Jean I. (1340–1416), Herzog von Berry

| | | | |
|---|---|---|---|
| **2249** 12 (Fr) + 1 (Fr) mehrfarbig | btb | 1,— | 1,— |
| | FDC | | 2,60 |

Auflage: 975.673 Stück

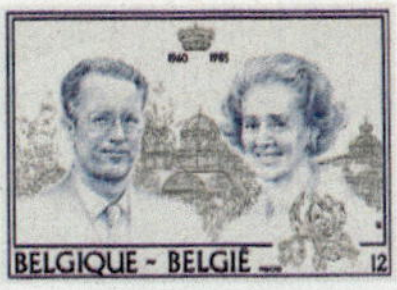

**1985, 7. Dez. Silberhochzeit von König Baudouin und Königin Fabiola. RaTdr. (5×6); Papier ph.; gez. K 11½.**

btc) Königspaar

| | | | |
|---|---|---|---|
| **2250** 12 (Fr) mehrfarbig | btc | 0,80 | 0,30 |
| | FDC | | 2,50 |

Auflage: 8.100.000 Stück

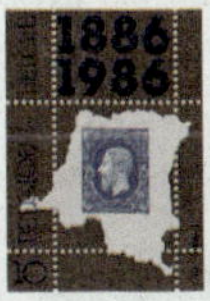

**1986, 25. Jan. 100. Jahrestag der ersten Briefmarkenausgabe des Unabhängigen Kongo-Staates. RaTdr. (5×6); Papier ph.; gez. K 11½.**

btd) Marke Belgisch-Kongo MiNr. 3, Landkarte

| | | | |
|---|---|---|---|
| **2251** 10 (Fr) mehrfarbig | btd | 0,70 | 0,30 |
| | FDC | | 2,— |

Auflage: 2.700.000 Stück

*Parallelausgabe mit Zaire MiNr. 932*

**1986, 1. Febr. Folklore: Karneval in Aalst und Binche. RaTdr. (6×5); MiNr. 2253 Papier ph.; gez. K 11½.**

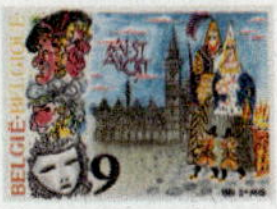

bte) Riesenfiguren; Glockenturm von Aalst; Masken

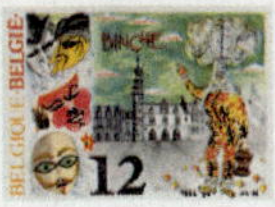

btf) „Gille"; Stadtansicht von Binche; Masken

| | | | |
|---|---|---|---|
| **2252** 9 (Fr) mehrfarbig | bte | 0,60 | 0,30 |
| **2253** 12 (Fr) mehrfarbig | btf | 0,90 | 0,30 |
| | Satzpreis (2 W.) | 1,50 | 0,60 |
| | FDC | | 4,— |

Auflagen: MiNr. 2252 = 4.900.000, MiNr. 2253 = 8.100.000 Stück

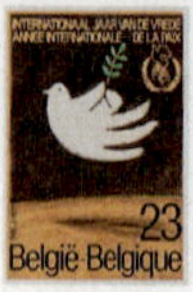


**1986, 8. März. Internationales Jahr des Friedens. RaTdr. (5×6); Papier ph.; gez. K 11½.**

btg) Friedenstaube als Hand mit Zweig

**2254** 23 (Fr) mehrfarbig . . . . . . . . . . . . . . . . . . btg 1,30 0,50
FDC 2,60

Auflage: 1.695.603 Stück

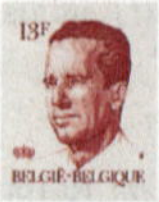

**1986, 10. März. Freimarke: König Baudouin, 🄴 Velghe. RaTdr., Bogen (10×5) und Markenheftchen (2×5); Papier ph.; gez. K 11¾.**

bnd) König Baudouin (1930–1993, reg. ab 1951)

**2255** 13 Fr rotkarmin . . . . . . . . . . . . . . . . . . . . bnd 0,80 0,30
FDC 2,80
Markenheftchen *40,—*

MiNr. 2255 gibt es mit grünlichem und gelblichem Gummi.

Auflage: 1.226.868.300 Stück

*In gleicher Zeichnung: MiNr. 2121, 2137, 2165, 2176–2178, 2187–2188, 2212, 2261, 2403, 2408*

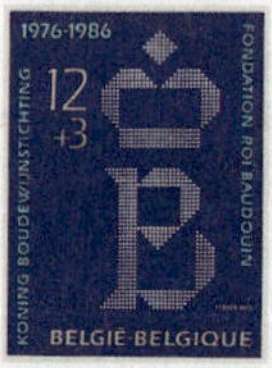


**1986, 22. März. 10 Jahre König-Baudouin-Stiftung. RaTdr. (8×5); Papier ph.; gez. K 11½.**

bth) Stiftungsemblem

**2256** 12 (Fr) + 3 (Fr) mehrfarbig . . . . . . . . . . . . bth 1,20 1,20
FDC 2,50

Auflage: 630.348 Stück

**1986, 5. April. Kultur: „Genter Altar" der Brüder van Eyck. RaTdr. (8×5); Papier ph.; gez. K 11½.**

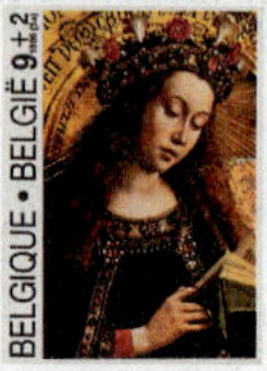


bti) Die Jungfrau

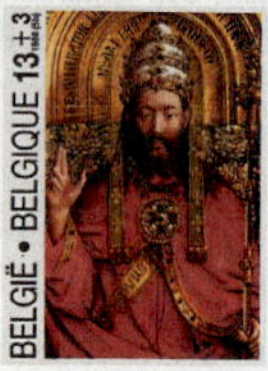


btk) Der Gottessohn

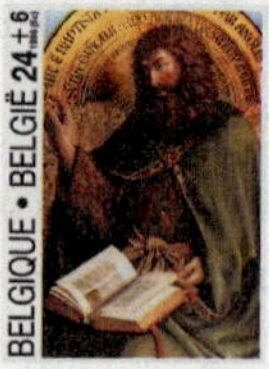


btl) Johannes der Täufer

**2257** 9 (Fr) + 2 (Fr) mehrfarbig . . . . . . . . . . . . bti 1,— 1,—
**2258** 13 (Fr) + 3 (Fr) mehrfarbig . . . . . . . . . . . . btk 1,20 1,20
**2259** 24 (Fr) + 6 (Fr) mehrfarbig . . . . . . . . . . . . btl 2,— 2,—
Satzpreis (3 W.) 4,20 4,20
FDC 8,—

**Blockausgabe**

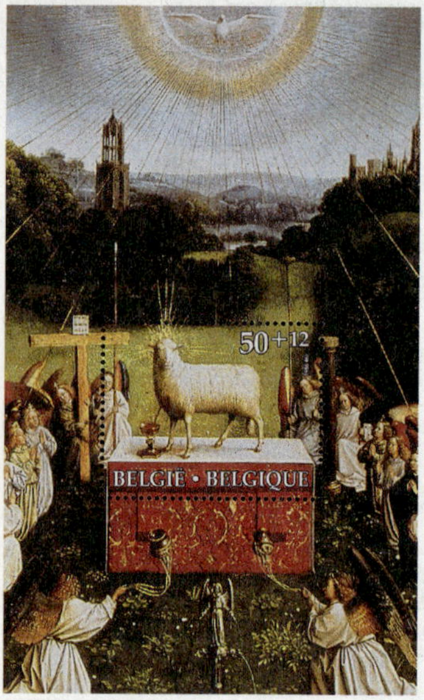


btn

btm) Anbetung des Lammes (Detail)

**2260** 50 (Fr) + 12 (Fr) mehrfarbig . . . . . . btm 7,50 7,50
**Block 56** (93×150 mm) . . . . . . . . . . . btn 8,— 8,—
FDC 11,—

Auflagen: MiNr. 2257 = 581.881, MiNr. 2258 = 579.926, 2259 = 567.232 Stück, Bl. 56 = 650.645 Blocks

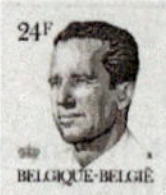

**1986, 7. April. Freimarke: König Baudouin, 🄴 Velghe. RaTdr. (10×5); Papier ph.; gez. K 11¾.**

bnd) König Baudouin (1930–1993, reg. ab 1951)

**2261** 24 Fr olivschwarz . . . . . . . . . . . . . . . . . . bnd 1,60 0,40
FDC 3,20

Auflage: 11.898.850 Stück

*In gleicher Zeichnung: MiNr. 2121, 2137, 2165, 2176–2178, 2187–2188, 2212, 2255, 2403, 2408*

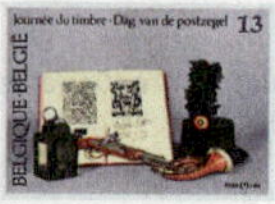

**1986, 19. April. Tag der Briefmarke. RaTdr. (6×5); Papier ph.; gez. K 11½.**

bto) Ausstellungsstücke aus dem Postmuseum in Brüssel

**2262** 13 (Fr) mehrfarbig . . . . . . . . . . . . . . . . . . bto 0,80 0,30
FDC 2,—

Auflage: 9.000.000 Stück

**1986, 3. Mai. Europa: Natur- und Umweltschutz. RaTdr. (6×5); Papier ph.; gez. K 11½.**

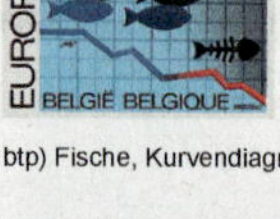


btp) Fische, Kurvendiagramm

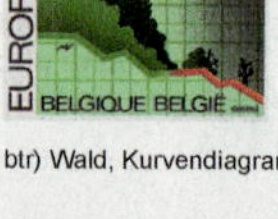


btr) Wald, Kurvendiagramm

| | | | | | |
|---|---|---|---|---|---|
| **2263** | 13 (Fr) mehrfarbig | btp | 1,— | 0,30 |
| **2264** | 24 (Fr) mehrfarbig | btr | 3,— | 0,70 |
| | Satzpreis (2 W.) | | 4,— | 1,— |
| | FDC | | | 4,50 |

Auflagen: MiNr. 2263 = 9.000.000, MiNr. 2264 = 2.400.000 Stück

**1986, 24. Mai. Belgische Hunderassen. RaTdr. (5×6); MiNr. 2266–2268 Papier ph.; gez. K 11½.**

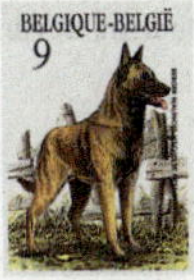


bts) Mechelner Schäferhund

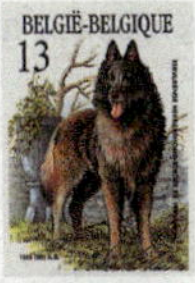


btt) Tervurener Schäferhund

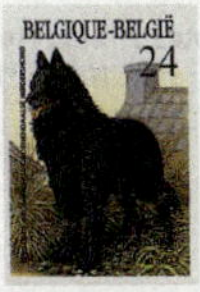


btu) Groenendael

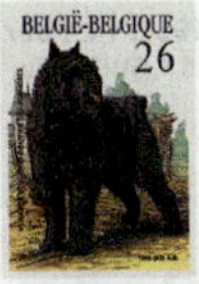


btv) Flandrischer Treibhund

| | | | | |
|---|---|---|---|---|
| **2265** | 9 (Fr) mehrfarbig | bts | 0,70 | 0,30 |
| **2266** | 13 (Fr) mehrfarbig | btt | 1,— | 0,30 |
| **2267** | 24 (Fr) mehrfarbig | btu | 1,80 | 0,70 |
| **2268** | 26 (Fr) mehrfarbig | btv | 2,— | 0,70 |
| | Satzpreis (4 W.) | | 5,50 | 2,— |
| | FDC | | | 10,— |

Auflagen: MiNr. 2265 = 4.900.000, MiNr. 2266 = 8.100.000, MiNr. 2267–2268 je 2.400.000 Stück

**1986, 28. Juni. Tourismus. Komb. StTdr. und RaTdr. (5×6, Querformate ~); MiNr. 2271–2274 Papier ph.; gez. K 11¾:11½, Querformate ~.**

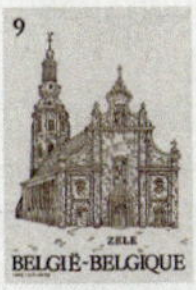


btw) Ludgerkirche, Zele

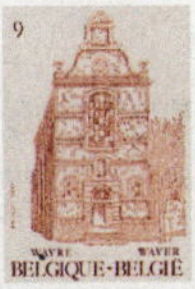


btx) Rathaus, Wavre

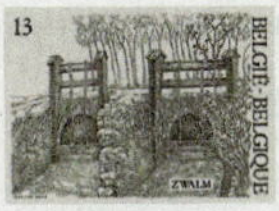


bty) Schleuse bei Zwalm

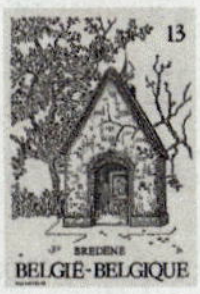


btz) Dünenkapelle, Bredene

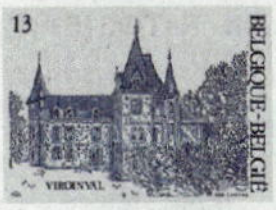


bua) Schloss Licot, Nismes (Viroinval)

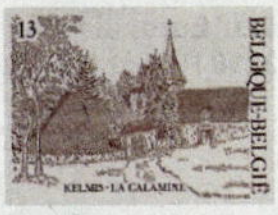


bub) Schloss Eyneburg, Kelmis (La Calamine)

| | | | | |
|---|---|---|---|---|
| **2269** | 9 (Fr) bräunlichweiß/dunkelbraun | btw | 0,60 | 0,30 |
| **2270** | 9 (Fr) weißrosa/bräunlichrot | btx | 0,60 | 0,30 |
| **2271** | 13 (Fr) weißgrün/dunkelgrün | bty | 0,70 | 0,30 |
| **2272** | 13 (Fr) bläulichweiß/blauschwarz | btz | 0,70 | 0,30 |
| **2273** | 13 (Fr) weißblau/violettblau | bua | 0,70 | 0,30 |
| **2274** | 13 (Fr) lilaweiß/schwarzlila | bub | 0,70 | 0,30 |
| | Satzpreis (6 W.) | | 4,— | 1,50 |
| | FDC | | | 12,— |

Auflagen: MiNr. 2269–2270 je 2.700.000, MiNr. 2271–2274 je 3.200.000 Stück

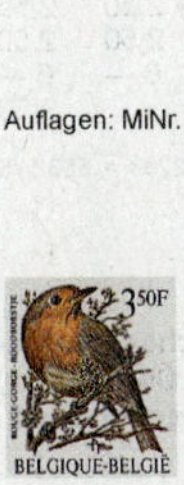


**1986, 25. Aug. Freimarke: Vögel. Bdr. (10×5); Typopapier; gez. K 11½.**

buc) Rotkehlchen (Erithacus rubecula)

| | | | | |
|---|---|---|---|---|
| **2275** | 3.50 Fr mehrfarbig | buc | 0,60 | 0,30 |
| | FDC | | | 5,— |

**Vorausentwertung:**

| | | (✶) | ✶✶ |
|---|---|---|---|
| 2275 V | Aufdrucktype b 7 | 0,30 | 0,60 |

FALSCH ohne Wertziffer (chemisch entfernt)

*Weitere Werte siehe Übersicht nach Jahrgangswerttabelle.*

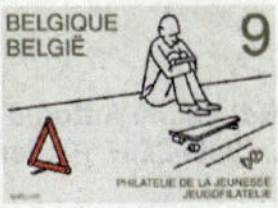


**1986, 30. Aug. Jugendphilatelie: Weltausstellung der Humoristen, Knokke. RaTdr. (6×5); gez. K 11½:11¾.**

bud) Mann mit defektem Skateboard, Warndreieck; Zeichnung von Raoul Debroeyer (1933–2023)

| | | | ✶✶ | ⊙ |
|---|---|---|---|---|
| **2276** | 9 (Fr) mehrfarbig | bud | 0,60 | 0,40 |
| | FDC | | | 2,— |

Auflage: 4.900.000 Stück

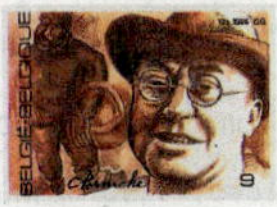


**1986, 27. Sept. Bedeutende Persönlichkeiten. RaTdr. (6×5); MiNr. 2278–2280 Papier ph.; gez. K 11½:11¾.**

bue) Constant Permeke (1886–1952), Maler und Bildhauer

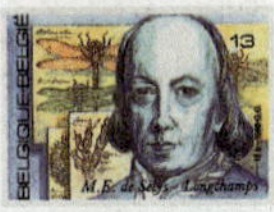


buf) Michel-Edmond de Selys-Longchamps (1813–1900), Naturwissenschaftler

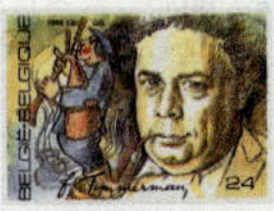


bug) Felix Timmermans (1886–1947), Schriftsteller

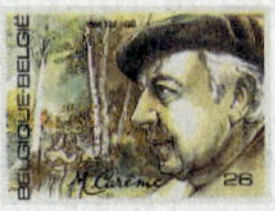


buh) Maurice Carême (1899–1978), Dichter

| | | | | |
|---|---|---|---|---|
| **2277** | 9 (Fr) mehrfarbig | bue | 0,50 | 0,30 |
| **2278** | 13 (Fr) mehrfarbig | buf | 0,90 | 0,30 |
| **2279** | 24 (Fr) mehrfarbig | bug | 1,50 | 0,40 |
| **2280** | 26 (Fr) mehrfarbig | buh | 1,60 | 0,50 |
| | Satzpreis (4 W.) | | 4,50 | 1,50 |
| | FDC | | | 10,— |

Auflagen: MiNr. 2277 = 4.900.000, MiNr. 2278 = 8.100.000, MiNr. 2279–2280 je 2.400.000 Stück

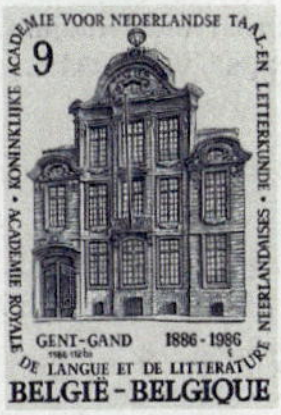


**1986, 4. Okt. 100 Jahre Königliche Akademie der Niederländischen Sprach- und Literaturwissenschaft, Gent. StTdr. (6×5); gez. K 11½.**

bui) Frontgiebel der Akademie

| | | | | |
|---|---|---|---|---|
| **2281** | 9 (Fr) schwarzblau | bui | 0,60 | 0,40 |
| | FDC | | | 2,— |

Auflage: 4.900.000 Stück

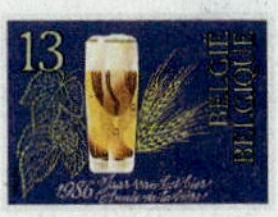


**1986, 11. Okt. Jahr des Bieres. RaTdr. (6×5); gez. K 11½:11¾.**

buk) Bierglas, Hopfen, Gerste

| | | | | |
|---|---|---|---|---|
| **2282** | 13 (Fr) mehrfarbig | buk | 0,80 | 0,30 |
| | FDC | | | 2,20 |

Auflage: 8.100.000 Stück

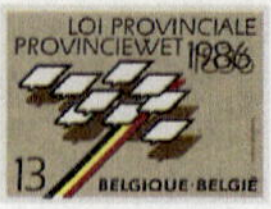


**1986, 25. Okt. 150 Jahre Provinzgesetz und Provinzräte.** RaTdr. (6×5); Papier ph.; gez. K 11½:11¾.

bul) Landkarte Belgiens mit den neun Provinzen

**2283** 13 (Fr) mehrfarbig . . . . . . . . . . . . . . . . . . . . bul 0,70 0,30
FDC 2,—

Auflage: 8.100.000 Stück

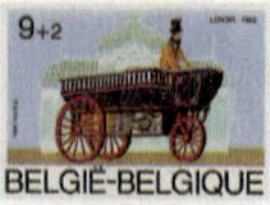


**1986, 1. Nov. Solidarität: Belgische Automobile.** RaTdr. (6×5); MiNr. 2285–2287 Papier ph.; gez. K 11½:11¾.

bum) Lenoir (1863)

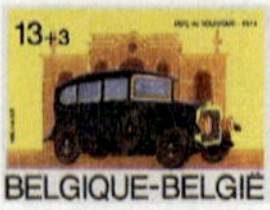


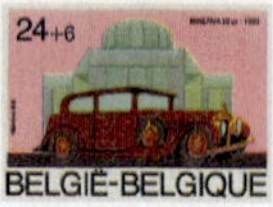


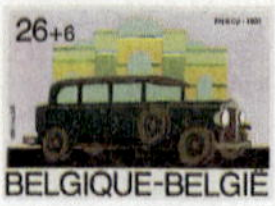


bun) Pipe de Tourisme (1911)

buo) Minerva 22 CV (1930)

bup) FN 8 Cyl (1931)

**2284** 9 (Fr) + 2 (Fr) mehrfarbig . . . . . . . . . . . bum 0,70 0,50
**2285** 13 (Fr) + 3 (Fr) mehrfarbig . . . . . . . . . . . bun 1,— 0,80
**2286** 24 (Fr) + 6 (Fr) mehrfarbig . . . . . . . . . . . buo 1,80 1,50
**2287** 26 (Fr) + 6 (Fr) mehrfarbig . . . . . . . . . . . bup 2,50 2,20
Satzpreis (4 W.) 6,— 5,—
FDC 9,—

Auflagen: MiNr. 2284 = 541.132, MiNr. 2285 = 539.529, MiNr. 2286 = 531.274, MiNr. 2287 = 529.396 Stück

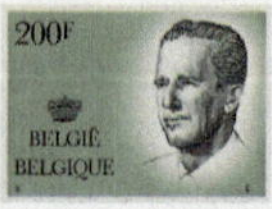


**1986, 3. Nov. Freimarke: König Baudouin ohne Brille,** Ⓔ Velghe. Komb. StTdr. und RaTdr. (6×5); Papier ph.; gez. K 11½:11¾.

bpi) König Baudouin (1930–1993, reg. ab 1951)

**2288** 200 Fr mehrfarbig . . . . . . . . . . . . . . . . . . bpi 24,— 1,—
FDC 15,—

Auflage: 26.813.250 Stück

*In gleicher Zeichnung: MiNr. 2179, 2189*

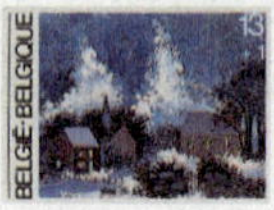


**1986, 22. Nov. Weihnachten und Neujahr.** RaTdr. (6×5); Papier ph.; gez. K 11½:11¾.

bur) Winterlandschaft; Gemälde von Jean Dupont (*1934)

**2289** 13 (Fr) + 1 (Fr) mehrfarbig . . . . . . . . . . . bur 1,— 1,—
FDC 2,50

Auflage: 1.002.014 Stück

**1986, 13. Dez. 100 Jahre Gewerkschaftszentrale für Textil und Bekleidung, 100 Jahre Christliche Gewerkschaftsbewegung.** RaTdr. (6×5); MiNr. 2291 Papier ph.; gez. K 11½:11¾.

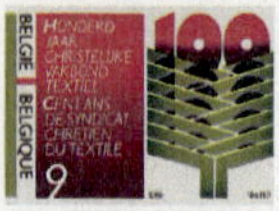


bus

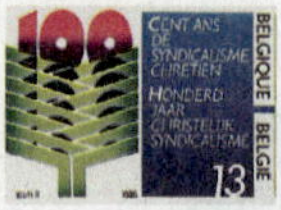


but

bus–but) Stilis. Garnspule, Zahl „100", Inschrift

**2290** 9 (Fr) mehrfarbig . . . . . . . . . . . . . . . . . . bus 0,60 0,30
**2291** 13 (Fr) mehrfarbig . . . . . . . . . . . . . . . . . . but 0,70 0,30
Satzpreis (2 W.) 1,30 0,50
FDC 4,—

Auflagen: MiNr. 2290 = 4.900.000, MiNr. 2291 = 8.100.000 Stück

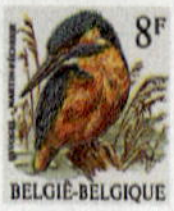


**1986, 15. Dez. Freimarke: Vögel.** Bdr. (10×5); Typopapier; gez. K 11½.

buu) Eisvogel (Alcedo atthis)

**2292** 8 Fr mehrfarbig . . . . . . . . . . . . . . . . . . . . buu 0,60 0,30
FDC 2,60

*Weitere Werte siehe Übersicht nach Jahrgangswerttabelle.*

**1987, 14. Febr. Rotes Kreuz: Nobelpreisträger für Medizin.** StTdr. (5×6); Papier ph.; gez. K 11¾:11½.

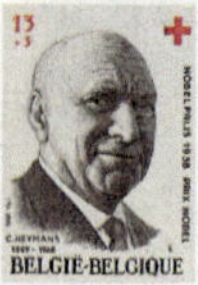


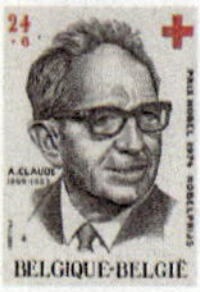


buv) Corneille Heymans (1892–1968), Pharmakologe und Physiologe, Nobelpreis 1938

buw) Albert Claude (1899–1983), Biochemiker, Nobelpreis 1974

**2293** 13 (Fr) + 3 (Fr) rot/schwarz . . . . . . . . . . buv 1,50 1,50
**2294** 24 (Fr) + 6 (Fr) rot/schwarz . . . . . . . . . . buw 2,— 2,—
Satzpreis (2 W.) 3,50 3,50
FDC 4,50

Auflagen: MiNr. 2293 = 547.539, MiNr. 2294 = 530.747 Stück

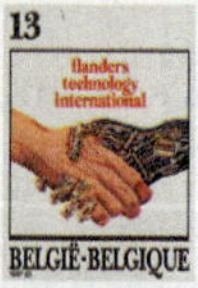


**1987, 28. Febr. Internationale Fachmesse für neue Technologien, Gent.** RaTdr. (5×6); Papier ph.; gez. K 11¾:11½.

bux) Roboter- und Menschenhand

**2295** 13 (Fr) mehrfarbig . . . . . . . . . . . . . . . . . . bux 0,80 0,30
FDC 2,—

Auflage: 8.100.000 Stück

**1987, 14. März. Europäisches Jahr der Umwelt.** RaTdr. (5×6); MiNr. 2297–2298 Papier ph.; gez. K 11¾:11½.

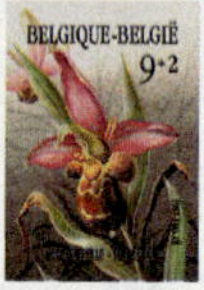


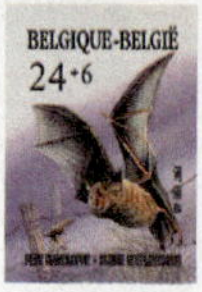


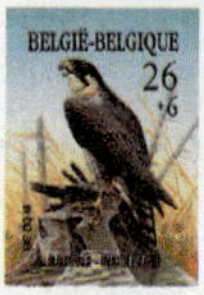


buy) Bienenragwurz (Ophrys apifera)

buz) Kleine Hufeisennase (Rhinolophus hipposideros)

bva) Wanderfalke (Falco peregrinus)

**2296** 9 (Fr) + 2 (Fr) mehrfarbig . . . . . . . . . . . buy 1,— 1,—
**2297** 24 (Fr) + 6 (Fr) mehrfarbig . . . . . . . . . . . buz 2,50 2,50
**2298** 26 (Fr) + 6 (Fr) mehrfarbig . . . . . . . . . . . bva 2,50 2,50
Satzpreis (3 W.) 6,— 6,—
FDC 9,50

Auflagen: MiNr. 2296 = 571.900, MiNr. 2297 = 551.907, MiNr. 2298 = 553.575 Stück

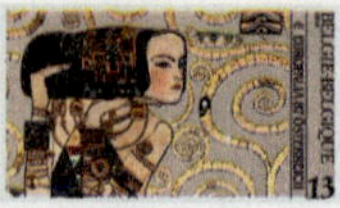


**1987, 4. April. Europäisches Kulturfestival „Europalia '87 Österreich", Brüssel.** RaTdr. (5×5); Papier ph.; gez. K 11¾.

bvb) L'Attente; Fresko von Gustav Klimt (1862–1918), österreichischer Maler, im Stoclet-Haus, Brüssel

| | | | | |
|---|---|---|---|---|
| **2299** | 13 (Fr) mehrfarbig | bvb | 1,20 | 0,30 |
| | | FDC | | 2,— |

Auflage: 8.100.000 Stück

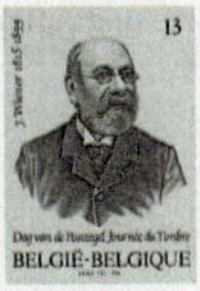


**1987, 11. April. Tag der Briefmarke. Komb. StTdr. und RaTdr. (5×6); Papier ph.; gez. K 11¾:11½.**

bvc) Jacob Wiener (1815–1899), Graveur der ersten belgischen Briefmarke

| | | | | |
|---|---|---|---|---|
| **2300** | 13 (Fr) weißgrünlichblau/schwarzgrün | bvc | 0,80 | 0,30 |
| | | FDC | | 2,— |

Auflage: 8.100.000 Stück

**1987, 25. April. Folklore: Bußprozession, Veurne; Mittelalterliches Theater „Jean und Alice", Wavre. RaTdr. (6×5); MiNr. 2302 Papier ph.; gez. K 11½:11¾.**

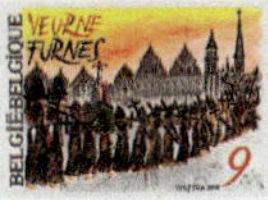


bvd) Bußprozession

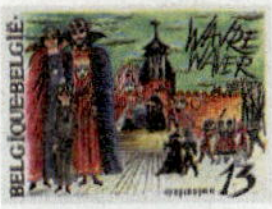


bve) Theaterszene

| | | | | |
|---|---|---|---|---|
| **2301** | 9 (Fr) mehrfarbig | bvd | 0,50 | 0,30 |
| **2302** | 13 (Fr) mehrfarbig | bve | 0,70 | 0,30 |
| | | Satzpreis (2 W.) | 1,20 | 0,50 |
| | | FDC | | 4,— |

Auflagen: MiNr. 2301 = 4.900.000, MiNr. 2302 = 8.100.000 Stück

**1987, 9. Mai. Europa: Moderne Architektur. RaTdr. (5×6); Papier ph.; gez. K 11¾:11½.**

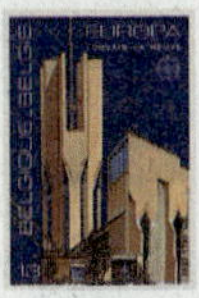


bvf) Kirche in Louvain-la-Neuve; von Jean Cosse (1931–2016)

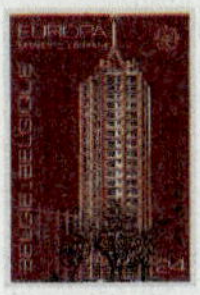


bvg) St.-Maartensdal-Turm in Löwen; von Renaat Braem (1910–2001), Jan De Mol (1921–2004) und Albert Moerkerke

| | | | | |
|---|---|---|---|---|
| **2303** | 13 (Fr) mehrfarbig | bvf | 1,— | 0,40 |
| **2304** | 24 (Fr) mehrfarbig | bvg | 2,50 | 0,60 |
| | | Satzpreis (2 W.) | 3,50 | 1,— |
| | | FDC | | 5,— |

Auflagen: MiNr. 2303 = 9 000 000, MiNr. 2304 = 2 400 000 Stück

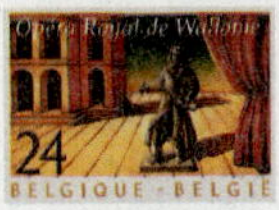


**1987, 23. Mai. 20 Jahre Königlich Wallonische Oper. RaTdr. (6×5); Papier ph.; gez. K 11½:11¾.**

bvh) Statue von Komponisten André Grétry (1741–1813); Opernhaus, Lüttich

| | | | | |
|---|---|---|---|---|
| **2305** | 24 (Fr) mehrfarbig | bvh | 1,50 | 0,30 |
| | | FDC | | 3,— |

Auflage: 2.400.000 Stück

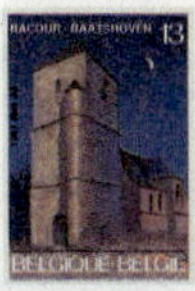


**1987, 13. Juni. Tourismus. RaTdr. (5×6); Papier ph.; gez. K 11¾:11½.**

bvi) St.-Christophorus-Kirche, Racour

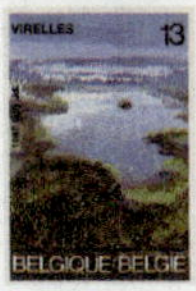


bvk) Vireller See, Chimay

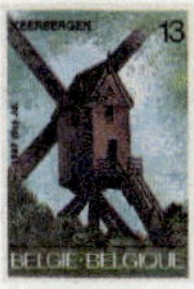


bvl) Windmühle, Keerbergen

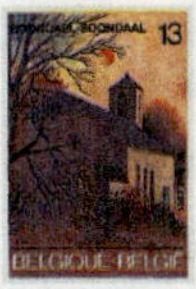


bvm) Boondaeler Kapelle, Brüssel

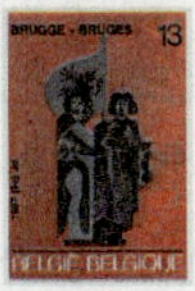


bvn) Denkmal für Jan Breydel und Pieter de Coninck, Brügge

| | | | | |
|---|---|---|---|---|
| **2306** | 13 (Fr) mehrfarbig | bvi | 0,70 | 0,30 |
| **2307** | 13 (Fr) mehrfarbig | bvk | 0,70 | 0,30 |
| **2308** | 13 (Fr) mehrfarbig | bvl | 0,70 | 0,30 |
| **2309** | 13 (Fr) mehrfarbig | bvm | 0,70 | 0,30 |
| **2310** | 13 (Fr) mehrfarbig | bvn | 0,70 | 0,30 |
| | | Satzpreis (5 W.) | 3,50 | 1,— |
| | | FDC | | 10,— |

Auflage: 3.200.000 Sätze

**1987, 5. Sept. Sport: 100 Jahre Königlich Belgischer Ruderbund; Volleyball-Europameisterschaften. RaTdr.; MiNr. 2311 (5×5), normales Papier, gez. K 11¾; MiNr. 2312 (5×6), Papier ph., gez. K 11¾:11½.**

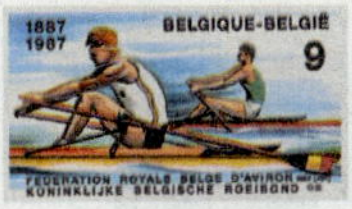


bvo) Rudern – Einer

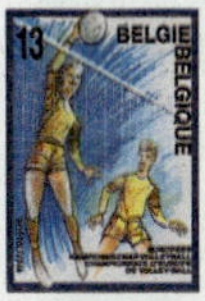


bvp) Volleyball

| | | | | |
|---|---|---|---|---|
| **2311** | 9 (Fr) mehrfarbig | bvo | 1,— | 0,30 |
| **2312** | 13 (Fr) mehrfarbig | bvp | 1,50 | 0,30 |
| | | Satzpreis (2 W.) | 2,50 | 0,50 |
| | | FDC | | 4,— |

Auflagen: MiNr. 2311 = 4.900.000, MiNr. 2312 = 8.100.000 Stück

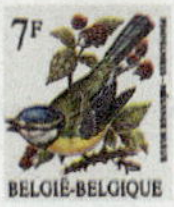


**1987, 7. Sept. Freimarke: Vögel. Bdr. (10×5); Typopapier; gez. K 11½.**

bvr) Blaumeise (Parus caeruleus)

| | | | | |
|---|---|---|---|---|
| **2313** | 7 Fr mehrfarbig | bvr | 0,70 | 0,30 |
| | | FDC | | 4,— |

*Weitere Werte siehe Übersicht nach Jahrgangswerttabelle.*

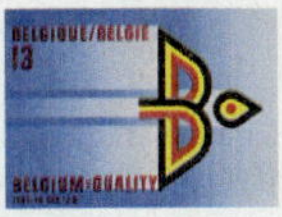


**1987, 12. Sept. Jahr des Außenhandels. RaTdr. (6×5); Papier ph.; gez. K 11½:11¾.**

bvs) Emblem

| | | | | |
|---|---|---|---|---|
| **2314** | 13 (Fr) mehrfarbig | bvs | 0,70 | 0,30 |
| | | FDC | | 2,— |

Auflage: 8.100.000 Stück

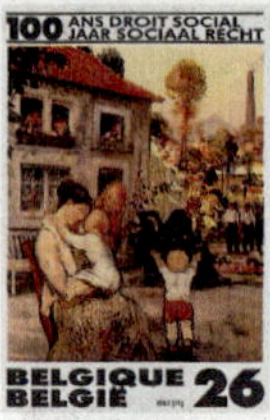


**1987, 19. Sept. 100 Jahre Sozialrecht in Belgien. RaTdr. (6×5); Papier ph.; gez. K 11½:11¾.**

bvt) Freizeit; Gemälde von Pierre Paulus (1881–1959)

| | | | | |
|---|---|---|---|---|
| **2315** | 26 (Fr) mehrfarbig | bvt | 1,50 | 0,50 |
| | | FDC | | 3,— |

Auflage: 2.400.000 Stück

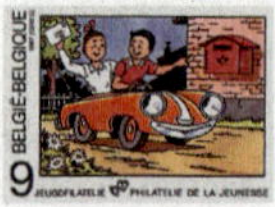

**1987, 3. Okt. Jugendphilatelie. RaTdr. (6×5); gez. K 11½:11¾.**

bvu) Suske und Wiske; Comicfiguren von Willy Vandersteen (1913–1990)

| | | | | |
|---|---|---|---|---|
| **2316** | 9 (Fr) mehrfarbig | bvu | 1,50 | 0,50 |
| | | FDC | | 7,50 |

Auflage: 4.900.000 Stück

**1987, 17. Okt. Solidarität: Schlösser. Komb. StTdr. und RaTdr. (5×5); MiNr. 2318–2320 Papier ph.; gez. K 11¾.**

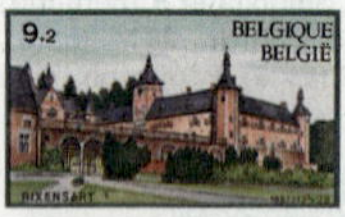

bvv) Schloss von Rixensart

bvw) Schloss von Westerlo

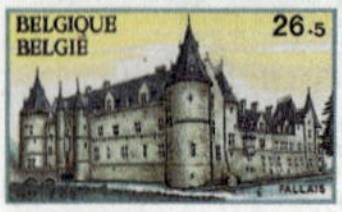

bvx) Schloss von Fallais

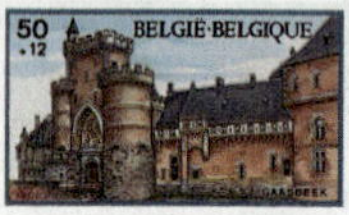

bvy) Schloss von Gaasbeek

| | | | | |
|---|---|---|---|---|
| **2317** | 9 (Fr) + 2 (Fr) mehrfarbig | bvv | 0,70 | 0,70 |
| **2318** | 13 (Fr) + 3 (Fr) mehrfarbig | bvw | 1,10 | 1,10 |
| **2319** | 26 (Fr) + 5 (Fr) mehrfarbig | bvx | 2,— | 2,— |
| **2320** | 50 (Fr) + 12 (Fr) mehrfarbig | bvy | 4,— | 4,— |
| | | Satzpreis (4 W.) | 7,50 | 7,50 |
| | | FDC | | 12,— |

Auflagen: MiNr. 2317 = 504.225, MiNr. 2318 = 504.491, MiNr. 2319 = 485.594, MiNr. 2320 = 481.921 Stück

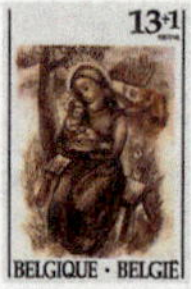

**1987, 14. Nov. Weihnachten. RaTdr. (5×6); Papier ph.; gez. K 11¾:11½.**

bvz) Die Heilige Familie; Gemälde von Remi Lens (1902–1983)

| | | | | |
|---|---|---|---|---|
| **2321** | 13 (Fr) + 1 (Fr) mehrfarbig | bvz | 0,80 | 0,80 |
| | | FDC | | 2,20 |

Auflage: 1.139.548 Stück

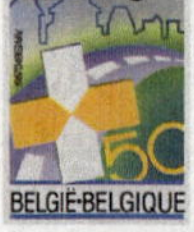

**1987, 5. Dez. 50 Jahre Pflegedienst „Belgisches Gelbweißes Kreuz". RaTdr. (5×6); gez. K 11¾:11½.**

bwa) Gelbweißes Kreuz, Straße, Häuser

| | | | | |
|---|---|---|---|---|
| **2322** | 9 (Fr) + 2 (Fr) mehrfarbig | bwa | 1,— | 1,— |
| | | FDC | | 2,— |

Auflage: 624.486 Stück

**1987, 12. Dez. 100 Jahre Zeitungen „Le Soir" und „Het Laatste Nieuws". RaTdr. (6×5, Hochformat ~); gez. K 11½:11¾, Hochformat ~.**

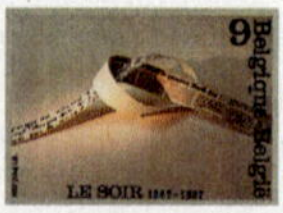

bwb

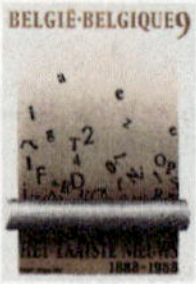

bwc

bwb–bwc) Symbolische Darstellungen

| | | | | |
|---|---|---|---|---|
| **2323** | 9 (Fr) mehrfarbig | bwb | 0,60 | 0,30 |
| **2324** | 9 (Fr) orangebraun/schwarz | bwc | 0,60 | 0,30 |
| | | Satzpreis (2 W.) | 1,20 | 0,50 |
| | | FDC | | 3,60 |

Auflage: 4.900.000 Sätze

**1988, 6. Febr. Das Meer. RaTdr. (5×6); Papier ph.; gez. K 11½.**

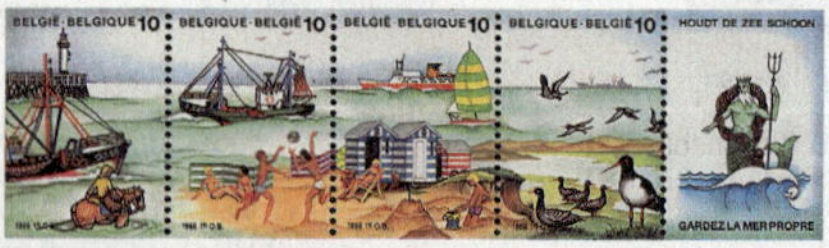

bwd) Garneelenfischer
bwe) Fischkutter, spielende Kinder
bwf) Schiffe, Badehäuser
bwg) Seevögel
Zierfeld

bwd–bwg) Schiffe, Strandszene

| | | | | |
|---|---|---|---|---|
| **2325** | 10 (Fr) mehrfarbig | bwd | 0,60 | 0,60 |
| **2326** | 10 (Fr) mehrfarbig | bwe | 0,60 | 0,60 |
| **2327** | 10 (Fr) mehrfarbig | bwf | 0,60 | 0,60 |
| **2328** | 10 (Fr) mehrfarbig | bwg | 0,60 | 0,60 |
| | | Satzpreis (4 W.) | 2,40 | 2,40 |
| | | Fünferstreifen | 3,— | 3,— |
| | | FDC | | 7,50 |

MiNr. 2325–2328 wurden waagerecht zusammenhängend im Bogen zu 24 Marken und 6 (zwei verschiedenen) Zierfeldern (Feld 5, 6, 15, 16, 25 und 26) gedruckt.

Auflage: 2.400.000 Sätze

**1988, 5. März. Entwicklung der Regionen: Technologische Aktion „Operation Athena" für Wallonien; Kulturkampagne „Flandern lebt". RaTdr. (6×5); Papier ph.; gez. K 11½.**

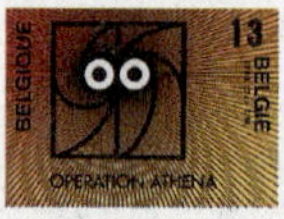

bwh) Emblem

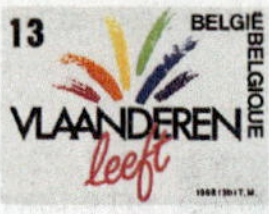

bwi) Inschrift

| | | | | |
|---|---|---|---|---|
| **2329** | 13 (Fr) mehrfarbig | bwh | 0,70 | 0,30 |
| **2330** | 13 (Fr) mehrfarbig | bwi | 0,70 | 0,30 |
| | | Satzpreis (2 W.) | 1,40 | 0,50 |
| | | FDC | | 4,— |

Auflage: 8.100.000 Sätze

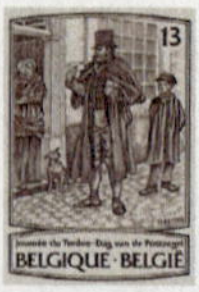

**1988, 16. April. Tag der Briefmarke. Komb. StTdr. und RaTdr. (5×6); Papier ph.; gez. K 11¾:11½.**

bwk) Briefträger aus dem 19. Jahrhundert; Gemälde von James Thiriar (1889–1965)

| | | | | | |
|---|---|---|---|---|---|
| **2331** | 13 (Fr) dunkellilabraun | bwk | 0,70 | 0,30 |
| | | FDC | | 2,— |

Auflage: 8.100.000 Stück

**1988, 23. April. Förderung der Philatelie: Rosen (I). RaTdr. (5×6); Papier ph.; gez. K 11¾:11½.**

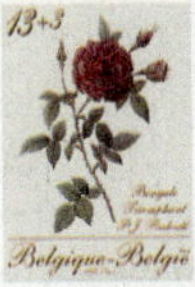

bwl) Bengale Triomphant

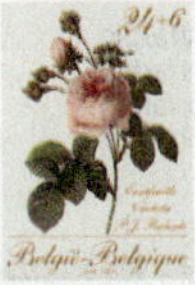

bwm) Centfeuille Cristata

bwl–bwn) Rosen aus dem Werk „60 Rosen für eine Königin" von Pierre-Joseph Redouté (1759–1840), französischer Blumenzeichner

| | | | | |
|---|---|---|---|---|
| **2332** | 13 (Fr) + 3 (Fr) mehrfarbig | bwl | 1,50 | 1,50 |
| **2333** | 24 (Fr) + 6 (Fr) mehrfarbig | bwm | 2,— | 2,— |
| | Satzpreis (2 W.) | | 3,50 | 3,50 |
| | | FDC | | 5,50 |

**Blockausgabe**

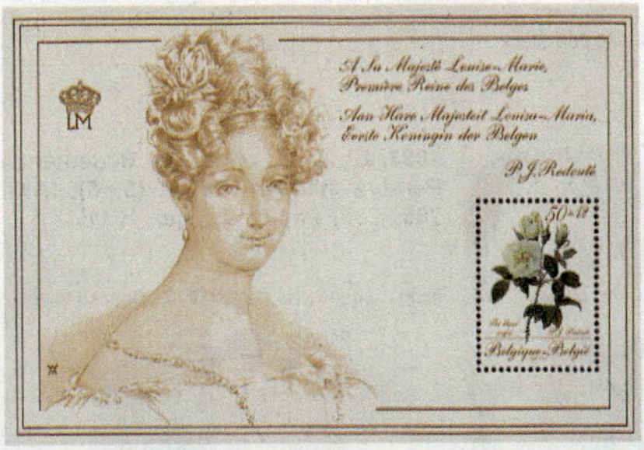


bwo

bwn) Thé blanc Soufré

| | | | | |
|---|---|---|---|---|
| **2334** | 50 (Fr) + 12 (Fr) mehrfarbig | bwn | 5,50 | 5,50 |
| **Block 57** | (149×100 mm) | bwo | 6,— | 6,— |
| | | FDC | | 10,— |

Auflagen: MiNr. 2332 = 533.830, MiNr. 2333 = 514.109 Stück, Bl. 57 = 578.703 Blocks

*Weitere Werte: MiNr. 2370–2372/Bl. 59, 2405–2407/Bl. 60*

**1988, 7. Mai. Europa: Transport- und Kommunikationsmittel. RaTdr. (5×6); Papier ph.; gez. K 11¾:11½.**

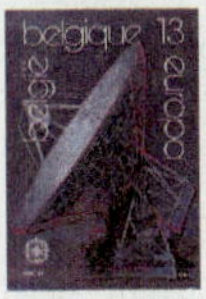

bwp) Parabolantenne

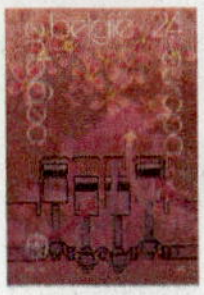

bwr) Umweltfreundlicher Motor

| | | | | |
|---|---|---|---|---|
| **2335** | 13 (Fr) mehrfarbig | bwp | 1,30 | 0,30 |
| **2336** | 24 (Fr) mehrfarbig | bwr | 2,70 | 0,70 |
| | Satzpreis (2 W.) | | 4,— | 1,— |
| | | FDC | | 5,— |

Auflagen: MiNr. 2335 = 8.100.000, MiNr. 2336 = 2.100.000 Stück

**1988, 4. Juni. Olympische Sommerspiele, Seoul. RaTdr. (5×5); MiNr. 2338 Papier ph.; gez. K 11¾.**

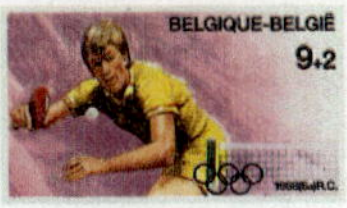


bws) Tischtennis

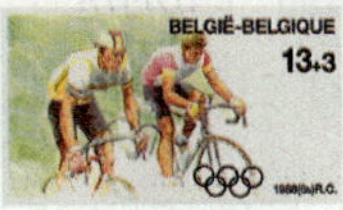


bwt) Radfahren

| | | | | |
|---|---|---|---|---|
| **2337** | 9 (Fr) + 2 (Fr) mehrfarbig | bws | 1,— | 1,— |
| **2338** | 13 (Fr) + 3 (Fr) mehrfarbig | bwt | 1,20 | 1,20 |
| | Satzpreis (2 W.) | | 2,20 | 2,20 |
| | | FDC | | 4,50 |

**Blockausgabe, Papier ph.**

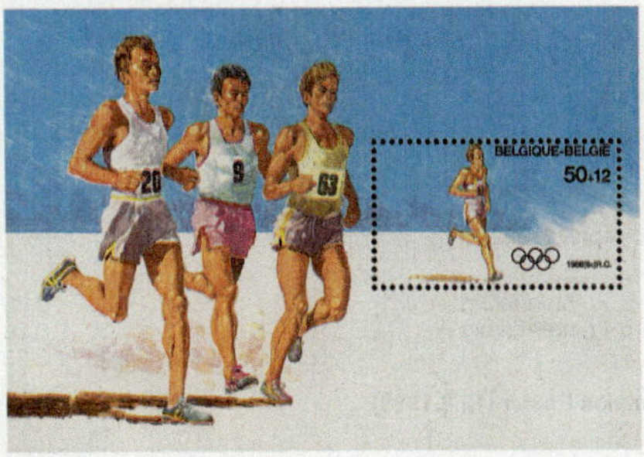


bwv

bwu) Marathonlauf

| | | | | |
|---|---|---|---|---|
| **2339** | 50 (Fr) + 12 (Fr) mehrfarbig | bwu | 6,50 | 6,50 |
| **Block 58** | (125×85 mm) | bwv | 7,— | 7,— |
| | | FDC | | 12,— |

Auflagen: MiNr. 2337 = 531.385, MiNr. 2338 = 544.265 Stück, Bl. 58 = 577.542 Blocks

**1988, 18. Juni. Tourismus. Komb. StTdr. und RaTdr. (5×6, Querformate ~); MiNr. 2343–2344 Papier ph.; gez. K 11¾:11½, Querformate ~.**

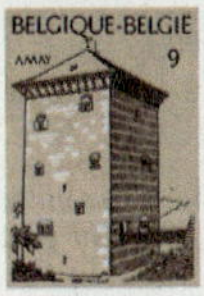


bww) Romanischer Turm, Amay (12. Jh.)

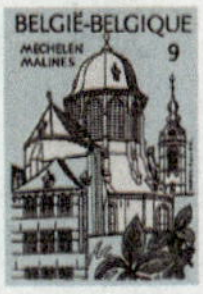


bwx) Hanswijker Marienbasilika, Mecheln

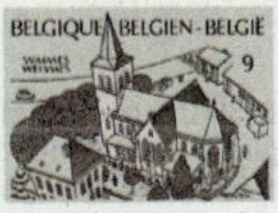


bwy) St.-Saturninus-Kirche, Weismes

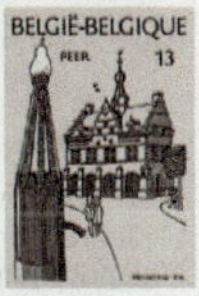


bwz) Altes Rathaus und Gußeisenpumpe, Peer

bxa) Marienbasilika von Bon-Secours, Péruwelz

| | | | | |
|---|---|---|---|---|
| **2340** | 9 (Fr) weißorangebraun/schwarz | bww | 0,50 | 0,30 |
| **2341** | 9 (Fr) weißblau/schwarz | bwx | 0,50 | 0,30 |
| **2342** | 9 (Fr) weißbläulichgrün/schwarz | bwy | 0,50 | 0,30 |
| **2343** | 13 (Fr) weißkarmin/schwarz | bwz | 0,80 | 0,30 |
| **2344** | 13 (Fr) weißblaugrau/schwarz | bxa | 0,80 | 0,30 |
| | Satzpreis (5 W.) | | 3,— | 1,50 |
| | | FDC | | 10,— |

Auflagen: MiNr. 2340–2342 je 2.400.000, MiNr. 2343–2344 je 3.200.000 Stück

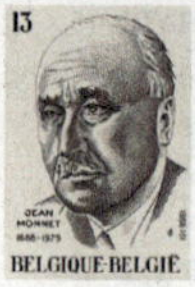


**1988, 10. Sept. 100. Geburtstag von Jean Monnet. Komb. StTdr. und RaTdr. (5×6); Papier ph.; gez. K 11¾:11½.**

bxb) Jean Monnet (1888–1979), französischer Wirtschaftspolitiker

| | | | | | |
|---|---|---|---|---|---|
| **2345** | 13 (Fr) | weißgelborange/schwarz | bxb | 0,70 | 0,30 |
| | | | FDC | | 2,20 |

Auflage: 8.100.000 Stück

**1988, 12. Sept./1992. Freimarken: Vögel. RaTdr. (10×5); v = Typopapier, x = normales Papier; gez. K 11½.**

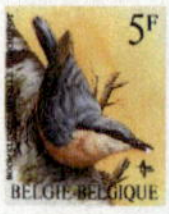


bxc) Kleiber (Sitta europaea)

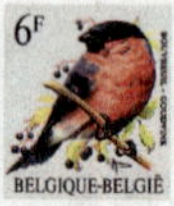


bxd) Dompfaff (Pyrrhula pyrrhula)

**v = Typopapier (1992)**

| | | | | | |
|---|---|---|---|---|---|
| **2346 v** | 5 Fr | mehrfarbig | bxc | 1,10 | 0,30 |
| **2347 v** | 6 Fr | mehrfarbig | bxd | 1,30 | 0,30 |
| | | | Satzpreis v (2 W.) | 2,40 | 0,50 |

**x = normales Papier (12.9.1988)**

| | | | | | |
|---|---|---|---|---|---|
| **2346 x** | 5 Fr | mehrfarbig | bxc | 0,40 | 0,30 |
| **2347 x** | 6 Fr | mehrfarbig | bxd | 0,60 | 0,30 |
| | | | Satzpreis x (2 W.) | 1,— | 0,50 |
| | | | FDC x | | 5,— |

**Vorausentwertungen:**

| | | (✱) | ✱✱ |
|---|---|---|---|
| 2346 v V | Aufdrucktype b 7 | 0,30 | 1,— |
| 2346 x V | Aufdrucktype b 7 | 0,30 | 0,90 |
| 2347 v V | Aufdrucktype b 7 | 0,30 | 0,90 |
| 2347 x V | Aufdrucktype b 7 | 0,30 | 0,80 |

MiNr. 2346 x–2347 x gibt es jeweils mit grünlichem, gelblichem und weißem Gummi.

*Weitere Werte siehe Übersicht nach Jahrgangswerttabelle.*

**1988, 17. Sept. 50 Jahre Königliche medizinische Akademie; 50 Jahre Königliche Akademie für Wissenschaft, Literatur und bildende Kunst. RaTdr. (5×6); gez. K 11¾:11½.**

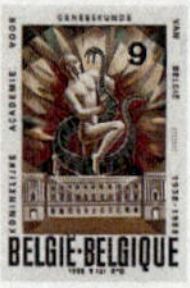


bxe) Figur mit Äskulapschlange (Wandteppich)

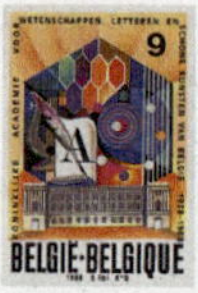


bxf) Schreibfeder, Buchstabe, Malerei

| | | | | ✱✱ | ⊙ |
|---|---|---|---|---|---|
| **2348** | 9 (Fr) | mehrfarbig | bxe | 0,60 | 0,30 |
| **2349** | 9 (Fr) | mehrfarbig | bxf | 0,60 | 0,30 |
| | | | Satzpreis (2 W.) | 1,20 | 0,50 |
| | | | FDC | | 3,60 |

Auflagen: 4.900.000 Sätze

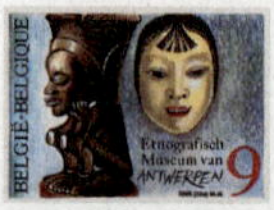


**1988, 24. Sept. Kulturerbe. RaTdr. (6×5); MiNr. 2351–2353 Papier ph.; gez. K 11½:11¾.**

bxg) Holzskulptur und Mädchenkopf aus dem Ethnographischen Museum, Antwerpen

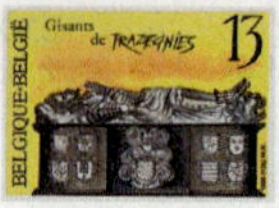


bxh) Marmorfiguren und Sarkophag aus der Martinuskirche, Trazegnies

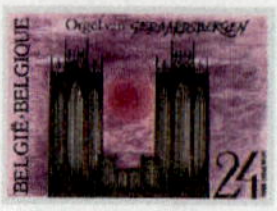


bxi) Kirchenorgel aus der Bartholomäuskirche, Geraardsbergen

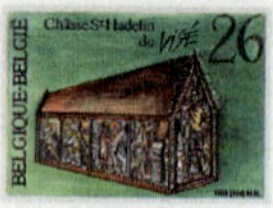


bxk) Reliquienschrein des hl. Hadelin aus der St. Martinkirche, Visé

| | | | | | |
|---|---|---|---|---|---|
| **2350** | 9 (Fr) | mehrfarbig | bxg | 0,70 | 0,30 |
| **2351** | 13 (Fr) | mehrfarbig | bxh | 0,90 | 0,30 |
| **2352** | 24 (Fr) | mehrfarbig | bxi | 1,60 | 0,60 |
| **2353** | 26 (Fr) | mehrfarbig | bxk | 1,80 | 0,60 |
| | | | Satzpreis (4 W.) | 5,— | 1,80 |
| | | | FDC | | 10,— |

Auflagen: MiNr. 2350 = 4.900.000, MiNr. 2351 = 8.100.000, MiNr. 2352–2353 je 2.100.000 Stück

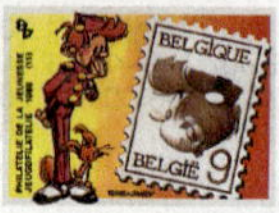


**1988, 8. Okt. Jugendphilatelie: 50 Jahre Zeitschrift „Spirou". RaTdr. (6×5); gez. K 11½:11¾.**

bxl) Spirou; Comicfigur von Robert Velter (1909–1991), französischer Comiczeichner

| | | | | | |
|---|---|---|---|---|---|
| **2354** | 9 (Fr) | mehrfarbig | bxl | 1,50 | 0,50 |
| | | | FDC | | 15,— |

Auflage: 4.900.000 Stück

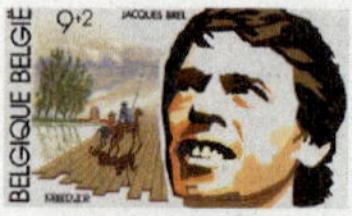


**1988, 22. Okt. Solidarität: Bedeutende Persönlichkeiten. RaTdr. (5×5); MiNr. 2356-2357 Papier ph.; gez. K 11¾.**

bxm) Jacques Brel (1929–1978), Chansonnier

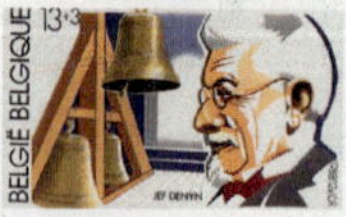


bxn) Jef Denyn (1862–1941), Glockenspieler

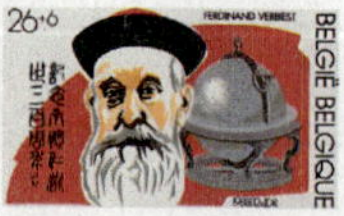


bxo) Ferdinand Verbiest (1623–1688), Jesuitenmissionar und Astronom

| | | | | | |
|---|---|---|---|---|---|
| **2355** | 9 (Fr) + 2 (Fr) | mehrfarbig | bxm | 0,80 | 0,80 |
| **2356** | 13 (Fr) + 3 (Fr) | mehrfarbig | bxn | 1,40 | 1,40 |
| **2357** | 26 (Fr) + 6 (Fr) | mehrfarbig | bxo | 2,40 | 2,40 |
| | | | Satzpreis (3 W.) | 4,50 | 4,50 |
| | | | FDC | | 8,— |

Auflagen: MiNr. 2355 = 579.537, MiNr. 2356 = 504.615, MiNr. 2357 = 494.542 Stück

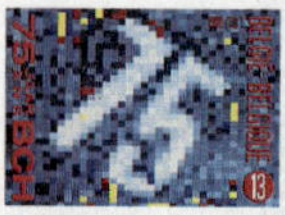


**1988, 5. Nov. 75 Jahre Postscheckamt. RaTdr. (6×5); Papier ph.; gez. K 11½:11¾.**

bxp) Zahl „75"

| | | | | | |
|---|---|---|---|---|---|
| **2358** | 13 (Fr) | mehrfarbig | bxp | 0,70 | 0,30 |
| | | | FDC | | 2,— |

Auflage: 8.100.000 Stück

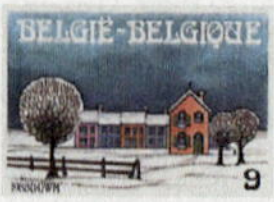


**1988, 19. Nov. Weihnachten und Neujahr. RaTdr. (6×5); gez. K 11½:11¾.**

bxr) Winterlandschaft

| | | | | | |
|---|---|---|---|---|---|
| **2359** | 9 (Fr) | mehrfarbig | bxr | 0,50 | 0,30 |
| | | | FDC | | 2,— |

Auflage: 6.000.000 Stück

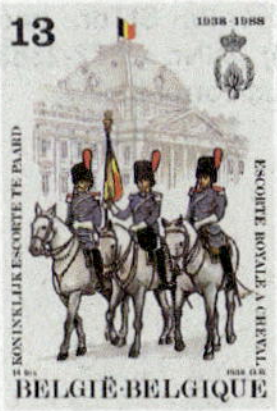


**1988, 10. Dez. 50 Jahre Königliche Eskorte zu Pferd. RaTdr. (6×5); Papier ph.; gez. K 11½:11¾.**

bxs) Fahnenträger der Königlichen Eskorte mit seiner Garde, Emblem; Königlicher Palast, Brüssel

**2360** 13 (Fr) mehrfarbig .................... bxs 0,80 0,30
FDC 2,—

Auflage: 8.100.000 Stück

**1988, 17. Dez. Die Buchdruckerkunst. Komb. StTdr. und RaTdr. (5×6, Querformat ∼); MiNr. 2362–2363 Papier ph.; gez. K 11¾:11½, Querformat ∼.**

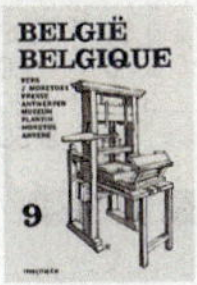


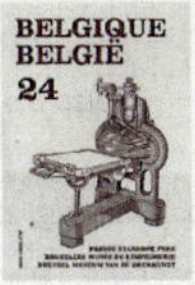


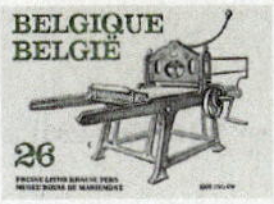


bxt) Hölzerne Buchdruckhandpresse (um 1600)
bxu) Stanhope-Buchdruckhandpresse (18. Jh.)
bxv) Krause-Steindruckmaschine (19. Jh.)

**2361** 9 (Fr) mehrfarbig .................... bxt 0,50 0,30
**2362** 24 (Fr) mehrfarbig .................... bxu 1,50 0,30
**2363** 26 (Fr) mehrfarbig .................... bxv 1,60 0,40
Satzpreis (3 W.) 3,60 1,—
FDC 8,—

Auflagen: MiNr. 2361 = 4.900.000, MiNr. 2362–2363 je 2.100.000 Stück

**1989, 18. Febr. 125 Jahre Belgisches Rotes Kreuz: Gemälde. RaTdr. (8×5); MiNr. 2365–2366 Papier ph.; gez. K 11¾:11½.**

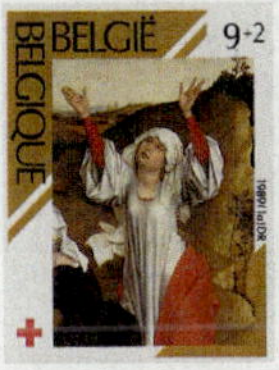


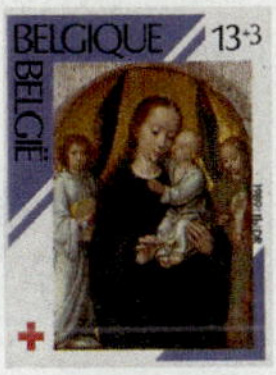


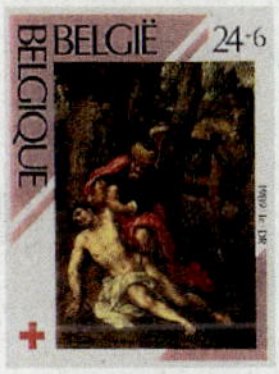


bxw) Die Kreuzigung Christi (Detail); von Rogier van der Weyden (1399/1400–1464)
bxx) Maria mit dem Kinde; von Gérard David (um 1460–1523)
bxy) Der barmherzige Samariter (Detail); von Denis van Alsloot (um 1570–um 1626)

**2364** 9 (Fr) + 2 (Fr) mehrfarbig ........... bxw 1,— 1,—
**2365** 13 (Fr) + 3 (Fr) mehrfarbig ........... bxx 1,50 1,50
**2366** 24 (Fr) + 6 (Fr) mehrfarbig ........... bxy 2,— 2,—
Satzpreis (3 W.) 4,50 4,50
FDC 8,50

Auflage: MiNr. 2364 = 534.940, MiNr. 2365 = 559.589, MiNr. 2366 = 517.669 Stück

**1989, 18. März. Belgische Klöppelspitze. RaTdr. (6×5); MiNr. 2368–2369 Papier ph.; gez. K 11½:11¾.**

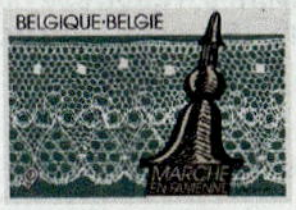

bxz) Marche-en-Famenne
bya) Brügge
byb) Brüssel

bxz–byb) Klöppelspitze und architektonische Wahrzeichen

**2367** 9 (Fr) mehrfarbig .................... bxz 0,60 0,30
**2368** 13 (Fr) mehrfarbig .................... bya 0,80 0,30
**2369** 13 (Fr) mehrfarbig .................... byb 0,80 0,30
Satzpreis (3 W.) 2,20 0,60
FDC 5,50

Auflagen: MiNr. 2367 = 2.400.000, MiNr. 2368–2369 je 3.000.000 Stück

**1989, 15. April. Förderung der Philatelie: Rosen (II). RaTdr. (5×6); Papier ph.; gez. K 11¾:11½.**

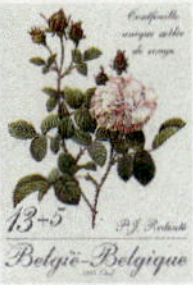


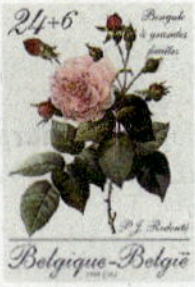


byc) Rotgetupftes Hundertblatt
byd) Großblatt-Bengala

byc–bye) Rosen aus dem Werk „60 Rosen für ein Königin" von Pierre-Joseph Redouté (1759–1840), französischer Blumenzeichner

**2370** 13 (Fr) + 5 (Fr) mehrfarbig ........... byc 1,50 1,50
**2371** 24 (Fr) + 6 (Fr) mehrfarbig ........... byd 2,— 2,—
Satzpreis (2 W.) 3,50 3,50
FDC 6,—

**Blockausgabe**

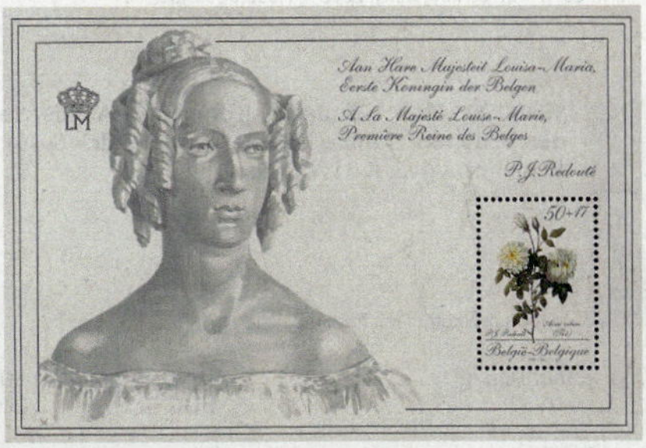


byf

bye) Aimé Vibère

**2372** 50 (Fr) + 17 (Fr) mehrfarbig ....... bye 6,— 6,—
**Block 59** (150×100 mm) ................ byf 6,50 6,50
FDC 11,—

Auflagen: MiNr. 2370 = 487.089, MiNr. 2371 = 477.477 Stück, Bl. 59 = 553.774 Blocks

*Weitere Werte: MiNr. 2332–2334/Bl. 57, 2405–2407/Bl. 60*

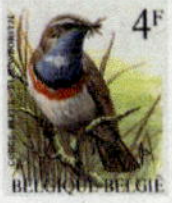


**1989, 17. April/1992. Freimarke: Vögel. RaTdr. (10×5); v = Typopapier, x = normales Papier; gez. K 11½.**

byg) Weißstern-Blaukehlchen (Luscinia svecica cyanecula)

**2373** 4 Fr mehrfarbig .................... byg
v Typopapier (1992) .................... 0,70 0,30
x normales Papier (17.4.1989) ........ 0,40 0,30
FDC x 2,50

**Vorausentwertungen:**

| | (✶) | ✶✶ |
|---|---|---|
| 2373 v V Aufdrucktype b 7 .............................. | 0,30 | 1,— |
| 2373 x V Aufdrucktype b 7 .............................. | 0,30 | 0,60 |

MiNr. 2373 x gibt es mit grünlichem und weißem Gummi.

*Weitere Werte siehe Übersicht nach Jahrgangswerttabelle.*

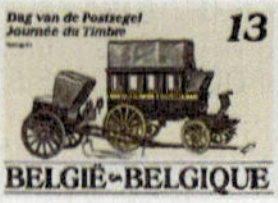


**1989, 22. April. Tag der Briefmarke. Komb. StTdr. und RaTdr. (6×5); Papier ph.; gez. K 11½:11¾.**

byh) Postkutsche und Postkabriolett (19. Jh.)

| | | | | ★★ | ⊙ |
|---|---|---|---|---|---|
| **2374** | 13 (Fr) | mehrfarbig | byh | 0,70 | 0,30 |
| | | | FDC | | 2,20 |

Auflage: 8.100.000 Stück

**1989, 6. Mai. Europa: Kinderspiele. RaTdr. (6×5, Hochformat ~); Papier ph.; gez. K 11½:11¾, Hochformat ~.**

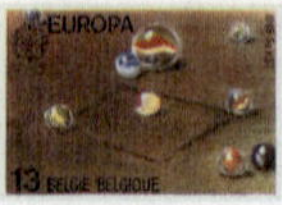


byi) Murmeln

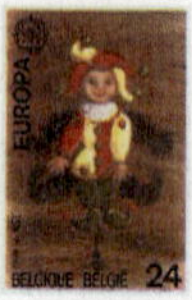


byk) Hampelmann

| | | | | | |
|---|---|---|---|---|---|
| **2375** | 13 (Fr) | mehrfarbig | byi | 1,30 | 0,50 |
| **2376** | 24 (Fr) | mehrfarbig | byk | 2,70 | 1,50 |
| | | | Satzpreis (2 W.) | 4,— | 2,— |
| | | | FDC | | 5,— |

Auflagen: MiNr. 2375 = 8.100.000, MiNr. 2376 = 1.800.000 Stück

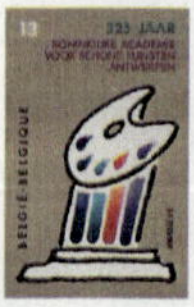


**1989, 20. Mai. 325 Jahre Königliche Akademie der Schönen Künste, Antwerpen. RaTdr. (5×6); Papier ph.; gez. K 11¾:11½.**

byl) Säulenstumpf mit Farbenpalette

| | | | | | |
|---|---|---|---|---|---|
| **2377** | 13 (Fr) | mehrfarbig | byl | 0,70 | 0,30 |
| | | | FDC | | 2,20 |

Auflage: 8.100.000 Stück

**1989, 3. Juni. Dritte Direktwahlen zum Europäischen Parlament. RaTdr. (3×5); Papier ph.; gez. K 11½:11¾.**

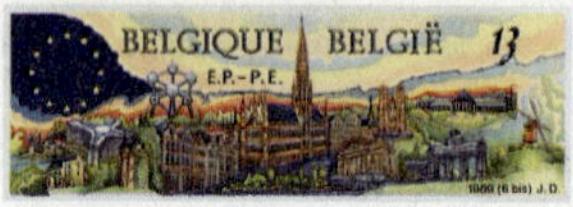


bym) Stadtansicht von Brüssel, Europafahne

| | | | | | |
|---|---|---|---|---|---|
| **2378** | 13 (Fr) | mehrfarbig | bym | 1,— | 0,50 |
| | | | FDC | | 2,50 |

Auflage: 6.000.000 Stück

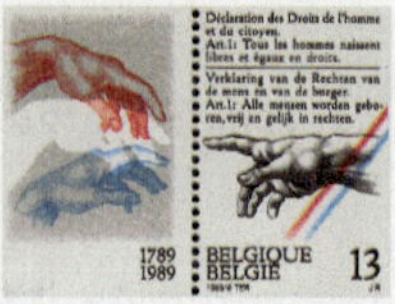


**1989, 10. Juni. 200. Jahrestag der Verkündung der Menschen- und Bürgerrechte. RaTdr. (2×6 Zd); Papier ph.; gez. K 11¾:11½.**

Zierfeld
byn) Artikel 1, Hand

| | | | | | |
|---|---|---|---|---|---|
| **2379** | 13 (Fr) | mehrfarbig | byn | 0,60 | 0,30 |
| | | | 2379 Zf | 0,70 | 0,70 |
| | | | FDC | | 2,20 |

Auflage: 6.000.000 Stück

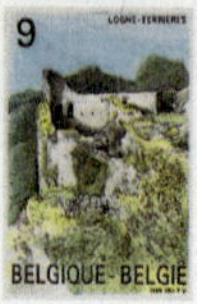


**1989, 24. Juni. Tourismus. Komb. StTdr. und RaTdr. (5×6, Querformat ~); MiNr. 2382–2383 Papier ph.; gez. K 11¾:11½, Querformat ~.**

byo) Burg von Logne, Ferrières

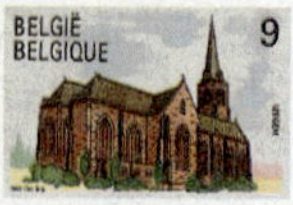


byp) St.-Hilonius-Kirche, Izegem

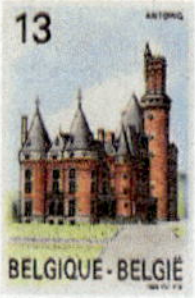


byr) Schloss von Antoing

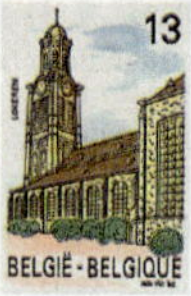


bys) St.-Lorenz-Kirche, Lokeren

| | | | | | |
|---|---|---|---|---|---|
| **2380** | 9 (Fr) | mehrfarbig | byo | 0,70 | 0,30 |
| **2381** | 9 (Fr) | mehrfarbig | byp | 0,70 | 0,30 |
| **2382** | 13 (Fr) | mehrfarbig | byr | 0,80 | 0,30 |
| **2383** | 13 (Fr) | mehrfarbig | bys | 0,80 | 0,30 |
| | | | Satzpreis (4 W.) | 3,— | 1,20 |
| | | | FDC | | 8,50 |

Auflagen: MiNr. 2380–2381 je 2.400.000, MiNr. 2382–2383 je 3.000.000 Stück

**1989, 2. Sept. Enten. RaTdr., Markenheftchen (4×1); Papier ph.; gez. K 11¾.**

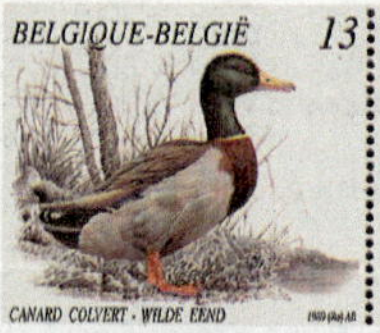


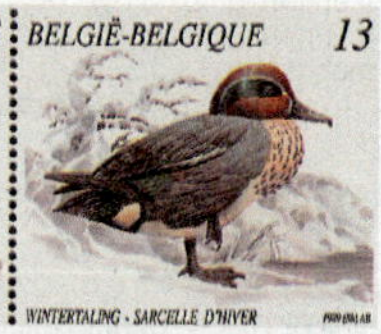


byt) Stockente (Anas platyrhynchos)
byu) Krickente (Anas crecca)

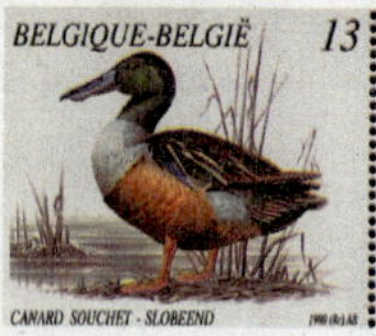


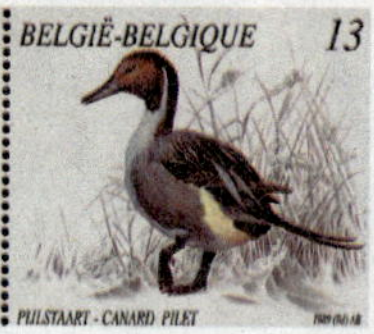


byv) Löffelente (Anas clypeata)
byw) Spießente (Anas acuta)

| | | | | | |
|---|---|---|---|---|---|
| **2384** | 13 (Fr) | mehrfarbig | byt | 1,— | 0,50 |
| **2385** | 13 (Fr) | mehrfarbig | byu | 1,— | 0,50 |
| **2386** | 13 (Fr) | mehrfarbig | byv | 1,— | 0,50 |
| **2387** | 13 (Fr) | mehrfarbig | byw | 1,— | 0,50 |
| | | | Satzpreis (4 W.) | 4,— | 2,— |
| | | | FDC (1 H-Bl.) | | 9,— |

MiNr. 2384–2387 stammen aus MH 30.

Auflage: 2.000.000 Sätze

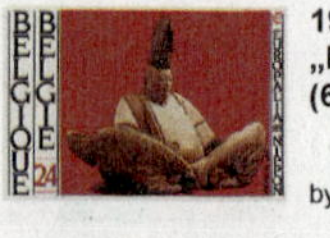


**1989, 16. Sept. Europäisches Kulturfestival „Europalia ’89 Japan“, Brüssel. RaTdr. (6×5); Papier ph.; gez. K 11½:11¾.**

byx) Feldherr Uesugi Shigefusa, Holzfigur (13. Jh.)

| | | | | | |
|---|---|---|---|---|---|
| **2388** | 24 (Fr) | mehrfarbig | byx | 1,50 | 0,50 |
| | | | FDC | | 3,— |

Auflage: 1.800.000 Stück

*Parallelausgabe mit Japan MiNr. 1879–1880*

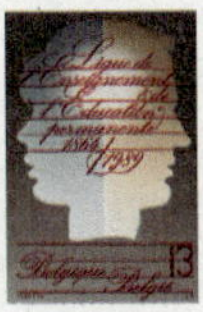

**1989, 23. Sept. 125 Jahre Verein zur Förderung des Bildungswesens. RaTdr. (5×6); Papier ph.; gez. K 11¾:11½.**

byy) Symbolische Darstellung

| | | | | |
|---|---|---|---|---|
| **2389** | 13 (Fr) mehrfarbig | byy | 0,70 | 0,30 |
| | | FDC | | 2,20 |

Auflage: 8.100.000 Stück

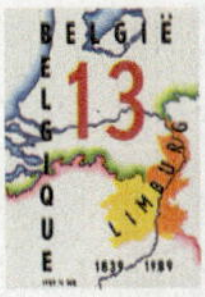

**1989, 30. Sept. 150 Jahre Provinz Limburg. RaTdr. (5×6); Papier ph.; gez. K 11¾:11½.**

byz) Landkarte

| | | | | |
|---|---|---|---|---|
| **2390** | 13 (Fr) mehrfarbig | byz | 0,70 | 0,30 |
| | | FDC | | 2,20 |

Auflage: 8.100.000 Stück

*Parallelausgabe mit Niederlande MiNr. 1370*

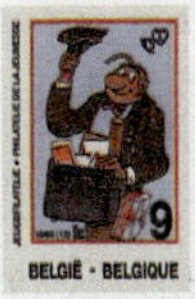

**1989, 7. Okt. Jugendphilatelie. RaTdr. (5×6); gez. K 11¾:11½.**

bza) Nero; Comicfigur von Marc Sleen (1922–2016), Cartoonist

| | | | | |
|---|---|---|---|---|
| **2391** | 9 (Fr) mehrfarbig | bza | 1,— | 0,30 |
| | | FDC | | 3,20 |

Auflage: 6.000.000 Stück

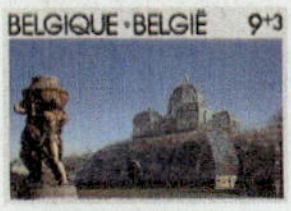

**1989, 21. Okt. Solidarität: Die Königlichen Gewächshäuser in Laeken. RaTdr. (6×5, Hochformate ~); MiNr. 2393–2395 Papier ph.; gez. K 11½:11¾, Hochformate ~.**

bzb

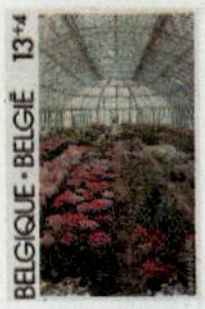

bzc

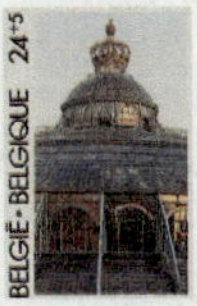

bzd

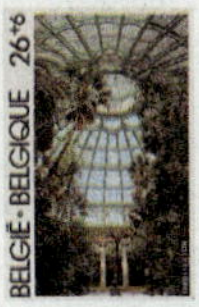

bze

bzb–bze) Ansichten der Königlichen Treibhäuser in Laeken bei Brüssel

| | | | | |
|---|---|---|---|---|
| **2392** | 9 (Fr) + 3 (Fr) mehrfarbig | bzb | 1,— | 1,— |
| **2393** | 13 (Fr) + 4 (Fr) mehrfarbig | bzc | 1,30 | 1,30 |
| **2394** | 24 (Fr) + 5 (Fr) mehrfarbig | bzd | 2,— | 2,— |
| **2395** | 26 (Fr) + 6 (Fr) mehrfarbig | bze | 2,20 | 2,20 |
| | | Satzpreis (4 W.) | 6,50 | 6,50 |
| | | FDC | | 11,— |

Auflagen: MiNr. 2392 = 488.142, MiNr. 2393 = 492.297, MiNr. 2394 = 480.176, MiNr. 2395 = 480.006 Stück

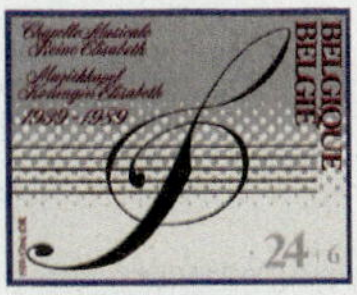

**1989, 4. Nov. 50 Jahre Königin-Elisabeth-Kapelle. RaTdr. (5×8); Papier ph.; gez. K 11½:11¾.**

bzf) Violinschlüssel

| | | | | |
|---|---|---|---|---|
| **2396** | 24 (Fr) + 6 (Fr) mehrfarbig | bzf | 2,— | 2,— |
| | | FDC | | 3,20 |

Auflage: 509.628 Stück

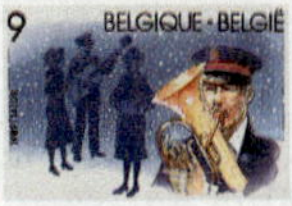

**1989, 18. Nov. Weihnachten; 100 Jahre Heilsarmee in Belgien. RaTdr. (6×5); gez. K 11½:11¾.**

bzg) Heilsarmisten

| | | | | |
|---|---|---|---|---|
| **2397** | 9 (Fr) mehrfarbig | bzg | 0,60 | 0,30 |
| | | FDC | | 2,— |

Auflage: 12.000.000 Stück

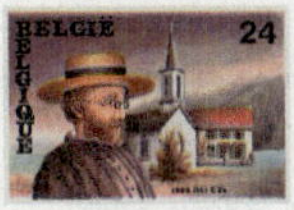

**1989, 25. Nov. 100. Todestag von Pater Damian Deveuster. RaTdr. (6×5); Papier ph.; gez. K 11½:11¾.**

bzh) Pater Damian Deveuster (1840–1889), Apostel der Aussätzigen

| | | | | |
|---|---|---|---|---|
| **2398** | 24 (Fr) mehrfarbig | bzh | 1,70 | 0,50 |
| | | FDC | | 3,— |

Auflage: 1.800.000 Stück

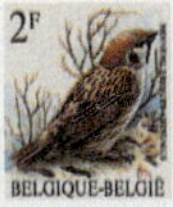

**1989, 4. Dez./1992. Freimarke: Vögel. RaTdr. (10×5); v = Typopapier, x = normales Papier; gez. K 11½.**

bzi) Feldsperling (Passer montanus)

| | | | | |
|---|---|---|---|---|
| **2399** | 2 Fr mehrfarbig | bzi | | |
| v | Typopapier (1992) | | 0,50 | 0,30 |
| x | normales Papier (4.12.1989) | | 0,30 | 0,30 |
| | | FDC x | | 3,— |

**Vorausentwertung:**

| | | (✶) | ✶✶ |
|---|---|---|---|
| 2399 x V | Aufdrucktype b 7 | 0,30 | 0,60 |

MiNr. 2399 x gibt es mit grünlichem und weißem Gummi.

*Weitere Werte siehe Übersicht nach Jahrgangswerttabelle.*

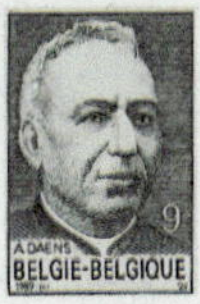

**1989, 9. Dez. 150. Geburtstag von Adolf Daens. StTdr. (5×6); gez. K 11¾:11½.**

bzk) Adolf Daens (1839–1907), Priester und Politiker

| | | | ✶✶ | ⊙ |
|---|---|---|---|---|
| **2400** | 9 (Fr) schwarzblaugrün | bzk | 0,60 | 0,30 |
| | | FDC | | 2,— |

Auflage: 4.000.000 Stück

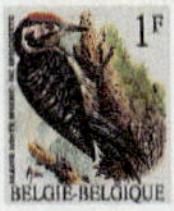

**1990, 8. Jan./1992. Freimarke: Vögel. RaTdr. (10×5); x = normales Papier, y = Papier ph.; gez. K 11½.**

bzl) Kleinspecht (Dendrocopos minor)

| | | | | |
|---|---|---|---|---|
| **2401** | 1 Fr mehrfarbig | bzl | | |
| x | normales Papier (8.1.1990) | | 0,30 | 0,30 |
| y | Papier ph. (1992) | | 1,20 | 0,50 |
| | | FDC x | | 4,50 |

**Vorausentwertung:**

| | | (✶) | ✶✶ |
|---|---|---|---|
| 2401 x V | Aufdrucktype b 7 | 0,30 | 0,60 |

MiNr. 2401 x gibt es mit grünlichem und weißem Gummi.

*Weitere Werte siehe Übersicht nach Jahrgangswerttabelle.*

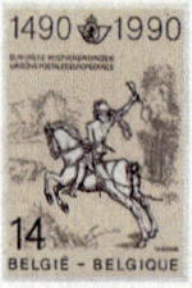


**1990, 13. Jan. 500 Jahre internationale Postverbindungen in Europa. Komb. StTdr. und RaTdr. (5×6); Papier ph.; gez. K 11¾:11½.**

bzm) Der kleine Postreiter (Detail); Stich von Albrecht Dürer (1471–1528), deutscher Maler und Graphiker

| | | | ✶✶ | ⊙ |
|---|---|---|---|---|
| **2402** | 14 (Fr) mehrfarbig | bzm | 1,— | 0,30 |
| | | FDC | | 2,20 |

Eine Gedenkkarte mit MiNr. 2402 und Ovalstempel vom 12. Januar 1990 wurde vom 12.–14. Januar 1990 in Innsbruck verkauft.

Auflage: 10.000.000 Stück

*Parallelausgabe mit Berlin (West) MiNr. 860, DDR MiNr. 3299, Bundesrepublik Deutschland MiNr. 1445, Österreich MiNr. 1978*

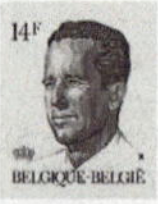


**1990, 15. Jan. Freimarke: König Baudouin, Ⓔ Velghe. RaTdr. (10×5); Papier ph.; gez. K 11¾.**

bnd) König Baudouin (1930–1993, reg. ab 1951)

| | | | | |
|---|---|---|---|---|
| **2403** | 14 Fr dunkelgrau | bnd | 0,80 | 0,30 |
| | | FDC | | 2,60 |

MiNr. 2403 gibt es mit grünlichem und gelblichem Gummi.

Auflage: 715.435.450 Stück

*In gleicher Zeichnung: MiNr. 2121, 2137, 2165, 2176–2178, 2187–2188, 2212, 2255, 2261, 2408*

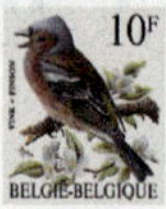


**1990, 15. Jan. Freimarke: Vögel. RaTdr. (10×5); x = normales Papier, y = Papier ph.; gez. K 11½.**

bzn) Buchfink (Fringilla coelebs)

| | | | | |
|---|---|---|---|---|
| **2404** | 10 Fr mehrfarbig | bzn | | |
| x | normales Papier (15.1.1990) | | 0,70 | 0,30 |
| y | Papier ph. (1992) | | 1,— | 0,50 |
| | | FDC x | | 2,60 |

**Vorausentwertung:**

| | | (✶) | ✶✶ |
|---|---|---|---|
| 2404 x V | Aufdrucktype b 7 | 0,30 | 1,— |
| 2404 y V | Aufdrucktype b 7 | 0,30 | 1,50 |

MiNr. 2404 x gibt es mit grünlichem und weißem Gummi.

*Weitere Werte siehe Übersicht nach Jahrgangswerttabelle.*

**1990, 5. Febr. Förderung der Philatelie: Rosen (III). RaTdr. (5×6); Papier ph.; gez. K 11¾:11½.**

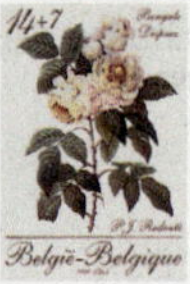


bzo) Bengale Desprez

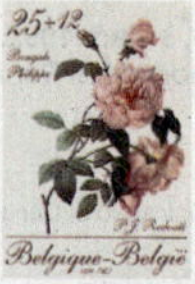


bzp) Bengale Philippe

bzo–bzr) Rosen aus dem Werk „60 Rosen für eine Königin" von Pierre-Joseph Redouté (1759–1840), französischer Blumenzeichner

| | | | ✶✶ | ⊙ |
|---|---|---|---|---|
| **2405** | 14 (Fr) + 7 (Fr) mehrfarbig | bzo | 1,50 | 1,50 |
| **2406** | 25 (Fr) + 12 (Fr) mehrfarbig | bzp | 2,50 | 2,50 |
| | | Satzpreis (2 W.) | 4,— | 4,— |
| | | FDC | | 6,50 |

**Blockausgabe**

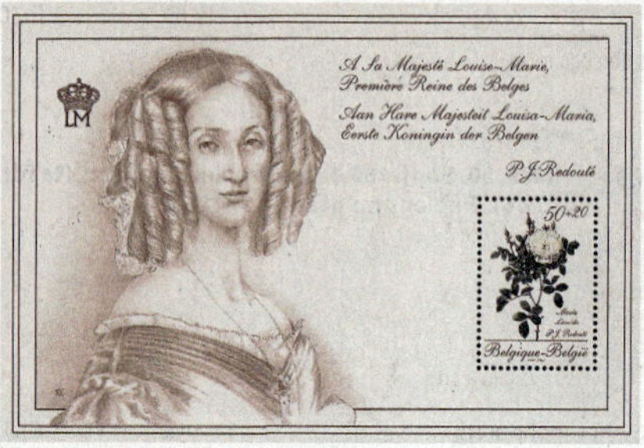


bzs

bzr) Maria Léonida

| | | | | |
|---|---|---|---|---|
| **2407** | 50 (Fr) + 20 (Fr) mehrfarbig | bzr | 6,— | 6,— |
| **Block 60** | (150×100 mm) | bzs | 6,50 | 6,50 |
| | | FDC | | 11,— |

Auflagen: MiNr. 2405 = 485.179, MiNr. 2406 = 477.746 Stück, Bl. 60 = 541.465 Blocks

*Weitere Werte: MiNr. 2332–2334/Bl. 57, MiNr. 2370–2372/Bl. 59*

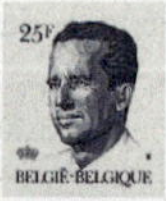


**1990, 19. Febr. Freimarke: König Baudouin, Ⓔ Velghe. RaTdr. (10×5); Papier ph.; gez. K 11¾.**

bnd) König Baudouin (1930–1993, reg. ab 1951)

| | | | | |
|---|---|---|---|---|
| **2408** | 25 Fr schwarzblau | bnd | 1,70 | 0,30 |
| | | FDC | | 4,50 |

MiNr. 2408 gibt es mit grünlichem und gelblichem Gummi.

Auflage: 15.840.000 Stück

*In gleicher Zeichnung: MiNr. 2121, 2137, 2165, 2176–2178, 2187–2188, 2212, 2255, 2261, 2403*

**1990, 3. März. Genter Blumenschau. RaTdr. (10×5); MiNr. 2410–2411 Papier ph.; gez. K 11¾:11½.**

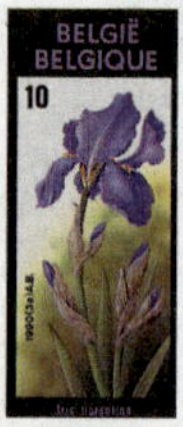


bzt) Florentiner Schwertlilie (Iris florentina)

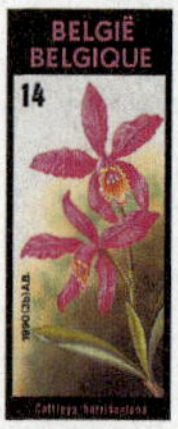


bzu) Cattleya harrisoniana

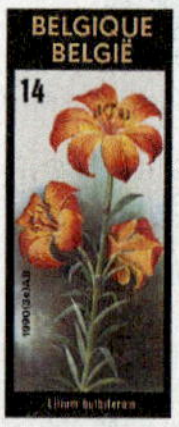


bzv) Feuerlilie (Lilium bulbiferum)

| | | | | |
|---|---|---|---|---|
| **2409** | 10 (Fr) mehrfarbig | bzt | 0,60 | 0,40 |
| **2410** | 14 (Fr) mehrfarbig | bzu | 1,— | 0,30 |
| **2411** | 14 (Fr) mehrfarbig | bzv | 1,— | 0,30 |
| | | Satzpreis (3 W.) | 2,60 | 1,— |
| | | FDC | | 6,50 |

Auflagen: MiNr. 2409 = 2.400.000, MiNr. 2410–2411 je 3.000.000 Stück

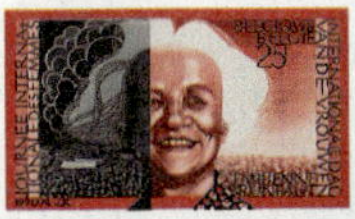

**1990, 10. März. Internationaler Tag der Frau. RaTdr. (5×5); Papier ph.; gez. K 11¾.**

bzw) Emilienne Brunfaut (1908–1966), Frauenrechtlerin

| | | | | |
|---|---|---|---|---|
| **2412** | 25 (Fr) mehrfarbig | bzw | 1,50 | 0,50 |
| | | FDC | | 3,— |

Auflage: 1.800.000 Stück

**1990, 19. März. Sport. RaTdr. (5×6); MiNr. 2414–2415 Papier ph.; gez. K 11½.**

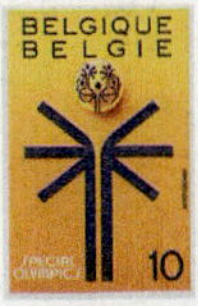


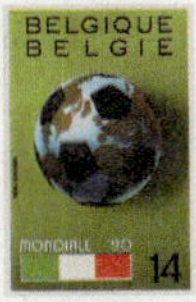


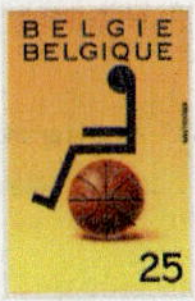


bzx) Emblem der Organisation „Special Olympics“
bzy) Erdkugel als Fußball, Staatsflagge von Italien
bzz) Piktogramm für Rollstuhlbasketball

| | | | | |
|---|---|---|---|---|
| **2413** | 10 (Fr) mehrfarbig | bzx | 0,70 | 0,30 |
| **2414** | 14 (Fr) mehrfarbig | bzy | 0,70 | 0,30 |
| **2415** | 25 (Fr) mehrfarbig | bzz | 1,60 | 0,60 |
| | | Satzpreis (3 W.) | 3,— | 1,20 |
| | | FDC | | 6,— |

Auflagen: MiNr. 2413 = 2.400.000, MiNr. 2414 = 3.000.000, MiNr. 2415 = 1.800.000 Stück

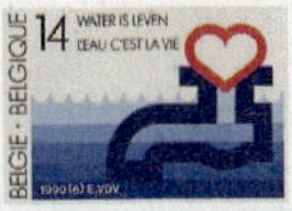

**1990, 2. April. 75 Jahre Nationale Gesellschaft für Wasserversorgung. RaTdr. (6×5); Papier ph.; gez. K 11½:11¾.**

caa) Symbolische Darstellung „Wasser ist Leben“

| | | | | |
|---|---|---|---|---|
| **2416** | 14 (Fr) mehrfarbig | caa | 1,— | 0,30 |
| | | FDC | | 2,20 |

Auflage: 7.500.000 Stück

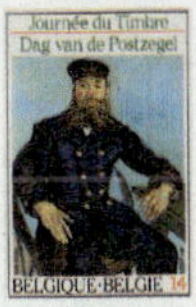

**1990, 9. April. Tag der Briefmarke. RaTdr. (5×6); Papier ph.; gez. K 11¾:11½.**

cab) Briefträger Roulin; Gemälde von Vincent van Gogh (1853–1890), niederländischer Maler

| | | | | |
|---|---|---|---|---|
| **2417** | 14 (Fr) mehrfarbig | cab | 1,— | 0,30 |
| | | FDC | | 2,20 |

Auflage: 7.500.000 Stück

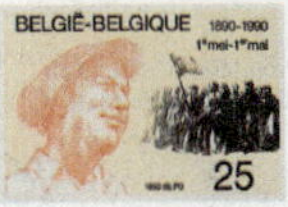

**1990, 28. April. 100 Jahre Tag der Arbeit (1. Mai). RaTdr. (6×5); Papier ph.; gez. K 11½:11¾.**

cac) Arbeiter, Maikundgebung

| | | | | |
|---|---|---|---|---|
| **2418** | 25 (Fr) mehrfarbig | cac | 1,50 | 0,50 |
| | | FDC | | 3,— |

Auflage: 1.800.000 Stück

**1990, 5. Mai. Europa: Postalische Einrichtungen. Komb. StTdr. und RaTdr. (6×5, Hochformat ~); Papier ph.; gez. K 11½:11¾, Hochformat ~.**

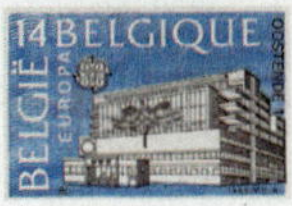


cad) Hauptpostamt Ostende

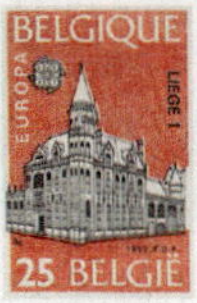


cae) Hauptpostamt Lüttich

| | | | | |
|---|---|---|---|---|
| **2419** | 14 (Fr) lebhaftcyanblau/schwarz | cad | 1,50 | 0,40 |
| **2420** | 25 (Fr) lebhaftrot/schwarz | cae | 3,— | 0,80 |
| | | Satzpreis (2 W.) | 4,50 | 1,20 |
| | | FDC | | 4,— |

Auflage: MiNr. 2419 = 7.500.000, MiNr. 2420 = 1.800.000 Stück

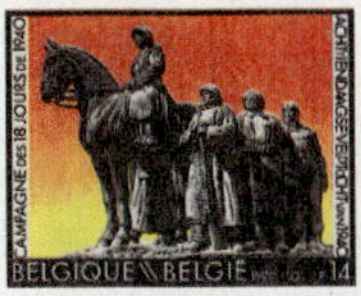


**1990, 12. Mai. 50. Jahrestag des 18-Tage-Feldzuges gegen die deutsche Wehrmacht. RaTdr. (5×8); Papier ph.; gez. K 11½.**

caf) Leie-Denkmal, Kortrijk

| | | | | |
|---|---|---|---|---|
| **2421** | 14 (Fr) mehrfarbig | caf | 1,20 | 0,30 |
| | | FDC | | 2,20 |

Auflage: 7.500.000 Stück

**1990, 2. Juni. Blockausgabe: Internationale Briefmarkenausstellung BELGICA '90, Brüssel; 100 Jahre Königlicher Verband der belgischen Briefmarkensammler-Vereine: Rosen (IV). RaTdr., Blockrand komb. StTdr. und RaTdr.; Papier ph.; gez. Ks 11¾:11½.**

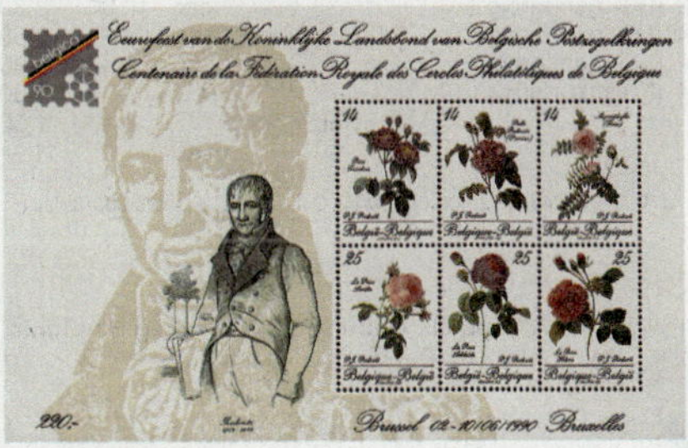

can

cag) Rose Tricolore
cah) Belle Rubanée
cai) Mycrophylla
cak) La Rose Amélie
cal) La Rose Adélaïde
cam) La Rose Hélène

cag–cam) Rosen aus dem Werk „60 Rosen für eine Königin“ von Pierre-Joseph Redouté (1759–1840), französischer Blumenzeichner

| | | | | |
|---|---|---|---|---|
| **2422** | 14 (Fr) mehrfarbig | cag | 6,— | 6,— |
| **2423** | 14 (Fr) mehrfarbig | cah | 6,— | 6,— |
| **2424** | 14 (Fr) mehrfarbig | cai | 6,— | 6,— |
| **2425** | 25 (Fr) mehrfarbig | cak | 6,— | 6,— |
| **2426** | 25 (Fr) mehrfarbig | cal | 6,— | 6,— |
| **2427** | 25 (Fr) mehrfarbig | cam | 6,— | 6,— |
| **Block 61** | (189×119 mm) | can | 38,— | 38,— |
| | | FDC | | 60,— |

Postpreis: 220 Fr

Auflage: 507.555 Blocks

Ein Schwarzdruck von Bl. 61 (224×131 mm) war im Ausstellungskatalog BELGICA '90 eingeheftet. Durch Zähnung am Oberrand war dieser Schwarzdruck heraustrennbar.

**1990, 16. Juni. 175. Jahrestag der Schlacht von Waterloo. RaTdr. (1×6 Zd); Papier ph.; gez. K 11¾:11½.**

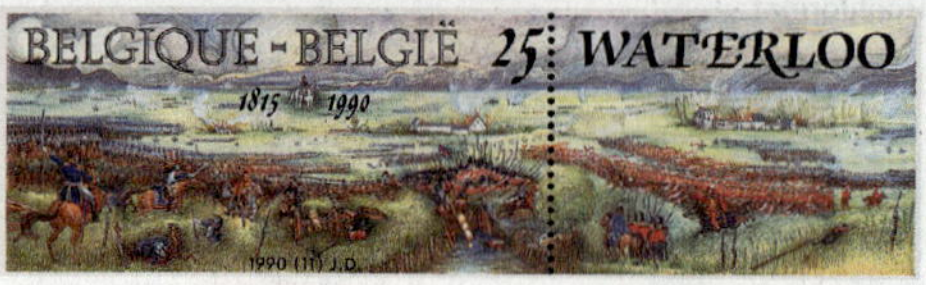


cao) Französische und schottische Truppen bei Waterloo (1815) Zierfeld

| | | | | |
|---|---|---|---|---|
| **2428** | 25 (Fr) mehrfarbig | cao | 1,20 | 0,60 |
| | | 2428 Zf | 1,70 | 1,20 |
| | | FDC | | 3,20 |
| | | Kleinbogen | 11,— | 11,— |

Auflage: 1.800.000 Stück

**1990, 7. Juli. Tourismus. RaTdr. (6×5, Hochformat ~); MiNr. 2431–2433 Papier ph.; gez. K 11½:11¾, Hochformat ~.**

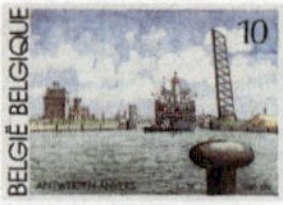


cap) Berendrecht-Schleuse, Antwerpen

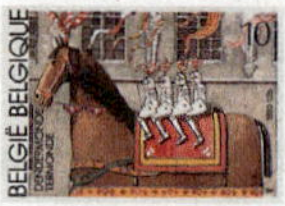


car) Ross Bayard, Dendermonde

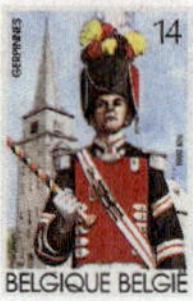


cas) Rolanda-Folkloremarsch, Gerpinnes

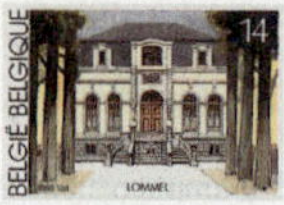


cat) Schloss in Lommel

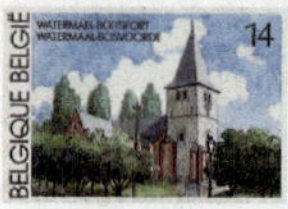


cau) Klemenskirche, Watermael-Boitsfort

| | | | | |
|---|---|---|---|---|
| **2429** | 10 (Fr) mehrfarbig | cap | 0,60 | 0,30 |
| **2430** | 10 (Fr) mehrfarbig | car | 0,60 | 0,30 |
| **2431** | 14 (Fr) mehrfarbig | cas | 1,— | 0,30 |
| **2432** | 14 (Fr) mehrfarbig | cat | 1,— | 0,30 |
| **2433** | 14 (Fr) mehrfarbig | cau | 1,— | 0,30 |
| | | Satzpreis (5 W.) | 4,20 | 1,50 |
| | | FDC | | 11,— |

Auflagen: MiNr. 2429–2430 je 2.400.000, MiNr. 2431–2433 je 3.000.000 Stück

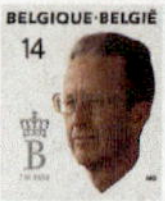


**1990, 7. Sept. 60. Geburtstag von König Baudouin. RaTdr. (10×5); Papier ph.; gez. K 11¾.**

cav) König Baudouin (1930–1993, reg. ab 1951)

| | | | | |
|---|---|---|---|---|
| **2434** | 14 (Fr) mehrfarbig | cav | 0,90 | 0,30 |
| | | FDC | | 2,20 |

Auflage: 10.000.000 Stück

**1990, 8. Sept. Fische. RaTdr., Markenheftchen (4×1); Papier ph.; gez. K 11¾.**

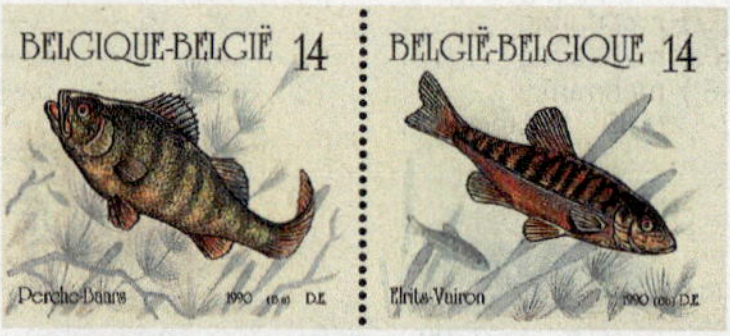


caw) Barsch (Perca fluviatilis)
cax) Elritze (Phoxinus phoxinus)

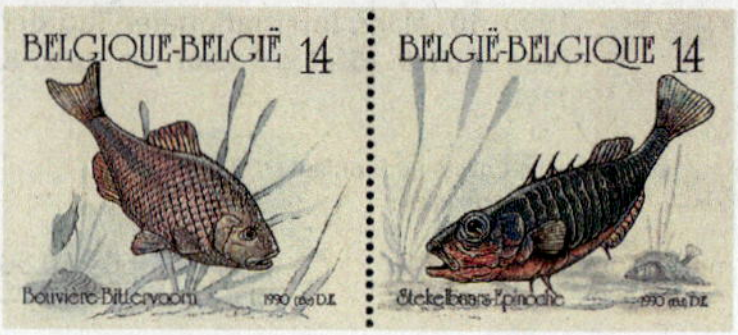


cay) Bitterling (Rhodeus sericeus amarus)
caz) Stichling (Gasterosteus aculeatus)

| | | | | |
|---|---|---|---|---|
| **2435** | 14 (Fr) mehrfarbig | caw | 1,50 | 0,50 |
| **2436** | 14 (Fr) mehrfarbig | cax | 1,50 | 0,50 |
| **2437** | 14 (Fr) mehrfarbig | cay | 1,50 | 0,50 |
| **2438** | 14 (Fr) mehrfarbig | caz | 1,50 | 0,50 |
| | | Satzpreis (4 W.) | 6,— | 2,— |
| | | FDC (1 H-Bl.) | | 9,— |

MiNr. 2435–2438 stammen aus MH 31.

Auflage: 2.000.000 Sätze

**1990, 6. Okt. Kultur: 50 Jahre Bewegung „Jugend und Musik"; 180 Jahre Beethovens Musik zu Goethes „Egmont"; 100. Geburtstag von Jozef Cantré. RaTdr. (3×5); MiNr. 2440–2441 Papier ph.; gez. K 11½:11¾.**

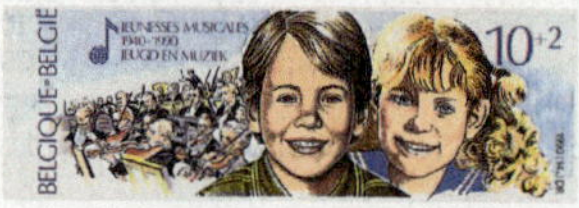


cba) Junge und Mädchen, Orchester

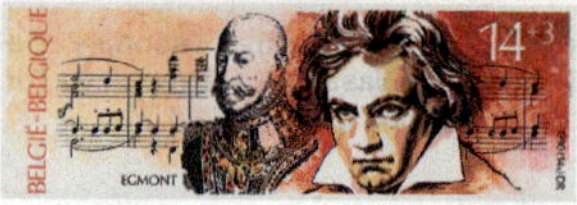


cbb) Lamoraal Graf von Egmont (1522–1568), niederländischer Staatsmann; Ludwig van Beethoven (1770–1827), deutscher Komponist

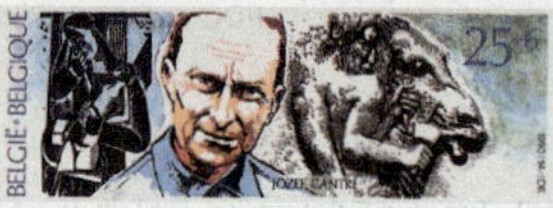


cbc) Jozef Cantré (1890–1957), Bildhauer und Graphiker

| | | | | |
|---|---|---|---|---|
| **2439** | 10 (Fr) + 2 (Fr) mehrfarbig | cba | 1,80 | 1,20 |
| **2440** | 14 (Fr) + 3 (Fr) mehrfarbig | cbb | 2,20 | 1,80 |
| **2441** | 25 (Fr) + 6 (Fr) mehrfarbig | cbc | 3,— | 2,50 |
| | | Satzpreis (3 W.) | 7,— | 5,50 |
| | | FDC | | 9,— |

Auflagen: MiNr. 2439 = 493.478, MiNr. 2440 = 500.255, MiNr. 2441 = 475.794 Stück

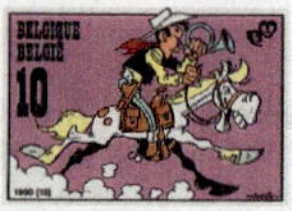


**1990, 13. Okt. Jugendphilatelie. RaTdr. (6×5); gez. K 11½:11¾.**

cbd) Lucky Luke; Comicfigur von Morris, eigentlich Maurice de Bévère (1923–2001), Comiczeichner

| | | | | |
|---|---|---|---|---|
| **2442** | 10 (Fr) mehrfarbig | cbd | 1,20 | 0,30 |
| | | FDC | | 3,20 |

Auflage: 6.000.000 Stück

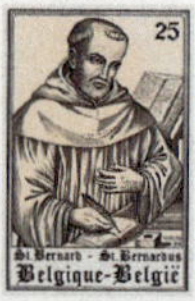


**1990, 3. Nov. 900. Geburtstag von Bernhard von Clairvaux. Komb. StTdr. und RaTdr. (5×6); Papier ph.; gez. K 11¾:11½.**

cbe) Bernhard von Clairvaux (1090–1153), Kirchenlehrer

| | | | | | |
|---|---|---|---|---|---|
| **2443** | 25 (Fr) schwarz/weißorangerot | cbe | 1,50 | 0,30 |
| | | FDC | | 3,— |

Auflage: 1.800.000 Stück

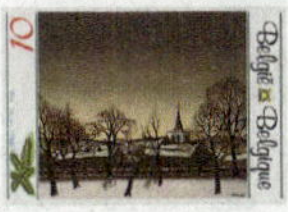


**1990, 10. Nov. Weihnachten und Neujahr. RaTdr. (6×5); gez. K 11½:11¾.**

cbf) Pepingen, Winter 1977; Gemälde von Jozef Lucas (1908–1986)

| | | | | |
|---|---|---|---|---|
| **2444** | 10 (Fr) mehrfarbig | cbf | 0,60 | 0,30 |
| | | FDC | | 2,— |

Auflage: 12.000.000 Stück

**1990, 1. Dez. Belgische Kunstwerke im Ausland. RaTdr. (8×5); MiNr. 2446–2447 Papier ph.; gez. K 11¾:11½.**

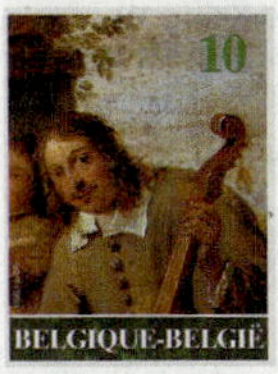


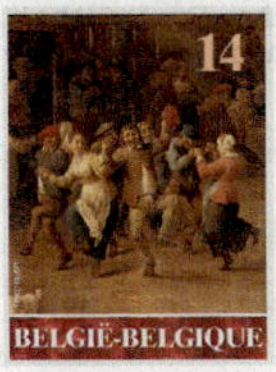


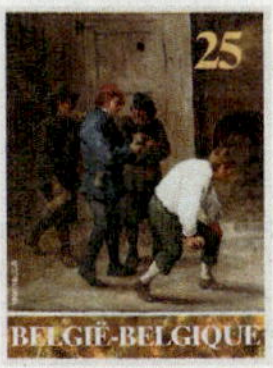


cbg) Selbstporträt cbh) Tänzer cbi) Boulespieler

cbg–cbi) Gemälde von David Teniers der Jüngere (1610–1690)

| | | | | |
|---|---|---|---|---|
| **2445** | 10 (Fr) mehrfarbig | cbg | 0,60 | 0,50 |
| **2446** | 14 (Fr) mehrfarbig | cbh | 0,80 | 0,50 |
| **2447** | 25 (Fr) mehrfarbig | cbi | 1,60 | 1,— |
| | Satzpreis (3 W.) | | 3,— | 2,— |
| | | FDC | | 7,50 |

Auflagen: MiNr. 2445 = 2.400.000, MiNr. 2446 = 3.000.000, MiNr. 2447 = 1.800.000 Stück

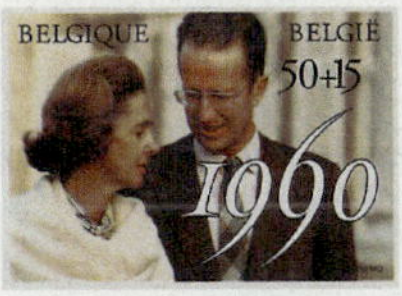


**1990, 8. Dez. 30. Hochzeitstag von König Baudouin und Königin Fabiola. RaTdr. (5×6); Papier ph.; gez. K 11½.**

cbk) Königspaar

| | | | | |
|---|---|---|---|---|
| **2448** | 50 (Fr) + 15 (Fr) mehrfarbig | cbk | 8,— | 8,— |
| | | FDC | | 11,— |

Auflage: 516.905 Stück

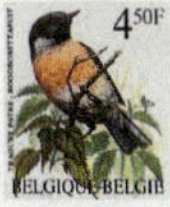


**1990, 24. Dez./1992. Freimarke: Vögel. RaTdr. (10×5); v = Typopapier, x = normales Papier; gez. K 11½.**

cbl) Schwarzkehlchen (Saxicola torquata)

| | | | | |
|---|---|---|---|---|
| **2449** | 4.50 Fr mehrfarbig | cbl | | |
| v | Typopapier (1992) | | 1,50 | 0,30 |
| x | normales Papier (24.12.1990) | | 0,50 | 0,30 |
| | | FDC x | | 2,50 |

**Vorausentwertungen:**

| | | (✱) | ✱✱ |
|---|---|---|---|
| 2449 v V | Aufdrucktype b 7 | 0,30 | 1,20 |
| 2449 x V | Aufdrucktype b 7 | 0,30 | 0,50 |

*Weitere Werte siehe Übersicht nach Jahrgangswerttabelle.*

**1991, 23. Febr. Rotes Kreuz: Gemälde. RaTdr. (8×5); Papier ph.; gez. K 11¾:11½.**

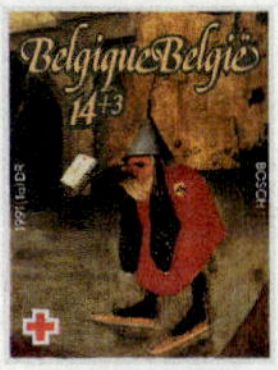


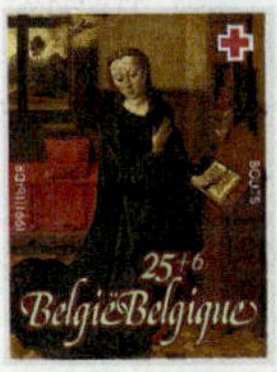


cbm) Die Versuchung des hl. Antonius (Detail); von Hieronymus Bosch (um 1450–1516)

cbn) Mariä Verkündigung (Detail); von Dieric Bouts (1410/20–1475)

| | | | ✱✱ | ⊙ |
|---|---|---|---|---|
| **2450** | 14 (Fr) + 3 (Fr) mehrfarbig | cbm | 2,20 | 2,20 |
| **2451** | 25 (Fr) + 6 (Fr) mehrfarbig | cbn | 3,40 | 3,40 |
| | Satzpreis (2 W.) | | 5,50 | 5,50 |
| | | FDC | | 7,50 |

Auflagen: MiNr. 2450 = 499.204, MiNr. 2451 = 475.638 Stück

**1991, 16. März. Skulpturen aus dem 19. Jahrhundert. Komb. StTdr. und RaTdr. (5×6); Papier ph.; gez. K 11¾:11½.**

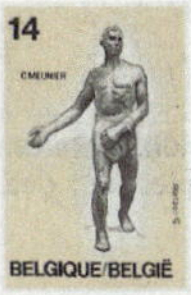


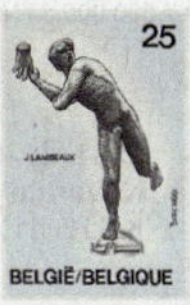


cbo) Der Sämann; von Constantin Meunier (1831–1905)

cbp) Der Brabo-Brunnen in Antwerpen (Detail); von Jef Lambeaux (1852–1908)

| | | | | |
|---|---|---|---|---|
| **2452** | 14 (Fr) weißorange/grünschwarz | cbo | 0,70 | 0,30 |
| **2453** | 25 (Fr) weißblau/blauschwarz | cbp | 1,50 | 0,30 |
| | Satzpreis (2 W.) | | 2,20 | 0,60 |
| | | FDC | | 4,50 |

Auflagen: MiNr. 2452 = 3.000.000, MiNr. 2453 = 1.800.000 Stück

**1991, 6. April. Sport: 1. Europäisches Olympisches Jugendfestival, Brüssel; Korfball-Weltmeisterschaften. RaTdr. (5×6); gez. K 11½:11¼.**

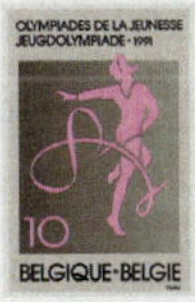


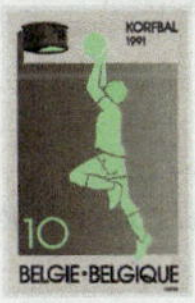


cbr) Rhythmische Sportgymnastik cbs) Korfball

| | | | | |
|---|---|---|---|---|
| **2454** | 10 (Fr) mehrfarbig | cbr | 0,60 | 0,30 |
| **2455** | 10 (Fr) mehrfarbig | cbs | 0,60 | 0,30 |
| | Satzpreis (2 W.) | | 1,20 | 0,60 |
| | | FDC | | 4,— |

Auflage: 4.000.000 Sätze

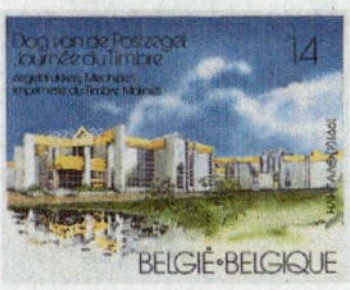


**1991, 20. April. Tag der Briefmarke. RaTdr. (5×8); Papier ph.; gez. K 11¼.**

cbt) Neues Briefmarkenatelier, Mecheln

| | | | | |
|---|---|---|---|---|
| **2456** | 14 (Fr) mehrfarbig | cbt | 1,10 | 0,50 |
| | | FDC | | 2,50 |

Auflage: 10.000.000 Stück

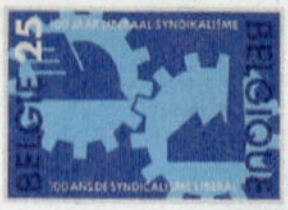

**1991, 27. April. 100 Jahre Liberale Gewerkschaft. RaTdr. (6×5); Papier ph.; gez. K 11¼:11½.**

cbu) Emblem der liberalen Gewerkschaftsbewegung

| | | | | |
|---|---|---|---|---|
| **2457** | 25 (Fr) mehrfarbig | cbu | 1,50 | 0,50 |
| | | FDC | | 3,20 |

Auflage: 1.800.000 Stück

**1991, 4. Mai. Europa: Europäische Weltraumfahrt. RaTdr. (6×5); Papier ph.; gez. K 11¼:11½.**

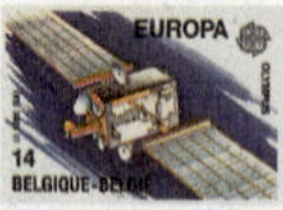

cbv) Fernmeldesatellit „Olympus“

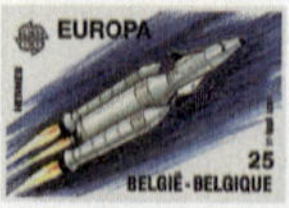

cbw) Trägerrakete „Ariane 5“ mit Raumfähre „Hermes“

| | | | | |
|---|---|---|---|---|
| **2458** | 14 (Fr) mehrfarbig | cbv | 1,50 | 0,50 |
| **2459** | 25 (Fr) mehrfarbig | cbw | 3,— | 1,50 |
| | | Satzpreis (2 W.) | 4,50 | 2,— |
| | | FDC | | 6,— |

Auflagen: MiNr. 2458 = 7.500.000, MiNr. 2459 = 1.800.000 Stück

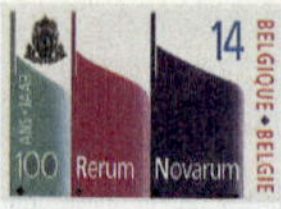

**1991. 11. Mai. 100 Jahre Enzyklika „Rerum Novarum“. RaTdr. (6×5); Papier ph.; gez. K 11¼:11½.**

cbx) Fahnen, Wappen von Papst Leo XIII.

| | | | | |
|---|---|---|---|---|
| **2460** | 14 (Fr) mehrfarbig | cbx | 0,80 | 0,30 |
| | | FDC | | 2,50 |

Auflage: 7.500.000 Stück

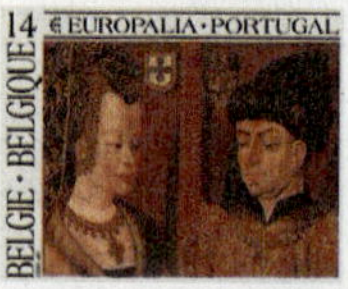

**1991, 25. Mai. Europäisches Kulturfestival „Europalia ’91 Portugal“, Brüssel. RaTdr. (5×8); Papier ph.; gez. K 11½:11¾.**

cby) Königin Isabella von Portugal (1397–1471) und König Philipp der Gute (1396–1467); Gemälde eines unbekannten Künstlers (15. Jh.)

| | | | | |
|---|---|---|---|---|
| **2461** | 14 (Fr) mehrfarbig | cby | 1,— | 0,30 |
| | | FDC | | 2,20 |

Auflage: 7.500.000 Stück

*Parallelausgabe mit Portugal MiNr. 1864/Bl. 79*

**1991, 15. Juni. Tourismus. Komb. StTdr. und RaTdr. (6×5, Hochformate ∼); Papier ph.; gez. K 11½:11¾, Hochformate ∼.**

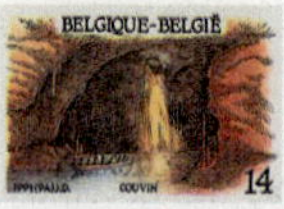

cbz) Neptun-Höhlen, Couvin

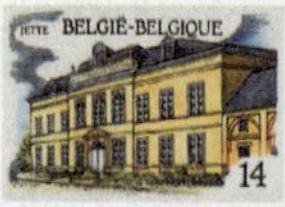

cca) Abtei Dieleghem, Jette

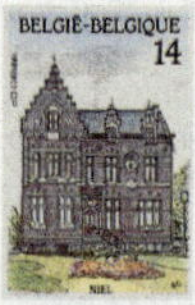

ccb) Rathaus, Niel

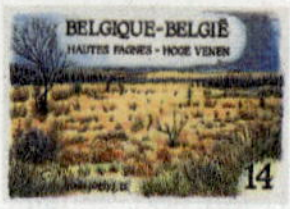

ccc) Naturpark Hohes Venn

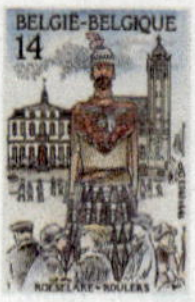

ccd) Festzugsfigur „Rolarius der Riese“, Roeselare

| | | | | |
|---|---|---|---|---|
| **2462** | 14 (Fr) mehrfarbig | cbz | 0,70 | 0,30 |
| **2463** | 14 (Fr) mehrfarbig | cca | 0,70 | 0,30 |
| **2464** | 14 (Fr) mehrfarbig | ccb | 0,70 | 0,30 |
| **2465** | 14 (Fr) mehrfarbig | ccc | 0,70 | 0,30 |
| **2466** | 14 (Fr) mehrfarbig | ccd | 0,70 | 0,30 |
| | | Satzpreis (5 W.) | 3,50 | 0,50 |
| | | FDC | | 9,— |

Auflage: 3.000.000 Sätze

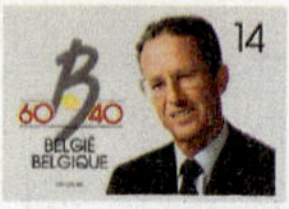

**1991, 22. Juni. 60. Geburtstag (1990) und 40 Jahre Regentschaft von König Baudouin. RaTdr. (6×5); Papier ph.; gez. K 11½:11¾.**

cce) König Baudouin (1930–1993, reg. ab 1951)

| | | | | |
|---|---|---|---|---|
| **2467** | 14 (Fr) mehrfarbig | cce | 1,80 | 0,30 |
| | | FDC | | 3,— |

Auflage: 7.500.000 Stück

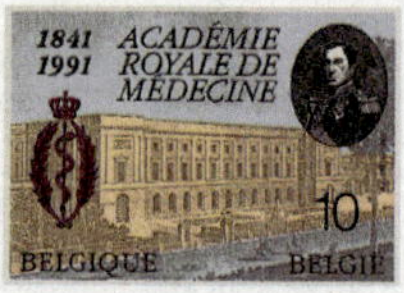

**1991, 31. Aug. 150 Jahre Königliche Akademie für Medizin. Komb. StTdr. und RaTdr. (6×5); gez. K 11½.**

ccf) Gebäude der Akademie, König Leopold I., Äskulapstab

| | | | | |
|---|---|---|---|---|
| **2468** | 10 (Fr) mehrfarbig | ccf | 0,60 | 0,40 |
| | | FDC | | 2,— |

Auflage: 4.000.000 Stück

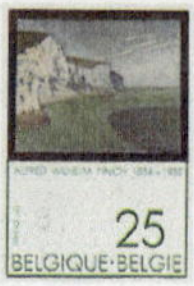

**1991, 7. Sept. Alfred William Finch. RaTdr. (5×6); Papier ph.; gez. K 11¾:11½.**

ccg) Die englische Küste bei Dover; Gemälde von Alfred William Finch (1854–1930)

| | | | | |
|---|---|---|---|---|
| **2469** | 25 (Fr) mehrfarbig | ccg | 1,50 | 0,50 |
| | | FDC | | 3,20 |

Auflage: 1.800.000 Stück

*Parallelausgabe mit Finnland MiNr. 1146–1147*

**1991, 14. Sept. Pilze. RaTdr., Markenheftchen (4×1); Papier ph.; gez. K 11¾.**

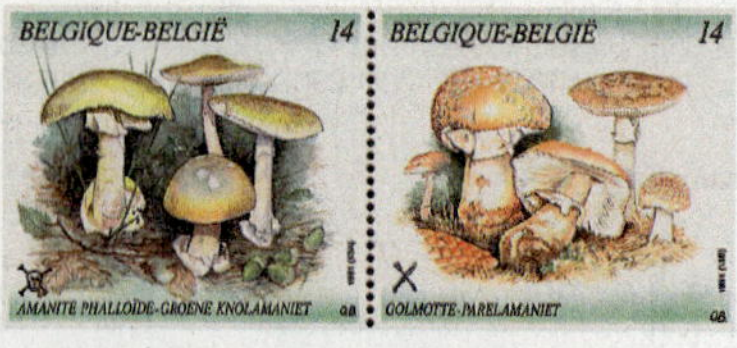

cch) Grüner Knollenblätterpilz (Amanita phalloides)
cci) Perlwulstling (Amanita rubescens)

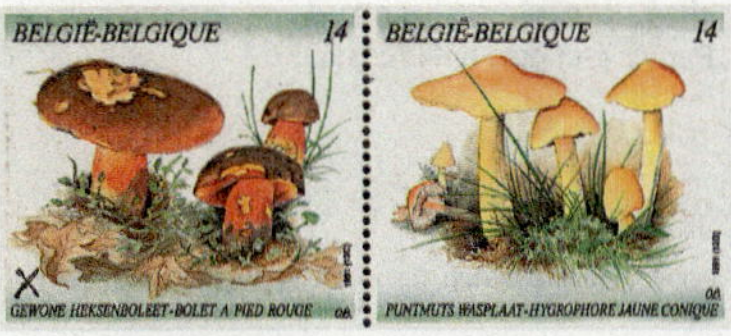


cck) Schusterpilz (Boletus erythropus)
ccl) Safrangelber Saftling (Hygrocybe persistens)

| | | | | |
|---|---|---|---|---|
| **2470** | 14 (Fr) mehrfarbig | cch | 1,50 | 0,80 |
| **2471** | 14 (Fr) mehrfarbig | cci | 1,50 | 0,80 |
| **2472** | 14 (Fr) mehrfarbig | cck | 1,50 | 0,80 |
| **2473** | 14 (Fr) mehrfarbig | ccl | 1,50 | 0,80 |
| | | Satzpreis (4 W.) | 6,— | 3,— |
| | | FDC (1 H-Bl.) | | 9,— |

MiNr. 2470–2473 stammen aus MH 32.

Auflage: 1.000.000 Sätze

**1991, 21. Sept. Solidarität: 30 Jahre Amnesty International; Internationale Hilfsorganisation „Ärzte ohne Grenzen". RaTdr. (6×5); Papier ph.; gez. K 11½:11¾.**

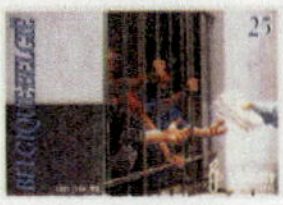

ccm) Gefangene erhalten Briefe

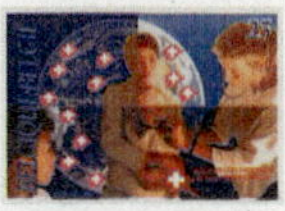

ccn) Ärztin untersucht Kleinkind, Weltkugel

| | | | | |
|---|---|---|---|---|
| **2474** | 25 (Fr) mehrfarbig | ccm | 1,50 | 0,50 |
| **2475** | 25 (Fr) mehrfarbig | ccn | 1,50 | 0,50 |
| | | Satzpreis (2 W.) | 3,— | 1,— |
| | | FDC | | 6,50 |

Auflage: 1.800.000 Sätze

**1991, 28. Sept./1997, Febr. Freimarken: Vögel. RaTdr. (10×5); v = Typopapier, w = Papier fl., x = normales Papier; gez. K 11½.**

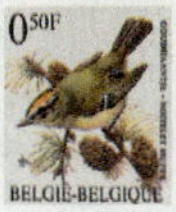

cco) Wintergoldhähnchen (Regulus regulus)

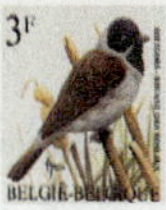

ccp) Rohrammer (Emberiza schoeniclus)

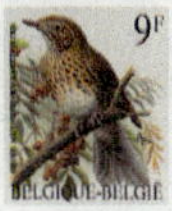

ccr) Singdrossel (Turdus philomelos)

**v = Typopapier (1992)**

| | | | | |
|---|---|---|---|---|
| **2477 v** | 3 Fr mehrfarbig | ccp | 0,60 | 0,30 |

**w = Papier fl.**

| | | | | |
|---|---|---|---|---|
| **2476 w** | 0.50 Fr mehrfarbig (Febr. 1996) | cco | 0,30 | 0,30 |
| **2477 w** | 3 Fr mehrfarbig (April 1995) | ccp | 0,50 | 0,30 |
| **2478 w** | 9 Fr mehrfarbig (Febr. 1997) | ccr | 0,70 | 0,30 |
| | | Satzpreis w (3 W.) | 1,50 | 0,60 |

**x = normales Papier (28.9.1991)**

| | | | | |
|---|---|---|---|---|
| **2476 x** | 0.50 Fr mehrfarbig | cco | 0,30 | 0,30 |
| **2477 x** | 3 Fr mehrfarbig | ccp | 0,30 | 0,30 |
| **2478 x** | 9 Fr mehrfarbig | ccr | 0,40 | 0,30 |
| | | Satzpreis x (3 W.) | 1,— | 0,60 |
| | | FDC x | | 6,50 |

**Vorausentwertungen:**

| | | (✶) | ✶✶ |
|---|---|---|---|
| 2476 w V | Aufdrucktype b 7 | 0,30 | 0,60 |
| 2476 x V | Aufdrucktype b 7 | 0,30 | 0,60 |
| 2477 x V | Aufdrucktype b 7 | 0,60 | 5,— |
| 2478 x V | Aufdrucktype b 7 | 0,90 | 10,— |

MiNr. 2477 w gibt es mit grünlichem und gelblichem, MiNr. 2477 x mit grünlichem und weißem Gummi.

*In gleicher Zeichnung wie MiNr. 2476: MiNr. 3035*
*Weitere Werte siehe Übersicht nach Jahrgangswerttabelle.*

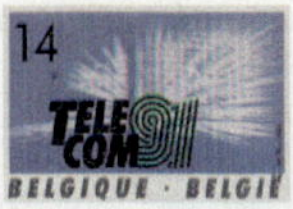


**1991, 5. Okt. Internationale Ausstellung für Fernmeldetechnik TELECOM '91, Genf. RaTdr. (6×5); Papier ph.; gez. K 11½:11¾.**

ccs) Ausstellungsemblem

| | | | ✶✶ | ⊙ |
|---|---|---|---|---|
| **2479** | 14 (Fr) mehrfarbig | ccs | 0,80 | 0,50 |
| | | FDC | | 2,50 |

Auflage: 7.500.000 Stück

**1991, 12. Okt. Jugendphilatelie: Comics. RaTdr., Markenheftchen (4×1); Papier ph.; gez. K 11¾.**

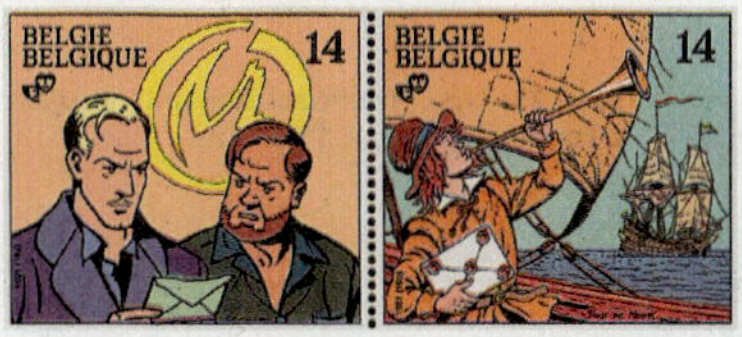


cct) Blake und Mortimer; von Edgar P. Jacobs (1904–1987)
ccu) Cori, der Schiffsjunge; von Bob de Moor (1925–1992)

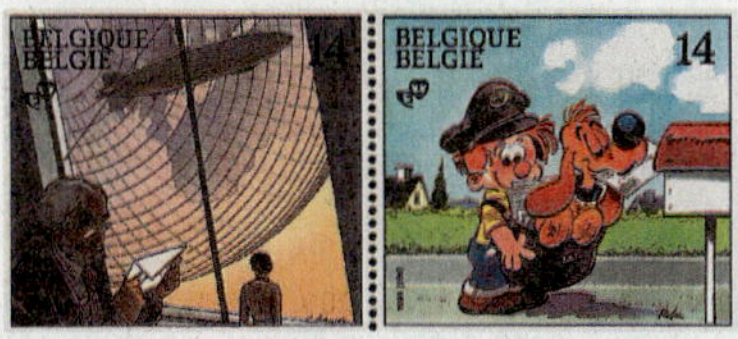


ccv) Cités obscures; von François Schuiten (*1956)
ccw) Boule und Bill; von Jean Raba (1930–2006)

| | | | | |
|---|---|---|---|---|
| **2480** | 14 (Fr) mehrfarbig | cct | 1,50 | 0,80 |
| **2481** | 14 (Fr) mehrfarbig | ccu | 1,50 | 0,80 |
| **2482** | 14 (Fr) mehrfarbig | ccv | 1,50 | 0,80 |
| **2483** | 14 (Fr) mehrfarbig | ccw | 1,50 | 0,80 |
| | | Satzpreis (4 W.) | 6,— | 3,— |
| | | FDC (1 H-Bl.) | | 11,— |

MiNr. 2480–2483 stammen aus MH 33.

Auflage: 1.000.000 Sätze

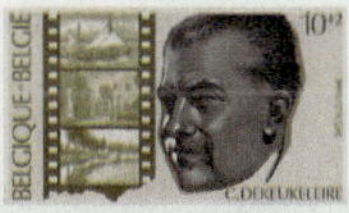

**1991, 26. Okt. Kultur: Der belgische Film. RaTdr. (5×5); MiNr. 2485–2486 Papier ph.; gez. K 11¾:11½.**

ccx) Charles Dekeukeleire (1905–1971), Filmkritiker und Regisseur

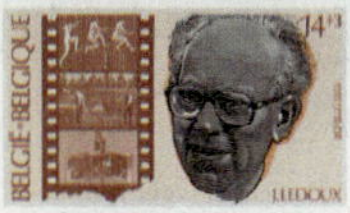

ccy) Jacques Ledoux (1921–1988), Filmwissenschaftler

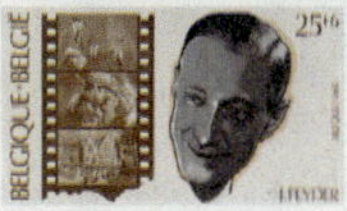

ccz) Jacques Feyder (1888–1948), Regisseur

| | | | | |
|---|---|---|---|---|
| **2484** | 10 (Fr) + 2 (Fr) mehrfarbig | ccx | 1,— | 1,— |
| **2485** | 14 (Fr) + 3 (Fr) mehrfarbig | ccy | 1,20 | 1,20 |
| **2486** | 25 (Fr) + 6 (Fr) mehrfarbig | ccz | 2,40 | 2,40 |
| | | Satzpreis (3 W.) | 4,50 | 4,50 |
| | | FDC | | 8,50 |

Auflagen: MiNr. 2484 = 440.424, MiNr. 2485 = 441.540, MiNr. 2486 = 435.723 Stück

**1991, 2. Nov. Presse: 100 Jahre Zeitungen „Gazet van Antwerpen" und „Het Volk". RaTdr. (6×5); gez. K 11¾:11½.**

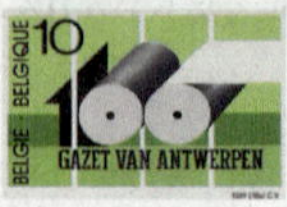


cda) Zahl „100", Papierrollen

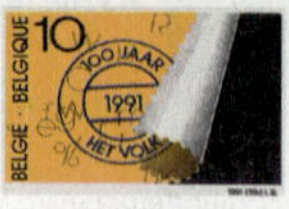


cdb) Stempel

| | | | | | |
|---|---|---|---|---|---|
| **2487** | 10 (Fr) mehrfarbig | cda | 0,60 | 0,30 |
| **2488** | 10 (Fr) mehrfarbig | cdb | 0,60 | 0,30 |
| | | Satzpreis (2 W.) | 1,20 | 0,50 |
| | | FDC | | 4,50 |

Auflage: 4.000.000 Sätze

**1991, 23. Nov. Weihnachten und Neujahr. RaTdr. (8×5); gez. K 11¾:11½.**

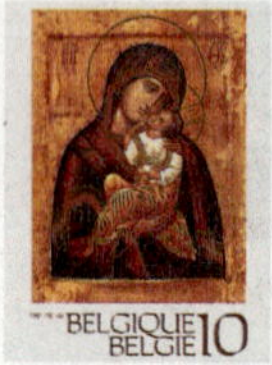


cdc) Notre Dame Réjouissance de l'Enfant; Ikone in der Benediktinerabtei von Chevetogne

| | | | | |
|---|---|---|---|---|
| **2489** | 10 (Fr) mehrfarbig | cdc | 0,70 | 0,30 |
| | | FDC | | 2,20 |

Auflage: 12.000.000 Stück

**1991, 30. Nov. 200. Todestag von Wolfgang Amadeus Mozart. RaTdr. (5×8); Papier ph.; gez. K 11½:11¾.**

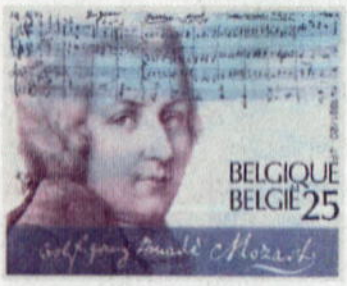


cdd) Wolfgang Amadeus Mozart (1756–1791), österreichischer Komponist

| | | | | |
|---|---|---|---|---|
| **2490** | 25 (Fr) mehrfarbig | cdd | 1,70 | 1,20 |
| | | FDC | | 3,— |

Auflage: 1.800.000 Stück

**1992, 18. Jan. Olympische Spiele, Albertville und Barcelona. RaTdr. (5×6, Querformat ~); Papier ph.; gez. K 11¾:11½, Querformat ~.**

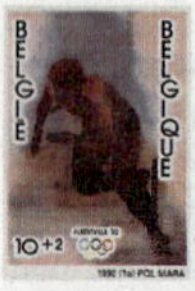

cde) Eisschnell-lauf

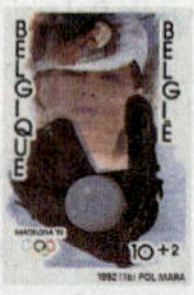

cdf) Baseball

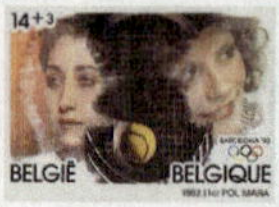

cdg) Tennis

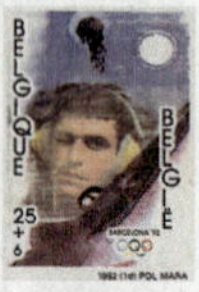

cdh) Wurftaubenschießen

cde–cdh) Graphiken von Pol Mara (1920–1998)

| | | | | |
|---|---|---|---|---|
| **2491** | 10 (Fr) + 2 (Fr) mehrfarbig | cde | 1,— | 1,— |
| **2492** | 10 (Fr) + 2 (Fr) mehrfarbig | cdf | 1,— | 1,— |
| **2493** | 14 (Fr) + 3 (Fr) mehrfarbig | cdg | 1,50 | 1,50 |
| **2494** | 25 (Fr) + 6 (Fr) mehrfarbig | cdh | 2,50 | 2,50 |
| | | Satzpreis (4 W.) | 6,— | 6,— |
| | | FDC | | 11,— |

Auflagen: MiNr. 2491 = 468.359, MiNr. 2492 = 464.135, MiNr. 2493 = 470.480, MiNr. 2494 = 459.159 Stück

**1992, 8. Febr. Feuerbekämpfung. RaTdr. (5×6); Papier ph.; gez. K 11¾:11½.**

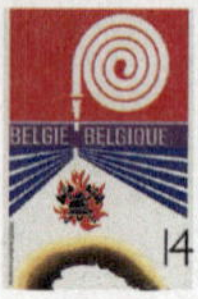

cdi) Feuerwehrschlauch, Emblem der Feuerwehr

| | | | | |
|---|---|---|---|---|
| **2495** | 14 (Fr) mehrfarbig | cdi | 0,80 | 0,30 |
| | | FDC | | 2,50 |

Auflage: 7.500.000 Stück

**1992, 22. Febr. Widerstand gegen die deutsche Besetzung. RaTdr. (5×6); Papier ph.; gez. K 11¾:11½.**

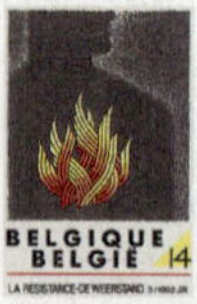


cdk) Symbolische Darstellung

| | | | | |
|---|---|---|---|---|
| **2496** | 14 (Fr) mehrfarbig | cdk | 0,80 | 0,30 |
| | | FDC | | 2,50 |

Auflage: 7.500.000 Stück

**1992, 7. März. Berufe: Belgische Teppichindustrie, 10 Jahre Vereinigung der Meisterköche Belgiens, 100 Jahre Diamantenclub von Antwerpen. RaTdr. (5×6, Querformat ~); Papier ph.; gez. K 11¾:11½, Querformat ~.**

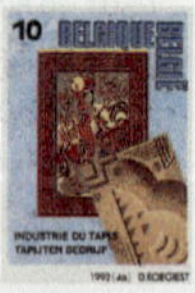

cdl) Teppiche

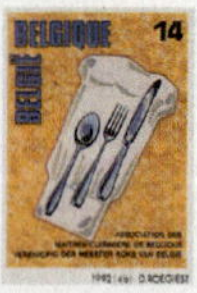

cdm) Kochmütze, Besteck

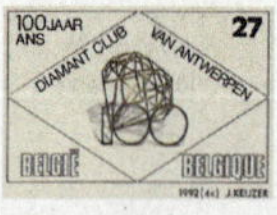


cdn) Diamant

| | | | | |
|---|---|---|---|---|
| **2497** | 10 (Fr) mehrfarbig | cdl | 0,50 | 0,50 |
| **2498** | 14 (Fr) mehrfarbig | cdm | 0,80 | 0,50 |
| **2499** | 27 (Fr) mehrfarbig | cdn | 1,70 | 1,20 |
| | | Satzpreis (3 W.) | 3,— | 2,20 |
| | | FDC | | 7,— |

Auflage: 3.000.000 Sätze

**1992, 21. März. Weltausstellung EXPO '92, Sevilla. RaTdr. (6×5); Papier ph.; gez. K 11½:11¾.**

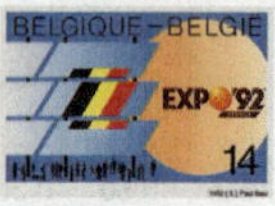


cdo) Belgischer Pavillon

| | | | | |
|---|---|---|---|---|
| **2500** | 14 (Fr) mehrfarbig | cdo | 0,80 | 0,30 |
| | | FDC | | 2,50 |

Auflage: 7.500.000 Stück

**1992, 1. April. Freimarke: König Baudouin, ⊠ Olyff. RaTdr. (10×5); Papier ph.; gez. K 11¾**

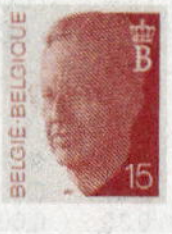


cdp) König Baudouin (1930–1993, reg. ab 1951)

| | | | | |
|---|---|---|---|---|
| **2501** | 15 (Fr) lebhaftrosarot | cdp | 0,80 | 0,30 |
| | | FDC | | 2,60 |

MiNr. 2501 gibt es auch mit grünlichem statt weißem Gummi.

*In gleicher Zeichnung: MiNr. 2525*
*In ähnlicher Zeichnung: MiNr. 2533*

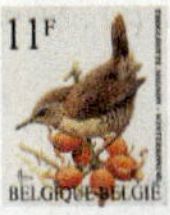

**1992, 1. April. Freimarke: Vögel. RaTdr. (10×5); gez. K 11½.**

cdr) Zaunkönig (Troglodytes troglodytes)

| | | | | | |
|---|---|---|---|---|---|
| **2502** | 11 Fr | mehrfarbig | cdr | 0,70 | 0,30 |
| | | | FDC | | 2,60 |

**Vorausentwertung:**

| | | (✶) | ✶✶ |
|---|---|---|---|
| 2502 V | Aufdrucktype b 7 | 0,30 | 1,— |

*Weitere Werte siehe Übersicht nach Jahrgangswerttabelle.*

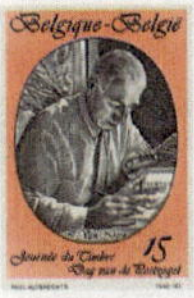

**1992, 11. April. Tag der Briefmarke. Komb. StTdr. und RaTdr. (5×6); Papier ph.; gez. K 11¾:11½.**

cds) Jean Van Noten (1903–1982), Künstler und Briefmarkenentwerfer

| | | | | ✶✶ | ⊙ |
|---|---|---|---|---|---|
| **2503** | 15 (Fr) | graurot/schwarz | cds | 0,80 | 0,30 |
| | | | FDC | | 2,50 |

Auflage: 7.500.000 Stück

**1992, 25. April. Kunst. RaTdr. (8×5, Querformat ∼); Papier ph.; gez. K 11¾:11½, Querformat ∼.**

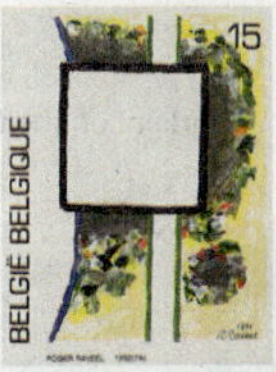

cdt) Weiße Magie Nr. VI; Gemälde von Roger Raveel (1921–2013)

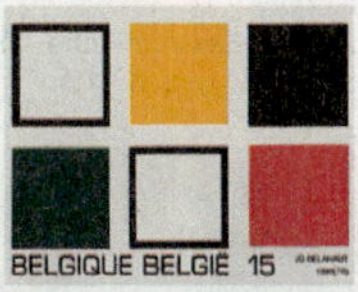

cdu) Farben; Gemälde von Jo Delahaut (1911–1992)

| | | | | | |
|---|---|---|---|---|---|
| **2504** | 15 (Fr) | mehrfarbig | cdt | 0,90 | 0,30 |
| **2505** | 15 (Fr) | mehrfarbig | cdu | 0,90 | 0,30 |
| | | | Satzpreis (2 W.) | 1,80 | 0,50 |
| | | | FDC | | 4,20 |

Auflage: 5.000.000 Sätze

**1992, 2. Mai. Europa: 500. Jahrestag der Entdeckung von Amerika. RaTdr. (5×8); Papier ph.; gez. K 11½:11¾.**

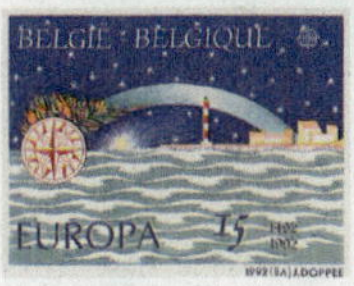

cdv) Windrose, Hafen

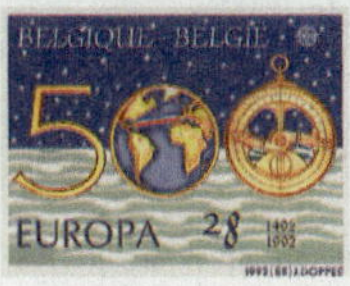

cdw) Zahl „500" mit Weltkugel und Astrolabium

| | | | | | |
|---|---|---|---|---|---|
| **2506** | 15 (Fr) | mehrfarbig | cdv | 1,50 | 0,50 |
| **2507** | 28 (Fr) | mehrfarbig | cdw | 3,50 | 0,70 |
| | | | Satzpreis (2 W.) | 5,— | 1,20 |
| | | | FDC | | 5,50 |

Auflagen: MiNr. 2506 = 7.500.000, MiNr. 2507 = 3.000.000 Stück

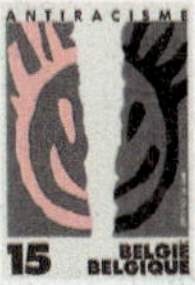

**1992, 16. Mai. Antirassismus. RaTdr. (5×6); Papier ph.; gez. K 11¾:11½.**

cdx) Symbolische Darstellung

| | | | | | |
|---|---|---|---|---|---|
| **2508** | 15 (Fr) | mehrfarbig | cdx | 0,90 | 0,30 |
| | | | FDC | | 2,20 |

Auflage: 7.500.000 Stück

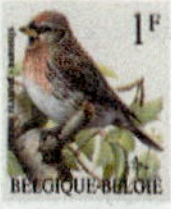

**1992, 1. Juni/1996, April. Freimarken: Vögel. RaTdr. (10×5); w = Papier fl., x = normales Papier; gez. K 11½.**

cdy) Birkenzeisig (Carduelis flammea)

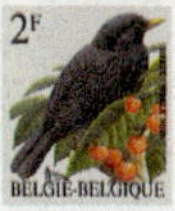

cdz) Amsel (Turdus merula)

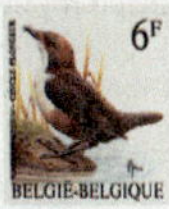

cea) Wasseramsel (Cinclus cinclus)

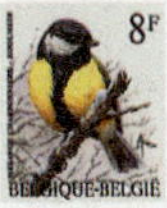

ceb) Kohlmeise (Parus major)

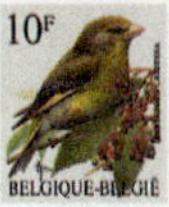

cec) Grünling (Carduelis chloris)

**w = Papier fl.**

| | | | | | | |
|---|---|---|---|---|---|---|
| **2509** | **w** | 1 Fr | mehrfarbig (Sept. 1995) | cdy | 0,30 | 0,30 |
| **2511** | **w** | 6 Fr | mehrfarbig (April 1996) | cea | 0,40 | 0,30 |
| **2512** | **w** | 8 Fr | mehrfarbig (Sept. 1995) | ceb | 0,60 | 0,30 |
| | | | | Satzpreis w (3 W.) | 1,30 | 0,60 |

**x = normales Papier (1.6.1992)**

| | | | | | | |
|---|---|---|---|---|---|---|
| **2509** | **x** | 1 Fr | mehrfarbig | cdy | 0,30 | 0,30 |
| **2510** | **x** | 2 Fr | mehrfarbig | cdz | 0,30 | 0,30 |
| **2511** | **x** | 6 Fr | mehrfarbig | cea | 0,30 | 0,30 |
| **2512** | **x** | 8 Fr | mehrfarbig | ceb | 0,50 | 0,30 |
| **2513** | **x** | 10 Fr | mehrfarbig | cec | 0,60 | 0,30 |
| | | | | Satzpreis x (5 W.) | 2,— | 1,— |
| | | | | FDC x | | 7,50 |

**Vorausentwertungen:**

| | | (✶) | ✶✶ |
|---|---|---|---|
| 2509 x V | Aufdrucktype b 7 | 0,30 | 0,60 |
| 2510 x V | Aufdrucktype b 7 | 0,30 | 0,60 |
| 2511 x V | Aufdrucktype b 7 | 0,30 | 0,80 |
| 2512 w V | Aufdrucktype b 7 | 0,30 | 1,— |
| 2512 x V | Aufdrucktype b 7 | 0,30 | 1,— |
| 2513 x V | Aufdrucktype b 7 | 0,30 | 1,20 |

MiNr. 2509 x und 2512 x gibt es jeweils mit grünlichem und weißem Gummi; MiNr. 2512 w mit grünlichem und gelblichem Gummi.

*In gleicher Zeichnung wie MiNr. 2512: MiNr. 3017*
*Weitere Werte siehe Übersicht nach Jahrgangswerttabelle.*

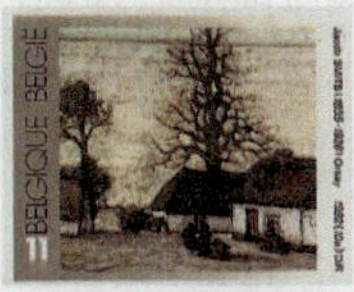

**1992, 13. Juni. Belgische Kunstwerke im Ausland. RaTdr. (5×8); MiNr. 2515–2516 Papier ph; gez. K 11½:11¾.**

ced) Weiler; Gemälde von Jacob Smits (1855–1928)

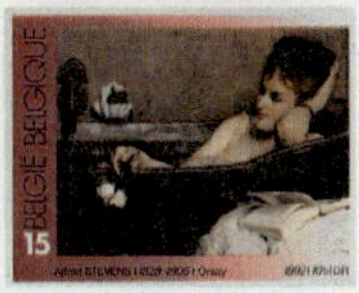

cee) Badewanne; Gemälde von Alfred Stevens (1823–1906)

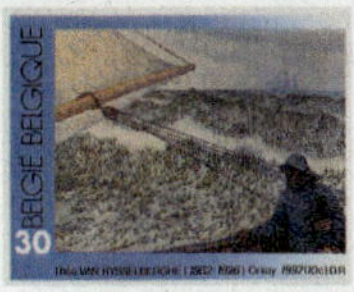

cef) Rudergänger; Gemälde von Theo Van Rysselberghe (1862–1926)

| | | | | ✶✶ | ⊙ |
|---|---|---|---|---|---|
| **2514** | 11 (Fr) | mehrfarbig | ced | 0,70 | 0,40 |
| **2515** | 15 (Fr) | mehrfarbig | cee | 1,— | 0,30 |

| | | | | |
|---|---|---|---|---|
| **2516** 30 (Fr) mehrfarbig | cef | 1,80 | 0,80 |
| | Satzpreis (3 W.) | 3,50 | 1,50 |
| | FDC | | 7,— |

Auflage: 3.000.000 Sätze

**1992, 20. Juni. Kultur: Legenden und Fabeln. RaTdr. (6×5); MiNr. 2518–2519 Papier ph; gez. K 11½:11¾.**

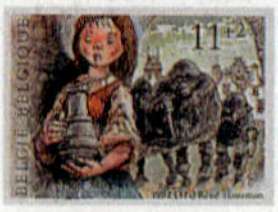

ceg) Fiere Margriet (Löwen)

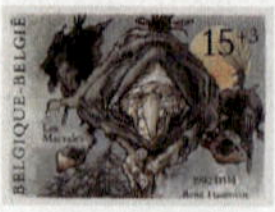

ceh) Gustine Maca und die Macrales (Vielsalm)

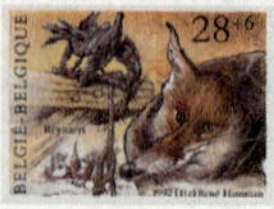

cei) Reineke Fuchs

| | | | |
|---|---|---|---|
| **2517** 11 (Fr) + 2 (Fr) mehrfarbig | ceg | 1,— | 1,— |
| **2518** 15 (Fr) + 3 (Fr) mehrfarbig | ceh | 1,50 | 1,50 |
| **2519** 28 (Fr) + 6 (Fr) mehrfarbig | cei | 3,50 | 3,50 |
| | Satzpreis (3 W.) | 6,— | 6,— |
| | FDC | | 9,— |

Auflagen: MiNr. 2517 = 435.114, MiNr. 2518 = 436.327, MiNr. 2519 = 428.575 Stück

**1992, 4. Juli. Tourismus. Komb. StTdr. und RaTdr. (5×6, Querformate ~); Papier ph.; gez. K 11¾:11½, Querformate ~.**

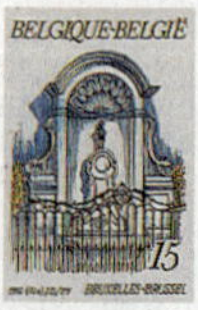

cek) Manneken-Pis, Brüssel

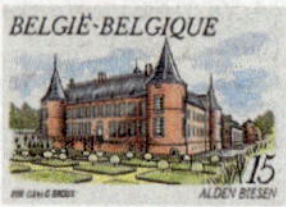

cel) Komturei, Alden Biesen

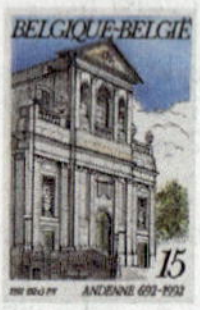

cem) Stiftskirche, Andenne

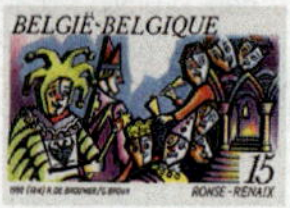

cen) Volksfest „Lundi fou", Renaix

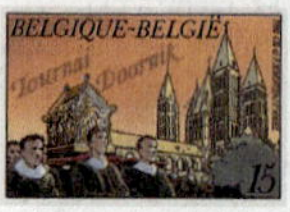

ceo) Große Prozession, Tournai

| | | | |
|---|---|---|---|
| **2520** 15 (Fr) mehrfarbig | cek | 0,80 | 0,30 |
| **2521** 15 (Fr) mehrfarbig | cel | 0,80 | 0,30 |
| **2522** 15 (Fr) mehrfarbig | cem | 0,80 | 0,30 |
| **2523** 15 (Fr) mehrfarbig | cen | 0,80 | 0,30 |
| **2524** 15 (Fr) mehrfarbig | ceo | 0,80 | 0,30 |
| | Satzpreis (5 W.) | 4,— | 1,— |
| | FDC | | 10,— |

Auflage: 5.000.000 Sätze

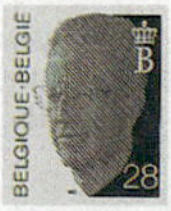

**1992, 3. Aug. Freimarke: König Baudouin, 🄴 Olyff. RaTdr. (10×5); Papier ph.; gez. K 11¾.**

cdp) König Baudouin (1930–1993, reg. ab 1951)

| | | | |
|---|---|---|---|
| **2525** 28 (Fr) dunkelblaugrün | cdp | 1,60 | 0,50 |
| | FDC | | 3,50 |

*In gleicher Zeichnung: MiNr. 2501*
*In ähnlicher Zeichnung: MiNr. 2533*

**1992, 31. Aug./1996, März. Freimarken: Vögel. RaTdr. (10×5); w = Papier fl., x = normales Papier; gez. K 11½.**

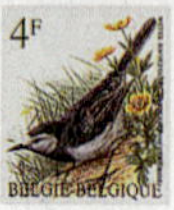

cep) Bachstelze (Motacilla alba)

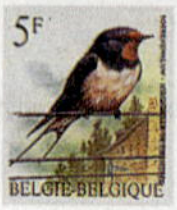

cer) Rauchschwalbe (Hirundo rustica)

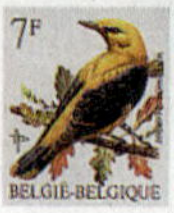

ces) Pirol (Oriolus oriolus)

**w = Papier fl.**

| | | | |
|---|---|---|---|
| **2526 w** 4 Fr mehrfarbig (März 1996) | cep | 0,40 | 0,30 |
| **2527 w** 5 Fr mehrfarbig (Jan. 1996) | cer | 0,40 | 0,30 |
| **2528 w** 7 Fr mehrfarbig (Okt. 1995) | ces | 0,70 | 0,30 |
| | Satzpreis w (3 W.) | 1,50 | 0,60 |

**x = normales Papier (31.8.1992)**

| | | | |
|---|---|---|---|
| **2526 x** 4 Fr mehrfarbig | cep | 0,40 | 0,30 |
| **2527 x** 5 Fr mehrfarbig | cer | 0,40 | 0,30 |
| **2528 x** 7 Fr mehrfarbig | ces | 0,70 | 0,30 |
| | Satzpreis x (3 W.) | 1,50 | 0,60 |
| | FDC x | | 6,— |

**Vorausentwertungen:**

| | (★) | ★★ |
|---|---|---|
| 2526 x V Aufdrucktype b 7 | 0,25 | 0,60 |
| 2527 x V Aufdrucktype b 7 | 0,30 | 0,60 |
| 2528 w V Aufdrucktype b 7 | 0,30 | 0,80 |
| 2528 x V Aufdrucktype b 7 | 0,30 | 0,80 |

MiNr. 2528 w gibt es mit grünlichem und gelblichem Gummi, MiNr. 2528 x mit grünlichem und weißem Gummi.

*Weitere Werte siehe Übersicht nach Jahrgangswerttabelle.*

**1992, 5. Sept. Einheimische Tiere. RaTdr., Markenheftchen (4×1); Papier ph.; gez. K 11¾.**

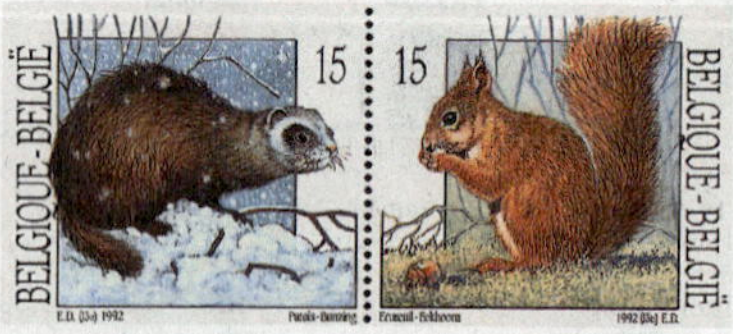

cet) Europäischer Iltis (Mustela putorius)
ceu) Eichhörnchen (Sciurus vulgaris)

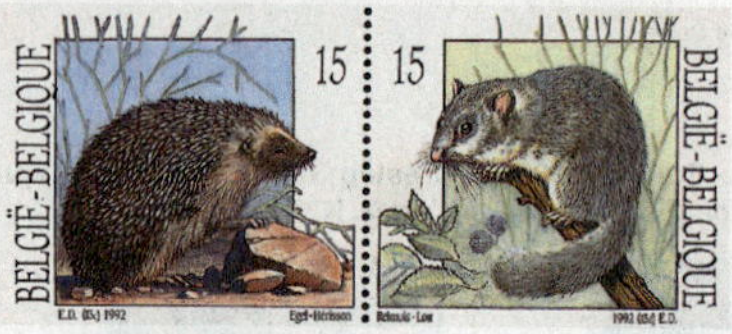

cev) Braunbrustigel (Erinaceus europaeus)
cew) Siebenschläfer (Glis glis)

| | | ★★ | ⊙ |
|---|---|---|---|
| **2529** 15 (Fr) mehrfarbig | cet | 1,50 | 0,70 |
| **2530** 15 (Fr) mehrfarbig | ceu | 1,50 | 0,70 |
| **2531** 15 (Fr) mehrfarbig | cev | 1,50 | 0,70 |
| **2532** 15 (Fr) mehrfarbig | cew | 1,50 | 0,70 |
| | Satzpreis (4 W.) | 6,— | 2,80 |
| | FDC (1 H-Bl.) | | 9,— |

MiNr. 2529–2532 stammen aus MH 34.

Auflage: 2.000.000 Sätze

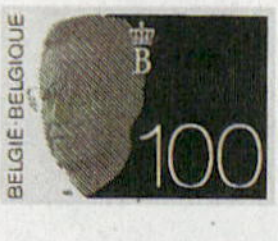

**1992, 14. Sept. Freimarke: König Baudouin, 🄴 Olyff. RaTdr. (6×5); Papier ph.; gez. K 11½:11¾.**

cex) König Baudouin (1930–1993, reg. ab 1951)

| | | | | | |
|---|---|---|---|---|---|
| 2533 | 100 (Fr) graugrün | cex | 6,— | 0,50 |
| | | FDC | | 10,— |

*In ähnlicher Zeichnung: MiNr. 2501, 2525*

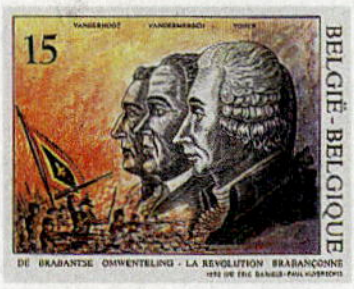

**1992, 19. Sept. Die Brabantische Revolution (1789). Komb. StTdr. und RaTdr. (5×8); Papier ph.; gez. K 11½:11¾.**

cey) Henri van der Noot (1731–1827), Anwalt, Jean André van der Meersch (1734–1792), General, und Jean-François Vonck (1743–1792), Anwalt; Szene der bewaffneten Revolte

| | | | | |
|---|---|---|---|---|
| 2534 | 15 (Fr) mehrfarbig | cey | 0,90 | 0,30 |
| | | FDC | | 2,— |

Auflage: 7.500.000 Stück

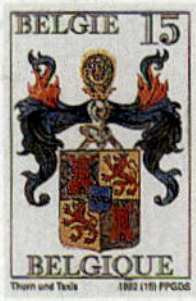

**1992, 3. Okt. Thurn-und-Taxis-Ausstellung im Postmuseum. RaTdr. (5×6); Papier ph.; gez. K 11¾:11½.**

cez) Familienwappen der Thurn und Taxis

| | | | | |
|---|---|---|---|---|
| 2535 | 15 (Fr) mehrfarbig | cez | 0,80 | 0,30 |
| | | FDC | | 2,20 |

Auflage: 7.500.000 Stück

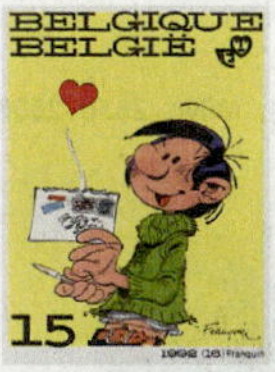

**1992, 10. Okt. Jugendphilatelie. RaTdr. (8×5); Papier ph.; gez. K 11¾:11½.**

cfa) Gaston; Comicfigur von André Franquin (1924–1997), Cartoonist

| | | | | |
|---|---|---|---|---|
| 2536 | 15 (Fr) mehrfarbig | cfa | 1,20 | 0,30 |
| | | FDC | | 2,20 |

Auflage: 10.000.000 Stück

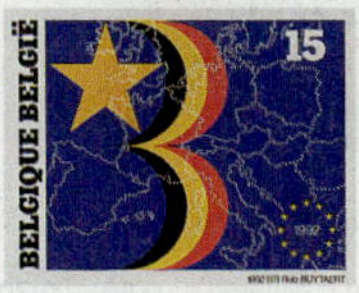

**1992, 24. Okt. Europäischer Binnenmarkt. RaTdr. (5×8); Papier ph.; gez. K 11½:11¾.**

cfb) Landkarte Europas, Stern, Buchstabe „B" aus Landesflaggen, Europa-Emblem

| | | | | |
|---|---|---|---|---|
| 2537 | 15 (Fr) mehrfarbig | cfb | 1,— | 0,30 |
| | | FDC | | 2,20 |

Auflage: 10.000.000 Stück

**1992, 14. Nov. 150 Jahre Zoologischer Garten, Antwerpen. RaTdr. (5×6); Papier ph.; gez. K 11¾:11½.**

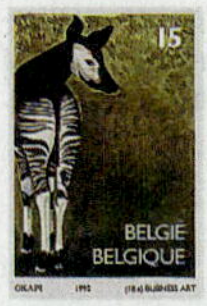

cfc) Okapi (Okapia johnstoni)

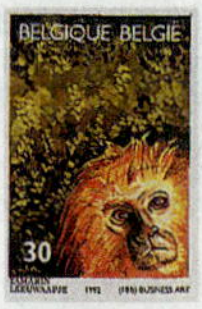

cfd) Goldkopf-Löwenäffchen (Leontideus chrysomelas)

| | | | | |
|---|---|---|---|---|
| 2538 | 15 (Fr) mehrfarbig | cfc | 1,— | 0,30 |
| 2539 | 30 (Fr) mehrfarbig | cfd | 2,— | 0,40 |
| | | Satzpreis (2 W.) | 3,— | 0,70 |
| | | FDC | | 6,— |

Auflage: 5.000.000 Sätze

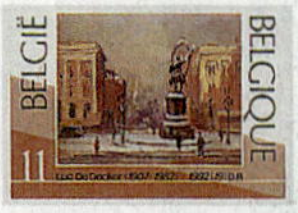

**1992, 21. Nov. Weihnachten und Neujahr. RaTdr. (6×5); gez. K 11½:11¾.**

cfe) Die winterliche Place Royale in Brüssel; Gemälde von Luc De Decker (1907–1982)

| | | | | |
|---|---|---|---|---|
| 2540 | 11 (Fr) mehrfarbig | cfe | 0,70 | 0,50 |
| | | FDC | | 2,20 |

Auflage: 12.000.000 Stück

**1993, 13. Febr. Rotes Kreuz: Gemälde. RaTdr. (8×5, Querformat ~); Papier ph.; gez. K 11½.**

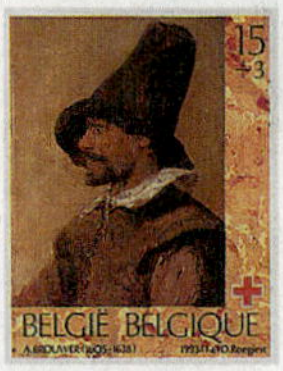

cff) Mann mit Spitzhut; von Adriaen Brouwer (1605/06–1638)

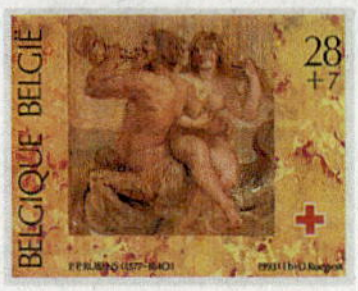

cfg) Nereide und Triton; von Peter Paul Rubens (1577–1640)

| | | | | |
|---|---|---|---|---|
| 2541 | 15 (Fr) + 3 (Fr) mehrfarbig | cff | 2,— | 2,— |
| 2542 | 28 (Fr) + 7 (Fr) mehrfarbig | cfg | 3,50 | 3,50 |
| | | Satzpreis (2 W.) | 5,50 | 5,50 |
| | | FDC | | 7,50 |

Auflagen: MiNr. 2541 = 470.025, MiNr. 2542 = 444.166 Stück

**1993, 13. März. Geschichte: 1250. Jahrestag des Konzils von Leptines; Das Missale Romanum von König Matthias Corvinus; 300. und 200. Jahrestag der Schlachten von Neerwinden. RaTdr.; MiNr. 2543 und 2545 (6×5), MiNr. 2544 (3×5); MiNr. 2544–2545 Papier ph.; gez. K 11½.**

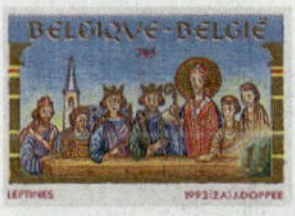

cfh) Konzil von Leptines (743)

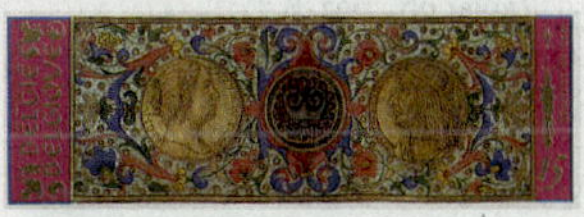

cfi) König Matthias und Königin Beatrix; Detail aus dem Missale Romanum (1487)

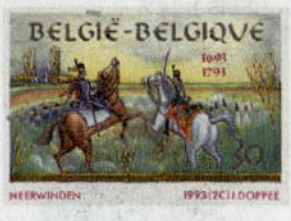

cfk) Schlachtenszene

| | | | | |
|---|---|---|---|---|
| 2543 | 11 (Fr) mehrfarbig | cfh | 0,60 | 0,30 |
| 2544 | 15 (Fr) mehrfarbig | cfi | 0,80 | 0,30 |
| 2545 | 30 (Fr) mehrfarbig | cfk | 1,60 | 0,40 |
| | | Satzpreis (3 W.) | 3,— | 1,— |
| | | FDC | | 8,50 |

**Blockausgabe**

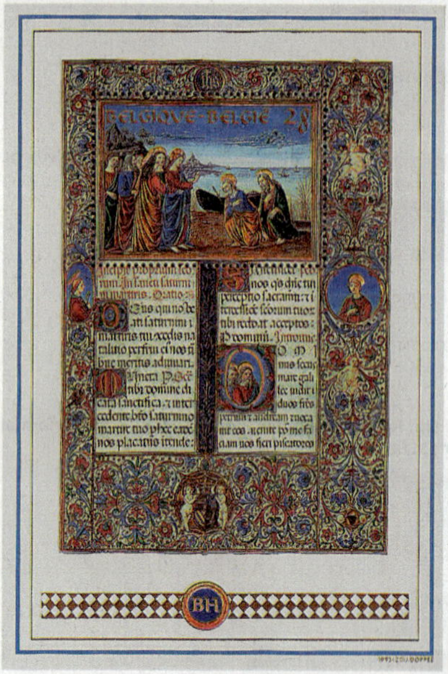

cfm

cfl) Jesus beruft die Apostel Petrus und Andreas; Detail aus dem Missale Romanum (1487)

| | | | | |
|---|---|---|---|---|
| **2546** | 28 (Fr) mehrfarbig | cfl | 1,50 | 1,50 |
| **Block 62** | (106×155 mm) | cfm | 2,— | 2,— |
| | | FDC | | 7,— |

Auflagen: MiNr. 2543 und 2545 je 3.000.000, MiNr. 2544 = 7.500.000 Stück, Bl. 62 = 1.000.000 Blocks

*Parallelausgabe mit Ungarn MiNr. 4236–4237/Bl. 225*

**1993, 19. März. Antwerpen – Kulturhauptstadt Europas 1993. RaTdr.; MiNr. 2547 (3×5), MiNr. 2548–2551 (6×5, Hochformat ~); Papier ph.; gez. K 11½.**

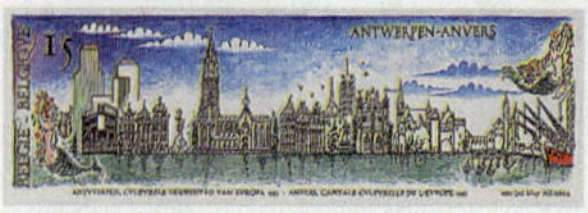

cfn) Stadtansicht von Antwerpen

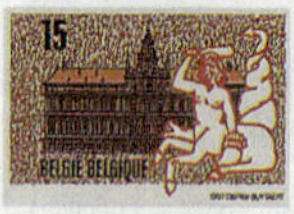

cfo) Rathaus; Entwurf von Cornelis Floris (1514–1575)

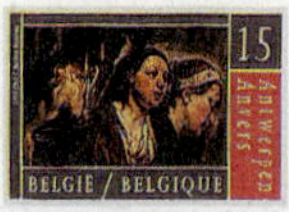

cfp) Frauenköpfe und Kriegertorso; Studienskizze von Jakob Jordaens (1593–1678)

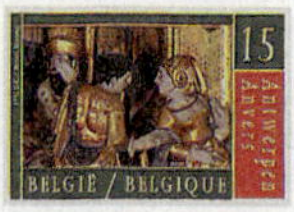

cfr) Teil des Jakobsaltars in Schoonbroek

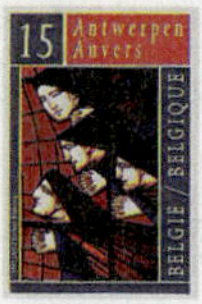

cfs) Muttergottes von Engeln umringt (Detail); Glasfenster von Eugeen Yoors (1879–1975)

| | | | | |
|---|---|---|---|---|
| **2547** | 15 (Fr) mehrfarbig | cfn | 1,— | 0,80 |
| **2548** | 15 (Fr) mehrfarbig | cfo | 1,— | 0,80 |
| **2549** | 15 (Fr) mehrfarbig | cfp | 1,— | 0,80 |
| **2550** | 15 (Fr) mehrfarbig | cfr | 1,— | 0,80 |
| **2551** | 15 (Fr) mehrfarbig | cfs | 1,— | 0,80 |
| | | Satzpreis (5 W.) | 5,— | 4,— |
| | | FDC | | 11,— |

Auflage: 7.500.000 Sätze

**1993, 3. April. Tag der Briefmarke. RaTdr. (8×5); Papier ph.; gez. K 11½.**

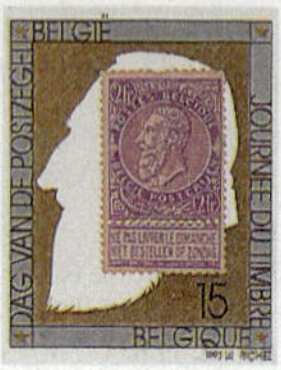

cft) Marke MiNr. 59

| | | | | |
|---|---|---|---|---|
| **2552** | 15 (Fr) mehrfarbig | cft | 0,80 | 0,30 |
| | | FDC | | 2,20 |

Auflage: 7.500.000 Stück

**1993, 24. April. Europa: Zeitgenössische Kunst. RaTdr. (5×6); Papier ph.; gez. K 11½.**

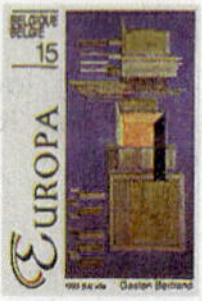

cfu) Florence 1960; Gemälde von Gaston Bertrand (1910–1994)

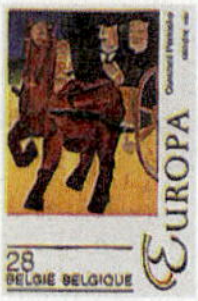

cfv) De Sjees; Gemälde von Constant Permeke (1886–1952)

| | | | | |
|---|---|---|---|---|
| **2553** | 15 (Fr) mehrfarbig | cfu | 1,— | 0,50 |
| **2554** | 28 (Fr) mehrfarbig | cfv | 2,50 | 1,30 |
| | | Satzpreis (2 W.) | 3,50 | 1,80 |
| | | FDC | | 6,— |

Auflagen: MiNr. 2553 = 7.500.000, MiNr. 2554 = 3.000.000 Stück

**1993, 8. Mai. Schmetterlinge. RaTdr. (5×8); MiNr. 2556–2558 Papier ph.; gez. K 11½.**

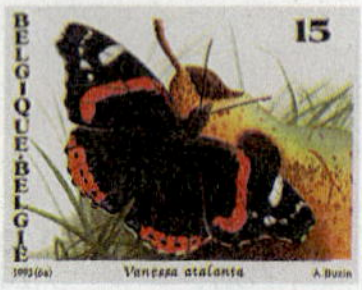

cfw) Admiral (Vanessa atalanta)

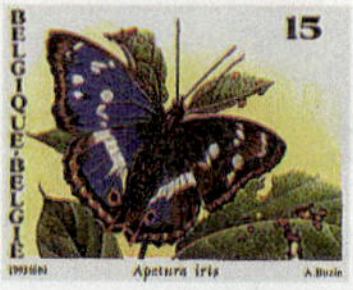

cfx) Großer Schillerfalter (Apatura iris)

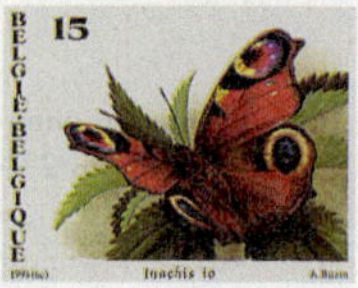

cfy) Tagpfauenauge (Inachis io)

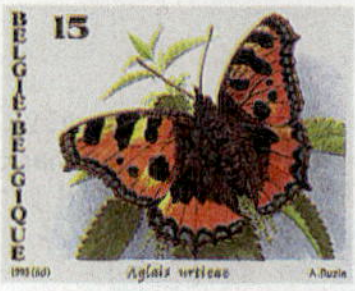

cfz) Kleiner Fuchs (Aglais urticae)

| | | | | |
|---|---|---|---|---|
| **2555** | 15 (Fr) mehrfarbig | cfw | 0,80 | 0,30 |
| **2556** | 15 (Fr) mehrfarbig | cfx | 0,80 | 0,30 |
| **2557** | 15 (Fr) mehrfarbig | cfy | 0,80 | 0,30 |
| **2558** | 15 (Fr) mehrfarbig | cfz | 0,80 | 0,30 |
| | | Satzpreis (4 W.) | 3,20 | 0,80 |
| | | FDC | | 8,50 |

Auflage: 6.000.000 Sätze

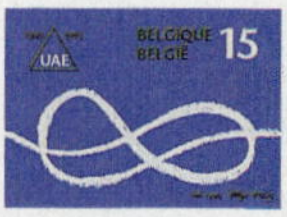

**1993, 15. Mai. 150 Jahre Verband ehemaliger Studenten der Freien Universität Brüssel (UAE). RaTdr. (6×5); Papier ph.; gez. K 11½.**

cga) Achterknoten, UAE-Emblem

| | | | | |
|---|---|---|---|---|
| **2559** | 15 (Fr) mehrfarbig | cga | 0,80 | 0,30 |
| | | FDC | | 2,— |

Auflage: 6.000.000 Stück

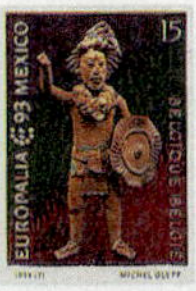

**1993, 22. Mai. Europäisches Kulturfestival „Europalia '93 Mexiko“, Brüssel. RaTdr. (5×6); Papier ph.; gez. K 11½.**

cgb) Krieger mit abnehmbarem Schild; Maya-Statue (250–900 n. Chr.) von der Insel Jaina

| | | | | | |
|---|---|---|---|---|---|
| **2560** | 15 (Fr) mehrfarbig | cgb | 0,80 | 0,30 |
| | | FDC | | 2,— |

Auflage: 6.000.000 Stück

**1993, 5. Juni. Folklore. RaTdr. (6×5, Hochformat ~); MiNr. 2562–2563 Papier ph.; gez. K 11½.**

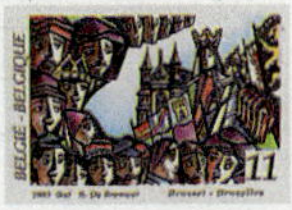
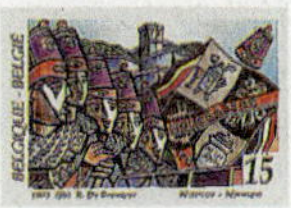
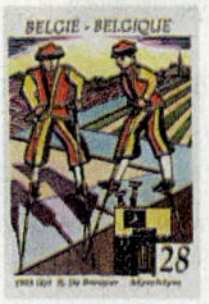

cgc) Brüsseler Ommegang (Umzug) — cgd) Folkloregruppe „Royale Moncrabeau“, Namur — cge) Folkloregruppe „Merchtemer Stelzenläufer“

| | | | | |
|---|---|---|---|---|
| **2561** | 11 (Fr) mehrfarbig | cgc | 0,80 | 0,30 |
| **2562** | 15 (Fr) mehrfarbig | cgd | 0,90 | 0,30 |
| **2563** | 28 (Fr) mehrfarbig | cge | 1,80 | 0,60 |
| | | Satzpreis (3 W.) | 3,50 | 1,20 |
| | | FDC | | 5,— |

Auflagen: MiNr. 2561 = 3.000.000, MiNr. 2562 = 6.000.000, MiNr. 2563 = 1.500.000 Stück

**1993, 19. Juni. Tourismus. Komb. StTdr. und RaTdr. (6×5, Hochformat ~); Papier ph.; gez. K 11½.**

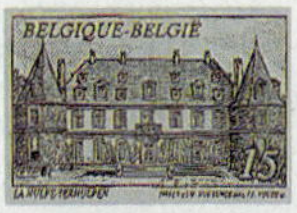
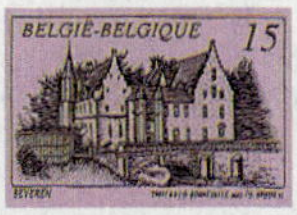
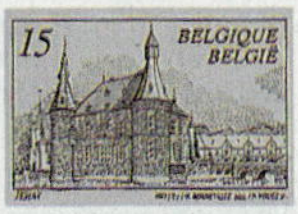

cgf) Schloss Solvay, La Hulpe — cgg) Schloss Cortewalle, Beveren — cgh) Schloss Jehay, Amay

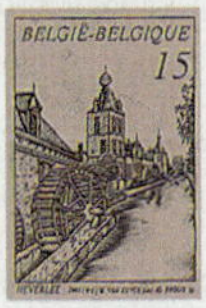
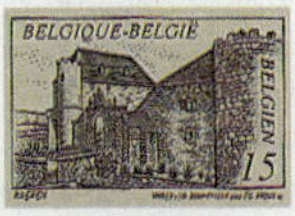

cgi) Schloss Arenberg, Heverlee — cgk) Burg Raeren

| | | | | |
|---|---|---|---|---|
| **2564** | 15 (Fr) weißgrünblau/schwarz | cgf | 0,90 | 0,30 |
| **2565** | 15 (Fr) weißpurpur/schwarz | cgg | 0,90 | 0,30 |
| **2566** | 15 (Fr) blauweiß/schwarz | cgh | 0,90 | 0,30 |
| **2567** | 15 (Fr) weißgraurot/schwarz | cgi | 0,90 | 0,30 |
| **2568** | 15 (Fr) weißolivgrau/schwarz | cgk | 0,90 | 0,30 |
| | | Satzpreis (5 W.) | 4,50 | 1,— |
| | | FDC | | 10,— |

Auflage: 6.000.000 Sätze

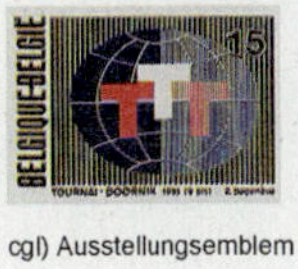

**1993, 3. Juli. Internationale Triennale der Teppich-, Web- und Wandkunststiftung der Französischen Gemeinschaft Belgiens, Tournai. RaTdr. (6×5); Papier ph.; gez. K 11½.**

cgl) Ausstellungsemblem

| | | | | |
|---|---|---|---|---|
| **2569** | 15 (Fr) mehrfarbig | cgl | 0,80 | 0,30 |
| | | FDC | | 2,— |

Auflage: 6.000.000 Stück

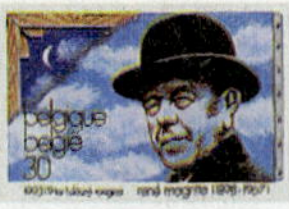

**1993, 7. Aug. 95. Geburtstag von René Magritte. RaTdr. (6×5); Papier ph.; gez. K 11½.**

cgm) René Magritte (1898–1967), Maler

| | | | | |
|---|---|---|---|---|
| **2570** | 30 (Fr) mehrfarbig | cgm | 1,70 | 0,50 |
| | | FDC | | 3,— |

Auflage: 1.500.000 Stück

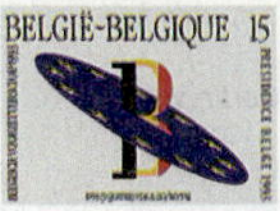

**1993, 7. Aug. Vorsitz Belgiens im Rat der Europäischen Union. RaTdr. (6×5); Papier ph.; gez. K 11½.**

cgn) B(elgien) im Zentrum Europas

| | | | | |
|---|---|---|---|---|
| **2571** | 15 (Fr) mehrfarbig | cgn | 1,— | 0,30 |
| | | FDC | | 2,— |

Auflage: 6.000.000 Stück

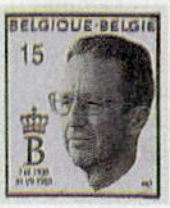

**1993, 17. Aug. Tod von König Baudouin. RaTdr. (10×5); Papier ph.; gez. K 11¾:11½.**

cgo) König Baudouin (1930–1993, reg. ab 1951)

| | | | | |
|---|---|---|---|---|
| **2572** | 15 (Fr) schwarz/hellultramaringrau | cgo | 0,80 | 0,30 |
| | | FDC | | 2,— |

Auflage: 15.000.000 Stück

**1993, 4. Sept. Europäische Hauskatzen. RaTdr., Markenheftchen (4×1); Papier ph.; gez. K 11¾.**

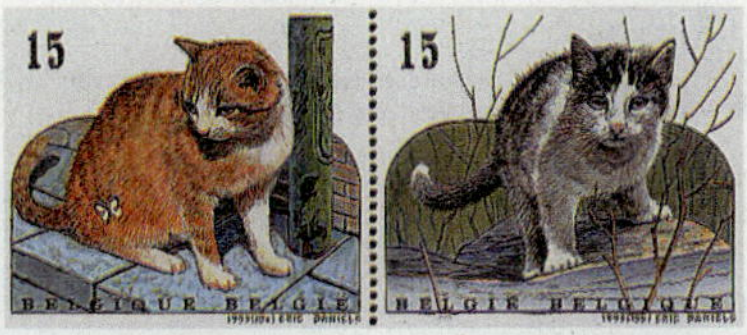

cgp; cgr

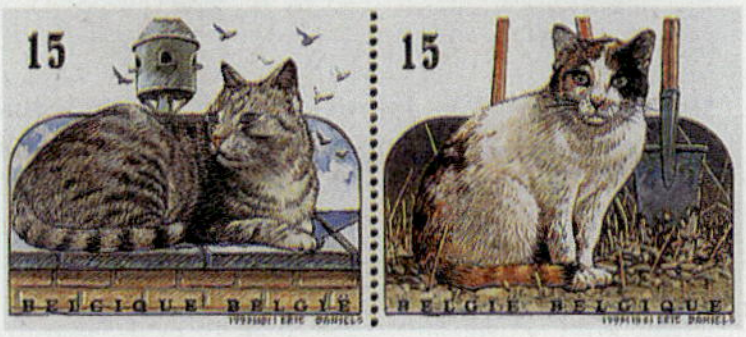

cgs; cgt

cgp–cgt) Verschiedene europäische Hauskatzen

| | | | | |
|---|---|---|---|---|
| **2573** | 15 (Fr) mehrfarbig | cgp | 1,— | 0,70 |
| **2574** | 15 (Fr) mehrfarbig | cgr | 1,— | 0,70 |
| **2575** | 15 (Fr) mehrfarbig | cgs | 1,— | 0,70 |
| **2576** | 15 (Fr) mehrfarbig | cgt | 1,— | 0,70 |
| | | Satzpreis (4 W.) | 4,— | 2,80 |
| | | FDC (1 H-Bl.) | | 7,50 |

MiNr. 2573–2576 stammen aus MH 35.

Auflage: 1.500.000 Sätze

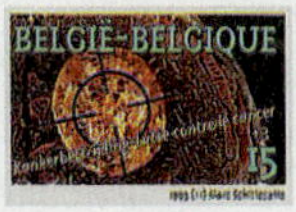

**1993, 18. Sept. 10 Jahre Vereinigung zur Krebsbekämpfung. RaTdr. (6×5); Papier ph.; gez. K 11½.**

cgu) Medizinische Aufnahme eines Krebsherdes

| | | | | |
|---|---|---|---|---|
| **2577** | 15 (Fr) + 3 (Fr) mehrfarbig | cgu | 1,50 | 1,50 |
| | | FDC | | 2,20 |

Auflage: 505.501 Stück

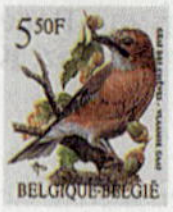

**1993, 27. Sept. Freimarke: Vögel. RaTdr. (10×5); gez. K 11½.**

cgv) Eichelhäher (Garrulus glandarius)

**2578** 5.50 Fr mehrfarbig .................. cgv 0,60 0,30
FDC 2,—

**Vorausentwertung:**

(✶) ✶✶
2578 V Aufdrucktype b 7 .................. 0,30 0,70

*Weitere Werte siehe Übersicht nach Jahrgangswerttabelle.*

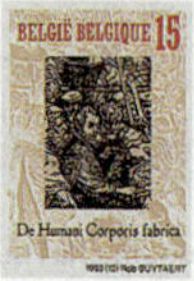

**1993, 2. Okt. 450. Jahrestag des Erscheinens des anatomischen Lehrbuches „De humani corporis fabrica“ von Andreas Vesalius. RaTdr. (5×6); Papier ph.; gez. K 11½.**

cgw) Andreas Vesalius (1514–1564), Anatom, bei Leichenöffnung; zeitgenössischer Stich (Detail)

✶✶ ⊙
**2579** 15 (Fr) mehrfarbig .................. cgw 0,80 0,30
FDC 2,—

Auflage: 6.000.000 Stück

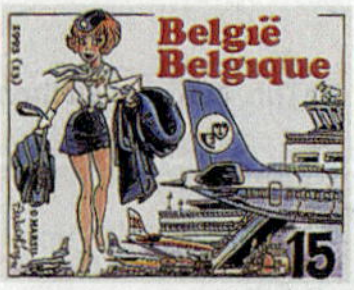

**1993, 16. Okt. Jugendphilatelie. RaTdr. (5×8); Papier ph.; gez. K 11½.**

cgx) Stewardess Natascha; Comicfigur von François Walthéry (*1946), Cartoonist

**2580** 15 (Fr) mehrfarbig .................. cgx 0,80 0,30
FDC 2,—

Auflage: 6.000.000 Stück

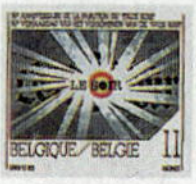

**1993, 6. Nov. 50. Jahrestag des Erscheinens der Widerstandszeitungen unter dem Titel des Brüsseler „Le Soir“. RaTdr. (5×10); gez. K 11½:11¾.**

cgy) Titelzeilen in symbolischer Darstellung

**2581** 11 (Fr) mehrfarbig .................. cgy 0,80 0,50
FDC 1,70

Auflage: 3.000.000 Stück

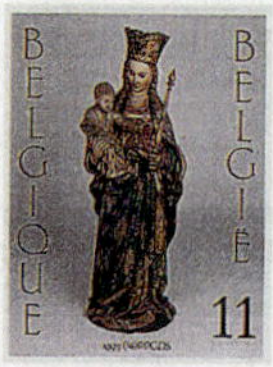

**1993, 20. Nov. Weihnachten und Neujahr. RaTdr. (8×5); gez. K 11½.**

cgz) Maria mit Kind; Skulptur aus der Kirche Notre-Dame de la Chapelle, Brüssel

**2582** 11 (Fr) mehrfarbig .................. cgz 0,80 0,60
FDC 2,—

Auflage: 9.000.000 Stück

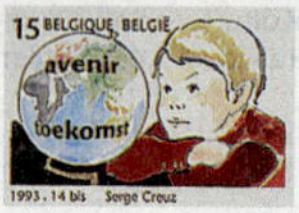

**1993, 11. Dez. Kinder bauen an der Zukunft; 6 Jahre Kinder-Gemeinderat, Waremme. RaTdr. (6×5); Papier ph.; gez. K 11½.**

cha) Junge mit Globus

**2583** 15 (Fr) mehrfarbig .................. cha 0,90 0,30
FDC 2,—

Auflage: 6.000.000 Stück

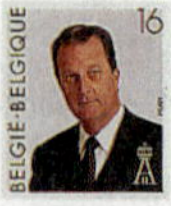

**1993, 15. Dez. Thronbesteigung von König Albert II. RaTdr. (10×5); Papier ph.; gez. K 11¾:11½.**

chb) König Albert II. (*1934, reg. 1993–2013)

**2584** 16 (Fr) mehrfarbig .................. chb 1,30 0,30
FDC 5,—

Auflage: 20.000.000 Stück

Ein Schwarzdruck von MiNr. 2584 (auf weißem Papier, Format 137 × 204 mm, mit Druckvermerk und Prägung rechts unten) lag dem „Catalogue Officiel de Timbres-Poste 1995“ bei.

*Weitere Werte siehe Übersicht nach Jahrgangswerttabelle.*

**1994, 3. Jan./9. Nov. Freimarken: Vögel. RaTdr. (10×5); w = Papier fl., x = normales Papier, y = Papier ph.; gez. K 11½.**

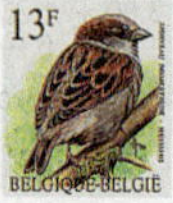

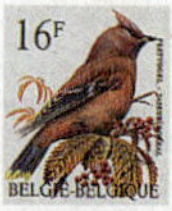

chc) Haussperling (Passer domesticus) chd) Seidenschwanz (Bombycilla garrulus)

**2585** 13 Fr mehrfarbig .................. chc
**w** Papier fl. (9. Nov.) .................. 1,— 0,30
**x** normales Papier (3. Jan.) .................. 1,— 0,30
**2586 y** 16 Fr mehrfarbig, Papier ph. (3. Jan.). chd 1,20 0,30
Satzpreis (2 W.) 2,20 0,50
FDC 4,—

**Vorausentwertungen:**

(✶) ✶✶
2585 w V Aufdrucktype b 7 .................. 0,30 1,30
2585 x V Aufdrucktype b 7 .................. 0,30 1,10

MiNr. 2585 x gibt es mit grünlichem und weißem Gummi.

*Weitere Werte siehe Übersicht nach Jahrgangswerttabelle.*

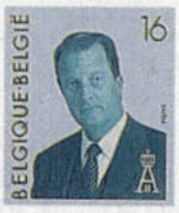

**1994, 17. Jan. Freimarke: König Albert II. ohne Brille, 🄴 MVTM (Myriam Voz und Thierry Martin). RaTdr. (10×5); Papier ph.; gez. K 11¾:11½.**

chb) König Albert II. (*1934, reg. 1993–2013)

✶✶ ⊙
**2587** 16 (Fr) weißblau/türkisblau .................. chb 0,80 0,30
FDC 2,—

MiNr. 2587 gibt es mit grünlichem und gelblichem Gummi.

*Weitere Werte siehe Übersicht nach Jahrgangswerttabelle.*

**1994, 29. Jan. Kunst. RaTdr. (6×5, Hochformat ~); Papier ph.; gez. K 11½.**

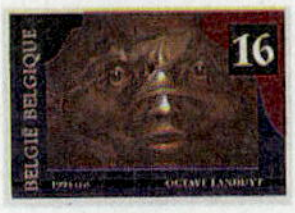

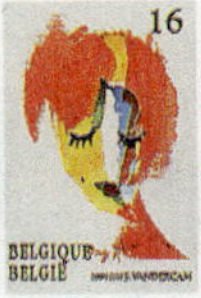

che) Knetbares Düster; Kunstwerk von Octave Landuyt (*1922)

chf) Ma toute belle; Gemälde von Serge Vandercam (1924–2005)

| | | | | |
|---|---|---|---|---|
| **2588** | 16 (Fr) mehrfarbig | che | 0,80 | 0,30 |
| **2589** | 16 (Fr) mehrfarbig | chf | 0,80 | 0,30 |
| | | Satzpreis (2 W.) | 1,60 | 0,50 |
| | | FDC | | 4,— |

Auflage: 6.000.000 Sätze

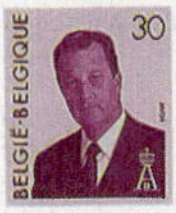

**1994, 7. Febr. Freimarke: König Albert II. ohne Brille, ▣ MVTM. RaTdr. (10×5); Papier ph.; gez. K 11¾:11½.**

chb) König Albert II. (*1934, reg. 1993–2013)

| | | | | |
|---|---|---|---|---|
| **2590** | 30 (Fr) lilaweiß/lilapurpur | chb | 1,80 | 0,30 |
| | | FDC | | 3,— |

MiNr. 2590 gibt es mit grünlichem und gelblichem Gummi.

*Weitere Werte siehe Übersicht nach Jahrgangswerttabelle.*

**1994, 12. Febr. Sport: 100 Jahre Internationales Olympisches Komitee (IOC); Fußball-Weltmeisterschaft, USA; Olympische Winterspiele, Lillehammer. RaTdr. (5×6); Papier ph.; gez. K 11½.**

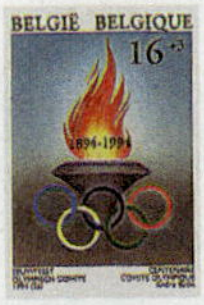

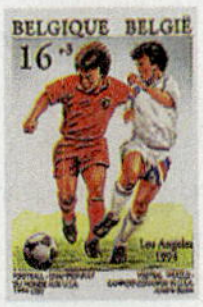

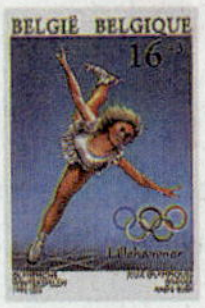

chg) Olympische Ringe, olympisches Feuer

chh) Fußball

chi) Eiskunstlauf

| | | | | |
|---|---|---|---|---|
| **2591** | 16 (Fr) + 3 (Fr) mehrfarbig | chg | 1,80 | 1,80 |
| **2592** | 16 (Fr) + 3 (Fr) mehrfarbig | chh | 1,80 | 1,80 |
| **2593** | 16 (Fr) + 3 (Fr) mehrfarbig | chi | 1,80 | 1,80 |
| | | Satzpreis (3 W.) | 5,40 | 5,40 |
| | | FDC | | 9,— |

Auflagen: MiNr. 2591 = 479.969, MiNr. 2592 = 479.975, MiNr. 2593 = 476.570 Stück

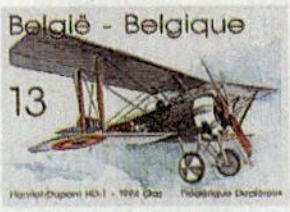

**1994, 26. Febr. Alte Flugzeuge. RaTdr. (6×5); MiNr. 2596–2597 Papier ph.; gez. K 11½.**

chk) Hanriot-Dupont HD-1 (1916)

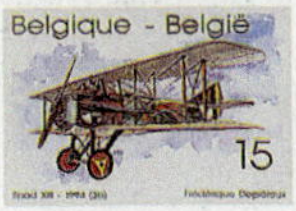

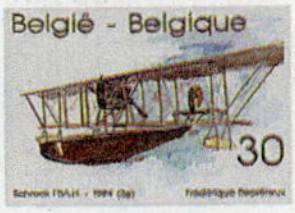

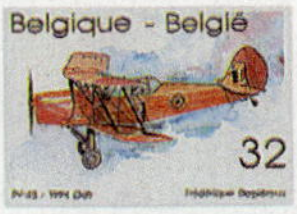

chl) Spad XIII (1918)

chm) Schreck FBA-H (1917)

chn) Stampe-Vertongen SV-4B (1937)

| | | | | |
|---|---|---|---|---|
| **2594** | 13 (Fr) mehrfarbig | chk | 0,70 | 0,50 |
| **2595** | 15 (Fr) mehrfarbig | chl | 0,80 | 0,50 |
| **2596** | 30 (Fr) mehrfarbig | chm | 1,70 | 1,50 |
| **2597** | 32 (Fr) mehrfarbig | chn | 1,80 | 1,50 |
| | | Satzpreis (4 W.) | 5,— | 4,— |
| | | FDC | | 8,50 |

Auflagen: MiNr. 2594–2595 je 3.000.000, MiNr. 2596–2597 je 1.500.000 Stück

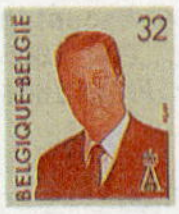

**1994, 7. März. Freimarke: König Albert II. ohne Brille, ▣ MVTM. RaTdr. (10×5); Papier ph.; gez. K 11¾:11½.**

chb) König Albert II. (*1934, reg. 1993–2013)

| | | | | |
|---|---|---|---|---|
| **2598** | 32 (Fr) gelblichweiß/rotorange | chb | 1,80 | 0,30 |
| | | FDC | | 3,50 |

MiNr. 2598 gibt es mit grünlichem und gelblichem Gummi.

*Weitere Werte siehe Übersicht nach Jahrgangswerttabelle.*

**1994, 19. März. Presse: 100 Jahre Zeitung „Le Jour – Le Courrier“, 75 Jahre Zeitung „La Wallonie“. RaTdr. (5×6, Querformat ~); Papier ph.; gez. K 11½.**

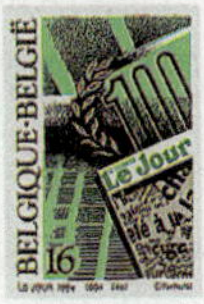

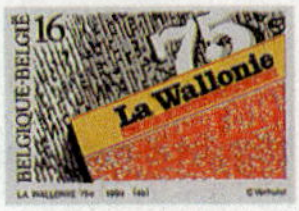

cho) Titel der Tageszeitung „Le Jour – Le Courrier“

chp) Titel der Tageszeitung „La Wallonie“

| | | | | |
|---|---|---|---|---|
| **2599** | 16 (Fr) mehrfarbig | cho | 1,— | 0,30 |
| **2600** | 16 (Fr) mehrfarbig | chp | 1,— | 0,30 |
| | | Satzpreis (2 W.) | 2,— | 0,50 |
| | | FDC | | 4,— |

Auflage: 6.000.000 Sätze

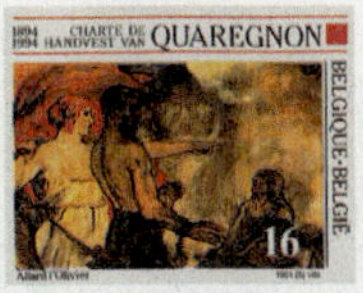

**1994, 26. März. 100 Jahre Charta von Quaregnon. RaTdr. (5×8); Papier ph.; gez. K 11½.**

chr) Sturz des Goldenen Kalbes (Detail); Gemälde von Fernand Allard l'Oliviers (1883–1933)

| | | | | |
|---|---|---|---|---|
| **2601** | 16 (Fr) mehrfarbig | chr | 1,— | 0,30 |
| | | FDC | | 2,— |

Auflage: 6.000.000 Stück

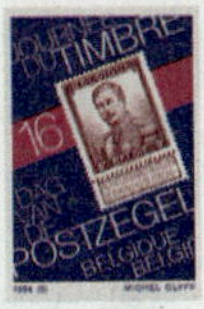

**1994, 9. April. Tag der Briefmarke. RaTdr. (5×6); Papier ph.; gez. K 11½.**

chs) Marke MiNr. 99

| | | | | |
|---|---|---|---|---|
| **2602** | 16 (Fr) mehrfarbig | chs | 1,— | 0,30 |
| | | FDC | | 2,— |

Auflage: 6.000.000 Stück

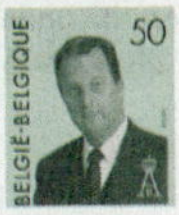

**1994, 18. April. Freimarke: König Albert II. ohne Brille, ▣ MVTM. RaTdr. (10×5); Papier ph.; gez. K 11¾:11½.**

chb) König Albert II. (*1934, reg. 1993–2013)

| | | | | |
|---|---|---|---|---|
| **2603** | 50 (Fr) weißgrün/dunkelopalgrün | chb | 3,50 | 0,30 |
| | | FDC | | 3,50 |

MiNr. 2603 gibt es mit grünlichem und gelblichem Gummi.

*Weitere Werte siehe Übersicht nach Jahrgangswerttabelle.*

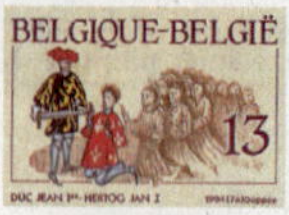


**1994, 23. April. Geschichte: 700. Todestag von Herzog Jan I. RaTdr.; MiNr. 2604–2605 (6×5), MiNr. 2606 (3×5); MiNr. 2605–2606 Papier ph.; gez. K 11½.**

cht) Jan I., Herzog von Brabant (1254–1294)

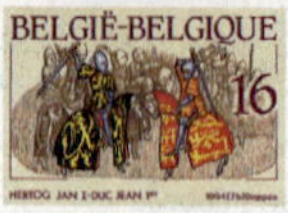


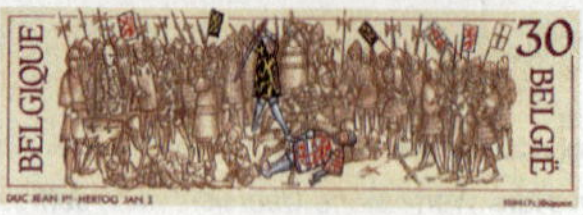


chu) Ritterturnier (1290)

chv) Schlacht zu Worringen (1288)

| | | | | | |
|---|---|---|---|---|---|
| **2604** | 13 (Fr) mehrfarbig | cht | 0,70 | 0,50 |
| **2605** | 16 (Fr) mehrfarbig | chu | 1,— | 0,50 |
| **2606** | 30 (Fr) mehrfarbig | chv | 1,80 | 1,— |
| | Satzpreis (3 W.) | | 3,50 | 2,— |
| | FDC | | | 4,50 |

Auflagen: MiNr. 2604 = 3.000.000, MiNr. 2605 = 6.000.000, MiNr. 2606 = 1.500.000 Stück

**1994, 7. Mai. Europa: Entdeckungen und Erfindungen. RaTdr. (5×6); Papier ph.; gez. K 11½.**

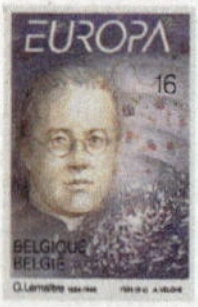


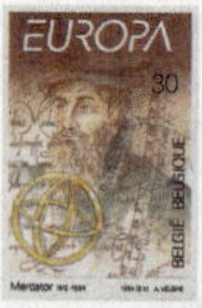


chw) Georges Lemaître (1894–1966), Theologe und Astronom, Begründer der Urknall-Theorie

chx) Gerhard Mercator (1512–1594), Geograph und Kartograph, verbreitete die zylindrische Kartenprojektion

| | | | | |
|---|---|---|---|---|
| **2607** | 16 (Fr) mehrfarbig | chw | 1,— | 0,50 |
| **2608** | 30 (Fr) mehrfarbig | chx | 2,50 | 1,— |
| | Satzpreis (2 W.) | | 3,50 | 1,50 |
| | FDC | | | 6,— |

Auflagen: MiNr. 2607 = 6.000.000, MiNr. 2608 = 1.500.000 Stück

**1994, 13. Mai. Besuch von Papst Johannes Paul II.: Seligsprechung von Damian de Veuster, Heiligsprechung von Mutien-Marie Wiaux. RaTdr. (6×5); Papier ph.; gez. K 11½.**

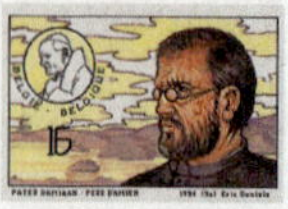


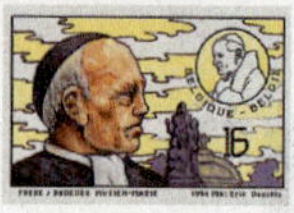


chy) Pater Damian (Jef de Veuster) (1840–1889), katholischer Missionar auf den Hawaii-Inseln, Apostel der Aussätzigen

chz) Mutien-Marie Wiaux (1841–1917), christlicher Schulbruder

| | | | | |
|---|---|---|---|---|
| **2609** | 16 (Fr) mehrfarbig | chy | 0,90 | 0,50 |
| **2610** | 16 (Fr) mehrfarbig | chz | 0,90 | 0,50 |
| | Satzpreis (2 W.) | | 1,80 | 1,— |
| | FDC | | | 2,60 |

Auflage: 6.000.000 Sätze

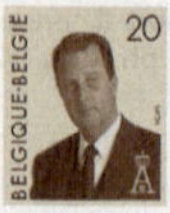


**1994, 6. Juni. Freimarke: König Albert II. ohne Brille, ⊡ MVTM. RaTdr. (10×5); Papier ph.; gez. K 11¾:11½.**

chb) König Albert II. (*1934, reg. 1993–2013)

| | | | | |
|---|---|---|---|---|
| **2611** | 20 (Fr) gelblichweiß/lebhaftbraun | chb | 1,20 | 1,— |
| | FDC | | | 2,— |

MiNr. 2611 gibt es mit grünlichem und gelblichem Gummi.

*Weitere Werte siehe Übersicht nach Jahrgangswerttabelle.*

**1994, 11. Juni. Tourismus. RaTdr. (6×5, Hochformate ∼); Papier ph.; gez. K 11½:11¾, Hochformate ∼.**

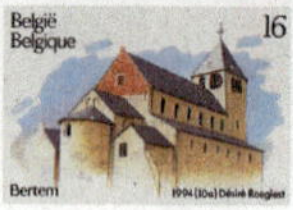


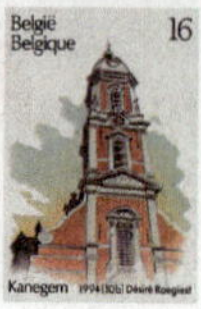


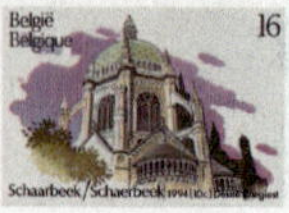


cia) Peterskirche, Bertem

cib) Bavokirche, Kanegem

cic) Königliche Marienkirche, Schaarbeek

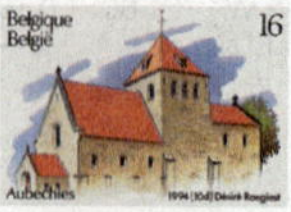


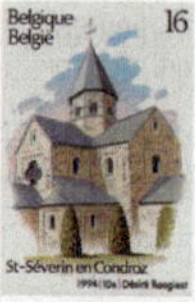


cid) Saint-Géry-Kirche, Aubechies

cie) Kirche von Saint-Séverin-en-Condroz

| | | | | |
|---|---|---|---|---|
| **2612** | 16 (Fr) mehrfarbig | cia | 1,— | 0,30 |
| **2613** | 16 (Fr) mehrfarbig | cib | 1,— | 0,30 |
| **2614** | 16 (Fr) mehrfarbig | cic | 1,— | 0,30 |
| **2615** | 16 (Fr) mehrfarbig | cid | 1,— | 0,30 |
| **2616** | 16 (Fr) mehrfarbig | cie | 1,— | 0,30 |
| | Satzpreis (5 W.) | | 5,— | 1,50 |
| | FDC | | | 9,— |

Auflage: 6.000.000 Sätze

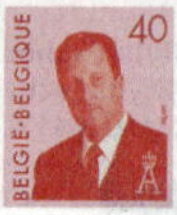


**1994, 20. Juni. Freimarke: König Albert II. ohne Brille, ⊡ MVTM. RaTdr. (10×5); Papier ph.; gez. K 11¾:11½.**

chb) König Albert II. (*1934, reg. 1993–2013)

| | | | | |
|---|---|---|---|---|
| **2617** | 40 (Fr) weißlila/lebhaftrotkarmin | chb | 2,— | 0,80 |
| | FDC | | | 3,— |

MiNr. 2617 gibt es mit grünlichem und gelblichem Gummi.

*Weitere Werte siehe Übersicht nach Jahrgangswerttabelle.*

**1994, 27. Juni. Museen (I): Belgisches Porzellan. RaTdr. (5×8); gez. K 11½.**

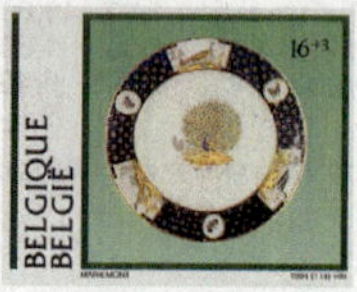


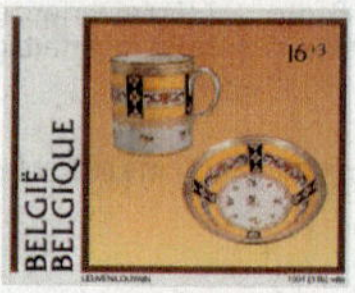


cif) Teller aus dem Service des Herzogs von Orléans (Porzellanmanufaktur Tournai, 1787); Museum Mariemont in Morlanwelz

cig) Empire-Tasse mit Untertasse (Porzellanmanufaktur Etterbeek, um 1800); Stadtmuseum in Löwen

| | | | | |
|---|---|---|---|---|
| **2618** | 16 (Fr) + 3 (Fr) mehrfarbig | cif | 1,60 | 1,60 |
| **2619** | 16 (Fr) + 3 (Fr) mehrfarbig | cig | 1,60 | 1,60 |
| | Satzpreis (2 W.) | | 3,20 | 3,20 |
| | FDC | | | 5,— |

**Blockausgabe**

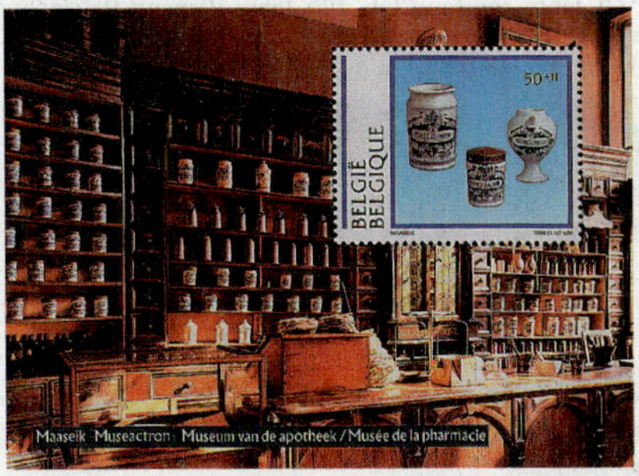


cii

cih) Apothekergefäße (Manufaktur Delft, 18. Jh.); Apothekenmuseum, Maaseik

| | | | | |
|---|---|---|---|---|
| **2620** | 50 (Fr) + 11 (Fr) mehrfarbig ....... | cih | 6,50 | 6,50 |
| **Block 63** | (125×90 mm) ............ | cii | 7,— | 7,— |
| | | FDC | | 7,50 |

Auflagen: MiNr. 2618 = 421.941, MiNr. 2619 = 419.614 Stück, Bl. 63 = 485.380 Blocks

**1994, 13. Aug. 100. Todestag von Guillaume Lekeu; 500. Todestag von Hans Memling. RaTdr. (6×5); Papier ph.; gez. K 11½.**

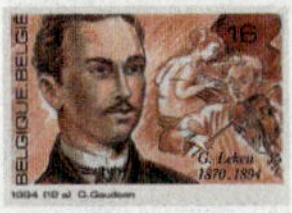


cik) Guillaume Lekeu (1870–1894), Komponist

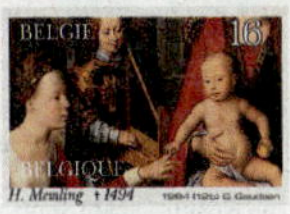


cil) Hans Memling (um 1435–1494), niederländischer Maler

| | | | | |
|---|---|---|---|---|
| **2621** | 16 (Fr) mehrfarbig .................... | cik | 0,80 | 0,50 |
| **2622** | 16 (Fr) mehrfarbig .................... | cil | 0,80 | 0,50 |
| | Satzpreis (2 W.) | | 1,60 | 1,— |
| | | FDC | | 2,60 |

Auflage: 6.000.000 Sätze

**1994, 3. Sept. 50. Jahrestag der Befreiung Belgiens. RaTdr. (3×5); Papier ph.; gez. K 11½.**

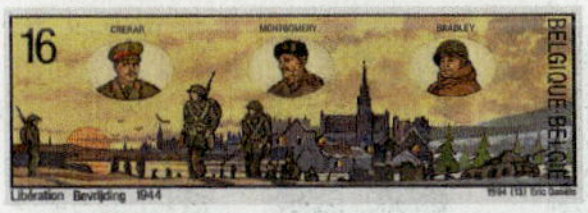


cim) Henry Crerar (1888–1965), Bernard Montgomery (1887–1976) und Omar Bradley (1893–1981), Generäle; alliierte Truppen

| | | | | |
|---|---|---|---|---|
| **2623** | 16 (Fr) mehrfarbig .................... | cim | 1,— | 0,70 |
| | | FDC | | 1,70 |

Auflage: 6.000.000 Stück

**1994, 24. Sept. Blumen. RaTdr., Markenheftchen (4×1); Papier ph.; gez. K 11¾.**

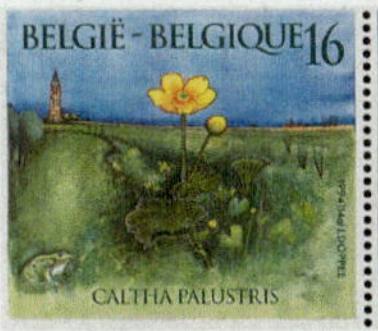


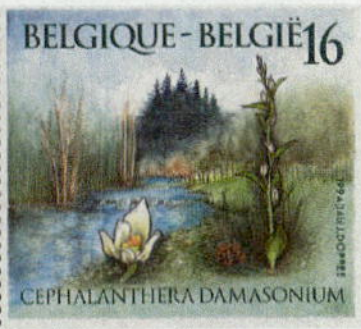


cin) Sumpfdotterblume (Caltha palustris)
cio) Blasses Waldvögelein (Cephalanthera damasonium)

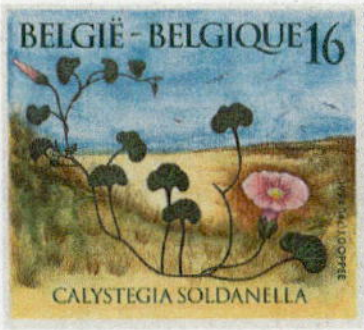


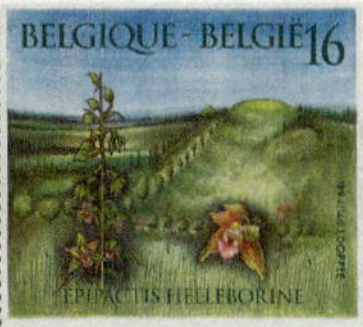


cip) Dünenwinde (Calystegia soldanella)
cir) Sumpfwurz (Epipactis helleborine)

| | | | | |
|---|---|---|---|---|
| **2624** | 16 (Fr) mehrfarbig .................. | cin | 1,30 | 0,70 |
| **2625** | 16 (Fr) mehrfarbig .................. | cio | 1,30 | 0,70 |
| **2626** | 16 (Fr) mehrfarbig .................. | cip | 1,30 | 0,70 |
| **2627** | 16 (Fr) mehrfarbig .................. | cir | 1,30 | 0,70 |
| | Satzpreis (4 W.) | | 5,20 | 2,80 |
| | FDC (1 H-Bl.) | | | 4,20 |

MiNr. 2624–2627 stammen aus MH 36.

Auflage: 1.500.000 Sätze

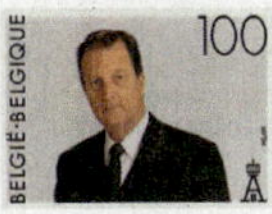


**1994, 1. Okt. Freimarke: König Albert II. ohne Brille, ◰ MVTM. RaTdr. (6×5); Papier ph.; gez. K 11½:11¾.**

cis) König Albert II. (*1934, reg. 1993–2013)

| | | | | |
|---|---|---|---|---|
| **2628** | 100 (Fr) mehrfarbig .................. | cis | 5,50 | 0,70 |
| | | FDC | | 6,— |

*Weitere Werte siehe Übersicht nach Jahrgangswerttabelle.*

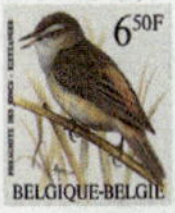


**1994, 3. Okt./16. Nov. Freimarke: Vögel. RaTdr. (10×5); w = Papier fl., x = normales Papier; gez. K 11½.**

cit) Schilfrohrsänger (Acrocephalus schoenobaenus)

| | | | | |
|---|---|---|---|---|
| **2629** | 6.50 Fr mehrfarbig ................ | cit | | |
| **w** | Papier fl. (16. Nov.) ............ | | 0,60 | 0,30 |
| **x** | normales Papier (3. Okt) ........ | | 0,40 | 0,30 |
| | | FDC x | | 1,20 |

**Vorausentwertungen:**

| | | (✶) | ✶✶ |
|---|---|---|---|
| 2629 w V | Aufdrucktype b 7 ................................ | 0,30 | 0,90 |
| 2629 x V | Aufdrucktype b 7 ................................ | 0,30 | 0,70 |

MiNr. 2629 x gibt es mit grünlichem und weißem Gummi.

*Weitere Werte siehe Übersicht nach Jahrgangswerttabelle.*

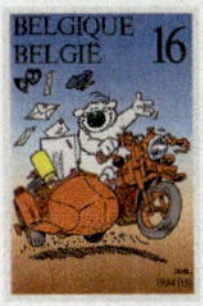


**1994, 8. Okt. Jugendphilatelie. RaTdr. (5×6); Papier ph.; gez. K 11½.**

ciu) Cubitus; von Dupa, eigentlich Luc Dupanloup (1945–2000), Comicautor und -zeichner

| | | | ✶✶ | ⊙ |
|---|---|---|---|---|
| **2630** | 16 (Fr) mehrfarbig .................. | ciu | 1,— | 0,30 |
| | | FDC | | 1,70 |

Auflage: 6.000.000 Stück

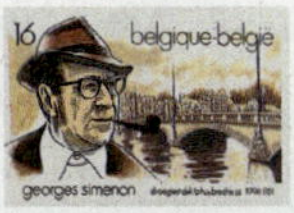


**1994, 15. Okt. 5. Todestag von Georges Simenon. Komb. StTdr. und RaTdr. (6×5); Papier ph.; gez. K 11½.**

civ) Georges Simenon (1903–1989), Schriftsteller; Pont des Arches, Lüttich

**2631** 16 (Fr) mehrfarbig . . . . . . . . . . civ 1,— 0,30
FDC 1,70

Auflage: 6.000.000 Stück

*Parallelausgabe mit Frankreich MiNr. 3055 und Schweiz MiNr. 1535*

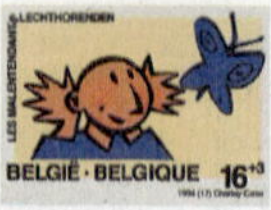


**1994, 12. Nov. Solidarität: Soziale Integration von Hörgeschädigten. RaTdr. (6×5); Papier ph.; gez. K 11½.**

ciw) Schwerhöriger, Schmetterling

**2632** 16 (Fr) + 3 (Fr) mehrfarbig . . . . . . ciw 1,20 1,—
FDC 2,—

Auflage: 486.470 Stück

**1994, 3. Dez. Weihnachten und Neujahr. RaTdr. (6×5); gez. K 11½.**

cix) Weihnachtsmann wirft Geschenkpaket in einen Kamin

**2633** 13 (Fr) mehrfarbig . . . . . . . . . . cix 0,70 0,50
FDC 1,60

Auflage: 9.000.000 Stück

**1995, 28. Jan. Museen (II). RaTdr. (5×8); Papier ph.; gez. K 11½.**

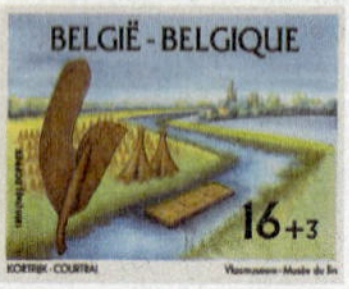


ciy) Flachsmuseum, Kortrijk

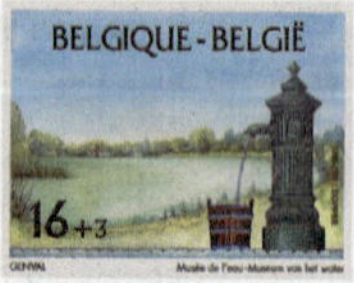


ciz) Wasser- und Brunnenmuseum, Genval

**2634** 16 (Fr) + 3 (Fr) mehrfarbig . . . . . . ciy 1,10 1,10
**2635** 16 (Fr) + 3 (Fr) mehrfarbig . . . . . . ciz 1,10 1,10
Satzpreis (2 W.) 2,20 2,20
FDC 3,20

**Blockausgabe**

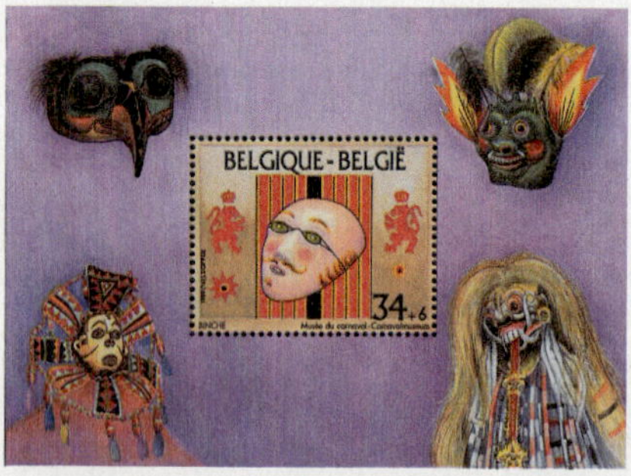


ckb

cka) Internationales Karnevals- und Maskenmuseum, Binche

**2636** 34 (Fr) + 6 (Fr) mehrfarbig . . . . . cka 2,50 2,50
**Block 64** (125×90 mm) . . . . . . . . . . ckb 3,— 3,—
FDC 3,50

Auflagen: MiNr. 2634 = 442.349, MiNr. 2635 = 439.520 Stück, Bl. 64 = 514.990 Blocks

**1995, 11. Febr. Jahrestage: 50 Jahre August-Vermeylen-Fonds (AVF), 100 Jahre Touring Club, 100 Jahre Verband Belgischer Unternehmer, 50 Jahre Sozialversicherung in Belgien. RaTdr. (6×5); Papier ph.; gez. K 11½.**

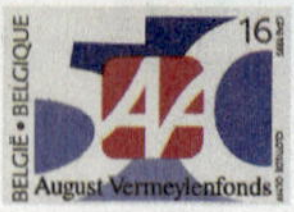


ckc) AVF-Emblem

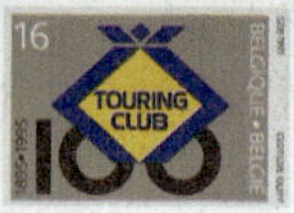


ckd) Club-Emblem

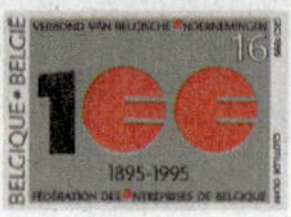


cke) Zahl „100“ mit Verbandsemblemen

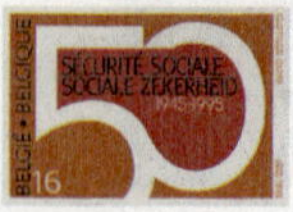


ckf) Zahl „50“

**2637** 16 (Fr) mehrfarbig . . . . . . . . . . ckc 1,— 0,30
**2638** 16 (Fr) mehrfarbig . . . . . . . . . . ckd 1,— 0,30
**2639** 16 (Fr) mehrfarbig . . . . . . . . . . cke 1,— 0,30
**2640** 16 (Fr) mehrfarbig . . . . . . . . . . ckf 1,— 0,30
Satzpreis (4 W.) 4,— 1,20
FDC 4,20

Auflage: 6.000.000 Sätze

**1995, 6. März. Genter Blumenschau. RaTdr. (6×5); MiNr. 2642–2643 Papier ph.; gez. K 11½.**

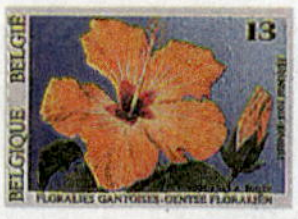


ckg) Chinesischer Roseneibisch (Hibiscus rosa-sinensis)

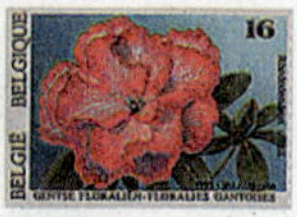


ckh) Topfazalee (Rhododendron simsii)

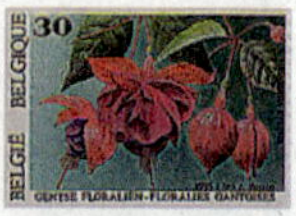


cki) Gartenfuchsie (Fuchsia hybrida)

**2641** 13 (Fr) mehrfarbig . . . . . . . . . . ckg 0,70 0,60
**2642** 16 (Fr) mehrfarbig . . . . . . . . . . ckh 0,80 0,70
**2643** 30 (Fr) mehrfarbig . . . . . . . . . . cki 2,30 1,30
Satzpreis (3 W.) 3,80 2,60
FDC 4,—

Auflagen: MiNr. 2641 = 3.000.000, MiNr. 2642 = 6.000.000, MiNr. 2643 = 1.500.000 Stück

**1995, 18. März. Gesellschaftsspiele und Freizeitbeschäftigung. RaTdr. (5×6); MiNr. 2645–2647 Papier ph.; gez. K 11½.**

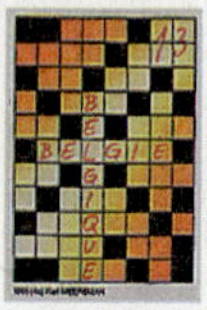


ckk) Kreuzworträtsel

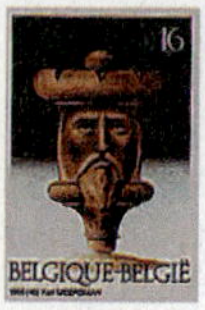


ckl) König eines Schachspiels

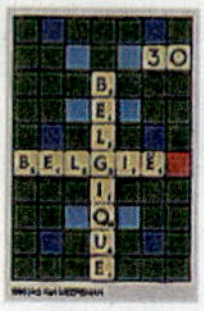


ckm) Scrabble

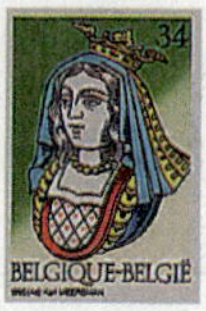


ckn) Dame eines Kartenspiels

**2644** 13 (Fr) mehrfarbig . . . . . . . . . . ckk 0,70 0,40
**2645** 16 (Fr) mehrfarbig . . . . . . . . . . ckl 0,80 0,60
**2646** 30 (Fr) mehrfarbig . . . . . . . . . . ckm 1,80 1,10
**2647** 34 (Fr) mehrfarbig . . . . . . . . . . ckn 2,20 1,40
Satzpreis (4 W.) 5,50 3,50
FDC 5,50

Auflagen: MiNr. 2644 = 3.000.000, MiNr. 2645 = 6.000.000, MiNr. 2646–2647 je 1.500.000 Stück

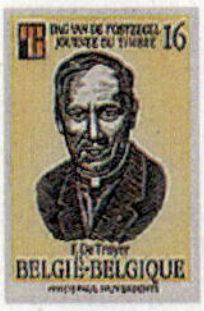

**1995, 8. April. Tag der Briefmarke. Komb. StTdr. und RaTdr. (5×6); Papier ph.; gez. K 11½.**

cko) Frans de Troyer (1914–1977), Vorsitzender des Motivausschusses des Internationalen Philatelistenverbandes (FIP)

**2648** 16 (Fr) mehrfarbig . . . . . . . . . . . . . . . . . . cko 1,— 0,40
FDC 1,70

Auflage: 6.000.000 Stück

**1995, 22. April. Europa: Frieden und Freiheit. RaTdr. (6×5); Papier ph.; gez. K 11½.**

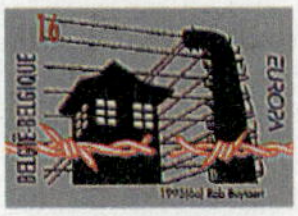

ckp) Wachturm und Stacheldrahtzaun eines Konzentrationslagers (Befreiung der Lager)

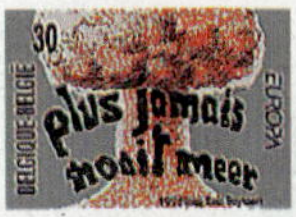

ckr) Atompilz, Inschrift (Atomwaffensperrvertrag)

**2649** 16 (Fr) mehrfarbig . . . . . . . . . . . . . . . . . . ckp 1,50 0,60
**2650** 30 (Fr) mehrfarbig . . . . . . . . . . . . . . . . . . ckr 3,— 1,40
Satzpreis (2 W.) 4,50 2,—
FDC 6,—

Auflagen: MiNr. 2649 = 6.000.000, MiNr. 2650 = 1.500.000 Stück

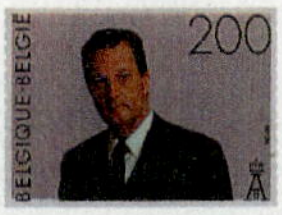

**1995, 29. April. Freimarke: König Albert II. ohne Brille, 🄴 MVTM. RaTdr. (6×5); Papier ph.; gez. K 11½:11¾.**

cis) König Albert II. (*1934, reg. 1993–2013)

**2651** 200 (Fr) mehrfarbig . . . . . . . . . . . . . . . . . cis 11,— 10,—
FDC 11,—

*Weitere Werte siehe Übersicht nach Jahrgangswerttabelle.*

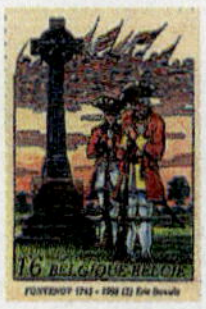

**1995, 13. Mai. 250. Jahrestag der Schlacht von Fontenoy. RaTdr. (5×6); Papier ph.; gez. K 11½.**

cks) Irische Soldaten, keltisches Kreuz auf dem Schlachtfeld von Fontenoy

**2652** 16 (Fr) mehrfarbig . . . . . . . . . . . . . . . . . . cks 1,— 0,60
FDC 1,70

Auflage: 6.000.000 Stück

*Parallelausgabe mit Irland MiNr. 897*

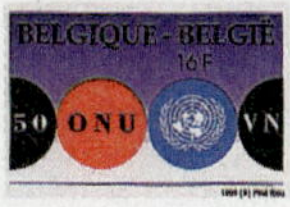

**1995, 19. Mai. 50 Jahre Vereinte Nationen (UNO). RaTdr. (6×5); Papier ph.; gez. K 11½.**

ckt) Graphik mit UNO-Emblem

**2653** 16 (Fr) mehrfarbig . . . . . . . . . . . . . . . . . . ckt 1,— 0,60
FDC 1,70

Auflage: 6.000.000 Stück

**1995, 3. Juni. Kunst. RaTdr. (6×5); Papier ph.; gez. K 11½.**

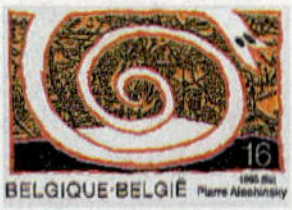

cku) Sauvagemont, Maransart; Gemälde von Pierre Alechinsky (*1927)

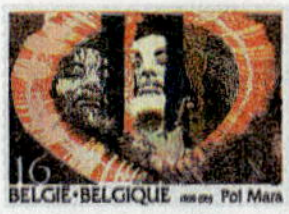

ckv) Télégram-style; Gemälde von Pol Mara (1920–1998)

**2654** 16 (Fr) mehrfarbig . . . . . . . . . . . . . . . . . . cku 1,— 0,70
**2655** 16 (Fr) mehrfarbig . . . . . . . . . . . . . . . . . . ckv 1,— 0,70
Satzpreis (2 W.) 2,— 1,40
FDC 2,60

Auflage: 6.000.000 Sätze

**1995, 24. Juni. Tourismus: Jugendstil-Häuser. RaTdr. (8×5); Papier ph.; gez. K 11½.**

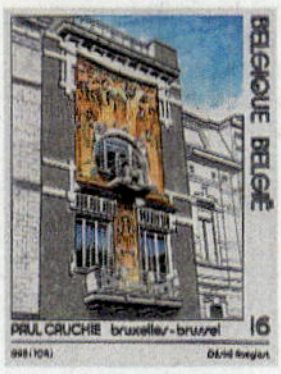

ckw) Cauchie-Haus, Brüssel; von Paul Cauchie (1875–1952)

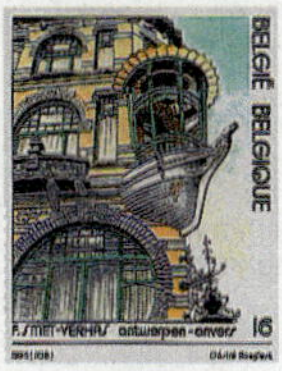

ckx) Haus „Die 5 Kontinente“, Antwerpen; von Frans Smet-Verhas (1851–1925)

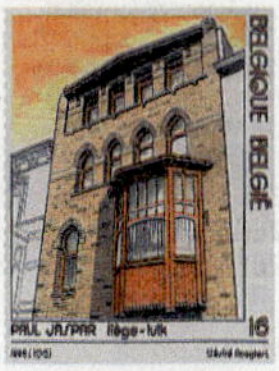

cky) Haus in Lüttich; von Paul Jaspar (1859–1945)

**2656** 16 (Fr) mehrfarbig . . . . . . . . . . . . . . . . . . ckw 1,— 0,80
**2657** 16 (Fr) mehrfarbig . . . . . . . . . . . . . . . . . . ckx 1,— 0,80
**2658** 16 (Fr) mehrfarbig . . . . . . . . . . . . . . . . . . cky 1,— 0,80
Satzpreis (3 W.) 3,— 2,40
FDC 3,50

Auflage: 6.000.000 Sätze

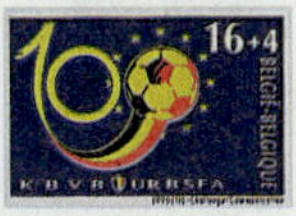

**1995, 19. Aug. 100 Jahre Königlich Belgischer Fußballbund. RaTdr. (6×5); Papier ph.; gez. K 11½.**

ckz) Zahl „100“, Fußball

**2659** 16 (Fr) + 4 (Fr) mehrfarbig . . . . . . . . . . . ckz 1,— 1,—
FDC 2,—

Auflage: 447.301 Stück

**1995, 19. Aug. Segelschiffe. RaTdr., Markenheftchen (4×1); Papier ph.; gez. K 11¾.**

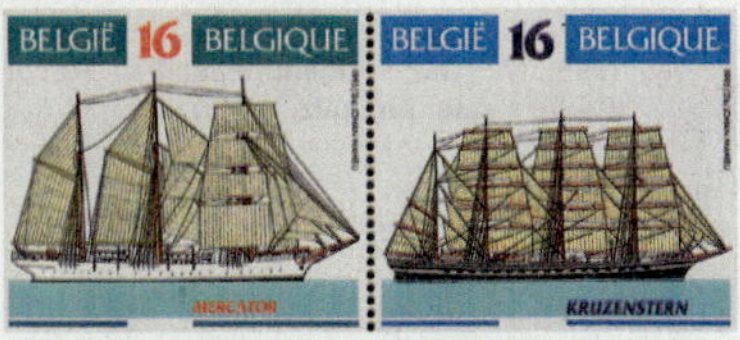

cla) Belgische Barkentine „Mercator“ (1932)
clb) Russische Viermastbark „Krusenstern“ (1926)

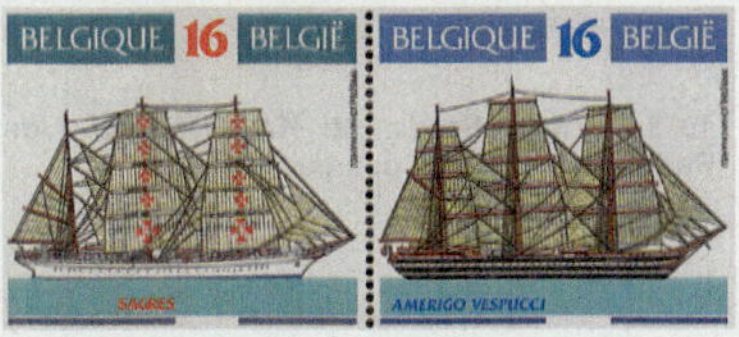

clc) Portugiesische Bark „Sagres II“ (1937)
cld) Italienisches Vollschiff „Amerigo Vespucci“ (1930)

| | | | | |
|---|---|---|---|---|
| **2660** | 16 (Fr) mehrfarbig | cla | 1,10 | 0,90 |
| **2661** | 16 (Fr) mehrfarbig | clb | 1,10 | 0,90 |
| **2662** | 16 (Fr) mehrfarbig | clc | 1,10 | 0,90 |
| **2663** | 16 (Fr) mehrfarbig | cld | 1,10 | 0,90 |
| | | Satzpreis (4 W.) | 4,40 | 3,50 |
| | | FDC (1 H-Bl.) | | 10,— |

MiNr. 2660–2663 stammen aus MH 37.

Auflage: 1.500.000 Sätze

**1995, 9. Sept. Belgisches Rotes Kreuz: Bedeutende Persönlichkeiten. RaTdr. (6×5); Papier ph.; gez. K 11½.**

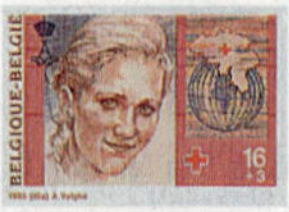


cle) Prinzessin Astrid (*1962), Vorsitzende des Belgischen Roten Kreuzes; Landkarte von Belgien, Weltkugel

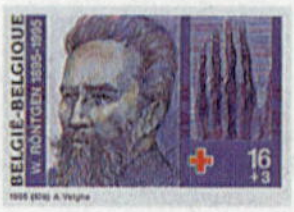


clf) Wilhelm Conrad Röntgen (1845–1923), deutscher Physiker, Nobelpreis 1901; Hand als Röntgenaufnahme

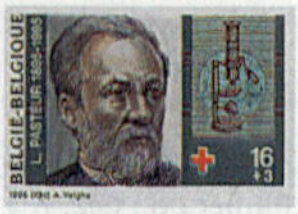


clg) Louis Pasteur (1822–1895), französischer Chemiker und Mikrobiologe; Mikroskop, Milzbrandbakterium

| | | | | |
|---|---|---|---|---|
| **2664** | 16 (Fr) + 3 (Fr) mehrfarbig | cle | 1,40 | 1,20 |
| **2665** | 16 (Fr) + 3 (Fr) mehrfarbig | clf | 1,40 | 1,20 |
| **2666** | 16 (Fr) + 3 (Fr) mehrfarbig | clg | 1,40 | 1,20 |
| | | Satzpreis (3 W.) | 4,20 | 3,50 |
| | | FDC | | 9,— |

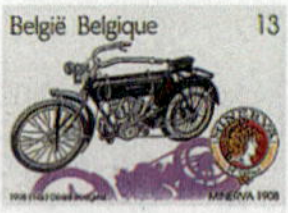


**1995, 23. Sept. Alte belgische Motorräder. RaTdr. (6×5, Hochformate ~); MiNr. 2668–2670 Papier ph.; gez. K 11½.**

clh) Minerva (1908)

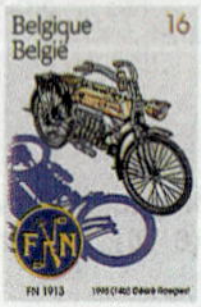


cli) FN (1913)

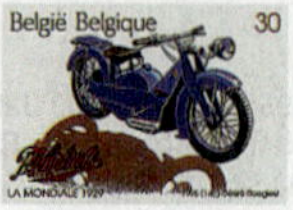


clk) La Mondiale (1929)

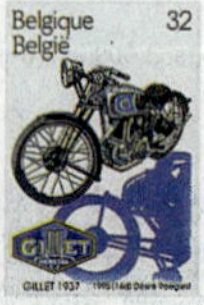


cll) Gillet (1937)

| | | | | |
|---|---|---|---|---|
| **2667** | 13 (Fr) mehrfarbig | clh | 0,70 | 0,60 |
| **2668** | 16 (Fr) mehrfarbig | cli | 0,80 | 0,60 |
| **2669** | 30 (Fr) mehrfarbig | clk | 1,80 | 1,50 |
| **2670** | 32 (Fr) mehrfarbig | cll | 2,20 | 1,60 |
| | | Satzpreis (4 W.) | 5,50 | 4,20 |
| | | FDC | | 5,50 |

Auflagen: MiNr. 2667 = 3.000.000, MiNr. 2668 = 6.000.000, MiNr. 2669–2670 je 1.500.000 Stück

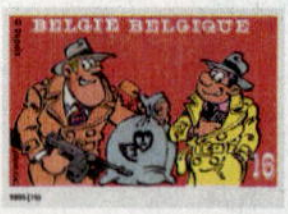


**1995, 7. Okt. Jugendphilatelie. RaTdr. (6×5); Papier ph.; gez. K 11½.**

clm) Sammy und Jack; Comicfiguren von Arthur Berckmans (1929–2020), Cartoonist

| | | | | |
|---|---|---|---|---|
| **2671** | 16 (Fr) mehrfarbig | clm | 1,20 | 0,80 |
| | | FDC | | 1,70 |

Auflage: 6.000.000 Stück

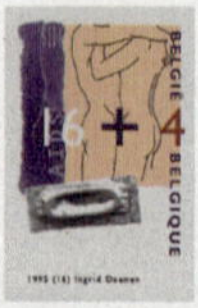


**1995, 4. Nov. Solidarität: Kampf gegen Aids. RaTdr. (5×6); Papier ph.; gez. K 11½.**

cln) Mann und Frau, Kondom

| | | | | |
|---|---|---|---|---|
| **2672** | 16 (Fr) + 4 (Fr) mehrfarbig | cln | 1,20 | 1,— |
| | | FDC | | 2,— |

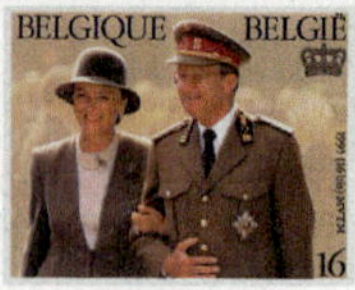


**1995, 15. Nov. Königsfest. RaTdr. (5×8); Papier ph.; gez. K 11½.**

clo) König Albert II. (*1934) mit seiner Frau Paola Ruffo di Calabria (*1937)

| | | | | |
|---|---|---|---|---|
| **2673** | 16 (Fr) mehrfarbig | clo | 1,— | 0,80 |
| | | FDC | | 1,70 |

Auflage: 8.000.000 Stück

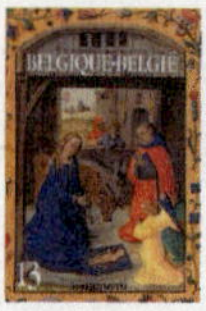


**1995, 18. Nov. Weihnachten und Neujahr. RaTdr. (5×6); Papier fl.; gez. K 11½.**

clp) Christi Geburt; Miniatur aus einem Stundenbuch aus den südlichen Niederlanden (15. Jh.)

| | | | | |
|---|---|---|---|---|
| **2674** | 13 (Fr) mehrfarbig | clp | 0,60 | 0,60 |
| | | FDC | | 1,60 |

Auflage: 12.000.000 Stück

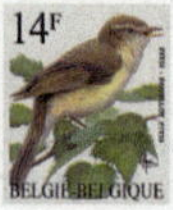


**1995, 18. Dez. Freimarke: Vögel. RaTdr. (10×5); Papier fl.; gez. K 11½.**

clr) Fitis (Phylloscopus trochilus)

| | | | | |
|---|---|---|---|---|
| **2675** | 14 Fr mehrfarbig | clr | 1,20 | 0,40 |
| | | FDC | | 1,60 |

**Vorausentwertung:**

| | | (✱) | ✱✱ |
|---|---|---|---|
| 2675 V | Aufdrucktype b 7 | 0,30 | 1,50 |

*Weitere Werte siehe Übersicht nach Jahrgangswerttabelle.*

**1996, 17. Febr. Museen (III). RaTdr. (5×8); Papier ph.; gez. K 11½.**

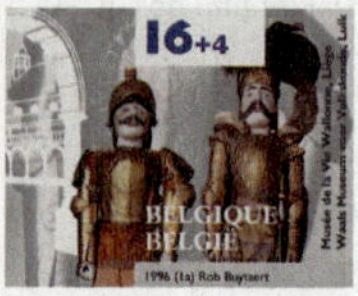


cls) Karl der Große und Karl der Kühne (Marionetten); Wallonisches Museum, Lüttich

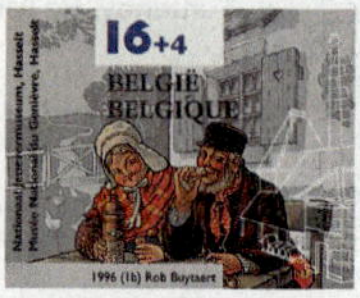


clt) Genevertrinkendes Bauernpaar (Gemäldedetail); Genevermuseum, Hasselt

| | | | ✱✱ | ⊙ |
|---|---|---|---|---|
| **2676** | 16 (Fr) + 4 (Fr) mehrfarbig | cls | 1,20 | 1,— |
| **2677** | 16 (Fr) + 4 (Fr) mehrfarbig | clt | 1,20 | 1,— |
| | | Satzpreis (2 W.) | 2,40 | 2,— |
| | | FDC | | 3,— |

**Blockausgabe**

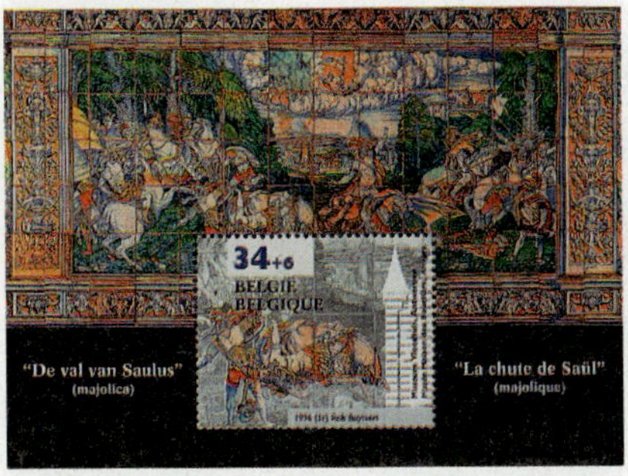


clv

clu) Der Sturz des Saulus (Detail); Majolika-Tableau im Vleeshuis-Museum, Anwerpen

| | | | | |
|---|---|---|---|---|
| **2678** | 34 (Fr) + 6 (Fr) mehrfarbig | clu | 2,50 | 2,50 |
| **Block 65** | (125×90 mm) | clv | 3,— | 3,— |
| | | FDC | | 3,50 |

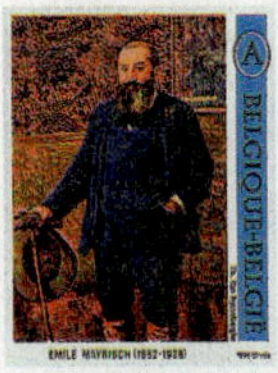


**1996, 2. März. Théo Van Rysselberghe und Emile Mayrisch. RaTdr. (8×5); Papier ph.; gez. K 11½.**

clw) Emile Mayrisch (1862–1928), luxemburgischer Stahlindustrieller; Gemälde von Théo Van Rysselberghe (1862–1926), belgischer Porträtmaler

| | | | | |
|---|---|---|---|---|
| **2679** | A mehrfarbig | clw | 2,50 | 1,50 |
| | | FDC | | 3,— |

MiNr. 2679 gilt für Inlands-Standardbriefe (zur Zeit der Ausgabe 16 Fr).

Auflage: 10.000.000 Stück

*Parallelausgabe mit Luxemburg MiNr. 1389*

**1996, 2. März. 150 Jahre Liberale Partei Belgiens. RaTdr. (5×6); Papier ph.; gez. K 11½.**

clx) Symbolische Darstellung

| | | | | |
|---|---|---|---|---|
| **2680** | 16 (Fr) mehrfarbig | clx | 1,— | 0,80 |
| | | FDC | | 1,70 |

Auflage: 6.513.180 Stück

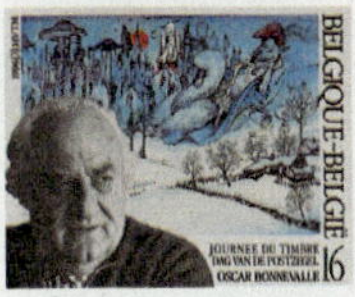


**1996, 30. März. Tag der Briefmarke. RaTdr. (5×8); Papier ph.; gez. K 11½.**

cly) Oscar Bonnevalle (1920–1993), Briefmarkenentwerfer; Detail aus seinem Gemälde „Gelassenheit"

| | | | | |
|---|---|---|---|---|
| **2681** | 16 (Fr) mehrfarbig | cly | 1,— | 0,80 |
| | | FDC | | 1,70 |

Auflage: 5.411.000 Stück

**1996, 30. März. 150 Jahre Königlich-Belgisches Institut für Naturwissenschaften, Brüssel: Insekten. RaTdr., Markenheftchen (1×6); Papier ph.; gez. K 11¾.**

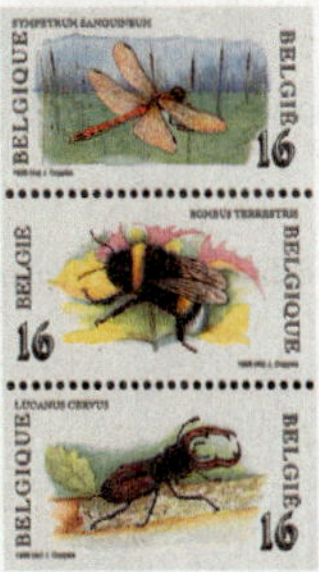


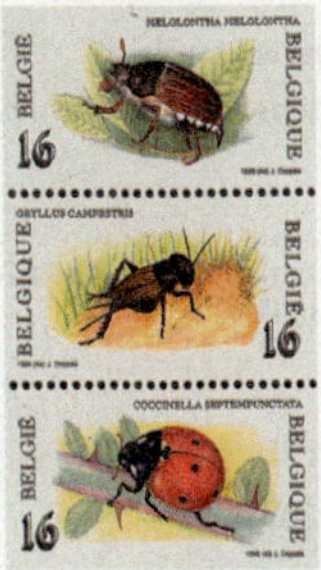


clz) Blutrote Heidelibelle (Sympetrum sanguineum)

cma) Erdhummel (Bombus terrestris)

cmb) Hirschkäfer (Lucanus cervus)

cmc) Maikäfer (Melolontha melolontha)

cmd) Feldgrille (Gryllus campestris)

cme) Siebenpunkt-Marienkäfer (Coccinella septempunctata)

| | | | | |
|---|---|---|---|---|
| **2682** | 16 (Fr) mehrfarbig | clz | 0,90 | 0,80 |
| **2683** | 16 (Fr) mehrfarbig | cma | 0,90 | 0,80 |
| **2684** | 16 (Fr) mehrfarbig | cmb | 0,90 | 0,80 |
| **2685** | 16 (Fr) mehrfarbig | cmc | 0,90 | 0,80 |
| **2686** | 16 (Fr) mehrfarbig | cmd | 0,90 | 0,80 |
| **2687** | 16 (Fr) mehrfarbig | cme | 0,90 | 0,80 |
| | | Satzpreis (6 W.) | 5,40 | 4,80 |
| | | FDC (1 H-Bl.) | | 5,50 |

MiNr. 2682–2687 stammen aus MH 38.

Auflage: 1.526.856 Sätze

**1996, 4. Mai. Europa: Berühmte Frauen. RaTdr. (6×5); Papier ph.; gez. K 11½.**

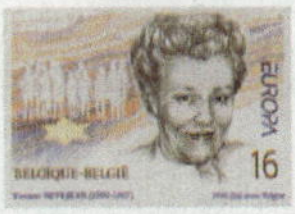


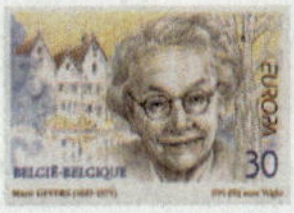


cmf) Yvonne Nevejean (1900–1987), Leiterin des Kinderhilfswerkes ONE und Retterin verfolgter Juden

cmg) Marie Gevers (1883–1975), Dichterin

| | | | | |
|---|---|---|---|---|
| **2688** | 16 (Fr) mehrfarbig | cmf | 1,— | 1,— |
| **2689** | 30 (Fr) mehrfarbig | cmg | 3,— | 1,80 |
| | | Satzpreis (2 W.) | 4,— | 2,80 |
| | | FDC | | 3,50 |

Auflagen: MiNr. 2688 = 6.338.250, MiNr. 2689 = 2.213.280 Stück

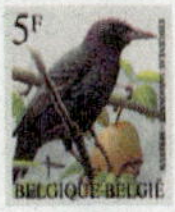


**1996, 6. Mai. Freimarke: Vögel. RaTdr. (10×5); Papier fl.; gez. K 11½.**

cmh) Star (Sturnus vulgaris)

| | | | | |
|---|---|---|---|---|
| **2690** | 5 Fr mehrfarbig | cmh | 0,60 | 0,30 |
| | | FDC | | 1,20 |

**Vorausentwertung:**

| | | (✱) | ✱✱ |
|---|---|---|---|
| 2690 V | Aufdrucktype b 7 | 0,30 | 0,90 |

MiNr. 2690 gibt es mit grünlichem und gelblichem Gummi.

*Weitere Werte siehe Übersicht nach Jahrgangswerttabelle.*

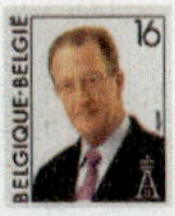


**1996, 6. Juni. Freimarke: König Albert II. mit Brille, ⊡ MVTM. RaTdr. (10×5); Papier ph.; gez. K 11¾:11½.**

cmi) König Albert II. (*1934, reg. 1993–2013)

| | | | ★★ | ⊙ |
|---|---|---|---|---|
| **2691** | 16 (Fr) mehrfarbig | cmi | 1,— | 0,80 |
| | | FDC | | 1,70 |

Auflage: 8.787.500 Stück

*Weitere Werte siehe Übersicht nach Jahrgangswerttabelle.*

**1996, 8. Juni. Tourismus. RaTdr. (6×5, Hochformat ~); Papier ph.; gez. K 11½.**

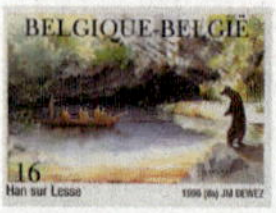


cmk) Höhlen von Han-sur-Lesse

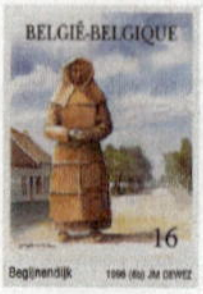


cml) Begine, Dorfansicht von Begijnendijk

| | | | | |
|---|---|---|---|---|
| **2692** | 16 (Fr) mehrfarbig | cmk | 0,90 | 0,60 |
| **2693** | 16 (Fr) mehrfarbig | cml | 0,90 | 0,60 |
| | | Satzpreis (2 W.) | 1,80 | 1,20 |
| | | FDC | | 2,60 |

Auflagen: MiNr. 2692 = 6.416.250, MiNr. 2693 = 6.194.250 Stück

**1996, 8. Juni. Brüssel, Herz Europas. RaTdr. (5×6, Querformate ~); Papier ph.; gez. K 11½.**

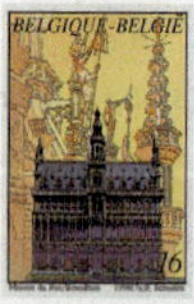


cmm) Brothaus (Maison du Roi), Grand' Place

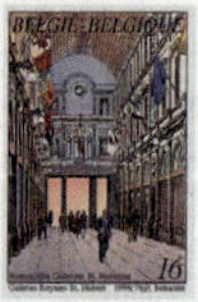


cmn) Königliche Hubertus-Galerien

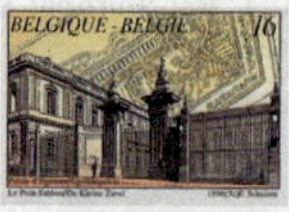


cmo) Petit Sablon, Egmontpalast

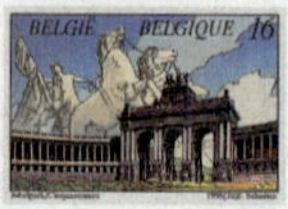


cmp) Parc du Cinquantenaire

| | | | | |
|---|---|---|---|---|
| **2694** | 16 (Fr) mehrfarbig | cmm | 1,— | 0,80 |
| **2695** | 16 (Fr) mehrfarbig | cmn | 1,— | 0,80 |
| **2696** | 16 (Fr) mehrfarbig | cmo | 1,— | 0,80 |
| **2697** | 16 (Fr) mehrfarbig | cmp | 1,— | 0,80 |
| | | Satzpreis (4 W.) | 4,— | 3,20 |
| | | FDC | | 4,20 |

Auflagen: MiNr. 2694 = 6.398.250, MiNr. 2695 = 6.440250, MiNr. 2696 = 6.417.120, MiNr. 2697 = 6.278.250 Stück

**1996, 29. Juni. 100 Jahre Olympische Spiele der Neuzeit; Olympische Sommerspiele, Atlanta. RaTdr. (6×5); Papier ph.; gez. K 11½.**

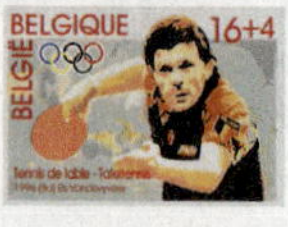


cmr) Tischtennis

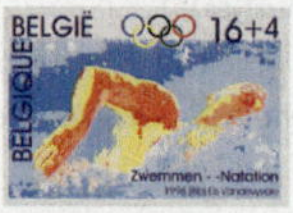


cms) Schwimmen

| | | | | |
|---|---|---|---|---|
| **2698** | 16 (Fr) + 4 (Fr) mehrfarbig | cmr | 1,20 | 1,— |
| **2699** | 16 (Fr) + 4 (Fr) mehrfarbig | cms | 1,20 | 1,— |
| | | Satzpreis (2 W.) | 2,40 | 2,— |
| | | FDC | | 3,— |

**Blockausgabe**

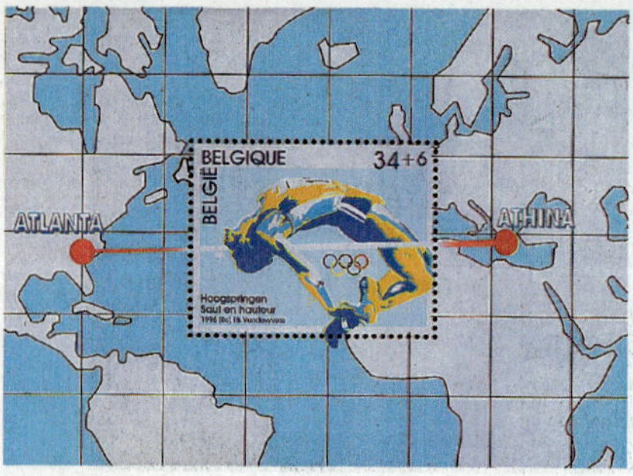


cmu

cmt) Hochsprung

| | | | | |
|---|---|---|---|---|
| **2700** | 34 (Fr) + 6 (Fr) mehrfarbig | cmt | 2,50 | 2,50 |
| **Block 66** | (125×90 mm) | cmu | 2,80 | 2,80 |
| | | FDC | | 3,50 |

**1996, 29. Juni. Freimarken: Vögel. RaTdr. (10×5); Papier fl.; gez. K 11½.**

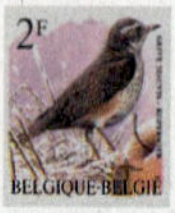


cmv) Rotdrossel (Turdus iliacus)

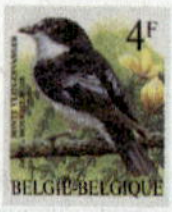


cmw) Trauerschnäpper (Ficedula hypoleuca)

| | | | | |
|---|---|---|---|---|
| **2701** | 2 Fr mehrfarbig | cmv | 0,40 | 0,30 |
| **2702** | 4 Fr mehrfarbig | cmw | 0,60 | 0,30 |
| | | Satzpreis (2 W.) | 1,— | 0,50 |
| | | FDC | | 10,— |

**Vorausentwertungen:**

| | | (★) | ★★ |
|---|---|---|---|
| 2701 V | Aufdrucktype b 7 | 0,30 | 0,70 |
| 2702 V | Aufdrucktype b 7 | 0,30 | 0,80 |

MiNr. 2701–2702 gibt es jeweils mit grünlichem und gelblichem Gummi.

*Weitere Werte siehe Übersicht nach Jahrgangswerttabelle.*

**1996, 29. Juni. 100 Jahre Autorennen in Spa. RaTdr. (6×5); Papier ph.; gez. K 11½.**

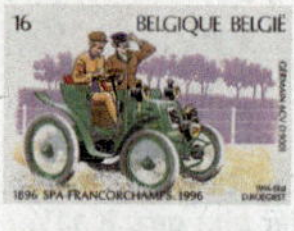


cmx) Germain 6CV (1900)

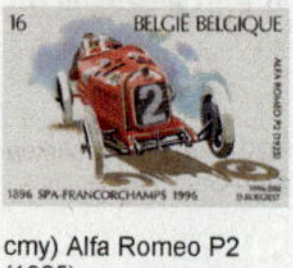


cmy) Alfa Romeo P2 (1925)

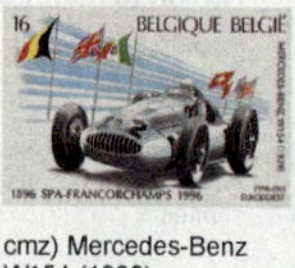


cmz) Mercedes-Benz W154 (1939)

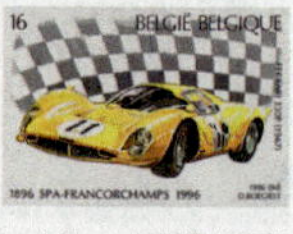


cna) Ferrari 330P (1967)

| | | | ★★ | ⊙ |
|---|---|---|---|---|
| **2703** | 16 (Fr) mehrfarbig | cmx | 1,— | 0,80 |
| **2704** | 16 (Fr) mehrfarbig | cmy | 1,— | 0,80 |
| **2705** | 16 (Fr) mehrfarbig | cmz | 1,— | 0,80 |
| **2706** | 16 (Fr) mehrfarbig | cna | 1,— | 0,80 |
| | | Satzpreis (4 W.) | 4,— | 3,20 |
| | | FDC | | 4,20 |

Auflagen: MiNr. 2703 = 6.410.250, MiNr. 2704 = 6.407.250, MiNr. 2705 = 6.443.250, MiNr. 2706 = 6.458.250 Stück

**1996, 31. Aug. Belgische Kunstwerke im Ausland. RaTdr. (5×6); MiNr. 2707 Papier fl.; MiNr. 2708–2709 Papier ph.; gez. K 11½.**

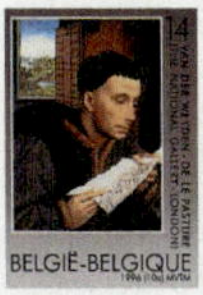


cnb) Lesender Mann (Hl. Ivo); Gemälde von Rogier van der Weyden (um 1399–1446)

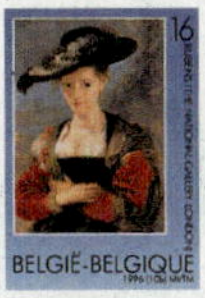


cnc) Der Strohhut; Gemälde von Peter Paul Rubens (1577–1640)

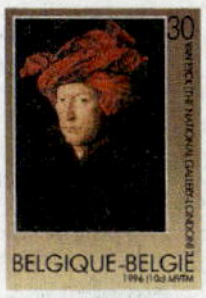


cnd) Mann mit Turban; Gemälde von Jan van Eyck (um 1390–1441)

| | | | | |
|---|---|---|---|---|
| **2707** | 14 (Fr) mehrfarbig | cnb | 0,70 | 0,70 |
| **2708** | 16 (Fr) mehrfarbig | cnc | 1,— | 0,80 |
| **2709** | 30 (Fr) mehrfarbig | cnd | 1,80 | 1,50 |
| | Satzpreis (3 W.) | | 3,50 | 3,— |
| | FDC | | | 4,— |

Auflagen: MiNr. 2707 = 3.296.250, MiNr. 2708 = 6.443.250, MiNr. 2709 = 2.171.250 Stück

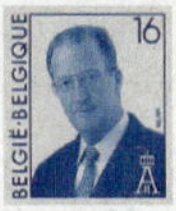


**1996, 31. Aug. Freimarken: König Albert II. mit Brille, ☐ MVTM. RaTdr. (10×5); Papier ph.; gez. K 11¾:11½.**

cmi) König Albert II. (*1934, reg. 1993–2013)

| | | | | |
|---|---|---|---|---|
| **2710** | 16 (Fr) lebhaftcyanblau | cmi | 1,— | 0,50 |
| **2711** | 28 (Fr) dunkelbraunpurpur | cmi | 1,50 | 0,50 |
| **2712** | 50 (Fr) dunkelgrün | cmi | 2,50 | 0,50 |
| | Satzpreis (3 W.) | | 5,— | 1,50 |
| | FDC | | | 5,50 |

*Weitere Werte siehe Übersicht nach Jahrgangswerttabelle.*

**1996, 31. Aug. Geschichte: 500. Jahrestag der Hochzeit von Philipp dem Schönen und Johanna der Wahnsinnigen. RaTdr. (10×5); Papier ph.; gez. K 11¾:11½.**

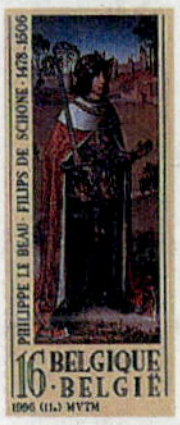


cne) König Philipp I. von Kastilien (1478–1506, reg. 1506)

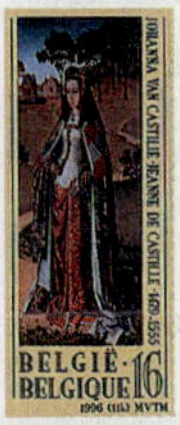


cnf) Königin Johanna von Kastilien und León (1479–1555, reg. ab 1504)

cne–cnf) Gemälde aus dem Triptychon von Zierikzee (um 1500)

| | | | | |
|---|---|---|---|---|
| **2713** | 16 (Fr) mehrfarbig | cne | 1,— | 0,80 |
| **2714** | 16 (Fr) mehrfarbig | cnf | 1,— | 0,80 |
| | Satzpreis (2 W.) | | 2,— | 1,60 |
| | FDC | | | 2,60 |

Auflagen: MiNr. 2713 = 6.154.500, MiNr. 2714 = 6.074.500 Stück

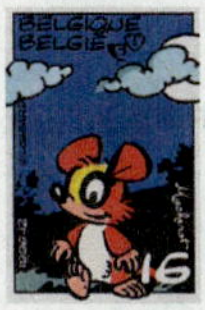


**1996, 5. Okt. Jugendphilatelie. RaTdr. (5×6); Papier ph.; gez. K 11½.**

cng) Anatol; Comicfigur von Raymond Macherot (1924–2008), Comiczeichner und -autor

| | | | | |
|---|---|---|---|---|
| **2715** | 16 (Fr) mehrfarbig | cng | 1,10 | 0,80 |
| | FDC | | | 1,70 |

Auflage: 6.221.250 Stück

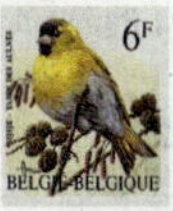


**1996, 5. Okt. Freimarke: Vögel. RaTdr. (10×5); Papier fl.; gez. K 11½.**

cnh) Erlenzeisig (Carduelis spinus)

| | | | | |
|---|---|---|---|---|
| **2716** | 6 Fr mehrfarbig | cnh | 0,60 | 0,30 |
| | FDC | | | 4,50 |

**Vorausentwertung:**

| | | (★) | ★★ |
|---|---|---|---|
| 2716 V | Aufdrucktype b 7 | 0,40 | 1,— |

*Weitere Werte siehe Übersicht nach Jahrgangswerttabelle.*

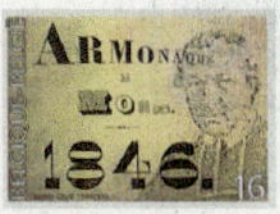


**1996, 5. Okt. 150. Jahrestag der Erstausgabe des Almanachs „Armonaque dé Mons". RaTdr. (6×5); Papier ph.; gez. K 11½.**

cni) Charles Letellier (1807–1870), Priester und Verfasser des im Monser Dialekt geschriebenen Almanachs

| | | | ★★ | ⊙ |
|---|---|---|---|---|
| **2717** | 16 (Fr) mehrfarbig | cni | 1,— | 0,80 |
| | FDC | | | 1,70 |

Auflage: 6.479.250 Stück

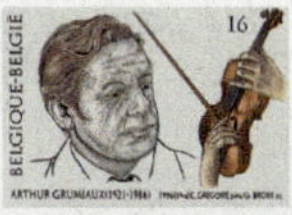


**1996, 26. Okt. Musik und Literatur (I). Komb. StTdr. und RaTdr. (6×5); Papier ph.; gez. K 11½.**

cnk) Arthur Grumiaux (1921–1986), Violinist

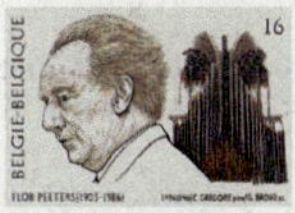


cnl) Flor Peeters (1903–1986), Organist

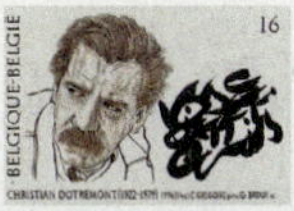


cnm) Christian Dotremont (1922–1979), Dichter

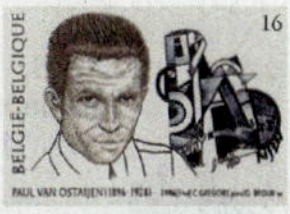


cnn) Paul André van Ostaijen (1896–1928), Schriftsteller

| | | | | |
|---|---|---|---|---|
| **2718** | 16 (Fr) mehrfarbig | cnk | 1,— | 0,80 |
| **2719** | 16 (Fr) mehrfarbig | cnl | 1,— | 0,80 |
| **2720** | 16 (Fr) mehrfarbig | cnm | 1,— | 0,80 |
| **2721** | 16 (Fr) mehrfarbig | cnn | 1,— | 0,80 |
| | Satzpreis (4 W.) | | 4,— | 3,20 |
| | FDC | | | 4,20 |

Auflagen: MiNr. 2718 = 5.279.250, MiNr. 2719 = 5.687.250, MiNr. 2720 = 5.279.280, MiNr. 2721 = 5.411.250 Stück

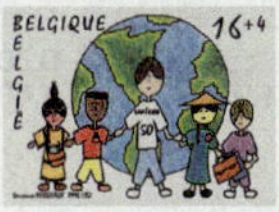


**1996, 16. Nov. 50 Jahre Kinderhilfswerk der Vereinten Nationen (UNICEF). RaTdr. (6×5); Papier fl.; gez. K 11½.**

cno) Kinder verschiedener Völker, Weltkugel

| | | | | |
|---|---|---|---|---|
| **2722** | 16 (Fr) + 4 (Fr) mehrfarbig | cno | 1,20 | 1,— |
| | FDC | | | 2,— |

Auflage: 770.250 Stück

**1996, 16. Nov. Blockausgabe: Weihnachten. RaTdr.; Papier fl.; gez. Ks 11½.**

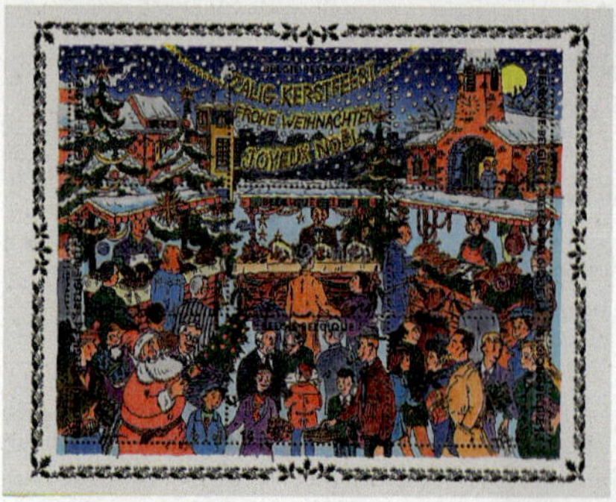

cnz

cnp–cny) Weihnachtsmarkt

| | | | | | |
|---|---|---|---|---|---|
| **2723** | 14 (Fr) mehrfarbig | cnp | 0,70 | 0,70 |
| **2724** | 14 (Fr) mehrfarbig | cnr | 0,70 | 0,70 |
| **2725** | 14 (Fr) mehrfarbig | cns | 0,70 | 0,70 |
| **2726** | 14 (Fr) mehrfarbig | cnt | 0,70 | 0,70 |
| **2727** | 14 (Fr) mehrfarbig | cnu | 0,70 | 0,70 |
| **2728** | 14 (Fr) mehrfarbig | cnv | 0,70 | 0,70 |
| **2729** | 14 (Fr) mehrfarbig | cnw | 0,70 | 0,70 |
| **2730** | 14 (Fr) mehrfarbig | cnx | 0,70 | 0,70 |
| **2731** | 14 (Fr) mehrfarbig | cny | 0,70 | 0,70 |
| **Block 67** | (185×145 mm) | cnz | 7,— | 6,50 |
| | | FDC | | 7,50 |

Auflage: 1.920.651 Blocks

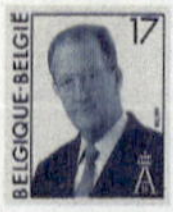

**1996, 16. Dez. Freimarke: König Albert II. mit Brille, Ⓔ MVTM. RaTdr. (10×5); Papier ph.; gez. K 11¾:11½.**

cmi) König Albert II. (*1934, reg. 1993–2013)

| | | | | |
|---|---|---|---|---|
| **2732** | 17 (Fr) dunkelblau | cmi | 1,— | 0,80 |
| | | FDC | | 4,50 |

*Weitere Werte siehe Übersicht nach Jahrgangswerttabelle.*

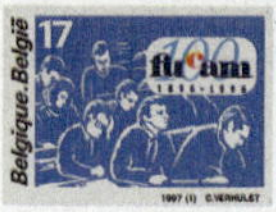

**1997, 18. Jan. 100 Jahre Katholische Fakultäten der Universität Mons (FUCAM) (1996). RaTdr. (6×5); Papier ph.; gez. K 11½.**

coa) Studenten, FUCAM-Emblem

| | | | | |
|---|---|---|---|---|
| **2733** | 17 (Fr) mehrfarbig | coa | 1,— | 0,80 |
| | | FDC | | 1,80 |

Auflage: 5.075.250 Stück

**1997, 18. Jan. Museen (IV). RaTdr. (8×5); Papier ph.; gez. K 11½.**

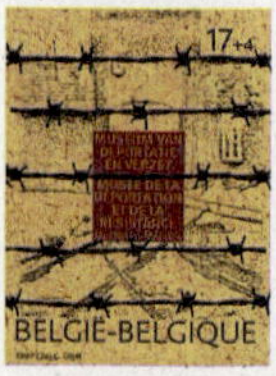

cob) Deportations- und Widerstandsmuseum, Mecheln

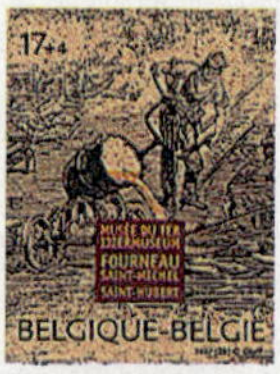

coc) Eisen- und Hüttenmuseum, Fourneau Saint-Michel

| | | | | |
|---|---|---|---|---|
| **2734** | 17 (Fr) + 4 (Fr) mehrfarbig | cob | 1,— | 0,80 |
| **2735** | 17 (Fr) + 4 (Fr) mehrfarbig | coc | 1,— | 0,80 |
| | Satzpreis (2 W.) | | 2,— | 1,60 |
| | | FDC | | 3,— |

**Blockausgabe**

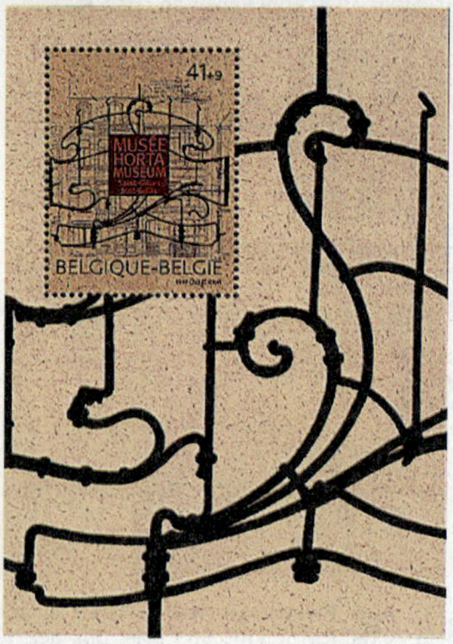

coe

cod) Victor-Horta-Museum, Saint-Gilles (Brüssel)

| | | | | |
|---|---|---|---|---|
| **2736** | 41 (Fr) + 9 (Fr) mehrfarbig | cod | 4,— | 4,— |
| **Block 68** | (90×125 mm) | coe | 4,50 | 4,50 |
| | | FDC | | 7,50 |

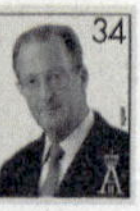

**1997, 8. Febr. Freimarken: König Albert II. mit Brille, Ⓔ MVTM. RaTdr. (10×5); Papier ph.; gez. K 11¾:11½.**

cmi) König Albert II. (*1934, reg. 1993–2013)

| | | | | |
|---|---|---|---|---|
| **2737** | 34 (Fr) schwarzgraublau | cmi | 1,70 | 1,70 |
| **2738** | 36 (Fr) dunkeltürkisblau | cmi | 1,80 | 1,80 |
| | Satzpreis (2 W.) | | 3,50 | 3,50 |
| | | FDC | | 4,50 |

*Weitere Werte siehe Übersicht nach Jahrgangswerttabelle.*

**1997, 8. Febr. Die Ostkantone. RaTdr. (3×5); Papier ph.; gez. K 11½.**

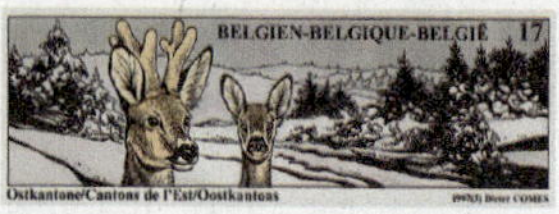

cof) Rehe, Winterlandschaft in Ostbelgien

| | | | | |
|---|---|---|---|---|
| **2739** | 17 (Fr) mehrfarbig | cof | 1,— | 0,80 |
| | | FDC | | 1,80 |

Auflage: 5.187.420 Stück

**1997, 8. Febr. Opernsängerinnen und -sänger. RaTdr. (5×5); Papier ph.; gez. K 11½.**

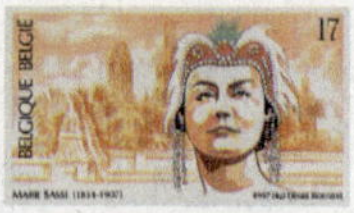

cog) Marie Sasse (1834–1907), Sopran

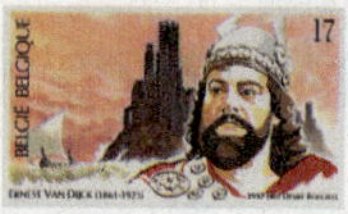

coh) Ernest Van Dijck (1861–1923), Tenor

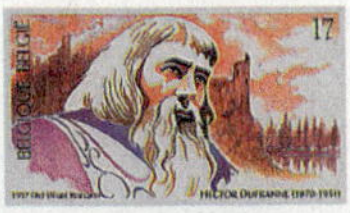

coi) Hector Dufranne (1870–1951), Bariton

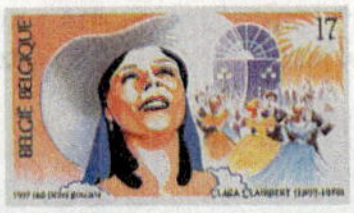

cok) Clara Clairbert (1899–1970), Sopran

| | | | | |
|---|---|---|---|---|
| **2740** | 17 (Fr) mehrfarbig | cog | 0,90 | 0,70 |
| **2741** | 17 (Fr) mehrfarbig | coh | 0,90 | 0,70 |
| **2742** | 17 (Fr) mehrfarbig | coi | 0,90 | 0,70 |
| **2743** | 17 (Fr) mehrfarbig | cok | 0,90 | 0,70 |
| | | Satzpreis (4 W.) | 3,60 | 2,80 |
| | | FDC | | 4,20 |

Auflagen: MiNr. 2740 = 5.363.875, MiNr. 2741 = 5.268.875, MiNr. 2742 = 5.236.925, MiNr. 2743 = 5.116.000 Stück

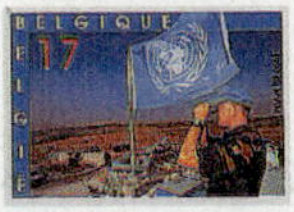

**1997, 8. März. Belgische UNO-Blauhelm-Soldaten. RaTdr. (6×5); Papier ph.; gez. K 11½.**

col) Soldat im UNO-Einsatz

| | | | | |
|---|---|---|---|---|
| **2744** | 17 (Fr) mehrfarbig | col | 1,— | 0,80 |
| | | FDC | | 1,80 |

Auflage: 5.310.390 Stück

**1997, 8. März. Europa: Sagen und Legenden. RaTdr. (6×5); Papier ph.; gez. K 11½.**

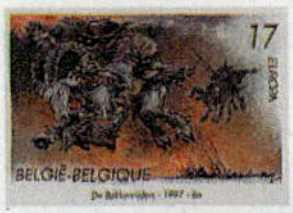

com) Die Bokkenrijders-Bande

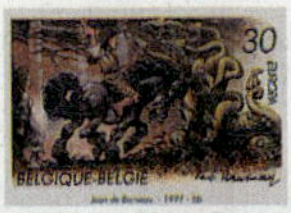

con) Jean von Berneau; wallonische Legende

| | | | | |
|---|---|---|---|---|
| **2745** | 17 (Fr) mehrfarbig | com | 1,— | 1,— |
| **2746** | 30 (Fr) mehrfarbig | con | 2,50 | 2,— |
| | | Satzpreis (2 W.) | 3,50 | 3,— |
| | | FDC | | 10,— |

Auflagen: MiNr. 2745 = 5.204.250, MiNr. 2746 = 2.009.250 Stück

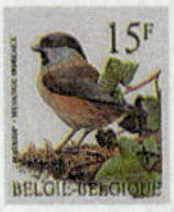

**1997, 8. März. Freimarke: Vögel. RaTdr. (10×5); Papier fl.; gez. K 11½.**

coo) Weidenmeise (Parus montanus)

| | | | | |
|---|---|---|---|---|
| **2747** | 15 Fr mehrfarbig | coo | 0,80 | 0,40 |
| | | FDC | | 1,70 |

*In ähnlicher Zeichnung, jedoch Querformat: MiNr. 2785*
*Weitere Werte siehe Übersicht nach Jahrgangswerttabelle.*

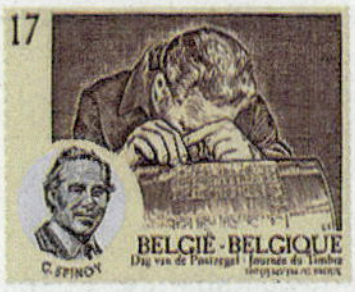

**1997, 5. April. Tag der Briefmarke. Komb. StTdr. und RaTdr. (5×8); Papier ph.; gez. K 11½.**

cop) Constant Spinoy (1924–1993), Briefmarkenstecher

| | | | | |
|---|---|---|---|---|
| **2748** | 17 (Fr) mehrfarbig | cop | 1,— | 0,80 |
| | | FDC | | 1,80 |

Auflage: 5.653.040 Stück

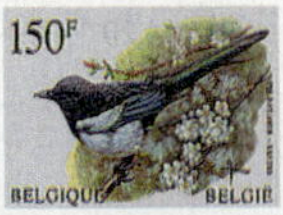

**1997, 5. April. Freimarke: Vögel. RaTdr. (6×5); Papier ph.; gez. K 11½.**

cor) Elster (Pica pica)

| | | | | |
|---|---|---|---|---|
| **2749** | 150 Fr mehrfarbig | cor | 7,50 | 7,50 |
| | | FDC | | 8,50 |

*In gleicher Zeichnung: MiNr. 3038*
*Weitere Werte siehe Übersicht nach Jahrgangswerttabelle.*

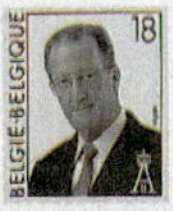

**1997, 5. April. Freimarke: König Albert II. mit Brille, Ⓔ MVTM. RaTdr. (10×5); Papier ph.; gez. K 11¾:11½.**

cmi) König Albert II. (*1934, reg. 1993–2013)

| | | | | |
|---|---|---|---|---|
| **2750** | 18 (Fr) dunkelbräunlicholiv | cmi | 1,— | 1,— |
| | | FDC | | 4,— |

*Weitere Werte siehe Übersicht nach Jahrgangswerttabelle.*

**1997, 19. April. 100. Geburtstag von Paul Delvaux. RaTdr. (5×5); MiNr. 2751 Papier fl., MiNr. 2752–2753 Papier ph.; gez. K 11¾:11½, Querformat ~.**

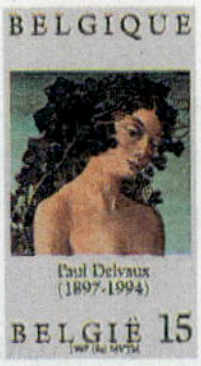

cos) Mann auf der Straße (Detail)

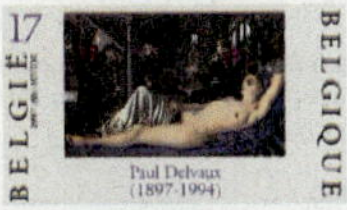

cot) Die öffentliche Meinung

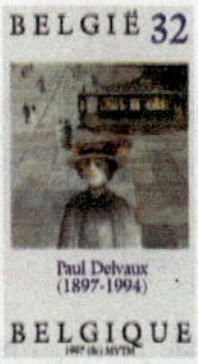

cou) Botin am Abend (Detail)

cos–cou) Gemälde von Paul Delvaux (1897–1994), Maler und Graphiker

| | | | | |
|---|---|---|---|---|
| **2751** | 15 (Fr) mehrfarbig | cos | 0,70 | 0,50 |
| **2752** | 17 (Fr) mehrfarbig | cot | 0,80 | 0,60 |
| **2753** | 32 (Fr) mehrfarbig | cou | 1,50 | 1,40 |
| | | Satzpreis (3 W.) | 3,— | 2,50 |
| | | FDC | | 4,20 |

Auflagen: MiNr. 2751 = 3.108.500, MiNr. 2752 = 5.007.500, MiNr. 2753 = 2.178.500 Stück

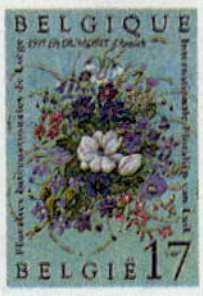

**1997, 19. April. Internationale Blumenschau, Lüttich. RaTdr. (5×6); Papier ph.; gez. K 11½.**

cov) Blumenstrauß

| | | | | |
|---|---|---|---|---|
| **2754** | 17 (Fr) mehrfarbig | cov | 1,— | 0,80 |
| | | FDC | | 1,80 |

Auflage: 5.312.280 Stück

**1997, 3. Mai. Sport: Europäische Judo-Meisterschaften, Ostende. RaTdr. (5×6); Papier ph.; gez. K 11½.**

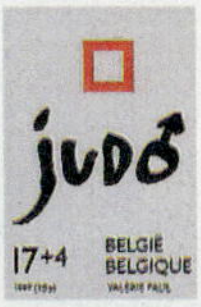

cow) Männerjudo

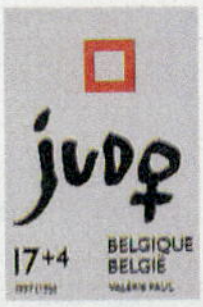

cox) Frauenjudo

**2755** 17 (Fr) + 4 (Fr) rot/schwarz .......... cow 1,20 1,—
**2756** 17 (Fr) + 4 (Fr) rot/schwarz .......... cox 1,20 1,—
Satzpreis (2 W.) 2,40 2,—
FDC 3,—

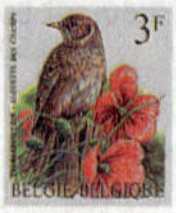

**1997, 3. Mai. Freimarke: Vögel. RaTdr. (10×5); Papier fl.; gez. K 11½.**

coy) Feldlerche (Alauda arvensis)

**2757** 3 Fr mehrfarbig .................... coy 0,60 0,30
FDC 4,50

*Weitere Werte siehe Übersicht nach Jahrgangswerttabelle.*

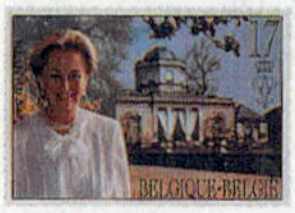

**1997, 23. Mai. 60. Geburtstag von Königin Paola. RaTdr. (6×5); Papier ph.; gez. K 11½.**

coz) Königin Paola (*1937); Belvédère, Brüssel

**2758** 17 (Fr) mehrfarbig .................. coz 1,20 0,80
FDC 1,80

Auflage: 5.459.250 Stück

*Parallelausgabe mit Italien MiNr. 2504*

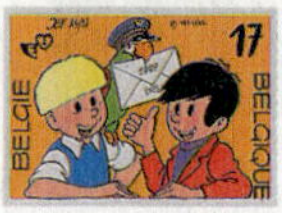

**1997, 23. Mai. Jugendphilatelie. RaTdr. (6×5); Papier ph.; gez. K 11½.**

cpa) Peter mit seinem Freund Alexander und dem Papagei; Comicfiguren von Jef Nys (1927–2009), Zeichner

**2759** 17 (Fr) mehrfarbig .................. cpa 1,20 0,80
FDC 1,80

Auflage: 5.117.250 Stück

**1997, 5. Juli. Weltkongress der Rosenzuchtvereine, Benelux-Länder. RaTdr. (5×6); Papier ph.; gez. K 11½.**

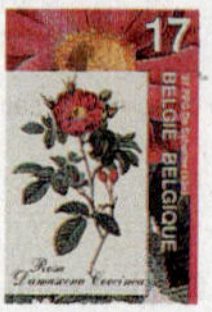
cpb) Rosa damascena coccinea

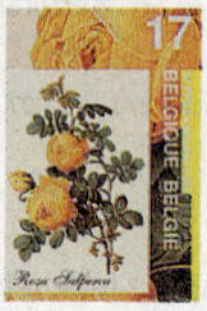
cpc) Rosa sulfurea

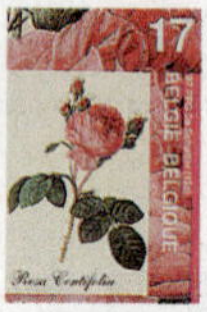
cpd) Rosa centifolia

cpb–cpd) Rosenbilder von Pierre-Joseph Redouté (1759–1840), französischer Blumenzeichner

**2760** 17 (Fr) mehrfarbig .................. cpb 1,— 0,80
**2761** 17 (Fr) mehrfarbig .................. cpc 1,— 0,80
**2762** 17 (Fr) mehrfarbig .................. cpd 1,— 0,80
Satzpreis (3 W.) 3,— 2,40
FDC 3,50

Auflagen: MiNr. 2760 = 5.060.250, MiNr. 2761 = 5.219.250, MiNr. 2762 = 5.039.250 Stück

**1997, 5. Juli. Tourismus. Komb. StTdr. und RaTdr. (5×6, Querformat ~); Papier ph.; gez. K 11½.**

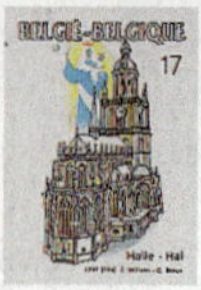
cpe) Martinusbasilika, Halle

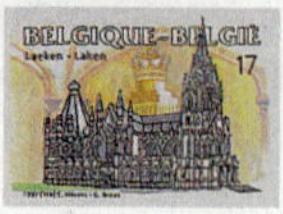
cpf) Marienkirche, Laeken

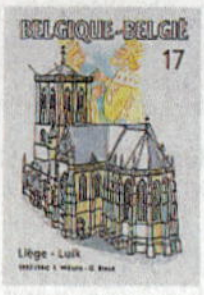
cpg) Martinusbasilika, Lüttich

**2763** 17 (Fr) mehrfarbig .................. cpe 1,— 0,80
**2764** 17 (Fr) mehrfarbig .................. cpf 1,— 0,80
**2765** 17 (Fr) mehrfarbig .................. cpg 1,— 0,80
Satzpreis (3 W.) 3,— 2,40
FDC 3,50

Auflagen: MiNr. 2763 = 2.597.250, MiNr. 2764 = 2.201.340, MiNr. 2765 = 2.390.250 Stück

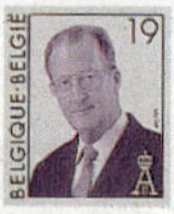

**1997, 5. Juli. Freimarke: König Albert II. mit Brille, Ⓔ MVTM. RaTdr. (10×5); Papier ph.; gez. K 11¾:11½.**

cmi) König Albert II. (*1934, reg. 1993–2013)

**2766** 19 (Fr) dunkelgrauviolett ............ cmi 1,— 0,70
FDC 4,50

*Weitere Werte siehe Übersicht nach Jahrgangswerttabelle.*

**1997, 30. Aug. 100 Jahre Internationaler Bienenzüchterverband (APIMONDIA). RaTdr., Markenheftchen (1×6); Papier ph.; gez. K 11¾.**

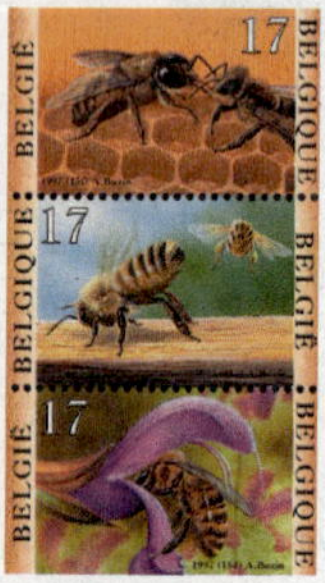

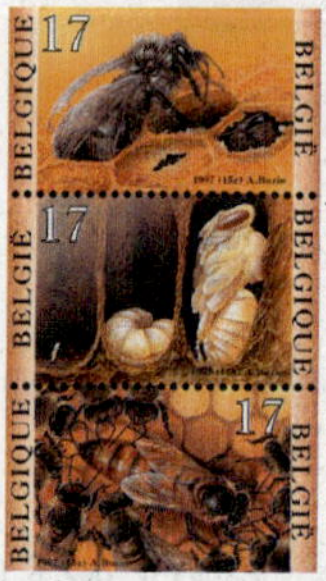

cph) Arbeiterin füttert Drohne
cpi) Fächelnde und landende Biene
cpk) Biene saugt Nektar
cpl) Biene schlüpft aus Wabe
cpm) Ei, Larve, Puppe
cpn) Königin mit ihrem Hof
cph–cpn) Honigbiene (Apis mellifica)

**2767** 17 (Fr) mehrfarbig .................. cph 1,— 0,80
**2768** 17 (Fr) mehrfarbig .................. cpi 1,— 0,80
**2769** 17 (Fr) mehrfarbig .................. cpk 1,— 0,80
**2770** 17 (Fr) mehrfarbig .................. cpl 1,— 0,80
**2771** 17 (Fr) mehrfarbig .................. cpm 1,— 0,80
**2772** 17 (Fr) mehrfarbig .................. cpn 1,— 0,80
Satzpreis (6 W.) 6,— 4,80
FDC (1 H-Bl.) 6,—

MiNr. 2767–2772 stammen aus MH 39.

Auflage: 1.052.850 Sätze

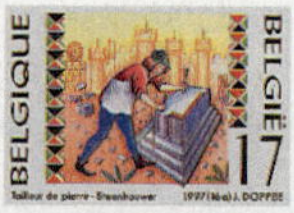

**1997, 30. Aug. Handwerksberufe. RaTdr. (6×5); Papier ph.; gez. K 11½.**

cpo) Steinmetz

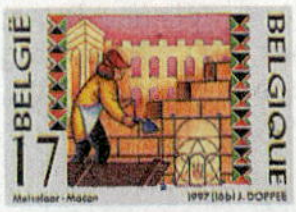

cpp) Maurer

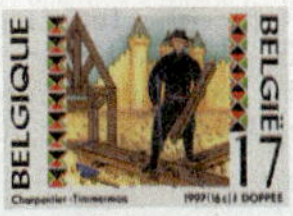

cpr) Zimmermann

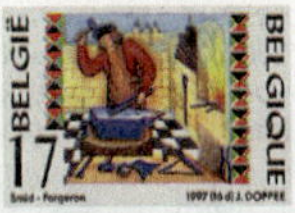

cps) Schmied

| | | | | |
|---|---|---|---|---|
| **2773** | 17 (Fr) mehrfarbig | cpo | 1,— | 0,80 |
| **2774** | 17 (Fr) mehrfarbig | cpp | 1,— | 0,80 |
| **2775** | 17 (Fr) mehrfarbig | cpr | 1,— | 0,80 |
| **2776** | 17 (Fr) mehrfarbig | cps | 1,— | 0,80 |
| | | Satzpreis (4 W.) | 4,— | 3,20 |
| | | FDC | | 4,20 |

Auflagen: MiNr. 2773 = 5.402.250, MiNr. 2774 = 5.126.250, MiNr. 2775 = 5.507.250, MiNr. 2776 = 5.399.250 Stück

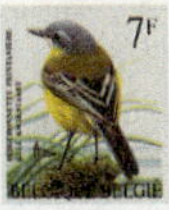

**1997, 30. Aug. Freimarke: Vögel. RaTdr. (10×5); Papier fl.; gez. K 11½.**

cpt) Schafstelze (Motacilla flava)

| | | | | |
|---|---|---|---|---|
| **2777** | 7 Fr mehrfarbig | cpt | 0,60 | 0,30 |
| | | FDC | | 4,50 |

*Weitere Werte siehe Übersicht nach Jahrgangswerttabelle.*

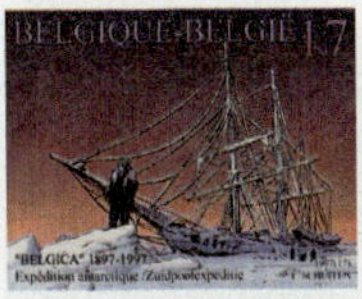

**1997, 20. Sept. 100. Jahrestag des Beginns der Südpolexpedition „Belgica". RaTdr. (5×8); Papier ph.; gez. K 11½.**

cpu) Adrien Baron de Gerlache (1866–1934), Polarforscher; Segelschiff „Belgica", 12 Monate im Packeis der Antarktis festsitzend (1898–1899)

| | | | | |
|---|---|---|---|---|
| **2778** | 17 (Fr) mehrfarbig | cpu | 1,— | 0,80 |
| | | FDC | | 1,80 |

Auflage: 5.018.240 Stück

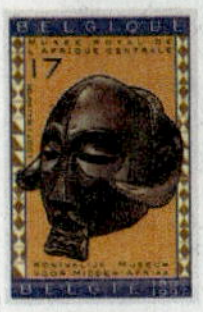

**1997, 20. Sept. 100 Jahre Königliches Museum für Zentralafrika, Tervuren. RaTdr.; MiNr. 2779 und 2781 (5×6), MiNr. 2780 (3×5); Papier ph.; gez. K 11½.**

cpv) Hornmaske der Luba, Shabe (Südostkongo) (Ende 19. Jh.)

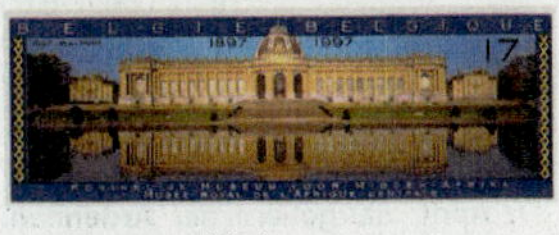

cpw) Museumsgebäude

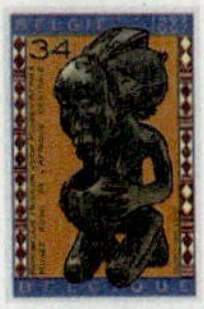

cpx) Frau mit Schale, Holzfigur, Ostluba (1900)

| | | | | |
|---|---|---|---|---|
| **2779** | 17 (Fr) mehrfarbig | cpv | 1,— | 0,80 |
| **2780** | 17 (Fr) mehrfarbig | cpw | 1,— | 0,80 |
| **2781** | 34 (Fr) mehrfarbig | cpx | 2,— | 1,80 |
| | | Satzpreis (3 W.) | 4,— | 3,40 |
| | | FDC | | 4,20 |

Auflagen: MiNr. 2779 = 5.309.250, MiNr. 2780 = 5.108.250, MiNr. 2781 = 2.030.250 Stück

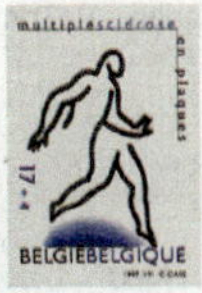

**1997, 25. Okt. Solidarität: Kampf gegen Multiple Sklerose. RaTdr. (5×6); Papier ph.; gez. K 11½.**

cpy) Mensch in Bewegung

| | | | | |
|---|---|---|---|---|
| **2782** | 17 (Fr) + 4 (Fr) mehrfarbig | cpy | 1,20 | 1,— |
| | | FDC | | 2,— |

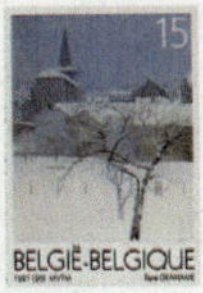

**1997, 25. Okt. Weihnachten und Neujahr. RaTdr. (5×6); Papier fl.; gez. K 11½.**

cpz) Schneelandschaft mit Kirche; Gemälde von Pierre Grahame (1938–1996)

| | | | | |
|---|---|---|---|---|
| **2783** | 15 (Fr) mehrfarbig | cpz | 0,80 | 0,60 |
| | | FDC | | 1,80 |

Auflage: 12.659.250 Stück

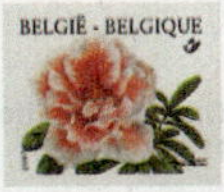

**1997, 1. Dez. Freimarke: Blumen. RaTdr., Markenheftchen (2×5); Papier ph.; selbstklebend; D = dreiseitig, E = zweiseitig gestanzt 14.**

cra) Rhododendron simsii

| | | | | |
|---|---|---|---|---|
| **2784** | — mehrfarbig | cra | | |
| **Dl** | dreiseitig gestanzt (⊏⊐) | | 2,— | 0,80 |
| **Dr** | dreiseitig gestanzt (⊏⊐) | | 2,— | 0,80 |
| **El** | zweiseitig gestanzt (⊏⊐) | | 2,— | 0,80 |
| **Er** | zweiseitig gestanzt (⊏⊐) | | 2,— | 0,80 |
| | | FDC | | 1,60 |
| | | Markenheftchen | 20,— | 8,— |

MiNr. 2784 gilt für Standard-Inlandsbriefe (Nominale zur Zeit der Ausgabe: 17 Fr).

MiNr. 2784 wurde im Markenheftchen mit je 4 × MiNr. 2784 Dl und Dr und je 1 × MiNr. 2784 El und Er gedruckt.

*Weitere Werte: MiNr. 2902, 2906, 2958, 2987, 3095-3096, 3191, 3223, 3272, 3276, 3283, 3367, 3454, 3480, 3596, 3600, 3732, 3768–3769, 3832-3833, 3918*

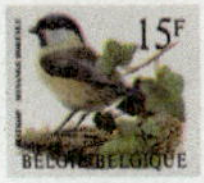

**1997, 1. Dez. Freimarke: Vögel. RaTdr., Rollen (1000 und 10 000); Papier fl.; gez. K 11½.**

crb) Weidenmeise (Parus montanus)

| | | | | |
|---|---|---|---|---|
| **2785** | 15 Fr mehrfarbig | crb | 1,— | 0,80 |
| | | FDC | | 4,50 |

Jede fünfte Marke weist rückseitig eine Zählnummer auf.

*In ähnlicher Zeichnung, jedoch Hochformat: MiNr. 2747*
*Weitere Werte siehe Übersicht nach Jahrgangswerttabelle.*

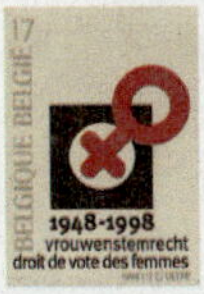

**1998, 17. Jan. 50 Jahre Frauenwahlrecht in Belgien. RaTdr. (6× 5); Papier fl.; gez. K 11½.**

crc) Frauensymbol als Stimmkreuz

| | | | | |
|---|---|---|---|---|
| **2786** | 17 (Fr) mehrfarbig | crc | 1,— | 0,80 |
| | | FDC | | 1,80 |

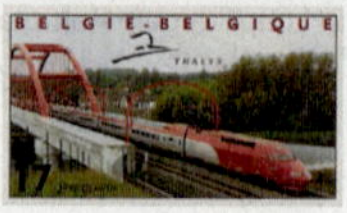


**1998, 17. Jan. Eisenbahnen. RaTdr. (5×5); Papier fl.; gez. K 11½.**

crd) Hochgeschwindigkeitszug Thalys PBKA (1997)

| | | | | |
|---|---|---|---|---|
| **2787** | 17 (Fr) mehrfarbig | crd | 0,80 | 0,80 |
| | | FDC | | 1,80 |

**1998, 14. Febr. Literatur: 100. Geburtstag von Gerard Walschap und Norge. RaTdr. (5×6); Papier ph.; gez. K 11½.**

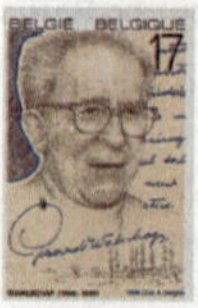


cre) Gerard Walschap (1898–1989), Schriftsteller

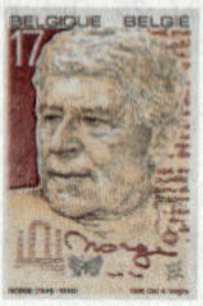


crf) Norge, eigentlich Georges Mogin (1898–1990), Dichter

| | | | | |
|---|---|---|---|---|
| **2788** | 17 (Fr) mehrfarbig | cre | 0,90 | 0,80 |
| **2789** | 17 (Fr) mehrfarbig | crf | 0,90 | 0,80 |
| | | Satzpreis (2 W.) | 1,80 | 1,60 |
| | | FDC | | 2,60 |

**1998, 14. Febr. Förderung der Philatelie: Das belgische Königshaus (I). StTdr. (8×5); Papier ph.; gez. K 11½.**

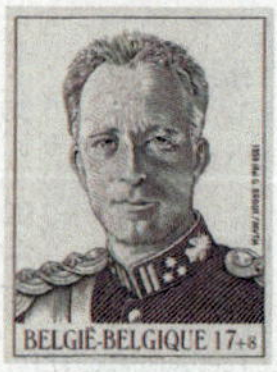


crg) König Leopold III. (1901–1983, reg. 1934–1951)

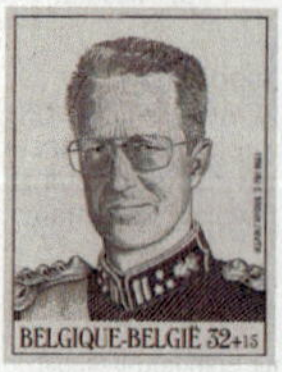


crh) König Baudouin I. (1930–1993, reg. ab 1951)

| | | | | |
|---|---|---|---|---|
| **2790** | 17 (Fr) + 8 (Fr) schwarzgrün | crg | 1,50 | 1,10 |
| **2791** | 32 (Fr) + 15 (Fr) dunkelbräunlicholiv | crh | 2,70 | 2,40 |
| | | Satzpreis (2 W.) | 4,20 | 3,50 |
| | | FDC | | 4,50 |

**Blockausgabe; StTdr., Blockrand RaTdr.**

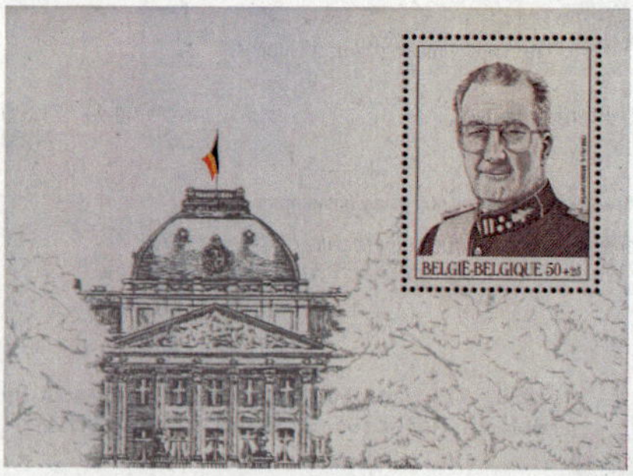


crk

cri) König Albert II. (*1934, reg. 1993–2013)

| | | | | |
|---|---|---|---|---|
| **2792** | 50 (Fr) + 25 (Fr) dunkelviolettbraun | cri | 5,— | 5,— |
| **Block 69** | (125×90 mm) | crk | 6,— | 6,— |
| | | FDC | | 10,— |

*In ähnlichen Zeichnungen: MiNr. 2885, 2887, 2889*

**1998, 7. März. Kunst (I): 100. Todestag von Félicien Rops; 200 Jahre Museum für bildende Kunst, Gent, 100. Geburtstag von Felix De Boeck; 50 Jahre Künstlergruppe „Cobra“. RaTdr., Markenheftchen (4×1); Papier ph.; gez. K 11¾.**

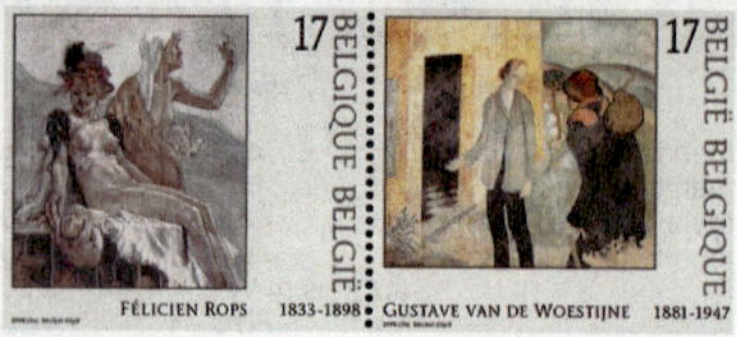


crl) Der Liebesmarkt (Detail); Gemälde von Félicien Rops (1833–1898)
crm) Gastfreundlichkeit für Fremde; Fresko von Gustave Van de Woestijne (1881–1947)

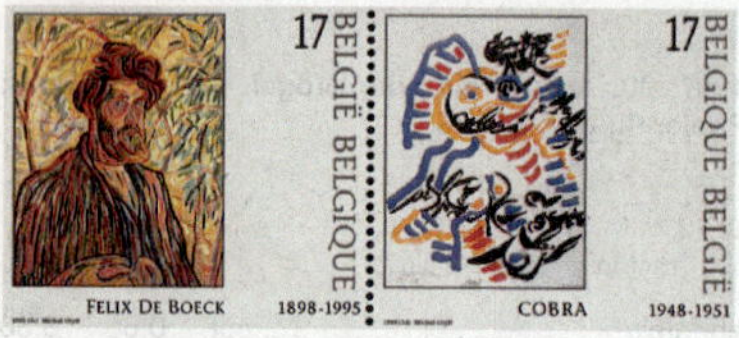


crn) Mann mit Bart; Selbstporträt von Felix De Boeck (1898–1995)
cro) Ecriture noire mêlée de couleurs...; Gemälde von Karel Appel (1921–2006) und Christian Dotremont (1922–1979)

| | | | | |
|---|---|---|---|---|
| **2793** | 17 (Fr) mehrfarbig | crl | 1,— | 0,80 |
| **2794** | 17 (Fr) mehrfarbig | crm | 1,— | 0,80 |
| **2795** | 17 (Fr) mehrfarbig | crn | 1,— | 0,80 |
| **2796** | 17 (Fr) mehrfarbig | cro | 1,— | 0,80 |
| | | Satzpreis (4 W.) | 4,— | 3,20 |
| | | FDC (1 H-Bl.) | | 4,20 |

MiNr. 2793–2796 stammen aus MH 40.

**1998, 7. März. Kunst (II): 100. Geburtstag von René Magritte (I). RaTdr. (5×6, Querformat 6×5); Papier ph.; gez. K 11¾:11½, Querformat ∼.**

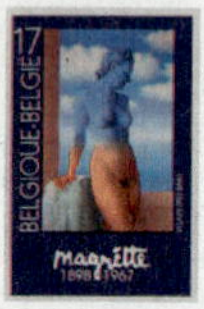


crp) La Magie noire

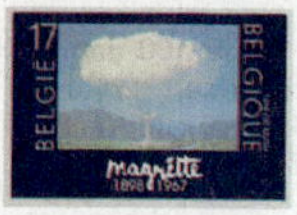


crr) La Corde sensible

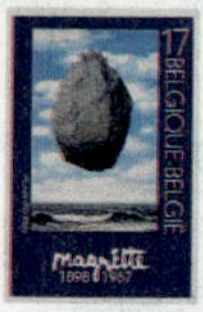


crs) Le Château des Pyrénées

crp–crs) Gemälde von René Magritte (1898–1967)

| | | | | |
|---|---|---|---|---|
| **2797** | 17 (Fr) mehrfarbig | crp | 0,80 | 0,80 |
| **2798** | 17 (Fr) mehrfarbig | crr | 0,80 | 0,80 |
| **2799** | 17 (Fr) mehrfarbig | crs | 0,80 | 0,80 |
| | | Satzpreis (3 W.) | 2,40 | 2,40 |
| | | FDC | | 3,50 |

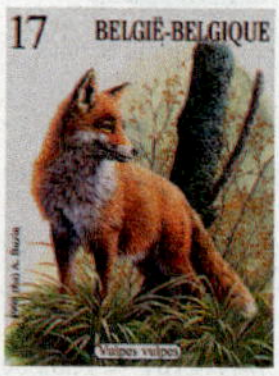


**1998, 17. April. Säugetiere der Ardennen. RaTdr. (8×5); Papier ph.; gez. K 11½.**

crt) Fuchs (Vulpes vulpes)

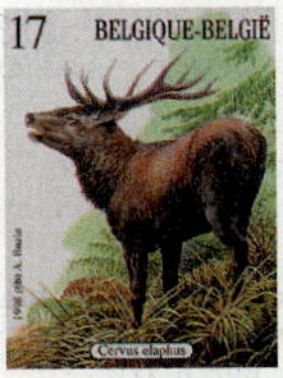


cru) Rothirsch (Cervus elaphus)

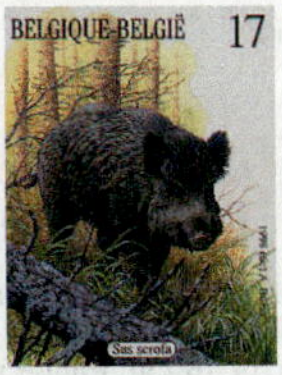


crv) Wildschwein (Sus scrofa)

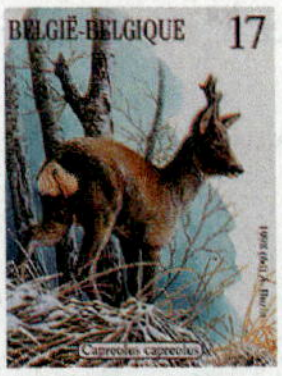


crw) Reh (Capreolus capreolus)

| | | | | | |
|---|---|---|---|---|---|
| **2800** | 17 (Fr) mehrfarbig | crt | 0,90 | 0,80 |
| **2801** | 17 (Fr) mehrfarbig | cru | 0,90 | 0,80 |
| **2802** | 17 (Fr) mehrfarbig | crv | 0,90 | 0,80 |
| **2803** | 17 (Fr) mehrfarbig | crw | 0,90 | 0,80 |
| | | Satzpreis (4 W.) | 3,60 | 3,20 |
| | | FDC | | 4,20 |

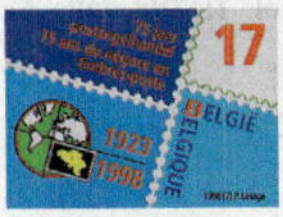


**1998, 17. April. 75 Jahre Berufskammer belgischer Briefmarkenhändler. RaTdr. (6×5); Papier ph.; gez. K 11½.**

crx) Briefmarken, Weltkugel, Briefmarke mit Landkarte Belgiens

| | | | | |
|---|---|---|---|---|
| **2804** | 17 (Fr) mehrfarbig | crx | 1,— | 0,80 |
| | | FDC | | 1,80 |

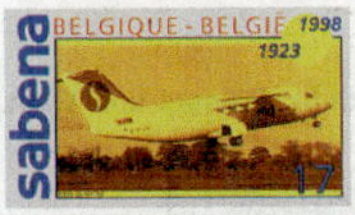


**1998, 17. April. 75 Jahre Fluggesellschaft Sabena. RaTdr. (5×5); Papier ph.; gez. K 11½.**

cry) Passagierflugzeug Avro RJ85

| | | | | |
|---|---|---|---|---|
| **2805** | 17 (Fr) mehrfarbig | cry | 0,80 | 0,80 |
| | | FDC | | 1,80 |

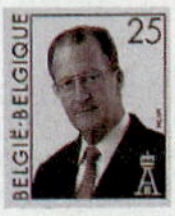


**1998, 17. April. Freimarke: König Albert II. mit Brille, ◻ MVTM. RaTdr. (10×5); Papier ph.; gez. K 11¾:11½.**

cmi) König Albert II. (*1934, reg. 1993–2013)

| | | | | |
|---|---|---|---|---|
| **2806** | 25 (Fr) braun | cmi | 1,20 | 1,20 |
| | | FDC | | 4,50 |

*Weitere Werte siehe Übersicht nach Jahrgangswerttabelle.*

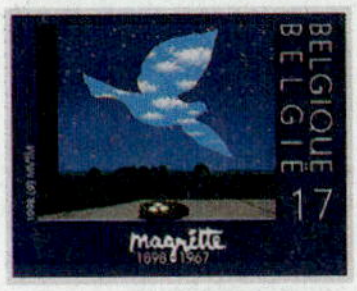


**1998, 18. April. 100. Geburtstag von René Magritte (II). RaTdr. (5×8); Papier ph.; gez. K 11½.**

crz) Le Retour; Gemälde von René Magritte (1898–1967)

| | | | | |
|---|---|---|---|---|
| **2807** | 17 (Fr) mehrfarbig | crz | 1,— | 0,80 |
| | | FDC | | 1,80 |

*Parallelausgabe mit Frankreich MiNr. 3284*

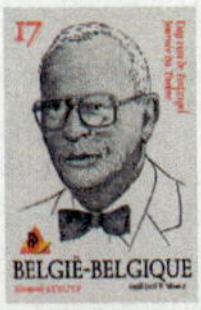


**1998, 2. Mai. Tag der Briefmarke. Komb. StTdr. und RaTdr. (5×6); Papier ph.; gez. K 11½.**

csa) Edmond Struyf (1912–1996), Leiter der Belgischen Post und Gründer der Gesellschaft zur Förderung der Philatelie „Pro-Post"

| | | | | |
|---|---|---|---|---|
| **2808** | 17 (Fr) mehrfarbig | csa | 1,— | 0,80 |
| | | FDC | | 1,80 |

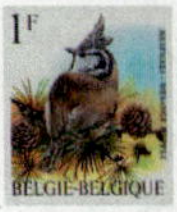


**1998, 2. Mai. Freimarke: Vögel. RaTdr. (10×5); Papier fl.; gez. K 11½.**

csb) Haubenmeise (Lophophanes cristatus)

| | | | | |
|---|---|---|---|---|
| **2809** | 1 Fr mehrfarbig | csb | 0,60 | 0,30 |
| | | FDC | | 1,— |

*Weitere Werte siehe Übersicht nach Jahrgangswerttabelle.*

**1998, 2. Mai. Europa: Nationale Feste und Feiertage. RaTdr. (6×5); Papier ph.; gez. K 11½.**

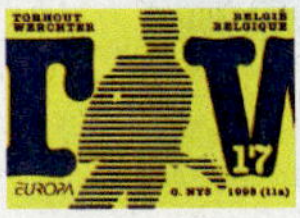


csc) Popfestivals in Torhout und Werchter

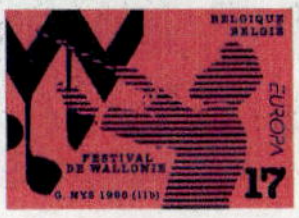


csd) Wallonisches Musikfestival

| | | | | |
|---|---|---|---|---|
| **2810** | 17 (Fr) mehrfarbig | csc | 1,30 | 1,— |
| **2811** | 17 (Fr) mehrfarbig | csd | 1,30 | 1,— |
| | | Satzpreis (2 W.) | 2,60 | 2,— |
| | | FDC | | 3,— |

**1998, 6. Juni. Sport. RaTdr. (8×5); Papier ph.; gez. K 11½.**

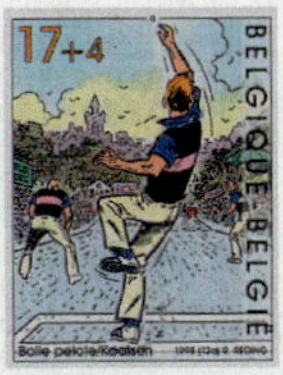


cse) Balle-Pelote-Spieler beim Aufschlag

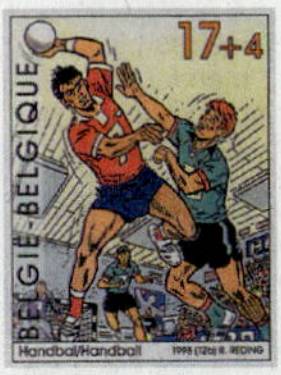


csf) Handball-Spieler beim Sprungwurf

| | | | | |
|---|---|---|---|---|
| **2812** | 17 (Fr) + 4 (Fr) mehrfarbig | cse | 1,20 | 1,— |
| **2813** | 17 (Fr) + 4 (Fr) mehrfarbig | csf | 1,20 | 1,— |
| | | Satzpreis (2 W.) | 2,40 | 2,— |
| | | FDC | | 3,— |

**Blockausgabe**

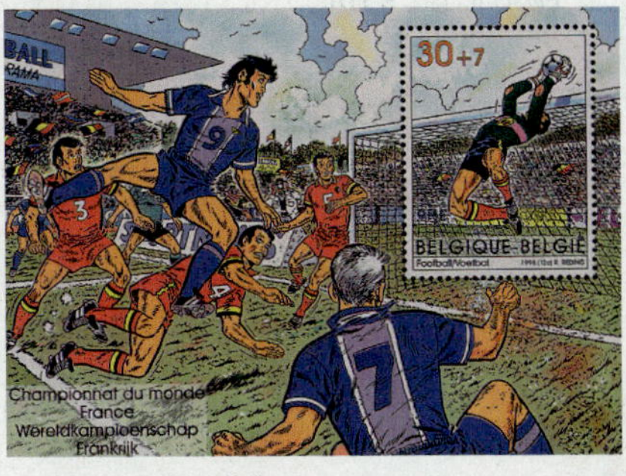


csh

csg) Fußballtorwart fängt Ball

| | | | | |
|---|---|---|---|---|
| **2814** | 30 (Fr) + 7 (Fr) mehrfarbig | csg | 2,— | 2,— |
| **Block 70** | (124×88 mm) | csh | 2,50 | 2,50 |
| | | FDC | | 3,— |

**1998, 4. Juli. Europäische Denkmaltage. RaTdr. (4×3); Papier ph.; gez. K 11½.**

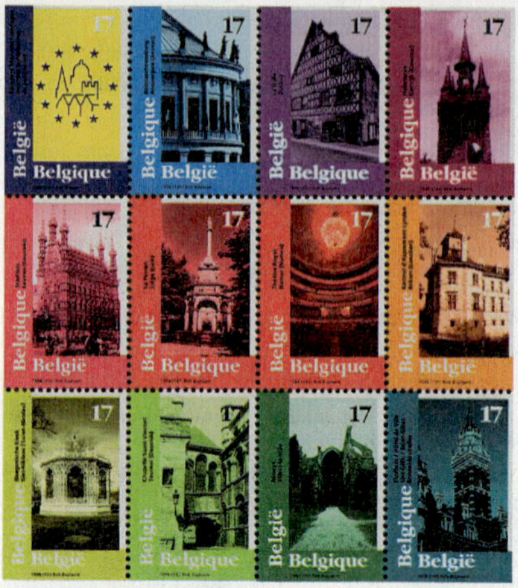

csi) Emblem der Denkmaltage
csk) Bourla-Theater, Antwerpen
csl) „La Halle", Durbuy
csm) „Halletoren", Kortrijk

csn) Rathaus, Löwen
cso) „Le Perron", Lüttich
csp) Königliches Theater, Namur
csr) Schloss Aspremont-Lynden, Rekem

css) Pavillon, Sint-Niklaas
cst) St.-Vincent-Kapelle, Tournai
csu) Abtei, Villers-la-Ville
csv) Rathaus, Saint-Gilles

| | | | | |
|---|---|---|---|---|
| **2815** | 17 (Fr) mehrfarbig | csi | 0,80 | 0,50 |
| **2816** | 17 (Fr) mehrfarbig | csk | 0,80 | 0,50 |
| **2817** | 17 (Fr) mehrfarbig | csl | 0,80 | 0,50 |
| **2818** | 17 (Fr) mehrfarbig | csm | 0,80 | 0,50 |
| **2819** | 17 (Fr) mehrfarbig | csn | 0,80 | 0,50 |
| **2820** | 17 (Fr) mehrfarbig | cso | 0,80 | 0,50 |
| **2821** | 17 (Fr) mehrfarbig | csp | 0,80 | 0,50 |
| **2822** | 17 (Fr) mehrfarbig | csr | 0,80 | 0,50 |
| **2823** | 17 (Fr) mehrfarbig | css | 0,80 | 0,50 |
| **2824** | 17 (Fr) mehrfarbig | cst | 0,80 | 0,50 |
| **2825** | 17 (Fr) mehrfarbig | csu | 0,80 | 0,50 |
| **2826** | 17 (Fr) mehrfarbig | csv | 0,80 | 0,50 |
| | | Satzpreis (12 W.) | 9,50 | 6,— |
| | | ZD-Bogen | 12,— | 12,— |
| | | FDC | | 13,— |

Auflage: 1.997.201 Sätze

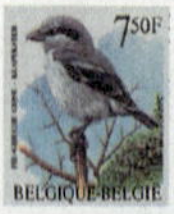

**1998, 4. Juli. Freimarke: Vögel. RaTdr. (10×5); Papier fl.; gez. K 11½.**

csw) Raubwürger (Lanius excubitor)

| | | | | |
|---|---|---|---|---|
| **2827** | 7.50 Fr mehrfarbig | csw | 0,60 | 0,30 |
| | | FDC | | 4,50 |

*In gleicher Zeichnung: MiNr. 3036*
*Weitere Werte siehe Übersicht nach Jahrgangswerttabelle.*

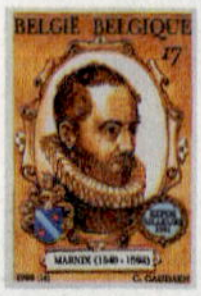

**1998, 8. Aug. 400. Todestag von Philips van Marnix. RaTdr. (5×6); Papier ph.; gez. K 11½.**

csx) Philips van Marnix, Heer van Sint Aldegonde (1540–1598), Staatsmann und Schriftsteller

| | | | | |
|---|---|---|---|---|
| **2828** | 17 (Fr) mehrfarbig | csx | 1,— | 0,80 |
| | | FDC | | 1,80 |

Auflage: 5.736.780 Stück

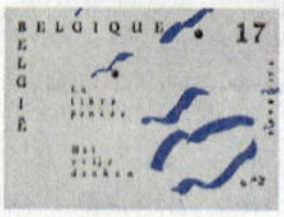

**1998, 8. Aug. Freidenkertum: 200 Jahre belgische Loge „Les Amis Philanthropes". RaTdr. (6×5); Papier ph.; gez. K 11½.**

csy) Fliegende Vögel bilden Gesicht

| | | | | |
|---|---|---|---|---|
| **2829** | 17 (Fr) schwarz/kobalt | csy | 1,— | 0,80 |
| | | FDC | | 1,80 |

Auflage: 5.249.310 Stück

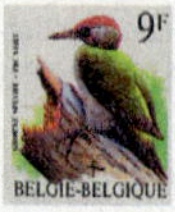

**1998, 8. Aug. Freimarke: Vögel. RaTdr. (10×5); Papier fl.; gez. K 11½.**

csz) Grünspecht (Picus viridis)

| | | | | |
|---|---|---|---|---|
| **2830** | 9 Fr mehrfarbig | csz | 0,60 | 0,40 |
| | | FDC | | 4,50 |

*Weitere Werte siehe Übersicht nach Jahrgangswerttabelle.*

**1998, 26. Sept. Internationales Filmfestival, Brüssel und Gent. RaTdr. (6×5); Papier ph.; gez. K 11½.**

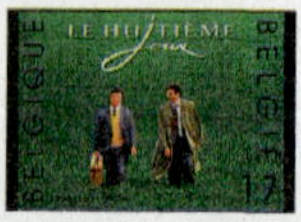

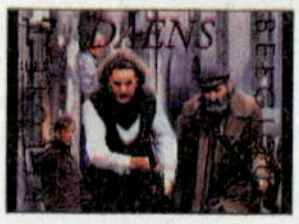

cta) Szene aus „Le Huitième Jour" von Jaco Van Dormael

ctb) Szene aus „Daens" von Stijn Coninx

| | | | | |
|---|---|---|---|---|
| **2831** | 17 (Fr) mehrfarbig | cta | 0,90 | 0,80 |
| **2832** | 17 (Fr) mehrfarbig | ctb | 0,90 | 0,80 |
| | | Satzpreis (2 W.) | 1,80 | 1,60 |
| | | FDC | | 2,60 |

Auflagen: MiNr. 2831 = 5.130.000, MiNr. 2832 = 5.505.000 Stück

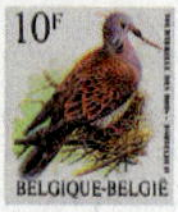

**1998, 26. Sept. Freimarke: Vögel. RaTdr. (10×5); Papier fl.; gez. K 11½.**

ctc) Turteltaube (Streptopelia turtur)

| | | | | |
|---|---|---|---|---|
| **2833** | 10 Fr mehrfarbig | ctc | 0,60 | 0,50 |
| | | FDC | | 4,50 |

*Weitere Werte siehe Übersicht nach Jahrgangswerttabelle.*

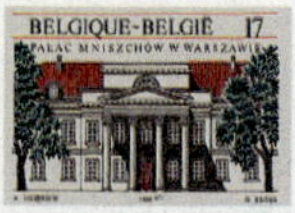

**1998, 26. Sept. Mniszech-Palast, Warschau. Komb. StTdr. und RaTdr. (6×5); Papier ph.; gez. K 11½.**

ctd) Fassade des Mniszech-Palastes

| | | | | |
|---|---|---|---|---|
| **2834** | 17 (Fr) mehrfarbig | ctd | 1,— | 0,80 |
| | | FDC | | 1,80 |

Auflage: 3.007.950 Stück

*Parallelausgabe mit Polen MiNr. 3729*

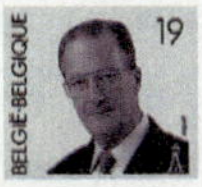


**1998, 26. Sept. Freimarke: König Albert II., Querformat, ⊡ MVTM. RaTdr., Rollen (1000, 5000 und 10 000); Papier ph.; gez. K 11½.**

cte) König Albert II. (*1934, reg. 1993–2013)

**2835** 19 (Fr) dunkelgrauviolett . . . . . . . . . . . . cte 1,30 0,90
FDC 4,—

Jede fünfte Marke weist rückseitig eine Zählnummer auf.

*Weitere Werte siehe Übersicht nach Jahrgangswerttabelle.*

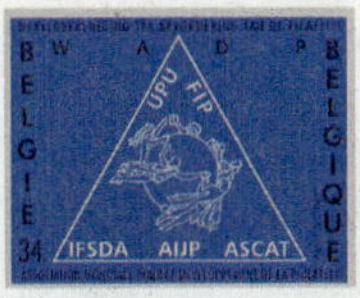


**1998, 17. Okt. Weltposttag. RaTdr. (5× 8); Papier ph.; gez. K 11½.**

ctf) Emblem des Weltpostvereins, Abkürzungen internationaler philatelistischer Organisationen

**2836** 34 (Fr) ultramarin/schwarz . . . . . . . . . . . . ctf 2,20 1,—
FDC 4,—

Auflage: 2.214.000 Stück

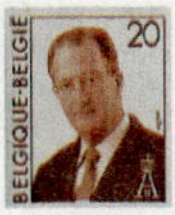


**1998, 17. Okt. Freimarke: König Albert II. mit Brille, ⊡ MVTM. RaTdr. (10×5); Papier ph.; gez. K 11¾:11½.**

cmi) König Albert II. (*1934, reg. 1993–2013)

**2837** 20 (Fr) orangebraun . . . . . . . . . . . . . . . . cmi 1,20 0,30
FDC 2,—

*Weitere Werte siehe Übersicht nach Jahrgangswerttabelle.*

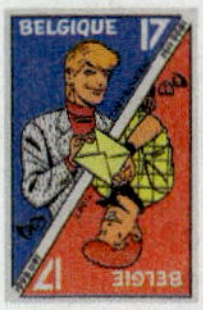


**1998, 17. Okt. Jugendphilatelie. RaTdr. (5×6); Papier ph.; gez. K 11½.**

ctg) Chick Bill und Rick Master; von Tibet, eigentlich Gilbert Gascard (1931–2001), Comiczeichner und -autor

**2838** 17 (Fr) mehrfarbig . . . . . . . . . . . . . . . . . . . ctg 1,— 0,80
FDC 1,80

Auflage: 5.208.000 Stück

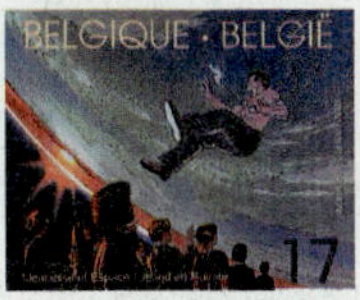


**1998, 17. Okt. Weltkongress der Vereinigung der Weltraumforscher (ASE). RaTdr. (5×8); Papier ph.; gez. K 11½.**

cth) Vorführung „Jugend und Weltraum"

**2839** 17 (Fr) mehrfarbig . . . . . . . . . . . . . . . . . . . cth 1,— 0,80
FDC 1,80

Auflage: 5.354.000 Stück

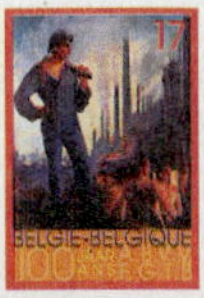


**1998, 7. Nov. 100 Jahre Allgemeiner Belgischer Arbeiterverband (ABVV/FGTB). RaTdr. (5×6); Papier ph.; gez. K 11½.**

cti) Arbeiter; Mittelteil des Triptychons von Constant Dratz (1875–1930)

**2840** 17 (Fr) mehrfarbig . . . . . . . . . . . . . . . . . . . cti 1,— 0,50
FDC 1,80

Auflage: 5.264.730 Stück

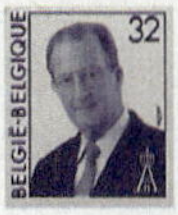


**1998, 7. Nov. Freimarke: König Albert II. mit Brille, ⊡ MVTM. RaTdr. (10×5); Papier ph.; gez. K 11¾:11½.**

cmi) König Albert II. (*1934, reg. 1993–2013)

**2841** 32 (Fr) schwärzlichblauviolett . . . . . . . . . cmi 1,70 0,50
FDC 4,50

*Weitere Werte siehe Übersicht nach Jahrgangswerttabelle.*

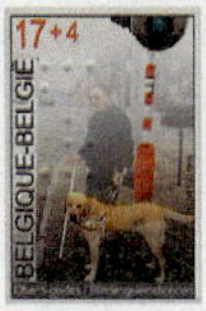


**1998, 7. Nov. Solidarität: Blindenhilfe. Komb. RaTdr. und Pdr. (5×6); Papier ph.; gez. K 11½.**

ctk) Blinder mit Blindenhund an einer Straßenkreuzung

**2842** 17 (Fr) + 4 (Fr) mehrfarbig . . . . . . . . . . . ctk 1,— 1,—
FDC 2,—

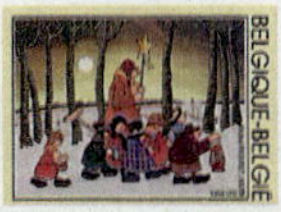


**1998, 7. Nov. Weihnachten und Neujahr. RaTdr. (6×5); Papier ph.; gez. K 11½.**

ctl) Sternsinger; Gemälde von Michel Provost (*1946)

**2843** — mehrfarbig . . . . . . . . . . . . . . . . . . . . . . . ctl 2,— 0,50
FDC 1,80

MiNr. 2843 gilt für Standard-Inlandsbriefe (Nominale zur Zeit der Ausgabe: 17 Fr).

Auflage: 12.324.870 Stück

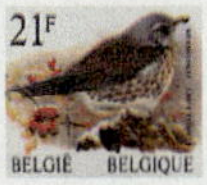


**1998, 14. Dez./1999, 1. Juli. Freimarke: Vögel. RaTdr., Bogen (5×10) und Rollen (5000 und 10 000); Papier ph.; gez. K 11½.**

ctm) Wacholderdrossel (Turdus pilaris)

**2844** 21 Fr mehrfarbig . . . . . . . . . . . . . . . . . . ctm 1,20 0,50
FDC 2,—

MiNr. 2844 wurde am 14.12.1998 als Bogenmarke und am 1.7.1999 als Rollenmarke ausgegeben.

Jede fünfte Rollenmarke weist rückseitig eine Zählnummer auf.

*In gleicher Zeichnung: MiNr. 3037*
*Weitere Werte siehe Übersicht nach Jahrgangswerttabelle.*

**1999, 23. Jan. Förderung der Philatelie: Das belgische Königshaus (II). StTdr. (8×5); Papier ph.; gez. K 11½.**

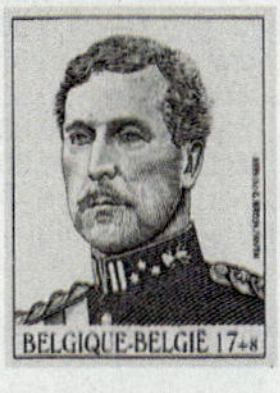


ctn) König Albert I. (1875–1934, reg. ab 1909)

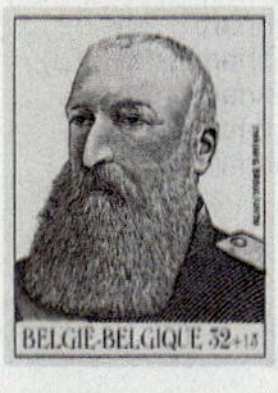


cto) König Leopold II. (1835–1909, reg. ab 1865)

| | | | | | |
|---|---|---|---|---|---|
| **2845** | 17 (Fr) + 8 (Fr) grünschwarz | ctn | 1,50 | 1,10 |
| **2846** | 32 (Fr) + 15 (Fr) schwarz | cto | 2,50 | 2,40 |
| | | Satzpreis (2 W.) | 4,— | 3,50 |
| | | FDC | | 4,50 |

**Blockausgabe; StTdr., Blockrand RaTdr.**

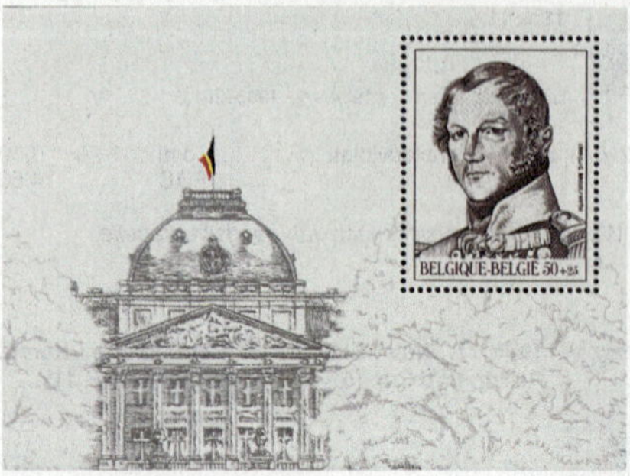


ctr

ctp) König Leopold I. (1790–1865, reg. ab 1831)

| | | | | |
|---|---|---|---|---|
| **2847** 50 (Fr) + 25 (Fr) rotschwarz | ctp | 4,— | 4,— |
| **Block 71** (125×90 mm) | ctr | 5,— | 4,50 |
| | FDC | | 5,50 |

*In ähnlichen Zeichnungen: MiNr. 2884, 2886, 2888*

**1999, 23. Jan. Grußmarken. RaTdr., Markenheftchen (MH) (8×1) und Bogen (B) (5×4); Papier ph.; gez. K 11½.**

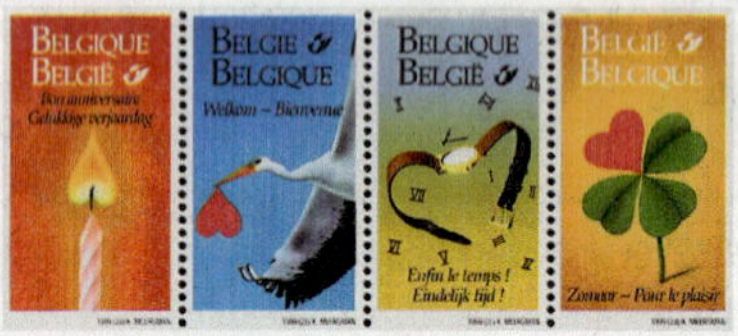


cts) Kerze mit herzförmiger Flamme
ctt) Fliegender Storch mit Herz
ctu) Armbanduhr bildet Herz
ctv) Klee mit Herz als viertem Blatt

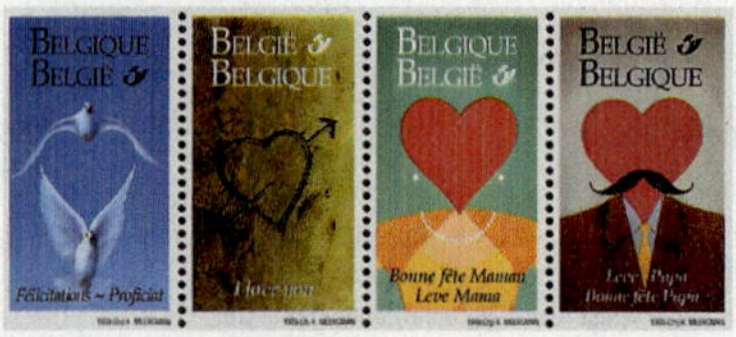


ctw) Weiße Tauben bilden Herz
ctx) In Baumrinde geritztes Herz mit Pfeil
cty) Frau mit herzförmigem Kopf
ctz) Mann mit herzförmigem Kopf

| | | | | |
|---|---|---|---|---|
| **2848** — mehrfarbig (MH) (B) | cts | 2,— | 0,80 |
| **2849** — mehrfarbig (MH) (B) | ctt | 2,— | 0,80 |
| **2850** — mehrfarbig (MH) | ctu | 2,— | 0,80 |
| **2851** — mehrfarbig (MH) (B) | ctv | 2,— | 0,80 |
| **2852** — mehrfarbig (MH) (B) | ctw | 2,— | 0,80 |
| **2853** — mehrfarbig (MH) | ctx | 2,— | 0,80 |
| **2854** — mehrfarbig (MH) | cty | 2,— | 0,80 |
| **2855** — mehrfarbig (MH) | ctz | 2,— | 0,80 |
| | Satzpreis (8 W.) | 16,— | 6,— |
| | FDC (1 H-Bl.) | | 18,— |

MiNr. 2848–2855 gelten für Inlands-Standardbriefe (Nominale zur Zeit der Ausgabe 17 Fr).

MiNr. 2848–2855 stammen aus MH 41. MiNr. 2848–2849 und 2851–2852 wurden auch jeweils im Bogen zu 20 Marken gedruckt.

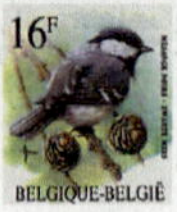


**1999, 23. Jan. Freimarken: Vögel. RaTdr. (10×5); Papier fl.; gez. K 11½.**

cua) Tannenmeise (Periparus ater)

| | | | | |
|---|---|---|---|---|
| **2856** 16 Fr mehrfarbig | cua | 0,90 | 0,80 |
| | FDC | | 1,70 |

*Weitere Werte siehe Übersicht nach Jahrgangswerttabelle.*

**1999, 20. Febr. Eulen. RaTdr. (5×6); Papier ph.; gez. K 11½.**

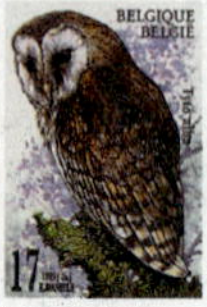


cub) Schleiereule (Tyto alba)

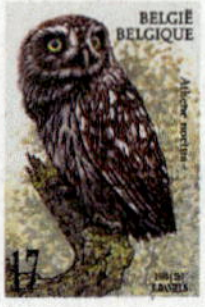


cuc) Steinkauz (Athene noctua)

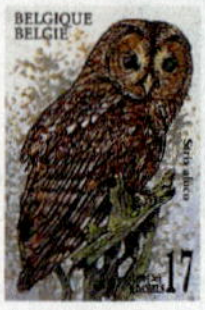


cud) Waldkauz (Strix aluco)

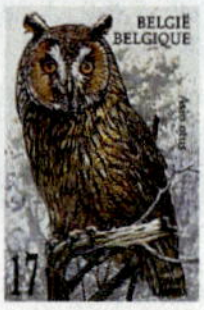


cue) Waldohreule (Asio otus)

| | | | | |
|---|---|---|---|---|
| **2857** 17 (Fr) mehrfarbig | cub | 1,— | 0,80 |
| **2858** 17 (Fr) mehrfarbig | cuc | 1,— | 0,80 |
| **2859** 17 (Fr) mehrfarbig | cud | 1,— | 0,80 |
| **2860** 17 (Fr) mehrfarbig | cue | 1,— | 0,80 |
| | Satzpreis (4 W.) | 4,— | 3,20 |
| | FDC | | 4,20 |

Auflagen: MiNr. 2857 = 3.342.840, MiNr. 2858 = 3.311.550, MiNr. 2859 = 3.427.440, MiNr. 2860 = 3.269.790 Stück

**1999, 13. März. 50 Jahre Nordatlantikpakt (NATO). RaTdr. (6×5); Papier ph.; gez. K 11½.**

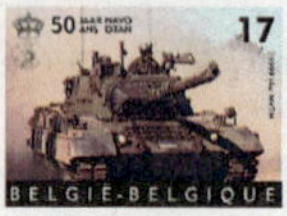


cuf) Panzer Leopard (Heer)

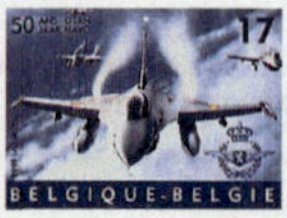


cug) Jagdflugzeug F 16 A (Luftwaffe)

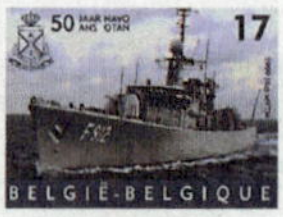


cuh) Fregatte „De Wandelaar“ (Marine)

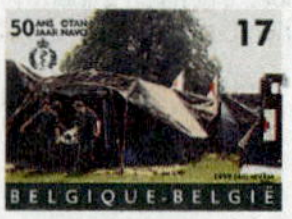


cui) Sanitätsdienst

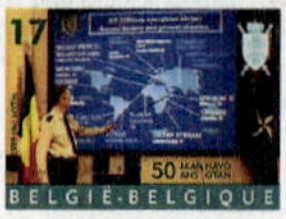


cuk) Generalstab

| | | | | |
|---|---|---|---|---|
| **2861** 17 (Fr) mehrfarbig | cuf | 1,20 | 1,— |
| **2862** 17 (Fr) mehrfarbig | cug | 1,20 | 1,— |
| **2863** 17 (Fr) mehrfarbig | cuh | 1,20 | 1,— |
| **2864** 17 (Fr) mehrfarbig | cui | 1,20 | 1,— |
| **2865** 17 (Fr) mehrfarbig | cuk | 1,20 | 1,— |
| | Satzpreis (5 W.) | 6,— | 5,— |
| | FDC | | 7,— |

Auflagen: MiNr. 2861 = 3.203.010, MiNr. 2862 = 3.087.750, MiNr. 2863 = 3.175.470, MiNr. 2864 = 3.519.780, MiNr. 2865 = 3.204.060 Stück

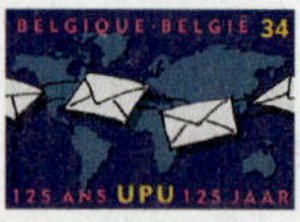


**1999, 13. März. 125 Jahre Weltpostverein (UPU). RaTdr. (6×5); Papier ph.; gez. K 11½.**

cul) Weltkarte, Briefe

| | | | | |
|---|---|---|---|---|
| **2866** 34 (Fr) mehrfarbig | cul | 2,— | 1,70 |
| | FDC | | 2,60 |

Auflage: 2.244.060 Stück

**1999, 10. April. Europa: Natur- und Nationalparks. RaTdr. (6×5); Papier ph.; gez. K 11½.**

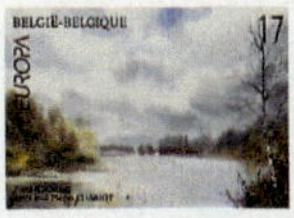


cum) Naturpark „Die Bunt“

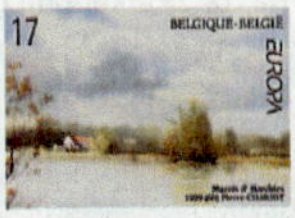


cun) Harchies-Moorgebiet

| | | | | |
|---|---|---|---|---|
| **2867** | 17 (Fr) mehrfarbig | cum | 1,20 | 1,— |
| **2868** | 17 (Fr) mehrfarbig | cun | 1,20 | 1,— |
| | | Satzpreis (2 W.) | 2,40 | 2,— |
| | | FDC | | 5,— |

Auflagen: MiNr. 2867 = 3.270.180, MiNr. 2868 = 3.385.840 Stück

**1999, 24. April. 150 Jahre belgische Briefmarken. Komb. StTdr. und RaTdr. (3×5 Zd); Papier ph.; gez. K 11½.**

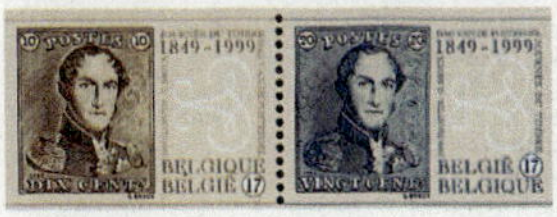


cuo) Marke MiNr. 1
cup) Marke MiNr. 2

| | | | | |
|---|---|---|---|---|
| **2869** | 17 (Fr) mehrfarbig | cuo | 0,80 | 0,80 |
| **2870** | 17 (Fr) mehrfarbig | cup | 0,80 | 0,80 |
| | | Satzpreis (2 W.) | 1,60 | 1,60 |
| | | Paar | 1,70 | 1,70 |
| | | FDC | | 2,60 |

Auflage: 6.916.770 Sätze

**1999, 15. Mai. Sport: Motorradsport. RaTdr. (5×8, Hochformat ~); Papier ph.; gez. K 11½.**

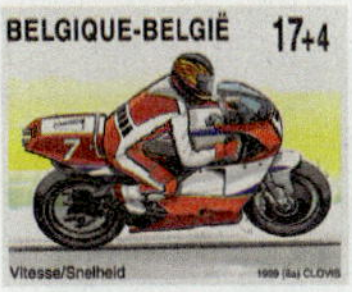


cur) Straßenrennsport

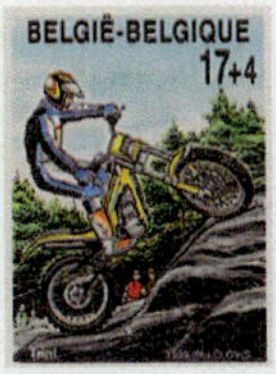


cus) Trial

| | | | | |
|---|---|---|---|---|
| **2871** | 17 (Fr) + 4 (Fr) mehrfarbig | cur | 1,20 | 1,— |
| **2872** | 17 (Fr) + 4 (Fr) mehrfarbig | cus | 1,20 | 1,— |
| | | Satzpreis (2 W.) | 2,40 | 2,— |
| | | FDC | | 3,— |

**Blockausgabe**

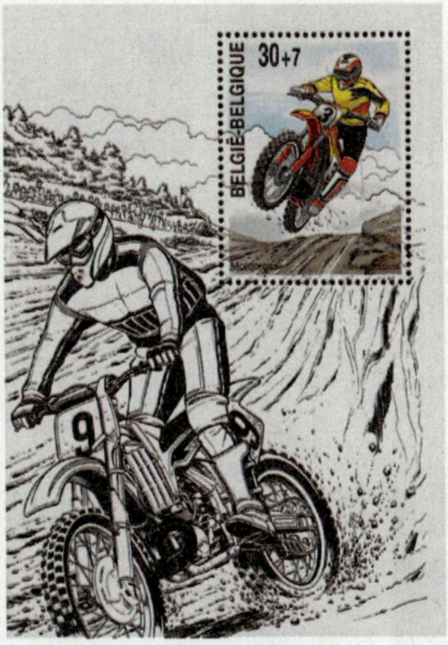


cu

cut) Motocross

| | | | | |
|---|---|---|---|---|
| **2873** | 30 (Fr) + 7 (Fr) mehrfarbig | cut | 1,80 | 1,80 |
| **Block 72** | (90×125 mm) | cuu | 2,20 | 2,20 |
| | | FDC | | 3,— |

**1999, 16. Mai. 50. Todestag von James Ensor (I). RaTdr. (3×5); Papier ph.; gez. K 11½.**

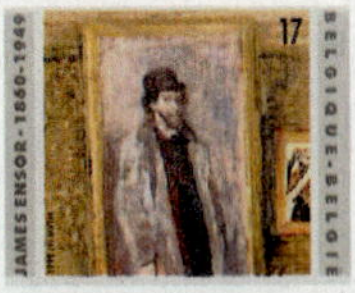


cuv) Mein Lieblingszimmer; Gemälde von James Ensor (1860–1949), Maler, Zeichner und Radierer

| | | | | |
|---|---|---|---|---|
| **2874** | 17 (Fr) mehrfarbig | cuv | 0,80 | 0,80 |
| | | FDC | | 1,80 |

Auf dem unteren Bogenrand sind unter jeder Marke Name und Lebensdaten von J. Ensor eingedruckt.

Auflage: 4.887.515 Stück

*Parallelausgabe mit Israel MiNr. 1517*

**1999, 5. Juni. Folklore. RaTdr. (5×6, Querformat ~); Papier ph.; gez. K 11½.**

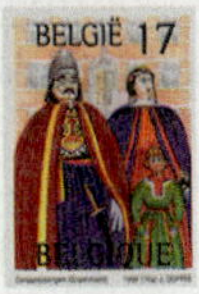


cuw) „Ommegang“, Geraardsbergen

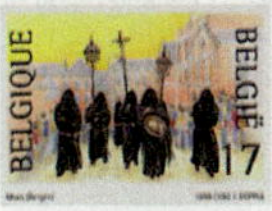


cux) „Car d’Or“, Mons

| | | | | |
|---|---|---|---|---|
| **2875** | 17 (Fr) mehrfarbig | cuw | 1,— | 0,50 |
| **2876** | 17 (Fr) mehrfarbig | cux | 1,— | 0,50 |
| | | Satzpreis (2 W.) | 2,— | 1,— |
| | | FDC | | 2,50 |

Auflagen: MiNr. 2875 = 3.332.010, MiNr. 2876 = 3.189.030 Stück

**1999, 5. Juni. Belgische Schokolade. RaTdr. (6×5); Papier ph.; gez. K 11½.**

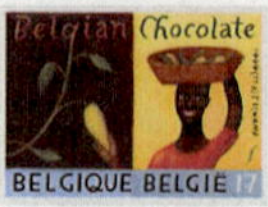


cuy) Kakaobaum und Pflücker

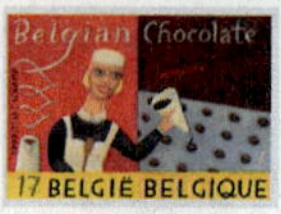


cuz) Traditionelle Pralinenherstellung

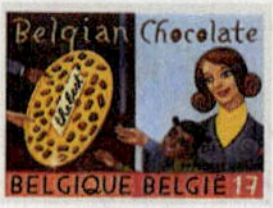


cva) Pralinenschachtel, Käufer

| | | | | | |
|---|---|---|---|---|---|
| **2877** | 17 (Fr) mehrfarbig | cuy | 1,— | 0,50 |
| **2878** | 17 (Fr) mehrfarbig | cuz | 1,— | 0,50 |
| **2879** | 17 (Fr) mehrfarbig | cva | 1,— | 0,50 |
| | | Satzpreis (3 W.) | 3,— | 1,50 |
| | | FDC | | 3,60 |

Auflagen: MiNr. 2877 = 3.260.670, MiNr. 2878 = 3.255.180, MiNr. 2879 = 3.192.180 Stück

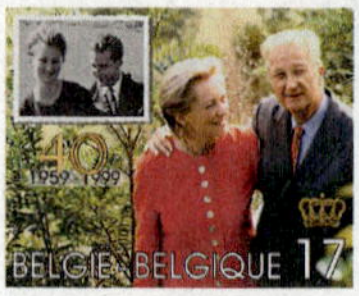


**1999, 2. Juli. 40. Hochzeitstag von König Albert II. und Königin Paola. RaTdr. (3×5); Papier ph.; gez. K 11½.**

cvb) König Albert II. und Königin Paola als Brautpaar (1959) und 1999

| | | | | |
|---|---|---|---|---|
| **2880** | 17 (Fr) mehrfarbig | cvb | 1,— | 0,50 |
| | | FDC | | 1,80 |

Auflage: 8.424.040 Stück

**1999, 11. Sept. 50. Todestag von James Ensor (II). RaTdr. (8×5); Papier ph.; gez. K 11½.**

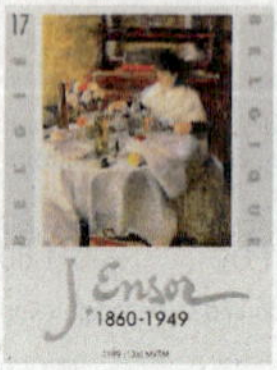


cvc) Frau, Austern essend

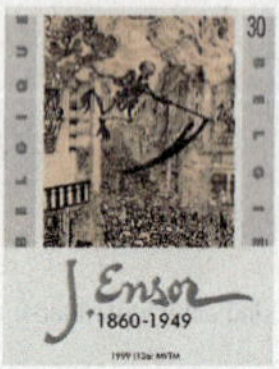


cvd) Der Tod, die Menschenherde verfolgend

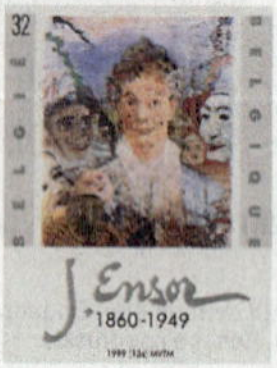


cve) Alte Dame mit Maske

cvc–cve) Gemälde von James Ensor (1860–1949), Maler, Zeichner und Radierer

| | | | | |
|---|---|---|---|---|
| **2881** | 17 (Fr) mehrfarbig | cvc | 1,— | 0,50 |
| **2882** | 30 (Fr) mehrfarbig | cvd | 1,50 | 0,80 |
| **2883** | 32 (Fr) mehrfarbig | cve | 1,70 | 0,80 |
| | | Satzpreis (3 W.) | 4,— | 2,— |
| | | FDC | | 5,— |

Auflagen: MiNr. 2881 = 3.232.200, MiNr. 2882 = 3.298.840, MiNr. 2883 = 3.206.880 Stück

**1999, 29. Sept. Blockausgabe: Nationale Briefmarkenausstellung BRUPHILA '99, Brüssel – Die Könige von Belgien. StTdr., Blockrand RaTdr.; Papier ph.; gez. Ks 11½.**

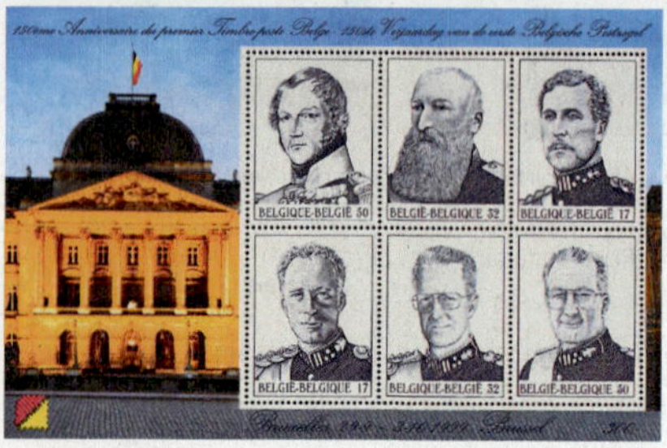

cvm

ctp I cto I ctn I
crg I crh I cri I

ctn I) Albert I. (1875–1934, reg. ab 1909)
crg I) Leopold III. (1901–1983, reg. 1934–1951)
cto I) Leopold II. (1835–1909, reg. ab 1865)
crh I) Baudouin I. (1930–1993, reg. ab 1951)
ctp I) Leopold I. (1790–1865, reg. ab 1831)
cri I) Albert II. (*1934, reg. 1993–2013)

| | | | | |
|---|---|---|---|---|
| **2884** | 17 (Fr) schwarzviolettblau | ctn I | 2,50 | 2,50 |
| **2885** | 17 (Fr) schwarzviolettblau | crg I | 2,50 | 2,50 |
| **2886** | 32 (Fr) schwarzviolettblau | cto I | 2,50 | 2,50 |
| **2887** | 32 (Fr) schwarzviolettblau | crh I | 2,50 | 2,50 |
| **2888** | 50 (Fr) schwarzviolettblau | ctp I | 2,50 | 2,50 |
| **2889** | 50 (Fr) schwarzviolettblau | cri I | 2,50 | 2,50 |
| **Block 73** | (190×120 mm) | cvm | 18,— | 18,— |
| | | FDC | | 20,— |

Postpreis: 300 Fr

Auflage: 582.561 Blocks

*In ähnlichen Zeichnungen: MiNr. 2790–2792, 2845–2847*

**1999, 30. Sept. Friedensnobelpreisträger. Komb. StTdr. und RaTdr. (5×6); Papier ph.; gez. K 11½.**

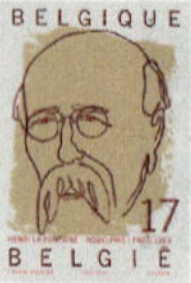


cvn) Henri La Fontaine (1854–1943), Jurist und Politiker

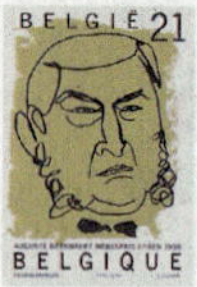


cvo) Auguste Beernaert (1829–1912), Politiker

| | | | | |
|---|---|---|---|---|
| **2890** | 17 (Fr) lilakarmin/olivbraun | cvn | 0,80 | 0,50 |
| **2891** | 21 (Fr) blauschwarz/olivgelb | cvo | 1,20 | 1,— |
| | | Satzpreis (2 W.) | 2,— | 1,50 |
| | | FDC | | 3,— |

Auflagen: MiNr. 2890 = 2.592.000, MiNr. 2891 = 2.748.330 Stück

*Parallelausgabe mit Schweden MiNr. 2141–2142*

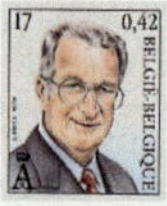


**1999, 1. Okt. Freimarke: König Albert II. RaTdr. (10×5); Papier ph.; gez. K 11½.**

cvp) König Albert II. (*1934, reg. 1993–2013)

| | | | | |
|---|---|---|---|---|
| **2892** | 17 (Fr) / 0.42 (€) mehrfarbig | cvp | 1,10 | 0,50 |
| | | FDC | | 1,80 |

*Weitere Werte siehe Übersicht nach Jahrgangswerttabelle.*

**1999, 2. Okt. Jugendphilatelie: Comics. RaTdr. (3×3); Papier ph.; gez. K 11½.**

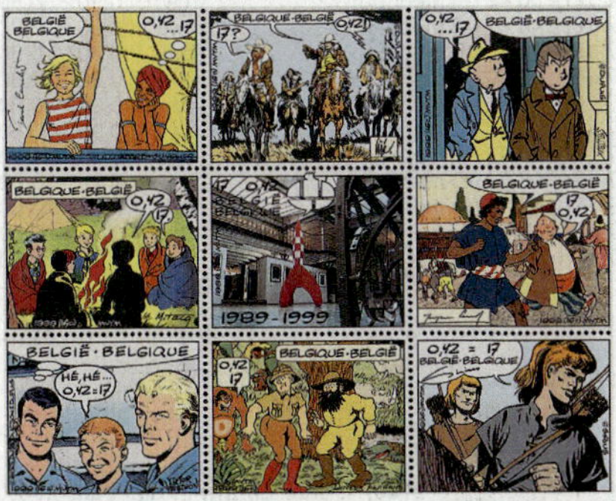


cvr) Corentin; von Paul Cuvelier (1923–1978)
cvs) Jerry Spring; von Jijé, eigentlich Joseph Gillain (1914–1980)
cvt) Gil Jourdan; von Maurice Tillieux (1921–1978)

cvu) Die Castor-Patrouille; von MiTacq, eigentlich Michel Tacq (1927–1994)
cvv) Eingangshalle des Belgischen Comiczentrums, Brüssel
cvw) Hassan und Kaddour; von Jacques Laudy (1907–1993)

cvx) Buck Danny; von Victor Hubinon (1924–1979)
cvy) Tif und Tondu; von Fernand Dineur (1904–1956)
cvz) Die Timouren; von Sirius, eigentlich Max Mayeu (1911–1997)

| | | | | |
|---|---|---|---|---|
| **2893** | 17 (Fr) / 0.42 (€) mehrfarbig .......... | cvr | 0,80 | 0,80 |
| **2894** | 17 (Fr) / 0.42 (€) mehrfarbig .......... | cvs | 0,80 | 0,80 |
| **2895** | 17 (Fr) / 0.42 (€) mehrfarbig .......... | cvt | 0,80 | 0,80 |
| **2896** | 17 (Fr) / 0.42 (€) mehrfarbig .......... | cvu | 0,80 | 0,80 |
| **2897** | 17 (Fr) / 0.42 (€) mehrfarbig .......... | cvv | 0,80 | 0,80 |
| **2898** | 17 (Fr) / 0.42 (€) mehrfarbig .......... | cvw | 0,80 | 0,80 |
| **2899** | 17 (Fr) / 0.42 (€) mehrfarbig .......... | cvx | 0,80 | 0,80 |
| **2900** | 17 (Fr) / 0.42 (€) mehrfarbig .......... | cvy | 0,80 | 0,80 |
| **2901** | 17 (Fr) / 0.42 (€) mehrfarbig .......... | cvz | 0,80 | 0,80 |
| | Satzpreis (9 W.) | | 7,— | 7,— |
| | Kleinbogen | | 8,— | 8,— |
| | FDC | | | 9,— |

Auflage: 1.211.060 Sätze

**1999, 3. Okt./2001, 15. Jan. Freimarke: Blumen. I = Odr., II = RaTdr., Rollen (R) (100) und Markenheftchen (MH) (2×5); Papier ph.; selbstklebend; A = vierseitig wellenförmig gestanzt 11¼, C = vierseitig wellenförmig gestanzt 13¾:14:13½:13¾, D = dreiseitig, E = zweiseitig zähnungsähnlich gestanzt 10, F = vierseitig wellenförmig gestanzt 13½:13¾:13¾:14.**

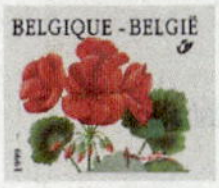


cwa) Pelargonie „Matador"

| | | | | | |
|---|---|---|---|---|---|
| **2902** | | — mehrfarbig | cwa | | |
| | I A | Odr., vierseitig wellenförmig gest. 11¼ (R) (22.11.1999) ............ | | 9,— | 9,— |
| | II | RaTdr. | | | |
| | C | vierseitig wellenförmig gest. 13¾:14:13½:13¾ (R) (15.1.2001) .. | | 10,— | 10,— |
| | Dl | dreiseitig zähnungsähnlich gest. 10 (MH) (3.10.1999) ............ | | 2,— | 1,— |
| | Dr | dreiseitig zähnungsähnlich gest. 10 (MH) (3.10.1999) ............ | | 2,— | 1,— |
| | El | zweiseitig zähnungsähnlich gest. 10 (MH) (3.10.1999) ............ | | 2,— | 1,— |
| | Er | zweiseitig zähnungsähnlich gest. 10 (MH) (3.10.1999) ............ | | 2,— | 1,— |
| | F | vierseitig wellenförmig gest. 13½:13¾:13¾:14 (R) ............ | | 10,— | 10,— |
| | | FDC | | | 2,— |
| | | Markenheftchen | | 20,— | 12,— |

MiNr. 2902 gilt für Inlands-Standardbriefe (Nominale zur Zeit der Ausgabe: 17 Fr).

MiNr. 2902 I A und 2902 II D/E tragen die Jahreszahl 1999, MiNr. 2902 II C/F die Jahreszahl 2000.

*Weitere Werte siehe Fußnote nach MiNr. 2784*

**1999, 8. Nov. Solidarität: Vorsorge und Erste Hilfe. RaTdr. (5×6, Querformat ~); Papier ph.; gez. K 11½.**

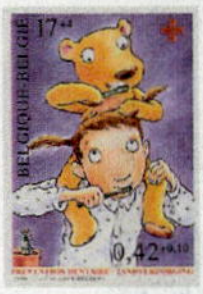


cwb) Zahnpflege

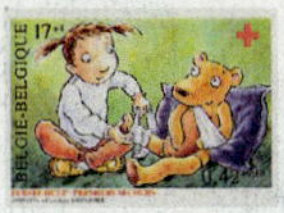


cwc) Erste Hilfe bei Verletzung

| | | | | |
|---|---|---|---|---|
| **2903** | 17 (Fr) + 4 (Fr) / 0.42 (€) + 0.10 (€) mfg.. | cwb | 1,— | 1,— |
| **2904** | 17 (Fr) + 4 (Fr) / 0.42 (€) + 0.10 (€) mfg.. | cwc | 1,— | 1,— |
| | Satzpreis (2 W.) | | 2,— | 2,— |
| | FDC | | | 3,— |

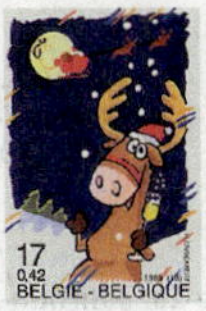


**1999, 8. Nov. Weihnachten und Neujahr. RaTdr. (5×6); Papier ph.; gez. K 11½.**

cwd) Rentier mit Sektglas, Weihnachtsmann mit Rentierschlitten vor Mond

| | | | | |
|---|---|---|---|---|
| **2905** | 17 (Fr) / 0.42 (€) mehrfarbig .......... | cwd | 1,— | 0,50 |
| | FDC | | | 1,80 |

Auflage: 15.336.540 Stück

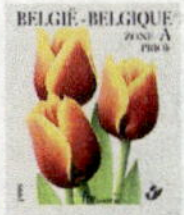


**1999, 22. Nov. Freimarke: Blumen. RaTdr., Rolle (100); Streifen fl.; selbstklebend; A = vierseitig gestanzt 14:13½:13¾:13¾, F = vierseitig gestanzt 13¾:13¾:14:13½.**

cwe) Tulpen

| | | | | | |
|---|---|---|---|---|---|
| **2906** | | — mehrfarbig ...................... | cwe | | |
| | A | gest. 14:13½:13¾:13¾ .............. | | 2,50 | 1,— |
| | F | gest. 13¾:13¾:14:13½ .............. | | —,— | —,— |
| | | FDC | | | 2,— |

MiNr. 2906 gilt für Auslands-Standardbriefe (Nominale zur Zeit der Ausgabe: 21 Fr).

*In gleicher Zeichnung: MiNr. 2958*
*Weitere Werte siehe Fußnote nach MiNr. 2784*

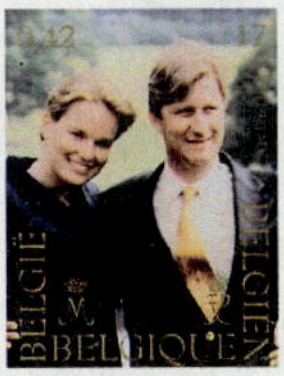


**1999, 29. Nov. Hochzeit von Kronprinz Philippe und Mathilde d'Udekem d'Acoz. RaTdr. (8×5); Papier ph.; gez. K 11½.**

cwf) Brautpaar

| | | | | |
|---|---|---|---|---|
| **2907** | 17 (Fr) / 0.42 (€) mehrfarbig .......... | cwf | 1,20 | 0,50 |
| | FDC | | | 1,80 |

**Blockausgabe**

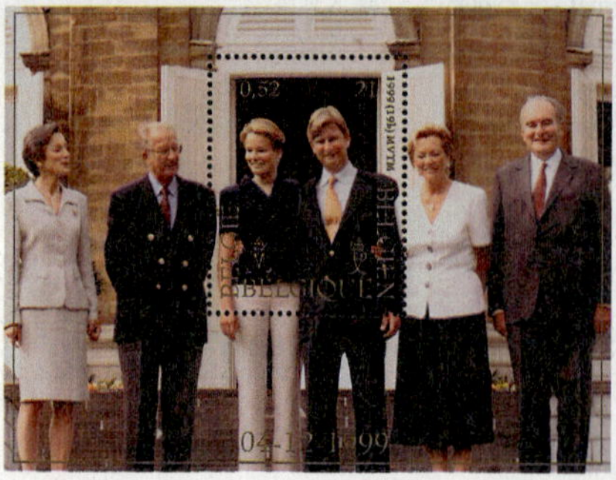

cwh

cwg) Brautpaar

| | | | | | |
|---|---|---|---|---|---|
| **2908** | 21 (Fr) / 0.52 (€) mehrfarbig | cwg | 1,— | 1,— |
| **Block 74** | (119×89 mm) | cwh | 1,20 | 1,20 |
| | | FDC | | 2,20 |

**1999, 4. Dez. Jahrtausendwende: Reise durch das 20. Jahrhundert (I). RaTdr. (5×4); Papier ph.; gez. K 11½.**

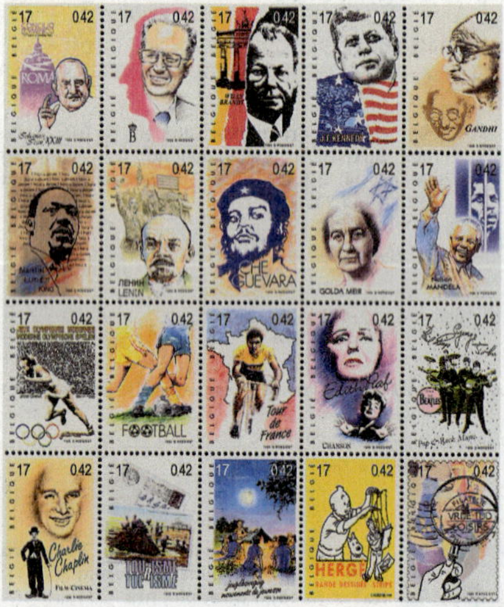

cwi) Papst Johannes XXIII. (1881–1963)
cwk) König Baudouin I. (1930–1993)
cwl) Willy Brandt (1913–1992), deutscher Politiker
cwm) John F. Kennedy (1917–1963), Präsident der USA
cwn) Mahatma Gandhi (1869–1948), Führer der ind. Unabhängigkeitsbewegung

cwo) Martin Luther King (1929–1968), amerikanischer Bürgerrechtler
cwp) Wladimir Lenin (1870–1924), russischer revolutionärer Politiker
cwr) Ernesto „Che" Guevara (1928–1967), Revolutionär
cws) Golda Meir (1898–1978), israelische Politikerin
cwt) Nelson Mandela (1918–2013), südafrikanischer Politiker und Staatspräsident, Friedensnobelpreis 1993

cwu) Olympische Spiele: Jesse Owens (1913–1980)
cwv) Sport: Fußball
cww) Tour de France: Eddy Merckx (*1945)
cwx) Chanson: Edith Piaf (1915–1963)
cwy) Pop- und Rockmusik: The Beatles

cwz) Film: Charlie Chaplin (1889–1977)
cxa) Tourismus: Urlaub am Strand
cxb) Jugendbewegung: Pfadfinder
cxc) Comics: Tim und Struppi von Hergé
cxd) Philatelie: Hand mit Lupe

| | | | | |
|---|---|---|---|---|
| **2909** 17 (Fr) / 0.42 (€) mehrfarbig | cwi | 0,90 | 0,80 |
| **2910** 17 (Fr) / 0.42 (€) mehrfarbig | cwk | 0,90 | 0,80 |
| **2911** 17 (Fr) / 0.42 (€) mehrfarbig | cwl | 0,90 | 0,80 |
| **2912** 17 (Fr) / 0.42 (€) mehrfarbig | cwm | 0,90 | 0,80 |
| **2913** 17 (Fr) / 0.42 (€) mehrfarbig | cwn | 0,90 | 0,80 |
| **2914** 17 (Fr) / 0.42 (€) mehrfarbig | cwo | 0,90 | 0,80 |
| **2915** 17 (Fr) / 0.42 (€) mehrfarbig | cwp | 0,90 | 0,80 |
| **2916** 17 (Fr) / 0.42 (€) mehrfarbig | cwr | 0,90 | 0,80 |
| **2917** 17 (Fr) / 0.42 (€) mehrfarbig | cws | 0,90 | 0,80 |
| **2918** 17 (Fr) / 0.42 (€) mehrfarbig | cwt | 0,90 | 0,80 |
| **2919** 17 (Fr) / 0.42 (€) mehrfarbig | cwu | 0,90 | 0,80 |
| **2920** 17 (Fr) / 0.42 (€) mehrfarbig | cwv | 0,90 | 0,80 |
| **2921** 17 (Fr) / 0.42 (€) mehrfarbig | cww | 0,90 | 0,80 |
| **2922** 17 (Fr) / 0.42 (€) mehrfarbig | cwx | 0,90 | 0,80 |
| **2923** 17 (Fr) / 0.42 (€) mehrfarbig | cwy | 0,90 | 0,80 |
| **2924** 17 (Fr) / 0.42 (€) mehrfarbig | cwz | 0,90 | 0,80 |
| **2925** 17 (Fr) / 0.42 (€) mehrfarbig | cxa | 0,90 | 0,80 |
| **2926** 17 (Fr) / 0.42 (€) mehrfarbig | cxb | 0,90 | 0,80 |
| **2927** 17 (Fr) / 0.42 (€) mehrfarbig | cxc | 0,90 | 0,80 |
| **2928** 17 (Fr) / 0.42 (€) mehrfarbig | cxd | 0,90 | 0,80 |
| | Satzpreis (20 W.) | 18,— | 16,— |
| | ZD-Bogen | 20,— | 20,— |
| | FDC | | 22,— |

Auflage: 1.294.802 Sätze

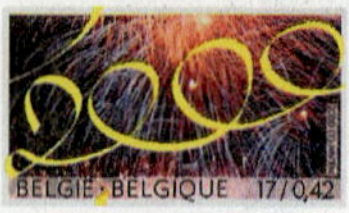

**2000, 1. Jan. Eintritt in das Jahr 2000. RaTdr. (5×5); Papier ph.; gez. K 11½.**

cxe) Feuerwerk, Zahl „2000"

| | | | | |
|---|---|---|---|---|
| **2929** 17 (Fr) / 0.42 (€) mehrfarbig | cxe | 1,— | 0,50 |
| | FDC | | 3,— |

Auflage: 3.284.450 Stück

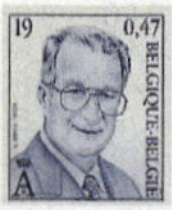

**2000, 22. Jan. Freimarke: König Albert II. RaTdr. (10×5); Papier ph.; gez. K 11½.**

cvp) König Albert II. (*1934, reg. 1993–2013)

| | | | | |
|---|---|---|---|---|
| **2930** 19 (Fr) / 0.47 (€) dunkelblau | cvp | 1,10 | 0,50 |
| | FDC | | 4,80 |

*Weitere Werte siehe Übersicht nach Jahrgangswerttabelle.*

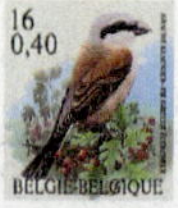

**2000, 22. Jan. Freimarke: Vögel. RaTdr. (10×5); Papier fl.; gez. K 11½.**

cxf) Neuntöter (Lanius collurio)

| | | | | |
|---|---|---|---|---|
| **2931** 16 (Fr) / 0.40 (€) mehrfarbig | cxf | 1,— | 0,50 |
| | FDC | | 4,50 |

*In ähnlicher Zeichnung: MiNr. 2982 (Querformat)*
*Weitere Werte siehe Übersicht nach Jahrgangswerttabelle.*

**2000, 22. Jan. Förderung der Philatelie: Das belgische Königshaus (III). Komb. StTdr. und RaTdr. (8×5); Papier ph.; gez. K 11½.**

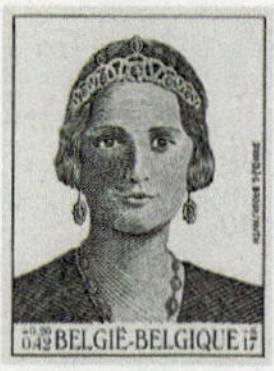

cxg) Königin Astrid (1905–1935, Königin ab 1926)

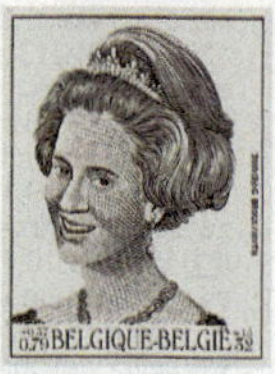

cxh) Königin Fabiola (1928–2014, Königin 1960–1993)

| | | | | |
|---|---|---|---|---|
| **2932** 17 (Fr) + 8 (Fr) / 0.42 (€) + 0.20 (€) schwarzgrün | cxg | 1,20 | 1,20 |
| **2933** 32 (Fr) + 15 (Fr) / 0.79 (€) + 0.37 (€) schwarzbraun | cxh | 2,40 | 2,40 |
| | Satzpreis (2 W.) | 3,60 | 3,60 |
| | FDC | | 4,— |

**Blockausgabe**

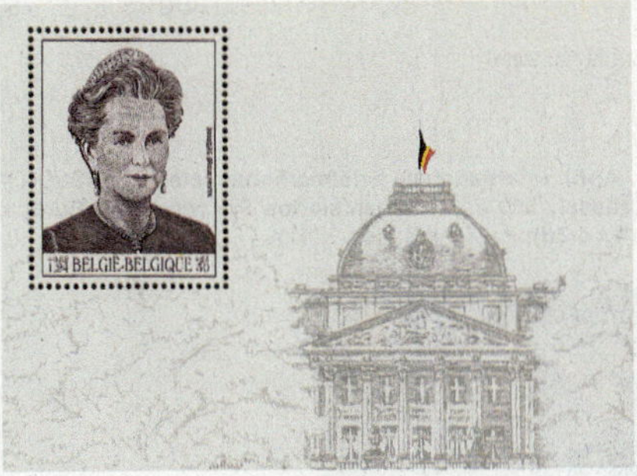


cxk

cxi) Königin Paola (*1937, Königin 1993–2013)

| | | | | |
|---|---|---|---|---|
| **2934** | 50 (Fr) + 25 (Fr) / 1.24 (€) + 0.62 (€) schwarzbraunviolett | cxi | 3,60 | 3,60 |
| **Block 75** | (125×90 mm) | cxk | 3,60 | 3,60 |
| | | FDC | | 12,— |

*In ähnlichen Zeichnungen: MiNr. 3023, 3025, 3027*

**2000, 22. Jan. Brüssel – Kulturhauptstadt Europas 2000. RaTdr. (1×6 Zd); Papier ph.; gez. K 11½.**

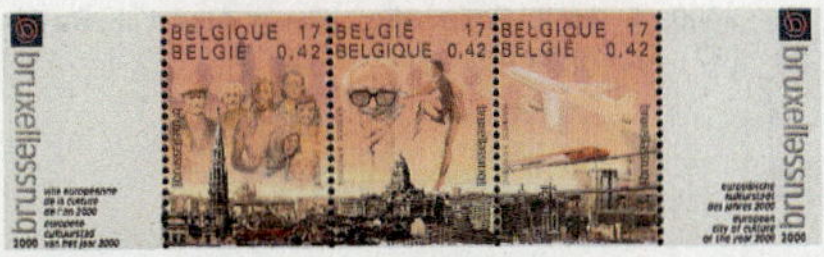


Zierfeld
cxl) Menschen verschiedener Kulturen
cxm) Toots Tielemans und Anna-Teresa de Keersmaeker, Künstler
cxn) Flugzeug, Hochgeschwindigkeitszug, Schiffe
Zierfeld

cxl–cxn) Stadtansichten aus verschiedenen Epochen

| | | | | |
|---|---|---|---|---|
| **2935** | 17 (Fr) / 0.42 (€) mehrfarbig | cxl | 1,— | 1,— |
| **2936** | 17 (Fr) / 0.42 (€) mehrfarbig | cxm | 1,— | 1,— |
| **2937** | 17 (Fr) / 0.42 (€) mehrfarbig | cxn | 1,— | 1,— |
| | | Satzpreis (3 W.) | 3,— | 3,— |
| | | Fünferstreifen | 3,50 | 3,50 |
| | | FDC | | 9,50 |

Auflage: 1.619.154 Sätze

**2000, 19. Febr. 500. Geburtstag von Kaiser Karl V.: Gemälde. RaTdr. (8×5); Papier ph.; gez. K 11½.**

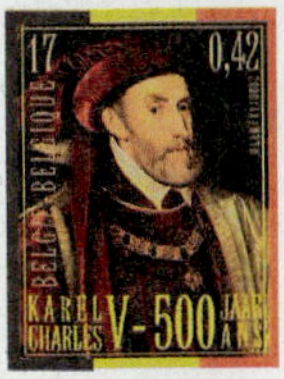


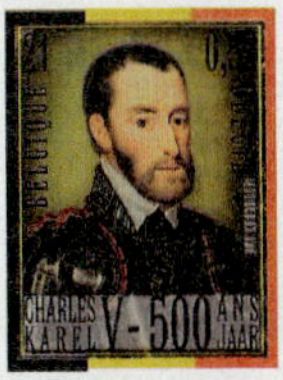


cxo) Karl V. Großmeister des Goldenen Vlieses; von unbekanntem Meister der Venezianischen Schule

cxp) Karl V. im Alter von 40 Jahren; von Corneille de Lyon, eigentl. Corneille de la Haye (um 1505–um 1575), niederländischer Maler

cxo–cxr) Karl V. (1500–1558), Römischer König (1519–1556), Römischer Kaiser (1530–1556) und König von Spanien (1516–1556)

| | | | | |
|---|---|---|---|---|
| **2938** | 17 (Fr) / 0.42 (€) mehrfarbig | cxo | 1,— | 0,50 |
| **2939** | 21 (Fr) / 0.52 (€) mehrfarbig | cxp | 1,— | 0,50 |
| | | Satzpreis (2 W.) | 2,— | 1,— |
| | | FDC | | 6,50 |

**Blockausgabe**

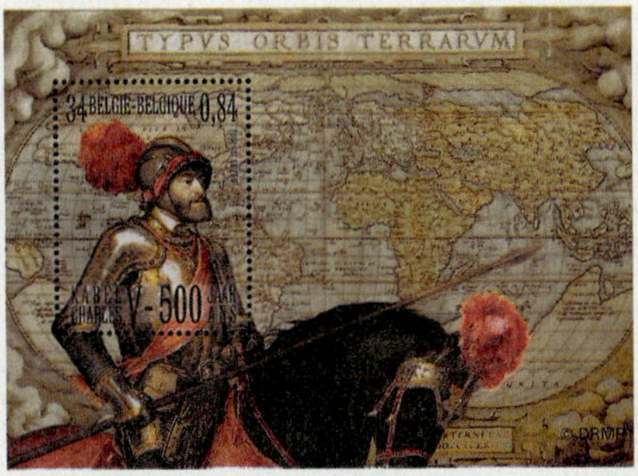


cxs

cxr) Karl V. zu Pferde; von Tizian (1490–1576), italienischer Maler

| | | | | |
|---|---|---|---|---|
| **2940** | 34 (Fr) / 0.84 (€) mehrfarbig | cxr | 1,70 | 1,70 |
| **Block 76** | (125×89 mm) | cxs | 1,80 | 1,80 |
| | | FDC | | 6,50 |

Auflagen: MiNr. 2938 = 3.365.280, MiNr. 2939 = 3.265.400 Stück, Bl. 76 = 1.150.743 Blocks

*Parallelausgabe mit Spanien MiNr. 3530–3532/Bl. 76*

**2000, 6. Okt. Blockausgabe: Internationale Briefmarkenausstellung ESPAÑA 2000, Madrid. Bl. 76 mit Bdr.-Aufdruck auf dem Blockrand.**

| | | | | |
|---|---|---|---|---|
| **Block 76 I** | (125×89 mm) | (Bl. 76) | 3,— | 3,— |

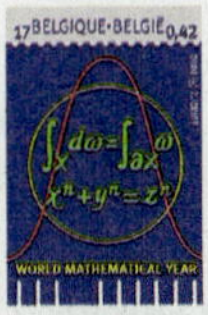


**2000, 19. Febr. Internationales Jahr der Mathematik. RaTdr. (5×6); gez. K 11½.**

cxt) Mathematische Formeln, Kreis und Parabel

| | | | | |
|---|---|---|---|---|
| **2941** | 17 (Fr) / 0.42 (€) mehrfarbig | cxt | 1,— | 0,50 |
| | | FDC | | 4,50 |

Auflage: 2.046.600 Stück

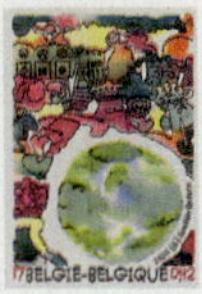


**2000, 19. Febr. Internationaler Malwettbewerb für Kinder „Zukunft auf Briefmarken". RaTdr. (5×6); gez. K 11½.**

cxu) Leben im 21. Jahrhundert; von Joachim Beckers (11 J.)

| | | | | |
|---|---|---|---|---|
| **2942** | 17 (Fr) / 0.42 (€) mehrfarbig | cxu | 1,— | 0,50 |
| | | FDC | | 4,50 |

Auflage: 2.143.140 Stück

**2000, 25. März. Fußball-Europameisterschaft, Belgien und Niederlande. RaTdr. (5×6); gez. K 11½.**

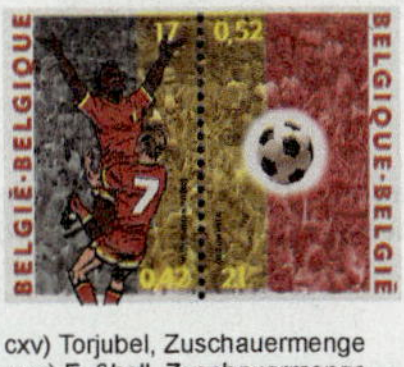


cxv) Torjubel, Zuschauermenge
cxw) Fußball, Zuschauermenge

| | | | | | |
|---|---|---|---|---|---|
| **2943** | 17 (Fr) / 0.42 (€) mehrfarbig | cxv | 1,— | 0,50 |
| **2944** | 21 (Fr) / 0.52 (€) mehrfarbig | cxw | 1,— | 0,50 |
| | | Satzpreis (2 W.) | 2,— | 1,— |
| | | Dreierstreifen (mit Zf) | 2,— | 2,— |
| | | FDC | | 6,50 |

MiNr. 2943–2944 wurden waagerecht zusammenhängend im Bogen zu je 12 Marken und 6 Zierfeldern (mittlere Bogenspalte) gedruckt.

Auflage: 2.200.890 Sätze

*Parallelausgabe mit Niederlande MiNr. 1786-1787*

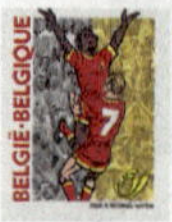


**2000, 25. März. Fußball-Europameisterschaft, Belgien und Niederlande. RaTdr., Markenheftchen (5×2); selbstklebend; D = dreiseitig, E = zweiseitig gestanzt 10.**

cxv I) Torjubel, Zuschauermenge

| | | | | |
|---|---|---|---|---|
| **2945** | — mehrfarbig | cxv I | | |
| **Do** | dreiseitig gestanzt (□) | | 2,— | 0,80 |
| **Du** | dreiseitig gestanzt (□) | | 2,— | 0,80 |
| **Eo** | zweiseitig gestanzt (□) | | 2,— | 0,80 |
| **Eu** | zweiseitig gestanzt (□) | | 2,— | 0,80 |
| | | FDC | | 1,90 |
| | | Markenheftchen | 20,— | 9,— |

MiNr. 2945 gilt für Standard-Inlandsbriefe (Nominale zur Zeit der Ausgabe: 17 Fr).

*Parallelausgabe mit Niederlande MiNr. 1786–1787*

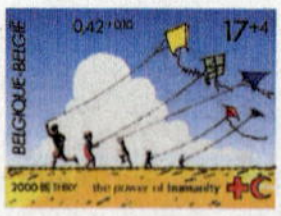


**2000, 25. März. Rotes Kreuz und Roter Halbmond. RaTdr. (6×5); gez. K 11½.**

cxx) Kinder lassen Drachen steigen

| | | | | |
|---|---|---|---|---|
| **2946** | 17 (Fr) + 4 (Fr) / 0.42 (€) + 0.10 (€) mfg. | cxx | 1,10 | 1,10 |
| | | FDC | | 5,— |

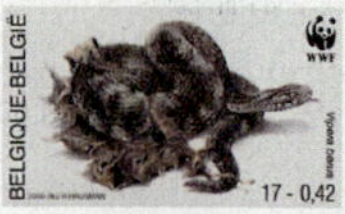


**2000, 25. März. Weltweiter Naturschutz: Reptilien und Amphibien. RaTdr. (5×5); gez. K 11½.**

cxy) Kreuzotter (Vipera berus)

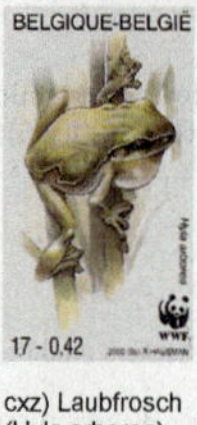


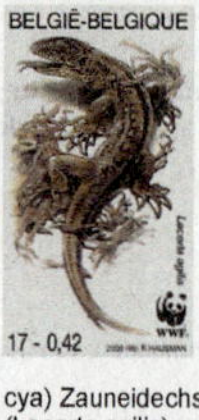


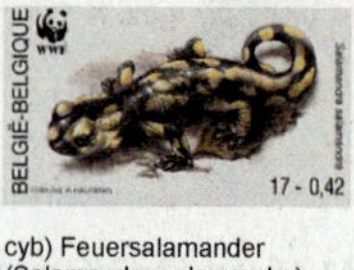


cxz) Laubfrosch (Hyla arborea) cya) Zauneidechse (Lacerta agilis) cyb) Feuersalamander (Salamandra salamandra)

| | | | | |
|---|---|---|---|---|
| **2947** | 17 (Fr) / 0.42 (€) mehrfarbig | cxy | 1,10 | 0,50 |
| **2948** | 17 (Fr) / 0.42 (€) mehrfarbig | cxz | 1,10 | 0,50 |
| **2949** | 17 (Fr) / 0.42 (€) mehrfarbig | cya | 1,10 | 0,50 |
| **2950** | 17 (Fr) / 0.42 (€) mehrfarbig | cyb | 1,10 | 0,50 |
| | | Satzpreis (4 W.) | 4,40 | 2,— |
| | | FDC | | 13,— |

Auflagen: MiNr. 2947 = 3.193.075, MiNr. 2948 = 3.303.050, MiNr. 2949 = 3.245.550, MiNr. 2950 = 3.236.925 Stück

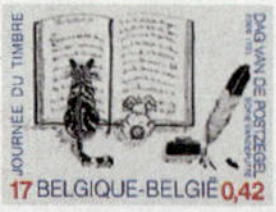


**2000, 1. April. Tag der Briefmarke: Zeichenwettbewerb „Besser leben mit Lesen und Schreiben". RaTdr. (6×5); Papier ph.; gez. K 11½.**

cyc) Lesende Tiere; Zeichnung von Sofie Vandeputte

| | | | | |
|---|---|---|---|---|
| **2951** | 17 (Fr) / 0.42 (€) mehrfarbig | cyc | 1,— | 0,50 |
| | | FDC | | 4,50 |

Auflage: 2.139.180 Stück

**2000, 1. April. Internationale Briefmarkenausstellung BELGICA 2001, Brüssel; 500 Jahre organisiertes Postwesen in Europa. RaTdr. (4×5 Zd); Papier ph.; gez. K 11½.**

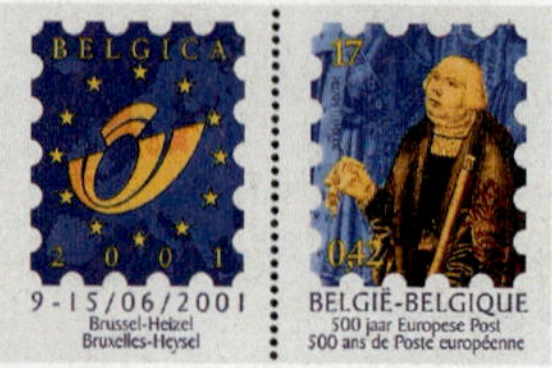


Zierfeld
cyd) Franz von Taxis (1459–1517), Begründer des europäischen Postwesens

| | | | | |
|---|---|---|---|---|
| **2952** | 17 (Fr) / 0.42 (€) mehrfarbig | cyd | 0,80 | 0,80 |
| | | 2952 Zf | 1,— | 1,— |
| | | FDC | | 4,50 |

Auflage: 2.103.120 Stück

*In kleinerem Format: MiNr. 2983*

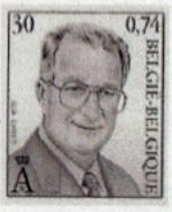


**2000, 1. April. Freimarke: König Albert II. RaTdr. (10×5); Papier ph.; gez. K 11½.**

cvp) König Albert II. (*1934, reg. 1993–2013)

| | | | | |
|---|---|---|---|---|
| **2953** | 30 (Fr) / 0.74 (€) dunkelviolettbraun | cvp | 1,80 | 0,50 |
| | | FDC | | 6,— |

*Weitere Werte siehe Übersicht nach Jahrgangswerttabelle.*

**2000, 15. April. Genter Blumenschau. RaTdr. (5×6, Querformat ~); MiNr. 2954 Papier fl., MiNr. 2955–2956 Papier ph.; gez. K 11½.**

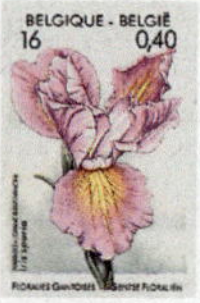


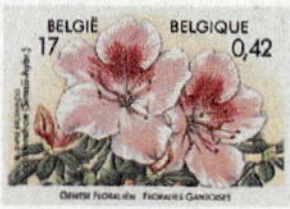


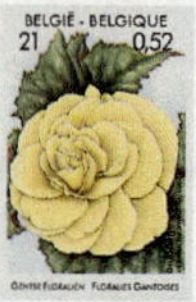


cye) Iris spuria cyf) Rhododendron simsii hybr. cyg) Begonia sp.

| | | | | |
|---|---|---|---|---|
| **2954** | 16 (Fr) / 0.40 (€) mehrfarbig | cye | 1,— | 0,50 |
| **2955** | 17 (Fr) / 0.42 (€) mehrfarbig | cyf | 1,20 | 0,50 |
| **2956** | 21 (Fr) / 0.52 (€) mehrfarbig | cyg | 1,30 | 0,50 |
| | | Satzpreis (3 W.) | 3,50 | 1,50 |
| | | FDC | | 9,50 |

Auflagen: MiNr. 2954 = 3.505.080, MiNr. 2955 = 3.091.080, MiNr. 2956 = 3.208.080 Stück

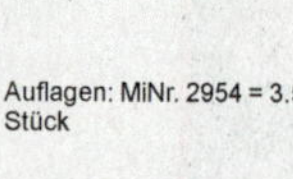


**2000, 15. April. 2 Jahre Prinz-Philippe-Fonds. RaTdr. (6×5); Papier ph.; gez. K 11½.**

cyh) Prinz Philippe (*1960), Monogramm

| | | | | |
|---|---|---|---|---|
| **2957** | 17 (Fr) / 0.42 (€) mehrfarbig | cyh | 1,— | 0,50 |
| | | FDC | | 4,50 |

Auflage: 2.341.080 Stück

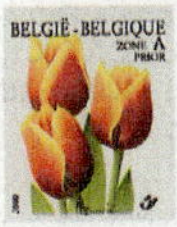

**2000, 15. April. Freimarke: Blumen. RaTdr., Markenheftchen (5×2); Papier ph.; selbstklebend; D = dreiseitig, E = zweiseitig gestanzt 10.**

cwe) Tulpen

| | | | | |
|---|---|---|---|---|
| **2958** | — mehrfarbig | cwe | | |
| Do | dreiseitig gestanzt (⧉) | | 2,— | 1,— |
| Du | dreiseitig gestanzt (⧉) | | 2,— | 1,— |
| Eo | zweiseitig gestanzt (⧉) | | 2,— | 1,— |
| Eu | zweiseitig gestanzt (⧉) | | 2,— | 1,— |
| | | FDC | | 2,— |
| | | Markenheftchen | 20,— | 10,— |

MiNr. 2958 gilt für Auslands-Standardbriefe (Nominale zur Zeit der Ausgabe: 21 Fr).

Auflage: 16.166.140 Stück

*In gleicher Zeichnung: MiNr. 2906*
*Weitere Werte siehe Fußnote nach MiNr. 2784*

**2000, 5. Mai. Olympische Sommerspiele und Paralympics, Sydney. RaTdr. (8×5, Querformat ~); Papier ph.; gez. K 11½.**

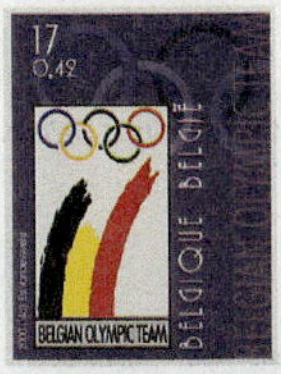

cyi) Emblem der belgischen Mannschaft

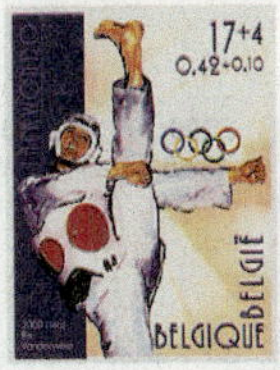

cyk) Taekwondo

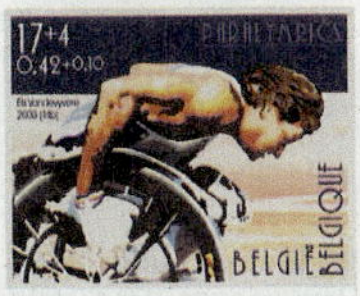

cyl) Rollstuhlrennen

| | | | | |
|---|---|---|---|---|
| **2959** | 17 (Fr) / 0.42 (€) mfg. | cyi | 1,— | 0,50 |
| **2960** | 17 (Fr) + 4 (Fr) / 0.42 (€) + 0.10 (€) mfg. | cyk | 1,30 | 1,30 |
| **2961** | 17 (Fr) + 4 (Fr) / 0.42 (€) + 0.10 (€) mfg. | cyl | 1,30 | 1,30 |
| | | Satzpreis (3 W.) | 3,50 | 3,— |
| | | FDC | | 16,— |

**Blockausgabe**

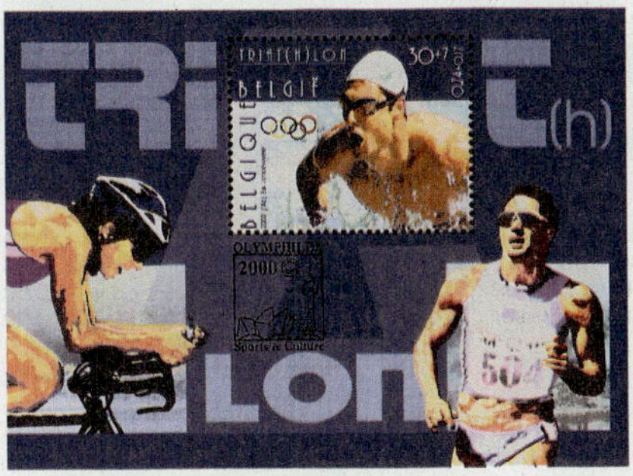

cyn

cym) Triathlon – Schwimmen

| | | | | |
|---|---|---|---|---|
| **2962** | 30 (Fr) + 7 (Fr) / 0.74 (€) + 0.17 (€) mehrfarbig | cym | 1,80 | 1,80 |
| **Block 77** | (125×90 mm) | cyn | 2,— | 2,— |
| | | FDC | | 8,— |

Auflage: MiNr. 2959 = 2.156.080 Stück

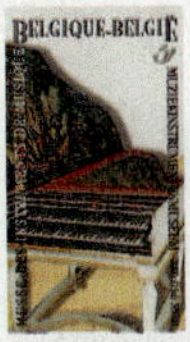

**2000, 5. Mai. Musik: Eröffnung des Musikinstrumentenmuseums, Brüssel; 250. Todestag von Johann Sebastian Bach. RaTdr., Markenheftchen (6×1); Papier ph.; gez. K 11¾.**

cyo) Clavicembalo

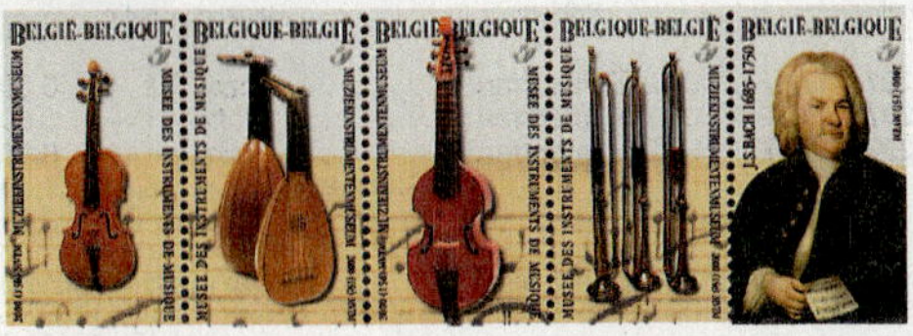

cyp) Geige
cyr) Laute
cys) Diskantgambe
cyt) Trompeten
cyu) Johann Sebastian Bach (1685–1750), deutscher Komponist

| | | | | |
|---|---|---|---|---|
| **2963** | — mehrfarbig | cyo | 3,— | 0,80 |
| **2964** | — mehrfarbig | cyp | 3,— | 0,80 |
| **2965** | — mehrfarbig | cyr | 3,— | 0,80 |
| **2966** | — mehrfarbig | cys | 3,— | 0,80 |
| **2967** | — mehrfarbig | cyt | 3,— | 0,80 |
| **2968** | — mehrfarbig | cyu | 3,— | 0,80 |
| | | Satzpreis (6 W.) | 18,— | 4,80 |
| | | FDC (1 H-Bl.) | | 14,— |

MiNr. 2963–2968 gelten für Inlands-Standardbriefe (Nominale zur Zeit der Ausgabe: 17 Fr).

MiNr. 2963–2968 stammen aus MH 42.

Auflage: 784.402 Sätze

**2000, 5. Mai. Freimarken: Vögel. RaTdr. (10×5); Papier fl.; gez. K 11½.**

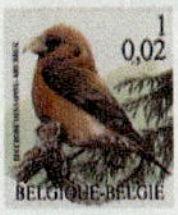

cyv) Fichtenkreuzschnabel (Loxia curvirostra)

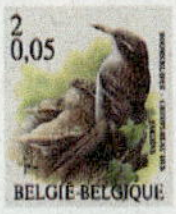

cyw) Gartenbaumläufer (Certhia brachydactyla)

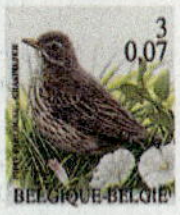

cyx) Wiesenpieper (Anthus pratensis)

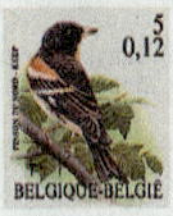

cyy) Bergfink (Fringilla montifringilla)

| | | | | |
|---|---|---|---|---|
| **2969** | 1 (Fr) / 0.02 (€) mehrfarbig | cyv | 0,30 | 0,30 |
| **2970** | 2 (Fr) / 0.05 (€) mehrfarbig | cyw | 0,40 | 0,30 |
| **2971** | 3 (Fr) / 0.07 (€) mehrfarbig | cyx | 0,50 | 0,30 |
| **2972** | 5 (Fr) / 0.12 (€) mehrfarbig | cyy | 0,60 | 0,30 |
| | | Satzpreis (4 W.) | 1,80 | 0,50 |
| | | 4 FDC | | 13,— |

*Weitere Werte siehe Übersicht nach Jahrgangswerttabelle.*

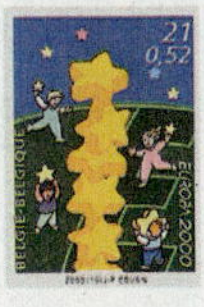

**2000, 9. Mai. Europa. RaTdr. (5×6); Papier ph.; gez. K 11½.**

cyz) Kinder bauen Sternenturm

| | | | | |
|---|---|---|---|---|
| **2973** | 21 (Fr) / 0.52 (€) mehrfarbig | cyz | 2,— | 1,70 |
| | | FDC | | 5,— |

Auflage: 2.221.080 Stück

**2000, 17. Juni. UNESCO-Welterbe. RaTdr. (5×6); Papier ph.; gez. K 11½.**

cza) Flämischer Beginenhof

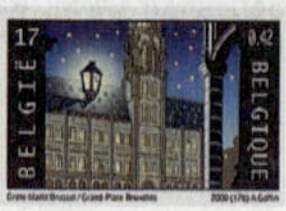

czb) Der Große Platz, Brüssel

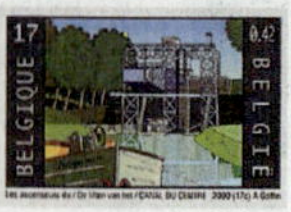

czc) Schiffshebewerk des Canal du Centre

| | | | | |
|---|---|---|---|---|
| **2974** | 17 (Fr) / 0.42 (€) mehrfarbig | cza | 1,— | 0,50 |
| **2975** | 17 (Fr) / 0.42 (€) mehrfarbig | czb | 1,— | 0,50 |
| **2976** | 17 (Fr) / 0.42 (€) mehrfarbig | czc | 1,— | 0,50 |
| | Satzpreis (3 W.) | | 3,— | 1,50 |
| | FDC | | | 9,50 |

Auflagen: MiNr. 2974 = 2.401.080, MiNr. 2975 = 2.245.080, MiNr. 2976 = 2.242.080 Stück

**2000, 17. Juni. Tourismus: Kirchen und Kirchenorgeln. RaTdr. (8×5); Papier ph.; gez. K 11½.**

czd) Norbertiner-Abteikirche, Grimbergen

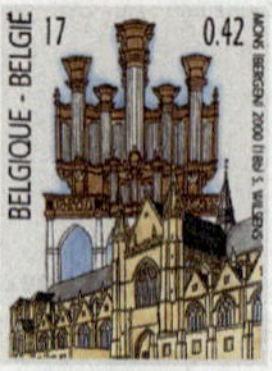

cze) Stiftskirche St. Waudru, Mons

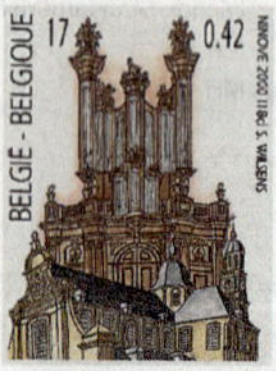

czf) Mariä-Himmelfahrts-Kirche, Ninove

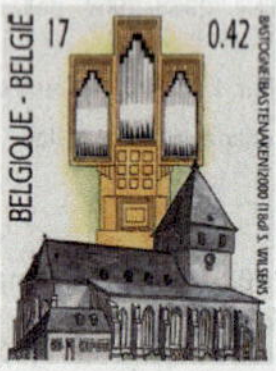

czg) Kirche St. Pierre, Bastogne

| | | | | |
|---|---|---|---|---|
| **2977** | 17 (Fr) / 0.42 (€) mehrfarbig | czd | 1,— | 0,50 |
| **2978** | 17 (Fr) / 0.42 (€) mehrfarbig | cze | 1,— | 0,50 |
| **2979** | 17 (Fr) / 0.42 (€) mehrfarbig | czf | 1,— | 0,50 |
| **2980** | 17 (Fr) / 0.42 (€) mehrfarbig | czg | 1,— | 0,50 |
| | Satzpreis (4 W.) | | 4,— | 2,— |
| | FDC | | | 13,— |

Auflagen: MiNr. 2977 = 2.096.280, MiNr. 2978 = 2.140.280, MiNr. 2979 = 2.210.280, MiNr. 2980 = 2.292.280 Stück

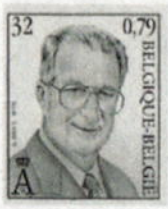

**2000, 17. Juni. Freimarke: König Albert II. RaTdr. (10×5); Papier ph.; gez. K 11½.**

cvp) König Albert II. (*1934, reg. 1993–2013)

| | | | | |
|---|---|---|---|---|
| **2981** | 32 (Fr) / 0.79 (€) dunkelgraugrün | cvp | 2,— | 0,50 |
| | FDC | | | 6,— |

*Weitere Werte siehe Übersicht nach Jahrgangswerttabelle.*

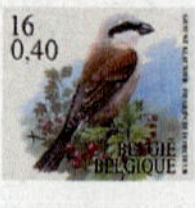

**2000, 4. Sept. Freimarke: Vögel. RaTdr., Rollen (1000 und 10 000); Papier fl.; gez. K 11½.**

czh) Neuntöter (Lanius collurio)

| | | | | |
|---|---|---|---|---|
| **2982** | 16 (Fr) / 0.40 (€) mehrfarbig | czh | 2,— | 2,— |
| | FDC | | | 4,50 |

Jede fünfte Marke weist rückseitig eine Zählnummer auf.

*In ähnlicher Zeichnung: MiNr. 2931 (Hochformat)*
*Weitere Werte siehe Übersicht nach Jahrgangswerttabelle.*

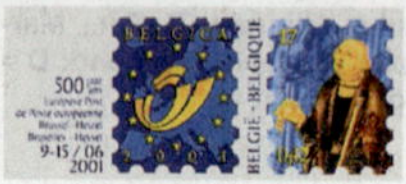

**2000, 4. Sept. Internationale Briefmarkenausstellung BELGICA 2001, Brüssel. RaTdr., Rollen (1000 und 10 000); Papier ph.; gez. K 11½.**

czi) Franz von Taxis (1459–1517), Begründer des europäischen Postwesens; Ausstellungsemblem

| | | | | |
|---|---|---|---|---|
| **2983** | 17 (Fr) / 0.42 (€) mehrfarbig | czi | 3,50 | 3,50 |
| | FDC | | | 5,— |

Jede fünfte Marke weist rückseitig eine Zählnummer auf.

*In größerem Format: MiNr. 2952*

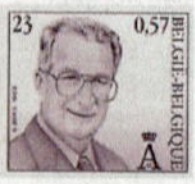

**2000, 4. Sept. Freimarke: König Albert II. RaTdr., Rollen (1000 und 10 000); Papier ph.; gez. K 11½.**

czk) König Albert II. (*1934, reg. 1993–2013)

| | | | | |
|---|---|---|---|---|
| **2984** | 23 (Fr) / 0.57 (€) dunkelgrauviolett | czk | 3,— | 1,50 |
| | FDC | | | 5,50 |

Jede fünfte Marke weist rückseitig eine Zählnummer auf.

*Weitere Werte siehe Übersicht nach Jahrgangswerttabelle.*

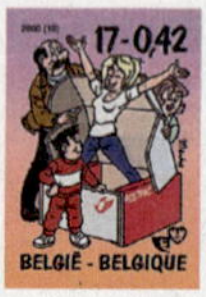

**2000, 9. Sept. Jugendphilatelie: Comics. RaTdr. (5×6); Papier ph.; gez. K 11½.**

czl) Familie Kiekeboe; von Merho, eigentl. Robert Merhottein (*1948), Comiczeichner

| | | | | |
|---|---|---|---|---|
| **2985** | 17 (Fr) / 0.42 (€) mehrfarbig | czl | 1,— | 0,50 |
| | FDC | | | 4,80 |

Auflage: 2.314.080 Stück

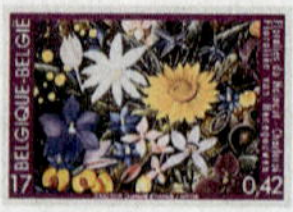

**2000, 9. Sept. 20. Blumen und Pflanzenausstellung „Hennegauer Floralien", Charleroi. RaTdr. (6×5); Papier ph.; gez. K 11½.**

czm) Renouveau; Gemälde von Annick Dumont

| | | | | |
|---|---|---|---|---|
| **2986** | 17 (Fr) / 0.42 (€) mehrfarbig | czm | 1,— | 0,50 |
| | FDC | | | 4,80 |

Auflage: 3.289.080 Stück

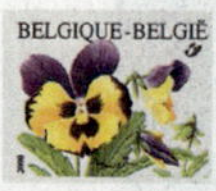

**2000, 9. Sept. Freimarke: Blumen. RaTdr., Markenheftchen (2×5); Papier ph.; D = dreiseitig, E = zweiseitig gestanzt 10.**

czn) Stiefmütterchen (Viola tricolor)

| | | | | |
|---|---|---|---|---|
| **2987** | — mehrfarbig | czn | | |
| **Dl** | dreiseitig gestanzt (⌑) | | 2,— | 0,80 |
| **Dr** | dreiseitig gestanzt (⌑) | | 2,— | 0,80 |
| **El** | zweiseitig gestanzt (⌑) | | 2,— | 0,80 |
| **Er** | zweiseitig gestanzt (⌑) | | 2,— | 0,80 |
| | FDC | | | 4,80 |
| | Markenheftchen | | 20,— | 10,— |

Nominale zur Zeit der Ausgabe: 17 Fr

*Weitere Werte siehe Fußnote nach MiNr. 2784.*

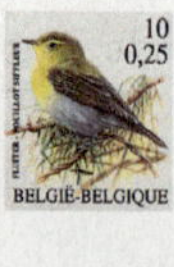

**2000, 9. Sept. Freimarke: Vögel. RaTdr. (10×5); Papier fl.; gez. K 11½.**

czo) Waldlaubsänger (Phylloscopus sibilatrix)

**2988** 10 (Fr) / 0.25 (€) mehrfarbig .......... czo 0,60 0,50
FDC 4,20

*Weitere Werte siehe Übersicht nach Jahrgangswerttabelle.*

**2000, 14. Okt. Zeitgenössische Kunst: Gemälde. RaTdr. (5×8, Hochformat ~); gez. K 11½.**

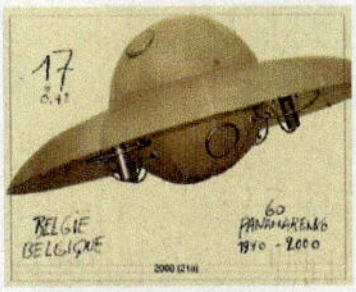

czp) Bing of the Ferro Lusto X; von Panamarenko (1940–2019)

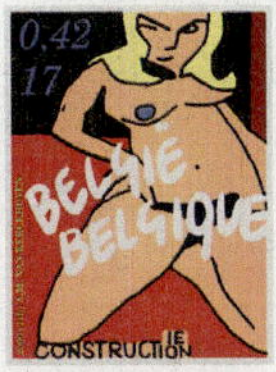

czr) Konstruktion; von Anne-Mie Van Kerckhoven (*1951)

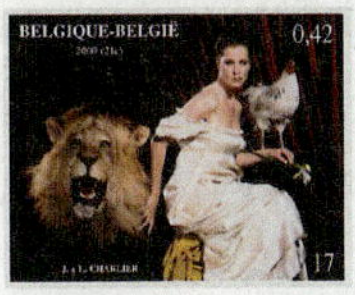

czs) Ewiges Belgien; von Jacques Charlier (*1939)

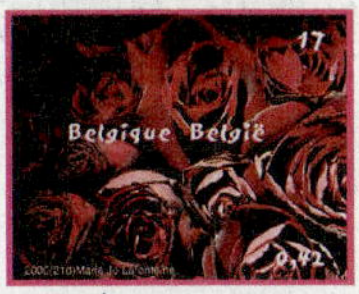

czt) Les Belles de Nuit; von Marie Jo Lafontaine (*1950)

**2989** 17 (Fr) / 0.42 (€) mehrfarbig .......... czp 1,— 0,50
**2990** 17 (Fr) / 0.42 (€) mehrfarbig .......... czr 1,— 0,50
**2991** 17 (Fr) / 0.42 (€) mehrfarbig .......... czs 1,— 0,50
**2992** 17 (Fr) / 0.42 (€) mehrfarbig .......... czt 1,— 0,50
Satzpreis (4 W.) 4,— 2,—
FDC 13,—

Auflagen: MiNr. 2989 = 1.383.480, MiNr. 2990 = 1.215.640, MiNr. 2991 = 1.075.880, MiNr. 2992 = 1.195.320 Stück

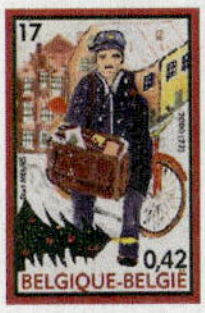

**2000, 18. Nov. Weihnachten und Neujahr. RaTdr. (5×4); gez. K 11½.**

czu) Briefträger überbringt Weihnachts- und Neujahrsgrüße; Gemälde des geistig Behinderten Bart Meurs

**2993** 17 (Fr) / 0.42 (€) mehrfarbig .......... czu 1,— 0,50
FDC 4,80

MiNr. 2993 wurde von der Post nur im kompletten Bogen abgegeben.

Auflage: 17.646.160 Stück

**2000, 18. Nov. Jahrtausendwende: Reise durch das 20. Jahrhundert (II). RaTdr. (4×5); gez. Ks 11½.**

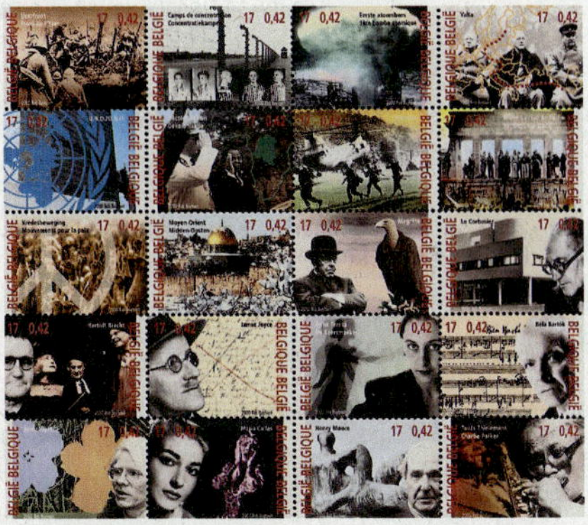

czv) Yser-Front (1914–1918)
czw) Errichtung der ersten Konzentrationslager (1933)
czx) Abwurf der ersten Atombombe über Hiroshima (1945)
czy) Konferenz von Jalta (1945)

czz) Gründung der UNO (1945)
daa) Entkolonisierung von Belgisch-Kongo (1960)
dab) Vietnamkrieg (1955–1975)
dac) Fall der Berliner Mauer (1989)

dad) Friedensbewegungen
dae) Nahostkonflikt
daf) René Magritte (1898–1967), belgischer Maler
dag) Le Corbusier (1887–1965), schweizerischer Architekt

dah) Bertolt Brecht (1898–1956), deutscher Schriftsteller und Regisseur
dai) James Joyce (1882–1941), irischer Schriftsteller
dak) Anna Teresa De Keersmaeker (*1960), belgische Choreographin
dal) Béla Bartók (1881–1945), ungarischer Komponist und Pianist

dam) Andy Warhol (1923–1987), amerikanischer Künstler und Filmemacher
dan) Maria Callas (1923–1977), griechische Opernsängerin
dao) Henry Moore (1898–1986), britischer Bildhauer und Graphiker
dap) Charlie Parker (1920–1955) und Toots Thielemans (1922–2016), amerikanischer bzw. belgischer Jazzmusiker

**2994** 17 (Fr) / 0.42 (€) mehrfarbig .......... czv 1,— 0,50
**2995** 17 (Fr) / 0.42 (€) mehrfarbig .......... czw 1,— 0,50
**2996** 17 (Fr) / 0.42 (€) mehrfarbig .......... czx 1,— 0,50
**2997** 17 (Fr) / 0.42 (€) mehrfarbig .......... czy 1,— 0,50
**2998** 17 (Fr) / 0.42 (€) mehrfarbig .......... czz 1,— 0,50
**2999** 17 (Fr) / 0.42 (€) mehrfarbig .......... daa 1,— 0,50
**3000** 17 (Fr) / 0.42 (€) mehrfarbig .......... dab 1,— 0,50
**3001** 17 (Fr) / 0.42 (€) mehrfarbig .......... dac 1,— 0,50
**3002** 17 (Fr) / 0.42 (€) mehrfarbig .......... dad 1,— 0,50
**3003** 17 (Fr) / 0.42 (€) mehrfarbig .......... dae 1,— 0,50
**3004** 17 (Fr) / 0.42 (€) mehrfarbig .......... daf 1,— 0,50
**3005** 17 (Fr) / 0.42 (€) mehrfarbig .......... dag 1,— 0,50
**3006** 17 (Fr) / 0.42 (€) mehrfarbig .......... dah 1,— 0,50
**3007** 17 (Fr) / 0.42 (€) mehrfarbig .......... dai 1,— 0,50
**3008** 17 (Fr) / 0.42 (€) mehrfarbig .......... dak 1,— 0,50
**3009** 17 (Fr) / 0.42 (€) mehrfarbig .......... dal 1,— 0,50
**3010** 17 (Fr) / 0.42 (€) mehrfarbig .......... dam 1,— 0,50
**3011** 17 (Fr) / 0.42 (€) mehrfarbig .......... dan 1,— 0,50
**3012** 17 (Fr) / 0.42 (€) mehrfarbig .......... dao 1,— 0,50
**3013** 17 (Fr) / 0.42 (€) mehrfarbig .......... dap 1,— 0,50
Satzpreis (20 W.) 20,— 10,—
Zd-Bogen 24,— 24,—
2 FDC 45,—

**2000, 18. Nov. Freimarken: König Albert II. MiNr. 3014 RaTdr., Kleinbogen (2×5), MiNr. 3015 StTdr. Bogen (6×5); Papier ph.; gez. K 11½.**

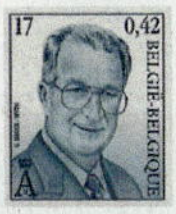

cvp

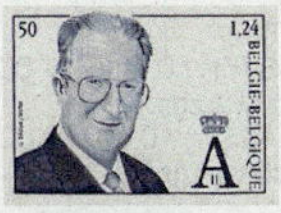

dar

cvp, dar) König Albert II. (*1934, reg. 1993–2013)

**3014** 17 (Fr) / 0.42 (€) dunkelkobaltblau ..... cvp 1,— 0,50
**3015** 50 (Fr) / 1.24 (€) dunkelviolettblau ..... dar 2,80 1,—
Satzpreis (2 W.) 3,80 1,50
2 FDC 13,—
Kleinbogen 10,— 10,—

*Weitere Werte siehe Übersicht nach Jahrgangswerttabelle.*

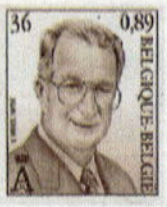

**2000, 4. Dez. Freimarke: König Albert II. RaTdr. (10×5); Papier ph.; gez. K 11½.**

cvp) König Albert II. (*1934, reg. 1993–2013)

**3016** 36 (Fr) / 0.89 (€) dkl'orangebraun ...... cvp 2,20 0,50
FDC 6,50

*Weitere Werte siehe Übersicht nach Jahrgangswerttabelle.*

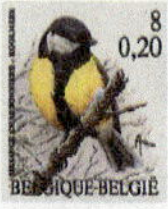

**2000, 4. Dez. Freimarke: Vögel. RaTdr. (10×5); Papier fl.; gez. K 11½.**

ceb) Kohlmeise (Parus major)

**3017** 8 (Fr) / 0.20 (€) mehrfarbig ........... ceb 0,60 0,40
FDC 4,—

*In gleicher Zeichnung: MiNr. 2512*
*Weitere Werte siehe Übersicht nach Jahrgangswerttabelle.*

**2000, 25. Dez. 2000. Jahrestag der Geburt Jesu Christi. Komb. StTdr. und RaTdr. (3×5 Zd); Papier ph.; gez. K 11½.**

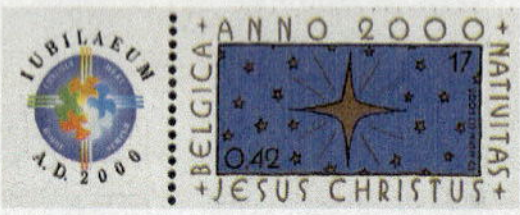


Zierfeld
das) Sterne

**3018** 17 (Fr) / 0.42 (€) mehrfarbig .......... das 0,80 0,50
3018 Zf 1,— 1,—
FDC 4,80

Auflage: 2.134.050 Stück

**2001, 10. Febr. Förderung der Philatelie: Das belgische Königshaus (IV). Komb. StTdr. und RaTdr. (8×5); Papier ph.; gez. K 11½.**

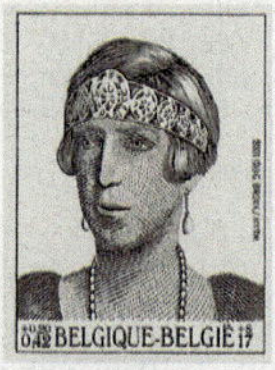

dat) Königin Elisabeth (1876–1965, Königin 1909–1934)

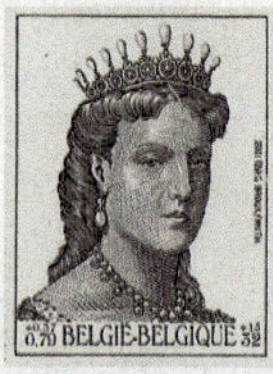

dau) Königin Marie-Henriette (1836–1902, Königin ab 1865)

**3019** 17 (Fr) + 8 (Fr) / 0.42 (€) + 0.20 (€)
schwarzgraugrün ............ dat 1,20 1,20
**3020** 32 (Fr) + 15 (Fr) / 0.79 (€) + 0.37 (€)
schwarzgrau ................. dau 2,40 2,40
Satzpreis (2 W.) 3,60 3,60
FDC 22,—

**Blockausgabe**

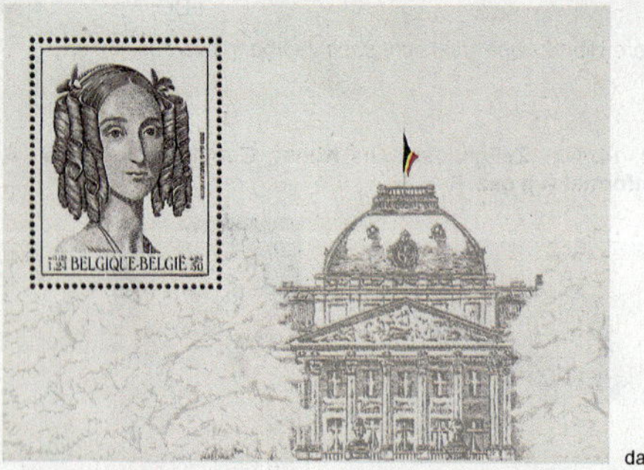

daw

dav) Königin Louise Marie (1812–1850, Königin ab 1831)

**3021** 50 (Fr) + 25 (Fr) / 1.24 (€) + 0.62 (€)
schwarzbraun ........... dav 3,60 3,60
**Block 78** (125×91 mm) ........... daw 3,60 3,60
FDC 12,50

*In ähnlichen Zeichnungen: MiNr. 3022, 3024, 3026*

**2001, 10. Febr. Blockausgabe: Die Königinnen von Belgien. StTdr., Blockrand RaTdr.; Papier ph.; gez. Ks 11½.**

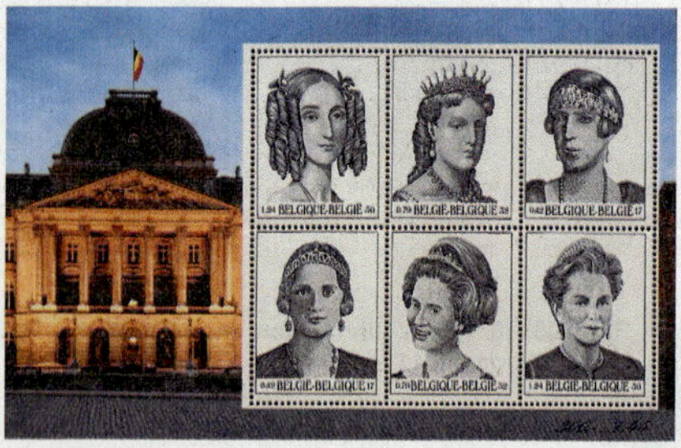

dax

dat I) Königin Elisabeth (1876–1965, Königin 1909–1934)
cxg I) Königin Astrid (1905–1935, Königin ab 1926)
dau I) Königin Marie-Henriette (1836–1902, Königin ab 1865)

cxh I) Königin Fabiola (1928–2014, Königin 1960–1993)
dav I) Königin Louise Marie (1812–1850, Königin ab 1831)
cxi I) Königin Paola (*1937, Königin 1993–2013)

**3022** 17 (Fr) / 0.42 (€) schwarzviolettblau dat I 1,20 1,20
**3023** 17 (Fr) / 0.42 (€) schwarzviolettblau cxg I 1,20 1,20
**3024** 32 (Fr) / 0.79 (€) schwarzviolettblau dau I 2,20 2,20
**3025** 32 (Fr) / 0.79 (€) schwarzviolettblau cxh I 2,20 2,20
**3026** 50 (Fr) / 1.24 (€) schwarzviolettblau dav I 3,60 3,60
**3027** 50 (Fr) / 1.24 (€) schwarzviolettblau cxi I 3,60 3,60
**Block 79** (190×120 mm) ......... dax 15,— 15,—
FDC 37,—

Postpreis: 300 Fr

*In ähnlichen Zeichnungen: MiNr. 2932–2934, 3019–3021*

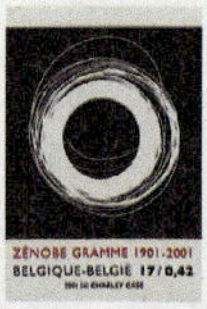

**2001, 17. März. 100. Todestag von Zénobe Gramme. RaTdr. (5×6); gez. K 11½.**

day) Graphische Darstellung der Bewegung eines Dynamos; Erfindung von Zénobe Gramme (1826–1901), Ingenieur

**3028** 17 (Fr) / 0.42 (€) mehrfarbig .......... day 1,— 0,50
FDC 5,—

Auflage: 2.175.690 Stück

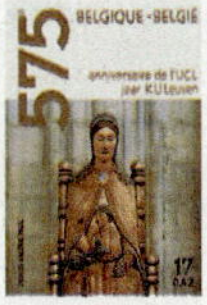

**2001, 17. März. 575 Jahre Katholische Universität Löwen. RaTdr. (5×6); gez. K 11½.**

daz) Alma Mater; Skulptur in der Universität Löwen

| | | | | |
|---|---|---|---|---|
| **3029** | 17 (Fr) / 0.42 (€) mehrfarbig | daz | 1,— | 0,50 |
| | | FDC | | 5,— |

Auflage: 2.727.660 Stück

**2001, 26. März. Freimarken: König Albert II. MiNr. 3030–3033 RaTdr., MiNr. 3034 StTdr.; MiNr. 3030–3032 (10×5), MiNr. 3033 bis 3034 (6×5); Papier ph.; gez. K 11½.**

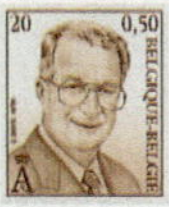

cvp

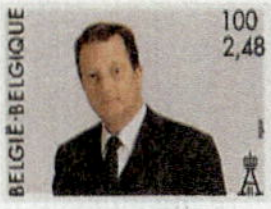

cis

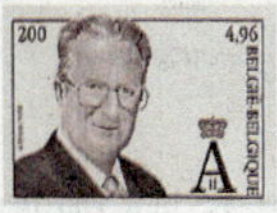

dar

cis, cvp, dar) König Albert II. (*1934, reg. 1993–2013)

| | | | | |
|---|---|---|---|---|
| **3030** | 20 (Fr) / 0.50 (€) dunkelockerbraun | cvp | 1,20 | 1,— |
| **3031** | 25 (Fr) / 0.62 (€) dunkelbraun | cvp | 1,80 | 1,20 |
| **3032** | 34 (Fr) / 0.84 (€) dunkelgraublau | cvp | 2,— | 1,60 |
| **3033** | 100 (Fr) / 2.48 (€) mehrfarbig | cis | 5,— | 4,80 |
| **3034** | 200 (Fr) / 4.96 (€) dunkelgrauviolett | dar | 12,— | 9,50 |
| | | Satzpreis (5 W.) | 22,— | 18,— |
| | | 5 FDC | | 58,— |

*Weitere Werte siehe Übersicht nach Jahrgangswerttabelle.*

**2001, 26. März/2002. Freimarken: Vögel. RaTdr.; MiNr. 3035–3037 (10×5, Querformat ~), MiNr. 3038 (6×5); w = Papier fl., y = Papier ph.; gez. K 11½.**

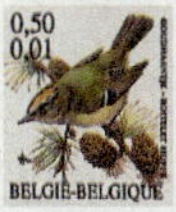

cco) Wintergoldhähnchen (Regulus regulus)

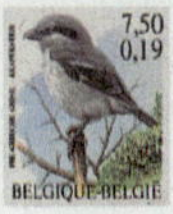

csw) Raubwürger (Lanius excubitor)

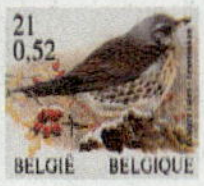

ctm) Wacholderdrossel (Turdus pilaris)

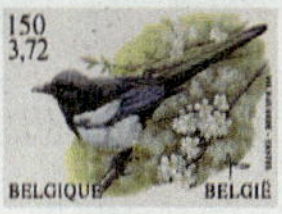

cor) Elster (Pica pica)

**w = Papier fl. (26.3.2001)**

| | | | | |
|---|---|---|---|---|
| **3035 w** | 0.50 (Fr) / 0.01 (€) mehrfarbig | cco | 0,30 | 0,30 |
| **3036 w** | 7.50 (Fr) / 0.19 (€) mehrfarbig | csw | 0,50 | 0,30 |
| **3037 w** | 21 (Fr) / 0.52 (€) mehrfarbig | ctm | 1,20 | 1,— |
| **3038 w** | 150 (Fr) / 3.72 (€) mehrfarbig | cor | 9,— | 7,50 |
| | | Satzpreis w (4 W.) | 11,— | 9,— |
| | | 4 FDC w | | 32,— |

**y = Papier ph. (2002)**

| | | | | |
|---|---|---|---|---|
| **3037 y** | 21 (Fr) / 0.52 (€) mehrfarbig | ctm | 1,20 | 1,— |
| **3038 y** | 150 (Fr) / 3.72 (€) mehrfarbig | cor | 9,— | 7,50 |
| | | Satzpreis y (2 W.) | 10,— | 8,50 |

*In gleichen Zeichnungen: MiNr. 2476, 2749, 2827, 2844*
*Weitere Werte siehe Übersicht nach Jahrgangswerttabelle.*

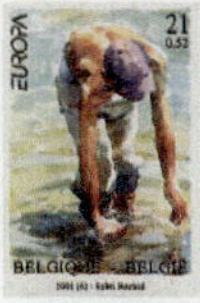

**2001, 21. April. Europa: Lebensspender Wasser. RaTdr. (5×6); gez. K 11½.**

dba) Im Wasser spielender Knabe; Gemälde von Rachid Sebti (*1947)

| | | | | |
|---|---|---|---|---|
| **3039** | 21 (Fr) / 0.52 (€) mehrfarbig | dba | 1,50 | 1,50 |
| | | FDC | | 5,50 |

Auflage: 2.276.250 Stück

**2001, 21. April. Musik und Literatur (II): 50 Jahre Königin-Elisabeth-Musikwettbewerb. RaTdr. (8×5); Papier ph.; gez. K 11½.**

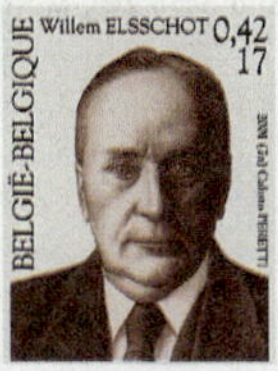

dbb) Willem Elsschot (1882–1960), Schriftsteller

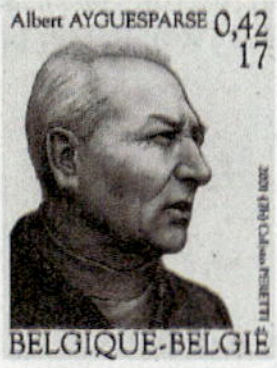

dbc) Albert Ayguesparse (1900–1996), Schriftsteller

| | | | | |
|---|---|---|---|---|
| **3040** | 17 (Fr) / 0.42 (€) schwarz/orangebraun | dbb | 1,— | 0,50 |
| **3041** | 17 (Fr) / 0.42 (€) schwarz/grauschwarz | dbc | 1,— | 0,50 |
| | | Satzpreis (2 W.) | 2,— | 1,— |
| | | FDC | | 11,50 |

**Blockausgabe**

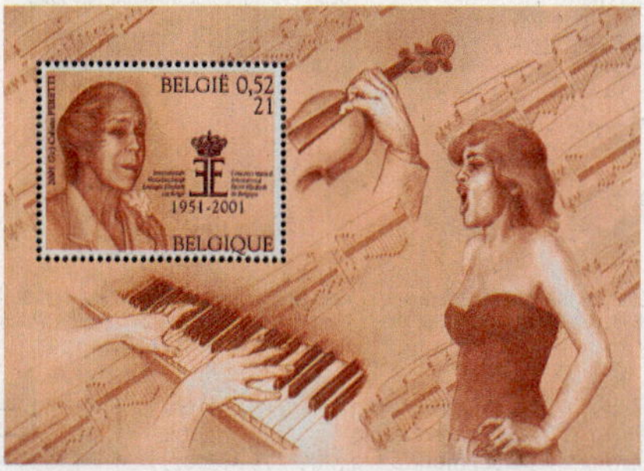

dbe

dbd) Königin Elisabeth (1876–1965, Königin 1909–1934)

| | | | | |
|---|---|---|---|---|
| **3042** | 21 (Fr) / 0.52 (€) orange/purpur | dbd | 1,— | 1,— |
| **Block 80** | (128×90 mm) | dbe | 1,20 | 1,20 |
| | | FDC | | 6,50 |

Auflagen: MiNr. 3040 = 2.176.040, MiNr. 3041 = 2.040.080 Stück, Bl. 80 = 2.018.704 Blocks

**2001, 21. April. 75 Jahre Nationale Eisenbahngesellschaft (BNEG). RaTdr. (1×5 Zd); Papier ph.; gez. K 11½.**

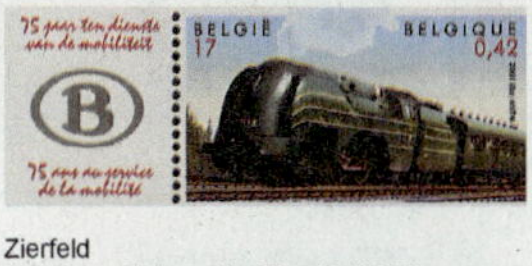

Zierfeld
dbf) Dampflokomotive Typ 12 (1938)

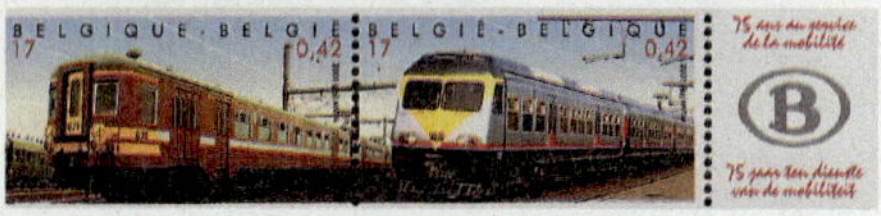

dbg) Doppeltriebwagen Serie 06/Typ 70 Th (1971)
dbh) Dreiteiliger Triebwagen Serie 03 (1991)
Zierfeld

| | | | | |
|---|---|---|---|---|
| **3043** | 17 (Fr) / 0.42 (€) mehrfarbig | dbf | 1,— | 0,50 |
| **3044** | 17 (Fr) / 0.42 (€) mehrfarbig | dbg | 1,— | 0,50 |
| **3045** | 17 (Fr) / 0.42 (€) mehrfarbig | dbh | 1,— | 0,50 |
| | | Satzpreis (3 W.) | 3,— | 1,50 |
| | | Fünferstreifen | 3,50 | 3,50 |
| | | FDC | | 10,— |

MiNr. 3043–3045 wurden mit 2 Zierfeldern waagerecht zusammenhängend gedruckt.

Auflage: 2.097.685 Sätze

**2001, 9. Juni. Internationale Briefmarkenausstellung BELGICA '01, Brüssel – 500. Jahrestag der Ernennung von Franz von Taxis zum „Kapitän und Meister der Post" durch Herzog Philipp den Schönen. RaTdr.; MiNr. 3046 (2×5 Zd und 3×5 Zd), MiNr. 3047–3050 (2×6 Zd); Papier ph.; gez. K 11½.**

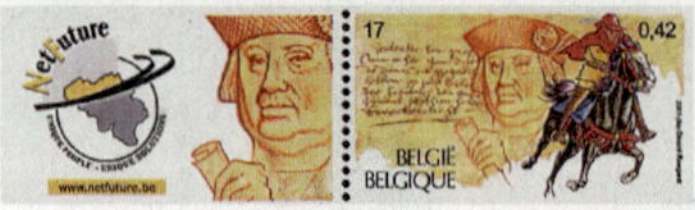


Zierfeld
dbi) Franz von Taxis (1450–1517), Erbgroßpostmeister des Hl. Römischen Reiches; Urkunde (1522); Postreiter (16. Jh.)

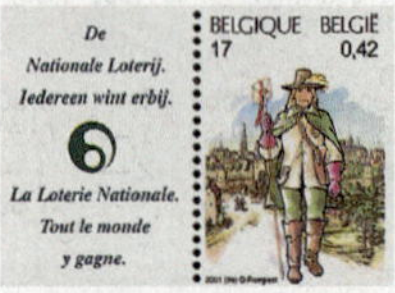


Zierfeld
dbk) Bote zu Fuß (17. Jh.), Stadtansicht von Brüssel (1668)

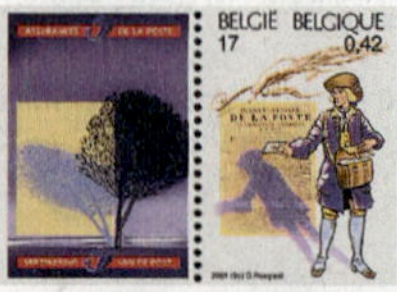


Zierfeld
dbl) Briefträger der „Kleinen Post" (Stadtpost) (1760); Post-Bekanntmachung

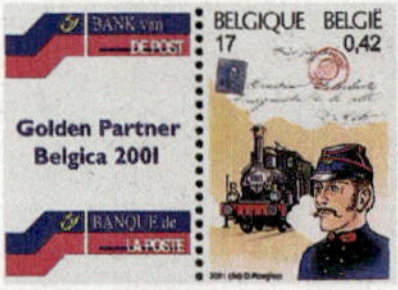


Zierfeld
dbm) Briefträger (um 1880), Briefumschlag (1854), Lokomotive Couillet Nr. 66 (1862)

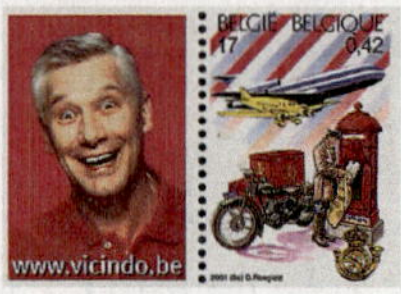


Zierfeld
dbn) Briefträger leert Briefkasten (1930), Postmotorrad Sarolea 24 T (1929), Postflugzeuge (1934 und 2001)

| | | | | |
|---|---|---|---|---|
| **3046** | 17 (Fr) / 0.42 (€) mehrfarbig ......... | dbi | 1,— | 1,— |
| **3047** | 17 (Fr) / 0.42 (€) mehrfarbig ......... | dbk | 1,— | 1,— |
| **3048** | 17 (Fr) / 0.42 (€) mehrfarbig ......... | dbl | 1,— | 1,— |
| **3049** | 17 (Fr) / 0.42 (€) mehrfarbig ......... | dbm | 1,— | 1,— |
| **3050** | 17 (Fr) / 0.42 (€) mehrfarbig ......... | dbn | 1,— | 1,— |
| | Satzpreis (5 W.) | | 5,— | 5,— |
| | 3046 Zf-3050 Zf | | 5,50 | 5,50 |
| | FDC | | | 16,— |
| | Kleinbogen (MiNr. 3046) | | 10,— | 10,— |

**Blockausgabe**

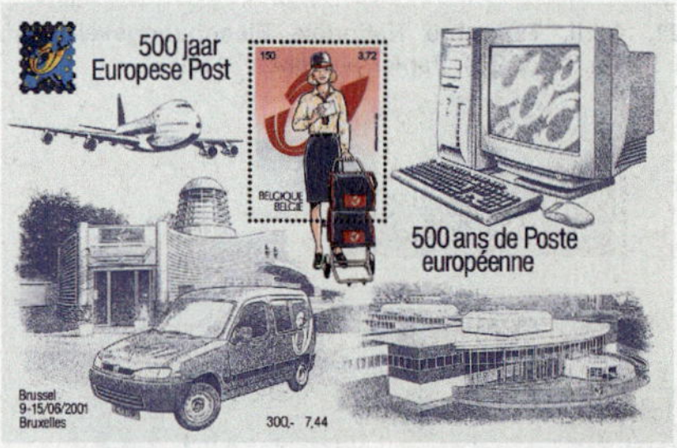


dbp

dbo) Briefträgerin (2001), Postemblem

| | | | | |
|---|---|---|---|---|
| **3051** | 150 (Fr) / 3.72 (€) mehrfarbig ..... | dbo | 15,— | 15,— |
| **Block 81** | (190×121 mm) ......... | dbp | 15,— | 15,— |
| | FDC | | | 37,— |

Postpreis: 300 Fr / 7.44 €

MiNr. 3046 wurde im Bogen zu 10 Marken und 10 gleichen Zierfeldern gedruckt.

MiNr. 3046 wurde auf der Ausstellung auch im Bogen zu 15 Marken und 15 personalisierbaren Zierfeldern zum Gesamtpreis von 400 Fr / 9.92 € verkauft.

MiNr. 3047–3050 wurden jeweils im Bogen zu 12 Marken und 12 gleichen, bei MiNr. 3050 verschiedenen Zierfeldern gedruckt.

Auflagen: MiNr. 3046 = 2.813.424, MiNr. 3047 = 2.294.136, MiNr. 3048 = 2.156.136, MiNr. 3049 = 1.915.536, MiNr. 3050 = 2.227.560 Stück, Bl. 81 = 510.335 Blocks

**2001, 10. Juni. Belgisch-marokkanische Zusammenarbeit. RaTdr. (5×6); Papier ph.; gez. K 11½.**

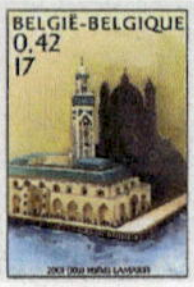


dbr) Hassan-II.-Moschee, Casablanca (1993); Schatten der Basilika

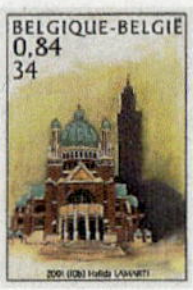


dbs) Herz-Jesu-Basilika, Koekelberg (1970); Schatten der Moschee

| | | | | |
|---|---|---|---|---|
| **3052** | 17 (Fr) / 0.42 (€) mehrfarbig .......... | dbr | 1,— | 0,50 |
| **3053** | 34 (Fr) / 0.84 (€) mehrfarbig .......... | dbs | 2,— | 0,50 |
| | Satzpreis (2 W.) | | 3,— | 1,— |
| | FDC | | | 9,50 |

Auflagen: MiNr. 3052 = 2.141.280, MiNr. 3053 = 2.129.880 Stück

*Parallelausgabe mit Marokko MiNr. 1382–1383*

**2001, 11. Juni. 200 Jahre Königliche Museen für bildende Kunst, Brüssel. RaTdr., Markenheftchen (4×1); Papier ph.; gez. K 13¾.**

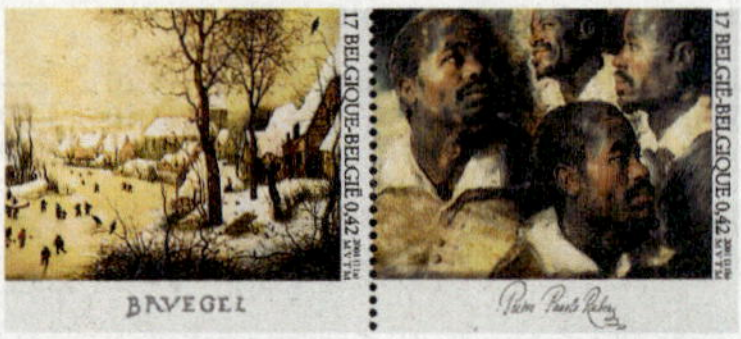


dbt) Winterlandschaft mit Eisläufern und Vogelfalle; von Pieter Bruegel d. Ä. (1525/30–1569)
dbu) Negerköpfe; von Peter Paul Rubens (1577–1640)

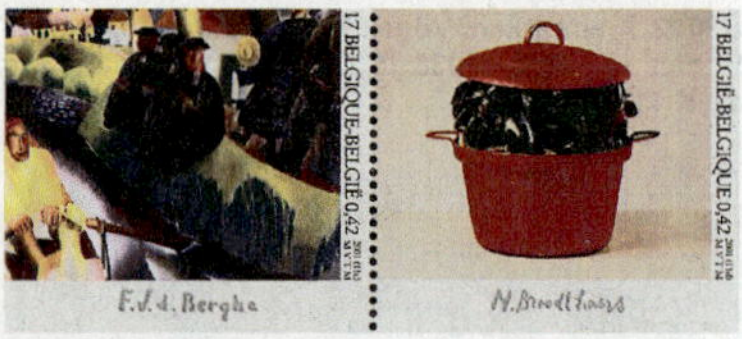


dbv) Sonntag; von Fritz van den Berghe (1883–1939)
dbw) Muscheltriumph II; von Marcel Broodthaers (1924–1976)

| | | | | |
|---|---|---|---|---|
| **3054** | 17 (Fr) / 0.42 (€) mehrfarbig .......... | dbt | 0,80 | 0,80 |
| **3055** | 17 (Fr) / 0.42 (€) mehrfarbig .......... | dbu | 0,80 | 0,80 |
| **3056** | 17 (Fr) / 0.42 (€) mehrfarbig .......... | dbv | 0,80 | 0,80 |
| **3057** | 17 (Fr) / 0.42 (€) mehrfarbig .......... | dbw | 0,80 | 0,80 |
| | Satzpreis (4 W.) | | 3,20 | 3,20 |
| | FDC | | | 14,— |

MiNr. 3054–3057 stammen aus MH 43.

Auflage: 576.818 Sätze

**2001, 12. Juni. Keramik. RaTdr. (5×6); Papier ph.; gez. K 11½.**

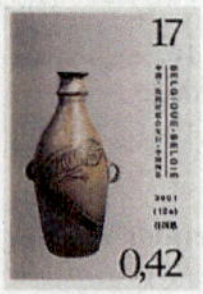


dbx) Shilingxia-Vase (um 3200 v. Chr.)

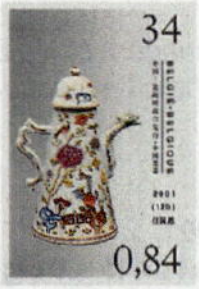


dby) Kaffeekanne aus der Quianlong-Dynastie (18. Jh.)

| | | | | |
|---|---|---|---|---|
| **3058** | 17 (Fr) / 0.42 (€) mehrfarbig .......... | dbx | 1,— | 0,50 |
| **3059** | 34 (Fr) / 0.84 (€) mehrfarbig .......... | dby | 2,— | 0,50 |
| | Satzpreis (2 W.) | | 3,— | 1,— |
| | FDC | | | 9,50 |

Auflagen: MiNr. 3058 = 3.423.090, MiNr. 3059= 3.514.500 Stück

*Parallelausgabe mit VR China MiNr. 3248–3249*

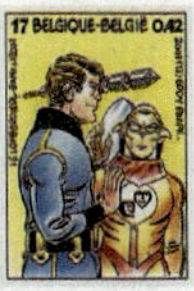

**2001, 13. Juni. Jugendphilatelie: Comics. RaTdr. (5×6); Papier ph.; gez. K 11½.**

dbz) Luc Orient mit Außerirdischem; von Eddy Paape (1920–2012), Comiczeichner

| | | | | |
|---|---|---|---|---|
| **3060** | 17 (Fr) / 0.42 (€) mehrfarbig .......... | dbz | 1,— | 0,50 |
| | | FDC | | 5,— |

Auflage: 2.320.620 Stück

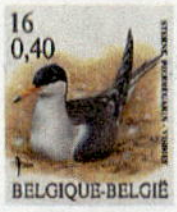

**2001, 13. Juni. Freimarke: Vögel. RaTdr. (10×5); Papier fl.; gez. K 11½.**

dca) Flussseeschwalbe (Sterna hirundo)

| | | | | |
|---|---|---|---|---|
| **3061** | 16 (Fr) / 0.40 (€) mehrfarbig .......... | dca | 1,— | 0,50 |
| | | FDC | | 5,— |

*Weitere Werte siehe Übersicht nach Jahrgangswerttabelle.*

**2001, 13. Juni. Sport: Weltmeisterschaften im Bahnradfahren, Antwerpen; Weltmeisterschaften im Turnen, Gent. RaTdr. (5×8); Papier ph.; gez. K 11½.**

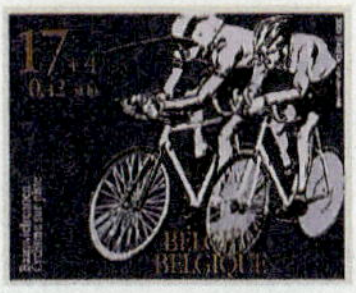

dcb) Radsprint

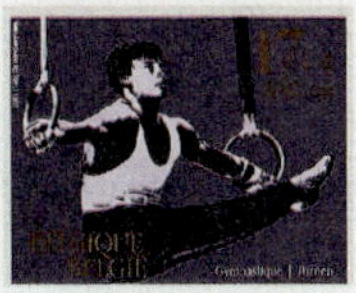

dcc) Ringeturnen

| | | | | |
|---|---|---|---|---|
| **3062** | 17 (Fr) + 4 (Fr) / 0.42 (€) + 0.10 (€) mfg.. | dcb | 1,— | 1,— |
| **3063** | 17 (Fr) + 4 (Fr) / 0.42 (€) + 0.10 (€) mfg.. | dcc | 1,— | 1,— |
| | | Satzpreis (2 W.) | 2,— | 2,— |
| | | FDC | | 9,— |

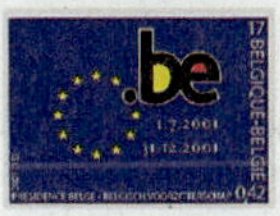

**2001, 15. Juni. Vorsitz Belgiens im Rat der Europäischen Union. RaTdr. (6×5); Papier ph.; gez. K 11½.**

dcd) EU-Flagge mit belgischem Internet-Domänenkürzel

| | | | | |
|---|---|---|---|---|
| **3064** | 17 (Fr) / 0.42 (€) mehrfarbig .......... | dcd | 1,20 | 1,20 |
| | | FDC | | 5,— |

Auflage: 2.310.180 Stück

**2001, 4. Aug. Tourismus: Glockentürme. RaTdr. (5×5); Papier ph.; gez. K 11½.**

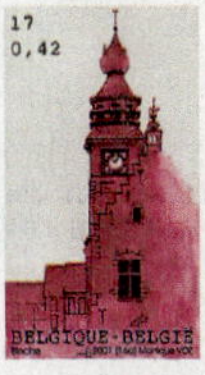

dce) Glockenturm und Rathaus von Binche

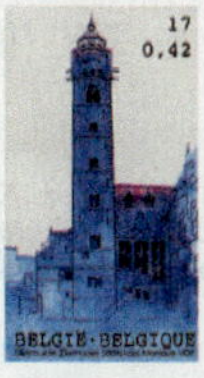

dcf) Glockenturm und Rathaus von Diksmuide

| | | | | |
|---|---|---|---|---|
| **3065** | 17 (Fr) / 0.42 (€) mehrfarbig .......... | dce | 1,— | 0,50 |
| **3066** | 17 (Fr) / 0.42 (€) mehrfarbig .......... | dcf | 1,— | 0,50 |
| | | Satzpreis (2 W.) | 2,— | 1,— |
| | | FDC | | 7,50 |

Auflagen: MiNr. 3065 = 2.138.050, MiNr. 3066 = 2.213.050 Stück

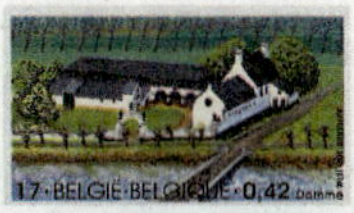

**2001, 4. Aug. Natur: Landestypische Gutshöfe. RaTdr. (5×5); Papier ph.; gez. K 11½.**

dcg) Sint-Kristoffel-Hof, Damme

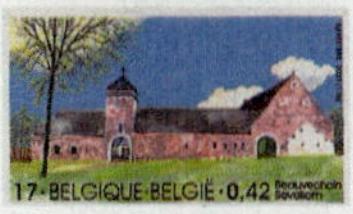

dch) Wahenges-Hof, Beauvechain

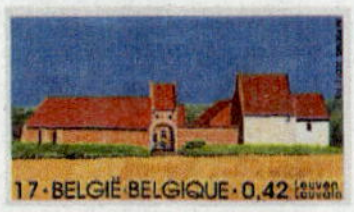

dci) Heilige-Geest-Hof, Löwen

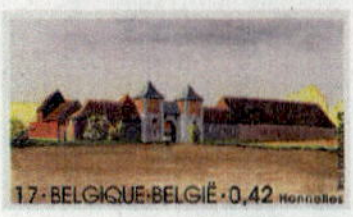

dck) Schlosshof Rampemont, Honnelles

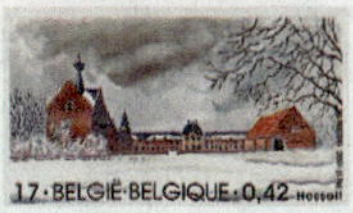

dcl) Abteihof Herkenrode, Hasselt

| | | | | |
|---|---|---|---|---|
| **3067** | 17 (Fr) / 0.42 (€) mehrfarbig .......... | dcg | 1,— | 0,50 |
| **3068** | 17 (Fr) / 0.42 (€) mehrfarbig .......... | dch | 1,— | 0,50 |
| **3069** | 17 (Fr) / 0.42 (€) mehrfarbig .......... | dci | 1,— | 0,50 |
| **3070** | 17 (Fr) / 0.42 (€) mehrfarbig .......... | dck | 1,— | 0,50 |
| **3071** | 17 (Fr) / 0.42 (€) mehrfarbig .......... | dcl | 1,— | 0,50 |
| | | Satzpreis (5 W.) | 5,— | 2,50 |
| | | FDC | | 16,— |

Auflagen: MiNr. 3067 = 2.137.900, MiNr. 3068 = 2.118.050, MiNr. 3069 = 2.139.850, MiNr. 3070 = 2.180.550, MiNr. 3071 = 2.110.550 Stück

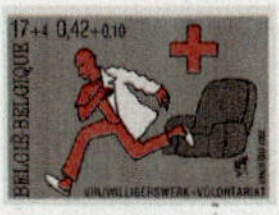

**2001, 8. Sept. Freiwillige im Dienst des Roten Kreuzes. RaTdr. (6×5); Papier ph.; gez. K 11½.**

dcm) Freiwilliger Helfer des Roten Kreuzes auf dem Weg zum Einsatz

| | | | | |
|---|---|---|---|---|
| **3072** | 17 (Fr) + 4 (Fr) / 0.42 (€) + 0.10 (€) mfg. | dcm | 1,— | 1,— |
| | | FDC | | 5,50 |

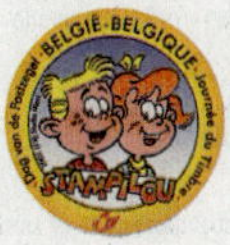

**2001, 6. Okt. Tag der Briefmarke: Comicfiguren. RaTdr., Markenheftchen (5); Papier ph.; selbstklebend; □.**

dcn) Stam und Pilou; Comicfiguren von De Marck und De Wulf (Studio Max)

| | | | | |
|---|---|---|---|---|
| **3073** | — mehrfarbig ...................... | dcn | 2,— | 0,50 |
| | | FDC | | 5,— |
| | | Markenheftchen | 10,— | 4,— |

Nominale zur Zeit der Ausgabe: 17 Fr / 0.42 €

**2001, 20. Okt. Jahrtausendwende: Reise durch das 20. Jahrhundert (III). RaTdr. (5×4); Papier ph.; gez. K 11½.**

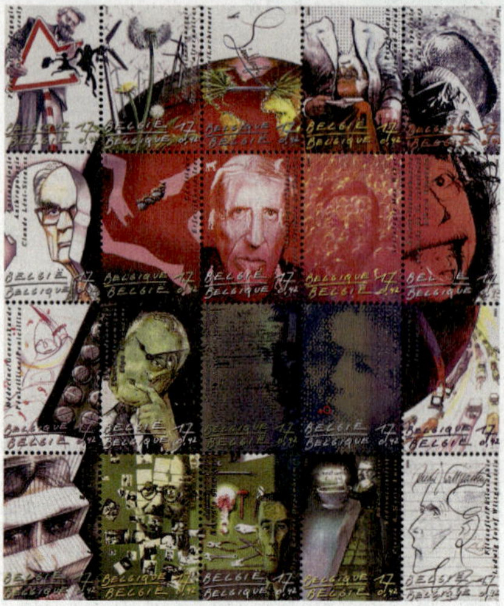

dco) Reformation der Schulpädagogik durch Ovide Decroly (1871–1932), belgischer Arzt und Pädagoge
dcp) Alternative Energiegewinnung durch Bau von Windkraftanlagen
dcr) Überquerung des Atlantiks (1927) durch Charles Lindbergh (1902–1974), amerikanischer Flieger
dcs) Begründung der Psychoanalyse durch Sigmund Freud (1856–1939), österreichischer Nervenarzt
dct) Neil Armstrong (1930–2012), amerikanischer Astronaut, erster Mensch auf dem Mond (1969)

dcu) Begründung des Strukturalismus durch Claude Lévi-Strauss (1908–2009), französischer Ethnologe
dcv) Entschlüsselung des menschlichen Genoms (2000)
dcw) Pierre Teilhard de Chardin (1881–1955), französischer katholischer Priester, Philosoph und Paläontologe
dcx) Max Weber (1864–1920), deutscher Soziologe, Volkswirtschaftler und Wirtschaftshistoriker
dcy) Albert Einstein (1879–1955), deutscher Physiker, Nobelpreis 1921

dcz) Entdeckung des Penicillins durch Alexander Fleming (1881–1955), britischer Bakteriologe, Nobelpreis 1945
dda) Ilya Prigogine (1917–2003), belgischer Physikochemiker, Nobelpreis 1977
ddb) Roland Barthes (1915–1980), französischer Literaturkritiker und Essayist
ddc) Simone de Beauvoir (1908–1986), französische Schriftstellerin
ddd) Entwicklung von Informatiksystemen

dde) John Maynard Keynes (1883–1946), britischer Volkswirtschaftler, Publizist und Diplomat
ddf) Marc Bloch (1886–1944), französischer Historiker
ddg) Julius Robert Oppenheimer (1904–1967), amerikanischer Atomphysiker
ddh) Pierre Curie (1859–1906), französischer Physiker, Nobelpreis 1903 und Marie Curie (1867–1934), französische Chemikerin und Physikerin, Nobelpreis 1903 und 1911
ddi) Ludwig Wittgenstein (1889–1951), österreichisch-britischer Philosoph

| | | | | |
|---|---|---|---|---|
| **3074** | 17 (Fr) / 0.42 (€) mehrfarbig .......... | dco | 1,10 | 0,50 |
| **3075** | 17 (Fr) / 0.42 (€) mehrfarbig .......... | dcp | 1,10 | 0,50 |
| **3076** | 17 (Fr) / 0.42 (€) mehrfarbig .......... | dcr | 1,10 | 0,50 |
| **3077** | 17 (Fr) / 0.42 (€) mehrfarbig .......... | dcs | 1,10 | 0,50 |
| **3078** | 17 (Fr) / 0.42 (€) mehrfarbig .......... | dct | 1,10 | 0,50 |
| **3079** | 17 (Fr) / 0.42 (€) mehrfarbig .......... | dcu | 1,10 | 0,50 |
| **3080** | 17 (Fr) / 0.42 (€) mehrfarbig .......... | dcv | 1,10 | 0,50 |
| **3081** | 17 (Fr) / 0.42 (€) mehrfarbig .......... | dcw | 1,10 | 0,50 |
| **3082** | 17 (Fr) / 0.42 (€) mehrfarbig .......... | dcx | 1,10 | 0,50 |
| **3083** | 17 (Fr) / 0.42 (€) mehrfarbig .......... | dcy | 1,10 | 0,50 |
| **3084** | 17 (Fr) / 0.42 (€) mehrfarbig .......... | dcz | 1,10 | 0,50 |
| **3085** | 17 (Fr) / 0.42 (€) mehrfarbig .......... | dda | 1,10 | 0,50 |
| **3086** | 17 (Fr) / 0.42 (€) mehrfarbig .......... | ddb | 1,10 | 0,50 |
| **3087** | 17 (Fr) / 0.42 (€) mehrfarbig .......... | ddc | 1,10 | 0,50 |
| **3088** | 17 (Fr) / 0.42 (€) mehrfarbig .......... | ddd | 1,10 | 0,50 |
| **3089** | 17 (Fr) / 0.42 (€) mehrfarbig .......... | dde | 1,10 | 0,50 |
| **3090** | 17 (Fr) / 0.42 (€) mehrfarbig .......... | ddf | 1,10 | 0,50 |
| **3091** | 17 (Fr) / 0.42 (€) mehrfarbig .......... | ddg | 1,10 | 0,50 |
| **3092** | 17 (Fr) / 0.42 (€) mehrfarbig .......... | ddh | 1,10 | 0,50 |
| **3093** | 17 (Fr) / 0.42 (€) mehrfarbig .......... | ddi | 1,10 | 0,50 |
| | | Satzpreis (20 W.) | 22,— | 10,— |
| | | Zd-Bogen | 24,— | 24,— |
| | | FDC | | 45,— |

Auflage: 1.043.304 Sätze

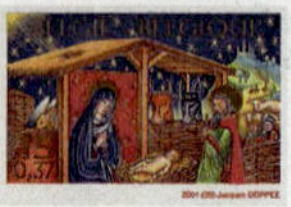

**2001, 10. Nov. Weihnachten und Neujahr. RaTdr. (4×5); Papier fl.; gez. K 11½.**

ddk) Christi Geburt; aus dem Stundenbuch des Herzogs von Berry

| | | | | |
|---|---|---|---|---|
| **3094** | 15 (Fr) / 0.37 (€) mehrfarbig .......... | ddk | 0,80 | 0,50 |
| | | FDC | | 5,— |

MiNr. 3094 wurde von der Post nur im kompletten Bogen zum Preis von 300 Fr / 7.40 € verkauft.

Auflage: 24.978 180 Stück

**2001, 10. Dez. Freimarken: Blumen. RaTdr., Markenheftchen (2×5, Hochformat ~); Papier ph.; selbstklebend; D = dreiseitig, E = zweiseitig gestanzt 10.**

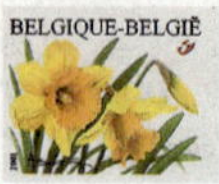


ddl) Trompetennarzisse

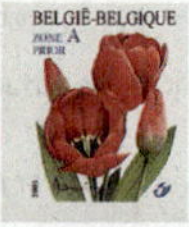


ddm) Darwin-Tulpe

| | | | | | |
|---|---|---|---|---|---|
| **3095** | | — mehrfarbig .................. | ddl | | |
| | **Dl** | dreiseitig gestanzt (□) .......... | | 2,— | 0,90 |
| | **Dr** | dreiseitig gestanzt (□) .......... | | 2,— | 0,90 |
| | **El** | zweiseitig gestanzt (□) .......... | | 2,— | 0,90 |
| | **Er** | zweiseitig gestanzt (□) .......... | | 2,— | 0,90 |
| **3096** | | — mehrfarbig .................. | ddm | | |
| | **Do** | dreiseitig gestanzt (□) .......... | | 3,— | 1,10 |
| | **Du** | dreiseitig gestanzt (□) .......... | | 3,— | 1,10 |
| | **Eo** | zweiseitig gestanzt (□) .......... | | 3,— | 1,10 |
| | **Eu** | zweiseitig gestanzt (□) .......... | | 3,— | 1,10 |
| | | | Satzpreis (2 W.) | 5,— | 2,— |
| | | | 2 FDC | | 10,50 |
| | | | 2 Markenheftchen | 50,— | 20,— |

Nominalen zur Zeit der Ausgabe: MiNr. 3095 = 17 Fr / 0.42 €, MiNr. 3096 = 21 Fr / 0.52 €

MiNr. 3095 wurde im Markenheftchen mit je 4 × MiNr. 3095 Dl und Dr und je 1 × MiNr. 3095 El und Er gedruckt, MiNr. 3096 wurde im Markenheftchen mit je 4 × MiNr. 3096 Do und Du und je 1 × MiNr. 3096 Eo und Eu gedruckt.

*Weitere Werte siehe Fußnote nach MiNr. 2784.*

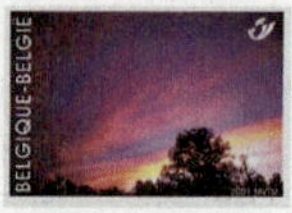


**2001, 10. Dez. Freimarke für Traueranzeigen. RaTdr. (4×5); Papier fl.; gez. K 11½.**

ddn) Abenddämmerung

| | | | | |
|---|---|---|---|---|
| **3097** | — mehrfarbig .......................... | ddn | 2,— | 0,50 |
| | | FDC | | 5,— |

Nominale zur Zeit der Ausgabe: 17 Fr / 0.42 €

Auflage: 646 500 Stück

*In ähnlicher Zeichnung: MiNr. 3192, 3359*

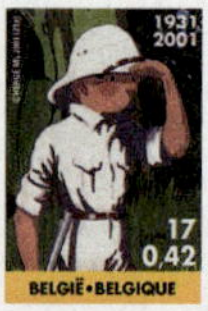


**2001, 31. Dez. 70. Jahrestag der Erstausgabe der Comicgeschichte „Tim im Kongo". RaTdr. (5×6); Papier fl.; gez. K 11½.**

ddo) Titelbild der Erstauflage (1931)

ddo–ddp) Tim und Struppi; Comicfiguren von Hergé, eigentlich Georges Rémi (1907–1983)

| | | | | |
|---|---|---|---|---|
| **3098** | 17 (Fr) / 0.42 € mehrfarbig .......... | ddo | 1,20 | 0,50 |
| | | FDC | | 5,— |

**Blockausgabe**

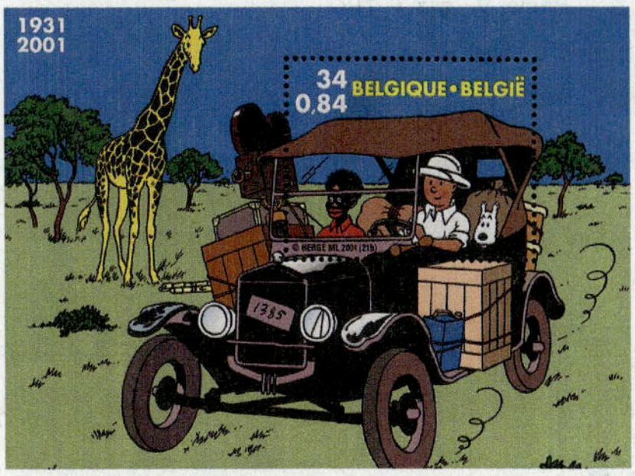


ddr

ddp) Titelbild einer Neuauflage (1997)

| | | | | |
|---|---|---|---|---|
| **3099** | 34 (Fr) / 0.84 (€) mehrfarbig ...... | ddp | 1,50 | 1,50 |
| **Block 82** | (123×88 mm) ........... | ddr | 1,80 | 1,80 |
| | FDC (Blockmarke) | | | 8,— |

*Parallelausgabe mit Kongo (Kinshasa) MiNr. 1690–1691/Bl. 115*

*Neue Währung ab 1. Januar 2002:*
*1 Euro (€) = 100 Cent*
*(40.3399 Belgische Francs = 1 Euro)*

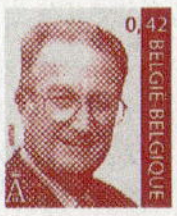

**2002, 1. Jan. Freimarken: König Albert II. RaTdr. (2×5); Papier ph.; gez. K 11½.**

dds) König Albert II. (*1934, reg. 1993–2013)

| | | | | |
|---|---|---|---|---|
| **3100** | 0.42 (€) dunkelrosarot ............... | dds | 1,— | 0,50 |
| **3101** | 0.52 (€) kobaltblau ................. | dds | 1,20 | 0,50 |
| | Satzpreis (2 W.) | | 2,20 | 1,— |
| | 2 FDC | | | 11,— |
| | Kleinbogensatz (2 Klb.) | | 22,— | 22,— |

*Weitere Werte siehe Übersicht nach Jahrgangswerttabelle.*

**2002, 19. Jan. Sport: Querfeldein- und Straßen-Rad-Weltmeisterschaften, Zolder; 100 Jahre Königlich Belgischer Tennisverband. RaTdr. (5×1 Zd, Querformate ~); Papier ph.; gez. K 11½.**

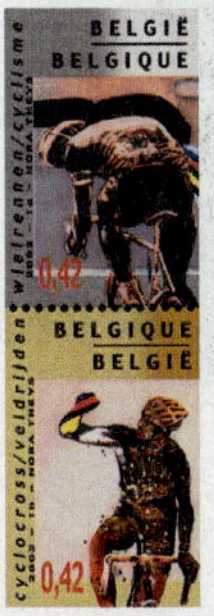

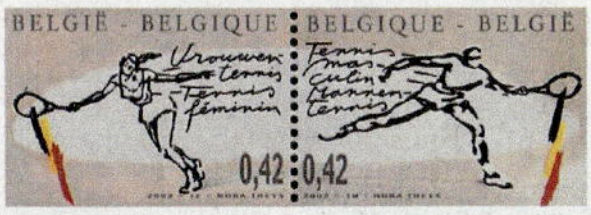


ddt) Straßenradfahrer
ddu) Querfeldeinfahrer

ddv) Damentennis
ddw) Herrentennis

| | | | | |
|---|---|---|---|---|
| **3102** | 0.42 (€) mehrfarbig ................ | ddt | 1,— | 0,50 |
| **3103** | 0.42 (€) mehrfarbig ................ | ddu | 1,— | 0,50 |
| **3104** | 0.42 (€) mehrfarbig ................ | ddv | 1,— | 0,50 |
| **3105** | 0.42 (€) mehrfarbig ................ | ddw | 1,— | 0,50 |
| | Satzpreis (4 W.) | | 4,— | 2,— |
| | 2 Paare | | 4,— | 2,— |
| | 2 FDC | | | 15,— |
| | Kleinbogensatz (2 Klb.) | | 20,— | 20,— |

Auflagen: MiNr. 3102–3103 je 1.659.250, MiNr. 3104–3105 je 1.736.770 Stück

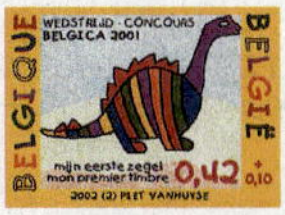

**2002, 9. Febr. Förderung der Philatelie: Kinder-Zeichenwettbewerb „Meine erste Briefmarke“. RaTdr. (6×5); Papier ph.; gez. K 11½.**

ddx) Drache; Zeichnung von Piet Vanhuyse (10 J.)

| | | | | |
|---|---|---|---|---|
| **3106** | 0.42 (€) + 0.10 (€) mehrfarbig ......... | ddx | 1,20 | 1,— |
| | FDC | | | 5,50 |

**2002, 9. Febr. 150 Jahre Hochschulen Rijksuniversitair Centrum Antwerpen (RUCA) und Universitaire Faculteiten Sint-Ignatius Antwerpen (UFSIA) der konföderierten Universität Antwerpen. StTdr. (6×5); Papier ph.; gez. K 11½.**

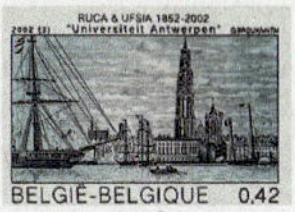


ddy) Historischer Stich von Antwerpen

| | | | | |
|---|---|---|---|---|
| **3107** | 0.42 (€) mehrfarbig .................. | ddy | 1,— | 0,50 |
| | FDC | | | 5,— |

Auflage: 1.030.560 Stück

**2002, 2. März. Brügge – Kulturhauptstadt Europas 2002. RaTdr. (2×5); Papier ph.; gez. K 11½.**

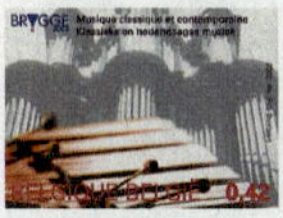

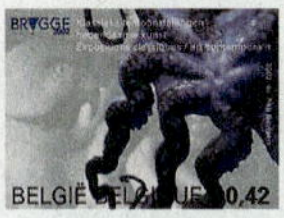

ddz) Restaurationen, neue Architektur
dea) Klassische und zeitgenössische Musik
deb) Klassische Ausstellungen, moderne Kunst

| | | | | |
|---|---|---|---|---|
| **3108** | 0.42 (€) mehrfarbig ................. | ddz | 1,— | 1,— |
| **3109** | 0.42 (€) mehrfarbig ................. | dea | 1,— | 1,— |
| **3110** | 0.42 (€) mehrfarbig ................. | deb | 1,— | 1,— |
| | Satzpreis (3 W.) | | 3,— | 3,— |
| | FDC | | | 11,50 |
| | Kleinbogensatz (3 Klb.) | | 30,— | 30,— |

Auflagen: MiNr. 3108 = 897.340, MiNr. 3109 = 890.034, MiNr. 3110 = 867.560 Stück

**2002, 2. März. Frau und Kunst. RaTdr. (2×5, Hochformat ~); Papier ph.; gez. K 11½.**

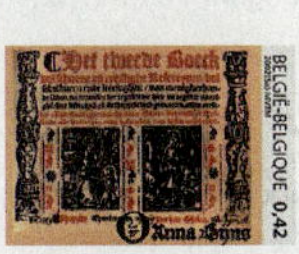

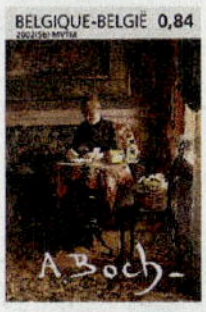


dec) Seite aus einem Gedichtband von Anna Bijns (1494–1575), Lyrikerin
ded) Gemälde von Anna Boch (1848–1936), Malerin

| | | | | |
|---|---|---|---|---|
| **3111** | 0.42 (€) mehrfarbig ................. | dec | 1,— | 0,50 |
| **3112** | 0.84 (€) mehrfarbig ................. | ded | 2,— | 1,— |
| | Satzpreis (2 W.) | | 3,— | 1,50 |
| | FDC | | | 9,50 |
| | Kleinbogensatz (2 Klb.) | | 30,— | 30,— |

Auflagen. MiNr. 3111 = 1.793.140, MiNr. 3112 = 1.149.780 Stück

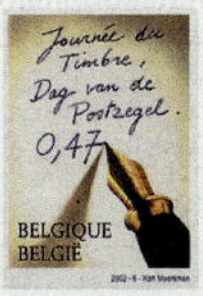


**2002, 20. April. Tag der Briefmarke. RaTdr. (5×2); Papier ph.; gez. K 11½.**

dee) Füllfederhalter, Handschrift

**3113** 0.47 (€) mehrfarbig . . . . . . . . . . dee 1,— 0,50
FDC 5,50
Kleinbogen 10,— 10,—

Auflage: 630.050 Stück

**2002, 20. April. Belgische Rassehunde. RaTdr. (1 Zd + 1 Zd); Papier ph.; gez. K 11½.**

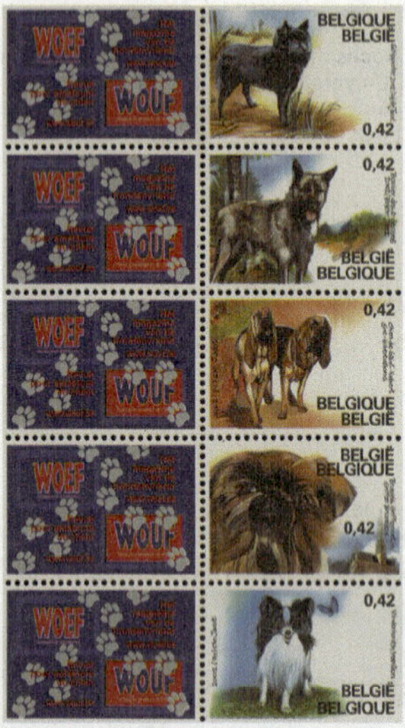


Zierfeld
def) Schipperke
Zierfeld
deg) Ardenner Bouvier
Zierfeld
deh) Hubertushund
Zierfeld
dei) Brüsseler Griffon
Zierfeld
dek) Papillon

**3114** 0.42 (€) mehrfarbig . . . . . . . . . . def 1,— 0,90
**3115** 0.42 (€) mehrfarbig . . . . . . . . . . deg 1,— 0,90
**3116** 0.42 (€) mehrfarbig . . . . . . . . . . deh 1,— 0,90
**3117** 0.42 (€) mehrfarbig . . . . . . . . . . dei 1,— 0,90
**3118** 0.42 (€) mehrfarbig . . . . . . . . . . dek 1,— 0,90
Satzpreis (5 W.) 5,— 4,50
FDC 16,—
Zehnerblock 6,— 6,—
Kleinbogen 12,— 12,—

Auflage: 2.951.450 Kleinbogen

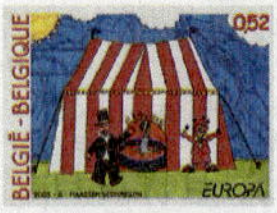


**2002, 4. Mai. Europa: Zirkus. RaTdr. (2×5); Papier ph.; gez. K 11½.**

del) Zirkusdirektor und Clown vor Zirkuszelt; Zeichnung von Maarten Verhaegen (11 J.)

**3119** 0.52 (€) mehrfarbig . . . . . . . . . . del 2,50 2,50
FDC 5,50
Kleinbogen 25,— 25,—

Auflage: 1.853.480 Stück

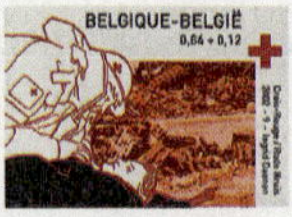


**2002, 4. Mai. Rotes Kreuz: Katastrophenhilfe. RaTdr. (5×6); Papier ph.; gez. K 11½.**

dem) Rotkreuzhelfer beugt sich über Verletzten, Katastrophengebiet

**3120** 0.84 (€) + 0.12 (€) mehrfarbig . . . . . . dem 2,— 2,—
FDC 7,50

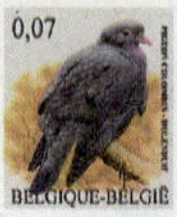


**2002, 4. Mai. Freimarke: Vögel. RaTdr. (10×5); Papier fl.; gez. K 11½.**

den) Hohltaube (Columba oenas)

**3121** 0.07 (€) mehrfarbig . . . . . . . . . . den 0,30 0,30
FDC 3,50

*Weitere Werte siehe Übersicht nach Jahrgangswerttabelle.*

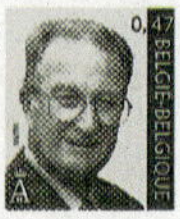


**2002, 4. Mai. Freimarke: König Albert II. RaTdr. (10×5); Papier ph.; gez. K 11½.**

dds) König Albert II. (*1934, reg. 1993–2013)

**3122** 0.47 (€) schwarzolivgrün . . . . . . . . dds 1,20 0,50
FDC 5,50

*Weitere Werte siehe Übersicht nach Jahrgangswerttabelle.*

**2002, 8. Juni. 850 Jahre Abtei zu Leffe. RaTdr. (3×5 Zd); Papier ph.; gez. K 11½.**

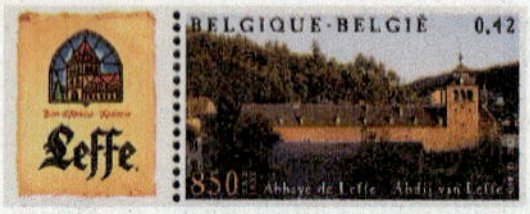


Zierfeld
deo) Ansicht des Prämonstratenserklosters

**3123** 0.42 (€) mehrfarbig . . . . . . . . . . deo 0,90 0,40
3123 Zf 1,— 0,50
FDC 5,—

MiNr. 3123 wurde mit anhängendem Zierfeld gedruckt.

Auflagen: 2.327.445 Stück

**2002, 8. Juni. Tourismus: Belgische Schlösser. RaTdr.; Papier ph.; gez. Ks 11½.**

det des der deu dep dey
dew dez dev dex

dep) Schloss Ecaussinnes-Lalaing
der) Schloss Ooidonk (16. Jh.)
des) Schloss Corroy
det) Landcommanderij Alden Biesen (16.–18. Jh.)
deu) Felsennest-Schloss von Modave (17. Jh.)
dev) Wasserschloss Horst
dew) Schloss Chimay (1607)
dex) Schloss von Loppem (1859)
dey) Burg Reinhardstein (1354)
dez) Schloss Wissekerke (10. Jh.)

**3124** 0.42 (€) mehrfarbig . . . . . . . . . . dep 1,— 0,50
**3125** 0.42 (€) mehrfarbig . . . . . . . . . . der 1,— 0,50
**3126** 0.42 (€) mehrfarbig . . . . . . . . . . des 1,— 0,50
**3127** 0.42 (€) mehrfarbig . . . . . . . . . . det 1,— 0,50
**3128** 0.42 (€) mehrfarbig . . . . . . . . . . deu 1,— 0,50

| | | | | | |
|---|---|---|---|---|---|
| **3129** | 0.42 (€) mehrfarbig | dev | 1,— | 0,50 |
| **3130** | 0.42 (€) mehrfarbig | dew | 1,— | 0,50 |
| **3131** | 0.42 (€) mehrfarbig | dex | 1,— | 0,50 |
| **3132** | 0.42 (€) mehrfarbig | dey | 1,— | 0,50 |
| **3133** | 0.42 (€) mehrfarbig | dez | 1,— | 0,50 |
| | | Satzpreis (10 W.) | 10,— | 5,— |
| | | Kleinbogen | 11,— | 11,— |
| | | FDC | | 23,— |

Auflage: 6.395.090 Sätze

**2002, 30. Juni. Pferde. RaTdr.; MiNr. 3134 (6×5), Papier fl.; MiNr. 3135 (5×2), Papier ph.; gez. Ks 11½.**

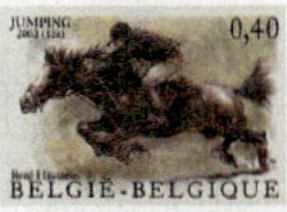

dfa) Springreiten

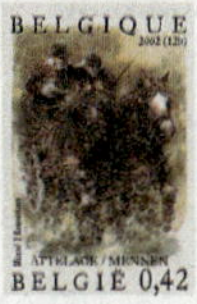

dfb) Gespannfahren

| | | | | |
|---|---|---|---|---|
| **3134** | 0.40 (€) mehrfarbig | dfa | 1,— | 0,50 |
| **3135** | 0.42 (€) mehrfarbig | dfb | 1,— | 0,50 |
| | | Satzpreis (2 W.) | 2,— | 1,— |
| | | FDC | | 9,— |
| | | Kleinbogen | 10,— | 10,— |

**Blockausgabe, Papier ph.**

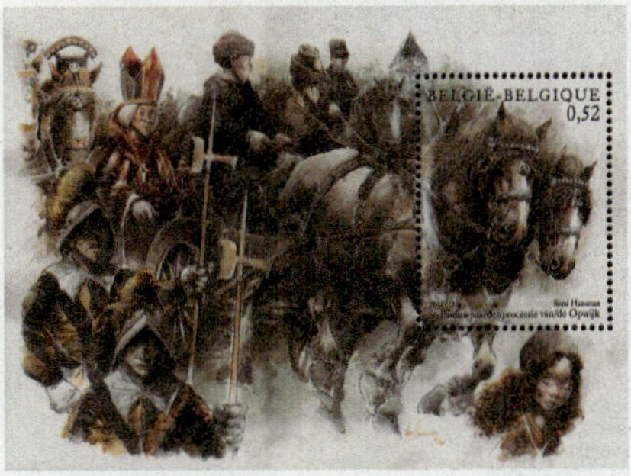

dfd

dfc) St.-Paulus-Pferdeprozession, Opwijk (seit 1902)

| | | | | |
|---|---|---|---|---|
| **3136** | 0.52 (€) mehrfarbig | dfc | 1,— | 1,— |
| **Block 83** | (125×90 mm) | dfd | 1,20 | 1,20 |
| | | FDC | | 5,50 |

Auflagen: MiNr. 3134 = 948.720, MiNr. 3135 = 1.008.820 Stück, Bl. 83 = 504.415 Blocks

**2002, 11. Juli. 700. Jahrestag der Goldsporenschlacht bei Kortrijk. RaTdr. (5×2); Papier ph.; gez. Ks 11½.**

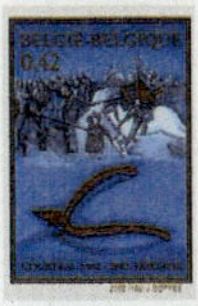

dfe) Vergoldeter Sporn

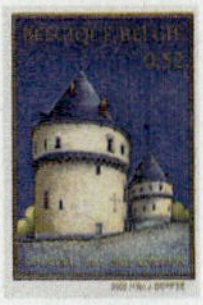
dff) Broeltürme

| | | | | |
|---|---|---|---|---|
| **3137** | 0.42 (€) mehrfarbig | dfe | 1,— | 0,50 |
| **3138** | 0.52 (€) mehrfarbig | dff | 1,20 | 1,— |
| | | Satzpreis (2 W.) | 2,20 | 1,50 |
| | | FDC | | 8,— |
| | | Kleinbogensatz (2 Klb.) | 22,— | 22,— |

**Blockausgabe**

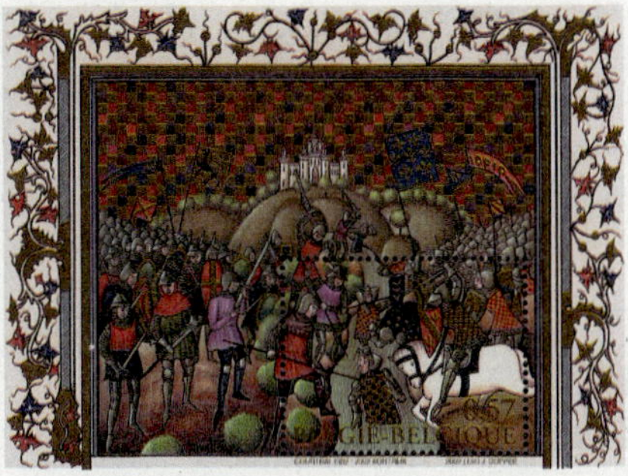
dfh

dfg) Schlachtszene zwischen flämischen und französischen Truppen

| | | | | |
|---|---|---|---|---|
| **3139** | 0.57 (€) mehrfarbig | dfg | 1,20 | 1,20 |
| **Block 84** | (125×90 mm) | dfh | 1,20 | 1,20 |
| | | FDC | | 7,— |

Auflagen: MiNr. 3137 = 1.095.260, MiNr. 3138 = 1.014.510 Stück, Bl. 84 = 525.584 Blocks

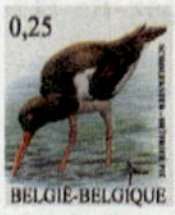


**2002, 11. Juli. Freimarke: Vögel. RaTdr. (2×5); Papier fl.; gez. K 11½.**

dfi) Austernfischer (Haematopus ostralegus)

| | | | | |
|---|---|---|---|---|
| **3140** | 0.25 (€) mehrfarbig | dfi | 0,60 | 0,50 |
| | | FDC | | 4,50 |
| | | Kleinbogen | 5,— | 5,— |

*Weitere Werte siehe Übersicht nach Jahrgangswerttabelle.*

**2002, 12. Juli. Windmühlen. RaTdr. (5×2); Papier ph.; gez. Ks 11½.**

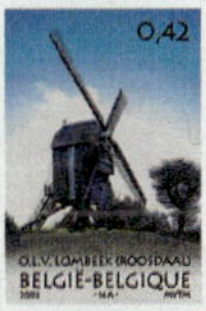

dfk) Windmühle von Onze-Lieve-Vrouw-Lombeek bei Roosdaal

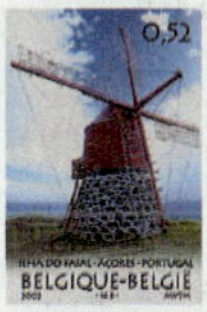

dfl) Windmühle der Insel Faial

| | | | | |
|---|---|---|---|---|
| **3141** | 0.42 (€) mehrfarbig | dfk | 1,— | 0,50 |
| **3142** | 0.52 (€) mehrfarbig | dfl | 1,20 | 1,10 |
| | | Satzpreis (2 W.) | 2,20 | 1,50 |
| | | FDC | | 8,— |
| | | Kleinbogensatz (2 Klb.) | 22,— | 22,— |

Auflagen: MiNr. 3141 = 770.830, MiNr. 3142 = 776.260 Stück

*Parallelausgabe mit Portugal – Azoren MiNr. 492–493*

**2002, 13. Juli. Spitzen. RaTdr. (5×2); Papier ph.; gez. Ks 11½.**

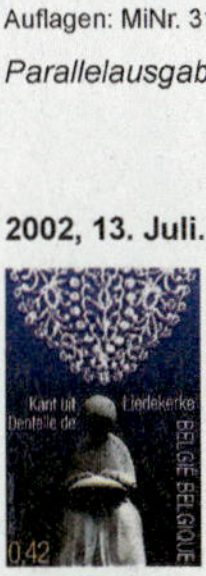

dfm) Spitze aus Liederkerke (14.–15. Jh.), belgische Skulptur einer Spitzennäherin

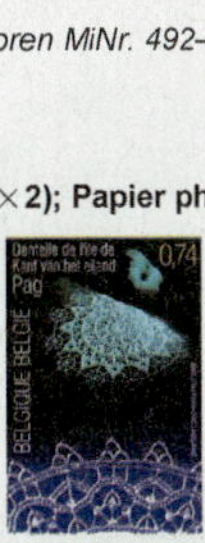

dfn) Spitze aus Pag (19. Jh., Detail), Hand einer Spitzennäherin und Spitzendeckchen

**3143** 0.42 (€) mehrfarbig . . . . . . . . . . . . . . . . . . dfm 1,— 0,50
**3144** 0.74 (€) mehrfarbig . . . . . . . . . . . . . . . . . . dfn 1,50 1,—
Satzpreis (2 W.) 2,50 1,50
FDC 9,—
Kleinbogensatz (2 Klb.) 25,— 25,—

Auflagen: MiNr. 3143 = 702.190, MiNr. 3144 = 804.190 Stück

*Parallelausgabe mit Kroatien MiNr. 619–620*

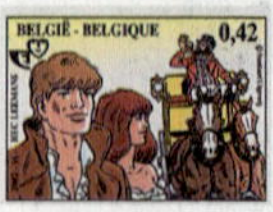


**2002, 14. Juli. Jugendphilatelie: Comics. RaTdr. (2×5); Papier ph.; gez. Ks 11½.**

dfo) Kapitän Bakelandt und seine Freunde; von Hec Leemans (*1950), Comiczeichner

**3145** 0.42 (€) mehrfarbig . . . . . . . . . . . . . . . . . . dfo 1,— 0,50
FDC 5,—
Kleinbogen 10,— 10,—

Auflage: 678.410 Stück

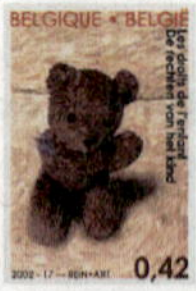


**2002, 28. Sept. 13 Jahre Konvention der Vereinten Nationen über die Rechte des Kindes. Komb. StTdr. und RaTdr. (5×2); Papier ph.; gez. Ks 11½.**

dfp) Teddybär mit fehlendem Arm

**3146** 0.42 (€) mehrfarbig . . . . . . . . . . . . . . . . . . dfp 1,— 0,50
FDC 5,—
Kleinbogen 10,— 10,—

Auflage: 3.012.340 Stück

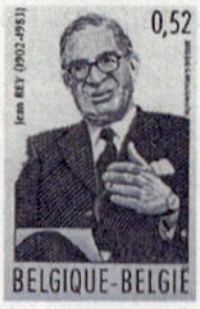


**2002, 28. Sept. 100. Geburtstag von Jean Rey. Komb. StTdr. und RaTdr. (5×2); Papier ph.; gez. Ks 11½.**

dfr) Jean Rey (1902–1983), Politiker

**3147** 0.52 (€) mehrfarbig . . . . . . . . . . . . . . . . . . dfr 1,50 1,50
FDC 5,50
Kleinbogen 15,— 15,—

Auflage: 1.573.360 Stück

**2002, 25. Okt. Geburt von Prinzessin Elisabeth. RaTdr.; MiNr. 3148 (5×2), MiNr. 3149 (4×5); Papier ph.; gez. Ks 11½.**

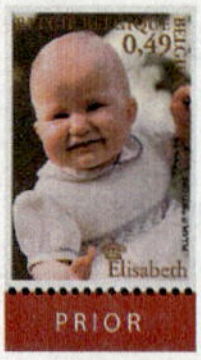


dfs) Prinzessin Elisabeth

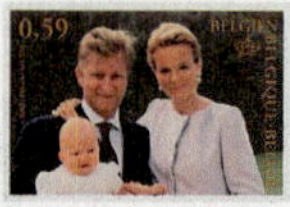

dft) Prinz Philippe und Prinzessin Mathilde mit Tochter

**3148** 0.49 (€) mehrfarbig . . . . . . . . . . . . . . . . . . dfs 1,— 0,50
**3149** 0.59 (€) mehrfarbig . . . . . . . . . . . . . . . . . . dft 1,50 1,—
Satzpreis (2 W.) 2,50 1,50
FDC 9,50
Kleinbogen 10,— 10,—

**Blockausgabe**

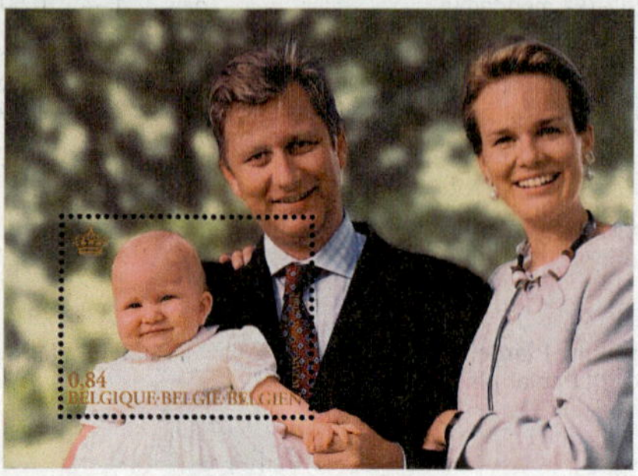


dfv

dfu) Prinzessin Elisabeth

**3150** 0.84 (€) mehrfarbig . . . . . . . . . . . . . . dfu 2,— 1,50
**Block 85** (123×88 mm) . . . . . . . . . . . . dfv 2,20 1,80
FDC 7,50

Auflagen: MiNr. 3148 = 3.204.730, MiNr. 3149 = 1.130.480 Stück, Bl. 85 = 819.410 Blocks

**2002, 26. Okt. Weihnachten und Neujahr. RaTdr. (5×2); Papier fl.; gez. Ks 11½.**

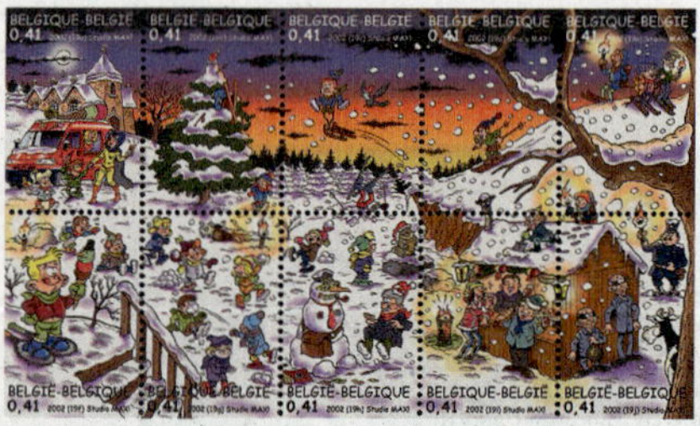

dfw) Eisverkäufer
dfx) Tannenbaum
dfy) Rodeln
dfz) Skispringen
dga) Nachtskilauf

dgb) Junge mit Eis
dgc) Schneeballschlacht
dgd) Schneemann
dge) Glühweinstand
dgf) Polizist ertappt Diebe

**3151** 0.41 (€) mehrfarbig . . . . . . . . . . . . . . . . . . dfw 1,— 0,50
**3152** 0.41 (€) mehrfarbig . . . . . . . . . . . . . . . . . . dfx 1,— 0,50
**3153** 0.41 (€) mehrfarbig . . . . . . . . . . . . . . . . . . dfy 1,— 0,50
**3154** 0.41 (€) mehrfarbig . . . . . . . . . . . . . . . . . . dfz 1,— 0,50
**3155** 0.41 (€) mehrfarbig . . . . . . . . . . . . . . . . . . dga 1,— 0,50
**3156** 0.41 (€) mehrfarbig . . . . . . . . . . . . . . . . . . dgb 1,— 0,50
**3157** 0.41 (€) mehrfarbig . . . . . . . . . . . . . . . . . . dgc 1,— 0,50
**3158** 0.41 (€) mehrfarbig . . . . . . . . . . . . . . . . . . dgd 1,— 0,50
**3159** 0.41 (€) mehrfarbig . . . . . . . . . . . . . . . . . . dge 1,— 0,50
**3160** 0.41 (€) mehrfarbig . . . . . . . . . . . . . . . . . . dgf 1,— 0,50
Satzpreis (10 W.) 10,— 5,—
Kleinbogen 11,— 11,—
FDC 23,—

Auflage: 1.890.766 Sätze

**2002, 26. Okt. Jahrtausendwende: Reise durch das 20. Jahrhundert (IV). RaTdr. (4×5); Papier fl.; gez. K 11½.**

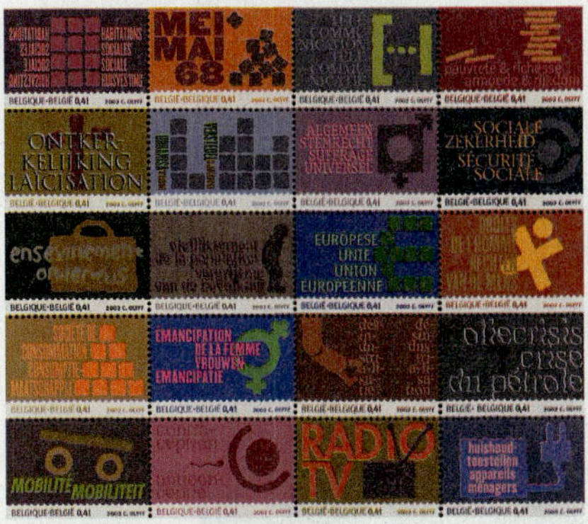

dgg) Bereitstellung von Sozialwohnungen
dgh) Studentenrevolte (Mai 1968)
dgi) Entwicklung der Telekommunikation
dgk) Kluft zwischen Armut und Reichtum

dgl) Zunahme der Kirchenaustritte
dgm) Steigende Verstädterung
dgn) Allgemeines Wahlrecht (1921 und 1948)
dgo) Ausbau der sozialen Sicherheit

dgp) Demokratisierung des Unterrichts
dgr) Geburtenrückgang führt zu Überalterung
dgs) Bildung der Europäischen Union (1993)
dgt) Allgemeine Erklärung der Menschenrechte (1948)

dgu) Entstehung der Konsumgesellschaft
dgv) Emanzipation der Frau
dgw) Prozess der Deindustrialisierung (ab 1960)
dgx) Einschränkung durch Ölkrisen

dgy) Ausbau der Mobilität
dgz) Aufschwung der Empfängnisverhütungsmittel
dha) Rundfunk und Fernsehen als Massenmedien
dhb) Entwicklung von Haushaltsgeräten

| | | | | |
|---|---|---|---|---|
| **3161** | 0.41 (€) mehrfarbig | dgg | 0,80 | 0,80 |
| **3162** | 0.41 (€) mehrfarbig | dgh | 0,80 | 0,80 |
| **3163** | 0.41 (€) mehrfarbig | dgi | 0,80 | 0,80 |
| **3164** | 0.41 (€) mehrfarbig | dgk | 0,80 | 0,80 |
| **3165** | 0.41 (€) mehrfarbig | dgl | 0,80 | 0,80 |
| **3166** | 0.41 (€) mehrfarbig | dgm | 0,80 | 0,80 |
| **3167** | 0.41 (€) mehrfarbig | dgn | 0,80 | 0,80 |
| **3168** | 0.41 (€) mehrfarbig | dgo | 0,80 | 0,80 |
| **3169** | 0.41 (€) mehrfarbig | dgp | 0,80 | 0,80 |
| **3170** | 0.41 (€) mehrfarbig | dgr | 0,80 | 0,80 |
| **3171** | 0.41 (€) mehrfarbig | dgs | 0,80 | 0,80 |
| **3172** | 0.41 (€) mehrfarbig | dgt | 0,80 | 0,80 |
| **3173** | 0.41 (€) mehrfarbig | dgu | 0,80 | 0,80 |
| **3174** | 0.41 (€) mehrfarbig | dgv | 0,80 | 0,80 |
| **3175** | 0.41 (€) mehrfarbig | dgw | 0,80 | 0,80 |
| **3176** | 0.41 (€) mehrfarbig | dgx | 0,80 | 0,80 |
| **3177** | 0.41 (€) mehrfarbig | dgy | 0,80 | 0,80 |
| **3178** | 0.41 (€) mehrfarbig | dgz | 0,80 | 0,80 |
| **3179** | 0.41 (€) mehrfarbig | dha | 0,80 | 0,80 |
| **3180** | 0.41 (€) mehrfarbig | dhb | 0,80 | 0,80 |
| | Satzpreis (20 W.) | | 16,— | 16,— |
| | Zd-Bogen | | 18,— | 18,— |
| | 2 FDC | | | 46,— |

Auflage: 10.370.140 Sätze

**2002, 4. Nov. Freimarken: König Albert II. RaTdr.; MiNr. 3181 und 3184 (6×5), MiNr. 3182-3183 (2×5); Papier ph.; gez. Ks 11½.**

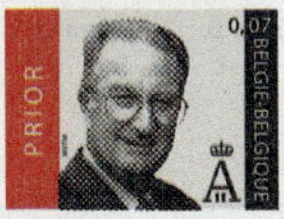
dhc

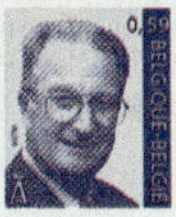
dds

dhc, dds) König Albert II. (*1934, reg. 1993–2013)

| | | | | |
|---|---|---|---|---|
| **3181** | 0.07 (€) rosarot/schwärzlichpreußischblau | dhc | 0,30 | 0,30 |
| **3182** | 0.49 (€) rosarot | dhc | 1,— | 0,30 |
| **3183** | 0.59 (€) dunkelkobalt | dds | 1,50 | 0,50 |
| **3184** | 0.79 (€) rosarot/schwärzlichlilaultramarin | dhc | 2,20 | 0,50 |
| | Satzpreis (4 W.) | | 5,— | 1,50 |
| | 4 FDC | | | 22,— |
| | Kleinbogensatz (2 Klb.) | | 25,— | 25,— |

*Weitere Werte siehe Übersicht nach Jahrgangswerttabelle.*

**2002, 4. Nov. Freimarken: Vögel. RaTdr.; MiNr. 3185 (2×5), MiNr. 3186-3187 (10×5), MiNr. 3188-3190 (6×5); Papier fl.; gez. K 11½.**

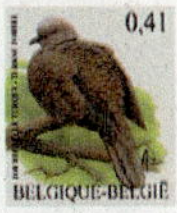
dhd) Türkentaube (Streptopelia decaocto)

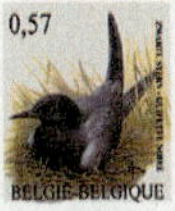
dhe) Trauerseeschwalbe (Chlidonias niger)

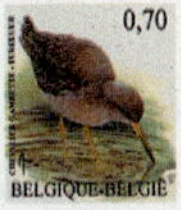
dhf) Rotschenkel (Tringa totanus)

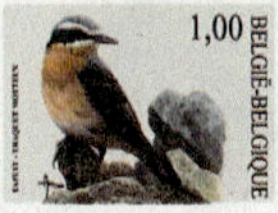
dhg) Steinschmätzer (Oenanthe oenanthe)

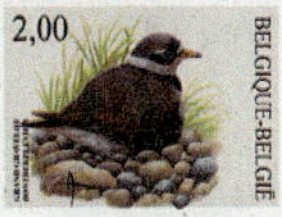
dhh) Sandregenpfeifer (Charadrius hiaticula)

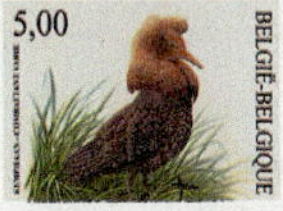
dhi) Kampfläufer (Philomachus pugnax)

| | | | | |
|---|---|---|---|---|
| **3185** | 0.41 (€) mehrfarbig | dhd | 1,20 | 0,50 |
| **3186** | 0.57 (€) mehrfarbig | dhe | 1,60 | 1,— |
| **3187** | 0.70 (€) mehrfarbig | dhf | 2,40 | 1,— |
| **3188** | 1.00 (€) mehrfarbig | dhg | 2,80 | 1,— |
| **3189** | 2.00 (€) mehrfarbig | dhh | 6,— | 1,— |
| **3190** | 5.00 (€) mehrfarbig | dhi | 14,— | 1,— |
| | Satzpreis (6 W.) | | 28,— | 5,50 |
| | 6 FDC | | | 65,— |
| | Kleinbogen | | 12,— | 12,— |

*Weitere Werte siehe Übersicht nach Jahrgangswerttabelle.*

**2002, 4. Nov. Freimarke: Blumen. RaTdr., Rollen (R) (100) und Markenheftchen (MH) (2×5); Papier ph.; selbstklebend; A = vierseitig wellenförmig gestanzt 13¾:14:13½:13¾, D = dreiseitig, E = zweiseitig zähnungsähnlich gestanzt 10, F = vierseitig wellenförmig gestanzt 13½:13¾:13¾:14.**

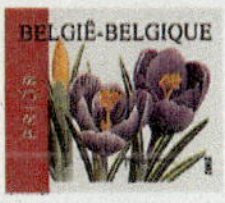

dhk) Frühlingskrokus (Crocus vernus); kleine Inschrift „PRIOR"

| | | | | | |
|---|---|---|---|---|---|
| **3191** | | — mehrfarbig | dhk | | |
| | A | vierseitig wellenförmig gest. 13¾:14:13½:13¾ (R) | | 2,— | 0,50 |
| | D | dreiseitig zähnungsähnlich gest. 10 (⊏⊐) (MH) | | 2,— | 0,50 |
| | Eo | zweiseitig zähnungsähnlich gest. 10 (⊏⊐) (MH) | | 2,— | 0,50 |
| | Eu | zweiseitig zähnungsähnlich gest. 10 (⊏⊐) (MH) | | 2,— | 0,50 |
| | F | vierseitig wellenförmig gest. 13½:13¾:13¾:14 (R) | | 2,— | *0,50* |
| | | 2 FDC | | | 11,— |
| | | Markenheftchen | | 20,— | 10,— |

Nominale zur Zeit der Ausgabe: 0.49 €

MiNr. 3191 D und E wurden jeweils im waagerechten Kehrdruck gedruckt.

*In ähnlicher Zeichnung: MiNr. 3276*
*Weitere Werte siehe Fußnote nach MiNr. 2784*

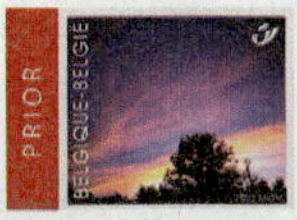

**2002, 4. Nov. Freimarke für Traueranzeigen. RaTdr. (4×5); Papier fl.; gez. K 11½.**

dhl) Abenddämmerung

**3192** — mehrfarbig ........................ dhl 3,— 0,50
FDC 5,50

Nominale zur Zeit der Ausgabe: 0.49 €

*In ähnlicher Zeichnung: MiNr. 3097, 3359*

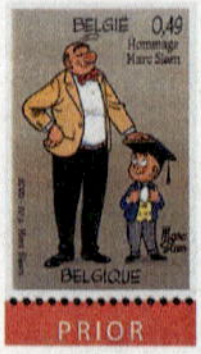


**2002, 30. Dez. 80. Geburtstag von Marc Sleen. RaTdr. (5×2); Papier ph.; gez. K 11½.**

dhm) Nero und sein genialer Sohn Adhemar

dhm–dhn) Comicfiguren von Marc Sleen, eigentlich Marcel Honoree Nestor Neels (1922–2016), Cartoonist

**3193** 0.42 (€) mehrfarbig ................. dhm 1,— 0,50
Kleinbogen 9,— 9,—

**Blockausgabe, Papier fl.**

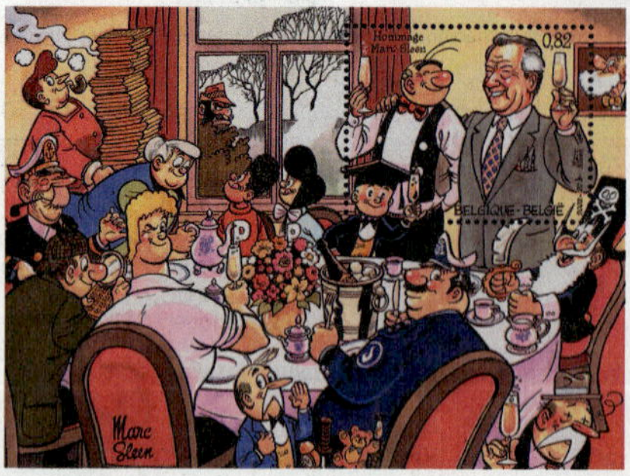


dho

dhn) Waffelessen

**3194** 0.82 (€) mehrfarbig ............. dhn 1,50 1,50
**Block 86** (125×90 mm) ............. dho 1,80 1,80
FDC (MiNr. 3193 und Bl. 86) 6,—

Auflage: MiNr. 3193 = 3.717.340 Stück

**2003, 23. Jan. 140. Geburtstag von Henry van de Velde. RaTdr. (2×5, Hochformate ~); Papier ph.; gez. K 11½.**

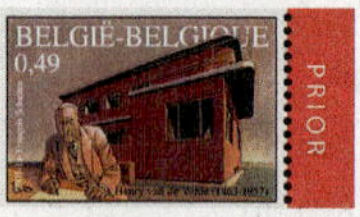


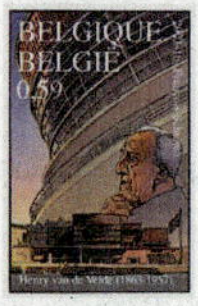


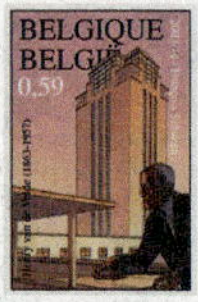


dhp) Wohnhaus „La nouvelle maison“, Tervuren (erb. 1927–1928)

dhr) Pavillon Belgiens bei der Weltausstellung, Paris (1937)

dhs) Bürogebäude „Boekentoren“, Gent (erb. 1933–1938)

dhp–dhs) Henry van de Velde (1863–1957), Architekt und Kunstgewerbler

**3195** 0.49 (€) mehrfarbig .................. dhp 1,20 0,50
**3196** 0.59 (€) mehrfarbig .................. dhr 1,40 0,50
**3197** 0.59 (€) mehrfarbig .................. dhs 1,40 0,50
Satzpreis (3 W.) 4,— 1,50
Kleinbogensatz (3 Klb.) 40,— 40,—

**Blockausgabe**

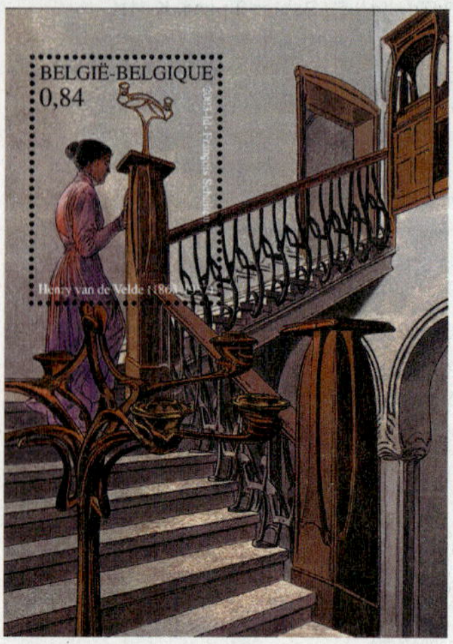


dhu

dht) Marie Sèthe, van de Veldes Frau; Treppenhaus (1902)

**3198** 0.84 (€) mehrfarbig ............. dht 1,50 1,50
**Block 87** (90×125 mm) ............ dhu 1,80 1,80
FDC (MiNr. 3195-3198) 6,—

Auflagen: MiNr. 3195 = 4.507.340, MiNr. 3196 = 3.414.680, MiNr. 3197 = 3.314.680 Stück, Bl. 87 = 538.916 Blocks

**2003, 23. Jan. Berufe im Dienst der Allgemeinheit; Valentinstag. RaTdr. (2×5); Papier ph.; gez. K 11½.**

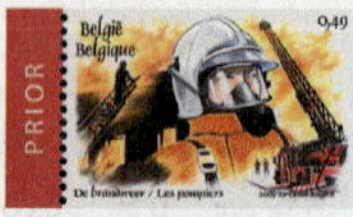


dhv) Feuerwehr

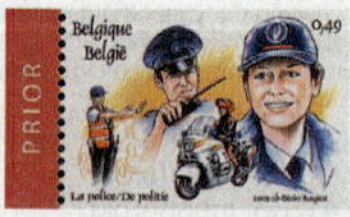


dhw) Polizei

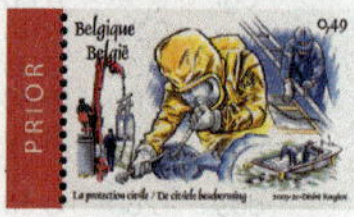


dhx) Zivilschutz

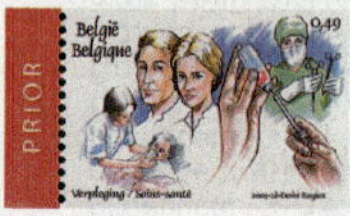


dhy) Krankenpflege

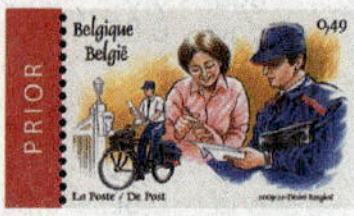


dhz) Post

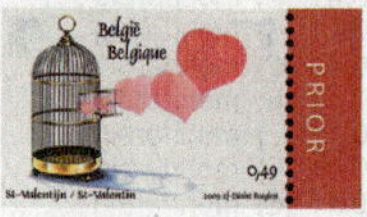


dia) Aus Vogelkäfig fliegende Herzen

**3199** 0.49 (€) mehrfarbig ................. dhv 1,— 0,50
**3200** 0.49 (€) mehrfarbig ................. dhw 1,— 0,50
**3201** 0.49 (€) mehrfarbig ................. dhx 1,— 0,50
**3202** 0.49 (€) mehrfarbig ................. dhy 1,— 0,50
**3203** 0.49 (€) mehrfarbig ................. dhz 1,— 0,50
**3204** 0.49 (€) mehrfarbig ................. dia 1,— 0,50
Satzpreis (6 W.) 6,— 3,—
FDC 6,—
Kleinbogen 10,— 10,—

MiNr. 3199–3204 wurden zusammenhängend im Kleinbogen zu 10 Marken (2 × MiNr. 3199–3202 und 1 × MiNr. 3203–3204) gedruckt.

Auflage: 15.663.160 Kleinbogen

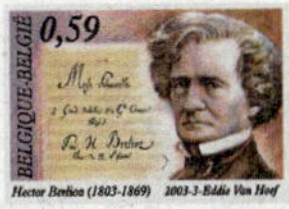


**2003, 22. Febr. 200. Geburtstag von Hector Berlioz. RaTdr. (2×5); Papier ph.; gez. K 11½.**

dib) Hector Berlioz (1803–1869), französischer Komponist; Titel der Notenhandschrift „Messe solennelle“

| | | | | |
|---|---|---|---|---|
| **3205** | 0.59 (€) mehrfarbig | dib | 1,20 | 0,50 |
| | | FDC | | 6,— |
| | | Kleinbogen | 12,— | 12,— |

Auflage: 1.718.840 Stück

**2003, 22. Febr. Volkssportarten. RaTdr. (2×5); Papier ph.; gez. K 11½.**

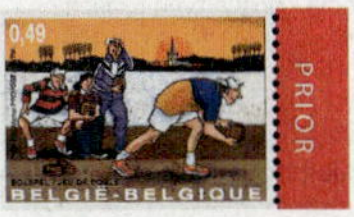


dic) Boule

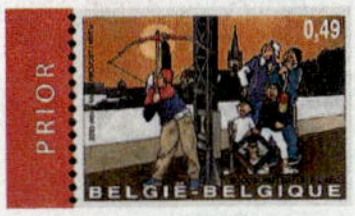


did) Bogenschießen

| | | | | |
|---|---|---|---|---|
| **3206** | 0.49 (€) mehrfarbig | dic | 1,— | 0,50 |
| **3207** | 0.49 (€) mehrfarbig | did | 1,— | 0,50 |
| | | Satzpreis (2 W.) | 2,— | 1,— |
| | | Kleinbogensatz (2 Klb.) | 20,— | 20,— |

**Blockausgabe, Papier fl.**

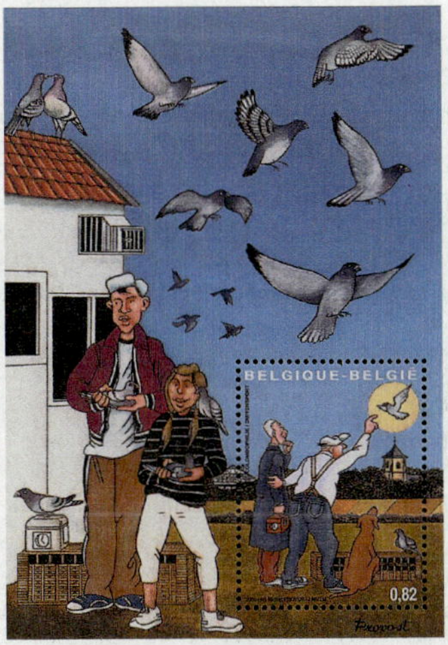


dif

die) Taubensport

| | | | | |
|---|---|---|---|---|
| **3208** | 0.82 (€) mehrfarbig | die | 1,50 | 1,50 |
| **Block 88** | (90×125 mm) | dif | 1,80 | 1,80 |
| | | FDC (MiNr. 3206–3208) | | 6,— |

Auflagen: MiNr. 3206 = 3.633.840, MiNr. 3207 = 3.665.460 Stück, Bl. 88 = 578.197 Blocks

**2003, 15. März. Universitäten: 150 Jahre Ingenieursverband von Mons; 100 Jahre Solvay-Hochschule für Betriebswirtschaftslehre, Brüssel. RaTdr. (5×2); Papier ph.; gez. K 11½.**

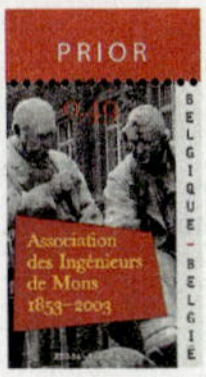


dig) Denkmal der beiden Gründer des Verbandes

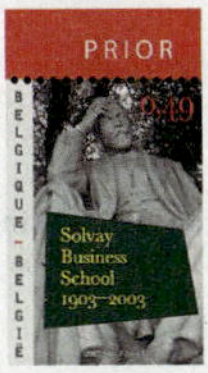


dih) Ernest Solvay (1838–1922), Chemiker und Gründer der Hochschule (Denkmal)

| | | | | |
|---|---|---|---|---|
| **3209** | 0.49 (€) mehrfarbig | dig | 1,— | 0,50 |
| **3210** | 0.49 (€) mehrfarbig | dih | 1,— | 0,50 |
| | | Satzpreis (2 W.) | 2,— | 1,— |
| | | FDC | | 6,— |
| | | Kleinbogensatz (2 Klb.) | 20,— | 20,— |

Auflagen: MiNr. 3209 = 3.219.150, MiNr. 3210 = 3.329.860 Stück

**2003, 29. März. Rotes Kreuz: Comicfiguren. RaTdr. (5×1 Zd); Papier fl.; gez. K 11½.**

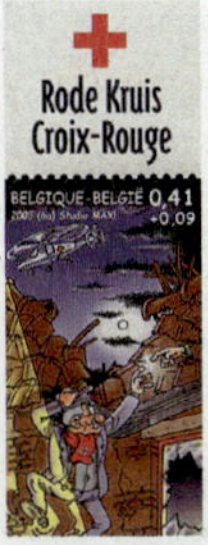


Zierfeld
dii) Opa Fernand als Retter

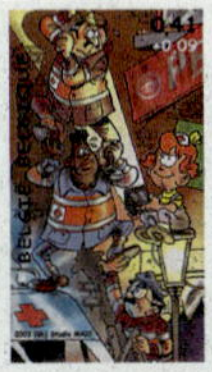


dik) Pilou als Lichttechniker

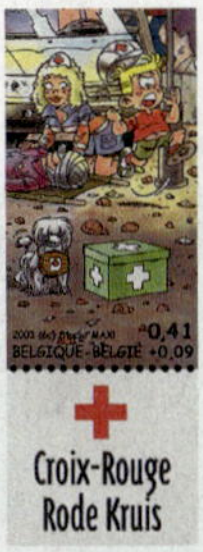


dil) Stam ruft um Hilfe
Zierfeld

dii–dil) Stam und Pilou; Comicfiguren von Marc Daniëls (1959–2021) und Rick De Wulf (*1958)

| | | | | |
|---|---|---|---|---|
| **3211** | 0.41 (€) + 0.09 (€) mehrfarbig | dii | 1,— | 1,— |
| **3212** | 0.41 (€) + 0.09 (€) mehrfarbig | dik | 1,— | 1,— |
| **3213** | 0.41 (€) + 0.09 (€) mehrfarbig | dil | 1,— | 1,— |
| | | Satzpreis (3 W.) | 3,— | 3,— |
| | | FDC | | 6,— |
| | | Fünferstreifen | 4,— | 4,— |

MiNr. 3211–3213 wurden mit 2 Zierfeldern senkrecht zusammenhängend gedruckt.

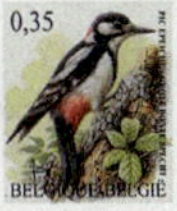


**2003, 29. März. Freimarke: Vögel. RaTdr. (10×5); Papier fl.; gez. K 11½.**

dim) Buntspecht (Dendrocopos major)

| | | | | |
|---|---|---|---|---|
| **3214** | 0.35 (€) mehrfarbig | dim | 1,10 | 0,50 |
| | | FDC | | 6,— |

*Weitere Werte siehe Übersicht nach Jahrgangswerttabelle.*

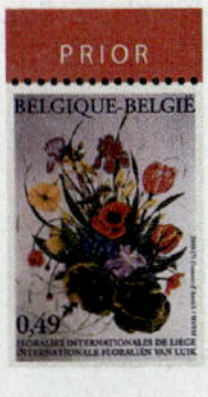


**2003, 26. April. Internationale Blumenschau, Lüttich. RaTdr. (5×2); Papier ph.; gez. K 11½.**

din) Blumengesteck

| | | | | |
|---|---|---|---|---|
| **3215** 0.49 (€) mehrfarbig | din | 1,— | 0,50 |
| | FDC | | 6,— |
| | Kleinbogen | 10,— | 10,— |

Auflage: 3.917.540 Stück

**2003, 26. April. 100. Geburtstag von Georges Simenon. RaTdr. (5×2); Papier ph.; gez. K 11½.**

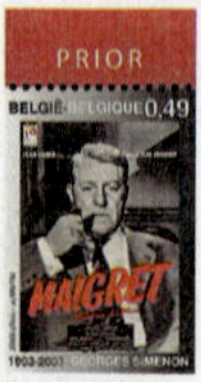


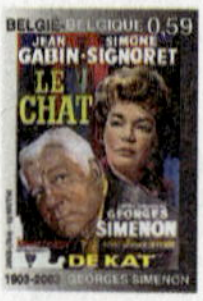


dio) Plakat zum Film „Maigret stellt eine Falle“ (1957)

dip) Plakat zum Film „Die Katze“ (1976)

| | | | |
|---|---|---|---|
| **3216** 0.49 (€) mehrfarbig | dio | 1,— | 0,50 |
| **3217** 0.59 (€) mehrfarbig | dip | 1,20 | 0,50 |
| | Satzpreis (2 W.) | 2,20 | 1,— |
| | Kleinbogensatz (2 Klb.) | 22,— | 22,— |

**Blockausgabe**

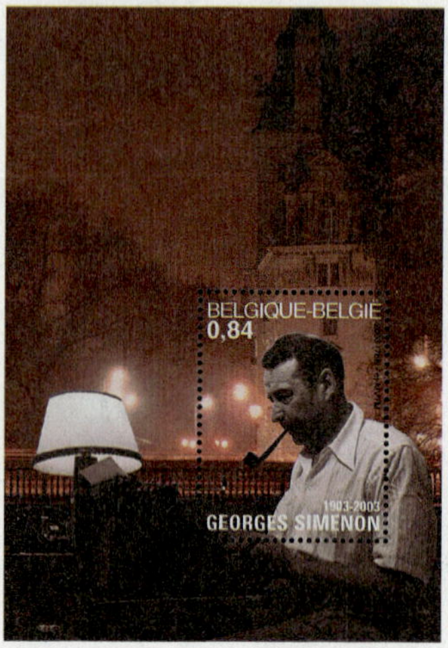


dis

dir) Georges Simenon (1903–1989), Schriftsteller

| | | | |
|---|---|---|---|
| **3218** 0.84 (€) mehrfarbig | dir | 1,50 | 1,50 |
| **Block 89** (90×125 mm) | dis | 1,80 | 1,80 |
| | FDC (MiNr. 3216–3218) | | 6,— |

Auflagen: MiNr. 3216 = 3.999.540, MiNr. 3217 = 1.671.500 Stück, Bl. 89 = 661.116 Blocks

**2003, 10. Mai. 150. Jahrestag der Aufnahme diplomatischer Beziehungen zwischen Belgien und Russland. Komb. StTdr. und RaTdr. (1×5 Zd); Papier ph.; gez. K 11½.**

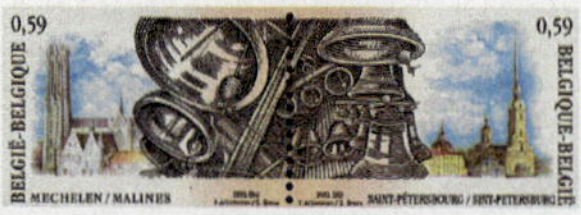


dit) Turm und Glocken der Kathedrale Sint Rombout, Mecheln
diu) Glocken und Turm der Peter-und-Pauls-Kathedrale, Sankt Petersburg

| | | | |
|---|---|---|---|
| **3219** 0.59 (€) mehrfarbig | dit | 1,40 | 0,50 |
| **3220** 0.59 (€) mehrfarbig | diu | 1,40 | 0,50 |
| | Satzpreis (2 W.) | 2,80 | 1,— |
| | Paar | 2,80 | 1,— |
| | FDC | | 6,— |
| | Kleinbogen | 14,— | 14,— |

Auflage: 2.987.160 Sätze

*Parallelausgabe mit Russland MiNr. 1086–1087*

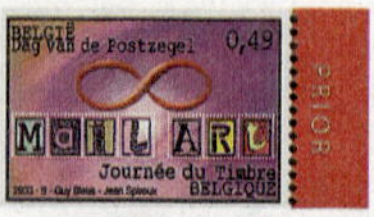


**2003, 17. Mai. Tag der Briefmarke. RaTdr. (2×5); Papier ph.; gez. K 11½.**

div) Symbolik für die Künstlerorganisation „Mail Art Network“

| | | | |
|---|---|---|---|
| **3221** 0.49 (€) mehrfarbig | div | 1,— | 0,50 |
| | FDC | | 6,— |
| | Kleinbogen | 10,— | 10,— |

Auflage: 4.130.540 Stück

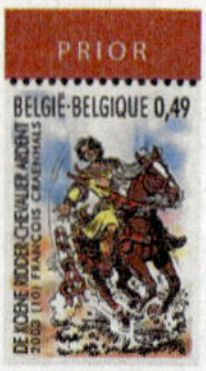


**2003, 17. Mai. Jugendphilatelie: Comics. RaTdr. (5×2); Papier ph.; gez. K 11½.**

diw) Der kühne Ritter; von François Craenhals (1926–2004), Comiczeichner

| | | | |
|---|---|---|---|
| **3222** 0.49 (€) mehrfarbig | diw | 1,— | 0,50 |
| | FDC | | 6,— |
| | Kleinbogen | 10,— | 10,— |

Auflage: 3.454.540 Stück

**2003, Juni. Freimarken: Stiefmütterchen, Postemblem. RaTdr. (1×5); Papier ph.; gez. K 11½.**

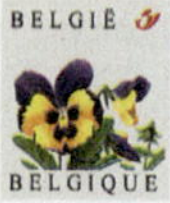


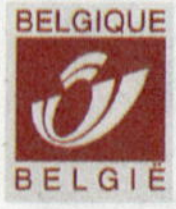


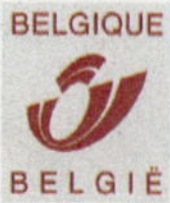


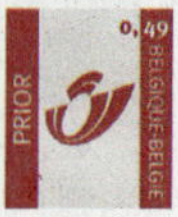


dix) Stiefmütterchen (Viola tricolor)

diy) Postemblem (negativ)

diz) Postemblem (positiv)

dka) Postemblem und „PRIOR“

| | | | | |
|---|---|---|---|---|
| **3223** — | mehrfarbig | dix | 2,— | 0,80 |
| **3224** — | rosarot | diy | 2,— | 0,80 |
| **3225** — | rosarot | diz | 2,— | 0,80 |
| **3226** 0.49 (€) | rosarot | dka | 1,— | 1,— |
| | | Satzpreis (4 W.) | 7,— | 3,40 |
| | | 4 Fünferstreifen | 35,— | 17,— |

Nominale von MiNr. 3223–3225 zur Zeit der Ausgabe: 0.41 €

MiNr. 3223–3226 wurden bereits 2001 bzw. 2002 als sogenannte Duostamps nur auf Privatbestellung (auch für besondere Veranstaltungen) in Bogen zu 15 Marken und 15 personalisierten Zierfeldern zum Bogenpreis von jeweils 15 bzw. 16 € verkauft. Seit Juni 2003 sind die Marken auch ohne Zierfelder im Abonnement und auf Bestellung erhältlich.

*In ähnlicher Zeichnung wie MiNr. 3226: MiNr. 3277, 3323, 3399, 3426, 3748*

**2003, 28. Juni. Mineralien. RaTdr. (2×1 Zd); Papier ph.; gez. K 11½.**

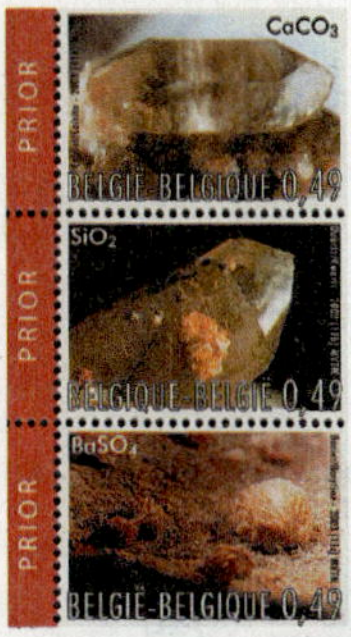


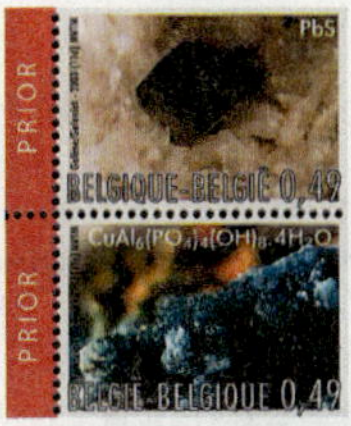


dkb) Calcit
dkc) Quarz
dkd) Baryt

dke) Galenit
dkf) Türkis

| | | | | | |
|---|---|---|---|---|---|
| **3227** | 0.49 (€) mehrfarbig | dkb | 1,— | 0,50 |
| **3228** | 0.49 (€) mehrfarbig | dkc | 1,— | 0,50 |
| **3229** | 0.49 (€) mehrfarbig | dkd | 1,— | 0,50 |
| **3230** | 0.49 (€) mehrfarbig | dke | 1,— | 0,50 |
| **3231** | 0.49 (€) mehrfarbig | dkf | 1,— | 0,50 |
| | | Satzpreis (5 W.) | 5,— | 2,50 |
| | | Fünferstreifen | 5,— | 5,— |
| | | FDC | | 6,— |
| | | Kleinbogen | 10,— | 10,— |

MiNr. 3227–3231 wurden senkrecht zusammenhängend gedruckt.

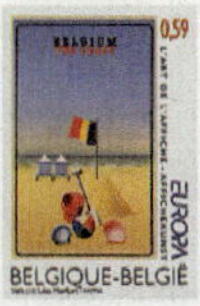


**2003, 28. Juni. Europa: Plakatkunst. RaTdr. (5×2); Papier ph.; gez. K 11½.**

dkg) Belgien – Die Küste; Plakat von Léo Marfurt (1894–1977), Graphiker

| | | | | |
|---|---|---|---|---|
| **3232** | 0.59 (€) mehrfarbig | dkg | 1,50 | 1,50 |
| | | FDC | | 6,— |
| | | Kleinbogen | 15,— | 15,— |

**2003, 5. Juli. Das ist Belgien (I): Sehenswürdigkeiten. RaTdr. (5×1 + 5×1); Papier fl.; gez. Ks 11½.**

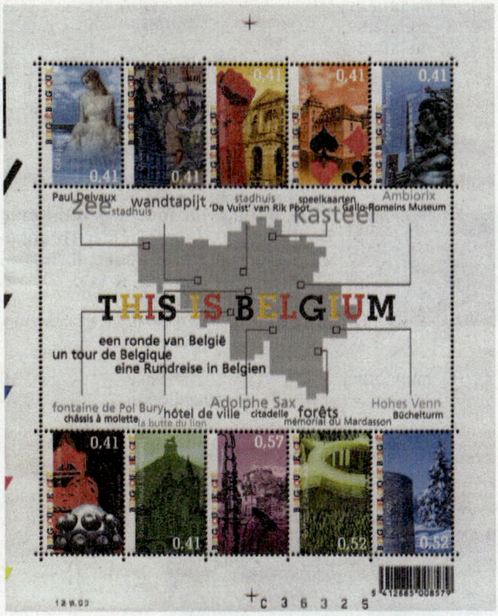


dkh dki dkk dkl dkm
dkn dko dks dkp dkr

dkh) Gemälde von Paul Delvaux und Meeresküste, Koksijde
dki) Wandteppich und Rathaus, Oudenaarde
dkk) Skulptur von Rik Poot und Rathaus, Vilvoorde
dkl) Spielkartensymbole und Schloss, Turnhout
dkm) Ambiorix-Statue und Gallo-römisches Museum, Tongern
dkn) Brunnen von Pol Bury und Schachtgerüst, La Louvière
dko) Rathaus und Löwenhügel, Braine-l'Alleud
dkp) Gedenkstätte Mardasson und Waldlandschaft, Bastogne
dkr) Bücheltum und Moorlandschaft im Hohen Venn, Sankt Vith
dks) Saxophon und Zitadelle, Dinant

| | | | | |
|---|---|---|---|---|
| **3233** | 0.41 (€) mehrfarbig | dkh | 0,80 | 0,50 |
| **3234** | 0.41 (€) mehrfarbig | dki | 0,80 | 0,50 |
| **3235** | 0.41 (€) mehrfarbig | dkk | 0,80 | 0,50 |
| **3236** | 0.41 (€) mehrfarbig | dkl | 0,80 | 0,50 |
| **3237** | 0.41 (€) mehrfarbig | dkm | 0,80 | 0,50 |
| **3238** | 0.41 (€) mehrfarbig | dkn | 0,80 | 0,50 |
| **3239** | 0.41 (€) mehrfarbig | dko | 0,80 | 0,50 |
| **3240** | 0.52 (€) mehrfarbig | dkp | 1,10 | 0,50 |
| **3241** | 0.52 (€) mehrfarbig | dkr | 1,10 | 0,50 |
| **3242** | 0.57 (€) mehrfarbig | dks | 1,20 | 0,50 |
| | | Satzpreis (10 W.) | 9,— | 5,— |
| | | FDC | | 12,— |
| | | Kleinbogen | 10,— | 10,— |

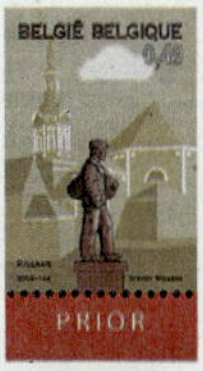


**2003, 5. Juli. Tourismus: Denkmäler. RaTdr. (5×2); Papier ph.; gez. Ks 11½.**

dkt) Der Saisonarbeiter; Denkmal von Jan Peirelinck (Rillar)

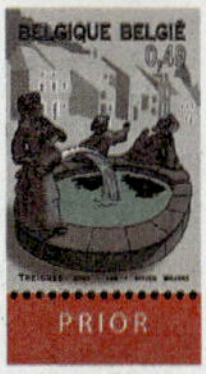


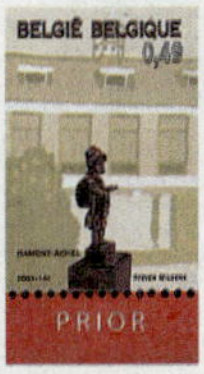


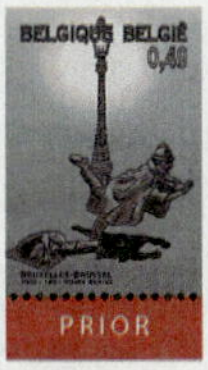


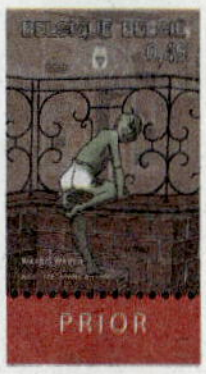


dku) Die drei Statuen am Brunnen; von Yves und Claude Rahir (Treignes)

dkv) Der Lumpenhändler; Bronzestatue von Teo Groenen (Hamont-Achel)

dkw) Der Kanalstrolch; Bronzeskulptur von Tom Frantzen (Brüssel)

dkx) Der Maca; Skulptur von Jean Godart (Wavre)

| | | | | |
|---|---|---|---|---|
| **3243** | 0.49 (€) mehrfarbig | dkt | 1,— | 0,50 |
| **3244** | 0.49 (€) mehrfarbig | dku | 1,— | 0,50 |
| **3245** | 0.49 (€) mehrfarbig | dkv | 1,— | 0,50 |
| **3246** | 0.49 (€) mehrfarbig | dkw | 1,— | 0,50 |
| **3247** | 0.49 (€) mehrfarbig | dkx | 1,— | 0,50 |
| | | Satzpreis (5 W.) | 5,— | 2,50 |
| | | FDC | | 6,— |
| | | Kleinbogensatz (5 Klb.) | 50,— | 50,— |

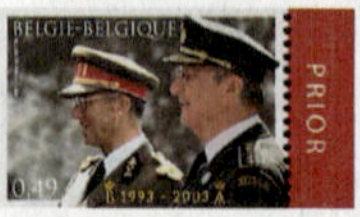


**2003, 9. Aug. 10. Todestag von König Baudouin, 10. Jahrestag der Thronbesteigung von König Albert II. RaTdr. (2×5); Papier ph.; gez. K 11½.**

dky) König Baudouin mit Prinz Albert in Uniform

| | | | | |
|---|---|---|---|---|
| **3248** | 0.49 (€) mehrfarbig | dky | 1,— | 0,50 |
| | | Kleinbogen | 10,— | 10,— |

**Blockausgabe**

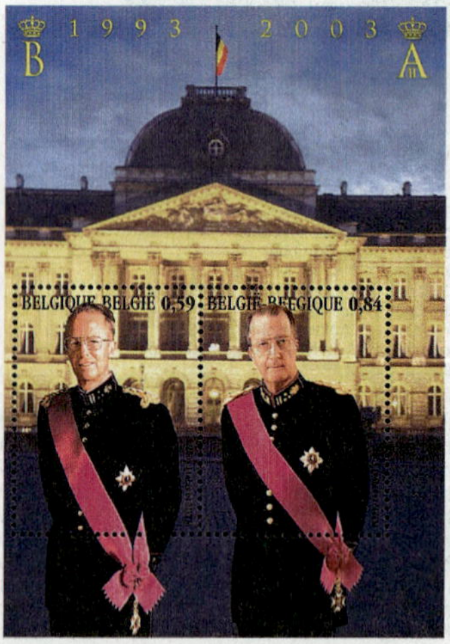


dlb

dkz) König Baudouin (1930–1993, reg. ab 1951)
dla) König Albert II. (*1934, reg. 1993–2013)

| | | | | |
|---|---|---|---|---|
| **3249** | 0.59 (€) mehrfarbig | dkz | 1,20 | 1,20 |
| **3250** | 0.84 (€) mehrfarbig | dla | 1,70 | 1,70 |
| **Block 90** | (90×125 mm) | dlb | 3,— | 3,— |
| | FDC (MiNr. 3248–3250) | | | 6,— |

**2003, 9. Aug./2004. Freimarken: Vögel. RaTdr. (10×5); w = Papier fl., x = normales Papier; gez. K 11½.**

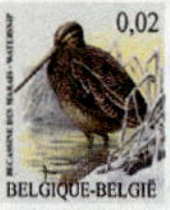


dlc) Bekassine (Gallinago gallinago)

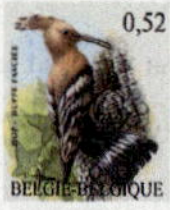


dld) Wiedehopf (Upupa epops)

| | | | | | |
|---|---|---|---|---|---|
| **3251** | | 0.02 (€) mehrfarbig | dlc | | |
| | **w** | Papier fl. (9.8.2003) | | 0,30 | 0,30 |
| | **x** | normales Papier (2004) | | 0,30 | 0,30 |
| **3252** | **w** | 0.52 (€) mehrfarbig (9.8.2003) | dld | 1,80 | 0,50 |
| | | | Satzpreis w (2 W.) | 1,80 | 0,80 |
| | | | 2 FDC w | | 12,— |

*Weitere Werte siehe Übersicht nach Jahrgangswerttabelle.*

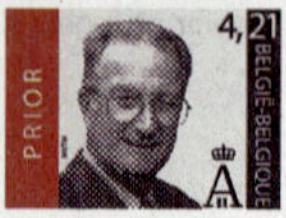


**2003, 9. Aug. Freimarke: König Albert II. RaTdr. (6×5); Papier ph.; gez. Ks 11½.**

dhc) König Albert II. (*1934, reg. 1993–2013)

| | | | | |
|---|---|---|---|---|
| **3253** | 4.21 (€) rot/schwärzlichrotviolett | dhc | 9,50 | 2,— |
| | | FDC | | 14,50 |

*Weitere Werte siehe Übersicht nach Jahrgangswerttabelle.*

**2003, 13. Sept. Europäisches Kulturfestival „Europalia 2003 Italien", Brüssel. RaTdr. (2×5); Papier ph.; gez. K 11½.**

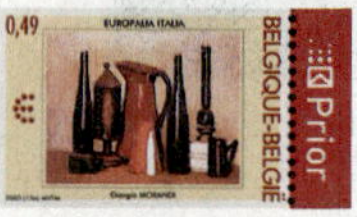


dle) Stillleben; Gemälde von Giorgio Morandi (1890–1964)

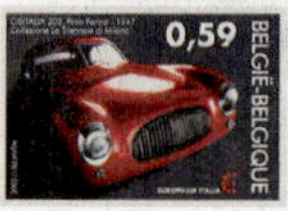


dlf) Berlinetta Cisitalia 202 (1947); von Battista Farina (1930–1966), Automobil-Designer

| | | | | |
|---|---|---|---|---|
| **3254** | 0.49 € mehrfarbig | dle | 1,20 | 0,50 |
| **3255** | 0.59 € mehrfarbig | dlf | 1,30 | 1,— |
| | | Satzpreis (2 W.) | 2,50 | 1,50 |
| | | FDC | | 6,— |
| | | Kleinbogensatz (2 Klb.) | 25,— | 25,— |

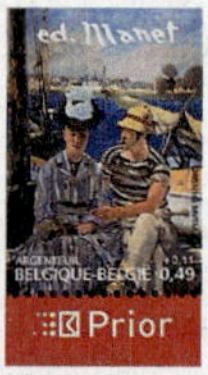


**2003, 15. Sept. Förderung der Philatelie: Ausländische Kunstwerke in belgischen Sammlungen (I). RaTdr. (5×2); Papier ph.; gez. K 11½.**

dlg) Argenteuil; Gemälde von Edouard Manet (1832–1883), französischer Maler und Graphiker

| | | | | |
|---|---|---|---|---|
| **3256** | 0.49 (€) + 0.11 (€) mehrfarbig | dlg | 1,20 | 1,20 |
| | | FDC | | 6,— |
| | | Kleinbogen | 12,— | 12,— |

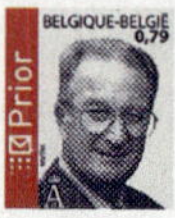


**2003, 4. Okt. Freimarke: König Albert II. RaTdr. (2×5); Papier ph.; gez. K 11½.**

dlh) König Albert II. (*1934, reg. 1993–2013)

| | | | | |
|---|---|---|---|---|
| **3257** | 0.79 (€) rot/violettblau | dlh | 2,— | 0,50 |
| | | FDC | | 6,— |
| | | Kleinbogen | 20,— | 20,— |

*Weitere Werte siehe Übersicht nach Jahrgangswerttabelle.*

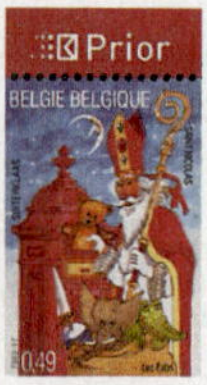


**2003, 25. Okt. Hl. Nikolaus. RaTdr. (5×2); Papier ph.; gez. K 11½.**

dli) Hl. Nikolaus (um 270–um 342), Bischof von Myra, mit Kinderspielzeug vor Briefkasten

| | | | | |
|---|---|---|---|---|
| **3258** | 0.49 (€) mehrfarbig | dli | 1,— | 0,50 |
| | | FDC | | 6,— |
| | | Kleinbogen | 10,— | 10,— |

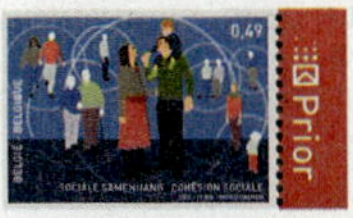


**2003, 25. Okt. Aktion des Bundes der Familien „Soziale Bindung“. RaTdr. (2×5); Papier ph.; gez. K 11½.**

dlk) In Verbindung stehende Personengruppen

| | | | | |
|---|---|---|---|---|
| **3259** | 0.49 (€) mehrfarbig | dlk | 1,— | 0,50 |
| | | FDC | | 6,— |
| | | Kleinbogen | 10,— | 10,— |

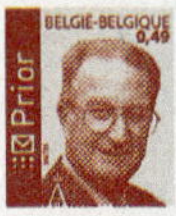


**2003, 25. Okt. Freimarke: König Albert II. RaTdr. (2×5); Papier ph.; gez. K 11½.**

dlh) König Albert II. (*1934, reg. 1993–2013)

| | | | | |
|---|---|---|---|---|
| **3260** | 0.49 (€) rot | dlh | 1,20 | 0,50 |
| | | FDC | | 6,— |
| | | Kleinbogen | 12,— | 12,— |

*Weitere Werte siehe Übersicht nach Jahrgangswerttabelle.*

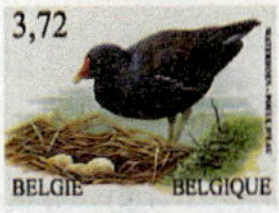


**2003, 25. Okt. Freimarke: Vögel. RaTdr. (6×5); Papier fl.; gez. K 11½.**

dll) Teichhuhn (Gallinula chloropus)

| | | | | |
|---|---|---|---|---|
| **3261** | 3.72 (€) mehrfarbig | dll | 9,— | 1,50 |
| | | FDC | | 6,— |

*Weitere Werte siehe Übersicht nach Jahrgangswerttabelle.*

**2003, 31. Okt. Blockausgabe: 50 Jahre belgisches Fernsehen. RaTdr.; Papier ph.; gez. Ks 11½.**

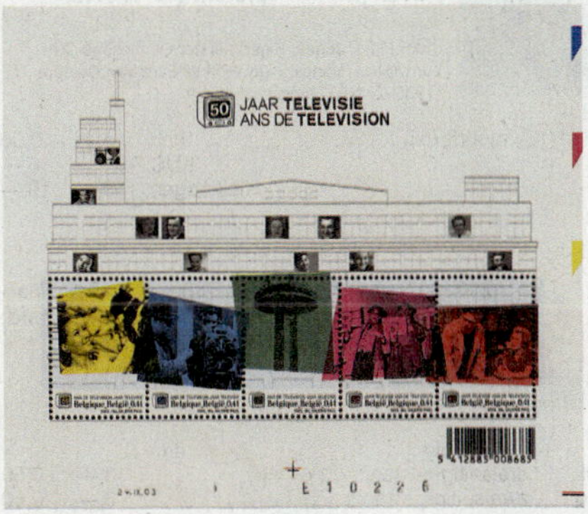


dls

dlm) Arlette Vincent in „Jardin extraordinaire“
dln) Alte Fernsehkamera
dlo) Fernsehturm
dlp) Cassiers Brum und Jef Brum
dlr) Szene aus „Schipper naast Mathilde“

| | | | | |
|---|---|---|---|---|
| **3262** | 0.41 (€) mehrfarbig | dlm | 1,— | 0,50 |
| **3263** | 0.41 (€) mehrfarbig | dln | 1,— | 0,50 |
| **3264** | 0.41 (€) mehrfarbig | dlo | 1,— | 0,50 |
| **3265** | 0.41 (€) mehrfarbig | dlp | 1,— | 0,50 |
| **3266** | 0.41 (€) mehrfarbig | dlr | 1,— | 0,50 |
| **Block 91** | (166×140 mm) | dls | 5,— | 5,— |
| | | FDC | | 6,— |

**2003, 8. Nov. Das Buch. RaTdr. (5×2, Querformat ~); Papier ph.; gez. K 11½.**

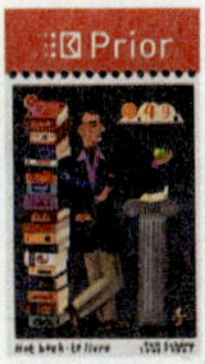


dlt) Schreiben

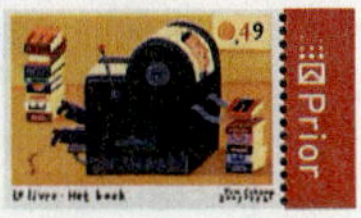


dlu) Drucken

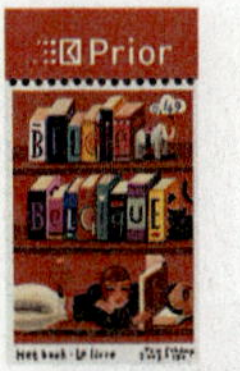


dlv) Lesen

| | | | | |
|---|---|---|---|---|
| **3267** | 0.49 (€) mehrfarbig | dlt | 1,— | 0,50 |
| **3268** | 0.49 (€) mehrfarbig | dlu | 1,— | 0,50 |
| **3269** | 0.49 (€) mehrfarbig | dlv | 1,— | 0,50 |
| | | Satzpreis (3 W.) | 3,— | 1,50 |
| | | FDC | | 6,— |
| | | Kleinbogensatz (3 Klb.) | 30,— | 30,— |

**2003, 8. Nov. Literatur. RaTdr. (5×2); Papier ph.; gez. K 11½.**

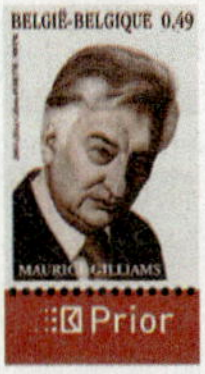


dlw) Maurice Gilliams (1900–1982), Schriftsteller

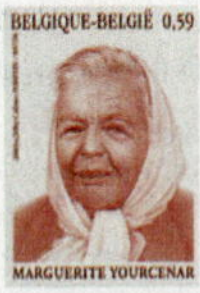


dlx) Marguerite Yourcenar, eigentlich M. de Crayencour (1903–1987), Schriftstellerin

| | | | | |
|---|---|---|---|---|
| **3270** | 0.49 (€) mehrfarbig | dlw | 1,— | 0,50 |
| **3271** | 0.59 (€) mehrfarbig | dlx | 1,20 | 0,50 |
| | | Satzpreis (2 W.) | 2,20 | 1,— |
| | | FDC | | 6,— |
| | | Kleinbogensatz (2 Klb.) | 22,— | 22,— |

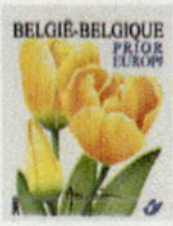


**2003, 8. Nov. Freimarke: Blumen. RaTdr., Markenheftchen (5×2); Papier ph.; selbstklebend; D = dreiseitig, E = zweiseitig gestanzt 10.**

dly) Darwin-Tulpe „Golden Apeldoorn“

| | | | | |
|---|---|---|---|---|
| **3272** | — mehrfarbig | dly | | |
| **Do** | dreiseitig gestanzt (⊐) | | 3,50 | 0,80 |
| **Du** | dreiseitig gestanzt (⊐) | | 3,50 | 0,80 |
| **Eo** | zweiseitig gestanzt (⊐) | | 3,50 | 0,80 |
| **Eu** | zweiseitig gestanzt (⊐) | | 3,50 | 0,80 |
| | | FDC | | 6,— |
| | | Markenheftchen | 35,— | 10,— |

Nominale zur Zeit der Ausgabe: 0.59 €

*Weitere Werte siehe Fußnote nach MiNr. 2784*

**2003, 15. Nov. Weihnachten. RaTdr. (3×5 Zd); Papier fl.; gez. K 11½.**

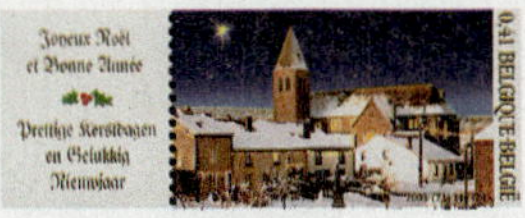


Zierfeld
dlz) Kirche von Herbeumont

| | | | | |
|---|---|---|---|---|
| **3273** | 0.41 (€) mehrfarbig | dlz | 0,80 | 0,40 |
| | | 3273 Zf | 1,— | 0,50 |
| | | FDC | | 6,— |

**2003, 21. Nov. Belgische Tennisspielerinnen. RaTdr. (5×1 + 5×1, Querformat ~); Papier ph.; gez. K 11½.**

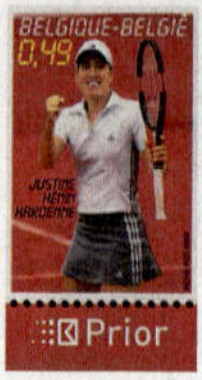


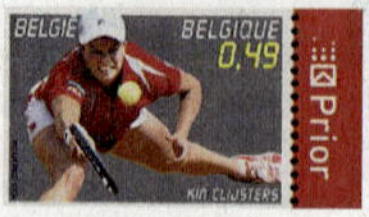


dma) Justine Henin-Hardenne (*1982)

dmb) Kim Clijsters (*1983)

| | | | | | |
|---|---|---|---|---|---|
| 3274 | 0.49 (€) mehrfarbig | dma | 1,— | 0,50 |
| 3275 | 0.49 (€) mehrfarbig | dmb | 1,— | 0,50 |
| | | Satzpreis (2 W.) | 2,— | 1,— |
| | | FDC | | 6,— |
| | | Kleinbogensatz (2 Klb.) | 20,— | 20,— |

Auflage: 7.000.000 Sätze

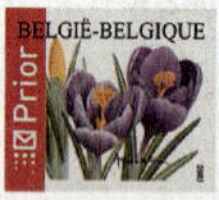


**2003, Dez. Freimarke: Blumen. RaTdr., Rolle (100); Papier ph.; selbstklebend; A = vierseitig gestanzt 13¾:14:13½:13¾, F = vierseitig gestanzt 13½:13¾:13¾:14.**

dhk I) Frühlingskrokus (Crocus vernus); große Inschrift „Prior"

| | | | | | |
|---|---|---|---|---|---|
| 3276 | | — mehrfarbig | dhk I | | |
| | A | gest. 13¾:14:13½:13¾ | | 3,— | 1,— |
| | F | gest. 13½:13¾:13¾:14 | | *3,—* | *1,—* |

Nominale zur Zeit der Ausgabe: 0.49 €

*In ähnlicher Zeichnung: MiNr. 3191*
*Weitere Werte siehe Fußnote nach MiNr. 2784*

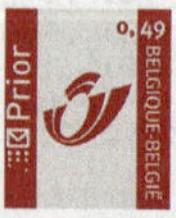


**2003, Dez. Freimarke: Postemblem. RaTdr. (3×5); Papier ph.; gez. K 11½.**

dka I) Postemblem und „Prior"

| | | | | |
|---|---|---|---|---|
| 3277 | 0.49 (€) rosarot | dka I | 2,— | 1,— |
| | | FDC | | 6,— |

*In gleicher Zeichnung: MiNr. 3323*
*In ähnlicher Zeichnung: MiNr. 3226, 3399, 3426, 3748*

**2004, 17. Jan. Blockausgabe: Fernand-Khnopff-Ausstellungen in Belgien. RaTdr.; Papier fl.; gez. Ks 11½.**

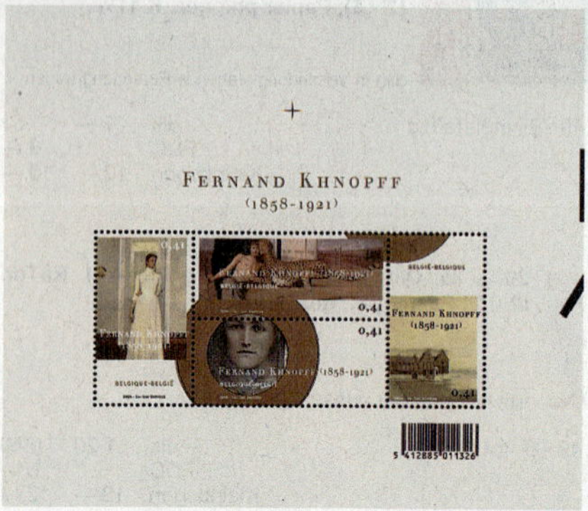


dmg

dmc dmd dme dmf

dmc) Porträt von Marguerite Khnopff
dmd) Zärtlichkeiten
dme) Braune Augen und eine blaue Blume
dmf) Eine verlassene Stadt

dmc–dmf) Gemälde von Fernand Khnopff (1858–1921), Maler, Graphiker und Bildhauer

| | | | | |
|---|---|---|---|---|
| 3278 | 0.41 (€) mehrfarbig | dmc | 0,80 | 0,80 |
| 3279 | 0.41 (€) mehrfarbig | dmd | 0,80 | 0,80 |
| 3280 | 0.41 (€) mehrfarbig | dme | 0,80 | 0,80 |
| 3281 | 0.41 (€) mehrfarbig | dmf | 0,80 | 0,80 |
| Block 92 | (166×140 mm) | dmg | 3,20 | 3,20 |
| | | FDC | | 6,— |

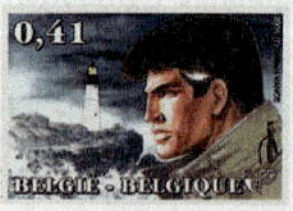


**2004, 17. Jan. Jugendphilatelie: Comics. RaTdr. (2×5); Papier fl.; gez. K 11½.**

dmh) Major Jones; Figur aus der Comicserie „XIII" von William Vance, eigentlich William Van Cutsem (1935–2018), Comiczeichner

| | | | | |
|---|---|---|---|---|
| 3282 | 0.41 (€) mehrfarbig | dmh | 1,— | 0,50 |
| | | FDC | | 6,— |
| | | Kleinbogen | 10,— | 10,— |

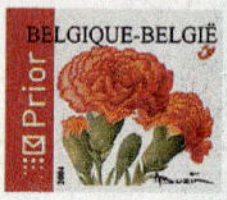


**2004, 17. Jan. Freimarke: Blumen. RaTdr., Markenheftchen (2×5); Papier ph.; selbstklebend; D = dreiseitig, E = zweiseitig gestanzt 10.**

dmi) Nelken

| | | | | | |
|---|---|---|---|---|---|
| 3283 | | — mehrfarbig | dmi | | |
| | Dl | dreiseitig gestanzt (⧠) | | 3,— | 0,50 |
| | Eo | zweiseitig gestanzt (⧠) | | 3,— | 0,50 |
| | Eu | zweiseitig gestanzt (⧠) | | 3,— | 0,50 |
| | | | FDC | | 6,— |
| | | | Markenheftchen | 30,— | 12,— |

Nominale zur Zeit der Ausgabe: 0.49 €

*Weitere Werte siehe Fußnote nach MiNr. 2784*

**2004, 14. Febr. Das ist Belgien (II): Belgier in der Welt. RaTdr. (5×2); Papier fl.; gez. Ks 11½.**

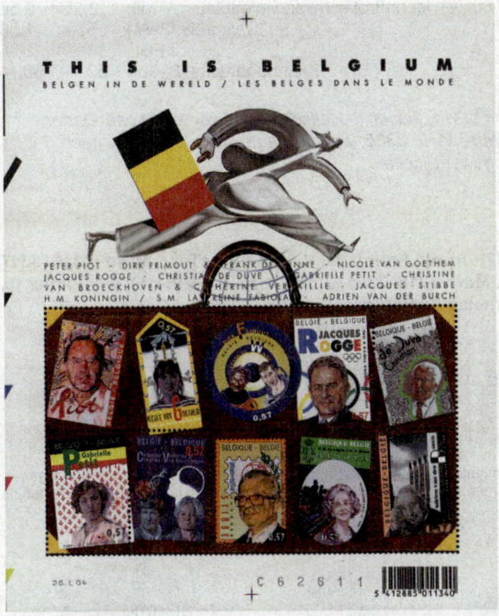


dmk) Peter Piot (*1949), Mediziner, Direktor des UN-Programms zur Aids-Bekämpfung (UNAIDS)
dml) Nicole van Goethem (1941–2000), Regisseurin und Trickfilmzeichnerin
dmm) Dirk Frimout (*1941) und Frank de Winne (*1961), Astronauten
dmn) Jacques Rogge (*1942), Präsident des Internationalen Olympischen Komitees (IOC)
dmo) Christian de Duve (1917–2013), Mediziner, Nobelpreis 1974

dmp) Gabrielle Petit (1893–1916), Spionin im 1. Weltkrieg
dmr) Catherine Verfaillie (*1957) und Christine Van Broeckhoven (*1953), Biologinnen
dms) Jacques Stibbe (1920–1999), Philatelist; FIP-Emblem
dmt) Königin Fabiola (1928–2014)
dmu) Adrien van der Burch (1877–1954), Sponsor der Weltausstellung 1935; Ausstellungshalle in Heysel

| | | | | |
|---|---|---|---|---|
| **3284** | 0.57 (€) mehrfarbig | dmk | 1,40 | 0,50 |
| **3285** | 0.57 (€) mehrfarbig | dml | 1,40 | 0,50 |
| **3286** | 0.57 (€) mehrfarbig | dmm | 1,40 | 0,50 |
| **3287** | 0.57 (€) mehrfarbig | dmn | 1,40 | 0,50 |
| **3288** | 0.57 (€) mehrfarbig | dmo | 1,40 | 0,50 |
| **3289** | 0.57 (€) mehrfarbig | dmp | 1,40 | 0,50 |
| **3290** | 0.57 (€) mehrfarbig | dmr | 1,40 | 0,50 |
| **3291** | 0.57 (€) mehrfarbig | dms | 1,40 | 0,50 |
| **3292** | 0.57 (€) mehrfarbig | dmt | 1,40 | 0,50 |
| **3293** | 0.57 (€) mehrfarbig | dmu | 1,40 | 0,50 |
| | | Satzpreis (10 W.) | 14,— | 5,— |
| | | 2 FDC | | 12,— |
| | | Kleinbogen | 15,— | 15,— |

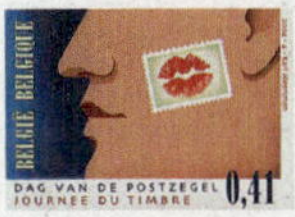


**2004, 14. Febr. Tag der Briefmarke. RaTdr. (2×5); Papier fl.; gez. K 11½.**

dmv) Marke mit Kussmund auf der Wange eines Mannes

| | | | | |
|---|---|---|---|---|
| **3294** | 0.41 (€) mehrfarbig | dmv | 1,— | 0,50 |
| | | FDC | | 6,— |
| | | Kleinbogen | 10,— | 10,— |

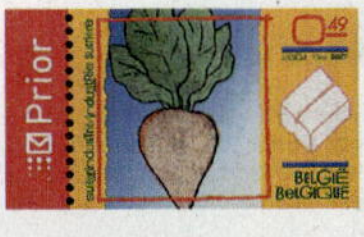


**2004, 13. März. Zuckerindustrie. RaTdr. (2×5); Papier ph.; gez. Ks 11½.**

dmw) Zuckerrübe (Beta vulgaris altissima)

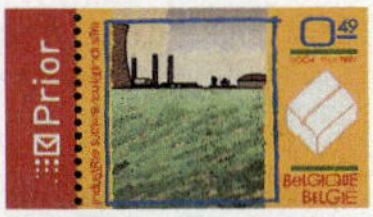


dmx) Zuckerfabrik, Tienen

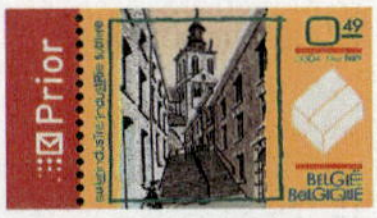


dmy) Altstadt von Tienen

| | | | | |
|---|---|---|---|---|
| **3295** | 0.49 (€) mehrfarbig | dmw | 1,— | 0,50 |
| **3296** | 0.49 (€) mehrfarbig | dmx | 1,— | 0,50 |
| **3297** | 0.49 (€) mehrfarbig | dmy | 1,— | 0,50 |
| | | Satzpreis (3 W.) | 3,— | 1,50 |
| | | FDC | | 6,— |
| | | Kleinbogensatz (3 Klb.) | 30,— | 30,— |

**2004, 13. März. Blockausgabe: 75 Jahre Comicfigur „Tim". RaTdr.; Papier fl.; gez. Ks 11½.**

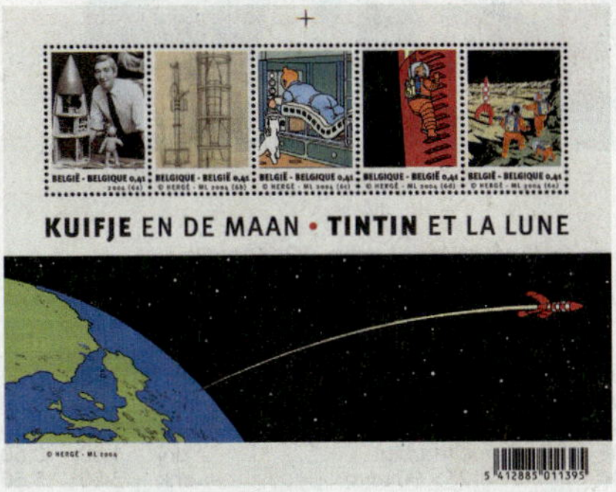


dmz dna dnb dnc dnd dne

dmz) Studio Hergé (1969)

dna–dnd) Szenen aus den Comicalben „Reiseziel Mond" und „Schritte auf dem Mond" von Hergé, eigentlich Georges Remi (1907–1983)

| | | | | |
|---|---|---|---|---|
| **3298** | 0.41 (€) mehrfarbig | dmz | 1,— | 0,50 |
| **3299** | 0.41 (€) mehrfarbig | dna | 1,— | 0,50 |
| **3300** | 0.41 (€) mehrfarbig | dnb | 1,— | 0,50 |
| **3301** | 0.41 (€) mehrfarbig | dnc | 1,— | 0,50 |
| **3302** | 0.41 (€) mehrfarbig | dnd | 1,— | 0,50 |
| **Block 93** | (163×126 mm) | dne | 5,— | 5,— |
| | | FDC | | 6,— |

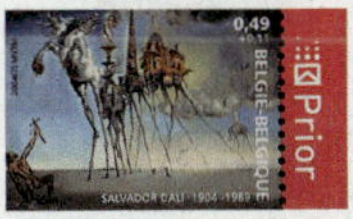


**2004, 17. April. Förderung der Philatelie: Ausländische Kunstwerke in belgischen Sammlungen (II). RaTdr. (2×5); Papier ph.; gez. K 11½.**

dnf) Die Versuchung des hl. Antonius; Gemälde von Salvador Dalí (1904–1989), spanischer Maler und Graphiker

| | | | | |
|---|---|---|---|---|
| **3303** | 0.49 (€) + 0.11 (€) mehrfarbig | dnf | 1,20 | 1,20 |
| | | FDC | | 3,— |
| | | Kleinbogen | 12,— | 12,— |

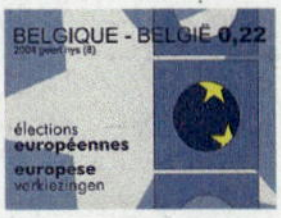


**2004, 17. April. Sechste Direktwahlen zum Europäischen Parlament. RaTdr. (6×5); Papier fl.; gez. K 11½.**

dng) Stern, Weltkugel mit Europasternen

| | | | | | |
|---|---|---|---|---|---|
| **3304** | 0.22 (€) mehrfarbig | dng | 0,50 | 0,50 |
| | | FDC | | 3,— |

**2004, 17. April. Blockausgabe: Erweiterung der Europäischen Union (EU). RaTdr.; Papier ph.; gez. Ks 11½.**

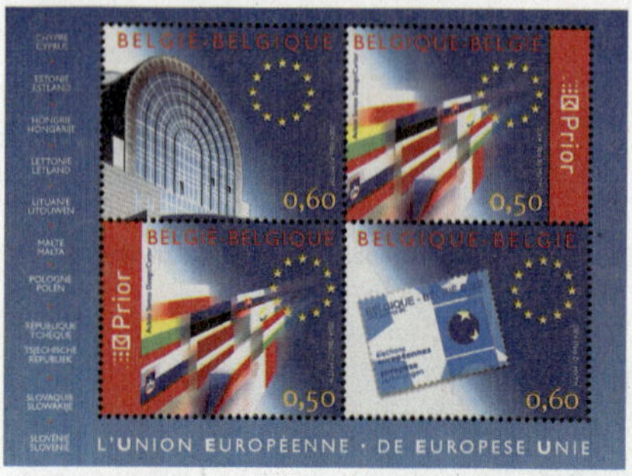


dnk

dni dnh
dnh I dnj

dnh) Flaggen der 10 neuen Mitgliedstaaten, „PRIOR" rechts
dnh I) Flaggen der 10 neuen Mitgliedstaaten, „PRIOR" links
dni) Europaparlamentsgebäude „Caprice des dieux", Brüssel
dnj) Marke MiNr. 3304

| | | | | |
|---|---|---|---|---|
| **3305** 0.50 (€) mehrfarbig | dnh | 1,20 | 0,50 |
| **3306** 0.50 (€) mehrfarbig | dnh I | 1,20 | 0,50 |
| **3307** 0.60 (€) mehrfarbig | dni | 1,50 | 0,50 |
| **3308** 0.60 (€) mehrfarbig | dnj | 1,50 | 0,50 |
| **Block 94** (125×90 mm) | dnk | 5,50 | 5,50 |
| | FDC | | 7,— |

**2004, 17. April. Wallfahrtsorte. StTdr. (5×2, Querformat ~); Papier ph.; gez. K 11½.**

dnl) Waldkapelle, Buggenhout (1504)

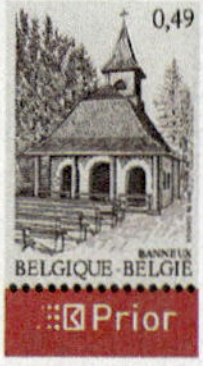


dnm) Marienkirche, Banneux

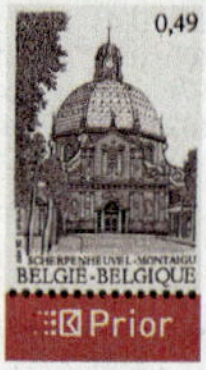


dnn) Basilika, Scherpenheuvel (Montaigu) (17. Jh.)

dno) Marienkirche, Beauraing

| | | | | |
|---|---|---|---|---|
| **3309** 0.49 (€) dunkelgrünoliv | dnl | 1,— | 0,50 |
| **3310** 0.49 (€) schwarzgraubraun | dnm | 1,— | 0,50 |
| **3311** 0.49 (€) schwarzviolettbraun | dnn | 1,— | 0,50 |
| **3312** 0.49 (€) schwarzviolettblau | dno | 1,— | 0,50 |
| | Satzpreis (4 W.) | 4,— | 2,— |
| | FDC | | 6,— |
| | Kleinbogensatz (4 Klb.) | 40,— | 40,— |

**2004, 17. April. Freimarken: König Albert II. RaTdr. (2×5); Papier ph.; gez. K 11½.**

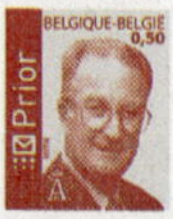


dlh

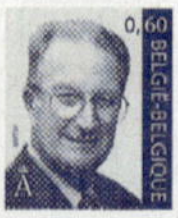


dds

dlh, dds) König Albert II. (*1934, reg. 1993–2013)

| | | | | |
|---|---|---|---|---|
| **3313** 0.50 (€) lebhaftrot | dlh | 1,20 | 0,50 |
| **3314** 0.60 (€) ultramarin | dds | 1,60 | 0,50 |
| **3315** 0.80 (€) lebhaftrot/schwarzviolettblau | dlh | 2,20 | 0,50 |
| | Satzpreis (3 W.) | 5,— | 1,50 |
| | 3 FDC | | 18,— |
| | Kleinbogensatz (3 Klb.) | 50,— | 50,— |

*Wie MiNr. 3314, jedoch in Hellkobalt und von leicht geänderter Druckplatte, MiNr. 3365; weitere Werte siehe Übersicht nach Jahrgangswerttabelle.*

**2004, 17. April. Freimarken: Vögel. RaTdr.; MiNr. 3316–3317 (10×5), MiNr. 3318–3321 (2×5), MiNr. 3322 (6×5); w = Papier fl., x = normales Papier; gez. K 11½.**

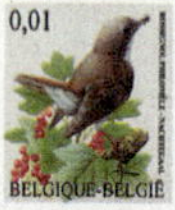


dnp) Nachtigall (Luscinia megarhynchos)

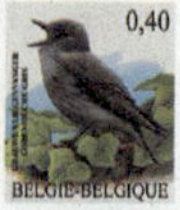


dnr) Grauschnäpper (Muscicapa striata)

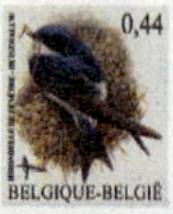


dns) Mehlschwalbe (Delichon urbica)

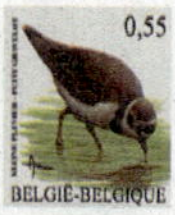


dnt) Flussregenpfeifer (Charadrius dubius)

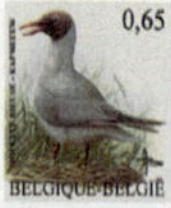


dnu) Lachmöwe (Larus ridibundus)

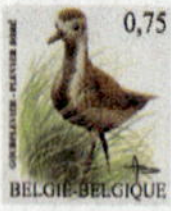


dnv) Goldregenpfeifer (Pluvialis apricaria)

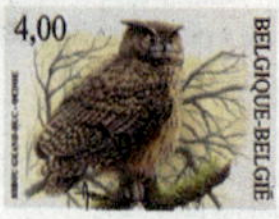


dnw) Uhu (Bubo bubo)

| | | | | | |
|---|---|---|---|---|---|
| **3316** | 0.01 (€) mehrfarbig | dnp | | |
| w | Papier fl. (17.4.2004) | | 0,30 | 0,30 |
| x | normales Papier (2004) | | 0,30 | 0,30 |
| **3317** w | 0.40 (€) mehrfarbig (17.4.2004) | dnr | 0,70 | 0,40 |
| **3318** w | 0.44 (€) mehrfarbig (17.4.2004) | dns | 1,— | 0,50 |
| **3319** w | 0.55 (€) mehrfarbig (17.4.2004) | dnt | 1,20 | 0,50 |
| **3320** w | 0.65 (€) mehrfarbig (17.4.2004) | dnu | 1,80 | 0,60 |
| **3321** w | 0.75 (€) mehrfarbig (17.4.2004) | dnv | 2,50 | 0,70 |
| **3322** w | 4.00 (€) mehrfarbig (17.4.2004) | dnw | 8,50 | 2,— |
| | | Satzpreis (7 W.) | 16,— | 5,— |
| | | 7 FDC | | 42,— |
| | | Kleinbogensatz (4 Klb.) | 65,— | 65,— |

*Weitere Werte siehe Übersicht nach Jahrgangswerttabelle.*

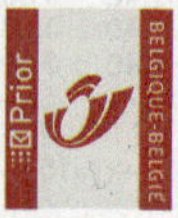


**2004, 17. April. Freimarke: Postemblem. RaTdr. (3×5 und 3×5 Zd); Papier ph.; gez. K 11½.**

dka I) Postemblem und „Prior"

| | | | | |
|---|---|---|---|---|
| **3323** — rosarot | dka I | 3,— | 0,80 |
| | FDC | | 6,— |
| | 3323 Zf | 5,— | 5,— |

Nominale zur Zeit der Ausgabe: 0.49 €

MiNr. 3323 wurde auf Bestellung auch mit anhängendem personalisierbarem Zierfeld gedruckt.

*In gleicher Zeichnung: MiNr. 3277*
*In ähnlicher Zeichnung: MiNr. 3226, 3399, 3426, 3748*

**2004, 13. Mai. Stadt Lüttich. RaTdr. (2×5); Papier fl.; gez. K 11½.**

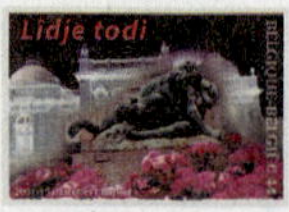


dnx) Sterbender Faun; Skulptur von Jef Lambeaux (1852–1908), Bildhauer; Museum für moderne und zeitgenössische Kunst

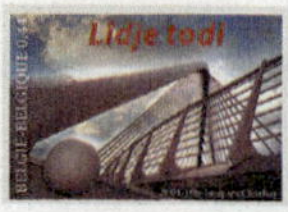


dny) Brücke zwischen Bahnhof und Autobahn von Santiago Calatrava (*1951), spanischer Architekt, Ingenieur und Bildhauer

| | | | | | |
|---|---|---|---|---|---|
| **3324** | 0.44 (€) mehrfarbig | dnx | 1,— | 0,50 |
| **3325** | 0.44 (€) mehrfarbig | dny | 1,— | 0,50 |
| | Satzpreis (2 W.) | | 2,— | 1,— |
| | FDC | | | 6,— |
| | Kleinbogensatz (2 Klb.) | | 20,— | 20,— |

**Blockausgabe**

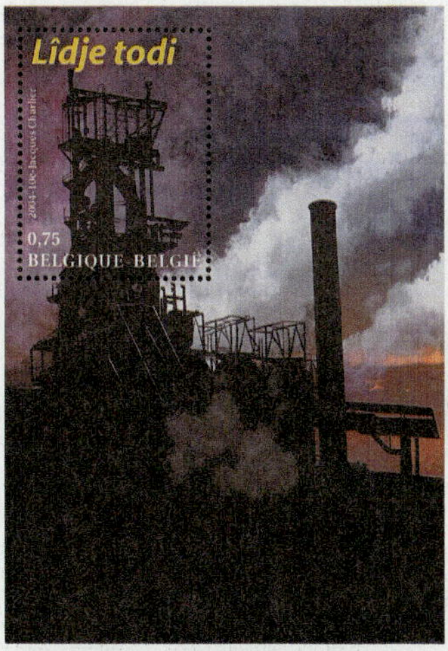


doa

dnz) Förderturm eines Kohlebergwerks im Vorort Seraing

| | | | | |
|---|---|---|---|---|
| **3326** | 0.75 (€) mehrfarbig | dnz | 1,50 | 1,50 |
| **Block 95** | (90×125 mm) | doa | 1,50 | 1,50 |
| | FDC | | | 6,— |

**2004, 14. Mai. Klimatologie. RaTdr. (2×5); Papier ph.; gez. K 11½.**

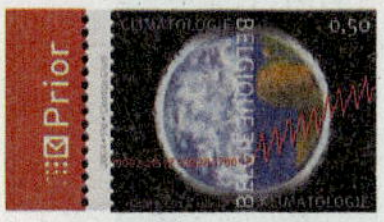


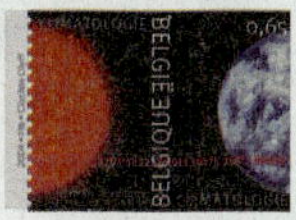

dob) Erde mit Ozonschicht, Diagramm des Kohlendioxidgehalts in der Atmosphäre

doc) Sonne und Erde, Zahlenkode des Energieaustauschs

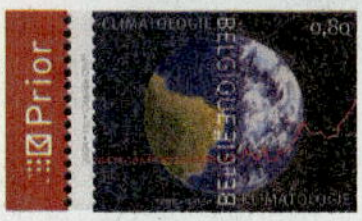


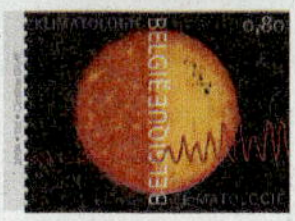

dod) Erde, Diagramm der Temperaturentwicklung

doe) Sonne, Diagramm der Sonnenaktivitäten

| | | | | |
|---|---|---|---|---|
| **3327** | 0.50 (€) mehrfarbig | dob | 1,— | 0,50 |
| **3328** | 0.65 (€) mehrfarbig | doc | 1,30 | 0,50 |
| **3329** | 0.80 (€) mehrfarbig | dod | 1,60 | 0,50 |
| **3330** | 0.80 (€) mehrfarbig | doe | 1,60 | 0,50 |
| | Satzpreis (4 W.) | | 5,50 | 2,— |
| | FDC | | | 6,— |
| | Kleinbogensatz (4 Klb.) | | 55,— | 55,— |

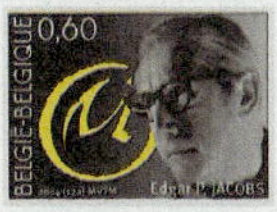

**2004, 15. Mai. 100. Geburtstag von Edgar Pierre Jacobs. RaTdr. (2×5); Papier fl.; gez. K 11½.**

dof) Edgar Pierre Jacobs (1904–1987), Comicautor

| | | | | |
|---|---|---|---|---|
| **3331** | 0.60 (€) mehrfarbig | dof | 1,40 | 0,50 |
| | Kleinbogen | | 14,— | 14,— |

**Blockausgabe**

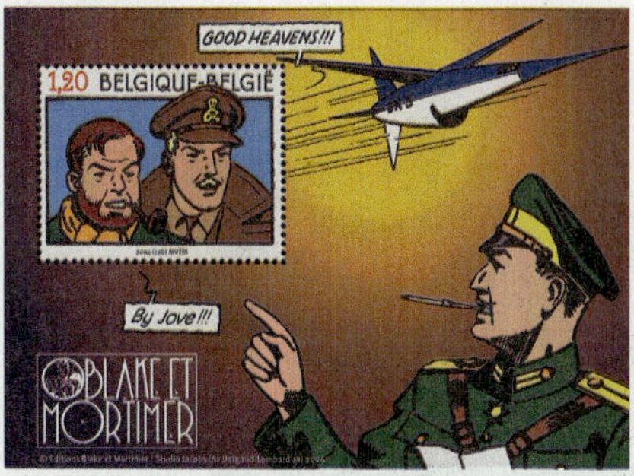


doh

dog) Professor Philip Mortimer und Colonel Francis Blake; Comicfiguren von Edgar Pierre Jacobs

| | | | | |
|---|---|---|---|---|
| **3332** | 1.20 (€) mehrfarbig | dog | 2,40 | 2,40 |
| **Block 96** | (125×90 mm) | doh | 2,50 | 2,50 |
| | FDC (MiNr. 3331–3332) | | | 6,— |

*Parallelausgabe mit Frankreich MiNr. 3813–3814*

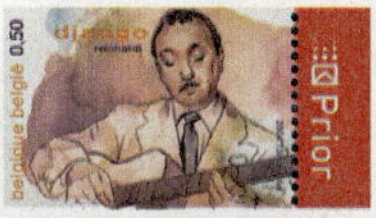


**2004, 16. Mai. Jazz aus Belgien. RaTdr. (2×5); Papier ph.; gez. K 11½.**

doi) Django Reinhardt (1910–1953), französischer Manouche-Gitarrist

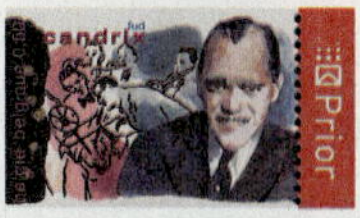


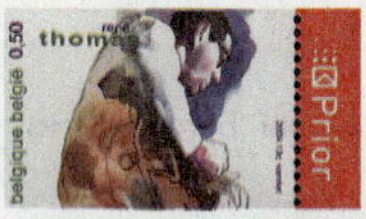


dok) Fud Candrix (1908–1974), Tenorsaxophonist

dol) René Thomas (1927–1975), Gitarrist

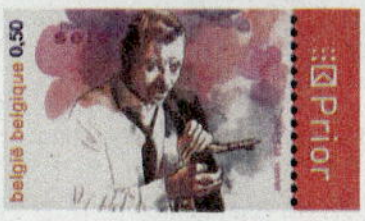


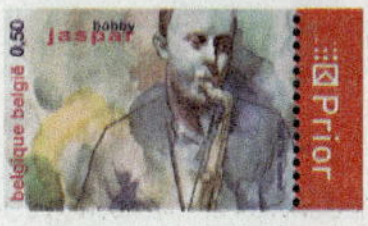


dom) Jack Sels (1922–1970), Tenorsaxophonist

don) Bobby Jaspar (1926–1963), Saxophonist und Flötist

| | | | | |
|---|---|---|---|---|
| **3333** | 0.50 (€) mehrfarbig | doi | 1,— | 0,50 |
| **3334** | 0.50 (€) mehrfarbig | dok | 1,— | 0,50 |
| **3335** | 0.50 (€) mehrfarbig | dol | 1,— | 0,50 |
| **3336** | 0.50 (€) mehrfarbig | dom | 1,— | 0,50 |
| **3337** | 0.50 (€) mehrfarbig | don | 1,— | 0,50 |
| | Satzpreis (5 W.) | | 5,— | 2,50 |
| | FDC | | | 6,— |
| | Kleinbogensatz (5 Klb.) | | 50,— | 50,— |

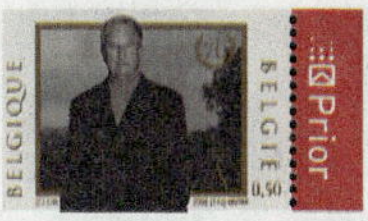


**2004, 5. Juni. 70. Geburtstag von König Albert II. RaTdr. (2×5); Papier ph; gez. K 11½.**

doo

doo–dop) König Albert II. (*1934, reg. 1993–2013)

| | | | | |
|---|---|---|---|---|
| **3338** | 0.50 (€) mehrfarbig | doo | 1,— | 0,50 |
| | Kleinbogen | | 10,— | 10,— |

**Blockausgabe**

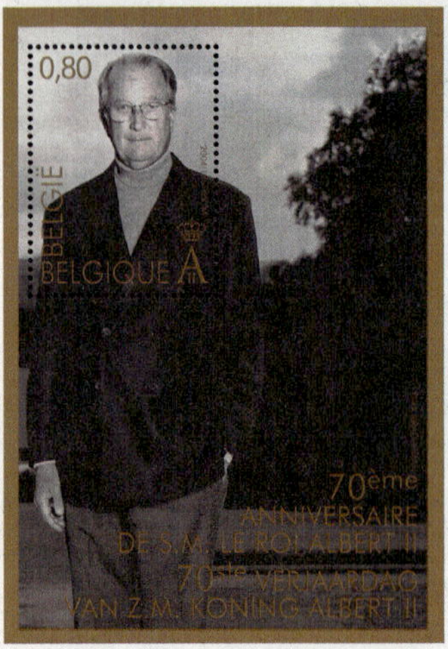


dop dor

| | | | | | |
|---|---|---|---|---|---|
| **3339** | 0.80 (€) mehrfarbig | dop | 1,50 | 1,50 |
| **Block 97** | (90×125 mm) | dor | 1,80 | 1,80 |
| | FDC (MiNr. 3338–3339) | | | 6,— |

**2004, 5. Juni. Europa: Ferien. RaTdr. (2×5); Papier fl.; gez. K 11½.**

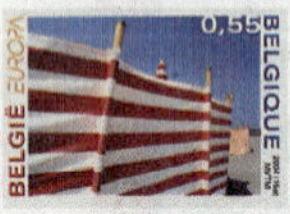

dos) Die belgische Küste; von Muriel Vekemans

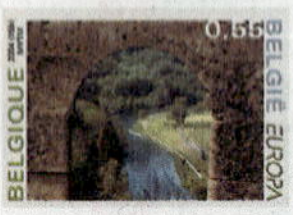

dot) Die belgischen Ardennen; von Freddy Deburghgraeve

dos–dot) Gewinner des Wettbewerbs „Ihr Urlaubsfoto als Briefmarke"

| | | | | |
|---|---|---|---|---|
| **3340** | 0.55 (€) mehrfarbig | dos | 1,20 | 1,20 |
| **3341** | 0.55 (€) mehrfarbig | dot | 1,20 | 1,20 |
| | Satzpreis (2 W.) | | 2,40 | 2,40 |
| | FDC | | | 6,— |
| | Kleinbogensatz (2 Klb.) | | 24,— | 24,— |

**2004, 5. Juni. Freimarken: Erweiterung der Europäischen Union (EU). RaTdr., Markenheftchen (2×5); Papier fl.; selbstklebend; drei- bzw. zweiseitig gestanzt 10.**

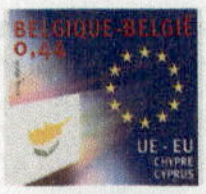

dou) Zypern

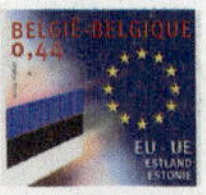

dov) Estland

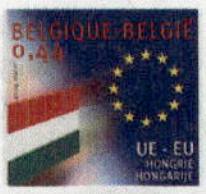

dow) Ungarn

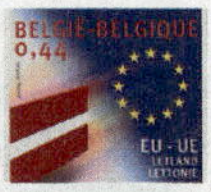

dox) Lettland

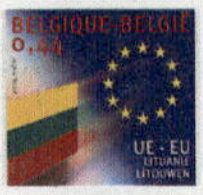

doy) Litauen

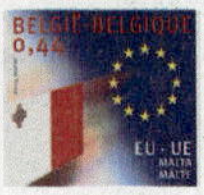

doz) Malta

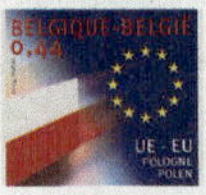

dpa) Polen

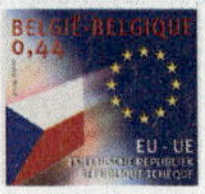

dpb) Tschechische Republik

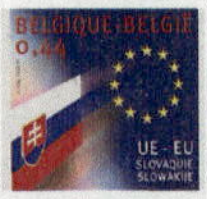

dpc) Slowakei

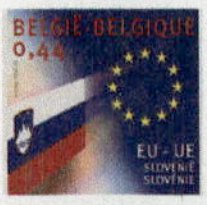

dpd) Slowenien

dou–dpd) Nationalflaggen der EU-Beitrittsländer, Europasterne

| | | | | |
|---|---|---|---|---|
| **3342** | 0.44 (€) mehrfarbig (▢) | dou | 1,— | 0,50 |
| **3343** | 0.44 (€) mehrfarbig (▢) | dov | 1,— | 0,50 |
| **3344** | 0.44 (€) mehrfarbig (▢) | dow | 1,— | 0,50 |
| **3345** | 0.44 (€) mehrfarbig (▢) | dox | 1,— | 0,50 |
| **3346** | 0.44 (€) mehrfarbig (▢) | doy | 1,— | 0,50 |
| **3347** | 0.44 (€) mehrfarbig (▢) | doz | 1,— | 0,50 |
| **3348** | 0.44 (€) mehrfarbig (▢) | dpa | 1,— | 0,50 |
| **3349** | 0.44 (€) mehrfarbig (▢) | dpb | 1,— | 0,50 |
| **3350** | 0.44 (€) mehrfarbig (▢) | dpc | 1,— | 0,50 |
| **3351** | 0.44 (€) mehrfarbig (▢) | dpd | 1,— | 0,50 |
| | Satzpreis (10 W.) | | 10,— | 5,— |
| | FDC | | | 6,— |
| | Markenheftchen | | 12,— | 8,— |

**2004, 5. Juni. Olympische Sommerspiele, Athen. RaTdr. (5×2, Querformate ~); Papier ph.; gez. K 11½.**

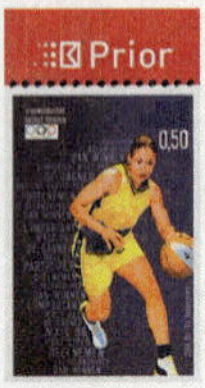

dpe) Frauen-Basketball

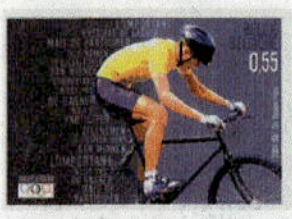

dpf) Radfahren

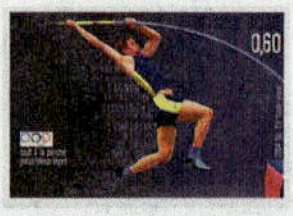

dpg) Stabhochsprung

| | | | | |
|---|---|---|---|---|
| **3352** | 0.50 (€) mehrfarbig | dpe | 1,— | 0,50 |
| **3353** | 0.55 (€) mehrfarbig | dpf | 1,10 | 0,50 |
| **3354** | 0.60 (€) mehrfarbig | dpg | 1,20 | 0,50 |
| | Satzpreis (3 W.) | | 3,30 | 1,50 |
| | Kleinbogensatz (3 Klb.) | | 33,— | 33,— |

**Blockausgabe**

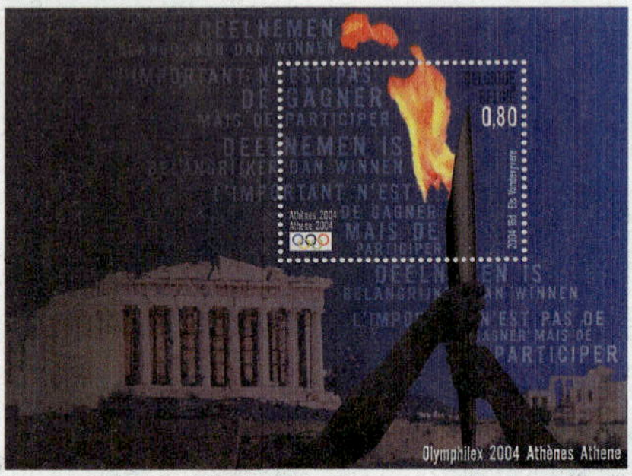


dpi

dph) Olympische Fackel

| | | | | |
|---|---|---|---|---|
| **3355** | 0.80 (€) mehrfarbig | dph | 1,50 | 1,50 |
| **Block 98** | (125×90 mm) | dpi | 1,80 | 1,80 |
| | FDC (MiNr. 3352–3355) | | | 6,— |

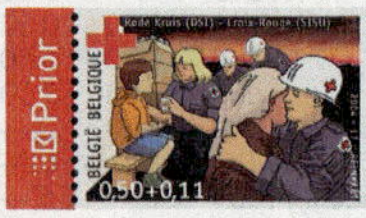

**2004, 10. Juli. Notfallseelsorge des Roten Kreuzes (SISU). RaTdr. (2×5); Papier fl.; gez. K 11½.**

dpk) Rotkreuz-Seelsorger im Einsatz

| | | | | |
|---|---|---|---|---|
| **3356** | 0.50 (€) + 0.11 (€) mehrfarbig | dpk | 1,20 | 1,20 |
| | FDC | | | 6,— |
| | Kleinbogen | | 12,— | 12,— |

**2004, 18. Sept. 10. Todestag von Idel Ianchelevici. RaTdr. (5×2); MiNr. 3357 Papier ph., MiNr. 3358 Papier fl.; gez. K 11½.**

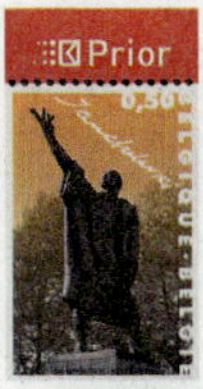

dpl) L'appel

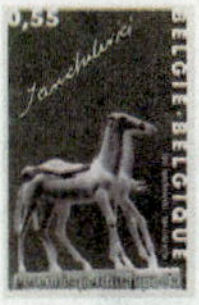

dpm) Perennis perdurat poeta

dpl–dpm) Skulpturen von Idel Ianchelevici (1909–1994), rumänischer Bildhauer

| | | | | | |
|---|---|---|---|---|---|
| **3357** | 0.50 (€) | mehrfarbig | dpl | 1,— | 0,50 |
| **3358** | 0.55 (€) | mehrfarbig | dpm | 1,10 | 0,50 |
| | | | Satzpreis (2 W.) | 2,— | 1,— |
| | | | FDC | | 6,— |
| | | | Kleinbogensatz (2 Klb.) | 20,— | 20,— |

*Parallelausgabe mit Rumänien MiNr. 5863-5864*

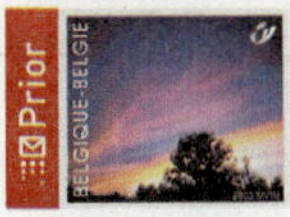

**2004, 20. Sept. Freimarke für Traueranzeigen. RaTdr. (6×5); Papier ph.; gez. K 11½.**

dhl I) Abenddämmerung, PRIOR

| | | | | | |
|---|---|---|---|---|---|
| **3359** | — | mehrfarbig | dhl I | 3,— | 0,50 |
| | | | FDC | | 6,— |

Nominale zur Zeit der Ausgabe: 0.50 €

*In ähnlicher Zeichnung: MiNr. 3097, 3192*

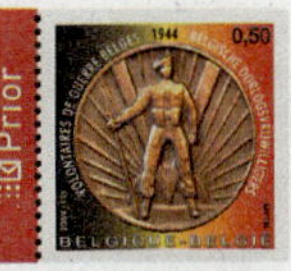

**2004, 25. Sept. Belgische Kriegsfreiwillige. RaTdr. (2×5); Papier ph.; gez. K 11½.**

dpn) Medaille der Kriegsfreiwilligen

| | | | | | |
|---|---|---|---|---|---|
| **3360** | 0.50 (€) | mehrfarbig | dpn | 1,— | 0,50 |
| | | | FDC | | 6,— |
| | | | Kleinbogen | 10,— | 10,— |

**2004, 25. Sept. Blockausgabe: Natur – Woche des Waldes. RaTdr.; Papier fl.; gez. Ks 11½.**

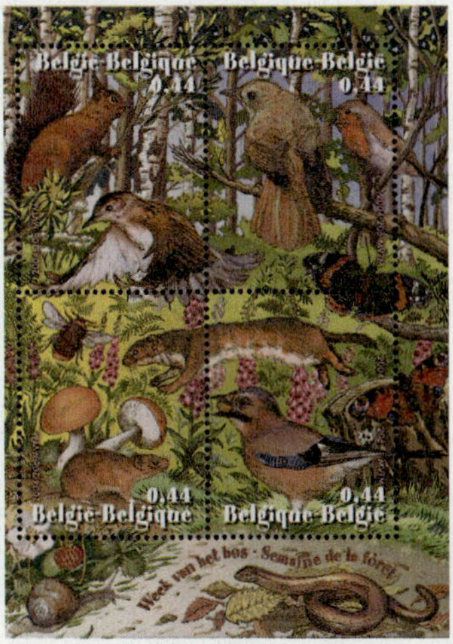

dpt

dpo) Eichhörnchen (Sciurus vulgaris), Mönchsgrasmücke (Sylvia atricapilla)
dpp) Nachtigall (Luscinia megarhynchos), Rotkehlchen (Erithacus rubecula)

dpr) Hummel (Bombus sp.), Wühlmaus (Clethrionomys sp.)
dps) Wiesel (Mustela sp.), Eichelhäher (Garrulus glandarius)

| | | | | | |
|---|---|---|---|---|---|
| **3361** | 0.44 (€) | mehrfarbig | dpo | 1,20 | 0,80 |
| **3362** | 0.44 (€) | mehrfarbig | dpp | 1,20 | 0,80 |
| **3363** | 0.44 (€) | mehrfarbig | dpr | 1,20 | 0,80 |
| **3364** | 0.44 (€) | mehrfarbig | dps | 1,20 | 0,80 |
| **Block 99** | | (90×125 mm) | dpt | 5,— | 4,— |
| | | | FDC (Blockmarken) | | 6,— |

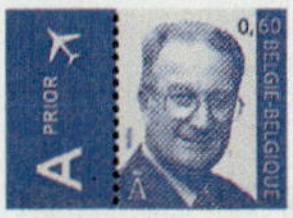

**2004, 27. Sept. Freimarken: König Albert II. RaTdr. (2×5 Zd); Papier ph.; gez. K 11½.**

dds) König Albert II. (*1934, reg. 1993–2013)

| | | | | | |
|---|---|---|---|---|---|
| **3365** | 0.60 (€) | hellkobalt | dds | 1,50 | 0,50 |
| **3366** | 0.80 (€) | schwarzviolettblau | dds | 2,— | 0,50 |
| | | | Satzpreis (2 W.) | 3,50 | 1,— |
| | | | 3365 Zf–3366 Zf | 3,50 | 2,— |
| | | | 2 FDC | | 12,— |
| | | | Kleinbogensatz (2 Klb.) | 35,— | 35,— |

*Wie MiNr. 3365, jedoch in Ultramarin und von leicht geänderter Druckplatte: MiNr. 3314; weitere Werte siehe Übersicht nach Jahrgangswerttabelle.*

**2004, 27. Sept./15. Dez. Freimarke: Blumen. RaTdr., Rolle (R) (100) und Markenheftchen (MH) (2×5); Papier ph.; selbstklebend; A = vierseitig wellenförmig gestanzt 13½:13¾:13¾:14, D = dreiseitig, E = zweiseitig zähnungsähnlich gestanzt 10, F = vierseitig wellenförmig gestanzt 13¾:14:13½:13¾.**

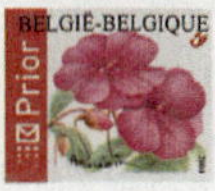

dpu) Springkraut (Impatiens chinensis)

| | | | | | |
|---|---|---|---|---|---|
| **3367** | | — mehrfarbig | dpu | | |
| | A | vierseitig wellenförmig gest. 13½:13¾:13¾:14 (R) (15. Dez.) | | 3,— | 0,80 |
| | D | dreiseitig zähnungsähnlich gest. 10 (⊏⊐) (MH) (27. Sept.) | | 3,— | 0,80 |
| | Eo | zweiseitig zähnungsähnlich gest. 10 (⊏⊐) (MH) (27. Sept.) | | 3,— | 0,80 |
| | Eu | zweiseitig zähnungsähnlich gest. 10 (⊏⊐) (MH) (27. Sept.) | | 3,— | 0,80 |
| | F | vierseitig wellenförmig gest. 13¾:14:13½:13¾ (R) | | *3,—* | *0,80* |
| | | FDC | | | 6,— |
| | | Markenheftchen | | 30,— | 10,— |

Nominale zur Zeit der Ausgabe: 0.50 €

*Weitere Werte siehe Fußnote nach MiNr. 2784.*

**2004, 15. Okt. Blockausgabe: Internationale Briefmarkenausstellung BELGICA '06, Brüssel – Weltmeisterschaft der Jugendphilatelie (I). RaTdr.; Papier fl.; gez. Ks 11½.**

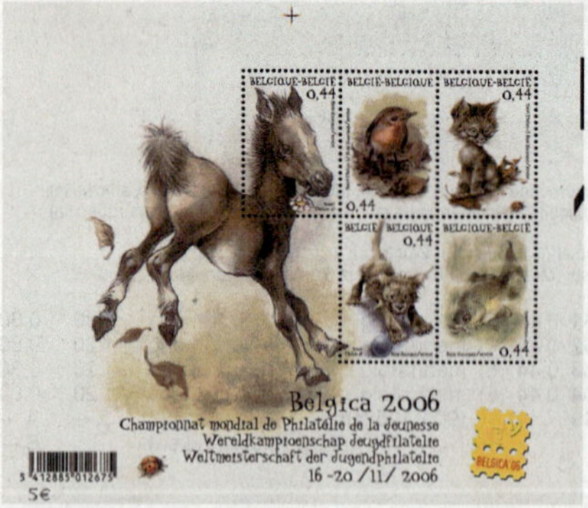


dra

dpv) Pferd
dpw) Vogel
dpx) Katze
dpy) Hund
dpz) Fisch

| | | | | | |
|---|---|---|---|---|---|
| **3368** | 0.44 (€) mehrfarbig | dpv | 2,— | 2,— |
| **3369** | 0.44 (€) mehrfarbig | dpw | 2,— | 2,— |
| **3370** | 0.44 (€) mehrfarbig | dpx | 2,— | 2,— |
| **3371** | 0.44 (€) mehrfarbig | dpy | 2,— | 2,— |
| **3372** | 0.44 (€) mehrfarbig | dpz | 2,— | 2,— |
| **Block 100** | (166×140 mm) | dra | 11,— | 11,— |
| | FDC (Blockmarken) | | | 6,— |

Postpreis: 5 €

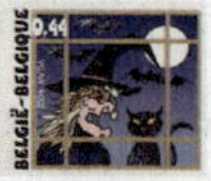

**2004, 15. Okt. Freimarken: Halloween. RaTdr., Markenheftchen (2×5); Papier ph.; selbstklebend; D = dreiseitig, E = zweiseitig gestanzt 10.**

drb) Hexe, Katze und Fledermäuse in Vollmondnacht

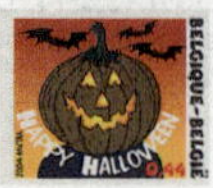

drc) Gestalt mit Kürbismaske, Fledermäuse

| | | | | | |
|---|---|---|---|---|---|
| **3373** | | 0.44 (€) mehrfarbig | drb | | |
| | Dl | dreiseitig gestanzt (⊏⊐) | | 0,90 | 0,50 |
| | Dr | dreiseitig gestanzt (⊏⊐) | | 0,90 | 0,50 |
| | E | zweiseitig gestanzt (⊏⊐) | | 0,90 | 0,50 |
| **3374** | | 0.44 (€) mehrfarbig | drc | | |
| | Dl | dreiseitig gestanzt (⊏⊐) | | 0,90 | 0,50 |
| | Dr | dreiseitig gestanzt (⊏⊐) | | 0,90 | 0,50 |
| | E | zweiseitig gestanzt (⊏⊐) | | 0,90 | 0,50 |
| | | Satzpreis (2 W.) | | 1,80 | 1,— |
| | | FDC | | | 6,— |
| | | Paar | | 2,— | 1,20 |
| | | Markenheftchen | | 10,— | 7,— |

MiNr. 3373–3374 wurden schachbrettartig zusammenhängend im Markenheftchen gedruckt.

**2004, 30. Okt. Autoren phantastischer Literatur. RaTdr. (2×5, Hochformat ~); MiNr. 3375 und 3377 Papier ph., MiNr. 3376 Papier fl.; gez. K 11½.**

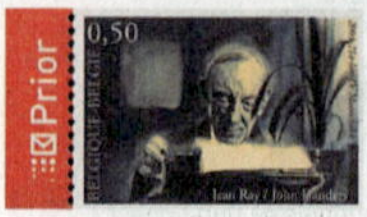
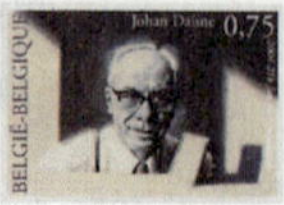
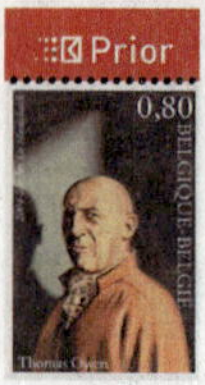

drd) Jean Ray/John Flanders, eigentlich Raymond Jean De Kremer (1887–1964)

dre) Johan Daisne, eigentlich Herman Thiery (1912–1978)

drf) Thomas Owen, eigentlich Gérald Bertot (1910–2002)

| | | | | |
|---|---|---|---|---|
| **3375** | 0.50 (€) mehrfarbig | drd | 1,— | 0,50 |
| **3376** | 0.75 (€) mehrfarbig | dre | 1,50 | 0,50 |
| **3377** | 0.80 (€) mehrfarbig | drf | 1,60 | 0,50 |
| | Satzpreis (3 W.) | | 4,— | 1,50 |
| | Kleinbogensatz (3 Klb.) | | 40,— | 40,— |

**2004, 30. Okt. 60. Jahrestag der Ardennenoffensive. RaTdr. (2×5, Hochformat ~); Papier fl.; gez. K 11½.**

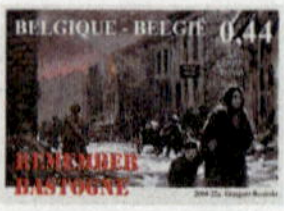
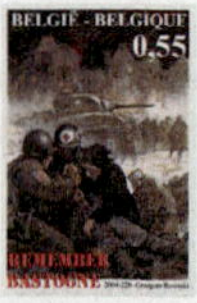
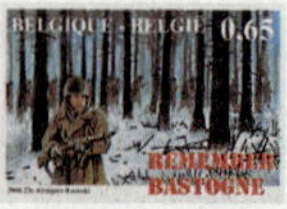

drg) Krieg in der Stadt

drh) Kriegsopfer

dri) Die Schlacht

| | | | | |
|---|---|---|---|---|
| **3378** | 0.44 (€) mehrfarbig | drg | 1,— | 0,50 |
| **3379** | 0.55 (€) mehrfarbig | drh | 1,20 | 0,50 |
| **3380** | 0.65 (€) mehrfarbig | dri | 1,50 | 0,50 |
| | Satzpreis (3 W.) | | 3,70 | 1,50 |
| | FDC | | | 6,— |
| | Kleinbogensatz (3 Klb.) | | 37,— | 37,— |

**2004, 20. Nov. Weihnachten. Odr. (2×5); Papier fl.; gez. K 11½.**

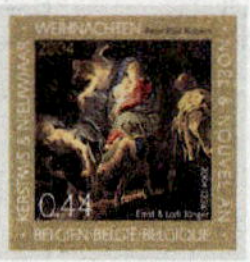
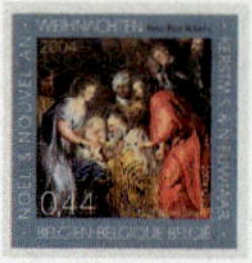

drk) Die Flucht nach Ägypten

drl) Die Anbetung der Könige

drk–drl) Gemälde von Peter Paul Rubens (1577–1640), flämischer Maler

| | | | | |
|---|---|---|---|---|
| **3381** | 0.44 (€) mehrfarbig | drk | 1,20 | 0,50 |
| **3382** | 0.44 (€) mehrfarbig | drl | 1,20 | 0,50 |
| | Satzpreis (2 W.) | | 2,40 | 1,— |
| | FDC | | | 6,— |
| | Kleinbogensatz (2 Klb.) | | 24,— | 24,— |

*In ähnlicher Zeichnung wie MiNr. 3382: MiNr. 3395*

*Parallelausgabe mit BR Deutschland MiNr. 2429–2430*

**2004, 20. Nov. Belgische Motorradweltmeister. Odr. (3×5); Papier ph.; gez. K 11½.**

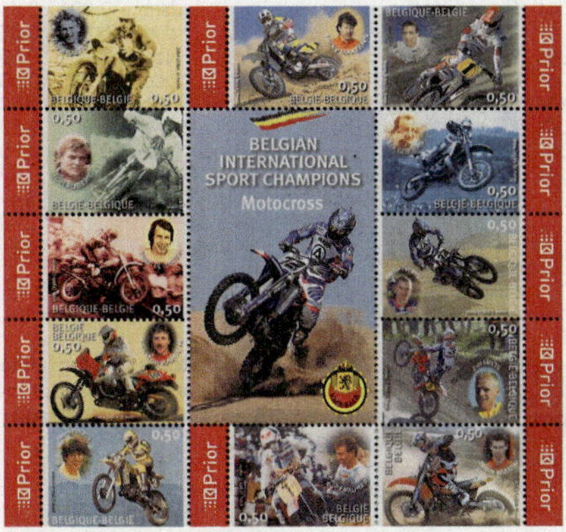


| | | |
|---|---|---|
| drm | drn | dro |
| drp | | drr |
| drs | | drt |
| dru | Zierfeld | drv |
| drw | drx | dry |

drm) René Baeten (1927–1960)
drn) Jacky Martens (*1963)
dro) Georges Jobe (1961–2012)
drp) Joël Robert (1943–2021)
drr) Eric Geboers (1962–2018)
drs) Roger De Coster (*1944)
drt) Stefan Everts (*1972)
dru) Gaston Rahier (1947–2005)
drv) Joël Smets (*1969)
drw) Harry Everts (*1952)
drx) André Malherbe (*1956)
dry) Steve Ramon (*1979)

| | | | | |
|---|---|---|---|---|
| **3383** | 0.50 (€) mehrfarbig | drm | 1,— | 0,50 |
| **3384** | 0.50 (€) mehrfarbig | drn | 1,— | 0,50 |
| **3385** | 0.50 (€) mehrfarbig | dro | 1,— | 0,50 |
| **3386** | 0.50 (€) mehrfarbig | drp | 1,— | 0,50 |
| **3387** | 0.50 (€) mehrfarbig | drr | 1,— | 0,50 |
| **3388** | 0.50 (€) mehrfarbig | drs | 1,— | 0,50 |
| **3389** | 0.50 (€) mehrfarbig | drt | 1,— | 0,50 |
| **3390** | 0.50 (€) mehrfarbig | dru | 1,— | 0,50 |
| **3391** | 0.50 (€) mehrfarbig | drv | 1,— | 0,50 |
| **3392** | 0.50 (€) mehrfarbig | drw | 1,— | 0,50 |
| **3393** | 0.50 (€) mehrfarbig | drx | 1,— | 0,50 |
| **3394** | 0.50 (€) mehrfarbig | dry | 1,— | 0,50 |
| | | Satzpreis (12 W.) | 12,— | 6,— |
| | | 2 FDC | | 12,— |
| | | Zd-Bogen | 12,— | 12,— |

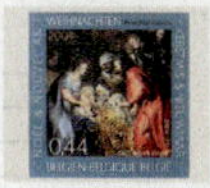

**2004, 22. Nov. Freimarke: Weihnachten und Neujahr. RaTdr., Markenheftchen (2×5); Papier fl.; selbstklebend; D = dreiseitig, E = zweiseitig gestanzt 10.**

drl I) Die Anbetung der Könige; Gemälde von Peter Paul Rubens (1577–1640), flämischer Maler

| | | | | |
|---|---|---|---|---|
| **3395** | 0.44 (€) mehrfarbig | drl I | | |
| **DI** | dreiseitig gestanzt | | 2,— | 0,50 |
| **Dr** | dreiseitig gestanzt | | 2,— | 0,50 |
| **EI** | zweiseitig gestanzt | | 2,— | 0,50 |
| **Er** | zweiseitig gestanzt | | 2,— | 0,50 |
| | | FDC | | 6,— |
| | | Markenheftchen | 20,— | 10,— |

*In ähnlicher Zeichnung: MiNr. 3382*

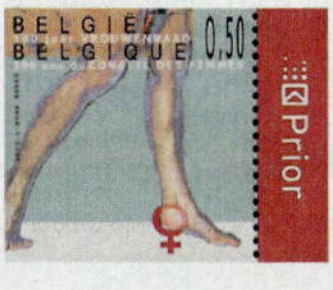

**2005, 15. Jan. 100 Jahre Belgischer Frauenrat. RaTdr. (2×5); Papier ph.; gez. K 11½.**

drz) Ein Schritt nach vorne

| | | | | |
|---|---|---|---|---|
| **3396** | 0.50 (€) mehrfarbig | drz | 1,— | 0,50 |
| | | FDC | | 6,— |
| | | Kleinbogen | 10,— | 10,— |

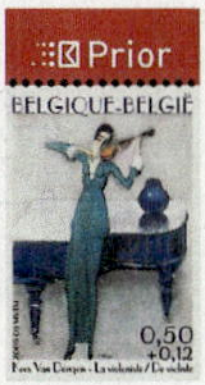

**2005, 15. Jan. Förderung der Philatelie: Ausländische Kunstwerke in belgischen Sammlungen (III). RaTdr. (5×2); Papier ph.; gez. K 11½.**

dsa) Die Geigenspielerin; Gemälde von Kees van Dongen (1877–1968), französischer Maler

| | | | | |
|---|---|---|---|---|
| **3397** | 0.50 (€) + 0.12 (€) mehrfarbig | dsa | 1,30 | 1,30 |
| | | FDC | | 6,— |
| | | Kleinbogen | 13,— | 13,— |

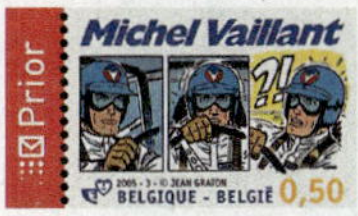


**2005, 15. Jan. Jugendphilatelie: Comics. RaTdr. (1×5); Papier ph.; gez. K 11½.**

dsb) Michel Vaillant; von Jean Graton (1923–2021), Comiczeichner und -autor

| | | | | |
|---|---|---|---|---|
| **3398** | 0.50 (€) mehrfarbig | dsb | 1,30 | 0,50 |
| | | FDC | | 6,— |
| | | Kleinbogen | 6,50 | 6,50 |

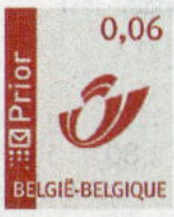

**2005, 15. Jan. Freimarke: Postemblem. RaTdr. (2×5); Papier ph.; gez. K 11½.**

dsc) Postemblem und „Prior“

| | | | | |
|---|---|---|---|---|
| **3399** | 0.06 (€) rosarot | dsc | 0,40 | 0,30 |
| | | FDC | | 6,— |
| | | Kleinbogen | 4,— | 4,— |

*In ähnlichen Zeichnungen: MiNr. 3226, 3277, 3323, 3426, 3748*

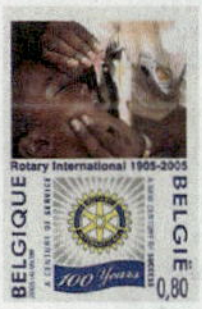

**2005, 12. Febr. 100 Jahre Rotary International. RaTdr. (5×2); Papier fl.; gez. K 11½.**

dsd) Polioschutzimpfung in Afrika, Jubiläumsemblem

| | | | | |
|---|---|---|---|---|
| **3400** | 0.80 (€) mehrfarbig | dsd | 1,60 | 1,— |
| | | FDC | | 6,— |
| | | Kleinbogen | 16,— | 16,— |

**2005, 12. Febr. Unsere Sprachen. RaTdr. (2×5); Papier fl.; gez. K 11½.**

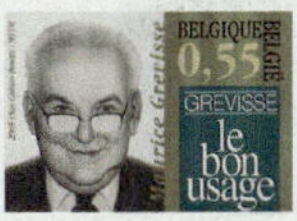

dse) Maurice Grevisse (1895–1980), Lehrer und Philologe; Titelseite der französischen Sprachlehre „Le bon usage“

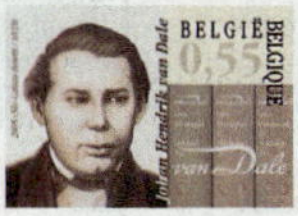

dsf) Johan Hendrik van Dale (1828–1872), Lehrer und Sprachwissenschaftler; Titelseite des Wörterbuches „van Dale“

| | | | | |
|---|---|---|---|---|
| **3401** | 0.55 (€) mehrfarbig | dse | 1,10 | 0,50 |
| **3402** | 0.55 (€) mehrfarbig | dsf | 1,10 | 0,50 |
| | | Satzpreis (2 W.) | 2,20 | 1,— |
| | | FDC | | 6,— |
| | | Kleinbogensatz (2 Klb.) | 22,— | 22,— |

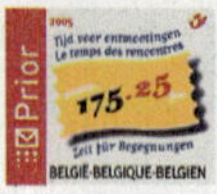

**2005, 12. Febr. Freimarken: 175 Jahre Belgien und 25 Jahre Föderalismus (I). RaTdr., Markenheftchen (2×5); Papier ph.; selbstklebend; D = dreiseitig, E = zweiseitig gestanzt 10.**

dsg) Inschrift

| | | | | | |
|---|---|---|---|---|---|
| **3403** | — mehrfarbig | dsg | | |
| D | dreiseitig gestanzt (⧉) | | 3,— | 0,50 |
| Eo | zweiseitig gestanzt (⧉) | | 3,— | 0,50 |
| Eu | zweiseitig gestanzt (⧉) | | 3,— | 0,50 |
| | | FDC | | 6,— |
| | | Markenheftchen | 30,— | 12,— |

Nominale zur Zeit der Ausgabe: 0.50 €

**2005, 26. Febr. Blockausgabe: 175 Jahre Belgien (I): Das Königshaus. RaTdr.; Papier fl.; gez. Ks 11½.**

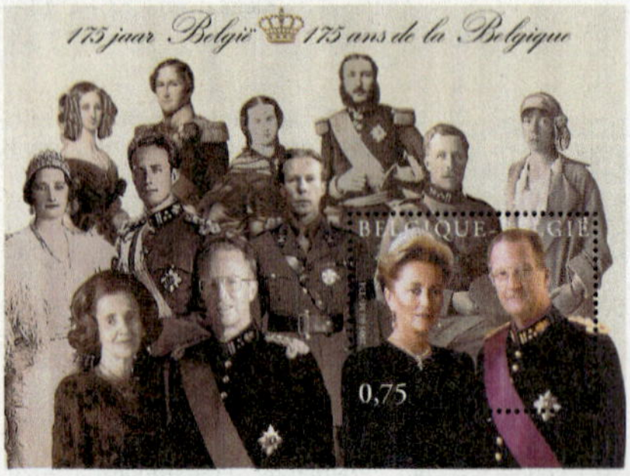

dsi

dsh) König Albert II. (*1934, reg. 1993–2013) und Königin Paola (*1937)

| | | | | |
|---|---|---|---|---|
| **3404** 0.75 (€) mehrfarbig | dsh | 1,50 | 1,50 |
| **Block 101** (125×90 mm) | dsi | 1,80 | 1,80 |
| FDC (Blockmarke) | | | 6,— |

**2005, 26. Febr. 175 Jahre Belgien (II): Historische Ereignisse. RaTdr. (5×1 + 5×1); Papier fl.; gez. Ks 11½.**

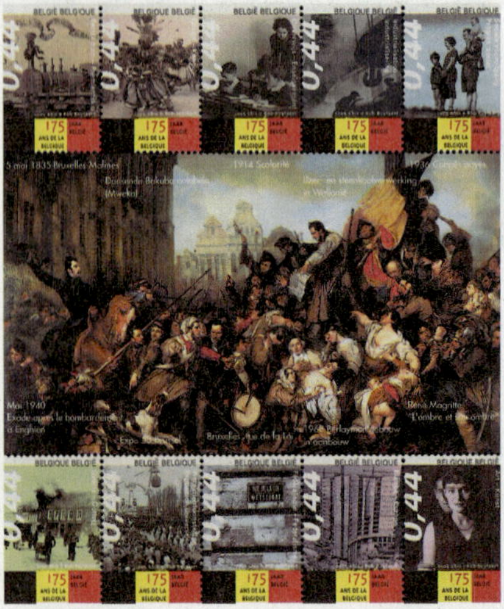

dsk) Der erste Zug
dsl) Kongo
dsm) Unterricht
dsn) Industrialisierung
dso) Sozialer Fortschritt

dsp) Krieg
dsr) Weltausstellung
dss) Föderalismus
dst) Europa
dsu) Kunst

| | | | | |
|---|---|---|---|---|
| **3405** 0.44 (€) mehrfarbig | dsk | 0,90 | 0,50 |
| **3406** 0.44 (€) mehrfarbig | dsl | 0,90 | 0,50 |
| **3407** 0.44 (€) mehrfarbig | dsm | 0,90 | 0,50 |
| **3408** 0.44 (€) mehrfarbig | dsn | 0,90 | 0,50 |
| **3409** 0.44 (€) mehrfarbig | dso | 0,90 | 0,50 |
| **3410** 0.44 (€) mehrfarbig | dsp | 0,90 | 0,50 |
| **3411** 0.44 (€) mehrfarbig | dsr | 0,90 | 0,50 |
| **3412** 0.44 (€) mehrfarbig | dss | 0,90 | 0,50 |
| **3413** 0.44 (€) mehrfarbig | dst | 0,90 | 0,50 |
| **3414** 0.44 (€) mehrfarbig | dsu | 0,90 | 0,50 |
| Satzpreis (10 W.) | | 9,— | 5,— |
| 2 FDC | | | 12,— |
| Kleinbogen | | 10,— | 10,— |

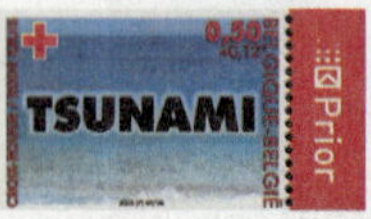

**2005, 26. Febr. Rotes Kreuz: Hilfe für die Tsunami-Geschädigten im Indischen Ozean. RaTdr. (2×5); Papier ph.; gez. K 11½.**

dsv) Meer, Rotes Kreuz

| | | | | |
|---|---|---|---|---|
| **3415** 0.50 (€) + 0.12 (€) mehrfarbig | dsv | 1,30 | 1,30 |
| FDC | | | 6,— |
| Kleinbogen | | 13,— | 13,— |

**2005, 19. März. Blockausgabe: Internationale Briefmarkenausstellung BELGICA '06, Brüssel – Weltmeisterschaft der Jugendphilatelie (II). RaTdr.; Papier fl.; gez. Ks 11½.**

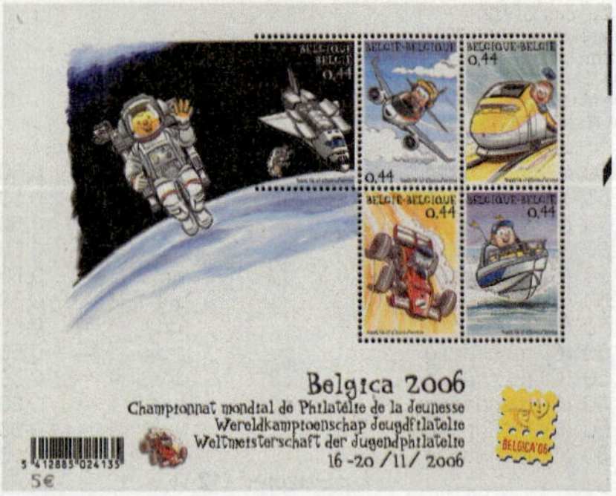

dtb

dsw) Raumfähre
dsx) Flugzeug
dsy) Eisenbahn
dsz) Rennauto
dta) Motorboot

| | | | | |
|---|---|---|---|---|
| **3416** 0.44 (€) mehrfarbig | dsw | 2,— | 1,— |
| **3417** 0.44 (€) mehrfarbig | dsx | 2,— | 1,— |
| **3418** 0.44 (€) mehrfarbig | dsy | 2,— | 1,— |
| **3419** 0.44 (€) mehrfarbig | dsz | 2,— | 1,— |
| **3420** 0.44 (€) mehrfarbig | dta | 2,— | 1,— |
| **Block 102** (165×129 mm) | dtb | 12,— | 12,— |
| FDC (Blockmarken) | | | 6,— |

Postpreis: 5 €

**2005, 19. März. Freimarken: Internationale Briefmarkenausstellung BELGICA '06, Brüssel – Weltmeisterschaft der Jugendphilatelie (II). RaTdr., Markenheftchen (2×5); Papier fl.; selbstklebend; D = dreiseitig, E = zweiseitig gestanzt 10:9¾.**

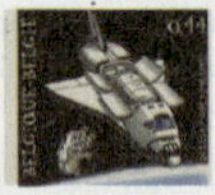
dsw I) Space Shuttle

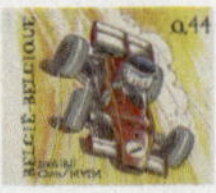
dsz I) Rennauto

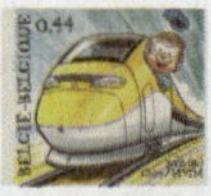
dsy I) Eisenbahn

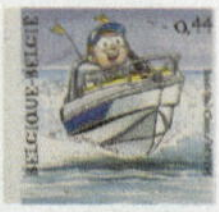
dta I) Motorboot

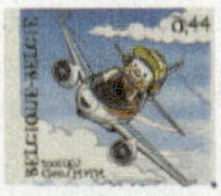

dsx I) Flugzeug

| | | | | | |
|---|---|---|---|---|---|
| **3421** | 0.44 (€) mehrfarbig | dsw I | | |
| Dl | dreiseitig gestanzt (⌑) | | 1,20 | 0,50 |
| E | zweiseitig gestanzt (⌑) | | 1,20 | 0,50 |
| **3422** | 0.44 (€) mehrfarbig | dsz I | | |
| Dl | dreiseitig gestanzt (⌑) | | 1,20 | 0,50 |
| Dr | dreiseitig gestanzt (⌑) | | 1,20 | 0,50 |
| **3423** | 0.44 (€) mehrfarbig | dsy I | | |
| Dl | dreiseitig gestanzt (⌑) | | 1,20 | 0,50 |
| Dr | dreiseitig gestanzt (⌑) | | 1,20 | 0,50 |
| **3424** | 0.44 (€) mehrfarbig | dta I | | |
| Dr | dreiseitig gestanzt (⌑) | | 1,20 | 0,50 |
| E | zweiseitig gestanzt (⌑) | | 1,20 | 0,50 |
| **3425** | 0.44 (€) mehrfarbig | dsx I | | |
| Dl | dreiseitig gestanzt (⌑) | | 1,20 | 0,50 |
| Dr | dreiseitig gestanzt (⌑) | | 1,20 | 0,50 |
| | | Satzpreis (5 W.) | 6,— | 2,50 |
| | | FDC | | 6,— |
| | | Fünferstreifen | 6,— | 4,— |
| | | Markenheftchen | 12,— | 8,— |

MiNr. 3421–3425 wurden zusammen im Markenheftchen zu je 2 Marken gedruckt.

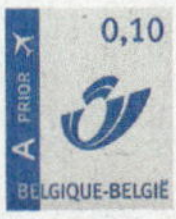

**2005, 19. März. Freimarke: Postemblem. RaTdr. (2×5); Papier ph.; gez. K 11½.**

dsc I) Postemblem, „PRIOR" und Flugzeug

| | | | | |
|---|---|---|---|---|
| **3426** | 0.10 (€) hellcyanblau | dsc I | 0,50 | 0,30 |
| | | FDC | | 6,— |
| | | Kleinbogen | 5,— | 5,— |

*In ähnlichen Zeichnungen: MiNr. 3226, 3277, 3323, 3399, 3748*

**2005, 19. März. Freimarken: Vögel. RaTdr.; MiNr. 3427–3428 (10×5), normales Papier; MiNr. 3429 (2×5), Papier fl.; gez. K 11½.**

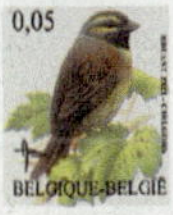

dtc) Zaunammer (Emberiza cirlus)

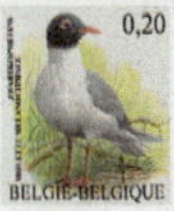

dtd) Schwarzkopfmöwe (Larus melanocephalus)

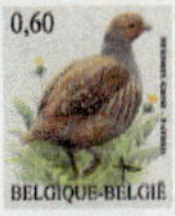

dte) Rebhuhn (Perdix perdix)

| | | | | |
|---|---|---|---|---|
| **3427** | 0.05 (€) mehrfarbig | dtc | 0,30 | 0,30 |
| **3428** | 0.20 (€) mehrfarbig | dtd | 0,50 | 0,30 |
| **3429** | 0.60 (€) mehrfarbig | dte | 1,20 | 0,40 |
| | | Satzpreis (3 W.) | 2,— | 1,— |
| | | 3 FDC | | 18,— |
| | | Kleinbogen | 13,— | 13,— |

*Weitere Werte siehe Übersicht nach Jahrgangswerttabelle.*

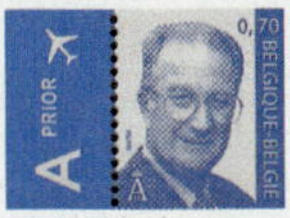

**2005, 21. März. Freimarke: König Albert II. RaTdr. (2×5 Zd); Papier ph.; gez. K 11½.**

dds) König Albert II. (*1934, reg. 1993–2013)

| | | | | |
|---|---|---|---|---|
| **3430** | 0.70 (€) lebhaftkobalt | dds | 1,70 | 0,50 |
| | | 3430 Zf | 1,70 | 1,— |
| | | FDC | | 6,— |
| | | Kleinbogen | 17,— | 17,— |

*Weitere Werte siehe Übersicht nach Jahrgangswerttabelle.*

**2005, 2. April. Genter Floralien: Rosenzüchtungen. RaTdr. (2×5, Hochformat ~); MiNr. 3430 Papier fl., MiNr. 3431–3432 Papier ph.; gez. K 11½.**

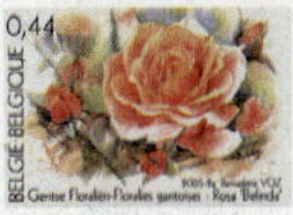

dtf) „Belinda"

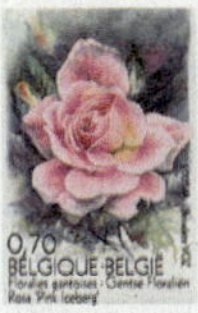

dtg) „Pink Iceberg"

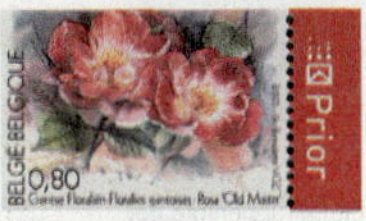

dth) „Old Master"

| | | | | |
|---|---|---|---|---|
| **3431** | 0.44 (€) mehrfarbig | dtf | 0,90 | 0,50 |
| **3432** | 0.70 (€) mehrfarbig | dtg | 1,40 | 1,— |
| **3433** | 0.80 (€) mehrfarbig | dth | 1,60 | 1,— |
| | | Satzpreis (3 W.) | 3,80 | 2,50 |
| | | FDC | | 6,— |
| | | Kleinbogensatz (3 Klb.) | 38,— | 38,— |

MiNr. 3430–3432 wurden mit Duftdruck versehen.

**2005, 2. April. Freimarken: Vögel. RaTdr.; MiNr. 3434 (10×5), normales Papier; MiNr. 3435–3436 (2×5), Papier fl.; gez. K 11½.**

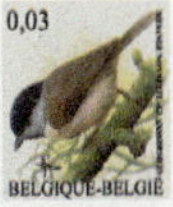

dti) Sumpfmeise (Parus palustris)

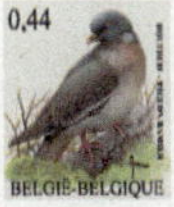

dtk) Ringeltaube (Columba palumbus)

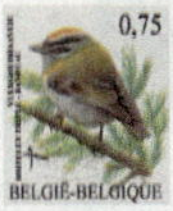

dtl) Sommergoldhähnchen (Regulus ignicapillus)

| | | | | |
|---|---|---|---|---|
| **3434** | 0.03 (€) mehrfarbig | dti | 0,30 | 0,30 |
| **3435** | 0.44 (€) mehrfarbig | dtk | 1,— | 0,30 |
| **3436** | 0.75 (€) mehrfarbig | dtl | 1,70 | 0,40 |
| | | Satzpreis (3 W.) | 3,— | 1,— |
| | | 3 FDC | | 18,— |
| | | Kleinbogensatz (2 Klb.) | 27,— | 27,— |

*Weitere Werte siehe Übersicht nach Jahrgangswerttabelle.*

**2005, 2. April. Europa: Gastronomie. RaTdr. (1×5 Zd); Papier ph.; gez. K 11½.**

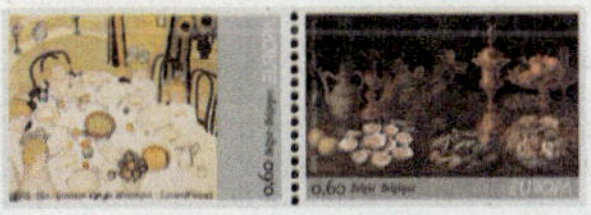

dtm) Der Kindertisch; Gemälde von Gustave van de Woestijne (1881–1947)
dtn) Stilleben mit Austern, Obst und Gebäck; Gemälde von Clara Peeters (1594–um 1640)

| | | | | |
|---|---|---|---|---|
| **3437** | 0.60 (€) mehrfarbig | dtm | 1,20 | 1,50 |
| **3438** | 0.60 (€) mehrfarbig | dtn | 1,20 | 1,50 |
| | | Satzpreis (2 W.) | 2,40 | 3,— |
| | | Paar | 2,40 | 3,— |
| | | FDC | | 6,— |
| | | Kleinbogen | 12,— | 15,— |

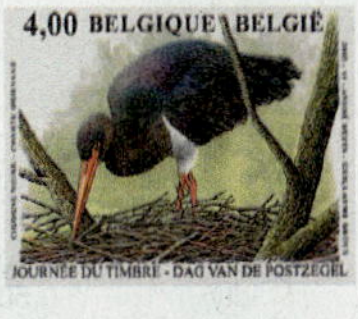

**2005, 2. April. Tag der Briefmarke: 20 Jahre Briefmarkenentwürfe von André Buzin. StTdr. (5×8); Papier ph.; gez. K 11½.**

dto) Schwarzstorch (Ciconia nigra)

| | | | | |
|---|---|---|---|---|
| **3439** | 4.00 (€) mehrfarbig | dto | 8,50 | 2,— |
| | | FDC | | 6,— |

**2005, 7. Mai. 60. Jahrestag der Beendigung des Zweiten Weltkrieges und der Befreiung der Gefangenen aus den Konzentrationslagern. RaTdr. (2×5); Papier fl.; gez. K 11½.**

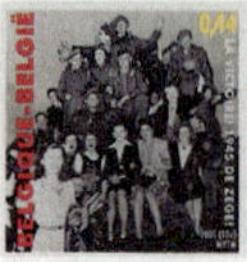


dtp) Gruppenfoto bei Siegesfeier

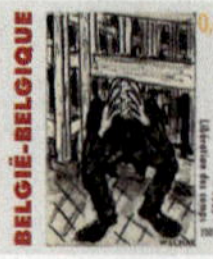


dtr) KZ-Häftling in Zelle

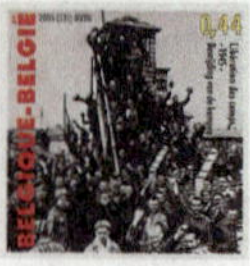


dts) Öffnung eines Konzentrationslagers

| | | | | | |
|---|---|---|---|---|---|
| **3440** | 0.44 (€) mehrfarbig | dtp | 1,— | 0,50 |
| **3441** | 0.44 (€) mehrfarbig | dtr | 1,— | 0,50 |
| **3442** | 0.44 (€) mehrfarbig | dts | 1,— | 0,50 |
| | Satzpreis (3 W.) | | 3,— | 1,50 |
| | FDC | | | 6,— |
| | Kleinbogensatz (3 Klb.) | | 30,— | 30,— |

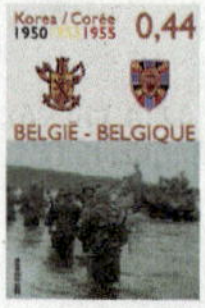


**2005, 7. Mai. 50. Jahrestag des Abzuges des belgischen Freiwilligenkorps aus Korea. RaTdr. (5×2); Papier fl.; gez. K 11½.**

dtt) Soldaten durchqueren den Fluss Imijn

| | | | | |
|---|---|---|---|---|
| **3443** | 0.44 (€) mehrfarbig | dtt | 1,— | 0,50 |
| | FDC | | | 6,— |
| | Kleinbogen | | 10,— | 10,— |

**2005, 7. Mai. Tourismus: Turmuhren. Komb. StTdr. und RaTdr. (5×2); Papier fl.; gez. K 11½.**

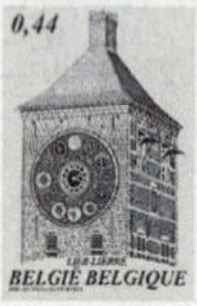


dtu) Zimmer-Turm, Lier

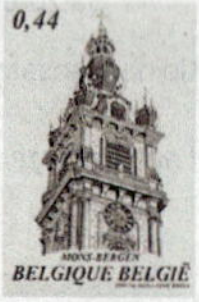


dtv) Belfried von Mons

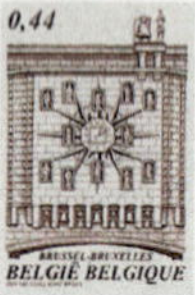


dtw) Albertina auf dem Mont des Arts, Brüssel

| | | | | |
|---|---|---|---|---|
| **3444** | 0.44 (€) mehrfarbig | dtu | 1,— | 0,50 |
| **3445** | 0.44 (€) mehrfarbig | dtv | 1,— | 0,50 |
| **3446** | 0.44 (€) mehrfarbig | dtw | 1,— | 0,50 |
| | Satzpreis (3 W.) | | 3,— | 1,50 |
| | FDC | | | 6,— |
| | Kleinbogensatz (3 Klb.) | | 30,— | 30,— |

**2005, 7. Mai. Sommermarken: Ferien. RaTdr. (2×5); Papier ph.; gez. K 11½.**

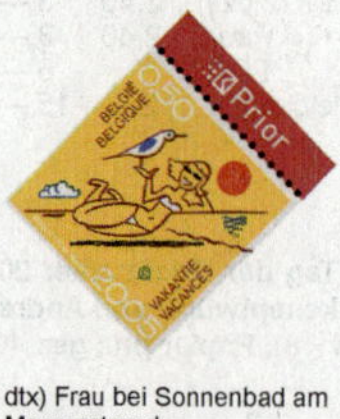


dtx) Frau bei Sonnenbad am Meeresstrand

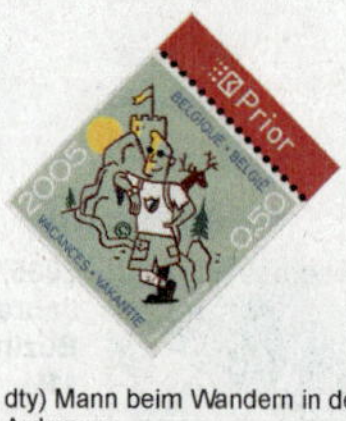


dty) Mann beim Wandern in den Ardennen

| | | | | |
|---|---|---|---|---|
| **3447** | 0.50 (€) mehrfarbig | dtx | 1,— | 0,50 |
| **3448** | 0.50 (€) mehrfarbig | dty | 1,— | 0,50 |
| | Satzpreis (2 W.) | | 2,— | 1,— |
| | FDC | | | 6,— |
| | Kleinbogensatz (2 Klb.) | | 20,— | 20,— |

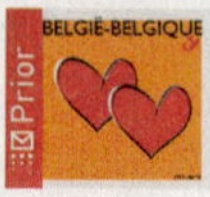


**2005, 7. Mai. Freimarken: Grußmarken. RaTdr., Markenheftchen (2×5); Papier ph.; selbstklebend; D = dreiseitig, E = zweiseitig gestanzt 10.**

dtz) Herzen

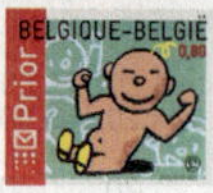


dua) Junge

dub) Mädchen

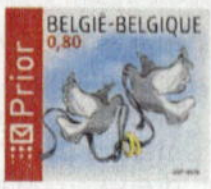


duc) Tauben mit Eheringen

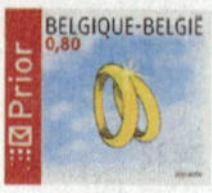


dud) Eheringe

| | | | | | |
|---|---|---|---|---|---|
| **3449** | — | mehrfarbig | dtz | | |
| D | | dreiseitig gestanzt (□) | | 3,— | 1,— |
| Eo | | zweiseitig gestanzt (□) | | 3,— | 1,— |
| Eu | | zweiseitig gestanzt (□) | | 3,— | 1,— |
| **3450** | 0.80 (€) | mehrfarbig | dua | | |
| D | | dreiseitig gestanzt (□) | | 1,60 | 1,60 |
| Eo | | zweiseitig gestanzt (□) | | 1,60 | 1,60 |
| Eu | | zweiseitig gestanzt (□) | | 1,60 | 1,60 |
| **3451** | 0.80 (€) | mehrfarbig | dub | | |
| D | | dreiseitig gestanzt (□) | | 1,60 | 1,60 |
| Eo | | zweiseitig gestanzt (□) | | 1,60 | 1,60 |
| Eu | | zweiseitig gestanzt (□) | | 1,60 | 1,60 |
| **3452** | 0.80 (€) | mehrfarbig | duc | | |
| D | | dreiseitig gestanzt (□) | | 1,60 | 1,60 |
| Eu | | zweiseitig gestanzt (□) | | 1,60 | 1,60 |
| **3453** | 0.80 (€) | mehrfarbig | dud | | |
| D | | dreiseitig gestanzt (□) | | 1,60 | 1,60 |
| Eo | | zweiseitig gestanzt (□) | | 1,60 | 1,60 |
| | | Satzpreis (5 W.) | | 9,40 | 7,40 |
| | | FDC | | | 8,50 |
| | | 3 Marken + Paar | | 9,40 | 7,40 |
| | | 4 Markenheftchen | | 78,— | 58,— |

Nominale von MiNr. 3449 zur Zeit der Ausgabe: 0.50 €

MiNr. 3449–3451 wurden jeweils, MiNr. 3452–3453 zusammen im Markenheftchen zu 10 Marken gedruckt.

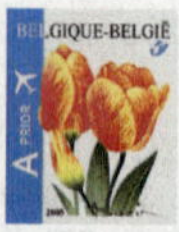


**2005, 7. Mai. Freimarke: Blumen. RaTdr., Markenheftchen (5×2); Papier ph.; selbstklebend; D = dreiseitig, E = zweiseitig gestanzt 10.**

due) Darwin-Tulpe „Gudoshnik"

| | | | | | |
|---|---|---|---|---|---|
| **3454** | — | mehrfarbig | due | | |
| Do | | dreiseitig gestanzt (□) | | 3,— | 0,50 |
| Du | | dreiseitig gestanzt (□) | | 3,— | 0,50 |
| Eo | | zweiseitig gestanzt (□) | | 3,— | 0,50 |
| Eu | | zweiseitig gestanzt (□) | | 3,— | 0,50 |
| | | FDC | | | 6,— |
| | | Markenheftchen | | 30,— | 15,— |

Nominale zur Zeit der Ausgabe: 0.70 €

*Weitere Werte siehe Fußnote nach MiNr. 2784.*

**2005, 18. Juni. Blockausgabe: Belgische internationale Sportmeister (I) – Judo. RaTdr.; Papier ph.; gez. K 11½.**

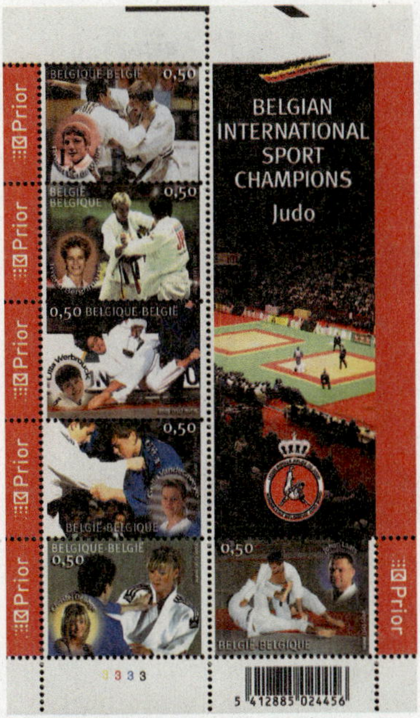


dum

duf) Robert Van de Walle (*1954)
dug) Ingrid Berghmans (*1961)
duh) Ulla Werbrouck (*1972)
dui) Gella Vandecaveye (*1973)
duk) Christel Deliège (*1972)
dul) Johan Laats (*1967)

| | | | | | |
|---|---|---|---|---|---|
| **3455** | 0.50 (€) mehrfarbig | duf | 1,— | 0,50 |
| **3456** | 0.50 (€) mehrfarbig | dug | 1,— | 0,50 |
| **3457** | 0.50 (€) mehrfarbig | duh | 1,— | 0,50 |
| **3458** | 0.50 (€) mehrfarbig | dui | 1,— | 0,50 |
| **3459** | 0.50 (€) mehrfarbig | duk | 1,— | 0,50 |
| **3460** | 0.50 (€) mehrfarbig | dul | 1,— | 0,50 |
| **Block 103** | (100×166 mm) | dum | 7,— | 7,— |
| | FDC (Blockmarken) | | | 6,— |

**2005, 18. Juni. Teppiche und Wandgewebe. RaTdr. (5×2); Papier ph.; gez. K 11½.**

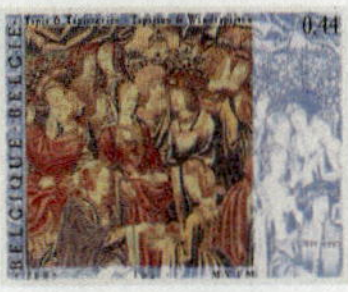

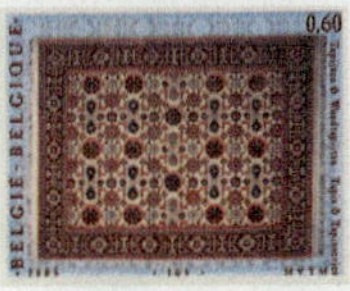

dun) Die Menschheit wird von den sieben Todsünden überfallen; Wandteppich aus Brüssel (16. Jh.)

duo) Teppich aus Hereke (19. Jh.)

| | | | | |
|---|---|---|---|---|
| **3461** | 0.44 (€) mehrfarbig | dun | 0,90 | 0,50 |
| **3462** | 0.60 (€) mehrfarbig | duo | 1,20 | 0,50 |
| | Satzpreis (2 W.) | | 2,— | 1,— |
| | FDC | | | 6,— |
| | Kleinbogensatz (2 Klb.) | | 20,— | 20,— |

*Parallelausgabe mit Türkei MiNr. 3447–3448*

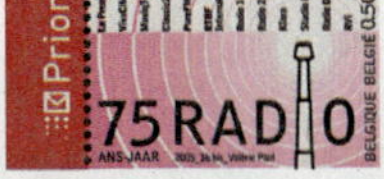

**2005, 18. Juni. 75 Jahre Nationales Belgisches Radioinstitut (INR-NIR). RaTdr. (2×5); Papier ph.; gez. K 11½.**

dup) Sendeturm, Radiowellen

| | | | | |
|---|---|---|---|---|
| **3463** | 0.50 (€) mehrfarbig | dup | 1,— | 0,50 |
| | FDC | | | 6,— |
| | Kleinbogen | | 10,— | 10,— |

**2005, 21. Juli. Freimarken: König Albert II. in Uniform. RaTdr. (2×5); Papier ph.; gez. K 11½.**

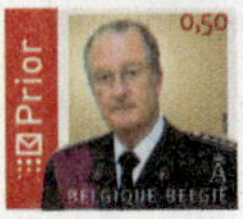

dur

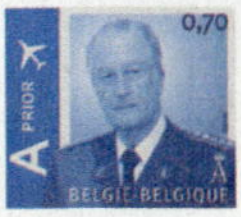

dus

dur–dus) König Albert II. (*1934, reg. 1993–2013)

| | | | | |
|---|---|---|---|---|
| **3464** | 0.50 (€) mehrfarbig | dur | 1,— | 0,50 |
| **3465** | 0.70 (€) cyanblau/kobalt | dus | 1,40 | 0,50 |
| | Satzpreis (2 W.) | | 2,40 | 1,— |
| | 2 FDC | | | 12,— |
| | Kleinbogensatz 2 Klb.) | | 24,— | 24,— |

*Weitere Werte: MiNr. 3528, 3550, 3662–3663, 3913–3916*

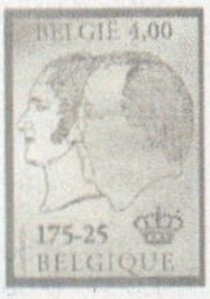

**2005, 21. Juli. 175 Jahre Belgien und 25 Jahre Föderalismus (II). Pdr. auf Silberfolie (Einzelherstellung); selbstklebend; gestanzt 12¾.**

dut) König Leopold I. (1790–1865, reg. ab 1831) und König Albert II. (*1934, reg. 1993–2013)

| | | | | |
|---|---|---|---|---|
| **3466** | 4.00 (€) silber | dut | 20,— | 20,— |
| | FDC | | | —,— |

MiNr. 3466 wurde in einer Präsentationspackung nur auf Bestellung zum Preis von 10 € verkauft. Darin war außerdem noch Bl. 101 enthalten.

Auflage: 110.000 Stück

**2005, 23. Juli. Muscheln und Schnecken. RaTdr.; Papier ph.; selbstklebend; an Konturen gestanzt.**

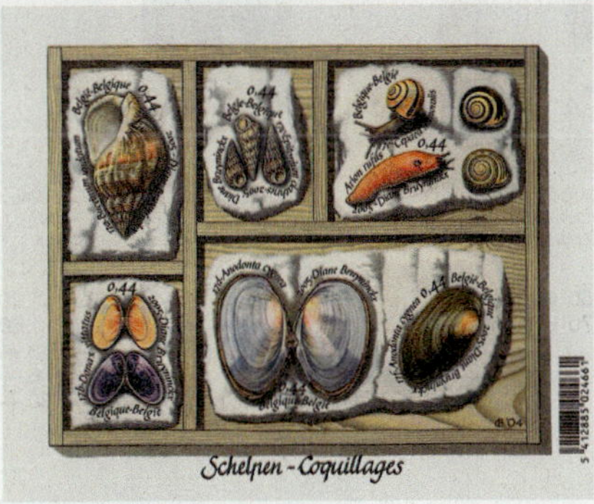


duu) Wellhornschnecke (Buccinum undatum)
duv) Gemeine Wendeltreppe (Epitonium clathrus)
duw) Schwarzmündige Bänderschnecke (Cepaea nemoralis), Rote Wegschnecke (Arion rufus)
dux) Sägezähnchen (Donax vittatus)
duy) Große Teichmuschel (Anodonta cygnaea)
duz) Große Teichmuschel, geschlossen

| | | | | |
|---|---|---|---|---|
| **3467** | 0.44 (€) mehrfarbig | duu | 1,— | 0,90 |
| **3468** | 0.44 (€) mehrfarbig | duv | 1,— | 0,90 |
| **3469** | 0.44 (€) mehrfarbig | duw | 1,— | 0,90 |
| **3470** | 0.44 (€) mehrfarbig | dux | 1,— | 0,90 |
| **3471** | 0.44 (€) mehrfarbig | duy | 1,— | 0,90 |
| **3472** | 0.44 (€) mehrfarbig | duz | 1,— | 0,90 |
| | Satzpreis (6 W.) | | 6,— | 5,40 |
| | FDC | | | 6,— |
| | Folienblatt | | 7,— | 5,40 |

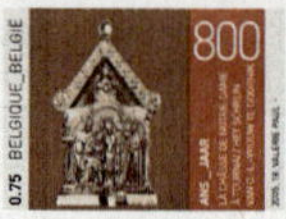


**2005, 10. Sept. 800 Jahre Schrein Unserer Lieben Frau von Tournai. RaTdr. (2×5); Papier ph.; gez. K 11½.**

dva) Reliquienschrein der Heiligen Jungfrau von Tournai; Werk von Nicolas de Verdun

| | | | | |
|---|---|---|---|---|
| **3473** | 0.75 (€) mehrfarbig ............... | dva | 1,50 | 0,50 |
| | | FDC | | 6,— |
| | | Kleinbogen | 15,— | 15,— |

**2005, 10. Sept. Geschäftshäuser. RaTdr. (5×2); Papier ph.; gez. K 11½.**

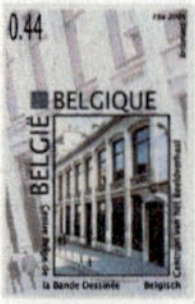

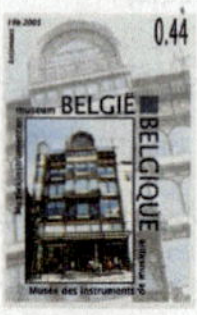

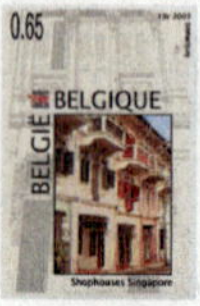

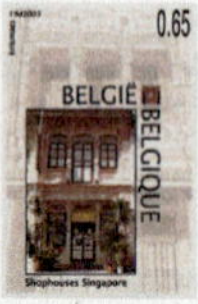


dvb) Belgisches Zentrum für Comic-Kunst (vormals Tuchwarenladen Waucquez, erbaut 1903), Brüssel

dvc) Musikinstrumentenmuseum (vormals Kaufhaus „Old England", erbaut 1899), Brüssel

dvd) Geschäftshäuser in der Bukit Pasoh Road (erbaut um 1935), Singapur

dve) Geschäftshaus in der Kandahar Street (erbaut um 1910), Kampong Glam, Singapur

| | | | | |
|---|---|---|---|---|
| **3474** | 0.44 € mehrfarbig .................. | dvb | 0,90 | 0,50 |
| **3475** | 0.44 € mehrfarbig .................. | dvc | 0,90 | 0,50 |
| **3476** | 0.65 € mehrfarbig .................. | dvd | 1,30 | 0,50 |
| **3477** | 0.65 € mehrfarbig .................. | dve | 1,30 | 0,50 |
| | | Satzpreis (4 W.) | 4,40 | 2,— |
| | | FDC | | 6,— |
| | | Kleinbogensatz (4 Klb.) | 44,— | 44,— |

*Parallelausgabe mit Singapur MiNr. 1508–1511/Bl. 119*

**2005, 10. Sept. Europäisches Kulturfestival „Europalia 2005 Russland", Brüssel. RaTdr. (2×5); MiNr. 3278 Papier ph., MiNr. 3279 Papier fl.; gez. K 11½.**

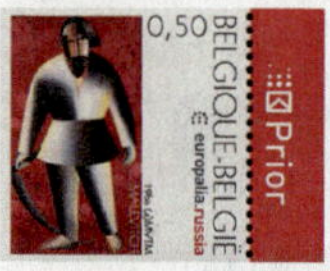

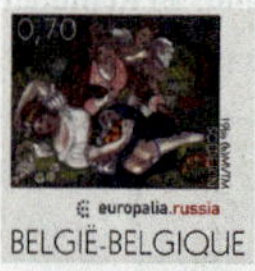


dvf) Der Sensenmann; Gemälde von Kasimir Malewitsch (1878–1935), russischer Maler und Kunsttheoretiker

dvg) Allegorische Szene; Gemälde von Sergej Sudeikin (1882–1946), russischer Maler und Graphiker

| | | | | |
|---|---|---|---|---|
| **3478** | 0.50 € mehrfarbig .................. | dvf | 1,20 | 1,20 |
| **3479** | 0.70 € mehrfarbig .................. | dvg | 1,80 | 1,80 |
| | | Satzpreis (2 W.) | 3,— | 3,— |
| | | FDC | | 6,— |
| | | Kleinbogensatz (2 Klb.) | 30,— | 30,— |

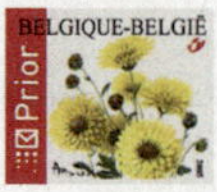


**2005, 10. Sept. Freimarke: Blumen. RaTdr., Markenheftchen (2×5); Papier ph.; selbstklebend; D = dreiseitig, E = zweiseitig gestanzt 10.**

dvh) Chrysanthemen

| | | | | |
|---|---|---|---|---|
| **3480** | — mehrfarbig .................. | dvh | | |
| **D** | dreiseitig gestanzt (⊡) .............. | | 3,— | 0,50 |
| **Eo** | zweiseitig gestanzt (⊡) .............. | | 3,— | 0,50 |
| **Eu** | zweiseitig gestanzt (⊡) .............. | | 3,— | 0,50 |
| | | FDC | | 6,— |
| | | Markenheftchen | 30,— | 10,— |

Nominale zur Zeit der Ausgabe: 0.50 €

*Weitere Werte siehe Fußnote nach MiNr. 2784.*

**2005, 24. Sept. Blockausgabe: Veröffentlichung des 33. Asterix-Albums „Gallien in Gefahr". RaTdr.; Papier ph.; gez. K 11½.**

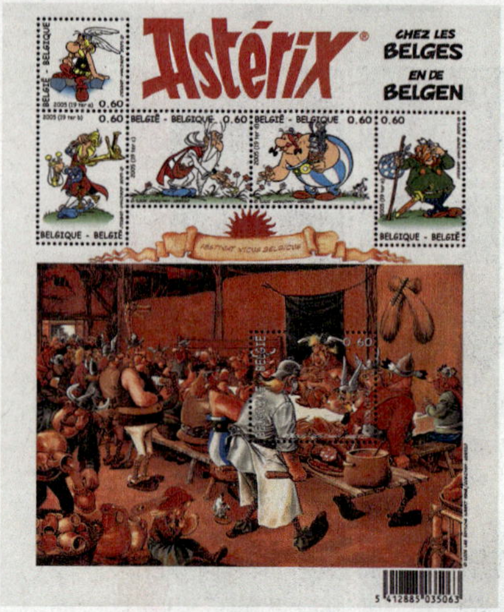


dvp

dvi
dvk dvl dvm dvn
dvo

dvi) Asterix
dvk) Troubadix
dvl) Miraculix
dvm) Obelix
dvn) Majestix
dvo) Festmahl

dvi–dvo) Illustrationen aus dem 24. Album „Asterix bei den Belgiern" (1979)

| | | | | |
|---|---|---|---|---|
| **3481** | 0.60 (€) mehrfarbig ............ | dvi | 1,50 | 1,— |
| **3482** | 0.60 (€) mehrfarbig ............ | dvk | 1,50 | 1,— |
| **3483** | 0.60 (€) mehrfarbig ............ | dvl | 1,50 | 1,— |
| **3484** | 0.60 (€) mehrfarbig ............ | dvm | 1,50 | 1,— |
| **3485** | 0.60 (€) mehrfarbig ............ | dvn | 1,50 | 1,— |
| **3486** | 0.60 (€) mehrfarbig ............ | dvo | 1,50 | 1,— |
| **Block 104** | (158×185 mm) ........ | dvp | 9,— | 9,— |
| | FDC (Blockmarken) | | | 7,50 |

Auflage: 700.000 Blocks

**2005, 8. Okt. Das ist Belgien (III): Moderne Kunst. RaTdr.; Papier fl.; gez. K 11½.**

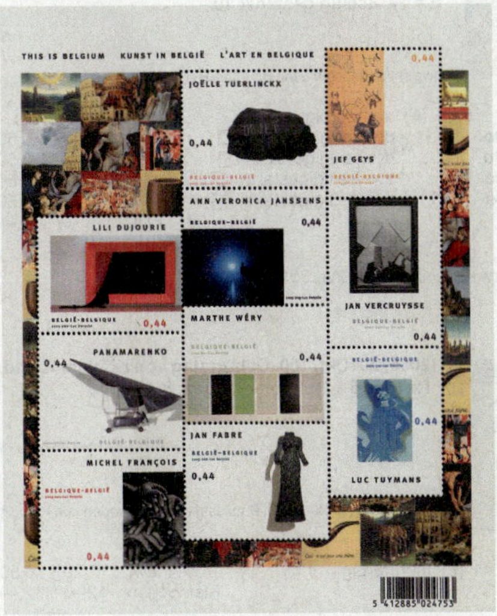

dvs dvr
dvv dvt dvu
dvx dvw dvy
dwa dvz

dvr) ABC Ecole de Paris; Werk von Jef Geys (1934–2018)
dvs) Schwarzes Objekt; Werk von Joëlle Tuerlinckx (*1958)
dvt) Repräsentation eines runden Körpers; Werk von Ann Veronica Janssens (*1956)
dvu) Selbstporträt eines Künstlers; Lithographie von Jan Vercruysse (1948–2018)
dvv) La Traviata; Skulptur von Lili Dujourie (*1941)
dvw) Turnus; Werk von Marthe Wéry (1930–2005)
dvx) Donderwolk; Fluggerät von Panamarenko (1940–2019)
dvy) Figur, von hinten gesehen; Gemälde von Luc Tuymans (*1958)
dvz) Mur de la montée des Anges; Werk von Jan Fabre (*1958)
dwa) Fingerspiele; Photographie von Michel François (*1956)

| | | | | |
|---|---|---|---|---|
| **3487** | 0.44 € mehrfarbig | dvr | 0,90 | 0,90 |
| **3488** | 0.44 € mehrfarbig | dvs | 0,90 | 0,90 |
| **3489** | 0.44 € mehrfarbig | dvt | 0,90 | 0,90 |
| **3490** | 0.44 € mehrfarbig | dvu | 0,90 | 0,90 |
| **3491** | 0.44 € mehrfarbig | dvv | 0,90 | 0,90 |
| **3492** | 0.44 € mehrfarbig | dvw | 0,90 | 0,90 |
| **3493** | 0.44 € mehrfarbig | dvx | 0,90 | 0,90 |
| **3494** | 0.44 € mehrfarbig | dvy | 0,90 | 0,90 |
| **3495** | 0.44 € mehrfarbig | dvz | 0,90 | 0,90 |
| **3496** | 0.44 € mehrfarbig | dwa | 0,90 | 0,90 |
| | | Satzpreis (10 W.) | 9,— | 9,— |
| | | 3 FDC | | 18,— |
| | | Kleinbogen | 10,— | 10,— |

| | | |
|---|---|---|
| 3487 U-3496 U ungezähnter Kleinbogen | –,– | –,– |

**2005, 8. Okt. Blockausgabe: 200. Geburtstag von Hans Christian Andersen. RaTdr.; Papier ph.; gez. K 11½.**

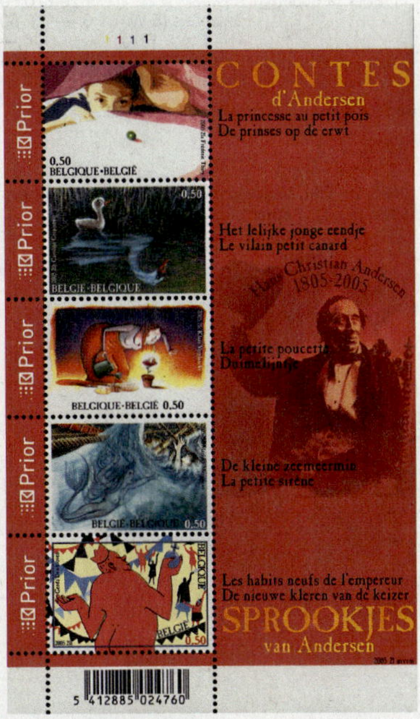

dwg

dwb) Die Prinzessin auf der Erbse
dwc) Das hässliche Entlein
dwd) Däumelinchen
dwe) Die kleine Meerjungfrau
dwf) Des Kaisers neue Kleider

dwb–dwf) Illustrationen zu Märchen von Hans Christian Andersen (1805–1875), dänischer Dichter

| | | | | |
|---|---|---|---|---|
| **3497** | 0.50 (€) mehrfarbig | dwb | 1,20 | 0,50 |
| **3498** | 0.50 (€) mehrfarbig | dwc | 1,20 | 0,50 |
| **3499** | 0.50 (€) mehrfarbig | dwd | 1,20 | 0,50 |
| **3500** | 0.50 (€) mehrfarbig | dwe | 1,20 | 0,50 |
| **3501** | 0.50 (€) mehrfarbig | dwf | 1,20 | 0,50 |
| **Block 105** | (99×166 mm) | dwg | 6,— | 6,— |
| | FDC (Blockmarken) | | | 6,— |

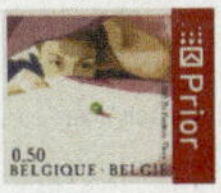

**2005, 8. Okt. 200. Geburtstag von Hans Christian Andersen. I = „Prior“ links, II = „Prior“ rechts; RaTdr., Markenheftchen (2×1 Zd); Papier ph.; selbstklebend; drei- bzw. zweiseitig gestanzt 10.**

dwb I) Die Prinzessin auf der Erbse

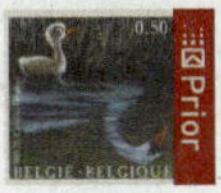

dwc I) Das hässliche Entlein

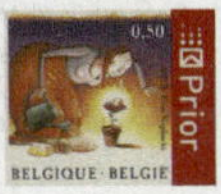

dwd I) Däumelinchen

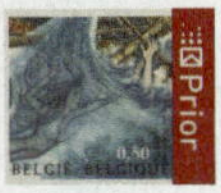

dwe I) Die kleine Meerjungfrau

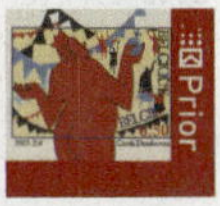

dwf I) Des Kaisers neue Kleider

| | | | | |
|---|---|---|---|---|
| **3502** | 0.50 (€) mehrfarbig | dwb I | | |
| I | „Prior“ links (⌧) | | 1,20 | 0,50 |
| II | „Prior“ rechts (⌧) | | 1,20 | 0,50 |
| **3503** | 0.50 (€) mehrfarbig | dwc I | | |
| I | „Prior“ links (⌧) | | 1,20 | 0,50 |
| II | „Prior“ rechts (⌧) | | 1,20 | 0,50 |
| **3504** | 0.50 (€) mehrfarbig | dwd I | | |
| I | „Prior“ links (⌧) | | 1,20 | 0,50 |
| II | „Prior“ rechts (⌧) | | 1,20 | 0,50 |
| **3505** | 0.50 (€) mehrfarbig | dwe I | | |
| I | „Prior“ links (⌧) | | 1,20 | 0,50 |
| II | „Prior“ rechts (⌧) | | 1,20 | 0,50 |

| | | | | | |
|---|---|---|---|---|---|
| 3506 | 0.50 (€) mehrfarbig | dwf I | | |
| I | „Prior“ links (⬚) | | 1,20 | 0,50 |
| II | „Prior“ rechts (⬚) | | 1,20 | 0,50 |
| | | Satzpreis (5 W.) | 6,— | 2,50 |
| | | FDC | | 6,— |
| | | Fünferstreifen | 6,— | 4,— |
| | | Markenheftchen | 12,— | 8,— |

MiNr. 3502–3506 wurden senkrecht zusammenhängend gedruckt.

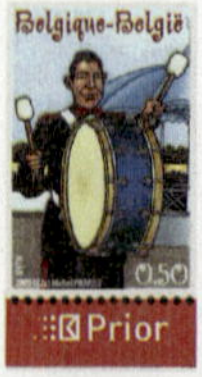


**2005, 29. Okt. Musikkapellen. RaTdr., Markenheftchen (5×1); Papier ph.; gez. K 11½.**

dwh) Große Trommel

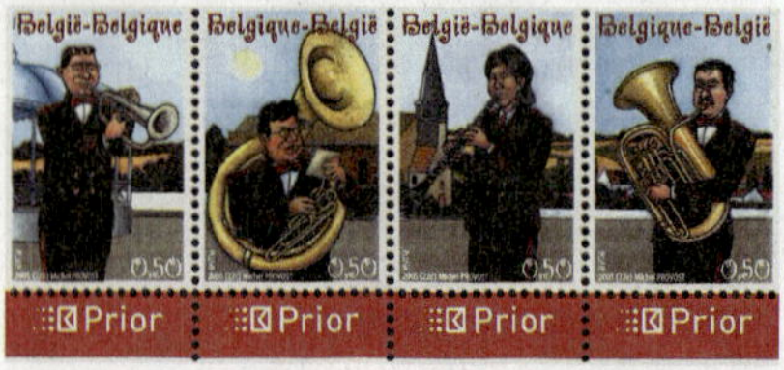


dwi) Bügelhorn
dwk) Sousaphon
dwl) Klarinette
dwm) Tuba

| | | | | |
|---|---|---|---|---|
| 3507 | 0.50 (€) mehrfarbig | dwh | 1,— | 1,— |
| 3508 | 0.50 (€) mehrfarbig | dwi | 1,— | 1,— |
| 3509 | 0.50 (€) mehrfarbig | dwk | 1,— | 1,— |
| 3510 | 0.50 (€) mehrfarbig | dwl | 1,— | 1,— |
| 3511 | 0.50 (€) mehrfarbig | dwm | 1,— | 1,— |
| | | Satzpreis (5 W.) | 5,— | 5,— |
| | | FDC | | 6,— |

MiNr. 3507–3511 stammen aus MH 44.

**2005, 29. Okt. Volksliteratur. RaTdr. (1×5 Zd); Papier fl.; gez. K 11½.**

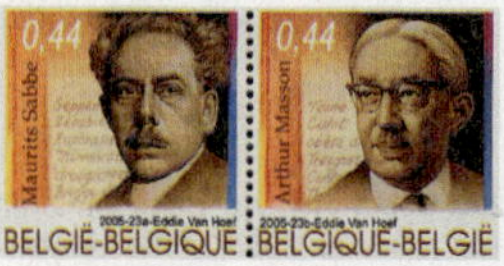


dwn) Maurits Sabbe (1873–1938), Schriftsteller und Literaturwissenschaftler
dwo) Arthur Masson (1896–1970), Dichter und Schriftsteller

| | | | | |
|---|---|---|---|---|
| 3512 | 0.44 (€) mehrfarbig | dwn | 1,— | 0,50 |
| 3513 | 0.44 (€) mehrfarbig | dwo | 1,— | 0,50 |
| | | Satzpreis (2 W.) | 2,— | 1,— |
| | | Paar | 2,— | 1,— |
| | | FDC | | 6,— |
| | | Kleinbogen | 10,— | 10,— |

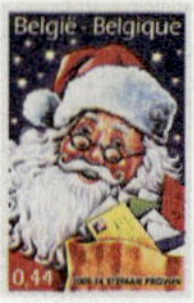


**2005, 29. Okt. Weihnachten. RaTdr. (5×2); Papier fl.; gez. K 11½.**

dwp) Weihnachtsmann mit Briefpost

| | | | | |
|---|---|---|---|---|
| 3514 | 0.44 (€) mehrfarbig | dwp | 1,— | 0,50 |
| | | FDC | | 6,— |
| | | Kleinbogen | 10,— | 10,— |

*In ähnlicher Zeichnung: MiNr. 3515, 3610*

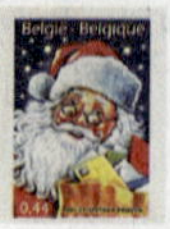


**2005, 29. Okt. Weihnachten. RaTdr., Markenheftchen (5×2); Papier fl.; selbstklebend; D = dreiseitig, E = zweiseitig gestanzt 10.**

dwp I) Weihnachtsmann mit Briefpost

| | | | | |
|---|---|---|---|---|
| 3515 | 0.44 (€) mehrfarbig | dwp I | | |
| Do | dreiseitig gestanzt (⬚) | | 1,— | 0,50 |
| Du | dreiseitig gestanzt (⬚) | | 1,— | 0,50 |
| Eo | zweiseitig gestanzt (⬚) | | 1,— | 0,50 |
| Eu | zweiseitig gestanzt (⬚) | | 1,— | 0,50 |
| | | FDC | | 6,— |
| | | Markenheftchen | 10,— | |

*In ähnlicher Zeichnung: MiNr. 3514, 3610*

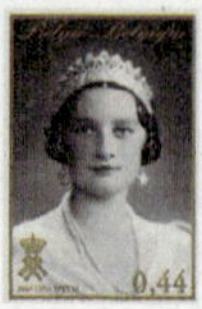


**2005, 29. Okt. 100. Geburtstag von Königin Astrid. RaTdr. (5×2); Papier fl.; gez. K 11½.**

dwr) Astrid (1905–1935), Prinzessin von Schweden und Königin der Belgier

| | | | | |
|---|---|---|---|---|
| 3516 | 0.44 (€) mehrfarbig | dwr | 1,20 | 0,50 |
| | | Kleinbogen | 12,— | 12,— |

**Blockausgabe**

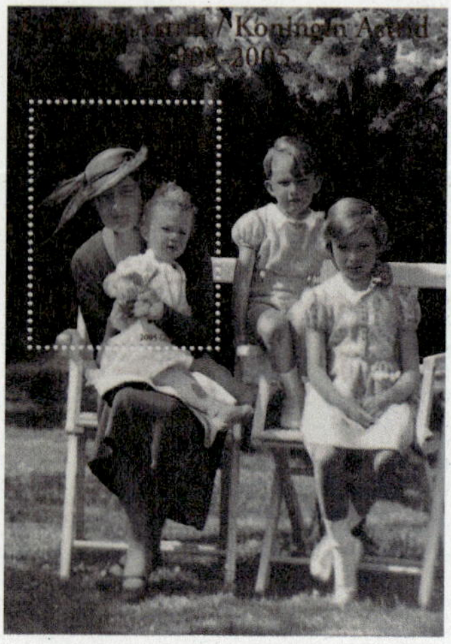


dwt

dws) Königin Astrid mit Prinz Albert auf dem Schoß

| | | | | |
|---|---|---|---|---|
| 3517 | 0.80 (€) mehrfarbig | dws | 1,60 | 1,60 |
| Block 106 | (90×125 mm) | dwt | 1,80 | 1,80 |
| | FDC (MiNr. 3516–3517) | | | 6,— |

**FDC-Preise**

Von 2006 bis 2014 verkaufte die belgische Post amtliche FDC zu nominalunabhängigen Festpreisen (2006–2008: 3.65 €, 2009–2010: 3.75 €, 2011: 3.85 €, 2012: 4.00 €, 2013: 5.00 €, 2014: 5.25 €). Hierauf beziehen sich die FDC-Bewertungen.

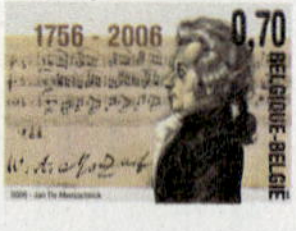


**2006, 21. Jan. 250. Geburtstag von Wolfgang Amadeus Mozart. RaTdr. (2×5); Papier fl.; gez. K 11½.**

dwu) Wolfgang Amadeus Mozart (1756–1791), österreichischer Komponist

| | | | | |
|---|---|---|---|---|
| **3518** 0.70 (€) mehrfarbig | dwu | 1,40 | 1,40 |
| | FDC | | 7,— |
| | Kleinbogen | 14,— | 14,— |

**2006, 21. Jan. Polyphoniker der Renaissance. RaTdr., Markenheftchen (5×1); Papier fl.; gez. K 12.**

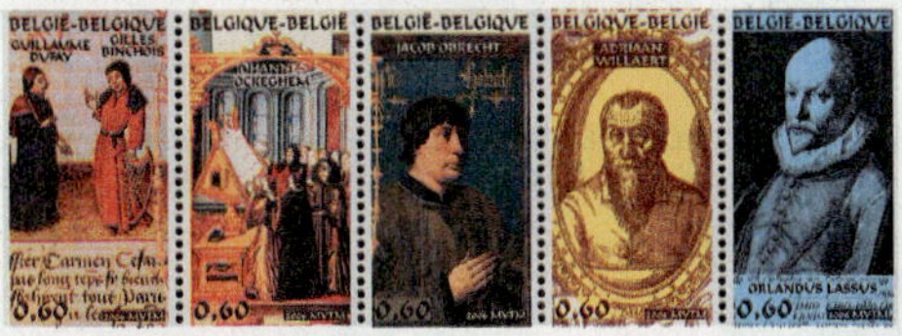


dwv) Guillaume Dufay (um 1400–1474), Gilles Binchois (um 1400–1460)
dww) Johannes Ockeghem (um 1415–1497)
dwx) Jacob Obrecht (um 1457–1505)
dwy) Adriaan Willaert (um 1490–1562)
dwz) Orlando di Lasso (1532–1594)

| | | | |
|---|---|---|---|
| **3519** 0.60 (€) mehrfarbig | dwv | 1,50 | 1,20 |
| **3520** 0.60 (€) mehrfarbig | dww | 1,50 | 1,20 |
| **3521** 0.60 (€) mehrfarbig | dwx | 1,50 | 1,20 |
| **3522** 0.60 (€) mehrfarbig | dwy | 1,50 | 1,20 |
| **3523** 0.60 (€) cyanblau/schwarz | dwz | 1,50 | 1,20 |
| | Satzpreis (5 W.) | 7,50 | 6,— |
| | FDC | | 7,— |

MiNr. 3519–3523 stammen aus MH 45.

**2006, 21. Jan. Dramatiker. RaTdr. (2×5); MiNr. 3524 Papier ph., MiNr. 3525 Papier fl.; gez. K 11½.**

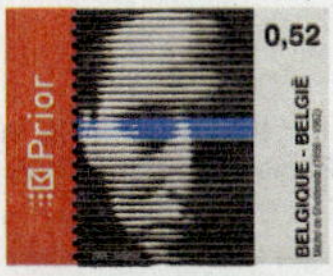


dxa) Michel de Ghelderode (1898–1962)

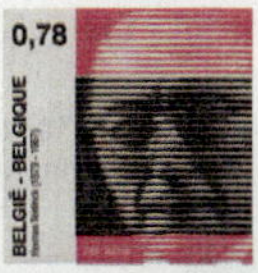


dxb) Herman Teirlinck (1879–1967)

| | | | |
|---|---|---|---|
| **3524** 0.52 (€) schwarz/cyanblau | dxa | 1,— | 1,— |
| **3525** 0.78 (€) schwarz/rotlila | dxb | 1,50 | 1,50 |
| | Satzpreis (2 W.) | 2,50 | 2,50 |
| | FDC | | 7,— |
| | Kleinbogensatz (2 Klb.) | 25,— | 25,— |

**2006, 21. Jan. Freimarken: Vögel. RaTdr.; MiNr. 3526 (10×5) normales Papier, MiNr. 3527 (2×5) Papier fl.; gez. K 11½.**

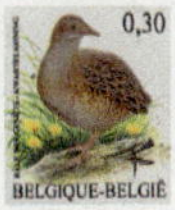


dxc) Wachtelkönig (Crex crex)

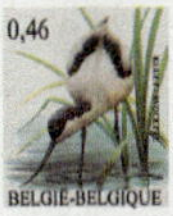


dxd) Säbelschnäbler (Recurvirostra avosetta)

| | | | |
|---|---|---|---|
| **3526** 0.30 (€) mehrfarbig | dxc | 0,60 | 0,60 |
| **3527** 0.46 (€) mehrfarbig | dxd | 1,20 | 0,90 |
| | Satzpreis (2 W.) | 1,80 | 1,50 |
| | 2 FDC | | 14,— |
| | Kleinbogen | 12,— | 12,— |

*Weitere Werte siehe Übersicht nach Jahrgangswerttabelle.*

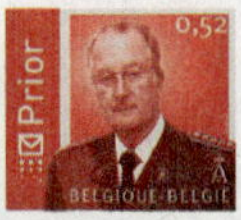


**2006, 21. Jan. Freimarke: König Albert II. in Uniform. RaTdr. (2×5); Papier ph.; gez. K 11½.**

dur) König Albert II. (*1934, reg. 1993–2013)

| | | | |
|---|---|---|---|
| **3528** 0.52 (€) rot/dunkelbraunrot | dur | 1,20 | 1,— |
| | FDC | | 7,— |
| | Kleinbogen | 12,— | 12,— |

*Weitere Werte siehe Fußnote nach MiNr. 3465*

**2006, 21. Jan. Freimarken: Tiere vom Bauernhof. RaTdr., Markenheftchen (2×5); Papier fl., selbstklebend; drei- bzw. zweiseitig gestanzt 10.**

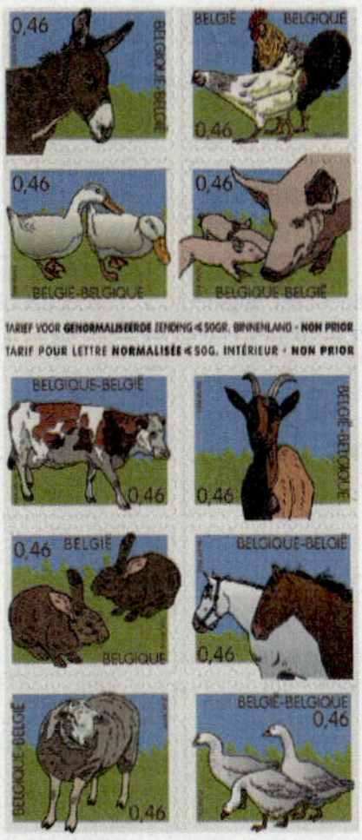


dxf) Esel
dxg) Hahn und Henne
dxh) Enten
dxi) Schweine
dxk) Rind
dxl) Ziege
dxm) Kaninchen
dxn) Pferde
dxo) Schaf
dxp) Gänse

| | | | |
|---|---|---|---|
| **3529** 0.46 (€) mehrfarbig (□) | dxf | 0,90 | 0,90 |
| **3530** 0.46 (€) mehrfarbig (□) | dxg | 0,90 | 0,90 |
| **3531** 0.46 (€) mehrfarbig (□) | dxh | 0,90 | 0,90 |
| **3532** 0.46 (€) mehrfarbig (□) | dxi | 0,90 | 0,90 |
| **3533** 0.46 (€) mehrfarbig (□) | dxk | 0,90 | 0,90 |
| **3534** 0.46 (€) mehrfarbig (□) | dxl | 0,90 | 0,90 |
| **3535** 0.46 (€) mehrfarbig (□) | dxm | 0,90 | 0,90 |
| **3536** 0.46 (€) mehrfarbig (□) | dxn | 0,90 | 0,90 |
| **3537** 0.46 (€) mehrfarbig (□) | dxo | 0,90 | 0,90 |
| **3538** 0.46 (€) mehrfarbig (□) | dxp | 0,90 | 0,90 |
| | Satzpreis (10 W.) | 9,— | 9,— |
| | FDC | | 7,— |
| | Markenheftchen | 10,— | 10,— |

**2006, 18. Febr. Blockausgabe: 175 Jahre Demokratie in Belgien. RaTdr.; Papier fl.; gez. Ks 11½.**

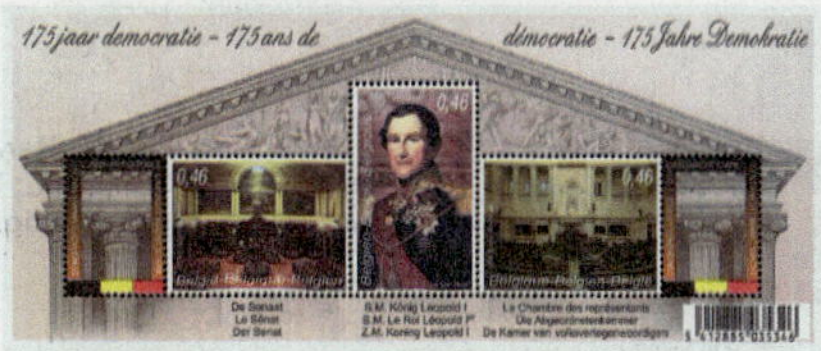


dxu

dxr) Senatssaal
dxs) König Leopold I. (1790–1865)
dxt) Abgeordnetenkammer

| | | | |
|---|---|---|---|
| **3539** 0.46 (€) mehrfarbig | dxr | 1,— | 1,— |
| **3540** 0.46 (€) mehrfarbig | dxs | 1,— | 1,— |
| **3541** 0.46 (€) mehrfarbig | dxt | 1,— | 1,— |
| **Block 107** (200×83 mm) | dxu | 4,— | 4,— |
| | FDC (Blockmarken) | | 7,— |

**2006, 18. Febr. Pressefreiheit.** RaTdr. (5×1); Papier fl.; gez. K 11½.

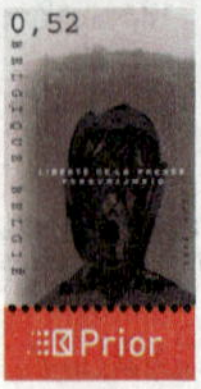

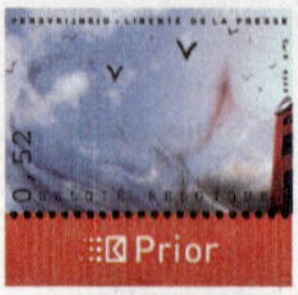

dxv) Schrei nach Meinungsfreiheit dxw) Kopf einer Frau, Wolkenhimmel

| | | | | |
|---|---|---|---|---|
| 3542 | 0.52 (€) mehrfarbig | dxv | 1,— | 1,— |
| 3543 | 0.52 (€) mehrfarbig | dxw | 1,— | 1,— |
| | | Satzpreis (2 W.) | 2,— | 2,— |
| | | FDC | | 7,— |
| | | Kleinbogen | 6,— | 5,— |

MiNr. 3542–3543 wurden zusammenhängend im Kleinbogen mit 3 × MiNr. 3542 und 2 × MiNr. 3543 gedruckt. Der Kleinbogen wurde nur unzertrennt verkauft.

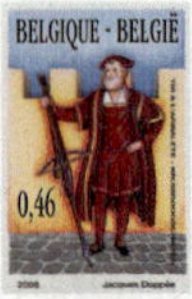

**2006, 18. Febr. Armbrustschützen.** RaTdr. (5×2); Papier fl.; gez. K 11½.

dxx) Mitglied der Schützenbruderschaft „Grand Serment Royal et de Saint-Georges des Arbalétriers de Bruxelles" (gegr. 1381)

| | | | | |
|---|---|---|---|---|
| 3544 | 0.46 (€) mehrfarbig | dxx | 1,— | 0,90 |
| | | FDC | | 7,— |
| | | Kleinbogen | 10,— | 10,— |

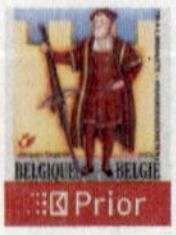

**2006, 18. Febr. Armbrustschützen.** RaTdr., Markenheftchen (5×2); Papier fl., selbstklebend; D = dreiseitig, E = zweiseitig gestanzt 10.

dxx I) Mitglied der Schützenbruderschaft „Grand Serment Royal et de Saint-Georges des Arbalétriers de Bruxelles" (gegr. 1381)

| | | | | |
|---|---|---|---|---|
| 3545 | — mehrfarbig | dxx I | | |
| D | dreiseitig gestanzt (□) | | 3,— | 1,— |
| El | zweiseitig gestanzt (□) | | 3,— | 1,— |
| Er | zweiseitig gestanzt (□) | | 3,— | 1,— |
| | | Markenheftchen | 30,— | 10,— |

Nominale zur Zeit der Ausgabe: 0.52 €

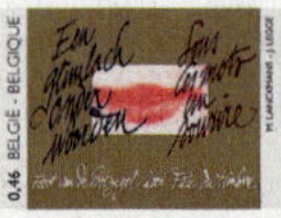

**2006, 18. März. Fest der Briefmarke.** RaTdr. (2×5); Papier fl.; gez. K 11½.

dxy) Ein Lächeln in Worten; Wettbewerbsentwurf von Myriam Lanckmans und Jacky Legge

| | | | | |
|---|---|---|---|---|
| 3546 | 0.46 (€) mehrfarbig | dxy | 1,— | 0,90 |
| | | FDC | | 7,— |
| | | Kleinbogen | 10,— | 10,— |

**2006, 18. März. Fest der Briefmarke.** RaTdr., Markenheftchen (2×5); Papier ph., selbstklebend; I = „Prior" links, II = „Prior" rechts; D = dreiseitig, E = zweiseitig gestanzt 10.

dxy I) Ein Lächeln in Worten

| | | | | |
|---|---|---|---|---|
| 3547 | — mehrfarbig | dxy I | | |
| I | „Prior" links | | | |
| D | dreiseitig gestanzt (□) | | 3,— | 1,— |
| E | zweiseitig gestanzt (□) | | 3,— | 1,— |
| II | „Prior" rechts | | | |
| D | dreiseitig gestanzt (□) | | 3,— | 1,— |
| E | zweiseitig gestanzt (□) | | 3,— | 1,— |
| | | Markenheftchen | 30,— | 10,— |

Nominale zur Zeit der Ausgabe: 0.52 €

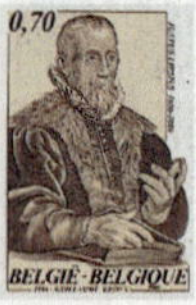

**2006, 18. März. 400. Todestag von Justus Lipsius.** Komb. StTdr. und Odr. (5×2); Papier fl.; gez. K 11½.

dxz) Justus Lipsius, eigentl. Joest Lips (1547–1606), Philologe, Professor in Leiden, Köln und Löwen

| | | | | |
|---|---|---|---|---|
| 3548 | 0.70 (€) schwärzlichsiena/hellgraugelb | dxz | 1,40 | 1,40 |
| | | FDC | | 7,— |
| | | Kleinbogen | 14,— | 14,— |

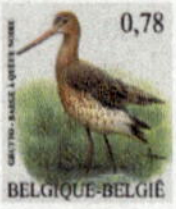

**2006, 18. März. Freimarke: Vögel.** RaTdr. (2×5); Papier fl.; gez. K 11½.

dya) Uferschnepfe (Limosa limosa)

| | | | | |
|---|---|---|---|---|
| 3549 | 0.78 (€) mehrfarbig | dya | 1,80 | 1,50 |
| | | FDC | | 7,— |
| | | Kleinbogen | 18,— | 18,— |

*Weitere Werte siehe Übersicht nach Jahrgangswerttabelle.*

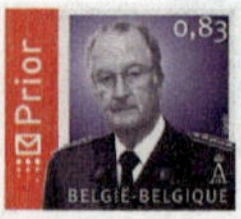

**2006, 18. März. Freimarke: König Albert II. in Uniform.** RaTdr. (2×5); Papier ph.; gez. K 11½.

dur) König Albert II. (*1934, reg. 1993–2013)

| | | | | |
|---|---|---|---|---|
| 3550 | 0.83 (€) mehrfarbig | dur | 1,80 | 1,70 |
| | | FDC | | 7,— |
| | | Kleinbogen | 18,— | 18,— |

*Weitere Werte siehe Fußnote nach MiNr. 3465*

**2006, 22. April. Belgische internationale Sportmeister (II): Billard – 100 Jahre Königlich Belgischer Billardverband. RaTdr.; Papier ph.; gez. K 11½.**

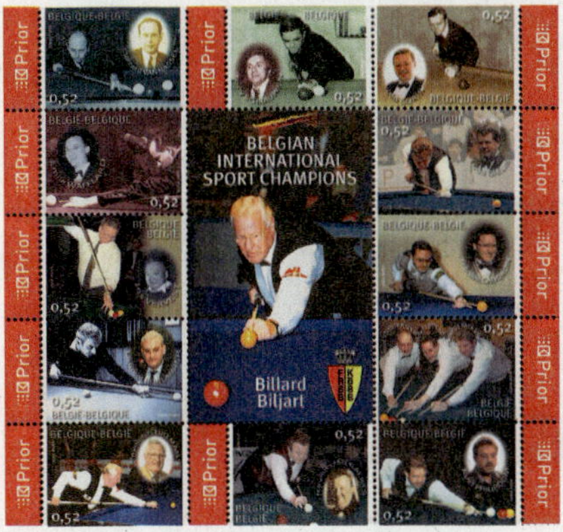


| | | |
|---|---|---|
| dyb | dyc | dyd |
| dye | | dyf |
| dyg | | dyh |
| dyi | Zierfeld | dyk |
| dyl | dym | dyn |

dyb) Clement Van Hassel (1920–2003)
dyc) Tony Schrauwen (1938–2005)
dyd) Léo Corin (*1941)
dye) Emile Wafflard (1927–1994)
dyf) Ludo Dielis (*1945)
dyg) Jos Vervest (1925–1999)
dyh) Frédéric Caudron (*1968)
dyi) Laurent Boulanger (1931–2008)
dyk) Paul Stroobants (*1947), Eddy Leppens (*1969), Peter De Backer (*1967)
dyl) Raymond Ceulemans (*1937)
dym) Raymond Steylaerts (1933–2011)
dyn) Jozef Philipoom (*1964)

| | | | | |
|---|---|---|---|---|
| **3551** | 0.52 (€) mehrfarbig | dyb | 1,— | 1,— |
| **3552** | 0.52 (€) mehrfarbig | dyc | 1,— | 1,— |
| **3553** | 0.52 (€) mehrfarbig | dyd | 1,— | 1,— |
| **3554** | 0.52 (€) mehrfarbig | dye | 1,— | 1,— |
| **3555** | 0.52 (€) mehrfarbig | dyf | 1,— | 1,— |
| **3556** | 0.52 (€) mehrfarbig | dyg | 1,— | 1,— |
| **3557** | 0.52 (€) mehrfarbig | dyh | 1,— | 1,— |
| **3558** | 0.52 (€) mehrfarbig | dyi | 1,— | 1,— |
| **3559** | 0.52 (€) mehrfarbig | dyk | 1,— | 1,— |
| **3560** | 0.52 (€) mehrfarbig | dyl | 1,— | 1,— |
| **3561** | 0.52 (€) mehrfarbig | dym | 1,— | 1,— |
| **3562** | 0.52 (€) mehrfarbig | dyn | 1,— | 1,— |
| | | Satzpreis (12 W.) | 12,— | 12,— |
| | | 2 FDC | | 14,— |
| | | Zd-Bogen | 15,— | 15,— |

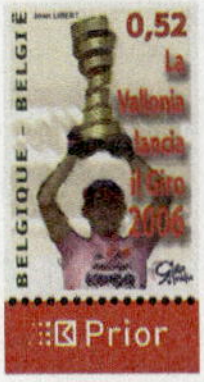


**2006, 22. April. Etappenstart beim Radrennen „Giro d'Italia" in der Wallonie. RaTdr. (5); Papier ph.; gez. K 11½.**

dyo) Radfahrer im Rosa Trikot mit Siegerpokal

| | | | | |
|---|---|---|---|---|
| **3563** | 0.52 (€) mehrfarbig | dyo | 1,10 | 1,10 |
| | | FDC | | 7,— |
| | | Kleinbogen | 5,50 | 5,50 |

**2006, 22. April. Kunst in Belgien: Gemälde. RaTdr. (5×1 Zd); Papier fl.; gez. K 11½.**

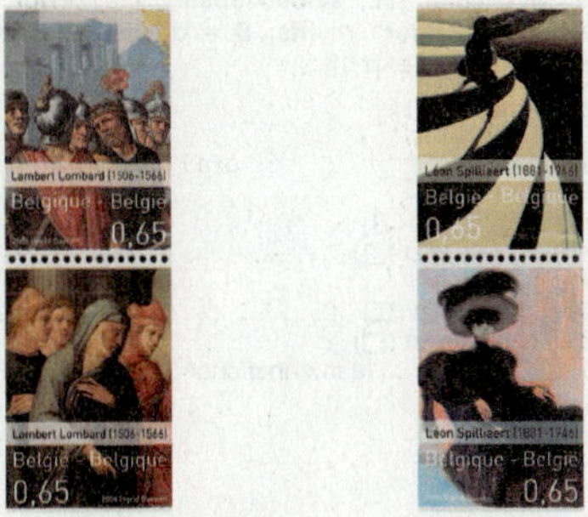


dyp) Opfer des Joachim (Detail); von Lambert Lombard (1506–1566)
dyr) Kaiser Augustus und Sibylle von Tibur (Detail); von Lambert Lombard
dys) Täuschung; von Léon Spilliaert (1881–1946)
dyt) Die Dame mit dem Hut; von Léon Spilliaert

| | | | | |
|---|---|---|---|---|
| **3564** | 0.65 (€) mehrfarbig | dyp | 1,40 | 1,30 |
| **3565** | 0.65 (€) mehrfarbig | dyr | 1,40 | 1,30 |
| **3566** | 0.65 (€) mehrfarbig | dys | 1,40 | 1,30 |
| **3567** | 0.65 (€) mehrfarbig | dyt | 1,40 | 1,30 |
| | | Satzpreis (4 W.) | 5,50 | 5,20 |
| | | 2 Paare | 6,— | 6,— |
| | | FDC | | 7,— |
| | | Kleinbogensatz (2 Klb.) | 30,— | 30,— |

**2006, 22. April. Blockausgabe: 30 Jahre Leichtathletik-Sportfest „Memorial Van Damme". RaTdr.; Papier ph.; gez. K 11½.**

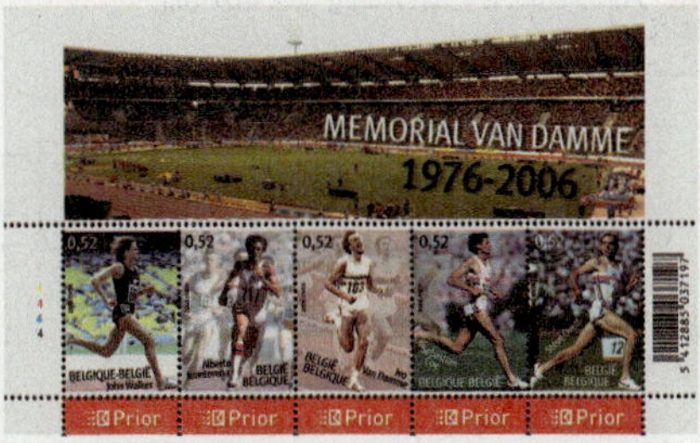


dyz

dyu) John Walker (*1952)
dyv) Alberto Juantorena (*1950)
dyw) Ivo Van Damme (1954–1976)
dyx) Sebastian Coe (*1956)
dyy) Steve Ovett (*1955)

| | | | | |
|---|---|---|---|---|
| **3568** | 0.52 (€) mehrfarbig | dyu | 1,— | 1,— |
| **3569** | 0.52 (€) mehrfarbig | dyv | 1,— | 1,— |
| **3570** | 0.52 (€) mehrfarbig | dyw | 1,— | 1,— |
| **3571** | 0.52 (€) mehrfarbig | dyx | 1,— | 1,— |
| **3572** | 0.52 (€) mehrfarbig | dyy | 1,— | 1,— |
| **Block 108** | (166×100 mm) | dyz | 6,— | 6,— |
| | | FDC (Blockmarken) | | 7,— |

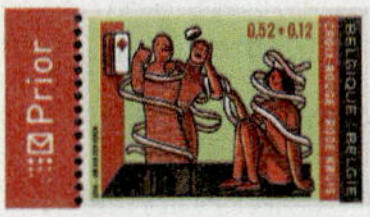


**2006, 13. Mai. Rotes Kreuz: Benjamin-Secouriste-Ersthelferzertifikat. RaTdr. (1×5); Papier ph.; gez. K 11½.**

dza) Verbinden eines Verletzten (Karikatur)

| | | | | |
|---|---|---|---|---|
| **3573** | 0.52 (€) + 0.12 (€) mehrfarbig | dza | 1,30 | 1,30 |
| | | FDC | | 7,— |
| | | Kleinbogen | 6,50 | 6,50 |

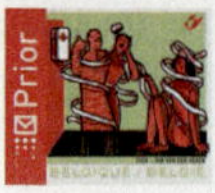


**2006, 13. Mai. Rotes Kreuz: Benjamin-Secouriste-Ersthelferzertifikat. RaTdr., Markenheftchen (2×5); Papier ph., selbstklebend; I = „Prior" links, II = „Prior" rechts; D = dreiseitig, E = zweiseitig gestanzt 10.**

dza I) Verbinden eines Verletzten (Karikatur)

**3574** — mehrfarbig . . . . . . . . . . . . . . . . . dza I
I „Prior" links
D dreiseitig gestanzt ( ) . . . . . . . . . . . . 3,— 1,—
E zweiseitig gestanzt ( ) . . . . . . . . . . . . 3,— 1,—
II „Prior" rechts
D dreiseitig gestanzt ( ) . . . . . . . . . . . . 3,— 1,—
E zweiseitig gestanzt ( ) . . . . . . . . . . . . 3,— 1,—
Markenheftchen 30,— 10,—

Nominale zur Zeit der Ausgabe: 0.52 €

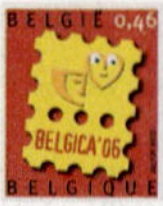


**2006, 13. Mai. Internationale Briefmarkenausstellung BELGICA '06, Brüssel (Bildformat 21×24 mm). RaTdr. (2×5); Papier fl.; gez. K 11½.**

dzb) Ausstellungsemblem

**3575** 0.46 (€) mehrfarbig . . . . . . . . . . . . . . . . dzb 1,— 0,90
FDC 7,—
Kleinbogen 10,— 10,—

*In ähnlicher Zeichnung: MiNr. 3576, 3609*

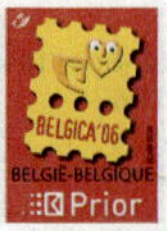


**2006, 13. Mai. Internationale Briefmarkenausstellung BELGICA '06, Brüssel. RaTdr., Markenheftchen (5×2); Papier ph.; selbstklebend; D = dreiseitig, E = zweiseitig gestanzt 10.**

dzb I) Ausstellungsemblem

**3576** — mehrfarbig . . . . . . . . . . . . . . . . . . dzb I
D dreiseitig gestanzt ( ) . . . . . . . . . . . . 3,— 1,—
El zweiseitig gestanzt ( ) . . . . . . . . . . . . 3,— 1,—
Er zweiseitig gestanzt ( ) . . . . . . . . . . . . 3,— 1,—
Markenheftchen 30,— 10,—

Nominale zur Zeit der Ausgabe: 0.52 €

*In ähnlicher Zeichnung: MiNr. 3575, 3609*

**2006, 13. Mai. Leuchttürme. Komb. StTdr. und RaTdr. (5×2); Papier fl.; gez. K 11½.**

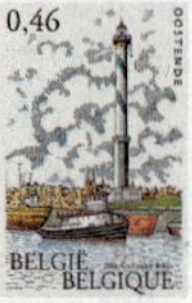


dzc) Lange Nelle, Ostende (1949)

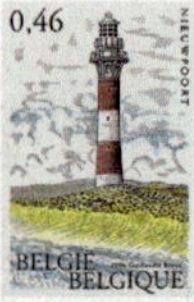


dzd) Nieuwpoort (2005)

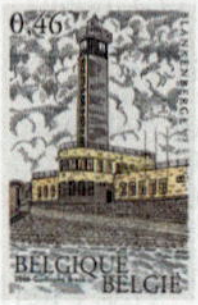


dze) Blankenberge (1954)

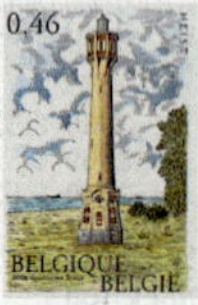


dzf) Hoog Licht, Heist (1907)

**3577** 0.46 (€) mehrfarbig . . . . . . . . . . . . . . . . dzc 1,20 0,90
**3578** 0.46 (€) mehrfarbig . . . . . . . . . . . . . . . . dzd 1,20 0,90
**3579** 0.46 (€) mehrfarbig . . . . . . . . . . . . . . . . dze 1,20 0,90
**3580** 0.46 (€) mehrfarbig . . . . . . . . . . . . . . . . dzf 1,20 0,90
Satzpreis (4 W.) 4,80 3,60
FDC 7,—
Kleinbogensatz (4 Klb.) 50,— 50,—

**2006, 13. Mai. Blockausgabe: Natur – Fische der Nordsee. RaTdr.; Papier fl.; gez. K 11½.**

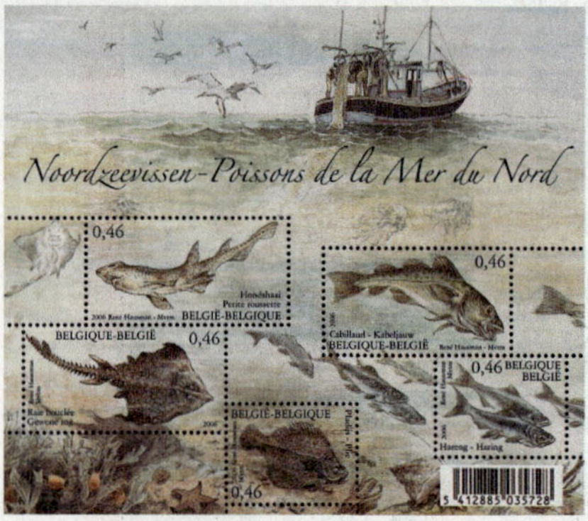


dzg dzh dzm
dzi dzk
dzl

dzg) Kleingefleckter Katzenhai (Scyliorhinus caniculus)
dzh) Kabeljau (Gadus morrhua)
dzi) Nagelrochen (Raja clavata)
dzk) Hering (Clupea harengus)
dzl) Scholle (Pleuronectes platessa)

**3581** 0.46 (€) mehrfarbig . . . . . . . . . . . dzg 1,— 0,90
**3582** 0.46 (€) mehrfarbig . . . . . . . . . . . dzh 1,— 0,90
**3583** 0.46 (€) mehrfarbig . . . . . . . . . . . dzi 1,— 0,90
**3584** 0.46 (€) mehrfarbig . . . . . . . . . . . dzk 1,— 0,90
**3585** 0.46 (€) mehrfarbig . . . . . . . . . . . dzl 1,— 0,90
**Block 109** (146×124 mm) . . . . . . . dzm 5,— 5,—
FDC (Blockmarken) 7,—

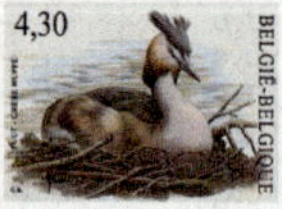


**2006, 13. Mai. Freimarke: Vögel. Komb. StTdr. und RaTdr. (6×5); Papier fl.; gez. K 11½.**

dzn) Haubentaucher (Podiceps cristatus)

**3586** 4.30 (€) mehrfarbig . . . . . . . . . . . . . . . . dzn 10,— 4,50
FDC 7,—

*Weitere Werte siehe Übersicht nach Jahrgangswerttabelle.*

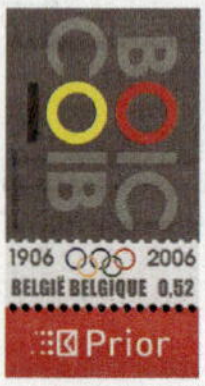


**2006, 3. Juni. Sport: 100 Jahre Nationales Olympisches Komitee (BOIC/COIB); Fußball-Weltmeisterschaft, Deutschland. RaTdr. (5×2); Papier ph.; gez. K 11½.**

dzo) Inschrift

**3587** 0.52 (€) mehrfarbig . . . . . . . . . . . . . . . . dzo 1,10 1,10
FDC 7,—
Kleinbogen 11,— 11,—

**Blockausgabe, Papier fl.**

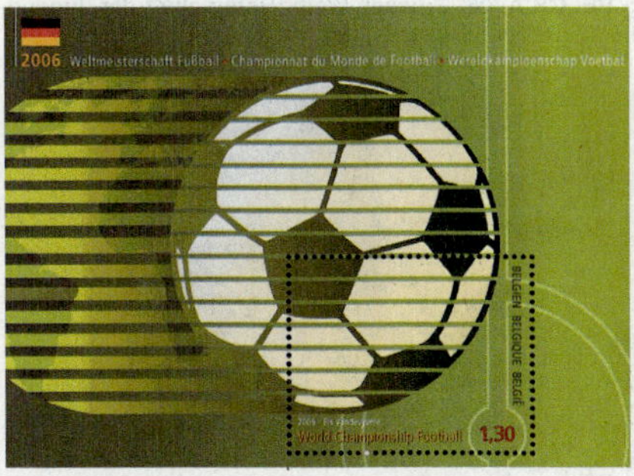


dzr

dzp) Fußball

| | | | | | |
|---|---|---|---|---|---|
| **3588** | 1.30 (€) mehrfarbig | dzp | 2,80 | 2,60 |
| **Block 110** | (125×90 mm) | dzr | 3,50 | 2,80 |
| | FDC (Blockmarke) | | | 7,— |

**2006, 3. Juni. Blockausgabe: Idyllisches Wallonien. RaTdr.; Papier ph.; gez. K 11½.**

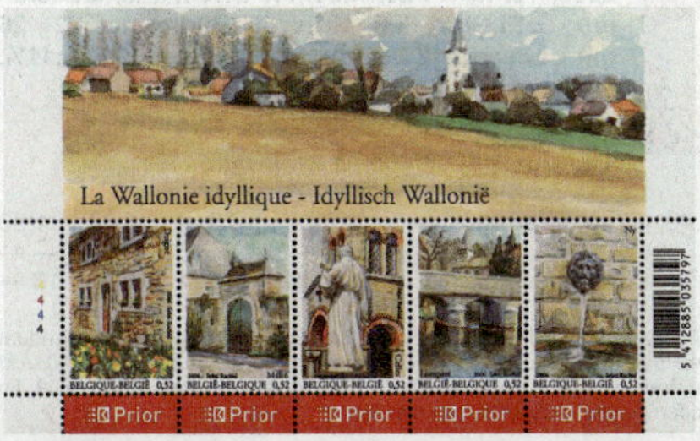


dzx

dzs) Deigné
dzt) Mélin
dzu) Celles
dzv) Lompret
dzw) Ny

dzs–dzw) Ansichten wallonischer Orte; Gemälde von Rachid Sebti (*1947), marokkanischer Maler

| | | | | |
|---|---|---|---|---|
| **3589** | 0.52 (€) mehrfarbig | dzs | 1,10 | 1,10 |
| **3590** | 0.52 (€) mehrfarbig | dzt | 1,10 | 1,10 |
| **3591** | 0.52 (€) mehrfarbig | dzu | 1,10 | 1,10 |
| **3592** | 0.52 (€) mehrfarbig | dzv | 1,10 | 1,10 |
| **3593** | 0.52 (€) mehrfarbig | dzw | 1,10 | 1,10 |
| **Block 111** | (166×100 mm) | dzx | 5,50 | 5,50 |
| | FDC (Blockmarken) | | | 7,— |

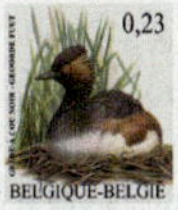


**2006, 3. Juni. Freimarke: Vögel. RaTdr. (2×5); Papier fl.; gez. K 11½.**

dzy) Schwarzhalstaucher (Podiceps nigricollis)

| | | | | |
|---|---|---|---|---|
| **3594** | 0.23 (€) mehrfarbig | dzy | 0,60 | 0,60 |
| | | FDC | | 7,— |
| | | Kleinbogen | 6,— | 6,— |

*Weitere Werte siehe Übersicht nach Jahrgangswerttabelle.*

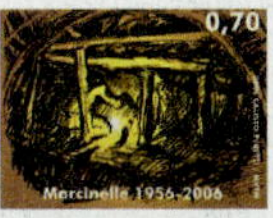


**2006, 5. Aug. 50. Jahrestag der Bergwerkskatastrophe im „Bois du Cazier", Marcinelle. RaTdr. (2×5); Papier fl.; gez. K 11½.**

dzz) Grubenarbeiter im Stollen; Zeichnung von Calisto Peretti (1937–2015)

| | | | | |
|---|---|---|---|---|
| **3595** | 0.70 (€) mehrfarbig | dzz | 1,40 | 1,40 |
| | | FDC | | 7,— |
| | | Kleinbogen | 14,— | 14,— |

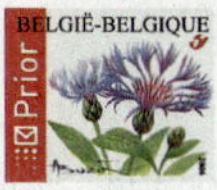


**2006, 5. Aug. Freimarke: Blumen. RaTdr., Markenheftchen (2×5); Papier ph.; selbstklebend; D = dreiseitig, E = zweiseitig gestanzt 10.**

eaa) Kornblume (Centaurea cyanus)

| | | | | |
|---|---|---|---|---|
| **3596** | — mehrfarbig | eaa | | |
| D | dreiseitig gestanzt (▭) | | 3,— | 1,10 |
| Eo | zweiseitig gestanzt (▭) | | 3,— | 1,10 |
| Eu | zweiseitig gestanzt (▭) | | 3,— | 1,10 |
| | | FDC | | 7,— |
| | | Markenheftchen | 30,— | 11,— |

Nominale zur Zeit der Ausgabe: 0.52 €

*Weitere Werte siehe Fußnote nach MiNr. 2784.*

**2006, 23. Sept. 650 Jahre Hanse: Gemälde. RaTdr. (5×2); Papier fl.; gez. K 11½.**

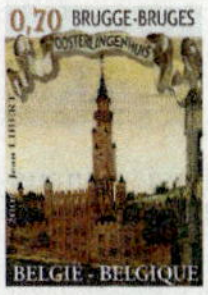


eab) Oosterlingenhuis, Brügge

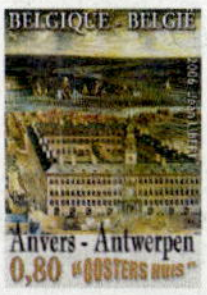


eac) Oosters Huis, Antwerpen

| | | | | |
|---|---|---|---|---|
| **3597** | 0.70 (€) mehrfarbig | eab | 1,40 | 1,40 |
| **3598** | 0.80 (€) mehrfarbig | eac | 1,60 | 1,60 |
| | | Satzpreis (2 W.) | 3,— | 3,— |
| | | FDC | | 7,— |
| | | Kleinbogensatz (2 Klb.) | 30,— | 30,— |

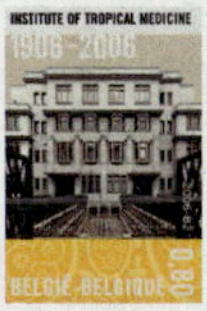


**2006, 23. Sept. 100 Jahre Institut für Tropenmedizin, Antwerpen. RaTdr. (5×2); Papier fl.; gez. K 11½.**

ead) Institutsgebäude

| | | | | |
|---|---|---|---|---|
| **3599** | 0.80 (€) mehrfarbig | ead | 1,60 | 1,60 |
| | | FDC | | 7,— |
| | | Kleinbogen | 16,— | 16,— |

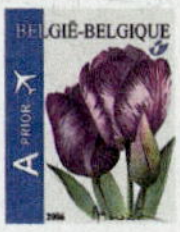


**2006, 23. Sept. Freimarke: Blumen. RaTdr., Markenheftchen (5×2); Papier ph.; selbstklebend; D = dreiseitig, E = zweiseitig gestanzt 10.**

eae) Rembrandt-Tulpe

| | | | | |
|---|---|---|---|---|
| **3600** | — mehrfarbig | eae | | |
| Do | dreiseitig gestanzt (▭) | | 3,— | 1,40 |
| Du | dreiseitig gestanzt (▭) | | 3,— | 1,40 |
| Eo | zweiseitig gestanzt (▭) | | 3,— | 1,40 |
| Eu | zweiseitig gestanzt (▭) | | 3,— | 1,40 |
| | | FDC | | 7,— |
| | | Markenheftchen | 30,— | 14,— |

Nominale zur Zeit der Ausgabe: 0.70 €

*Weitere Werte siehe Fußnote nach MiNr. 2784.*

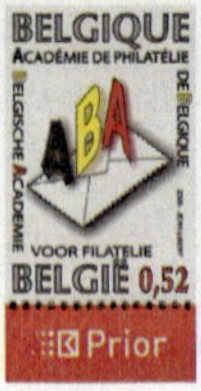

**2006, 21. Okt. 40 Jahre Belgische Akademie für Philatelie. RaTdr. (5×2); Papier ph.; gez. K 11½.**

eaf) Emblem der Akademie

| | | | | |
|---|---|---|---|---|
| **3601** | 0.52 (€) mehrfarbig | eaf | 1,10 | 1,10 |
| | | FDC | | 7,— |
| | | Kleinbogen | 11,— | 11,— |

Auflage: 600.000 Stück

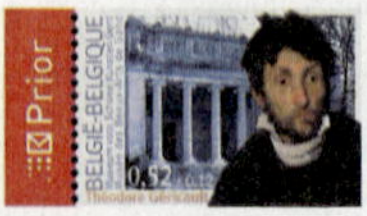

**2006, 21. Okt. Förderung der Philatelie: Ausländische Meisterwerke in belgischen Sammlungen (IV). RaTdr. (1×5); Papier ph.; gez. K 11½.**

eag) Porträt eines Kleptomanen; Gemälde von Théodore Géricault (1791–1824)

| | | | | |
|---|---|---|---|---|
| **3602** | 0.52 (€) + 0.12 (€) mehrfarbig | eag | 1,50 | 1,10 |
| | | FDC | | 7,— |
| | | Kleinbogen | 7,50 | 7,50 |

Auflage: 500.000 Stück

**2006, 16. Nov. Blockausgabe: Internationale Briefmarkenausstellung BELGICA '06, Brüssel: Weltmeisterschaft der Jugendphilatelie (I). RaTdr.; Papier fl.; gez. Ks 11½.**

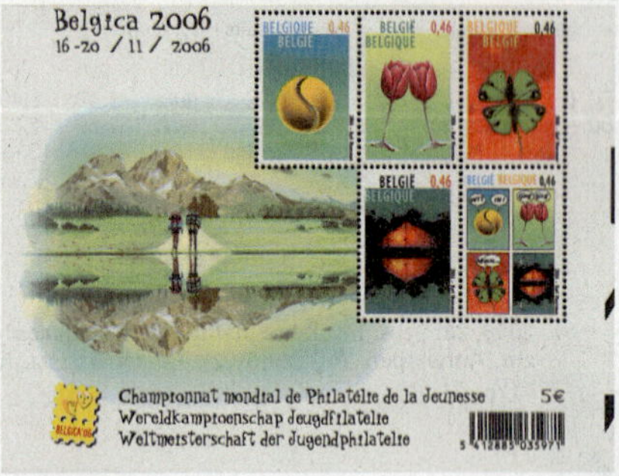

ean

eah) Tennisball
eai) Tulpen als Sektgläser
eak) Schmetterlinge als vierblättriger Klee
eal) Beleuchtetes Zelt am Seeufer
eam) Motive eah bis eal als Comic

| | | | | |
|---|---|---|---|---|
| **3603** | 0.46 (€) mehrfarbig | eah | 2,— | 2,— |
| **3604** | 0.46 (€) mehrfarbig | eai | 2,— | 2,— |
| **3605** | 0.46 (€) mehrfarbig | eak | 2,— | 2,— |
| **3606** | 0.46 (€) mehrfarbig | eal | 2,— | 2,— |
| **3607** | 0.46 (€) mehrfarbig | eam | 2,— | 2,— |
| **Block 112** | (166×133 mm) | ean | 10,— | 10,— |
| | | FDC (Blockmarken) | | 7,— |

Postpreis: 5 €

**2006, 16. Nov. Blockausgabe: Internationale Briefmarkenausstellung BELGICA '06, Brüssel: Weltmeisterschaft der Jugendphilatelie (II). RaTdr.; Papier fl.; gez. Ks 11½.**

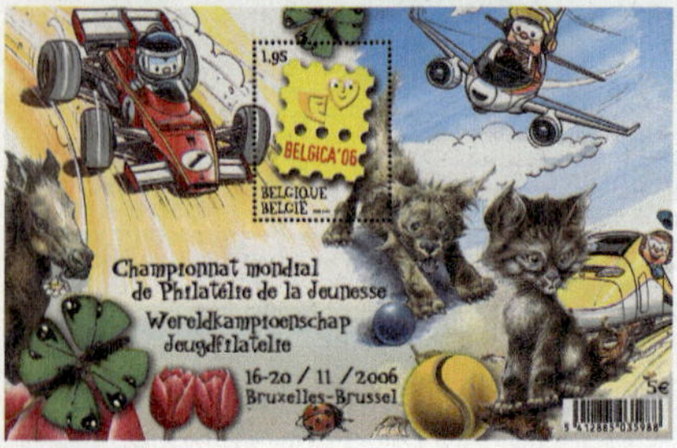

eap

eao) Ausstellungsemblem

| | | | | |
|---|---|---|---|---|
| **3608** | 1.95 (€) mehrfarbig | eao | 10,— | 10,— |
| **Block 113** | (190×120 mm) | eap | 10,— | 10,— |
| | | FDC (Blockmarke) | | 7,— |

Postpreis: 5 €

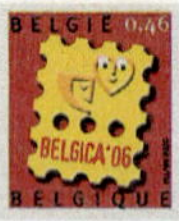

**2006, 16. Nov. Internationale Briefmarkenausstellung BELGICA '06, Brüssel (Bildformat 22×26 mm). Laserdr. (2×5 Zd); Papier fl.; gez. K 11½:11¼.**

dzb II) Ausstellungsemblem

| | | | | |
|---|---|---|---|---|
| **3609** | 0.46 (€) mehrfarbig | dzb II | 1,60 | 1,60 |
| | | FDC | | —,— |
| | | Kleinbogen | 16,— | 16,— |

MiNr. 3609 wurde im Kleinbogen zu 10 Marken mit jeweils anhängendem personalisierbarem Zierfeld gedruckt, der nur während der Ausstellung gedruckt und zum Preis von 8 € verkauft wurde. Ab 29.3.2007 war MiNr. 3609 im Fünferstreifen bei der Versandstelle erhältlich.

*In ähnlicher Zeichnung: MiNr. 3575, 3576*

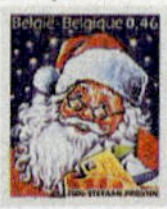

**2006, 16. Nov. Internationale Briefmarkenausstellung BELGICA '06, Brüssel. Laserdr. (2×5 Zd); Papier ph.; gez. K 11¾.**

dwp II) Weihnachtsmann mit Briefpost

| | | | | |
|---|---|---|---|---|
| **3610** | 0.46 (€) mehrfarbig | dwp II | 1,60 | 1,60 |
| | | FDC | | —,— |
| | | Kleinbogen | 16,— | 16,— |

MiNr. 3610 wurde im Kleinbogen zu 10 Marken mit jeweils anhängendem personalisierbarem Zierfeld gedruckt, der nur während der Ausstellung gedruckt und zum Preis von 8 € verkauft wurde. Ab 29.3.2007 war MiNr. 3610 im Fünferstreifen bei der Versandstelle erhältlich.

*In ähnlicher Zeichnung: MiNr. 3514–3515*

**2006, 17. Nov. Europa: Integration. RaTdr. (1×5 Zd); Papier fl.; gez. K 11½.**

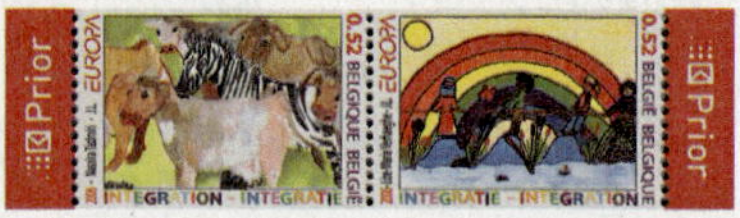

ear) Zebra unter Kühen; Zeichnung von Nassira Tadmiri (14 J.)
eas) Kinder überqueren Fluss; Zeichnung von Lize-Maria Verhaeghe (11 J.)

| | | | | |
|---|---|---|---|---|
| **3611** | 0.52 (€) mehrfarbig | ear | 1,30 | 1,10 |
| **3612** | 0.52 (€) mehrfarbig | eas | 1,30 | 1,10 |
| | | Satzpreis (2 W.) | 2,60 | 2,20 |
| | | Paar | 2,60 | 2,20 |
| | | FDC | | 7,— |
| | | Kleinbogen | 13,— | 11,— |

**2006, 17. Nov. Blockausgabe: Gemälde der Künstlergruppe COBRA (1948-1951). RaTdr.; Papier fl.; gez. Ks 11½.**

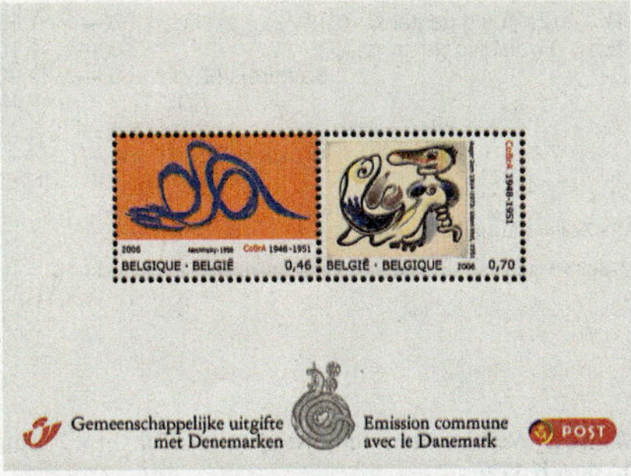


eav

eat) Neue Haut; von Pierre Aléchinsky (*1927), belgischer Maler
eau) Ohne Titel; von Asger Jorn, eigentlich Oluf Jørgensen (1914–1943), dänischer Maler

| | | | | | |
|---|---|---|---|---|---|
| **3613** | 0.46 (€) | mehrfarbig | eat | 1,— | 1,— |
| **3614** | 0.70 (€) | mehrfarbig | eau | 1,40 | 1,40 |
| **Block 114** | | (125×90 mm) | eav | 2,40 | 2,40 |
| | | FDC (Blockmarken) | | | 7,— |

*Parallelausgabe mit Dänemark MiNr. 1446 und 1448*

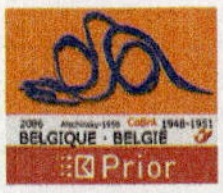


**2006, 17. Nov. Gemälde der Künstlergruppe COBRA (1948-1951). RaTdr., Markenheftchen (2×5); Papier ph.; selbstklebend; D = dreiseitig, E = zweiseitig gestanzt 10.**

eat I) Neue Haut; von Pierre Aléchinsky (*1927)

| | | | | | |
|---|---|---|---|---|---|
| **3615** | | — mehrfarbig | eat I | | |
| | **Dl** | dreiseitig gestanzt (□) | | 3,— | 1,10 |
| | **Dr** | dreiseitig gestanzt (□) | | 3,— | 1,10 |
| | **El** | zweiseitig gestanzt (□) | | 3,— | 1,10 |
| | **Er** | zweiseitig gestanzt (□) | | 3,— | 1,10 |
| | | Markenheftchen | | 30,— | 11,— |

Nominale zur Zeit der Ausgabe: je 0,52 €

Auflage: 1.000.000 Markenheftchen

**2006, 18. Nov. Blockausgabe: Der Tanz. RaTdr.; Papier fl.; gez. Ks 11½.**

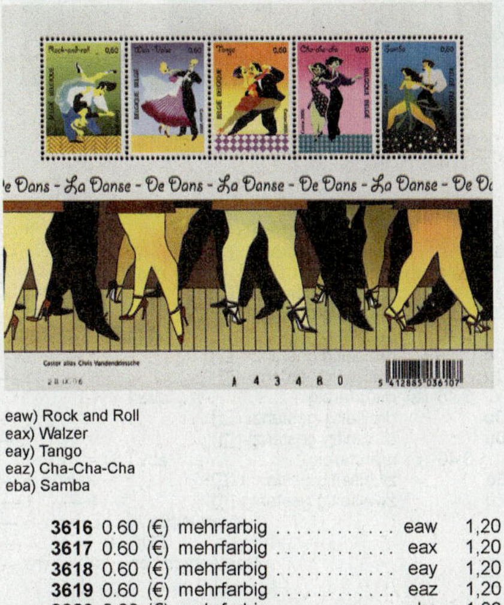


ebb

eaw) Rock and Roll
eax) Walzer
eay) Tango
eaz) Cha-Cha-Cha
eba) Samba

| | | | | | |
|---|---|---|---|---|---|
| **3616** | 0.60 (€) | mehrfarbig | eaw | 1,20 | 1,20 |
| **3617** | 0.60 (€) | mehrfarbig | eax | 1,20 | 1,20 |
| **3618** | 0.60 (€) | mehrfarbig | eay | 1,20 | 1,20 |
| **3619** | 0.60 (€) | mehrfarbig | eaz | 1,20 | 1,20 |
| **3620** | 0.60 (€) | mehrfarbig | eba | 1,20 | 1,20 |
| **Block 115** | | (163×125 mm) | ebb | 7,— | 7,— |
| | | FDC (Blockmarken) | | | 7,— |

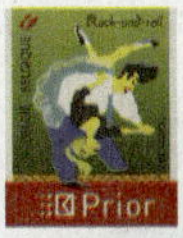

**2006, 18. Nov. Der Tanz. RaTdr., Markenheftchen (5×2); Papier ph.; selbstklebend; D = dreiseitig, E = zweiseitig gestanzt 10.**

eaw I) Rock and Roll

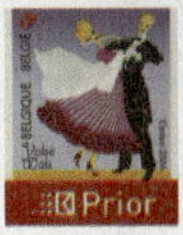

eax I) Walzer

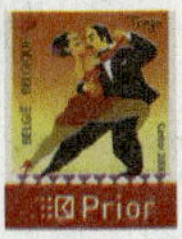

eay I) Tango

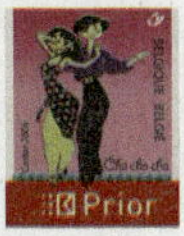

eaz I) Cha-Cha-Cha

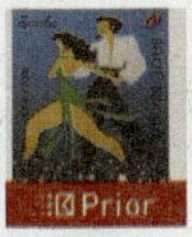

eba I) Samba

| | | | | | |
|---|---|---|---|---|---|
| **3621** | **D** | — mehrfarbig (□) | eaw I | 3,— | 1,10 |
| **3622** | **D** | — mehrfarbig (□) | eax I | 3,— | 1,10 |
| **3623** | | — mehrfarbig | eay I | | |
| | **D** | dreiseitig gestanzt (□) | | 3,— | 1,10 |
| | **E** | zweiseitig gestanzt (□) | | 3,— | 1,10 |
| **3624** | **D** | — mehrfarbig (□) | eaz I | 3,— | 1,10 |
| **3625** | | — mehrfarbig | eba I | | |
| | **D** | dreiseitig gestanzt (□) | | 3,— | 1,10 |
| | **E** | zweiseitig gestanzt (□) | | 3,— | 1,10 |
| | | Satzpreis (5 W.) | | 15,— | 5,50 |
| | | Fünferstreifen | | 15,— | 6,— |
| | | Markenheftchen | | 30,— | 12,— |

Nominale zur Zeit der Ausgabe: je 0.52 €

MiNr. 3621–3625 wurden zusammen im Markenheftchen zu je 2 Marken gedruckt.

Auflage: 1.000.000 Markenheftchen

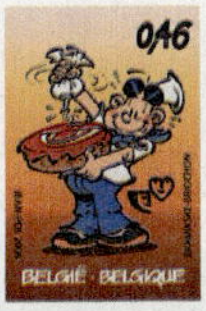


**2006, 19. Nov. Jugendphilatelie: Comics. RaTdr. (5×2); Papier fl.; gez. K 11½.**

ebc) Briochon; Comicfigur von Jean-Pol, eigentlich Jean-Paul van den Broeck (*1943)

| | | | | | |
|---|---|---|---|---|---|
| **3626** | 0.46 (€) | mehrfarbig | ebc | 1,— | 1,— |
| | | FDC | | | 7,— |
| | | Kleinbogen | | 10,— | 10,— |

**2006, 19. Nov. Das ist Belgien (IV): Belgische Spezialitäten. RaTdr. (10); Papier fl.; gez. K 11½.**

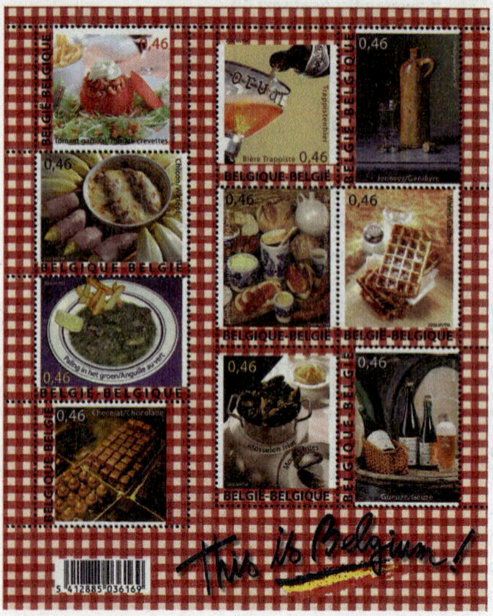


| | | |
|---|---|---|
| ebd | ebe | ebf |
| ebg | ebh | ebi |
| ebk | ebl | ebm |
| ebn | | |

ebd) Krabbentomaten
ebe) Trappistenbier
ebf) Genever
ebg) Chicoree
ebh) Ardennen-Schinken und -Würste
ebi) Waffeln
ebk) Aal in grüner Soße
ebl) Miesmuscheln
ebm) Geuze
ebn) Schokolade und Pralinen

| | | | | |
|---|---|---|---|---|
| **3627** | 0.46 (€) mehrfarbig | ebd | 1,— | 1,— |
| **3628** | 0.46 (€) mehrfarbig | ebe | 1,— | 1,— |
| **3629** | 0.46 (€) mehrfarbig | ebf | 1,— | 1,— |
| **3630** | 0.46 (€) mehrfarbig | ebg | 1,— | 1,— |
| **3631** | 0.46 (€) mehrfarbig | ebh | 1,— | 1,— |
| **3632** | 0.46 (€) mehrfarbig | ebi | 1,— | 1,— |
| **3633** | 0.46 (€) mehrfarbig | ebk | 1,— | 1,— |
| **3634** | 0.46 (€) mehrfarbig | ebl | 1,— | 1,— |
| **3635** | 0.46 (€) mehrfarbig | ebm | 1,— | 1,— |
| **3636** | 0.46 (€) mehrfarbig | ebn | 1,— | 1,— |
| | | Satzpreis (10 W.) | 10,— | 10,— |
| | | Kleinbogen | 10,— | 10,— |
| | | 3 FDC | | 21,— |

**2006, 20. Nov. Grußmarken. RaTdr., Markenheftchen (2×5); Papier ph.; selbstklebend; D = dreiseitig, E = zweiseitig gestanzt 10.**

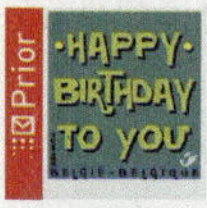


ebo) Alles Gute zum Geburtstag

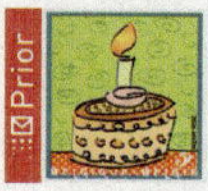


ebp) Geburtstagstorte

| | | | | |
|---|---|---|---|---|
| **3637** | — mehrfarbig | ebo | | |
| I | „Prior“ links | | | |
| D | dreiseitig gestanzt (⊡) | | 3,— | 1,10 |
| E | zweiseitig gestanzt (⊡) | | 3,— | 1,10 |
| II D | „Prior“ rechts | | 3,— | 1,10 |
| **3638** | — mehrfarbig | ebp | | |
| I D | „Prior“ links | | 3,— | 1,10 |
| II | „Prior“ rechts | | | |
| D | dreiseitig gestanzt (⊡) | | 3,— | 1,10 |
| E | zweiseitig gestanzt (⊡) | | 3,— | 1,10 |
| | | Satzpreis (2 W.) | 6,— | 2,20 |
| | | FDC | | 7,— |
| | | Paar | 6,— | 2,20 |
| | | Markenheftchen | 30,— | 11,— |

Nominale zur Zeit der Ausgabe: je 0.52 €

MiNr. 3637–3638 wurden schachbrettartig zusammenhängend gedruckt.

Auflage: 1.000.000 Markenheftchen

**2006, 20. Nov. Weihnachten und Neujahr. RaTdr. (1×2 Zd); Papier fl.; gez. K 11½.**

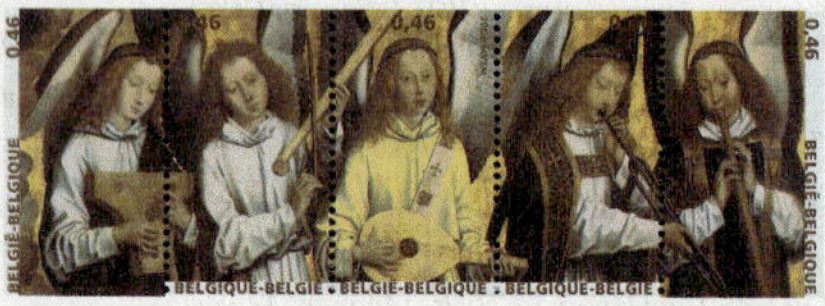

ebr–ebv) Musizierende Engel; Gemälde von Hans Memling, auch Jan van Mimmelynghe (1433/1440–1494), niederländischer Maler

| | | | | |
|---|---|---|---|---|
| **3639** | 0.46 (€) mehrfarbig | ebr | 1,— | 1,— |
| **3640** | 0.46 (€) mehrfarbig | ebs | 1,— | 1,— |
| **3641** | 0.46 (€) mehrfarbig | ebt | 1,— | 1,— |
| **3642** | 0.46 (€) mehrfarbig | ebu | 1,— | 1,— |
| **3643** | 0.46 (€) mehrfarbig | ebv | 1,— | 1,— |
| | | Satzpreis (5 W.) | 5,— | 5,— |
| | | Fünferstreifen | 5,— | 5,— |
| | | FDC | | 7,— |
| | | Kleinbogen | 10,— | 10,— |

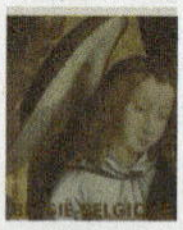

ebr I

**2006, 20. Nov. Weihnachten und Neujahr. RaTdr., Markenheftchen (1×2 Zd); Papier ph.; selbstklebend; D = dreiseitig, E = zweiseitig gestanzt 10.**

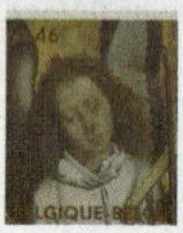

ebs I

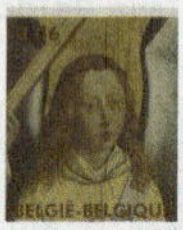

ebt I

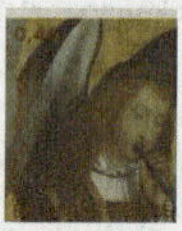

ebu I

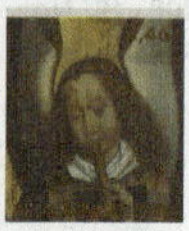

ebv I

ebr I–ebv I) Musizierende Engel; Gemälde von Hans Memling, auch Jan van Mimmelynghe (1433/1440–1494), niederländischer Maler

| | | | | |
|---|---|---|---|---|
| **3644** | 0.46 (€) mehrfarbig | ebr I | | |
| Do | dreiseitig gestanzt (⊡) | | 1,— | 1,— |
| Du | dreiseitig gestanzt (⊡) | | 1,— | 1,— |
| **3645** | 0.46 (€) mehrfarbig | ebs I | | |
| Do | dreiseitig gestanzt (⊡) | | 1,— | 1,— |
| Du | dreiseitig gestanzt (⊡) | | 1,— | 1,— |
| **3646** | 0.46 (€) mehrfarbig | ebt I | | |
| Do | dreiseitig gestanzt (⊡) | | 1,— | 1,— |
| Du | dreiseitig gestanzt (⊡) | | 1,— | 1,— |
| **3647** | 0.46 (€) mehrfarbig | ebu I | | |
| Do | dreiseitig gestanzt (⊡) | | 1,— | 1,— |
| Du | dreiseitig gestanzt (⊡) | | 1,— | 1,— |
| **3648** | 0.46 (€) mehrfarbig | ebv I | | |
| Eo | zweiseitig gestanzt (⊡) | | 1,— | 1,— |
| Eu | zweiseitig gestanzt (⊡) | | 1,— | 1,— |
| | | Satzpreis (5 W.) | 5,— | 5,— |
| | | FDC | | 7,— |
| | | Markenheftchen | 10,— | 10,— |

MiNr. 3644–3648 wurden waagerecht zusammenhängend gedruckt.

Auflage: 1.250.000 Markenheftchen

**2007, 8. Jan. Blockausgabe: Förderung der Philatelie: Ausländische Kunstwerke in belgischen Sammlungen (V). RaTdr.; Papier fl.; gez. Ks 11½.**

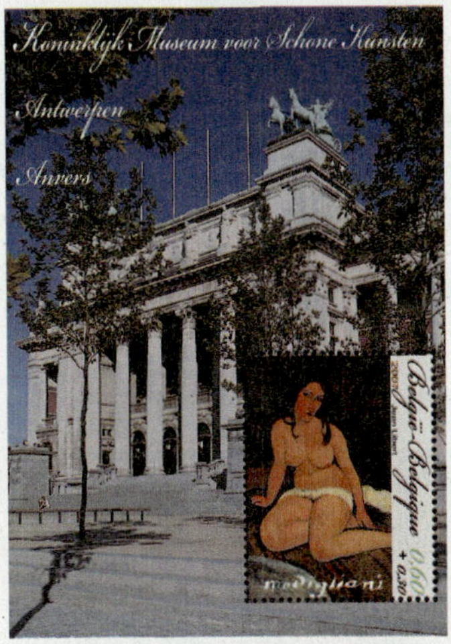


ebx

ebw) Sitzender Akt; Gemälde von Amedeo Modigliani (1884–1920), italienischer Maler und Bildhauer

| | | | | |
|---|---|---|---|---|
| 3649 | 0.60 (€) + 0.30 (€) mehrfarbig | ebw | 1,80 | 1,80 |
| Block 116 | (90×125 mm) | ebx | 1,80 | 1,80 |
| | FDC (Blockmarke) | | | 7,— |

**2007, 8. Jan. Sport: Weltmeisterschaften im Querfeldeinradfahren, Hooglede-Gits; Bowling; Golf. RaTdr. (5×2); Papier fl.; gez. K 11½.**

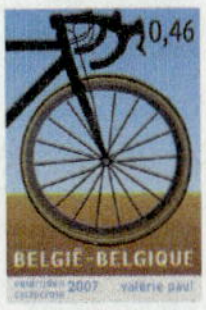


eby) Crossrad

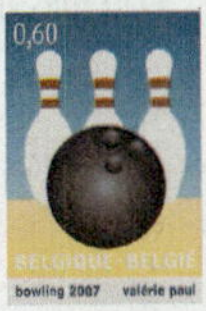


ebz) Bowlingkugel, Pins

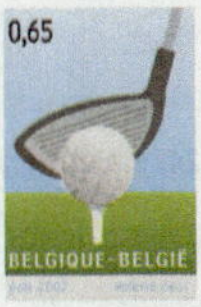


eca) Golfball auf Tee, Driver

| | | | | |
|---|---|---|---|---|
| 3650 | 0.46 (€) mehrfarbig | eby | 1,— | 1,— |
| 3651 | 0.60 (€) mehrfarbig | ebz | 1,20 | 1,20 |
| 3652 | 0.65 (€) mehrfarbig | eca | 1,30 | 1,30 |
| | Satzpreis (3 W.) | | 3,50 | 3,50 |
| | FDC | | | 7,— |
| | Kleinbogensatz (3 Klb.) | | 35,— | 35,— |

**2007, 8. Jan. Sport: Weltmeisterschaften im Querfeldeinradfahren, Hooglede-Gits; Bowling; Golf. RaTdr., Markenheftchen (5×2); Papier ph.; selbstklebend; D = dreiseitig, E = zweiseitig gestanzt 10.**

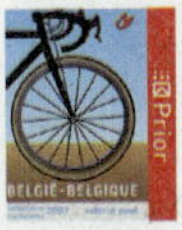


eby I) Crossrad

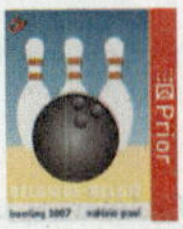


ebz I) Bowlingkugel, Pins

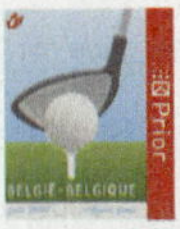


eca I) Golfball auf Tee, Driver

| | | | | | |
|---|---|---|---|---|---|
| 3653 | | — mehrfarbig | eby I | | |
| I | | „Prior“ links | | | |
| | D | dreiseitig gestanzt (▯) | | 3,— | 1,10 |
| | E | zweiseitig gestanzt (▯) | | 3,— | 1,10 |
| II | | „Prior“ rechts | | | |
| | D | dreiseitig gestanzt (▯) | | 3,— | 1,10 |
| | E | zweiseitig gestanzt (▯) | | 3,— | 1,10 |
| 3654 | | — mehrfarbig | ebz I | | |
| I | | „Prior“ links | | | |
| | D | dreiseitig gestanzt (▯) | | 3,— | 1,10 |
| | E | zweiseitig gestanzt (▯) | | 3,— | 1,10 |
| II | | „Prior“ rechts | | | |
| | D | dreiseitig gestanzt (▯) | | 3,— | 1,10 |
| | E | zweiseitig gestanzt (▯) | | 3,— | 1,10 |
| 3655 | | — mehrfarbig | eca I | | |
| I | | „Prior“ links | | | |
| | D | dreiseitig gestanzt (▯) | | 3,— | 1,10 |
| | E | zweiseitig gestanzt (▯) | | 3,— | 1,10 |
| II | | „Prior“ rechts | | | |
| | D | dreiseitig gestanzt (▯) | | 3,— | 1,10 |
| | E | zweiseitig gestanzt (▯) | | 3,— | 1,10 |
| | | Satzpreis (3 W.) | | 9,— | 3,30 |
| | | 3 Markenheftchen | | 90,— | 33,— |

Nominale zur Zeit der Ausgabe: je 0.52 €

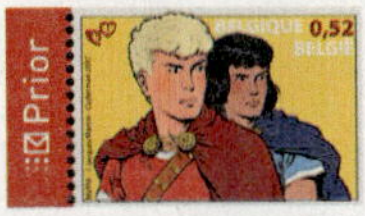


**2007, 27. Jan. Jugendphilatelie: Comics. RaTdr. (1×5); Papier ph.; gez. K 11½.**

ecb) Alex und Enak; von Jacques Martin (1921–2010), elsässischer Comiczeichner und -autor

| | | | | |
|---|---|---|---|---|
| 3656 | 0.52 (€) mehrfarbig | ecb | 1,20 | 1,— |
| | FDC | | | 7,— |
| | Kleinbogen | | 6,— | 6,— |

**2007, 27. Jan. Blockausgabe: Musik – das Akkordeon. RaTdr.; Papier ph.; gez. K 11½.**

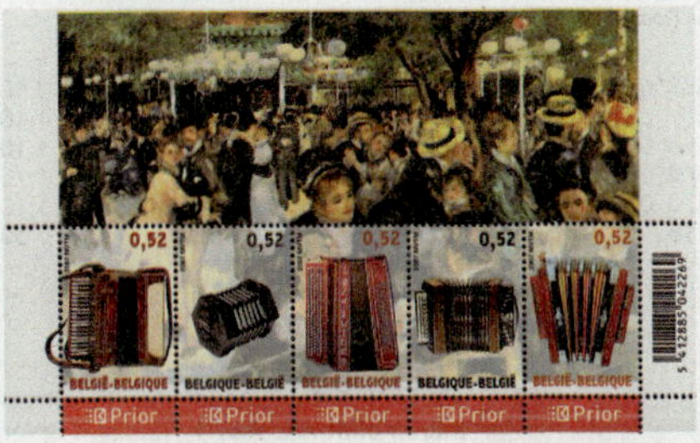


ech

ecc–ecg) Akkordeons aus dem Museum für Musikinstrumente, Brüssel

| | | | | |
|---|---|---|---|---|
| 3657 | 0.52 (€) mehrfarbig | ecc | 1,10 | 1,10 |
| 3658 | 0.52 (€) mehrfarbig | ecd | 1,10 | 1,10 |
| 3659 | 0.52 (€) mehrfarbig | ece | 1,10 | 1,10 |
| 3660 | 0.52 (€) mehrfarbig | ecf | 1,10 | 1,10 |
| 3661 | 0.52 (€) mehrfarbig | ecg | 1,10 | 1,10 |
| Block 117 | (166×100 mm) | ech | 5,50 | 5,50 |
| | FDC (Blockmarken) | | | 7,— |

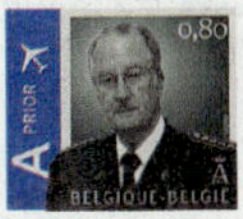


**2007, 27. Jan. Freimarke: König Albert II. in Uniform. RaTdr. (2×5); Papier ph.; gez. K 11½.**

dus) König Albert II. (*1934, reg. 1993–2013)

| | | | | |
|---|---|---|---|---|
| 3662 | 0.80 (€) mehrfarbig | dus | 1,60 | 1,60 |
| 3663 | 0.90 (€) mehrfarbig | dus | 1,80 | 1,80 |
| | Satzpreis (2 W.) | | 3,40 | 3,40 |
| | FDC | | | 7,— |
| | Kleinbogensatz (2 Klb.) | | 34,— | 34,— |

*Weitere Werte siehe Fußnote nach MiNr. 3465.*

**2007, 27. Jan. Freimarken: Vögel. RaTdr. (10×5); Papier fl.; gez. K 11½.**

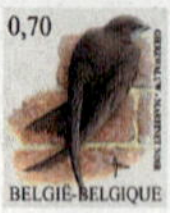


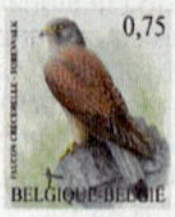


eci) Mauersegler (Apus apus) eck) Turmfalke (Falco tinnunculus)

| | | | | | |
|---|---|---|---|---|---|
| **3664** | 0.70 (€) mehrfarbig | eci | 1,50 | 1,20 |
| **3665** | 0.75 (€) mehrfarbig | eck | 2,— | 1,30 |
| | Satzpreis (2 W.) | | 3,50 | 2,50 |
| | FDC | | | 7,— |

*Weitere Werte siehe Übersicht nach Jahrgangswerttabelle.*

**2007, 24. Febr. Blockausgabe: Literatur – Schriftstellerinnen. RaTdr.; Papier ph.; gez. K 11½.**

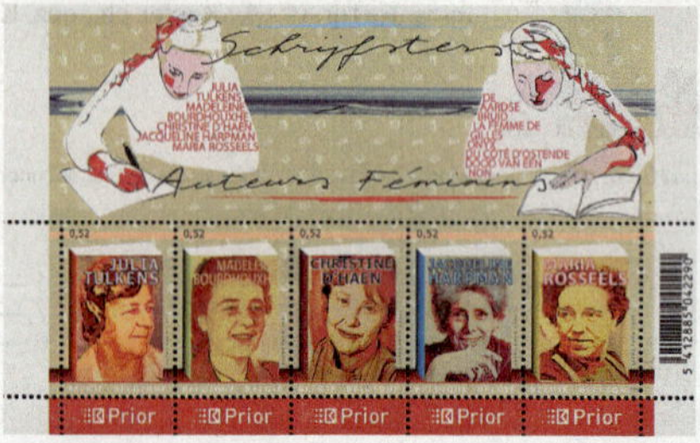


ecr

ecl) Julia Tulkens (1902–1995)
ecm) Madeleine Bourdhouxhe (1906–1996)
ecn) Christine D'Haen (1923–2009)
eco) Jacqueline Harpman (1929–2012)
ecp) Maria Rosseels (1926–2005)

| | | | | |
|---|---|---|---|---|
| **3666** 0.52 (€) mehrfarbig | ecl | 1,10 | 1,10 |
| **3667** 0.52 (€) mehrfarbig | ecm | 1,10 | 1,10 |
| **3668** 0.52 (€) mehrfarbig | ecn | 1,10 | 1,10 |
| **3669** 0.52 (€) mehrfarbig | eco | 1,10 | 1,10 |
| **3670** 0.52 (€) mehrfarbig | ecp | 1,10 | 1,10 |
| **Block 118** (166×100 mm) | ecr | 5,50 | 5,50 |
| FDC (Blockmarken) | | | 7,— |

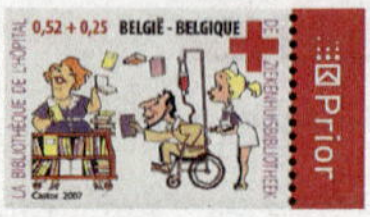


**2007, 24. Febr. Rotes Kreuz: Krankenhausbibliothek. RaTdr. (2×5); Papier ph.; gez. K 11½.**

ecs) Patient in Krankenhausbücherei

| | | | | |
|---|---|---|---|---|
| **3671** 0.52 (€) + 0.25 (€) mehrfarbig | ecs | 1,60 | 1,60 |
| FDC | | | 7,— |
| Kleinbogen | | 16,— | 16,— |

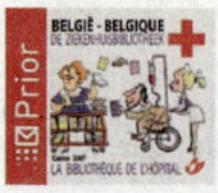


**2007, 24. Febr. Rotes Kreuz: Krankenhausbibliothek. RaTdr., Markenheftchen (2×5); Papier ph., selbstklebend; I = „Prior" links, II = „Prior" rechts; D = dreiseitig, E = zweiseitig gestanzt 10.**

ecs I) Patient in Krankenhausbücherei

| | | | | | |
|---|---|---|---|---|---|
| **3672** | — mehrfarbig | ecs I | | |
| I | „Prior" links | | | |
| D | dreiseitig gestanzt | | 3,— | 1,— |
| E | zweiseitig gestanzt | | 3,— | 1,— |
| II | „Prior" rechts | | | |
| D | dreiseitig gestanzt | | 3,— | 1,— |
| E | zweiseitig gestanzt | | 3,— | 1,— |
| | Markenheftchen | | 30,— | 10,— |

Nominale zur Zeit der Ausgabe: 0.52 €

**2007, 24. Febr. Freimarken: Vögel. RaTdr. (10×5); gez. K 11½.**

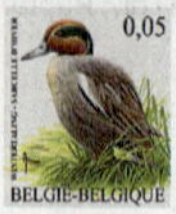


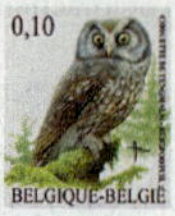


ect) Krickente (Anas crecca) ecu) Rauhfußkauz (Aegolius funereus)

| | | | | |
|---|---|---|---|---|
| **3673** 0.05 (€) mehrfarbig | ect | 0,30 | 0,30 |
| **3674** 0.10 (€) mehrfarbig | ecu | 0,30 | 0,30 |
| Satzpreis (2 W.) | | 0,60 | 0,50 |
| 2 FDC | | | 14,— |

*Weitere Werte siehe Übersicht nach Jahrgangswerttabelle.*

**2007, 24. März. Blockausgabe: Volkstheater. RaTdr.; Papier fl.; gez. Ks 11½.**

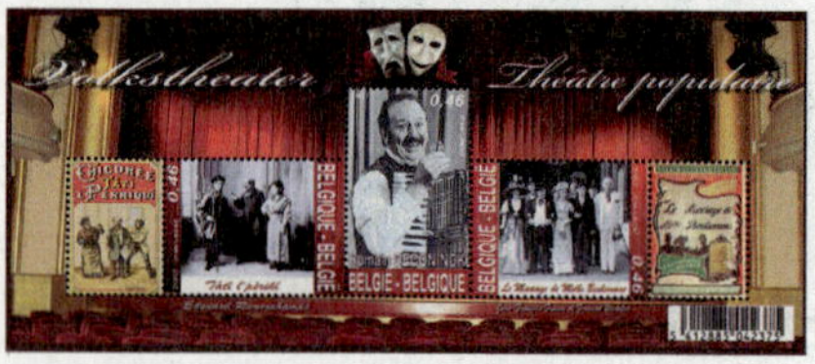


ecy

Zierfeld ecv ecw ecx Zierfeld

ecv) Szene aus „Tâtî l'pèriki" von Edouard Remouchamps (1884)
ecw) Romain Deconinck (1915–1994), Schauspieler
ecx) Szene aus „Le Mariage de Mademoiselle Beulemans" von Fernand Wicheler und Frantz Fonson (1910)

| | | | | |
|---|---|---|---|---|
| **3675** 0.46 (€) mehrfarbig | ecv | 1,— | 1,— |
| **3676** 0.46 (€) mehrfarbig | ecw | 1,— | 1,— |
| **3677** 0.46 (€) mehrfarbig | ecx | 1,— | 1,— |
| **Block 119** (198×83 mm) | ecy | 3,— | 3,— |
| FDC (Blockmarken) | | | 7,— |

**2007, 24. März. Palais Stoclet. RaTdr. (5×2); Papier ph.; gez. K 11½.**

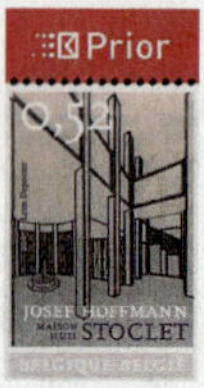


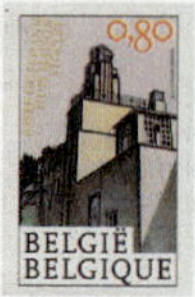


ecz) Innenansicht eda) Außenansicht

ecz–eda) Palais Stoclet in Woluwe-Saint-Pierre bei Brüssel, erbaut von Josef Hoffmann (1870–1956), österreichischer Architekt und Designer

| | | | | |
|---|---|---|---|---|
| **3678** 0.52 (€) mehrfarbig | ecz | 1,10 | 1,10 |
| **3679** 0.80 (€) mehrfarbig | eda | 1,60 | 1,60 |
| Satzpreis (2 W.) | | 2,70 | 2,70 |
| FDC | | | 7,— |
| Kleinbogensatz (2 Klb.) | | 27,— | 27,— |

*Parallelausgabe mit Tschechische Republik MiNr. 508–509*

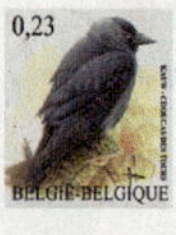


**2007, 24. März. Freimarke: Vögel. RaTdr. (10×5); gez. K 11½.**

edb) Dohle (Corvus monedula)

| | | | | |
|---|---|---|---|---|
| **3680** 0.23 (€) mehrfarbig | edb | 0,60 | 0,50 |
| FDC | | | 7,— |

*Weitere Werte siehe Übersicht nach Jahrgangswerttabelle.*

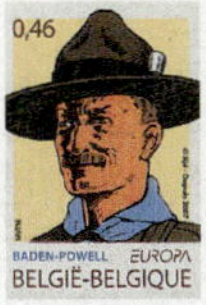


**2007, 28. April. Europa: Pfadfinder.** RaTdr. (5×2); Papier fl.; gez. K 11½.

edc) Robert Baden-Powell (1857–1941), britischer General und Gründer der Pfadfinderbewegung

**3681** 0.46 (€) mehrfarbig . . . . . . . . . . . . . . . . . . edc 1,50 1,50
Kleinbogen 15,— 15,—

**Blockausgabe**

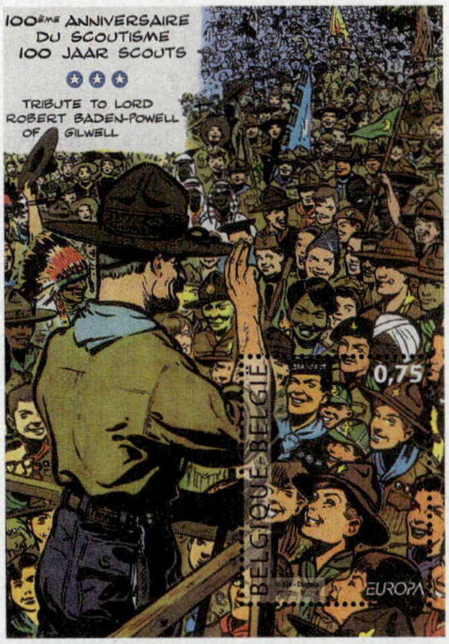


ede

edd) Pfadfinder

**3682** 0.75 (€) mehrfarbig . . . . . . . . . . . . edd 2,20 2,20
**Block 120** (90×125 mm) . . . . . . . . . ede 2,20 2,20
FDC (MiNr. 3681–3682) 7,—

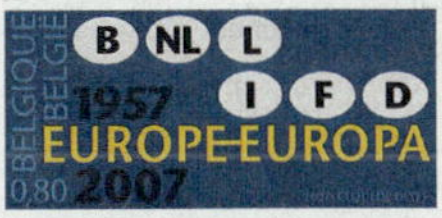


**2007, 28. April. 50 Jahre Römische Verträge.** RaTdr. (2×5); Papier fl.; gez. K 11½.

edf) Kfz-Nationalitätszeichen der sechs beteiligten Staaten

**3683** 0.80 (€) mehrfarbig . . . . . . . . . . . . . . . . . . edf 2,— 2,—
FDC 7,—
Kleinbogen 20,— 20,—

**2007, 19. Mai. 100. Geburtstag von Hergé.** Odr. (5×5); Papier fl.; gez. K 11½.

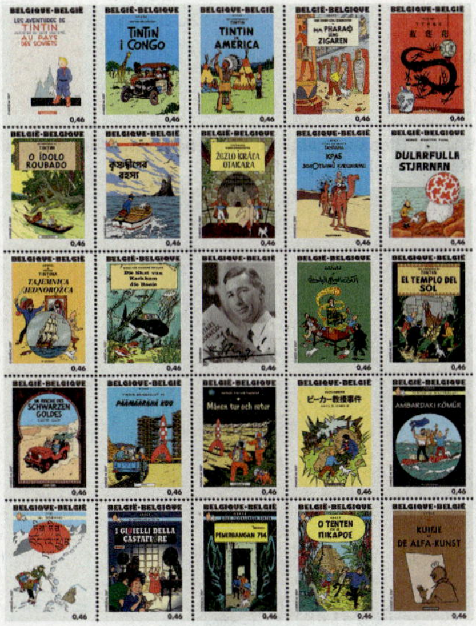

edg) Im Lande der Sowjets (1929), Französisch
edh) Tim im Kongo (1930), Dänisch
edi) Tim in Amerika (1931), Englisch
edk) Die Zigarren des Pharaos (1932), Luxemburgisch
edl) Der Blaue Lotos (1934), Chinesisch

edm) Der Arumbaya-Fetisch (1935), Portugiesisch
edn) Die Schwarze Insel (1937), Bengalisch
edo) König Ottokars Zepter (1938), Slowakisch
edp) Die Krabbe mit den goldenen Scheren (1940), Russisch
edr) Der geheimnisvolle Stern (1942), Isländisch

eds) Das Geheimnis der „Einhorn“ (1943), Polnisch
edt) Der Schatz Rackhams des Roten (1944), Afrikaans
edu) Hergé, eigentlich Georges Rémi (1907–1983), Comicautor
edv) Die sieben Kristallkugeln (1947), Arabisch
edw) Der Sonnentempel (1949), Spanisch

edx) Im Reiche des Schwarzen Goldes (1950), Deutsch
edy) Reiseziel Mond (1952), Finnisch
edz) Schritte auf dem Mond (1954), Schwedisch
eea) Der Fall Bienlein (1956), Japanisch
eeb) Kohle an Bord (1958), Türkisch

eec) Tim in Tibet (1960), Tibetisch
eed) Die Juwelen der Sängerin (1963), Italienisch
eee) Flug 714 nach Sydney (1968), Indonesisch
eef) Tim und die Picaros (1976), Griechisch
eeg) Tim und die Alphakunst (1983), Niederländisch

edg–edt, edv–eeg) Titelbilder der Tim-und-Struppi-Alben von Hergé, in verschiedenen Sprachversionen

**3684** 0.46 (€) mehrfarbig . . . . . . . . . . . . . . . . edg 1,— 1,—
**3685** 0.46 (€) mehrfarbig . . . . . . . . . . . . . . . . edh 1,— 1,—
**3686** 0.46 (€) mehrfarbig . . . . . . . . . . . . . . . . edi 1,— 1,—
**3687** 0.46 (€) mehrfarbig . . . . . . . . . . . . . . . . edk 1,— 1,—
**3688** 0.46 (€) mehrfarbig . . . . . . . . . . . . . . . . edl 1,— 1,—
**3689** 0.46 (€) mehrfarbig . . . . . . . . . . . . . . . . edm 1,— 1,—
**3690** 0.46 (€) mehrfarbig . . . . . . . . . . . . . . . . edn 1,— 1,—
**3691** 0.46 (€) mehrfarbig . . . . . . . . . . . . . . . . edo 1,— 1,—
**3692** 0.46 (€) mehrfarbig . . . . . . . . . . . . . . . . edp 1,— 1,—
**3693** 0.46 (€) mehrfarbig . . . . . . . . . . . . . . . . edr 1,— 1,—
**3694** 0.46 (€) mehrfarbig . . . . . . . . . . . . . . . . eds 1,— 1,—
**3695** 0.46 (€) mehrfarbig . . . . . . . . . . . . . . . . edt 1,— 1,—
**3696** 0.46 (€) schwarz . . . . . . . . . . . . . . . . . . . edu 1,— 1,—
**3697** 0.46 (€) mehrfarbig . . . . . . . . . . . . . . . . edv 1,— 1,—
**3698** 0.46 (€) mehrfarbig . . . . . . . . . . . . . . . . edw 1,— 1,—
**3699** 0.46 (€) mehrfarbig . . . . . . . . . . . . . . . . edx 1,— 1,—
**3700** 0.46 (€) mehrfarbig . . . . . . . . . . . . . . . . edy 1,— 1,—
**3701** 0.46 (€) mehrfarbig . . . . . . . . . . . . . . . . edz 1,— 1,—
**3702** 0.46 (€) mehrfarbig . . . . . . . . . . . . . . . . eea 1,— 1,—
**3703** 0.46 (€) mehrfarbig . . . . . . . . . . . . . . . . eeb 1,— 1,—
**3704** 0.46 (€) mehrfarbig . . . . . . . . . . . . . . . . eec 1,— 1,—
**3705** 0.46 (€) mehrfarbig . . . . . . . . . . . . . . . . eed 1,— 1,—
**3706** 0.46 (€) mehrfarbig . . . . . . . . . . . . . . . . eee 1,— 1,—
**3707** 0.46 (€) mehrfarbig . . . . . . . . . . . . . . . . eef 1,— 1,—

| | | | | |
|---|---|---|---|---|
| **3708** | 0.46 (€) mehrfarbig | eeg | 1,— | 1,— |
| | | Satzpreis (25 W.) | 25,— | 25,— |
| | | 6 FDC | | 30,— |
| | | Zd-Bogen | 25,— | 25,— |

Auflage: 824.804 Sätze

**2007, 16. Juni. Blockausgabe: 50 Jahre belgische Antarktisstationen. RaTdr.; Papier fl.; gez. Ks 11½.**

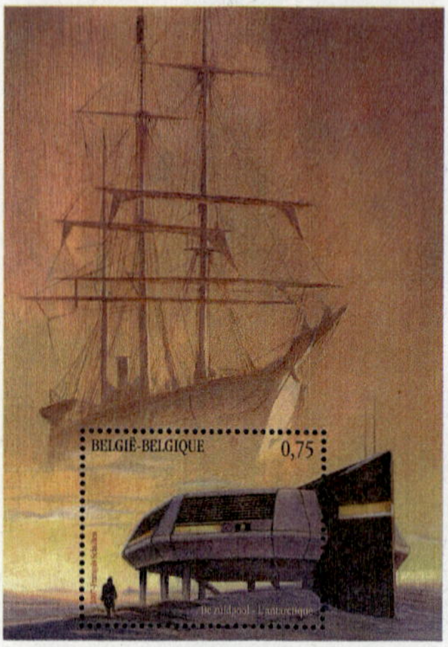


eei

eeh) Projektierte Prinzessin-Elisabeth-Station, Graphik von François Schuiten (*1956)

| | | | | |
|---|---|---|---|---|
| **3709** | 0.75 (€) mehrfarbig | eeh | 1,50 | 1,50 |
| **Block 121** | (90×125 mm) | eei | 1,50 | 1,50 |
| | | FDC (Blockmarke) | | 7,— |

Auflage: 564.600 Blocks

**2007, 16. Juni. Museen. RaTdr. (5×2); Papier fl.; gez. K 11½.**

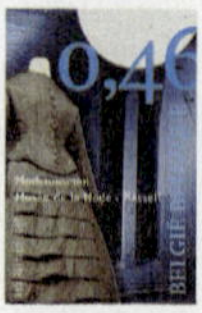


eek) Kleid (Modemuseum, Hasselt)

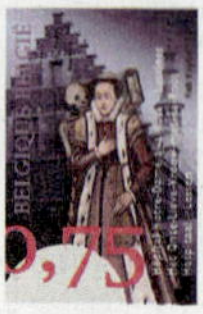


eel) Historische Illustration des Todes, Giebel (Hospital Notre-Dame à la Rose, Lessines)

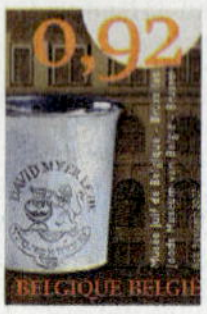


eem) Becher, Fassade (Jüdisches Museum, Brüssel)

| | | | | |
|---|---|---|---|---|
| **3710** | 0.46 (€) mehrfarbig | eek | 1,— | 1,— |
| **3711** | 0.75 (€) mehrfarbig | eel | 1,50 | 1,50 |
| **3712** | 0.92 (€) mehrfarbig | eem | 1,90 | 1,90 |
| | | Satzpreis (3 W.) | 4,40 | 4,40 |
| | | FDC | | 7,— |
| | | Kleinbogensatz (3 Klb.) | 44,— | 44,— |

Auflagen: MiNr. 3710–3711 je 690.000, MiNr. 3712 = 840.000 Stück

**2007, 16. Juni. Sommermarken. RaTdr., Markenheftchen (2×5); Papier ph., selbstklebend; I = „Prior" links, II = „Prior" rechts; D = dreiseitig, E = zweiseitig gestanzt 10.**

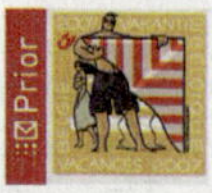


een) Drachensteigenlassen am Strand

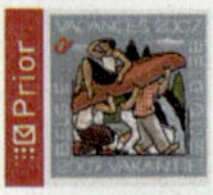


eeo) Kajakfahrt auf der Lesse

| | | | | | |
|---|---|---|---|---|---|
| **3713** | | — mehrfarbig | een | | |
| | I | „Prior" links | | | |
| | D | dreiseitig gestanzt (□) | | 3,— | 1,— |
| | E | zweiseitig gestanzt (□) | | 3,— | 1,— |
| | II | „Prior" rechts | | | |
| | D | dreiseitig gestanzt (□) | | 3,— | 1,— |
| | E | zweiseitig gestanzt (□) | | 3,— | 1,— |
| **3714** | | — mehrfarbig | eeo | | |
| | I | „Prior" links | | | |
| | D | dreiseitig gestanzt (□) | | 3,— | 1,— |
| | E | zweiseitig gestanzt (□) | | 3,— | 1,— |
| | II | „Prior" rechts | | | |
| | D | dreiseitig gestanzt (□) | | 3,— | 1,— |
| | E | zweiseitig gestanzt (□) | | 3,— | 1,— |
| | | | Satzpreis (2 W.) | 6,— | 2,— |
| | | | 2 Markenheftchen | 60,— | 20,— |

Nominale zur Zeit der Ausgabe: je 0.52 €

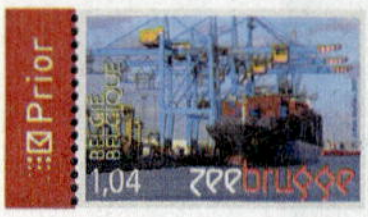


**2007, 7. Juli. 100 Jahre Hafen von Zeebrügge. RaTdr. (1×5); Papier ph.; gez. K 11½.**

eep) Containerhafen

| | | | | |
|---|---|---|---|---|
| **3715** | 1.04 (€) mehrfarbig | eep | 2,20 | 1,80 |
| | | FDC | | 7,— |
| | | Kleinbogen | 11,— | 9,— |

Auflage: 750.000 Stück

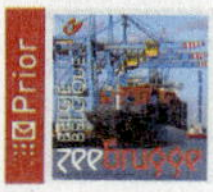


**2007, 7. Juli. 100 Jahre Hafen von Zeebrügge. RaTdr., Markenheftchen (2×5); Papier ph., selbstklebend; I = „Prior" links, II = „Prior" rechts; D = dreiseitig, E = zweiseitig gestanzt 10.**

eep I) Containerhafen

| | | | | | |
|---|---|---|---|---|---|
| **3716** | | — mehrfarbig | eep I | | |
| | I | „Prior" links | | | |
| | D | dreiseitig gestanzt (□) | | 3,— | 1,— |
| | E | zweiseitig gestanzt (□) | | 3,— | 1,— |
| | II | „Prior" rechts | | | |
| | D | dreiseitig gestanzt (□) | | 3,— | 1,— |
| | E | zweiseitig gestanzt (□) | | 3,— | 1,— |
| | | | Markenheftchen | 30,— | 10,— |

Nominale zur Zeit der Ausgabe: 0.52 €

**2007, 7. Juli. Sommermarken. RaTdr. (2×5); Papier ph.; gez. K 11½.**

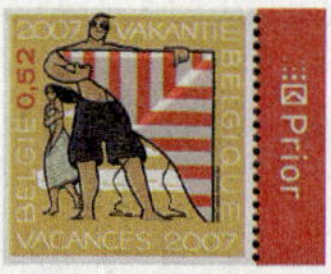


een I) Drachensteigenlassen am Strand

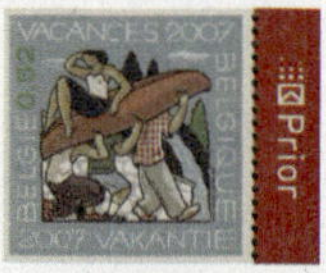


eeo I) Kajakfahrt auf der Lesse

| | | | | |
|---|---|---|---|---|
| **3717** | 0.52 (€) mehrfarbig | een I | 1,— | 1,— |
| **3718** | 0.52 (€) mehrfarbig | eeo I | 1,— | 1,— |
| | | Satzpreis (2 W.) | 2,— | 2,— |
| | | FDC | | 7,— |
| | | Kleinbogensatz (2 Klb.) | 20,— | 20,— |

Auflagen: MiNr. 3717 = 675.000, MiNr. 3718 = 690.000 Stück

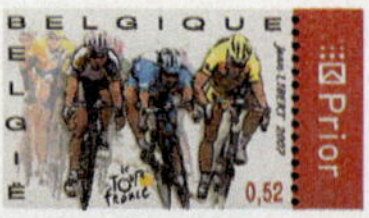


**2007, 7. Juli. Etappe des Radrennens „Tour de France" von Dünkirchen nach Gent. RaTdr. (5); Papier ph.; gez. K 11½.**

eer) Zielsprint

| | | | | |
|---|---|---|---|---|
| **3719** | 0.52 (€) mehrfarbig | eer | 1,— | 1,— |
| | | FDC | | 7,— |
| | | Kleinbogen | 5,— | 5,— |

Auflage: 570.000 Stück

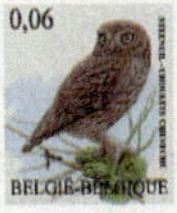


**2007, 7. Juli. Freimarke: Vögel. RaTdr. (10×5); gez. K 11½.**

ees) Steinkauz (Athene noctua)

| | | | | |
|---|---|---|---|---|
| **3720** | 0.06 (€) mehrfarbig | ees | 0,40 | 0,30 |
| | | FDC | | 7,— |

*Weitere Werte siehe Übersicht nach Jahrgangswerttabelle.*

**2007, 1. Sept. Tourismus. Komb. StTdr. und RaTdr. (5×2); Papier fl.; gez. K 11½.**

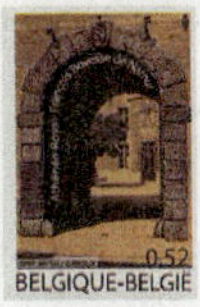


eet) Königliches Athenäum François Bovesse, Namur

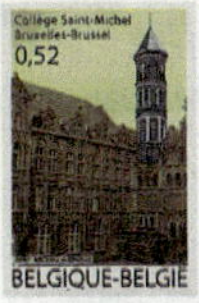


eeu) Collège Saint-Michel, Brüssel

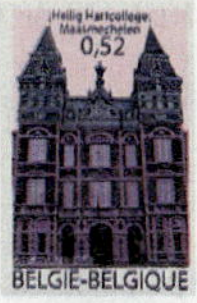


eev) Heilig-Hartcollege, Maasmechelen

| | | | | |
|---|---|---|---|---|
| **3721** | 0.52 (€) mehrfarbig | eet | 1,— | 1,— |
| **3722** | 0.52 (€) mehrfarbig | eeu | 1,— | 1,— |
| **3723** | 0.52 (€) mehrfarbig | eev | 1,— | 1,— |
| | | Satzpreis (3 W.) | 3,— | 3,— |
| | | FDC | | 7,— |
| | | Kleinbogensatz (3 Klb.) | 30,— | 30,— |

Auflagen: MiNr. 3721 = 860.000, MiNr. 3722 = 805.000, MiNr. 3723 = 760.000 Stück

**2007, 1. Sept. Luxemburg-Stadt und die Großregion – Kulturhauptstadt Europas 2007. MiNr. 3724 Odr., MiNr. 3725 komb. StTdr. und Odr.; (5×2); gez. K 11½.**

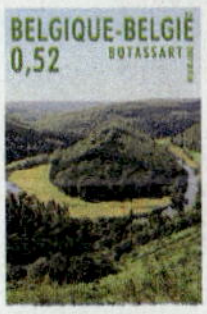


eew) Naturreservat „Tombeau du géant“, Botassart

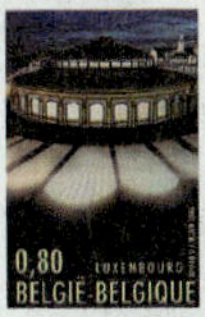


eex) Rotunden (erb. 1875) am Bahnhof von Luxemburg-Stadt

| | | | | |
|---|---|---|---|---|
| **3724** | 0.52 (€) mehrfarbig | eew | 1,20 | 1,20 |
| **3725** | 0.80 (€) mehrfarbig | eex | 2,— | 2,— |
| | | Satzpreis (2 W.) | 3,20 | 3,20 |
| | | FDC | | 7,— |
| | | Kleinbogensatz (2 Klb.) | 32,— | 32,— |

Auflagen: MiNr. 3724 = 700.000, MiNr. 3725 = 895.000 Stück

*Parallelausgabe mit Luxemburg MiNr. 1762–1763*

**2007, 1. Sept. Blockausgabe: Belgischer Film: 100. Geburtstag von Henri Storck. RaTdr.; Papier ph.; gez. K 11½.**

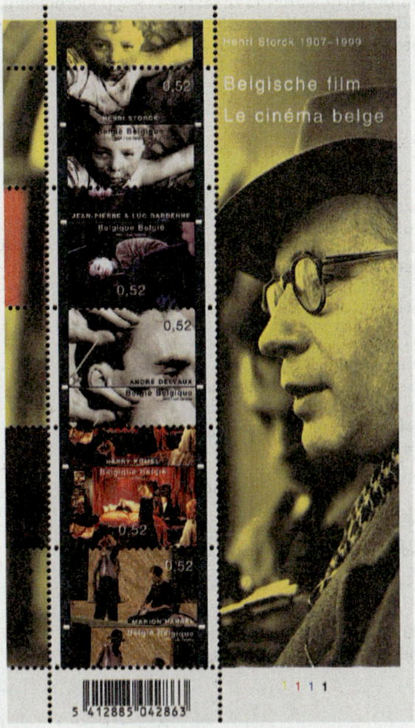


efd

eey) „Misère au Borinage“ von Henri Storck (1907–1999)
eez) „Le Fils“ von Jean-Pierre (*1951) und Luc Dardenne (*1954)
efa) „L'homme au crâne rasé“ von André Delvaux (1926–2002)
efb) „Malpertuis“ von Harry Kümel (*1940)
efc) „Dust“ von Marion Hänsel (1949–2020)

eey–efc) Szenen aus Filmen bedeutender belgischer Regisseure

| | | | | |
|---|---|---|---|---|
| **3726** | 0.52 (€) mehrfarbig | eey | 1,— | 1,— |
| **3727** | 0.52 (€) mehrfarbig | eez | 1,— | 1,— |
| **3728** | 0.52 (€) mehrfarbig | efa | 1,— | 1,— |
| **3729** | 0.52 (€) mehrfarbig | efb | 1,— | 1,— |
| **3730** | 0.52 (€) mehrfarbig | efc | 1,— | 1,— |
| **Block 122** | (98×166 mm) | efd | 5,— | 5,— |
| | | FDC (Blockmarken) | | 6,— |

Auflage: 571.000 Blocks

**2007, 1. Sept. Blockausgabe: 70. Geburtstag von Königin Paola. RaTdr.; Papier ph.; gez. Ks 11½.**

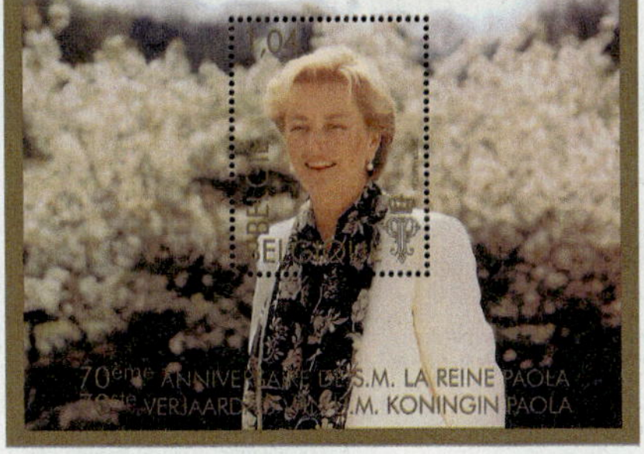


eff

efe) Königin Paola (*1937)

| | | | | |
|---|---|---|---|---|
| **3731** | 1.04 (€) mehrfarbig | efe | 2,— | 2,— |
| **Block 123** | (125×90 mm) | eff | 2,— | 2,— |
| | | FDC (Blockmarke) | | 6,— |

Auflage: 560.400 Blocks

**2007, 10. Sept./13. Okt. Freimarke: Blumen. RaTdr., Rolle (R) (100) und Markenheftchen (MH) (2×5); Papier ph.; selbstklebend; A = vierseitig wellenförmig gestanzt 13¾:14:13½:13¾, D = dreiseitig, E = zweiseitig zähnungsähnlich gestanzt 10, F = A = vierseitig wellenförmig gestanzt 13½:13¾:13¾:14.**

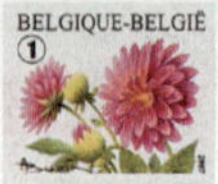


efg) Dahlie

| | | | | |
|---|---|---|---|---|
| 3732 | | 1 (Belgien) mehrfarbig | efg | |
| | A | vierseitig wellenförmig gest. 13¾:14:13½:13¾ (R) (10. Sept.) | 2,— | 1,— |
| | Dl | dreiseitig zähnungsähnlich gest. 10 (⊡) (MH) (13. Okt.) | 2,— | 1,— |
| | Dr | dreiseitig zähnungsähnlich gest. 10 (⊡) (MH) (13. Okt.) | 2,— | 1,— |
| | El | zweiseitig zähnungsähnlich gest. 10 (⊡) (MH) (13. Okt.) | 2,— | 1,— |
| | Er | zweiseitig zähnungsähnlich gest. 10 (⊡) (MH) (13. Okt.) | 2,— | 1,— |
| | F | vierseitig wellenförmig gest. 13½:13¾:13¾:14 (R) | 2,— | 1,— |
| | | FDC | | 7,— |
| | | Markenheftchen | 20,— | 10,— |

Nominale zur Zeit der Ausgabe: 0.52 €

*Weitere Werte siehe Fußnote nach MiNr. 2784.*

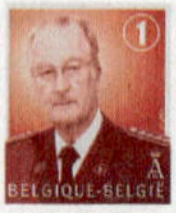


**2007, 29. Sept. Freimarke: König Albert II. in Uniform. RaTdr. (5×2); Papier ph.; gez. K 11½.**

efh) König Albert II. (*1934, reg. 1993–2013)

| | | | | |
|---|---|---|---|---|
| 3733 | 1 (Belgien) mehrfarbig | efh | 2,— | 1,— |
| 3734 | 2 (Belgien) mehrfarbig | efh | 4,— | 2,— |
| 3735 | 3 (Belgien) mehrfarbig | efh | 6,— | 3,10 |
| 3736 | 5 (Belgien) mehrfarbig | efh | 10,— | 5,20 |
| 3737 | 7 (Belgien) mehrfarbig | efh | 14,— | 7,30 |
| | Satzpreis (5 W.) | | 36,— | 18,50 |
| | 5 FDC | | | 35,— |
| | Kleinbogensatz (5 Klb.) | | 360,— | 185,— |

Nominalen zur Zeit der Ausgabe: MiNr. 3733 = 0.52 €, MiNr. 3734 = 1.04 €, MiNr. 3735 = 1.56 €, MiNr. 3736 = 2.60 €, MiNr. 3737 = 3.64 €

**2007, 29. Sept. Freimarken: Obst. RaTdr., Markenheftchen (2×5); Papier ph.; selbstklebend; drei- oder zweiseitig gestanzt 10.**

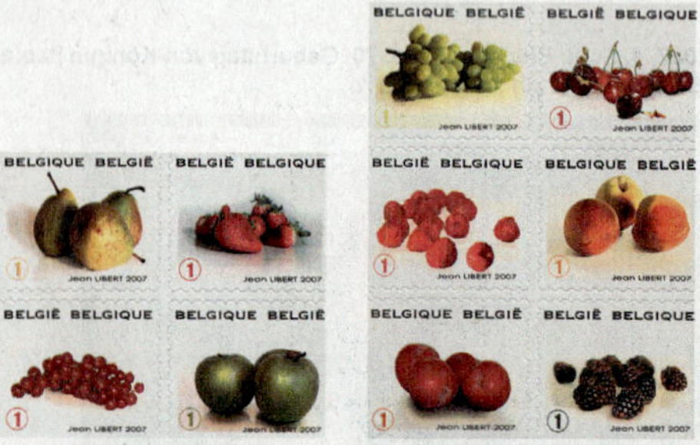


efi) Gartenbirne (Pyrus communis)
efk) Gartenerdbeere (Fragaria × ananassa)
efl) Rote Johannisbeere (Ribes rubrum)
efm) Kulturapfel (Malus domestica)
efn) Weinrebe (Vitis vinifera)
efo) Süßkirsche (Prunus avium)
efp) Himbeere (Rubus idaeus)
efr) Pfirsich (Prunus persica)
efs) Rote Pflaume (Prunus sp.)
eft) Brombeere (Rubus caesius)

| | | | | |
|---|---|---|---|---|
| 3738 | 1 (Belgien) mehrfarbig (⊡) | efi | 2,— | 1,— |
| 3739 | 1 (Belgien) mehrfarbig (⊡) | efk | 2,— | 1,— |
| 3740 | 1 (Belgien) mehrfarbig (⊡) | efl | 2,— | 1,— |
| 3741 | 1 (Belgien) mehrfarbig (⊡) | efm | 2,— | 1,— |
| 3742 | 1 (Belgien) mehrfarbig (⊡) | efn | 2,— | 1,— |
| 3743 | 1 (Belgien) mehrfarbig (⊡) | efo | 2,— | 1,— |
| 3744 | 1 (Belgien) mehrfarbig (⊡) | efp | 2,— | 1,— |
| 3745 | 1 (Belgien) mehrfarbig (⊡) | efr | 2,— | 1,— |
| 3746 | 1 (Belgien) mehrfarbig (⊡) | efs | 2,— | 1,— |
| 3747 | 1 (Belgien) mehrfarbig (⊡) | eft | 2,— | 1,— |
| | Satzpreis (10 W.) | | 20,— | 10,— |
| | FDC | | | 7,— |
| | Markenheftchen | | 20,— | 10,— |

Nominale zur Zeit der Ausgabe: je 0.52 €

MiNr. 3738–3747 wurden zusammen im Markenheftchen gedruckt.

**2007, 1. Okt. Freimarke: Postemblem. RaTdr. (3×5 Zd); Papier ph.; gez. K 11½.**

dka II) Postemblem

| | | | | |
|---|---|---|---|---|
| 3748 | 1 (Belgien) rosarot | dka II | 2,— | 1,— |
| | FDC | | | 7,— |
| | | 3748 Zf | 5,— | 2,50 |

Nominale zur Zeit der Ausgabe: 0.52 €

MiNr. 3748 wurde auf Bestellung auch mit anhängendem personalisierbarem Zierfeld gedruckt.

*In ähnlichen Zeichnungen: MiNr. 3226, 3277, 3323, 3399, 3426*

**2007, 13. Okt. Das ist Belgien (V): Wissenschaften. RaTdr.; Papier ph.; selbstklebend; □.**

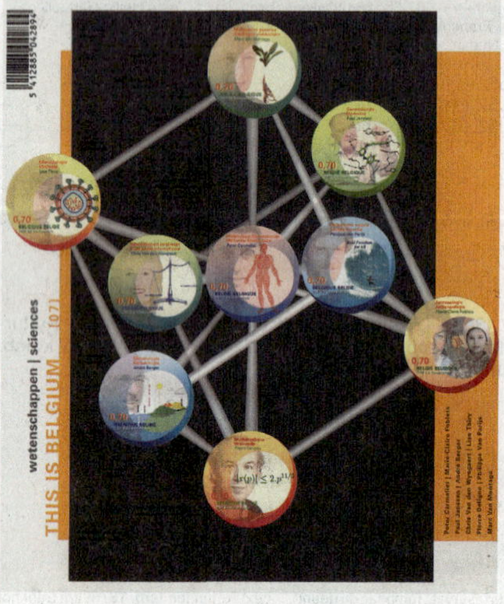


efu efv efw efx efy efz ega egb egc

efu) Marc van Montagu (molekulare Genetik)
efv) Paul Janssen (Medizin)
efw) Lise Thiry (Mikrobiologie)
efx) Chris Van den Wyngaert (internationales Strafrecht)
efy) Peter Carmelist (Molekularmedizin)
efz) Philippe Van Parijs (Sozialphilosophie)
ega) Marie-Claire Foblets (Anthropologie)
egb) André Berger (Klimatologie)
egc) Pierre Deligne (Mathematik)

| | | | | |
|---|---|---|---|---|
| 3749 | 0.70 (€) mehrfarbig | efu | 1,40 | 1,40 |
| 3750 | 0.70 (€) mehrfarbig | efv | 1,40 | 1,40 |
| 3751 | 0.70 (€) mehrfarbig | efw | 1,40 | 1,40 |
| 3752 | 0.70 (€) mehrfarbig | efx | 1,40 | 1,40 |
| 3753 | 0.70 (€) mehrfarbig | efy | 1,40 | 1,40 |
| 3754 | 0.70 (€) mehrfarbig | efz | 1,40 | 1,40 |
| 3755 | 0.70 (€) mehrfarbig | ega | 1,40 | 1,40 |
| 3756 | 0.70 (€) mehrfarbig | egb | 1,40 | 1,40 |

| | | | | | |
|---|---|---|---|---|---|
| **3757** | 0.70 (€) mehrfarbig | egc | 1,40 | 1,40 |
| | | Satzpreis (9 W.) | 12,50 | 12,50 |
| | | FDC | | 7,— |
| | | Folienblatt | 12,50 | |

**2007, 13. Okt. Blockausgabe: Fest der Briefmarke – Wer schreibt, der bleibt. RaTdr.; Papier ph.; gez. K 11½.**

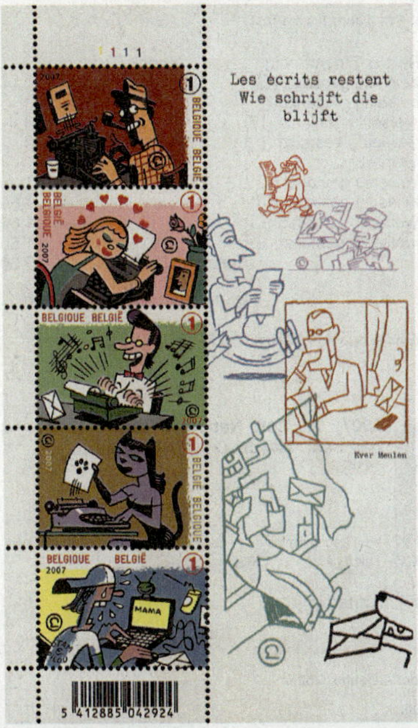


egi

egd) Schriftsteller schreibt Buch
ege) Verliebte schreibt Brief
egf) Komponist schreibt Lieder
egg) Katze schreibt Brief
egh) Jugendlicher schreibt E-Mail

| | | | | | |
|---|---|---|---|---|---|
| **3758** | 1 (Belgien) mehrfarbig | egd | 2,— | 1,— |
| **3759** | 1 (Belgien) mehrfarbig | ege | 2,— | 1,— |
| **3760** | 1 (Belgien) mehrfarbig | egf | 2,— | 1,— |
| **3761** | 1 (Belgien) mehrfarbig | egg | 2,— | 1,— |
| **3762** | 1 (Belgien) mehrfarbig | egh | 2,— | 1,— |
| **Block 124** | (100×167 mm) | egi | 10,— | 5,— |
| | FDC (Blockmarken) | | | 7,— |

Nominale zur Zeit der Ausgabe: je 0.52 €

Auflage: 532.400 Blocks

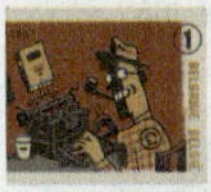

**2007, 13. Okt. Fest der Briefmarke – Wer schreibt, der bleibt. RaTdr., Markenheftchen (2×1 Zd); Papier ph.; selbstklebend; D = dreiseitig, E = zweiseitig gestanzt 10.**

egd I) Schriftsteller schreibt Buch

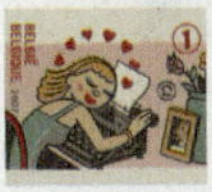

ege I) Verliebte schreibt Brief

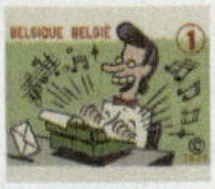

egf I) Komponist schreibt Lieder

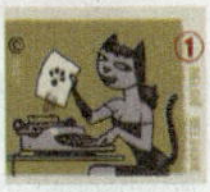

egg I) Katze schreibt Brief

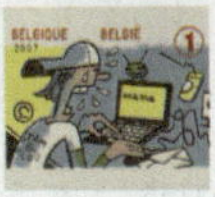

egh I) Jugendlicher schreibt E-Mail

| | | | | | |
|---|---|---|---|---|---|
| **3763** | 1 (Belgien) mehrfarbig | egd I | | |
| **Dl** | dreiseitig gestanzt (▢) | | 2,— | 1,— |
| **Dr** | dreiseitig gestanzt (▢) | | 2,— | 1,— |
| **3764** | 1 (Belgien) mehrfarbig | ege I | | |
| **Dl** | dreiseitig gestanzt (▢) | | 2,— | 1,— |
| **Dr** | dreiseitig gestanzt (▢) | | 2,— | 1,— |
| **3765** | 1 (Belgien) mehrfarbig | egf I | | |
| **Dl** | dreiseitig gestanzt (▢) | | 2,— | 1,— |
| **Dr** | dreiseitig gestanzt (▢) | | 2,— | 1,— |
| **3766** | 1 (Belgien) mehrfarbig | egg I | | |
| **Dl** | dreiseitig gestanzt (▢) | | 2,— | 1,— |
| **Dr** | dreiseitig gestanzt (▢) | | 2,— | 1,— |
| **3767** | 1 (Belgien) mehrfarbig | egh I | | |
| **El** | zweiseitig gestanzt (▢) | | 2,— | 1,— |
| **Er** | zweiseitig gestanzt (▢) | | 2,— | 1,— |
| | | Satzpreis (5 W.) | 10,— | 5,— |
| | | FDC | | 7,— |
| | | Fünferstreifen | 10,— | 5,— |
| | | Markenheftchen | 20,— | 10,— |

Nominale zur Zeit der Ausgabe: je 0.52 €

MiNr. 3763–3767 wurden senkrecht zusammenhängend gedruckt.

Auflage: 1.000.000 Markenheftchen

**2007, 13. Okt. Freimarken: Blumen. RaTdr., Markenheftchen (5×2, Querformat ~); Papier ph.; selbstklebend; D = dreiseitig, E = zweiseitig gestanzt 10.**

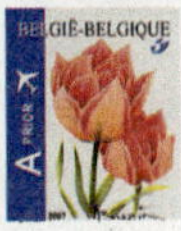

egk) Tulpe „Peach Blossom“

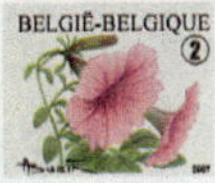

egl) Petunie

| | | | | | |
|---|---|---|---|---|---|
| **3768** | — mehrfarbig | egk | | |
| **Do** | dreiseitig gestanzt (▢) | | 3,— | 1,60 |
| **Du** | dreiseitig gestanzt (▢) | | 3,— | 1,60 |
| **Eo** | zweiseitig gestanzt (▢) | | 3,— | 1,60 |
| **Eu** | zweiseitig gestanzt (▢) | | 3,— | 1,60 |
| **3769** | 2 (Belgien) mehrfarbig | egl | | |
| **Dl** | dreiseitig gestanzt (▢) | | 4,— | 2,— |
| **Dr** | dreiseitig gestanzt (▢) | | 4,— | 2,— |
| **El** | zweiseitig gestanzt (▢) | | 4,— | 2,— |
| **Er** | zweiseitig gestanzt (▢) | | 4,— | 2,— |
| | | Satzpreis (2 W.) | 7,— | 3,60 |
| | | 2 FDC | | 14,— |
| | | 2 Markenheftchen | 70,— | 36,— |

Nominalen zur Zeit der Ausgabe: 0.80 bzw. 1.04 €

*Weitere Werte siehe Fußnote nach MiNr. 2784.*

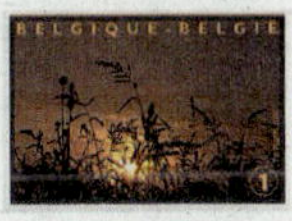

**2007, 13. Okt. Freimarke für Kondolenzbriefe. RaTdr. (6×5); Papier ph.; gez. K 11½.**

egm) Uferlandschaft im Abendlicht

| | | | | | |
|---|---|---|---|---|---|
| **3770** | 1 (Belgien) mehrfarbig | egm | 2,— | 1,— |
| | | FDC | | 7,— |

Nominale zur Zeit der Ausgabe: 0.52 €

Auflage: 3.480.000 Stück

**2007, 10. Nov. Belgische internationale Sportmeister (III) – Billard. RaTdr. (2×5); Papier ph.; gez. K 11½.**

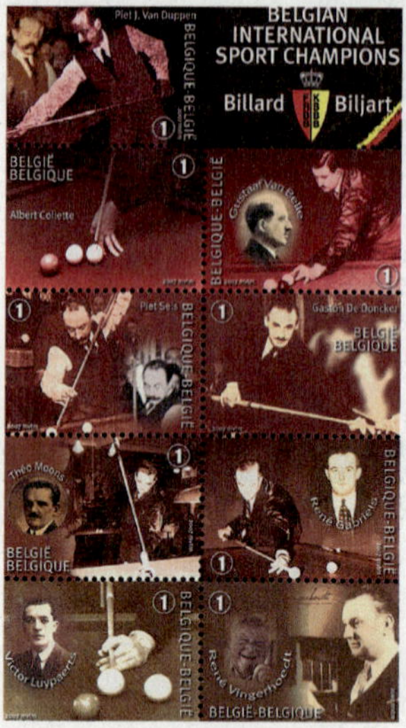


| | |
|---|---|
| egn | Zierfeld |
| ego | egp |
| egr | egs |
| egt | egu |
| egv | egw |

egn) Piet J. Van Duppen
ego) Albert Collette
egp) Gustaaf van Belle (1889–1969)
egr) Piet Sels
egs) Gaston De Doncker
egt) Théo Moons (1890–1962)
egu) René Gabriëls (1912–1982)
egv) Victor Luypaerts (1894–????)
egw) René Vingerhoedt (1921–2005)

| | | | | |
|---|---|---|---|---|
| **3771** | 1 (Belgien) mehrfarbig | egn | 2,— | 1,— |
| **3772** | 1 (Belgien) mehrfarbig | ego | 2,— | 1,— |
| **3773** | 1 (Belgien) mehrfarbig | egp | 2,— | 1,— |
| **3774** | 1 (Belgien) mehrfarbig | egr | 2,— | 1,— |
| **3775** | 1 (Belgien) mehrfarbig | egs | 2,— | 1,— |
| **3776** | 1 (Belgien) mehrfarbig | egt | 2,— | 1,— |
| **3777** | 1 (Belgien) mehrfarbig | egu | 2,— | 1,— |
| **3778** | 1 (Belgien) mehrfarbig | egv | 2,— | 1,— |
| **3779** | 1 (Belgien) mehrfarbig | egw | 2,— | 1,— |
| | | Satzpreis (9 W.) | 18,— | 9,— |
| | | 2 FDC | | 14,— |
| | | Kleinbogen | 18,— | 9,— |

Nominale zur Zeit der Ausgabe: je 0.52 €

Auflage: 416.000 Sätze

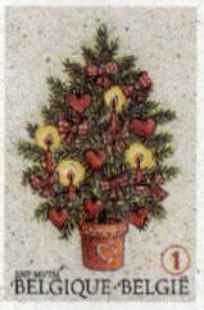

**2007, 10. Nov. Weihnachten und Neujahr. RaTdr. (5×2); Papier ph.; gez. K 11½.**

egx) Weihnachtsbäumchen im Topf

| | | | | |
|---|---|---|---|---|
| **3780** | 1 (Belgien) mehrfarbig | egx | 2,— | 1,— |
| | | FDC | | 7,— |
| | | Kleinbogen | 20,— | 10,— |

Nominale zur Zeit der Ausgabe: 0.52 €

Auflage: 780.000 Stück

**2007, 10. Nov. Weihnachten und Neujahr. RaTdr., Markenheftchen (5×2); Papier ph.; selbstklebend; D = dreiseitig, E = zweiseitig gestanzt 10.**

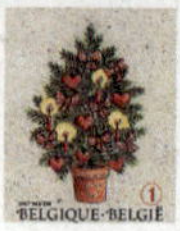
egx I

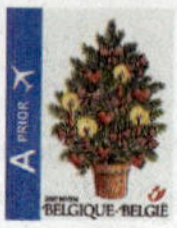
egx II

egx I–egx II) Weihnachtsbäumchen im Topf

| | | | | | |
|---|---|---|---|---|---|
| **3781** | | 1 (Belgien) mehrfarbig | egx I | | |
| | **Do** | dreiseitig gestanzt (□) | | 2,— | 1,— |
| | **Du** | dreiseitig gestanzt (□) | | 2,— | 1,— |
| | **Eo** | zweiseitig gestanzt (□) | | 2,— | 1,— |
| | **Eu** | zweiseitig gestanzt (□) | | 2,— | 1,— |
| **3782** | | — mehrfarbig | egx II | | |
| | **Do** | dreiseitig gestanzt (□) | | 3,— | 1,60 |
| | **Du** | dreiseitig gestanzt (□) | | 3,— | 1,60 |
| | **Eo** | zweiseitig gestanzt (□) | | 3,— | 1,60 |
| | **Eu** | zweiseitig gestanzt (□) | | 3,— | 1,60 |
| | | | Satzpreis (2 W.) | 5,— | 2,60 |
| | | | 2 FDC | | 14,— |
| | | | 2 Markenheftchen | 50,— | 26,— |

Nominalen zur Zeit der Ausgabe: 0.52 bzw. 0.80 €

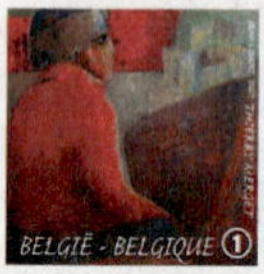

**2007, 10. Nov. Nationale Kunstausstellung der Post. RaTdr. (2×5); Papier ph.; gez. K 11½.**

egy) Les chemins de la liberté (Le voyage); Gemälde von Thierry Merget (*1968)

| | | | | |
|---|---|---|---|---|
| **3783** | 1 (Belgien) mehrfarbig | egy | 2,— | 1,— |
| | | FDC | | 7,— |
| | | Kleinbogen | 20,— | 10,— |

Nominale zur Zeit der Ausgabe: 0.52 €

Auflage: 495.000 Stück

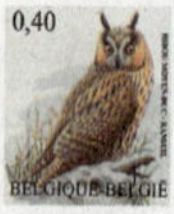

**2007, 10. Nov. Freimarke: Vögel. RaTdr. (2×5); Papier fl.; gez. K 11½.**

egz) Waldohreule (Asio otus)

| | | | | |
|---|---|---|---|---|
| **3784** | 0.40 (€) mehrfarbig | egz | 1,20 | 0,50 |
| | | FDC | | 7,— |
| | | Kleinbogen | 12,— | 12,— |

*Weitere Werte siehe Übersicht nach Jahrgangswerttabelle.*

**2007, 10. Nov. Grußmarken. RaTdr., Markenheftchen (5×2); Papier ph.; selbstklebend; D = dreiseitig, E = zweiseitig gestanzt 10.**

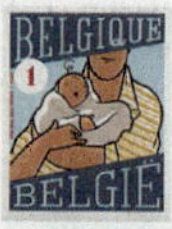
eha) Geburt eines Jungen

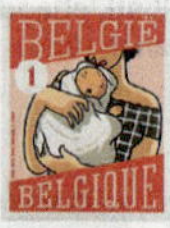
ehb) Geburt eines Mädchens

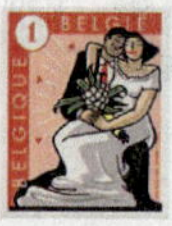
ehc) Hochzeit

| | | | | | |
|---|---|---|---|---|---|
| **3785** | | 1 (Belgien) mehrfarbig | eha | | |
| | **Do** | dreiseitig gestanzt (□) | | 2,— | 1,— |
| | **Du** | dreiseitig gestanzt (□) | | 2,— | 1,— |
| | **Eo** | zweiseitig gestanzt (□) | | 2,— | 1,— |
| | **Eu** | zweiseitig gestanzt (□) | | 2,— | 1,— |
| **3786** | | 1 (Belgien) mehrfarbig | ehb | | |
| | **Do** | dreiseitig gestanzt (□) | | 2,— | 1,— |
| | **Du** | dreiseitig gestanzt (□) | | 2,— | 1,— |
| | **Eo** | zweiseitig gestanzt (□) | | 2,— | 1,— |
| | **Eu** | zweiseitig gestanzt (□) | | 2,— | 1,— |

| | | | | |
|---|---|---|---|---|
| **3787** | 1 (Belgien) mehrfarbig | ehc | | |
| **Do** | dreiseitig gestanzt (⌑) | | 2,— | 1,— |
| **Du** | dreiseitig gestanzt (⌑) | | 2,— | 1,— |
| **Eo** | zweiseitig gestanzt (⌑) | | 2,— | 1,— |
| **Eu** | zweiseitig gestanzt (⌑) | | 2,— | 1,— |
| | Satzpreis (3 W.) | | 6,— | 3,— |
| | 3 FDC | | | 21,— |
| | 3 Markenheftchen | | 60,— | 30,— |

Nominale zur Zeit der Ausgabe: je 0.52 €

**2008, 19. Jan. Blockausgabe: Förderung der Philatelie: Ausländische Kunstwerke in belgischen Sammlungen (VI). Odr.; Papier ph.; gez. Ks 11½.**

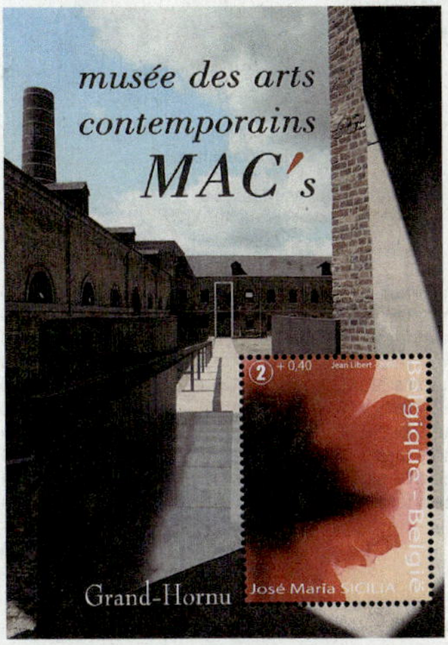


ehe

ehd) Das verlöschende Licht; Gemälde von José Maria Sicilia (*1954), spanischer Maler

| | | | | |
|---|---|---|---|---|
| **3788** | 2 (Belgien) + 0.40 (€) mehrfarbig | ehd | 5,— | 3,— |
| **Block 125** | (90×125 mm) | ehe | 5,— | 3,— |
| | FDC (Blockmarke) | | | 7,50 |

Nominale zur Zeit der Ausgabe: 1.04 € + 0.40 €

Auflage: 265.000 Blocks

**2008, 19. Jan. Blockausgabe: 110. Geburtstag von René Magritte. RaTdr.; Papier ph.; gez. K 11½.**

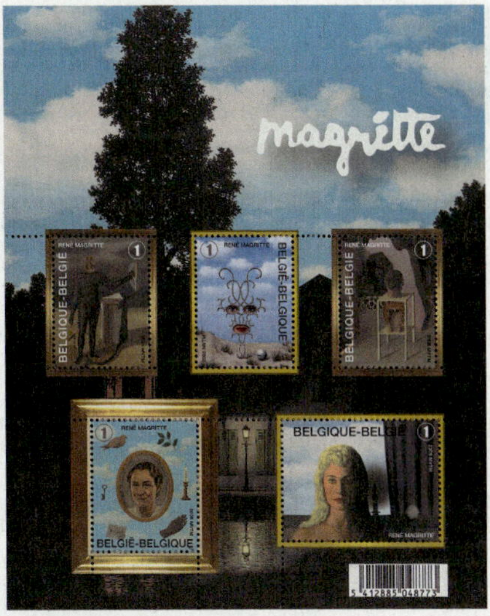


ehl

ehf) Der Mann des Meeres
ehg) Scheherazade
ehh) Die Mitternachtshochzeit
ehi) Georgette
ehk) Die unwissende Fee

ehf–ehk) Gemälde von René Magritte (1898–1967)

| | | | | |
|---|---|---|---|---|
| **3789** | 1 (Belgien) mehrfarbig | ehf | 2,— | 1,— |
| **3790** | 1 (Belgien) mehrfarbig | ehg | 2,— | 1,— |
| **3791** | 1 (Belgien) mehrfarbig | ehh | 2,— | 1,— |
| **3792** | 1 (Belgien) mehrfarbig | ehi | 2,— | 1,— |
| **3793** | 1 (Belgien) mehrfarbig | ehk | 2,— | 1,— |
| **Block 126** | (152×185 mm) | ehl | 10,— | 5,— |
| | FDC (Blockmarken) | | | 7,50 |

Nominale zur Zeit der Ausgabe: je 0.52 €

Bl. 126 ☐ wurde von der Post an Abonnenten verschenkt. Er ist nicht frankaturgültig.

Auflage: 355.000 Blocks

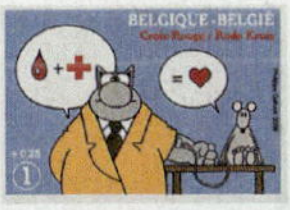


**2008, 19. Jan. Rotes Kreuz: Blutspendedienst. RaTdr. (1×5); Papier ph.; gez. K 11½.**

ehm) Direkte Blutspende; Karikatur von Philippe Geluck (*1954)

| | | | | |
|---|---|---|---|---|
| **3794** | 1 (Belgien) + 0.25 (€) mehrfarbig | ehm | 2,50 | 1,60 |
| | FDC | | | 7,50 |
| | Kleinbogen | | 12,50 | 8,— |

Nominale zur Zeit der Ausgabe: 0.52 € + 0.25 €

Auflage: 400.000 Stück

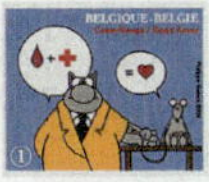


**2008, 19. Jan. Rotes Kreuz: Blutspendedienst. RaTdr., Markenheftchen (2×5); Papier ph., selbstklebend; D = dreiseitig, E = zweiseitig gestanzt 10.**

ehm I) Direkte Blutspende; Karikatur von Philippe Geluck (*1954)

| | | | | |
|---|---|---|---|---|
| **3795** | 1 (Belgien) mehrfarbig | ehm I | | |
| **Dl** | dreiseitig gestanzt (⌑) | | 2,— | 1,— |
| **Dr** | dreiseitig gestanzt (⌑) | | 2,— | 1,— |
| **El** | zweiseitig gestanzt (⌑) | | 2,— | 1,— |
| **Er** | zweiseitig gestanzt (⌑) | | 2,— | 1,— |
| | Markenheftchen | | 20,— | 10,— |

Nominale zur Zeit der Ausgabe: 0.52 €

Auflage: 500.000 Stück

**2008, 19. Jan. Freimarken: Vögel. RaTdr.; MiNr. 3796–3797 (2×5), MiNr. 3798 (10×5); Papier ph.; gez. K 11½.**

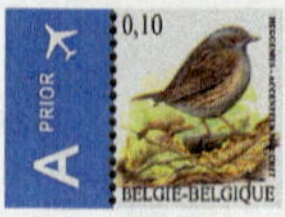


ehn) Heckenbraunelle (Prunella modularis)

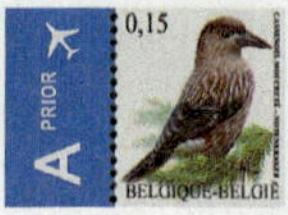


eho) Tannenhäher (Nucifraga caryocatactes)

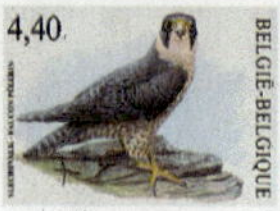


ehp) Wanderfalke (Falco peregrinus)

| | | | | |
|---|---|---|---|---|
| **3796** | 0.10 (€) mehrfarbig | ehn | 0,30 | 0,30 |
| **3797** | 0.15 (€) mehrfarbig | eho | 0,30 | 0,30 |
| **3798** | 4.40 (€) mehrfarbig | ehp | 10,40 | 9,— |
| | Satzpreis (3 W.) | | 11,— | 9,50 |
| | 3 FDC | | | 22,— |
| | Kleinbogensatz (2 Klb.) | | 6,— | 6,— |

*Weitere Werte siehe Übersicht nach Jahrgangswerttabelle.*

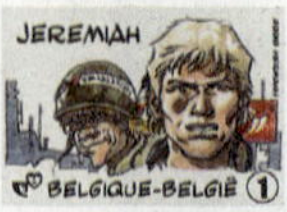


**2008, 9. Febr. Jugendphilatelie. RaTdr. (1×5); Papier ph.; gez. K 11½.**

ehr) Jeremiah und Kurdy; Comicfiguren von Hermann, eigentlich Hermann Huppen (*1938), Comiczeichner und -texter

| | | | | |
|---|---|---|---|---|
| **3799** | 1 (Belgien) mehrfarbig | ehr | 2,— | 1,10 |
| | FDC | | | 7,50 |
| | Kleinbogen | | 10,— | 5,50 |

Nominale zur Zeit der Ausgabe: 0.54 €

Auflage: 500.000 Stück

**2008, 9. Febr. Blockausgabe: Genter Floralien – 200 Jahre Königliche Gesellschaft für Landwirtschaft und Pflanzenkunde (KMLP), Gent. RaTdr.; Papier ph.; gez. Ks 11½.**

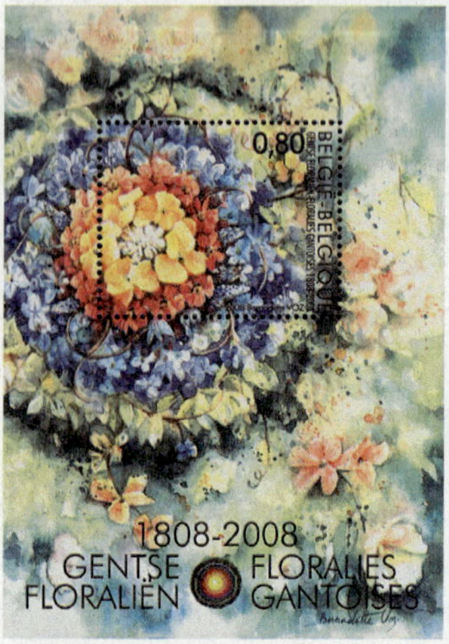


eht

ehs) Blumenbeet

| | | | | |
|---|---|---|---|---|
| **3800** | 0.80 (€) mehrfarbig | ehs | 1,60 | 1,60 |
| **Block 127** | (90×125 mm) | eht | 1,60 | 1,60 |
| | FDC (Blockmarke) | | | 7,50 |

Auflage: 265.000 Blocks

**2008, 9. Febr. Altes Kinderspielzeug. RaTdr., Markenheftchen (2×5); Papier ph.; selbstklebend; drei- bzw. zweiseitig gestanzt 10.**

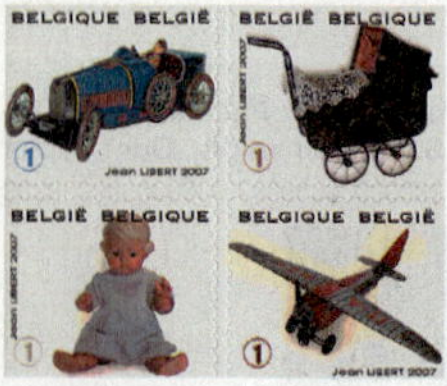


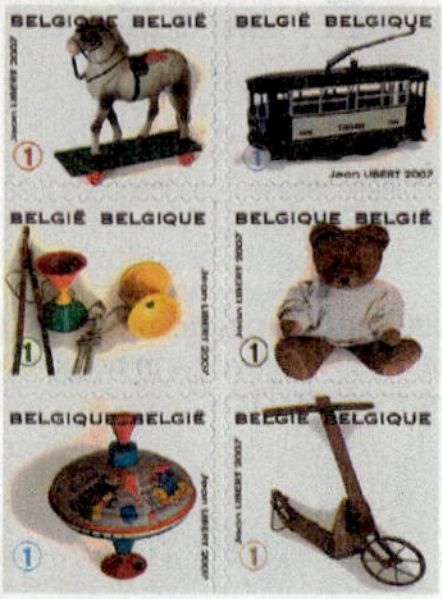


ehu) Rennwagen
ehv) Puppenwagen
ehw) Puppe
ehx) Flugzeug

ehy) Holzpferd
ehz) Straßenbahn
eia) Diabolo
eib) Teddybär
eic) Brummkreisel
eid) Roller

| | | | | |
|---|---|---|---|---|
| **3801** | 1 (Belgien) mehrfarbig (⌑) | ehu | 2,— | 1,10 |
| **3802** | 1 (Belgien) mehrfarbig (⌑) | ehv | 2,— | 1,10 |
| **3803** | 1 (Belgien) mehrfarbig (⌑) | ehw | 2,— | 1,10 |
| **3804** | 1 (Belgien) mehrfarbig (⌑) | ehx | 2,— | 1,10 |
| **3805** | 1 (Belgien) mehrfarbig (⌑) | ehy | 2,— | 1,10 |
| **3806** | 1 (Belgien) mehrfarbig (⌑) | ehz | 2,— | 1,10 |
| **3807** | 1 (Belgien) mehrfarbig (⌑) | eia | 2,— | 1,10 |
| **3808** | 1 (Belgien) mehrfarbig (⌑) | eib | 2,— | 1,10 |
| **3809** | 1 (Belgien) mehrfarbig (⌑) | eic | 2,— | 1,10 |
| **3810** | 1 (Belgien) mehrfarbig (⌑) | eid | 2,— | 1,10 |
| | Satzpreis (10 W.) | | 20,— | 11,— |
| | FDC | | | 7,50 |
| | Markenheftchen | | 20,— | 11,— |

Nominale zur Zeit der Ausgabe: je 0.54 €

MiNr. 3801–3810 wurden zusammen im Markenheftchen gedruckt.

**2008, 15. März. Literatur: Der Kriminalroman. RaTdr. (1×5 Zd); Papier ph.; gez. K 11½.**

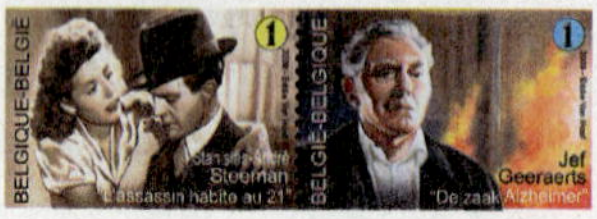


eie) „Der Mörder wohnt in Nummer 21"; von Stanislas-André Steeman (1908–1970)
eif) „Mörder ohne Erinnerung"; von Jef Geeraerts (1930–2015)

eie–eif) Szenen aus verfilmten Kriminalromanen, gemalt von Eddie Van Hoef

| | | | | |
|---|---|---|---|---|
| **3811** | 1 (Belgien) mehrfarbig | eie | 2,— | 1,10 |
| **3812** | 1 (Belgien) mehrfarbig | eif | 2,— | 1,10 |
| | Satzpreis (2 W.) | | 4,— | 2,20 |
| | Paar | | 4,— | 2,20 |
| | FDC | | | 7,50 |
| | Kleinbogen | | 20,— | 11,— |

Nominale zur Zeit der Ausgabe: je 0.54 €

Auflage: 500.000 Sätze

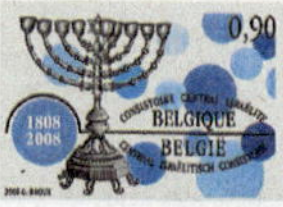


**2008, 15. März. 200 Jahre Zentrale Israelitische Kultusgemeinschaft von Belgien. RaTdr. (2×5); Papier ph.; gez. K 11½.**

eig) Menora

| | | | | |
|---|---|---|---|---|
| **3813** | 0.90 (€) mehrfarbig | eig | 1,80 | 1,80 |
| | FDC | | | 7,50 |
| | Kleinbogen | | 18,— | 18,— |

Auflage: 400.000 Stück

**2008, 12. April. Blockausgabe: Internationale Briefmarkenausstellung ANTVERPIA 2010, Antwerpen; 120 Jahre Königlicher Nationaler Verband der Briefmarkensammlervereine. RaTdr.; Papier fl.; gez. Ks 11½.**

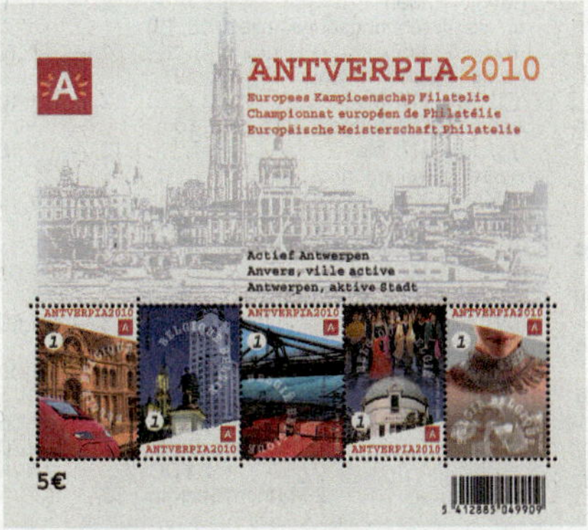


ein

eih) Thalys-Triebzug im Bahnhof von Antwerpen
eii) Kathedrale, Denkmal
eik) Hängebrücke
eil) Modenschau, Modemuseum „ModeNation"
eim) Frau mit Halsschmuck

| | | | | | |
|---|---|---|---|---|---|
| **3814** | 1 (Belgien) mehrfarbig | eih | 3,— | 2,— |
| **3815** | 1 (Belgien) mehrfarbig | eii | 3,— | 2,— |
| **3816** | 1 (Belgien) mehrfarbig | eik | 3,— | 2,— |
| **3817** | 1 (Belgien) mehrfarbig | eil | 3,— | 2,— |
| **3818** | 1 (Belgien) mehrfarbig | eim | 3,— | 2,— |
| **Block 128** | (159×140 mm) | ein | 15,— | 10,— |
| | FDC (Blockmarken) | | | 7,50 |

Postpreis: 5 €

Nominale zur Zeit der Ausgabe: je 0.54 €

Auflage: 300.000 Blocks

**2008, 12. April. Straßenbahnen. RaTdr. (2×5); Papier ph.; gez. K 11½.**

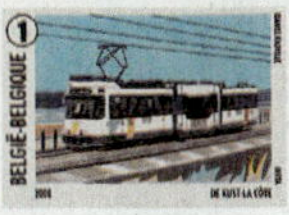


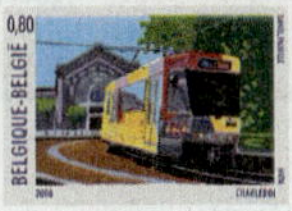


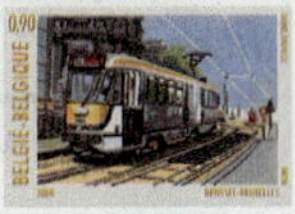


eio) Küstenstraßenbahn eip) Charleroi eir) Brüssel

| | | | | | |
|---|---|---|---|---|---|
| **3819** | 1 (Belgien) mehrfarbig | eio | 2,— | 1,10 |
| **3820** | 0.80 (€) mehrfarbig | eip | 1,60 | 1,60 |
| **3821** | 0.90 (€) mehrfarbig | eir | 1,80 | 1,80 |
| | Satzpreis (3 W.) | | 5,40 | 4,50 |
| | FDC | | | 7,50 |
| | Kleinbogensatz (3 Klb.) | | 54,— | 45,— |

Nominale von MiNr. 3819 zur Zeit der Ausgabe: 0.54 €

Auflage: 500.000 Sätze

**2008, 12. April. Blockausgabe: 70 Jahre Comicfigur „Spirou". RaTdr.; Papier fl.; gez. K 11½.**

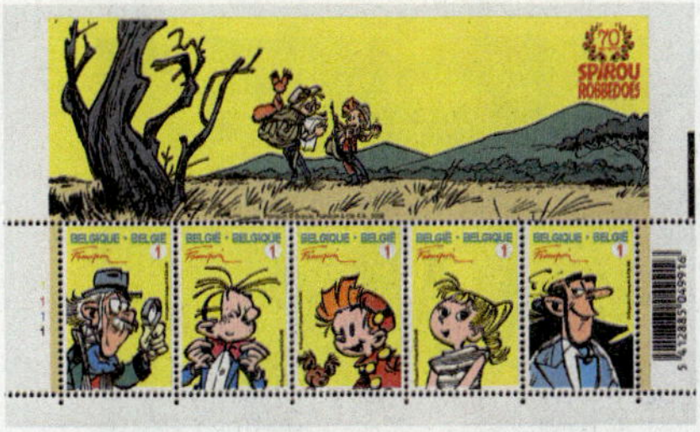


eix

eis) Pankratius Hieronymus Ladislaus Adalbert Graf von Rummelsdorf
eit) Fantasio
eiu) Spirou und Pips
eiv) Steffani
eiw) Zyklotrop

eis–eiw) Figuren aus der Comicserie „Spirou"; Zeichnungen von André Franquin (1924–1997) nach Robert Velter (1909–1991)

| | | | | | |
|---|---|---|---|---|---|
| **3822** | 1 (Belgien) mehrfarbig | eis | 2,50 | 1,10 |
| **3823** | 1 (Belgien) mehrfarbig | eit | 2,50 | 1,10 |
| **3824** | 1 (Belgien) mehrfarbig | eiu | 2,50 | 1,10 |
| **3825** | 1 (Belgien) mehrfarbig | eiv | 2,50 | 1,10 |
| **3826** | 1 (Belgien) mehrfarbig | eiw | 2,50 | 1,10 |
| **Block 129** | (166×100 mm) | eix | 12,50 | 5,50 |
| | FDC (Blockmarken) | | | 7,50 |

Nominale zur Zeit der Ausgabe: je 0.54 €

Auflage: 355.000 Blocks

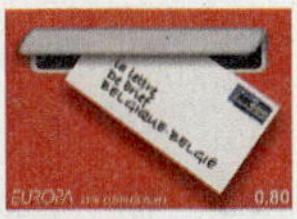


**2008, 17. Mai. Europa: Der Brief. RaTdr. (2×5); Papier ph.; gez. K 11½.**

eiy) Brief in Briefschlitz

| | | | | | |
|---|---|---|---|---|---|
| **3827** | 0.80 (€) mehrfarbig | eiy | 2,— | 2,— |
| | FDC | | | 7,50 |
| | Kleinbogen | | 20,— | 20,— |

Auflage: 500.000 Stück

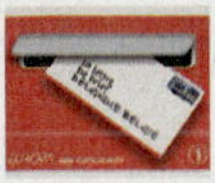

**2008, 17. Mai. Europa: Der Brief. RaTdr., Markenheftchen (2×5); Papier ph., selbstklebend; D = dreiseitig, E = zweiseitig gestanzt 10.**

eiy I) Brief in Briefschlitz

| | | | | | |
|---|---|---|---|---|---|
| **3828** | 1 (Belgien) mehrfarbig | eiy I | | |
| Dl | dreiseitig gestanzt (⊔) | | 2,— | 1,50 |
| Dr | dreiseitig gestanzt (⊔) | | 2,— | 1,50 |
| El | zweiseitig gestanzt (⊔) | | 2,— | 1,50 |
| Er | zweiseitig gestanzt (⊔) | | 2,— | 1,50 |
| | Markenheftchen | | 20,— | 15,— |

Nominale zur Zeit der Ausgabe: 0.54 €

Auflage: 500.000 Markenheftchen

**2008, 17. Mai. Blockausgabe: 200 Jahre Freimaurerlogen „La Constance“ und „Les Elèves de Thémis“. Odr.; Papier ph.; gez. Ks 11½.**

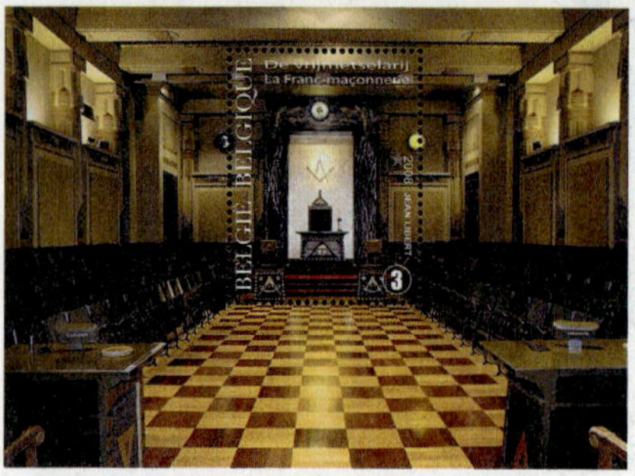


eka

eiz) Versammlungssaal im Tempel der Freimaurer

| | | | | |
|---|---|---|---|---|
| 3829 | 3 (Belgien) mehrfarbig | eiz | 6,— | 3,40 |
| Block 130 | (125×90 mm) | eka | 6,— | 3,40 |
| | FDC (Blockmarke) | | | 7,50 |

Nominale zur Zeit der Ausgabe: 1.62 €

Auflage: 300.000 Blocks

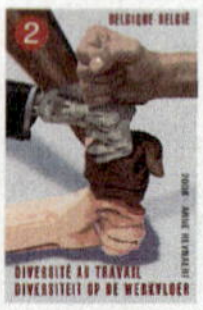

**2008, 17. Mai. Vielseitigkeit bei der Arbeit. RaTdr. (5×2); Papier ph.; gez. K 11½.**

ekb) Fauststapel

| | | | | |
|---|---|---|---|---|
| 3830 | 2 (Belgien) mehrfarbig | ekb | 4,— | 2,20 |
| | FDC | | | 7,50 |
| | Kleinbogen | | 40,— | 22,— |

Nominale zur Zeit der Ausgabe: 1.08 €

Auflage: 400.000 Stück

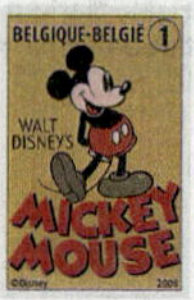


**2008, 17. Mai. 80 Jahre Comicfigur „Micky Maus“. RaTdr. (5×1); Papier ph.; gez. K 11½.**

ekc) Micky Maus; Comicfigur von Walt Disney (1901–1966), amerikanischer Trickfilmzeichner und Filmproduzent

| | | | | |
|---|---|---|---|---|
| 3831 | 1 (Belgien) mehrfarbig | ekc | 2,— | 1,10 |
| | FDC | | | 7,50 |
| | Kleinbogen | | 10,— | 5,50 |

Nominale zur Zeit der Ausgabe: 0.54 €

Auflage: 500.000 Stück

**2008, 17. Mai/25. Sept. Freimarken: Blumen. RaTdr., Markenheftchen (MH) (2×5, Hochformat ~) und Rollen (R) (100); Papier ph.; selbstklebend; A = vierseitig wellenförmig gestanzt 13½:13¾:13¾:14, D = dreiseitig, E = zweiseitig zähnungsähnlich gestanzt 10, F = vierseitig wellenförmig gestanzt 13¾:14:13½:13¾.**

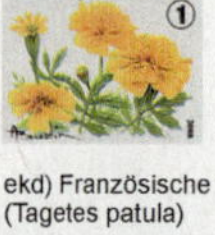


ekd) Französische Tagetes (Tagetes patula)

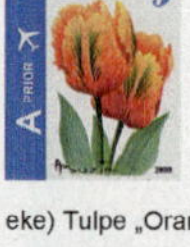


eke) Tulpe „Orange Favourite“

| | | | | | |
|---|---|---|---|---|---|
| 3832 | 1 | (Belgien) mehrfarbig | ekd | | |
| A | | vierseitig wellenförmig gest. 13½:13¾:13¾:14 (R) (25. Sept.) | | 2,— | 1,10 |
| Dl | | dreiseitig zähnungsähnlich gest. 10 (⊏⊐) (MH) (17. Mai) | | 2,— | 1,10 |
| Dr | | dreiseitig zähnungsähnlich gest. 10 (⊏⊐) (MH) (17. Mai) | | 2,— | 1,10 |
| El | | zweiseitig zähnungsähnlich gest. 10 (⊏⊐) (MH) (17. Mai) | | 2,— | 1,10 |
| Er | | zweiseitig zähnungsähnlich gest. 10 (⊏⊐) (MH) (17. Mai) | | 2,— | 1,10 |
| F | | vierseitig wellenförmig gest. 13¾:14:13½:13¾ (R) | | 2,— | *1,10* |
| 3833 | — | mehrfarbig | eke | | |
| Do | | dreiseitig zähnungsähnlich gest. 10 (⊏⊐) (MH) (17. Mai) | | 3,— | 1,60 |
| Du | | dreiseitig zähnungsähnlich gest. 10 (⊏⊐) (MH) (17. Mai) | | 3,— | 1,60 |
| Eo | | zweiseitig zähnungsähnlich gest. 10 (⊏⊐) (MH) (17. Mai) | | 3,— | 1,60 |
| Eu | | zweiseitig zähnungsähnlich gest. 10 (⊏⊐) (MH) (17. Mai) | | 3,— | 1,60 |
| | | Satzpreis (2 W.) | | 5,— | 2,70 |
| | | 2 FDC | | | 14,— |
| | | 2 Markenheftchen | | 50,— | 27,— |

Nominalen zur Zeit der Ausgabe: MiNr. 3832 = 0.54 €, MiNr. 3833 = 0.80 €

*Weitere Werte siehe Fußnote nach MiNr. 2784.*

**2008, 7. Juni. Blockausgabe: 80. Geburtstag von Königin Fabiola. RaTdr.; Papier fl.; gez. Ks 11½.**

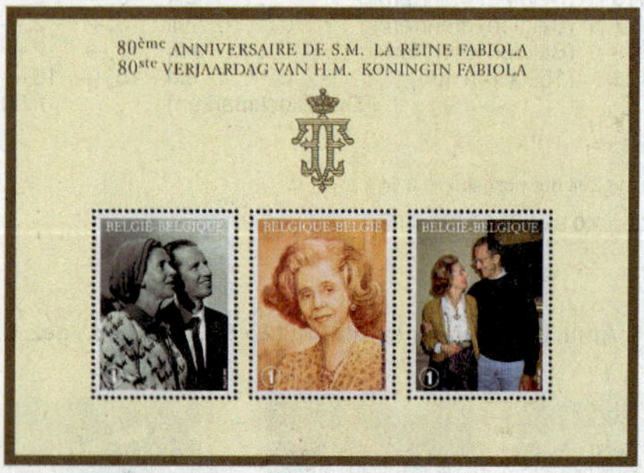


eki

ekf ekg ekh

ekf–ekh) Königin Fabiola (1928–2014) und König Baudouin I. (1930–1993)

| | | | | | |
|---|---|---|---|---|---|
| 3834 | 1 (Belgien) mehrfarbig | | ekf | 2,— | 1,10 |
| 3835 | 1 (Belgien) mehrfarbig | | ekg | 2,— | 1,10 |
| 3836 | 1 (Belgien) mehrfarbig | | ekh | 2,— | 1,10 |
| Block 131 | (170×120 mm) | | eki | 6,— | 3,20 |
| | FDC (Blockmarken) | | | | 7,50 |

Nominale von MiNr. 3834–3836 zur Zeit der Ausgabe: je 0.54 €

Auflage: 265.000 Blocks

**2008, 7. Juni. Sommermarken. RaTdr. (2×5); Papier ph.; gez. K 11½.**

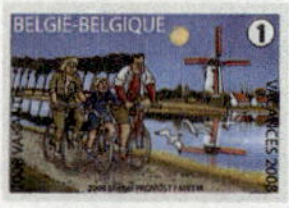


ekk) Familie bei Fahrradtour

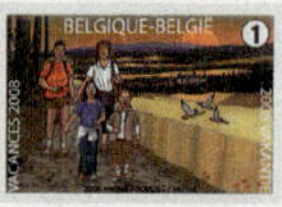


ekl) Familie beim Wandern

| | | | | |
|---|---|---|---|---|
| 3837 | 1 (Belgien) mehrfarbig | ekk | 2,— | 1,10 |
| 3838 | 1 (Belgien) mehrfarbig | ekl | 2,— | 1,10 |
| | Satzpreis (2 W.) | | 4,— | 2,20 |
| | FDC | | | 7,50 |
| | Kleinbogensatz (2 Klb.) | | 40,— | 22,— |

Nominale zur Zeit der Ausgabe: je 0.54 €

Auflage: 500.000 Sätze

**2008, 7. Juni. Sommermarken. RaTdr., Markenheftchen (2×5); Papier ph., selbstklebend; D = dreiseitig, E = zweiseitig gestanzt 10.**

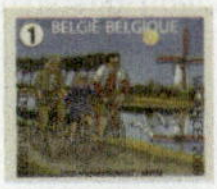

ekk I) Familie bei Fahrradtour

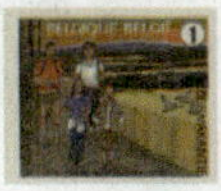

ekl I) Familie beim Wandern

| | | | | |
|---|---|---|---|---|
| **3839** | 1 (Belgien) mehrfarbig | ekk I | | |
| Dl | dreiseitig gestanzt (□) | | 2,— | 1,— |
| Dr | dreiseitig gestanzt (□) | | 2,— | 1,— |
| El | zweiseitig gestanzt (□) | | 2,— | 1,— |
| Er | zweiseitig gestanzt (□) | | 2,— | 1,— |
| **3840** | 1 (Belgien) mehrfarbig | ekl I | | |
| Dl | dreiseitig gestanzt (□) | | 2,— | 1,— |
| Dr | dreiseitig gestanzt (□) | | 2,— | 1,— |
| El | zweiseitig gestanzt (□) | | 2,— | 1,— |
| Er | zweiseitig gestanzt (□) | | 2,— | 1,— |
| | Satzpreis (2 W.) | | 4,— | 2,— |
| | 2 Markenheftchen | | 40,— | 20,— |

Nominale zur Zeit der Ausgabe: je 0.54 €

Auflage: je 500.000 Markenheftchen

**2008, 7. Juni. Tourismus. Odr. (2×5); Papier ph.; gez. K 11½.**

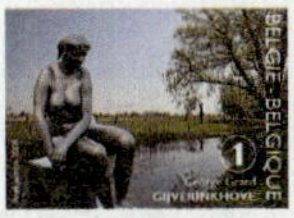

ekm) Gijverinkhove

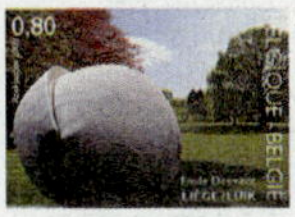

ekn) Lüttich

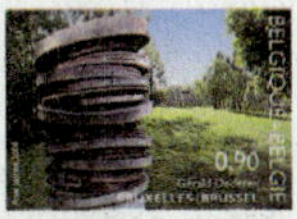

eko) Brüssel

ekm–eko) Skulpturen von George Grard (1901–1984), Bildhauer

| | | | | |
|---|---|---|---|---|
| **3841** | 1 (Belgien) mehrfarbig | ekm | 2,— | 1,10 |
| **3842** | 0.80 (€) mehrfarbig | ekn | 1,60 | 1,60 |
| **3843** | 0.90 (€) mehrfarbig | eko | 1,80 | 1,80 |
| | Satzpreis (3 W.) | | 5,40 | 4,50 |
| | FDC | | | 7,— |
| | Kleinbogensatz (3 Klb.) | | 54,— | 45,— |

Nominale von MiNr. 3841 zur Zeit der Ausgabe: 0.54 €

Auflage: 500.000 Sätze

**2008, 12. Juli. Olympische Sommerspiele, Peking. RaTdr. (5×2, Querformat ~); Papier ph.; gez. K 11½.**

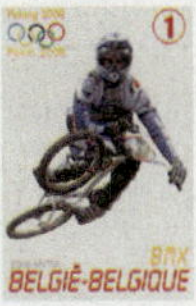

ekp) BMX-Radfahren

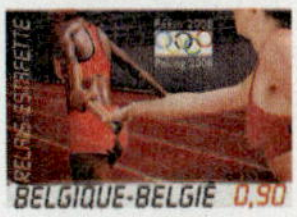

ekr) Staffellauf

| | | | | |
|---|---|---|---|---|
| **3844** | 1 (Belgien) mehrfarbig | ekp | 2,— | 1,10 |
| **3845** | 0.90 (€) mehrfarbig | ekr | 1,80 | 1,80 |
| | Satzpreis (2 W.) | | 3,80 | 2,90 |
| | Kleinbogensatz (2 Klb.) | | 38,— | 29,— |

**Blockausgabe, Papier fl.**

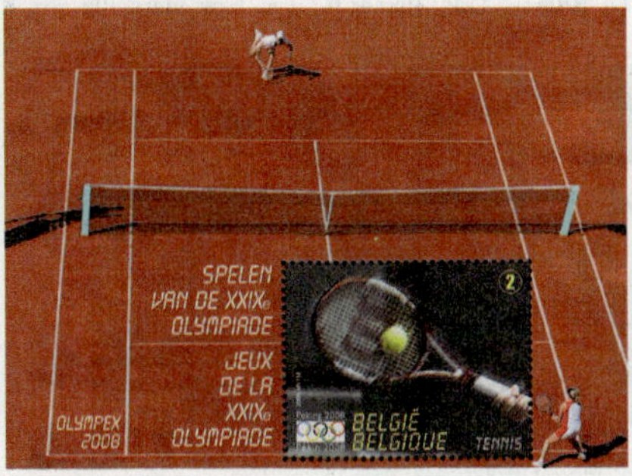


ekt

eks) Tennis

| | | | | |
|---|---|---|---|---|
| **3846** | 2 (Belgien) mehrfarbig | eks | 4,— | 2,20 |
| **Block 132** | (125×90 mm) | ekt | 4,— | 2,20 |
| | FDC (MiNr. 3844-3846) | | | 7,50 |

Nominalen zur Zeit der Ausgabe: MiNr. 3844 = 0.54 €, MiNr. 3846 = 1.08 €

Auflagen: MiNr. 3844–3845 = 500.000 Sätze, Bl. 132 = 265.000 Blocks

**2008, 12. Juli. Folklore und Tradition: Hopfenteufelfest, Asse; 700. Maibaumfest, Brügge; Karneval von Eupen; 100 Jahre Königlich Wallonisches Kabarett von Tournai. Komb. StTdr. und RaTdr. (5×2, Querformat ~); Papier ph.; gez. K 11½.**

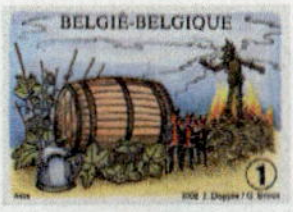

eku) Weinfass, Hopfenteufel auf dem Scheiterhaufen

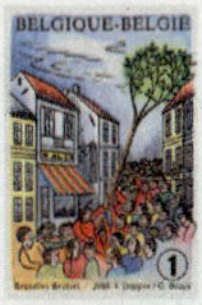

ekv) Aufstellen eines Maibaums

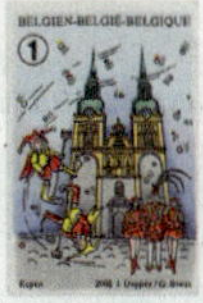

ekw) Karnevalisten, St.-Nikolaus-Kirche

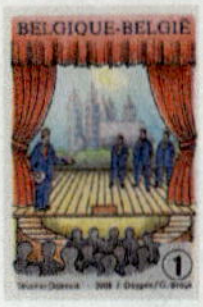

ekx) Theaterbühne, Kathedrale Notre Dame

| | | | | |
|---|---|---|---|---|
| **3847** | 1 (Belgien) mehrfarbig | eku | 2,— | 1,10 |
| **3848** | 1 (Belgien) mehrfarbig | ekv | 2,— | 1,10 |
| **3849** | 1 (Belgien) mehrfarbig | ekw | 2,— | 1,10 |
| **3850** | 1 (Belgien) mehrfarbig | ekx | 2,— | 1,10 |
| | Satzpreis (4 W.) | | 8,— | 4,40 |
| | FDC | | | 7,— |
| | Kleinbogensatz (4 Klb.) | | 80,— | 44,— |

Nominale zur Zeit der Ausgabe: je 0.54 €

Auflage: 400.000 Sätze

**2008, 12. Juli. Blockausgabe: 50. Jahrestag der Weltausstellung EXPO ’58, Brüssel. Odr.; Papier fl.; drei- bzw. vierseitig gez. K 11½.**

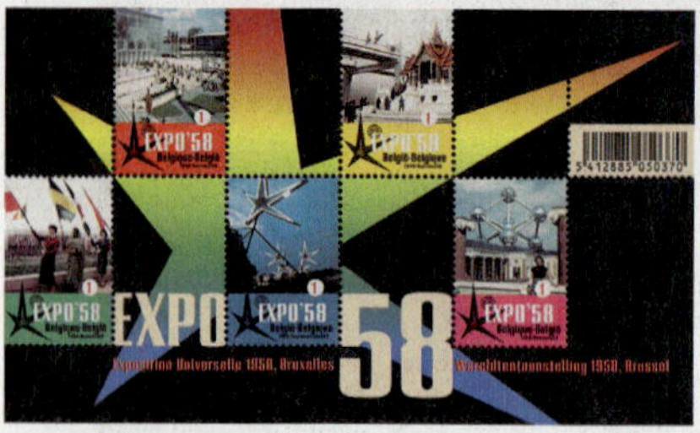

eld

eky) Sowjetischer Pavillon
ekz) Thailändischer Pavillon
ela) Hostessen mit Fahnen
elb) EXPO-Embleme
elc) Atomium

| | | | | | |
|---|---|---|---|---|---|
| **3851** | 1 (Belgien) mehrfarbig (□) | eky | 2,— | 1,10 |
| **3852** | 1 (Belgien) mehrfarbig (□) | ekz | 2,— | 1,10 |
| **3853** | 1 (Belgien) mehrfarbig (□) | ela | 2,— | 1,10 |
| **3854** | 1 (Belgien) mehrfarbig (□) | elb | 2,— | 1,10 |
| **3855** | 1 (Belgien) mehrfarbig (□) | elc | 2,— | 1,10 |
| **Block 133** | (170×100 mm) | eld | 10,— | 5,50 |
| | FDC (Blockmarken) | | | 7,50 |

Nominale zur Zeit der Ausgabe: je 0.54 €

Auflage: 355.000 Blocks

**2008, 25. Sept. Blockausgabe: 50 Jahre Comicfiguren „Die Schlümpfe“. RaTdr.; Papier fl.; gez. K 11½.**

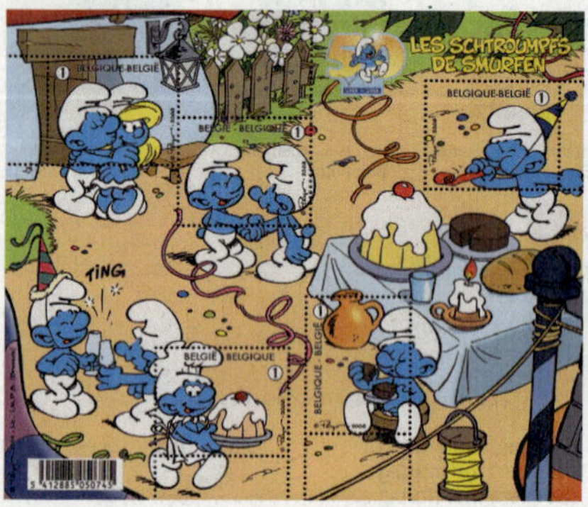


elk

ele elg eli elh elf

ele–eli) Schlümpfe; Comicfiguren von Peyo, eigentlich Pierre Culliford (1928–1992), Comiczeichner

| | | | | |
|---|---|---|---|---|
| **3856** | 1 (Belgien) mehrfarbig | ele | 2,50 | 1,10 |
| **3857** | 1 (Belgien) mehrfarbig | elf | 2,50 | 1,10 |
| **3858** | 1 (Belgien) mehrfarbig | elg | 2,50 | 1,10 |
| **3859** | 1 (Belgien) mehrfarbig | elh | 2,50 | 1,10 |
| **3860** | 1 (Belgien) mehrfarbig | eli | 2,50 | 1,10 |
| **Block 134** | (185×153 mm) | elk | 12,50 | 5,50 |
| | FDC (Blockmarken) | | | 7,50 |

Nominale zur Zeit der Ausgabe: je 0.54 €

Auflage: 265.000 Blocks

**2008, 25. Sept. 50 Jahre Comicfiguren „Die Schlümpfe“. RaTdr., Markenheftchen (5×2); Papier ph.; selbstklebend; drei- bzw. zweiseitig gestanzt 10.**

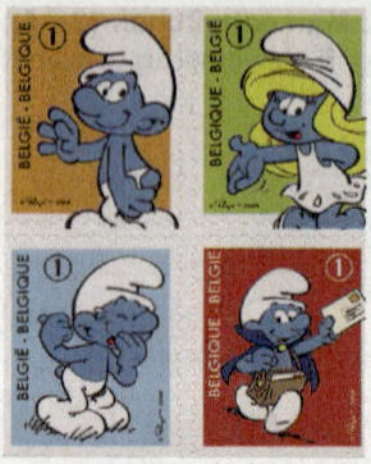

ell, elm
elr, els

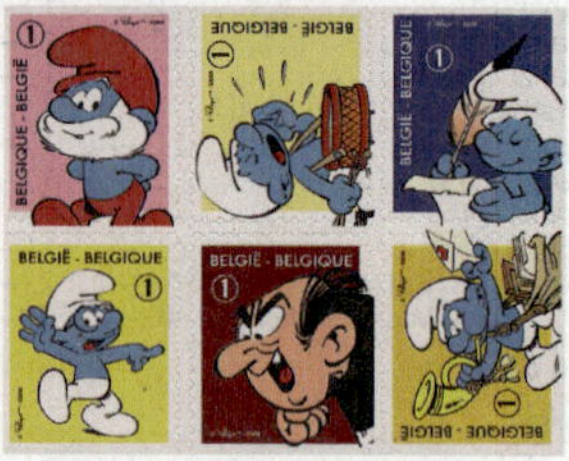

eln, elo, elp
elt, elu, elv

ell–elv) Schlümpfe und Zauberer Gargamel; Comicfiguren von Peyo, eigentlich Pierre Culliford (1928–1992), Comiczeichner

| | | | | |
|---|---|---|---|---|
| **3861** | 1 (Belgien) mehrfarbig (□) | ell | 2,— | 1,10 |
| **3862** | 1 (Belgien) mehrfarbig (□) | elm | 2,— | 1,10 |
| **3863** | 1 (Belgien) mehrfarbig (□) | eln | 2,— | 1,10 |
| **3864** | 1 (Belgien) mehrfarbig (□) | elo | 2,— | 1,10 |
| **3865** | 1 (Belgien) mehrfarbig (□) | elp | 2,— | 1,10 |
| **3866** | 1 (Belgien) mehrfarbig (□) | elr | 2,— | 1,10 |
| **3867** | 1 (Belgien) mehrfarbig (□) | els | 2,— | 1,10 |
| **3868** | 1 (Belgien) mehrfarbig (□) | elt | 2,— | 1,10 |
| **3869** | 1 (Belgien) mehrfarbig (□) | elu | 2,— | 1,10 |
| **3870** | 1 (Belgien) mehrfarbig (□) | elv | 2,— | 1,10 |
| | | Satzpreis (10 W.) | 20,— | 11,— |
| | | FDC | | 7,50 |
| | | Markenheftchen | 20,— | 12,— |

Nominale zur Zeit der Ausgabe: je 0.54 €

MiNr. 3861–3870 wurden zusammen im Markenheftchen gedruckt.

Auflage: 2.500.000 Markenheftchen

**2008, 26. Sept. Blockausgabe: Belgische Photographie. RaTdr.; Papier ph.; gez. K 11½.**

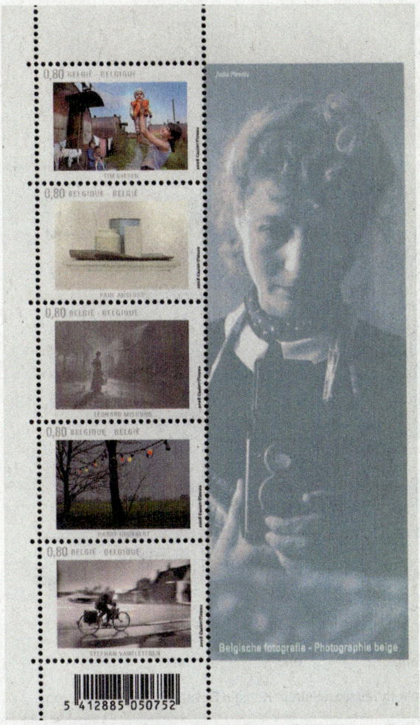


emb

elw) Frau mit Kind; von Tim Dirven (*1968)
elx) Stilleben; von Paul Ausloos (1927–2022)
ely) Frau im Nebel; von Léonard Misonne (1870–1943)
elz) Lichterkette; von Harry Gruyaert (*1941)
ema) Radfahrerin; von Stephan Vanfleteren (*1969)

| | | | | | |
|---|---|---|---|---|---|
| **3871** | 0.80 (€) mehrfarbig | elw | 1,60 | 1,60 |
| **3872** | 0.80 (€) mehrfarbig | elx | 1,60 | 1,60 |
| **3873** | 0.80 (€) mehrfarbig | ely | 1,60 | 1,60 |
| **3874** | 0.80 (€) mehrfarbig | elz | 1,60 | 1,60 |
| **3875** | 0.80 (€) mehrfarbig | ema | 1,60 | 1,60 |
| **Block 135** | (100×166 mm) | emb | 8,— | 8,— |
| | FDC (Blockmarken) | | | 7,50 |

Auflage: 355.000 Blocks

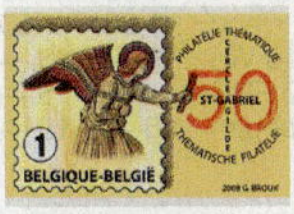


**2008, 27. Sept. Fest der Briefmarke: 50 Jahre organisierte Thematik-Philatelie, 50 Jahre Briefmarkengilde St. Gabriel. Komb. StTdr. und RaTdr. (2×5); Papier fl.; gez. K 11½.**

emc) Engel, Emblem

| | | | | |
|---|---|---|---|---|
| **3876** | 1 (Belgien) mehrfarbig | emc | 2,— | 1,10 |
| | | FDC | | 7,50 |
| | | Kleinbogen | 20,— | 11,— |

Nominale zur Zeit der Ausgabe: 0.54 €

Auflage: 400.000 Stück

**2008, 28. Sept. Blockausgabe: Marder. RaTdr.; Papier ph.; gez. K 11½.**

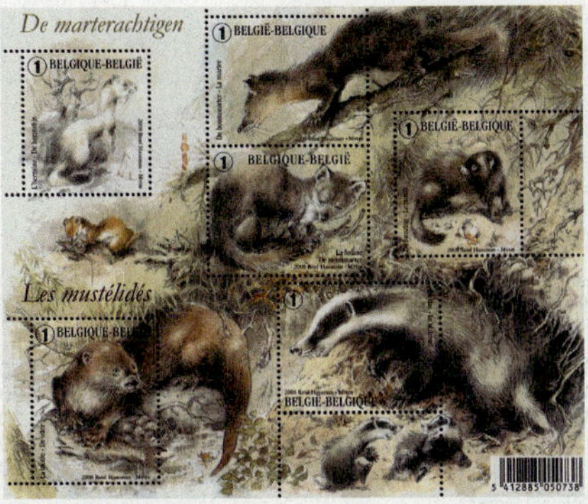


emk

emd eme emg emf emh emi

emd) Hermelin (Mustela erminea)
eme) Baummarder (Martes martes)
emf) Steinmarder (Martes foina)
emg) Europäischer Iltis (Mustela putorius)
emh) Fischotter (Lutra lutra)
emi) Dachs (Meles meles)

| | | | | |
|---|---|---|---|---|
| **3877** | 1 (Belgien) mehrfarbig | emd | 2,— | 1,— |
| **3878** | 1 (Belgien) mehrfarbig | eme | 2,— | 1,— |
| **3879** | 1 (Belgien) mehrfarbig | emf | 2,— | 1,— |
| **3880** | 1 (Belgien) mehrfarbig | emg | 2,— | 1,— |
| **3881** | 1 (Belgien) mehrfarbig | emh | 2,— | 1,— |
| **3882** | 1 (Belgien) mehrfarbig | emi | 2,— | 1,— |
| **Block 136** | (177×146 mm) | emk | 12,— | 6,50 |
| | FDC (Blockmarken) | | | 7,50 |

Nominale zur Zeit der Ausgabe: je 0.54 €

Auflage: 265.000 Blocks

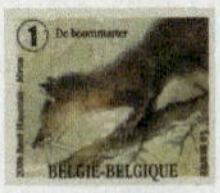

**2008, 28. Sept. Marder. RaTdr., Markenheftchen (2×1 Zd); Papier ph.; selbstklebend; D = dreiseitig, E = zweiseitig gestanzt 10.**

eme I) Baummarder (Martes martes)

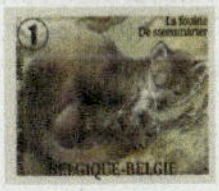
emf I) Steinmarder (Martes foina)

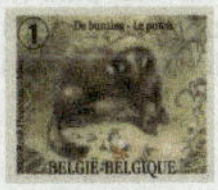
emg I) Europäischer Iltis (Mustela putorius)

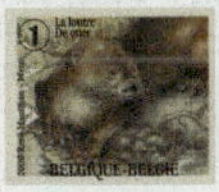
emh I) Fischotter (Lutra lutra)

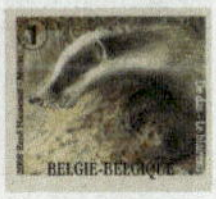
emi I) Dachs (Meles meles)

| | | | | | |
|---|---|---|---|---|---|
| **3883** | | 1 (Belgien) mehrfarbig | eme I | | |
| | **Dl** | dreiseitig gestanzt (⊏⊐) | | 2,— | 1,— |
| | **Dr** | dreiseitig gestanzt (⊏⊐) | | 2,— | 1,— |
| **3884** | | 1 (Belgien) mehrfarbig | emf I | | |
| | **Dl** | dreiseitig gestanzt (⊏⊐) | | 2,— | 1,— |
| | **Dr** | dreiseitig gestanzt (⊏⊐) | | 2,— | 1,— |
| **3885** | | 1 (Belgien) mehrfarbig | emg I | | |
| | **Dl** | dreiseitig gestanzt (⊏⊐) | | 2,— | 1,— |
| | **Dr** | dreiseitig gestanzt (⊏⊐) | | 2,— | 1,— |
| **3886** | | 1 (Belgien) mehrfarbig | emh I | | |
| | **Dl** | dreiseitig gestanzt (⊏⊐) | | 2,— | 1,— |
| | **Dr** | dreiseitig gestanzt (⊏⊐) | | 2,— | 1,— |
| **3887** | | 1 (Belgien) mehrfarbig | emi I | | |
| | **El** | zweiseitig gestanzt (⊏⊐) | | 2,— | 1,— |
| | **Er** | zweiseitig gestanzt (⊏⊐) | | 2,— | 1,— |
| | | Satzpreis (5 W.) | | 10,— | 5,— |
| | | FDC | | | 7,50 |
| | | Fünferstreifen | | 10,— | 5,— |
| | | Markenheftchen | | 20,— | 10,— |

Nominale zur Zeit der Ausgabe: je 0.54 €

MiNr. 3883–3887 wurden senkrecht zusammenhängend gedruckt.

Auflage: 500.000 Markenheftchen

**2008, 18. Okt. Blockausgabe: 90. Jahrestag der Beendigung des Ersten Weltkrieges. RaTdr.; Papier fl.; gez. Ks 11¾:11¼.**

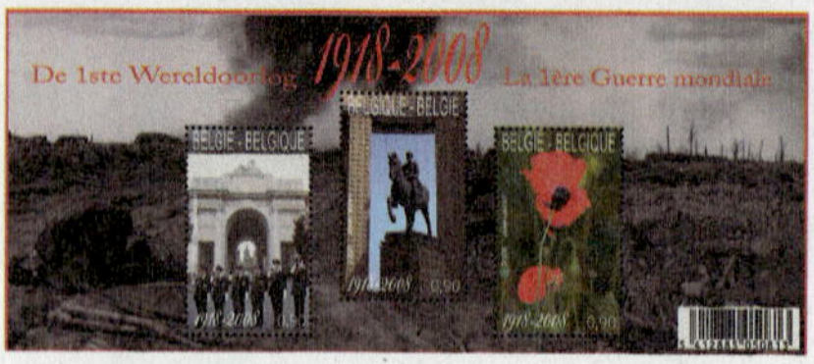


emo

eml) Menenpoort, Ypern
emm) König-Albert-Denkmal, Nieuwpoort
emn) Klatschmohn

| | | | | | |
|---|---|---|---|---|---|
| **3888** | 0.90 (€) mehrfarbig | eml | 1,80 | 1,80 |
| **3889** | 0.90 (€) mehrfarbig | emm | 1,80 | 1,80 |
| **3890** | 0.90 (€) mehrfarbig | emn | 1,80 | 1,80 |
| **Block 137** | (200×83 mm) | emo | 5,50 | 5,50 |
| | FDC (Blockmarken) | | | 7,50 |

Auflage: 265.000 Blocks

*Parallelausgabe mit Neuseeland MiNr. 2491–2493/Bl. 235*

**2008, 18. Okt. Museen: 40 Jahre Schuhmuseum, Izegem; 380 Jahre Diözesanmuseum „En Piconrue", Bastogne; 80 Jahre Museum „David & Alice van Buuren", Brüssel. Odr. (2×5); Papier fl.; gez. K 11½.**

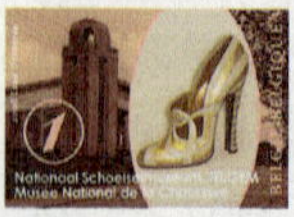

emp) Museumsgebäude, Damenschuh

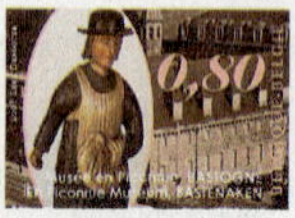

emr) Geistlicher, Museumsgebäude

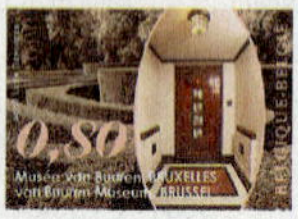

ems) Gartenanlage, Eingangstür

| | | | | |
|---|---|---|---|---|
| **3891** | 1 (Belgien) mehrfarbig | emp | 2,— | 1,10 |
| **3892** | 0.80 (€) mehrfarbig | emr | 1,60 | 1,60 |
| **3893** | 0.80 (€) mehrfarbig | ems | 1,60 | 1,60 |
| | Satzpreis (3 W.) | | 5,20 | 4,30 |
| | FDC | | | 7,— |
| | Kleinbogensatz (3 Klb.) | | 52,— | 43,— |

Nominale von MiNr. 3891 zur Zeit der Ausgabe: 0.54 €

Auflage: 400.000 Sätze

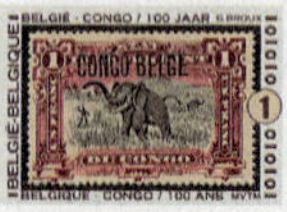

**2008, 18. Okt. 100 Jahre Briefmarken von Belgisch-Kongo. Komb. StTdr. und RaTdr. (2×5); Papier fl.; gez. K 11½.**

emt) Marke Belgisch-Kongo (Kolonie) MiNr. 7

| | | | | |
|---|---|---|---|---|
| **3894** | 1 (Belgien) mehrfarbig | emt | 2,— | 1,10 |
| | FDC | | | 7,50 |
| | Kleinbogen | | 20,— | 11,— |

Nominale zur Zeit der Ausgabe: 0.54 €

Auflage: 500.000 Stück

**2008, 8. Nov. Das ist Belgien (VI): Musik. RaTdr. (10); Papier fl.; gez. K 11¾:11¼.**

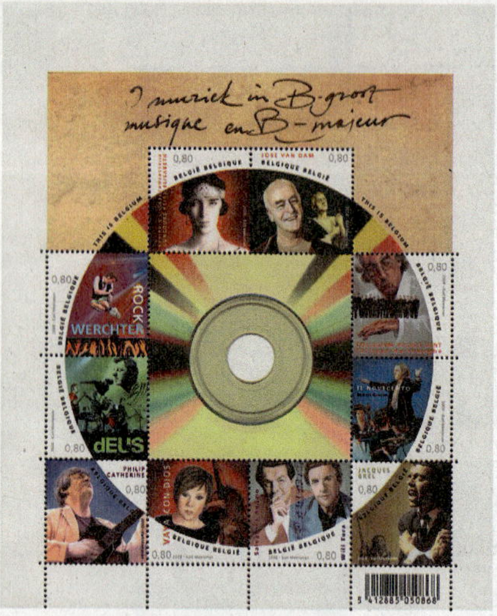

emu emv
emw emx
emy emz
ena enb enc end

emu) Königin-Elisabeth-Musikwettstreit: Königin Elisabeth (1876–1965, reg. 1909–1934)
emv) Oper: José van Dam (*1940), Bassbariton
emw) Festival: Rockkonzert, Werchter
emx) Chor: „Collegium Vocale", Gent, mit Philippe Herreweghe (*1947), Dirigent
emy) Rock: Indie-Rock-Gruppe „dEUS"
emz) Orchester: „Il Novecento" mit Robert Groslot (*1951), Dirigent
ena) Jazz: Philip Catherine (*1942), Gitarrist
enb) Pop: Dani Klein (*1953), Sängerin der Gruppe „Vaya Con Dios"
enc) Gesang: Salvatore Adamo (*1943) und Will Tura (*1940)
end) Chanson: Jacques Brel (1929–1978)

| | | | | |
|---|---|---|---|---|
| **3895** | 0.80 (€) mehrfarbig | emu | 1,60 | 1,60 |
| **3896** | 0.80 (€) mehrfarbig | emv | 1,60 | 1,60 |
| **3897** | 0.80 (€) mehrfarbig | emw | 1,60 | 1,60 |
| **3898** | 0.80 (€) mehrfarbig | emx | 1,60 | 1,60 |
| **3899** | 0.80 (€) mehrfarbig | emy | 1,60 | 1,60 |
| **3900** | 0.80 (€) mehrfarbig | emz | 1,60 | 1,60 |
| **3901** | 0.80 (€) mehrfarbig | ena | 1,60 | 1,60 |
| **3902** | 0.80 (€) mehrfarbig | enb | 1,60 | 1,60 |
| **3903** | 0.80 (€) mehrfarbig | enc | 1,60 | 1,60 |
| **3904** | 0.80 (€) mehrfarbig | end | 1,60 | 1,60 |
| | Satzpreis (10 W.) | | 16,— | 16,— |
| | 2 FDC | | | 15,— |
| | Kleinbogen | | 16,— | 16,— |

Auflage: 355.000 Sätze

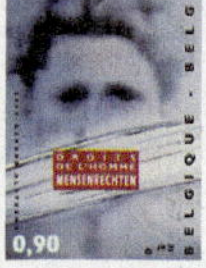

**2008, 8. Nov. 60. Jahrestag der Allgemeinen Erklärung der Menschenrechte. RaTdr. (5×2); Papier fl.; gez. K 11½.**

ene) Gesicht

| | | | | |
|---|---|---|---|---|
| **3905** | 0.90 (€) mehrfarbig | ene | 1,80 | 1,80 |
| | FDC | | | 7,50 |
| | Kleinbogen | | 18,— | 18,— |

Auflage: 400.000 Stück

**2008, 8. Nov. Blockausgabe: Weihnachten und Neujahr. RaTdr.; Papier fl.; gez. K 11¾.**

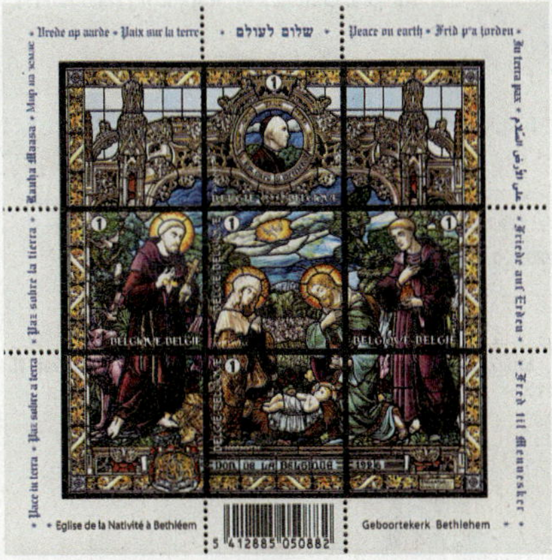


enl

enf
eng enh eni
enk

enf) Kardinal Mercier
eng) Hl. Franziskus
enh) Hl. Maria und hl. Joseph
eni) Ordensbruder
enk) Jesuskind in der Krippe

enf–enk) Buntglasfenster aus der Katharinenkirche, Jerusalem

| | | | | | |
|---|---|---|---|---|---|
| 3906 | 1 (Belgien) mehrfarbig | enf | 2,— | 1,10 |
| 3907 | 1 (Belgien) mehrfarbig | eng | 2,— | 1,10 |
| 3908 | 1 (Belgien) mehrfarbig | enh | 2,— | 1,10 |
| 3909 | 1 (Belgien) mehrfarbig | eni | 2,— | 1,10 |
| 3910 | 1 (Belgien) mehrfarbig | enk | 2,— | 1,10 |
| Block 138 | (126×124 mm) | enl | 10,— | 5,50 |
| | FDC (Blockmarken) | | | 7,50 |

Nominale zur Zeit der Ausgabe: je 0.54 €

Auflage: 355.000 Blocks

**2008, 8. Nov. Weihnachten und Neujahr. RaTdr., Markenheftchen (5×2); MiNr. 3911 Papier ph., MiNr. 3912 Papier fl.; selbstklebend; D = dreiseitig, E = zweiseitig gestanzt 10.**

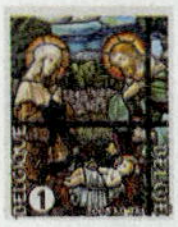
enm

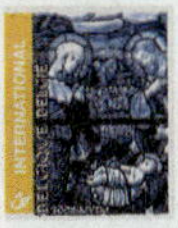
enm I

enm–enm I) Hl. Familie; Buntglasfenster aus der Katharinenkirche, Jerusalem

| | | | | | |
|---|---|---|---|---|---|
| 3911 | | 1 (Belgien) mehrfarbig | enm | | |
| | Do | dreiseitig gestanzt (⊡) | | 2,— | 1,10 |
| | Du | dreiseitig gestanzt (⊡) | | 2,— | 1,10 |
| | Eo | zweiseitig gestanzt (⊡) | | 2,— | 1,10 |
| | Eu | zweiseitig gestanzt (⊡) | | 2,— | 1,10 |
| 3912 | | — mehrfarbig | enm I | | |
| | Do | dreiseitig gestanzt (⊡) | | 4,— | 1,60 |
| | Du | dreiseitig gestanzt (⊡) | | 4,— | 1,60 |
| | Eo | zweiseitig gestanzt (⊡) | | 4,— | 1,60 |
| | Eu | zweiseitig gestanzt (⊡) | | 4,— | 1,60 |
| | | Satzpreis (2 W.) | | 6,— | 2,70 |
| | | 2 FDC | | | 15,— |
| | | 2 Markenheftchen | | 60,— | 27,— |

Nominalen zur Zeit der Ausgabe: MiNr. 3911 = 0.54 €, MiNr. 3912 = 0.80 €

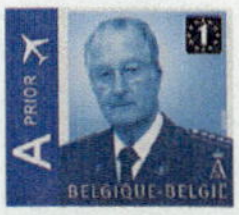

**2009, 2. Jan. Freimarke: König Albert II. in Uniform. RaTdr. (2×5); Papier ph.; gez. K 11½.**

dus I) König Albert II. (*1934, reg. 1993–2013)

| | | | | |
|---|---|---|---|---|
| 3913 | 1 (Europa) mehrfarbig | dus I | 3,50 | 1,60 |
| 3914 | 1 (Welt) mehrfarbig | dus I | 4,— | 1,80 |
| 3915 | 3 (Europa) mehrfarbig | dus I | 10,50 | 4,80 |
| 3916 | 3 (Welt) mehrfarbig | dus I | 12,— | 5,40 |
| | Satzpreis (4 W.) | | 30,— | 13,50 |
| | 4 FDC | | | 30,— |
| | Kleinbogensatz (4 Klb.) | | 300,— | 135,— |

Nominalen zur Zeit der Ausgabe: MiNr. 3913 = 0.80 €, MiNr. 3914 = 0.90 €, MiNr. 3915 = 2.40 €, MiNr. 3916 = 2.70 €

*Weitere Werte siehe Fußnote nach MiNr. 3465.*

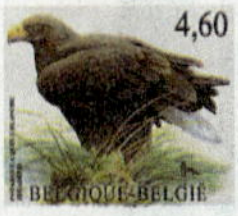


**2009, 2. Jan. Freimarke: Vögel. RaTdr. (5×2); Papier fl.; gez. K 11½.**

enn) Seeadler (Haliaeetus albicilla)

| | | | | |
|---|---|---|---|---|
| 3917 | 4.60 (€) mehrfarbig | enn | 10,— | 6,— |
| | FDC | | | 7,50 |
| | Kleinbogen | | 100,— | 60,— |

*Weitere Werte siehe Übersicht nach Jahrgangswerttabelle.*

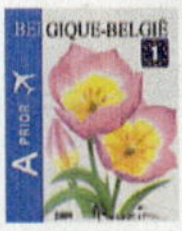


**2009, 2. Jan. Freimarke: Blumen. RaTdr., Markenheftchen (5×2); Papier ph.; selbstklebend; D = dreiseitig, E = zweiseitig gestanzt 10.**

eno) Wildtulpe (Tulipa bakeri) „Lilac Wonder"

| | | | | | |
|---|---|---|---|---|---|
| 3918 | | 1 (Europa) mehrfarbig | eno | | |
| | Do | dreiseitig gestanzt (⊡) | | 3,50 | 1,60 |
| | Du | dreiseitig gestanzt (⊡) | | 3,50 | 1,60 |
| | Eo | zweiseitig gestanzt (⊡) | | 3,50 | 1,60 |
| | Eu | zweiseitig gestanzt (⊡) | | 3,50 | 1,60 |
| | | FDC | | | 7,50 |
| | | Markenheftchen | | 35,— | 16,— |

Nominale zur Zeit der Ausgabe: 0.80 €

*Weitere Werte siehe Fußnote nach MiNr. 2784.*

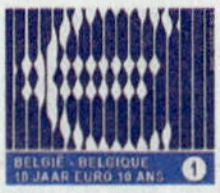


**2009, 17. Jan. 10 Jahre Euro-Währung. RaTdr., Markenheftchen (2×5); Papier ph.; selbstklebend; D = dreiseitig, E = zweiseitig gestanzt 10.**

enp) Euro-Zeichen

| | | | | | |
|---|---|---|---|---|---|
| 3919 | | 1 (Belgien) mehrfarbig | enp | | |
| | Dl | dreiseitig gestanzt (⊡) | | 2,— | 1,40 |
| | Dr | dreiseitig gestanzt (⊡) | | 2,— | 1,40 |
| | El | zweiseitig gestanzt (⊡) | | 2,— | 1,40 |
| | Er | zweiseitig gestanzt (⊡) | | 2,— | 1,40 |
| | | FDC | | | 7,50 |
| | | Markenheftchen | | 20,— | 14,— |

Nominale zur Zeit der Ausgabe: 0.54 €

Auflage: 219.638 Markenheftchen

**2009, 17. Jan. Blockausgabe: 25 Jahre Deutschsprachige Gemeinschaft. RaTdr.; Papier fl.; gez. K 11½.**

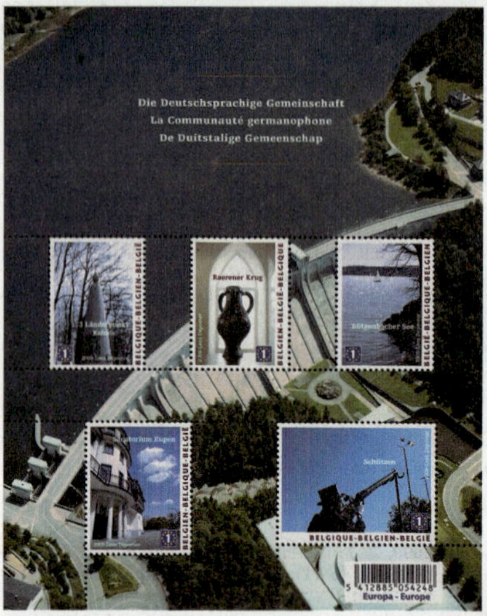


enw

enr) Dreiländerpunkt Kelmis
ens) Raerener Krug
ent) Bütgenbacher See
enu) Sanatorium Eupen
env) Gewehrschütze

| | | | | | |
|---|---|---|---|---|---|
| 3920 | 1 (Europa) mehrfarbig | enr | 3,50 | 1,60 |
| 3921 | 1 (Europa) mehrfarbig | ens | 3,50 | 1,60 |
| 3922 | 1 (Europa) mehrfarbig | ent | 3,50 | 1,60 |
| 3923 | 1 (Europa) mehrfarbig | enu | 3,50 | 1,60 |
| 3924 | 1 (Europa) mehrfarbig | env | 3,50 | 1,60 |
| Block 139 | (150×183 mm) | enw | 18,— | 8,50 |
| | FDC (Blockmarken) | | | 7,50 |

Nominale zur Zeit der Ausgabe: je 0.80 €

Auflage: 197.000 Blocks

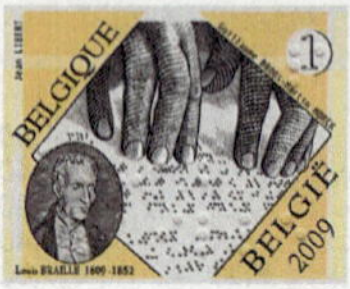

**2009, 21. Febr. 200. Geburtstag von Louis Braille. Komb. StTdr., RaTdr. und Pdr. (5×2); Papier ph.; gez. K 11½.**

enx) Louis Braille (1809–1852), französischer Blindenlehrer; Hände ertasten Brailleschrift

| | | | | |
|---|---|---|---|---|
| 3925 | 1 (Belgien) mehrfarbig | enx | 3,— | 1,20 |
| | FDC | | | 7,50 |
| | Kleinbogen | | 30,— | 12,— |

Nominale zur Zeit der Ausgabe: 0.59 €

Auflage: 495.200 Stück

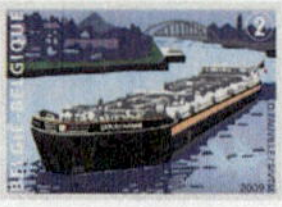

**2009, 21. Febr. Binnenschifffahrt. RaTdr. (5×1); Papier fl.; gez. K 11½.**

eny) Frachtschiff

| | | | | |
|---|---|---|---|---|
| 3926 | 2 (Belgien) mehrfarbig | eny | 4,— | 2,40 |
| | FDC | | | 7,50 |
| | Kleinbogen | | 20,— | 12,— |

Nominale zur Zeit der Ausgabe: 1.18 €

Auflage: 397.200 Stück

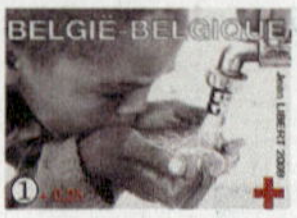

**2009, 21. Febr. Rotes Kreuz: Wasser – Schutz, Trinkwasser und Sanitärsysteme für alle. Odr. (2×5); Papier fl.; gez. K 11½.**

enz) Junge trinkt von Wasserhahn

| | | | | |
|---|---|---|---|---|
| 3927 | 1 (Belgien) mehrfarbig | enz | 3,— | 1,70 |
| | FDC | | | 7,50 |
| | Kleinbogen | | 30,— | 17,— |

Nominale zur Zeit der Ausgabe: 0.59 + 0.25 €

Auflage: 225.700 Stück

**2009, 7. März. Bedeutende Frauen. Odr. (1×5 Zd); Papier fl.; gez. K 11½.**

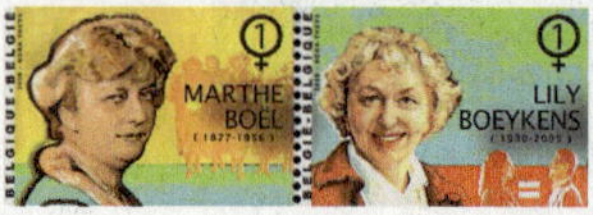


eoa) Marthe Boël, eigentlich Marthe de Kerchove de Denterghem (1877–1956), Feministin
eob) Lily Boeykens (1930–2005), Feministin

| | | | | |
|---|---|---|---|---|
| 3928 | 1 (Belgien) mehrfarbig | eoa | 2,— | 1,20 |
| 3929 | 1 (Belgien) mehrfarbig | eob | 2,— | 1,20 |
| | Satzpreis (2 W.) | | 4,— | 2,40 |
| | Paar | | 4,— | 2,40 |
| | FDC | | | 7,50 |
| | Kleinbogen | | 20,— | 12,— |

Nominale zur Zeit der Ausgabe: je 0.59 €

Auflage: 250.200 Sätze

**2009, 7. März. Blockausgabe: Internationale Kampagne zum Schutz der Polargebiete und Gletscher. RaTdr.; Papier fl.; gez. Ks 11½.**

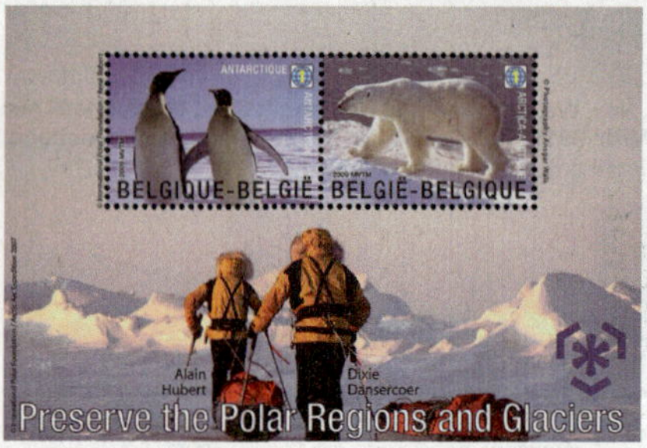


eoe

eoc) Kaiserpinguin (Aptenodytes forsteri)
eod) Eisbär (Ursus maritimus)

| | | | | |
|---|---|---|---|---|
| 3930 | 1 (Welt) mehrfarbig | eoc | 4,— | 2,50 |
| 3931 | 1 (Welt) mehrfarbig | eod | 4,— | 2,50 |
| Block 140 | (120×80 mm) | eoe | 8,— | 5,— |
| | FDC (Blockmarken) | | | 7,50 |

Nominale zur Zeit der Ausgabe: je 1.05 €

Auflage: 230.200 Blocks

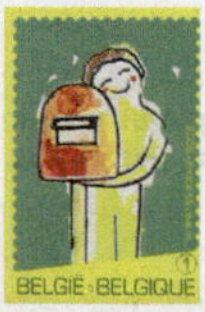

**2009, 7. März. Fest der Briefmarke. Odr. (5×2); Papier ph.; gez. K 11½.**

eof) Der Moment mit der Post; Zeichnung von Emitis Mohsenin

| | | | | |
|---|---|---|---|---|
| **3932** | 1 (Belgien) mehrfarbig | eof | 2,— | 1,20 |
| | | FDC | | 7,50 |
| | | Kleinbogen | 20,— | 12,— |

Nominale zur Zeit der Ausgabe: 0.59 €

Auflage: 322.000 Stück

**2009, 4. April. Blockausgabe: Europa – Astronomie. Odr.; Papier ph.; gez. Ks 11½.**

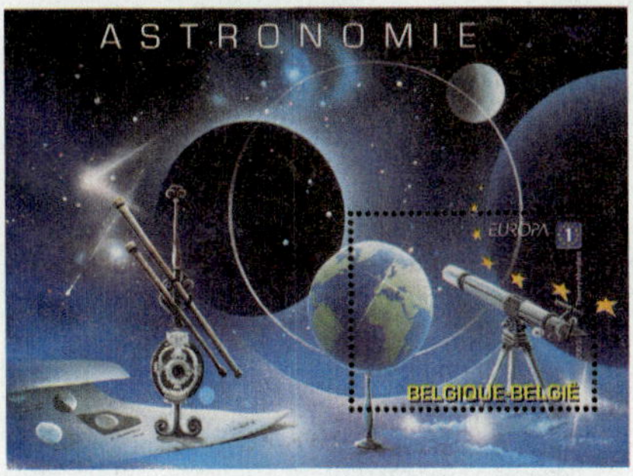


eoh

eog) Fernrohr, Erdglobus

| | | | | |
|---|---|---|---|---|
| **3933** | 1 (Europa) mehrfarbig | eog | 3,50 | 2,80 |
| **Block 141** | (125×90 mm) | eoh | 3,50 | 2,80 |
| | FDC (Blockmarke) | | | 7,50 |

Nominale zur Zeit der Ausgabe: 0.90 €

Auflage: 208.200 Blocks

**2009, 4. April. Comics. RaTdr., Markenheftchen (2×1 Zd); Papier ph.; selbstklebend; D = dreiseitig, E = zweiseitig gestanzt 10.**

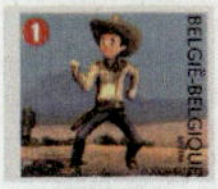


eoi) Suske

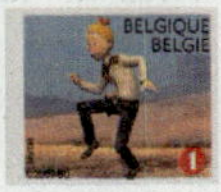


eok) Wiske

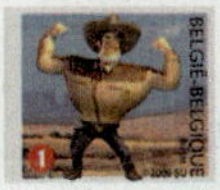


eol) Jerom

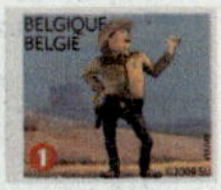


eom) Lambik

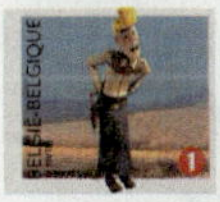


eon) Sidonia

eoi–eon) Suske und Wiske; Figuren von Willy Vandersteen (1913–1990), Comiczeichner, in dem 3-D-Animationsfilm „De Texas Rakkers"

| | | | | | |
|---|---|---|---|---|---|
| **3934** | | 1 (Belgien) mehrfarbig | eoi | | |
| | Dl | dreiseitig gestanzt (⊐) | | 2,— | 1,20 |
| | Dr | dreiseitig gestanzt (⊏) | | 2,— | 1,20 |
| **3935** | | 1 (Belgien) mehrfarbig | eok | | |
| | Dl | dreiseitig gestanzt (⊐) | | 2,— | 1,20 |
| | Dr | dreiseitig gestanzt (⊏) | | 2,— | 1,20 |
| **3936** | | 1 (Belgien) mehrfarbig | eol | | |
| | Dl | dreiseitig gestanzt (⊐) | | 2,— | 1,20 |
| | Dr | dreiseitig gestanzt (⊏) | | 2,— | 1,20 |
| **3937** | | 1 (Belgien) mehrfarbig | eom | | |
| | Dl | dreiseitig gestanzt (⊐) | | 2,— | 1,20 |
| | Dr | dreiseitig gestanzt (⊏) | | 2,— | 1,20 |
| **3938** | | 1 (Belgien) mehrfarbig | eon | | |
| | El | zweiseitig gestanzt (⌐) | | 2,— | 1,20 |
| | Er | zweiseitig gestanzt (¬) | | 2,— | 1,20 |
| | | Satzpreis (5 W.) | | 10,— | 6,— |
| | | FDC | | | 7,50 |
| | | Fünferstreifen | | 10,— | 6,— |
| | | Markenheftchen | | 20,— | 12,— |

Nominale zur Zeit der Ausgabe: je 0.59 €

MiNr. 3934–3938 wurden senkrecht zusammenhängend gedruckt.

Auflage: 2.843.000 Markenheftchen

**2009, 4. April. Blockausgabe: UNESCO-Welterbe. Komb. StTdr. und RaTdr.; Papier ph.; gez. K 11½.**

eou

eoo) Jungsteinzeitliche Feuersteinminen bei Spiennes
eop) Kathedrale Notre-Dame, Tournai
eor) Plantin-Moretus-Museumskomplex, Antwerpen
eos) Altstadt von Brügge
eot) Jugendstilbauten von Victor Horta, Brüssel

| | | | | |
|---|---|---|---|---|
| **3939** | 1 (Welt) mehrfarbig | eoo | 4,— | 2,50 |
| **3940** | 1 (Welt) mehrfarbig | eop | 4,— | 2,50 |
| **3941** | 1 (Welt) mehrfarbig | eor | 4,— | 2,50 |
| **3942** | 1 (Welt) mehrfarbig | eos | 4,— | 2,50 |
| **3943** | 1 (Welt) mehrfarbig | eot | 4,— | 2,50 |
| **Block 142** | (166×100 mm) | eou | 20,— | 12,50 |
| | FDC (Blockmarken) | | | 7,50 |

Nominale zur Zeit der Ausgabe: je 1.05 €

Auflage: 193.000 Blocks

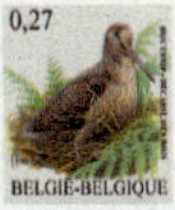


**2009, 4. April. Freimarke: Vögel. RaTdr. (10×5); Papier fl.; gez. K 11½.**

eov) Waldschnepfe (Scolopax rusticola)

| | | | | |
|---|---|---|---|---|
| **3944** | 0.27 (€) mehrfarbig | eov | 0,60 | 0,60 |
| | | FDC | | 7,50 |

*Weitere Werte siehe Übersicht nach Jahrgangswerttabelle.*

**2009, 9. Mai. Komponisten. RaTdr., Markenheftchen (5×1); Papier ph.; gez. K 12:11½.**

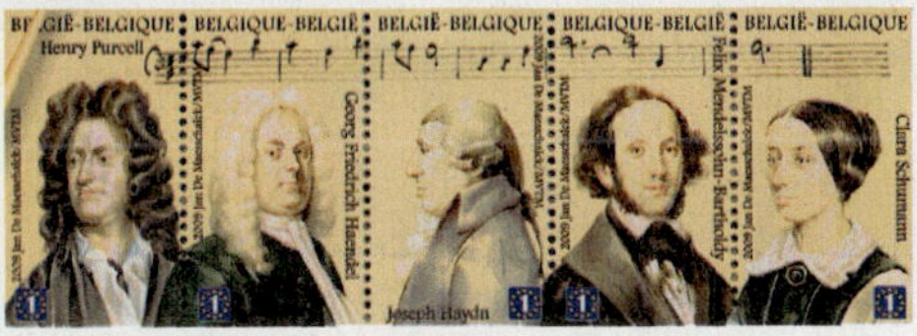


eow) Henry Purcell (1659–1695), England
eox) Georg Friedrich Händel (1685–1759), Deutschland/ England
eoy) Joseph Haydn (1732–1809), Österreich
eoz) Felix Mendelssohn Bartholdy (1809–1847), Deutschland
epa) Clara Schumann (1819–1896), Deutschland

| | | | | |
|---|---|---|---|---|
| **3945** | 1 (Europa) mehrfarbig | eow | 3,50 | 1,80 |
| **3946** | 1 (Europa) mehrfarbig | eox | 3,50 | 1,80 |
| **3947** | 1 (Europa) mehrfarbig | eoy | 3,50 | 1,80 |
| **3948** | 1 (Europa) mehrfarbig | eoz | 3,50 | 1,80 |
| **3949** | 1 (Europa) mehrfarbig | epa | 3,50 | 1,80 |
| | | Satzpreis (5 W.) | 18,— | 9,— |
| | | FDC | | 7,50 |

Nominale zur Zeit der Ausgabe: je 0.90 €

MiNr. 3945–3949 stammen aus MH 46.

Auflage: 206.000 Markenheftchen

**2009, 9. Mai. Blockausgabe: Internationale Briefmarkenausstellung ANTVERPIA 2010, Antwerpen: Künstlerisches Antwerpen. RaTdr.; Papier ph.; gez. Ks 11¾:11½.**

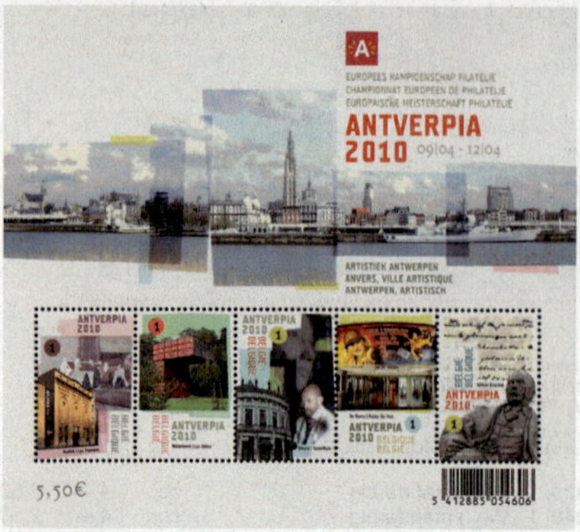


epg

epb) MuHKA-Galerie: Flämisches Dorf, Gemälde von Luc Tuymans (*1958)
epc) Middelheim-Freiluftmuseum: Orbino, Skulptur von Luc Deleu (*1944), Architekt
epd) Bourla-Theater/Toneelhuis: Guy Cassiers (*1960), Regisseur
epe) Roma-Filmtheater: Hollywood an der Schelde, Film von Robbe De Hert (1942–2020), Regisseur
epf) Willem Elsschot (1882–1960), Schriftsteller, Denkmal von Wilfried Pas (1940–2017); Manuskript zum Roman „Kaas"

| | | | | |
|---|---|---|---|---|
| **3950** | 1 (Belgien) mehrfarbig | epb | 2,50 | 2,20 |
| **3951** | 1 (Belgien) mehrfarbig | epc | 2,50 | 2,20 |
| **3952** | 1 (Belgien) mehrfarbig | epd | 2,50 | 2,20 |
| **3953** | 1 (Belgien) mehrfarbig | epe | 2,50 | 2,20 |
| **3954** | 1 (Belgien) mehrfarbig | epf | 2,50 | 2,20 |
| **Block 143** | (158×140 mm) | epg | 13,— | 11,— |
| | FDC (Blockmarken) | | | 7,50 |

Nominale von MiNr. 3950-3954 zur Zeit der Ausgabe: je 0.59 €

Postpreis von Bl. 143: 5.50 €

Auflage: 183.000 Blocks

**2009, 9. Mai. Sommermarken. RaTdr., Markenheftchen (5×1 Zd); Papier ph.; selbstklebend; D = dreiseitig, E = zweiseitig gestanzt 10.**

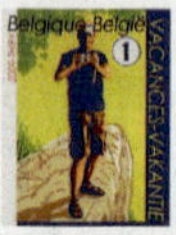


eph) Tourist mit Kamera

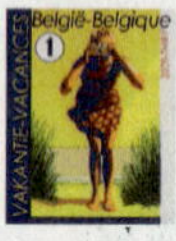


epi) Touristin mit Kamera

| | | | | |
|---|---|---|---|---|
| **3955** | 1 (Belgien) mehrfarbig | eph | | |
| D | dreiseitig gestanzt (☐) | | 2,— | 1,20 |
| E | zweiseitig gestanzt (☐) | | 2,— | 1,20 |
| **3956** | 1 (Belgien) mehrfarbig | epi | | |
| D | dreiseitig gestanzt (☐) | | 2,— | 1,20 |
| E | zweiseitig gestanzt (☐) | | 2,— | 1,20 |
| | Satzpreis (2 W.) | | 4,— | 2,40 |
| | FDC | | | 7,50 |
| | Paar | | 4,— | 2,40 |
| | Markenheftchen | | 20,— | 12,— |

Nominale zur Zeit der Ausgabe: je 0.59 €

MiNr. 3955–3956 wurden kopfstehend zusammenhängend gedruckt.

Auflage: 594.976 Markenheftchen

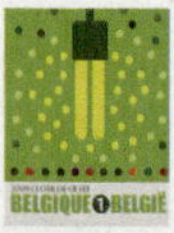


**2009, 6. Juni. Umweltschutz. RaTdr., Markenheftchen (5×2); Papier ph.; selbstklebend; D = dreiseitig, E = zweiseitig gestanzt 10.**

epj) Energiesparlampe

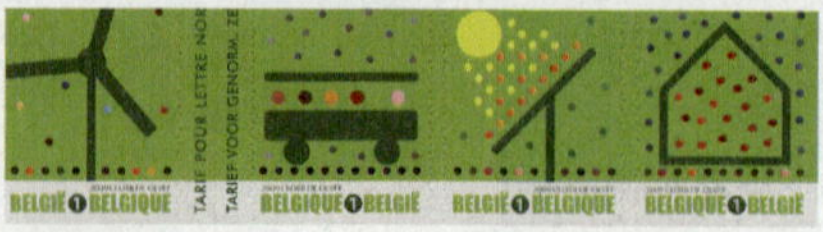

epk) Windenergieanlage
epl) Öffentlicher Personenverkehr
epm) Solaranlage
epn) Energiesparhaus

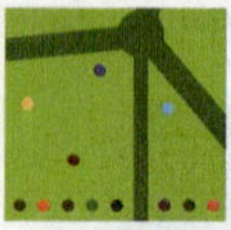

Type I von MiNr. 3958: vier farbige Punkte zwischen den unteren Windradflügeln

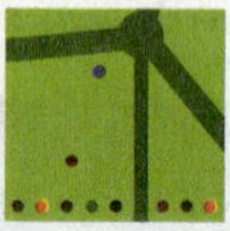

Type II von MiNr. 3958: zwei farbige Punkte zwischen den unteren Windradflügeln

| | | | | | |
|---|---|---|---|---|---|
| **3957** | | 1 (Belgien) mehrfarbig | epj | | |
| | D | dreiseitig gestanzt (☐) | | 2,— | 1,20 |
| | E | zweiseitig gestanzt (☐) | | 2,— | 1,20 |
| **3958** | D | 1 (Belgien) mehrfarbig (☐) | epk | | |
| | I | Type I (Feld 4) | | 2,— | 1,20 |
| | II | Type II (Feld 7) | | 2,— | 1,20 |
| **3959** | D | 1 (Belgien) mehrfarbig (☐) | epl | 2,— | 1,20 |
| **3960** | D | 1 (Belgien) mehrfarbig (☐) | epm | 2,— | 1,20 |
| **3961** | | 1 (Belgien) mehrfarbig | epn | | |
| | D | dreiseitig gestanzt (☐) | | 2,— | 1,20 |
| | E | zweiseitig gestanzt (☐) | | 2,— | 1,20 |
| | | Satzpreis (5 W.) | | 10,— | 6,— |
| | | FDC | | | 7,50 |
| | | Fünferstreifen | | 10,— | 6,— |
| | | Markenheftchen | | 20,— | 12,— |

Nominale zur Zeit der Ausgabe: je 0.59 €

MiNr. 3957–3961 wurden zusammen im Markenheftchen zu je 2 Marken gedruckt.

Auflage: 1.615.000 Markenheftchen

**2009, 6. Juni. Geschichte der Luft- und Raumfahrt. MiNr. 3962 RaTdr., MiNr. 3963–3966 komb. StTdr. und RaTdr.; (2×1 Zd); Papier ph.; gez. K 11½.**

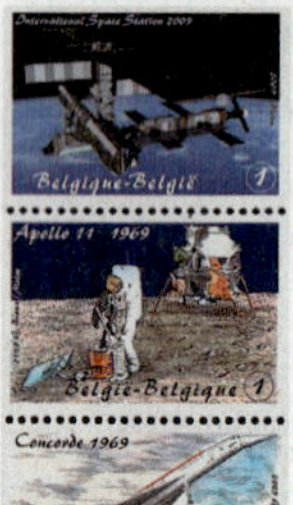


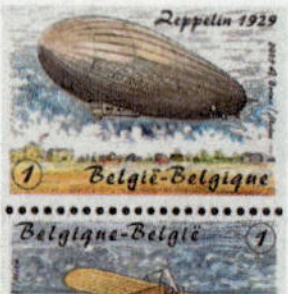


epo) Erster belgischer Astronaut Frank De Winne in der Internationalen Raumstation ISS (2009)
epp) Erste bemannte Mondlandung mit Apollo 11 (1969)
epq) Erster Flug einer Concorde (1969)

epr) Erste Weltumrundung mit einem Zeppelin (1929)
eps) Erster Überflug des Ärmelkanals durch Louis Blériot (1909)

| | | | | |
|---|---|---|---|---|
| **3962** | 1 (Belgien) mehrfarbig | epo | 2,— | 1,20 |
| **3963** | 1 (Belgien) mehrfarbig | epp | 2,— | 1,20 |
| **3964** | 1 (Belgien) mehrfarbig | epq | 2,— | 1,20 |
| **3965** | 1 (Belgien) mehrfarbig | epr | 2,— | 1,20 |
| **3966** | 1 (Belgien) mehrfarbig | eps | 2,— | 1,20 |
| | Satzpreis (5 W.) | | 10,— | 6,— |
| | FDC | | | 7,50 |
| | Fünferstreifen | | 10,— | 6,— |
| | Kleinbogen | | 20,— | 12,— |

Nominale zur Zeit der Ausgabe: je 0.59 €

MiNr. 3962–3966 wurden senkrecht zusammenhängend gedruckt.

Auflage: 245.000 Sätze

**2009, 27. Juni. Blockausgabe: Goldene Hochzeit von König Albert II. und Königin Paola. Odr.; Papier ph.; gez. Ks 11½.**

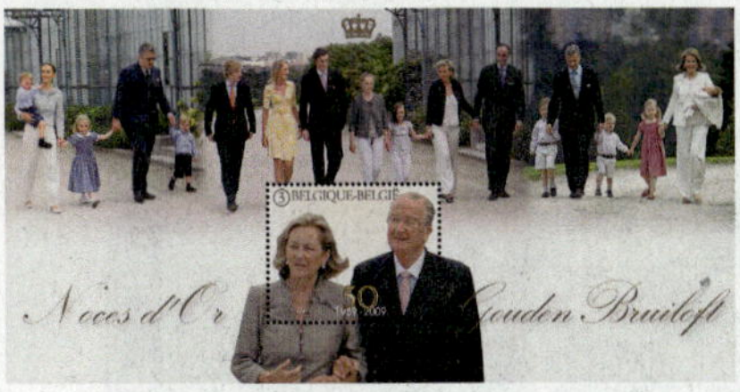


epu

ept) Königspaar

| | | | | |
|---|---|---|---|---|
| 3967 | 3 (Belgien) mehrfarbig | ept | 6,— | 3,50 |
| Block 144 | (125×90 mm) | epu | 6,— | 3,50 |
| | | FDC (Blockmarke) | | 7,50 |

Nominale zur Zeit der Ausgabe: 1.77 €

Auflage: 210.000 Blocks

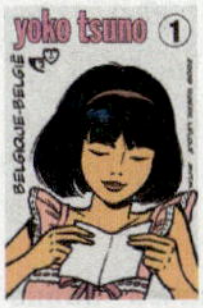


**2009, 27. Juni. Jugendphilatelie. RaTdr. (5×2); Papier ph.; gez. K 11½.**

epv) Yoko Tsuno; Comicfigur von Roger Leloup (*1933), Comiczeichner

| | | | | |
|---|---|---|---|---|
| 3968 | 1 (Belgien) mehrfarbig | epv | 2,— | 1,20 |
| | | FDC | | 7,50 |
| | | Kleinbogen | 20,— | 12,— |

Nominale zur Zeit der Ausgabe: 0.59 €

Auflage: 367.000 Stück

**2009, 29. Aug. Postfahrzeuge. Komb. StTdr. und RaTdr. (2×1 Zd); Papier ph.; gez. K 11½.**

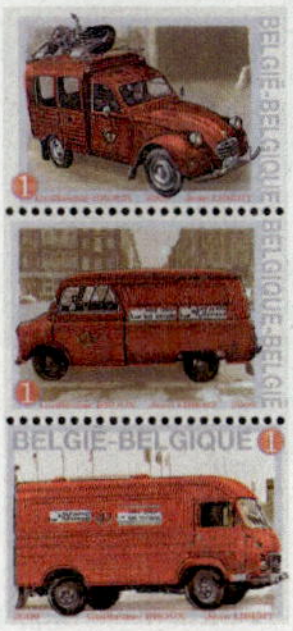


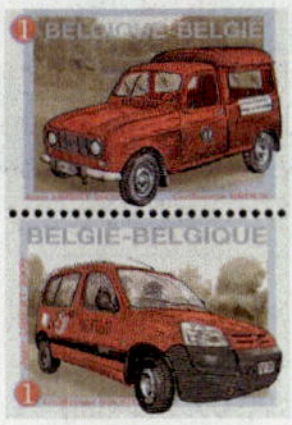


epw) Citroën 2 CV (1950er Jahre)
epx) Bedford (1960er Jahre)
epy) Renault (1970er Jahre)
epz) Renault (1980er Jahre)
era) Citroën (2009)

| | | | | |
|---|---|---|---|---|
| 3969 | 1 (Belgien) mehrfarbig | epw | 2,— | 1,20 |
| 3970 | 1 (Belgien) mehrfarbig | epx | 2,— | 1,20 |
| 3971 | 1 (Belgien) mehrfarbig | epy | 2,— | 1,20 |
| 3972 | 1 (Belgien) mehrfarbig | epz | 2,— | 1,20 |
| 3973 | 1 (Belgien) mehrfarbig | era | 2,— | 1,20 |
| | | Satzpreis (5 W.) | 10,— | 6,— |
| | | FDC | | 7,50 |
| | | Fünferstreifen | 10,— | 6,— |
| | | Kleinbogen | 20,— | 12,— |

Nominale zur Zeit der Ausgabe: je 0.59 €

MiNr. 3969–3973 wurden senkrecht zusammenhängend gedruckt.

Auflage: 223.200 Sätze

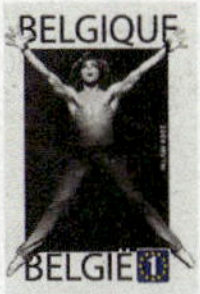


**2009, 29. Aug. 2. Todestag von Maurice Béjart (1927–2007), Ballettänzer und Choreograph. Odr. (5×1); Papier ph.; gez. K 11½.**

erb) Jorge Donn (1947–1992), argentinischer Ballettänzer und Schüler Béjarts, in „Messe pour le temps présent"

| | | | | |
|---|---|---|---|---|
| 3974 | 1 (Europa) mehrfarbig | erb | 3,50 | 1,80 |
| | | FDC | | 7,50 |
| | | Kleinbogen | 18,— | 9,— |

Nominale zur Zeit der Ausgabe: 0.90 €

Auflage: 289.000 Stück

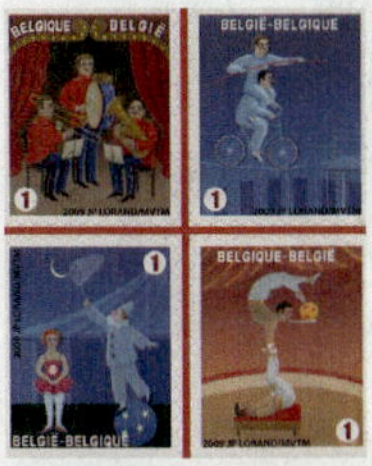


**2009, 29. Aug. Zirkus. RaTdr., Markenheftchen (5×2); Papier ph.; selbstklebend; drei- bzw. zweiseitig gestanzt 10.**

erc) Zirkuskapelle
erd) Hochseilartisten
erh) Weißclown
eri) Kontorsionisten

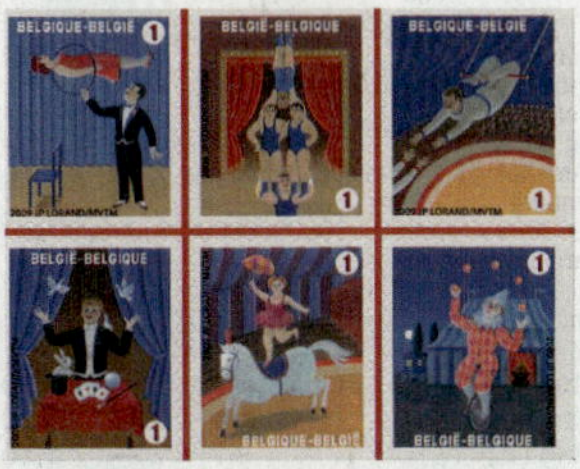


ere) Magier
erf) Bodenakrobaten
erg) Trapezkünstler
erk) Zauberkünstler
erl) Pferdedressur
erm) Clown

| | | | | |
|---|---|---|---|---|
| 3975 | 1 (Belgien) mehrfarbig (□) | erc | 2,— | 1,20 |
| 3976 | 1 (Belgien) mehrfarbig (□) | erd | 2,— | 1,20 |
| 3977 | 1 (Belgien) mehrfarbig (□) | ere | 2,— | 1,20 |
| 3978 | 1 (Belgien) mehrfarbig (□) | erf | 2,— | 1,20 |
| 3979 | 1 (Belgien) mehrfarbig (□) | erg | 2,— | 1,20 |
| 3980 | 1 (Belgien) mehrfarbig (□) | erh | 2,— | 1,20 |
| 3981 | 1 (Belgien) mehrfarbig (□) | eri | 2,— | 1,20 |
| 3982 | 1 (Belgien) mehrfarbig (□) | erk | 2,— | 1,20 |
| 3983 | 1 (Belgien) mehrfarbig (□) | erl | 2,— | 1,20 |
| 3984 | 1 (Belgien) mehrfarbig (□) | erm | 2,— | 1,20 |
| | | Satzpreis (10 W.) | 20,— | 12,— |
| | | FDC | | 7,50 |
| | | Markenheftchen | 20,— | 12,— |

Nominale zur Zeit der Ausgabe: je 0.59 €

MiNr. 3975–3984 wurden zusammen im Markenheftchen gedruckt.

Auflage: 2.377.000 Markenheftchen

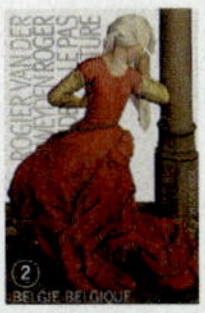


**2009, 19. Sept. Rogier-van-der-Weyden-Ausstellung zur Eröffnung des Museums „M", Löwen. Odr. (5×1); Papier ph.; gez. K 11½.**

ern) Detail aus dem Triptychon „Altar der sieben Sakramente" von Rogier van der Weyden (1399/1400–1464), flämischer Maler

| | | | | | |
|---|---|---|---|---|---|
| **3985** | 2 (Belgien) mehrfarbig | ern | 4,— | 2,40 |
| | | FDC | | 7,50 |
| | | Kleinbogen | 20,— | 12,— |

Nominale zur Zeit der Ausgabe: 1.18 €

Auflage: 297.200 Stück

**2009, 19. Sept. Kunstberg, Brüssel. RaTdr. (10); Papier ph.; vier-, drei- bzw. zweiseitig gez. K 11½.**

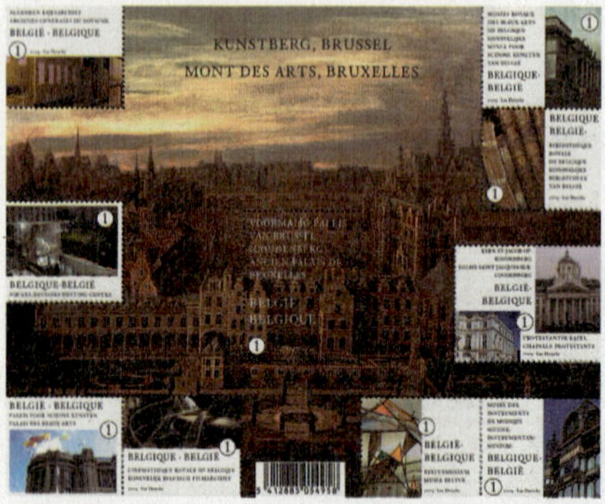


ero erp err ers ert eru erv erw erx ery

ero) Allgemeines Königliches Staatsarchiv
erp) Königliche Museen der Schönen Künste von Belgien
err) Königliche Bibliothek von Belgien
ers) SQUARE, Brussels Meeting Center
ert) Alter Palast von Brüssel – Archäologische Stätte Coudenberg
eru) Kirche St. Jacob-op-Koudenberg
erv) Palast der Schönen Künste
erw) Königlich Belgisches Filmarchiv
erx) Museum BELvue
ery) Musikinstrumentenmuseum

| | | | | |
|---|---|---|---|---|
| **3986** | 1 (Belgien) mehrfarbig (□) | ero | 2,— | 1,20 |
| **3987** | 1 (Belgien) mehrfarbig (□) | erp | 2,— | 1,20 |
| **3988** | 1 (Belgien) mehrfarbig (□) | err | 2,— | 1,20 |
| **3989** | 1 (Belgien) mehrfarbig (□) | ers | 2,— | 1,20 |
| **3990** | 1 (Belgien) mehrfarbig (□) | ert | 2,— | 1,20 |
| **3991** | 1 (Belgien) mehrfarbig (□) | eru | 2,— | 1,20 |
| **3992** | 1 (Belgien) mehrfarbig (□) | erv | 2,— | 1,20 |
| **3993** | 1 (Belgien) mehrfarbig (□) | erw | 2,— | 1,20 |
| **3994** | 1 (Belgien) mehrfarbig (□) | erx | 2,— | 1,20 |
| **3995** | 1 (Belgien) mehrfarbig (□) | ery | 2,— | 1,20 |
| | | Satzpreis (10 W.) | 20,— | 12,— |
| | | 2 FDC | | 15,— |
| | | Kleinbogen | 20,— | 12,— |

Nominale zur Zeit der Ausgabe: je 0.59 €

Auflage: 230.000 Sätze

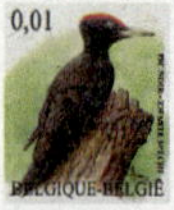


**2009, 19. Sept. Freimarke: Vögel. RaTdr. (2×5); gez. K 11½.**

erz) Schwarzspecht (Dryocopus martius)

| | | | | |
|---|---|---|---|---|
| **3996** | 0.01 (€) mehrfarbig | erz | 0,30 | 0,30 |
| | | FDC | | 7,50 |
| | | Kleinbogen | 1,— | 1,— |

*Weitere Werte siehe Übersicht nach Jahrgangswerttabelle.*

**2009, 3. Okt. Blockausgabe: Wald von Soignes, die grüne Lunge Brüssels. Odr.; Papier ph.; gez. Ks 11½.**

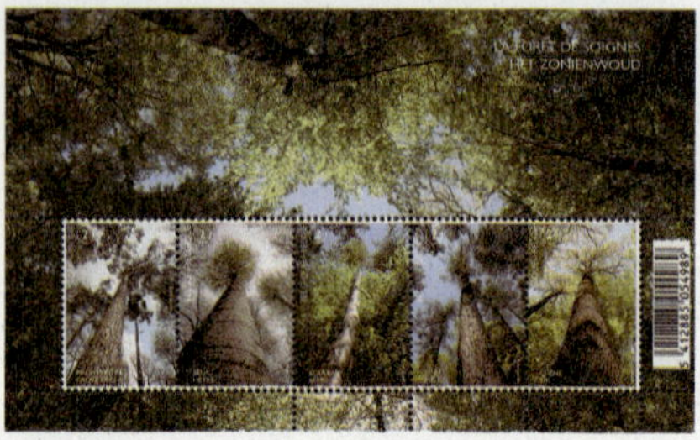

esf

esa) Gemeine Kiefer (Pinus sylvestris)
esb) Buche (Fagus sp.)
esc) Birke (Betula sp.)
esd) Europäische Lärche (Larix decidua)
ese) Eiche (Quercus sp.)

| | | | | |
|---|---|---|---|---|
| **3997** | 2 (Belgien) mehrfarbig | esa | 4,— | 2,40 |
| **3998** | 2 (Belgien) mehrfarbig | esb | 4,— | 2,40 |
| **3999** | 2 (Belgien) mehrfarbig | esc | 4,— | 2,40 |
| **4000** | 2 (Belgien) mehrfarbig | esd | 4,— | 2,40 |
| **4001** | 2 (Belgien) mehrfarbig | ese | 4,— | 2,40 |
| **Block 145** | (166×100 mm) | esf | 20,— | 12,— |
| | FDC (Blockmarken) | | | 7,50 |

Nominale zur Zeit der Ausgabe: je 1.18 €

Auflage: 198.500 Blocks

**2009, 3. Okt. Blockausgabe: 20 Jahre Belgisches Comic-Zentrum, Brüssel. Odr.; Papier ph.; gez. Ks 11½.**

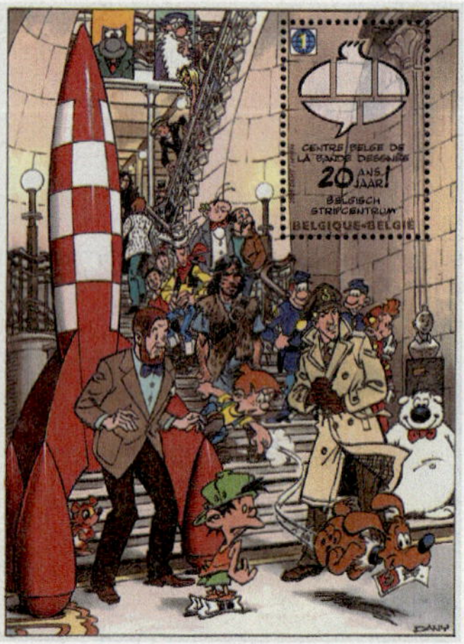


esh

esg) Sprechblase mit Tims Haarschopf

| | | | | |
|---|---|---|---|---|
| **4002** | 1 (Welt) mehrfarbig | esg | 4,— | 2,50 |
| **Block 146** | (90×120 mm) | esh | 4,— | 2,50 |
| | FDC (Blockmarke) | | | 7,50 |

Nominale zur Zeit der Ausgabe: 1.05 €

Bl. 146 □ wurde von der Post an Abonnenten verschenkt. Er ist nicht frankaturgültig.

Auflage: 198.200 Blocks

**2009, 3. Okt. Modell- und Spielzeugeisenbahnen. RaTdr. (10); Papier ph.; gez. K 11¾:11¼.**

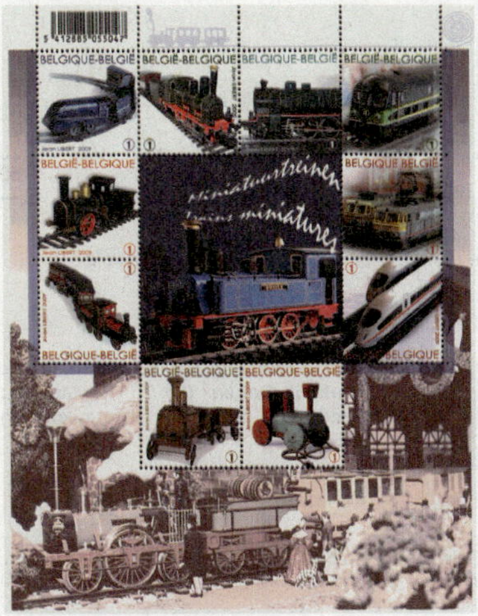

| | | | |
|---|---|---|---|
| esi | esk | esl | esm |
| esn | | | eso |
| esp | | | esr |
| | ess | est | |

esi) Britische Mettoy-Eisenbahn (1950)
esk) Märklin-Lokomotive „Aloisius“ (1995–1998)
esl) Märklin-Dampf-Tenderlokomotive SNCB (1995–1998)
esm) Märklin-Diesellokomotive Haine-St. Pierre SNCB (2009)
esn) Märklin-Dampf-Tenderlokomotiven „Storchenbein“ (1998)
eso) Märklin-Elektrolokomotiven SNCB Baureihe 16 (1999)
esp) Französische Blechspielzeugeisenbahn (1910)
esr) Märklin-ICE-Züge der Deutschen Bahn (2005)
ess) Französische Holzspielzeugeisenbahn (1925)
est) Belgische Holzspielzeugeisenbahn (1950)

| | | | | |
|---|---|---|---|---|
| **4003** | 1 (Belgien) mehrfarbig . . . . . . . . . . . . . . . | esi | 2,— | 1,20 |
| **4004** | 1 (Belgien) mehrfarbig . . . . . . . . . . . . . . . | esk | 2,— | 1,20 |
| **4005** | 1 (Belgien) mehrfarbig . . . . . . . . . . . . . . . | esl | 2,— | 1,20 |
| **4006** | 1 (Belgien) mehrfarbig . . . . . . . . . . . . . . . | esm | 2,— | 1,20 |
| **4007** | 1 (Belgien) mehrfarbig . . . . . . . . . . . . . . . | esn | 2,— | 1,20 |
| **4008** | 1 (Belgien) mehrfarbig . . . . . . . . . . . . . . . | eso | 2,— | 1,20 |
| **4009** | 1 (Belgien) mehrfarbig . . . . . . . . . . . . . . . | esp | 2,— | 1,20 |
| **4010** | 1 (Belgien) mehrfarbig . . . . . . . . . . . . . . . | esr | 2,— | 1,20 |
| **4011** | 1 (Belgien) mehrfarbig . . . . . . . . . . . . . . . | ess | 2,— | 1,20 |
| **4012** | 1 (Belgien) mehrfarbig . . . . . . . . . . . . . . . | est | 2,— | 1,20 |
| | Satzpreis (10 W.) | | 20,— | 12,— |
| | 2 FDC | | | 15,— |
| | Kleinbogen | | 20,— | 12,— |

Nominale zur Zeit der Ausgabe: je 0.59 €

Auflage: 240.000 Sätze

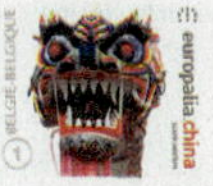

**2009, 3. Okt. Europäisches Kulturfestival „Europalia 2009 China“, Brüssel. RaTdr., Markenheftchen (2×5); Papier ph.; selbstklebend; D = dreiseitig, E = zweiseitig gestanzt 10.**

esu) Chinesischer Festzugsdrache

| | | | | | |
|---|---|---|---|---|---|
| **4013** | | 1 (Belgien) mehrfarbig . . . . . . . . . . . | esu | | |
| | **Dl** | dreiseitig gestanzt (▭) . . . . . . . . . . . . . | | 2,— | 1,20 |
| | **Dr** | dreiseitig gestanzt (▭) . . . . . . . . . . . . . | | 2,— | 1,20 |
| | **El** | zweiseitig gestanzt (▭) . . . . . . . . . . . . . | | 2,— | 1,20 |
| | **Er** | zweiseitig gestanzt (▭) . . . . . . . . . . . . . | | 2,— | 1,20 |
| | | FDC | | | 7,50 |
| | | Markenheftchen | | 20,— | 12,— |

Nominale zur Zeit der Ausgabe: 0.59 €

Auflage: 1.584.638 Markenheftchen

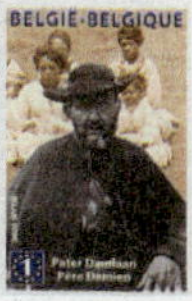

**2009, 3. Okt. Heiligsprechung von Pater Damian. Odr. (5×1); Papier ph.; gez. K 11½.**

esv) Pater Damian (Jef de Veuster) (1840–1889), katholischer Missionar auf den Hawaii-Inseln, Apostel der Aussätzigen

| | | | | |
|---|---|---|---|---|
| **4014** | 1 (Europa) mehrfarbig . . . . . . . . . . . . . . . | esv | 3,50 | 1,80 |
| | FDC | | | 7,50 |
| | Kleinbogen | | 18,— | 9,— |

Nominale zur Zeit der Ausgabe: 0.90 €

Auflage: 327.000 Stück

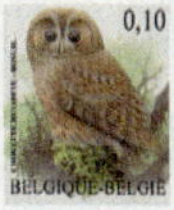

**2009, 3. Okt. Freimarke: Vögel. RaTdr. (2×5); gez. K 11½.**

esw) Waldkauz (Strix aluco)

| | | | | |
|---|---|---|---|---|
| **4015** | 0.10 (€) mehrfarbig . . . . . . . . . . . . . . . . . | esw | 0,30 | 0,30 |
| | FDC | | | 7,50 |
| | Kleinbogen | | 2,50 | 2,50 |

*Weitere Werte siehe Übersicht nach Jahrgangswerttabelle.*

**2009, 31. Okt. Das ist Belgien (VII): Literatur. RaTdr. (10); Papier fl.; gez. K 11½.**

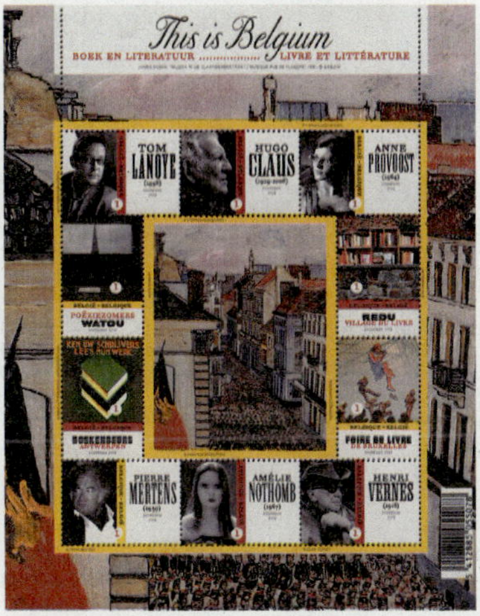

| | | |
|---|---|---|
| esx | esy | esz |
| eta | | etb |
| etc | | etd |
| ete | etf | etg |

esx) Tom Lanoye (*1958), flämischer Schriftsteller
esy) Hugo Claus (1929–2008), flämischer Schriftsteller
esz) Anne Provoost (*1964), flämische Schriftstellerin
eta) Dichtersommer, Watou
etb) Redu – Dorf des Buches
etc) Bücherbörse, Antwerpen
etd) Fest des Buches, Brüssel
ete) Pierre Mertens (*1939), wallonischer Jurist und Schriftsteller
etf) Amélie Nothomb (*1967), wallonische Romanautorin
etg) Henri Vernes (1918–2021), wallonischer Science-Fiction-Autor

| | | | | |
|---|---|---|---|---|
| **4016** | 1 (Belgien) mehrfarbig . . . . . . . . . . . . . . . | esx | 2,— | 1,20 |
| **4017** | 1 (Belgien) mehrfarbig . . . . . . . . . . . . . . . | esy | 2,— | 1,20 |
| **4018** | 1 (Belgien) mehrfarbig . . . . . . . . . . . . . . . | esz | 2,— | 1,20 |
| **4019** | 1 (Belgien) mehrfarbig . . . . . . . . . . . . . . . | eta | 2,— | 1,20 |
| **4020** | 1 (Belgien) mehrfarbig . . . . . . . . . . . . . . . | etb | 2,— | 1,20 |
| **4021** | 1 (Belgien) mehrfarbig . . . . . . . . . . . . . . . | etc | 2,— | 1,20 |
| **4022** | 1 (Belgien) mehrfarbig . . . . . . . . . . . . . . . | etd | 2,— | 1,20 |
| **4023** | 1 (Belgien) mehrfarbig . . . . . . . . . . . . . . . | ete | 2,— | 1,20 |
| **4024** | 1 (Belgien) mehrfarbig . . . . . . . . . . . . . . . | etf | 2,— | 1,20 |

| | | | | |
|---|---|---|---|---|
| **4025** | 1 (Belgien) mehrfarbig | etg | 2,— | 1,20 |
| | | Satzpreis (10 W.) | 20,— | 12,— |
| | | 2 FDC | | 15,— |
| | | Kleinbogen | 20,— | 12,— |

Nominale zur Zeit der Ausgabe: je 0.59 €

Auflage: 230.000 Sätze

**2009, 31. Okt. Blockausgabe: Förderung der Philatelie. Odr.; Papier ph.; gez. Ks 11½.**

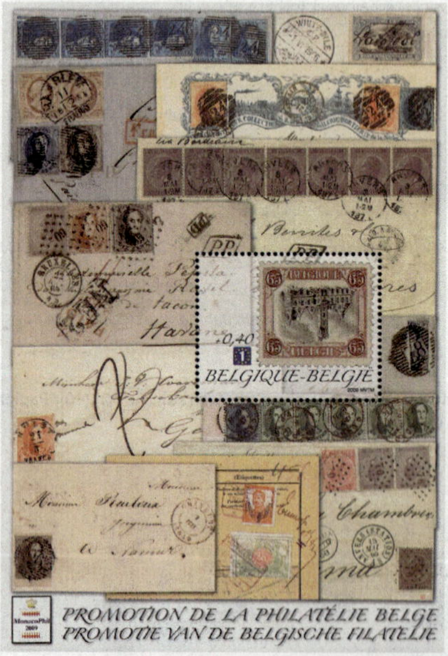


eti

eth) Marke MiNr. 124 F

| | | | | |
|---|---|---|---|---|
| **4026** | 1 (Europa) + 0.40 (€) mehrfarbig | eth | 4,— | 2,60 |
| **Block 147** | (120×170 mm) | eti | 4,— | 2,60 |
| | | FDC (Blockmarke) | | 7,50 |

Nominale zur Zeit der Ausgabe: 0.90 € + 0.40 €

Auflage: 188.000 Blocks

**2009, 31. Okt. Weihnachten. RaTdr., Markenheftchen (2×5); Papier ph.; selbstklebend; D = dreiseitig, E = zweiseitig gestanzt 10.**

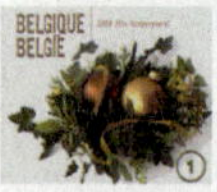


etk

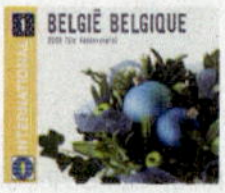


etl

etk–etl) Christbaumkugeln

| | | | | | |
|---|---|---|---|---|---|
| **4027** | | 1 (Belgien) mehrfarbig | etk | | |
| | DI | dreiseitig gestanzt (□) | | 2,— | 1,20 |
| | Dr | dreiseitig gestanzt (□) | | 2,— | 1,20 |
| | EI | zweiseitig gestanzt (□) | | 2,— | 1,20 |
| | Er | zweiseitig gestanzt (□) | | 2,— | 1,20 |
| **4028** | | 1 (Europa) mehrfarbig | etl | | |
| | DI | dreiseitig gestanzt (□) | | 3,50 | 1,80 |
| | Dr | dreiseitig gestanzt (□) | | 3,50 | 1,80 |
| | EI | zweiseitig gestanzt (□) | | 3,50 | 1,80 |
| | Er | zweiseitig gestanzt (□) | | 3,50 | 1,80 |
| | | | Satzpreis (2 W.) | 5,50 | 3,— |
| | | | 2 FDC | | 15,— |
| | | | 2 Markenheftchen | 55,— | 30,— |

Nominalen zur Zeit der Ausgabe: MiNr. 4027 = 0.59 €, MiNr. 4028 = 0.90 €

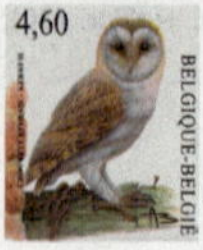


**2010, 4. Jan. Freimarke: Vögel. RaTdr. (5×2); Papier ph.; gez. K 11½.**

etm) Schleiereule (Tyto alba)

| | | | | |
|---|---|---|---|---|
| **4029** | 4.60 (€) mehrfarbig | etm | 9,20 | 9,20 |
| | | FDC | | 7,50 |
| | | Kleinbogen | 92,— | 92,— |

*Weitere Werte siehe Übersicht nach Jahrgangswerttabelle.*

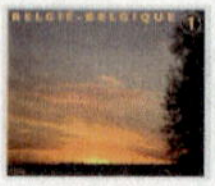


**2010, 4. Jan. Freimarke für Kondolenzbriefe. RaTdr., Markenheftchen (2×5); Papier ph.; selbstklebend; D = dreiseitig, E = zweiseitig gestanzt 10.**

etn) Wolkenstimmung bei Sonnenuntergang

| | | | | | |
|---|---|---|---|---|---|
| **4030** | | 1 (Belgien) mehrfarbig | etn | | |
| | DI | dreiseitig gestanzt (□) | | 2,— | 1,20 |
| | Dr | dreiseitig gestanzt (□) | | 2,— | 1,20 |
| | EI | zweiseitig gestanzt (□) | | 2,— | 1,20 |
| | Er | zweiseitig gestanzt (□) | | 2,— | 1,20 |
| | | | FDC | | 7,50 |
| | | | Markenheftchen | 20,— | 12,— |

Nominale zur Zeit der Ausgabe: 0.59 €

Auflage: 500.000 Markenheftchen

**2010, 16. Jan. Blockausgabe: Internationale Briefmarkenausstellung ANTVERPIA 2010, Antwerpen (I). Odr.; Papier ph.; gez. Ks 11½.**

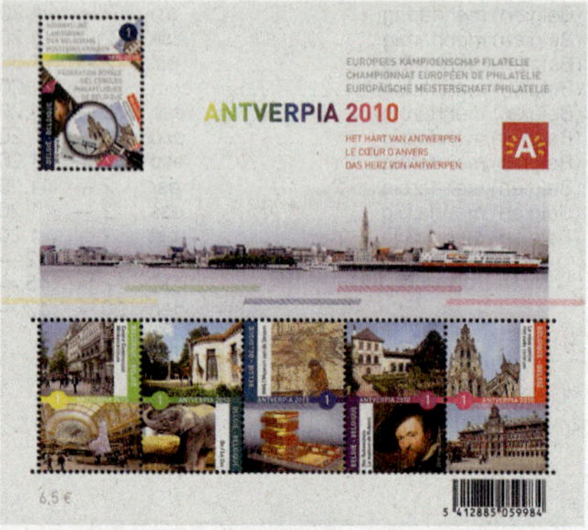


etv

eto) 120 Jahre Kgl. Nat. Verband der belgischen Briefmarkensammlervereine
etp) Einkaufszentrum
etr) Zoo
ets) Museum aan de Stroom (MAS)
ett) Rubenshaus, Selbstporträt von Rubens
etu) Dom, Rathaus

| | | | | |
|---|---|---|---|---|
| **4031** | 1 (Belgien) mehrfarbig | eto | 5,— | 2,— |
| **4032** | 1 (Belgien) mehrfarbig | etp | 5,— | 2,— |
| **4033** | 1 (Belgien) mehrfarbig | etr | 5,— | 2,— |
| **4034** | 1 (Belgien) mehrfarbig | ets | 5,— | 2,— |
| **4035** | 1 (Belgien) mehrfarbig | ett | 5,— | 2,— |
| **4036** | 1 (Belgien) mehrfarbig | etu | 5,— | 2,— |
| **Block 148** | (160×140 mm) | etv | 30,— | 13,— |
| | | 2 FDC (Blockmarken) | | 20,— |

Nominale zur Zeit der Ausgabe: je 0.59 €

Postpreis: 6.50 €

Auflage: 167.600 Blocks

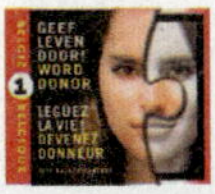

**2010, 16. Jan. Organspendekampagne. RaTdr., Markenheftchen (2×5); Papier fl.; selbstklebend; D = dreiseitig, E = zweiseitig gestanzt 10.**

etw) Frauengesicht, Puzzleteil

| | | | | |
|---|---|---|---|---|
| **4037** | 1 (Belgien) mehrfarbig | etw | | |
| **Dl** | dreiseitig gestanzt (⌑) | | 2,— | 1,20 |
| **Dr** | dreiseitig gestanzt (⌑) | | 2,— | 1,20 |
| **El** | zweiseitig gestanzt (⌑) | | 2,— | 1,20 |
| **Er** | zweiseitig gestanzt (⌑) | | 2,— | 1,20 |
| | | FDC | | 7,50 |
| | | Markenheftchen | 20,— | 12,— |

Nominale zur Zeit der Ausgabe: 0.59 €

Auflage: 600.700 Markenheftchen

**2010, 16. Jan. Blockausgabe: Vom Mundaneum zum Internet. Odr.; Papier ph.; gez. Ks 11½.**

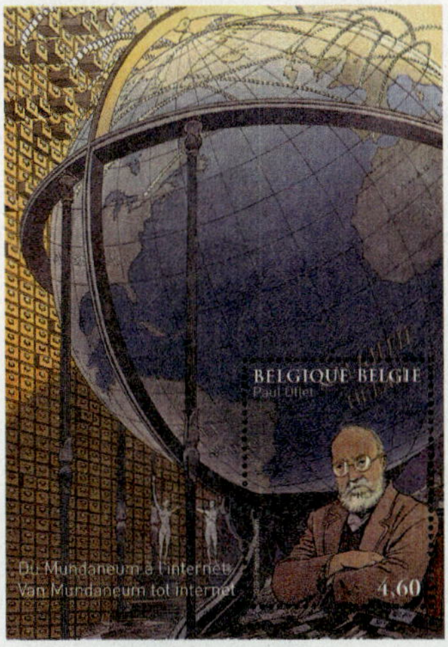


ety

etx) Paul Otlet (1868–1944), Pionier des Informationsmanagements, Gründer der Universellen Bibliothek (Mundaneum)

| | | | | |
|---|---|---|---|---|
| **4038** | 4.60 (€) mehrfarbig | etx | 10,— | 9,20 |
| **Block 149** | (90×125 mm) | ety | 10,— | 9,20 |
| | | FDC (Blockmarke) | | 7,50 |

Bl. 149 □ wurde von der Post an Abonnenten verschenkt. Er ist nicht frankaturgültig.

Auflage: 173.600 Blocks

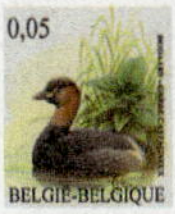


**2010, 18. Jan. Freimarke: Vögel. RaTdr. (2×5); gez. K 11½.**

etz) Zwergtaucher (Tachybaptus ruficollis)

| | | | | |
|---|---|---|---|---|
| **4039** | 0.05 (€) mehrfarbig | etz | 0,30 | 0,30 |
| | | FDC | | 7,50 |
| | | Kleinbogen | 2,— | 2,— |

*Weitere Werte siehe Übersicht nach Jahrgangswerttabelle.*

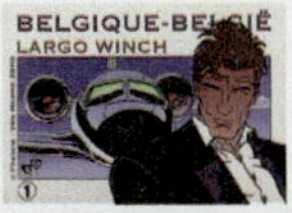


**2010, 20. Febr. Jugendphilatelie. RaTdr. (2×5); Papier ph.; gez. K 11½.**

eua) Largo Winch; Comicfigur von Philippe Francq (*1961), Zeichner, und Jean Van Hamme (*1939), Autor

| | | | | |
|---|---|---|---|---|
| **4040** | 1 (Belgien) mehrfarbig | eua | 3,— | 1,20 |
| | | FDC | | 7,50 |
| | | Kleinbogen | 30,— | 12,— |

Nominale zur Zeit der Ausgabe: 0.59 €

Auflage: 354.100 Stück

**2010, 20. Febr. Literatur. RaTdr., Markenheftchen (5×1); Papier ph.; gez. K 12:11½.**

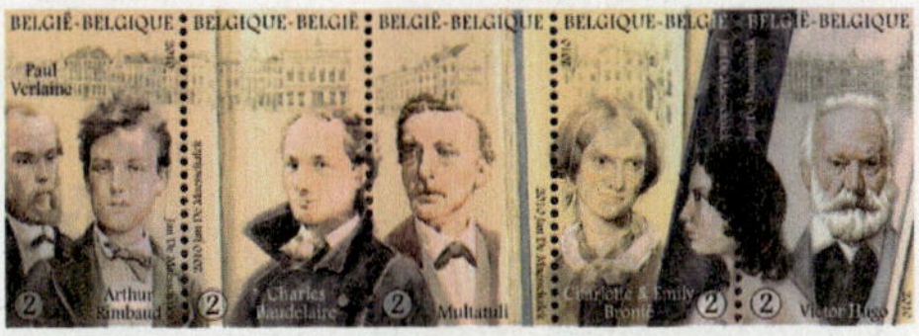


eub) Paul Verlaine (1844–1896) und Arthur Rimbaud (1854–1891), französische Lyriker
euc) Charles Baudelaire (1821–1867), französischer Lyriker
eud) Multatuli, eigentlich Eduard Douwes Dekker (1820–1887), niederländischer Schriftsteller
eue) Charlotte (1816–1855) und Emily Brontë (1818–1848), britische Schriftstellerinnen
euf) Victor Hugo (1802–1885), französischer Schriftsteller

| | | | | |
|---|---|---|---|---|
| **4041** | 2 (Belgien) mehrfarbig | eub | 4,— | 2,40 |
| **4042** | 2 (Belgien) mehrfarbig | euc | 4,— | 2,40 |
| **4043** | 2 (Belgien) mehrfarbig | eud | 4,— | 2,40 |
| **4044** | 2 (Belgien) mehrfarbig | eue | 4,— | 2,40 |
| **4045** | 2 (Belgien) mehrfarbig | euf | 4,— | 2,40 |
| | | Satzpreis (5 W.) | 20,— | 12,— |
| | | FDC | | 7,50 |

Nominale zur Zeit der Ausgabe: je 1.18 €

MiNr. 4041–4045 stammen aus MH 47.

Auflage: 188.600 Markenheftchen

**2010, 13. März. Genter Floralien. Komb. StTdr. und RaTdr. (5×1 Zd); Papier ph.; gez. K 11¾:11½.**

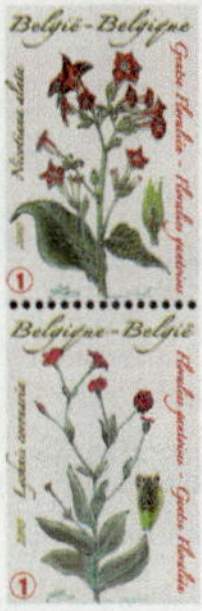


eug) Flügeltabak (Nicotiana alata)
euh) Kronen-Lichtnelke (Lychnis coronaria)

| | | | | |
|---|---|---|---|---|
| **4046** | 1 (Belgien) mehrfarbig | eug | 2,— | 1,20 |
| **4047** | 1 (Belgien) mehrfarbig | euh | 2,— | 1,20 |
| | | Satzpreis (2 W.) | 4,— | 2,40 |
| | | Paar | 4,— | 2,40 |
| | | FDC | | 7,50 |
| | | Kleinbogen | 20,— | 12,— |

Nominale zur Zeit der Ausgabe: je 0.59 €

Auflage: 354.100 Sätze

**2010, 13. März. Blockausgabe: Europa – Kinderbücher. Odr.; Papier ph.; gez. Ks 11½.**

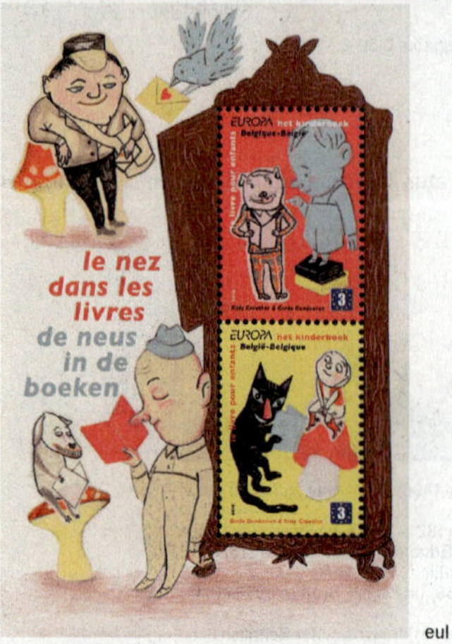


eul

eui–euk) Die Nase in die Bücher; Zeichnungen von Kitty Crowther (*1970) und Gerda Dendooven (*1962)

| | | | | | |
|---|---|---|---|---|---|
| **4048** | 3 (Europa) mehrfarbig | eui | 10,50 | 6,50 |
| **4049** | 3 (Europa) mehrfarbig | euk | 10,50 | 6,50 |
| **Block 150** | (80×120 mm) | eul | 21,— | 13,— |
| | FDC (Blockmarken) | | | 7,50 |

Nominale zur Zeit der Ausgabe: je 2.70 €

Auflage: 163.300 Blocks

**2010, 13. März. Tierbabies. RaTdr., Markenheftchen (2×5); Papier ph.; selbstklebend; drei- bzw. zweiseitig gestanzt 10.**

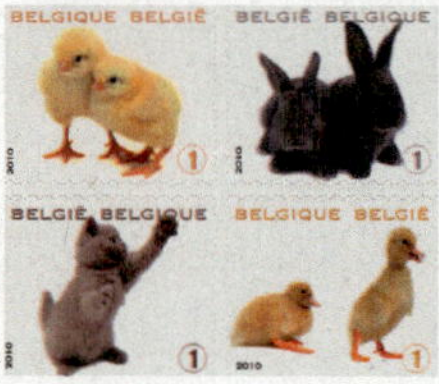

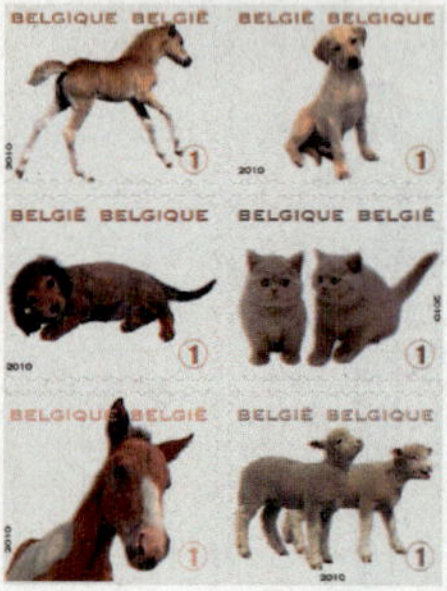

eum) Hühnerküken
eun) Kaninchen
euo) Kätzchen
eup) Entenküken

eur) Fohlen
eus) Welpe
eut) Welpe
euu) Kätzchen
euv) Fohlen
euw) Lämmer

| | | | | |
|---|---|---|---|---|
| **4050** | 1 (Belgien) mehrfarbig (▭) | eum | 2,— | 1,20 |
| **4051** | 1 (Belgien) mehrfarbig (▭) | eun | 2,— | 1,20 |
| **4052** | 1 (Belgien) mehrfarbig (▭) | euo | 2,— | 1,20 |
| **4053** | 1 (Belgien) mehrfarbig (▭) | eup | 2,— | 1,20 |
| **4054** | 1 (Belgien) mehrfarbig (▭) | eur | 2,— | 1,20 |
| **4055** | 1 (Belgien) mehrfarbig (▭) | eus | 2,— | 1,20 |
| **4056** | 1 (Belgien) mehrfarbig (▭) | eut | 2,— | 1,20 |
| **4057** | 1 (Belgien) mehrfarbig (▭) | euu | 2,— | 1,20 |
| **4058** | 1 (Belgien) mehrfarbig (▭) | euv | 2,— | 1,20 |
| **4059** | 1 (Belgien) mehrfarbig (▭) | euw | 2,— | 1,20 |
| | Satzpreis (10 W.) | | 20,— | 12,— |
| | FDC | | | 7,50 |
| | Markenheftchen | | 20,— | 12,— |

Nominale zur Zeit der Ausgabe: je 0.59 €

MiNr. 4050–4059 wurden zusammen im Markenheftchen gedruckt.

Auflage: 2.017.600 Markenheftchen

**2010, 9. April. Blockausgabe: Internationale Briefmarkenausstellung ANTVERPIA 2010, Antwerpen (II). Odr.; Papier ph.; gez. Ks 11½.**

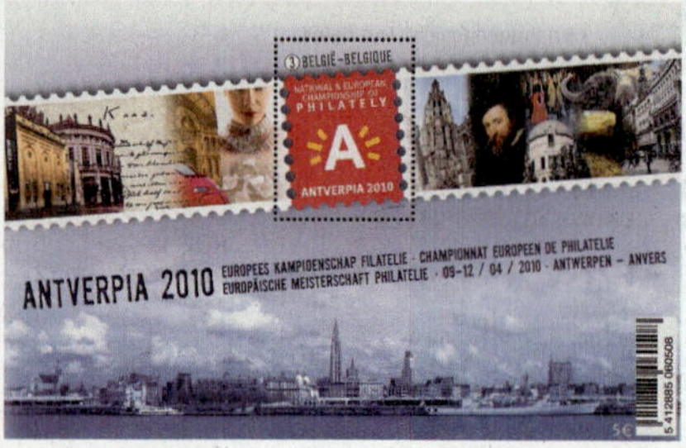


euy

eux) Ausstellungsemblem

| | | | | |
|---|---|---|---|---|
| **4060** | 3 (Belgien) mehrfarbig | eux | 12,— | 10,— |
| **Block 151** | (190×120 mm) | euy | 12,— | 10,— |
| | FDC (Blockmarke) | | | 7,50 |

Nominale zur Zeit der Ausgabe: 1.77 €

Postpreis: 5 €

Auflage: 168.500 Blocks

**2010, 10. April. Umweltschutz: Gewinner des Briefmarkengestaltungswettbewerbs für Kinder „Rettet die Erde“. Odr. (2×1 Zd); Papier ph.; gez. K 11½.**

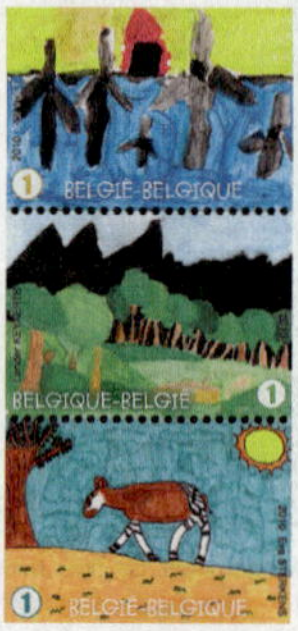

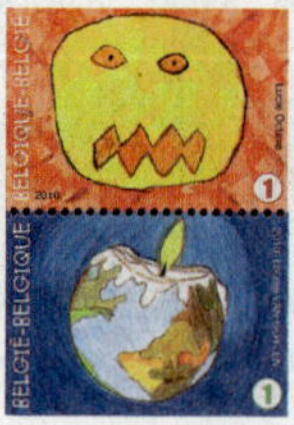

euz) Igor Volt (Thema: Ozeane und Seen)
eva) Lander Kayaerts (Thema: Wälder
evb) Eva Sterkens (Thema: Gefährdete Arten)
evc) Lucie Octave (Thema: Klima)
evd) Louise Van Goylen (Thema: Energie)

| | | | | |
|---|---|---|---|---|
| **4061** | 1 (Belgien) mehrfarbig | euz | 2,— | 1,20 |
| **4062** | 1 (Belgien) mehrfarbig | eva | 2,— | 1,20 |
| **4063** | 1 (Belgien) mehrfarbig | evb | 2,— | 1,20 |
| **4064** | 1 (Belgien) mehrfarbig | evc | 2,— | 1,20 |
| **4065** | 1 (Belgien) mehrfarbig | evd | 2,— | 1,20 |
| | Satzpreis (5 W.) | | 10,— | 6,— |
| | FDC | | | 7,50 |
| | Fünferstreifen | | 10,— | 6,— |
| | Kleinbogen | | 20,— | 12,— |

Nominale zur Zeit der Ausgabe: je 0.59 €

MiNr. 4061–4065 wurden senkrecht zusammenhängend gedruckt.

Auflage: 975.000 Sätze

**2010, 11. April. Das ist Belgien (VIII): Mode. RaTdr. (10); Papier ph.; gez. K 11½, MiNr. 4069 mit zusätzlicher Zähnung mit Markenbild.**

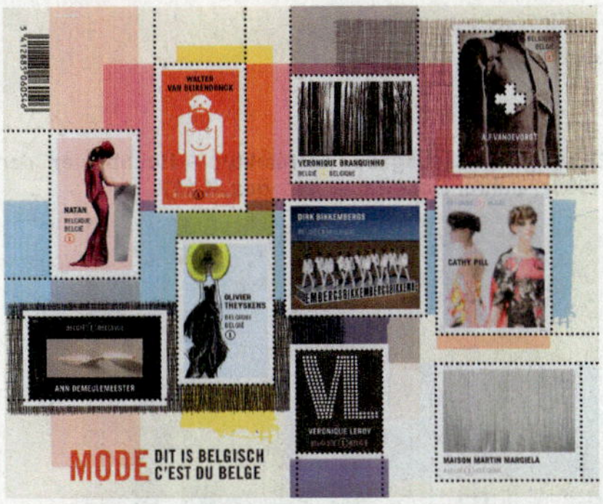


| | | | |
|---|---|---|---|
| eve | evf | evg | evh |
| evi | evk | evl | evm |
| | | evn | evo |

eve) Natan
evf) Walter Van Beirendonck (*1957)
evg) Veronique Branquinho (*1973)
evh) A. F. Vandevorst
evi) Ann Demeulemeester (*1959)
evk) Oliver Theyskens (*1977)
evl) Dirk Bikkembergs (*1959)
evm) Cathy Pill (*1981)
evn) Veronique Leroy (*1965)
evo) Martin Margiela (*1957)

| | | | | |
|---|---|---|---|---|
| **4066** | 1 (Belgien) mehrfarbig | eve | 2,— | 1,20 |
| **4067** | 1 (Belgien) mehrfarbig | evf | 2,— | 1,20 |
| **4068** | 1 (Belgien) mehrfarbig | evg | 2,— | 1,20 |
| **4069** | 1 (Belgien) mehrfarbig | evh | 2,— | 1,20 |
| **4070** | 1 (Belgien) mehrfarbig | evi | 2,— | 1,20 |
| **4071** | 1 (Belgien) mehrfarbig | evk | 2,— | 1,20 |
| **4072** | 1 (Belgien) mehrfarbig | evl | 2,— | 1,20 |
| **4073** | 1 (Belgien) mehrfarbig | evm | 2,— | 1,20 |
| **4074** | 1 (Belgien) mehrfarbig | evn | 2,— | 1,20 |
| **4075** | 1 (Belgien) mehrfarbig | evo | 2,— | 1,20 |
| | | Satzpreis (10 W.) | 20,— | 12,— |
| | | FDC | | 7,50 |
| | | Kleinbogen | 20,— | 12,— |

Nominale zur Zeit der Ausgabe: je 0.59 €

Auflage: 196.200 Sätze

**2010, 12. April. Blockausgabe: 25 Jahre philatelistische Höhepunkte – Greifvögel. Odr.; Papier ph.; gez. Ks 11½.**

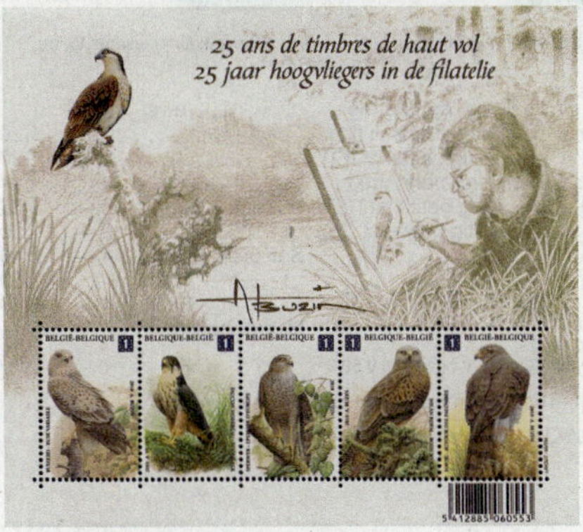


evv

evp) Mäusebussard (Buteo buteo)
evr) Baumfalke (Falco subbuteo)
evs) Sperber (Accipiter nisus)
evt) Rotmilan (Milvus milvus)
evu) Habicht (Accipiter gentilis)

| | | | | |
|---|---|---|---|---|
| **4076** | 1 (Europa) mehrfarbig | evp | 3,50 | 1,80 |
| **4077** | 1 (Europa) mehrfarbig | evr | 3,50 | 1,80 |
| **4078** | 1 (Europa) mehrfarbig | evs | 3,50 | 1,80 |
| **4079** | 1 (Europa) mehrfarbig | evt | 3,50 | 1,80 |
| **4080** | 1 (Europa) mehrfarbig | evu | 3,50 | 1,80 |
| **Block 152** | (160×140 mm) | evv | 18,— | 9,— |
| | FDC (Blockmarken) | | | 7,50 |

Nominale zur Zeit der Ausgabe: je 0.90 €

Auflage: 184.700 Blocks

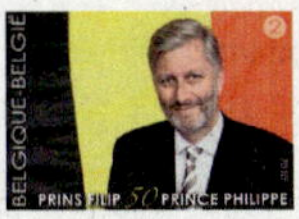

**2010, 15. April. 50. Geburtstag von Prinz Philipp. Odr. (1×5); Papier ph.; gez. K 11½.**

evw) Prinz Philipp (*1960)

| | | | | |
|---|---|---|---|---|
| **4081** | 2 (Belgien) mehrfarbig | evw | 4,— | 2,40 |
| | | FDC | | 7,50 |
| | | Kleinbogen | 20,— | 12,— |

Nominale zur Zeit der Ausgabe: 1.18 €

Auflage: 254.500 Stück

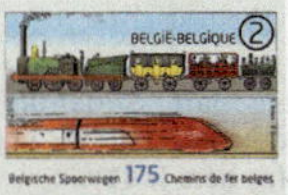

**2010, 8. Mai. 175 Jahre Eisenbahn in Belgien. Komb. StTdr. und RaTdr. (1×5); Papier ph.; gez. K 11½.**

evx) Eisenbahn Mecheln–Brüssel (1835) und Thalys-Hochgeschwindigkeitszug (2010)

| | | | | |
|---|---|---|---|---|
| **4082** | 2 (Belgien) mehrfarbig | evx | 4,— | 2,40 |
| | | FDC | | 7,50 |
| | | Kleinbogen | 20,— | 12,— |

Nominale zur Zeit der Ausgabe: 1.18 €

Auflage: 255.800 Stück

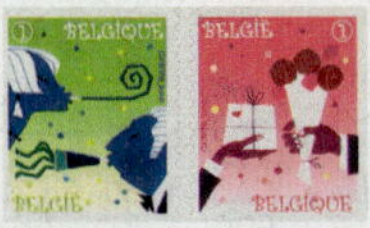

**2010, 8. Mai. Grußmarken. RaTdr., Markenheftchen (5×2); Papier ph.; selbstklebend; D = dreiseitig, E = zweiseitig gestanzt 10.**

evy) Tröten
evz) Präsente

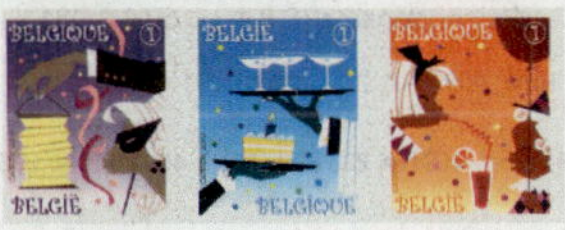

ewa) Lampion
ewb) Sekt und Torte
ewc) Cocktail

| | | | | | |
|---|---|---|---|---|---|
| **4083** | | 1 (Belgien) mehrfarbig | evy | | |
| | Do | dreiseitig gestanzt | | 2,— | 1,20 |
| | E | zweiseitig gestanzt | | 2,— | 1,20 |
| **4084** | | 1 (Belgien) mehrfarbig | evz | | |
| | Do | dreiseitig gestanzt | | 2,— | 1,20 |
| | Du | dreiseitig gestanzt | | 2,— | 1,20 |
| **4085** | | 1 (Belgien) mehrfarbig | ewa | | |
| | Do | dreiseitig gestanzt | | 2,— | 1,20 |
| | Du | dreiseitig gestanzt | | 2,— | 1,20 |
| **4086** | | 1 (Belgien) mehrfarbig | ewb | | |
| | Do | dreiseitig gestanzt | | 2,— | 1,20 |
| | Du | dreiseitig gestanzt | | 2,— | 1,20 |
| **4087** | | 1 (Belgien) mehrfarbig | ewc | | |
| | Du | dreiseitig gestanzt | | 2,— | 1,20 |
| | E | zweiseitig gestanzt | | 2,— | 1,20 |
| | | | Satzpreis (5 W.) | 10,— | 6,— |
| | | | FDC | | 7,50 |
| | | | Fünferstreifen | 10,— | 6,— |
| | | | Markenheftchen | 20,— | 12,— |

Nominale zur Zeit der Ausgabe: je 0.59 €

Markenfolge im MH: 4083-4084-4085-4086-4087, 4085-4086-4087-4084-4083

Auflage: 1.877.600 Markenheftchen

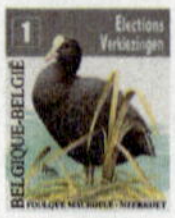

**2010, 12. Mai. Freimarke für Wahlsendungen: Vögel. Odr. (2×5); Typopapier; gez. K 11½.**

ewd) Blässhuhn (Fulica atra)

| | | | | | |
|---|---|---|---|---|---|
| **4088** | 1 (Elections) mehrfarbig | ewd | 0,60 | 0,60 |
| | | FDC | | 7,50 |
| | | Kleinbogen | 6,— | 6,— |

Nominale zur Zeit der Ausgabe: 0.28 €

*Weitere Werte siehe Übersicht nach Jahrgangswerttabelle.*

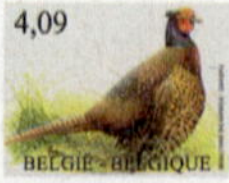

**2010, 12. Juni. Freimarke: Vögel. Odr. (2×5); Papier ph.; gez. K 11½.**

ewe) Jagdfasan (Phasianus colchicus)

| | | | | |
|---|---|---|---|---|
| **4089** | 4.09 (€) mehrfarbig | ewe | 8,20 | 8,20 |
| | | FDC | | 7,50 |
| | | Kleinbogen | 82,— | 82,— |

*Weitere Werte siehe Übersicht nach Jahrgangswerttabelle.*

**2010, 12. Juni. Sport: Fußball-Weltmeisterschaft, Südafrika; Olympische Jugendspiele, Singapur; 65. Geburtstag von Eddy Merckx. Odr. (5×1, Querformat ~); Papier ph.; gez. K 11½.**

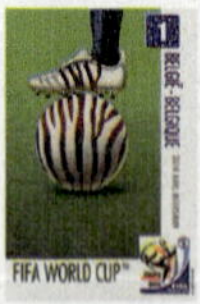


ewf) Fuß auf Ball mit Zebramuster, Emblem

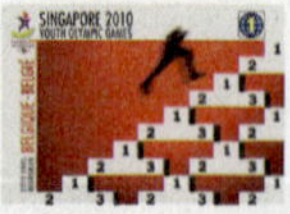


ewg) Siegerpodeste, Emblem

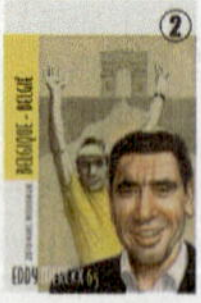

ewh) Eddy Merckx (*1945), Radrennfahrer

| | | | | |
|---|---|---|---|---|
| **4090** | 1 (Europa) mehrfarbig | ewf | 3,50 | 1,80 |
| **4091** | 1 (Welt) mehrfarbig | ewg | 4,— | 2,10 |
| **4092** | 2 (Belgien) mehrfarbig | ewh | 4,— | 2,40 |
| | | Satzpreis (3 W.) | 11,50 | 6,20 |
| | | FDC | | 7,50 |
| | | Kleinbogensatz (3 Klb.) | 58,— | 31,— |

Nominale zur Zeit der Ausgabe: MiNr. 4090 = 0.90 €, MiNr. 4091 = 1.05 €, MiNr. 4092 = 1.18 €

Auflagen: MiNr. 4090 = 263.600, MiNr. 4091 = 233.600, MiNr. 4092 = 300.000 Stück

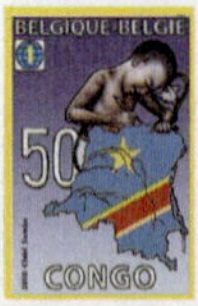


**2010, 12. Juni. 50 Jahre Unabhängigkeit der Demokratischen Republik Kongo. Odr. (5×1); Papier fl.; gez. K 11½.**

ewi) Kind zeichnet Landkarte

| | | | | |
|---|---|---|---|---|
| **4093** | 1 (Welt) mehrfarbig | ewi | 4,— | 2,10 |
| | | FDC | | 7,50 |
| | | Kleinbogen | 20,— | 10,50 |

Nominale zur Zeit der Ausgabe: 1.05 €

Auflage: 235.300 Stück

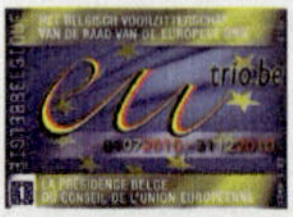

**2010, 1. Juli. Vorsitz Belgiens im Rat der Europäischen Union. Odr. (1×5); Papier fl.; gez. K 11½.**

ewk) Europaflagge

| | | | | |
|---|---|---|---|---|
| **4094** | 1 (Europa) mehrfarbig | ewk | 3,50 | 2,— |
| | | FDC | | 7,50 |
| | | Kleinbogen | 18,— | 10,— |

Nominale zur Zeit der Ausgabe: 0.90 €

Auflage: 307.600 Stück

**2010, 28. Aug. Blockausgabe: Architektur – Hochbauten der frühen 1960er-Jahre. Odr.; Papier ph.; gez. K 11½.**

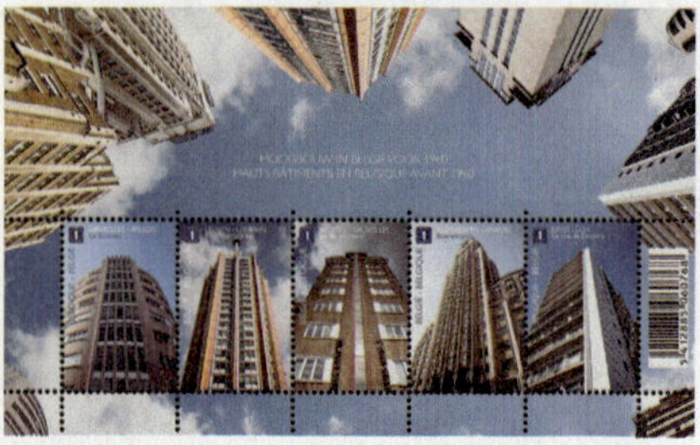

ewr

ewl) Le Tonneau, Brüssel; von Stanislas Jasinski (1901–1978)
ewm) Sint-Maartensdal, Löwen; von Renaat Braem (1910–2001) und A33-Architektenbüro
ewn) Le fer à Cheval, Brüssel; von Jean-Jules Eggericx (1884–1963) und Raphaël Verwilghen (1885–1963)
ewo) Boerentoren, Antwerpen; von Jan Vanhoenacker (1875–1958), Joseph Smolderen (1889–1973) und Emiel Van Averbeke (1876–1946)
ewp) La cité de Droixhe, Lüttich; von der Group EGAU

| | | | | |
|---|---|---|---|---|
| **4095** | 1 (Europa) mehrfarbig | ewl | 3,50 | 1,80 |
| **4096** | 1 (Europa) mehrfarbig | ewm | 3,50 | 1,80 |
| **4097** | 1 (Europa) mehrfarbig | ewn | 3,50 | 1,80 |
| **4098** | 1 (Europa) mehrfarbig | ewo | 3,50 | 1,80 |
| **4099** | 1 (Europa) mehrfarbig | ewp | 3,50 | 1,80 |
| **Block 153** | (166×100 mm) | ewr | 18,— | 9,50 |
| | | FDC (Blockmarken) | | 7,50 |

Nominale zur Zeit der Ausgabe: je 0.90 €

Bl. 153 □ wurde von der Post an Abonnenten verschenkt. Er ist nicht frankaturgültig.

Auflage: 178.600 Blocks

**2010, 28. Aug. Rad- und Wanderwege in Wallonien. RaTdr., Markenheftchen (1×5 Zd); Papier ph.; selbstklebend; D = dreiseitig, E = zweiseitig gestanzt 10.**

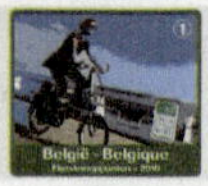

ews) System von Fahrradknotenpunkten

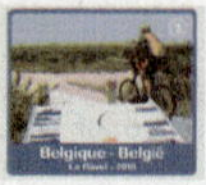

ewt) Netzwerk für langsame Wege (RAVeL)

| | | | | | |
|---|---|---|---|---|---|
| **4100** | | 1 (Belgien) mehrfarbig | ews | | |
| | D | dreiseitig gestanzt (⊐) | | 2,— | 1,20 |
| | E | zweiseitig gestanzt (⊐) | | 2,— | 1,20 |
| **4101** | | 1 (Belgien) mehrfarbig | ewt | | |
| | D | dreiseitig gestanzt (⊐) | | 2,— | 1,20 |
| | E | zweiseitig gestanzt (⊐) | | 2,— | 1,20 |
| | | | Satzpreis (2 W.) | 4,— | 2,40 |
| | | | FDC | | 7,50 |
| | | | Paar | 4,— | 2,40 |
| | | | Markenheftchen | 20,— | 12,— |

Nominale zur Zeit der Ausgabe: je 0.59 €

MiNr. 4100–4101 wurden waagerecht zusammenhängend gedruckt.

Auflage: 877.600 Markenheftchen

**2010, 28. Aug. Postfahrzeuge. Komb. StTdr. und Odr. (2×1 Zd); Papier ph.; gez. K 11½.**

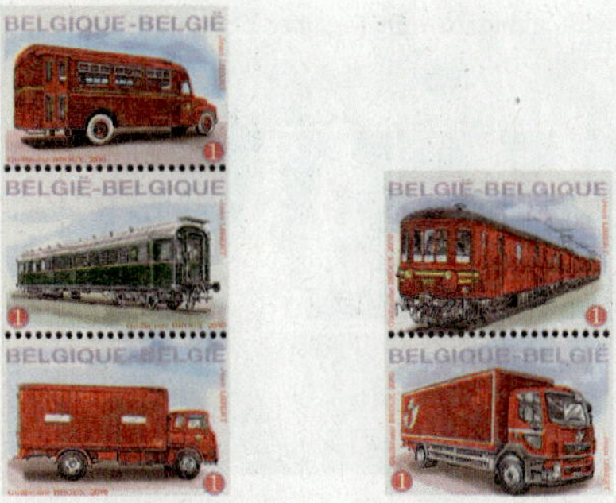


ewu) Ford-Postbus (1953)
ewv) Bahnpostwagen (1931)
eww) Bedford-Lastwagen (1979)
ewx) Postzug (1968)
ewy) Volvo-Lastwagen (2009)

| | | | | | |
|---|---|---|---|---|---|
| **4102** | 1 (Belgien) mehrfarbig | ewu | 2,— | 1,20 |
| **4103** | 1 (Belgien) mehrfarbig | ewv | 2,— | 1,20 |
| **4104** | 1 (Belgien) mehrfarbig | eww | 2,— | 1,20 |
| **4105** | 1 (Belgien) mehrfarbig | ewx | 2,— | 1,20 |
| **4106** | 1 (Belgien) mehrfarbig | ewy | 2,— | 1,20 |
| | Satzpreis (5 W.) | | 10,— | 6,— |
| | FDC | | | 7,50 |
| | Fünferstreifen | | 10,— | 6,— |
| | Kleinbogen | | 20,— | 12,— |

Nominale zur Zeit der Ausgabe: je 0.59 €

MiNr. 4102–4106 wurden senkrecht zusammenhängend gedruckt.

Auflage: 373.600 Sätze

**2010, 18. Sept. Umwandlung ehemaliger Brauereien. Odr. (1×5); Papier ph.; gez. K 11½.**

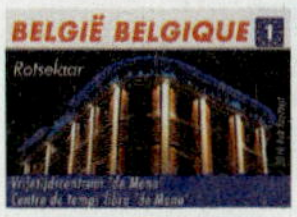


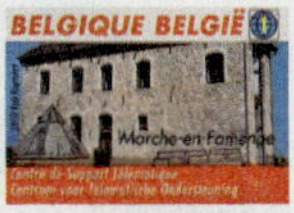


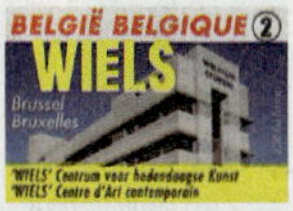


ewz) De-Mana-Brauerei, Rotselaar, heute Freizeitzentrum
exa) Karmelitenkloster und Brauerei, Marche-en-Famenne, heute Telekommunikations- und Informatikzentrum
exb) Wiels-Brauerei, Brüssel, heute Zentrum für zeitgenössische Kunst

| | | | | |
|---|---|---|---|---|
| **4107** | 1 (Europa) mehrfarbig | ewz | 3,50 | 1,80 |
| **4108** | 1 (Welt) mehrfarbig | exa | 4,— | 2,10 |
| **4109** | 2 (Belgien) mehrfarbig | exb | 4,— | 2,40 |
| | Satzpreis (3 W.) | | 11,50 | 6,20 |
| | FDC | | | 7,50 |
| | Kleinbogensatz (3 Klb.) | | 58,— | 31,— |

Nominale zur Zeit der Ausgabe: MiNr. 4107 = 0.90 €, MiNr. 4108 = 1.05 €, MiNr. 4109 = 1.18 €

Auflage: 233.600 Sätze

**2010, 18. Sept. Blockausgabe: Belgien der Regionen (I) – Hespengau. RaTdr.; Papier ph.; gez. Ks 11½.**

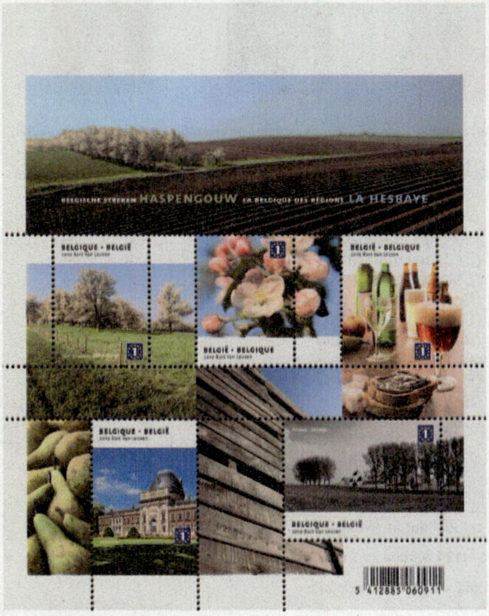


exh

exc) Bäume bei Sint-Truiden
exd) Obstblüten
exe) Regionale Produkte
exf) Schloss von Hélécine
exg) Landhaus in Perwez

exc–exg) Photographien von Bart Van Leuven (*1964)

| | | | | |
|---|---|---|---|---|
| **4110** | 1 (Europa) mehrfarbig | exc | 3,50 | 1,80 |
| **4111** | 1 (Europa) mehrfarbig | exd | 3,50 | 1,80 |
| **4112** | 1 (Europa) mehrfarbig | exe | 3,50 | 1,80 |
| **4113** | 1 (Europa) mehrfarbig | exf | 3,50 | 1,80 |
| **4114** | 1 (Europa) mehrfarbig | exg | 3,50 | 1,80 |
| **Block 154** | (152×185 mm) | exh | 18,— | 9,— |
| | FDC (Blockmarken) | | | 7,50 |

Nominale zur Zeit der Ausgabe: je 0.90 €

Auflage: 178.600 Blocks

**2010, 16. Okt. Kunst: 10 Jahre Folon-Stiftung. Odr., Markenheftchen (5×2); selbstklebend; gestanzt 9.**

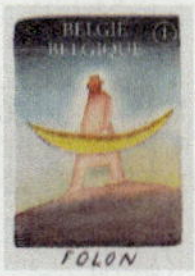


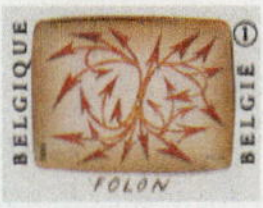


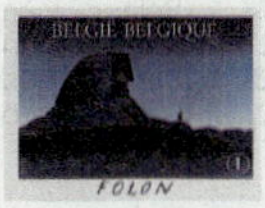


exi) Voyage dans la lune (1980)
exk) Un cri (1970)
exl) L'étranger (1973)

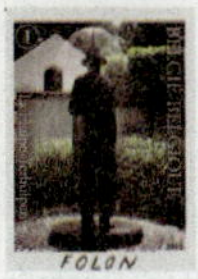


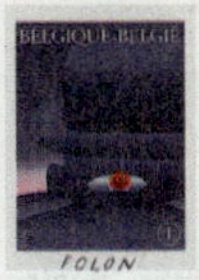


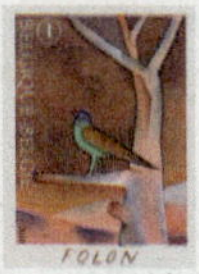


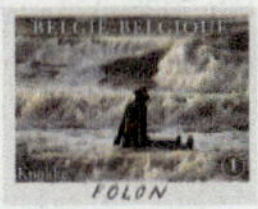


exm) Pluie, La Hulpe (1996)
exn) L'aube (1984)
exo) Pays de connaissance (1980)
exp) La mer ce grand sculpteur (1997)

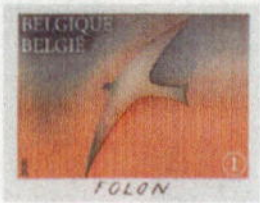
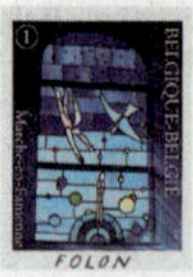
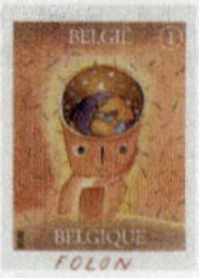

exr) Oiseau (1989) exs) Fenster der Kirche von Waha (2003) ext) Un monde (1984)

exi–ext) Werke von Jean-Michel Folon (1934–2005) Graphiker, Illustrator, Maler und Bildhauer

| | | | | | |
|---|---|---|---|---|---|
| **4115** | 1 (Belgien) mehrfarbig | exi | 2,— | 1,20 |
| **4116** | 1 (Belgien) mehrfarbig | exk | 2,— | 1,20 |
| **4117** | 1 (Belgien) mehrfarbig | exl | 2,— | 1,20 |
| **4118** | 1 (Belgien) mehrfarbig | exm | 2,— | 1,20 |
| **4119** | 1 (Belgien) mehrfarbig | exn | 2,— | 1,20 |
| **4120** | 1 (Belgien) mehrfarbig | exo | 2,— | 1,20 |
| **4121** | 1 (Belgien) mehrfarbig | exp | 2,— | 1,20 |
| **4122** | 1 (Belgien) mehrfarbig | exr | 2,— | 1,20 |
| **4123** | 1 (Belgien) mehrfarbig | exs | 2,— | 1,20 |
| **4124** | 1 (Belgien) mehrfarbig | ext | 2,— | 1,20 |
| | | Satzpreis (10 W.) | 20,— | 12,— |
| | | 2 FDC | | 15,— |
| | | Markenheftchen | 20,— | 12,— |

Nominale zur Zeit der Ausgabe: je 0.55 €

MiNr. 4115–4124 wurden zusammen im Markenheftchen gedruckt.

Auflage: 1.662.600 Markenheftchen

**2010, 16. Okt. Aussterbende Handwerksberufe. Odr. (2×1 Zd); Papier ph.; gez. K 11½.**

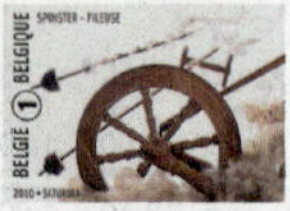
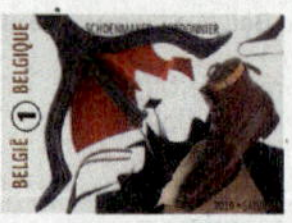
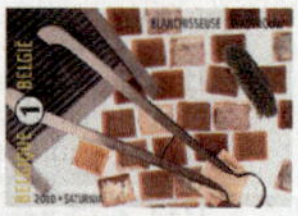

exu) Spinnerin exv) Schuhmacher exw) Wäscherin

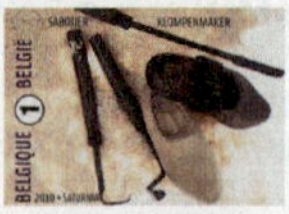
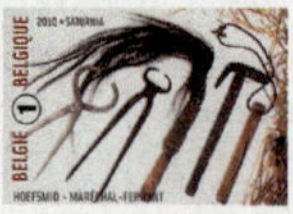

exx) Holzschuhmacher exy) Hufschmied

exu–exy) Exponate aus dem Museum für Alte Technik (MOT), Grimbergen

| | | | | |
|---|---|---|---|---|
| **4125** | 1 (Belgien) mehrfarbig | exu | 2,— | 1,20 |
| **4126** | 1 (Belgien) mehrfarbig | exv | 2,— | 1,20 |
| **4127** | 1 (Belgien) mehrfarbig | exw | 2,— | 1,20 |
| **4128** | 1 (Belgien) mehrfarbig | exx | 2,— | 1,20 |
| **4129** | 1 (Belgien) mehrfarbig | exy | 2,— | 1,20 |
| | | Satzpreis (5 W.) | 10,— | 6,— |
| | | FDC | | 7,50 |
| | | Fünferstreifen | 10,— | 6,— |
| | | Kleinbogen | 20,— | 12,— |

Nominale zur Zeit der Ausgabe: je 0.55 €

MiNr. 4125–4129 wurden senkrecht zusammenhängend gedruckt.

Auflage: 354.100 Sätze

**2010, 18. Okt. Freimarke: Postemblem. Laserdr. (1×5 Zd und 3×5 Zd); Papier ph.; gez. K 11½.**

exz) Neues Postemblem

| | | | | |
|---|---|---|---|---|
| **4130** | 1 (Belgien) schwarz/rot | exz | 2,— | 1,20 |
| | | FDC | | 7,50 |
| | | 4130 Zf | 5,— | 2,50 |

Nominale zur Zeit der Ausgabe: 0.59 €

MiNr. 4130 wurde auf Bestellung auch mit anhängendem personalisierbarem Zierfeld gedruckt.

**2010, 6. Nov. Blockausgabe: Frühe flämische Malerei. Odr.; Papier ph.; gez. Ks 11½.**

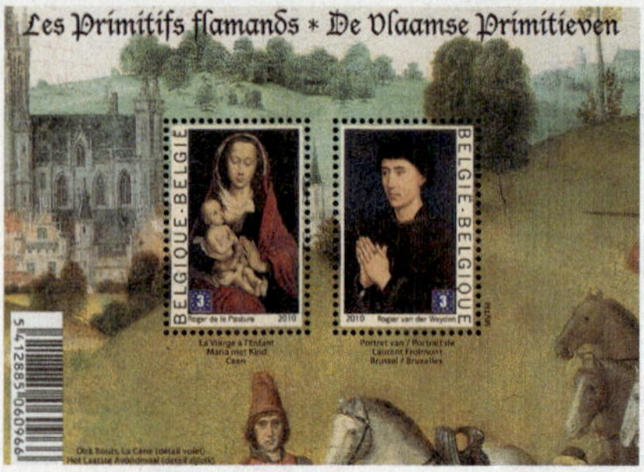


eyc

eya) Maria mit Kind
eyb) Porträt von Laurent Froimont

eya–eyb) Gemälde von Rogier van der Weyden, früher Roger de la Pasture (1399/1400–1464)

| | | | | |
|---|---|---|---|---|
| **4131** | 3 (Europa) mehrfarbig | eya | 10,50 | 5,40 |
| **4132** | 3 (Europa) mehrfarbig | eyb | 10,50 | 5,40 |
| **Block 155** | (125×90 mm) | eyc | 21,— | 11,— |
| | | FDC (Blockmarken) | | 7,50 |

Nominale zur Zeit der Ausgabe: je 2.70 €

Auflage: 175.300 Blocks

*Parallelausgabe mit Frankreich MiNr. 5014–5015/Bl. 145*

**2010, 6. Nov. Weihnachten. RaTdr., Markenheftchen (2×5); Papier ph.; selbstklebend; D = dreiseitig, E = zweiseitig gestanzt 10.**

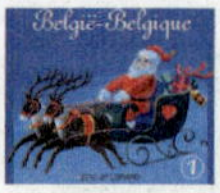
eyd
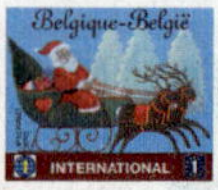
eye

eyd–eye) Weihnachtsmann im Rentierschlitten

| | | | | |
|---|---|---|---|---|
| **4133** | 1 (Belgien) mehrfarbig | eyd | | |
| **Dl** | dreiseitig gestanzt (⌑) | | 2,— | 1,20 |
| **Dr** | dreiseitig gestanzt (⌑) | | 2,— | 1,20 |
| **El** | zweiseitig gestanzt (⌑) | | 2,— | 1,20 |
| **Er** | zweiseitig gestanzt (⌑) | | 2,— | 1,20 |
| **4134** | 1 (Welt) mehrfarbig | eye | | |
| **Dl** | dreiseitig gestanzt (⌑) | | 4,— | 1,80 |
| **Dr** | dreiseitig gestanzt (⌑) | | 4,— | 1,80 |
| **El** | zweiseitig gestanzt (⌑) | | 4,— | 1,80 |
| **Er** | zweiseitig gestanzt (⌑) | | 4,— | 1,80 |
| | | Satzpreis (2 W.) | 6,— | 3,— |
| | | 2 FDC | | 15,— |
| | | 2 Markenheftchen | 60,— | 30,— |

Nominalen zur Zeit der Ausgabe: MiNr. 4133 = 0.59 €, MiNr. 4134 = 0.90 €

Auflagen: 4.830.000 bzw. 336.000 Markenheftchen

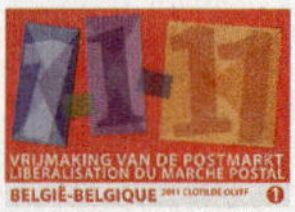

**2011, 3. Jan. Liberalisierung des Postmarktes. Odr. (2×5); Papier ph.; gez. K 11½.**

eyf) Datum „1.1.11"

| | | | | |
|---|---|---|---|---|
| **4135** | 1 (Belgien) mehrfarbig | eyf | 2,— | 1,30 |
| | | FDC | | 7,70 |
| | | Kleinbogen | 20,— | 13,— |

Nominale zur Zeit der Ausgabe: 0.61 €

Auflage: 250.550 Stück

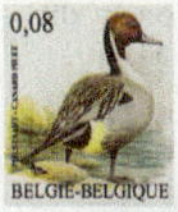


**2011, 3. Jan. Freimarke: Vögel. Odr. (2×5); normales Papier; gez. K 11½.**

eyg) Spießente (Dafila acuta)

| | | | | |
|---|---|---|---|---|
| **4136** | 0.08 (€) mehrfarbig | eyg | 0,30 | 0,30 |
| | | FDC | | 7,70 |
| | | Kleinbogen | 3,— | 3,— |

*Weitere Werte siehe Übersicht nach Jahrgangswerttabelle.*

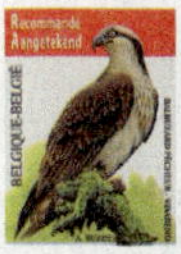

**2011, 3. Jan. Einschreibemarke: Vögel. Odr. (5×2); Papier ph.; gez. K 11½.**

eyh) Fischadler (Pandion haliaetus)

| | | | | |
|---|---|---|---|---|
| **4137** | — mehrfarbig | eyh | 9,20 | 9,20 |
| | | FDC | | 7,70 |
| | | Kleinbogen | 92,— | 92,— |

Nominale zur Zeit der Ausgabe: 4.70 €

*Weitere Werte siehe Übersicht nach Jahrgangswerttabelle.*

**2011, 15. Jan. Häuser bedeutender Schriftsteller. Odr. (1×5); Papier ph.; gez. K 11½.**

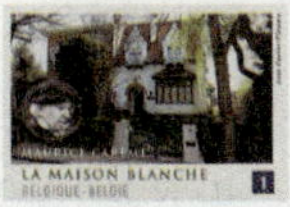


eyi) La Maison blanche, Anderlecht; von Maurice Carême (1899–1978)

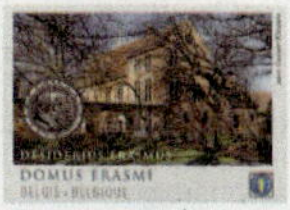


eyk) Domus Erasmi, Anderlecht; Wohnstätte des Erasmus von Rotterdam (1465–1536)

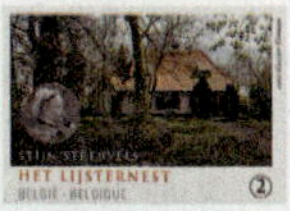


eyl) Het Lijsternest, Ingooigem; von Stijn Streuvels, eigentlich Frank Lateur (1871–1969)

| | | | | |
|---|---|---|---|---|
| **4138** | 1 (Europa) mehrfarbig | eyi | 3,50 | 1,80 |
| **4139** | 1 (Welt) mehrfarbig | eyk | 4,— | 2,10 |
| **4140** | 2 (Belgien) mehrfarbig | eyl | 4,— | 2,40 |
| | | Satzpreis (3 W.) | 11,50 | 6,60 |
| | | FDC | | 7,70 |
| | | Kleinbogensatz (3 Klb.) | 58,— | 33,— |

Nominale zur Zeit der Ausgabe: MiNr. 4138 = 0.93 €, MiNr. 4139 = 1.10 €, MiNr. 4140 = 1.22 €

Auflage: 238.050 Sätze

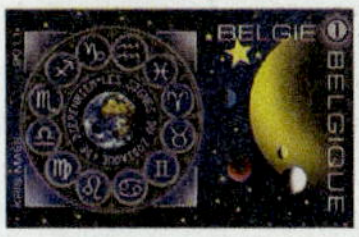


**2011, 15. Jan. Tierkreiszeichen. Odr. (2×5); selbstklebend; gestanzt 7½.**

eym) Erde mit den 12 Tierkreiszeichen, Sonne mit Planeten

| | | | | |
|---|---|---|---|---|
| **4141** | 1 (Belgien) mehrfarbig | eym | 2,— | 1,30 |
| | | FDC | | 7,70 |
| | | Folienblatt | 20,— | 13,— |

Nominale zur Zeit der Ausgabe: 0.61 €

Auflage: 4.857.800 Folienblätter

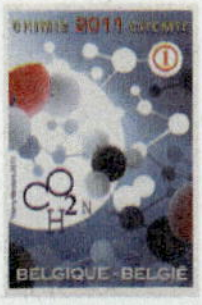


**2011, 15. Jan. Internationales Jahr der Chemie. Odr. (5×2); Papier ph.; gez. K 11½.**

eyn) Molekülmodell

| | | | | |
|---|---|---|---|---|
| **4142** | 1 (Belgien) mehrfarbig | eyn | 6,— | 3,— |
| | | FDC | | 7,70 |
| | | Kleinbogen | 60,— | 30,— |

Nominale zur Zeit der Ausgabe: 0.61 €

Auflage: 251.050 Stück

*Parallelausgabe mit Slowakei MiNr. 652*

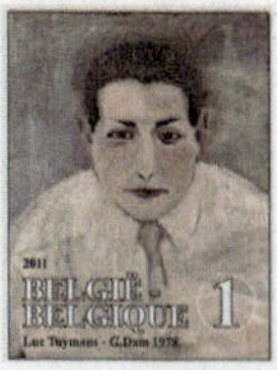


**2011, 12. Febr. Kunst. Odr. (2×5); gez. K 11½.**

eyo) G. Dam; Gemälde von Luc Tuymans (*1958)

| | | | | |
|---|---|---|---|---|
| **4143** | 1 (Belgien) mehrfarbig | eyo | 2,— | 1,30 |
| | | FDC | | 7,70 |
| | | Kleinbogen | 20,— | 13,— |

Nominale zur Zeit der Ausgabe: 0.61 €

Auflage: 351.050 Stück

**2011, 12. Febr. Sehenswürdigkeiten. Odr., Markenheftchen (5); selbstklebend; gestanzt 7½.**

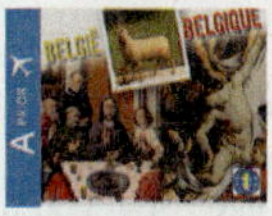


eyp) Gemälde von Van Eyck, Bouts und Rubens

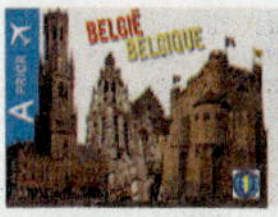


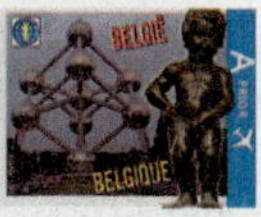


eyr) Glockentürme, Festungen und Kathedralen
eys) Atomium und Manneken Pis, Brüssel

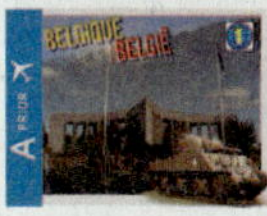


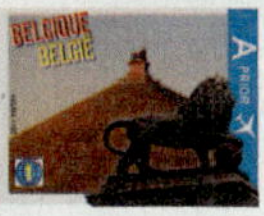


eyt) Mardasson-Denkmal, Bastogne
eyu) Löwe von Waterloo

| | | | | |
|---|---|---|---|---|
| **4144** | 1 (Welt) mehrfarbig | eyp | 4,— | 2,20 |
| **4145** | 1 (Welt) mehrfarbig | eyr | 4,— | 2,20 |
| **4146** | 1 (Welt) mehrfarbig | eys | 4,— | 2,20 |
| **4147** | 1 (Welt) mehrfarbig | eyt | 4,— | 2,20 |
| **4148** | 1 (Welt) mehrfarbig | eyu | 4,— | 2,20 |
| | | Satzpreis (5 W.) | 20,— | 11,— |
| | | FDC | | 7,70 |
| | | Markenheftchen | 20,— | 11,— |

Nominale zur Zeit der Ausgabe: je 1.10 €

Auflage: 539.390 Markenheftchen

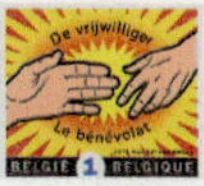


**2011, 12. Febr. Europäisches Jahr der Freiwilligentätigkeit. RaTdr., Markenheftchen (2×5); selbstklebend; D = dreiseitig, E = zweiseitig gestanzt 10.**

eyv) Sich reichende Hände

| | | | | |
|---|---|---|---|---|
| **4149** | 1 (Belgien) mehrfarbig | eyv | | |
| Dl | dreiseitig gestanzt (□) | | 2,— | 1,40 |
| Dr | dreiseitig gestanzt (□) | | 2,— | 1,40 |
| El | zweiseitig gestanzt (□) | | 2,— | 1,40 |
| Er | zweiseitig gestanzt (□) | | 2,— | 1,40 |
| | | FDC | | 7,70 |
| | | Markenheftchen | 20,— | 14,— |

Nominale zur Zeit der Ausgabe: 0.61 €

Auflage: 6.807.800 Markenheftchen

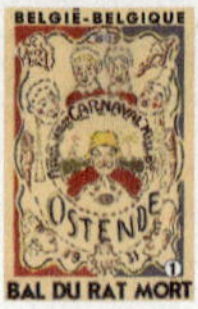


**2011, 5. März. 150 Jahre Coecilia-Bund: Wohltätigkeitsball „Bal du Rat Mort“, Ostende. Odr. (5×2); Papier ph.; gez. K 11½.**

eyw) Plakat zum Ball von 1931; Zeichnung von James Ensor (1860–1949), Maler, Zeichner und Radierer

| | | | | |
|---|---|---|---|---|
| **4150** | 1 (Belgien) mehrfarbig . . . . . . . . . . . . . . . | eyw | 2,— | 1,30 |
| | | FDC | | 7,70 |
| | | Kleinbogen | 20,— | 13,— |

Nominale zur Zeit der Ausgabe: 0.61 €

Auflage: 254.050 Stück

**2011, 5. März. Blockausgabe: Alte Gemüsesorten. Komb. StTdr. und RaTdr.; gez. K 11½.**

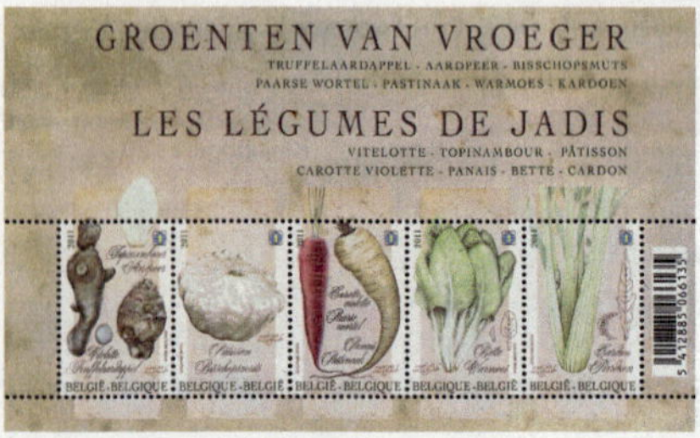


ezc

eyx) Vitelotte (Blaue Kartoffel), Topinambur (Helianthus tuberosus)
eyy) Patisson (Cucurbita pepo var. patisoniana)
eyz) Violette Karotte (Daucus carota subsp. sativus), Pastinake (Pastinaca sativa)
eza) Mangold (Beta vulgaris var. cicla)
ezb) Cardy (Cynara cardunculus)

| | | | | |
|---|---|---|---|---|
| **4151** | 1 (Welt) mehrfarbig . . . . . . . . . . . . . | eyx | 4,— | 2,20 |
| **4152** | 1 (Welt) mehrfarbig . . . . . . . . . . . . . | eyy | 4,— | 2,20 |
| **4153** | 1 (Welt) mehrfarbig . . . . . . . . . . . . . | eyz | 4,— | 2,20 |
| **4154** | 1 (Welt) mehrfarbig . . . . . . . . . . . . . | eza | 4,— | 2,20 |
| **4155** | 1 (Welt) mehrfarbig . . . . . . . . . . . . . | ezb | 4,— | 2,20 |
| **Block 156** | (164×98 mm) . . . . . . . . . . . . . . | ezc | 20,— | 11,— |
| | FDC (Blockmarken) | | | 7,70 |

Nominale zur Zeit der Ausgabe: je 1.10 €

Auflage: 160.550 Blocks

**2011, 2. April. Blockausgabe: Belgien der Regionen (II) – Bergbaugebiet Kempen. RaTdr.; Papier ph.; gez. Ks 11½.**

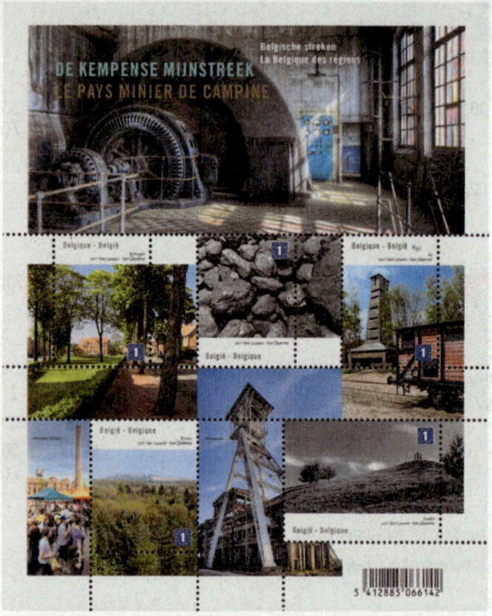


ezi

ezd) Wohnhaus von Minenarbeitern
eze) Steinkohle
ezf) Erster Förderturm, Güterwagen
ezg) Landschaft bei Zolder
ezh) Schlackenhalde bei Eisden

ezd–ezh) Photographien von Bart Van Leuven (*1964)

| | | | | |
|---|---|---|---|---|
| **4156** | 1 (Europa) mehrfarbig . . . . . . . . . . | ezd | 3,50 | 1,90 |
| **4157** | 1 (Europa) mehrfarbig . . . . . . . . . . | eze | 3,50 | 1,90 |
| **4158** | 1 (Europa) mehrfarbig . . . . . . . . . . | ezf | 3,50 | 1,90 |
| **4159** | 1 (Europa) mehrfarbig . . . . . . . . . . | ezg | 3,50 | 1,90 |
| **4160** | 1 (Europa) mehrfarbig . . . . . . . . . . | ezh | 3,50 | 1,90 |
| **Block 157** | (152×185 mm) . . . . . . . . . . . . | ezi | 18,— | 9,50 |
| | FDC (Blockmarken) | | | 7,70 |

Nominale zur Zeit der Ausgabe: je 0.93 €

Auflage: 161.050 Blocks

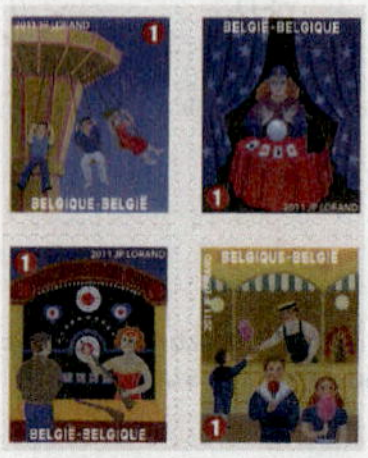

**2011, 2. April. Jahrmarkt. RaTdr., Markenheftchen (5×2); selbstklebend; drei- bzw. zweiseitig gestanzt 10.**

ezk) Kettenkarussell
ezl) Wahrsagerin
ezp) Schießstand
ezr) Zuckerwattestand

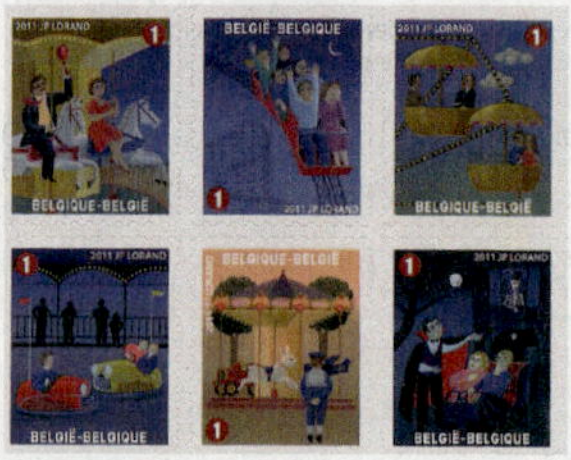

ezm) Pferdekarussell
ezn) Achterbahn
ezo) Riesenrad
ezs) Autoscooter
ezt) Kinderkarussell
ezu) Geisterbahn

| | | | | |
|---|---|---|---|---|
| **4161** | 1 (Belgien) mehrfarbig (⌑) . . . . . . . . . . | ezk | 2,— | 1,30 |
| **4162** | 1 (Belgien) mehrfarbig (⌑) . . . . . . . . . . | ezl | 2,— | 1,30 |

| | | | | | |
|---|---|---|---|---|---|
| **4163** | 1 | (Belgien) mehrfarbig (□) | ezm | 2,— | 1,30 |
| **4164** | 1 | (Belgien) mehrfarbig (□) | ezn | 2,— | 1,30 |
| **4165** | 1 | (Belgien) mehrfarbig (□) | ezo | 2,— | 1,30 |
| **4166** | 1 | (Belgien) mehrfarbig (□) | ezp | 2,— | 1,30 |
| **4167** | 1 | (Belgien) mehrfarbig (□) | ezr | 2,— | 1,30 |
| **4168** | 1 | (Belgien) mehrfarbig (□) | ezs | 2,— | 1,30 |
| **4169** | 1 | (Belgien) mehrfarbig (□) | ezt | 2,— | 1,30 |
| **4170** | 1 | (Belgien) mehrfarbig (□) | ezu | 2,— | 1,30 |
| | | Satzpreis (10 W.) | | 20,— | 13,— |
| | | FDC | | | 7,70 |
| | | Markenheftchen | | 20,— | 13,— |

Nominale zur Zeit der Ausgabe: je 0.61 €

MiNr. 4161–4170 wurden zusammen im Markenheftchen gedruckt.

Auflage: 2.419.550 Markenheftchen

**2011, 14. Mai. Blockausgabe: Graffiti-Kunst. Odr.; gez. K 11½.**

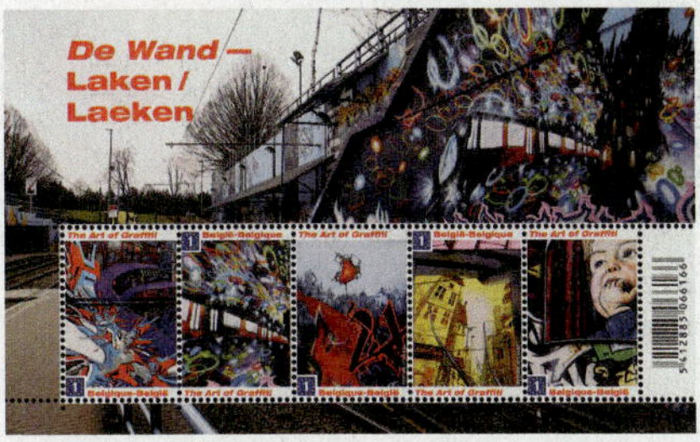


faa

ezv–ezz) Details aus Europas größter Graffiti-Wand, Brüssel-Laken

| | | | | | |
|---|---|---|---|---|---|
| **4171** | 1 | (Europa) mehrfarbig | ezv | 3,50 | 1,90 |
| **4172** | 1 | (Europa) mehrfarbig | ezw | 3,50 | 1,90 |
| **4173** | 1 | (Europa) mehrfarbig | ezx | 3,50 | 1,90 |
| **4174** | 1 | (Europa) mehrfarbig | ezy | 3,50 | 1,90 |
| **4175** | 1 | (Europa) mehrfarbig | ezz | 3,50 | 1,90 |
| **Block 158** | | (166×100 mm) | faa | 18,— | 9,50 |
| | | FDC (Blockmarken) | | | 7,70 |

Nominale zur Zeit der Ausgabe: je 0.93 €

Auflage: 176.050 Blocks

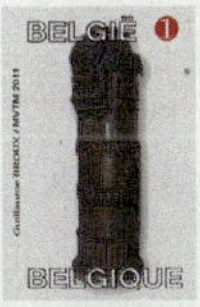

**2011, 14. Mai. Briefkästen. Komb. StTdr. und RaTdr. (1×2 Zd); gez. K 11½.**

fab) Gusseiserner Standbriefkasten (19. Jh.)

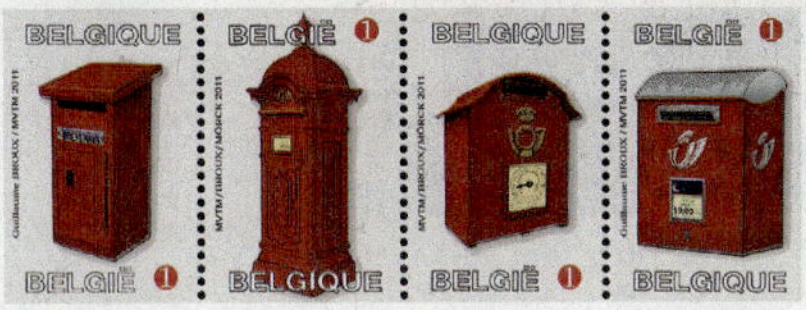

fac) Hölzerner Wandbriefkasten (19. Jh.)
fad) Gusseiserner Standbriefkasten (um 1935)
fae) Kunststoff-Wandbriefkasten (um 1975)
faf) Rostfreier Metall-Wandbriefkasten (2001)

| | | | | | |
|---|---|---|---|---|---|
| **4176** | 1 | (Belgien) mehrfarbig | fab | 2,— | 1,30 |
| **4177** | 1 | (Belgien) mehrfarbig | fac | 2,— | 1,30 |
| **4178** | 1 | (Belgien) mehrfarbig | fad | 2,— | 1,30 |
| **4179** | 1 | (Belgien) mehrfarbig | fae | 2,— | 1,30 |
| **4180** | 1 | (Belgien) mehrfarbig | faf | 2,— | 1,30 |
| | | Satzpreis (5 W.) | | 10,— | 6,50 |
| | | Fünferstreifen | | 10,— | 6,50 |
| | | FDC | | | 7,70 |
| | | Kleinbogen | | 20,— | 13,— |

Nominale zur Zeit der Ausgabe: je 0.61 €

Auflage: 190.550 Sätze

**2011, 25. Juni. Das ist Belgien (IX): Karikaturisten. RaTdr. (10); Papier ph; gez. K 11½.**

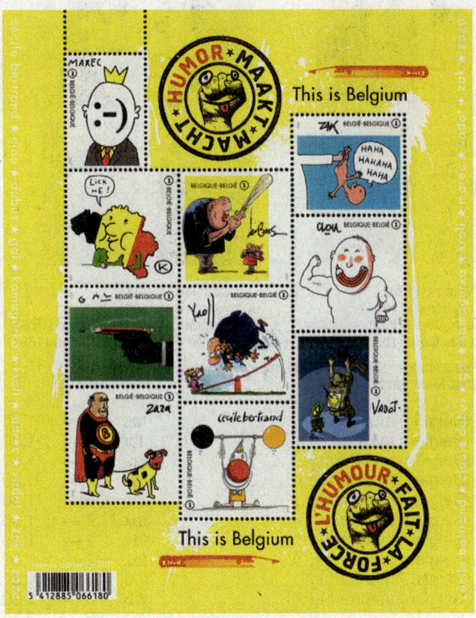


fag fah
fai fak fal
fam fan fao
fap far

fag) Marec, eigentlich Marc de Cloedt (*1956)
fah) Zak, eigentlich Jacques Moeraert (*1948)
fai) Kamagurka, eigentlich Luc Zeebroek (*1956)
fak) Dubus, eigentlich Frédéric du Bus (*1963)
fal) Clou, eigentlich Christian Louis (*1952)
fam) Gal, eigentlich Gerard Alsteens (*1940)
fan) Pierre Kroll (*1958)
fao) Nicolas Vadot (*1971)
fap) Zaza, eigentlich Klaas Storme (*1967)
far) Cécile Bertrand (*1953)

fag–far) Selbstporträts

| | | | | | |
|---|---|---|---|---|---|
| **4181** | 1 | (Belgien) mehrfarbig | fag | 2,— | 1,30 |
| **4182** | 1 | (Belgien) mehrfarbig | fah | 2,— | 1,30 |
| **4183** | 1 | (Belgien) mehrfarbig | fai | 2,— | 1,30 |
| **4184** | 1 | (Belgien) mehrfarbig | fak | 2,— | 1,30 |
| **4185** | 1 | (Belgien) mehrfarbig | fal | 2,— | 1,30 |
| **4186** | 1 | (Belgien) mehrfarbig | fam | 2,— | 1,30 |
| **4187** | 1 | (Belgien) mehrfarbig | fan | 2,— | 1,30 |
| **4188** | 1 | (Belgien) mehrfarbig | fao | 2,— | 1,30 |
| **4189** | 1 | (Belgien) mehrfarbig | fap | 2,— | 1,30 |
| **4190** | 1 | (Belgien) mehrfarbig | far | 2,— | 1,30 |
| | | Satzpreis (10 W.) | | 20,— | 13,— |
| | | 2 FDC | | | 15,50 |
| | | Kleinbogen | | 20,— | 13,— |

Nominale zur Zeit der Ausgabe: je 0.61 €

Auflage: 301.550 Sätze

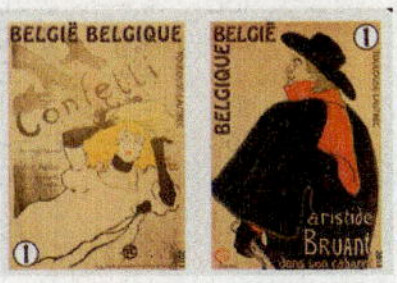

**2011, 25. Juni. 110. Todestag von Henri de Toulouse-Lautrec – Ausstellung in Ixelles/Elsene. RaTdr., Markenheftchen (2×5); selbstklebend; gestanzt 8.**

fas) Confetti (1894)
fat) Aristide Bruant dans son cabaret (1893)

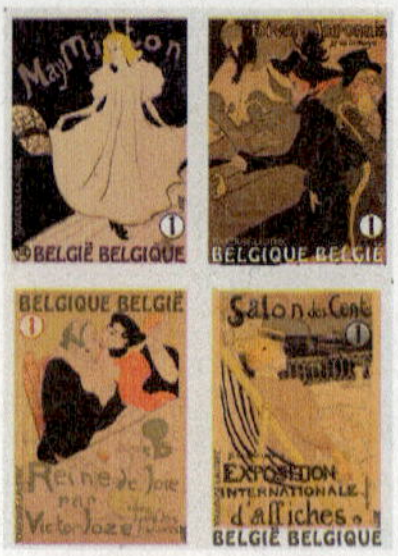

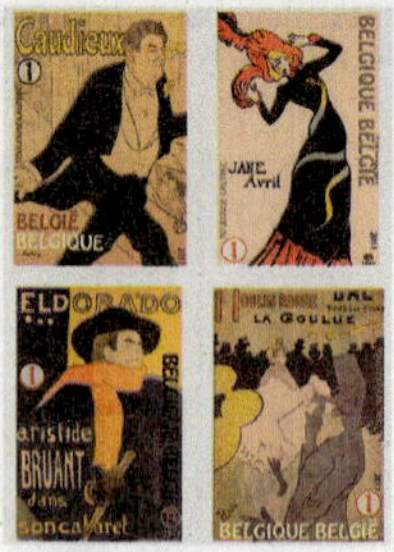

fau) May Milton (1895)
fav) Divan Japonais (1893)
faw) Reine de Joie (1892)
fax) Salon des Cent (1896)
fay) Caudieux (1893)
faz) Jane Avril (1899)
fba) Eldorado – Aristide Bruant (1892)
fbb) Moulin Rouge – La Goulue (1891)

fas–fbb) Plakatlithographien von Henri de Toulouse-Lautrec (1864–1901), französischer Maler und Graphiker

| | | | | |
|---|---|---|---|---|
| **4191** | 1 (Belgien) mehrfarbig | fas | 2,— | 1,30 |
| **4192** | 1 (Belgien) mehrfarbig | fat | 2,— | 1,30 |
| **4193** | 1 (Belgien) mehrfarbig | fau | 2,— | 1,30 |
| **4194** | 1 (Belgien) mehrfarbig | fav | 2,— | 1,30 |
| **4195** | 1 (Belgien) mehrfarbig | faw | 2,— | 1,30 |
| **4196** | 1 (Belgien) mehrfarbig | fax | 2,— | 1,30 |
| **4197** | 1 (Belgien) mehrfarbig | fay | 2,— | 1,30 |
| **4198** | 1 (Belgien) mehrfarbig | faz | 2,— | 1,30 |
| **4199** | 1 (Belgien) mehrfarbig | fba | 2,— | 1,30 |
| **4200** | 1 (Belgien) mehrfarbig | fbb | 2,— | 1,30 |
| | Satzpreis (10 W.) | | 20,— | 13,— |
| | 2 FDC | | | 15,50 |
| | Markenheftchen | | 20,— | 13,— |

Nominale zur Zeit der Ausgabe: je 0.61 €

MiNr. 4191–4200 wurden zusammen im Markenheftchen gedruckt.

Auflage: 1.804.550 Markenheftchen

**2011, 25. Juni. Blockausgabe: Frauen im Mannschaftssport. Odr.; gez. K 11½.**

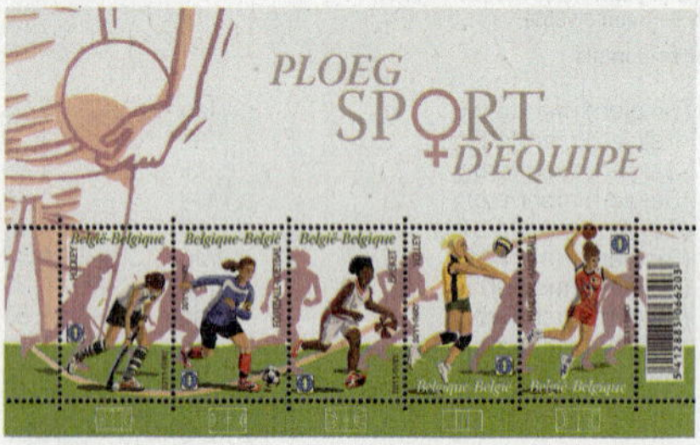


fbh

fbc) Hockey
fbd) Fußball
fbe) Basketball
fbf) Volleyball
fbg) Handball

| | | | | |
|---|---|---|---|---|
| **4201** | 1 (Welt) mehrfarbig | fbc | 4,— | 2,20 |
| **4202** | 1 (Welt) mehrfarbig | fbd | 4,— | 2,20 |
| **4203** | 1 (Welt) mehrfarbig | fbe | 4,— | 2,20 |
| **4204** | 1 (Welt) mehrfarbig | fbf | 4,— | 2,20 |
| **4205** | 1 (Welt) mehrfarbig | fbg | 4,— | 2,20 |
| **Block 159** | (166×100 mm) | fbh | 20,— | 11,— |
| | FDC (Blockmarken) | | | 7,70 |

Nominale zur Zeit der Ausgabe: je 1.10 €

Auflage: 163.750 Blocks

**2011, 27. Aug. Blockausgabe: Justizpaläste. Odr.; gez. K 11½.**

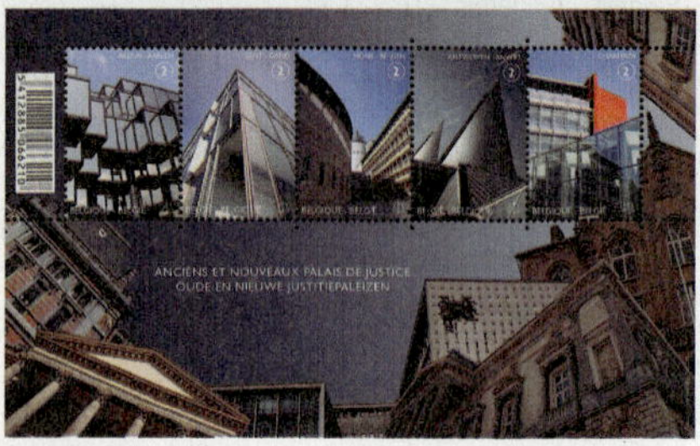


fbo

fbi) Arlon
fbk) Gent
fbl) Mons
fbm) Antwerpen
fbn) Charleroi

| | | | | |
|---|---|---|---|---|
| **4206** | 2 (Belgien) mehrfarbig | fbi | 4,— | 2,50 |
| **4207** | 2 (Belgien) mehrfarbig | fbk | 4,— | 2,50 |
| **4208** | 2 (Belgien) mehrfarbig | fbl | 4,— | 2,50 |
| **4209** | 2 (Belgien) mehrfarbig | fbm | 4,— | 2,50 |
| **4210** | 2 (Belgien) mehrfarbig | fbn | 4,— | 2,50 |
| **Block 160** | (166×100 mm) | fbo | 20,— | 12,50 |
| | FDC (Blockmarken) | | | 7,70 |

Nominale zur Zeit der Ausgabe: je 1.22 €

Auflage: 181.550 Blocks

**2011, 27. Aug. Jugendphilatelie: Comics. Odr. (2×5); gez. K 11½.**

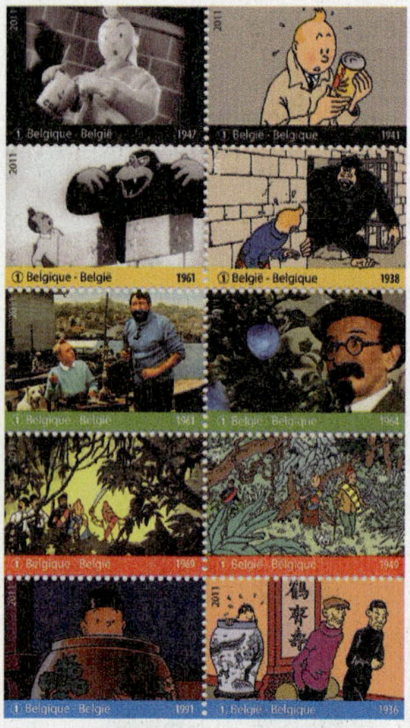

fbp fbr
fbs fbt
fbu fbv
fbw fbx
fby fbz

fbp–fbr) Die Krabbe mit den goldenen Scheren (Animationsfilm)
fbs–fbt) Die schwarze Insel (Animationsfilm)
fbu) Tim und Struppi und das Geheimnis um das Goldene Vlies (Spielfilm)
fbv) Tim und Struppi und die blauen Orangen (Spielfilm)
fbw–fbx) Tim und Struppi im Sonnentempel (Animationsfilm)
fby–fbz) Der blaue Lotos (Animationsfilm)

fbp–fbz) Szenen aus Filmen mit Tim und Struppi; Comicfiguren von Hergé, eigentlich Georges Prosper Remi (1907–1983), Comic-Autor und -Zeichner

| | | | | |
|---|---|---|---|---|
| **4211** | 1 (Belgien) mehrfarbig | fbp | 2,— | 1,30 |
| **4212** | 1 (Belgien) mehrfarbig | fbr | 2,— | 1,30 |
| **4213** | 1 (Belgien) mehrfarbig | fbs | 2,— | 1,30 |
| **4214** | 1 (Belgien) mehrfarbig | fbt | 2,— | 1,30 |
| **4215** | 1 (Belgien) mehrfarbig | fbu | 2,— | 1,30 |

| | | | | | |
|---|---|---|---|---|---|
| **4216** | 1 (Belgien) mehrfarbig | fbv | 2,— | 1,30 |
| **4217** | 1 (Belgien) mehrfarbig | fbw | 2,— | 1,30 |
| **4218** | 1 (Belgien) mehrfarbig | fbx | 2,— | 1,30 |
| **4219** | 1 (Belgien) mehrfarbig | fby | 2,— | 1,30 |
| **4220** | 1 (Belgien) mehrfarbig | fbz | 2,— | 1,30 |
| | | Satzpreis (10 W.) | 20,— | 13,— |
| | | 2 FDC | | 15,50 |
| | | Kleinbogen | 20,— | 13,— |

Nominale zur Zeit der Ausgabe: je 0.61 €

Auflage: 335.650 Sätze

**2011, 17. Sept. Blockausgabe: Stadtzentren (I) – Brüssel. Komb. StTdr. und Odr.; gez. Ks 11½.**

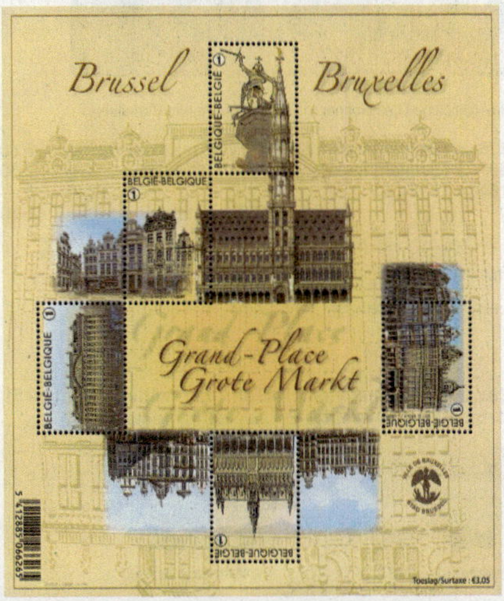


fcf

fca

fcb

fcc

fcd

fce

fca) Figur auf der Kathedrale St. Michael und St. Gudula, Belfried des Rathauses
fcb) Häuser „L'Arbre d'Or", „Le Cygne" und „L'Etoile"
fcc) Haus der Herzöge von Brabant
fcd) Zunfthäuser „La Louve", „Le Sac", „La Brouette" und „Au Roi d'Espagne"
fce) Maison du Roi (Broodhuis)

fca–fce) Gebäude am Grand-Place, Brüssel

| | | | | |
|---|---|---|---|---|
| **4221** | 1 (Belgien) mehrfarbig | fca | 3,— | 1,30 |
| **4222** | 1 (Belgien) mehrfarbig | fcb | 3,— | 1,30 |
| **4223** | 1 (Belgien) mehrfarbig | fcc | 3,— | 1,30 |
| **4224** | 1 (Belgien) mehrfarbig | fcd | 3,— | 1,30 |
| **4225** | 1 (Belgien) mehrfarbig | fce | 3,— | 1,30 |
| **Block 161** | (160×184 mm) | fcf | 15,— | 6,50 |
| | FDC (Blockmarken) | | | 7,70 |

Nominale zur Zeit der Ausgabe: je 0.61 €

Postpreis: 6.10 €

Auflage: 164.650 Blocks

**2011, 17. Sept. Blockausgabe: Europa – Der Wald. Odr.; gez. Ks 11½.**

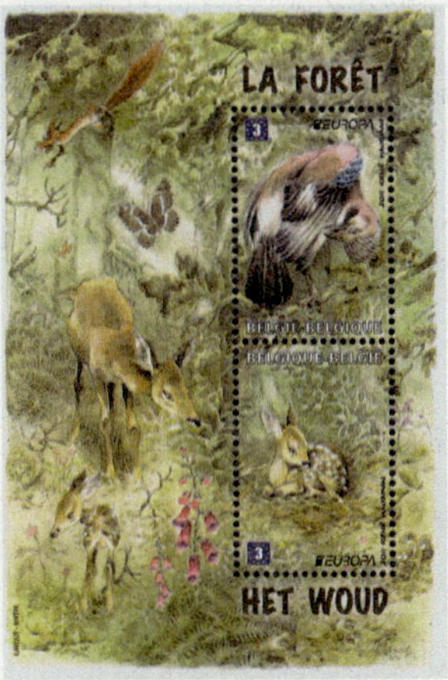


fci

fcg) Eichelhäher (Garrulus glandarius)
fch) Rehkitz (Capreolus capreolus)

| | | | | |
|---|---|---|---|---|
| **4226** | 3 (Europa) mehrfarbig | fcg | 10,50 | 6,50 |
| **4227** | 3 (Europa) mehrfarbig | fch | 10,50 | 6,50 |
| **Block 162** | (79×117 mm) | fci | 21,— | 13,— |
| | FDC (Blockmarken) | | | 7,70 |

Nominale zur Zeit der Ausgabe: je 2.79 €

Auflage: 170.500 Blocks

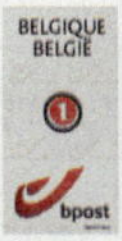


**2011, 19. Sept. Freimarke: Postemblem. Laserdr., Bogen (4×5 Zd) und Kleinbogen (2×5 Zd); gez. K 11½.**

fck) Neues Postemblem

| | | | | |
|---|---|---|---|---|
| **4228** | 1 (Belgien) schwarz/rot | fck | 2,— | 1,30 |
| | | FDC | | 7,50 |
| | | 4228 Zf | 5,— | 3,— |
| | | Kleinbogen | 50,— | 30,— |

Nominale zur Zeit der Ausgabe: 0.61 €

MiNr. 4228 wurde auf Bestellung auch mit anhängendem personalisierbarem Zierfeld gedruckt.

*In gleicher Zeichnung: MiNr. 4229, 4272, 4273, 4368, 4565*
*In ähnlicher Zeichnung: MiNr. 4730*

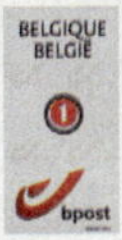


**2011, 19. Sept./2015, 1. Juni. Freimarken: Postemblem. A = Laserdr. (4×5 Zd), selbstklebend, vierseitig zähnungsähnlich gestanzt 11½; D = Odr. (5), selbstklebend, dreiseitig wellenförmig gestanzt 10.**

fck) Neues Postemblem

| | | | | | |
|---|---|---|---|---|---|
| **4229** | | 1 (Belgien) schwarz/rot | fck | | |
| | A I | Type I (19.9.2011) | | 2,— | 1,30 |
| | D | dreiseitig gestanzt (⌑) | | | |
| | I | Type I (23.3.2015) | | 2,— | 1,90 |
| | II | Type II (1.6.2015) | | 3,— | 1,90 |
| | | | FDC A I | | 7,50 |
| | | | 4229 A I Zf | 5,— | 2,50 |
| | | | 4228 D I Zf | 3,— | 3,— |
| | | | 4228 D II Zf | 5,— | 3,— |

Nominalen zur Zeit der Ausgabe: MiNr. 4229 A = 0.61 €, MiNr. 4229 D = 0.72 €

MiNr. 4229 A wurde auf Bestellung auch mit anhängendem personalisierbarem Zierfeld gedruckt.

MiNr. 4229 D wurde im 5er-Streifen mit anhängendem Zierfeld (⌑) gedruckt. Das Zierfeld trägt verschiedene posteigene Motive.

MiNr. 4229 D wurde in einer Verpackung mit zwei 5er-Streifen verkauft (Postpreis: 8.20 €).

Der Durchmesser (∅) der Nominalkodierung beträgt bei Type I = 5 mm, bei Type II = 8 mm.

*In gleicher Zeichnung: MiNr. 4228, 4272, 4273, 4368, 4565*
*In ähnlicher Zeichnung: MiNr. 4730*

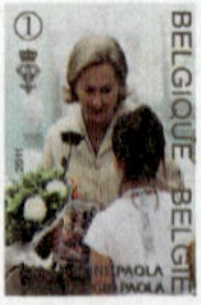

**2011, 15. Okt. 20 Jahre Königin-Paola-Stiftung (2012). Odr. (5×2); gez. K 11½.**

fcl) Kind überreicht Blumen an Königin Paola

**4230** 1 (Belgien) mehrfarbig . . . . . . . . . . . . . . . . fcl 2,— 1,30
FDC 7,70
Kleinbogen 20,— 13,—

Nominale zur Zeit der Ausgabe: 0.61 €

Auflage: 227.275 Stück

**2011, 15. Okt. Blockausgabe: Einheimische Süßigkeiten. Odr.; Papier ph.; gez. K 11½.**

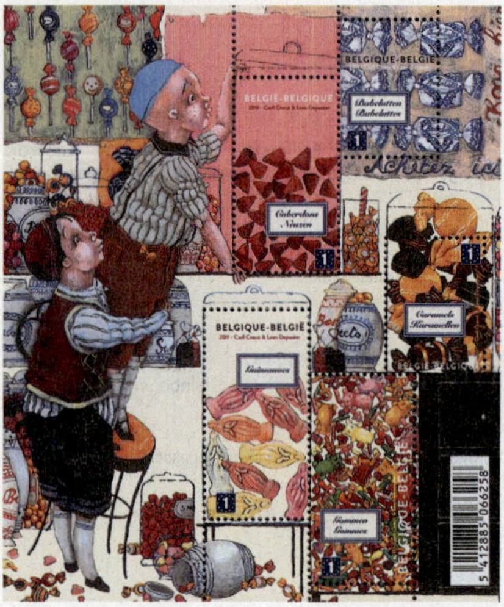

fcs
fcm
fcn
fco
fcp
fcr

fcm) Babelutten (flandrische Karamellen)
fcn) Cuberdons mit Himbeergeschmack
fco) Karamellbonbons
fcp) Schaumzucker (Mäusespeck)
fcr) Fruchtgummi

**4231** 1 (Europa) mehrfarbig . . . . . . . . . . . fcm 3,50 1,90
**4232** 1 (Europa) mehrfarbig . . . . . . . . . . . fcn 3,50 1,90
**4233** 1 (Europa) mehrfarbig . . . . . . . . . . . fco 3,50 1,90
**4234** 1 (Europa) mehrfarbig . . . . . . . . . . . fcp 3,50 1,90
**4235** 1 (Europa) mehrfarbig . . . . . . . . . . . fcr 3,50 1,90
**Block 163** (124×144 mm) . . . . . . . . . . . . . . fcs 18,— 9,50
FDC (Blockmarken) 7,70

Nominale zur Zeit der Ausgabe: je 0.93 €

Auflage: 149.550 Blocks

**2011, 29. Okt. Blockausgabe: Europäisches Kulturfestival „europalia.brasil", Brüssel. Odr.; gez. Ks 11½.**

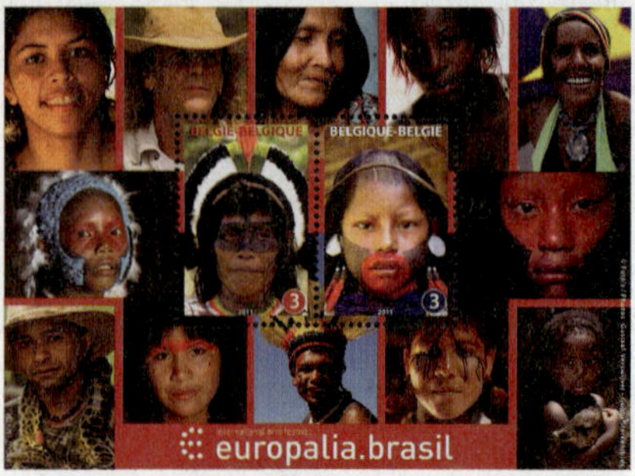

fcv

fct–fcu) Brasilianische Ureinwohner mit Kopfschmuck und Bemalung

**4236** 3 (Belgien) mehrfarbig . . . . . . . . . . . fct 6,— 3,80
**4237** 3 (Belgien) mehrfarbig . . . . . . . . . . . fcu 6,— 3,80
**Block 164** (125×90 mm) . . . . . . . . . . . . . . . fcv 12,— 8,—
FDC (Blockmarken) 7,70

Nominale zur Zeit der Ausgabe: je 1.83 €

Auflage: 169.750 Blocks

*Parallelausgabe mit Brasilien MiNr. 3958–3961/Bl. 157*

**2011, 29. Okt. Weihnachten. RaTdr., Markenheftchen (2×5); selbstklebend; D = dreiseitig, E = zweiseitig gestanzt 10.**

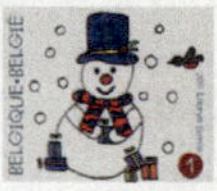

fcw) Schneemann

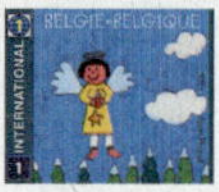

fcx) Weihnachtsengel

**4238** 1 (Belgien) mehrfarbig . . . . . . . . . . . fcw
**Dl** dreiseitig gestanzt (⊡) . . . . . . . . . . . . . . 2,— 1,30
**Dr** dreiseitig gestanzt (⊡) . . . . . . . . . . . . . . 2,— 1,30
**El** zweiseitig gestanzt (⊡) . . . . . . . . . . . . . . 2,— 1,30
**Er** zweiseitig gestanzt (⊡) . . . . . . . . . . . . . . 2,— 1,30
**4239** 1 (Welt) mehrfarbig . . . . . . . . . . . . . . . fcx
**Dl** dreiseitig gestanzt (⊡) . . . . . . . . . . . . . . 4,— 1,90
**Dr** dreiseitig gestanzt (⊡) . . . . . . . . . . . . . . 4,— 1,90
**El** zweiseitig gestanzt (⊡) . . . . . . . . . . . . . . 4,— 1,90
**Er** zweiseitig gestanzt (⊡) . . . . . . . . . . . . . . 4,— 1,90
Satzpreis (2 W.) 6,— 3,20
FDC 7,70
2 Markenheftchen 60,— 32,—

Nominalen zur Zeit der Ausgabe: MiNr. 4238 = 0.61 €, MiNr. 4239 = 0.93 €

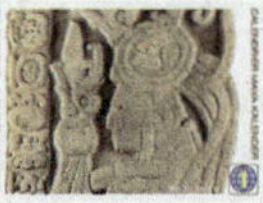

**2012, 14. Jan. Ende des Maya-Kalenders. Odr. (1×5); gez. K 11½.**

fcy) Maya-Gottheit; Steinrelief aus dem Museum für Kunst und Geschichte, Brüssel

**4240** 1 (Welt) mehrfarbig . . . . . . . . . . . . . . . . . . fcy 4,— 2,40
FDC 8,—
Kleinbogen 20,— 12,—

Nominale zur Zeit der Ausgabe: 1.19 €

**2012, 14. Jan. Blockausgabe: Belgische Trappistenbiere. Odr.; drei- bzw. vierseitig gez. K 11½.**

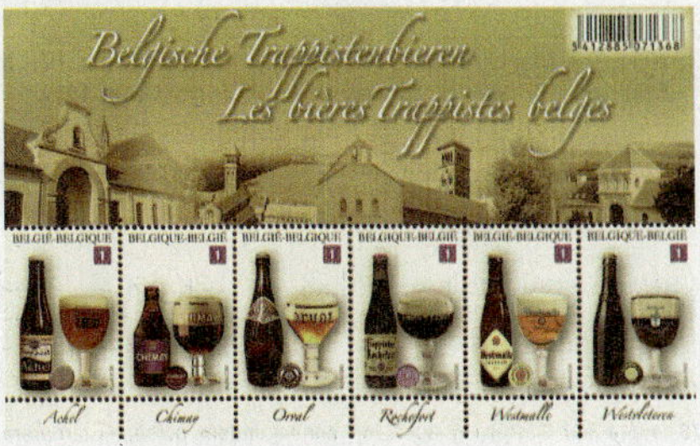

fdf

fcz) Achel von der Abtei Achelse Kluis, Hamont-Achel
fda) Chimay von der Abtei Notre-Dame de Scourmont, Chimay
fdb) Orval von der Abtei Orval, Villers-devant-Orval
fdc) Rochefort von der Abtei Notre-Dame de Saint-Rémy, Rochefort
fdd) Westmalle von der Abtei Onze-Lieve-Vrouw van het Heilig Hart, Westmalle
fde) Westvleteren von der Sint-Sixtusabdij, Vleteren

| | | | | | |
|---|---|---|---|---|---|
| **4241** | 1 (Europa) mehrfarbig (⌑) | fcz | 3,50 | 2,— |
| **4242** | 1 (Europa) mehrfarbig (⌑) | fda | 3,50 | 2,— |
| **4243** | 1 (Europa) mehrfarbig (⌑) | fdb | 3,50 | 2,— |
| **4244** | 1 (Europa) mehrfarbig (⌑) | fdc | 3,50 | 2,— |
| **4245** | 1 (Europa) mehrfarbig (⌑) | fdd | 3,50 | 2,— |
| **4246** | 1 (Europa) mehrfarbig (⌑) | fde | 3,50 | 2,— |
| **Block 165** | (166×100 mm) | fdf | 21,— | 12,— |
| | FDC (Blockmarken) | | | 8,— |

Nominale zur Zeit der Ausgabe: je 0.99 €

**2012, 14. Jan. Fabelwesen. RaTdr., Markenheftchen (2×5); selbstklebend; drei- bzw. zweiseitig gestanzt 10.**

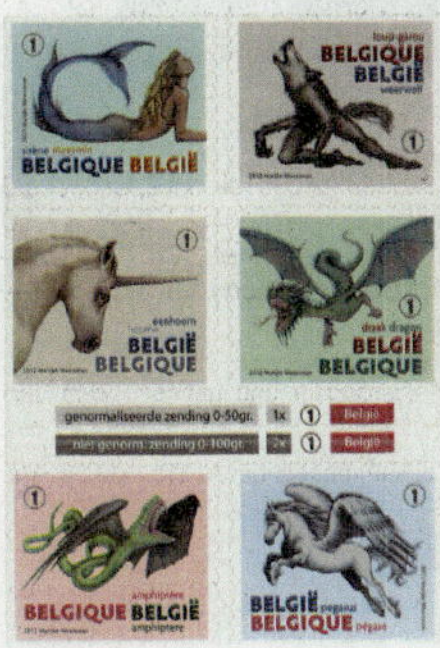

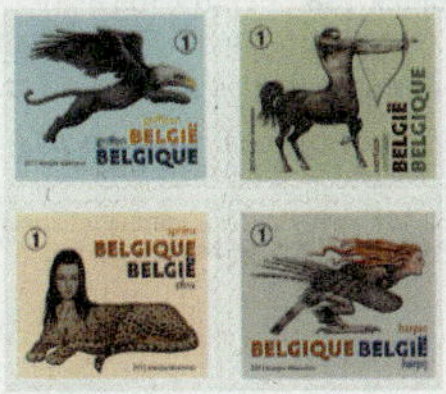

fdg) Meerjungfrau
fdh) Werwolf
fdi) Einhorn
fdk) Drache
fdl) Amphitere
fdm) Pegasus

fdn) Greif
fdo) Zentaur
fdp) Sphinx
fdr) Harpie

| | | | | |
|---|---|---|---|---|
| **4247** | 1 (Belgien) mehrfarbig (⌑) | fdg | 2,— | 1,30 |
| **4248** | 1 (Belgien) mehrfarbig (⌑) | fdh | 2,— | 1,30 |
| **4249** | 1 (Belgien) mehrfarbig (⌑) | fdi | 2,— | 1,30 |
| **4250** | 1 (Belgien) mehrfarbig (⌑) | fdk | 2,— | 1,30 |
| **4251** | 1 (Belgien) mehrfarbig (⌑) | fdl | 2,— | 1,30 |
| **4252** | 1 (Belgien) mehrfarbig (⌑) | fdm | 2,— | 1,30 |
| **4253** | 1 (Belgien) mehrfarbig (⌑) | fdn | 2,— | 1,30 |
| **4254** | 1 (Belgien) mehrfarbig (⌑) | fdo | 2,— | 1,30 |
| **4255** | 1 (Belgien) mehrfarbig (⌑) | fdp | 2,— | 1,30 |
| **4256** | 1 (Belgien) mehrfarbig (⌑) | fdr | 2,— | 1,30 |
| | Satzpreis (10 W.) | | 20,— | 13,— |
| | FDC | | | 8,— |
| | Markenheftchen | | 20,— | 13,— |

Nominale zur Zeit der Ausgabe: je 0.65 €

MiNr. 4247–4256 wurden zusammen im Markenheftchen gedruckt.

**2012, 11. Febr. Kalligraphie. RaTdr., Markenheftchen (1×5); gez. K 11½.**

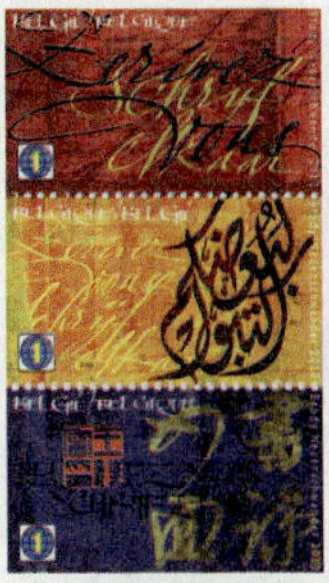

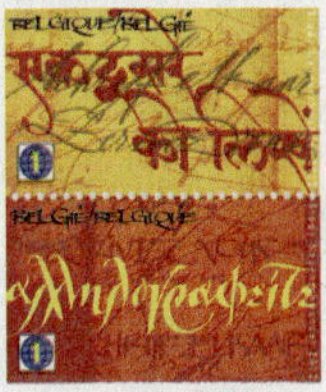

fds) Lateinische Kalligraphie
fdt) Arabische Kalligraphie
fdu) Chinesische Kalligraphie
fdv) Hindische Kalligraphie
fdw) Griechische Kalligraphie

| | | | | |
|---|---|---|---|---|
| **4257** | 1 (Welt) mehrfarbig | fds | 4,— | 2,40 |
| **4258** | 1 (Welt) mehrfarbig | fdt | 4,— | 2,40 |
| **4259** | 1 (Welt) mehrfarbig | fdu | 4,— | 2,40 |
| **4260** | 1 (Welt) mehrfarbig | fdv | 4,— | 2,40 |
| **4261** | 1 (Welt) mehrfarbig | fdw | 4,— | 2,40 |
| | Satzpreis (5 W.) | | 20,— | 12,— |
| | FDC | | | 8,— |

Nominale zur Zeit der Ausgabe: je 1.19 €

MiNr. 4257–4261 stammen aus MH 48.

**2012, 11. Febr. Blockausgabe: Europa – Besuche. Odr.; gez. Ks 11½.**

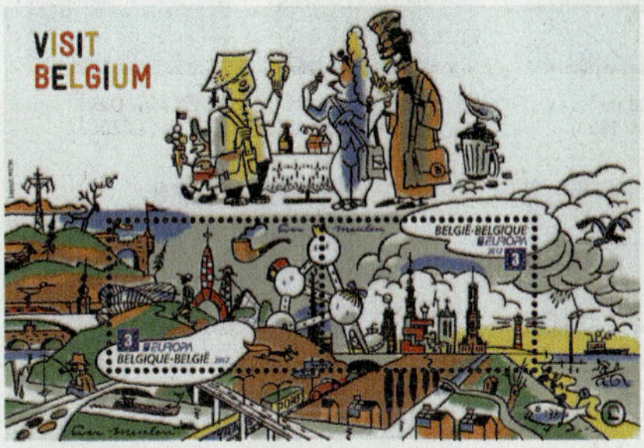

fdz

fdx) Sehenswürdigkeiten in Wallonien und Brüssel
fdy) Sehenswürdigkeiten in Brüssel und Flandern

| | | | | |
|---|---|---|---|---|
| **4262** | 3 (Europa) mehrfarbig | fdx | 10,50 | 7,— |
| **4263** | 3 (Europa) mehrfarbig | fdy | 10,50 | 7,— |
| **Block 166** | (120×80 mm) | fdz | 21,— | 14,— |
| | FDC (Blockmarken) | | | 8,— |

Nominale zur Zeit der Ausgabe: je 2.97 €

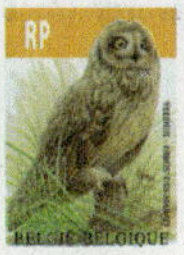

**2012, 11. Febr. Einschreibmarke für Behörden: Vögel. Odr. (5×2); gez. K 11½.**

fea) Sumpfohreule (Asio flammeus)

| | | | | |
|---|---|---|---|---|
| **4264** | RP mehrfarbig | fea | 8,70 | 8,70 |
| | FDC | | | 8,— |
| | Kleinbogen | | 87,— | 87,— |

Nominale zur Zeit der Ausgabe: 4.35 €

*Weitere Werte siehe Übersicht nach Jahrgangswerttabelle.*

**2012, 10. März. Blockausgabe: Kartographie. Komb. StTdr. und RaTdr.; gez. Ks 11½.**

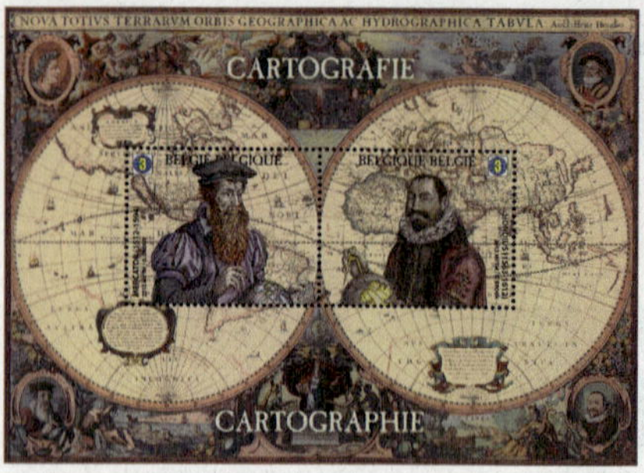


fed

feb) Gerhard Mercator, eigentlich Gerhard de Kremer (1512–1594), Mathematiker, Geograph, Philosoph und Theologe
fec) Jodocus Hondius, eigentlich Josse de Hondt (1563–1612), Kartograph und Verleger

feb–fec) Karte von Hendricus Hondius II. (1597–1651), Kupferstecher, Kartograph und Verleger

| | | | | | |
|---|---|---|---|---|---|
| **4265** | 3 (Welt) mehrfarbig | feb | 12,— | 7,50 |
| **4266** | 3 (Welt) mehrfarbig | fec | 12,— | 7,50 |
| **Block 167** | (160×112 mm) | fed | 24,— | 15,— |
| | FDC (Blockmarken) | | | 8,— |

Nominale zur Zeit der Ausgabe: je 3.57 €

**2012, 10. März. 60. Geburtstag von Franco Dragone. Odr., Markenheftchen (5); selbstklebend; gestanzt 8.**

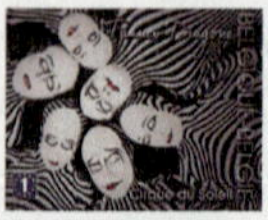

fee) Cirque du Soleil (Las Vegas 1998)

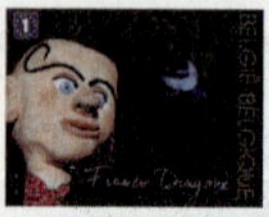

fef) Décrocher la Lune (La Louviere 2000, 2002, 2006, 2009)

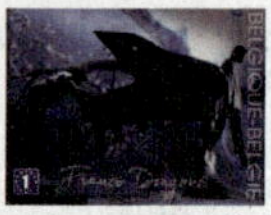

feg) A New Day... (Las Vegas 2003)

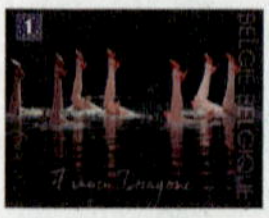

feh) Le Rève (Las Vegas 2005)

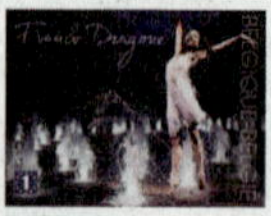

fei) The House of Dancing Water (Macau 2010)

fee–fei) Revuen und Shows von Franco Dragone (*1952), italienisch-belgischer Theaterdirektor

| | | | | |
|---|---|---|---|---|
| **4267** | 1 (Europa) mehrfarbig | fee | 3,50 | 2,— |
| **4268** | 1 (Europa) mehrfarbig | fef | 3,50 | 2,— |
| **4269** | 1 (Europa) mehrfarbig | feg | 3,50 | 2,— |
| **4270** | 1 (Europa) mehrfarbig | feh | 3,50 | 2,— |
| **4271** | 1 (Europa) mehrfarbig | fei | 3,50 | 2,— |
| | Satzpreis (5 W.) | | 18,— | 10,— |
| | FDC | | | 8,— |
| | Markenheftchen | | 18,— | 10,— |

Nominale zur Zeit der Ausgabe: je 0.99 €

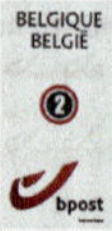

**2012, 12. März. Freimarke: Postemblem. Laserdr. (4×5 Zd); gez. K 11½.**

fck) Neues Postemblem

| | | | | |
|---|---|---|---|---|
| **4272** | 2 (Belgien) schwarz/rot | fck | 4,— | 3,— |
| | | FDC | | 8,— |
| | | 4272 Zf | 8,— | 5,— |

Nominale zur Zeit der Ausgabe: 1.30 €

MiNr. 4272 wurde auf Bestellung auch mit anhängendem personalisierbarem Zierfeld gedruckt.

*In gleicher Zeichnung: MiNr. 4228, 4229, 4273, 4368, 4565*

*In ähnlicher Zeichnung: MiNr. 4730*

**2012, 12. März. Freimarke: Postemblem. Laserdr. (4×5 Zd); selbstklebend; zähnungsähnlich gestanzt 11½.**

fck) Neues Postemblem

| | | | | |
|---|---|---|---|---|
| **4273** | 2 (Belgien) schwarz/rot | fck | 4,— | 3,— |
| | | FDC | | 8,— |
| | | 4273 Zf | 8,— | 5,— |

Nominale zur Zeit der Ausgabe: 1.30 €

MiNr. 4273 wurde auf Bestellung auch mit anhängendem personalisierbarem Zierfeld gedruckt.

*In gleicher Zeichnung: MiNr. 4228, 4229, 4272, 4368, 4565*
*In ähnlicher Zeichnung: MiNr. 4730*

**2012, 14. April. Blockausgabe: 100. Jahrestag des Untergangs der „Titanic". Odr.; gez. Ks 11½.**

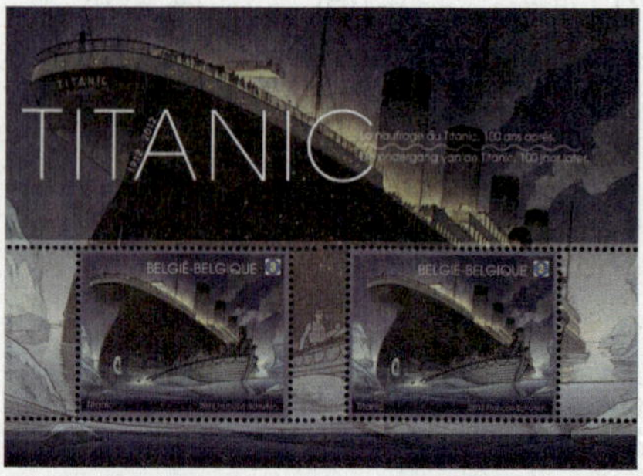


fel

fek fek I

fek) Sinkende „Titanic", Rettungsboot

| | | | | | |
|---|---|---|---|---|---|
| **4274** | 3 (Welt) mehrfarbig | fek | 12,— | 7,50 |
| **4275** | 3 (Welt) mehrfarbig | fek I | 12,— | 7,50 |
| **Block 168** | (145×105 mm) | fel | 24,— | 15,— |
| | FDC (Blockmarken) | | | 8,— |

Nominale zur Zeit der Ausgabe: je 3.57 €

Die beiden Marken des Blocks bilden ein Stereopaar und unterscheiden sich daher geringfügig in der Zeichnung.

Bl. 168 wurde auch zusammen mit einem zusammenbaubaren Stereoskop zum Preis von 8.99 € verkauft.

**2012, 14. April. Haustiere. RaTdr., Markenheftchen (2×5); selbstklebend; drei- bzw. zweiseitig gestanzt 10.**

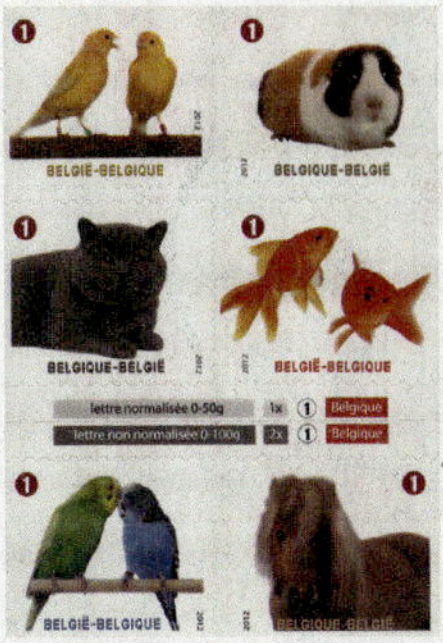
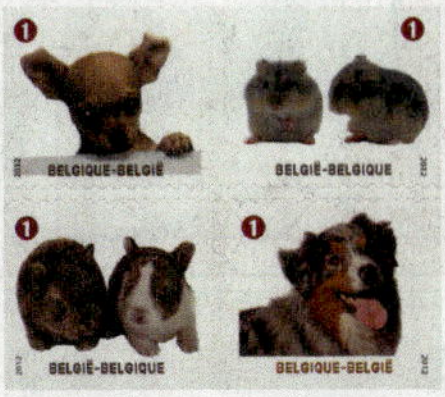

fem) Kanarienvögel
fen) Meerschweinchen
feo) Katze
fep) Goldfische
fer) Wellensittiche
fes) Pony
fet) Begleithund
feu) Hamster
fev) Kaninchen
few) Hütehund

| | | | | |
|---|---|---|---|---|
| **4276** | 1 (Belgien) mehrfarbig (☒) . . . . . . . . . . | fem | 2,— | 1,40 |
| **4277** | 1 (Belgien) mehrfarbig (☒) . . . . . . . . . . | fen | 2,— | 1,40 |
| **4278** | 1 (Belgien) mehrfarbig (☒) . . . . . . . . . . | feo | 2,— | 1,40 |
| **4279** | 1 (Belgien) mehrfarbig (☒) . . . . . . . . . . | fep | 2,— | 1,40 |
| **4280** | 1 (Belgien) mehrfarbig (☒) . . . . . . . . . . | fer | 2,— | 1,40 |
| **4281** | 1 (Belgien) mehrfarbig (☒) . . . . . . . . . . | fes | 2,— | 1,40 |
| **4282** | 1 (Belgien) mehrfarbig (☒) . . . . . . . . . . | fet | 2,— | 1,40 |
| **4283** | 1 (Belgien) mehrfarbig (☒) . . . . . . . . . . | feu | 2,— | 1,40 |
| **4284** | 1 (Belgien) mehrfarbig (☒) . . . . . . . . . . | fev | 2,— | 1,40 |
| **4285** | 1 (Belgien) mehrfarbig (☒) . . . . . . . . . . | few | 2,— | 1,40 |
| | | Satzpreis (10 W.) | 20,— | 14,— |
| | | FDC | | 8,— |
| | | Markenheftchen | 20,— | 14,— |

Nominale zur Zeit der Ausgabe: je 0.65 €

MiNr. 4276–4285 wurden zusammen im Markenheftchen gedruckt.

**2012, 19. Mai. 50 Jahre Unabhängigkeit von Ruanda und Burundi. Odr. (5×1); gez. K 11½.**

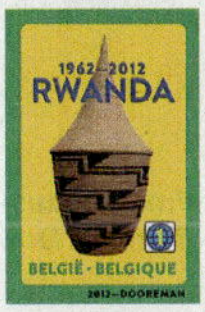

fex) Geflochtener Kord aus Ruanda

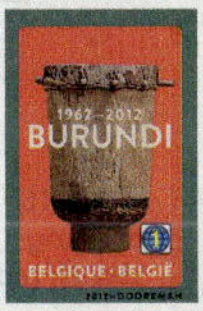

fey) Standtrommel aus Burundi

| | | | | |
|---|---|---|---|---|
| **4286** | 1 (Welt) mehrfarbig . . . . . . . . . . . . . . . . . . | fex | 4,— | 2,40 |
| **4287** | 1 (Welt) mehrfarbig . . . . . . . . . . . . . . . . . . | fey | 4,— | 2,40 |
| | | Satzpreis (2 W.) | 8,— | 4,80 |
| | | FDC | | 8,— |
| | | Kleinbogensatz (2 Klb.) | 40,— | 24,— |

Nominale zur Zeit der Ausgabe: je 1.19 €

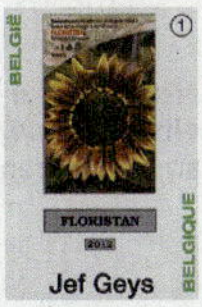

**2012, 19. Mai. Jef-Geys-Ausstellung, Brüssel. Odr. (5×2); gez. K 11½.**

fez) Ausstellung von Kunstwerken von Jef Geys (1934–2018) (Plakat)

| | | | | |
|---|---|---|---|---|
| **4288** | 1 (Belgien) mehrfarbig . . . . . . . . . . . . . . . . | fez | 2,— | 1,30 |
| | | FDC | | 8,— |
| | | Kleinbogen | 20,— | 13,— |

Nominale zur Zeit der Ausgabe: 0.65 €

Auflage: 161.600 Stück

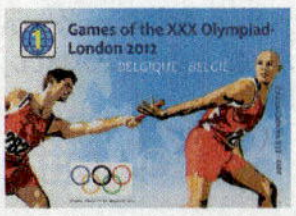

**2012, 19. Mai. Olympische Sommerspiele, London. Odr. (1×5); gez. K 11½.**

ffa) Staffellauf

| | | | | |
|---|---|---|---|---|
| **4289** | 1 (Welt) mehrfarbig . . . . . . . . . . . . . . . . . . | ffa | 4,— | 2,40 |
| | | FDC | | 8,— |
| | | Kleinbogen | 20,— | 12,— |

Nominale zur Zeit der Ausgabe: 1.19 €

**2012, 23. Juni. 85. Geburtstag von Pierre Alechinsky. Odr., Markenheftchen (2×5); selbstklebend; drei- bzw. zweiseitig gestanzt 10.**

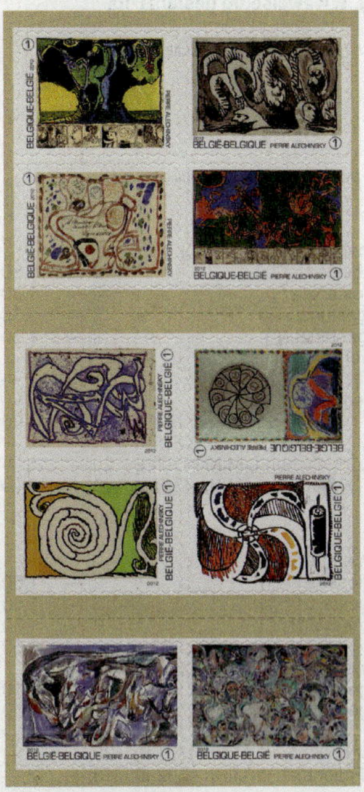

ffb) Volcan ensorcelé (1974)
ffc) A propos de Binche (1967)
ffd) Sans espoir de bâtiment pour Anvers ni même pour l'Escaut (1978)
ffe) Parfois, c'est l'inverse (1970)
fff) A la ligne (1973)
ffg) Aquarelle estampillée (1975)
ffh) Labyrinthe d'apparat (1973)
ffi) Encreur (2001)
ffk) Nuages en pantalon (1957)
ffl) Le dernier jour (1964)

ffb–ffl) Gemälde von Pierre Alechinsky (*1927)

| | | | | |
|---|---|---|---|---|
| **4290** | 1 (Belgien) mehrfarbig (☒) . . . . . . . . . . . . | ffb | 2,— | 1,30 |
| **4291** | 1 (Belgien) mehrfarbig (☒) . . . . . . . . . . . . | ffc | 2,— | 1,30 |
| **4292** | 1 (Belgien) mehrfarbig (☒) . . . . . . . . . . . . | ffd | 2,— | 1,30 |
| **4293** | 1 (Belgien) mehrfarbig (☒) . . . . . . . . . . . . | ffe | 2,— | 1,30 |
| **4294** | 1 (Belgien) mehrfarbig (☒) . . . . . . . . . . . . | fff | 2,— | 1,30 |
| **4295** | 1 (Belgien) mehrfarbig (☒) . . . . . . . . . . . . | ffg | 2,— | 1,30 |
| **4296** | 1 (Belgien) mehrfarbig (☒) . . . . . . . . . . . . | ffh | 2,— | 1,30 |
| **4297** | 1 (Belgien) mehrfarbig (☒) . . . . . . . . . . . . | ffi | 2,— | 1,30 |
| **4298** | 1 (Belgien) mehrfarbig (☒) . . . . . . . . . . . . | ffk | 2,— | 1,30 |
| **4299** | 1 (Belgien) mehrfarbig (☒) . . . . . . . . . . . . | ffl | 2,— | 1,30 |
| | | Satzpreis (10 W.) | 20,— | 13,— |
| | | 2 FDC | | 16,— |
| | | Kleinbogen | 20,— | 13,— |

Nominale zur Zeit der Ausgabe: je 0.65 €

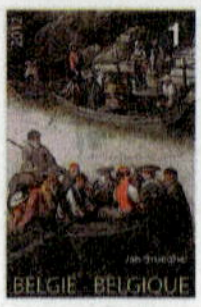

**2012, 23. Juni. Ausstellung der Briefmarkensammlung von Fürst Albert II. von Monaco, Brügge. Odr. (5×2); gez. K 11½.**

ffm) Wirtschaft an Flussufer; Gemälde von Jan Brueghel d. Ä. (1568–1625)

| | | | | | |
|---|---|---|---|---|---|
| **4300** | 1 (Belgien) mehrfarbig | ffm | 2,— | 1,30 |
| | | FDC | | 8,— |
| | | Kleinbogen | 20,— | 13,— |

Nominale zur Zeit der Ausgabe: 0.65 €

*Parallelausgabe mit Monaco MiNr. 3091/Bl. 105*

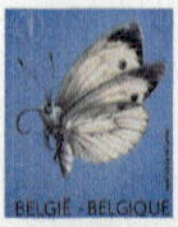

**2012, 23. Juni/2014. Freimarken: Schmetterlinge. I = RaTdr., II = Odr.; MiNr. 4301 Markenheftchen (5×2), MiNr. 4302 Folienblatt (5); selbstklebend; D = dreiseitig, E = zweiseitig gestanzt 10.**

ffn) Großer Kohlweißling (Pieris brassicae)

ffo) Echter Schwalbenschwanz (Papilio machaon)

**I = RaTdr. (23.6.2012)**

| | | | | | |
|---|---|---|---|---|---|
| **4301 I** | | 1 (Belgien) mehrfarbig | ffn | | |
| | **Do** | dreiseitig gestanzt (□) | | 2,— | 1,30 |
| | **Du** | dreiseitig gestanzt (□) | | 2,— | 1,30 |
| | **Eo** | zweiseitig gestanzt (□) | | 2,— | 1,30 |
| | **Eu** | zweiseitig gestanzt (□) | | 2,— | 1,30 |
| **4302 I** | | 1 (Europa) mehrfarbig | ffo | | |
| | **Dl** | dreiseitig gestanzt (□) | | 3,50 | 2,— |
| | **Dr** | dreiseitig gestanzt (□) | | 3,50 | 2,— |
| | | Satzpreis I (2 W.) | | 5,50 | 3,30 |
| | | 2 FDC I | | | 15,— |
| | | Markenheftchen I (MiNr. 4301 I) | | 20,— | 13,— |
| | | Folienblatt I (MiNr. 4302 I) | | 18,— | 10,— |

**II = Odr. (2014)**

| | | | | | |
|---|---|---|---|---|---|
| **4301 II** | | 1 (Belgien) mehrfarbig | ffn | | |
| | **Do** | dreiseitig gestanzt (□) | | 2,— | 1,60 |
| | **Du** | dreiseitig gestanzt (□) | | 2,— | 1,60 |
| | **Eo** | zweiseitig gestanzt (□) | | 2,— | 1,60 |
| | **Eu** | zweiseitig gestanzt (□) | | 2,— | 1,60 |
| **4302 II** | | 1 (Europa) mehrfarbig | ffo | | |
| | **Dl** | dreiseitig gestanzt (□) | | 3,50 | 2,40 |
| | **Dr** | dreiseitig gestanzt (□) | | 3,50 | 2,40 |
| | | Satzpreis II (2 W.) | | 5,50 | 4,— |
| | | Markenheftchen II (MiNr. 4301 II) | | 20,— | 16,— |
| | | Folienblatt II (MiNr. 4302 II) | | 18,— | 12,— |

Nominalen zur Zeit der Ausgabe: MiNr. 4301 I = 0.65 €, MiNr. 4301 II = 0.70 €, MiNr. 4302 I = 0.99 €, MiNr. 4302 II = 1.07 €

*Weitere Werte: MiNr. 4338, 4366–4367, 4492–4501*

**2012, 14. Sept. Das ist Belgien (X): Comicfiguren. RaTdr. (10); gez. K 11½.**

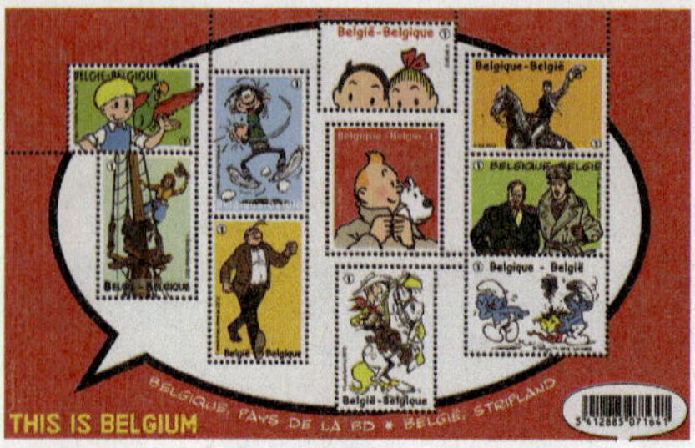


| | | | |
|---|---|---|---|
| | | ffp | ffr |
| ffs | fft | ffu | ffv |
| ffw | ffx | ffy | ffz |

ffp) Suske und Wiske; von Willy Vandersteen (1913–1990)
ffr) Jerry Spring; von Jijé (1914–1980)
ffs) Jommeke und Flip; von Jef Nys (1927–2009)
fft) Gaston; von André Franquin (1924–1997)
ffu) Tim und Struppi; von Hergé (1907–1983)
ffv) Blake und Mortimer; von Edgar P. Jacobs (1904–1987)
ffw) Cori, der Schiffsjunge; von Bob de Moor (1925–1992)
ffx) Néron; von Marc Sleen (1922–2016)
ffy) Lucky Luke; von Morris (1923–2001)
ffz) Die Schlümpfe; von Peyo (1928–1992)

| | | | | |
|---|---|---|---|---|
| **4303** | 1 (Belgien) mehrfarbig | ffp | 2,— | 1,30 |
| **4304** | 1 (Belgien) mehrfarbig | ffr | 2,— | 1,30 |
| **4305** | 1 (Belgien) mehrfarbig | ffs | 2,— | 1,30 |
| **4306** | 1 (Belgien) mehrfarbig | fft | 2,— | 1,30 |
| **4307** | 1 (Belgien) mehrfarbig | ffu | 2,— | 1,30 |
| **4308** | 1 (Belgien) mehrfarbig | ffv | 2,— | 1,30 |
| **4309** | 1 (Belgien) mehrfarbig | ffw | 2,— | 1,30 |
| **4310** | 1 (Belgien) mehrfarbig | ffx | 2,— | 1,30 |
| **4311** | 1 (Belgien) mehrfarbig | ffy | 2,— | 1,30 |
| **4312** | 1 (Belgien) mehrfarbig | ffz | 2,— | 1,30 |
| | | Satzpreis (10 W.) | 20,— | 13,— |
| | | 2 FDC | | 16,— |
| | | Kleinbogen | 20,— | 13,— |

Nominale zur Zeit der Ausgabe: je 0.65 €

Kleinbogen mit MiNr. 4303–4312 □ wurde von der Post an Abonnenten verschenkt. Er ist nicht frankaturgültig.

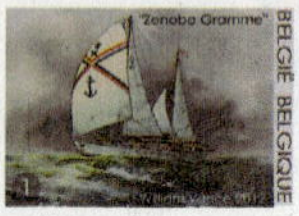

**2012, 15. Sept. Nationale Briefmarkenausstellung „TEMSIFIL 2012", Temse. Odr. (5×2); gez. K 11½.**

fga) Segelschiff „Zenobe Gramme", 1961 gebaut in der Boul-Werft, Temse

| | | | | |
|---|---|---|---|---|
| **4313** | 1 (Belgien) mehrfarbig | fga | 2,— | 1,30 |
| | | FDC | | 8,— |
| | | Kleinbogen | 20,— | 13,— |

Nominale zur Zeit der Ausgabe: 0.65 €

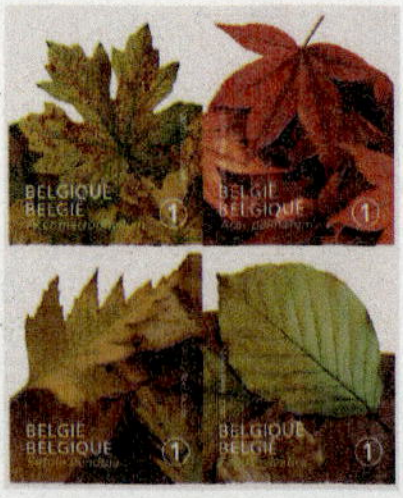

**2012, 16. Sept. Laub. RaTdr., Markenheftchen (5×2); selbstklebend; gestanzt 10, teils an Konturen gestanzt.**

fgb) Großblättriger Ahorn (Acer macrophyllum)
fgc) Echter Fächerahorn (Acer palmatum)
fgg) Weißbirke (Betula pendula)
fgh) Rotbuche (Fagus sylvatica)

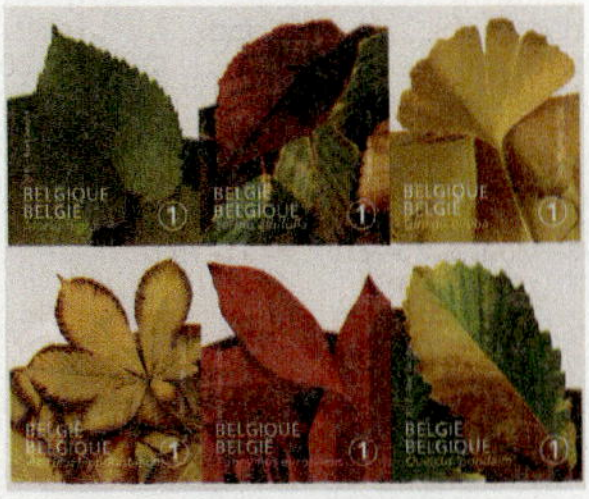

fgd) Schwarze Maulbeere (Morus nigra)
fge) Erlenblättrige Eberesche (Sorbus alnifolia)
fgf) Ginkgobaum (Ginkgo biloba)
fgi) Gemeine Rosskastanie (Aesculus hippocastanum)
fgk) Europäisches Pfaffenhütchen (Euonymus europaeus)
fgl) Pontische Eiche (Quercus „Pondaim")

| | | | | |
|---|---|---|---|---|
| **4314** | 1 (Belgien) mehrfarbig | fgb | 2,— | 1,30 |
| **4315** | 1 (Belgien) mehrfarbig | fgc | 2,— | 1,30 |
| **4316** | 1 (Belgien) mehrfarbig | fgd | 2,— | 1,30 |
| **4317** | 1 (Belgien) mehrfarbig | fge | 2,— | 1,30 |
| **4318** | 1 (Belgien) mehrfarbig | fgf | 2,— | 1,30 |
| **4319** | 1 (Belgien) mehrfarbig | fgg | 2,— | 1,30 |
| **4320** | 1 (Belgien) mehrfarbig | fgh | 2,— | 1,30 |
| **4321** | 1 (Belgien) mehrfarbig | fgi | 2,— | 1,30 |
| **4322** | 1 (Belgien) mehrfarbig | fgk | 2,— | 1,30 |
| **4323** | 1 (Belgien) mehrfarbig | fgl | 2,— | 1,30 |
| | | Satzpreis (10 W.) | 20,— | 13,— |
| | | FDC | | 8,— |
| | | Markenheftchen | 20,— | 13,— |

Nominale zur Zeit der Ausgabe: je 0.65 €

MiNr. 4314–4323 wurden zusammen im Markenheftchen gedruckt.

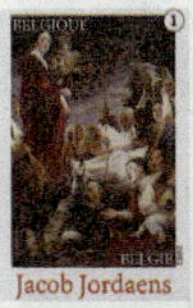

**2012, 6. Okt. Gemälde-Ausstellung „Jordaens und die Antike", Brüssel. Odr. (5×2); gez. K 11½.**

fgm) Huldigung der Ceres; Gemälde von Jacob Jordaens (1593–1678)

| | | | | |
|---|---|---|---|---|
| **4324** | 1 (Belgien) mehrfarbig | fgm | 2,— | 1,30 |
| | | FDC | | 8,— |
| | | Kleinbogen | 20,— | 13,— |

Nominale zur Zeit der Ausgabe: 0.65 €

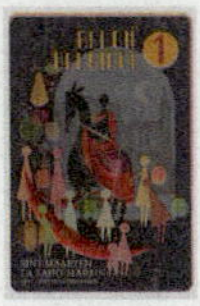

**2012, 6. Okt. St.-Martins-Tag. Odr. (5×2); gez. K 11½.**

fgn) Kinder beim Martinsumzug

| | | | | |
|---|---|---|---|---|
| **4325** | 1 (Belgien) mehrfarbig | fgn | 2,— | 1,30 |
| | | FDC | | 8,— |
| | | Kleinbogen | 20,— | 13,— |

Nominale zur Zeit der Ausgabe: 0.65 €

**2012, 6. Okt. Blockausgabe: Belgien der Regionen (III) – Condroz. gez. Ks 11½.**

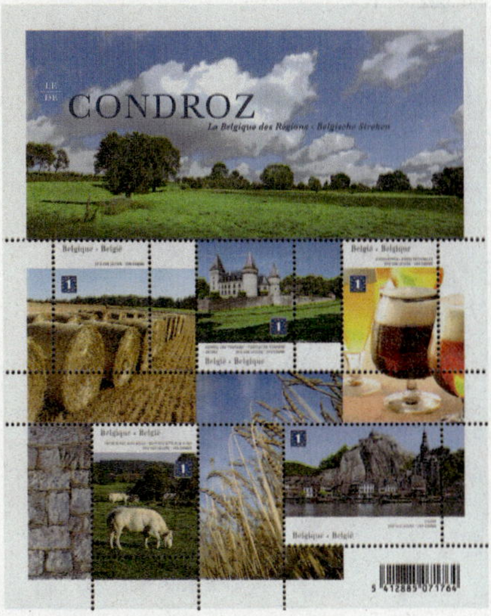


fgu

fgo) Strohballen
fgp) Schloss Saint-Fontaine
fgr) Biergläser
fgs) Rinderrasse „Weißblauer Belgier"
fgt) Ortsansicht von Dinant

fgo–fgt) Photographien von Bart Van Leuven (*1964)

| | | | | |
|---|---|---|---|---|
| **4326** | 1 (Europa) mehrfarbig | fgo | 3,50 | 2,— |
| **4327** | 1 (Europa) mehrfarbig | fgp | 3,50 | 2,— |
| **4328** | 1 (Europa) mehrfarbig | fgr | 3,50 | 2,— |
| **4329** | 1 (Europa) mehrfarbig | fgs | 3,50 | 2,— |
| **4330** | 1 (Europa) mehrfarbig | fgt | 3,50 | 2,— |
| **Block 169** | (152×185 mm) | fgu | 18,— | 10,— |
| | | FDC (Blockmarken) | | 8,— |

Nominale zur Zeit der Ausgabe: je 0.99 €

**2012, 27. Okt. Blockausgabe: Stadtzentren (II) – Brügge. Komb. StTdr. und RaTdr. mit Ausstanzungen am rechten unteren Blockrand; gez. Ks 11½.**

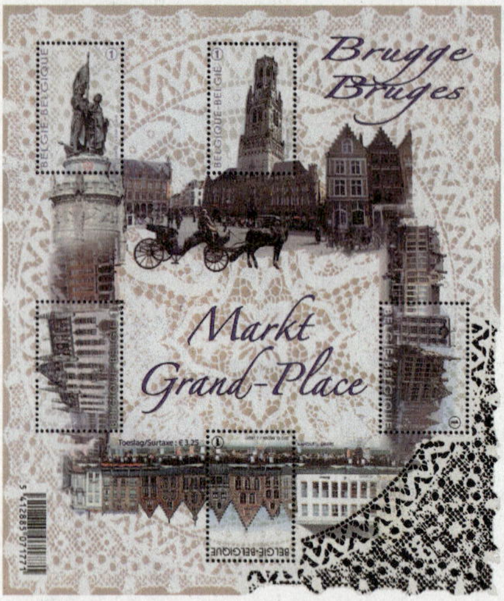


fha

fgv) Denkmal von Jan Breydel und Pieter de Coninck
fgw) Belfried
fgx) Provinzialpalast
fgy) Häuser „Boechoute", „Craenenburg", „Die Maene" und „Cinéma Pathé"
fgz) Häuser „Spainge", „Diephuis" und „Le Panier d'Or"

fgv–fgz) Bauwerke am Marktplatz, Brügge

| | | | | |
|---|---|---|---|---|
| **4331** | 1 (Belgien) mehrfarbig | fgv | 3,— | 2,60 |
| **4332** | 1 (Belgien) mehrfarbig | fgw | 3,— | 2,60 |
| **4333** | 1 (Belgien) mehrfarbig | fgx | 3,— | 2,60 |
| **4334** | 1 (Belgien) mehrfarbig | fgy | 3,— | 2,60 |
| **4335** | 1 (Belgien) mehrfarbig | fgz | 3,— | 2,60 |
| **Block 170** | (160×184 mm) | fha | 15,— | 13,— |
| | FDC (Blockmarken) | | | 8,— |

Nominale zur Zeit der Ausgabe: je 0.65 €

Postpreis: 6.50 €

**2012, 27. Okt. Weihnachten. RaTdr., Markenheftchen (5×2); Papier ph.; selbstklebend; D = dreiseitig, E = zweiseitig gestanzt 10.**

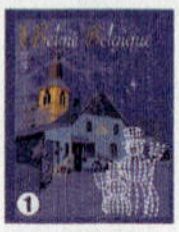

fhb) Dorfkirche, Schneemänner

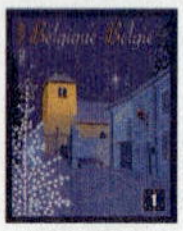

fhc) Stadtkirche, Weihnachtsbaum

| | | | | |
|---|---|---|---|---|
| **4336** | 1 (Belgien) mehrfarbig | fhb | | |
| Do | dreiseitig gestanzt (⊡) | | 2,— | 1,30 |
| Du | dreiseitig gestanzt (⊡) | | 2,— | 1,30 |
| Eo | zweiseitig gestanzt (⊡) | | 2,— | 1,30 |
| Eu | zweiseitig gestanzt (⊡) | | 2,— | 1,30 |
| **4337** | 1 (Europa) mehrfarbig | fhc | | |
| Do | dreiseitig gestanzt (⊡) | | 3,50 | 2,— |
| Du | dreiseitig gestanzt (⊡) | | 3,50 | 2,— |
| Eo | zweiseitig gestanzt (⊡) | | 3,50 | 2,— |
| Eu | zweiseitig gestanzt (⊡) | | 3,50 | 2,— |
| | Satzpreis (2 W.) | | 5,50 | 3,30 |
| | 2 FDC | | | 16,— |
| | 2 Markenheftchen | | 55,— | 33,— |

Nominalen zur Zeit der Ausgabe: MiNr. 4336 = 0.65 €, MiNr. 4337 = 0.99 €

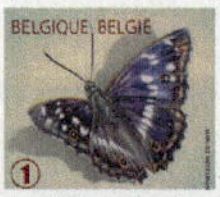

**2012, 27. Okt. Freimarke: Schmetterlinge. RaTdr., Rolle (100); selbstklebend; A = gestanzt 13½:13½:13¾:14, F = gestanzt 13¾:14:13½:13½.**

fhd) Kleiner Schillerfalter (Apatura ilia)

| | | | | |
|---|---|---|---|---|
| **4338** | 1 (Belgien) mehrfarbig | fhd | | |
| A | gest. 13½:13½:13¾:14 | | 2,— | 1,30 |
| F | gest. 13¾:14:13½:13½ | | 2,— | *1,30* |
| | FDC | | | 8,— |

Nominale zur Zeit der Ausgabe: 0.65 €

*Weitere Werte: MiNr. 4301–4302, 4366–4367, 4492–4501*

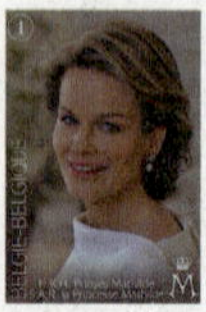

**2013, 19. Jan. 40. Geburtstag von Prinzessin Mathilde. Odr. (5×2); gez. K 11½.**

fhe) Mathilde d'Udekem d'Acoz (*1973), Prinzessin von Belgien, Gemahlin von Kronprinz Philipp

| | | | | |
|---|---|---|---|---|
| **4339** | 1 (Belgien) mehrfarbig | fhe | 2,— | 1,40 |
| | FDC | | | 10,— |
| | Kleinbogen | | 20,— | 14,— |

Nominale zur Zeit der Ausgabe: 0.67 €

**2013, 19. Jan. Märchenfiguren. RaTdr., Markenheftchen (2×5); selbstklebend; drei- bzw. zweiseitig gestanzt 10.**

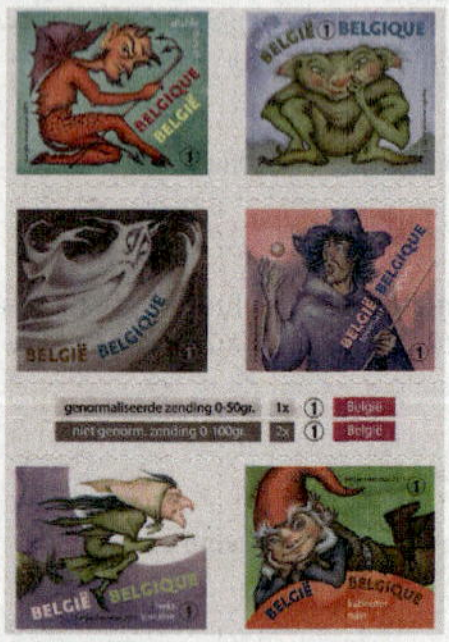

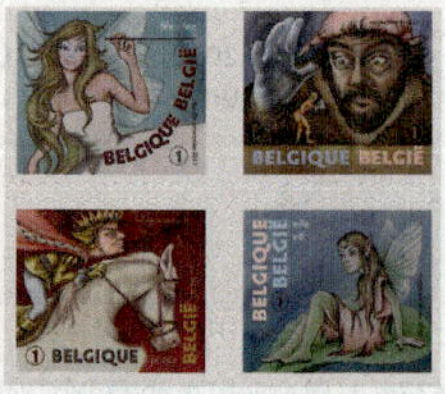

fhf) Teufel
fhg) Troll
fhh) Geist
fhi) Magier
fhk) Hexe
fhl) Zwerg
fhm) Fee
fhn) Riese
fho) Prinz
fhp) Elfe

| | | | | |
|---|---|---|---|---|
| **4340** | 1 (Belgien) mehrfarbig (⊡) | fhf | 2,— | 1,40 |
| **4341** | 1 (Belgien) mehrfarbig (⊡) | fhg | 2,— | 1,40 |
| **4342** | 1 (Belgien) mehrfarbig (⊡) | fhh | 2,— | 1,40 |
| **4343** | 1 (Belgien) mehrfarbig (⊡) | fhi | 2,— | 1,40 |
| **4344** | 1 (Belgien) mehrfarbig (⊡) | fhk | 2,— | 1,40 |
| **4345** | 1 (Belgien) mehrfarbig (⊡) | fhl | 2,— | 1,40 |
| **4346** | 1 (Belgien) mehrfarbig (⊡) | fhm | 2,— | 1,40 |
| **4347** | 1 (Belgien) mehrfarbig (⊡) | fhn | 2,— | 1,40 |
| **4348** | 1 (Belgien) mehrfarbig (⊡) | fho | 2,— | 1,40 |
| **4349** | 1 (Belgien) mehrfarbig (⊡) | fhp | 2,— | 1,40 |
| | Satzpreis (10 W.) | | 20,— | 14,— |
| | FDC | | | 10,— |
| | Markenheftchen | | 20,— | 14,— |

Nominale zur Zeit der Ausgabe: je 0.67 €

MiNr. 4340–4349 wurden zusammen im Markenheftchen gedruckt.

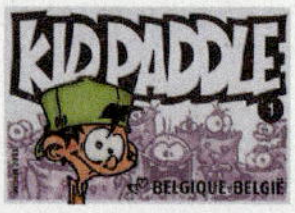


**2013, 19. Jan. Jugendphilatelie. Odr. (2×5); gez. K 11½.**

fhr) Kid Paddle; Comicfigur von Midam, eigentlich Michel Ledent (*1963), Comiczeichner und -autor

| | | | | |
|---|---|---|---|---|
| **4350** | 1 (Belgien) mehrfarbig | fhr | 2,— | 1,40 |
| | FDC | | | 10,— |
| | Kleinbogen | | 20,— | 14,— |

Nominale zur Zeit der Ausgabe: 0.67 €

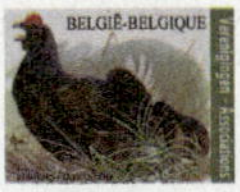

**2013, 19. Jan. Freimarke für Vereinigungen: Vögel. Odr. (2×5); Odr.; gez. K 11½.**

fhs) Birkhuhn (Tetrao tetrix)

| | | | | |
|---|---|---|---|---|
| **4351** | — mehrfarbig | fhs | 1,— | 1,— |
| | | FDC | | 10,— |
| | | Kleinbogen | 10,— | 10,— |

Nominale zur Zeit der Ausgabe: 0.40 €

*Weitere Werte siehe Übersicht nach Jahrgangswerttabelle.*

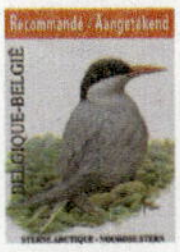

**2013, 19. Jan. Einschreibemarke: Vögel. Odr. (5×2); Odr.; gez. K 11½.**

fht) Küstenseeschwalbe (Sterna paradisaea)

| | | | | |
|---|---|---|---|---|
| **4352** | — mehrfarbig | fht | 10,— | 10,— |
| | | FDC | | 10,— |
| | | Kleinbogen | 100,— | 100,— |

Nominale zur Zeit der Ausgabe: 5.03 €

*Weitere Werte siehe Übersicht nach Jahrgangswerttabelle.*

**2013, 9. Febr. Blockausgabe: Straßenverkehrskampagne „Go For Zero“: Kinderzeichnungen. Komb. Odr. und Siebdr.; gez. Ks 11½.**

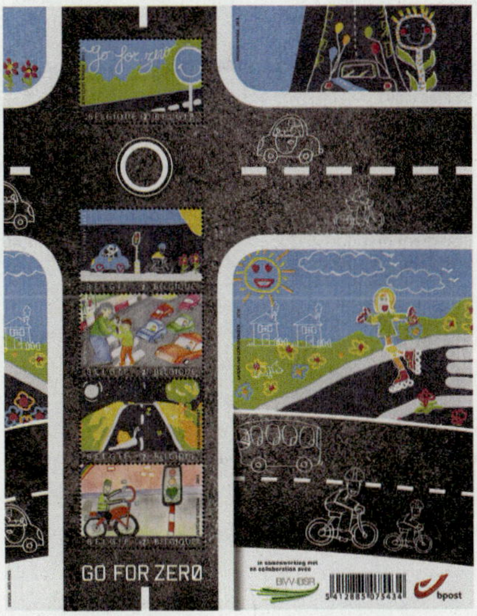


fhz

fhu) von Jean-Louis Rondia
fhv) von Ellen Labey
fhw) von Kiattisak Nulong
fhx) von Jean-Louis Verbaert
fhy) von Antoine Buscemi

| | | | | |
|---|---|---|---|---|
| **4353** | 2 (Belgien) mehrfarbig | fhu | 4,— | 2,70 |
| **4354** | 2 (Belgien) mehrfarbig | fhv | 4,— | 2,70 |
| **4355** | 2 (Belgien) mehrfarbig | fhw | 4,— | 2,70 |
| **4356** | 2 (Belgien) mehrfarbig | fhx | 4,— | 2,70 |
| **4357** | 2 (Belgien) mehrfarbig | fhy | 4,— | 2,70 |
| **Block 171** | (160×200 mm) | fhz | 20,— | 14,— |
| | | FDC (Blockmarken) | | 10,— |

Nominale zur Zeit der Ausgabe: je 1.34 €

**2013, 9. Febr. Blockausgabe: Europa – Postfahrzeuge. Odr.; gez. Ks 11½.**

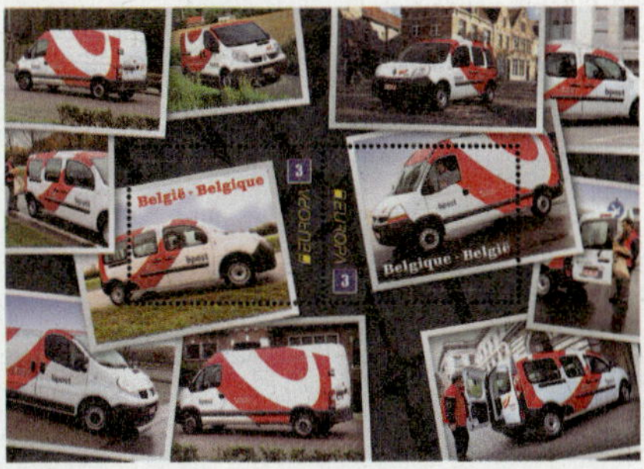

fic

fia) Pkw
fib) Transporter

| | | | | |
|---|---|---|---|---|
| **4358** | 3 (Europa) mehrfarbig | fia | 10,50 | 7,— |
| **4359** | 3 (Europa) mehrfarbig | fib | 10,50 | 7,— |
| **Block 172** | (160×112 mm) | fic | 21,— | 14,— |
| | | FDC (Blockmarken) | | 10,— |

Nominale zur Zeit der Ausgabe: je 3.09 €

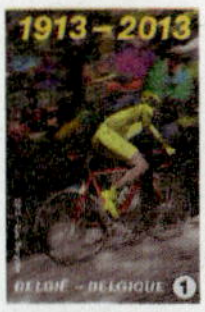


**2013, 23. März. 100 Jahre Radrennen „Flandern-rundfahrt“. Odr. (5×2); gez. K 11½.**

fid) Radrennfahrer

| | | | | |
|---|---|---|---|---|
| **4360** | 1 (Belgien) mehrfarbig | fid | 2,— | 1,40 |
| | | FDC | | 10,— |
| | | Kleinbogen | 20,— | 14,— |

Nominale zur Zeit der Ausgabe: 0.67 €

**2013, 23. März. Blockausgabe: Belgische Schokolade. Odr.; gez. Ks 11½.**

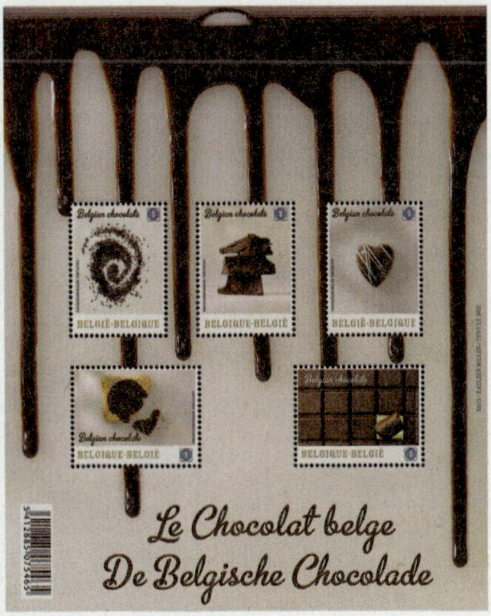


fik

fie) Schokoladenstreusel
fif) Schokoladenbruch
fig) Pralinenherz
fih) Schokoladenaufstrich
fii) Schokoladentafel

| | | | | | |
|---|---|---|---|---|---|
| **4361** | 1 (Welt) mehrfarbig | fie | 4,— | 2,50 |
| **4362** | 1 (Welt) mehrfarbig | fif | 4,— | 2,50 |
| **4363** | 1 (Welt) mehrfarbig | fig | 4,— | 2,50 |
| **4364** | 1 (Welt) mehrfarbig | fih | 4,— | 2,50 |
| **4365** | 1 (Welt) mehrfarbig | fii | 4,— | 2,50 |
| **Block 173** | (152×185 mm) | fik | 20,— | 13,— |
| | FDC (Blockmarken) | | | 10,— |

Nominale zur Zeit der Ausgabe: je 1.24 €

**2013, 23. März. Freimarken: Schmetterlinge. RaTdr., Folienblätter (5); selbstklebend; dreiseitig gestanzt 10.**

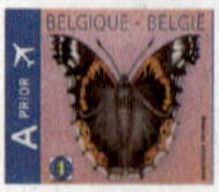


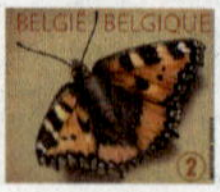


fil) Admiral (Vanessa atalanta) fim) Kleiner Fuchs (Aglais urticae)

| | | | | | |
|---|---|---|---|---|---|
| **4366** | 1 (Welt) mehrfarbig | fil | | |
| DI | dreiseitig gestanzt (□) | | 4,— | 2,50 |
| Dr | dreiseitig gestanzt (□) | | 4,— | 2,50 |
| **4367** | 2 (Belgien) mehrfarbig | fim | | |
| DI | dreiseitig gestanzt (□) | | 4,— | 2,70 |
| Dr | dreiseitig gestanzt (□) | | 4,— | 2,70 |
| | Satzpreis (2 W.) | | 8,— | 5,20 |
| | 2 FDC | | | 20,— |
| | 2 Folienblätter | | 40,— | 26,— |

Nominalen zur Zeit der Ausgabe: MiNr. 4366 = 1.24 €, MiNr. 4367 = 1.34 €

*Parallelausgabe mit Finnland – Åland MiNr. 382*

*Weitere Werte: MiNr. 4301–4302, 4338, 4492–4501*

**2013, 25. März. Freimarke: Postemblem. Laserdr. (4×5 Zd); selbstklebend; zähnungsähnlich gestanzt 11½.**

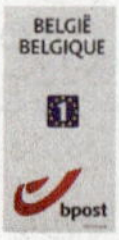


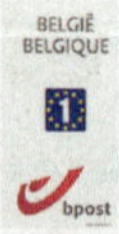


Type I: kleines Europazeichen Type II: großes Europazeichen

fck) Neues Postemblem

| | | | | | |
|---|---|---|---|---|---|
| **4368** | 1 (Europa) mehrfarbig | fck | | |
| I | Type I | | 3,50 | 2,20 |
| II | Type II | | 3,50 | 2,20 |
| | FDC I | | | 10,— |
| | 4368 I Zf | | 5,— | 4,— |
| | 4368 II Zf | | 5,— | 4,— |

Nominale zur Zeit der Ausgabe: 1.03 €

MiNr. 4368 wurde auf Bestellung auch mit anhängendem personalisierbarem Zierfeld gedruckt.

MiNr. 4368 II exisiert auch als nassklebende Marke, allerdings nur mit anhängendem personalisiertem Zierfeld

*In gleicher Zeichnung: MiNr. 4228, 4229, 4272, 4273, 4565*
*In ähnlicher Zeichnung: MiNr. 4730*

**2013, 13. April. 150. Geburtstag von Theo van Rysselberghe (2012). Odr., Markenheftchen (2×5); selbstklebend; drei- bzw. zweiseitig gestanzt 10.**

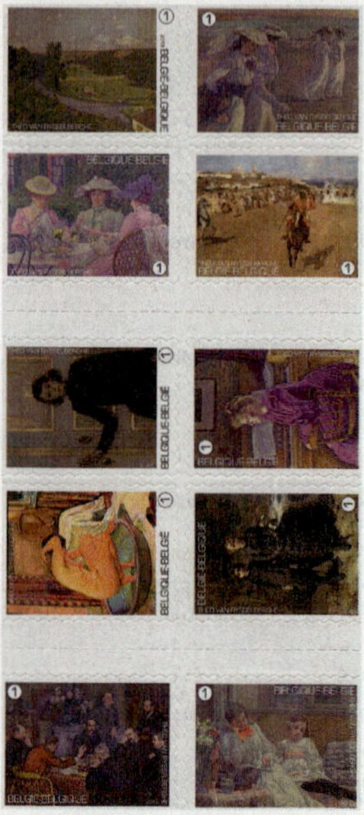

fin) Das Sambre-Tal (1890)
fio) Der Spaziergang (1901)
fip) Tee im Garten (1904)
fir) Arabische Phantasie (1884)
fis) Marguerite Van Mons (1886)
fit) Marie Sèthe am Harmonium (1891)
fiu) Badende Frau (1922)
fiv) Die Schwestern des Malers Schlobach (1884)
fiw) Die Lektüre von Emile Verhaeren (1903)
fix) Lesende Frau (1899)

fin–fix) Gemälde von Theo Van Rysselberghe (1862–1926)

| | | | | |
|---|---|---|---|---|
| **4369** | 1 (Belgien) mehrfarbig (□) | fin | 2,— | 1,40 |
| **4370** | 1 (Belgien) mehrfarbig (□) | fio | 2,— | 1,40 |
| **4371** | 1 (Belgien) mehrfarbig (□) | fip | 2,— | 1,40 |
| **4372** | 1 (Belgien) mehrfarbig (□) | fir | 2,— | 1,40 |
| **4373** | 1 (Belgien) mehrfarbig (□) | fis | 2,— | 1,40 |
| **4374** | 1 (Belgien) mehrfarbig (□) | fit | 2,— | 1,40 |
| **4375** | 1 (Belgien) mehrfarbig (□) | fiu | 2,— | 1,40 |
| **4376** | 1 (Belgien) mehrfarbig (□) | fiv | 2,— | 1,40 |
| **4377** | 1 (Belgien) mehrfarbig (□) | fiw | 2,— | 1,40 |
| **4378** | 1 (Belgien) mehrfarbig (□) | fix | 2,— | 1,40 |
| | Satzpreis (10 W.) | | 20,— | 14,— |
| | 2 FDC | | | 20,— |
| | Markenheftchen | | 20,— | 14,— |

Nominale zur Zeit der Ausgabe: je 0.67 €

Markenheftchen mit MiNr. 4369–4378 □ wurde von der Post an Abonnenten verschenkt. Es ist nicht frankaturgültig.

**2013, 13. April. Blockausgabe: 100 Jahre Flugpost. Komb. StTdr. und RaTdr.; gez. Ks 11½.**

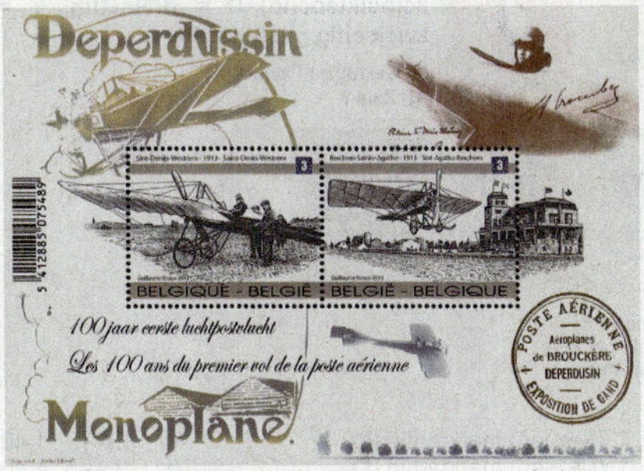


fka

fiy) Postflug Saint Denijs-Westrem (1913)
fiz) Postflug Berchem-Sainte-Agathe (1913)

| | | | | | |
|---|---|---|---|---|---|
| **4379** | 3 (Europa) mehrfarbig | fiy | 10,50 | 6,50 |
| **4380** | 3 (Europa) mehrfarbig | fiz | 10,50 | 6,50 |
| **Block 174** | (160×112 mm) | fka | 21,— | 13,— |
| | FDC (Blockmarken) | | | 10,— |

Nominale zur Zeit der Ausgabe: je 3.09 €

**2013, 11. Mai. Oper: 200. Geburtstage von Giuseppe Verdi und Richard Wagner. Komb. StTdr. und RaTdr., Markenheftchen (5×1); gez. K 11¾.**

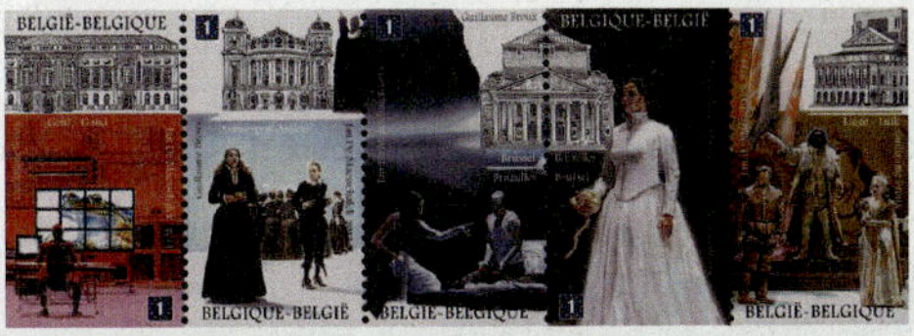


fkb) Opernhaus Gent: Das Rheingold; von Richard Wagner (1818–1883), deutscher Komponist
fkc) Opernhaus Antwerpen: Don Carlos; von Giuseppe Verdi (1813–1901), italienischer Komponist
fkd) Opernhaus Brüssel: Macbeth; von Giuseppe Verdi
fke) Opernhaus Brüssel: Parsifal; von Richard Wagner
fkf) Opernhaus Lüttich: Otello; von Giuseppe Verdi

| | | | | |
|---|---|---|---|---|
| **4381** | 1 (Europa) mehrfarbig | fkb | 3,50 | 2,20 |
| **4382** | 1 (Europa) mehrfarbig | fkc | 3,50 | 2,20 |
| **4383** | 1 (Europa) mehrfarbig | fkd | 3,50 | 2,20 |
| **4384** | 1 (Europa) mehrfarbig | fke | 3,50 | 2,20 |
| **4385** | 1 (Europa) mehrfarbig | fkf | 3,50 | 2,20 |
| | Satzpreis (5 W.) | | 18,— | 11,— |
| | FDC | | | 10,— |

Nominale zur Zeit der Ausgabe: je 1.03 €

MiNr. 4381–4385 stammen aus MH 49.

Auflage: 89.640 Markenheftchen

**2013, 11. Mai. Tiere aus dem Zoo von Antwerpen. RaTdr., Markenheftchen (2×5); selbstklebend; drei- bzw. zweiseitig gestanzt 10.**

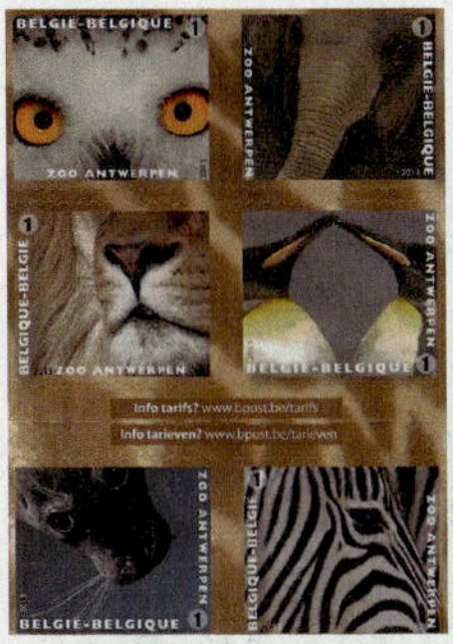


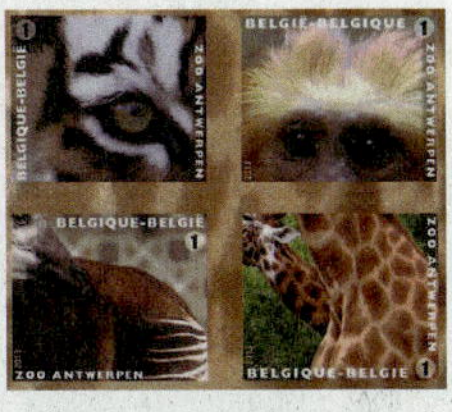


fkg) Schnee-Eule (Bubo scandiacus)
fkh) Indischer Elefant (Elephas maximus)
fki) Löwe (Panthera leo)
fkk) Kaiserpinguin (Aptenodytes forsteri)
fkl) Gemeiner Seehund (Phoca vitulina)
fkm) Grevyzebra (Equus grevyi)
fkn) Tiger (Panthera tigris)
fko) Goldkopf-Löwenäffchen (Leontopithecus rosalia chrysomelas)
fkp) Okapi (Okapia johnstoni)
fkr) Giraffe (Giraffa camelopardalis)

| | | | | |
|---|---|---|---|---|
| **4386** | 1 (Belgien) mehrfarbig (⌧) | fkg | 2,— | 1,40 |
| **4387** | 1 (Belgien) mehrfarbig (⌧) | fkh | 2,— | 1,40 |
| **4388** | 1 (Belgien) mehrfarbig (⌧) | fki | 2,— | 1,40 |
| **4389** | 1 (Belgien) mehrfarbig (⌧) | fkk | 2,— | 1,40 |
| **4390** | 1 (Belgien) mehrfarbig (⌧) | fkl | 2,— | 1,40 |
| **4391** | 1 (Belgien) mehrfarbig (⌧) | fkm | 2,— | 1,40 |
| **4392** | 1 (Belgien) mehrfarbig (⌧) | fkn | 2,— | 1,40 |
| **4393** | 1 (Belgien) mehrfarbig (⌧) | fko | 2,— | 1,40 |
| **4394** | 1 (Belgien) mehrfarbig (⌧) | fkp | 2,— | 1,40 |
| **4395** | 1 (Belgien) mehrfarbig (⌧) | fkr | 2,— | 1,40 |
| | Satzpreis (10 W.) | | 20,— | 14,— |
| | FDC | | | 10,— |
| | Markenheftchen | | 20,— | 14,— |

Nominale zur Zeit der Ausgabe: je 0.67 €

MiNr. 4386–4395 wurden zusammen im Markenheftchen gedruckt.

Auflage: 1.600.000 Markenheftchen

**2013, 22. Juni. Blockausgabe: 20 Jahre Regentschaft von König Albert II. Odr.; gez. Ks 11½.**

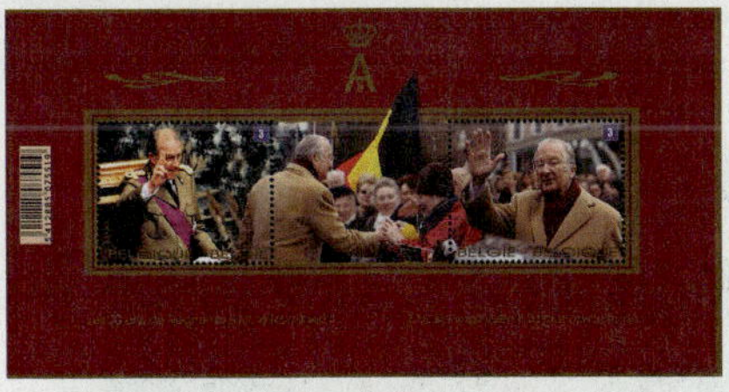

fku

fks) König Albert II. (*1934, reg. 1993–2013) legt Amtseid ab
fkt) König Albert II. winkt seinem Volk

| | | | | |
|---|---|---|---|---|
| **4396** | 3 (Europa) mehrfarbig | fks | 10,50 | 6,50 |
| **4397** | 3 (Europa) mehrfarbig | fkt | 10,50 | 6,50 |
| **Block 175** | (200×101 mm) | fku | 21,— | 13,— |
| | FDC (Blockmarken) | | | 10,— |

Nominale zur Zeit der Ausgabe: je 3.09 €

Auflage: 97.400 Blocks

**2013, 22. Juni. Blockausgabe: 100 Jahre Königliches Meteorologisches Institut von Belgien (KMI). Odr.; MiNr. 4398 gez. Ks 13¼, MiNr. 4399–4402 gez. Ks 13¼:13.**

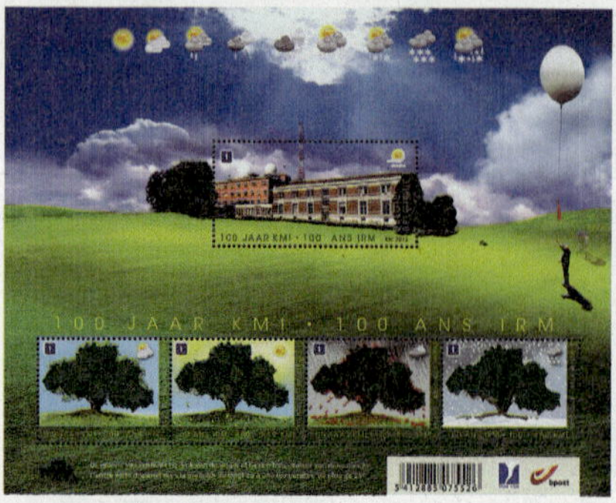


fla

fkv) KMI-Gebäude, Ukkel
fkw) Baum im Frühling, Sonne und Wolken
fkx) Baum im Sommer, Sonne
fky) Baum im Herbst, Regenwolken
fkz) Baum im Winter, Schneewolken

| | | | | | |
|---|---|---|---|---|---|
| **4398** | 1 (Europa) mehrfarbig | fkv | 3,50 | 2,20 |
| **4399** | 1 (Europa) mehrfarbig | fkw | 3,50 | 2,20 |
| **4400** | 1 (Europa) mehrfarbig | fkx | 3,50 | 2,20 |
| **4401** | 1 (Europa) mehrfarbig | fky | 3,50 | 2,20 |
| **4402** | 1 (Europa) mehrfarbig | fkz | 3,50 | 2,20 |
| **Block 176** | (200×101 mm) | fla | 18,— | 11,— |
| | FDC (Blockmarken) | | | 10,— |

Nominale zur Zeit der Ausgabe: je 1.03 €

Auflage: 99.600 Blocks

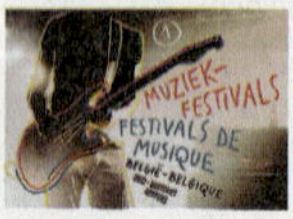


**2013, 22. Juni. Musikfestivals in Belgien. Odr. (2×5); gez. K 11½.**

flb) Gitarrist

| | | | | |
|---|---|---|---|---|
| **4403** | 1 (Belgien) mehrfarbig | flb | 2,— | 1,40 |
| | FDC | | | 10,— |
| | Kleinbogen | | 20,— | 14,— |

Nominale zur Zeit der Ausgabe: 0.67 €

Auflage: 166.000 Stück

**2013, 2. Sept. Blockausgabe: Thronwechsel. Odr.; gez. Ks 11¾:11½.**

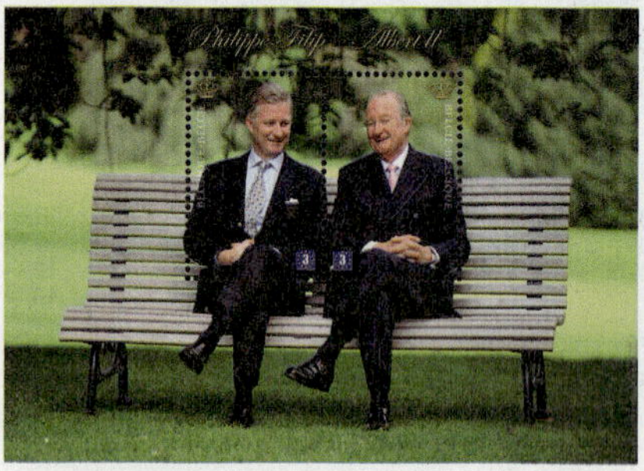


fle

flc) König Philippe (*1960, reg. ab 2013)
fld) König Albert II. (*1934, reg. 1993–2013)

| | | | | |
|---|---|---|---|---|
| **4404** | 3 (Europa) mehrfarbig | flc | 10,50 | 6,50 |
| **4405** | 3 (Europa) mehrfarbig | fld | 10,50 | 6,50 |
| **Block 177** | (130×90 mm) | fle | 21,— | 13,— |
| | FDC (Blockmarken) | | | 10,— |

Nominale zur Zeit der Ausgabe: je 3.09 €

Auflage: 200.000 Blocks

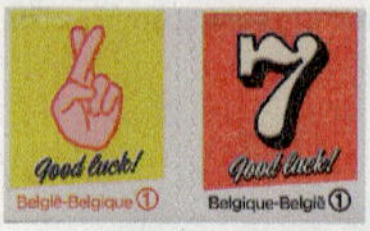


**2013, 13. Sept. Grußmarken: Viel Glück. RaTdr., Markenheftchen (5×2); selbstklebend; D = dreiseitig, E = zweiseitig gestanzt 10.**

flf) Gekreuzte Finger
flg) Zahl 7

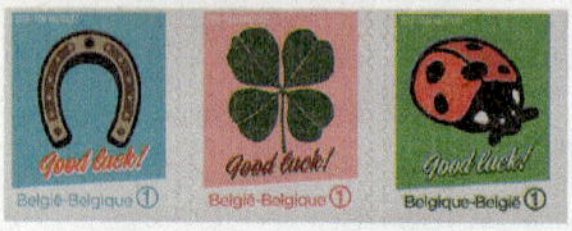


flh) Hufeisen
fli) Vierblättriger Klee
flk) Marienkäfer

| | | | | |
|---|---|---|---|---|
| **4406 D** | 1 (Belgien) mehrfarbig (▭) | flf | 2,— | 1,40 |
| **4407 D** | 1 (Belgien) mehrfarbig (▭) | flg | 2,— | 1,40 |
| **4408** | 1 (Belgien) mehrfarbig | flh | | |
| **D** | dreiseitig gestanzt (▭) | | 2,— | 1,40 |
| **E** | zweiseitig gestanzt (▭) | | 2,— | 1,40 |
| **4409 D** | 1 (Belgien) mehrfarbig (▭) | fli | 2,— | 1,40 |
| **4410** | 1 (Belgien) mehrfarbig | flk | | |
| **D** | dreiseitig gestanzt (▭) | | 2,— | 1,40 |
| **E** | zweiseitig gestanzt (▭) | | 2,— | 1,40 |
| | Satzpreis (5 W.) | | 10,— | 7,— |
| | FDC | | | 10,— |
| | Fünferstreifen | | 10,— | 7,— |
| | Markenheftchen | | 20,— | 14,— |

Nominale zur Zeit der Ausgabe: je 0.67 €

Die beiden Markenreihen sind kopfstehend zueinander angeordnet.

**2013, 13. Sept. Blockausgabe: 150. Geburtstag von Henry van de Velde. Odr.; gez. Ks 11¾:11½.**

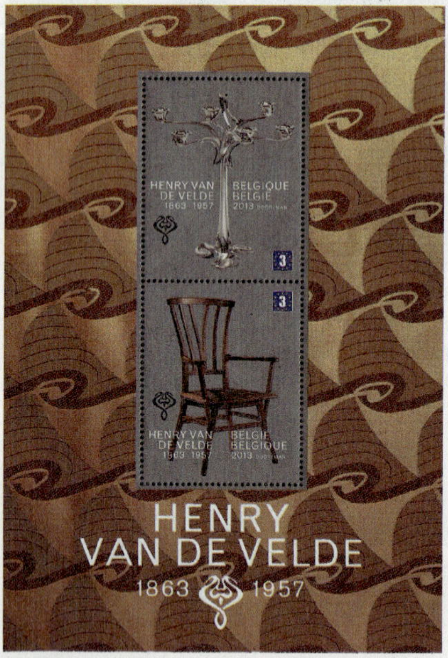


fln

fll) Kerzenleuchter (1898/99)
flm) Stuhl (um 1899)
fll–flm) Kunstwerke von Henry van de Velde (1863–1957), Architekt und Designer

| | | | | |
|---|---|---|---|---|
| **4411** | 3 (Europa) mehrfarbig | fll | 10,50 | 6,50 |
| **4412** | 3 (Europa) mehrfarbig | flm | 10,50 | 6,50 |
| **Block 178** | (112×160 mm) | fln | 21,— | 13,— |
| | FDC (Blockmarken) | | | 10,— |

Nominale zur Zeit der Ausgabe: je 3.09 €

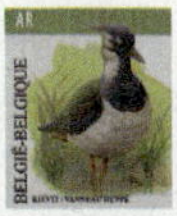

**2013, 13. Sept. Rückscheinmarke: Vögel. Odr. (2×5); gez. K 11½.**

flo) Kiebitz (Vanellus vanellus)

| | | | | |
|---|---|---|---|---|
| **4413** — mehrfarbig | flo | 2,40 | 2,40 |
| | FDC | | 10,— |
| | Kleinbogen | 24,— | 24,— |

Nominale zur Zeit der Ausgabe: 1.20 €

*Weitere Werte siehe Übersicht nach Jahrgangswerttabelle.*

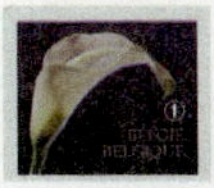

**2013, 13. Sept. Freimarke für Traueranzeigen. RaTdr., Markenheftchen (2×5); selbstklebend; D = dreiseitig, E = zweiseitig gestanzt K 10.**

flp) Drachenwurz (Calla palustris)

| | | | | |
|---|---|---|---|---|
| **4414** | 1 (Belgien) mehrfarbig | flp | | |
| **Dl** | dreiseitig gestanzt (⌷) | | 2,— | 1,40 |
| **Dr** | dreiseitig gestanzt (⌷) | | 2,— | 1,40 |
| **El** | zweiseitig gestanzt (⌷) | | 2,— | 1,40 |
| **Er** | zweiseitig gestanzt (⌷) | | 2,— | 1,40 |
| | | FDC | | 10,— |
| | | Markenheftchen | 20,— | 14,— |

Nominale zur Zeit der Ausgabe: 0.67 €

**2013, 26. Okt. Blockausgabe: Stadtzentren (III) – Tournai. Komb. StTdr. und Odr., Blockrand Odr.; gez. Ks 11½.**

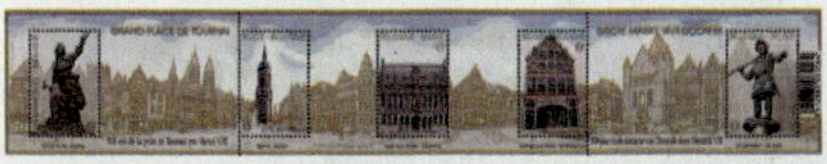

flw

fir) Christine-de-Lalaing-Denkmal
fls) Belfried
flt) Lakenhal
flu) Zehntscheune
flv) Statue „La serment"

flr–flw) Bauwerke am Marktplatz von Tournai

| | | | | |
|---|---|---|---|---|
| **4415** | 1 (Belgien) mehrfarbig | flr | 3,— | 2,70 |
| **4416** | 1 (Belgien) mehrfarbig | fls | 3,— | 2,70 |
| **4417** | 1 (Belgien) mehrfarbig | flt | 3,— | 2,70 |
| **4418** | 1 (Belgien) mehrfarbig | flu | 3,— | 2,70 |
| **4419** | 1 (Belgien) mehrfarbig | flv | 3,— | 2,70 |
| **Block 179** | (324×56 mm) | flw | 15,— | 14,— |
| | | FDC (Blockmarken) | | 10,— |

Nominale zur Zeit der Ausgabe: je 0.67 €

Postpreis: 6.70 €

**2013, 26. Okt. Neue und renovierte Museen. Odr. (2×5); gez. K 11½.**

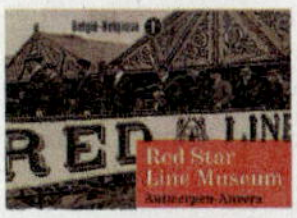

flx) Red Star Line Museum, Antwerpen

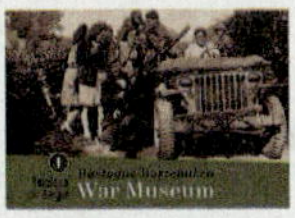

fly) War Museum, Bastogne

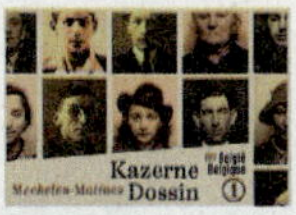

flz) Dossinkaserne, Mecheln

| | | | | |
|---|---|---|---|---|
| **4420** | 1 (Belgien) mehrfarbig | flx | 2,— | 1,40 |
| **4421** | 1 (Belgien) mehrfarbig | fly | 2,— | 1,40 |
| **4422** | 1 (Belgien) mehrfarbig | flz | 2,— | 1,40 |
| | | Satzpreis (3 W.) | 6,— | 4,20 |
| | | FDC | | 10,— |
| | | Kleinbogensatz (3 Klb.) | 60,— | 42,— |

Nominale zur Zeit der Ausgabe: je 0.67 €

**2013, 26. Okt. 150 Jahre Rotes Kreuz. Odr. (1×5); gez. K 11½.**

fma) Rotes Kreuz mit den 7 Grundsätzen in verschiedenen Sprachen

| | | | | |
|---|---|---|---|---|
| **4423** 1 (Welt) mehrfarbig | fma | 4,— | 2,50 |
| | FDC | | 10,— |
| | Kleinbogen | 20,— | 12,50 |

Nominale zur Zeit der Ausgabe: 1.24 €

*Parallelausgabe mit Spanien MiNr. 4827*

**2013, 26. Okt. Weihnachten. RaTdr., Markenheftchen (5×2); selbstklebend; D = dreiseitig, E = zweiseitig gestanzt 10.**

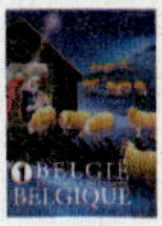

fmb) Christi Geburt

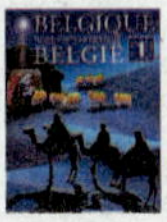

fmc) Ankunft der Hl. Drei Könige

| | | | | |
|---|---|---|---|---|
| **4424** | 1 (Belgien) mehrfarbig | fmb | | |
| **D** | dreiseitig gestanzt (⌷) | | 2,— | 1,40 |
| **El** | zweiseitig gestanzt (⌷) | | 2,— | 1,40 |
| **Er** | zweiseitig gestanzt (⌷) | | 2,— | 1,40 |
| **4425** | 1 (Europa) mehrfarbig | fmc | | |
| **D** | dreiseitig gestanzt (⌷) | | 3,50 | 2,10 |
| **El** | zweiseitig gestanzt (⌷) | | 3,50 | 2,10 |
| **Er** | zweiseitig gestanzt (⌷) | | 3,50 | 2,10 |
| | | Satzpreis (2 W.) | 5,50 | 3,50 |
| | | FDC | | 10,— |
| | | 2 Markenheftchen | 55,— | 35,— |

Nominalen zur Zeit der Ausgabe: MiNr. 4424 = 0.67 €, MiNr. 4425 = 1.03 €

**2013, 26. Okt. Freimarken: König Philippe. MiNr. 4426 Odr., MiNr. 4427–4428 RaTdr.; (2×5); gez. K 11¾.**

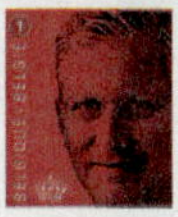

fmd

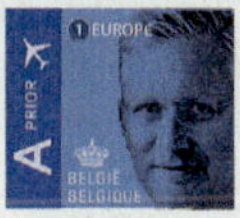

fme

fmd–fme) König Philippe (*1960, reg. seit 2013)

| | | | | |
|---|---|---|---|---|
| **4426** | 1 (Belgien) mehrfarbig | fmd | 2,— | 1,40 |
| **4427** | 1 EUROPE mehrfarbig | fme | 3,50 | 2,10 |
| **4428** | 1 WORLD mehrfarbig | fme | 4,— | 2,50 |
| | | Satzpreis (3 W.) | 9,50 | 6,— |
| | | FDC | | 10,— |
| | | Kleinbogensatz (3 Klb.) | 95,— | 60,— |

Nominalen zur Zeit der Ausgabe: MiNr. 4426 = 0.67 €, MiNr. 4427 = 1.03 €, MiNr. 4428 = 1.24 €

*Weitere Werte: MiNr. 4531–4532, 4632–4633, 4876, 4877, 4888*

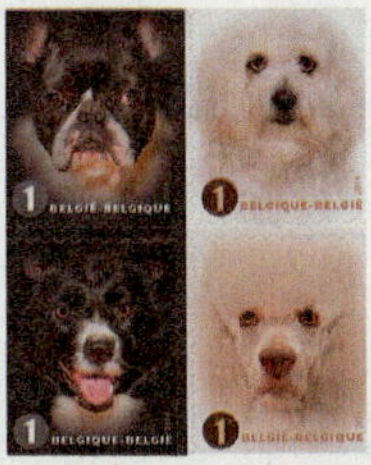

**2014, 25. Jan. Lieblingshaustiere: Hunde. Odr., Markenheftchen (5×2); selbstklebend; drei- bzw. zweiseitig gestanzt 10.**

fmf) Französische Bulldogge
fmg) Malteser
fml) Border Collie
fmm) Pudel

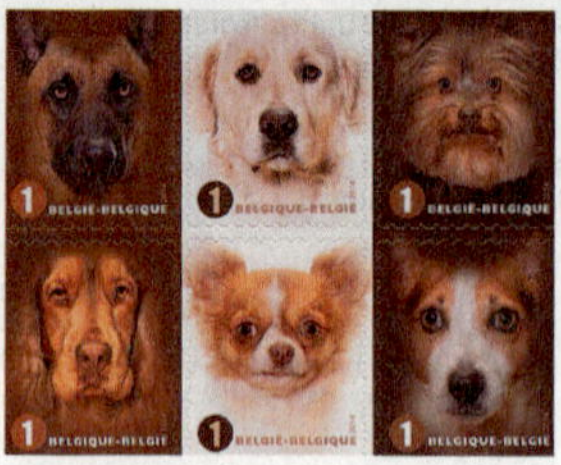

fmh) Malinois (Belgischer Schäferhund)
fmi) Golden Retriever
fmk) Yorkshire-Terrier
fmn) Cockerspaniel
fmo) Chihuahua
fmp) Jack-Russell-Terrier

| | | | | | |
|---|---|---|---|---|---|
| **4429** | 1 (Belgien) mehrfarbig (□) | fmf | 2,— | 1,60 |
| **4430** | 1 (Belgien) mehrfarbig (□) | fmg | 2,— | 1,60 |
| **4431** | 1 (Belgien) mehrfarbig (□) | fmh | 2,— | 1,60 |
| **4432** | 1 (Belgien) mehrfarbig (□) | fmi | 2,— | 1,60 |
| **4433** | 1 (Belgien) mehrfarbig (□) | fmk | 2,— | 1,60 |
| **4434** | 1 (Belgien) mehrfarbig (□) | fml | 2,— | 1,60 |
| **4435** | 1 (Belgien) mehrfarbig (□) | fmm | 2,— | 1,60 |
| **4436** | 1 (Belgien) mehrfarbig (□) | fmn | 2,— | 1,60 |
| **4437** | 1 (Belgien) mehrfarbig (□) | fmo | 2,— | 1,60 |
| **4438** | 1 (Belgien) mehrfarbig (□) | fmp | 2,— | 1,60 |
| | Satzpreis (10 W.) | | 20,— | 16,— |
| | FDC | | | 12,— |
| | Markenheftchen | | 20,— | 16,— |

Nominale zur Zeit der Ausgabe: je 0.70 €

MiNr. 4429–4438 wurden zusammen im Markenheftchen gedruckt.

Auflage: 1.030.877 Markenheftchen

**2014, 25. Jan. Blockausgabe: Phantastische Flora. Odr.; gez. K 11½.**

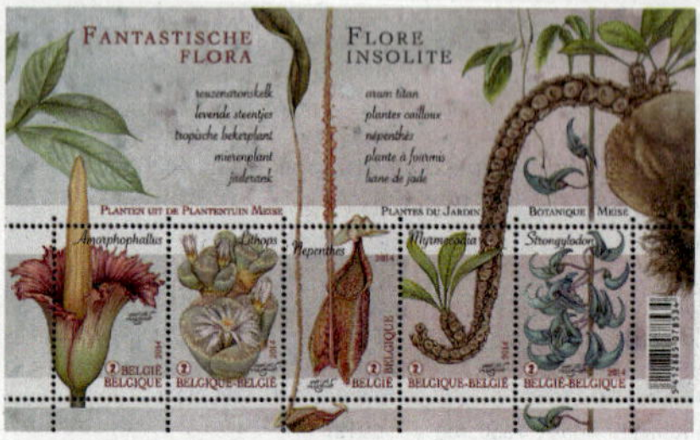


fmw

fmr) Titanenwurz (Amorphophallus titanum)
fms) „Lebender Stein" (Lithops sp.)
fmt) Kannenpflanze (Nepenthes sp.)
fmu) Ameisenpflanze (Myrmecodia sp.)
fmv) Jadewein (Strongylodon macrobotrys)

| | | | | |
|---|---|---|---|---|
| **4439** 2 (Belgien) mehrfarbig | fmr | 4,— | 3,20 |
| **4440** 2 (Belgien) mehrfarbig | fms | 4,— | 3,20 |
| **4441** 2 (Belgien) mehrfarbig | fmt | 4,— | 3,20 |
| **4442** 2 (Belgien) mehrfarbig | fmu | 4,— | 3,20 |
| **4443** 2 (Belgien) mehrfarbig | fmv | 4,— | 3,20 |
| **Block 180** (166×100 mm) | fmw | 20,— | 16,— |
| FDC (Blockmarken) | | | 12,— |

Nominale zur Zeit der Ausgabe: je 1.40 €

Auflage: 80.377 Blocks

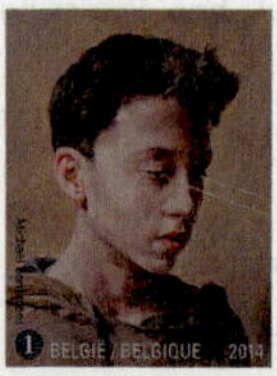

**2014, 15. Febr. Zeitgenössische Kunst. Odr. (2×5); gez. K 11½.**

fmx) Der Sohn; Gemälde von Michael Borremans (*1963), Künstler und Filmemacher

| | | | | |
|---|---|---|---|---|
| **4444** 1 (Belgien) mehrfarbig | fmx | 2,— | 1,60 |
| FDC | | | 12,— |
| Kleinbogen | | 20,— | 16,— |

Nominale zur Zeit der Ausgabe: 0.70 €

Auflage: 197.880 Stück

**2014, 15. Febr. Blockausgabe: Tiere des Waldes. Odr.; gez. K 11½.**

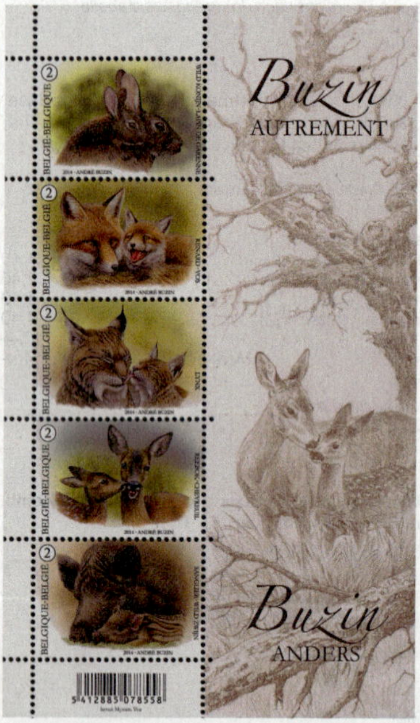


fnd

fmy) Wildkaninchen (Oryctolagus cuniculus)
fmz) Rotfuchs (Vulpes vulpes)
fna) Eurasischer Luchs (Lynx lynx)
fnb) Reh (Capreolus capreolus)
fnc) Wildschwein (Sus scrofa)

fmy–fnc) „Buzin einmal anders"; Tierzeichnungen von André Buzin (*1946), Künstler

| | | | | |
|---|---|---|---|---|
| **4445** 2 (Belgien) mehrfarbig | fmy | 4,— | 3,— |
| **4446** 2 (Belgien) mehrfarbig | fmz | 4,— | 3,— |
| **4447** 2 (Belgien) mehrfarbig | fna | 4,— | 3,— |
| **4448** 2 (Belgien) mehrfarbig | fnb | 4,— | 3,— |
| **4449** 2 (Belgien) mehrfarbig | fnc | 4,— | 3,— |
| **Block 181** (100×166 mm) | fnd | 20,— | 15,— |
| FDC (Blockmarken) | | | 12,— |

Nominale zur Zeit der Ausgabe: je 1.40 €

Auflage: 94.377 Blocks

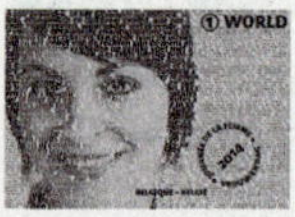

**2014, 8. März. 100 Jahre Internationaler Frauentag. Odr. (1×5); gez. K 11½.**

fne) Frauengesicht (aus Buchstaben)

| | | | | |
|---|---|---|---|---|
| **4450** 1 WORLD mehrfarbig | fne | 4,— | 3,— |
| FDC | | | 12,— |
| Kleinbogen | | 20,— | 15,— |

Nominale zur Zeit der Ausgabe: 1.29 €

Auflage: 125.880 Stück

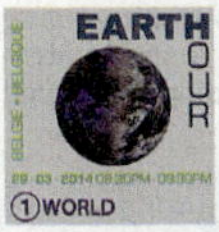


**2014, 8. März. Earth Hour – Kampagne zum symbolischen Lichtabschalten für 1 Stunde. Odr. (5×1); Aufdruck fl.; gez. K 11½.**

fnf) Erde

| | | | | |
|---|---|---|---|---|
| **4451** | 1 WORLD mehrfarbig ................ | fnf | 4,— | 3,— |
| | | FDC | | 12,— |
| | | Kleinbogen | 20,— | 15,— |

Nominale zur Zeit der Ausgabe: 1.29 €

Auflage: 160.880 Stück

**2014, 19. April. Die Abenteuer von Tim und Struppi. RaTdr., Markenheftchen (2×5); selbstklebend; drei- bzw. zweiseitig gestanzt 10.**

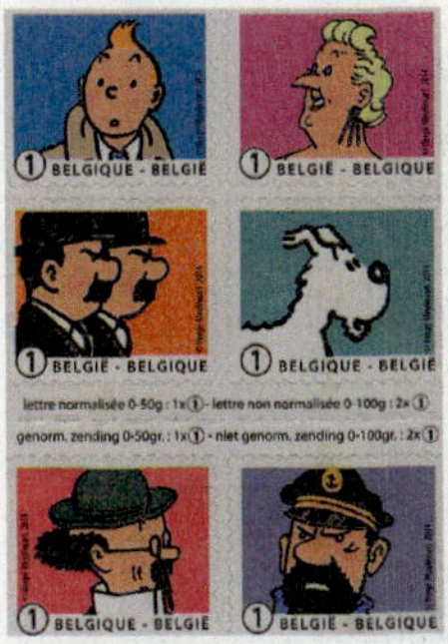


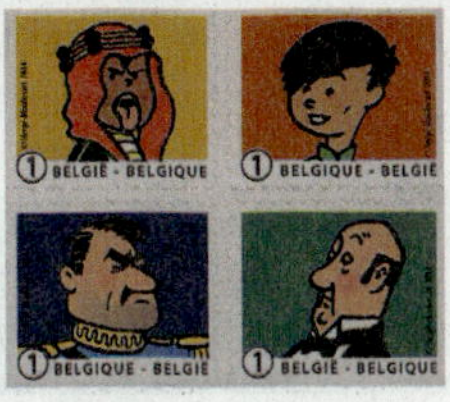


fng) Tim
fnh) Bianca Castafiore
fni) Schulze und Schultze
fnk) Struppi
fnl) Professor Bienlein
fnm) Kapitän Haddock
fnn) Abdallah
fno) Tschang
fnp) General Alcazar
fnr) Nestor

fng–fnr) Comicfiguren; Zeichnungen von Hergé, eigentlich Georges Remi (1907–1983), Comic-Autor und -Zeichner

| | | | | |
|---|---|---|---|---|
| **4452** | 1 (Belgien) mehrfarbig (⌑) ........... | fng | 2,— | 1,60 |
| **4453** | 1 (Belgien) mehrfarbig (⌑) ........... | fnh | 2,— | 1,60 |
| **4454** | 1 (Belgien) mehrfarbig (⌑) ........... | fni | 2,— | 1,60 |
| **4455** | 1 (Belgien) mehrfarbig (⌑) ........... | fnk | 2,— | 1,60 |
| **4456** | 1 (Belgien) mehrfarbig (⌑) ........... | fnl | 2,— | 1,60 |
| **4457** | 1 (Belgien) mehrfarbig (⌑) ........... | fnm | 2,— | 1,60 |
| **4458** | 1 (Belgien) mehrfarbig (⌑) ........... | fnn | 2,— | 1,60 |
| **4459** | 1 (Belgien) mehrfarbig (⌑) ........... | fno | 2,— | 1,60 |
| **4460** | 1 (Belgien) mehrfarbig (⌑) ........... | fnp | 2,— | 1,60 |
| **4461** | 1 (Belgien) mehrfarbig (⌑) ........... | fnr | 2,— | 1,60 |
| | | Satzpreis (10 W.) | 20,— | 16,— |
| | | FDC | | 12,— |
| | | Markenheftchen | 20,— | 16,— |

Nominale zur Zeit der Ausgabe: je 0.70 €

MiNr. 4452–4461 wurden zusammen im Markenheftchen gedruckt.

Auflage: 1.260.877 Markenheftchen

**2014, 19. April. Blockausgabe: 500. Geburtstag von Andreas Vesalius. RaTdr.; gez. Ks 11½, zusätzliche Zähnungslöcher am oberen Blockrand.**

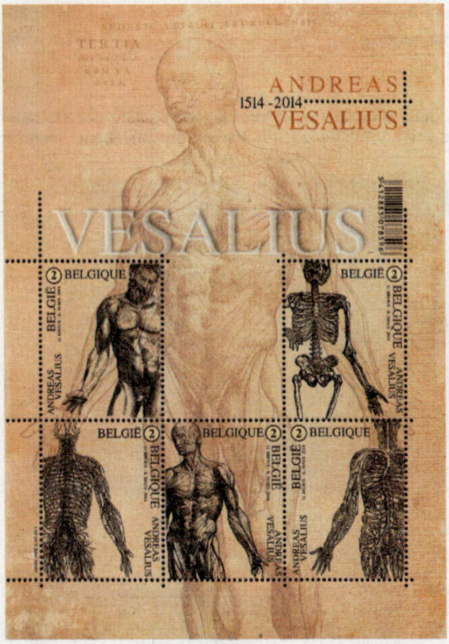


fnx

fns fnt
fnu fnv fnw

fns–fnw) Illustrationen aus dem Werk „Der menschliche Körper“ von Andreas Vesalius, eigentlich Andreas Witinck (1514–1564), flämischer Anatom und königlicher Leibarzt in Spanien

| | | | | | |
|---|---|---|---|---|---|
| **4462** | 2 (Belgien) mehrfarbig ........... | fns | 4,— | 3,20 |
| **4463** | 2 (Belgien) mehrfarbig ........... | fnt | 4,— | 3,20 |
| **4464** | 2 (Belgien) mehrfarbig ........... | fnu | 4,— | 3,20 |
| **4465** | 2 (Belgien) mehrfarbig ........... | fnv | 4,— | 3,20 |
| **4466** | 2 (Belgien) mehrfarbig ........... | fnw | 4,— | 3,20 |
| **Block 182** | (140×195 mm) .............. | fnx | 20,— | 16,— |
| | 2 FDC (Blockmarken) | | | 24,— |

Nominale zur Zeit der Ausgabe: je 1.40 €

Auflage: 103.877 Blocks

*Parallelausgabe mit Portugal MiNr. 3922–3926/Bl. 358*

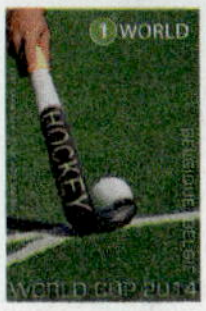


**2014, 7. Juni. Hockey-Weltmeisterschaft, Den Haag. Odr. (5×1); gez. K 11½.**

fny) Hockeyschläger und Ball

| | | | | |
|---|---|---|---|---|
| **4467** | 1 WORLD mehrfarbig ................ | fny | 4,— | 3,— |
| | | FDC | | 12,— |
| | | Kleinbogen | 20,— | 15,— |

Nominale zur Zeit der Ausgabe: 1.29 €

Auflage: 119.600 Stück

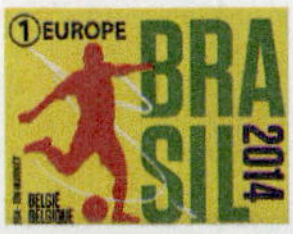


**2014, 7. Juni. Fußball-Weltmeisterschaft, Brasilien. Odr. (5); gez. K 12.**

fnz) Spielersilhouette

| | | | | | |
|---|---|---|---|---|---|
| **4468** | 1 EUROPE mehrfarbig | fnz | 3,50 | 2,50 |
| | | FDC | | 12,— |
| | | Kleinbogen | 18,— | 12,50 |

Nominale zur Zeit der Ausgabe: 1.07 €

Auflage: 138.000 Stück

**2014, 7. Juni. Blockausgabe: Internationales Jahr der Kristallographie. Odr.; Seide bezogenes Papier; selbstklebend gestanzt 9.**

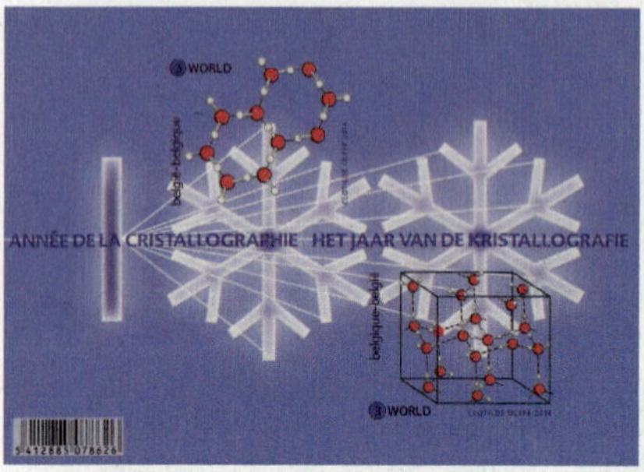


foc

foa) Zweidimensionale Darstellung
fob) Dreidimensionale Darstellung

foa–fob) Chemische Strukturformel eines Eiskristalles

| | | | | |
|---|---|---|---|---|
| **4469** | 3 WORLD mehrfarbig | foa | 12,— | 9,— |
| **4470** | 3 WORLD mehrfarbig | fob | 12,— | 9,— |
| **Block 183** | (160×112 mm) | foc | 24,— | 18,— |
| | FDC (Blockmarken) | | | 12,— |

Nominale zur Zeit der Ausgabe: je 3.87 €

Auflage: 99.177 Blocks

*Parallelausgabe mit Slowenien MiNr. 1069–1070/Bl. 76*

**2014, 5. Juli. Blockausgabe: 100 Jahre Panamakanal. Odr.; gez. Ks 11½.**

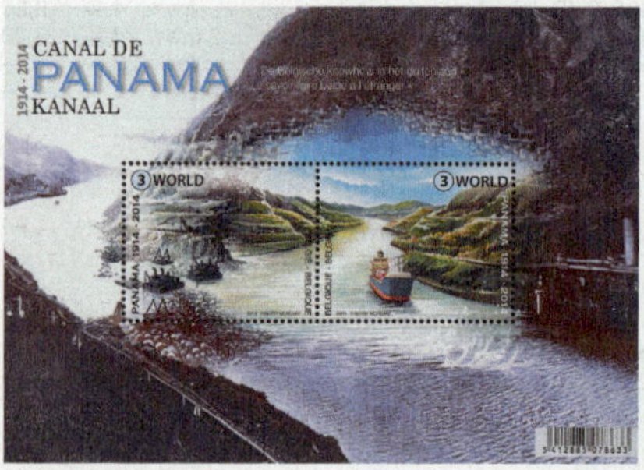


fof

fod) Bau des Panamakanals
foe) Containerschiff

| | | | | |
|---|---|---|---|---|
| **4471** | 3 WORLD mehrfarbig | fod | 12,— | 9,— |
| **4472** | 3 WORLD mehrfarbig | foe | 12,— | 9,— |
| **Block 184** | (160×112 mm) | fof | 24,— | 18,— |
| | FDC (Blockmarken) | | | 12,— |

Nominale zur Zeit der Ausgabe: je 3.87 €

Auflage: 86.177 Blocks

**2014, 5. Juli. Blockausgabe: Europa – Volksmusikinstrumente; 200. Geburtstag von Adolphe Sax (1814–1894), Instrumentenbauer. Odr., MiNr. 4473 komb. Odr. und Pdr. mit Hologrammfolie; gez. Ks 11½.**

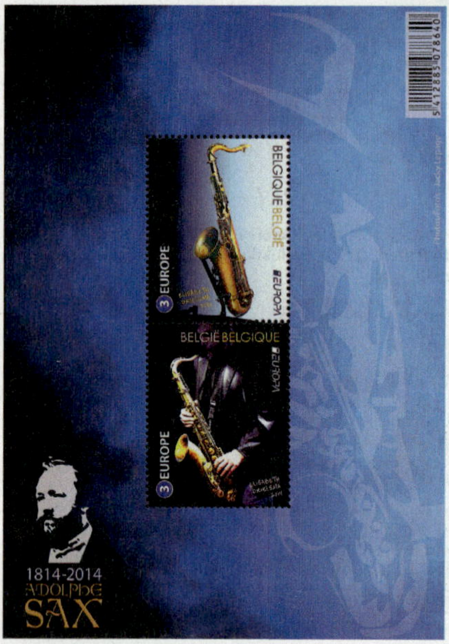


foi

fog) Saxophon
foh) Saxophonist

| | | | | |
|---|---|---|---|---|
| **4473** | 3 EUROPE mehrfarbig | fog | 10,50 | 7,50 |
| **4474** | 3 EUROPE mehrfarbig | foh | 10,50 | 7,50 |
| **Block 185** | (120×168 mm) | foi | 21,— | 15,— |
| | FDC (Blockmarken) | | | 12,— |

Nominale zur Zeit der Ausgabe: je 3.21 €

Auflage: 89.677 Blocks

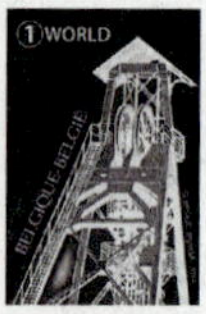


**2014, 5. Juli. UNESCO-Welterbe: Wallonische Zechen. Komb. StTdr. und RaTdr. (5×1); gez. K 12.**

fok) Förderturm

| | | | | |
|---|---|---|---|---|
| **4475** | 1 WORLD schwarz | fok | 4,— | 3,— |
| | | FDC | | 12,— |
| | | Kleinbogen | 20,— | 15,— |

Nominale zur Zeit der Ausgabe: 1.29 €

Auflage: 155.880 Stück

**2014, 6. Sept. „Das ist eine Marke" – Gemälde von René Magritte (1898–1967). Odr., Markenheftchen (2×5); selbstklebend; drei- bzw. zweiseitig gestanzt 8.**

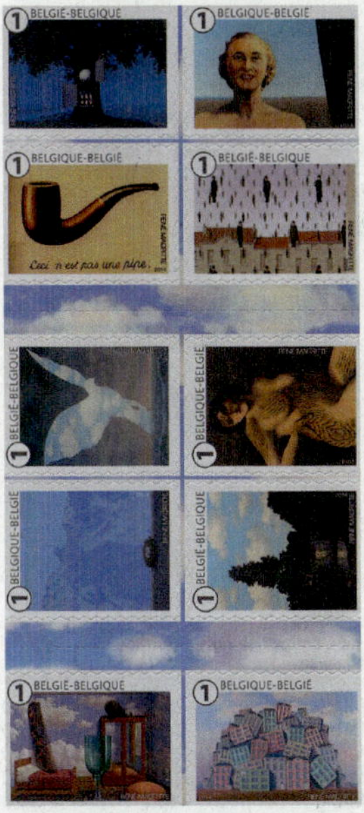

fol) Die Stimme des Blutes
fom) Porträt von Adrienne Crowet
fon) Der Verrat der Bilder
foo) Golconda
fop) Die große Familie
for) Entdeckung
fos) Umgebung Arnheims
fot) Das Reich der Lichter
fou) Die persönlichen Werte
fov) Die Brust

| | | | | | |
|---|---|---|---|---|---|
| **4476** | 1 (Belgien) mehrfarbig (□) | fol | 2,— | 1,60 |
| **4477** | 1 (Belgien) mehrfarbig (□) | fom | 2,— | 1,60 |
| **4478** | 1 (Belgien) mehrfarbig (□) | fon | 2,— | 1,60 |
| **4479** | 1 (Belgien) mehrfarbig (□) | foo | 2,— | 1,60 |
| **4480** | 1 (Belgien) mehrfarbig (□) | fop | 2,— | 1,60 |
| **4481** | 1 (Belgien) mehrfarbig (□) | for | 2,— | 1,60 |
| **4482** | 1 (Belgien) mehrfarbig (□) | fos | 2,— | 1,60 |
| **4483** | 1 (Belgien) mehrfarbig (□) | fot | 2,— | 1,60 |
| **4484** | 1 (Belgien) mehrfarbig (□) | fou | 2,— | 1,60 |
| **4485** | 1 (Belgien) mehrfarbig (□) | fov | 2,— | 1,60 |
| | | Satzpreis (10 W.) | 20,— | 16,— |
| | | 2 FDC | | 24,— |
| | | Markenheftchen | 20,— | 16,— |

Nominale zur Zeit der Ausgabe: je 0.70 €

Auflage: 936.877 Markenheftchen

**2014, 6. Sept. Blockausgabe: Stadtzentren (IV) – Antwerpen. Komb. StTdr. und RaTdr.; gez. Ks 11½.**

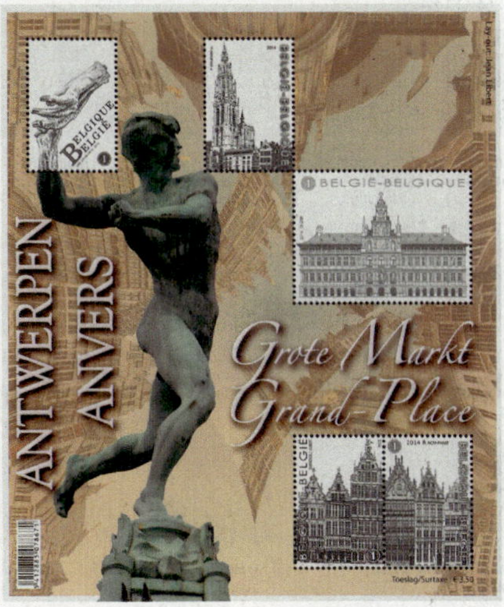


fpb

fow fox foy foz fpa

fow) Hand der Brabo-Statue
fox) Kathedrale
foy) Rathaus
foz) Häuser „De Witte Engel", „De Mouwe" und „Spaengien"
fpa) Häuser „De Spiegel", „De Zwarte Arend" und „De Pauw/In den Vos"

fow–fpa) Bauwerke am Marktplatz, Antwerpen

| | | | | |
|---|---|---|---|---|
| **4486** | 1 (Belgien) mehrfarbig | fow | 3,20 | 3,20 |
| **4487** | 1 (Belgien) mehrfarbig | fox | 3,20 | 3,20 |
| **4488** | 1 (Belgien) mehrfarbig | foy | 3,20 | 3,20 |
| **4489** | 1 (Belgien) mehrfarbig | foz | 3,20 | 3,20 |
| **4490** | 1 (Belgien) mehrfarbig | fpa | 3,20 | 3,20 |
| **Block 186** | (158×183 mm) | fpb | 16,— | 16,— |
| | FDC (Blockmarken) | | | 12,— |

Nominale zur Zeit der Ausgabe: je 0.70 €

Postpreis: 7 €

Bl. 186 □ wurde von der Post an Abonnenten verschenkt. Er ist nicht frankaturgültig.

Auflage: 95.377 Blocks

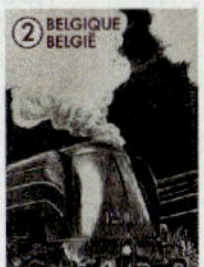

**2014, 3. Okt. Eisenbahn. Odr. (5×1); gez. K 11½.**

fpc) Dampflokomotive Baureihe 12 Bauart Atlantic „La Douce" (1939); Zeichnung von François Schuiten (*1956)

| | | | | |
|---|---|---|---|---|
| **4491** | 2 (Belgien) mehrfarbig | fpc | 4,— | 3,20 |
| | | FDC | | 12,— |
| | | Kleinbogen | 20,— | 16,— |

Nominale zur Zeit der Ausgabe: 1.40 €

Auflage: 163.500 Stück

**2014, 3. Okt. Freimarken: Schmetterlinge. RaTdr., Rolle (100); selbstklebend; A = gestanzt 13½:13¾:14:14¼, F = gestanzt 14:14¼:13½:13¾.**

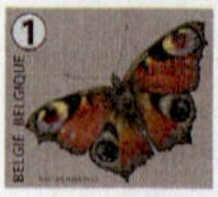
fpd) Tagpfauenauge (Aglais io)

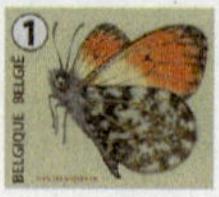
fpe) Aurorafalter (Anthocharis cardamines)

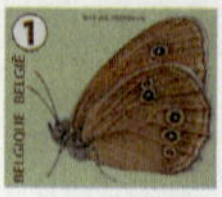
fpf) Brauner Waldvogel (Aphantopus hyperantus)

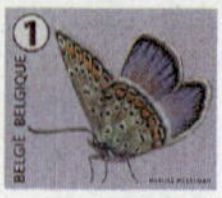
fpg) Hauhechelbläuling (Polyommatus icarus)

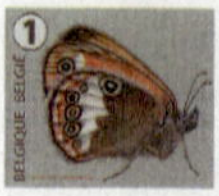
fph) Weißbindiges Wiesenvögelchen (Coenonympha arcania)

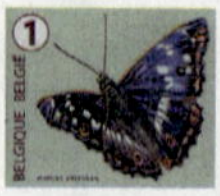
fpi) Kleiner Schillerfalter (Apatura ilia)

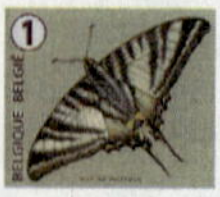
fpk) Segelfalter (Iphiclides podalirius)

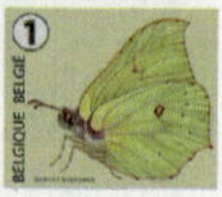
fpl) Zitronenfalter (Gonepteryx rhamni)

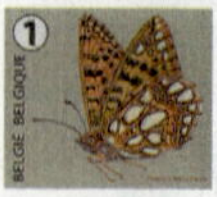
fpm) Kleiner Perlmutterfalter (Issoria lathonia)

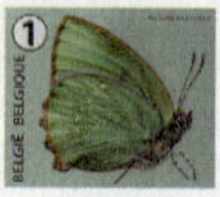
fpn) Brombeerzipfelfalter (Callophrys rubi)

**A = gestanzt 13½:13¾:14:14¼ (3.10.2014)**

| | | | | | |
|---|---|---|---|---|---|
| **4492** | A | 1 (Belgien) mehrfarbig | fpd | 2,— | 1,60 |
| **4493** | A | 1 (Belgien) mehrfarbig | fpe | 2,— | 1,60 |
| **4494** | A | 1 (Belgien) mehrfarbig | fpf | 2,— | 1,60 |
| **4495** | A | 1 (Belgien) mehrfarbig | fpg | 2,— | 1,60 |
| **4496** | A | 1 (Belgien) mehrfarbig | fph | 2,— | 1,60 |
| **4497** | A | 1 (Belgien) mehrfarbig | fpi | 2,— | 1,60 |
| **4498** | A | 1 (Belgien) mehrfarbig | fpk | 2,— | 1,60 |
| **4499** | A | 1 (Belgien) mehrfarbig | fpl | 2,— | 1,60 |
| **4500** | A | 1 (Belgien) mehrfarbig | fpm | 2,— | 1,60 |
| **4501** | A | 1 (Belgien) mehrfarbig | fpn | 2,— | 1,60 |
| | | | Satzpreis A (10 W.) | 20,— | 16,— |
| | | | Zehnerstreifen A | 20,— | 16,— |
| | | | FDC | | 12,— |

**F = gestanzt 14:14¼:13½:13¾**

| | | | | | |
|---|---|---|---|---|---|
| **4492** | F | 1 (Belgien) mehrfarbig | fpd | 2,— | *1,60* |
| **4493** | F | 1 (Belgien) mehrfarbig | fpe | 2,— | *1,60* |
| **4494** | F | 1 (Belgien) mehrfarbig | fpf | 2,— | *1,60* |
| **4495** | F | 1 (Belgien) mehrfarbig | fpg | 2,— | *1,60* |
| **4496** | F | 1 (Belgien) mehrfarbig | fph | 2,— | *1,60* |
| **4497** | F | 1 (Belgien) mehrfarbig | fpi | 2,— | *1,60* |
| **4498** | F | 1 (Belgien) mehrfarbig | fpk | 2,— | *1,60* |
| **4499** | F | 1 (Belgien) mehrfarbig | fpl | 2,— | *1,60* |
| **4500** | F | 1 (Belgien) mehrfarbig | fpm | 2,— | *1,60* |
| **4501** | F | 1 (Belgien) mehrfarbig | fpn | 2,— | *1,60* |
| | | | Satzpreis F (10 W.) | *20,—* | *16,—* |
| | | | Zehnerstreifen F | *20,—* | *16,—* |

Nominale zur Zeit der Ausgabe: 0.70 €

MiNr. 4492–4501 wurden zusammen in der Rolle gedruckt.

*Weitere Werte: MiNr. 4301–4302, 4338, 4366–4367*

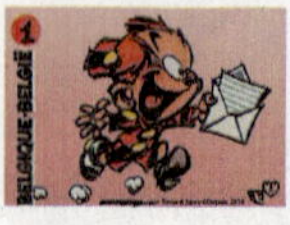

**2014, 4. Okt. Jugendphilatelie. Odr. (2×5); gez. K 11½.**

fpo) Der kleine Spirou; Comic-Serie von Tome, eigentlich Philippe Vandevelde (*1957) und Janry, eigentlich Jean-Richard Geurts (*1957)

| | | | | |
|---|---|---|---|---|
| **4502** | 1 (Belgien) mehrfarbig | fpo | 2,— | 1,60 |
| | | FDC | | 12,— |
| | | Kleinbogen | 20,— | 16,— |

Nominale zur Zeit der Ausgabe: 0.70 €

Auflage: 210.380 Stück

**2014, 5. Okt. Blockausgabe: 100. Jahrestag des Ausbruchs des Ersten Weltkrieges. RaTdr.; gez. K 11½.**

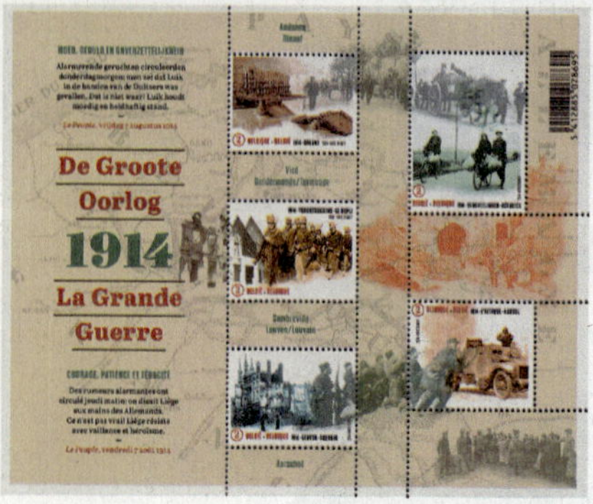


fpv

fpp fpr
fps
fpt
fpu

fpp) Gesprengte Brücke, Dinant
fpr) Dorfbewohner auf der Flucht
fps) Abzug der Truppen aus Lüttich nach Namur
fpt) Der Angriff; Offizier beobachtet die Bombardierung von Antwerpen
fpu) Zerstörte Universitätsbibliothek, Löwen

| | | | | |
|---|---|---|---|---|
| **4503** | 2 (Belgien) mehrfarbig | fpp | 4,— | 3,20 |
| **4504** | 2 (Belgien) mehrfarbig | fpr | 4,— | 3,20 |
| **4505** | 2 (Belgien) mehrfarbig | fps | 4,— | 3,20 |
| **4506** | 2 (Belgien) mehrfarbig | fpt | 4,— | 3,20 |
| **4507** | 2 (Belgien) mehrfarbig | fpu | 4,— | 3,20 |
| **Block 187** | (185×150 mm) | fpv | 20,— | 16,— |
| | 2 FDC (Blockmarken) | | | 12,— |

Nominale zur Zeit der Ausgabe: je 1.40 €

Auflage: 90.877 Blocks

**2014, 25. Okt. Blockausgabe: Optische Täuschungen. Odr.; gez. K 11½.**

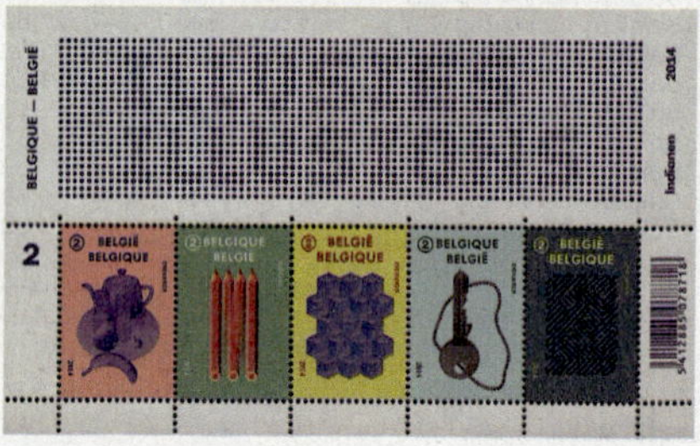

frb

fpw) Stillleben und Clown
fpx) Buntstifte zählen
fpy) Würfel in Bewegung
fpz) Schlüssel und Gesichtsprofil
fra) Ziffer erkennen

| | | | | |
|---|---|---|---|---|
| **4508** | 2 (Belgien) mehrfarbig | fpw | 4,— | 3,20 |
| **4509** | 2 (Belgien) mehrfarbig | fpx | 4,— | 3,20 |
| **4510** | 2 (Belgien) mehrfarbig | fpy | 4,— | 3,20 |
| **4511** | 2 (Belgien) mehrfarbig | fpz | 4,— | 3,20 |
| **4512** | 2 (Belgien) mehrfarbig | fra | 4,— | 3,20 |
| **Block 188** | (166×100 mm) | frb | 20,— | 16,— |
| | FDC (Blockmarken) | | | 12,— |

Nominale zur Zeit der Ausgabe: je 1.40 €

Auflage: 80.377 Blocks

**2014, 25. Okt. Weihnachten. Odr., Markenheftchen (2×5); selbstklebend; D = dreiseitig, E = zweiseitig gestanzt 10.**

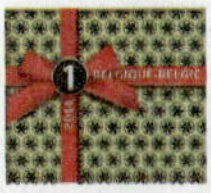

frc) Geschenkpaket mit roter Schleife

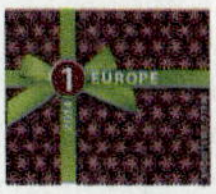

frd) Geschenkpaket mit grüner Schleife

| | | | | |
|---|---|---|---|---|
| **4513** | 1 (Belgien) mehrfarbig | frc | | |
| **Dl** | dreiseitig gestanzt (◻) | | 2,— | 1,60 |
| **Dr** | dreiseitig gestanzt (◻) | | 2,— | 1,60 |
| **El** | zweiseitig gestanzt (◻) | | 2,— | 1,60 |
| **Er** | zweiseitig gestanzt (◻) | | 2,— | 1,60 |
| **4514** | 1 EUROPE mehrfarbig | frd | | |
| **Dl** | dreiseitig gestanzt (◻) | | 3,50 | 2,40 |
| **Dr** | dreiseitig gestanzt (◻) | | 3,50 | 2,40 |
| **El** | zweiseitig gestanzt (◻) | | 3,50 | 2,40 |
| **Er** | zweiseitig gestanzt (◻) | | 3,50 | 2,40 |
| | Satzpreis (2 W.) | | 5,50 | 4,— |
| | 2 FDC | | | 12,— |
| | 2 Markenheftchen | | 55,— | 40,— |

Nominalen zur Zeit der Ausgabe: MiNr. 4513 = 0.70 €, MiNr. 4514 = 1.07 €

Auflagen: MiNr. 4513 = 24.500.000, MiNr. 4514 = 2.100.000 Stück

**2015, 24. Jan. Blockausgabe: Belgische Gobelins. Odr.; gez. K 11½.**

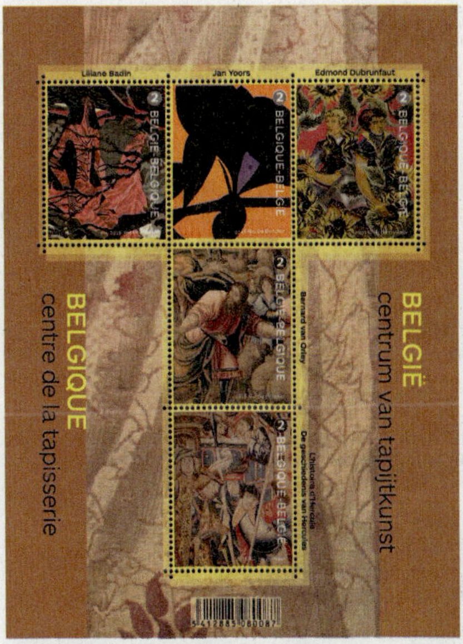


frk

fre) Der Sturm; von Liliane Badin (1929–2012)
frf) Tantra auf Gelb; von Jan Yoors (1922–1977)
frg) Entkörnung; von Edmound Dubrunfault (1920–2007)
frh) Jakob und Laban verteilen die Herden; von Bernard van Orley (um 1491–1542) und Willem de Kempeneer (16. Jh.)
fri) Herakles erobert Schafsinsel; von unbekanntem Künstler (15. Jh.)

| | | | | |
|---|---|---|---|---|
| **4515** | 2 (Belgien) mehrfarbig | fre | 4,— | 3,40 |
| **4516** | 2 (Belgien) mehrfarbig | frf | 4,— | 3,40 |
| **4517** | 2 (Belgien) mehrfarbig | frg | 4,— | 3,40 |
| **4518** | 2 (Belgien) mehrfarbig | frh | 4,— | 3,40 |
| **4519** | 2 (Belgien) mehrfarbig | fri | 4,— | 3,40 |
| **Block 189** | (140×189 mm) | frk | 20,— | 17,— |

Nominale zur Zeit der Ausgabe: je 1.44 €

Auflage: 63.138 Blocks

**2015, 24. Jan. Smileys. Odr., Markenheftchen (2×5); selbstklebend; gestanzt 10¼.**

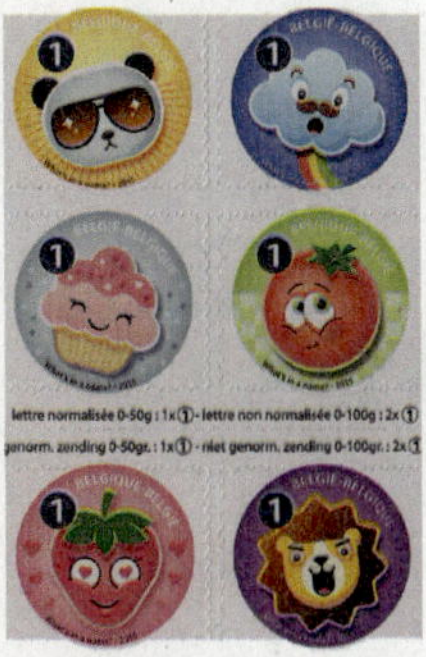

frl) Gelassenheit
frm) Überraschung
frn) Heiterkeit
fro) Verlegenheit
frp) Verliebtheit
frr) Stärke
frs) Glück
frt) Partylaune
fru) Verschmitztheit
frv) Zufriedenheit

| | | | | |
|---|---|---|---|---|
| **4520** | 1 (Belgien) mehrfarbig | frl | 2,— | 1,70 |
| **4521** | 1 (Belgien) mehrfarbig | frm | 2,— | 1,70 |
| **4522** | 1 (Belgien) mehrfarbig | frn | 2,— | 1,70 |
| **4523** | 1 (Belgien) mehrfarbig | fro | 2,— | 1,70 |
| **4524** | 1 (Belgien) mehrfarbig | frp | 2,— | 1,70 |
| **4525** | 1 (Belgien) mehrfarbig | frr | 2,— | 1,70 |
| **4526** | 1 (Belgien) mehrfarbig | frs | 2,— | 1,70 |
| **4527** | 1 (Belgien) mehrfarbig | frt | 2,— | 1,70 |
| **4528** | 1 (Belgien) mehrfarbig | fru | 2,— | 1,70 |
| **4529** | 1 (Belgien) mehrfarbig | frv | 2,— | 1,70 |
| | Satzpreis (10 W.) | | 20,— | 17,— |
| | Markenheftchen | | 20,— | 17,— |

Nominale zur Zeit der Ausgabe: je 0.72 €

MiNr. 4520–4529 wurden zusammen im Markenheftchen gedruckt.

Auflage: 749.424 Markenheftchen

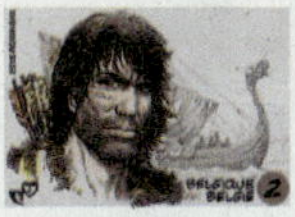

**2015, 24. Jan. Jugendphilatelie. Odr. (1×5); gez. K 11½.**

frw) Thorgal; Comic-Figur von Grzegorz Rosiński (*1941), polnischer Comiczeichner

| | | | | |
|---|---|---|---|---|
| **4530** | 2 (Belgien) mehrfarbig | frw | 4,— | 3,40 |
| | Kleinbogen | | 20,— | 17,— |

Nominale zur Zeit der Ausgabe: 1.44 €

Auflage: 119.490 Stück

**2015, 24. Jan. Freimarken: König Philippe. Odr.; MiNr. 4531 Markenheftchen (5×2), MiNr. 4532 Folienblatt (5); selbstklebend; dreiseitig gestanzt 10.**

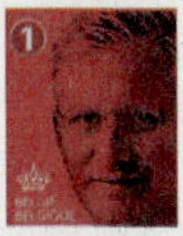

fmd I

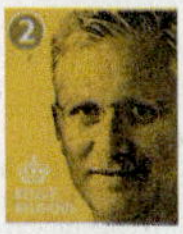

fmd I

fmd I) König Philippe (*1960, reg. seit 2013)

| | | | | |
|---|---|---|---|---|
| **4531** | 1 (Belgien) mehrfarbig | fmd I | | |
| **Do** | dreiseitig gestanzt (◻) | | 2,— | 1,70 |
| **Du** | dreiseitig gestanzt (◻) | | 2,— | 1,70 |
| **4532** | 2 (Belgien) mehrfarbig | fmd I | | |
| **Do** | dreiseitig gestanzt (◻) | | 4,— | 3,40 |
| **Du** | dreiseitig gestanzt (◻) | | 4,— | 3,40 |
| | Satzpreis (2 W.) | | 6,— | 5,— |
| | Markenheftchen | | 20,— | 17,— |
| | Folienblatt | | 20,— | 17,— |

Nominalen zur Zeit der Ausgabe: MiNr. 4531 = 0.72 €, MiNr. 4532 = 1.44 €

*Weitere Werte: MiNr. 4426–4428, 4632–4633, 4876, 4877, 4888*

**2015, 24. Jan. Blockausgabe: Tod von Königin Fabiola (2014). Odr.; gez. K 11½.**

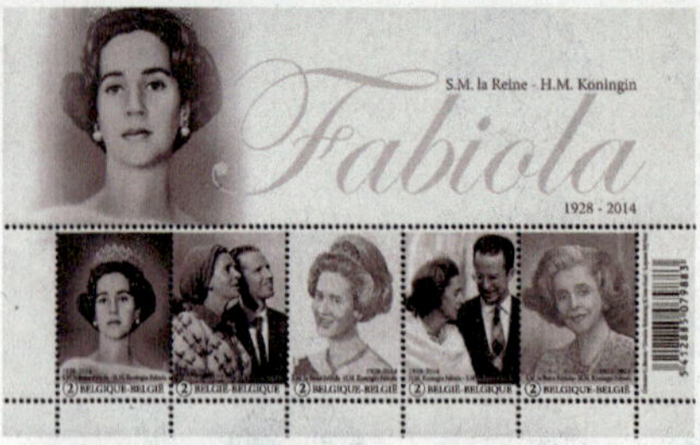


fsc

frx–fsb) Königin Fabiola (1928–2014) und König Baudouin I. (1930–1993)

| | | | | | |
|---|---|---|---|---|---|
| **4533** | 2 (Belgien) mehrfarbig | frx | 4,— | 3,40 |
| **4534** | 2 (Belgien) mehrfarbig | fry | 4,— | 3,40 |
| **4535** | 2 (Belgien) mehrfarbig | frz | 4,— | 3,40 |
| **4536** | 2 (Belgien) mehrfarbig | fsa | 4,— | 3,40 |
| **4537** | 2 (Belgien) mehrfarbig | fsb | 4,— | 3,40 |
| **Block 190** | (161×100 mm) | fsc | 20,— | 17,— |

Nominale zur Zeit der Ausgabe: je 1.44 €

Auflage: 75.000 Blocks

*In ähnlichen Zeichnungen: MiNr. 1297, 2448, 2933, 3026, 3834, 3835*

**2015, 21. März. Blockausgabe: Der Erste Weltkrieg im Jahr 1915 – Hinter der Front. RaTdr.; gez. K 11½.**

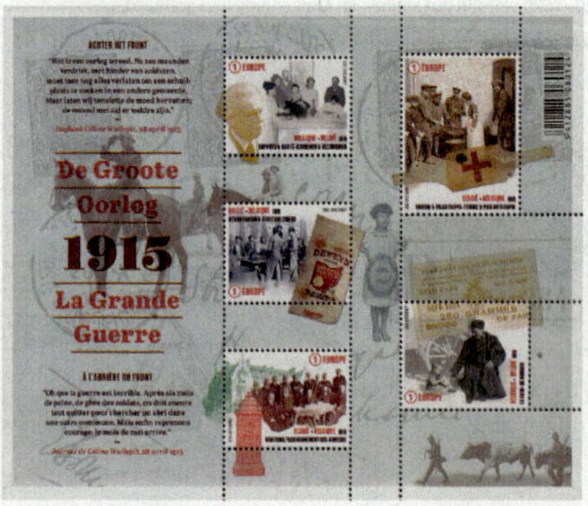


fsi

fsd fse
fsf
fsg
fsh

fsd) Henri Jaspar (1870–1939), Politiker und Premierminister; Kleinkind mit seiner Familie beim Arzt
fse) Krankenschwester verteilt Suppe an belgische und britische Soldaten, Armbinde des Roten Kreuzes
fsf) Zentrale Suppenküche in Brüssel, Mehltüte aus den USA
fsg) Belgischer Soldat teilt seine Ration, Brotkarte
fsh) Regierungsmitglieder; Regierungsgebäude und belgischer Briefkasten; Sainte-Adresse (Frankreich)

| | | | | |
|---|---|---|---|---|
| **4538** | 1 EUROPE mehrfarbig | fsd | 3,50 | 2,50 |
| **4539** | 1 EUROPE mehrfarbig | fse | 3,50 | 2,50 |
| **4540** | 1 EUROPE mehrfarbig | fsf | 3,50 | 2,50 |
| **4541** | 1 EUROPE mehrfarbig | fsg | 3,50 | 2,50 |
| **4542** | 1 EUROPE mehrfarbig | fsh | 3,50 | 2,50 |
| **Block 191** | (185×152 mm) | fsi | 18,— | 13,— |

Nominale zur Zeit der Ausgabe: je 1.10 €

Auflage: 68.138 Blocks

**2015, 21. März. Tiere in Bewegung. Odr. (10); gez. K 12½.**

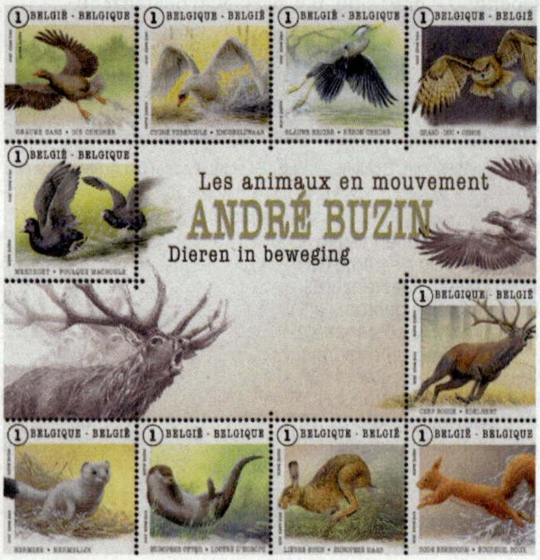


fsk fsl fsm fsn
fso fsp
fsr fss fst fsu

fsk) Graugans (Anser anser)
fsl) Höckerschwan (Cygnus olor)
fsm) Graureiher (Ardea cinerea)
fsn) Uhu (Bubo bubo)
fso) Blässhuhn (Fulica atra)
fsp) Rothirsch (Cervus elaphus)
fsr) Hermelin (Mustela erminea)
fss) Eurasischer Fischotter (Lutra lutra)
fst) Feldhase (Lepus europaeus)
fsu) Eichhörnchen (Sciurus vulgaris)

| | | | | |
|---|---|---|---|---|
| **4543** | 1 (Belgien) mehrfarbig | fsk | 2,— | 1,70 |
| **4544** | 1 (Belgien) mehrfarbig | fsl | 2,— | 1,70 |
| **4545** | 1 (Belgien) mehrfarbig | fsm | 2,— | 1,70 |
| **4546** | 1 (Belgien) mehrfarbig | fsn | 2,— | 1,70 |
| **4547** | 1 (Belgien) mehrfarbig | fso | 2,— | 1,70 |
| **4548** | 1 (Belgien) mehrfarbig | fsp | 2,— | 1,70 |
| **4549** | 1 (Belgien) mehrfarbig | fsr | 2,— | 1,70 |
| **4550** | 1 (Belgien) mehrfarbig | fss | 2,— | 1,70 |
| **4551** | 1 (Belgien) mehrfarbig | fst | 2,— | 1,70 |
| **4552** | 1 (Belgien) mehrfarbig | fsu | 2,— | 1,70 |
| | Satzpreis (10 W.) | | 20,— | 17,— |
| | Kleinbogen | | 20,— | 17,— |

Nominale zur Zeit der Ausgabe: je 0.72 €

Auflage: 71.138 Sätze

**2015, 11. April. Lucky Luke: Freund und Feind. Odr., Markenheftchen (2×5); selbstklebend; drei- bzw. zweiseitig gestanzt 10.**

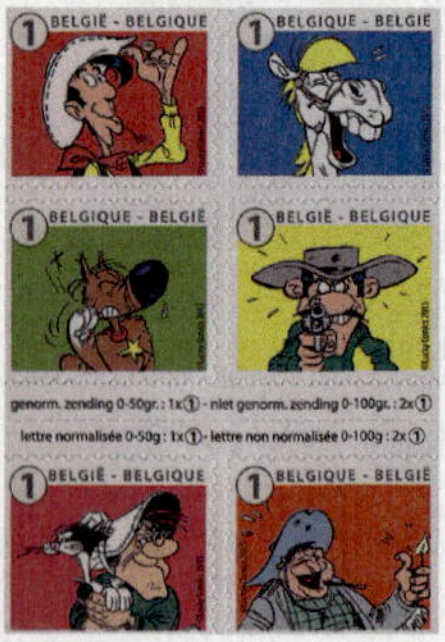


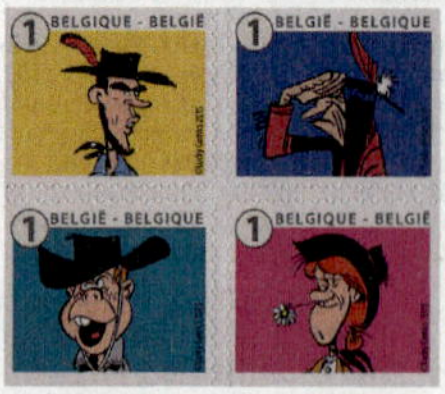

fsv) Lucky Luke
fsw) Jolly Jumper
fsx) Rantanplan
fsy) Joe Dalton
fsz) Ma Dalton
fta) Hank Bully

ftb) Jesse James
ftc) Indianer
ftd) Billy the Kid
fte) Calamity Jane

fsv–fte) Comicfiguren; Zeichnungen von Morris, eigentlich Maurice de Bevere (1923–2001), Comic-Autor und Zeichner

| | | | | | |
|---|---|---|---|---|---|
| **4553** | 1 (Belgien) mehrfarbig (◻) | fsv | 2,— | 1,70 |
| **4554** | 1 (Belgien) mehrfarbig (◻) | fsw | 2,— | 1,70 |
| **4555** | 1 (Belgien) mehrfarbig (◻) | fsx | 2,— | 1,70 |
| **4556** | 1 (Belgien) mehrfarbig (◻) | fsy | 2,— | 1,70 |
| **4557** | 1 (Belgien) mehrfarbig (◻) | fsz | 2,— | 1,70 |
| **4558** | 1 (Belgien) mehrfarbig (◻) | fta | 2,— | 1,70 |
| **4559** | 1 (Belgien) mehrfarbig (◻) | ftb | 2,— | 1,70 |
| **4560** | 1 (Belgien) mehrfarbig (◻) | ftc | 2,— | 1,70 |
| **4561** | 1 (Belgien) mehrfarbig (◻) | ftd | 2,— | 1,70 |
| **4562** | 1 (Belgien) mehrfarbig (◻) | fte | 2,— | 1,70 |
| | Satzpreis (10 W.) | | 20,— | 17,— |
| | Markenheftchen | | 20,— | 17,— |

Nominale zur Zeit der Ausgabe: je 0.72 €

MiNr. 4553–4562 wurden zusammen im Markenheftchen gedruckt.

Auflage: 113.924 Sätze

**2015, 11. April. Blockausgabe: Europa – Historisches Spielzeug. Odr.; gez. Ks 11½.**

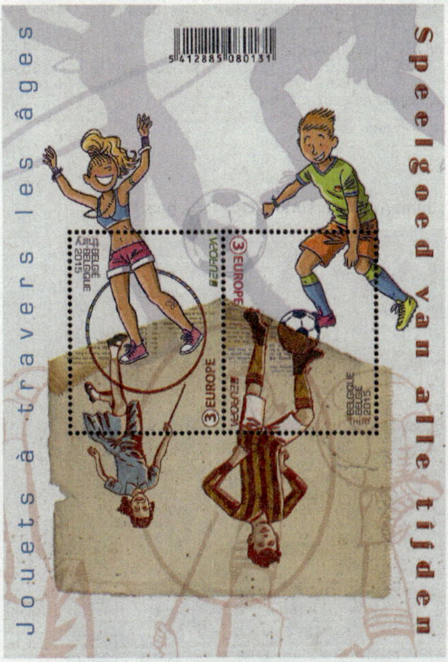


fth

ftf) Mädchen tanzt mit Hula-Hoop; Mädchen beim Reifentreiben
ftg) Junge spielt mit Fußball (früher und heute)

| | | | | |
|---|---|---|---|---|
| **4563** | 3 EUROPE mehrfarbig | ftf | 10,50 | 8,— |
| **4564** | 3 EUROPE mehrfarbig | ftg | 10,50 | 8,— |
| **Block 192** | (111×160 mm) | fth | 21,— | 16,— |

Nominale zur Zeit der Ausgabe: je 3.30 €

Auflage: 72.638 Blocks

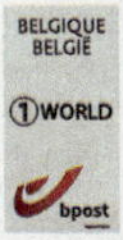


**2015, 13. April/1. Juni. Freimarken: Postemblem. A = Laserdr. (4×5 Zd), selbstklebend, vierseitig zähnungsähnlich gestanzt 11½; D = Odr. (5), selbstklebend, dreiseitig wellenförmig gestanzt 10.**

fck) Neues Postemblem

| | | | | |
|---|---|---|---|---|
| **4565** | 1 WORLD schwarz/rot | fck | | |
| A | vierseitig gestanzt (◻) (13.4.2015) | | 4,— | 3,20 |
| D | dreiseitig gestanzt (◻) (1.6.2015) | | 4,— | 3,20 |
| | 4565 A Zf | | 6,— | 6,— |
| | 4565 D Zf | | 6,— | 6,— |

Nominale zur Zeit der Ausgabe: 1.32 €

MiNr. 4565 A wurde auf Bestellung auch mit anhängendem personalisierbarem Zierfeld gedruckt.

MiNr. 4565 D wurde im Fünferstreifen mit anhängendem Zierfeld (◻) gedruckt. Das Zierfeld trägt verschiedene posteigene Motive.

MiNr. 4565 D wurde in einer Verpackung mit einem Fünferstreifen verkauft (Postpreis: 6.85 €).

*In gleicher Zeichnung: MiNr. 4228, 4229, 4272, 4273, 4368*
*In ähnlicher Zeichnung: MiNr. 4730*

**2015, 9. Mai. 50. Todestag von Königin Elisabeth. Komb. StTdr. und RaTdr. (5×1 + 5×1); gez. 11½.**

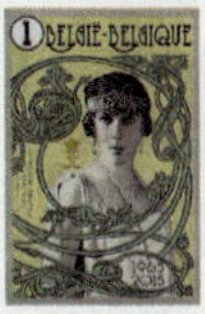


fti

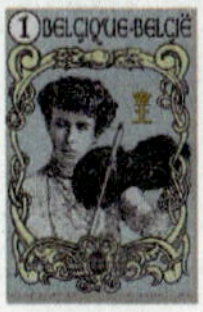


ftk

fti–ftk) Königin Elisabeth (1876–1965)

| | | | | |
|---|---|---|---|---|
| **4566** | 1 (Belgien) mehrfarbig | fti | 2,— | 1,70 |
| **4567** | 1 (Belgien) mehrfarbig | ftk | 2,— | 1,70 |
| | Satzpreis (2 W.) | | 4,— | 3,40 |
| | Zwischenstegpaar | | 4,— | 3,40 |
| | Kleinbogen | | 20,— | 17,— |

Nominale zur Zeit der Ausgabe: je 0.72 €

MiNr. 4566–4567 wurden zusammen im Kleinbogen zu je 5 Marken gedruckt.

Kleinbogen mit MiNr. 4566–4567 ☐ wurde von der Post an Abonnenten verschenkt. Er ist nicht frankaturgültig.

Auflage: 126.790 Sätze

**2015, 9. Mai. Blockausgabe: Pflanzen oder Tiere. Odr.; gez. K 11½.**

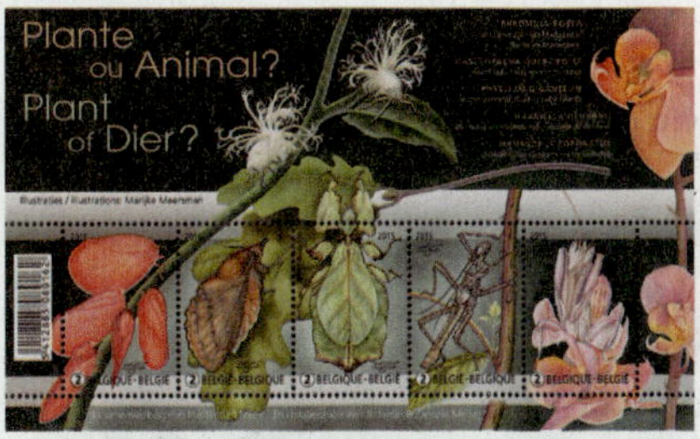


ftr

ftl) Madagaskar-Zikade (Phromnia rosea)
ftm) Kupferglucke (Gastropacha quercifolia)
ftn) Großes Wandelndes Blatt (Phyllium giganteum)
fto) Gespenstschrecke (Haaniella dehaanii)
ftp) Orchideenmantis (Hymenopus coronatus)

| | | | | |
|---|---|---|---|---|
| **4568** | 2 (Belgien) mehrfarbig | ftl | 4,— | 3,30 |
| **4569** | 2 (Belgien) mehrfarbig | ftm | 4,— | 3,30 |
| **4570** | 2 (Belgien) mehrfarbig | ftn | 4,— | 3,30 |
| **4571** | 2 (Belgien) mehrfarbig | fto | 4,— | 3,30 |
| **4572** | 2 (Belgien) mehrfarbig | ftp | 4,— | 3,30 |
| **Block 193** | (166×100 mm) | ftr | 20,— | 17,— |

Nominale zur Zeit der Ausgabe: je 1.44 €

Auflage: 68.138 Blocks

**2015, 30. Mai. Blockausgabe: Stadtzentren (V) – Mons; Kulturhauptstadt Europas 2015; Volksfest Doudou (UNESCO-Welterbe). Komb. StTdr. und RaTdr.; Blockrand mit unter Folie aufgebrachtem Rosshaar; gez. Ks 11½:11¼.**

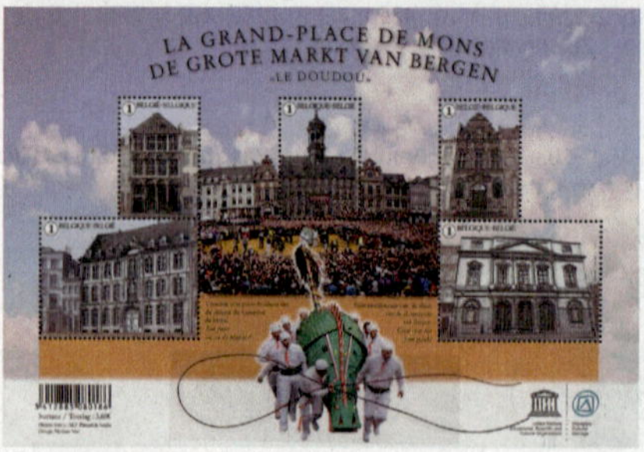


ftx

fts) Hôtel du Blanc Lévrier
ftt) Rathaus von Mons
ftu) St. Georgs-Kapelle
ftv) Hôtel de la Couronne Impériale
ftw) Königliches Theater
fts–ftw) Bauwerke auf der Grand-Place, Mons

| | | | | |
|---|---|---|---|---|
| **4573** | 1 (Belgien) mehrfarbig | fts | 3,30 | 3,30 |
| **4574** | 1 (Belgien) mehrfarbig | ftt | 3,30 | 3,30 |
| **4575** | 1 (Belgien) mehrfarbig | ftu | 3,30 | 3,30 |
| **4576** | 1 (Belgien) mehrfarbig | ftv | 3,30 | 3,30 |
| **4577** | 1 (Belgien) mehrfarbig | ftw | 3,30 | 3,30 |
| **Block 194** | (220×149 mm) | ftx | 17,— | 17,— |

Nominale zur Zeit der Ausgabe: je 0.72 €

Postpreis: 7.20 €

Auflage: 73.638 Blocks

**2015, 30. Mai. Blockausgabe: 200. Jahrestag der Schlacht von Waterloo. Komb. StTdr. und RaTdr.; gez. K 11½.**

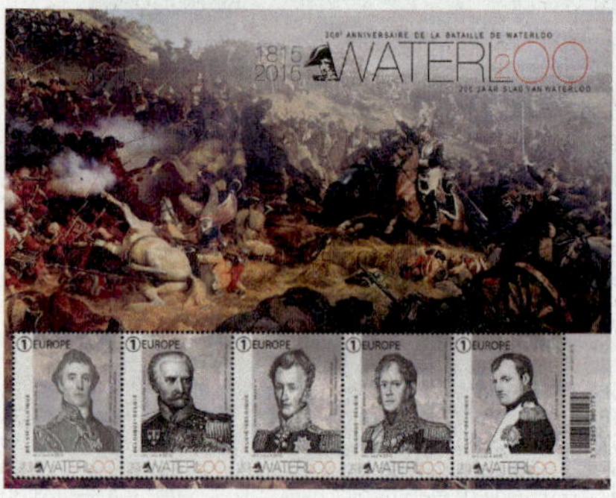


fud

fty) Arthur Wellesley, 1. Duke of Wellington (1769–1852), britischer Feldmarschall und Premierminister; Gemälde von Thomas Lawrence (1769–1830), englischer Maler
ftz) Gebhard Leberecht von Blücher, Fürst von Wahlstatt (1742–1819), preußischer Generalfeldmarschall; Gemäldekopie von Ernst Gebauer (1782–1865), preußischer Porträt- und Hofmaler
fua) König Willem II. der Niederlande (1792–1849); Gemälde von Charles-Pierre Verhulst (1774–1820), flämischer Maler
fub) Michel Ney, Herzog von Elchingen (1769–1815), Marschall von Frankreich; Gemälde von François Gérard (1770–1837), französischer Porträtmaler
fuc) Napoleon I. (1769–1821), Kaiser der Franzosen; Gemälde von Paul Delaroche (1797–1856), französischer Maler

| | | | | |
|---|---|---|---|---|
| **4578** | 1 EUROPE mehrfarbig | fty | 3,50 | 2,50 |
| **4579** | 1 EUROPE mehrfarbig | ftz | 3,50 | 2,50 |
| **4580** | 1 EUROPE mehrfarbig | fua | 3,50 | 2,50 |
| **4581** | 1 EUROPE mehrfarbig | fub | 3,50 | 2,50 |
| **4582** | 1 EUROPE mehrfarbig | fuc | 3,50 | 2,50 |
| **Block 195** | (210×160 mm) | fud | 18,— | 13,— |

Nominale zur Zeit der Ausgabe: je 1.10 €

Auflage: 73.938 Blocks

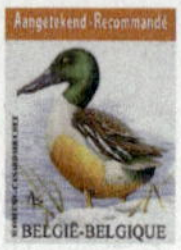


**2015, 1. Juni. Einschreibemarke: Vögel. Odr. (5×2); gez. K 11½.**

fue) Löffelente (Anas clypeata)

| | | | | |
|---|---|---|---|---|
| **4583** | — mehrfarbig | fue | 12,— | 12,— |
| | Kleinbogen | | 120,— | 120,— |

Nominale zur Zeit der Ausgabe: 5.13 €

Auflage: 1.042.920 Stück

*Weitere Werte siehe Übersicht nach Jahrgangswerttabelle.*

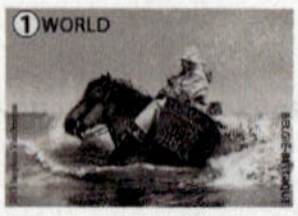


**2015, 27. Juni. UNESCO-Welterbe: Krabbenfischen mit Pferden. Odr. (1×5); gez. K 11½.**

fuf) Fischer zu Pferd bei der Arbeit

| | | | | |
|---|---|---|---|---|
| **4584** | 1 WORLD mehrfarbig | fuf | 4,— | 3,— |
| | Kleinbogen | | 20,— | 15,— |

Nominale zur Zeit der Ausgabe: 1.32 €

Auflage: 136.790 Stück

**2015, 27. Juni. Alte Obstsorten. Odr. (10); gez. Ks 12.**

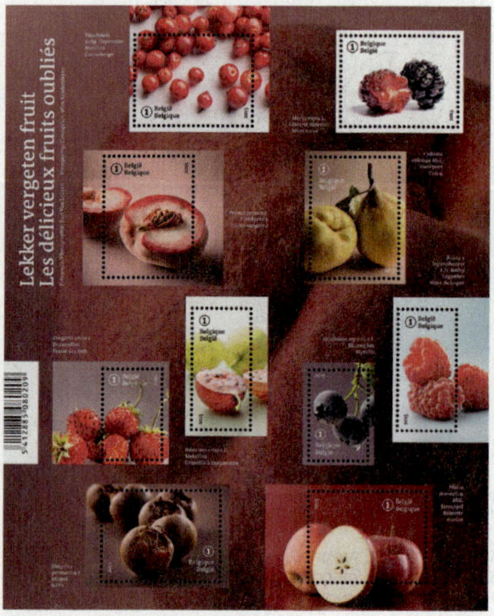


fug fuh
fui fuk
ful fum fun fuo
fup fur

fug) Gewöhnliche Moosbeere (Vaccinium subg. oxycoccos)
fuh) Schwarze Maulbeere (Morus nigra)
fui) Roter Weinbergpfirsich (Prunus persica)
fuk) Quitte (Cydonia oblonga)
ful) Walderdbeere (Fragaria vesca)
fum) Stachelbeere (Ribes uva-crispa)
fun) Heidelbeere (Vaccinium myrtillus)
fuo) Loganbeere (Rubus × loganobaccus)
fup) Mispel (Mespilus germanica)
fur) Rote Sternrenette (Malus Domestica)

| | | | | |
|---|---|---|---|---|
| **4585** | 1 (Belgien) mehrfarbig | fug | 2,— | 1,70 |
| **4586** | 1 (Belgien) mehrfarbig | fuh | 2,— | 1,70 |
| **4587** | 1 (Belgien) mehrfarbig | fui | 2,— | 1,70 |
| **4588** | 1 (Belgien) mehrfarbig | fuk | 2,— | 1,70 |
| **4589** | 1 (Belgien) mehrfarbig | ful | 2,— | 1,70 |
| **4590** | 1 (Belgien) mehrfarbig | fum | 2,— | 1,70 |
| **4591** | 1 (Belgien) mehrfarbig | fun | 2,— | 1,70 |
| **4592** | 1 (Belgien) mehrfarbig | fuo | 2,— | 1,70 |
| **4593** | 1 (Belgien) mehrfarbig | fup | 2,— | 1,70 |

| | | | | | |
|---|---|---|---|---|---|
| **4594** | 1 (Belgien) mehrfarbig | fur | 2,— | 1,70 |
| | | Satzpreis (10 W.) | 20,— | 17,— |
| | | Kleinbogen | 20,— | 17,— |

Nominale zur Zeit der Ausgabe: je 0.72 €

Auflage: 70.138 Sätze

**2015, 5. Sept. Prähistorische Tiere. Odr. mit Lacküberzug, Markenheftchen (2×5); selbstklebend; drei- bzw. zweiseitig gestanzt 10.**

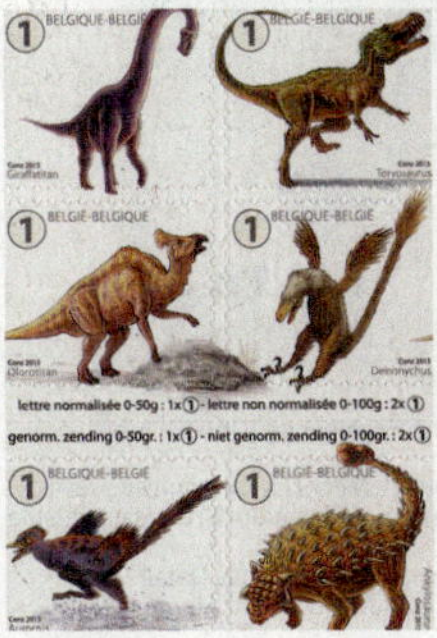

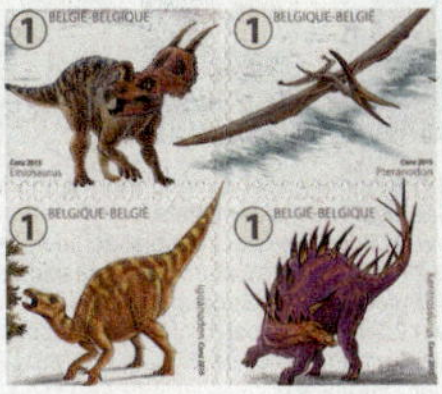

fus) Giraffatitan
fut) Torvosaurus
fuu) Olorotitan
fuv) Deinonychus
fuw) Auromis
fux) Ankylosaurus
fuy) Einiosaurus
fuz) Pteranodon
fva) Iguanodon
fvb) Kentrosaurus

| | | | | |
|---|---|---|---|---|
| **4595** 1 (Belgien) mehrfarbig (⊡) | fus | 2,— | 1,70 |
| **4596** 1 (Belgien) mehrfarbig (⊡) | fut | 2,— | 1,70 |
| **4597** 1 (Belgien) mehrfarbig (⊡) | fuu | 2,— | 1,70 |
| **4598** 1 (Belgien) mehrfarbig (⊡) | fuv | 2,— | 1,70 |
| **4599** 1 (Belgien) mehrfarbig (⊡) | fuw | 2,— | 1,70 |
| **4600** 1 (Belgien) mehrfarbig (⊡) | fux | 2,— | 1,70 |
| **4601** 1 (Belgien) mehrfarbig (⊡) | fuy | 2,— | 1,70 |
| **4602** 1 (Belgien) mehrfarbig (⊡) | fuz | 2,— | 1,70 |
| **4603** 1 (Belgien) mehrfarbig (⊡) | fva | 2,— | 1,70 |
| **4604** 1 (Belgien) mehrfarbig (⊡) | fvb | 2,— | 1,70 |
| | Satzpreis (10 W.) | 20,— | 17,— |
| | Markenheftchen | 20,— | 17,— |

Nominale zur Zeit der Ausgabe: je 0.72 €

MiNr. 4595–4604 wurden zusammen im Markenheftchen gedruckt.

Auflage: 113.924 Markenheftchen

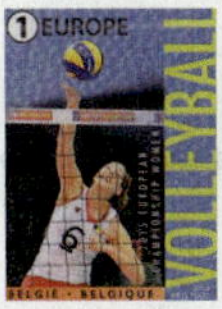

**2015, 5. Sept. Volleyball-Europameisterschaft der Frauen, Belgien und Niederlande. Odr. (5); gez. K 12.**

fvc) Charlotte Leys (*1989) am Netz

| | | | | |
|---|---|---|---|---|
| **4605** 1 EUROPE mehrfarbig | fvc | 3,50 | 2,50 |
| | Kleinbogen | 18,— | 13,— |

Nominale zur Zeit der Ausgabe: 1.10 €

Auflage: 121.490 Stück

**2015, 5. Sept. Blockausgabe: Friedensfest in Sint-Niklaas – Ballonfahrt. MiNr. 4606 und 4609–4610 RaTdr., MiNr. 4607–4608 komb. StTdr. und RaTdr.; gez. Ks 11½.**

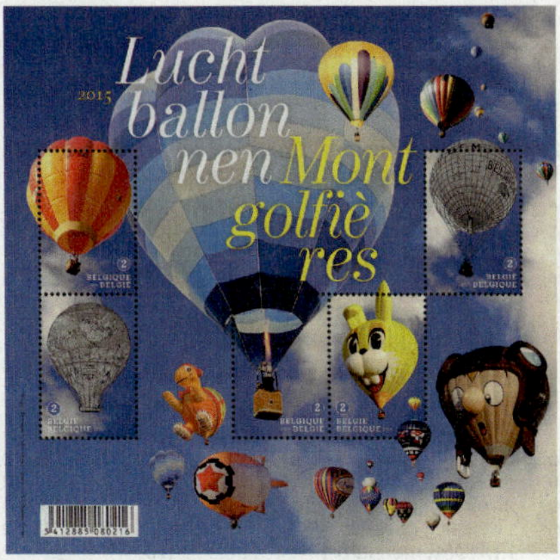


fvi

fvd) OO-SWF „Easy“ (1973)
fve) „Belgica“ von Ernest Demuyter (1893–1963), Abgeordneter
fvf) „Le Flesselles“ (1784)
fvg) Ballonkorb
fvh) „Funny Bunny“ (2005)

fvd–fvh) Heißluftballone

| | | | | |
|---|---|---|---|---|
| **4606** 2 (Belgien) mehrfarbig | fvd | 4,— | 3,30 |
| **4607** 2 (Belgien) mehrfarbig | fve | 4,— | 3,30 |
| **4608** 2 (Belgien) mehrfarbig | fvf | 4,— | 3,30 |
| **4609** 2 (Belgien) mehrfarbig | fvg | 4,— | 3,30 |
| **4610** 2 (Belgien) mehrfarbig | fvh | 4,— | 3,30 |
| **Block 196** (160×155 mm) | fvi | 20,— | 17,— |

Nominale zur Zeit der Ausgabe: je 1.44 €

Auflage: 68.138 Blocks

**2015, 24. Okt. Blockausgabe: Mittelalterliches Erbe – Miniaturmalerei. Odr.; gez. Ks 11½.**

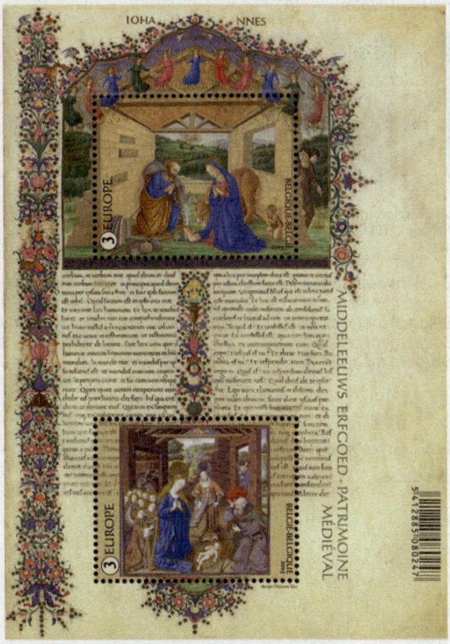


fvm

fvk) Christi Geburt; Buchmalerei aus der Bibel von Urbino (1478), Italien
fvl) Christi Geburt; Darstellung aus Stundenbuch (1460–1465), angefertigt für Philipp III. (1396–1467), Herzog von Burgund

| | | | | | |
|---|---|---|---|---|---|
| **4611** | 3 EUROPE mehrfarbig | fvk | 10,50 | 8,— |
| **4612** | 3 EUROPE mehrfarbig | fvl | 10,50 | 8,— |
| **Block 197** | (110×151 mm) | fvm | 21,— | 16,— |

Nominale zur Zeit der Ausgabe: je 3.30 €

Auflage: 65.938 Blocks

**2015, 24. Okt. Weihnachten. Odr., Markenheftchen (5×2); selbstklebend; D = dreiseitig, E = zweiseitig gestanzt 10.**

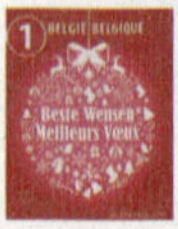


fvn) Weihnachtskugel „Beste Wünsche"

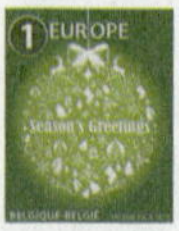


fvo) Weihnachtskugel „Weihnachtsgrüße"

| | | | | |
|---|---|---|---|---|
| **4613** | 1 (Belgien) mehrfarbig | fvn | | |
| Do | dreiseitig gestanzt (□) | | 2,— | 1,70 |
| Du | dreiseitig gestanzt (□) | | 2,— | 1,70 |
| Eo | zweiseitig gestanzt (□) | | 2,— | 1,70 |
| Er | zweiseitig gestanzt (□) | | 2,— | 1,70 |
| **4614** | 1 EUROPE mehrfarbig | fvo | | |
| Do | dreiseitig gestanzt (□) | | 3,50 | 2,50 |
| Du | dreiseitig gestanzt (□) | | 3,50 | 2,50 |
| Eo | zweiseitig gestanzt (□) | | 3,50 | 2,50 |
| Eu | zweiseitig gestanzt (□) | | 3,50 | 2,50 |
| | Satzpreis (2 W.) | | 5,50 | 4,20 |
| | 2 Markenheftchen | | 55,— | 42,— |

Nominalen zur Zeit der Ausgabe: MiNr. 4613 = 0.72 €, MiNr. 4614 = 1.10 €

Auflagen: MiNr. 4613 = 24.292.700, MiNr. 4614 = 2.027.700 Stück

**2016, 12. März. Königliche Familie. Odr. (1×2 Zd); gez. Ks 11½.**

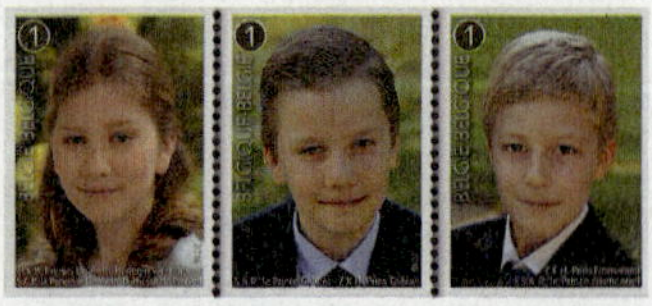

fvp) Prinzessin Elisabeth, Herzogin von Brabant (*2001)
fvr) Prinz Gabriel (*2003)
fvs) Prinz Emmanuel (*2005)

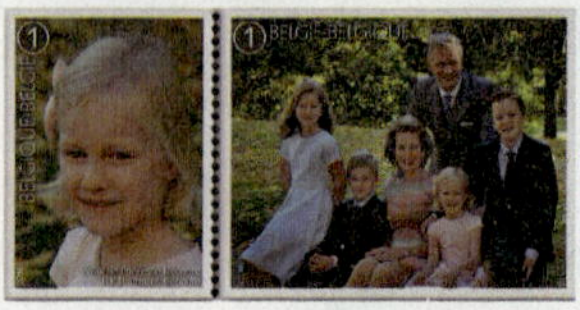

fvt) Prinzessin Eléonore (*2008)
fvu) König Philippe (*1960, reg. seit 2013) und Königin Mathilde (*1973) mit ihren Kindern

| | | | | |
|---|---|---|---|---|
| **4615** | 1 (Belgien) mehrfarbig | fvp | 2,— | 1,70 |
| **4616** | 1 (Belgien) mehrfarbig | fvr | 2,— | 1,70 |
| **4617** | 1 (Belgien) mehrfarbig | fvs | 2,— | 1,70 |
| **4618** | 1 (Belgien) mehrfarbig | fvt | 2,— | 1,70 |
| **4619** | 1 (Belgien) mehrfarbig | fvu | 2,— | 1,70 |
| | Satzpreis (5 W.) | | 10,— | 8,50 |
| | Fünferstreifen | | 10,— | 8,50 |
| | Kleinbogen | | 20,— | 17,— |

Nominale zur Zeit der Ausgabe: je 0.74 €

Auflage: 91.234 Sätze

**2016, 12. März. Blockausgabe: Erfolge in Belgien – Qualifizierte Berufsausbildung mit internationaler Bedeutung. Odr., gez. Ks 12.**

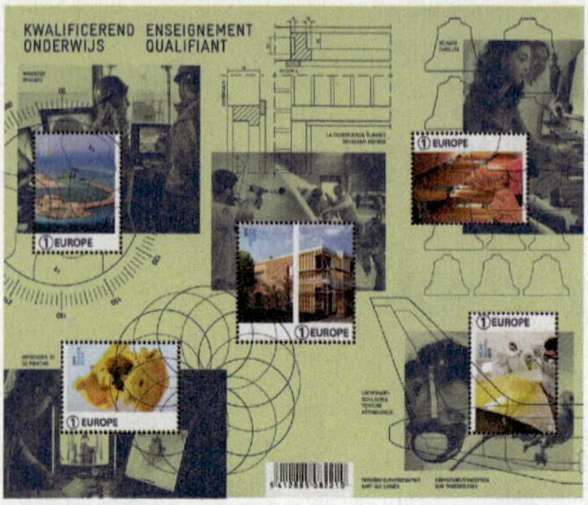


fwa

fvv) Nassbaggerei, Environmental and Marine Engineering (DEME): Arbeiten auf Saadiyat-Insel, Abu Dhabi
fvw) Königliche Glockenspiel-schule „Jef Denyn", Mecheln: Carillon-Unterricht
fvx) Nachhaltiges Bauen bei Professionellem Referenzzentrum für die Bauindustrie, Brüssel: Grünes Gebäude
fvy) 3D-Drucken bei Technifutur® asbl, Seraing: 3D-gedrucktes Detail
fvz) Luftfahrtmaler bei Forem PIGMENTS, La Louvière: bei Lackieren des Flugzeugflügels

| | | | | |
|---|---|---|---|---|
| **4620** | 1 EUROPE mehrfarbig | fvv | 3,50 | 2,60 |
| **4621** | 1 EUROPE mehrfarbig | fvw | 3,50 | 2,60 |
| **4622** | 1 EUROPE mehrfarbig | fvx | 3,50 | 2,60 |
| **4623** | 1 EUROPE mehrfarbig | fvy | 3,50 | 2,60 |
| **4624** | 1 EUROPE mehrfarbig | fvz | 3,50 | 2,60 |
| **Block 198** | (200×165 mm) | fwa | 18,— | 13,— |

Nominale zur Zeit der Ausgabe: je 1.13 €

Auflage: 56.172 Blocks

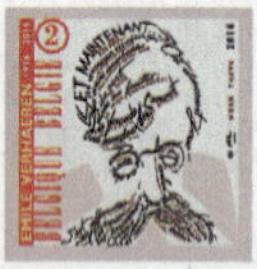


**2016, 12. März. 100. Todestag von Émile Verhaeren. Odr. (5×1); gez. K 12½.**

fwb) Émile Verhaeren (1855–1916), Dichter; Porträt aus Verszeilen des Gedichtes „Et maintenant...."

| | | | | |
|---|---|---|---|---|
| **4625** | 2 (Belgien) mehrfarbig | fwb | 4,— | 3,40 |
| | Kleinbogen | | 20,— | 17,— |

Nominale zur Zeit der Ausgabe: 1.48 €

Auflage: 110.925 Stück

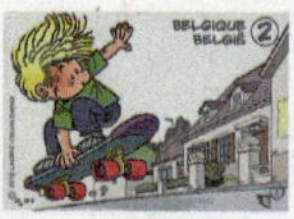


**2016, 12. März. Jugendphilatelie: 30 Jahre Comicserie „Cédric". Odr. (1×5); gez. K 11½.**

fwc) Cédric; Comic von Raoul Cauvin (1938–2021), Autor, und Laudec, eigentlich Tony de Luca (*1947), Zeichner

| | | | | |
|---|---|---|---|---|
| **4626** | 2 (Belgien) mehrfarbig | fwc | 4,— | 3,40 |
| | Kleinbogen | | 20,— | 17,— |

Nominale zur Zeit der Ausgabe: 1.48 €

Auflage: 129.925 Stück

**2016, 12. März. Blockausgabe: Stadtzentren (VI) – Gent; Blumenschau Genter Floralien. Komb. StTdr. und RaTdr.; gez. Ks 11½.**

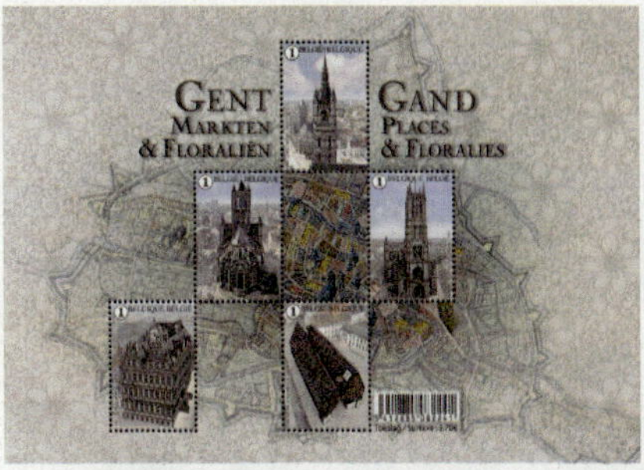


fwi

fwd) Belfried
fwe) St.-Nikolaus-Kirche
fwf) St.-Bavo-Kathedrale
fwg) Alte Stadthalle
fwh) Neue Markthalle

| | | | | | |
|---|---|---|---|---|---|
| **4627** | 1 | (Belgien) mehrfarbig | fwd | 3,40 | 3,40 |
| **4628** | 1 | (Belgien) mehrfarbig | fwe | 3,40 | 3,40 |
| **4629** | 1 | (Belgien) mehrfarbig | fwf | 3,40 | 3,40 |
| **4630** | 1 | (Belgien) mehrfarbig | fwg | 3,40 | 3,40 |
| **4631** | 1 | (Belgien) mehrfarbig | fwh | 3,40 | 3,40 |
| **Block 199** | | (205 × 143 mm) | fwi | 17,— | 17,— |

Nominale zur Zeit der Ausgabe: je 0.74 €

Postpreis: 7.40 €

Auflage: 69.872 Blocks

**2016, 14. März. Freimarken: König Philippe. Odr., Folienblätter (5); selbstklebend; dreiseitig gestanzt 9¾.**

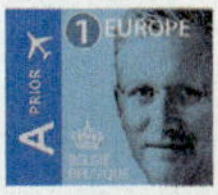


fme I

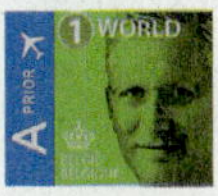


fme I

fme I) König Philippe (*1960, reg. seit 2013)

| | | | | | |
|---|---|---|---|---|---|
| **4632** | 1 | EUROPE mehrfarbig | fme I | | |
| | **Dl** | dreiseitig gestanzt (⌑) | | 3,50 | 2,60 |
| | **Dr** | dreiseitig gestanzt (⌑) | | 3,50 | 2,60 |
| **4633** | 1 | WORLD mehrfarbig | fme I | | |
| | **Dl** | dreiseitig gestanzt (⌑) | | 4,— | 3,10 |
| | **Dr** | dreiseitig gestanzt (⌑) | | 4,— | 3,10 |
| | | | Satzpreis (2 W.) | 7,50 | 5,70 |
| | | | 2 Folienblätter | 38,— | 29,— |

Nominalen zur Zeit der Ausgabe: MiNr. 4632 = 1.13 €, MiNr. 4633 = 1.35 €

*Weitere Werte: MiNr. 4426–4428, 4531–4532, 4876, 4877, 4888*

**2016, 10. Juni. Blockausgabe: Geschichte der belgischen Luftfahrt. MiNr. 4634–4637 RaTdr., MiNr. 4638 komb. StTdr. und RaTdr.; gez. Ks 11½.**

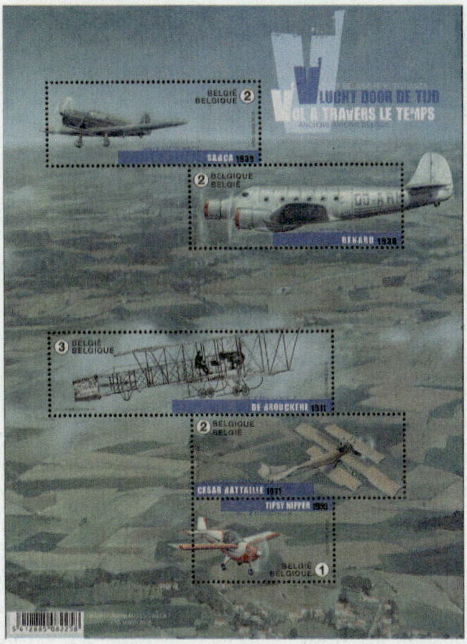


fwp

fwl

fwm

fwo

fwn

fwk

fwk) Avions Fairey Tipsy Nipper (Erstflug 1957)
fwl) SABCA S.40 (Erstflug 1939)
fwm) Renard R.35 (Erstflug 1938)
fwn) César Battaille (Erstflug 1911)
fwo) De Brouckère (Erstflug 1911)

| | | | | | |
|---|---|---|---|---|---|
| **4634** | 1 | (Belgien) mehrfarbig | fwk | 2,— | 1,70 |
| **4635** | 2 | (Belgien) mehrfarbig | fwl | 4,— | 3,40 |
| **4636** | 2 | (Belgien) mehrfarbig | fwm | 4,— | 3,40 |
| **4637** | 2 | (Belgien) mehrfarbig | fwn | 4,— | 3,40 |
| **4638** | 3 | (Belgien) mehrfarbig | fwo | 6,— | 5,10 |
| **Block 200** | | (155 × 210 mm) | fwp | 20,— | 17,— |

Nominalen zur Zeit der Ausgabe: MiNr. 4634 = 0.74 €, MiNr. 4635–4637 je 1.48 €, MiNr. 4638 = 2.22 €

Bl. 200 ☐ wurde von der Post an Abonnenten verschenkt. Er ist nicht frankaturgültig.

Auflage: 65.372 Blocks

**2016, 10. Juni. Flora und Fauna im Naturschutzgebiet Het Zwin. Odr. (10); gez. K 12.**

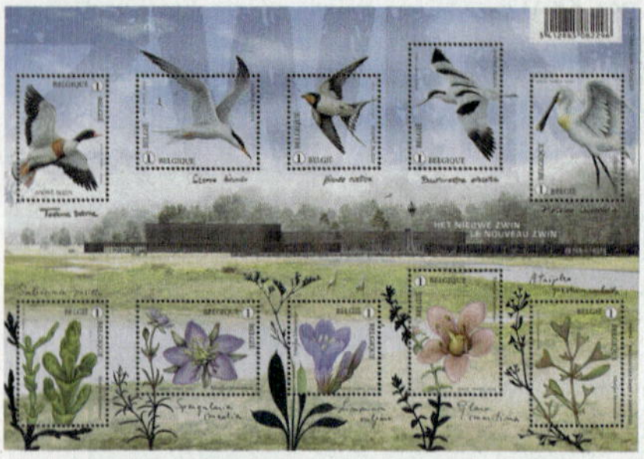

fwr) Brandgans (Tadorna tadorna)
fws) Fluss-Seeschwalbe (Sterna hirundo)
fwt) Rauchschwalbe (Hirundo rustica)
fwu) Säbelschnäbler (Recurvirostra avosetta)
fwv) Löffler (Platalea leucorodia)

fww) Queller (Salicornia pusilla)
fwx) Flügelsamige Schuppenmiere (Spergularia media)
fwy) Gewöhnlicher Strandflieder (Limonium vulgare)
fwz) Strand-Milchkraut (Glaux maritima)
fxa) Gestielte Keilmelde (Atriplex pedunculata)

| | | | | |
|---|---|---|---|---|
| **4639** | 1 (Belgien) mehrfarbig | fwr | 2,— | 1,70 |
| **4640** | 1 (Belgien) mehrfarbig | fws | 2,— | 1,70 |
| **4641** | 1 (Belgien) mehrfarbig | fwt | 2,— | 1,70 |
| **4642** | 1 (Belgien) mehrfarbig | fwu | 2,— | 1,70 |
| **4643** | 1 (Belgien) mehrfarbig | fwv | 2,— | 1,70 |
| **4644** | 1 (Belgien) mehrfarbig | fww | 2,— | 1,70 |
| **4645** | 1 (Belgien) mehrfarbig | fwx | 2,— | 1,70 |
| **4646** | 1 (Belgien) mehrfarbig | fwy | 2,— | 1,70 |
| **4647** | 1 (Belgien) mehrfarbig | fwz | 2,— | 1,70 |
| **4648** | 1 (Belgien) mehrfarbig | fxa | 2,— | 1,70 |
| | Satzpreis (10 W.) | | 20,— | 17,— |
| | Kleinbogen | | 20,— | 17,— |

Nominale zur Zeit der Ausgabe: je 0.74 €

Kleinbogen mit MiNr. 4639–4648 □ wurde von der Post an Abonnenten verschenkt. Er ist nicht frankaturgültig.

Auflage: 70.172 Sätze

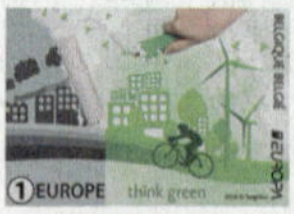

**2016, 11. Juni. Europa: Umweltbewusst leben. Odr. (1×5); gez. K 11½.**

fxb) Von Grau zu Grün; Graphik von Doxia Sergidou (Zypern)

| | | | | |
|---|---|---|---|---|
| **4649** | 1 EUROPE mehrfarbig | fxb | 3,50 | 2,60 |
| | Kleinbogen | | 18,— | 13,— |

Nominale zur Zeit der Ausgabe: 1.13 €

Auflage: 127.425 Stück

**2016, 11. Juni. Blockausgabe: 500. Jahrestag des Postvertrages zwischen Karl V. und Franz von Taxis. Odr., Blockrand komb. Odr. und Pdr. mit Lacküberzug; gez. Ks 11½.**

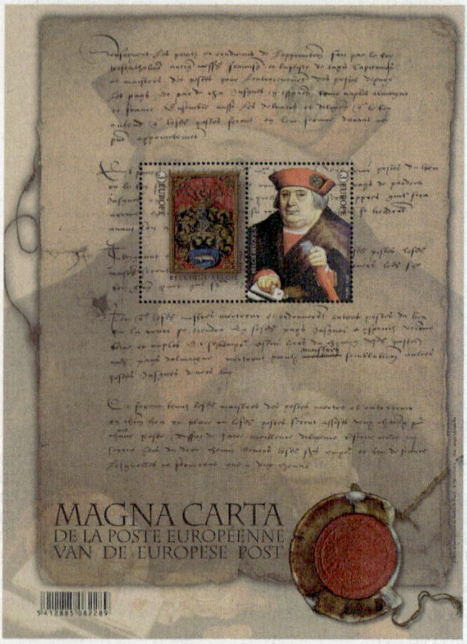


fxe

fxc) Wappen von Jean-Baptiste de Taxis (1530–1610)
fxd) Franz von Taxis (um 1460–1517), Begründer des Taxisschen Postwesens

| | | | | |
|---|---|---|---|---|
| **4650** | 3 EUROPE mehrfarbig | fxc | 10,50 | 8,— |
| **4651** | 3 EUROPE mehrfarbig | fxd | 10,50 | 8,— |
| **Block 201** | (167×225 mm) | fxe | 21,— | 16,— |

Nominale zur Zeit der Ausgabe: je 3.39 €

Auflage: 69.672 Blocks

**2016, 12. Juni. Blockausgabe: Der Erste Weltkrieg im Jahr 1916 – Widerstand. RaTdr.; gez. K 11½.**

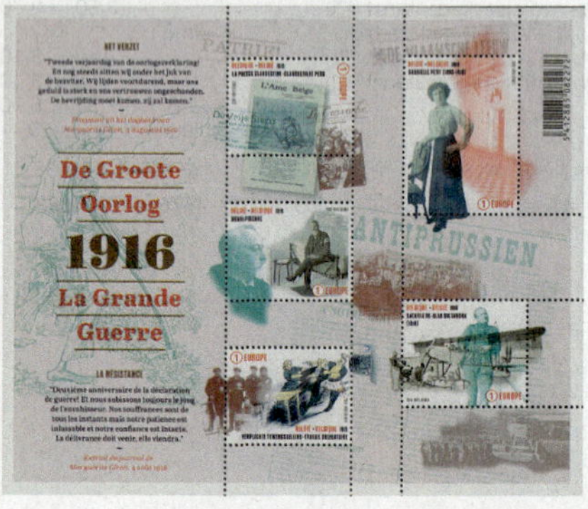


fxl

fxf fxg
fxh
fxi
fxk

fxf) Die Untergrundpresse: De Vrije stem, L'Ame Belge, La Cravache
fxg) Gabrielle Petit (1893–1916), belgische Krankenschwester, britische Spionin, Nationalheldin
fxh) Henri Pirenne (1862–1935), Historiker
fxi) Schlacht bei Tabora, Ostafrika: Kommandant De Bueger, Wasserflugzeug
fxk) Zwangsarbeiter: Fotografie und Karikatur

| | | | | |
|---|---|---|---|---|
| **4652** | 1 EUROPE mehrfarbig | fxf | 3,50 | 2,60 |
| **4653** | 1 EUROPE mehrfarbig | fxg | 3,50 | 2,60 |
| **4654** | 1 EUROPE mehrfarbig | fxh | 3,50 | 2,60 |
| **4655** | 1 EUROPE mehrfarbig | fxi | 3,50 | 2,60 |

| | | | | | |
|---|---|---|---|---|---|
| **4656** | 1 EUROPE mehrfarbig | fxk | 3,50 | 2,60 |
| **Block 202** | (185 × 152 mm) | fxl | 18,— | 13,— |

Nominale zur Zeit der Ausgabe: je 1.13 €

Auflage: 65.672 Blocks

**2016, 20. Aug. Blockausgabe: Belgische Städte bei Nacht. Odr., gez. Ks 12½.**

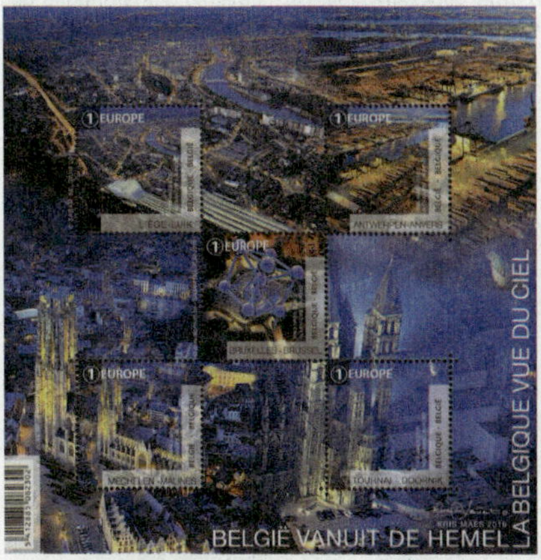


fxs

fxm) Bahnhof Liège-Guillemins, Lüttich
fxn) Hafen von Antwerpen
fxo) Atomium, Brüssel
fxp) St.-Rumold-Kathedrale, Mecheln
fxr) Kathedrale „Unsere liebe Frau", Tournai

fxm–fxr) Fotografien von Alexandre Laurent (*1964)

| | | | | |
|---|---|---|---|---|
| **4657** | 1 EUROPE mehrfarbig | fxm | 3,50 | 2,60 |
| **4658** | 1 EUROPE mehrfarbig | fxn | 3,50 | 2,60 |
| **4659** | 1 EUROPE mehrfarbig | fxo | 3,50 | 2,60 |
| **4660** | 1 EUROPE mehrfarbig | fxp | 3,50 | 2,60 |
| **4661** | 1 EUROPE mehrfarbig | fxr | 3,50 | 2,60 |
| **Block 203** | (150 × 150 mm) | fxs | 18,— | 13,— |

Nominale zur Zeit der Ausgabe: je 1.13 €

Auflage: 62.872 Blocks

**2016, 20. Aug. Blockausgabe: Bedrohte Tierarten. Odr., gez. Ks 12 mit zusätzlicher Perforation im Blockrand.**

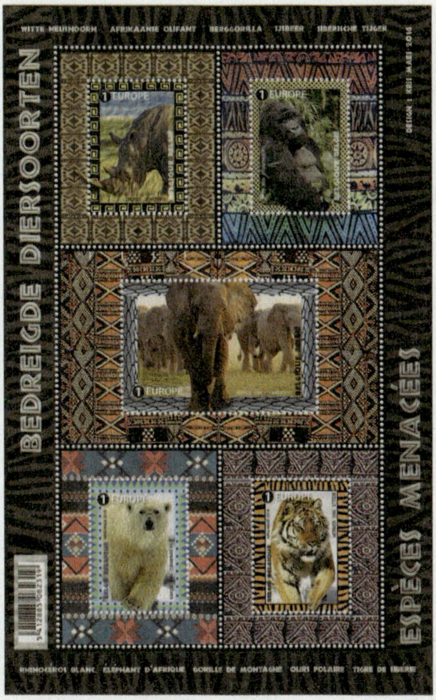


fxy

fxt) Breitmaulnashorn (Ceratotherium simum)
fxu) Berggorilla (Gorilla beringei beringei)
fxv) Afrikanischer Elefant (Loxodonta africana)
fxw) Eisbär (Ursus maritimus)
fxx) Sibirischer Tiger (Panthera tigris altaica)

| | | | | |
|---|---|---|---|---|
| **4662** | 1 EUROPE mehrfarbig | fxt | 3,50 | 2,60 |
| **4663** | 1 EUROPE mehrfarbig | fxu | 3,50 | 2,60 |
| **4664** | 1 EUROPE mehrfarbig | fxv | 3,50 | 2,60 |
| **4665** | 1 EUROPE mehrfarbig | fxw | 3,50 | 2,60 |
| **4666** | 1 EUROPE mehrfarbig | fxx | 3,50 | 2,60 |
| **Block 204** | (133 × 208 mm) | fxy | 18,— | 13,— |

Nominale zur Zeit der Ausgabe: je 1.13 €

Auflage: 65.672 Blocks

**2016, 20. Aug. Blockausgabe: 100. Todestag von Rik Wouters. Odr.; gez. Ks 12½.**

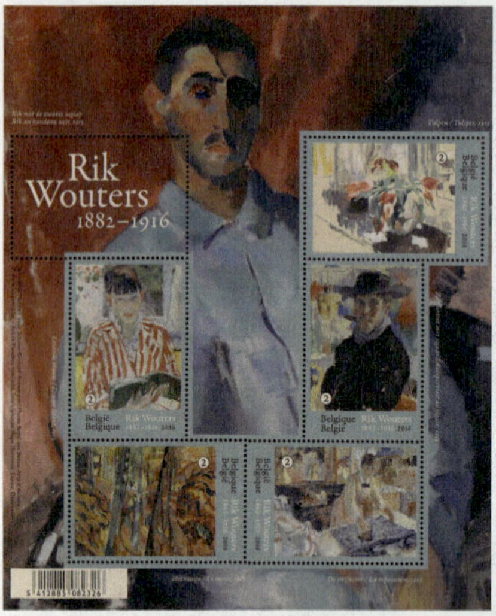


fye

fxz) Tulpen (1913)
fya) Lesende Frau (1913)
fyb) Selbstporträt mit Zigarre (1913)
fyc) Die Schlucht (1913)
fyd) Die Büglerin (1912)

fxz–fyd) Gemälde von Rik Wouters (1882–1916), Maler und Bildhauer

| | | | | | |
|---|---|---|---|---|---|
| **4667** | 2 (Belgien) mehrfarbig | fxz | 4,— | 3,40 |
| **4668** | 2 (Belgien) mehrfarbig | fya | 4,— | 3,40 |
| **4669** | 2 (Belgien) mehrfarbig | fyb | 4,— | 3,40 |
| **4670** | 2 (Belgien) mehrfarbig | fyc | 4,— | 3,40 |
| **4671** | 2 (Belgien) mehrfarbig | fyd | 4,— | 3,40 |
| **Block 205** | (167×200 mm) | fye | 20,— | 17,— |

Nominale zur Zeit der Ausgabe: je 1.48 €

Auflage: 65.872 Blocks

**2016, 20. Aug. Blockausgabe: Olympische und Paralympische Sommerspiele, Rio de Janeiro. Odr.; gez. Ks 12.**

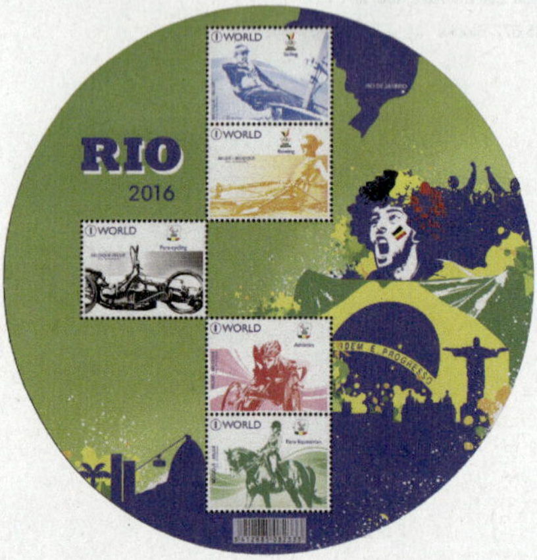


fyl

fyf) Segeln
fyg) Rudern
fyh) Paracycling
fyi) Leichtathletik: Rennrollstuhlfahren
fyk) Para-Equestrian: Dressurreiten

fyf–fyg) Emblem der belgischen Olympiamannschaft
fyh–fyk) Emblem der belgischen Paralympischen Mannschaft

| | | | | |
|---|---|---|---|---|
| **4672** | 1 WORLD mehrfarbig | fyf | 4,— | 3,10 |
| **4673** | 1 WORLD mehrfarbig | fyg | 4,— | 3,10 |
| **4674** | 1 WORLD mehrfarbig | fyh | 4,— | 3,10 |
| **4675** | 1 WORLD mehrfarbig | fyi | 4,— | 3,10 |
| **4676** | 1 WORLD mehrfarbig | fyk | 4,— | 3,10 |
| **Block 206** | (Ø 170 mm) | fyl | 20,— | 15,50 |

Nominale zur Zeit der Ausgabe: je 1.35 €

Auflage: 65.372 Blocks

**2016, 20. Aug. Blockausgabe: 70. Jahrestag der Gründung des Comicmagazins „Tintin". Odr., gez. Ks 12.**

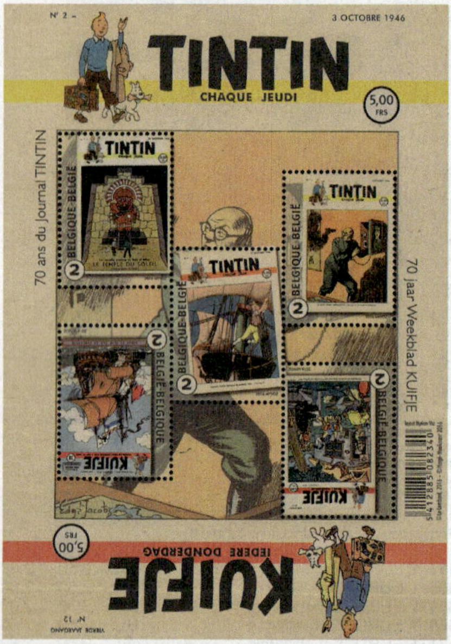


fys

fym) Der Sonnentempel; von Hergé, eigentlich Georges Remi (1907–1983)
fyn) Die Abenteuer von Blake und Mortimer; von Edgard P. Jacobs (1904–1987)
fyo) Corentin; von Paul Cuvelier (1923–1978)
fyp) Cori, der Schiffsjunge; von Bob de Moor (1925–1992)
fyr) Suske und Wiske; von Willy Vandersteen (1913–1990)

fym–fyo) Titelseiten der französischen Ausgabe „Tintin"
fyp–fyr) Titelseiten der niederländischen Ausgabe „Kuifje"

| | | | | |
|---|---|---|---|---|
| **4677** | 2 (Belgien) mehrfarbig | fym | 4,— | 3,40 |
| **4678** | 2 (Belgien) mehrfarbig | fyn | 4,— | 3,40 |
| **4679** | 2 (Belgien) mehrfarbig | fyo | 4,— | 3,40 |
| **4680** | 2 (Belgien) mehrfarbig | fyp | 4,— | 3,40 |
| **4681** | 2 (Belgien) mehrfarbig | fyr | 4,— | 3,40 |
| **Block 207** | (120×167 mm) | fys | 20,— | 17,— |

Nominale zur Zeit der Ausgabe: je 1.48 €

Auflage: 70.972 Blocks

**2016, 22. Okt. Belgische Nobelpreisträger. Komb. StTdr. und RaTdr. (10); gez. K 11½.**

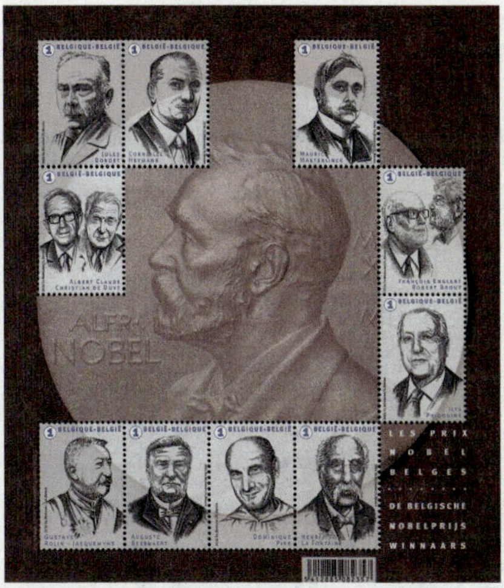

fyt) Jules Bordet (1870–1961), Biologe, Nobelpreis 1919
fyu) Corneille Heymans (1892–1968), Pharmakologe, Nobelpreis 1938
fyv) Maurice Maeterlinck (1862–1949), Schriftsteller und Dramatiker, Nobelpreis 1911

fyw) Albert Claude (1899–1983), Zellbiologe, und Christian de Duve (1917–2013), Biochemiker; Nobelpreis 1974
fyx) François Englert (*1932), Physiker, Nobelpreis 2013; Robert Brout (1928–2011), Physiker, Sakurai-Preis 2010

fyy) Ilya Prigogine (1917–2003), Physikochemiker, Nobelpreis 1977

fyz) Gustave Rolin-Jaequemyns (1835–1902), Jurist, Politiker und Diplomat, Friedensnobelpreis 1904
fza) Auguste Beernaert (1829–1912), Jurist und Politiker, Friedensnobelpreis 1909
fzb) Dominique Pire (1910–1969), Dominikaner, Friedensnobelpreis 1958
fzc) Henri La Fontaine (1854–1943), Jurist und Politiker, Friedensnobelpreis 1913

| | | | | | |
|---|---|---|---|---|---|
| **4682** | 1 (Belgien) mehrfarbig | fyt | 2,— | 1,70 |
| **4683** | 1 (Belgien) mehrfarbig | fyu | 2,— | 1,70 |
| **4684** | 1 (Belgien) mehrfarbig | fyv | 2,— | 1,70 |
| **4685** | 1 (Belgien) mehrfarbig | fyw | 2,— | 1,70 |
| **4686** | 1 (Belgien) mehrfarbig | fyx | 2,— | 1,70 |
| **4687** | 1 (Belgien) mehrfarbig | fyy | 2,— | 1,70 |
| **4688** | 1 (Belgien) mehrfarbig | fyz | 2,— | 1,70 |
| **4689** | 1 (Belgien) mehrfarbig | fza | 2,— | 1,70 |
| **4690** | 1 (Belgien) mehrfarbig | fzb | 2,— | 1,70 |
| **4691** | 1 (Belgien) mehrfarbig | fzc | 2,— | 1,70 |
| | Satzpreis (10 W.) | | 20,— | 17,— |
| | Kleinbogen | | 20,— | 17,— |

Nominale zur Zeit der Ausgabe: je 0.74 €

Auflage: 70.619 Sätze

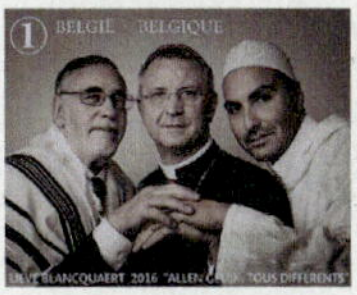

**2016, 22. Okt. Plädoyer für Toleranz. Odr. (5×2); gez. K 11½.**

fzd) Albert Guigui (*1944), Großrabbiner von Brüssel; Johan Bonny (*1955), katholischer Bischof von Antwerpen; Khalid Benhaddou (*1988), Imam von Gent

| | | | | |
|---|---|---|---|---|
| **4692** | 1 (Belgien) mehrfarbig | fzd | 2,— | 1,70 |
| | Kleinbogen | | 20,— | 17,— |

Nominale zur Zeit der Ausgabe: 0.74 €

Auflage: 234.432 Stück

**2016, 22. Okt. Blockausgabe: Supermond. Odr., gez. Ks 12.**

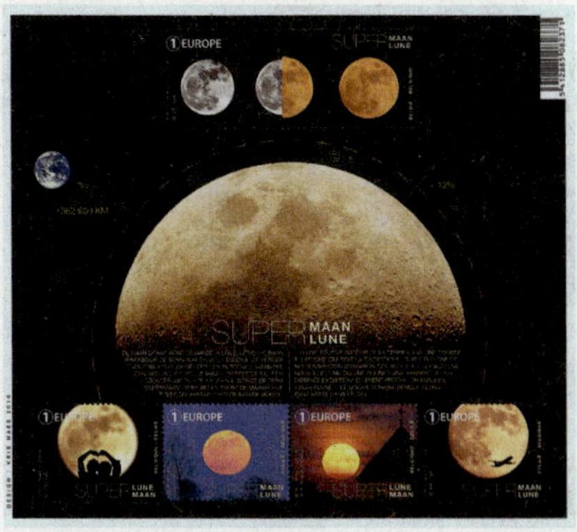

fzk

fze) Optische Veränderung des Mondes

fzf) Liebespaar vor Supermond (18.4.2011)
fzg) Supermond und Bäume (19.3.2011)
fzh) Supermond und Turm (6.5.2012)
fzi) Flugzeug vor Supermond (7.9.2014)

| | | | | |
|---|---|---|---|---|
| **4693** | 1 EUROPE mehrfarbig | fze | 3,50 | 2,60 |
| **4694** | 1 EUROPE mehrfarbig | fzf | 3,50 | 2,60 |
| **4695** | 1 EUROPE mehrfarbig | fzg | 3,50 | 2,60 |
| **4696** | 1 EUROPE mehrfarbig | fzh | 3,50 | 2,60 |
| **4697** | 1 EUROPE mehrfarbig | fzi | 3,50 | 2,60 |
| **Block 208** | (180×160 mm) | fzk | 18,— | 13,— |

Nominale zur Zeit der Ausgabe: je 1.13 €

Auflage: 66.119 Blocks

**2016, 22. Okt. Neubau des NATO-Hauptquartiers, Brüssel. Odr. (5); gez. K 12.**

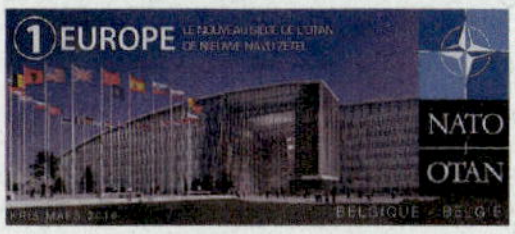

fzl) Flaggen der Mitgliedstaaten, Modell der Gebäudefassade

| | | | | |
|---|---|---|---|---|
| **4698** | 1 EUROPE mehrfarbig | fzl | 3,50 | 2,60 |
| | Kleinbogen | | 18,— | 13,— |

Nominale zur Zeit der Ausgabe: 1.13 €

Auflage: 117.175 Stück

**2016, 22. Okt. Weihnachten: Strickmuster. Odr., Markenheftchen (5×2); selbstklebend; D = dreiseitig, E = zweiseitig gestanzt 9¾.**

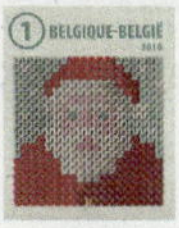

fzm) Weihnachtsmann

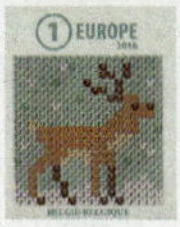

fzn) Rentier

| | | | | | |
|---|---|---|---|---|---|
| **4699** | | 1 (Belgien) mehrfarbig | fzm | | |
| | **Du** | dreiseitig gestanzt (□) | | 2,— | 1,70 |
| | **El** | zweiseitig gestanzt (□) | | 2,— | 1,70 |
| | **Er** | zweiseitig gestanzt (□) | | 2,— | 1,70 |
| **4700** | | 1 EUROPE mehrfarbig | fzn | | |
| | **Du** | dreiseitig gestanzt (□) | | 3,50 | 2,60 |
| | **El** | zweiseitig gestanzt (□) | | 3,50 | 2,60 |
| | **Er** | zweiseitig gestanzt (□) | | 3,50 | 2,60 |
| | | Satzpreis (2 W.) | | 5,50 | 4,30 |
| | | 2 Markenheftchen | | 55,— | 43,— |

Nominalen zur Zeit der Ausgabe: MiNr. 4699 = 0.74 €, MiNr. 4700 = 1.13 €

MiNr. 4699–4700 wurden jeweils im senkrechten Kehrdruck gedruckt.

Auflagen: MiNr. 4699 = 15.592.270, MiNr. 4700 = 1.516.970 Stück

**2016, 22. Okt. Freimarken: Blumen. RaTdr., Rolle (100); selbstklebend; A = gestanzt 13¾:14:14¼:13½, F = gestanzt 14¼:13½:13¾:14.**

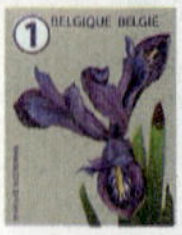
fzo) Schwertlilie

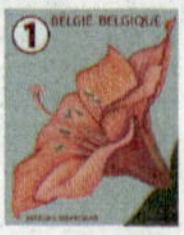
fzp) Amaryllis

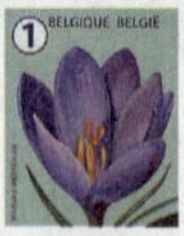
fzr) Krokus

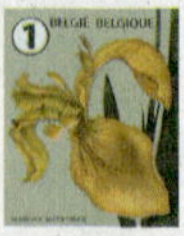
fzs) Lilie

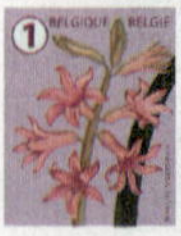
fzt) Hyazinthe

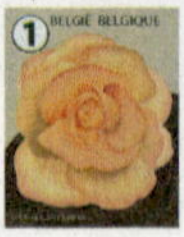
fzu) Knollenbegonie

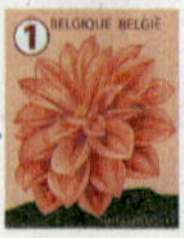
fzv) Dahlie

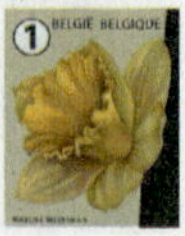
fzw) Narzisse

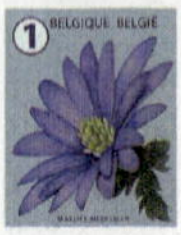
fzx) Balkan-Windröschen

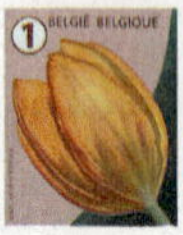
fzy) Tulpe

**A = gestanzt 13¾:14:14¼:13½ (22.10.2016)**

| | | | | | | |
|---|---|---|---|---|---|---|
| **4701** | **A** | 1 (Belgien) mehrfarbig | fzo | 2,— | 1,70 |
| **4702** | **A** | 1 (Belgien) mehrfarbig | fzp | 2,— | 1,70 |
| **4703** | **A** | 1 (Belgien) mehrfarbig | fzr | 2,— | 1,70 |
| **4704** | **A** | 1 (Belgien) mehrfarbig | fzs | 2,— | 1,70 |
| **4705** | **A** | 1 (Belgien) mehrfarbig | fzt | 2,— | 1,70 |
| **4706** | **A** | 1 (Belgien) mehrfarbig | fzu | 2,— | 1,70 |
| **4707** | **A** | 1 (Belgien) mehrfarbig | fzv | 2,— | 1,70 |
| **4708** | **A** | 1 (Belgien) mehrfarbig | fzw | 2,— | 1,70 |
| **4709** | **A** | 1 (Belgien) mehrfarbig | fzx | 2,— | 1,70 |
| **4710** | **A** | 1 (Belgien) mehrfarbig | fzy | 2,— | 1,70 |
| | | | Satzpreis A (10 W.) | 20,— | 17,— |
| | | | Zehnerstreifen A | 20,— | 17,— |

**F = gestanzt 14¼:13½:13¾:14**

| | | | | | |
|---|---|---|---|---|---|
| **4701** | **F** | 1 (Belgien) mehrfarbig | fzo | 2,— | *1,70* |
| **4702** | **F** | 1 (Belgien) mehrfarbig | fzp | 2,— | *1,70* |
| **4703** | **F** | 1 (Belgien) mehrfarbig | fzr | 2,— | *1,70* |
| **4704** | **F** | 1 (Belgien) mehrfarbig | fzs | 2,— | *1,70* |
| **4705** | **F** | 1 (Belgien) mehrfarbig | fzt | 2,— | *1,70* |
| **4706** | **F** | 1 (Belgien) mehrfarbig | fzu | 2,— | *1,70* |
| **4707** | **F** | 1 (Belgien) mehrfarbig | fzv | 2,— | *1,70* |
| **4708** | **F** | 1 (Belgien) mehrfarbig | fzw | 2,— | *1,70* |
| **4709** | **F** | 1 (Belgien) mehrfarbig | fzx | 2,— | *1,70* |
| **4710** | **F** | 1 (Belgien) mehrfarbig | fzy | 2,— | *1,70* |
| | | | Satzpreis F (10 W.) | *20,—* | *17,—* |
| | | | Zehnerstreifen F | *20,—* | *17,—* |

Nominale zur Zeit der Ausgabe: 0.74 €

MiNr. 4701–4710 wurden zusammen in der Rolle gedruckt.

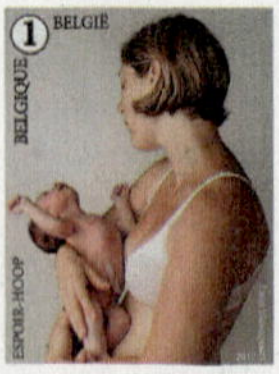

**2017, 28. Jan. Hoffnung. Odr. (2×5); gez. K 11½.**

fzz) Mutter mit ihrem neugeborenen Baby; Fotografie von Lieve Blancquaert (*1963)

| | | | | |
|---|---|---|---|---|
| **4711** | 1 (Belgien) mehrfarbig | fzz | 2,— | 1,70 |
| | | Kleinbogen | 20,— | 17,— |

Nominale zur Zeit der Ausgabe: 0.74 €

Auflage: 346.330 Stück

**2017, 28. Jan. Blockausgabe: 60 Jahre Comicfigur „Gaston Lagaffe“. Odr., Blockrand Odr. mit Lacküberzug; gez. Ks 12.**

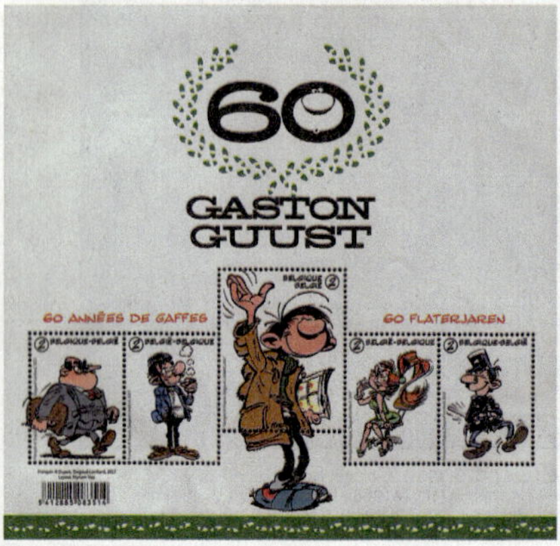

gaf

gaa) Geschäftspartner Bruchmüller
gab) Vorgesetzter Demel
gac) Bürogehilfe Gaston
gad) Fräulein Trudel
gae) Polizist Knüsel

gaa–gae) Charaktere der Comicreihe „Gaston Lagaffe“ von André Franquin (1924–1997), Zeichner und Autor

| | | | | |
|---|---|---|---|---|
| **4712** | 2 (Belgien) mehrfarbig | gaa | 4,— | 3,40 |
| **4713** | 2 (Belgien) mehrfarbig | gab | 4,— | 3,40 |
| **4714** | 2 (Belgien) mehrfarbig | gac | 4,— | 3,40 |
| **4715** | 2 (Belgien) mehrfarbig | gad | 4,— | 3,40 |
| **4716** | 2 (Belgien) mehrfarbig | gae | 4,— | 3,40 |
| **Block 209** | (176×166 mm) | gaf | 20,— | 17,— |

Nominale zur Zeit der Ausgabe: je 1.48 €

Auflage: 69.193 Blocks

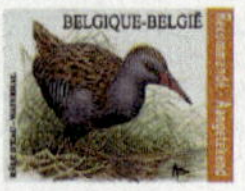

**2017, 28. Jan. Einschreibemarke: Vögel. Odr. (2×5); gez. K 11½.**

gag) Wasserralle (Rallus aquaticus)

| | | | | |
|---|---|---|---|---|
| **4717** | — mehrfarbig | gag | 12,— | 12,— |
| | | Kleinbogen | 120,— | 120,— |

Nominale zur Zeit der Ausgabe: 5.29 €

*Weitere Werte siehe Übersicht nach Jahrgangswerttabelle.*

**2017, 4. März. Blockausgabe: Hallerbos, Wald der Hasenglöckchen. Odr.; gez. Ks 12.**

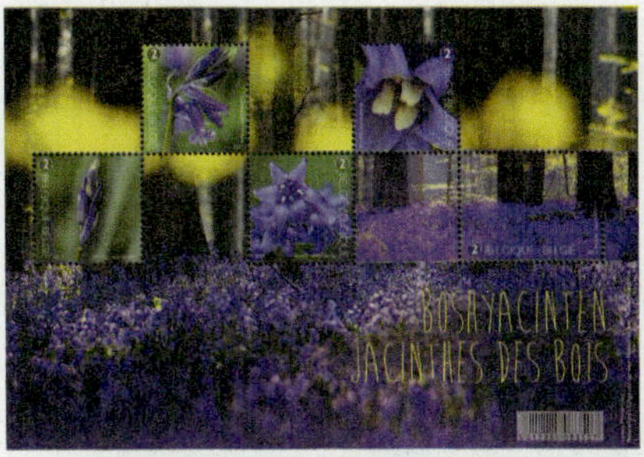


gan

gah–gam) Atlantisches Hasenglöckchen (Hyacinthoides non-scripta)

| | | | | | |
|---|---|---|---|---|---|
| **4718** | 2 (Belgien) mehrfarbig | gah | 4,— | 3,40 |
| **4719** | 2 (Belgien) mehrfarbig | gai | 4,— | 3,40 |
| **4720** | 2 (Belgien) mehrfarbig | gak | 4,— | 3,40 |
| **4721** | 2 (Belgien) mehrfarbig | gal | 4,— | 3,40 |
| **4722** | 2 (Belgien) mehrfarbig | gam | 4,— | 3,40 |
| **Block 210** | (178×122 mm) | gan | 20,— | 17,— |

Nominale zur Zeit der Ausgabe: je 1.48 €

Auflage: 67.893 Blocks

**2017, 4. März. Blockausgabe: Brandschutz. Odr.; MiNr. 4723 und 4727 dreiseitig, MiNr. 4724–4726 vierseitig gez. Ks 12.**

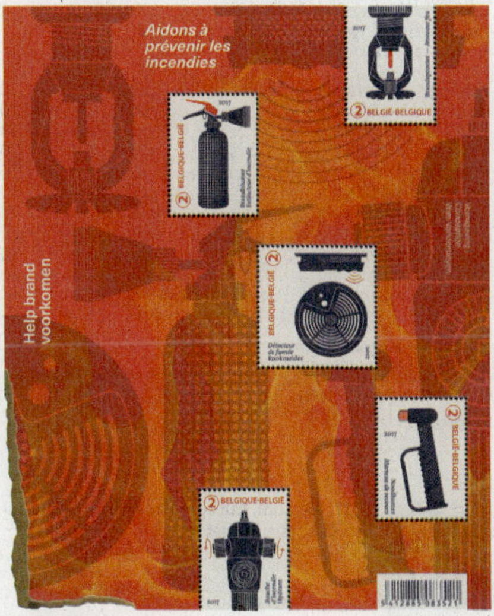


gau

gao) Sprinklerkopf
gap) Feuerlöscher
gar) Rauchmelder
gas) Nothammer
gat) Hydrant

| | | | | |
|---|---|---|---|---|
| **4723** | 2 (Belgien) mehrfarbig (□) | gao | 4,— | 3,40 |
| **4724** | 2 (Belgien) mehrfarbig | gap | 4,— | 3,40 |
| **4725** | 2 (Belgien) mehrfarbig | gar | 4,— | 3,40 |
| **4726** | 2 (Belgien) mehrfarbig | gas | 4,— | 3,40 |
| **4727** | 2 (Belgien) mehrfarbig (□) | gat | 4,— | 3,40 |
| **Block 211** | (165×199 mm) | gau | 20,— | 17,— |

Nominale zur Zeit der Ausgabe: je 1.48 €

Auflage: 64.393 Blocks

**2017, 4. März. Klimaschutz. Odr., Markenheftchen (1×5 Zd); selbstklebend; gestanzt 11½.**

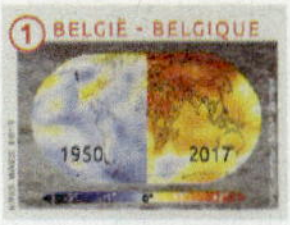


gav) Veränderung der globalen Oberflächentemperaturen (1950 und 2017)

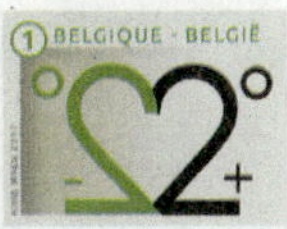


gaw) Herz aus -2°C und +2°C

| | | | | |
|---|---|---|---|---|
| **4728** | 1 (Belgien) mehrfarbig | gav | 2,— | 1,70 |
| **4729** | 1 (Belgien) mehrfarbig | gaw | 2,— | 1,70 |
| | Satzpreis (2 W.) | | 4,— | 3,40 |
| | Paar | | 4,— | 3,40 |
| | Markenheftchen | | 20,— | 17,— |

Nominale zur Zeit der Ausgabe: je 0.74 €

MiNr. 4728–4729 wurden waagerecht zusammenhängend gedruckt.

Auflage: 197.365 Sätze

**2017, 6. März. Meine Marke: Postemblem. Laserdr. mit Lacküberzug (4×5); selbstklebend; zähnungsähnlich gestanzt 11½.**

gax) Neues Postemblem

| | | | | |
|---|---|---|---|---|
| **4730** | 1 EUROPA mehrfarbig | gax | 3,50 | 3,— |

Nominale zur Zeit der Ausgabe: 1.13 €

MiNr. 4730 kann auch mit persönlich gestaltetem Markenbild im Folienbogen zu 20 Briefmarken bei der Belgischen Post bestellt werden (Postpreis: 29.19 €). Der rechte Markenrand mit der Nominale bleibt gleich.

*In ähnlicher Zeichnung: MiNr. 4228, 4229, 4272, 4273, 4368, 4565*

**2017, 10. Juni. Blockausgabe: Stadtzentren (VII) – Eupen. Komb. StTdr. und RaTdr.; gez. Ks 11½:11¼.**

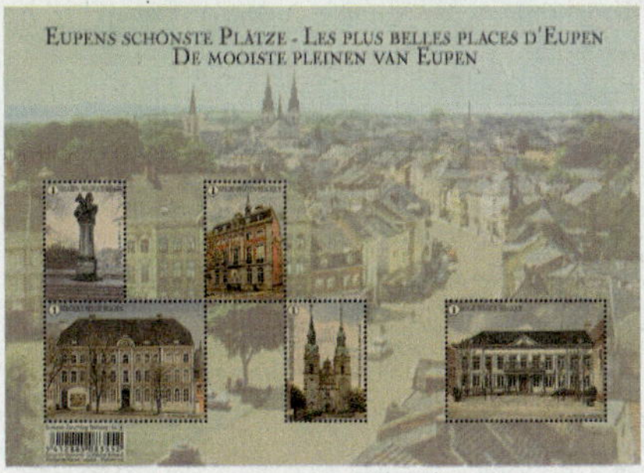


gbd

gay) Kriegerdenkmal am Werthplatz
gaz) Mutterhaus der Franziskanerinnen von der Heiligen Familie am Marktplatz

gba) Ehemaliges Kaufmannshaus am Werthplatz
gbb) St.-Nikolaus-Kirche am Marktplatz
gbc) Rathaus am Rathausplatz

| | | | | |
|---|---|---|---|---|
| **4731** | 1 (Belgien) mehrfarbig | gay | 3,40 | 3,40 |
| **4732** | 1 (Belgien) mehrfarbig | gaz | 3,40 | 3,40 |
| **4733** | 1 (Belgien) mehrfarbig | gba | 3,40 | 3,40 |
| **4734** | 1 (Belgien) mehrfarbig | gbb | 3,40 | 3,40 |
| **4735** | 1 (Belgien) mehrfarbig | gbc | 3,40 | 3,40 |
| **Block 212** | (220×155 mm) | gbd | 17,— | 17,— |

Nominale zur Zeit der Ausgabe: je 0.74 €

Postpreis: 7.40 €

Auflage: 64.893 Blocks

**2017, 10. Juni. Blockausgabe: 500. Jahrestag der Reformation.** Komb. StTdr. und RaTdr.; gez. Ks 11½:11¼.

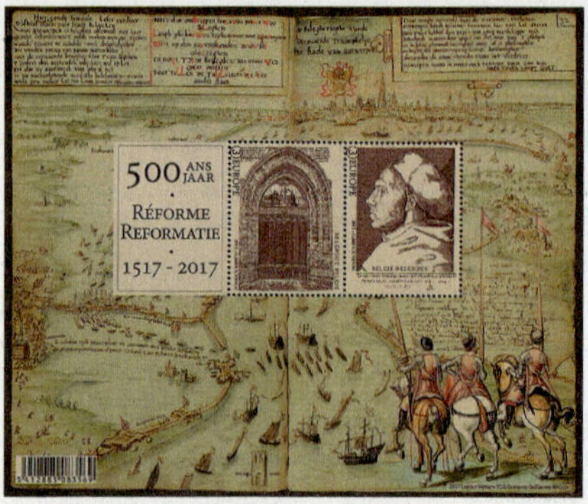


gbg

gbe) Portal der Schlosskirche zu Wittenberg
gbf) Martin Luther als Augustinermönch mit Doktorhut; Kupferstich von Lucas Cranach d. Ä. (1472–1553), Maler und Zeichner

| | | | | | |
|---|---|---|---|---|---|
| **4736** | 3 EUROPE mehrfarbig | gbe | 10,50 | 7,80 |
| **4737** | 3 EUROPE mehrfarbig | gbf | 10,50 | 7,80 |
| **Block 213** | (190×156 mm) | gbg | 21,— | 16,— |

Nominale zur Zeit der Ausgabe: je 3.39 €

Auflage: 70.393 Blocks

**2017, 10. Juni. Blockausgabe: Erfolge in Belgien – Meilensteine der Medizin.** RaTdr., gez. Ks 11½:11¼.

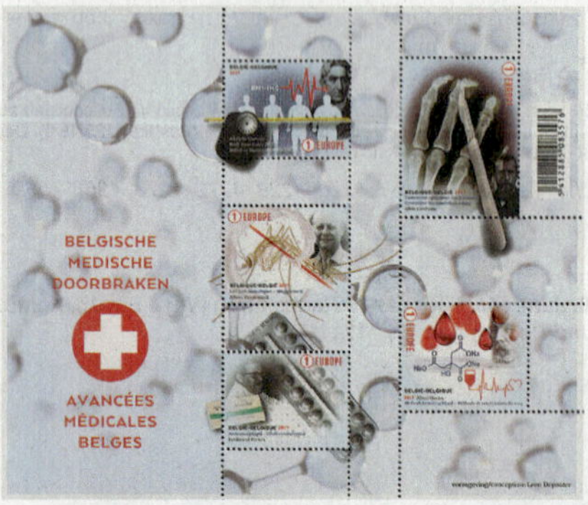


gbn

gbh) Body-Mass-Index: Menschensilhouetten, Herzschlag, Waage, Maßband; Adolphe Quetelet (1796–1874), Astronom und Statistiker
gbi) Osteosynthese: Röntgenaufnahme einer Hand, Skalpell; Albin Lambotte (1866–1955), Chirurg
gbk) Antimückenmittel: Stechmücke (Culicidae); Alfons Van Doninck, Chemiker
gbl) Blutkonservierung: Blutstropfen, Strukturformel von Natriumcitrat, Blutkonserve, Herzschlag; Albert Hustin (1882–1967), Arzt
gbm) Empfängnisverhütung: Antibabypille „Anovlar"; Nand Peeters (1918–1998), Gynäkologe und Wissenschaftler

| | | | | |
|---|---|---|---|---|
| **4738** | 1 EUROPE mehrfarbig | gbh | 3,50 | 2,60 |
| **4739** | 1 EUROPE mehrfarbig | gbi | 3,50 | 2,60 |
| **4740** | 1 EUROPE mehrfarbig | gbk | 3,50 | 2,60 |
| **4741** | 1 EUROPE mehrfarbig | gbl | 3,50 | 2,60 |
| **4742** | 1 EUROPE mehrfarbig | gbm | 3,50 | 2,60 |
| **Block 214** | (185×152 mm) | gbn | 18,— | 13,— |

Nominale zur Zeit der Ausgabe: je 1.13 €

Auflage: 63.393 Blocks

**2017, 10. Juni. Belgische Sieger des Radrennens „Tour de France".** Odr. (10); gez. K 12½.

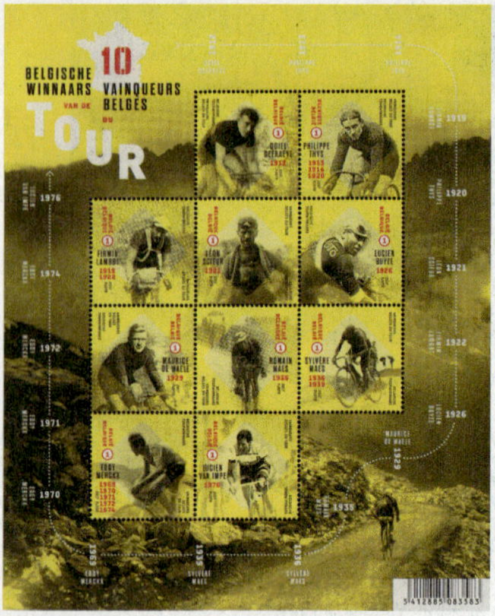


gbo) Odiel Defraeye (1888–1965): 1912
gbp) Philippe Thys (1890–1971): 1913, 1914 und 1920

gbr) Firmin Lambot (1886–1964): 1919 und 1922
gbs) Léon Scieur (1888–1969): 1921
gbt) Lucien Buysse (1892–1980): 1926

gbu) Maurice De Waele (1896–1952): 1929
gbv) Romain Maes (1912–1983): 1935
gbw) Sylvère Maes (1909–1966): 1936 und 1939

gbx) Eddy Merckx (*1945): 1969, 1970, 1971, 1972 und 1974
gby) Lucien Van Impe (*1946): 1976

| | | | | |
|---|---|---|---|---|
| **4743** | 1 (Belgien) mehrfarbig | gbo | 2,— | 1,70 |
| **4744** | 1 (Belgien) mehrfarbig | gbp | 2,— | 1,70 |
| **4745** | 1 (Belgien) mehrfarbig | gbr | 2,— | 1,70 |
| **4746** | 1 (Belgien) mehrfarbig | gbs | 2,— | 1,70 |
| **4747** | 1 (Belgien) mehrfarbig | gbt | 2,— | 1,70 |
| **4748** | 1 (Belgien) mehrfarbig | gbu | 2,— | 1,70 |
| **4749** | 1 (Belgien) mehrfarbig | gbv | 2,— | 1,70 |
| **4750** | 1 (Belgien) mehrfarbig | gbw | 2,— | 1,70 |
| **4751** | 1 (Belgien) mehrfarbig | gbx | 2,— | 1,70 |
| **4752** | 1 (Belgien) mehrfarbig | gby | 2,— | 1,70 |
| | | Satzpreis (10 W.) | 20,— | 17,— |
| | | Kleinbogen (165×200 mm) | 20,— | 17,— |

Nominale zur Zeit der Ausgabe: je 0.74 €

Kleinbogen mit MiNr. 4743–4752 ☐ wurde von der Post an Abonnenten verschenkt. Er ist nicht frankaturgültig.

Auflage: 71.193 Sätze

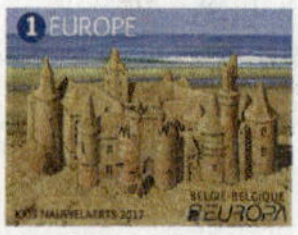


**2017, 10. Juni. Europa: Burgen und Schlösser.** Odr. (1×5); gez. K 12.

gbz) Sandburg

| | | | | |
|---|---|---|---|---|
| **4753** | 1 EUROPE mehrfarbig | gbz | 3,50 | 2,60 |
| | | Kleinbogen | 18,— | 13,— |

Nominale zur Zeit der Ausgabe: 1.13 €

Auflage: 149.455 Stück

**2017, 19. Aug. Blockausgabe: 200 Jahre Universitäten Gent und Lüttich. Komb. StTdr. und RaTdr.; gez. Ks 11½.**

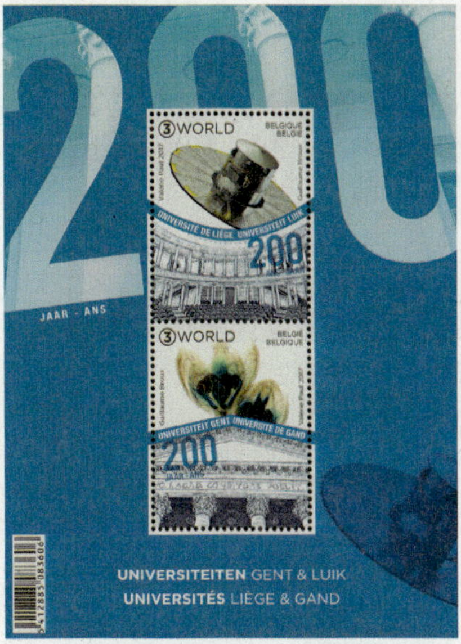


gcc

gca) Satellit, Akademischer Saal der Universität Lüttich
gcb) GUS-Färbung bei Pflanzenpräparat (Molekulare Biotechnologie); Aula Academica der Universität Gent

| | | | | |
|---|---|---|---|---|
| **4754** | 3 WORLD mehrfarbig ........... | gca | 12,— | 9,50 |
| **4755** | 3 WORLD mehrfarbig ........... | gcb | 12,— | 9,50 |
| **Block 215** | (111×151 mm) ............... | gcc | 24,— | 19,— |

Nominale zur Zeit der Ausgabe: je 4.05 €

Auflage: 70.393 Blocks

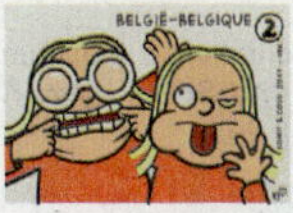


**2017, 19. Aug. Jugendphilatelie. Odr. (1×5); gez. K 11½.**

gcd) Kinky und Cosy; Comicfiguren von Nix, eigentlich Marnix Verduyn (*1969), Zeichner

| | | | | |
|---|---|---|---|---|
| **4756** | 2 (Belgien) mehrfarbig ................ | gcd | 4,— | 3,40 |
| | Kleinbogen | | 20,— | 17,— |

Nominale zur Zeit der Ausgabe: 1.48 €

Auflage: 139.455 Stück

**2017, 19. Aug. Blockausgabe: Bedrohte Meeressäuger in der Nordsee. Odr.; gez. Ks 12 mit zusätzlicher Perforation im Blockrand.**

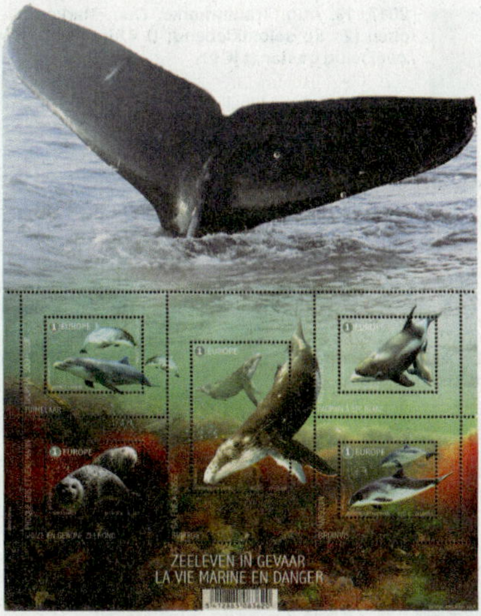


gck

gce) Großer Tümmler (Tursiops truncatus)
gcf) Weißschnauzendelfin (Lagenorhynchus albirostris)
gcg) Buckelwal (Megaptera novaeangliae)
gch) Kegelrobbe (Halichoerus grypus)
gci) Gewöhnlicher Schweinswal (Phocoena phocoena)

| | | | | |
|---|---|---|---|---|
| **4757** | 1 EUROPE mehrfarbig .......... | gce | 3,50 | 2,60 |
| **4758** | 1 EUROPE mehrfarbig .......... | gcf | 3,50 | 2,60 |
| **4759** | 1 EUROPE mehrfarbig .......... | gcg | 3,50 | 2,60 |
| **4760** | 1 EUROPE mehrfarbig .......... | gch | 3,50 | 2,60 |
| **4761** | 1 EUROPE mehrfarbig .......... | gci | 3,50 | 2,60 |
| **Block 216** | (194×242 mm) .............. | gck | 18,— | 13,— |

Nominale zur Zeit der Ausgabe: je 1.13 €

Auflage: 65.393 Blocks

**2017, 19. Aug. Blockausgabe: Entwicklung der Eisenbahn in Belgien. RaTdr., Blockrand komb. StTdr. und RaTdr. Odr.; gez. Ks 11¼:11½.**

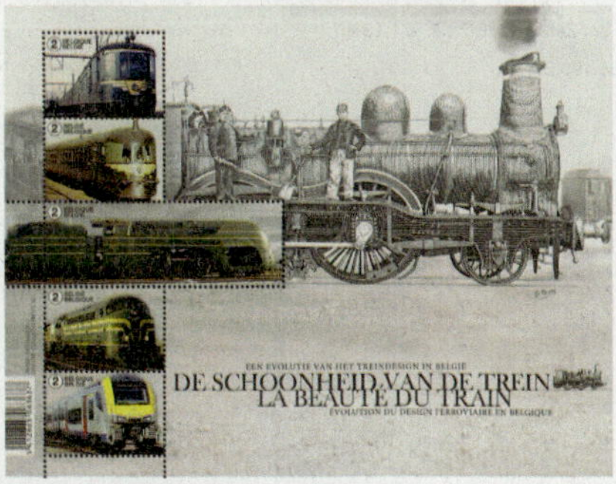


gcr

gcl) Elektrolokomotive Type 1935 (1935)
gcm) Dieseltriebwagen Typ 653 (1936)
gcn) Dampflokomotive Atlantic Type 12 (1939)
gco) Diesellokomotive Serie 54 (1955–1957)
gcp) Elektrotriebwagen Desiro (2008)

| | | | | |
|---|---|---|---|---|
| **4762** | 2 (Belgien) mehrfarbig .......... | gcl | 4,— | 3,40 |
| **4763** | 2 (Belgien) mehrfarbig .......... | gcm | 4,— | 3,40 |
| **4764** | 2 (Belgien) mehrfarbig .......... | gcn | 4,— | 3,40 |
| **4765** | 2 (Belgien) mehrfarbig .......... | gco | 4,— | 3,40 |
| **4766** | 2 (Belgien) mehrfarbig .......... | gcp | 4,— | 3,40 |
| **Block 217** | (205×155 mm) .............. | gcr | 20,— | 17,— |

Nominale zur Zeit der Ausgabe: je 1.48 €

Auflage: 70.693 Blocks

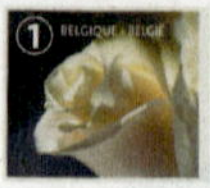

**2017, 19. Aug. Trauermarke. Odr., Markenheftchen (2×5); selbstklebend; D = dreiseitig, E = zweiseitig gestanzt K 9¾.**

gcs) Weiße Rose

| | | | | | |
|---|---|---|---|---|---|
| **4767** | 1 (Belgien) mehrfarbig | gcs | | | |
| | Dl | dreiseitig gestanzt (⊏⊐) | | 2,— | 1,70 |
| | Dr | dreiseitig gestanzt (⊏⊐) | | 2,— | 1,70 |
| | El | zweiseitig gestanzt (⊏⊐) | | 2,— | 1,70 |
| | Er | zweiseitig gestanzt (⊏⊐) | | 2,— | 1,70 |
| | | Markenheftchen | | 20,— | 17,— |

Nominale zur Zeit der Ausgabe: 0.74 €

**2017, 21. Okt. Blockausgabe: Der Erste Weltkrieg im Jahr 1917 – Kommunikation. RaTdr.; gez. K 11½.**

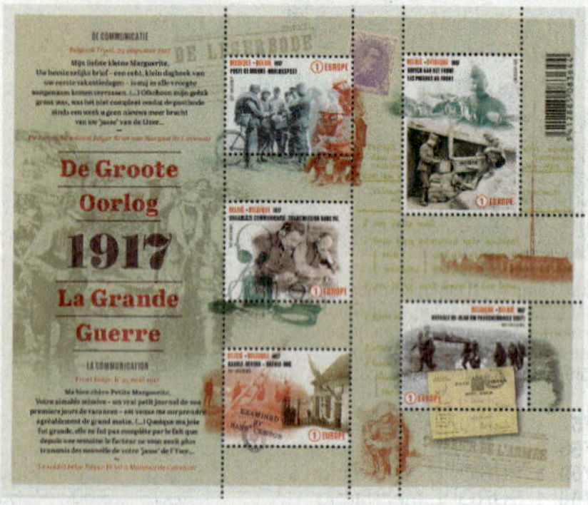


gcy

gct) Soldaten nehmen Feldpost in Empfang, Fahrrad
gcu) Soldaten füttern Brieftauben, Feldpostbeamter
gcv) Drahtlose Kommunikation: Telegraph, Telegraphisten
gcw) Kanadische Sanitäter in der Dritten Flandernschlacht; kanadische Feldpostkarte
gcx) Aufstellen eines Telegraphenmasten, Poststelle im unbesetzten Baarle-Hertog

| | | | | |
|---|---|---|---|---|
| **4768** | 1 EUROPE mehrfarbig | gct | 3,50 | 2,60 |
| **4769** | 1 EUROPE mehrfarbig | gcu | 3,50 | 2,60 |
| **4770** | 1 EUROPE mehrfarbig | gcv | 3,50 | 2,60 |
| **4771** | 1 EUROPE mehrfarbig | gcw | 3,50 | 2,60 |
| **4772** | 1 EUROPE mehrfarbig | gcx | 3,50 | 2,60 |
| **Block 218** | (185×152 mm) | gcy | 18,— | 13,— |

Nominale zur Zeit der Ausgabe: je 1.13 €

Auflage: 65.193 Blocks

**2017, 21. Okt. 60 Jahre Naturschutzgebiet Hohes Venn. Odr. (10); gez. K 12.**

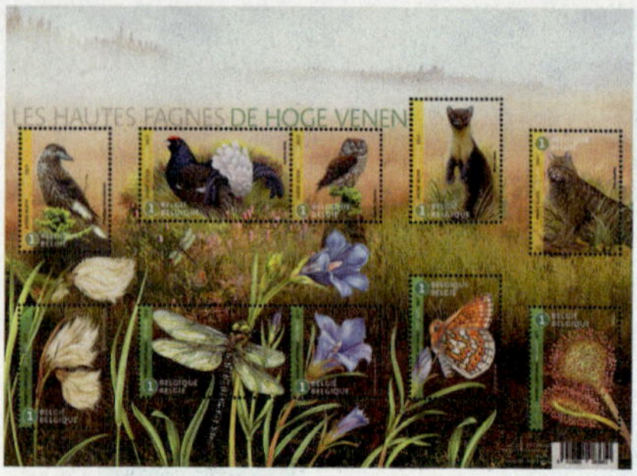


gcz) Tannenhäher (Nucifraga caryocatactes)
gda) Birkhuhn (Lyrurus tetrix)
gdb) Raufußkauz (Aegolius funereus)
gdc) Baummarder (Martes martes)
gdd) Wildkatze (Felis silvestris)

gde) Schmalblättriges Wollgras (Eriophorum angustifolium)
gdf) Hochmoor-Mosaikjungfer (Aeshna subarctica)
gdg) Lungen-Enzian (Gentiana pneumonanthe)
gdh) Skabiosen-Scheckenfalter (Euphydryas aurinia)
gdi) Sonnentau (Drosera sp.)

| | | | | |
|---|---|---|---|---|
| **4773** | 1 (Belgien) mehrfarbig | gcz | 2,— | 1,70 |
| **4774** | 1 (Belgien) mehrfarbig | gda | 2,— | 1,70 |
| **4775** | 1 (Belgien) mehrfarbig | gdb | 2,— | 1,70 |
| **4776** | 1 (Belgien) mehrfarbig | gdc | 2,— | 1,70 |
| **4777** | 1 (Belgien) mehrfarbig | gdd | 2,— | 1,70 |
| **4778** | 1 (Belgien) mehrfarbig | gde | 2,— | 1,70 |
| **4779** | 1 (Belgien) mehrfarbig | gdf | 2,— | 1,70 |
| **4780** | 1 (Belgien) mehrfarbig | gdg | 2,— | 1,70 |
| **4781** | 1 (Belgien) mehrfarbig | gdh | 2,— | 1,70 |
| **4782** | 1 (Belgien) mehrfarbig | gdi | 2,— | 1,70 |
| | Satzpreis (10 W.) | | 20,— | 17,— |
| | Kleinbogen | | 20,— | 17,— |

Nominale zur Zeit der Ausgabe: je 0.74 €

Auflage: 71.193 Sätze

**2017, 21. Okt. Blockausgabe: 120 Jahre Königliches Museum für Zentralafrika, Tervuren. Komb. RaTdr. und StTdr.; gez. K 11½.**

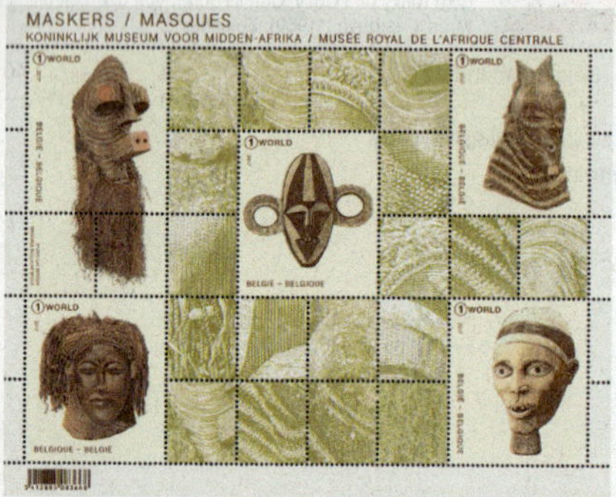


gdp

gdk) Bassonge
gdl) Luluwa
gdm) Boa
gdn) Chokwe
gdo) Ba Yombe

gdk–gdo) Ritualmasken verschiedener ethnischer Gruppen der Demokratischen Republik Kongo

| | | | | |
|---|---|---|---|---|
| **4783** | 1 WORLD mehrfarbig | gdk | 4,— | 3,20 |
| **4784** | 1 WORLD mehrfarbig | gdl | 4,— | 3,20 |
| **4785** | 1 WORLD mehrfarbig | gdm | 4,— | 3,20 |
| **4786** | 1 WORLD mehrfarbig | gdn | 4,— | 3,20 |
| **4787** | 1 WORLD mehrfarbig | gdo | 4,— | 3,20 |
| **Block 219** | (208×165 mm) | gdp | 20,— | 16,— |

Nominale zur Zeit der Ausgabe: je 1.35 €

Auflage: 69.193 Blocks

**2017, 21. Okt. Weihnachten. Odr., Markenheftchen (5×2); selbstklebend; D = dreiseitig, E = zweiseitig gestanzt 9¾.**

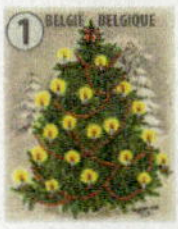

gdr) Christbaum im Winterwald

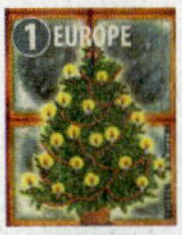

gds) Christbaum vor Fenster

| | | | | | |
|---|---|---|---|---|---|
| **4788** | | 1 (Belgien) mehrfarbig | gdr | | |
| | **Do** | dreiseitig gestanzt (⌑) | | 2,— | 1,70 |
| | **Du** | dreiseitig gestanzt (⌑) | | 2,— | 1,70 |
| | **Eo** | zweiseitig gestanzt (⌑) | | 2,— | 1,70 |
| | **Er** | zweiseitig gestanzt (⌑) | | 2,— | 1,70 |
| **4789** | | 1 EUROPE mehrfarbig | gds | | |
| | **Do** | dreiseitig gestanzt (⌑) | | 3,50 | 2,60 |
| | **Du** | dreiseitig gestanzt (⌑) | | 3,50 | 2,60 |
| | **Eo** | zweiseitig gestanzt (⌑) | | 3,50 | 2,60 |
| | **Eu** | zweiseitig gestanzt (⌑) | | 3,50 | 2,60 |
| | | Satzpreis (2 W.) | | 5,50 | 4,30 |
| | | 2 Markenheftchen | | 55,— | 43,— |

Nominalen zur Zeit der Ausgabe: MiNr. 4788 = 0.74 €, MiNr. 4789 = 1.13 €

Auflagen: MiNr. 4788 = 19.677.650, MiNr. 4700 = 1.362.800 Stück

**2018, 27. Jan. Blockausgabe: Erfolge in Belgien – Diamantenindustrie. Odr. mit Lacküberzug; gez. Ks 12¾.**

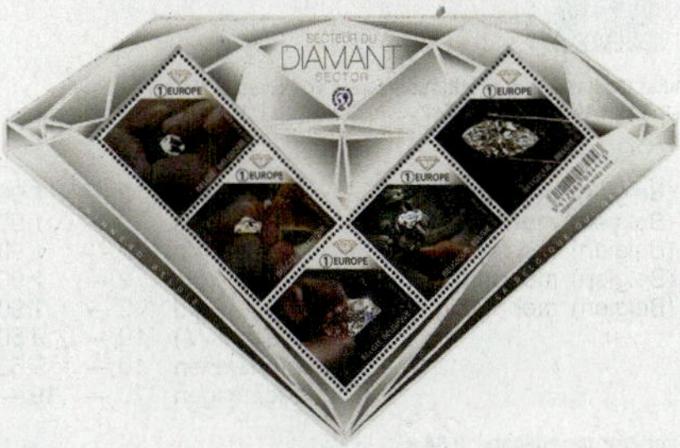

gdy

gdt gdv gdx gdw gdu

gdt) Rohdiamant
gdu) Geschliffener Diamant
gdv) Vermessen eines Rohdiamanten
gdw) Schleifen eines Diamanten
gdx) Roher und geschliffener Diamant

| | | | | |
|---|---|---|---|---|
| **4790** | 1 EUROPE mehrfarbig | gdt | 3,50 | 3,— |
| **4791** | 1 EUROPE mehrfarbig | gdu | 3,50 | 3,— |
| **4792** | 1 EUROPE mehrfarbig | gdv | 3,50 | 3,— |
| **4793** | 1 EUROPE mehrfarbig | gdw | 3,50 | 3,— |
| **4794** | 1 EUROPE mehrfarbig | gdx | 3,50 | 3,— |
| **Block 220** | (220×125 mm) | gdy | 18,— | 15,— |

Nominale zur Zeit der Ausgabe: je 1.30 €

Auflage: 65.207 Blocks

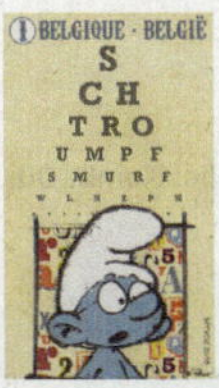

**2018, 27. Jan. 60 Jahre Comicfiguren „Die Schlümpfe". Odr. (1 Zd + 1 Zd); gez. K 12.**

gdz) Schlaubi Schlumpf

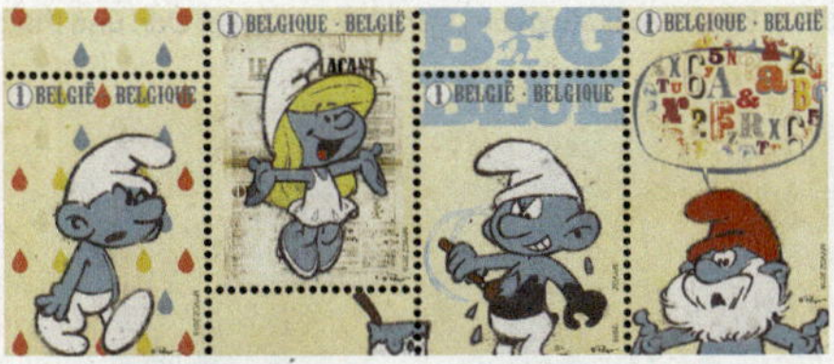

gea) Muffi Schlumpf
geb) Schlumpfine
gec) Schwarzschlumpf
ged) Papa Schlumpf

gdz–ged) Charaktere der Comicreihe „Die Schlümpfe" von Peyo, eigentlich Pierre Culliford (1928–1992)

| | | | | |
|---|---|---|---|---|
| **4795** | 1 (Belgien) mehrfarbig | gdz | 2,— | 1,90 |
| **4796** | 1 (Belgien) mehrfarbig | gea | 2,— | 1,90 |
| **4797** | 1 (Belgien) mehrfarbig | geb | 2,— | 1,90 |
| **4798** | 1 (Belgien) mehrfarbig | gec | 2,— | 1,90 |
| **4799** | 1 (Belgien) mehrfarbig | ged | 2,— | 1,90 |
| | Satzpreis (5 W.) | | 10,— | 9,50 |
| | Fünferstreifen | | 10,— | 9,50 |
| | Kleinbogen | | 20,— | 19,— |

Nominale zur Zeit der Ausgabe: je 0.84 €

MiNr. 4795–4799 wurden waagrecht zusammenhängend gedruckt.
MiNr. 4796–4798 besitzen jeweils ein anhängendes Zierfeld.

Kleinbogen mit MiNr. 4795–4799 □ wurde von der Post an Abonennten verschenkt. Er ist nicht frankaturgültig.

Auflage: 55.063 Sätze

**2018, 27. Jan. Blockausgabe: Belgische Bierkultur. Odr.; gez. K 12¼.**

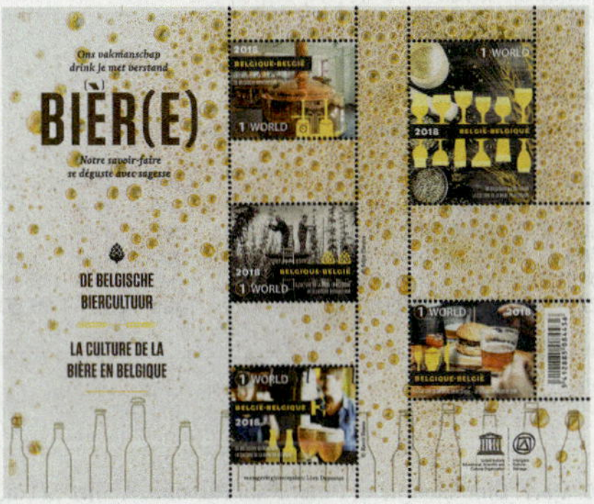


gek

gee) Sudkessel
gef) Verschiedene Biergläser; Brauzutaten
geg) Hopfenernte
geh) Burger mit Bier
gei) Bier auf Tresen

| | | | | |
|---|---|---|---|---|
| **4800** | 1 WORLD mehrfarbig | gee | 4,— | 3,50 |
| **4801** | 1 WORLD mehrfarbig | gef | 4,— | 3,50 |
| **4802** | 1 WORLD mehrfarbig | geg | 4,— | 3,50 |
| **4803** | 1 WORLD mehrfarbig | geh | 4,— | 3,50 |
| **4804** | 1 WORLD mehrfarbig | gei | 4,— | 3,50 |
| **Block 221** | (186×152 mm) | gek | 20,— | 17,50 |

Nominale zur Zeit der Ausgabe: je 1.52 €

Auflage: 60.907 Blocks

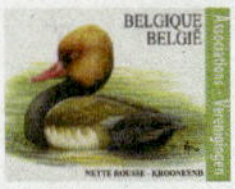

**2018, 27. Jan. Freimarke für Vereinigungen: Vögel. Odr. (2×5); gez. K 11¾.**

gel) Kolbenente (Netta rufina)

| | | | | |
|---|---|---|---|---|
| **4805** | — mehrfarbig | gel | 1,20 | 1,20 |
| | Kleinbogen | | 12,— | 12,— |

Nominale zur Zeit der Ausgabe: 0.54 €

*Weitere Werte siehe Übersicht nach Jahrgangswerttabelle*

**2018, 10. März. Blockausgabe: Tierfährten. Komb. Odr. und Pdr.; gez. Ks 12¼.**

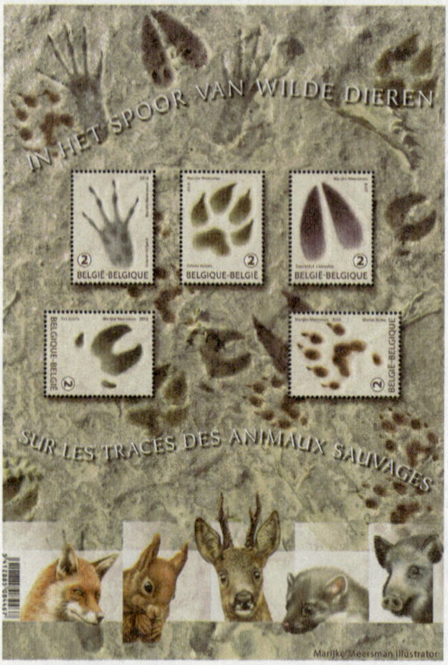


ges

gem) Eichhörnchen (Sciurus vulgaris)
gen) Rotfuchs (Vulpes vulpes)
geo) Reh (Capreolus capreolus)

gep) Wildschwein (Sus scrofa)
ger) Steinmarder (Martes foina)

gem–ger) Pfoten- und Hufabdrücke einheimischer Wildtiere

| | | | | | |
|---|---|---|---|---|---|
| **4806** | 2 (Belgien) mehrfarbig | gem | 4,— | 3,90 |
| **4807** | 2 (Belgien) mehrfarbig | gen | 4,— | 3,90 |
| **4808** | 2 (Belgien) mehrfarbig | geo | 4,— | 3,90 |
| **4809** | 2 (Belgien) mehrfarbig | gep | 4,— | 3,90 |
| **4810** | 2 (Belgien) mehrfarbig | ger | 4,— | 3,90 |
| **Block 222** | (163×233 mm) | ges | 20,— | 19,50 |

Nominale zur Zeit der Ausgabe: je 1.68 €

Auflage: 64.207 Blocks

**2018, 10. März. Blockausgabe: Peter Paul Rubens. Komb. StTdr. und RaTdr.; gez. Ks 11½.**

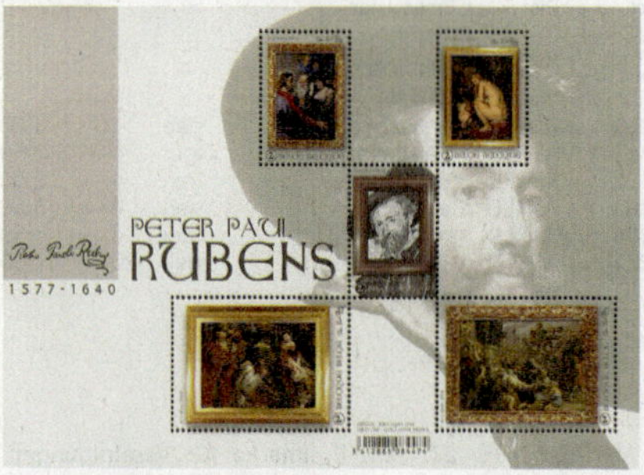


gey

get) Christus und die Ehebrecherin
geu) Venus frigida
gev) Selbstporträt
gex) Die Wunder des heiligen Benedikt
gew) Anbetung der Könige

get–gex) Gemäldedetails von Peter Paul Rubens (1577–1640)

| | | | | |
|---|---|---|---|---|
| **4811** | 2 (Belgien) mehrfarbig | get | 4,— | 3,90 |
| **4812** | 2 (Belgien) mehrfarbig | geu | 4,— | 3,90 |
| **4813** | 2 (Belgien) mehrfarbig | gev | 4,— | 3,90 |
| **4814** | 2 (Belgien) mehrfarbig | gew | 4,— | 3,90 |
| **4815** | 2 (Belgien) mehrfarbig | gex | 4,— | 3,90 |
| **Block 223** | (200×140 mm) | gey | 20,— | 19,50 |

Nominale zur Zeit der Ausgabe: je 1.68 €

Auflage: 63.407 Blocks

**2018, 10. März. Street-Art. Odr. (1×2 Zd); gez. K 12¼.**

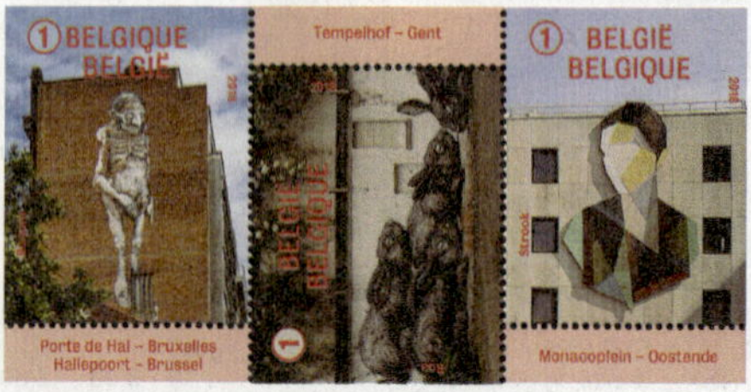


gez) Alter Mann; Wandbild von Bonom, Porte de Hal, Brüssel
gfa) Schlafende Hasen; Wandbild des Künstlers ROA (*1975), Tempelhof, Gent
gfb) Kopf mit Oberkörper; Installation von Stefaan „Strook" De Crook (*1982), Monacoplein, Ostende

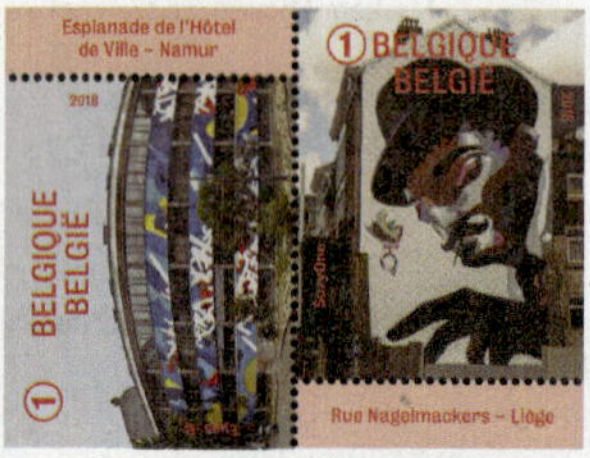


gfc) Abstrakte Gestaltung der Rathausfassade von Eyes-B-Namur
gfd) Mann mit Hut; Wandbild von SozyOne Gonzalez (*1973), Rue Nagelmackers, Lüttich

| | | | | |
|---|---|---|---|---|
| **4816** | 1 (Belgien) mehrfarbig | gez | 2,— | 1,90 |
| **4817** | 1 (Belgien) mehrfarbig | gfa | 2,— | 1,90 |
| **4818** | 1 (Belgien) mehrfarbig | gfb | 2,— | 1,90 |
| **4819** | 1 (Belgien) mehrfarbig | gfc | 2,— | 1,90 |
| **4820** | 1 (Belgien) mehrfarbig | gfd | 2,— | 1,90 |
| | | Satzpreis (5 W.) | 10,— | 9,50 |
| | | Fünferstreifen | 10,— | 9,50 |
| | | Kleinbogen | 20,— | 19,— |

Nominale zur Zeit der Ausgabe: 0.84 €

MiNr. 4816–4820 wurden waagrecht zusammenhängend gedruckt. Jede Marke besitzt ein anhängendes Zierfeld.

Die beiden Markenzeilen sind kopfstehend zueinander angeordnet.

Auflage: 81.326 Sätze

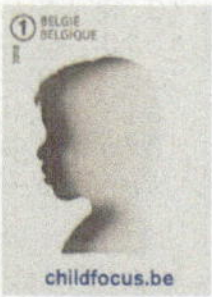


**2018, 10. März. 20 Jahre Stiftung Childfocus. Odr. (5×2); gez. K 12.**

gfe) Silhouette eines Kinderkopfes

| | | | | |
|---|---|---|---|---|
| **4821** | 1 (Belgien) mehrfarbig | gfe | 2,— | 1,90 |
| | | Kleinbogen | 20,— | 19,— |

Nominale zur Zeit der Ausgabe: 0.84 €

Auflage: 217.140 Stück

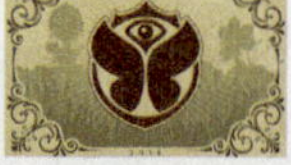


**2018, 9. Juni. Jugendphilatelie. Komb. Odr. und Kfdr. (5×1); gez. K 12¼.**

gff) Emblem des Festivals „Tomorrowland"

| | | | | | |
|---|---|---|---|---|---|
| **4822** | 1 WORLD mehrfarbig ................ | gff | 4,— | 3,50 |
| | | Kleinbogen | 20,— | 17,50 |

Nominale zur Zeit der Ausgabe: 1.52 €

Auflage: 309.885 Stück

**2018, 9. Juni. Blockausgabe: Europa – Brücken. Komb. StTdr. und RaTdr.; gez. Ks 11½.**

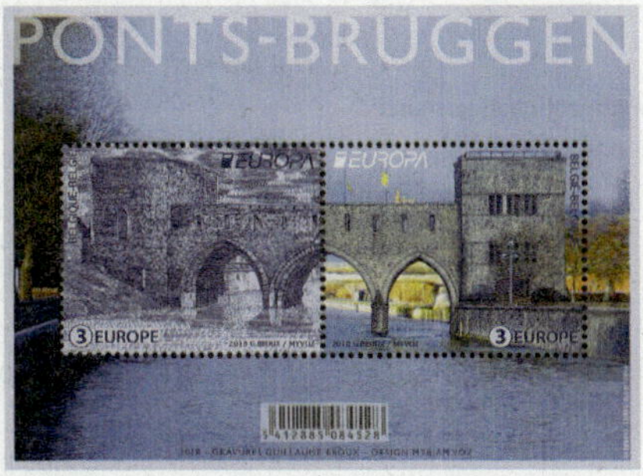


gfi

gfg) Nordseite
gfh) Südseite
gfg–gfh) Pont des Trous, Tournai

| | | | | | |
|---|---|---|---|---|---|
| **4823** | 3 EUROPE mehrfarbig .......... | gfg | 10,50 | 9,— |
| **4824** | 3 EUROPE mehrfarbig .......... | gfh | 10,50 | 9,— |
| **Block 224** | (119×85 mm) ....... | gfi | 21,— | 18,— |

Nominale zur Zeit der Ausgabe: 3.90 €

Auflage: 64.408 Blocks

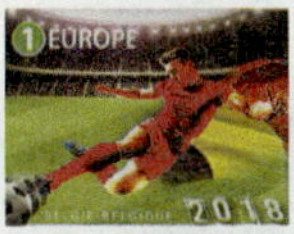


**2018, 9. Juni. Fußball-Weltmeisterschaft, Russland. Odr. (1×5); gez. K 12.**

gfk) Fußballer beim Schuss, belgische Flagge

| | | | | | |
|---|---|---|---|---|---|
| **4825** | 1 EUROPE mehrfarbig ............... | gfk | 3,50 | 3,— |
| | | Kleinbogen | 18,— | 15,— |

Nominale zur Zeit der Ausgabe: 1.30 €

Auflage: 141.485 Stück

**2018, 9. Juni. Blockausgabe: Wiedereröffnung nach Renovierung und Umbenennung des Königlichen Museums für Zentralafrika in AfricaMuseum, Tervuren. Odr.; gez. K 11¾.**

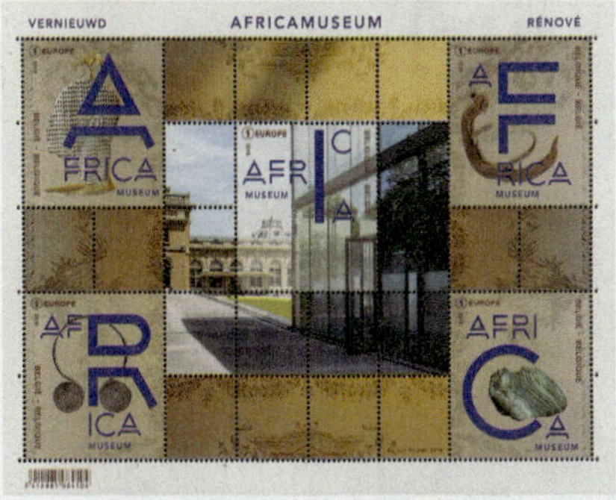


gfr

gfl) Buchstabe „A“; Nouveau souffle ou le Congo bourgeonnant; Statue von Aimé Mpane (*1968)
gfm) Buchstabe „F“; Pärchenegel (Schistosoma)
gfn) Buchstabe „I“; Hauptgebäude und neuer Pavillon
gfo) Buchstabe „R“; Metallkette der indigenen Bevölkerung zwischen dem Albert- und dem Eduardsee
gfp) Buchstabe „C“; Malachit (Kalabi-Mine, Katanga)

gfl–gfr) Buchstaben des Wortes „Africa“

| | | | | | |
|---|---|---|---|---|---|
| **4826** | 1 EUROPE mehrfarbig ......... | gfl | 3,50 | 3,— |
| **4827** | 1 EUROPE mehrfarbig ......... | gfm | 3,50 | 3,— |
| **4828** | 1 EUROPE mehrfarbig ......... | gfn | 3,50 | 3,— |
| **4829** | 1 EUROPE mehrfarbig ......... | gfo | 3,50 | 3,— |
| **4830** | 1 EUROPE mehrfarbig ......... | gfp | 3,50 | 3,— |
| **Block 225** | (210×165 mm) ..... | gfr | 18,— | 15,— |

Nominale zur Zeit der Ausgabe: je 1.30 €

Bl. 225 ☐ wurde von der Post an Abonennten verschenkt. Er ist nicht frankaturgültig.

Auflage: 62.908 Blocks

**2018, 9. Juni. Blockausgabe: Geometrie in der Natur (I) – Spirale. Odr.; gez. K 12.**

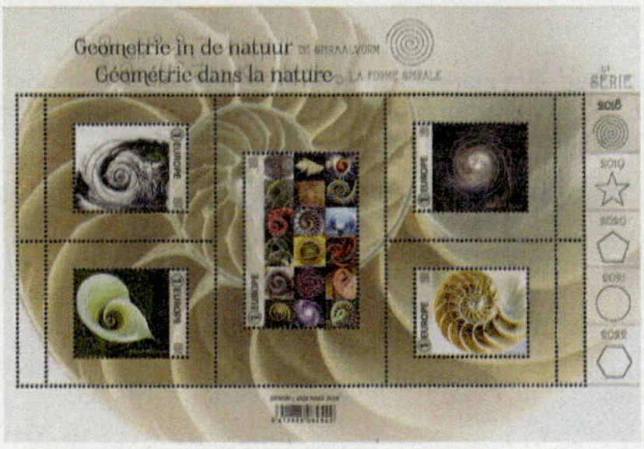


gfx

gfs) Wirbelsturm
gft) Galaxie
gfu) Miniaturbilder verschiedener Spiralmotive
gfv) Calla (Zantedeschia aethiopica)
gfw) Längsschnitt einer Perlbootschale (Nautilidae)

| | | | | | |
|---|---|---|---|---|---|
| **4831** | 1 EUROPE mehrfarbig .......... | gfs | 3,50 | 3,— |
| **4832** | 1 EUROPE mehrfarbig .......... | gft | 3,50 | 3,— |
| **4833** | 1 EUROPE mehrfarbig .......... | gfu | 3,50 | 3,— |
| **4834** | 1 EUROPE mehrfarbig .......... | gfv | 3,50 | 3,— |
| **4835** | 1 EUROPE mehrfarbig .......... | gfw | 3,50 | 3,— |
| **Block 226** | (226×150 mm) ...... | gfx | 18,— | 15,— |

Nominale zur Zeit der Ausgabe: je 1.30 €

Auflage: 60.908 Blocks

**2018, 24. Aug. Blockausgabe: Libellen. Odr.; gez. Ks 12.**

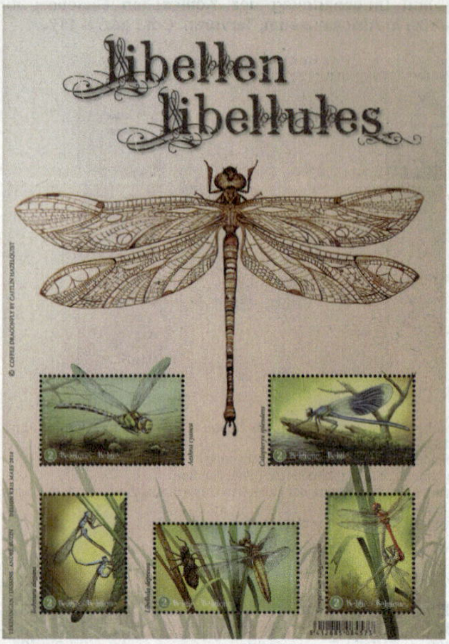


ggd

gfy) Blaugrüne Mosaikjungfer (Aeshna cyanea)
gfz) Gebänderte Prachtlibelle (Calopteryx splendens)

gga) Große Pechlibelle (Ischnura elegans)
ggb) Plattbauch (Libellula depressa)
ggc) Blutrote Heidelibelle (Sympetrum sanguineum)

| | | | | | |
|---|---|---|---|---|---|
| **4836** | 2 (Belgien) | mehrfarbig | gfy | 4,— | 3,90 |
| **4837** | 2 (Belgien) | mehrfarbig | gfz | 4,— | 3,90 |
| **4838** | 2 (Belgien) | mehrfarbig | gga | 4,— | 3,90 |
| **4839** | 2 (Belgien) | mehrfarbig | ggb | 4,— | 3,90 |
| **4840** | 2 (Belgien) | mehrfarbig | ggc | 4,— | 3,90 |
| **Block 227** | | (155×215 mm) | ggd | 20,— | 19,50 |

Nominale zur Zeit der Ausgabe: je 1.68 €

Auflage: 65.708 Blocks

**2018, 24. Aug. Freimarken: Obst. RaTdr., Rolle (100); selbstklebend; A = wellenförmig gestanzt 14¼:13½:13¾:14, C = zähnungsähnlich gestanzt 8¾.**

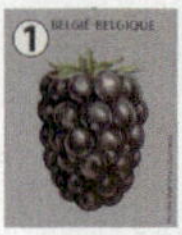
gge) Brombeere (Rubus sectio Rubus)

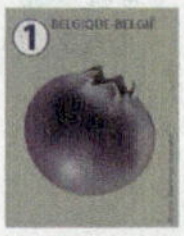
ggf) Heidelbeere (Vaccinium myrtillus)

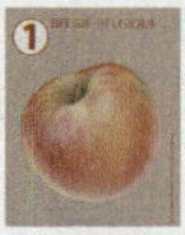
ggg) Pfirsich (Prunus persica)

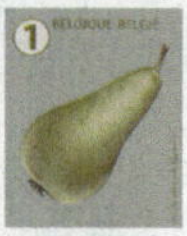
ggh) Birne (Pyrus sp.)

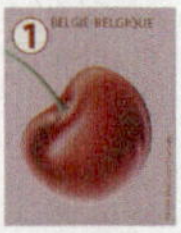
ggi) Kirsche (Prunus cerasus)

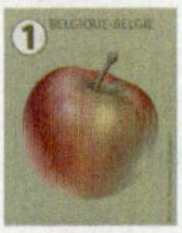
ggk) Apfel (Malus domestica)

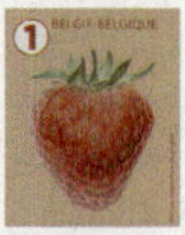
ggl) Erdbeere (Fragaria sp.)

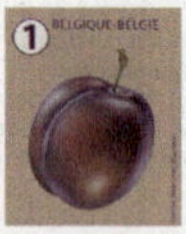
ggm) Pflaume (Prunus domestica)

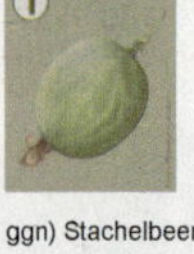
ggn) Stachelbeere (Ribes grossularia)

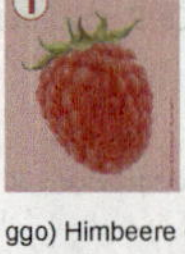
ggo) Himbeere (Rubus idaeus)

**A = wellenförmig gestanzt 14¼:13½:13¾:14 (25.8.2018)**

| | | | | | | |
|---|---|---|---|---|---|---|
| **4841** | **A** | 1 (Belgien) | mehrfarbig | gge | 2,— | 1,90 |
| **4842** | **A** | 1 (Belgien) | mehrfarbig | ggf | 2,— | 1,90 |
| **4843** | **A** | 1 (Belgien) | mehrfarbig | ggg | 2,— | 1,90 |
| **4844** | **A** | 1 (Belgien) | mehrfarbig | ggh | 2,— | 1,90 |
| **4845** | **A** | 1 (Belgien) | mehrfarbig | ggi | 2,— | 1,90 |
| **4846** | **A** | 1 (Belgien) | mehrfarbig | ggk | 2,— | 1,90 |
| **4847** | **A** | 1 (Belgien) | mehrfarbig | ggl | 2,— | 1,90 |
| **4848** | **A** | 1 (Belgien) | mehrfarbig | ggm | 2,— | 1,90 |
| **4849** | **A** | 1 (Belgien) | mehrfarbig | ggn | 2,— | 1,90 |
| **4850** | **A** | 1 (Belgien) | mehrfarbig | ggo | 2,— | 1,90 |
| | | | | Satzpreis A (10 W.) | 20,— | 19,— |
| | | | | Zehnerstreifen A | 20,— | 19,— |

**C = zähnungsähnlich gestanzt 8¾**

| | | | | | | |
|---|---|---|---|---|---|---|
| **4841** | **C** | 1 (Belgien) | mehrfarbig | gge | 2,— | 1,90 |
| **4842** | **C** | 1 (Belgien) | mehrfarbig | ggf | 2,— | 1,90 |
| **4843** | **C** | 1 (Belgien) | mehrfarbig | ggg | 2,— | 1,90 |
| **4844** | **C** | 1 (Belgien) | mehrfarbig | ggh | 2,— | 1,90 |
| **4845** | **C** | 1 (Belgien) | mehrfarbig | ggi | 2,— | 1,90 |
| **4846** | **C** | 1 (Belgien) | mehrfarbig | ggk | 2,— | 1,90 |
| **4847** | **C** | 1 (Belgien) | mehrfarbig | ggl | 2,— | 1,90 |
| **4848** | **C** | 1 (Belgien) | mehrfarbig | ggm | 2,— | 1,90 |
| **4849** | **C** | 1 (Belgien) | mehrfarbig | ggn | 2,— | 1,90 |
| **4850** | **C** | 1 (Belgien) | mehrfarbig | ggo | 2,— | 1,90 |
| | | | | Satzpreis C (10 W.) | 20,— | 19,— |
| | | | | Zehnerstreifen C | 20,— | 19,— |

Nominale zur Zeit der Erstausgabe: je 0.84 €

MiNr. 4841–4850 wurden zusammen in der Rolle gedruckt.

**2018, 25. Aug. Prähistorische Tiere. Odr. (1×2 Zd); gez. K 12.**

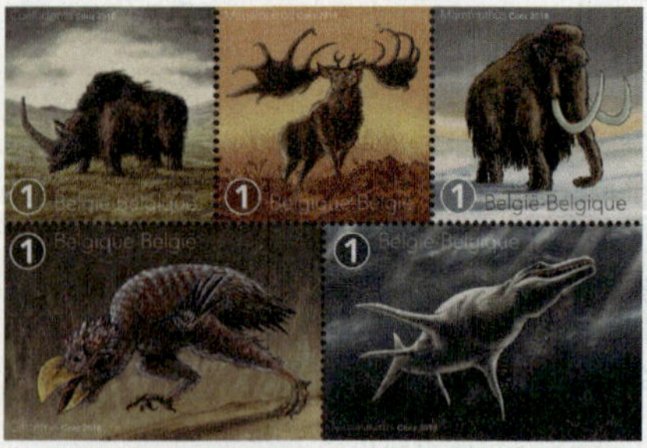

ggp) Wollnashorn (Coelodonta)
ggr) Riesenhirsch (Megaloceros)
ggs) Mammut (Mammuthus)

ggt) Gastornis
ggu) Mosasaurus

| | | | | | |
|---|---|---|---|---|---|
| **4851** | 1 (Belgien) | mehrfarbig | ggp | 2,— | 1,90 |
| **4852** | 1 (Belgien) | mehrfarbig | ggr | 2,— | 1,90 |
| **4853** | 1 (Belgien) | mehrfarbig | ggs | 2,— | 1,90 |
| **4854** | 1 (Belgien) | mehrfarbig | ggt | 2,— | 1,90 |
| **4855** | 1 (Belgien) | mehrfarbig | ggu | 2,— | 1,90 |
| | | | Satzpreis (5 W.) | 10,— | 9,50 |
| | | | Fünferblock | 10,— | 9,50 |
| | | | Kleinbogen | 20,— | 19,— |

Nominale zur Zeit der Ausgabe: je 0.84 €

Auflage: 92.840 Sätze

**2018, 26. Aug. Blockausgabe: Stadtzentren (VIII) – Namur. Komb. StTdr. und RaTdr.; gez. Ks 11½.**

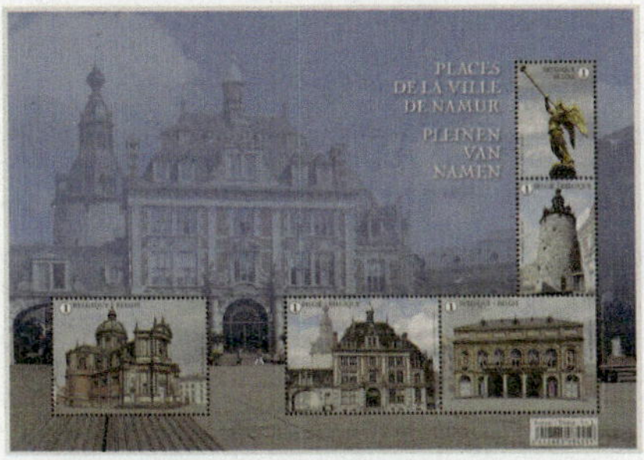


gha

ggv) Statue am Engelsplatz
ggw) Glockenturm „Tour St. Jacques“ am Paradeplatz
ggx) Kathedrale von Namur am Saint-Aubain-Platz
ggy) Kongresspalast und alte Börse am Paradeplatz
ggz) Königliches Theater von Namur am Theaterplatz

| | | | | |
|---|---|---|---|---|
| **4856** | 1 (Belgien) mehrfarbig .......... | ggv | 3,80 | 3,80 |
| **4857** | 1 (Belgien) mehrfarbig .......... | ggw | 3,80 | 3,80 |
| **4858** | 1 (Belgien) mehrfarbig .......... | ggx | 3,80 | 3,80 |
| **4859** | 1 (Belgien) mehrfarbig .......... | ggy | 3,80 | 3,80 |
| **4860** | 1 (Belgien) mehrfarbig .......... | ggz | 3,80 | 3,80 |
| **Block 228** | (227×156 mm) ...... | gha | 19,— | 19,— |

Nominale zur Zeit der Ausgabe: je 0.84 €

Postpreis: 8.40 €

Auflage: 61.908 Blocks

**2018, 20. Okt. Blockausgabe: Der Erste Weltkrieg im Jahr 1918 – Befreiung. RaTdr.; gez. Ks 11½.**

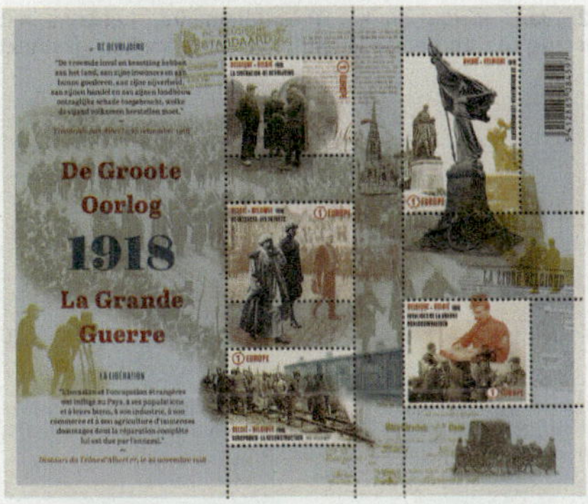


ghg

ghb) Zivilisten erhalten von der belgischen Armee die Befreiungsnachricht
ghc) La Brabançonne, Brüssel; Statuen
ghd) König Albert I. (1875–1934, reg. ab 1909), Königin Elisabeth (1876–1965), Gouverneur von Westflandern
ghe) Blinder Soldat lernt Brailleschrift, Kriegsversehrte spielen Instrumente
ghf) Soldaten reparieren Schienen

| | | | | |
|---|---|---|---|---|
| **4861** | 1 EUROPE mehrfarbig ......... | ghb | 3,50 | 3,— |
| **4862** | 1 EUROPE mehrfarbig ......... | ghc | 3,50 | 3,— |
| **4863** | 1 EUROPE mehrfarbig ......... | ghd | 3,50 | 3,— |
| **4864** | 1 EUROPE mehrfarbig ......... | ghe | 3,50 | 3,— |
| **4865** | 1 EUROPE mehrfarbig ......... | ghf | 3,50 | 3,— |
| **Block 229** | (185×152 mm) ..... | ghg | 18,— | 15,— |

Nominale zur Zeit der Ausgabe: je 1.30 €

Auflage: 61.908 Blocks

**2018, 20. Okt. Blockausgabe: 100. Jahrestag der Beendigung des Ersten Weltkrieges. Odr.; gez. Ks 12.**

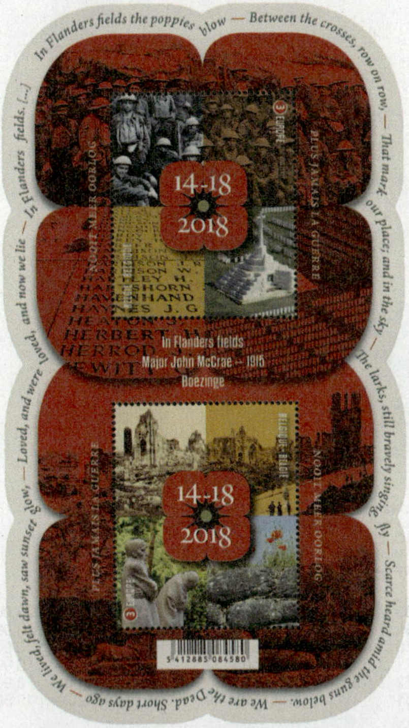


ghk

ghh) Soldaten, Namen, Soldatenfriedhof
ghi) „Trauerndes Elternpaar“; Statuen von Käthe Kollwitz (1867–1945), deutsche Malerin und Bildhauerin; Ruinen in Ypern, versteinerte Sandsäcke

ghh–ghi) Mohn mit Jahreszahlen

| | | | | |
|---|---|---|---|---|
| **4866** | 3 EUROPE mehrfarbig ......... | ghh | 10,50 | 9,— |
| **4867** | 3 EUROPE mehrfarbig ......... | ghi | 10,50 | 9,— |
| **Block 230** | (110×192 mm*) ..... | ghk | 21,— | 18,— |

Nominale zur Zeit der Ausgabe: je 3.90 €

*) Bl. 230 ist teilweise an Konturen geschnitten. Angegeben ist die maximale Ausdehnung.

Auflage: 66.408 Blocks

**2018, 20. Okt. Blockausgabe: Bemerkenswerte Villen. Komb. StTdr. und RaTdr.; gez. Ks 11½.**

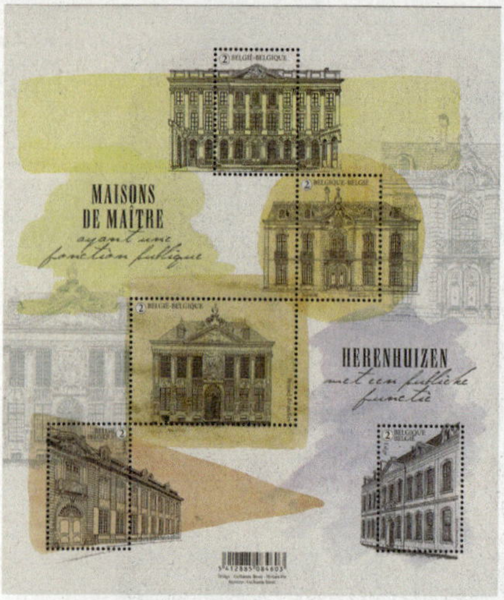


ghr

ghl) Hotel d'Hane-Steenhuyse, Gent
ghm) Maison de la Comtesse d'Arrigade, Namur
ghn) La Bellone, Brüssel
gho) Hotel-Museum Merghelynck, Ypern
ghp) Ansembourg-Museum, Lüttich

| | | | | |
|---|---|---|---|---|
| **4868** | 2 (Belgien) mehrfarbig | ghl | 4,— | 3,90 |
| **4869** | 2 (Belgien) mehrfarbig | ghm | 4,— | 3,90 |
| **4870** | 2 (Belgien) mehrfarbig | ghn | 4,— | 3,90 |
| **4871** | 2 (Belgien) mehrfarbig | gho | 4,— | 3,90 |
| **4872** | 2 (Belgien) mehrfarbig | ghp | 4,— | 3,90 |
| **Block 231** | (166×191 mm) | ghr | 20,— | 19,50 |

Nominale zur Zeit der Ausgabe: je 1.68 €

Auflage: 61.908 Blocks

**2018, 20. Okt. Weihnachten. Odr., Markenheftchen (5×2); selbstklebend; D = dreiseitig, E = zweiseitig gestanzt 9¾.**

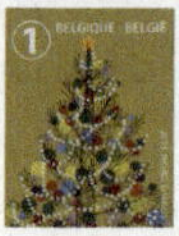

ghs

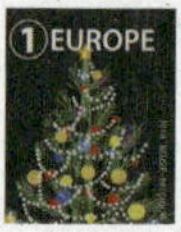


ght

ghs–ght) Christbaum

| | | | | | |
|---|---|---|---|---|---|
| **4873** | 1 (Belgien) | mehrfarbig | ghs | | |
| D | | dreiseitig gestanzt | | 2,— | 1,90 |
| El | | zweiseitig gestanzt | | 2,— | 1,90 |
| Er | | zweiseitig gestanzt | | 2,— | 1,90 |
| **4874** | 1 EUROPE | mehrfarbig | ght | | |
| D | | dreiseitig gestanzt | | 3,50 | 3,— |
| El | | zweiseitig gestanzt | | 3,50 | 3,— |
| Er | | zweiseitig gestanzt | | 3,50 | 3,— |
| | | Satzpreis (2 W.) | | 5,50 | 4,90 |
| | | 2 Markenheftchen | | 55,— | 49,— |

Nominalen zur Zeit der Ausgabe: MiNr. 4873 = 0.84 €, MiNr. 4874 = 1.30 €

MiNr. 4873–4874 wurden jeweils im senkrechten Kehrdruck gedruckt.

Auflagen: MiNr. 4873 = 16.717.610, MiNr. 4874 = 1.146.990 Stück

**2019, 2. Jan. Trauermarke. Odr., Folienblatt (2×5); selbstklebend; wellenförmig gestanzt 12¼.**

ghu) Teelichter, Matrixcode

| | | | | |
|---|---|---|---|---|
| **4875** | — mehrfarbig | ghu | 3,50 | 2,20 |
| | Folienblatt | | 35,— | 22,— |

Nominale zur Zeit der Ausgabe: 0.97 €

**2019, 2. Jan. Freimarke: König Philippe. Odr., Folienblatt (2×5 und 5); selbstklebend; wellenförmig gestanzt 12¼.**

ghv) König Philippe (*1960, reg. seit 2013), Matrixcode

| | | | | |
|---|---|---|---|---|
| **4876** | — mehrfarbig | ghv | 3,50 | 2,20 |
| | 10er Folienblatt (2.1.2019) | | 35,— | 22,— |
| | 5er Folienblatt (1.1.2021) | | 18,— | 18,— |

Nominale zur Zeit der Erstausgabe: 0.97 €, Nominale am 1.1.2021: 1.57 €

*Weitere Werte: MiNr. 4426–4428, 4531–4532, 4632–4633, 4877, 4888*

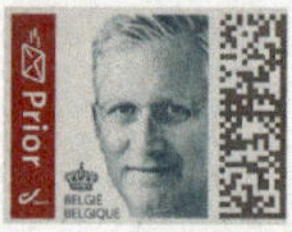


**2019, 2. Jan. Freimarke: König Philippe. Odr. (2×5); gez. K 12.**

ghv) König Philippe (*1960, reg. seit 2013), Matrixcode

| | | | | |
|---|---|---|---|---|
| **4877** | — mehrfarbig | ghv | 3,50 | 2,20 |
| | Kleinbogen | | 35,— | 22,— |

Nominale zur Zeit der Ausgabe: 0.97 €

*Weitere Werte: MiNr. 4426–4428, 4531–4532, 4632–4633, 4876, 4888*

**2019, 2. Jan. Meine Marke: Prioritätsmarke. Laserdr. mit Lacküberzug (4×5); selbstklebend; zähnungsähnlich gestanzt 11½.**

ghw) Prioritätsemblem, Matrixcode

| | | | | |
|---|---|---|---|---|
| **4878** | — mehrfarbig | ghw | 3,50 | 2,20 |

Nominale zur Zeit der Ausgabe: 0.97 €

MiNr. 4878 kann auch mit persönlich gestaltetem Markenbild im Folienbogen zu 20 Briefmarken bei der Belgischen Post bestellt werden (Postpreis: 26.39 €). Der rechte Markenrand mit der Nominale bleibt gleich.

**2019, 26. Jan. Blockausgabe: Tiere bei der Arbeit. Odr.; gez. Ks 12.**

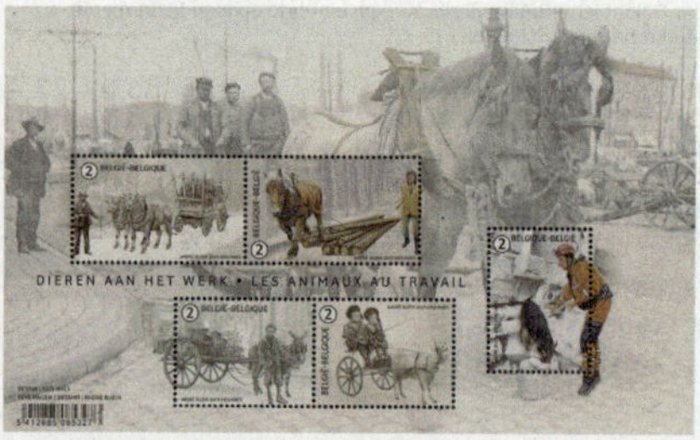


gic

ghx) Herr mit Zugochsen und Heuwagen
ghy) Arbeiterin mit Pferd und Baumstämmen
ghz) Rettungskraft mit Suchhund
gia) Mann mit Esel und Wagen
gib) Kinder auf Ziegenkutsche

| | | | | |
|---|---|---|---|---|
| **4879** | 2 (Belgien) mehrfarbig | ghx | 4,20 | 4,20 |
| **4880** | 2 (Belgien) mehrfarbig | ghy | 4,20 | 4,20 |

| | | | | | |
|---|---|---|---|---|---|
| **4881** | 2 (Belgien) mehrfarbig | ghz | 4,20 | 4,20 |
| **4882** | 2 (Belgien) mehrfarbig | gia | 4,20 | 4,20 |
| **4883** | 2 (Belgien) mehrfarbig | gib | 4,20 | 4,20 |
| **Block 232** | (200×120 mm) | gic | 21,— | 21,— |

Nominale zur Zeit der Ausgabe: je 1.84 €

Auflage: 56.725 Blocks

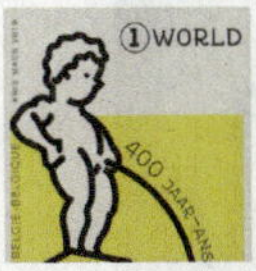

**2019, 26. Jan. 400 Jahre Manneken Pis. Odr. (5×1); gez. K 12½.**

gid) Manneken Pis, Brüssel

| | | | | |
|---|---|---|---|---|
| **4884** | 1 WORLD mehrfarbig | gid | 4,— | 3,70 |
| | Kleinbogen | | 20,— | 18,50 |

Nominale zur Zeit der Ausgabe: 1.62 €

Auflage: 160.855 Stück

**2019, 26. Jan. Blockausgabe: 100. Jahrestag seit der Auflösung von Neutral-Moresnet. Odr.; gez. Ks 12.**

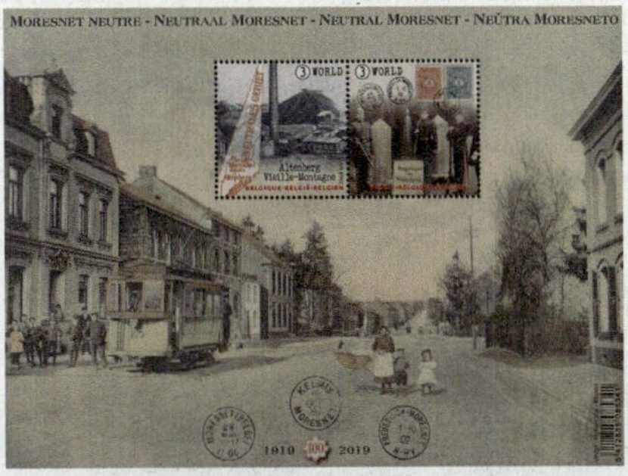


gig

gie) Zinkgrube „Vieille Montagne", Landkarte
gif) Soldaten am Vierländereck, inoffizielle Marken

| | | | | |
|---|---|---|---|---|
| **4885** | 3 WORLD mehrfarbig | gie | 12,— | 11,20 |
| **4886** | 3 WORLD mehrfarbig | gif | 12,— | 11,20 |
| **Block 233** | (189×136 mm) | gig | 24,— | 22,50 |

Nominale zur Zeit der Ausgabe: je 4.86 €

Auflage: 62.225 Blocks

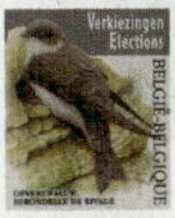

**2019, 26. Jan. Freimarke für Wahlsendungen: Vögel. Odr. (2×5); gez. K 11½.**

gih) Uferschwalbe (Riparia riparia)

| | | | | |
|---|---|---|---|---|
| **4887** | — mehrfarbig | gih | 1,— | 1,— |
| | Kleinbogen | | 10,— | 10,— |

Nominale zur Zeit der Ausgabe: 0.46 €

*Weitere Werte siehe Übersicht nach Jahrgangswerttabelle.*

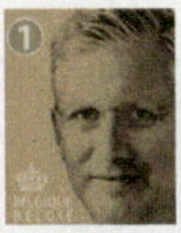

**2019, 26. Jan. Freimarke: König Philippe. Odr., Markenheftchen (5×2); selbstklebend; D = dreiseitig, E = zweiseitig gestanzt 10.**

fmd I) König Philippe (*1960, reg. seit 2013)

| | | | | |
|---|---|---|---|---|
| **4888** | 1 (Belgien) mehrfarbig | fmd I | | |
| **Do** | dreiseitig gestanzt (◻) | | 2,10 | 2,10 |
| **Du** | dreiseitig gestanzt (◻) | | 2,10 | 2,10 |
| **Eo** | zweiseitig gestanzt (◻) | | 2,10 | 2,10 |
| **Eu** | zweiseitig gestanzt (◻) | | 2,10 | 2,10 |
| | Markenheftchen | | 21,— | 21,— |

Nominale zur Zeit der Ausgabe: 0.92 €

*Weitere Werte: MiNr. 4426–4428, 4531–4532, 4632–4633, 4876, 4877*

**2019, 16. März. Blockausgabe: 150 Jahre Briefmarkendruckerei Mechelen. MiNr. 4889 komb. StTdr. und RaTdr., gez. Ks 11½; MiNr. 4890 Digitaldruck, gez. K 12; MiNr. 4891–4893 Odr., gez. Ks 11½.**

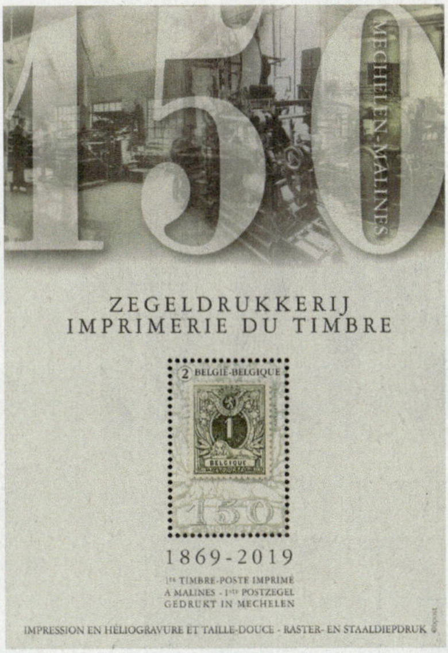


gik

gii) Marke MiNr. 23

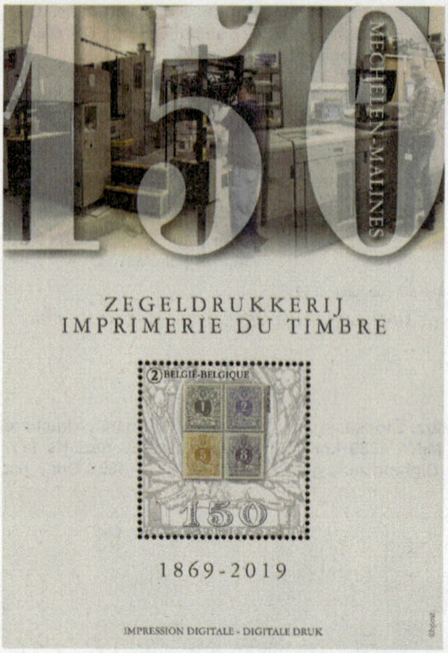


gim

gil) Marken MiNr. 23–26

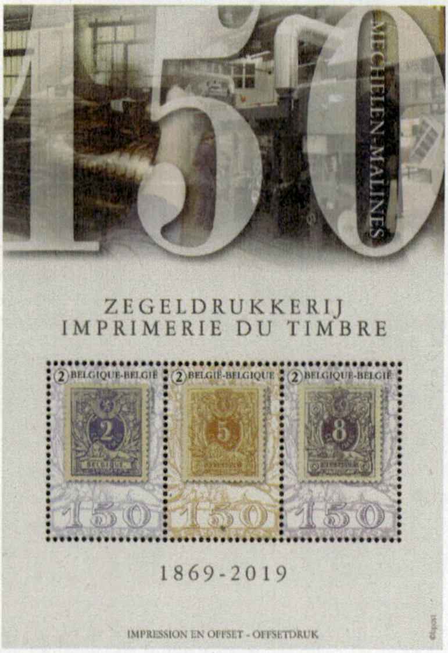


gir

gin) Marke MiNr. 24
gio) Marke MiNr. 25
gip) Marke MiNr. 26

gii–gip) Liegender Löwe, „150"

| | | | | | |
|---|---|---|---|---|---|
| **4889** | 2 (Belgien) | mehrfarbig . . . . . . . . . . . | gii | 4,20 | 4,20 |
| **Block 234** | | (105×148 mm) . . . . . . . | gik | 4,20 | 4,20 |

| | | | | | |
|---|---|---|---|---|---|
| **4890** | 2 (Belgien) | mehrfarbig . . . . . . . . . . | gil | 4,20 | 4,20 |
| **Block 235** | | (105×148 mm) . . . . . . | gim | 4,20 | 4,20 |

| | | | | | |
|---|---|---|---|---|---|
| **4891** | 2 (Belgien) | mehrfarbig . . . . . . . . . . . | gin | 4,20 | 4,20 |
| **4892** | 2 (Belgien) | mehrfarbig . . . . . . . . . . . | gio | 4,20 | 4,20 |
| **4893** | 2 (Belgien) | mehrfarbig . . . . . . . . . . . | gip | 4,20 | 4,20 |
| **Block 236** | | (105×148 mm) . . . . . . | gir | 12,60 | 12,60 |

Nominale zur Zeit der Ausgabe: je 1.84 €

Auflage: je 62.825 Blocks

**2019, 16. März. Blockausgabe: Bestäuber. Odr.; gez. Ks 12.**

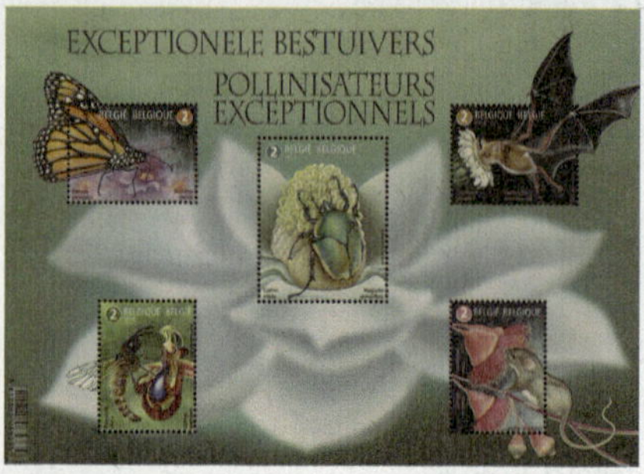


gix

gis) Monarchfalter (Danaus plexippus), Schmetterlingsflieder (Buddleja davidii)
git) Kleine Mexikanische Blütenfledermaus (Leptonycteris yerbabuenae), Saguaro (Carnegiea gigantea)
giu) Grüner Junikäfer (Cotinis nitida), Immergrüne Magnolie (Magnolia grandiflora)
giv) Dolchwespe (Dasyscolia ciliata), Spiegel-Ragwurz (Ophrys speculum)
giw) Honigbeutler (Tarsipes rostratus), Eucalyptus caesia

| | | | | | |
|---|---|---|---|---|---|
| **4894** | 2 (Belgien) | mehrfarbig . . . . . . . . . . | gis | 4,20 | 4,20 |
| **4895** | 2 (Belgien) | mehrfarbig . . . . . . . . . . | git | 4,20 | 4,20 |
| **4896** | 2 (Belgien) | mehrfarbig . . . . . . . . . . | giu | 4,20 | 4,20 |
| **4897** | 2 (Belgien) | mehrfarbig . . . . . . . . . . | giv | 4,20 | 4,20 |
| **4898** | 2 (Belgien) | mehrfarbig . . . . . . . . . . | giw | 4,20 | 4,20 |
| **Block 237** | | (200×140 mm) . . . . . . | gix | 21,— | 21,— |

Bl. 237 ☐ wurde von der Post an Abonennten verschenkt. Er ist nicht frankaturgültig.

Nominale zur Zeit der Ausgabe: je 1.84 €

Auflage: 59.225 Blocks

**2019, 16. März. Blockausgabe: Belgien im Weltraum. Odr.; gez. Ks 12.**

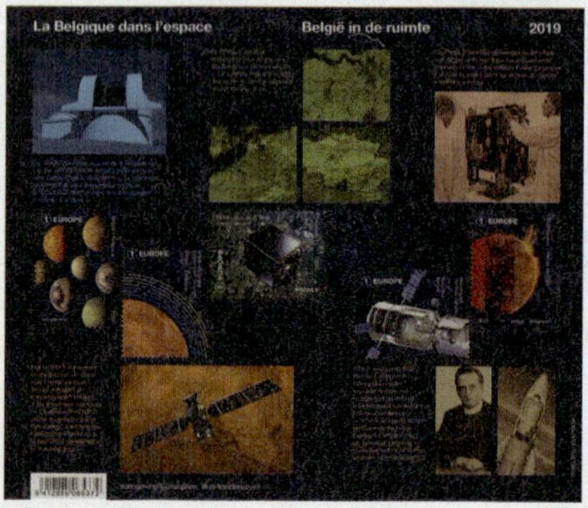


gkd

giy) Planeten
giz) Marsoberfläche und -atmosphäre
gka) Proba-V-Satellit
gkb) Astronauten, ATV-5
gkc) Sonnenaktivitäten

| | | | | | |
|---|---|---|---|---|---|
| **4899** | 1 EUROPE | mehrfarbig . . . . . . . . . . | giy | 3,50 | 3,20 |
| **4900** | 1 EUROPE | mehrfarbig . . . . . . . . . . | giz | 3,50 | 3,20 |
| **4901** | 1 EUROPE | mehrfarbig . . . . . . . . . . | gka | 3,50 | 3,20 |
| **4902** | 1 EUROPE | mehrfarbig . . . . . . . . . . | gkb | 3,50 | 3,20 |
| **4903** | 1 EUROPE | mehrfarbig . . . . . . . . . . | gkc | 3,50 | 3,20 |
| **Block 238** | | (200×165 mm) . . . . . . | gkd | 18,— | 16,— |

Nominale zur Zeit der Ausgabe: je 1.40 €

Auflage: 56.725 Blocks

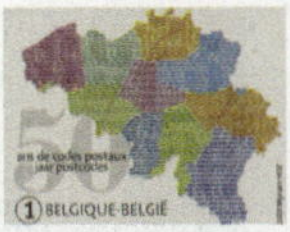


**2019, 16. März. 50 Jahre Postleitzahlen. Odr. (2×5); gez. K 12.**

gke) Landkarte Belgien in Postleitregionen unterteilt

| | | | | |
|---|---|---|---|---|
| **4904** | 1 (Belgien) mehrfarbig | gke | 2,10 | 2,10 |
| | Kleinbogen | | 21,— | 21,— |

Nominale zur Zeit der Ausgabe: 0.92 €

Auflage: 254.710 Stück

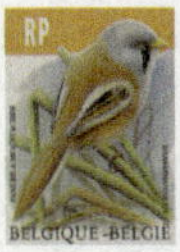


**2019, 16. März. Einschreibemarke für Behörden: Vögel. Odr. (5×2); gez. K 11½.**

gkf) Bartmeise (Panurus biarmicus)

| | | | | |
|---|---|---|---|---|
| **4905** | — mehrfarbig | gkf | 11,— | 11,— |
| | Kleinbogen | | 110,— | 110,— |

Nominale zur Zeit der Ausgabe: 4.82 €

*Weitere Werte siehe Übersicht nach Jahrgangswerttabelle.*

**2019, 15. Juni. Blockausgabe: Europa – Einheimische Vögel. Odr.; gez. Ks 12.**

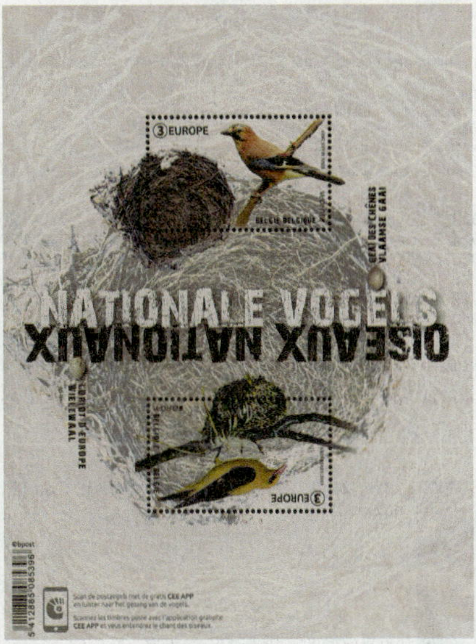


gki

gkg) Eichelhäher (Garrulus glandarius)
gkh) Pirol (Oriolus oriolus)

| | | | | |
|---|---|---|---|---|
| **4906** | 3 EUROPE mehrfarbig | gkg | 10,50 | 9,60 |
| **4907** | 3 EUROPE mehrfarbig | gkh | 10,50 | 9,60 |
| **Block 239** | (130×170 mm) | gki | 21,— | 19,20 |

Nominale zur Zeit der Ausgabe: je 4.20 €

Auflage: 65.725 Blocks

**2019, 15. Juni. Blockausgabe: Geometrie in der Natur (II) – Stern. Odr.; gez. Ks 12.**

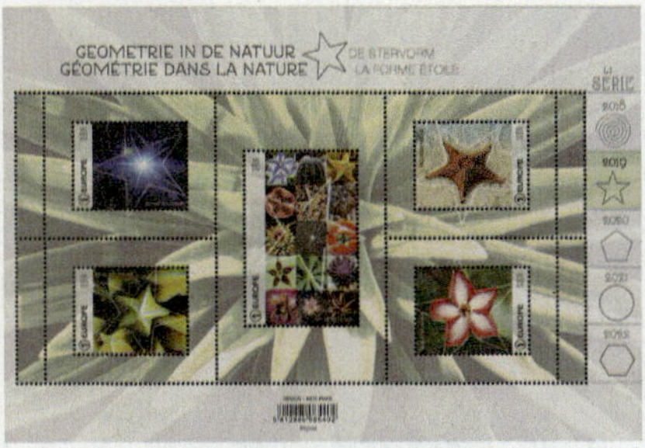


gkp

gkk) Stern
gkl) Seestern (Asteroidea)
gkm) Miniaturbilder verschiedener Sternmotive
gkn) Sternfrucht (Averrhoa carambola)
gko) Wüstenrose (Adenium)

| | | | | |
|---|---|---|---|---|
| **4908** | 1 EUROPE mehrfarbig | gkk | 3,50 | 3,20 |
| **4909** | 1 EUROPE mehrfarbig | gkl | 3,50 | 3,20 |
| **4910** | 1 EUROPE mehrfarbig | gkm | 3,50 | 3,20 |
| **4911** | 1 EUROPE mehrfarbig | gkn | 3,50 | 3,20 |
| **4912** | 1 EUROPE mehrfarbig | gko | 3,50 | 3,20 |
| **Block 240** | (200×165 mm) | gkp | 18,— | 16,— |

Nominale zur Zeit der Ausgabe: je 1.40 €

Auflage: 56.725 Blocks

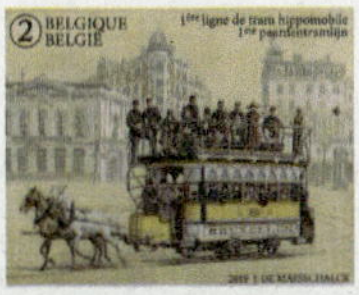


**2019, 15. Juni. 150 Jahre Pferdetram. Odr. (1×5); gez. K 11½.**

gkr) Passagiere auf einer Pferdetram an der Bois de la Cambre

| | | | | |
|---|---|---|---|---|
| **4913** | 2 (Belgien) mehrfarbig | gkr | 4,20 | 4,20 |
| | Kleinbogen | | 21,— | 21,— |

Nominale zur Zeit der Ausgabe: 1.84 €

Auflage: 135.855 Stück

**2019, 15. Juni. Blockausgabe: Jugendphilatelie. Odr.; gez. Ks 12.**

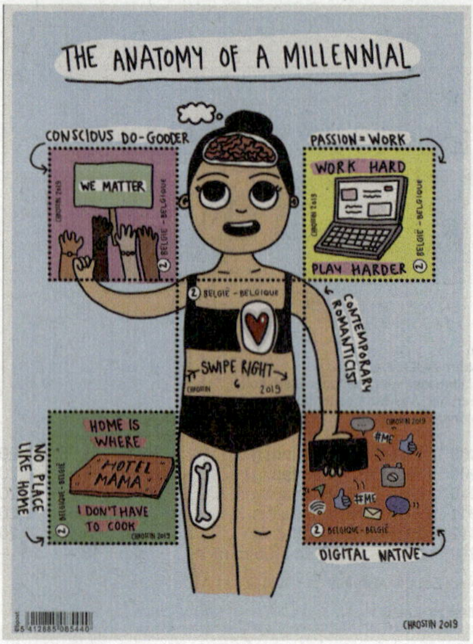


gkx

gks) Hände, Protestschild „WE MATTER"
gkt) Laptop
gku) Oberkörper, Herz in Kasten, Pfeil „SWIPE RIGHT"
gkv) Fußmatte „HOTEL MAMA"
gkw) Smartphone, Icons

| | | | | | |
|---|---|---|---|---|---|
| 4914 | 2 (Belgien) mehrfarbig | gks | 4,20 | 4,20 |
| 4915 | 2 (Belgien) mehrfarbig | gkt | 4,20 | 4,20 |
| 4916 | 2 (Belgien) mehrfarbig | gku | 4,20 | 4,20 |
| 4917 | 2 (Belgien) mehrfarbig | gkv | 4,20 | 4,20 |
| 4918 | 2 (Belgien) mehrfarbig | gkw | 4,20 | 4,20 |
| **Block 241** | (147×194 mm) | gkx | 21,— | 21,— |

Nominale zur Zeit der Ausgabe: je 1.84 €

Bl. 241 □ wurde von der Post an Abonennten verschenkt. Er ist nicht frankaturgültig.

Auflage: 57.725 Blocks

**2019, 24. Aug. Blockausgabe: Stadtzentren (IX) – Löwen. Komb. StTdr. und RaTdr.; gez. Ks 12¼.**

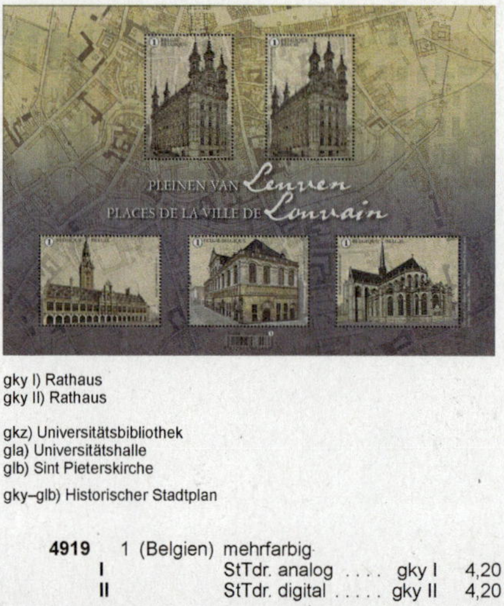


gic

gky I) Rathaus
gky II) Rathaus

gkz) Universitätsbibliothek
gla) Universitätshalle
glb) Sint Pieterskirche

gky–glb) Historischer Stadtplan

| | | | | | |
|---|---|---|---|---|---|
| 4919 | 1 (Belgien) mehrfarbig | | | |
| I | StTdr. analog | gky I | 4,20 | 4,20 |
| II | StTdr. digital | gky II | 4,20 | 4,20 |
| 4920 | 1 (Belgien) mehrfarbig | gkz | 4,20 | 4,20 |
| 4921 | 1 (Belgien) mehrfarbig | gla | 4,20 | 4,20 |
| 4922 | 1 (Belgien) mehrfarbig | glb | 4,20 | 4,20 |
| **Block 242** | (226×155 mm) | glc | 21,— | 21,— |

MiNr. 4919 I und II unterscheiden sich durch den Ausschnitt des Stadtplanes im Hintergrund. Die Druckplatte von MiNr. 4919 I wurde händisch, die von MiNr. 4919 II digital hergestellt.

Nominale zur Zeit der Ausgabe: je 0.92 €

Postpreis: 9.20 €

Auflage: 56.725 Blocks

**2019, 24. Aug. Blockausgabe: 450. Todestag von Pieter Bruegel dem Älteren. MiNr. 4923 komb. StTdr. und RaTdr., MiNr. 4924–4927 RaTdr.; gez. Ks 11½.**

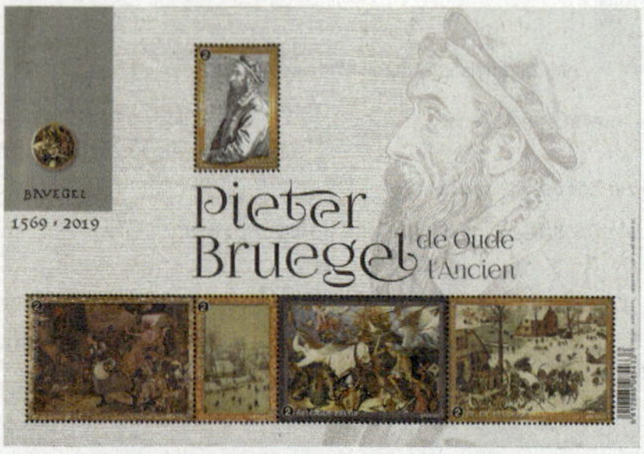


gli

gld) Pieter Bruegel der Ältere; Porträt von Johannes Wierix (1549–1620), Graveur

gle) Die Tolle Grete
glf) Winterlandschaft mit Eisläufern und Vogelfalle
glg) Der Sturz der rebellierenden Engel
glh) Die Volkszählung zu Bethlehem

gle–glh) Gemäldedetails von Pieter Bruegel dem Älteren (1525/1530–1569), Maler

| | | | | |
|---|---|---|---|---|
| 4923 | 2 (Belgien) mehrfarbig | gld | 4,20 | 4,20 |
| 4924 | 2 (Belgien) mehrfarbig | gle | 4,20 | 4,20 |
| 4925 | 2 (Belgien) mehrfarbig | glf | 4,20 | 4,20 |
| 4926 | 2 (Belgien) mehrfarbig | glg | 4,20 | 4,20 |
| 4927 | 2 (Belgien) mehrfarbig | glh | 4,20 | 4,20 |
| **Block 243** | (210×140 mm) | gli | 21,— | 21,— |

Nominale zur Zeit der Ausgabe: je 1.84 €

Auflage: 59.225 Blocks

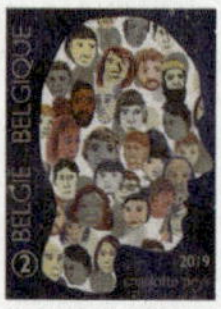


**2019, 24. Aug. Macht durch Diversität. Odr. (5); gez. K 11¾.**

glk) Verschiedene Köpfe in einem Profil

| | | | | |
|---|---|---|---|---|
| 4928 | 2 (Belgien) mehrfarbig | glk | 4,20 | 4,20 |
| | Kleinbogen | | 21,— | 21,— |

Nominale zur Zeit der Ausgabe: je 1.84 €

Auflage: 127.605 Stück

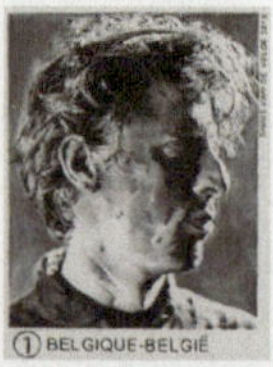


**2019, 24. Aug. Rinus Van de Velde. Odr. (2×5); gez. K 11½.**

gll) Selbstporträt; von Rinus Van de Velde (*1983), Maler

| | | | | | |
|---|---|---|---|---|---|
| **4929** | 1 (Belgien) mehrfarbig | gll | 2,10 | 2,10 |
| | | Kleinbogen | 21,— | 21,— |

Nominale zur Zeit der Ausgabe: je 0.92 €

Auflage: 117.355 Stück

**2019, 19. Okt. Blockausgabe: Belgische Sieger des 24-Stunden-Rennens von Le Mans. Komb. StTdr. und Odr.; gez. Ks 11½.**

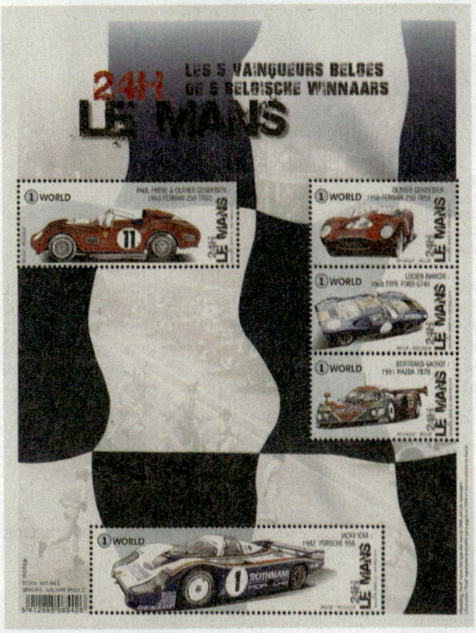


gls

glm) Ferrari 250 TR 60 (1960)
gln) Ferrari 250 TR 58 (1958)
glo) Ford GT40 Mk. I (1968)
glp) Mazda 787B (1991)
glr) Porsche 956 (1982)

| | | | | |
|---|---|---|---|---|
| **4930** | 1 WORLD mehrfarbig | glm | 4,— | 3,70 |
| **4931** | 1 WORLD mehrfarbig | gln | 4,— | 3,70 |
| **4932** | 1 WORLD mehrfarbig | glo | 4,— | 3,70 |
| **4933** | 1 WORLD mehrfarbig | glp | 4,— | 3,70 |
| **4934** | 1 WORLD mehrfarbig | glr | 4,— | 3,70 |
| **Block 244** | (156×200 mm) | gls | 20,— | 18,50 |

Nominale zur Zeit der Ausgabe: je 1.62 €

Auflage: 66.025 Blocks

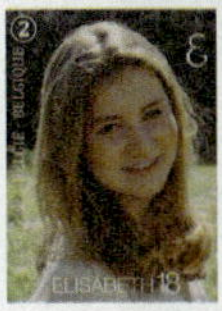

**2019, 19. Okt. 18. Geburtstag von Prinzessin Elisabeth. Odr. (1×5); gez. K 12.**

glt) Prinzessin Elisabeth (*2001)

| | | | | |
|---|---|---|---|---|
| **4935** | 2 (Belgien) mehrfarbig | glt | 4,20 | 4,20 |
| | | Kleinbogen | 21,— | 21,— |

Nominale zur Zeit der Ausgabe: 1.84 €

Auflage: 208.905 Stück

**2019, 19. Okt. Blockausgabe: 75. Jahrestag der Befreiung Belgiens im Zweiten Weltkrieg. Odr.; gez. K 12.**

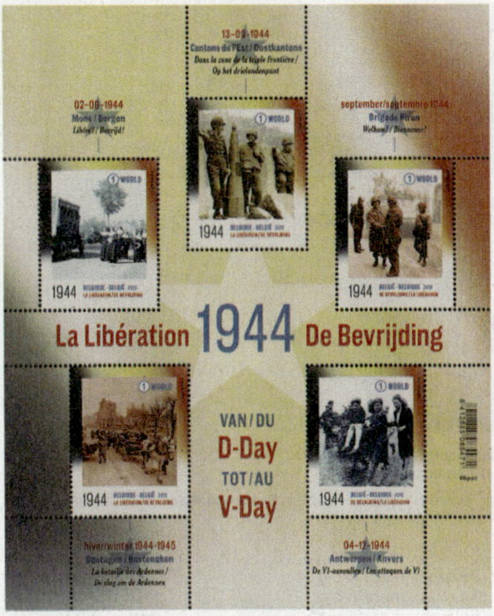


glz

glu) Nonnen begrüßen amerikanische Soldaten
glv) Soldaten der 1. US-Infanteriedivision (Big Red One)
glw) Soldaten der Piron-Brigade
glx) Ardennenoffensive
gly) Britische Soldaten tragen verwundetes Mädchen

| | | | | |
|---|---|---|---|---|
| **4936** | 1 WORLD mehrfarbig | glu | 4,— | 3,70 |
| **4937** | 1 WORLD mehrfarbig | glv | 4,— | 3,70 |
| **4938** | 1 WORLD mehrfarbig | glw | 4,— | 3,70 |
| **4939** | 1 WORLD mehrfarbig | glx | 4,— | 3,70 |
| **4940** | 1 WORLD mehrfarbig | gly | 4,— | 3,70 |
| **Block 245** | (165×200 mm) | glz | 20,— | 18,50 |

Nominale zur Zeit der Ausgabe: je 1.62 €

Auflage: 58.225 Blocks

**2019, 19. Okt. Weihnachten. Odr., Markenheftchen (5×2); selbstklebend; D = dreiseitig, E = zweiseitig gestanzt 9¾.**

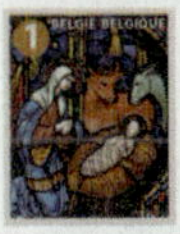

gma) Weihnachtsgeschichte; Detail eines Buntglasfensters in der Stiftskirche Notre-Dame de Dinant von Gustave Ladon (1863–1942)

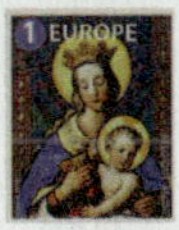

gmb) Jungfrau und Kind; Detail eines Buntglasfensters in der Nikolaikirche in Gent von Jean-Baptiste Capronnier (1814–1891)

| | | | | | |
|---|---|---|---|---|---|
| **4941** | 1 (Belgien) | mehrfarbig | gma | | |
| **Do** | | dreiseitig gestanzt (▢) | | 2,10 | 2,10 |
| **Du** | | dreiseitig gestanzt (▢) | | 2,10 | 2,10 |
| **Eo** | | zweiseitig gestanzt (▢) | | 2,10 | 2,10 |
| **Eu** | | zweiseitig gestanzt (▢) | | 2,10 | 2,10 |
| **4942** | 1 EUROPE | mehrfarbig | gmb | | |
| **Do** | | dreiseitig gestanzt (▢) | | 3,50 | 3,20 |
| **Du** | | dreiseitig gestanzt (▢) | | 3,50 | 3,20 |
| **Eo** | | zweiseitig gestanzt (▢) | | 3,50 | 3,20 |
| **Eu** | | zweiseitig gestanzt (▢) | | 3,50 | 3,20 |
| | | Satzpreis (2 W.) | | 5,60 | 5,30 |
| | | 2 Markenheftchen | | 56,— | 53,— |

Nominalen zur Zeit der Ausgabe: MiNr. 4941 = 0.92 €, MiNr. 4942 = 1.40 €

Auflagen: MiNr. 4941 = 12.808.010 Stück, MiNr. 4942 = 1.102.060 Stück

**2020, 25. Jan. 75 Jahre Comicfiguren „Suske und Wiske“. Odr. (1 Zd + 1 Zd); gez. K 12.**

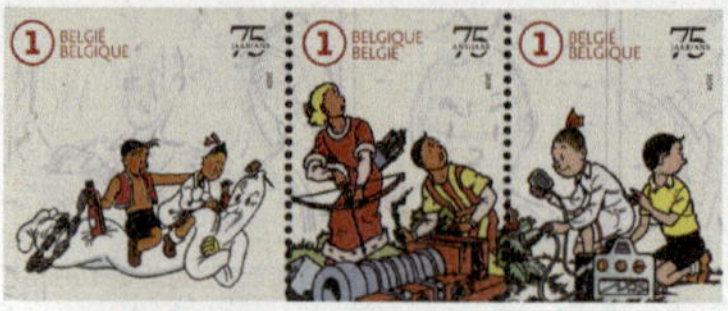

gmc) „Die Insel Amoras“ (1972)
gmd) „Der Schatz von Beersel“ (1998)
gme) „De klankentapper“ (1961)

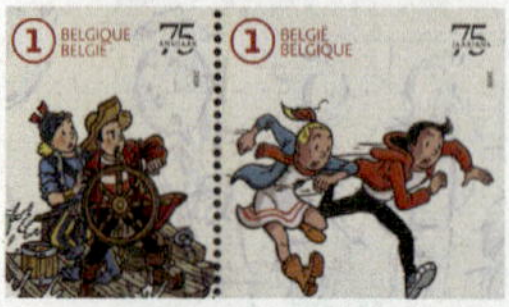

gmf) „De kaperkoters“ (2006)
gmg) „Der Planetenfresser“ (2017)

gmc–gmg) Szenen aus den Comicalben „Suske und Wiske“ von Willy Vandersteen (1913–1990), Zeichner und Autor

| | | | | | |
|---|---|---|---|---|---|
| **4943** | 1 (Belgien) | mehrfarbig | gmc | 2,30 | 2,30 |
| **4944** | 1 (Belgien) | mehrfarbig | gmd | 2,30 | 2,30 |
| **4945** | 1 (Belgien) | mehrfarbig | gme | 2,30 | 2,30 |
| **4946** | 1 (Belgien) | mehrfarbig | gmf | 2,30 | 2,30 |
| **4947** | 1 (Belgien) | mehrfarbig | gmg | 2,30 | 2,30 |
| | | Satzpreis (5 W.) | | 11,50 | 11,50 |
| | | Fünferstreifen | | 11,50 | 11,50 |
| | | Kleinbogen | | 23,— | 23,— |

Nominale zur Zeit der Ausgabe: je 0.98 €

MiNr. 4943–4947 wurden waagerecht zusammenhängend gedruckt.

Auflage: 107.910 Sätze

**2020, 25. Jan. Blockausgabe: Bekannte belgische Briefmarken. MiNr. 4948–4949 und 4951–4952 RaTdr., MiNr. 4950 komb. StTdr. und RaTdr.; gez. Ks 11½.**

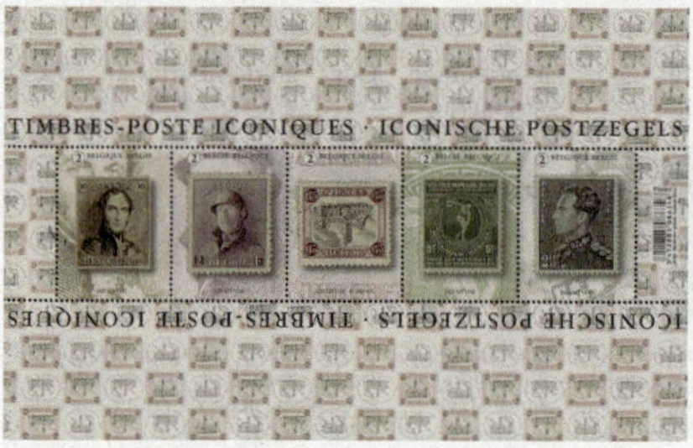


gmn

gmh) Marke MiNr. 1
gmi) Marke MiNr. 156
gmk) Marke MiNr. 124 F
gml) Marke MiNr. 159
gmm) Marke MiNr. 428

| | | | | | |
|---|---|---|---|---|---|
| **4948** | 2 (Belgien) | mehrfarbig | gmh | 4,50 | 4,50 |
| **4949** | 2 (Belgien) | mehrfarbig | gmi | 4,50 | 4,50 |
| **4950** | 2 (Belgien) | mehrfarbig | gmk | 4,50 | 4,50 |
| **4951** | 2 (Belgien) | mehrfarbig | gml | 4,50 | 4,50 |
| **4952** | 2 (Belgien) | mehrfarbig | gmm | 4,50 | 4,50 |
| **Block 246** | | (225×138 mm) | gmn | 22,50 | 22,50 |

Nominale zur Zeit der Ausgabe: je 1.96 €

Auflage: 54.052 Blocks

**2020, 25. Jan. Blockausgabe: Geometrie in der Natur (III) – Fünfeck. Odr.; gez. Ks 12.**

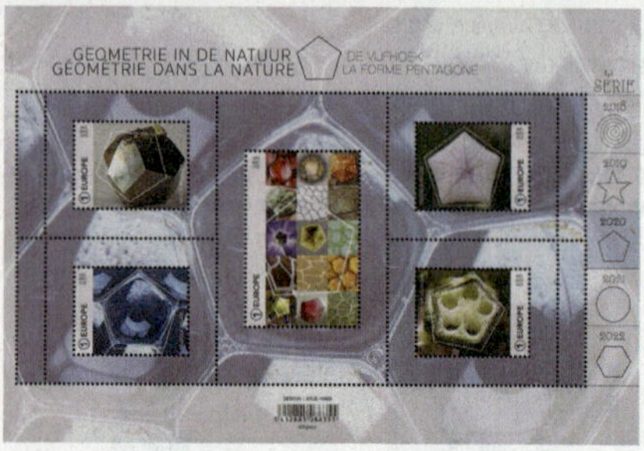


gmu

gmo) Pyrit
gmp) Blütenknospe einer Ballonblume (Platycodon grandiflorus)
gmr) Miniaturbilder verschiedener Fünfecke
gms) Seifenschaum
gmt) Querschnitt einer Okraschote (Abelmoschus esculentus)

| | | | | | |
|---|---|---|---|---|---|
| **4953** | 1 EUROPE | mehrfarbig | gmo | 3,60 | 3,60 |
| **4954** | 1 EUROPE | mehrfarbig | gmp | 3,60 | 3,60 |
| **4955** | 1 EUROPE | mehrfarbig | gmr | 3,60 | 3,60 |
| **4956** | 1 EUROPE | mehrfarbig | gms | 3,60 | 3,60 |
| **4957** | 1 EUROPE | mehrfarbig | gmt | 3,60 | 3,60 |
| **Block 247** | | (225×150 mm) | gmu | 18,— | 18,— |

Nominale zur Zeit der Ausgabe: je 1.55 €

Auflage: 49.752 Blocks

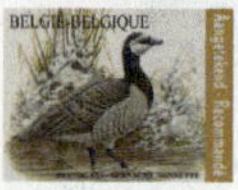


**2020, 25. Jan. Einschreibemarke: Vögel. Odr. (2×5); gez. K 11½.**

gmw) Nonnengans (Branta leucopsis)

| | | | | | |
|---|---|---|---|---|---|
| **4958** | — | mehrfarbig | gmv | 13,— | 13,— |
| | | Kleinbogen | | 130,— | 130,— |

Nominale zur Zeit der Ausgabe: 5.67 €

*Weitere Werte siehe Übersicht nach Jahrgangswerttabelle*

**2020, 14. März. Blockausgabe: Alte Meister (I) – Jan van Eyck. Odr.; selbstklebend; MiNr. 4959–4961 gestanzt 19, MiNr. 4962–4963 gestanzt 14¼.**

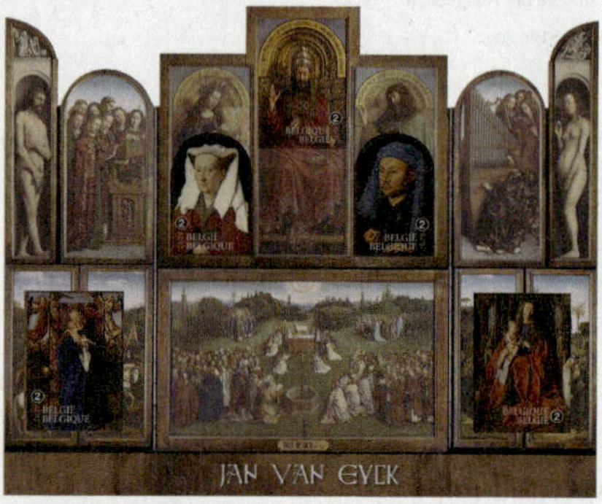


gnb

gmw) Der Dreieinige Gott
gmx) Margarete von Eyck
gmy) Bildnis eines Mannes mit blauem Chaperon
gmz) Madonna am Brunnen
gna) Lucca-Madonna

gmw–gna) Gemälde von Jan van Eyck (1390–1441), flämischer Maler

| | | | | | |
|---|---|---|---|---|---|
| **4959** | 2 (Belgien) | mehrfarbig | gmw | 4,50 | 4,50 |
| **4960** | 2 (Belgien) | mehrfarbig | gmx | 4,50 | 4,50 |
| **4961** | 2 (Belgien) | mehrfarbig | gmy | 4,50 | 4,50 |
| **4962** | 2 (Belgien) | mehrfarbig | gmz | 4,50 | 4,50 |
| **4963** | 2 (Belgien) | mehrfarbig | gna | 4,50 | 4,50 |
| **Block 248** | | (193×154 mm) | gnb | 22,50 | 22,50 |

Nominale zur Zeit der Ausgabe: je 1.96 €

Auflage: 65.484 Blocks

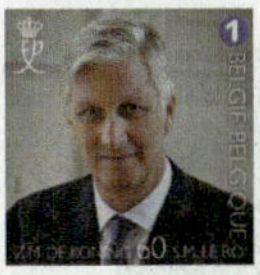

**2020, 14. März. 60. Geburtstag von König Philippe. Odr. (1×5 + 1×5); gez. K 12½.**

gnc) König Philippe (*1960, reg. seit 2013)

| | | | | |
|---|---|---|---|---|
| **4964** | 1 (Belgien) mehrfarbig ............... | gnc | 2,30 | 2,30 |
| | Kleinbogen | | 23,— | 23,— |

Nominale zur Zeit der Ausgabe: 0.98 €

Auflage: 337.030 Stück

**2020, 14. März. Blockausgabe: Erfolge in Belgien – Brieftaubenrennen. Odr.; gez. K 12.**

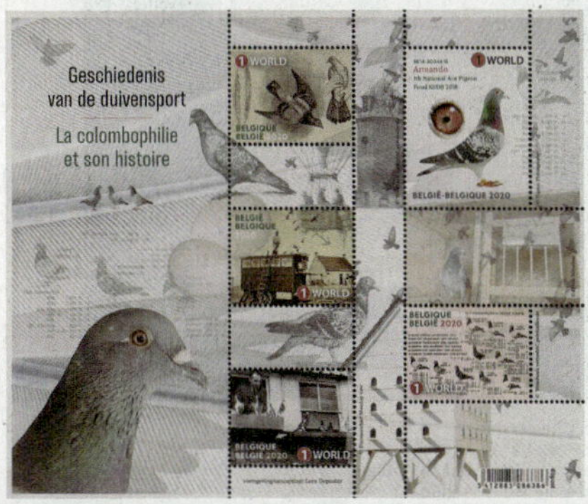


gni

gnd) Brieftauben
gne) Taube „Armando", Gewinner des ersten nationalen Rennens (2018)
gnf) Soldat auf Taubenwagen (1917)
gng) Gewinnerkarte (1987)
gnh) Taubenzüchter

| | | | | |
|---|---|---|---|---|
| **4965** | 1 WORLD mehrfarbig .......... | gnd | 4,10 | 4,10 |
| **4966** | 1 WORLD mehrfarbig .......... | gne | 4,10 | 4,10 |
| **4967** | 1 WORLD mehrfarbig .......... | gnf | 4,10 | 4,10 |
| **4968** | 1 WORLD mehrfarbig .......... | gng | 4,10 | 4,10 |
| **4969** | 1 WORLD mehrfarbig .......... | gnh | 4,10 | 4,10 |
| **Block 249** | (186×152 mm) ...... | gni | 20,50 | 20,50 |

Nominale zur Zeit der Ausgabe: je 1.77 €

Bl. 249 ☐ in Schwarz wurde von der Post an Abonnenten verschenkt. Er ist nicht frankaturgültig.

Auflage: 50.252 Blocks

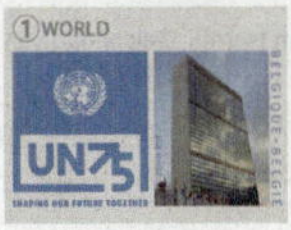

**2020, 14. März. 75 Jahre Vereinte Nationen (UNO). Odr. (1×5); gez. K 12.**

gnk) UNO-Hauptquartier, New York; Jubiläumsemblem

| | | | | |
|---|---|---|---|---|
| **4970** | 1 WORLD mehrfarbig ............... | gnk | 4,10 | 4,10 |
| | Kleinbogen | | 20,50 | 20,50 |

Nominale zur Zeit der Ausgabe: 1.77 €

Auflage: 104.925 Stück

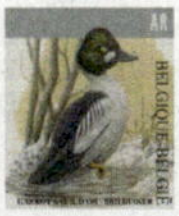

**2020, 14. März. Rückscheinmarke: Vögel. Odr. (2×5); gez. K 11½:11¼.**

gnl) Schellente (Bucephala clangula)

| | | | | |
|---|---|---|---|---|
| **4971** | — mehrfarbig ........................ | gnl | 3,10 | 3,10 |
| | Kleinbogen | | 31,— | 31,— |

Nominale zur Zeit der Ausgabe: 1.35 €

*Weitere Werte siehe Übersicht nach Jahrgangswerttabelle.*

**2020, 15. Juni. Blockausgabe: Stadtzentren (X) – Lüttich. Komb. StTdr. und RaTdr.; gez. Ks 11½.**

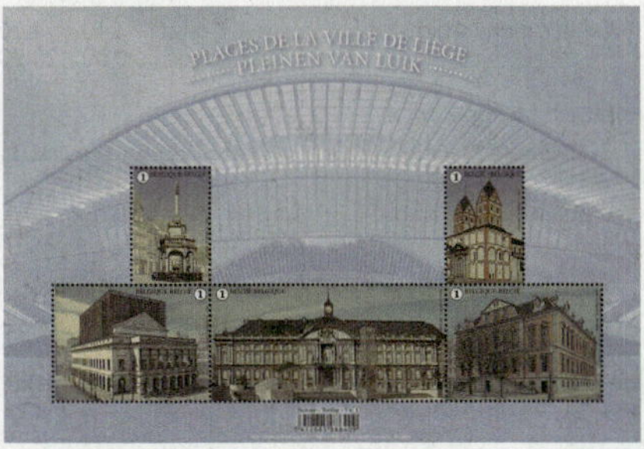


gns

gnm) Perron-Brunnen auf der Place du Marché
gnn) Kirche St. Barthélemy

gno) Königliche Oper der Wallonie
gnp) Fürstbischöfliches Palais
gnr) Rathaus

| | | | | |
|---|---|---|---|---|
| **4972** | 1 (Belgien) mehrfarbig ......... | gnm | 4,50 | 4,50 |
| **4973** | 1 (Belgien) mehrfarbig ......... | gnn | 4,50 | 4,50 |
| **4974** | 1 (Belgien) mehrfarbig ......... | gno | 4,50 | 4,50 |
| **4975** | 1 (Belgien) mehrfarbig ......... | gnp | 4,50 | 4,50 |
| **4976** | 1 (Belgien) mehrfarbig ......... | gnr | 4,50 | 4,50 |
| **Block 250** | (225×150 mm) ..... | gns | 22,50 | 22,50 |

Nominale zur Zeit der Ausgabe: je 0.98 €

Postpreis: 9.80 €

Auflage: 52.212 Blocks

**2020, 15. Juni. Blockausgabe: Europa – Historische Postrouten. Komb. Odr. und Pdr.; gez. Ks 12.**

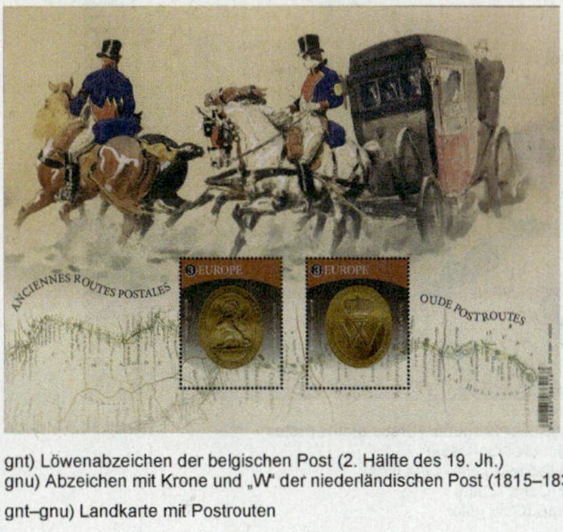


gnv

gnt) Löwenabzeichen der belgischen Post (2. Hälfte des 19. Jh.)
gnu) Abzeichen mit Krone und „W" der niederländischen Post (1815–1830)

gnt–gnu) Landkarte mit Postrouten

| | | | | | |
|---|---|---|---|---|---|
| **4977** | 3 EUROPE | mehrfarbig | gnt | 10,70 | 10,70 |
| **4978** | 3 EUROPE | mehrfarbig | gnu | 10,70 | 10,70 |
| **Block 251** | | (220×165 mm) | gnv | 21,50 | 21,50 |

Nominale zur Zeit der Ausgabe: je 4.65 €

Auflage: 65.052 Blocks

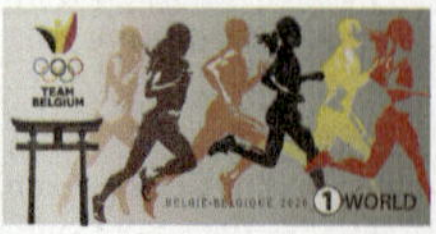


**2020, 15. Juni. Schneller, höher, stärker. Odr. (1×5); gez. K 12.**

gnw) Läufersilhouetten in Landesfarben, Emblem des belgischen Olympiateams, Torii

| | | | | | |
|---|---|---|---|---|---|
| **4979** | 1 WORLD | mehrfarbig | gnw | 4,10 | 4,10 |
| | | Kleinbogen | | 20,50 | 20,50 |

Nominale zur Zeit der Ausgabe: 1.77 €

Kleinbogen mit MiNr. 4979 ☐ wurde von der Post an Abonnenten verschenkt. Er ist nicht frankaturgültig.

Auflage: 127.675 Stück

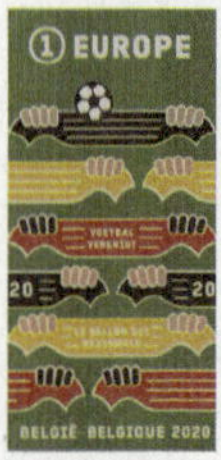


**2020, 15. Juni. Fußball verbindet. Odr. (5×1); gez. K 12.**

gnx) Fanschals in Landesfarben

| | | | | | |
|---|---|---|---|---|---|
| **4980** | 1 EUROPE | mehrfarbig | gnx | 3,60 | 3,60 |
| | | Kleinbogen | | 18,— | 18,— |

Nominale zur Zeit der Ausgabe: 1.55 €

Auflage: 130.425 Stück

**2020, 31. Aug. Blockausgabe: Die großen Fünf von Europa – 50 Jahre Wildtierpark „Les Grottes de Han". Odr.; gez. Ks 12.**

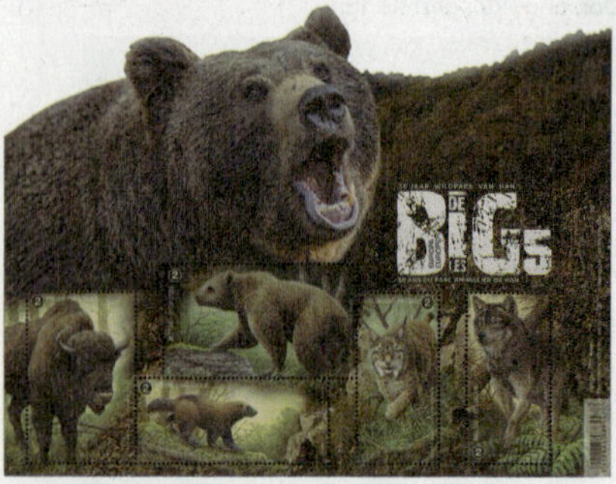


god

gny) Eurasischer Braunbär (Ursus arctos arctos)
gnz) Wisent (Bos bonasus)
goa) Eurasischer Luchs (Lynx lynx)
gob) Wolf (Canis lupus)
goc) Vielfraß (Gulo gulo)

| | | | | | |
|---|---|---|---|---|---|
| **4981** | 2 (Belgien) | mehrfarbig | gny | 4,50 | 4,50 |
| **4982** | 2 (Belgien) | mehrfarbig | gnz | 4,50 | 4,50 |
| **4983** | 2 (Belgien) | mehrfarbig | goa | 4,50 | 4,50 |
| **4984** | 2 (Belgien) | mehrfarbig | gob | 4,50 | 4,50 |
| **4985** | 2 (Belgien) | mehrfarbig | goc | 4,50 | 4,50 |
| **Block 252** | | (220×157 mm) | god | 22,50 | 22,50 |

Nominale zur Zeit der Ausgabe: je 1.96 €

Auflage: 56.852 Blocks

**2020, 31. Aug. Blockausgabe: Abteien und Klöster. Komb. StTdr. und RaTdr.; gez. Ks 11½:11¼.**

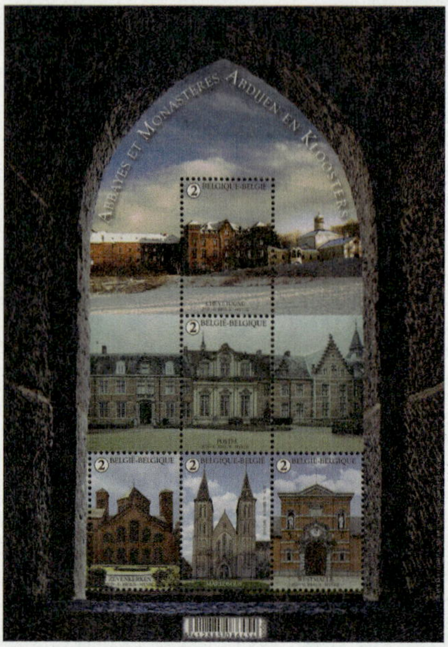


gok

goe) Abtei Chevetogne
gof) Abtei Postel, Mol
gog) Abteikirche Zevenkerken, Brügge
goh) Abtei Maredsous, Anhée
goi) Trappistenabtei Westmalle, Malle

| | | | | | |
|---|---|---|---|---|---|
| **4986** | 2 (Belgien) | mehrfarbig | goe | 4,50 | 4,50 |
| **4987** | 2 (Belgien) | mehrfarbig | gof | 4,50 | 4,50 |
| **4988** | 2 (Belgien) | mehrfarbig | gog | 4,50 | 4,50 |
| **4989** | 2 (Belgien) | mehrfarbig | goh | 4,50 | 4,50 |
| **4990** | 2 (Belgien) | mehrfarbig | goi | 4,50 | 4,50 |
| **Block 253** | | (133×189 mm) | gok | 22,50 | 22,50 |

Nominale zur Zeit der Ausgabe: je 1.96 €

Auflage: 54.552 Blocks

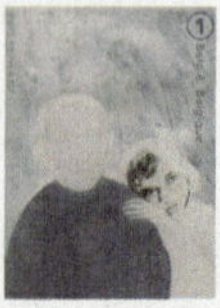

**2020, 31. Aug. Das Schweigen von Alzheimer. Odr. (10); gez. Ks 12.**

gol) Junges Mädchen umarmt älteren Herren; Zeichnung von Heike Sofia Villavicencio Rammeloo (*1986), Graphikerin

| | | | | | |
|---|---|---|---|---|---|
| **4991** | 1 (Belgien) | mehrfarbig | gol | 2,30 | 2,30 |
| | | Kleinbogen | | 23,— | 23,— |

Nominale zur Zeit der Ausgabe: 0.98 €

Auflage: 192.530 Stück

**2020, 31. Aug. Blockausgabe: Die Goldenen Zwanziger. Odr.; gez. Ks 12.**

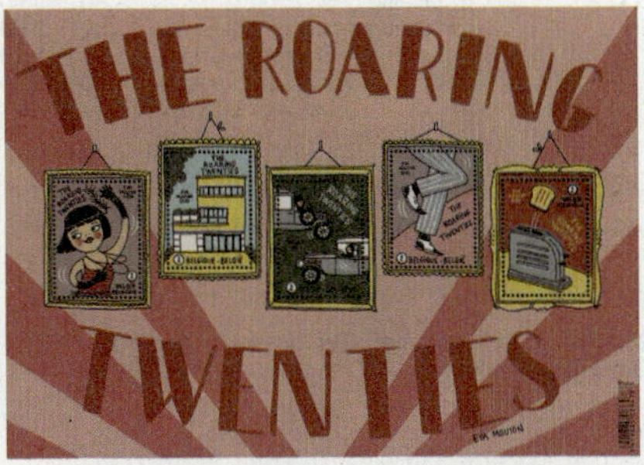


gos

gom) Flapper-Mode
gon) Haus von Léon Stynen (1899–1990), Architekt, Stadtplaner und Designer
goo) Zunahme des Straßenverkehrs
gop) Jazz-Ära
gor) Einführung des Toasters

| | | | | | |
|---|---|---|---|---|---|
| **4992** | 2 (Belgien) | mehrfarbig ......... | gom | 4,50 | 4,50 |
| **4993** | 2 (Belgien) | mehrfarbig ......... | gon | 4,50 | 4,50 |
| **4994** | 2 (Belgien) | mehrfarbig ......... | goo | 4,50 | 4,50 |
| **4995** | 2 (Belgien) | mehrfarbig ......... | gop | 4,50 | 4,50 |
| **4996** | 2 (Belgien) | mehrfarbig ......... | gor | 4,50 | 4,50 |
| **Block 254** | | (226×156 mm) ..... | gos | 22,50 | 22,50 |

Nominale zur Zeit der Ausgabe: je 1.96 €

Auflage: 49.752 Blocks

**2020, 31. Aug. Freimarken: Tiere des Gartens. Odr., Faltblatt (1×5 Zd); selbstklebend; gestanzt 8¾.**

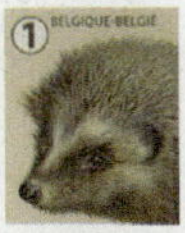
got) Braunbrustigel (Erinaceus europaeus)

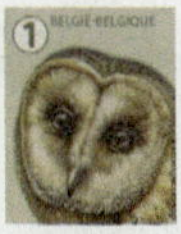
gou) Schleiereule (Tyto alba)

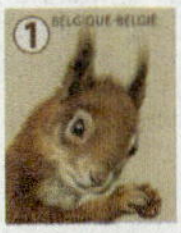
gov) Eurasisches Eichhörnchen (Sciurus vulgaris)

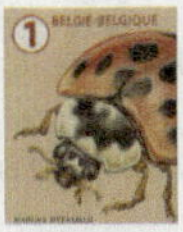
gow) Asiatischer Marienkäfer (Harmonia axyridis)

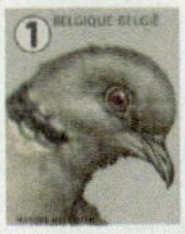
gox) Türkentaube (Streptopelia decaocto)

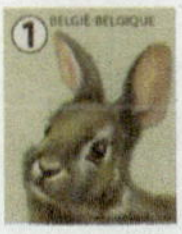
goy) Wildkaninchen (Oryctolagus cuniculus)

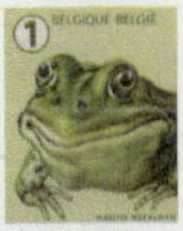
goz) Teichfrosch (Pelophylax „esculentus")

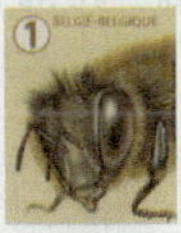
gpa) Westliche Honigbiene (Apis mellifera)

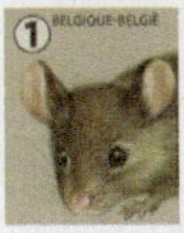
gpb) Hausmaus (Mus musculus)

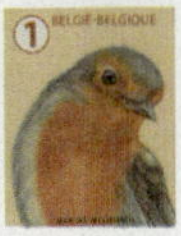
gpc) Rotkehlchen (Erithacus rubecula)

| | | | | | |
|---|---|---|---|---|---|
| **4997** | 1 (Belgien) | mehrfarbig .............. | got | 2,30 | 2,30 |
| **4998** | 1 (Belgien) | mehrfarbig .............. | gou | 2,30 | 2,30 |
| **4999** | 1 (Belgien) | mehrfarbig .............. | gov | 2,30 | 2,30 |
| **5000** | 1 (Belgien) | mehrfarbig .............. | gow | 2,30 | 2,30 |
| **5001** | 1 (Belgien) | mehrfarbig .............. | gox | 2,30 | 2,30 |
| **5002** | 1 (Belgien) | mehrfarbig .............. | goy | 2,30 | 2,30 |
| **5003** | 1 (Belgien) | mehrfarbig .............. | goz | 2,30 | 2,30 |
| **5004** | 1 (Belgien) | mehrfarbig .............. | gpa | 2,30 | 2,30 |
| **5005** | 1 (Belgien) | mehrfarbig .............. | gpb | 2,30 | 2,30 |
| **5006** | 1 (Belgien) | mehrfarbig .............. | gpc | 2,30 | 2,30 |
| | | | Satzpreis (10 W.) | 23,— | 23,— |
| | | | Zehnerblock | 23,— | 23,— |

Nominale zur Zeit der Ausgabe: je 0.98 €

MiNr. 4997–5006 wurden zusammenhängend in Zehnerblockanordnung gedruckt.

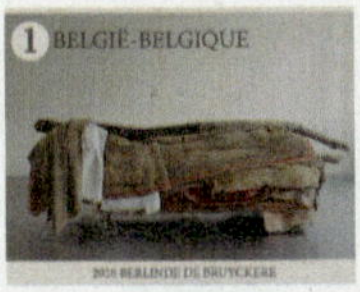

**2020, 26. Okt. Berlinde de Bruyckere. Odr. (5×2); gez. K 11½.**

gpd) Walburga 16 November '18; Plastik von Berlinde de Bruyckere (*1964), Künstlerin

| | | | | | |
|---|---|---|---|---|---|
| **5007** | 1 (Belgien) | mehrfarbig .............. | gpd | 2,30 | 2,30 |
| | | | Kleinbogen | 23,— | 23,— |

Nominale zur Zeit der Ausgabe: 0.98 €

Auflage: 175.530 Stück

**2020, 26. Okt. Außergewöhnliche Pilze. Odr. (1 Zd + 1 Zd); gez. K 12.**

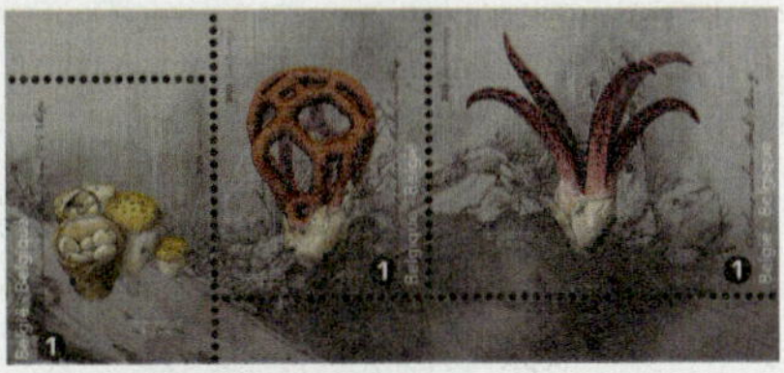

gpe) Gemeiner Tiegelteuerling (Crucibulum crucibuliforme)
gpf) Roter Gitterling (Clathrus ruber)
gpg) Tintenfischpilz (Clathrus archeri)

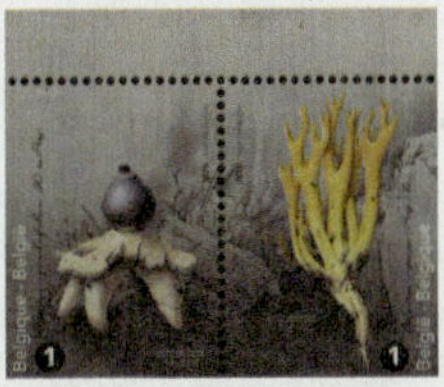

gph) Kleiner Nest-Erdstern (Geastrum quadrifidum)
gpi) Klebriger Hörnling (Calocera viscosa)

| | | | | | |
|---|---|---|---|---|---|
| **5008** | 1 (Belgien) | mehrfarbig .............. | gpe | 2,30 | 2,30 |
| **5009** | 1 (Belgien) | mehrfarbig .............. | gpf | 2,30 | 2,30 |
| **5010** | 1 (Belgien) | mehrfarbig .............. | gpg | 2,30 | 2,30 |
| **5011** | 1 (Belgien) | mehrfarbig .............. | gph | 2,30 | 2,30 |
| **5012** | 1 (Belgien) | mehrfarbig .............. | gpi | 2,30 | 2,30 |
| | | | Satzpreis (5 W.) | 11,50 | 11,50 |
| | | | Fünferstreifen | 11,50 | 11,50 |
| | | | Kleinbogen | 23,— | 23,— |

Nominale zur Zeit der Ausgabe: je 0.98 €

MiNr. 5008–5012 wurden waagerecht zusammenhängend gedruckt.

Auflage: 68.010 Sätze

**2020, 26. Okt. Blockausgabe: Friedhöfe. Komb. StTdr. und RaTdr.; gez. Ks 13:13½.**

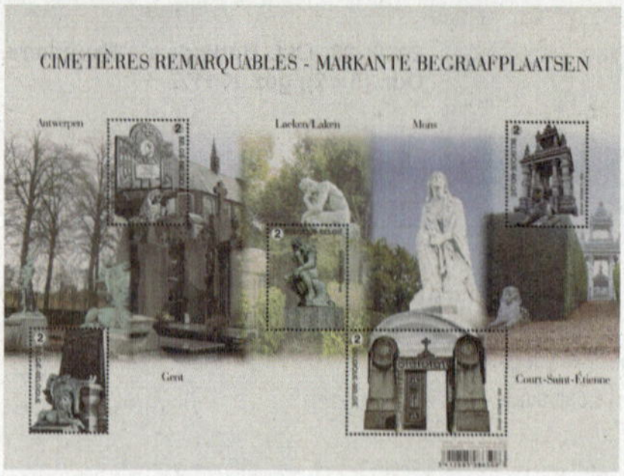


gpp

gpk) Grab des Komponisten Franz de Vos (1856–1919), Friedhof Campo Santo in Gent
gpl) Mausoleum der Grafen Goblet d'Alviella, Friedhof Court-Saint-Etienne
gpm) Der Denker; Bronzeskulptur von Auguste Rodin (1840–1917), Friedhof Laeken in Brüssel
gpn) Grab des Schriftstellers Hendrik Conscience (1812–1883), Friedhof Schoonselhof in Antwerpen
gpo) Eingangstor des Friedhofes in Mons

| | | | | |
|---|---|---|---|---|
| **5013** | 2 (Belgien) mehrfarbig . . . . . . . . . . | gpk | 4,50 | 4,50 |
| **5014** | 2 (Belgien) mehrfarbig . . . . . . . . . . | gpl | 4,50 | 4,50 |
| **5015** | 2 (Belgien) mehrfarbig . . . . . . . . . . | gpm | 4,50 | 4,50 |
| **5016** | 2 (Belgien) mehrfarbig . . . . . . . . . . | gpn | 4,50 | 4,50 |
| **5017** | 2 (Belgien) mehrfarbig . . . . . . . . . . | gpo | 4,50 | 4,50 |
| **Block 255** | (225×165 mm) . . . . . | gpp | 23,— | 23,— |

Nominale zur Zeit der Ausgabe: je 1.96 €

Auflage: 49.752 Blocks

**2020, 26. Okt. Spekulatius. Odr. (5×1 + 5×1); gez. K 11½:11¾.**

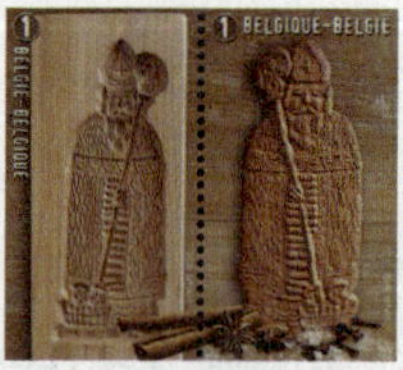


gps gpr

gpr) Nikolaus-Spekulatius
gps) Spekulatius-Backform

| | | | | |
|---|---|---|---|---|
| **5018** | 1 (Belgien) mehrfarbig . . . . . . . . . . . . . . . | gpr | 2,30 | 2,30 |
| **5019** | 1 (Belgien) mehrfarbig . . . . . . . . . . . . . . . | gps | 2,30 | 2,30 |
| | Satzpreis (2 W.) | | 4,60 | 4,60 |
| | Paar | | 4,60 | 4,60 |
| | Kleinbogen | | 23,— | 23,— |

Nominale zur Zeit der Ausgabe: je 0.98 €

Markenfolge im Kleinbogen: 5018-5019-5018-5019-5018, 5019-5018-5019-5018-5019

Auflage: 160.050 Sätze

**2020, 26. Okt. Weihnachten. Odr., Markenheftchen (5×2); selbstklebend; D = dreiseitig, E = zweiseitig gestanzt 9¾.**

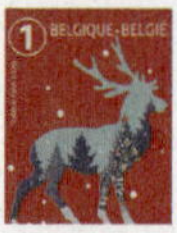


gpt) Rentier-Silhouette mit Bäumen

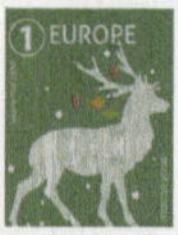


gpu) Rentier-Silhouette mit Holzmaserung

| | | | | |
|---|---|---|---|---|
| **5020** | 1 (Belgien) mehrfarbig . . . . . . . . . . . | gpt | | |
| Do | dreiseitig gestanzt (⊡) . . . . . | | 2,30 | 2,30 |
| El | zweiseitig gestanzt (⊡) . . . . | | 2,30 | 2,30 |
| Er | zweiseitig gestanzt (⊡) . . . . | | 2,30 | 2,30 |
| **5021** | 1 EUROPE mehrfarbig . . . . . . . . . . . | gpu | | |
| Do | dreiseitig gestanzt (⊡) . . . . . | | 3,60 | 3,60 |
| El | zweiseitig gestanzt (⊡) . . . . | | 3,60 | 3,60 |
| Er | zweiseitig gestanzt (⊡) . . . . | | 3,60 | 3,60 |
| | Satzpreis (2 W.) | | 5,90 | 5,90 |
| | 2 Kehrdruckpaare | | 11,80 | 11,80 |
| | 2 Markenheftchen | | 59,— | 59,— |

Nominalen zur Zeit der Ausgabe: MiNr. 5020 = 0.98 €, MiNr. 5021 = 1.55 €

MiNr. 5020–5021 wurden jeweils im senkrechten Kehrdruck gedruckt.

Auflage: MiNr. 5020 = 8.302.010, MiNr. 5021 = 884.460 Stück

**2021, 25. Jan. Blockausgabe: Geometrie in der Natur (IV) – Kreis. Odr.; gez. Ks 12.**

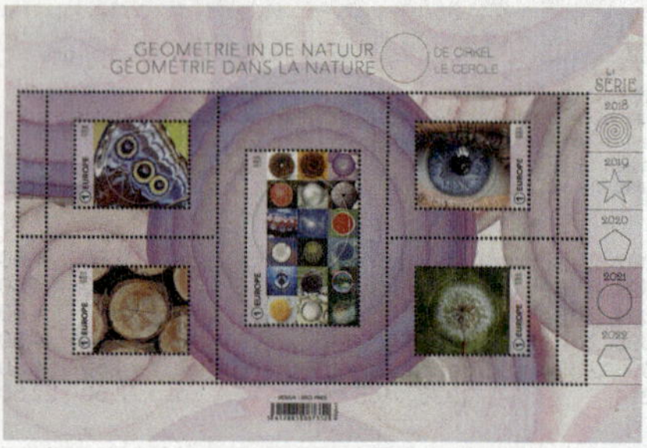


gra

gpv) Flügel des Blauen Morphofalters (Morpho menelaus)
gpw) Menschliches Auge
gpx) Miniaturbilder verschiedener Kreise
gpy) Baumstämme
gpz) Fruchtstand des Gewöhnlichen Löwenzahns (Taraxacum officinale)

| | | | | |
|---|---|---|---|---|
| **5022** | 1 EUROPE mehrfarbig . . . . . . . . . | gpv | 4,30 | 4,30 |
| **5023** | 1 EUROPE mehrfarbig . . . . . . . . . | gpw | 4,30 | 4,30 |
| **5024** | 1 EUROPE mehrfarbig . . . . . . . . . | gpx | 4,30 | 4,30 |
| **5025** | 1 EUROPE mehrfarbig . . . . . . . . . | gpy | 4,30 | 4,30 |
| **5026** | 1 EUROPE mehrfarbig . . . . . . . . . | gpz | 4,30 | 4,30 |
| **Block 256** | (225×150 mm) . . . . . | gra | 21,50 | 21,50 |

Nominale zur Zeit der Ausgabe: je 1.85 €

Auflage: 44.142 Blocks

**2021, 25. Jan. Blockausgabe: 100. Geburtstag von Roger Raveel. Odr.; gez. Ks 12.**

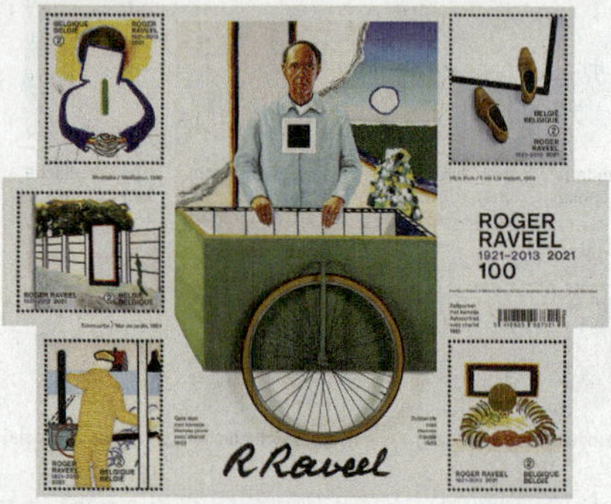


grg

grb) Meditation (1990)
grc) Er ist zuhause (1969)
grd) Gartenmauer (1964)
gre) Gelber Mann mit Handkarren (1952)
grf) Zaudernder Mann (1983)

grb–grf) Gemälde von Roger Raveel (1921–2013), Maler

| | | | | |
|---|---|---|---|---|
| **5027** | 2 (Belgien) mehrfarbig . . . . . . . . . . | grb | 4,90 | 4,90 |
| **5028** | 2 (Belgien) mehrfarbig . . . . . . . . . . | grc | 4,90 | 4,90 |
| **5029** | 2 (Belgien) mehrfarbig . . . . . . . . . . | grd | 4,90 | 4,90 |
| **5030** | 2 (Belgien) mehrfarbig . . . . . . . . . . | gre | 4,90 | 4,90 |
| **5031** | 2 (Belgien) mehrfarbig . . . . . . . . . . | grf | 4,90 | 4,90 |
| **Block 257** | (210×166 mm) . . . . . . | grg | 25,— | 25,— |

Nominale zur Zeit der Ausgabe: je 2.14 €

Auflage: 44.142 Blocks

**2021, 25. Jan. Berühmte weibliche Comicfiguren. Odr. (1 Zd + 1 Zd); gez. K 12.**

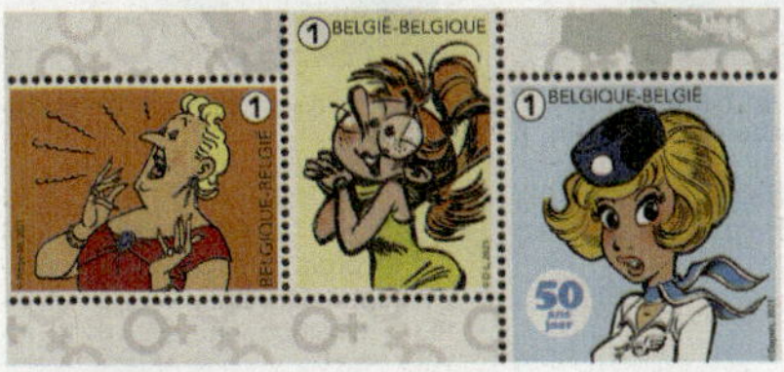


grh) Bianca Castafiore aus „Tim und Struppi" von Hergé, eigentlich Georges Remi (1907–1983)
gri) Mademoiselle Jeanne aus „Gaston" von André Franquin (1924–1997)
grk) „Natascha" von François Walthéry (*1946)

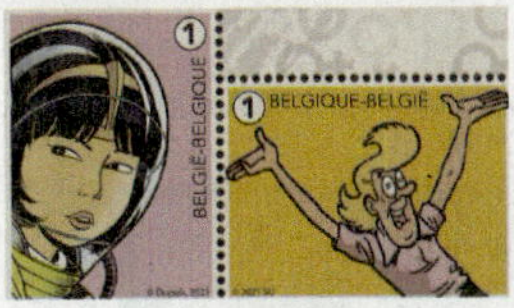


grl) „Yoko Tsuno" von Roger Leloup (*1933)
grm) Tante Sidonia aus „Suske und Wiske" von Willy Vandersteen (1913–1990)

| | | | | | |
|---|---|---|---|---|---|
| **5032** | 1 (Belgien) mehrfarbig | grh | 2,50 | 2,50 |
| **5033** | 1 (Belgien) mehrfarbig | gri | 2,50 | 2,50 |
| **5034** | 1 (Belgien) mehrfarbig | grk | 2,50 | 2,50 |
| **5035** | 1 (Belgien) mehrfarbig | grl | 2,50 | 2,50 |
| **5036** | 1 (Belgien) mehrfarbig | grm | 2,50 | 2,50 |
| | Satzpreis (5 W.) | | 12,50 | 12,50 |
| | Fünferstreifen | | 12,50 | 12,50 |
| | Kleinbogen | | 25,— | 25,— |

Nominale zur Zeit der Ausgabe: je 1.07 €

MiNr. 5032–5036 wurden waagerecht zusammenhängend gedruckt.

Auflage: 139.976 Sätze

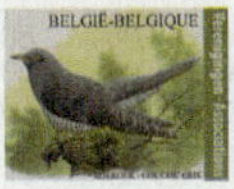


**2021, 25. Jan. Freimarke für Vereinigungen: Vögel. Odr. (2×5); gez. K 12½.**

grn) Kuckuck (Cuculus canorus)

| | | | | |
|---|---|---|---|---|
| **5037** | — mehrfarbig | grn | 1,80 | 1,80 |
| | Kleinbogen | | 18,— | 18,— |

Nominale zur Zeit der Ausgabe: 0.77 €

*Weitere Werte siehe Übersicht nach Jahrgangswerttabelle.*

**2021, 15. März. Blockausgabe: Stadtzentren (XI) – Mechelen. Komb. StTdr. und RaTdr.; gez. Ks 11½.**

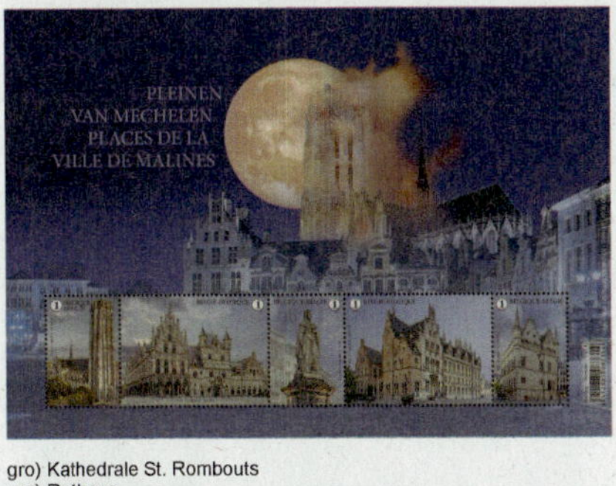


gru

gro) Kathedrale St. Rombouts
grp) Rathaus
grr) Statue der Erzherzogin Margarete von Österreich (1480–1530)
grs) Hauptpostamt im Haus De Beyaert (12. Jh.)
grt) Museum Schepenhuis

| | | | | |
|---|---|---|---|---|
| **5038** | 1 (Belgien) mehrfarbig | gro | 4,90 | 4,90 |
| **5039** | 1 (Belgien) mehrfarbig | grp | 4,90 | 4,90 |
| **5040** | 1 (Belgien) mehrfarbig | grr | 4,90 | 4,90 |
| **5041** | 1 (Belgien) mehrfarbig | grs | 4,90 | 4,90 |
| **5042** | 1 (Belgien) mehrfarbig | grt | 4,90 | 4,90 |
| **Block 258** | (225×155 mm) | gru | 24,50 | 24,50 |

Nominale zur Zeit der Ausgabe: je 1.07 €

Postpreis: 10.70 €

Bl. 258 □ in Schwarz wurde von der Post an Abonnenten verschenkt. Er ist nicht frankaturgütig.

Auflage: 44.542 Blocks

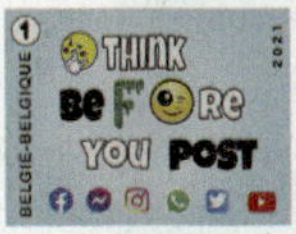


**2021, 15. März. Nein zu Mobbing. Odr. (4×3); gez. K 12.**

grv) Inschrift „Think before you post" (Denke nach, bevor Du postest), Emoticons, Symbole sozialer Medien

| | | | | |
|---|---|---|---|---|
| **5043** | 1 (Belgien) mehrfarbig | grv | 2,50 | 2,50 |
| | Kleinbogen | | 25,— | 25,— |

Nominale zur Zeit der Ausgabe: je 1.07 €

MiNr. 5043 wurde im Kleinbogen zu 10 Marken und 2 Zierfeldern (Feld 5 und 7) gedruckt.

Auflage: 199.990 Stück

**2021, 15. März. Nordsee-Quallen. Odr. (1 Zd + 1 Zd); gez. K 12.**

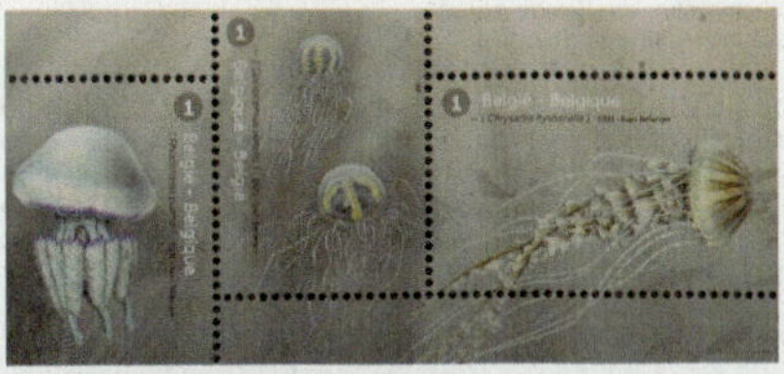


grw) Lungenqualle (Rhizostoma pulmo)
grx) Gonionemus-vertens-Qualle (Gonionemus vertens)
gry) Kompassqualle (Chrysaora hysoscella)

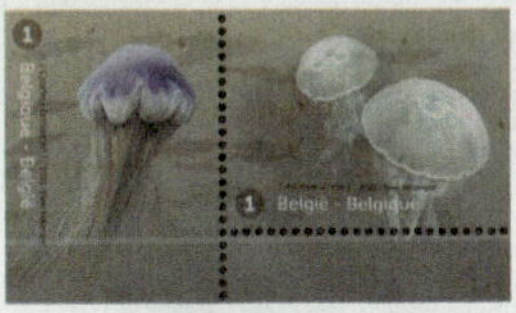


grz) Blaue Nesselqualle (Cyanea lamarckii)
gsa) Ohrenqualle (Aurelia aurita)

| | | | | |
|---|---|---|---|---|
| **5044** | 1 (Belgien) mehrfarbig | grw | 2,50 | 2,50 |
| **5045** | 1 (Belgien) mehrfarbig | grx | 2,50 | 2,50 |
| **5046** | 1 (Belgien) mehrfarbig | gry | 2,50 | 2,50 |
| **5047** | 1 (Belgien) mehrfarbig | grz | 2,50 | 2,50 |
| **5048** | 1 (Belgien) mehrfarbig | gsa | 2,50 | 2,50 |
| | Satzpreis (5 W.) | | 12,50 | 12,50 |
| | Fünferstreifen | | 12,50 | 12,50 |
| | Kleinbogen | | 25,— | 25,— |

Nominale zur Zeit der Ausgabe: je 1.07 €

MiNr. 5044–5048 wurden waagerecht zusammenhängend gedruckt.

Auflage: 54.326 Sätze

**2021, 15. März. Blockausgabe: Mikroorganismen. Odr.; gez. Ks 12.**

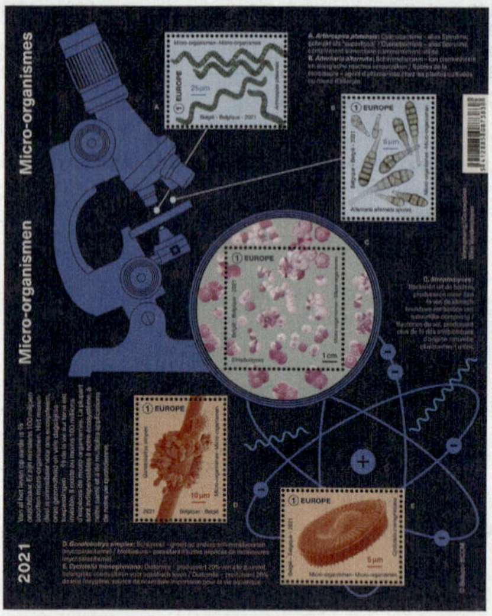


gsg

gsb) Arthospira plantensis (Cyanobakterium)
gsc) Alternaria alternata (Schimmelpilz)
gsd) Streptomyces (Bakterium)
gse) Gonatobotrys simplex (Schimmelpilz)
gsf) Cyclotella meneghiniana (Kieselalge)

| | | | | | |
|---|---|---|---|---|---|
| **5049** | 1 EUROPE | mehrfarbig | gsb | 4,30 | 4,30 |
| **5050** | 1 EUROPE | mehrfarbig | gsc | 4,30 | 4,30 |
| **5051** | 1 EUROPE | mehrfarbig | gsd | 4,30 | 4,30 |
| **5052** | 1 EUROPE | mehrfarbig | gse | 4,30 | 4,30 |
| **5053** | 1 EUROPE | mehrfarbig | gsf | 4,30 | 4,30 |
| **Block 259** | | (165×200 mm) | gsg | 21,30 | 21,30 |

Nominale zur Zeit der Ausgabe: je 1.85 €

Auflage: 46.242 Blocks

**2021, 14. Juni. Blockausgabe: Belgische DJs. Odr.; gez. Ks 12.**

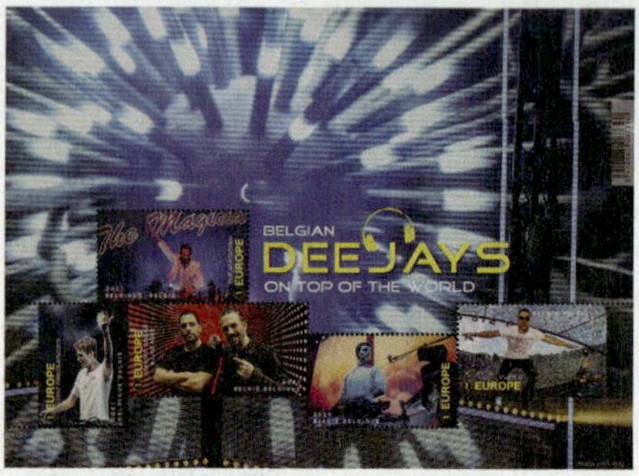


gsn

gsh
gsi gsk gsl gsm

gsh) The Magician, eigentlich Stephen Fasano
gsi) Lost Frequencies, eigentlich Felix de Laet (*1993)
gsk) Dimitri Vegas & Like Mike, eigentlich Dimitrios Anastasios (*1982) und Michael Karl Thivaios (*1985)
gsl) Netsky, eigentlich Boris Daenen (*1989)
gsm) Yves V, eigentlich Yves Van Geertsom (*1981)

| | | | | | |
|---|---|---|---|---|---|
| **5054** | 1 EUROPE | mehrfarbig | gsh | 4,30 | 4,30 |
| **5055** | 1 EUROPE | mehrfarbig | gsi | 4,30 | 4,30 |
| **5056** | 1 EUROPE | mehrfarbig | gsk | 4,30 | 4,30 |
| **5057** | 1 EUROPE | mehrfarbig | gsl | 4,30 | 4,30 |
| **5058** | 1 EUROPE | mehrfarbig | gsm | 4,30 | 4,30 |
| **Block 260** | | (210×150 mm) | gsn | 21,50 | 21,50 |

Nominale zur Zeit der Ausgabe: je 1.85 €

Auflage: 58.992 Blocks

**2021, 14. Juni. 100 Jahre Frauen in der Politik. Komb. StTdr. und RaTdr. (1×5 + 1×5); gez. K 11½.**

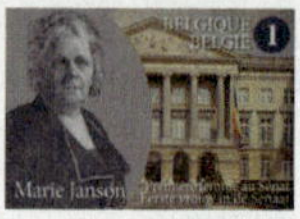


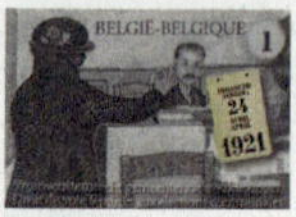


gso) Marie Janson (1873–1960), Politikerin; Palast der Nation, Brüssel

gsp) Frau bei der Stimmabgabe, Kalenderblatt

| | | | | | |
|---|---|---|---|---|---|
| **5059** | 1 (Belgien) | mehrfarbig | gso | 2,50 | 2,50 |
| **5060** | 1 (Belgien) | mehrfarbig | gsp | 2,50 | 2,50 |
| | | Satzpreis (2 W.) | | 5,— | 5,— |
| | | Zwischenstegpaar | | 5,— | 5,— |
| | | Kleinbogen | | 25,— | 25,— |

Nominale zur Zeit der Ausgabe: je 1.07 €

MiNr. 5059–5060 wurden zusammen im Kleinbogen zu je 5 Marken gedruckt.

Auflage: 85.175 Sätze

**2021, 14. Juni. Blockausgabe: Europa – Gefährdete Wildtiere. Odr. mit Lacküberzug; gez. Ks 12.**

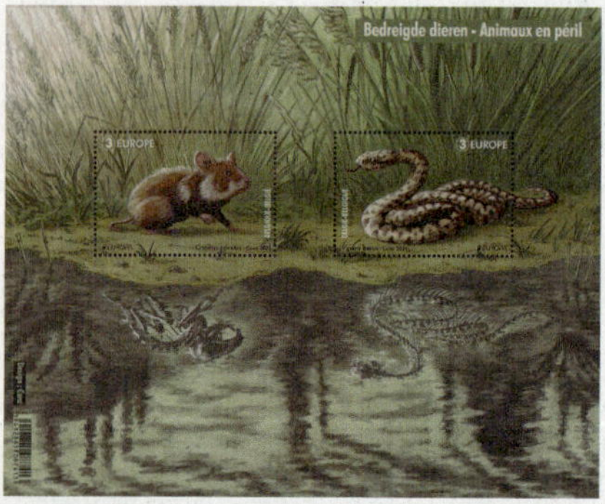


gst

gsr) Feldhamster (Cricetus cricetus)
gss) Kreuzotter (Vipera berus)

| | | | | | |
|---|---|---|---|---|---|
| **5061** | 3 EUROPE | mehrfarbig | gsr | 12,80 | 12,80 |
| **5062** | 3 EUROPE | mehrfarbig | gss | 12,80 | 12,80 |
| **Block 261** | | (200×160 mm) | gst | 25,60 | 25,60 |

Nominale zur Zeit der Ausgabe: je 5.55 €

Auflage: 60.242 Blocks

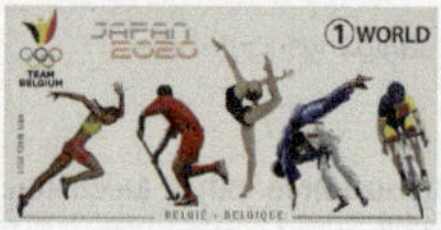


**2021, 14. Juni. Olympische Sommerspiele, Tokio. Odr. (5); gez. K 12.**

gsu) Leichtathletik, Hockey, Turnen, Judo, Radsport; Emblem des belgischen Olympiamannschaft

| | | | | | |
|---|---|---|---|---|---|
| **5063** | 1 WORLD | mehrfarbig | gsu | 4,80 | 4,80 |
| | | Kleinbogen | | 24,— | 24,— |

Nominale zur Zeit der Ausgabe: 2.07 €

Auflage: 93.325 Stück

**2021, 14. Juni. Blockausgabe: Fußball-Europameisterschaft 2020. Odr. mit geriffelter Kunststofffolie; gez. Ks 14¼.**

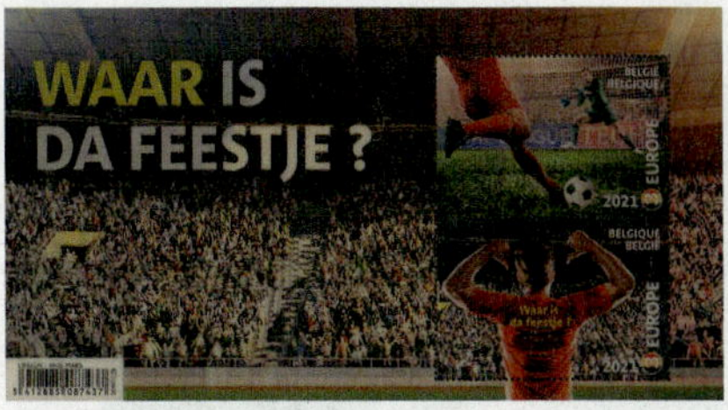


gsx

gsv) Spieler bei Torschuss
gsw) Spieler deutet auf Slogan seines Trikots

| | | | | |
|---|---|---|---|---|
| **5064** | 3 EUROPE mehrfarbig ......... | gsv | 12,80 | 12,80 |
| **5065** | 3 EUROPE mehrfarbig ......... | gsw | 12,80 | 12,80 |
| **Block 262** | (170×91 mm) ...... | gsx | 25,50 | 25,50 |

Nominale zur Zeit der Ausgabe: je 5.55 €

Bl. 262 weist verschiedene visuelle Effekte auf.

Auflage: 78.242 Blocks

**2021, 14. Juni. Freimarken: Baumfrüchte. Odr., Rolle (100); selbstklebend; gestanzt 8¾.**

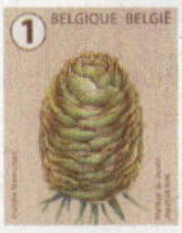

gsy) Japanische Lärche (Larix kaempferi)

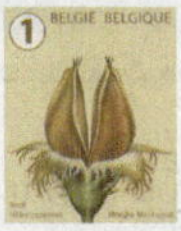

gsz) Rotbuche (Fagus sylvatica)

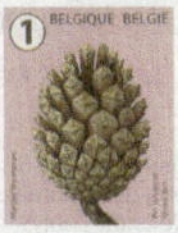

gta) Waldkiefer (Pinus sylvestris)

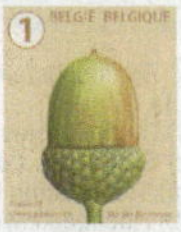

gtb) Stieleiche (Quercus robur)

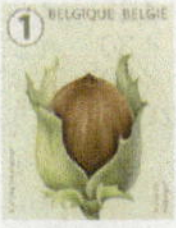

gtc) Gemeine Hasel (Corylus avellana)

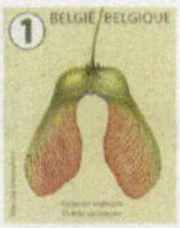

gtd) Berg-Ahorn (Acer pseudoplatanus)

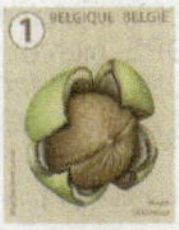

gte) Echte Walnuss (Juglans regia)

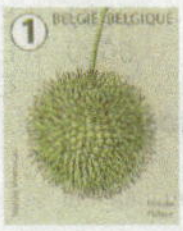

gtf) Platane (Platanus sp.)

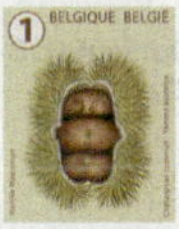

gtg) Edelkastanie (Castanea sativa)

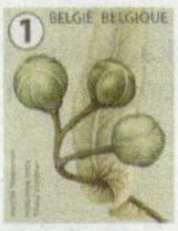

gth) Holländische Linde (Tilia × europaea)

gsy–gth) Samen und Früchte europäischer Bäume

| | | | | |
|---|---|---|---|---|
| **5066** | 1 (Belgien) mehrfarbig ............... | gsy | 2,50 | 2,50 |
| **5067** | 1 (Belgien) mehrfarbig ............... | gsz | 2,50 | 2,50 |
| **5068** | 1 (Belgien) mehrfarbig ............... | gta | 2,50 | 2,50 |
| **5069** | 1 (Belgien) mehrfarbig ............... | gtb | 2,50 | 2,50 |
| **5070** | 1 (Belgien) mehrfarbig ............... | gtc | 2,50 | 2,50 |
| **5071** | 1 (Belgien) mehrfarbig ............... | gtd | 2,50 | 2,50 |
| **5072** | 1 (Belgien) mehrfarbig ............... | gte | 2,50 | 2,50 |
| **5073** | 1 (Belgien) mehrfarbig ............... | gtf | 2,50 | 2,50 |
| **5074** | 1 (Belgien) mehrfarbig ............... | gtg | 2,50 | 2,50 |
| **5075** | 1 (Belgien) mehrfarbig ............... | gth | 2,50 | 2,50 |
| | | Satzpreis (10 W.) | 25,— | 25,— |

Nominale zur Zeit der Ausgabe: je 1.07 €

MiNr. 5066–5075 wurden zusammen in der Rolle gedruckt.

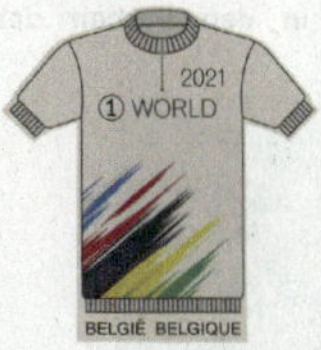


**2021, 30. Aug. 100 Jahre Weltmeisterschaften im Straßenradsport. Odr. (5); selbstklebend; an Konturen gestanzt 10½.**

gti) Radtrikot mit Regenbogenfarben

| | | | | |
|---|---|---|---|---|
| **5076** | 1 WORLD mehrfarbig ................ | gti | 4,80 | 4,80 |
| | | Folienblatt | 24,— | 24,— |

Nominale zur Zeit der Ausgabe: 2.07 €

MiNr. 5076 wurde im Folienblatt zusammen mit einer Postkarte gedruckt.

Auflage: 92.155 Stück

**2021, 30. Aug. Blockausgabe: Besondere Architektur – Schwimmbäder. Odr.; gez. Ks 12.**

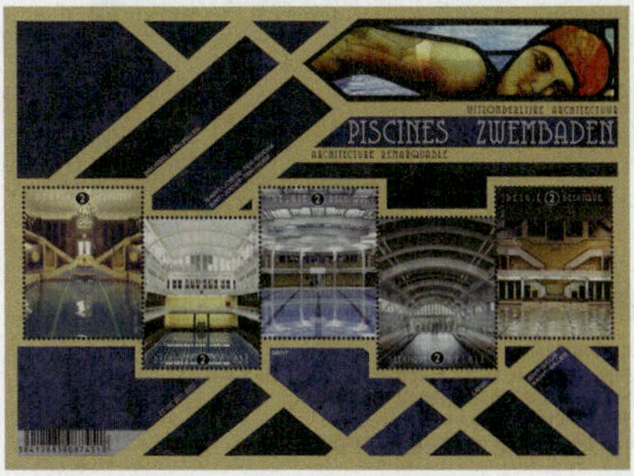


gtp

gtk) Schwimmbad des „Residence Palace“, Brüssel
gtl) Schwimmbad von Saint-Josse-ten-Noode
gtm) Schwimmbad „Van Eyck“, Gent
gtn) Badeanstalt „La Sauveniere“, Lüttich
gto) Schwimmbad „Victor Boin“, Saint-Gilles

| | | | | |
|---|---|---|---|---|
| **5077** | 2 (Belgien) mehrfarbig .......... | gtk | 4,90 | 4,90 |
| **5078** | 2 (Belgien) mehrfarbig .......... | gtl | 4,90 | 4,90 |
| **5079** | 2 (Belgien) mehrfarbig .......... | gtm | 4,90 | 4,90 |
| **5080** | 2 (Belgien) mehrfarbig .......... | gtn | 4,90 | 4,90 |
| **5081** | 2 (Belgien) mehrfarbig .......... | gto | 4,90 | 4,90 |
| **Block 263** | (214×154 mm) ...... | gtp | 24,50 | 24,50 |

Nominale zur Zeit der Ausgabe: je 2.14 €

Bl. 263 □ wurde von der Post an Abonnenten verschenkt. Er ist nicht frankaturgültig.

Auflage: 43.142 Blocks

**2021, 30. Aug. Blockausgabe: Natur in den Farben der belgischen Trikolore. Odr.; gez. Ks 12.**

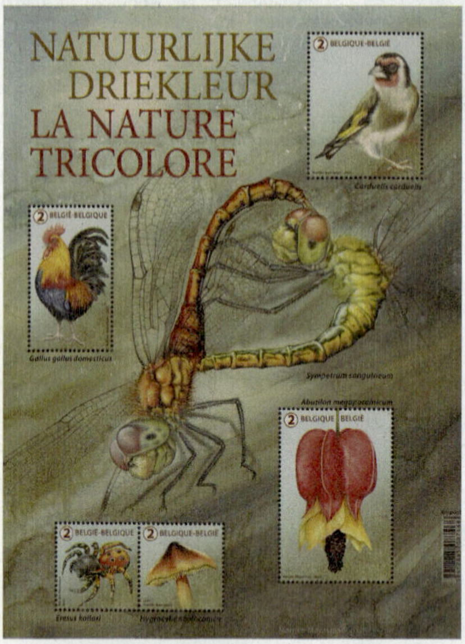


gtw

gtr) Stieglitz (Carduelis carduelis)
gts) Haushuhn (Gallus gallus domesticus) der Rasse Ardenner
gtt) Schönmalve (Abutilon megapotamicum)
gtu) Rote Röhrenspinne (Eresus kollari)
gtv) Safrangelber Saftling (Hygrocybe acutoconica)

| | | | | | |
|---|---|---|---|---|---|
| **5082** | 2 (Belgien) | mehrfarbig .......... | gtr | 4,90 | 4,90 |
| **5083** | 2 (Belgien) | mehrfarbig .......... | gts | 4,90 | 4,90 |
| **5084** | 2 (Belgien) | mehrfarbig .......... | gtt | 4,90 | 4,90 |
| **5085** | 2 (Belgien) | mehrfarbig .......... | gtu | 4,90 | 4,90 |
| **5086** | 2 (Belgien) | mehrfarbig .......... | gtv | 4,90 | 4,90 |
| **Block 264** | | (165×220 mm) ...... | gtw | 24,50 | 24,50 |

Nominale zur Zeit der Ausgabe: je 2.14 €

Auflage: 43.142 Blocks

**2021, 23. Okt. Blockausgabe: 175 Jahre Zugverbindung Paris–Brüssel. Komb. StTdr. und RaTdr.; gez. Ks 11¾:11½.**

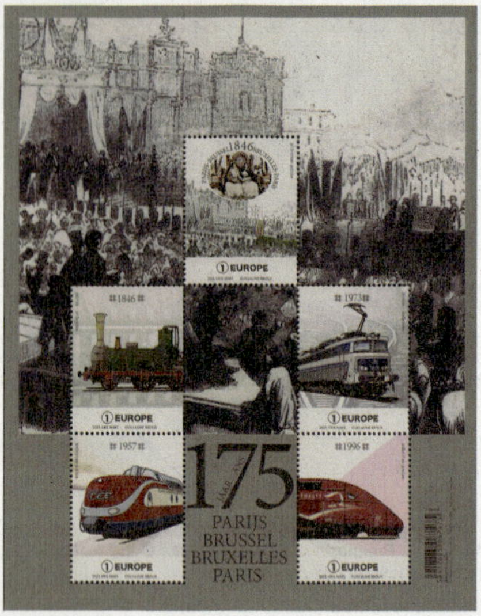


guc

gtx) Eröffnungsfeier der Zugstrecke; Personifikationen der Städte Brüssel und Paris
gty) Dampflokomotive
gtz) Elektrische Lokomotive SNCB 1801 der Baureihe 18
gua) Trans Europ Express der Baureihen 601 der DB VT 11.5 DB-Serie
gub) Hochgeschwindigkeitslok Thalys Typ PBKA

| | | | | | |
|---|---|---|---|---|---|
| **5087** | 1 EUROPE | mehrfarbig ......... | gtx | 4,30 | 4,30 |
| **5088** | 1 EUROPE | mehrfarbig ......... | gty | 4,30 | 4,30 |
| **5089** | 1 EUROPE | mehrfarbig ......... | gtz | 4,30 | 4,30 |
| **5090** | 1 EUROPE | mehrfarbig ......... | gua | 4,30 | 4,30 |
| **5091** | 1 EUROPE | mehrfarbig ......... | gub | 4,30 | 4,30 |
| **Block 265** | | (160×201 mm) ..... | guc | 21,50 | 21,50 |

Nominale zur Zeit der Ausgabe: je 1.85 €

Auflage: 44.242 Blocks

**2021, 23. Okt. Blockausgabe: Weinbau in Belgien. Odr. auf FSC-Etikettenpapier „Constellation Jade“; gez. Ks 12:12¼.**

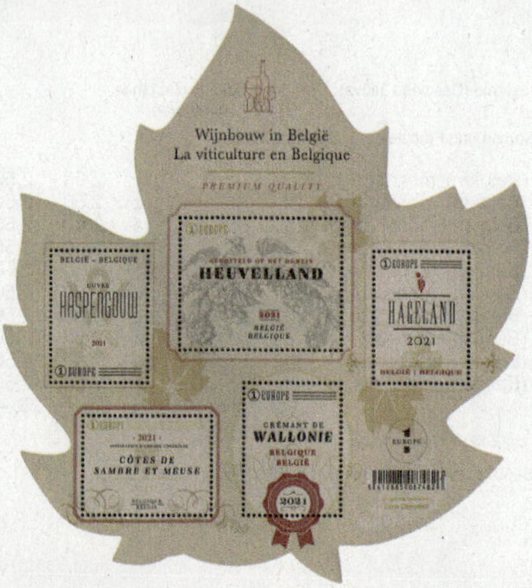


gui

gud) Heuvelland
gue) Haspengouw
guf) Hageland
gug) Côtes de Sambre et Meuse
guh) Crèmant de Wallonie

gud–guh) Etiketten belgischer Weinsorten

| | | | | | |
|---|---|---|---|---|---|
| **5092** | 1 EUROPE mehrfarbig | gud | 4,30 | 4,30 |
| **5093** | 1 EUROPE mehrfarbig | gue | 4,30 | 4,30 |
| **5094** | 1 EUROPE mehrfarbig | guf | 4,30 | 4,30 |
| **5095** | 1 EUROPE mehrfarbig | gug | 4,30 | 4,30 |
| **5096** | 1 EUROPE mehrfarbig | guh | 4,30 | 4,30 |
| **Block 266** | (63×175 mm*) | gui | 21,50 | 21,50 |

Nominale zur Zeit der Ausgabe: je 1.85 €

*) Bl. 266 ist an den Konturen in Form eines Weinblattes geschnitten. Angegeben ist die maximale Ausdehnung.

Auflage: 43.142 Blocks

**2021, 23. Okt. Zeitgenössische Kunst: Thierry De Cordier. Odr. (2×5); gez. K 11½.**

guk) Schwarzes Monochrom mit Schriftzug „Nada"; Gemälde von Thierry De Cordier (*1954), Graphiker und Maler

| | | | | | |
|---|---|---|---|---|---|
| **5097** | 1 (Belgien) mehrfarbig | guk | 2,50 | 2,50 |
| | Kleinbogen | | 25,— | 25,— |

Nominale zur Zeit der Ausgabe: 1.07 €

Auflage: 137.690 Stück

**2021, 23. Okt. Weihnachten. Odr., Markenheftchen (5×2); selbstklebend; D = dreiseitig, E = zweiseitig gestanzt 9¾.**

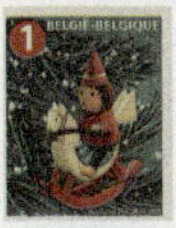


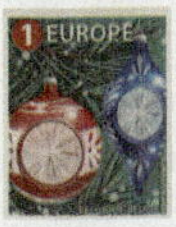


gul) Engel auf Schaukelpferd

gum) Weihnachtsbaumkugeln

gul–gum) Weihnachtsbaumschmuck

| | | | | |
|---|---|---|---|---|
| **5098** | 1 (Belgien) mehrfarbig | gul | | |
| Do | dreiseitig gestanzt (□) | | 2,50 | 2,50 |
| Du | dreiseitig gestanzt (□) | | 2,50 | 2,50 |
| Eo | zweiseitig gestanzt (□) | | 2,50 | 2,50 |
| Eu | zweiseitig gestanzt (□) | | 2,50 | 2,50 |
| **5099** | 1 EUROPE mehrfarbig | gum | | |
| Do | dreiseitig gestanzt (□) | | 4,30 | 4,30 |
| Du | dreiseitig gestanzt (□) | | 4,30 | 4,30 |
| Eo | zweiseitig gestanzt (□) | | 4,30 | 4,30 |
| Eu | zweiseitig gestanzt (□) | | 4,30 | 4,30 |
| | Satzpreis (2 W.) | | 6,80 | 6,80 |
| | 2 Markenheftchen | | 68,— | 68,— |

Nominalen zur Zeit der Ausgabe: MiNr. 5098 = 1.07 €, MiNr. 5099 = 1.85 €

Auflagen: MiNr. 5098 = 8.575.140, MiNr. 5099 = 875.490 Stück

**2022, 22. Jan. Blockausgabe: Numismatik. Komb. Odr., Pdr. und Hfdr.; rund Shz. 11¾.**

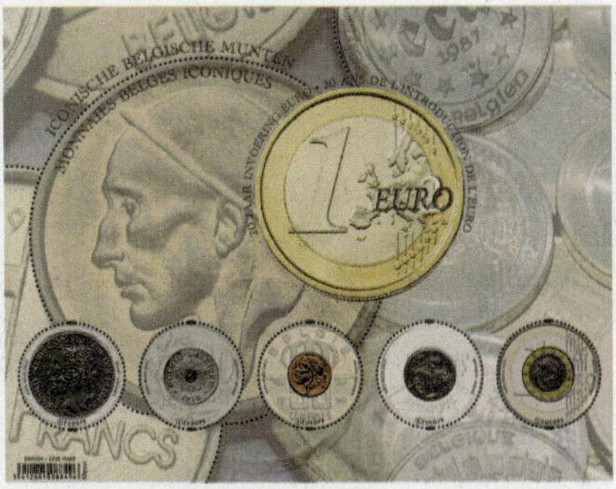


gut

gun) 5-Francs-Münze (Revers, 1834)
guo) 50-Centimes-Münze (Avers und Revers, 1918)
gup) 50-Centimes-Münze (Avers, 1998, und Revers, 1963)
gur) 50-Francs-Münze (Avers und Revers, 1987)
gus) 1-Euro-Münze (Avers und Revers, 1999)

| | | | | |
|---|---|---|---|---|
| **5100** | 1 EUROPE mehrfarbig | gun | 4,80 | 4,80 |
| **5101** | 1 EUROPE mehrfarbig | guo | 4,80 | 4,80 |
| **5102** | 1 EUROPE mehrfarbig | gup | 4,80 | 4,80 |
| **5103** | 1 EUROPE mehrfarbig | gur | 4,80 | 4,80 |
| **5104** | 1 EUROPE mehrfarbig | gus | 4,80 | 4,80 |
| **Block 267** | (210×160 mm) | gut | 24,— | 24,— |

Nominale zur Zeit der Ausgabe: je 2.09 €

Auflage: 43.704 Blocks

**2022, 22. Jan. Blockausgabe: Regionale Käsesorten. Odr.; gez. Ks 12.**

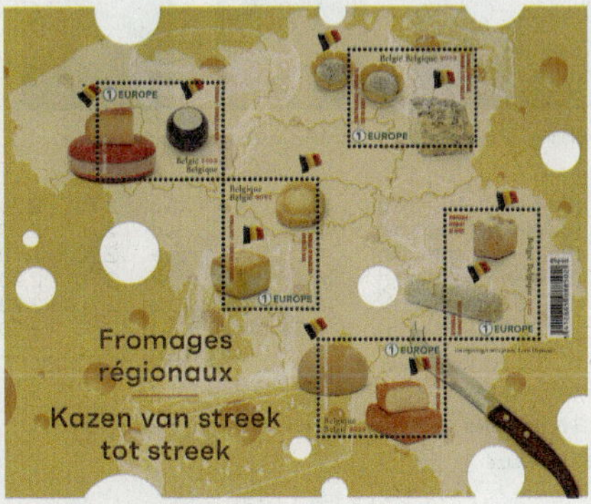


guz

guu) Jerseymilch-Käse und Blauschimmelkäse
guv) Gouda und Bierkäse
guw) Weichkäse und Brüsseler Käse
gux) Herver Käse und Ziegenkäse
guy) Trappistenkäse und Klosterkäse

| | | | | |
|---|---|---|---|---|
| **5105** | 1 EUROPE mehrfarbig | guu | 4,80 | 4,80 |
| **5106** | 1 EUROPE mehrfarbig | guv | 4,80 | 4,80 |
| **5107** | 1 EUROPE mehrfarbig | guw | 4,80 | 4,80 |
| **5108** | 1 EUROPE mehrfarbig | gux | 4,80 | 4,80 |
| **5109** | 1 EUROPE mehrfarbig | guy | 4,80 | 4,80 |
| **Block 268** | (186×152 mm) | guz | 24,— | 24,— |

Nominale zur Zeit der Ausgabe: je 2.09 €

Im Blockrand befinden sich Ausstanzungen in Form von Käselöchern.

Auflage: 43.704 Blocks

**2022, 22. Jan. 100 Jahre Belgische Gesellschaft für Vogelschutz. Odr. (1 × 5 Zd); gez. Ks 12.**

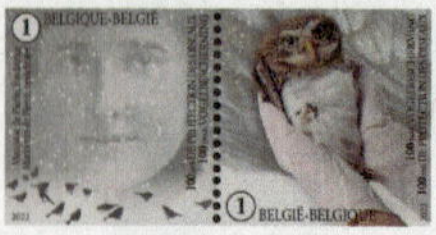

gva) Marquise Antonia de Pierre (1874–1949), Gründerin der Gesellschaft; Sperlinge
gvb) Verletzter Steinkauz (Athene noctua) wird versorgt

| | | | | |
|---|---|---|---|---|
| **5110** | 1 (Belgien) mehrfarbig ................ | gva | 2,70 | 2,70 |
| **5111** | 1 (Belgien) mehrfarbig ................ | gvb | 2,70 | 2,70 |
| | Satzpreis (2 W.) | | 5,40 | 5,40 |
| | Paar | | 5,40 | 5,40 |
| | Kleinbogen | | 27,— | 27,— |

Nominale zur Zeit der Ausgabe: je 1.16 €

Auflage: 93.475 Sätze

**2022, 22. Jan. Wunderbare Wolkenformationen. Odr. (10); gez. Ks 12:12¼.**

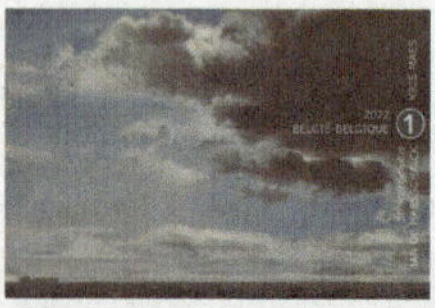

gvc) Stratocumulus

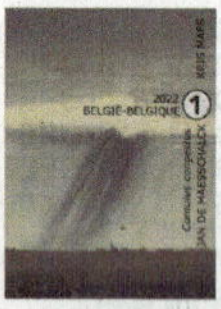

gvd) Cumulus congestus

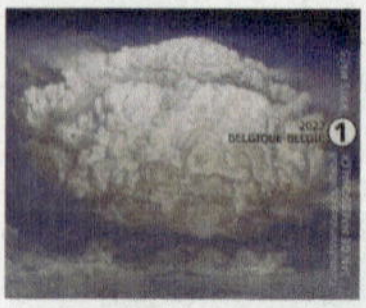

gve) Cumulonimbus capillatus

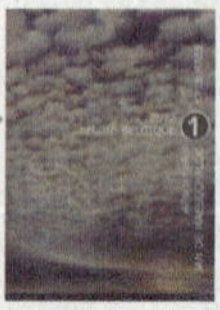

gvf) Altocumulus

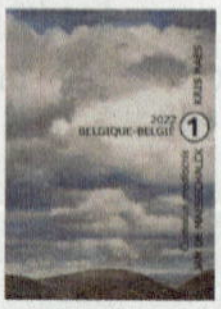

gvg) Cumulus mediocris

| | | | | |
|---|---|---|---|---|
| **5112** | 1 (Belgien) mehrfarbig ................ | gvc | 2,70 | 2,70 |
| **5113** | 1 (Belgien) mehrfarbig ................ | gvd | 2,70 | 2,70 |
| **5114** | 1 (Belgien) mehrfarbig ................ | gve | 2,70 | 2,70 |
| **5115** | 1 (Belgien) mehrfarbig ................ | gvf | 2,70 | 2,70 |
| **5116** | 1 (Belgien) mehrfarbig ................ | gvg | 2,70 | 2,70 |
| | Satzpreis (5 W.) | | 13,50 | 13,50 |
| | Kleinbogen | | 27,— | 27,— |

Nominale zur Zeit der Ausgabe: je 1.16 €

MiNr. 5112–5116 wurden zusammen im Kleinbogen zu je 2 Marken gedruckt.

Auflage: 57.026 Sätze

**2022, 19. März. Blockausgabe: Stadtzentren (XII) – Charleroi. Odr.; gez. Ks 11¾:11½.**

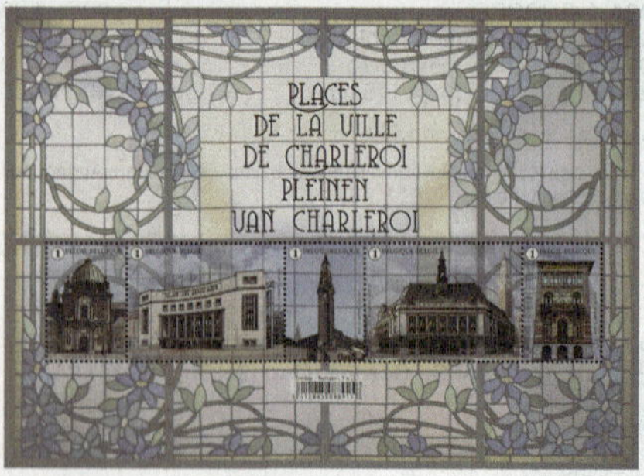


gvl

gvf) Saint-Christophe-Kirche
gvg) Palast der Schönen Künste
gvh) Belfried
gvi) Rathaus
gvk) Maison Dorée (1899)

| | | | | |
|---|---|---|---|---|
| **5117** | 1 (Belgien) mehrfarbig .......... | gvf | 5,30 | 5,30 |
| **5118** | 1 (Belgien) mehrfarbig .......... | gvg | 5,30 | 5,30 |
| **5119** | 1 (Belgien) mehrfarbig .......... | gvh | 5,30 | 5,30 |
| **5120** | 1 (Belgien) mehrfarbig .......... | gvi | 5,30 | 5,30 |
| **5121** | 1 (Belgien) mehrfarbig .......... | gvk | 5,30 | 5,30 |
| **Block 269** | (222 × 157 mm) ...... | gvl | 26,70 | 26,70 |

Nominale zur Zeit der Ausgabe: je 1.16 €

Postpreis: 11.60 €

Auflage: 44.104 Blocks

**2022, 19. März. Blockausgabe: Geometrie in der Natur (V) – Hexagon. Odr.; gez. Ks 12.**

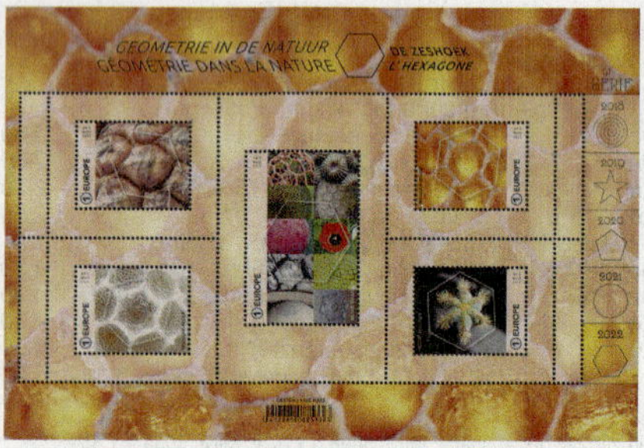


gvs

gvm) Einzelne Beerenfrüchte der Ananas (Ananas comosus)
gvn) Bienenwabe
gvo) 10 verschiedene natürliche Hexagonalformen
gvp) Schmetterlingsei
gvr) Kaktus

| | | | | |
|---|---|---|---|---|
| **5122** | 1 EUROPE mehrfarbig ......... | gvm | 4,80 | 4,80 |
| **5123** | 1 EUROPE mehrfarbig ......... | gvn | 4,80 | 4,80 |
| **5124** | 1 EUROPE mehrfarbig ......... | gvo | 4,80 | 4,80 |
| **5125** | 1 EUROPE mehrfarbig ......... | gvp | 4,80 | 4,80 |
| **5126** | 1 EUROPE mehrfarbig ......... | gvr | 4,80 | 4,80 |
| **Block 270** | (225 × 150 mm) ..... | gvs | 24,— | 24,— |

Nominale zur Zeit der Ausgabe: je 2.09 €

Auflage: 43.704 Blocks

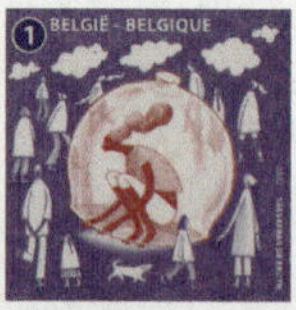


**2022, 19. März. Einsamkeit. Odr. (10); gez. K 12.**

gvt) Frau unter Glasglocke, außenstehende Personen

**5127** 1 (Belgien) mehrfarbig . . . . . . . . . . . . . . . gvt 2,70 2,70
Kleinbogen 27,— 27,—

Nominale zur Zeit der Ausgabe: 1.16 €

Auflage: 157.900 Stück

**2022, 19. März. 100. Geburtstag von Marc Sleen; 75 Jahre Comicfigur „Nero". Odr. (5 × 1 Zd); gez. K 12.**

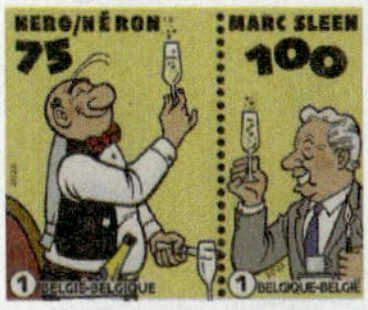


gvu) Comicfigur „Nero"; Zahl „75"
gvv) Marc Sleen (1922–2016), Comiczeichner; Zahl „100"

**5128** 1 (Belgien) mehrfarbig . . . . . . . . . . . . . . . gvu 2,70 2,70
**5129** 1 (Belgien) mehrfarbig . . . . . . . . . . . . . . . gvv 2,70 2,70
Satzpreis (2 W.) 5,40 5,40
Paar 5,40 5,40
Kleinbogen 27,— 27,—

Nominale zur Zeit der Ausgabe: je 1.16 €

Auflage: 161.475 Sätze

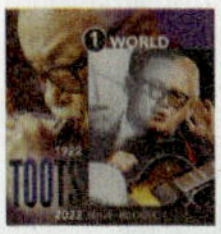


**2022, 19. März. 100. Geburtstag von Toots Thielemans. Odr. (5); gez. Ks 12.**

gvw) Toots Thielemans, eigentlich Jean-Baptiste Frédéric Isidor Baron Thielemans (1922–2016), Jazzmusiker

**5130** 1 WORLD mehrfarbig . . . . . . . . . . . . . . . gvw 5,30 5,30
Kleinbogen 26,50 26,50

Nominale zur Zeit der Ausgabe: 2.31 €

Auflage: 108.475 Stück

**2022, 10. Juni. Blockausgabe: Europa – Geschichten und Mythen. Odr.; gez. Ks 12.**

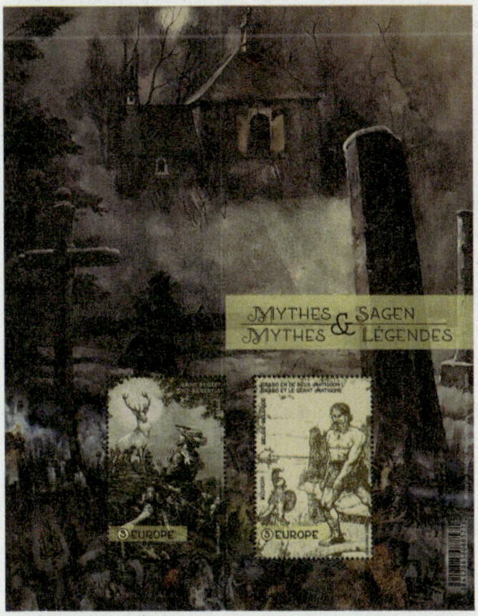


gwc

gwa) Legende des hl. Hubertus
gwb) Silvius Brabo und der Riese Druon Antigoon

**5131** 3 EUROPE mehrfarbig . . . . . . . . . gwa 14,40 14,40
**5132** 3 EUROPE mehrfarbig . . . . . . . . . gwb 14,40 14,40
**Block 271** (160 × 200 mm) . . . . . gwc 29,— 29,—

Nominale zur Zeit der Ausgabe: je 6.27 €

Auflage: 44.104 Blocks

**2022, 10. Juni. Zusammen gewinnen wir! Odr. (5 + 5); gez. Ks 12.**

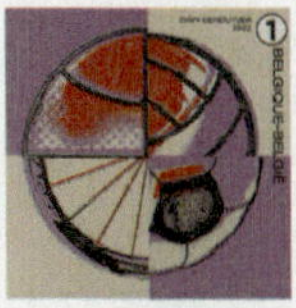

gwd) Kreis aus Fußball, Basketball, Volleyball und Rad

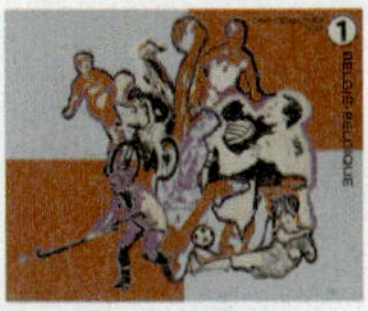

gwe) Sportler verschiedener Mannschaftssportarten

**5133** 1 (Belgien) mehrfarbig . . . . . . . . . . . . . . . gwd 2,70 2,70
**5134** 1 (Belgien) mehrfarbig . . . . . . . . . . . . . . . gwe 2,70 2,70
Satzpreis (2 W.) 5,40 5,40
Kleinbogen 27,— 27,—

Nominale zur Zeit der Ausgabe: je 1.16 €

MiNr. 5133–5134 wurden zusammen im Kleinbogen zu je 5 Marken gedruckt.

Auflage: 93.475 Sätze

**2022, 10. Juni. Blockausgabe: 75. Todestag von Jean Capart; Ägyptologie in Belgien. Odr.; selbstklebend; gestanzt 14¼:14½.**

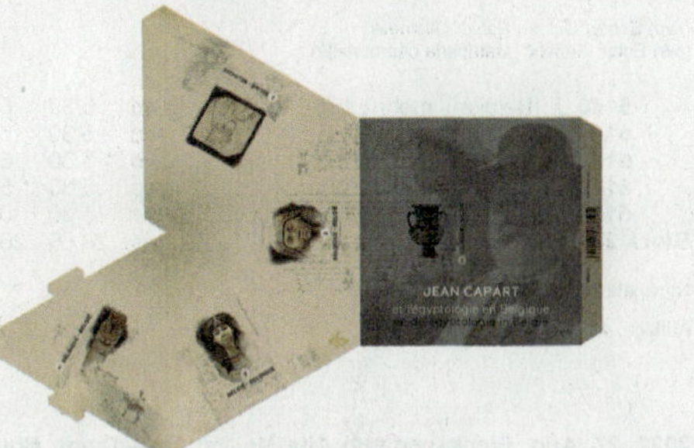


gwl
gwf
gwg gwh
gwi gwk

gwf) Relief von Königin Teje (1398–1338 v. Chr.), Gemahlin von Amenhotep III.
gwg) Büste eines Würdenträgers (um 1333–1291 v. Chr.)
gwh) Vase aus mehrfarbigem Glas (um 1349–1333 v. Chr.)
gwi) Sarkophag des Khonsoutefnakht (569–525 v. Chr.)
gwk) Grabmaske (um 1333–1291 v. Chr.)

gwf–gwk) Archäologische Funde aus Ägypten von Jean Capart (1877–1947), Ägyptologe

**5135** 2 (Belgien) mehrfarbig . . . . . . . . . . gwf 5,30 5,30
**5136** 2 (Belgien) mehrfarbig . . . . . . . . . . gwg 5,30 5,30
**5137** 2 (Belgien) mehrfarbig . . . . . . . . . . gwh 5,30 5,30
**5138** 2 (Belgien) mehrfarbig . . . . . . . . . . gwi 5,30 5,30
**5139** 2 (Belgien) mehrfarbig . . . . . . . . . . gwk 5,30 5,30
**Block 272** (261 × 188 mm) . . . . . . gwl 26,50 26,50

Nominale zur Zeit der Ausgabe: je 2.32 €

Bl. 272 hat die Form einer aufgeschnittenen Pyramide, die zusammengesteckt werden kann. Angegeben ist die maximale Ausdehnung.

Auflage: 46.454 Blocks

**2022, 10. Juni. Blockausgabe: Heilpflanzen. Komb StTdr. und RaTdr.; gez. Ks 11¾:11½.**

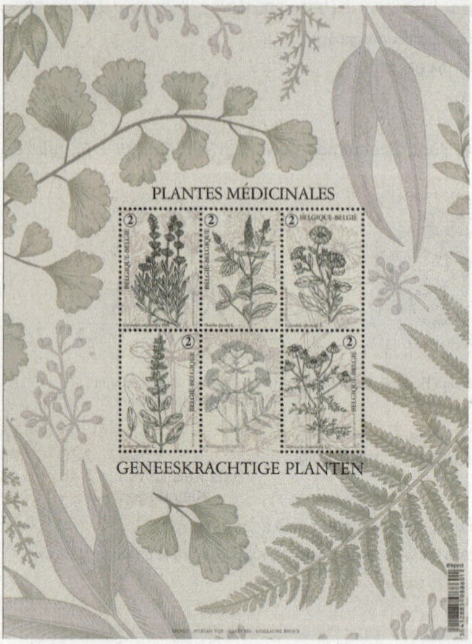


gws

gwm) Lavendel (Lavandula angustifolia)
gwn) Grüne Minze (Mentha spicata)
gwo) Ringelblume (Calendula officinalis)

gwp) Echter Salbei (Salvia officinalis)
gwr) Echte Kamille (Matricaria chamomilla)

| | | | | |
|---|---|---|---|---|
| **5140** | 2 (Belgien) mehrfarbig ......... | gwm | 5,30 | 5,30 |
| **5141** | 2 (Belgien) mehrfarbig ......... | gwn | 5,30 | 5,30 |
| **5142** | 2 (Belgien) mehrfarbig ......... | gwo | 5,30 | 5,30 |
| **5143** | 2 (Belgien) mehrfarbig ......... | gwp | 5,30 | 5,30 |
| **5144** | 2 (Belgien) mehrfarbig ......... | gwr | 5,30 | 5,30 |
| **Block 273** | (160×211 mm) ..... | gws | 26,50 | 26,50 |

Nominale zur Zeit der Ausgabe: je 2.32 €

Auflage: 45.704 Blocks

**2022, 27. Aug. Blockausgabe: Alte Meister (II) – Dieric Bouts. Odr.; gez. Ks 12.**

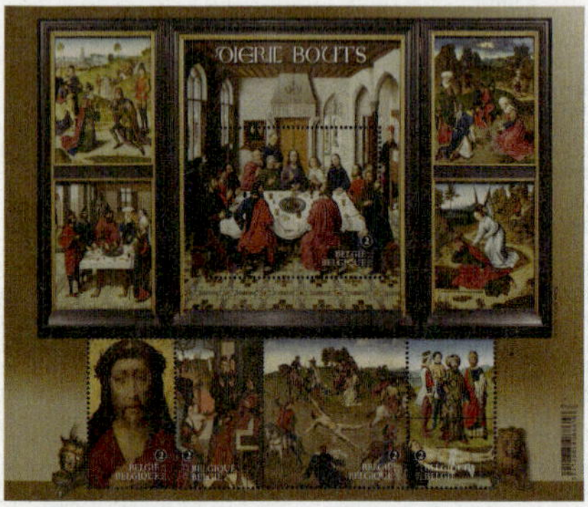


gwy

gwt) Das letzte Abendmahl
gwu) Der Mann der Schmerzen
gwv) Die Gerechtigkeit des Kaisers Otto: Die Feuerprobe
gww) Das Martyrium des hl. Hippolyt
gwx) Das Martyrium des hl. Erasmus

gwt–gwx) Gemälde von Dieric Bouts (1410–1475), Maler

| | | | | |
|---|---|---|---|---|
| **5145** | 2 (Belgien) mehrfarbig ......... | gwt | 4,80 | 4,80 |
| **5146** | 2 (Belgien) mehrfarbig ......... | gwu | 4,80 | 4,80 |
| **5147** | 2 (Belgien) mehrfarbig ......... | gwv | 4,80 | 4,80 |
| **5148** | 2 (Belgien) mehrfarbig ......... | gww | 4,80 | 4,80 |
| **5149** | 2 (Belgien) mehrfarbig ......... | gwx | 4,80 | 4,80 |
| **Block 274** | (200×165 mm) ..... | gwy | 24,— | 24,— |

Nominale zur Zeit der Ausgabe: 2.32 €

Auflage: 45.104 Blocks

**2022, 27. Aug. Blockausgabe: Flugzeuge im humanitären Einsatz. Komb. RaTdr. und StTdr.; gez. Ks 11¾:11½.**

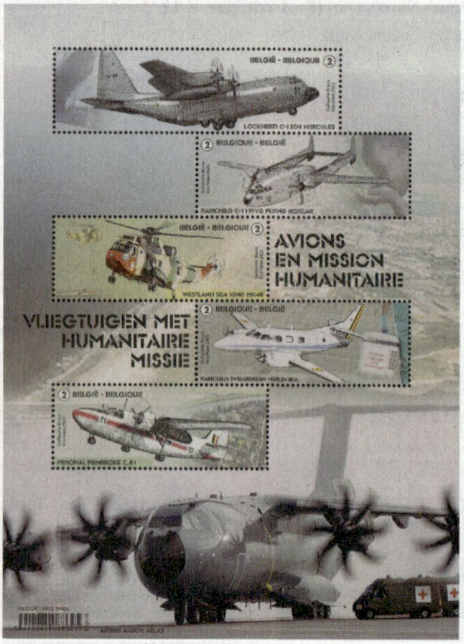


gxe

gwz) Lockheed C-130 H Hercules
gxa) Fairchild C-119 F/G Flying Boxcar
gxb) Westland Sea King MK 48
gxc) Fairchild Swearingen Merlin III-A
gxd) Percival Pembroke C.51

| | | | | |
|---|---|---|---|---|
| **5150** | 2 (Belgien) mehrfarbig .......... | gwz | 4,80 | 4,80 |
| **5151** | 2 (Belgien) mehrfarbig .......... | gxa | 4,80 | 4,80 |
| **5152** | 2 (Belgien) mehrfarbig .......... | gxb | 4,80 | 4,80 |
| **5153** | 2 (Belgien) mehrfarbig .......... | gxc | 4,80 | 4,80 |
| **5154** | 2 (Belgien) mehrfarbig .......... | gxd | 4,80 | 4,80 |
| **Block 275** | (155×210 mm) ...... | gxe | 24,— | 24,— |

Nominale zur Zeit der Ausgabe: 2.32 €

Auflage: 43.704 Blocks

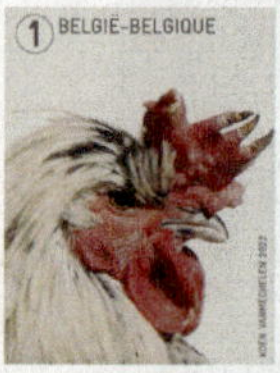


**2022, 27. Aug. Kosmopolitisches Hühnerprojekt. Odr. (2×5); gez. K 11½.**

gxf) Mechelse-Fayoumi-Huhn; Hühnerkreuzung von Koen Vanmechelen (*1965), Künstler und Maler

| | | | | |
|---|---|---|---|---|
| **5155** | 1 (Belgien) mehrfarbig ............... | gxf | 2,70 | 2,70 |
| | | Kleinbogen | 27,— | 27,— |

Nominale zur Zeit der Ausgabe: 1.16 €

Auflage: 121.900 Stück

**2022, 27. Aug. Frösche. Odr. (1 Zd + 1 Zd); gez. Ks 12.**

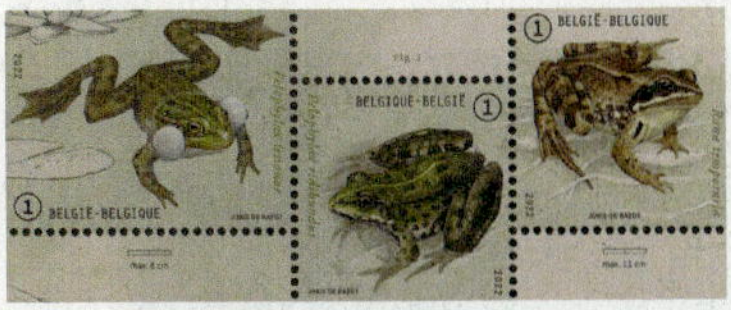

gxg) Kleiner Wasserfrosch (Pelophylax lessonae)
gxh) Seefrosch (Pelophylax ridibundus)
gxi) Grasfrosch (Rana temporaria)

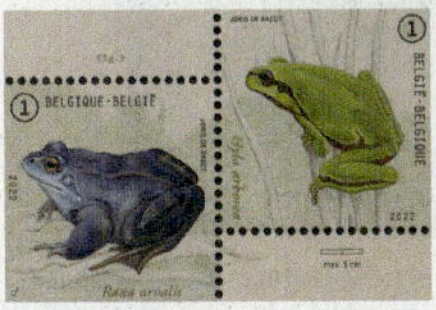

gxk) Moorfrosch (Rana arvalis)
gxl) Europäischer Laubfrosch (Hyla arborea)

| | | | | |
|---|---|---|---|---|
| **5156** | 1 (Belgien) mehrfarbig | gxg | 2,70 | 2,70 |
| **5157** | 1 (Belgien) mehrfarbig | gxh | 2,70 | 2,70 |
| **5158** | 1 (Belgien) mehrfarbig | gxi | 2,70 | 2,70 |
| **5159** | 1 (Belgien) mehrfarbig | gxk | 2,70 | 2,70 |
| **5160** | 1 (Belgien) mehrfarbig | gxl | 2,70 | 2,70 |
| | Satzpreis (5 W.) | | 13,50 | 13,50 |
| | Fünferstreifen | | 13,50 | 13,50 |
| | Kleinbogen | | 27,— | 27,— |

Nominale zur Zeit der Ausgabe: 1.16 €

MiNr. 5156–5160 wurden waagerecht zusammenhängend gedruckt.

Kleinbogen ☐ in Schwarz wurde von der Post an Abonnenten verschenkt. Er ist nicht frankaturgültig.

Auflage: 55.026 Sätze

**2022, 22. Okt. Jungen Menschen gehört die Zukunft. Odr. (5 + 5); gez. K 12.**

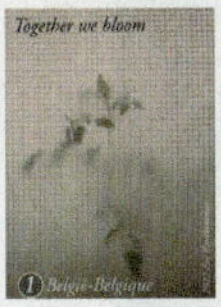


gxm) Verblasste Blume

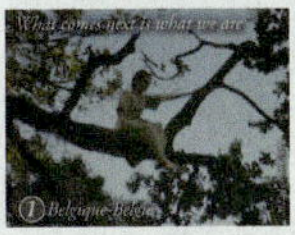


gxn) Junge Frau auf Ast

| | | | | |
|---|---|---|---|---|
| **5161** | 1 (Belgien) mehrfarbig | gxm | 2,70 | 2,70 |
| **5162** | 1 (Belgien) mehrfarbig | gxn | 2,70 | 2,70 |
| | Satzpreis (2 W.) | | 5,40 | 5,40 |
| | Kleinbogen | | 27,— | 27,— |

Nominale zur Zeit der Ausgabe: je 1.16 €

Auflage: 93.425 Sätze

**2022, 22. Okt. Blockausgabe: Wiedereröffnung des Königlichen Museums der Schönen Künste, Antwerpen. Odr.; gez. Ks 12.**

gxu

gxo) Einschiffung in Calais; von James Tissot (1836–1902), französischer Maler
gxp) Jacopo Pesaro wird von Papst Alexander VI. dem Heiligen Petrus überreicht; von Tizian, eigentlich Tiziano Vecellio (um 1488–1576), venezianischer Maler
gxr) Gräfin Rattazzi; von Carolus Duran, eigentlich Charles Auguste Émile Durant (1837–1917), französischer Maler
gxs) Kleopatra testet Gifte an zum Tode Verurteilten; von Alexandre Cabanel (1823–1889), französischer Maler
gxt) Kirschen; von Lawrence Alma-Tadema (1836–1912), niederländischer Maler

gxo–gxt) Details von Gemälden der Museumssammlung

| | | | | |
|---|---|---|---|---|
| **5163** | 2 (Belgien) mehrfarbig | gxo | 4,80 | 4,80 |
| **5164** | 2 (Belgien) mehrfarbig | gxp | 4,80 | 4,80 |
| **5165** | 2 (Belgien) mehrfarbig | gxr | 4,80 | 4,80 |
| **5166** | 2 (Belgien) mehrfarbig | gxs | 4,80 | 4,80 |
| **5167** | 2 (Belgien) mehrfarbig | gxt | 4,80 | 4,80 |
| **Block 276** | (165×210 mm) | gxu | 24,— | 24,— |

Nominale zur Zeit der Ausgabe: je 2.32 €

Auflage: 45.704 Blocks

**2022, 22. Okt. Weihnachten. Odr., Markenheftchen (5×2); selbstklebend; ☐.**

gxv) mit Schneemann

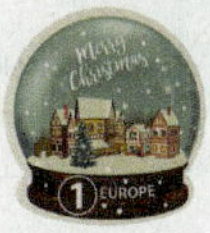


gxw) mit weihnachtlichem Dorf

gxv–gxw) Schneekugel

| | | | | |
|---|---|---|---|---|
| **5168** | 1 (Belgien) mehrfarbig | gxv | 2,70 | 2,70 |
| **5169** | 1 EUROPE mehrfarbig | gxw | 4,80 | 4,80 |
| | Satzpreis (2 W.) | | 7,50 | 7,50 |
| | 2 Markenheftchen | | 75,— | 75,— |

Nominalen zur Zeit der Ausgabe: MiNr. 5168 = 1.16 €, MiNr. 5169 = 2.09 €

Auflagen: MiNr. 5168 = 8.200.850, MiNr. 5169 = 875.850 Stück

**2022, 22. Okt. Freimarken: Gemüse. Odr., Markenheftchen (1×5 Zd); selbstklebend; gestanzt 8¾.**

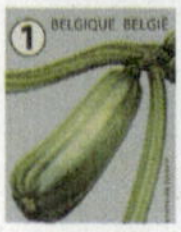

gxx) Zucchini (Curcurbita pepo)

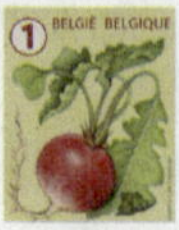

gxy) Radieschen (Raphanus sativus)

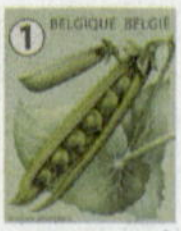

gxz) Erbse (Pisum sativum)

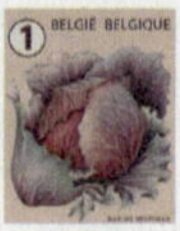

gya) Rotkohl (Brassica oleracea)

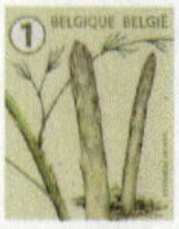

gyb) Spargel (Asparagus officinalis)

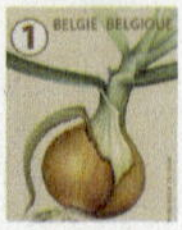

gyc) Zwiebel (Allium cepa)

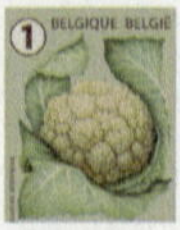

gyd) Blumenkohl (Brassica oleracea)

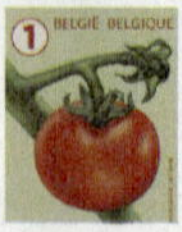

gye) Tomate (Solanum lycopersicum)

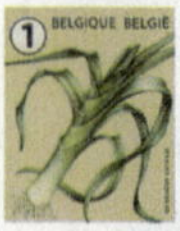

gyf) Lauch (Allium ampeloprasum)

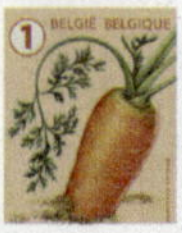

gyg) Karotte (Daucus carota)

| | | | | | |
|---|---|---|---|---|---|
| **5170** | 1 (Belgien) mehrfarbig | gxx | 2,70 | 2,70 |
| **5171** | 1 (Belgien) mehrfarbig | gxy | 2,70 | 2,70 |
| **5172** | 1 (Belgien) mehrfarbig | gxz | 2,70 | 2,70 |
| **5173** | 1 (Belgien) mehrfarbig | gya | 2,70 | 2,70 |
| **5174** | 1 (Belgien) mehrfarbig | gyb | 2,70 | 2,70 |
| **5175** | 1 (Belgien) mehrfarbig | gyc | 2,70 | 2,70 |
| **5176** | 1 (Belgien) mehrfarbig | gyd | 2,70 | 2,70 |
| **5177** | 1 (Belgien) mehrfarbig | gye | 2,70 | 2,70 |
| **5178** | 1 (Belgien) mehrfarbig | gyf | 2,70 | 2,70 |
| **5179** | 1 (Belgien) mehrfarbig | gyg | 2,70 | 2,70 |
| | Satzpreis (10 W.) | | 27,— | 27,— |
| | Zehnerblock | | 27,— | 27,— |
| | Markenheftchen | | 135,— | 135,— |

Nominale zur Zeit der Ausgabe: je 1.16 €

MiNr. 5170–5179 wurden in Zehnerblockanordnung zusammenhängend gedruckt.

**2022, 22. Okt. Trauermarke. Odr., Folienblatt (2×5); selbstklebend; wellenförmig gestanzt 12¼.**

gyh) Pusteblume, Matrixcode

| | | | | |
|---|---|---|---|---|
| **5180** | — mehrfarbig | gyh | 4,30 | 4,30 |
| | Folienblatt | | 43,— | 43,— |

Nominale zur Zeit der Ausgabe: 1.86 €

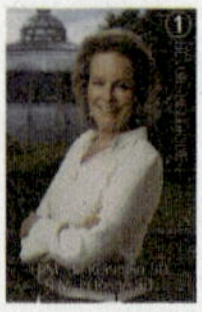

**2023, 21. Jan. 50. Geburtstag von Königin Mathilde. Odr. (2×5); gez. K 11½.**

gyi) Königin Mathilde (*1973)

| | | | | |
|---|---|---|---|---|
| **5181** | 1 (Belgien) mehrfarbig | gyi | 3,10 | 3,10 |
| | Kleinbogen | | 31,— | 31,— |

Nominale zur Zeit der Ausgabe: 1.36 €

Auflage: 216.500 Stück

**2023, 21. Jan. Blockausgabe: Jahr des Jugendstils in Brüssel. Odr.; gez. Ks 11½.**

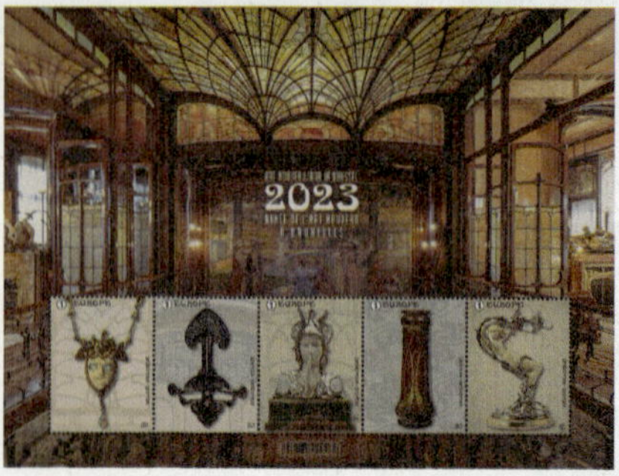


gyp

gyk) Halskette „Medusa" von Philippe Wolfers (1858–1929), Silberschmied und Juwelier
gyl) Türgriff von Fernand Dubois (1861–1939), Bildhauer und Medailleur
gym) Sphinx-Büste von Charles van der Stappen (1843–1910), Bildhauer
gyn) Vase von Léon Ledru (1855–1926), französischer Glasmacher
gyo) Lampe mit einer Nymphe von Égide Rombaux (1865–1942) und François Hoosemans (1857–1941)

| | | | | |
|---|---|---|---|---|
| **5182** | 1 EUROPE mehrfarbig | gyk | 5,80 | 5,80 |
| **5183** | 1 EUROPE mehrfarbig | gyl | 5,80 | 5,80 |
| **5184** | 1 EUROPE mehrfarbig | gym | 5,80 | 5,80 |
| **5185** | 1 EUROPE mehrfarbig | gyn | 5,80 | 5,80 |
| **5186** | 1 EUROPE mehrfarbig | gyo | 5,80 | 5,80 |
| **Block 277** | (225×165 mm) | gyp | 29,— | 29,— |

Nominale zur Zeit der Ausgabe: je 2.53 €

Auflage: 40.604 Blocks

**2023, 21. Jan. Blockausgabe: UNESCO-Welterbe Kurstadt Spa. Odr.; gez. Ks 11½.**

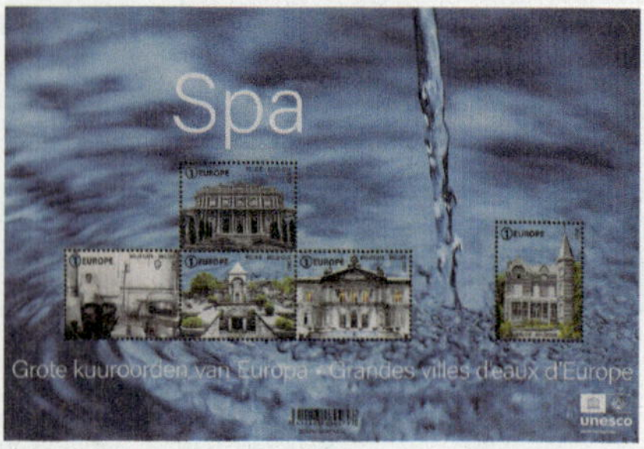


gyw

gyr) Pavillion des Petits Jeux
gys) Historische Badeszene (Photographie)
gyt) Géronstère-Quelle
gyu) Altes Thermengebäude an der Place Royale
gyv) Villa San Antonio

| | | | | |
|---|---|---|---|---|
| **5187** | 1 EUROPE mehrfarbig | gyr | 5,80 | 5,80 |
| **5188** | 1 EUROPE mehrfarbig | gys | 5,80 | 5,80 |
| **5189** | 1 EUROPE mehrfarbig | gyt | 5,80 | 5,80 |
| **5190** | 1 EUROPE mehrfarbig | gyu | 5,80 | 5,80 |
| **5191** | 1 EUROPE mehrfarbig | gyv | 5,80 | 5,80 |
| **Block 278** | (221×148 mm) | gyw | 29,— | 29,— |

Nominale zur Zeit der Ausgabe: je 2.53 €

Auflage: 42.404 Blocks

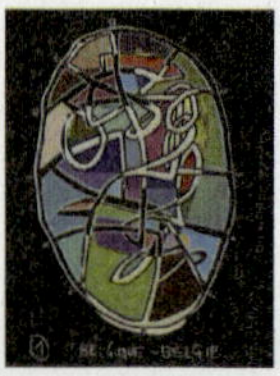

**2023, 21. Jan. Anne-Mie van Kerckhoven. Odr. (2×5); gez. K 11½.**

gyx) Uhr; Gemälde von Anne-Mie van Kerckhoven (*1951), Künstlerin

**5192** 1 (Belgien) mehrfarbig ............... gyx 3,10 3,10
Kleinbogen 31,— 31,—

Nominale zur Zeit der Ausgabe: 1.36 €

Auflage: 156.400 Stück

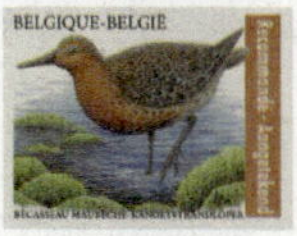


**2023, 21. Jan. Einschreibemarke: Vögel. Odr. (5); selbstklebend; gestanzt 12½.**

gyy) Knutt (Calidris canutus)

**5193** — mehrfarbig ...................... gyy 14,50 14,50
Folienblatt 72,— 72,—

Nominale zur Zeit der Ausgabe: 6.31 €

*Weitere Werte siehe Übersicht nach Jahrgangswerttabelle*

**2023, 18. März. Blockausgabe: 100. Jahrestag der Gründung der Fluggesellschaft Sabena. Odr.; gez. Ks 12¼.**

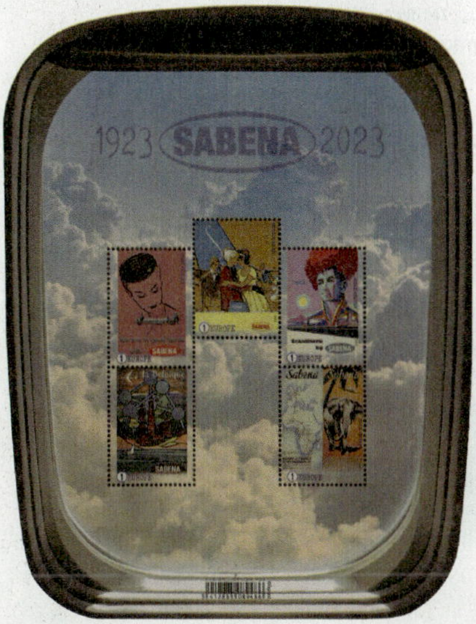


gze

gyz) Reisende
gza) Stewardess
gzb) Angehöriger der Samen, Rentier
gzc) Atomium, Brüssel
gzd) Flugroute nach und in Afrika, Elefant

gyz–gzd) Historische Werbeplakate

**5194** 1 EUROPE mehrfarbig .......... gyz 5,80 5,80
**5195** 1 EUROPE mehrfarbig .......... gza 5,80 5,80
**5196** 1 EUROPE mehrfarbig .......... gzb 5,80 5,80
**5197** 1 EUROPE mehrfarbig .......... gzc 5,80 5,80
**5198** 1 EUROPE mehrfarbig .......... gzd 5,80 5,80
**Block 279** (164×208 mm) ...... gze 29,— 29,—

Nominale zur Zeit der Ausgabe: je 2.53 €

Auflage: 40.704 Blocks

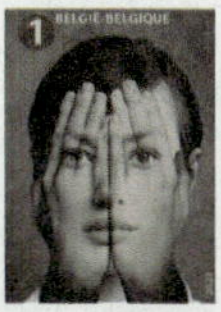

**2023, 18. März. 75. Jahrestag der Allgemeinen Erklärung der Menschenrechte. Odr. (1×5 + 1×5); gez. K 12¼.**

gzf) Hände vor androgynem Gesicht

**5199** 1 (Belgien) schwarz .................. gzf 3,10 3,10
Kleinbogen 31,— 31,—

Nominale zur Zeit der Ausgabe: 1.36 €

Auflage: 156.400 Stück

**2023, 18. März. Blockausgabe: Überdachte Passagen. Komb. StTdr. und Odr.; gez. Ks 11¾:11½.**

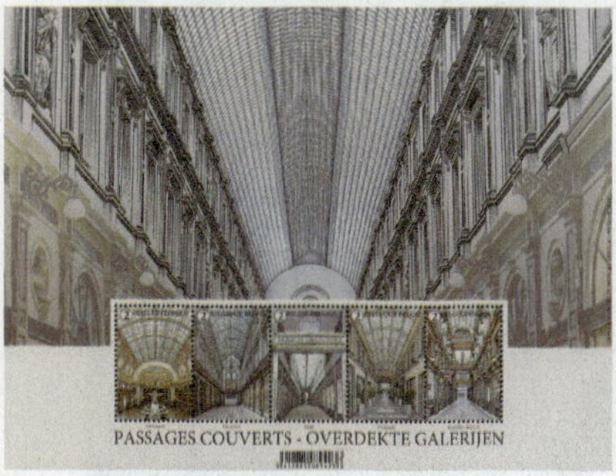


gzm

gzg) Stadtfestsaal, Antwerpen
gzh) Börsenpassage, Charleroi
gzi) Passage Lemonnier, Lüttich
gzk) Galerie James Ensor, Ostende
gzl) Nordpassage, Brüssel

**5200** 2 (Belgien) mehrfarbig .......... gzg 6,20 6,20
**5201** 2 (Belgien) mehrfarbig .......... gzh 6,20 6,20
**5202** 2 (Belgien) mehrfarbig .......... gzi 6,20 6,20
**5203** 2 (Belgien) mehrfarbig .......... gzk 6,20 6,20
**5204** 2 (Belgien) mehrfarbig .......... gzl 6,20 6,20
**Block 280** (220×163 mm) ..... gzm 31,— 31,—

Nominale zur Zeit der Ausgabe: je 2.72 €

Auflage: 40.604 Blocks

**2023, 18. März. Blockausgabe: Verborgenes unterirdisches Leben. Odr.; gez. Ks 12.**

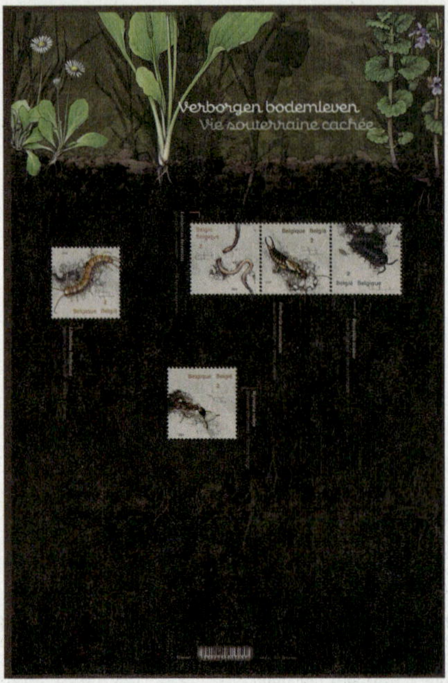


gzt

gzn) Gemeiner Regenwurm (Lumbricus terrestris)
gzo) Gemeiner Ohrwurm (Forficula auricularia)
gzp) Kellerassel (Porcellio scaber)
gzr) Gemeiner Steinläufer (Lithobius forficatus)
gzs) Rote Gartenameise (Myrmica rubra)

| | | | | |
|---|---|---|---|---|
| **5205** | 2 (Belgien) mehrfarbig | gzn | 6,20 | 6,20 |
| **5206** | 2 (Belgien) mehrfarbig | gzo | 6,20 | 6,20 |
| **5207** | 2 (Belgien) mehrfarbig | gzp | 6,20 | 6,20 |
| **5208** | 2 (Belgien) mehrfarbig | gzr | 6,20 | 6,20 |
| **5209** | 2 (Belgien) mehrfarbig | gzs | 6,20 | 6,20 |
| **Block 281** | (190×280 mm) | gzt | 31,— | 31,— |

Nominale zur Zeit der Ausgabe: je 2.72 €

Bl. 281 ist zusätzlich in zwei waagerechten Linien perforiert.

Auflage: 40.604 Blocks

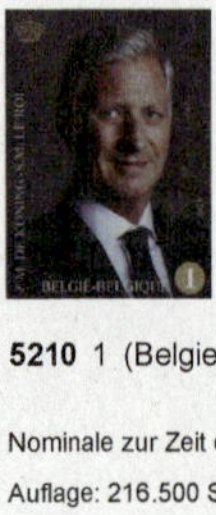

**2023, 10. Juni. 10. Jahrestag der Thronbesteigung von König Philippe. Odr. (5×2); gez. K 12.**

gzu) König Philippe (*1960, reg. seit 2013)

| | | | | |
|---|---|---|---|---|
| **5210** | 1 (Belgien) mehrfarbig | gzu | 3,10 | 3,10 |
| | Kleinbogen | | 31,— | 31,— |

Nominale zur Zeit der Ausgabe: 1.36 €

Auflage: 216.500 Stück

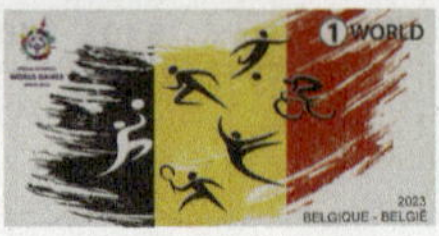


**2023, 10. Juni. Special Olympics World Summer Games, Berlin. Odr. (1×5); gez. K 12.**

gzv) Piktogramme verschiedener Sportarten, Farben der Nationalflagge, Veranstaltungsemblem

| | | | | |
|---|---|---|---|---|
| **5211** | 1 WORLD mehrfarbig | gzv | 6,30 | 6,30 |
| | Kleinbogen | | 31,50 | 31,50 |

Nominale zur Zeit der Ausgabe: 2.75 €

Auflage: 91.300 Stück

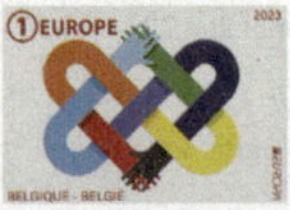


**2023, 10. Juni. Europa: Frieden – das höchste Gut der Menschheit. Odr. (5); gez. K 11½.**

gzw) Herzförmig verknotete Arme mit verschränkten Händen

| | | | | |
|---|---|---|---|---|
| **5212** | 1 EUROPE mehrfarbig | gzw | 5,80 | 5,80 |
| | Kleinbogen | | 29,— | 29,— |

Nominale zur Zeit der Ausgabe: 2.53 €

Auflage: 91.300 Stück

**2023, 10. Juni. Blockausgabe: Tod von Raoul Servais. Odr.; gez. Ks 12.**

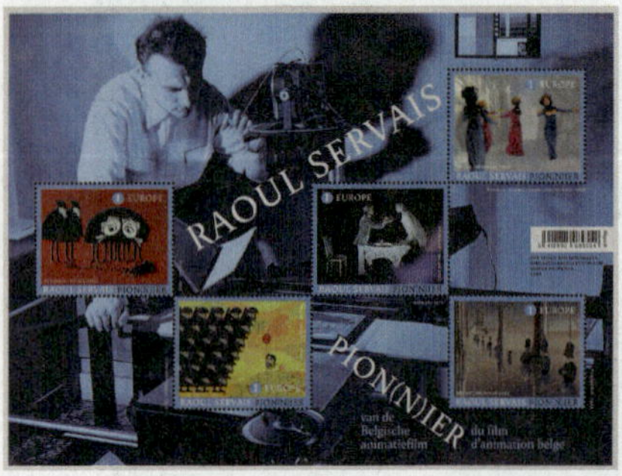


hac

gzx

gzy gzz

haa hab

gzx) Nachtfalter (1998)
gzy) Sirène (1968)
gzz) Harpya (1979)
haa) Chromophobia (1966)
hab) Taxandria (1994)

gzx–hab) Szenen aus Animationsfilmen von Raoul Servais (1928–2023), Filmschaffender

| | | | | |
|---|---|---|---|---|
| **5213** | 1 EUROPE mehrfarbig | gzx | 5,80 | 5,80 |
| **5214** | 1 EUROPE mehrfarbig | gzy | 5,80 | 5,80 |
| **5215** | 1 EUROPE mehrfarbig | gzz | 5,80 | 5,80 |
| **5216** | 1 EUROPE mehrfarbig | haa | 5,80 | 5,80 |
| **5217** | 1 EUROPE mehrfarbig | hab | 5,80 | 5,80 |
| **Block 282** | (225×165 mm) | hac | 29,— | 29,— |

Nominale zur Zeit der Ausgabe: je 2.53 €

Auflage: 40.604 Blocks

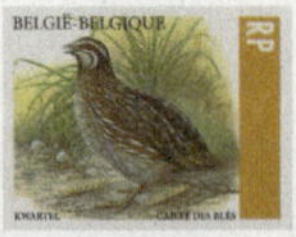


**2023, 10. Juni. Einschreibemarke für Behörden: Vögel. Odr. (5); selbstklebend; gestanzt 12½.**

had) Wachtel (Coturnix coturnix)

| | | | | |
|---|---|---|---|---|
| **5218** | — mehrfarbig | had | 13,— | 13,— |
| | | Folienblatt | 65,— | 65,— |

Nominale zur Zeit der Ausgabe: 5.61 €

*Weitere Werte siehe Übersicht nach Jahrgangswerttabelle.*

**2023, 26. Aug. Blockausgabe: Stadtzentren (XIII) – Kortrijk. Odr.; gez. Ks 11¾:11½.**

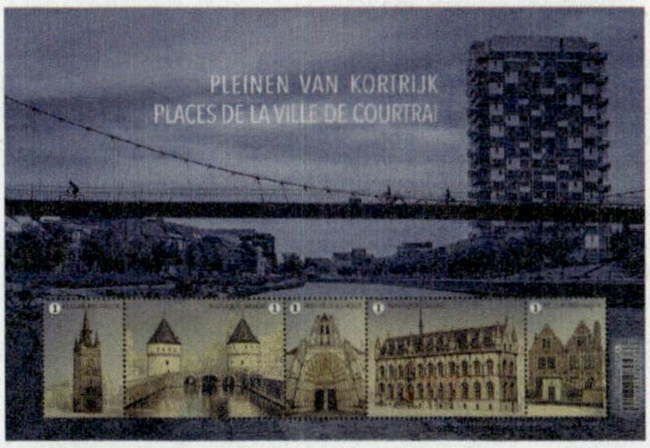


hak

hae) Belfried
haf) Broeltürme
hag) Eingangspforte der St. Martinskirche
hah) Rathaus
hai) Haus der Großmeisterin im Beginenhof

| | | | | |
|---|---|---|---|---|
| **5219** | 1 (Belgien) mehrfarbig | hae | 6,30 | 6,30 |
| **5220** | 1 (Belgien) mehrfarbig | haf | 6,30 | 6,30 |
| **5221** | 1 (Belgien) mehrfarbig | hag | 6,30 | 6,30 |
| **5222** | 1 (Belgien) mehrfarbig | hah | 6,30 | 6,30 |
| **5223** | 1 (Belgien) mehrfarbig | hai | 6,30 | 6,30 |
| **Block 283** | (222×145 mm) | hak | 31,50 | 31,50 |

Nominale zur Zeit der Ausgabe: je 1.36 €

Postpreis: 13.60 €

Auflage: 44.104 Blocks

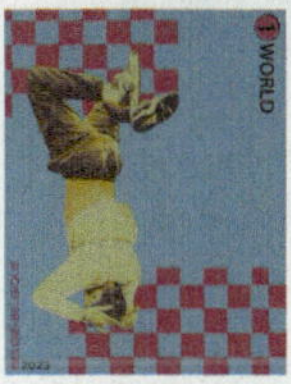

**2023, 26. Aug. Breakdance-Weltmeisterschaft, Leuven. Odr. (5); gez. K 12.**

hal) Breakdancer

| | | | | |
|---|---|---|---|---|
| **5224** | 1 WORLD mehrfarbig | hal | 6,30 | 6,30 |
| | | Kleinbogen | 31,50 | 31,50 |

Nominale zur Zeit der Ausgabe: 2.75 €

Auflage: 91.300 Stück

**2023, 26. Aug. Spinnen. Odr. (10); gez. Ks 12.**

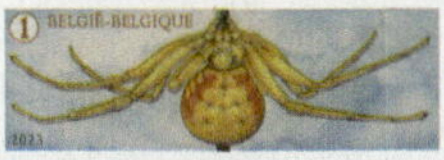

ham) Veränderliche Krabbenspinne (Misumena vatia)

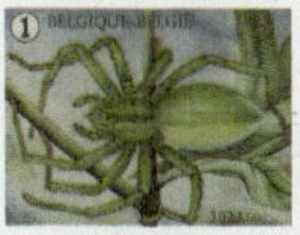

han) Grüne Huschspinne (Micrommata virescens)

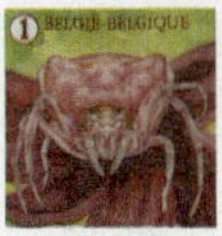

hao) Gehöckerte Krabbenspinne (Thomisus onustus)

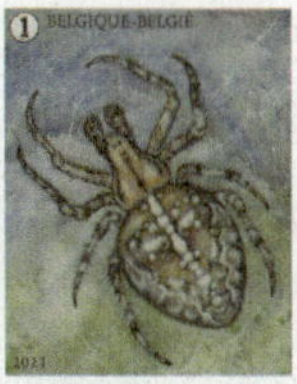

hap) Gartenkreuzspinne (Araneus diadematus)

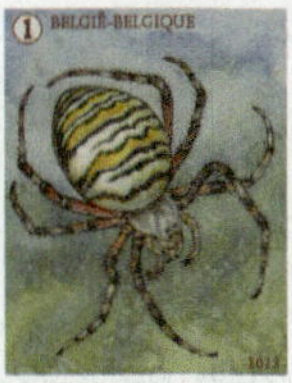

har) Wespenspinne (Argiope bruennichi)

| | | | | |
|---|---|---|---|---|
| **5225** | 1 (Belgien) mehrfarbig | ham | 3,10 | 3,10 |
| **5226** | 1 (Belgien) mehrfarbig | han | 3,10 | 3,10 |
| **5227** | 1 (Belgien) mehrfarbig | hao | 3,10 | 3,10 |
| **5228** | 1 (Belgien) mehrfarbig | hap | 3,10 | 3,10 |
| **5229** | 1 (Belgien) mehrfarbig | har | 3,10 | 3,10 |
| | | Satzpreis (5 W.) | 15,50 | 15,50 |
| | | Kleinbogen | 31,— | 31,— |

Nominale zur Zeit der Ausgabe: je 1.36 €

MiNr. 5225–5229 wurden zusammen im Kleinbogen zu je 2 Marken gedruckt.

Auflage: 52.176 Sätze

**2023, 26. Aug. Blockausgabe: Pommesbuden. Odr.; selbstklebend; gestanzt 14¼.**

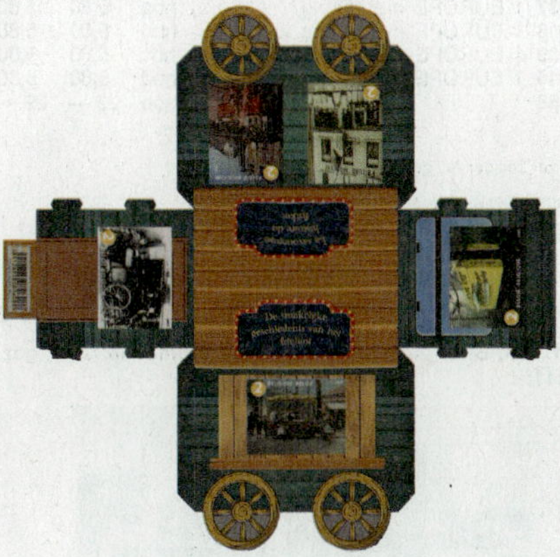

hax
has hat
hau hav
haw

has) Frittenbude (1950er Jahre)
hat) Frittenbude „Friture Moderne"
hau) Frittenbude in Middelkerke (1920)
hav) Frittenbude im Regen
haw) Frittenbude „Friture esthétique ambulante" (1913)

| | | | | |
|---|---|---|---|---|
| **5230** | 2 (Belgien) mehrfarbig | has | 6,20 | 6,20 |
| **5231** | 2 (Belgien) mehrfarbig | hat | 6,20 | 6,20 |
| **5232** | 2 (Belgien) mehrfarbig | hau | 6,20 | 6,20 |
| **5233** | 2 (Belgien) mehrfarbig | hav | 6,20 | 6,20 |
| **5234** | 2 (Belgien) mehrfarbig | haw | 6,20 | 6,20 |
| **Block 284** | (225×215 mm) | hax | 31,— | 31,— |

Nominale zur Zeit der Ausgabe: je 2.72 €

Bl. 284 hat die Form einer aufgeschnittenen Pommesbude, die zusammengesteckt werden kann. Angegeben ist die maximale Ausdehnung.

Auflage: 42.354 Blocks

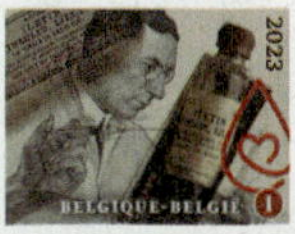

**2023, 21. Okt. 100. Jahrestag der Verleihung des Nobelpreises für Medizin an Frederick Banting für die Entdeckung des Insulins. Odr. (2×5); gez. K 12.**

hay) Frederick Banting (1891–1941), kanadischer Chirurg und Physiologe; Hand mit Spritze, Impfstoff-Flasche

| | | | | |
|---|---|---|---|---|
| **5235** | 1 (Belgien) mehrfarbig | hay | 3,10 | 3,10 |
| | Kleinbogen | | 31,— | 31,— |

Nominale zur Zeit der Ausgabe: 1.36 €

Auflage: 156.400 Stück

**2023, 21. Okt. Blockausgabe: 75. Jahrestag der Gründung der Künstlergruppe „Cobra“. Odr.; gez. Ks 12.**

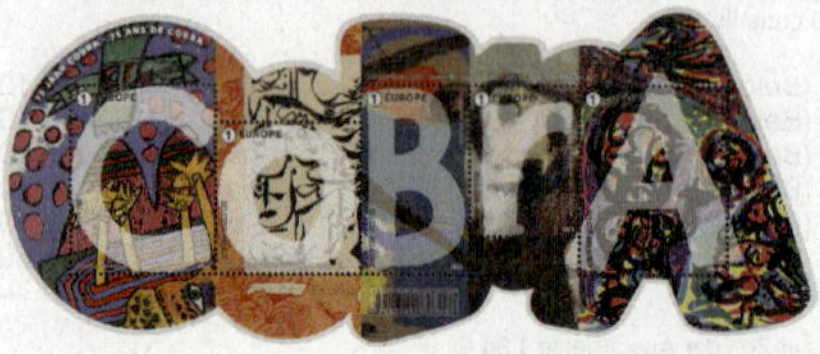

hbe

haz) „C“
hba) „o“
hbb) „B“
hbc) „r“
hbd) „A“

haz–hbd) Buchstaben bilden das Wort „Cobra“

| | | | | |
|---|---|---|---|---|
| **5236** | 1 EUROPE mehrfarbig | haz | 5,80 | 5,80 |
| **5237** | 1 EUROPE mehrfarbig | hba | 5,80 | 5,80 |
| **5238** | 1 EUROPE mehrfarbig | hbb | 5,80 | 5,80 |
| **5239** | 1 EUROPE mehrfarbig | hbc | 5,80 | 5,80 |
| **5240** | 1 EUROPE mehrfarbig | hbd | 5,80 | 5,80 |
| **Block 285** | (221×89 mm) | hbe | 29,— | 29,— |

Nominale zur Zeit der Ausgabe: je 2.53 €

Größenangabe bei Bl. 285 ist die maximale Ausdehnung.

Auflage: 40.604 Blocks

**2023, 21. Okt. Blockausgabe: Ikonische Automobile. Odr.; gez. Ks 11¾:11½.**

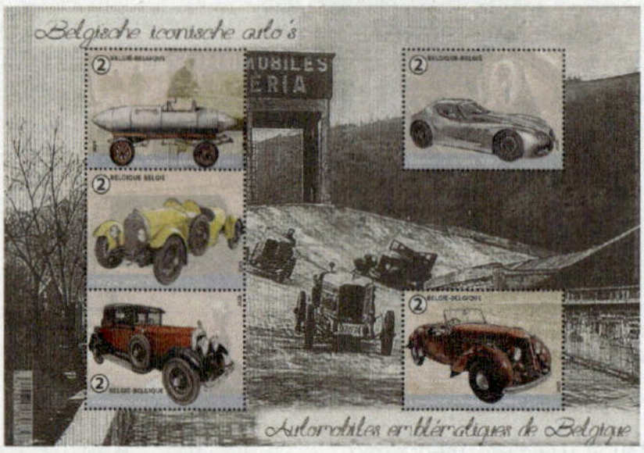


hbl

hbf hbg
hbh
hbi hbk

hbf) La Jamais Contente (1898)
hbg) Gillet Vertigo.5 Spirit (2010)
hbh) FN 1300 Sport (1925)
hbi) Minerva AL Coupé (1930)
hbk) Imperia TA-8 Roadster (1949)

| | | | | |
|---|---|---|---|---|
| **5241** | 2 (Belgien) mehrfarbig | hbf | 6,20 | 6,20 |
| **5242** | 2 (Belgien) mehrfarbig | hbg | 6,20 | 6,20 |
| **5243** | 2 (Belgien) mehrfarbig | hbh | 6,20 | 6,20 |
| **5244** | 2 (Belgien) mehrfarbig | hbi | 6,20 | 6,20 |
| **5245** | 2 (Belgien) mehrfarbig | hbk | 6,20 | 6,20 |
| **Block 286** | (222×148 mm) | hbl | 31,— | 31,— |

Nominale zur Zeit der Ausgabe: je 2.72 €

Bl. 286 □ wurde von der Post an Abonnenten verschenkt. Er ist nicht frankaturgültig.

Auflage: 40.704 Blocks

**2023, 21. Okt. Weihnachten. Odr. (5×2, Querformat ~); selbstklebend; D = dreiseitig, E = zweiseitig gestanzt 9¾.**

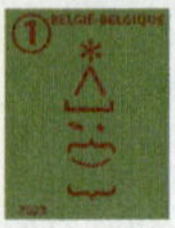


hbm) Weihnachtsmanngesicht

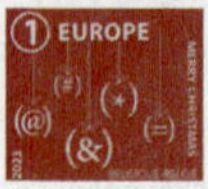


hbn) Weihnachtsbaumschmuck

hbm–hbn) Piktogramme aus Sonderzeichen

| | | | | | |
|---|---|---|---|---|---|
| **5246** | | 1 (Belgien) grün/rot | hbm | | |
| | **Do** | dreiseitig gestanzt (□) | | 3,10 | 3,10 |
| | **Du** | dreiseitig gestanzt (□) | | 3,10 | 3,10 |
| | **Eo** | zweiseitig gestanzt (□) | | 3,10 | 3,10 |
| | **Eu** | zweiseitig gestanzt (□) | | 3,10 | 3,10 |
| **5247** | | 1 EUROPE rot/weiß | hbn | | |
| | **Dl** | dreiseitig gestanzt (□) | | 5,80 | 5,80 |
| | **Dr** | dreiseitig gestanzt (□) | | 5,80 | 5,80 |
| | **El** | zweiseitig gestanzt (□) | | 5,80 | 5,80 |
| | **Er** | zweiseitig gestanzt (□) | | 5,80 | 5,80 |
| | | Satzpreis (2 W.) | | 8,90 | 8,90 |
| | | 2 Folienblätter | | 89,— | 89,— |

Nominalen zur Zeit der Ausgabe: MiNr. 5246 = 1.36 €, MiNr. 5247 = 2.53 €

Auflagen: MiNr. 5246 = 6.829.500, MiNr. 5247 = 622.550 Stück

**2024, 20. Jan. Blockausgabe: Ikonische Motorräder. Odr.; gez. Ks 11¾:11½.**

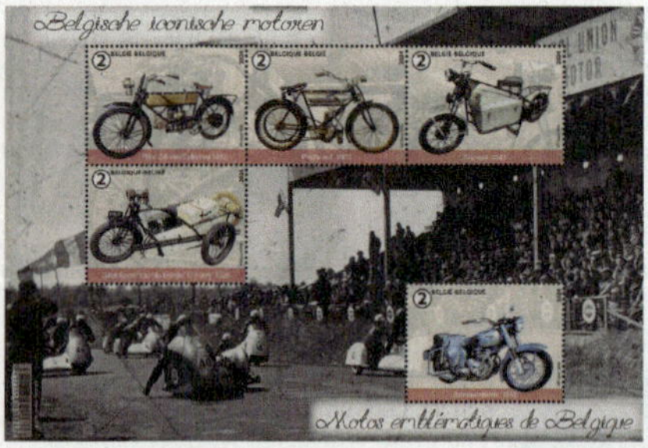


hbu

hbo) FN-Vierzylinder (1912)
hbp) Piedbœuf (1903)
hbr) Elektromotorrad Socovel Scooter (1941)
hbs) Gillet Sport „Tour du Monde“ mit Beiwagen (1926)
hbt) Saroléa Atlantic (1955)

| | | | | |
|---|---|---|---|---|
| **5248** | 2 (Belgien) mehrfarbig | hbo | 6,60 | 6,60 |
| **5249** | 2 (Belgien) mehrfarbig | hbp | 6,60 | 6,60 |
| **5250** | 2 (Belgien) mehrfarbig | hbr | 6,60 | 6,60 |
| **5251** | 2 (Belgien) mehrfarbig | hbs | 6,60 | 6,60 |
| **5252** | 2 (Belgien) mehrfarbig | hbt | 6,60 | 6,60 |
| **Block 287** | (222×148 mm) | hbu | 33,— | 33,— |

Nominale zur Zeit der Ausgabe: je 2.86 €

Bl. 287 □ wurde von der Post an Abonnenten verschenkt. Er ist nicht frankaturgültig.

Auflage: 35.147 Blocks

**2024, 20. Jan. Blockausgabe: Musikpavillons. Odr.; gez. Ks 11½:12.**

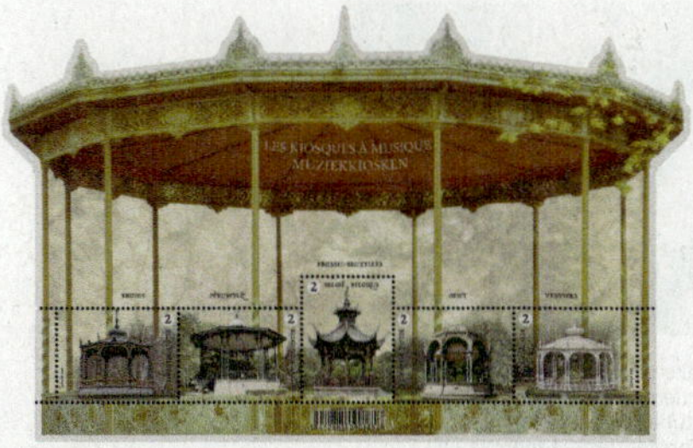


hca

hbv) Brügge
hbw) Péruwelz
hbx) Brüssel
hby) Gent
hbz) Verviers

| | | | | | |
|---|---|---|---|---|---|
| **5253** | 2 (Belgien) | mehrfarbig .......... | hbv | 6,60 | 6,60 |
| **5254** | 2 (Belgien) | mehrfarbig .......... | hbw | 6,60 | 6,60 |
| **5255** | 2 (Belgien) | mehrfarbig .......... | hbx | 6,60 | 6,60 |
| **5256** | 2 (Belgien) | mehrfarbig .......... | hby | 6,60 | 6,60 |
| **5257** | 2 (Belgien) | mehrfarbig .......... | hbz | 6,60 | 6,60 |
| **Block 288** | | (225×139 mm) ...... | hca | 33,— | 33,— |

Nominale zur Zeit der Ausgabe: je 2.86 €

Größenangabe bei Bl. 288 ist die maximale Ausdehnung.

Auflage: 37.147 Blocks

**2024, 20. Jan. Blockausgabe: Glaskunst. Odr.; gez. Ks 12.**

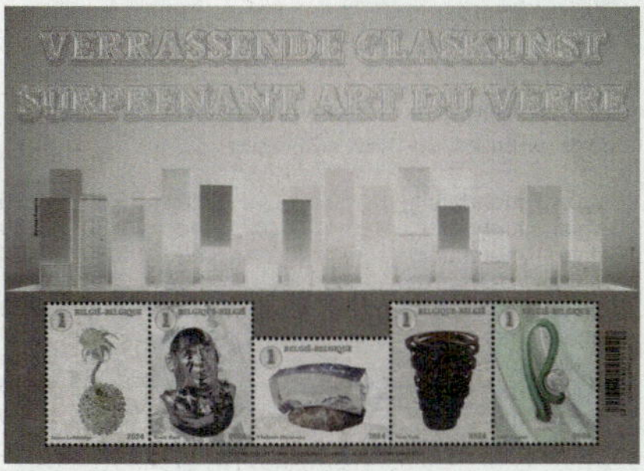


hcg

hcb) Jovian Flower; von James Lethbridge (*1979), britischer Glaskünstler
hcc) Meine Liebe für Anne Frank; von Erwin Eisch (1927–2022), deutscher Glaskünstler und Maler
hcd) Stein in Glasblau; von Vladimir Zbynovsky (*1964), slowakischer Glaskünstler und Bildhauer
hce) Parts High; von Anna Torfs (*1963), belgisch-tschechische Glas- und Steingutkünstlerin
hcf) Melodie; von Louis Leloup (*1929), Glaskünstler

| | | | | | |
|---|---|---|---|---|---|
| **5258** | 1 (Belgien) | mehrfarbig .......... | hcb | 3,30 | 3,30 |
| **5259** | 1 (Belgien) | mehrfarbig .......... | hcc | 3,30 | 3,30 |
| **5260** | 1 (Belgien) | mehrfarbig .......... | hcd | 3,30 | 3,30 |
| **5261** | 1 (Belgien) | mehrfarbig .......... | hce | 3,30 | 3,30 |
| **5262** | 1 (Belgien) | mehrfarbig .......... | hcf | 3,30 | 3,30 |
| **Block 289** | | (185×130 mm) ...... | hcg | 16,50 | 16,50 |

Nominale zur Zeit der Ausgabe: je 1.43 €

Bl. 289 □ in Schwarz wurde von der Post an Abonnenten verschenkt. Er ist nicht frankaturgültig.

Auflage: 35.147 Blocks

**2024, 20. Jan. 80. Todestag von Leo Baekeland. Odr. (2×5 Zd); gez. K 11½:11¾.**

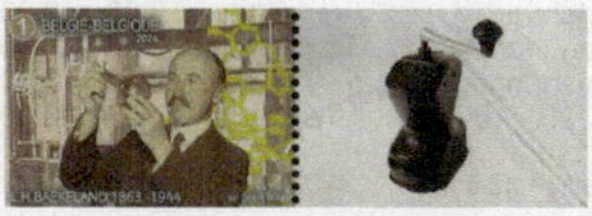

hch) Leo Baekeland (1863–1944), belgisch-amerikanischer Chemiker und Erfinder des Kunststoffs Bakelit; Strukturformel
Zierfeld

| | | | | | |
|---|---|---|---|---|---|
| **5263** | 1 (Belgien) | mehrfarbig .......... | hch | 3,30 | 3,30 |
| | | | 5263 Zf | 3,30 | 3,30 |
| | | | Kleinbogen | 33,— | 33,— |

Nominale zur Zeit der Ausgabe: 1.43 €

MiNr. 5263 wurde im Kleinbogen zu 10 Marken und 10 verschiedenen Zierfeldern (2. und 4. Bogenspalte) gedruckt.

Auflage: 132.050 Stück

**2024, 29. März. Blockausgabe: Europa – Unterwasserfauna und -flora. Odr.; gez. Ks 12.**

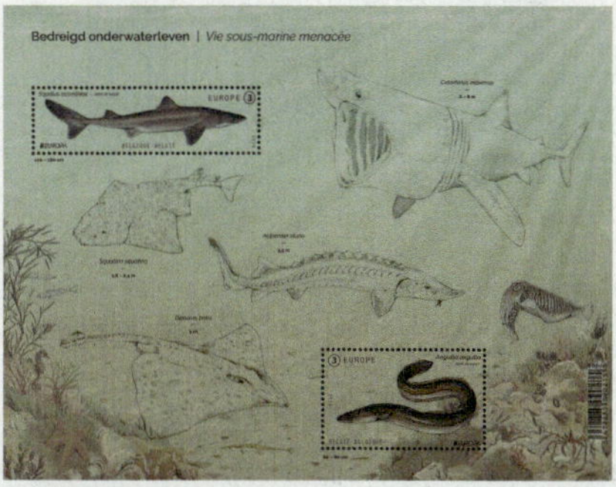


hcl

hci) Dornhai (Squalus acanthias)
hck) Europäischer Aal (Anguilla anguilla)

| | | | | | |
|---|---|---|---|---|---|
| **5264** | 3 EUROPE | mehrfarbig .......... | hci | 18,30 | 18,30 |
| **5265** | 3 EUROPE | mehrfarbig .......... | hck | 18,30 | 18,30 |
| **Block 290** | | (190×144 mm) ...... | hcl | 36,50 | 36,50 |

Nominale zur Zeit der Ausgabe: je 7.98 €

Auflage: 35.147 Blocks

**2024, 29. März. Blockausgabe: Besonderes Balzverhalten. Odr.; gez. Ks 12.**

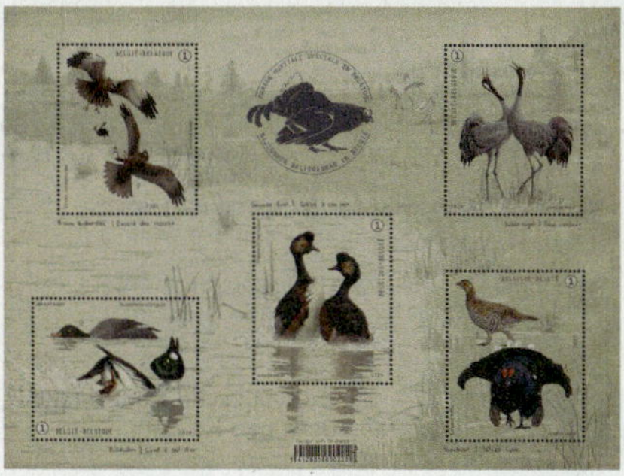

hcs

hcm hcn
hco
hcp hcr

hcm) Rohrweihe (Circus aeruginosus)
hcn) Kranich (Grus grus)
hco) Schwarzhalstaucher (Podiceps nigricollis)
hcp) Schellente (Bucephala clangula)
hcr) Birkhuhn (Lyrurus tetrix)

hcm–hcr) Balzende Vogelpaare

| | | | | | | |
|---|---|---|---|---|---|---|
| **5266** | 1 | (Belgien) | mehrfarbig ......... | hcm | 3,30 | 3,30 |
| **5267** | 1 | (Belgien) | mehrfarbig ......... | hcn | 3,30 | 3,30 |
| **5268** | 1 | (Belgien) | mehrfarbig ......... | hco | 3,30 | 3,30 |
| **5269** | 1 | (Belgien) | mehrfarbig ......... | hcp | 3,30 | 3,30 |
| **5270** | 1 | (Belgien) | mehrfarbig ......... | hcr | 3,30 | 3,30 |
| **Block 291** | | | (225×164 mm) ..... | hcs | 16,50 | 16,50 |

Nominale zur Zeit der Ausgabe: je 1.43 €

Auflage: 35.147 Blocks

**2024, 29. März. Blockausgabe: Zeitgenössischer Tanz. Odr.; gez. Ks 12.**

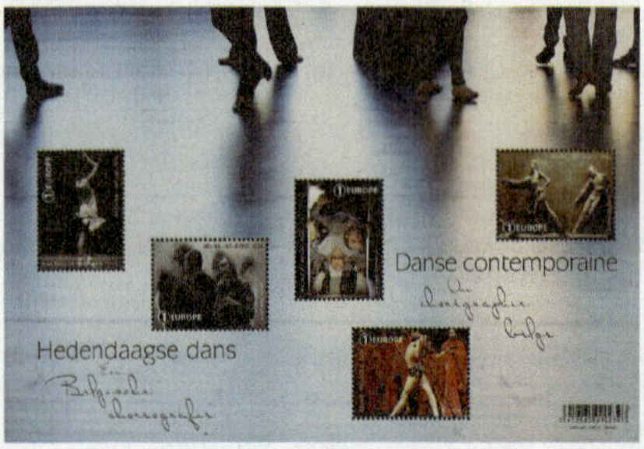


hcy

hct hcu

hcv

hcw

hcx

hct) Anne Teresa De Keersmaeker (*1960), Choreografin, Ballettmeisterin und Solotänzerin
hcu) Nicole Mossoux (*1956), Tänzerin und Choreographin und Patrick Bonté (*1956), Dramatiker und Regisseur
hcv) Sidi Larbi Cherkaoui (*1976), Tänzer und Choreograph
hcw) Michèle Noiret (*1960), Tänzerin
hcx) Alain Platel (*1959), Choreograph und Theaterregisseur

| | | | | | | |
|---|---|---|---|---|---|---|
| **5271** | 1 | EUROPE | mehrfarbig ......... | hct | 6,10 | 6,10 |
| **5272** | 1 | EUROPE | mehrfarbig ......... | hcu | 6,10 | 6,10 |
| **5273** | 1 | EUROPE | mehrfarbig ......... | hcv | 6,10 | 6,10 |
| **5274** | 1 | EUROPE | mehrfarbig ......... | hcw | 6,10 | 6,10 |
| **5275** | 1 | EUROPE | mehrfarbig ......... | hcx | 6,10 | 6,10 |
| **Block 292** | | | (222×147 mm) ..... | hcy | 30,50 | 30,50 |

Nominale zur Zeit der Ausgabe: je 2.66 €

Auflage: 35.147 Blocks

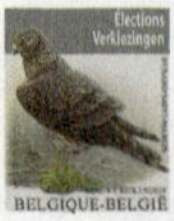


**2024, 29. März. Freimarke für Wahlsendungen: Vögel. Odr. (2×5); selbstklebend; dreiseitig gestanzt 10.**

hcz) Kornweihe (Circus cyaneus)

| | | | | | |
|---|---|---|---|---|---|
| **5276** | — | mehrfarbig (▢) .................... | hcz | 1,60 | 1,60 |
| | | Kleinbogen | | 16,— | 16,— |

Die Marken der unteren Kleinbogenzeile wurden kopfstehend gedruckt.

Nominale zur Zeit der Ausgabe: 0.72 €

*Weitere Werte siehe Übersicht nach Jahrgangswerttabelle.*

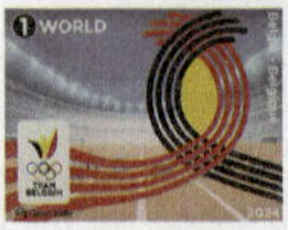


**2024, 7. Juni. Olympische Sommerspiele, Paris. Odr. (5×1); gez. K 12.**

hda) Streifen in Landesfarben, Emblem der belgischen Mannschaft, Laufbahn im Stadion

| | | | | | | |
|---|---|---|---|---|---|---|
| **5277** | 1 | WORLD | mehrfarbig .............. | hda | 6,60 | 6,60 |
| | | | Kleinbogen | | 33,— | 33,— |

Nominale zur Zeit der Ausgabe: 2.88 €

Auflage: 85.625 Stück

**2024, 7. Juni. 100. Todestag von Emile Claus. Odr., Markenheftchen (2×5); selbstklebend; gestanzt 8¼:8¾, Querformate ∼.**

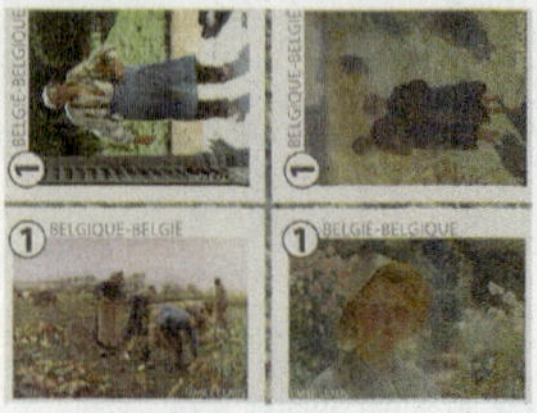


hdb) Der alte Gärtner (1885)
hdc) Mädchen auf dem Feld (1892)
hdd) Die Rübenernte (1890)
hde) Die Tochter des Gärtners (1908)

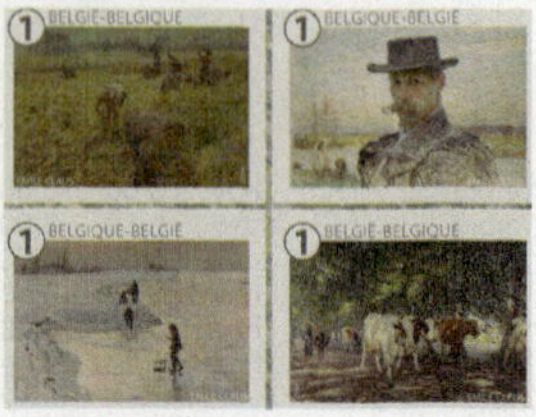


hdf) Die Flachsernte (1904)
hdg) Selbstportrait (1912)
hdh) Die Eisvögel (1891)
hdi) Die sonnige Straße (1893)

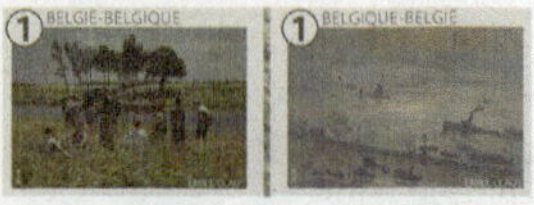


hdk) Das Picknick (1887)
hdl) Lichtreflexion am Morgen auf der Themse in London (1918)

hdb–hdl) Gemälde von Emile Claus (1849–1924), Maler

| | | | | | | |
|---|---|---|---|---|---|---|
| **5278** | 1 | (Belgien) | mehrfarbig .............. | hdb | 3,30 | 3,30 |
| **5279** | 1 | (Belgien) | mehrfarbig .............. | hdc | 3,30 | 3,30 |
| **5280** | 1 | (Belgien) | mehrfarbig .............. | hdd | 3,30 | 3,30 |
| **5281** | 1 | (Belgien) | mehrfarbig .............. | hde | 3,30 | 3,30 |
| **5282** | 1 | (Belgien) | mehrfarbig .............. | hdf | 3,30 | 3,30 |
| **5283** | 1 | (Belgien) | mehrfarbig .............. | hdg | 3,30 | 3,30 |
| **5284** | 1 | (Belgien) | mehrfarbig .............. | hdh | 3,30 | 3,30 |
| **5285** | 1 | (Belgien) | mehrfarbig .............. | hdi | 3,30 | 3,30 |
| **5286** | 1 | (Belgien) | mehrfarbig .............. | hdk | 3,30 | 3,30 |
| **5287** | 1 | (Belgien) | mehrfarbig .............. | hdl | 3,30 | 3,30 |
| | | | Satzpreis (10 W.) | | 33,— | 33,— |
| | | | Markenheftchen | | 33,— | 33,— |

Nominale zur Zeit der Ausgabe: je 1.43 €

MiNr. 5278–5287 wurden zusammen im Markenheftchen gedruckt.

Auflage: 68.947 Markenheftchen

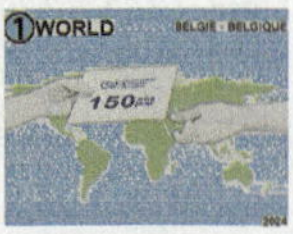


**2024, 7. Juni. 150 Jahre Weltpostverein (UPU). Odr. (5×1); gez. K 12.**

hdm) Brief mit Zahl „150“ wird weitergereicht, Weltkarte, Text in Mikroschrift

| | | | | | | |
|---|---|---|---|---|---|---|
| **5288** | 1 | WORLD | mehrfarbig .............. | hdm | 6,60 | 6,60 |
| | | | Kleinbogen | | 33,— | 33,— |

Nominale zur Zeit der Ausgabe: 2.88 €

Auflage: 77.550 Stück

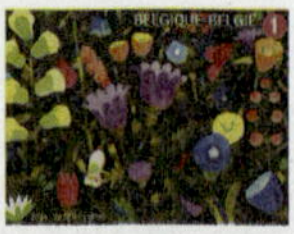


**2024, 7. Juni. Zeitgenössische Kunst: Brecht Evens. Odr. (5×1 + 5×1); gez. K 12.**

hdn) Flora (2024); Illustration von Brecht Evens (*1986), Comicautor und Illustrator

**5289** 1 (Belgien) mehrfarbig ............... hdn 3,30 3,30
Kleinbogen 33,— 33,—

Nominale zur Zeit der Ausgabe: 1.43 €

Auflage: 132.050 Stück

**2024, 7. Juni. Freimarken: Baumblätter. Odr. (1×5 Zd); selbstklebend; gestanzt 8¾.**

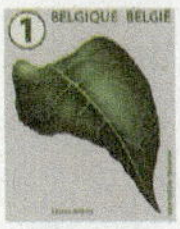
hdo) Echter Lorbeer (Laurus nobilis)

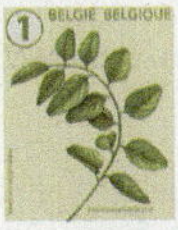
hdp) Gewöhnliche Robinie (Robinia pseudoacacia)

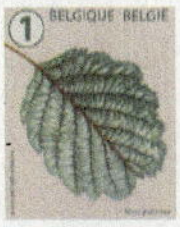
hdr) Schwarz-Erle (Alnus glutinosa)

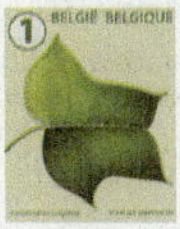
hds) Tulpenbaum (Liriodendron tulipifera)

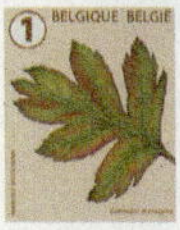
hdt) Eingriffeliger Weißdorn (Crataegus monogyna)

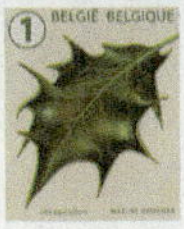
hdu) Europäische Stechpalme (Ilex aquifolium)

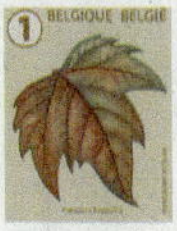
hdv) Ahornblättrige Platane (Platanus × hispanica)

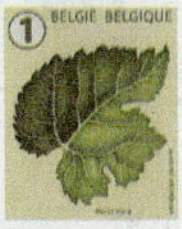
hdw) Schwarze Maulbeere (Morus nigra)

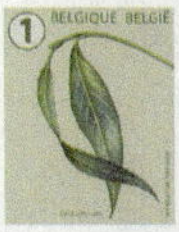
hdx) Korb-Weide (Salix viminalis)

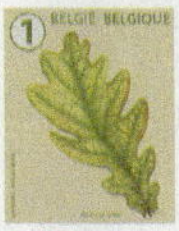
hdy) Stieleiche (Quercus robur)

hdo–hdy) Blätter europäischer Bäume

**5290** 1 (Belgien) mehrfarbig ............... hdo 3,30 3,30
**5291** 1 (Belgien) mehrfarbig ............... hdp 3,30 3,30
**5292** 1 (Belgien) mehrfarbig ............... hdr 3,30 3,30
**5293** 1 (Belgien) mehrfarbig ............... hds 3,30 3,30
**5294** 1 (Belgien) mehrfarbig ............... hdt 3,30 3,30
**5295** 1 (Belgien) mehrfarbig ............... hdu 3,30 3,30
**5296** 1 (Belgien) mehrfarbig ............... hdv 3,30 3,30
**5297** 1 (Belgien) mehrfarbig ............... hdw 3,30 3,30
**5298** 1 (Belgien) mehrfarbig ............... hdx 3,30 3,30
**5299** 1 (Belgien) mehrfarbig ............... hdy 3,30 3,30
Satzpreis (10 W.) 33,— 33,—
Zehnerblock 33,— 33,—

Nominale zur Zeit der Ausgabe: je 1.43 €

MiNr. 5290–5299 wurden zusammenhängend in Zehnerblockanordnung (5×2) gedruckt.

**2024, 24. Aug. Blockausgabe: Biolumineszenz. Odr.; Aufdruck ph.; gez. Ks 12.**

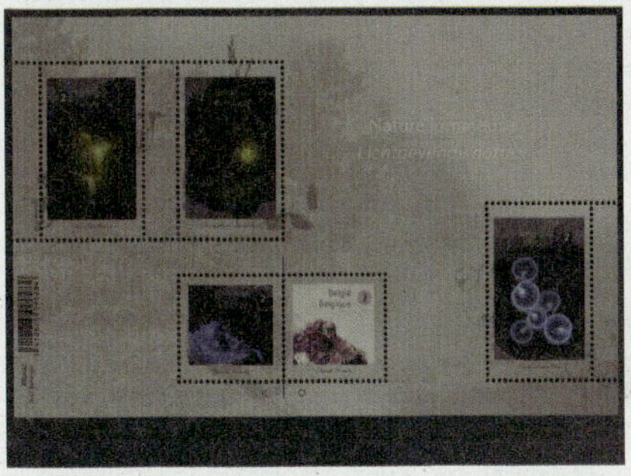
hee

hdz hea heb hec hed

hdz) Östlicher Kürbislaternenpilz (Omphalotus illudens)
hea) Kleiner Leuchtkäfer (Lamprohiza splendidula)
heb) Fluoritkristalle bei Nacht
hec) Fluoritkristalle am Tag
hed) Meeresleuchttierchen (Noctiluca scintillans)

**5300** 2 (Belgien) mehrfarbig .......... hdz 6,60 6,60
**5301** 2 (Belgien) mehrfarbig .......... hea 6,60 6,60
**5302** 2 (Belgien) mehrfarbig .......... heb 6,60 6,60
**5303** 2 (Belgien) mehrfarbig .......... hec 6,60 6,60
**5304** 2 (Belgien) mehrfarbig .......... hed 6,60 6,60
**Block 293** (180×130 mm) ...... hee 33,— 33,—

Nominale zur Zeit der Ausgabe: je 2.86 €

Auflage: 35.147 Blocks

**2024, 24. Aug. Blockausgabe: Universum. Odr.; selbstklebend; rund gestanzt 12; Blockrand zähnungsähnlich gestanzt.**

her

hef heg heh hei hek
hel hem
hen heo hep

hef) James-Webb-Weltraumteleskop
heg) Planetensystem Trappist-1
heh) Uranus
hei) Neptun
hek) Mars
hel) Saturn
hem) Venus
hen) Erde und Erdmond
heo) Merkur
hep) Jupiter mit vier seiner Monde

heg–hep) Aufnahmen mit dem James-Webb-Weltraumteleskop

**5305** 1 (Belgien) mehrfarbig ......... hef 3,30 3,30
**5306** 1 (Belgien) mehrfarbig ......... heg 3,30 3,30
**5307** 1 (Belgien) mehrfarbig ......... heh 3,30 3,30
**5308** 1 (Belgien) mehrfarbig ......... hei 3,30 3,30
**5309** 1 (Belgien) mehrfarbig ......... hek 3,30 3,30
**5310** 1 (Belgien) mehrfarbig ......... hel 3,30 3,30
**5311** 1 (Belgien) mehrfarbig ......... hem 3,30 3,30
**5312** 1 (Belgien) mehrfarbig ......... hen 3,30 3,30
**5313** 1 (Belgien) mehrfarbig ......... heo 3,30 3,30
**5314** 1 (Belgien) mehrfarbig ......... hep 3,30 3,30
**Block 294** (223×160 mm) ..... her 33,— 33,—

Nominale zur Zeit der Ausgabe: je 1.43 €

Auflage: 36.647 Blocks

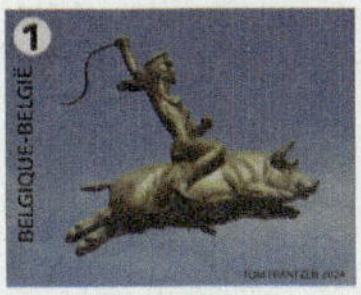

**2024, 24. Aug. Zeitgenössische Kunst: Tom Frantzen. Odr. (1×5 + 1×5); gez. K 11½.**

hes) Venus von Duisburg (2007); Skulptur von Tom Frantzen (*1954), Bildhauer

**5315** 1 (Belgien) mehrfarbig ............... hes 3,30 3,30
Kleinbogen 33,— 33,—

Nominale zur Zeit der Ausgabe: 1.43 €

Auflage: 132.050 Stück

**2024, 24. Aug. Blockausgabe: 100 Jahre belgischer Surrealismus. Odr.; Aufdruck ph.; gez. Ks 12, MiNr. 5316 und 5318–5319 mit zusätzlicher aufgedruckter Zähnung.**

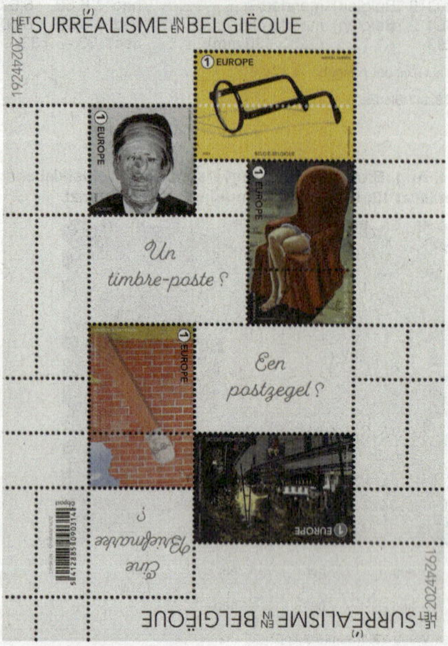


hey

het) L'introuvable (1937); Kunstwerk von Marcel Mariën (1920–1993), Künstler und Schriftsteller
heu) Portrait des Achill Chavée; Kunstwerk von Pol Bury (1922–2005), Maler und Bildhauer
hev) Orpheus' Gefolge (1948); Gemälde von Jane Graverol (1905–1984), Malerin
hew) Portrait des Paul Nougé; Gemälde von Roger Van de Wouwer (1933–2005), Maler
hex) Der Waldbahnhof (1960); Gemälde von Paul Delvaux (1897–1994), Maler

| | | | | |
|---|---|---|---|---|
| **5316** | 1 EUROPE mehrfarbig | het | 6,20 | 6,20 |
| **5317** | 1 EUROPE mehrfarbig .......... | heu | 6,20 | 6,20 |
| **5318** | 1 EUROPE mehrfarbig .......... | hev | 6,20 | 6,20 |
| **5319** | 1 EUROPE mehrfarbig .......... | hew | 6,20 | 6,20 |
| **5320** | 1 EUROPE mehrfarbig .......... | hex | 6,20 | 6,20 |
| **Block 295** | (135×187 mm) ..... | hey | 31,— | 31,— |

Nominale zur Zeit der Ausgabe: je 2.66 €

Auflage: 49.387 Blocks

**2024, 19. Okt. Blockausgabe: Kryptomarke – Drache. Komb. Odr., Siebdr. und Hfdr. auf Kunststoff; selbstklebend; gestanzt 10:9¾.**

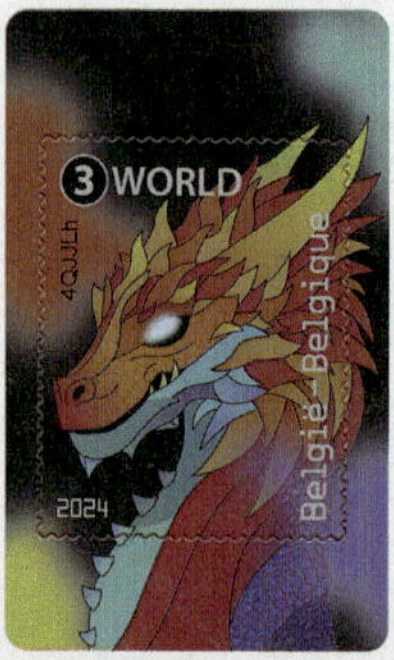


hfa

hez) Drachenkopf

| | | | | |
|---|---|---|---|---|
| **5321** | 3 WORLD mehrfarbig .......... | hez | 21,— | 21,— |
| **Block 296** | (54×85 mm) .......... | hfa | 21,— | 21,— |

Nominale zur Zeit der Ausgabe: 9 €

Auf dem Objekt befindet sich ein QR-Code, der die Verwaltung der digitalen Marke ermöglicht.

Bl. 296 sind 5 virtuelle Farben in unterschiedlicher Häufigkeit zugeordnet, die mit Hilfe des QR-Codes eruierbar sind: Schwarz (23.535), Grün (12.015), Blau (5.985), Gelb (3.015) und Rot (450). Die angegebenen Preise beziehen sich auf die billigste (schwarze) Variante.

Auflage: 45.000 Blocks

*Parallelausgabe mit Luxemburg, Niederlande MiNr. 4330/Bl. 204 und Österreich*

**2024, 19. Okt. Blockausgabe: Stadtzentren (XIV) – Arlon. Odr.; gez. Ks 11¾:11½.**

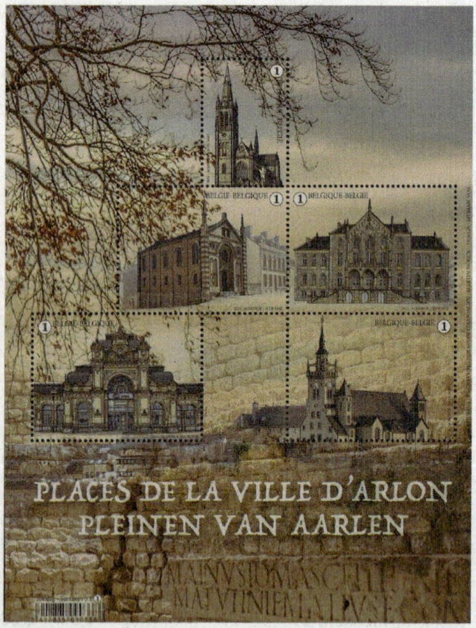


hfg

hfb) St.-Martins-Kirche
hfc) Synagoge
hfd) Alter Justizpalast
hfe) Bahnhofsgebäude
hff) Glockenturm der St.-Donatus-Kirche

| | | | | |
|---|---|---|---|---|
| **5322** | 1 (Belgien) mehrfarbig .......... | hfb | 6,60 | 6,60 |
| **5323** | 1 (Belgien) mehrfarbig .......... | hfc | 6,60 | 6,60 |
| **5324** | 1 (Belgien) mehrfarbig .......... | hfd | 6,60 | 6,60 |
| **5325** | 1 (Belgien) mehrfarbig .......... | hfe | 6,60 | 6,60 |
| **5326** | 1 (Belgien) mehrfarbig .......... | hff | 6,60 | 6,60 |
| **Block 297** | (153×197 mm) ...... | hfg | 33,— | 33,— |

Nominale zur Zeit der Ausgabe: je 1.43 €

Postpreis: 14.30 €

Auflage: 35.547 Blocks

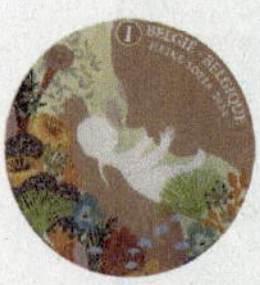

**2024, 19. Okt. 15 Jahre Trauerhilfe für Großeltern „Berrefonds". Odr. (5×2); rund Shz. 14¼.**

hfh) Schwebendes Kind umgeben von Blumen

| | | | | | |
|---|---|---|---|---|---|
| **5327** | 1 (Belgien) | mehrfarbig | hfh | 3,30 | 3,30 |
| | | Kleinbogen | | 33,— | 33,— |

Nominale zur Zeit der Ausgabe: 1.43 €

Auflage: 132.050 Stück

**2024, 19. Okt. Weihnachten. Odr. (5×2); selbstklebend; D = dreiseitig, E = zweiseitig gestanzt 9¾.**

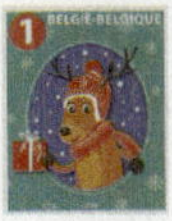


hfi) Rentier mit Mütze hält Geschenk

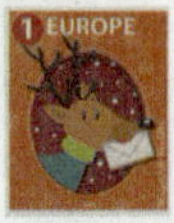


hfk) Rentier mit Pullover trägt Brief

| | | | | | |
|---|---|---|---|---|---|
| **5328** | 1 (Belgien) | mehrfarbig | hfi | | |
| **Do** | | dreiseitig gestanzt (□) | | 3,30 | 3,30 |
| **Du** | | dreiseitig gestanzt (□) | | 3,30 | 3,30 |
| **Eo** | | zweiseitig gestanzt (□) | | 3,30 | 3,30 |
| **Eu** | | zweiseitig gestanzt (□) | | 3,30 | 3,30 |
| **5329** | 1 EUROPE | mehrfarbig | hfk | | |
| **Do** | | dreiseitig gestanzt (□) | | 6,10 | 6,10 |
| **Du** | | dreiseitig gestanzt (□) | | 6,10 | 6,10 |
| **Eo** | | zweiseitig gestanzt (□) | | 6,10 | 6,10 |
| **Eu** | | zweiseitig gestanzt (□) | | 6,10 | 6,10 |
| | | Satzpreis (2 W.) | | 9,40 | 9,40 |
| | | 2 Folienblätter | | 94,— | 94,— |

Nominalen zur Zeit der Ausgabe: MiNr. 5328 = 1.43 €, MiNr. 5329 = 2.66 €

Auflagen: MiNr. 5328 = 6.340.000, MiNr. 5329 = 651.000 Stück

**2025, 25. Jan. Blockausgabe: Studiengang Digital Arts and Entertainment an der Fachhochschule Hogeschool West-Vlaanderen, Kortrijk. Odr.; gez. Ks 12.**

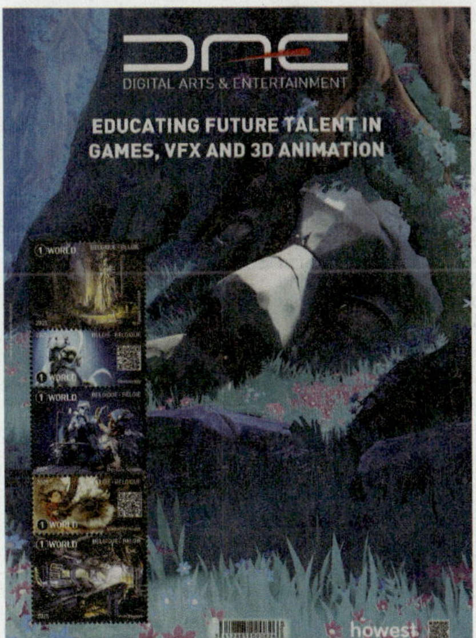


hfr

hfl) A Fairytail in Ruin (2023); Digitales 3D-Gemälde von Yanouk Verleysen
hfm) Otterworldly (2024); Videospiel von Sedes De Cock; QR-Code
hfn) Breathing Brushstrokes (2024); digitales 3D-Kunstwerk von Christiane Schaper
hfo) Giant of the Steppe (2024); animierter Kurzfilm von Mari Gallet, Theoni Fotoglou, Katherina Alexander, Arnout Zeghari, Finn De Brie und Roy Therium; QR-Code
hfp) Exodus Labs (2024); digitale Umgebung von Finn Bogaert

hfl–hfp) Studentenprojekte

| | | | | | |
|---|---|---|---|---|---|
| **5330** | 1 WORLD | mehrfarbig | hfl | 6,90 | 6,90 |
| **5331** | 1 WORLD | mehrfarbig | hfm | 6,90 | 6,90 |
| **5332** | 1 WORLD | mehrfarbig | hfn | 6,90 | 6,90 |
| **5333** | 1 WORLD | mehrfarbig | hfo | 6,90 | 6,90 |
| **5334** | 1 WORLD | mehrfarbig | hfp | 6,90 | 6,90 |
| **Block 298** | | (164×221 mm) | hfr | 34,50 | 34,50 |

Nominale zur Zeit der Ausgabe: je 3 €

Auflage: 33.197 Blocks

**2025, 25. Jan. Die Schlümpfe als Botschafter der 17 Nachhaltigkeitsziele der Vereinten Nationen. Odr. (10); gez. K 12.**

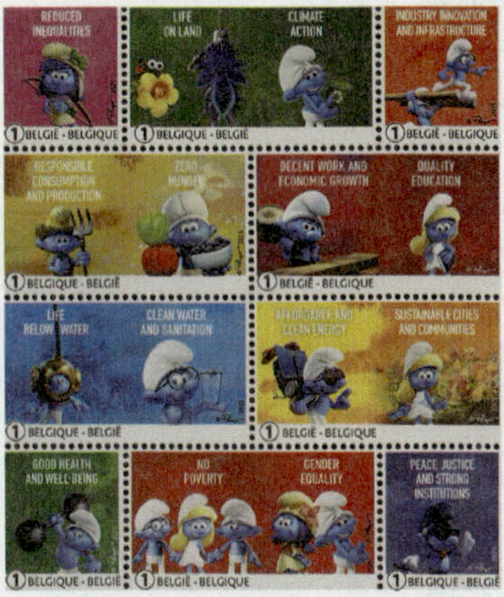


hfs) Weniger Ungleichheiten
hft) Leben an Land + Massnahmen zum Klimaschutz
hfu) Industrie, Innovation und Infrastruktur
hfv) Nachhaltiger Konsum und Produktion + Kein Hunger
hfw) Menschenwürdige Arbeit und Wirtschaftswachstum + Hochwertige Bildung
hfx) Leben unter Wasser + Sauberes Wasser und Sanitäreinrichtungen
hfy) Bezahlbare und saubere Energie + Nachhaltige Städte und Gemeinden
hfz) Gesundheit und Wohlergehen
hga) Keine Armut + Geschlechtergleichheit
hgb) Frieden, Gerechtigkeit und starke Institutionen

hfs–hgb) Die Schlümpfe; Comicfiguren von Peyo, eigentlich Pierre Culliford (1928–1992), Comiczeichner und -autor

| | | | | | |
|---|---|---|---|---|---|
| **5335** | 1 (Belgien) | mehrfarbig | hfs | 3,40 | 3,40 |
| **5336** | 1 (Belgien) | mehrfarbig | hft | 3,40 | 3,40 |
| **5337** | 1 (Belgien) | mehrfarbig | hfu | 3,40 | 3,40 |
| **5338** | 1 (Belgien) | mehrfarbig | hfv | 3,40 | 3,40 |
| **5339** | 1 (Belgien) | mehrfarbig | hfw | 3,40 | 3,40 |
| **5340** | 1 (Belgien) | mehrfarbig | hfx | 3,40 | 3,40 |
| **5341** | 1 (Belgien) | mehrfarbig | hfy | 3,40 | 3,40 |
| **5342** | 1 (Belgien) | mehrfarbig | hfz | 3,40 | 3,40 |
| **5343** | 1 (Belgien) | mehrfarbig | hga | 3,40 | 3,40 |
| **5344** | 1 (Belgien) | mehrfarbig | hgb | 3,40 | 3,40 |
| | | Satzpreis (10 W.) | | 34,— | 34,— |
| | | Kleinbogen | | 34,— | 34,— |

Nominale zur Zeit der Ausgabe: je 1.49 €

MiNr. 5335–5344 □ in Schwarz wurde von der Post an Abonnenten verschenkt; nicht frankaturgültig.

Auflage: 74.997 Sätze

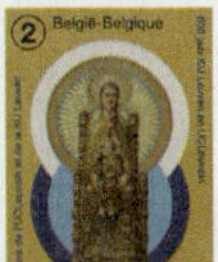


**2025, 25. Jan. 600 Jahre Katholische Universitäten, Löwen. Odr. (5×1); gez. K 12.**

hgc) Gemälde „Madonna als Sedes Sapientiae" (Siegel der Universität)

**5345** 2 (Belgien) mehrfarbig . . . . . . . . . . . . . . . . hgc 6,80 6,80
Kleinbogen 34,— 34,—

Nominale zur Zeit der Ausgabe: 2.98 €

Auflage: 70.050 Stück

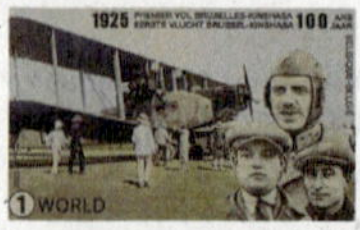


**2025, 25. Jan. 100. Jahrestag des ersten Fluges von Brüssel in den Kongo. Odr. (5×1); gez. K 12.**

hgd) Edmond Thieffry (1892–1929), Pilot; Jef de Bruycker, Mechaniker; Léopold Roger, Co-Pilot; Flugzeug Handley Page W8f „Princesse Marie-José“

**5346** 1 WORLD mehrfarbig . . . . . . . . . . . . . . . hgd 6,90 6,90
Kleinbogen 34,50 34,50

Nominale zur Zeit der Ausgabe: 3 €

Auflage: 70.050 Stück

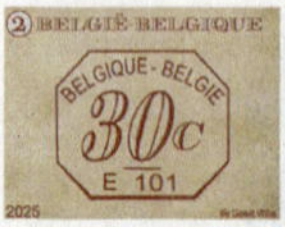


**2025, 25. Jan. 100 Jahre Frankiermaschinen in Belgien. Odr. (5); gez. K 12.**

hge) Frankatur „30 cent“ der ersten in Belgien genutzten Frankiermaschine „Timbrographe“

**5347** 2 (Belgien) mehrfarbig . . . . . . . . . . . . . . . hge 6,80 6,80
Kleinbogen 34,— 34,—

Nominale zur Zeit der Ausgabe: 2.98 €

Auflage: 70.050 Stück

**2025, 5. April. Blockausgabe: Europa – Archäologische Entdeckungen. Odr.; gez. Ks 12.**

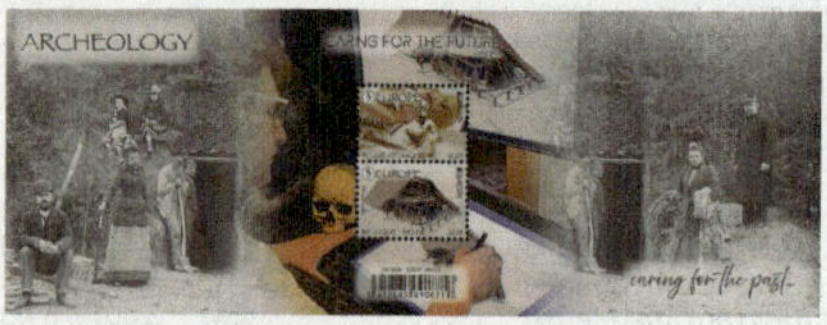


hgh

hgf) Vermessung eines Skeletts
hgg) Rekonstruktion eines Gebäudes

**5348** 3 EUROPE mehrfarbig . . . . . . . . . hgf 19,— 19,—
**5349** 3 EUROPE mehrfarbig . . . . . . . . . hgg 19,— 19,—
**Block 299** (222×80 mm) . . . . . . hgh 38,— 38,—

Nominale zur Zeit der Ausgabe: je 8.34 €

Auflage: 31.597 Blocks

**2025, 5. April. Blockausgabe: Leben in den Ostkantonen. Odr.; gez. Ks 11½:12.**

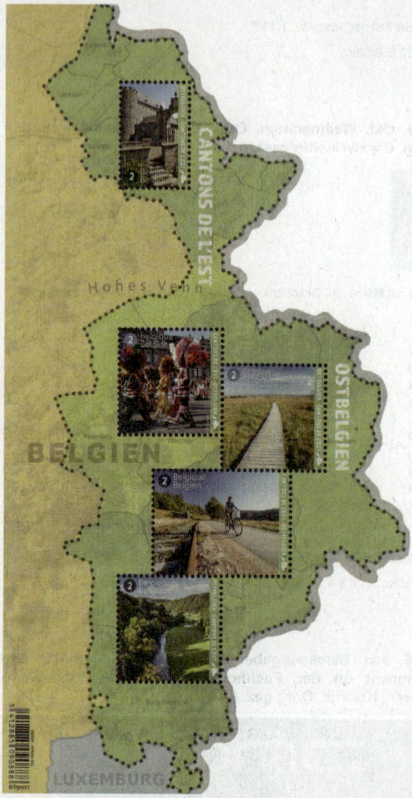


hgo

hgi) Burg Raeren
hgk) Karneval „Cwarmê“ in Malmedy
hgl) Steg im Naturschutzgebiet Hohes Venn
hgm) Vennbahnradweg
hgn) Fluss Our

**5350** 2 (Belgien) mehrfarbig . . . . . . . . . hgi 6,80 6,80
**5351** 2 (Belgien) mehrfarbig . . . . . . . . . hgk 6,80 6,80
**5352** 2 (Belgien) mehrfarbig . . . . . . . . . hgl 6,80 6,80
**5353** 2 (Belgien) mehrfarbig . . . . . . . . . hgm 6,80 6,80
**5354** 2 (Belgien) mehrfarbig . . . . . . . . . hgn 6,80 6,80
**Block 300** (118×223 mm) . . . . . hgo 34,— 34,—

Nominale zur Zeit der Ausgabe: je 2.98 €

Größenangabe bei Bl. 300 ist die maximale Ausdehnung.

Auflage: 35.097 Blocks

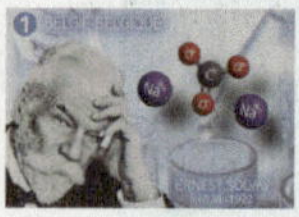

**2025, 5. April. Ernest Solvey. Odr. (10); gez. K 12.**

hgp) Ernest Solvay (1838–1922), Chemiker, Unternehmer und Philanthrop

**5355** 1 (Belgien) mehrfarbig . . . . . . . . . . . . . . hgp 3,40 3,40
Kleinbogen 34,— 34,—

Nominale zur Zeit der Ausgabe: 1.49 €

Auflage: 119.000 Stück

**2025, 14. Juni. Blockausgabe: 20 Jahre Postkartennetzwerk „Postcrossing“. Odr.; gez. Ks 12.**

hgw

hgr

hgs hgt
hgu hgv

hgr) Person hält Postkarte
hgs) Postkarte wird geschrieben
hgt) Postkarte wird in Briefkasten geworfen
hgu) Briefträger stellt Postkarte zu
hgv) Postkarte reist um die Welt

| | | | | | | |
|---|---|---|---|---|---|---|
| **5356** | 1 EUROPE | mehrfarbig ......... | hgr | 6,40 | 6,40 |
| **5357** | 1 EUROPE | mehrfarbig ......... | hgs | 6,40 | 6,40 |
| **5358** | 1 EUROPE | mehrfarbig ......... | hgt | 6,40 | 6,40 |
| **5359** | 1 EUROPE | mehrfarbig ......... | hgu | 6,40 | 6,40 |
| **5360** | 1 EUROPE | mehrfarbig ......... | hgv | 6,40 | 6,40 |
| **Block 301** | | (147×105 mm) ..... | hgw | 32,— | 32,— |

Nominale zur Zeit der Ausgabe: je 2.78 €

Auflage: 31.597 Blocks

**2025, 14. Juni. Blockausgabe: 175 Jahre Belgische Nationalbank. Odr.; gez. Ks 11½.**

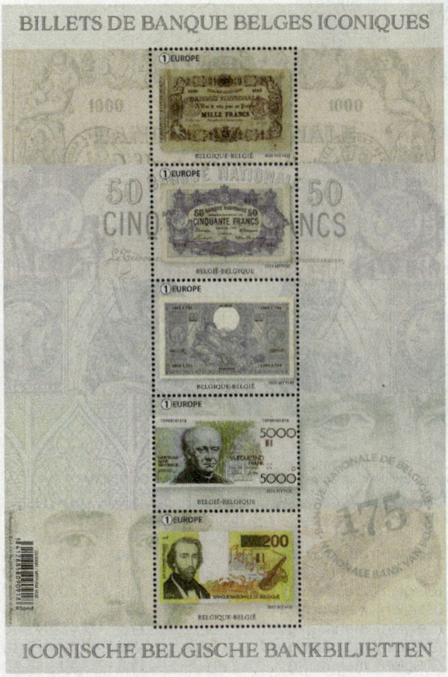


hhc

hgx) 1000 Belgische Francs (1851)
hgy) 50 Belgische Francs (1888)
hgz) 100 Belgische Francs/20 Belgas (1933, Revers)
hha) 5000 Belgische Francs (1982)
hhb) 200 Belgische Francs (1996)

hgx–hhb) Banknoten

| | | | | | |
|---|---|---|---|---|---|
| **5361** | 1 EUROPE | mehrfarbig ......... | hgx | 6,40 | 6,40 |
| **5362** | 1 EUROPE | mehrfarbig ......... | hgy | 6,40 | 6,40 |
| **5363** | 1 EUROPE | mehrfarbig ......... | hgz | 6,40 | 6,40 |
| **5364** | 1 EUROPE | mehrfarbig ......... | hha | 6,40 | 6,40 |
| **5365** | 1 EUROPE | mehrfarbig ......... | hhb | 6,40 | 6,40 |
| **Block 302** | | (150×222 mm) ..... | hhc | 32,— | 32,— |

Nominale zur Zeit der Ausgabe: je 2.78 €

Auflage: 44.597 Blocks

**2025, 14. Juni. 500. Geburtstag von Pieter Bruegel dem Älteren. Odr., Markenheftchen (2×5); selbstklebend; gestanzt 8¼:8½, Querformate ~.**

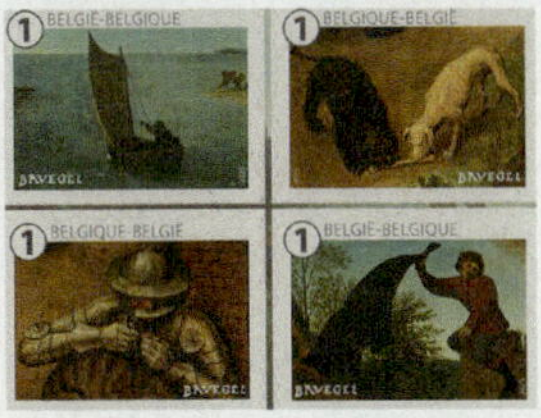

hhd) Den Wind in den Segeln haben
hhe) Zwei Hunde an einem Bein kommen selten überein
hhf) Bis an die Zähne bewaffnet sein
hhg) Sein Mäntelchen nach dem Wind hängen

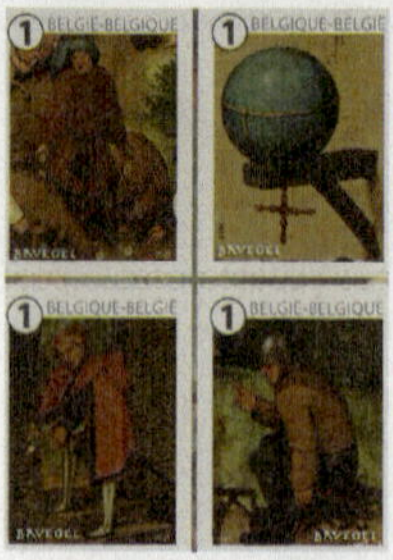

hhk) Perlen vor die Säue werfen
hhh) Verkehrte Welt
hhl) Er wirft sein Geld ins Wasser
hhi) Auf glühenden Kohlen sitzen

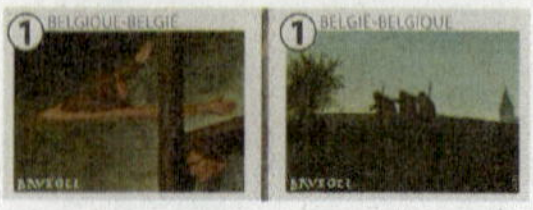

hhm) Gegen den Strom schwimmen
hhn) Wenn ein Blinder den anderen führt, fallen beide in den Graben

hhd–hhn) Details aus dem Gemälde „Die niederländischen Sprichwörter" (1559) von Pieter Bruegel dem Älteren (um 1525/1530–1569), Maler

| | | | | |
|---|---|---|---|---|
| **5366** | 1 (Belgien) mehrfarbig | hhd | 3,40 | 3,40 |
| **5367** | 1 (Belgien) mehrfarbig | hhe | 3,40 | 3,40 |
| **5368** | 1 (Belgien) mehrfarbig | hhf | 3,40 | 3,40 |
| **5369** | 1 (Belgien) mehrfarbig | hhg | 3,40 | 3,40 |
| **5370** | 1 (Belgien) mehrfarbig | hhh | 3,40 | 3,40 |
| **5371** | 1 (Belgien) mehrfarbig | hhi | 3,40 | 3,40 |
| **5372** | 1 (Belgien) mehrfarbig | hhk | 3,40 | 3,40 |
| **5373** | 1 (Belgien) mehrfarbig | hhl | 3,40 | 3,40 |
| **5374** | 1 (Belgien) mehrfarbig | hhm | 3,40 | 3,40 |
| **5375** | 1 (Belgien) mehrfarbig | hhn | 3,40 | 3,40 |
| | Satzpreis (10 W.) | | 34,— | 34,— |
| | Markenheftchen | | 34,— | 34,— |

Nominale zur Zeit der Ausgabe: je 1.49 €

MiNr. 5366–5375 wurden zusammen im Markenheftchen gedruckt.

Auflage: 64.097 Markenheftchen

*Ab MiNr. 1228 sind alle Ausgaben unbeschränkt frankaturgültig; außerdem alle älteren Freimarken – auch mit Wertaufdruck – Leopold III., Baudouin und Heraldischer Löwe sowie alle Sondermarken ohne Zuschlag ab dem Jahre 1954.*

## Neuheiten

## Jahrgangswerttabelle

Die Aufstellung folgt der numerischen Reihenfolge der Katalogisierung ohne Rücksicht auf die Chronologie eventueller Ergänzungswerte.

**Grundsätzlich ist nur die jeweils billigste Sorte pro Marke bzw. Ausgabe angegeben, sofern nichts anderes vermerkt.**

Zusammendrucke aus Bogen, Marken mit Zierfeldern usw. sind dann berücksichtigt, wenn sie als normale Ausgabeform anzusehen sind. Einzelmarken aus Blocks und Marken mit der Preisnotierung „—,—" sind nicht berücksichtigt.

Im neuen MICHEL-Redaktionssystem fließen Einzelwerte anstelle von Satzpreisen in die Berechnung ein. Zusätzlich werden alle Blockvarianten berücksichtigt. Dadurch können sich Änderungen zu früheren Jahrgangswertberechnungen ergeben.

| Jahr | MiNr. | ** | ⊙ |
|---|---|---|---|
| **1945** | 708–735 | 19,20 | 11,10 |
| **1946** | 736–780 | 139,90 | 63,20 |
| **1947** | 781–802 (mit I+II) | 94,40 | 59,50 |
| **1948** | 804–834, Bl. 20 | 393,— | 183,30 |
| **1949** | 835–862, Bl. 21–22 | 446,80 | 299,40 |
| **1950** | 863–882, Bl. 23 | 211,40 | 137,40 |
| **1951** | 883–921 | 313,30 | 177,30 |
| **1952** | 922–959, Bl. 24 | 876,50 | 490,30 |
| **1953** | 960–986 | 230,80 | 142,50 |
| **1954** | 987–1009 | 332,50 | 198,20 |
| **1955** | 1010–1034 | 118,30 | 56,10 |
| **1956** | 1035–1053 | 67,60 | 34,30 |
| **1957** | 1054–1090, Bl. 25 | 200,60 | 161,90 |
| **1958** | 1091–1142 | 226,10 | 53,90 |
| **1959** | 1143–1177 | 62,70 | 45,70 |
| **1960** | 1178–1233, Bl. 26 | 221,10 | 116,— |
| **1961** | 1234–1263 | 36,— | 26,60 |
| **1962** | 1264–1299, Bl. 27 | 30,10 | 26,30 |
| **1963** | 1300–1337, Bl. 28 | 26,10 | 21,70 |
| **1964** | 1338–1372, Bl. 29–31 | 20,30 | 19,20 |
| **1965** | 1373–1416, Bl. 32–33 | 18,60 | 17,40 |
| **1966** | 1417–1460, Bl. 34–36 | 19,— | 16,60 |
| **1967** | 1461–1499, Bl. 37–38 | 16,70 | 14,70 |
| **1968** | 1500–1538 | 17,90 | 15,40 |
| **1969** | 1539–1579, Bl. 39–40 | 20,80 | 18,— |
| **1970** | 1580–1623, Bl. 41–42 | 27,20 | 23,80 |
| **1971** | 1624–1670 | 22,10 | 17,90 |
| **1972** | 1671–1712 | 18,70 | 16,20 |
| **1973** | 1713–1754 | 20,20 | 16,80 |
| **1974** | 1755–1797 | 21,40 | 18,50 |
| **1975** | 1798–1846 | 29,70 | 21,70 |
| **1976** | 1847–1889, Bl. 43–45 | 30,50 | 25,20 |
| **1977** | 1890–1932, Bl. 46 | 24,90 | 17,90 |
| **1978** | 1933–1972, Bl. 47 | 22,70 | 17,70 |
| **1979** | 1973–2012, Bl. 48 | 31,70 | 23,60 |
| **1980** | 2013–2049, Bl. 49–50 | 37,10 | 24,80 |
| **1981** | 2050–2085, Bl. 51 | 48,— | 25,— |
| **1982** | 2086–2129, Bl. 52–53 | 44,80 | 33,— |
| **1983** | 2130–2163 | 33,70 | 18,— |
| **1984** | 2164–2207, Bl. 54 | 56,90 | 25,30 |
| **1985** | 2208–2250, Bl. 55 | 47,60 | 27,10 |
| **1986** | 2251–2292, Bl. 56 | 74,30 | 31,70 |
| **1987** | 2293–2324 | 39,70 | 26,20 |
| **1988** | 2325–2363, Bl. 57–58 | 49,90 | 34,80 |
| **1989** | 2364–2400, Bl. 59 | 46,70 | 33,60 |
| **1990** | 2401–2449, Bl. 60–61 | 103,40 | 76,40 |
| **1991** | 2450–2490 | 50,30 | 28,60 |
| **1992** | 2491–2540 | 59,60 | 29,70 |
| **1993** | 2541–2584, Bl. 62 | 48,40 | 27,40 |
| **1994** | 2585–2633, Bl. 63 | 70,90 | 38,60 |
| **1995** | 2634–2675, Bl. 64 | 62,30 | 46,— |
| **1996** | 2676–2732, Bl. 65–67 | 63,30 | 49,30 |
| **1997** | 2733–2785, Bl. 68 | 67,40 | 55,90 |
| **1998** | 2786–2844, Bl. 69–70 | 66,70 | 50,70 |
| **1999** | 2845–2928, Bl. 71–74 | 111,20 | 87,20 |
| **2000** | 2929–3018, Bl. 75–77 | 123,60 | 69,70 |
| **2001** | 3019–3099, Bl. 78–82 | 142,10 | 105,30 |
| **2002** | 3100–3194, Bl. 83–86 | 124,20 | 70,40 |
| **2003** | 3195–3277, Bl. 87–91 | 115,20 | 58,50 |
| **2004** | 3278–3395, Bl. 92–100 | 159,40 | 87,20 |
| **2005** | 3396–3517, Bl. 101–106 | 176,70 | 127,10 |
| **2006** | 3518–3648, Bl. 107–115 | 200,70 | 162,70 |
| **2007** | 3649–3787, Bl. 116–124 | 245,10 | 168,70 |
| **2008** | 3788–3912, Bl. 125–138 | 270,— | 171,70 |
| **2009** | 3913–4028, Bl. 139–147 | 321,20 | 187,90 |
| **2010** | 4029–4134, Bl. 148–155 | 347,80 | 208,10 |
| **2011** | 4135–4239, Bl. 156–164 | 321,— | 192,50 |
| **2012** | 4240–4338, Bl. 165–170 | 316,20 | 205,70 |
| **2013** | 4339–4428, Bl. 171–179 | 325,40 | 222,— |
| **2014** | 4429–4514, Bl. 180–188 | 298,— | 234,90 |
| **2015** | 4515–4614, Bl. 189–197 | 318,— | 264,80 |
| **2016** | 4615–4710, Bl. 198–208 | 308,— | 247,70 |
| **2017** | 4711–4789, Bl. 209–219 | 292,50 | 241,10 |
| **2018** | 4790–4874, Bl. 220–231 | 299,20 | 272,50 |
| **2019** | 4875–4942, Bl. 220–245 | 301,50 | 285,40 |
| **2020** | 4943–5021, Bl. 246–255 | 309,30 | 309,30 |
| **2021** | 5022–5099, Bl. 256–266 | 335,10 | 335,10 |
| **2022** | 5100–5180, Bl. 267–276 | 350,80 | 350,80 |
| **2023** | 5181–5247, Bl. 277–286 | 386,30 | 386,30 |
| **2024** | 5248–5329, Bl. 287–297 | 420,40 | 420,40 |
| **Gesamtsumme** | | **12398,70** | **8760,40** |

## Blockaufstellung

Block 1 siehe nach MiNr. 287
Block 2 siehe nach MiNr. 314
Block 3 siehe nach MiNr. 405
Block 4 siehe nach MiNr. 432
Block 5 siehe nach MiNr. 433
Block 6 siehe nach MiNr. 456
Block 7 siehe nach MiNr. 465
Block 8 siehe nach MiNr. 478
Block 9 siehe nach MiNr. 552
Block 10 entfällt
Block 11 siehe nach MiNr. 579
Block 12 siehe nach MiNr. 580
Block 13 siehe nach MiNr. 594
Block 14 siehe nach MiNr. 595
Block 15 siehe nach MiNr. 598
Block 16 siehe nach MiNr. 599
Block 17 siehe nach MiNr. 610
Block 18–19 entfallen
Block 20 siehe nach MiNr. 827
Block 21 siehe nach MiNr. 837
Block 22 siehe nach MiNr. 840
Block 23 siehe nach MiNr. 871
Block 24 siehe nach MiNr. 927
Block 25 siehe nach MiNr. 1073
Block 26 siehe nach MiNr. 1187
Block 27 siehe nach MiNr. 1299
Block 28 siehe nach MiNr. 1302
Block 29 siehe nach MiNr. 1340
Block 30 siehe nach MiNr. 1362
Block 31 siehe nach MiNr. 1363
Block 32 siehe nach MiNr. 1385
Block 33 siehe nach MiNr. 1405
Block 34 siehe nach MiNr. 1422
Block 35 siehe nach MiNr. 1424
Block 36 siehe nach MiNr. 1451
Block 37 siehe nach MiNr. 1467
Block 38 siehe nach MiNr. 1492
Block 39 siehe nach MiNr. 1548
Block 40 siehe nach MiNr. 1566
Block 41 siehe nach MiNr. 1582
Block 42 siehe nach MiNr. 1610
Block 43 siehe nach MiNr. 1861
Block 44 siehe nach MiNr. 1865
Block 45 siehe nach MiNr. 1867
Block 46 siehe nach MiNr. 1913
Block 47 siehe nach MiNr. 1968
Block 48 siehe nach MiNr. 1988
Block 49 siehe nach MiNr. 2034
Block 50 siehe nach MiNr. 2042
Block 51 siehe nach MiNr. 2070
Block 52 siehe nach MiNr. 2098
Block 53 siehe nach MiNr. 2129
Block 54 siehe nach MiNr. 2174
Block 55 siehe nach MiNr. 2226
Block 56 siehe nach MiNr. 2260
Block 57 siehe nach MiNr. 2334
Block 58 siehe nach MiNr. 2339
Block 59 siehe nach MiNr. 2372
Block 60 siehe nach MiNr. 2407
Block 61 siehe nach MiNr. 2427
Block 62 siehe nach MiNr. 2546
Block 63 siehe nach MiNr. 2620
Block 64 siehe nach MiNr. 2636
Block 65 siehe nach MiNr. 2678
Block 66 siehe nach MiNr. 2700
Block 67 siehe nach MiNr. 2731
Block 68 siehe nach MiNr. 2736
Block 69 siehe nach MiNr. 2792
Block 70 siehe nach MiNr. 2814
Block 71 siehe nach MiNr. 2847
Block 72 siehe nach MiNr. 2873
Block 73 siehe nach MiNr. 2889
Block 74 siehe nach MiNr. 2908
Block 75 siehe nach MiNr. 2934
Block 76 siehe nach MiNr. 2940
Block 77 siehe nach MiNr. 2962
Block 78 siehe nach MiNr. 3021
Block 79 siehe nach MiNr. 3027
Block 80 siehe nach MiNr. 3042
Block 81 siehe nach MiNr. 3051
Block 82 siehe nach MiNr. 3099
Block 83 siehe nach MiNr. 3136
Block 84 siehe nach MiNr. 3139
Block 85 siehe nach MiNr. 3150
Block 86 siehe nach MiNr. 3194
Block 87 siehe nach MiNr. 3198
Block 88 siehe nach MiNr. 3208
Block 89 siehe nach MiNr. 3218
Block 90 siehe nach MiNr. 3250
Block 91 siehe nach MiNr. 3266
Block 92 siehe nach MiNr. 3281
Block 93 siehe nach MiNr. 3302
Block 94 siehe nach MiNr. 3308
Block 95 siehe nach MiNr. 3326
Block 96 siehe nach MiNr. 3332
Block 97 siehe nach MiNr. 3339
Block 98 siehe nach MiNr. 3355
Block 99 siehe nach MiNr. 3364
Block 100 siehe nach MiNr. 3372
Block 101 siehe nach MiNr. 3404
Block 102 siehe nach MiNr. 3420
Block 103 siehe nach MiNr. 3460
Block 104 siehe nach MiNr. 3486
Block 105 siehe nach MiNr. 3501
Block 106 siehe nach MiNr. 3517
Block 107 siehe nach MiNr. 3541
Block 108 siehe nach MiNr. 3572
Block 109 siehe nach MiNr. 3585
Block 110 siehe nach MiNr. 3588
Block 111 siehe nach MiNr. 3593
Block 112 siehe nach MiNr. 3607
Block 113 siehe nach MiNr. 3608
Block 114 siehe nach MiNr. 3614
Block 115 siehe nach MiNr. 3620
Block 116 siehe nach MiNr. 3649
Block 117 siehe nach MiNr. 3661
Block 118 siehe nach MiNr. 3670
Block 119 siehe nach MiNr. 3677
Block 120 siehe nach MiNr. 3682
Block 121 siehe nach MiNr. 3709
Block 122 siehe nach MiNr. 3730
Block 123 siehe nach MiNr. 3731
Block 124 siehe nach MiNr. 3762
Block 125 siehe nach MiNr. 3788

Block 126 siehe nach MiNr. 3793
Block 127 siehe nach MiNr. 3800
Block 128 siehe nach MiNr. 3818
Block 129 siehe nach MiNr. 3826
Block 130 siehe nach MiNr. 3829
Block 131 siehe nach MiNr. 3836
Block 132 siehe nach MiNr. 3846
Block 133 siehe nach MiNr. 3855
Block 134 siehe nach MiNr. 3860
Block 135 siehe nach MiNr. 3875
Block 136 siehe nach MiNr. 3882
Block 137 siehe nach MiNr. 3890
Block 138 siehe nach MiNr. 3910
Block 139 siehe nach MiNr. 3924
Block 140 siehe nach MiNr. 3931
Block 141 siehe nach MiNr. 3933
Block 142 siehe nach MiNr. 3943
Block 143 siehe nach MiNr. 3954
Block 144 siehe nach MiNr. 3967
Block 145 siehe nach MiNr. 4001
Block 146 siehe nach MiNr. 4002
Block 147 siehe nach MiNr. 4026
Block 148 siehe nach MiNr. 4036
Block 149 siehe nach MiNr. 4038
Block 150 siehe nach MiNr. 4049
Block 151 siehe nach MiNr. 4060
Block 152 siehe nach MiNr. 4080
Block 153 siehe nach MiNr. 4099
Block 154 siehe nach MiNr. 4114
Block 155 siehe nach MiNr. 4132
Block 156 siehe nach MiNr. 4155
Block 157 siehe nach MiNr. 4160
Block 158 siehe nach MiNr. 4175
Block 159 siehe nach MiNr. 4205
Block 160 siehe nach MiNr. 4210
Block 161 siehe nach MiNr. 4225
Block 162 siehe nach MiNr. 4227
Block 163 siehe nach MiNr. 4235
Block 164 siehe nach MiNr. 4237
Block 165 siehe nach MiNr. 4246
Block 166 siehe nach MiNr. 4263
Block 167 siehe nach MiNr. 4266
Block 168 siehe nach MiNr. 4275
Block 169 siehe nach MiNr. 4330
Block 170 siehe nach MiNr. 4335
Block 171 siehe nach MiNr. 4357
Block 172 siehe nach MiNr. 4359
Block 173 siehe nach MiNr. 4365
Block 174 siehe nach MiNr. 4380
Block 175 siehe nach MiNr. 4397
Block 176 siehe nach MiNr. 4402
Block 177 siehe nach MiNr. 4405
Block 178 siehe nach MiNr. 4412
Block 179 siehe nach MiNr. 4419
Block 180 siehe nach MiNr. 4443
Block 181 siehe nach MiNr. 4449
Block 182 siehe nach MiNr. 4466
Block 183 siehe nach MiNr. 4470
Block 184 siehe nach MiNr. 4472
Block 185 siehe nach MiNr. 4474
Block 186 siehe nach MiNr. 4490
Block 187 siehe nach MiNr. 4507
Block 188 siehe nach MiNr. 4512
Block 189 siehe nach MiNr. 4519
Block 190 siehe nach MiNr. 4537
Block 191 siehe nach MiNr. 4542
Block 192 siehe nach MiNr. 4564
Block 193 siehe nach MiNr. 4572
Block 194 siehe nach MiNr. 4577
Block 195 siehe nach MiNr. 4582
Block 196 siehe nach MiNr. 4610
Block 197 siehe nach MiNr. 4612
Block 198 siehe nach MiNr. 4624
Block 199 siehe nach MiNr. 4631
Block 200 siehe nach MiNr. 4638
Block 201 siehe nach MiNr. 4651
Block 202 siehe nach MiNr. 4656
Block 203 siehe nach MiNr. 4661
Block 204 siehe nach MiNr. 4666
Block 205 siehe nach MiNr. 4671
Block 206 siehe nach MiNr. 4676
Block 207 siehe nach MiNr. 4681
Block 208 siehe nach MiNr. 4697
Block 209 siehe nach MiNr. 4716
Block 210 siehe nach MiNr. 4722
Block 211 siehe nach MiNr. 4727
Block 212 siehe nach MiNr. 4735
Block 213 siehe nach MiNr. 4737
Block 214 siehe nach MiNr. 4742
Block 215 siehe nach MiNr. 4755
Block 216 siehe nach MiNr. 4761
Block 217 siehe nach MiNr. 4766
Block 218 siehe nach MiNr. 4772
Block 219 siehe nach MiNr. 4787

Block 220 siehe nach MiNr. 4794
Block 221 siehe nach MiNr. 4804
Block 222 siehe nach MiNr. 4810
Block 223 siehe nach MiNr. 4815
Block 224 siehe nach MiNr. 4824
Block 225 siehe nach MiNr. 4830
Block 226 siehe nach MiNr. 4835
Block 227 siehe nach MiNr. 4840
Block 228 siehe nach MiNr. 4860
Block 229 siehe nach MiNr. 4865
Block 230 siehe nach MiNr. 4867
Block 231 siehe nach MiNr. 4872
Block 232 siehe nach MiNr. 4883
Block 233 siehe nach MiNr. 4886
Block 234 siehe nach MiNr. 4889
Block 235 siehe nach MiNr. 4890
Block 236 siehe nach MiNr. 4893
Block 237 siehe nach MiNr. 4894
Block 238 siehe nach MiNr. 4903
Block 239 siehe nach MiNr. 4907
Block 240 siehe nach MiNr. 4912
Block 241 siehe nach MiNr. 4918
Block 242 siehe nach MiNr. 4922
Block 243 siehe nach MiNr. 4927
Block 244 siehe nach MiNr. 4934
Block 245 siehe nach MiNr. 4940
Block 246 siehe nach MiNr. 4952
Block 247 siehe nach MiNr. 4957
Block 248 siehe nach MiNr. 4963
Block 249 siehe nach MiNr. 4969
Block 250 siehe nach MiNr. 4976
Block 251 siehe nach MiNr. 4978
Block 252 siehe nach MiNr. 4985
Block 253 siehe nach MiNr. 4990
Block 254 siehe nach MiNr. 4996
Block 255 siehe nach MiNr. 5017
Block 256 siehe nach MiNr. 5026
Block 257 siehe nach MiNr. 5031
Block 258 siehe nach MiNr. 5042
Block 259 siehe nach MiNr. 5053
Block 260 siehe nach MiNr. 5058
Block 261 siehe nach MiNr. 5062
Block 262 siehe nach MiNr. 5065
Block 263 siehe nach MiNr. 5081
Block 264 siehe nach MiNr. 5086
Block 265 siehe nach MiNr. 5091
Block 266 siehe nach MiNr. 5096
Block 267 siehe nach MiNr. 5104
Block 268 siehe nach MiNr. 5109
Block 269 siehe nach MiNr. 5121
Block 270 siehe nach MiNr. 5126
Block 271 siehe nach MiNr. 5132
Block 272 siehe nach MiNr. 5139
Block 273 siehe nach MiNr. 5144
Block 274 siehe nach MiNr. 5149
Block 275 siehe nach MiNr. 5154
Block 276 siehe nach MiNr. 5167
Block 277 siehe nach MiNr. 5186
Block 278 siehe nach MiNr. 5191
Block 279 siehe nach MiNr. 5198
Block 280 siehe nach MiNr. 5198
Block 281 siehe nach MiNr. 5209
Block 282 siehe nach MiNr. 5217
Block 283 siehe nach MiNr. 5223
Block 284 siehe nach MiNr. 5234
Block 285 siehe nach MiNr. 5240
Block 286 siehe nach MiNr. 5245
Block 287 siehe nach MiNr. 5252
Block 288 siehe nach MiNr. 5257
Block 289 siehe nach MiNr. 5262
Block 290 siehe nach MiNr. 5265
Block 291 siehe nach MiNr. 5270
Block 292 siehe nach MiNr. 5275
Block 293 siehe nach MiNr. 5304
Block 294 siehe nach MiNr. 5314
Block 295 siehe nach MiNr. 5320
Block 296 siehe nach MiNr. 5321
Block 297 siehe nach MiNr. 5326
Block 298 siehe nach MiNr. 5334
Block 299 siehe nach MiNr. 5349
Block 300 siehe nach MiNr. 5354
Block 301 siehe nach MiNr. 5360
Block 302 siehe nach MiNr. 5365

Block I siehe nach MiNr. 595
Block II siehe nach MiNr. 595
Block III siehe nach MiNr. 580
Block IV siehe nach MiNr. 580
Block V siehe nach MiNr. 580
Block VI siehe nach MiNr. 580
Block VII siehe nach MiNr. 580
Block VIII siehe nach MiNr. 580
Block IX siehe nach MiNr. 871

# Übersichtstabellen

**Freimarken „Heraldischer Löwe“**

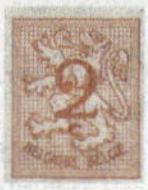

ss) Bildgröße 17,5 bzw. 18×20,8 bzw. 21,7 mm

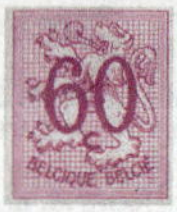

ss I) Bildgröße 20,5×24,5 mm

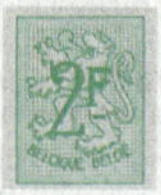

ss II) Bildgröße 17,5×22 mm

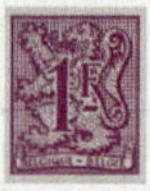

bdr) Bildgröße 17,5×21 mm

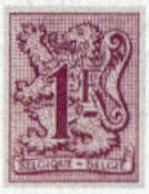

bdr I) Bildgröße 17,5×22 mm

| Werte | Farbe | Zeichnung | MiNr. |
|---|---|---|---|
| 2 C | orangebraun | ss | 1174 |
| 3 C | hellviolett | ss | 1175 |
| 5 C | graulila | ss | 887 |
| 5 C | karminlila | ss | 1780 |
| 10 C | orange, rotorange | ss | 888 |
| 15 C | karminlila | ss | 1176 |
| 15 a. 30 C | schwarzblaugrün | ss | 1231 |
| 15 a. 50 C | grauultramarin | ss | 1508 |
| 20 C | dunkelblau | ss | 883 |
| 20 C | lilakarmin, mattpurpur | ss | 889 |
| 20 a. 30 C | schwarzblaugrün | ss | 1232 |
| 20 a. 65 C | violettbraun | ss | 987 |
| 20 a. 90 C | dunkelblau | ss | 988 |
| 25 C | graugrün | ss | 890 |
| 25 C | grünblau | ss | 1434 |
| 30 C | schwarzblaugrün | ss | 1074 |
| 40 C | (hell-)braunoliv | ss | 891 |
| 50 C | hellblau | ss | 892 |
| 50 C | grauultramarin | ss I | 1233 |
| 50 C | grauultramarin | ss II | 1815 |
| 50 C | lilabraun | bdr | 2010 |
| 60 C | rosalila | ss | 893 |
| 60 C | mattlila | ss I | 1436 |
| 65 C | violettbraun | ss | 894 |
| 65 C | lila | bdr | 2021 |
| 75 C | mattpurpurviolett | ss | 1435 |
| 80 C | smaragdgrün | ss | 895 |
| 90 C | (dunkel-)blau | ss | 896 |
| 1 Fr | rosakarmin, rosalila | ss | 897 |
| 1 Fr | karmin | ss I | 1177 |
| 1 Fr | lilarosa | ss II | 1541 |
| 1 Fr | lebhaftviolett | bdr | 1902 |
| 1 Fr | lebhaftviolett | bdr I | 1952 |
| 1 a. 5 Fr | dunkelbläulichgrün | bdr | 2102 |
| 1.50 Fr | olivschwarz | ss | 1579 |
| 1.50 Fr | hellgrau | bdr | 1949 |
| 2 Fr | hellsmaragdgrün | ss | 1501 |
| 2 Fr | hellsmaragdgrün | ss II | 1711 |
| 2 Fr | orange | bdr | 1950 |
| 2 Fr | orange | bdr I | 1953 |
| 2.50 Fr | rotbraun | ss | 1603 |
| 2.50 Fr | graugrün | bdr | 2071 |
| 2.75 Fr | grünlichblau | bdr | 2011 |
| 3 Fr | karminlila | ss | 1604 |
| 3 Fr | blauviolett | bdr | 1951 |
| 3 Fr | blauviolett | bdr I | 1954 |
| 4 Fr | mattviolett | ss | 1755 |
| 4 Fr | lilarot | bdr | 2035 |
| 4.50 Fr | blau, | ss | 1797 |
| 4.50 Fr | grauultramarin | bdr | 1891 |
| 5 Fr | mattviolett | ss | 1808 |
| 5 Fr | dunkelbläulichgrün | bdr | 2012 |
| 6 Fr | braunkarmin | bdr | 2050 |
| 7 Fr | rotlila | bdr | 2103 |
| 8 Fr | lebhaftcyanblau | bdr | 2143 |
| 9 Fr | orange | bdr | 2211 |

*Gleiche Marken mit „B“ im Oval siehe Dienstmarken.*

### Freimarken „König Baudouin“ (Typ Marchand)

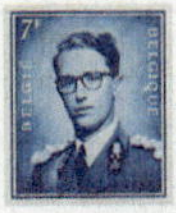

uy) Bildgröße 21×24,5 mm

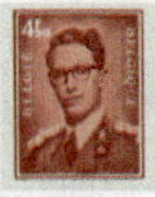

uy I) Bildgröße 17,5×22 mm

| Werte | Farbe | Zeichnung | MiNr. |
|---|---|---|---|
| 1.50 Fr | schwarzgrau | uy | 973 |
| 1.50 Fr | schwarzgrau | uy I | 1621 |
| 2 Fr | scharlach | uy | 974 |
| 2 Fr | dunkel- bis blaugrün | uy | 1126 |
| 2.50 Fr | rotbraun | uy | 1075 |
| 2.50 Fr | dunkelbraunocker | uy I | 1622 |
| 3 Fr | lilapurpur | uy | 1127 |
| 3 Fr | mattpurpur | uy I | 1542 |
| 3.50 Fr | gelblichgrün | uy | 1128 |
| 3.50 Fr | gelblichgrün | uy I | 1623 |
| 4 Fr | violettultramarin | uy | 975 |
| 4.50 Fr | (rot)braun | uy | 1298 |
| 4.50 Fr | hellrotbraun | uy I | 1712 |
| 5 Fr | blauviolett | uy | 1076 |
| 6 Fr | karminlila | uy | 1129 |
| 6.50 Fr | grauschwarz | uy | 1196 |
| 7 Fr | kobalt | uy | 1197 |
| 7.50 Fr | lilabraun | uy | 1130 |
| 8 Fr | dunkelblaugrau | uy | 1131 |
| 8.50 Fr | dunkelpurpur | uy | 1132 |
| 9 Fr | schwarzoliv | uy | 1133 |
| 12 Fr | blaugrün | uy | 1437 |
| 30 Fr | rotorange | uy | 1134 |

*Gleiche Marken mit „B“ im Oval siehe Dienstmarken, mit „M“ im Oval siehe Militärpostmarken.*

### Freimarken „König Baudouin“ (Typ Elstrøm)

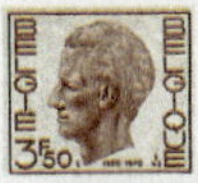

atn) mit Jahreszahlen „1930–1970“, Bildgröße 24,5×21,2 mm

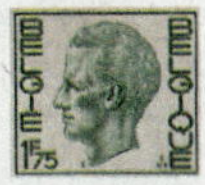

atn I) ohne Jahreszahlen, Bildgröße 24,5×26,2 mm

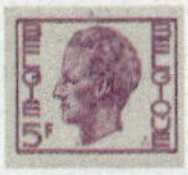

atn II) ohne Jahreszahlen, Bildgröße 22×17,5 mm

| Werte | Farbe | Zeichnung | MiNr. |
|---|---|---|---|
| 1.75 Fr | dunkelbläulichgrün | atn I | 1637 |
| 2.25 Fr | dunkelgrün | atn I | 1696 |
| 2.50 Fr | schwarzgrün | atn I | 1769 |
| 3 Fr | smaragdgrün | atn I | 1751 |
| 3 Fr | gelblichgrün | atn II | 1752 |
| 3.25 Fr | schwarzlila | atn I | 1802 |
| 3.50 Fr | karminbraun | atn | 1600 |
| 3.50 Fr | karminbraun | atn I | 1649 |
| 4 Fr | blau | atn I | 1697 |
| 4 Fr | blau | atn II | 1753 |
| 4.50 Fr | dunkelkarminbraun | atn I | 1698 |
| 4.50 Fr | grünlichblau | atn I | 1795 |
| 4.50 Fr | hellgrünlichblau | atn II | 1816 |
| 5 Fr | blauviolett | atn I | 1699 |
| 5 Fr | lebhaftviolett | atn II | 1754 |
| 6 Fr | rotlila | atn I | 1700 |
| 6 Fr | lilapurpur | atn II | 1955 |
| 6.50 Fr | schwarzviolett | atn I | 1796 |
| 6.50 Fr | dunkelviolett | atn II | 1817 |
| 7 Fr | karmin | atn I | 1638 |
| 7.50 Fr | dunkellila | atn I | 1803 |
| 8 Fr | schwarzgrau | atn I | 1701 |
| 8 Fr | grau | atn II | 1956 |
| 9 Fr | sepia | atn I | 1639 |
| 9 Fr | dunkelbräunlichrot | atn I | 2014 |
| 10 Fr | dunkelrosalila | atn I | 1669 |
| 11 Fr | dunkelbraunoliv | atn I | 1874 |
| 12 Fr | grünblau | atn I | 1702 |
| 13 Fr | schwarzblau | atn I | 1804 |
| 14 Fr | dunkelgrün | atn I | 1875 |
| 15 Fr | blauviolett | atn I | 1640 |
| 16 Fr | schwarzolivgrün | atn I | 1927 |
| 17 Fr | violettpurpur | atn I | 1805 |
| 18 Fr | dunkelgraublau | atn I | 1641 |
| 18 Fr | cyanblau | atn I | 2015 |
| 20 Fr | blauviolett | atn I | 1670 |
| 22 Fr | schwarz | atn I | 1779 |
| 22 Fr | dunkelblaugrün | atn I | 1997 |
| 25 Fr | violett | atn I | 1806 |

| Werte | Farbe | Zeichnung | MiNr. |
|---|---|---|---|
| 30 Fr | braunorange | atn I | 1703 |
| 35 Fr | dunkelbläulichgrün | atn I | 2036 |
| 40 Fr | dunkelviolettblau | atn I | 1928 |
| 45 Fr | dunkelrotbraun | atn I | 2037 |

*Gleiche Marken mit „B“ im Oval siehe Dienstmarken, mit „M“ im Oval siehe Militärpostmarken.*
*Stücke mit Nummern auf der Rückseite stammen von Rollen.*

### Freimarken „König Baudouin“ (Typ Velghe)

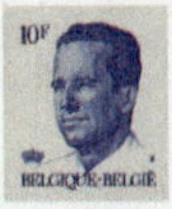


bnd

| Werte | Farbe | Zeichnung | MiNr. |
|---|---|---|---|
| 10 Fr | lebhaftviolettultramarin | bnd | 2121 |
| 11 Fr | dunkelbraunkarmin | bnd | 2137 |
| 12 Fr | grün | bnd | 2165 |
| 13 Fr | rotkarmin | bnd | 2255 |
| 14 Fr | dunkelgrau | bnd | 2403 |
| 15 Fr | dunkelorangerot | bnd | 2176 |
| 20 Fr | violettblau | bnd | 2187 |
| 22 Fr | hellviolett | bnd | 2177 |
| 23 Fr | dunkelgrünoliv | bnd | 2212 |
| 24 Fr | olivschwarz | bnd | 2261 |
| 25 Fr | schwarzblau | bnd | 2408 |
| 30 Fr | dunkelgraubraun | bnd | 2178 |
| 40 Fr | bräunlichrot | bnd | 2188 |

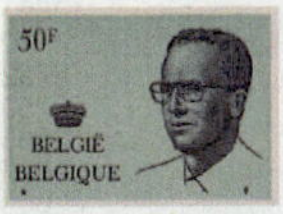


blm

| Werte | Farbe | Zeichnung | MiNr. |
|---|---|---|---|
| 50 Fr | mattgrünlichblau/dkl'violettblau | blm | 2074 |
| 65 Fr | mattlilarosa/schwarz | blm | 2075 |
| 100 Fr | weißocker/schwarzblau | blm | 2076 |

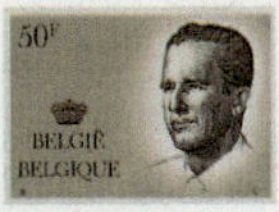


bpi

| Werte | Farbe | Zeichnung | MiNr. |
|---|---|---|---|
| 50 Fr | mehrfarbig | bpi | 2179 |
| 100 Fr | mehrfarbig | bpi | 2189 |
| 200 Fr | mehrfarbig | bpi | 2288 |

### Freimarken „König Baudouin“ (Typ Olyff)

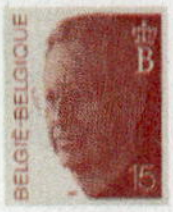


cdp

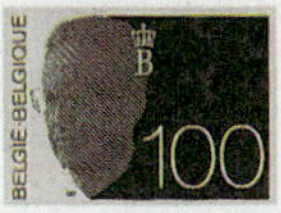


cex

| Werte | Farbe | Zeichnung | MiNr. |
|---|---|---|---|
| 15 Fr | lebhaftrosarot | cdp | 2501 |
| 28 Fr | dunkelblaugrün | cdp | 2525 |
| 100 Fr | graugrün | cex | 2533 |

**Freimarken „König Albert II."**

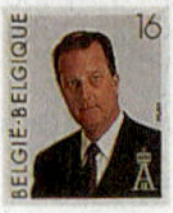


chb

| Werte | Farbe | MiNr. |
|---|---|---|
| 16 Fr | mehrfarbig | 2584 |
| 16 Fr | weißblau/türkisblau | 2587 |
| 20 Fr | gelblichweiß/lebhaftbraun | 2611 |
| 30 Fr | lilaweiß/lilapurpur | 2590 |
| 32 Fr | gelblichweiß/rotorange | 2598 |
| 40 Fr | weißlila/lebhaftrotkarmin | 2617 |
| 50 Fr | weißgrün/dunkelopalgrün | 2603 |

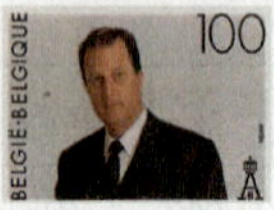


cis

| Werte | Farbe | MiNr. |
|---|---|---|
| 100 Fr | mehrfarbig | 2628 |
| 100 Fr/2.48 € | mehrfarbig | 3033 |
| 200 Fr | mehrfarbig | 2651 |

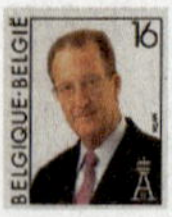


cmi

| Werte | Farbe | MiNr. |
|---|---|---|
| 16 Fr | mehrfarbig | 2691 |
| 16 Fr | lebhaftcyanblau | 2710 |
| 17 Fr | dunkelblau | 2732 |
| 18 Fr | dunkelbräunlicholiv | 2750 |
| 19 Fr | dunkelgrauviolett | 2766 |
| 20 Fr | orangebraun | 2837 |
| 25 Fr | braun | 2806 |
| 28 Fr | dunkelbraunpurpur | 2711 |
| 32 Fr | schwärzlichblauviolett | 2841 |
| 34 Fr | schwarzgraublau | 2737 |
| 36 Fr | dunkeltürkisblau | 2738 |
| 50 Fr | dunkelgrün | 2712 |

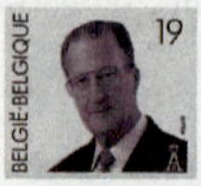


cte

| Werte | Farbe | MiNr. |
|---|---|---|
| 19 Fr | dunkelgrauviolett | 2835 |

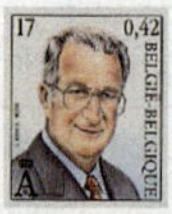


cvp

| Werte | Farbe | MiNr. |
|---|---|---|
| 17 Fr/0.42 € | mehrfarbig | 2892 |
| 17 Fr/0.42 € | dunkelkobaltblau | 3014 |
| 19 Fr/0.47 € | dunkelblau | 2930 |
| 20 Fr/0.50 € | dunkelockerbraun | 3030 |
| 25 Fr/0.62 € | dunkelbraun | 3031 |
| 30 Fr/0.74 € | dunkelviolettbraun | 2953 |
| 32 Fr/0.79 € | dunkelgraugrün | 2981 |
| 34 Fr/0.84 € | dunkelgraublau | 3032 |
| 36 Fr/0.89 € | dunkelorangebraun | 3016 |

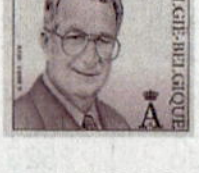


czk

| Werte | Farbe | MiNr. |
|---|---|---|
| 23 Fr/0.57 € | dunkelgrauviolett | 2984 |

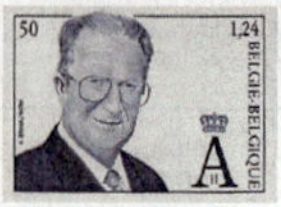


dar

| Werte | Farbe | MiNr. |
|---|---|---|
| 50 Fr/1.24 € | dunkelviolettblau | 3015 |
| 200 Fr/4.96 € | dunkelgrauviolett | 3034 |

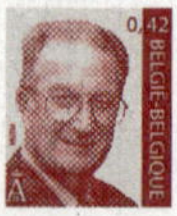


dds

| Werte | Farbe | MiNr. |
|---|---|---|
| 0.42 € | dunkelrosarot | 3100 |
| 0.47 € | schwarzolivgrün | 3122 |
| 0.52 € | kobaltblau | 3101 |
| 0.59 € | dunkelkobalt | 3183 |
| 0.60 € | mehrfarbig | 3314 |
| 0.60 € | hellkobalt | 3365 |
| 0.70 € | lebhaftkobalt | 3430 |
| 0.80 € | schwarzviolettblau | 3366 |

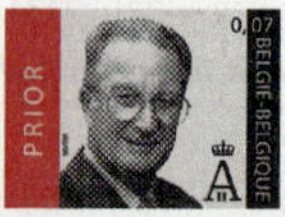


dhc

| Werte | Farbe | MiNr. |
|---|---|---|
| 0.07 € | rosarot/schwärzlichpreußischblau | 3181 |
| 0.49 € | rosarot | 3182 |
| 0.79 € | rosarot/schwärzlichlilaultramarin | 3184 |
| 4.21 € | rot/schwärzlichrotviolett | 3253 |

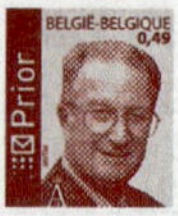


dlh

| Werte | Farbe | MiNr. |
|---|---|---|
| 0.49 € | rot | 3260 |
| 0.50 € | mehrfarbig | 3313 |
| 0.79 € | rot/violettblau | 3257 |
| 0.80 € | mehrfarbig | 3315 |

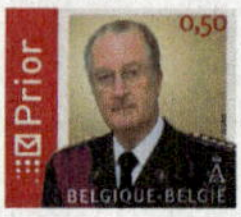


dur

| Werte | Farbe | MiNr. |
|---|---|---|
| 0.50 € | mehrfarbig | 3464 |
| 0.52 € | rot/dunkelbraunrot | 3528 |
| 0.83 € | mehrfarbig | 3550 |

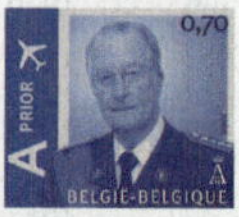


dus

| Werte | Farbe | MiNr. |
|---|---|---|
| 0.70 € | cyanrot/kobalt | 3465 |
| 0.80 € | mehrfarbig | 3662 |
| 0.90 € | mehrfarbig | 3663 |
| 1 Europa | mehrfarbig | 3913 |
| 1 Welt | mehrfarbig | 3914 |
| 3 Europa | mehrfarbig | 3315 |
| 3 Welt | mehrfarbig | 3916 |

| Werte | Farbe | MiNr. |
|---|---|---|

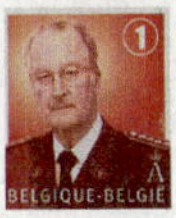

efn

| Werte | Farbe | MiNr. |
|---|---|---|
| 1 | mehrfarbig | 3733 |
| 2 | mehrfarbig | 3734 |
| 3 | mehrfarbig | 3735 |
| 5 | mehrfarbig | 3736 |
| 7 | mehrfarbig | 3737 |

**Freimarken „Vögel"**

| Werte | Motiv | MiNr. |
|---|---|---|
| 0.50 Fr | goudhaantje / roitelet huppé | 2476 |
| 0.50 Fr*) | goudhaantje / roitelet huppé | 3035 |
| 1 Fr | kleine bonte specht / pic épeichette | 2401 |
| 1 Fr | sizerin flammé / barmsijs | 2509 |
| 1 Fr | kuifness / mésange huppée | 2809 |
| 1 Fr*) | beccroisé / des sapins / kruisbek | 2969 |
| 2 Fr | moineau friquet / ringmus | 2399 |
| 2 Fr | merel / merle noir | 2510 |
| 2 Fr | grive mauvis / koperwiek | 2701 |
| 2 Fr*) | boomkruiper / grimpereau des jardins | 2970 |
| 3 Fr | appelvink / gros-bec | 2241 |
| 3 Fr | rietgors / bruant des roseaux | 2477 |
| 3 Fr | veldleeuwerik / alouette des champs | 2757 |
| 3 Fr*) | pipit farlouse / graspieper | 2971 |
| 3.50 Fr | rouge-gorge / roodborstje | 2275 |
| 4 Fr | gorge-bleue / blauwborstje | 2373 |
| 4 Fr | witte kwikstaart / bergeronnette grise | 2526 |
| 4 Fr | bonte vliegenvanger / gobe-mouche noir | 2702 |
| 4.50 Fr | traquet patre / roodborsttapuit | 2449 |
| 5 Fr | boomklever / sitelle torchepot | 2346 |
| 5 Fr | boerenzwaluw / hirondelle de cheminée | 2527 |
| 5 Fr | étourneau sansonnet / spreeuw | 2690 |
| 5 Fr*) | pinson du nord / keep | 2972 |
| 5.50 Fr | geai des chênes / vlaamse gaai | 2578 |
| 6 Fr | bouvreuil / goudvink | 2347 |
| 6 Fr | waterspreeuw / cincle plongeur | 2511 |
| 6 Fr | sijsje / tarin des aulnes | 2716 |
| 6.50 Fr | phragmite des joncs / rietzanger | 2629 |
| 7 Fr | pimpelmees / mésange bleue | 2313 |
| 7 Fr | wielewaal / loriot | 2528 |
| 7 Fr | bergeronnette printannière / gele kwikstaart | 2777 |
| 7.50 Fr | pie grièche grise / klapekster | 2827 |
| 7.50 Fr*) | pie-grieche grise / klapekster | 3036 |
| 8 Fr | ijsvogel / martin-pêcheur | 2292 |
| 8 Fr | mésange charbonnière / koolmees | 2512 |
| 8 Fr*) | mésange charbonnière / koolmees | 3017 |
| 9 Fr | chardonneret / putter | 2242 |
| 9 Fr | grive musicienne / zanglijster | 2478 |
| 9 Fr | groene specht / pic vert | 2830 |
| 10 Fr | vink / pinson | 2404 |
| 10 Fr | verdier / groenling | 2513 |
| 10 Fr | tourterelle des bois / tortelduif | 2833 |
| 10 Fr*) | fluiter / pouillot siffleur | 2988 |
| 11 Fr | troglodyte mignon / winterkoning | 2502 |
| 13 Fr | moineau domestique / huismus | 2585 |
| 14 Fr | fitis / pouillot fitis | 2675 |
| 15 Fr | matkop / mésange boréale (Hochformat) | 2747 |
| 15 Fr | matkop / mésange boréale (Querformat) | 2785 |
| 16 Fr | pestvogel / jaseur boréal | 2586 |
| 16 Fr | mésange noire / zwartemees | 2856 |
| 16 Fr*) | grauwe klauwier / pie grièche écorcheur (Hochformat) | 2931 |
| 16 Fr*) | grauwe klauwier / pie grièche écorcheur (Querformat) | 2982 |

| Werte | Motiv | MiNr. |
|---|---|---|
| 16 Fr*) | sterne pierregarin / visdief | 3061 |
| 21 Fr | kramsvogel / grive litorne | 2844 |
| 21 Fr*) | kramsvogel / grive litorne | 3037 |
| 150 Fr | pie bavarde / ekster | 2749 |
| 150 Fr*) | pie bavarde / ekster | 3038 |

*) mit doppelter Wertangabe in Franc und Euro

| Werte | Motiv | MiNr. |
|---|---|---|
| 0.01 € | rossignol philomèle / nachtegaal | 3316 |
| 0.01 € | pic noir / zwarte specht | 3996 |
| 0.02 € | becassine des marais / watersnip | 3251 |
| 0.03 € | mesange nonnette / glanskopmees | 3434 |
| 0.05 € | bruant zizi / cirlsgors | 3427 |
| 0.05 € | wintertaling / sarcelle d'hiver | 3673 |
| 0.05 € | dodaars / grèbe castagneux | 4039 |
| 0.06 € | steenuil / chouette cheveche | 3720 |
| 0.07 € | pigeon colombin / holenduif | 3121 |
| 0.08 € | pijlstaart / canard pilet | 4136 |
| 0.10 € | chouette de tengmalm / ruigpootuil | 3674 |
| 0.10 € | heggemus / accenteur mouchet | 3796 |
| 0.10 € | chouette hulotte / bosuil | 4015 |
| 0.15 € | cassenoix moucheté / notenkraker | 3797 |
| 0.20 € | zwartkopmeeuw / mouette melanocephale | 3428 |
| 0.23 € | grèbe à cou noir / geoorde fuut | 3594 |
| 0.23 € | kauw / choucas des tours | 3680 |
| 0.25 € | scholekster / hiûtrier pie | 3140 |
| 0.27 € | houtsnip / bécasse des bois | 3944 |
| 0.30 € | râle des genêts / kwartelkoning | 3526 |
| 0.35 € | pic epeiche / grote bonte specht | 3214 |
| 0.40 € | grauwe vliegenvanger / gobemouche gris | 3317 |
| 0.40 € | hibou-moyen-duc / ransuil | 3784 |
| 0.41 € | tourterelle turque / turkose tortel | 3185 |
| 0.44 € | hirondelle de fenêtre / huiszwaluw | 3318 |
| 0.44 € | houtduif / pigeon ramier | 3435 |
| 0.46 € | kluut / avocette | 3527 |
| 0.52 € | hop / huppe fasciée | 3252 |
| 0.55 € | kleine plevier / petit gravelot | 3319 |
| 0.57 € | zwarte stern / guifette noire | 3186 |
| 0.60 € | perdrix grise / patrijs | 3429 |
| 0.65 € | mouette rieuse / kapmeeuw | 3320 |
| 0.70 € | chevalier gambette / truelnur | 3187 |
| 0.70 € | gierzwaluw / martinet noir | 3664 |
| 0.75 € | goud plevier / pluvier doré | 3321 |
| 0.75 € | vuurgoudhaantje / roitelet triple – bandeau | 3436 |
| 0.75 € | faucon crecerelle / torenvalk | 3665 |
| 0.78 € | grutto / barge à queue noire | 3549 |
| 1.00 € | tapuit / traquet motteux | 3188 |
| 2.00 € | grand gravelot / bontbeklevier | 3189 |
| 3.72 € | waterhoen / poule d'eau | 3261 |
| 4.00 € | hibou grand-duc / oehoe | 3322 |
| 4.09 € | fazant / faisan de colchide | 4089 |
| 4.30 € | fuut / grebe huppe | 3586 |
| 4.40 € | slechtvalk / faucon pèlerin | 3798 |
| 4.60 € | pygargue a queue blanche / zeearend | 3917 |
| 4.60 € | chouette effraie / kerkuil | 4029 |
| 5.00 € | kemphaan / combattant varie | 3190 |
| 1 (Élections) | meerkoet / foulque macroule | 4088 |
| AR | kievit / vanneau huppé | 4413 |
| AR | garrott à œil d'or / brilduiker | 4971 |
| Associations | korhoen / tetraslyre | 4351 |
| Associations | nette rousse / krooneend | 4805 |
| Associations | koekoek / coucou gris | 5037 |
| Élections | oeverzwaluw / hirondelle de rivage | 4887 |
| Élections | busard saint-martin / blauwe kiekendief | 5276 |
| Recommandé | visarend / balbuzard pêcheur | 4137 |
| Recommandé | sterne actique / moordseo stern | 4352 |
| Recommandé | slobeend / canard souchet | 4583 |
| Recommandé | râle d'eau / waterral | 4717 |
| Recommandé | brandgans / bernache nonnette | 4958 |
| Recommandé | bécasseau maubèche / kanoetstrandloper | 5193 |
| RP | velduil / hibou des marais | 4264 |
| RP | panure à moustaches / baardmannetje | 4905 |
| RP | kwartel / caille des blés | 5218 |

# Automatenmarken

**Im MICHEL-Europa werden in aller Regel nur die billigste Sorte einer Automatenmarkenausgabe sowie wesentliche Unterschiede des Vordruckpapiers berücksichtigt. Eine ausführliche Katalogisierung nach Unterarten wie Automatennummern, Typen, Papiersorten, Fehlverwendungen und anderen Unterschieden ist im MICHEL-Automatenmarken-Spezial zu finden.**

**Allgemeine Bewertung: 1 Fr Nominale = 0.10 €, ab 1.1.2002: 1 € Nominale = 2,20 €, soweit nicht bereits ein höherer Wert angegeben ist.**

a

**1981, 16. Nov. Freimarke mit Automatennummern-Eindruck. Typendruck über Farbband; ☐.**

| | | | ★★ | ⊙ | FDC |
|---|---|---|---|---|---|
| 1 | 1 Fr – 84 Fr (in Stufen von 1 Fr) bräunlichrot | a | 1,50 | 2,— | 3,— |

Automatennummern von 3001–3006, ab Januar 1983 auch 3007–3056. Zu jeder Automatennummer gibt es nur eine Landesbezeichnung.

Laufzeit: 16.11.1981–14.12.1984

b

**1982, 11. Dez. Internationale Briefmarkenausstellung BELGICA '82, Brüssel. Automatennummern-Eindruck; Typendruck über Farbband; ☐.**

2 1 Fr – 84 Fr (in Stufen von 1 Fr) bräunlichrot . . . . . . . . b 2,— 2,50 5,—

Laufzeit: 11.12.1982–21.1.1983

c

**1984, 29. Okt. Freimarke ohne Automatennummern-Eindruck, Landesbezeichnung BELGIË/BELGIQUE, BELGIQUE/BELGIË oder BELGIEN/BELGIQUE. Typendruck über Farbband; ☐.**

3 1 Fr – 99 Fr (in Stufen von 1 Fr) bräunlichrot . . . . . . . . c 1,50 1,50 3,—

Laufzeit: 29.10.1984–31.12.1995

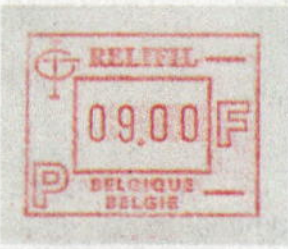


**1985, 13. Mai/1989, 18. Nov. Verschiedene Ausgaben. Typendruck über Farbband; ☐.**

d) Briefmarkenausstellung über religiöse Philatelie RELIFIL, Brüssel

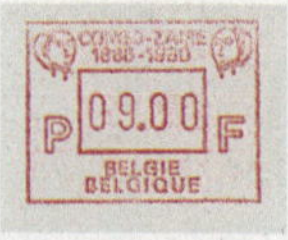


e) Briefmarkenausstelung CONGO-ZAÏRE, Brüssel

f) Briefmarkenausstellung BRUPHILA '87, Brüssel

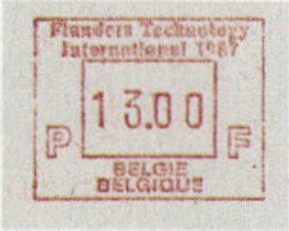


g) Fachmesse „Flanders Technology International 1987", Gent

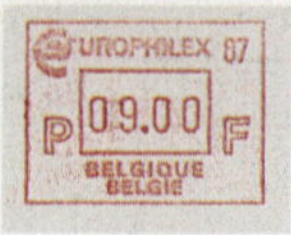


h) Europäische Briefmarkenausstellung EUROPHILEX '87, Brüssel

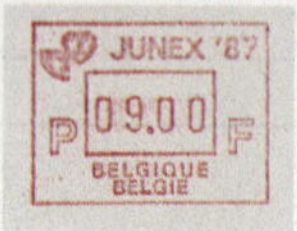


i) Jugend-Briefmarkenausstellung JUNEX '87, Couvin

k) Briefmarkenausstellung PORTUS '87, Gent

l) Briefmarkenausstellung „50 Jahre Königlich Flämischer Briefmarkensammlerverband (KVBP)", Antwerpen

m) Technologische Aktion für Wallonien „Operation ATHENA"

n) Europäische Briefmarkenausstellung EUROPHILA '88, Braine-l'Alleud

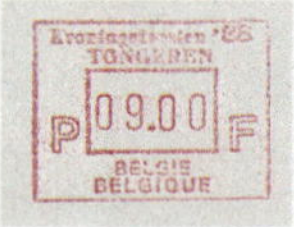


o) Briefmarkenausstellung „Kroningsfeesten '88", Tongeren

p) 75 Jahre Postscheckamt Brüssel

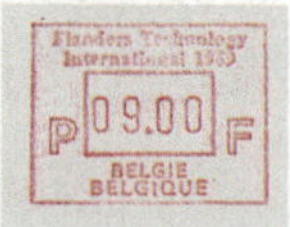


r) Fachmesse „Flanders Technology International 1988", Sint-Denijs-Westrem

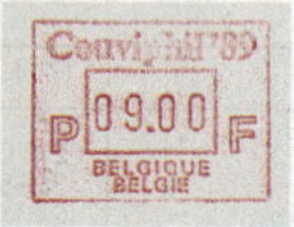


s) Briefmarkenausstellung Couviphil '89, Couvin

t) Jugend-Briefmarkenausstellung JUNEX '89, Gent

u) Briefmarkenausstellung BENELUX '89, Brüssel

4 1 Fr – 99 Fr (in Stufen von 1 Fr) RELIFIL (13.–18.5.1985) . . . . . . d 3,— 3,50 4,50

5 1 Fr – 99 Fr (in Stufen von 1 Fr) CONGO-ZAÏRE (17.–23.3.1986) . e 4,— 5,— 6,—

6 1 Fr – 99 Fr (in Stufen von 1 Fr) BRUPHILA '87 (9.5.–31.12.1987) f 2,— 2,50 4,—

7 1 Fr – 99 Fr (in Stufen von 1 Fr) Flanders Technology International 1987 (11.5.–31.12.1987) . . . . . . . . g 2,— 2,50 4,—

8 1 Fr – 99 Fr (in Stufen von 1 Fr) EUROPHILEX '87 (27.6.–31.12.1987) . . h 2,— 2,50 4,—

9 1 Fr – 99 Fr (in Stufen von 1 Fr) JUNEX '87 (3.10.–31.12.1987) . . . . . . . . . . i 2,— 2,50 4,—

10 1 Fr – 99 Fr (in Stufen von 1 Fr) PORTUS '87 (18.12.1987–29.2.1988) k 2,— 2,50 4,—

11 1 Fr – 99 Fr (in Stufen von 1 Fr) KVBP (23.1.–31.3.1988) . . . . . . . . . . . . l 2,— 2,50 4,—

12 1 Fr – 99 Fr (in Stufen von 1 Fr) ATHENA (5.3.–31.5.1988) . . . . . m 2,— 2,50 4,—

13 1 Fr – 99 Fr (in Stufen von 1 Fr) EUROPHILA '88 (21.5.–31.7.1988) . n 1,80 2,— 3,—

14 1 Fr – 99 Fr (in Stufen von 1 Fr) Kroningsfeesten '88 (25.6.–30.9.1988) o 1,80 2,— 3,—

15 1 Fr – 99 Fr (in Stufen von 1 Fr) Postscheckamt Brüssel (5.11.1988–31.1.1989) . . . . . . . . p 1,80 2,— 3,—

**16** 1 Fr – 99 Fr (in Stufen von 1 Fr) Flanders Technology International 1989 (24.4.–31.7.1989) . . . . . . . . r 1,80 2,— 3,—

**17** 1 Fr – 99 Fr (in Stufen von 1 Fr) Couviphil '89 (6.5.–31.7.1989) . . s 1,80 2,— 3,—

**18** 1 Fr – 99 Fr (in Stufen von 1 Fr) JUNEX '89 (7.10.–31.12.1989) . . t 1,80 2,— 3,—

**19** 1 Fr – 99 Fr (in Stufen von 1 Fr) BENELUX '89 (18.11.1989–31.1.1990). u 1,80 2,— 3,—

Angaben in Klammern: Laufzeit

**1990, 21. April/2. Juni. Briefmarkenausstellungen. Typendruck über Farbband, MiNr. 21 Unterdruck Bdr.; ☐.**

v) Briefmarkenausstellung SCINDAFIL '90, Deume

w) Internationale Briefmarkenausstellung BELGICA '90, Brüssel (Landesbezeichnung BELGIË/BELGIQUE oder BELGIQUE/BELGIË)

**20** 1 Fr – 99 Fr (in Stufen von 1 Fr) SCINDAFIL '90 (21.4.–30.6.1990) . . . v 1,80 2,— 3,—

**21** 1 Fr – 99 Fr (in Stufen von 1 Fr) BELGICA '90 (2.6.–30.9.1990) . w 1,80 2,— 3,—

Angaben in Klammern: Laufzeit

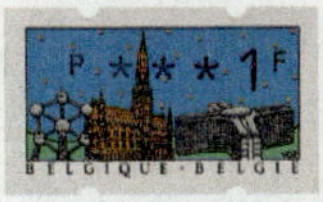


**1990, 2. Juni. Freimarke: Sehenswürdigkeiten von Brüssel. Bdr.; Typendruck über Farbband; ☐ mit je 2 Transportlöchern am Ober- und Unterrand.**

x) Sehenswürdigkeiten von Brüssel

**22** 1, 5, 10, 13, 14, 25 Fr schwarz; Unterdruck: mehrfarbig . . . . . . x
I Landesbezeichnung BELGIË/BELGIQUE . . . . . . . . . . . . 1,50 1,70 3,50
II Landesbezeichnung BELGIQUE/BELGIË . . . . . . . . . . . . 1,50 1,70 3,50

Laufzeit: 2.6.1990–31.12.1993

*Gültig bis 31.12.1994*

**1990, 20. Okt./3. Nov. Briefmarkenausstellungen. Bdr., Typendruck über Farbband; ☐.**

y) Briefmarkenausstellung KE.THE.FIL. Vlaams Brabant, Nossegem

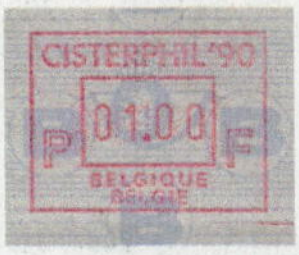


z) CISTERPHIL '90, Villers-la-Ville

**23** 1 Fr – 99 Fr (in Stufen von 1 Fr) KE.THE.FIL. Vlaams Brabant (20.10.1990–31.1.1991) . . . . . . . y 4,— 4,50 5,—

**24** 1 Fr – 99 Fr (in Stufen von 1 Fr) CISTERPHIL '90 (3.11.1990–31.1.1991) . . . . . . . . z 4,— 4,50 5,—

Angaben in Klammern: Laufzeit

**1991, 15. Juli. Freimarke. Bdr., Landesbezeichnung BELGIË/BELGIQUE oder BELGIQUE/BELGIË; Typendruck über Farbband; ☐.**

aa) Postembleme, „B“ im Kreis

**25** 1 Fr – 99 Fr (in Stufen von 1 Fr) rotlila; Unterdruck: weißultramarin . . . aa 1,50 1,50 4,—

Laufzeit: 15.7.1991–Februar 2002

**1991, 19. Dez. Nationale Briefmarken-Wettbewerbsausstellung GANDAE '91, Gent. Bdr.; Typendruck über Farbband; ☐.**

ab) Ausstellungsemblem

**26** 1 Fr – 99 Fr (in Stufen von 1 Fr) rotlila; Unterdruck: weißultramarin . . . ab 3,50 4,— 5,—

Laufzeit: 19.12.1991–31.12.1992

**1992, 20. Juni/1993, 14. Aug. Briefmarkenausstellungen. Bdr., Typendruck über Farbband; ☐.**

ac) Briefmarkenausstellung zu den Kulturtagen des Postpersonals, Visé

ad) Nationale Wettbewerbsausstellung ANTWERPEN '93

ae) Internationale Wettbewerbsausstellung EUROPHILA '93, Tongeren

af) Internationale Ausstellung EUROSAIL '93, Antwerpen

**27** 1 Fr – 99 Fr (in Stufen von 1 Fr) CF-VISE (20.6.–31.8.1992) . . . . . . ac 2,80 3,— 4,—

**28** 1 Fr – 99 Fr (in Stufen von 1 Fr) Antwerpen '93 (19.3.–31.5.1993) . . ad 1,80 2,— 4,—

**29** 1 Fr – 99 Fr (in Stufen von 1 Fr) EUROPHILA '93 (12.6.–31.8.1993) ae 1,80 2,— 4,—

**30** 1 Fr – 99 Fr (in Stufen von 1 Fr) EUROSAIL '93 (14.8.–31.10.1993). af 1,80 2,— 4,—

Angaben in Klammern: Laufzeit

**1995, 19. Mai/1997, 23. Mai. Briefmarkenausstellungen. Bdr., Typendruck über Farbband; ☐.**

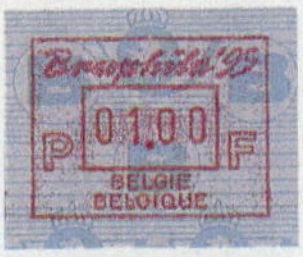


ag) Nationale Briefmarkenausstellung BRUPHILA '95, Brüssel

ah) Nationale Briefmarkenausstellung EUROPHILA '96, Brüssel

ai) Briefmarkenausstellung „60 Jahre Königlich Flämischer Briefmarkensammlerverband (KVBP)“, Wilrijk

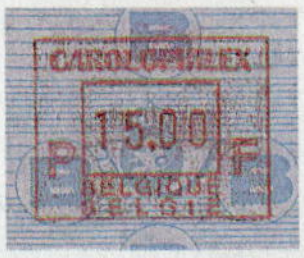


ak) Nationale Briefmarkenausstellung CAROLOPHILEX '97, Charleroi

**31** 1 Fr – 99 Fr (in Stufen von 1 Fr) BRUPHILA '95 (19.5.–31.7.1995) . . ag 1,50 1,50 4,—

**32** 1 Fr – 99 Fr (in Stufen von 1 Fr) EUROPHILA '96 (2.3.–31.5.1996) . ah 1,50 1,50 4,—

**33** 1 Fr – 99 Fr (in Stufen von 1 Fr) KVBP (10.5.–26.10.1997) . . . . . ai 1,50 1,50 3,50

**34** 1 Fr – 99 Fr (in Stufen von 1 Fr) CAROLOPHILEX '97 (23.5.–26.10.1997) . . . . . . . . . . ak 1,50 1,50 3,50

Angaben in Klammern: Laufzeit

**1997, 5. Okt./1998, 17. Okt. Briefmarkenausstellungen. Bdr., Typendruck über Farbband; ☐.**

al) Ausstellung „Die Magie des Tamtams – Post, Philatelie und Kunst aus dem Kongo", Brüssel

am) Briefmarkenausstellung PHILEURO '98, Brüssel

an) Nationale Briefmarkenausstellung „Philabourse '98", Charleroi

**35** 15, 17, 30 und 34 Fr La Magie du Tam-Tam (5.10.1997–30.4.1998) je Wert . . . . . . . . . . . . . . . . . . al 2,— 2,— 4,—

**36** 15, 17, 30 und 34 Fr PHILEURO '98 (17.4.–30.9.1998) je Wert . . . . . . . . . . . . . . . . . . am 2,— 2,— 4,—

**37** 15, 17, 30 und 34 Fr Philabourse '98 (17.10.1998–31.10.1999) je Wert . . . . . . . . . . . . . . . . . . an 2,— 2,— 4,—

**1999, 15. Mai. Nationale Briefmarkenausstellung PHILABOURSE '99, Charleroi. Bdr.; Typendruck über Farbband; ☐.**

ao) Ausstellungsemblem

**38** 17, 21, 30, 34 Fr rotlila; Unterdruck: weißultramarin je Wert . . . . . . . . . . . . . . . . . . ao 2,50 2,50 4,—

Laufzeit: 15.5.–30.11.1999

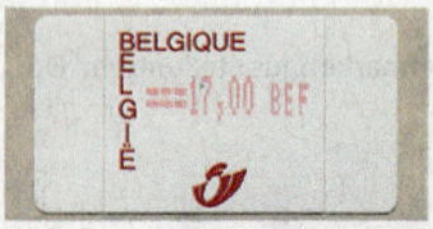


**1999, 1. Juni. Freimarke. Bdr.; selbstklebendes Papier; Nadeldruck; ☐.**

ap

**39** 16 Fr – 3900 Fr (in bestimmten Wertstufen) rot; Unterdruck: lilarot . . . . . . . . . . . . . . . . . . ap 3,— 3,— 8,—

Laufzeit: 1.6.1999–31.12.2001

*In gleicher Zeichnung: MiNr. 51*

**1999, 29. Sept. Nationale Briefmarkenausstellung BRUPHILA '99, Brüssel. Bdr.; Typendruck über Farbband; ☐.**

ar) Ausstellungsemblem

**40** 17, 21, 30, 34 Fr rotlila; Unterdruck: weißultramarin je Wert . . . . . . . . . . . . . . . . . . ar 2,50 2,50 4,—

Laufzeit: 29.9.1999–30.4.2000

**2000, 25. März/2001, 6. Okt. Briefmarkenausstellungen. Bdr., Typendruck über Farbband; ☐.**

as) Nationale Briefmarkenausstellung EUROPHILA 2000, Sint-Katherina-Lombeek

at) Internationaler Briefmarkensalon PHILEURO 2000, Brüssel

au) Nationale Briefmarkenausstellung „Philabourse 2000", Charleroi

av) Nationale Briefmarkenausstellung „Philabourse 2001", Charleroi

aw) Internationale Briefmarkenausstellung BELGICA 2001, Brüssel

ax) Nationale Jugend-Briefmarkenausstellung „Junex 2001", Brüssel

**41** 17, 21, 30, 34 Fr EUROPHILA 2000 (25.3.–30.9.2000) je Wert . . . . . . . . . . . . . . . . . . as 2,— 2,— 4,—

**42** 17, 21, 30, 34 Fr PHILEURO 2000 (5.5.–30.11.2000) je Wert . . . . . . . . . . . . . . . . . . at 2,— 2,— 4,—

**43** 17, 21, 30, 34 Fr Philabourse 2000 (9.9.2000–31.3.2001) je Wert . . . . . . . . . . . . . . . . . . au 2,— 2,— 4,—

**44** 17, 21, 30, 34 Fr Philabourse 2001 (5.5.2001–30.11.2001) je Wert . . . . . . . . . . . . . . . . . . av 2,— 2,— 4,—

**45** 17, 21, 30, 34 Fr BELGICA 2001 (9.6.–31.12.2001) je Wert . . . . . . . . . . . . . . . . . . aw 2,— 2,— 4,—

**46** 17, 21, 30, 34 Fr Junex 2001 (6.10.2001–30.4.2002) je Wert . . . . . . . . . . . . . . . . . . ax 2,— 2,— 4,—

**2001, 31. Dez. Freimarke. Bdr.; Typendruck über Farbband; ☐.**

ay) Postemblem, Wertangabe in Euro; Vordruck: Postembleme, „B" im Kreis

**47** 0.01 € – 99.99 € (in Stufen von 0.01 €) rotlila; Unterdruck: weißultramarin . . . . . . . . . . . ay 1,50 1,50 3,—

Laufzeit: ab 31.12.2001

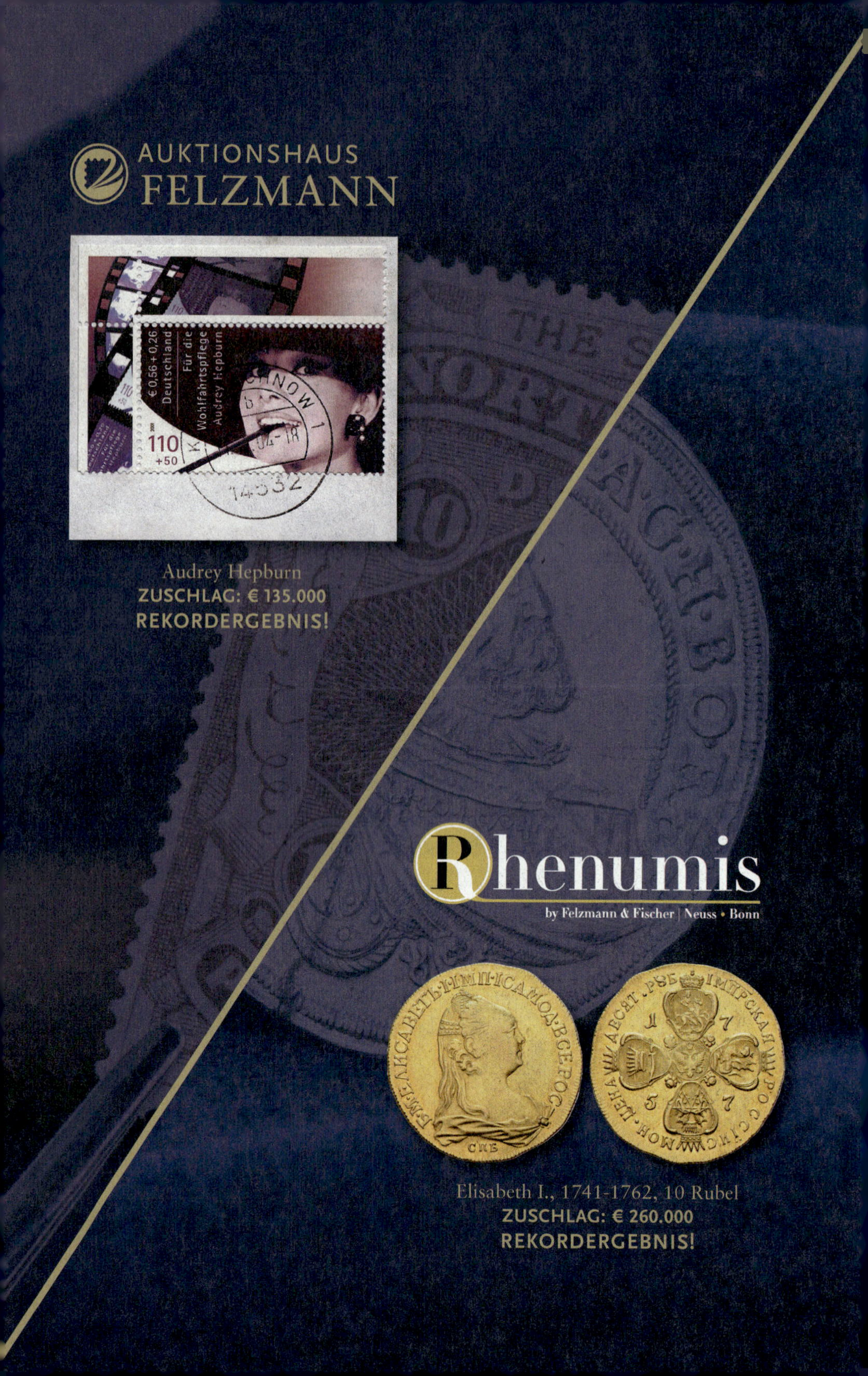
AUKTIONSHAUS
FELZMANN
Audrey Hepburn
ZUSCHLAG: € 135.000
REKORDERGEBNIS!
Rhenumis
by Felzmann & Fischer | Neuss • Bonn
Elisabeth I., 1741-1762, 10 Rubel
ZUSCHLAG: € 260.000
REKORDERGEBNIS!

**2002, 11. Juli. Freimarke. Typendruck über Farbband auf weißem Sicherheitspapier; □.**

ay I) Postemblem, Wertangabe in Euro

**48** 0.01 € – 99.99 € (in Stufen von 0.01 €) rotlila . . . . . . . . . . . . . . . . ay I 14,— 14,— 25,—

Unter der UV-Lampe werden Postemblem, Euro-Zeichen und Namen sowie Emblem der Druckerei in Mecheln durch unterschiedlichen Aufhelleranteil erkennbar.

Laufzeit: ab 11.7.2002

**2002, 11. Juli. Nationale Briefmarkenausstellung FILA KORTRIJK '02. Typendruck über Farbband auf weißem Sicherheitspapier; □.**

az) Ausstellungsemblem

**49** 0.01 € – 99.99 € (in Stufen von 0.01 €) rotlila . . . . . . . . . . . . . . . . az 2,— 2,— 4,—

Unter der UV-Lampe werden Postemblem, Euro-Zeichen und Namen sowie Emblem der Druckerei in Mechelen durch unterschiedlichen Aufhelleranteil erkennbar.

Laufzeit: 11.7.2002–31.1.2003

**2002, 12. Juli. Nationale Briefmarkenausstellung FILA KORTRIJK '02. Bdr.; Typendruck über Farbband; □.**

az I) Ausstellungsemblem; Vordruck: Postembleme, „B" im Kreis

**50** 0.01 € – 99.99 € (in Stufen von 0.01 €) rotlila; Unterdruck: weißultramarin . . . . . . . . . . . az I 2,— 2,— 5,—

Laufzeit: 12.7.2002–31.1.2003

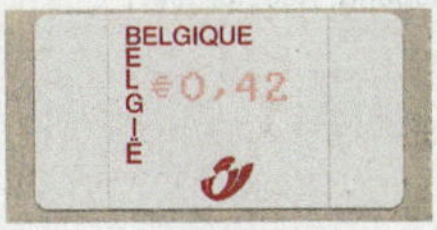


**2002, 18. Juli. Freimarke. Bdr.; selbstklebendes Papier; Nadeldruck; □.**

ap) Postemblem

**51** 0.41 € – 1.59 € (in bestimmten Portostufen) rot; Unterdruck: lilarot . . . . . . . . . . ap 3,— 3,— 8,—

Laufzeit: seit 18.7.2002

*In gleicher Zeichnung: MiNr. 39*

**2002, 6. Dez. Internationaler Briefmarkensalon PHILEURO '02, Brüssel. Bdr.; Typendruck über Farbband auf weißem Sicherheitspapier; □.**

ba) Ausstellungsemblem

**52** 0.01 € – 99.99 € (in Stufen von 0.01 €) rotlila . . . . . . . . . . . . . . . . ba 2,— 2,— 4,—

Laufzeit: 6.–8.12.2002

**2004, 13. Mai. Briefmarkenausstellung LEODIPHILEX, Lüttich. RaTdr.; selbstklebendes Papier; Nadeldruck; □.**

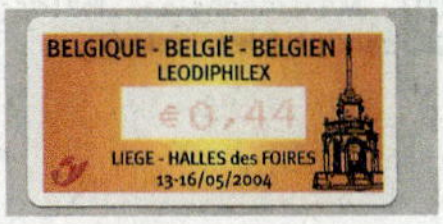


bb) Monument

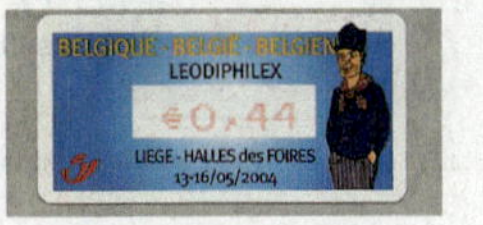


bc) Figur „Tchantchès"

**53** 0.44 € – 0.80 € rot, Unterdruck mfg. . bb 2,— 2,— 3,50

**54** 0.44 € – 0.80 € rot, Unterdruck mfg. . bc 2,— 2,— 3,50

Laufzeit: 13.–16.5.2004

**2004, 29. Okt. Briefmarkenausstellung PHILEURO '04, Brüssel. RaTdr.; selbstklebendes Papier; Nadeldruck; □.**

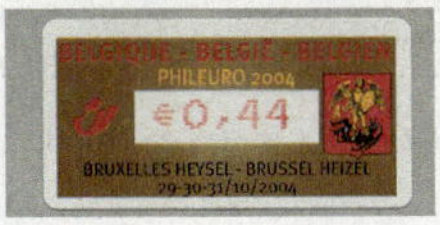


bd) Wappen

be) Ausstellungsemblem

**55** 0.44 € – 0.80 € rot, Unterdruck mfg. bd 2,— 2,— 3,50

**56** 0.44 € – 0.80 € rot, Unterdruck mfg. . be 2,— 2,— 3,50

Laufzeit: 29.–31.10.2004

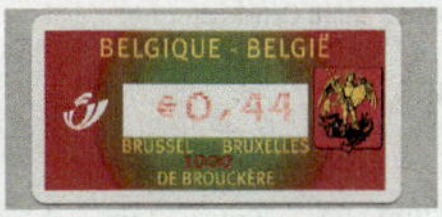


**2005, 26. April. Eröffnung des Postamtes Brüssel 1 – De Brouckère. RaTdr.; selbstklebendes Papier; Nadeldruck; □.**

bf) Postemblem, Wahrzeichen von Brüssel

**57** 0.44 € – 0.80 € rot, Unterdruck mfg. . bf 1,50 1,50 3,—

Laufzeit: ab 26.4.2005

**2006, 16. Nov. Briefmarkenausstellung BELGICA '06, Brüssel. RaTdr.; selbstklebend; Nadeldruck; □.**

bg) Ausstellungsemblem

bh) COBRA-Emblem

**58** 0.46 € – 0.80 € rot, Unterdruck mfg. . bg 2,— 2,— 3,50

**59** 0.46 € – 0.80 € rot, Unterdruck mfg. . bh 2,— 2,— 3,50

Laufzeit: 16.–20.11.2006

**2007, 24. März. Internationaler Wettbewerb für alle thematischen Sammlungen zur Musik PREMIO MASSARI, Wetteren. RaTdr.; selbstklebend; Nadeldruck; □.**

bi) Edvard Grieg (1843-1907), norwegischer Komponist; Notenhandschrift

**60** 0.46 € – 0.90 € rot, Unterdruck mfg. bi 2,— 2,— 3,50

Laufzeit: 24.–25.3.2007

**2007, 1. Sept. Internationale Briefmarkenausstellung EURO-PHILA 2007, Maasmechelen. RaTdr.; selbstklebend; Nadeldruck; □.**

bk) Türme des Heilig-Hartcollege, Maasmechelen

**61** 0.52 € – 0.90 € rot, Unterdruck mfg. . bk 2,— 2,— 3,50

Laufzeit: 1.–2.9.2007

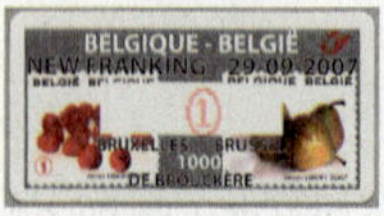


**2007, 29. Sept. NEW FRANKING. RaTdr.; selbstklebend; Nadeldruck; □.**

bl) Allegorie: Schutz der Neger vor Sklavenhändlern

**62** (0.52 €) – 0.90 € (in bestimmten Portostufen) rot, Unterdruck mehrfarbig . . . . . . . . . . . . . . bl 2,— 2,— 3,50

Beim 0.52-€-Wert wird anstatt einer Wertangabe eine „1" im Kreis eingedruckt.

Laufzeit: ab 29.9.2007

**2008, 25. Sept. Briefmarkenausstellung LUXPHILA 2008, Marche-en-Famenne. RaTdr.; selbstklebend; Nadeldruck; □.**

bm) Wappen der Provinz Luxemburg

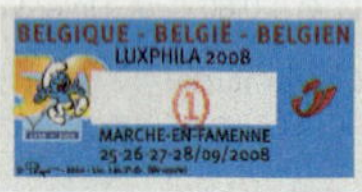


bn) 50 Jahre Schlümpfe

**63** (0.54 € – 1.08 €) rot, Unterdruck mehrfarbig . . . . . . . . . . . . . . bm 2,— 2,— 3,50

**64** (0.54 € – 1.08 €) rot, Unterdruck mfg. bn 2,— 2,— 3,50

Beim 0.54-€-Wert wird anstatt einer Wertangabe eine „1", beim 1.08-€-Wert eine „2" im Kreis eingedruckt.

Laufzeit: 25.–29.9.2008

**2009, 21. Febr. Internationale Briefmarkenausstellung ANTVERPIA 2010, Antwerpen. RaTdr.; selbstklebend; Nadeldruck; □.**

bo) Veranstaltungsemblem

**65** (0.54 € – 1.18 €) (in bestimmten Portostufen) rot, Unterdruck mehrfarbig . . . . . bo 2,— 2,— 3,50

Nominalen zur Zeit der Ausgabe: „1" im Kreis = 0.54 €, „1" im Kreis und EUROPA = 0.80 €, „1" im Kreis und WORLD = 0.90 €, „2" im Kreis = 1.18 €

Laufzeit: ab 21.2.2009

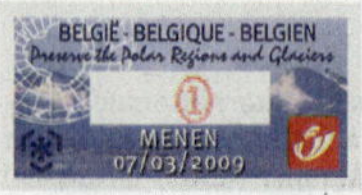


**2009, 7. März. Internationale Kampagne zum Schutz der Polargebiete und Gletscher. RaTdr.; selbstklebend; Nadeldruck; □.**

bp) Polarlandschaft, Karte der Antarktis

**66** (0.54 € – 1.18 €) (in bestimmten Portostufen) rot, Unterdruck mehrfarbig . . . . . bp 2,— 2,— 3,50

Nominalen zur Zeit der Ausgabe: „1" im Kreis = 0.54 €, „1" im Kreis und EUROPA = 0.80 €, „1" im Kreis und WORLD = 0.90 €, „2" im Kreis = 1.18 €

Laufzeit: ab 7.3.2009

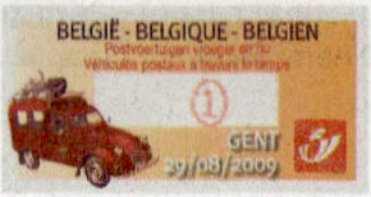


**2009, 29. Aug. Postfahrzeuge. RaTdr.; selbstklebend; Nadeldruck; □.**

br) Citroën 2 CV (1950er Jahre)

**67** (0.59 € – 1.18 €) (in bestimmten Portostufen) rot, Unterdruck mehrfarbig . . . . . br 2,— 2,— 3,50

Nominalen zur Zeit der Ausgabe: „1" im Kreis = 0.59 €, „1" im Kreis und EUROPA = 0.90 €, „1" im Kreis und WORLD = 1.05 €, „2" im Kreis = 1.18 €

Laufzeit: ab 29.8.2009

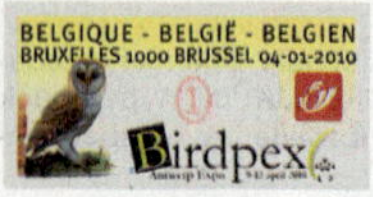


**2010, 4. Jan. Internationale Briefmarkenausstellung BIRDPEX 2010, Antwerpen. RaTdr.; selbstklebend; Nadeldruck; □.**

bs) Eule

**68** (0.59 € – 1.18 €) (in bestimmten Portostufen) rot, Unterdruck mehrfarbig . . . . . bs 2,— 2,— 3,50

Nominalen zur Zeit der Ausgabe: „1" im Kreis = 0.59 €, „1" im Kreis und EUROPA = 0.90 €, „1" im Kreis und WORLD = 1.05 €, „2" im Kreis = 1.18 €

Laufzeit: ab 4.1.2010

**2010, 9. April. Internationale Briefmarkenausstellung ANTVERPIA 2010, Antwerpen. RaTdr.; selbstklebend; Nadeldruck; □.**

bt) Sehenswürdigkeiten von Antwerpen

**69** (0.59 € – 1.18 €) (in bestimmten Portostufen) rot, Unterdruck mehrfarbig . . . . . bt 2,— 2,— 3,50

Nominalen zur Zeit der Ausgabe: „1" im Kreis = 0.59 €, „1" im Kreis und EUROPA = 0.90 €, „1" im Kreis und WORLD = 1.05 €, „2" im Kreis = 1.18 €

Laufzeit: ab 9.4.2010

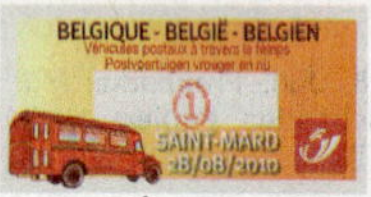


**2010, 28. Aug. Postfahrzeuge. RaTdr.; selbstklebend; Nadeldruck; □.**

bu) Postbus

**70** (0.59 € – 1.18 €) (in bestimmten Portostufen) rot, Unterdruck mehrfarbig . . . . . bu 2,— 2,— 3,50

Nominalen zur Zeit der Ausgabe: „1" im Kreis = 0.59 €, „1" im Kreis und EUROPA = 0.90 €, „1" im Kreis und WORLD = 1.05 €, „2" im Kreis = 1.18 €

Laufzeit: ab 28.8.2010

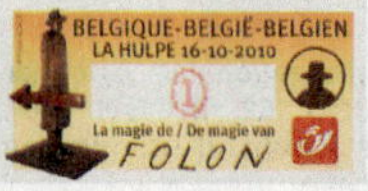


**2010, 16. Okt. 10 Jahre Folon-Stiftung. RaTdr.; selbstklebend; Nadeldruck; □.**

bv) Skulptur

**71** (0.59 € – 1.18 €) (in bestimmten Portostufen) rot, Unterdruck mehrfarbig . . . . . bv 2,— 2,— 3,50

Nominalen zur Zeit der Ausgabe: „1" im Kreis = 0.59 €, „1" im Kreis und EUROPA = 0.90 €, „1" im Kreis und WORLD = 1.05 €, „2" im Kreis = 1.18 €

Laufzeit: ab 16.10.2010

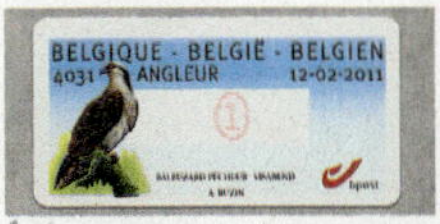


**2011, 12. Febr. Angleur. RaTdr.; selbstklebend; Nadeldruck; □.**

bw) Fischadler (Pandion haliaetus)

**72** (0.61 € – 1.22 €) (in bestimmten Portostufen) rot, Unterdruck mehrfarbig .... bw 2,— 2,— 3,50

Nominalen zur Zeit der Ausgabe: „1" im Kreis = 0.61 €, „1" im Kreis und EUROPA = 0.93 €, „1" im Kreis und WORLD = 1.10 €, „2" im Kreis = 1.22 €

Laufzeit: 12.2.2011

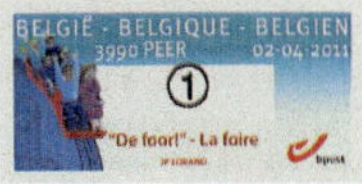


**2011, 2. April. Volksfest, Peer. RaTdr.; selbstklebend; Nadeldruck; □.**

bx) Achterbahn

**73** (0.61 € – 1.22 €) (in bestimmten Portostufen) schwarz, Unterdruck mehrfarbig ..... bx 2,— 2,— 3,50

Nominalen zur Zeit der Ausgabe: „1" im Kreis = 0.61 €, „1" im Kreis und EUROPA = 0.93 €, „1" im Kreis und WORLD = 1.10 €, „2" im Kreis = 1.22 €

Laufzeit: 2.4.2011

**2011, 10. Mai. Fische. RaTdr.; selbstklebend; Nadeldruck; □.**

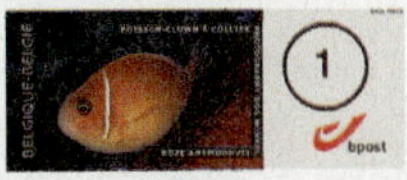

by) Anemonenfisch

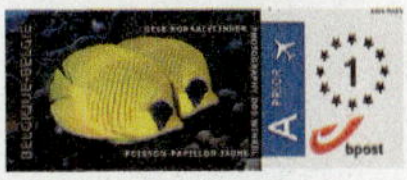

bz) Gelber Falterfisch

**74** (0.61 € – 4.27 €) (in bestimmten Portostufen) schwarz, Unterdruck mehrfarbig ..... by 2,50 2,50 6,—

**75** (0.93 € – 30.80 €) (in bestimmten Portostufen) schwarz, Unterdruck mehrfarbig ..... bz 3,50 3,50 7,—

Nominalen von MiNr. 74 zur Zeit der Ausgabe: „1" im Kreis = 0.61 €, „2" im Kreis = 1.22 €, „3" im Kreis = 1.83 €, „5" im Kreis = 3.05 €, „7" im Kreis = 4.27 €

Nominalen von MiNr. 75 zur Zeit der Ausgabe: „1" im Sternenkranz = 0.93 €, „3" im Sternenkranz = 2.79 €, „6" im Sternenkranz = 5.58 €, „10" im Sternenkranz = 9.30 €, „20" im Sternenkranz = 18.60 €, „1" in Globus = 1.10 €, „3" in Globus = 3.30 €, „6" in Globus = 6.60 €, „14" in Globus = 15,40 €, „28" in Globus = 30.80

Laufzeit: ab 10.5.2011

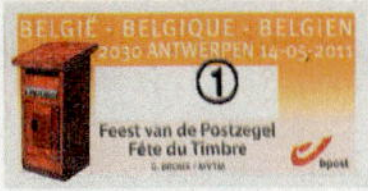


**2011, 14. Mai. Fest der Briefmarke, Antwerpen. RaTdr.; selbstklebend; Nadeldruck; □.**

ca) Briefkasten

**76** (0.61 € – 1.22 €) (in bestimmten Portostufen) schwarz, Unterdruck mehrfarbig ..... ca 2,— 2,— 3,50

Nominalen zur Zeit der Ausgabe: „1" im Kreis = 0.61 €, „1" im Kreis und EUROPA = 0.93 €, „1" im Kreis und WORLD = 1.10 €, „2" im Kreis = 1.22 €

Laufzeit: ab 14.5.2011

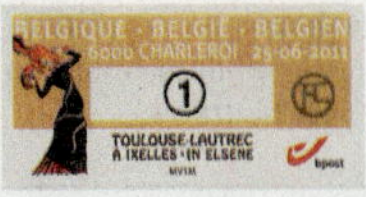


**2011, 25. Juni. 110. Todestag von Henri de Toulouse-Lautrec – Ausstellung in Ixelles/Elsene. RaTdr.; selbstklebend; Nadeldruck; □.**

cb) Jane Avril (Plakatlithographie)

**77** (0.61 € – 1.22 €) (in bestimmten Portostufen) schwarz, Unterdruck mehrfarbig ..... cb 2,— 2,— 3,50

Nominalen zur Zeit der Ausgabe: „1" im Kreis = 0.61 €, „1" im Kreis und EUROPA = 0.93 €, „1" im Kreis und WORLD = 1.10 €, „2" im Kreis = 1.22 €

Laufzeit: ab 25.6.2011

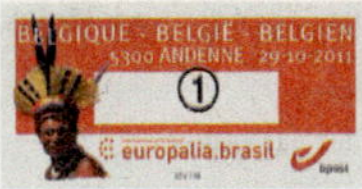


**2011, 29. Okt. Europäisches Kulturfestival „Europalia 2011 Brasilien", Brüssel. RaTdr.; selbstklebend; Nadeldruck; □.**

cc) Brasilianer mit Kopfschmuck

**78** (0.61 € – 1.22 €) (in bestimmten Portostufen) schwarz, Unterdruck mehrfarbig ..... cc 2,— 2,— 3,50

Nominalen zur Zeit der Ausgabe: „1" im Kreis = 0.61 €, „1" im Kreis und EUROPA = 0.93 €, „1" im Kreis und WORLD = 1.10 €, „2" im Kreis = 1.22 €

Laufzeit: ab 29.10.2011

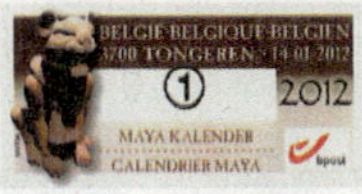


**2012, 14. Jan. Ausstellung „Der Maya-Kalender", Tongern. RaTdr.; selbstklebend; Nadeldruck; □.**

cd) Fabeltier der Maya

**79** (0.61 € – 1.30 €) (in bestimmten Portostufen) schwarz, Unterdruck mehrfarbig ..... cd 2,— 2,— 3,50

Nominalen zur Zeit der Ausgabe: „1" im Kreis = 0.65 €, „1" im Kreis und EUROPA = 0.99 €, „1" im Kreis und WORLD = 1.19 €, „2" im Kreis = 1.30 €

Laufzeit: ab 14.1.2012

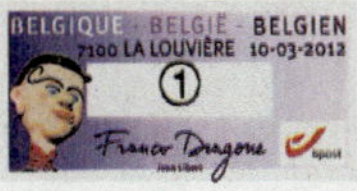


**2012, 10. März. 60. Geburtstag von Franco Dragone, Gründer des „Cirque du Soleil". RaTdr.; selbstklebend; Nadeldruck; □.**

ce) Puppenkopf

**80** (0.65 € – 1.30 €) (in bestimmten Portostufen) schwarz, Unterdruck mehrfarbig ..... ce 2,— 2,— 3,50

Nominalen zur Zeit der Ausgabe: „1" im Kreis = 0.65 €, „1" im Kreis und EUROPA = 0.99 €, „1" im Kreis und WORLD = 1.19 €, „2" im Kreis = 1.30 €

Laufzeit: ab 10.3.2012

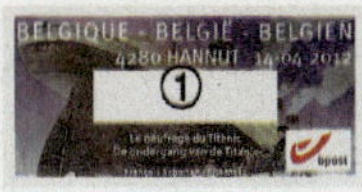


**2012, 14. April. 100. Jahrestag des Untergangs der „Titanic". RaTdr.; selbstklebend; Nadeldruck; □.**

cf) Sinkende „Titanic"

**81** (0.65 € – 1.30 €) (in bestimmten Portostufen) schwarz, Unterdruck mehrfarbig ..... cf 2,— 2,— 3,50

Nominalen zur Zeit der Ausgabe: „1" im Kreis = 0.65 €, „1" im Kreis und EUROPA = 0.99 €, „1" im Kreis und WORLD = 1.19 €, „2" im Kreis = 1.30 €

Laufzeit: ab 14.4.2012

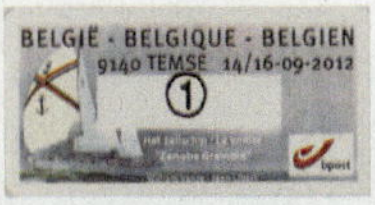


**2012, 14. Sept. Nationale Briefmarkenausstellung „TEMSIFIL 2012", Temse. RaTdr.; selbstklebend; Nadeldruck; □.**

cg) König Albert I. und Königin Elisabeth

**82** (0.65 € – 1.30 €) (in bestimmten Portostufen) schwarz, Unterdruck mehrfarbig . . . . . cg 2,— 2,— 3,50

Nominalen zur Zeit der Ausgabe: „1" im Kreis = 0.65 €, „1" im Kreis und EUROPA = 0.99 €, „1" im Kreis und WORLD = 1.19 €, „2" im Kreis = 1.30 €

Laufzeit: ab 14.9.2012

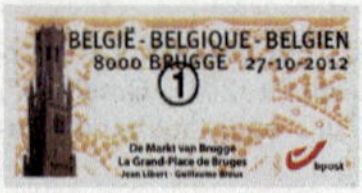


**2012, 27. Okt. Stadtzentren: Brügge. RaTdr.; selbstklebend; Nadeldruck; □.**

ch) Drei Männer im Rettungsboot

**83** (0.65 € – 1.30 €) (in bestimmten Portostufen) schwarz, Unterdruck mehrfarbig . . . . . ch 2,— 2,— 3,50

Nominalen zur Zeit der Ausgabe: „1" im Kreis = 0.65 €, „1" im Kreis und EUROPA = 0.99 €, „1" im Kreis und WORLD = 1.19 €, „2" im Kreis = 1.30 €

Laufzeit: ab 27.10.2012

## Verzeichnis der Heftchen mit Zusammendrucken

| MH-MiNr. | Bezeichnung | Ausgabe-jahr | Nominale | Enthält H-Blätter (in Klammern: Anzahl) | Auflage | Katalogpreis |
|---|---|---|---|---|---|---|
| 1 | König Albert I (by) | 1927 | 23 Fr | 1 (2), 2, 3 | | 500,— |
| 2 | Löwe (cu) | 1929 | 3 Fr | 4, 5, 6, 7 | | 350,— |
| 3 | Löwe (cu) | 1929 | 3.50 Fr | 8, 9, 6, 7 | | 380,— |
| 4 | Löwe (cu) | 1929 | 7 Fr | 10 (2), 11 (2) | | 350,— |
| 5 | Löwe (cu) | 1929 | 10 Fr | 12 (2), 13 (2) | | 500,— |
| 6 | Löwe (cu) | 1930 | 8 Fr | 14 (2), 15 (2) | | [1]) |
| 7 | Löwe (cu) | 1930 | 12 Fr | 16 (2), 17 (2) | | 800,— |
| 8 | Löwe (cu) | 1930 | 14 Fr | 18 (2), 19 (2) | | [1]) |
| 9 | Löwe (cu) | 1930 | 15 Fr | 20 (2), 21 (2) | | [1]) |
| 10 | Löwe (cu) | 1932 | 15 Fr | 22 (2), 23 (2) | | [1]) |
| 11 | König Albert I (dx) | 1932 | 15 Fr | 24 (2), 25 (2) | | [1]) |
| 12 | Allegorie (dv, dw) | 1932 | 3.50 Fr | 26, 27, 28, 29 | | [1]) |
| 13 | König Leopold III (fc) | 1935 | 14 Fr | 30 (2), 31 (2) | | 50,— |
| 14 | Wappen (fi) | 1935 | 3.50 Fr | 32, 33, 34, 35 | | 15,— |
| 15 | Wappen (fi)/König Leopold III (fk) | 1936 | 10.50 Fr | 36, 37, 38, 39 | | 35,— |
| 16 | König Leopold III (fk) | 1938 | 15 Fr | 40 (2), 41 (2) | | [1]) |
| 17 | König Leopold III (fk) | 1944 | 20 Fr | 42 (2), 43 (2) | | 25,— |
| 18 | Löwe (ss II)/König Baudouin (uy I) | 1969 | 20 Fr | 44 | 1 098 303 | 25,— |
| 19 | König Baudouin (uy I) | 1969 | 15 Fr | 45 | 1 513 803 | 13,— |
| 20 | König Baudouin (uy I) | 1970 | 15 Fr | 46 | 598 200 | 25,— |
| 21 | König Baudouin (uy I) | 1970 | 20 Fr | 47 | 722 979 | 19,— |
| 22 | Löwe (ss II)/König Baudouin (uy I) | 1972 | 15 Fr | 48 | 561 898 | 6,50 |
| 23 | Löwe (ss II)/König Baudouin (uy I) | 1972 | 20 Fr | 49 | 623 644 | 10,— |
| 24 | König Baudouin (atn II) | 1973 | 15 Fr | 50 | 645 046 | 5,— |
| 25 | König Baudouin (atn II) | 1973 | 20 Fr | 51 | 841 848 | 3,— |
| 26 | Löwe (ss II)/König Baudouin (atn II) | 1975 | 15 Fr | 52 | 1 149 155 | 2,50 |
| 27 | Löwe (ss II)/König Baudouin (atn II) | 1975 | 20 Fr | 53 | 1 301 954 | 2,50 |
| 28 | Löwe (bdr I)/König Baudouin (atn II) | 1978 | 15 Fr | 54 | 873 145 | 1,90 |
| 29 | Löwe (bdr I)/König Baudouin (atn II) | 1978 | 20 Fr | 55 | 1 005 608 | 2,50 |
| 30 | Enten | 2. 9.1989 | 52 Fr | 56 | 2 000 000 | 5,— |
| 31 | Fische | 8. 9.1990 | 56 Fr | 57 | 2 000 000 | 6,50 |
| 32 | Pilze | 14. 9.1991 | 56 Fr | 58 | 1 000 000 | 7,— |
| 33 | Comics | 12.10.1991 | 56 Fr | 59 | 1 000 000 | 6,50 |
| 34 | Einheimische Tiere | 5. 9.1992 | 60 Fr | 60 | 2 000 000 | 6,50 |
| 35 | Europäische Hauskatzen | 4. 9.1993 | 60 Fr | 61 | 1 500 000 | 4,50 |
| 36 | Blumen | 24. 9.1994 | 64 Fr | 62 | 1 000 000 | 5,50 |
| 37 | Segelschiffe | 19. 8.1995 | 64 Fr | 63 | 1 000 000 | 4,50 |
| 38 | Insekten | 30. 3.1996 | 96 Fr | 64 | | 5,50 |
| 39 | Bienenzucht | 30. 8.1997 | 102 Fr | 65 | | 6,50 |
| 40 | Kunst (I) | 7. 3.1998 | 68 Fr | 66 | | 4,50 |
| 41 | Grußmarken | 23. 1.1999 | 136 Fr* | 67 | | 16,— |
| 42 | Musik | 5. 5.2000 | 102 Fr* | 68 | | 20,— |
| 43 | 200 Jahre Kunstmuseum | 11. 6.2001 | 68 Fr | 69 | | 4,— |
| 44 | Musikkapellen | 29.10.2005 | 2.50 € | 70 | | 5,— |
| 45 | Polyphoniker der Renaissance | 23. 1.2006 | 3.00 € | 71 | | 8,— |
| 46 | Komponisten | 9. 5.2009 | 4.50 €* | 72 | | 15,— |
| 47 | Literatur | 20. 2.2010 | 5.90 €* | 73 | | 20,— |
| 48 | Kalligraphie | 11. 2.2012 | 5.95 €* | 74 | | 20,— |
| 49 | Oper | 11. 5.2013 | 5.15 €* | 75 | | 15,— |

*) Nominale zur Zeit der Ausgabe
[1]) Heftchenpreis = Summe der Preise für H-Blätter plus 5,—

# Verzeichnis der Heftchenblätter

| | | |
|---|---|---|
| 1 | 1 | 1 |
| 1 | 1 | 1 |

**H-Blatt 1** mit MiNr. 228 34,—
**H-Blatt 42** mit MiNr. 581 3,80

| | | |
|---|---|---|
| R | 1 | 1 |
| R | 1 | 1 |

**H-Blatt 2** mit MiNr. 228 90,—
**H-Blatt 43** mit MiNr. 581 3,80

| | | |
|---|---|---|
| R | 1.75 | 1.75 |
| R | 1.75 | 1.75 |

**H-Blatt 3** mit MiNr. 229 50,—

| | | |
|---|---|---|
| 5 | 5 | 5 |
| 5 | 5 | 5 |

**H-Blatt 4** mit MiNr. 256 3,40

| | | |
|---|---|---|
| R | 5 | 5 |
| R | 5 | 5 |

**H-Blatt 5** mit MiNr. 256 9,—

| | | |
|---|---|---|
| 25 | 25 | 25 |
| 25 | 25 | 25 |

**H-Blatt 6** mit MiNr. 259 13,—
**H-Blatt 28** mit MiNr. 330 28,—
**H-Blatt 34** mit MiNr. 419 2,50

| | | |
|---|---|---|
| R | 25 | 25 |
| R | 25 | 25 |

**H-Blatt 7** mit MiNr. 259 5,50¹)
**H-Blatt 29** mit MiNr. 330 10,—¹)
**H-Blatt 35** mit MiNr. 419 1,—¹)

| | | |
|---|---|---|
| 10 | 10 | 10 |
| 10 | 10 | 10 |

**H-Blatt 8** mit MiNr. 257 3,40
**H-Blatt 26** mit MiNr. 328 7,50
**H-Blatt 32** mit MiNr. 416 1,80

| | | |
|---|---|---|
| R | 10 | 10 |
| R | 10 | 10 |

**H-Blatt 9** mit MiNr. 257 1,80¹)
**H-Blatt 27** mit MiNr. 328 2,50¹)
**H-Blatt 33** mit MiNr. 416 1,—¹)

| | | |
|---|---|---|
| 35 | 35 | 35 |
| 35 | 35 | 35 |

**H-Blatt 10** mit MiNr. 260 15,—
**H-Blatt 36** mit MiNr. 421 2,50

| | | |
|---|---|---|
| R | 35 | 35 |
| R | 35 | 35 |

**H-Blatt 11** mit MiNr. 260 8,—¹)
**H-Blatt 37** mit MiNr. 421 1,—¹)

| | | |
|---|---|---|
| 50 | 50 | 50 |
| 50 | 50 | 50 |

**H-Blatt 12** mit MiNr. 261 16,—

| | | |
|---|---|---|
| R | 50 | 50 |
| R | 50 | 50 |

**H-Blatt 13** mit MiNr. 261 6,—¹)

| | | |
|---|---|---|
| 40 | 40 | 40 |
| 40 | 40 | 40 |

**H-Blatt 14** mit MiNr. 299 24,—

| | | |
|---|---|---|
| R | 40 | 40 |
| R | 40 | 40 |

**H-Blatt 15** mit MiNr. 299 10,—¹)

| | | |
|---|---|---|
| 60 | 60 | 60 |
| 60 | 60 | 60 |

**H-Blatt 16** mit MiNr. 278 75,—

| | | |
|---|---|---|
| R | 60 | 60 |
| R | 60 | 60 |

**H-Blatt 17** mit MiNr. 278 100,—

| | | |
|---|---|---|
| 70 | 70 | 70 |
| 70 | 70 | 70 |

**H-Blatt 18** mit MiNr. 300 50,—
**H-Blatt 30** mit MiNr. 393 11,—
**H-Blatt 38** mit MiNr. 423 15,—

| | | |
|---|---|---|
| R | 70 | 70 |
| R | 70 | 70 |

**H-Blatt 19** mit MiNr. 300 15,—¹)
**H-Blatt 31** mit MiNr. 393 4,—¹)
**H-Blatt 39** mit MiNr. 423 5,—¹)

| | | |
|---|---|---|
| 75 | 75 | 75 |
| 75 | 75 | 75 |

**H-Blatt 20** mit MiNr. 279 75,—
**H-Blatt 22** mit MiNr. 324 440,—
**H-Blatt 24** mit MiNr. 332 55,—
**H-Blatt 40** mit MiNr. 481 13,—

| | | |
|---|---|---|
| R | 75 | 75 |
| R | 75 | 75 |

**H-Blatt 21** mit MiNr. 279 35,—¹)
**H-Blatt 23** mit MiNr. 324 150,—¹)
**H-Blatt 25** mit MiNr. 332 20,—¹)
**H-Blatt 41** mit MiNr. 481 5,—¹)
H-Blatt 41 Rekl. ☒

¹) Diesen H-Blättern sind die Preise für Reklamen hinzuzufügen.

| | | | | |
|---|---|---|---|---|
| Bedrucktes Leerfeld | 3 | 3 | 3 | 3 |
| | 1 | 1 | 3 | 3 |

**H-Blatt 44** mit MiNr. 1541 D/ 1542 D/E 24,—

| | | | |
|---|---|---|---|
| Bedrucktes Leerfeld | 3 | 3 | 3 |
| | A1 | 3 | 3 |

**H-Blatt 45** mit MiNr. 1542 D/E 13,—

| | | | |
|---|---|---|---|
| Bedrucktes Leerfeld | 3.50 | 3.50 | 3.50 |
| | 1.50 | 1.50 | 1.50 |

**H-Blatt 46** mit MiNr. 1621 yD/E, 1623 D/E 24,—

| | | | |
|---|---|---|---|
| Bedrucktes Leerfeld | 3.50 | 3.50 | 3.50 |
| | 2.50 | 3.50 | 3.50 |

**H-Blatt 47** mit MiNr. 1622 D, 1623 D/E 19,—

| | | | |
|---|---|---|---|
| Bedrucktes Leerfeld | 3.50 | 2 | 2 |
| | 3.50 | 2 | 2 |

**H-Blatt 48** mit MiNr. 1623 D, 1711 D/E 6,—

| | | | |
|---|---|---|---|
| Bedrucktes Leerfeld | 2 | 4.50 | 4.50 |
| | A2 | 4.50 | 4.50 |

**H-Blatt 49** mit MiNr. 1711 D, 1712 D/E 9,50

| | | | |
|---|---|---|---|
| Bedrucktes Leerfeld | A3 | 3 | 4 |
| | A3 | 4 | 4 |

**H-Blatt 50** mit MiNr. 1752 D, 1753 D/E 3,50

| | | | |
|---|---|---|---|
| Bedrucktes Leerfeld | A3 | 5 | 5 |
| | A3 | 5 | 5 |

**H-Blatt 51** mit MiNr. 1754 D/E 2,80

| Bedrucktes Leerfeld | A3 | 0.50 | 5 |
|---|---|---|---|
| | A 3 | 4.50 | 5 |

**H-Blatt 52** mit MiNr. 1754 E, 1815, 1816 D 2,40

| Bedrucktes Leerfeld | A3 | 0.50 | 6.50 |
|---|---|---|---|
| | A 3 | 6.50 | 6.50 |

**H-Blatt 53** mit MiNr. 1815, 1817 D/E 2,40

| Bedrucktes Leerfeld | A3 | 1 | 6. |
|---|---|---|---|
| | A 3 | 2 | 6. |

**H-Blatt 54** mit MiNr. 1952, 1953, 1955 1,80

| Bedrucktes Leerfeld | A3 | 1 | 8. |
|---|---|---|---|
| | A 3 | 3 | 8. |

**H-Blatt 55** mit MiNr. 1952, 1954, 1956 2,40

| | | | |
|---|---|---|---|
| 13 (byt) | 13 (byu) | 13 (byv) | 13 (byw) |

**H-Blatt 56** mit MiNr. 2384–2387 4,–

| | | | |
|---|---|---|---|
| 14 (caw) | 14 (cax) | 14 (cay) | 14 (caz) |

**H-Blatt 57** mit MiNr. 2435–2438 6,–

| | | | |
|---|---|---|---|
| 14 (cch) | 14 (cci) | 14 (cck) | 14 (ccl) |

**H-Blatt 58** mit MiNr. 2470–2473 6,–

| | | | |
|---|---|---|---|
| 14 (cct) | 14 (ccu) | 14 (ccv) | 14 (ccw) |

**H-Blatt 59** mit MiNr. 2480–2483 6,–

| | | | |
|---|---|---|---|
| 15 (cet) | 15 (ceu) | 15 (cev) | 15 (cew) |

**H-Blatt 60** mit MiNr. 2529–2532 6,–

| | | | |
|---|---|---|---|
| 15 (cgp) | 15 (cgr) | 15 (cgs) | 15 (cgt) |

**H-Blatt 61** mit MiNr. 2573–2576 4,–

| | | | |
|---|---|---|---|
| 16 (cin) | 16 (cio) | 16 (cip) | 16 (cir) |

**H-Blatt 62** mit MiNr. 2624–2627 5,20

| | | | |
|---|---|---|---|
| 16 (cla) | 16 (clb) | 16 (clc) | 16 (cld) |

**H-Blatt 63** mit MiNr. 2660–2663 4,40

| | | | | | |
|---|---|---|---|---|---|
| 16 (clz) | 16 (cma) | 16 (cmb) | 16 (cmc) | 16 (cmd) | 16 (cme) |

**H-Blatt 64** mit MiNr. 2682–2687 5,40

| | | | | | |
|---|---|---|---|---|---|
| 17 (cph) | 17 (cpi) | 17 (cpk) | 17 (cpl) | 17 (cpm) | 17 (cpn) |

**H-Blatt 65** mit MiNr. 2767–2772 6,–

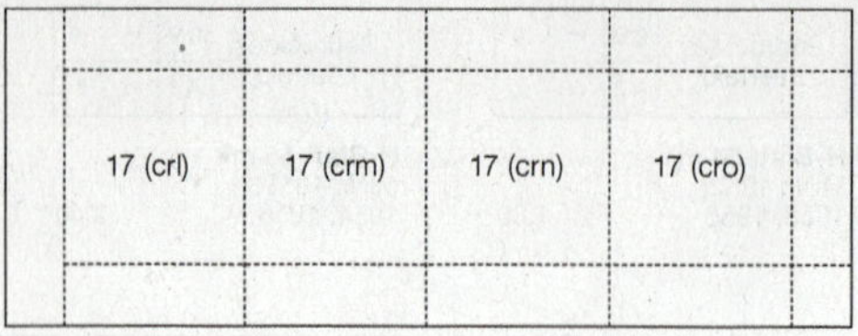


**H-Blatt 66** mit MiNr. 2793–2796 4,–

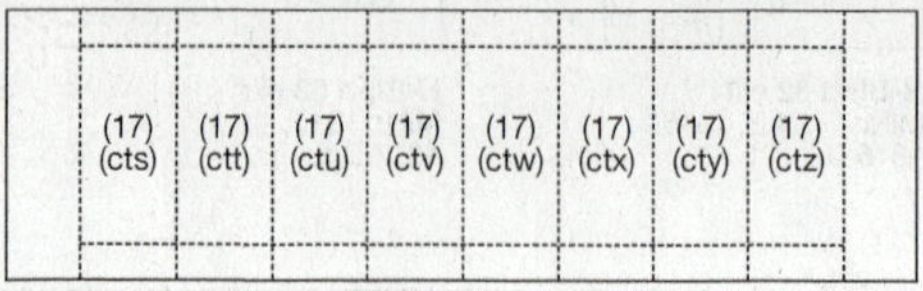


**H-Blatt 67** mit MiNr. 2848–2855 16,–

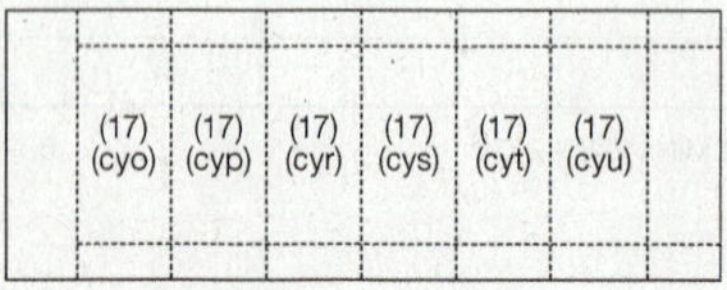


**H-Blatt 68** mit MiNr. 2963–2968 18,–

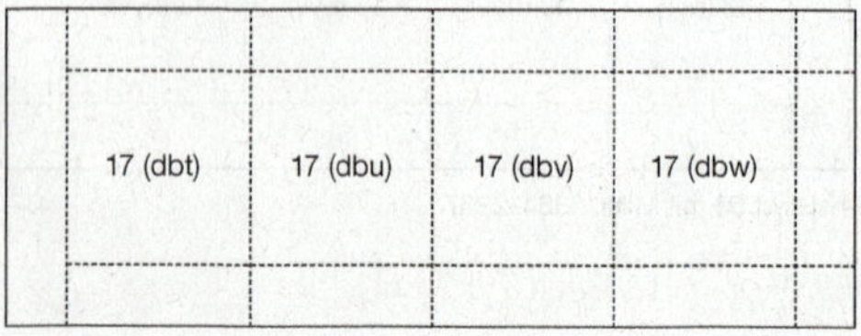


**H-Blatt 69** mit MiNr. 3054–3057 3.20

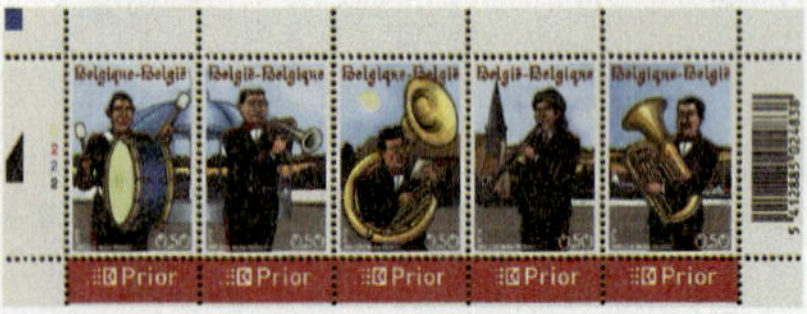

**H-Blatt 70** mit MiNr. 3507–3511 5,–

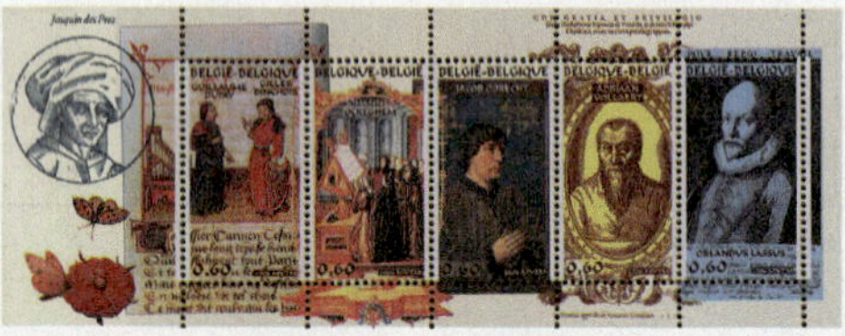

**H-Blatt 71** mit MiNr. 3519–3523 7,50

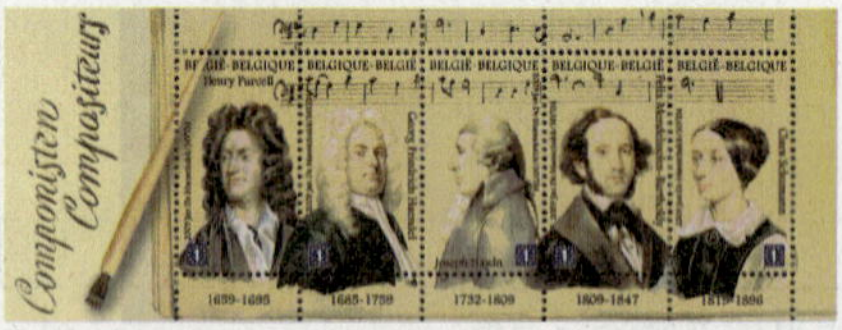

**H-Blatt 72** mit MiNr. 3945–3946 15,–

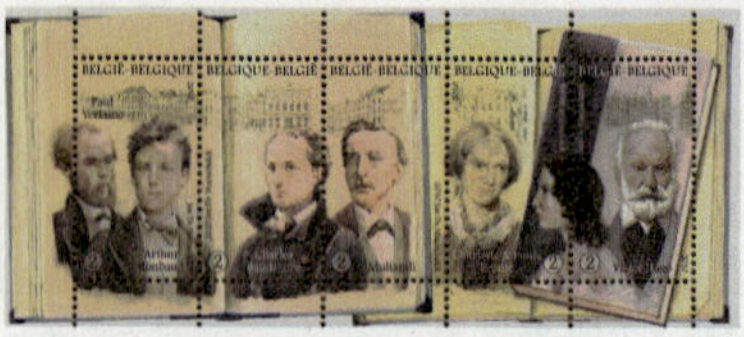

**H-Blatt 73** mit MiNr. 4041–4045 20,–

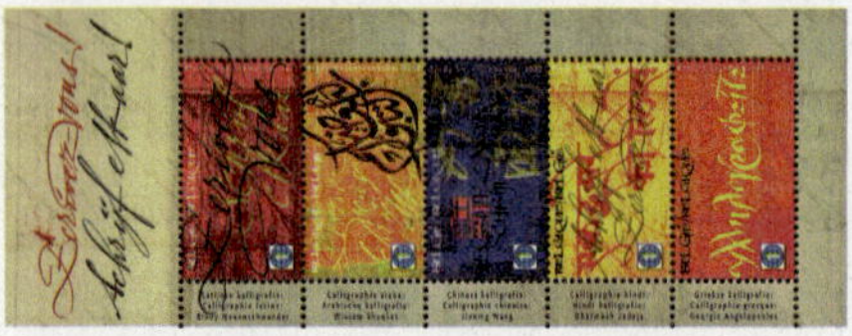

**H-Blatt 74** mit MiNr. 4257–4261 20,–

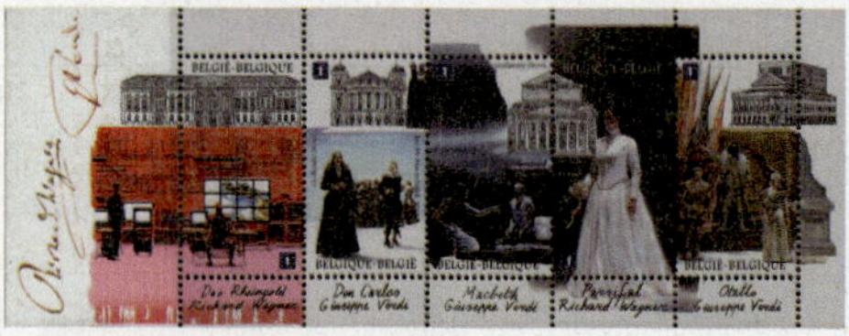

**H-Blatt 75** mit MiNr. 4381–4385 15,–

## Neuheiten

**Reklamen vierseitig gezähnt**

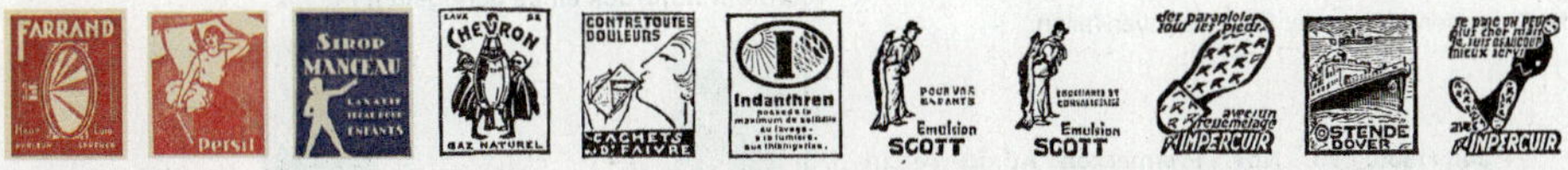

R 1 R 2 R 3 R 4 R 5 R 6 R 7 R 8 R 9 R 10 R 11

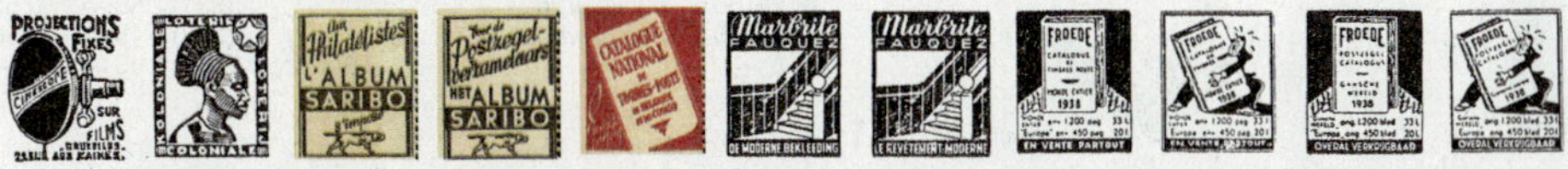

R 12 R 13 R 14 R 15 R 16 R 17 R 18 R 19 R 20 R 21 R 22

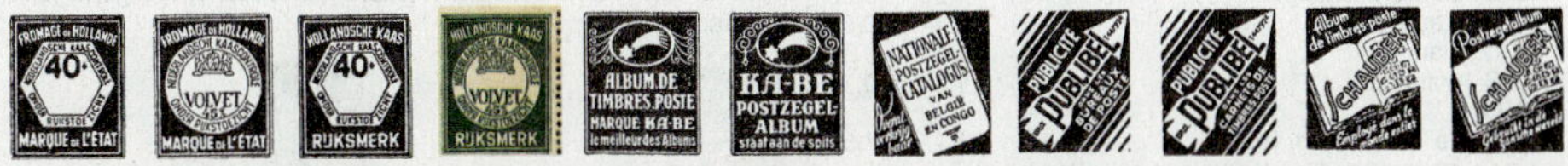

R 23 R 24 R 25 R 26 R 27 R 28 R 29 R 30 R 31 R 32 R 33

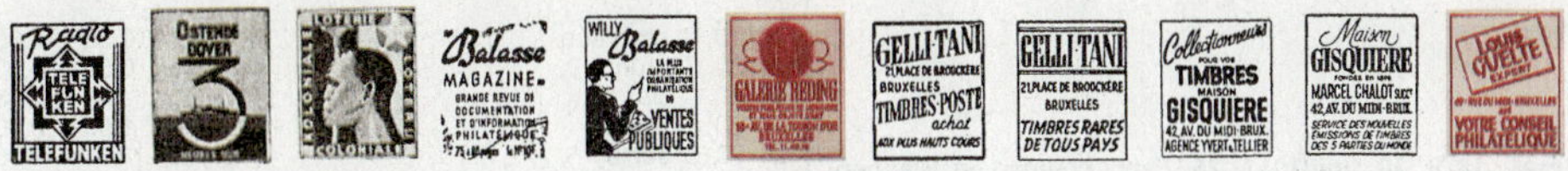

R 34 R 35 R 36 R 37 R 38 R 39 R 40 R 41 R 42 R 43 R 44

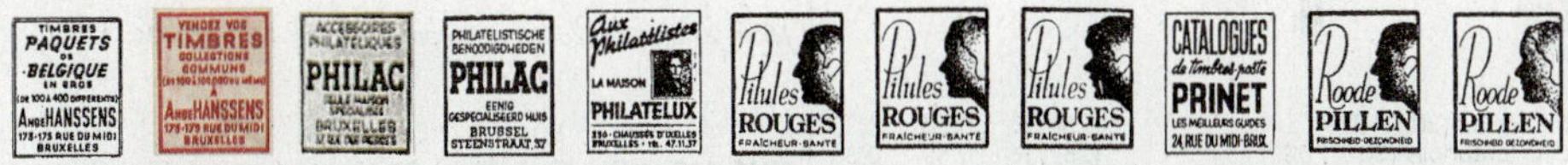

R 45 R 46 R 47 R 48 R 49 R 50 R 51 R 52 R 53 R 54 R 55

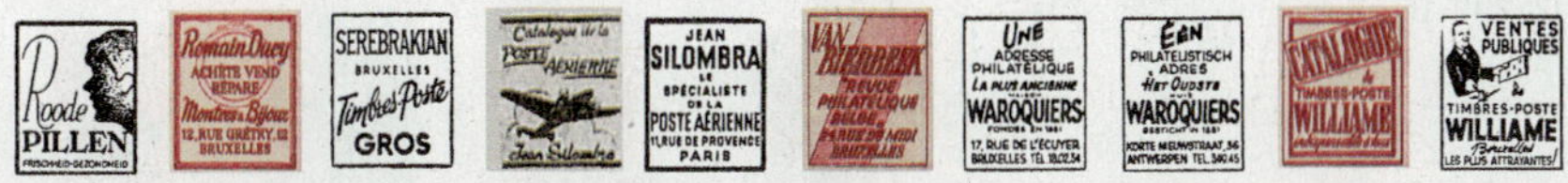

R 56 R 57 R 58 R 59 R 60 R 61 R 62 R 63 R 64 R 65

**Reklamen drei- oder vierseitig gezähnt**

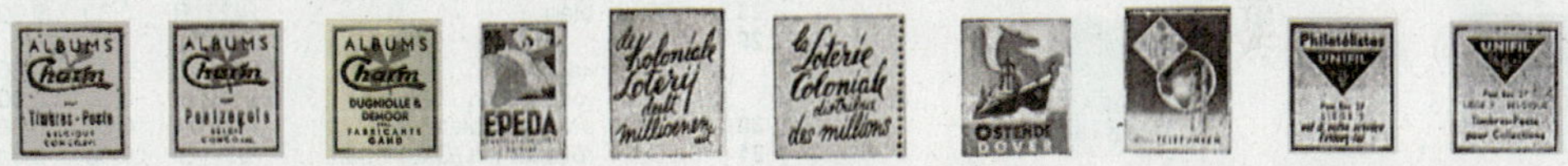

R 66 R 67 R 68 R 69 R 70 R 71 R 72 R 73 R 74 R 75

R 1–16, 35–36, 52, 61, 70 und 72 stammen aus Markenheftchen, die anderen aus Markenheftchenbogen.

**Heftchenblätter und Reklamen:**

| H-Blatt | Reklamen | H-Blatt | Reklamen |
|---|---|---|---|
| 2 | 1, 2 | 25 | 4, 5, 9, 10, 11, 12 |
| 3 | 1, 3 | 27 | 4, 5, 9, 10 |
| 7 | 1, 2, 4, 5, 6, 8 | 29 | 4, 5, 9, 10 |
| 9 | 1, 2, 3, 4, 5, 6, 7 | 31 | 13 |
| 11 | 1, 2, 3 | 33 | 14, 15 |
| 13 | 4, 5, 6, 7, 8, 10, 11 | 35 | 16 |
| 15 | 1, 2, 3, 4, 5, 6, 7, 8 | 37 | 13 |
| 17 | 1, 2, 3 | 39 | 35, 36 |
| 19 | 1, 2, 3, 4, 5, 6, 7, 8 | 41 | 70, 72 |
| 21 | 4, 5, 6, 7, 8 | 43 | 52, 61 |
| 23 | 4, 5, 6, 7, 8 | | |

## Dienstmarken

Für die Dienstsendungen der Eisenbahnverwaltung

**1929, 1. Jan./1930, 25. Nov. Freimarken König Albert I. (🄴 Houyoux) mit Aufdruck eines geflügelten Rades.**

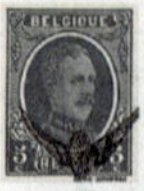
1

Aufdruck

| | | | | ★★ | ⊙ |
|---|---|---|---|---|---|
| 1 | 5 C | schwarzschiefer | (172) | 1,20 | 0,30 |
| 2 | 10 C | blaugrün | (173) | 1,— | 0,30 |
| 3 | 35 C | blaugrün | (250) | 1,30 | 0,30 |
| 4 | 60 C | braunoliv | (227) | 1,50 | 0,30 |
| 5 | 1.50 Fr | | | | |
| a | | hellblau (25.11.1930) | (214 a) | 55,— | 7,50 |
| b | | lebhaftblau (1.7.1929) | (214 b) | 170,— | 30,— |
| | | Satzpreis (5 W.) | | 60,— | 8,50 |

FALSCH Aufdruck

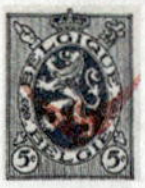
6

**1929, 30. Juli/1931, 25. Febr. Freimarken Wappenschild mit Aufdruck eines geflügelten Rades.**

| | | | | | |
|---|---|---|---|---|---|
| 6 | 5 C | grau (30.7.1929) | (256) R | 0,50 | 0,30 |
| 7 | 10 C | braunoliv (30.7.1929) | (257) R | 0,50 | 0,30 |
| 8 | 25 C | karminrot (25.11.1929) | (259) S | 3,— | 0,30 |
| 9 | 35 C | dunkelgrün (30.7.1929) | (260) R | 1,— | 0,30 |
| 10 | 60 C | lilarosa (25.2.1931) | (278) | 70,— | 9,— |
| | | Satzpreis (5 W.) | | 75,— | 10,— |

FALSCH Aufdruck

**1930, 26. April/1931, 25. Nov. Freimarken Wappenschild und König Albert I. (🄴 Houyoux) mit Aufdruck eines geflügelten Rades.**

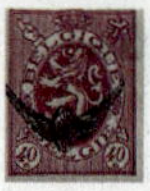
11

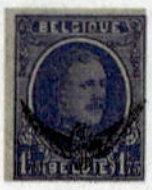
15

| | | | | | |
|---|---|---|---|---|---|
| 11 | 40 C | bräunlichlila (25.11.1930) | (299) S | 2,— | 0,30 |
| 12 | 50 C | blau (26.4.1930) | (261) R | 1,— | 0,30 |
| 13 | 70 C | rotbraun (25.11.1930) | (300) S | 10,— | 1,— |
| 14 | 75 C | dunkelviolett (9.11.1931) | (279) R | 17,— | 1,— |
| 15 | 1.75 Fr | ultramarin (25.11.1930) | (229) S | 5,— | 0,60 |
| | | Satzpreis (5 W.) | | 35,— | 3,20 |

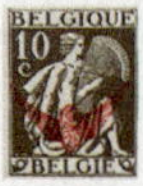
16

**1932, 1. Nov. Freimarke Ceres mit rotem Aufdruck eines geflügelten Rades.**

| | | | | | |
|---|---|---|---|---|---|
| 16 | 10 C | olivbraun | (328) | 2,50 | 0,50 |

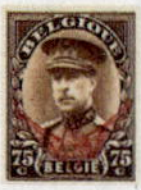
17

**1935, 1. Febr. Freimarke König Albert I. mit Schirmmütze mit rotem Aufdruck eines geflügelten Rades.**

| | | | | | |
|---|---|---|---|---|---|
| 17 | 75 C | sepia | (332) | 7,50 | 0,50 |

**1935, 1. Febr. Freimarken Merkur und König Leopold III. mit rotem Aufdruck eines geflügelten Rades.**

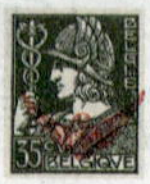
18

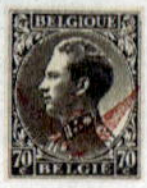
19

| | | | | | |
|---|---|---|---|---|---|
| 18 | 35 C | dunkelgrün | (331) | 50,— | 0,50 |
| 19 | 70 C | olivschwarz | (393) | 15,— | 0,50 |
| | | Satzpreis (2 W.) | | 65,— | 1,— |

**1936, 22. Jan./1939. Freimarken Staatswappen und König Leopold III. mit rotem bzw. schwarzem Aufdruck eines geflügelten Rades.**

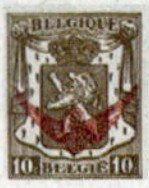
20

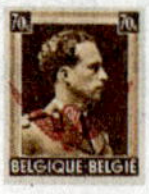
24

| | | | | | |
|---|---|---|---|---|---|
| 20 | 10 C | olivbraun | (416) R | 0,50 | 0,30 |
| 21 | 35 C | grün | (421) R | 0,50 | 0,30 |
| 22 | 40 C | lila | (480) S | 1,— | 0,30 |
| 23 | 50 C | blau | (422) R | 1,50 | 0,50 |
| 24 | 70 C | sepia | (423) R | 8,— | 1,50 |
| 25 | 75 C | olivschwarz | (481 a) R | 1,50 | 0,30 |
| | | Satzpreis (6 W.) | | 13,— | 3,20 |

*MiNr. 21 und 24–25 mit weiterem Aufdruck: MiNr. 32–34*

**1941, 1. Aug/Okt. Freimarken Staatswappen und König Leopold III. mit Aufdruck „B“ im Oval.**

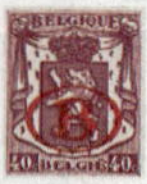
27

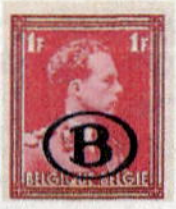
29

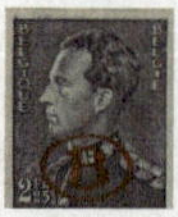
30

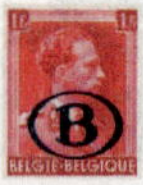
31

| | | | | | |
|---|---|---|---|---|---|
| 26 | 10 C | olivbraun | (416) R | 0,30 | 0,30 |
| 27 | 40 C | lila | (480) R | 0,30 | 0,30 |
| 28 | 50 C | blau | (422) R | 0,30 | 0,30 |
| 29 | 1 Fr | | | | |
| a | | karmin | (424 a) Bl | 0,30 | 0,30 |
| b | | rosakarmin | (424 b) Bl | 0,30 | 0,30 |
| 30 | 2.25 Fr | schwarzviolett | (567) R | 0,50 | 0,30 |
| 31 | 1 Fr | rosakarmin (Okt.) | (581) Bl | 0,30 | 0,30 |
| | | Satzpreis (6 W.) | | 2,— | 1,50 |

**1942, Febr. Dienstmarken MiNr. 21 und 24-25 mit neuem Wertaufdruck.**

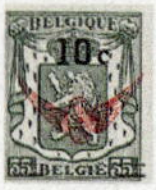
32

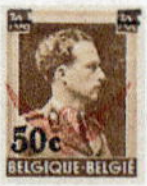
33

| | | | | | |
|---|---|---|---|---|---|
| 32 | **10 C** | auf 35 C grün | (21) S | 0,30 | 0,30 |
| 33 | **50 C** | auf 70 C sepia | (24) S | 0,30 | 0,30 |
| 34 | **50 C** | auf 75 C olivschwarz | (25) R | 0,30 | 0,30 |
| | | Satzpreis (3 W.) | | 0,60 | 0,60 |

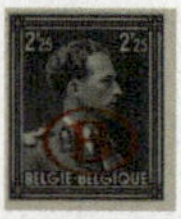
35

**1944. Freimarke König Leopold III. mit rotem Aufdruck „B“ im Oval.**

| | | | | | |
|---|---|---|---|---|---|
| 35 | 2.25 Fr | schwarzgrün | (639) | 0,50 | 0,30 |

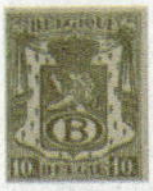

**1946/1949. Staatswappen, „B" im Oval. Bdr.; gez. 13½:14.**

Da

| | | | | | |
|---|---|---|---|---|---|
| **36** | 10 C | olivbraun | Da | 0,30 | 0,30 |
| **37** | 20 C | violett (1949) | Da | 3,— | 0,50 |
| **38** | 50 C | blau | Da | 0,30 | 0,30 |
| **39** | 65 C | lila (15.6.1948) | Da | 3,60 | 0,30 |
| **40** | 75 C | lilarosa | Da | 0,30 | 0,30 |
| **41** | 90 C | braunviolett (1949) | Da | 3,60 | 0,30 |
| | | | Satzpreis (6 W.) | 11,— | 2,— |

**1948, 15. Juni/1949. Exportförderung, „B" im Oval. MiNr. 42–43 RaTdr., MiNr. 44–46 StTdr.; gez. 11½.**

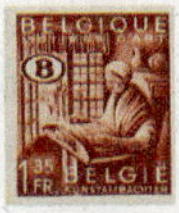

Db

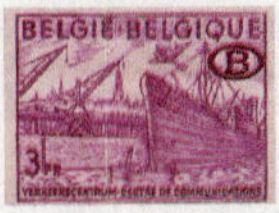

Dc

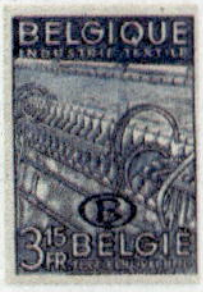

Dd

| | | | | | |
|---|---|---|---|---|---|
| **42** | 1.35 Fr | rotbraun (15.6.1948) | Db | 2,50 | 0,30 |
| **43** | 1.75 Fr | grün (1949) | Db | 7,50 | 0,30 |
| **44** | 3 Fr | lila (1949) | Dc | 26,— | 9,— |
| **45** | 3.15 Fr | blau (15.6.1948) | Dd | 12,— | 5,50 |
| **46** | 4 Fr | blau (1949) | Dd | 22,— | 10,— |
| | | | Satzpreis (5 W.) | 70,— | 25,— |

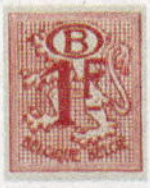

**1952, 15. Dez./1967, Dez. Heraldischer Löwe, „B" im Oval. Bdr. (20×20, aufgeteilt in 4 Gruppen zu 10×10); A = gez. K 14, C = gez. K 13¾:13¼.**

De

| | | | | | | |
|---|---|---|---|---|---|---|
| **47** | A | 10 C | orange | De | 0,50 | 0,30 |
| **48** | A | 20 C | weinrot | De | 3,20 | 0,30 |
| **49** | A | 30 C | schwarzblaugrün (1959) | De | 2,— | 0,30 |
| **50** | A | 40 C | grauoliv | De | 0,50 | 0,30 |
| **51** | A | 50 C | hellblau | De | 0,30 | 0,30 |
| **52** | A | 65 C | violettbraun | De | 22,— | 20,— |
| **53** | A | 80 C | smaragdgrün | De | 5,— | 1,— |
| **54** | A | 90 C | dunkelblau | De | 7,— | 1,20 |
| **55** | | 1 Fr | rot | De | | |
| | A | | gez. K 14 | | 0,50 | 0,30 |
| | C | | gez. K 13¾:13¼ (1967) | | 40,— | 2,— |
| | | | | Satzpreis (9 W.) | 40,— | 24,— |

*In gleicher Zeichnung: MiNr. 63, 65, 74*

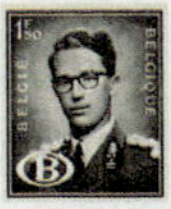

**1954, 1. März/1959, Dez. König Baudouin, „B" im Oval, Ⓔ Marchand. RaTdr. (15×10); gez. 11½.**

Df

| | | | | | |
|---|---|---|---|---|---|
| **56** | 1.50 Fr | schwarzgrau | Df | 0,50 | 0,30 |
| **57** | 2 Fr | scharlach | Df | 35,— | 0,30 |
| **58** | 2.50 Fr | rotbraun (1959) | Df | 25,— | 1,— |
| **59** | 3 Fr | lila (1959) | Df | 2,— | 0,30 |
| **60** | 4 Fr | violettultramarin | Df | 1,50 | 0,30 |
| **61** | 6 Fr | karminlila (1959) | Df | 2,— | 0,30 |
| | | | Satzpreis (6 W.) | 65,— | 2,50 |

*In gleicher Zeichnung: MiNr. 62, 64*

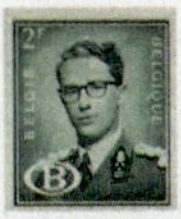

**1959. König Baudouin, „B" im Oval, Ⓔ Marchand. RaTdr. (15×10); gez. K 11½.**

Df

| | | | | | |
|---|---|---|---|---|---|
| **62** | 2 Fr | dunkelgrün | Df | 0,50 | 0,30 |

*In gleicher Zeichnung: MiNr. 56–61, 64*

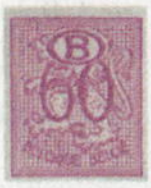

**1966. Heraldischer Löwe, „B" im Oval; Bdr. (20×20, unterteilt in 4 Gruppen zu 10×10); gez. K 14.**

De

| | | | | | |
|---|---|---|---|---|---|
| **63** | 60 C | helllila | De | 0,70 | 0,30 |

*In gleicher Zeichnung: MiNr. 47–55, 65, 74*

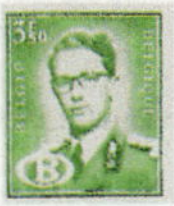

**1970, Nov. König Baudouin, „B" im Oval, Ⓔ Marchand. RaTdr. (15×10); gez. K 11½.**

Df

| | | | | | |
|---|---|---|---|---|---|
| **64** | 3.50 Fr | gelblichgrün | Df | 0,70 | 0,30 |

*In gleicher Zeichnung: MiNr. 56–61, 62*

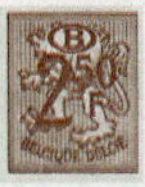

**1970, Nov./1982, 1. Juli. Heraldischer Löwe, „B" im Oval. Bdr.; v = Typopapier mit blauem Gummi, x = normales Papier, zx = polyvalentes Papier; gez. K 14.**

De

| | | | | | |
|---|---|---|---|---|---|
| **65** | | 2.50 Fr | rotbraun | De | |
| | v | | Typopapier (1.7.1982) | 0,30 | 0,30 |
| | x | | normales Papier (Nov. 1970) | 0,30 | 0,30 |
| | zx | | polyvalentes Papier (14.11.1979) | 0,30 | 0,30 |

Das polyvalente Papier unterscheidet sich vom normalen Papier durch die reinweiße Oberfläche, das Typopapier ist überdies hochglänzend.

*In gleicher Zeichnung: MiNr. 47–55, 63, 74*

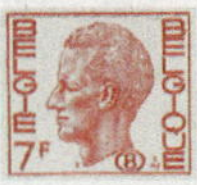

**1971, 24. Mai/1980, 20. März. König Baudouin, „B" im Oval, Ⓔ Elstrøm; StTdr. (5×10); y = Papier ph.; zy = polyvalentes, phosphoreszierendes Papier; gez. K 11½.**

Dg) König Baudouin (1930-1993)

| | | | | | |
|---|---|---|---|---|---|
| **66** | | 7 Fr | karmin | Dg | |
| | y | | Papier ph. (24.5.1971) | 2,50 | 1,— |
| | zy | | polyval. phos. Pap. (6.11.1979) | 0,30 | 0,30 |
| **67** | | 15 Fr | blauviolett | Dg | |
| | y | | Papier ph. (24.5.1971) | 1,— | 0,30 |
| | zy | | polyval. phos. Pap. (20.3.1980) | 0,70 | 0,30 |
| | | | Satzpreis y (2 W.) | 3,50 | 1,30 |
| | | | Satzpreis zy (2 W.) | 1,— | 0,60 |

Das polyvalente Papier unterscheidet sich vom herkömmlichen Papier durch die reinweiße Oberfläche.

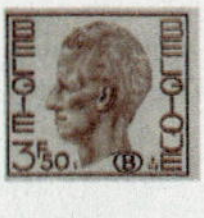

**1972, 13. Nov./1975, 3. Juni. König Baudouin, „B" im Oval, Ⓔ Elstrøm. StTdr. (5×10); x = normales Papier, y = Papier ph.; gez. K 11½.**

Dg) König Baudouin (1930-1993)

| | | | | | |
|---|---|---|---|---|---|
| **68** | | 3.50 Fr | karminbraun | Dg | |
| | x | | normales Papier (3.1.1975) | 12,— | 12,— |
| | y | | Papier ph. (13.11.1972) | 0,30 | 0,30 |

**69 y** 4.50 Fr dunkelkarminbraun (13.11.1972) . Dg 0,30 0,30
Satzpreis y (2 W.) 0,50 0,50

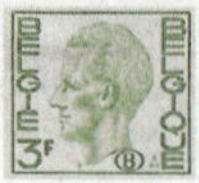

**1974, März./1977. König Baudouin, „B“ im Oval, ⧉ Elstrøm. StTdr., x = Papier normal, y = Papier ph., zy = Papier polyvalent phosphoreszierend; gez. K 11½.**

Dg) König Baudouin

**70 x** 3 Fr smaragdgrün . . . . . Dg 1,— 0,70
**71 y** 4 Fr blau . . . . . Dg 1,— 0,40
**72** 5 Fr blauviolett . . . . . Dg
**y** Papier ph. . . . . . 0,30 0,30
**zy** Papier polyv. ph. (28.5.1976) . . . . . 0,50 0,50
**73** 10 Fr dunkelrosalila . . . . . Dg
**y** Papier ph. . . . . . 0,30 0,30
**zy** Papier polyv. ph. (3.5.1977) . . . . . 0,50 0,50
Satzpreis x/y (4 W.) 2,50 1,70
Satzpreis zy (2 W.) 1,— 1,—

Das polyvalente Papier unterscheidet sich vom herkömmlichen Papier durch die reinweiße Oberfläche.

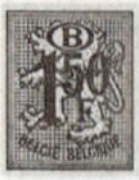

**1975, 3. März. Heraldischer Löwe, „B“ im Oval. Bdr.; gez. K 14.**

De

**74** 1.50 Fr olivschwarz . . . . . De 0,30 0,30

*In gleicher Zeichnung: MiNr. 47–55, 63, 65*

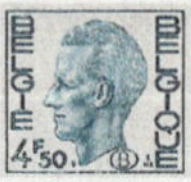

**1975, 3. Juli. König Baudouin, „B“ im Oval, ⧉ Elstrøm. StTdr. (5×10); gez. K 11½.**

Dg

**75** 4.50 Fr grünlichblau . . . . . Dg 0,30 0,30

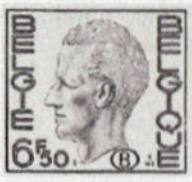

**1976, 5. Juli. König Baudouin, „B“ im Oval, ⧉ Elstrøm. StTdr., Papier ph.; gez. K 11½.**

Dg

**76** 6.50 Fr schwarzviolett . . . . . Dg 0,50 0,50
**77** 25 Fr violett . . . . . Dg 1,— 0,50
Satzpreis (2 W.) 1,50 1,—

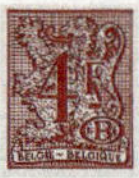

**1977, 10. Jan./1982, 29. Nov. Neuer heraldischer Löwe, „B“ im Oval. Bdr.; v = Typopapier mit blauem Gummi, x = normales Papier; gez. K 14.**

Dh) Wertzahl über heraldischem Löwen

**78** 4 Fr lilarot . . . . . Dh
**v** Typopapier (29.11.1982) . . . . . 0,30 0,30
**x** normales Papier (10.1.1977) . . . . . 0,30 0,30

Das Typopapier weist – anders als das normale Papier – eine hochglänzende Oberfläche auf.

*In gleicher Zeichnung: MiNr. 82, 84–86*

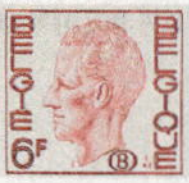

**1978, 6./27. Febr. König Baudouin, „B“ im Oval, ⧉ Elstrøm. StTdr. (5×10); Papier ph.; gez. K 11½.**

Dg

**79** 6 Fr rotlila (6. Febr.) . . . . . Dg 0,50 0,30
**80** 8 Fr schwarzviolett (6. Febr.) . . . . . Dg 0,50 0,30

**81** 30 Fr dunkelbraunrot (27. Febr.) . . . . . Dg 1,— 0,40
Satzpreis (3 W.) 2,— 1,—

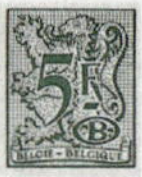

**1980, 28. Jan. Neuer heraldischer Löwe, „B“ im Oval. Bdr.; gez. K 14.**

Dh) Wertzahl über heraldischem Löwen

**82** 5 Fr dunkelbläulichgrün . . . . . Dh 0,30 0,30

*In gleicher Zeichnung: MiNr. 78, 84–86*

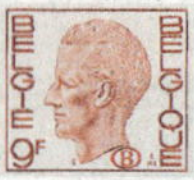

**1980, 14. April. König Baudouin, „B“ im Oval, ⧉ Elstrøm. StTdr. (5×10); Papier ph.; gez. K 11½.**

Dg) König Baudouin (1930-1993)

**83** 9 Fr dunkelkarmin . . . . . Dg 0,50 0,50

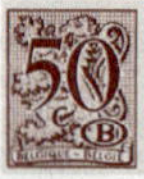

**1982, 20. Dez. Neuer heraldischer Löwe, „B“ im Oval. Bdr.; Typopapier mit blauem Gummi; gez. K 14.**

Dh) Wertzahl über heraldischem Löwen

**84** 50 C lilabraun . . . . . Dh 0,30 0,30
**85** 1 Fr lebhaftviolett . . . . . Dh 0,30 0,30
**86** 2 Fr orange . . . . . Dh 0,30 0,30
Satzpreis (3 W.) 0,50 0,50

*In gleicher Zeichnung: MiNr. 78, 82*

*Seit dem 1.9.1986 werden keine Dienstmarken mehr verwendet.*

## Postexpress-Vignette

1994, 1. Dez. Nebenstehende Vignette ist für Postexpress-Sendungen bestimmt. Diese Sendungen werden mit Zustellungsgarantie an jede Anschrift in Belgien am auf den Tag der Einlieferung folgenden Werktag ausgeliefert. Die Vignette muss laut Postvorschrift links auf die Sendung geklebt werden. Die Postexpress-Gebühr (zur Zeit der Ausgabe 180 Fr) enthält sowohl das Porto bis zum Gewicht von 250 g als auch die Postexpress-Zustellung. Die Vignetten sind selbstklebend und werden nicht abgestempelt. Jede Vignette hat ablösbare Nummernstreifen, die für Frachtpapiere bestimmt sind.

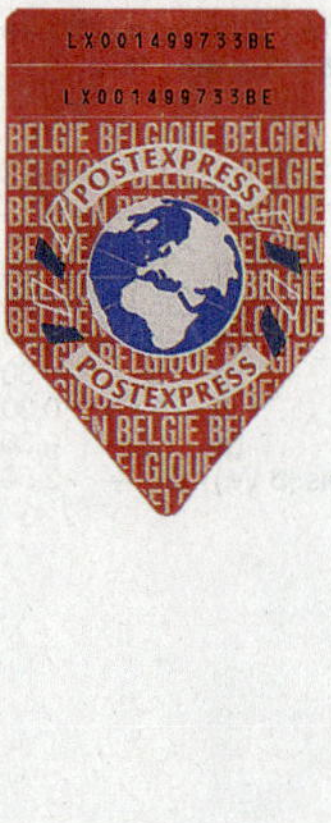

# Eisenbahnpaketmarken

Die Nationale Gesellschaft der Belgischen Eisenbahnen (SNCB) war in allen Orten mit Bahnverbindung für die Beförderung von Paketen zuständig. Diese waren bis Ende 1987 mit Eisenbahnpaketmarken freizumachen. Seit Anfang 1988 ist die Verwendung von Eisenbahnpaketmarken beim Versand von Paketen abgeschafft. Die seitdem erschienenen Marken sind Vignetten und haben keine Frankaturkraft.

Preise der Abstempelungen MiNr. 1–47: Spalte 2: Bahnstempel in querrechteckiger oder sechseckiger Form. Spalte 3: Runde Einkreis- und bei der 1. Ausgabe auch rahmenlose Einzeil- und Zweizeilstempel; die achteckigen Telegraphenstempel werten etwas weniger.
Die gestempelten Marken von MiNr. 1–14 haben fast immer Nadelstiche; Marken ohne Nadelstiche rechtfertigen Preisaufschläge. Ab MiNr. 58 gelten ⊙-Preise für Bahnstempel, Poststempel (Rundstempel) rechtfertigen Preisaufschläge von ca. 50 %.

**Preise ungebraucht bis MiNr. 78 ✶, ab MiNr. 79 ✶✶.**

Block 1–4 siehe nach MiNr. 380.

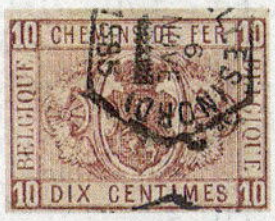

**1879, 1. Mai/1882, 1. Febr. Wappen. Bdr.; gez. 14.**

Ea) Staatswappen

| | | | | ✶ | ⊙ | ≡ |
|---|---|---|---|---|---|---|
| **1** | 10 C | lilabraun | Ea | 150,— | 7,50 | 1,50 |
| **2** | 20 C | blau | Ea | 400,— | 20,— | 6,— |
| **3** | 25 C | grün (1.8.1881) | Ea | 550,— | 10,— | 3,50 |
| **4** | 50 C | karmin | Ea | 2800,— | 10,— | 4,— |
| **5** | 80 C | orange | Ea | 3000,— | 60,— | 20,— |
| **6** | 1 Fr | grau (1.2.1882) | Ea | 400,— | 17,— | 6,50 |
| | | Satzpreis (6 W.) | | 7000,— | 120,— | 40,— |

MiNr. 1–3 und 5 gibt es auch waagerecht ungezähnt (selten).

Auflagen: MiNr. 1 = 100.000, MiNr. 2 = 500.200, MiNr. 3 = 1.059.000, MiNr. 4 = 2.100.000, MiNr. 5 = 1.200.000, MiNr. 6 = 495.000 Stück

*Gültig bis 31.12.1915*

⊙-Preise gelten für Bahnstempel, ≡-Preise gelten für Poststempel.

**1882/1894. Ziffernzeichnung, französischer Text. Bdr.; erst oWz.; ab 1883 mit verschiedenen Bogen-Wz.; gez. 15:14½.**

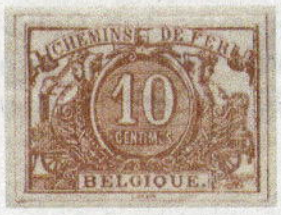

Eb

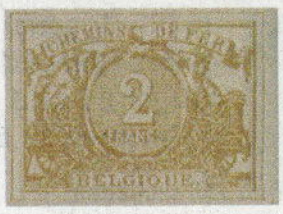

Ec

| | | | | | | |
|---|---|---|---|---|---|---|
| **7** | 10 C | | Eb | | | |
| a | | rotbraun (1886) | | 20,— | 1,70 | 2,— |
| b | | hellbraun (1889) | | 20,— | 1,50 | 1,70 |
| **8** | 15 C | grau (1894) | Eb | 7,50 | 10,— | 10,— |
| **9** | 20 C | | Eb | | | |
| a | | blau (1886) | | 75,— | 3,50 | 4,50 |
| b | | hellblau (1890) | | 80,— | 3,50 | 5,— |
| **10** | 25 C | | Eb | | | |
| a | | smaragdgrün (1887) | | 75,— | 4,20 | 5,— |
| b | | gelbgrün (1891) | | 80,— | 4,20 | 5,— |
| **11** | 50 C | | Eb | | | |
| a | | rosa (1882) | | 75,— | 0,70 | 1,— |
| b | | karmin (1892) | | 70,— | 0,70 | 1,— |
| **12** | 80 C | | Eb | | | |
| a | | bräunlichgelb (1883) | | 75,— | 0,70 | 1,20 |
| b | | schwefelgelb (1890) | | 75,— | 1,20 | 1,70 |
| **13** | 1 Fr | | Ec | | | |
| a | | graulila (1891) | | 360,— | 3,20 | 3,60 |
| b | | braunlila (1888) | | 350,— | 3,— | 3,50 |
| **14** | 2 Fr | bräunlichgelb (1894) | Ec | 220,— | 80,— | 85,— |
| | | Satzpreis (8 W.) | | 850,— | 100,— | 110,— |

FALSCH

Farben zum Teil wasserempfindlich, besonders von MiNr. 7 a, 11 b und 13 a.

Bogenwasserzeichen der Ausgaben 1882–1894 (MiNr. 7–14) und 1895–1896 (MiNr. 15–23): Erst geflügeltes Rad und „Chemin de fer de l'Etat Belge" (MiNr. 7 a und 9 a–13 a); ab 1890 „Royaume de Belgique" und Staatswappen (MiNr. 7 b, 8 und 9 b–13 b, 14, 15–23; ab Ende 1892 größeres Staatswappen ohne weiteren Text; ab 1900 fiel Bogen-Wz. ganz fort. Da nur die mittleren Marken das Bogen-Wasserzeichen hatten, werden diese ca. 50% höher bewertet.

Auflagen: MiNr. 7 = 150.000, MiNr. 8 = 98.600, MiNr. 9 = 200.000, MiNr. 10 = 100.000, MiNr. 11 = 2.900.000, MiNr. 12 = 850.000, MiNr. 13 = 200.000, MiNr. 14 = 198.200 Stück

*Gültig bis 31.12.1915*

**1895, 18. Febr./1897. Ziffernzeichnung, zweisprachiger Text. Bdr.; Wertziffern bei MiNr. 15–21 schwarz eingedruckt; mit Bogen- Wz., ab 1900 oWz.; gez. 15½:14½.**

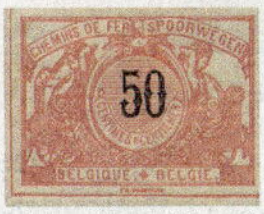

Ed

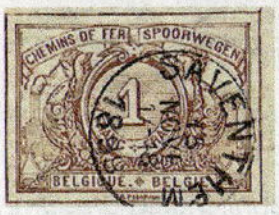

Ee

| | | | | | | |
|---|---|---|---|---|---|---|
| **15** | 10 C | rötlichbraun/schwarz (1896) | Ed | 12,— | 0,50 | 0,70 |
| **16** | 15 C | grau/schwarz | Ed | 12,— | 6,50 | 10,— |
| **17** | 20 C | ultramarin/schwarz | Ed | 17,— | 0,70 | 1,20 |
| **18** | 25 C | (dunkel)grün/schwarz | Ed | 17,— | 1,— | 2,— |
| **19** | 50 C | karmin, rosa/schwarz | Ed | 30,— | 0,50 | 0,70 |
| **20** | 60 C | violett, lila (1896) | Ed | 55,— | 0,50 | 0,70 |
| **21** | 80 C | gelb/schwarz (1896) | Ed | 55,— | 0,70 | 1,— |
| **22** | 1 Fr | lilabraun | Ee | 180,— | 1,50 | 2,— |
| **23** | 2 Fr | bräunlichgelb, gelborange (1897) | Ee | 200,— | 10,— | 12,— |

*Gültig bis 31.12.1915*

**1902, 24. Febr. Ziffernzeichnung, zweisprachiger Text. Bdr.; Wertziffern schwarz eingedruckt; oWz.; gez. 15½:14½.**

| | | | | | | |
|---|---|---|---|---|---|---|
| **24** | 30 C | lachsfarben | Ed | 22,— | 1,50 | 2,20 |
| **25** | 40 C | blaugrün | Ed | 30,— | 1,50 | 2,20 |
| **26** | 70 C | blau, dunkelblau | Ed | 55,— | 0,70 | 1,30 |
| **27** | 90 C | rot | Ed | 70,— | 21,— | 2,— |
| | | Satzpreis MiNr. 15–27 (13 W.) | | 750,— | 25,— | 36,— |

| | | ✶ |
|---|---|---|
| 26 I | ohne Wertziffer | 1200,— |
| 26 K | mit kopfstehender Wertziffer | 1200,— |

*Gültig bis 31.12.1915*

**1902, 25. Juli/1906, 1. Jan. Ziffernzeichnung, zweisprachiger Text; Geflügeltes Rad im Jugendstilrahmen; Mittelstück andersfarbig; Bdr. (10×10, unterteilt in 4 Gruppen zu 5×5); gez. 15½:14½.**

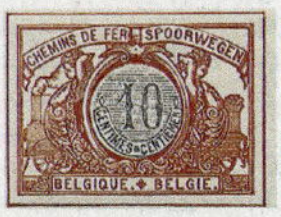

Ed

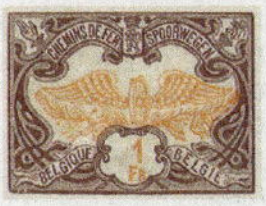

Ef) Geflügeltes Rad

| | | | | ✶ | ⊙ | ≡ |
|---|---|---|---|---|---|---|
| **28** | 10 C | braun/grau | Ed | 0,30 | 0,30 | 0,30 |
| **29** | 15 C | grau/violett | Ed | 0,30 | 0,30 | 0,30 |
| **30** | 20 C | ultramarin/braun | Ed | 0,30 | 0,30 | 0,30 |
| **31** | 25 C | grün/rot | Ed | 0,30 | 0,30 | 0,30 |
| **32** | 30 C | orange/grün | Ed | 0,30 | 0,30 | 0,30 |
| **33** | 40 C | dunkelgrün/violett | Ed | 0,30 | 0,30 | 0,50 |
| **34** | 50 C | rosa/lila | Ed | 0,30 | 0,30 | 0,30 |
| **35** | 60 C | lila/rot | Ed | 0,30 | 0,30 | 0,30 |
| **36** | 70 C | blau/rot | Ed | 0,30 | 0,30 | 0,30 |
| **37** | 80 C | gelb/lilarot | Ed | 0,30 | 0,30 | 0,30 |
| **38** | 90 C | rot/grün | Ed | 0,30 | 0,30 | 0,30 |

| | | | | | | | |
|---|---|---|---|---|---|---|---|
| **39** | 1 Fr | lilabraun/orange | Ef | 0,30 | 0,30 | 0,60 |
| **40** | 1.10 Fr | rosa/grau/schwarz (1.1.1906) | Ef | 0,30 | 0,30 | 0,60 |
| **41** | 2 Fr | orangebraun/bläulichgrün | Ef | 0,30 | 0,30 | 0,60 |
| **42** | 3 Fr | schwarz/ultramarin | Ef | 0,30 | 0,30 | 0,70 |
| | | Satzpreis (15 W.) | | 3,— | 3,— | 6,— |

| | ✶ |
|---|---|
| 39 U ungezähnt | 5,— |
| 40 U ungezähnt | 5,— |
| 41 U ungezähnt | 5,— |
| 42 U ungezähnt | 5,— |

*Gültig bis 31.12.1915*

**1912/1914. Ziffernzeichnung, zweisprachiger Text; Geflügeltes Rad im Jugendstilrahmen; Mittelstück andersfarbig. Bdr. (10×10, unterteilt in 4 Gruppen zu 5×5); gez. 15½:14½.**

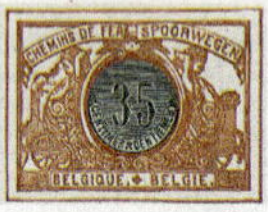

Ed

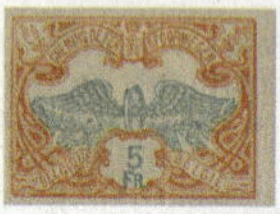
Ef) Geflügeltes Rad

| | | | | ✶ | ⊙ | ≡ |
|---|---|---|---|---|---|---|
| **43** | 35 C | bräunlichgelb/graugrün | Ed | 0,30 | 0,30 | 0,60 |
| **44** | 55 C | lilabraun/ultramarin (1914) | Ed | 0,30 | 0,30 | 0,70 |
| **45** | 4 Fr | grün/rot (1913) | Ef | 2,40 | 1,50 | 1,70 |
| **46** | 5 Fr | orange/grün (1913) | Ef | 1,50 | 1,10 | 1,50 |
| **47** | 10 Fr | olivgelb/lilarot (1913) | Ef | 1,50 | 1,— | 1,50 |
| | | Satzpreis (5 W.) | | 6,— | 4,20 | 6,— |

| | ✶ |
|---|---|
| 45 U ungezähnt | 7,50 |
| 46 U ungezähnt | 5,— |
| 47 U ungezähnt | 7,50 |

FALSCH

*Gültig bis 31.12.1915*

⊙-Preise gelten für Bahnstempel, ≡-Preise gelten für Poststempel.

**1915, 22. Juni. Freimarken MiNr. 91–103 mit violettem Aufdruck „CHEMINS DE FER / SPOORWEGEN" und eines Flügelrades.**

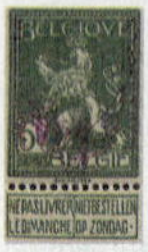
48

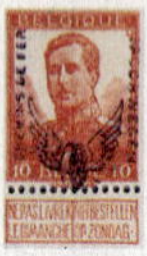
49

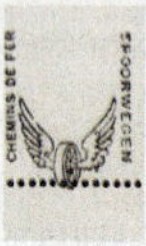


| | | | | ✶ | ⊙ |
|---|---|---|---|---|---|
| **48** | 5 C | grün | (91) | 150,— | —,— |
| **49** | 10 C | rot | (100 II) | 170,— | —,— |
| **A 49** | 10 C | rot | (100 I) | 750,— | —,— |
| **B 49** | 10 C | rot | (92) | 950,— | —,— |
| **50** | 20 C | oliv | (101 II) | 220,— | —,— |
| **A 50** | 20 C | oliv | (101 I) | 750,— | —,— |
| **B 50** | 20 C | oliv | (93) | 1300,— | —,— |
| **51** | 25 C | blau | (102 II) | 220,— | —,— |
| **A 51** | 25 C | blau | (102 I) | 750,— | —,— |
| **52** | 35 C | fahlbraun | (94) | 250,— | —,— |
| **53** | 40 C | hellgrün | (103) | 250,— | —,— |
| **A 53** | 40 C | hellgrün | (95) | 2000,— | —,— |
| **54** | 50 C | grau | (96) | 250,— | —,— |
| **55** | 1 Fr | orange | (97) | 220,— | —,— |
| **56** | 2 Fr | violett | (98) | 2000,— | —,— |
| **57** | 5 Fr | lilabraun | (99) | 4000,— | —,— |
| | | Satzpreis (16 W.) | | 14000,— | —,— |

Die Marken wurden in Adinkerke-Panne im Juni und Juli 1915 verwendet, MiNr. 55 außerdem auch in Poperinghe im Dezember 1915.
Es gibt verschiedene Probedrucke und zahlreiche Gefälligkeitsstempel, die meist ab 1916 rückdatiert zur Deckung des philatelistischen Nachfrage abgeschlagen wurden.

FALSCH Nach Schätzungen sind etwa 80 % der im Handel anzutreffenden Marken falsch. Eine kompetente und aktuelle Prüfung ist deshalb bei allen Flügelradaufdrucken empfehlenswert.

Literaturhinweis: Henk Slabbinck, Roue Ailée / Winged Wheel, Monaco 2009

Auflagen: MiNr. 48 = 600, MiNr. 49 = 700, MiNr. 50 = 550, MiNr. 51 = 550, MiNr. 52 = 500, MiNr. 53 = 550, MiNr. 54 = 600, MiNr. 55 = 750, MiNr. 56 = 300, MiNr. 57 = 200 Stück

*Gültig bis 31.12.1915*

**1915, 20. Dez. Sogenannte Le Havre-Ausgabe: Geflügeltes Rad und Lokomotive, Wertziffern nur unten; Stdr. (10×10, unterteilt in 4 Gruppen zu 5×5); gez. 14; MiNr. 72 gez. 13½.**

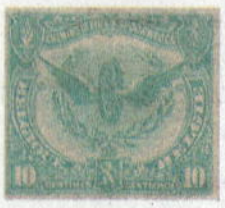
Eg) Flügelrad

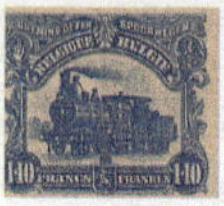
Eh) Lokomotive

| | | | | | |
|---|---|---|---|---|---|
| **58** | 10 C | grünlichblau | Eg | 1,— | 0,40 |
| **59** | 15 C | olivgrau | Eg | 1,20 | 0,70 |
| **60** | 20 C | rot | Eg | 1,70 | 0,70 |
| **61** | 25 C | dunkelbraun | Eg | 1,70 | 0,70 |
| **62** | 30 C | lila | Eg | 1,20 | 0,50 |
| **63** | 35 C | grau | Eg | 1,20 | 0,50 |
| **64** | 40 C | gelborange | Eg | 2,50 | 2,50 |
| **65** | 50 C | braungelb | Eg | 2,20 | 0,50 |
| **66** | 55 C | hellbraun | Eg | 2,50 | 2,50 |
| **67** | 60 C | violettgrau | Eg | 1,70 | 0,50 |
| **68** | 70 C | dunkelgrün | Eg | 1,70 | 0,50 |
| **69** | 80 C | lilabraun | Eg | 1,70 | 0,50 |
| **70** | 90 C | hellblau | Eg | 1,70 | 0,50 |
| **71** | 1 Fr | grau | Eh | 1,70 | 0,50 |
| **72** | 1.10 Fr | ultramarin (Inschrift „FRANKEN") | Eh | 26,— | 35,— |
| **73** | 2 Fr | rot | Eh | 40,— | 1,50 |
| **74** | 3 Fr | lila | Eh | 40,— | 1,50 |
| **75** | 4 Fr | hellgrün | Eh | 45,— | 3,50 |
| **76** | 5 Fr | braun | Eh | 65,— | 3,50 |
| **77** | 10 Fr | rotorange | Eh | 65,— | 3,50 |
| | | Satzpreis (20 W.) | | 300,— | 60,— |

58 U-77 U ungezähnt 200,— 200,—

Alle ⊙-Preise ab MiNr. 58 gelten für Bahnstempel. Poststempel (Rundstempel) rechtfertigen Preisaufschläge von ca. 50%.

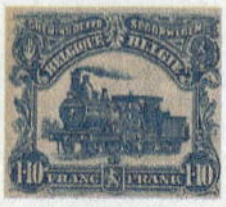

**1919, Okt. MiNr. 72 mit berichtigter Wertbezeichnung „FRANK" statt „FRANKEN". Stdr.; gez. 14.**

Eh) Lokomotive

| | | | | | |
|---|---|---|---|---|---|
| **78** | 1.10 Fr | ultramarin (Inschrift „FRANK") | Eh | 2,20 | 0,50 |

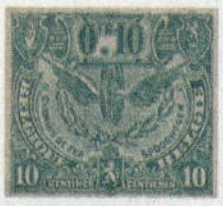

**1920. Sogenannte Londoner Ausgabe: Geflügeltes Rad und Lokomotive, Wertziffer über dem Flügelrad und unten. Stdr. (10×10, unterteilt in 4 Gruppen zu 5×5); gez. 14.**

Ei) Flügelrad

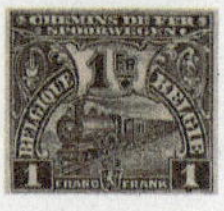
Ek) Zug

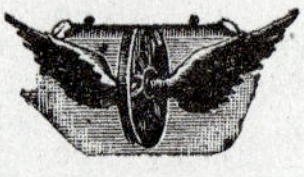
Radkranz ganz schattiert

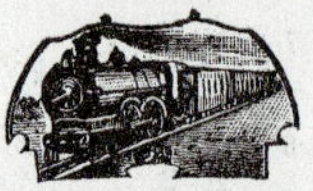
Starker Rauch über dem ganzen Zug

| | | | | ✶✶ | ⊙ |
|---|---|---|---|---|---|
| **79** | 0.10 Fr | grünblau | Ei | 4,— | 1,— |
| **80** | 0.15 Fr | oliv | Ei | 4,— | 1,30 |
| **81** | 0.20 Fr | rot | Ei | 4,— | 1,— |
| **82** | 0.25 Fr | dunkelbraun | Ei | 6,— | 1,— |
| **83** | 0.30 Fr | lila | Ei | 60,— | 30,— |
| **84** | 0.40 Fr | ocker | Ei | 30,— | 1,— |
| **85** | 0.50 Fr | braungelb | Ei | 20,— | 1,— |

| | | | | | |
|---|---|---|---|---|---|
| **86** | 0.55 Fr | hellbraun | Ei | 15,— | 8,— |
| **87** | 0.60 Fr | grauviolett | Ei | 25,— | 1,— |
| **88** | 0.70 Fr | grün | Ei | 50,— | 1,— |
| **89** | 0.80 Fr | rotbraun | Ei | 100,— | 1,70 |
| **90** | 0.90 Fr | ultramarin | Ei | 30,— | 1,— |
| **91** | 1 Fr | grau | Ek | 240,— | 1,50 |
| **92** | 1.10 Fr | dunkelultramarin | Ek | 70,— | 1,50 |
| **93** | 1.20 Fr | dunkelgrün | Ek | 50,— | 1,— |
| **94** | 1.40 Fr | sepia | Ek | 50,— | 1,— |
| **95** | 2 Fr | zinnober | Ek | 350,— | 1,50 |
| **96** | 3 Fr | lilarot | Ek | 350,— | 1,— |
| **97** | 4 Fr | gelbraun | Ek | 350,— | 1,50 |
| **98** | 5 Fr | ockerbraun | Ek | 350,— | 1,— |
| **99** | 10 Fr | dunkelorange | Ek | 350,— | 1,— |
| | | | Satzpreis (21 W.) | 2500,— | 60,— |

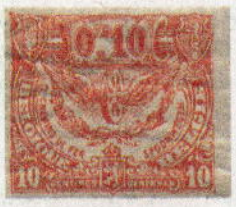

**1920, Juni. Sogenannte Mechelner Ausgabe: geflügeltes Rad und Lokomotive, Wertziffer über dem Flügelrad und unten. Bdr. (10×10, unterteilt in 4 Gruppen zu 5×5); gez. 14.**

El) Flügelrad

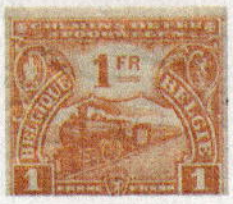

Em) Zug

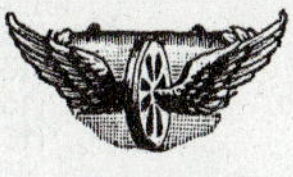

Radkranz nicht schattiert

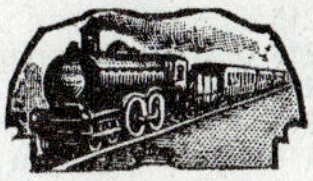

Schwacher Rauch nur über Teil des Zuges

| | | | | | |
|---|---|---|---|---|---|
| **100** | 0.10 Fr | karmin | El | 0,70 | 0,30 |
| **101** | 0.15 Fr | gelbgrün | El | 0,70 | 0,30 |
| **102** | 0.20 Fr | blaugrün | El | 1,50 | 0,30 |
| **103** | 0.25 Fr | blau bis ultramarin | El | 1,20 | 0,30 |
| **104** | 0.30 Fr | lilabraun | El | 1,20 | 0,30 |
| **105** | 0.35 Fr | rotbraun, karminrot | El | 1,20 | 0,30 |
| **106** | 0.40 Fr | orange | El | 1,20 | 0,30 |
| **107** | 0.50 Fr | rosa | El | 1,20 | 0,30 |
| **108** | 0.60 Fr | rosa | El | 1,20 | 0,30 |
| **109** | 0.70 Fr | hell- bis dunkelgrün | El | 6,— | 0,30 |
| **110** | 0.80 Fr | violett | El | 4,— | 0,30 |
| **111** | 0.90 Fr | gelb | El | 50,— | 30,— |
| **112** | 1 Fr | gelbbraun | Em | 15,— | 0,30 |
| **113** | 1.10 Fr | ultramarin, blau | Em | 3,— | 0,30 |
| **114** | 1.20 Fr | orange | Em | 5,— | 0,30 |
| **115** | 1.40 Fr | chromgelb | Em | 30,— | 2,50 |
| **116** | 1.60 Fr | blaugrün, grün | Em | 50,— | 0,30 |
| **117** | 2 Fr | rosa | Em | 60,— | 0,30 |
| **118** | 3 Fr | hell- bis dunkelrosa | Em | 60,— | 0,30 |
| **119** | 4 Fr | smaragdgrün | Em | 60,— | 0,30 |
| **120** | 5 Fr | hell- bis dunkelviolett | Em | 50,— | 0,30 |
| **121** | 10 Fr | gelb | Em | 300,— | 12,— |
| | | | Satzpreis (22 W.) | 700,— | 50,— |

**1920, Okt./1921. Ergänzungswerte zur Mechelner Ausgabe: geflügeltes Rad und Lokomotive, Wertziffer über dem Flügelrad und unten. Bdr.; gez. 14.**

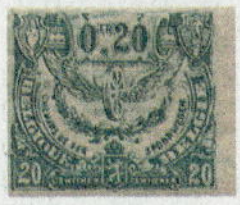

El) Flügelrad

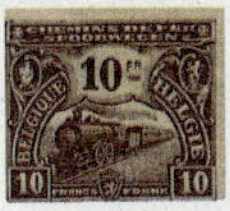

Em) Zug

| | | | | | |
|---|---|---|---|---|---|
| **122** | 0.20 Fr | gelbgrün | El | 1,— | 0,30 |
| **123** | 0.55 Fr | gelb | El | 6,— | 4,— |
| **124** | 0.90 Fr | lilarot | El | 15,— | 0,30 |
| **125** | 1 Fr | dunkelrotbraun | Em | 18,— | 0,30 |
| **126** | 10 Fr | dunkelbraun | Em | 50,— | 0,30 |
| **127** | 15 Fr | rosa (1921) | Em | 60,— | 0,30 |
| **128** | 20 Fr | ultramarin (1921) | Em | 700,— | 3,— |
| | | | Satzpreis (7 W.) | 850,— | 8,— |

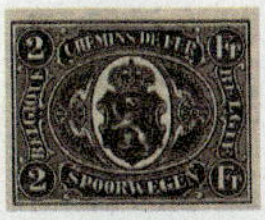

**1921, 19. Aug./1922, 28. Jan. Wappen, Wertziffern im Kreis. StTdr. (10×10); gez. K 11½.**

En) Staatswappen

| | | | | | |
|---|---|---|---|---|---|
| **129** | 2 Fr | schwarz (10.10.1921) | En | 15,— | 0,50 |
| **130** | 3 Fr | dunkelbraun (28.1.1922) | En | 150,— | 0,50 |
| **131** | 4 Fr | dunkelgrün (10.10.1921) | En | 32,— | 0,50 |
| **132** | 5 Fr | lilakarmin (19.1.1922) | En | 32,— | 0,50 |
| **133** | 10 Fr | hellbraun (1.10.1921) | En | 32,— | 0,50 |
| **134** | 15 Fr | karminrot (19.8.1921) | En | 32,— | 0,70 |
| **135** | 20 Fr | dunkelblau (3.9.1921) | En | 260,— | 1,30 |
| | | | Satzpreis (7 W.) | 550,— | 4,50 |

Auflagen: MiNr. 129 = 62.550, MiNr. 130 = 46.000, MiNr. 131 = 39.322, MiNr. 132 = 38.521, MiNr. 133 = 37.895, MiNr. 134 = 22.382, MiNr. 135 = 22.500 Stück

**1923/1924. Wappen, Wertziffern im Rechteck. Bdr. (20×10, unterteilt in 4 Gruppen zu 10×5, Querformate ~); gez. 14:13½, Querformate ~.**

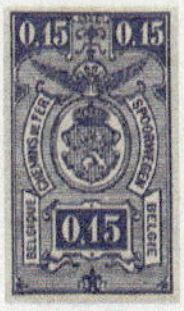

Eo

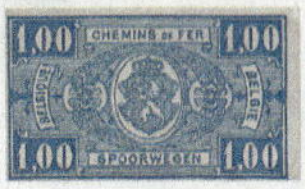

Ep

Eo–Ep) Staatswappen

| | | | | | |
|---|---|---|---|---|---|
| **136** | 0.05 (Fr) | rotbraun | Eo | 0,30 | 0,30 |
| **137** | 0.10 (Fr) | ziegelrot | Eo | 0,30 | 0,30 |
| **138** | 0.15 (Fr) | kobaltblau | Eo | 0,30 | 0,30 |
| **139** | 0.20 (Fr) | grünblau | Eo | 0,30 | 0,30 |
| **140** | 0.40 (Fr) | oliv | Eo | 0,30 | 0,30 |
| **141** | 0.60 (Fr) | orange | Eo | 0,30 | 0,30 |
| **142** | 0.70 (Fr) | braun (Sept. 1924) | Eo | 0,30 | 0,30 |
| **143** | 0.80 (Fr) | violett | Eo | 0,30 | 0,30 |
| **144** | 1.00 (Fr) | ultramarin | Ep | 0,70 | 0,30 |
| **145** | 1.10 (Fr) | orange | Ep | 5,— | 0,30 |
| **146** | 1.50 (Fr) | blaugrün | Ep | 5,— | 0,30 |
| **147** | 1.80 (Fr) | lilarot | Ep | 10,— | 0,50 |
| **148** | 2.00 (Fr) | grauoliv | Ep | 0,70 | 0,30 |
| **149** | 2.10 (Fr) | grün | Ep | 15,— | 1,— |
| **150** | 2.40 (Fr) | violett | Ep | 8,— | 1,— |
| **151** | 2.70 (Fr) | grau | Ep | 75,— | 1,— |
| **152** | 3.00 (Fr) | rot | Ep | 1,— | 0,30 |
| **153** | 3.30 (Fr) | dunkelbraun | Ep | 75,— | 0,50 |
| **154** | 4.00 (Fr) | rosa (1924) | Ep | 1,— | 0,30 |
| **155** | 5.00 (Fr) | violett (1924) | Ep | 1,50 | 0,30 |
| | | | Satzpreis (20 W.) | 200,— | 8,— |

*MiNr. 137, 139–146, 148–150, 152 und 154–155 mit Aufdruck: MiNr. 156, 202–203, 205, 207–209, 211–215; Zeitungspaketmarken MiNr. 1–6, 8, 10–13, 20–25, 27, 29–35*

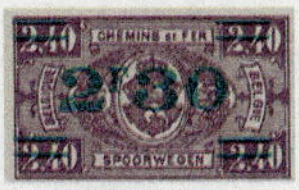

156

**1924, April. Eisenbahnpaketmarke MiNr. 150 mit grünem Bdr.-Aufdruck.**

| | | | | | |
|---|---|---|---|---|---|
| **156** | **2.30 Fr** | auf 2.40 (Fr) violett | (150) | 12,— | 0,50 |

**1927/1931. Wappen, Wertziffern im Rechteck. Bdr.; gez. 14:13½**

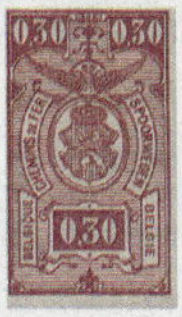

Eo

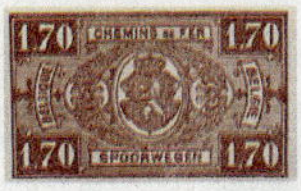

Ep

Eo–Ep) Staatswappen

| | | | | | |
|---|---|---|---|---|---|
| **157** | 0.30 (Fr) | graulila | Eo | 0,30 | 0,30 |
| **158** | 0.50 (Fr) | rosalila | Eo | 0,30 | 0,30 |
| **159** | 0.90 (Fr) | blaugrau | Eo | 2,— | 0,30 |
| **160** | 1.00 (Fr) | hellblau (1928) | Ep | 1,20 | 0,30 |
| **161** | 1.70 (Fr) | braun (1931) | Ep | 1,20 | 0,30 |
| **162** | 6.00 (Fr) | hellbraun | Ep | 1,— | 0,30 |
| **163** | 7.00 (Fr) | orange | Ep | 1,50 | 0,30 |
| **164** | 8.00 (Fr) | dunkelbraun | Ep | 1,50 | 0,30 |

| | | | | | | |
|---|---|---|---|---|---|---|
| **165** | 9.00 (Fr) | graulila, rotlila | Ep | 4,— | 0,30 |
| **166** | 10 Fr | bläulichgrün | Ep | 2,— | 0,30 |
| **167** | 20 Fr | lilarosa | Ep | 3,— | 0,30 |
| **168** | 30 Fr | bläulichgrün (1931) | Ep | 10,— | 0,30 |
| **169** | 40 Fr | grau (1931) | Ep | 170,— | 0,30 |
| **170** | 50 Fr | gelbbraun | Ep | 22,— | 0,30 |
| | | | Satzpreis (14 W.) | 220,— | 4,— |

*Mit Aufdruck: MiNr. 204, 206, 210, 216–224; Zeitungspaketmarken MiNr. 7, 9, 14–19, 26, 28, 36–41*

**1935, Juni. 100 Jahre belgische Eisenbahn. StTdr.; gez. 14:13½, Querformate ~.**

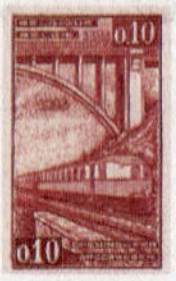

Eq) Schnelltriebwagen

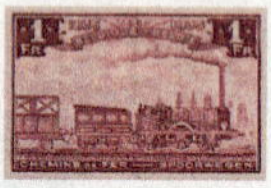

Er) „Le Belge“, die erste in Belgien hergestellte Lokomotive

| | | | | | |
|---|---|---|---|---|---|
| **171** | 0.10 (Fr) | karmin | Eq | 0,60 | 0,30 |
| **172** | 0.20 (Fr) | violett | Eq | 0,60 | 0,30 |
| **173** | 0.30 (Fr) | dunkelbraun | Eq | 1,— | 0,30 |
| **174** | 0.40 (Fr) | dunkelblau | Eq | 1,— | 0,30 |
| **175** | 0.50 (Fr) | orangerot | Eq | 1,— | 0,30 |
| **176** | 0.60 (Fr) | grün | Eq | 1,70 | 0,30 |
| **177** | 0.70 (Fr) | ultramarin | Eq | 2,— | 0,30 |
| **178** | 0.80 (Fr) | grüngrau | Eq | 1,70 | 0,30 |
| **179** | 0.90 (Fr) | lilakarmin | Eq | 2,20 | 1,— |
| **180** | 1 Fr | lila | Er | 2,— | 0,30 |
| **181** | 2 Fr | grau | Er | 5,— | 0,30 |
| **182** | 3 Fr | orangerot | Er | 6,— | 0,30 |
| **183** | 4 Fr | dunkellila | Er | 7,— | 0,30 |
| **184** | 5 Fr | rotlila | Er | 10,— | 0,30 |
| **185** | 6 Fr | grün | Er | 12,— | 0,30 |
| **186** | 7 Fr | dunkelviolett | Er | 60,— | 0,30 |
| **187** | 8 Fr | grüngrau | Er | 60,— | 0,30 |
| **188** | 9 Fr | dunkelblau | Er | 70,— | 0,30 |
| **189** | 10 Fr | lilakarmin | Er | 70,— | 0,30 |
| **190** | 20 Fr | grün | Er | 120,— | 0,30 |
| **191** | 30 Fr | violett | Er | 300,— | 2,— |
| **192** | 40 Fr | dunkelbraun | Er | 300,— | 3,50 |
| **193** | 50 Fr | karmin | Er | 320,— | 3,— |
| **194** | 100 Fr | ultramarin | Er | 650,— | 55,— |
| | | | Satzpreis (24 W.) | 2000,— | 70,— |

Auflage: 13.800 Sätze

*Gültig bis 31.12.1937*

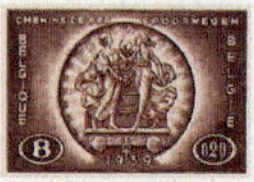

**1939, 6. Juli. Internationaler Eisenbahnkongress in Brüssel. StTdr.; gez. 13¾:14.**

Es) Teil eines Güterwagens mit Puffer

| | | | | | |
|---|---|---|---|---|---|
| **195** | 0.20 (Fr) | dunkelbraun | Es | 5,— | 4,— |
| **196** | 0.50 (Fr) | ultramarin | Es | 5,— | 4,— |
| **197** | 2 Fr | karmin | Es | 5,— | 4,— |
| **198** | 9 Fr | dunkelgrün | Es | 5,— | 4,— |
| **199** | 10 Fr | dunkelviolettpurpur | Es | 5,— | 4,— |
| | | | Satzpreis (5 W.) | 25,— | 20,— |

Auflage: 30.000 Sätze

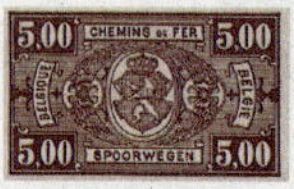

**1940. Wappen, Wertziffern im Rechteck. Bdr.; gez. 13½:14.**

Ep) Staatswappen

| | | | | | |
|---|---|---|---|---|---|
| **200** | 5.00 (Fr) | lilabraun | Ep | 0,30 | 0,30 |
| **201** | 10 Fr | schwarz | Ep | 5,— | 4,— |
| | | | Satzpreis (2 W.) | 5,— | 4,— |

MiNr. 200–201 weisen in der Regel einen rückseitigen Stempel der Verkaufsstellen der Bahn auf.

*Gültig bis 31.12.1942*

**1940. Eisenbahnpaketmarken der Ausgaben 1923–1931 mit farbigem Aufdruck „B“ im Oval.**

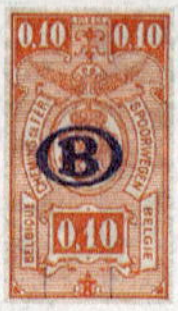

202

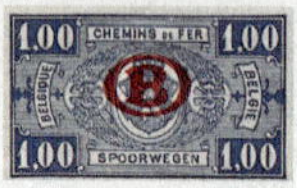

211

| | | | | | | |
|---|---|---|---|---|---|---|
| **202** | 0.10 (Fr) | ziegelrot | (137) Bl | 0,30 | 0,30 |
| **203** | 0.20 (Fr) | grünblau | (139) R | 0,30 | 0,30 |
| **204** | 0.30 (Fr) | graulila | (157) Bl | 0,30 | 0,30 |
| **205** | 0.40 (Fr) | oliv | (140) R | 0,30 | 0,30 |
| **206** | 0.50 (Fr) | rosalila | (158) Bl | 0,30 | 0,30 |
| **207** | 0.60 (Fr) | orange | (141) Bl | 1,— | 0,30 |
| **208** | 0.70 (Fr) | braun | (142) Bl | 0,30 | 0,30 |
| **209** | 0.80 (Fr) | violett | (143) R | 0,30 | 0,30 |
| **210** | 0.90 (Fr) | blaugrau | (159) R | 0,30 | 0,30 |
| **211** | 1.00 (Fr) | ultramarin | (144) R | 0,30 | 0,30 |
| **212** | 2.00 (Fr) | grauoliv | (148) R | 0,30 | 0,30 |
| **213** | 3.00 (Fr) | rot | (152) Bl | 0,30 | 0,30 |
| **214** | 4.00 (Fr) | rosa | (154) Bl | 0,30 | 0,30 |
| **215** | 5.00 (Fr) | violett | (155) R | 0,30 | 0,30 |
| **216** | 6.00 (Fr) | hellbraun | (162) Bl | 0,50 | 0,30 |
| **217** | 7.00 (Fr) | orange | (163) Bl | 0,50 | 0,30 |
| **218** | 8.00 (Fr) | dunkelbraun | (164) Bl | 0,50 | 0,30 |
| **219** | 9.00 (Fr) | graulila | (165) Bl | 0,50 | 0,30 |
| **220** | 10 Fr | bläulichgrün | (166) R | 0,50 | 0,30 |
| **221** | 20 Fr | lilarosa | (167) Bl | 2,— | 0,30 |
| **222** | 30 Fr | bläulichgrün | (168) R | 2,— | 0,70 |
| **223** | 40 Fr | grau | (169) R | 3,— | 1,50 |
| **224** | 50 Fr | gelbbraun | (170) Bl | 3,— | 1,— |
| | | | Satzpreis (23 W.) | 17,— | 9,— |

Auflage: 22.000 Sätze

**1941, Jan. Wappen, Ziffern im Rechteck. Bdr.; gez. 14:13¾, Querformate ~.**

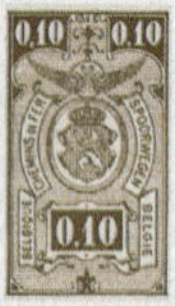

Eo

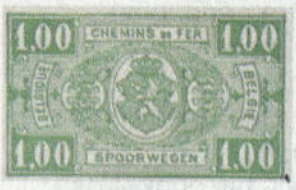

Ep

Eo–Ep) Staatswappen

| | | | | | |
|---|---|---|---|---|---|
| **225** | 0.10 (Fr) | braunoliv | Eo | 0,30 | 0,30 |
| **226** | 0.20 (Fr) | hellviolett | Eo | 0,30 | 0,30 |
| **227** | 0.30 (Fr) | orangebraun | Eo | 0,30 | 0,30 |
| **228** | 0.40 (Fr) | dunkelblau | Eo | 0,30 | 0,30 |
| **229** | 0.50 (Fr) | hellblaugrün | Eo | 0,30 | 0,30 |
| **230** | 0.60 (Fr) | dunkelgrau | Eo | 0,30 | 0,30 |
| **231** | 0.70 (Fr) | hellbläulichgrün | Eo | 0,30 | 0,30 |
| **232** | 0.80 (Fr) | orange | Eo | 0,50 | 0,30 |
| **233** | 0.90 (Fr) | mattpurpur | Eo | 5,— | 0,30 |
| **234** | 1.00 (Fr) | hellsmaragd | Ep | 0,50 | 0,30 |
| **235** | 2.00 (Fr) | braun | Ep | 0,60 | 0,30 |
| **236** | 3.00 (Fr) | dunkelgrau | Ep | 0,60 | 0,30 |
| **237** | 4.00 (Fr) | braunoliv | Ep | 0,80 | 0,30 |
| **238** | 5.00 (Fr) | mattpurpur | Ep | 1,— | 0,30 |
| **239** | 5.00 (Fr) | schwarz | Ep | 1,— | 0,30 |
| **240** | 6.00 (Fr) | ziegelrot | Ep | 1,60 | 0,30 |
| **241** | 7.00 (Fr) | hellviolett | Ep | 1,60 | 0,30 |
| **242** | 8.00 (Fr) | mattsmaragd | Ep | 1,80 | 0,30 |
| **243** | 9.00 (Fr) | dunkelblau | Ep | 2,— | 0,30 |
| **244** | 10 Fr | dunkelrotlila | Ep | 2,— | 0,30 |
| **245** | 20 Fr | hell- bis dunkelblau | Ep | 6,— | 0,30 |
| **246** | 30 Fr | orange | Ep | 12,— | 0,30 |
| **247** | 40 Fr | karminrot | Ep | 15,— | 0,30 |
| **248** | 50 Fr | lilapurpur | Ep | 25,— | 0,30 |
| | | | Satzpreis (24 W.) | 80,— | 6,— |

**1942, 1. Aug. Eisenbahnbetrieb. StTdr.; MiNr. 249-251 gez. 14:13½, MiNr. 252 gez. 11½.**

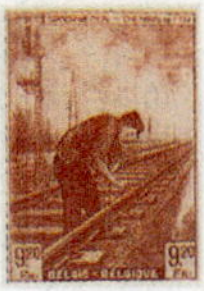
Et) Bahnarbeiter

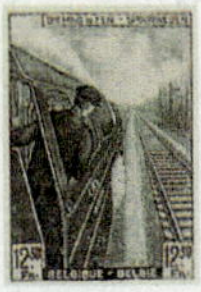
Eu) Lokomotivführer

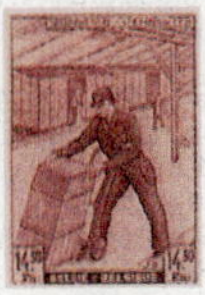
Ev) Kistenverladung

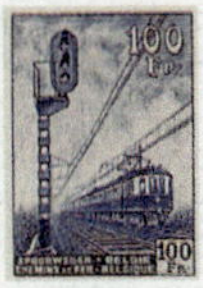
Ew) Eilzug

| | | | | | | |
|---|---|---|---|---|---|---|
| 249 | 9.20 | Fr | rotorange | Et | 1,— | 1,— |
| 250 | 12.30 | Fr | dunkelgrün | Eu | 1,— | 1,10 |
| 251 | 14.30 | Fr | lilarot | Ev | 1,30 | 1,60 |
| 252 | 100 | Fr | ultramarin | Ew | 22,— | 22,— |
| | | | Satzpreis (4 W.) | | 25,— | 25,— |

Auflage: 20.000 Sätze

**1945, 19. April/1946. Eisenbahnbetrieb. MiNr. 253–276 RaTdr., gez. 11½; MiNr. 277 StTdr., gez. 12½.**

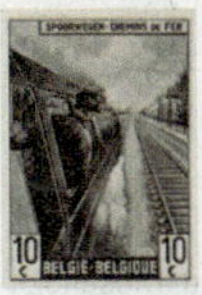
Eu) Lokomotivführer

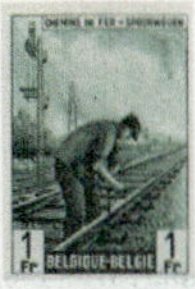
Et) Bahnarbeiter

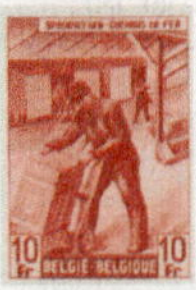
Ev) Kistenverladung

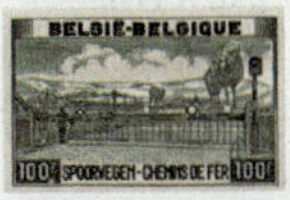
Ex) Geschlossene Bahnschranke

| | | | | | | |
|---|---|---|---|---|---|---|
| 253 | 10 | C | braunoliv (1946) | Eu | 0,40 | 0,30 |
| 254 | 20 | C | violett | Eu | 0,40 | 0,30 |
| 255 | 30 | C | rotbraun (1946) | Eu | 0,40 | 0,30 |
| 256 | 40 | C | blau (1946) | Eu | 0,40 | 0,30 |
| 257 | 50 | C | blaugrün | Eu | 0,40 | 0,30 |
| 258 | 60 | C | grauschwarz (1946) | Eu | 0,40 | 0,30 |
| 259 | 70 | C | hellgrün (1946) | Eu | 0,60 | 0,30 |
| 260 | 80 | C | orange | Eu | 1,— | 0,30 |
| 261 | 90 | C | lilabraun (1946) | Eu | 0,60 | 0,30 |
| 262 | 1 | Fr | grün (1946) | Et | 0,40 | 0,30 |
| 263 | 2 | Fr | dunkelbraun | Et | 0,40 | 0,30 |
| 264 | 3 | Fr | grünlichgrau (1946) | Et | 2,50 | 0,30 |
| 265 | 4 | Fr | blau | Et | 0,60 | 0,30 |
| 266 | 5 | Fr | braun | Et | 0,60 | 0,30 |
| 267 | 6 | Fr | grün | Et | 3,— | 0,30 |
| 268 | 7 | Fr | violett | Et | 1,— | 0,30 |
| 269 | 8 | Fr | rotorange | Et | 1,— | 0,30 |
| 270 | 9 | Fr | dunkelblau (1946) | Et | 1,20 | 0,30 |
| 271 | 10 | Fr | karmin (1946) | Ev | 4,50 | 0,30 |
| 272 | 10 | Fr | schwarz (1946) | Ev | 2,— | 0,30 |
| 273 | 20 | Fr | dunkelgrün (1946) | Ev | 1,— | 0,30 |
| 274 | 30 | Fr | violett | Ev | 1,50 | 0,30 |
| 275 | 40 | Fr | karminrot | Ev | 1,20 | 0,30 |
| 276 | 50 | Fr | blau (1946) | Ev | 14,— | 0,30 |
| 277 | 100 | Fr | dunkelgraugrün (1.9.1946) | Ex | 6,— | 0,30 |
| | | | Satzpreis (25 W.) | | 45,— | 6,— |

| | | |
|---|---|---|
| | | ★★ |
| 266 F | Fehlfarbe schwarz | 150,— |

**1949. Belgische Lokomotiven. StTdr. (5×15); A = gez. K 12½:12¼, C = gez. K 12:12¼.**

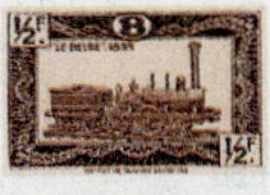
Ey

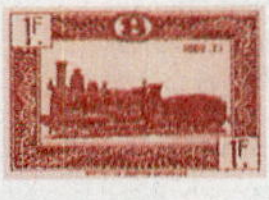
Ez

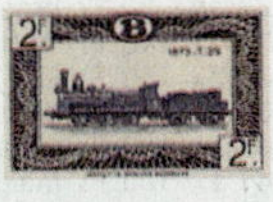
Eaa

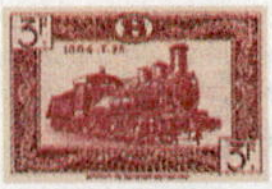
Eab

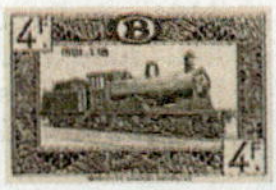
Eac

Ead

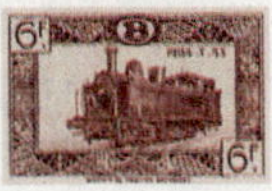
Eae

Eaf

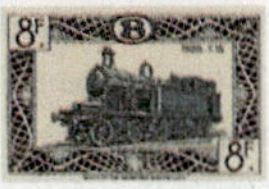
Eag

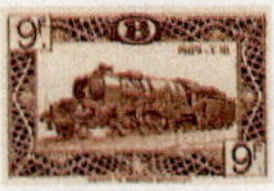
Eah

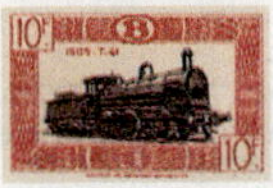
Eak

Eai

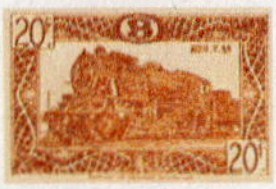
Eal

Eam

Ean

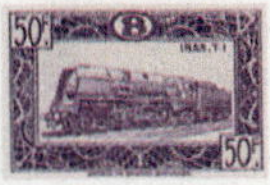
Eao

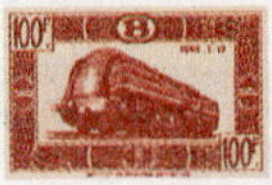
Eap

**A = gez. K 12½:12¼**

| | | | | | ★★ | ⊙ |
|---|---|---|---|---|---|---|
| 278 A | ½ | Fr | schwarzbraun | Ey | 0,50 | 0,30 |
| 279 A | 1 | Fr | karminrosa | Ez | 0,50 | 0,30 |
| 280 A | 2 | Fr | ultramarin | Eaa | 0,50 | 0,30 |
| 281 A | 3 | Fr | rotlila | Eab | 1,50 | 0,30 |
| 282 A | 4 | Fr | graugrün | Eac | 1,— | 0,30 |
| 283 A | 5 | Fr | zinnober | Ead | 1,— | 0,30 |
| 284 A | 6 | Fr | rötlichlila | Eae | 2,— | 0,30 |
| 285 A | 7 | Fr | hellgrün | Eaf | 3,— | 0,30 |
| 286 A | 8 | Fr | grünlichblau | Eag | 4,— | 0,30 |
| 287 A | 9 | Fr | braun | Eah | 4,— | 0,30 |
| 288 A | 10 | Fr | lilarosa/schwarz | Eak | 10,— | 0,30 |
| 289 A | 10 | Fr | gelboliv | Eai | 6,— | 0,30 |
| 290 A | 20 | Fr | gelborange | Eal | 8,— | 0,30 |
| 291 A | 30 | Fr | türkisblau | Eam | 14,— | 0,30 |
| 292 A | 40 | Fr | rosalila | Ean | 24,— | 0,30 |
| 293 A | 50 | Fr | hellviolett | Eao | 40,— | 0,30 |
| 294 A | 100 | Fr | dunkelrot | Eap | 80,— | 0,30 |
| | | | Satzpreis A (17 W.) | | 200,— | 5,— |

**C = gez. K 12:12¼**

| | | | | | | |
|---|---|---|---|---|---|---|
| 280 C | 2 | Fr | ultramarin | Eaa | 1,50 | —,— |
| 281 C | 3 | Fr | rotlila | Eab | —,— | —,— |
| 282 C | 4 | Fr | graugrün | Eac | —,— | —,— |
| 283 C | 5 | Fr | zinnober | Ead | —,— | —,— |
| 285 C | 7 | Fr | hellgrün | Eaf | —,— | —,— |
| 286 C | 8 | Fr | grünlichblau | Eag | —,— | —,— |
| 287 C | 9 | Fr | braun | Eah | 10,— | —,— |
| 288 C | 10 | Fr | lilarosa/schwarz | Eak | 12,— | —,— |
| 289 C | 10 | Fr | gelboliv | Eai | —,— | —,— |
| 290 C | 20 | Fr | gelborange | Eal | 20,— | —,— |
| 291 C | 30 | Fr | türkisblau | Eam | 35,— | —,— |
| 292 C | 40 | Fr | rosalila | Ean | —,— | —,— |
| 293 C | 50 | Fr | hellviolett | Eao | —,— | —,— |
| 294 C | 100 | Fr | dunkelrot | Eap | —,— | —,— |

*Weiterer Wert: MiNr. 298*

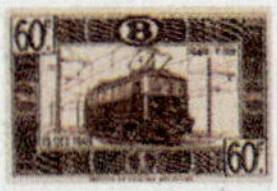

**1949, 15. Okt. Eröffnung der elektrifizierten Strecke Brüssel–Charleroi. StTdr. (5×15); gez. 12½.**

Ear) Elektrische Lokomotive

| | | | | | | |
|---|---|---|---|---|---|---|
| 295 | 60 | Fr | schwarzviolett | Ear | 20,— | 0,30 |

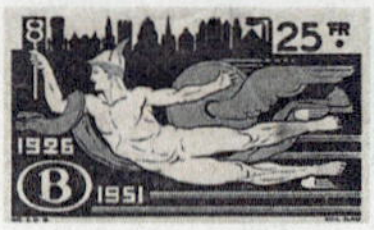

**1951, 1. Sept. 25. Jahrestag der Gründung der Nationalen Belgischen Eisenbahn-Gesellschaft (S.N.C.B. / N.M.B.S.). StTdr.; gez. 12½.**

Eas) Fliegender Merkur

| | | | | |
|---|---|---|---|---|
| **296** | 25 Fr graublau | Eas | 15,— | 10,— |
| | | | | ★★ |
| 296 U | ungezähnt | | | 75,— |

Auflage: 59.000 Stück

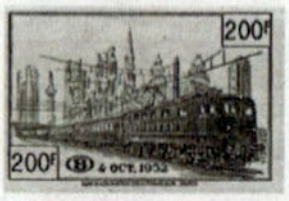

**1953, Juli. Inbetriebnahme der Nord-Süd-Verbindung in Brüssel. StTdr. (5×15); gez. 12:12½.**

Eat) Elektrischer Zug Brüssel Nordbahnhof–Südbahnhof

| | | | ★★ | ⊙ |
|---|---|---|---|---|
| **297** | 200 Fr russischgrün | Eat | 220,— | 1,— |

*In gleicher Zeichnung: MiNr. 299*

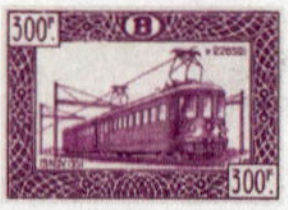

**1952, Aug. Belgische Lokomotiven. StTdr. (5×15); gez. 11½.**

Eau) Schnelltriebwagen Brüssel–Antwerpen Type 1951

| | | | | |
|---|---|---|---|---|
| **298** | 300 Fr dunkelrosalila | Eau | 150,— | 0,80 |

*Weitere Werte: MiNr. 278–294*

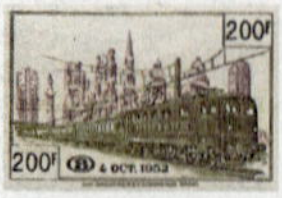

**1953, 4. Okt. 1. Jahrestag der Inbetriebnahme der Nord-Süd-Verbindung in Brüssel. StTdr. (5×15); gez. 12:12½.**

Eat) Elektrischer Zug Brüssel Nordbahnhof–Südbahnhof

| | | | | |
|---|---|---|---|---|
| **299** | 200 Fr dunkelgrün/dunkellilabraun | Eat | 220,— | 3,50 |

*In gleicher Zeichnung: MiNr. 297*

**1953, 3. Nov./1956, 20. Dez. Nord-Süd-Verbindung in Brüssel. StTdr. (5×6, Querformate ~); gez. K 11½.**

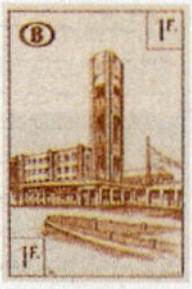

Eav) Bahnhof Brüssel Nord

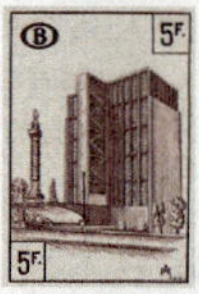

Eaw) Brüssel, Kongress-Bahnhof

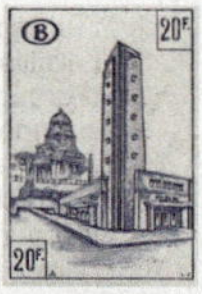

Eax) Bahnhof Brüssel Süd

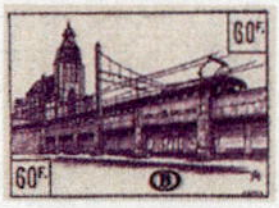

Eay) Bahnhof Chapelle

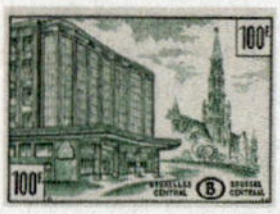

Eaz) Brüssel Zentral-Bahnhof

| | | | | |
|---|---|---|---|---|
| **300** | 1 Fr braunocker (1.3.1954) | Eav | 0,70 | 0,30 |
| **301** | 2 Fr schwarzgrün (1.3.1954) | Eav | 1,— | 0,30 |
| **302** | 3 Fr bläulichgrün (1.3.1954) | Eav | 1,20 | 0,30 |
| **303** | 4 Fr orange (1.3.1954) | Eav | 2,— | 0,30 |
| **304** | 5 Fr dunkelrotbraun (3.11.1953) | Eav | 2,— | 0,30 |
| **305** | 5 Fr dunkelkarminbraun (1.1.1954) | Eaw | 12,— | 0,30 |
| **306** | 6 Fr lebhaftviolett (1.1.1954) | Eav | 2,50 | 0,30 |
| **307** | 7 Fr grün (1.3.1954) | Eav | 2,50 | 0,30 |
| **308** | 8 Fr karminrot (1.3.1954) | Eav | 3,— | 0,30 |
| **309** | 9 Fr grünlichblau (1.1.1954) | Eav | 4,— | 0,30 |
| **310** | 10 Fr dunkelgelbgrün (1.1.1954) | Eax | 4,— | 0,30 |
| **311** | 15 Fr braunrot (1.3.1954) | Eaw | 17,— | 0,30 |
| **312** | 20 Fr blau (3.11.1953) | Eax | 6,50 | 0,30 |
| **313** | 30 Fr dunkelviolett (3.11.1953) | Eax | 10,— | 0,30 |
| **314** | 40 Fr violett (1.1.1954) | Eax | 12,— | 0,30 |
| **315** | 50 Fr lila (1.3.1954) | Eax | 15,— | 0,30 |
| **316** | 60 Fr violett (1.3.1954) | Eay | 25,— | 0,30 |
| **317** | 80 Fr schwarzlila, violettpurpur (1955) | Eay | 30,— | 0,30 |
| **318** | 100 Fr grün (1.5.1954) | Eaz | 30,— | 0,30 |
| **319** | 200 Fr violettblau (20.4.1956) | Eaz | 80,— | 0,30 |
| **320** | 300 Fr lila (20.12.1956) | Eaz | 120,— | 0,30 |
| | Satzpreis (21 W.) | | 380,— | 5,— |

*In gleicher Zeichnung wie MiNr. 311: MiNr. 344, 350–351*

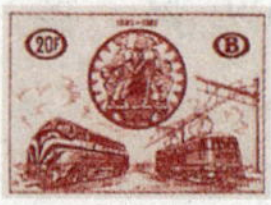

**1960, 1. Juni. 75 Jahre Internationale Vereinigung von Eisenbahnkongressen. StTdr.; gez. K 11½.**

Eba) Diesel- und Elektrolokomotive

| | | | | |
|---|---|---|---|---|
| **321** | 20 Fr braunrot | Eba | 45,— | 30,— |
| **322** | 50 Fr dunkelblau | Eba | 45,— | 30,— |
| **323** | 60 Fr lila | Eba | 45,— | 30,— |
| **324** | 70 Fr smaragdgrün | Eba | 45,— | 30,— |
| | Satzpreis (4 W.) | | 180,— | 120,— |

Auflage: 15.000 Sätze

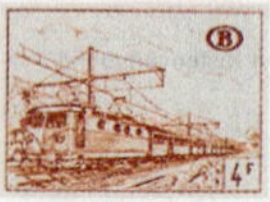

**1968, Febr./1978. Elektro- und Diesellokomotiven. StTdr. (6×5); x = normales Papier, zx = polyvalentes Papier; gez. K 11½.**

Ebb) Elektrolokomotive Type 122

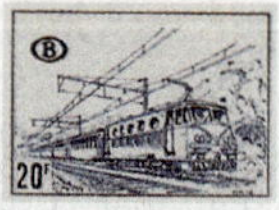

Ebc) Elektrolokomotive Type 126

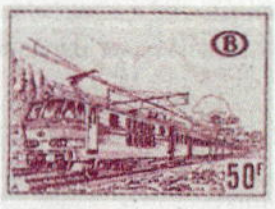

Ebd) Elektrolokomotive Type 160

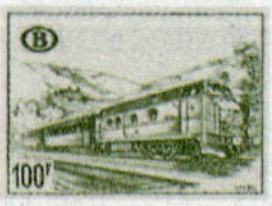

Ebe) Diesellokomotive Type 205

**x = normales Papier (1968)**

| | | | | | |
|---|---|---|---|---|---|
| **325** | **x** | 1 Fr gelbocker | Ebb | 0,30 | 0,30 |
| **326** | **x** | 2 Fr dunkelgraublau | Ebb | 0,30 | 0,30 |
| **327** | **x** | 3 Fr dunkelblaugrün | Ebb | 0,30 | 0,30 |
| **328** | **x** | 4 Fr orange | Ebb | 0,30 | 0,30 |
| **329** | **x** | 5 Fr lilabraun | Ebb | 0,30 | 0,30 |
| **330** | **x** | 6 Fr dunkelviolett | Ebb | 0,40 | 0,30 |
| **331** | **x** | 7 Fr grün | Ebb | 0,50 | 0,30 |
| **332** | **x** | 8 Fr karminrot | Ebb | 0,50 | 0,30 |
| **333** | **x** | 9 Fr türkisblau | Ebb | 1,— | 0,30 |
| **334** | **x** | 10 Fr dunkelgrün | Ebc | 2,— | 0,30 |
| **335** | **x** | 20 Fr indigo | Ebc | 1,60 | 0,30 |
| **336** | **x** | 30 Fr braunviolett | Ebc | 4,50 | 0,30 |
| **337** | **x** | 40 Fr lebhaftviolett | Ebc | 5,— | 0,30 |
| **338** | **x** | 50 Fr lila | Ebd | 6,— | 0,30 |
| **339** | **x** | 60 Fr bläulichviolett | Ebd | 8,— | 0,30 |
| **340** | **x** | 80 Fr violettschwarz | Ebd | 6,— | 0,30 |
| **341** | **x** | 100 Fr maigrün | Ebe | 10,— | 0,30 |
| **342** | **x** | 200 Fr hellblauviolett (18.3.1968) | Ebe | 14,— | 0,40 |
| **343** | **x** | 300 Fr lila (18.3.1968) | Ebe | 24,— | 0,50 |
| | | Satzpreis x (19 W.) | | 85,— | 6,— |

**zx = polyvalentes Papier**

| | | | | | |
|---|---|---|---|---|---|
| **327** | **zx** | 3 Fr dunkelblaugrün (1976) | Ebb | 1,— | 0,30 |
| **328** | **zx** | 4 Fr orange (1976) | Ebb | 2,50 | 0,30 |
| **329** | **zx** | 5 Fr lilabraun (1977) | Ebb | 2,50 | 0,30 |
| **333** | **zx** | 9 Fr türkisblau (1976) | Ebb | 2,50 | 0,30 |
| **334** | **zx** | 10 Fr dunkelgrün (1977) | Ebc | 2,50 | 0,30 |
| **336** | **zx** | 30 Fr braunviolett (1976) | Ebc | 3,— | 0,30 |
| **337** | **zx** | 40 Fr lebhaftviolett (1976) | Ebc | 5,— | 0,30 |
| **338** | **zx** | 50 Fr lila (1978) | Ebd | 5,— | 0,30 |
| **339** | **zx** | 60 Fr bläulichviolett (1978) | Ebd | 6,— | 0,30 |
| **340** | **zx** | 80 Fr violettschwarz | Ebd | 200,— | 2,— |
| **341** | **zx** | 100 Fr maigrün | Ebe | 30,— | 0,30 |
| **342** | **zx** | 200 Fr hellblauviolett (18.3.1968) | Ebe | 40,— | 0,30 |

| | | | | | |
|---|---|---|---|---|---|
| **343 zx** | 300 Fr lila (18.3.1968) | Ebe | 50,— | 0,70 |
| | Satzpreis zx (13 W.) | | 350,— | 6,— |

Das polyvalente Papier unterscheidet sich vom normalen Papier durch seine reinweiße, glatte Oberfläche.

*Weitere Werte: MiNr. 345, 347–348*

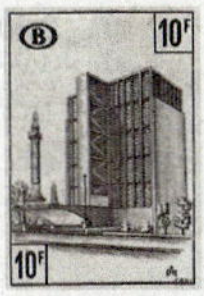


**1968, Juni/1976, 8. Nov. Kongress-Bahnhof, Brüssel. StTdr. (5×6); x = normales Papier, zx = polyvalentes Papier; gez. K 11½.**

Eaw) Kongress-Bahnhof, Brüssel

| | | | | |
|---|---|---|---|---|
| **344** | 10 Fr braunschwarz | Eaw | | |
| **x** | normales Papier | | 1,50 | 0,30 |
| **zx** | polyvalentes Papier | | 4,50 | 0,30 |

*In gleicher Zeichnung: MiNr. 311, 350–351*

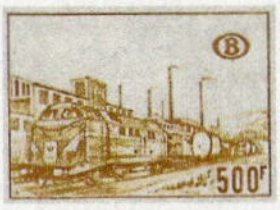


**1968, Juni. Elektro- und Diesellokomotiven. StTdr. (6×5); gez. K 11½.**

Ebf) Diesellokomotive Typ 210

| | | | | |
|---|---|---|---|---|
| **345** | 500 Fr orangegelb | Ebf | 35,— | 2,50 |

*Weitere Werte: MiNr. 325–343, 347–348*

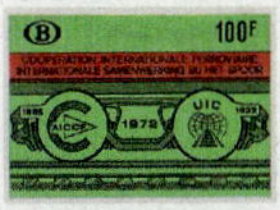


**1972, 22. Febr. 50 Jahre Internationaler Eisenbahnverband. RaTdr. (6×5); gez. K 11½.**

Ebg) Embleme als Fahrgestell eines Eisenbahnwagens

| | | | | |
|---|---|---|---|---|
| **346** | 100 Fr mehrfarbig | Ebg | 7,50 | 2,— |

Auflage: 120.000 Stück

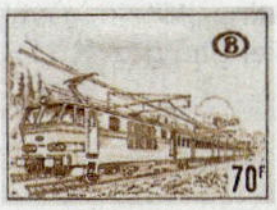


**1972, Juli/1976. Elektro- und Diesellokomotiven. StTdr. (6×5); x = normales Papier, zx = polyvalentes Papier; gez. K 11½.**

Ebd) Elektrolokomotive Type 160

**x = normales Papier**

| | | | | |
|---|---|---|---|---|
| **347 x** | 70 Fr ockerbraun (Juli 1972) | Ebd | 10,— | 0,30 |
| **348 x** | 90 Fr dunkelolivgrün (1973) | Ebd | 6,— | 0,50 |
| | Satzpreis x (2 W.) | | 16,— | 0,80 |

**zx = polyvalentes Papier (1976)**

| | | | | |
|---|---|---|---|---|
| **347 zx** | 70 Fr ockerbraun | Ebd | 8,— | 0,30 |
| **348 zx** | 90 Fr dunkelolivgrün | Ebd | 10,— | 0,40 |
| | Satzpreis zx (2 W.) | | 18,— | 0,70 |

*Weitere Werte: 325–343, 345*

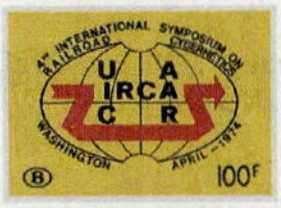


**1974, Mai. 4. Symposium der Internationalen Eisenbahnverbände, Washington. RaTdr. (6×5); gez. K 11½.**

Ebh) Symbolik

| | | | | |
|---|---|---|---|---|
| **349** | 100 Fr mehrfarbig | Ebh | 7,— | 2,— |

Auflage 120.000 Stück

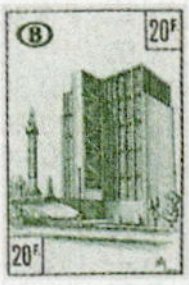


**1975/1979. Kongress-Bahnhof, Brüssel. StTdr. (5×6), x = normales Papier, zx = polyvalentes Papier; gez. K 11½.**

Eaw) Kongress-Bahnhof, Brüssel

**x = normales Papier**

| | | | | |
|---|---|---|---|---|
| **350 x** | 20 Fr smaragdgrün (1975) | Eaw | 1,50 | 0,50 |
| **351 x** | 50 Fr schwarzblau (Juli 1975) | Eaw | 3,50 | 1,— |
| | Satzpreis x (2 W.) | | 5,— | 1,50 |

**zx = polyvalentes Papier**

| | | | | |
|---|---|---|---|---|
| **350 zx** | 20 Fr smaragdgrün (1979) | Eaw | 7,— | 0,70 |
| **351 zx** | 50 Fr schwarzblau (1978) | Eaw | 10,— | 1,— |
| | Satzpreis zx (2 W.) | | 17,— | 1,70 |

MiNr. 350–351 wurden als Eisenbahnpaketportomarken verwendet.

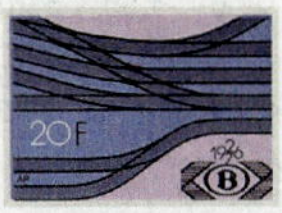


**1976, 10. Juni. 50 Jahre Nationale Belgische Eisenbahngesellschaft (S.N.C.B. / N.M.B.S.). RaTdr. (6×5); gez. K 11½.**

Ebi) Geleise-Symbolik

| | | | | |
|---|---|---|---|---|
| **352** | 20 Fr mehrfarbig | Ebi | 1,20 | 1,— |
| **353** | 50 Fr mehrfarbig | Ebi | 2,50 | 1,— |
| **354** | 100 Fr mehrfarbig | Ebi | 4,50 | 1,50 |
| **355** | 150 Fr mehrfarbig | Ebi | 7,— | 1,50 |
| | Satzpreis (4 W.) | | 15,— | 5,— |

Auflage: 120.000 Sätze

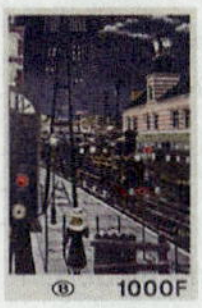


**1977, 23. Sept. Gemälde. RaTdr. (5×6); x = normales Papier, zx = polyvalentes Papier; gez. K 11½.**

Ebk) Bahnhof bei Nacht; Gemälde von Paul Delvaux (1897–1994)

| | | | | |
|---|---|---|---|---|
| **356** | 1000 Fr mehrfarbig | Ebk | | |
| **x** | normales Papier | | 50,— | 15,— |
| **zx** | polyvalentes Papier | | 60,— | 20,— |

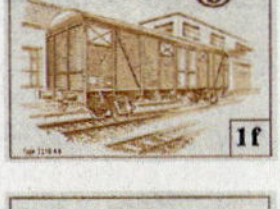


**1980, 16. Dez. Güterwaggons. Komb. StTdr. und Bdr. (6×5); gez. K 11½.**

Ebl) Frachtgüterwaggon Type 2216 AB

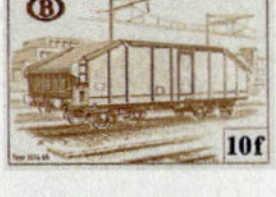


Ebm) Spezialwaggon Type 3614 A5 für Stahlblechrollen

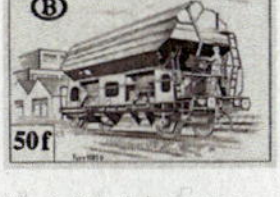


Ebn) Spezialwaggon Type 1000 D für Schüttgüter

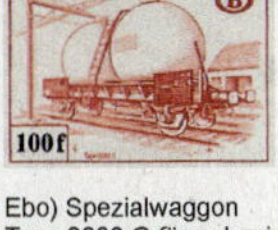


Ebo) Spezialwaggon Type 2000 G für pulverisierte Produkte

| | | | | |
|---|---|---|---|---|
| **357** | 1 Fr hellorangebraun/schwarz | Ebl | 0,30 | 0,30 |
| **358** | 2 Fr lilakarmin/schwarz | Ebl | 0,30 | 0,30 |
| **359** | 3 Fr kobalt/schwarz | Ebl | 0,30 | 0,30 |
| **360** | 4 Fr schwarzblaugrün/schwarz | Ebl | 0,30 | 0,30 |
| **361** | 5 Fr schwarzbraun/schwarz | Ebl | 0,30 | 0,30 |
| **362** | 6 Fr rotorange/schwarz | Ebl | 0,30 | 0,30 |
| **363** | 7 Fr blauviolett/schwarz | Ebl | 0,40 | 0,30 |
| **364** | 8 Fr schwarz | Ebl | 0,40 | 0,30 |
| **365** | 9 Fr blaugrün/schwarz | Ebl | 0,50 | 0,30 |
| **366** | 10 Fr orangebraun/schwarz | Ebm | 0,50 | 0,30 |

| | | | | | |
|---|---|---|---|---|---|
| **367** | 20 Fr cyanblau/schwarz | Ebm | 1,— | 0,30 |
| **368** | 30 Fr braunocker/schwarz | Ebm | 1,50 | 0,30 |
| **369** | 40 Fr violett/schwarz | Ebm | 2,— | 0,30 |
| **370** | 50 Fr dunkelviolettbraun/schwarz | Ebn | 2,50 | 0,40 |
| **371** | 60 Fr braunoliv/schwarz | Ebn | 3,50 | 0,40 |
| **372** | 70 Fr violettblau/schwarz | Ebn | 4,— | 3,— |
| **373** | 80 Fr dunkelviolett/schwarz | Ebn | 4,50 | 0,80 |
| **374** | 90 Fr dunkelrosalila/schwarz | Ebn | 5,— | 3,— |
| **375** | 100 Fr lebhaftrot/schwarz | Ebo | 5,50 | 1,— |
| **376** | 200 Fr dunkelbraun/schwarz | Ebo | 11,— | 1,50 |
| **377** | 300 Fr schwarzoliv/schwarz | Ebo | 18,— | 2,— |
| **378** | 500 Fr schwarzviolett/schwarz | Ebo | 28,— | 4,— |
| | Satzpreis (22 W.) | | 90,— | 20,— |

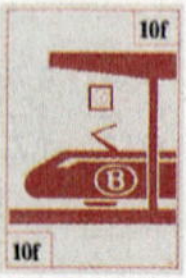


**1982, 1. Sept. Bahnsteig. Komb. StTdr. und Bdr. (5×6); gez. K 11½.**

Ebp) Elektrolokomotive, Bahnsteig

| | | | | |
|---|---|---|---|---|
| **379** | 10 Fr rot/schwarz | Ebp | 0,50 | 0,40 |
| **380** | 20 Fr blaugrün/schwarz | Ebp | 1,50 | 1,20 |
| **381** | 50 Fr violettbraun/schwarz | Ebp | 4,— | 1,— |
| **382** | 100 Fr ultramarin/schwarz | Ebp | 6,— | 1,20 |
| | Satzpreis (4 W.) | | 12,— | 3,80 |

MiNr. 379–382 wurden als Eisenbahnpaketportomarken verwendet.

**1985, 3. Mai. 150 Jahre Eisenbahnen in Belgien. RaTdr. (5×6); gez. K 11½.**

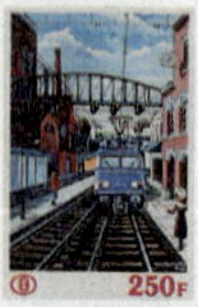

Ebr

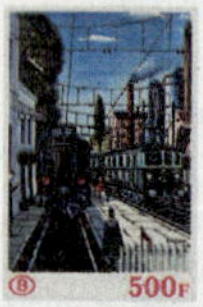

Ebs

Ebr–Ebs) Bahnstationen; Gemälde von Paul Delvaux (1897–1994)

| | | | | |
|---|---|---|---|---|
| **383** | 250 Fr mehrfarbig | Ebr | 15,— | 5,— |
| **384** | 500 Fr mehrfarbig | Ebs | 30,— | 12,— |
| | Satzpreis (2 W.) | | 45,— | 17,— |

**Blockausgabe, I = Inschrift französisch, II = Inschrift niederländisch**

| | | | | |
|---|---|---|---|---|
| **Block 1 I** | mit 4 × MiNr. 383 (140×140 mm) Inschrift französisch | Ebt | *550,—* | *550,—* |
| **Block 1 II** | mit 4 × MiNr. 383 (140×140 mm) Inschrift niederländisch | Ebt | *550,—* | *550,—* |
| **Block 2 I** | mit 4 × MiNr. 384 (140×140 mm) Inschrift französisch | Ebu | *550,—* | *550,—* |
| **Block 2 II** | mit 4 × MiNr. 384 (140×140 mm) Inschrift niederländisch | Ebu | *550,—* | *550,—* |
| **Block 3 I** | mit 4 × MiNr. 385 (140×140 mm) Inschrift französisch | Ebv | *550,—* | *550,—* |
| **Block 3 II** | mit 4 × MiNr. 385 (140×140 mm) Inschrift niederländisch | Ebv | *550,—* | *550,—* |
| **Block 4** | mit MiNr. 356 und 383-384 (140×140 mm) | Ebw | 120,— | 120,— |

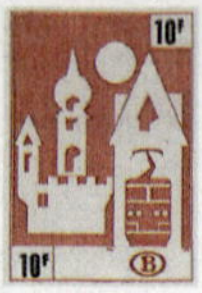


**1987, 12. Okt. Eisenbahntourismus. Komb. StTdr. und Bdr. (5×6); gez. K 11½.**

Ebx) Türme

| | | | | |
|---|---|---|---|---|
| **385** | 10 Fr graurot/schwarz | Ebx | 0,70 | 0,50 |
| **386** | 20 Fr graugrün/schwarz | Ebx | 1,30 | 1,— |
| **387** | 50 Fr graubraun/schwarz | Ebx | 3,— | 1,50 |
| **388** | 100 Fr grauviolett/schwarz | Ebx | 6,— | 3,— |
| **389** | 150 Fr chromgelb/schwarz | Ebx | 7,— | 4,— |
| | Satzpreis (5 W.) | | 18,— | 10,— |

MiNr. 385–389 wurden als Eisenbahnpaketportomarken verwendet.

**Seit Anfang 1988 ist die Verwendung von Eisenbahnpaketmarken beim Versand von Paketen abgeschafft. Die seitdem erschienenen „Briefmarken" sind Vignetten ohne jede Frankaturkraft.**

# Militärpostmarken

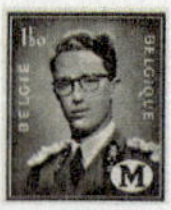

**1967, 17. Juli. König Baudouin, „M" im Oval, 🄴 Marchand. RaTdr. (10×5), Papier ph.; gez. K 11½.**

Ma) König Baudouin (1930–1993, reg. ab 1951)

| | | | ★★ | ⊙ |
|---|---|---|---|---|
| **1** | 1.50 Fr schwarzgrau | Ma | 0,30 | 0,30 |
| | | FDC | | 12,— |

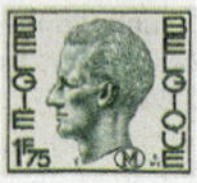

**1971, 24. Mai. König Baudouin, „M" im Oval, 🄴 Elstrøm. StTdr. (5×10); Papier ph.; gez. K 11½.**

Mb) König Baudouin (1930–1993, reg. ab 1951)

| | | | | |
|---|---|---|---|---|
| **2** | 1.75 Fr smaragdgrün | Mb | 0,50 | 0,50 |
| | | FDC | | 7,— |

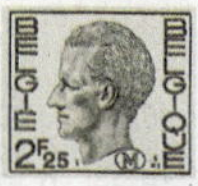

**1972, 13. Nov. König Baudouin, „M" im Oval, 🄴 Elstrøm. StTdr. (5×10); Papier ph.; gez. K 11½.**

Mb) König Baudouin (1930–1993, reg. ab 1951)

| | | | | |
|---|---|---|---|---|
| **3** | 2.25 Fr dunkelgrün | Mb | 0,50 | 0,50 |
| | | FDC | | 5,— |

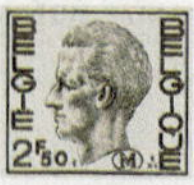

**1974, 16. Mai. König Baudouin, „M" im Oval, 🄴 Elstrøm. StTdr. (5×10); gez. K 11½.**

Mb) König Baudouin (1930–1993, reg. ab 1951)

| | | | | |
|---|---|---|---|---|
| **4** | 2.50 Fr schwarzgrün | Mb | 0,30 | 0,30 |
| | | FDC | | 3,60 |

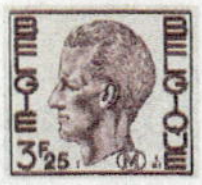

**1975, 17. März. König Baudouin, „M" im Oval, ⊡ Elstrøm. StTdr. (5×10); gez. K 11½.**

Mb) König Baudouin (1930–1993, reg. ab 1951)

**5** 3.25 Fr schwarzlila ........................ Mb 0,30 0,30
FDC 3,60

## Portomarken

◪ Außer bei MiNr. 1, 8 II und 24 sind Halbierungen nicht amtlich.

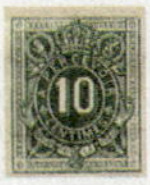

Pa

**1870, 1. Aug. Ziffern mit Krone. Bdr.; gez. 15.**

| | | | ✶ | ⊙ |
|---|---|---|---|---|
| **1** | 10 C grün | Pa | 3,— | 2,50 |
| **2** | 20 C blau, mattblau | Pa | 32,— | 4,— |
| | Satzpreis (2 W.) | | 35,— | 6,50 |

Auflagen: MiNr. 1 = 270.000, MiNr. 2 = 180.000 Stück

*Gültig bis 31.10.1895*

**1895, 1. Nov./1916. Wertziffern auf farbigem Grund. I = Bdr. in Mecheln, II = Bdr. in London; gez. 14.**

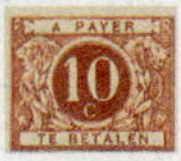

Pb

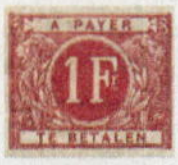

Pc

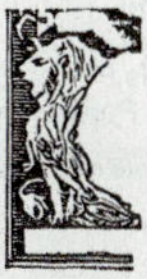

I

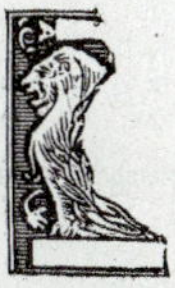

II

Type I (Mechelner Druck): Schraffurlinien berühren den Löwen;
Type II (Londoner Druck): deutliche Konturlinien des Löwen

| | | | | | |
|---|---|---|---|---|---|
| **3** | | 5 C | Pb | | |
| | I | Mechelner Druck (1.11.1895) | | | |
| | a | gelbgrün | | 0,30 | 0,30 |
| | b | blaugrün, grün | | 2,50 | 0,50 |
| | II | blaugrün, Londoner Druck (1.9.1916) | | 20,— | 7,— |
| **4** | | 10 C rötlichbraun (1.11.1895) | Pb | 15,— | 1,70 |
| **5** | | 20 C | Pb | | |
| | I | oliv, Mechelner Druck (1.11.1895) | | 0,30 | 0,30 |
| | II | resedagrün, Londoner Druck (1.9.1916) | | 40,— | 15,— |
| **6** | | 50 C hellbraun (1.11.1895) | Pb | 15,— | 5,— |
| **7** | | 1 Fr karmin (1.11.1895) | Pc | 15,— | 15,— |

Auflage: MiNr. 7 = 75.000 Stück

**1900, März/1916. Wertziffern auf farbigem Grund. Bdr.; gez. 14.**

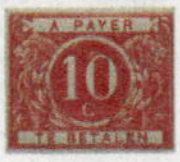

Pb

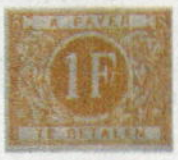

Pc

| | | | | | |
|---|---|---|---|---|---|
| **8** | | 10 C | Pb | | |
| | I | Mechelner Druck | | | |
| | a | rosa | | 1,50 | 0,30 |
| | b | rot (1912) | | 0,30 | 0,30 |
| | II | karminrosa, Londoner Druck (1916) | | 40,— | 12,— |
| **9** | | 50 C | Pb | | |
| | I | grau, Mechelner Druck | | 0,60 | 0,30 |
| | II | schwarzgrau, Londoner Druck (1916) | | 120,— | 65,— |
| **10** | | 1 Fr orange | Pc | 3,— | 5,— |

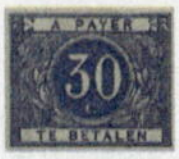

Pb

**1909, 1. April/1916. Wertziffern auf farbigem Grund. Bdr.; gez. 14.**

| | | | | | |
|---|---|---|---|---|---|
| **11** | | 30 C | Pb | | |
| | I | ultramarin, Mechelner Druck | | 0,30 | 0,30 |
| | II | kobaltblau, Londoner Druck (1916) | | 7,— | 4,— |

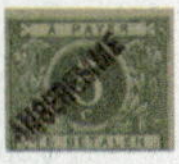

12

**1919, 28. April. Portomarken im Mechelner bzw. Londoner Druck mit Kontroll-Aufdruck des Ortsnamens (Langstempel oder Vorausentwertungs-Stempel).**

| | | | | |
|---|---|---|---|---|
| **12** | 5 C grün | (3) | 35,— | 35,— |
| **13** | 10 C rosa, rot | (8) | 15,— | 15,— |
| **14** | 20 C oliv, resedagrün | (5) | 35,— | 35,— |
| **15** | 30 C ultramarin, kobaltblau | (11) | 15,— | 15,— |
| **16** | 50 C (schwarz)grau | (9) | 100,— | 100,— |
| | Satzpreis (5 W.) | | 200,— | 200,— |

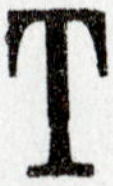

MiNr. 116–125 und einige Werte der Stahlhelm-Ausgabe 1919/20 kommen Ende 1919/Anfang 1920 als Portoersatzmarken mit T-Handstempelaufdruck vor, desgl. andere Werte mit Gefälligkeitsaufdruck.

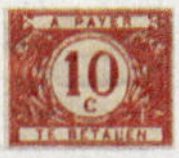

Pd

**1919, 10. Sept. Wertziffern auf weißem Grund. Bdr. (10×10); A = gez. 14, C = gez. 14:15.**

| | | | | | |
|---|---|---|---|---|---|
| **17** | | 5 C grün | | | |
| | A | gez. 14 | Pd | 0,50 | 0,30 |
| | C | gez. 14:15 | Pd | 1,50 | 0,30 |
| **18** | | 10 C karmin | Pd | | |
| | A | gez. 14 | | 6,50 | 0,30 |
| | C | gez. 14:15 | | 1,50 | 0,30 |
| **19** | | 20 C resedagrün | Pd | | |
| | A | gez. 14 | | 13,— | 1,30 |
| | C | gez. 14:15 | | 7,— | 1,20 |
| **20** | A | 30 C hellblau | Pd | 3,— | 0,50 |
| **21** | | 50 C hellgrau | Pd | | |
| | A | gez. 14 | | 7,— | 1,20 |
| | C | gez. 14:15 | | 7,— | 1,20 |
| | | Satzpreis (5 W.) | | 19,— | 3,— |

*Mit Aufdruck: Eupen Portomarken MiNr. 1–5; Malmédy Portomarken MiNr. 1–5*

**1921/1938. Zeichnung ähnlich MiNr. 17–21, stärkere Wertziffern und fetteres C. Bdr. (10×10); gez. 14:13½.**

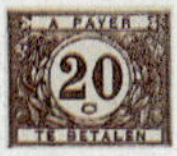

Pe

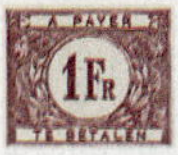

Pf

| | | | | ✶✶ | ⊙ |
|---|---|---|---|---|---|
| **22** | | 5 C | Pe | | |
| | a | blaugrau (1923) | | 0,30 | 0,30 |
| | b | dunkelgrau (1925) | | 0,30 | 0,30 |
| **23** | | 10 C | Pe | | |
| | a | gelbgrün (1922) | | 0,30 | 0,30 |
| | b | blaugrün (1924) | | 0,30 | 0,30 |
| **24** | | 20 C | Pe | | |
| | a | schwarzbraun (1923) | | 0,30 | 0,30 |
| | b | braun (1925) | | 0,30 | 0,30 |
| **25** | | 30 C | Pe | | |
| | a | karmin (1922) | | 1,50 | 0,30 |
| | b | ziegelrot (1924) | | 2,50 | 0,60 |

| | | | | | | |
|---|---|---|---|---|---|---|
| 26 | | 35 C | grün (1.2.1935) | Pe | 0,50 | 0,30 |
| 27 | | 40 C | rotbraun (1.2.1925) | Pe | 0,50 | 0,30 |
| 28 | | 50 C | | Pe | | |
| | a | | ultramarin (1923) | | 5,— | 0,30 |
| | b | | blau (1925) | | 3,50 | 0,30 |
| 29 | | 50 C | | Pe | | |
| | a | | dunkelgrau (1934) | | 0,30 | 0,30 |
| | b | | hellgrau | | 0,50 | 0,30 |
| 30 | | 60 C | rotkarmin (1938) | Pe | 0,50 | 0,30 |
| 31 | | 70 C | lilabraun (20.6.1929) | Pe | 0,50 | 0,30 |
| 32 | | 80 C | dunkelgrau (1938) | Pe | 0,50 | 0,30 |
| 33 | | 1 Fr | | Pf | | |
| | a | | violett (1.2.1925) | | 1,— | 0,30 |
| | b | | lila (1.6.1932) | | 1,50 | 0,30 |
| 34 | | 1.20 Fr | oliv (20.6.1929) | Pf | 1,— | 0,30 |
| 35 | | 1.40 Fr | grau (1.2.1935) | Pf | 1,— | 0,30 |
| 36 | | 1.50 Fr | grauoliv (1.6.1932) | Pf | 1,— | 0,30 |
| 37 | | 2 Fr | violett (20.6.1929) | Pf | 1,— | 0,30 |
| 38 | | 3.50 Fr | | Pf | | |
| | a | | ultramarin (20.6.1929) | | 1,— | 0,30 |
| | b | | blau | | 1,50 | 0,30 |
| | | | Satzpreis (17 W.) | | 15,— | 4,50 |

*In gleicher Zeichnung wie MiNr. 33–38: MiNr. 46–55*

**1945, Dez. Neue Zeichnung. Bdr. (5×10); gez. 12½.**

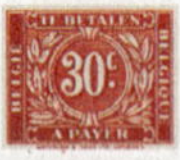

Pg

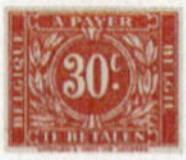

Ph

**I = Inschrift „België - Belgique"**

| | | | | | | |
|---|---|---|---|---|---|---|
| 39 | I | 10 C | oliv | Pg | 0,30 | 0,30 |
| 40 | I | 20 C | blau | Pg | 0,30 | 0,30 |
| 41 | I | 30 C | karmin | Pg | 0,30 | 0,30 |
| 42 | I | 40 C | violettblau | Pg | 0,30 | 0,30 |
| 43 | I | 50 C | hellgrün | Pg | 0,30 | 0,30 |
| 44 | I | 1 Fr | dunkelbraun | Pg | 0,30 | 0,30 |
| 45 | I | 2 Fr | orangerot | Pg | 0,30 | 0,30 |
| | | | Satzpreis I (7 W.) | | 1,50 | 1,50 |

**II = Inschrift „Belgique - België"**

| | | | | | | |
|---|---|---|---|---|---|---|
| 39 | II | 10 C | oliv | Ph | 0,30 | 0,30 |
| 40 | II | 20 C | blau | Ph | 0,30 | 0,30 |
| 41 | II | 30 C | karmin | Ph | 0,30 | 0,30 |
| 42 | II | 40 C | violettblau | Ph | 0,30 | 0,30 |
| 43 | II | 50 C | hellgrün | Ph | 0,30 | 0,30 |
| 44 | II | 1 Fr | dunkelbraun | Ph | 0,30 | 0,30 |
| 45 | II | 2 Fr | orangerot | Ph | 0,30 | 0,30 |
| | | | Satzpreis II (7 W.) | | 1,50 | 1,50 |

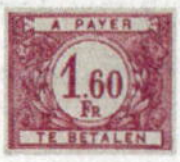

**1946/1953. Wertziffern auf weißem Grund. Bdr. (10×10); gez. 14:13½.**

Pf

| | | | | | |
|---|---|---|---|---|---|
| 46 | 65 C | gelbgrün (1949) | Pf | 7,50 | 3,— |
| 47 | 1.60 Fr | karminlila (1953) | Pf | 10,— | 5,— |
| 48 | 1.80 Fr | orangerot (1949) | Pf | 12,— | 5,50 |
| 49 | 2.40 Fr | grauviolett (1953) | Pf | 7,50 | 3,50 |
| 50 | 3 Fr | rotbraun | Pf | 2,50 | 0,50 |
| 51 | 4 Fr | dunkelblau (1953) | Pf | 8,— | 0,50 |
| 52 | 5 Fr | lilabraun (1949) | Pf | 3,50 | 0,30 |
| 53 | 7 Fr | lilarosa | Pf | 3,50 | 1,20 |
| 54 | 8 Fr | dunkellilarosa (1949) | Pf | 8,— | 7,50 |
| 55 | 10 Fr | braunviolett (1949) | Pf | 7,50 | 3,— |
| | | Satzpreis (10 W.) | | 70,— | 30,— |

*In gleicher Zeichnung: MiNr. 33–38*

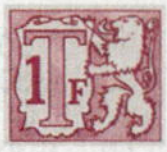

**1966/1984. Löwe und T; Wertziffern 6½ mm hoch, Hintergrund aus Punkten. Bdr. (10×10); v = Typopapier mit blauem Gummi, x = normales Papier, zx = polyvalentes Papier; gez. K 14:13¾.**

Pi) Wappenlöwe mit T im Schild

**v = Typopapier mit blauem Gummi**

| | | | | | | |
|---|---|---|---|---|---|---|
| 56 | v | 1 Fr | karminlila (8.6.1983) | Pi | 0,30 | 0,30 |
| 57 | v | 2 Fr | dunkelblaugrün (15.5.1984) | Pi | 0,30 | 0,30 |
| 58 | v | 3 Fr | (dunkel)cyanblau (15.7.1983) | Pi | 0,30 | 0,30 |
| 59 | v | 5 Fr | bräunlichviolett (3.11.1982) | Pi | 0,30 | 0,30 |
| 60 | v | 6 Fr | gelbbraun (28.9.1982) | Pi | 0,30 | 0,30 |
| 61 | v | 20 Fr | schwarzoliv (9.5.1984) | Pi | 1,— | 0,30 |
| | | | Satzpreis v (6 W.) | | 2,50 | 1,30 |

**x = normales Papier (1966)**

| | | | | | | |
|---|---|---|---|---|---|---|
| 56 | x | 1 Fr | karminlila | Pi | 0,30 | 0,30 |
| 57 | x | 2 Fr | dunkelblaugrün | Pi | 0,30 | 0,30 |
| 58 | x | 3 Fr | (dunkel)cyanblau | Pi | 0,30 | 0,30 |
| 59 | x | 5 Fr | bräunlichviolett | Pi | 0,30 | 0,30 |
| 60 | x | 6 Fr | gelbbraun | Pi | 0,30 | 0,30 |
| 61 | x | 20 Fr | schwarzoliv | Pi | 1,— | 0,30 |
| | | | Satzpreis x (6 W.) | | 2,50 | 1,— |

**zx = polyvalentes Papier**

| | | | | | | |
|---|---|---|---|---|---|---|
| 56 | zx | 1 Fr | karminlila (11.1.1980) | Pi | 0,30 | 0,30 |
| 57 | zx | 2 Fr | dunkelblaugrün (1.9.1980) | Pi | 0,50 | 0,50 |
| 58 | zx | 3 Fr | (dunkel)cyanblau (5.2.1981) | Pi | 0,50 | 0,50 |
| 59 | zx | 5 Fr | bräunlichviolett (14.1.1980) | Pi | 1,20 | 1,20 |
| 60 | zx | 6 Fr | gelbbraun (3.3.1980) | Pi | 0,50 | 0,50 |
| | | | Satzpreis zx (5 W.) | | 3,— | 3,— |

Polyvalentes Papier weist im Gegensatz zum normalen Papier eine glatte, reinweiße Oberfläche auf. Typopapier hat eine hochglänzende Oberfläche. Spezialisten unterscheiden verschiedene polyvalente Papiere.

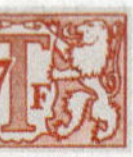

**1970, Sept./1982, 21. Dez. Löwe und T; Wertziffer 6½ mm hoch, Hintergrund aus Punkten. Bdr. (10×10); v = Typopapier mit blauem Gummi, x = normales Papier, zx = polyvalentes Papier; gez. K 14:13¾.**

Pi) Wappenlöwe mit T im Schild

| | | | | | |
|---|---|---|---|---|---|
| 62 | 7 Fr | orangerot | Pi | | |
| v | | Typopapier (21.12.1982) | | 0,50 | 0,30 |
| x | | normales Papier (Sept. 1970) | | 0,60 | 0,50 |
| zx | | polyval. Papier (15.1.1980) | | 0,50 | 0,50 |

Papiersorten siehe Fußnote nach MiNr. 61.

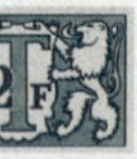

**1985, 30. Jan./1986, 12. Nov. Löwe und T; Wertziffern 4½ bis 5½ mm hoch, Hintergrund aus Linien. Bdr. (10×10); v = Typopapier mit farblosem Gummi, zx = polyvalentes Papier; gez. K 14:13¾.**

Pi I) Wappenlöwe mit T im Schild

**v = Typopapier mit farblosem Gummi**

| | | | | | | |
|---|---|---|---|---|---|---|
| 63 | v | 2 Fr | blaugrün (12.11.1986) | Pi I | 0,30 | 0,30 |
| 64 | v | 3 Fr | (dunkel)cyanblau (30.1.1985) | Pi I | 0,30 | 0,30 |
| 65 | v | 4 Fr | smaragdgrün (25.3.1986) | Pi I | 0,30 | 0,30 |
| 66 | v | 6 Fr | gelblichbraun (5.9.1986) | Pi I | 0,30 | 0,30 |
| 67 | v | 8 Fr | grau (25.3.1986) | Pi I | 0,30 | 0,30 |
| 68 | v | 9 Fr | purpur (25.3.1986) | Pi I | 0,50 | 0,50 |
| 69 | v | 10 Fr | dunkelorangebraun (25.3.1986) | Pi I | 0,60 | 0,60 |
| 70 | v | 20 Fr | (dunkel)grünoliv (8.9.1986) | Pi I | 1,— | 1,— |
| | | | Satzpreis v (8 W.) | | 3,60 | 3,60 |

**zx = polyvalentes Papier**

| | | | | | | |
|---|---|---|---|---|---|---|
| 63 | zx | 2 Fr | blaugrün | Pi I | 0,60 | 0,60 |
| 64 | zx | 3 Fr | (dunkel)cyanblau | Pi I | 0,60 | 0,60 |
| 65 | zx | 4 Fr | smaragdgrün | Pi I | 0,50 | 0,50 |
| 67 | zx | 8 Fr | grau | Pi I | 0,50 | 0,50 |
| 68 | zx | 9 Fr | purpur | Pi I | 1,— | 0,50 |
| 69 | zx | 10 Fr | dunkelorangebraun | Pi I | 0,80 | 0,80 |
| 70 | zx | 20 Fr | (dunkel)grünoliv | Pi I | 1,50 | 1,50 |
| | | | Satzpreis zx (7 W.) | | 5,50 | 5,— |

Papiersorten siehe Fußnote nach MiNr. 61.

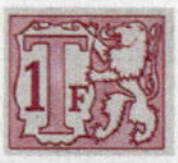

**1987. Löwe und T; Wertziffern 5½ mm hoch, Hintergrund aus Linien. Bdr. (10×10); v = Typopapier mit farblosem Gummi, zx = polyvalentes Papier; gez. K 14:13¾.**

Pi I) Wappenlöwe mit T im Schild

| | | | | | |
|---|---|---|---|---|---|
| **71 v** | 1 Fr rötlichlila | Pi I | 0,30 | 0,30 |
| **72** | 7 Fr rotorange | Pi I | | |
| **x** | Typopapier | | 0,50 | 0,50 |
| **zx** | polyvalentes Papier | | 1,— | 0,50 |

Papiersorten siehe Fußnote nach MiNr. 61.

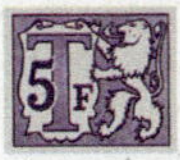

**1988. Löwe und T; Wertziffern 5½ mm hoch, Hintergrund aus Linien. Bdr. (10×10); Typopapier mit farblosem Gummi; gez. K 14:13¾.**

Pi I) Wappenlöwe mit T im Schild

| | | | | |
|---|---|---|---|---|
| **73** 5 Fr mattpurpurviolett | Pi I | 0,30 | 0,30 |

## Postpaketmarken

In Belgien war die Paketbeförderung Aufgabe der Nationalen Gesellschaft der Belgischen Eisenbahnen (SNCB). Die Post übernahm nur in Orten ohne Eisenbahnverbindung und nur bei Paketen bis zu 5 kg Gewicht die Annahme und Zustellung von Paketen.

Postpaketmarken sind meist stark gestempelt.

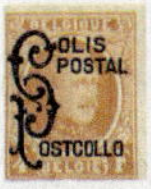

**1928, 1. Okt. König Albert I., 🄴 Houyoux, in Farbänderung mit Aufdruck „COLIS / POSTAL / POSTCOLLO"; gez. 13¾:14.**

by

| | | ** | ⊙ |
|---|---|---|---|
| **1** 4 Fr orangebraun | (by) | 25,— | 1,20 |
| **2** 5 Fr grauocker | (by) | 25,— | 1,20 |
| | Satzpreis (2 W.) | 50,— | 2,40 |

*Gültig bis 30.6.1938*

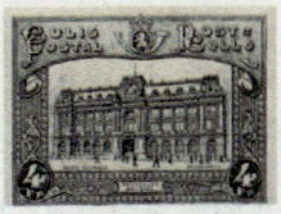

**1929, 25. Febr./1930, 7. Nov. Hauptpostamt in Brüssel. StTdr. (5×5); gez. 11½.**

Pk.a) Hauptpost in Brüssel

| | | | |
|---|---|---|---|
| **3** 3 Fr sepia (21.5.1929) | Pk.a | 6,— | 0,30 |
| **4** 4 Fr grau (25.2.1929) | Pk.a | 6,— | 0,30 |
| **5** 5 Fr karmin (25.2.1929) | Pk.a | 3,— | 0,30 |
| **6** 6 Fr dunkellila (7.11.1930) | Pk.a | 75,— | 30,— |
| | Satzpreis (4 W.) | 90,— | 30,— |

*Gültig bis 30.6.1938*

*MiNr. 6 mit Aufdruck: MiNr. 7*

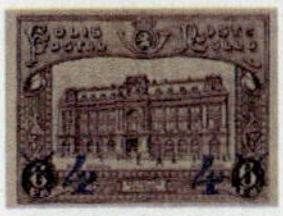

**1933, 25. Nov. Hauptpostamt in Brüssel. MiNr. 6 mit blauem Bdr.-Aufdruck der neuen Wertziffer, alte Wertangabe durchkreuzt.**

7

| | | | |
|---|---|---|---|
| **7 4 (Fr)** auf 6 Fr dunkellila | (6) | 90,— | 0,25 |

*Gültig bis 30.6.1938*

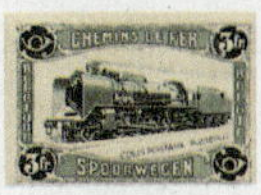

**1934, 20. April. Lokomotive. RaTdr.; gez. 13½:14.**

Pk.b) Schnellzugslokomotive mit Tender

| | | | |
|---|---|---|---|
| **8** 3 Fr dunkelgrün | Pk.b | 30,— | 1,80 |
| **9** 4 Fr lila | Pk.b | 10,— | 0,30 |
| **10** 5 Fr karminrot | Pk.b | 140,— | 0,30 |
| | Satzpreis (3 W.) | 180,— | 2,40 |

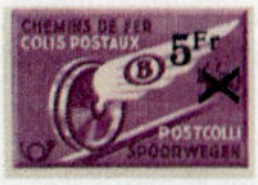

**1938, 1. Febr. Nicht ausgegebene Postpaketmarken in Zeichnung Pk.c mit rotem bzw. blauem Bdr.-Aufdruck des neuen Wertes. RaTdr.; gez. 13½:14.**

Pk.c) Geflügeltes Rad

| | | | |
|---|---|---|---|
| **11 5 Fr** auf 3.50 (Fr) dunkelgrün | (Pk.c) R | 55,— | 0,30 |
| **12 5 Fr** auf 4.50 (Fr) violettpurpur | (Pk.c) Bl | 0,50 | 0,30 |
| **13 6 Fr** auf 5.50 (Fr) bräunlichkarmin | (Pk.c) Bl | 1,— | 0,30 |
| | Satzpreis (3 W.) | 55,— | 0,60 |

| | ** |
|---|---|
| 11 I–13 I ohne Aufdrucke | 650,— |

MiNr. 13 ◧ oder ⬓ wurde laut Verordnung vom 2.9.1939 zeitweise für Militärsendungen verwendet.

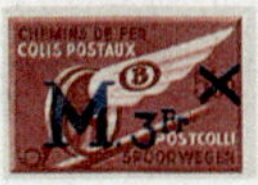

**1939, 1. Okt. Postpaketmarke für Militärsendungen. Nicht ausgegebene Postpaketmarke in Zeichnung Pk.c mit blauem Bdr.-Aufdruck „M 3 Fr".**

Pk.c

| | | ** | ⊙ |
|---|---|---|---|
| **14 3 Fr** auf 5.50 (Fr) bräunlichkarmin | (Pk.c) | 0,60 | 0,30 |

**1945, 7. Juli. Merkur. RaTdr. (10×10); gez. 13¼.**

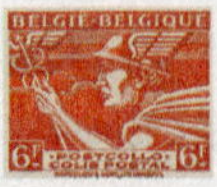

Type I

Type II

Pk.d) Merkur

**I = Inschrift „BELGIË - BELGIQUE"**

| | | | |
|---|---|---|---|
| **15 I** 3 Fr gelbgrün | Pk.d | 0,30 | 0,30 |
| **16 I** 5 Fr ultramarin | Pk.d | 0,30 | 0,30 |
| **17 I** 6 Fr karminrot | Pk.d | 0,30 | 0,30 |
| | Satzpreis I (3 W.) | 0,60 | 0,60 |

**II = Inschrift „BELGIQUE - BELGIË"**

| | | | |
|---|---|---|---|
| **15 II** 3 Fr gelbgrün | Pk.d | 0,30 | 0,30 |
| **16 II** 5 Fr ultramarin | Pk.d | 0,30 | 0,30 |
| **17 II** 6 Fr karminrot | Pk.d | 0,30 | 0,30 |
| | Satzpreis II (3 W.) | 0,60 | 0,60 |

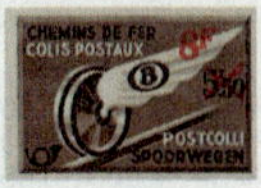

**1946, 1. Sept. Nicht ausgegebene Postpaketmarken in Zeichnung Pk.c mit rotem Bdr.-Aufdruck des neuen Wertes. RaTdr.; gez. 13½:14.**

Pk.c

| | | | |
|---|---|---|---|
| **18 8 Fr** auf 5.50 (Fr) braun | (Pk.c) | 0,40 | 0,30 |
| **19 10 Fr** auf 5.50 (Fr) graublau | (Pk.c) | 1,— | 0,30 |
| **20 12 Fr** auf 5.50 (Fr) dunkelviolett | (Pk.c) | 1,20 | 0,30 |
| | Satzpreis (3 W.) | 2,60 | 0,60 |

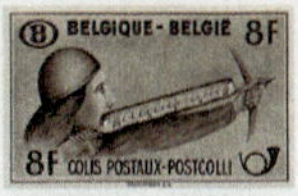

**1947. Bogenschütze. RaTdr. (5×15); gez. 11½.**

Pk.e) Bogenschütze mit Zug als Pfeil

| | | | |
|---|---|---|---|
| **21** 8 Fr sepia | Pk.e | 1,20 | 0,40 |
| **22** 10 Fr grau/blau | Pk.e | 1,20 | 0,30 |
| **23** 12 Fr violett | Pk.e | 1,20 | 0,30 |
| | Satzpreis (3 W.) | 3,60 | 1,— |

*Mit Aufdruck: MiNr. 24–26*

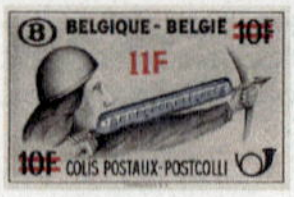

**1948, 16. Febr. Postpaketmarken MiNr. 21–23 mit rotem Aufdruck des neuen Wertes.**

25

| | | | | | |
|---|---|---|---|---|---|
| 24 | **9 Fr** auf 8 Fr sepia | (21) | 1,50 | 0,30 |
| 25 | **11 Fr** auf 10 Fr grau/blau | (22) | 1,50 | 0,30 |
| 26 | **13.50 Fr** auf 12 Fr violett | (23) | 1,50 | 0,30 |
| | Satzpreis (3 W.) | | 4,50 | 0,60 |

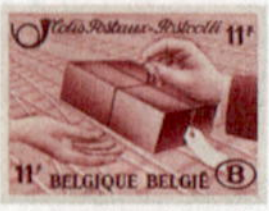

**1948, Juli. Postpaket. RaTdr. (5×15); gez. 11½.**

Pk.f) Hände mit Paket

| | | | | |
|---|---|---|---|---|
| 27 | 9 Fr sepia | Pk.f | 7,— | 0,30 |
| 28 | 11 Fr weinrot | Pk.f | 7,— | 0,30 |
| 29 | 13.50 Fr schwarzschiefer | Pk.f | 12,— | 0,30 |
| | Satzpreis (3 W.) | | 26,— | 0,60 |

**1950. Postalltag. StTdr. (5×15); A = gez. L 12½, C = gez. L 12:12½.**

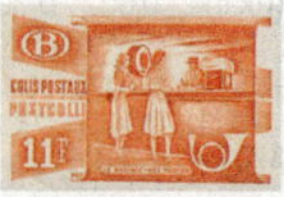

Pk.g) Paketannahme

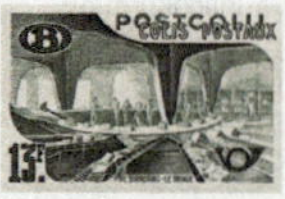

Pk.h) Paketsortierung

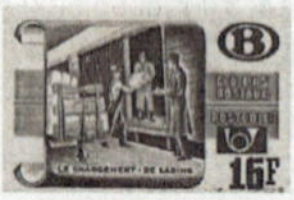

Pk.i) Verladung in Bahnwagen

| | | | | |
|---|---|---|---|---|
| 30 | 11 Fr orange | Pk.g | | |
| A | gez. L 12½ | | 5,— | 0,40 |
| C | gez. L 12:12½ | | —,— | —,— |
| 31 | 13 Fr dunkelgrün | Pk.h | | |
| A | gez. L 12½ | | 5,— | 0,40 |
| C | gez. L 12:12½ | | —,— | —,— |
| 32 A | 16 Fr grau | Pk.i | 5,— | 0,40 |
| | Satzpreis A (3 W.) | | 15,— | 1,10 |

*MiNr. 30 mit Aufdruck: MiNr. 39*

**1951, 2. Juli/1952, Jan. Postalltag. StTdr. (5×15); gez. 12½.**

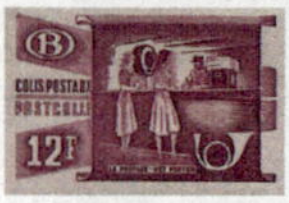

Pk.g) Paketannahme

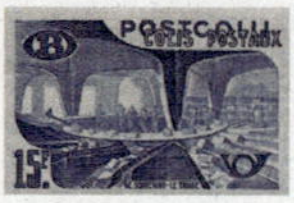

Pk.h) Paketsortierung

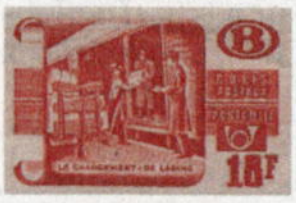

Pk.i) Verladung in Bahnwagen

| | | | | |
|---|---|---|---|---|
| 33 | 12 Fr dunkellila (2.7.1951) | Pk.g | 16,— | 1,20 |
| 34 | 15 Fr blau (2.7.1951) | Pk.h | 12,— | 0,30 |
| 35 | 17 Fr dunkelbraun (Jan. 1952) | Pk.g | 7,50 | 0,30 |
| 36 | 18 Fr karminrot (2.7.1951) | Pk.i | 12,— | 0,70 |
| 37 | 20 Fr braunorange (Jan. 1952) | Pk.i | 7,50 | 0,30 |
| | Satzpreis (5 W.) | | 55,— | 2,80 |

*MiNr. 34 und 36 mit Aufdruck: MiNr. 38, 40*

**1953, März. Postpaketmarken MiNr. 30, 34 und 36 mit farbigem Bdr.-Aufdruck des neuen Wertes, alter Wert durchkreuzt.**

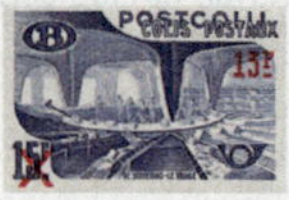

38

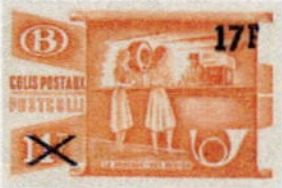

39

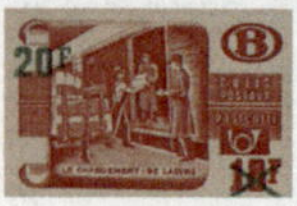

40

| | | | | |
|---|---|---|---|---|
| 38 | **13 Fr** auf 15 Fr blau | (34) R | 60,— | 3,— |
| 39 | **17 Fr** auf 11 Fr orange | (30) Bl | | |
| A | gez. L 12½ | | 30,— | 1,50 |
| C | gez. L 12:12½ | | —,— | —,— |
| 40 | **20 Fr** auf 18 Fr rot | (36) Gr | 20,— | 3,— |
| | Satzpreis (3 W.) | | 110,— | 7,50 |

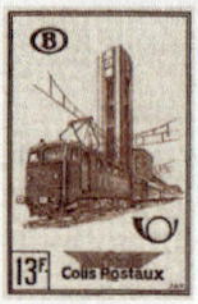

**1954, 1. Jan. Bahnhöfe. StTdr. (5×6); gez. K 11½.**

Pk.k) Elektrischer Zug vor Bahnhof Brüssel-Nord

| | | | | |
|---|---|---|---|---|
| 41 | 13 Fr braun | Pk.k | 20,— | 0,30 |
| 42 | 18 Fr ultramarin | Pk.k | 20,— | 0,30 |
| 43 | 21 Fr lila | Pk.k | 20,— | 0,40 |
| | Satzpreis (3 W.) | | 60,— | 1,— |

*MiNr. 34 und 36 mit Aufdruck: MiNr. 38, 40*

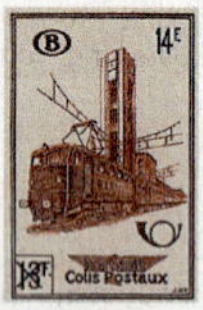

**1956, 1. Okt. MiNr. 41–43 mit farbigem Bdr.-Aufdruck des neuen Wertes, alter Wert durchkreuzt.**

44

| | | | | |
|---|---|---|---|---|
| 44 | **14 Fr** auf 13 Fr braun | (41) Bl | 8,50 | 0,30 |
| 45 | **19 Fr** auf 18 Fr ultramarin | (42) R | 8,50 | 0,30 |
| 46 | **22 Fr** auf 21 Fr lila | (43) Gr | 8,50 | 0,30 |
| | Satzpreis (3 W.) | | 25,— | 0,60 |

*Gültig bis 28.2.1959*

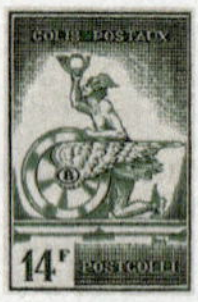

**1957, 15. Mai. Merkur mit Posthorn. StTdr. (5×6); gez. K 11½.**

Pk.l) Merkur mit Flügelrad und Posthorn

| | | | | |
|---|---|---|---|---|
| 47 | 14 Fr grün | Pk.l | 9,— | 0,30 |
| 48 | 19 Fr dunkelolivgrau | Pk.l | 9,— | 0,30 |
| 49 | 22 Fr karminrot | Pk.l | 9,— | 0,30 |
| | Satzpreis (3 W.) | | 27,— | 0,60 |

*Gültig bis 28.2.1959*

*MiNr. 48–49 mit Aufdruck: MiNr. 50–51*

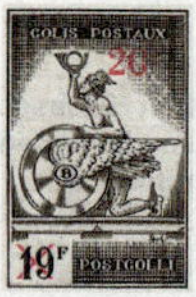

**1959, 1. März. MiNr. 48–49 mit farbigem Bdr.-Aufdruck des neuen Wertes; alter Wert durchkreuzt.**

50

| | | | | |
|---|---|---|---|---|
| 50 | **20 Fr** auf 19 Fr dunkelolivgrau | (48) R | 25,— | 0,30 |
| 51 | **20 Fr** auf 22 Fr karminrot | (49) Gr | 25,— | 0,70 |
| | Satzpreis (2 W.) | | 50,— | 1,— |

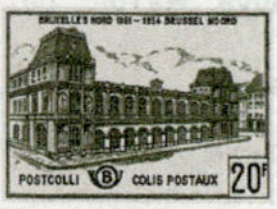

**1959, 17. Aug. Bahnhöfe. StTdr. (6×5); gez. K 11½.**

Pk.m) Alter Bahnhof Brüssel-Nord

| | | | | |
|---|---|---|---|---|
| 52 | 20 Fr grün | Pk.m | 12,— | 0,50 |

*Mit Aufdruck: MiNr. 53*

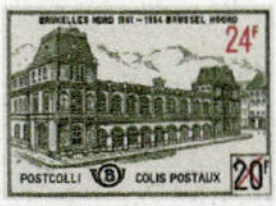

**1961, 1. Sept. MiNr. 52 mit karminfarbenem Bdr.-Aufdruck des neuen Wertes, alter Wert durchkreuzt.**

53

**53 24 Fr** auf 20 Fr grün . . . . . . . . . . . . . . . . . . . (52) 50,— 0,50

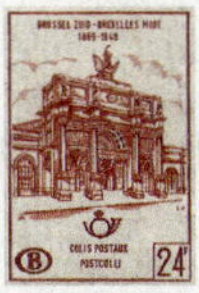

**1962, 24. April. Bahnhöfe. StTdr. (5×6); gez. K 11½.**

Pk.n) Alter Bahnhof Brüssel-Süd

**54** 24 Fr braunrot . . . . . . . . . . . . . . . . . . . . . . . . Pk.n 5,— 0,50

*Mit Aufdruck: MiNr. 55*

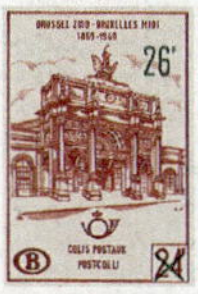

**1963, 15. Febr. MiNr. 54 mit grünem Bdr.-Aufdruck des neuen Wertes, alter Wert durchkreuzt.**

55

**55 26 Fr** auf 24 Fr braunrot . . . . . . . . . . . . . (54) 5,— 0,50

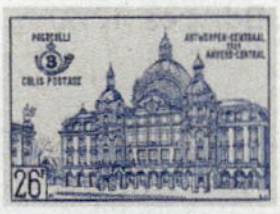

**1963, 23. Sept. Bahnhöfe. StTdr. (6×5); gez. K 11½.**

Pk.o) Antwerpen, Zentralbahnhof

**56** 26 Fr blau . . . . . . . . . . . . . . . . . . . . . . . . . . Pk.o 5,— 0,50

*Mit Aufdruck: MiNr. 57*

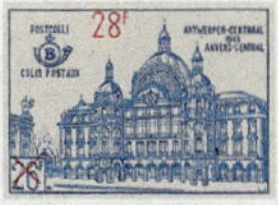

**1964, 20. April. MiNr. 56 mit karminfarbenem Bdr.-Aufdruck des neuen Wertes, alter Wert durchkreuzt.**

57

**57 28 Fr** auf 26 Fr blau . . . . . . . . . . . . . . . . . . (56) 5,— 0,50

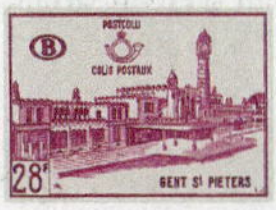

**1965, Nov. Bahnhöfe. StTdr. (6×5); gez. K 11½.**

Pk.p) Bahnhof Gent-St. Pieters

**58** 28 Fr lila . . . . . . . . . . . . . . . . . . . . . . . . . . . Pk.p 5,— 1,50

*Mit Aufdruck: MiNr. 59*

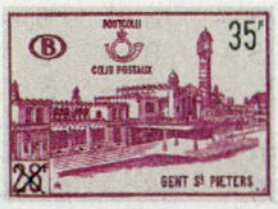

**1966, Febr. MiNr. 58 mit grünem Bdr.-Aufdruck des neuen Wertes, alter Wert durchkreuzt.**

59

**59 35 Fr** auf 28 Fr lila . . . . . . . . . . . . . . . . . . . . (58) 5,— 0,50

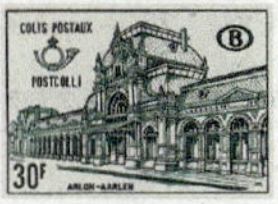

**1967. Bahnhöfe. StTdr. (6×5); gez. K 11½.**

Pk.r) Bahnhof Arlon

**60** 25 Fr dunkelocker . . . . . . . . . . . . . . . . . . . . Pk.r 10,— 0,40
**61** 30 Fr dunkelblaugrün . . . . . . . . . . . . . . . . . Pk.r 2,50 0,40
**62** 35 Fr kobalt . . . . . . . . . . . . . . . . . . . . . . . . Pk.r 3,— 0,40
Satzpreis (3 W.) 15,— 1,10

60 y Papier ph. . . . . . . . . . . . . . . . . . . . . . . . . . . . . . . . . . . . *500,— 50,—*

*MiNr. 60 und 62 mit Aufdruck: MiNr. 64–65*

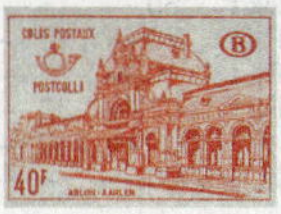

**1968, 24. Juni. Bahnhöfe. StTdr. (6×5); gez. K 11½.**

Pk.r) Bahnhof Arlon

**63** 40 Fr rot . . . . . . . . . . . . . . . . . . . . . . . . . . . . Pk.r 17,— 0,50

Text eingeben

*Mit Aufdruck: MiNr. 66*

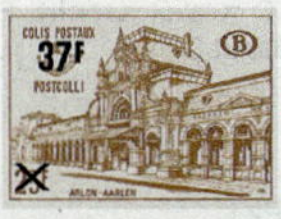

**1970, Dez. MiNr. 60 und 62–63 mit Bdr.-Aufdruck des neuen Wertes, alter Wert durchkreuzt.**

64

**64 37 Fr** auf 25 Fr dunkelocker . . . . . . . . . . (60 y) 65,— 7,50
**65 48 Fr** auf 35 Fr kobalt . . . . . . . . . . . . . . . . . (62) 5,— 5,—
**66 53 Fr** auf 40 Fr rot . . . . . . . . . . . . . . . . . . . . (63) 5,— 5,—
Satzpreis (3 W.) 75,— 17,—

64 x normales Papier . . . . . . . . . . . . . . . . . . . . . . . . . . . . 200,— 140,—

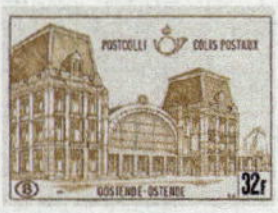

**1971, März. Bahnhöfe. StTdr., Wertziffer in RaTdr. (6×5); gez. K 11½.**

Pk.s) Bahnhof Ostende

**67** 32 Fr braunocker/schwarz . . . . . . . . . . . . . Pk.s 2,— 1,—
**68** 37 Fr dunkelgrau/schwarz . . . . . . . . . . . . . Pk.s 15,— 12,—
**69** 42 Fr grauultramarin/schwarz . . . . . . . . . . Pk.s 2,— 1,20
**70** 44 Fr karminlila/schwarz . . . . . . . . . . . . . . Pk.s 2,— 1,—
**71** 46 Fr purpurviolett/schwarz . . . . . . . . . . . . Pk.s 2,— 1,20
**72** 50 Fr bräunlichrot/schwarz . . . . . . . . . . . . Pk.s 3,— 2,20
**73** 52 Fr dunkelviolettbraun/schwarz . . . . . . . Pk.s 15,— 12,—
**74** 54 Fr oliv/schwarz . . . . . . . . . . . . . . . . . . . . Pk.s 2,50 2,—
**75** 61 Fr bläulichgrün/schwarz . . . . . . . . . . . . Pk.s 2,50 2,50
Satzpreis (9 W.) 45,— 35,—

*MiNr. 67–70 und 73–75 mit Aufdruck: MiNr. 76–82*

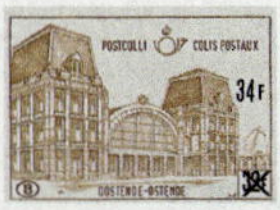

**1971, Nov. Bahnhöfe. Marken in Zeichnung Pk.s mit Bdr.-Aufdruck des neuen Wertes, alter Wert durchkreuzt.**

76

**76 34 Fr** auf 32 Fr braunocker/schwarz . . . . . (67) 3,— 1,—
**77 40 Fr** auf 37 Fr dunkelgrau/schwarz . . . . . (68) 3,— 1,—

| | | | |
|---|---|---|---|
| **78** **47 Fr** auf 44 Fr karminlila/schwarz | (70) | 3,— | 1,— |
| **79** **53 Fr** auf 42 Fr grauultramarin/schwarz | (69) | 3,80 | 0,70 |
| **80** **56 Fr** auf 52 Fr dunkelviolettbraun/schwarz | (73) | 3,80 | 1,— |
| **81** **59 Fr** auf 54 Fr oliv/schwarz | (74) | 3,80 | 1,— |
| **82** **66 Fr** auf 61 Fr bläulichgrün/schwarz | (75) | 4,60 | 1,— |
| | Satzpreis (7 W.) | 25,— | 6,50 |

*MiNr. 8–82 gültig bis 28.2.1981*

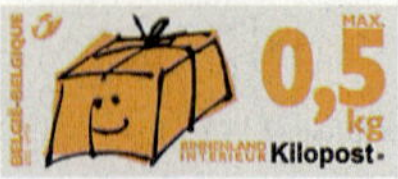

**2003, 3. Nov. Kilopost. Odr. (1×10); gez. K 11½:11¾.**

Pk.t) Postpaket

| | | | | |
|---|---|---|---|---|
| **83** | 0.5 kg orange/schwarz | Pk.t | 25,— | 7,— |
| **84** | 1 kg rot/schwarz | Pk.t | 30,— | 9,— |
| **85** | 2 kg blau/schwarz | Pk.t | 35,— | 12,— |
| **86** | 3 kg gelb/schwarz | Pk.t | 45,— | 14,— |
| **87** | 4 kg violett/schwarz | Pk.t | 55,— | 16,— |
| **88** | 5 kg gelbgrün/schwarz | Pk.t | 60,— | 18,— |
| **89** | 10 kg braunkarmin/schwarz | Pk.t | 70,— | 20,— |
| **90** | 20 kg braun/schwarz | Pk.t | 80,— | 25,— |
| **91** | 30 kg blaugrün/schwarz | Pk.t | 100,— | 30,— |
| | | Satzpreis (9 W.) | 500,— | 150,— |
| | | Kleinbogensatz (9 Klb.) | 5000,— | —,— |

Nominalen zur Zeit der Ausgabe: MiNr. 83 = 2.48 €, MiNr. 84 = 3.10 €, MiNr. 85 = 3.72 €, MiNr. 86 = 5.21 €, MiNr. 87 = 5.95 €, MiNr. 88 = 6.69 €, MiNr. 89 = 7.44 €, MiNr. 90 = 8.68 €, MiNr. 91 = 11.16 €

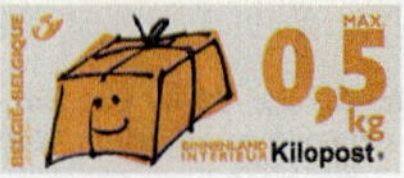

**2003, 3. Nov./2004, 23. Febr. Kilopost. Odr., Markenheftchen (1×5); selbstklebend; C = waagerecht, F = nur oben gestanzt 8.**

Pk.t) Postpaket

| | | | | |
|---|---|---|---|---|
| **92** | 0.5 kg orange/schwarz (3.11.2003) | Pk.t | | |
| C | waagerecht gestanzt (▭) | | 15,— | 5,— |
| F | einseitig gestanzt (▭) | | 20,— | 10,— |
| **93** | 1 kg rot/schwarz (3.11.2003) | Pk.t | | |
| C | waagerecht gestanzt (▭) | | 18,— | 7,— |
| F | einseitig gestanzt (▭) | | 25,— | 12,— |
| **94** | 2 kg blau/schwarz (3.11.2003) | Pk.t | | |
| C | waagerecht gestanzt (▭) | | 20,— | 8,— |
| F | einseitig gestanzt (▭) | | 30,— | 15,— |
| **95** | 3 kg gelb/schwarz (23.2.2004) | Pk.t | | |
| C | waagerecht gestanzt (▭) | | 28,— | 11,— |
| F | einseitig gestanzt (▭) | | 40,— | 20,— |
| **96** | 4 kg violett/schwarz (23.2.2004) | Pk.t | | |
| C | waagerecht gestanzt (▭) | | 32,— | 13,— |
| F | einseitig gestanzt (▭) | | 50,— | 25,— |
| **97** | 5 kg gelbgrün/schwarz (23.2.2004) | Pk.t | | |
| C | waagerecht gestanzt (▭) | | 37,— | 15,— |
| F | einseitig gestanzt (▭) | | 55,— | 28,— |
| **98** | 10 kg braunkarmin/schwarz (23.2.2004) | Pk.t | | |
| C | waagerecht gestanzt (▭) | | 40,— | 17,— |
| F | einseitig gestanzt (▭) | | 65,— | 32,— |
| **99** | 20 kg braun/schwarz (23.2.2004) | Pk.t | | |
| C | waagerecht gestanzt (▭) | | 50,— | 19,— |
| F | einseitig gestanzt (▭) | | 75,— | 35,— |
| **100** | 30 kg blaugrün/schwarz (23.2.2004) | Pk.t | | |
| C | waagerecht gestanzt (▭) | | 60,— | 25,— |
| F | einseitig gestanzt (▭) | | 90,— | 45,— |
| | | Satzpreis C (9 W.) | 300,— | 120,— |
| | | Satzpreis F (9 W.) | 450,— | 220,— |
| | | 9 Markenheftchen | 1700,— | |

Nominalen zur Zeit der Ausgabe: MiNr. 92 = 2.48 €, MiNr. 93 = 3.10 €, MiNr. 94 = 3.72 €, MiNr. 95 = 5.21 €, MiNr. 96 = 5.95 €, MiNr. 97 = 6.69 €, MiNr. 98 = 7.44 €, MiNr. 99 = 8.68 €, MiNr. 100 = 11.16 €

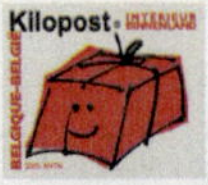

**2005, 1. Juni. Kilopost. Odr., Folienblätter (5); selbstklebend; dreiseitig gestanzt 10.**

Pk.u) Postpaket

| | | | | |
|---|---|---|---|---|
| **101** | — INTÉRIEUR/BINNENLAND schwarz/rot | Pk.u | | |
| Dl | dreiseitig gestanzt (▭) | | 12,— | 5,— |
| Dr | dreiseitig gestanzt (▭) | | 12,— | 5,— |
| **102** | — BUITENLAND/INTERNATIONAL schwarz/cyanblau | Pk.u | | |
| Dl | dreiseitig gestanzt (▭) | | 32,— | 20,— |
| Dr | dreiseitig gestanzt (▭) | | 32,— | 20,— |
| | | Satzpreis (2 W.) | 44,— | 25,— |
| | | 2 Folienblätter | 220,— | |

Nominalen zur Zeit der Ausgabe: MiNr. 101 = 3.10 €, MiNr. 102 = 13.00 €

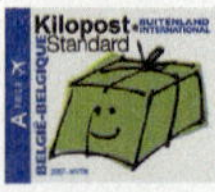

**2007, 1. Aug. Kilopost. Odr., Folienblätter (5); selbstklebend; dreiseitig gestanzt 10.**

Pk.u I) Postpaket

| | | | | |
|---|---|---|---|---|
| **103** | — INTERNATIONAL/BUITENLAND schwarz/dunkelgelbgrün | Pk.u | | |
| Dl | dreiseitig gestanzt (▭) | | 12,— | 12,— |
| Dr | dreiseitig gestanzt (▭) | | 12,— | 12,— |
| **104** | A BUITENLAND/INTERNATIONAL blau/schwarz/dunkelgelbgrün | Pk.u I | | |
| Dl | dreiseitig gestanzt (▭) | | 32,— | 28,— |
| Dr | dreiseitig gestanzt (▭) | | 32,— | 28,— |
| | | Satzpreis (2 W.) | 44,— | 40,— |
| | | 2 Folienblätter | 220,— | |

Nominalen zur Zeit der Ausgabe: MiNr. 103 = 5.60 €, MiNr. 104 = 13.00 €

# Telegraphenmarken

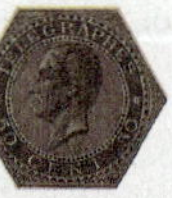

**1866, 7. Jan. König Leopold I. Bdr. gez. 13½.**

Ta) König Leopold I.

| | | | | ✶ | ⊙ |
|---|---|---|---|---|---|
| **1** | 50 C | | Ta | | |
| a | | grau | | 260,— | 170,— |
| b | | grauschwarz | | 320,— | 200,— |
| **2** | 1 Fr | | Ta | | |
| a | | grün | | 400,— | 220,— |
| b | | gelbgrün | | 420,— | 220,— |

| | ✶ |
|---|---|
| 1 U-2 U ungezähnt (Probedrucke?) | 55,— |

**ND Neudrucke:**

1 ND-2 ND ........ 100,—

ND (1902): Neudrucke, mattere (grau bzw. gelbgrün), glänzendes Papier (satiniert).

**1871/1879, 1. Okt. Ziffer; König Leopold II. auf glattem Grund. Bdr.; gez. 14.**

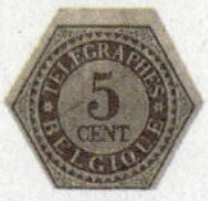

Tb

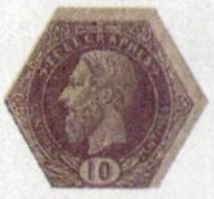

Tc) König Leopold II.

| | | | | ✶ | ⊙ | ≡ |
|---|---|---|---|---|---|---|
| **3** | 5 C | grau, dunkelgrau (1.10.1879) | Tb | 80,— | 15,— | 12,— |
| **4** | 10 C | violett (1.5.1878) | Tc | 22,— | 9,— | 6,— |
| **5** | 25 C | (1.7.1872) | Tc | | | |
| a | | gelbgrün | | 25,— | 8,— | 6,— |
| b | | dunkelgrün | | 25,— | 8,— | 6,— |
| **6** | 50 C | braun | Tc | 32,— | 9,— | 6,50 |
| **7** | 1 Fr | karmin | Tc | 55,— | 20,— | 12,— |
| **8** | 5 Fr | blau (15.8.1872) | Tc | 650,— | 25,— | 16,— |
| | | | Satzpreis (6 W.) | 850,— | 85,— | 55,— |

| | | ✶ |
|---|---|---|
| 6 U | ungezähnt | —,— |
| 7 U | ungezähnt | —,— |

⊙-Preise gelten für postalischen Gebrauch; ≡-Preise gelten für telegraphischen Gebrauch.

**1888/1899. Ziffer; König Leopold II. auf liniertem Grund. Bdr.; gez. 14.**

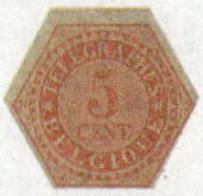

Tb

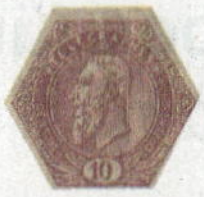

Td) König Leopold II.

| | | | | | ✶ | ⊙ | ≡ |
|---|---|---|---|---|---|---|---|
| 9 | 5 C | orangebraun (1.3.1893) | Tb | 6,— | 8,— | 5,— |
| 10 | 10 C | (1899) | Td | | | |
| a | | lila | | 5,— | 15,— | 7,50 |
| b | | violett | | 17,— | 17,— | 15,— |
| 11 | 25 C | grün (1899) | Td | 1,50 | 6,— | 2,— |
| 12 | 50 C | reh- bis olivbraun (1899) | Td | 0,30 | 2,— | 0,60 |
| 13 | 60 C | oliv | Td | 2,— | 5,— | 2,50 |
| 14 | 80 C | schwarz (1.4.1897) | Td | 3,50 | 8,— | 4,— |
| 15 | 1 Fr | karmin (1899) | Td | 0,70 | 3,— | 1,20 |
| 16 | 5 Fr | blau (1899) | Td | 1,— | 3,— | 1,20 |
| | | Satzpreis (8 W.) | | 20,— | 50,— | 24,— |

| | | ✶ |
|---|---|---|
| 13 U | ungezähnt | —,— |

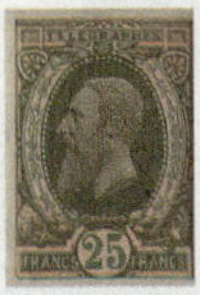

**1889, 1. Jan. König Leopold II. Bdr. (5×5); A = gez. 14, C = gez. 14½:15½.**

Te) König Leopold II.

| | | | | ✶ | ⊙ | ≡ |
|---|---|---|---|---|---|---|
| 17 | 25 Fr | grün/rosa | Te | | | |
| A | | gez. 14 | | 85,— | 12,— | 55,— |
| C | | gez. 14½:15½ | | 900,— | 22,— | 75,— |

FALSCH

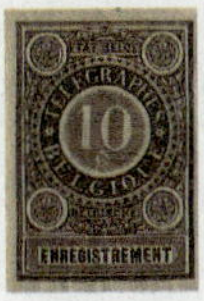

**1897, 1. April. Telegraphenquittungsmarke. Bdr. (10×1 Zd + 10×1 Zd); gez. 11½.**

Tf

| | | | | | | |
|---|---|---|---|---|---|---|
| 18 | 10 C | schwarz | Tf | 55,— | 75,— | 50,— |
| | | mit Quittungsteil | | 100,— | | |

Die Marke wurde senkrecht zusammenhängend mit einem dreiseitig gezähnten ungummierten Quittungsteil gedruckt. Die untere Hälfte des Doppelbogens ist kopfstehend, so dass es senkrechte Kehrdruckpaare mit Zwischensteg gibt.

⊙-Preise gelten für postalischen Gebrauch; ≡-Preise gelten für telegraphischen Gebrauch.

# Zeitungspaketmarken

der Eisenbahnverwaltung

**1928, Juli. Eisenbahnpaketmarken der Ausgabe 1923 und 1927/31 mit Aufdruck „JOURNAUX / DAGBLADEN / 1928“.**

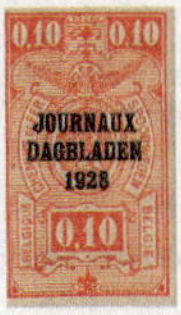

1

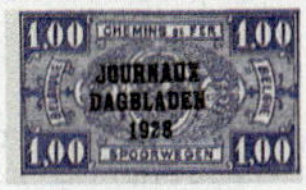

8

| | | | | | ✶✶ | ⊙ |
|---|---|---|---|---|---|---|
| 1 | 0.10 Fr | ziegelrot | (137) | 0,70 | 0,30 |
| 2 | 0.20 Fr | grünblau | (139) | 0,70 | 0,30 |
| 3 | 0.40 Fr | oliv | (140) | 0,70 | 0,30 |
| 4 | 0.60 Fr | orange | (141) | 1,20 | 0,30 |
| 5 | 0.70 Fr | braun | (142) | 1,— | 0,30 |
| 6 | 0.80 Fr | violett | (143) | 2,— | 0,30 |
| 7 | 0.90 Fr | blaugrau | (159) | 25,— | 3,— |
| 8 | 1 Fr | ultramarin | (144) | 10,— | 3,50 |
| 9 | 1 Fr | hellblau | (160) | 3,— | 0,30 |
| 10 | 2 Fr | grauoliv | (148) | 7,50 | 0,50 |
| 11 | 3 Fr | dunkelrot | (152) | 7,50 | 0,50 |
| 12 | 4 Fr | rosa | (154) | 7,50 | 0,50 |
| 13 | 5 Fr | violett | (155) | 7,50 | 0,50 |
| 14 | 6 Fr | hellbraun | (162) | 12,— | 1,— |
| 15 | 7 Fr | orange | (163) | 45,— | 2,50 |
| 16 | 8 Fr | dunkelbraun | (164) | 30,— | 1,— |
| 17 | 9 Fr | graulila | (165) | 60,— | 8,50 |
| 18 | 10 Fr | bläulichgrün | (166) | 30,— | 2,— |
| 19 | 20 Fr | rosalila | (167) | 100,— | 10,— |
| | | Satzpreis (19 W.) | | 350,— | 35,— |

FALSCH

**1929, 1. Febr./1932. Eisenbahnpaketmarken der Ausgabe 1923 und 1927/31, z.T. in geänderten Farben, mit Aufdruck „JOURNAUX / DAGBLADEN“.**

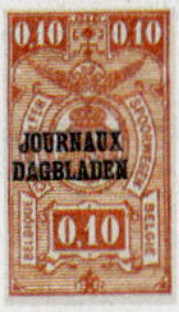

20

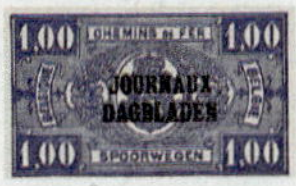

27

| | | | | | |
|---|---|---|---|---|---|
| 20 | 0.10 Fr | ziegelrot | (137) | 0,60 | 0,30 |
| 21 | 0.20 Fr | grünblau | (139) | 0,60 | 0,30 |
| 22 | 0.40 Fr | oliv | (140) | 0,60 | 0,30 |
| 23 | 0.60 Fr | orange | (141) | 1,20 | 0,30 |
| 24 | 0.70 Fr | braun | (142) | 0,80 | 0,30 |
| 25 | 0.80 Fr | violett | (143) | 1,20 | 0,70 |
| 26 | 0.90 Fr | blaugrau | (159) | 15,— | 4,50 |
| 27 | 1 Fr | ultramarin | (144) | 2,— | 0,30 |
| 28 | 1 Fr | hellblau (1932) | (160) | 6,— | 2,50 |
| 29 | 1.10 Fr | rotbraun (1931) | (—) | 12,— | 1,— |
| 30 | 1.50 Fr | violettblau (1931) | (—) | 12,— | 1,— |
| 31 | 2 Fr | grauoliv | (148) | 6,— | 0,70 |
| 32 | 2.10 Fr | blaugrau (1931) | (—) | 50,— | 10,— |
| 33 | 3 Fr | dunkelrot | (152) | 6,— | 0,70 |
| 34 | 4 Fr | rosa | (154) | 6,— | 0,70 |
| 35 | 5 Fr | violett | (155) | 6,— | 0,70 |
| 36 | 6 Fr | hellbraun | (162) | 12,— | 1,50 |
| 37 | 7 Fr | orange | (163) | 30,— | 1,50 |
| 38 | 8 Fr | dunkelbraun | (164) | 20,— | 1,50 |
| 39 | 9 Fr | graulila | (165) | 42,— | 10,— |
| 40 | 10 Fr | bläulichgrün | (166) | 20,— | 2,50 |
| 41 | 20 Fr | rosalila | (167) | 50,— | 10,— |
| | | Satzpreis (22 W.) | | 300,— | 50,— |

Es sind 2 Aufdrucktypen bekannt:

Type I: „R“ von „JOURNAUX“ mittig über „BL“ von „DAGBLADEN“
Type II: „R“ von „JOURNAUX“ über „B“ von „DAGBLADEN“ (doppelter Preis).

FALSCH

# Belgische Militärpost im Rheinland

Währung: 1 Franc (Fr) = 100 Centimes (C)

**Preise ungebraucht ★★**

Alle Katalogpreise ab 5,— gelten nur für geprüfte Stücke.

FALSCH Aufdruckfälschungen aller Ausgaben meist auf gebrauchten Urmarken mit unleserlichen Poststempeln. Aufdrucke also über den Poststempeln. Bei allen teureren Ausgaben Prüfung ratsam.

**1919, 20. Sept./1920. Freimarken von Belgien mit Bdr.-Aufdruck „ALLEMAGNE / DUITSCHLAND" in drei Typen.**

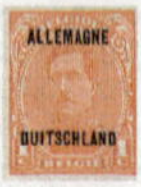

Type I: 11,5 mm Abstand zwischen den Aufdruckzeilen

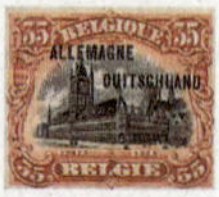
Type II: 2 mm Abstand zwischen den Aufdruckzeilen

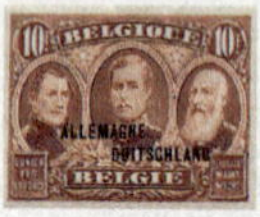
Type III: 1 mm Abstand zwischen den Aufdruckzeilen

| Nr. | | | Wert | Farbe | | ★★ | ⊙ |
|---|---|---|---|---|---|---|---|
| 1 | I | | 1 C | orange (20.9.1919) | (113) | 2,30 | 0,80 |
| 2 | I | | 2 C | dunkelbraun (20.9.1919) | (114) | 2,30 | 0,80 |
| 3 | I | | 5 C | grün (20.9.1919) | (116) | 3,— | 1,50 |
| 4 | I | | 10 C | karmin (20.9.1919) | (117) | 10,— | 3,— |
| 5 | I | | 15 C | violett (20.9.1919) | (118) | 4,50 | 1,50 |
| 6 | I | | 20 C | lila (20.9.1919) | (119) | 6,— | 1,50 |
| 7 | I | | 25 C | blau (20.9.1919) | (120) | 9,— | 2,50 |
| 8 | II | | 35 C | rotbraun/schwarz (20.9.1919) | | | |
| | | A | | gez. L 14 | (121 A) | 9,— | 1,50 |
| | | C | | gez. L 15 | (121 C) | –,— | *200,—* |
| 9 | II | A | 40 C | grün/schwarz (20.9.1919) | (122 A) | 11,— | 3,— |
| 10 | II | | 50 C | karmin/schwarz (20.9.1919) | | | |
| | | A | | gez. L 14 | (123 A) | 38,— | 14,— |
| | | C | | gez. L 15 | (123 C) | –,— | *200,—* |
| 11 | | | 1 Fr | violett | | | |
| | II | | | Type II (20.9.1919) | | | |
| | | A | | gez. L 14 | (125 A) | 130,— | 25,— |
| | | C | | gez. L 15 | (125 C) | –,— | *200,—* |
| | III | | | Type III (1920) | | | |
| | | A | | gez. L 14 | (125 A) | 140,— | 30,— |
| | | C | | gez. L 15 | (125 C) | –,— | –,— |
| 12 | | | 2 Fr | blaugrau | | | |
| | II | | | Type II (20.9.1919) | | | |
| | | A | | gez. L 14 | (126 A) | 300,— | 60,— |
| | | C | | gez. L 15 | (126 C) | –,— | *270,—* |
| | III | | | Type III (1920) | | | |
| | | A | | gez. L 14 | (126 A) | 300,— | 60,— |
| | | C | | gez. L 15 | (126 C) | –,— | –,— |
| 13 | | | 5 Fr | blau | | | |
| | II | | | Type II (20.9.1919) | | | |
| | | A | | gez. L 14 | (144 A) | 80,— | 15,— |
| | | C | | gez. L 15 | (144 C) | *500,—* | *200,—* |
| | III | | | Type III (1920) | | | |
| | | A | | gez. L 14 | (144 A) | 80,— | 20,— |
| | | C | | gez. L 15 | (144 C) | –,— | *400,—* |
| 14 | | | 10 Fr | braun | | | |
| | II | | | Type II (20.9.1919) | | | |
| | | A | | gez. L 14 | (128 A) | 350,— | 80,— |
| | | C | | gez. L 15 | (128 C) | –,— | *400,—* |
| | III | | | Type III (1920) | | | |
| | | A | | gez. L 14 | (128 A) | 350,— | 100,— |
| | | C | | gez. L 15 | (128 C) | –,— | –,— |

**1921, 1. Juni. Freimarken von Belgien mit Bdr.-Aufdruck „ALLEMAGNE / DUITSCHLAND" in zwei Typen.**

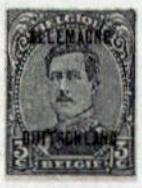
Type I: 11,5 mm Abstand zwischen den Aufdruckzeilen

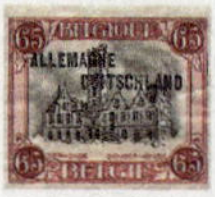
Type III: 1 mm Abstand zwischen den Aufdruckzeilen

| Nr. | | Wert | Farbe | | ★★ | ⊙ |
|---|---|---|---|---|---|---|
| 15 | I | 3 C | blaugrau | (115) | 2,— | 5,— |
| 16 | I | 25 C | schwarzblau | (143) | 18,— | 15,— |
| 17 | III | 65 C | lilarot/schwarz | (124) | 12,— | 15,— |
| | | | Satzpreis MiNr. 1–17 (17 W.) | | 650,— | 240,— |

MiNr. 1–17 waren für die belgischen Besatzungstruppen im Rheinland und deren Gefolge im Postverkehr mit Belgien, Belgisch-Kongo und Frankreich nebst Kolonien bestimmt und wurden nur von diesen benutzt. Entwertung: „Postes militaires Belgique – België Legerposterij".

FALSCH

*Gültig bis 30.4.1931*

# Ausgaben für Eupen und Malmédy

## Eupen und Malmédy

Am 15.1.1920 ging die Post dieses Gebietes an Belgien über. Bis 27.1.1920 konnten noch deutsche Marken allein oder in Verbindung mit den belgischen Marken verwendet werden.

Währung: 1 Mark (Mk) = 100 Pfennig (PF)

**1920, 15. Jan. Freimarken von Belgien mit schwarzem bzw. rotem Bdr.-Aufdruck „EUPEN / & / MALMÉDY" und neuer Wertstufe.**

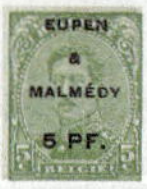

1

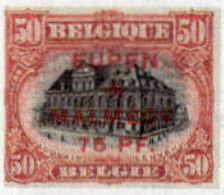
6

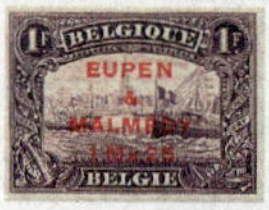
7

| Nr. | Wert | | | ★★ | ⊙ |
|---|---|---|---|---|---|
| 1 | 5 PF | auf 5 C grün | (116) S | 1,50 | 1,30 |
| 2 | 10 PF | auf 10 C karmin | (117) S | 1,80 | 1,50 |
| 3 | 15 PF | auf 15 C violett | (118) S | 2,50 | 2,— |
| 4 | 20 PF | auf 20 C lila | (119) S | 3,— | 2,50 |
| 5 | 30 PF | auf 25 C blau | (120) S | 3,50 | 2,50 |
| 6 | 75 PF | auf 50 C karmin/schwarz | | | |
| A | | gez. L 14 | (123 A) R | 80,— | 25,— |
| C | | gez. L 15 | (123 C) R | *400,—* | *250,—* |
| 7 | 1.25 Mk | auf 1 Fr violett | | | |
| A | | gez. L 14 | (125 A) R | 110,— | 26,— |
| C | | gez. L 15 | (125 C) R | *550,—* | *250,—* |
| | | Satzpreis (7 W.) | | 200,— | 60,— |

FALSCH

*Gültig bis 4.3.1920 im Kreis Malmédy; bis 19.3.1920 im Kreis Eupen*

## Eupen

Währung: 1 Franc (Fr) = 100 Centimes (C)

**1920, 20. März. Freimarken von Belgien mit Bdr.-Aufdruck „Eupen" in zwei Typen.**

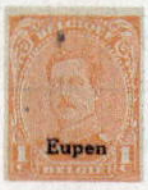
Type I: Inschrift 8 mm lang (MiNr. 1–10)

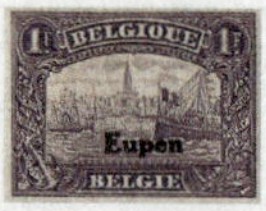
Type II: Inschrift 11,5 mm lang (MiNr. 11–14)

| Nr. | Wert | Farbe | | ★★ | ⊙ |
|---|---|---|---|---|---|
| 1 | 1 C | orange | (113) | 1,20 | 1,20 |
| 2 | 2 C | dunkelbraun | (114) | 1,20 | 1,20 |

| | | | | | |
|---|---|---|---|---|---|
| **3** | 5 C | grün | (116) | 1,50 | 1,20 |
| **4** | 10 C | karmin | (117) | 2,50 | 1,70 |
| **5** | 15 C | violett | (118) | 4,— | 1,70 |
| **6** | 20 C | lila | (119) | 4,50 | 2,— |
| **7** | 25 C | blau | (120) | 4,— | 2,50 |
| **8** | 35 C | rotbraun/schwarz | | | |
| A | | gez. L 14 | (121 A) | 5,50 | 2,50 |
| C | | gez. L 15 | (121 C) | *280,—* | *180,—* |
| **9** | 40 C | grün/schwarz | | | |
| A | | gez. L 14 | (122 A) | 6,50 | 3,— |
| C | | gez. L 15 | (122 C) | *240,—* | *200,—* |
| **10** | 50 C | karmin/schwarz | | | |
| A | | gez. L 14 | (123 A) | 20,— | 10,— |
| C | | gez. L 15 | (123 C) | *300,—* | *200,—* |
| **11** | 1 Fr | violett | | | |
| A | | gez. L 14 | (125 A) | 70,— | 25,— |
| C | | gez. L 15 | (125 C) | *350,—* | *250,—* |
| **12** | 2 Fr | blaugrau | | | |
| A | | gez. L 14 | (126 A) | 130,— | 40,— |
| C | | gez. L 15 | (126 C) | —,— | —,— |
| **13** | 5 Fr | blau | | | |
| A | | gez. L 14 | (144 A) | 40,— | 15,— |
| C | | gez. L 15 | (144 C) | *500,—* | *200,—* |
| **14** | 10 Fr | braun | | | |
| A | | gez. L 14 | (128 A) | 180,— | 65,— |
| C | | gez. L 15 | (128 C) | *500,—* | *200,—* |

**1921, März. Freimarken von Belgien mit Bdr.-Aufdruck „Eupen" in zwei Typen.**

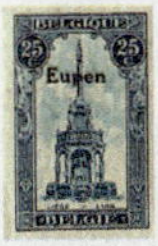

Type I: Inschrift 8 mm lang (MiNr. 15–16)

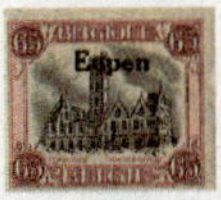

Type II: Inschrift 11,5 mm lang (MiNr. 17)

| | | | | | |
|---|---|---|---|---|---|
| **15** | 3 C | blaugrau | (115) | 2,— | 5,— |
| **16** | 25 C | schwarzblau | (143) | 14,— | 22,— |
| **17** | 65 C | lilarot/schwarz | (124) | 10,— | 28,— |
| | | Satzpreis MiNr. 1–17 (17 W.) | | 500,— | 200,— |

FALSCH

*Gültig bis 30.4.1931*

## Portomarken

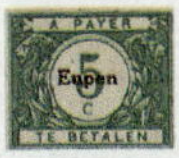


**1920, 12. März. Portomarken von Belgien mit Bdr.-Aufdruck „Eupen".**

1

| | | | | | |
|---|---|---|---|---|---|
| **1** | 5 C | grün | (17) | 3,50 | 2,— |
| **2** | 10 C | karmin | (18) | 7,— | 3,— |
| **3** | 20 C | resedagrün | (19) | 15,— | 6,50 |
| **4** | 30 C | hellblau | (20) | 15,— | 6,50 |
| **5** | 50 C | grau | (21) | 70,— | 22,— |
| | | Satzpreis (5 W.) | | 110,— | 40,— |

FALSCH

*Gültig bis 30.4.1931*

Verschiedene Werte der Ausgaben Staatswappen, König Leopold III. und der Flugpostausgabe Fokker F VII wurden 1940 privat mit dem Aufdruck „Hakenkreuz/Eupen ist frei" versehen. Die Ausgaben waren nicht frankaturgültig.

# Malmédy

Währung: 1 Franc (Fr) = 100 Centimes (C)

**1920, 8. März. Freimarken von Belgien mit Bdr.-Aufdruck „Malmédy" in drei Typen.**

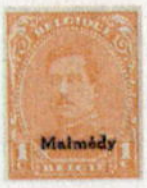

Type I: Inschrift 10 mm lang (MiNr. 1–7)

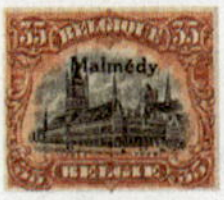

Type II: Inschrift 11,5 mm lang (MiNr. 8–10)

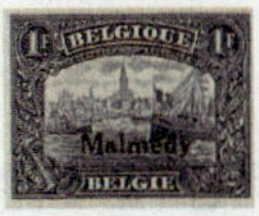

Type III: Inschrift 15 mm lang (MiNr. 11–14)

| | | | | ★★ | ⊙ |
|---|---|---|---|---|---|
| **1** | 1 C | orange | (113) | 1,50 | 1,20 |
| **2** | 2 C | dunkelbraun | (114) | 1,50 | 1,20 |
| **3** | 5 C | grün | (116) | 2,— | 1,20 |
| **4** | 10 C | karmin | (117) | 3,— | 1,70 |
| **5** | 15 C | violett | (118) | 4,50 | 2,— |
| **6** | 20 C | lila | (119) | 5,50 | 2,50 |
| **7** | 25 C | blau | (120) | 4,50 | 2,50 |
| **8** | 35 C | rotbraun/schwarz | | | |
| A | | gez. L 14 | (121 A) | 5,50 | 2,50 |
| C | | gez. L 15 | (121 C) | *250,—* | *200,—* |
| **9** | 40 C | grün/schwarz | | | |
| A | | gez. L 14 | (122 A) | 5,50 | 3,— |
| C | | gez. L 15 | (122 C) | *200,—* | *180,—* |
| **10** | 50 C | karmin/schwarz | | | |
| A | | gez. L 14 | (123 A) | 22,— | 10,— |
| C | | gez. L 15 | (123 C) | *250,—* | *200,—* |
| **11** | 1 Fr | violett | | | |
| A | | gez. L 14 | (125 A) | 70,— | 32,— |
| C | | gez. L 15 | (125 C) | —,— | *180,—* |
| **12** | 2 Fr | blaugrau | | | |
| A | | gez. L 14 | (126 A) | 130,— | 40,— |
| C | | gez. L 15 | (126 C) | —,— | —,— |
| **13** | 5 Fr | blau | | | |
| A | | gez. L 14 | (144 A) | 40,— | 22,— |
| C | | gez. L 15 | (144 C) | *400,—* | *400,—* |
| **14** | 10 Fr | braun | | | |
| A | | gez. L 14 | (128 A) | 180,— | 75,— |
| C | | gez. L 15 | (128 C) | —,— | *250,—* |

**1921, März. Freimarken von Belgien mit Bdr.-Aufdruck „Malmédy" in zwei Typen.**

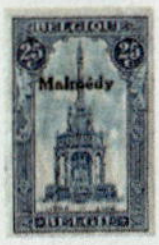

Type I: Inschrift 10 mm lang (MiNr. 15–16)

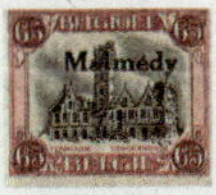

Type III: Inschrift 15 mm lang (MiNr. 17)

| | | | | | |
|---|---|---|---|---|---|
| **15** | 3 C | blaugrau | (115) | 2,— | 6,— |
| **16** | 25 C | schwarzblau | (143) | 14,— | 22,— |
| **17** | 65 C | lilarot/schwarz | (124) | 10,— | 28,— |
| | | Satzpreis MiNr. 1-17 (17 W.) | | 500,— | 200,— |

FALSCH

*Gültig bis 30.4.1931*

## Portomarken

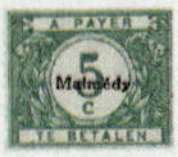


**1920, 5. März. Portomarken von Belgien mit Bdr.-Aufdruck „Malmédy".**

1

| | | | | | |
|---|---|---|---|---|---|
| **1** | 5 C | grün | (17) | 3,50 | 2,— |
| **2** | 10 C | karmin | (18) | 7,— | 3,— |
| **3** | 20 C | resedagrün | (19) | 15,— | 6,50 |
| **4** | 30 C | hellblau | (20) | 15,— | 6,50 |

**5** 50 C grau ............................ (21) 70,— 22,—
Satzpreis (5 W.) 110,— 40,—

FALSCH

*Gültig bis 30.4.1931*

Die Marken Eupens konnten auch in Malmédy, die Marken von Malmédy auch in Eupen verwendet werden. Ab 1.8.1921 waren sie in ganz Belgien gültig, umgekehrt waren belgische Marken dann auch in Eupen und Malmédy gültig.

# Belgische Kolonien

*Belgische Besetzung von Deutsch-Ostafrika siehe MICHEL-Übersee Ostafrika*
*Belgisch-Kongo siehe MICHEL-Übersee Zentralafrika*
*Ruanda–Urundi siehe MICHEL-Übersee Ostafrika*

# Luxemburg (Luxembourg)

Großherzogtum, bis 1890 in Personalunion mit Niederlande

Währung: 1 Franc (Fr) = 100 Centimes (C), 1 Silbergroschen (Sgr) = 12½ Centimes; 10.5.1940 bis 10.9.1944 unter deutscher Besetzung: 1 Reichsmark (M) = 100 Pfennige (Pf); ab 11.9.1944: 1 Luxemburgischer Franc = 100 Centimes; ab 1.1.2002: 1 Euro (€) = 100 Cent

Eintritt in den Weltpostverein: 1. Juli 1875

Ab MiNr. 1524 sind alle Ausgaben frankaturgültig, außerdem alle Marken ohne Wertangabe.

**Preise ungebraucht MiNr. 1–44 (✱), MiNr. 45–120 ✱, ab MiNr. 121 ✱✱ (MiNr. 121–342 mit Falz ✱ ca. 20–40% der ✱✱-Preise, sofern nichts anderes angegeben). Preise gebraucht gelten bei teuren Werten (⊙ > ✱✱) nur für (BPP-)geprüfte Stücke.**

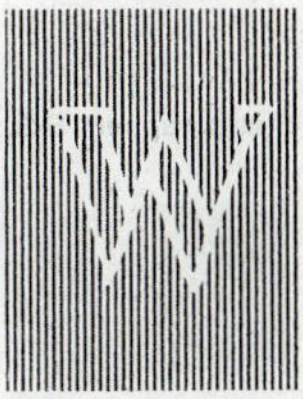

Wz. 1 „W"

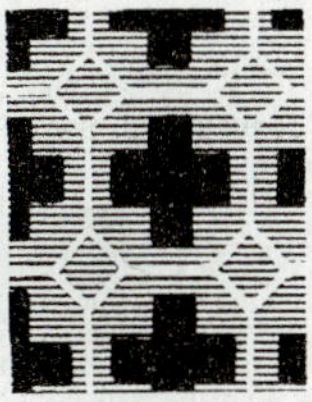

Wz. 2 Fliesenmuster

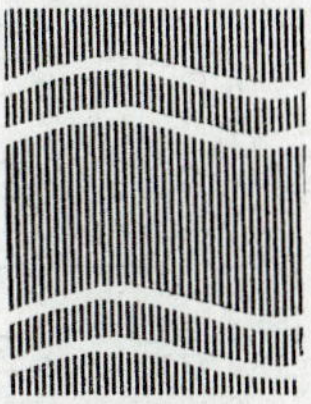

Wz. 3 Wellenlinien

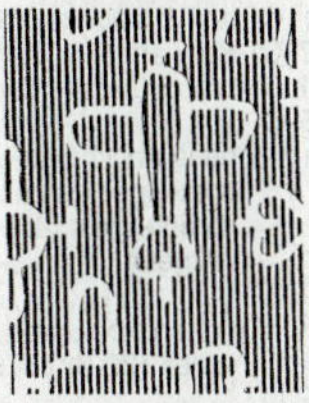

Wz. 4 Flugzeuge mehrfach

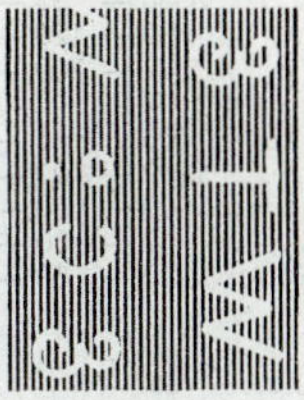

Wz. 5 WT & Co.

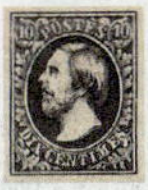

**1852, 15. Sept. Freimarken: Wilhelm III. StTdr.; Wz. 1; □.**

a) Wilhelm III. (1817–1890, reg. ab 1849), König der Niederlande und Großherzog von Luxemburg

| | | | | (✱) | ⊙ |
|---|---|---|---|---|---|
| 1 | 10 C | ................................ | a | | |
| a | | tiefschwarz (1852) | | 3000,— | 150,— |
| b | | grünlichschwarz (1853) | | 2800,— | 70,— |
| c | | schwarz (1855) | | 2600,— | 70,— |
| d | | grauschwarz (1856-1859) | | 2600,— | 70,— |
| 2 | 1 Sgr | ................................ | a | | |
| a | | rotbraun (1852) | | 3400,— | 600,— |
| b | | karminrot (1852) | | 1900,— | 95,— |
| c | | braunrot (1853) | | 1900,— | 100,— |
| d | | rotorange (1854) | | 1700,— | 110,— |
| e | | hellbräunlichrot (1855) | | 1600,— | 95,— |
| f | | karminrosa (1856) | | 1600,— | 100,— |

**Private Neudrucke (unscharfer Druck auf Wz.-Papier):**

| | (✱) |
|---|---|
| 1 ND ................................ | 200,— |
| 2 ND ................................ | 200,— |

MiNr. 1 blauschwarz auf Papier ohne Wz. ist Probedruck, ebenso beide Werte schwarz auf graugelbem Kartonpapier. Das Wasserzeichen kommt richtig, seitenverkehrt und kopfstehend vor.

FALSCH

Auflagen: MiNr. 1 = 2.122.200, MiNr. 2 = 716.800 Stück

*Gültig bis 31.12.1905*

**1859, 2. Okt./1865, 2. Jan. Freimarken: Staatswappen. Bdr.; □.**

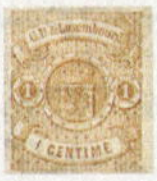

b) Wappen im Kreis

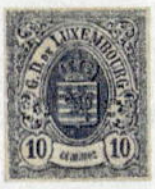

c) Wappen im Oval

| | | | | (✱) | ⊙ |
|---|---|---|---|---|---|
| 3 | 1 C | hellbraun (20.1.1863) | b | 150,— | 550,— |
| 4 | 2 C | schwarz (20.1.1861) | b | 120,— | 700,— |
| 5 | 4 C | ................................ | b | | |
| a | | gelb (4.12.1862) | | 250,— | 220,— |
| b | | dunkelgelb bis ocker (2.1.1865) | | 250,— | 220,— |
| 6 | 10 C | ................................ | c | | |
| a | | dunkelblau (11.1.1860) | | 700,— | 40,— |
| b | | blau (26.1.1861) | | 200,— | 25,— |
| c | | hellblau (28.8.1863) | | 150,— | 15,— |
| 7 | 12½ C | rosa (3.10.1860) | c | 350,— | 200,— |
| 8 | 25 C | braun (29.9.1860) | c | 450,— | 350,— |
| 9 | 30 C | rotlila (2.10.1859) | c | 360,— | 280,— |
| 10 | 37½ C | grün (12.1.1860) | c | 400,— | 250,— |
| 11 | 40 C | rotorange (15.10.1859) | c | 750,— | 300,— |

Vollrandige Stücke sind je nach Erhaltung höher zu bewerten.

FALSCH

Auflagen: MiNr. 3 = 501.800, MiNr. 4 = 303.300, MiNr. 5 = 429.100, MiNr. 6 = 2.423.300, MiNr. 7 = 310.500, MiNr. 8 = 102.600, MiNr. 9 = 202.700, MiNr. 10 = 204.300, MiNr. 11 = 311.500 Stück

*Gültig bis 31.12.1905*

*In gleichen Zeichnungen: MiNr. 12–15, 16–23, 24, 26, 27–36, 37–44*

**Ausgabedaten der Freimarken „Staatswappen"**

Bei den angegebenen Daten von MiNr. 3–44 handelt es sich um nachgewiesene Erstverwendungen. Änderungen sind daher möglich. Genaueres siehe bei „O. Nosbaum/M. Schaack, Die Ausgabedaten der Wappenmarken Luxemburgs 1859–1882. Forschungen zu den Luxemburger Wappenmarken (1859-1882) (Saarbrücken 2019), 29–33."

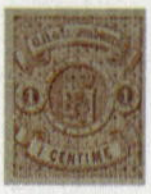

**1866, 23. März/1872, 9. März. Freimarken: Staatswappen. Bdr.; farblos ☐.**

b) Wappen im Kreis

| | | | | | | |
|---|---|---|---|---|---|---|
| 12 | 1 C | rotbraun (23.3.1866) | b | 250,— | 300,— |
| 13 | 2 C | schwarz (13.1.1868) | b | 25,— | 17,— |
| 14 | 4 C | hellgrünlichgelb (13.8.1868) | b | 750,— | 220,— |
| 15 | 4 C | grün (9.3.1872) | b | 50,— | 30,— |
| | | Satzpreis (4 W.) | | 1000,— | 550,— |

Auflagen: MiNr. 12 = 305.300, MiNr. 13 = 703.000, MiNr. 14 = 200.000, MiNr. 15 = 300.000 Stück

*Gültig bis 31.12.1905*

*MiNr. 13 mit Aufdruck: Dienstmarke MiNr. 2*
*In gleicher Zeichnung: MiNr. 3–5, 16, 24, 26, 27–30, 37–39*

**1865, 15. Nov./1874, 21. Juli. Freimarken: Staatswappen. Bdr.; farbig ☐.**

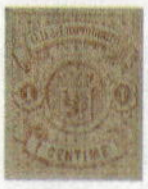

b) Wappen im Kreis

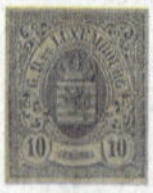

c) Wappen im Oval

| | | | | | | |
|---|---|---|---|---|---|---|
| 16 | | 1 C | | b | | |
| | a | | orange (20.2.1870) | | 50,— | 10,— |
| | b | | braunorange (25.4.1868) | | 150,— | 45,— |
| | c | | rotorange | | 2000,— | 500,— |
| 17 | | 10 C | | c | | |
| | a | | rotlila (1.7.1868) | | 150,— | 5,— |
| | b | | blauviolett (8.9.1871) | | 150,— | 5,— |
| | c | | stumpflila (29.12.1865) | | 130,— | 5,— |
| 18 | | 12½ C | rosa (15.11.1865) | c | 250,— | 12,— |
| 19 | | 20 C | | c | | |
| | a | | graubraun (20.1.1873) | | 150,— | 10,— |
| | b | | gelbbraun (20.1.1868) | | 160,— | 10,— |
| 20 | | 25 C | | c | | |
| | a | | hellblau (2.3.1874) | | 800,— | 20,— |
| | b | | ultramarin (15.4.1866) | | 800,— | 20,— |
| 21 | | 30 C | lilarot (5.3.1872) | c | 800,— | 100,— |
| 22 | | 37½ C | gelbbraun (26.7.1867) | c | 1000,— | 300,— |
| 23 | | 40 C | | c | | |
| | a | | rotorange (9.8.1867) | | 700,— | 75,— |
| | b | | mattorange (21.7.1874) | | 50,— | 100,— |

⊙-Preis von MiNr. 23 b gilt nur für (BPP-)geprüfte Stücke.

FALSCH

Auflagen: MiNr. 16 = 1.102.500, MiNr. 17 = 6.452.200, MiNr. 18 = 3.011.600, MiNr. 19 = 800.000, MiNr. 20 = 1.400.000, MiNr. 21 = 100.000, MiNr. 22 = 24.100, MiNr. 23 a = 99.000, MiNr. 23 b = 79.000 Stück

*Gültig bis 31.12.1905*

*Mit Aufdruck: MiNr. 25; Dienstmarken MiNr. 3–8, I*
*In gleichen Zeichnungen: MiNr. 3–11, 12–15, 24, 26, 27–36, 37–44*

**1872, 14./29. Nov. Freimarken: Staatswappen. Bdr.; farbig ☐; MiNr. 22 mit Bdr.-Aufdruck des neuen Wertes.**

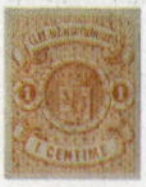

b) Wappen im Kreis

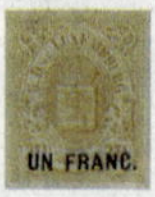


25

| | | | | | | |
|---|---|---|---|---|---|---|
| 24 | 1 C | rotbraun (29. Nov.) | b | 45,— | 10,— |
| 25 | 1 Fr | auf 37½ C gelbbraun (14. Nov.) | (22) | 1000,— | 100,— |

| | | (✱) |
|---|---|---|
| 25 K | Aufdruck kopfstehend | —,— |

Auflagen: MiNr. 24 = 3.001.500, MiNr. 25 = 75.800 Stück

*Gültig bis 31.12.1905*

*Mit (weiterem) Aufdruck: Dienstmarken MiNr. 1, 9*
*In gleicher Zeichnung: MiNr. 3–5, 12–15, 16, 26, 27–30, 37–39*

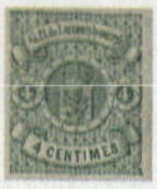

**1874, 30. Nov. Freimarke: Staatswappen. Bdr.; ☐.**

b) Wappen im Kreis

| | | | | (✱) | ⊙ |
|---|---|---|---|---|---|
| 26 | 4 C | blaugrün | b | 150,— | 150,— |

Auflage: 72.800 Stück

*Gültig bis 31.12.1905*

*In gleicher Zeichnung: MiNr. 3–5, 12–15, 16, 24, 27–30, 37–39*

**1875, 11. Juni/1880, 2. Sept. Freimarken: Staatswappen. Bdr.; schmalrandig; gez. L 13.**

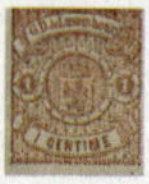

b) Wappen im Kreis

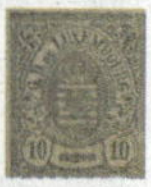

c) Wappen im Oval

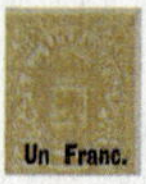


36

| | | | | | | |
|---|---|---|---|---|---|---|
| 27 | | 1 C | hell- bis dunkelbraun (13.6.1878) | b | 45,— | 10,— |
| 28 | | 2 C | schwarz (14.10.1875) | b | 160,— | 35,— |
| 29 | | 4 C | blaugrün (14.10.1875) | b | 3,— | 50,— |
| 30 | | 5 C | | b | | |
| | a | | hellgrünlichgelb | | 220,— | 30,— |
| | b | | dunkelgelb bis ocker (4.7.1876) | | 750,— | 160,— |
| | c | | zitronengelb (4.7.1876) | | 220,— | 30,— |
| | d | | olivgelb | | 750,— | 160,— |
| 31 | | 10 C | | c | | |
| | a | | grau bis blaugrau (Töne) (11.6.1875) | | 600,— | 3,— |
| | b | | violett (30.11.1876) | | 1700,— | 36,— |
| 32 | | 12½ C | | c | | |
| | a | | lilarosa (10.10.1876) | | 750,— | 25,— |
| | b | | karminrosa (30.9.1877) | | 500,— | 35,— |
| | c | | mattrosa (12.3.1880) | | 800,— | 120,— |
| | d | | lilarot (10.10.1876) | | —,— | 200,— |
| 33 | | 25 C | | c | | |
| | a | | blau (25.12.1877) | | 600,— | 18,— |
| | b | | hellblau (22.1.1880) | | 1200,— | 100,— |
| 34 | | 30 C | lilarot (5.3.1879) | c | 1000,— | 550,— |
| 35 | | 40 C | goldgelb (2.9.1880) | c | 2,— | 50,— |
| 36 | | 1 Fr | auf 37½ C gelbbraun (14.9.1879) | (c) | 10,— | 50,— |

| | | | |
|---|---|---|---|
| 36 I | ohne Aufdruck, gez. L 13 | 600,— | |
| 36 I U | ohne Aufdruck, ungezähnt | 600,— | |
| 36 II | Aufdruck „Un Pranc“ statt „Un Franc“ | 6500,— | 8000,— |

MiNr. 36 kam ohne Aufdruck nicht zur Ausgabe.

⊙-Preise gelten nur für (BPP-)geprüfte Stücke.

FALSCH MiNr. 36 II

Auflagen: MiNr. 27 = 1.479.200, MiNr. 28 = 908.300, MiNr. 29 = 397.700, MiNr. 30 = 1.005.100, MiNr. 31 = 4.938.000, MiNr. 32 = 1.095.500, MiNr. 33 = 1.111.600, MiNr. 34 = 52.000, MiNr. 35 = 106.400, MiNr. 36 = 112.116, MiNr. 36 II = 2.084 Stück

*Gültig bis 31.12.1905*

*MiNr. 27–33 und 36 mit Aufdruck: Dienstmarken MiNr. 10–17, 22–26*
*In gleichen Zeichnungen: MiNr. 3–11, 12–15, 16–23, 24, 26, 37–44*

**1880, 10. März/1882, 24. Okt. Freimarken: Staatswappen. Bdr.; breitrandig; A = gez. 13½, B = gez. 12½:12, C = gez. 11½:12, D = gez. 12½**

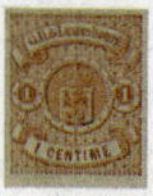

b) Wappen im Kreis

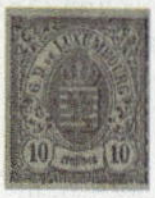

c) Wappen im Oval

| | | | | | | |
|---|---|---|---|---|---|---|
| 37 | | 1 C | braun (24.10.1882) | b | | |
| | A | | gez. 13½ | | 13,— | 10,— |
| | B | | gez. 12½:12 | | 11,— | 7,50 |
| | C | | gez. 11½:12 | | 17,— | 15,— |
| 38 | | 2 C | schwarz (22.3.1880) | b | | |
| | A | | gez. 13½ | | 10,— | 2,— |
| | B | | gez. 12½:12 | | 9,— | 3,— |
| | C | | gez. 11½:12 | | 17,— | 7,— |

| Nr. | | Wert | Farbe | Type | * | ⊙ |
|---|---|---|---|---|---|---|
| 39 | | 5 C | gelb (8.4.1882) | b | | |
| | A | | gez. 13½ | | 250,— | 120,— |
| | B | | gez. 12½:12 | | 1000,— | 500,— |
| | C | | gez. 11½:12 | | 1200,— | 750,— |
| | D | | gez. 12½ | | 9,— | |
| 40 | | 10 C | graulila (28.6.1880) | c | | |
| | A | | gez. 13½ | | 220,— | 3,— |
| | B | | gez. 12½:12 | | 200,— | 2,— |
| | C | | gez. 11½:12 | | 220,— | 7,50 |
| | D | | gez. 12½ | | 5,— | |
| 41 | | 12½ C | rosa (8.9.1881) | c | | |
| | A | | gez. 13½ | | 240,— | 240,— |
| | B | | gez. 12½:12 | | 250,— | 250,— |
| | C | | gez. 11½:12 | | 300,— | 300,— |
| | D | | gez. 12½ | | 12,— | |
| 42 | | 20 C | graubraun (4.4.1882) | c | | |
| | A | | gez. 13½ | | 60,— | 28,— |
| | B | | gez. 12½:12 | | 55,— | 25,— |
| | C | | gez. 11½:12 | | 65,— | 40,— |
| 43 | | 25 C | blau (10.3.1880) | c | | |
| | A | | gez. 13½ | | 340,— | 10,— |
| | B | | gez. 12½:12 | | 300,— | 6,— |
| | C | | gez. 11½:12 | | 380,— | 25,— |
| | D | | gez. 12½ | | 7,— | |
| 44 | | 30 C | lilarot (21.7.1882) | c | | |
| | B | | gez. 12½:12 | | 10,— | 30,— |
| | C | | gez. 11½:12 | | 10,— | 42,— |
| | | | Satzpreis A (7 W.) | | 1100,— | 400,— |
| | | | Satzpreis B (8 W.) | | 1800,— | 800,— |
| | | | Satzpreis C (8 W.) | | 2200,— | 1100,— |

MiNr. 39–41 und 43 gez. 12½ auf gelbem Papier gelangten nicht mehr zur Ausgabe, sie kommen nur ✶ und oft mit nachträglichen Entwertungen vor (Auflage: 25.000 Sätze).

Auflagen: MiNr. 37 = 417.500, MiNr. 38 = 1.437.100, MiNr. 39 = 211.975, MiNr. 40 = 2.538.500, MiNr. 41 = 130.350, MiNr. 42 = 201.600, MiNr. 43 = 2.068.200, MiNr. 44 = 109.100 Stück

*Mit Aufdruck: Dienstmarken MiNr. 18, 27–34*
*In gleichen Zeichnungen: MiNr. 3–11, 12–15, 16–23, 24, 26, 27–36*

**1882, 1. Dez./1889. Freimarken: Allegorische Zeichnung. Bdr.; A = gez. 12½:12, B = gez. 13½, C = gez. 11½:12, D = gez. 12½.**

d) Ackerbau und Handel, Wappenlöwe

| Nr. | | Wert | Farbe | Type | ✶ | ⊙ |
|---|---|---|---|---|---|---|
| 45 | | 1 C | graulila | d | | |
| | A | | gez. 12½:12 | | 0,30 | 0,70 |
| | B | | gez. 13½ | | 8,— | 1,20 |
| | C | | gez. 11½:12 | | 1,50 | 6,— |
| | D | | gez. 12½ | | 0,30 | 0,50 |
| 46 | | 2 C | | d | | |
| | a | | grünoliv | | | |
| | A | | gez. 12½:12 | | 0,60 | 0,80 |
| | B | | gez. 13½ | | 1,20 | 2,50 |
| | C | | gez. 11½:12 | | 1,60 | 6,— |
| | D | | gez. 12½ | | 0,30 | 0,50 |
| | b | | olivbraun (1889) | | | |
| | A | | gez. 12½:12 | | 2,— | 2,— |
| | B | | gez. 13½ | | 3,60 | 5,— |
| | C | | gez. 11½:12 | | 5,— | 8,— |
| | D | | gez. 12½ | | 0,50 | 1,20 |
| 47 | | 4 C | olivgelb | d | | |
| | A | | gez. 12½:12 | | 0,60 | 2,50 |
| | B | | gez. 13½ | | 0,80 | 2,50 |
| | C | | gez. 11½:12 | | 1,10 | 5,— |
| | D | | gez. 12½ | | 0,30 | 2,50 |
| 48 | | 5 C | hellgrün | d | | |
| | A | | gez. 12½:12 | | 1,50 | 1,50 |
| | B | | gez. 13½ | | 1,50 | 1,80 |
| | C | | gez. 11½:12 | | 3,50 | 7,50 |
| | D | | gez. 12½ | | 1,— | 0,50 |
| 49 | | 10 C | rosa | d | | |
| | A | | gez. 12½:12 | | 10,— | 1,— |
| | B | | gez. 13½ | | 10,— | 1,80 |
| | C | | gez. 11½:12 | | 10,— | 7,50 |
| | D | | gez. 12½ | | 10,— | 0,50 |
| 50 | | 12½ C | schieferblau | d | | |
| | A | | gez. 12½:12 | | 1,60 | 30,— |
| | B | | gez. 13½ | | 3,50 | 30,— |
| | C | | gez. 11½:12 | | 4,50 | 40,— |
| | D | | gez. 12½ | | 3,— | 35,— |
| 51 | | 20 C | orangegelb | d | | |
| | A | | gez. 12½:12 | | 4,— | 5,— |
| | B | | gez. 13½ | | 4,— | 6,— |
| | C | | gez. 11½:12 | | 6,— | 10,— |
| | D | | gez. 12½ | | 4,— | 2,— |
| 52 | | 25 C | blau, ultramarin | d | | |
| | A | | gez. 12½:12 | | 100,— | 2,— |
| | B | | gez. 13½ | | 120,— | 3,20 |
| | C | | gez. 11½:12 | | 130,— | 7,50 |
| | D | | gez. 12½ | | 120,— | 2,— |
| 53 | | 30 C | olivgrün | d | | |
| | A | | gez. 12½:12 | | 30,— | 15,— |
| | B | | gez. 13½ | | 30,— | 19,— |
| | C | | gez. 11½:12 | | 32,— | 36,— |
| 54 | | 50 C | hellbraun, graubraun | d | | |
| | A | | gez. 12½:12 | | 3,— | 15,— |
| | B | | gez. 13½ | | 2,— | 15,— |
| | C | | gez. 11½:12 | | 5,— | 15,— |
| | D | | gez. 12½ | | 1,50 | 15,— |
| 55 | | 1 Fr | lila | d | | |
| | A | | gez. 12½:12 | | 2,— | 30,— |
| | B | | gez. 13½ | | 3,— | 30,— |
| | C | | gez. 11½:12 | | 2,50 | 36,— |
| 56 | | 5 Fr | braunorange | d | | |
| | A | | gez. 12½:12 | | 48,— | 200,— |
| | B | | gez. 13½ | | 45,— | 220,— |
| | C | | gez. 11½:12 | | 60,— | 250,— |
| | | | Satzpreis A (12 W.) | | 200,— | 300,— |
| | | | Satzpreis B (12 W.) | | 220,— | 320,— |
| | | | Satzpreis C (12 W.) | | 250,— | 420,— |
| | | | Satzpreis D (9 W.) | | 140,— | 45,— |

⊙-Preise gelten nur für (BPP-)geprüfte Stücke.

☐ in verschiedenen Farben = Probedrucke

Auflagen: MiNr. 45 = 7.940.000, MiNr. 46 = 8.684.500, MiNr. 47 = 660.000, MiNr. 48 = 7.093.400, MiNr. 49 = 9.652.500, MiNr. 50 = 921.000, MiNr. 51 = 1.075.700, MiNr. 52 = 6.167.000, MiNr. 53 = 383.100, MiNr. 54 = 774.000, MiNr. 55 = 558.000, MiNr. 56 = 586.300 Stück

*Gültig bis 31.12.1905*

*Mit Aufdruck: Dienstmarken MiNr. 35–46*

☞ Die Restbestände einzelner Werte der Ausgaben 1875–1882, ferner 1891–1893 Freimarken und Dienstmarken kommen mit nachträglichen meist zarten Eckstempeln im Handel vor. Hier einige der für diese Entwertungen benutzten Stempel. Es kommen aber noch weitere Ortsnamen vor. ☞ Teilweise auch verfälschte Stempel.

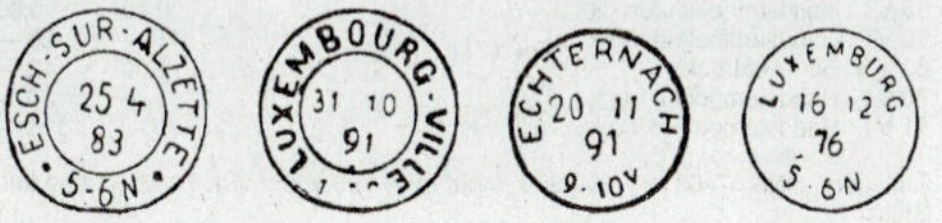


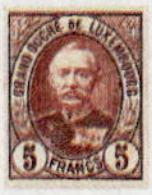

**1891, 23. Juli/1893, 25. März. Freimarken: Großherzog Adolf. StTdr.; A = gez. 11½, B = gez. 12½, C = gez. 11, D = gez. 11½:11.**

e) Großherzog Adolf (1817–1905, reg. ab 1890)

| Nr. | | Wert | Farbe | Type | ✶ | ⊙ |
|---|---|---|---|---|---|---|
| 57 | | 10 C | karmin (23.7.1891) | e | | |
| | A | | gez. 11½ | | 1,— | 1,10 |
| | B | | gez. 12½ | | 1,— | 0,50 |
| | C | | gez. 11 | | 26,— | 2,50 |
| | D | | gez. 11½:11 | | 1,— | 0,50 |
| 58 | | 12½ C | grünschiefer (20.2.1893) | e | | |
| | B | | gez. 12½ | | 2,60 | 1,— |
| | C | | gez. 11 | | 1,50 | 3,50 |
| | D | | gez. 11½:11 | | 1,50 | 1,— |
| 59 | | 20 C | orange (20.2.1893) | e | | |
| | B | | gez. 12½ | | 12,— | 1,30 |
| | C | | gez. 11 | | 18,— | 7,50 |
| | D | | gez. 11½:11 | | 10,— | 1,— |
| 60 | | 25 C | blau, ultramarin (23.7.1891) | e | | |
| | A | | gez. 11½ | | 3,20 | 1,20 |
| | B | | gez. 12½ | | 5,— | 1,20 |
| | C | | gez. 11 | | 7,50 | 5,— |
| | D | | gez. 11½:11 | | 1,— | 1,— |
| 61 | | 30 C | olivgrün (20.2.1893) | e | | |
| | B | | gez. 12½ | | 5,— | 1,50 |
| | C | | gez. 11 | | 8,— | 6,— |
| | D | | gez. 11½:11 | | 2,— | 1,50 |

| | | | | |
|---|---|---|---|---|
| **62** | 37½ C | grün (20.2.1893) . . . . . . e | | |
| **B** | | gez. 12½ | 7,50 | 3,50 |
| **C** | | gez. 11 | 10,— | 10,— |
| **D** | | gez. 11½:11 | 4,— | 4,— |
| **63** | 50 C | dunkelbraun (20.2.1893) . . . . . . e | | |
| **B** | | gez. 12½ | 12,— | 4,— |
| **C** | | gez. 11 | 16,— | 22,— |
| **D** | | gez. 11½:11 | 9,— | 5,— |
| **64** | 1 Fr | dunkelviolett (25.3.1893) . . . . . . e | | |
| **B** | | gez. 12½ | 28,— | 12,— |
| **C** | | gez. 11 | 18,— | 25,— |
| **D** | | gez. 11½:11 | 15,— | 8,— |
| **65 B** | 2½ Fr | grauschwarz, gez. 12½ (25.3.1893) e | 2,— | 25,— |
| **66 B** | 5 Fr | dunkellilarot, gez. 12½ (25.3.1893) e | 25,— | 90,— |
| | | Satzpreis B (10 W.) | 100,— | 140,— |
| | | Satzpreis C (8 W.) | 100,— | 80,— |
| | | Satzpreis D (8 W.) | 40,— | 20,— |

| | | |
|---|---|---|
| 59 A F 20 C dunkelbraun | 200,— | 300,— |

□ = Probedrucke. MiNr. 57 und 60 in den ersten Auflagen auch gedruckt in Bogen zu je 25 Marken.

FALSCH MiNr. 59 F aus MiNr. 59 (echt nur gez. A)

*Gültig bis 31.12.1908*

*Mit Aufdruck: Dienstmarken MiNr. 47–56, 67–75*

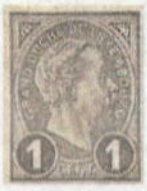

**1895, 4. Mai. Freimarken: Großherzog Adolf. Bdr. auf dünnem, ab 1903 dickerem Papier; gez. 12½.**

f) Großherzog Adolf (1817–1905, reg. ab 1890)

| | | | | | |
|---|---|---|---|---|---|
| **67** | 1 C | graulila | f | 4,— | 0,40 |
| **68** | 2 C | graubraun | f | 0,50 | 0,30 |
| **69** | 4 C | olivgelb | f | 0,50 | 1,20 |
| **70** | 5 C | gelbgrün | f | 7,— | 0,30 |
| **71** | 10 C | rosa | f | 18,— | 0,30 |
| | | Satzpreis (5 W.) | | 30,— | 2,50 |
| | | FDC | | | 500,— |
| | | MH mit 24 × MiNr. 70 | | 1400,— | |
| | | MH mit 12 × MiNr. 58 und 70 | | 2200,— | |

**Vorausentwertungen (billigste Jahreszahl):**

| | | (✶) | ✶ |
|---|---|---|---|
| 67 V I | Handstempelaufdruck | 0,40 | 0,60 |
| 67 V II | Bdr.-Aufdruck | 30,— | 50,— |
| 68 V I | Handstempelaufdruck | 0,40 | 0,60 |
| 69 V I | Handstempelaufdruck | 15,— | 25,— |
| 69 V II | Bdr.-Aufdruck | 7,50 | 12,— |
| 70 V I | Handstempelaufdruck | 15,— | 20,— |
| 71 V I | Handstempelaufdruck | 90,— | 115,— |

Auflagen: MiNr. 67–68 je 1.999.900, MiNr. 69 = 990.900, MiNr. 70–71 je 999.900 Stück

*Gültig bis 31.12.1908*

*Mit Aufdruck: Dienstmarken MiNr. 57–61, 62–66*

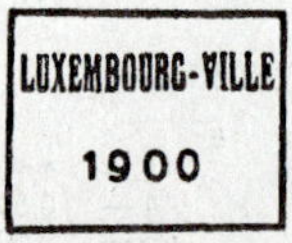


I: Handstempelaufdruck

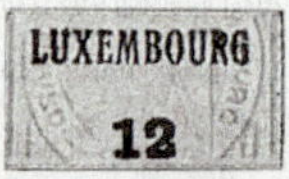


II: Buchdruckaufdruck

Vorausentwertung nach belgischem Vorbild wurde Ende 1900 eingeführt. Sie kommt als Handrollstempel mit Jahreszahl 1900–1908 (s. Abbildung I) in verschiedenen Stellungen vor. FALSCH
Ab 1908 wurden die Vorausentwertungen im Buchdruck (siehe Abbildung II) ausgeführt.
Vorausentwertungen (II) gibt es für die Jahre 1908–1917 und 1919–1925. Nach 1925 wurden die Vorausentwertungen wieder eingestellt.

FALSCH Vorsicht vor Verfälschungen (Jahreszahl 1900 aus 1903)

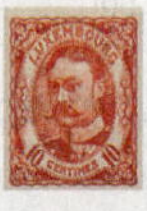

**1906, 26. Nov./1908. Freimarken: Großherzog Wilhelm IV. StTdr.; gez. 11, 11:11½, 11½:11¼, 12½.**

g) Großherzog Wilhelm IV. (1852–1912, reg. ab 1905)

| | | | | ✶ | ⊙ |
|---|---|---|---|---|---|
| **72** | 10 C | lebhaftrot (26.11.1906) | g | 2,— | 0,30 |
| **73** | 12½ C | dunkelgrün (22.4.1907) | g | 2,— | 0,30 |
| **74** | 15 C | rotbraun (2.9.1907) | g | 2,— | 0,50 |
| **75** | 20 C | orange (22.4.1907) | g | 3,— | 0,30 |
| **76** | 25 C | ultramarin, hellblau (22.4.1907) | g | 90,— | 0,30 |
| **77** | 30 C | hellolivgrün (6.1.1908) | g | 1,50 | 0,30 |
| **78** | 37½ C | grün (2.9.1907) | g | | |
| **A** | | gez. 11½:11¼ | | 1,50 | 1,— |
| **B** | | gez. 12½ | | 20,— | 15,— |
| **79** | 50 C | dunkelbraun (2.9.1907) | g | 5,— | 1,— |
| **80** | 87½ C | blauschiefer (6.1.1908) | g | 2,— | 14,— |
| **81** | 1 Fr | dunkellila (1908) | g | 6,— | 2,— |
| **82** | 2½ Fr | rotorange (6.1.1908) | g | 90,— | 100,— |
| **83** | 5 Fr | dunkellilarot (6.1.1908) | g | 15,— | 80,— |
| | | Satzpreis (12 W.) | | 220,— | 200,— |
| | | Kleinbogen (MiNr. 72) | | *500,—* | 1500,— |

**Vorausentwertungen (billigste Jahreszahl):**

| | | (✶) | ✶ |
|---|---|---|---|
| 72 V I | Handstempelaufdruck | 115,— | 140,— |
| 72 V II | Bdr.-Aufdruck | 10,— | 19,— |

Die Erstauflagen von MiNr. 72 wurden im Kleinbogen zu 10 Marken gedruckt. FALSCH

*Gültig bis 31.3.1921*

*Mit Aufdruck: MiNr. 89–91; Dienstmarken MiNr. 81–92*

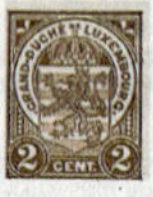

**1907, 10. Okt. Freimarken: Staatswappen. Bdr.; gez. K 12½.**

h) Staatswappen

| | | | | ✶ | ⊙ |
|---|---|---|---|---|---|
| **84** | 1 C | lilagrau | h | 0,30 | 0,30 |
| **85** | 2 C | braunoliv | h | 0,30 | 0,30 |
| **86** | 4 C | olivgelb | h | 0,30 | 0,30 |
| **87** | 5 C | grün | h | 0,30 | 0,30 |
| **88** | 6 C | violett | h | 0,30 | 0,30 |
| | | Satzpreis (5 W.) | | 1,20 | 1,20 |

**Vorausentwertungen (billigste Jahreszahl):**

| | | (✶) | ✶ |
|---|---|---|---|
| 84 V I | Handstempelaufdruck | 3,50 | 4,— |
| 84 V II | Bdr.-Aufdruck | 0,30 | 0,50 |
| 85 V I | Handstempelaufdruck | 3,60 | 5,— |
| 85 V II | Bdr.-Aufdruck | 0,30 | 0,50 |
| 86 V I | Handstempelaufdruck | 45,— | 65,— |
| 86 V II | Bdr.-Aufdruck | 0,30 | 0,50 |
| 87 V I | Handstempelaufdruck | 40,— | 65,— |
| 87 V II | Bdr.-Aufdruck | 1,50 | 2,— |
| 88 V II | Bdr.-Aufdruck | 7,50 | 12,— |

*Gültig bis 30.6.1928*

*Mit Aufdruck: MiNr. 107–110, 112; Dienstmarken MiNr. 76–80*
*In gleicher Zeichnung: MiNr. 120, 165*

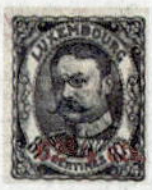

**1912, 29. Febr./1915, 24. April. Freimarken. MiNr. 80 und 82–83 mit rotem oder schwarzem Aufdruck des neuen Wertes.**

89

| | | | | ✶ | ⊙ |
|---|---|---|---|---|---|
| **89** | 62½ C | auf 87½ C blauschiefer (29.2.1912) | (80) R | 4,— | 2,50 |
| **90** | 62½ C | auf 2½ Fr rotorange (24.4.1915) | (82) S | 4,— | 5,— |
| **91** | 62½ C | auf 5 Fr dunkellilarot (24.4.1915) | (83) S | 2,— | 3,50 |
| | | Satzpreis (3 W.) | | 10,— | 11,— |

*Gültig bis 31.3.1921*

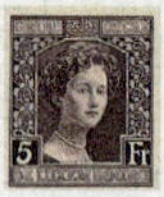

**1914, 4. Mai/1921. Freimarken: Großherzogin Marie Adelheid. StTdr.; gez. 11½, 11½:11¼ oder 11:11½.**

i) Großherzogin Marie Adelheid (1894–1924, reg. 1912–1919)

| | | | | | |
|---|---|---|---|---|---|
| **92** | 10 C | lilarot, weinrot (4.5.1914) | i | 0,30 | 0,30 |
| **93** | 12½ C | dunkelgrün, gelbgrün (14.6.1914) | i | 0,30 | 0,30 |

| | | | | | | |
|---|---|---|---|---|---|---|
| **94** | 15 C | olivschwarz, schwarzbraun (14.6.1914) | i | 0,30 | 0,30 |
| **95** | 17½ C | braun (1.3.1917) | i | 0,30 | 0,50 |
| **96** | 25 C | ultramarin, blau (14.6.1914) | i | 0,30 | 0,30 |
| **97** | 30 C | gelbbraun, orangebraun (1921) | i | 0,30 | 0,50 |
| **98** | 35 C | dunkelblau (1.12.1914) | i | 0,30 | 0,50 |
| **99** | 37½ C | dunkellilabraun (1.12.1914) | i | 0,30 | 0,50 |
| **100** | 40 C | orange, rotorange (1.12.1914) | i | 0,30 | 0,50 |
| **101** | 50 C | grau, schwarz (1.12.1914) | i | 0,30 | 0,50 |
| **102** | 62½ C | dunkelblaugrün (1.12.1914) | i | 0,50 | 3,— |
| **103** | 87½ C | orange (1.3.1917) | i | 0,50 | 3,— |
| **104** | 1 Fr | braun (1.12.1914) | i | 2,50 | 0,50 |
| **105** | 2½ Fr | lebhaftrot (1.12.1914) | i | 0,50 | 2,— |
| **106** | 5 Fr | dunkelviolett (1.12.1914) | i | 10,— | 60,— |
| | | Satzpreis (15 W.) | | 17,— | 70,— |

**Vorausentwertung (billigste Jahreszahl):**

| | (✱) | ✱ |
|---|---|---|
| 92 V II Bdr.-Aufdruck | 25,— | 36,— |

□ (außer MiNr. 95 und 103) = Probedrucke

MiNr. 92–93, 96, 102, 104 und 106 mit Aufdruck „Droits de statistique" sind Steuermarken.

*Gültig bis 30.6.1928*

*Mit Aufdruck: MiNr. 113–119, 148–151; Dienstmarken MiNr. 93–107*

**1915/1924, 25. Aug. Freimarken. Marken MiNr. 84–87, 92, 95, 97, 99, 102–104 und 120 mit schwarzem bzw. rotem Aufdruck der neuen Wertstufe.**

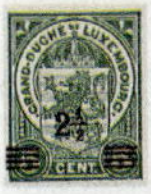

107

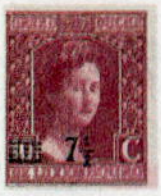

113

| | | | | | ✱ | ⊙ |
|---|---|---|---|---|---|---|
| **107** | 2½ (C) | auf 5 C grün (29.6.1918) | (87) S | | 0,30 | 0,30 |
| **108** | 3 (C) | auf 2 C braunoliv (20.4.1921) | (85) S | | 0,30 | 0,30 |
| **109** | 5 (C) | auf 1 C lilagrau (20.3.1923) | (84) S | | 0,30 | 0,30 |
| **110** | 5 (C) | auf 4 C olivgelb (20.3.1923) | (86) S | | 0,30 | 0,50 |
| **111** | 5 (C) | auf 7½ C orange (25.8.1924) | (120) S | | 0,30 | 0,30 |
| **112** | 6 (C) | auf 2 C braunoliv (20.12.1921) | (85) R | | 0,30 | 0,30 |
| **113** | 7½ (C) | auf 10 C lilarot (29.6.1918) | (92) S | | 0,30 | 0,30 |
| **114** | 17½ (C) | auf 30 C gelbbraun (14.8.1916) | (97) S | | 0,30 | 0,50 |
| **115** | 20 (C) | auf 17½ C braun (25.3.1921) | (95) S | | 0,30 | 0,30 |
| **116** | 25 (C) | auf 37½ C dunkellilabraun (20.11.1923) | (99) S | | 0,30 | 0,30 |
| **117** | 75 (C) | auf 62½ C dunkelblaugrün (1915) | (102) R | | 0,30 | 0,30 |
| **118** | 80 (C) | auf 87½ C orange (15.2.1922) | (103) S | | 0,30 | 0,30 |
| **119** | 87½ C | auf 1 Fr braun (14.8.1916) | (104) S | | 0,30 | 6,— |
| | | Satzpreis (13 W.) | | | 3,— | 10,— |

*Gültig bis 30.6.1928*

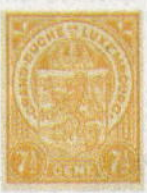

**1919, 15. April. Freimarken: Staatswappen. Bdr.; gez. K 12½.**

h) Staatswappen

| | | | | | |
|---|---|---|---|---|---|
| **120** | 7½ C | orange | h | 0,30 | 4,— |

*Mit Aufdruck: MiNr. 111; Dienstmarke MiNr. 108*
*In gleicher Zeichnung: MiNr. 84–88, 165*

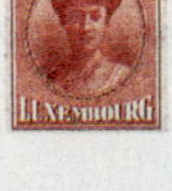

**1921, 6. Jan. Geburt des Thronfolgers Erbgroßherzog Jean. StTdr.; gez. L 11, 11½, 12:11½, 11:11½ und 11½.**

k) Großherzogin Charlotte (1896–1985, reg. 1919–1964)

| | | | | ✱✱ | ⊙ |
|---|---|---|---|---|---|
| **121** | 15 C | karmin | k | 0,30 | 0,30 |
| | | Kleinbogen | | 450,— | 250,— |

1. Auflage (gez. L 11, L 11½) gedruckt in Kleinbogen zu 5 Marken. 2. Auflage (gez. 12:11½, 11½ und 11:11½) gedruckt in Bogen zu 25 Marken, ab Sept. 1921 (gez. 11½) zu 100 Marken.

*Gültig bis 30.9.1940*

*In gleicher Zeichnung: MiNr. 122–133, 140–141, 152–155, 161–162*

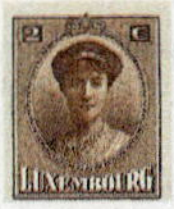

**1921, 20. Sept./1922, 1. Juli. Freimarken: Großherzogin Charlotte. StTdr.; gez. L 11, 11:11½, 11½, 11½:12½, 12:11½.**

k) Großherzogin Charlotte (1896–1985, reg. 1919–1964)

| | | | | | |
|---|---|---|---|---|---|
| **122** | 2 C | braun | k | 0,30 | 0,30 |
| **123** | 3 C | oliv | k | 0,30 | 0,30 |
| **124** | 6 C | purpurviolett | k | 0,30 | 0,30 |
| **125** | 10 C | gelbgrün | k | 0,30 | 0,30 |
| **126** | 15 C | olivbraun | k | 0,30 | 0,30 |
| **127** | 20 C | rotorange (15.2.1922) | k | 0,30 | 0,30 |
| **128** | 25 C | graugrün | k | 0,40 | 0,30 |
| **129** | 30 C | rosa | k | 0,40 | 0,30 |
| **130** | 40 C | braunorange | k | 0,40 | 0,30 |
| **131** | 50 C | blau | k | 1,— | 0,40 |
| **132** | 75 C | hellrot (1.7.1922) | k | 0,50 | 1,20 |
| **133** | 80 C | schwarz (1.7.1922) | k | 2,— | 1,20 |
| | | Satzpreis (12 W.) | | 6,50 | 5,50 |

**Vorausentwertungen (billigste Jahreszahl):**

| | (✱) | ✱✱ |
|---|---|---|
| 122 V II Bdr.-Aufdruck | 0,70 | 0,90 |
| 123 V II Bdr.-Aufdruck | 0,70 | 0,90 |
| 124 V II Bdr.-Aufdruck | 0,70 | 0,90 |
| 125 V II Bdr.-Aufdruck | 0,70 | 0,90 |
| 126 V II Bdr.-Aufdruck | 0,70 | 0,90 |
| 127 V II Bdr.-Aufdruck | 0,70 | 0,90 |

MiNr. 123–124, 127 und 132–133 wurden anfangs jeweils im Bogen zu 25 Marken (gez. 11½) gedruckt.

*Gültig bis 30.9.1940*

*Mit Aufdruck: MiNr. 156, 197, 201; Dienstmarken MiNr. 109–120, 124*
*In gleicher Zeichnung: MiNr. 121, 140–141, 152–155, 161–162*

**1921, 25. März/1. Juni. Freimarken: Landschaften. StTdr.; MiNr. 134 gez. L 11, MiNr. 135–136 gez. L 11½:11, MiNr. 136 gez. L 12½.**

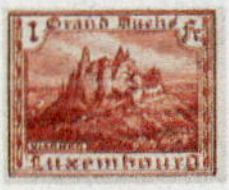

l) Schloss Vianden

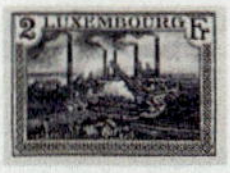

m) Hüttenwerk Esch an der Alzette

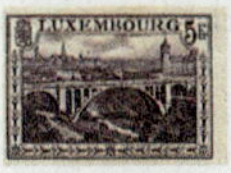

n) Adolphe-Brücke über dem Petruss-Tal

| | | | | ✱✱ | ⊙ |
|---|---|---|---|---|---|
| **134** | 1 Fr | rot (25. März) | l | 0,70 | 0,50 |
| **135** | 2 Fr | dunkelblau (1. Juni) | m | 1,— | 1,— |
| **136** | 5 Fr | dunkelviolett | n | | |
| **A** | | gez. L 11½:11 (1. Juni) | | 55,— | 12,— |
| **B** | | gez. L 12½ (1934) | | 60,— | 12,— |
| | | Satzpreis (3 W.) | | 55,— | 12,— |

*Gültig bis 30.9.1940*

*Mit Aufdruck: Dienstmarken MiNr. 121–123, 125, 127*
*Weitere Werte in Zeichnung l und m: MiNr. 163–164, 302*

**1921, 2. Aug. Errichtung eines Kriegerdenkmals. Komb. StTdr. und Bdr.; gez. L 11½.**

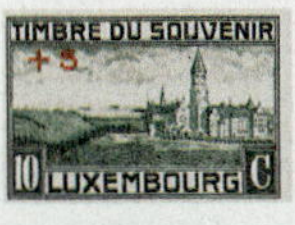

o) Benediktinerkloster in Clerf (Clervaux)

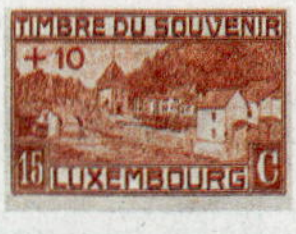

p) Siechentor im Stadtteil Pfaffental in Luxemburg

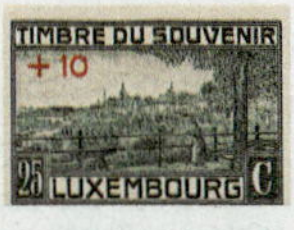

q) Gesamtansicht von Luxemburg

| | | | | | | |
|---|---|---|---|---|---|---|
| **137** | 10 C | + 5 (C) gelbgrün/rot | o | 1,— | 6,— |
| **138** | 15 C | + 10 (C) zinnober/rot | p | 1,— | 8,— |
| **139** | 25 C | + 10 (C) dunkelgrün/rot | q | 1,— | 6,— |
| | | Satzpreis (3 W.) | | 3,— | 20,— |
| | | FDC | | | 120,— |

Auflage: 200.000 Sätze

*Gültig bis 30.6.1928*

*Mit Aufdruck: MiNr. 144–146*

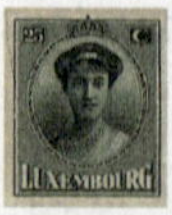

**1922, 27. Aug. Philatelistische Ausstellung in Luxemburg. MiNr. 128–129 auf weißem, waagerecht gestreiftem Papier; StTdr.; □.**

k) Großherzogin Charlotte (1896–1985, reg. 1919–1964)

| | | | | | |
|---|---|---|---|---|---|
| **140** | 25 C | graugrün | k | 5,50 | 7,50 |
| **141** | 30 C | rosa | k | 5,50 | 7,50 |
| | | Satzpreis (2 W.) | | 11,— | 15,— |
| | | FDC | | | 50,— |

MiNr. 140–141 sind auch mit Wz. bekannt.

Auflage: 60.000 Sätze

*Gültig bis 30.9.1940*

*In gleicher Zeichnung: MiNr. 121, 122–133, 152–155, 161–162*

**1923, 3. Jan. Blockausgabe: Geburt von Prinzessin Elisabeth. StTdr.; gez. L 11; kronenförmige Stanzung im Blockrand.**

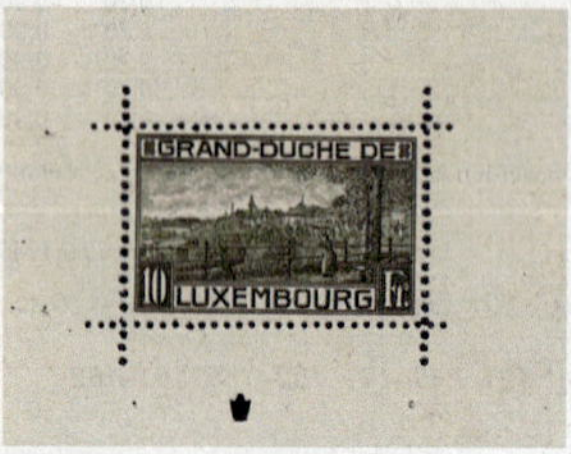

s

r) Gesamtansicht von Luxemburg-Stadt

| | | | | | |
|---|---|---|---|---|---|
| **142** | 10 Fr dunkelgrün | | r | 600,— | 1500,— |
| **Block 1 I** | | (78×59 mm) | s | 1800,— | 3500,— |
| **Block 1 II** | | (78×59 mm) | s | 1800,— | 3500,— |
| | | FDC II | | | 5000,— |

Bl. 1 I: Zähnung bis an die Ecken der Marke, meist gut zentriert.
Bl. 1 II: Zähnung über die Markenecken hinausgehend, meist schlecht zentriert.

Bei Bl. 1 sind herstellungsbedingte Formatschwankungen bekannt (Breite 78-80 mm, Höhe 57-62 mm).

⊙-Preise gelten nur für (BPP-)geprüfte Stücke.

FALSCH (aus MiNr. 143)

Auflage: 5.100 Blocks

*Gültig bis 30.9.1940*

*In gleicher Zeichnung: MiNr. 143 (Franc-Währung), MiNr. 2327 (Euro-Währung)*

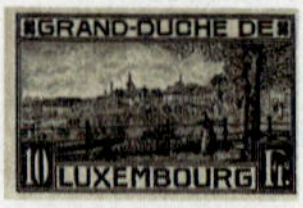

**1923, März/1934. Freimarke: Landschaften. StTdr.; A = gez. L 11½, B = gez. L 12½.**

r) Gesamtansicht von Luxemburg-Stadt

| | | | | | |
|---|---|---|---|---|---|
| **143** | 10 Fr | | r | | |
| **A** | | grauschwarz, gez. L 11½ | | 25,— | 17,— |
| **B** | | grau, gez. L 12½ (1934) | | 20,— | 15,— |

*Mit Aufdruck: Dienstmarke MiNr. 128*
*In gleicher Zeichnung: MiNr. 142 (Franc-Währung), MiNr. 2327 (Euro-Währung)*

**1923, 27. Mai. Einweihung eines Kriegerdenkmals durch den belgischen Kronprinzen Leopold. MiNr. 137–139 mit rotem oder schwarzem Bdr.-Aufdruck eines weiteren Zuschlagswertes und „27 mai 1923".**

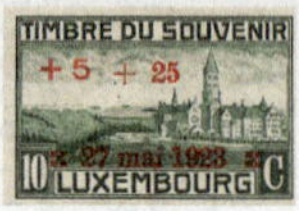

144

145

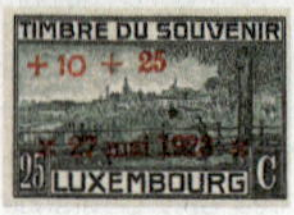

146

| | | | | | | |
|---|---|---|---|---|---|---|
| **144** | 10 C | + 5 (C) **+25 (C)** gelbgrün/rot | (137) R | 4,— | 18,— |
| **145** | 15 C | + 10 (C) **+25 (C)** zinnober/rot | (138) S | 5,— | 25,— |
| **146** | 25 C | + 10 (C) **+25 (C)** dunkelgrün/rot | (139) R | 4,— | 18,— |
| | | Satzpreis (3 W.) | | 13,— | 60,— |
| | | FDC | | | 300,— |

⊙-Preise gelten nur für (BPP-)geprüfte Stücke.

Auflage: 30.000 Sätze

*Gültig bis 30.6.1928*

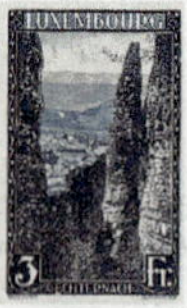

**1923, 25. Sept/1934. Freimarke: Landschaften. StTdr.; gez. A = gez. L 11½:11 oder 11:11½, B = gez. L 12½.**

t) Echternach, Wolfsschlucht

| | | | | | |
|---|---|---|---|---|---|
| **147** | 3 Fr | schwarzblau | t | | |
| **A** | | gez. L 11½:11, 11:11½ (25.9.1923) | | 7,— | 1,— |
| **B** | | gez. L 12½ (1934) | | 7,— | 1,— |

*Gültig bis 30.9.1940*

*Mit Aufdruck: Dienstmarke MiNr. 126*

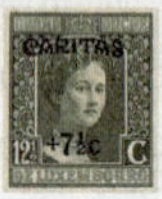

148

**1924, 17. April. Tod von Großherzogin Adelheid. MiNr. 93, 98 und 105–106 mit schwarzem oder rotem Bdr.-Aufdruck „CARITAS" und Zuschlagswert.**

| | | | | | |
|---|---|---|---|---|---|
| **148** | 12½ C | **+ 7½ C** dunkelgrün | (93) S | 0,50 | 3,50 |
| **149** | 35 C | **+ 10 C** dunkelblau | (98) R | 0,50 | 3,50 |
| **150** | 2½ Fr | **+ 1 Fr** lebhaftrot | (105) S | 5,— | 35,— |
| **151** | 5 Fr | **+ 2 Fr** dunkelviolett | (106) S | 1,50 | 25,— |
| | | Satzpreis (4 W.) | | 7,50 | 65,— |
| | | FDC | | | 450,— |

⊙-Preise gelten nur für (BPP-)geprüfte Stücke.

Auflage: 104.745 Sätze

*Gültig bis 30.6.1928*

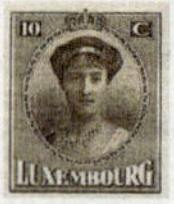

**1924, 11. Dez. Freimarken: Großherzogin Charlotte. StTdr.; gez. L 11½.**

k) Großherzogin Charlotte (1896–1985, reg. 1919–1964)

| | | | | | |
|---|---|---|---|---|---|
| **152** | 10 C | braunoliv | k | 0,30 | 0,30 |
| **153** | 15 C | gelbgrün | k | 0,40 | 0,30 |
| **154** | 50 C | rot | k | 0,30 | 0,30 |
| **155** | 75 C | blau | k | 0,30 | 0,30 |
| | | Satzpreis (4 W.) | | 1,30 | 1,— |

**Vorausentwertungen (billigste Jahreszahl):**

| | | (✱) | ✱✱ |
|---|---|---|---|
| 152 V II | Bdr.-Aufdruck | 0,70 | 0,90 |
| 153 V II | Bdr.-Aufdruck | 0,70 | 0,90 |

*Gültig bis 30.9.1940*

*Mit Aufdruck: MiNr. 198; Dienstmarken MiNr. 129–132*
*In gleicher Zeichnung: MiNr. 121, 122–133, 140–141, 161–162*

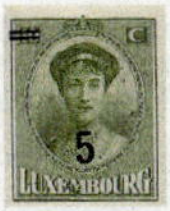

**1925, 1. Sept. Freimarke. MiNr. 125 mit neuem Wertaufdruck, alter Wert durchbalkt.**

156

| | | | ★★ | ⊙ |
|---|---|---|---|---|
| 156 | 5 (C) auf 10 C gelbgrün | (125) | 0,40 | 0,40 |

**Vorausentwertung (billigste Jahreszahl):**

| | | (✶) | ★★ |
|---|---|---|---|
| 156 V II | Bdr.-Aufdruck | 0,70 | 0,90 |

*Gültig bis 30.9.1940*

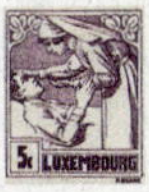

**1925, 21. Dez. Tuberkulose- und Krebsbekämpfung. Bdr.; gez. 12½:13.**

u) Krankenschwester und Kranker

| | | | | ★★ | ⊙ |
|---|---|---|---|---|---|
| 157 | 5 C | (+ 5 C) dunkelviolett | u | 0,50 | 1,— |
| 158 | 30 C | (+ 5 C) orange | u | 0,50 | 3,50 |
| 159 | 50 C | (+ 5 C) braunlila | u | 1,— | 6,50 |
| 160 | 1 Fr | (+ 10 C) blau | u | 1,50 | 14,— |
| | | Satzpreis (4 W.) | | 3,50 | 25,— |
| | | FDC | | | 250,— |

⊙-Preise gelten nur für (BPP-)geprüfte Stücke.

Auflagen: MiNr. 157 = 326.618, MiNr. 158 = 215.834, MiNr. 159 = 195.731, MiNr. 160 = 184.108 Stück

*Gültig bis 30.6.1926*

**1925, 12. Febr./1926, 2. Aug. Freimarken: Großherzogin Charlotte und Landschaften. StTdr.; gez. 11½.**

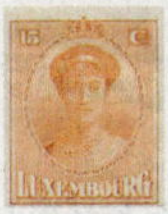

k) Großherzogin Charlotte (1896–1985, reg. 1919–1964)

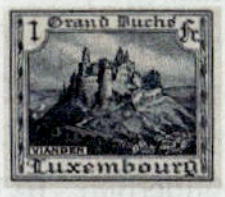

l) Schloss Vianden

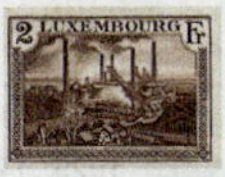

m) Hüttenwerk Esch an der Alzettte

| | | | | | |
|---|---|---|---|---|---|
| 161 | 15 C | rotorange | k | 0,30 | 0,30 |
| 162 | 20 C | gelbgrün | k | 0,30 | 0,30 |
| 163 | 1 Fr | blau | l | 0,40 | 0,40 |
| 164 | 2 Fr | braun (2.8.1926) | m | 19,— | 2,50 |
| | | Satzpreis (4 W.) | | 20,— | 3,50 |

*Gültig bis 30.9.1940*

*Mit Aufdruck: MiNr. 199; Dienstmarken MiNr. 134–137*
*Weitere Werte in Zeichnung k: MiNr. 121, 122–133, 140–141, 152–155; in Zeichnung l: MiNr. 134; in Zeichnung m: MiNr. 135*

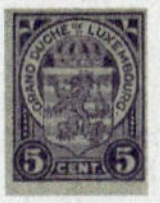

**1926, 6. April. Freimarke: Staatswappen. Stdr.; graustichiges Papier; gez. 11½.**

h) Staatswappen

| | | | | | |
|---|---|---|---|---|---|
| 165 | 5 C | violett | h | 0,30 | 0,30 |

MiNr. 165 wurde von einer neuen Platte gedruckt, besonderes Kennzeichen: fehlender Bindestrich zwischen „GRAND" und „DUCHÈ".

*Gültig bis 30.9.1940*

*Mit Aufdruck: Dienstmarke MiNr. 133*
*In gleicher Zeichnung: MiNr. 84–88, 120*

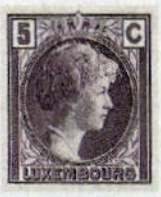

**1926, 10. Nov. Freimarken: Großherzogin Charlotte. StTdr.; gez. L 12.**

v) Großherzogin Charlotte (1896–1985, reg. 1919–1964)

| | | | | | |
|---|---|---|---|---|---|
| 166 | 5 C | violett | v | 0,50 | 0,30 |
| 167 | 10 C | olivgrün | v | 0,50 | 0,30 |
| 168 | 20 C | rotorange | v | 1,— | 0,50 |
| 169 | 25 C | grün | v | 1,— | 0,50 |
| 170 | 40 C | schwarzoliv | v | 0,30 | 0,40 |
| 171 | 50 C | rotbraun | v | 0,30 | 0,40 |
| 172 | 65 C | violettbraun | v | 0,50 | 1,20 |
| 173 | 75 C | karminrosa | v | 0,50 | 0,80 |
| 174 | 80 C | olivbraun | v | 1,— | 2,— |
| 175 | 1 Fr | schwarzschiefer | v | 5,— | 0,50 |
| 176 | 1¼ Fr | dunkelblau | v | 0,50 | 0,60 |
| | | Satzpreis (11 W.) | | 11,— | 7,50 |

MiNr. 166–167 wurden auch im Markenheftchen ausgegeben; siehe nach MiNr. 281.

*Gültig bis 30.9.1940*

*Mit Aufdruck: MiNr. 200, 202–204; Dienstmarken MiNr. 138–148, 154–156, 160–161, 165*
*In gleicher Zeichnung: MiNr. 187–191, 205–206, 221–226, 239, 257, 281*

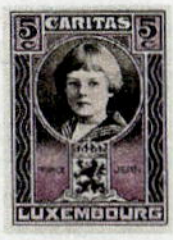

**1926, 15. Dez. Kinderhilfe. RaTdr.; gez. L 12½:12¼.**

w) Erbprinz Jean (1921–2019)

| | | | | | |
|---|---|---|---|---|---|
| 177 | 5 C | (+ 5 C) violett/schwarz | w | 1,— | 0,60 |
| 178 | 40 C | (+ 10 C) grün/schwarz | w | 1,— | 1,20 |
| 179 | 50 C | (+ 15 C) gelboliv/schwarz | w | 1,— | 1,20 |
| 180 | 75 C | (+ 20 C) rot/schwarz | w | 1,— | 10,— |
| 181 | 1.50 Fr | (+ 30 C) ultramarin/schwarz | w | 1,— | 12,— |
| | | Satzpreis (5 W.) | | 5,— | 25,— |
| | | FDC | | | 350,— |

⊙-Preise gelten nur für (BPP-)geprüfte Stücke.

Auflagen: MiNr. 177 = 412.885, MiNr. 178 = 263.258, MiNr. 179 = 268.778, MiNr. 180 = 209.827, MiNr. 181 = 207.315 Stück

*Gültig bis 30.6.1927*

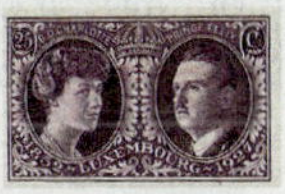

**1927, 4. Sept. Internationale philatelistische Ausstellung. StTdr. (5×5); gez. L 11½.**

x) Großherzogin Charlotte und Prinzgemahl Felix

| | | | | | |
|---|---|---|---|---|---|
| 182 | 25 C | violett | x | 3,50 | 11,— |
| 183 | 50 C | grün | x | 6,— | 16,— |
| 184 | 75 C | karmin | x | 3,50 | 11,— |
| 185 | 1 Fr | schwarz | x | 3,50 | 11,— |
| 186 | 1½ Fr | blau | x | 3,50 | 11,— |
| | | Satzpreis (5 W.) | | 20,— | 60,— |
| | | FDC | | | 85,— |

⊙-Preise gelten nur für (BPP-)geprüfte Stücke.

Auflage: 70.000 Sätze

*Gültig bis 30.8.1928*

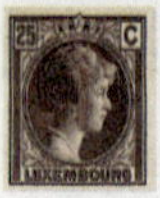

**1927, 15. Okt. Freimarken: Großherzogin Charlotte. StTdr.; gez. L 12.**

v) Großherzogin Charlotte (1896–1985, reg. 1919–1964)

| | | | | | | |
|---|---|---|---|---|---|---|
| **187** | 25 C | graubraun | v | 0,80 | 0,30 |
| **188** | 30 C | olivgrün | v | 0,80 | 0,30 |
| **189** | 75 C | braunoliv | v | 0,30 | 0,30 |
| **190** | 90 C | lilakarmin | v | 4,20 | 1,80 |
| **191** | 1½ Fr | blau | v | 7,— | 1,80 |
| | | Satzpreis (5 W.) | | 13,— | 4,50 |

*Gültig bis 30.9.1940*

*Mit Aufdruck: MiNr. 218–220, 265; Dienstmarken MiNr. 149–153, 157–158, 163–164, 166*
*In gleicher Zeichnung: MiNr. 166–176, 205–206, 221–226, 239, 257, 281*

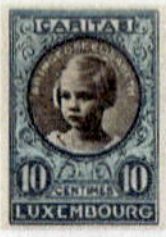

**1927, 1. Dez. Kinderhilfe. RaTdr.; gez. L 12½:12¼.**

y) Prinzessin Elisabeth (1922–2011)

| | | | | | |
|---|---|---|---|---|---|
| **192** | 10 C | (+ 5 C) hellblau/schwarz | y | 1,— | 0,70 |
| **193** | 50 C | (+ 10 C) braun/schwarz | y | 1,— | 1,30 |
| **194** | 75 C | (+ 20 C) orange/schwarz | y | 1,— | 2,— |
| **195** | 1 Fr | (+ 30 C) karmin/schwarz | y | 1,— | 15,— |
| **196** | 1½ Fr | (+ 50 C) blau/schwarz | y | 1,— | 15,— |
| | | Satzpreis (5 W.) | | 5,— | 34,— |
| | | FDC | | | 350,— |

⊙-Preise gelten nur für (BPP-)geprüfte Stücke.

Auflagen: MiNr. 192 = 365.122, MiNr. 193 = 276.122, MiNr. 194 = 269.001, MiNr. 195 = 223.826, MiNr. 196 = 216.928 Stück

*Gültig bis 30.6.1928*

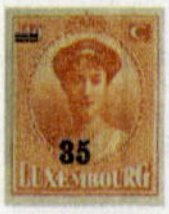

**1927. Freimarken. MiNr. 130 und 155 mit Bdr.-Aufdruck des neuen Wertes, alter Wert durchbalkt.**

197

| | | | | | |
|---|---|---|---|---|---|
| **197** | **35 (C)** | auf 40 C braunorange | (130) | 0,40 | 0,30 |
| **198** | **60 (C)** | auf 75 C blau | (155) | 0,60 | 0,30 |
| | | Satzpreis (2 W.) | | 1,— | 0,50 |

*Gültig bis 30.9.1940*

**1928, 10. März. Freimarken mit Aufdruck des neuen Wertes; alter Wert durchbalkt.**

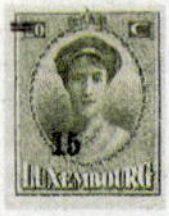

199

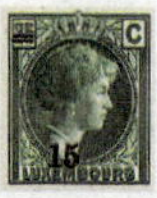

200

| | | | | | |
|---|---|---|---|---|---|
| **199** | **15 (C)** | auf 20 C gelbgrün | (162) | 0,40 | 0,30 |
| **200** | **15 (C)** | auf 25 C grün | (169) | 1,— | 0,60 |
| **201** | **60 (C)** | auf 80 C schwarz | (133) | 0,70 | 0,50 |
| **202** | **60 (C)** | auf 65 C violettbraun | (172) | 0,60 | 0,50 |
| **203** | **60 (C)** | auf 75 C karminrosa | (173) | 0,60 | 0,50 |
| **204** | **60 (C)** | auf 80 C olivbraun | (174) | 0,70 | 0,80 |
| | | Satzpreis (6 W.) | | 4,— | 3,20 |

*Gültig bis 30.9.1940*

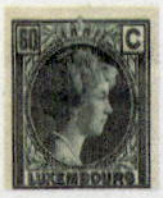

**1928, 25. Mai. Freimarken: Großherzogin Charlotte. StTdr.; gez. L 12.**

v) Großherzogin Charlotte (1896–1985, reg. 1919–1964)

| | | | | | |
|---|---|---|---|---|---|
| **205** | 35 C | violett | v | 10,— | 0,30 |
| **206** | 60 C | dunkelblaugrün | v | 10,— | 0,30 |
| | | Satzpreis (2 W.) | | 20,— | 0,60 |

*Gültig bis 30.9.1940*

*Mit Aufdruck: MiNr. 331; Dienstmarken MiNr. 159, 163*
*In gleicher Zeichnung: MiNr. 166–176, 187–191, 221–226, 239, 257, 281*

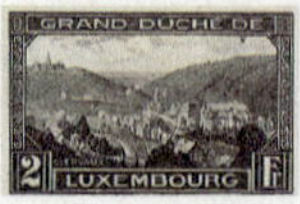

**1928, 16. Okt. Freimarke: Landschaften. StTdr.; A = gez. L 11½, B = L 12½.**

z) Clerf (Clervaux)

| | | | | | |
|---|---|---|---|---|---|
| **207** | 2 Fr | schwarz | z | | |
| | A | gez. L 11½ | | 7,50 | 1,— |
| | B | gez. L 12½ | | 5,— | 1,— |

*Gültig bis 30.9.1940*

*Mit Aufdruck: Dienstmarke MiNr. 167*
*In gleicher Zeichnung: MiNr. 282*

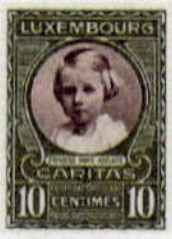

**1928, 12. Dez. Kinderhilfe. RaTdr.; gez. 12¼:12¾, 12:12½.**

aa) Prinzessin Marie-Adélaïde (1924–2007)

| | | | | | |
|---|---|---|---|---|---|
| **208** | 10 C | (+ 5 C) olivgrün/braunlila | aa | 1,— | 1,20 |
| **209** | 60 C | (+ 10 C) braun/dunkelgrün | aa | 2,— | 3,60 |
| **210** | 75 C | (+ 15 C) karmin/blaugrün | aa | 2,— | 8,— |
| **211** | 1 Fr | (+ 25 C) blaugrün/dunkelbraun | aa | 5,— | 24,— |
| **212** | 1½ Fr | (+ 50 C) olivgelb/dunkelblau | aa | 5,— | 24,— |
| | | Satzpreis (5 W.) | | 15,— | 60,— |
| | | FDC | | | 360,— |

⊙-Preise gelten nur für (BPP-)geprüfte Stücke.

Auflagen: MiNr. 208 = 204.212, MiNr. 209 = 148.713, MiNr. 210 = 137.771, MiNr. 211 = 134.674, MiNr. 212 = 133.335 Stück

*Gültig bis 31.12.1929*

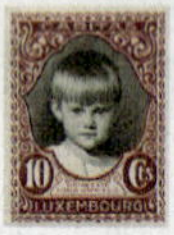

**1929, 14. Dez. Kinderhilfe. RaTdr.; gez. L 12¾, L 12:12½.**

ab) Prinzessin Marie-Gabrielle (1925–2023)

| | | | | | |
|---|---|---|---|---|---|
| **213** | 10 C | (+ 10 C) rötlichbraun/olivgrün | ab | 1,— | 1,20 |
| **214** | 35 C | (+ 15 C) dunkelgrün/rotbraun | ab | 5,— | 8,— |
| **215** | 75 C | (+ 30 C) rotorange/grauschwarz | ab | 7,— | 12,— |
| **216** | 1¼ Fr | (+ 50 C) lila/hellgrün | ab | 7,— | 25,— |
| **217** | 1¾ Fr | (+ 75 C) graublau/dunkelblau | ab | 10,— | 34,— |
| | | Satzpreis (5 W.) | | 30,— | 80,— |
| | | FDC | | | 500,— |

⊙-Preise gelten nur für (BPP-)geprüfte Stücke.

Auflagen: MiNr. 213 = 140.191, MiNr. 214 = 91.658, MiNr. 215 = 93.628, MiNr. 216 = 89.271, MiNr. 217 = 88.189 Stück

*Gültig bis 31.12.1930*

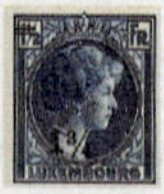

**1929, 28. Dez. Freimarken. MiNr. 188 und 190–191 mit neuem Wertaufdruck, alter Wert durchbalkt.**

220

| | | | | | |
|---|---|---|---|---|---|
| **218** | **10 (C)** | auf 30 C olivgrün | (188) | 1,20 | 0,50 |
| **219** | **75 (C)** | auf 90 C lilakarmin | (190) | 6,50 | 0,50 |
| **220** | **1¾ (C)** | auf 1½ Fr blau | (191) | 15,— | 2,— |
| | | Satzpreis (3 W.) | | 22,— | 3,— |

*Gültig bis 30.9.1940*

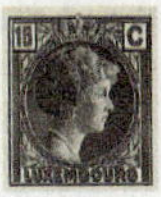

**1930, 15. Febr. Freimarken: Großherzogin Charlotte. StTdr.; gez. 12.**

v) Großherzogin Charlotte (1896–1985, reg. 1919–1964)

| | | | | | | |
|---|---|---|---|---|---|---|
| **221** | 15 C | schwarz | v | 0,50 | 0,30 |
| **222** | 30 C | grauviolett | v | 0,70 | 0,30 |
| **223** | 35 C | gelbgrün | v | 0,30 | 0,30 |
| **224** | 1 Fr | karmin | v | 1,50 | 0,30 |
| **225** | 1¼ Fr | dunkelgelb | v | 55,— | 1,70 |
| **226** | 1¾ Fr | blau | v | 2,— | 0,30 |
| | | Satzpreis (6 W.) | | 60,— | 3,20 |

MiNr. 223 wurde auch im Markenheftchen ausgegeben; siehe nach MiNr. 281.

*Gültig bis 30.9.1940*

*In gleicher Zeichnung: MiNr. 166–176, 187–191, 205–206, 239, 257, 281*
*Mit Aufdruck: Dienstmarken MiNr. 168–173*

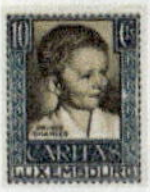

**1930, 10. Dez. Kinderhilfe. RaTdr.; gez. K 12½.**

ac) Prinz Charles (1927–1977)

| | | | | | |
|---|---|---|---|---|---|
| **227** | 10 C | (+ 5 C) blaugrün/olivbraun | ac | 1,— | 1,— |
| **228** | 75 C | (+ 10 C) braun/grün | ac | 4,— | 4,— |
| **229** | 1 Fr | (+ 25 C) karmin/violett | ac | 10,— | 15,— |
| **230** | 1¼ Fr | (+ 75 C) gelb/gelbbraun | ac | 10,— | 20,— |
| **231** | 1¾ Fr | (+ 1½ Fr) blau/dunkelbraun | ac | 15,— | 20,— |
| | | Satzpreis (5 W.) | | 40,— | 60,— |
| | | FDC | | | 420,— |
| | | MH mit 20 × MiNr. 227 | | 500,— | |
| | | MH mit 20 × MiNr. 228 | | 1200,— | |

MiNr. 227–228 wurden jeweils auch im Markenheftchen mit 2 H-Blättern zu je 10 Marken ausgegeben.

⊙-Preise gelten nur für (BPP-)geprüfte Stücke.

Auflagen: MiNr. 227 = 174.567, MiNr. 228 = 94.806, MiNr. 229 = 72.790, MiNr. 230 = 72.777, MiNr. 231 = 70.907 Stück

*Gültig bis 31.12.1931*

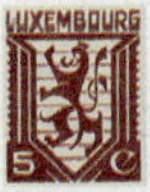

**1930, 20. Dez. Freimarken: Löwe. RaTdr.; gez. 12½.**

ad) Löwe

| | | | | | |
|---|---|---|---|---|---|
| **232** | 5 C | lilarot | ad | 3,— | 0,40 |
| **233** | 10 C | olivgrün | ad | 4,— | 0,30 |
| | | Satzpreis (2 W.) | | 7,— | 0,70 |

*Gültig bis 30.9.1940*

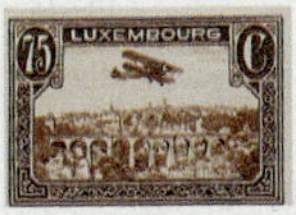

**✈ 1931, 10. April. Breguet-Doppeldecker. StTdr.; gez. L 12½.**

Fa) Breguet-Doppeldecker über der Stadt Luxemburg, Eisenbahnviadukt über das Alzette-Tal

| | | | | | |
|---|---|---|---|---|---|
| **234** | 75 C | braun | Fa | 2,50 | 2,— |
| **235** | 1 Fr | karmin | Fa | 2,50 | 2,— |
| **236** | 1¼ Fr | violett | Fa | 2,50 | 2,— |
| **237** | 1¾ Fr | blau | Fa | 2,50 | 2,— |
| | | Satzpreis (4 W.) | | 10,— | 8,— |
| | | FDC | | | 200,— |

Auflagen: MiNr. 234 = 265.200, MiNr. 235 = 255.500, MiNr. 236 = 266.900, MiNr. 237 = 263.100 Stück

*Gültig bis 30.9.1940*

*In gleicher Zeichnung: MiNr. 250–251*

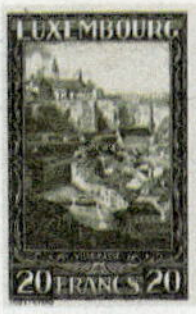

**1931, 20. Juni. Freimarke: Landschaften. StTdr. (5×5); gez. L 12½.**

ae) Teilansicht der Unterstadt Luxemburg; Gemälde von Joseph Meyers (1902–1970), deutscher Maler

| | | | | | |
|---|---|---|---|---|---|
| **238** | 20 Fr | olivgrün | ae | 10,— | 20,— |
| | | FDC | | | 140,— |

*Gültig bis 30.9.1940*

*Mit Aufdruck: Dienstmarke MiNr. 174*

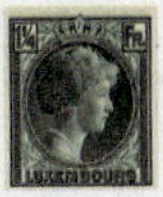

**1931, 20. Juni. Freimarke: Großherzogin Charlotte. StTdr.; gez. L 12.**

v) Großherzogin Charlotte (1896–1985, reg. 1919–1964)

| | | | | | |
|---|---|---|---|---|---|
| **239** | 1¼ Fr | dunkelgrün | v | 1,20 | 0,30 |

*Gültig bis 30.9.1940*

*Mit Aufdruck: Dienstmarke MiNr. 175*
*In gleicher Zeichnung: MiNr. 166–176, 187–191, 205–206, 221–226, 257, 281*

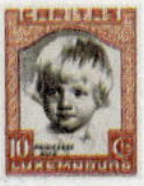

**1931, 10. Dez. Kinderhilfe. RaTdr.; gez. K 12½.**

af) Prinzessin Alix (1929–2019)

| | | | | | |
|---|---|---|---|---|---|
| **240** | 10 C | (+ 5 C) braun/schwarz | af | 1,— | 1,50 |
| **241** | 75 C | (+ 10 C) lilarot/blaugrün | af | 12,— | 20,— |
| **242** | 1 Fr | (+ 25 C) grün/schwarz | af | 24,— | 30,— |
| **243** | 1¼ Fr | (+ 75 C) violett/blaugrün | af | 18,— | 30,— |
| **244** | 1¾ Fr | (+ 1½ Fr) blau/schwarz | af | 45,— | 60,— |
| | | Satzpreis (5 W.) | | 100,— | 140,— |
| | | FDC | | | 450,— |

⊙-Preise gelten nur für (BPP-)geprüfte Stücke.

Auflagen: MiNr. 240 = 142.644, MiNr. 241 = 62.312, MiNr. 242 = 51.005, MiNr. 243 = 51.353, MiNr. 244 = 50.024 Stück

*Gültig bis 31.12.1932*

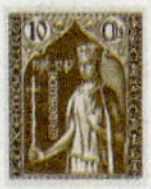

**1932, 8. Dez. Kinderhilfe. RaTdr.; gez. K 12½.**

ag) Gräfin Ermesinde von Luxemburg (1186–1247)

| | | | | | |
|---|---|---|---|---|---|
| **245** | 10 C | (+ 5 C) oliv | ag | 1,— | 1,20 |
| **246** | 75 C | (+ 10 C) violett | ag | 9,— | 20,— |
| **247** | 1 Fr | (+ 25 C) karmin | ag | 30,— | 40,— |
| **248** | 1.25 Fr | (+ 75 C) braunrot | ag | 30,— | 40,— |
| **249** | 1.75 Fr | (+ 1.50 Fr) blau | ag | 30,— | 40,— |
| | | Satzpreis (5 W.) | | 100,— | 140,— |
| | | FDC | | | 500,— |

⊙-Preise gelten nur für (BPP-)geprüfte Stücke.

Auflagen: MiNr. 245 = 137.016, MiNr. 246 = 54.278, MiNr. 247 = 43.551, MiNr. 248 = 44.070, MiNr. 249 = 42.430 Stück

*Gültig bis 31.12.1933*

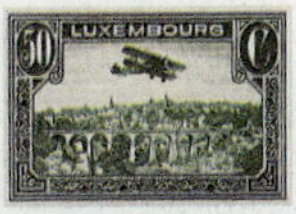

**✈ 1933, 15. Juli. Breguet-Doppeldecker. StTdr.; gez. L 12½.**

Fa) Breguet-Doppeldecker über der Stadt Luxemburg, Eisenbahnviadukt über das Alzette-Tal

| | | | | | | |
|---|---|---|---|---|---|---|
| 250 | 50 C | grün | | Fa | 3,— | 1,20 |
| 251 | 3 Fr | schwarz | | Fa | 9,— | 6,50 |
| | | | Satzpreis (2 W.) | | 12,— | 7,50 |

*Gültig bis 30.9.1940*

*In gleicher Zeichnung: MiNr. 234–237*

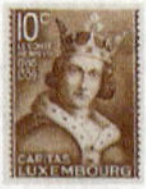


**1933, 22. Dez. Kinderhilfe. RaTdr.; gez. K 12½.**

ah) Heinrich IV. von Luxemburg (1288–1309 Graf von Luxemburg, 1308–1313 Deutscher Kaiser als Heinrich VII.); Fresko von Philipp Veit (1793–1877), deutscher Maler

| | | | | | |
|---|---|---|---|---|---|
| 252 | 10 C | (+ 5 C) gelbbraun | ah | 1,— | 1,— |
| 253 | 75 C | (+ 10 C) violett | ah | 15,— | 19,— |
| 254 | 1 Fr | (+ 25 C) karmin | ah | 34,— | 45,— |
| 255 | 1¼ Fr | (+ 75 C) braun | ah | 40,— | 55,— |
| 256 | 1¾ Fr | (+ 1½ Fr) blau | ah | 50,— | 60,— |
| | | Satzpreis (5 W.) | | 140,— | 180,— |
| | | FDC | | | 550,— |

⊙-Preise gelten nur für (BPP-)geprüfte Stücke.

Auflagen: MiNr. 252 = 99.100, MiNr. 253 = 43.358, MiNr. 254 = 35.092, MiNr. 255 = 34.689, MiNr. 256 = 33.611 Stück

*Gültig bis 31.12.1934*

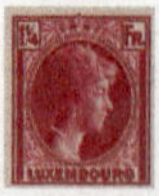


**1934, 30. Aug. Freimarke: Großherzogin Charlotte. StTdr.; gez. L 12½.**

v) Großherzogin Charlotte (1896–1985, reg. 1919–1964)

| | | | | | | |
|---|---|---|---|---|---|---|
| 257 | 1¼ Fr | karmin | v | 70,— | 2,50 |

*Gültig bis 30.9.1940*

*In gleicher Zeichnung: MiNr. 166–176, 187–191, 205–206, 221–226, 239, 281*

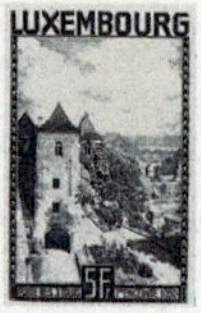


**1934, 30. Aug. Freimarke: Landschaften. StTdr.; gez. K 14, 14:13½.**

ai) Tor der Drei Türme (erbaut 1050)

| | | | | | |
|---|---|---|---|---|---|
| 258 | 5 Fr | dunkelgrün | ai | 11,— | 9,— |

*Gültig bis 30.9.1940*

*Mit Aufdruck: Dienstmarke MiNr. 176*

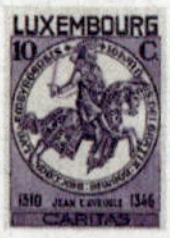


**1934, 5. Dez. Kinderhilfe. RaTdr.; gez. L 12½.**

ak) Siegel des Grafen Johann des Blinden von Luxemburg und Königs von Böhmen (1310–1346)

| | | | | | |
|---|---|---|---|---|---|
| 259 | 10 C | (+ 5 C) violett | ak | 1,— | 1,— |
| 260 | 35 C | (+ 10 C) grün | ak | 7,— | 12,— |
| 261 | 75 C | (+ 15 C) lilarot | ak | 7,— | 12,— |
| 262 | 1 Fr | (+ 25 C) karmin | ak | 42,— | 60,— |
| 263 | 1¼ Fr | (+ 75 C) orange | ak | 42,— | 60,— |
| 264 | 1¾ Fr | (+ 1½ Fr) blau | ak | 42,— | 60,— |
| | | Satzpreis (6 W.) | | 140,— | 200,— |
| | | FDC | | | 550,— |

⊙-Preise gelten nur für (BPP-)geprüfte Stücke.

Auflagen: MiNr. 259 = 130.563, MiNr. 260 = 47.343, MiNr. 261 = 45.447, MiNr. 262 = 35.345, MiNr. 263 = 36.141, MiNr. 264 = 34.669 Stück

*Gültig bis 31.12.1935*

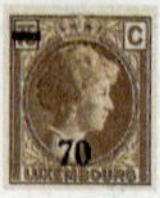


265

**1935, 1. Febr. Freimarke. MiNr. 189 mit Aufdruck der neuen Wertziffer, alter Wert durchbalkt.**

| | | | | | |
|---|---|---|---|---|---|
| 265 | 70 (C) | auf 75 C braunoliv | (189) | 32,— | 0,50 |

*Gültig bis 30.9.1940*

**1935, 1. Mai. Internationales Hilfswerk für emigrierte Intellektuelle. RaTdr.; gez. L 12½.**

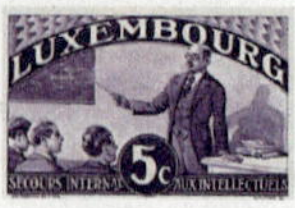


al) Professor

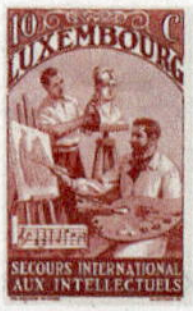


am) Bildhauer und Maler

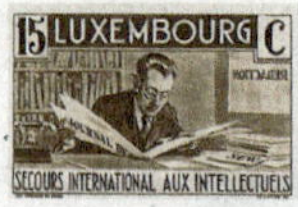


an) Journalist

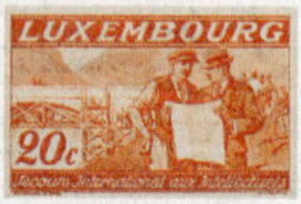


ao) Ingenieur

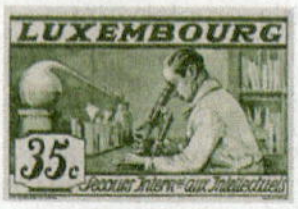


ap) Chemiker

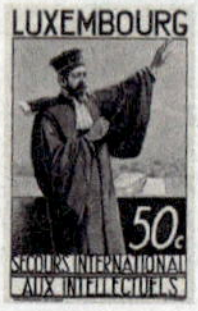


ar) Rechtsanwalt

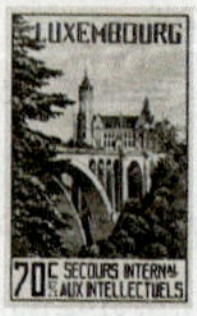


as) Sparkasse und neue Brücke

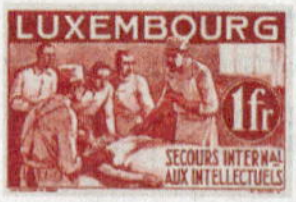


at) Chirurg am Operationstisch

| | | | | | | |
|---|---|---|---|---|---|---|
| 266 | 5 C | (+ 5 C) violett | al | 0,50 | 1,50 |
| 267 | 10 C | (+ 10 C) bräunlichrot | am | 0,70 | 1,50 |
| 268 | 15 C | (+ 15 C) oliv | an | 1,— | 2,50 |
| 269 | 20 C | (+ 20 C) orange | ao | 1,50 | 3,20 |
| 270 | 35 C | (+ 35 C) hellgrün | ap | 2,— | 5,— |
| 271 | 50 C | (+ 50 C) schwarz | ar | 2,50 | 6,— |
| 272 | 70 C | (+ 70 C) dunkelgrün | as | 3,50 | 7,50 |
| 273 | 1 Fr | (+ 1 Fr) karminrot | at | 5,— | 10,— |
| 274 | 1.25 Fr | (+ 1.25 Fr) blaugrün | ap | 15,— | 65,— |
| 275 | 1.75 Fr | (+ 1.75 Fr) blau | ao | 20,— | 80,— |
| 276 | 2 Fr | (+ 2 Fr) hellbraun | am | 60,— | 180,— |
| 277 | 3 Fr | (+ 3 Fr) dunkelbraun | an | 100,— | 200,— |
| 278 | 5 Fr | (+ 5 Fr) hellblau | ar | 150,— | 400,— |
| 279 | 10 Fr | (+ 10 Fr) lila | al | 350,— | 700,— |
| 280 | 20 Fr | (+ 20 Fr) dunkelgrün | at | 500,— | 850,— |
| | | Satzpreis (15 W.) | | 1200,— | 2500,— |
| | | FDC | | | 13000,— |

⊙-Preise gelten nur für (BPP-)geprüfte Stücke.

Auflagen: MiNr. 266 = 293.615, MiNr. 267 = 155.087, MiNr. 268 = 29.651, MiNr. 269 = 95.351, MiNr. 270 = 42.242, MiNr. 271 = 34.072, MiNr. 272 = 32.245, MiNr. 273 = 29.010, MiNr. 274 = 16.580, MiNr. 275 = 15.286, MiNr. 276 = 13.239, MiNr. 277 = 11.802, MiNr. 278 = 10.942, MiNr. 279 = 9.663, MiNr. 280 = 9.582 Stück

*Gültig bis 31.12.1936*

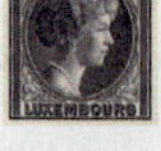


**1935, 1. Juni. Freimarke: Großherzogin Charlotte. StTdr.; gez. L 12.**

v) Großherzogin Charlotte (1896–1985, reg. 1919–1964)

**281** 70 C violett ........ v 0,50 0,30
Markenheftchen mit 10 × MiNr. 166–167, 223 und 281 300,—

MiNr. 166–167, 223 und 281 wurden auch im Markenheftchen mit 4 H-Blättern zu je 10 Marken ausgegeben.

*Gültig bis 30.9.1940*

*Mit Aufdruck: Dienstmarke MiNr. 177*
*In gleicher Zeichnung: MiNr. 166–176, 187–191, 205–206, 221–226, 239, 257*

**1935, 15. Aug. Philatelistische Ausstellung in Esch an der Alzette. StTdr.; Faserpapier; Wz. 2; □.**

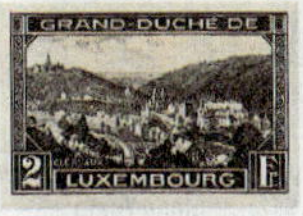

z) Clerf (Clervaux)

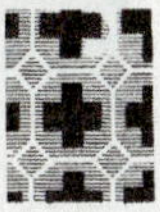
Wz. 2 Fliesenmuster

**282** 2 Fr (+ 50 C) schwarz ........ z 14,— 15,—
FDC 40,—

Auflage: 54.679 Stück

*Gültig bis 31.12.1935*

*In gleicher Zeichnung: MiNr. 207*

**1935, 15. Nov. Freimarke: Landschaften. StTdr.; gez. K 12½.**

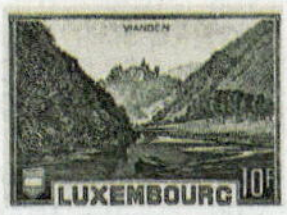

au) Ourtal mit Schloss Vianden

**283** 10 Fr grün ........ au 8,— 15,—
FDC 300,—

*Gültig bis 30.9.1940*

*Mit Aufdruck: Dienstmarke MiNr. 178*

**1935, 2. Dez. Kinderhilfe. RaTdr.; gez. K 11½.**

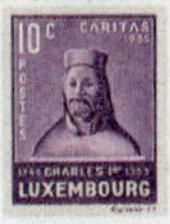

av) Graf Karl I. von Luxemburg, König von Böhmen und als Karl IV. Kaiser von Deutschland (1346–1378)

**284** 10 C (+ 5 C) violett ........ av 0,50 0,50
**285** 35 C (+ 10 C) grün ........ av 1,20 1,20
**286** 70 C (+ 20 C) schwarzbraun ........ av 2,50 2,50
**287** 1 Fr (+ 25 C) lila ........ av 40,— 40,—
**288** 1.25 Fr (+ 75 C) braun ........ av 40,— 40,—
**289** 1.75 Fr (+ 1.50 Fr) blau ........ av 40,— 40,—
Satzpreis (6 W.) 120,— 120,—
FDC 500,—

⊙-Preise gelten nur für (BPP-)geprüfte Stücke.

Auflagen: MiNr. 284 = 273.279, MiNr. 285 = 109.935, MiNr. 286 = 92.076, MiNr. 287 = 46.108, MiNr. 288 = 48.413, MiNr. 289 = 44.156 Stück

*Gültig bis 31.12.1936*

**1936, 26. Aug. 11. Kongress der Fédération Internationale de Philatélie (FIP), Philatelistische Woche in Luxemburg und Ausstellung. RaTdr.; Faserpapier; gez. L 11½.**

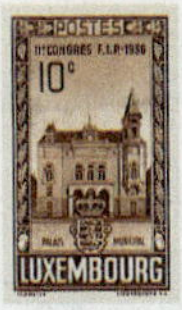

aw) Rathaus von Luxemburg

**290** 10 C schwarzgraubraun ........ aw 0,30 0,40
**291** 35 C grün ........ aw 1,— 1,20
**292** 70 C orangerot ........ aw 1,20 1,40
**293** 1 Fr karmin ........ aw 5,50 8,—
**294** 1.25 Fr violett ........ aw 7,— 12,—
**295** 1.75 Fr blau ........ aw 5,— 9,—
Satzpreis (6 W.) 20,— 32,—
FDC 100,—

Auflagen: MiNr. 290 = 225.000, MiNr. 291 = 200.000, MiNr. 292 = 175.000, MiNr. 293–295 je 100.000 Stück

*Gültig bis 31.12.1937*

**1936, 1. Dez. Kinderhilfe. RaTdr.; gez. K 11¾:12¾.**

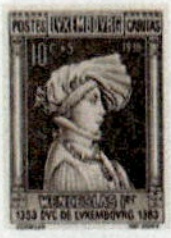
ax) Wenzel I. (1337–1383, reg. ab 1354), Herzog von Luxemburg; Zeichnung von Anthonis de Succa (1577–1620), flämischer Maler

**296** 10 C (+ 5 C) braun ........ ax 0,50 0,50
**297** 35 C (+ 10 C) grün ........ ax 1,— 0,50
**298** 70 C (+ 20 C) schiefer ........ ax 1,50 1,—
**299** 1 Fr (+ 25 C) karmin ........ ax 7,— 17,—
**300** 1.25 Fr (+ 75 C) violett ........ ax 20,— 24,—
**301** 1.75 Fr (+ 1.50 Fr) blau ........ ax 20,— 17,—
Satzpreis (6 W.) 50,— 60,—
FDC 220,—

⊙-Preise gelten nur für (BPP-)geprüfte Stücke.

Auflagen: MiNr. 296 = 407.146, MiNr. 297 = 133.758, MiNr. 298 = 181.705, MiNr. 299–301 je 60.000 Stück

*Gültig bis 31.12.1937*

**1937, 25. Juli. Blockausgabe: Nationale Philatelistische Ausstellung, Düdelingen. StTdr.; Wz. 2; gez. K 13½.**

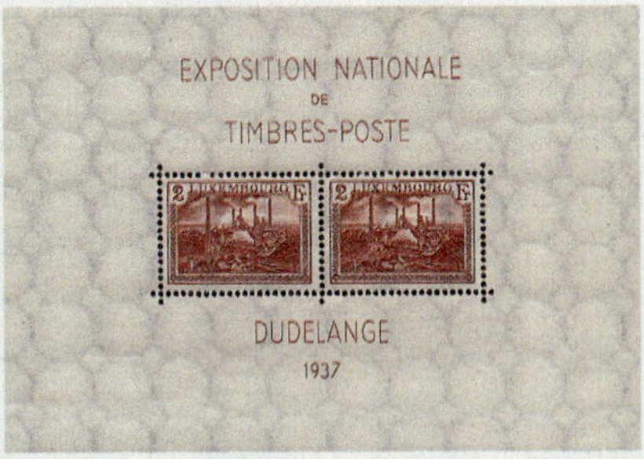

m I

m) Hüttenwerk Esch an der Alzette

**302** 2 Fr rotkarmin ........ m 5,— 5,—
**Block 2** (125×84 mm) ........ m I 15,— 15,—
FDC 150,—

Postpreis 5 Fr

Auflage: 70.000 Blocks

*Gültig bis 30.9.1940*

*In gleicher Zeichnung: MiNr. 135*

**1937, 1. Dez. Kinderhilfe. RaTdr.; gez. K 11¾:12¾.**

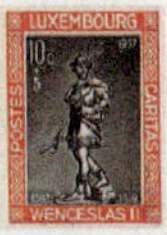

ay) Standbild Wenzels II. (1361–1419), Herzog von Luxemburg (1383–1388), König von Böhmen (ab 1378) und römisch-deutscher König (1376–1400)

**303** 10 C + 5 C karmin/braunschwarz ........ ay 0,50 0,50
**304** 35 C + 10 C dkl'lila/schwarzoliv ........ ay 0,50 0,50
**305** 70 C + 20 C dkl'ultramarin/braunkarmin ........ ay 1,— 0,50
**306** 1 Fr + 0.25 Fr schwarzgrün/rot ........ ay 4,— 12,—
**307** 1.25 Fr + 0.75 Fr dkl'braun/violett ........ ay 6,— 12,—
**308** 1.75 Fr + 1.50 Fr grauschwarz/ultramarin ........ ay 10,— 20,—
Satzpreis (6 W.) 22,— 45,—
FDC 160,—

⊙-Preise gelten nur für (BPP-)geprüfte Stücke.

Auflage: 81.685 vollständige Sätze

*Gültig bis 31.12.1938*

**1938, 5. Juni. 1200. Todestag des hl. Willibrord. StTdr.; MiNr. 309–311 gez. K 14¼:13¼, MiNr. 312–314 gez. K 13¼:14¼.**

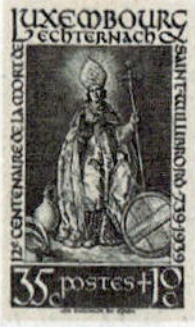

az) Hl. Willibrord als Bischof; Gemälde von Abraham Bloemaert (1564–1651), niederländischer Maler

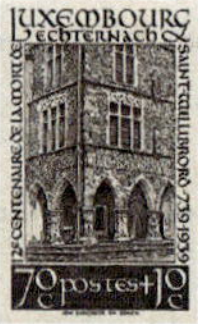

ba) Rathaus zu Echternach, sog. Dingstuhl (16. Jh.)

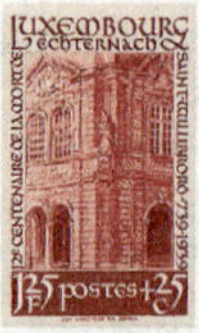

bb) Pavillon im Stadtpark zu Echternach (erbaut 1761)

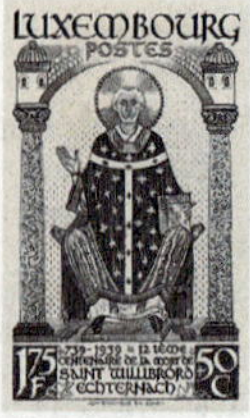

bc) Hl. Willibrord, Gründer der Abtei Echternach (658–739); nach einer Miniatur aus der „Vita Willibrordi“ (11. Jh.)

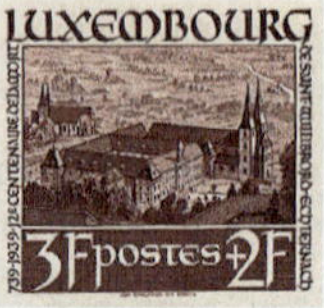

bd) Basilika, alte Abtei und Pfarrkirche von Echternach

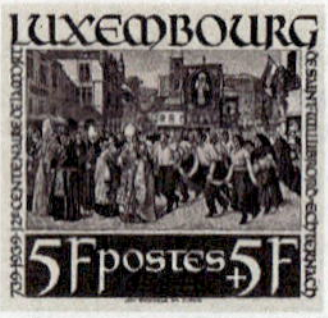

be) Springprozession zu Echternach; Gemälde von Lucien Simon (1861–1945), französischer Maler

| | | | | | |
|---|---|---|---|---|---|
| **309** | 35 C | + 10 C dunkelgrün | az | 0,70 | 0,60 |
| **310** | 70 C | + 10 C braungrau | ba | 2,— | 0,70 |
| **311** | 1.25 Fr | + 25 C karmin | bb | 5,— | 2,20 |
| **312** | 1.75 Fr | + 50 C grau | bc | 8,— | 3,20 |
| **313** | 3 Fr | + 2 Fr braunlila | bd | 20,— | 10,— |
| **314** | 5 Fr | + 5 Fr violett | be | 25,— | 10,— |
| | | | Satzpreis (6 W.) | 60,— | 26,— |
| | | | FDC | | 110,— |

Auflagen: MiNr. 309 = 117.106, MiNr. 310 = 90.264, MiNr. 311 = 71.243, MiNr. 312 = 65.307, MiNr. 313 = 56.014, MiNr. 314 = 54.871 Stück

*Gültig bis 30.9.1940*

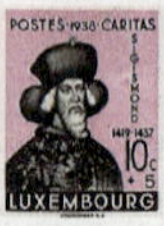

**1938, 1. Dez. Kinderhilfe. RaTdr.; gestrichenes Faserpapier; gez. K 12.**

bf) Sigismund (1368–1437), Herzog von Luxemburg König von Böhmen und Deutscher Kaiser; Gemälde von Antonio di Puccio Pisano, genannt Pisanello (1395–1455)

| | | | | | |
|---|---|---|---|---|---|
| **315** | 10 C | + 5 C lila/schwarz | bf | 0,50 | 0,50 |
| **316** | 35 C | + 10 C grün/schwarz | bf | 0,50 | 0,50 |
| **317** | 70 C | + 20 C dunkelbraun/schwarz | bf | 1,— | 0,50 |
| **318** | 1 Fr | + 25 C orangerot/schwarz | bf | 8,— | 13,— |
| **319** | 1.25 Fr | + 75 C hellgrau/schwarz | bf | 8,— | 13,— |
| **320** | 1.75 Fr | + 1.50 Fr blau/schwarz | bf | 12,— | 18,— |
| | | | Satzpreis (6 W.) | 30,— | 45,— |
| | | | FDC | | 160,— |

Auflagen: MiNr. 315 = 447.450, MiNr. 316 = 149.862, MiNr. 317 = 125.282, MiNr. 318 = 76.073, MiNr. 319 = 77.232, MiNr. 320 = 74.506 Stück

*Gültig bis 31.12.1939*

**1939, 27. Mai. 100 Jahre Unabhängigkeit: Herrscher von Luxemburg seit 1815; StTdr.; gez. K 12¼:11¾.**

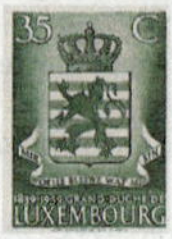

bg) Staatswappen mit Inschrift „MIR WOELLE BLEIWE WAT MIR SIN“

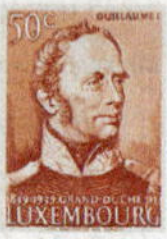

bh) Wilhelm I. (reg. 1815–1840)

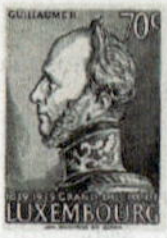

bi) Wilhelm II. (reg. 1840–1849)

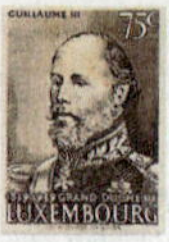

bk) Wilhelm III. (reg. 1849–1890)

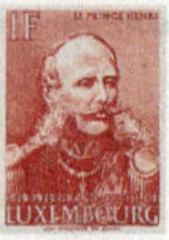

bl) Regent Prinz Heinrich (reg. 1850–1879)

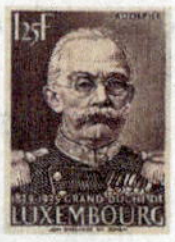

bm) Adolf (reg. 1890–1905)

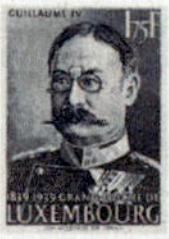

bn) Wilhelm IV. (reg. 1905–1912)

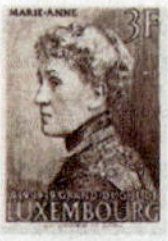

bo) Regentin Maria-Anna (reg. 1908–1912)

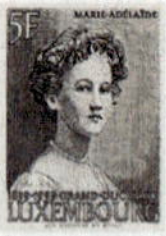

bp) Marie Adelheid (reg. 1912–1919)

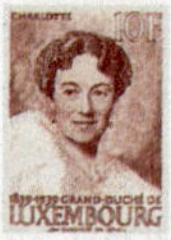

br) Charlotte (reg. 1919–1964)

| | | | | | |
|---|---|---|---|---|---|
| **321** | 35 C | blaugrün | bg | 0,50 | 0,30 |
| **322** | 50 C | orange | bh | 0,50 | 0,30 |
| **323** | 70 C | schwarzgrün | bi | 0,30 | 0,30 |
| **324** | 75 C | schwarzbraun | bk | 1,20 | 1,50 |
| **325** | 1 Fr | rot | bl | 2,50 | 3,— |
| **326** | 1.25 Fr | braunviolett | bm | 0,30 | 0,30 |
| **327** | 1.75 Fr | dunkelblau | bn | 0,30 | 0,30 |
| **328** | 3 Fr | dunkelkarminbraun | bo | 0,60 | 0,60 |
| **329** | 5 Fr | schwarz | bp | 1,— | 8,50 |
| **330** | 10 Fr | dunkelkarmin | br | 1,80 | 10,— |
| | | | Satzpreis (10 W.) | 9,— | 25,— |
| | | | FDC | | 160,— |

Auflage: 100.000 Sätze

*Gültig bis 30.9.1940*

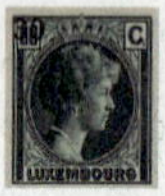

331

**1939, 15. Sept. Freimarke: MiNr. 206 mit Aufdruck des neuen Wertes.**

| | | | | | |
|---|---|---|---|---|---|
| **331** | **30 (C)** | auf 60 C dunkelblaugrün | (206) | 0,70 | 2,— |

Auflage: 1.000.000 Stück

*Gültig bis 30.9.1940*

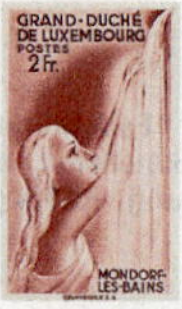

**1939, 18. Sept. Bad Mondorf. RaTdr.; gez. K 11½.**

bs) Sinnbild der Heilquelle

| | | | | | |
|---|---|---|---|---|---|
| **332** | 2 Fr | dunkelkarmin | bs | 1,50 | 5,— |
| | | | FDC | | 100,— |

*Gültig bis 30.9.1940*

*In gleicher Zeichnung: MiNr. 342*

**1939, 1. Dez. Caritas. StTdr. auf dickem mattsämischem Papier; gez. K 14½.**

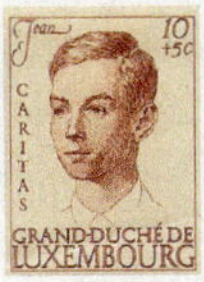


bt) Erbgroßherzog Jean

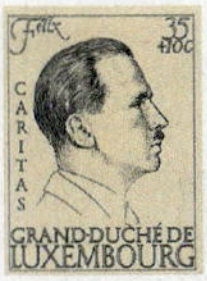


bu) Prinzgemahl Felix von Bourbon-Parma

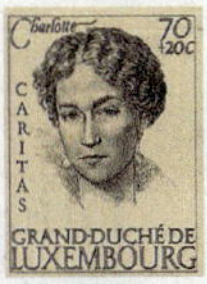


bv) Großherzogin Charlotte

| | | | | | | |
|---|---|---|---|---|---|---|
| **333** | 10 (C) | + 5 C rotbraun | bt | 0,50 | 0,50 |
| **334** | 35 (C) | + 10 C dunkelblaugrün | bu | 1,— | 1,20 |
| **335** | 70 (C) | + 20 C schwarz | bv | 2,50 | 2,— |
| **336** | 1 (Fr) | + 25 C rot | bt | 6,— | 45,— |
| **337** | 1.25 (Fr) | + 75 C dunkellilabraun | bu | 10,— | 70,— |
| **338** | 1.75 (Fr) | + 1.50 Fr blau | bv | 20,— | 85,— |
| | | | Satzpreis (6 W.) | 40,— | 200,— |
| | | | FDC | | 260,— |

⊙-Preise gelten nur für (BPP-)geprüfte Stücke.

Auflagen: MiNr. 333 = 270.000, MiNr. 334 = 100.000, MiNr. 335 = 80.000, MiNr. 336–338 je 50.000 Stück

*Gültig bis 30.9.1940*

**1939, 20. Dez. Blockausgabe: 20. Regierungsjubiläum von Großherzogin Charlotte. Marken ähnlich MiNr. 333–338 ohne Inschrift „CARITAS". StTdr. auf dickem mattsämischem Papier; gez. Ks 13¼.**

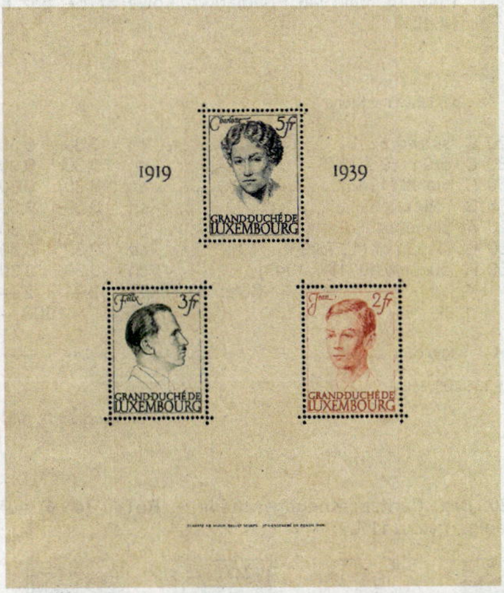


bv II

bv I

bu I

bt I

bt I) Erbgroßherzog Jean
bu I) Prinzgemahl Felix von Bourbon-Parma
bv I) Großherzogin Charlotte

| | | | | | |
|---|---|---|---|---|---|
| **339** | 2 Fr | rot | bt I | 20,— | 30,— |
| **340** | 3 Fr | grün | bu I | 20,— | 30,— |
| **341** | 5 Fr | blau | bv I | 20,— | 30,— |
| **Block 3** | | (144×163 mm) | bv II | 120,— | 130,— |
| | | | FDC | | 600,— |
| | | | Ⓢ | | 150,— |
| | | | Ⓣ | | 250,— |

Die ⊙-Bewertung des Blocks gilt für Randabstempelung; die Notierungen für Ⓢ und Ⓣ gelten für Blocks mit Abstempelungen der Marken.

Auflage: 40.000 Blocks

*Gültig bis 30.9.1940*

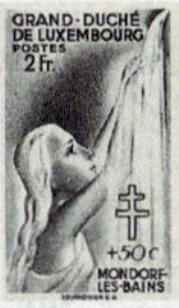


**1940, 1. März. Kinderfürsorge. Nicht ausgegebene Marke in Zeichnung bs mit grünschwarzem Bdr.-Aufdruck des Doppelkreuzes und des Zuschlagswertes; RaTdr.; Faserpapier; gez. K 11¾.**

342

| | | | | | |
|---|---|---|---|---|---|
| **342** | 2 Fr | **+ 50 C** graublau | (bs) | 5,— | 25,— |
| | | | FDC | | 170,— |

Auflage: 100.000 Stück

*Gültig bis 30.9.1940*

Die Luxemburger Marken konnten nach der deutschen Besetzung am 10.5.1940 noch bis 2.10.1940 zur Frankatur verwendet werden. Am 1. und 2. Oktober waren Mischfrankaturen möglich.

*Die während der deutschen Besetzung ausgegebenen Luxemburg-Marken mit Aufdruck der deutschen Währung (Rpf.) und deutschen Marken mit Aufdruck Luxemburg, siehe MICHEL-Deutschland, Deutsche Besetzungsausgaben 1939/1945.*

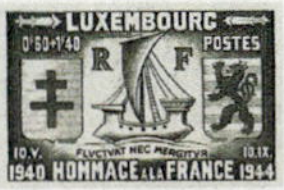


**1945, 1. März. Befreiung Luxemburgs: Symbole für die vier alliierten Großmächte. StTdr.; gez. L 13.**

bw) Schiff (Wappen von Paris) zwischen Lothringer Kreuz und Wappen von Luxemburg

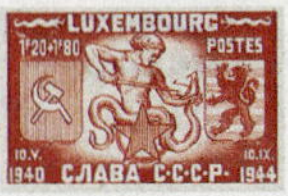


bx) Schlangentöter zwischen Hammer und Sichel und Wappen von Luxemburg

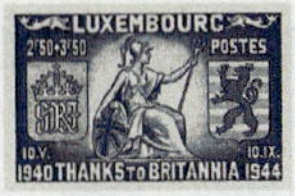


by) Britannia zwischen Monogramm des Königs von England und Wappen von Luxemburg

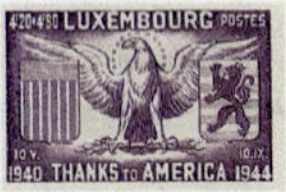


bz) Weißkopfseeadler zwischen USA-Wappenschild und dem Wappen von Luxemburg

| | | | | | | |
|---|---|---|---|---|---|---|
| **343** | 0.60 Fr | + 1.40 Fr dunkelgrün | bw | 0,30 | 0,80 |
| **344** | 1.20 Fr | + 1.80 Fr rot | bx | 0,30 | 0,80 |
| **345** | 2.50 Fr | + 3.50 Fr dunkelblau | by | 0,30 | 0,80 |
| **346** | 4.20 Fr | + 4.80 Fr violett | bz | 0,30 | 0,80 |
| | | | Satzpreis (4 W.) | 1,— | 3,— |
| | | | FDC | | 4,— |

343 U–346 U ungezähnt . . . . . 200,— —,—

Auflagen: MiNr. 343 = 371.851, MiNr. 344 = 355.912, MiNr. 345 = 351.241, MiNr. 346 = 352.275 Stück

*Gültig bis 31.5.1946*

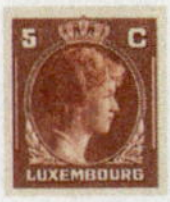


**1944, 6. Nov./1946, 22. Juli. Freimarken: Großherzogin Charlotte. StTdr.; gez. L 12.**

ca) Großherzogin Charlotte (1896–1985, reg. 1919–1964)

| | | | | | |
|---|---|---|---|---|---|
| **347** | 5 C | karminbraun (6.11.1944) | ca | 0,30 | 0,30 |
| **348** | 10 C | schwarz (6.11.1944) | ca | 0,30 | 0,30 |
| **349** | 20 C | dunkelorange (20.3.1946) | ca | 0,30 | 0,30 |
| **350** | 25 C | lilabraun (6.11.1944) | ca | 0,30 | 0,30 |
| **351** | 30 C | karmin (20.3.1946) | ca | 0,30 | 0,50 |
| **352** | 35 C | grün (6.11.1944) | ca | 0,30 | 0,50 |
| **353** | 40 C | blau (20.3.1946) | ca | 0,30 | 0,50 |
| **354** | 50 C | violett (6.11.1944) | ca | 0,30 | 0,30 |
| **355** | 60 C | orange (22.7.1946) | ca | 2,40 | 0,30 |
| **356** | 70 C | karmin (6.11.1944) | ca | 0,30 | 0,30 |
| **357** | 70 C | dunkelgrün (20.3.1946) | ca | 0,80 | 0,80 |
| **358** | 75 C | dunkellilabraun (20.3.1946) | ca | 0,50 | 0,30 |
| **359** | 1 Fr | oliv (6.11.1944) | ca | 0,30 | 0,30 |
| **360** | 1¼ Fr | zinnober (6.11.1944) | ca | 0,30 | 0,30 |
| **361** | 1½ Fr | braunrot (20.3.1946) | ca | 0,30 | 0,30 |
| **362** | 1¾ Fr | hellblau (6.11.1944) | ca | 0,30 | 0,30 |
| **363** | 2 Fr | karmin (20.3.1946) | ca | 4,— | 0,30 |
| **364** | 2½ Fr | violett (20.3.1946) | ca | 5,— | 5,— |
| **365** | 3 Fr | grün (20.3.1946) | ca | 0,80 | 0,50 |
| **366** | 3½ Fr | hellblau (20.3.1946) | ca | 1,— | 1,— |

| | | | | | | |
|---|---|---|---|---|---|---|
| 367 | 5 Fr | dunkelgrün (6.11.1944) | ca | 0,30 | 0,30 |
| 368 | 10 Fr | dunkelrot (6.11.1944) | ca | 0,50 | 2,— |
| 369 | 20 Fr | ultramarin (6.11.1944) | ca | 0,80 | 15,— |
| | | Satzpreis (23 W.) | | 20,— | 30,— |

*Gültig bis 20.12.1951*

*MiNr. 347–348, 350, 352, 354, 356, 359–360, 362 und 367–369 mit Aufdruck: MiNr. 370–381*

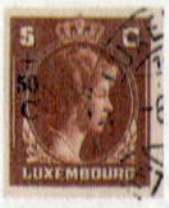


370

**1944, 6. Nov. Zugunsten der Evakuierten. MiNr. 347–348, 350, 352, 354, 356, 359–360, 362 und 367–369 mit Aufdruck.**

| | | | | | Ⓢ |
|---|---|---|---|---|---|
| 370 | 5 C | **+ 50 C** karminbraun | (347) | | —,— |
| 371 | 10 C | **+ 50 C** schwarz | (348) | | —,— |
| 372 | 25 C | **+ 50 C** lilabraun | (350) | | —,— |
| 373 | 35 C | **+ 50 C** grün | (352) | | —,— |
| 374 | 50 C | **+ 50 C** violett | (354) | | —,— |
| 375 | 70 C | **+ 50 C** karmin | (356) | | —,— |
| 376 | 1 Fr | **+ 50 C** oliv | (359) | | —,— |
| 377 | 1¼ Fr | **+ 50 C** zinnober | (360) | | —,— |
| 378 | 1¾ Fr | **+ 50 C** hellblau | (362) | | —,— |
| 379 | 5 Fr | **+ 5 Fr** dunkelgrün | (367) | | —,— |
| 380 | 10 Fr | **+ 5 Fr** dunkelrot | (368) | | —,— |
| 381 | 20 Fr | **+ 15 Fr** ultramarin | (369) | | —,— |
| | | Satzpreis (12 W.) auf Gedenkblatt | | | 15,— |

Postpreis: 75 Fr

MiNr. 370–381 kommen ✱✱ nicht vor. Sie wurden von der Post auf Gedenkblätter aufgeklebt und mit einem Sonderstempel vom 6.11.1944 entwertet abgegeben.

Auflage: 62.000 Blätter

**1945, 4. Juni. Madonna von Luxemburg, Schutzpatronin des Landes Luxemburg. StTdr.; graustichiges Papier; gez. K 13:13¼.**

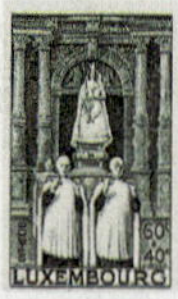


cb) Prozession mit der Statue der Madonna

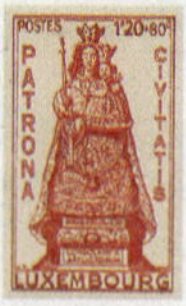


cc) Statue der Madonna

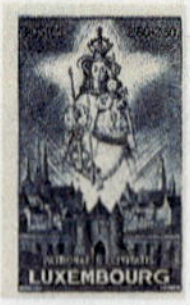


cd) Luxemburg, darüber Madonna als Schutzpatronin

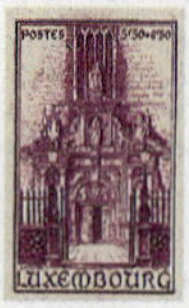


ce) Kirchenportal und Nische mit Madonnenbild

cf) Altar mit Statue der Madonna

| | | | | | ✱✱ | ⊙ |
|---|---|---|---|---|---|---|
| 382 | 60 C | + 40 C dunkelblaugrün | cb | 0,30 | 1,50 |
| 383 | 1.20 Fr | + 80 C karminrot | cc | 0,30 | 1,50 |
| 384 | 2.50 Fr | + 2.50 Fr dunkelblau | cd | 0,40 | 7,50 |
| 385 | 5.50 Fr | + 6.50 Fr violettpurpur | ce | 1,50 | 110,— |
| 386 | 20 Fr | + 20 Fr dunkelbraun | cf | 1,50 | 110,— |
| | | Satzpreis (5 W.) | | 4,— | 220,— |
| | | FDC | | | 450,— |

382 U-386 U ungezähnt ........ 360,— —,—

MiNr. 383 ist auch auf weißem Papier bekannt.

⊙-Preise gelten nur für (BPP-)geprüfte Stücke.

Auflagen: MiNr. 382 = 217.429, MiNr. 383 = 209.554, MiNr. 384 = 180.824, MiNr. 385 = 149.872, MiNr. 386 = 149.880 Stück

*Gültig bis 31.5.1946*

**1945, 30. Sept. Blockausgabe: Madonna von Luxemburg. StTdr.; ☐.**

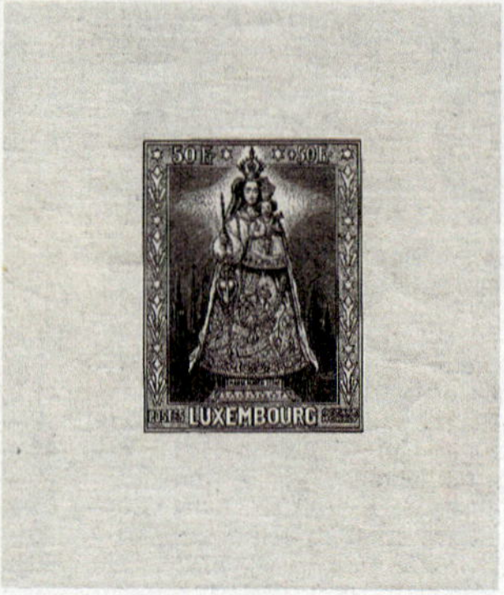


cg I

cg) Madonna von Luxemburg

| | | | | | | |
|---|---|---|---|---|---|---|
| 387 | 50 Fr | + 50 Fr schwarzgrau | cg | 3,— | 40,— |
| Block 4 | | (83×96 mm) | cg I | 5,— | 60,— |
| | | FDC | | | 400,— |

⊙-Preise gelten nur für (BPP-)geprüfte Stücke.

Auflage: 180.028 Blocks

*Gültig bis 31.5.1946*

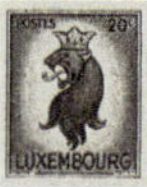


**1945, 15. Mai/1946. Freimarken: Löwe. StTdr.; gez. K 14:13¼.**

ch) Löwe mit Krone

| | | | | | |
|---|---|---|---|---|---|
| 388 | 20 C | schwarz | ch | 0,30 | 0,30 |
| 389 | 30 C | grün (19.7.1945) | ch | 0,30 | 0,30 |
| 390 | 60 C | violett (1946) | ch | 0,30 | 0,30 |
| 391 | 75 C | rotbraun | ch | 0,30 | 0,30 |
| 392 | 1.20 Fr | zinnober | ch | 0,30 | 0,30 |
| 393 | 1.50 Fr | lilapurpur (19.7.1945) | ch | 0,30 | 0,30 |
| 394 | 2.50 Fr | dunkelblau (19.7.1945) | ch | 0,30 | 0,30 |
| | | Satzpreis (7 W.) | | 2,— | 2,— |
| | | FDC | | | 300,— |

388 U-394 U ungezähnt ........ 170,— —,—

Auflage: 1.133.800 Sätze

*Gültig bis 31.12.1951*

**1945, 20. Dez. Caritas: Kriegsgeschädigte. RaTdr. (4×5) auf Faserpapier; gez. L 11½.**

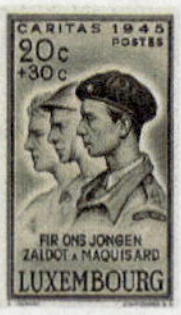


ci) Junge, Soldat und Maquisard

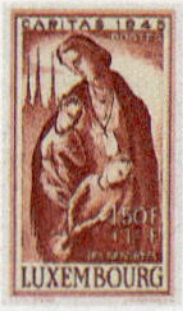


ck) Deportierte

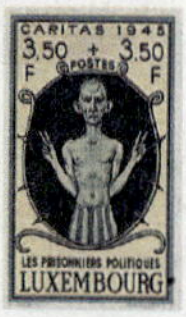


cl) Politischer Gefangener

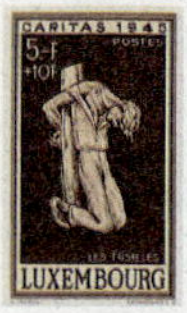


cm) Füsilierter

| | | | | | |
|---|---|---|---|---|---|
| 395 | 20 C | + 30 C grün auf hellchromgelb | ci | 0,90 | 1,50 |
| 396 | 1.50 Fr | + 1 Fr rot auf hellchromgelb | ck | 0,90 | 1,50 |
| 397 | 3.50 Fr | + 3.50 Fr blau auf hellchromgelb | cl | 0,90 | 11,— |
| 398 | 5 Fr | + 10 Fr dkl'braun auf hellchromgelb | cm | 0,90 | 11,— |
| | | Satzpreis (4 W.) | | 3,60 | 25,— |
| | | FDC | | | 260,— |

Auflagen: MiNr. 395 = 289.358, MiNr. 396 = 219.361, MiNr. 397 = 208.891, MiNr. 398 = 205.060 Stück

*Gültig bis 31.12.1946*

**1946, 30. Jan. Blockausgabe: Caritas – Kriegsgeschädigte. RaTdr.; Faserpapier; gez. Ks 11½.**

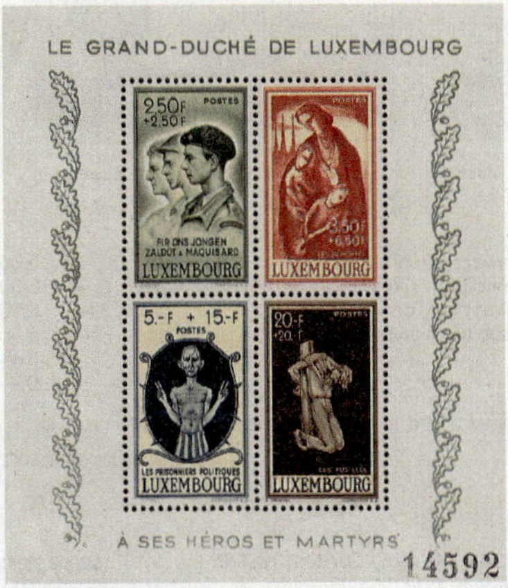


cm I

ci) Junge, Soldat und Maquisard
ck) Deportierte
cl) Politischer Gefangener
cm) Füsilierter

| | | | | | |
|---|---|---|---|---|---|
| **399** | 2.50 Fr | + 2.50 Fr grün auf hellchromgelb | ci | 5,— | 50,— |
| **400** | 3.50 Fr | + 6.50 Fr karmin auf hellchromgelb | ck | 5,— | 50,— |
| **401** | 5 Fr | + 15 Fr blau auf hellchromgelb | cl | 5,— | 50,— |
| **402** | 20 Fr | + 20 Fr dunkelbraun auf hellchromgelb | cm | 5,— | 50,— |
| **Block 5** | | (100×110 mm) | cm I | 30,— | 400,— |
| | | | FDC | | 600,— |

⊙-Preise gelten nur für (BPP-)geprüfte Stücke.

FDC

Auflage: 71.921 numerierte Blocks

*Gültig bis 31.12.1946*

**✈ 1946, 7. Juni. Flugpostmarken. RaTdr.; Faserpapier; gez. K 11½.**

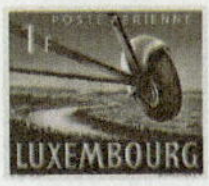


Fb) Flugzeugfahrgestell und Mosellandschaft

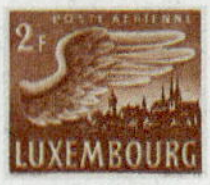


Fc) Flügel und Stadt Luxemburg

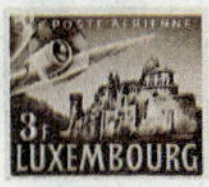


Fd) Flugzeug und Schloss Vianden

| | | | | | |
|---|---|---|---|---|---|
| **403** | 1 Fr | dunkeloliv/mattblau | Fb | 0,30 | 0,30 |
| **404** | 2 Fr | braun/mattgelb | Fc | 0,30 | 0,30 |
| **405** | 3 Fr | dunkelbraun/mattgelb | Fd | 0,30 | 0,30 |
| **406** | 4 Fr | dunkelviolett/grau | Fb | 0,50 | 0,30 |
| **407** | 5 Fr | dunkellila/mattgelb | Fc | 0,50 | 0,30 |
| **408** | 6 Fr | lilabraun/mattgelb | Fd | 0,50 | 0,30 |
| **409** | 10 Fr | rotbraun/mattgelb | Fb | 1,60 | 0,30 |
| **410** | 20 Fr | dunkelblau/grau | Fc | 2,— | 1,20 |
| **411** | 50 Fr | dunkelgrün/graublau | Fd | 4,— | 1,70 |
| | | Satzpreis (9 W.) | | 10,— | 5,— |
| | | | FDC | | 360,— |

*Gültig bis 31.12.2002*

*MiNr. 403–1523 waren, soweit nichts anderes angegeben, bis zum 31.12.2002 frankaturgültig. Marken ohne Wertangabe können weiterhin verwendet werden.*

**1946, 28. Juli. Blockausgabe: Nationale Briefmarkenausstellung, Düdelingen. StTdr.; Faserpapier; gez. Ks 11½.**

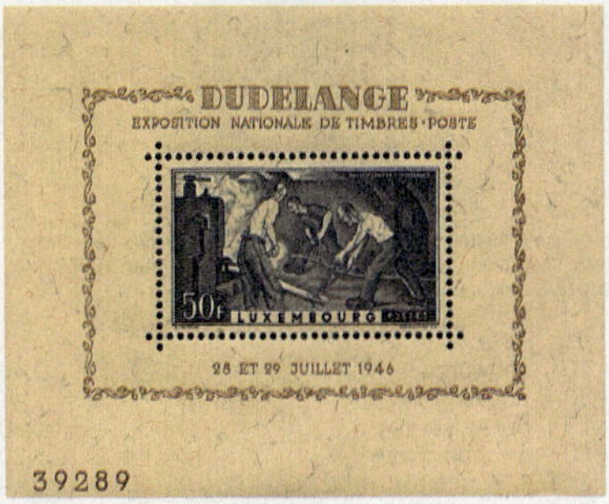


cn I

cn) Altes Eisenwerk in Düdelingen

| | | | | | |
|---|---|---|---|---|---|
| **412** | 50 Fr | (+ 5 Fr) dunkelblau auf hellchromgelb | cn | 15,— | 28,— |
| **Block 6** | | (100×80 mm) | cn I | 20,— | 50,— |
| | | | FDC | | 250,— |

Bl. 6 ist wasserempfindlich.

FDC

Auflage: 74.729 numerierte Blocks

*Gültig bis 31.12.1946*

Die Numerierung der Luxemburg-Blocks kann über die Auflagenzahl hinausgehen, da beschädigte und verstempelte Exemplare erst nach der Numerierung aussortiert wurden.

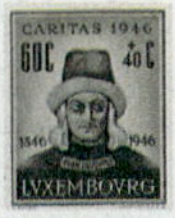


**1946, 5. Dez. Caritas: 600. Todestag von Johann dem Blinden. RaTdr. (5×5); Faserpapier; gez. K 11½.**

co) Johann der Blinde, Herzog von Luxemburg und König von Böhmen (1310–1346)

| | | | | | |
|---|---|---|---|---|---|
| **413** | 60 C | + 40 C dunkelgrün/grau | co | 0,30 | 2,— |
| **414** | 1.50 Fr | + 50 C braunrot/gelb | co | 0,30 | 3,— |
| **415** | 3.50 Fr | + 3.50 Fr dunkelblau/grau | co | 2,50 | 30,— |
| **416** | 5 Fr | + 10 Fr dunkelbraun/grau | co | 1,40 | 25,— |
| | | Satzpreis (4 W.) | | 4,50 | 60,— |
| | | | FDC | | 300,— |

⊙-Preise gelten nur für (BPP-)geprüfte Stücke.

FDC

Auflagen: MiNr. 413 = 134.716, MiNr. 414 = 117.423, MiNr. 415 = 103.973, MiNr. 416 = 102.750 Stück

*Gültig bis 31.12.1947*

**1947, 25. Mai. Wiederaufbau der St.-Willibrord-Abtei in Echternach. StTdr.; gez. K 13½:14, Großformat ~.**

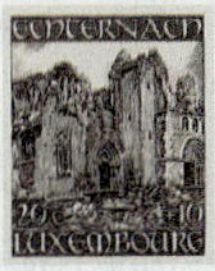


cp) Ruinen der Abtei

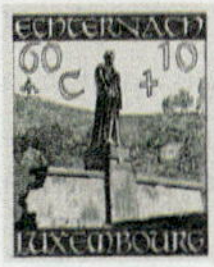


cr) Brücke mit Statue des Abtes Jean Bertels

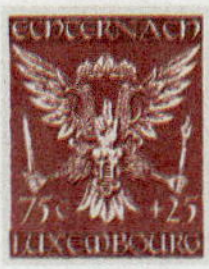


cs) Wappen der Abtei Echternach

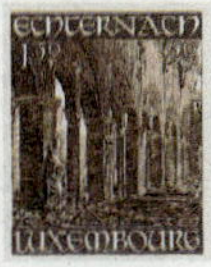


ct) Innenansicht der zerstörten Kirche

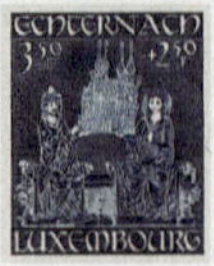

cu) Hl. Irmine und Pippin II. halten das Modell der Abtei; Illustration aus dem „Codex Aureus Epternacensis" (12. Jh.)

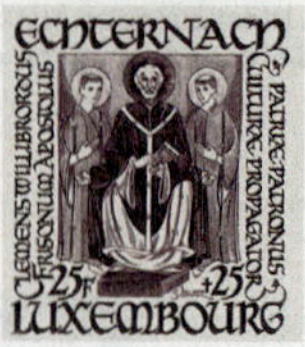

cv) Hl. Willibrord; Miniatur aus dem Fragment eines Sakramentars (um 1000)

| | | | | | | |
|---|---|---|---|---|---|---|
| **417** | 20 C | + 10 C schwarz | cp | 0,30 | 0,40 |
| **418** | 60 C | + 10 C dunkelgrün | cr | 0,50 | 1,— |
| **419** | 75 C | + 25 C dunkelkarmin | cs | 1,— | 1,30 |
| **420** | 1.50 Fr | + 50 C schwarzbraun | ct | 1,20 | 1,30 |
| **421** | 3.50 Fr | + 2.50 Fr dunkelblau | cu | 7,— | 6,— |
| **422** | 25 Fr | + 25 Fr dunkelviolett | cv | 40,— | 30,— |
| | | | Satzpreis (6 W.) | 50,— | 40,— |
| | | | FDC | | 85,— |

Auflagen: MiNr. 417 = 186.009, MiNr. 418 = 93.177, MiNr. 419 = 96.336, MiNr. 420 = 87.923, MiNr. 421 = 66.612, MiNr. 422 = 58.544 Stück

*Gültig bis 31.12.1948*

**1947, 24. Okt. George S. Patton. RaTdr.; Faserpapier; gez. K 11½.**

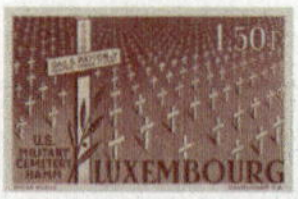

cw) Grabkreuz von General Patton

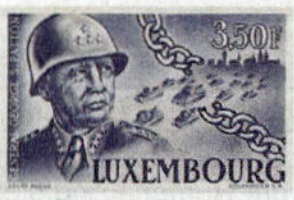

cx) George S. Patton (1885–1945) amerikanischer General; Panzer

| | | | | | |
|---|---|---|---|---|---|
| **423** | 1.50 Fr | dunkelkarmin/hellchromgelb | cw | 0,50 | 0,30 |
| **424** | 3.50 Fr | blau/hellchromgelb | cx | 2,— | 1,20 |
| **425** | 5 Fr | schwarzgrün/grau | cw | 2,50 | 3,50 |
| **426** | 10 Fr | braunpurpur/grau | cx | 10,— | 45,— |
| | | Satzpreis (4 W.) | | 15,— | 50,— |
| | | FDC | | | 360,— |

Auflagen: MiNr. 423 = 2.062.362, MiNr. 424 = 460.454, MiNr. 425 = 210.812, MiNr. 426 = 174.995 Stück

*Gültig bis 31.12.1951*

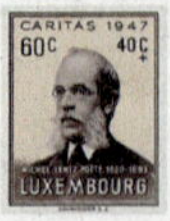

**1947, 4. Dez. Caritas. RaTdr. (5×5); Faserpapier; gez. K 11½.**

cy) Michel Lentz (1820–1893), Nationaldichter und Komponist

| | | | | | | |
|---|---|---|---|---|---|---|
| **427** | 60 C | + 40 C schwarzgraubraun/ hellchromgelb | cy | 1,— | 1,— |
| **428** | 1.50 Fr | + 50 C weinrot/hellchromgelb | cy | 1,— | 1,— |
| **429** | 3.50 Fr | + 3.50 Fr blau/bläulichgrau | cy | 7,— | 18,— |
| **430** | 10 Fr | + 5 Fr dunkelgrün/grünlichgrau | cy | 6,— | 18,— |
| | | Satzpreis (4 W.) | | 15,— | 38,— |
| | | FDC | | | 190,— |

MiNr. 428 existiert nur mit der falschen Wertangabe 1.50 C statt 1.50 Fr.

⊙-Preise gelten nur für (BPP-)geprüfte Stücke.

Auflagen: MiNr. 427 = 107.425, MiNr. 428 = 102.157, MiNr. 429 = 71.256, MiNr. 430 = 67.935 Stück

*Gültig bis 31.12.1948*

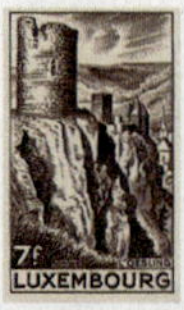

**1948, 5. Aug. Freimarken: Landschaften. StTdr.; gez. K 11½.**

cz) Burg Esch, Esch an der Sauer

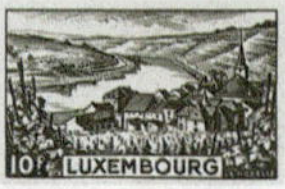

da) Ehnen an der Mosel

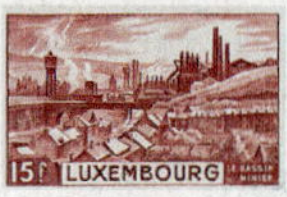

db) Hochöfen und Hüttenwerke bei Esch an der Alzette

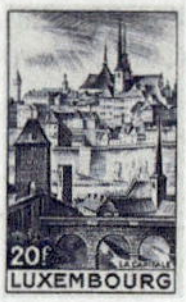

dc) Luxemburg Stadt

| | | | | | |
|---|---|---|---|---|---|
| **431** | 7 Fr | schwarzgraubraun (Töne) | cz | 20,— | 0,90 |
| **432** | 10 Fr | dunkelgrün (Töne) | da | 3,— | 0,30 |
| **433** | 15 Fr | lilakarmin (Töne) | db | 3,— | 0,90 |
| **434** | 20 Fr | graublau (Töne) | dc | 7,— | 0,90 |
| | | Satzpreis (4 W.) | | 32,— | 3,— |
| | | FDC | | | 600,— |

MiNr. 431–434 wurden auf Papier mit und ohne optischen Aufheller gedruckt.

*Gültig bis 31.12.2002*

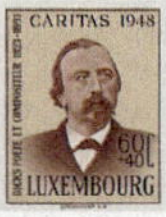

**1948, 18. Nov. Caritas. RaTdr. (5×5); Faserpapier; gez. K 11½.**

dd) Edmond de la Fontaine, genannt Dicks (1823–1891), Jurist und Dichter

| | | | | | |
|---|---|---|---|---|---|
| **435** | 60 C | + 40 (C) hellbraun/hellchromgelb | dd | 0,50 | 1,— |
| **436** | 1.50 Fr | + 50 (C) rot/gelblich | dd | 1,— | 1,— |
| **437** | 3.50 Fr | + 3.50 (Fr) blau/graublau | dd | 10,— | 28,— |
| **438** | 10 Fr | + 5 (Fr) grün/graugrün | dd | 8,50 | 28,— |
| | | Satzpreis (4 W.) | | 20,— | 55,— |
| | | FDC | | | 60,— |

⊙-Preise gelten nur für (BPP-)geprüfte Stücke.

Auflagen: MiNr. 435 = 85.328, MiNr. 436 = 76.701, MiNr. 437 = 58.641, MiNr. 438 = 56.258 Stück

*Gültig bis 31.12.1949*

**1949, 8. Jan. Blockausgabe: 30-jähriges Regierungsjubiläum der Großherzogin Charlotte. RaTdr.; Faserpapier; gez. Ks 11½.**

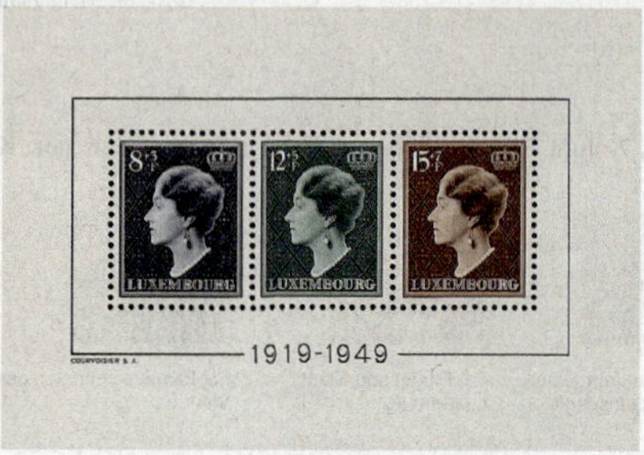


de I

de) Großherzogin Charlotte (1896–1985, reg. 1919–1964)

| | | | | | | |
|---|---|---|---|---|---|---|
| **439** | 8 Fr | + 3 (Fr) blauschwarz/bläulich | de | 30,— | 20,— |
| **440** | 12 Fr | + 5 (Fr) dunkelgrün/grau | de | 30,— | 20,— |
| **441** | 15 Fr | + 7 (Fr) dunkelbraun/graubraun | de | 30,— | 20,— |
| **Block 7** | | (110×75 mm) | de I | 130,— | 90,— |
| | | FDC | | | 600,— |

Auflage: 36.136 Blocks

*Gültig bis 31.12.1949*

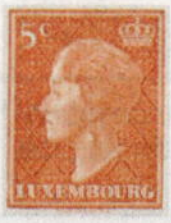

**1948, 15. Dez./1951, 15. März. Freimarken: Großherzogin Charlotte. StTdr.; gez. K 11½–11¾.**

de) Großherzogin Charlotte (1896–1985, reg. 1919–1964)

| | | | | | | |
|---|---|---|---|---|---|---|
| **442** | 5 C | rotorange (15.3.1951) | de | 0,30 | 0,30 |
| **443** | 10 C | violettblau (15.3.1951) | de | 0,30 | 0,30 |
| **444** | 15 C | braunoliv (10.5.1949) | de | 0,30 | 0,30 |
| **445** | 25 C | dunkelschiefer (15.12.1948) | de | 0,30 | 0,30 |
| **446** | 40 C | rotviolett (15.3.1951) | de | 0,30 | 0,30 |
| **447** | 60 C | gelbbraun (22.12.1949) | de | 0,30 | 0,30 |
| **448** | 80 C | grün (22.12.1949) | de | 0,30 | 0,30 |
| **449** | 1 Fr | weinrot (15.12.1948) | de | 1,40 | 0,30 |
| **450** | 1.25 Fr | graubraun (15.3.1951) | de | 1,40 | 0,30 |
| **451** | 1.50 Fr | türkisblau (15.12.1948) | de | 1,40 | 0,30 |
| **452** | 1.60 Fr | schwarzoliv (10.5.1949) | de | 1,40 | 1,70 |
| **453** | 2 Fr | dunkelpurpur (15.12.1948) | de | 1,40 | 0,30 |
| **454** | 2.50 Fr | dunkelrot (15.3. 1951) | de | 2,— | 0,30 |
| **455** | 3 Fr | graublau (15.3.1951) | de | 15,— | 0,30 |
| **456** | 3.50 Fr | bräunlichlila (15.3.1951) | de | 5,— | 0,30 |
| **457** | 4 Fr | dunkelultramarin (15.12.1948) | de | 5,— | 0,30 |
| **458** | 6 Fr | lila (10.5.1949) | de | 7,50 | 0,30 |
| **459** | 8 Fr | dunkelgrün (10.5.1949) | de | 7,50 | 1,50 |
| | | Satzpreis (18 W.) | | 50,— | 8,— |
| | | FDC (MiNr. 442–443, 446, 450, 454–456) | | | 18,— |
| | | FDC (MiNr. 444, 452, 458–459) | | | 6,— |
| | | FDC (MiNr. 445, 449, 451, 453, 457) | | | 2,— |
| | | FDC (MiNr. 447–448) | | | 1,— |

*Gültig bis 31.12.2002*

*In gleicher Zeichnung: MiNr. 511, 586–589*

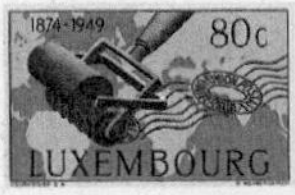


**1949, 6. Okt. 75 Jahre Weltpostverein. RaTdr.; Faserpapier; gez. K 11½.**

df) Postrollstempel, Weltkarte

| | | | | | | |
|---|---|---|---|---|---|---|
| **460** | 80 C | mehrfarbig | df | 0,70 | 0,70 |
| **461** | 2.50 Fr | mehrfarbig | df | 3,— | 2,50 |
| **462** | 4 Fr | mehrfarbig | df | 6,50 | 7,50 |
| **463** | 8 Fr | mehrfarbig | df | 15,— | 35,— |
| | | Satzpreis (4 W.) | | 25,— | 45,— |
| | | FDC | | | 100,— |

Auflagen: MiNr. 460–462 je 150.000, MiNr. 463 = 80.000 Stück

*Gültig bis 31.12.1951*

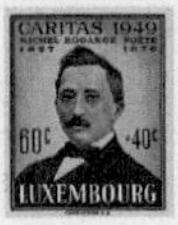


**1949, 5. Dez. Caritas. RaTdr. (5×5); Faserpapier; gez. K 11½.**

dg) Michel Rodange (1827–1876), Dichter

| | | | | | | |
|---|---|---|---|---|---|---|
| **464** | 60 C | + 40 C grünoliv/grau | dg | 1,— | 3,— |
| **465** | 2 Fr | + 1 Fr purpur/hellchromgelb | dg | 5,— | 10,— |
| **466** | 4 Fr | + 2 Fr blaugrau/grau | dg | 9,— | 17,— |
| **467** | 10 Fr | + 5 Fr braun/hellbraun | dg | 10,— | 20,— |
| | | Satzpreis (4 W.) | | 25,— | 50,— |
| | | FDC | | | 50,— |

⊙-Preise gelten nur für (BPP-)geprüfte Stücke.

Auflagen: MiNr. 464 = 86.351, MiNr. 465 = 64.729, MiNr. 466 = 51.581, MiNr. 467 = 49.269 Stück

*Gültig bis 31.12.1951*

**1950, 24. Juni. Kriegswaisen. StTdr.; gez. K 12½:12.**

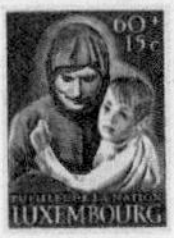


dh) Kind flüchtet zur Mutter

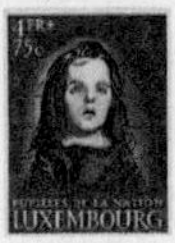


di) Kriegswaise

| | | | | | | |
|---|---|---|---|---|---|---|
| **468** | 60 C | + 15 C schieferblau | dh | 1,50 | 1,50 |
| **469** | 1 Fr | + 20 C karmin | di | 5,— | 1,50 |
| **470** | 2 Fr | + 30 C braun | dh | 3,50 | 1,50 |
| **471** | 4 Fr | + 75 C tiefblau | di | 20,— | 20,— |
| **472** | 8 Fr | + 3 Fr grauschwarz | dh | 45,— | 55,— |
| **473** | 10 Fr | + 5 Fr violett | di | 45,— | 55,— |
| | | Satzpreis (6 W.) | | 120,— | 130,— |
| | | FDC | | | 300,— |

Auflagen: MiNr. 468 = 57.151, MiNr. 469 = 62.311, MiNr. 470 = 73.946, MiNr. 471 = 39.441, MiNr. 472 = 35.191, MiNr. 473 = 35.033 Stück

*Gültig bis 31.12.1951*

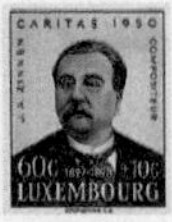


**1950, 5. Dez. Caritas. RaTdr. (5×5); Faserpapier; gez. K 11½.**

dk) Johann-Anton Zinnen (1827–1898), Komponist

| | | | | | | |
|---|---|---|---|---|---|---|
| **474** | 60 C | + 10 C violettschwarz/hellgrün | dk | 0,30 | 1,50 |
| **475** | 2 Fr | + 15 C lilarot/hellgelb | dk | 0,30 | 1,50 |
| **476** | 4 Fr | + 15 C dunkelblau/hellblau | dk | 5,— | 10,— |
| **477** | 8 Fr | + 5 Fr schwarzbraun/hellchromgelb | dk | 20,— | 37,— |
| | | Satzpreis (4 W.) | | 25,— | 50,— |
| | | FDC | | | 60,— |

⊙-Preise gelten nur für (BPP-)geprüfte Stücke.

Auflagen: MiNr. 474 = 114.430, MiNr. 475 = 94.400, MiNr. 476 = 60.629, MiNr. 477 = 48.558 Stück

*Gültig bis 31.12.1951*

**1951, 25. Okt. Europäische Einigung. RaTdr.; Faserpapier; gez. K 11½.**

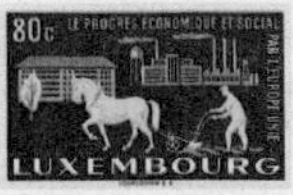


dl) Wirtschaftlicher und sozialer Fortschritt durch ein geeintes Europa

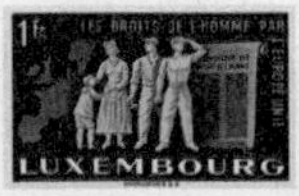


dm) Die Wahrung der Menschenrechte durch ein geeintes Europa

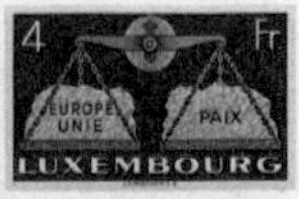


dn) Der Frieden durch ein geeintes Europa

| | | | | | | |
|---|---|---|---|---|---|---|
| **478** | 80 C | dunkelgrün/grünlich | dl | 12,— | 12,— |
| **479** | 1 Fr | bläulichviolett/grauviolett | dm | 6,— | 0,70 |
| **480** | 2 Fr | blaugrau/schwarzviolett | dn | 28,— | 0,70 |
| **481** | 2.50 Fr | weinrot/ocker | dl | 28,— | 25,— |
| **482** | 3 Fr | braun/hellchromgelb | dm | 40,— | 38,— |
| **483** | 4 Fr | kobaltblau/grünlichgrau | dn | 70,— | 50,— |
| | | Satzpreis (6 W.) | | 180,— | 120,— |
| | | FDC | | | 250,— |

Auflage: 200.000 Sätze

*Gültig bis 31.12.2002*

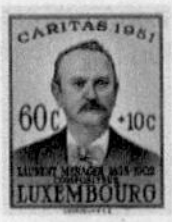


**1951, 5. Dez. Caritas. RaTdr. (5×5); Faserpapier; gez. 11½.**

do) Laurent Menager (1835–1902), Komponist

| | | | | | | |
|---|---|---|---|---|---|---|
| **484** | 60 C | + 10 C grauschwarz/bläulichgrau | do | 0,30 | 1,50 |
| **485** | 2 Fr | + 15 C olivgrün/grünlichgrau | do | 0,30 | 1,50 |
| **486** | 4 Fr | + 15 C blau/bläulich | do | 4,40 | 7,— |
| **487** | 8 Fr | + 5 Fr violettbraun/bläulichgrau | do | 20,— | 40,— |
| | | Satzpreis (4 W.) | | 25,— | 50,— |
| | | FDC | | | 50,— |

⊙-Preise gelten nur für (BPP-)geprüfte Stücke.

Auflagen: MiNr. 484 = 161.727, MiNr. 485 = 121.106, MiNr. 486 = 64.795, MiNr. 487 = 46.681 Stück

*Gültig bis 13.12.1952*

**1952, 24. Mai. 100 Jahre Luxemburgische Briefmarken; Internationale Briefmarkenausstellung CENTILUX. StTdr. (8×2 + 8×2); gez. K 14:13¼.**

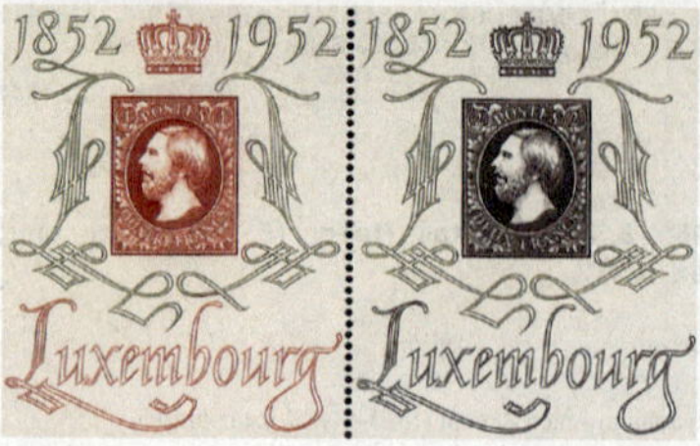

dq dp

dp) Marke MiNr. 1
dq) Marke MiNr. 2

| | | | | |
|---|---|---|---|---|
| **488** | 2 Fr (+ 10 Fr) schwarz/russischgrün | dp | 40,— | 45,— |
| **489** | 4 Fr (+ 10 Fr) rotbraun/russischgrün | dq | 40,— | 45,— |
| | Satzpreis (2 W.) | | 80,— | 90,— |
| | Paar | | 100,— | 120,— |
| | FDC | | | 350,— |

MiNr. 488–489 wurden schachbrettartig zusammenhängend gedruckt. Die Marken der unteren beiden Bogenzeilen sind kopfstehend.

Auflagen: 43.815 Sätze

*Gültig bis 31.12.1953*

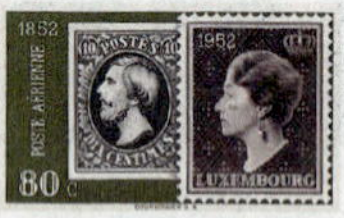

✈ **1952, 24. Mai. 100 Jahre Luxemburgische Briefmarken. RaTdr. (5×5); Faserpapier; gez. K 11¾.**

dr) Marke MiNr. 1; Großherzogin Charlotte

| | | | | | |
|---|---|---|---|---|---|
| **490** | 80 C | mehrfarbig | dr | 0,60 | 0,60 |
| **491** | 2.50 Fr | mehrfarbig | dr | 1,70 | 1,70 |
| **492** | 4 Fr | mehrfarbig | dr | 6,— | 3,60 |
| **493** | 8 Fr | mehrfarbig | dr | 50,— | 65,— |
| **494** | 10 Fr | mehrfarbig | dr | 42,— | 50,— |
| | | Satzpreis (5 W.) | | 100,— | 120,— |
| | | FDC | | | 350,— |

MiNr. 488–489 und 493–494 wurden nur zusammen mit einer Eintrittskarte (20 Fr) für die Briefmarkenausstellung CENTILUX verkauft.

Auflage: 37.416 Sätze

*Gültig bis 31.12.1953*

**1952, 20. Aug. 15. Olympische Sommerspiele, Helsinki; Rad-Weltmeisterschaften, Luxemburg. RaTdr. (5×5); Faserpapier; gez. K 11½.**

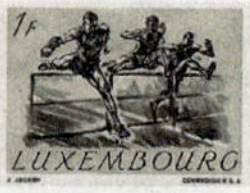

ds) Hürdenlauf

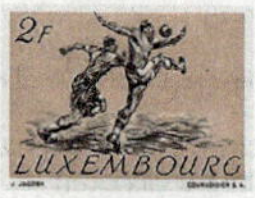

dt) Fußball

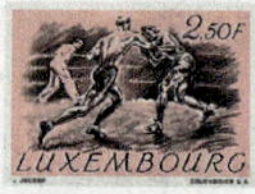

du) Boxen

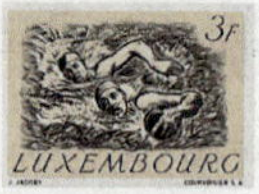

dv) Wasserball

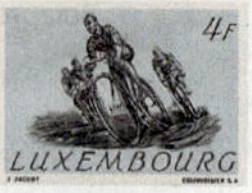

dw) Radfahren

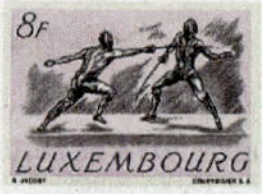

dx) Fechten

| | | | | | |
|---|---|---|---|---|---|
| **495** | 1 Fr | schwarz/hellgrün | ds | 0,70 | 0,50 |
| **496** | 2 Fr | schwarz/gelbbraun | dt | 2,50 | 0,50 |
| **497** | 2.50 Fr | schwarz/rosa | du | 4,— | 2,— |
| **498** | 3 Fr | schwarz/gelboliv | dv | 5,— | 2,— |
| **499** | 4 Fr | schwarz/hellblau | dw | 25,— | 10,— |
| **500** | 8 Fr | schwarz/lila | dx | 13,— | 5,— |
| | | Satzpreis (6 W.) | | 50,— | 20,— |
| | | FDC | | | 22,— |

Auflage: 200.000 Sätze

*Gültig bis 31.12.2002*

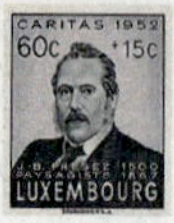

**1952, 3. Dez. Caritas. RaTdr. (5×5); gestrichenes Faserpapier; gez. K 11½.**

dy) Jean-Baptiste Fresez (1800–1867), Landschaftsmaler

| | | | | | |
|---|---|---|---|---|---|
| **501** | 60 C | + 15 C russischgrün | dy | 0,30 | 1,50 |
| **502** | 2 Fr | + 25 C rotbraun | dy | 0,30 | 1,50 |
| **503** | 4 Fr | + 25 C violettblau | dy | 2,40 | 7,— |
| **504** | 8 Fr | + 4.75 Fr braunviolett | dy | 22,— | 45,— |
| | | Satzpreis (4 W.) | | 25,— | 55,— |
| | | FDC | | | 55,— |

⊙-Preise gelten nur für (BPP-)geprüfte Stücke.

Auflagen: MiNr. 501 = 251.000, MiNr. 502 = 163.000, MiNr. 503 = 66.000, MiNr. 504 = 46.159 Stück

*Gültig bis 31.12.1953*

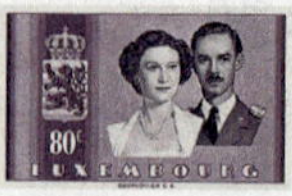

**1953, 1. April. Hochzeit des Erbprinzen Jean von Luxemburg mit der Prinzessin Joséphine Charlotte von Belgien. RaTdr.; Faserpapier; gez. K 11½.**

dz) Prinzessin Joséphine Charlotte (1927–2005) und Erbprinz Jean (1921–2019); Staatswappen

| | | | | | |
|---|---|---|---|---|---|
| **505** | 80 C | blauviolett | dz | 1,— | 0,50 |
| **506** | 1.20 Fr | braun | dz | 1,— | 0,50 |
| **507** | 2 Fr | grün | dz | 2,— | 0,50 |
| **508** | 3 Fr | lilarot | dz | 2,— | 0,70 |
| **509** | 4 Fr | blau | dz | 9,— | 1,50 |
| **510** | 9 Fr | rotbraun | dz | 9,— | 1,50 |
| | | Satzpreis (6 W.) | | 24,— | 5,— |
| | | FDC | | | 10,— |

Auflage: 300.000 Sätze

*Gültig bis 31.12.2002*

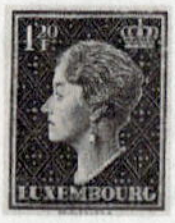

**1953, 18. Mai. Freimarke: Großherzogin Charlotte. StTdr.; gez. K 11¾.**

de) Großherzogin Charlotte (1896–1985, reg. 1919–1964)

| | | | | | |
|---|---|---|---|---|---|
| **511** | 1.20 Fr | grauschwarz | de | 1,20 | 0,30 |
| | | FDC | | | 55,— |

*Gültig bis 31.12.2002*

*In gleicher Zeichnung: MiNr. 442–459, 586–589*

**1953, 18. Mai. Freimarken: Ansichten. StTdr.; gez. K 11:11½.**

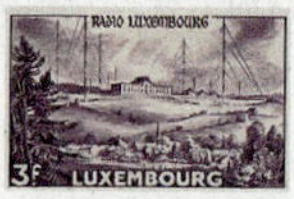

ea) Radio Luxemburg, Sender in Junglinster

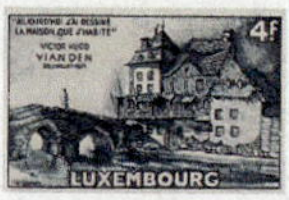

eb) Vianden, Wohnhaus des Dichters Victor Hugo (1802–1885); nach eigener Federzeichnung

| | | | | | |
|---|---|---|---|---|---|
| **512** | 3 Fr | blauviolett | ea | 6,— | 1,50 |
| **513** | 4 Fr | dunkelgrünlichblau | eb | 6,— | 1,50 |
| | | Satzpreis (2 W.) | | 12,— | 3,— |
| | | 2 FDC | | | 130,— |

*Gültig bis 31.12.2002*

**1953, 18. Sept. Einweihung der 1944 zerstörten und wiederhergestellten Basilika des hl. Willibrord von Echternach. StTdr.; gez. K 13½.**

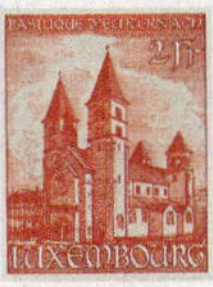


ec) Basilika von Echternach, Außenansicht

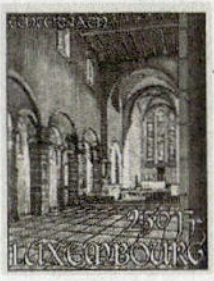


ed) Innenansicht der Basilika

| | | | | |
|---|---|---|---|---|
| **514** | 2 Fr bräunlichrot | ec | 3,— | 2,50 |
| **515** | 2.50 Fr russischgrün | ed | 6,— | 5,50 |
| | Satzpreis (2 W.) | | 9,— | 8,— |
| | FDC | | | 65,— |

Auflagen: MiNr. 514 = 317.500, MiNr. 515 = 215.000 Stück

*Gültig bis 31.12.2002*

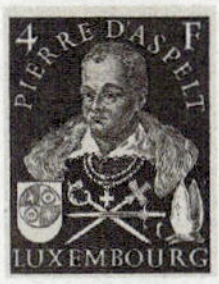


**1953, 25. Sept. 700. Geburtstag von Peter von Aspelt. StTdr.; gez. K 13½.**

ee) Peter von Aspelt (1250–1320), Erzbischof von Mainz, Kanzler von Böhmen und Erzkanzler des Deutschen Reiches, Wappen, Bischofsstab, Kreuz, Schwert und Mitra

| | | | | |
|---|---|---|---|---|
| **516** | 4 Fr grauschwarz | ee | 8,50 | 6,50 |
| | FDC | | | 65,— |

Auflage: 207.500 Stück

*Gültig bis 31.12.2002*

**1953, 3. Dez. Caritas: Brauchtum (I). RaTdr. (5×5); Faserpapier; gez. K 11½.**

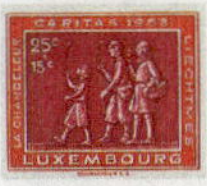


ef) Lichtmess-Singen

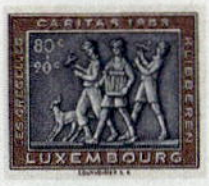


eg) Klapperumzug in der Karwoche

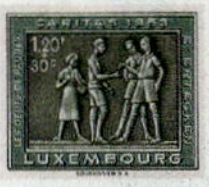


eh) Ostereiertickén

| | | | | | |
|---|---|---|---|---|---|
| **517** | 25 C | + 15 C orangerot/rot | ef | 0,50 | 0,50 |
| **518** | 80 C | + 20 C lilabraun/graublau | eg | 0,50 | 0,50 |
| **519** | 1.20 Fr | + 30 C blaugrün/dunkelgelbgrün | eh | 1,— | 1,— |
| **520** | 2 Fr | + 25 C bräunlichkarmin/braun | ef | 0,50 | 0,50 |
| **521** | 4 Fr | + 50 C grünlichblau/ultramarin | eg | 7,50 | 7,50 |
| **522** | 7 Fr | + 3.35 Fr blauviolett/violett | eh | 18,— | 18,— |
| | | Satzpreis (6 W.) | | 28,— | 28,— |
| | | FDC | | | 40,— |

Auflagen: MiNr. 517 = 161.820, MiNr. 518 = 363.496, MiNr. 519 = 105.861, MiNr. 520 = 211.551, MiNr. 521 = 84.123, MiNr. 522 = 61.086 Stück

*Gültig bis 31.12.1954*

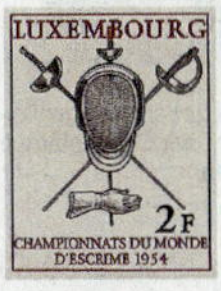


**1954, 6. Mai. Fechtweltmeisterschaften. StTdr.; Faserpapier; gez. K 13½:14.**

ei) Fechtmaske und Fechthandschuh vor gekreuztem Florett, Degen und Säbel

| | | | | |
|---|---|---|---|---|
| **523** | 2 Fr rotbraun/dunkellilabraun | ei | 5,50 | 1,— |
| | FDC | | | 45,— |

Auflage: 500.000 Stück

*Gültig bis 31.12.2002*

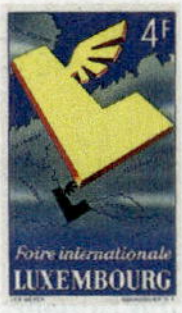


**1954, 6. Mai. 6. Internationale Messe in Luxemburg. RaTdr. (5×5); Faserpapier; gez. K 11¾.**

ek) Geflügeltes L (Wahrzeichen der Messe) über Karte von Westeuropa

| | | | | |
|---|---|---|---|---|
| **524** | 4 Fr mehrfarbig | ek | 12,— | 7,— |
| | FDC | | | 60,— |

Auflage: 250.000 Stück

*Gültig bis 31.12.2002*

**1954, 3. Dez. Caritas: Brauchtum (II). RaTdr. (5×5); gestrichenes Faserpapier; gez. K 11¾.**

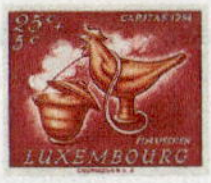


el) Kinderpfeife und Rauchfass, von der „Eimaischen“

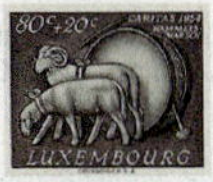


em) Hammel und Pauke („Hämmelsmarsch“)

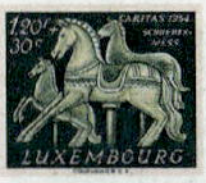


en) Karussell-Pferde („Schuebermess“)

| | | | | | |
|---|---|---|---|---|---|
| **525** | 25 C | + 5 C bräunlichkarmin/hellorangerot | el | 0,70 | 0,60 |
| **526** | 80 C | + 20 C schwarzgrau/dkl'grüngrau | em | 0,70 | 0,60 |
| **527** | 1.20 Fr | + 30 C dkl'blaugrün/gelbgrün | en | 2,— | 1,70 |
| **528** | 2 Fr | + 25 C braun/ockerbraun | el | 1,— | 0,70 |
| **529** | 4 Fr | + 50 C dkl'blau/blau | em | 8,— | 10,— |
| **530** | 7 Fr | + 3.45 Fr lebhaftviolett/purpurviolett | en | 18,— | 32,— |
| | | Satzpreis (6 W.) | | 30,— | 45,— |
| | | FDC | | | 50,— |

Auflage: 63.680 Sätze

*Gültig bis 31.12.1955*

**1955, 1. April. Blumenfeste in Bad Mondorf (I). RaTdr.; gez. K 11½.**

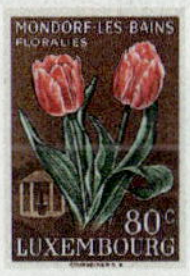


eo) Gartentulpe (Tulipa gesneriana)

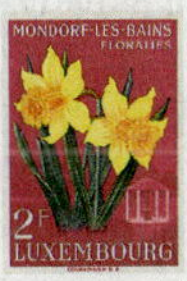


ep) Gelbe Narzisse (Narcissus pseudonarcissus)

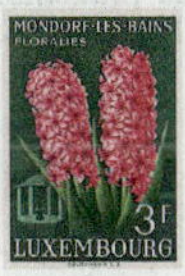


er) Gartenhyazinthe (Hyacinthus orientalis)

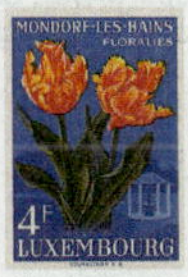


es) Papageientulpe (Tulipa hybr.)

eo–es) Heilquelle Maria-Adelheid

| | | | | |
|---|---|---|---|---|
| **531** | 80 C mehrfarbig | eo | 0,30 | 0,30 |
| **532** | 2 Fr mehrfarbig | ep | 0,30 | 0,30 |
| **533** | 3 Fr mehrfarbig | er | 4,— | 4,— |
| **534** | 4 Fr mehrfarbig | es | 4,40 | 4,40 |
| | Satzpreis (4 W.) | | 9,— | 9,— |
| | FDC | | | 12,— |

Auflage: 200.000 Sätze

*Gültig bis 31.12.2002*

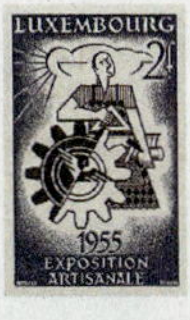


**1955, 1. Sept. Nationale Handwerksausstellung, Luxemburg. StTdr.; gez. K 13.**

et) Stilis. Darstellung des Handwerks

| | | | | |
|---|---|---|---|---|
| **535** 2 Fr schwarzgraublau/schwarzblau | et | 1,80 | 0,50 |
| | FDC | | 40,— |

Auflage: 1.000.000 Stück

*Gültig bis 31.12.2002*

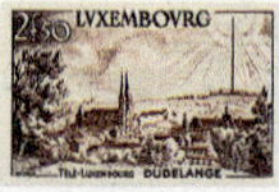

**1955, 1. Sept. Fernsehsender von Düdelingen. StTdr.; gez. K 13.**

eu) Düdelingen, Fernsehsender

| | | | |
|---|---|---|---|
| **536** 2.50 Fr dunkelkarminbraun | eu | 2,— | 0,70 |
| | FDC | | 35,— |

Auflage: 750.000 Stück

*Gültig bis 31.12.2002*

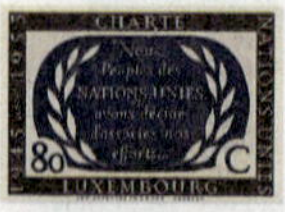

**1955, 24. Okt. 10 Jahre Vereinte Nationen (UNO). StTdr.; gez. K 11:11½.**

ev) Auszug aus der Präambel der Charta der Vereinten Nationen

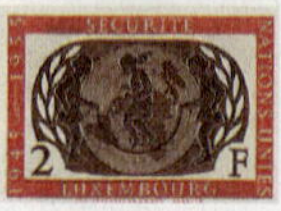

ew) Spielende Kinder (symb. internat. Sicherheit) vor Emblem

ex) Schwert und Waage (symb. Gerechtigkeit) vor Emblem

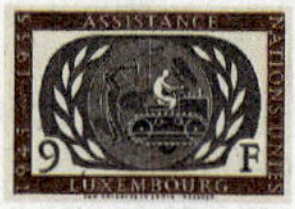

ey) Arbeiter (symb. Hilfsaktion) vor Emblem

| | | | |
|---|---|---|---|
| **537** 80 C schwarz/schwarzblau | ev | 0,80 | 0,80 |
| **538** 2 Fr braunrot/siena | ew | 4,50 | 0,50 |
| **539** 4 Fr schwarzblau/braunrot | ex | 3,50 | 5,— |
| **540** 9 Fr siena/dunkelblaugrün | ey | 2,20 | 1,20 |
| | Satzpreis (4 W.) | 11,— | 7,50 |
| | FDC | | 11,— |

Auflage: 435.000 Sätze

*Gültig bis 31.12.2002*

**1955, 5. Dez. Caritas: Brauchtum (III). RaTdr. (5 × 5); gestrichenes Faserpapier; gez. K 11¾.**

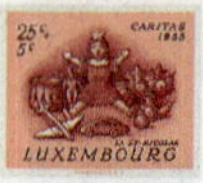

ez) Spielzeug, Dörrobst, Backwerk (Nikolaustag)

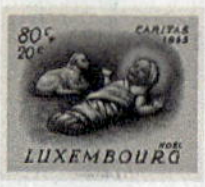

fa) Jesuskind und Lamm (Weihnachten)

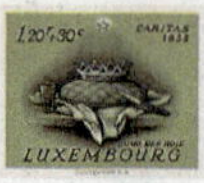

fb) Kuchen mit Krone (Dreikönigstag)

| | | | |
|---|---|---|---|
| **541** 25 C + 5 C braunrot | ez | 0,50 | 0,50 |
| **542** 80 C + 20 C dunkelgrau | fa | 0,50 | 0,50 |
| **543** 1.20 Fr + 30 C oliv | fb | 1,— | 1,— |
| **544** 2 Fr + 25 C braun | ez | 0,50 | 0,50 |
| **545** 4 Fr + 50 C blau | fa | 7,50 | 13,— |
| **546** 7 Fr + 3.45 Fr purpur | fb | 18,— | 20,— |
| | Satzpreis (6 W.) | 28,— | 35,— |
| | FDC | | 40,— |

Auflagen: MiNr. 541 = 217.908, MiNr. 542 = 542.233, MiNr. 543 = 112.884, MiNr. 544 = 211.797, MiNr. 545 = 95.604, MiNr. 546 = 72.758 Stück

*Gültig bis 31.12.1956*

**1956, 27. April. Blumenfeste in Bad Mondorf (II). RaTdr.; gez. K 11¾.**

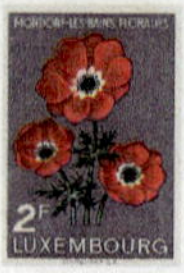

fc) Kronenanemone (Anemone coronaria)

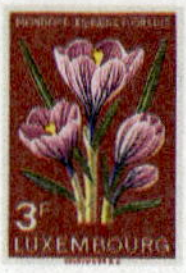

fd) Gartenkrokus (Crocus sp.)

| | | | |
|---|---|---|---|
| **547** 2 Fr mehrfarbig | fc | 1,— | 1,— |
| **548** 3 Fr mehrfarbig | fd | 2,— | 2,— |
| | Satzpreis (2 W.) | 3,— | 3,— |
| | FDC | | 8,— |

*Gültig bis 31.12.2002*

**1956, 30. Mai. Luxemburg – Stadt der Rosen. RaTdr.; Faserpapier; gez. K 11¾.**

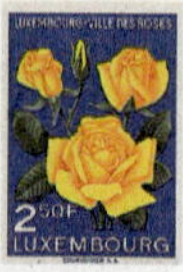

fe

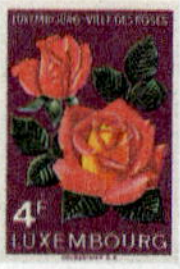

ff

fe–ff) Edelrosen (Rosa hybr.)

| | | | |
|---|---|---|---|
| **549** 2.50 Fr mehrfarbig | fe | 5,— | 5,— |
| **550** 4 Fr mehrfarbig | ff | 3,— | 3,— |
| | Satzpreis (2 W.) | 8,— | 8,— |
| | FDC | | 10,— |

Auflagen: MiNr. 549 = 300.000, MiNr. 550 = 500.000 Stück

*Gültig bis 31.12.2002*

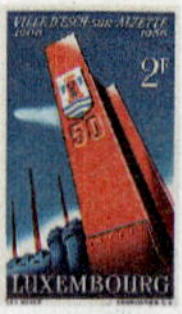

**1956, 30. Mai. 50 Jahre Stadt Esch an der Alzette. RaTdr. (5 × 5); Faserpapier; gez. K 11¾.**

fg) Breitflanschträger mit Stadtwappen und Zahl 50 vor Hochöfen

| | | | |
|---|---|---|---|
| **551** 2 Fr mehrfarbig | fg | 2,50 | 0,60 |
| | FDC | | 6,— |

Auflage: 500.000 Stück

*Gültig bis 31.12.2002*

**1956, 10. Aug. Vier Jahre Montanunion. StTdr.; gez. K 11:11½, Hochformat ~.**

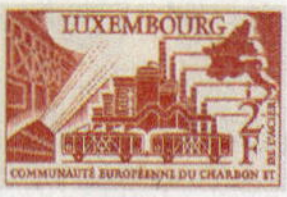

fh) Güterwagen, Hüttenwerk, Bessemerbirne, Umrisse der Schumanplan-Länder

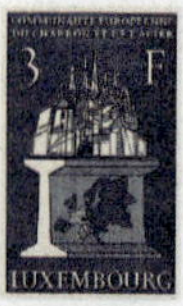

fi) Breitflanschträger mit Karte Europas, darüber Türme Luxemburgs

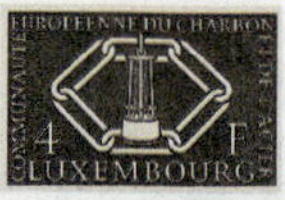

fk) Sechs geschlossene Kettenglieder, mit Grubenlampe verbunden

| | | | |
|---|---|---|---|
| **552** 2 Fr braunrot | fh | 27,— | 0,50 |
| **553** 3 Fr dunkelblau | fi | 27,— | 25,— |
| **554** 4 Fr dunkelgrün | fk | 6,— | 5,— |
| | Satzpreis (3 W.) | 60,— | 30,— |
| | FDC | | 35,— |

Auflagen: MiNr. 552 = 1.000.000, MiNr. 553 = 300.000, MiNr. 554 = 500.000 Stück

*Gültig bis 31.12.2002*

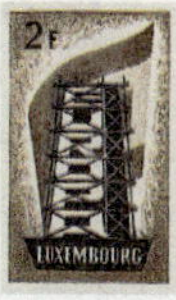

**1956, 15. Sept. Europa. StTdr.; gez. K 13.**

fl) „EUROPA“ hinter Stahlrohrgerüst, Europafahne

| | | | | |
|---|---|---|---|---|
| **555** | 2 Fr schwarzgraubraun/schwarz | fl | *60,—* | 3,— |
| **556** | 3 Fr hellbräunlichrot/rot | fl | *35,—* | 55,— |
| **557** | 4 Fr lebhaftgrünlichblau/schwarzblau | fl | 5,— | 5,— |
| | Satzpreis (3 W.) | | *100,—* | 60,— |
| | FDC | | | 80,— |

Auflagen: MiNr. 555 = 1.145.000, MiNr. 556 = 425.000, MiNr. 557 = 745.000 Stück

*Gültig bis 31.12.2002*

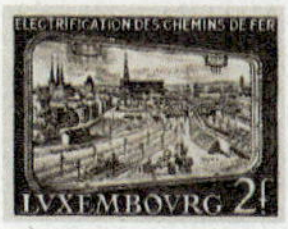

**1956, 29. Sept. Teilelektrifizierung des Luxemburger Eisenbahnnetzes. StTdr. (5×5); gez. K 13.**

fm) Hauptbahnhof Luxemburg, vom Fenster eines Wagenabteils aus gesehen

| | | | | |
|---|---|---|---|---|
| **558** | 2 Fr schwarz/dunkelbraun | fm | 3,— | 0,60 |
| | FDC | | | 10,— |

Auflage: 500.000 Stück

*Gültig bis 31.12.2002*

*Parallelausgabe mit Belgien MiNr. 1045*

**1956, 7. Nov. 100 Jahre Staatsrat. StTdr.; gez. K 11¾.**

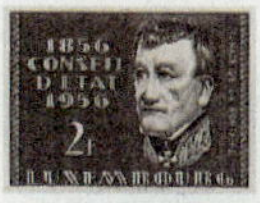

fn) Ignace de la Fontaine (1857–1869), 1. Präsident des Staatsrates

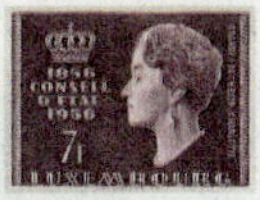

fo) Großherzogin Charlotte (1896–1985, reg. 1919–1964)

| | | | | |
|---|---|---|---|---|
| **559** | 2 Fr braunschwarz | fn | 2,— | 0,50 |
| **560** | 7 Fr violettpurpur | fo | 3,50 | 1,— |
| | Satzpreis (2 W.) | | 5,50 | 1,50 |
| | FDC | | | 6,— |

Auflagen: MiNr. 559 = 525.000, MiNr. 560 = 275.000 Stück

*Gültig bis 31.12.2002*

**1956, 5. Dez. Caritas: Luxemburger Kantonalwappen (I). RaTdr. (5×5); Faserpapier; gez. K 11¾.**

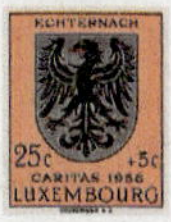

fp) Echternach

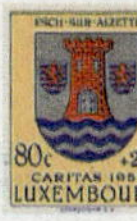

fr) Esch an der Alzette

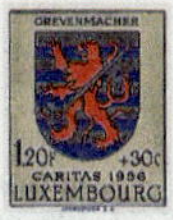

fs) Grevenmacher

| | | | | | |
|---|---|---|---|---|---|
| **561** | 25 C + 5 C mehrfarbig | fp | 0,50 | 0,50 |
| **562** | 80 C + 20 C mehrfarbig | fr | 0,50 | 0,50 |
| **563** | 1.20 Fr + 30 C mehrfarbig | fs | 0,50 | 0,50 |
| **564** | 2 Fr + 25 C mehrfarbig | fp | 0,50 | 0,50 |
| **565** | 4 Fr + 50 C mehrfarbig | fr | 4,— | 5,— |
| **566** | 7 Fr + 3.45 Fr mehrfarbig | fs | 9,— | 13,— |
| | Satzpreis (6 W.) | | 15,— | 20,— |
| | FDC | | | 24,— |

Auflagen: MiNr. 561 = 257.223, MiNr. 562 = 662.522, MiNr. 563 = 136.993, MiNr. 564 = 255.230, MiNr. 565 = 113.564, MiNr. 566 = 89.224 Stück

*Gültig bis 31.12.1957*

**1957, 17. Juni. 50 Jahre Pfadfinderbewegung; 100. Geburtstag von Robert Baden-Powell. StTdr.; gez. K 11½:11.**

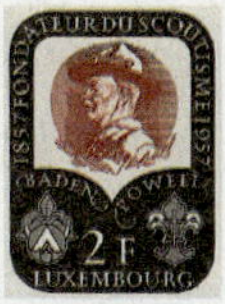

ft) Abzeichen der Luxemburger Pfadfinderorganisationen

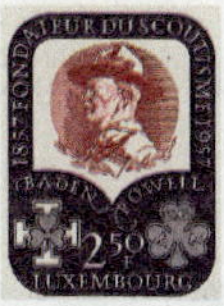

fu) Abzeichen der Luxemburger Pfadfinderinnenorganisationen

ft–fu) Robert Baden-Powell (1857–1941), britischer General und Begründer der Pfadfinderorganisation

| | | | | |
|---|---|---|---|---|
| **567** | 2 Fr dunkeloliv/rotbraun | ft | 1,— | 0,40 |
| **568** | 2.50 Fr purpurviolett/braunlila | fu | 2,50 | 2,60 |
| | Satzpreis (2 W.) | | 3,50 | 3,— |
| | FDC | | | 15,— |

Auflagen: MiNr. 567 = 1.000.000, MiNr. 568 = 415.000 Stück

*Gültig bis 31.12.2002*

**1957, 17. Juni. Kinderklinik „Fondation Prince Jean – Princesse Joséphine-Charlotte“. RaTdr. (5×5); Faserpapier; gez. K 11½.**

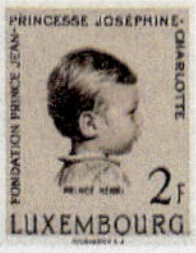

fv) Prinz Henri (*1955)

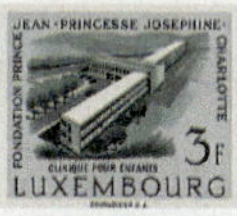

fw) Kinderklinik

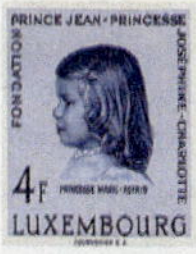

fx) Prinzessin Marie-Astrid (*1954)

| | | | | |
|---|---|---|---|---|
| **569** | 2 Fr violettbraun | fv | 1,— | 0,50 |
| **570** | 3 Fr dunkelbläulichgrün | fw | 3,— | 3,50 |
| **571** | 4 Fr violettultramarin | fx | 2,— | 3,50 |
| | Satzpreis (3 W.) | | 6,— | 7,50 |
| | FDC | | | 8,— |

Auflagen: MiNr. 569 = 515.950, MiNr. 570 = 225.500, MiNr. 571 = 217.500 Stück

*Gültig bis 31.12.2002*

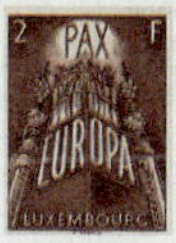

**1957, 16. Sept. Europa. StTdr.; gez. K 12½:12.**

fy) Symbolische Darstellung

| | | | | |
|---|---|---|---|---|
| **572** | 2 Fr lilabraun | fy | 5,— | 2,— |
| **573** | 3 Fr braunrot | fy | 28,— | 20,— |
| **574** | 4 Fr purpur | fy | 28,— | 20,— |
| | Satzpreis (3 W.) | | 60,— | 40,— |
| | FDC | | | 75,— |

Auflagen: MiNr. 572 = 1.070.000, MiNr. 573 = 380.000, MiNr. 574 = 417.500 Stück

*Gültig bis 31.12.2002*

**1957, 4. Dez. Caritas: Luxemburger Kantonalwappen (II). RaTdr. (5×5); Faserpapier; gez. K 11¾.**

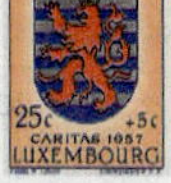

fz) Luxemburg

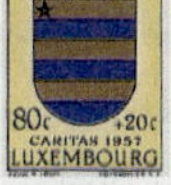

ga) Mersch

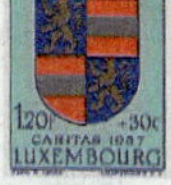

gb) Vianden

| | | | | |
|---|---|---|---|---|
| **575** | 25 C + 5 C mehrfarbig | fz | 0,50 | 0,50 |
| **576** | 80 C + 20 C mehrfarbig | ga | 0,50 | 0,50 |
| **577** | 1.20 Fr + 30 C mehrfarbig | gb | 0,50 | 0,50 |
| **578** | 2 Fr + 25 C mehrfarbig | fz | 0,50 | 0,50 |
| **579** | 4 Fr + 50 C mehrfarbig | ga | 4,— | 5,— |

**580** 7 Fr + 3.45 Fr mehrfarbig . . . . . . . . . . gb 6,— 8,—
Satzpreis (6 W.) 12,— 15,—
FDC 20,—

Auflagen: MiNr. 575 = 265.911, MiNr. 576 = 694.463, MiNr. 577 = 151.783, MiNr. 578 = 255.620, MiNr. 579 = 125.493, MiNr. 580 = 102.589 Stück

*Gültig bis 31.12.1958*

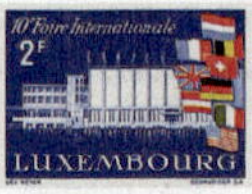

**1958, 16. April. 10. Internationale Messe, Luxemburg. RaTdr. (5×5); Faserpapier; gez. K 11¾.**

gc) Messegebäude und Flaggen verschiedener Teilnehmerstaaten

**581** 2 Fr mehrfarbig . . . . . . . . . . . . . . . . . . . . . . . . gc 0,50 0,30
FDC 1,—

Auflage: 607.500 Stück

*Gültig bis 31.12.2002*

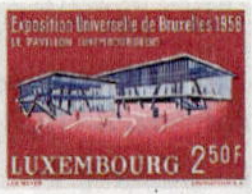

**1958, 16. April. Weltausstellung, Brüssel. RaTdr. (5×5); Faserpapier; gez. K 11¾.**

gd) Pavillon von Luxemburg

**582** 2.50 Fr mehrfarbig . . . . . . . . . . . . . . . . . . . . gd 0,50 0,30
FDC 1,20

Auflage: 1.019.000 Stück

*Gültig bis 31.12.2002*

**1958, 23. Mai. 1300. Geburtstag des hl. Willibrord. StTdr. (10×5); gez. K 13½.**

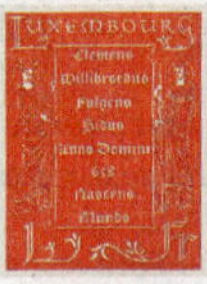

ge) Inschrifttafel; hl. Irmina, Äbtissin des Oerenklosters, Trier und hl. Willibrord, Stifter von Echternach

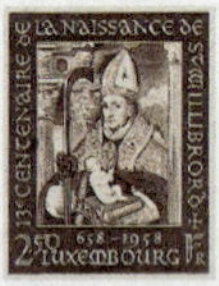

gf) Hl. Willibrord (658–739), angelsächsischer Missionar und Bischof; Gemälde von Simon Puseel (um 1500–1574), flämischer Maler

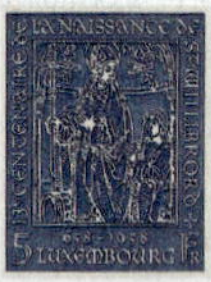

gg) Hl. Willibrord stützt den Kreuzstab auf ein Fass, daneben Kniender im Gebet (Holzschnitt, 15. Jh.)

**583** 1 Fr bräunlichrot . . . . . . . . . . . . . . . . . . . . . ge 0,40 0,40
**584** 2.50 Fr schwarzgraubraun . . . . . . . . . . . . . . . . gf 0,40 0,40
**585** 5 Fr blau . . . . . . . . . . . . . . . . . . . . . . . . . . . . gg 1,20 1,20
Satzpreis (3 W.) 2,— 2,—
FDC 4,50

Auflagen: MiNr. 583 = 625.000, MiNr. 584 = 1.072.750, MiNr. 585 = 552.500 Stück

*Gültig bis 31.12.2002*

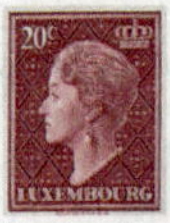

**1958, 1. Juli/1. Aug. Freimarken: Großherzogin Charlotte. StTdr.; gez. K 11¾.**

de) Großherzogin Charlotte (1896–1985, reg. 1919–1964)

**586** 20 C karminbraun (1. Aug.) . . . . . . . . . . . . de 0,30 0,30
**587** 30 C oliv (1. Juli) . . . . . . . . . . . . . . . . . . . . de 0,30 0,30
**588** 50 C rotorange (1. Juli) . . . . . . . . . . . . . . . . de 0,40 0,40
**589** 5 Fr blauviolett (1. Juli) . . . . . . . . . . . . . . . de 11,— 1,—
Satzpreis (4 W.) 12,— 2,—
FDC (MiNr. 586) 70,—
FDC (MiNr. 587-589) 3,60

*Gültig bis 31.12.2002*

*In gleicher Zeichnung: MiNr. 442–459, 511*

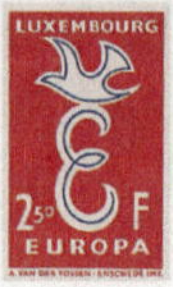

**1958, 13. Sept. Europa. Odr. (10×5); gez. K 12½:13.**

gh) Stilisierte Taube über Buchstabe „E"

**590** 2.50 Fr dunkelrosakarmin/türkisblau . . . . . gh 0,30 0,30
**591** 3.50 Fr blaugrün/gelborange . . . . . . . . . . gh 1,— 0,40
**592** 5 Fr türkisblau/dunkelrosakarmin . . . . . gh 1,20 0,80
Satzpreis (3 W.) 2,50 1,50
FDC 2,—

Auflagen: MiNr. 590 = 2.010.000, MiNr. 591 = 765.000, MiNr. 592 = 777.500 Stück

*Gültig bis 31.12.2002*

**1958, 13. Sept. Landschaften. StTdr.; gez. K 11:11½.**

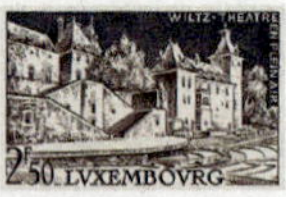

gi) Freilichtbühne vor Schloss Wiltz

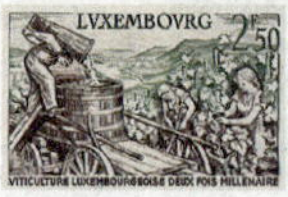

gk) Weinlese an der Mosel

**593** 2.50 Fr violettbraun/blauschwarz . . . . . . . . gi 0,60 0,30
**594** 2.50 Fr dunkellilabraun/grün . . . . . . . . . . . . gk 0,60 0,30
Satzpreis (2 W.) 1,20 0,50
2 FDC 9,—

*Gültig bis 31.12.2002*

**1958, 3. Dez. Caritas: Luxemburger Kantonalwappen (III). RaTdr. (5×5); Faserpapier; gez. K 11¾.**

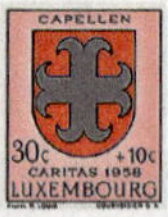

gl) Kapellen

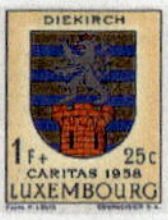

gm) Diekirch

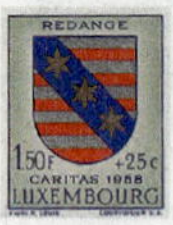

gn) Redingen

**595** 30 C + 10 C mehrfarbig . . . . . . . . . . . . . gl 0,50 0,50
**596** 1 Fr + 25 C mehrfarbig . . . . . . . . . . . . gm 0,50 0,50
**597** 1.50 Fr + 25 C mehrfarbig . . . . . . . . . . . . gn 0,50 0,50
**598** 2.50 Fr + 50 C mehrfarbig . . . . . . . . . . . . gl 0,50 0,50
**599** 5 Fr + 50 C mehrfarbig . . . . . . . . . . . . gm 4,50 6,—
**600** 8.50 Fr + 4.60 Fr mehrfarbig . . . . . . . . . . . gn 5,50 10,—
Satzpreis (6 W.) 12,— 18,—
FDC 20,—

Auflagen: MiNr. 595 = 243.012, MiNr. 596 = 607.258, MiNr. 597 = 152.075, MiNr. 598 = 237.590, MiNr. 599 = 132.972, MiNr. 600 = 113.692 Stück

*Gültig bis 31.12.1959*

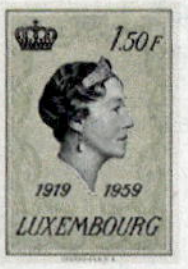

**1959, 15. Jan. 40. Jahrestag der Thronbesteigung von Großherzogin Charlotte. RaTdr. (5×5); Faserpapier; gez. K 11¾.**

go) Großherzogin Charlotte (1896–1985, reg. 1919–1964)

**601** 1.50 Fr graugrün/schwarzblaugrün . . . . . . go 0,80 0,50
**602** 2.50 Fr hellorangerot/braunschwarz . . . . . . go 1,— 0,50
**603** 5 Fr hellkobalt/schwarzblau . . . . . . . . . . go 2,— 1,50
Satzpreis (3 W.) 3,80 2,50
FDC 10,—

Auflage: 507.500 Sätze

*Gültig bis 31.12.2002*

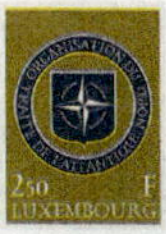


**1959, 3. April. 10 Jahre Nordatlantikpakt (NATO). Odr. (10×5); gez. K 12½:12.**

gp) NATO-Emblem auf Schild und Beschriftung

| | | | | | |
|---|---|---|---|---|---|
| 604 | 2.50 Fr | gelboliv/blau | gp | 0,30 | 0,30 |
| 605 | 8.50 Fr | rotbraun/blau | gp | 0,50 | 0,40 |
| | | Satzpreis (2 W.) | | 0,80 | 0,70 |
| | | FDC | | | 1,50 |

Auflagen: MiNr. 604 = 1.230.000, MiNr. 605 = 682.500 Stück

*Gültig bis 31.12.2002*

**1959, 3. April. Blumenfeste in Bad Mondorf (III). RaTdr. (10×5); Faserpapier; gez. K 11¾.**

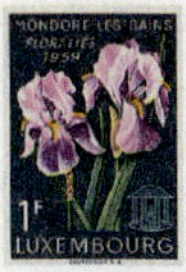


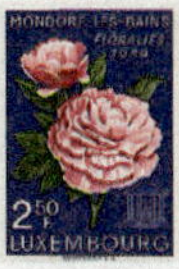


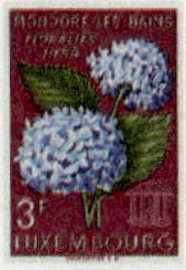


gr) Deutsche Schwertlilie (Iris germanica)

gs) Pfingstrose (Paeonia officinalis)

gt) Hortensie (Hydrangea macrophylla)

gr–gt) Heilquelle Maria-Adelheid

| | | | | | |
|---|---|---|---|---|---|
| 606 | 1 Fr | mehrfarbig | gr | 0,50 | 0,30 |
| 607 | 2.50 Fr | mehrfarbig | gs | 0,50 | 0,40 |
| 608 | 3 Fr | mehrfarbig | gt | 0,80 | 0,80 |
| | | Satzpreis (3 W.) | | 1,80 | 1,50 |
| | | FDC | | | 2,— |

Auflagen: MiNr. 606 = 549.000, MiNr. 607 = 1.077.500, MiNr. 608 = 549.500 Stück

*Gültig bis 31.12.2002*

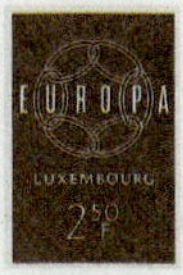


**1959, 19. Sept. Europa. Odr.; gez. K 12¾:14.**

gu) Sechsgliedrige Kette mit dem Wort „EUROPA"

| | | | | | |
|---|---|---|---|---|---|
| 609 | 2.50 Fr | braunoliv | gu | 1,50 | 0,50 |
| 610 | 5 Fr | schwarzblau | gu | 2,— | 1,50 |
| | | Satzpreis (2 W.) | | 3,50 | 2,— |
| | | FDC | | | 2,50 |

Auflagen: MiNr. 609 = 1.537.500, MiNr. 610 = 1.007.500 Stück

*Gültig bis 31.12.2002*

**1959, 19. Sept. 100 Jahre Luxemburger Eisenbahnen. StTdr.; gez. K 14:13¼.**

gv) 1A1 n2-Schlepptenderlokomotive (1859), darüber erste Takte der Hymne „De Feierwon" (Der Feuerwagen)

| | | | | | |
|---|---|---|---|---|---|
| 611 | 2.50 Fr | rot/blau | gv | 2,50 | 0,50 |
| | | FDC | | | 9,— |

Auflage: 1.000.000 Stück

*Gültig bis 31.12.2002*

**1959, 2. Dez. Caritas: Luxemburger Kantonalwappen (IV). RaTdr. (5×5); Faserpapier; gez. K 11¾.**

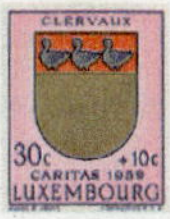


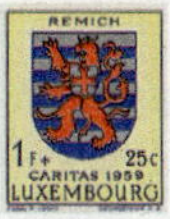


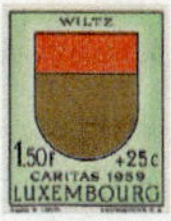


gw) Clervaux

gx) Remich

gy) Wiltz

| | | | | | |
|---|---|---|---|---|---|
| 612 | 30 C | + 10 C mehrfarbig | gw | 0,50 | 0,30 |
| 613 | 1 Fr | + 25 C mehrfarbig | gx | 0,50 | 0,30 |
| 614 | 1.50 Fr | + 25 C mehrfarbig | gy | 0,50 | 0,50 |
| 615 | 2.50 Fr | + 50 C mehrfarbig | gw | 0,50 | 0,40 |
| 616 | 5 Fr | + 50 C mehrfarbig | gx | 1,50 | 2,50 |
| 617 | 8.50 Fr | + 4.60 Fr mehrfarbig | gy | 6,50 | 12,— |
| | | Satzpreis (6 W.) | | 10,— | 16,— |
| | | FDC | | | 20,— |

Auflagen: MiNr. 612 = 267.942, MiNr. 613 = 635.704, MiNr. 614 = 168.561, MiNr. 615 = 263.113, MiNr. 616 = 148.457, MiNr. 617 = 124.977 Stück

*Gültig bis 31.12.1960*

**1960, 7. April. Weltflüchtlingsjahr 1959/60. StTdr.; gez. K 11½:11, Querformat ∼.**

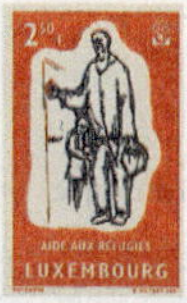


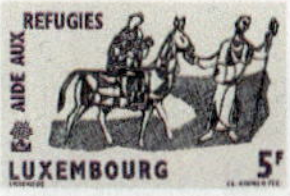


gz) Flüchtling mit Kind bittet um Aufnahme

ha) Flucht nach Ägypten (bibl. Szene)

| | | | | | |
|---|---|---|---|---|---|
| 618 | 2.50 Fr | orangerot/preußischblau | gz | 0,30 | 0,30 |
| 619 | 5 Fr | blauviolett/dunkelgraublau | ha | 0,40 | 0,40 |
| | | Satzpreis (2 W.) | | 0,70 | 0,70 |
| | | FDC | | | 6,50 |

Auflagen: MiNr. 618 = 1.132.500, MiNr. 619 = 912.500 Stück

*Gültig bis 31.12.2002*

**1960, 9. Mai. 10. Jahrestag des Schuman-Planes. StTdr.; gez. K 11:11½.**

hb) Schmelzarbeiter, Inschrift CECA, Umrisse der Montan-Union-Länder

| | | | | | |
|---|---|---|---|---|---|
| 620 | 2.50 Fr | rotlila | hb | 0,60 | 0,30 |
| | | FDC | | | 1,— |

Auflage: 1.020.000 Stück

*Gültig bis 31.12.2002*

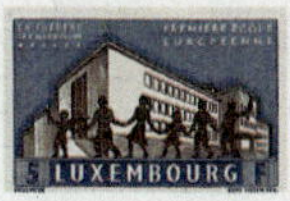


**1960, 9. Mai. 1. Europäische Schule, Luxemburg. StTdr.; gez. K 11:11½.**

hc) Kindersilhouetten vor 1. Europäischer Schule von Luxemburg

| | | | | | |
|---|---|---|---|---|---|
| 621 | 5 Fr | blau/schwarz | hc | 1,— | 1,20 |
| | | FDC | | | 1,80 |

Auflage: 550.000 Stück

*Gültig bis 31.12.2002*

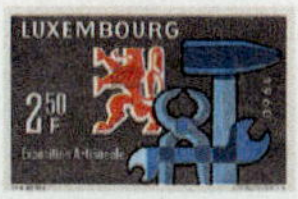


**1960, 14. Juni. 2. Nationale Handwerksausstellung. RaTdr.; Faserpapier; gez. K 11¾.**

hd) Heraldischer Löwe und Hammer, Zange, Schraubenschlüssel

| | | | | |
|---|---|---|---|---|
| **622** 2.50 Fr mehrfarbig | hd | 1,50 | 0,40 |
| | FDC | | 9,— |

Auflage: 1.000.000 Stück

*Gültig bis 31.12.2002*

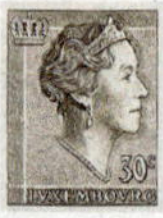

**1960, 14. Juni/15. Okt. Freimarken: Großherzogin Charlotte. StTdr. (10×10); gez. K 11¾.**

he) Großherzogin Charlotte (1896–1985, reg. 1919–1964)

| | | | | |
|---|---|---|---|---|
| **623** 30 C braunoliv (14. Juni) | he | 0,30 | 0,30 |
| **624** 50 C dunkelgrün (15. Okt.) | he | 0,60 | 0,30 |
| **625** 1 Fr blauviolett (14. Juni) | he | 0,60 | 0,30 |
| **626** 1.50 Fr lila (14. Juni) | he | 0,60 | 0,30 |
| **627** 2.50 Fr violett (14. Juni) | he | 1,20 | 0,30 |
| **628** 5 Fr orangebraun (14. Juni) | he | 1,70 | 0,30 |
| Satzpreis (6 W.) | | 5,— | 1,20 |
| FDC (MiNr. 623, 625-628) | | | 3,20 |
| FDC (MiNr. 624) | | | 60,— |

*Gültig bis 31.12.2002*

*In gleicher Zeichnung: MiNr. 643–646, 690–692*

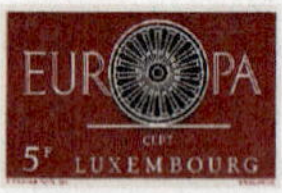

**1960, 19. Sept. Europa. StTdr.; gez. K 11:11¾.**

hf) „O" in „EUROPA" als Wagenrad mit 19 Speichen

| | | | | |
|---|---|---|---|---|
| **629** 2.50 Fr grünlichschwarz/gelblichgrün | hf | 0,50 | 0,50 |
| **630** 5 Fr braunkarmin/grünlichschwarz | hf | 0,50 | 0,50 |
| Satzpreis (2 W.) | | 1,— | 1,— |
| FDC | | | 1,50 |

Auflagen: MiNr. 629 = 1.542.100, MiNr. 630 = 1.052.100 Stück

*Gültig bis 31.12.2002*

**1960, 5. Dez. Caritas. RaTdr. (5×5); Faserpapier; gez. K 11¾.**

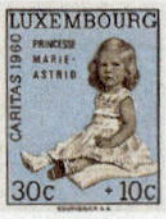
hg

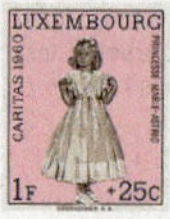
hh

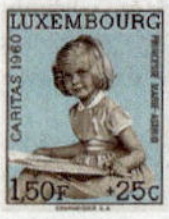
hi

hg–hi) Prinzessin Marie-Astrid (*1954)

| | | | | |
|---|---|---|---|---|
| **631** 30 C + 10 C dkl'braun/mattkobalt | hg | 0,30 | 0,30 |
| **632** 1 Fr + 25 C dkl'braun/lilarosa | hh | 0,30 | 0,30 |
| **633** 1.50 Fr + 25 C dkl'braun/hellgrünlichblau | hi | 0,70 | 0,70 |
| **634** 2.50 Fr + 50 C dkl'braun/mattgelb | hg | 0,50 | 0,50 |
| **635** 5 Fr + 50 C dkl'braun/hellbläulichviolett | hh | 1,20 | 2,20 |
| **636** 8.50 Fr + 4.60 Fr dkl'braun/olivgrün | hi | 9,— | 14,— |
| Satzpreis (6 W.) | | 12,— | 18,— |
| FDC | | | 19,— |

Auflagen: MiNr. 631 = 296.875, MiNr. 632 = 654.154, MiNr. 633 = 197.341, MiNr. 634 = 288.539, MiNr. 635 = 171.467, MiNr. 636 = 144.752 Stück

*Gültig bis 31.12.1961*

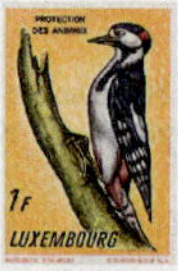

**1961, 15. Mai. Tierschutz. RaTdr. (10×5, Querformate ~); Faserpapier; gez. K 11¾.**

hk) Buntspecht (Dendrocopos major)

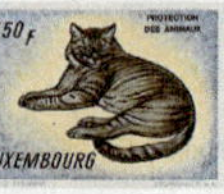
hl) Hauskatze

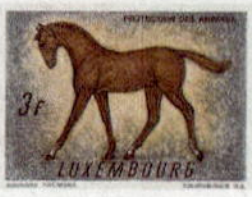
hm) Fohlen

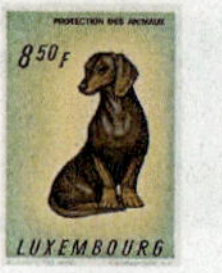
hn) Kurzhaardackel

| | | | | |
|---|---|---|---|---|
| **637** 1 Fr mehrfarbig | hk | 0,30 | 0,30 |
| **638** 1.50 Fr mehrfarbig | hl | 0,30 | 0,30 |
| **639** 3 Fr mehrfarbig | hm | 0,40 | 0,40 |
| **640** 8.50 Fr mehrfarbig | hn | 1,— | 1,— |
| Satzpreis (4 W.) | | 2,— | 2,— |
| FDC | | | 4,— |

Auflagen: MiNr. 637 und 639 je 775.000, MiNr. 638 = 768.000, MiNr. 640 = 510.000 Stück

*Gültig bis 31.12.2002*

**1961, 8. Juni. Landschaften. StTdr.; gez. K 11½:11, Querformat ~.**

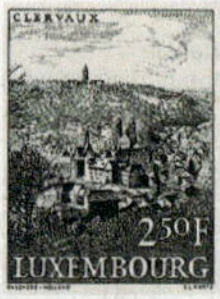
ho) Clervaux

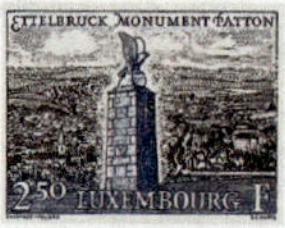
hp) Patton-Denkmal, Ansicht von Ettelbrück

| | | | | |
|---|---|---|---|---|
| **641** 2.50 Fr dunkelgrün | ho | 0,60 | 0,30 |
| **642** 2.50 Fr violettultramarin/schwarz | hp | 0,60 | 0,30 |
| Satzpreis (2 W.) | | 1,20 | 0,50 |
| 2 FDC | | | 3,— |

*Gültig bis 31.12.2002*

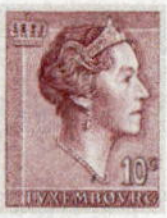

**1961, 8. Juni/15. Nov. Freimarken: Großherzogin Charlotte. StTdr.; gez. K 11¾.**

he) Großherzogin Charlotte (1896–1985, reg. 1919–1964)

| | | | | |
|---|---|---|---|---|
| **643** 10 C braunlila (8. Juni) | he | 0,30 | 0,30 |
| **644** 20 C rot (8. Juni) | he | 0,30 | 0,30 |
| **645** 2 Fr blau (8. Juni) | he | 1,40 | 0,30 |
| **646** 3 Fr schwarzlila (15. Nov.) | he | 2,20 | 0,30 |
| Satzpreis (4 W.) | | 4,20 | 1,— |
| FDC (MiNr. 643-645) | | | 2,— |
| FDC (MiNr. 646) | | | 65,— |

*Gültig bis 31.12.2002*

*In gleicher Zeichnung: MiNr. 623–628, 690–692*

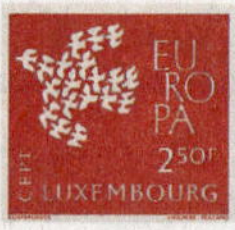

**1961, 18. Sept. Europa. StTdr.; gez. K 13¼:12¾.**

hr) Stilisierte Taube aus 19 Einzeltauben

| | | | | |
|---|---|---|---|---|
| **647** 2.50 Fr bräunlichrot | hr | 0,50 | 0,50 |
| **648** 5 Fr blau | hr | 0,50 | 0,50 |
| Satzpreis (2 W.) | | 1,— | 1,— |
| FDC | | | 1,50 |

Auflagen: MiNr. 647 = 2.892.500, MiNr. 648 = 2.140.000 Stück

*Gültig bis 31.12.2002*

**1961, 4. Dez. Caritas. RaTdr. (5×5); Faserpapier; gez. K 11¾.**

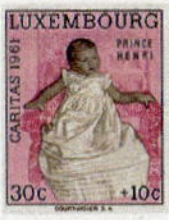

hs

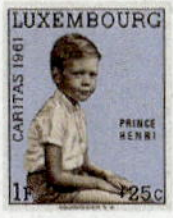

ht

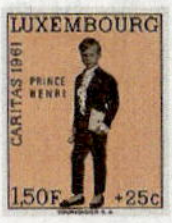

hu

hs–hu) Prinz Henri (*1955)

| | | | | | | |
|---|---|---|---|---|---|---|
| **649** | 30 C | + 10 C dkl'braun/mattpurpur | hs | 0,50 | 0,50 |
| **650** | 1 Fr | + 25 C dkl'braun/hellviolettblau | ht | 0,50 | 0,50 |
| **651** | 1.50 Fr | + 25 C dkl'braun/orange | hu | 0,70 | 0,50 |
| **652** | 2.50 Fr | + 50 C dkl'braun/schwarzblaugrün | hs | 0,80 | 0,50 |
| **653** | 5 Fr | + 50 C dkl'braun/hellgrünlichgelb | ht | 2,50 | 3,50 |
| **654** | 8.50 Fr | + 4.60 Fr dkl'braun/blaugrau | hu | 5,— | 9,— |
| | | Satzpreis (6 W.) | | 10,— | 14,— |
| | | FDC | | | 16,— |

Auflagen: MiNr. 649 = 344.130, MiNr. 650 = 688.953, MiNr. 651 = 237.853, MiNr. 652 = 317.488, MiNr. 653 = 209.934, MiNr. 654 = 181.531 Stück

*Gültig bis 31.12.1962*

**1962, 22. Jan. Weltmeisterschaft im Querfeldein-Radrennen. RaTdr.; Faserpapier; gez. K 11¾.**

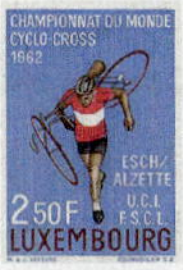


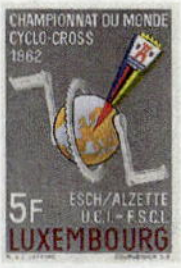


hv) Radrennfahrer mit geschultertem Rad

hw) Erdkugel mit Pedalen in Radkranz (Wahrzeichen der Weltmeisterschaft)

| | | | | | |
|---|---|---|---|---|---|
| **655** | 2.50 Fr | mehrfarbig | hv | 0,30 | 0,30 |
| **656** | 5 Fr | mehrfarbig | hw | 0,50 | 0,40 |
| | | Satzpreis (2 W.) | | 0,80 | 0,70 |
| | | FDC | | | 0,80 |

Auflagen: MiNr. 655 = 1.015.000, MiNr. 656 = 775.000 Stück

*Gültig bis 31.12.2002*

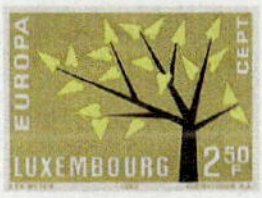


**1962, 17. Sept. Europa. RaTdr.; Faserpapier; gez. K 11¾.**

hx) Stilisierter Baum mit 19 Blättern

| | | | | | |
|---|---|---|---|---|---|
| **657** | 2.50 Fr | mehrfarbig | hx | 0,50 | 0,50 |
| **658** | 5 Fr | mehrfarbig | hx | 0,50 | 0,50 |
| | | Satzpreis (2 W.) | | 1,— | 1,— |
| | | FDC | | | 1,50 |

Auflagen: MiNr. 657 = 3.100.000, MiNr. 658 = 2.100.000 Stück

*Gültig bis 31.12.2002*

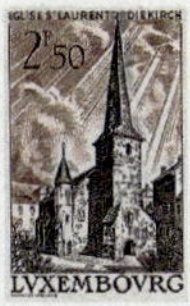


**1962, 17. Sept. Landschaften. StTdr.; Faserpapier; gez. K 11½:11.**

hy) St. Laurentiuskirche, Diekirch

| | | | | | |
|---|---|---|---|---|---|
| **659** | 2.50 Fr | lilabraun/braunschwarz | hy | 0,50 | 0,30 |
| | | FDC | | | 1,— |

Auflage: 1.157.200 Stück

*Gültig bis 31.12.2002*

**1962, 3. Dez. Caritas. RaTdr. (5×5); Faserpapier; gez. K 11¾.**

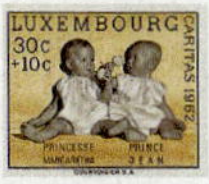

hz

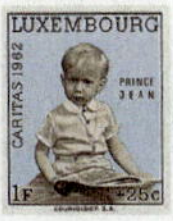

ia

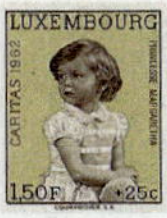

ib

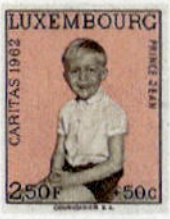

ic

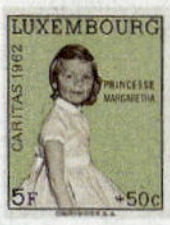

id

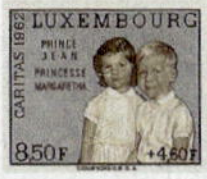

ie

hz–ie) Zwillingspaar Prinzessin Margaretha und Prinz Jean (*1957)

| | | | | | |
|---|---|---|---|---|---|
| **660** | 30 C | + 10 C dkl'braun/gelborange | hz | 0,30 | 0,30 |
| **661** | 1 Fr | + 25 C dkl'braun/mattkobalt | ia | 0,30 | 0,30 |
| **662** | 1.50 Fr | + 25 C dkl'braun/gelboliv | ib | 0,40 | 0,30 |
| **663** | 2.50 Fr | + 50 C dkl'braun/rosa | ic | 0,50 | 0,30 |
| **664** | 5 Fr | + 50 C dkl'braun/olivgrün | id | 1,50 | 3,— |
| **665** | 8.50 Fr | + 4.60 Fr dkl'braun/dkl'violettgrau | ie | 3,— | 6,— |
| | | Satzpreis (6 W.) | | 6,— | 10,— |
| | | FDC | | | 12,— |

Auflagen: MiNr. 660 = 354.407, MiNr. 661 = 685.320, MiNr. 662 = 238.186, MiNr. 663 = 319.345, MiNr. 664 = 211.684, MiNr. 665 = 185.851 Stück

*Gültig bis 31.12.1963*

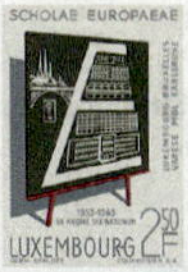


**1963, 13. April. 10 Jahre Europäische Schulen. RaTdr.; Faserpapier; gez. K 11¾.**

if) Schultafel mit großem „E", Europäische Schulen von Luxemburg, Brüssel, Varese, Mol und Karlsruhe; Silhouette Luxemburgs und Emblem der Tausendjahrfeier

| | | | | | |
|---|---|---|---|---|---|
| **666** | 2.50 Fr | mehrfarbig | if | 0,30 | 0,30 |
| | | FDC | | | 0,80 |

Auflage: 1.610.000 Stück

*Gültig bis 31.12.2002*

**1963, 13. April. 1000 Jahre Stadt Luxemburg; Internationale Briefmarkenausstellung „Melusina". Querformate StTdr., gez. K 14:12¾; Hochformate RaTdr., Faserpapier, gez. K 11¾.**

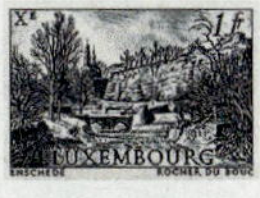


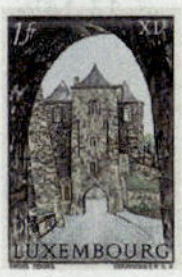


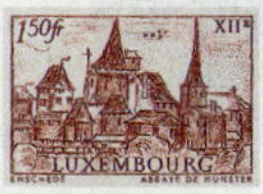


ig) Der Bockfelsen (10. Jh.)

ih) Die Drei Türme (11. Jh.)

ii) Die Münsterabtei (12. Jh.); Zeichnung im Zinsbuch des Priors Bertels (17. Jh.)

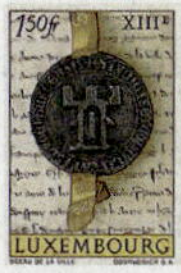


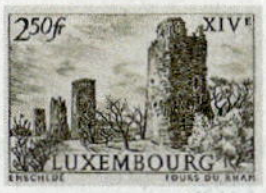


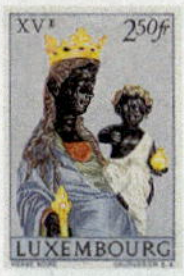


ik) Das große Stadtsiegel (13. Jh.)

il) Die halbrunden Rhamtürme (14. Jh.)

im) Die Schwarze Muttergottes (15. Jh.)

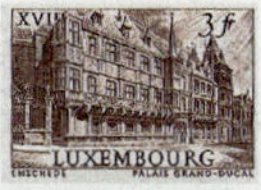


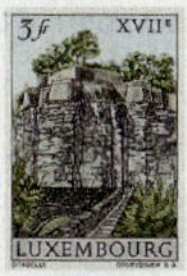


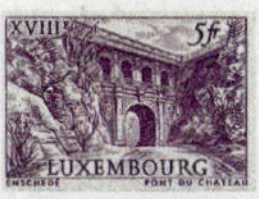


in) Das Großherzogliche Palais (16. Jh.)

io) Die Hl.-Geist-Zitadelle (17. Jh.)

ip) die Schlossbrücke (18. Jh.)

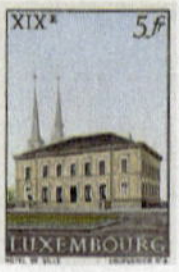


ir) Rathaus (19. Jh.)

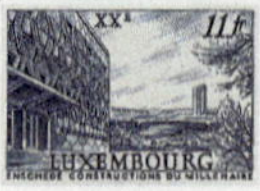


is) Stadttheater, Brückenneubau und Verwaltungsgebäude der Europäischen Gemeinschaften (20. Jh.)

| | | | | | |
|---|---|---|---|---|---|
| **667** | 1 Fr | schwarzgrün | ig | 0,30 | 0,30 |
| **668** | 1 Fr | mehrfarbig | ih | 0,30 | 0,30 |
| **669** | 1.50 Fr | karminbraun | ii | 0,30 | 0,30 |
| **670** | 1.50 Fr | mehrfarbig | ik | 0,30 | 0,30 |
| **671** | 2.50 Fr | dunkelolivgrün | il | 0,30 | 0,30 |
| **672** | 2.50 Fr | mehrfarbig | im | 0,30 | 0,30 |
| **673** | 3 Fr | dunkelkarminbraun | in | 0,30 | 0,30 |
| **674** | 3 Fr | mehrfarbig | io | 0,30 | 0,30 |
| **675** | 5 Fr | violett | ip | 0,40 | 0,30 |
| **676** | 5 Fr | mehrfarbig | ir | 0,40 | 0,50 |
| **677** | 11 Fr | blau | is | 1,30 | 1,80 |
| | | Satzpreis (11 W.) | | 4,50 | 5,— |
| | | FDC | | | 30,— |

MiNr. 667, 669, 671, 673 und 675–677 wurden nur im kompletten Satz in Verbindung mit einer Eintrittskarte (25 Fr) zur Ausstellung „Melusina" am Postschalter verkauft; Verkauf nur vom 13.–21. April 1963.

Auflagen: MiNr. 667, 669, 671, 673 und 675–677 je 245.179, MiNr. 668 = 451.266, MiNr. 670 = 375.787, MiNr. 672 = 484.888, MiNr. 674 = 331.413 Stück

*Gültig bis 31.12.2002*

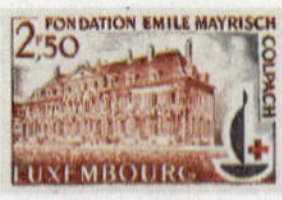


**1963, 8. Mai. 100 Jahre Internationales Rotes Kreuz. StTdr.; gez. K 13.**

it) Schloss von Colpach, Jubiläumsemblem

| | | | | | |
|---|---|---|---|---|---|
| **678** | 2.50 Fr | mehrfarbig | it | 0,40 | 0,30 |
| | | FDC | | | 0,50 |

Auflage: 1.000.000 Stück

*Gültig bis 31.12.2002*

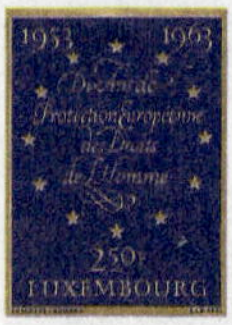


**1963, 25. Juni. 10 Jahre Europäische Konvention für Menschenrechte. StTdr.; gefärbtes Papier; gez. K 13:14½.**

iu) Inschrift mit zwölf Sternen des Europarates

| | | | | | |
|---|---|---|---|---|---|
| **679** | 2.50 Fr | violettultramarin auf gold | iu | 0,30 | 0,30 |
| | | FDC | | | 0,50 |

Auflage: 1.027.500 Stück

*Gültig bis 31.12.2002*

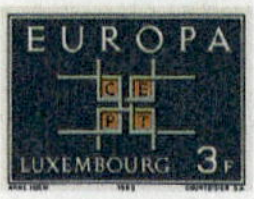


**1963, 16. Sept. Europa. RaTdr.; Faserpapier; gez. K 11¾.**

iv) Buchstaben „CEPT" in Ornament

| | | | | | |
|---|---|---|---|---|---|
| **680** | 3 Fr | mehrfarbig | iv | 0,50 | 0,50 |
| **681** | 6 Fr | mehrfarbig | iv | 0,50 | 0,50 |
| | | Satzpreis (2 W.) | | 1,— | 1,— |
| | | FDC | | | 1,50 |

Auflagen: MiNr. 680 = 2.575.000, MiNr. 681 = 1.550.000 Stück

*Gültig bis 31.12.2002*

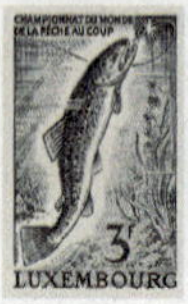


**1963, 16. Sept. Weltmeisterschaften im Angeln. StTdr.; gez. K 13.**

iw) Bachforelle (Salmo trutta forma fario)

| | | | | | |
|---|---|---|---|---|---|
| **682** | 3 Fr | indigo | iw | 0,40 | 0,30 |
| | | FDC | | | 0,50 |

Auflage: 1.000.000 Stück

*Gültig bis 31.12.2002*

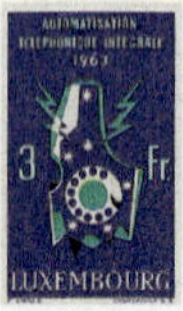


**1963, 16. Sept. Vollautomatisierung des Luxemburger Fernsprechnetzes. RaTdr.; Faserpapier; gez. K 11¾.**

ix) Stilis. Landkarte Luxemburgs mit Wählscheibe und Sternen als Darstellung der Telephonknotenpunkte; Blitzstrahlen

| | | | | | |
|---|---|---|---|---|---|
| **683** | 3 Fr | mehrfarbig | ix | 0,30 | 0,30 |
| | | FDC | | | 0,50 |

Auflage: 1.025.000 Stück

*Gültig bis 31.12.2002*

**1963, 2. Dez. Caritas: Zunftschilder. RaTdr. (5×5); Faserpapier; gez. K 11¾.**

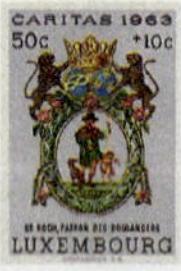


iy) St. Rochus, Schutzheiliger der Bäcker

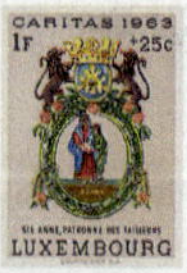


iz) St. Anna, Schutzheiliger der Schneider

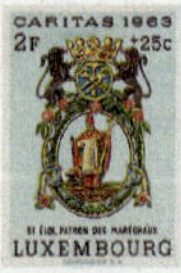


ka) St. Eligius, Schutzheiliger der Gold- und Silberschmiede

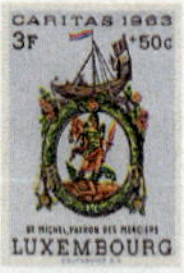


kb) St. Michael, Schutzheiliger der Krämer

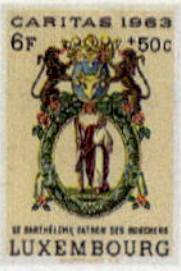


kc) St. Bartholomäus, Schutzheiliger der Metzger

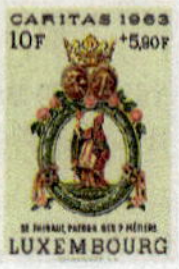


kd) St. Theobald, Schutzheiliger der 7 Handwerkervereinigungen

| | | | | | | |
|---|---|---|---|---|---|---|
| **684** | 50 C | + 10 C | mehrfarbig | iy | 0,30 | 0,30 |
| **685** | 1 Fr | + 25 C | mehrfarbig | iz | 0,30 | 0,30 |
| **686** | 2 Fr | + 25 C | mehrfarbig | ka | 0,30 | 0,30 |
| **687** | 3 Fr | + 50 C | mehrfarbig | kb | 0,30 | 0,30 |
| **688** | 6 Fr | + 50 C | mehrfarbig | kc | 0,80 | 1,80 |
| **689** | 10 Fr | + 5.90 Fr | mehrfarbig | kd | 1,50 | 3,50 |
| | | | Satzpreis (6 W.) | | 3,50 | 6,50 |
| | | | FDC | | | 7,— |

Auflage: 246.753 Sätze

*Gültig bis 31.12.1964*

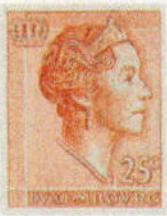

**1964, 20. Jan. Freimarken: Großherzogin Charlotte. StTdr. (10×10); gez. K 11¾.**

he) Großherzogin Charlotte (1896–1985, reg. 1919–1964)

| | | | | |
|---|---|---|---|---|
| **690** | 25 C rotorange | he | 0,30 | 0,30 |
| **691** | 3.50 Fr dunkelblaugrün | he | 3,— | 2,80 |
| **692** | 6 Fr schwarzgrün | he | 2,70 | 0,30 |
| | Satzpreis (3 W.) | | 6,— | 3,40 |
| | FDC | | | 55,— |

*Gültig bis 31.12.2002*

*In gleicher Zeichnung: MiNr. 623–628, 643–646*

**1964, 17. April. Inbetriebnahme des Pumpspeicherwerkes Vianden. StTdr. (10×5, Querformat ~); gez. K 13.**

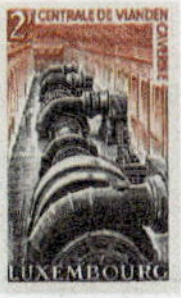

ke) Unterirdische Maschinenhalle

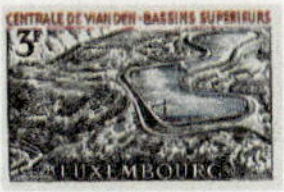

kf) Oberbecken am St. Nikolausberg

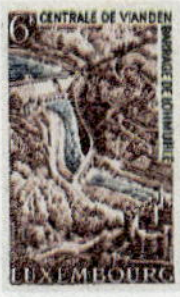

kg) Talsperre Lohmühle

| | | | | |
|---|---|---|---|---|
| **693** | 2 Fr mehrfarbig | ke | 0,30 | 0,30 |
| **694** | 3 Fr mehrfarbig | kf | 0,30 | 0,30 |
| **695** | 6 Fr mehrfarbig | kg | 0,30 | 0,30 |
| | Satzpreis (3 W.) | | 0,70 | 0,70 |
| | FDC | | | 0,90 |

Auflage: 1.000.000 Sätze

*Gültig bis 31.12.2002*

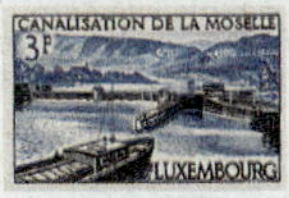

**1964, 26. Mai. Eröffnung des neuen Mosel-Schifffahrtsweges. StTdr.; gez. K 13.**

kh) Frachtschiff vor Schleuse der Grevenmacher Staustufe

| | | | | |
|---|---|---|---|---|
| **696** | 3 Fr blauschwarz/kobalt | kh | 0,30 | 0,30 |
| | FDC | | | 0,50 |

Auflage: 1.200.000 Stück

*Gültig bis 31.12.2002*

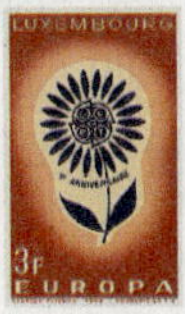

**1964, 14. Sept. Europa. RaTdr.; Faserpapier; gez. K 11¾.**

ki) Stilisierte Blume mit 22 Blütenblättern um CEPT-Emblem

| | | | | |
|---|---|---|---|---|
| **697** | 3 Fr mehrfarbig | ki | 0,50 | 0,50 |
| **698** | 6 Fr mehrfarbig | ki | 0,50 | 0,50 |
| | Satzpreis (2 W.) | | 1,— | 1,— |
| | FDC | | | 1,50 |

Auflagen: MiNr. 697 = 2.580.000, MiNr. 698 = 1.540.000 Stück

*Gültig bis 31.12.2002*

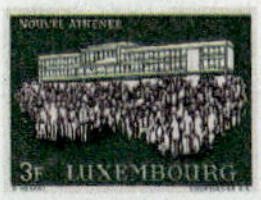

**1964, 14. Sept. Neues Athenaeum. RaTdr.; Faserpapier; gez. K 11¾.**

kk) Jugendliche vor dem neuen Athenaeum

| | | | | |
|---|---|---|---|---|
| **699** | 3 Fr dunkelblaugrün/schwarzviolett | kk | 0,30 | 0,30 |
| | FDC | | | 1,— |

Auflage: 1.215.000 Stück

*Gültig bis 31.12.2002*

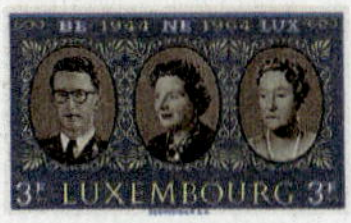

**1964, 12. Okt. 20 Jahre Zollunion BENELUX. RaTdr.; Faserpapier; gez. K 11¾.**

kl) König Baudouin von Belgien, Königin Juliane der Niederlande und Großherzogin Charlotte von Luxemburg

| | | | | |
|---|---|---|---|---|
| **700** | 3 Fr mehrfarbig | kl | 0,30 | 0,30 |
| | FDC | | | 0,50 |

Auflage: 1.360.000 Stück

*Gültig bis 31.12.2002*

*Parallelausgabe mit Belgien MiNr. 1366 und Niederlande MiNr. 829*

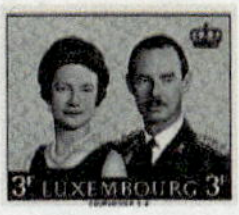

**1964, 11. Nov. Thronbesteigung von Großherzog Jean. RaTdr.; Faserpapier; gez. K 11¾.**

km) Großherzog Jean und Großherzogin Joséphine Charlotte von Luxemburg

| | | | | |
|---|---|---|---|---|
| **701** | 3 Fr dunkelgraublau | km | 0,30 | 0,30 |
| **702** | 6 Fr braunschwarz | km | 0,50 | 0,30 |
| | Satzpreis (2 W.) | | 0,80 | 0,50 |
| | FDC | | | 0,70 |

Auflage: 1.025.000 Sätze

*Gültig bis 31.12.2002*

**1964, 7. Dez. Caritas. RaTdr. (5×5); Faserpapier; gez. K 11¾.**

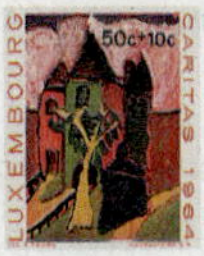

kn) 3 Türme

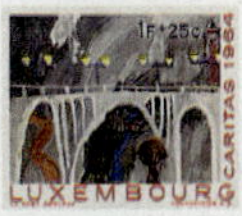

ko) Adolph-Brücke

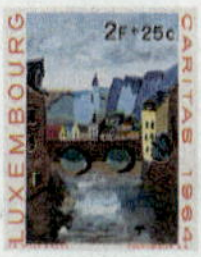

kp) Unterstadt

kn–kp) Stadtansichten von Luxemburg nach Kinderzeichnungen

| | | | | |
|---|---|---|---|---|
| **703** | 50 C + 10 C mehrfarbig | kn | 0,30 | 0,30 |
| **704** | 1 Fr + 25 C mehrfarbig | ko | 0,30 | 0,30 |
| **705** | 2 Fr + 25 C mehrfarbig | kp | 0,30 | 0,30 |
| **706** | 3 Fr + 50 C mehrfarbig | kn | 0,30 | 0,30 |
| **707** | 6 Fr + 50 C mehrfarbig | ko | 1,— | 1,80 |
| **708** | 10 Fr + 5.90 Fr mehrfarbig | kp | 1,60 | 2,50 |
| | Satzpreis (6 W.) | | 3,80 | 5,50 |
| | FDC | | | 6,— |

| | |
|---|---|
| | ★★ |
| 705 F Farbe Schwarz (Wertangabe) fehlend | *700,—* |

Auflage: 265.270 Sätze

*Gültig bis 31.12.1965*

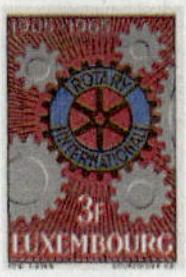

**1965, 5. April. 60 Jahre Rotary International. RaTdr. (10×5); Faserpapier; gez. K 11¾.**

kr) Räderwerk mit Rotary-Emblem

| | | | ★★ | ⊙ |
|---|---|---|---|---|
| **709** | 3 Fr mehrfarbig | kr | 0,30 | 0,30 |
| | FDC | | | 0,50 |

Auflage: 1.370.000 Stück

*Gültig bis 31.12.2002*

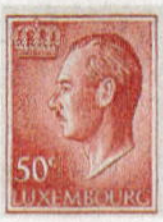


**1965, 5. April/1988, Sept. Freimarken: Großherzog Jean von Luxemburg. StTdr.; x = normales Papier, ya = Faserpapier ph., yb = Faserpapier fl., z = normales Papier mit Fasereinschlüssen; gez. K 11¾.**

ks) Großherzog Jean von Luxemburg (1921–2019, reg. 1964–2000)

| | | | | | |
|---|---|---|---|---|---|
| **710 x** | 50 C | lebhaftrot | ks | 0,30 | 0,30 |
| **711** | 1 Fr | dunkelblau, dunkelviolettblau | ks | | |
| x | | normales Papier | | 0,30 | 0,30 |
| ya | | Faserpapier ph. (1974) | | 1,50 | 0,50 |
| yb | | Faserpapier fl. (6.4.1988) | | 1,— | 0,30 |
| z | | normales Faserpapier (1986) | | 2,— | 1,50 |
| **712** | 3 Fr | dunkelgraugrün, schwarzgrün | ks | | |
| x | | normales Papier | | 0,60 | 0,30 |
| ya | | Faserpapier ph. (1974) | | 1,20 | 0,50 |
| yb | | Faserpapier fl. (Sept. 1988) | | 1,— | 0,30 |
| z | | normales Faserpapier (1986) | | 3,50 | 1,50 |
| **713** | 6 Fr | bräunlichviolett, grauviolett | ks | | |
| x | | normales Papier | | 0,80 | 0,30 |
| ya | | Faserpapier ph. (1974) | | 2,— | 0,50 |
| yb | | Faserpapier fl. (16.3.1987) | | 2,— | 0,30 |
| z | | normales Faserpapier (1982) | | 10,— | 3,— |
| | | | Satzpreis x (4 W.) | 2,— | 0,80 |
| | | | FDC x | | 1,50 |

Marken mit rückseitiger Zählnummer stammen aus Rollen.

*Gültig bis 31.12.2002*

*Weitere Werte siehe Übersicht nach Jahrgangswerttabelle.*

**1965, 17. Mai. 100 Jahre Internationale Fernmeldeunion (UIT). Odr. (5×10); gez. K 13½.**

kt) Emblem der UIT, Telegraphenmasten, Antennensystem

| | | | | | |
|---|---|---|---|---|---|
| **714** | 3 Fr | mehrfarbig | kt | 0,40 | 0,30 |
| | | | FDC | | 0,50 |

Auflage: 1.300.000 Stück

*Gültig bis 31.12.2002*

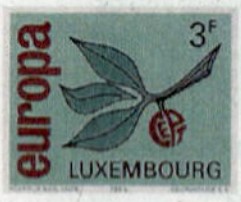


**1965, 27. Sept. Europa. RaTdr.; Faserpapier; gez. K 12½.**

ku) Zweig mit aus den Buchstaben „CEPT" gebildeter Frucht

| | | | | | |
|---|---|---|---|---|---|
| **715** | 3 Fr | mehrfarbig | ku | 0,50 | 0,50 |
| **716** | 6 Fr | mehrfarbig | ku | 0,50 | 0,50 |
| | | | Satzpreis (2 W.) | 1,— | 1,— |
| | | | FDC | | 1,50 |

Auflagen: MiNr. 715 = 2.075.000, MiNr. 716 = 1.270.000 Stück

*Gültig bis 31.12.2002*

**1965, 6. Dez. Caritas. RaTdr. (5×5); Faserpapier; gez. K 11¾.**

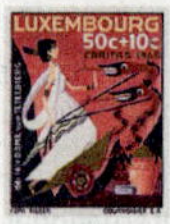


kv) Die schöne Römerin vom Titelberg

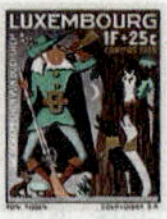


kw) Schäppchen, der Waldhüter

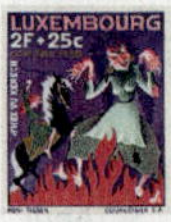


kx) Die Hexe von Koerich

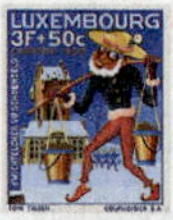


ky) Die Heinzelmännchen von Schoenfels

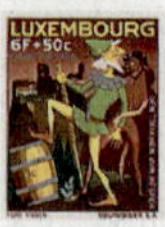


kz) Tollchen, Wächter zu Hesperingen

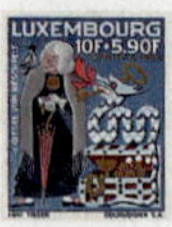


la) Das alte Fräulein von Heispelt

| | | | | | |
|---|---|---|---|---|---|
| **717** | 50 C | + 10 C mehrfarbig | kv | 0,30 | 0,30 |
| **718** | 1 Fr | + 25 C mehrfarbig | kw | 0,30 | 0,30 |
| **719** | 2 Fr | + 25 C mehrfarbig | kx | 0,30 | 0,30 |
| **720** | 3 Fr | + 50 C mehrfarbig | ky | 0,30 | 0,30 |
| **721** | 6 Fr | + 50 C mehrfarbig | kz | 0,50 | 0,80 |
| **722** | 10 Fr | + 5.90 Fr mehrfarbig | la | 0,80 | 3,— |
| | | | Satzpreis (6 W.) | 2,50 | 5,— |
| | | | FDC | | 5,50 |

Auflage: 313.678 Sätze

*Gültig bis 31.12.1966*

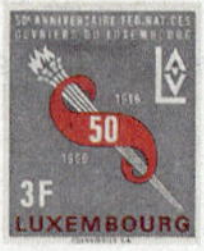


**1966, 7. März. 50 Jahre Arbeitergewerkschaft. RaTdr. (10×5); gez. K 11¾.**

lb) Abzeichen des Gewerkschaftsverbandes

| | | | | | |
|---|---|---|---|---|---|
| **723** | 3 Fr | dunkelgrau/rot | lb | 0,30 | 0,30 |
| | | | FDC | | 0,50 |

Auflage: 1.150.000 Stück

*Gültig bis 31.12.2002*

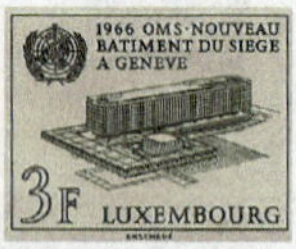


**1966, 7. März. Einweihung des neuen Amtssitzes der Weltgesundheitsorganisation (WHO) in Genf. StTdr. auf leicht rahmfarbenem Papier; gez. K 11:11½.**

lc) WHO-Gebäude, Genf

| | | | | | |
|---|---|---|---|---|---|
| **724** | 3 Fr | dunkelgrün | lc | 0,30 | 0,30 |
| | | | FDC | | 0,50 |

Auflage: 1.100.000 Stück

*Gültig bis 31.12.2002*

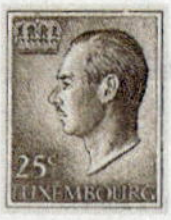


**1966, 7. April/1988, Sept. Freimarken: Großherzog Jean von Luxemburg. StTdr.; x = normales Papier; ya = Faserpapier ph., yb = Faserpapier fl., z = normales Papier mit Fasereinschlüssen; gez. K 11¾.**

ks) Großherzog Jean von Luxemburg (1921–2019, reg. 1964–2000)

| | | | | | |
|---|---|---|---|---|---|
| **725 x** | 25 C | schwarzgraubraun | ks | 0,30 | 0,30 |
| **726 x** | 1.50 Fr | schwarzlila | ks | 0,30 | 0,30 |
| **727** | 2 Fr | dunkelgraulila, dunkelrotkarmin | ks | | |
| x | | Papier normal | | 0,30 | 0,30 |
| ya | | Faserpapier ph. (1974) | | 1,50 | 0,30 |
| yb | | Faserpapier fl. (Sept. 1988) | | 0,30 | 0,30 |
| z | | normales Faserpapier (1983) | | 3,50 | 1,20 |
| **728 x** | 3.50 Fr | orangebraun | ks | 0,30 | 0,30 |
| | | | Satzpreis x (4 W.) | 1,20 | 0,80 |
| | | | FDC x | | 6,— |

MiNr. 727 mit rückseitiger Zählnummer stammt aus Rollen.

*Gültig bis 31.12.2002*

*Weitere Werte siehe Übersicht nach Jahrgangswerttabelle.*

**1966, 28. April. 300-Jahr-Feier der Erwählung der Muttergottes als Schutzpatronin der Stadt Luxemburg. StTdr.; gez. K 13½:14.**

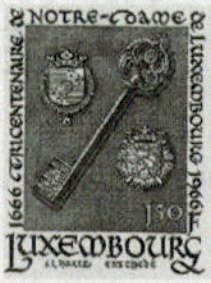


ld) Goldener Schlüssel, Votivgeschenk von 1667; Wappen der Stadt Luxemburg und des Fürsten Chimay

le) Innenansicht der Kathedrale Notre Dame von Luxemburg (um 1860); Gemälde von Juan Martin

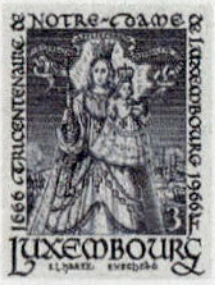


lf) Notre Dame von Luxemburg, Schutzpatronin (1682); Stich von Richard Collin (1627–1697), flämischer Maler

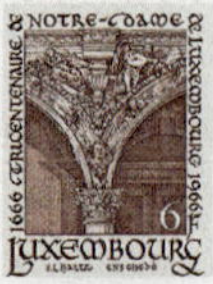


lg) Emporendetail im Renaissancestil, in den Jahren 1621/22 von dem Bildhauer Daniel Müller geschaffen

| | | | | | |
|---|---|---|---|---|---|
| 729 | 1.50 Fr | dunkelgrün | ld | 0,30 | 0,30 |
| 730 | 2 Fr | zinnober | le | 0,30 | 0,30 |
| 731 | 3 Fr | violettultramarin | lf | 0,30 | 0,30 |
| 732 | 6 Fr | rotbraun | lg | 0,30 | 0,30 |
| | | | Satzpreis (4 W.) | 1,20 | 1,20 |
| | | | FDC | | 1,50 |

Auflage: 800.000 Sätze

*Gültig bis 31.12.2002*

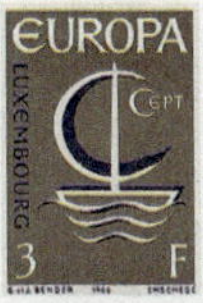


**1966, 26. Sept. Europa. Odr. (10×5); gez. K 13½:12¾.**

lh) Stilisiertes Boot mit geblähtem Segel und Inschrift „CEPT"

| | | | | | |
|---|---|---|---|---|---|
| 733 | 3 Fr | dunkelolivgrau/schwarzblau | lh | 0,50 | 0,50 |
| 734 | 6 Fr | braunoliv/dunkelrussischgrün | lh | 0,50 | 0,50 |
| | | | Satzpreis (2 W.) | 1,— | 1,— |
| | | | FDC | | 1,50 |

Auflagen: MiNr. 733 = 1.800.000, MiNr. 734 = 1.000.000 Stück

*Gültig bis 31.12.2002*

**1966, 26. Sept. 5. Internationale Briefmarkenausstellung der Eisenbahner-Philatelisten (FISAIC), Luxemburg. RaTdr.; Faserpapier; gez. K 11¾.**

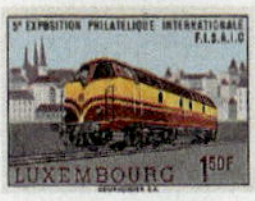


li) Dieselelektrische C'C'-Lokomotive BR 1800 der luxemburgischen Eisenbahngesellschaft (CFL)

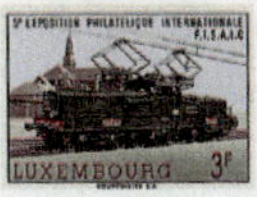


lk) Elektrische B'B'-Lokomotive BR 3600 der CFL

| | | | | | |
|---|---|---|---|---|---|
| 735 | 1.50 Fr | mehrfarbig | li | 0,60 | 0,30 |
| 736 | 3 Fr | mehrfarbig | lk | 0,60 | 0,30 |
| | | | Satzpreis (2 W.) | 1,20 | 0,50 |
| | | | FDC | | 1,— |

Auflage: 1.250.000 Sätze

*Gültig bis 31.12.2002*

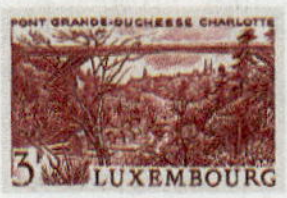


**1966, 26. Sept. Landschaften. StTdr. (5×10); gez. K 13.**

ll) Großherzogin-Charlotte-Brücke, Verbindung zwischen Oberstadt-Luxemburg und dem Kirchbergplateau

| | | | | | |
|---|---|---|---|---|---|
| 737 | 3 Fr | rotlila | ll | 0,30 | 0,30 |
| | | | FDC | | 0,50 |

Auflage: 1.000.000 Stück

*Gültig bis 31.12.2002*

**1966, 26. Sept. Europa-Zentrum Luxemburg. StTdr. (10×5); gez. K 13.**

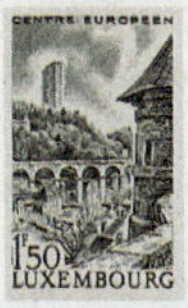


lm) Hochhaus auf dem Kirchbergplateau, Sitz der Europäischen Gemeinschaften in Luxemburg

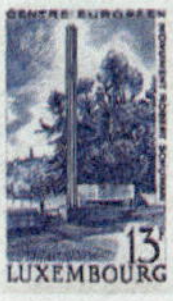


ln) Robert-Schuman-Denkmal stadtseitig, an der Großherzogin-Charlotte-Brücke

| | | | | | |
|---|---|---|---|---|---|
| 738 | 1.50 Fr | schwarzblaugrün | lm | 0,30 | 0,30 |
| 739 | 13 Fr | kobalt | ln | 0,70 | 0,30 |
| | | | Satzpreis (2 W.) | 1,— | 0,50 |
| | | | FDC | | 1,— |

Auflage: 1.000.000 Sätze

*Gültig bis 31.12.2002*

**1966, 6. Dez. Caritas. RaTdr. (5×5); Faserpapier; gez. K 11¾.**

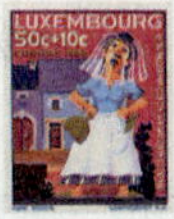


lo) Das Schleiermariechen aus Wormeldingen (Grevenmacher)

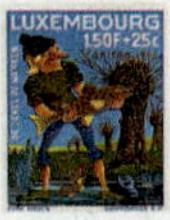


lp) Jékel, Fischwart an der Wark (Diekirch)

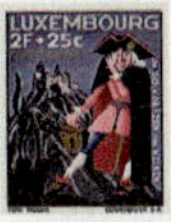


lr) Der Schwarze von Burg Vianden (Vianden)

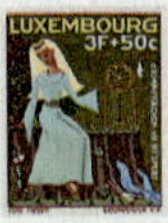


ls) Das Kimmfräulein aus Rosport (Echternach)

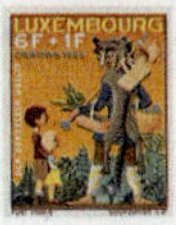


lt) Der Donkelzer Wolf (Wiltz)

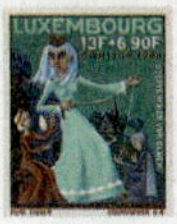


lu) Die drei Ulflinger Elfen (Troisvierges)

lo–lu) In Klammern jeweils der Kanton, welchem die Sage bzw. das Märchen entstammt

| | | | | | |
|---|---|---|---|---|---|
| 740 | 50 C | + 10 C mehrfarbig | lo | 0,30 | 0,30 |
| 741 | 1.50 Fr | + 25 C mehrfarbig | lp | 0,30 | 0,30 |
| 742 | 2 Fr | + 25 C mehrfarbig | lr | 0,30 | 0,30 |
| 743 | 3 Fr | + 50 C mehrfarbig | ls | 0,30 | 0,30 |
| 744 | 6 Fr | + 1 Fr mehrfarbig | lt | 0,40 | 0,80 |
| 745 | 13 Fr | + 6.90 Fr mehrfarbig | lu | 0,40 | 2,50 |
| | | | Satzpreis (6 W.) | 2,— | 4,50 |
| | | | FDC | | 5,— |

Auflage: 367.851 Sätze

*Gültig bis 31.12.1967*

**1967, 6. März. 100 Jahre Londoner Vertrag. StTdr.; gez. K 13.**

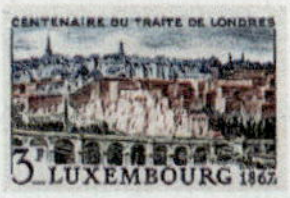


lv) Stadt Luxemburg mit Festung um 1850; Gemälde von Nicolas Liez (1809–1892)

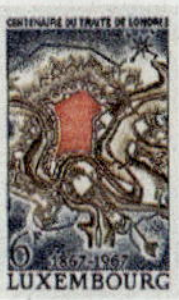


lw) Festungsplan der Stadt Luxemburg um 1850; Zeichnung des Dichters Theodor von Cederstolpe (1811–1878)

| | | | | | |
|---|---|---|---|---|---|
| 746 | 3 Fr | mehrfarbig | lv | 0,40 | 0,30 |
| 747 | 6 Fr | mehrfarbig | lw | 0,60 | 0,50 |
| | | | Satzpreis (2 W.) | 1,— | 0,80 |
| | | | FDC | | 1,— |

Auflage: 800.000 Sätze

*Gültig bis 31.12.2002*

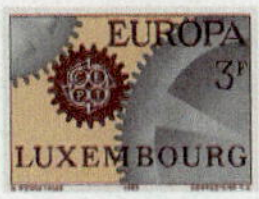


**1967, 2. Mai. Europa. RaTdr. (5×10); Faserpapier; gez. K 11¾.**

lx) Ineinandergreifende Zahnräder, Antriebsrad mit CEPT-Emblem

| | | | | | |
|---|---|---|---|---|---|
| 748 | 3 Fr | mehrfarbig | lx | 0,40 | 0,30 |
| 749 | 6 Fr | mehrfarbig | lx | 0,80 | 0,70 |
| | | | Satzpreis (2 W.) | 1,20 | 1,— |
| | | | FDC | | 1,50 |

Auflage: 1.050.000 Sätze

*Gültig bis 31.12.2002*

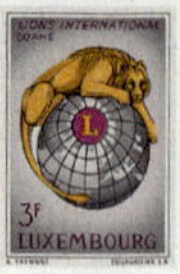


**1967, 2. Mai. 50 Jahre Lions International. RaTdr. (10×5); Faserpapier; gez. K 11¾.**

ly) Löwe auf Weltkugel mit „L" als Pol

| | | | | |
|---|---|---|---|---|
| **750** | 3 Fr mehrfarbig | ly | 0,30 | 0,30 |
| | | FDC | | 0,50 |

Auflage: 1.375.000 Stück

*Gültig bis 31.12.2002*

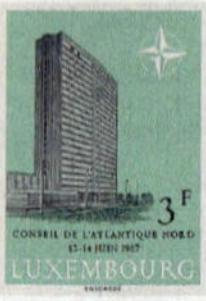


**1967, 13. Juni. Tagung des NATO-Rates in Luxemburg. Odr. (10×5); gez. K 13½:12½.**

lz) Verwaltungsgebäude der Europäischen Gemeinschaften in Luxemburg-Kirchberg; NATO-Emblem

| | | | | |
|---|---|---|---|---|
| **751** | 3 Fr hellgrünlichblau/grünlichblau | lz | 0,30 | 0,30 |
| **752** | 6 Fr dunkelrosa/bräunlichkarmin | lz | 0,50 | 0,40 |
| | Satzpreis (2 W.) | | 0,80 | 0,70 |
| | | FDC | | 1,— |

Auflage: 1.222.333 Sätze

*Gültig bis 31.12.2002*

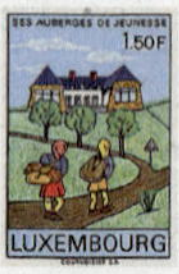


**1967, 14. Sept. Luxemburger Jugendherbergen. RaTdr. (10×5); Faserpapier; gez. K 11¾.**

ma) Jugendherberge Ettelbruck (Kinderzeichnung)

| | | | | |
|---|---|---|---|---|
| **753** | 1.50 Fr mehrfarbig | ma | 0,30 | 0,30 |
| | | FDC | | 0,50 |

Auflage: 1.300.000 Stück

*Gültig bis 31.12.2002*

**1967, 14. Sept. 200 Jahre Luxemburger Fayence. RaTdr. (5×10, Hochformat ~); Faserpapier; gez. K 11¾.**

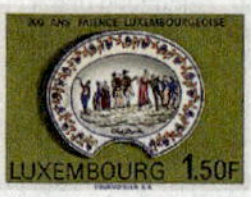


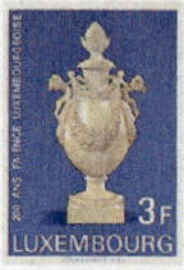


mb) Bartschüssel aus dem Jahre 1819 mit Bild einer Hochzeitsfeier

mc) Prunkvase im Empirestil, Dekor Putten und Blumenranken, um 1820

| | | | | |
|---|---|---|---|---|
| **754** | 1.50 Fr mehrfarbig | mb | 0,30 | 0,30 |
| **755** | 3 Fr mehrfarbig | mc | 0,30 | 0,30 |
| | Satzpreis (2 W.) | | 0,50 | 0,50 |
| | | FDC | | 0,70 |

Auflage: 1.000.000 Sätze

*Gültig bis 31.12.2002*

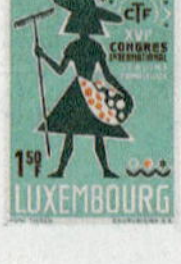


**1967, 14. Sept. 16. Kongress und 40. Jahrestag der Internationalen Kleingärtnervereinigung in Luxemburg. RaTdr. (10×5); Faserpapier; gez. K 11¾.**

md) Kleingärtnerin mit Rechen und einer Schürze voll Früchte

| | | | | |
|---|---|---|---|---|
| **756** | 1.50 Fr dunkelbläulichgrün/zinnober | md | 0,30 | 0,30 |
| | | FDC | | 0,50 |

Auflage: 1.200.000 Stück

*Gültig bis 31.12.2002*

**1967, 14. Sept. Landschaften: Mosel. StTdr.; gez. K 13.**

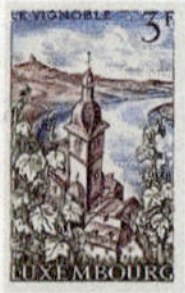


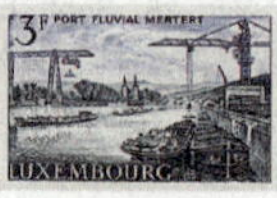


me) „Weinberg" des Winzerdörfchens Wormeldingen an der Mosel

mf) Moselhafen Mertert, eröffnet am 1.9.1966

| | | | | |
|---|---|---|---|---|
| **757** | 3 Fr mehrfarbig | me | 0,60 | 0,30 |
| **758** | 3 Fr violettultramarin/schwarzblau | mf | 0,60 | 0,30 |
| | Satzpreis (2 W.) | | 1,20 | 0,40 |
| | | FDC | | 0,70 |

*Gültig bis 31.12.2002*

**1967, 6. Dez. Caritas. RaTdr. (5×5); Faserpapier; gez. K 11¾.**

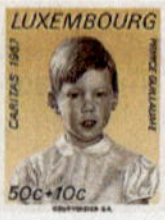


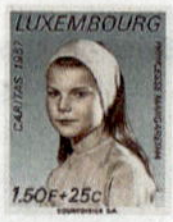


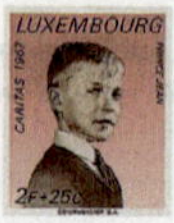


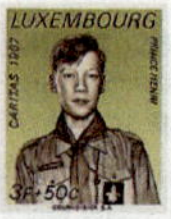


mg) Prinz Guillaume (*1963)

mh) Prinzessin Margaretha (*1957)

mi) Prinz Jean (*1957)

mk) Prinz Henri (*1955) als Pfadfinder

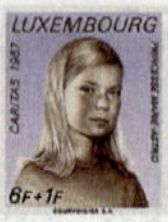


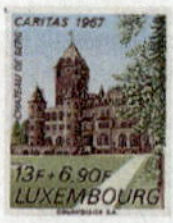


ml) Prinzessin Marie-Astrid (*1954)

mm) Schloss Berg, Residenz der großherzoglichen Familie

| | | | | | |
|---|---|---|---|---|---|
| **759** | 50 C | + 10 C orangegelb/dkl'braun | mg | 0,30 | 0,30 |
| **760** | 1.50 Fr | + 25 C hellgrünlichblau/dkl'braun | mh | 0,30 | 0,30 |
| **761** | 2 Fr | + 25 C hellrot/dkl'braun | mi | 0,30 | 0,30 |
| **762** | 3 Fr | + 50 C gelboliv/dkl'braun | mk | 0,80 | 0,30 |
| **763** | 6 Fr | + 1 Fr hellblauviolett/dkl'braun | ml | 0,30 | 0,80 |
| **764** | 13 Fr | + 6.90 Fr mfg. | mm | 0,50 | 3,— |
| | | Satzpreis (6 W.) | | 2,50 | 5,— |
| | | | FDC | | 6,— |

Auflage: 336.344 Sätze

*Gültig bis 31.12.1968*

**1968, 22. Febr. Olympische Sommerspiele, Mexiko-Stadt. RaTdr.; Faserpapier; gez. K 11¾.**

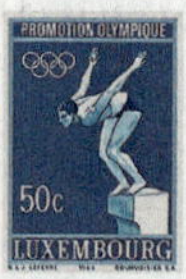


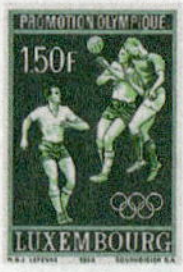


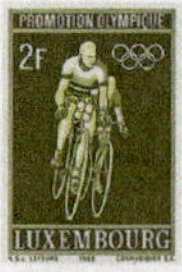


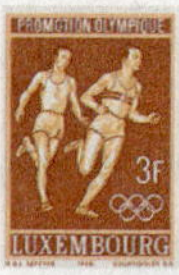


mn) Schwimmen

mo) Fußball

mp) Radrennen

mr) Langstreckenlauf

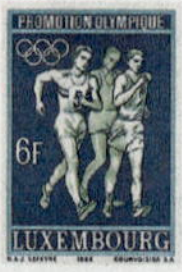


ms) Gehen

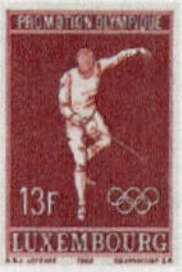


mt) Fechten

| | | | | | |
|---|---|---|---|---|---|
| **765** | 50 C grünlichblau | mn | 0,30 | 0,30 |
| **766** | 1.50 Fr smaragd/gelblichgrün | mo | 0,30 | 0,30 |
| **767** | 2 Fr grünoliv/gelboliv | mp | 0,30 | 0,30 |
| **768** | 3 Fr orange/gelborange | mr | 0,30 | 0,30 |
| **769** | 6 Fr grünblau/hellbläulichgrün | ms | 0,30 | 0,30 |
| **770** | 13 Fr lilapurpur/lilarosa | mt | 0,50 | 0,30 |
| | Satzpreis (6 W.) | | 2,— | 1,20 |
| | FDC | | | 1,50 |

Auflage: 750.000 Sätze

*Gültig bis 31.12.2002*

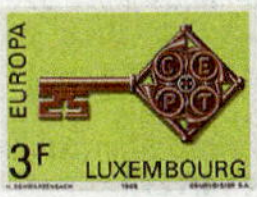


**1968, 29. April. Europa. RaTdr. (5×10); Faserpapier; gez. K 11¾.**

mu) Kreuzbartschlüssel mit CEPT-Emblem

| | | | | |
|---|---|---|---|---|
| **771** 3 Fr mehrfarbig | mu | 0,60 | 0,40 |
| **772** 6 Fr mehrfarbig | mu | 0,90 | 0,60 |
| Satzpreis (2 W.) | | 1,50 | 1,— |
| FDC | | | 1,50 |

Auflage: 1.000.000 Sätze

*Gültig bis 31.12.2002*

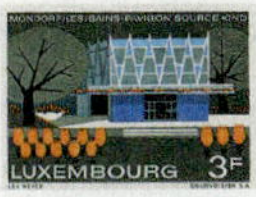


**1968, 29. April. Staatsbad Mondorf. RaTdr. (5×10); Faserpapier; gez. K 11¾.**

mv) Staatsbad Mondorf: Pavillon mit Heilquelle „Kind"

| | | | |
|---|---|---|---|
| **773** 3 Fr mehrfarbig | mv | 0,40 | 0,30 |
| FDC | | | 0,50 |

Auflage: 1.200.000 Stück

*Gültig bis 31.12.2002*

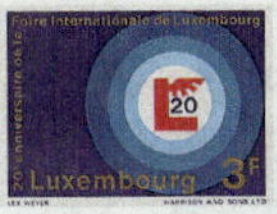


**1968, 29. April. 20 Jahre Internationale Messe Luxemburg. RaTdr. (5×10); gez. K 12¾:13.**

mw) In eine Zielscheibe gestelltes Emblem der 20. Luxemburger Messe

| | | | |
|---|---|---|---|
| **774** 3 Fr mehrfarbig | mw | 0,40 | 0,30 |
| FDC | | | 0,50 |

Auflage: 1.300.000 Stück

*Gültig bis 31.12.2002*

**1968, 18. Sept. SOS-Kinderdorf Mersch. StTdr.; gez. K 13.**

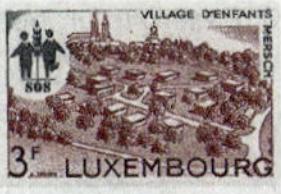


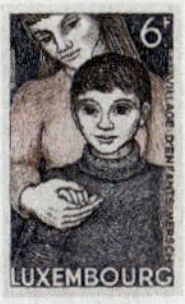


mx) Bauprojekt des Kinderdorfes, Emblem der Gesellschaft „Luxemburger SOS-Kinderdorf"

my) Waisenkind an der Hand seiner Pflegemutter

| | | | |
|---|---|---|---|
| **775** 3 Fr dunkelkarminbraun/schwarzblaugrün | mx | 0,30 | 0,30 |
| **776** 6 Fr mehrfarbig | my | 0,50 | 0,30 |
| Satzpreis (2 W.) | | 0,80 | 0,50 |
| FDC | | | 0,90 |

Auflage: 700.000 Sätze

*Gültig bis 31.12.2002*

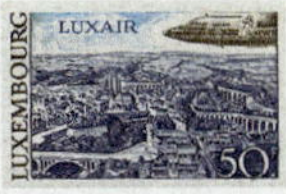


**1968, 18. Sept. Landschaften. StTdr.; gez. K 13.**

mz) Stadtbild Luxemburgs, Flugzeug der Luftfahrtgesellschaft Luxair

| | | | |
|---|---|---|---|
| **777** 50 Fr mehrfarbig | mz | 3,— | 0,30 |
| FDC | | | 3,20 |

*Gültig bis 31.12.2002*

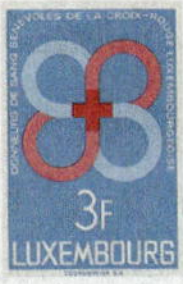


**1968, 18. Sept. Freiwillige Blutspender des Luxemburger Roten Kreuzes. RaTdr. (10×5); Faserpapier; gez. K 11¾.**

na) Bluttransfusion durch Vermittlung des Roten Kreuzes

| | | | |
|---|---|---|---|
| **778** 3 Fr mehrfarbig | na | 0,50 | 0,30 |
| FDC | | | 0,50 |

Auflage: 1.000.000 Stück

*Gültig bis 31.12.2002*

**1968, 5. Dez. Caritas. RaTdr. (5×5); Faserpapier; gez. K 11¾.**

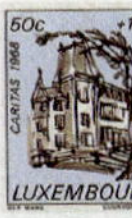


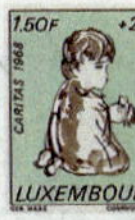


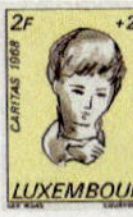


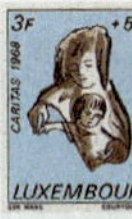


nb) Kinderheim in Cap für behinderte Jugendliche

nc) Taubstummes Kind mit Vogel

nd) Blindes Kind mit Kerze (Symbol des Lichtes)

ne) Körperbehindertes Kind mit Pflegerin

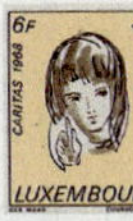


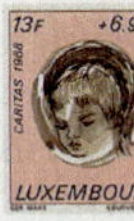


nf) Geistig behindertes Kind mit erhobenem Zeigefinger

ng) Geistig behindertes Kind

| | | | | | |
|---|---|---|---|---|---|
| **779** | 50 C + 10 C hellviolettblau/dkl'braun | nb | 0,30 | 0,30 |
| **780** | 1.50 Fr + 25 C hellbläulichgrün/dkl'braun | nc | 0,30 | 0,30 |
| **781** | 2 Fr + 25 C grünlichgelb/dkl'braun | nd | 0,30 | 0,30 |
| **782** | 3 Fr + 50 C hellkobalt/dkl'braun | ne | 0,30 | 0,30 |
| **783** | 6 Fr + 1 Fr dkl'chrom/dkl'braun | nf | 0,50 | 0,80 |
| **784** | 13 Fr + 6.90 Fr rosa/dkl'braun | ng | 0,80 | 3,— |
| | Satzpreis (6 W.) | | 2,50 | 5,— |
| | FDC | | | 7,— |

Auflage: 294.010 Sätze

*Gültig bis 31.12.1969*

**1969, 3. April. Blockausgabe: Briefmarkenausstellung „Juventus 1969", Luxemburg. RaTdr.; Faserpapier; gez. Ks 11¾.**

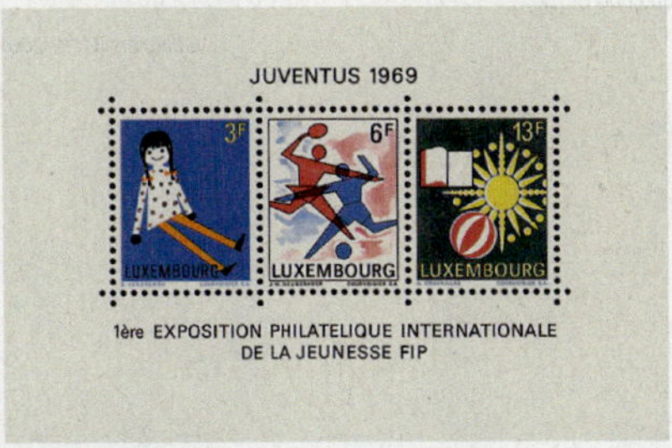


nl

nh) Sitzende Puppe
ni) Fußball, Tennis
nk) Buch, Ball und Sonne

| | | | | | |
|---|---|---|---|---|---|
| **785** | 3 Fr mehrfarbig | nh | 1,— | 1,20 |
| **786** | 6 Fr mehrfarbig | ni | 1,— | 1,20 |
| **787** | 13 Fr mehrfarbig | nk | 1,— | 1,20 |
| **Block 8** | (110×70 mm) | nl | 3,50 | 4,50 |
| | | FDC | | 5,— |

Bl. 8 wurde nur vom 3.–8. April 1969 in Verbindung mit einer Eintrittskarte (18 Fr) zur 1. Internationalen Postwertzeichen-Ausstellung der FIP-Jugend „Juventus 1969" am Postschalter verkauft.

Auflage: 309.790 Blocks

*Gültig bis 31.12.2002*

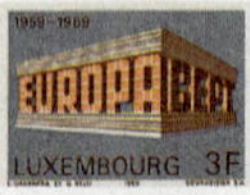

**1969, 19. Mai. Europa. RaTdr. (5×10); Faserpapier; gez. K 11¾.**

nm) „EUROPA" und „CEPT" in Tempelform

| | | | | |
|---|---|---|---|---|
| **788** | 3 Fr mehrfarbig | nm | 0,40 | 0,30 |
| **789** | 6 Fr mehrfarbig | nm | 0,80 | 0,70 |
| | | Satzpreis (2 W.) | 1,20 | 1,— |
| | | FDC | | 1,50 |

Auflage: 1.000.000 Sätze

*Gültig bis 31.12.2002*

**1969, 19. Mai. 75. Geburtstag von Joseph Kutter. StTdr. (5×5); gez. K 12¼:13.**

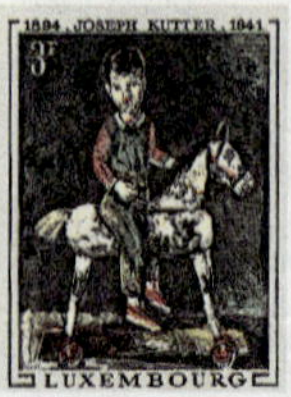

nn) Holzpferd

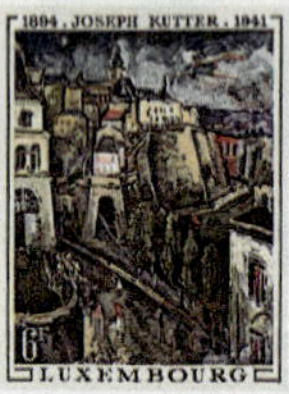

no) Luxemburg

nn–no) Gemälde von Joseph Kutter (1894–1941), Maler

| | | | | |
|---|---|---|---|---|
| **790** | 3 Fr mehrfarbig | nn | 0,60 | 0,30 |
| **791** | 6 Fr mehrfarbig | no | 0,60 | 0,30 |
| | | Satzpreis (2 W.) | 1,20 | 0,60 |
| | | FDC | | 1,— |

790 F Farbe Blaugrün fehlend ........ 75,— 60,—

Auflage: 700.000 Sätze

*Gültig bis 31.12.2002*

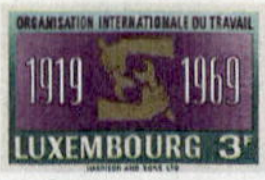

**1969, 19. Mai. 50 Jahre Internationale Arbeitsorganisation (ILO). Komb. RaTdr. und Pdr. (5×10); gez. K 14:14½.**

np) ILO-Emblem

| | | | | |
|---|---|---|---|---|
| **792** | 3 Fr mehrfarbig | np | 0,30 | 0,30 |
| | | FDC | | 0,50 |

Auflage: 1.000.000 Stück

*Gültig bis 31.12.2002*

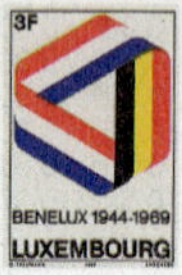

**1969, 8. Sept. 25. Jahrestag der Unterzeichnung des BENELUX-Zollabkommens. Odr. (10×5); gez. K 12¾:14.**

nr) Flaggenband

| | | | | |
|---|---|---|---|---|
| **793** | 3 Fr mehrfarbig | nr | 0,40 | 0,30 |
| | | FDC | | 0,50 |

Auflage: 1.322.500 Stück

*Gültig bis 31.12.2002*

*Parallelausgabe mit Belgien MiNr. 1557 und Niederlande MiNr. 926*

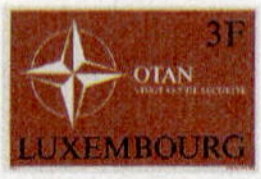

**1969, 8. Sept. 20 Jahre Nordatlantikpakt (NATO). Odr. (5×10); gez. K 14:12¾.**

ns) NATO-Emblem

| | | | | |
|---|---|---|---|---|
| **794** | 3 Fr braunorange/karminbraun | ns | 0,40 | 0,30 |
| | | FDC | | 0,50 |

Auflage: 1.007.500 Stück

*Gültig bis 31.12.2002*

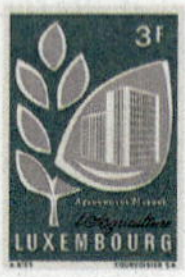

**1969, 8. Sept. Landwirtschaft. RaTdr. (10×5); Faserpapier; gez. K 11¾.**

nt) Silo in Mersch, Ähre

| | | | | |
|---|---|---|---|---|
| **795** | 3 Fr mehrfarbig | nt | 0,30 | 0,30 |
| | | FDC | | 0,50 |

Auflage: 1.000.000 Stück

*Gültig bis 31.12.2002*

**1969, 8. Sept. Landschaften. StTdr.; gez. K 13.**

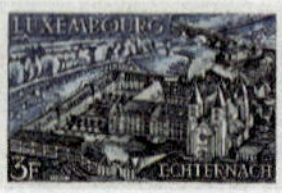

nu) Echternach: Basilika St. Willibrord und frühere Benediktinerabtei

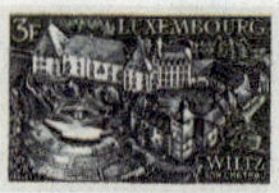

nv) Wiltz: Schloss und Freilichtbühne

| | | | | |
|---|---|---|---|---|
| **796** | 3 Fr schwarzblau/grünlichblau | nu | 0,40 | 0,30 |
| **797** | 3 Fr schwarzblau/schwarzgrün | nv | 0,40 | 0,30 |
| | | Satzpreis (2 W.) | 0,80 | 0,50 |
| | | FDC | | 0,80 |

*Gültig bis 31.12.2002*

**1969, 8. Dez. Caritas: Burgen (I). RaTdr. (5×5); Faserpapier; gez. K 11¾.**

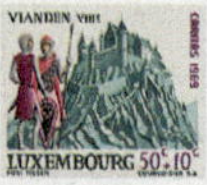

nw) Burg Vianden (8. Jh.)

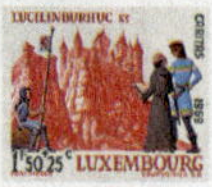

nx) Burg Lucilinburhuc (10. Jh.)

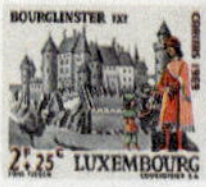

ny) Burglinster (9. Jh.)

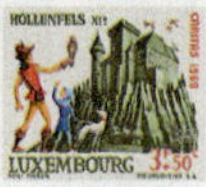

nz) Burg Hollenfels (11. Jh.)

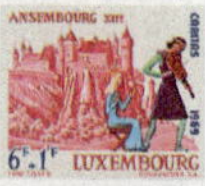

oa) Ansemburg (12. Jh.)

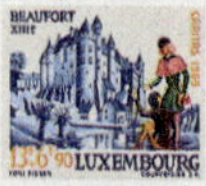

ob) Burg Befort (13. Jh.)

| | | | | | | | |
|---|---|---|---|---|---|---|---|
| **798** | 50 C | + 10 C mehrfarbig | nw | 0,30 | 0,30 |
| **799** | 1.50 Fr | + 25 C mehrfarbig | nx | 0,30 | 0,30 |
| **800** | 2 Fr | + 25 C mehrfarbig | ny | 0,30 | 0,30 |
| **801** | 3 Fr | + 50 C mehrfarbig | nz | 0,30 | 0,30 |
| **802** | 6 Fr | + 1 Fr mehrfarbig | oa | 0,30 | 1,30 |
| **803** | 13 Fr | + 6.90 Fr mehrfarbig | ob | 0,50 | 3,— |
| | | Satzpreis (6 W.) | | 2,— | 5,50 |
| | | FDC | | | 7,— |

Auflage: 297.971 Sätze

*Gültig bis 31.12.1970*

**1970, 9. März. Europäisches Naturschutzjahr. RaTdr.; Faserpapier; gez. K 11¾.**

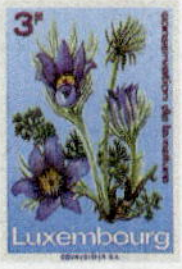


oc) Gewöhnliche Kuhschelle (Pulsatilla vulgaris)

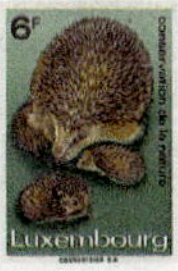


od) Igel (Erinaceidae) mit drei Jungen

| | | | | | |
|---|---|---|---|---|---|
| **804** | 3 Fr mehrfarbig | oc | 0,30 | 0,30 |
| **805** | 6 Fr mehrfarbig | od | 0,40 | 0,40 |
| | Satzpreis (2 W.) | | 0,70 | 0,70 |
| | FDC | | | 1,— |

Auflage: 700.000 Sätze

*Gültig bis 31.12.2002*

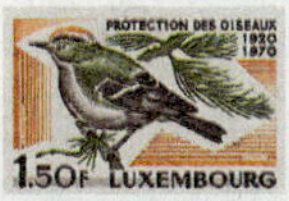


**1970, 9. März. 50 Jahre Luxemburger Landesverband für Vogelkunde und Vogelschutz. StTdr.; gez. K 13.**

oe) Wintergoldhähnchen (Regulus regulus)

| | | | | |
|---|---|---|---|---|
| **806** | 1.50 Fr mehrfarbig | oe | 0,30 | 0,30 |
| | FDC | | | 0,50 |

Auflage: 1.000.000 Stück

*Gültig bis 31.12.2002*

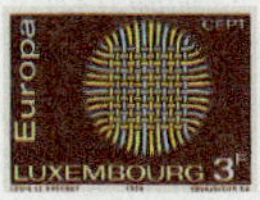


**1970, 4. Mai. Europa. RaTdr. (5×10); Faserpapier; gez. K 11¾.**

of) Flechtwerk als Sonnensymbol

| | | | | |
|---|---|---|---|---|
| **807** | 3 Fr mehrfarbig | of | 0,40 | 0,30 |
| **808** | 6 Fr mehrfarbig | of | 0,80 | 0,70 |
| | Satzpreis (2 W.) | | 1,20 | 1,— |
| | FDC | | | 1,50 |

Auflage: 1.000.000 Sätze

*Gültig bis 31.12.2002*

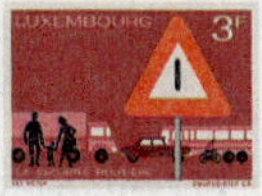


**1970, 4. Mai. Verkehrssicherheit. RaTdr. (5×10); Faserpapier; gez. K 11¾.**

og) Fußgängerfamilie und Straßenverkehr

| | | | | |
|---|---|---|---|---|
| **809** | 3 Fr mehrfarbig | og | 0,30 | 0,30 |
| | FDC | | | 0,50 |

Auflage: 1.000.000 Stück

*Gültig bis 31.12.2002*

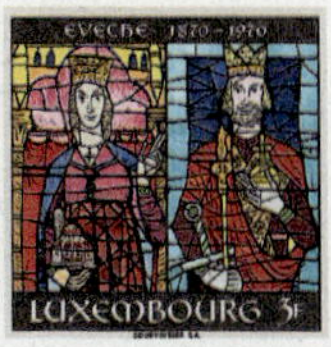


**1970, 14. Sept. 100 Jahre Bistum Luxemburg. RaTdr. (5×4); Faserpapier; gez. K 11¾.**

oh) Kaiserin Kunigunde mit ihrem Gatten Kaiser Heinrich II.; Glasmalerei aus der Kathedrale in Luxemburg (17. Jh.)

| | | | | |
|---|---|---|---|---|
| **810** | 3 Fr mehrfarbig | oh | 0,30 | 0,30 |
| | FDC | | | 0,50 |

Auflage: 1.028.000 Stück

*Gültig bis 31.12.2002*

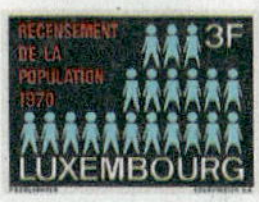


**1970, 14. Sept. Volkszählung. RaTdr. (5×10); Faserpapier; gez. K 11¾.**

oi) Aufgereihte Personen

| | | | | |
|---|---|---|---|---|
| **811** | 3 Fr mehrfarbig | oi | 0,30 | 0,30 |
| | FDC | | | 0,50 |

Auflage: 1.050.000 Stück

*Gültig bis 31.12.2002*

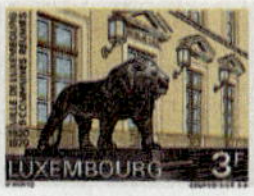


**1970, 14. Sept. Stadt Luxemburg – Zusammenschluss aus 5 Gemeinden. RaTdr. (5×10); Faserpapier; gez. K 11¾.**

ok) Rathaus von Luxemburg (Teilansicht)

| | | | | |
|---|---|---|---|---|
| **812** | 3 Fr mehrfarbig | ok | 0,30 | 0,30 |
| | FDC | | | 0,50 |

Auflage: 1.050.000 Stück

*Gültig bis 31.12.2002*

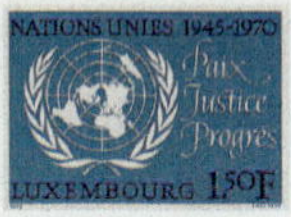


**1970, 14. Sept. 25 Jahre Vereinte Nationen (UNO). Odr. (5×10); gez. K 12½:13½.**

ol) UNO-Emblem

| | | | | |
|---|---|---|---|---|
| **813** | 1.50 Fr türkisblau/dunkelviolettblau | ol | 0,30 | 0,30 |
| | FDC | | | 0,50 |

Auflage: 1.200.000 Stück

*Gültig bis 31.12.2002*

**1970, 7. Dez. Caritas: Burgen (II). RaTdr. (5×5); Faserpapier; gez. K 11¾.**

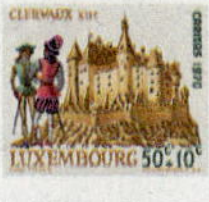


om) Burg Clerf (12. Jh.)

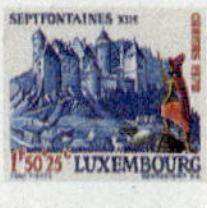


on) Burg Simmern (12. Jh.)

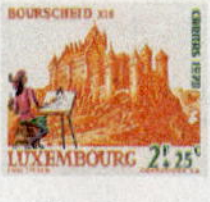


oo) Burg Burscheid (11. Jh.)

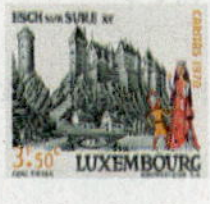


op) Burg Esch/Sauer (10. Jh.)

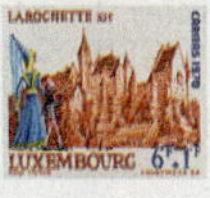


or) Burg Fels (11. Jh.)

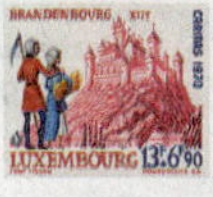


os) Burg Brandenburg (12. Jh.)

| | | | | | |
|---|---|---|---|---|---|
| **814** | 50 C | + 10 C mehrfarbig | om | 0,30 | 0,30 |
| **815** | 1.50 Fr | + 25 C mehrfarbig | on | 0,30 | 0,30 |
| **816** | 2 Fr | + 25 C mehrfarbig | oo | 0,30 | 0,30 |
| **817** | 3 Fr | + 50 C mehrfarbig | op | 0,30 | 0,30 |
| **818** | 6 Fr | + 1 Fr mehrfarbig | or | 0,30 | 1,30 |

| | | | | |
|---|---|---|---|---|
| **819** | 13 Fr + 6.90 Fr mehrfarbig | os | 0,50 | 4,— |
| | Satzpreis (6 W.) | | 2,— | 6,50 |
| | FDC | | | 7,— |

Auflage: 289.734 Sätze

*Gültig bis 31.12.1971*

**1971, 15. März. Kultur: Das Mittelalter in Handschriften der Abtei Echternach. RaTdr.; Faserpapier; gez. K 11¾.**

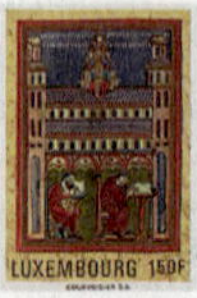


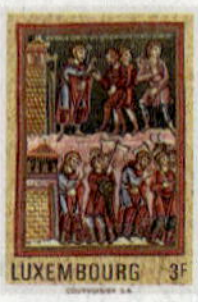


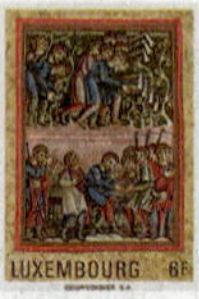


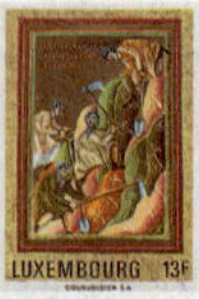


ot) Das Scriptorium der Abtei ou) Aussendung der Winzer ov) Arbeit und Entlohnung ow) Suche nach dem Grab des hl. Stefanus

ot–ow) Miniaturen aus Perikopenbüchern, hergestellt in der Abtei Echternach um 1040

| | | | | |
|---|---|---|---|---|
| **820** | 1.50 Fr mehrfarbig | ot | 0,30 | 0,30 |
| **821** | 3 Fr mehrfarbig | ou | 0,30 | 0,30 |
| **822** | 6 Fr mehrfarbig | ov | 0,40 | 0,30 |
| **823** | 13 Fr mehrfarbig | ow | 1,— | 0,30 |
| | Satzpreis (4 W.) | | 2,— | 1,20 |
| | FDC | | | 1,50 |

Auflage: 650.000 Sätze

*Gültig bis 31.12.2002*

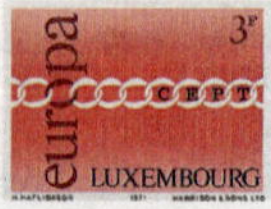


**1971, 3. Mai. Europa. RaTdr.; gez. K 12½:13.**

ox) Brüderlichkeit und Zusammenarbeit durch Kette symbolisiert

| | | | | |
|---|---|---|---|---|
| **824** | 3 Fr mehrfarbig | ox | 0,50 | 0,50 |
| **825** | 6 Fr mehrfarbig | ox | 0,50 | 0,50 |
| | Satzpreis (2 W.) | | 1,— | 1,— |
| | FDC | | | 1,50 |

Auflage: 1.000.000 Sätze

*Gültig bis 31.12.2002*

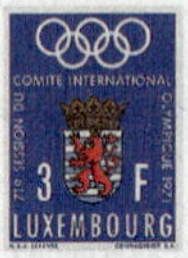


**1971, 3. Mai. 71. Sitzung des Internationalen Olympischen Komitees, Luxemburg. RaTdr. (10×5); Faserpapier; gez. K 11¾.**

oy) Stadtwappen von Luxemburg, olympische Ringe

| | | | | |
|---|---|---|---|---|
| **826** | 3 Fr mehrfarbig | oy | 0,30 | 0,30 |
| | FDC | | | 0,50 |

Auflage: 1.000.000 Stück

*Gültig bis 31.12.2002*

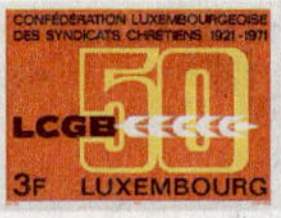


**1971, 3. Mai. 50 Jahre Christlicher Gewerkschaftsbund in Luxemburg (LCGB). Odr. (5×10); gez. K 13½:14.**

oz) Zahl 50, Inschrift

| | | | | |
|---|---|---|---|---|
| **827** | 3 Fr mehrfarbig | oz | 0,30 | 0,30 |
| | FDC | | | 0,50 |

Auflage: 1.000.000 Stück

*Gültig bis 31.12.2002*

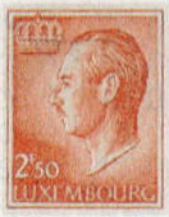


**1971, 1. Juli/1988, 29. Sept. Freimarken: Großherzog Jean von Luxemburg. StTdr.; x = normales Papier, ya = Faserpapier ph., yb = Faserpapier fl., z = normales Papier mit Fasereinschlüssen; gez. K 11¾.**

ks) Großherzog Jean von Luxemburg (1921–2019, reg. 1964–2000)

| | | | | | |
|---|---|---|---|---|---|
| **828** | x | 2.50 Fr ziegelrot | ks | 0,30 | 0,30 |
| **829** | | 4 Fr braunlila, bräunlichlila | ks | | |
| | x | normales Papier | | 0,70 | 0,30 |
| | ya | Faserpapier ph. (1974) | | 1,50 | 0,30 |
| | yb | Faserpapier fl. (29.9.1988) | | 0,50 | 0,30 |
| | z | normales Faserpapier (1982) | | 16,— | 1,20 |
| **830** | | 5 Fr dkl'grün, schwarzsmaragdgrün | ks | | |
| | x | normales Papier | | 0,70 | 0,40 |
| | ya | Faserpapier ph. (1974) | | 1,50 | 0,30 |
| | yb | Faserpapier fl. (15.6.1987) | | 0,50 | 0,30 |
| | z | normales Faserpapier (1986) | | 12,— | 1,20 |
| **831** | | 8 Fr grünblau | ks | | |
| | x | normales Papier | | 0,80 | 0,50 |
| | ya | Faserpapier ph. (1974) | | 1,50 | 0,30 |
| | z | normales Faserpapier (1982) | | 2,— | 0,50 |
| | | Satzpreis x (4 W.) | | 2,50 | 1,50 |
| | | Satzpreis ya (3 W.) | | 4,50 | 0,80 |
| | | Satzpreis yb (2 W.) | | 1,— | 0,45 |
| | | Satzpreis z (3 W.) | | 30,— | 2,80 |
| | | FDC x | | | 12,— |

MiNr. 829–830 mit rückseitiger Zählnummer stammen aus Rollen.

*Gültig bis 31.12.2002*

*Weitere Werte siehe Übersicht nach Jahrgangswerttabelle.*

**1971, 13. Sept. Landschaften und Bauten. StTdr. (5×10); gez. K 13.**

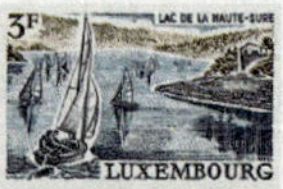


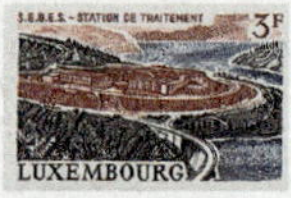


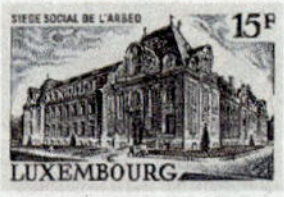


pa) Stausee an der Ober-Sauer pb) Wasseraufbereitungsanlage Esch/Sauer pc) Hauptverwaltungsgebäude der Hüttenwerke Burbach, Eich, Düdelingen

| | | | | |
|---|---|---|---|---|
| **832** | 3 Fr mehrfarbig | pa | 0,50 | 0,30 |
| **833** | 3 Fr mehrfarbig | pb | 0,50 | 0,30 |
| **834** | 15 Fr mehrfarbig | pc | 0,80 | 0,30 |
| | Satzpreis (3 W.) | | 1,80 | 0,70 |
| | FDC | | | 1,50 |

*Gültig bis 31.12.2002*

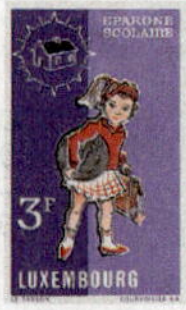


**1971, 13. Sept. Schulsparen. RaTdr. (10×5); Faserpapier; gez. K 11¾.**

pd) Schulmädchen mit übergroßer Münze

| | | | | |
|---|---|---|---|---|
| **835** | 3 Fr mehrfarbig | pd | 0,30 | 0,30 |
| | FDC | | | 0,70 |

Auflage: 1.000.000 Stück

*Gültig bis 31.12.2002*

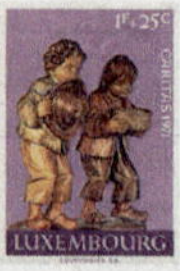


**1971, 6. Dez. Caritas. RaTdr. (5×5); Faserpapier; gez. K 11¾.**

pe) Kinder von Bethlehem

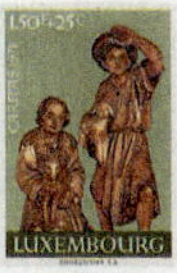
pf) Schäfer

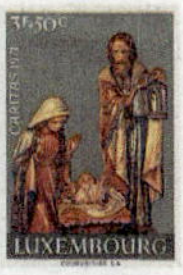
pg) Hl. Familie

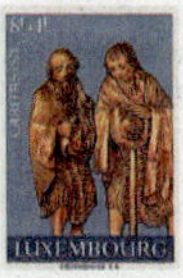
ph) Hirten

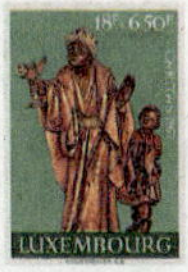
pi) Kaspar, einer der Drei Weisen

pe–pi) Krippenfiguren aus der Pfarrkirche in Befort

| | | | | |
|---|---|---|---|---|
| **836** | 1 Fr + 25 C mehrfarbig | pe | 0,30 | 0,30 |
| **837** | 1.50 Fr + 25 C mehrfarbig | pf | 0,30 | 0,30 |
| **838** | 3 Fr + 50 C mehrfarbig | pg | 0,30 | 0,30 |
| **839** | 8 Fr + 1 Fr mehrfarbig | ph | 0,80 | 2,20 |
| **840** | 18 Fr + 6.50 Fr mehrfarbig | pi | 1,80 | 6,40 |
| | | Satzpreis (5 W.) | 3,50 | 9,50 |
| | | FDC | | 10,— |

Auflage: 264.735 Sätze

*Gültig bis 31.12.1972*

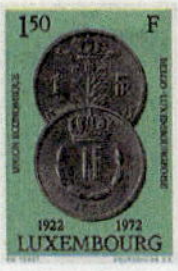

**1972, 6. März. 50 Jahre belgisch-luxemburgische Wirtschaftsgemeinschaft. RaTdr. (10×5); Faserpapier; gez. K 11¾.**

pk) 1-Franc-Münzen von Luxemburg und Belgien

| | | | | |
|---|---|---|---|---|
| **841** | 1.50 Fr mehrfarbig | pk | 0,30 | 0,30 |
| | | FDC | | 0,50 |

Auflage: 1.200.000 Stück

*Gültig bis 31.12.2002*

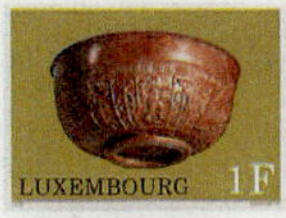

**1972, 6. März. Kultur: Archäologische Funde. RaTdr. (5×10, Hochformate ~); Faserpapier; gez. K 11¾.**

pl) Reliefschüssel aus Terra sigillata (2. Jh.)

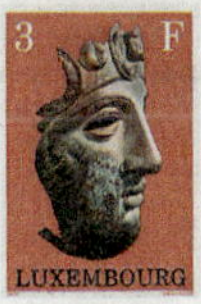
pm) Bronzemaske, Prunkhelm-Visier

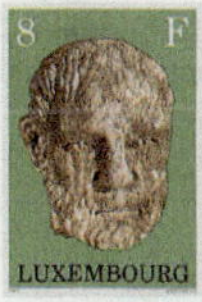
pn) Männerkopf aus Muschelkalk (2.–3. Jh.)

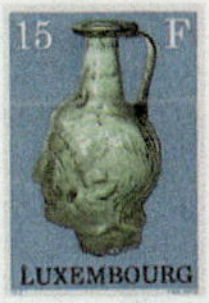
po) Kopfflasche aus Glas (4. Jh.)

| | | | | |
|---|---|---|---|---|
| **842** | 1 Fr mehrfarbig | pl | 0,30 | 0,30 |
| **843** | 3 Fr mehrfarbig | pm | 0,30 | 0,30 |
| **844** | 8 Fr mehrfarbig | pn | 0,80 | 0,80 |
| **845** | 15 Fr mehrfarbig | po | 0,60 | 0,60 |
| | | Satzpreis (4 W.) | 2,— | 2,— |
| | | FDC | | 2,50 |

Auflage: 670.000 Sätze

*Gültig bis 31.12.2002*

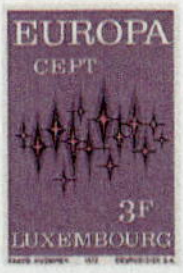

**1972, 2. Mai. Europa. RaTdr. (10×5); Faserpapier; gez. K 11¾.**

pp) Sterne

| | | | | |
|---|---|---|---|---|
| **846** | 3 Fr mehrfarbig | pp | 0,50 | 0,50 |
| **847** | 8 Fr mehrfarbig | pp | 0,50 | 0,50 |
| | | Satzpreis (2 W.) | 1,— | 1,— |
| | | FDC | | 2,50 |

Auflage: 1.000.000 Sätze

*Gültig bis 31.12.2002*

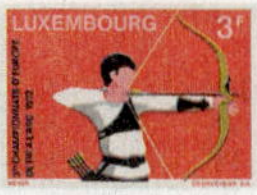

**1972, 2. Mai. 3. Europameisterschaften im Bogenschießen, Luxemburg. RaTdr. (5×10); Faserpapier; gez. K 11¾.**

pr) Bogenschütze

| | | | | |
|---|---|---|---|---|
| **848** | 3 Fr mehrfarbig | pr | 0,50 | 0,30 |
| | | FDC | | 0,50 |

Auflage: 1.000.000 Stück

*Gültig bis 31.12.2002*

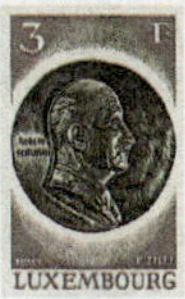

**1972, 2. Mai. 20 Jahre Niederlassung der Montanunion in Luxemburg. StTdr.; gez. K 13.**

ps) Präsident Robert Schuman (1886–1963), nach einer Bronzeskulptur

| | | | | |
|---|---|---|---|---|
| **849** | 3 Fr braungrau/schwarzoliv | ps | 0,60 | 0,30 |
| | | FDC | | 0,60 |

Auflage: 1.200.000 Stück

*Gültig bis 31.12.2002*

**1972, 11. Sept. Bauten. StTdr. (5×10); gez. K 13.**

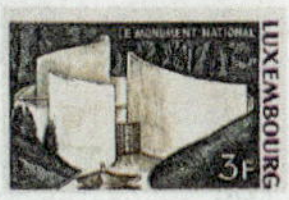
pt) Nationaldenkmal

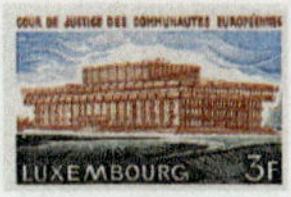
pu) Gerichtshof der Europäischen Gemeinschaften

| | | | | |
|---|---|---|---|---|
| **850** | 3 Fr mehrfarbig | pt | 0,60 | 0,30 |
| **851** | 3 Fr mehrfarbig | pu | 1,— | 0,30 |
| | | Satzpreis (2 W.) | 1,60 | 0,50 |
| | | FDC | | 1,50 |

Auflage: 1.000.000 Sätze

*Gültig bis 31.12.2002*

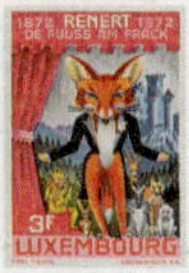

**1972, 11. Sept. 100. Jahrestag der Erstveröffentlichung von „Renert". RaTdr. (10×5); Faserpapier; gez. K 11¾.**

pv) „Der Fuchs im Frack" aus dem satirischen Epos „Renert" von Michel Rodange (1827–1876), Schriftsteller

| | | | | |
|---|---|---|---|---|
| **852** | 3 Fr mehrfarbig | pv | 0,40 | 0,30 |
| | | FDC | | 0,50 |

Auflage: 1.200.000 Stück

*Gültig bis 31.12.2002*

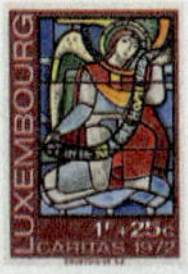

**1972, 4. Dez. Caritas. RaTdr. (5×5); Faserpapier; gez. K 11¾.**

pw) Engel

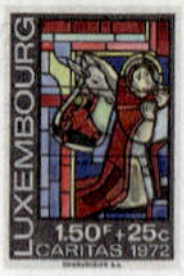
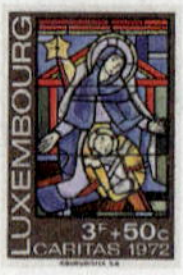
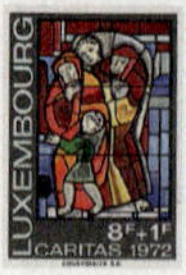
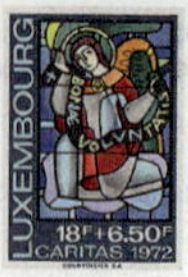

px) St. Josef
py) Maria mit Jesuskind
pz) Leute von Bethlehem
ra) Engel

pw–ra) Glasmalereien aus der Luxemburger Kathedrale (17. Jh.)

| | | | | |
|---|---|---|---|---|
| **853** | 1 Fr + 25 C mehrfarbig | pw | 0,30 | 0,30 |
| **854** | 1.50 Fr + 25 C mehrfarbig | px | 0,30 | 0,30 |
| **855** | 3 Fr + 50 C mehrfarbig | py | 0,30 | 0,30 |
| **856** | 8 Fr + 1 Fr mehrfarbig | pz | 0,80 | 2,10 |
| **857** | 18 Fr + 6.50 Fr mehrfarbig | ra | 2,80 | 8,— |
| | Satzpreis (5 W.) | | 4,50 | 11,— |
| | FDC | | | 12,— |

Auflage: 257.808 Sätze

*Gültig bis 31.12.1973*

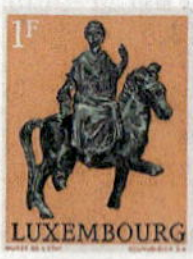

**1973, 14. März. Kultur: Keltische und galloromische Tierdarstellungen. RaTdr. (10×5); Faserpapier; gez. K 11¼.**

rb) Bronzestatuette der Pferdegöttin Epona

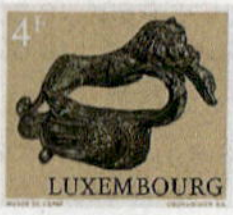
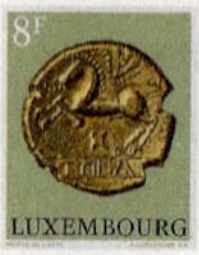
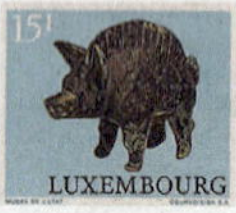

rc) Panther würgt Schwan; Bronze
rd) Goldstater der Treverer (ca. 50 v. Chr.)
re) Bronze-Eber

| | | | | |
|---|---|---|---|---|
| **858** | 1 Fr mehrfarbig | rb | 0,30 | 0,30 |
| **859** | 4 Fr mehrfarbig | rc | 0,30 | 0,30 |
| **860** | 8 Fr mehrfarbig | rd | 1,10 | 1,10 |
| **861** | 15 Fr mehrfarbig | re | 0,80 | 0,80 |
| | Satzpreis (4 W.) | | 2,50 | 2,50 |
| | FDC | | | 3,— |

Auflage: 600.000 Sätze

*Gültig bis 31.12.2002*

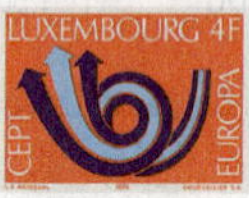

**1973, 30. April. Europa. RaTdr. (5×10); Faserpapier; gez. K 11½.**

rf) Stilisiertes Posthorn

| | | | | |
|---|---|---|---|---|
| **862** | 4 Fr mehrfarbig | rf | 0,50 | 0,50 |
| **863** | 8 Fr mehrfarbig | rf | 0,50 | 0,50 |
| | Satzpreis (2 W.) | | 1,— | 1,— |
| | FDC | | | 2,— |

Auflage: 1.000.000 Sätze

*Gültig bis 31.12.2002*

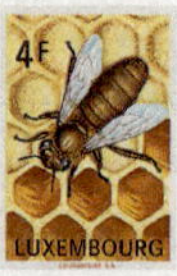

**1973, 30. April. Bienenzucht. RaTdr. (10×5); Faserpapier; gez. K 11½.**

rg) Biene auf Wabe

| | | | | |
|---|---|---|---|---|
| **864** | 4 Fr mehrfarbig | rg | 0,60 | 0,30 |
| | FDC | | | 0,50 |

Auflage: 1.200.000 Stück

*Gültig bis 31.12.2002*

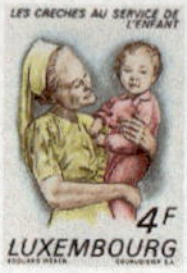

**1973, 30. April. 75 Jahre Kinderkrippe auf dem Altmünsterplateau, Luxemburg. RaTdr. (10×5); Faserpapier; gez. K 11½.**

rh) Pflegerin mit Kind

| | | | | |
|---|---|---|---|---|
| **865** | 4 Fr mehrfarbig | rh | 0,50 | 0,30 |
| | FDC | | | 0,50 |

Auflage: 1.000.000 Stück

*Gültig bis 31.12.2002*

**1973, 10. Sept. Architektur: Romanik. StTdr.; gez. K 13½:12½.**

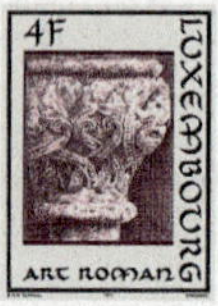
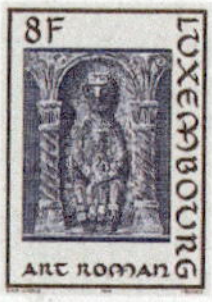

ri) Kapitell im byzantinischen Saal, Burg Vianden
rk) Altarstein aus der Irminenkapelle, Rosport

| | | | | |
|---|---|---|---|---|
| **866** | 4 Fr mehrfarbig | ri | 0,30 | 0,30 |
| **867** | 8 Fr mehrfarbig | rk | 0,70 | 0,70 |
| | Satzpreis (2 W.) | | 1,— | 1,— |
| | FDC | | | 2,— |

Auflage: 600.000 Sätze

*Gültig bis 31.12.2002*

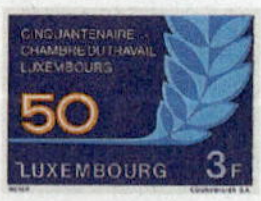

**1973, 10. Sept. 50 Jahre Arbeiterkammer in Luxemburg. RaTdr. (5×10); Faserpapier; gez. K 11¾.**

rl) Zahl „10" und Ähre

| | | | | |
|---|---|---|---|---|
| **868** | 3 Fr mehrfarbig | rl | 0,30 | 0,30 |
| | FDC | | | 1,80 |

Auflage: 1.000.000 Stück

*Gültig bis 31.12.2002*

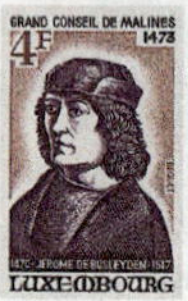

**1973, 10. Sept. 500 Jahre „Großer Rat von Mecheln". StTdr.; gez. K 13.**

rm) Jérôme de Busleyden (1470–1517), Mitglied des Gerichtshofes

| | | | | |
|---|---|---|---|---|
| **869** | 4 Fr mehrfarbig | rm | 0,40 | 0,30 |
| | FDC | | | 2,50 |

Auflage: 1.000.000 Stück

*Gültig bis 31.12.2002*

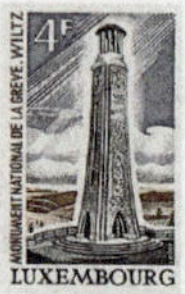

**1973, 10. Sept. „Nationales Streikdenkmal" in Wiltz. StTdr.; gez. K 13.**

rn) Nationales Streikdenkmal in Wiltz

| | | | | |
|---|---|---|---|---|
| **870** | 4 Fr mehrfarbig | rn | 0,50 | 0,30 |
| | FDC | | | 2,50 |

Auflage: 1.000.000 Stück

*Gültig bis 31.12.2002*

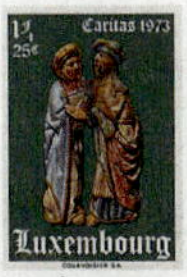


**1973, 5. Dez. Caritas. RaTdr. (5×5); Faserpapier; gez. K 11¾.**

ro) Joachim und Anna, die Eltern der Jungfrau Maria

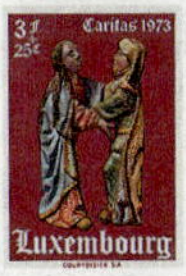


rp) Maria begegnet Elisabeth unter der goldenen Pforte

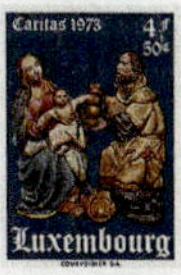


rr) Einer der drei Weisen bei Maria mit dem Jesuskind

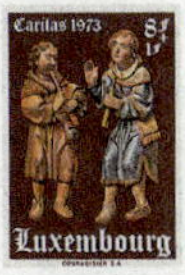


rs) Hirten an der Krippe

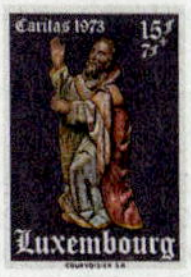


rt) St. Josef beleuchtet das Jesuskind

ro–rt) Freuden und Leiden der Jungfrau Maria, Helzinger Schnitzaltar

| | | | | |
|---|---|---|---|---|
| **871** | 1 Fr + 25 C mehrfarbig | ro | 0,30 | 0,30 |
| **872** | 3 Fr + 25 C mehrfarbig | rp | 0,30 | 0,30 |
| **873** | 4 Fr + 50 C mehrfarbig | rr | 0,30 | 0,30 |
| **874** | 8 Fr + 1 Fr mehrfarbig | rs | 0,80 | 3,10 |
| **875** | 15 Fr + 7 Fr mehrfarbig | rt | 2,80 | 8,— |
| | Satzpreis (5 W.) | | 4,50 | 12,— |
| | FDC | | | 13,— |

Auflage: 247.579 Sätze

*Gültig bis 31.12.1974*

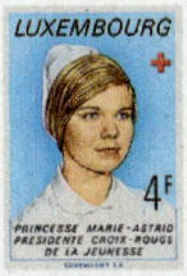


**1974, 14. März. Prinzessin Marie-Astrid. RaTdr. (10×5); gez. K 11¾.**

ru) Prinzessin Marie-Astrid (*1954), Vorsitzende der Jugendsektion des Luxemburger Roten Kreuzes

| | | | | |
|---|---|---|---|---|
| **876** | 4 Fr mehrfarbig | ru | 1,50 | 0,50 |
| | FDC | | | 2,50 |

Auflage: 1.000.000 Stück

*Gültig bis 31.12.2002*

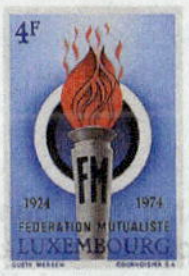


**1974, 14. März. 50 Jahre Luxemburger Versicherungsgenossenschaft. RaTdr. (10×5); gez. K 11¾.**

rv) Ring-Flammen-Symbolik

| | | | | |
|---|---|---|---|---|
| **877** | 4 Fr mehrfarbig | rv | 0,60 | 0,40 |
| | FDC | | | 1,20 |

Auflage: 1.000.000 Stück

*Gültig bis 31.12.2002*

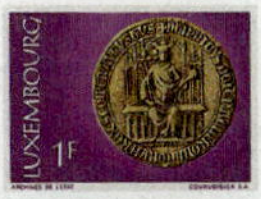


**1974, 14. März. Kultur: Siegel des 13. und 14. Jahrhunderts. RaTdr.; gez. K 11¾.**

rw) Königssiegel (1311); Heinrich VII., Graf von Luxemburg, römischer König

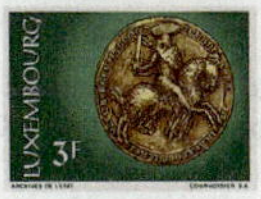


rx) Reitersiegel (1337); Johann der Blinde, Graf von Luxemburg, König von Böhmen (1310–1346)

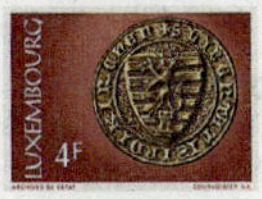


ry) Stadtsiegel (14. Jh.); Stadt Diekirch

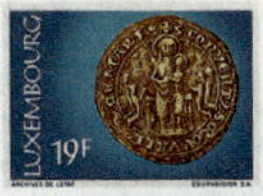


rz) Klostersiegel (1295); Klosterfrauen von Marienthal

| | | | | |
|---|---|---|---|---|
| **878** | 1 Fr mehrfarbig | rw | 0,30 | 0,30 |
| **879** | 3 Fr mehrfarbig | rx | 0,30 | 0,30 |
| **880** | 4 Fr mehrfarbig | ry | 0,40 | 0,30 |
| **881** | 19 Fr mehrfarbig | rz | 1,— | 0,80 |
| | Satzpreis (4 W.) | | 2,— | 1,70 |
| | FDC | | | 2,20 |

Auflage: 600.000 Sätze

*Gültig bis 31.12.2002*

**1974, 29. April. Europa: Skulpturen. RaTdr. (10×5); gez. K 11¾.**

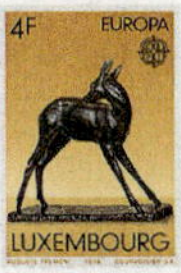


sa) Hirschkuh; Bronzeskulptur von Auguste Trémont (1892–1980)

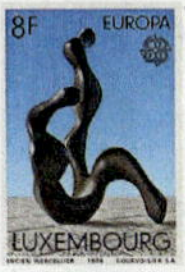


sb) Knospen und Wachsen; Plastik von Lucien Wercollier (1908–2002)

| | | | | |
|---|---|---|---|---|
| **882** | 4 Fr mehrfarbig | sa | 0,70 | 0,50 |
| **883** | 8 Fr mehrfarbig | sb | 1,80 | 1,50 |
| | Satzpreis (2 W.) | | 2,50 | 2,— |
| | FDC | | | 2,50 |

Auflage: 1.100.000 Sätze

*Gültig bis 31.12.2002*

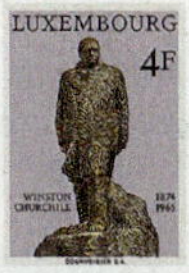


**1974, 29. April. 100. Geburtstag von Winston Churchill. RaTdr. (10×5); gez. K 11¾.**

sc) Winston Churchill (1874–1965), britischer Politiker; Bronzestatue von Oscar Nemon (1906–1985)

| | | | | |
|---|---|---|---|---|
| **884** | 4 Fr mehrfarbig | sc | 0,50 | 0,30 |
| | FDC | | | 2,50 |

Auflage: 1.000.000 Stück

*Gültig bis 31.12.2002*

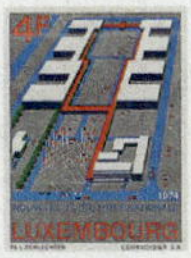


**1974, 29. April. Messepalast. RaTdr. (10×5); gez. K 12¼:12½.**

sd) Neuer Messepalast, Luxemburg-Kirchberg

| | | | | |
|---|---|---|---|---|
| **885** | 4 Fr mehrfarbig | sd | 0,50 | 0,30 |
| | FDC | | | 2,50 |

Auflage: 1.000.000 Stück

*Gültig bis 31.12.2002*

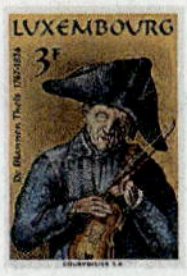


**1974, 29. April. 150. Todestag von Mathias Schou. RaTdr. (10×5); gez. K 11¾.**

se) Mathias Schou, genannt „de blannen Theis“ (der blinde Theis) (1747–1824), Volkssänger

| | | | | |
|---|---|---|---|---|
| **886** | 3 Fr mehrfarbig | se | 0,50 | 0,50 |
| | FDC | | | 2,50 |

Auflage: 1.000.000 Stück

*Gültig bis 31.12.2002*

**1974, 9. Sept. Architektur: Gotik. StTdr. (10×5); gez. K 13½:12½.**

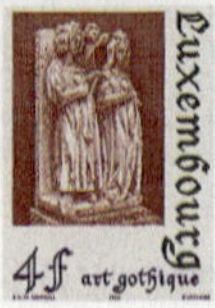


sf) St. Cäcilie und St. Valerian von Engel gekrönt; gotische Statuengruppe, Kirche Hollenfels

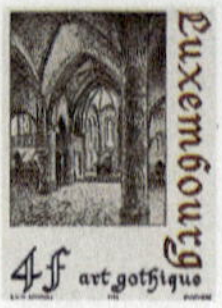


sg) Innenansicht der gotischen Kirche von Simmern

| | | | | |
|---|---|---|---|---|
| **887** | 4 Fr mehrfarbig | sf | 0,40 | 0,30 |
| **888** | 4 Fr mehrfarbig | sg | 0,40 | 0,30 |
| | Satzpreis (2 W.) | | 0,80 | 0,50 |
| | FDC | | | 1,50 |

Auflage: 1.000.000 Sätze

*Gültig bis 31.12.2002*

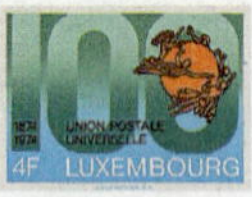


**1974, 9. Sept. 100 Jahre Weltpostverein (UPU). RaTdr. (5×10); gez. K 11¾.**

sh) UPU-Emblem, Zahl „100"

| | | | | |
|---|---|---|---|---|
| **889** | 4 Fr mehrfarbig | sh | 0,30 | 0,30 |
| **890** | 8 Fr mehrfarbig | sh | 0,70 | 0,70 |
| | Satzpreis (2 W.) | | 1,— | 1,— |
| | FDC | | | 2,50 |

Auflage: 700.000 Stück

*Gültig bis 31.12.2002*

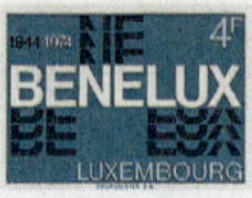


**1974, 9. Sept. 30 Jahre Zollunion BENELUX. RaTdr. (5×10); gez. K 11¾.**

si) Symbolik

| | | | | |
|---|---|---|---|---|
| **891** | 4 Fr mehrfarbig | si | 1,— | 0,30 |
| | FDC | | | 5,— |

Auflage: 1.200.000 Stück

*Gültig bis 31.12.2002*

*Parallelausgabe mit Belgien MiNr. 1775 und Niederlande MiNr. 1035*

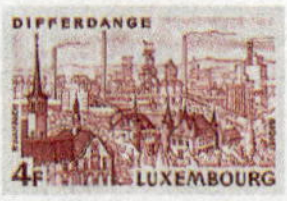


**1974, 9. Sept. Landschaften. StTdr. (5×10); gez. K 13.**

sk) Industriestadt Differdingen

| | | | | |
|---|---|---|---|---|
| **892** | 4 Fr dunkelkarmin | sk | 1,20 | 0,30 |
| | FDC | | | 1,20 |

Auflage: 2.000.000 Stück

*Gültig bis 31.12.2002*

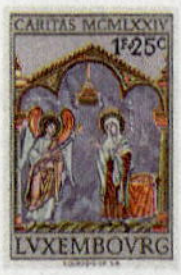


**1974, 5. Dez. 50 Jahre Wohlfahrtsmarken – Caritas: Miniaturen. RaTdr. (5×5); gez. K 11¾.**

sl) Verkündigung

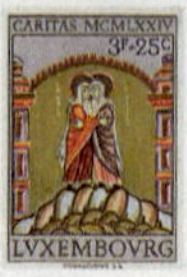


sm) Heimsuchung

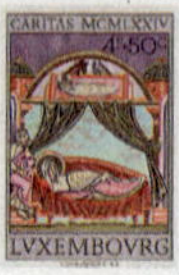


sn) Geburt Christi

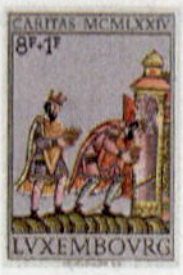


so) Anbetung der Weisen

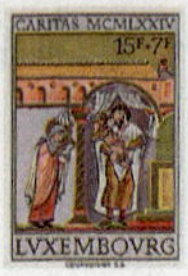


sp) Darstellung Christi im Tempel

sl–sr) Miniaturen aus dem Goldenen Evangelienbuch von Echternach (12. Jh.)

| | | | | |
|---|---|---|---|---|
| **893** | 1 Fr + 25 C mehrfarbig | sl | 0,30 | 0,30 |
| **894** | 3 Fr + 25 C mehrfarbig | sm | 0,30 | 0,30 |
| **895** | 4 Fr + 50 C mehrfarbig | sn | 0,30 | 0,30 |
| **896** | 8 Fr + 1 Fr mehrfarbig | so | 0,70 | 2,10 |
| **897** | 15 Fr + 7 Fr mehrfarbig | sp | 2,40 | 7,— |
| | Satzpreis (5 W.) | | 4,— | 10,— |
| | FDC | | | 11,— |

**Blockausgabe, komb. StTdr. und RaTdr., gez. Ks 13¾**

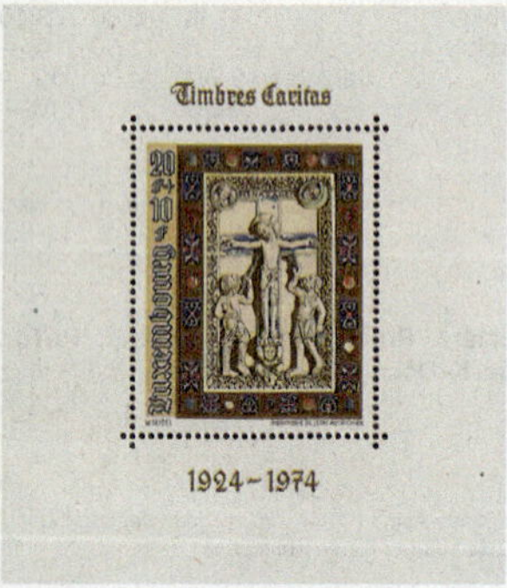


ss

sr) Christus der Gekreuzigte; Elfenbeinskulptur

| | | | | |
|---|---|---|---|---|
| **898** | 20 Fr + 10 Fr mehrfarbig | sr | 3,— | 6,— |
| **Block 9** | (80×90 mm) | ss | 4,50 | 10,— |
| | FDC | | | 10,— |

Auflagen: MiNr. 893–897 = 254.126 Sätze, Bl. 9 = 274.832 Blocks

*Gültig bis 31.12.1975*

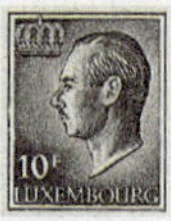


**1975, 9. Jan./1983. Freimarke: Großherzog Jean von Luxemburg. StTdr.; ya = Faserpapier ph.; z = normales Papier mit Fasereinschlüssen; gez. K 11¾.**

ks) Großherzog Jean von Luxemburg (1921–2019, reg. 1964–2000)

| | | | | |
|---|---|---|---|---|
| **899** | 10 Fr schwarz | ks | | |
| ya | Faserpapier ph. (9.1.1975) | | 0,80 | 0,30 |
| z | normales Faserpapier (1983) | | 1,50 | 0,30 |
| | FDC ya | | | 8,50 |

*Gültig bis 31.12.2002*

*Weitere Werte siehe Übersicht nach Jahrgangswerttabelle.*

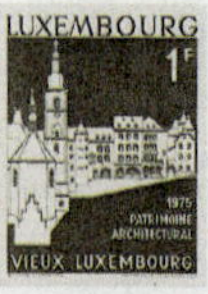


**1975, 10. März. Europäisches Denkmalschutzjahr. StTdr. (10×5, Querformate ~); gez. K 14¼:13¾, Querformate ~.**

st) Fischmarktviertel, Luxemburg

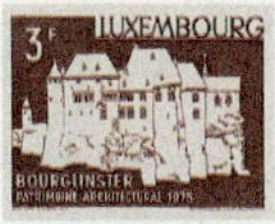

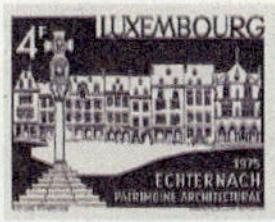

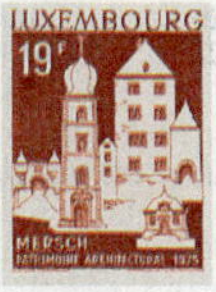


su) Schloss Burglinster sv) Marktplatz, Echternach sw) Michaelsplatz, Mersch

| | | | | |
|---|---|---|---|---|
| **900** | 1 Fr dunkeloliv | st | 0,50 | 0,30 |
| **901** | 3 Fr schwarzlila | su | 0,70 | 0,30 |
| **902** | 4 Fr purpurviolett | sv | 0,80 | 0,30 |
| **903** | 19 Fr rot | sw | 2,50 | 0,60 |
| | | Satzpreis (4 W.) | 4,50 | 1,50 |
| | | FDC | | 3,— |

Auflage: 600.000 Sätze

*Gültig bis 31.12.2002*

**1975, 28. April. Europa: Gemälde. RaTdr. (5×10); gez. K 11¼:11½.**

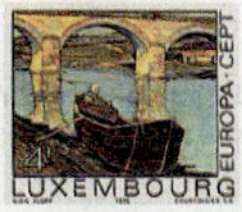

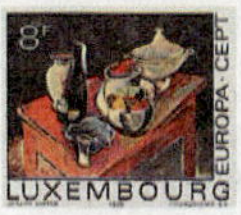


sx) Moselbrücke von Remisch; von Nico Klopp (1894–1930)

sy) Stilleben; von Joseph Kutter (1894–1941)

| | | | | |
|---|---|---|---|---|
| **904** | 4 Fr mehrfarbig | sx | 0,50 | 0,50 |
| **905** | 8 Fr mehrfarbig | sy | 2,— | 2,— |
| | | Satzpreis (2 W.) | 2,50 | 2,50 |
| | | FDC | | 3,50 |

Auflage: 1.100.000 Sätze

*Gültig bis 31.12.2002*

**1975, 28. April. Kultur: Gemälde. RaTdr. (10×5); gez. K 11½:11¼.**

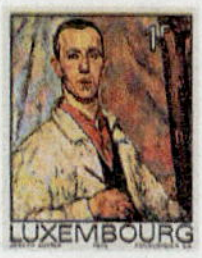

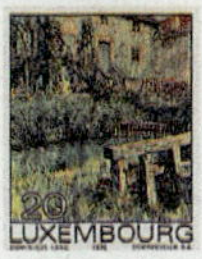


sz) Selbstporträt; von Joseph Kutter (1894–1941)

ta) Das Wehr; von Dominique Lang (1874–1919)

| | | | | |
|---|---|---|---|---|
| **906** | 1 Fr mehrfarbig | sz | 0,60 | 0,30 |
| **907** | 20 Fr mehrfarbig | ta | 1,20 | 0,40 |
| | | Satzpreis (2 W.) | 1,80 | 0,70 |
| | | FDC | | 2,— |

Auflage: 700.000 Sätze

*Gültig bis 31.12.2002*

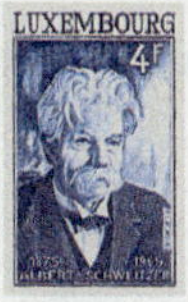


**1975, 28. April. 100. Geburtstag von Albert Schweitzer. StTdr. (10×5); gez. K 13.**

tb) Albert Schweitzer (1875–1965), Missionsarzt und Theologe, Friedensnobelpreis 1952

| | | | | |
|---|---|---|---|---|
| **908** | 4 Fr blau | tb | 0,70 | 0,30 |
| | | FDC | | 1,20 |

Auflage: 1.000.000 Stück

*Gültig bis 31.12.2002*

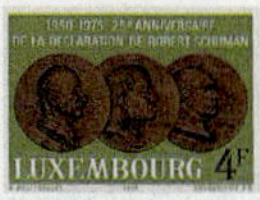


**1975, 28. April. 25. Jahrestag der Erklärung von Robert Schuman. RaTdr. (5×10); gez. K 11¾.**

tc) Robert Schuman (1886–1963), französischer Politiker; Gaetano Martino (1900–1967), italienischer Politiker; Paul-Henri Spaak (1889–1972), belgischer Politiker

| | | | | |
|---|---|---|---|---|
| **909** | 4 Fr mehrfarbig | tc | 0,70 | 0,30 |
| | | FDC | | 1,50 |

Auflage: 1.000.000 Stück

*Gültig bis 31.12.2002*

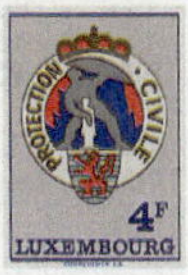


**1975, 8. Sept. 15 Jahre Zivilschutz. RaTdr. (10×5); gez. K 11¾.**

td) Mit Schild bewehrter Mann schützt Heimat und Kind (Abzeichen)

| | | | | |
|---|---|---|---|---|
| **910** | 4 Fr mehrfarbig | td | 0,70 | 0,30 |
| | | FDC | | 1,— |

Auflage: 1.000.000 Stück

*Gültig bis 31.12.2002*

**1975, 8. Sept. Sport. StTdr. (10×5, Querformat ~); gez. K 13.**

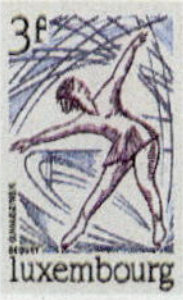

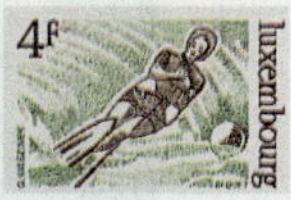

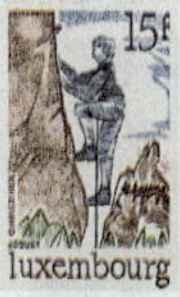


te) Eislauf tf) Wasserskilauf tg) Bergsteigen

| | | | | |
|---|---|---|---|---|
| **911** | 3 Fr mehrfarbig | te | 0,40 | 0,30 |
| **912** | 4 Fr mehrfarbig | tf | 0,50 | 0,30 |
| **913** | 15 Fr mehrfarbig | tg | 1,30 | 0,60 |
| | | Satzpreis (3 W.) | 2,20 | 1,20 |
| | | FDC | | 2,50 |

Auflage: 500.000 Sätze

*Gültig bis 31.12.2002*

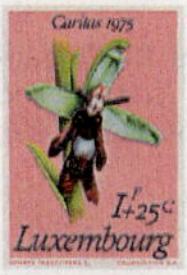


**1975, 4. Dez. Caritas: Geschützte Pflanzen (I). RaTdr. (5×5); gez. K 11¾.**

th) Fliegen-Ragwurz (Ophrys insectifera)

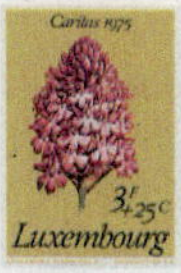

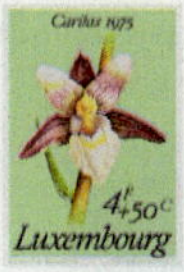

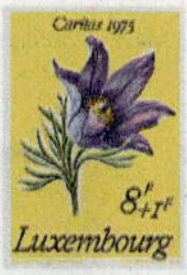

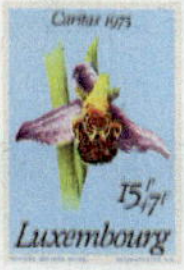


ti) Pyramiden-Hundswurz (Anacamptis pyramidalis) tk) Sumpf-Stendelwurz (Epipactis palustris) tl) Gewöhnliche Kuhschelle (Anemone pulsatilla) tm) Bienen-Ragwurz (Ophrys apifera)

| | | | | |
|---|---|---|---|---|
| **914** | 1 Fr + 25 C mehrfarbig | th | 0,30 | 0,30 |
| **915** | 3 Fr + 25 C mehrfarbig | ti | 0,50 | 0,30 |
| **916** | 4 Fr + 50 C mehrfarbig | tk | 0,60 | 0,30 |
| **917** | 8 Fr + 1 Fr mehrfarbig | tl | 1,20 | 2,10 |

| | | | | |
|---|---|---|---|---|
| **918** | 15 Fr + 7 Fr mehrfarbig | tm | 2,40 | 7,— |
| | | Satzpreis (5 W.) | 5,— | 10,— |
| | | FDC | | 10,— |

Auflage: 247.459 Sätze

*Gültig bis 31.12.1976*

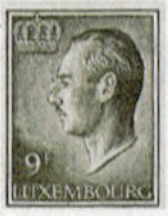


**1975, 23. Dez./1988, Juni. Freimarken: Großherzog Jean von Luxemburg. StTdr.; ya = Faserpapier ph., yb = Faserpapier fl., z = normales Papier mit Fasereinschlüssen; gez. K 11¾.**

ks) Großherzog Jean von Luxemburg (1921–2019, reg. 1964–2000)

| | | | | |
|---|---|---|---|---|
| **919** | 9 Fr dunkelgrünoliv | ks | | |
| ya | Faserpapier ph. (23.12.1975) | | 0,80 | 0,30 |
| yb | Faserpapier fl. (Juni 1988) | | 1,— | 0,30 |
| z | normales Faserpapier (Juli 1984) | | *45,—* | 0,50 |
| **920** | 12 Fr orangerot | ks | | |
| ya | Faserpapier ph. (23.12.1975) | | 1,— | 0,30 |
| yb | Faserpapier fl. (15.6.1987) | | 1,— | 0,40 |
| z | normales Faserpapier (1983) | | 2,50 | 2,50 |
| **921** | 20 Fr dunkelblau | ks | | |
| ya | Faserpapier ph. (23.12.1975) | | 1,20 | 0,30 |
| yb | Faserpapier fl. (6.4.1988) | | 1,50 | 1,— |
| z | normales Faserpapier (1983) | | 2,50 | 2,50 |
| | | Satzpreis ya (3 W.) | 3,— | 0,60 |
| | | Satzpreis yb (3 W.) | 3,50 | 1,70 |
| | | Satzpreis z (3 W.) | *50,—* | 5,50 |
| | | FDC ya | | 22,— |

*Gültig bis 31.12.2002*

*Weitere Werte siehe Übersicht nach Jahrgangswerttabelle.*

**1976, 8. März. Jubiläen. RaTdr. (10×5); MiNr. 922 Papier ph., MiNr. 923 normales Papier; gez. K 14:13½.**

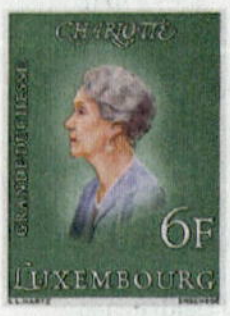


tn) Großherzogin Charlotte von Luxemburg (1896–1985)

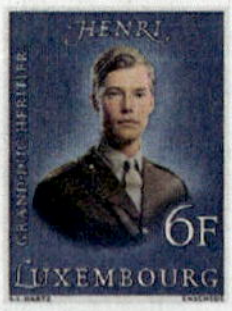


to) Prinz Henri, Erbgroßherzog von Luxemburg (*1955)

| | | | | |
|---|---|---|---|---|
| **922** | 6 Fr mehrfarbig | tn | 1,40 | 0,40 |
| **923** | 6 Fr mehrfarbig | to | 1,40 | 0,40 |
| | | Satzpreis (2 W.) | 2,80 | 0,80 |
| | | FDC | | 1,20 |

Auflage: 1.000.000 Sätze

*Gültig bis 31.12.2002*

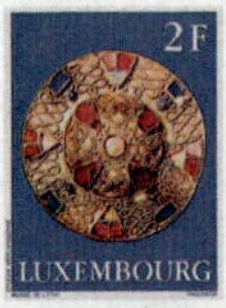


**1976, 8. März. Kultur: Archäologische Gegenstände aus der merowingischen Zeit. RaTdr. (10×5, Querformate ~); gez. K 13¾:12½, Querformate ~.**

tp) Mit Edelsteinen verzierte Goldscheibenfibel (7. Jh.)

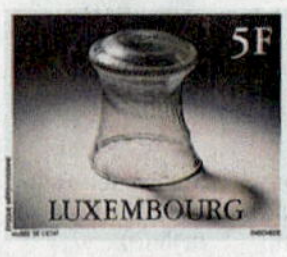


tr) Sturzbecher (5.–6. Jh.)

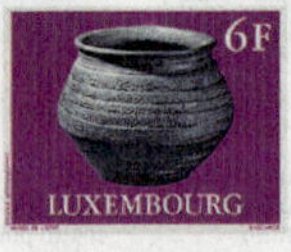


ts) Knickwandtopf

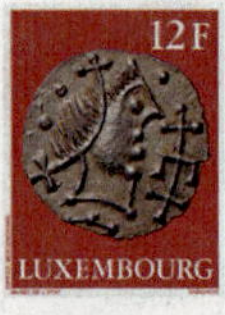


tt) Tremissis (fränkische Goldmünze, 7. Jh.)

| | | | | |
|---|---|---|---|---|
| **924** | 2 Fr mehrfarbig | tp | 0,30 | 0,30 |
| **925** | 5 Fr mehrfarbig | tr | 0,30 | 0,30 |
| **926** | 6 Fr mehrfarbig | ts | 0,30 | 0,30 |
| **927** | 12 Fr mehrfarbig | tt | 1,10 | 1,10 |
| | | Satzpreis (4 W.) | 2,— | 2,— |
| | | FDC | | 2,— |

Auflage: 600.000 Sätze

*Gültig bis 31.12.2002*

**1976, 3. Mai. Europa: Kunsthandwerk. RaTdr.; gez. K 11¾.**

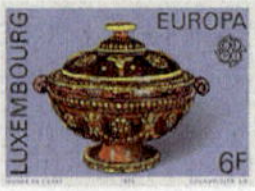


tu) Keramiksuppenschüssel mit Deckel (19. Jh.)

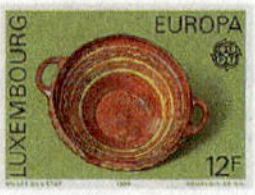


tv) Keramikschüssel (19. Jh.)

| | | | | |
|---|---|---|---|---|
| **928** | 6 Fr mehrfarbig | tu | 0,80 | 0,30 |
| **929** | 12 Fr mehrfarbig | tv | 1,40 | 1,20 |
| | | Satzpreis (2 W.) | 2,20 | 1,50 |
| | | FDC | | 2,50 |

Auflage: 1.000.000 Sätze

*Gültig bis 31.12.2002*

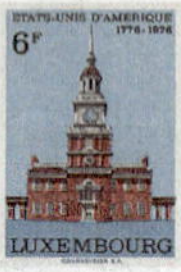


**1976, 3. Mai. 200 Jahre Unabhängigkeit der Vereinigten Staaten von Amerika. RaTdr. (10×5); gez. K 11¾.**

tw) Independence Hall, Philadelphia/USA

| | | | | |
|---|---|---|---|---|
| **930** | 6 Fr mehrfarbig | tw | 0,50 | 0,30 |
| | | FDC | | 0,60 |

Auflage: 1.200.000 Stück

*Gültig bis 31.12.2002*

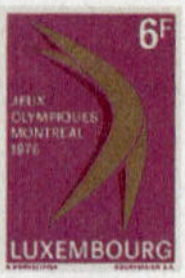


**1976, 3. Mai. Olympische Sommerspiele, Montreal. RaTdr. (10×5); gez. K 11¾.**

tx) Symbolik für Elan und Kraft

| | | | | |
|---|---|---|---|---|
| **931** | 6 Fr mehrfarbig | tx | 0,50 | 0,30 |
| | | FDC | | 0,60 |

Auflage: 1.000.000 Stück

*Gültig bis 31.12.2002*

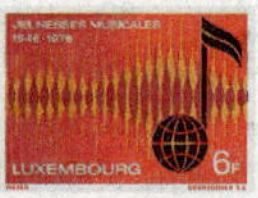


**1976, 3. Mai. 30 Jahre Musikalische Jugend. RaTdr. (5×10); gez. K 11¾.**

ty) Emblem der Vereinigung „Jeunesses Musicales", Symbolik für Musik

| | | | | |
|---|---|---|---|---|
| **932** | 6 Fr mehrfarbig | ty | 0,50 | 0,30 |
| | | FDC | | 0,60 |

Auflage: 1.000.000 Stück

*Gültig bis 31.12.2002*

**1976, 9. Sept. Architektur: Renaissance. RaTdr. (10×5); gez. K 11¾.**

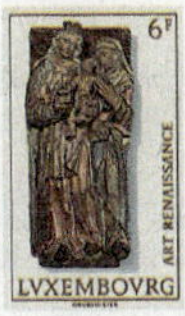


tz) Hl. Anna selbdritt; Teil eines Altars der Pfarrkirche Weimerskirch (Anfang 17. Jh.)

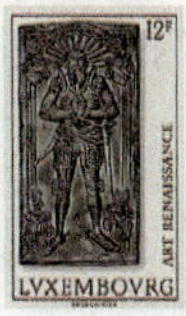


ua) Grabmal des Bernard von Velbrück, Pfarrkirche Befort (Ende 16. Jh.)

| | | | | |
|---|---|---|---|---|
| **933** | 6 Fr mehrfarbig | tz | 0,50 | 0,30 |
| **934** | 12 Fr mehrfarbig | ua | 1,— | 0,90 |
| | Satzpreis (2 W.) | | 1,50 | 1,20 |
| | FDC | | | 1,50 |

Auflage: 600.000 Sätze

*Gültig bis 31.12.2002*

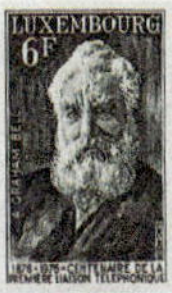


**1976, 9. Sept. 100 Jahre Telefon. StTdr. (10×5); gez. K 13.**

ub) Alexander Graham Bell (1847–1922), amerikanischer Erfinder des Telefons

| | | | | |
|---|---|---|---|---|
| **935** | 6 Fr schwarzblaugrün | ub | 0,50 | 0,30 |
| | FDC | | | 1,20 |

Auflage: 1.000.000 Stück

*Gültig bis 31.12.2002*

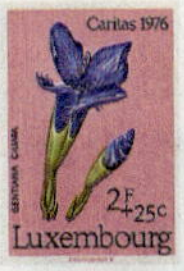


**1976, 6. Dez. Caritas: Geschützte Pflanzen (II). RaTdr. (5×5); gez. K 11¾.**

uc) Fransen-Enzian (Gentiana ciliata)

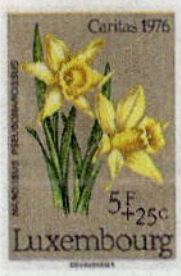


ud) Osterglocke (Narcissus pseudonarcissus)

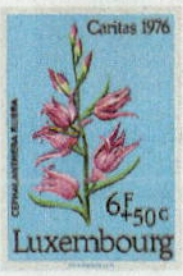


ue) Rotes Waldvöglein (Cephalanthera rubra)

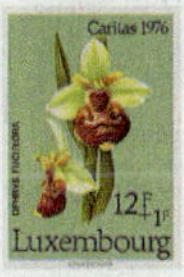


uf) Hummel-Ragwurz (Ophrys fuciflora)

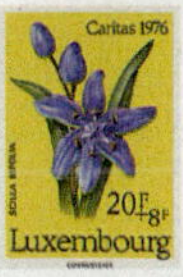


ug) Sternhyazinthe (Scilla bifolia)

| | | | | |
|---|---|---|---|---|
| **936** | 2 Fr + 25 C mehrfarbig | uc | 0,30 | 0,30 |
| **937** | 5 Fr + 25 C mehrfarbig | ud | 0,30 | 0,30 |
| **938** | 6 Fr + 50 C mehrfarbig | ue | 0,40 | 0,30 |
| **939** | 12 Fr + 1 Fr mehrfarbig | uf | 1,— | 2,10 |
| **940** | 20 Fr + 8 Fr mehrfarbig | ug | 3,— | 8,— |
| | Satzpreis (5 W.) | | 5,— | 11,— |
| | FDC | | | 11,— |

Auflage: 237.358 Sätze

*Gültig bis 31.12.1977*

**1977, 14. März. Persönlichkeiten. StTdr. (10×5); gez. K 13.**

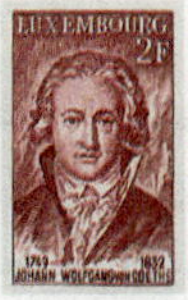


uh) Johann Wolfgang von Goethe (1749–1832), deutscher Dichter; Gemälde von Johann Heinrich Lips (1758–1817), schweizerischer Maler und Kupferstecher

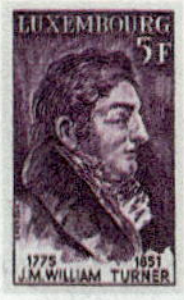


ui) Joseph Mallord William Turner (1775–1851), englischer Maler; Gemälde von Charles Turner (1773–1857), englischer Maler und Kupferstecher

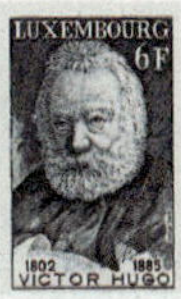


uk) Victor Hugo (1802–1885), französischer Dichter; Gemälde von Bastien Lepage (1848–1884), französischer Maler

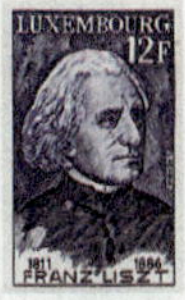


ul) Franz Liszt (1811–1886), ungarischer Komponist und Pianist; Gemälde von Alfred Krausse (1829–1894), deutscher Maler

| | | | | |
|---|---|---|---|---|
| **941** | 2 Fr braunkarmin | uh | 0,30 | 0,30 |
| **942** | 5 Fr bräunlichviolett | ui | 0,40 | 0,30 |
| **943** | 6 Fr schwarzgrünlichblau | uk | 0,50 | 0,30 |
| **944** | 12 Fr blauviolett | ul | 0,80 | 0,60 |
| | Satzpreis (4 W.) | | 2,— | 1,50 |
| | FDC | | | 1,70 |

Auflage: 600.000 Sätze

*Gültig bis 31.12.2002*

**1977, 3. Mai. Europa: Landschaften. RaTdr. (10×5); gez. K 11½:11¾.**

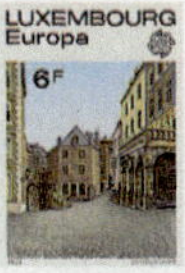


um) Altstadt, Luxemburg

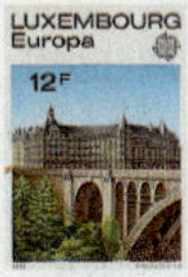


un) Adolphe-Brücke und Europäische Investitionsbank, Luxemburg

| | | | | |
|---|---|---|---|---|
| **945** | 6 Fr mehrfarbig | um | 1,— | 0,30 |
| **946** | 12 Fr mehrfarbig | un | 1,50 | 1,20 |
| | Satzpreis (2 W.) | | 2,50 | 1,50 |
| | FDC | | | 2,50 |

Auflage: 1.000.000 Sätze

*Gültig bis 31.12.2002*

**1977, 3. Mai. Landschaften. StTdr.; gez. K 13.**

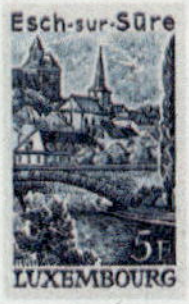


uo) Esch an der Sauer

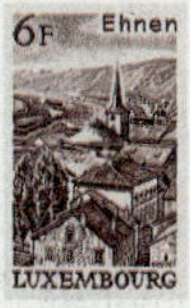


up) Ehnen an der Mosel

| | | | | |
|---|---|---|---|---|
| **947** | 5 Fr dunkelgrünlichblau | uo | 0,60 | 0,30 |
| **948** | 6 Fr dunkelkarminbraun | up | 0,50 | 0,30 |
| | Satzpreis (2 W.) | | 1,10 | 0,60 |
| | FDC | | | 1,— |

Auflage: 1.000.000 Sätze

*Gültig bis 31.12.2002*

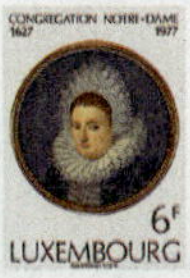


**1977, 3. Mai. 350 Jahre Kongregation Unserer Lieben Frau. RaTdr. (10×5); gez. K 11½:11¾.**

ur) Marguerite de Busbach (1579–1651), Gründerin der Vereinigung; Gemälde eines unbekannten Künstlers (17. Jh.)

**949** 6 Fr mehrfarbig ........................ ur 0,50 0,30
FDC 0,50

Auflage: 1.000.000 Stück

*Gültig bis 31.12.2002*

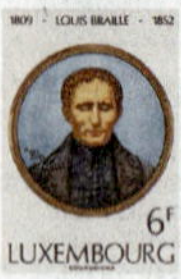


**1977, 3. Mai. 125. Todestag von Louis Braille. RaTdr. (10×5); gez. K 11½:11¾.**

us) Louis Braille (1809–1852), Erfinder der Blindenschrift; Pastell von Lucienne Filippi (*1928)

**950** 6 Fr mehrfarbig ........................ us 0,50 0,30
FDC 0,50

Auflage: 1.000.000 Stück

*Gültig bis 31.12.2002*

**1977, 15. Sept. Blockausgabe: 125 Jahre Luxemburger Briefmarken. Komb. StTdr. und RaTdr.; gez. Ks 13¾:14.**

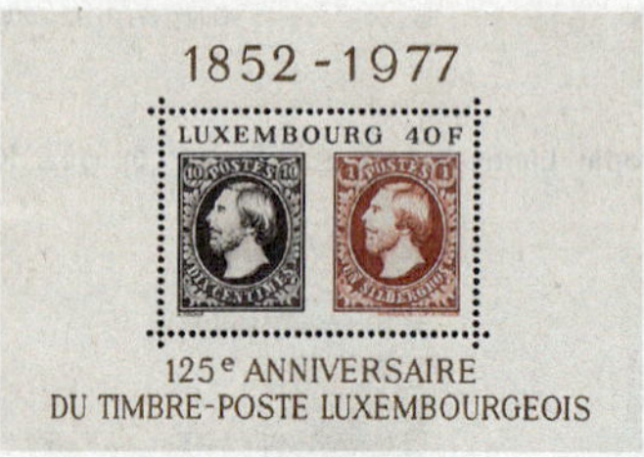


uu

ut) Marken MiNr. 1 und 2 von 1852

**951** 40 Fr mehrfarbig .................. ut 4,— 4,—
**Block 10** (90×60 mm) .................. uu 5,— 5,—
FDC 8,—

Auflage: 293.839 Blocks

*Gültig bis 31.12.2002*

**1977, 15. Sept. Architektur: Barock. StTdr.; gez. K 14¼.**

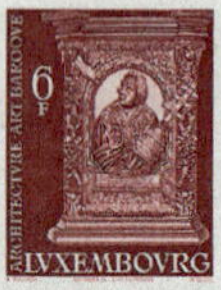


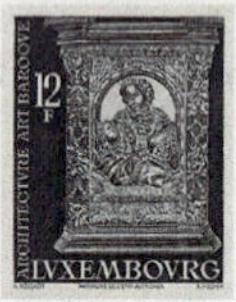


uv) Hl. Gregor der Große (um 540–604) uw) Hl. Augustinus (354–430)

uv–uw) Kanzel in der Pfarrkirche von Feulen (18. Jh.); Holzskulpturen von Jean Georges Scholtus (um 1690–1754)

**952** 6 Fr dunkelbraunkarmin .............. uv 0,40 0,30
**953** 12 Fr schwarzgrünblau .............. uw 0,80 0,50
Satzpreis (2 W.) 1,20 0,80
FDC 2,50

Auflage: 500.000 Sätze

*Gültig bis 31.12.2002*

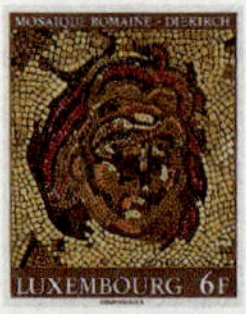


**1977, 15. Sept. Mosaik. RaTdr. (5×5); gez. K 11¾.**

ux) Medusenhaupt; römisches Mosaik aus Diekirch (3. Jh.)

**954** 6 Fr mehrfarbig ........................ ux 0,80 0,30
FDC 1,20

Auflage: 1.000.000 Stück

*Gültig bis 31.12.2002*

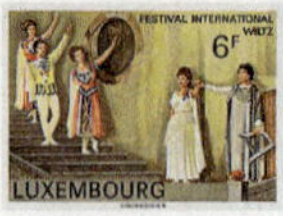


**1977, 15. Sept. Internationale Theater-Festspiele in Wiltz. RaTdr. (5×10); gez. K 11¾.**

uy) Szene aus der Oper „Orpheus und Eurydike" von Christoph Willibald Gluck (1714–1787)

**955** 6 Fr mehrfarbig ........................ uy 0,80 0,30
FDC 1,50

Auflage: 1.000.000 Stück

*Gültig bis 31.12.2002*

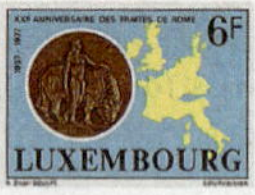


**1977, 5. Dez. 20 Jahre Römische Verträge. RaTdr.; gez. K 11¾.**

uz) „Europa mit Stier" als Münze, Karte der EG-Länder

**956** 6 Fr mehrfarbig ........................ uz 0,60 0,30
FDC 1,—

Auflage: 1.000.000 Stück

*Gültig bis 31.12.2002*

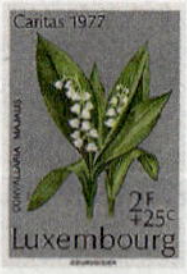


**1977, 5. Dez. Caritas: Geschützte Pflanzen (III). RaTdr. (5×5); gez. K 11¾.**

va) Maiglöckchen (Convallaria majalis)

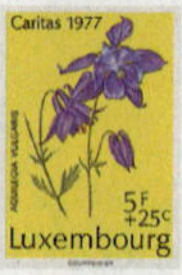


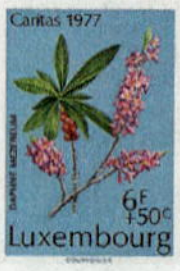


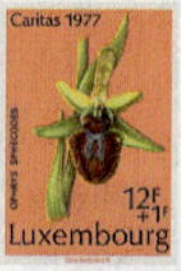


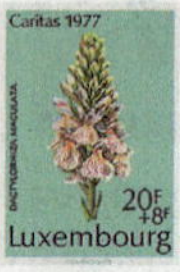


vb) Akelei (Aquilegia vulgaris) vc) Seidelbast (Daphne mezereum) vd) Spinnen-Ragwurz (Ophrys sphegodes) ve) Geflecktes Knabenkraut (Dactylorhiza maculata)

**957** 2 Fr + 25 C mehrfarbig ............... va 0,30 0,30
**958** 5 Fr + 25 C mehrfarbig ............... vb 0,40 0,30
**959** 6 Fr + 50 C mehrfarbig ............... vc 0,60 0,30
**960** 12 Fr + 1 Fr mehrfarbig ............... vd 1,50 3,10
**961** 20 Fr + 8 Fr mehrfarbig ............... ve 2,20 6,—
Satzpreis (5 W.) 5,— 10,—
FDC 11,—

Auflage: 239.495 Sätze

*Gültig bis 31.12.1978*

**1978, 3. April. Blockausgabe: Silberhochzeit von Großherzog Jean und Großherzogin Joséphine Charlotte. Komb. StTdr. und RaTdr.; gez. Ks 14.**

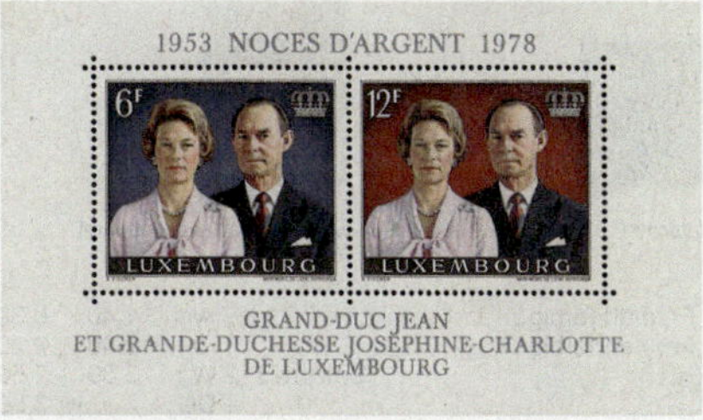


vg

vf) Großherzog Jean und Großherzogin Joséphine Charlotte von Luxemburg

| | | | | | |
|---|---|---|---|---|---|
| **962** | 6 Fr mehrfarbig | vf | 1,— | 1,— |
| **963** | 12 Fr mehrfarbig | vf | 1,— | 1,— |
| **Block 11** | (116×67 mm) | vg | 2,20 | 2,20 |
| | | FDC | | 3,60 |

Auflage: 368.165 Blocks

*Gültig bis 31.12.2002*

**1978, 3. April. Blockausgabe: Internationale Briefmarkenausstellung JUPHILUX '78. RaTdr.; gez. Ks 11¾.**

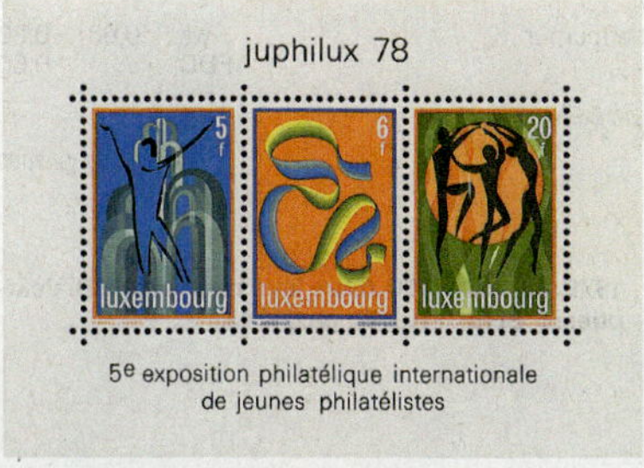


vl

vh) Springbrunnen, junger Mann
vi) Papierschlange
vk) Junge Menschen in graziler Haltung

| | | | | |
|---|---|---|---|---|
| **964** | 5 Fr mehrfarbig | vh | 1,20 | 1,20 |
| **965** | 6 Fr mehrfarbig | vi | 1,20 | 1,20 |
| **966** | 20 Fr mehrfarbig | vk | 1,20 | 1,20 |
| **Block 12** | (103×72 mm) | vl | 4,50 | 4,50 |
| | | FDC | | 6,— |

Bl. 12 wurde nur in Verbindung mit einer Eintrittskarte für insgesamt 60 Fr verkauft.

Auflage: 298.510 Blocks

*Gültig bis 31.12.2002*

**1978, 18. Mai. Europa: Baudenkmäler. StTdr.; gez. K 13¾.**

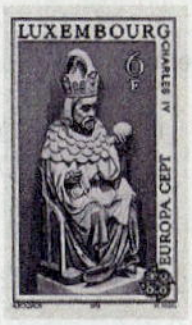


vm) Karl IV. (1316–1378), Graf von Luxemburg; Skulptur auf der Karlsbrücke in Prag

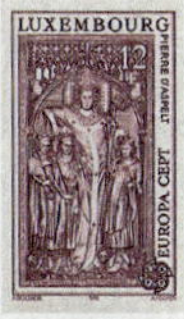


vn) Peter von Aspelt (1250–1320), Bischof von Basel; Grabmal im Mainzer Dom

| | | | | |
|---|---|---|---|---|
| **967** | 6 Fr blauviolett | vm | 1,— | 0,30 |
| **968** | 12 Fr violettpurpur | vn | 1,50 | 1,20 |
| | Satzpreis (2 W.) | | 2,50 | 1,50 |
| | | FDC | | 2,50 |

Auflage: 800.000 Sätze

*Gültig bis 31.12.2002*

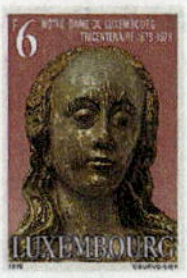


**1978, 18. Mai. 300 Jahre Unsere Liebe Frau von Luxemburg. RaTdr. (10×5); gez. K 11¾.**

vo) Unsere Liebe Frau von Luxemburg, Schutzpatronin des Landes; Gemälde aus der Kathedrale von Luxemburg

| | | | | |
|---|---|---|---|---|
| **969** | 6 Fr mehrfarbig | vo | 0,50 | 0,30 |
| | | FDC | | 0,70 |

Auflage: 1.000.000 Stück

*Gültig bis 31.12.2002*

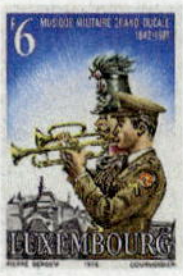


**1978, 18. Mai. 135 Jahre Luxemburger Militärkapelle. RaTdr. (10×5); gez. K 11¾.**

vp) Militärmusiker von 1842 und 1977, Silhouette der Stadt Luxemburg

| | | | | |
|---|---|---|---|---|
| **970** | 6 Fr mehrfarbig | vp | 0,50 | 0,30 |
| | | FDC | | 0,70 |

Auflage: 1.000.000 Stück

*Gültig bis 31.12.2002*

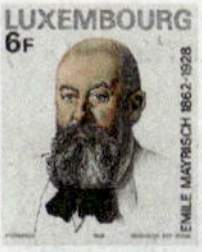


**1978, 18. Mai. 50. Todestag von Emile Mayrisch. Komb. StTdr. und RaTdr. (10×5); Papier ph.; gez. K 11½.**

vr) Emile Mayrisch (1862–1928), Großindustrieller

| | | | | |
|---|---|---|---|---|
| **971** | 6 Fr mehrfarbig | vr | 0,80 | 0,30 |
| | | FDC | | 1,20 |

Auflage: 1.000.000 Stück

*Gültig bis 31.12.2002*

**1978, 11. Sept. Solidarität: Terre des Hommes; 70 Jahre Luxemburger Liga gegen die Tuberkulose; Amnesty International. RaTdr. (10×5); gez. K 11¾.**

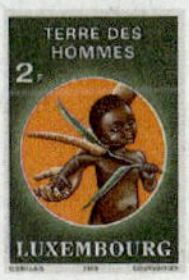


vs) Kind mit Hirse-Fruchtstand

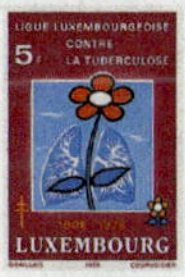


vt) Blume, Lunge

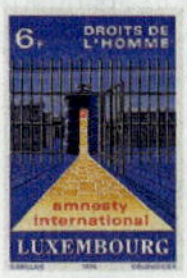


vu) Geöffnete Gefängniszelle

| | | | | |
|---|---|---|---|---|
| **972** | 2 Fr mehrfarbig | vs | 0,30 | 0,30 |
| **973** | 5 Fr mehrfarbig | vt | 0,30 | 0,30 |
| **974** | 6 Fr mehrfarbig | vu | 0,30 | 0,30 |
| | Satzpreis (3 W.) | | 0,80 | 0,70 |
| | | FDC | | 2,— |

Auflage: 1.000.000 Sätze

*Gültig bis 31.12.2002*

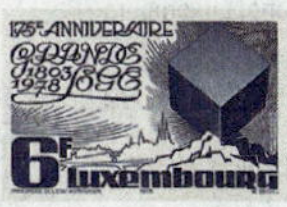


**1978, 11. Sept. 175 Jahre Großloge von Luxemburg. StTdr.; gez. K 13½:12¾.**

vv) Kubischer Stein, Silhouette der Stadt Luxemburg

| | | | | |
|---|---|---|---|---|
| **975** | 6 Fr dunkelviolettblau | vv | 0,50 | 0,30 |
| | | FDC | | 2,— |

Auflage: 1.000.000 Stück

*Gültig bis 31.12.2002*

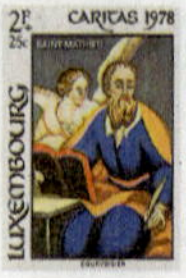


**1978, 5. Dez. Caritas: Hinterglasmalerei (I). RaTdr. (5×5); gez. K 11¾.**

vw) Hl. Matthäus, Engel

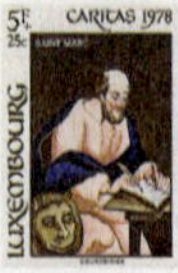
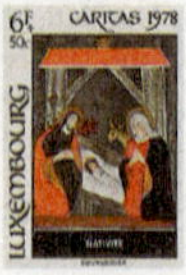
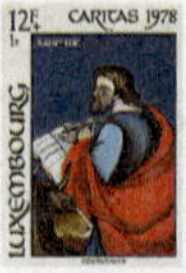
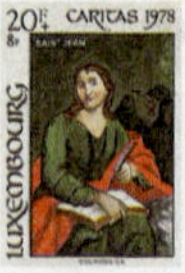

vx) Hl. Markus, Löwe — vy) Christi Geburt — vz) Hl. Lukas, Stier — wa) Hl. Johannes, Adler

| | | | | |
|---|---|---|---|---|
| **976** | 2 Fr + 25 C mehrfarbig | vw | 0,30 | 0,30 |
| **977** | 5 Fr + 25 C mehrfarbig | vx | 0,30 | 0,30 |
| **978** | 6 Fr + 50 C mehrfarbig | vy | 0,40 | 0,40 |
| **979** | 12 Fr + 1 Fr mehrfarbig | vz | 1,— | 1,50 |
| **980** | 20 Fr + 8 Fr mehrfarbig | wa | 2,— | 5,— |
| | Satzpreis (5 W.) | | 4,— | 7,50 |
| | FDC | | | 8,— |

Auflage: 248.940 Sätze

*Gültig bis 31.12.1979*

**1979, 5. März. Kultur: Alte römische Münzen. RaTdr. (10×5); gez. K 11½.**

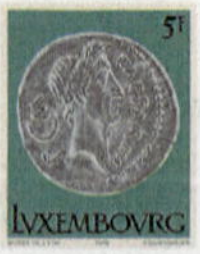
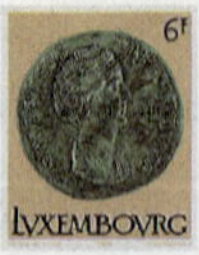
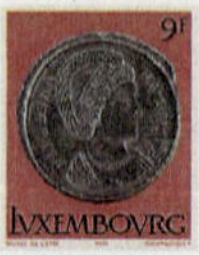
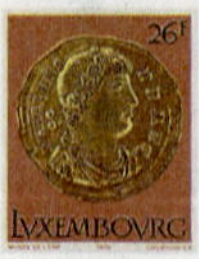

wb) Gaius Julius Caesar (100–44 v. Chr.); Denar (Silbermünze, ca. 44 v. Chr.) — wc) Faustina I. (125–176); Sesterz (Bronzemünze, ca. 141) — wd) Helena (um 250–329); Follis (Bronzemünze, ca. 324–330) — we) Valens (um 328–378); Solidus (Goldmünze, ca. 367–375)

| | | | | |
|---|---|---|---|---|
| **981** | 5 Fr mehrfarbig | wb | 0,30 | 0,30 |
| **982** | 6 Fr mehrfarbig | wc | 0,40 | 0,30 |
| **983** | 9 Fr mehrfarbig | wd | 0,70 | 0,40 |
| **984** | 26 Fr mehrfarbig | we | 1,80 | 1,50 |
| | Satzpreis (4 W.) | | 3,20 | 2,50 |
| | FDC | | | 3,20 |

Auflage: 600.000 Sätze

*Gültig bis 31.12.2002*

**1979, 5. März. Sehenswürdigkeiten. StTdr. (10×5); gez. K 13.**

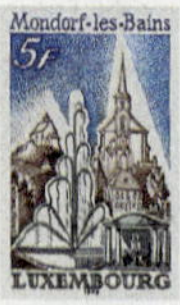

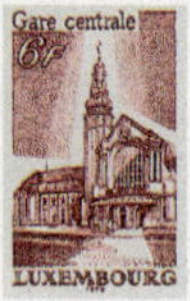


wf) Stadtansicht von Bad Mondorf — wg) Hauptbahnhof Luxemburg

| | | | | |
|---|---|---|---|---|
| **985** | 5 Fr mehrfarbig | wf | 0,80 | 0,30 |
| **986** | 6 Fr purpur | wg | 1,— | 0,30 |
| | Satzpreis (2 W.) | | 1,80 | 0,50 |
| | FDC | | | 1,50 |

Auflage: 1.000.000 Sätze

*Gültig bis 31.12.2002*

*Weitere Werte siehe Übersicht nach Jahrgangswerttabelle.*

**1979, 30. April. Europa: Geschichte des Post- und Fernmeldewesens. RaTdr.; gez. K 11¾.**

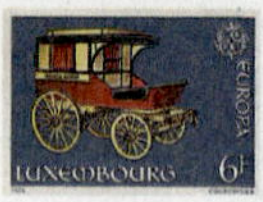
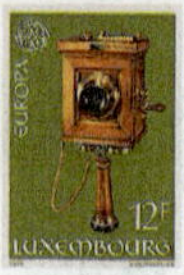

wh) Postkutsche (19. Jh.) — wi) Fernsprechwandapparat (um 1900)

| | | | | |
|---|---|---|---|---|
| **987** | 6 Fr mehrfarbig | wh | 1,40 | 0,30 |
| **988** | 12 Fr mehrfarbig | wi | 2,40 | 2,20 |
| | Satzpreis (2 W.) | | 3,80 | 2,50 |
| | FDC | | | 3,50 |

Auflage: 800.000 Sätze

*Gültig bis 31.12.2002*

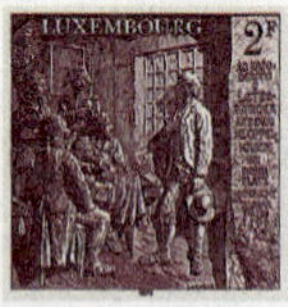

**1979, 30. April. 180. Jahrestag des Bauernaufstandes gegen die französische Besatzungsmacht. StTdr. (5×5); gez. K 13**

wk) Michel Pintz (1774–1799) vor dem Kriegsgericht; Eiche mit Inschrift (Bronzereliefs)

| | | | | |
|---|---|---|---|---|
| **989** | 2 Fr violettpurpur | wk | 0,60 | 0,30 |
| | FDC | | | 0,60 |

Auflage: 1.000.000 Stück

*Gültig bis 31.12.2002*

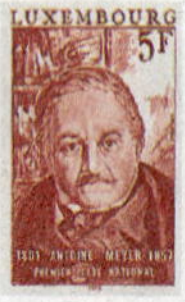

**1979, 30. April. 150 Jahre luxemburgische Dialektpoesie. StTdr. (10×5); gez. K 13.**

wl) Anton Meyer (1801–1857), Mundartdichter und Grammatiker

| | | | | |
|---|---|---|---|---|
| **990** | 5 Fr rot | wl | 0,50 | 0,30 |
| | FDC | | | 0,70 |

Auflage: 1.000.000 Stück

*Gültig bis 31.12.2002*

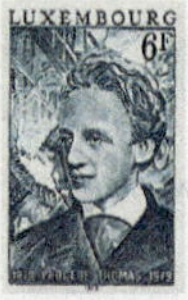

**1979, 30. April. 100 Jahre Thomasverfahren in der Stahlindustrie. StTdr. (10×5); gez. K 13.**

wm) Sidney Gilchrist Thomas (1850–1885), Chemiker

| | | | | |
|---|---|---|---|---|
| **991** | 6 Fr grünlichblau | wm | 0,50 | 0,30 |
| | FDC | | | 0,70 |

Auflage: 1.000.000 Stück

*Gültig bis 31.12.2002*

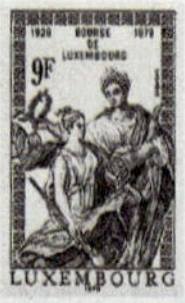

**1979, 30. April. 50 Jahre Luxemburger Börse. StTdr. (10×5); gez. K 13.**

wn) Belohnung von Arbeit und Sparsamkeit; Deckenmalerei von Auguste Vinet in der Pariser Börse (19. Jh.)

| | | | | |
|---|---|---|---|---|
| **992** | 9 Fr schwarz | wn | 0,50 | 0,30 |
| | | FDC | | 0,80 |

Auflage: 700.000 Stück

*Gültig bis 31.12.2002*

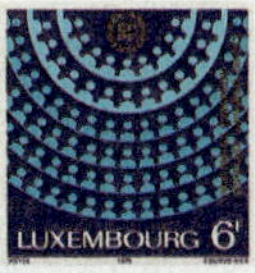


**1979, 7. Juni. Erste Direktwahlen zum Europäischen Parlament. RaTdr. (5×5); gez. K 11¾.**

wo) Sitzungssaal des Europa-Parlaments (stilis.), Emblem

| | | | | |
|---|---|---|---|---|
| **993** | 6 Fr mehrfarbig | wo | 1,60 | 1,— |
| | | FDC | | 5,— |

Auflage: 1.000.000 Stück

*Gültig bis 31.12.2002*

**1979, 10. Sept. Architektur: Rokoko. Komb. StTdr. und RaTdr. (10×5); gez. K 13¾.**

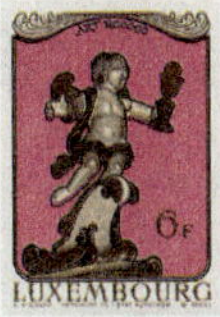


wp) Putte mit Hostienkelch

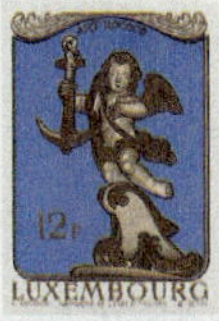


wr) Putte mit Anker

wp–wr) Details vom Hauptaltar der St.-Michael-Kirche in Luxemburg, erbaut von Bartholomäus Namur (1729–1779)

| | | | | |
|---|---|---|---|---|
| **994** | 6 Fr mehrfarbig | wp | 0,50 | 0,30 |
| **995** | 12 Fr mehrfarbig | wr | 0,80 | 0,70 |
| | | Satzpreis (2 W.) | 1,30 | 1,— |
| | | FDC | | 2,— |

Auflage: 450.000 Sätze

*Gültig bis 31.12.2002*

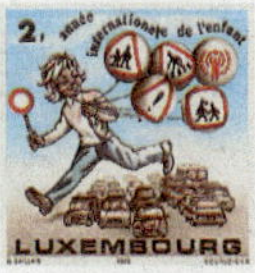


**1979, 10. Sept. Internationales Jahr des Kindes. RaTdr. (5×5); gez. K 11¾.**

ws) Mehr Sicherheit für Kinder im Straßenverkehr

| | | | | |
|---|---|---|---|---|
| **996** | 2 Fr mehrfarbig | ws | 0,30 | 0,30 |
| | | FDC | | 2,— |

Auflage: 1.500.000 Stück

*Gültig bis 31.12.2002*

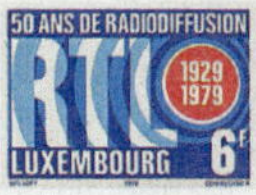


**1979, 10. Sept. 50 Jahre Radio Luxemburg (RTL). RaTdr. (5×10); gez. K 11¾.**

wt) Buchstaben „RTL", Radiowellen

| | | | | |
|---|---|---|---|---|
| **997** | 6 Fr dunkelcyanblau/karminrot | wt | 0,60 | 0,30 |
| | | FDC | | 1,50 |

Auflage: 1.000.000 Stück

*Gültig bis 31.12.2002*

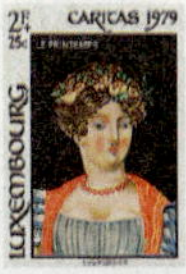


**1979, 5. Dez. Caritas: Hinterglasmalerei (II). RaTdr. (5×5); gez. K 11¾.**

wu) Der Frühling

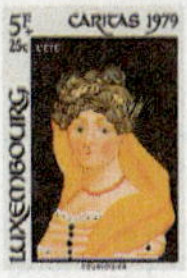

wv) Der Sommer

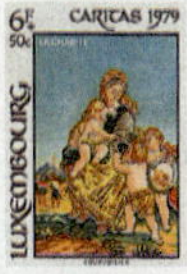

ww) Die Nächstenliebe

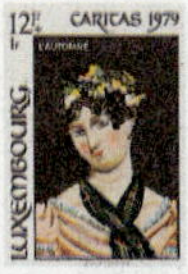

wx) Der Herbst

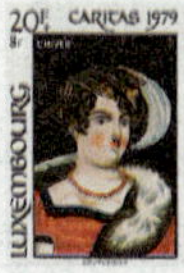

wy) Der Winter

| | | | | |
|---|---|---|---|---|
| **998** | 2 Fr + 25 C mehrfarbig | wu | 0,30 | 0,30 |
| **999** | 5 Fr + 25 C mehrfarbig | wv | 0,30 | 0,30 |
| **1000** | 6 Fr + 50 C mehrfarbig | ww | 0,40 | 0,30 |
| **1001** | 12 Fr + 1 Fr mehrfarbig | wx | 0,80 | 2,10 |
| **1002** | 20 Fr + 8 Fr mehrfarbig | wy | 1,70 | 5,— |
| | | Satzpreis (5 W.) | 3,50 | 8,— |
| | | FDC | | 8,50 |

Auflage: 249.392 Sätze

*Gültig bis 31.12.1980*

**1980, 5. März. Kultur: Münzen des Mittelalters. RaTdr. (10×5); gez. K 11½.**

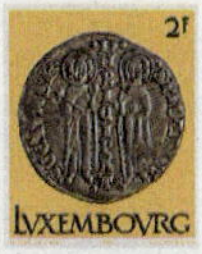

wz) Heinrich VII. (1274–1313); Grosso (Silbermünze, 1312)

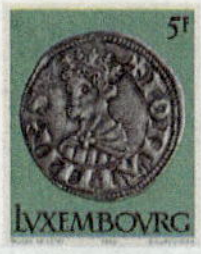

xa) Johann der Blinde (1296–1346); Grosso (Silbermünze, 1331)

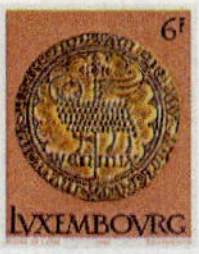

xb) Wenzel I. (1337–1383); Mouton d'or (Goldmünze, um 1360)

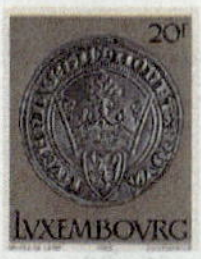

xc) Wenzel II. (1361–1419); Groschen (Silbermünze, 1384–1388)

| | | | | |
|---|---|---|---|---|
| **1003** | 2 Fr mehrfarbig | wz | 0,30 | 0,30 |
| **1004** | 5 Fr mehrfarbig | xa | 0,30 | 0,30 |
| **1005** | 6 Fr mehrfarbig | xb | 0,60 | 0,30 |
| **1006** | 20 Fr mehrfarbig | xc | 2,— | 0,80 |
| | | Satzpreis (4 W.) | 3,20 | 1,70 |
| | | FDC | | 2,50 |

Auflage: 600.000 Sätze

*Gültig bis 31.12.2002*

**1980, 5. März. Bauwerke. StTdr. (5×10, Hochformat ~); gez. K 13.**

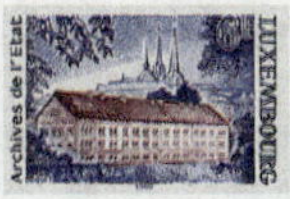


xd) Staatsarchiv

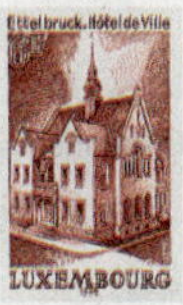


xe) Rathaus Ettelbrück

| | | | | |
|---|---|---|---|---|
| **1007** | 6 Fr mehrfarbig | xd | 0,50 | 0,30 |
| **1008** | 6 Fr dunkelbraunkarmin/lilarot | xe | 0,80 | 0,30 |
| | | Satzpreis (2 W.) | 1,30 | 0,50 |
| | | FDC | | 1,20 |

Auflage: 1.000.000 Sätze

*Gültig bis 31.12.2002*

**1980, 28. April. Europa: Bedeutende Persönlichkeiten. StTdr. (10×5); gez. K 13½.**

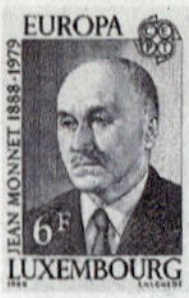


xf) Jean Monnet (1888–1979), Wirtschaftspolitiker

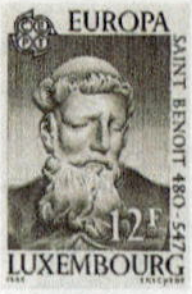


xg) Hl. Benedikt von Nursia (480–547), Ordensgründer

| | | | | |
|---|---|---|---|---|
| 1009 | 6 Fr schwarzviolett | xf | 0,80 | 0,40 |
| 1010 | 12 Fr schwarzoliv | xg | 1,— | 0,60 |
| | | Satzpreis (2 W.) | 1,80 | 1,— |
| | | FDC | | 2,— |

Auflage: 800.000 Sätze

*Gültig bis 31.12.2002*

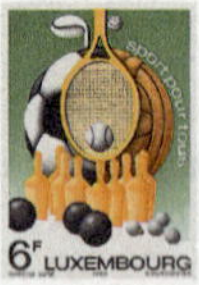


**1980, 28. April. Sport für jedermann. RaTdr. (10×5); gez. K 11½:11¾.**

xh) Fußball, Handball, Tennis, Golf, Kegeln, Boccia

| | | | | |
|---|---|---|---|---|
| 1011 | 6 Fr mehrfarbig | xh | 1,30 | 0,40 |
| | | FDC | | 2,— |

Auflage: 800.000 Stück

*Gültig bis 31.12.2002*

**1980, 28. April. Weltkongress „Verhütung von Arbeitsunfällen und Berufskrankheiten", Amsterdam. RaTdr. (10×5, Querformat ~); gez. K 11½:11¾, Querformat ~.**

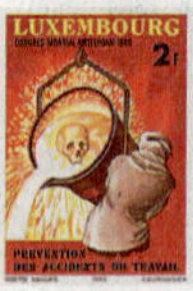


xi) Schmelzarbeiter beim Ausgießen von flüssigem Metall, Totenkopf

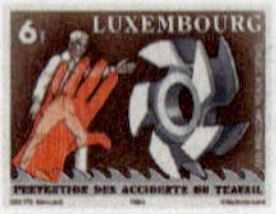


xk) Warnende Hand zwischen Mensch und Maschine

| | | | | |
|---|---|---|---|---|
| 1012 | 2 Fr mehrfarbig | xi | 0,30 | 0,30 |
| 1013 | 6 Fr mehrfarbig | xk | 0,40 | 0,30 |
| | | Satzpreis (2 W.) | 0,70 | 0,50 |
| | | FDC | | 1,50 |

Auflage: 1.000.000 Sätze

*Gültig bis 31.12.2002*

**1980, 10. Sept. Architektur: Jugendstil. StTdr. (10×5); gez. K 14¼:14.**

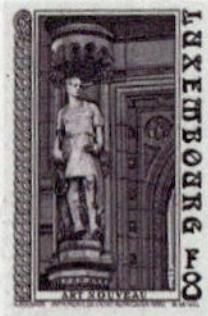


xl) Merkur, Gott des Handels

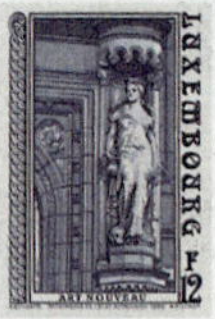


xm) Ceres, Göttin des pflanzlichen Wachstums

xl–xm) Statuen von Jean Mich (1871–1919) am Hauptportal der Staatssparkasse Luxemburg

| | | | | |
|---|---|---|---|---|
| 1014 | 8 Fr dunkelviolett | xl | 0,50 | 0,30 |
| 1015 | 12 Fr schwarzblau | xm | 0,80 | 0,70 |
| | | Satzpreis (2 W.) | 1,30 | 1,— |
| | | FDC | | 1,50 |

Auflage: 500.000 Sätze

*Gültig bis 31.12.2002*

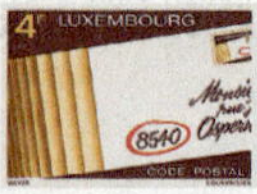


**1980, 10. Sept. Einführung der Postleitzahlen. RaTdr. (5×10); gez. K 11¾.**

xn) Briefe

| | | | | |
|---|---|---|---|---|
| 1016 | 4 Fr mehrfarbig | xn | 0,70 | 0,30 |
| | | FDC | | 1,— |

Auflage: 1.500.000 Stück

*Gültig bis 31.12.2002*

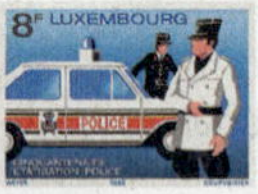


**1980, 10. Sept. 50 Jahre verstaatlichte Lokalpolizei. RaTdr. (5×10); gez. K 11¾.**

xo) Verkehrspolizist, Funkstreife

| | | | | |
|---|---|---|---|---|
| 1017 | 8 Fr mehrfarbig | xo | 0,70 | 0,30 |
| | | FDC | | 1,20 |

Auflage: 1.000.000 Stück

*Gültig bis 31.12.2002*

**1980, 5. Dez. Caritas: Hinterglasmalerei (III). RaTdr. (5×5); gez. K 11¾.**

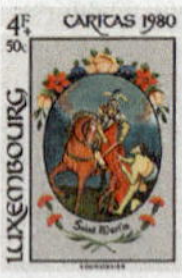


xp) Hl. Martin teilt seinen Mantel

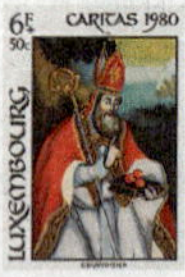


xr) Hl. Nikolaus segnet drei Äpfel

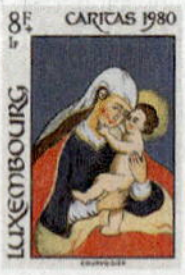


xs) Muttergottes mit Kind

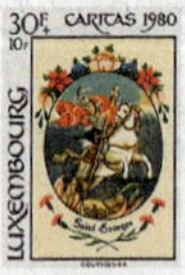


xt) Hl. Georg tötet den Drachen

| | | | | |
|---|---|---|---|---|
| 1018 | 4 Fr + 50 C mehrfarbig | xp | 0,40 | 0,30 |
| 1019 | 6 Fr + 50 C mehrfarbig | xr | 0,50 | 0,40 |
| 1020 | 8 Fr + 1 Fr mehrfarbig | xs | 0,50 | 1,30 |
| 1021 | 30 Fr + 10 Fr mehrfarbig | xt | 2,40 | 5,— |
| | | Satzpreis (4 W.) | 3,80 | 7,— |
| | | FDC | | 7,50 |

Auflage: 252.245 Sätze

*Gültig bis 31.12.1981*

**1981, 5. Jan. Blockausgabe: 60. Geburtstag von Großherzog Jean von Luxemburg. Komb. StTdr. und RaTdr.; gez. Ks 13¾.**

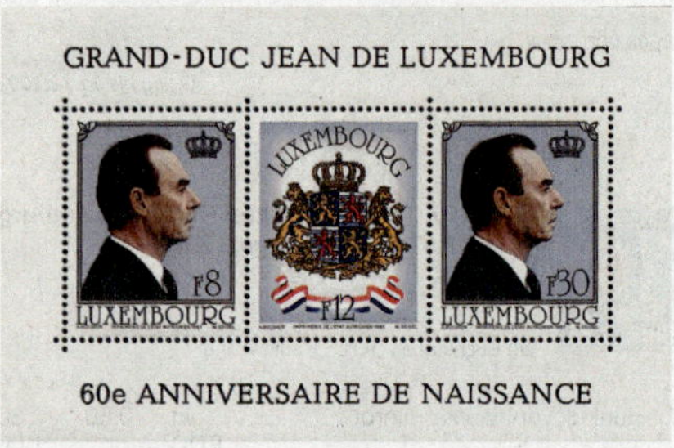


xw

xu xv xu

xu) Großherzog Jean von Luxemburg (1921–2019, reg. 1964–2000)
xv) Großherzogliches Wappen

**1022** 8 Fr mehrfarbig . . . . . . . . . . . . . . . . xu 0,60 0,60
**1023** 12 Fr mehrfarbig . . . . . . . . . . . . . . . . xv 0,70 0,70
**1024** 30 Fr mehrfarbig . . . . . . . . . . . . . . . . xu 1,— 1,—
**Block 13** (115×73 mm) . . . . . . . . . . . . . . xw 2,50 2,50
FDC 3,60

Auflage: 393.997 Blocks

*Gültig bis 31.12.2002*

**1981, 5. März. Kultur: Münzen des 17. und 18. Jahrhunderts. RaTdr. (10×5); gez. K 11½.**

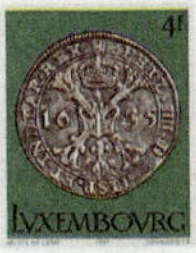

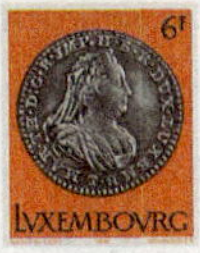

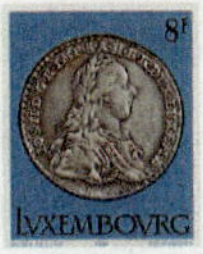

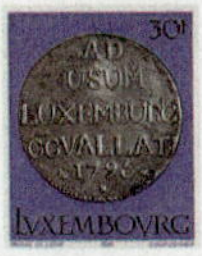


xx) Philipp IV. (1605–1665); Patagon (Silbermünze, 1635)
xy) Maria Theresia (1717–1780); Silbermünze zu 12 Sol (1775)
xz) Joseph II. (1741–1790); Silbermünze zu 12 Sol (1789)
ya) Franz II. (1768–1835); Silbermünze zu 72 Sol (1795)

**1025** 4 Fr mehrfarbig . . . . . . . . . . . . . . . . . . . xx 0,30 0,30
**1026** 6 Fr mehrfarbig . . . . . . . . . . . . . . . . . . . xy 0,30 0,30
**1027** 8 Fr mehrfarbig . . . . . . . . . . . . . . . . . . . xz 0,40 0,30
**1028** 30 Fr mehrfarbig . . . . . . . . . . . . . . . . . . ya 1,20 1,10
Satzpreis (4 W.) 2,20 2,—
FDC 2,60

Auflage: 600.000 Sätze

*Gültig bis 31.12.2002*

**1981, 5. März. Bauwerke. StTdr. (5×10); gez. K 13.**

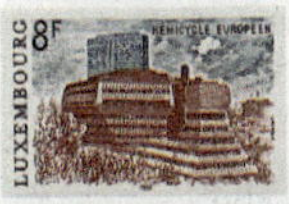

yb) Europazentrum-Plenarsaal
yc) Nationalbibliothek

**1029** 8 Fr schwarzblau/dunkelbraunkarmin . . . yb 0,40 0,40
**1030** 8 Fr schwarzblau/violett . . . . . . . . . . . . . . yc 0,40 0,40
Satzpreis (2 W.) 0,80 0,80
FDC 1,50

Auflage: 1.000.000 Sätze

*Gültig bis 31.12.2002*

**1981, 4. Mai. Europa: Folklore. RaTdr. (10×5); gez. K 13¾.**

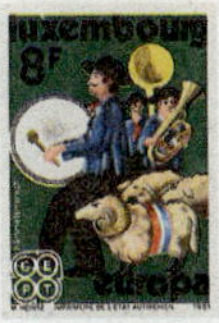

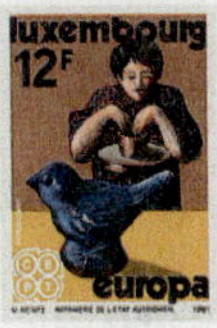


yd) „Hämmelsmarsch“, folkloristischer Umzug an Kirchweih
ye) „Éimaischen“, volkstümlicher Krammarkt am Ostermontag

**1031** 8 Fr mehrfarbig . . . . . . . . . . . . . . . . . . . yd 0,80 0,40
**1032** 12 Fr mehrfarbig . . . . . . . . . . . . . . . . . . ye 1,— 0,60
Satzpreis (2 W.) 1,80 1,—
FDC 2,—

Auflage: 800.000 Sätze

*Gültig bis 31.12.2002*

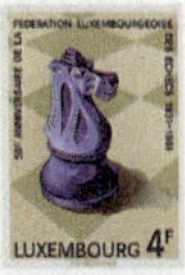


**1981, 4. Mai. 50 Jahre Luxemburger Schachverband. RaTdr. (10×5); gez. K 11¾.**

yf) Springer, Schachbrett

**1033** 4 Fr mehrfarbig . . . . . . . . . . . . . . . . . . . . . . yf 0,50 0,30
FDC 0,50

Auflage: 1.000.000 Stück

*Gültig bis 31.12.2002*

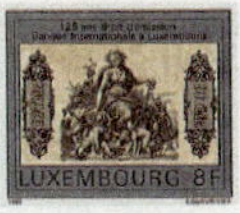


**1981, 4. Mai. 125 Jahre Banknotenprivileg der Internationalen Bank in Luxemburg. RaTdr.; gez. K 11¼.**

yg) 10-Taler-Schein der ersten Papierwährung

**1034** 8 Fr mehrfarbig . . . . . . . . . . . . . . . . . . . . . yg 0,50 0,30
FDC 0,50

Auflage: 1.000.000 Stück

*Gültig bis 31.12.2002*

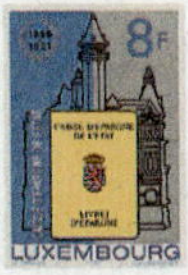


**1981, 4. Mai. 125 Jahre Staatssparkasse Luxemburg. RaTdr.; gez. K 11¾.**

yh) Sparbuch, Direktionsgebäude

**1035** 8 Fr mehrfarbig . . . . . . . . . . . . . . . . . . . . . yh 0,50 0,30
FDC 0,50

Auflage: 1.000.000 Stück

*Gültig bis 31.12.2002*

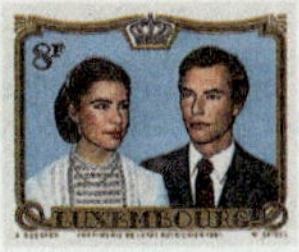


**1981, 22. Juni. Hochzeit von Erbgroßherzog Henri und Erbgroßherzogin Maria Teresa. Komb. StTdr. und RaTdr. (4×3); gez. K 13¾:14.**

yi) Erbgroßherzog Henri und Erbgroßherzogin Maria Teresa von Luxemburg

**1036** 8 Fr mehrfarbig . . . . . . . . . . . . . . . . . . . . . yi 0,60 0,50
FDC 1,20

Auflage: 3.035.640 Stück

*Gültig bis 31.12.2002*

**1981, 28. Sept. Flugwesen. RaTdr. (10×5, Querformate ~); gez. K 11¾.**

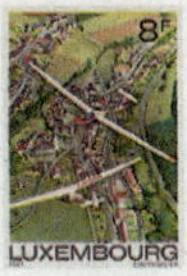

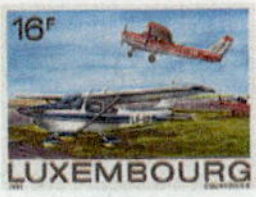

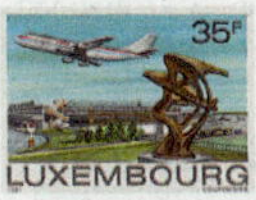


yk) Segelflugzeuge über Useldingen
yl) Motorflugzeuge am Flughafen Luxemburg-Findel
ym) Boeing 747-100 der Fluggesellschaft Cargolux, Skulptur „L'Envol“

**1037** 8 Fr mehrfarbig . . . . . . . . . . . . . . . . . . . yk 0,50 0,50
**1038** 16 Fr mehrfarbig . . . . . . . . . . . . . . . . . . yl 1,— 1,—
**1039** 35 Fr mehrfarbig . . . . . . . . . . . . . . . . . . ym 1,50 1,—
Satzpreis (3 W.) 3,— 2,50
FDC 3,—

Auflage: 700.000 Sätze

*Gültig bis 31.12.2002*

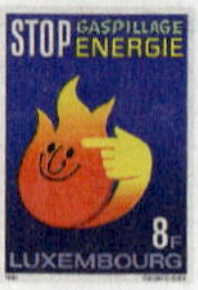


**1981, 28. Sept. Energiesparen.** RaTdr. (10×5); gez. K 11½:11¾.

yn) Symbolische Darstellung

| | | | | |
|---|---|---|---|---|
| **1040** | 8 Fr mehrfarbig | yn | 0,70 | 0,30 |
| | | FDC | | 1,— |

Auflage: 1.000.000 Stück

*Gültig bis 31.12.2002*

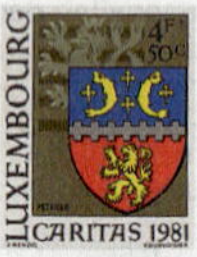


**1981, 4. Dez. Caritas: Gemeindewappen (I); Weihnachten.** RaTdr. (4×5); gez. K 11½.

yo) Petingen

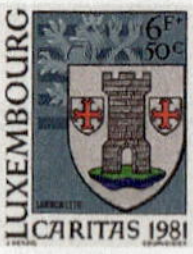


yp) Fels

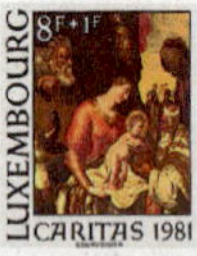


yr) Anbetung der Könige; Altargemälde aus der Kathedrale von Luxemburg (17. Jh.)

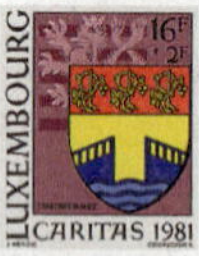


ys) Stadtbredimus

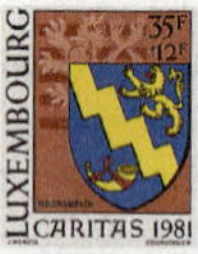


yt) Weiswampach

| | | | | |
|---|---|---|---|---|
| **1041** | 4 Fr + 50 C mehrfarbig | yo | 0,30 | 0,30 |
| **1042** | 6 Fr + 50 C mehrfarbig | yp | 0,30 | 0,30 |
| **1043** | 8 Fr + 1 Fr mehrfarbig | yr | 0,40 | 0,40 |
| **1044** | 16 Fr + 2 Fr mehrfarbig | ys | 1,— | 2,— |
| **1045** | 35 Fr + 12 Fr mehrfarbig | yt | 2,50 | 6,— |
| | | Satzpreis (5 W.) | 4,50 | 9,— |
| | | FDC | | 9,50 |

Auflage: 245.945 Sätze

*Gültig bis 31.12.1982*

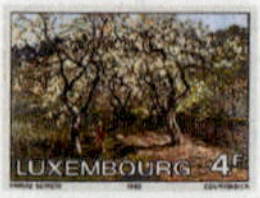


**1982, 25. Febr. Kultur: Landschaftsgemälde nach Jahreszeiten.** RaTdr. (5×10); gez. K 11¾.

yu) Blühender Apfelbaum (Frühling); Gemälde von Frantz Seimetz (1858–1914)

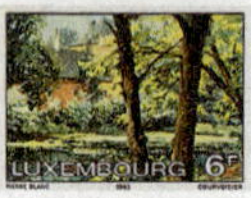


yv) Landschaft (Sommer); Gemälde von Pierre Blanc (1872–1946)

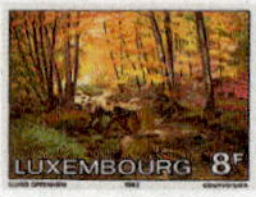


yw) Der große Hallerbach (Herbst); Gemälde von Guido Oppenheim (1862–1942)

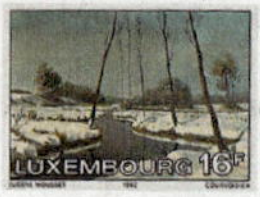


yx) Winterabend (Winter); Gemälde von Eugène Mousset (1877–1941)

| | | | | |
|---|---|---|---|---|
| **1046** | 4 Fr mehrfarbig | yu | 0,30 | 0,30 |
| **1047** | 6 Fr mehrfarbig | yv | 0,40 | 0,30 |
| **1048** | 8 Fr mehrfarbig | yw | 0,60 | 0,30 |
| **1049** | 16 Fr mehrfarbig | yx | 1,20 | 0,60 |
| | | Satzpreis (4 W.) | 2,50 | 1,50 |
| | | FDC | | 2,— |

Auflage: 700.000 Sätze

*Gültig bis 31.12.2002*

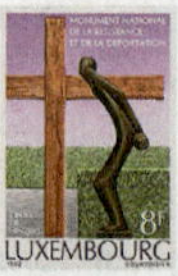


**1982, 25. Febr. Denkmal der Widerstandsbewegung von 1940.** RaTdr. (10×5); gez. K 11¾.

yy) „Hinzerter Kreuz“ (Nationaldenkmal) und Plastik von Lucien Wercollier (1908–2002)

| | | | | |
|---|---|---|---|---|
| **1050** | 8 Fr mehrfarbig | yy | 0,50 | 0,30 |
| | | FDC | | 1,— |

Auflage: 1.000.000 Stück

*Gültig bis 31.12.2002*

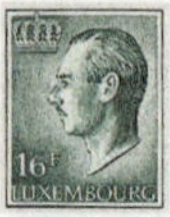


**1982, 25. Febr./1983. Freimarke: Großherzog Jean von Luxemburg.** StTdr.; ya = Faserpapier ph., z = normales Papier mit Fasereinschlüssen; gez. K 11¾.

ks) Großherzog Jean von Luxemburg (1921–2019, reg. 1964–2000)

| | | | | |
|---|---|---|---|---|
| **1051** | 16 Fr dunkelbläulichgrün | ks | | |
| ya | Faserpapier ph. (25.2.1982) | | 2,— | 0,80 |
| z | normales Faserpapier (1983) | | 1,60 | 0,80 |
| | | FDC ya | | 1,50 |

*Gültig bis 31.12.2002*

*Weitere Werte siehe Übersicht nach Jahrgangswerttabelle.*

**1982, 4. Mai. Europa: Historische Ereignisse.** RaTdr. (10×5); gez. K 11¾.

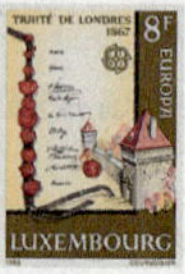


yz) Londoner Vertrag (1867)

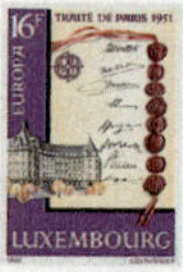


za) Pariser Vertrag (1951)

| | | | | |
|---|---|---|---|---|
| **1052** | 8 Fr mehrfarbig | yz | 1,— | 0,30 |
| **1053** | 16 Fr mehrfarbig | za | 2,— | 0,70 |
| | | Satzpreis (2 W.) | 3,— | 1,— |
| | | FDC | | 2,— |

Auflage: 800.000 Sätze

*Gültig bis 31.12.2002*

**1982, 4. Mai. 400. Todestag der hl. Theresia von Ávila, 5. Todestag von Raoul Follereau.** RaTdr. (10×5); gez. K 11¾.

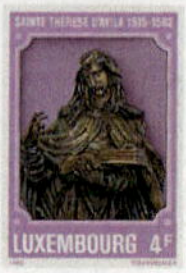


zb) Hl. Theresia von Ávila (1515–1582), Karmelitin

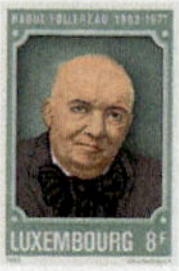


zc) Raoul Follereau (1903–1977), Schriftsteller und Philanthrop

| | | | | |
|---|---|---|---|---|
| **1054** | 4 Fr mehrfarbig | zb | 0,30 | 0,30 |
| **1055** | 8 Fr mehrfarbig | zc | 0,50 | 0,30 |
| | | Satzpreis (2 W.) | 0,80 | 0,50 |
| | | FDC | | 1,20 |

Auflage: 1.000.000 Sätze

*Gültig bis 31.12.2002*

**1982, 4. Mai. Bauwerke.** StTdr. (5×10); Papier ph.; gez. K 11½.

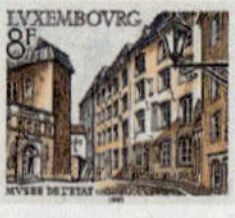


zd) Staatsmuseum, Luxemburg

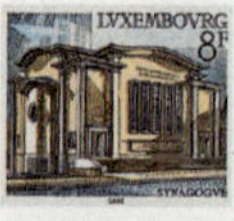


ze) Synagoge von Luxemburg

| | | | | |
|---|---|---|---|---|
| **1056** | 8 Fr mehrfarbig | zd | 0,50 | 0,30 |
| **1057** | 8 Fr mehrfarbig | ze | 0,50 | 0,30 |
| | Satzpreis (2 W.) | | 1,— | 0,50 |
| | FDC | | | 1,50 |

Auflage: 1.000.000 Sätze

*Gültig bis 31.12.2002*

**1982, 9. Sept. Erhaltung historischer Baudenkmäler. StTdr. (10×5, Querformat ~); gez. K 11¾:11½, Querformat ~.**

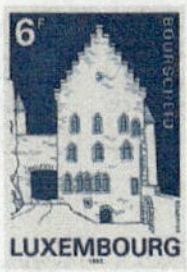


zf) Burg Burscheid

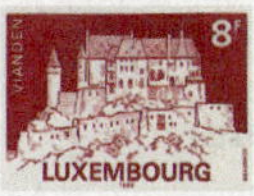


zg) Burg Vianden

| | | | | |
|---|---|---|---|---|
| **1058** | 6 Fr blau | zf | 0,40 | 0,30 |
| **1059** | 8 Fr karminrot | zg | 0,60 | 0,30 |
| | Satzpreis (2 W.) | | 1,— | 0,50 |
| | FDC | | | 2,— |

Auflage: 1.000.000 Sätze

*Gültig bis 31.12.2002*

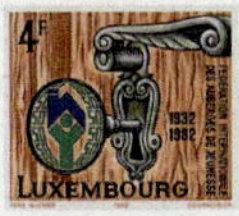


**1982, 9. Sept. 50 Jahre Internationale Vereinigung der Jugendherbergen (IYHF). RaTdr. (5×10); gez. K 11¼.**

zh) Türschloss, Schlüssel mit Emblem

| | | | | |
|---|---|---|---|---|
| **1060** | 4 Fr mehrfarbig | zh | 0,60 | 0,30 |
| | FDC | | | 0,70 |

Auflage: 1.000.000 Stück

*Gültig bis 31.12.2002*

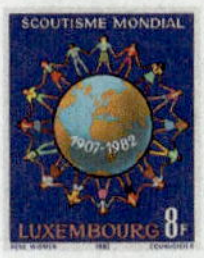


**1982, 9. Sept. 75 Jahre Pfadfinderbewegung. RaTdr. (10×5); gez. K 11¼.**

zi) Symbol der weltweiten Pfadfinderbewegung

| | | | | |
|---|---|---|---|---|
| **1061** | 8 Fr mehrfarbig | zi | 1,— | 0,30 |
| | FDC | | | 1,50 |

Auflage: 1.000.000 Stück

*Gültig bis 31.12.2002*

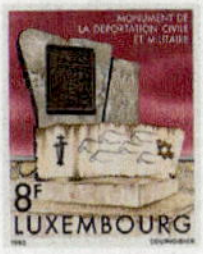


**1982, 9. Sept. 40. Jahrestag des Gauleitererlasses vom 30. August 1942. RaTdr. (10×5); gez. K 11¼.**

zk) Denkmal der zivilen und militärischen Deportation, Luxemburg-Hollerich

| | | | | |
|---|---|---|---|---|
| **1062** | 8 Fr mehrfarbig | zk | 0,50 | 0,30 |
| | FDC | | | 1,50 |

Auflage: 1.000.000 Stück

*Gültig bis 31.12.2002*

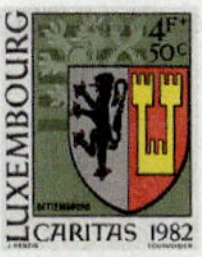


**1982, 6. Dez. Caritas: Gemeindewappen (II); Weihnachten. RaTdr. (4×5); gez. K 11½.**

zl) Bettemburg

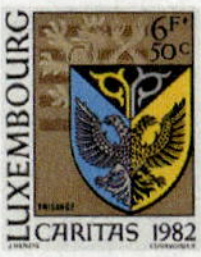


zm) Frisingen

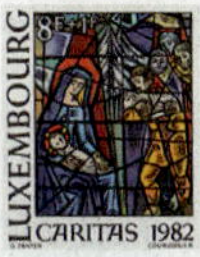


zn) Christi Geburt; Kirchenfenster in der Pfarrkirche von Hoscheid

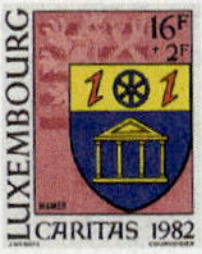


zo) Mamer

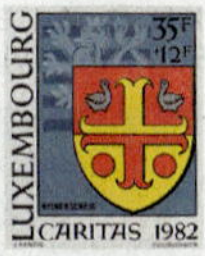


zp) Heinerscheid

| | | | | |
|---|---|---|---|---|
| **1063** | 4 Fr + 50 C mehrfarbig | zl | 0,30 | 0,30 |
| **1064** | 6 Fr + 50 C mehrfarbig | zm | 0,30 | 0,30 |
| **1065** | 8 Fr + 1 Fr mehrfarbig | zn | 0,40 | 0,40 |
| **1066** | 16 Fr + 2 Fr mehrfarbig | zo | 1,— | 2,— |
| **1067** | 35 Fr + 12 Fr mehrfarbig | zp | 2,50 | 6,— |
| | Satzpreis (5 W.) | | 4,50 | 9,— |
| | FDC | | | 9,50 |

Auflage: 224.825 Sätze

*Gültig bis 31.12.1983*

**1983, 7. März. 100 Jahre Luxemburger Landes-Feuerwehrverband. RaTdr. (5×10); gez. K 11½.**

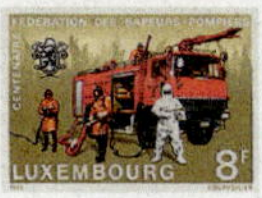


zr) Feuerwehrleute, Löschwagen, Emblem

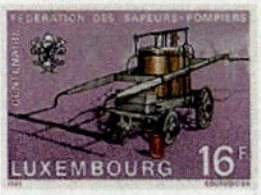


zs) Feuerspritze (18. Jh.), Emblem

| | | | | |
|---|---|---|---|---|
| **1068** | 8 Fr mehrfarbig | zr | 0,60 | 0,50 |
| **1069** | 16 Fr mehrfarbig | zs | 1,— | 0,80 |
| | Satzpreis (2 W.) | | 1,60 | 1,30 |
| | FDC | | | 1,50 |

Auflage: 600.000 Sätze

*Gültig bis 31.12.2002*

**1983, 7. März. Jahresereignisse: Kongress der Internationalen Devisenhändler-Vereinigung (ACI) FOREX ’83, Luxemburg; 25 Jahre Instandhaltungs- und Nachschuborganisation der NATO (NAMSO); Kongress des Weltverbandes der Rechtsanwälte (UIA); 30 Jahre Organisation Zollamtlicher Zusammenarbeit (CCD). RaTdr. (10×5); gez. K 11¾.**

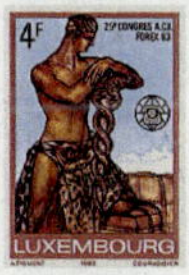


zt) Gott Merkur; Skulptur von Auguste Trémont (1892–1980)

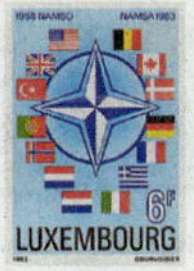


zu) NATO-Emblem, Flaggen der Mitgliedsstaaten

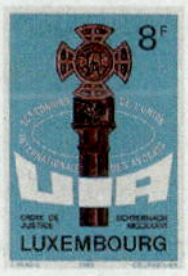


zv) Echternacher Justizkreuz (1236)

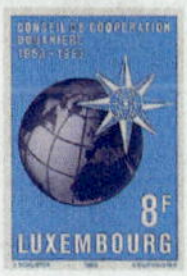


zw) Weltkugel, CCD-Emblem

| | | | | |
|---|---|---|---|---|
| **1070** | 4 Fr mehrfarbig | zt | 0,30 | 0,30 |
| **1071** | 6 Fr mehrfarbig | zu | 0,30 | 0,30 |
| **1072** | 8 Fr mehrfarbig | zv | 0,60 | 0,30 |
| **1073** | 8 Fr cyanblau/violettblau | zw | 0,60 | 0,30 |
| | Satzpreis (4 W.) | | 1,80 | 1,— |
| | FDC | | | 2,— |

Auflagen: MiNr. 1070 und 1072–1073 je 1.000.000, MiNr. 1071 = 750.000 Stück

*Gültig bis 31.12.2002*

**1983, 3. Mai. Europa: Große Werke des menschlichen Geistes. RaTdr. (5×10); gez. K 11¾.**

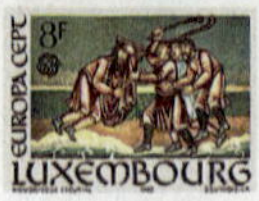

zx

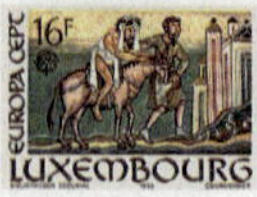

zy

zx–zy) Das Gleichnis vom barmherzigen Samariter; Miniaturen aus dem „Codex Aureus Escorialiensis" (11. Jh.)

| | | | | | |
|---|---|---|---|---|---|
| **1074** | 8 Fr mehrfarbig | zx | 1,20 | 0,60 |
| **1075** | 16 Fr mehrfarbig | zy | 2,40 | 1,— |
| | | Satzpreis (2 W.) | 3,60 | 1,60 |
| | | FDC | | 2,— |

Auflage: 800.000 Sätze

*Gültig bis 31.12.2002*

**1983, 3. Mai. Riesenbibel. Komb. StTdr. und RaTdr. (10×5); gez. K 14.**

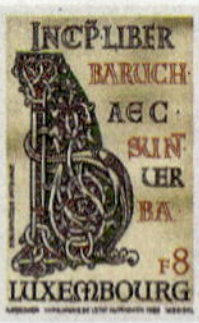


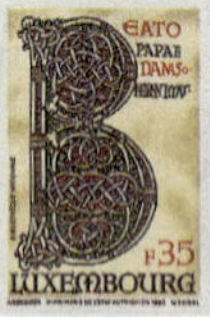


zz) Buchstabe „h" aaa) Buchstabe „B"

zz–aaa) Initialen aus der Echternacher „Riesenbibel" (11. Jh.)

| | | | | |
|---|---|---|---|---|
| **1076** | 8 (Fr) mehrfarbig | zz | 0,60 | 0,30 |
| **1077** | 35 (Fr) mehrfarbig | aaa | 1,80 | 1,20 |
| | | Satzpreis (2 W.) | 2,40 | 1,50 |
| | | FDC | | 2,50 |

Auflage: 600.000 Sätze

*Gültig bis 31.12.2002*

**1983, 3. Mai. Weltkommunikationsjahr. RaTdr. (10×5, Querformat ~); gez. K 11¾.**

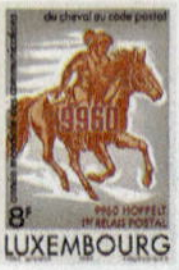


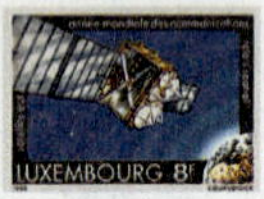


aab) Postreiter, Postleitzahl aac) Nachrichtensatellit

| | | | | |
|---|---|---|---|---|
| **1078** | 8 Fr mehrfarbig | aab | 1,60 | 0,30 |
| **1079** | 8 Fr mehrfarbig | aac | 1,60 | 0,30 |
| | | Satzpreis (2 W.) | 3,20 | 0,50 |
| | | FDC | | 1,50 |

Auflage: 1.000.000 Sätze

*Gültig bis 31.12.2002*

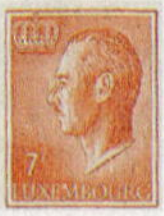

**1983, 1. Juli/1991, 2. Jan. Freimarke: Großherzog Jean von Luxemburg. StTdr.; yb = Faserpapier fl., z = normales Papier mit Fasereinschlüssen; gez. K 11¾.**

ks) Großherzog Jean von Luxemburg (1921–2019, reg. 1964–2000)

| | | | | |
|---|---|---|---|---|
| **1080** | 7 Fr rotorange | ks | | |
| yb | Faserpapier fl. (2.1.1991) | | 0,80 | 0,50 |
| z | normales Faserpapier (1.7.1983) | | 1,— | 0,30 |
| | | FDC z | | 1,20 |

*Gültig bis 31.12.2002*

*Weitere Werte siehe Übersicht nach Jahrgangswerttabelle.*

**1983, 7. Sept. Bauwerke. Komb. StTdr. und RaTdr. (10×5, Querformat ~); Papier ph.; gez. K 11½.**

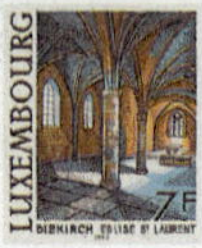


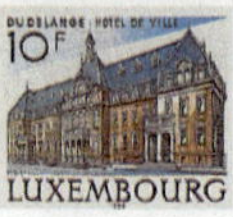


aad) St.-Laurentius-Kirche, Diekirch (erb. 12.–13. Jh.) aae) Rathaus, Düdelingen (erb. 1930–1932)

| | | | | |
|---|---|---|---|---|
| **1081** | 7 Fr mehrfarbig | aad | 0,50 | 0,30 |
| **1082** | 10 Fr mehrfarbig | aae | 0,70 | 0,30 |
| | | Satzpreis (2 W.) | 1,20 | 0,50 |
| | | FDC | | 1,50 |

Auflage: 1.000.000 Sätze

*Gültig bis 31.12.2002*

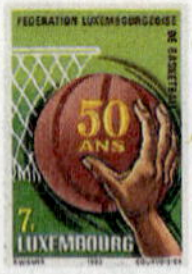


**1983, 7. Sept. 50 Jahre Luxemburger Basketballverband. RaTdr. (10×5); gez. K 11¾.**

aaf) Hand mit Basketball, Korb

| | | | | |
|---|---|---|---|---|
| **1083** | 7 Fr mehrfarbig | aaf | 0,60 | 0,40 |
| | | FDC | | 1,— |

Auflage: 700.000 Stück

*Gültig bis 31.12.2002*

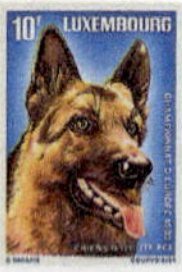


**1983, 7. Sept. Europameisterschaft für Gebrauchshunde. RaTdr. (10×5); gez. K 11¾.**

aag) Deutscher Schäferhund

| | | | | |
|---|---|---|---|---|
| **1084** | 10 Fr mehrfarbig | aag | 1,— | 0,40 |
| | | FDC | | 1,— |

Auflage: 1.000.000 Stück

*Gültig bis 31.12.2002*

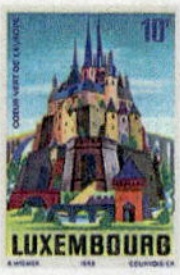


**1983, 7. Sept. Stadt Luxemburg „Grünes Herz Europas". RaTdr. (10×5); gez. K 11¾.**

aah) Künstlerische Darstellung der Stadt

| | | | | |
|---|---|---|---|---|
| **1085** | 10 Fr mehrfarbig | aah | 1,80 | 0,40 |
| | | FDC | | 6,— |

Auflage: 1.800.000 Stück

*Gültig bis 31.12.2002*

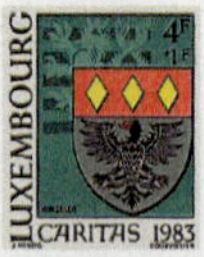


**1983, 5. Dez. Caritas: Gemeindewappen (III); Weihnachten. RaTdr. (4×5); gez. K 11½.**

aai) Winseler

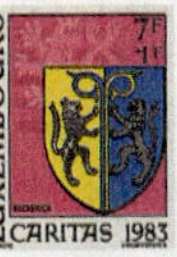

aak) Beckerich

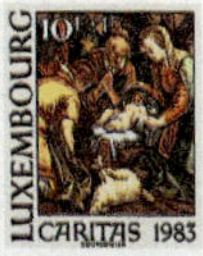

aal) Anbetung der Hirten; Altargemälde in der Kathedrale von Luxemburg

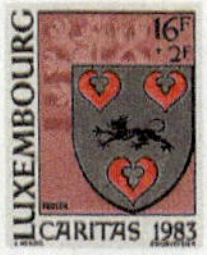

aam) Feulen

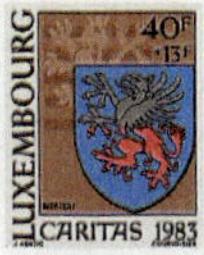

aan) Mertert

| | | | | |
|---|---|---|---|---|
| **1086** | 4 Fr + 1 Fr mehrfarbig | aai | 0,40 | 0,30 |
| **1087** | 7 Fr + 1 Fr mehrfarbig | aak | 0,50 | 0,50 |
| **1088** | 10 Fr + 1 Fr mehrfarbig | aal | 0,70 | 0,70 |
| **1089** | 16 Fr + 2 Fr mehrfarbig | aam | 1,20 | 2,50 |
| **1090** | 40 Fr + 13 Fr mehrfarbig | aan | 3,20 | 6,— |
| | | Satzpreis (5 W.) | 6,— | 10,— |
| | | FDC | | 10,— |

Auflage: 207.695 Sätze

*Gültig bis 31.12.1984*

**1984, 6. März. Jahresereignisse: 50 Jahre Verband der Luxemburger Philatelistenvereine; 75 Jahre Gewerkschaftsbewegung im öffentlichen Dienst; 75 Jahre Luxemburger Briefträgerverband; 125 Jahre Luxemburger Eisenbahn. StTdr.; gez. K 12¾:13.**

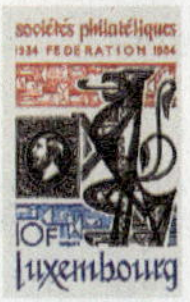

aao) Marke MiNr. 1

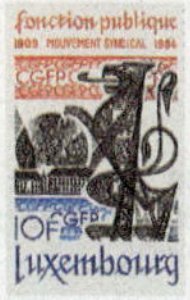

aap) Gebäude, Arbeiter

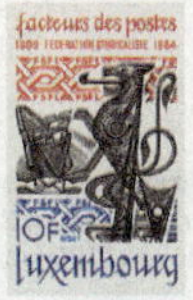

aar) Posttasche

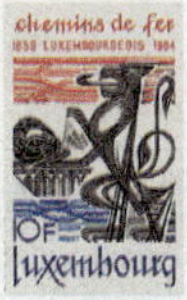

aas) Lokomotive

aao–aas) Löwe

| | | | | |
|---|---|---|---|---|
| **1091** | 10 Fr mehrfarbig | aao | 1,— | 0,30 |
| **1092** | 10 Fr mehrfarbig | aap | 1,— | 0,30 |
| **1093** | 10 Fr mehrfarbig | aar | 1,— | 0,30 |
| **1094** | 10 Fr mehrfarbig | aas | 1,— | 0,30 |
| | | Satzpreis (4 W.) | 4,— | 1,20 |
| | | FDC | | 2,50 |

Auflage: 800.000 Sätze

*Gültig bis 31.12.2002*

**1984, 6. März. Umweltschutz. RaTdr.; gez. K 11¾.**

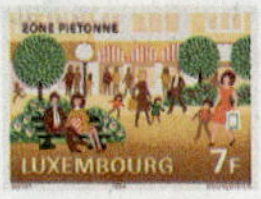

aat) Fußgängerzone

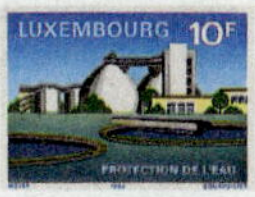

aau) Kläranlage

| | | | | |
|---|---|---|---|---|
| **1095** | 7 Fr mehrfarbig | aat | 0,80 | 0,50 |
| **1096** | 10 Fr mehrfarbig | aau | 0,80 | 0,50 |
| | | Satzpreis (2 W.) | 1,50 | 1,— |
| | | FDC | | 1,50 |

Auflage: 700.000 Sätze

*Gültig bis 31.12.2002*

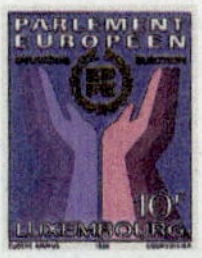


**1984, 6. März. Zweite Direktwahlen zum Europäischen Parlament. RaTdr. (3×4); gez. K 11¼.**

aav) Hände, Emblem

| | | | | |
|---|---|---|---|---|
| **1097** | 10 Fr mehrfarbig | aav | 1,— | 0,30 |
| | | FDC | | 1,50 |

Auflage: 1.620.000 Stück

*Gültig bis 31.12.2002*

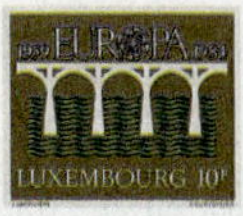


**1984, 7. Mai. Europa: 25 Jahre Europäische Konferenz der Verwaltungen für das Post- und Fernmeldewesen (CEPT). RaTdr. (5×10); gez. K 11½.**

aaw) Brücke

| | | | | |
|---|---|---|---|---|
| **1098** | 10 Fr mehrfarbig | aaw | 2,— | 0,50 |
| **1099** | 16 Fr mehrfarbig | aaw | 2,50 | 1,— |
| | | Satzpreis (2 W.) | 4,50 | 1,50 |
| | | FDC | | 2,50 |

Auflage: 600.000 Sätze

*Gültig bis 31.12.2002*

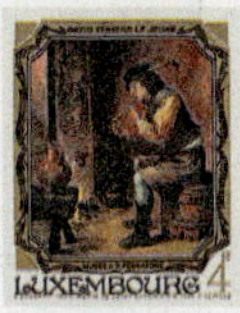


**1984, 7. Mai. Gemälde aus dem Jean-Pierre-Pescatore-Museum, Luxemburg. Komb. StTdr. und RaTdr. (10×5, Querformate ~); gez. K 14:13¾, Querformate ~.**

aax) Der Raucher; von David Teniers d. J. (1610–1690)

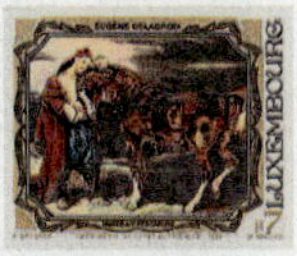

aay) Junger Türke mit Pferd; von Eugène Delacroix (1798–1863)

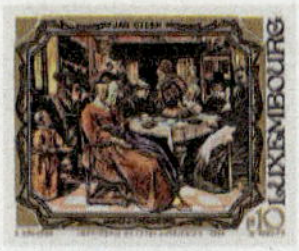

aaz) Dreikönigsfest; von Jan Steen (1626–1679)

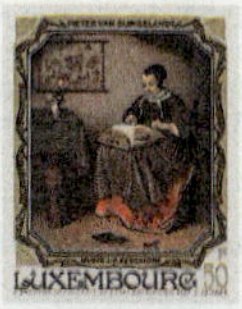

aba) Die Spitzenklöpplerin; von Pieter van Slingelandt (1640–1691)

| | | | | |
|---|---|---|---|---|
| **1100** | 4 Fr mehrfarbig | aax | 0,70 | 0,30 |
| **1101** | 7 Fr mehrfarbig | aay | 1,— | 0,30 |
| **1102** | 10 Fr mehrfarbig | aaz | 1,30 | 0,30 |
| **1103** | 50 Fr mehrfarbig | aba | 5,50 | 3,10 |
| | | Satzpreis (4 W.) | 8,50 | 4,— |
| | | FDC | | 5,— |

Auflage: 300.000 Sätze

*Gültig bis 31.12.2002*

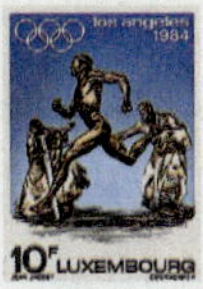


**1984, 7. Mai. Olympische Sommerspiele, Los Angeles. RaTdr. (10×5); gez. K 11½:11¾.**

abb) Der Wettlauf; Radierung von Jean Jacoby (1891–1936)

| | | | | |
|---|---|---|---|---|
| **1104** | 10 Fr mehrfarbig | abb | 1,— | 0,50 |
| | | FDC | | 1,20 |

Auflage: 800.000 Stück

*Gültig bis 31.12.2002*

**1984, 10. Sept. Erhaltung historischer Baudenkmäler. StTdr. (10×5); gez. K 11¾.**

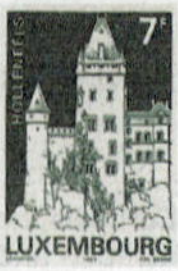


abc) Schloss Hollenfels

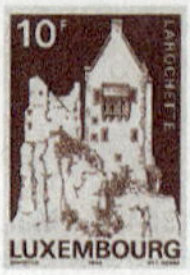


abd) Schloss Fels (Larochette)

| | | | | | |
|---|---|---|---|---|---|
| **1105** | 7 Fr | dunkelbläulichgrün | abc | 0,50 | 0,40 |
| **1106** | 10 Fr | dunkelrotbraun | abd | 0,60 | 0,40 |
| | | | Satzpreis (2 W.) | 1,10 | 0,80 |
| | | | FDC | | 1,50 |

Auflage: 1.000.000 Sätze

*Gültig bis 31.12.2002*

**1984, 10. Sept. Kultur: Fossilien. RaTdr. (10×5); gez. K 11½.**

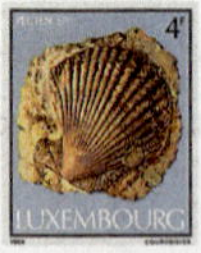


abe) Pecten sp.

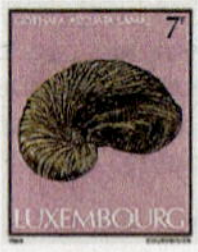


abf) Gryphaea arcuata

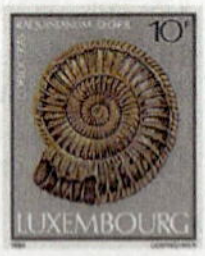


abg) Coeloceras raguinianum

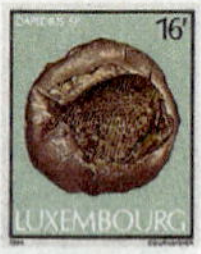


abh) Dapedius sp.

| | | | | | |
|---|---|---|---|---|---|
| **1107** | 4 Fr | mehrfarbig | abe | 0,50 | 0,30 |
| **1108** | 7 Fr | mehrfarbig | abf | 0,80 | 0,30 |
| **1109** | 10 Fr | mehrfarbig | abg | 1,— | 0,30 |
| **1110** | 16 Fr | mehrfarbig | abh | 1,50 | 0,90 |
| | | | Satzpreis (4 W.) | 3,80 | 1,80 |
| | | | FDC | | 3,50 |

Auflage: 500.000 Sätze

*Gültig bis 31.12.2002*

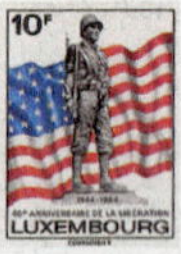


**1984, 10. Sept. 40. Jahrestag der Befreiung. RaTdr. (10×5); gez. K 12¼:12½.**

abi) GI-Denkmal, Clerf; Flagge der Vereinigten Staaten von Amerika

| | | | | | |
|---|---|---|---|---|---|
| **1111** | 10 Fr | mehrfarbig | abi | 1,80 | 0,40 |
| | | | FDC | | 2,50 |

Auflage: 1.000.000 Stück

*Gültig bis 31.12.2002*

**1984, 5. Dez. Caritas: Kinderporträts (I); Weihnachten. RaTdr. (5×4); gez. K 11½.**

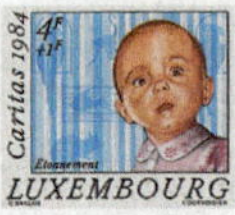


abk) Staunendes Kind

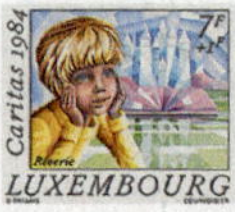


abl) Träumendes Kind

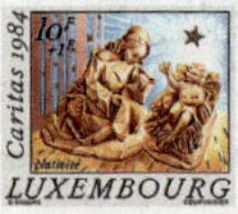


abm) Christi Geburt; Weihnachtskrippe in der Pfarrkirche von Steinsel

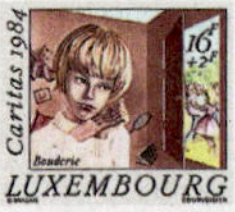


abn) Schmollendes Kind

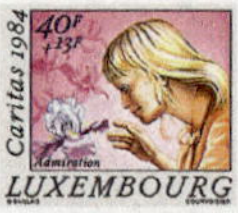


abo) Mädchen bewundert Blume

| | | | | | |
|---|---|---|---|---|---|
| **1112** | 4 Fr + 1 Fr | mehrfarbig | abk | 0,50 | 0,50 |
| **1113** | 7 Fr + 1 Fr | mehrfarbig | abl | 0,70 | 1,— |
| **1114** | 10 Fr + 1 Fr | mehrfarbig | abm | 1,— | 0,70 |
| **1115** | 16 Fr + 2 Fr | mehrfarbig | abn | 2,40 | 3,50 |
| **1116** | 40 Fr + 13 Fr | mehrfarbig | abo | 8,— | 10,— |
| | | | Satzpreis (5 W.) | 12,— | 15,— |
| | | | FDC | | 17,— |

Auflage: 192.814 Sätze

*Gültig bis 31.12.1985*

**1985, 4. März. Kultur: Medaillen (I). RaTdr. (10×5); gez. K 11½:11¾.**

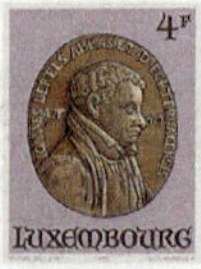


abp) Johannes Bertels (1544 bis 1607), Abt und Historiker; Speckstein (1595)

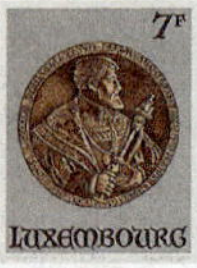


abr) Kaiser Karl V. (1500–1558); Bronzemedaille (1537)

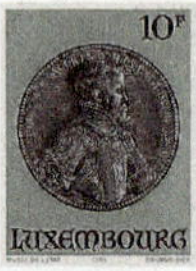


abs) König Philipp II. (1527–1598); Silbermedaille (1555)

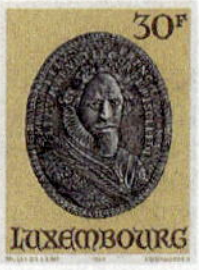


abt) Graf Moritz von Oranien-Nassau (1567–1625); Silbermedaille (1615)

| | | | | | |
|---|---|---|---|---|---|
| **1117** | 4 Fr | mehrfarbig | abp | 0,50 | 0,30 |
| **1118** | 7 Fr | mehrfarbig | abr | 0,50 | 0,30 |
| **1119** | 10 Fr | mehrfarbig | abs | 0,50 | 0,30 |
| **1120** | 30 Fr | mehrfarbig | abt | 2,— | 1,10 |
| | | | Satzpreis (4 W.) | 3,50 | 2,— |
| | | | FDC | | 3,50 |

Auflage: 400.000 Sätze

*Gültig bis 31.12.2002*

**1985, 4. März. Jahresereignisse: 50 Jahre Luxemburger Fechtverband; 100 Jahre Automobil; 100 Jahre Fernsprechdienst in Luxemburg. RaTdr. (5×10); gez. K 11¾.**

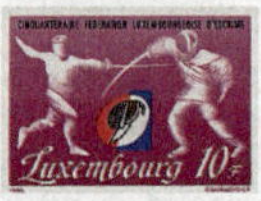


abu) Fechtkampf, Verbandsemblem

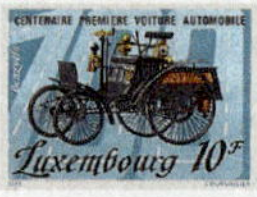


abv) Benz-Vélo (1895)

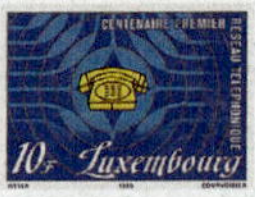


abw) Telefon

| | | | | | |
|---|---|---|---|---|---|
| **1121** | 10 Fr | mehrfarbig | abu | 0,80 | 0,40 |
| **1122** | 10 Fr | mehrfarbig | abv | 0,80 | 0,40 |
| **1123** | 10 Fr | mehrfarbig | abw | 0,80 | 0,40 |
| | | | Satzpreis (3 W.) | 2,40 | 1,— |
| | | | FDC | | 2,— |

Auflage: 800.000 Sätze

*Gültig bis 31.12.2002*

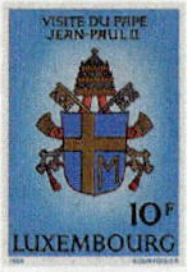


**1985, 4. März. Besuch von Papst Johannes Paul II. in Luxemburg. RaTdr. (5×5); gez. K 11¾.**

abx) Päpstliches Wappen

| | | | | | |
|---|---|---|---|---|---|
| **1124** | 10 Fr | mehrfarbig | abx | 0,70 | 0,30 |
| | | | FDC | | 1,50 |

Auflage: 1.000.000 Stück

*Gültig bis 31.12.2002*

**1985, 8. Mai. Europa: Europäisches Jahr der Musik. RaTdr. (5×10); gez. K 11½.**

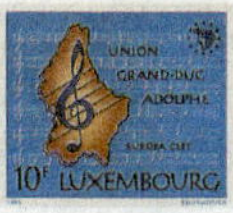

aby) Violinschlüssel, Landkarte von Luxemburg, Anfangstakte der Nationalhymne

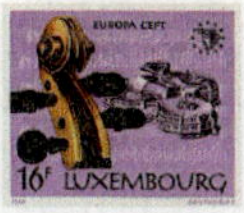

abz) Hals einer Violine, Musikkonservatorium, Noten aus Violinkonzert op. 61 von Beethoven

| | | | | |
|---|---|---|---|---|
| **1125** | 10 Fr mehrfarbig | aby | 2,— | 0,50 |
| **1126** | 16 Fr mehrfarbig | abz | 3,— | 1,— |
| | | Satzpreis (2 W.) | 5,— | 1,50 |
| | | FDC | | 3,— |

Auflage: 600.000 Sätze

*Gültig bis 31.12.2002*

**1985, 8. Mai. Blockausgabe: 40. Jahrestag des Waffenstillstands. RaTdr.; gez. Ks 11¾.**

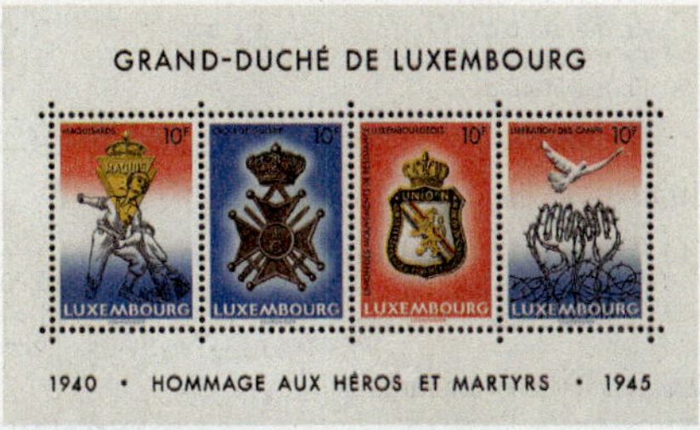


ace

aca) Skulptur; Emblem der „Maquisards"
acb) Kriegsverdienstkreuz
acc) Emblem der Widerstandsbewegung „UNIO'N"
acd) Hände aus Stacheldraht, Friedenstaube

| | | | | |
|---|---|---|---|---|
| **1127** | 10 Fr mehrfarbig | aca | 0,80 | 0,80 |
| **1128** | 10 Fr mehrfarbig | acb | 0,80 | 0,80 |
| **1129** | 10 Fr mehrfarbig | acc | 0,80 | 0,80 |
| **1130** | 10 Fr mehrfarbig | acd | 0,80 | 0,80 |
| **Block 14** | (120×72 mm) | ace | 4,— | 4,— |
| | | FDC | | 4,50 |

Auflage: 317.779 Blocks

*Gültig bis 31.12.2002*

**1985, 23. Sept. Erhaltung historischer Baudenkmäler. StTdr. (5×10, Hochformat ~); gez. K 11¾.**

acf) Orangerie, Echternach

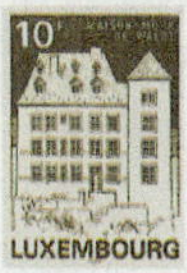

acg) Haus Mohr von Waldt, Luxemburg

| | | | | |
|---|---|---|---|---|
| **1131** | 7 Fr dunkelorangerot | acf | 0,50 | 0,30 |
| **1132** | 10 Fr dunkeloliv | acg | 0,50 | 0,30 |
| | | Satzpreis (2 W.) | 1,— | 0,50 |
| | | FDC | | 1,50 |

Auflage: 1.000.000 Sätze

*Gültig bis 31.12.2002*

**1985, 23. Sept. Geschützte Tiere. RaTdr. (10×5, Querformate ~); gez. K 11½:11¾, Querformate ~.**

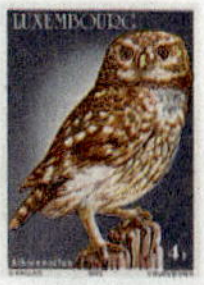

ach) Steinkauz (Athene noctua)

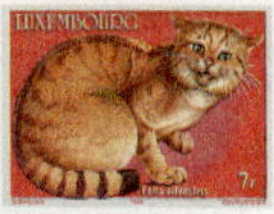

aci) Wildkatze (Felis silvestris)

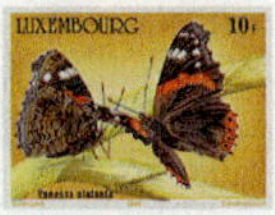

ack) Admiral (Vanessa atalanta)

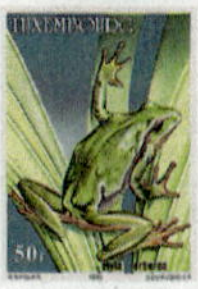

acl) Laubfrosch (Hyla arborea)

| | | | | |
|---|---|---|---|---|
| **1133** | 4 Fr mehrfarbig | ach | 1,— | 0,50 |
| **1134** | 7 Fr mehrfarbig | aci | 2,— | 0,50 |
| **1135** | 10 Fr mehrfarbig | ack | 2,60 | 0,50 |
| **1136** | 50 Fr mehrfarbig | acl | 6,50 | 1,50 |
| | | Satzpreis (4 W.) | 12,— | 3,— |
| | | FDC | | 10,— |

Auflage: 500.000 Sätze

*Gültig bis 31.12.2002*

**1985, 23. Sept. Nationalbibliothek, Luxemburg. Komb. StTdr. und RaTdr. (10×5); gez. K 13¾.**

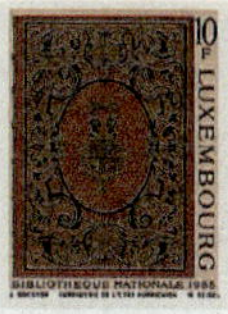

acm) Bucheinband der Mansfeld-Sammlung

| | | | | |
|---|---|---|---|---|
| **1137** | 10 Fr mehrfarbig | acm | 0,70 | 0,30 |
| | | FDC | | 1,— |

Auflage: 1.000.000 Stück

*Gültig bis 31.12.2002*

**1985, 5. Dez. Caritas: Kinderporträts (II); Weihnachten. RaTdr. (5×4); gez. K 11½.**

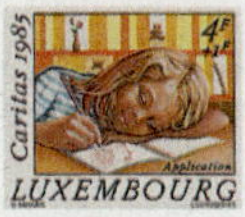

acn) Zeichnendes Mädchen

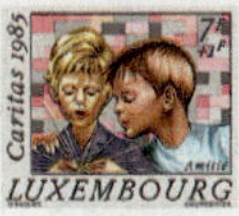

aco) Zwei Jungen beim Basteln

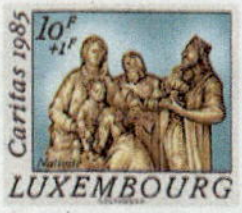

acp) Anbetung der Könige; Alabaster-Skulptur (16. Jh.)

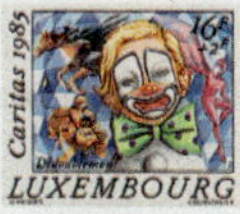

acr) Junge als Clown

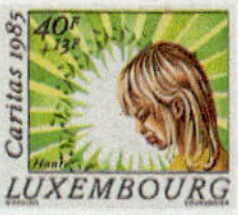

acs) Mädchen in bedrückter Stimmung

| | | | | |
|---|---|---|---|---|
| **1138** | 4 Fr + 1 Fr mehrfarbig | acn | 0,50 | 0,50 |
| **1139** | 7 Fr + 1 Fr mehrfarbig | aco | 0,70 | 0,70 |
| **1140** | 10 Fr + 1 Fr mehrfarbig | acp | 1,— | 1,— |
| **1141** | 16 Fr + 2 Fr mehrfarbig | acr | 2,80 | 2,80 |
| **1142** | 40 Fr + 13 Fr mehrfarbig | acs | 9,— | 9,— |
| | | Satzpreis (5 W.) | 14,— | 14,— |
| | | FDC | | 17,— |

Auflage: 181.069 Sätze

*Gültig bis 31.12.1986*

**1986, 3. März. Kultur: Medaillen (II). RaTdr. (10×5); gez. K 11½:11¾.**

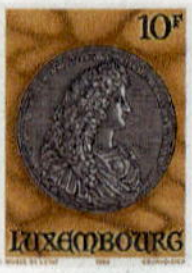


act) Don Juan-Domingo de Zúniga y Fonseca, Graf von Monterey; Silbermedaille (1675)

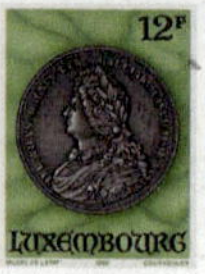


acu) König Ludwig XIV. (1638–1715); Silbermedaille (1684)

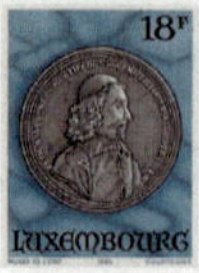


acv) Peter von Weyms (1610 bis 1650), Provinzialrats-Präsident; Zinnmedaille (1700)

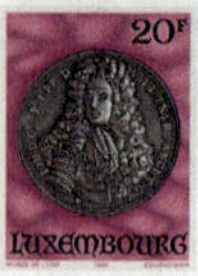


acw) John Churchill, Herzog von Marlborough (1620–1722); Silbermedaille (18. Jh.)

| | | | | |
|---|---|---|---|---|
| **1143** | 10 Fr mehrfarbig | act | 0,70 | 0,50 |
| **1144** | 12 Fr mehrfarbig | acu | 0,80 | 0,30 |
| **1145** | 18 Fr mehrfarbig | acv | 1,20 | 0,70 |
| **1146** | 20 Fr mehrfarbig | acw | 1,50 | 1,— |
| | | Satzpreis (4 W.) | 4,20 | 2,50 |
| | | FDC | | 4,— |

Auflage: 600.000 Sätze

*Gültig bis 31.12.2002*

**1986, 3. März. Jahresereignisse: 100 Jahre Staatsbad Mondorf; 100 Jahre Luxemburger Landesverband für Bienenzucht; 50 Jahre Luxemburger Tischtennisverband (FLTT). RaTdr. (10×5, Querformat ~); gez. K 11½:11¾, Querformat ~.**

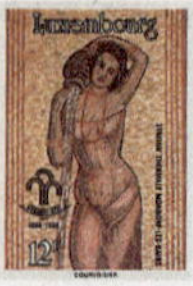


acx) Frau mit Wasserkrug; Mosaik im Kurgebäude

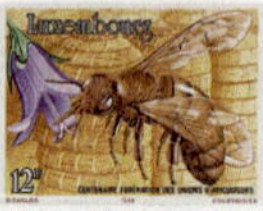


acy) Honigbiene (Apis mellifera), Blüte, Körbe

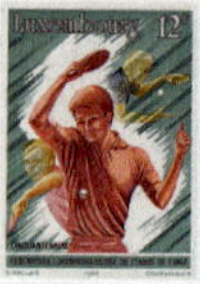


acz) Tischtennisspieler

| | | | | |
|---|---|---|---|---|
| **1147** | 12 Fr mehrfarbig | acx | 1,20 | 0,70 |
| **1148** | 12 Fr mehrfarbig | acy | 1,20 | 0,70 |
| **1149** | 12 Fr mehrfarbig | acz | 1,20 | 0,70 |
| | | Satzpreis (3 W.) | 3,60 | 2,— |
| | | FDC | | 2,50 |

Auflage: 800.000 Sätze

*Gültig bis 31.12.2002*

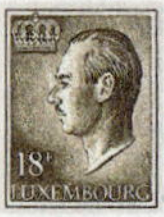


**1986, 3. März. Freimarke: Großherzog Jean von Luxemburg. StTdr. auf normalem Papier mit Fasereinschlüssen; gez. K 11¾.**

ks) Großherzog Jean von Luxemburg (1921–2019, reg. 1964–2000)

| | | | | |
|---|---|---|---|---|
| **1150** | 18 Fr braunoliv | ks | 1,— | 0,50 |
| | | FDC | | 2,— |

*Gültig bis 31.12.2002*

*Weitere Werte siehe Übersicht nach Jahrgangswerttabelle.*

**1986, 5. Mai. Europa: Natur- und Umweltschutz. RaTdr. (10×5); gez. K 11¾.**

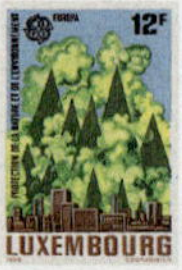


ada) Wald und Stadt

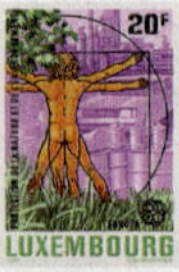


adb) Mensch und Industrie

| | | | | |
|---|---|---|---|---|
| **1151** | 12 Fr mehrfarbig | ada | 1,70 | 0,30 |
| **1152** | 20 Fr mehrfarbig | adb | 2,50 | 1,20 |
| | | Satzpreis (2 W.) | 4,20 | 1,50 |
| | | FDC | | 3,— |

Auflage: 1.000.000 Sätze

*Gültig bis 31.12.2002*

**1986, 5. Mai/1991, 9. Dez. Festung Luxemburg. RaTdr. (5×10, Hochformate ~); x = normales Papier, y = Papier fl.; gez. K 11¾.**

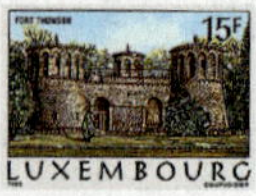


adc) Fort Thungen

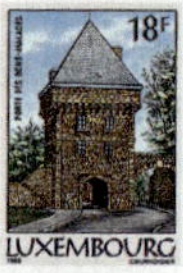


add) Porte des Bons-Malades

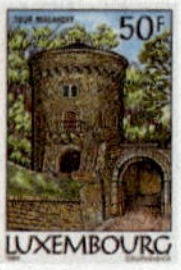


ade) Malakoff-Turm

**x = normales Papier (5.5.1986)**

| | | | | | |
|---|---|---|---|---|---|
| **1153** | **x** | 15 Fr mehrfarbig | adc | 1,50 | 0,50 |
| **1154** | **x** | 18 Fr mehrfarbig | add | 1,70 | 0,50 |
| **1155** | **x** | 50 Fr mehrfarbig | ade | 3,60 | 1,— |
| | | | Satzpreis x (3 W.) | 6,80 | 2,— |
| | | | FDC x | | 5,— |

**y = Papier fl.**

| | | | | | |
|---|---|---|---|---|---|
| **1153** | **y** | 15 Fr mehrfarbig (9.12.1991) | adc | 2,50 | 1,— |
| **1154** | **y** | 18 Fr mehrfarbig (1989) | add | 2,50 | 0,70 |
| **1155** | **y** | 50 Fr mehrfarbig (1987) | ade | 5,— | 1,30 |
| | | | Satzpreis y (3 W.) | 10,— | 3,— |

Auflage: MiNr. 1153 x–1155 x = 500.000 Sätze

*Gültig bis 31.12.2002*

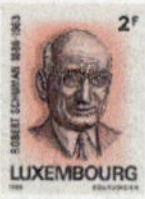


**1986, 26. Juni. 100. Geburtstag von Robert Schuman. RaTdr., Markenheftchen (2×2); dreiseitig gez. K 11¾.**

adf) Robert Schuman (1886-1963), französischer Politiker

| | | | | | |
|---|---|---|---|---|---|
| **1156** | | 2 Fr | schwarz/hellrot | adf | |
| | **Do** | | dreiseitig gez. (⌷) | 0,30 | 0,30 |
| | **Du** | | dreiseitig gez. (⌷) | 0,30 | 0,30 |
| **1157** | | 10 Fr | schwarz/hellcyanblau | adf | |
| | **Do** | | dreiseitig gez. (⌷) | 0,50 | 0,50 |
| | **Du** | | dreiseitig gez. (⌷) | 0,50 | 0,50 |
| | | | Satzpreis (2 W.) | 0,80 | 0,80 |
| | | | FDC | | 6,50 |

MiNr. 1156–1157 stammen aus MH 1.

Auflage: 2.500.000 Sätze

*Gültig bis 31.12.2002*

**1986, 15. Sept. 800. Geburtstag von Gräfin Ermesinde von Luxemburg. Komb. StTdr. und Odr. (10×5); gez. K 14.**

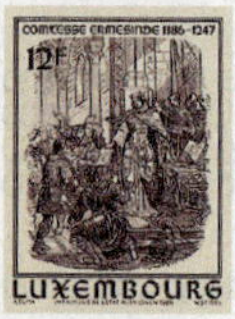


adg) Übergabe der Freiheitsurkunde an die Bürger von Echternach (1236)

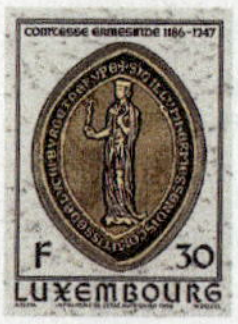


adh) Gräfliches Siegel (1238)

| | | | | |
|---|---|---|---|---|
| **1158** | 12 Fr hellchromgelb/schwarzbraun | adg | 0,60 | 0,30 |
| **1159** | 30 Fr mehrfarbig | adh | 1,60 | 1,10 |
| | | Satzpreis (2 W.) | 2,20 | 1,40 |
| | | FDC | | 2,50 |

Auflage: 800.000 Sätze

*Gültig bis 31.12.2002*

**1986, 15. Sept. Sehenswürdigkeiten. Komb. StTdr. und RaTdr. (5×10); gez. K 14:13¾.**

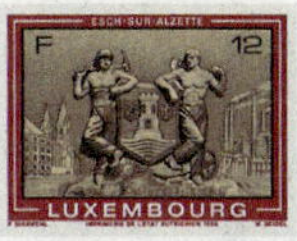


adi) Relief an der Vorderfront des Rathauses von Esch/Alzette

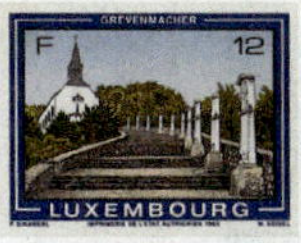


adk) Aufgang zur Kreuzkapelle in Grevenmacher

| | | | | |
|---|---|---|---|---|
| **1160** | 12 Fr mehrfarbig | adi | 0,90 | 0,30 |
| **1161** | 12 Fr mehrfarbig | adk | 0,90 | 0,30 |
| | | Satzpreis (2 W.) | 1,80 | 0,60 |
| | | FDC | | 1,50 |

Auflage: 1.000.000 Sätze

*Gültig bis 31.12.2002*

*Weitere Werte siehe Übersicht nach Jahrgangswerttabelle.*

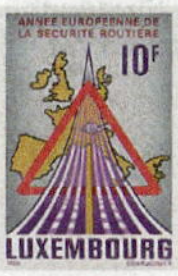


**1986, 15. Sept. Europäisches Jahr der Verkehrssicherheit. RaTdr. (10×5); gez. K 11¾.**

adl) Straße, Warnschild, Karte der EG-Länder

| | | | | |
|---|---|---|---|---|
| **1162** | 10 Fr mehrfarbig | adl | 0,70 | 0,30 |
| | | FDC | | 1,50 |

Auflage: 800.000 Stück

*Gültig bis 31.12.2002*

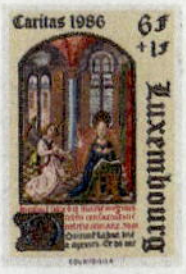


**1986, 8. Dez. Caritas: Miniaturen aus Stundenbüchern (I). RaTdr. (4×5); gez. K 11¾.**

adm) Mariä Verkündigung

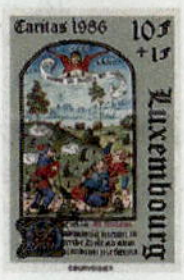


adn) Verkündigung an die Hirten

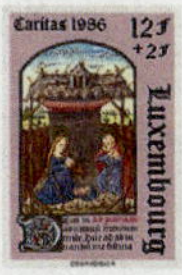


ado) Christi Geburt

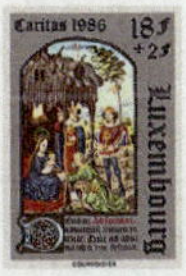


adp) Anbetung der Könige

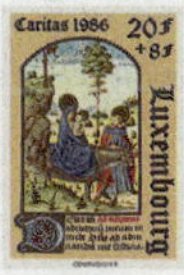


adr) Flucht nach Ägypten

adm–adr) Lateinisches Stundenbuch (15. Jh.); Nationalbibliothek

| | | | | |
|---|---|---|---|---|
| **1163** | 6 Fr + 1 Fr mehrfarbig | adm | 0,80 | 0,80 |
| **1164** | 10 Fr + 1 Fr mehrfarbig | adn | 1,— | 1,— |
| **1165** | 12 Fr + 2 Fr mehrfarbig | ado | 1,20 | 1,20 |
| **1166** | 18 Fr + 2 Fr mehrfarbig | adp | 3,— | 3,— |
| **1167** | 20 Fr + 8 Fr mehrfarbig | adr | 5,— | 5,— |
| | | Satzpreis (5 W.) | 11,— | 11,— |
| | | FDC | | 13,— |

Auflage: 184.275 Sätze

*Gültig bis 31.12.2002*

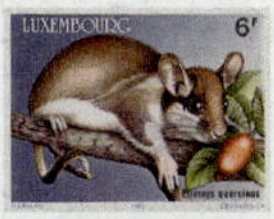


**1987, 9. März. Europäisches Jahr der Umwelt. RaTdr. (5×10, Hochformate ~); Papier fl.; gez. K 11¾:11½, Hochformate ~.**

ads) Gartenschläfer (Eliomys quercinus)

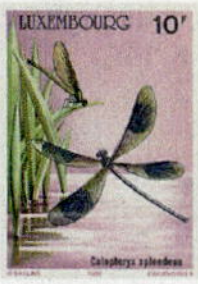


adt) Gebänderte Prachtlibelle (Calopteryx splendens)

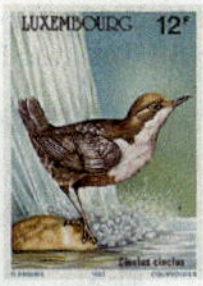


adu) Wasseramsel (Cinclus cinclus)

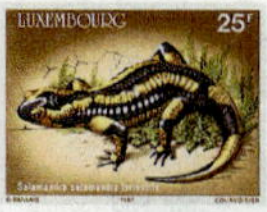


adv) Feuersalamander (Salamandra salamandra terrestris)

| | | | | |
|---|---|---|---|---|
| **1168** | 6 Fr mehrfarbig | ads | 1,— | 0,50 |
| **1169** | 10 Fr mehrfarbig | adt | 1,30 | 0,50 |
| **1170** | 12 Fr mehrfarbig | adu | 1,70 | 1,— |
| **1171** | 25 Fr mehrfarbig | adv | 3,— | 1,50 |
| | | Satzpreis (4 W.) | 7,— | 3,50 |
| | | FDC | | 4,— |

Auflage: 1.000.000 Sätze

*Gültig bis 31.12.2002*

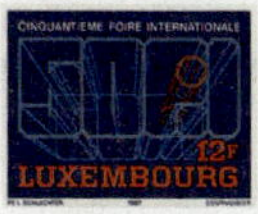


**1987, 9. März. Internationale Messe, Luxemburg. RaTdr.; Papier fl.; gez. K 11¾:11½.**

adw) Messe-Emblem

| | | | | |
|---|---|---|---|---|
| **1172** | 12 Fr mehrfarbig | adw | 1,— | 0,30 |
| | | FDC | | 1,— |

Auflage: 1.000.000 Stück

*Gültig bis 31.12.2002*

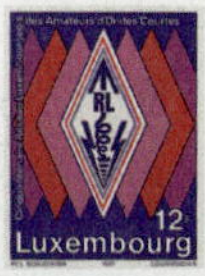


**1987, 9. März. 50 Jahre Luxemburger Funkamateure. RaTdr. (10×5); Papier fl.; gez. K 11½:11¾.**

adx) Emblem

| | | | | |
|---|---|---|---|---|
| **1173** | 12 Fr mehrfarbig | adx | 1,— | 0,30 |
| | | FDC | | 1,— |

Auflage: 1.000.000 Stück

*Gültig bis 31.12.2002*

**1987, 4. Mai. Europa: Moderne Architektur. RaTdr.; Papier fl.; gez. K 11½.**

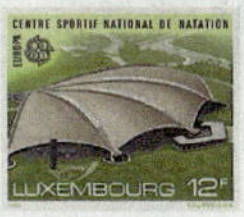


ady) Olympia-Schwimmhalle; von Roger Taillibert (1926–2019), französischer Architekt

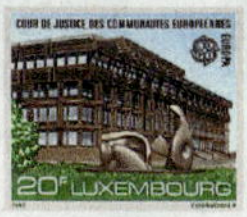


adz) Europäischer Gerichtshof mit Skulptur von Henry Moore (1898–1986), britischer Bildhauer und Graphiker

| | | | | |
|---|---|---|---|---|
| **1174** | 12 Fr mehrfarbig | ady | 2,— | 0,50 |
| **1175** | 20 Fr mehrfarbig | adz | 2,50 | 1,50 |
| | | Satzpreis (2 W.) | 4,50 | 2,— |
| | | FDC | | 2,50 |

Auflage: 1.000.000 Sätze

*Gültig bis 31.12.2002*

**1987, 4. Mai. 1000 Jahre Sankt-Michaelis-Kirche, Luxemburg. Komb. StTdr. und RaTdr. (10×5); Rahmen fl.; gez. K 14.**

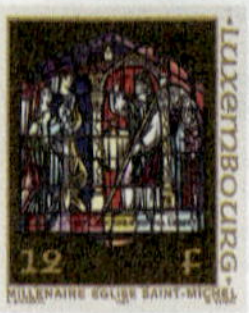


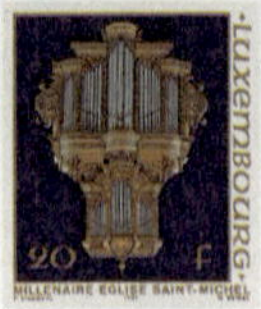


aea) Kirchweihe durch Erzbischof Egbert von Trier (987); Glasfenster der Kirche St. Michaelis

aeb) Barocker Orgelprospekt (17. Jh.)

| | | | | |
|---|---|---|---|---|
| **1176** | 12 Fr mehrfarbig | aea | 1,— | 0,30 |
| **1177** | 20 Fr mehrfarbig | aeb | 1,50 | 0,90 |
| | Satzpreis (2 W.) | | 2,50 | 1,20 |
| | FDC | | | 2,— |

Auflage: 800.000 Sätze

*Gültig bis 31.12.2002*

**1987, 4. Mai. Alte Gemälde. RaTdr. (10×5); Papier fl.; gez. K 11½:11¾.**

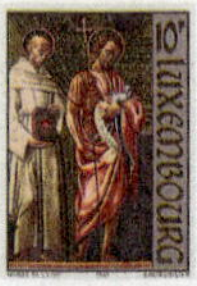


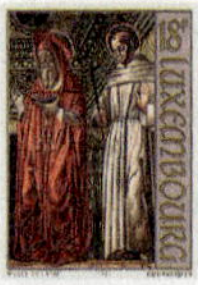


aec) Hl. Bernardin von Siena und hl. Johannes der Täufer

aed) Hl. Hieronymus und hl. Franz von Assisi

aec–aed) Altargemälde von Giovanni Ambrogio Bevilacqua (tätig 1485–1512), italienischer Maler

| | | | | |
|---|---|---|---|---|
| **1178** | 10 Fr mehrfarbig | aec | 0,70 | 0,50 |
| **1179** | 18 Fr mehrfarbig | aed | 1,30 | 1,— |
| | Satzpreis (2 W.) | | 2,— | 1,50 |
| | FDC | | | 2,— |

Auflage: 1.000.000 Sätze

*Gültig bis 31.12.2002*

**1987, 14. Sept. Europäische Kampagne für den ländlichen Raum: Ländliche Architektur. Komb. StTdr. und Odr. (5×10); Papier fl.; gez. K 13¼.**

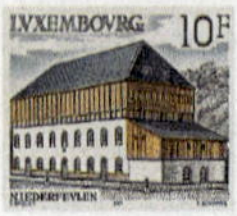


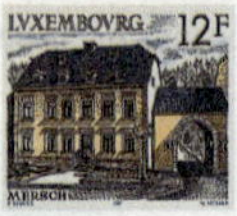


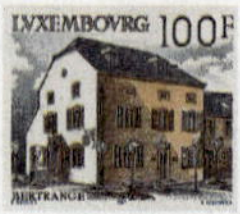


aee) Hennesbau, Niederfeulen

aef) Bürgerhaus, Mersch

aeg) Postamt, Bartringen

| | | | | |
|---|---|---|---|---|
| **1180** | 10 Fr mehrfarbig | aee | 0,70 | 0,50 |
| **1181** | 12 Fr mehrfarbig | aef | 0,80 | 0,50 |
| **1182** | 100 Fr mehrfarbig | aeg | 5,— | 1,50 |
| | Satzpreis (3 W.) | | 6,50 | 2,50 |
| | FDC | | | 7,50 |

Auflage: 1.000.000 Sätze

*Gültig bis 31.12.2002*

**1987, 14. Sept. Abgeordnetenkammer. StTdr. (10×5); Rahmen fl.; gez. K 14¼:14.**

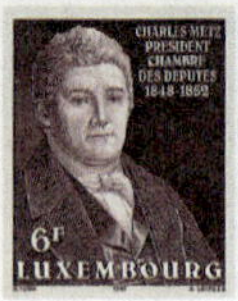


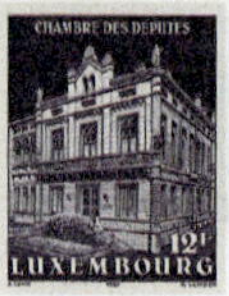


aeh) Charles Metz (1799–1853), erster Präsident der Abgeordnetenkammer

aei) Gebäude der Abgeordnetenkammer

| | | | | |
|---|---|---|---|---|
| **1183** | 6 Fr schwarzlilapurpur | aeh | 0,40 | 0,30 |
| **1184** | 12 Fr schwarzblau | aei | 0,80 | 0,40 |
| | Satzpreis (2 W.) | | 1,20 | 0,70 |
| | FDC | | | 1,20 |

Auflage: 1.000.000 Sätze

*Gültig bis 31.12.2002*

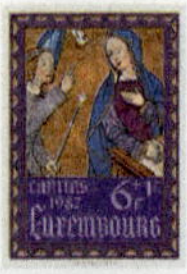


**1987, 1. Dez. Caritas: Miniaturen aus Stundenbüchern (II). RaTdr. (4×5); Papier fl.; gez. K 11¾.**

aek) Mariä Verkündigung

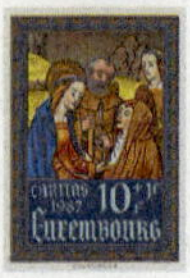


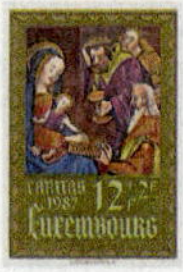


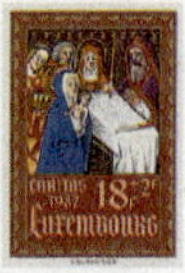


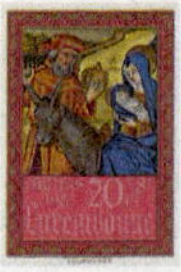


ael) Mariä Heimsuchung

aem) Anbetung der Könige

aen) Beschneidung des Herrn

aeo) Flucht nach Ägypten

aek–aeo) Pergament-Handschrift (15. Jh.); Nationalbibliothek

| | | | | |
|---|---|---|---|---|
| **1185** | 6 Fr + 1 Fr mehrfarbig | aek | 1,— | 1,— |
| **1186** | 10 Fr + 1 Fr mehrfarbig | ael | 1,50 | 1,50 |
| **1187** | 12 Fr + 2 Fr mehrfarbig | aem | 2,— | 2,— |
| **1188** | 18 Fr + 2 Fr mehrfarbig | aen | 3,— | 3,— |
| **1189** | 20 Fr + 8 Fr mehrfarbig | aeo | 6,— | 6,— |
| | Satzpreis (5 W.) | | 13,— | 13,— |
| | FDC | | | 14,— |

Auflage: 176.964 Sätze

*Gültig bis 31.12.2002*

**1988, 8. Febr. Kultur: Blumengemälde. RaTdr. (10×5); Papier fl.; gez. K 11½:11¾.**

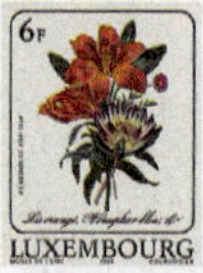


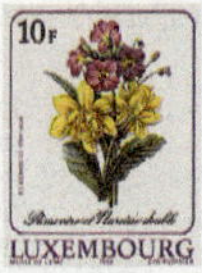


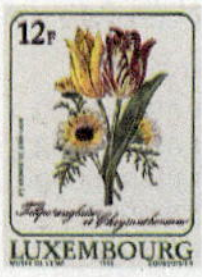


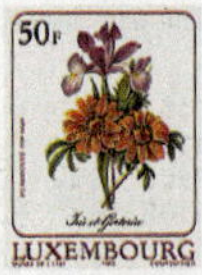


aep) Feuerlilie und Seerose

aer) Primel und Narzisse

aes) Tulpe und Chrysantheme

aet) Schwertlilie und Gorteria

aep–aet) Gemälde von Pierre-Joseph Redouté (1759–1840), französischer Zeichner

| | | | | |
|---|---|---|---|---|
| **1190** | 6 Fr mehrfarbig | aep | 1,— | 0,50 |
| **1191** | 10 Fr mehrfarbig | aer | 1,— | 0,50 |
| **1192** | 12 Fr mehrfarbig | aes | 1,50 | 0,60 |
| **1193** | 50 Fr mehrfarbig | aet | 5,— | 2,50 |
| | Satzpreis (4 W.) | | 8,50 | 4,— |
| | FDC | | | 6,— |

Auflage: 1.000.000 Sätze

*Gültig bis 31.12.2002*

**1988, 8. Febr. Transport: Europäische Transportminister-Konferenz (CEMT), Luxemburg; 25 Jahre Europäische Organisation für Flugsicherheit (EUROCONTROL). RaTdr. (5×10); Papier fl.; gez. K 11¾:12.**

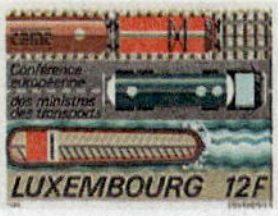


aeu) Güterzug, Tanklastwagen, Prahm

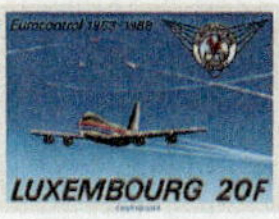


aev) Flugzeuge, Emblem

| | | | | |
|---|---|---|---|---|
| **1194** | 12 Fr mehrfarbig | aeu | 1,— | 0,50 |
| **1195** | 20 Fr mehrfarbig | aev | 1,50 | 1,— |
| | | Satzpreis (2 W.) | 2,50 | 1,50 |
| | | FDC | | 2,50 |

Auflage: 1.000.000 Sätze

*Gültig bis 31.12.2002*

**1988, 29. März. Blockausgabe: Internationale Jugend-Briefmarkenausstellung JUVALUX '88, Luxemburg. RaTdr.; Papier fl.; gez. Ks 12:11¾.**

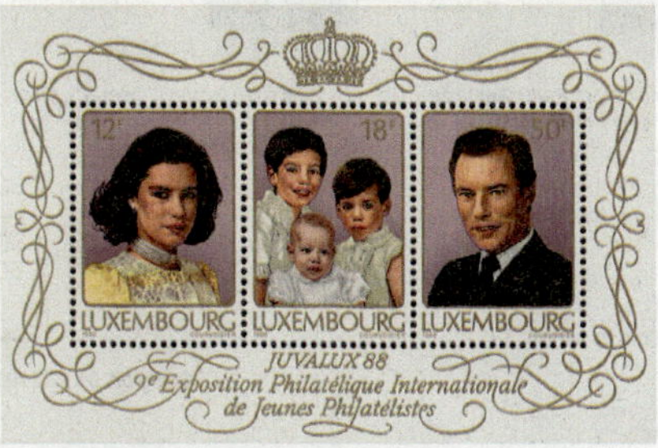


aez

aew) Erbgroßherzogin Maria Teresa
aex) Prinzen Guillaume, Félix und Louis
aey) Erbgroßherzog Henri, Schirmherr der Ausstellung

| | | | | |
|---|---|---|---|---|
| **1196** | 12 Fr mehrfarbig | aew | 1,— | 1,— |
| **1197** | 18 Fr mehrfarbig | aex | 1,50 | 1,50 |
| **1198** | 50 Fr mehrfarbig | aey | 2,50 | 2,50 |
| **Block 15** | (110×72 mm) | aez | 7,50 | 7,50 |
| | | FDC | | 9,— |

Auflage: 257.404 Blocks

*Gültig bis 31.12.2002*

**1988, 6. Juni. Europa: Transport- und Kommunikationsmittel. RaTdr.; Papier fl.; gez. K 11½.**

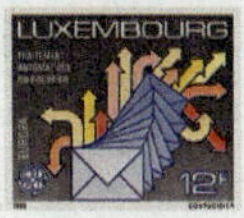


afa) Briefe, Pfeile

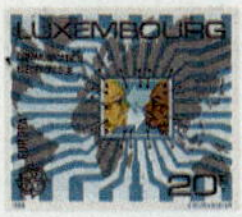


afb) Weltkarte, Köpfe im Mikrochip

| | | | | |
|---|---|---|---|---|
| **1199** | 12 Fr mehrfarbig | afa | 2,— | 0,50 |
| **1200** | 20 Fr mehrfarbig | afb | 2,— | 2,50 |
| | | Satzpreis (2 W.) | 4,— | 3,— |
| | | FDC | | 3,50 |

Auflage: 1.000.000 Sätze

*Gültig bis 31.12.2002*

**1988, 6. Juni. Sehenswürdigkeiten. Komb. StTdr. und Odr. (5×10, Hochformat ~); Papier fl.; gez. K 13¼:13½, Hochformat ~.**

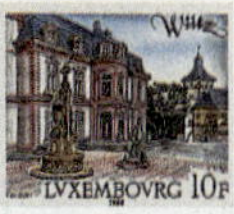


afc) Rathaus mit Justizkreuz, Wiltz

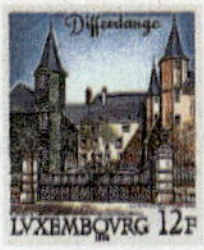


afd) Schloss von Differdingen

| | | | | |
|---|---|---|---|---|
| **1201** | 10 Fr mehrfarbig | afc | 1,— | 0,50 |
| **1202** | 12 Fr mehrfarbig | afd | 1,40 | 0,50 |
| | | Satzpreis (2 W.) | 2,40 | 1,— |
| | | FDC | | 2,— |

Auflage: 1.000.000 Sätze

*Gültig bis 31.12.2002*

*Weitere Werte siehe Übersicht nach Jahrgangswerttabelle.*

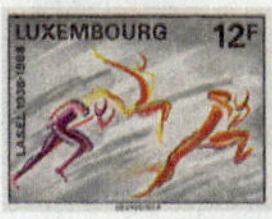


**1988, 6. Juni. 50 Jahre Liga der Luxemburger Studenten-Sportvereine (LASEL). RaTdr. (5×10); Papier fl.; gez. K 11¾:11½.**

afe) Sportler (Gemälde)

| | | | | |
|---|---|---|---|---|
| **1203** | 12 Fr mehrfarbig | afe | 1,30 | 0,40 |
| | | FDC | | 1,50 |

Auflage: 1.000.000 Stück

*Gültig bis 31.12.2002*

**1988, 12. Sept. Portale aus dem 18. Jahrhundert. Komb. StTdr. und Odr. (10×5); Rahmen fl.; gez. K 14.**

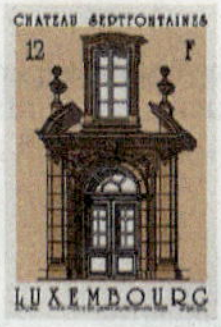


aff) Schloss Septfontaines

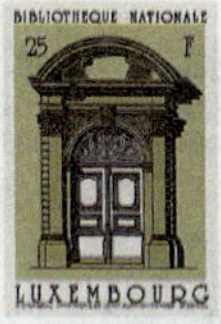


afg) Nationalbibliothek

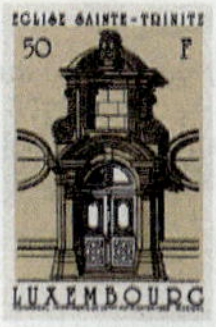


afh) Dreifaltigkeitskirche

| | | | | |
|---|---|---|---|---|
| **1204** | 12 Fr schwarz/hellgelbbraun | aff | 0,60 | 0,30 |
| **1205** | 25 Fr schwarz/gelboliv | afg | 1,20 | 1,— |
| **1206** | 50 Fr schwarz/weißolivbraun | afh | 3,20 | 1,70 |
| | | Satzpreis (3 W.) | 5,— | 3,— |
| | | FDC | | 5,— |

Auflage: 1.000.000 Sätze

*Gültig bis 31.12.2002*

**1988, 12. Sept. 100. Geburtstag von Jean Monnet; 30 Jahre Europäische Investitionsbank (EIB). Komb. StTdr. und Odr. (5×10); Rahmen fl.; gez. K 14.**

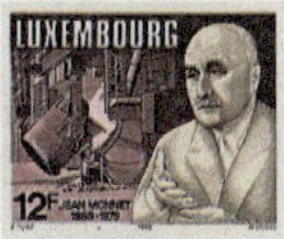


afi) Jean Monnet (1888–1979), Wirtschaftspolitiker

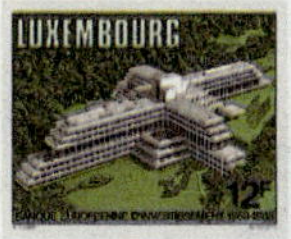


afk) Bankgebäude

| | | | | |
|---|---|---|---|---|
| **1207** | 12 Fr mehrfarbig | afi | 0,60 | 0,40 |
| **1208** | 12 Fr violettschwarz/olivgrün | afk | 1,20 | 0,40 |
| | | Satzpreis (2 W.) | 1,80 | 0,80 |
| | | FDC | | 2,— |

Auflage: 1.500.000 Sätze

*Gültig bis 31.12.2002*

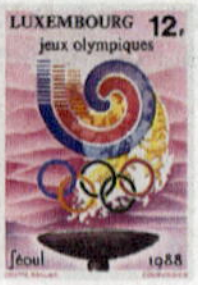


**1988, 12. Sept. Olympische Sommerspiele, Seoul. RaTdr. (10×5); Papier fl.; gez. K 11½:11¾.**

afl) Olympische Flamme, Emblem

| | | | | |
|---|---|---|---|---|
| **1209** | 12 Fr mehrfarbig | afl | 1,20 | 0,50 |
| | | FDC | | 1,50 |

Auflage: 1.500.000 Stück

*Gültig bis 31.12.2002*

**1988, 5. Dez. Caritas: Miniaturen aus Stundenbüchern (III). RaTdr. (4×5); Papier fl.; gez. K 11¾.**

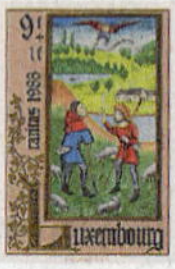
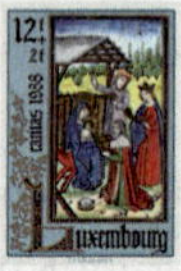
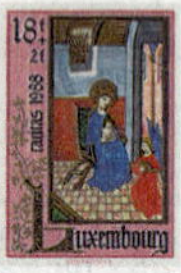
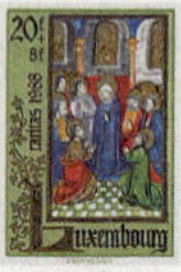

afm) Verkündigung an die Hirten; afn) Anbetung der Könige; afo) Maria mit Kind; afp) Pfingsten

afm–afp) „Missale 1514", lateinisches Stundenbuch; Nationalbibliothek

| | | | | |
|---|---|---|---|---|
| **1210** | 9 Fr + 1 Fr mehrfarbig | afm | 0,50 | 0,50 |
| **1211** | 12 Fr + 2 Fr mehrfarbig | afn | 1,— | 1,— |
| **1212** | 18 Fr + 2 Fr mehrfarbig | afo | 2,50 | 2,50 |
| **1213** | 20 Fr + 8 Fr mehrfarbig | afp | 3,— | 3,— |
| | | Satzpreis (4 W.) | 7,— | 7,— |
| | | FDC | | 8,— |

Auflage: 166.672 Sätze

*Gültig bis 31.12.2002*

**1989, 6. März. Jahresereignisse (I): 75. Todestag von Caspar Mathias Spoo; 125 Jahre Luxemburger Buchdrucker-Verband; 75 Jahre Luxemburger Rotes Kreuz. RaTdr. (10×5); Papier fl.; gez. K 11½:11¾.**

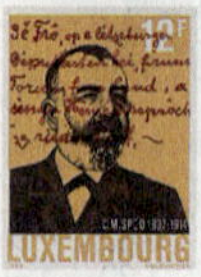

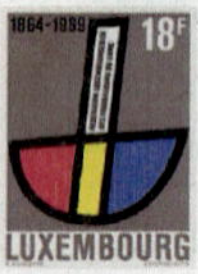

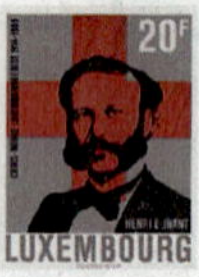


afr) Caspar Mathias Spoo (1837–1914), Großindustrieller und Politiker; afs) Stilisierter Druckerballen; aft) Henri Dunant (1828–1910), schweizischer Mitbegründer des Roten Kreuzes

| | | | | |
|---|---|---|---|---|
| **1214** | 12 Fr mehrfarbig | afr | 0,50 | 0,30 |
| **1215** | 18 Fr mehrfarbig | afs | 1,— | 0,60 |
| **1216** | 20 Fr mehrfarbig | aft | 1,50 | 1,10 |
| | | Satzpreis (3 W.) | 3,— | 2,— |
| | | FDC | | 3,20 |

Auflage: 700.000 Sätze

*Gültig bis 31.12.2002*

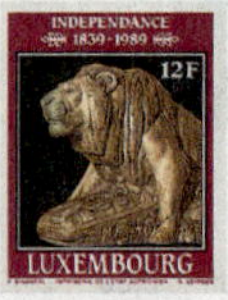


**1989, 6. März. 150 Jahre Unabhängigkeit. Komb. StTdr. und RaTdr. (10×5); Rahmen fl.; gez. K 14¼:14.**

afu) Bronzelöwe am Eingangstor zur Großherzoglichen Gruft in der Kathedrale von Luxemburg

| | | | | |
|---|---|---|---|---|
| **1217** | 12 Fr mehrfarbig | afu | 0,80 | 0,40 |
| | | FDC | | 1,50 |

Auflage: 800.000 Stück

*Gültig bis 31.12.2002*

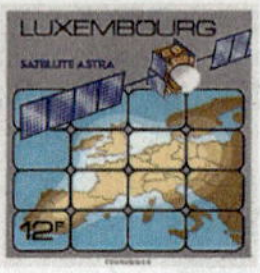


**1989, 6. März. Start des ersten privaten europäischen Fernsehsatelliten ASTRA. RaTdr. (10×5); Papier fl.; gez. K 11¾.**

afv) Satellit ASTRA, Bildschirme mit Landkarte Europas

| | | | | |
|---|---|---|---|---|
| **1218** | 12 Fr mehrfarbig | afv | 0,80 | 0,50 |
| | | FDC | | 1,50 |

Auflage: 1.000.000 Stück

*Gültig bis 31.12.2002*

**1989, 8. Mai. Europa: Kinderspiele. RaTdr. (10×5); Papier fl.; gez. K 11½:11¾.**

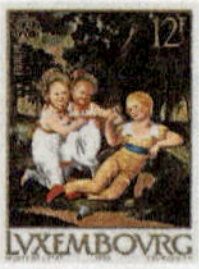

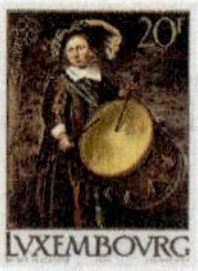


afw) Drei Kinder im Park; Gemälde eines unbekannten Meisters (19. Jh.); afx) Kind mit Trommel; Gemälde eines unbekannten Meisters (17. Jh.)

| | | | | |
|---|---|---|---|---|
| **1219** | 12 Fr mehrfarbig | afw | 0,80 | 0,80 |
| **1220** | 20 Fr mehrfarbig | afx | 1,— | 1,— |
| | | Satzpreis (2 W.) | 1,80 | 1,80 |
| | | FDC | | 2,50 |

Auflage: 700.000 Sätze

*Gültig bis 31.12.2002*

**1989, 8. Mai. Jahresereignisse (II): 100 Jahre Interparlamentarische Union; 40 Jahre Europarat. RaTdr. (10×5, Querformat ~); Papier fl.; gez. K 11½:11¼, Querformat ~.**

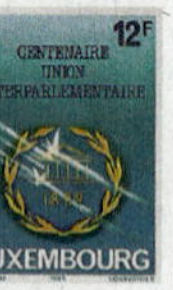

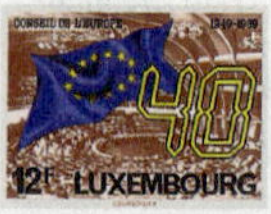


afy) Emblem der Interparlamentarischen Union; afz) Europafahne, Sitzungssaal, Zahl „40"

| | | | | |
|---|---|---|---|---|
| **1221** | 12 Fr mehrfarbig | afy | 0,90 | 0,30 |
| **1222** | 12 Fr mehrfarbig | afz | 0,90 | 0,30 |
| | | Satzpreis (2 W.) | 1,80 | 0,60 |
| | | FDC | | 2,— |

Auflage: 1.000.000 Sätze

*Gültig bis 31.12.2002*

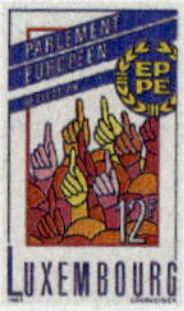


**1989, 8. Mai. Dritte Direktwahlen zum Europäischen Parlament. RaTdr. (10×5); Papier fl.; gez. K 11¾:11½.**

aga) Emblem, Hände

| | | | | |
|---|---|---|---|---|
| **1223** | 12 Fr mehrfarbig | aga | 1,— | 0,50 |
| | | FDC | | 1,20 |

Auflage: 800.000 Stück

*Gültig bis 31.12.2002*

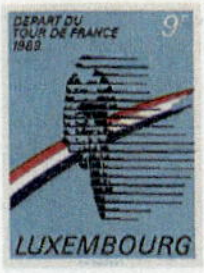

**1989, 8. Mai. Start der Tour de France in Luxemburg. RaTdr. (10×5); Papier fl.; gez. K 11½:11¾.**

agb) Radrennfahrer, Flaggenband

| | | | | | |
|---|---|---|---|---|---|
| 1224 | 9 Fr mehrfarbig | agb | 1,— | 0,50 |
| | | FDC | | 1,50 |

Auflage: 2.000.000 Stück

*Gültig bis 31.12.2002*

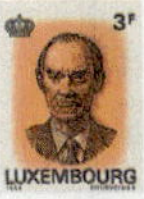

**1989, 18. Sept. 25. Jahrestag der Thronbesteigung von Großherzog Jean. RaTdr., Markenheftchen (2×2); Papier fl.; dreiseitig gez. K 11¾.**

agc) Großherzog Jean von Luxemburg (1921–2019, reg. 1964–2000)

| | | | | |
|---|---|---|---|---|
| 1225 | 3 Fr schwarz/hellorange | agc | | |
| Do | dreiseitig gez. (⌑) | | 1,50 | 1,50 |
| Du | dreiseitig gez. (⌑) | | 1,50 | 1,50 |
| 1226 | 9 Fr schwarz/mattgrünblau | agc | | |
| Do | dreiseitig gez. (⌑) | | 1,50 | 1,50 |
| Du | dreiseitig gez. (⌑) | | 1,50 | 1,50 |
| | | Satzpreis (2 W.) | 3,— | 3,— |
| | | FDC | | 8,— |

MiNr. 1225–1226 stammen aus MH 2.

Auflage: 1.500.000 Sätze

*Gültig bis 31.12.2002*

**1989, 18. Sept. Geschichte Luxemburgs: Glasfenster. Komb. StTdr. und RaTdr. (10×5); Rahmen fl.; gez. K 13¾:14.**

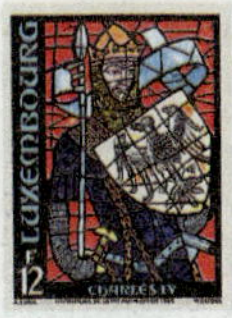

agd) Karl IV. (1316–1378), deutscher Kaiser

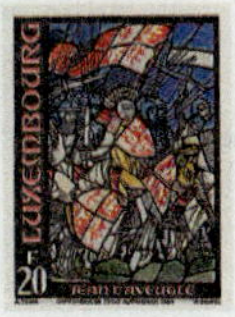

age) Johann der Blinde (1296–1346), König von Böhmen

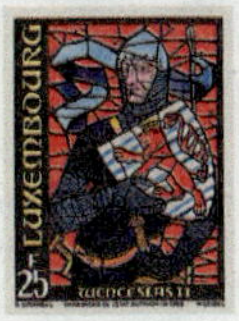

agf) Wenzel II. (1361–1419), deutscher Kaiser

agd–agf) Glasfenster von Josef Oberberger (1905–1994) in der Kathedrale von Luxemburg

| | | | | |
|---|---|---|---|---|
| 1227 | 12 Fr mehrfarbig | agd | 0,50 | 0,50 |
| 1228 | 20 Fr mehrfarbig | age | 1,50 | 1,— |
| 1229 | 25 Fr mehrfarbig | agf | 1,50 | 1,50 |
| | | Satzpreis (3 W.) | 3,50 | 3,— |
| | | FDC | | 3,50 |

Auflage: 700.000 Sätze

*Gültig bis 31.12.2002*

**1989, 18. Sept. Sehenswürdigkeiten. Komb. StTdr. und Odr. (10×5); Papier fl.; gez. K 13½:13¼.**

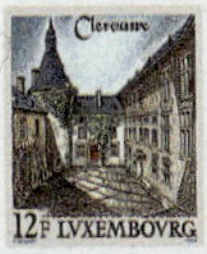

agg) Innenhof von Schloss Clerf

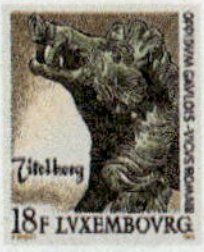

agh) Wildschwein; Bronzeskulptur aus einem gallischen Oppidum (1. Jh.)

| | | | | |
|---|---|---|---|---|
| 1230 | 12 Fr mehrfarbig | agg | 0,60 | 0,30 |
| 1231 | 18 Fr mehrfarbig | agh | 1,20 | 0,80 |
| | | Satzpreis (2 W.) | 1,80 | 1,10 |
| | | FDC | | 2,— |

Auflage: 1.000.000 Sätze

*Gültig bis 31.12.2002*

*Weitere Werte siehe Übersicht nach Jahrgangswerttabelle.*

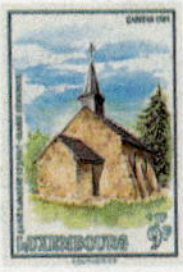

**1989, 11. Dez. Caritas: Restaurierte Kapellen (I). RaTdr. (4×5, Querformate ~); Papier fl.; gez. K 11¾.**

agi) St.-Lambertus- und St.-Blasius-Kapelle, Fenningen

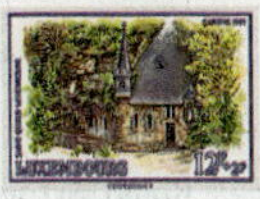

agk) St.-Quirinus-Kapelle, Luxemburg

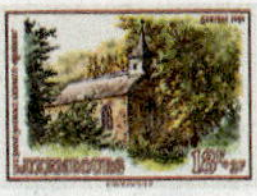

agl) St.-Antonius-Kapelle, Reisdorf

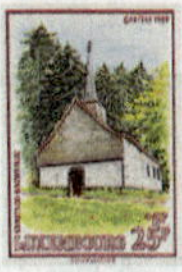

agm) Kapelle der Einsiedelei, Helzingen

| | | | | |
|---|---|---|---|---|
| 1232 | 9 Fr + 1 Fr mehrfarbig | agi | 0,50 | 0,50 |
| 1233 | 12 Fr + 2 Fr mehrfarbig | agk | 0,70 | 0,70 |
| 1234 | 18 Fr + 3 Fr mehrfarbig | agl | 2,30 | 2,30 |
| 1235 | 25 Fr + 8 Fr mehrfarbig | agm | 3,50 | 3,50 |
| | | Satzpreis (4 W.) | 7,— | 7,— |
| | | FDC | | 7,50 |

Auflage: 157.411 Sätze

*Gültig bis 31.12.2002*

**1990, 5. März. Kultur: 175. Jahrestag des Wiener Kongresses. RaTdr. (10×5); Papier fl.; gez. K 11¾.**

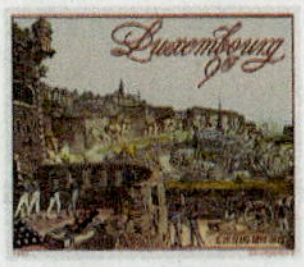

agn

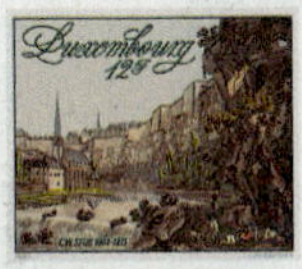

ago

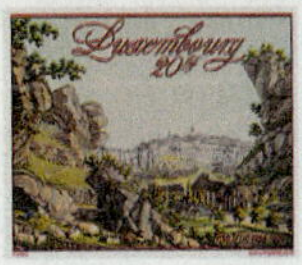

agp

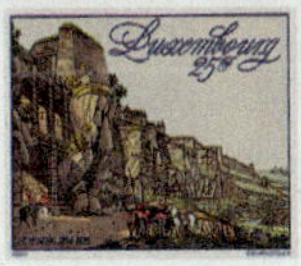

agr

agn–agr) Ansichten der früheren Festung Luxemburg nach Umrissradierungen von Christoph Wilhelm Selig (1791–1837)

| | | | | |
|---|---|---|---|---|
| 1236 | 9 Fr mehrfarbig | agn | 0,60 | 0,50 |
| 1237 | 12 Fr mehrfarbig | ago | 0,70 | 0,50 |
| 1238 | 20 Fr mehrfarbig | agp | 1,60 | 1,— |
| 1239 | 25 Fr mehrfarbig | agr | 2,20 | 1,20 |
| | | Satzpreis (4 W.) | 5,— | 3,20 |
| | | FDC | | 5,— |

Auflage: 600.000 Sätze

*Gültig bis 31.12.2002*

**1990, 5. März. Jahresereignisse: 650 Jahre „Schueberfouer" (Schobermesse), 50. Todestag von Batty Weber; 125 Jahre Internationale Fernmeldeunion. RaTdr. (10×5); Papier fl.; gez. K 11½:11¾.**

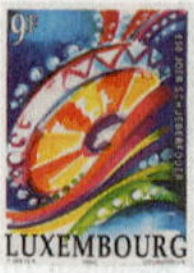


ags) Nächtliches Stimmungsbild der Messe

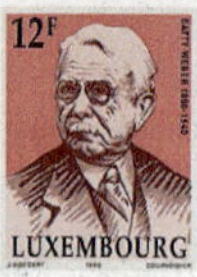


agt) Batty Weber (1860–1940), Schriftsteller

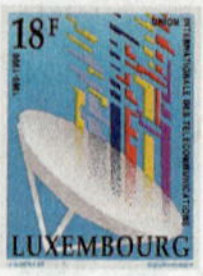


agu) Graphik moderner Kommunikationsmethoden

| | | | | |
|---|---|---|---|---|
| **1240** | 9 Fr mehrfarbig | ags | 0,80 | 0,50 |
| **1241** | 12 Fr mehrfarbig | agt | 1,— | 0,30 |
| **1242** | 18 Fr mehrfarbig | agu | 1,20 | 0,50 |
| | | Satzpreis (3 W.) | 3,— | 1,30 |
| | | FDC | | 3,— |

Auflage: 600.000 Sätze

*Gültig bis 31.12.2002*

**1990, 28. Mai. Europa: Postalische Einrichtungen. Komb. StTdr. und Odr. (5×10, Hochformat ~); Papier fl.; gez. K 13¼:13½, Hochformat ~.**

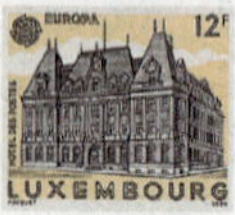


agv) Hauptpostamt, Luxemburg-Stadt

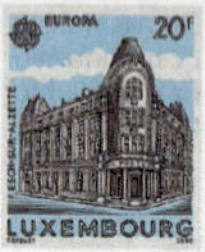


agw) Postamt, Esch an der Alzette

| | | | | |
|---|---|---|---|---|
| **1243** | 12 Fr hellchromgelb/schwarz | agv | 2,— | 0,30 |
| **1244** | 20 Fr weißblau/schwarz | agw | 2,— | 1,20 |
| | | Satzpreis (2 W.) | 4,— | 1,50 |
| | | FDC | | 2,50 |

Auflage: 800.000 Sätze

*Gültig bis 31.12.2002*

**1990, 28. Mai. Luxemburger Staatsmänner. Komb. StTdr. und RaTdr. (10×5); Rahmen fl.; gez. K 14¼:13½.**

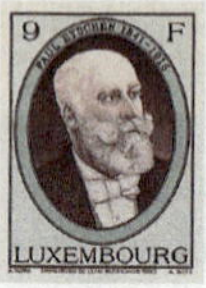


agx) Paul Eyschen (1841–1915)

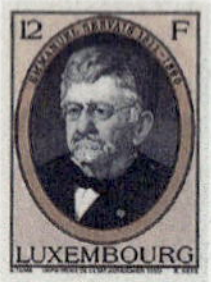


agy) Emmanuel Servais (1811–1890)

| | | | | |
|---|---|---|---|---|
| **1245** | 9 Fr mehrfarbig | agx | 0,60 | 0,50 |
| **1246** | 12 Fr mehrfarbig | agy | 0,70 | 0,50 |
| | | Satzpreis (2 W.) | 1,30 | 1,— |
| | | FDC | | 1,50 |

Auflage: 1.000.000 Sätze

*Gültig bis 31.12.2002*

**1990, 28. Mai. 100 Jahre Gesellschaft Luxemburger Naturfreunde. RaTdr. (10×5); Papier fl.; gez. K 11½.**

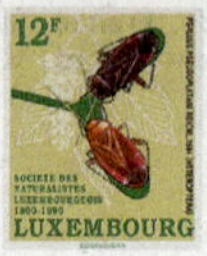


agz) Psallus pseudoplatani

| | | | | |
|---|---|---|---|---|
| **1247** | 12 Fr mehrfarbig | agz | 1,— | 0,40 |
| | | FDC | | 1,50 |

Auflage: 1.000.000 Stück

*Gültig bis 31.12.2002*

**1990, 24. Sept. Springbrunnen. Komb. StTdr. und RaTdr. (10×5); Rahmen fl.; gez. K 14.**

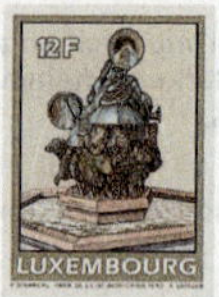


aha) Hämmelsmarsch-Brunnen, Luxemburg-Stadt

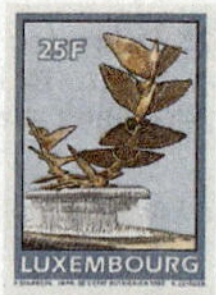


ahb) Friedenstauben-Brunnen, Luxemburg-Stadt

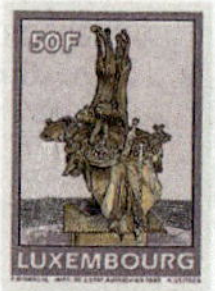


ahc) Maus-Ketty-Brunnen, Bad Mondorf

| | | | | |
|---|---|---|---|---|
| **1248** | 12 Fr mehrfarbig | aha | 0,70 | 0,50 |
| **1249** | 25 Fr mehrfarbig | ahb | 1,50 | 1,— |
| **1250** | 50 Fr mehrfarbig | ahc | 3,— | 2,— |
| | | Satzpreis (3 W.) | 5,— | 3,50 |
| | | FDC | | 4,— |

Auflage: 600.000 Sätze

*Gültig bis 31.12.2002*

**1990, 24. Sept. Sehenswürdigkeiten. Komb. StTdr. und Odr. (5×10); Papier fl.; gez. K 13¼.**

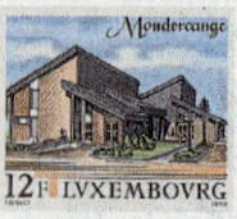


ahd) Monnerich

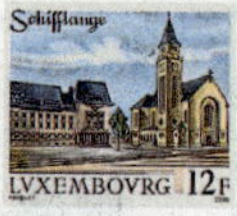


ahe) Schifflingen

| | | | | |
|---|---|---|---|---|
| **1251** | 12 Fr mehrfarbig | ahd | 0,80 | 0,30 |
| **1252** | 12 Fr mehrfarbig | ahe | 0,80 | 0,30 |
| | | Satzpreis (2 W.) | 1,50 | 0,60 |
| | | FDC | | 1,50 |

Auflage: 1.500.000 Sätze

*Gültig bis 31.12.2002*

*Weitere Werte siehe Übersicht nach Jahrgangswerttabelle.*

**1990, 26. Nov. Blockausgabe: 100 Jahre Dynastie. Komb. StTdr. und RaTdr.; Rahmen fl.; gez. Ks 14:13½.**

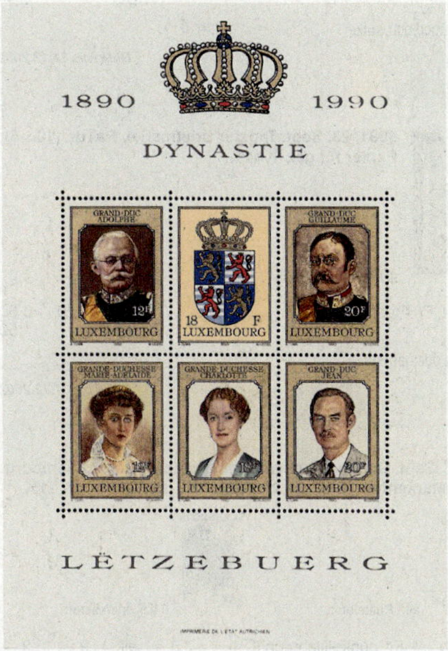


ahm

ahf ahh ahk
ahg ahi ahl

ahf) Großherzog Adolf (reg. 1890–1905)
ahg) Großherzogin Marie-Adelheid (reg. 1912–1919)
ahh) Wappen des Herrscherhauses
ahi) Großherzogin Charlotte (reg. 1919–1964)
ahk) Großherzog Wilhelm (reg. 1905–1912)
ahl) Großherzog Jean (reg. 1964–2000)

| | | | | |
|---|---|---|---|---|
| **1253** | 12 Fr mehrfarbig | ahf | 1,50 | 1,50 |
| **1254** | 12 Fr mehrfarbig | ahg | 1,50 | 1,50 |
| **1255** | 18 Fr mehrfarbig | ahh | 1,50 | 1,50 |
| **1256** | 18 Fr mehrfarbig | ahi | 1,50 | 1,50 |
| **1257** | 20 Fr mehrfarbig | ahk | 1,50 | 1,50 |
| **1258** | 20 Fr mehrfarbig | ahl | 1,50 | 1,50 |
| **Block 16** | (115×160 mm) | ahm | 10,— | 10,— |
| | | FDC | | 10,— |

Auflage: 204.382 Blocks

*Gültig bis 31.12.2002*

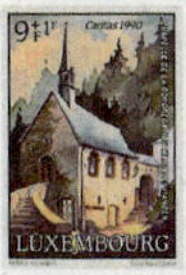

**1990, 26. Nov. Caritas: Restaurierte Kapellen (II). RaTdr. (4×5, Querformate ~); Papier fl.; gez. K 11¾.**

ahn) Kapelle der Marianischen Kongregation, Vianden

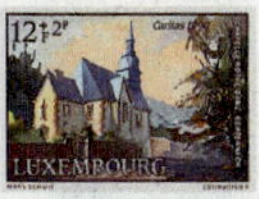

aho) Muttergotteskapelle, Echternach

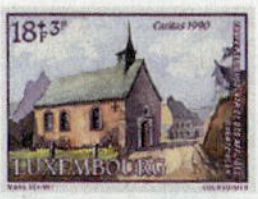

ahp) Trösterin-der-Betrübten-Kapelle, Grentzingen

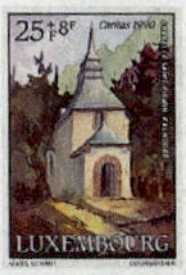

ahr) St.-Pirminus-Kapelle, Kaundorf

| | | | | |
|---|---|---|---|---|
| **1259** | 9 Fr + 1 Fr mehrfarbig | ahn | 0,50 | 0,50 |
| **1260** | 12 Fr + 2 Fr mehrfarbig | aho | 1,— | 1,— |
| **1261** | 18 Fr + 3 Fr mehrfarbig | ahp | 2,— | 1,70 |
| **1262** | 25 Fr + 8 Fr mehrfarbig | ahr | 3,50 | 3,50 |
| | | Satzpreis (4 W.) | 7,— | 6,50 |
| | | FDC | | 7,— |

Auflage: 154.738 Stück

*Gültig bis 31.12.2002*

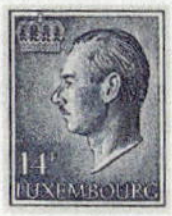

**1991, 2. Jan. Freimarke: Großherzog Jean von Luxemburg. StTdr.; Faserpapier fl.; gez. K 11¾.**

ks) Großherzog Jean von Luxemburg (1921–2019, reg. 1964–2000)

| | | | | |
|---|---|---|---|---|
| **1263** | 14 Fr schwarzviolettultramarin | ks | 1,— | 0,70 |
| | | FDC | | 1,20 |

*Gültig bis 31.12.2002*

*Weitere Werte siehe Übersicht nach Jahrgangswerttabelle.*

**1991, 4. März. Kultur: 50. Todestag von Sosthène Weis. RaTdr. (5×10, Hochformat ~); Papier fl.; gez. K 11¾:11½, Hochformat ~.**

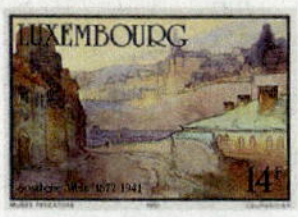

ahs) Die Oberstadt von der Trierer Straße aus

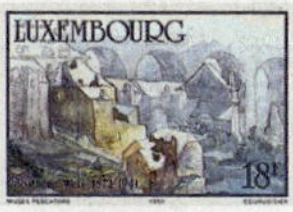

aht) Vaubanstraße und Viadukt

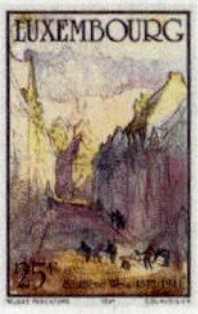

ahu) St.-Ulrich-Straße

ahs–ahu) Gemälde von Sosthène Weis (1872–1941)

| | | | | |
|---|---|---|---|---|
| **1264** | 14 Fr mehrfarbig | ahs | 1,— | 0,50 |
| **1265** | 18 Fr mehrfarbig | aht | 1,— | 0,80 |
| **1266** | 25 Fr mehrfarbig | ahu | 2,— | 1,20 |
| | | Satzpreis (3 W.) | 4,— | 2,50 |
| | | FDC | | 3,20 |

Auflage: 800.000 Sätze

*Gültig bis 31.12.2002*

**1991, 4. März. Pilze. RaTdr. (10×5); Papier fl.; gez. K 11¾.**

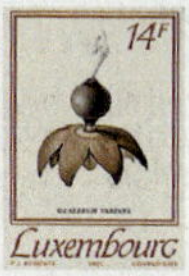

ahv) Gewimperter Erdstern (Geastrum varians)

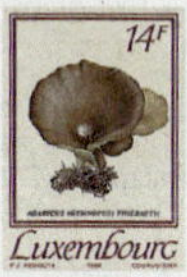

ahw) Trichterling (Agaricus [Gymnopus] thiebautii)

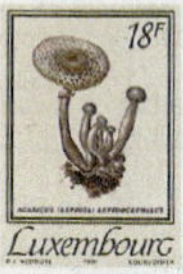

ahx) Egerlingschirmpilz (Agaricus [Lepiota] lepidocephalus)

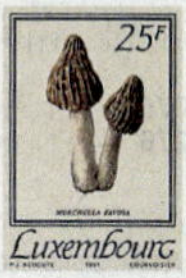

ahy) Halbfreie Morchel (Morchella favosa)

ahv–ahy) Zeichnungen von Pierre-Joseph Redouté (1759–1840), französischer Blumenzeichner

| | | | | |
|---|---|---|---|---|
| **1267** | 14 Fr mehrfarbig | ahv | 0,80 | 0,60 |
| **1268** | 14 Fr mehrfarbig | ahw | 0,80 | 0,60 |
| **1269** | 18 Fr mehrfarbig | ahx | 1,40 | 1,— |
| **1270** | 25 Fr mehrfarbig | ahy | 2,— | 1,30 |
| | | Satzpreis (4 W.) | 5,— | 3,50 |
| | | FDC | | 4,— |

Auflage: 800.000 Sätze

*Gültig bis 31.12.2002*

**1991, 13. Mai. Europa: Europäische Weltraumfahrt. RaTdr. (5×10); Papier fl.; gez. K 11¾:11½.**

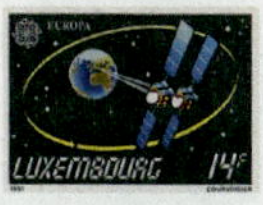

ahz) Fernmeldesatelliten „ASTRA 1A“ und „ASTRA 1B“

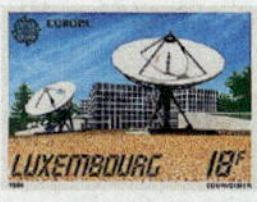

aia) Satellitenkontrollzentrum, Betzdorf

**1271** 14 Fr mehrfarbig .................... ahz 1,70 0,50
**1272** 18 Fr mehrfarbig .................... aia 2,50 1,50
Satzpreis (2 W.) 4,20 2,—
FDC 2,50

Auflage: 800.000 Sätze

*Gültig bis 31.12.2002*

**1991, 13. Mai. Sehenswürdigkeiten. RaTdr. (10×5, Querformat ~); Papier fl.; gez. K 11½:11¾, Querformat ~.**

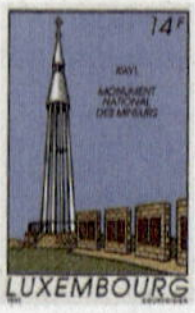


aib) Nationales Bergarbeiterdenkmal, Kayl

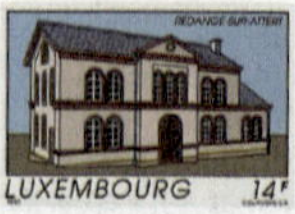


aic) Ehemaliges Justizgebäude, Redingen

**1273** 14 Fr mehrfarbig .................... aib 1,— 0,50
**1274** 14 Fr mehrfarbig .................... aic 1,— 0,50
Satzpreis (2 W.) 2,— 1,—
FDC 2,20

Auflage: 2.000.000 Sätze

*Gültig bis 31.12.2002*

*Weitere Werte siehe Übersicht nach Jahrgangswerttabelle.*

**1991, 13. Mai. Jahresereignisse: 100. Todestag von Edmond de la Fontaine (Dicks); 75 Jahre Gewerkschaftsbewegung. RaTdr. (10×5); Papier fl.; gez. K 11½:11¾.**

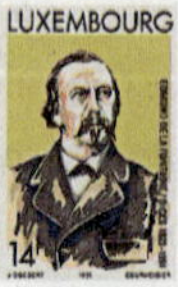


aid) Edmond de la Fontaine (1823–1891); Gemälde von Jean Goedert (1943–1998)

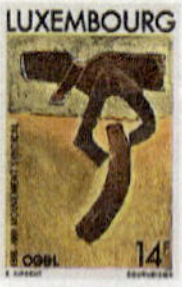


aie) Symbolisches Motiv; Gemälde von Emile Kirscht (1913–1994)

**1275** 14 Fr mehrfarbig .................... aid 0,90 0,50
**1276** 14 Fr mehrfarbig .................... aie 0,90 0,50
Satzpreis (2 W.) 1,80 1,—
FDC 2,20

Auflage: 2.000.000 Sätze

*Gültig bis 31.12.2002*

**1991, 23. Sept. Architektur: Maskaronen (I). Komb. StTdr. und RaTdr. (10×5); Rahmen fl.; gez. K 14.**

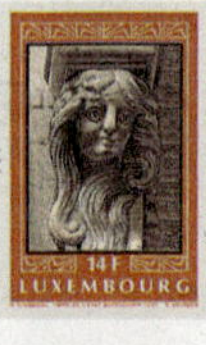


aif) Mädchenkopf

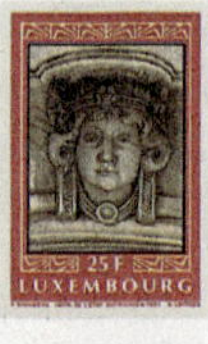


aig) Frauenkopf

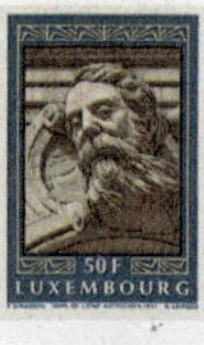


aih) Männerkopf

**1277** 14 Fr mehrfarbig .................... aif 0,70 0,50
**1278** 25 Fr mehrfarbig .................... aig 1,20 1,—
**1279** 50 Fr mehrfarbig .................... aih 2,30 2,—
Satzpreis (3 W.) 4,20 3,50
FDC 5,—

Auflage: 1.000.000 Sätze

*Gültig bis 31.12.2002*

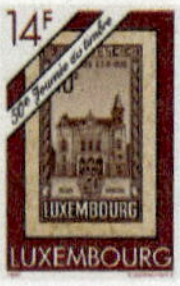


**1991, 23. Sept. Tag der Briefmarke. RaTdr. (10×5); Papier fl.; gez. K 11¾.**

aii) Marke MiNr. 290

**1280** 14 Fr mehrfarbig .................... aii 1,20 0,50
FDC 1,50

Auflage: 2.000.000 Stück

*Gültig bis 31.12.2002*

**1991, 23. Sept. Gegenstände aus dem Postmuseum, Luxemburg. RaTdr., Markenheftchen (2×2); Papier fl.; dreiseitig gez. 11¾.**

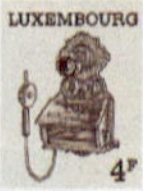


aik) Pulttelefon

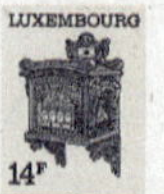


ail) Briefkasten

**1281** Do 4 Fr dunkellilabraun (⊔) .......... aik 2,— 2,—
**1282** 14 Fr dunkelpreußischblau .......... ail
Do dreiseitig gez. (⊔) .............. 1,— 1,—
Du dreiseitig gez. (⊓) .............. 1,— 1,—
Satzpreis (2 W.) 3,— 3,—
FDC (2 H-Bl.) 5,—

MiNr. 1281–1282 stammen aus MH 3.

Auflagen: MiNr. 1281 = 350.000, MiNr. 1282 = 1.400.000 Stück

*Gültig bis 31.12.2002*

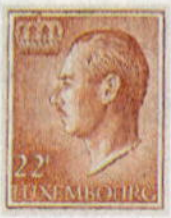


**1991, 23. Sept. Freimarke: Großherzog Jean von Luxemburg. StTdr.; Faserpapier fl.; gez. K 11¾.**

ks) Großherzog Jean von Luxemburg (1921–2019, reg. 1964–2000)

**1283** 22 Fr schwarzrotorange .............. ks 1,50 1,—
FDC 1,70

*Gültig bis 31.12.2002*

*Weitere Werte siehe Übersicht nach Jahrgangswerttabelle.*

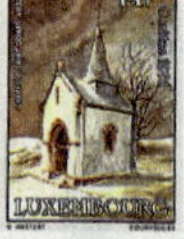


**1991, 9. Dez. Caritas: Restaurierte Kapellen (III). RaTdr. (4×5, Querformate ~); Papier fl.; gez. K 11¾.**

aim) St.-Donatus-Kapelle, Arsdorf

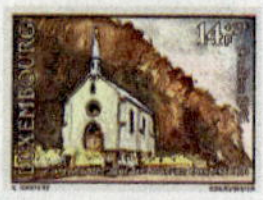

ain) Muttergotteskapelle, Brandenburg

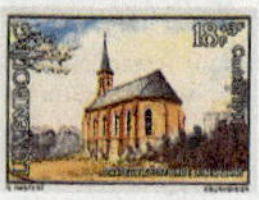

aio) Muttergotteskapelle, Luxemburg

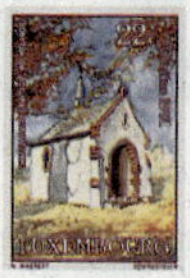

aip) Kapelle der Einsiedelei, Wolwelingen

**1284** 14 Fr + 2 Fr mehrfarbig .............. aim 1,20 1,—
**1285** 14 Fr + 2 Fr mehrfarbig .............. ain 1,20 1,—

| | | | | | |
|---|---|---|---|---|---|
| **1286** | 18 Fr + 3 Fr mehrfarbig | aio | 2,30 | 2,— |
| **1287** | 22 Fr + 7 Fr mehrfarbig | aip | 3,80 | 3,50 |
| | | Satzpreis (4 W.) | 8,50 | 7,50 |
| | | FDC | | 7,50 |

Auflage: 151.391 Sätze

*Gültig bis 31.12.2002*

**1992, 16. März. Gebäude. RaTdr. (5×10); Papier fl.; gez. K 11¾:11½.**

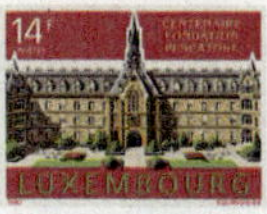
air) Jean-Pierre-Pescatore-Stiftung, Luxemburg-Stadt

ais) Technische Hochschule, Luxemburg-Stadt

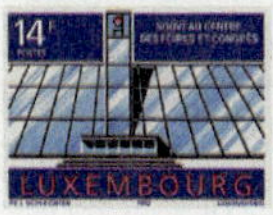
ait) Neues Messe- und Kongresszentrum, Luxemburg-Stadt

| | | | | |
|---|---|---|---|---|
| **1288** | 14 Fr mehrfarbig | air | 1,— | 0,50 |
| **1289** | 14 Fr mehrfarbig | ais | 1,— | 0,50 |
| **1290** | 14 Fr mehrfarbig | ait | 1,— | 0,50 |
| | | Satzpreis (3 W.) | 3,— | 1,50 |
| | | FDC | | 2,50 |

Auflage: 1.000.000 Sätze

*Gültig bis 31.12.2002*

**1992, 16. März. Sehenswürdigkeiten. RaTdr. (5×10); Papier fl.; gez. K 11¾:11½.**

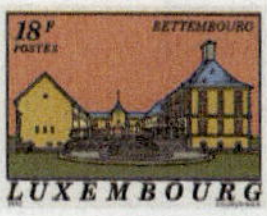
aiu) Schloss Collart, Bettemburg

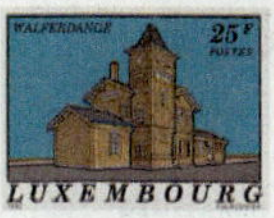
aiv) Bahnhofsgebäude, Walferdingen

| | | | | |
|---|---|---|---|---|
| **1291** | 18 Fr mehrfarbig | aiu | 1,— | 0,70 |
| **1292** | 25 Fr mehrfarbig | aiv | 1,50 | 1,— |
| | | Satzpreis (2 W.) | 2,50 | 1,70 |
| | | FDC | | 2,50 |

Auflage: 1.000.000 Sätze

*Gültig bis 31.12.2002*

*Weitere Werte siehe Übersicht nach Jahrgangswerttabelle.*

**1992, 18. Mai. Europa: 500. Jahrestag der Entdeckung von Amerika. Komb. StTdr. und RaTdr. (5×10); Rahmen fl.; gez. K 13½:14.**

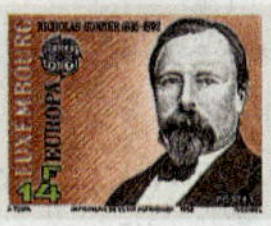
aiw) Nicholas Gonner (1835–1892), Präsident der katholischen Presse in Chicago

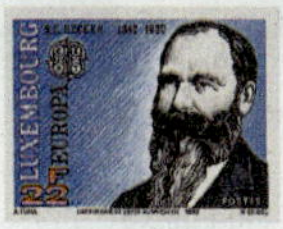
aix) Nicholas Edward Becker (1842–1920), Politiker und Schriftsteller

| | | | | |
|---|---|---|---|---|
| **1293** | 14 Fr mehrfarbig | aiw | 1,70 | 0,50 |
| **1294** | 22 Fr mehrfarbig | aix | 2,50 | 1,50 |
| | | Satzpreis (2 W.) | 4,20 | 2,— |
| | | FDC | | 2,50 |

Auflage: 800.000 Sätze

*Gültig bis 31.12.2002*

**1992, 18. Mai. Jahresereignisse: 75 Jahre Lions International; 50. Jahrestag des Generalstreiks. RaTdr. (10×5); Papier fl.; gez. K 11¾.**

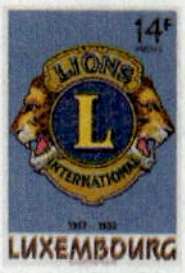
aiy) Emblem von Lions International

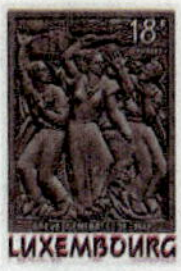
aiz) Gedenktafel in Wiltz (1947) von Lucien Wercollier (1908–2002)

| | | | | |
|---|---|---|---|---|
| **1295** | 14 Fr mehrfarbig | aiy | 1,30 | 0,50 |
| **1296** | 18 Fr mehrfarbig | aiz | 1,30 | 0,80 |
| | | Satzpreis (2 W.) | 2,50 | 1,30 |
| | | FDC | | 2,— |

Auflage: 1.000.000 Sätze

*Gültig bis 31.12.2002*

**1992, 18. Mai. Olympische Sommerspiele, Barcelona. RaTdr. (5×10); Papier fl.; gez. K 11¾:11½.**

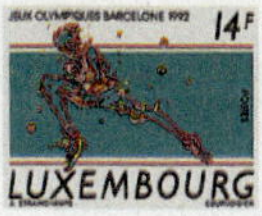
aka) Läufer; Wandgemälde von Armand Strainchamps (*1955) im Sportzentrum von Düdelingen

| | | | | |
|---|---|---|---|---|
| **1297** | 14 Fr mehrfarbig | aka | 1,80 | 0,70 |
| | | FDC | | 1,20 |

Auflage: 2.000.000 Stück

*Gültig bis 31.12.2002*

**1992, 18. Mai. Weltausstellung EXPO '92, Sevilla. RaTdr. (5×5); Papier fl.; gez. K 11¾.**

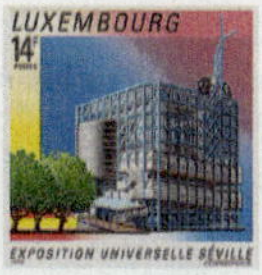
akb) Pavillon von Luxemburg

| | | | | |
|---|---|---|---|---|
| **1298** | 14 Fr mehrfarbig | akb | 1,20 | 0,70 |
| | | FDC | | 1,50 |

Auflage: 2.000.000 Stück

*Gültig bis 31.12.2002*

**1992, 5. Okt. Architektur: Maskaronen (II). Komb. StTdr. und RaTdr. (10×5); Rahmen fl.; gez. K 14.**

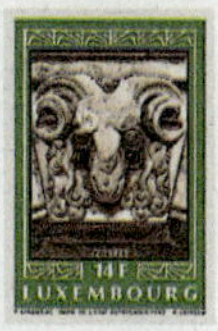
akc) Widderkopf

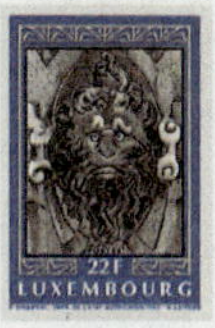
akd) Löwenkopf

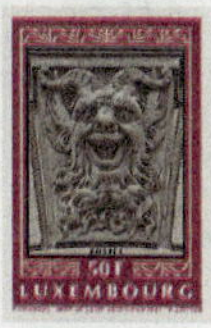
ake) Satyrkopf

| | | | | |
|---|---|---|---|---|
| **1299** | 14 Fr mehrfarbig | akc | 0,70 | 0,50 |
| **1300** | 22 Fr mehrfarbig | akd | 1,30 | 1,— |
| **1301** | 50 Fr mehrfarbig | ake | 3,— | 2,— |
| | | Satzpreis (3 W.) | 5,— | 3,50 |
| | | FDC | | 5,— |

Auflage: 600.000 Sätze

*Gültig bis 31.12.2002*

**1992, 5. Okt. 150 Jahre Luxemburgische Post. RaTdr. (10×5); Papier fl.; gez. K 11½:11¾.**

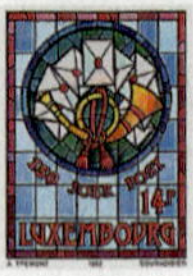
akf) Posthorn

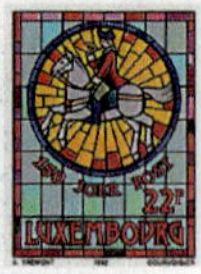
akg) Postreiter

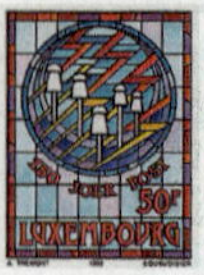
akh) Isolatoren einer Telefonleitung

akf–akh) Glasfenster von Auguste Trémont (1892–1980)

| | | | | | |
|---|---|---|---|---|---|
| 1302 | 14 Fr mehrfarbig | akf | 0,80 | 0,50 |
| 1303 | 22 Fr mehrfarbig | akg | 1,50 | 1,— |
| 1304 | 50 Fr mehrfarbig | akh | 3,20 | 2,— |
| | | Satzpreis (3 W.) | 5,50 | 3,50 |
| | | FDC | | 5,— |

Auflage: 800.000 Sätze

*Gültig bis 31.12.2002*

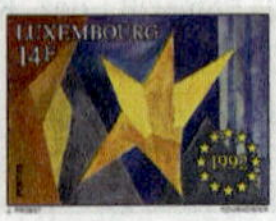

**1992, 5. Okt. Europäischer Binnenmarkt. RaTdr.; Papier fl.; gez. K 11¾:12.**

aki) Stern, Europa-Emblem

| | | | | |
|---|---|---|---|---|
| 1305 | 14 Fr mehrfarbig | aki | 1,20 | 0,70 |
| | | FDC | | 1,50 |

Auflage: 2.000.000 Stück

*Gültig bis 31.12.2002*

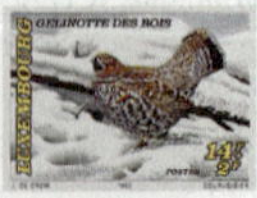

**1992, 7. Dez. Wohlfahrt: Bedrohte Vogelarten (I). RaTdr. (5×4, Hochformate ~); Papier fl.; gez. K 11¾.**

akk) Haselhuhn (Tetrastes bonasia)

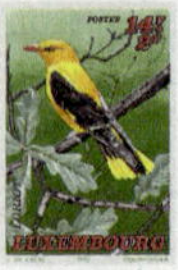
akl) Pirol (Oriolus oriolus)

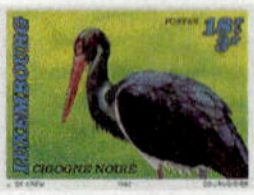
akm) Schwarzstorch (Ciconia nigra)

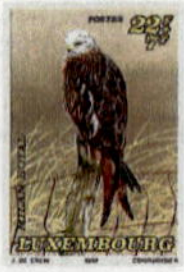
akn) Rotmilan (Milvus milvus)

| | | | | |
|---|---|---|---|---|
| 1306 | 14 Fr + 2 Fr mehrfarbig | akk | 1,— | 1,— |
| 1307 | 14 Fr + 2 Fr mehrfarbig | akl | 1,— | 1,— |
| 1308 | 18 Fr + 3 Fr mehrfarbig | akm | 3,— | 2,20 |
| 1309 | 22 Fr + 7 Fr mehrfarbig | akn | 5,— | 3,80 |
| | | Satzpreis (4 W.) | 10,— | 8,— |
| | | FDC | | 8,50 |

Auflage: 146.294 Sätze

*Gültig bis 31.12.2002*

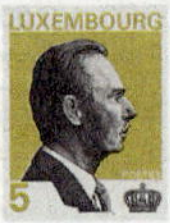

**1993, 8. März. Freimarken: Großherzog Jean von Luxemburg. Komb. StTdr. und Odr. (10×5); Papier fl.; gez. K 13½:13.**

ako) Großherzog Jean von Luxemburg (1921–2019, reg. 1964–2000)

| | | | | |
|---|---|---|---|---|
| 1310 | 5 (Fr) lebhaftolivgelb/schwarz | ako | 0,30 | 0,30 |
| 1311 | 7 (Fr) bräunlichorange/schwarz | ako | 0,30 | 0,30 |
| 1312 | 14 (Fr) hellgraulila/schwarz | ako | 1,— | 0,50 |
| 1313 | 18 (Fr) dunkelorangegelb/schwarz | ako | 0,60 | 0,60 |
| 1314 | 22 (Fr) dunkelgelboliv/schwarz | ako | 0,80 | 0,80 |
| 1315 | 25 (Fr) graublau/schwarz | ako | 1,20 | 0,70 |
| | | Satzpreis (6 W.) | 4,20 | 3,20 |
| | | FDC | | 5,— |

*Gültig bis 31.12.2002*

*In gleicher Zeichnung: MiNr. 1334–1337, 1357–1359, 1410, 1498*

**1993, 8. März. Sehenswürdigkeiten. RaTdr.; Papier fl.; gez. K 11¾:11½.**

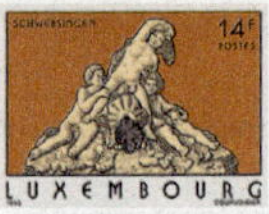
akp) Traubenkinder-Brunnen, Schwebsingen

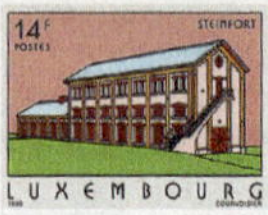
akr) Kulturzentrum „Al Schmelz", Steinfort

| | | | | |
|---|---|---|---|---|
| 1316 | 14 Fr mehrfarbig | akp | 0,80 | 0,50 |
| 1317 | 14 Fr mehrfarbig | akr | 0,80 | 0,50 |
| | | Satzpreis (2 W.) | 1,50 | 1,— |
| | | FDC | | 2,— |

Auflage: 2.000.000 Sätze

*Gültig bis 31.12.2002*

*Weitere Werte siehe Übersicht nach Jahrgangswerttabelle.*

**1993, 10. Mai. Europa: Zeitgenössische Kunst. RaTdr. (5×5); Papier fl.; gez. K 11¾:11½.**

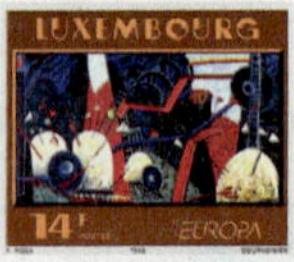
aks) Rezlop; Gemälde von Fernand Roda (*1951)

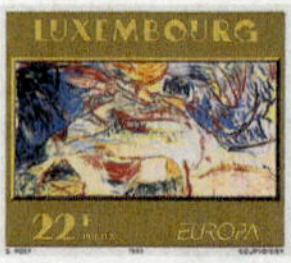
akt) So close; Gemälde von Sonja Roef (*1952)

| | | | | |
|---|---|---|---|---|
| 1318 | 14 Fr mehrfarbig | aks | 1,— | 0,50 |
| 1319 | 22 Fr mehrfarbig | akt | 2,— | 1,50 |
| | | Satzpreis (2 W.) | 3,— | 2,— |
| | | FDC | | 2,50 |

Auflage: 1.000.000 Sätze

*Gültig bis 31.12.2002*

**1993, 10. Mai. Adels- und Patrizierhäuser. Komb. StTdr. und RaTdr. (10×5); Rahmen fl.; gez. K 13¾.**

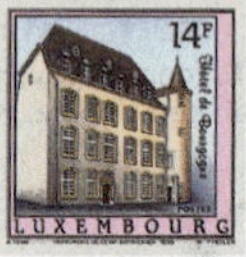
aku) Burgunderhaus

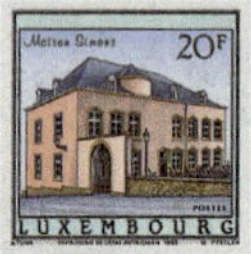
akv) Simonshaus

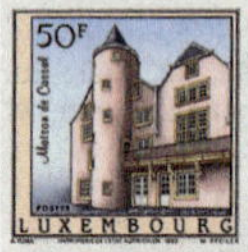
akw) Haus „de Cassal"

| | | | | |
|---|---|---|---|---|
| 1320 | 14 Fr mehrfarbig | aku | 0,80 | 0,80 |
| 1321 | 20 Fr mehrfarbig | akv | 1,20 | 0,80 |
| 1322 | 50 Fr mehrfarbig | akw | 3,20 | 2,— |
| | | Satzpreis (3 W.) | 5,20 | 3,50 |
| | | FDC | | 4,50 |

Auflage: 600.000 Sätze

*Gültig bis 31.12.2002*

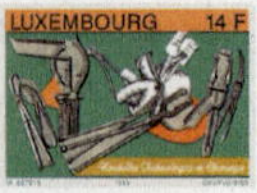

**1993, 10. Mai. Neue Technologien in der Chirurgie. RaTdr. (5×10); Papier fl.; gez. K 11¾:11½.**

akx) Chirurgische Instrumente

| | | | | |
|---|---|---|---|---|
| 1323 | 14 Fr mehrfarbig | akx | 0,80 | 0,70 |
| | | FDC | | 1,50 |

Auflage: 1.000.000 Stück

*Gültig bis 31.12.2002*

**1993, 20. Sept. Museen (I). Komb. StTdr. und RaTdr. (5×10); Rahmen fl.; gez. K 14:14¼.**

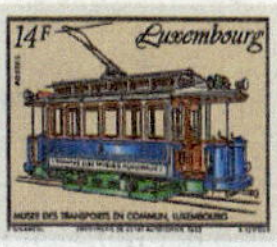


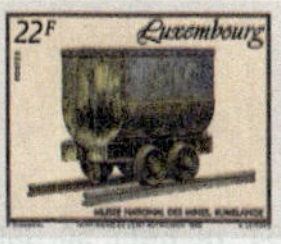


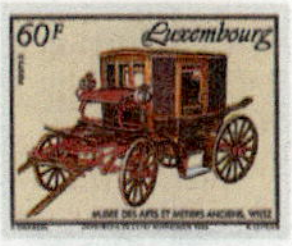


aky) Straßenbahn-Triebwagen Nr. 1 (1908) aus dem Museum für öffentliche Verkehrsmittel, Luxemburg-Stadt

akz) Lore für den Eisenerztransport aus dem Nationalen Bergbaumuseum, Rümelingen

ala) Pferdekutsche aus dem Museum für historische Handwerkskunst, Wiltz

| | | | | | |
|---|---|---|---|---|---|
| **1324** | 14 Fr mehrfarbig | aky | 0,70 | 0,50 |
| **1325** | 22 Fr mehrfarbig | akz | 1,30 | 1,30 |
| **1326** | 60 Fr mehrfarbig | ala | 3,50 | 2,50 |
| | | Satzpreis (3 W.) | 5,50 | 4,20 |
| | | FDC | | 5,— |

Auflage: 600.000 Sätze

*Gültig bis 31.12.2002*

**1993, 20. Sept. Jahresereignisse: 75. Todestag von Jean Schortgen; 100 Jahre Künstlerverein „Cercle Artistique de Luxembourg" (CAL). RaTdr. (10×5); Papier fl.; gez. K 11½:11¾.**

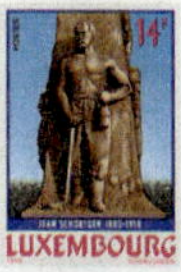


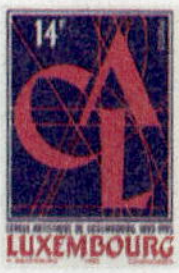


alb) Gedenksäule am Grab von Jean Schortgen (1880–1918), Politiker

alc) CAL-Emblem

| | | | | |
|---|---|---|---|---|
| **1327** | 14 Fr mehrfarbig | alb | 0,80 | 0,50 |
| **1328** | 14 Fr mehrfarbig | alc | 0,80 | 0,50 |
| | | Satzpreis (2 W.) | 1,60 | 1,— |
| | | FDC | | 2,— |

Auflage: 2.000.000 Sätze

*Gültig bis 31.12.2002*

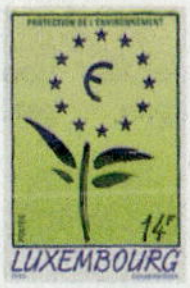


**1993, 20. Sept. Umweltschutz. RaTdr. (10×5); Papier fl.; gez. K 11¾.**

ald) Ökologisches Warenzeichen der Europäischen Gemeinschaft

| | | | | |
|---|---|---|---|---|
| **1329** | 14 Fr mehrfarbig | ald | 1,20 | 1,— |
| | | FDC | | 1,50 |

Auflage: 1.000.000 Stück

*Gültig bis 31.12.2002*

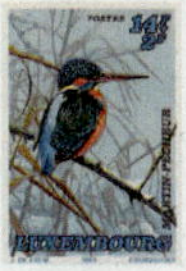

**1993, 6. Dez. Wohlfahrt: Bedrohte Vogelarten (II). RaTdr. (4×5, Querformate ~); Papier fl.; gez. K 11½:11¾, Querformate ~.**

ale) Eisvogel (Alcedo atthis)

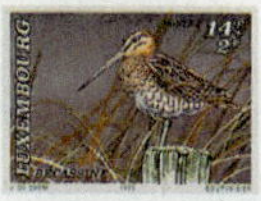

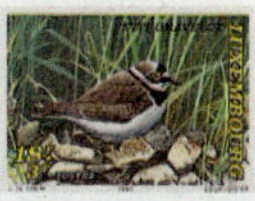

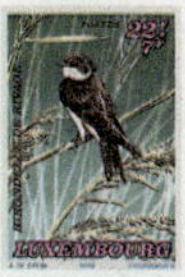

alf) Bekassine (Gallinago gallinago)

alg) Flussregenpfeifer (Charadrius dubius)

alh) Uferschwalbe (Riparia riparia)

| | | | | |
|---|---|---|---|---|
| **1330** | 14 Fr + 2 Fr mehrfarbig | ale | 1,50 | 1,— |
| **1331** | 14 Fr + 2 Fr mehrfarbig | alf | 1,50 | 1,— |
| **1332** | 18 Fr + 3 Fr mehrfarbig | alg | 2,— | 2,50 |
| **1333** | 22 Fr + 7 Fr mehrfarbig | alh | 4,— | 3,50 |
| | | Satzpreis (4 W.) | 9,— | 8,— |
| | | FDC | | 8,— |

Auflage: 137.363 Sätze

*Gültig bis 31.12.2002*

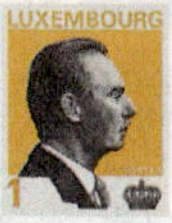


**1994, 7. März. Freimarken: Großherzog Jean von Luxemburg. Komb. StTdr. und Odr. (10×5); Papier fl.; gez. K 13½:13.**

ako) Großherzog Jean von Luxemburg (1921–2019, reg. 1964–2000)

| | | | | | |
|---|---|---|---|---|---|
| **1334** | 1 (Fr) | dunkelbraungelb/schwarz | ako | 0,30 | 0,30 |
| **1335** | 15 (Fr) | blaugrün/schwarz | ako | 3,— | 5,— |
| **1336** | 20 (Fr) | graurot/schwarz | ako | 1,— | 0,70 |
| **1337** | 100 (Fr) | mittelockerbraun/schwarz | ako | 5,— | 4,— |
| | | | Satzpreis (4 W.) | 9,— | 10,— |
| | | | FDC | | 6,50 |

*Gültig bis 31.12.2002*

*In gleicher Zeichnung: MiNr. 1310–1315, 1357–1359, 1410, 1498*

**1994, 7. März. 100. Geburtstage von Joseph Kutter und Nico Klopp. RaTdr. (5×5); Papier fl.; gez. K 11¾.**

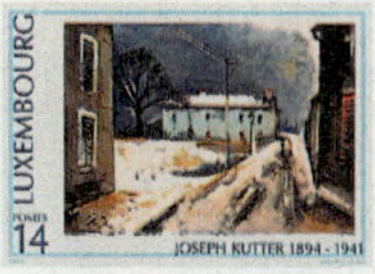


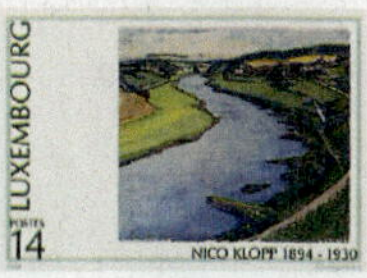


ali) Schneelandschaft; Gemälde von Joseph Kutter (1894–1941)

alk) Die Mosel; Gemälde von Nico Klopp (1894–1930)

| | | | | |
|---|---|---|---|---|
| **1338** | 14 (Fr) mehrfarbig | ali | 0,80 | 0,80 |
| **1339** | 14 (Fr) mehrfarbig | alk | 0,80 | 0,80 |
| | | Satzpreis (2 W.) | 1,50 | 1,50 |
| | | FDC | | 2,— |

Auflage: 3.000.000 Sätze

*Gültig bis 31.12.2002*

**1994, 16. Mai. Europa: Entdeckungen und Erfindungen. RaTdr. (5×10); Papier fl.; gez. K 11¾:11½.**

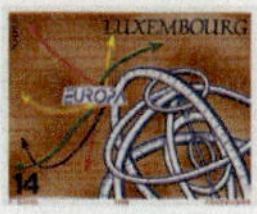


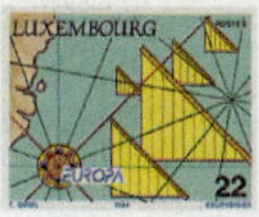


all) Globus

alm) Segelschiffe

| | | | | |
|---|---|---|---|---|
| **1340** | 14 (Fr) mehrfarbig | all | 2,— | 1,— |
| **1341** | 22 (Fr) mehrfarbig | alm | 2,50 | 2,— |
| | | Satzpreis (2 W.) | 4,50 | 3,— |
| | | FDC | | 3,50 |

Auflage: 1.000.000 Sätze

*Gültig bis 31.12.2002*

**1994, 16. Mai. Jahresereignisse: Internationaler Kongress für Genealogie und Heraldik; Weltkongress der Internationalen Polizeivereinigung (IPA); Internationales Jahr der Familie. RaTdr. (10×5, Querformat ~); Papier fl.; gez. K 11½:11¾, Querformat ~.**

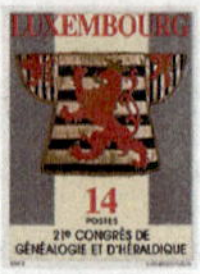


aln) Wappenrock (um 1700)

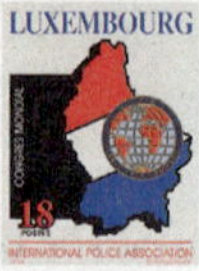


alo) Kongressemblem

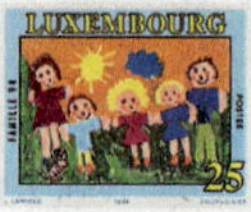


alp) Familie; Zeichnung von Laura Lammar (8 J.)

**1342** 14 (Fr) mehrfarbig . . . . . . . . . . . . . . . . . . aln 0,70 0,50
**1343** 18 (Fr) mehrfarbig . . . . . . . . . . . . . . . . . . alo 0,80 0,70
**1344** 25 (Fr) mehrfarbig . . . . . . . . . . . . . . . . . . alp 1,50 1,30
Satzpreis (3 W.) 3,— 2,50
FDC 3,—

Auflage: 800.000 Sätze

*Gültig bis 31.12.2002*

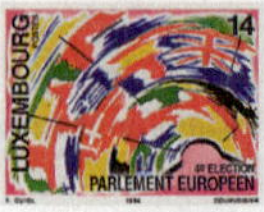


**1994, 16. Mai. Vierte Direktwahlen zum Europäischen Parlament. RaTdr. (5×10); Papier fl.; gez. K 11¾:11½.**

alr) Flaggen europäischer Staaten

**1345** 14 (Fr) mehrfarbig . . . . . . . . . . . . . . . . . . alr 1,— 1,—
FDC 1,50

Auflage: 1.000.000 Stück

*Gültig bis 31.12.2002*

**1994, 19. Sept. Europäische Jahresereignisse: 40 Jahre Westeuropäische Union (WEU); 25 Jahre Amt für Veröffentlichungen der Europäischen Gemeinschaft (EUROFFICE); Europäische Kampagne für die Bronzezeit. RaTdr. (5×10); Papier fl.; gez. K 11¾:11½.**

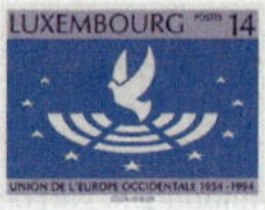


als) WEU-Emblem

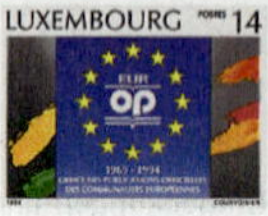


alt) EUROFFICE-Emblem

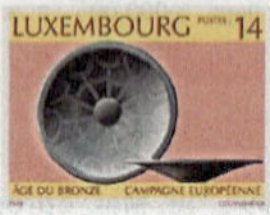


alu) Keramikteller

**1346** 14 (Fr) mehrfarbig . . . . . . . . . . . . . . . . . . als 1,50 0,50
**1347** 14 (Fr) mehrfarbig . . . . . . . . . . . . . . . . . . alt 1,50 0,50
**1348** 14 (Fr) mehrfarbig . . . . . . . . . . . . . . . . . . alu 3,50 1,50
Satzpreis (3 W.) 6,50 2,50
FDC 3,50

Auflage: 1.000.000 Sätze

*Gültig bis 31.12.2002*

**1994, 19. Sept. Historische Klosterrefugien in der Festung Luxemburg. Komb. StTdr. und RaTdr. (5×5); Rahmen fl.; gez. K 13¾.**

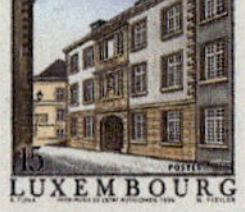


alv) Refugium der Münsterabtei

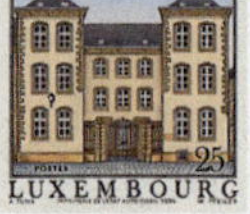


alw) Refugium des Heiliggeistklosters

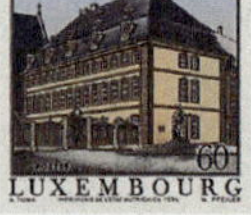


alx) Refugium der St.-Maximin-Abtei von Trier

**1349** 15 (Fr) mehrfarbig . . . . . . . . . . . . . . . . . . alv 0,80 0,70
**1350** 25 (Fr) mehrfarbig . . . . . . . . . . . . . . . . . . alw 1,20 1,—
**1351** 60 (Fr) mehrfarbig . . . . . . . . . . . . . . . . . . alx 3,— 2,80
Satzpreis (3 W.) 5,— 4,50
FDC 5,—

Auflage: 800.000 Sätze

*Gültig bis 31.12.2002*

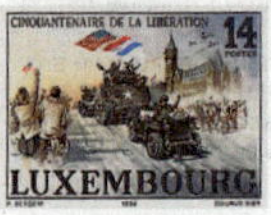


**1994, 19. Sept. 50. Jahrestag der Befreiung. RaTdr.; Papier fl.; gez. K 11¾:11½.**

aly) Truppen der Alliierten in Luxemburg-Stadt

**1352** 14 (Fr) mehrfarbig . . . . . . . . . . . . . . . . . . aly 1,— 0,80
FDC 2,—

Auflage: 2.000.000 Stück

*Gültig bis 31.12.2002*

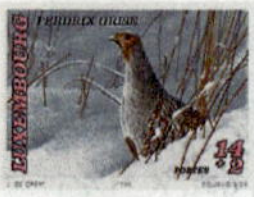


**1994, 5. Dez. Wohlfahrt: Bedrohte Vogelarten (III). RaTdr. (5×4, Hochformate ~); Papier fl.; gez. K 11¾:11½, Hochformate ~.**

alz) Rebhuhn (Perdix perdix)

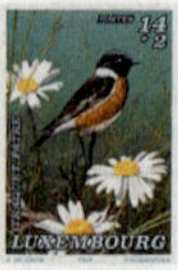


ama) Schwarzkehlchen (Saxicola torquata)

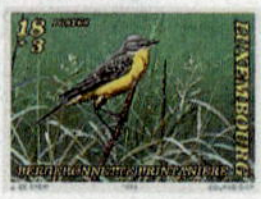


amb) Schafstelze (Motacilla flava)

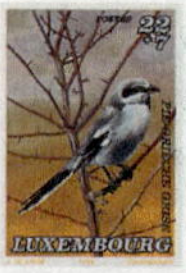


amc) Raubwürger (Lanius excubitor)

**1353** 14 (Fr) + 2 (Fr) mehrfarbig . . . . . . . . . . . alz 1,50 1,—
**1354** 14 (Fr) + 2 (Fr) mehrfarbig . . . . . . . . . . . ama 1,50 1,—
**1355** 18 (Fr) + 3 (Fr) mehrfarbig . . . . . . . . . . . amb 2,— 2,—
**1356** 22 (Fr) + 7 (Fr) mehrfarbig . . . . . . . . . . . amc 3,50 3,—
Satzpreis (4 W.) 8,50 7,—
FDC 7,—

Auflage: 128.033 Sätze

*Gültig bis 31.12.2002*

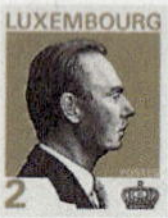


**1995, 30. Jan. Freimarken: Großherzog Jean von Luxemburg. Komb. StTdr. und Odr.; Papier fl.; gez. K 13½:13.**

ako) Großherzog Jean von Luxemburg (1921–2019, reg. 1964–2000)

**1357** 2 (Fr) olivgrau/schwarz . . . . . . . . . . . . ako 0,30 0,30
**1358** 10 (Fr) mittelkobalt/schwarz . . . . . . . . . . ako 0,50 0,30
**1359** 16 (Fr) mittelrotorange/schwarz . . . . . . . ako 0,70 0,60
Satzpreis (3 W.) 1,50 1,20
FDC 1,50
MH mit 4 × MiNr. 1359 5,—

*Gültig bis 31.12.2002*

*In gleicher Zeichnung: MiNr. 1310–1315, 1334–1337, 1410, 1498*

**1995, 6. März. Luxemburg – Kulturhauptstadt Europas 1995 (I). Komb. StTdr. und RaTdr. (10×5); Papier fl.; gez. K 13¾.**

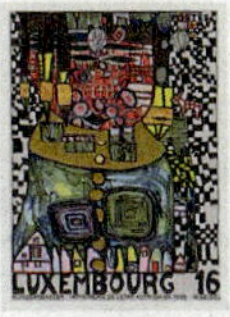


amd) Antipodischer König

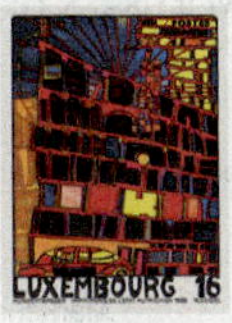


ame) Arkadenhaus und gelber Turm

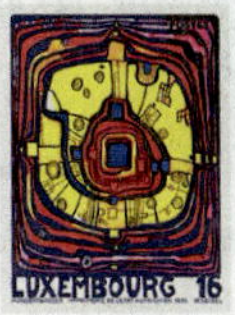


amf) Der kleine Weg

amd–amf) Gemälde von Friedensreich Hundertwasser, eigentlich Friedrich Stowasser (1928–2000), österreichischer Maler und Graphiker

| | | | | |
|---|---|---|---|---|
| 1360 | 16 (Fr) mehrfarbig | amd | 2,— | 1,20 |
| 1361 | 16 (Fr) mehrfarbig | ame | 2,— | 1,20 |
| 1362 | 16 (Fr) mehrfarbig | amf | 2,— | 1,20 |
| | | Satzpreis (3 W.) | 6,— | 3,50 |
| | | FDC | | 6,— |

Auflage: 1.500.000 Sätze

*Gültig bis 31.12.2002*

**1995, 6. März. Luxemburg – Kulturhauptstadt Europas 1995 (II). RaTdr. (1×5 Zd); Papier fl.; gez. K 11½:11¾.**

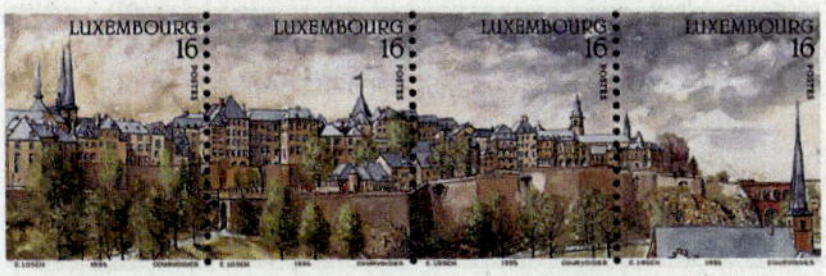


amg–amk) Panorama der Stadt Luxemburg; Gemälde von Carlo Losch (1937–2019)

| | | | | |
|---|---|---|---|---|
| 1363 | 16 (Fr) mehrfarbig | amg | 1,— | 0,60 |
| 1364 | 16 (Fr) mehrfarbig | amh | 1,— | 0,60 |
| 1365 | 16 (Fr) mehrfarbig | ami | 1,— | 0,60 |
| 1366 | 16 (Fr) mehrfarbig | amk | 1,— | 0,60 |
| | | Satzpreis (4 W.) | 4,— | 2,40 |
| | | Viererstreifen | 4,50 | 4,50 |
| | | FDC | | 5,— |

Auflage: 750.000 Sätze

*Gültig bis 31.12.2002*

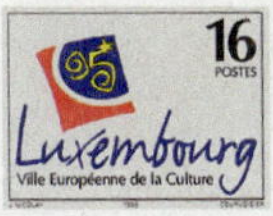


**1995, 6. März. Luxemburg – Kulturhauptstadt Europas 1995 (III). RaTdr.; Papier fl.; gez. K 11¾:11½.**

aml) Emblem; Graphik von Jacques Nicolay

| | | | | |
|---|---|---|---|---|
| 1367 | 16 (Fr) mehrfarbig | aml | 1,— | 1,— |
| | | FDC | | 1,50 |

Auflage: 1.000.000 Stück

*Gültig bis 31.12.2002*

**1995, 15. Mai. Europa: Frieden und Freiheit. Odr. (10×5); Papier fl.; gez. K 11½:11¾.**

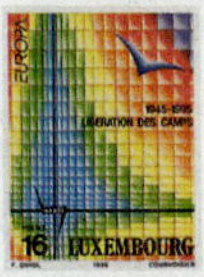


amm

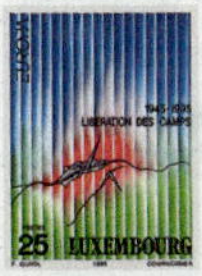


amn

amm–amn) Befreiung der Konzentrationslager; Zeichnungen von François Guiol (*1952), französischer Graphiker

| | | | | |
|---|---|---|---|---|
| 1368 | 16 (Fr) mehrfarbig | amm | 1,50 | 1,20 |
| 1369 | 25 (Fr) mehrfarbig | amn | 2,— | 1,80 |
| | | Satzpreis (2 W.) | 3,50 | 3,— |
| | | FDC | | 4,— |

Auflage: 800.000 Sätze

*Gültig bis 31.12.2002*

**1995, 15. Mai. Jahresereignisse: 6. Sportspiele der europäischen Kleinstaaten, Luxemburg; Europäisches Zentrum für Geodynamik und Seismologie, Walferdingen; 50 Jahre Vereinte Nationen (UNO). RaTdr.; Papier fl.; MiNr. 1370 und 1372 (10×5) gez. K 11½:11¾, MiNr. 1371 (5×5) gez. K 11¾.**

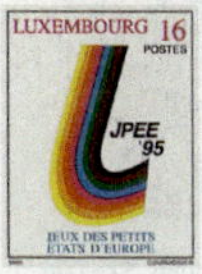


amo) Emblem der Sportspiele

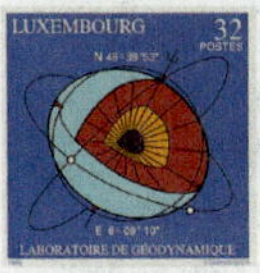


amp) Modell der geologischen Struktur der Erde

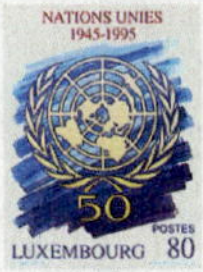


amr) UNO-Emblem

| | | | | |
|---|---|---|---|---|
| 1370 | 16 (Fr) mehrfarbig | amo | 0,60 | 0,50 |
| 1371 | 32 (Fr) mehrfarbig | amp | 1,60 | 1,50 |
| 1372 | 80 (Fr) mehrfarbig | amr | 3,80 | 3,— |
| | | Satzpreis (3 W.) | 6,— | 5,— |
| | | FDC | | 6,— |

Auflage: 800.000 Sätze

*Gültig bis 31.12.2002*

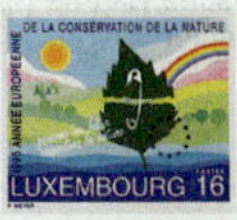


**1995, 15. Mai. Europäisches Naturschutzjahr. Odr. (5×10); Papier fl.; gez. K 13¾:13½.**

ams) Landschaft, Emblem

| | | | | |
|---|---|---|---|---|
| 1373 | 16 (Fr) mehrfarbig | ams | 1,20 | 1,— |
| | | FDC | | 1,50 |

Auflage: 3.000.000 Stück

*Gültig bis 31.12.2002*

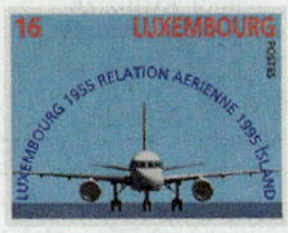


**1995, 18. Sept. 40 Jahre Flugverbindung zwischen Island und Luxemburg. Odr. (4×4); Papier fl.; gez. K 13¼.**

amt) Flugzeug Boeing 757

| | | | | |
|---|---|---|---|---|
| 1374 | 16 (Fr) mehrfarbig | amt | 1,— | 1,— |
| | | FDC | | 1,50 |

Auflage: 1.000.000 Stück

*Gültig bis 31.12.2002*

*Parallelausgabe mit Island MiNr. 832*

**1995, 18. Sept. Sehenswürdigkeiten. RaTdr.; Papier fl.; gez. K 11¾.**

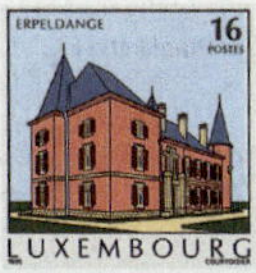


amu) Schloss von Erpeldingen

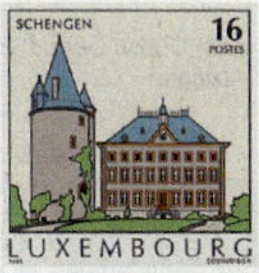


amv) Schloss von Schengen

| | | | | | |
|---|---|---|---|---|---|
| **1375** | 16 (Fr) mehrfarbig | amu | 0,90 | 0,80 |
| **1376** | 16 (Fr) mehrfarbig | amv | 0,90 | 0,80 |
| | Satzpreis (2 W.) | | 1,80 | 1,50 |
| | FDC | | | 2,— |

Auflage: 3.000.000 Sätze

*Gültig bis 31.12.2002*

*Weitere Werte siehe Übersicht nach Jahrgangswerttabelle.*

**1995, 18. Sept. Museen (II). Komb. StTdr. und RaTdr. (10×5); Papier fl.; gez. K 11¾.**

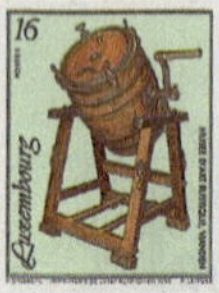

amw) Butterfass aus dem Museum für ländliche Kunst, Vianden

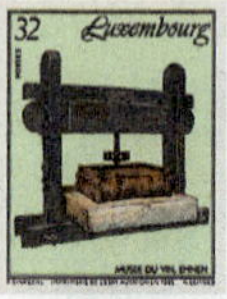

amx) Kelter aus dem Weinbaumuseum, Ehnen

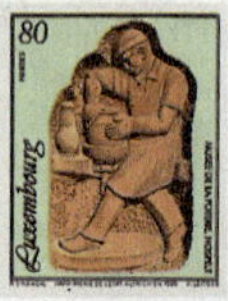

amy) Töpfer; Skulptur aus dem Töpfereimuseum, Nospelt

| | | | | |
|---|---|---|---|---|
| **1377** | 16 (Fr) mehrfarbig | amw | 0,60 | 0,50 |
| **1378** | 32 (Fr) mehrfarbig | amx | 1,60 | 1,50 |
| **1379** | 80 (Fr) mehrfarbig | amy | 3,80 | 3,50 |
| | Satzpreis (3 W.) | | 6,— | 5,50 |
| | FDC | | | 6,50 |

Auflage: 800.000 Sätze

*Gültig bis 31.12.2002*

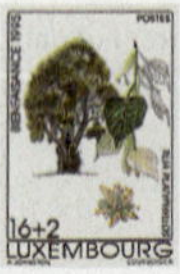

**1995, 4. Dez. Wohlfahrt: Einheimische Bäume (I). RaTdr. (4×5, Querformate ~); Papier fl.; gez. K 11½:11¾, Querformate ~.**

amz) Sommerlinde (Tilia platyphyllos)

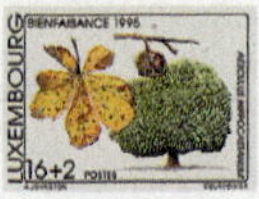

ana) Gemeine Rosskastanie (Aesculus hippocastanum)

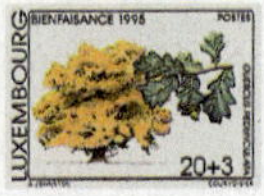

anb) Stieleiche (Quercus robur)

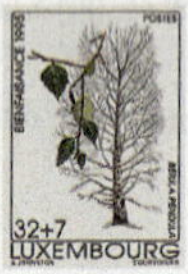

anc) Weißbirke (Betula pendula)

| | | | | |
|---|---|---|---|---|
| **1380** | 16 (Fr) + 2 (Fr) mehrfarbig | amz | 1,— | 1,— |
| **1381** | 16 (Fr) + 2 (Fr) mehrfarbig | ana | 1,— | 1,— |
| **1382** | 20 (Fr) + 3 (Fr) mehrfarbig | anb | 1,20 | 1,20 |
| **1383** | 32 (Fr) + 7 (Fr) mehrfarbig | anc | 3,30 | 3,30 |
| | Satzpreis (4 W.) | | 6,50 | 6,50 |
| | FDC | | | 7,50 |

Auflage: 118.091 Sätze

*Gültig bis 31.12.2002*

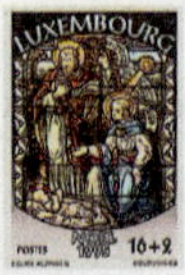

**1995, 4. Dez. Weihnachten. RaTdr. (4×3); Papier fl.; gez. K 11½:11¾.**

and) Christi Geburt; Buntglasfenster aus der Pfarrkirche in Alzingen

| | | | | |
|---|---|---|---|---|
| **1384** | 16 (Fr) + 2 (Fr) mehrfarbig | and | 2,80 | 2,50 |
| | FDC | | | 3,— |

Auflage: 218.136 Stück

*Gültig bis 31.12.2002*

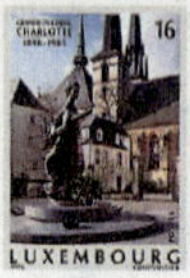

**1996, 4. März. 100. Geburtstag von Großherzogin Charlotte (1896–1985). RaTdr., Markenheftchen (2×4); Papier fl.; gez. K 11¾.**

ane) Großherzogin-Charlotte-Denkmal, Luxemburg-Stadt

| | | | | |
|---|---|---|---|---|
| **1385** | 16 (Fr) mehrfarbig | ane | 1,20 | 1,— |
| | FDC | | | 2,— |
| | Markenheftchen | | 10,— | 8,— |

Postpreis des Markenheftchens: 120 Fr

Auflage: 2.800.000 Stück

*Gültig bis 31.12.2002*

**1996, 4. März. 50 Jahre Nationale Eisenbahngesellschaft (CFL). RaTdr. (1×5 Zd); Papier fl.; gez. K 11½:11¾.**

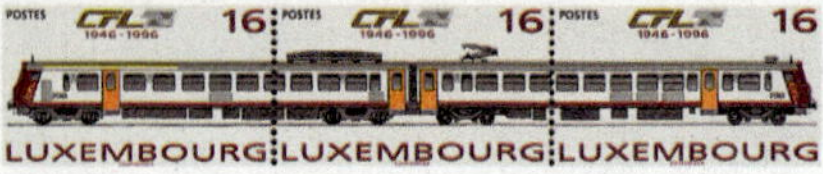

anf–anh) Elektrotriebwagen der Baureihe 2000

| | | | | |
|---|---|---|---|---|
| **1386** | 16 (Fr) mehrfarbig | anf | 1,20 | 0,70 |
| **1387** | 16 (Fr) mehrfarbig | ang | 1,20 | 0,70 |
| **1388** | 16 (Fr) mehrfarbig | anh | 1,20 | 0,70 |
| | Satzpreis (3 W.) | | 3,50 | 2,— |
| | Dreierstreifen | | 4,50 | 3,50 |
| | FDC | | | 4,— |

Auflage: 1.000.000 Sätze

*Gültig bis 31.12.2002*

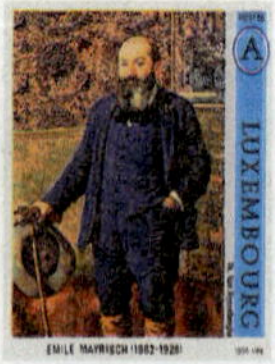

**1996, 4. März. Emile Mayrisch und Théo van Rysselberghe. RaTdr. (8×5); Papier fl.; gez. K 11½.**

ani) Emile Mayrisch (1862–1928), luxemburgischer Stahlindustrieller; Gemälde von Théo van Rysselberghe (1862–1926), belgischer Porträtmaler

| | | | | |
|---|---|---|---|---|
| **1389** | A mehrfarbig | ani | 1,50 | 1,— |
| | FDC | | | 1,50 |

MiNr. 1389 gilt für Inlands-Standardbriefe (Nominale zur Zeit der Ausgabe: 16 Fr).

FDC mit Stempel 2-3-1996 sind bekannt.

Auflage: 3.000.000 Stück

*Parallelausgabe mit Belgien MiNr. 2679*

**1996, 20. Mai. Europa: Berühmte Frauen. Komb. StTdr. und RaTdr.; Papier fl.; gez. K 14¼:13½.**

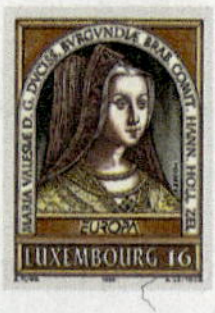

ank) Maria von Burgund (1457–1482), Herzogin von Luxemburg

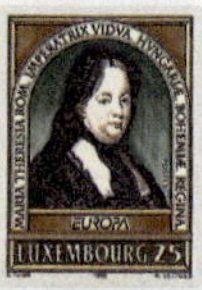

anl) Kaiserin Maria Theresia von Österreich (1717–1780), Herzogin von Luxemburg

| | | | | |
|---|---|---|---|---|
| **1390** | 16 (Fr) mehrfarbig | ank | 1,50 | 1,20 |
| **1391** | 25 (Fr) mehrfarbig | anl | 2,— | 1,80 |
| | Satzpreis (2 W.) | | 3,50 | 3,— |
| | FDC | | | 3,50 |

Auflage: 600.000 Sätze

*Gültig bis 31.12.2002*

**1996, 20. Mai. Jahresereignisse: 75 Jahre Luxemburger Christlicher Gewerkschaftsbund (LCGB); 100 Jahre Radio; 100 Jahre Olympische Spiele der Neuzeit; 100 Jahre Kino. RaTdr. (5×10, Hochformate ~); Papier fl.; gez. K 11¾:11½, Hochformate ~.**

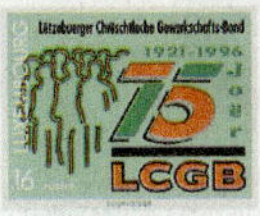

anm) Stilisierte Arbeiter, Zahl „75“

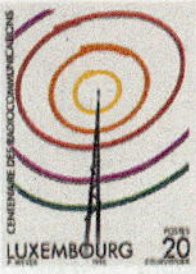

ann) Sendemast, stilisierte Radiowellen

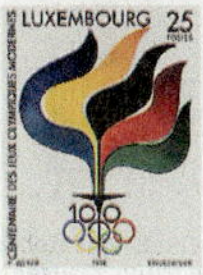

ano) Olympische Flamme

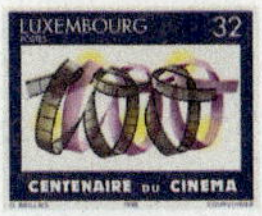

anp) Filmstreifen bildet Zahl „100“

| | | | | |
|---|---|---|---|---|
| **1392** | 16 (Fr) mehrfarbig | anm | 0,80 | 0,80 |
| **1393** | 20 (Fr) mehrfarbig | ann | 1,10 | 1,— |
| **1394** | 25 (Fr) mehrfarbig | ano | 1,30 | 1,20 |
| **1395** | 32 (Fr) mehrfarbig | anp | 1,80 | 1,50 |
| | Satzpreis (4 W.) | | 5,— | 4,50 |
| | FDC | | | 5,50 |

Auflage: 500.000 Sätze

*Gültig bis 31.12.2002*

**1996, 20. Mai. Künstler: Mihály Munkácsy (1844–1900), ungarischer Maler. RaTdr.; Papier fl.; gez. K 11¾.**

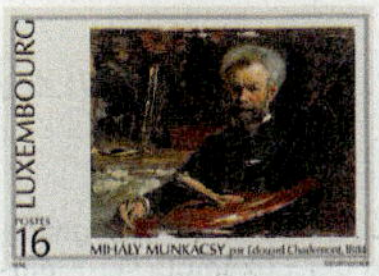

anr) Mihály Munkácsy; Gemälde von Edouard Charlemont (1848–1906)

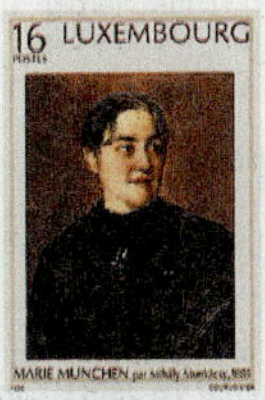

ans) Marie Munchen; Gemälde von Mihály Munkácsy

| | | | | |
|---|---|---|---|---|
| **1396** | 16 (Fr) mehrfarbig | anr | 1,— | 0,80 |
| **1397** | 16 (Fr) mehrfarbig | ans | 1,— | 0,80 |
| | Satzpreis (2 W.) | | 2,— | 1,50 |
| | FDC | | | 2,50 |

Auflage: 1.000.000 Sätze

*Gültig bis 31.12.2002*

**1996, 23. Sept. Zusammenleben. RaTdr. (5×10, Hochformat ~); Papier fl.; gez. K 11¾:11½, Hochformat ~.**

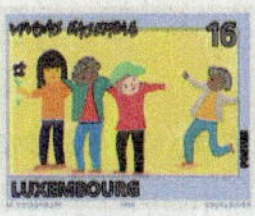

ant) Kinder verschiedener Volksgruppen; Zeichnung von Michèle Dockendorf (*1982)

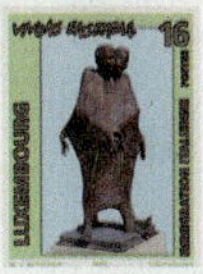

anu) L'abbraccio; Bronzestatue am Place de la Résistance in Esch/Alzette von Marie-Josée Kerschen (*1952)

| | | | | |
|---|---|---|---|---|
| **1398** | 16 (Fr) mehrfarbig | ant | 1,— | 0,80 |
| **1399** | 16 (Fr) mehrfarbig | anu | 1,— | 0,80 |
| | Satzpreis (2 W.) | | 2,— | 1,50 |
| | FDC | | | 2,— |

Auflage: 1.000.000 Sätze

*Gültig bis 31.12.2002*

**1996, 23. Sept. Familie der Marder. Komb. StTdr. und Odr. (4×10); Papier fl.; gez. K 13¼.**

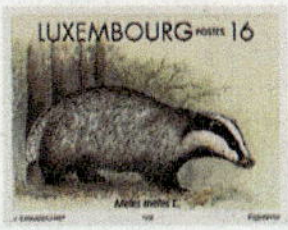

anv) Dachs (Meles meles)

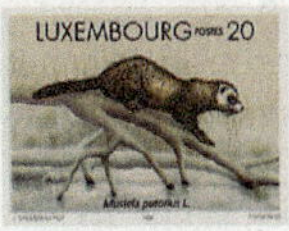

anw) Iltis (Mustela putorius)

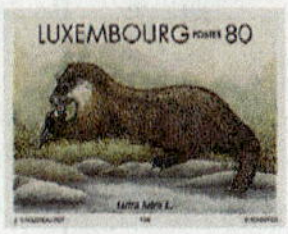

anx) Fischotter (Lutra lutra)

| | | | | |
|---|---|---|---|---|
| **1400** | 16 (Fr) mehrfarbig | anv | 1,— | 0,50 |
| **1401** | 20 (Fr) mehrfarbig | anw | 1,50 | 1,— |
| **1402** | 80 (Fr) mehrfarbig | anx | 4,— | 4,— |
| | Satzpreis (3 W.) | | 6,50 | 5,50 |
| | FDC | | | 6,50 |

Auflage: 800.000 Sätze

*Gültig bis 31.12.2002*

**1996, 23. Sept. 200 Jahre Domänenverwaltung, Verkehrssteuer- und Urkundenregistraturbehörde. RaTdr. (5×5); Papier fl.; gez. K 11½:11¾.**

any) Fiskalischer Wertstempel

| | | | | |
|---|---|---|---|---|
| **1403** | 16 (Fr) mehrfarbig | any | 1,— | 1,— |
| | FDC | | | 1,50 |

Auflage: 1.000.000 Stück

*Gültig bis 31.12.2002*

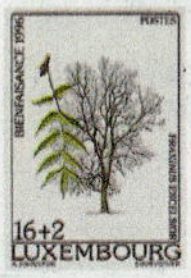

**1996, 9. Dez. Wohlfahrt: Einheimische Bäume (II). RaTdr. (4×5, Querformate ~); Papier fl.; gez. K 11¾.**

anz) Gemeine Esche (Fraxinus excelsior)

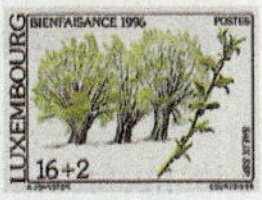

aoa) Kopfweide (Salix sp.)

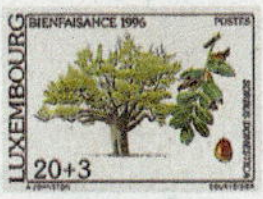

aob) Speierling (Sorbus domestica)

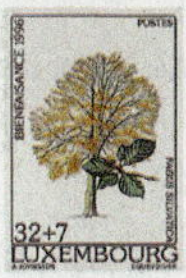

aoc) Rotbuche (Fagus silvatica)

| | | | | |
|---|---|---|---|---|
| **1404** | 16 (Fr) + 2 (Fr) mehrfarbig | anz | 1,— | 1,— |
| **1405** | 16 (Fr) + 2 (Fr) mehrfarbig | aoa | 1,— | 1,— |
| **1406** | 20 (Fr) + 3 (Fr) mehrfarbig | aob | 1,80 | 1,50 |
| **1407** | 32 (Fr) + 7 (Fr) mehrfarbig | aoc | 3,20 | 3,— |
| | Satzpreis (4 W.) | | 7,— | 6,50 |
| | FDC | | | 6,50 |

Auflage: 118.091 Sätze

*Gültig bis 31.12.2002*

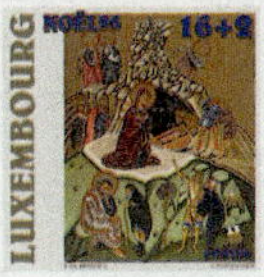

**1996, 9. Dez. Weihnachten. RaTdr. (3×4); Papier fl.; gez. K 11¾.**

aod) Christi Geburt; Ikone von Eva Mathes-Bengtsson (*1955), schwedische Malerin

| | | | | |
|---|---|---|---|---|
| **1408** | 16 (Fr) + 2 (Fr) mehrfarbig | aod | 4,20 | 2,50 |
| | FDC | | | 3,— |

Auflage: 219.373 Stück

*Gültig bis 31.12.2002*

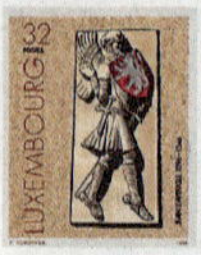


**1996, 9. Dez. 700. Geburtstag von Johann dem Blinden. Komb. StTdr. und Odr. (10×5); Papier fl.; gez. K 13½.**

aoe) Johann der Blinde (1296–1346), Graf von Luxemburg, König von Böhmen; Skulptur aus dem Kurfürstenzyklus

| | | | | |
|---|---|---|---|---|
| **1409** | 32 (Fr) mehrfarbig | aoe | 1,80 | 1,50 |
| | | FDC | | 2,50 |

Auflage: 600.000 Stück

*Gültig bis 31.12.2002*

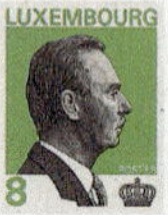


**1997, 2. Jan. Freimarke: Großherzog Jean von Luxemburg. Komb. StTdr. und Odr. (10×5); Papier fl.; gez. K 13½:13.**

ako) Großherzog Jean von Luxemburg (1921–2019, reg. 1964–2000)

| | | | | |
|---|---|---|---|---|
| **1410** | 8 (Fr) dunkelgelblichgrün/schwarz | ako | 0,70 | 0,50 |
| | | FDC | | 1,— |

*Gültig bis 31.12.2002*

*In gleicher Zeichnung: MiNr. 1310–1315, 1334–1337, 1357–1359, 1498*

**1997, 3. März. 11. Weltkongress der Rosengesellschaften: Rosenzüchtungen. RaTdr.; MiNr. 1411 (5×5), MiNr. 1412–1413 (5×10); Papier fl.; gez. K 11½:11¾.**

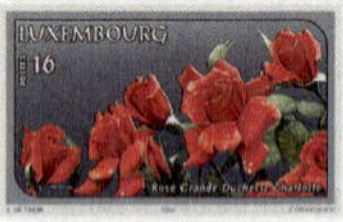


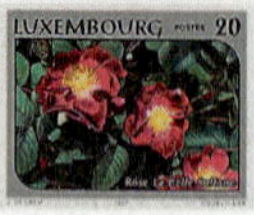


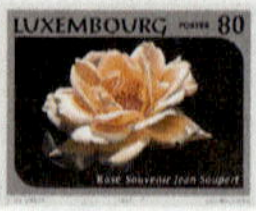


aof) „Großherzogin Charlotte" aog) „Die schöne Sultanin" aoh) „Erinnerung an Jean Soupert"

| | | | | |
|---|---|---|---|---|
| **1411** | 16 (Fr) mehrfarbig | aof | 1,20 | 1,— |
| **1412** | 20 (Fr) mehrfarbig | aog | 1,30 | 1,— |
| **1413** | 80 (Fr) mehrfarbig | aoh | 3,50 | 3,— |
| | | Satzpreis (3 W.) | 6,— | 5,— |
| | | FDC | | 6,— |

Auflage: 400.000 Sätze

*Gültig bis 31.12.2002*

**1997, 3. März. Sehenswürdigkeiten. RaTdr. (5×10, Hochformat ~); Papier fl.; gez. K 11¾:11½, Hochformat ~.**

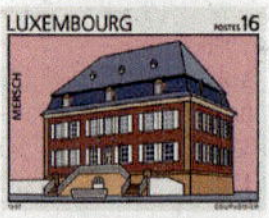


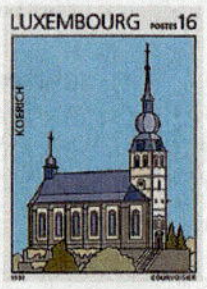


aoi) Servais-Haus, Mersch aok) Barockkirche, Koerich

| | | | | |
|---|---|---|---|---|
| **1414** | 16 (Fr) mehrfarbig | aoi | 0,80 | 0,80 |
| **1415** | 16 (Fr) mehrfarbig | aok | 0,80 | 0,80 |
| | | Satzpreis (2 W.) | 1,50 | 1,50 |
| | | FDC | | 2,— |

Auflage: 2.000.000 Sätze

*Gültig bis 31.12.2002*

*Weitere Werte siehe Übersicht nach Jahrgangswerttabelle.*

**1997, 3. März. Jahresereignisse (I): 40. Jahrestag der Unterzeichnung der Römischen Verträge; 75 Jahre Belgisch-Luxemburgische Wirtschaftsunion (UEBL). RaTdr.; Papier fl.; gez. K 11½.**

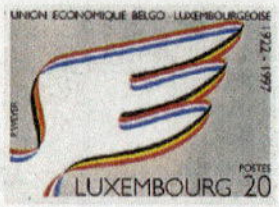


aol) Geburtshaus Robert Schumans in Luxemburg-Clausen, Sitz des europäischen Studien- und Forschungszentrums

aom) Stilisierter Flügel des Gottes Merkur mit Umrissen in den Landesfarben Belgiens und Luxemburgs

| | | | | |
|---|---|---|---|---|
| **1416** | 16 (Fr) mehrfarbig | aol | 1,— | 1,— |
| **1417** | 20 (Fr) mehrfarbig | aom | 1,— | 1,— |
| | | Satzpreis (2 W.) | 2,— | 2,— |
| | | FDC | | 2,50 |

Auflage: 400.000 Sätze

*Gültig bis 31.12.2002*

**1997, 12. Mai. Europa: Sagen und Legenden. RaTdr. (10×5); Papier fl.; gez. K 11½:11¾.**

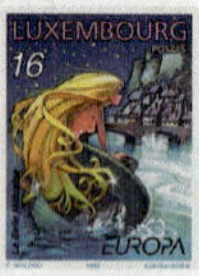


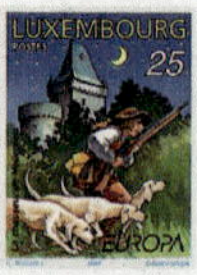


aon) Melusina von Luxemburg aoo) Der Jäger von Schloss Hollenfels

| | | | | |
|---|---|---|---|---|
| **1418** | 16 (Fr) mehrfarbig | aon | 1,30 | 1,30 |
| **1419** | 25 (Fr) mehrfarbig | aoo | 2,50 | 2,50 |
| | | Satzpreis (2 W.) | 3,80 | 3,80 |
| | | FDC | | 4,50 |

Auflage: 400.000 Sätze

*Gültig bis 31.12.2002*

**1997, 12. Mai. Jahresereignisse (II): 200 Jahre Großherzogliche Gendarmerie; 75 Jahre Landesverband der Luxemburger Kleintierzüchtervereine; 150. Jahrestag der ersten Thermalsaison in Bad Mondorf. RaTdr.; Papier fl.; MiNr. 1420–1421 (10×5) gez. K 11¾, MiNr. 1422 (5×5) gez. K 11½:11¾.**

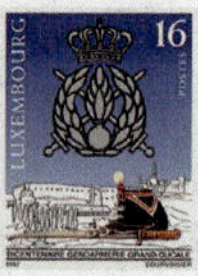


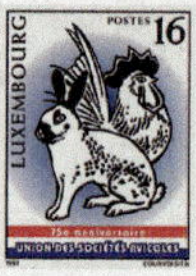


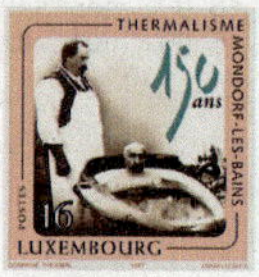


aop) Emblem, Mütze und Säbel, Silhouette der Festung Luxemburg

aor) Hase und Hahn (Teil des Verbandsemblems)

aos) Kuranwendung um die Jahrhundertwende

| | | | | |
|---|---|---|---|---|
| **1420** | 16 (Fr) mehrfarbig | aop | 1,— | 0,70 |
| **1421** | 16 (Fr) mehrfarbig | aor | 1,— | 0,70 |
| **1422** | 16 (Fr) mehrfarbig | aos | 1,— | 0,70 |
| | | Satzpreis (3 W.) | 3,— | 2,— |
| | | FDC | | 3,— |

Auflage: 1.000.000 Sätze

*Gültig bis 31.12.2002*

**1997, 12. Mai. Internationale Briefmarkenausstellung der Jugend JUVALUX '98, Luxemburg-Stadt (I). RaTdr.; Papier fl.; gez. K 11¾:11½.**

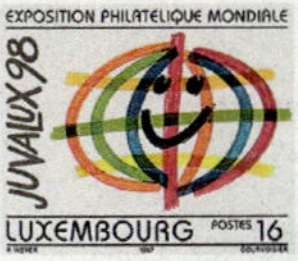
aot) Stilisierte Weltkugel mit Kindergesicht

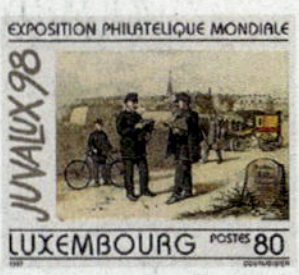
aou) Postboten; Gemälde von Michel Engels (1851–1901)

| | | | | |
|---|---|---|---|---|
| **1423** | 16 (Fr) mehrfarbig | aot | 0,80 | 0,50 |
| **1424** | 80 (Fr) mehrfarbig | aou | 4,20 | 4,— |
| | | Satzpreis (2 W.) | 5,— | 4,50 |
| | | FDC | | 5,50 |

Auflage: 400.000 Sätze

*Gültig bis 31.12.2002*

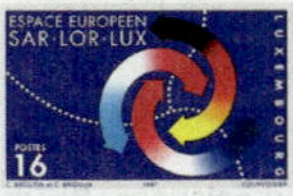

**1997, 16. Okt. Europäische Region Saar-Lor-Lux. RaTdr. (5×10); Papier fl.; gez. K 11¾.**

aov) Grenzüberschreitende Zusammenarbeit im Dreiländereck Deutschland-Frankreich-Luxemburg

| | | | | |
|---|---|---|---|---|
| **1425** | 16 (Fr) mehrfarbig | aov | 1,— | 1,— |
| | | FDC | | 1,50 |

Auflage: 2.000.000 Stück

*Gültig bis 31.12.2002*

*Parallelausgabe mit BR Deutschland MiNr. 1957 und Frankreich MiNr. 3252*

**1997, 16. Okt. Wand- und Standuhren. Komb. StTdr. und RaTdr.; Papier fl.; gez. K 12¾:13½.**

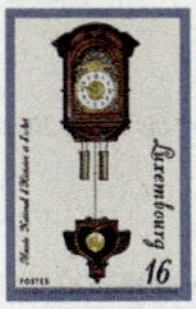
aow) Kappauer-Uhr (1816) von Dominique Nauens

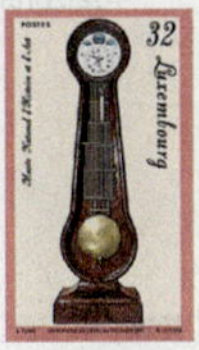
aox) Astronomische Uhr (um 1850) von Joseph Pascal Lebrun (1807–1883)

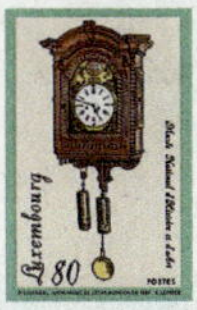
aoy) Kopfuhr (1815) von Mathias Hebeler

| | | | | |
|---|---|---|---|---|
| **1426** | 16 (Fr) mehrfarbig | aow | 1,— | 0,80 |
| **1427** | 32 (Fr) mehrfarbig | aox | 1,20 | 1,20 |
| **1428** | 80 (Fr) mehrfarbig | aoy | 3,80 | 3,50 |
| | | Satzpreis (3 W.) | 6,— | 5,50 |
| | | FDC | | 6,50 |

Auflage: 510.000 Sätze

*Gültig bis 31.12.2002*

**1997, 16. Okt. Wassermühlen. Komb. StTdr. und Odr.; Papier fl.; gez. K 13¼:13½, Hochformat ~.**

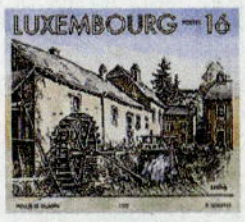
aoz) Mühle von Kalborn (16.–17. Jh.); Federzeichnung von Jean-Pierre Gleis (1889–1965)

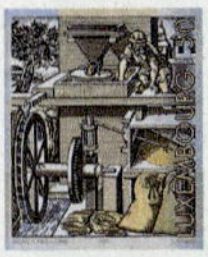
apa) Ramelli-Mühle (1588); Illustration aus dem Buch „Das Wasserrad" von Wilhelm Wölfel (1913–2011), deutscher Bauingenieur

| | | | | |
|---|---|---|---|---|
| **1429** | 16 (Fr) mehrfarbig | aoz | 1,— | 0,80 |
| **1430** | 50 (Fr) mehrfarbig | apa | 3,— | 2,80 |
| | | Satzpreis (2 W.) | 4,— | 3,50 |
| | | FDC | | 4,— |

Auflage: 510.000 Sätze

*Gültig bis 31.12.2002*

**1997, 8. Dez. Wohlfahrt: Einheimische Bäume (III). RaTdr. (4×5, Querformat ~); Papier fl.; gez. K 11¾.**

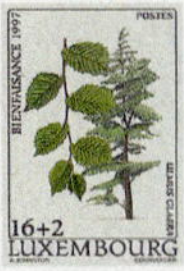
apb) Bergulme (Ulmus glabra)

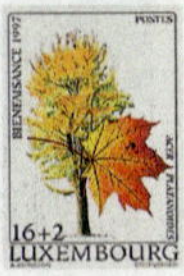
apc) Spitzahorn (Acer platanoides)

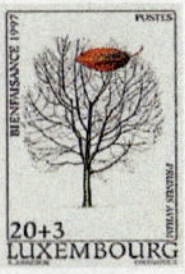
apd) Vogelkirsche (Prunus avium)

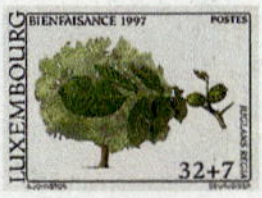
ape) Walnussbaum (Juglans regia)

| | | | | |
|---|---|---|---|---|
| **1431** | 16 (Fr) + 2 (Fr) mehrfarbig | apb | 0,80 | 0,80 |
| **1432** | 16 (Fr) + 2 (Fr) mehrfarbig | apc | 0,80 | 0,80 |
| **1433** | 20 (Fr) + 3 (Fr) mehrfarbig | apd | 1,90 | 1,90 |
| **1434** | 32 (Fr) + 7 (Fr) mehrfarbig | ape | 3,— | 3,— |
| | | Satzpreis (4 W.) | 6,50 | 6,50 |
| | | FDC | | 7,50 |

Auflage: 99.739 Sätze

*Gültig bis 31.12.2002*

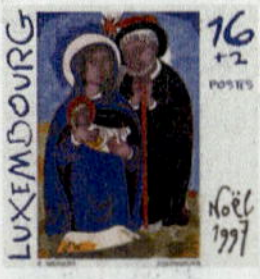

**1997, 8. Dez. Weihnachten. RaTdr. (3×4); Papier fl.; gez. K 11¾.**

apf) Heilige Familie; Emailarbeit von Egino Weinert (1920–2012), deutscher Maler, Bildhauer und Goldschmied

| | | | | |
|---|---|---|---|---|
| **1435** | 16 (Fr) + 2 (Fr) mehrfarbig | apf | 3,50 | 2,50 |
| | | FDC | | 3,— |

Auflage: 229.710 Stück

*Gültig bis 31.12.2002*

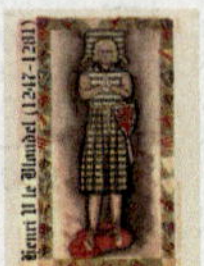

**1997, 8. Dez. 750. Jahrestag der Erhebung Heinrichs V. zum Grafen. RaTdr.; Papier fl.; gez. K 11½.**

apg) Grabmal Heinrichs V. (reg. 1247–1281), Graf von Luxemburg; Zeichnung (17. Jh.)

| | | | | |
|---|---|---|---|---|
| **1436** | 32 (Fr) mehrfarbig | apg | 2,— | 1,50 |
| | | FDC | | 2,50 |

Auflage: 762.000 Stück

*Gültig bis 31.12.2002*

**1998, 23. März. Einheimische Tiere: Süßwasserfische. Komb. StTdr. und Odr. (4×8); gez. K 13¼.**

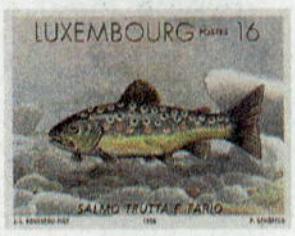
aph) Bachforelle (Salmo trutta fario)

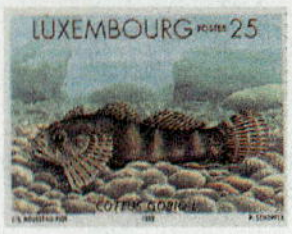
api) Groppe (Cottus gobio)

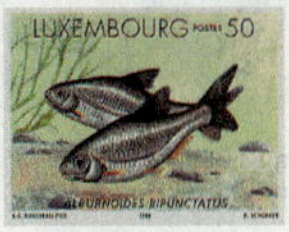
apk) Schneider (Alburnoides bipunctatus)

| | | | | |
|---|---|---|---|---|
| **1437** | 16 (Fr) mehrfarbig | aph | 1,— | 1,— |
| **1438** | 25 (Fr) mehrfarbig | api | 2,— | 1,50 |

| | | | | |
|---|---|---|---|---|
| **1439** | 50 (Fr) mehrfarbig | apk | 3,— | 2,50 |
| | Satzpreis (3 W.) | | 6,— | 5,— |
| | FDC | | | 6,— |

Auflage: 400.000 Sätze

*Gültig bis 31.12.2002*

**1998, 23. März. Sehenswürdigkeiten. RaTdr. (5×10, Hochformat ~); Papier fl.; gez. K 11¾:11½, Hochformat ~.**

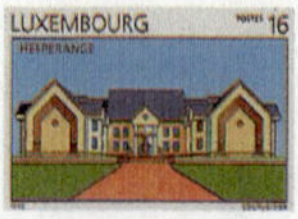

apl) Urbing-Schloss, Hesperingen

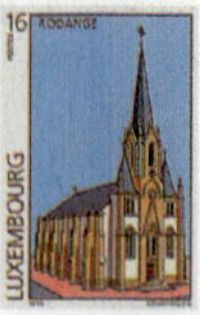

apm) Pfarrkirche, Rodange

| | | | | |
|---|---|---|---|---|
| **1440** | 16 (Fr) mehrfarbig | apl | 1,— | 0,80 |
| **1441** | 16 (Fr) mehrfarbig | apm | 1,— | 0,80 |
| | Satzpreis (2 W.) | | 2,— | 1,50 |
| | FDC | | | 2,— |

Auflage: 1.000.000 Sätze

*Gültig bis 31.12.2002*

*Weitere Werte siehe Übersicht nach Jahrgangswerttabelle.*

**1998, 23. März. Jahresereignisse: 50 Jahre Neutral Gewerkschaft Lëtzebuerg (NGL); 50 Jahre Ginsterfest, Wiltz; 100. Todestag von Johann-Anton Zinnen; 150. Jahrestag der Abschaffung der Zensur. RaTdr. (10×5); Papier fl.; gez. K 11½:11¾.**

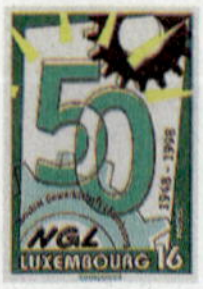

apn) Zahnräder, Zahl „50"

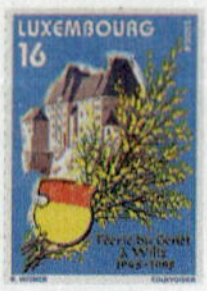

apo) Burg, Stadtwappen, Ginster; Werbeplakat von René Wismer

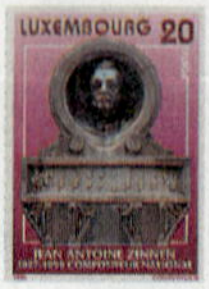

app) Grabsäule von Johann-Anton Zinnen (1827-1898), Komponist

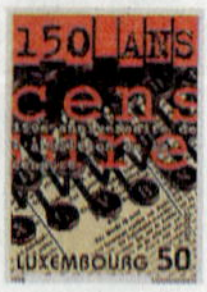

apr) Setzmaschinentastatur, Artikel zur Zensurabschaffung

| | | | | |
|---|---|---|---|---|
| **1442** | 16 (Fr) mehrfarbig | apn | 1,— | 0,80 |
| **1443** | 16 (Fr) mehrfarbig | apo | 1,— | 0,80 |
| **1444** | 20 (Fr) mehrfarbig | app | 1,20 | 0,90 |
| **1445** | 50 (Fr) mehrfarbig | apr | 2,80 | 2,50 |
| | Satzpreis (4 W.) | | 6,— | 5,— |
| | FDC | | | 5,50 |

Auflage: 400.000 Sätze

*Gültig bis 31.12.2002*

**1998, 18. Juni. Internationale Briefmarkenausstellung der Jugend JUVALUX '98, Luxemburg-Stadt (II). Komb. StTdr. und RaTdr. (5×6, Querformat ~); Papier fl.; gez. K 11½.**

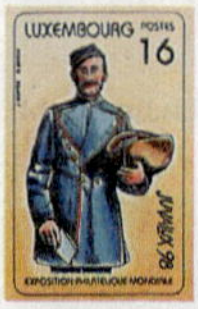

aps) Stadtbriefträger (um 1880)

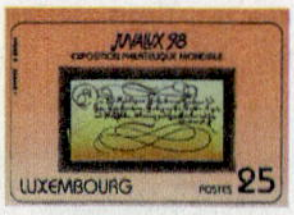

apt) Vorphilatelistischer Brief (1590)

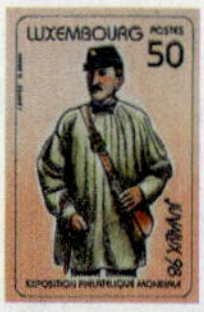

apu) Landbriefträger (um 1880)

| | | | | |
|---|---|---|---|---|
| **1446** | 16 (Fr) mehrfarbig | aps | 1,— | 0,80 |
| **1447** | 25 (Fr) mehrfarbig | apt | 1,30 | 1,— |
| **1448** | 50 (Fr) mehrfarbig | apu | 2,20 | 2,20 |
| | Satzpreis (3 W.) | | 4,50 | 4,— |
| | FDC | | | 5,— |

**Blockausgabe**

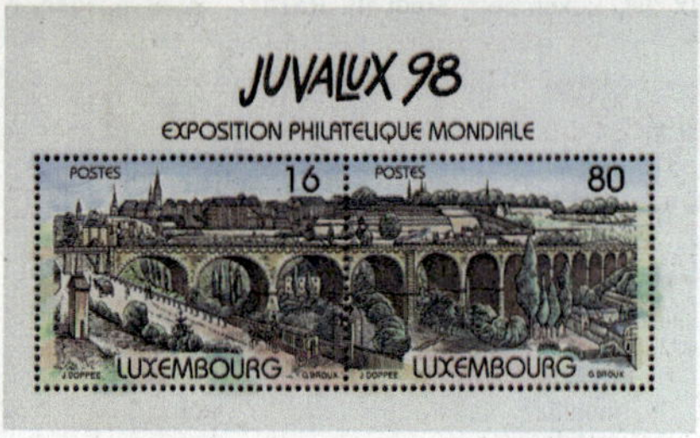


apx

apv–apw) Historische Ansicht der Stadt Luxemburg (1861)

| | | | | |
|---|---|---|---|---|
| **1449** | 16 (Fr) mehrfarbig | apv | 2,— | 2,— |
| **1450** | 80 (Fr) mehrfarbig | apw | 8,— | 8,— |
| **Block 17** | (125×75 mm) | apx | 11,— | 10,— |
| | FDC | | | 12,— |

Auflagen: MiNr. 1446–1448 = 810.000 Sätze, Bl. 17 = 107.384 Blocks

*Gültig bis 31.12.2002*

**1998, 18. Juni. Europa: Nationale Feste und Feiertage. RaTdr. (10×5); Papier fl.; gez. K 11½:11¾.**

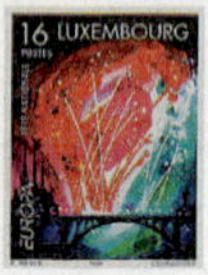

apy) Nationalfeiertag (23. Juni)

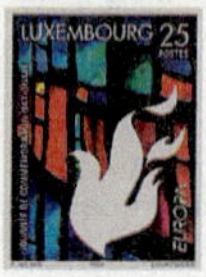

apz) Nationaler Gedenktag

| | | | | |
|---|---|---|---|---|
| **1451** | 16 (Fr) mehrfarbig | apy | 1,— | 1,— |
| **1452** | 25 (Fr) mehrfarbig | apz | 2,— | 2,— |
| | Satzpreis (2 W.) | | 3,— | 3,— |
| | FDC | | | 3,50 |

Auflage: 400.000 Sätze

*Gültig bis 31.12.2002*

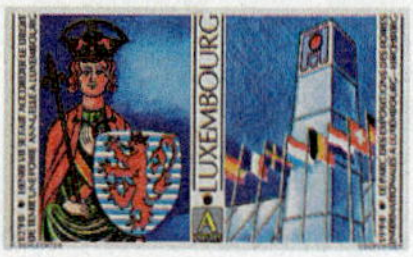

**1998, 18. Juni. 700 Jahre Messeprivileg für Luxemburg. RaTdr. (5×5); Papier fl.; gez. K 11½:11¼.**

ara) Kaiser Heinrich VII. (um 1275–1313); Messeturm, Fahnen

| | | | | |
|---|---|---|---|---|
| **1453** | A mehrfarbig | ara | 1,50 | 0,80 |
| | FDC | | | 1,50 |

MiNr. 1453 gilt für Inlands-Standardbriefe (Nominale zur Zeit der Ausgabe: 16 Fr).

Auflage: 1.000.000 Stück

**1998, 21. Sept. Museen (III). Komb. StTdr. und RaTdr. (5×5); Papier fl.; gez. K 13¾.**

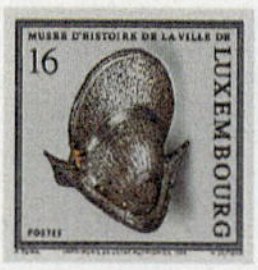

arb) Soldatenhelm der spanischen Armee (Ende 16. Jh.)

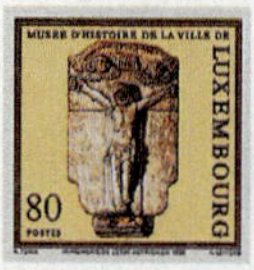

arc) Wegkreuz von Hollerich (1718)

arb–arc) Exponate aus dem Museum für Geschichte der Stadt Luxemburg

1454 16 (Fr) mehrfarbig ........................ arb 1,30 0,80
1455 80 (Fr) mehrfarbig ........................ arc 4,50 3,20
Satzpreis (2 W.) 5,80 4,—
FDC 5,—

Auflage: 500.000 Sätze

*Gültig bis 31.12.2002*

**1998, 21. Sept. 1300 Jahre Abtei Echternach. RaTdr. (5×5); Papier fl.; gez. K 11¾.**

ard

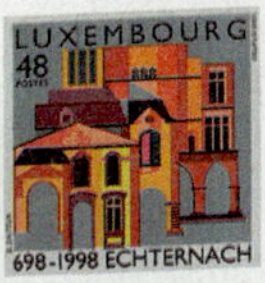
are

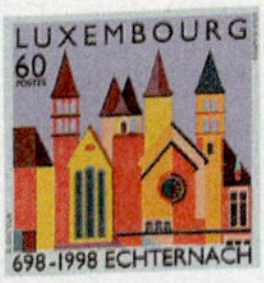
arf

ard–arf) Stilisierte Ansichten der Abtei Echternach

1456 16 (Fr) mehrfarbig ........................ ard 1,— 0,80
1457 48 (Fr) mehrfarbig ........................ are 2,40 2,20
1458 60 (Fr) mehrfarbig ........................ arf 3,40 2,50
Satzpreis (3 W.) 6,80 5,50
FDC 6,50

Auflage: 400.000 Sätze

*Gültig bis 31.12.2002*

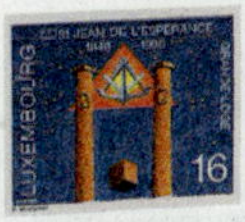

**1998, 21. Sept. 150 Jahre Freimaurer-Großloge „Johannisloge zur Hoffnung". Odr. (5×10); gez. K 13¼:13½.**

arg) Symbole der Freimaurerei

1459 16 (Fr) mehrfarbig ........................ arg 1,— 1,—
FDC 1,50

Auflage: 1.000.000 Stück

*Gültig bis 31.12.2002*

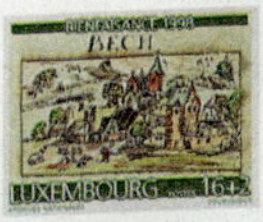

**1998, 7. Dez. Wohlfahrt: Ortsansichten aus dem Nationalarchiv (I). RaTdr. (5×4); Papier fl.; gez. K 11¾.**

arh) Bech

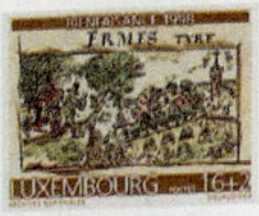
ari) Ermesturf (heute Ermsdorf)

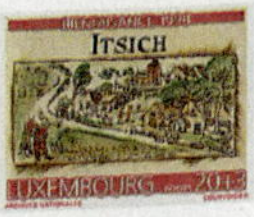
ark) Itsich (heute Itzig)

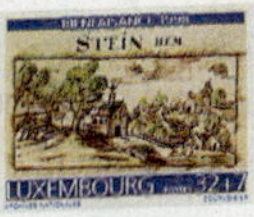
arl) Steinhem (heute Steinheim)

arh–arl) Zeichnungen von Johannes Bertels (1544–1607), Abt von Echternach

1460 16 (Fr) + 2 (Fr) mehrfarbig ............ arh 1,40 1,20
1461 16 (Fr) + 2 (Fr) mehrfarbig ............ ari 1,40 1,20
1462 20 (Fr) + 3 (Fr) mehrfarbig ............ ark 1,50 1,20
1463 32 (Fr) + 7 (Fr) mehrfarbig ............ arl 2,50 2,50
Satzpreis (4 W.) 6,80 6,—
FDC 6,50

Auflage: 92.494 Sätze

*Gültig bis 31.12.2002*

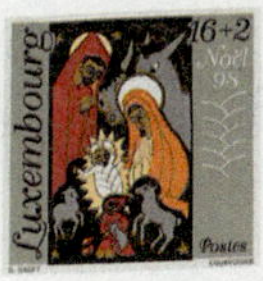

**1998, 7. Dez. Weihnachten. RaTdr. (3×4); Papier fl.; gez. K 11¾.**

arm) Christi Geburt; Ikone von Pater Georges Saget (1915–1993) in der Benediktinerabtei Clerf

1464 16 (Fr) + 2 (Fr) mehrfarbig ............ arm 3,50 2,50
FDC 3,—

Auflage: 268.832 Stück

*Gültig bis 31.12.2002*

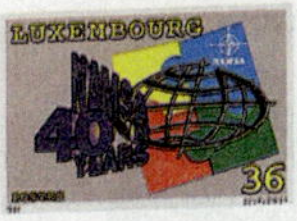

**1998, 7. Dez. 40 Jahre NATO-Agentur für Unterhalt und Versorgung (NAMSA). RaTdr. (5×10); Papier fl.; gez. K 11½.**

arn) Stilisierte Weltkugel, Puzzleteile, NAMSA-Emblem

1465 36 (Fr) mehrfarbig ........................ arn 2,50 2,—
FDC 2,50

Auflage: 400.000 Stück

*Gültig bis 31.12.2002*

**1999, 8. März. Einheimische Tiere: Eulen. RaTdr. (10×5, Querformate ~); Papier fl.; gez. K 11¾.**

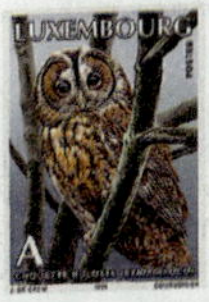
aro) Waldkauz (Strix aluco)

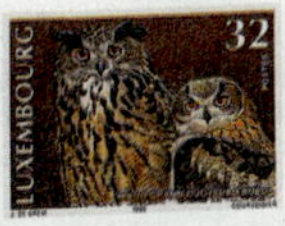
arp) Uhu (Bubo bubo)

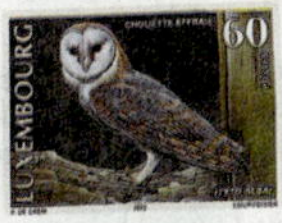
arr) Schleiereule (Tyto alba)

1466 A mehrfarbig ........................ aro 1,50 0,80
1467 32 (Fr) mehrfarbig ........................ arp 2,— 1,70
1468 60 (Fr) mehrfarbig ........................ arr 4,— 2,50
Satzpreis (3 W.) 7,50 5,—
FDC 6,50

MiNr. 1466 gilt für Inlands-Standardbriefe (Nominale zur Zeit der Ausgabe: 16 Fr).

Auflage: 400.000 Sätze

*MiNr. 1467–1468 gültig bis 31.12.2002*

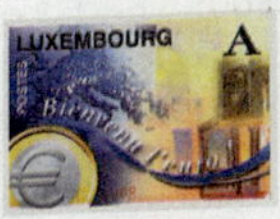

**1999, 8. März. Einführung des Euro als Recheneinheit im Zahlungsverkehr. RaTdr. (6×5); Papier fl.; gez. K 11½.**

ars) Landkarte Europas, 1-Euro-Münze, Motive aus Euro-Banknoten

1469 A mehrfarbig ........................ ars 1,50 1,—
FDC 2,—

MiNr. 1469 gilt für Inlands-Standardbriefe (Nominale zur Zeit der Ausgabe: 16 Fr).

Auflage: 1.000.000 Stück

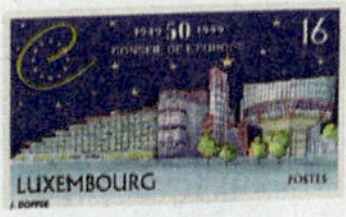

**1999, 8. März. 50 Jahre Europarat. RaTdr. (5×5); Papier fl.; gez. K 11¾:11½.**

art) Sitz des Europarats, Straßburg

1470 16 (Fr) mehrfarbig ........................ art 1,50 1,50
FDC 2,50

Auflage: 400.000 Stück

*Gültig bis 31.12.2002*

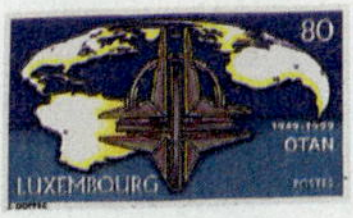

**1999, 8. März. 50 Jahre Nordatlantikpakt (NATO). RaTdr. (5×5); Papier fl.; gez. K 11¾ :11½.**

aru) NATO-Denkmal, Brüssel; Weltkugel

**1471** 80 (Fr) mehrfarbig . . . . . . . . . . . . . . . . . . . aru 7,— 7,—
FDC 8,—

Auflage: 400.000 Stück

*Gültig bis 31.12.2002*

**1999, 17. Mai. Europa: Natur- und Nationalparks. RaTdr. (5×5); Papier fl.; gez. K 11½:11¾.**

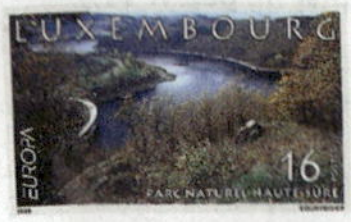


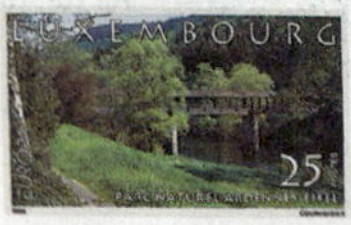


arv) Naturpark Obersauer

arw) Naturpark Ardennen-Eifel

**1472** 16 (Fr) mehrfarbig . . . . . . . . . . . . . . . . . . arv 1,50 1,20
**1473** 25 (Fr) mehrfarbig . . . . . . . . . . . . . . . . . . arw 2,— 1,80
Satzpreis (2 W.) 3,50 3,—
FDC 3,—

Auflage: 400.000 Sätze

*Gültig bis 31.12.2002*

**1999, 17. Mai. Jahrestage: 75 Jahre Nationaler Verband der Versicherungsgenossenschaften; 50 Jahre Luxemburgischer Verband der Amateurfotografen (FLPA); 100 Jahre Luxemburgischer Gymnastikverband. RaTdr. (10×5); Papier fl.; gez. K 11½:11¾.**

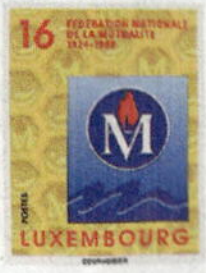


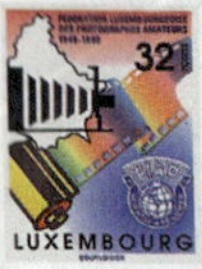


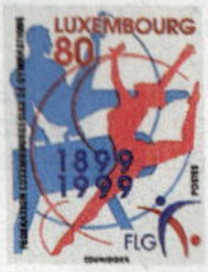


arx) Verbandsemblem

ary) Kamera, Filmrolle

arz) Turnen, Gymnastik

**1474** 16 (Fr) mehrfarbig . . . . . . . . . . . . . . . . . . arx 0,80 1,50
**1475** 32 (Fr) mehrfarbig . . . . . . . . . . . . . . . . . . ary 1,50 2,—
**1476** 80 (Fr) mehrfarbig . . . . . . . . . . . . . . . . . . arz 3,50 4,50
Satzpreis (3 W.) 5,80 8,—
FDC 9,—

Auflage: 400.000 Sätze

*Gültig bis 31.12.2002*

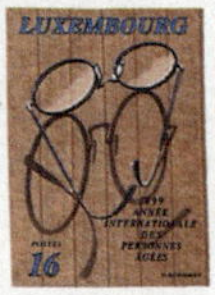


**1999, 17. Mai. Internationales Jahr der älteren Menschen. RaTdr. (5×6); Papier fl.; gez. K 11½:11¾.**

asa) Brille

**1477** 16 (Fr) mehrfarbig . . . . . . . . . . . . . . . . . . asa 1,— 1,—
FDC 1,50

Auflage: 1.000.000 Stück

*Gültig bis 31.12.2002*

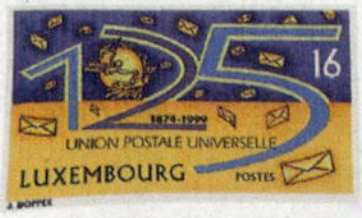


**1999, 17. Mai. 125 Jahre Weltpostverein (UPU). RaTdr. (5×5); Papier fl.; gez. K 11¾:11½.**

asb) UPU-Emblem, Briefe

**1478** 16 (Fr) mehrfarbig . . . . . . . . . . . . . . . . . . asb 1,— 1,—
FDC 1,50

Auflage: 1.000.000 Stück

*Gültig bis 31.12.2002*

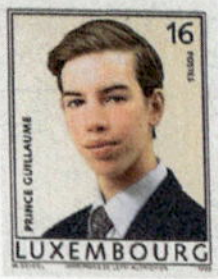


**1999, 21. Sept. 18. Geburtstag von Prinz Guillaume von Luxemburg. Komb. StTdr. und Odr. (4×3); Papier fl.; gez. K 13½.**

asc) Prinz Guillaume von Luxemburg (*1981)

**1479** 16 (Fr) mehrfarbig . . . . . . . . . . . . . . . . . . asc 1,— 1,—
FDC 1,50
Kleinbogen 10,— 10,—

MiNr. 1479 wurde im Kleinbogen zu 10 Marken und 1 Zierfeld in doppelter Markengröße gedruckt.

Auflage: 700.000 Stück

*Gültig bis 31.12.2002*

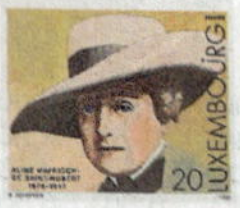


**1999, 21. Sept. 125. Geburtstag von Aline Mayrisch-de Saint-Hubert. Komb. StTdr. und Odr. (5×10); gez. K 13¼:13½.**

asd) Aline Mayrisch-de Saint-Hubert (1874–1947), Präsidentin des Luxemburger Roten Kreuzes

**1480** 20 (Fr) mehrfarbig . . . . . . . . . . . . . . . . . . asd 1,30 1,—
FDC 1,50

Auflage: 1.000.000 Stück

*Gültig bis 31.12.2002*

**1999, 21. Sept. Unterwegs in Richtung Zukunft: Cartoons (I). RaTdr. (5×5); Papier fl.; gez. K 11¾.**

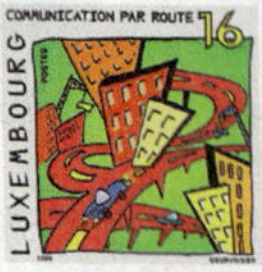


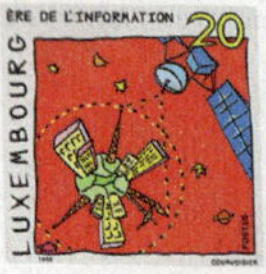


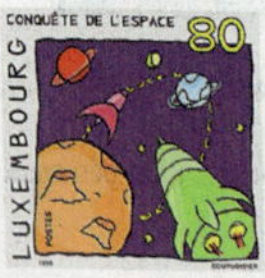


ase) Kommunikation per Straßennetz

asf) Das Informationszeitalter

asg) Die Eroberung des Weltalls

**1481** 16 (Fr) mehrfarbig . . . . . . . . . . . . . . . . . . ase 0,80 [illegible]
**1482** 20 (Fr) mehrfarbig . . . . . . . . . . . . . . . . . . asf 1,— 1,—
**1483** 80 (Fr) mehrfarbig . . . . . . . . . . . . . . . . . . asg 4,— [illegible],20
Satzpreis (3 W.) [illegible] 5,—
FDC 6,50

Auflage: 400.000 Sätze

*Gültig bis 31.12.2002*

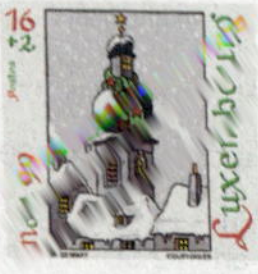


**1999, [illegible] Nov. Weihnachten. RaTdr. (3×4); Papier fl.; gez. K 11¾.**

ash) Kirchturm mit Schal

**1484** 16 (Fr) + 2 (Fr) mehrfarbig . . . . . . . . . . ash 2,50 2,—
FDC 2,50

Auflage: 316.130 Stück

*Gültig bis 31.12.2002*

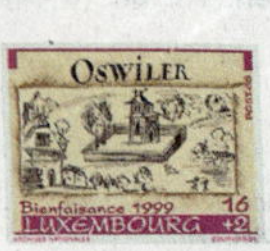


**1999, 30. Nov. Wohlfahrt: Ortsansichten aus dem Nationalarchiv (II). RaTdr. (5×4); Papier fl.; gez. K 11¾.**

asi) Oswiler (heute Osweiler)

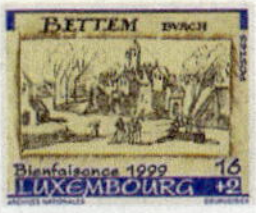


ask) Bettemburch (heute Bettemburg)

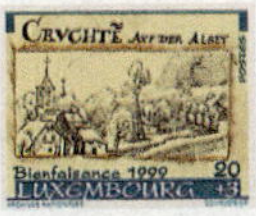


asl) Cruchte auf der Alset (heute Cruchten)

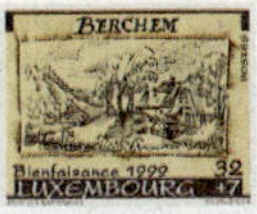


asm) Berchem

asi–asm) Zeichnungen von Johannes Bertels (1544–1607), Abt von Echternach

| | | | | |
|---|---|---|---|---|
| **1485** | 16 (Fr) + 2 (Fr) mehrfarbig | asi | 1,40 | 1,40 |
| **1486** | 16 (Fr) + 2 (Fr) mehrfarbig | ask | 1,40 | 1,40 |
| **1487** | 20 (Fr) + 3 (Fr) mehrfarbig | asl | 1,50 | 1,50 |
| **1488** | 32 (Fr) + 7 (Fr) mehrfarbig | asm | 2,50 | 2,50 |
| | | Satzpreis (4 W.) | 6,80 | 6,80 |
| | | FDC | | 7,— |

Auflage: 88.108 Sätze

*Gültig bis 31.12.2002*

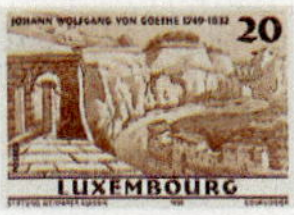


**1999, 30. Nov. 250. Geburtstag von Johann Wolfgang von Goethe. RaTdr. (5×10); Papier fl.; gez. K 11¾:11½.**

asn) Tor zum Breitenweg im Stadtgrund; Zeichnung von Johann Wolfgang von Goethe (1749–1832), deutscher Dichter

| | | | | |
|---|---|---|---|---|
| **1489** | 20 (Fr) mehrfarbig | asn | 1,30 | 1,30 |
| | | FDC | | 2,— |

Auflage: 1.000.000 Stück

*Gültig bis 31.12.2002*

**2000, 3. Jan. Neujahr 2000. RaTdr., Markenheftchen (2×1 Zd); selbstklebend; senkrecht gestanzt 8.**

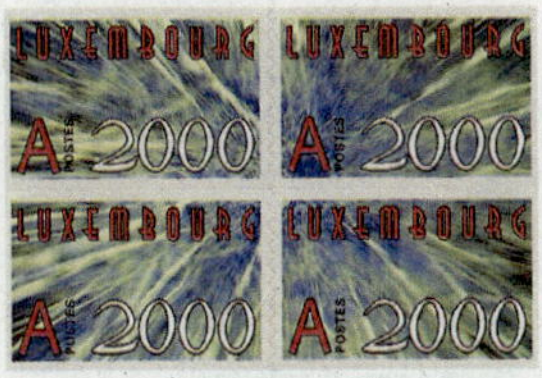


aso–ass) Eintritt ins Jahr 2000 (symbolische Darstellung)

| | | | | |
|---|---|---|---|---|
| **1490** | A mehrfarbig | aso | 1,50 | 1,— |
| **1491** | A mehrfarbig | asp | 1,50 | 1,— |
| **1492** | A mehrfarbig | asr | 1,50 | 1,— |
| **1493** | A mehrfarbig | ass | 1,50 | 1,— |
| | | Satzpreis (4 W.) | 6,— | 4,— |
| | | FDC | | 6,— |
| | | Viererblock | 6,— | 5,— |
| | | Markenheftchen | 12,— | 10,— |

MiNr. 1490–1493 gelten für Inlands-Standardbriefe (Nominale zur Zeit der Ausgabe: 16 Fr).

MiNr. 1490–1493 wurden zusammen im Markenheftchen zu 8 Marken gedruckt, das zum ermäßigten Preis von 120 Fr verkauft wurde. Das Heftchen gibt es mit dem Druckvermerk „COURVOISIER" (2×) oder „WALSALL SECURITY PRINTERS LTD" (1×).

Auflage: 1.590.900 Markenheftchen

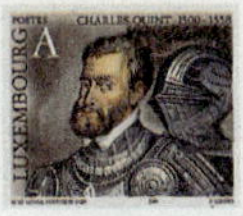


**2000, 7. März. 500. Geburtstag von Kaiser Karl V. Komb. StTdr. und Odr. (5×4); gez. K 13¼:13½.**

ast) Kaiser Karl V. (1500–1558, reg. 1530–1556); Kupferstich von Lucas Emil Vorsterman (1595–1675) nach Tizian-Entwurf

| | | | | |
|---|---|---|---|---|
| **1494** | A mehrfarbig | ast | 1,50 | 1,— |
| | | FDC | | 1,50 |

MiNr. 1494 gilt für Inlands-Standardbriefe (Nominale zur Zeit der Ausgabe: 16 Fr).

Auflage: 1.000.000 Stück

**2000, 7. März. Sehenswürdigkeiten. RaTdr. (5×4, Hochformat ~); gez. K 11¾:11½, Hochformat ~.**

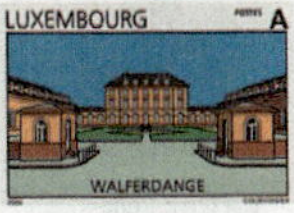


asu) Schloss Walferdingen

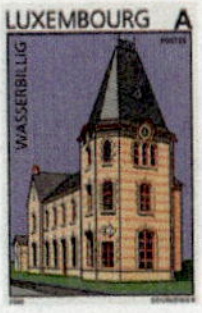


asv) Gemeindeverwaltung, Wasserbillig

| | | | | |
|---|---|---|---|---|
| **1495** | A mehrfarbig | asu | 1,50 | 0,80 |
| **1496** | A mehrfarbig | asv | 1,50 | 0,80 |
| | | Satzpreis (2 W.) | 3,— | 1,50 |
| | | FDC | | 2,— |

MiNr. 1495–1496 gelten für Inlands-Standardbriefe (Nominale zur Zeit der Ausgabe: 16 Fr).

Auflage: 1.000.000 Sätze

*Weitere Werte siehe Übersicht nach Jahrgangswerttabelle.*

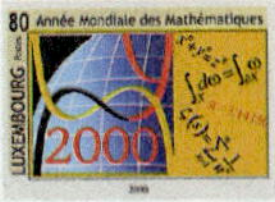


**2000, 7. März. Internationales Jahr der Mathematik. RaTdr. (4×5); gez. K 11½.**

asw) Globus, mathematische Formeln

| | | | | |
|---|---|---|---|---|
| **1497** | 80 (Fr) mehrfarbig | asw | 4,— | 4,— |
| | | FDC | | 4,50 |

Auflage: 420.000 Stück

*Gültig bis 31.12.2002*

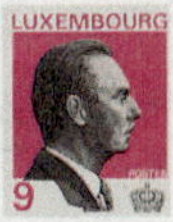


**2000, 31. März. Freimarke: Großherzog Jean von Luxemburg. Komb. StTdr. und Odr. (10×5); Papier fl.; gez. K 13½:13.**

ako) Großherzog Jean von Luxemburg (1921–2019, reg. 1964–2000)

| | | | | |
|---|---|---|---|---|
| **1498** | 9 (Fr) lilarosa/schwarz | ako | 0,50 | 0,50 |
| | | FDC | | 1,— |

Auflage: 3.000.000 Stück

*Gültig bis 31.12.2002*

*In gleicher Zeichnung:* MiNr. 1310–1315, 1334–1337, 1357–1359, 1410

**2000, 31. März. Musikinstrumente (I). RaTdr. (4×5); gez. K 11½:11¾.**

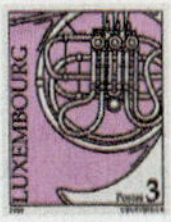


asx) Horn

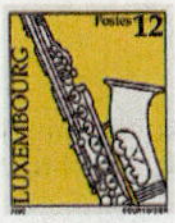


asy) Saxophon

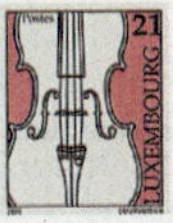


asz) Violine

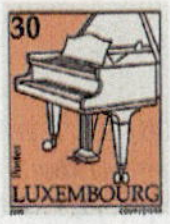


ata) Konzertflügel

| | | | | |
|---|---|---|---|---|
| **1499** | 3 (Fr) schwarz/rotviolett | asx | 0,30 | 0,30 |
| **1500** | 12 (Fr) schwarz/rötlichgelb | asy | 0,80 | 0,50 |
| **1501** | 21 (Fr) schwarz/rötlichkarmin | asz | 1,30 | 1,— |
| **1502** | 30 (Fr) schwarz/graurot | ata | 1,80 | 1,20 |
| | | Satzpreis (4 W.) | 4,20 | 3,— |
| | | FDC | | 4,— |

Auflage: 1.500.000 Sätze

*Gültig bis 31.12.2002*

**2000, 9. Mai. Einheimische Tiere: Enten. RaTdr. (5×4, Hochformate ~); Faserpapier; gez. K 11¾:11½, Hochformate ~.**

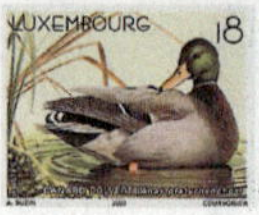


atb) Stockente (Anas platyrhynchos)

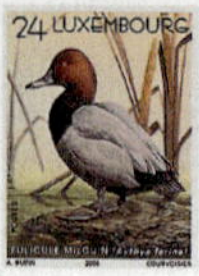


atc) Tafelente (Aythya ferina)

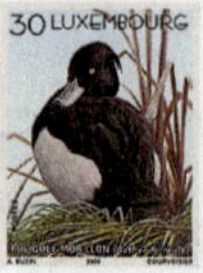


atd) Reiherente (Aythya fuligula)

| | | | | |
|---|---|---|---|---|
| **1503** | 18 (Fr) mehrfarbig | atb | 1,— | 1,— |
| **1504** | 24 (Fr) mehrfarbig | atc | 1,50 | 1,20 |
| **1505** | 30 (Fr) mehrfarbig | atd | 2,— | 1,80 |
| | | Satzpreis (3 W.) | 4,50 | 4,— |
| | | FDC | | 5,— |

Auflage: 400.000 Sätze

*Gültig bis 31.12.2002*

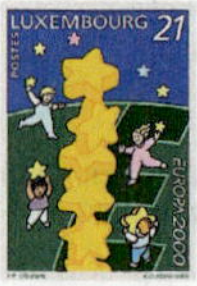


**2000, 9. Mai. Europa. RaTdr. (4×5); Faserpapier; gez. K 11½:11¾.**

ate) Kinder bauen Sternenturm

| | | | | |
|---|---|---|---|---|
| **1506** | 21 (Fr) mehrfarbig | ate | 1,80 | 1,80 |
| | | FDC | | 2,— |

Auflage: 1.000.000 Stück

*Gültig bis 31.12.2002*

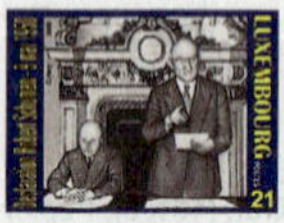


**2000, 9. Mai. 50 Jahre Schuman-Plan. RaTdr. (4×5); gez. K 11½.**

atf) Jean Monnet (1888–1979) und Robert Schuman (1886–1963), französische Politiker

| | | | | |
|---|---|---|---|---|
| **1507** | 21 (Fr) mehrfarbig | atf | 1,50 | 1,50 |
| | | FDC | | 2,— |

Auflage: 1.000.000 Stück

*Gültig bis 31.12.2002*

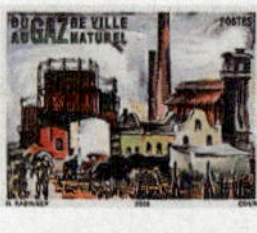


**2000, 9. Mai. 100 Jahre Gasfabrik Esch an der Alzette. RaTdr. (4×5); gez. K 11¾:11½.**

atg) Gasfabrik Esch an der Alzette um 1935; Gemälde von Harry Rabinger (1895–1966)

| | | | | |
|---|---|---|---|---|
| **1508** | 18 (Fr) mehrfarbig | atg | 1,50 | 1,50 |
| | | FDC | | 2,— |

Auflage: 1.000.000 Stück

*Gültig bis 31.12.2002*

**2000, 27. Sept. Gemälde aus der Kunstsammlung der Luxemburgischen Post (I). RaTdr. (5×4, Hochformat ~); gez. K 11¾:11½, Hochformat ~.**

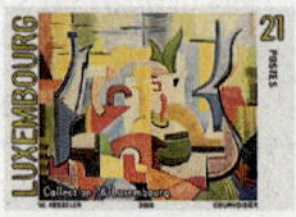


ath) Gemälde von Will Kesseler (1899–1983)

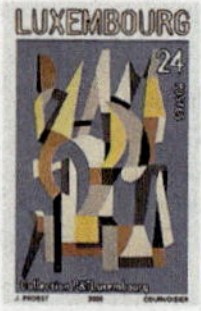


ati) Gemälde von Joseph Probst (1911–1997)

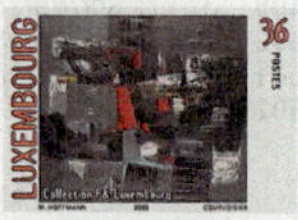


atk) Gemälde von Mett Hoffmann (1914–1993)

| | | | | |
|---|---|---|---|---|
| **1509** | 21 (Fr) mehrfarbig | ath | 1,— | 1,— |
| **1510** | 24 (Fr) mehrfarbig | ati | 1,20 | 1,20 |
| **1511** | 36 (Fr) mehrfarbig | atk | 2,— | 2,— |
| | | Satzpreis (3 W.) | 4,20 | 4,20 |
| | | FDC | | 5,— |

Auflage: 1.000.000 Sätze

*Gültig bis 31.12.2002*

**2000, 27. Sept. UNESCO-Welterbe. Komb. StTdr. und RaTdr. (4×5); Papier fl.; gez. K 13½:14¼.**

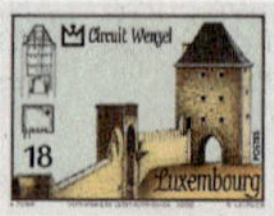


atl) Wenzel-Rundweg, Luxemburg-Stadt

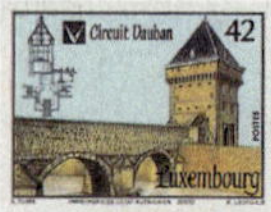


atm) Vauban-Rundweg, Luxemburg-Stadt

| | | | | |
|---|---|---|---|---|
| **1512** | 18 (Fr) mehrfarbig | atl | 0,80 | 0,70 |
| **1513** | 42 (Fr) mehrfarbig | atm | 3,— | 2,40 |
| | | Satzpreis (2 W.) | 3,80 | 3,— |
| | | FDC | | 3,50 |

Auflage: 400.000 Sätze

*Gültig bis 31.12.2002*

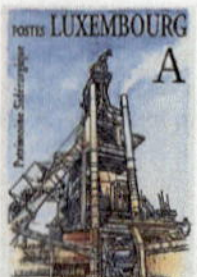


**2000, 27. Sept. Geschichte der Eisenindustrie. Komb. StTdr. und RaTdr. (5×4); gez. K 11½.**

atn) Hochofen „B" der ARBED, Esch-Belval

| | | | | |
|---|---|---|---|---|
| **1514** | A mehrfarbig | atn | 1,50 | 0,80 |
| | | FDC | | 1,50 |

MiNr. 1514 gilt für Inlands-Standardbriefe (Nominale zur Zeit der Ausgabe: 18 Fr).

Auflage: 1.000.000 Stück

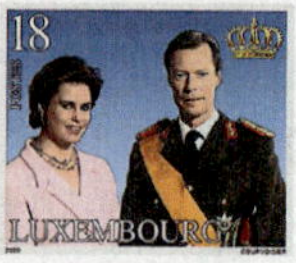


**2000, 27. Sept. Thronbesteigung von Prinz Henri Erbgroßherzog von Luxemburg. RaTdr. (3×4); gez. K 11¾:11½.**

ato) Prinz Henri und Prinzessin Maria Teresa

| | | | | |
|---|---|---|---|---|
| **1515** | 18 (Fr) mehrfarbig | ato | | |
| I | Markenrand ohne Flaggen | | 1,— | 1,— |
| II | Markenrand mit Flaggen | | 1,— | 1,— |
| | | FDC | | 1,50 |
| | | Zd-Bogen | 14,— | 14,— |

**Blockausgabe, Blockrand komb. StTdr. und RaTdr., Papier fl., gez. Ks 11½**

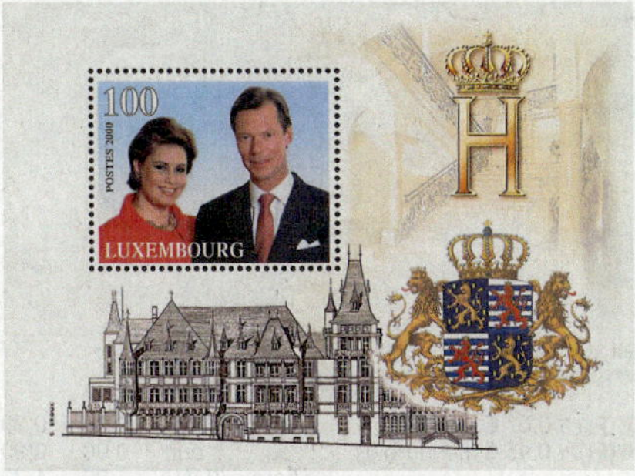

atr

atp) Prinz Henri und Prinzessin Maria Teresa

| | | | | |
|---|---|---|---|---|
| **1516** | 100 (Fr) mehrfarbig | atp | 10,— | 10,— |
| **Block 18** | (125×90 mm) | atr | 11,— | 11,— |
| | | FDC | | 12,— |

Ein schräg über den Schalterbogen von MiNr. 1515 verlaufendes Flaggenband bewirkt, dass 5 der 12 darin enthaltenen Marken an unterschiedlichen Stellen des Markenrandes Teile der Nationalflagge aufweisen.

Auflagen: MiNr. 1515 = 840.000 Stück, Bl. 18 = 118.609 Blocks

*Gültig bis 31.12.2002*

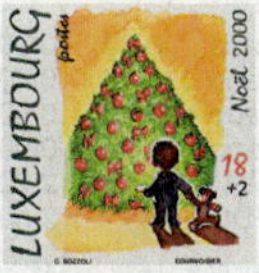

**2000, 5. Dez. Weihnachten. RaTdr. (3×4); gez. K 11¾.**

ats) Kind mit Teddybär betrachtet Weihnachtsbaum

| | | | | |
|---|---|---|---|---|
| **1517** | 18 (Fr) + 2 (Fr) mehrfarbig | ats | 2,20 | 2,— |
| | | FDC | | 2,50 |

Auflage: 262.604 Stück

*Gültig bis 31.12.2002*

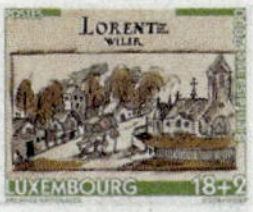

**2000, 5. Dez. Wohlfahrt: Ortsansichten aus dem Nationalarchiv (III). RaTdr. (5×4); gez. K 11¾:11½.**

att) Lorentzwiler (heute Lorentzweiler)

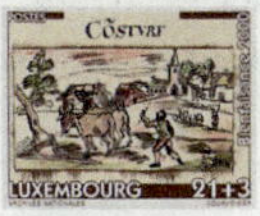

atu) Costurf (heute Consdorf)

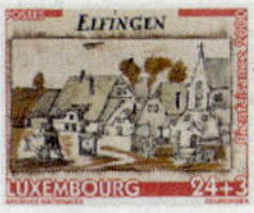

atv) Elfingen (heute Elwingen)

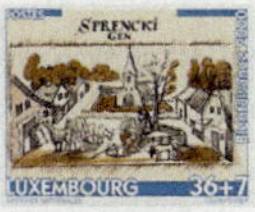

atw) Sprenckigen (heute Sprinkingen)

att–atw) Zeichnungen von Johannes Bertels (1544–1607), Abt von Echternach

| | | | | |
|---|---|---|---|---|
| **1518** | 18 (Fr) + 2 (Fr) mehrfarbig | att | 1,— | 1,— |
| **1519** | 21 (Fr) + 3 (Fr) mehrfarbig | atu | 1,40 | 1,40 |
| **1520** | 24 (Fr) + 3 (Fr) mehrfarbig | atv | 1,40 | 1,40 |
| **1521** | 36 (Fr) + 7 (Fr) mehrfarbig | atw | 2,20 | 2,20 |
| | | Satzpreis (4 W.) | 6,— | 6,— |
| | | FDC | | 7,— |

Auflage: 91.339 Sätze

*Gültig bis 31.12.2002*

**2000, 5. Dez. Musikinstrumente (II). RaTdr. (4×5); gez. K 11½:11¾.**

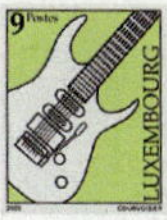

atx) E-Gitarre

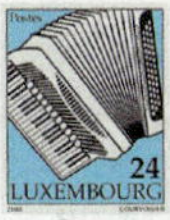

aty) Akkordeon

| | | | | |
|---|---|---|---|---|
| **1522** | 9 (Fr) schwarz/gelbgrün | atx | 0,50 | 0,50 |
| **1523** | 24 (Fr) schwarz/cyanblau | aty | 1,50 | 1,50 |
| | | Satzpreis (2 W.) | 2,— | 2,— |
| | | FDC | | 2,— |

Auflage: 1.000.000 Sätze

*Gültig bis 31.12.2002*

**2001, 20. März. Sehenswürdigkeiten. RaTdr. (5×4, Hochformat ~); gez. K 11¾:11½, Hochformat ~.**

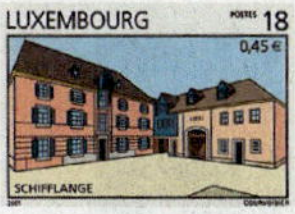

atz) Bestgenmühle, Schifflingen

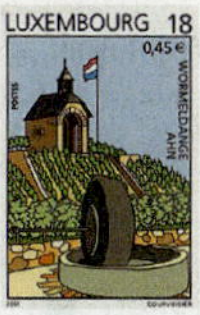

aua) Fruchtmühle und Weinberg „Wormer Köppchen", Wormeldingen

| | | | | |
|---|---|---|---|---|
| **1524** | 18 (Fr) / 0.45 € mehrfarbig | atz | 0,90 | 0,90 |
| **1525** | 18 (Fr) / 0.45 € mehrfarbig | aua | 0,90 | 0,90 |
| | | Satzpreis (2 W.) | 1,80 | 1,80 |
| | | FDC | | 2,50 |

Auflage: 1.000.000 Sätze

*Weitere Werte siehe Übersicht nach Jahrgangswerttabelle.*

*Ab MiNr. 1524 sind alle Ausgaben frankaturgültig, außerdem alle Marken ohne Wertangabe.*

**2001, 20. März. Schriftsteller. Komb. StTdr. und Odr. (5×4); gez. K 13½:13¼.**

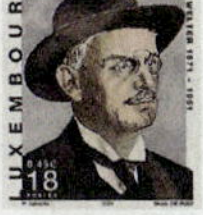

aub) Nik Welter (1871 bis 1951); Fotografie von Nicolas-Auguste Praum (1870–1928)

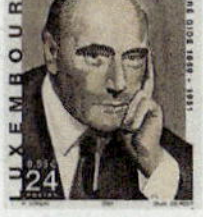

auc) André Gide (1869 bis 1951); Gemälde von Paul Albert Laurens (1870–1934)

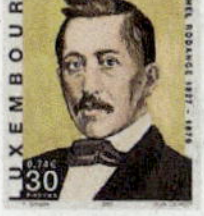

aud) Michel Rodange (1827–1878); Gemälde von Franz Seimetz (1858–1934)

| | | | | |
|---|---|---|---|---|
| **1526** | 18 (Fr) / 0.45 € mehrfarbig | aub | 0,80 | 0,80 |
| **1527** | 24 (Fr) / 0.59 € mehrfarbig | auc | 1,— | 1,— |
| **1528** | 30 (Fr) / 0.74 € mehrfarbig | aud | 1,20 | 1,20 |
| | | Satzpreis (3 W.) | 3,— | 3,— |
| | | FDC | | 4,— |

Auflage: 400.000 Sätze

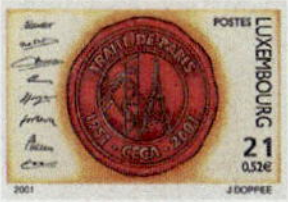

**2001, 20. März. 50 Jahre Pariser Vertrag zur Gründung der Europäischen Gemeinschaft für Kohle und Stahl. RaTdr. (4×5); gez. K 11½.**

aue) Siegel

| | | | | |
|---|---|---|---|---|
| **1529** | 21 (Fr) / 0.52 € mehrfarbig | aue | 1,50 | 1,50 |
| | | FDC | | 2,— |

Auflage: 2.000.000 Stück

**2001, 22. Mai. Europa: Lebensspender Wasser. RaTdr. (5×4, Hochformat ~); gez. K 11¾:11½, Hochformat ~.**

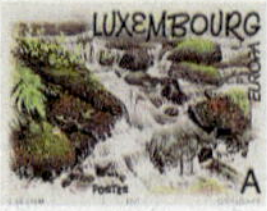


auf) Bach mit klarem Quellwasser

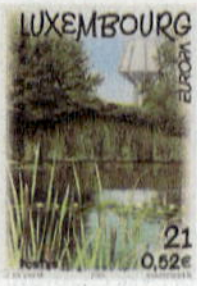


aug) Weiher am Wasserturm Kaltreis

| | | | | | |
|---|---|---|---|---|---|
| **1530** | A | mehrfarbig | auf | 1,50 | 1,— |
| **1531** | 21 (Fr) / 0.52 € | mehrfarbig | aug | 1,50 | 1,— |
| | | | Satzpreis (2 W.) | 3,— | 2,— |
| | | | FDC | | 3,— |

MiNr. 1530 gilt für Inlands-Standardbriefe (Nominale zur Zeit der Ausgabe: 18 Fr / 0.45 €).

Auflage: 500.000 Sätze

**2001, 22. Mai. Freiwillige und professionelle Rettungskräfte. RaTdr. (5×4); gez. K 11½:11¾.**

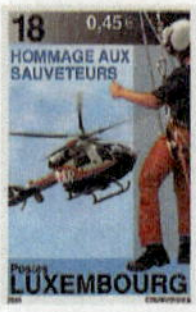


auh) Rettungshubschrauber Boeing MD 902 Explorer

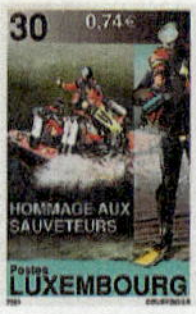


aui) Rettungstaucher

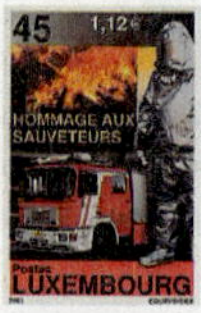


auk) Feuerwehr

| | | | | | |
|---|---|---|---|---|---|
| **1532** | 18 (Fr) / 0.45 € | mehrfarbig | auh | 1,— | 1,— |
| **1533** | 30 (Fr) / 0.74 € | mehrfarbig | aui | 1,30 | 1,30 |
| **1534** | 45 (Fr) / 1.12 € | mehrfarbig | auk | 2,50 | 2,50 |
| | | | Satzpreis (3 W.) | 4,80 | 4,80 |
| | | | FDC | | 6,— |

Auflage: 400.000 Sätze

**2001, 22. Mai. Humanitärer Einsatz: Hilfsaktion für die Flüchtlingskinder aus dem Kosovo, 50 Jahre Internationale Organisation für Migration (IOM). RaTdr. (5×4); gez. K 11½:11¾.**

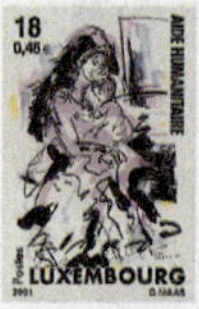


aul) Mutter und Kind

aum) Migranten, IOM-Emblem

| | | | | | |
|---|---|---|---|---|---|
| **1535** | 18 (Fr) / 0.45 € | mehrfarbig | aul | 1,— | 1,— |
| **1536** | 24 (Fr) / 0.59 € | mehrfarbig | aum | 1,50 | 1,50 |
| | | | Satzpreis (2 W.) | 2,50 | 2,50 |
| | | | FDC | | 3,— |

Auflage: 400.000 Sätze

**2001, 22. Mai. Alte Dienstautos der Post. RaTdr., Markenheftchen (6×1 Zd); selbstklebend; senkrecht gestanzt 8½.**

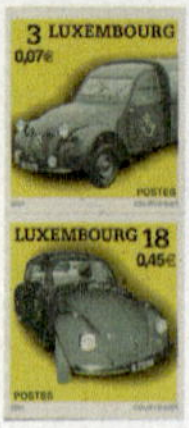


aun) Citroën 2CV Kastenwagen (um 1965)
auo) Volkswagen Käfer (um 1972)

| | | | | | |
|---|---|---|---|---|---|
| **1537** | 3 (Fr) / 0.07 € | mehrfarbig | aun | 0,30 | 0,30 |
| **1538** | 18 (Fr) / 0.45 € | mehrfarbig | auo | 0,90 | 0,90 |
| | | | Satzpreis (2 W.) | 1,20 | 1,20 |
| | | | FDC | | 2,— |
| | | | Paar | 1,20 | 1,20 |
| | | | Markenheftchen | 7,50 | 7,50 |

Auflage: 372.000 Markenheftchen

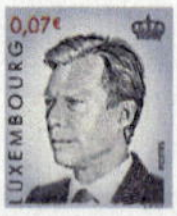


**2001, 1. Okt. Freimarken: Großherzog Henri. Komb. StTdr. und RaTdr. (4×5); gez. K 11¾:11½.**

aup) Großherzog Henri von Luxemburg (*1955, reg. seit 2000)

| | | | | | |
|---|---|---|---|---|---|
| **1539** | 0.07 € | mehrfarbig | aup | 0,30 | 0,30 |
| **1540** | 0.22 € | mehrfarbig | aup | 0,40 | 0,40 |
| **1541** | 0.30 € | mehrfarbig | aup | 0,60 | 0,60 |
| **1542** | 0.45 € | mehrfarbig | aup | 0,90 | 0,90 |
| | | | Satzpreis (4 W.) | 2,20 | 2,20 |
| | | | FDC | | 2,80 |

Auflagen: MiNr. 1539 = 2.088.000, MiNr. 1540 = 3.198.000, MiNr. 1541 = 2.762.000, MiNr. 1542 = 5.950.000 Stück

*In gleicher Zeichnung: MiNr. 1570–1573, 1618–1619, 1636–1639, 1720–1722, 1895–1896*

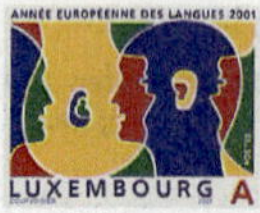


**2001, 1. Okt. Europäisches Jahr der Sprachen. RaTdr. (5×4); gez. K 11¾:11½.**

aur) Stilisierte Köpfe (Emblem)

| | | | | | |
|---|---|---|---|---|---|
| **1543** | A | mehrfarbig | aur | 1,50 | 1,— |
| | | | FDC | | 2,— |

MiNr. 1543 gilt für Inlands-Standardbriefe (Nominale zur Zeit der Ausgabe: 0.45 €).

Auflage: 2.000.000 Stück

**2001, 1. Okt. Euro-Münzen. RaTdr. (4×5); gez. K 11½:11¾.**

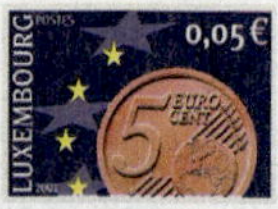


aus) 5-Cent-Münze

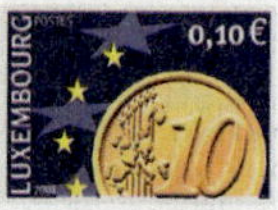


aut) 10-Cent-Münze

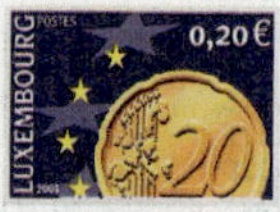


auu) 20-Cent-Münze

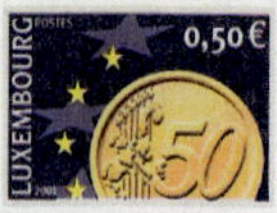


auv) 50-Cent-Münze

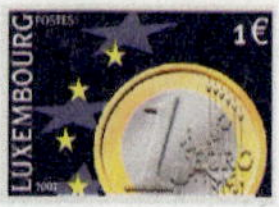


auw) 1-Euro-Münze

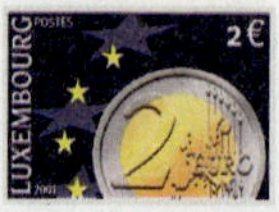


aux) 2-Euro-Münze

| | | | | | |
|---|---|---|---|---|---|
| **1544** | 0.05 € | mehrfarbig | aus | 0,30 | 0,30 |
| **1545** | 0.10 € | mehrfarbig | aut | 0,30 | 0,30 |
| **1546** | 0.20 € | mehrfarbig | auu | 0,40 | 0,40 |
| **1547** | 0.50 € | mehrfarbig | auv | 1,— | 1,— |
| **1548** | 1 € | mehrfarbig | auw | 2,— | 2,— |

**1549** 2 € mehrfarbig . . . . . . . . . . aux 4,50 4,50
Satzpreis (6 W.) 8,50 8,50
FDC 9,—

Auflagen: MiNr. 1544 = 1.954.200, MiNr. 1545 = 2.731.000, MiNr. 1546 = 3.434.000, MiNr. 1547 und 1549 je 2.000.000, MiNr. 1548 = 3.000.000 Stück

**2001, 1. Okt. Unterwegs in Richtung Zukunft: Cartoons (II). RaTdr. (5×4); gez. K 11¾.**

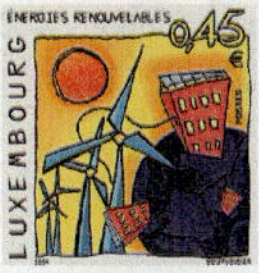
auy) Erneuerbare Energien

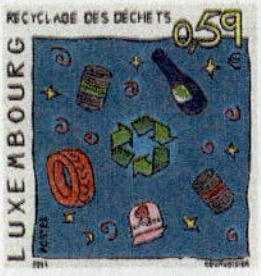
auz) Abfallrecycling

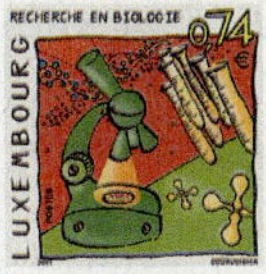
ava) Bioforschung

**1550** 0.45 € mehrfarbig . . . . . . . . . . auy 1,— 1,—
**1551** 0.59 € mehrfarbig . . . . . . . . . . auz 1,30 1,30
**1552** 0.74 € mehrfarbig . . . . . . . . . . ava 1,50 1,50
Satzpreis (3 W.) 3,80 3,80
FDC 4,50

Auflage: 1.000.000 Sätze

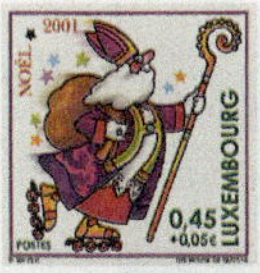

**2001, 6. Dez. Weihnachten. RaTdr. (3×4); gez. K 14.**

avb) Weihnachtsmann auf Inlineskates

**1553** 0.45 (€) + 0.05 € mehrfarbig . . . . . . . . . . avb 1,50 1,50
FDC 2,—

MiNr. 1553 weist in der linken oberen Ecke eine sternförmige Lochung auf.

Auflage: 209.809 Stück

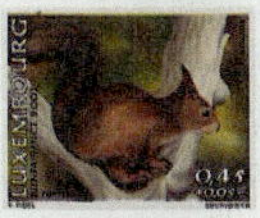

**2001, 6. Dez. Wohlfahrt: Einheimische Tiere (I). RaTdr. (5×4, Hochformate ~); Faserpapier; gez. K 11½:11¾, Hochformate ~.**

avc) Eichhörnchen (Sciurus vulgaris)

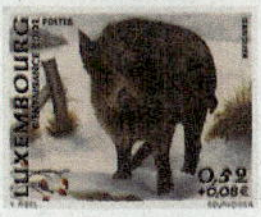
avd) Wildschwein (Sus scrofa)

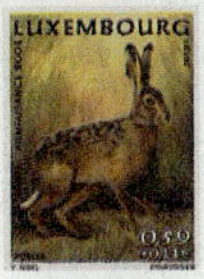
ave) Feldhase (Lepus europaeus)

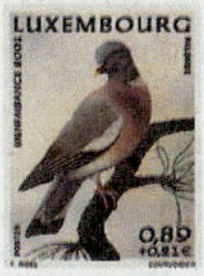
avf) Ringeltaube (Columba palumbus)

**1554** 0.45 (€) + 0.05 € mehrfarbig . . . . . . . . . . avc 1,30 1,20
**1555** 0.52 (€) + 0.08 € mehrfarbig . . . . . . . . . . avd 1,50 1,40
**1556** 0.59 (€) + 0.11 € mehrfarbig . . . . . . . . . . ave 1,70 1,60
**1557** 0.89 (€) + 0.21 € mehrfarbig . . . . . . . . . . avf 2,50 2,40
Satzpreis (4 W.) 7,— 6,50
FDC 7,—

Auflage: 80.218 Sätze

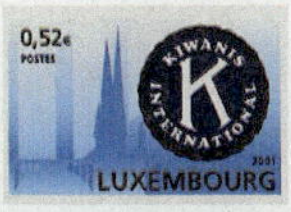

**2001, 6. Dez. Kiwanis International. RaTdr. (4×5); gez. K 11½.**

avg) Kiwanis-Emblem

**1558** 0.52 € mehrfarbig . . . . . . . . . . avg 1,50 1,50
FDC 2,—

Auflage: 2.500.000 Stück

*Neue Währung ab 1. Januar 2002:*
*1 Euro (€) = 100 Cent*
*(40.3399 Luxemburgische Francs = 1 Euro)*

**2002, 5. März. Gemälde aus der Kunstsammlung der Luxemburgischen Post (II). RaTdr. (4×5, Querformat ~); gez. K 14¼.**

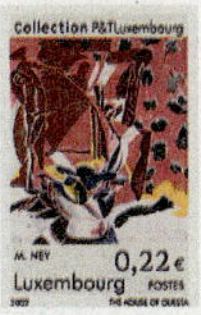
avh) Gemälde von Moritz Ney (*1947)

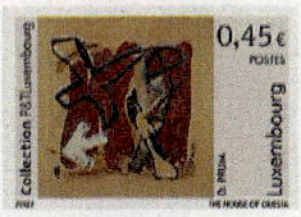
avi) Gemälde von Dany Prüm (*1965)

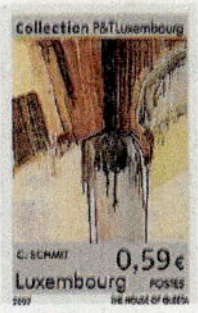
avk) Gemälde von Christiane Schmit (*1951)

**1559** 0.22 € mehrfarbig . . . . . . . . . . avh 0,50 0,50
**1560** 0.45 € mehrfarbig . . . . . . . . . . avi 1,— 1,—
**1561** 0.59 € mehrfarbig . . . . . . . . . . avk 1,50 1,50
Satzpreis (3 W.) 3,— 3,—
FDC 3,50

Auflage: 410.000 Sätze

**2002, 5. März. Europäische Institutionen in Luxemburg: 25 Jahre Europäischer Rechnungshof, 50 Jahre Gerichtshof der Europäischen Gemeinschaften. Odr. (4×5); gez. K 13½.**

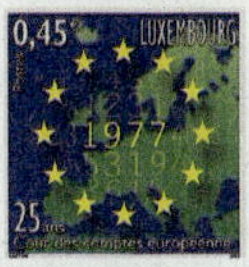
avl) Sterne um Gründungsjahr, Europakarte

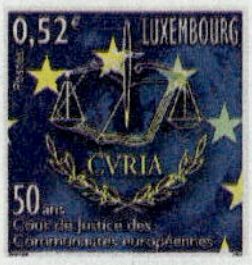
avm) Emblem des Gerichtshofes, Europakarte

**1562** 0.45 € mehrfarbig . . . . . . . . . . avl 1,— 1,—
**1563** 0.52 € mehrfarbig . . . . . . . . . . avm 1,50 1,50
Satzpreis (2 W.) 2,50 2,50
FDC 3,—

Auflage: 1.000.000 Sätze

**2002, 5. März. Funsport. Odr., Markenheftchen (2×1 Zd); selbstklebend; dreiseitig gestanzt 10.**

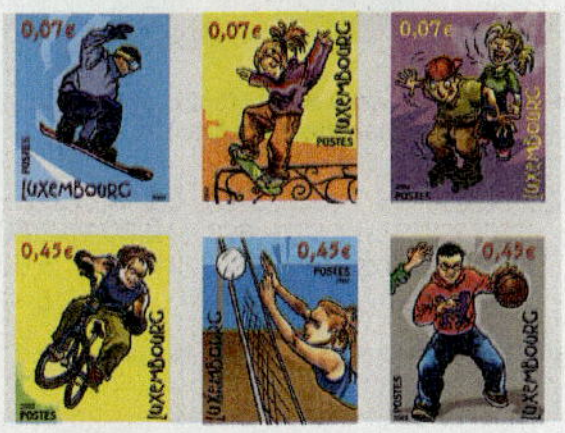
avn) Snowboard
avo) Skateboard
avp) Inlineskates

avr) BMX
avs) Beachvolleyball
avt) Streetball

**1564** 0.07 € mehrfarbig (☐) . . . . . . . . . . avn 0,30 0,30
**1565** 0.07 € mehrfarbig (☐) . . . . . . . . . . avo 0,30 0,30
**1566** 0.07 € mehrfarbig (☐) . . . . . . . . . . avp 0,30 0,30
**1567** 0.45 € mehrfarbig (☐) . . . . . . . . . . avr 1,10 1,10
**1568** 0.45 € mehrfarbig (☐) . . . . . . . . . . avs 1,10 1,10

| | | | | | |
|---|---|---|---|---|---|
| **1569** | 0.45 € | mehrfarbig (▭) | avt | 1,10 | 1,10 |
| | | | Satzpreis (6 W.) | 4,— | 4,— |
| | | | FDC | | 5,— |
| | | | Sechserblock | 4,— | 4,— |
| | | | Markenheftchen | 8,50 | 8,50 |

MiNr. 1564–1569 wurden zusammen im Markenheftchen zu 12 Marken gedruckt, das zum ermäßigten Preis von 3 € verkauft wurde.

Auflage: 250.000 Markenheftchen

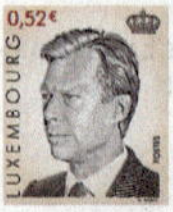


**2002, 5. März. Freimarken: Großherzog Henri. Komb. StTdr. und RaTdr. (4×5); gez. K 11¾:11½.**

aup) Großherzog Henri von Luxemburg (*1955, reg. seit 2000)

| | | | | | |
|---|---|---|---|---|---|
| **1570** | 0.52 € | mehrfarbig | aup | 1,10 | 1,10 |
| **1571** | 0.59 € | mehrfarbig | aup | 1,20 | 1,20 |
| **1572** | 0.74 € | mehrfarbig | aup | 1,50 | 1,50 |
| **1573** | 0.89 € | mehrfarbig | aup | 1,80 | 1,80 |
| | | | Satzpreis (4 W.) | 5,50 | 5,50 |
| | | | FDC | | 6,— |

Auflagen: MiNr. 1570 = 1.500.000, MiNr. 1571–1573 je 2.000.000 Stück

*In gleicher Zeichnung siehe Fußnote nach MiNr. 1542.*

**2002, 14. Mai. Start der Tour de France in Luxemburg. MiNr. 1574 Odr., MiNr. 1575-1576 komb. StTdr. und Odr.; (5×4, Hochformate ~); gez. K 13½.**

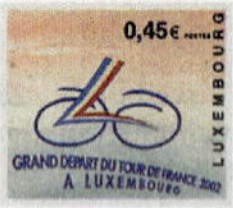


avu) Offizielles Startschuss-Emblem

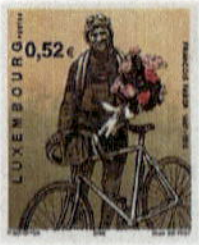


avv) François Faber (1887–1915), Radrennfahrer, Sieger der Tour de France 1909

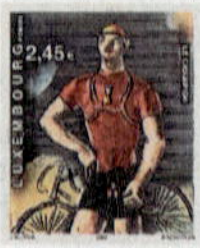


avw) Der Champion; Gemälde von Joseph Kutter (1894–1941)

| | | | | | |
|---|---|---|---|---|---|
| **1574** | 0.45 € | mehrfarbig | avu | 1,— | 1,— |
| **1575** | 0.52 € | mehrfarbig | avv | 1,30 | 1,30 |
| **1576** | 2.45 € | mehrfarbig | avw | 5,50 | 5,50 |
| | | | Satzpreis (3 W.) | 7,80 | 7,80 |
| | | | FDC | | 9,— |

Auflage: 1.000.000 Sätze

**2002, 14. Mai. Kulturelle Ereignisse: 50 Jahre Wiltzer Festspiele, 200. Geburtstag von Victor Hugo. Odr. (4×5); gez. K 13¼.**

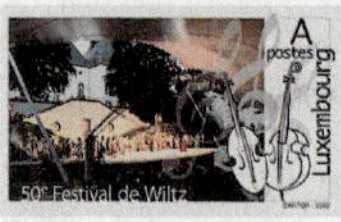


avx) Freilichtbühne, Wiltz; Saiteninstrumente; Violinschlüssel

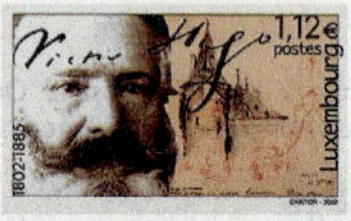


avy) Victor Hugo (1802–1885), französischer Schriftsteller

| | | | | | |
|---|---|---|---|---|---|
| **1577** | A | mehrfarbig | avx | 1,50 | 1,— |
| **1578** | 1.12 € | mehrfarbig | avy | 2,80 | 2,80 |
| | | | Satzpreis (2 W.) | 4,30 | 3,80 |
| | | | FDC | | 5,— |

MiNr. 1577 gilt für Inlands-Standardbriefe (Nominale zur Zeit der Ausgabe: 0.45 €).

Auflage: 500.000 Sätze

**2002, 14. Mai. Europa: Zirkus. Odr. (4×5); gez. K 13½.**

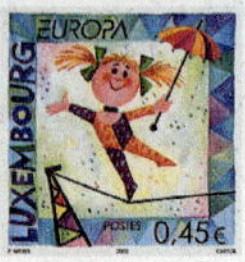


avz) Seiltänzerin

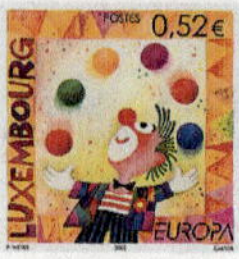


awa) Jonglierender Clown

| | | | | | |
|---|---|---|---|---|---|
| **1579** | 0.45 € | mehrfarbig | avz | 1,— | 1,— |
| **1580** | 0.52 € | mehrfarbig | awa | 1,50 | 1,50 |
| | | | Satzpreis (2 W.) | 2,50 | 2,50 |
| | | | FDC | | 3,— |

Auflage: 400.000 Sätze

**2002, 14. Sept. Blockausgabe: 150 Jahre Briefmarken von Luxemburg. Komb. StTdr. und RaTdr.; gez. Ks 11¾.**

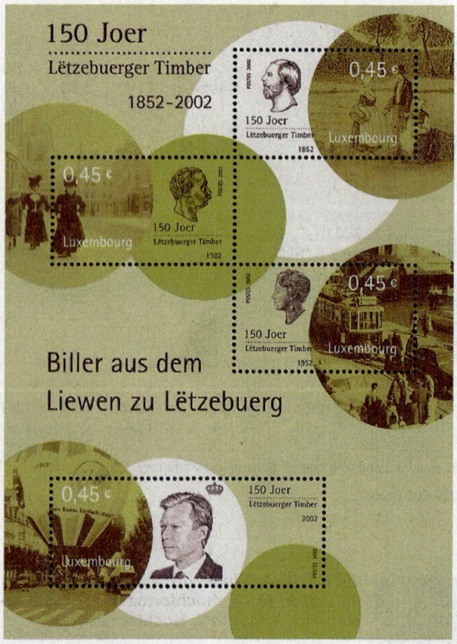


awf

awb) Wilhelm III. (1817–1890), Großherzog von Luxemburg, König der Niederlande; Alltagsleben (1852)
awc) Adolf (1817–1905), Herzog von Nassau, Großherzog von Luxemburg; Alltagsleben (1902)
awd) Charlotte (1896–1985), Großherzogin von Luxemburg; Alltagsleben (1948)
awe) Henri (*1955), Großherzog von Luxemburg; Alltagsleben (2002)

| | | | | | |
|---|---|---|---|---|---|
| **1581** | 0.45 € | mehrfarbig | awb | 2,30 | 2,30 |
| **1582** | 0.45 € | mehrfarbig | awc | 2,30 | 2,30 |
| **1583** | 0.45 € | mehrfarbig | awd | 2,30 | 2,30 |
| **1584** | 0.45 € | mehrfarbig | awe | 2,30 | 2,30 |
| **Block 19** | | (120×164 mm) | awf | 9,— | 9,— |
| | | | FDC | | 10,— |

Auflage: 65.159 Blocks

**2002, 14. Sept. Naturmuseum, Luxemburg-Grund. RaTdr., Markenheftchen (2×1 Zd); selbstklebend; senkrecht gestanzt 8.**

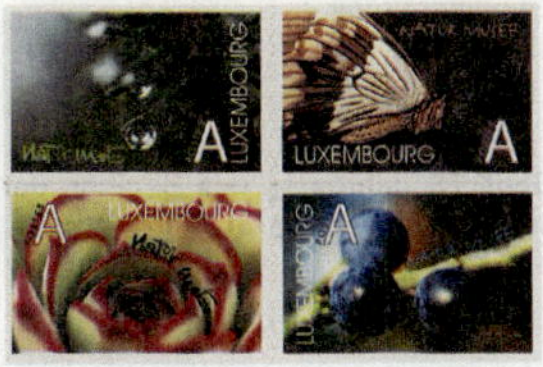

awg) Fichte (Picea abies)
awh) Spötterschwalbenschwanz (Papilio dardanus)
awi) Echte Hauswurz (Sempervivum tectorum)
awk) Schlehe (Prunus spinosa)

| | | | | |
|---|---|---|---|---|
| **1585** | A mehrfarbig | awg | 1,50 | 1,— |
| **1586** | A mehrfarbig | awh | 1,50 | 1,— |
| **1587** | A mehrfarbig | awi | 1,50 | 1,— |
| **1588** | A mehrfarbig | awk | 1,50 | 1,— |
| | | Satzpreis (4 W.) | 6,— | 4,— |
| | | FDC | | 5,— |
| | | Viererblock | 6,— | 4,— |
| | | Markenheftchen | 12,— | 8,— |

MiNr. 1585–1588 gelten für Inlands-Standardbriefe (Nominale zur Zeit der Ausgabe: je 0.45 €).

Auflage: 2.136.500 Markenheftchen

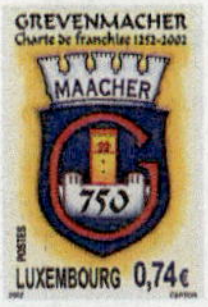

**2002, 14. Sept. 750 Jahre Stadtfreiheit für Grevenmacher. Odr. (5×4); gez. K 13¼:13.**

awl) Stadtwappen

| | | | | |
|---|---|---|---|---|
| **1589** | 0.74 € mehrfarbig | awl | 1,50 | 1,50 |
| | | FDC | | 2,— |

Auflage: 1.000.000 Stück

**2002, 19. Okt. Kinder- und Jugend-Malwettbewerb „Die Post in 50 Jahren". Odr. (4×5, Querformat ~); gez. K 14:14½, Querformat ~.**

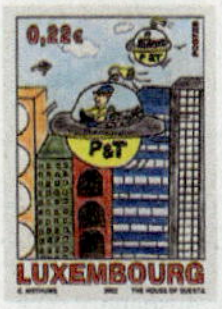

awm) Zeichnung von Claire Nothumb (11 J.)

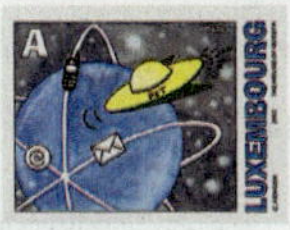

awn) Zeichnung von Christine Hengen (19 J.)

| | | | | |
|---|---|---|---|---|
| **1590** | 0.22 € mehrfarbig | awm | 0,50 | 0,50 |
| **1591** | A mehrfarbig | awn | 1,50 | 1,— |
| | | Satzpreis (2 W.) | 2,— | 1,50 |
| | | FDC | | 2,— |

MiNr. 1591 gilt für Inlands-Standardbriefe (Nominale zur Zeit der Ausgabe: 0.45 €).

Auflage: 1.000.000 Sätze

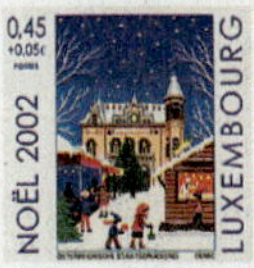

**2002, 10. Dez. Weihnachten. Komb. RaTdr. und Duftdruck (3×4); gez. K 13¾.**

awo) Weihnachtsmarkt auf der Place d'Armes

| | | | | |
|---|---|---|---|---|
| **1592** | 0.45 (€) + 0.05 € mehrfarbig | awo | 1,— | 1,— |
| | | FDC | | 1,50 |

Auflage: 233.221 Stück

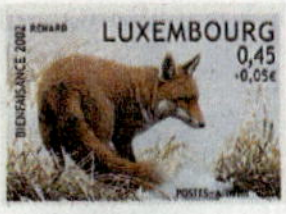

**2002, 10. Dez. Wohlfahrt: Einheimische Tiere (II). RaTdr. (4×5, Hochformate ~); Papier fl.; gez. K 11½:11¾, Hochformate ~.**

awp) Rotfuchs (Vulpes vulpes)

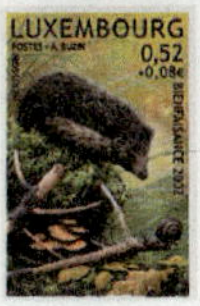

awr) Igel (Erinaceus europaeus)

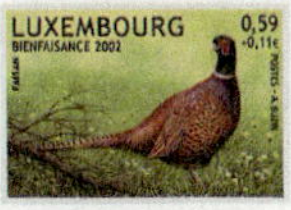

aws) Jagdfasan (Phasianus colchicus)

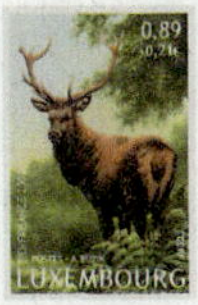

awt) Rothirsch (Cervus elaphus)

| | | | | |
|---|---|---|---|---|
| **1593** | 0.45 (€) + 0.05 € mehrfarbig | awp | 1,— | 1,— |
| **1594** | 0.52 (€) + 0.08 € mehrfarbig | awr | 1,20 | 1,20 |
| **1595** | 0.59 (€) + 0.11 € mehrfarbig | aws | 1,40 | 1,40 |
| **1596** | 0.89 (€) + 0.21 € mehrfarbig | awt | 2,40 | 2,40 |
| | | Satzpreis (4 W.) | 6,— | 6,— |
| | | FDC | | 6,50 |

Auflage: 83.159 Sätze

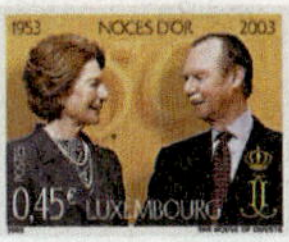

**2003, 18. März. Goldene Hochzeit von Großherzog Jean und Großherzogin Joséphine Charlotte. Odr. (5×4); gez. K 14¼:14½.**

awu) Großherzog Jean und Großherzogin Joséphine Charlotte von Luxemburg

| | | | | |
|---|---|---|---|---|
| **1597** | 0.45 (€) mehrfarbig | awu | 1,— | 1,— |
| | | FDC | | 1,50 |

Auflage: 600.000 Stück

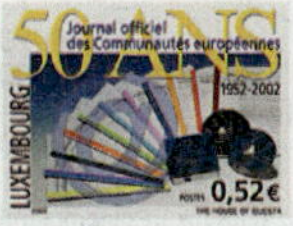

**2003, 18. März. 50 Jahre Amtsblatt der Europäischen Gemeinschaften. Odr. (5×4); gez. K 14½:14.**

awv) Titelseiten des Amtsblattes in 11 Sprachen, @-Zeichen, CD-Roms

| | | | | |
|---|---|---|---|---|
| **1598** | 0.52 (€) mehrfarbig | awv | 1,50 | 1,50 |
| | | FDC | | 2,— |

Auflage: 500.000 Stück

**2003, 18. März. Bedeutende Frauen. RaTdr. (4×5); gez. K 11½.**

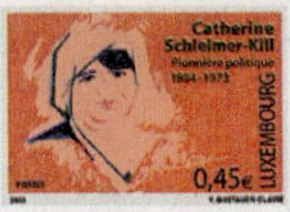

aww) Catherine Schleimer-Kill (1884–1973), Frauenrechtlerin

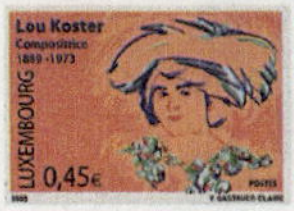

awx) Lou Koster (1889–1973), Komponistin

| | | | | |
|---|---|---|---|---|
| **1599** | 0.45 € mehrfarbig | aww | 1,— | 1,— |
| **1600** | 0.45 € mehrfarbig | awx | 1,— | 1,— |
| | | Satzpreis (2 W.) | 2,— | 2,— |
| | | FDC | | 2,50 |

Auflage: 500.000 Sätze

**2003, 18. März. Sehenswürdigkeiten. Odr. (5×4, Hochformat ~); gez. K 14½:14.**

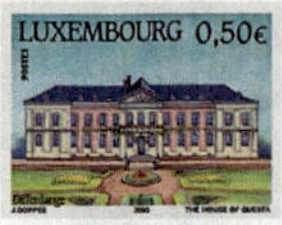


awy) Abtei Fontaine Marie, Differdingen

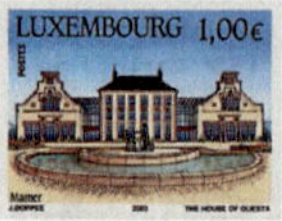


awz) Schloss von Mamer

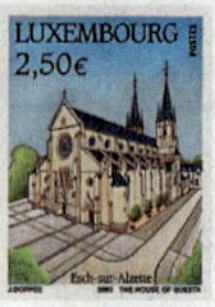


axa) St.-Joseph-Kirche, Esch an der Alzette

| | | | | |
|---|---|---|---|---|
| **1601** | 0.50 € mehrfarbig | awy | 1,— | 1,— |
| **1602** | 1.00 € mehrfarbig | awz | 2,— | 2,— |
| **1603** | 2.50 € mehrfarbig | axa | 5,— | 5,— |
| | | Satzpreis (3 W.) | 8,— | 8,— |
| | | FDC | | 8,50 |

Auflage: 600.000 Sätze

*Weitere Werte siehe Übersicht nach Jahrgangswerttabelle.*

**2003, 20. Mai. Brücken in Luxemburg-Stadt. Komb. StTdr. und RaTdr. (4×5); Emblem fl.; gez. K 11¾:11½.**

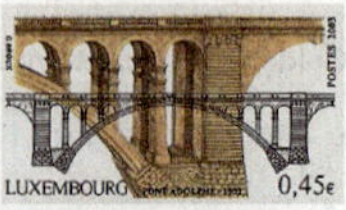


axb) Adolphe-Brücke (1903)

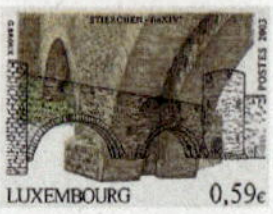


axc) Stierchen-Brücke (14. Jh.)

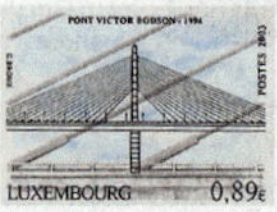


axd) Victor-Bodson-Brücke (1994)

| | | | | |
|---|---|---|---|---|
| **1604** | 0.45 € mehrfarbig | axb | 1,— | 1,— |
| **1605** | 0.59 € mehrfarbig | axc | 1,20 | 1,20 |
| **1606** | 0.89 € mehrfarbig | axd | 1,80 | 1,80 |
| | | Satzpreis (3 W.) | 4,— | 4,— |
| | | FDC | | 4,50 |

MiNr. 1604–1606 wurden mit fluoreszierendem Schutzaufdruck (Postemblem) versehen. Bei Marken ohne Schutzaufdruck handelt es sich um aus der Druckerei in Mecheln gestohlene Ware.

Auflage: 600.000 Sätze

**2003, 20. Mai. Europa: Plakatkunst. Odr. (4×5); gez. K 13¼.**

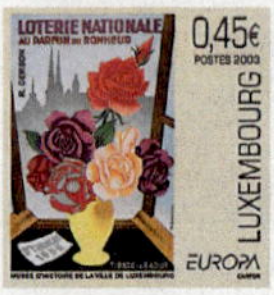


axe) Ziehung der 8. National-Lotterie (1952); Plakat von Roger Gerson (1913–1966)

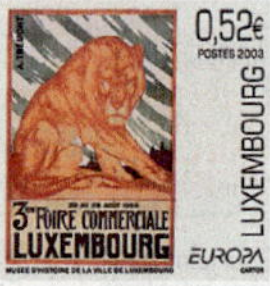


axf) 3. Handelsmesse, Luxemburg-Stadt (1924); Plakat von Auguste Trémont (1892–1980)

| | | | | |
|---|---|---|---|---|
| **1607** | 0.45 € mehrfarbig | axe | 1,— | 1,— |
| **1608** | 0.52 € mehrfarbig | axf | 1,50 | 1,50 |
| | | Satzpreis (2 W.) | 2,50 | 2,50 |
| | | FDC | | 3,— |

Auflage: 600.000 Sätze

**2003, 20. Mai. 400 Jahre Athenäum, Luxemburg-Stadt. Odr. (5×4); gez. K 14¼:14½.**

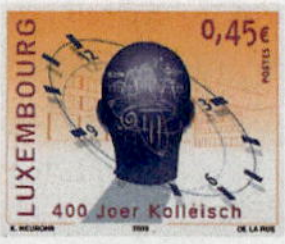


axg) Symbolik

| | | | | |
|---|---|---|---|---|
| **1609** | 0.45 € mehrfarbig | axg | 1,— | 1,— |
| | | FDC | | 1,50 |

Auflage: 600.000 Stück

**2003, 23. Sept. 75. Jahrestag des Beginns der landesweiten Elektrifizierung Luxemburgs. Odr. (5×4); gez. K 13¼:13.**

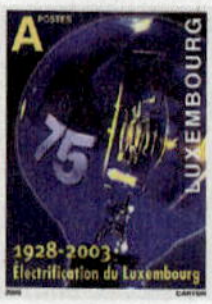


axh) Glühbirne

| | | | | |
|---|---|---|---|---|
| **1610** | A mehrfarbig | axh | 1,50 | 1,— |
| | | FDC | | 1,50 |

MiNr. 1610 gilt für Inlands-Standardbriefe (Nominale zur Zeit der Ausgabe: 0.50 €).

Auflage: 1.000.000 Stück

**2003, 23. Sept. 75 Jahre nationaler Kleingärtnerverband „Gaart an Heem". Odr. (5×4); gez. K 14½:14.**

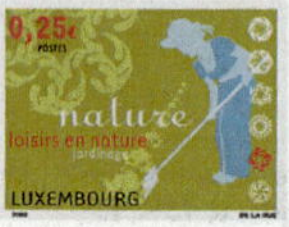


axi) Gärtnerin mit Spaten

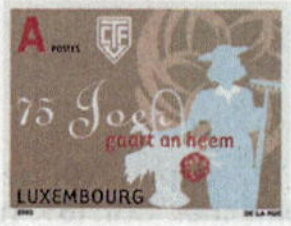


axk) Gärtnerin mit Korb und Rechen

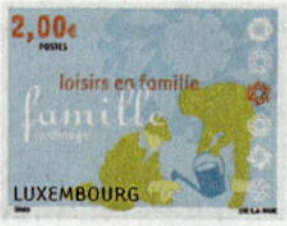


axl) Gärtner gießen Pflanze

| | | | | |
|---|---|---|---|---|
| **1611** | 0.25 € mehrfarbig | axi | 0,50 | 0,50 |
| **1612** | A mehrfarbig | axk | 1,50 | 1,— |
| **1613** | 2.00 € mehrfarbig | axl | 4,— | 4,— |
| | | Satzpreis (3 W.) | 6,— | 5,50 |
| | | FDC | | 6,— |

MiNr. 1612 gilt für Inlands-Standardbriefe (Nominale zur Zeit der Ausgabe: 0.50 €).

Auflage: 399.040 Sätze

**2003, 23. Sept. Internationale Woche des Stillens. Odr. (4×5); gez. K 13½.**

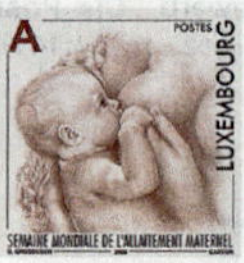


axm) Säugling wird gestillt

| | | | | |
|---|---|---|---|---|
| **1614** | A mehrfarbig | axm | 1,50 | 1,— |
| | | FDC | | 1,50 |

MiNr. 1614 gilt für Inlands-Standardbriefe (Nominale zur Zeit der Ausgabe: 0.50 €).

Auflage: 1.000.000 Stück

**2003, 1. Okt. Luxemburgische Erzeugnisse (I). RaTdr. (4×5); gez. K 11½:11¾.**

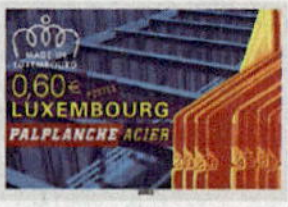


axn) Stahlspundwände von ARCELOR

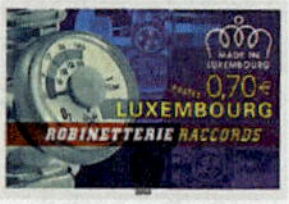


axo) Ventile, Anschlussstücke und Druckminderer von CEODEUX / ROTAREX

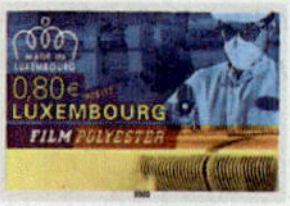


axp) Polyesterfolie von DuPont de Nemours

| | | | | |
|---|---|---|---|---|
| **1615** | 0.60 € mehrfarbig | axn | 1,20 | 1,20 |
| **1616** | 0.70 € mehrfarbig | axo | 1,40 | 1,40 |
| **1617** | 0.80 € mehrfarbig | axp | 1,60 | 1,60 |
| | | Satzpreis (3 W.) | 4,20 | 4,20 |
| | | FDC | | 4,80 |

Auflage: 513.884 Sätze

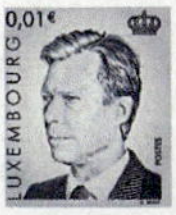

**2003, 1. Okt. Freimarken: Großherzog Henri. Komb. StTdr. und RaTdr. (4×5); gez. K 11¾:11½.**

aup) Großherzog Henri von Luxemburg (*1955, reg. seit 2000)

| | | | | |
|---|---|---|---|---|
| **1618** | 0.01 € mehrfarbig | aup | 0,30 | 0,30 |
| **1619** | 0.03 € mehrfarbig | aup | 0,30 | 0,30 |
| | | Satzpreis (2 W.) | 0,50 | 0,50 |
| | | FDC | | 1,— |

Auflagen: MiNr. 1618 = 746.000, MiNr. 1619 = 570.960 Stück

*In gleicher Zeichnung siehe Fußnote nach MiNr. 1542.*

**2003, 9. Dez. Weihnachten. Odr. (4×3); gez. K 14¼.**

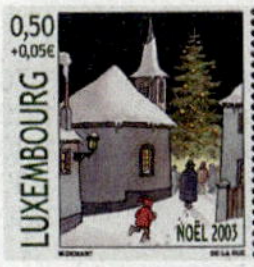

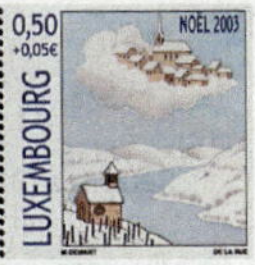

axr) Runde Kirche von Ehnen
axs) Kapelle „Wormer Koeppchen"

| | | | | |
|---|---|---|---|---|
| **1620** | 0.50 (€) + 0.05 € mehrfarbig | axr | 1,50 | 1,50 |
| **1621** | 0.50 (€) + 0.05 € mehrfarbig | axs | 1,50 | 1,50 |
| | | Satzpreis (2 W.) | 3,— | 3,— |
| | | Paar | 3,— | 3,— |
| | | FDC | | 3,50 |

MiNr. 1620–1621 wurden schachbrettartig zusammenhängend gedruckt.

Auflage: 314.140 Sätze

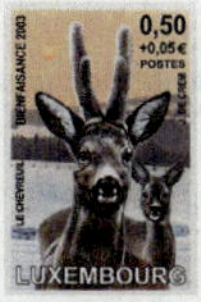

**2003, 9. Dez. Wohlfahrt: Einheimische Tiere (III). RaTdr. (5×4, Querformate ~); normales Papier; gez. K 11¾:11½, Querformate ~.**

axt) Reh (Capreolus capreolus)

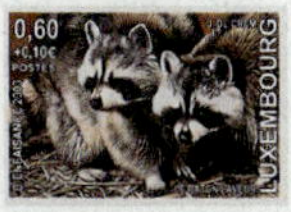

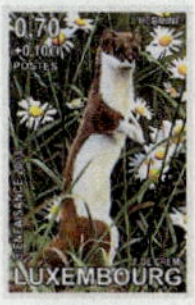

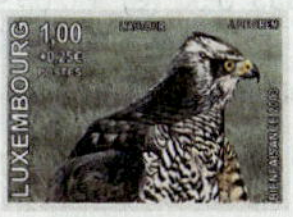

axu) Waschbär (Procyon lotor)
axv) Hermelin (Mustela erminea)
axw) Habicht (Accipiter gentilis)

| | | | | |
|---|---|---|---|---|
| **1622** | 0.50 (€) + 0.05 € mehrfarbig | axt | 1,50 | 1,50 |
| **1623** | 0.60 (€) + 0.10 € mehrfarbig | axu | 1,50 | 1,50 |
| **1624** | 0.70 (€) + 0.10 € mehrfarbig | axv | 1,50 | 1,50 |
| **1625** | 1.00 (€) + 0.25 € mehrfarbig | axw | 2,50 | 2,50 |
| | | Satzpreis (4 W.) | 7,— | 7,— |
| | | FDC | | 7,50 |

Auflage: 73.168 Sätze

**2004, 16. März. Geburtstage bedeutender Persönlichkeiten. Komb. StTdr. und RaTdr. (4×5); gez. K 11½.**

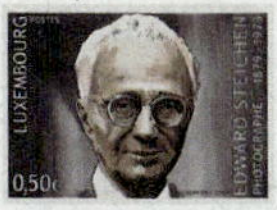

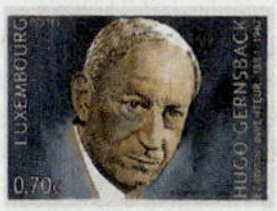

axx) Edward Steichen (1879–1973), Photograph
axy) Hugo Gernsback (1884–1967), Science-Fiction-Autor

| | | | | |
|---|---|---|---|---|
| **1626** | 0.50 € mehrfarbig | axx | 1,20 | 1,20 |
| **1627** | 0.70 € mehrfarbig | axy | 1,60 | 1,60 |
| | | Satzpreis (2 W.) | 2,80 | 2,80 |
| | | FDC | | 3,50 |

Auflage: 500.000 Sätze

**2004, 16. März. Speisepilze. Odr., Markenheftchen (2×1 Zd); selbstklebend; dreiseitig gestanzt 10.**

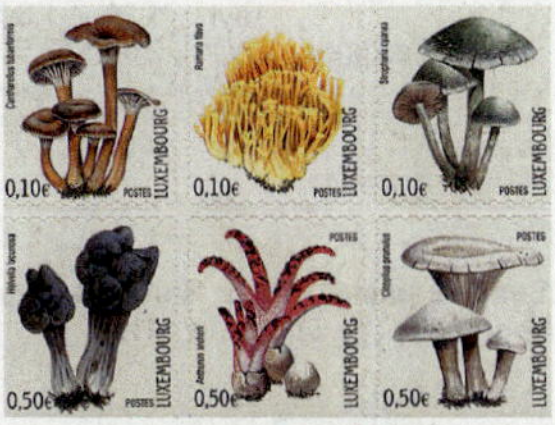

axz) Trompetenpfifferling (Cantharellus tubaeformis)
aya) Zitronengelbe Koralle (Ramaria flava)
ayb) Bläulicher Träuschling (Stropharia cyanea)

ayc) Grubenlorchel (Helvella lacunosa)
ayd) Tintenfischpilz (Anthurus archeri)
aye) Mehlräsling (Clitopilus prunulus)

| | | | | |
|---|---|---|---|---|
| **1628** | 0.10 € mehrfarbig (⌑) | axz | 0,30 | 0,30 |
| **1629** | 0.10 € mehrfarbig (⌑) | aya | 0,30 | 0,30 |
| **1630** | 0.10 € mehrfarbig (⌑) | ayb | 0,30 | 0,30 |
| **1631** | 0.50 € mehrfarbig (⌑) | ayc | 1,10 | 1,10 |
| **1632** | 0.50 € mehrfarbig (⌑) | ayd | 1,10 | 1,10 |
| **1633** | 0.50 € mehrfarbig (⌑) | aye | 1,10 | 1,10 |
| | | Satzpreis (6 W.) | 4,— | 4,— |
| | | FDC | | 5,— |
| | | Sechserblock | 4,— | 4,— |
| | | Markenheftchen | 8,50 | 8,50 |

Auflage: 650.000 Markenheftchen

**2004, 16. März. Handel: 100 Jahre Escher Geschäftsverband, 75 Jahre Straßenverkauf in Luxemburg-Stadt. Odr. (4×5); gez. K 14¼.**

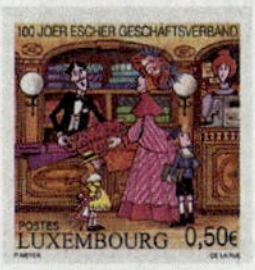

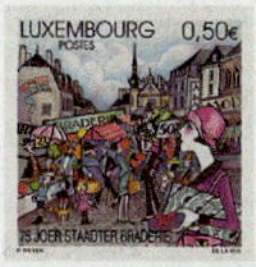

ayf) Stoffgeschäft in Esch an der Alzette
ayg) Jährlicher Markt „Staadter Braderie"

| | | | | |
|---|---|---|---|---|
| **1634** | 0.50 € mehrfarbig | ayf | 1,— | 1,— |
| **1635** | 0.50 € mehrfarbig | ayg | 1,— | 1,— |
| | | Satzpreis (2 W.) | 2,— | 2,— |
| | | FDC | | 2,50 |

Auflage: 500.000 Sätze

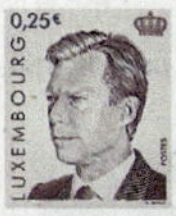

**2004, 16. März. Freimarken: Großherzog Henri. Komb. StTdr. und RaTdr. (4×5); gez. K 11¾:11½.**

aup) Großherzog Henri von Luxemburg (*1955, reg. seit 2000)

| | | | | |
|---|---|---|---|---|
| **1636** | 0.25 € mehrfarbig | aup | 0,50 | 0,50 |
| **1637** | 0.50 € mehrfarbig | aup | 1,— | 1,— |
| **1638** | 0.60 € mehrfarbig | aup | 1,20 | 1,20 |
| **1639** | 0.80 € mehrfarbig | aup | 1,60 | 1,60 |
| | | Satzpreis (4 W.) | 4,20 | 4,20 |
| | | FDC | | 4,80 |

Auflagen: MiNr. 1636 = 166.050, MiNr. 1637 = 1.116.800, MiNr. 1638 = 722.500, MiNr. 1639 = 516.600 Stück

*In gleicher Zeichnung siehe Fußnote nach MiNr. 1542.*

**2004, 9. Mai. Europa: Ferien. Odr. (4×5); gez. K 13¼.**

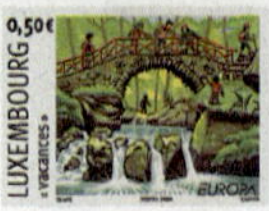


ayh) Schießentümpel im Müllerthal

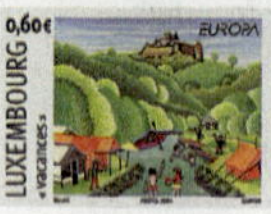


ayi) Campingplatz, Flussbad und Schloss, Burscheid-Plage

1640 0.50 € mehrfarbig . . . . . . . . . . . . . . . . . . ayh 1,20 1,20
1641 0.60 € mehrfarbig . . . . . . . . . . . . . . . . . . ayi 1,30 1,30
Satzpreis (2 W.) 2,50 2,50
FDC 3,—

Auflage: 600.000 Sätze

**2004, 9. Mai. Olympische Sommerspiele, Athen; Europäisches Jahr der Erziehung durch Sport. Odr. (4×5); gez. K 11½.**

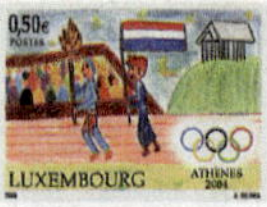


ayk) Fackelläufer und Fahnenträger im Stadion; Zeichnung von Alexandra Bilska (10 J.)

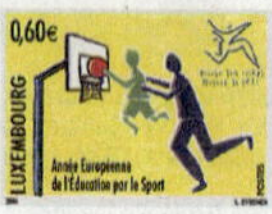


ayl) Basketballtraining; Zeichnung von Lynn Eyschen (16 J.)

1642 0.50 € mehrfarbig . . . . . . . . . . . . . . . . . . ayk 1,20 1,20
1643 0.60 € mehrfarbig . . . . . . . . . . . . . . . . . . ayl 1,30 1,30
Satzpreis (2 W.) 2,50 2,50
FDC 3,—

Auflage: 750.000 Sätze

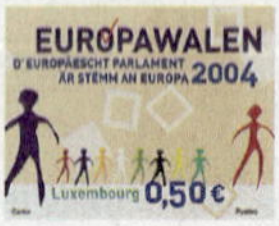


**2004, 9. Mai. Sechste Direktwahlen zum Europäischen Parlament. Odr. (2×5); gez. K 13¼.**

aym) Wähler und Abgeordnete (stilisiert)

1644 0.50 € mehrfarbig . . . . . . . . . . . . . . . . . . aym 1,50 1,50
FDC 2,—
Kleinbogen 15,— 15,—

Auflage: 400.000 Stück

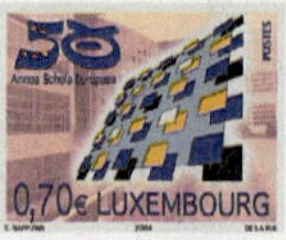


**2004, 9. Mai. 50 Jahre Europäische Schulen in Luxemburg (2003). Odr. (5×4); gez. K 14¼:14½.**

ayn) Symbolik, Gebäude

1645 0.70 € mehrfarbig . . . . . . . . . . . . . . . . . . ayn 1,80 1,80
FDC 2,50

Auflage: 500.000 Stück

**2004, 28. Sept. Nationalmuseum für Geschichte und Kunst. RaTdr. (4×5); gez. K 11¾:11½.**

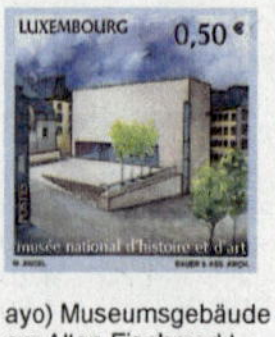


ayo) Museumsgebäude am Alten Fischmarkt, Luxemburg-Stadt

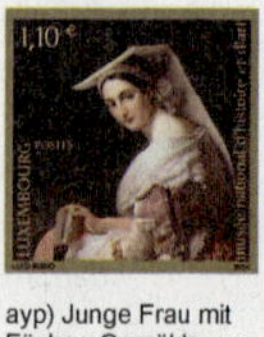


ayp) Junge Frau mit Fächer; Gemälde von Luigi Rubio (1795–1882), italienischer Maler

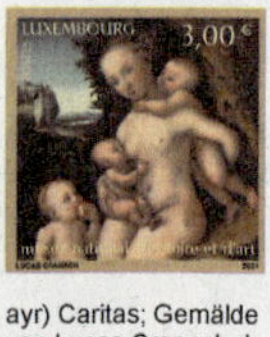


ayr) Caritas; Gemälde von Lucas Cranach d. Ä. (1472–1553) oder d. J. (1515–1586), deutsche Maler, Zeichner und Kupferstecher

1646 0.50 € mehrfarbig . . . . . . . . . . . . . . . . . . ayo 1,— 1,—
1647 1.10 € mehrfarbig . . . . . . . . . . . . . . . . . . ayp 2,20 2,20
1648 3.00 € mehrfarbig . . . . . . . . . . . . . . . . . . ayr 6,— 6,—
Satzpreis (3 W.) 9,— 9,—
FDC 9,50

Auflagen: MiNr. 1646 und 1648 je 500.000, MiNr. 1647 = 463.575 Stück

**2004, 28. Sept. Luxemburgische Erzeugnisse (II). RaTdr. (4×5); gez. K 13¼:13¾.**

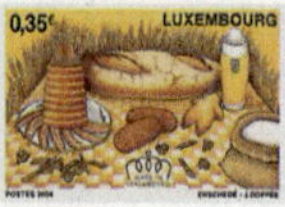


ays) Backwaren, Bier und Mehl

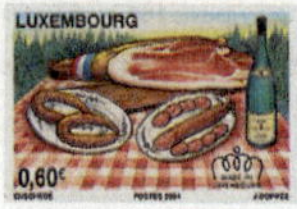


ayt) Fleisch- und Wurstwaren, Wein

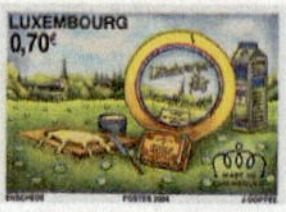


ayu) Molkereiprodukte

1649 0.35 € mehrfarbig . . . . . . . . . . . . . . . . . . ays 0,70 0,70
1650 0.60 € mehrfarbig . . . . . . . . . . . . . . . . . . ayt 1,20 1,20
1651 0.70 € mehrfarbig . . . . . . . . . . . . . . . . . . ayu 1,40 1,40
Satzpreis (3 W.) 3,30 3,30
FDC 3,80

Auflagen: MiNr. 1649 und 1651 je 500.000, MiNr. 1650 = 455.380 Stück

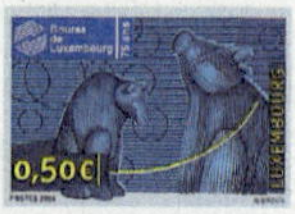


**2004, 28. Sept. 75 Jahre Börse in Luxemburg. Komb. StTdr. und RaTdr. (4×5); gez. K 11¼:11½.**

ayv) Bärenskulpturen

1652 0.50 € mehrfarbig . . . . . . . . . . . . . . . . . . ayv 1,— 1,—
FDC 1,50

Auflage: 800.000 Stück

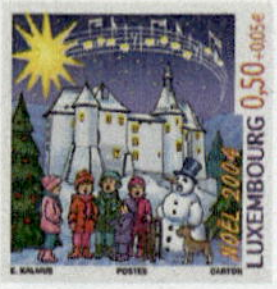


**2004, 7. Dez. Weihnachten. Komb. Odr. und Pdr. (3×4); Aufdruck fl.; gez. K 13¼:13.**

ayw) Singende Kinder und Schneemann, Schloss Clervaux

1653 0.50 (€) + 0.05 € mehrfarbig . . . . . . . . . . ayw 1,50 1,50
FDC 2,—

Auflage: 225.601 Stück

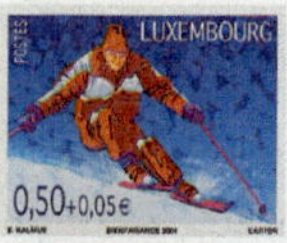


**2004, 7. Dez. Wohlfahrt: Sport (I). Odr. (4×5, Hochformate ~); gez. K 13:13½, Hochformate ~.**

ayx) Skifahren

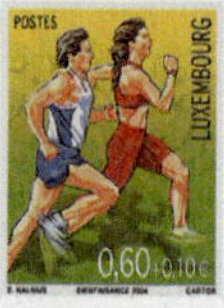


ayy) Laufen

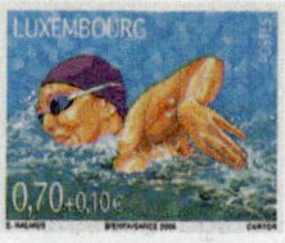


ayz) Schwimmen

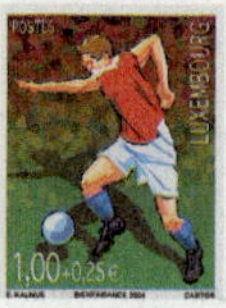


aza) Fußball

1654 0.50 (€) + 0.05 € mehrfarbig . . . . . . . . . . ayx 1,10 1,10
1655 0.60 (€) + 0.10 € mehrfarbig . . . . . . . . . . ayy 1,40 1,40
1656 0.70 (€) + 0.10 € mehrfarbig . . . . . . . . . . ayz 1,60 1,60
1657 1.00 (€) + 0.25 € mehrfarbig . . . . . . . . . . aza 2,50 2,50
Satzpreis (4 W.) 6,50 6,50
FDC 7,—

Auflage: 66.848 Sätze

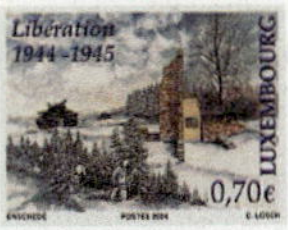


**2004, 7. Dez. 60. Jahrestag der Beendigung der Kampfhandlungen des Zweiten Weltkrieges in Luxemburg. Odr. (4×5); gez. K 14:13½.**

azb) Panzer und Soldaten im Öslinger Wald, Denkmal der nationalen Befreiung am Schumannseck (Nothum)

| | | | | |
|---|---|---|---|---|
| **1658** | 0.70 € mehrfarbig | azb | 1,50 | 1,50 |
| | | FDC | | 2,— |

Auflage: 350.000 Stück

**2005, 25. Jan. Vorsitz Luxemburgs im Rat der Europäischen Union. RaTdr., Markenheftchen (2×1 Zd); selbstklebend; senkrecht gestanzt 8½.**

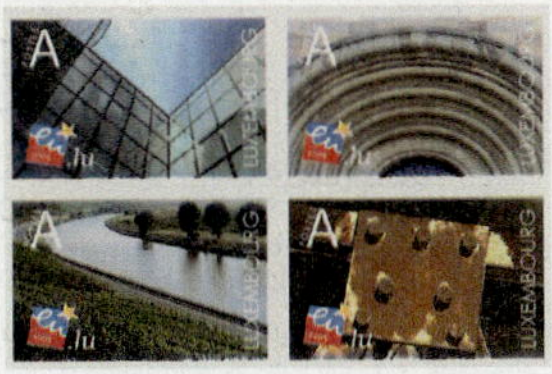


azc) Die Hauptstadt (Teil eines modernen Gebäudes)
azd) Ländliche Regionen und kulturelle Wurzeln (romanischer Rundbogen)
aze) Naturschönheiten des Landes (Moselabschnitt bei Remich)
azf) Eisen- und Stahlindustrie im Süden (Eisenkonstruktion)

| | | | | |
|---|---|---|---|---|
| **1659** | A mehrfarbig | azc | 2,— | 1,50 |
| **1660** | A mehrfarbig | azd | 2,— | 1,50 |
| **1661** | A mehrfarbig | aze | 2,— | 1,50 |
| **1662** | A mehrfarbig | azf | 2,— | 1,50 |
| | | Satzpreis (4 W.) | 8,— | 6,— |
| | | FDC | | 6,50 |
| | | Viererblock | 8,— | 6,— |
| | | Markenheftchen | 16,— | 12,— |

MiNr. 1659–1662 gelten für Inlands-Standardbriefe (Nominale zur Zeit der Ausgabe: je 0.50 €).

Auflage: 536.000 Markenheftchen

**2005, 15. März. Jahrestage und Ereignisse: 150 Jahre Neuropsychiatrisches Zentrum (CHNP), Ettelbrück; 50 Jahre Benelux-Parlament; Internationaler Kongress der Gesellschaft für angewandte Mathematik und Mechanik (GAMM), Luxemburg-Stadt. Odr. (4×5); MiNr. 1663 und 1665 gez. K 13½, MiNr. 1664 gez. K 13¼:13.**

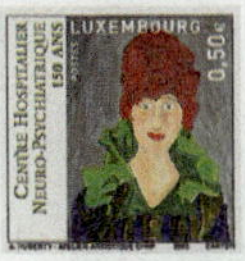


azg) Frau; Gemälde eines Teilnehmers eines therapeutischen Kunst-Workshops

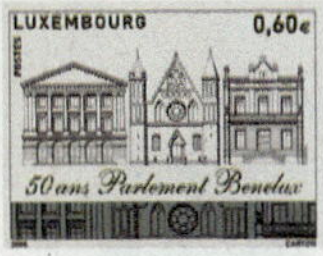


azh) Palais de la Nation, Brüssel; Zweite Kammer der Generalstaaten, Den Haag; Abgeordnetenkammer, Luxemburg-Stadt

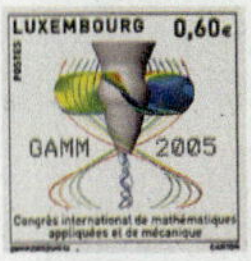


azi) Schaufelrad und Strömungslinien einer Wasserturbine

| | | | | |
|---|---|---|---|---|
| **1663** | 0.50 € mehrfarbig | azg | 1,10 | 1,10 |
| **1664** | 0.60 € mehrfarbig | azh | 1,20 | 1,20 |
| **1665** | 0.60 € mehrfarbig | azi | 1,20 | 1,20 |
| | | Satzpreis (3 W.) | 3,50 | 3,50 |
| | | FDC | | 4,— |

Auflagen: MiNr. 1663 = 350.000, MiNr. 1664 = 270.000, MiNr. 1665 = 268.300 Stück

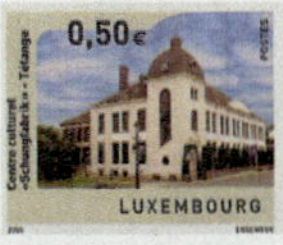


**2005, 15. März. Sehenswürdigkeiten. Odr. (4×5); MiNr. 1666 und 1668 gez. K 14:13¼, MiNr. 1667 gez. K 12¾:13.**

azk) Schuhfabrik, Tetingen

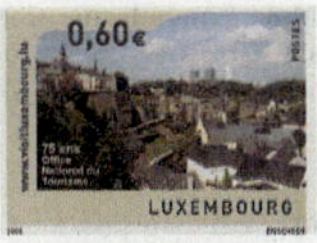


azl) Nationales Fremdenverkehrsamt (ONT), Luxemburg-Stadt

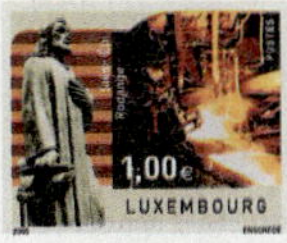


azm) St.-Eligius-Statue in der Eisengießerei MMR, Rodingen

| | | | | |
|---|---|---|---|---|
| **1666** | 0.50 € mehrfarbig | azk | 1,— | 1,— |
| **1667** | 0.60 € mehrfarbig | azl | 1,20 | 1,20 |
| **1668** | 1.00 € mehrfarbig | azm | 2,— | 2,— |
| | | Satzpreis (3 W.) | 4,20 | 4,20 |
| | | FDC | | 5,— |

Auflagen: MiNr. 1666 und 1668 je 400.000, MiNr. 1667 = 379.673 Stück

*Weitere Werte siehe Übersicht nach Jahrgangswerttabelle.*

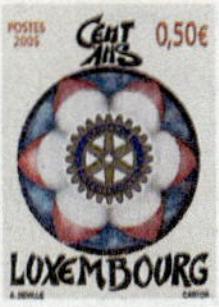


**2005, 15. März. 100 Jahre Rotary International. Odr. (5×4); gez. K 13½:13.**

azn) Rotary-Emblem

| | | | | |
|---|---|---|---|---|
| **1669** | 0.50 € mehrfarbig | azn | 1,— | 1,— |
| | | FDC | | 1,50 |

Auflage: 400.000 Stück

**2005, 24. Mai. Historische Eisenbahnen. RaTdr. (4×5); gez. K 11½.**

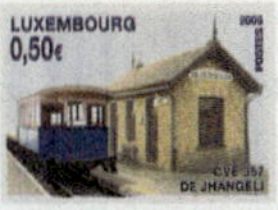


azo) Waggon C3f Nr. 357-CVE 35 der Schmalspurbahn „Jhangeli“ (1890)

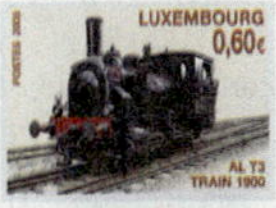


azp) Dampflokomotive AL-T3 6114 (1891)

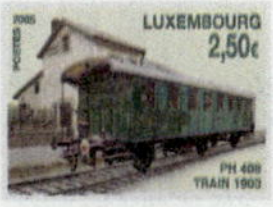


azr) Waggon PH 408 (1905)

| | | | | |
|---|---|---|---|---|
| **1670** | 0.50 € mehrfarbig | azo | 1,— | 1,— |
| **1671** | 0.60 € mehrfarbig | azp | 1,20 | 1,20 |
| **1672** | 2.50 € mehrfarbig | azr | 5,50 | 5,50 |
| | | Satzpreis (3 W.) | 7,50 | 7,50 |
| | | FDC | | 8,— |

Auflagen: MiNr. 1670 = 500.000, MiNr. 1671 = 216.160, MiNr. 1672 = 148.890 Stück

**2005, 24. Mai. Europa: Gastronomie. Odr. (4×5); gez. K 13½.**

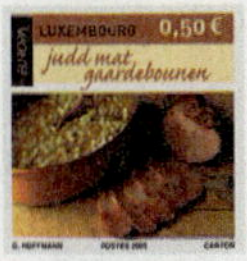


azs) Judd mat Gaardbounen (Schweinenacken mit Saubohnen)

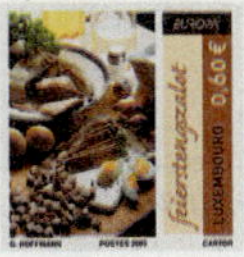


azt) Feierstengszalot (Salat mit Eiern, Cornichons und Rinderbrust)

| | | | | |
|---|---|---|---|---|
| **1673** | 0.50 € mehrfarbig | azs | 1,— | 1,— |
| **1674** | 0.60 € mehrfarbig | azt | 1,50 | 1,50 |
| | | Satzpreis (2 W.) | 2,50 | 2,50 |
| | | FDC | | 3,— |

Auflagen: MiNr. 1673 = 350.000, MiNr. 1674 = 292.500 Stück

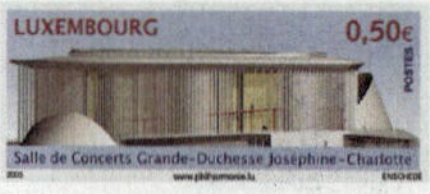


**2005, 24. Mai. Einweihung des Konzertsaals Großherzogin Joséphine-Charlotte. Odr. (2×5); gez. K 13¼:14.**

azu) Außenansicht des Konzertsaals, Luxemburg-Stadt

| | | | | |
|---|---|---|---|---|
| **1675** | 0.50 € mehrfarbig | azu | 1,— | 1,— |
| | | FDC | | 1,50 |
| | | Kleinbogen | 10,— | 10,— |

Auflage: 350.000 Stück

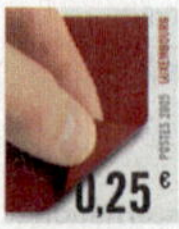


**2005, 24. Mai. Freimarken für Großabnehmer. RaTdr., Rollen (100); selbstklebend; gestanzt 11¼.**

azv) Hand zieht selbstklebendes Papier von Trägerfolie

| | | | | |
|---|---|---|---|---|
| **1676** | 0.25 € mehrfarbig/dunkelrotkarmin | azv | 0,50 | 0,50 |
| **1677** | 0.25 € mehrfarbig/zinnoberrot | azv | 0,50 | 0,50 |
| **1678** | 0.25 € mehrfarbig/lebhaftrötlichorange | azv | 0,50 | 0,50 |
| **1679** | 0.25 € mehrfarbig/hellorangegelb | azv | 0,50 | 0,50 |
| **1680** | 0.50 € mehrfarbig/dunkelgraugrün | azv | 1,— | 1,— |
| **1681** | 0.50 € mehrfarbig/grün | azv | 1,— | 1,— |
| **1682** | 0.50 € mehrfarbig/gelblichgrün | azv | 1,— | 1,— |
| **1683** | 0.50 € mehrfarbig/lebhaftgelbgrün | azv | 1,— | 1,— |
| | | Satzpreis (8 W.) | 6,— | 6,— |
| | | FDC | | 6,50 |
| | | 2 Viererstreifen | 6,— | 6,— |

Nominalgleiche Marken wurden jeweils zusammen in der Rolle gedruckt (Verkaufspreis der kompletten Rollen 24 bzw. 48 €, Viererstreifen daraus wurden zum Nominalwert verkauft).

Auflagen: MiNr. 1676–1679 je 4.910.000, MiNr. 1680–1683 je 9.910.000 Stück

**2005, 27. Sept. Schmetterlinge. Odr. (4×5, Hochformat ~); gez. K 11½.**

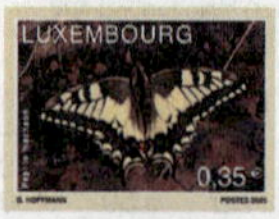


azw) Echter Schwalbenschwanz (Papilio machaon)

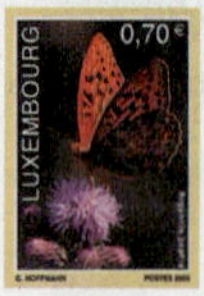


azx) Kaisermantel (Argynnis paphia)

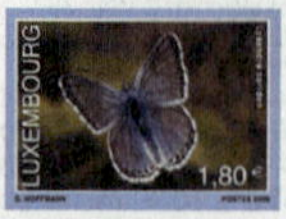


azy) Silbergrüner Bläuling (Lysandra coridon)

| | | | | |
|---|---|---|---|---|
| **1684** | 0.35 € mehrfarbig | azw | 0,70 | 0,70 |
| **1685** | 0.70 € mehrfarbig | azx | 1,50 | 1,30 |
| **1686** | 1.80 € mehrfarbig | azy | 3,80 | 3,50 |
| | | Satzpreis (3 W.) | 6,— | 5,50 |
| | | FDC | | 6,— |

Auflagen: MiNr. 1684–1685 je 300.000, MiNr. 1686 = 83.380 Stück

**2005, 27. Sept. Persönlichkeiten. Komb. StTdr. und RaTdr. (4×5, Hochformat ~); gez. K 11½.**

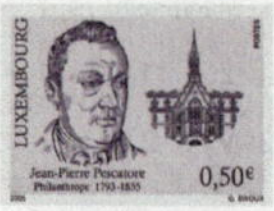


azz) Jean-Pierre Pescatore (1793–1855), Philanthrop

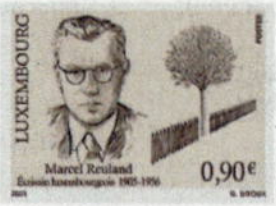


baa) Marcel Reuland (1905–1956), Schriftsteller

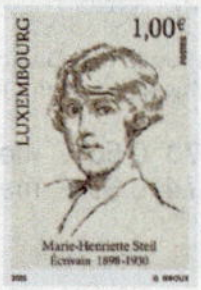


bab) Marie-Henriette Steil (1898–1930), Schriftstellerin

| | | | | |
|---|---|---|---|---|
| **1687** | 0.50 € weißviolett/dunkelblauviolett | azz | 1,— | 1,— |
| **1688** | 0.90 € weißchromgelb/schwarzbraun | baa | 1,80 | 1,80 |
| **1689** | 1.00 € weißgelboliv/dunkelockerbraun | bab | 2,— | 2,— |
| | | Satzpreis (3 W.) | 4,80 | 4,80 |
| | | FDC | | 5,50 |

Auflage: 400.000 Sätze

**2005, 27. Sept. Die Farben Luxemburgs: Gesteinsformationen. Odr., Markenheftchen (2×1 Zd); selbstklebend; senkrecht gestanzt 12½.**

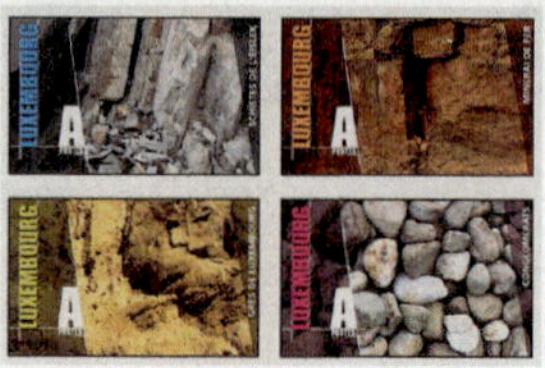


bac) Schiefer im Éislek
bad) Eisenerz der Roten Erde
bae) Sandstein in Luxemburg
baf) Konglomerate in Folschette

| | | | | |
|---|---|---|---|---|
| **1690** | A mehrfarbig | bac | 1,50 | 1,— |
| **1691** | A mehrfarbig | bad | 1,50 | 1,— |
| **1692** | A mehrfarbig | bae | 1,50 | 1,— |
| **1693** | A mehrfarbig | baf | 1,50 | 1,— |
| | | Satzpreis (4 W.) | 6,— | 4,— |
| | | FDC | | 4,50 |
| | | Viererblock | 6,— | 4,— |
| | | Markenheftchen | 12,— | 8,50 |

MiNr. 1690–1693 gelten für Inlands-Standardbriefe (Nominale zur Zeit der Ausgabe: je 0.50 €).

Verkaufspreis des Heftchens: 3.80 €

Auflage: 1.000.000 Markenheftchen

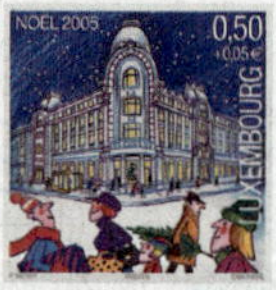


**2005, 6. Dez. Weihnachten. Odr. (3×4); gez. K 13¼:13.**

bag) Vorweihnachtliches Treiben vor dem Hauptpostamt in Esch an der Alzette

| | | | | |
|---|---|---|---|---|
| **1694** | 0.50 (€) + 0.05 € mehrfarbig | bag | 1,20 | 1,— |
| | | FDC | | 1,50 |

Auflage: 219.450 Stück

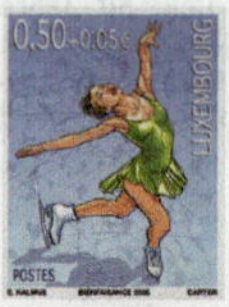


**2005, 6. Dez. Wohlfahrt: Sport (II). Odr. (5×4); gez. K 13¼:13.**

bah) Eiskunstlauf

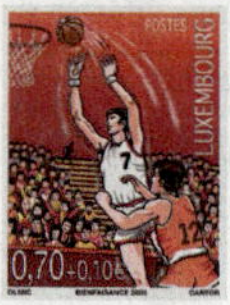


bai) Basketball

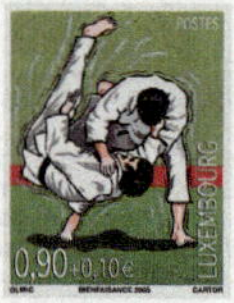


bak) Judo

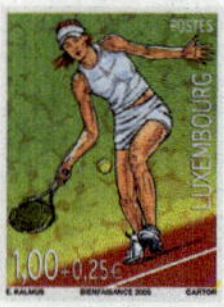


bal) Tennis

| | | | | |
|---|---|---|---|---|
| **1695** | 0.50 (€) + 0.05 € mehrfarbig | bah | 1,10 | 1,10 |
| **1696** | 0.70 (€) + 0.10 € mehrfarbig | bai | 1,60 | 1,60 |
| **1697** | 0.90 (€) + 0.10 € mehrfarbig | bak | 2,— | 2,— |
| **1698** | 1.00 (€) + 0.25 € mehrfarbig | bal | 2,50 | 2,50 |
| | | Satzpreis (4 W.) | 7,— | 7,— |
| | | FDC | | 7,50 |

Auflage: 57.270 Sätze

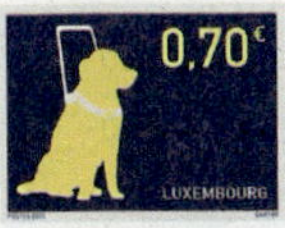

**2005, 6. Dez. Sehbehinderte. Komb. Odr. und Pdr. (4×5); gez. K 13:13¼.**

bam) Blindenhund

| | | | |
|---|---|---|---|
| **1699** 0.70 € mehrfarbig | bam | 1,40 | 1,40 |
| | FDC | | 2,— |

Auflage: 300.000 Stück

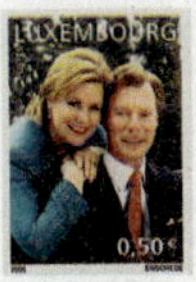

**2006, 7. Febr. Silberhochzeit von Großherzog Henri und Großherzogin Maria Teresa von Luxemburg. Odr. (5×2); gez. K 13½:13¾.**

ban) Jubiläumspaar

| | | | |
|---|---|---|---|
| **1700** 0.50 € mehrfarbig | ban | 1,— | 1,— |
| | FDC | | 1,50 |
| | Kleinbogen | 10,— | 10,— |

**Blockausgabe, gez. Ks 13½:13**

| | | | |
|---|---|---|---|
| **1701** 2.50 € mehrfarbig | ban I | 5,— | 5,— |
| **Block 20** (74×102 mm) | bao | 5,— | 5,— |
| | FDC | | 5,50 |

Auflagen: MiNr. 1700 = 440.500 Stück, Bl. 20 = 66.262 Blocks

**2006, 14. März. Sehenswürdigkeiten. Odr. (5×2, Querformat ~); gez. K 11½.**

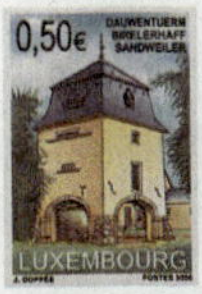

bap) Taubenturm auf dem Gut „Birelerhaff" bei Sandweiler

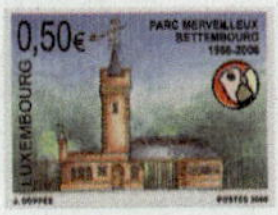

bar) Vergnügungspark „Parc Merveilleux", Bettemburg

| | | | |
|---|---|---|---|
| **1702** 0.50 € mehrfarbig | bap | 1,— | 1,— |
| **1703** 0.50 € mehrfarbig | bar | 1,— | 1,— |
| | Satzpreis (2 W.) | 2,— | 2,— |
| | FDC | | 2,50 |
| | Kleinbogensatz (2 Klb.) | 20,— | 20,— |

Auflage: 250.000 Sätze

*Weitere Werte siehe Übersicht nach Jahrgangswerttabelle.*

**2006, 14. März. 50. Jahrestag der Elektrifizierung der Luxemburger Eisenbahnen. Odr. (2×5, Hochformat ~); gez. K 13¼.**

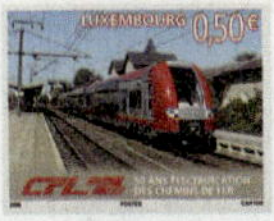

bas) Elektrotriebwagen Baureihe 2200

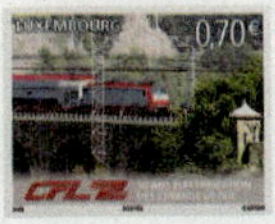

bat) Zweisystem-Elektrolokomotive Baureihe 4000

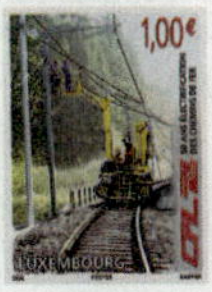

bau) Streckenfahrzeug für Oberleitungen

| | | | |
|---|---|---|---|
| **1704** 0.50 € mehrfarbig | bas | 1,— | 1,— |
| **1705** 0.70 € mehrfarbig | bat | 1,40 | 1,40 |
| **1706** 1.00 € mehrfarbig | bau | 2,— | 2,— |
| | Satzpreis (3 W.) | 4,40 | 4,40 |
| | FDC | | 5,— |
| | Kleinbogensatz (3 Klb.) | 44,— | 44,— |

Auflage: 300.000 Sätze

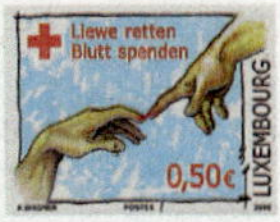

**2006, 14. März. Kampagne für das Blutspenden. Odr. (2×5); gez. K 13¼.**

bav) Hände (nach Michelangelo-Gemälde „Die Erschaffung Adams")

| | | | |
|---|---|---|---|
| **1707** 0.50 € mehrfarbig | bav | 1,— | 1,— |
| | FDC | | 1,50 |
| | Kleinbogen | 10,— | 10,— |

Auflage: 250.000 Stück

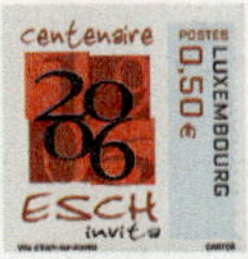

**2006, 16. Mai. 100 Jahre Stadt Esch an der Alzette. Odr. (2×5); gez. K 13¾.**

baw) Jubiläumsemblem

| | | | |
|---|---|---|---|
| **1708** 0.50 € mehrfarbig | baw | 1,— | 1,— |
| | FDC | | 1,50 |
| | Kleinbogen | 10,— | 10,— |

Auflage: 250.000 Stück

**2006, 16. Mai. Europa: Integration. Odr. (2×5); gez. K 12¾.**

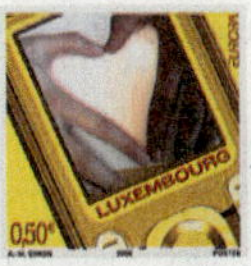

bax) Hände zweier Hautfarben bilden Herz

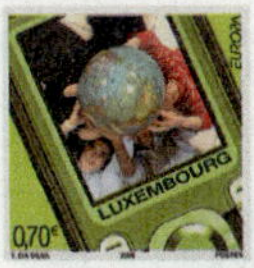

bay) Jugendliche mit Globus

bax–bay) Ergebnisse eines MMS-Photowettbewerbs für Jugendliche

| | | | |
|---|---|---|---|
| **1709** 0.50 € mehrfarbig | bax | 1,— | 1,— |
| **1710** 0.70 € mehrfarbig | bay | 1,50 | 1,50 |
| | Satzpreis (2 W.) | 2,50 | 2,50 |
| | FDC | | 3,50 |
| | Kleinbogensatz (2 Klb.) | 25,— | 25,— |

Auflage: 250.000 Sätze

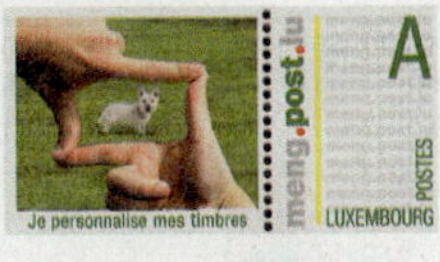

**2006, 16. Mai. Grußmarke. Odr. (4×4 Zd); gez. K 11¾.**

Zierfeld
baz) WWW-Adresse

| | | | |
|---|---|---|---|
| **1711** A mehrfarbig | baz | 1,50 | 1,— |
| | 1711 Zf | 2,— | 1,— |
| | FDC | | 1,50 |

MiNr. 1711 gilt für Inlands-Standardbriefe (Nominale zur Zeit der Ausgabe: 0.50 €).

MiNr. 1711 ist auch mit personalisierten Zierfeldern erhältlich.

Auflage: 200.000 Stück

**2006, 16. Mai. 100 Jahre organisierter Fußball in Luxemburg; Fußball-Weltmeisterschaft, Deutschland. Odr. (2×5); gez. K 13:13½.**

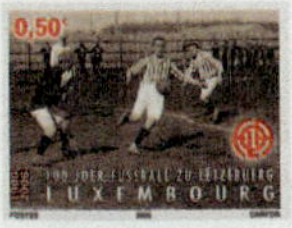

bba) Historische Photographie; Emblem des ersten Fußballvereins „Football and Lawntennis Club", Esch an der Alzette

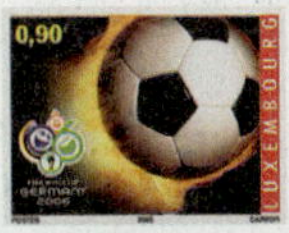

bbb) Flammender Fußball; Emblem der Weltmeisterschaft 2006

**1712** 0.50 € mehrfarbig .................... bba 1,— 1,—
**1713** 0.90 € mehrfarbig .................... bbb 2,— 1,80
Satzpreis (2 W.) 3,— 2,80
FDC 3,30
Kleinbogensatz (2 Klb.) 30,— 28,—

Auflage: 250.000 Sätze

**2006, 26. Sept. Jahrestage: 150 Jahre Staatsrat, 75 Jahre Luxemburger Schachverband (FLDE). Komb. Odr. und Pdr. (2×5); gez. K 13½.**

bbc) Staatsratsgebäude

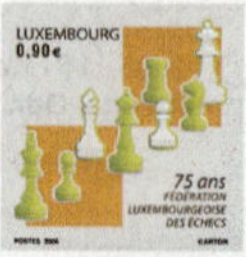

bbd) Schachfiguren

**1714** 0.50 € mehrfarbig .................... bbc 1,— 1,—
**1715** 0.90 € mehrfarbig .................... bbd 1,80 1,80
Satzpreis (2 W.) 2,80 2,80
FDC 3,40
Kleinbogensatz (2 Klb.) 28,— 28,—

Auflagen: MiNr. 1714 = 250.000, MiNr. 1715 = 205.550 Stück

**2006, 26. Sept. 150 Jahre Finanzplatz Luxemburg. Odr. (2×5); gez. K 13¼:13.**

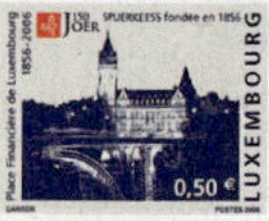

bbe) Gebäude der Staatsbank (Staatssparkasse)

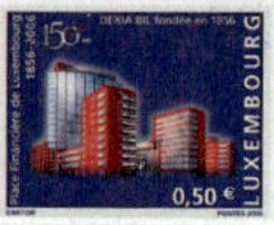

bbf) Komplex der Notenbank Dexia-BIL

**1716** 0.50 € mehrfarbig .................... bbe 1,— 1,—
**1717** 0.50 € mehrfarbig .................... bbf 1,— 1,—
Satzpreis (2 W.) 2,— 2,—
FDC 2,50
Kleinbogensatz (2 Klb.) 20,— 20,—

Auflage: 250.000 Sätze

**2006, 26. Sept. Kampf gegen Drogenmissbrauch und illegalen Drogenhandel: Schülerzeichnungen. Odr. (2×5, Hochformat ~); gez. K 11½.**

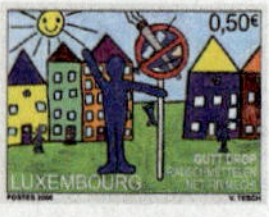

bbg) Straße mit Drogenverbotsschild; von Victor Tesch

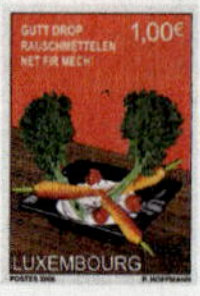

bbh) Aschenbecher mit Gemüse und Quarkdip; von Paul Hoffmann

**1718** 0.50 € mehrfarbig .................... bbg 1,— 1,—
**1719** 1.00 € mehrfarbig .................... bbh 2,— 2,—
Satzpreis (2 W.) 3,— 3,—
FDC 3,50
Kleinbogensatz (2 Klb.) 30,— 30,—

Auflage: 300.000 Sätze

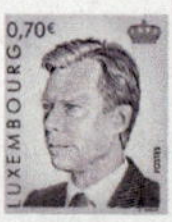

**2006, 26. Sept. Freimarken: Großherzog Henri. Komb. StTdr. und RaTdr. (4×5); gez. K 11¾:11½.**

aup) Großherzog Henri von Luxemburg (*1955, reg. seit 2000)

**1720** 0.70 € mehrfarbig .................... aup 1,40 1,40
**1721** 0.90 € mehrfarbig .................... aup 1,80 1,80
**1722** 1.00 € mehrfarbig .................... aup 2,— 2,—
Satzpreis (3 W.) 5,20 5,20
FDC 5,80

Auflagen: MiNr. 1720 = 1.856.400, MiNr. 1721 = 148.100, MiNr. 1722 = 1.000.000 Stück

*In gleicher Zeichnung siehe Fußnote nach MiNr. 1542.*

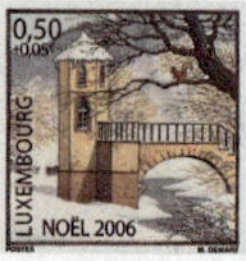

**2006, 5. Dez. Weihnachten. Odr. (3×4); gez. K 12½.**

bbi) Yolandenturm beim Kloster Marienthal im Eischthal

**1723** 0.50 (€) + 0.05 € mehrfarbig .......... bbi 1,20 1,—
FDC 1,50

Auflage: 203.720 Stück

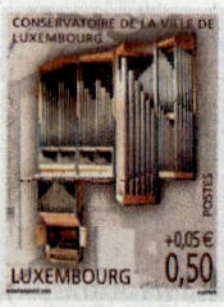

**2006, 5. Dez. Wohlfahrt: Orgeln (I). Odr. (5×2); gez. K 13¼:13.**

bbk) Westenfelder-Orgel (1985) im Großen Auditorium des Konservatoriums, Luxemburg-Merl

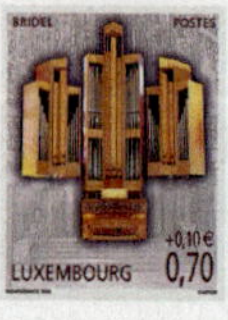

bbl) Kleuker-Orgel (1900) in der Pfarrkirche von Bridel

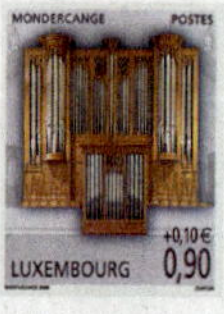

bbm) Oberlinger-Orgel (2004) in der Pfarrkirche von Monnerich

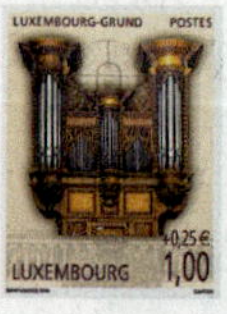

bbn) Westenfelder-Orgel (1979) in der Pfarrkirche von Luxemburg-Grund

**1724** 0.50 (€) + 0.05 € mehrfarbig .......... bbk 1,10 1,10
**1725** 0.70 (€) + 0.10 € mehrfarbig .......... bbl 1,60 1,60
**1726** 0.90 (€) + 0.10 € mehrfarbig .......... bbm 2,— 2,—
**1727** 1.00 (€) + 0.25 € mehrfarbig .......... bbn 2,50 2,50
Satzpreis (4 W.) 7,— 7,—
FDC 7,50
Kleinbogensatz (4 Klb.) 70,— 70,—

Auflage: 54.211 Sätze

**2006, 5. Dez. 75 Jahre Luxemburgische Gartenbauvereinigung. Odr. (1×5 Zd); gez. K 13¼:13¾.**

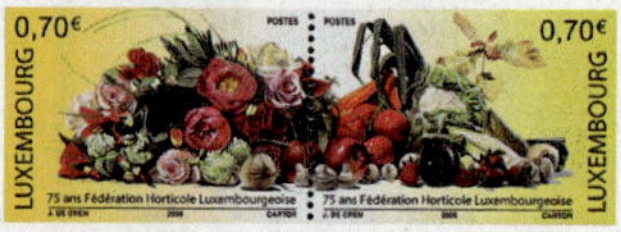

bbo) Blumen
bbp) Gemüse

**1728** 0.70 € mehrfarbig .................... bbo 1,40 1,40
**1729** 0.70 € mehrfarbig .................... bbp 1,40 1,40
Satzpreis (2 W.) 2,80 2,80
Paar 3,— 2,80
FDC 7,50
Kleinbogen 15,— 14,—

Auflage: 300.000 Sätze

**2007, 30. Jan. Luxemburg-Stadt und die Großregion – Kulturhauptstadt Europas 2007 (I). Odr., Markenheftchen (2×1 Zd); selbstklebend; senkrecht gestanzt 8¼.**

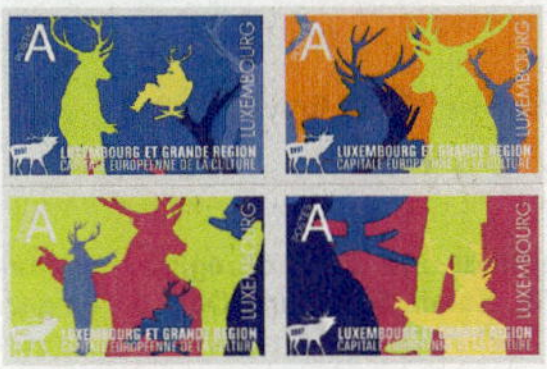

bbr–bbu) Hirschmenschen (Symbolik)

| | | | | | |
|---|---|---|---|---|---|
| 1730 | A mehrfarbig | bbr | 1,50 | 1,— |
| 1731 | A mehrfarbig | bbs | 1,50 | 1,— |
| 1732 | A mehrfarbig | bbt | 1,50 | 1,— |
| 1733 | A mehrfarbig | bbu | 1,50 | 1,— |
| | | Satzpreis (4 W.) | 6,— | 4,— |
| | | FDC | | 5,— |
| | | Viererblock | 6,— | 4,— |
| | | Markenheftchen | 12,— | 8,— |

MiNr. 1730–1733 gelten für Inlands-Standardbriefe (Nominale zur Zeit der Ausgabe: je 0.50 €).

Auflage: 500.000 Markenheftchen

**2007, 20. März. 50 Jahre Römische Verträge. Odr. (2×5); gez. K 13¼:13.**

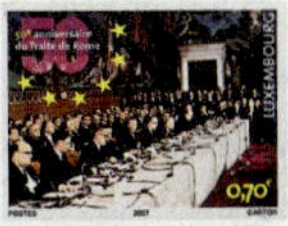

bbv) Unterzeichnung der EWG- und EURATOM-Verträge, Rom (1957)

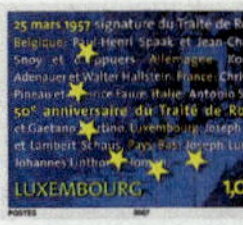

bbw) Unterzeichnung der Verträge, Namen der Unterzeichner

| | | | | |
|---|---|---|---|---|
| 1734 | 0.70 € mehrfarbig | bbv | 1,60 | 1,60 |
| 1735 | 1.00 € mehrfarbig | bbw | 2,20 | 2,20 |
| | | Satzpreis (2 W.) | 3,80 | 3,80 |
| | | FDC | | 4,50 |
| | | Kleinbogensatz (2 Klb.) | 38,— | 38,— |

Auflage: 300.000 Sätze

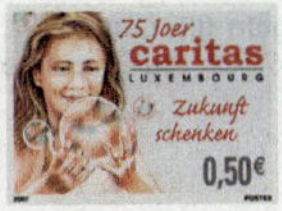

**2007, 20. März. 75 Jahre Caritas Luxemburg. Odr. (2×5); gez. K 11½.**

bbx) Mädchen mit Seifenblasen

| | | | | |
|---|---|---|---|---|
| 1736 | 0.50 € mehrfarbig | bbx | 1,— | 1,— |
| | | FDC | | 1,60 |
| | | Kleinbogen | 10,— | 10,— |

Auflage: 220.000 Stück

**2007, 20. März. Freimarken. RaTdr., Rollen (100); selbstklebend; gestanzt 11¼.**

bby

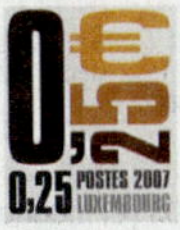

bbz

| | | | | | |
|---|---|---|---|---|---|
| 1737 | 0.25 (€) | mehrfarbig/dunkelviolettpurpur | bby | 0,50 | 0,50 |
| 1738 | 0.25 € | mehrfarbig/dunkelbraun | bbz | 0,50 | 0,50 |
| 1739 | 0.25 (€) | mehrfarbig/schwarzgraublau | bby | 0,50 | 0,50 |
| 1740 | 0.25 € | mehrfarbig/schwarzgrün | bbz | 0,50 | 0,50 |
| 1741 | 0.50 (€) | mehrfarbig/dunkelrotlila | bby | 1,— | 1,— |
| 1742 | 0.50 € | mehrfarbig/rot | bbz | 1,— | 1,— |
| 1743 | 0.50 (€) | mehrfarbig/dunkelkobalt | bby | 1,— | 1,— |
| 1744 | 0.50 € | mehrfarbig/lebhaftgrünoliv | bbz | 1,— | 1,— |
| | | | Satzpreis (8 W.) | 6,— | 6,— |
| | | | FDC | | 6,50 |
| | | | 2 Viererstreifen | 6,— | 6,— |

Die zusätzliche Farbangabe bezieht sich auf den Buchstaben „P“ bzw. auf die Ziffer „0“.

Nominalgleiche Marken wurden jeweils zusammen in der Rolle gedruckt.

Auflagen: MiNr. 1737–1740 je 4.144.500, MiNr. 1741–1744 je 8.900.000 Stück

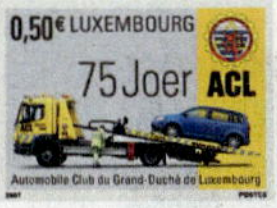

**2007, 20. März. 75 Jahre Automobil-Club Luxemburg (ACL). Odr. (2×5); gez. K 11½.**

bca) ACL-Transporter birgt Pannenfahrzeug

| | | | | |
|---|---|---|---|---|
| 1745 | 0.50 € mehrfarbig | bca | 1,— | 1,— |
| | | FDC | | 1,60 |
| | | Kleinbogen | 10,— | 10,— |

Auflage: 220.000 Stück

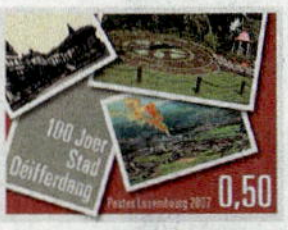

**2007, 22. Mai. 100 Jahre Stadtrecht für Differdingen, Düdelingen, Ettelbrück und Rümelingen. Odr. (2×5); gez. K 11½.**

bcb) Differdingen

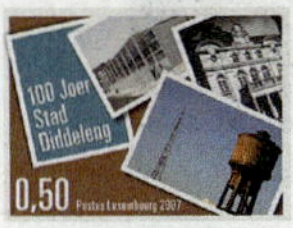

bcc) Düdelingen

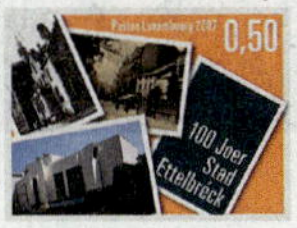

bcd) Ettelbrück

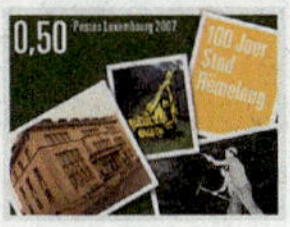

bce) Rümelingen

| | | | | |
|---|---|---|---|---|
| 1746 | 0.50 (€) mehrfarbig | bcb | 1,— | 1,— |
| 1747 | 0.50 (€) mehrfarbig | bcc | 1,— | 1,— |
| 1748 | 0.50 (€) mehrfarbig | bcd | 1,— | 1,— |
| 1749 | 0.50 (€) mehrfarbig | bce | 1,— | 1,— |
| | | Satzpreis (4 W.) | 4,— | 4,— |
| | | FDC | | 4,50 |
| | | Kleinbogensatz (4 Klb.) | 40,— | 40,— |

Auflage: 200.000 Sätze

**2007, 22. Mai. Europa: Pfadfinder. Odr. (2×5); gez. K 11½.**

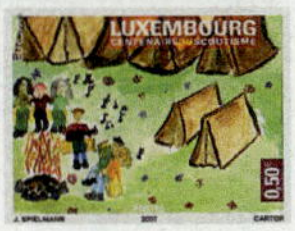

bcf) Pfadfinderlager

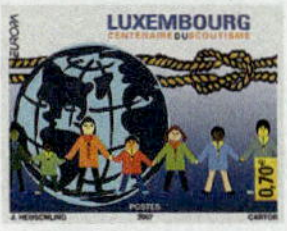

bcg) Pfadfinder verschiedener Länder, Weltkugel, Weberknoten

| | | | | |
|---|---|---|---|---|
| 1750 | 0.50 € mehrfarbig | bcf | 1,— | 1,— |
| 1751 | 0.70 € mehrfarbig | bcg | 1,50 | 1,50 |
| | | Satzpreis (2 W.) | 2,50 | 2,50 |
| | | FDC | | 3,50 |
| | | Kleinbogensatz (2 Klb.) | 25,— | 25,— |

Auflage: 225.000 Sätze

**2007, 22. Mai. Orte der Kultur. Odr. (2×5); gez. K 12½.**

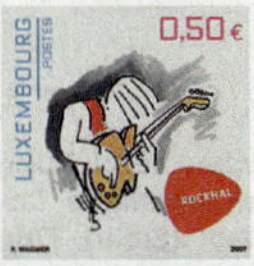

bch) Gitarrist im Pop- und Rock-Zentrum „Rockhal“, Esch an der Alzette

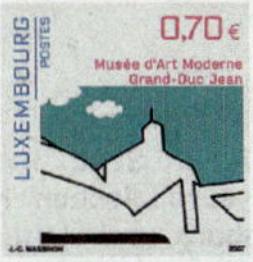

bci) Museum für moderne Kunst Grand-Duc Jean, Luxemburg-Kirchberg

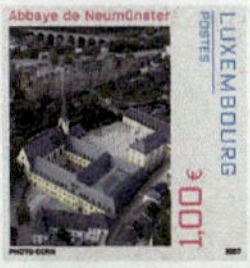

bck) Kulturtreffpunkt Abtei Neumünster (CCRN), Luxemburg-Grund

| | | | | |
|---|---|---|---|---|
| **1752** 0.50 € mehrfarbig | bch | 1,— | 1,— |
| **1753** 0.70 € mehrfarbig | bci | 1,40 | 1,40 |
| **1754** 1.00 € mehrfarbig | bck | 2,— | 2,— |
| | Satzpreis (3 W.) | 4,40 | 4,40 |
| | FDC | | 5,— |
| | Kleinbogensatz (3 Klb.) | 44,— | 44,— |

Auflage: 220.000 Sätze

**2007, 3. Sept. Blockausgabe: Das römische Mosaik von Vichten. Odr.; gez. Ks 14¼.**

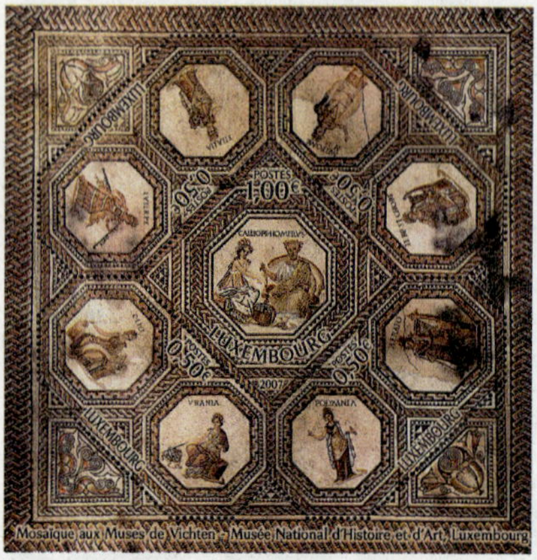


bcr

bcl bcm
bcp
bcn bco

bcl) Thalia und Euterpe
bcm) Terpsichore und Melpomene
bcn) Klio und Urania
bco) Polyhymnia und Erato
bcp) Kalliope mit Homer, griechischer Dichter (8. Jh. v. Chr.)

bcl–bcp) Die neun Musen, Töchter des Zeus und der Mnemosyne; Mosaik aus einer römischen Villa (1995 bei Vichten entdeckt)

| | | | | |
|---|---|---|---|---|
| **1755** 0.50 € mehrfarbig | bcl | 1,— | 1,— |
| **1756** 0.50 € mehrfarbig | bcm | 1,— | 1,— |
| **1757** 0.50 € mehrfarbig | bcn | 1,— | 1,— |
| **1758** 0.50 € mehrfarbig | bco | 1,— | 1,— |
| **1759** 1.00 € mehrfarbig | bcp | 2,— | 2,— |
| **Block 21** (110×110 mm) | bcr | 6,— | 6,— |
| | FDC | | 6,50 |
| | | | FDC |
| Block 21 U ungezähnt (auf FDC) | | | –,— |

Auflage: 125.000 Blocks

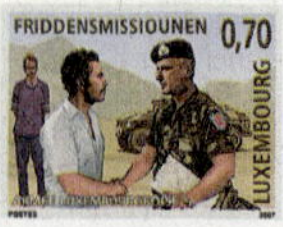


**2007, 3. Sept. 15 Jahre Friedensmissionen der luxemburgischen Streitkräfte. Odr. (2×5); gez. K 11½.**

bcs) Luxemburgischer Soldat bei Auslandseinsatz

| | | ★★ | ⊙ |
|---|---|---|---|
| **1760** 0.70 (€) mehrfarbig | bcs | 1,40 | 1,40 |
| | FDC | | 2,— |
| | Kleinbogen | 14,— | 14,— |

Auflage: 300.000 Stück

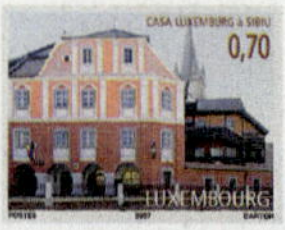


**2007, 3. Sept. Historische Verbindung der europäischen Kulturhauptstädte Luxemburg und Hermannstadt (Sibiu). Odr. (2×5); gez. K 11½.**

bct) Luxemburg-Haus in Hermannstadt (Rumänien)

| | | | |
|---|---|---|---|
| **1761** 0.70 (€) mehrfarbig | bct | 1,60 | 1,60 |
| | FDC | | 2,20 |
| | Kleinbogen | 16,— | 16,— |

Auflage: 500.000 Stück

*Parallelausgabe mit Rumänien MiNr. 6238–6239/Bl. 409*

**2007, 3. Sept. Luxemburg-Stadt und die Großregion – Kulturhauptstadt Europas 2007 (II). Komb. StTdr. und Odr. (5×2); gez. K 11½.**

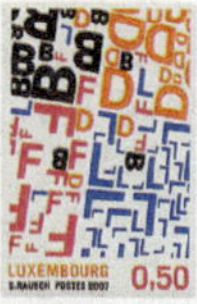


bcu) Buchstaben (Phänomen des Grenzüberschreitenden)

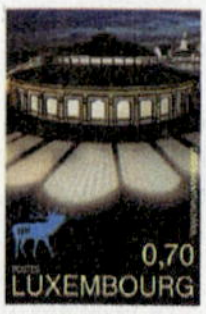


bcv) Rotunden (erb. 1875) am Bahnhof von Luxemburg-Stadt

| | | | |
|---|---|---|---|
| **1762** 0.50 (€) mehrfarbig | bcu | 1,— | 1,— |
| **1763** 0.70 (€) mehrfarbig | bcv | 1,50 | 1,50 |
| | Satzpreis (2 W.) | 2,50 | 2,50 |
| | FDC | | 3,— |
| | Kleinbogensatz (2 Klb.) | 25,— | 25,— |

Auflage: 500.000 Sätze

*Parallelausgabe mit Belgien MiNr. 3724–3725*

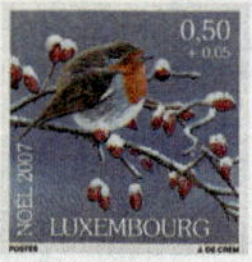


**2007, 4. Dez. Weihnachten. Odr. (3×4); gez. K 12½.**

bcw) Rotkehlchen (Erithacus rubecula)

| | | | |
|---|---|---|---|
| **1764** 0.50 (€) + 0.05 (€) mehrfarbig | bcw | 1,20 | 1,— |
| | FDC | | 1,50 |

Auflage: 186.561 Stück

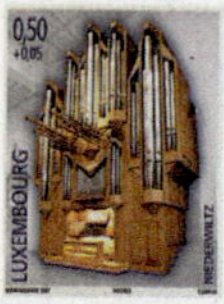


**2007, 4. Dez. Wohlfahrt: Orgeln (II). Odr. (5×2, Querformate ~); gez. K 13¼:13, Querformate ~.**

bcx) Eisenbarth-Orgel (1997) in der Dekanatskirche St. Peter und Paul, Niederwiltz

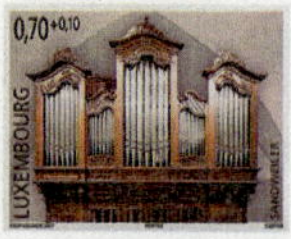


bcy) Müller-Mayer-Blonigen-Orgel (1906) in der Pfarrkirche von Sandweiler

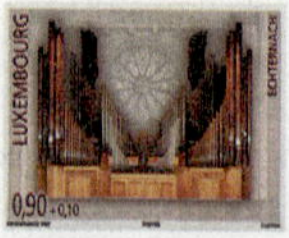


bcz) Klais-Orgel (1952) in der Basilika von Echternach

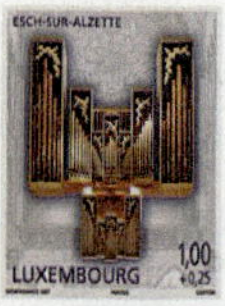


bda) Westenfelder-Orgel (1977) in der St.-Joseph-Kirche, Esch an der Alzette

| | | | |
|---|---|---|---|
| **1765** 0.50 (€) + 0.05 (€) mehrfarbig | bcx | 1,10 | 1,10 |
| **1766** 0.70 (€) + 0.10 (€) mehrfarbig | bcy | 1,60 | 1,60 |
| **1767** 0.90 (€) + 0.10 (€) mehrfarbig | bcz | 2,— | 2,— |
| **1768** 1.00 (€) + 0.25 (€) mehrfarbig | bda | 2,50 | 2,50 |
| | Satzpreis (4 W.) | 7,— | 7,— |
| | FDC | | 7,50 |
| | Kleinbogensatz (4 Klb.) | 70,— | 70,— |

Auflage: 48.147 Sätze

**2007, 4. Dez. 50 Jahre Esch-Sauer-Stausee. RaTdr. (1×5 Zd); selbstklebend; gestanzt 12½:13.**

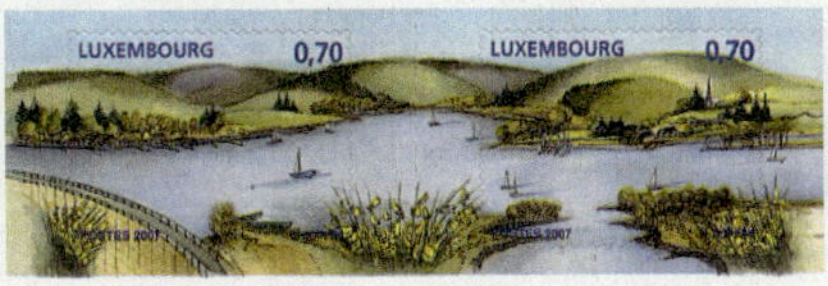


bdb–bdc) Esch-Sauer-Stausee

| | | | | |
|---|---|---|---|---|
| **1769** | 0.70 (€) mehrfarbig | bdb | 1,40 | 1,40 |
| **1770** | 0.70 (€) mehrfarbig | bdc | 1,40 | 1,40 |
| | | Satzpreis (2 W.) | 2,80 | 2,80 |
| | | FDC | | 3,50 |
| | | Paar | 2,80 | 2,80 |
| | | Folienblatt | 14,— | 14,— |

Auflage: 200.000 Sätze

**2008, 18. März. 75 Jahre Philharmonisches Orchester von Luxemburg. Odr. (2×5); gez. K 13¾.**

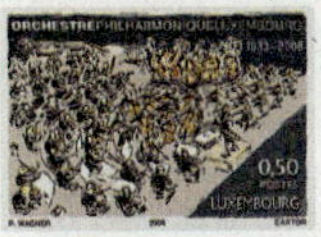

bdd) Philhamonisches Orchester; Zeichnung von Pit Wagner

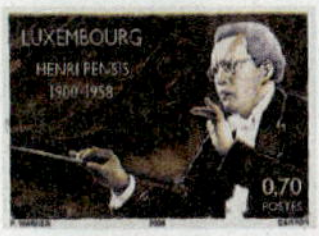


bde) Henri Pensis (1900–1958), erster Dirigent des Orchesters

| | | | | |
|---|---|---|---|---|
| **1771** | 0.50 (€) mehrfarbig | bdd | 1,— | 1,— |
| **1772** | 0.70 (€) mehrfarbig | bde | 1,40 | 1,40 |
| | | Satzpreis (2 W.) | 2,40 | 2,40 |
| | | FDC | | 3,— |
| | | Kleinbogensatz (2 Klb.) | 24,— | 24,— |

Auflage: 250.000 Sätze

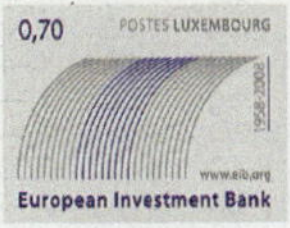


**2008, 18. März. 50 Jahre Europäische Investitionsbank (EIB). Odr. (2×5); gez. K 13:13¼.**

bdf) Symbolik

| | | | | |
|---|---|---|---|---|
| **1773** | 0.70 (€) dunkelviolettblau/silber | bdf | 1,50 | 1,50 |
| | | FDC | | 2,— |
| | | Kleinbogen | 15,— | 15,— |

Auflage: 250.000 Stück

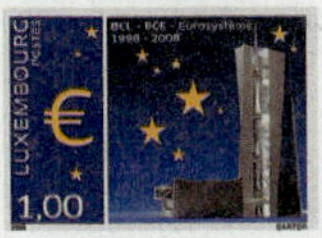


**2008, 18. März. 10 Jahre Eurosystem. Odr. (2×5); gez. K 13¾.**

bdg) Eurotower, Frankfurt am Main, Sitz der Europäischen Zentralbank

| | | | | |
|---|---|---|---|---|
| **1774** | 1.00 € mehrfarbig | bdg | 2,20 | 2,20 |
| | | FDC | | 3,— |
| | | Kleinbogen | 22,— | 22,— |

Auflage: 250.000 Stück

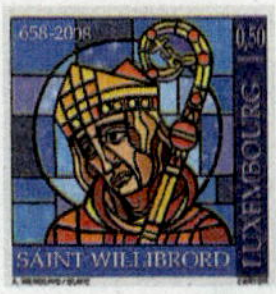


**2008, 18. März. 1350. Geburtstag des hl. Willibrord. Odr. (2×5); gez. K 13.**

bdh) Hl. Willibrord (658–739), angelsächsischer Missionar, Gründer des Klosters Echternach

| | | | | |
|---|---|---|---|---|
| **1775** | 0.50 (€) mehrfarbig | bdh | 1,— | 1,— |
| | | FDC | | 1,50 |
| | | Kleinbogen | 10,— | 10,— |

Auflage: 300.000 Stück

**2008, 20. Mai. Sehenswürdigkeiten. Odr. (5×2, Querformate ~); gez. K 11½.**

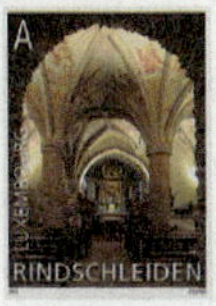


bdi) Kirche von Rindschleiden

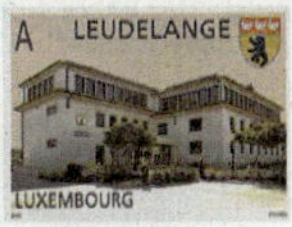


bdk) Gemeindeamt, Leudelingen

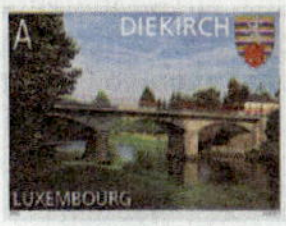


bdl) Sauerbrücke, Diekirch

| | | | | |
|---|---|---|---|---|
| **1776** | A mehrfarbig | bdi | 1,50 | 1,— |
| **1777** | A mehrfarbig | bdk | 1,50 | 1,— |
| **1778** | A mehrfarbig | bdl | 1,50 | 1,— |
| | | Satzpreis (3 W.) | 4,50 | 3,— |
| | | FDC | | 4,— |
| | | Kleinbogensatz (3 Klb.) | 45,— | 30,— |

Nominale zur Zeit der Ausgabe: je 0.50 €

Auflage: 250.000 Sätze

*Weitere Werte siehe Übersicht nach Jahrgangswerttabelle.*

**2008, 20. Mai. Sport: 75 Jahre Luxemburgischer Basketballverband (FLBB), 100 Jahre Luxemburgischer Fußballverband (FSLSA). Odr. (2×5); gez. K 12¾:12½.**

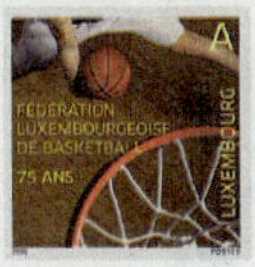


bdm) Basketball

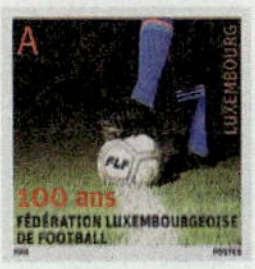


bdn) Fußball

| | | | | |
|---|---|---|---|---|
| **1779** | A mehrfarbig | bdm | 1,50 | 1,— |
| **1780** | A mehrfarbig | bdn | 1,50 | 1,— |
| | | Satzpreis (2 W.) | 3,— | 2,— |
| | | FDC | | 3,— |
| | | Kleinbogensatz (2 Klb.) | 30,— | 20,— |

Nominale zur Zeit der Ausgabe: je 0.50 €

Auflage: 150.000 Sätze

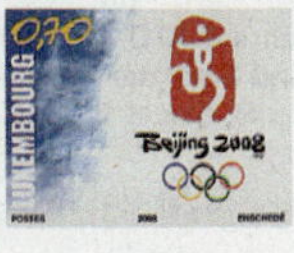


**2008, 20. Mai. Olympische Sommerspiele, Peking. Odr. (2×5); gez. K 14:13¼.**

bdo) Emblem der Spiele

| | | | | |
|---|---|---|---|---|
| **1781** | 0.70 (€) mehrfarbig | bdo | 1,40 | 1,40 |
| | | FDC | | 2,— |
| | | Kleinbogen | 14,— | 14,— |

Auflage: 375.000 Stück

**2008, 20. Mai. Europa: Der Brief. Odr. (2×5); gez. K 12¾:12½.**

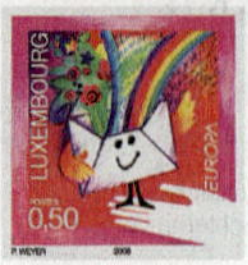


bdp) Geöffneter Brief mit Blumen und Regenbogen auf Hand

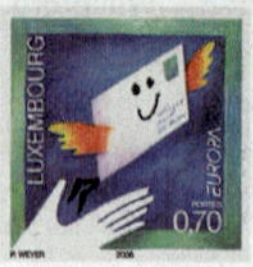


bdr) Hand entläßt fliegenden Brief

| | | | | |
|---|---|---|---|---|
| **1782** 0.50 (€) mehrfarbig | bdp | 1,— | 1,— |
| **1783** 0.70 (€) mehrfarbig | bdr | 1,50 | 1,50 |
| Satzpreis (2 W.) | | 2,50 | 2,50 |
| FDC | | | 3,— |
| Kleinbogensatz (2 Klb.) | | 25,— | 25,— |

Auflage: 225.000 Sätze

**2008, 30. Sept. Jahrestage (I): 100 Jahre Liga zur Bekämpfung von Tuberkulose „Ligue Medico-Sociale", 125 Jahre Landwirtschaftsschule Ettelbrück. Odr. (2×5); gez. K 13¾.**

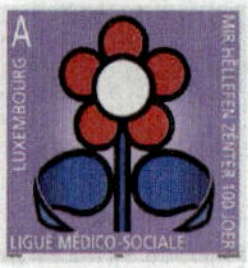


bds) Blume mit stilisierten Lungenflügeln

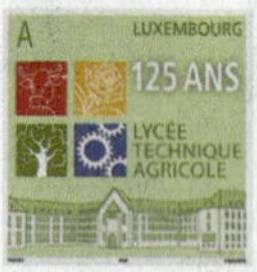


bdt) Schulgebäude, Symbole der Ausbildungsbereiche

| | | | | |
|---|---|---|---|---|
| **1784** A mehrfarbig | bds | 1,50 | 1,— |
| **1785** A mehrfarbig | bdt | 1,50 | 1,— |
| Satzpreis (2 W.) | | 3,— | 2,— |
| FDC | | | 2,50 |
| Kleinbogensatz (2 Klb.) | | 30,— | 20,— |

Nominale zur Zeit der Ausgabe: je 0.50 €

Auflage: 150.000 Sätze

**2008, 30. Sept. Jahrestage (II): 100 Jahre Volksbildungsverein, 100 Jahre Luxemburger Tierschutzliga. Odr. (2×5); gez. K 13:13½.**

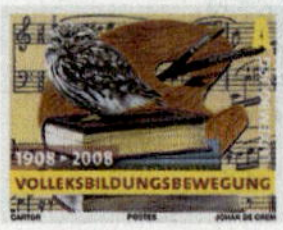


bdu) Eule, Bücher, Malerpalette, Notenzeilen

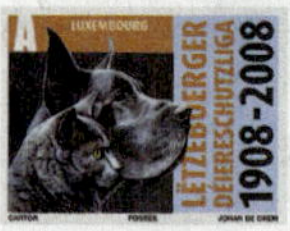


bdv) Hund und Katze

| | | | | |
|---|---|---|---|---|
| **1786** A mehrfarbig | bdu | 1,50 | 1,— |
| **1787** A mehrfarbig | bdv | 1,50 | 1,— |
| Satzpreis (2 W.) | | 3,— | 2,— |
| FDC | | | 2,50 |
| Kleinbogensatz (2 Klb.) | | 30,— | 20,— |

Nominale zur Zeit der Ausgabe: je 0.50 €

Auflage: 250.000 Sätze

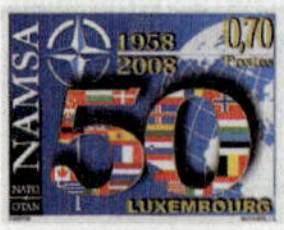


**2008, 30. Sept. 50 Jahre NATO-Agentur für Materialerhaltung und Ersatzteilversorgung (NAMSA). Odr. (2×5); gez. K 13:13½.**

bdw) Flaggen der Mitgliedstaaten als Zahl „50", NATO-Emblem, Weltkugel

| | | | | |
|---|---|---|---|---|
| **1788** 0.70 (€) mehrfarbig | bdw | 1,40 | 1,40 |
| FDC | | | 2,— |
| Kleinbogen | | 14,— | 14,— |

Auflage: 500.000 Stück

**2008, 30. Sept. Tourismus: Kinder- und Jugendmalwettbewerb „Grüße aus Luxemburg". Odr. (5×2); gez. K 11½.**

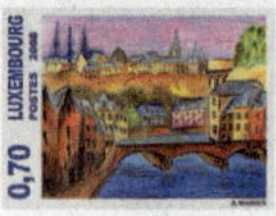


bdx) Stadtansicht; von A. Wainer

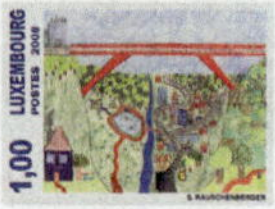


bdy) Viadukt; von S. Rauschberger

| | | | | |
|---|---|---|---|---|
| **1789** 0.70 (€) mehrfarbig | bdx | 1,40 | 1,40 |
| **1790** 1.00 (€) mehrfarbig | bdy | 2,— | 2,— |
| Satzpreis (2 W.) | | 3,40 | 3,40 |
| FDC | | | 4,— |
| Kleinbogensatz (2 Klb.) | | 34,— | 34,— |

Auflage: 300.000 Sätze

**2008, 30. Sept. Freimarken. Odr., Rollen (100); selbstklebend; gestanzt 11¼.**

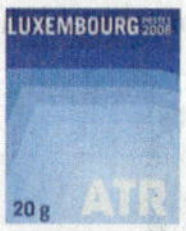


bdz) Blau

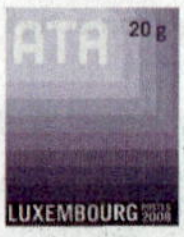


bea) Violett

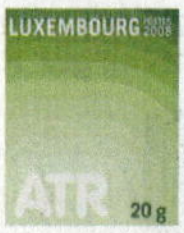


beb) Grün

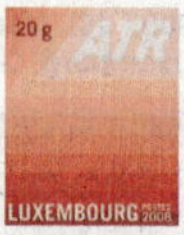


bec) Rot

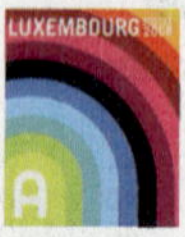


bed) Oval

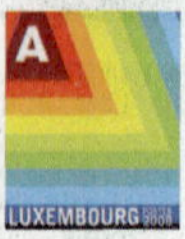


bee) Dreieck

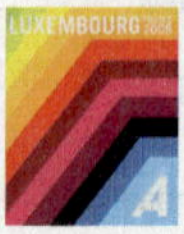


bef) Trapez

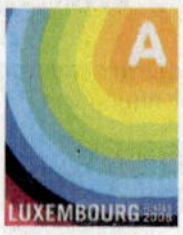


beg) Dreirund

| | | | | |
|---|---|---|---|---|
| **1791** ATR 20 g mehrfarbig | bdz | 1,— | 0,50 |
| **1792** ATR 20 g mehrfarbig | bea | 1,— | 0,50 |
| **1793** ATR 20 g mehrfarbig | beb | 1,— | 0,50 |
| **1794** ATR 20 g mehrfarbig | bec | 1,— | 0,50 |
| **1795** A mehrfarbig | bed | 1,50 | 1,— |
| **1796** A mehrfarbig | bee | 1,50 | 1,— |
| **1797** A mehrfarbig | bef | 1,50 | 1,— |
| **1798** A mehrfarbig | beg | 1,50 | 1,— |
| Satzpreis (8 W.) | | 10,— | 6,— |
| FDC | | | 6,50 |
| 2 Viererstreifen | | 10,— | 7,— |

Nominalen zur Zeit der Ausgabe: MiNr. 1791–1794 je 0.25 €, MiNr. 1795–1798 je 0.50 €

MiNr. 1791–1794 und 1795–1798 wurden jeweils zusammen in der Rolle gedruckt.

Auflagen: MiNr. 1791–1794 je 4.000.000, MiNr. 1795–1798 je 38.020.000 Stück

**2008, 30. Sept. Freude. Odr., Markenheftchen (6×2); selbstklebend; dreiseitig gestanzt 10.**

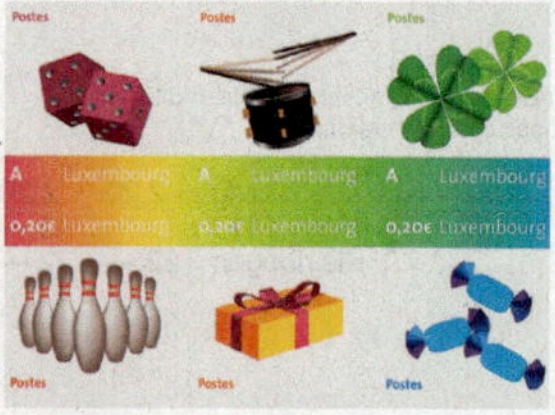


bel) Würfel
bem) Trommel
ben) Glücksklee

beh) Kegel
bei) Geschenkpaket
bek) Bonbons

| | | | | |
|---|---|---|---|---|
| **1799** 0.20 € mehrfarbig/rot–gelb (⌑) | beh | 0,40 | 0,40 |
| **1800** 0.20 € mehrfarbig/gelb–grün (⌑) | bei | 0,40 | 0,40 |
| **1801** 0.20 € mehrfarbig/grün–blau (⌑) | bek | 0,40 | 0,40 |
| **1802** 0.20 € mehrfarbig/blau–grün (⌑) | bek | 0,40 | 0,40 |
| **1803** 0.20 € mehrfarbig/grün–gelb (⌑) | bei | 0,40 | 0,40 |

| | | | | | |
|---|---|---|---|---|---|
| **1804** | 0.20 € | mehrfarbig/gelb–rot (☒) | beh | 0,40 | 0,40 |
| **1805** | A | mehrfarbig/rot–gelb (☒) | bel | 1,50 | 1,— |
| **1806** | A | mehrfarbig/gelb–grün (☒) | bem | 1,50 | 1,— |
| **1807** | A | mehrfarbig/grün–blau (☒) | ben | 1,50 | 1,— |
| **1808** | A | mehrfarbig/blau–grün (☒) | ben | 1,50 | 1,— |
| **1809** | A | mehrfarbig/grün–gelb (☒) | bem | 1,50 | 1,— |
| **1810** | A | mehrfarbig/gelb–rot (☒) | bel | 1,50 | 1,— |
| | | | Satzpreis (12 W.) | 11,— | 8,40 |
| | | | FDC | | 10,— |
| | | | Markenheftchen | 11,— | 9,— |

Nominalen von MiNr. 1805–1810 zur Zeit der Ausgabe: je 0.50 €

Die zusätzliche Farbangabe beschreibt den Farbverlauf des Balkens über dem Landesnamen.

Auflage: 250.000 Markenheftchen

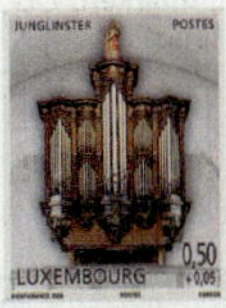

**2008, 2. Dez. Wohlfahrt: Orgeln (III). Odr. (5×2, Querformat ~); gez. K 13¼:13, Querformat ~.**

beo) Orgel von Junglinster (1783)

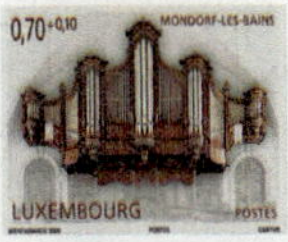

bep) Dalstein-Haerpfer-Orgel (1878) in der Kirche von Bad Mondorf

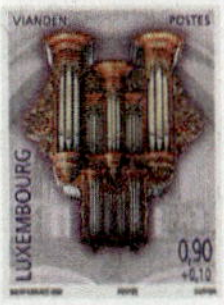

ber) Orgel von Vianden (1793)

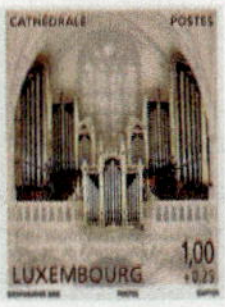

bes) Orgel der Kathedrale von Luxemburg-Stadt

| | | | | | |
|---|---|---|---|---|---|
| **1811** | 0.50 (€) + 0.05 (€) | mehrfarbig | beo | 1,10 | 1,— |
| **1812** | 0.70 (€) + 0.10 (€) | mehrfarbig | bep | 1,60 | 1,50 |
| **1813** | 0.90 (€) + 0.10 (€) | mehrfarbig | ber | 2,— | 2,— |
| **1814** | 1.00 (€) + 0.25 (€) | mehrfarbig | bes | 2,80 | 2,50 |
| | | | Satzpreis (4 W.) | 7,50 | 7,— |
| | | | FDC | | 7,50 |
| | | | Kleinbogensatz (4 Klb.) | 75,— | 70,— |

Auflage: 51.184 Sätze

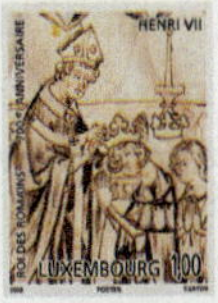

**2008, 2. Dez. 700. Jahrestag der Krönung von Kaiser Heinrich VII. Odr. (5×2); gez. K 13½:13.**

bet) Heinrich VII. (1278/79–1313), Kaiser des Heiligen Römischen Reiches, Graf von Luxemburg

| | | | | | |
|---|---|---|---|---|---|
| **1815** | 1.00 (€) | mehrfarbig | bet | 2,— | 2,— |
| | | | FDC | | 2,50 |
| | | | Kleinbogen | 20,— | 20,— |

Auflage: 200.000 Stück

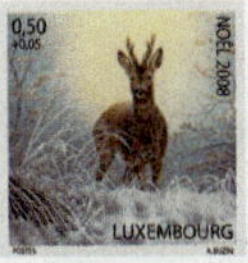

**2008, 2. Dez. Weihnachten. Odr. (3×4); gez. K 12½.**

beu) Reh (Capreolus capreolus)

| | | | | | |
|---|---|---|---|---|---|
| **1816** | 0.50 (€) + 0.05 (€) | mehrfarbig | beu | 1,20 | 1,— |
| | | | FDC | | 1,50 |

Auflage: 164.011 Stück

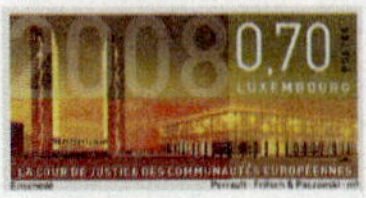

**2008, 2. Dez. Einweihung des neuen Palais des Europäischen Gerichtshofes. Odr. (2×5); gez. K 14:13¼.**

bev) Gebäude des Europäischen Gerichtshofes, Luxemburg-Stadt

| | | | | | |
|---|---|---|---|---|---|
| **1817** | 0.70 (€) | mehrfarbig | bev | 1,50 | 1,50 |
| | | | FDC | | 2,— |
| | | | Kleinbogen | 15,— | 15,— |

Auflage: 200.000 Stück

**2009, 17. März. 125 Jahre nationaler Feuerwehrverband. Odr. (2×5); gez. K 13:13¼.**

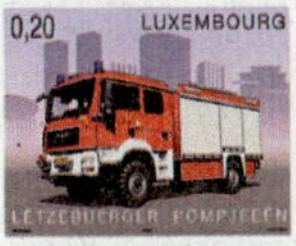

bew) Löschgruppenfahrzeug

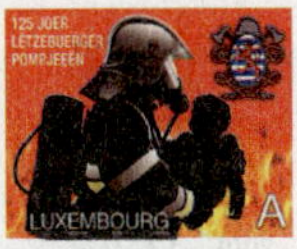

bex) Feuerwehrmann rettet Kleinkind

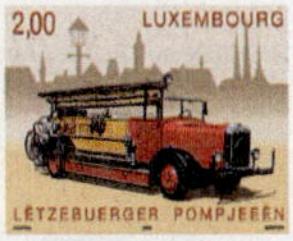

bey) Maria-Theresia-Pumpenfahrzeug

| | | | | | |
|---|---|---|---|---|---|
| **1818** | 0.20 (€) | mehrfarbig | bew | 0,50 | 0,50 |
| **1819** | A | mehrfarbig | bex | 1,50 | 1,— |
| **1820** | 2.00 (€) | mehrfarbig | bey | 4,50 | 4,— |
| | | | Satzpreis (3 W.) | 6,50 | 5,50 |
| | | | FDC | | 6,— |
| | | | Kleinbogensatz (3 Klb.) | 65,— | 55,— |

Nominale von MiNr. 1819 zur Zeit der Ausgabe: 0.50 €

Auflagen: MiNr. 1818 = 1.650.000, MiNr. 1819 = 515.000, MiNr. 1820 = 950.000 Stück

**2009, 17. März. Gewerkschaften: 100 Jahre Generalverband der Eisenbahner (FNCTTFEL), Gewerkschaft des Öffentlichen Dienstes (CGFP) und Briefträgergewerkschaft. Odr. (2×5); gez. K 13:13¼.**

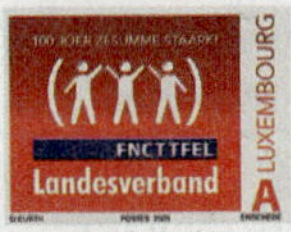

bez) FNCTTFEL-Emblem

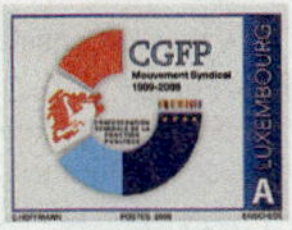

bfa) CGFP-Emblem

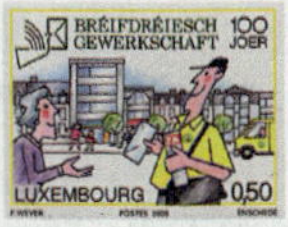

bfb) Postbote überbringt Brief

| | | | | | |
|---|---|---|---|---|---|
| **1821** | A | mehrfarbig | bez | 1,50 | 1,— |
| **1822** | A | mehrfarbig | bfa | 1,50 | 1,— |
| **1823** | 0.50 (€) | mehrfarbig | bfb | 1,— | 1,— |
| | | | Satzpreis (3 W.) | 4,— | 3,— |
| | | | FDC | | 3,50 |
| | | | Kleinbogensatz (3 Klb.) | 40,— | 30,— |

Nominale von MiNr. 1821–1822 zur Zeit der Ausgabe: je 0.50 €

Auflage: 150.000 Sätze

**2009, 17. März. 100 Jahre Luxemburgischer Fliegereiverband (FAL). Odr.; MiNr. 1824–1825 (1×5 Zd), MiNr. 1826 (2×5); gez. K 11½:11¼.**

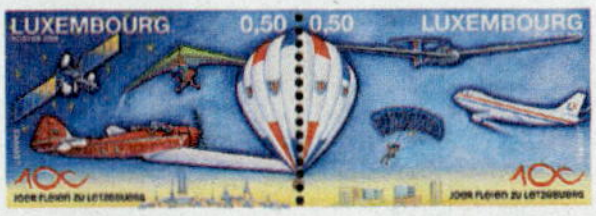

bfc, bfd

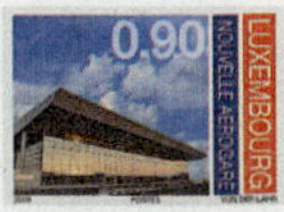

bfe) Neues Flughafengebäude, Luxemburg-Stadt

bfc–bfd) Luftfahrzeuge

| | | | | |
|---|---|---|---|---|
| **1824** 0.50 (€) mehrfarbig | bfc | 1,— | 1,— |
| **1825** 0.50 (€) mehrfarbig | bfd | 1,— | 1,— |
| **1826** 0.90 (€) mehrfarbig | bfe | 2,— | 1,80 |
| Satzpreis (3 W.) | | 4,— | 3,80 |
| Paar + Marke | | 4,20 | 3,80 |
| FDC | | | 4,20 |
| Kleinbogensatz (2 Klb.) | | 30,— | 28,— |

MiNr. 1824–1825 wurden waagerecht zusammenhängend gedruckt.

Auflagen: MiNr. 1824–1825 je 400.000, MiNr. 1826 = 129.950 Stück

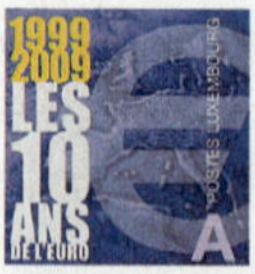


**2009, 17. März. 10 Jahre Euro-Währung. Odr. (2×5); gez. K 12½.**

bff) Euro-Zeichen

| | | | |
|---|---|---|---|
| **1827** A mehrfarbig | bff | 1,50 | 1,20 |
| FDC | | | 1,80 |
| Kleinbogen | | 15,— | 12,— |

Nominale zur Zeit der Ausgabe: 0.50 €

Auflage: 150.000 Stück

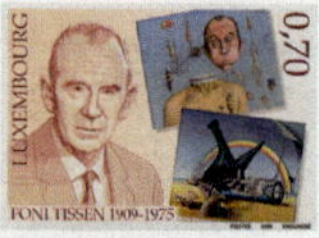


**2009, 12. Mai. Persönlichkeiten. Komb. StTdr. und Odr. (2×5); gez. K 13½.**

bfg) Foni Tissen (1909–1975), bildender Künstler

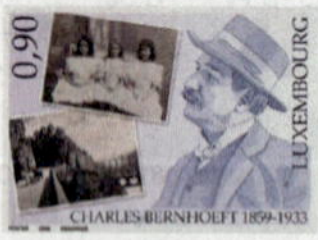


bfh) Charles Bernhoeft (1859–1933), Photograph

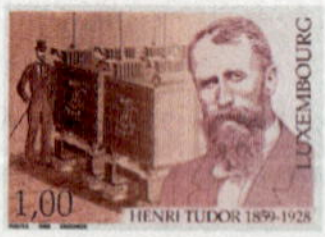


bfi) Henri Tudor (1859–1928), Ingenieur, Erfinder des Bleiakkumulators

| | | | |
|---|---|---|---|
| **1828** 0.70 (€) mehrfarbig | bfg | 1,50 | 1,40 |
| **1829** 0.90 (€) mehrfarbig | bfh | 2,— | 1,80 |
| **1830** 1.00 (€) mehrfarbig | bfi | 2,50 | 2,— |
| Satzpreis (3 W.) | | 6,— | 5,20 |
| FDC | | | 6,— |
| Kleinbogensatz (3 Klb.) | | 60,— | 52,— |

Auflagen: MiNr. 1828 und 1830 je 250.000, MiNr. 1829 = 104.785 Stück

**2009, 12. Mai. Europa: Astronomie. Odr. (2×5); gez. K 13½.**

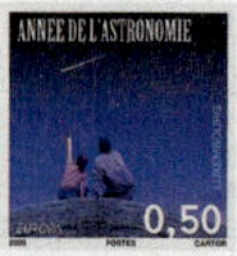


bfk) Paar beobachtet Sternschnuppe

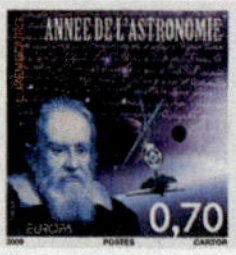


bfl) Galileo Galilei (1564–1642), italienischer Mathematiker, Physiker und Astronom

| | | | |
|---|---|---|---|
| **1831** 0.50 (€) mehrfarbig | bfk | 1,20 | 1,20 |
| **1832** 0.70 (€) mehrfarbig | bfl | 1,60 | 1,60 |
| Satzpreis (2 W.) | | 2,80 | 2,80 |
| FDC | | | 3,50 |
| Kleinbogensatz (2 Klb.) | | 28,— | 28,— |

Auflagen: MiNr. 1831 = 225.000, MiNr. 1832 = 450.000 Stück

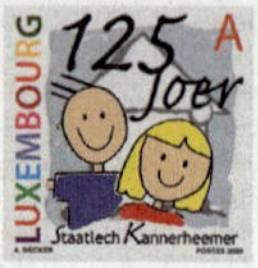


**2009, 12. Mai. 125 Jahre staatliche Kinderheime in Luxemburg. Odr. (2×5); gez. K 12½.**

bfm) Kinder, Haus

| | | | |
|---|---|---|---|
| **1833** A mehrfarbig | bfm | 1,50 | 1,— |
| FDC | | | 1,50 |
| Kleinbogen | | 15,— | 10,— |

Nominale zur Zeit der Ausgabe: 0.50 €

Auflage: 146.785 Stück

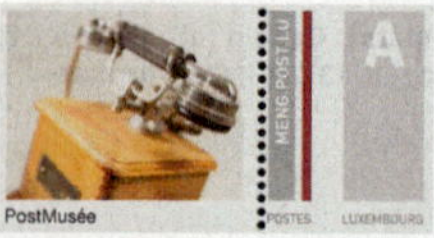


**2009, 12. Mai. Grußmarken. Odr. (4×4 Zd); gez. K 11¾:11½.**

Zierfeld bfn

| | | | |
|---|---|---|---|
| **1834** A schwarz/dunkelrötlichkarmin | bfn | 1,50 | 1,— |
| **1835** A EUROPE schwarz/ultramarin | bfn | 2,— | 1,40 |
| Satzpreis (2 W.) | | 3,50 | 2,40 |
| 1834 Zf–1835 Zf | | 4,50 | 2,40 |
| FDC | | | 3,— |

Nominalen zur Zeit der Ausgabe: MiNr. 1834 = 0.50 €, MiNr. 1835 = 0.70 €

MiNr. 1834–1835 können auch mit individuell gestalteten Zierfeldern bestellt werden.

Auflage: 500.000 Sätze

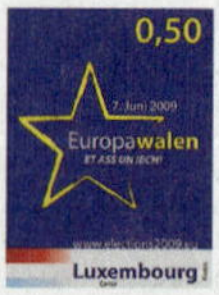


**2009, 12. Mai. Siebente Direktwahlen zum Europäischen Parlament. Odr. (5×2); gez. K 13:13¼.**

bfo) Europastern

| | | | |
|---|---|---|---|
| **1836** 0.50 (€) mehrfarbig | bfo | 1,30 | 1,20 |
| FDC | | | 1,80 |
| Kleinbogen | | 15,— | 12,— |

Auflage: 200.000 Stück

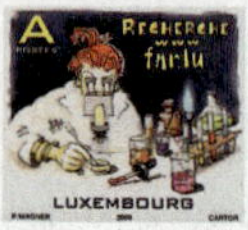


**2009, 12. Mai. 10 Jahre Nationaler Forschungsfonds (FNR). Odr. (2×5); gez. K 13½.**

bfp) Wissenschaftlerin in Labor

| | | | |
|---|---|---|---|
| **1837** A mehrfarbig | bfp | 1,50 | 1,— |
| FDC | | | 1,50 |
| Kleinbogen | | 15,— | 10,— |

Nominale zur Zeit der Ausgabe: 0.50 €

Auflage: 148.185 Stück

**2009, 16. Sept. 150 Jahre Eisenbahn in Luxemburg. Odr. (5×2); gez. K 12½.**

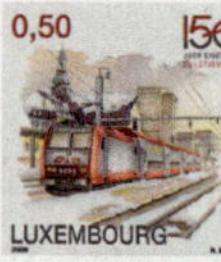


bfr) Doppelstockpersonenzug

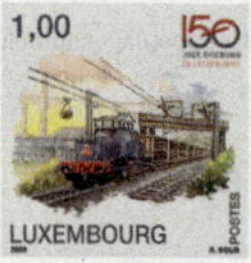


bfs) Güterzug

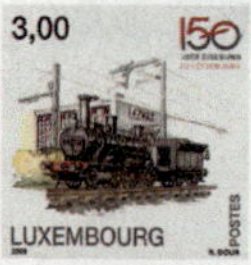


bft) Dampflokomotive mit Tender

| | | | |
|---|---|---|---|
| **1838** 0.50 (€) mehrfarbig | bfr | 1,50 | 1,— |
| **1839** 1.00 (€) mehrfarbig | bfs | 2,50 | 2,— |

| | | | | |
|---|---|---|---|---|
| **1840** | 3.00 (€) mehrfarbig | bft | 7,— | 6,— |
| | Satzpreis (3 W.) | | 11,— | 9,— |
| | FDC | | | 9,50 |
| | Kleinbogensatz (3 Klb.) | | 110,— | 90,— |

Auflage: 150.000 Sätze

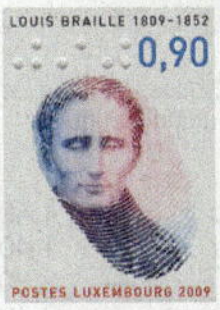


**2009, 16. Sept. 200. Geburtstag von Louis Braille. Komb. Odr. und Pdr. (5×2); gez. K 13¼:13.**

bfu) Louis Braille (1809–1852), französischer Blindenlehrer, Erfinder einer Punktschrift für Blinde

| | | | | |
|---|---|---|---|---|
| **1841** | 0.90 (€) mehrfarbig | bfu | 1,80 | 1,80 |
| | FDC | | | 2,30 |
| | Kleinbogen | | 18,— | 18,— |

Auflage: 81.300 Stück

**2009, 16. Sept. Blockausgabe: 75 Jahre Verband der Luxemburgischen Philatelistenvereine (FSPL). Komb. Odr. und Pdr.; gez. Ks 14:13¾.**

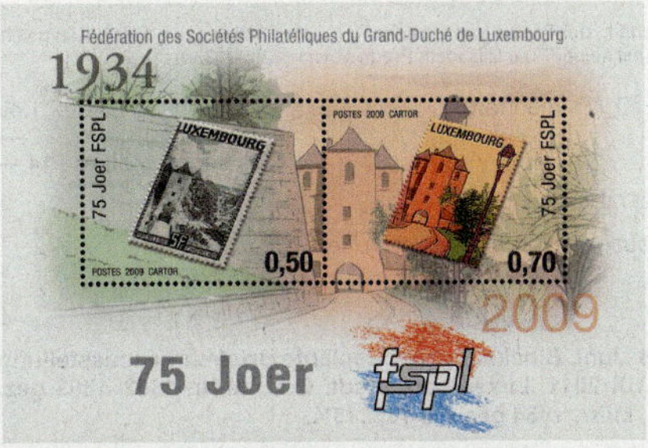


bfx

bfv) Marke MiNr. 258
bfw) Nicht ausgegebene Marke mit Motiv „Tor der drei Türme“

| | | | | |
|---|---|---|---|---|
| **1842** | 0.50 (€) mehrfarbig | bfv | 1,— | 1,— |
| **1843** | 0.70 (€) mehrfarbig | bfw | 1,50 | 1,50 |
| **Block 22** | (120×80 mm) | bfx | 3,— | 3,— |
| | FDC | | | 3,50 |

Auflage: 75.000 Blocks

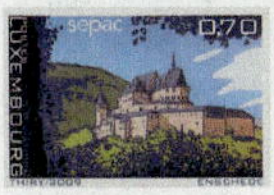


**2009, 16. Sept. SEPAC: Landschaften (II). Odr. (2×5); gez. K 13¼:12¾.**

bfy) Schloss Vianden

| | | | | |
|---|---|---|---|---|
| **1844** | 0.70 (€) mehrfarbig | bfy | 1,70 | 1,40 |
| | FDC | | | 2,— |
| | Kleinbogen | | 17,— | 14,— |

Auflage: 498.250 Stück

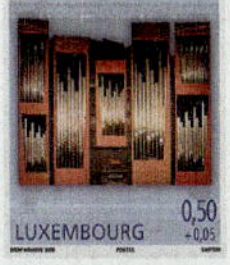


**2009, 1. Dez. Wohlfahrt: Orgeln (IV). Odr. (5×2); gez. K 13¼:13.**

bfz) Karl-Schuke-Orgel (2005) der Philharmonie, Luxemburg-Stadt

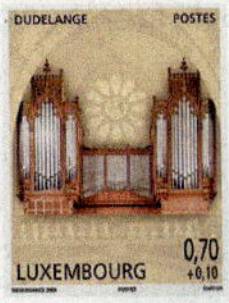


bga) Stahlhuth/Jann-Orgel (1912) in der St.-Martin-Kirche, Düdelingen

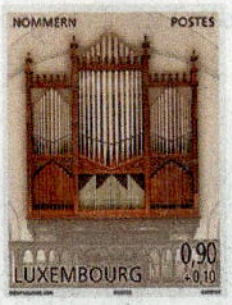


bgb) Stahlhuth/Westenfelder-Orgel (1910) in der Pfarrkirche von Nommern

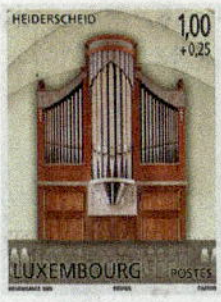


bgc) Westenfelder-Orgel (1994) in der Pfarrkirche von Heiderscheid

| | | | | |
|---|---|---|---|---|
| **1845** | 0.50 (€) + 0.05 (€) mehrfarbig | bfz | 1,10 | 1,10 |
| **1846** | 0.70 (€) + 0.10 (€) mehrfarbig | bga | 1,60 | 1,60 |
| **1847** | 0.90 (€) + 0.10 (€) mehrfarbig | bgb | 2,— | 2,— |
| **1848** | 1.00 (€) + 0.25 (€) mehrfarbig | bgc | 2,50 | 2,50 |
| | Satzpreis (4 W.) | | 7,— | 7,— |
| | FDC | | | 7,50 |
| | Kleinbogensatz (4 Klb.) | | 70,— | 70,— |

Auflage: 56.716 Sätze

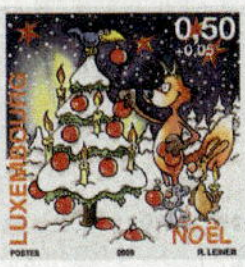


**2009, 1. Dez. Weihnachten. Odr. (3×4); gez. K 12½.**

bgd) Fuchs schmückt Weihnachtsbaum

| | | | | |
|---|---|---|---|---|
| **1849** | 0.50 (€) + 0.05 (€) mehrfarbig | bgd | 1,20 | 1,— |
| | FDC | | | 1,50 |

Auflage: 164.574 Stück

**2009, 1. Dez. Kommunikation – von Gutenberg zum Internet. Odr. (2×5); gez. K 13½.**

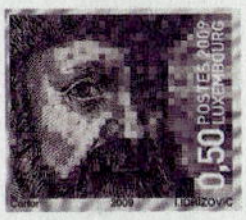


bge) Johannes Gensfleisch, genannt Gutenberg, (um 1400–1468), Erfinder des Buchdrucks mit beweglichen Lettern

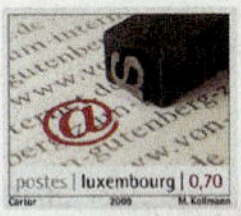


bgf) Bleiletter, „@“-Zeichen

| | | | | |
|---|---|---|---|---|
| **1850** | 0.50 (€) mehrfarbig | bge | 1,20 | 1,— |
| **1851** | 0.70 (€) mehrfarbig | bgf | 2,— | 1,40 |
| | Satzpreis (2 W.) | | 3,20 | 2,40 |
| | FDC | | | 3,— |
| | Kleinbogensatz (2 Klb.) | | 32,— | 24,— |

Auflagen: MiNr. 1850 = 150.000, MiNr. 1851 = 148.501 Stück

**2010, 16. März. Dynastie: 10. Jahrestag der Thronbesteigung von Erbgroßherzog Henri, 25. Todestag von Großherzogin Charlotte. Odr. (5×2); gez. K 12¾:12½.**

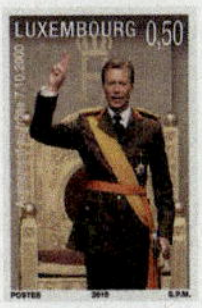


bgg) Großherzog Henri (*1955, reg. seit 2000)

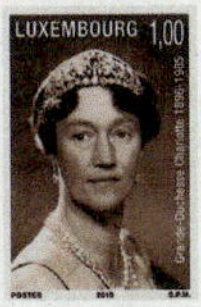


bgh) Großherzogin Charlotte (1896–1985, reg. 1919–1964)

| | | | | |
|---|---|---|---|---|
| **1852** | 0.50 (€) mehrfarbig | bgg | 1,— | 1,— |
| **1853** | 1.00 (€) mehrfarbig | bgh | 2,— | 2,— |
| | Satzpreis (2 W.) | | 3,— | 3,— |
| | FDC | | | 3,60 |
| | Kleinbogensatz (2 Klb.) | | 30,— | 30,— |

Auflagen: MiNr. 1852 = 250.000, MiNr. 1853 = 650.000 Stück

**2010, 16. März. Blockausgabe: Die großherzogliche Familie. Odr.; gez. Ks 11½.**

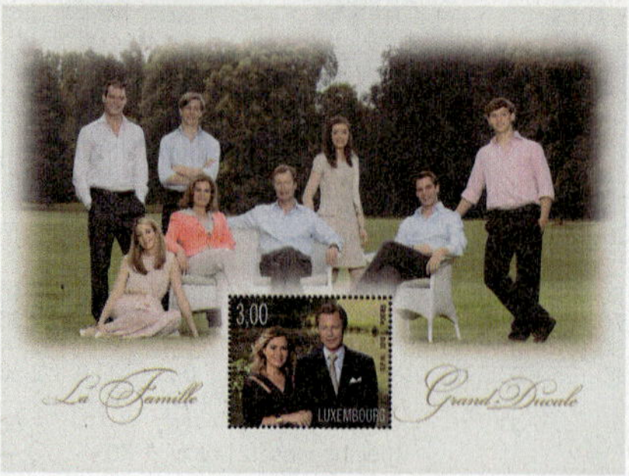


bgk

bgi) Großherzogin Maria Teresa (*1956) und Großherzog Henri (*1955)

| | | | | |
|---|---|---|---|---|
| **1854** | 3.00 (€) mehrfarbig | bgi | 6,50 | 6,— |
| **Block 23** | (190×138 mm) | bgk | 7,50 | 7,— |
| | FDC | | | 8,— |

Auflage: 53.950 Blocks

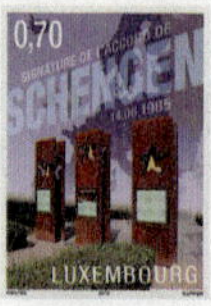


**2010, 16. März. 25 Jahre Schengener Abkommen. Odr. (5×2); gez. K 13¼:13.**

bgl) Europadenkmal, Schengen

| | | | | |
|---|---|---|---|---|
| **1855** | 0.70 (€) mehrfarbig | bgl | 1,30 | 1,30 |
| | FDC | | | 2,— |
| | Kleinbogen | | 13,— | 13,— |

Auflage: 250.000 Stück

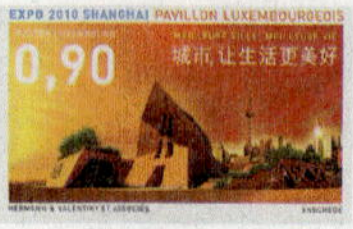


**2010, 16. März. Weltausstellung EXPO 2010, Schanghai. Odr. (2×5); gez. K 14:13¼.**

bgm) Luxemburgischer Pavillon

| | | | | |
|---|---|---|---|---|
| **1856** | 0.90 (€) mehrfarbig | bgm | 1,80 | 1,80 |
| | FDC | | | 2,40 |
| | Kleinbogen | | 18,— | 18,— |

Auflage: 116.916 Stück

**2010, 16. März. Teilnahme Luxemburgs an der internationalen Naturschutzinitiative „Countdown 2010". Odr. (5×2); gez. K 11½.**

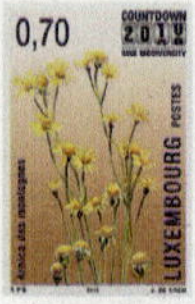


bgn) Arnika (Arnica montana)

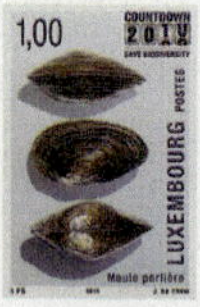


bgo) Flussperlmuschel (Margaritifera margaritifera)

| | | | | |
|---|---|---|---|---|
| **1857** | 0.70 (€) mehrfarbig | bgn | 1,50 | 1,30 |
| **1858** | 1.00 (€) mehrfarbig | bgo | 2,— | 1,70 |
| | Satzpreis (2 W.) | | 3,50 | 3,— |
| | FDC | | | 4,— |
| | Kleinbogensatz (2 Klb.) | | 35,— | 30,— |

Auflagen: MiNr. 1857 = 149.500, MiNr. 1858 = 150.000 Stück

**2010, 16. März. Tourismus. RaTdr., Folienblatt (1×5 Zd); selbstklebend; gestanzt 12½:13.**

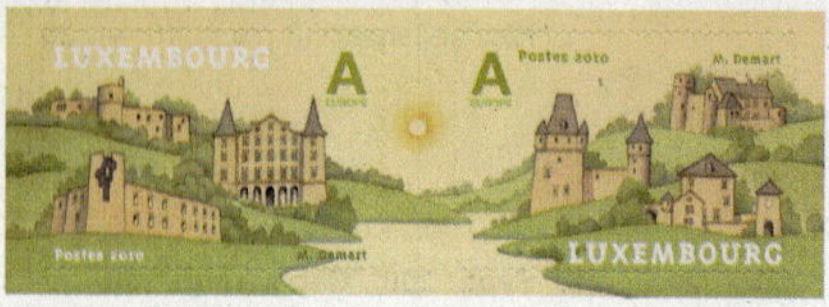


bgp–bgr) Das Eischtal mit Schloss Gréiweschlass in Koerich, Schloss Septfontaines, Schloss Hollenfels, altes und neues Schloss in Ansemburg und Schloss Mersch

| | | | | |
|---|---|---|---|---|
| **1859** | A EUROPE mehrfarbig | bgp | 2,— | 1,40 |
| **1860** | A EUROPE mehrfarbig | bgr | 2,— | 1,40 |
| | Satzpreis (2 W.) | | 4,— | 2,80 |
| | FDC | | | 3,40 |
| | Paar | | 4,— | 3,— |
| | Folienblatt | | 20,— | 15,— |

Nominale zur Zeit der Ausgabe: je 0.70 €

Auflage: 5.000.000 Folienblätter

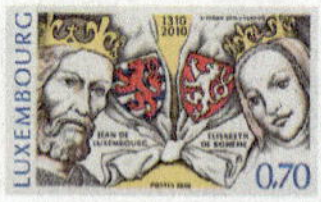


**2010, 16. Juni. 700. Jahrestag der Besteigung des böhmischen Throns durch das Haus Luxemburg. Komb. StTdr. und RaTdr. (2×5); Papier fl.; gez. K 11¾:11¼.**

bgs) Johann I., der Blinde, von Luxemburg (1296–1346, reg. ab 1310), König von Böhmen, mit seiner Frau Elisabeth Přemyslovna (1292–1330)

| | | | | |
|---|---|---|---|---|
| **1861** | 0.70 (€) mehrfarbig | bgs | 2,— | 1,40 |
| | FDC | | | 2,— |
| | Kleinbogen | | 20,— | 14,— |

Auflage: 257.000 Stück

*Parallelausgabe mit Tschechische Republik MiNr. 635*

**2010, 16. Juni. Blockausgabe: Geplante Briefmarkenausstellung PHILALUX 2011, Luxemburg-Stadt. Odr.; MiNr. 1862–1863 gez. Ks 13¾, MiNr. 1864 gez. Ks 13¼:13¾.**

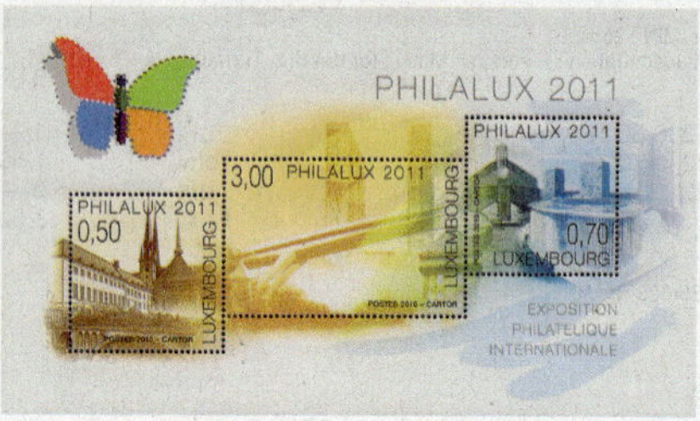


bgw

bgt bgv bgu

bgt) Kathedrale, Pont Adolphe
bgu) Moderne Gebäude
bgv) Großherzogin-Charlotte-Brücke

bgt–bgv) Stadtansichten von Luxemburg

| | | | | |
|---|---|---|---|---|
| **1862** | 0.50 (€) mehrfarbig | bgt | 1,50 | 1,50 |
| **1863** | 0.70 (€) mehrfarbig | bgu | 2,— | 2,— |
| **1864** | 3.00 (€) mehrfarbig | bgv | 7,— | 7,— |
| **Block 24** | (174×100 mm) | bgw | 12,— | 11,— |
| | FDC | | | 12,— |

Auflage: 41.093 Blocks

**2010, 16. Juni. Spaß und Freiheit (I). Odr. (5×1); gez. K 11¾:11¼.**

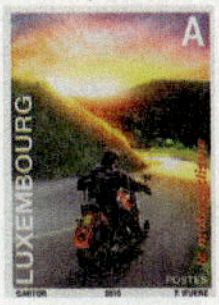


bgx) Motorradfahren

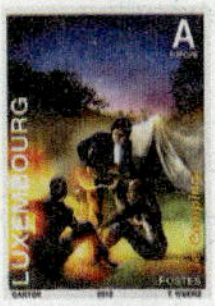


bgy) Camping

| | | | | |
|---|---|---|---|---|
| **1865** | A mehrfarbig | bgx | 1,50 | 1,— |
| **1866** | A EUROPE mehrfarbig | bgy | 2,— | 1,40 |
| | Satzpreis (2 W.) | | 3,50 | 2,40 |
| | FDC | | | 3,— |
| | Kleinbogensatz (2 Klb.) | | 17,— | 15,— |

Nominalen zur Zeit der Ausgabe: MiNr. 1865 = 0.50 €, MiNr. 1866 = 0.70 €

Auflage: 300.000 Sätze

**2010, 16. Juni. Europa: Kinderbücher. Odr. (5×2); gez. K 13½.**

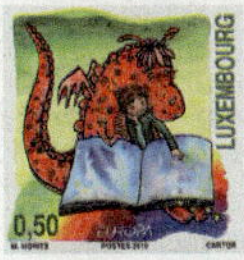


bgz) Junge und Drache betrachten gemeinsam ein Buch

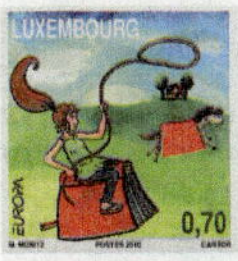


bha) Mädchen mit Lasso, auf Buch reitend

| | | | | |
|---|---|---|---|---|
| **1867** | 0.50 (€) mehrfarbig | bgz | 1,30 | 1,10 |
| **1868** | 0.70 (€) mehrfarbig | bha | 1,70 | 1,60 |
| | Satzpreis (2 W.) | | 3,— | 2,70 |
| | FDC | | | 3,— |
| | Kleinbogensatz (2 Klb.) | | 30,— | 27,— |

Auflagen: MiNr. 1867 = 191.590, MiNr. 1868 = 249.000 Stück

**2010, 16. Juni. Blockausgabe: Comics. Odr.; selbstklebend; gestanzt 12¼.**

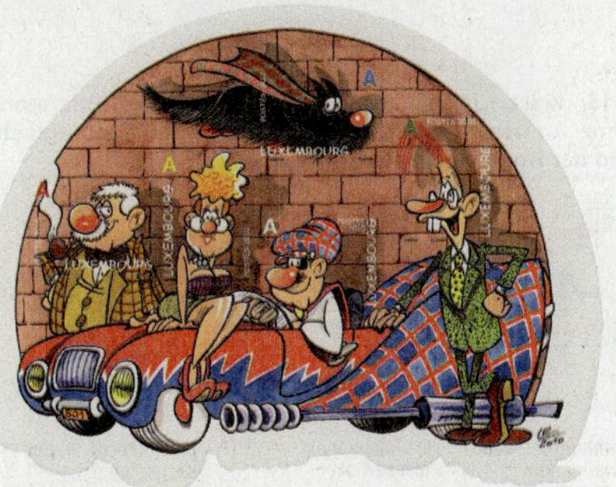


bhg

bhb) Hund Bernie
bhc) Kommissar Harespel
bhd) Fräulein Lamesch
bhe) Superjhemp
bhf) Inspektor Schrobiltgen

bhb–bhe) Figuren der Comicserie „Superjhemp" von Lucien Czuga (*1954), Autor, und Roger Leiner (*1955), Zeichner

| | | | | |
|---|---|---|---|---|
| **1869** | A mehrfarbig | bhb | 1,50 | 1,— |
| **1870** | A mehrfarbig | bhc | 1,50 | 1,— |
| **1871** | A mehrfarbig | bhd | 1,50 | 1,— |
| **1872** | A mehrfarbig | bhe | 1,50 | 1,— |
| **1873** | A mehrfarbig | bhf | 1,50 | 1,— |
| **Block 25** | (191×146 mm) | bhg | 8,— | 5,— |
| | FDC | | | 8,— |

Nominale zur Zeit der Ausgabe: je 0.50 €

Bl. 25 ist teilweise an Konturen gestanzt. Angegeben ist die maximale Ausdehnung.

Auflage: 104.800 Blocks

**2010, 27. Sept. Persönlichkeiten. Komb. StTdr. und Odr. (2×5); gez. K 13½.**

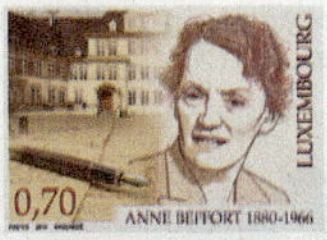


bhh) Anne Beffort (1880–1966), Pionierin für Mädchenbildung

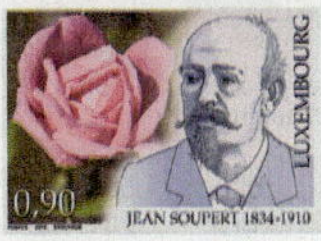


bhi) Jean Soupert (1834–1910), Rosenzüchter; Rose „Reine Marguerite d'Italie"

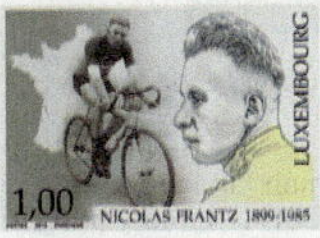


bhk) Nicolas Frantz (1899–1985), Radrennfahrer

| | | | | |
|---|---|---|---|---|
| **1874** | 0.70 (€) mehrfarbig | bhh | 1,50 | 1,40 |
| **1875** | 0.90 (€) mehrfarbig | bhi | 2,50 | 1,80 |
| **1876** | 1.00 (€) mehrfarbig | bhk | 3,20 | 2,— |
| | Satzpreis (3 W.) | | 7,20 | 5,20 |
| | FDC | | | 6,— |
| | Kleinbogensatz (3 Klb.) | | 72,— | 52,— |

Auflagen: MiNr. 1874 = 244.485, MiNr. 1875 = 86.185, MiNr. 1876 = 250.000 Stück

**2010, 27. Sept. Rosenzüchtungen. Odr., Folienblatt (2×5); selbstklebend; gestanzt 9½.**

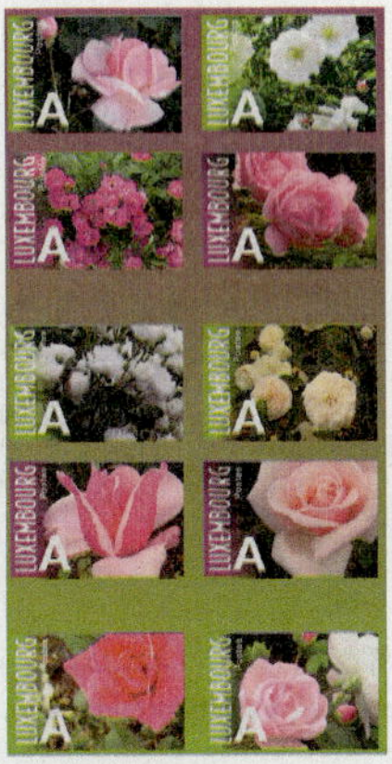


bhl) „Grand-Duc Adolphe de Luxembourg"
bhm) „Bagatelle"
bhn) „Bordeaux"
bho) „Duc de Constantine"
bhp) „Prince Jean de Luxembourg"
bhr) „Clothilde Soupert"
bhs) „Mrs. E. G. Hill"
bht) „Pierre Watine"
bhu) „Souvenir de Maria de Zayas"
bhv) „Yvan Misson"

| | | | | |
|---|---|---|---|---|
| **1877** | A mehrfarbig | bhl | 1,50 | 1,20 |
| **1878** | A mehrfarbig | bhm | 1,50 | 1,20 |
| **1879** | A mehrfarbig | bhn | 1,50 | 1,20 |
| **1880** | A mehrfarbig | bho | 1,50 | 1,20 |
| **1881** | A mehrfarbig | bhp | 1,50 | 1,20 |
| **1882** | A mehrfarbig | bhr | 1,50 | 1,20 |
| **1883** | A mehrfarbig | bhs | 1,50 | 1,20 |
| **1884** | A mehrfarbig | bht | 1,50 | 1,20 |
| **1885** | A mehrfarbig | bhu | 1,50 | 1,20 |
| **1886** | A mehrfarbig | bhv | 1,50 | 1,20 |
| | Satzpreis (10 W.) | | 15,— | 12,— |
| | FDC | | | 13,— |
| | Folienblatt | | 15,— | 12,— |

Nominale zur Zeit der Ausgabe: je 0.60 €

Auflage: 3.045.000 Folienblätter

**2010, 27. Sept. Europäisches Jahr zur Bekämpfung von Armut und sozialer Ausgrenzung. Odr. (2×5); gez. K 11½.**

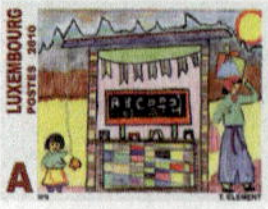


bhw) Schulunterricht; von Timothy Clement

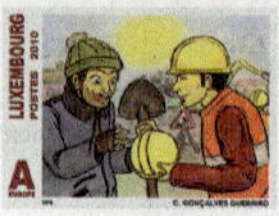


bhx) Werkzeugausgabe; von Cinthya Gonçalves Guerriro

| | | | | |
|---|---|---|---|---|
| **1887** | A mehrfarbig | bhw | 1,50 | 1,50 |
| **1888** | A EUROPE mehrfarbig | bhx | 2,20 | 2,— |
| | Satzpreis (2 W.) | | 3,70 | 3,50 |
| | FDC | | | 4,— |
| | Kleinbogensatz (2 Klb.) | | 37,— | 35,— |

Nominalen zur Zeit der Ausgabe: MiNr. 1887 = 0.60 €, MiNr. 1888 = 0.85 €

Auflagen: MiNr. 1887 = 236.100, MiNr. 1888 = 232.615 Stück

**2010, 7. Dez. Alte Handwerksberufe (I). Komb. Odr. und Hfdr. (5×2, Querformate ~); gez. K 13¼:13, Querformat ~.**

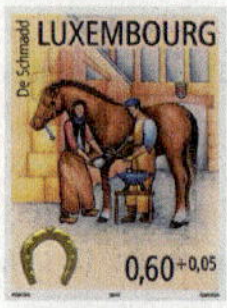


bhy) Hufschmied

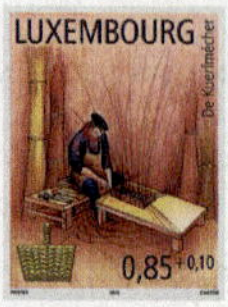


bhz) Korbflechter

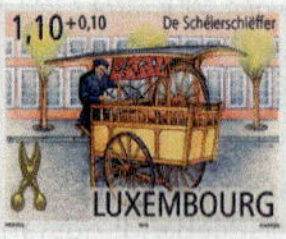


bia) Scherenschleifer

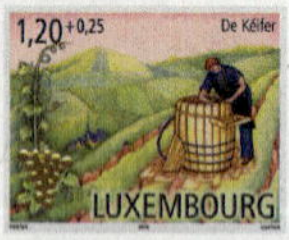


bib) Böttcher

| | | | | |
|---|---|---|---|---|
| **1889** | 0.60 (€) + 0.05 (€) mehrfarbig | bhy | 1,60 | 1,30 |
| **1890** | 0.85 (€) + 0.10 (€) mehrfarbig | bhz | 2,20 | 1,90 |
| **1891** | 1.10 (€) + 0.10 (€) mehrfarbig | bia | 3,20 | 2,40 |
| **1892** | 1.20 (€) + 0.25 (€) mehrfarbig | bib | 4,— | 2,90 |
| | Satzpreis (4 W.) | | 11,— | 8,50 |
| | FDC | | | 9,50 |
| | Kleinbogensatz (4 Klb.) | | 110,— | 85,— |

Auflage: 46.515 Sätze

**2010, 7. Dez. 2 Jahre Luxemburgischer Schifffahrtsverband. Odr. (1×5 Zd); gez. K 11½.**

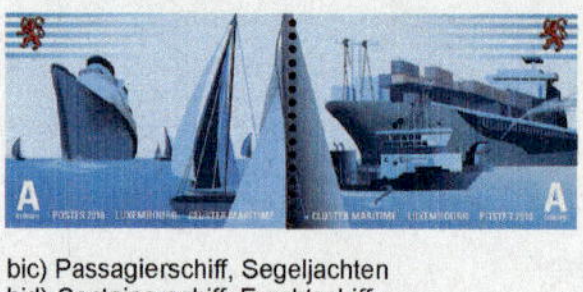


bic) Passagierschiff, Segeljachten
bid) Containerschiff, Frachtschiff

| | | | | |
|---|---|---|---|---|
| **1893** | A EUROPE mehrfarbig | bic | 2,20 | 2,— |
| **1894** | A EUROPE mehrfarbig | bid | 2,20 | 2,— |
| | Satzpreis (2 W.) | | 4,40 | 4,— |
| | Paar | | 5,— | 4,50 |
| | FDC | | | 5,50 |
| | Kleinbogen | | 25,— | 22,— |

Nominale zur Zeit der Ausgabe: je 0.85 €

Auflage: 552.000 Sätze

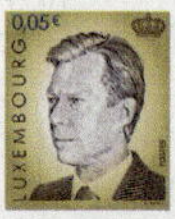


**2010, 7. Dez. Freimarken: Großherzog Henri. Komb. StTdr. und RaTdr. (4×5); gez. K 11¾:11½.**

aup) Großherzog Henri von Luxemburg (*1955, reg. seit 2000)

| | | | | |
|---|---|---|---|---|
| **1895** | 0.05 € mehrfarbig | aup | 0,30 | 0,30 |
| **1896** | 0.10 € mehrfarbig | aup | 0,30 | 0,30 |
| | Satzpreis (2 W.) | | 0,50 | 0,50 |
| | FDC | | | 1,— |

Auflage: 1.000.000 Sätze

*In gleicher Zeichnung siehe Fußnote nach MiNr. 1542.*

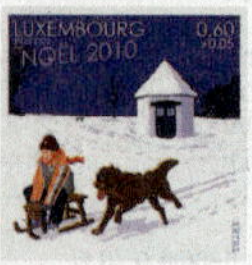


**2010, 7. Dez. Weihnachten. Odr. (3×4); gez. K 12½.**

bie) Kind mit Hund beim Rodeln

| | | | | |
|---|---|---|---|---|
| **1897** | 0.60 (€) + 0.05 (€) mehrfarbig | bie | 1,80 | 1,30 |
| | FDC | | | 2,— |

Auflage: 138.717 Stück

**2011, 15. März. Dynastie: 90. Geburtstag von Großherzog Jean, 30. Geburtstag von Prinz Guillaume. Odr. (2×5); gez. K 12½:12¾.**

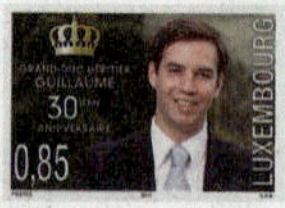


bif) Prinz Guillaume (*1981)

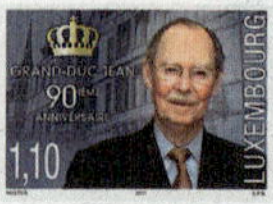


big) Großherzog Jean (1921–2019, reg. 1964–2000)

| | | | | |
|---|---|---|---|---|
| **1898** | 0.85 (€) mehrfarbig | bif | 1,80 | 1,80 |
| **1899** | 1.10 (€) mehrfarbig | big | 2,20 | 2,20 |
| | Satzpreis (2 W.) | | 4,— | 4,— |
| | FDC | | | 4,60 |
| | Kleinbogensatz (2 Klb.) | | 40,— | 40,— |

Auflage: 250.000 Sätze

**2011, 15. März. Jahrestage: 75 Jahre Tag der Briefmarke, 50 Jahre Amnesty International, 50 Jahre Luxemburgischer Verband der Kegelspieler. Odr. (5×2); gez. K 11½.**

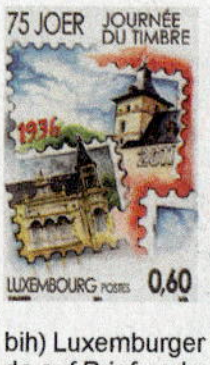


bih) Luxemburger Gebäude auf Briefmarken

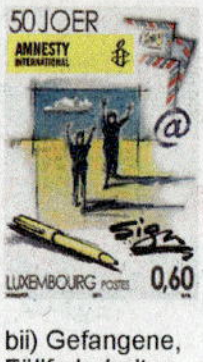


bii) Gefangene, Füllfederhalter

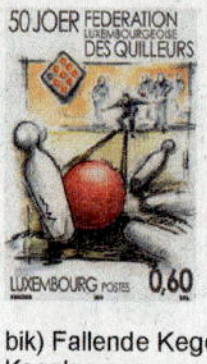


bik) Fallende Kegel, Kegelgruppe

| | | | | |
|---|---|---|---|---|
| **1900** | 0.60 (€) mehrfarbig | bih | 1,20 | 1,20 |
| **1901** | 0.60 (€) mehrfarbig | bii | 1,20 | 1,20 |
| **1902** | 0.60 (€) mehrfarbig | bik | 1,20 | 1,20 |
| | Satzpreis (3 W.) | | 3,60 | 3,60 |
| | FDC | | | 4,40 |
| | Kleinbogensatz (3 Klb.) | | 36,— | 36,— |

Auflagen: MiNr. 1900 = 136.000, MiNr. 1901 = 132.500, MiNr. 1902 = 131.000 Stück

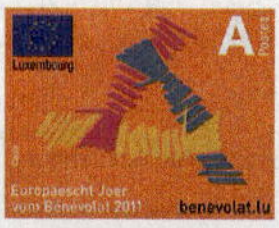


**2011, 15. März. Europäisches Jahr der Freiwilligentätigkeit. Odr. (2×5); gez. K 13.**

bil) Einander haltende Arme

**1903** A mehrfarbig ........................ bil 1,50 1,30
FDC 1,80
Kleinbogen 15,— 13,—

Nominale zur Zeit der Ausgabe: 0.60 €

Auflage: 158.116 Stück

**2011, 17. Mai. Europa: Der Wald. Odr. (2×5); gez. K 13½.**

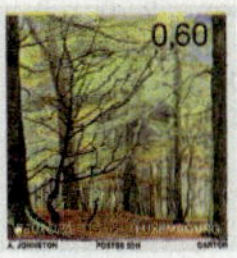


bim) Im Wald

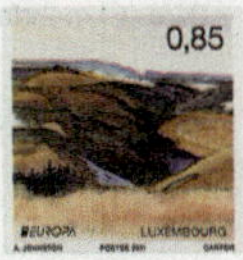


bin) Bewaldete Hügellandschaft

**1904** 0.60 (€) mehrfarbig ................. bim 1,30 1,30
**1905** 0.85 (€) mehrfarbig ................. bin 1,90 1,90
Satzpreis (2 W.) 3,20 3,20
FDC 4,—
Kleinbogensatz (2 Klb.) 32,— 32,—

Auflage: 250.000 Sätze

**2011, 17. Mai. Weinbau: 100 Jahre Winzerverband von Luxemburg, 20 Jahre Qualitätssekt „Crémant de Luxembourg". Odr. (5×2); gez. K 11½.**

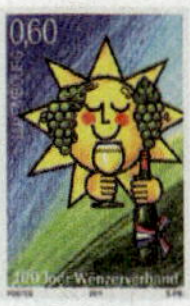


bio) Sonne mit Weinglas und -flasche

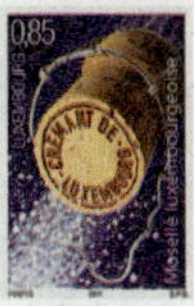


bip) Sektkorken

**1906** 0.60 (€) mehrfarbig .................. bio 1,30 1,30
**1907** 0.85 (€) mehrfarbig .................. bip 1,70 1,70
Satzpreis (2 W.) 3,— 3,—
FDC 3,50
Kleinbogensatz (2 Klb.) 30,— 30,—

Auflage: 150.000 Sätze

**2011, 17. Mai. Blockausgabe: Comics. Odr.; selbstklebend; gestanzt 12½:12¼.**

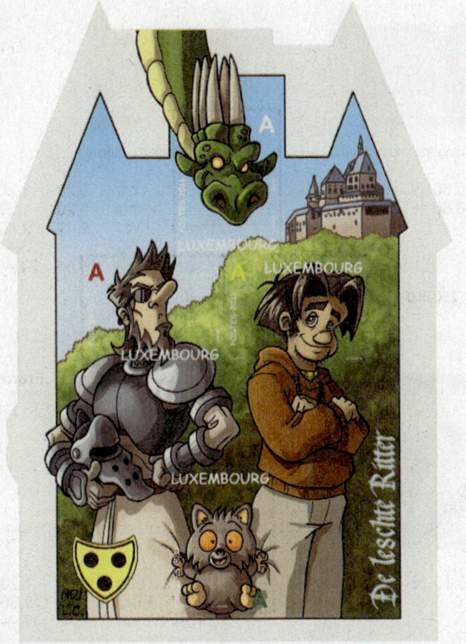


biv

bir) Drache
bis) Johann, der letzte Ritter
bit) Begleiter Pedro
biu) Pixel

bir–biu) Figuren der Comicserie „De leschte Ritter" von Lucien Czuga (*1954), Autor, und Andy „-ND!-" Genen (*1979), Zeichner

**1908** A mehrfarbig .................... bir 1,50 1,20
**1909** A mehrfarbig .................... bis 1,50 1,20
**1910** A mehrfarbig .................... bit 1,50 1,20
**1911** A mehrfarbig .................... biu 1,50 1,20
**Block 26** (125×173 mm) ................ biv 6,— 5,—
FDC 5,50

Nominale zur Zeit der Ausgabe: je 0.60 €

Bl. 26 ist teilweise an Konturen gestanzt. Angegeben ist die maximale Ausdehnung.

Auflage: 55.900 Blocks

**2011, 17. Mai. Grußmarken. Laserdr. (5×4, Hochformat ~); selbstklebend; gez. K 11¼:11½, Hochformat ~.**

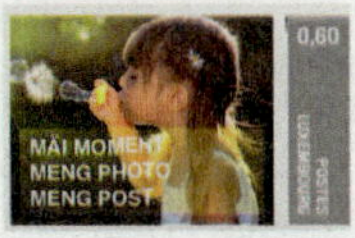


biw

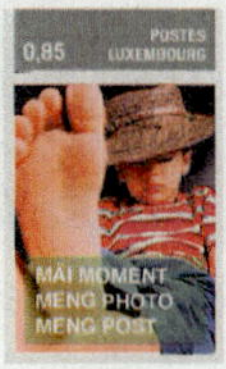


bix

**1912** 0.60 (€) mehrfarbig .................. biw 1,30 1,30
**1913** 0.85 (€) mehrfarbig .................. bix 1,70 1,70
Satzpreis (2 W.) 3,— 3,—
FDC 3,50

MiNr. 1912–1913 können auch mit persönlich gestalteten Markenbildern bei der Luxemburgischen Post bezogen werden. Die Randgestaltung bleibt unverändert.

Auflagen: MiNr. 1912 = 52.980, MiNr. 1913 = 54.980 Stück

**2011, 27. Sept. Jahrestage: 30 Jahre Aidsbekämpfung, 50 Jahre Luxemburger Verbraucherschutzbund (ULC). Odr. (2×5); gez. K 11½.**

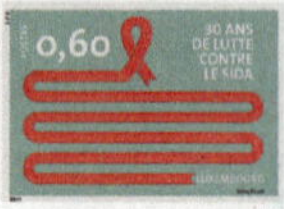


biy) Verlängerte Aidsschleife

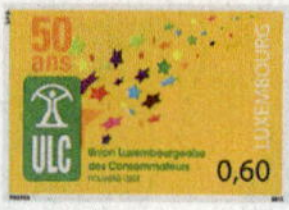


biz) ULC-Emblem, Sterne

**1914** 0.60 (€) mehrfarbig .................. biy 1,20 1,20
**1915** 0.60 (€) mehrfarbig .................. biz 1,20 1,20
Satzpreis (2 W.) 2,40 2,40
FDC 3,—
Kleinbogensatz (2 Klb.) 24,— 24,—

Auflage: 250.000 Sätze

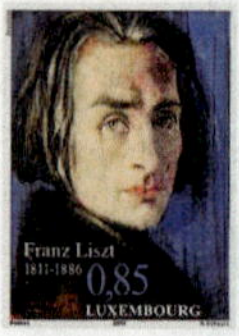


**2011, 27. Sept. 200. Geburtstag von Franz Liszt. Odr. (5×2); gez. K 14¼:15.**

bka) Franz Liszt (1811–1886), ungarischer Komponist und Pianist

**1916** 0.85 (€) mehrfarbig .................. bka 1,70 1,70
FDC 2,30
Kleinbogen 17,— 17,—

Auflage: 300.000 Stück

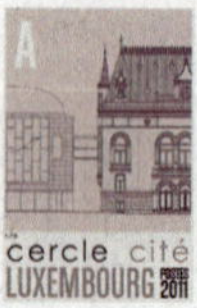


**2011, 27. Sept. Cercle Cité, Luxemburg-Stadt. Odr. (5×2); gez. K 11½.**

bkb) Gebäudeensemble „Cercle Cité“ am Place d’Armes

**1917** A mehrfarbig ......................... bkb 1,50 1,—
FDC 1,80
Kleinbogen 15,— 10,—

Nominale zur Zeit der Ausgabe: 0.60 €

Auflage: 151.000 Stück

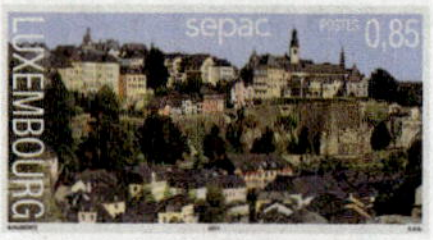


**2011, 27. Sept. SEPAC: Landschaften (III). Odr. (2×5); gez. K 11½.**

bkc) Chemin de la Corniche, Luxemburg-Stadt

**1918** 0.85 (€) mehrfarbig .................. bkc 1,70 1,70
FDC 2,30
Kleinbogen 17,— 17,—

Auflage: 300.000 Stück

**2011, 6. Dez. Alte Handwerksberufe (II). Komb. Odr. und Hfdr. (5×2, Querformate ~); gez. K 13¼:13, Querformat ~.**

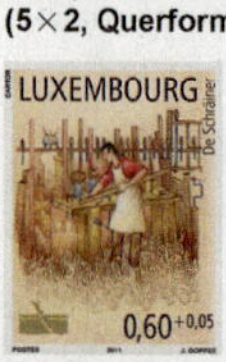


bkd) Schreiner

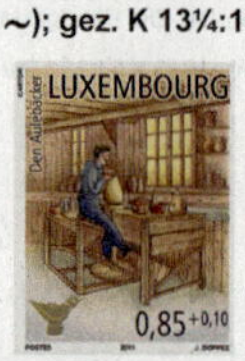


bke) Töpfer

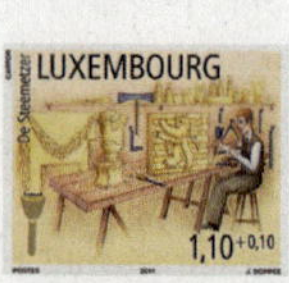


bkf) Steinmetz

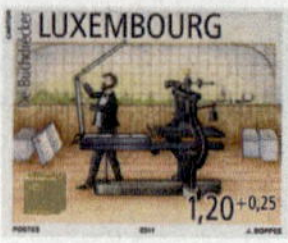


bkg) Drucker

**1919** 0.60 (€) + 0.05 (€) mehrfarbig ......... bkd 1,30 1,30
**1920** 0.85 (€) + 0.10 (€) mehrfarbig ......... bke 1,90 1,90
**1921** 1.10 (€) + 0.10 (€) mehrfarbig ......... bkf 2,40 2,40
**1922** 1.20 (€) + 0.25 (€) mehrfarbig ......... bkg 2,90 2,90
Satzpreis (4 W.) 8,50 8,50
FDC 9,40
Kleinbogensatz (4 Klb.) 85,— 85,—

Auflage: 34.642 Sätze

**2011, 6. Dez. Blockausgabe: UNESCO-Welterbe – Echternacher Springprozession. Odr. mit Lackfolie, Blockrand komb. Odr. und Hfdr.; gez. Ks 14.**

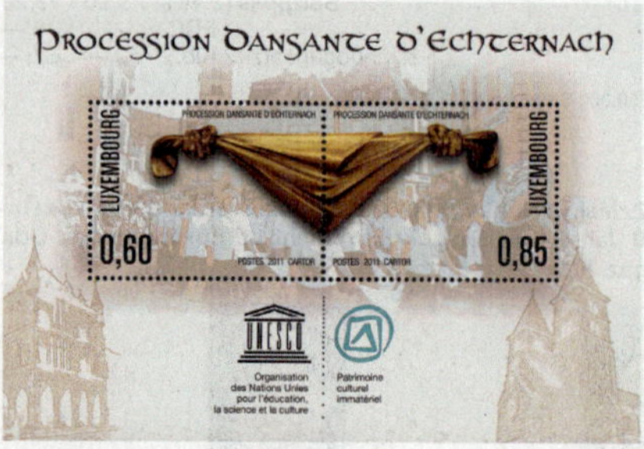


bkk

bkh–bki) Schal als Symbol der kulturellen Identität, Pilgerprozession

**1923** 0.60 (€) mehrfarbig .............. bkh 1,20 1,20
**1924** 0.85 (€) mehrfarbig .............. bki 1,70 1,70
**Block 27** (124×84 mm) ........... bkk 3,— 3,—
FDC 3,80

Auflage: 52.200 Blocks

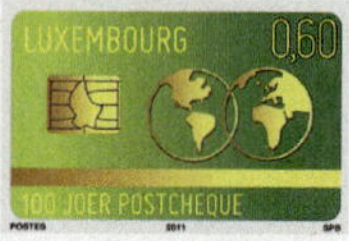


**2011, 6. Dez. 100 Jahre Postgirokonto. Odr. (2×5); gez. K 11¾.**

bkl) Scheckkarte mit Weltkugel

**1925** 0.60 (€) mehrfarbig .................. bkl 1,20 1,20
FDC 2,—
Kleinbogen 12,— 12,—

⊙

1925 Udr nur links gezähnt (⌷) ................................ —,—

Auflage: 250.000 Stück

**2011, 6. Dez. Architektur: Gutshöfe. Odr., Markenheftchen (1×2 Zd); selbstklebend; gestanzt 12½.**

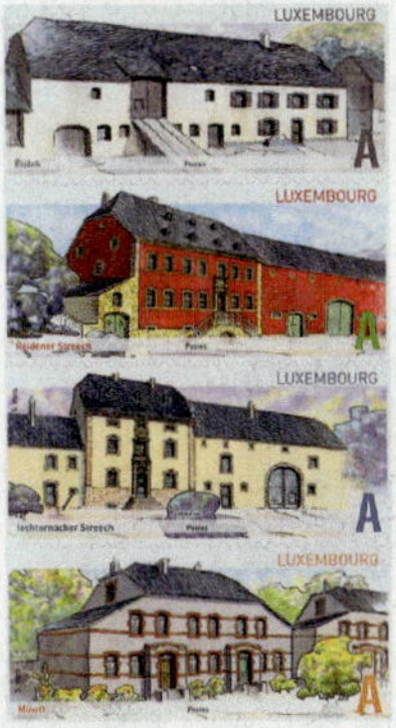

bkm) Ösling
bkn) Redingen
bko) Echternach
bkp) Minette

| | | | ★★ | ⊙ |
|---|---|---|---|---|
| **1926** | A mehrfarbig | bkm | 1,50 | 1,20 |
| **1927** | A mehrfarbig | bkn | 1,50 | 1,20 |
| **1928** | A mehrfarbig | bko | 1,50 | 1,20 |
| **1929** | A mehrfarbig | bkp | 1,50 | 1,20 |
| | | Satzpreis (4 W.) | 6,— | 4,80 |
| | | FDC | | 5,60 |
| | | Viererstreifen | 6,— | 5,— |
| | | Markenheftchen | 12,— | 10,— |

Nominale zur Zeit der Ausgabe: je 0.60 €

Auflage: 500.000 Markenheftchen

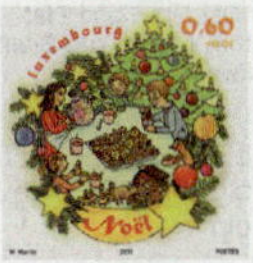

**2011, 6. Dez. Weihnachten. Odr. (3×4); gez. K 12½.**

bkr) Familie beim Plätzchenessen

| | | | | |
|---|---|---|---|---|
| **1930** | 0.60 (€) + 0.05 (€) mehrfarbig | bkr | 1,30 | 1,30 |
| | | FDC | | 2,20 |

MiNr. 1930 riecht nach Lebkuchen.

Auflage: 133.950 Stück

**2012, 13. März. Jahrestage: 75 Jahre Luxemburgische Funkamateure, 50 Jahre Institut Grand-Ducal – Section Arts et Lettres, 75 Jahre Luxemburgischer Tischtennisverband (FLTT). Odr. (5×2); gez. K 11¾:11½.**

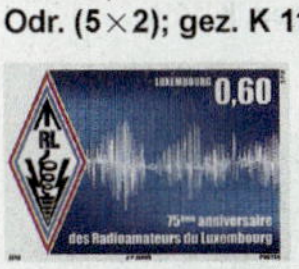

bks) Senden und Empfangen von Radiowellen, Emblem

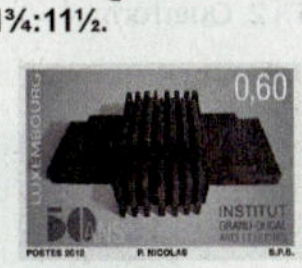

bkt) Skulptur von Pit Nicolas (*1939), Bildhauer

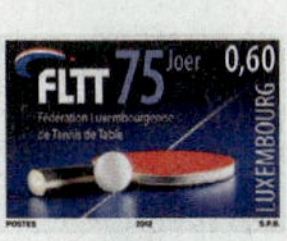

bku) Tischtennisschläger und Ball, Emblem

| | | | | |
|---|---|---|---|---|
| **1931** | 0.60 (€) mehrfarbig | bks | 1,20 | 1,20 |
| **1932** | 0.60 (€) mehrfarbig | bkt | 1,20 | 1,20 |
| **1933** | 0.60 (€) mehrfarbig | bku | 1,20 | 1,20 |
| | | Satzpreis (3 W.) | 3,60 | 3,60 |
| | | FDC | | 4,50 |
| | | Kleinbogensatz (3 Klb.) | 36,— | 36,— |

Auflage: 250.000 Sätze

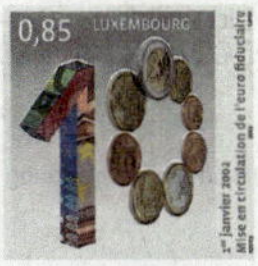

**2012, 13. März. 10 Jahre Euro-Bargeld. Komb. Odr. und Pdr. (5×2); gez. K 13.**

bkv) Euro-Banknoten und -Münzen

| | | | | |
|---|---|---|---|---|
| **1934** | 0.85 (€) mehrfarbig | bkv | 1,80 | 1,80 |
| | | FDC | | 2,50 |
| | | Kleinbogen | 18,— | 18,— |

Auflage: 300.000 Stück

**2012, 15. Mai. 100 Jahre Nationales Olympisches Komitee (COSL). Odr. (5×2); gez. K 14½.**

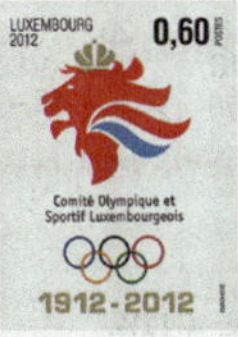

bkw) COSL-Emblem, olympische Ringe

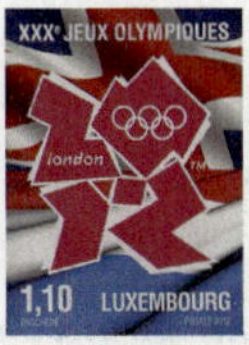

bkx) Emblem der Olympischen Sommerspiele in London 2012

| | | | | |
|---|---|---|---|---|
| **1935** | 0.60 (€) mehrfarbig | bkw | 1,20 | 1,20 |
| **1936** | 1.10 (€) mehrfarbig | bkx | 2,30 | 2,30 |
| | | Satzpreis (2 W.) | 3,50 | 3,50 |
| | | FDC | | 4,— |
| | | Kleinbogensatz (2 Klb.) | 35,— | 35,— |

Auflage: 300.000 Sätze

**2012, 15. Mai. Blockausgabe: Comics. Odr.; selbstklebend; gestanzt 12¼.**

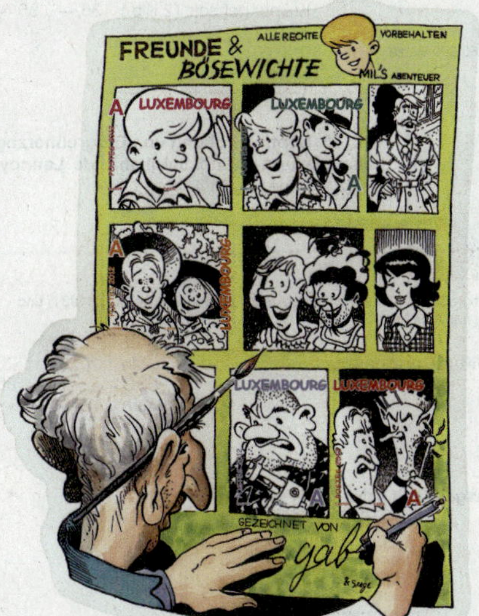


bld

bky bla bkz blb blc

bky–blc) Figuren der Comicserie „Mils Abenteuer" von Gab Weis (1926–1994), Comiczeichner

| | | | | |
|---|---|---|---|---|
| **1937** | A mehrfarbig | bky | 1,50 | 1,20 |
| **1938** | A mehrfarbig | bkz | 1,50 | 1,20 |
| **1939** | A mehrfarbig | bla | 1,50 | 1,20 |
| **1940** | A mehrfarbig | blb | 1,50 | 1,20 |
| **1941** | A mehrfarbig | blc | 1,50 | 1,20 |

**Block 28** (139×188 mm) ............... bld 7,50 6,—
FDC 6,50

Nominale zur Zeit der Ausgabe: je 0.60 €

Bl. 28 ist teilweise an Konturen gestanzt. Angegeben ist die maximale Ausdehnung.

Auflage: 50.000 Blocks

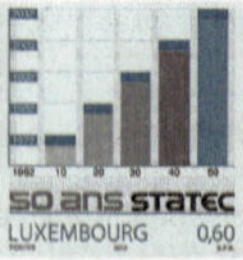

**2012, 15. Mai. 50 Jahre Statistisches Zentralamt (STATEC). Odr. (5×2); gez. K 12½.**

ble) Balkendiagramm

**1942** 0.60 (€) mehrfarbig .................. ble 1,20 1,20
FDC 1,80
Kleinbogen 12,— 12,—

Auflage: 250.000 Stück

**2012, 15. Mai. Europa: Besuche. Odr. (5×2); gez. K 12½.**

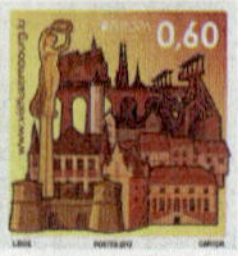

blf) Historische Architektur: Mahnmal „Gëlle Fra" (1923)

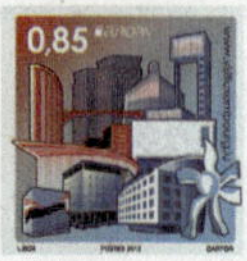

blg) Moderne Architektur: Wasserturm, Leudelingen (2008)

**1943** 0.60 (€) mehrfarbig .................. blf 1,50 1,50
**1944** 0.85 (€) mehrfarbig .................. blg 2,— 2,—
Satzpreis (2 W.) 3,50 3,50
FDC 4,—
Kleinbogensatz (2 Klb.) 35,— 35,—

Auflage: 250.000 Sätze

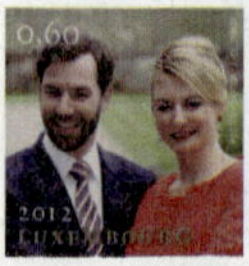

**2012, 25. Sept. Verlobung von Erbgroßherzog Guillaume und Gräfin Stéphanie de Lannoy. Odr. (2×5); gez. K 13¾.**

blh

blh–bli) Erbgroßherzog Guillaume Jean Joseph Marie von Nassau (*1981) und Gräfin Stéphanie de Lannoy (*1984)

**1945** 0.60 (€) mehrfarbig .................. blh 1,20 1,20
FDC 1,80
Kleinbogen 12,— 12,—

**Blockausgabe mit MiNr. 1945–1946**

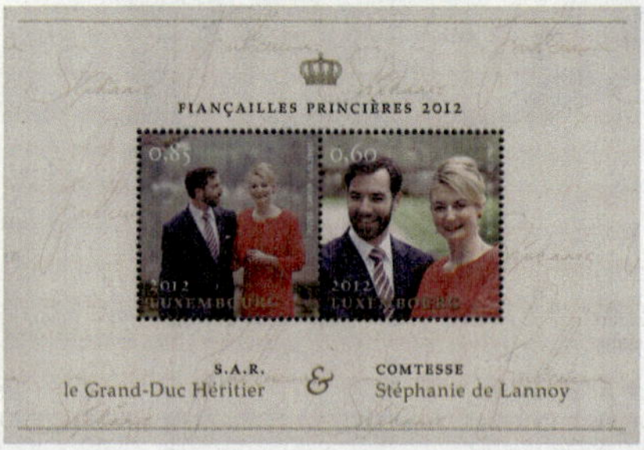


blk

bli blh

**1946** 0.85 (€) mehrfarbig .............. bli 1,70 1,70
**Block 29** (120×80 mm) ........... blk 3,— 3,—
FDC 3,50

Auflagen: MiNr. 1945 = 300.000 Stück, Bl. 29 = 75.000 Blocks

**2012, 25. Sept. Spaß und Freiheit (II). Odr. (5×1); gez. K 13½:13.**

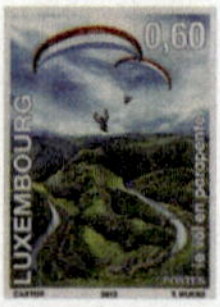

bll) Paragliding

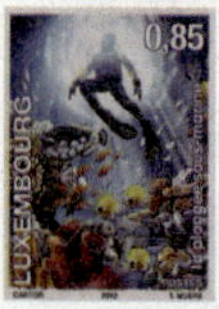

blm) Tauchen

**1947** 0.60 (€) mehrfarbig .................. bll 1,20 1,20
**1948** 0.85 (€) mehrfarbig .................. blm 1,70 1,70
Satzpreis (2 W.) 2,90 2,90
FDC 3,50
Kleinbogensatz (2 Klb.) 14,50 14,50

Auflage: 500.000 Sätze

**2012, 25. Sept./2018. Architektur und Mobilität. Odr. (5×2); I = Format 30× 40 mm, gez. K 11½, II = Format 27×41,5 mm, gez. K 11¾:11¼.**

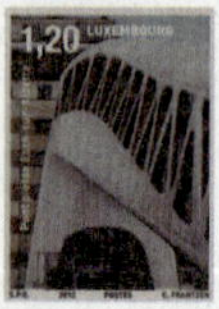

bln) Fußgängerbrücke, Esch/Alzette

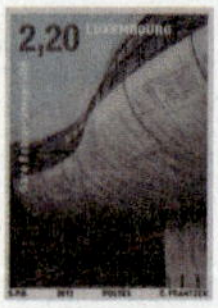

blo) Bahnhof „Belval-Université", Esch/Alzette

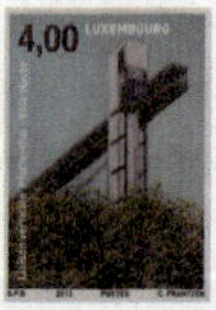

blp) Aufzug zwischen der Oberstadt und Pfaffenthal, Luxemburg-Stadt (Entwurf)

**1949 I** 1.20 (€) mehrfarbig (25.9.2012) ..... bln 2,50 2,50
**1950 I** 2.20 (€) mehrfarbig (25.9.2012) ..... blo 4,50 4,50
**1951** 4.00 (€) mehrfarbig ............... blp
I Format 30×40 mm, gez. K 11½ (25.9.2012) ........ 8,— 8,—
II Format 27×41,5 mm, gez. K 11¾:11¼ (2018) ......... 8,— 8,—
Satzpreis I (3 W.) 15,— 15,—
FDC I 16,—
Kleinbogensatz I (3 Klb.) 150,— 150,—

Auflagen: MiNr. 1949 I–1950 I je 250.000, MiNr. 1951 I = 550.000, MiNr. 1951 II = 300.000 Stück

**2012, 25. Sept. Kinder- und Jugendmalwettbewerb zum Thema „Trinkwasser". Odr. (5×2, Querformat ~); gez. K 11½.**

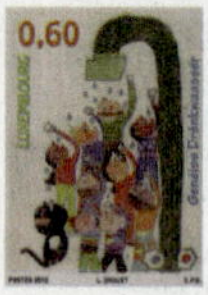

blr) Trinkwasser für die Kinder; von Lisa Drouet (11 J.)

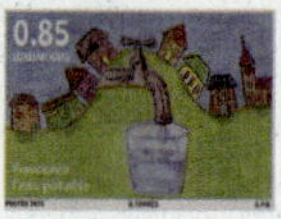

bls) Trinkwasser für die Stadt; von Belinda Torres (15 J.)

**1952** 0.60 (€) mehrfarbig .................. blr 1,20 1,20
**1953** 0.85 (€) mehrfarbig .................. bls 1,70 1,70
Satzpreis (2 W.) 2,90 2,90
FDC 3,50
Kleinbogensatz (2 Klb.) 29,— 29,—

Auflage: 250.000 Sätze

**2012, 20. Okt. Blockausgabe: Hochzeit von Erbgroßherzog Guillaume und Gräfin Stéphanie de Lannoy. Komb. Odr. und Pdr.; gez. Ks 13¼.**

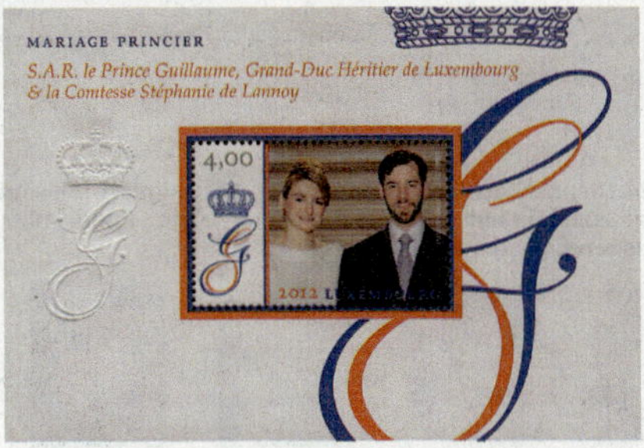


blu

blt) Erbgroßherzog Guillaume Jean Joseph Marie von Nassau (*1981) und Gräfin Stéphanie de Lannoy (*1984)

| | | | | |
|---|---|---|---|---|
| **1954** | 4.00 (€) mehrfarbig | blt | 8,— | 8,— |
| **Block 30** | (120×80 mm) | blu | 8,— | 8,— |
| | FDC | | | 8,50 |

Auflage: 75.000 Blocks

**2012, 4. Dez. 60 Jahre Europäischer Gerichtshof. Odr. (5×2); gez. K 12½.**

blv) Villa Vauban, Luxemburg-Stadt (Sitz des Europäischen Gerichtshofs, 1952–1959)

| | | | | |
|---|---|---|---|---|
| **1955** | 0.85 (€) mehrfarbig | blv | 1,80 | 1,80 |
| | FDC | | | 2,50 |
| | Kleinbogen | | 18,— | 18,— |

Auflage: 250.000 Stück

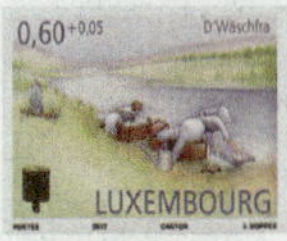


**2012, 4. Dez. Alte Handwerksberufe (III). Komb. Odr. und Hfdr. (2×5, Hochformate ~); gez. K 13¼:13, Hochformate ~.**

blw) Waschfrau

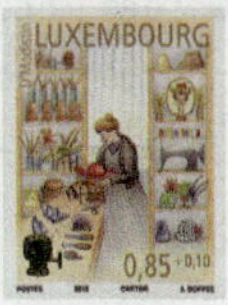


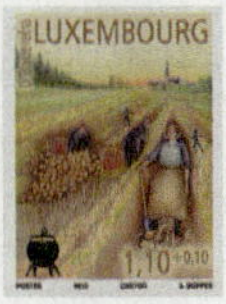


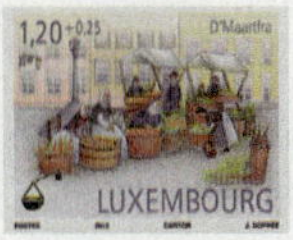


blx) Hutmacherin

bly) Bäuerin

blz) Marktfrau

| | | | | |
|---|---|---|---|---|
| **1956** | 0.60 (€) + 0.05 (€) mehrfarbig | blw | 1,30 | 1,30 |
| **1957** | 0.85 (€) + 0.10 (€) mehrfarbig | blx | 1,90 | 1,90 |
| **1958** | 1.10 (€) + 0.10 (€) mehrfarbig | bly | 2,40 | 2,40 |
| **1959** | 1.20 (€) + 0.25 (€) mehrfarbig | blz | 2,90 | 2,90 |
| | Satzpreis (4 W.) | | 8,50 | 8,50 |
| | FDC | | | 9,40 |
| | Kleinbogensatz (4 Klb.) | | 85,— | 85,— |

Auflage: 59.686 Sätze

**2012, 4. Dez. Weihnachten. Komb. Odr. und Hfdr. (3×4); gez. K 13.**

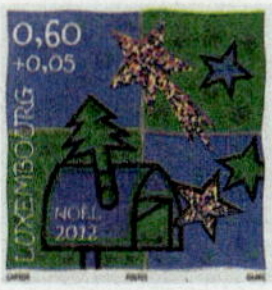


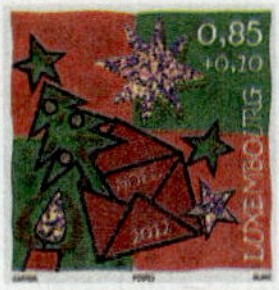


bma) Briefkasten, Weihnachtsbaum, Sterne

bmb) Brief, Weihnachtsbaum, Sterne, Kerze

| | | | | |
|---|---|---|---|---|
| **1960** | 0.60 (€) + 0.05 (€) mehrfarbig | bma | 1,30 | 1,30 |
| **1961** | 0.85 (€) + 0.10 (€) mehrfarbig | bmb | 1,90 | 1,90 |
| | Satzpreis (2 W.) | | 3,20 | 3,20 |
| | FDC | | | 3,80 |

Auflagen: MiNr. 1960 = 173.836, MiNr. 1961 = 87,455 Stück

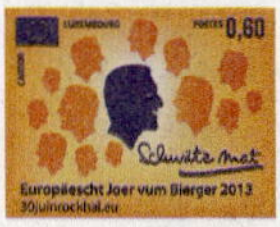


**2013, 12. März. Europäisches Jahr der Bürgerinnen und Bürger. Odr. (2×5); gez. K 13¼.**

bmc) Miteinander reden

| | | | | |
|---|---|---|---|---|
| **1962** | 0.60 (€) mehrfarbig | bmc | 1,20 | 1,20 |
| | FDC | | | 2,— |
| | Kleinbogen | | 12,— | 12,— |

Auflage: 250.000 Stück

**2013, 12. März. Jahrestage: 150 Jahre Musikverband „Union Grand-Duc Adolphe“ (UGDA); 100 Jahre Privatschule „Lycée technique privé Emile Metz“ (LTPEM); 50 Jahre Wohltätigkeitsclub „Round Table Luxembourg“. Odr. (2×5); gez. K 11½.**

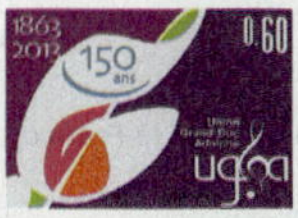


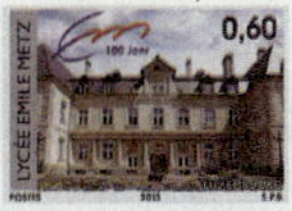


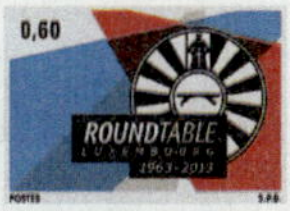


bmd) Jubiläumsemblem

bme) Gebäude der Privatschule Emile Metz, Luxemburg-Stadt

bmf) Jubiläumsemblem

| | | | | |
|---|---|---|---|---|
| **1963** | 0.60 (€) mehrfarbig | bmd | 1,20 | 1,20 |
| **1964** | 0.60 (€) mehrfarbig | bme | 1,20 | 1,20 |
| **1965** | 0.60 (€) mehrfarbig | bmf | 1,20 | 1,20 |
| | Satzpreis (3 W.) | | 3,60 | 3,60 |
| | FDC | | | 4,40 |
| | Kleinbogensatz (3 Klb.) | | 36,— | 36,— |

Auflage: 250.000 Sätze

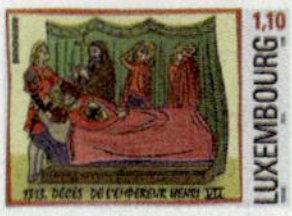


**2013, 12. März. 700. Todestag von Kaiser Heinrich VII. Odr. (2×5); gez. K 11½.**

bmg) Tod von Kaiser Heinrich VII. (1278/79–1313) in Buonconvento (nach italienischer Buchmalerei des 14. Jh.)

| | | | | |
|---|---|---|---|---|
| **1966** | 1.10 (€) mehrfarbig | bmg | 2,20 | 2,20 |
| | FDC | | | 3,— |
| | Kleinbogen | | 22,— | 22,— |

Auflage: 250.000 Stück

**2013, 2. Mai. 15. Sportspiele der europäischen Kleinstaaten, Luxemburg. Odr. (1×5 Zd); gez. K 11½.**

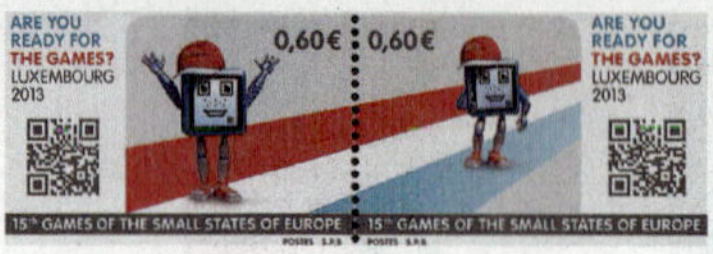


bmh–bmi) Roboter-Maskottchen

| | | | | | |
|---|---|---|---|---|---|
| **1967** | 0.60 € mehrfarbig | bmh | 1,20 | 1,20 |
| **1968** | 0.60 € mehrfarbig | bmi | 1,20 | 1,20 |
| | Satzpreis (2 W.) | | 2,40 | 2,40 |
| | Paar | | 2,40 | 2,40 |
| | FDC | | | 3,20 |
| | Kleinbogen | | 12,— | 12,— |

Auflage: 100.000 Sätze

**2013, 2. Mai. Europa: Postfahrzeuge. Odr. (2×5); gez. K 13¼.**

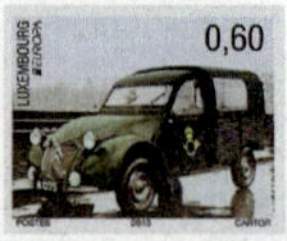


bmk) Citroën 2CV AZU (1960)

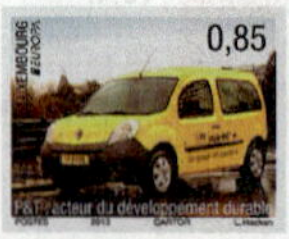


bml) Renault Kangoo

| | | | | |
|---|---|---|---|---|
| **1969** | 0.60 (€) mehrfarbig | bmk | 1,50 | 1,50 |
| **1970** | 0.85 (€) mehrfarbig | bml | 2,— | 2,— |
| | Satzpreis (2 W.) | | 3,50 | 3,50 |
| | FDC | | | 4,— |
| | Kleinbogensatz (2 Klb.) | | 35,— | 35,— |

Auflage: 200.000 Sätze

**2013, 2. Mai. Blockausgabe: 100. Radrennen „Tour de France". Odr.; gez. Ks 12.**

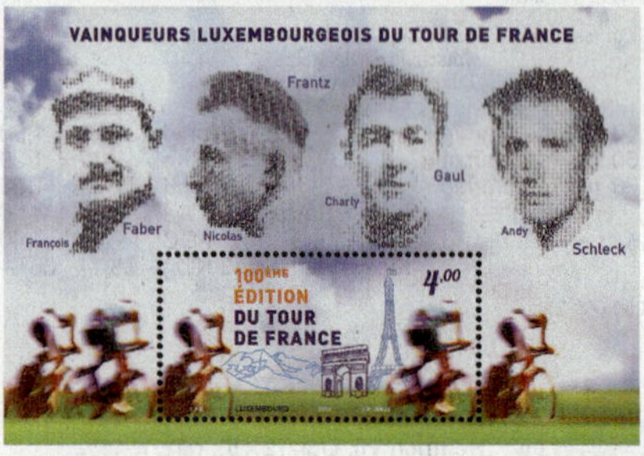


bmn

bmm) Radrennfahrer, Pyrenäen, Pariser Triumphbogen und Eiffelturm

| | | | | |
|---|---|---|---|---|
| **1971** | 4.00 (€) mehrfarbig | bmm | 8,— | 8,— |
| **Block 31** | (120×80 mm) | bmn | 8,— | 8,— |
| | FDC | | | 8,80 |

Auflage: 75.000 Blocks

**2013, 2. Mai. Persönlichkeiten. Odr. (5×2); gez. K 11½.**

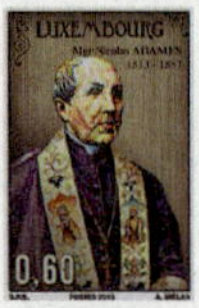


bmo) Nicolas Adames (1813–1887), erster Bischof von Luxemburg

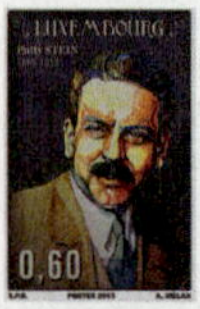


bmp) Putty Stein (1888–1955), Komponist und Autor

| | | | | |
|---|---|---|---|---|
| **1972** | 0.60 (€) mehrfarbig | bmo | 1,20 | 1,20 |
| **1973** | 0.60 (€) mehrfarbig | bmp | 1,20 | 1,20 |
| | Satzpreis (2 W.) | | 2,40 | 2,40 |
| | FDC | | | 3,20 |
| | Kleinbogensatz (2 Klb.) | | 24,— | 24,— |

Auflage: 150.000 Sätze

**2013, 24. Sept. Künstlerwettbewerb der Vereinigung „Design Friends" zum Thema „L auf Briefmarke". Odr., Rolle (100); selbstklebend; gestanzt 11.**

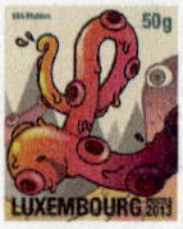


bmr) Krakenarm; von Mik Muhlen (*1984)

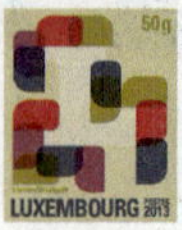


bms) Farbflächen; von Laurent Daubach (*1969)

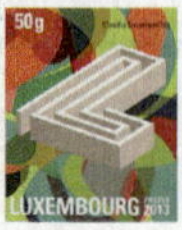


bmt) Irrgarten; von Claudia Eustergerling (*1976)

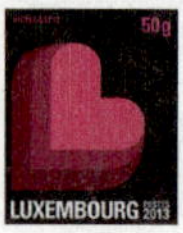


bmu) Herz; von Nicole Goetz

bmr–bmu) Werke der Wettbewerbsgewinner

| | | | | |
|---|---|---|---|---|
| **1974** | L 50g mehrfarbig | bmr | 1,50 | 1,— |
| **1975** | L 50g mehrfarbig | bms | 1,50 | 1,— |
| **1976** | L 50g mehrfarbig | bmt | 1,50 | 1,— |
| **1977** | L 50g mehrfarbig | bmu | 1,50 | 1,— |
| | Satzpreis (4 W.) | | 6,— | 4,— |
| | FDC | | | 5,50 |
| | Viererstreifen | | 6,— | 4,— |

Nominale zur Zeit der Ausgabe: je 0.60 €

MiNr. 1974–1977 wurden zusammen in der Rolle gedruckt.

Auflage: 5.067.500 Sätze

**2013, 24. Sept. Raubkatzen; SEPAC: Tiere. Odr. (2×5); gez. K 11½.**

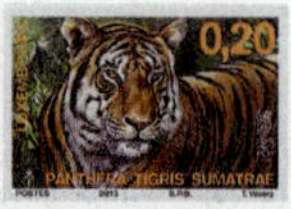


bmv) Sumatra-Tiger (Panthera tigris sumatrae)

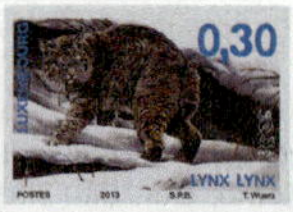


bmw) Eurasischer Luchs (Lynx lynx)

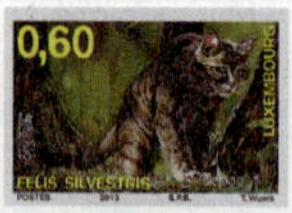


bmx) Wildkatze (Felis silvestris)

| | | | | |
|---|---|---|---|---|
| **1978** | 0.20 (€) mehrfarbig | bmv | 0,40 | 0,40 |
| **1979** | 0.30 (€) mehrfarbig | bmw | 0,60 | 0,60 |
| **1980** | 0.60 (€) mehrfarbig | bmx | 1,20 | 1,20 |
| | Satzpreis (3 W.) | | 2,20 | 2,20 |
| | FDC | | | 3,— |
| | Kleinbogensatz (3 Klb.) | | 22,— | 22,— |

MiNr. 1980 trägt die Inschrift „sepac".

Auflagen: MiNr. 1978–1979 je 300.000, MiNr. 1980 = 150.000 Stück

**2013, 24. Sept. Das Moseltal. Odr. (1×5 Zd); selbstklebend; gestanzt 12½:13¼.**

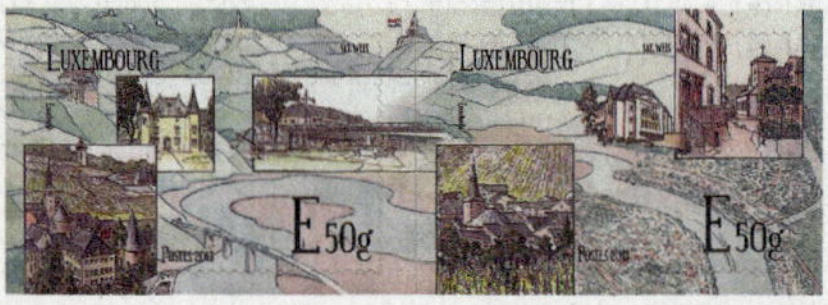


bmy–bmz) Ortsansichten an der Mosel zwischen Schengen und Wasserbillig

| | | | | |
|---|---|---|---|---|
| **1981** | E 50g mehrfarbig | bmy | 2,20 | 1,50 |
| **1982** | E 50g mehrfarbig | bmz | 2,20 | 1,50 |
| | Satzpreis (2 W.) | | 4,40 | 3,— |
| | Paar | | 4,50 | 3,— |
| | FDC | | | 4,— |
| | Folienblatt | | 22,— | 15,— |

Nominale zur Zeit der Ausgabe: je 0.85 €

Auflage: 4.672.500 Sätze

**2013, 24. Sept. Blockausgabe: UNESCO-Welterbe – Fotoausstellung „The Family of Man“ im Museum of Modern Art, New York. Odr.; gez. Ks 14.**

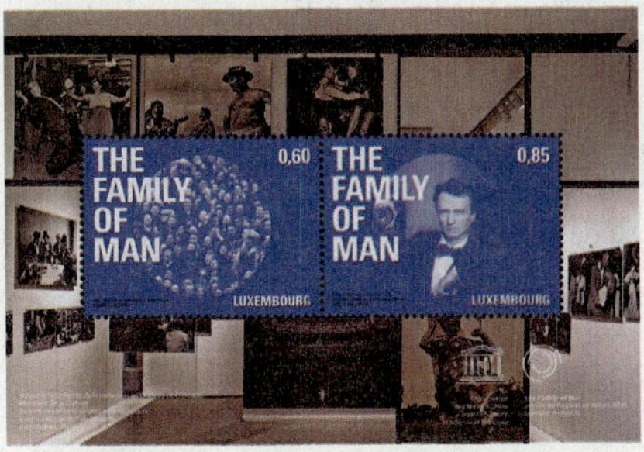

bnc

bna) Menschenmenge
bnb) Edward Steichen (1879–1973), luxemburgisch-amerikanischer Fotograf und Kurator der Ausstellung

| | | | | | |
|---|---|---|---|---|---|
| **1983** | 0.60 (€) blau | | bna | 1,20 | 1,20 |
| **1984** | 0.85 (€) blau | | bnb | 1,70 | 1,70 |
| **Block 32** | | (120×80 mm) | bnc | 3,— | 3,— |
| | | | FDC | | 3,50 |

Auflage: 75.000 Blocks

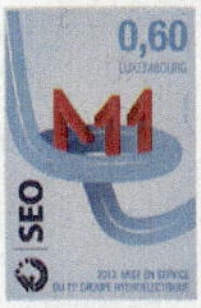

**2013, 24. Sept. Inbetriebnahme der 11. Turbine im Pumpspeicherwerk Vianden. Odr. (5×2); gez. K 11½.**

bnd) Wasserrohr, Inschrift „M11“

| | | | | |
|---|---|---|---|---|
| **1985** | 0.60 (€) mehrfarbig | bnd | 1,20 | 1,20 |
| | | FDC | | 1,80 |
| | | Kleinbogen | 12,— | 12,— |

Auflage: 150.000 Stück

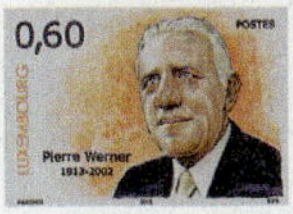

**2013, 3. Dez. 100. Geburtstag von Pierre Werner. Odr. (2×5); gez. K 11½.**

bne) Pierre Werner (1913–2002), Politiker und Premierminister

| | | | | |
|---|---|---|---|---|
| **1986** | 0.60 (€) mehrfarbig | bne | 1,20 | 1,20 |
| | | FDC | | 2,— |
| | | Kleinbogen | 12,— | 12,— |

Auflage: 150.000 Stück

**2013, 3. Dez. Einheimische Pilze. Odr., Markenheftchen (1×2 Zd); selbstklebend; gestanzt 12.**

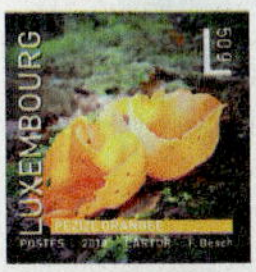

bnf) Orangeroter Becherling (Aleuria aurantia)

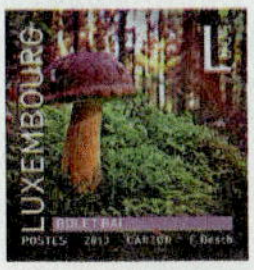

bng) Maronenröhrling (Xerocomus badius)

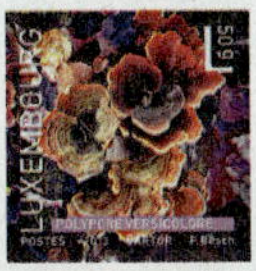

bnh) Schmetterlingstramete (Trametes versicolor)

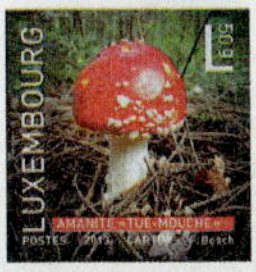

bni) Fliegenpilz (Amanita muscaria)

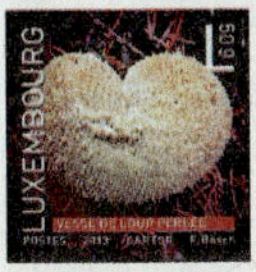

bnk) Flaschenstäubling (Lycoperdon perlatum)

| | | | | |
|---|---|---|---|---|
| **1987** | L 50 g mehrfarbig | bnf | 1,50 | 1,20 |
| **1988** | L 50 g mehrfarbig | bng | 1,50 | 1,20 |
| **1989** | L 50 g mehrfarbig | bnh | 1,50 | 1,20 |
| **1990** | L 50 g mehrfarbig | bni | 1,50 | 1,20 |
| **1991** | L 50 g mehrfarbig | bnk | 1,50 | 1,20 |
| | | Satzpreis (5 W.) | 7,50 | 6,— |
| | | FDC | | 6,80 |
| | | Fünferstreifen | 7,50 | 6,— |
| | | Markenheftchen | 15,— | 12,— |

Nominale zur Zeit der Ausgabe: je 0.60 €

MiNr. 1987–1991 wurden waagerecht zusammenhängend gedruckt.

Auflage: 1.000.000 Markenheftchen

**2013, 3. Dez. Alte Handwerksberufe (IV). Komb. Odr. und Hfdr. (5×2, Querformate ~); gez. K 13¼:13, Querformate ~.**

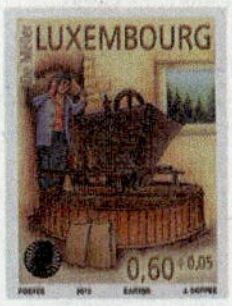

bnl) Müller

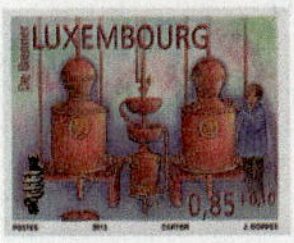

bnm) Brenner

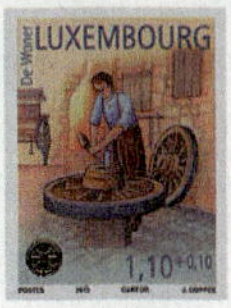

bnn) Stellmacher

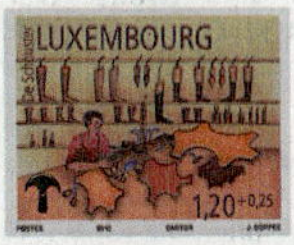

bno) Schuhmacher

| | | | | |
|---|---|---|---|---|
| **1992** | 0.60 (€) + 0.05 (€) mehrfarbig | bnl | 1,30 | 1,30 |
| **1993** | 0.85 (€) + 0.10 (€) mehrfarbig | bnm | 1,90 | 1,90 |
| **1994** | 1.10 (€) + 0.10 (€) mehrfarbig | bnn | 2,40 | 2,40 |
| **1995** | 1.20 (€) + 0.25 (€) mehrfarbig | bno | 2,90 | 2,90 |
| | | Satzpreis (4 W.) | 8,50 | 8,50 |
| | | FDC | | 9,40 |
| | | Kleinbogensatz (4 Klb.) | 85,— | 85,— |

Auflagen: MiNr. 1992 = 43.928, MiNr. 1993 = 38.896, MiNr. 1994 = 33.539, MiNr. 1995 = 31.766 Stück

**2013, 3. Dez. Weihnachten. Odr. (3×4); gez. K 13 mit zusätzlichen Ausstanzungen im Markenbild.**

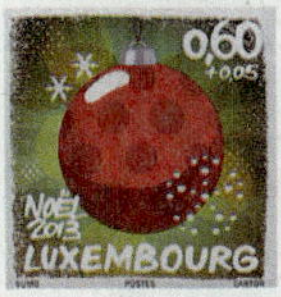

bnp

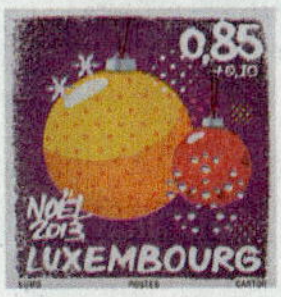

bnr

bnp–bnr) Christbaumkugeln

| | | | | |
|---|---|---|---|---|
| **1996** | 0.60 (€) + 0.05 (€) mehrfarbig | bnp | 1,30 | 1,30 |
| **1997** | 0.85 (€) + 0.10 (€) mehrfarbig | bnr | 1,90 | 1,90 |
| | | Satzpreis (2 W.) | 3,20 | 3,20 |
| | | FDC | | 4,— |

Auflagen: MiNr. 1996 = 98.609, MiNr. 1997 = 44.089 Stück

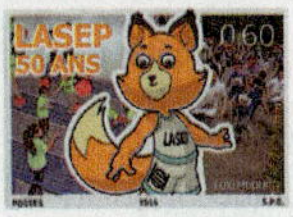

**2014, 11. März. 50 Jahre Liga der Sportverbände im Grundschulbereich (LASEP). Odr. (2×5); gez. K 11½.**

bns) Maskottchen Sporty, Kinder beim Spielen mit Luftballons und bei Laufwettbewerb

| | | | | |
|---|---|---|---|---|
| **1998** | 0.60 (€) mehrfarbig | bns | 1,40 | 1,40 |
| | | FDC | | 2,30 |
| | | Kleinbogen | 14,— | 14,— |

Auflage: 200.000 Stück

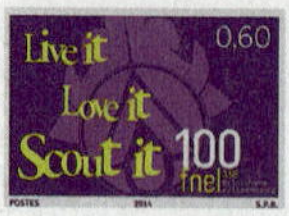


**2014, 11. März. 100 Jahre Nationale Pfadfindervereinigung Luxemburgs (FNEL). Odr. (2×5); gez. K 11½.**

bnt) Inschriften, Pfadfinderemblem

| | | | | |
|---|---|---|---|---|
| **1999** | 0.60 (€) mehrfarbig | bnt | 1,40 | 1,40 |
| | | FDC | | 2,30 |
| | | Kleinbogen | 14,— | 14,— |

Auflage: 200.000 Stück

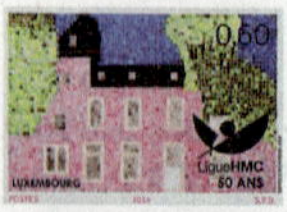

**2014, 11. März. 50 Jahre HMC-Liga zur Eingliederung geistig Behinderter. Odr. (2×5); gez. K 11½.**

bnu) Villa, Hauptsitz der Liga in Capellen (Mosaik)

| | | | | |
|---|---|---|---|---|
| **2000** | 0.60 (€) mehrfarbig | bnu | 1,40 | 1,40 |
| | | FDC | | 2,30 |
| | | Kleinbogen | 14,— | 14,— |

Auflage: 200.000 Stück

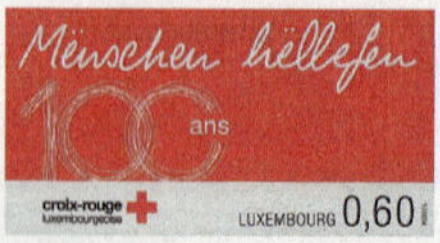


**2014, 11. März. 100 Jahre Luxemburgisches Rotes Kreuz. Odr. (2×5); gez. K 11½.**

bnv) Inschrift, Zahl „100"

| | | | | |
|---|---|---|---|---|
| **2001** | 0.60 (€) mehrfarbig | bnv | 1,40 | 1,40 |
| | | FDC | | 2,30 |
| | | Kleinbogen | 14,— | 14,— |

Auflage: 200.000 Stück

**2014, 11. März. Blockausgabe: 80 Jahre Verband der Luxemburger Philatelistenvereine (FSPL). Odr.; Seide bezogenes Papier; gez. Ks 14.**

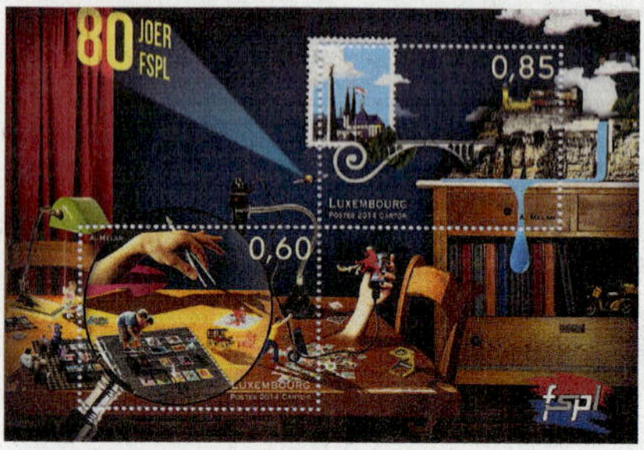


bny

bnw) Hand hält Pinzette, Kinder betrachten Briefmarken, Lupe
bnx) Kathedrale Notre-Dame, Adolphe-Brücke, Gebäude der Staatsbank

| | | | | |
|---|---|---|---|---|
| **2002** | 0.60 (€) mehrfarbig | bnw | 1,40 | 1,40 |
| **2003** | 0.85 (€) mehrfarbig | bnx | 1,90 | 1,90 |
| **Block 33** | (120×80 mm) | bny | 3,30 | 3,30 |
| | | FDC | | 4,20 |

Auflage: 150.000 Blocks

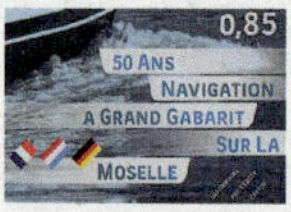


**2014, 8. Mai. 50 Jahre Großschifffahrt auf der Mosel. Odr. (2×5); gez. K 13.**

bnz) Kielwasser eines Moselschiffes; Flaggen von Frankreich, Luxemburg und Deutschland

| | | | | |
|---|---|---|---|---|
| **2004** | 0.85 (€) mehrfarbig | bnz | 2,— | 2,— |
| | | FDC | | 2,80 |
| | | Kleinbogen | 20,— | 20,— |

Auflage: 200.000 Stück

**2014, 8. Mai. 175 Jahre Unabhängigkeit des Großherzogtums Luxemburg; 150. Jahrestag der ersten öffentlichen Darbietung des Gedichts „Ons Heemecht" von Michel Lentz (Text der Nationalhymne). Odr. (2×5); gez. K 11½.**

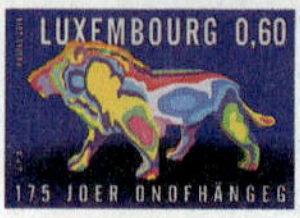


boa) Löwe

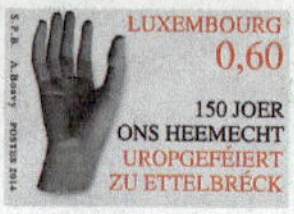


bob) Hand

| | | | | |
|---|---|---|---|---|
| **2005** | 0.60 (€) mehrfarbig | boa | 1,40 | 1,40 |
| **2006** | 0.60 (€) mehrfarbig | bob | 1,40 | 1,40 |
| | | Satzpreis (2 W.) | 2,80 | 2,80 |
| | | FDC | | 3,70 |
| | | Kleinbogensatz (2 Klb.) | 28,— | 28,— |

Auflage: 150.000 Sätze

**2014, 8. Mai. Europa: Volksmusikinstrumente. Odr. (2×5); gez. K 12½.**

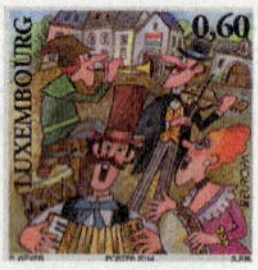


boc) Volksmusikgruppe

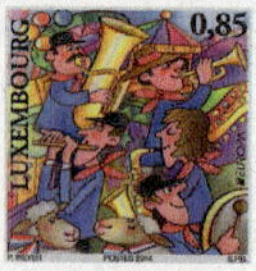


bod) Marschmusikgruppe

| | | | | |
|---|---|---|---|---|
| **2007** | 0.60 (€) mehrfarbig | boc | 1,40 | 1,40 |
| **2008** | 0.85 (€) mehrfarbig | bod | 2,— | 2,— |
| | | Satzpreis (2 W.) | 3,40 | 3,40 |
| | | FDC | | 4,20 |
| | | Kleinbogensatz (2 Klb.) | 34,— | 34,— |

Auflage: 150.000 Sätze

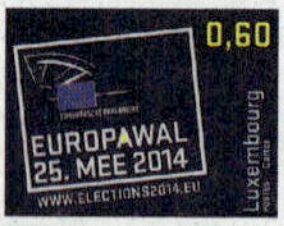


**2014, 8. Mai. Achte Direktwahlen zum Europäischen Parlament. Odr. (2×5); gez. K 13.**

boe) Plakat für die Europawahl

| | | | | |
|---|---|---|---|---|
| **2009** | 0.60 (€) mehrfarbig | boe | 1,40 | 1,40 |
| | | FDC | | 2,30 |
| | | Kleinbogen | 14,— | 14,— |

Auflage: 150.000 Stück

**2014, 8. Mai. Blockausgabe: 20. Jahrestag der Aufnahme der Altstadt und Festungsanlagen von Luxemburg-Stadt in der UNESCO-Welterbeliste. Odr.; gez. Ks 13¾:14.**

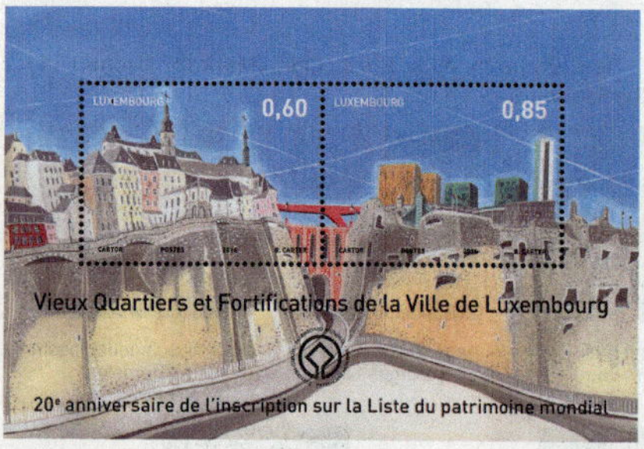


boh

bof) Altstadt
bog) Festungsanlagen, Neubauten

| | | | | |
|---|---|---|---|---|
| **2010** | 0.60 (€) mehrfarbig | bof | 1,40 | 1,40 |
| **2011** | 0.85 (€) mehrfarbig | bog | 2,— | 2,— |
| **Block 34** | (120×80 mm) | boh | 3,40 | 3,40 |
| | | FDC | | 4,20 |

Auflage: 75.000 Blocks

**2014, 23. Sept. Persönlichkeiten.** Odr. (5×2); gez. K 11½.

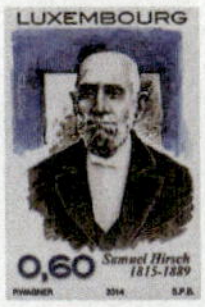


boi) Samuel Hirsch (1815–1889), Rabbiner, Religionsphilosoph und Reformer

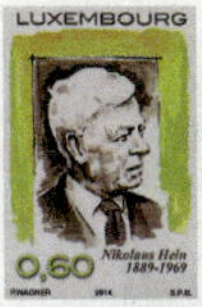


bok) Nikolaus Hein (1889–1969), Schriftsteller

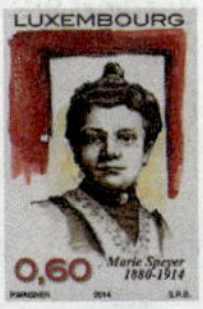


bol) Marie Speyer (1880–1914), Pädagogin

| | | | | | |
|---|---|---|---|---|---|
| **2012** | 0.60 (€) mehrfarbig | boi | 1,40 | 1,40 |
| **2013** | 0.60 (€) mehrfarbig | bok | 1,40 | 1,40 |
| **2014** | 0.60 (€) mehrfarbig | bol | 1,40 | 1,40 |
| | | Satzpreis (3 W.) | 4,20 | 4,20 |
| | | FDC | | 5,— |
| | | Kleinbogensatz (3 Klb.) | 42,— | 42,— |

Auflage: 150.000 Sätze

**2014, 23. Sept. Kinder- und Jugendmalwettbewerb zum Thema „Lebensraum Boden".** Odr. (2×5, Hochformat ~); gez. K 11½.

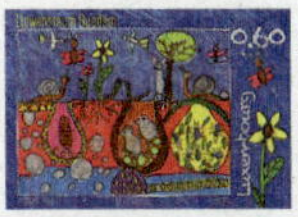


bom) Leben im und am Boden, Gewässer; von Adelisa Pjanić

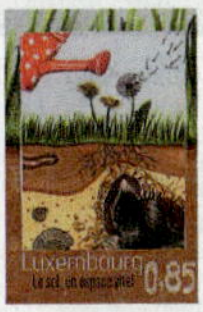


bon) Gießkanne, Löwenzahn, Tiere des Erdbodens; von Michaela Videnova

| | | | | |
|---|---|---|---|---|
| **2015** | 0.60 (€) mehrfarbig | bom | 1,40 | 1,40 |
| **2016** | 0.85 (€) mehrfarbig | bon | 2,— | 2,— |
| | | Satzpreis (2 W.) | 3,40 | 3,40 |
| | | FDC | | 4,20 |
| | | Kleinbogensatz (2 Klb.) | 34,— | 34,— |

Auflage: 150.000 Sätze

**2014, 23. Sept. Alte Gemüsesorten (I); SEPAC: Blumen.** Odr. (5×2); gez. K 11½.

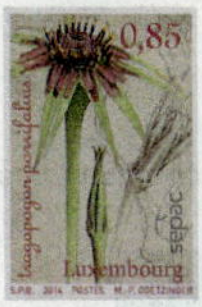


boo) Haferwurzel (Tragopogon porrifolius)

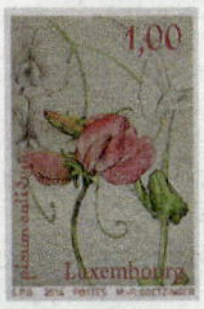


bop) Erbse (Pisum sativum)

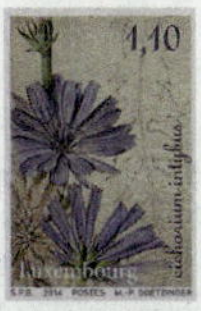


bor) Gemeine Wegwarte (Cichorium intybus)

| | | | | |
|---|---|---|---|---|
| **2017** | 0.85 (€) mehrfarbig | boo | 2,— | 2,— |
| **2018** | 1.00 (€) mehrfarbig | bop | 2,30 | 2,30 |
| **2019** | 1.10 (€) mehrfarbig | bor | 2,50 | 2,50 |
| | | Satzpreis (3 W.) | 6,80 | 6,80 |
| | | FDC | | 7,70 |
| | | Kleinbogensatz (3 Klb.) | 68,— | 68,— |

MiNr. 2017 trägt die Inschrift „sepac".

Auflagen: MiNr. 2017 und 2019 je 150.000, MiNr. 2018 = 300.000 Stück

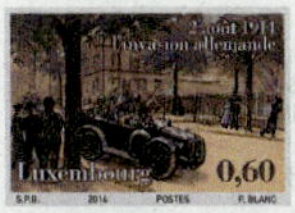


**2014, 23. Sept. 100. Jahrestag des Ausbruchs des Ersten Weltkrieges.** Odr. (2×5); gez. K 11½.

bos) Einmarsch der deutschen Truppen in Luxemburg-Stadt; deutscher Militärwagen beim Einfahren in die Stadt; Federzeichnung von Pierre Blanc (1872–1946)

| | | | | |
|---|---|---|---|---|
| **2020** | 0.60 (€) mehrfarbig | bos | 1,40 | 1,40 |
| | | FDC | | 2,30 |
| | | Kleinbogen | 14,— | 14,— |

Auflage: 150.000 Stück

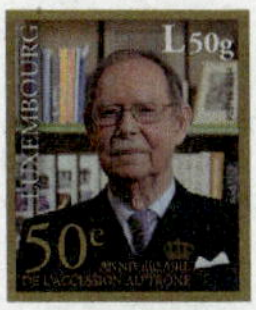


**2014, 2. Dez. 50. Jahrestag der Thronbesteigung von Großherzog Jean.** Odr. (5×2); gez. K 13½:13¼.

bot) Großherzog Jean (1921–2019, reg. 1964–2000)

| | | | | |
|---|---|---|---|---|
| **2021** | L 50g mehrfarbig | bot | 1,80 | 1,40 |
| | | FDC | | 2,30 |
| | | Kleinbogen | 18,— | 14,— |

Nominale zur Zeit der Ausgabe: 0.60 €

Auflage: 200.000 Stück

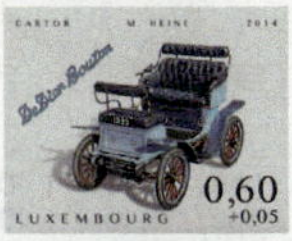


**2014, 2. Dez. Alte Kraftfahrzeuge (I).** Komb. Odr. und Pdr. mit Lacküberzug (2×5); gez. K 13½:13¼.

bou) De Dion-Bouton (1899)

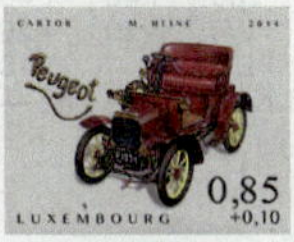


bov) Peugeot (1904)

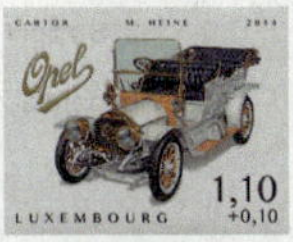


bow) Opel (1909)

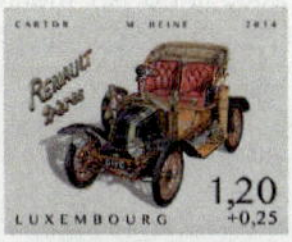


box) Renault (1910)

| | | | | |
|---|---|---|---|---|
| **2022** | 0.60 (€) + 0.05 (€) mehrfarbig | bou | 1,50 | 1,50 |
| **2023** | 0.85 (€) + 0.10 (€) mehrfarbig | bov | 2,20 | 2,20 |
| **2024** | 1.10 (€) + 0.10 (€) mehrfarbig | bow | 3,— | 3,— |
| **2025** | 1.20 (€) + 0.25 (€) mehrfarbig | box | 3,30 | 3,30 |
| | | Satzpreis (4 W.) | 10,— | 10,— |
| | | FDC | | 11,— |
| | | Kleinbogensatz (4 Klb.) | 100,— | 100,— |

Auflagen: MiNr. 2022 = 32.949, MiNr. 2023 = 30.391, MiNr. 2024 = 26.386, MiNr. 2025 = 25.148 Stück

**2014, 2. Dez. Weihnachten.** Odr. (3×4) auf geflocktem Papier mit roten und schwarzen Fasern; gez. K 14.

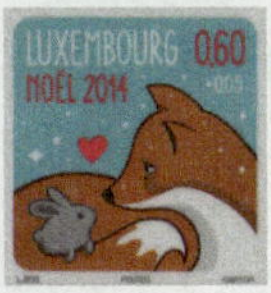


boy) Fuchs herzt Häslein

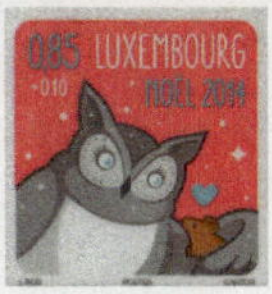


boz) Eule herzt Maus

| | | | | |
|---|---|---|---|---|
| **2026** | 0.60 (€) + 0.05 (€) mehrfarbig | boy | 1,50 | 1,50 |
| **2027** | 0.85 (€) + 0.10 (€) mehrfarbig | boz | 2,20 | 2,20 |
| | | Satzpreis (2 W.) | 3,70 | 3,70 |
| | | FDC | | 4,50 |

Auflagen: MiNr. 2026 = 99.710, MiNr. 2027 = 65.014 Stück

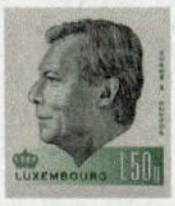


**2015, 3. März. Freimarken: Großherzog Henri.** Komb. StTdr. und RaTdr. (5×4); gez. K 13¼:12¾.

bpa) Großherzog Henri von Luxemburg (*1955, reg. seit 2000)

| | | | | |
|---|---|---|---|---|
| **2028** | L50g schwärzlichgraugrün/grün | bpa | 1,80 | 1,40 |
| **2029** | E50g schwärzlichviolettultramarin/lebhaftviolettultramarin | bpa | 2,40 | 2,— |

| | | | | | |
|---|---|---|---|---|---|
| **2030** | M50g | schwärzlichlilabraun/ rötlichkarmin | bpa | 3,20 | 2,60 |
| | | Satzpreis (3 W.) | | 7,40 | 6,— |
| | | FDC | | | 7,— |

Nominalen zur Zeit der Ausgabe: MiNr. 2028 = 0.60 €, MiNr. 2029 = 0.85 €, MiNr. 2030 = 1.10 €

Auflage: 150.000 Sätze

**2015, 3. März. Jahrestage: 125 Jahre organisierte Philatelie in Luxemburg, 25 Jahre Berufsverband der Architekten und beratenden Ingenieure (OAI), 25 Jahre Verein „Omega 90". Odr. (2×5, Hochformat ~); gez. K 11½.**

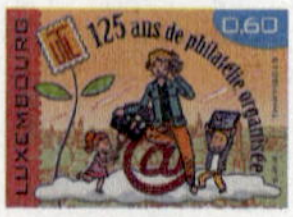


bpb) Briefmarkensammler mit Album und Handy, Mädchen mit Lupe, Junge mit Tablet, @-Zeichen, Emblem des luxemburgischen Philatelistenvereins, Stadtansicht von Luxemburg

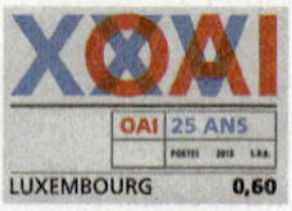


bpc) Jubiläumsemblem

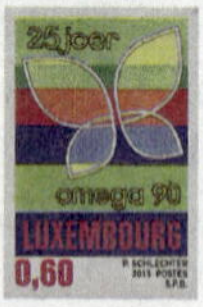


bpd) Vereinsemblem

| | | | | | |
|---|---|---|---|---|---|
| **2031** | 0.60 (€) | mehrfarbig | bpb | 1,40 | 1,40 |
| **2032** | 0.60 (€) | mehrfarbig | bpc | 1,40 | 1,40 |
| **2033** | 0.60 (€) | mehrfarbig | bpd | 1,40 | 1,40 |
| | | Satzpreis (3 W.) | | 4,20 | 4,20 |
| | | FDC | | | 5,10 |
| | | Kleinbogensatz (3 Klb.) | | 42,— | 42,— |

Auflage: 150.000 Sätze

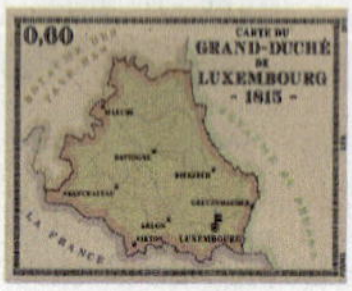


**2015, 3. März. 200 Jahre unabhängiges Großherzogtum Luxemburg. Odr. (2×5); gez. K 11½.**

bpe) Historische Landkarte von Luxemburg (1815)

| | | | | | |
|---|---|---|---|---|---|
| **2034** | 0.60 (€) | mehrfarbig | bpe | 1,40 | 1,40 |
| | | FDC | | | 2,30 |
| | | Kleinbogen | | 14,— | 14,— |

Auflage: 150.000 Stück

**2015, 3. März. Apfel- und Birnensorten. Odr. (2×5); selbstklebend; gestanzt 9½:10.**

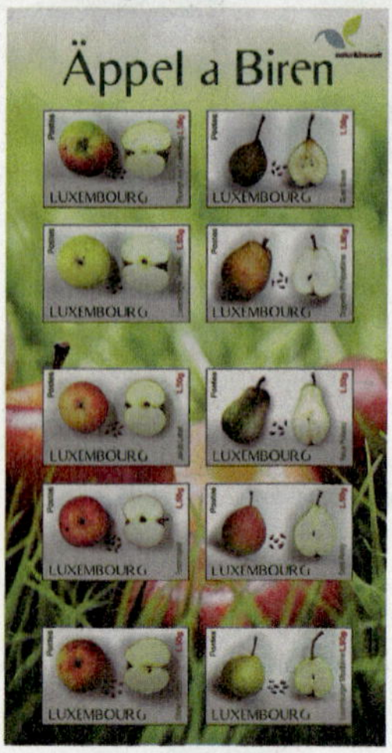


bpf) „Triumph aus Luxemburg"
bpg) „Gute Graue"
bph) „Luxemburger Renette"
bpi) „Doppelte Philippsbirne"
bpk) „Jakob Lebel"
bpl) „Neue Poiteau"
bpm) „Porzenapfel"
bpn) „Saint Remy"
bpo) „Eifeler Rambur"
bpp) „Luxemburger Mostbirne"

| | | | | | | |
|---|---|---|---|---|---|---|
| **2035** | L | 50g | mehrfarbig | bpf | 1,80 | 1,40 |
| **2036** | L | 50g | mehrfarbig | bpg | 1,80 | 1,40 |
| **2037** | L | 50g | mehrfarbig | bph | 1,80 | 1,40 |
| **2038** | L | 50g | mehrfarbig | bpi | 1,80 | 1,40 |
| **2039** | L | 50g | mehrfarbig | bpk | 1,80 | 1,40 |
| **2040** | L | 50g | mehrfarbig | bpl | 1,80 | 1,40 |
| **2041** | L | 50g | mehrfarbig | bpm | 1,80 | 1,40 |
| **2042** | L | 50g | mehrfarbig | bpn | 1,80 | 1,40 |
| **2043** | L | 50g | mehrfarbig | bpo | 1,80 | 1,40 |
| **2044** | L | 50g | mehrfarbig | bpp | 1,80 | 1,40 |
| | | | Satzpreis (10 W.) | | 18,— | 14,— |
| | | | FDC | | | 16,— |
| | | | Folienblatt | | 18,— | 14,— |

Nominale zur Zeit der Ausgabe: je 0.60 €

Auflage: 100.000 Sätze

**2015, 5. Mai. Blockausgabe: 70. Jahrestag der Beendigung des Zweiten Weltkriegs. Odr.; gez. Ks 12.**

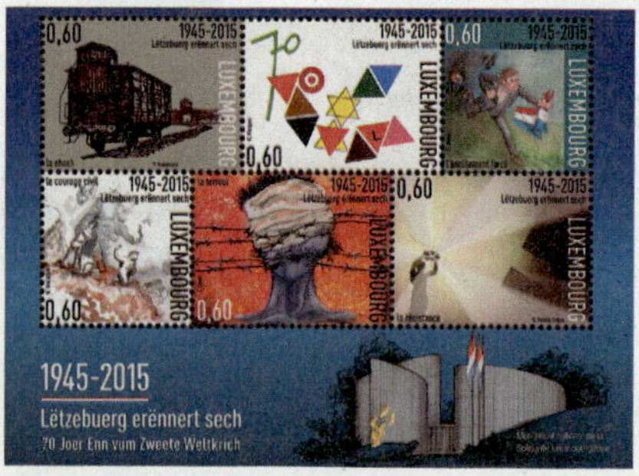


bpx

bpr) Die Shoah; Gemälde von Philippe Konsbruck
bps) 70 Jahre Ende des Zweiten Weltkriegs; Graphik von Kelly Marques
bpt) Zwangsrekrutierung; Gemälde von Stéphanie Uhres (*1980)
bpu) Zivilcourage; Aquarell von Nathalie Noé Adam (*1980)
bpv) Terror; Gemälde von Corinne Goetz (*1977)
bpw) La Résistance; Graphik von Stéphane Pekala Colles

| | | | | | |
|---|---|---|---|---|---|
| **2045** | 0.60 (€) | mehrfarbig | bpr | 1,40 | 1,40 |
| **2046** | 0.60 (€) | mehrfarbig | bps | 1,40 | 1,40 |

| | | | | | |
|---|---|---|---|---|---|
| **2047** | 0.60 (€) mehrfarbig | bpt | 1,40 | 1,40 |
| **2048** | 0.60 (€) mehrfarbig | bpu | 1,40 | 1,40 |
| **2049** | 0.60 (€) mehrfarbig | bpv | 1,40 | 1,40 |
| **2050** | 0.60 (€) mehrfarbig | bpw | 1,40 | 1,40 |
| **Block 35** | (127×90 mm) | bpx | 8,50 | 8,50 |
| | | FDC | | 9,50 |

Auflage: 75.000 Blocks

**2015, 5. Mai. Persönlichkeiten. Odr. (5×2); gez. K 11½.**

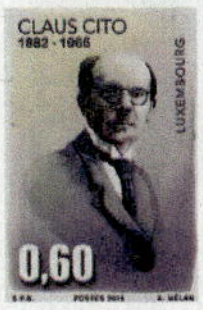


bpy) Claus Cito (1882–1965), Bildhauer

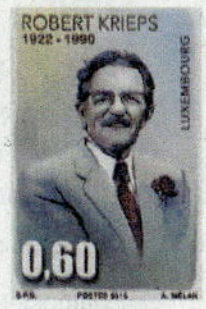


bpz) Robert Krieps (1922–1990), Rechtsanwalt und Politiker

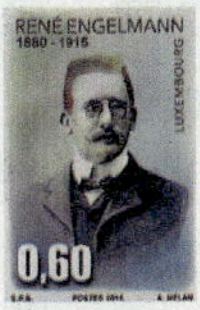


bra) René Engelmann (1880–1915), Schriftsteller und Sprachwissenschaftler

| | | | | |
|---|---|---|---|---|
| **2051** | 0.60 (€) mehrfarbig | bpy | 1,40 | 1,40 |
| **2052** | 0.60 (€) mehrfarbig | bpz | 1,40 | 1,40 |
| **2053** | 0.60 (€) mehrfarbig | bra | 1,40 | 1,40 |
| | | Satzpreis (3 W.) | 4,20 | 4,20 |
| | | FDC | | 5,— |
| | | Kleinbogensatz (3 Klb.) | 42,— | 42,— |

Auflage: 150.000 Sätze

**2015, 5. Mai. Europa: Historisches Spielzeug. Odr. (2×5); gez. K 13½.**

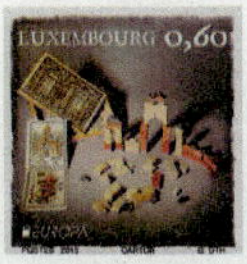


brb) Baukasten mit Bauklötzen und Anleitung

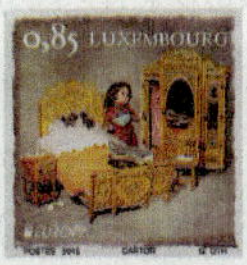


brc) Puppenstube (1936)

brb–brc) Exponate des Volks- und Weinmuseums „A Possen", Bech-Kleinmacher

| | | | | |
|---|---|---|---|---|
| **2054** | 0.60 (€) mehrfarbig | brb | 1,40 | 1,40 |
| **2055** | 0.85 (€) mehrfarbig | brc | 2,— | 2,— |
| | | Satzpreis (2 W.) | 3,40 | 3,40 |
| | | FDC | | 4,20 |
| | | Kleinbogensatz (2 Klb.) | 34,— | 34,— |

Auflage: 150.000 Sätze

**2015, 1. Juli. Vorsitz Luxemburgs im Rat der Europäischen Union. Odr. (5×2); selbstklebend; gez. K 12½:12.**

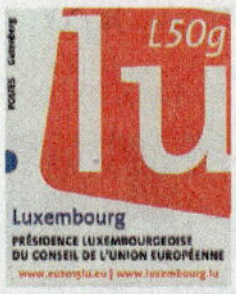


brd

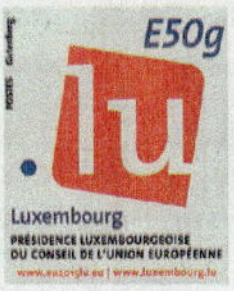


bre

brd–bre) Präsidentschaftsemblem

| | | | | |
|---|---|---|---|---|
| **2056** | L50g mehrfarbig | brd | 1,80 | 1,40 |
| **2057** | E50g mehrfarbig | bre | 2,40 | 2,— |
| | | Satzpreis (2 W.) | 4,20 | 3,40 |
| | | FDC | | 4,20 |
| | | 2 Folienblätter | 42,— | 34,— |

Nominalen zur Zeit der Ausgabe: MiNr. 2056 = 0.60 €, MiNr. 2057 = 0.85 €

Auflage: 450.000 Sätze

**Posttarife Luxemburg (1.9.2015–30.4.2019)**

ermäßigter Inlandsbrief bis 50 g („ATR 50g"): 0.35 € (zuvor: 0.30 €)
Inlandsbrief bis 50 g („L 50g"): 0.70 € (zuvor: 0.60 €)
Auslandsbrief nach Europa bis 50 g („E 50g"): 0.95 € (zuvor: 0.85 €)
Auslandsbrief nach Übersee bis 50 g („M 50g"): 1.30 € (zuvor: 1.10 €)

**2015, 22. Sept. Alte Gemüsesorten (II): Wurzelgemüse. Odr. (5×2); gez. K 11½.**

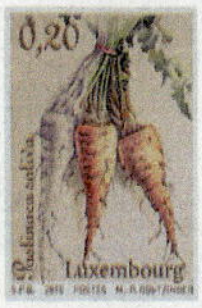


brf) Pastinake (Pastinaca sativa)

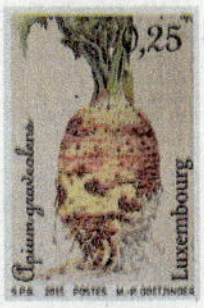


brg) Echter Sellerie (Apium graveolens)

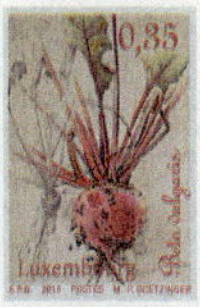


brh) Rote Bete (Beta vulgaris)

| | | | | |
|---|---|---|---|---|
| **2058** | 0.20 (€) mehrfarbig | brf | 0,50 | 0,50 |
| **2059** | 0.25 (€) mehrfarbig | brg | 0,60 | 0,60 |
| **2060** | 0.35 (€) mehrfarbig | brh | 0,80 | 0,80 |
| | | Satzpreis (3 W.) | 1,90 | 1,90 |
| | | FDC | | 3,— |
| | | Kleinbogensatz (3 Klb.) | 19,— | 19,— |

Auflagen: MiNr. 2058 = 300.000, MiNr. 2059–2060 je 150.000 Stück

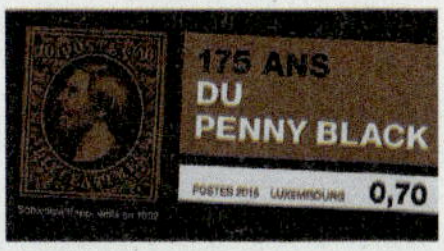


**2015, 22. Sept. 175 Jahre Briefmarken. Odr. (2×5); gez. K 14½:14¼.**

bri) Marke MiNr. 1, Schriftzug

| | | | | |
|---|---|---|---|---|
| **2061** | 0.70 (€) schwarz/goldfarben | bri | 1,60 | 1,60 |
| | | FDC | | 2,50 |
| | | Kleinbogen | 16,— | 16,— |

Auflage: 150.000 Stück

**2015, 22. Sept. Luxemburgische Naturparks. Odr. (2×5); gez. K 12½.**

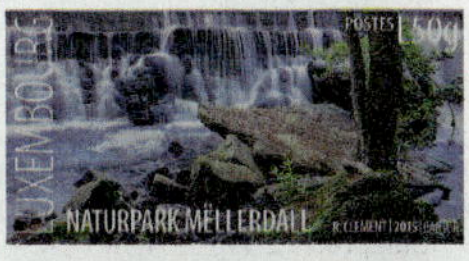


brk) Naturpark Müllerthal

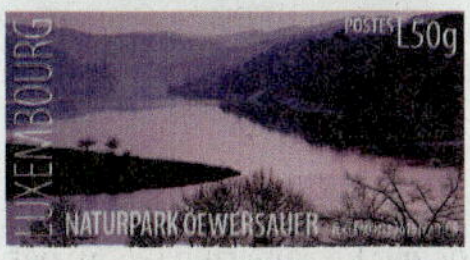


brl) Naturpark Obersauer

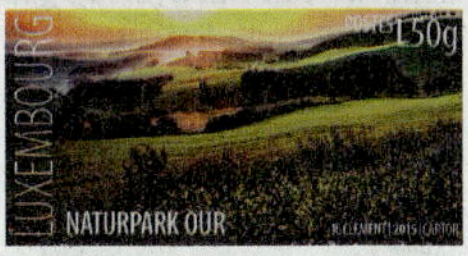


brm) Naturpark Our

brk–brm) Photographien von Raymond Clement (*1944)

| | | | | |
|---|---|---|---|---|
| **2062** | L50g mehrfarbig | brk | 1,80 | 1,60 |
| **2063** | L50g mehrfarbig | brl | 1,80 | 1,60 |
| **2064** | L50g mehrfarbig | brm | 1,80 | 1,60 |
| | | Satzpreis (3 W.) | 5,40 | 4,80 |
| | | FDC | | 6,50 |
| | | Kleinbogensatz (3 Klb.) | 54,— | 48,— |

Nominale zur Zeit der Ausgabe: je 0.70 €

Auflage: 150.000 Sätze

**2015, 22. Sept. Nationalmuseum für Geschichte und Kunst, Luxemburg: Eröffnung des Wiltheim-Flügels; SEPAC: Kultur. MiNr. 2065 Odr., MiNr. 2066–2067 komb. Odr. und Pdr. mit Lacküberzug (2×5); gez. K 13:13¼.**

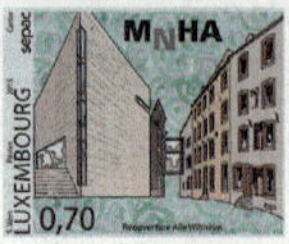


brn) Hauptgebäude mit Wiltheim-Flügel

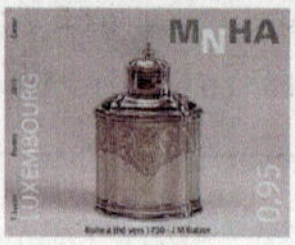


bro) Teedose aus Silber (ca. 1730); von Johann Michael Kutzer (1700–1760), deutscher Silberschmied

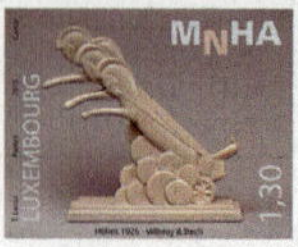


brp) Helios (1926); Keramikskulptur

| | | | | | |
|---|---|---|---|---|---|
| **2065** | 0.70 (€) mehrfarbig | brn | 1,60 | 1,60 |
| **2066** | 0.95 (€) mehrfarbig | bro | 2,20 | 2,20 |
| **2067** | 1.30 (€) mehrfarbig | brp | 3,— | 3,— |
| | | Satzpreis (3 W.) | 6,80 | 6,80 |
| | | FDC | | 8,50 |
| | | Kleinbogensatz (3 Klb.) | 68,— | 68,— |

MiNr. 2065 trägt die Inschrift „sepac".

Auflage: 150.000 Sätze

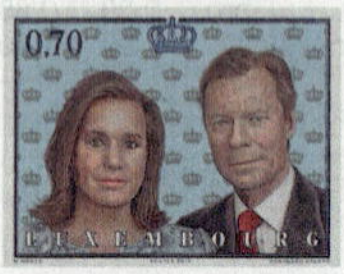


**2015, 22. Sept. 15. Jahrestag der Thronbesteigung von Großherzog Henri. Komb. StTdr. und Odr. (2×5); gez. K 12¾:13.**

brr) Großherzogin Maria Teresa (*1956) und Großherzog Henri (*1955, reg. seit 2000); Großherzogskrone

| | | | | |
|---|---|---|---|---|
| **2068** | 0.70 (€) mehrfarbig | brr | 1,60 | 1,60 |
| | | FDC | | 2,50 |
| | | Kleinbogen | 16,— | 16,— |

Auflage: 300.000 Stück

**2015, 1. Dez. Weihnachten. Odr. mit Lacküberzug (3×4); gez. K 13.**

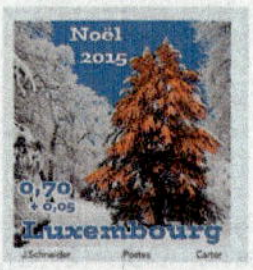


brs) Tannen im verschneiten Wald

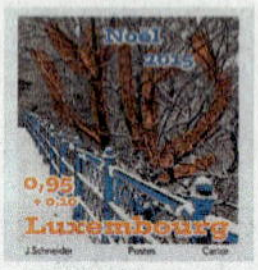


brt) Verschneite Brücke mit Bäumen

| | | | | |
|---|---|---|---|---|
| **2069** | 0.70 (€) + 0.05 (€) mehrfarbig | brs | 1,70 | 1,70 |
| **2070** | 0.95 (€) + 0.10 (€) mehrfarbig | brt | 2,30 | 2,30 |
| | | Satzpreis (2 W.) | 4,— | 4,— |
| | | FDC | | 5,— |

Auflagen: MiNr. 2069 = 200.000, MiNr. 2070 = 100.000 Stück

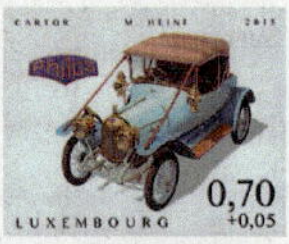


**2015, 1. Dez. Alte Kraftfahrzeuge (II). Komb. Odr. und Pdr. mit Lacküberzug (2×5); gez. K 13:13¼.**

bru) Philos A 4M (1913)

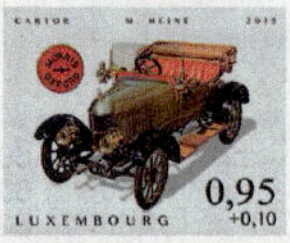


brv) Morris Oxford bullnose (1914)

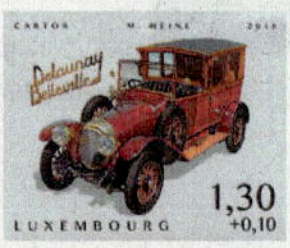


brw) Delaunay-Belleville (1918)

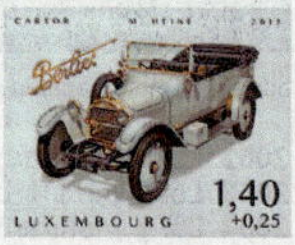


brx) Berliet VB (1919)

| | | | | |
|---|---|---|---|---|
| **2071** | 0.70 (€) + 0.05 (€) mehrfarbig | bru | 1,70 | 1,70 |
| **2072** | 0.95 (€) + 0.10 (€) mehrfarbig | brv | 2,30 | 2,30 |
| **2073** | 1.30 (€) + 0.10 (€) mehrfarbig | brw | 3,20 | 3,20 |
| **2074** | 1.40 (€) + 0.25 (€) mehrfarbig | brx | 3,80 | 3,80 |
| | | Satzpreis (4 W.) | 11,— | 11,— |
| | | FDC | | 12,— |
| | | Kleinbogensatz (4 Klb.) | 110,— | 110,— |

Auflage: 100.000 Sätze

**2015, 1. Dez. Freimarken: Feldblumen. Odr., Rolle (100); selbstklebend; gestanzt 12¾.**

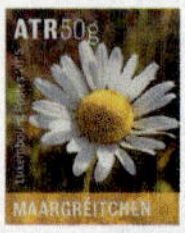


bry) Margerite (Leucanthemum)

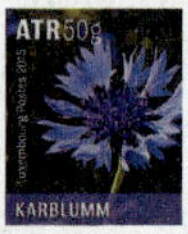


brz) Kornblume (Centaurea cyanus)

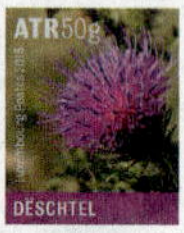


bsa) Wegdistel (Carduus acanthoides)

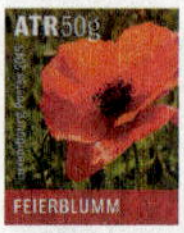


bsb) Klatschmohn (Papaver rhoeas)

| | | | | |
|---|---|---|---|---|
| **2075** | ATR50g mehrfarbig | bry | 1,20 | 0,80 |
| **2076** | ATR50g mehrfarbig | brz | 1,20 | 0,80 |
| **2077** | ATR50g mehrfarbig | bsa | 1,20 | 0,80 |
| **2078** | ATR50g mehrfarbig | bsb | 1,20 | 0,80 |
| | | Satzpreis (4 W.) | 4,80 | 3,20 |
| | | FDC | | 4,20 |
| | | Viererstreifen | 5,— | 3,20 |

Nominale zur Zeit der Ausgabe: je 0.35 €

MiNr. 2075–2078 wurden zusammen in der Rolle gedruckt.

Auflage: 100.000 Sätze

**2016, 3. März. 60. Geburtstag von Großherzogin Maria Teresa von Luxemburg. Odr. (1×5 Zd); gez. K 13¼.**

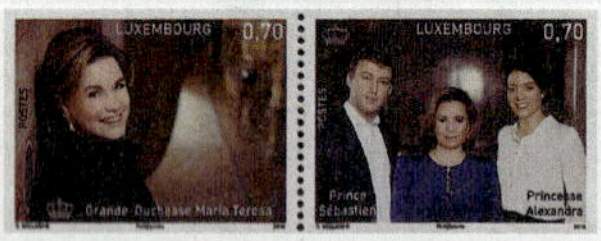


bsc) Großherzogin Maria Teresa (*1956)
bsd) Großherzogin mit Prinz Sébastien (*1992) und Prinzessin Alexandra (*1991)

| | | | | |
|---|---|---|---|---|
| **2079** | 0.70 (€) mehrfarbig | bsc | 1,60 | 1,60 |
| **2080** | 0.70 (€) mehrfarbig | bsd | 1,60 | 1,60 |
| | | Satzpreis (2 W.) | 3,20 | 3,20 |
| | | Paar | 3,20 | 3,20 |
| | | FDC | | 4,— |
| | | Kleinbogen | 16,— | 16,— |

Auflage: 150.000 Sätze

**2016, 3. März. Jahrestage: 10 Jahre Zentrum für Gleichbehandlung (CET), 50 Jahre Hafen von Mertert, 25 Jahre luxemburgisches Schifffahrtsregister. Odr. (2×5); gez. K 11½.**

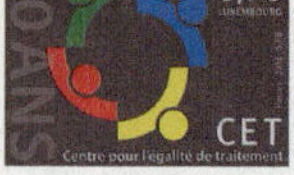


bse) Emblem

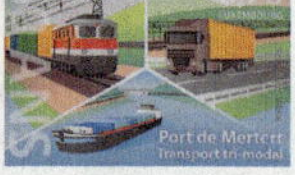


bsf) Güterzug, Lastwagen, Containerschiff

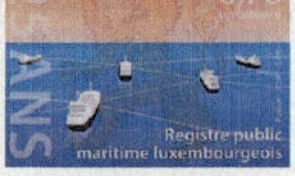


bsg) Schiffe auf Globus, Staatswappen

| | | | | |
|---|---|---|---|---|
| **2081** | 0.70 (€) mehrfarbig | bse | 1,60 | 1,60 |
| **2082** | 0.70 (€) mehrfarbig | bsf | 1,60 | 1,60 |
| **2083** | 0.70 (€) mehrfarbig | bsg | 1,60 | 1,60 |
| | | Satzpreis (3 W.) | 4,80 | 4,80 |
| | | FDC | | 5,80 |
| | | Kleinbogensatz (3 Klb.) | 48,— | 48,— |

Auflage: 150.000 Sätze

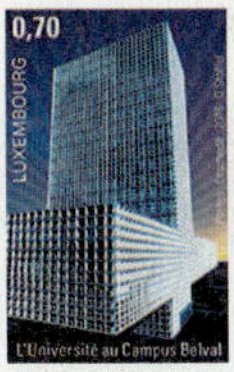

**2016, 3. März. Neuer Campus Belval der Universität Luxemburg. Odr. auf Silberfolie (5×2); gez. K 13¾:14.**

bsh) Maison du Savoir, Esch/Belval

**2084** 0.70 (€) mehrfarbig . . . . . . . . . . . . . . . . . bsh 1,60 1,60
FDC 2,50
Kleinbogen 16,— 16,—

Auflage: 150.000 Stück

**2016, 10. Mai. Persönlichkeiten. Odr. (5×2); gez. K 11½.**

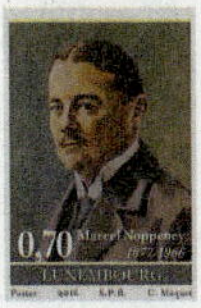
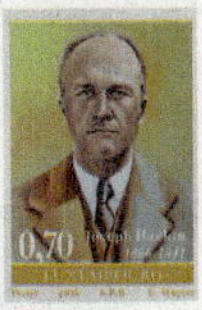
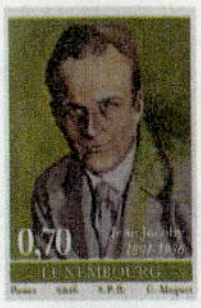

bsi) Marcel Noppeney (1877–1966), Schriftsteller und Verleger
bsk) Joseph Hackin (1886–1941), Archäologe
bsl) Jean Jacoby (1891–1936), Zeichner, Maler und Olympiasieger

**2085** 0.70 (€) mehrfarbig . . . . . . . . . . . . . . . . . bsi 1,60 1,60
**2086** 0.70 (€) mehrfarbig . . . . . . . . . . . . . . . . . bsk 1,60 1,60
**2087** 0.70 (€) mehrfarbig . . . . . . . . . . . . . . . . . bsl 1,60 1,60
Satzpreis (3 W.) 4,80 4,80
FDC 5,80
Kleinbogensatz (3 Klb.) 48,— 48,—

Auflage: 150.000 Sätze

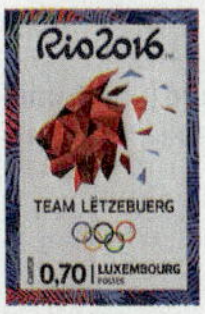

**2016, 10. Mai. Olympische Sommerspiele, Rio de Janeiro. Komb. Odr. und Pdr. (5×2); gez. K 13¾:13½.**

bsm) Emblem des Nationalen Olympischen Komitees

**2088** 0.70 (€) mehrfarbig . . . . . . . . . . . . . . . . . bsm 1,60 1,60
FDC 2,50
Kleinbogen 16,— 16,—

Auflage: 200.000 Stück

**2016, 10. Mai. Blockausgabe: 500. Jahrestag des Postvertrages zwischen Karl V. und Franz von Taxis. Komb. Odr. und Pdr.; gez. Ks 11½.**

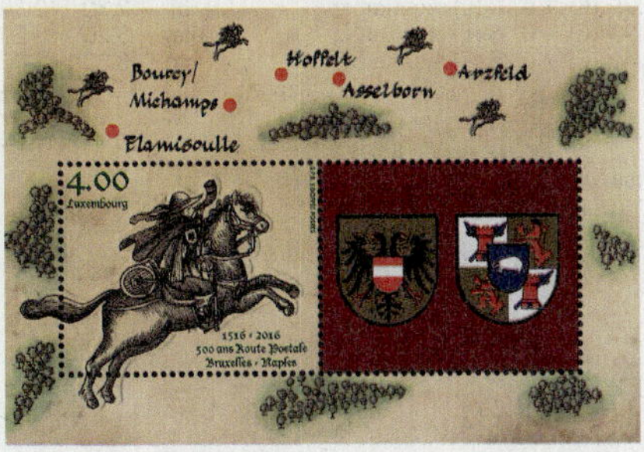

bso

bsn) Postreiter von Thurn und Taxis

**2089** 4.00 (€) mehrfarbig . . . . . . . . . . . . . bsn 9,20 9,20
**Block 36** (120×80 mm) . . . . . . . . . . . bso 9,20 9,20
FDC 10,—

Auflage: 75.000 Blocks

**2016, 10. Mai. Europa: Umweltbewusst leben. Odr. (5×2, Querformat ~); gez. K 11½.**

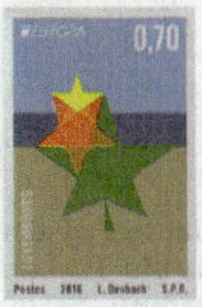
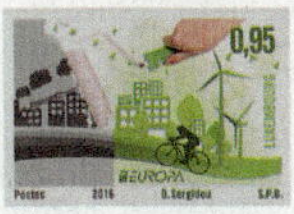

bsp) Gelber, orangener und grüner Stern; Graphik von Laurent Daubach (Luxemburg)
bsr) Von Grau zu Grün; Graphik von Doxia Sergidou (Zypern)

**2090** 0.70 (€) mehrfarbig . . . . . . . . . . . . . . . . . bsp 1,60 1,60
**2091** 0.95 (€) mehrfarbig . . . . . . . . . . . . . . . . . bsr 2,20 2,20
Satzpreis (2 W.) 3,80 3,80
FDC 4,50
Kleinbogensatz (2 Klb.) 38,— 38,—

Auflage: 150.000 Sätze

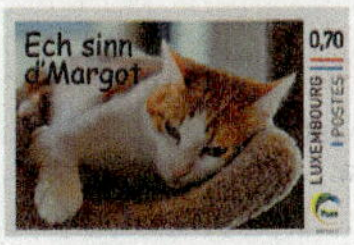

**2016, 10. Mai. 10 Jahre personalisierbare Briefmarken „meng.post.lu". Laserdr. (5×4, Hochformat ~); selbstklebend; gez. K 11:11¼, Hochformat ~.**

bss) Katze „Margot"

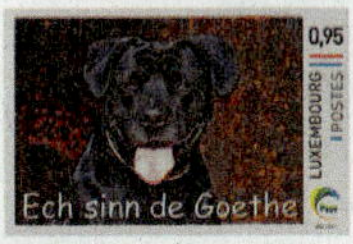
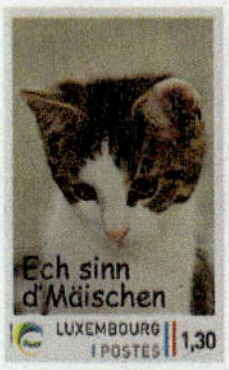

bst) Labrador Retriever „Goethe"
bsu) Jungkatze „Mäuschen"

bss–bsu) Tiere aus dem nationalen Tierheim, Luxemburg

**2092** 0.70 (€) mehrfarbig . . . . . . . . . . . . . . . . . bss 1,60 1,60
**2093** 0.95 (€) mehrfarbig . . . . . . . . . . . . . . . . . bst 2,20 2,20
**2094** 1.30 (€) mehrfarbig . . . . . . . . . . . . . . . . . bsu 3,— 3,—
Satzpreis (3 W.) 6,80 6,80
FDC 7,80

Auflagen: MiNr. 2092 = 150.000, MiNr. 2093 = 559.000, MiNr. 2094 = 75.000 Stück

**2016, 13. Sept. Alte Gemüsesorten (III). Odr. (5×2); gez. K 11½.**

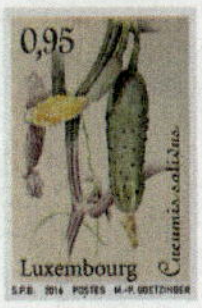
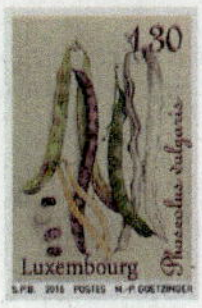
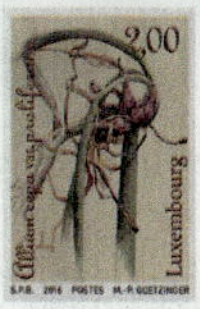

bsv) Gurke (Cucumis sativus)
bsw) Gartenbohne (Phaseolus vulgaris)
bsx) Luftzwiebel (Allium cepa var. proliferum)

**2095** 0.95 (€) mehrfarbig . . . . . . . . . . . . . . . . . bsv 2,20 2,20
**2096** 1.30 (€) mehrfarbig . . . . . . . . . . . . . . . . . bsw 3,— 3,—
**2097** 2.00 (€) mehrfarbig . . . . . . . . . . . . . . . . . bsx 4,60 4,60
Satzpreis (3 W.) 9,80 9,80
FDC 11,—
Kleinbogensatz (3 Klb.) 98,— 98,—

Auflagen: MiNr. 2095–2096 je 150.000, MiNr. 2097 = 450.000 Stück

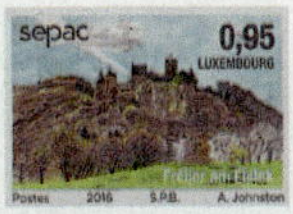

**2016, 13. Sept. SEPAC: Jahreszeiten. Odr. (2×5); gez. K 11½.**

bsy) Frühling im Ösling; von Alan Johnston (*1959), Künstler, Autor und Illustrator

**2098** 0.95 (€) mehrfarbig . . . . . . . . . . . . . . . . . . bsy 2,20 2,20
FDC 3,10
Kleinbogen 22,— 22,—

Auflage: 150.000 Stück

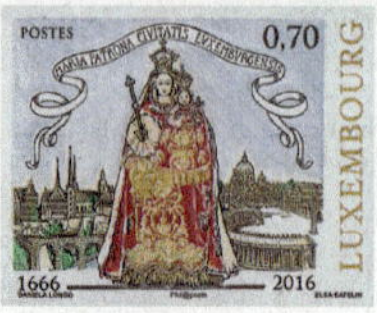


**2016, 13. Sept. 350. Jahrestag der Erwählung der hl. Maria als Schirmherrin der Stadt Luxemburg. StTdr. (1×2 + 1×2); gez. K 13.**

bsz) Statue Trösterin der Betrübten; Kathedrale Notre Dame de Luxemburg; Petersdom, Rom

**2099** 0.70 (€) mehrfarbig . . . . . . . . . . . . . . . . . . bsz 1,60 1,60
FDC 2,50
Kleinbogen 6,50 6,50

Auflage: 200.000 Stück

*Parallelausgabe mit Vatikanstadt MiNr. 1882*

**2016, 13. Sept. Kinder- und Jugendmalwettbewerb zum Thema „Biodiversität“. Odr. (5×2, Querformat ∼); gez. K 14:14¾, Querformat ∼.**

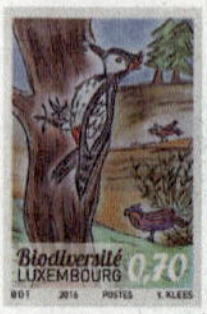


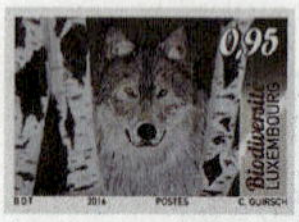


bta) Specht, Baumstamm, Vögel, Tannen; von Yann Klees

btb) Wolf zwischen Birken; von Christine Guirsch

**2100** 0.70 (€) mehrfarbig . . . . . . . . . . . . . . . . . . bta 1,60 1,60
**2101** 0.95 (€) mehrfarbig . . . . . . . . . . . . . . . . . . btb 2,20 2,20
Satzpreis (2 W.) 3,80 3,80
FDC 4,50
Kleinbogensatz (2 Klb.) 38,— 38,—

Auflage: 150.000 Sätze

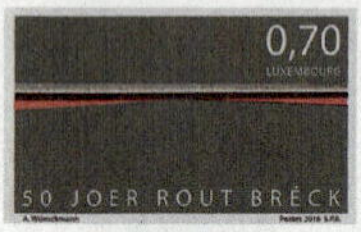


**2016, 13. Sept. 50 Jahre „Rout Bréck“. Odr. (2×5); gez. K 12.**

btc) Balance; Fotografie von Anita Wünschmann (*1958), Fotografin und Journalistin

**2102** 0.70 (€) mehrfarbig . . . . . . . . . . . . . . . . . . btc 1,60 1,60
FDC 2,50
Kleinbogen 16,— 16,—

Auflage: 150.000 Stück

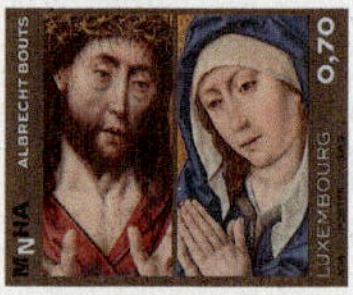


**2016, 13. Sept. Ausstellung „Blut und Tränen – Albrecht Bouts und das Antlitz der Passion“ im Nationalmuseum für Geschichte und Kunst, Luxemburg. Odr. (2×5); gez. K 11½.**

btd) Christus mit Dornenkrone und Mater Dolorosa; Diptychon von Albrecht Bouts (um 1451–1549), niederländischer Maler

**2103** 0.70 (€) mehrfarbig . . . . . . . . . . . . . . . . . . btd 1,60 1,60
FDC 2,50
Kleinbogen 16,— 16,—

Auflage: 150.000 Stück

**2016, 11. Okt. Luxemburgs neue Signatur. Odr. (5×2); selbstklebend; gez. K 12½:12¼.**

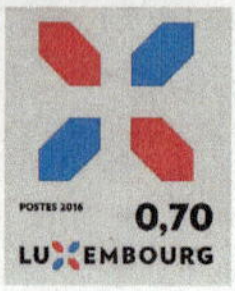


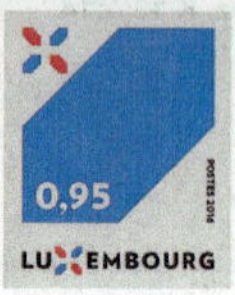


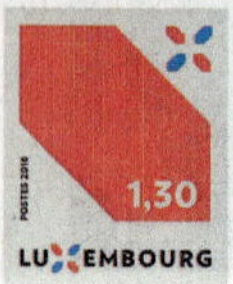


bte) Zwei rote und blaue Pfeile

btf) Blauer Pfeil

btg) Roter Pfeil

bte–btg) X-Symbol, die neue Signatur Luxemburgs

**2104** 0.70 (€) mehrfarbig . . . . . . . . . . . . . . . . . . bte 1,60 1,60
**2105** 0.95 (€) mehrfarbig . . . . . . . . . . . . . . . . . . btf 2,20 2,20
**2106** 1.30 (€) mehrfarbig . . . . . . . . . . . . . . . . . . btg 3,— 3,—
Satzpreis (3 W.) 6,80 6,80
FDC 7,70
Kleinbogensatz (3 Klb.) 68,— 68,—

Auflage: MiNr. 2104 und 2106 je 150.000, MiNr. 2105 = 450.000 Stück

**2016, 6. Dez. Weihnachten. Odr. (3×4); gez. K 13.**

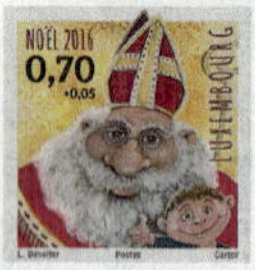


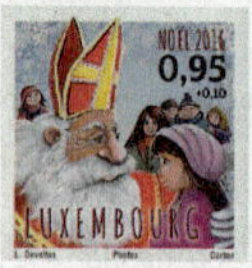


bth) Nikolaus, Kind

bti) Nikolaus, Kinder

**2107** 0.70 (€) + 0.05 (€) mehrfarbig . . . . . . . . . bth 1,70 1,70
**2108** 0.95 (€) + 0.10 (€) mehrfarbig . . . . . . . . . bti 2,30 2,30
Satzpreis (2 W.) 4,— 4,—
FDC 5,—

Auflagen: MiNr. 2107 = 200.000, MiNr. 2108 = 100.000 Stück

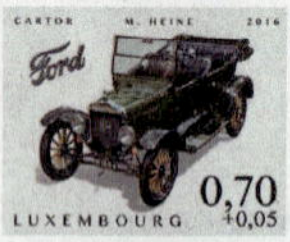


**2016, 6. Dez. Alte Kraftfahrzeuge (III). Komb. Odr. und Pdr. mit Lacküberzug (2×5); gez. K 13:13¼.**

btk) Ford T (1924)

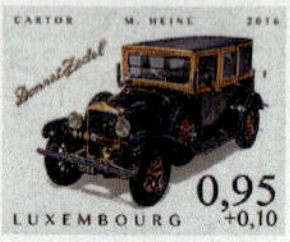


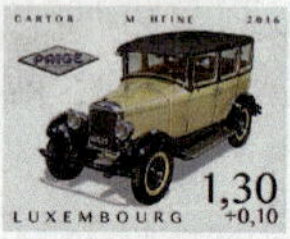


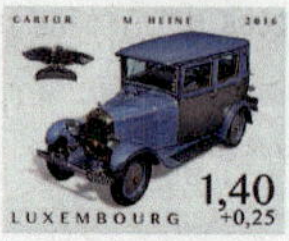


btl) Donnet Zedel Cl-6 (1924)

btm) Paige 6-45 (1927)

btn) Chenard Walcker (1928)

**2109** 0.70 (€) + 0.05 (€) mehrfarbig . . . . . . . . . btk 1,70 1,70
**2110** 0.95 (€) + 0.10 (€) mehrfarbig . . . . . . . . . btl 2,30 2,30
**2111** 1.30 (€) + 0.10 (€) mehrfarbig . . . . . . . . . btm 3,20 3,20
**2112** 1.40 (€) + 0.25 (€) mehrfarbig . . . . . . . . . btn 3,80 3,80
Satzpreis (4 W.) 11,— 11,—
FDC 12,—
Kleinbogensatz (4 Klb.) 110,— 110,—

Auflage: 100.000 Sätze

**2016, 6. Dez. Lokale Museen (I). Odr., Markenheftchen (1×2 Zd); selbstklebend; gestanzt 11¼:11½.**

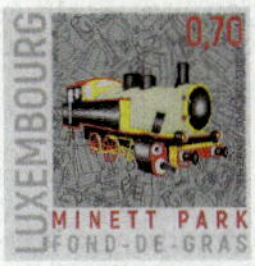

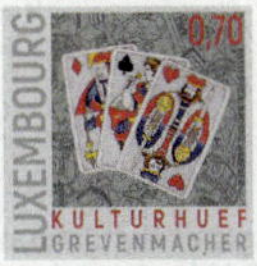

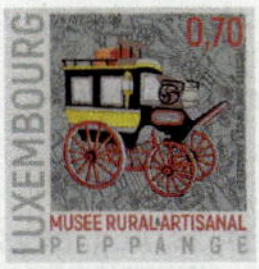


bto) Minett Park (Industrie- und Eisenbahnpark Fond-de-Gras)

btp) Kulturhuef Grevenmacher (Druck- und Spielkartenmuseum)

btr) Bauern-, Handwerks- und Kutschenmuseum Peppingen

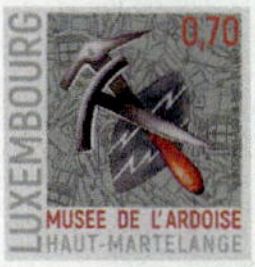

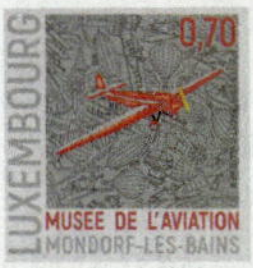


bts) Schiefermuseum Obermartelingen

btt) Luxemburgisches Luftfahrtmuseum, Bad Mondorf

| | | | | |
|---|---|---|---|---|
| **2113** | 0.70 (€) mehrfarbig | bto | 1,60 | 1,60 |
| **2114** | 0.70 (€) mehrfarbig | btp | 1,60 | 1,60 |
| **2115** | 0.70 (€) mehrfarbig | btr | 1,60 | 1,60 |
| **2116** | 0.70 (€) mehrfarbig | bts | 1,60 | 1,60 |
| **2117** | 0.70 (€) mehrfarbig | btt | 1,60 | 1,60 |
| | | Satzpreis (5 W.) | 8,— | 8,— |
| | | FDC | | 9,— |
| | | Fünferstreifen | 8,— | 8,— |
| | | Markenheftchen | 16,— | 16,— |

MiNr. 2113–2117 wurden waagerecht zusammenhängend gedruckt.

Auflage: 1.000.000 Sätze

**2017, 7. März. Persönlichkeiten. Odr. (5×2); gez. K 11½.**

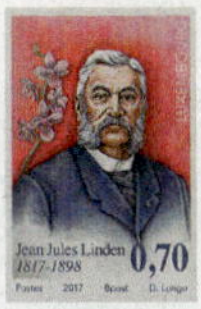

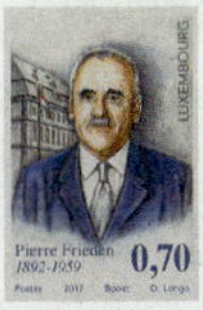

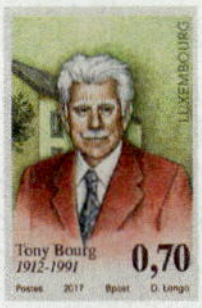


btu) Jean Linden (1817–1898), Botaniker

btv) Pierre Frieden (1892–1959), Politiker und Schriftsteller

btw) Tony Bourg (1912–1991), Literaturwissenschaftler

| | | | | |
|---|---|---|---|---|
| **2118** | 0.70 (€) mehrfarbig | btu | 1,60 | 1,60 |
| **2119** | 0.70 (€) mehrfarbig | btv | 1,60 | 1,60 |
| **2120** | 0.70 (€) mehrfarbig | btw | 1,60 | 1,60 |
| | | Satzpreis (3 W.) | 4,80 | 4,80 |
| | | FDC | | 5,80 |
| | | Kleinbogensatz (3 Klb.) | 48,— | 48,— |

Auflage: 150.000 Sätze

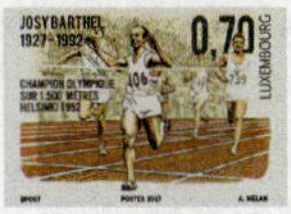


**2017, 7. März. 25. Todestag von Josy Barthel. Odr. (2×5); gez. K 11½.**

btx) Josy Barthel (1927–1992), Leichtathlet und Politiker; Goldmedaillengewinner im 1500-m-Lauf bei den Olympischen Sommerspiele 1952 in Helsinki

| | | | | |
|---|---|---|---|---|
| **2121** | 0.70 (€) mehrfarbig | btx | 1,60 | 1,60 |
| | | FDC | | 2,50 |
| | | Kleinbogen | 16,— | 16,— |

Auflage: 150.000 Stück

**2017, 7. März. Jahrestage: 125 Jahre privates Mädchengymnasium Fieldgen, Luxemburg; 51 Jahre Wohltätigkeitsclub Fifty-One International; 30 Jahre Association Luxembourg Alzheimer (ALA). Odr. (2×5); gez. K 11½.**

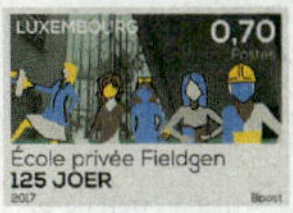

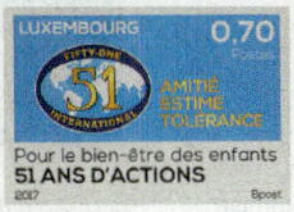

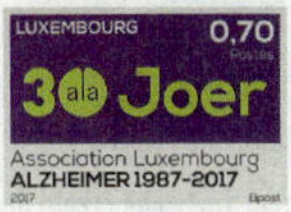


bty) Entwicklung einer Schülerin

btz) Emblem

bua) Jubiläumsemblem

| | | | | |
|---|---|---|---|---|
| **2122** | 0.70 (€) mehrfarbig | bty | 1,60 | 1,60 |
| **2123** | 0.70 (€) mehrfarbig | btz | 1,60 | 1,60 |
| **2124** | 0.70 (€) mehrfarbig | bua | 1,60 | 1,60 |
| | | Satzpreis (3 W.) | 4,80 | 4,80 |
| | | FDC | | 5,80 |
| | | Kleinbogensatz (3 Klb.) | 48,— | 48,— |

Auflage: 150.000 Sätze

**2017, 7. März. Blockausgabe: 100. Jahrestag der Marienerscheinung von Fátima. Odr., gez. Ks 11¾.**

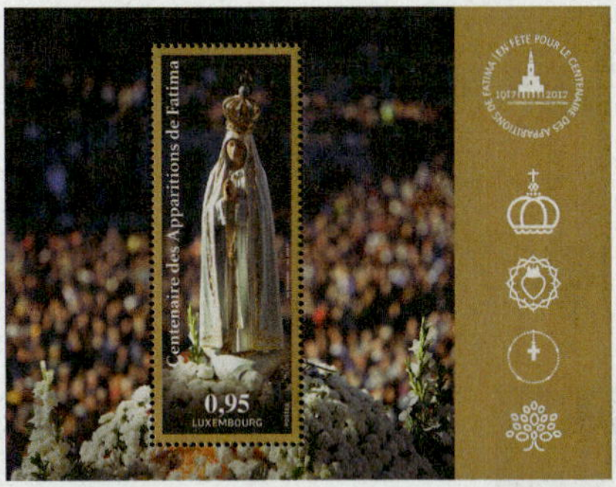


buc

bub) Prozession mit der Marienstatue von Fátima

| | | | | |
|---|---|---|---|---|
| **2125** | 0.95 (€) mehrfarbig | bub | 2,20 | 2,20 |
| **Block 37** | (125×95 mm) | buc | 2,20 | 2,20 |
| | | FDC | | 3,50 |

Auflage: 75.000 Blocks

*Parallelausgabe mit Polen MiNr. 4901/Bl. 260, Portugal MiNr. 4236/Bl. 410 und Slowakei MiNr. 810/Bl. 49*

**2017, 9. Mai. Europa: Burgen und Schlösser. Odr. (2×5); gez. K 11½.**

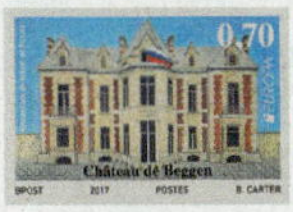

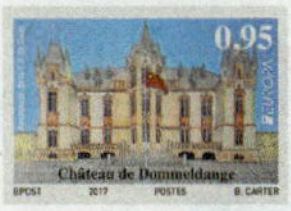


bud) Schloss von Beggen, Botschaft der Russischen Föderation

bue) Schloss von Dommeldingen, Botschaft der VR China

| | | | | |
|---|---|---|---|---|
| **2126** | 0.70 (€) mehrfarbig | bud | *20,—* | *20,—* |
| **2127** | 0.95 (€) mehrfarbig | bue | *20,—* | *20,—* |
| | | Satzpreis (2 W.) | *40,—* | *40,—* |
| | | FDC | | *50,—* |
| | | Kleinbogensatz (2 Klb.) | *400,—* | *400,—* |

MiNr. 2126–2127 tragen keinen Landesnamen und wurden am 1. Juli 2017 vom Verkauf zurückgezogen.

Auflage: 150.000 Sätze

**2017, 9. Mai. 175 Jahre Großherzogliche Militärkapelle; 50 Jahre Freiwilligenarmee. Odr. (2×5); selbstklebend; gez. K 12:12½.**

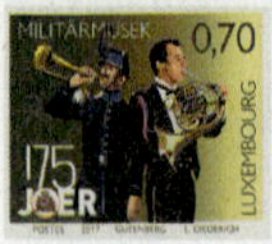


buf) Trompeter (1842) und Hornist (2017)

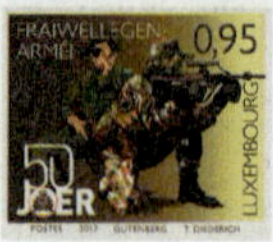


bug) Soldat mit Fernglas (1967) und Sturmgewehr (2017)

**2128** 0.70 (€) mehrfarbig . . . . . . . . . . . . . . . . . . buf 1,60 1,60
**2129** 0.95 (€) mehrfarbig . . . . . . . . . . . . . . . . . . bug 2,20 2,20
Satzpreis (2 W.) 3,80 3,80
FDC 4,50
Kleinbogensatz (2 Klb.) 38,— 38,—

Auflage: 300.000 Sätze

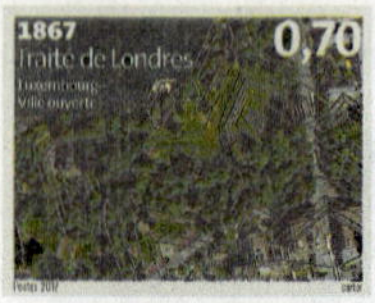


**2017, 9. Mai. 150 Jahre Zweiter Londoner Vertrag. Komb. Odr. und Hfdr. (2×5); gez. K 13.**

buh) Grundriss der Festung von Luxemburg (1794), Satellitenbild des Stadtparks

**2130** 0.70 (€) mehrfarbig . . . . . . . . . . . . . . . . . . buh 1,60 1,60
FDC 2,50
Kleinbogen 16,— 16,—

Auflage: 150.000 Stück

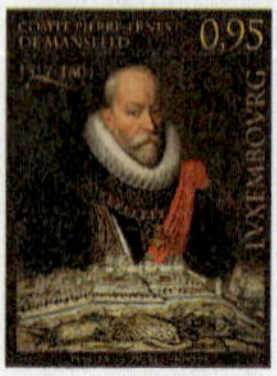


**2017, 9. Mai. 500. Geburtstag von Peter Ernst I. von Mansfeld. Odr. (5×2); gez. K 11½.**

bui) Peter Ernst I. von Mansfeld (1517–1604), Gouverneur von Luxemburg; Schloss La Fontaine, Clausen

**2131** 0.95 (€) mehrfarbig . . . . . . . . . . . . . . . . . . bui 2,20 2,20
FDC 3,—
Kleinbogen 22,— 22,—

Auflage: 150.000 Stück

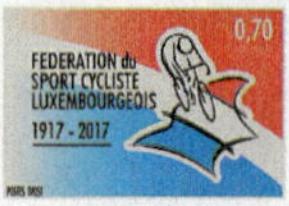


**2017, 4. Juli. 100 Jahre Luxemburger Radsportverband. Odr. (2×5); gez. K 11½.**

buk) Radfahrer, Trikolore (Verbandsemblem)

**2132** 0.70 (€) mehrfarbig . . . . . . . . . . . . . . . . . . buk 1,60 1,60
FDC 2,50
Kleinbogen 16,— 16,—

Auflage: 150.000 Stück

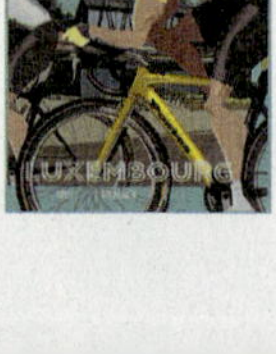


**2017, 4. Juli. Etappe des Radrennens „Tour de France" von Bad Mondorf (Luxemburg) nach Vittel (Frankreich). Odr. (5×2); gez. K 11½.**

bul) Radrennfahrer im Gelben Trikot

**2133** 0.70 (€) mehrfarbig . . . . . . . . . . . . . . . . . . bul 1,60 1,60
FDC 2,50
Kleinbogen 16,— 16,—
Viererblock 6,50 6,50

Auflage: 150.000 Stück

**2017, 25. Aug. Blockausgabe: Multilaterale Briefmarkenausstellung HERTOGPOST 2017, 's-Hertogenbosch (Niederlande). Odr.; gez. Ks 14½.**

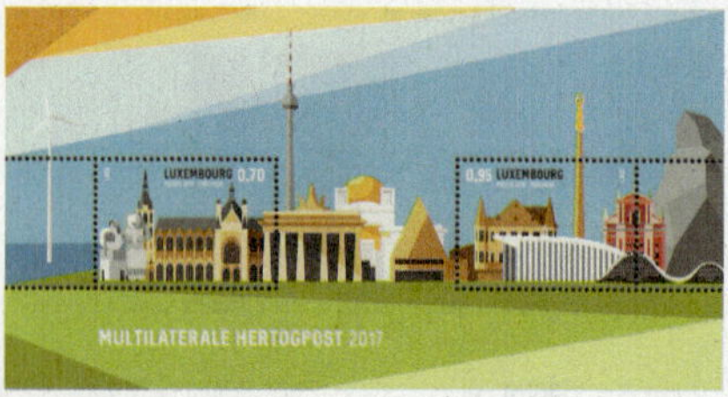


buo

bum) Statue von Zoete Lieve Gerritje mit Hahn, St.-Johannes-Kathedrale, 's-Hertogenbosch
bun) Großherzoglicher Palast, Philharmonie Luxembourg; Mariä-Verkündigung-Kirche, Ljubljana (Slowenien)

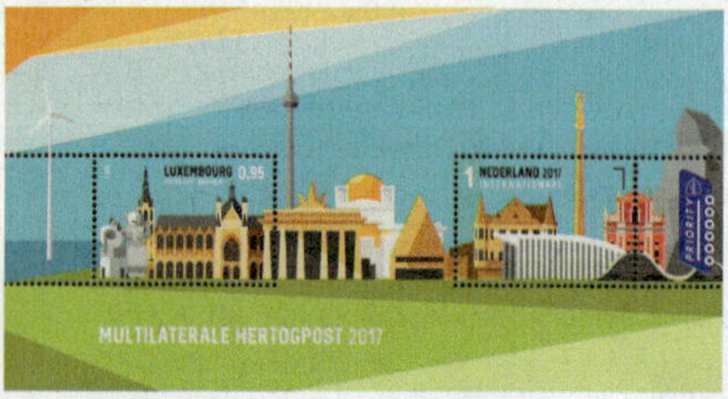


buo I

bum) Statue von Zoete Lieve Gerritje mit Hahn, St.-Johannes-Kathedrale, 's-Hertogenbosch

**2134** 0.70 (€) mehrfarbig . . . . . . . . . . . . bum 1,60 1,60
**2135** 0.95 (€) mehrfarbig . . . . . . . . . . . . bun 2,20 2,20
**Block 38** (144×75 mm) . . . . . . . . . . buo 4,— 4,—
FDC 5,—

**2136** 0.95 (€) mehrfarbig . . . . . . . . . . . . bum *8,—* *8,—*
**Block 39** (144×75 mm) . . . . . . . . . . buo I *20,—* *20,—*

Bl. 39 stammt aus einer Verkaufspackung, die zusätzlich Bl. 38 postfrisch und gestempelt, Bl. 39 gestempelt und Niederlande Bl. 171 postfrisch und gestempelt enthält (Postpreis: 15 €). Er ist identisch mit Niederlande Bl. 172 und enthält zusätzlich die Marke Niederlande MiNr. 3631, jedoch ist nur MiNr. 2136 im Postgebiet Luxemburg frankaturgültig. Zusätzlich wurde Bl. 39 gestempelt als Geschenk an Abonnenten der POST Philately abgegeben.

Auflagen: Bl. 38 = 75.000, Bl. 39 = 40.000 Blocks

*Parallelausgabe mit Niederlande MiNr. 3630–3631/Bl. 171–172*

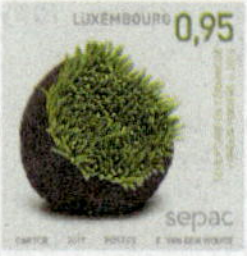


**2017, 19. Sept. SEPAC: Handwerk. Odr. (2×5); gez. K 13½.**

bup) Keramikskulptur „Green Fingers" von Ellen van der Woude (*1960), niederländische Künstlerin

**2137** 0.95 (€) mehrfarbig . . . . . . . . . . . . . . . . . bup 2,20 2,20
FDC 3,10
Kleinbogen 22,— 22,—

Auflage: 150.000 Stück

**2017, 19. Sept. Blockausgabe: 175 Jahre Luxemburgische Post. Odr.; gez. Ks 13¾.**

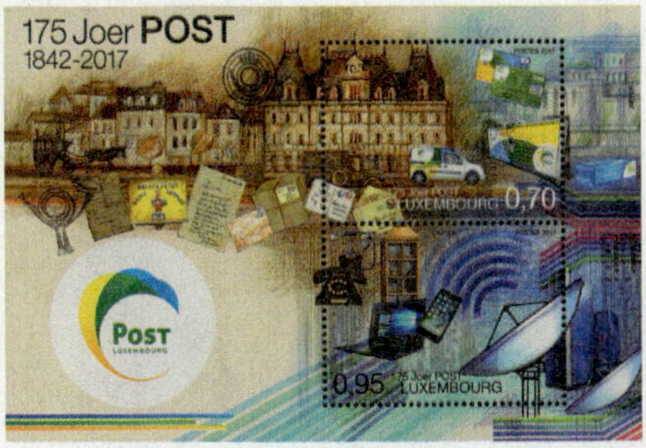


but

bur) Hauptpostamt, Luxemburg-Stadt; Briefe, Postfahrzeuge, Kreditkarten, PackUp-24/24-Station
bus) Telefonapparate, Telefonzelle, Notebook, Smartphone, Satellitenschüssel

bur–bus) Dienstleistungen der Post früher und heute

| | | | | |
|---|---|---|---|---|
| **2138** | 0.70 (€) mehrfarbig | bur | 1,60 | 1,60 |
| **2139** | 0.95 (€) mehrfarbig | bus | 2,20 | 2,20 |
| **Block 40** | (120×80 mm) | but | 3,80 | 3,80 |
| | | FDC | | 4,70 |

Auflage: 75.000 Blocks

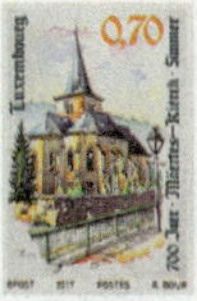

**2017, 19. Sept. 700 Jahre St.-Martins-Pfarrkirche von Simmern. Odr. (5×2); gez. K 11½.**

buu) St.-Martins-Pfarrkirche, Simmern

| | | | | |
|---|---|---|---|---|
| **2140** | 0.70 (€) mehrfarbig | buu | 1,60 | 1,60 |
| | | FDC | | 2,50 |
| | | Kleinbogen | 16,— | 16,— |

Auflage: 150.000 Stück

**2017, 5. Dez. Weihnachten. Odr. mit Lacküberzug (3×4); gez. K 13.**

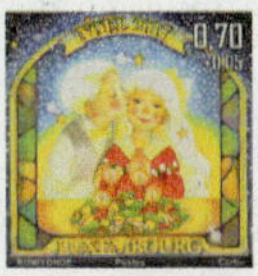

buv) Junge küsst Mädchen auf die Wange, Adventskranz

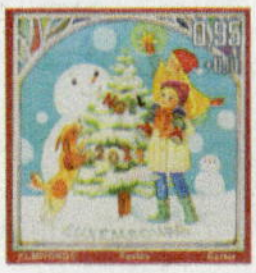

buw) Kinder schmücken Christbaum, Hund, Schneemann

| | | | | |
|---|---|---|---|---|
| **2141** | 0.70 (€) + 0.05 (€) mehrfarbig | buv | 1,70 | 1,70 |
| **2142** | 0.95 (€) + 0.10 (€) mehrfarbig | buw | 2,30 | 2,30 |
| | | Satzpreis (2 W.) | 4,— | 4,— |
| | | FDC | | 5,— |

Auflage: MiNr. 2141 = 200.000, MiNr. 2142 = 100.000 Stück

**2017, 5. Dez. Freimarken: Rosen. Odr., Rolle (100); selbstklebend; gestanzt 11.**

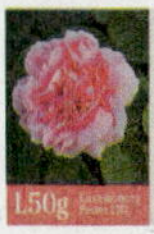

bux) „Grand-Duc Adolphe de Luxembourg" (1891)

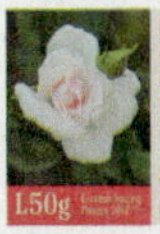

buy) „Princesse Marie-Adelaïde de Luxembourg" (1893)

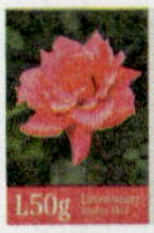

buz) „Grande-Duchesse Charlotte" (1939)

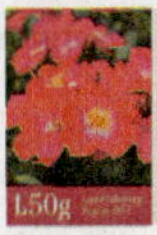

bva) „Grand-Duc Jean" (2010)

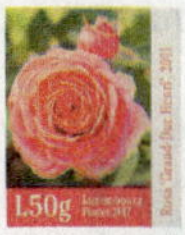

bvb) „Grand-Duc Henri" (2001)

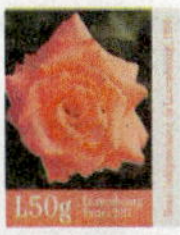

bvc) „Indépendance du Luxembourg" (1990)

| | | | | |
|---|---|---|---|---|
| **2143** | L50g mehrfarbig | bux | 1,80 | 1,20 |
| **2144** | L50g mehrfarbig | buy | 1,80 | 1,20 |
| **2145** | L50g mehrfarbig | buz | 1,80 | 1,20 |
| **2146** | L50g mehrfarbig | bva | 1,80 | 1,20 |
| **2147** | L50g mehrfarbig | bvb | 1,80 | 1,20 |
| **2148** | L50g mehrfarbig | bvc | 1,80 | 1,20 |
| | | Satzpreis (6 W.) | 10,80 | 7,— |
| | | FDC | | 11,— |
| | | Sechserstreifen | 11,— | 8,— |

Nominale zur Zeit der Ausgabe: je 0.70 €

MiNr. 2143–2148 wurden zusammen in der Rolle gedruckt.

Auflage: 55.000.000 Sätze

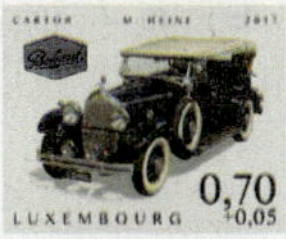

**2017, 5. Dez. Alte Kraftfahrzeuge (IV). Komb. Odr. und Pdr. mit Lacküberzug (2×5); gez. K 13:13¼.**

bvd) Packard Standard Eight 833 (1931)

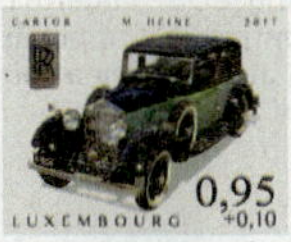

bve) Rolls-Royce 20/25 (1934)

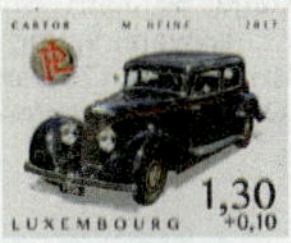

bvf) Panoramique 6DS X71 (1936)

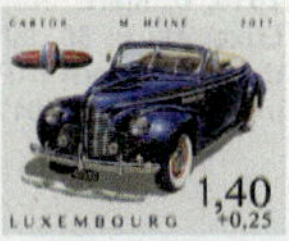

bvg) Buick 56C (1940)

| | | | | |
|---|---|---|---|---|
| **2149** | 0.70 (€) + 0.05 (€) mehrfarbig | bvd | 1,70 | 1,70 |
| **2150** | 0.95 (€) + 0.10 (€) mehrfarbig | bve | 2,30 | 2,30 |
| **2151** | 1.30 (€) + 0.10 (€) mehrfarbig | bvf | 3,20 | 3,20 |
| **2152** | 1.40 (€) + 0.25 (€) mehrfarbig | bvg | 3,80 | 3,80 |
| | | Satzpreis (4 W.) | 11,— | 11,— |
| | | FDC | | 12,— |
| | | Kleinbogensatz (4 Klb.) | 110,— | 110,— |

Auflage: 100.000 Sätze

**2017, 5. Dez. Eröffnung der Straßenbahn von Luxexpo nach Pfaffenthal sowie der Standseilbahn Pfaffenthal-Kirchberg. Odr. (2×5); MiNr. 2153 = gez. K 12, MiNr. 2154 = gez. K 11½.**

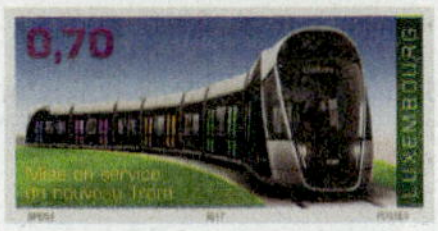

bvh) Straßenbahnzug „Urbos 3"

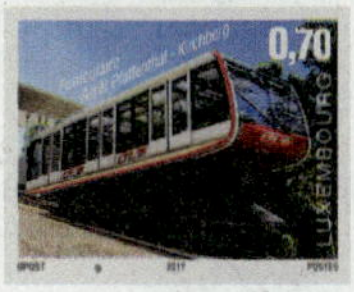

bvi) Kabine an der Bergstation Kirchberg-Plateau

| | | | | |
|---|---|---|---|---|
| **2153** | 0.70 (€) mehrfarbig | bvh | 1,60 | 1,60 |
| **2154** | 0.70 (€) mehrfarbig | bvi | 1,60 | 1,60 |
| | | Satzpreis (2 W.) | 3,20 | 3,20 |
| | | FDC | | 4,— |
| | | Kleinbogensatz (2 Klb.) | 32,— | 32,— |

Auflage: 150.000 Sätze

**2017, 5. Dez. Luxemburgische Orden. Komb. RaTdr. mit Pdr. (5×2); gez. K 13½:13.**

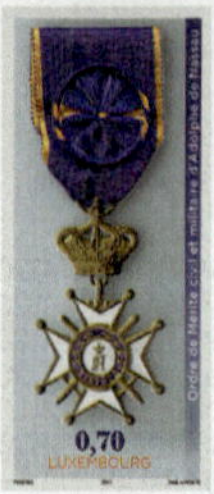


bvk) Militär- und Zivildienstorden Adolphs von Nassau

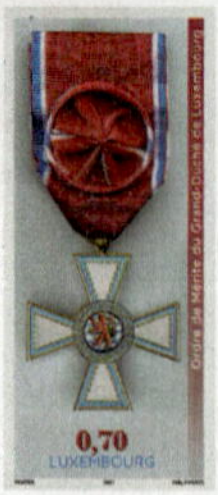


bvl) Verdienstorden des Großherzogtums Luxemburg

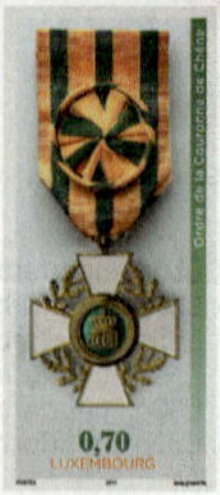


bvm) Orden der Eichenkrone

| | | | | | |
|---|---|---|---|---|---|
| **2155** | 0.70 (€) mehrfarbig | bvk | 1,60 | 1,60 |
| **2156** | 0.70 (€) mehrfarbig | bvl | 1,60 | 1,60 |
| **2157** | 0.70 (€) mehrfarbig | bvm | 1,60 | 1,60 |
| | | Satzpreis (3 W.) | 4,80 | 4,80 |
| | | FDC | | 5,80 |
| | | Kleinbogensatz (3 Klb.) | 48,— | 48,— |

Auflage: 150.000 Sätze

**2018, 6. März. Jahrestage: 50 Jahre Stiftung SOS Kinderdorf Luxemburg; 50 Jahre Elternvereinigung von psychisch behinderten Kindern (APEMH) (2017); 125 Jahre Jungengymnasium in Luxemburg (2017). Odr. (2×5, Hochformat ~); gez. K 11½.**

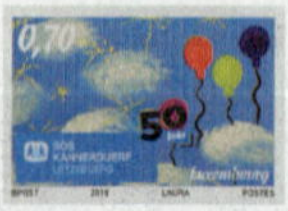


bvn) Sterne, Wolken, Luftballons (Kinderzeichnung)

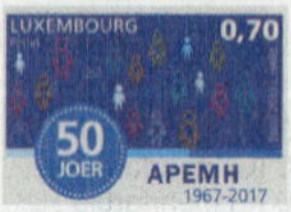


bvo) Piktogramme von Menschen

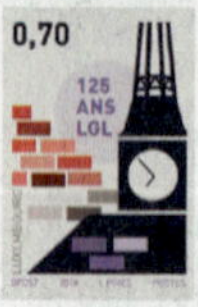


bvp) Ziegelsteine, Uhrturm des Gymnasiums

| | | | | |
|---|---|---|---|---|
| **2158** | 0.70 (€) mehrfarbig | bvn | 1,60 | 1,60 |
| **2159** | 0.70 (€) mehrfarbig | bvo | 1,60 | 1,60 |
| **2160** | 0.70 (€) mehrfarbig | bvp | 1,60 | 1,60 |
| | | Satzpreis (3 W.) | 4,80 | 4,80 |
| | | FDC | | 5,80 |
| | | Kleinbogensatz (3 Klb.) | 48,— | 48,— |

Auflage: 150.000 Sätze

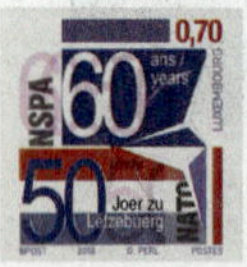


**2018, 6. März. 60 Jahre Logistikdienstleister „NATO Support and Procurement Agency" (NSPA). Odr. (2×5); gez. K 12½.**

bvr) Emblem, Nationalfarben

| | | | | |
|---|---|---|---|---|
| **2161** | 0.70 (€) mehrfarbig | bvr | 1,60 | 1,60 |
| | | FDC | | 2,50 |
| | | Kleinbogen | 16,— | 16,— |

Auflage: 150.000 Stück

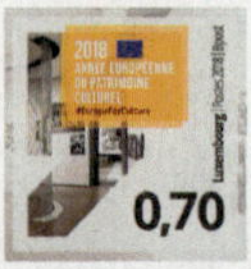


**2018, 6. März. Europäisches Jahr des Kulturerbes. Odr. (2×5); gez. K 12½.**

bvs) Ausstellungsräume mit Gemälde, Emblem

| | | | | |
|---|---|---|---|---|
| **2162** | 0.70 (€) mehrfarbig | bvs | 1,60 | 1,60 |
| | | FDC | | 2,50 |
| | | Kleinbogen | 16,— | 16,— |

Auflage: 150.000 Stück

**2018, 15. Mai. Persönlichkeiten. Odr. (5×2); gez. K 11½.**

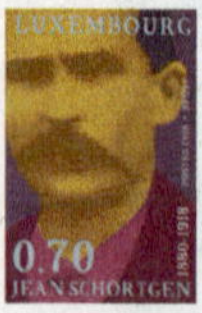


bvt) Jean Schortgen (1880–1918), Bergmann, Gewerkschafter und Politiker

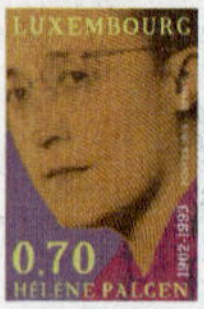


bvu) Hélène Palgen (1902–1993), Sprachwissenschaftlerin

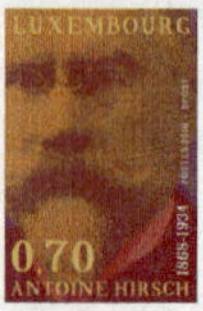


bvv) Antoine Hirsch (1868–1934), Ingenieur, Architekt, Autor und Maler

| | | | | |
|---|---|---|---|---|
| **2163** | 0.70 (€) mehrfarbig | bvt | 1,60 | 1,60 |
| **2164** | 0.70 (€) mehrfarbig | bvu | 1,60 | 1,60 |
| **2165** | 0.70 (€) mehrfarbig | bvv | 1,60 | 1,60 |
| | | Satzpreis (3 W.) | 4,80 | 4,80 |
| | | FDC | | 5,50 |
| | | Kleinbogensatz (3 Klb.) | 48,— | 48,— |

Auflage: 150.000 Sätze

**2018, 15. Mai. Europa: Brücken. Odr. (2×5); gez. K 11½.**

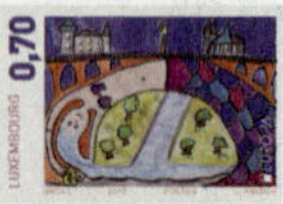


bvw) Meerjungfrau; von Lola Kirsch

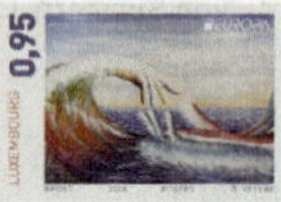


bvx) Welle und Hände; von Gaia Vetere

bvw–bvx) Gewinner eines Schülermalwettbewerbs der Luxemburgischen Post

| | | | | |
|---|---|---|---|---|
| **2166** | 0.70 (€) mehrfarbig | bvw | 1,60 | 1,60 |
| **2167** | 0.95 (€) mehrfarbig | bvx | 2,20 | 2,20 |
| | | Satzpreis (2 W.) | 3,80 | 3,80 |
| | | FDC | | 4,80 |
| | | Kleinbogensatz (2 Klb.) | 38,— | 38,— |

Auflage: 150.000 Sätze

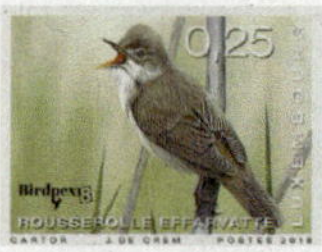


**2018, 15. Mai. Seltene Vögel (I). Odr. (2×5); gez. K 14.**

bvy) Teichrohrsänger (Acrocephalus scirpaceus)

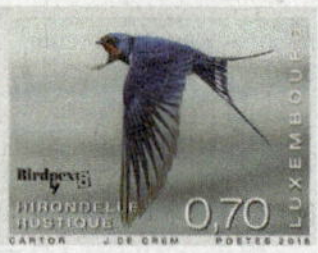


bvz) Rauchschwalbe (Hirundo rustica)

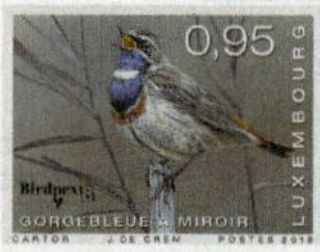


bwa) Blaukehlchen (Luscinia svecica)

| | | | | |
|---|---|---|---|---|
| **2168** | 0.25 (€) mehrfarbig | bvy | 0,60 | 0,60 |
| **2169** | 0.70 (€) mehrfarbig | bvz | 1,60 | 1,60 |
| **2170** | 0.95 (€) mehrfarbig | bwa | 2,20 | 2,20 |
| | | Satzpreis (3 W.) | 4,40 | 4,40 |
| | | FDC | | 5,30 |
| | | Kleinbogensatz (3 Klb.) | 44,— | 44,— |

Auflage: 150.000 Sätze

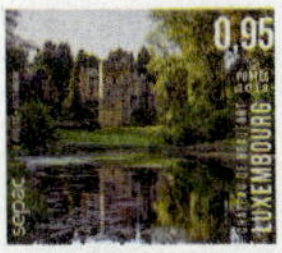


**2018, 15. Mai. SEPAC: Spektakuläre Ausblicke. Odr. (2×5); selbstklebend; gez. K 12¼.**

bwb) Burg Beaufort, Befort

| | | | | |
|---|---|---|---|---|
| **2171** | 0.95 (€) mehrfarbig | bwb | 2,20 | 2,20 |
| | | FDC | | 3,10 |
| | | Kleinbogen | 22,— | 22,— |

Auflage: 1.000.000 Stück

**2018, 15. Mai. Blockausgabe: 150. Geburtstag von John Grün. Odr.; gez. Ks 11¾.**

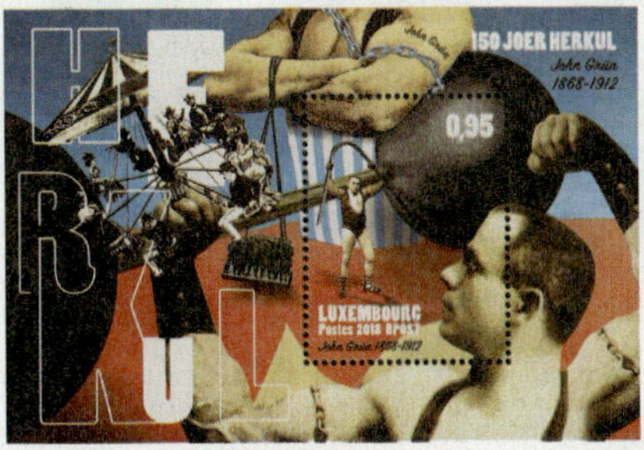


bwd

bwc) Jean „John“ Grün (1868–1912), Kraftmensch

| | | | | |
|---|---|---|---|---|
| **2172** | 0.95 (€) mehrfarbig | bwc | 2,20 | 2,20 |
| **Block 41** | (120×80 mm) | bwd | 2,20 | 2,20 |
| | | FDC | | 3,10 |

Auflage: 75.000 Blocks

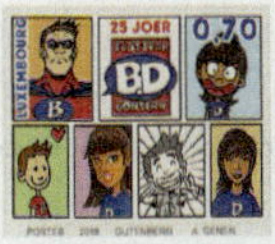


**2018, 15. Mai. 25 Jahre Comic-Festival in Contern. Odr. (2×5); selbstklebend; gez. K 12¼:12½.**

bwe) Comiczeichnungen von Andy Genen (*1979)

| | | | | |
|---|---|---|---|---|
| **2173** | 0.70 (€) mehrfarbig | bwe | 1,60 | 1,60 |
| | | FDC | | 2,50 |
| | | Kleinbogen | 16,— | 16,— |

Auflage: 500.000 Stück

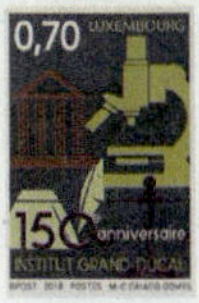


**2018, 15. Mai. 150 Jahre „Institut Grand-Ducal“. Odr. (5×2); gez. K 11½.**

bwf) Tempel, Mikroskop, Tintenfass mit Feder, Waage

| | | | | |
|---|---|---|---|---|
| **2174** | 0.70 (€) mehrfarbig | bwf | 1,60 | 1,60 |
| | | FDC | | 2,50 |
| | | Kleinbogen | 16,— | 16,— |

Auflage: 150.000 Stück

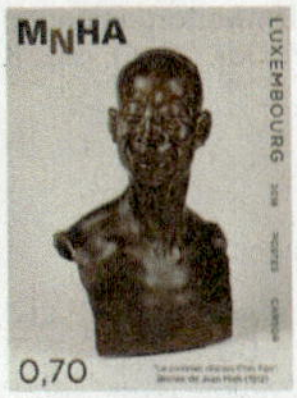


**2018, 18. Sept. Jean-Mich-Ausstellung im Nationalmuseum für Geschichte und Kunst. Komb. Odr. und Pdr. (5×2); gez. K 13¼.**

bwg) Le cuisinier chinois Chih Fan; Skulptur von Jean Mich (1871–1932)

| | | | | |
|---|---|---|---|---|
| **2175** | 0.70 (€) mehrfarbig | bwg | 1,60 | 1,60 |
| | | FDC | | 2,50 |
| | | Kleinbogen | 16,— | 16,— |

Auflage: 100.000 Stück

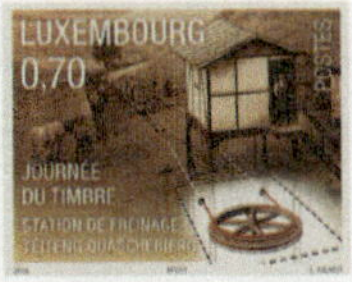


**2018, 18. Sept. Tag der Briefmarke. Odr. (2×5); gez. K 11½.**

bwh) Bremsberg „Téiten Quäschebierg“, Antriebsrad

| | | | | |
|---|---|---|---|---|
| **2176** | 0.70 (€) mehrfarbig | bwh | 1,60 | 1,60 |
| | | FDC | | 2,50 |
| | | Kleinbogen | 16,— | 16,— |

Auflage: 150.000 Stück

**2018, 18. Sept. Blockausgabe: 100. Jahrestag der Beendigung des Ersten Weltkrieges. Odr.; gez. Ks 11½.**

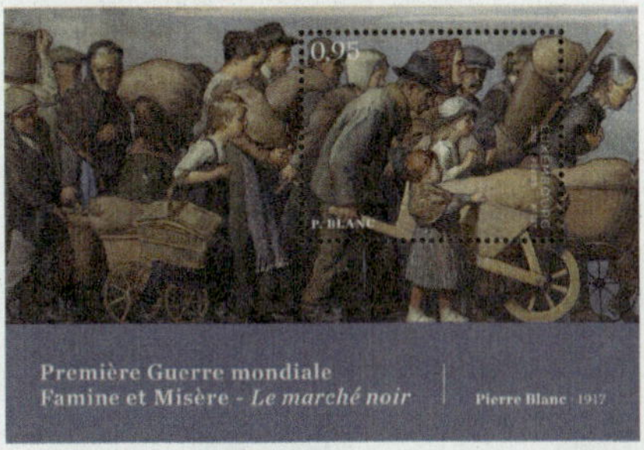


bwk

bwi) Menschen mit Schubkarren und Bündeln; Detail aus der Zeichnung „Schwarzmarkt“ von Pierre Blanc (1872–1946)

| | | | | |
|---|---|---|---|---|
| **2177** | 0.95 (€) mehrfarbig | bwi | 2,20 | 2,20 |
| **Block 42** | (120×80 mm) | bwk | 2,20 | 2,20 |
| | | FDC | | 3,— |

Auflage: 75.000 Blocks

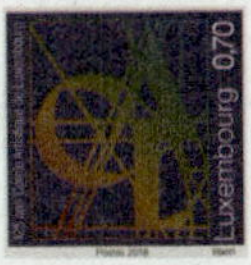


**2018, 18. Sept. 125 Jahre Cercle Artistique de Luxembourg (CAL). Odr. (2×5); gez. K 12½.**

bwl) CAL-Emblem

| | | | | |
|---|---|---|---|---|
| **2178** | 0.70 (€) mehrfarbig | bwl | 1,60 | 1,60 |
| | | FDC | | 2,50 |
| | | Kleinbogen | 16,— | 16,— |

Auflage: 100.000 Stück

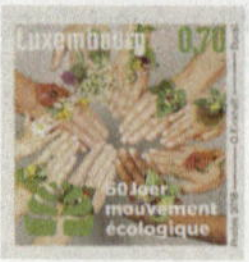

**2018, 18. Sept. 50 Jahre Umweltorganisation „Mouvement Ecologique". Odr. (2×5); gez. K 12¾.**

bwm) Hände mit Blumen und Blättern

| | | | | |
|---|---|---|---|---|
| **2179** | 0.70 (€) mehrfarbig | bwm | 1,60 | 1,60 |
| | | FDC | | 2,50 |
| | | Kleinbogen | 16,— | 16,— |

Auflage: 100.000 Stück

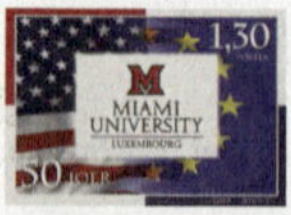

**2018, 18. Sept. 50 Jahre Miami University in Luxemburg. Odr. (2×5); gez. K 11½.**

bwn) Flaggen der USA und der EU, Universitätsemblem

| | | | | |
|---|---|---|---|---|
| **2180** | 1.30 (€) mehrfarbig | bwn | 3,— | 3,— |
| | | FDC | | 4,— |
| | | Kleinbogen | 30,— | 30,— |

Auflage: 100.000 Stück

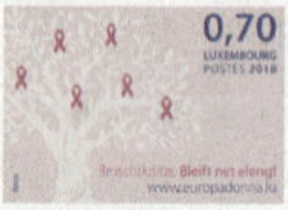

**2018, 18. Sept. Brustkrebsvorbeugung. Odr. (2×5); gez. K 11½.**

bwo) Baum mit rosa Schleifen

| | | | | |
|---|---|---|---|---|
| **2181** | 0.70 (€) mehrfarbig | bwo | 1,60 | 1,60 |
| | | FDC | | 2,50 |
| | | Kleinbogen | 16,— | 16,— |

Auflage: 150.000 Stück

**2018, 4. Dez. Weihnachten. Odr. auf Transparentpapier (3×4); selbstklebend; gestanzt 13½.**

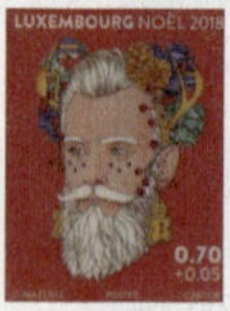

bwp) Bärtiger Mann mit weihnachtlichem Kopfschmuck

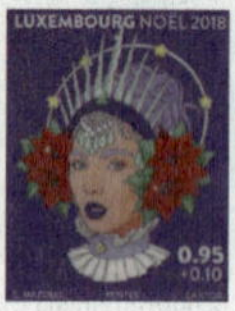

bwr) Frau mit weihnachtlichem Kopfschmuck

| | | | | |
|---|---|---|---|---|
| **2182** | 0.70 (€) + 0.05 (€) mehrfarbig | bwp | 1,70 | 1,70 |
| **2183** | 0.95 (€) + 0.10 (€) mehrfarbig | bwr | 2,30 | 2,30 |
| | | Satzpreis (2 W.) | 4,— | 4,— |
| | | FDC | | 5,— |

Auflagen: MiNr. 2182 = 200.000, MiNr. 2183 = 100.000 Stück

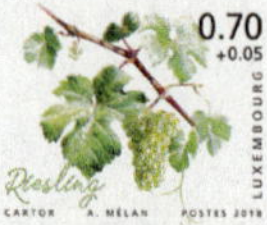

**2018, 4. Dez. Luxemburger Moselregion (I): Rebsorten. Odr. (2×5); gez. K 13:13¼.**

bws) Riesling

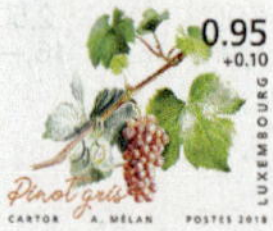

bwt) Pinot gris

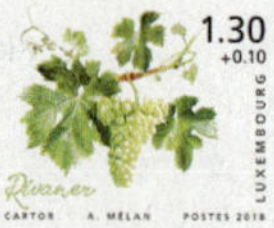

bwu) Müller-Thurgau

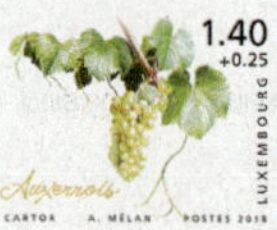

bwv) Auxerrois

| | | | | |
|---|---|---|---|---|
| **2184** | 0.70 (€) + 0.05 (€) mehrfarbig | bws | 1,70 | 1,70 |
| **2185** | 0.95 (€) + 0.10 (€) mehrfarbig | bwt | 2,30 | 2,30 |
| **2186** | 1.30 (€) + 0.10 (€) mehrfarbig | bwu | 3,20 | 3,20 |
| **2187** | 1.40 (€) + 0.25 (€) mehrfarbig | bwv | 3,80 | 3,80 |
| | | Satzpreis (4 W.) | 11,— | 11,— |
| | | FDC | | 12,— |
| | | Kleinbogensatz (4 Klb.) | 110,— | 110,— |

Auflage: 100.000 Sätze

**2018, 4. Dez. Pflaumen. Odr., Markenheftchen (1×2 Zd); gestanzt 11.**

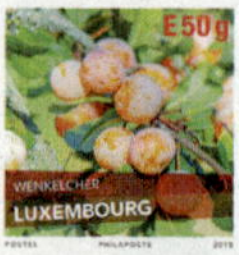

bww) Wënkelcher

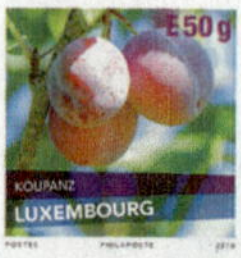

bwx) Koupanz

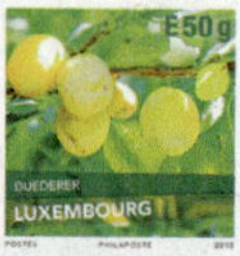

bwy) Duederer

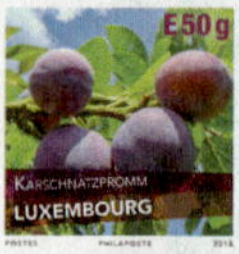

bwz) Prënzepromm oder Prune de Prince

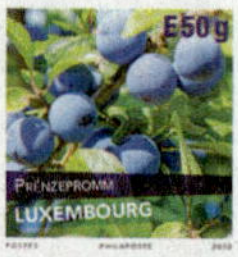

bxa) Karschnatzpromm

| | | | | |
|---|---|---|---|---|
| **2188** | E 50 g mehrfarbig | bww | 2,40 | 1,60 |
| **2189** | E 50 g mehrfarbig | bwx | 2,40 | 1,60 |
| **2190** | E 50 g mehrfarbig | bwy | 2,40 | 1,60 |
| **2191** | E 50 g mehrfarbig | bwz | 2,40 | 1,60 |
| **2192** | E 50 g mehrfarbig | bxa | 2,40 | 1,60 |
| | | Satzpreis (5 W.) | 12,— | 8,— |
| | | FDC | | 12,50 |
| | | Fünferstreifen | 12,— | 10,— |
| | | Markenheftchen | 24,— | 12,— |

Nominale zur Zeit der Ausgabe: je 0.95 €

MiNr. 2188–2192 wurden waagerecht zusammenhängend gedruckt.

Auflage: 500.000 Markenheftchen

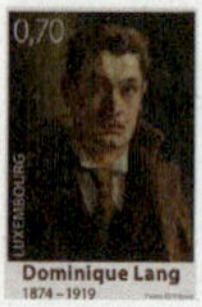

**2019, 1. April. 100. Todestag von Dominique Lang. Odr. (5×2); gez. K 11½.**

bxb) Selbstporträt; Gemälde von Dominique Lang (1874–1919), Maler

| | | | | |
|---|---|---|---|---|
| **2193** | 0.70 (€) mehrfarbig | bxb | 1,60 | 1,60 |
| | | FDC | | 2,50 |
| | | Kleinbogen | 16,— | 16,— |

Auflage: 100.000 Stück

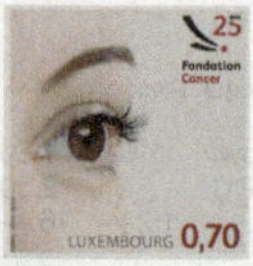

**2019, 1. April. 25 Jahre Krebsstiftung „Fondation Cancer". Odr. (2×5); gez. K 12½.**

bxc) Menschliches Auge, Emblem

| | | | | |
|---|---|---|---|---|
| **2194** | 0.70 (€) mehrfarbig | bxc | 1,60 | 1,60 |
| | | FDC | | 2,50 |
| | | Kleinbogen | 16,— | 16,— |

Auflage: 100.000 Stück

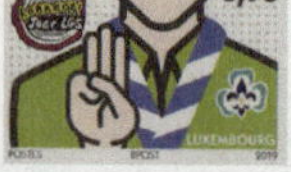

**2019, 1. April. 100 Jahre Pfadfinderbewegung „Lëtzebuerger Guiden a Scouten". Odr. (2×5); gez. K 11½.**

bxd) Grüßender Pfadfinder, Emblem der Pfadfinderbewegung „Lëtzebuerger Guiden a Scouten"

**2195** 0.70 (€) mehrfarbig . . . . . . . . bxd 1,60 1,60
FDC 2,50
Kleinbogen 16,— 16,—

Auflage: 100.000 Stück

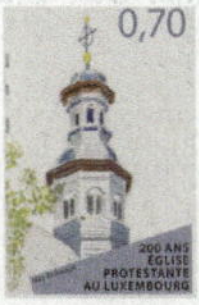


**2019, 1. April. 200 Jahre Protestantische Kirche in Luxemburg. Odr. (5×2); gez. K 11½.**

bxe) Turm der Dreifaltigkeitskirche, Luxemburg-Stadt

**2196** 0.70 (€) mehrfarbig . . . . . . . . bxe 1,60 1,60
FDC 2,50
Kleinbogen 16,— 16,—

Auflage: 100.000 Stück

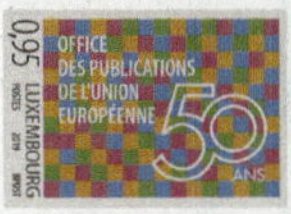


**2019, 1. April. 50 Jahre Amt für Veröffentlichungen der Europäischen Union. Odr. (2×5); gez. K 11½.**

bxf) Jubiläumsinschrift auf bunten Quadraten

**2197** 0.95 (€) mehrfarbig . . . . . . . . bxf 2,30 2,30
FDC 3,30
Kleinbogen 23,— 23,—

Auflage: 100.000 Stück

**Posttarife Luxemburg (1.5.2019–31.8.2022)**

ermäßigter Inlandsbrief bis 50 g („ATR 50g“): 0.40 € (zuvor: 0.35 €)
Inlandsbrief bis 50 g („L 50g“): 0.80 € (zuvor: 0.70 €)
Auslandsbrief nach Europa bis 50 g („E 50g“): 1.05 € (zuvor: 0.95 €)
Auslandsbrief nach Übersee bis 50 g („M 50g“): 1.40 € (zuvor: 1.30 €)

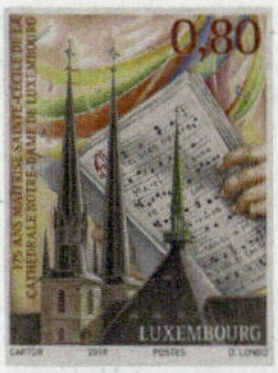


**2019, 7. Mai. 175 Jahre Sankt-Cäcilien-Chor der Kathedrale Notre-Dame, Luxemburg. Odr. (5×2); gez. K 13.**

bxg) Kathedrale Notre-Dame, Hand mit Notenblatt, bunte Bänder

**2198** 0.80 (€) mehrfarbig . . . . . . . . bxg 1,80 1,80
FDC 2,80
Kleinbogen 18,— 18,—

Auflage: 100.000 Stück

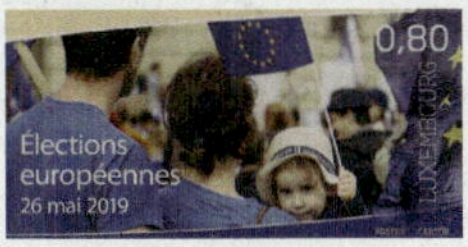


**2019, 7. Mai. Neunte Direktwahlen zum Europäischen Parlament. Odr. (2×5); gez. K 12½.**

bxh) Familie mit Europafahne

**2199** 0.80 (€) mehrfarbig . . . . . . . . bxh 1,80 1,80
FDC 2,80
Kleinbogen 18,— 18,—

Auflage: 100.000 Stück

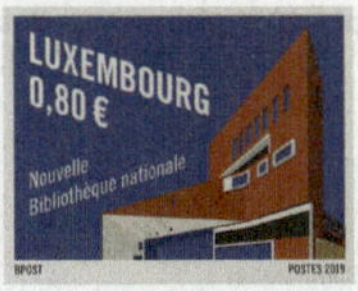


**2019, 7. Mai. Neue Nationalbibliothek. Odr. (2×5); gez. K 11½.**

bxi) Hauptgebäude der Neuen Nationalbibliothek, Luxemburg-Stadt

**2200** 0.80 € mehrfarbig . . . . . . . . bxi 1,80 1,80
FDC 2,80
Kleinbogen 18,— 18,—

Auflage: 100.000 Stück

**2019, 7. Mai. Europa: Einheimische Vögel. Odr. (2×5); gez. K 13¼.**

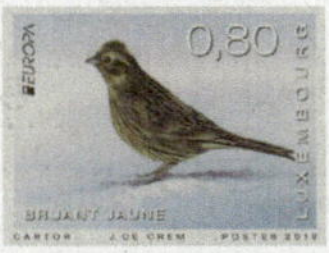


bxk) Goldammer (Emberiza citrinella)

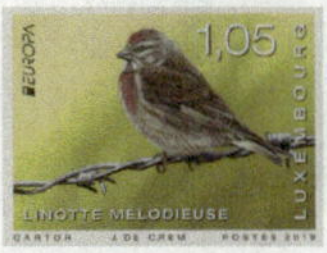


bxl) Bluthänfling (Carduelis cannabina)

**2201** 0.80 (€) mehrfarbig . . . . . . . . bxk 1,80 1,80
**2202** 1.05 (€) mehrfarbig . . . . . . . . bxl 2,40 2,40
Satzpreis (2 W.) 4,20 4,20
FDC 5,20
Kleinbogensatz (2 Klb.) 42,— 42,—

Auflage: 200.000 Sätze

**2019, 7. Mai. Urlaub auf dem Land (I). Odr. (2×5); selbstklebend; gez. K 12:12½.**

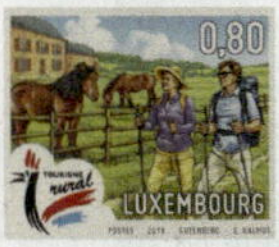


bxm) Wanderndes Paar bei Pferdekoppel

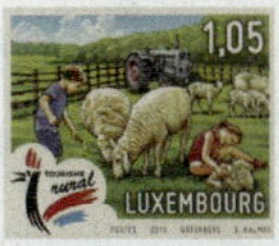


bxn) Junge und Mädchen auf Schafweide

**2203** 0.80 (€) mehrfarbig . . . . . . . . bxm 1,80 1,80
**2204** 1.05 (€) mehrfarbig . . . . . . . . bxn 2,40 2,40
Satzpreis (2 W.) 4,20 4,20
FDC 5,20
Kleinbogensatz (2 Klb.) 42,— 42,—

Auflage: 1.000.000 Sätze

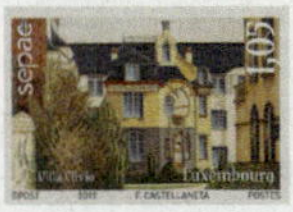


**2019, 7. Mai. SEPAC: Historische Wohnhäuser. Odr. (2×5); gez. K 11½.**

bxo) Jugendstil-Haus „Villa Clivio“, Luxemburg-Stadt

**2205** 1.05 (€) mehrfarbig . . . . . . . . bxo 2,40 2,40
FDC 3,40
Kleinbogen 24,— 24,—

Auflage: 100.000 Stück

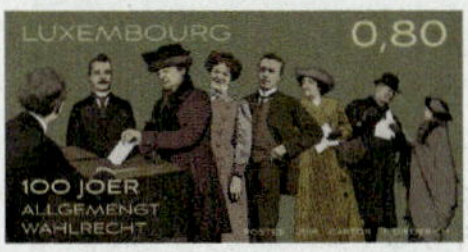


**2019, 17. Sept. 100 Jahre allgemeines Wahlrecht. Odr. (2×5); gez. K 12½.**

bxp) Wähler bei der Stimmabgabe

**2206** 0.80 (€) mehrfarbig . . . . . . . . bxp 1,80 1,80
FDC 2,80
Kleinbogen 18,— 18,—

Auflage: 100.000 Stück

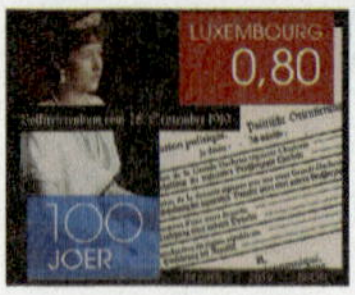


**2019, 17. Sept. 100. Jahrestag des Referendums von 1919. Odr. (2×5); gez. K 12¾.**

bxr) Großherzogin Charlotte (1896–1985, reg. 1919–1964); Stimmzettel

| | | | | |
|---|---|---|---|---|
| **2207** | 0.80 (€) mehrfarbig | bxr | 1,80 | 1,80 |
| | | FDC | | 2,80 |
| | | Kleinbogen | 18,— | 18,— |

Auflage: 100.000 Stück

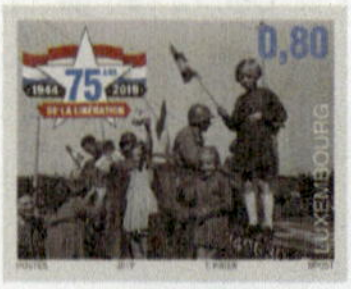


**2019, 17. Sept. 75. Jahrestag der Befreiung. Odr. (2×5); gez. K 11½.**

bxs) Kinder begrüßen amerikanische Soldaten

| | | | | |
|---|---|---|---|---|
| **2208** | 0.80 (€) mehrfarbig | bxs | 1,80 | 1,80 |
| | | FDC | | 2,80 |
| | | Kleinbogen | 18,— | 18,— |

Auflage: 100.000 Stück

**2019, 17. Sept. Blockausgabe: 85 Jahre Föderation der Philatelistischen Gesellschaften Luxemburgs (FSPL). Komb. StTdr. und Odr.; gez. Ks 14:13¼.**

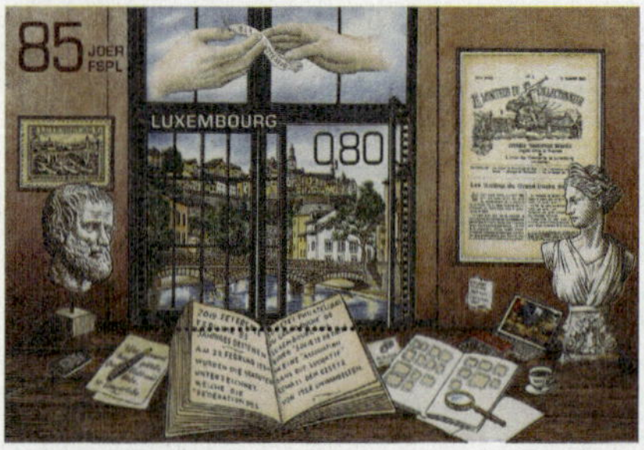


bxu

bxt) Fensterblick auf die Alzette, Luxemburg-Stadt

| | | | | |
|---|---|---|---|---|
| **2209** | 0.80 (€) mehrfarbig | bxt | 1,80 | 1,80 |
| **Block 43** | (120×80 mm) | bxu | 1,80 | 1,80 |
| | | FDC | | 2,80 |

Auflage: 75.000 Blocks

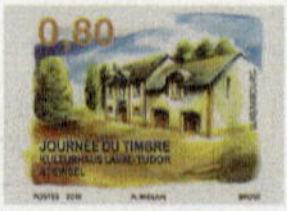


**2019, 17. Sept. Tag der Briefmarke. Odr. (2×5); gez. K 11½.**

bxv) Kulturhaus Laval-Tudor, Steinsel

| | | | | |
|---|---|---|---|---|
| **2210** | 0.80 (€) mehrfarbig | bxv | 1,80 | 1,80 |
| | | FDC | | 2,80 |
| | | Kleinbogen | 18,— | 18,— |

Auflage: 100.000 Stück

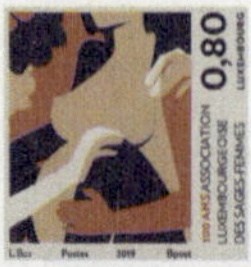


**2019, 17. Sept. 100 Jahre Luxemburgische Hebammenvereinigung. Odr. (2×5); gez. K 12½.**

bxw) Gebärende, helfende Hände

| | | | | |
|---|---|---|---|---|
| **2211** | 0.80 (€) mehrfarbig | bxw | 1,80 | 1,80 |
| | | FDC | | 2,80 |
| | | Kleinbogen | 18,— | 18,— |

Auflage: 100.000 Stück

**2019, 8. Nov. Blockausgabe: Kaiser Karl V. Komb. Odr. und Hfdr.; gez. Ks 13:13¼.**

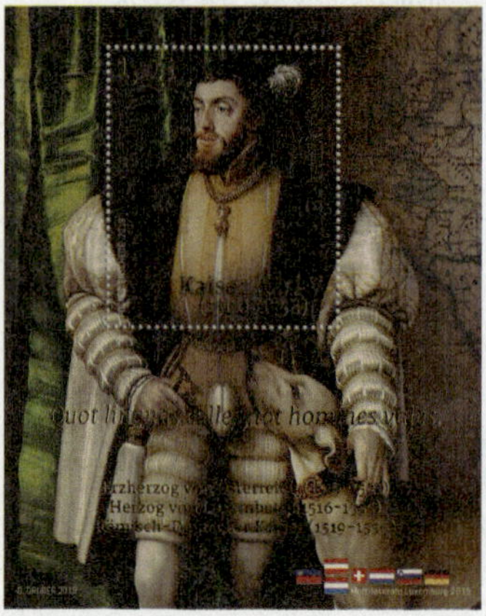

bxy

bxx) Karl V. (1500–1558), Erzherzog von Österreich, Herzog von Luxemburg und Römisch-Deutscher Kaiser

| | | | | |
|---|---|---|---|---|
| **2212** | 1.05 (€) mehrfarbig | bxx | 2,40 | 2,40 |
| **Block 44** | (90×110 mm) | bxy | 2,40 | 2,40 |
| | | FDC | | 3,40 |

Auflage: 75.000 Blocks

*Parallelausgabe mit Österreich MiNr. 3494/Bl. 111*

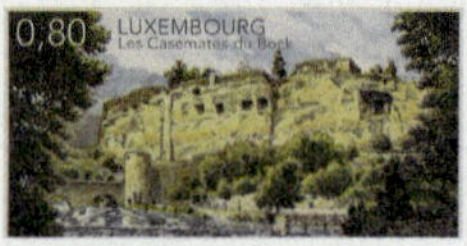


**2019, 8. Nov. Kasematten von Luxemburg-Stadt. Odr. (2×5); gez. K 12½.**

bxz) Burg Lucilinburhuc, Luxemburg-Stadt

| | | | | |
|---|---|---|---|---|
| **2213** | 0.80 (€) mehrfarbig | bxz | 1,80 | 1,80 |
| | | FDC | | 2,80 |
| | | Kleinbogen | 18,— | 18,— |

Auflage: 100.000 Stück

*Parallelausgabe mit Gibraltar MiNr. 1945*

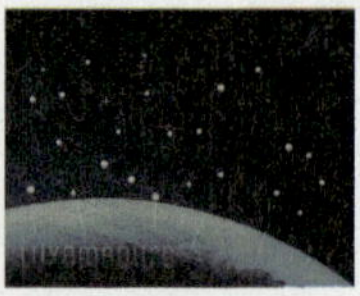

**2019, 8. Nov. Space Resources – Initiative zur Erforschung und Nutzung von Weltraumressourcen. Odr. auf Silberfolie (2×5); gez. K 13¼.**

bya) Planetenoberfläche, Elementsymbole

| | | | | |
|---|---|---|---|---|
| **2214** | 1.40 (€) mehrfarbig | bya | 3,20 | 3,20 |
| | | FDC | | 4,20 |
| | | Kleinbogen | 32,— | 32,— |

Auflage: 100.000 Stück

**2019, 3. Dez. Weihnachten. Odr. mit Lacküberzug (3×4); Aufdruck fl.; gez. K 13¼:13.**

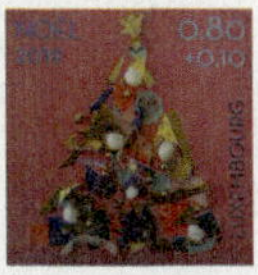

byb) rosa Hintergrund

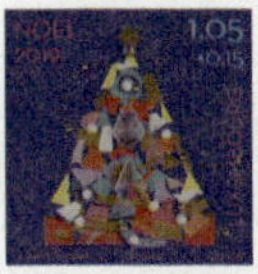

byc) blauer Hintergrund

byb–byc) Weihnachtsbaum; Collagen von Anita Wünschmann (*1958), Fotografin und Journalistin

| | | | | |
|---|---|---|---|---|
| **2215** | 0.80 (€) + 0.10 (€) mehrfarbig | byb | 2,20 | 2,20 |
| **2216** | 1.05 (€) + 0.15 (€) mehrfarbig | byc | 2,80 | 2,80 |
| | Satzpreis (2 W.) | | 5,— | 5,— |
| | FDC | | | 6,— |

Auflagen: MiNr. 2215 = 200.000, MiNr. 2216 = 100.000 Stück

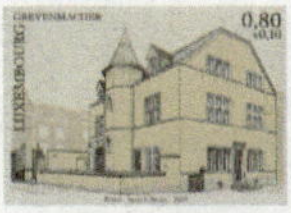

**2019, 3. Dez. Luxemburger Moselregion (II): Historische Architektur. Komb. StTdr. und RaTdr. (2×5); gez. K 11¼:11½.**

byd) Zéintscheier, Grevenmacher (erbaut 1635, Renaissance)

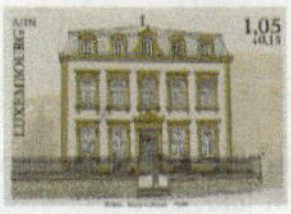

bye) Winzerhaus, Ahn (erbaut 19. Jh., Belle Epoque)

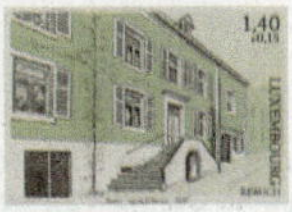

byf) Winzeranwesen, Remich (erbaut 19. Jh., Klassizismus)

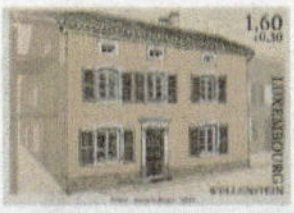

byg) Winzerhaus, Wellenstein (erbaut 18. Jh., Barock)

| | | | | |
|---|---|---|---|---|
| **2217** | 0.80 (€) + 0.10 (€) mehrfarbig | byd | 2,20 | 2,20 |
| **2218** | 1.05 (€) + 0.15 (€) mehrfarbig | bye | 2,80 | 2,80 |
| **2219** | 1.40 (€) + 0.15 (€) mehrfarbig | byf | 3,60 | 3,60 |
| **2220** | 1.60 (€) + 0.30 (€) mehrfarbig | byg | 4,40 | 4,40 |
| | Satzpreis (4 W.) | | 13,— | 13,— |
| | FDC | | | 14,— |
| | Kleinbogensatz (4 Klb.) | | 130,— | 130,— |

Auflage: 100.000 Sätze

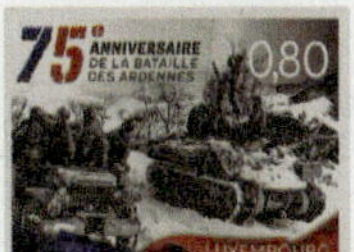

**2019, 3. Dez. 75. Jahrestag der Ardennenoffensive. Odr. (2×5); gez. K 11½.**

byh) Soldaten auf Wagen und Panzer

| | | | | |
|---|---|---|---|---|
| **2221** | 0.80 (€) mehrfarbig | byh | 1,80 | 1,80 |
| | FDC | | | 2,80 |
| | Kleinbogen | | 18,— | 18,— |

Auflage: 100.000 Stück

**2019, 3. Dez. Blockausgabe: 75 Jahre Stiftung „Œuvre Nationale de Secours Grande-Duchesse Charlotte". Odr.; gez. Ks 13¾.**

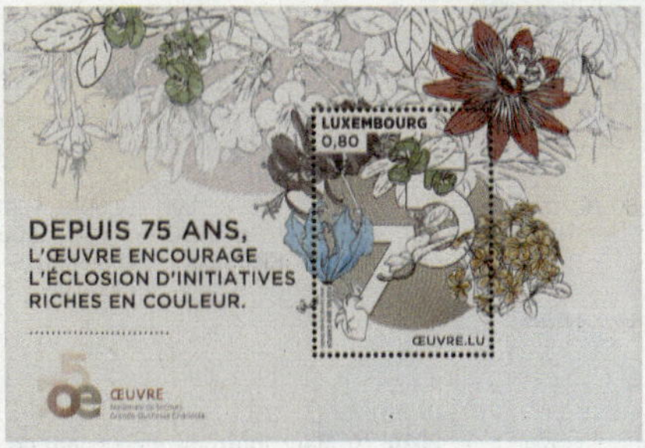


byk

byi) Zahl „75" mit Blüten

| | | | | |
|---|---|---|---|---|
| **2222** | 0.80 (€) mehrfarbig | byi | 1,80 | 1,80 |
| **Block 45** | (120×80 mm) | byk | 1,80 | 1,80 |
| | FDC | | | 2,80 |

Auflage: 75.000 Blocks

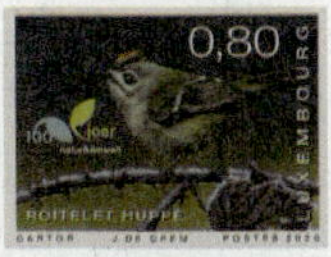

**2020, 10. März. 100 Jahre Naturschutzvereinigung „Natur&Ëmwelt". Odr. (2×5); gez. K 13¼.**

byl) Wintergoldhähnchen (Regulus regulus), Jubiläumsemblem

| | | | | |
|---|---|---|---|---|
| **2223** | 0.80 (€) mehrfarbig | byl | 1,80 | 1,80 |
| | FDC | | | 2,80 |
| | Kleinbogen | | 18,— | 18,— |

Auflage: 100.000 Stück

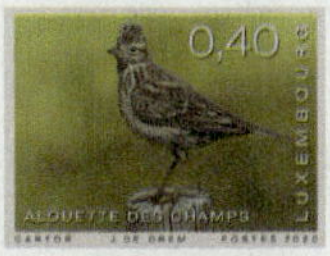

**2020, 10. März. Seltene Vögel (II). Odr. (2×5); gez. K 13¼.**

bym) Feldlerche (Alauda arvensis)

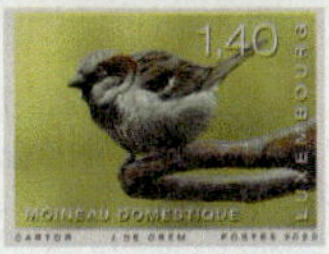

byn) Haussperling (Passer domesticus)

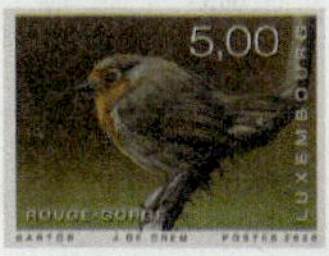

byo) Rotkehlchen (Erithacus rubeculā)

| | | | | |
|---|---|---|---|---|
| **2224** | 0.40 (€) mehrfarbig | bym | 0,90 | 0,90 |
| **2225** | 1.40 (€) mehrfarbig | byn | 3,20 | 3,20 |
| **2226** | 5.00 (€) mehrfarbig | byo | 11,50 | 11,50 |
| | Satzpreis (3 W.) | | 15,50 | 15,50 |
| | FDC | | | 16,50 |
| | Kleinbogensatz (3 Klb.) | | 155,— | 155,— |

Auflagen: MiNr. 2224–2225 je 100.000, MiNr. 2226 = 200.000 Stück

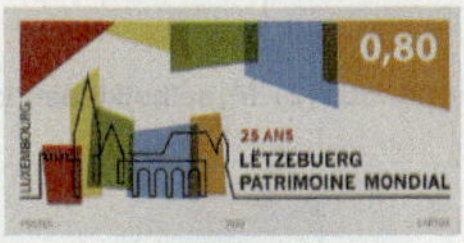

**2020, 10. März. 25. Jahrestag der Aufnahme der Altstadt und Festungsanlagen von Luxemburg-Stadt in die Liste des UNESCO-Welterbes. Odr. (2×5); gez. K 12½.**

byp) Jubiläumsemblem

| | | | | |
|---|---|---|---|---|
| **2227** | 0.80 (€) mehrfarbig | byp | 1,80 | 1,80 |
| | FDC | | | 2,80 |
| | Kleinbogen | | 18,— | 18,— |

Auflage: 100.000 Stück

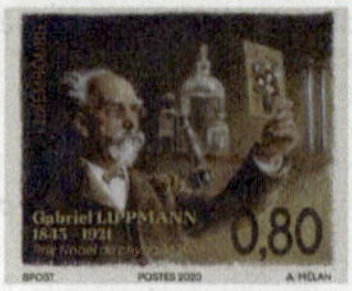


**2020, 10. März. 175. Geburtstag von Gabriel Lippmann. Odr. (2×5); gez. K 11½.**

byr) Gabriel Lippmann (1845–1921), französischer Physiker, Nobelpreis 1908

**2228** 0.80 (€) mehrfarbig . . . . . . . . . . . . . . . . . . . byr 1,80 1,80
FDC 2,80
Kleinbogen 18,— 18,—

Auflage: 100.000 Stück

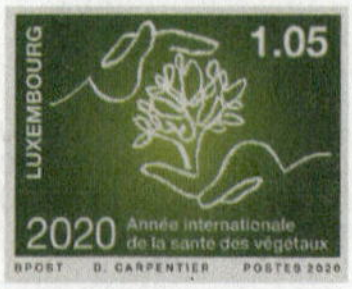


**2020, 10. März. Internationales Jahr der Pflanzengesundheit. Odr. (2×5); gez. K 11½.**

bys) Hände beschützen Baum

**2229** 1.05 (€) mehrfarbig . . . . . . . . . . . . . . . . . . . bys 2,40 2,40
FDC 3,40
Kleinbogen 24,— 24,—

Auflage: 100.000 Stück

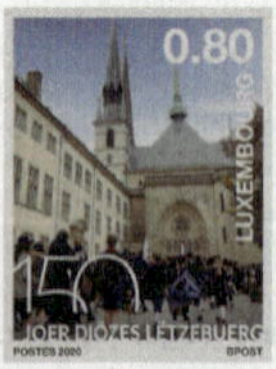


**2020, 9. Juni. 150 Jahre Erzbistum Luxemburg. Odr. (5×2); gez. K 11½.**

byt) Gläubige auf dem Weg in die Kathedrale von Luxemburg

**2230** 0.80 (€) mehrfarbig . . . . . . . . . . . . . . . . . . . byt 1,80 1,80
FDC 2,80
Kleinbogen 18,— 18,—

Auflage: 100.000 Stück

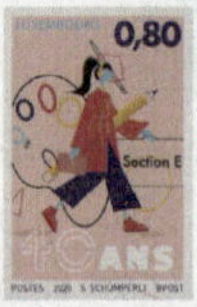


**2020, 9. Juni. 40 Jahre Sektion „Kunst" im Sekundarunterricht. Odr. (5×2); gez. K 11½.**

byu) Kunstschülerin mit Bleistift, Zeichnungsmappe und Palette; Graphik von Sarah Schümperli, Schülerin

**2231** 0.80 (€) mehrfarbig . . . . . . . . . . . . . . . . . . . byu 1,80 1,80
FDC 2,80
Kleinbogen 18,— 18,—

Auflage: 100.000 Stück

**2020, 9. Juni. Urlaub auf dem Land (II). Odr. (2×5); selbstklebend; gez. K 12:12½.**

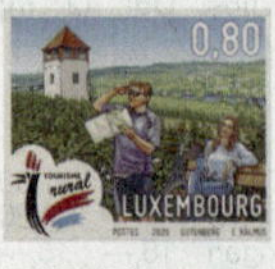


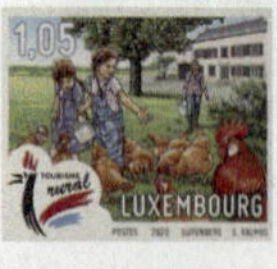


byv) Radfahrerpaar in den Weinbergen der Mosel

bxn) Mädchen beim Hühner füttern

**2232** 0.80 (€) mehrfarbig . . . . . . . . . . . . . . . . . . . byv 1,80 1,80
**2233** 1.05 (€) mehrfarbig . . . . . . . . . . . . . . . . . . . byw 2,40 2,40
Satzpreis (2 W.) 4,20 4,20
FDC 5,20
Kleinbogensatz (2 Klb.) 42,— 42,—

Auflagen: MiNr. 2232 = 1.000.000, MiNr. 2233 = 500.000 Stück

**2020, 9. Juni. Europa: Historische Postrouten. Odr. (2×5); gez. K 13¼.**

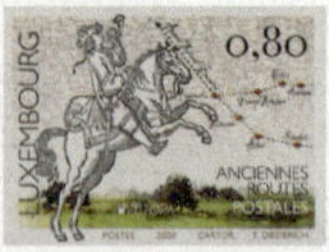


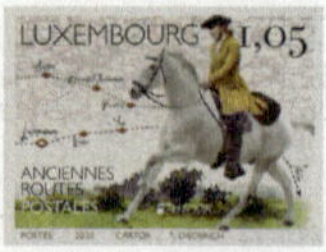


byx) Postreiter (Kupferstich), Landkarte mit Wiener Linie durch Asselborn

byy) Postreiter (Fotografie), Landkarte mit Strecken nach Italien

**2234** 0.80 (€) mehrfarbig . . . . . . . . . . . . . . . . . . . byx 1,80 1,80
**2235** 1.05 (€) mehrfarbig . . . . . . . . . . . . . . . . . . . byy 2,40 2,40
Satzpreis (2 W.) 4,20 4,20
FDC 5,20
Kleinbogensatz (2 Klb.) 42,— 42,—

Auflage: 150.000 Sätze

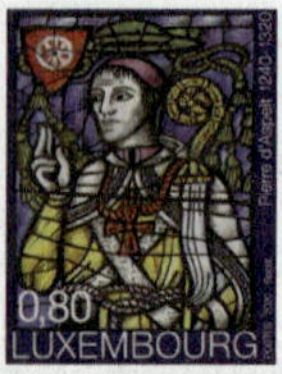


**2020, 15. Sept. 700. Todestag von Peter von Aspelt. Odr. (5×2); gez. K 11½.**

byz) Peter von Aspelt (1245–1320), Erzbischof von Mainz; Detail eines Glasmalereifenster der Kathedrale von Luxemburg

**2236** 0.80 (€) mehrfarbig . . . . . . . . . . . . . . . . . . . byz 1,80 1,80
FDC 2,80
Kleinbogen 18,— 18,—

Auflage: 100.000 Stück

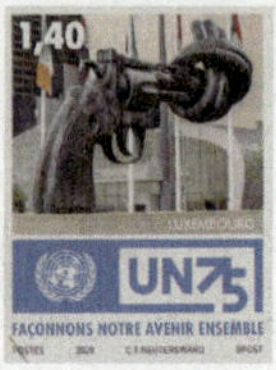


**2020, 15. Sept. 75 Jahre Vereinte Nationen. Odr. (5×2); gez. K 11½.**

bza) Skulptur „Non Violence" von Carl Fredrik Reuterswärd (1934–2016), schwedischer Maler und Bildhauer, vor UNO-Hauptquartier, New York

**2237** 1.40 (€) mehrfarbig . . . . . . . . . . . . . . . . . . . bza 3,20 3,20
FDC 4,20
Kleinbogen 32,— 32,—

Auflage: 100.000 Stück

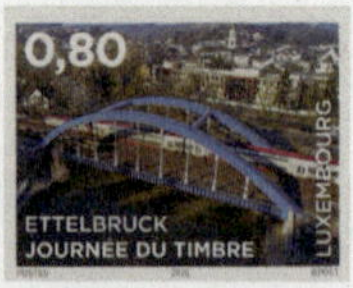


**2020, 15. Sept. Tag der Briefmarke. Odr. (2×5); gez. K 11½.**

bzb) Eisenbahnbrücke über den Fluss Alzette, Ettelbrück

**2238** 0.80 (€) mehrfarbig . . . . . . . . . . . . . . . . . . . bzb 1,80 1,80
FDC 2,80
Kleinbogen 18,— 18,—

Auflage: 100.000 Stück

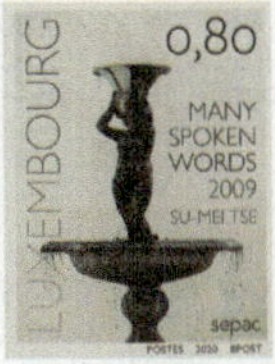


**2020, 15. Sept. SEPAC: Kunstwerke aus Nationalen Sammlungen. Odr. (5×2); gez. K 11½.**

bzc) Many Spoken Words; Brunnenskulptur von Su-Mei Tse (*1973), Musikerin und Künstlerin

| | | | | |
|---|---|---|---|---|
| **2239** | 0.80 (€) mehrfarbig | bzc | 1,80 | 1,80 |
| | | FDC | | 2,80 |
| | | Kleinbogen | 18,— | 18,— |

Auflage: 100.000 Stück

**2020, 8. Dez. Lokale Museen (II). Odr., Markenheftchen (1×2 Zd); selbstklebend; gestanzt 12.**

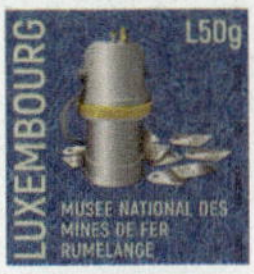


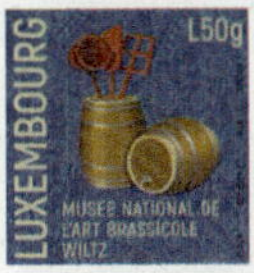


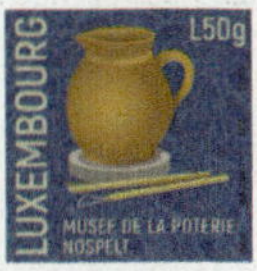


bzd) Nationales Bergbaumuseum, Rumelange

bze) Nationales Brauereimuseum, Wiltz

bzf) Töpfereimuseum, Nospelt

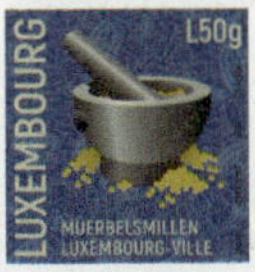


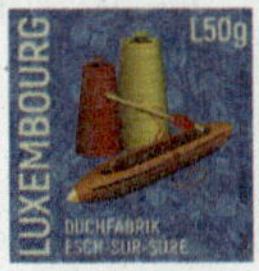


bzg) Mühlenmuseum „Muerbelsmillen", Luxemburg-Stadt

bzh) Textilmuseum „Duchfabrik", Esch an der Sauer

| | | | | |
|---|---|---|---|---|
| **2240** | L50g mehrfarbig | bzd | 1,80 | 1,50 |
| **2241** | L50g mehrfarbig | bze | 1,80 | 1,50 |
| **2242** | L50g mehrfarbig | bzf | 1,80 | 1,50 |
| **2243** | L50g mehrfarbig | bzg | 1,80 | 1,50 |
| **2244** | L50g mehrfarbig | bzh | 1,80 | 1,50 |
| | | Satzpreis (5 W.) | 9,— | 7,50 |
| | | FDC | | 10,— |
| | | Fünferstreifen | 9,— | 7,50 |
| | | Markenheftchen | 18,— | 15,— |

Nominale zur Zeit der Ausgabe: je 0.80 €

MiNr. 2240–2244 wurden waagerecht zusammenhängend gedruckt.

Auflage: 250.000 Markenheftchen

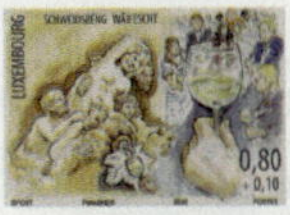

**2020, 8. Dez. Luxemburger Moselregion (III): Brauchtum. Odr. (2×5); gez. K 11¼:11½.**

bzi) Weinfest in Schwebsingen

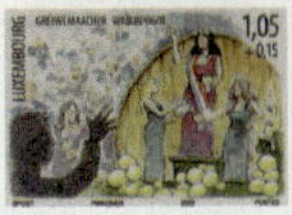

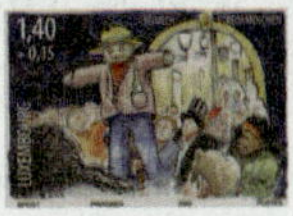

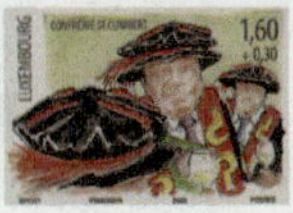

bzk) Krönung der Weinkönigin, Grevenmacher

bzl) Verbrennung des „Streimännchen", Remich

bzm) Weinbruderschaft St. Cunibert, Ehnen

bzi–bzm) Illustrationen von Pit Wagner (*1954), Maler und Zeichner

| | | | | |
|---|---|---|---|---|
| **2245** | 0.80 (€) + 0.10 (€) mehrfarbig | bzi | 2,20 | 2,20 |
| **2246** | 1.05 (€) + 0.15 (€) mehrfarbig | bzk | 2,80 | 2,80 |
| **2247** | 1.40 (€) + 0.15 (€) mehrfarbig | bzl | 3,60 | 3,60 |
| **2248** | 1.60 (€) + 0.30 (€) mehrfarbig | bzm | 4,40 | 4,40 |
| | | Satzpreis (4 W.) | 13,— | 13,— |
| | | FDC | | 14,— |
| | | Kleinbogensatz (4 Klb.) | 130,— | 130,— |

Auflage: 100.000 Sätze

**2020, 8. Dez. Weihnachten. Odr. mit Lacküberzug (3×4); Aufdruck fl.; gez. K 13.**

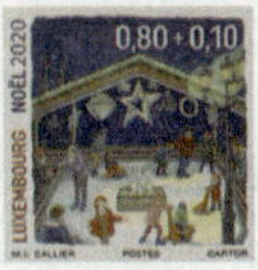


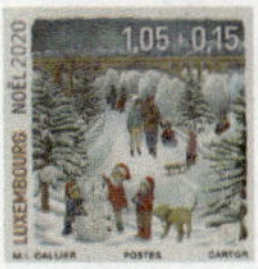


bzn) Familien beim Eislaufen

bzo) Wintervergnügen vor Silhouette von Luxemburg-Stadt

bzn–bzo) Zeichnungen von Marie-Isabelle Callier (*1970), Graphikerin und Kinderbuchillustratorin

| | | | | |
|---|---|---|---|---|
| **2249** | 0.80 (€) + 0.10 (€) mehrfarbig | bzn | 2,20 | 2,20 |
| **2250** | 1.05 (€) + 0.15 (€) mehrfarbig | bzo | 2,80 | 2,80 |
| | | Satzpreis (2 W.) | 5,— | 5,— |
| | | FDC | | 6,— |

Auflagen: MiNr. 2249 = 200.000, MiNr. 2250 = 100.000 Stück

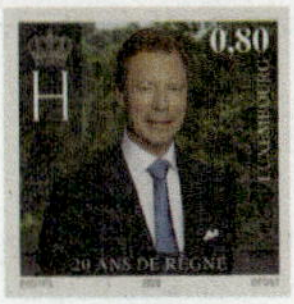


**2020, 8. Dez. 20 Jahre Regentschaft von Großherzog Henri. Odr. (2×5); gez. K 12.**

bzp) Großherzog Henri von Luxemburg (*1955, reg. seit 2000)

| | | | | |
|---|---|---|---|---|
| **2251** | 0.80 (€) mehrfarbig | bzp | 1,80 | 1,80 |
| | | FDC | | 2,80 |
| | | Kleinbogen | 18,— | 18,— |

Auflage: 100.000 Stück

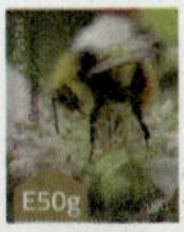


**2020, 8. Dez. Bienen. Odr., Rolle (100); selbstklebend; gestanzt 11.**

bzr) Wiesenhummel (Bombus pratorum)

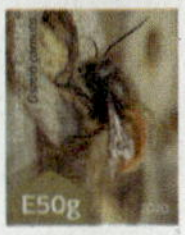


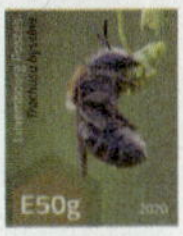


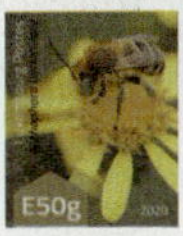


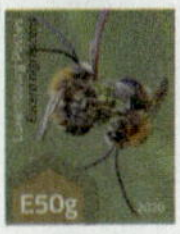


bzs) Gehörnte Mauerbiene (Osmia cornuta)

bzt) Große Harzbiene (Trachusa byssina)

bzu) Dünen-Pelzbiene (Anthophora bimaculata)

bzv) Mai-Langhornbiene (Eucera nigrescens)

| | | | | |
|---|---|---|---|---|
| **2252** | E50g mehrfarbig | bzr | 2,40 | 2,40 |
| **2253** | E50g mehrfarbig | bzs | 2,40 | 2,40 |
| **2254** | E50g mehrfarbig | bzt | 2,40 | 2,40 |
| **2255** | E50g mehrfarbig | bzu | 2,40 | 2,40 |
| **2256** | E50g mehrfarbig | bzv | 2,40 | 2,40 |
| | | Satzpreis (5 W.) | 12,— | 12,— |
| | | FDC | | 13,— |
| | | Fünferstreifen | 12,— | 12,— |

Nominale zur Zeit der Ausgabe: je 1.05 €

MiNr. 2252–2256 wurden zusammen in der Rolle gedruckt.

Auflage: 2.000.000 Sätze

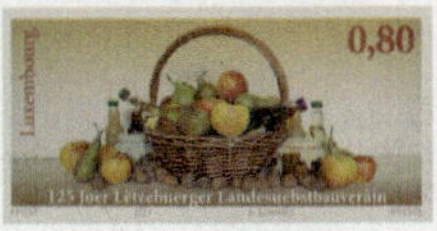


**2021, 9. März. 125 Jahre Luxemburger Landesobstbauverein. Odr. (2×5); gez. K 12.**

bzw) Obstkorb und Obsterzeugnisse, Walnüsse

| | | | | |
|---|---|---|---|---|
| **2257** | 0.80 (€) mehrfarbig | bzw | 1,80 | 1,80 |
| | | FDC | | 2,80 |
| | | Kleinbogen | 18,— | 18,— |

Auflage: 100.000 Stück

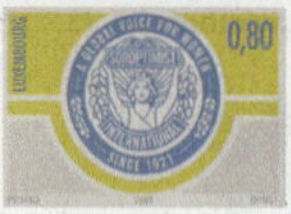


**2021, 9. März. 100 Jahre Soroptimist International. Odr. (2×5); gez. K 11½.**

bzx) Emblem

**2258** 0.80 (€) mehrfarbig . . . . . . . . . . . . . . . . . . bzx 1,80 1,80
FDC 2,80
Kleinbogen 18,— 18,—

Auflage: 100.000 Stück

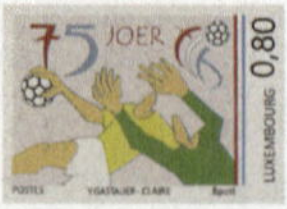


**2021, 9. März. 75 Jahre Luxemburger Handballverband. Odr. (2×5); gez. K 11½.**

bzy) Handballspieler

**2259** 0.80 (€) mehrfarbig . . . . . . . . . . . . . . . . . . bzy 1,80 1,80
FDC 2,80
Kleinbogen 18,— 18,—

Auflage: 100.000 Stück

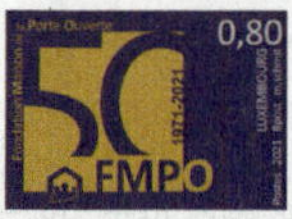


**2021, 9. März. 50 Jahre Stiftung „Maison de la Porte Ouverte". Odr. (2×5); gez. K 11½.**

bzz) Jubiläumsemblem

**2260** 0.80 (€) mehrfarbig . . . . . . . . . . . . . . . . . . bzz 1,80 1,80
FDC 2,80
Kleinbogen 18,— 18,—

Auflage: 100.000 Stück

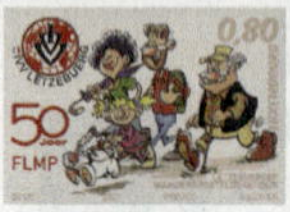


**2021, 9. März. 50 Jahre Luxemburger Volkswanderverein. Odr. (2×5); gez. K 11½.**

caa) Wandergruppe

**2261** 0.80 (€) mehrfarbig . . . . . . . . . . . . . . . . . . caa 1,80 1,80
FDC 2,80
Kleinbogen 18,— 18,—

Auflage: 100.000 Stück

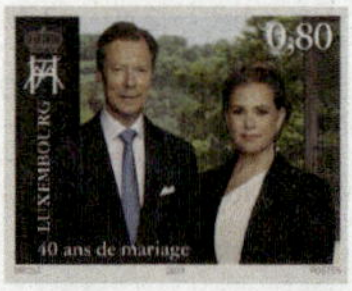


**2021, 9. März. 40. Hochzeitstag des großherzoglichen Paares. Odr. (2×5); gez. K 11½.**

cab) Großherzog Henri (*1955, reg. seit 2000) und Großherzogin Maria Teresa (*1956)

**2262** 0.80 (€) mehrfarbig . . . . . . . . . . . . . . . . . . cab 1,80 1,80
FDC 2,80
Kleinbogen 18,— 18,—

Auflage: 100.000 Stück

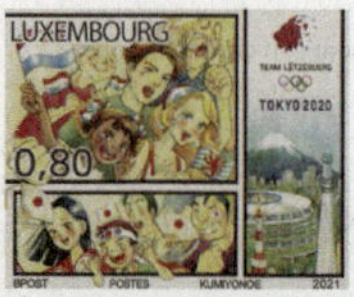


**2021, 11. Mai. Olympische Sommerspiele, Tokio. Odr. (2×5); gez. K 11½.**

cac) Luxemburgische und japanische Sportfans; Nationalstadion, Tokio; Berg Fuji

**2263** 0.80 (€) mehrfarbig . . . . . . . . . . . . . . . . . . cac 1,80 1,80
FDC 2,80
Kleinbogen 18,— 18,—

Auflage: 100.000 Stück

**2021, 11. Mai. Europa: Gefährdete Wildtiere. Odr. (2×5); gez. K 13½.**

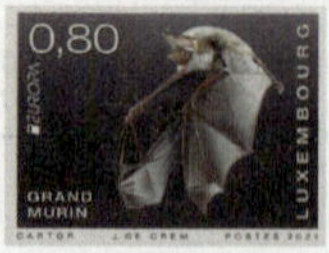


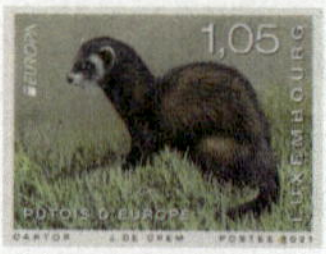


cad) Großes Mausohr (Myotis myotis)

cae) Europäischer Iltis (Mustela putorius)

**2264** 0.80 (€) mehrfarbig . . . . . . . . . . . . . . . . . . cad 1,80 1,80
**2265** 1.05 (€) mehrfarbig . . . . . . . . . . . . . . . . . . cae 2,40 2,40
Satzpreis (2 W.) 4,20 4,20
FDC 5,20
Kleinbogensatz (2 Klb.) 42,— 42,—

Auflage: 100.000 Sätze

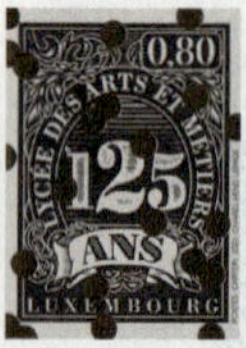


**2021, 11. Mai. 125 Jahre Kunst- und Handwerkerschule, Luxemburg-Stadt. Komb. Odr. und Hfdr. (5×2); gez. K 13½.**

caf) Inschrift im Wappenkreis, goldene Punkte

**2266** 0.80 (€) goldfarben/schwarz . . . . . . . . . . caf 1,80 1,80
FDC 2,80
Kleinbogen 18,— 18,—

Auflage: 100.000 Stück

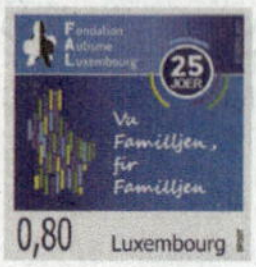


**2021, 11. Mai. 25 Jahre Luxemburger Autismusstiftung (FAL). Odr. (2×5); gez. K 12¾.**

cag) FAL-Emblem, Umrisse von Luxemburg, Inschrift „Von Familien, für Familien"

**2267** 0.80 (€) mehrfarbig . . . . . . . . . . . . . . . . . . cag 1,80 1,80
FDC 2,80
Kleinbogen 18,— 18,—

Auflage: 100.000 Stück

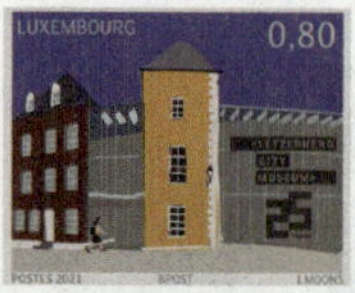


**2021, 11. Mai. 25 Jahre Historisches Museum der Stadt Luxemburg. Odr. (2×5); gez. K 11½.**

cah) Museumsgebäude

**2268** 0.80 (€) mehrfarbig . . . . . . . . . . . . . . . . . . cah 1,80 1,80
FDC 2,80
Kleinbogen 18,— 18,—

Auflage: 100.000 Stück

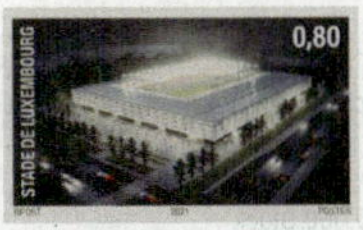


**2021, 14. Sept. Fußball- und Rugbystadion „Stade de Luxembourg". Odr. (2×5); gez. K 12.**

cai) Stade de Luxembourg bei Nacht

| | | | | |
|---|---|---|---|---|
| **2269** | 0.80 (€) mehrfarbig | cai | 1,80 | 1,80 |
| | | FDC | | 3,— |
| | | Kleinbogen | 18,— | 18,— |

Auflage: 100.000 Stück

**2021, 14. Sept. Inbetriebnahme des neuen Nationalen Feuerwehr- und Rettungszentrums (CNIS) des Großherzoglichen Feuerwehr- und Rettungskorps. Odr. (2×5); gez. K 12¾.**

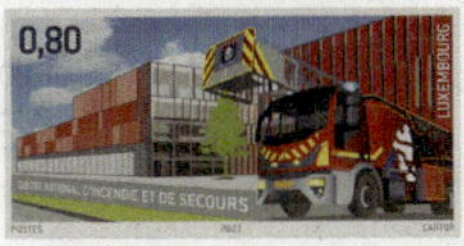


cak) Feuerwehr-Leiterwagen vor dem CNIS-Gebäude, Stadt Luxemburg

| | | | | |
|---|---|---|---|---|
| **2270** | 0.80 (€) mehrfarbig | cak | 1,80 | 1,80 |
| | | FDC | | 3,— |
| | | Kleinbogen | 18,— | 18,— |

Auflage: 100.000 Stück

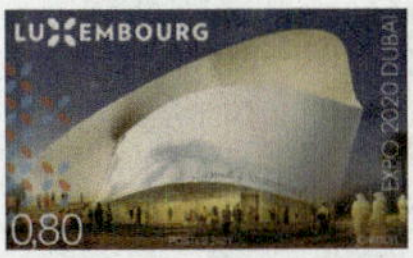


**2021, 14. Sept. Weltausstellung EXPO 2020, Dubai. Odr. (2×5 und 7×1); selbstklebend; gez. K 13½.**

cal) Luxemburgischer Pavillon

| | | | | |
|---|---|---|---|---|
| **2271** | 0.80 (€) mehrfarbig | cal | 1,80 | 1,80 |
| | | FDC | | 3,— |
| | | 10er-Kleinbogen | 18,— | 18,— |
| | | 7er-Kleinbogen (Möbiusschleife) | 60,— | |

MiNr. 2271 wurde auch im Kleinbogen zu 5 Marken und 2 Zierfeldern in Form einer Möbiusschleife in einer Sammlerbox herausgegeben. Postpreis: 25 €

Die vormals katalogisierte MiNr. A 2271 hat sich als identisch mit MiNr. 2271 erwiesen.

Auflage: 250.000 Stück, zusätzlich 2.500 Möbiusschleifen

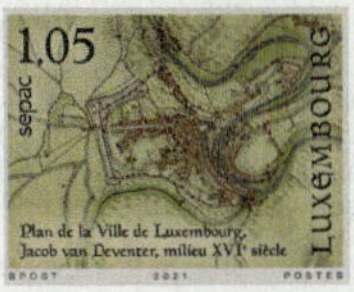


**2021, 14. Sept. SEPAC: Historische Karten. Odr. (2×5); gez. K 11½.**

cam) Karte der Stadt Luxemburg (1559) von Jakob von Deventer (1505–1575), niederländischer Kartograph

| | | | | |
|---|---|---|---|---|
| **2272** | 1.05 (€) mehrfarbig | cam | 2,40 | 2,40 |
| | | FDC | | 3,50 |
| | | Kleinbogen | 24,— | 24,— |

Auflage: 100.000 Stück

**2021, 14. Sept. Urlaub auf dem Land (III). Odr. (2×5); selbstklebend; gez. K 12¼:12½.**

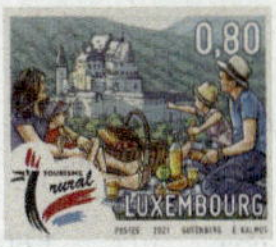


can) Familie beim Picknick; Schloss Vianden

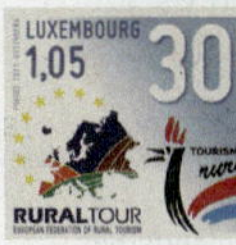


cao) Emblem der Europäischen Föderation für ländlichen Tourismus „Ruraltour" und des Vereins zur Förderung des ländlichen Tourismus im Großherzogtum Luxemburg (APTR)

| | | | | |
|---|---|---|---|---|
| **2273** | 0.80 (€) mehrfarbig | can | 1,80 | 1,80 |
| **2274** | 1.05 (€) mehrfarbig | cao | 2,40 | 2,40 |
| | | Satzpreis (2 W.) | 4,20 | 4,20 |
| | | FDC | | 5,50 |
| | | Kleinbogensatz (2 Klb.) | 42,— | 42,— |

Auflage: 500.000 Sätze

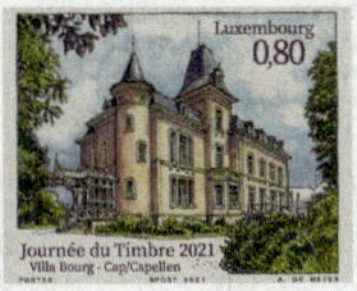


**2021, 14. Sept. Tag der Briefmarke. Odr. (2×5); gez. K 11½.**

cap) Villa Bourg, Capellen (erb. 1864–1865)

| | | | | |
|---|---|---|---|---|
| **2275** | 0.80 (€) mehrfarbig | cap | 1,80 | 1,80 |
| | | FDC | | 3,— |
| | | Kleinbogen | 18,— | 18,— |

Auflage: 100.000 Stück

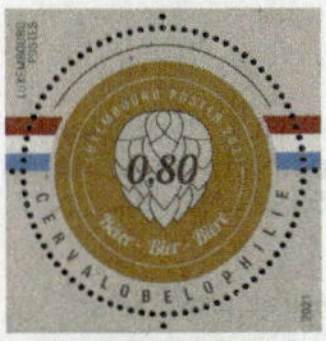


**2021, 16. Nov. Sammelleidenschaft. MiNr. 2276 Odr. auf Kartonpapier, MiNr. 2277 komb. Odr. und Pdr., MiNr. 2278 Odr. mit Lacküberzug; (2×4); gez.**

car) Cervabélophilie (Sammeln von Bierdeckeln)

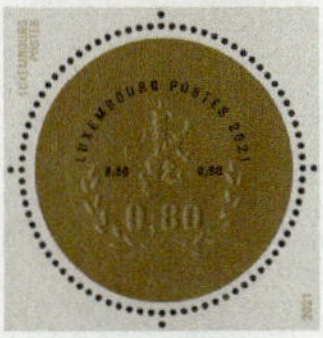


cas) Numismatik

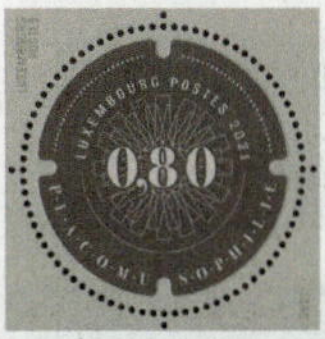


cat) Placomusophilie (Sammeln von Sektflaschenkappen)

| | | | | |
|---|---|---|---|---|
| **2276** | 0.80 (€) mehrfarbig | car | 1,80 | 1,80 |
| **2277** | 0.80 (€) goldfarben/schwarz | cas | 1,80 | 1,80 |
| **2278** | 0.80 (€) grau | cat | 1,80 | 1,80 |
| | | Satzpreis (3 W.) | 5,40 | 5,40 |
| | | FDC | | 6,50 |
| | | Kleinbogensatz (3 Klb.) | 43,— | 43,— |

Auflage: 100.000 Sätze

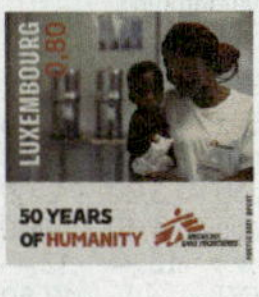


**2021, 16. Nov. 50 Jahre Hilfsorganisation „Ärzte ohne Grenzen". Odr. (2×5); gez. K 12¾.**

cau) Ärztin mit Kind, Emblem

| | | | | |
|---|---|---|---|---|
| **2279** | 0.80 (€) mehrfarbig | cau | 1,80 | 1,80 |
| | | FDC | | 3,— |
| | | Kleinbogen | 18,— | 18,— |

Auflage: 100.000 Stück

**2021, 16. Nov. Freimarken: Wildblumen. Odr., Rolle (100); selbstklebend; gestanzt 11¼.**

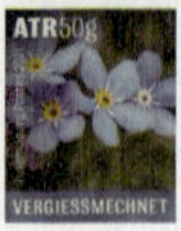


cav) Wald-Vergissmeinnicht (Myosotis sylvatica)

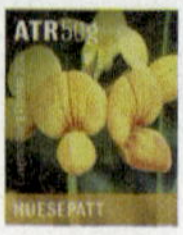


caw) Gewöhnlicher Hornklee (Lotus corniculatus)

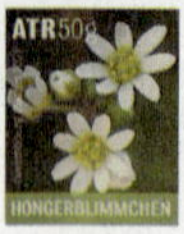


cax) Frühlings-Hungerblümchen (Draba verna)

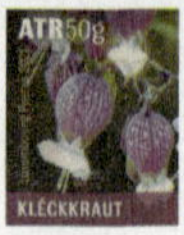


cay) Taubenkropf-Leimkraut (Silene vulgaris)

| | | | | |
|---|---|---|---|---|
| **2280** | ATR50g mehrfarbig | cav | 1,— | 0,80 |
| **2281** | ATR50g mehrfarbig | caw | 1,— | 0,80 |
| **2282** | ATR50g mehrfarbig | cax | 1,— | 0,80 |
| **2283** | ATR50g mehrfarbig | cay | 1,— | 0,80 |
| | Satzpreis (4 W.) | | 4,— | 3,— |
| | FDC | | | 5,— |
| | Viererstreifen | | 4,— | 3,50 |

Nominale zur Zeit der Ausgabe: je 0.40 €

MiNr. 2280–2283 wurden zusammen in der Rolle gedruckt.

Auflage: 1.250.000 Sätze

**2021, 16. Nov. Luxemburger Moselregion (IV): Grenzstädte. Odr. (2×5); gez. K 12¾.**

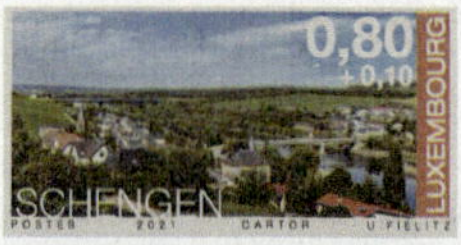


caz) Schengen mit Blick auf Perl, Deutschland

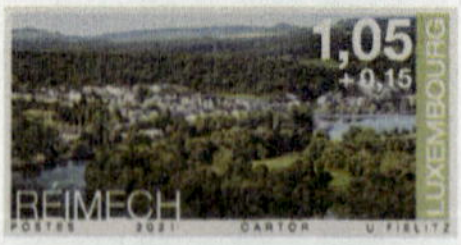


cba) Remich

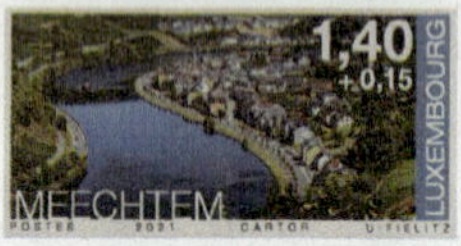


cbb) Machtum

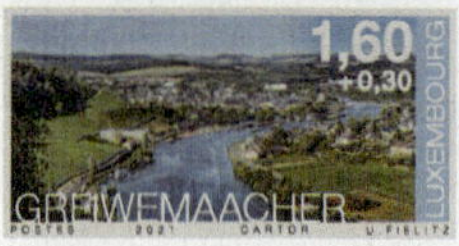


cbc) Grevenmacher mit Ortschaft Wellen, Deutschland, im Vordergrund

caz–cbc) Fotografien von Uli Fielitz (*1957)

| | | | | |
|---|---|---|---|---|
| **2284** | 0.80 (€) + 0.10 (€) mehrfarbig | caz | 2,20 | 2,20 |
| **2285** | 1.05 (€) + 0.15 (€) mehrfarbig | cba | 2,80 | 2,80 |
| **2286** | 1.40 (€) + 0.15 (€) mehrfarbig | cbb | 3,60 | 3,60 |
| **2287** | 1.60 (€) + 0.30 (€) mehrfarbig | cbc | 4,40 | 4,40 |
| | Satzpreis (4 W.) | | 13,— | 13,— |
| | FDC | | | 12,50 |
| | Kleinbogensatz (4 Klb.) | | 130,— | 130,— |

Auflage: 100.000 Sätze

**2021, 16. Nov. Weihnachten. Odr. (3×4); gez. K 13¼.**

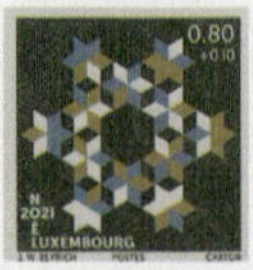


cbd) Grüner Hintergrund

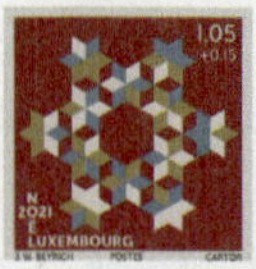


cbe) Roter Hintergrund

cbd–cbc) Schneeflocken aus hypersymmetrischen Fraktalen; Graphiken von Jens W. Beyrich (*1961)

| | | | | |
|---|---|---|---|---|
| **2288** | 0.80 (€) + 0.10 (€) mehrfarbig | cbd | 2,— | 2,— |
| **2289** | 1.05 (€) + 0.15 (€) mehrfarbig | cbe | 2,80 | 2,80 |
| | Satzpreis (2 W.) | | 4,80 | 4,80 |
| | FDC | | | 5,50 |

Auflagen: MiNr. 2288 = 200.000, MiNr. 2289 = 100.000 Stück

**2022, 22. Febr. Esch an der Alzette – Kulturhauptstadt Europas 2022 (I). Odr. (2×5); gez. K 11½.**

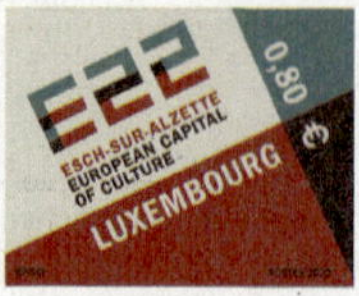


cbf) Inschrift „E22"

| | | | | |
|---|---|---|---|---|
| **2290** | 0.80 € mehrfarbig | cbf | 1,80 | 1,80 |
| | FDC | | | 3,— |
| | Kleinbogen | | 18,— | 18,— |

Auflage: 100.000 Stück

**2022, 22. Febr. Esch an der Alzette – Kulturhauptstadt Europas 2022 (II). Odr., Markenheftchen (5×2); selbstklebend; gestanzt 12¼.**

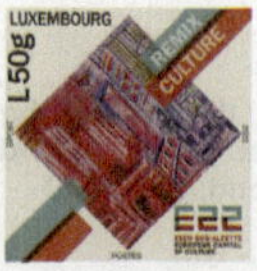


cbg) Remix Culture

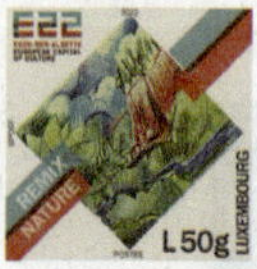


cbh) Remix Nature

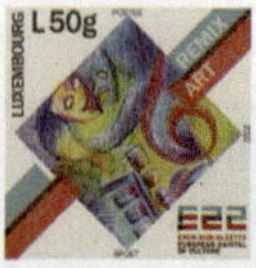


cbi) Remix Art

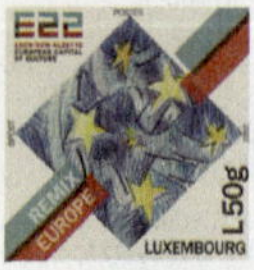


cbk) Remix Europe

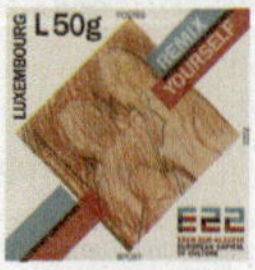


cbl) Remix Yourself

cbg–cbl) Zeichnungen von Lex Weyer (*1966), Graphiker; Inschrift „E22"

| | | | | |
|---|---|---|---|---|
| **2291** | L 50g mehrfarbig | cbg | 1,80 | 1,20 |
| **2292** | L 50g mehrfarbig | cbh | 1,80 | 1,20 |
| **2293** | L 50g mehrfarbig | cbi | 1,80 | 1,20 |
| **2294** | L 50g mehrfarbig | cbk | 1,80 | 1,20 |
| **2295** | L 50g mehrfarbig | cbl | 1,80 | 1,20 |
| | Satzpreis (5 W.) | | 9,— | 6,— |
| | FDC | | | 10,50 |
| | Fünferstreifen | | 9,— | 7,50 |
| | Markenheftchen | | 18,— | 15,— |

Nominale zur Zeit der Ausgabe: je 0.80 €

Markenfolge im Markenheftchen: 2291-2292-2293-2294-2295, 2295-2291-2292-2293-2294

Auflage: 100.000 Markenheftchen

**2022, 18. März. 150. Geburtstag von Sosthène Weis. Odr. (2×5); gez. K 11½:11¾.**

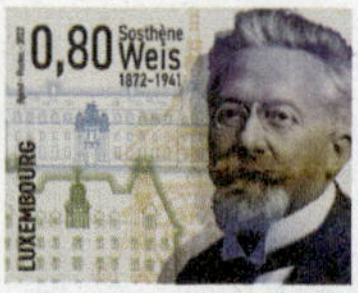


cbm) Sosthène Weis (1872–1941), Architekt und Maler; ARBED-Gebäude und Hauptpostamt

| | | | | |
|---|---|---|---|---|
| **2296** | 0.80 (€) mehrfarbig | cbm | 1,80 | 1,80 |
| | FDC | | | 3,— |
| | Kleinbogen | | 18,— | 18,— |

Auflage: 100.000 Stück

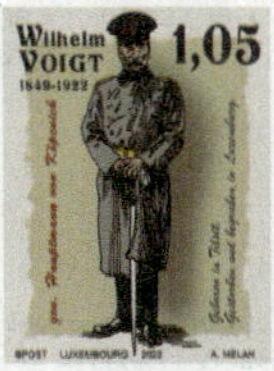


**2022, 18. März. 100. Todestag des Hauptmann von Köpenick. Odr. (5×2); gez. K 11¾:11½.**

cbn) Friedrich Wilhelm Voigt (1849–1922), deutscher Schuhmacher, in Verkleidung eines preußischen Hauptmanns (1906)

| | | | | |
|---|---|---|---|---|
| **2297** | 1.05 (€) mehrfarbig | cbn | 2,40 | 2,40 |
| | | FDC | | 3,50 |
| | | Kleinbogen | 24,— | 24,— |

Auflage: 100.000 Stück

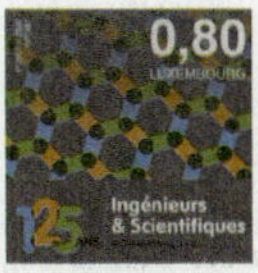


**2022, 18. März. 125 Jahre Verband Luxemburgischer Ingenieure, Architekten und Industrieller (ALIAI). Odr. (2×5); gez. K 12¾.**

cbo) Netzwerk

| | | | | |
|---|---|---|---|---|
| **2298** | 0.80 (€) mehrfarbig | cbo | 1,80 | 1,80 |
| | | FDC | | 3,— |
| | | Kleinbogen | 18,— | 18,— |

Auflage: 100.000 Stück

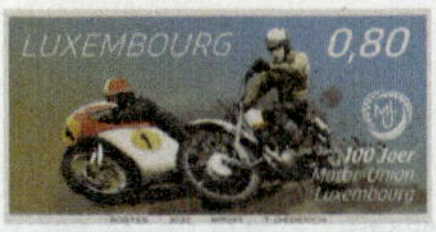


**2022, 18. März. 100 Jahre Motor-Union Luxemburg. Odr. (2×5); gez. K 12.**

cbp) Giacomo Agostini (*1942) auf MV Agusta 500 (1970), Dave Bickers (1938–2014) auf Greeves Challenger 250 (1964); Vereinsemblem

| | | | | |
|---|---|---|---|---|
| **2299** | 0.80 (€) mehrfarbig | cbp | 1,80 | 1,80 |
| | | FDC | | 3,— |
| | | Kleinbogen | 18,— | 18,— |

Auflage: 100.000 Stück

**2022, 17. Mai. Blockausgabe: Esch an der Alzette – Kulturhauptstadt Europas 2022 (III), Kaunas – Kulturhauptstadt Europas 2022. Odr.; gez. Ks 11½:11¾.**

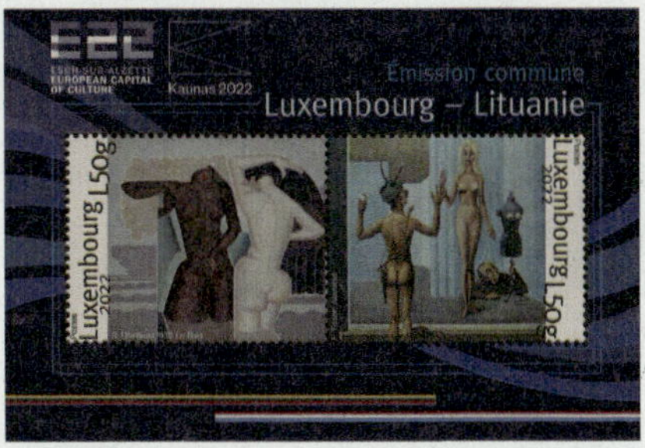


cbt

cbr) Das Bad (1932); Gemälde von Stasys Ušinskas (1905–1974), litauischer bildender Künstler
cbs) Nemrod; Gemälde von Foni Tissen (1909–1975), luxemburgischer Maler und Lehrer

| | | | | |
|---|---|---|---|---|
| **2300** | L50g mehrfarbig | cbr | 1,80 | 1,80 |
| **2301** | L50g mehrfarbig | cbs | 1,80 | 1,80 |
| **Block 46** | (120×80 mm) | cbt | 3,60 | 3,60 |
| | | FDC | | 5,— |

Nominale zur Zeit der Ausgabe: je 0.80 €

Auflage: 50.000 Blocks

*Parallelausgabe mit Litauen*

**2022, 17. Mai. Europa: Geschichten und Mythen. Odr. (5×2); selbstklebend; gez. K 12¾:12¼.**

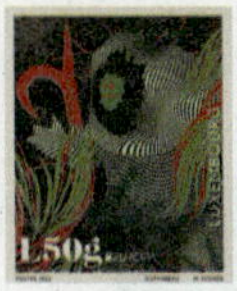


cbu) Kropemann

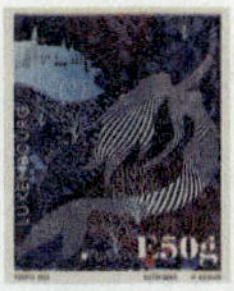


cbv) Melusina

| | | | | |
|---|---|---|---|---|
| **2302** | L50g mehrfarbig | cbu | 1,80 | 1,80 |
| **2303** | E50g mehrfarbig | cbv | 2,40 | 2,40 |
| | | Satzpreis (2 W.) | 4,20 | 4,20 |
| | | FDC | | 5,50 |
| | | Kleinbogensatz (2 Klb.) | 42,— | 42,— |

Nominalen zur Zeit der Ausgabe: MiNr. 2302 = 0.80 €, MiNr. 2304 = 1.05 €

Auflage: 500.000 Sätze

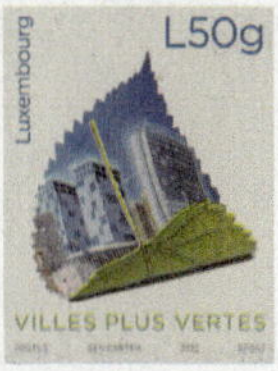


**2022, 17. Mai. Grünere Städte. Odr. (5×2); gez. K 11½.**

cbw) Hochhäuser auf Rückseite eines Birkenblattes

| | | | | |
|---|---|---|---|---|
| **2304** | L50g mehrfarbig | cbw | 1,80 | 1,80 |
| | | FDC | | 3,— |
| | | Kleinbogen | 18,— | 18,— |

Nominale zur Zeit der Ausgabe: 0.80 €

Auflage: 100.000 Stück

**2022, 17. Mai. Einheimische Säugetiere (I). Odr. (2×5); gez. K 13¾:14.**

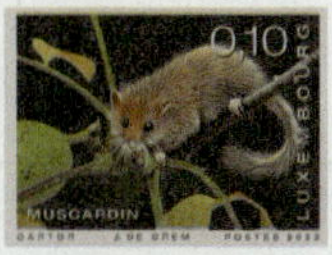


cbx) Haselmaus
(Muscardin avellanarius)

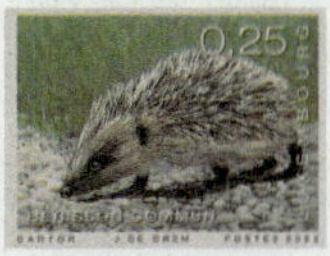


cby) Braunbrustigel
(Erinaceus europaeus)

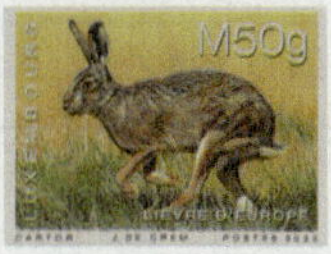


cbz) Feldhase (Lepus europaeus)

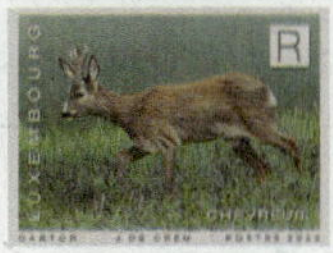


cca) Reh (Capreolus capreolus)

| | | | | | |
|---|---|---|---|---|---|
| **2305** | 0.10 (€) | mehrfarbig | cbx | 0,30 | 0,30 |
| **2306** | 0.25 (€) | mehrfarbig | cby | 0,50 | 0,50 |
| **2307** | M50g | mehrfarbig | cbz | 3,20 | 3,20 |
| **2308** | R | mehrfarbig | cca | 11,50 | 11,50 |
| | | | Satzpreis (4 W.) | 15,50 | 15,50 |
| | | | FDC | | 16,50 |
| | | | Kleinbogensatz (4 Klb.) | 155,— | 155,— |

Nominalen zur Zeit der Ausgabe: MiNr. 2307 = 1.40 €, MiNr. 2308 = 5 €

Auflage: 100.000 Sätze

**2022, 17. Mai. Blockausgabe: 50 Jahre Nationalflagge. Odr. mit geriffeltem Kunststoffüberzug; gez. Ks 14¼.**

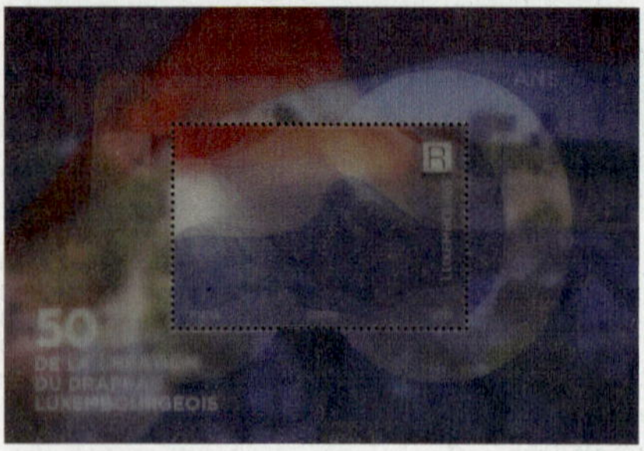


ccc

ccb) Luxemburger Nationalflagge

| | | | | |
|---|---|---|---|---|
| **2309** | R mehrfarbig | ccb | 11,50 | 11,50 |
| **Block 47** | (120×80 mm) | ccc | 11,50 | 11,50 |
| | | FDC | | 12,50 |

Nominale zur Zeit der Ausgabe: 5 €

Bl. 47 weist verschiedene visuelle Effekte auf.

Auflage: 33.600 Blocks

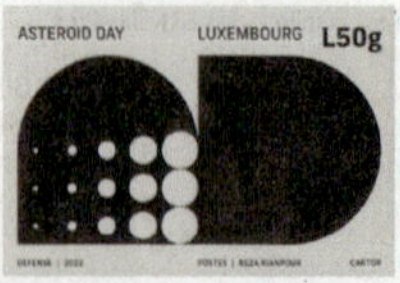


**2022, 17. Mai. Internationaler Asteroidentag (I). Komb. Odr. und Hfdr. (2×5); gez. K 14¼.**

ccd) Stilisierte Buchstaben „AD" (= Asteroid Day)

| | | | | |
|---|---|---|---|---|
| **2310** | L50g schwarz | ccd | 1,80 | 1,80 |
| | | FDC | | 3,— |
| | | Kleinbogen | 18,— | 18,— |

Nominale zur Zeit der Ausgabe: 0.80 €

Auflage: 100.000 Stück

**Posttarife Luxemburg (1.9.2022–2.2.2025)**

ermäßigter Inlandsbrief bis 50 g („ATR 50g"): 0.50 € (zuvor: 0.40 €)
Inlandsbrief bis 50 g („L 50g"): 1.00 € (zuvor: 0.80 €)
Auslandsbrief nach Europa bis 50 g („E 50g"): 1.40 € (zuvor: 1.05 €)
Auslandsbrief nach Übersee bis 50 g („M 50g"): 1.75 € (zuvor: 1.40 €)

**2022, 13. Sept. Blockausgabe: 400. Geburtstag von Johan Caspar de Cicignon. Komb. StTdr. und Odr.; gez. Ks 13½:14.**

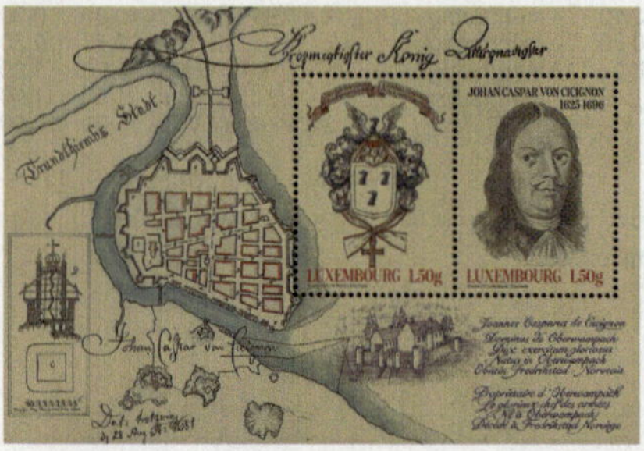


ccg

cce) Wappen der Cicignons
ccf) Johan Caspar de Cicignon (um 1625–1696), Offizier im Dienste Dänemarks und Architekt

| | | | | |
|---|---|---|---|---|
| **2311** | L50g mehrfarbig | cce | 2,30 | 2,30 |
| **2312** | L50g mehrfarbig | ccf | 2,30 | 2,30 |
| **Block 48** | (120×80 mm) | ccg | 4,60 | 4,60 |
| | | FDC | | 5,70 |

Nominale zur Zeit der Ausgabe: je 1 €

Auflage: 75.000 Blocks

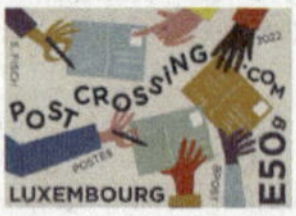


**2022, 13. Sept. Postkartennetzwerk „Postcrossing". Odr. (2×5); gez. K 11½:11¾.**

cch) Hände schreiben und überreichen Postkarten

| | | | | |
|---|---|---|---|---|
| **2313** | E50g mehrfarbig | cch | 3,20 | 3,20 |
| | | FDC | | 4,30 |
| | | Kleinbogen | 32,— | 32,— |

Nominale zur Zeit der Ausgabe: 1.40 €

Auflage: 100.000 Stück

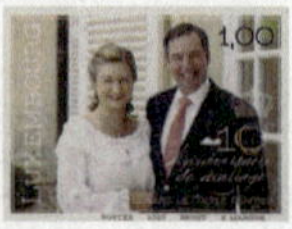


**2022, 13. Sept. 10. Hochzeitstag des erbgroßherzoglichen Paares. Odr. (2×5); gez. K 12:12¼.**

cci) Prinz Guillaume (*1981) und Prinzessin Stéphanie (*1984)

| | | | | |
|---|---|---|---|---|
| **2314** | 1.00 (€) mehrfarbig | cci | 2,30 | 2,30 |
| | | FDC | | 3,40 |
| | | Kleinbogen | 23,— | 23,— |

Auflage: 100.000 Stück

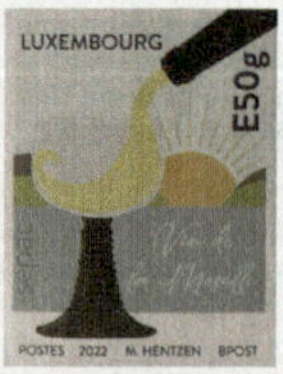


**2022, 13. Sept. SEPAC: Lokale Getränke. Odr. auf Weinetiketten-Papier (5×2); gez. K 11½.**

cck) Moselwein wird in Römer-Weinglas eingeschenkt, Sonnenaufgang

| | | | | |
|---|---|---|---|---|
| **2315** | E50g mehrfarbig | cck | 3,20 | 3,20 |
| | | FDC | | 4,30 |
| | | Kleinbogen | 32,— | 32,— |

Nominale zur Zeit der Ausgabe: 1.40 €

Auflage: 100.000 Stück

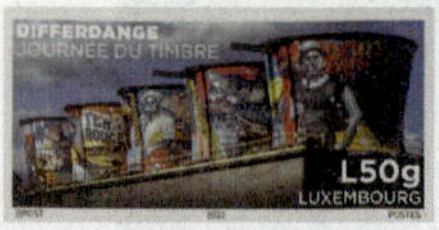


**2022, 13. Sept. Tag der Briefmarke. Odr. (2×5); gez. K 12¼.**

ccl) Graffitikunst auf den Kühltürmen des Stahlwerks Differdingen

| | | | | |
|---|---|---|---|---|
| **2316** | L50g mehrfarbig | ccl | 2,30 | 2,30 |
| | | FDC | | 3,40 |
| | | Kleinbogen | 23,— | 23,— |

Nominale zur Zeit der Ausgabe: 1 €

Auflage: 100.000 Stück

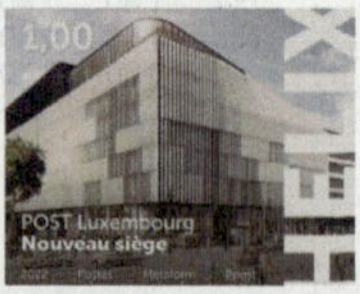


**2022, 15. Nov. Fertigstellung des neuen Hauptsitzes der Post Luxemburg. Odr. (2×5); gez. K 11½:11¾.**

ccm) Helix-Gebäude, Luxemburg-Stadt

| | | | | | |
|---|---|---|---|---|---|
| **2317** | 1.00 (€) mehrfarbig | ccm | 2,30 | 2,30 |
| | | FDC | | 3,40 |
| | | Kleinbogen | 23,— | 23,— |

Auflage: 100.000 Stück

**2022, 15. Nov. Heimische Orchideen (I). Digitaldr. (5×2); gez. K 12:12¼.**

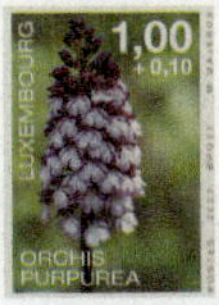

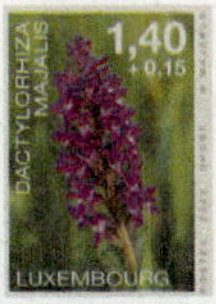

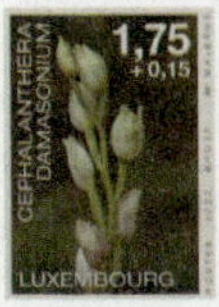

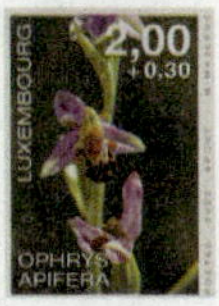


ccn) Purpur-Knabenkraut (Orchis purpurea)
cco) Breitblättriges Knabenkraut (Dactylorhiza majalis)
ccp) Weißes Waldvöglein (Cephalanthera damasonium)
ccr) Bienen-Ragwurz (Ophrys apifera)

| | | | | |
|---|---|---|---|---|
| **2318** | 1.00 (€) + 0.10 (€) mehrfarbig | ccn | 2,50 | 2,50 |
| **2319** | 1.40 (€) + 0.15 (€) mehrfarbig | cco | 3,60 | 3,60 |
| **2320** | 1.75 (€) + 0.15 (€) mehrfarbig | ccp | 4,40 | 4,40 |
| **2321** | 2.00 (€) + 0.30 (€) mehrfarbig | ccr | 5,30 | 5,30 |
| | | Satzpreis (4 W.) | 15,80 | 15,80 |
| | | FDC | | 16,80 |
| | | Kleinbogensatz (4 Klb.) | 158,— | 158,— |

Auflage: 100.000 Sätze

**2022, 15. Nov. Weihnachten. Odr. (3×4); gez. K 13¼.**

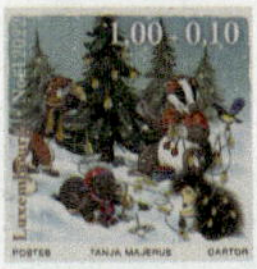

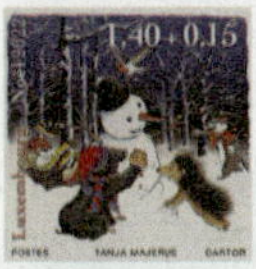


ccs) Waldtiere schmücken Tannenbaum
cct) Waldtiere bauen Schneemann

| | | | | |
|---|---|---|---|---|
| **2322** | 1.00 (€) + 0.10 (€) mehrfarbig | ccs | 2,50 | 2,50 |
| **2323** | 1.40 (€) + 0.15 (€) mehrfarbig | cct | 3,50 | 3,50 |
| | | Satzpreis (2 W.) | 6,— | 6,— |
| | | FDC | | 7,20 |

Auflagen: MiNr. 2322 = 200.000, MiNr. 2323 = 100.000 Stück

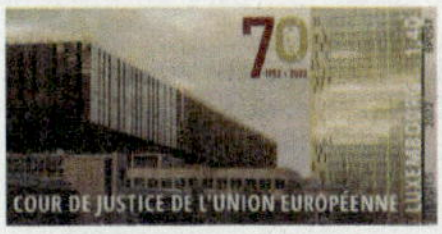


**2022, 15. Nov. 70 Jahre Europäischer Gerichtshof (EuGH). Odr. (2×5); gez. K 12¼.**

ccu) Gebäudekomplex des Gerichtshofes, Luxemburg-Stadt

| | | | | |
|---|---|---|---|---|
| **2324** | 1.40 € mehrfarbig | ccu | 3,20 | 3,20 |
| | | FDC | | 4,20 |
| | | Kleinbogen | 32,— | 32,— |

Auflage: 100.000 Stück

**2023, 14. März. Blockausgabe: 75 Jahre diplomatische Beziehungen mit Indien. Odr.; gez. Ks 12.**

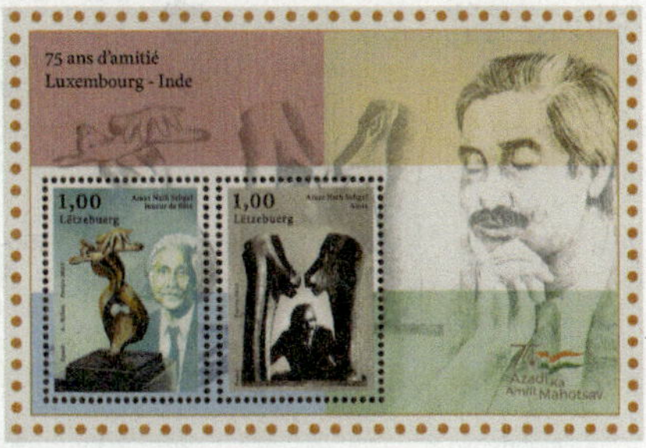


ccx

ccv) Flötenspieler (1958)
ccw) Freunde (1988)

ccv–ccw) Amar Nath Sehgal (1922–2007), indischer Bildhauer und Maler; Skulpturen

| | | | | | |
|---|---|---|---|---|---|
| | **2325** | 1.00 (€) mehrfarbig | ccv | 2,30 | 2,30 |
| | **2326** | 1.00 (€) mehrfarbig | ccw | 2,30 | 2,30 |
| **Block 49** | | (120×80 mm) | ccx | 4,60 | 4,60 |
| | | | FDC | | 5,70 |

Auflage: 50.000 Blocks

*Parallelausgabe mit Indien Bl. 242*

**2023, 14. März/25. Mai. Blockausgabe: 100. Jahrestag der Ausgabe des weltweit ersten Briefmarkenblocks. StTdr.; gez. L 11; kronenförmige Stanzung im Blockrand.**

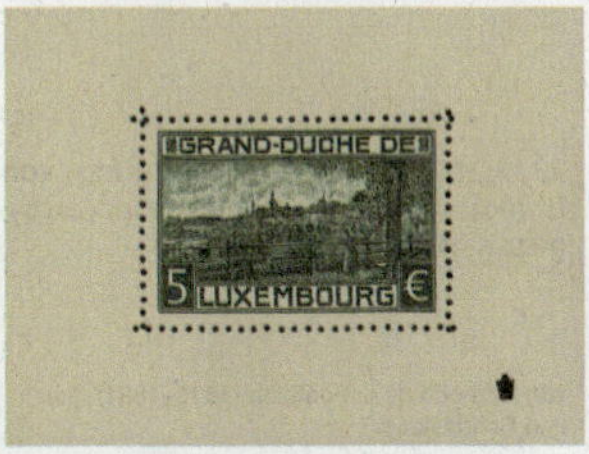


s

r) Gesamtansicht von Luxemburg-Stadt

| | | | | | |
|---|---|---|---|---|---|
| | **2327** | 5 € dunkelgrün | r | 11,50 | 11,50 |
| **Block 50** | | (79×59 mm) (14. März) | s | 11,50 | 11,50 |
| | | | FDC | | 12,50 |
| **Block 51** | | mit MiNr. 2327 (210×150 mm) (25. Mai) | ccy | 11,50 | 11,50 |

Auflagen: Bl. 50 = 50.000, Bl. 51 = 5.100 Blocks

*In gleicher Zeichnung: MiNr. 142, 143 (Franc-Währung)*

**2023, 14. März. Einheimische Säugetiere (II). Odr. (2×5); gez. K 14.**

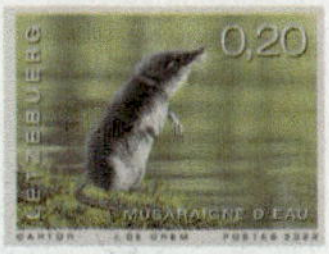

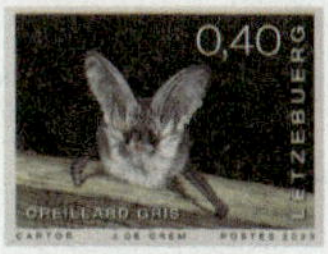


ccz) Wasserspitzmaus (Neomys fodiens)
cda) Graues Langohr (Plecotus austriacus)

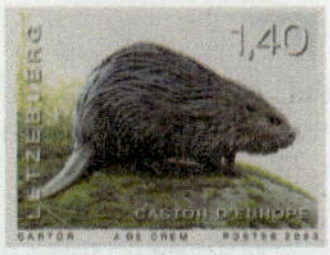

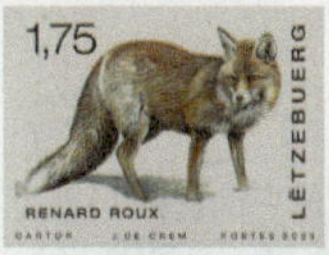


cdb) Europäischer Biber (Castor fiber)
cdc) Rotfuchs (Vulpes vulpes)

**2328** 0.20 (€) mehrfarbig . . . . . . . . . . . . . . . . . ccz 0,50 0,50
**2329** 0.40 (€) mehrfarbig . . . . . . . . . . . . . . . . . cda 0,90 0,90
**2330** 1.40 (€) mehrfarbig . . . . . . . . . . . . . . . . . cdb 3,20 3,20
**2331** 1.75 (€) mehrfarbig . . . . . . . . . . . . . . . . . cdc 4,— 4,—
Satzpreis (4 W.) 8,60 8,60
FDC 9,70

Auflage: 100.000 Sätze

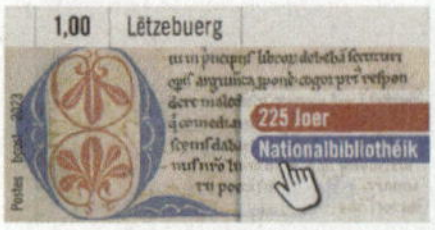


**2023, 14. März. 225 Jahre Nationalbibliothek. Odr. (2×5); gez. K 12¼.**

cdd) Illuminierte Initiale „Q" eines mittelalterlichen Manuskripts

**2332** 1.00 (€) mehrfarbig . . . . . . . . . . . . . . . . . cdd 2,30 2,30
FDC 3,40
Kleinbogen 23,— 23,—

Auflage: 75.000 Stück

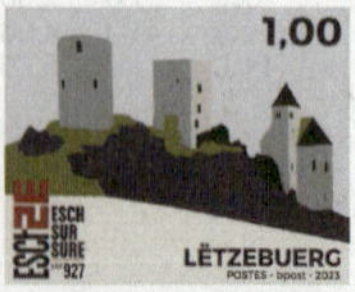


**2023, 16. Mai. Esch an der Sauer. Odr. (2×5); gez. K 11½:11¾.**

cde) Burg Esch-Sauer

**2333** 1.00 (€) mehrfarbig . . . . . . . . . . . . . . . . . cde 2,30 2,30
FDC 3,40
Kleinbogen 23,— 23,—

Auflage: 75.000 Stück

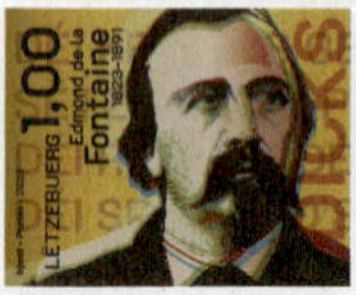


**2023, 16. Mai. 200. Geburtstag von Edmond de la Fontaine. Odr. (2×5); gez. K 11½.**

cdf) Edmond de la Fontaine (1823–1891), Jurist und Schriftsteller

**2334** 1.00 (€) mehrfarbig . . . . . . . . . . . . . . . . . cdf 2,30 2,30
FDC 3,40
Kleinbogen 23,— 23,—

Auflage: 75.000 Stück

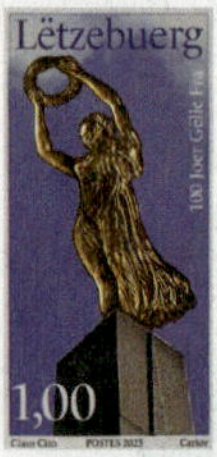


**2023, 16. Mai. 100 Jahre Mahnmal „Gëlle Fra". Komb. Odr. und Pdr. mit Blattgoldfolie; (2×2); gez. K 13½.**

cdg) Skulptur „Gëlle Fra" (Goldene Dame) von Claus Cito (1882–1965), Bildhauer

**2335** 1.00 (€) mehrfarbig . . . . . . . . . . . . . . . . . cdg 2,30 2,30
FDC 3,40
Kleinbogen 9,20 9,20

Auflage: 85.400 Stück

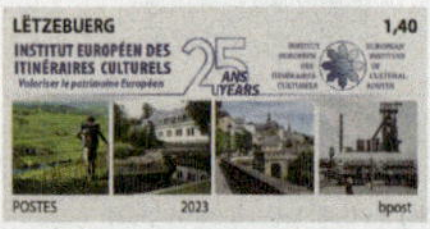


**2023, 16. Mai. 25 Jahre Europäisches Institut für Kulturrouten (EICR). Odr. (2×5); gez. K 12.**

cdh) Luxemburgische Sehenswürdigkeiten auf grenzüberschreitenden Kulturrouten

**2336** 1.40 (€) mehrfarbig . . . . . . . . . . . . . . . . . cdh 3,20 3,20
FDC 4,30
Kleinbogen 32,— 32,—

Auflage: 75.000 Stück

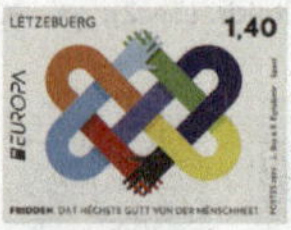


**2023, 16. Mai. Europa: Frieden – das höchste Gut der Menschheit. Odr. (2×5); gez. K 12.**

cdi) Herzförmig verknotete Arme mit verschränkten Händen

**2337** 1.40 (€) mehrfarbig . . . . . . . . . . . . . . . . . cdi 3,20 3,20
FDC 4,30
Kleinbogen 32,— 32,—

Auflage: 75.000 Stück

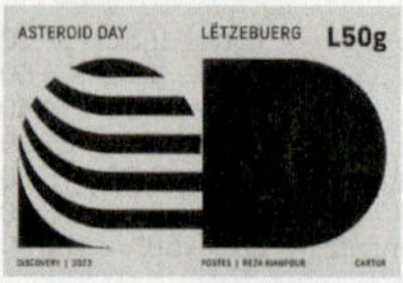


**2023, 16. Mai. Internationaler Asteroidentag (II). Komb. Odr. und Hfdr. (2×5); gez. K 14¼.**

cdk) Stilisierte Buchstaben „AD" (= Asteroid Day)

**2338** L50g schwarz . . . . . . . . . . . . . . . . . . . . . . cdk 2,30 2,30
FDC 3,40
Kleinbogen 23,— 23,—

Nominale zur Zeit der Ausgabe: 1 €

Auflage: 75.000 Stück

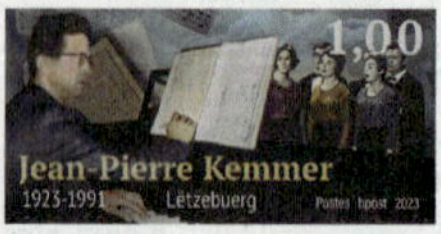


**2023, 12. Sept. 100. Geburtstag von Jean-Pierre Kemmer. Odr. (2×5); gez. K 12.**

cdl) Jean-Pierre Kemmer (1923–1991), Komponist und Dirigent; Chor

**2339** 1.00 (€) mehrfarbig . . . . . . . . . . . . . . . . . cdl 2,30 2,30
FDC 3,30
Kleinbogen 23,— 23,—

Auflage: 75.000 Stück

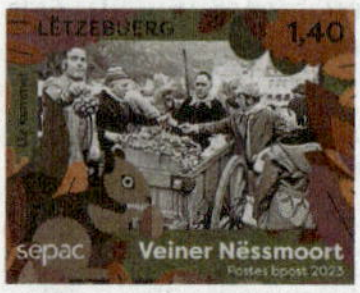


**2023, 12. Sept. SEPAC: Traditionelle Märkte. Odr. (2×5); gez. K 11½:11¾.**

cdm) Nussmarkt in Vianden

**2340** 1.40 (€) mehrfarbig . . . . . . . . . . . . . . . . . cdm 3,20 3,20
FDC 4,30
Kleinbogen 32,— 32,—

Auflage: 75.000 Stück

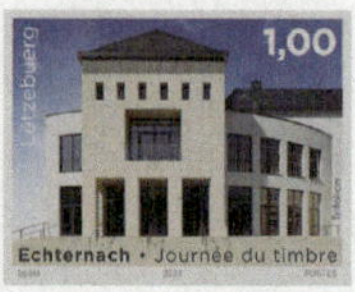


**2023, 12. Sept. Tag der Briefmarke. Odr. (2×5); gez. K 11½:11¾.**

cdn) Veranstaltungs- und Begegnungsstätte „Trifolion", Echternach

**2341** 1.00 (€) mehrfarbig . . . . . . . . . . . . . . . . . cdn 2,30 2,30
FDC 3,30
Kleinbogen 23,— 23,—

Auflage: 75.000 Stück

**2023, 10. Okt. Blockausgabe: Kryptomarke. Komb. Odr., Siebdr. und Hfdr. auf Kunststoff; selbstklebend; gestanzt 10:9¾.**

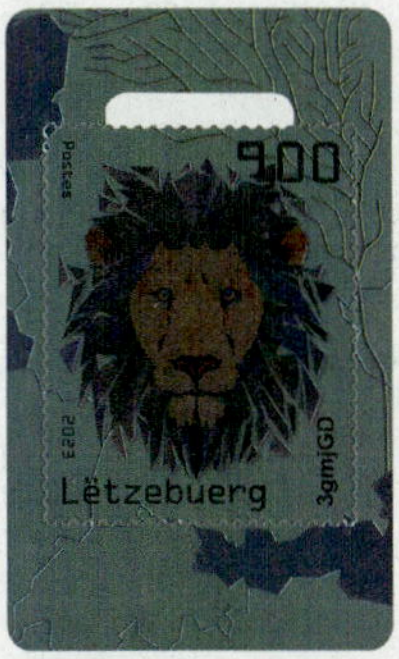


cdp

cdo) Löwenkopf

| | | | | | |
|---|---|---|---|---|---|
| **2342** | 9.00 (€) mehrfarbig | cdo | 21,— | 21,— |
| **Block 52** | (54×85 mm) | cdp | 21,— | 21,— |
| | FDC (Blockmarke) | | | 22,— |

Auf dem Objekt befindet sich ein QR-Code, der die Verwaltung der digitalen Marke ermöglicht.

Bl. 52 sind 5 virtuelle Farben in unterschiedlicher Häufigkeit zugeordnet, die mit Hilfe des QR-Codes eruierbar sind: Schwarz (39.250), Grün (20.000), Blau (10.000), Gelb (5.000) und Rot (750). Die angegebenen Preise beziehen sich auf die billigste (schwarze) Variante.

Auflage: 75.000 Blocks

*Parallelausgabe mit den Niederlanden MiNr. 4244/Bl. 200 und Österreich MiNr. 3677/Bl. 139*

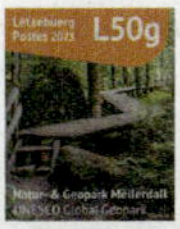

**2023, 14. Nov. Freimarken: Natur- und Geopark Mëllerdall. Odr., Rolle (100); selbstklebend; gestanzt 11¼.**

cdr) Steg

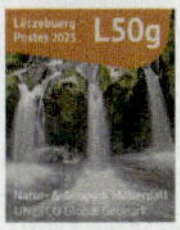

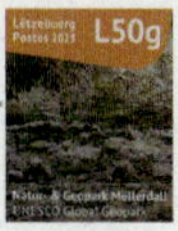

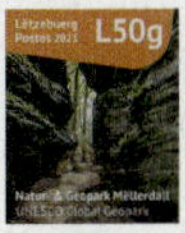

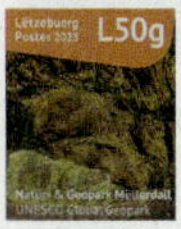

cds) Wasserfall — cdt) Poröses Gestein — cdu) Klamm — cdv) Gesteinsformation mit Überhang

| | | | | |
|---|---|---|---|---|
| **2343** | L50g mehrfarbig | cdr | 2,30 | 2,30 |
| **2344** | L50g mehrfarbig | cds | 2,30 | 2,30 |
| **2345** | L50g mehrfarbig | cdt | 2,30 | 2,30 |
| **2346** | L50g mehrfarbig | cdu | 2,30 | 2,30 |
| **2347** | L50g mehrfarbig | cdv | 2,30 | 2,30 |
| | Satzpreis (5 W.) | | 11,50 | 11,50 |
| | FDC | | | 12,50 |
| | Fünferstreifen | | 11,50 | 11,50 |

Nominale zur Zeit der Ausgabe: je 1 €

MiNr. 2343–2347 wurden zusammen in der Rolle gedruckt.

Auflage: 2.000.000 Sätze

**2023, 14. Nov. Heimische Orchideen (II). Digitaldr. (5×2); gez. K 12:12¼.**

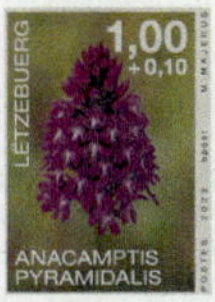


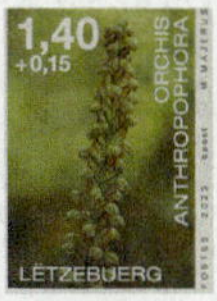


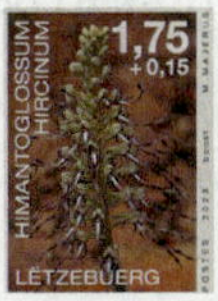


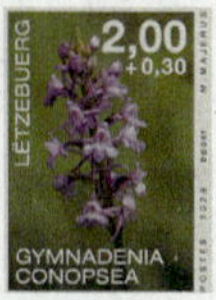


cdw) Pyramiden-Hundswurz (Anacamptis pyramidalis) — cdx) Ohnhorn (Orchis anthropophora) — cdy) Bocks-Riemenzunge (Himantoglossum hircinum) — cdz) Mücken-Händelwurz (Gymnadenia conopsea)

| | | | | |
|---|---|---|---|---|
| **2348** | 1.00 (€) + 0.10 (€) mehrfarbig | cdw | 2,50 | 2,50 |
| **2349** | 1.40 (€) + 0.15 (€) mehrfarbig | cdx | 3,60 | 3,60 |
| **2350** | 1.75 (€) + 0.15 (€) mehrfarbig | cdy | 4,40 | 4,40 |
| **2351** | 2.00 (€) + 0.30 (€) mehrfarbig | cdz | 5,30 | 5,30 |
| | Satzpreis (4 W.) | | 15,80 | 15,80 |
| | FDC | | | 16,80 |
| | Kleinbogensatz (4 Klb.) | | 158,— | 158,— |

Auflagen: MiNr. 2348–2349 je 100.000, MiNr. 2350–2351 je 75.000 Stück

**2023, 14. Nov. Weihnachten. Odr. (3×4); gez. K 13¼.**

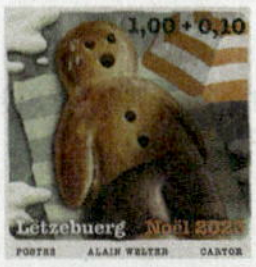


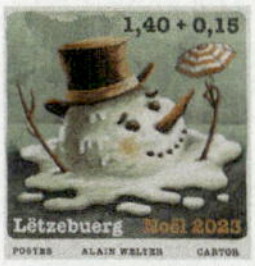


cea) Schwitzender Weckmann — ceb) Schmelzender Schneemann

cea–ceb) Illustrationen von Alain Welter (*1993), Graffitikünstler

| | | | | |
|---|---|---|---|---|
| **2352** | 1.00 (€) + 0.10 (€) mehrfarbig | cea | 2,50 | 2,50 |
| **2353** | 1.40 (€) + 0.15 (€) mehrfarbig | ceb | 3,60 | 3,60 |
| | Satzpreis (2 W.) | | 6,10 | 6,10 |
| | FDC | | | 7,10 |

Auflagen: MiNr. 2352 = 200.004, MiNr. 2353 = 100.008 Stück

> MiNr. 2354 mit Klischeezeichen cec ist für die Ausgabe „Kryptomarke: Löwe" vom 30. November 2023 reserviert.

**2024, 12. März. Blockausgabe: 100 Jahre diplomatische Beziehungen mit Ungarn. Odr.; gez. Ks 12.**

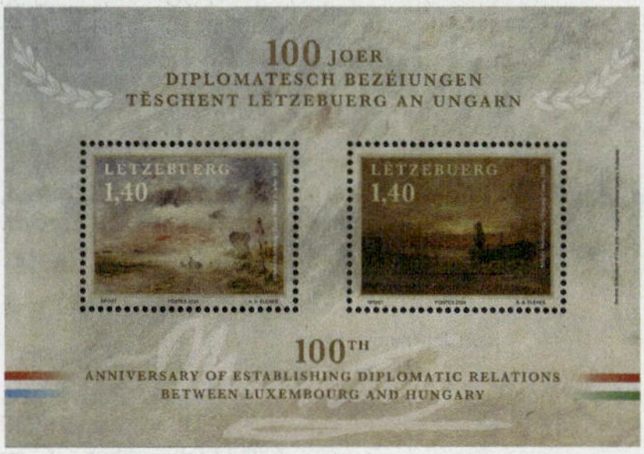


cef

ced) Staubige Straße II (nach 1874)
cee) Grasende Kühe (1882)

ced–cee) Gemälde von Mihály von Munkácsy (1844–1900), ungarischer Maler

| | | | | |
|---|---|---|---|---|
| **2355** | 1.40 (€) mehrfarbig | ced | 3,20 | 3,20 |
| **2356** | 1.40 (€) mehrfarbig | cee | 3,20 | 3,20 |
| **Block 53** | (120×80 mm) | cef | 6,40 | 6,40 |
| | FDC | | | 7,40 |

Auflage: 30.000 Blocks

*Parallelausgabe mit Ungarn MiNr. 6355–6356/Bl. 494*

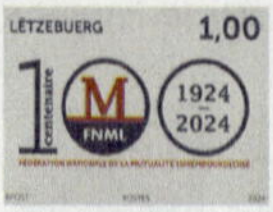


**2024, 12. März. 100 Jahre Fédération Nationale de la Mutualité Luxembourgeoise (FNML). Odr. (2×5); gez. K 11½.**

ceg) Jubiläumsemblem

**2357** 1.00 (€) mehrfarbig . . . . . . . . . . . . . . . . . ceg 2,30 2,30
FDC 3,30
Kleinbogen 23,— 23,—

Auflage: 50.000 Stück

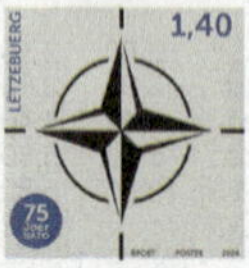


**2024, 12. März. 75 Jahre NATO. Odr. (2×5); gez. K 12¾.**

ceh) NATO-Emblem

**2358** 1.40 (€) mehrfarbig . . . . . . . . . . . . . . . . . ceh 3,20 3,20
FDC 4,20
Kleinbogen 32,— 32,—

Auflage: 60.000 Stück

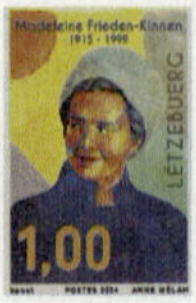


**2024, 12. März. 25. Todestag von Madeleine Frieden-Kinnen. Odr. (5×2); gez. K 11½.**

cei) Madeleine Frieden-Kinnen (1915–1999), Politikerin und erste Ministerin Luxemburgs

**2359** 1.00 (€) mehrfarbig . . . . . . . . . . . . . . . . . cei 2,30 2,30
FDC 3,30
Kleinbogen 23,— 23,—

Auflage: 50.000 Stück

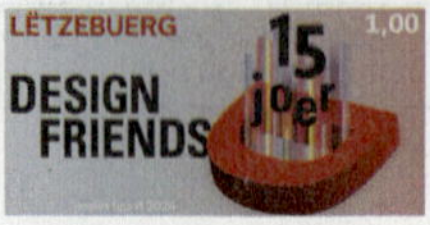


**2024, 12. März. 15 Jahre gemeinnütziger Verein „Design Friends“. Odr. (2×5); gez. K 12.**

cek) Jubiläumsemblem

**2360** 1.00 (€) mehrfarbig . . . . . . . . . . . . . . . . . cek 2,30 2,30
FDC 3,30
Kleinbogen 23,— 23,—

Auflage: 50.000 Stück

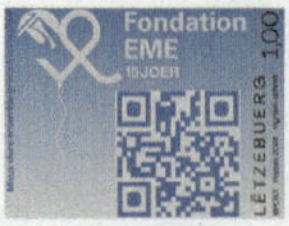


**2024, 12. März. 15 Jahre Stiftung „Zuhören, um sich besser zu verstehen“ (EME). Odr. (2×5); gez. K 11½.**

cel) Jubiläumsemblem, QR-Code

**2361** 1.00 (€) mehrfarbig . . . . . . . . . . . . . . . . . cel 2,30 2,30
FDC 3,30
Kleinbogen 23,— 23,—

Auflage: 50.000 Stück

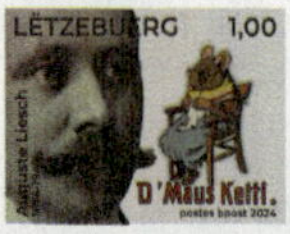


**2024, 14. Mai. 150. Geburtstag von Auguste Liesch. Odr. (2×5); gez. K 12.**

cem) Auguste Liesch (1874–1949), Politiker und Schriftsteller; Illustration aus seinem Werk „D'Maus Ketti“ (1936) von Pierre Blanc (1872–1946), Maler

**2362** 1.00 (€) mehrfarbig . . . . . . . . . . . . . . . . . cem 2,30 2,30
FDC 3,30
Kleinbogen 23,— 23,—

Auflage: 50.000 Stück

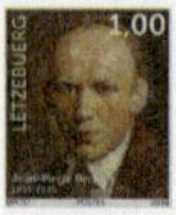


**2024, 14. Mai. 125. Geburtstag von Jean-Pierre Beckius. Odr. (5×2); gez. K 11¾.**

cen) Selbstportrait; Gemälde von Jean-Pierre Beckius (1899–1946), Maler

**2363** 1.00 (€) mehrfarbig . . . . . . . . . . . . . . . . . cen 2,30 2,30
FDC 3,30
Kleinbogen 23,— 23,—

Auflage: 50.000 Stück

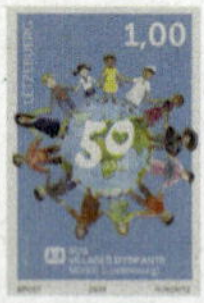


**2024, 14. Mai. 50 Jahre Förderverein „SOS Villages d'Enfants Monde“. Odr. (5×2); gez. K 11¾:11½.**

ceo) Kinder bilden Kette um Globus, Jubiläumsemblem

**2364** 1.00 (€) mehrfarbig . . . . . . . . . . . . . . . . . ceo 2,30 2,30
FDC 3,30
Kleinbogen 23,— 23,—

Auflage: 50.000 Stück

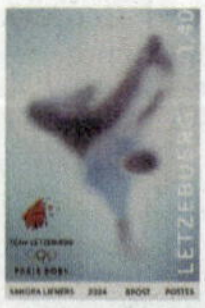


**2024, 14. Mai. Olympische Sommerspiele, Paris. Odr. (5×2); gez. K 11¾:11½.**

cep) Breakdance

**2365** 1.40 (€) mehrfarbig . . . . . . . . . . . . . . . . . cep 3,20 3,20
FDC 4,20
Kleinbogen 32,— 32,—

Auflage: 75.000 Stück

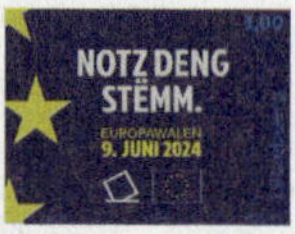


**2024, 14. Mai. Zehnte Direktwahlen zum Europäischen Parlament. Odr. (2×5); gez. K 12.**

cer) Inschrift „Nutz deine Stimme“, Sterne, Stimmabgabe, Europaflagge

**2366** 1.00 (€) mehrfarbig . . . . . . . . . . . . . . . . . cer 2,30 2,30
FDC 3,30
Kleinbogen 23,— 23,—

Auflage: 50.000 Stück

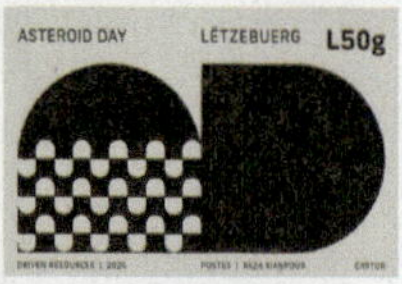


**2024, 14. Mai. Internationaler Asteroidentag (III). Komb. Odr. und Hfdr. (2×5); gez. K 14¼.**

ces) Stilisierte Buchstaben „AD“ (= Asteroid Day)

**2367** L50g schwarz . . . . . . . . . . . . . . . . . . . . . ces 2,30 2,30
FDC 3,30
Kleinbogen 23,— 23,—

Nominale zur Zeit der Ausgabe: 1 €

Auflage: 50.000 Stück

**2024, 14. Mai. Europa: Unterwasserfauna und -flora. Odr. (2×5); selbstklebend; gez. K 13¼:13½.**

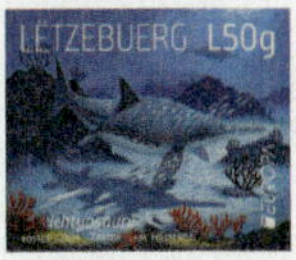


cet) Ichthyosaurus

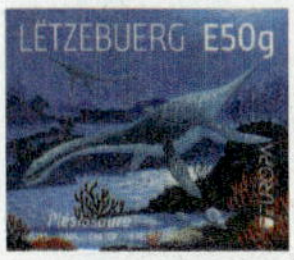


ceu) Plesiosaurier

**2368** L50g mehrfarbig . . . . . . . . . . . . . . . . . . . . . cet 2,30 2,30
**2369** E50g mehrfarbig . . . . . . . . . . . . . . . . . . . . ceu 3,20 3,20
Satzpreis (2 W.) 5,50 5,50
FDC 6,50
Kleinbogensatz (2 Klb.) 55,— 55,—

Nominalen zur Zeit der Ausgabe: MiNr. 2368 = 1 €, MiNr. 2369 = 1.40 €

Auflage: 150.000 Sätze

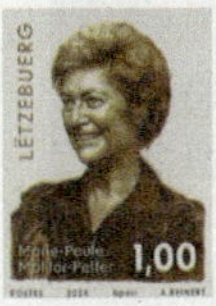


**2024, 10. Sept. 25. Todestag von Marie-Paule Molitor-Peffer. Odr. (5×2); gez. K 12.**

cev) Marie-Paule Molitor-Peffer (1929–1999), Gynäkologin und Aufklärerin

**2370** 1.00 (€) mehrfarbig . . . . . . . . . . . . . . . . . . cev 2,30 2,30
FDC 3,30
Kleinbogen 23,— 23,—

Auflage: 50.000 Stück

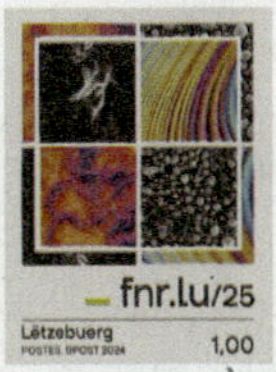


**2024, 10. Sept. 25 Jahre Fonds Nationale de la Recherche. Odr. (5×2); gez. K 11½.**

cew) Knochenstück, Flüssigkristalle, Wärmebild von Luxemburg-Stadt, Pulver für 3D-Druck von Keramiken

**2371** 1.00 (€) mehrfarbig . . . . . . . . . . . . . . . . . . cew 2,30 2,30
FDC 3,30
Kleinbogen 23,— 23,—

Auflage: 50.000 Stück

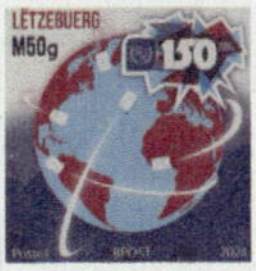


**2024, 10. Sept. 150 Jahre Weltpostverein. Odr. (2×5); gez. K 12¾.**

cex) Briefe fliegen um die Welt

**2372** M50g mehrfarbig . . . . . . . . . . . . . . . . . . . . . cex 4,— 4,—
FDC 5,—
Kleinbogen 40,— 40,—

Nominale zur Zeit der Ausgabe: 1.75 €

Auflage: 50.000 Stück

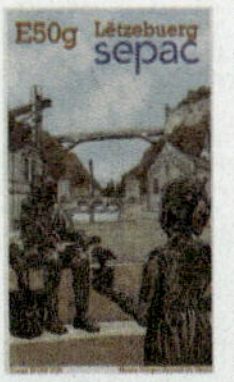


**2024, 10. Sept. SEPAC: Touristische Sehenswürdigkeiten. Odr. (5×2); gez. K 12.**

cey) Skulpturen, Großherzogin-Charlotte-Brücke, Beinchen-Brücke und Aufzug in Pfaffenthal

**2373** E50g mehrfarbig . . . . . . . . . . . . . . . . . . . . . cey 3,20 3,20
FDC 4,20
Kleinbogen 32,— 32,—

Nominale zur Zeit der Ausgabe: 1.40 €

Auflage: 50.000 Stück

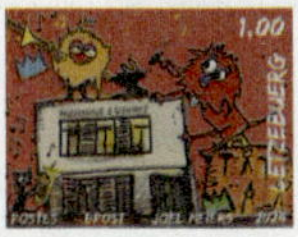


**2024, 10. Sept. Tag der Briefmarke. Odr. (2×5); gez. K 12.**

cez) Gebäude „Musekshaus A Schmatts", Steinsel; Zeichnung von Joël Meiers (*1973), Künstler

**2374** 1.00 (€) mehrfarbig . . . . . . . . . . . . . . . . . . cez 2,30 2,30
FDC 3,30
Kleinbogen 23,— 23,—

Auflage: 50.000 Stück

**2024, 26. Sept. Blockausgabe: Besuch von Papst Franziskus. Odr.; gez. Ks 12.**

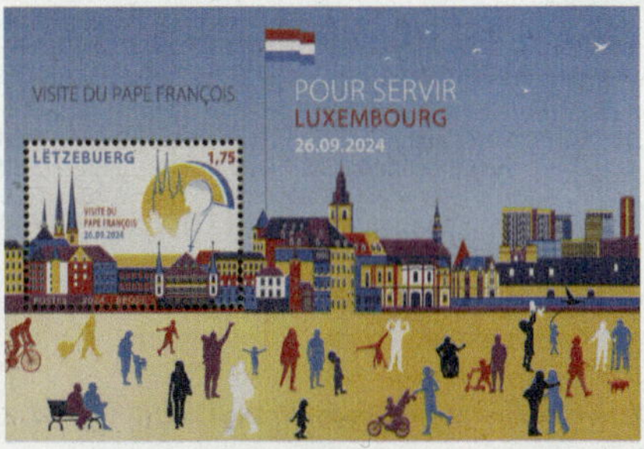


cfb

cfa) Papst Franziskus (1936–2025, reg. ab 2013); Häuserzeile und Kathedrale Unserer Lieben Frau; Luxemburg-Stadt

**2375** 1.75 (€) mehrfarbig . . . . . . . . . . . . . . cfa 4,— 4,—
**Block 54** (120×80 mm) . . . . . . . . . . . cfb 4,— 4,—
FDC 5,—

Auflage: 30.000 Blocks

**2024, 21. Okt. Blockausgabe: Kryptomarke. Komb. Odr., Siebdr. und Hfdr. auf Kunststoff; selbstklebend; gestanzt 10:9¾.**

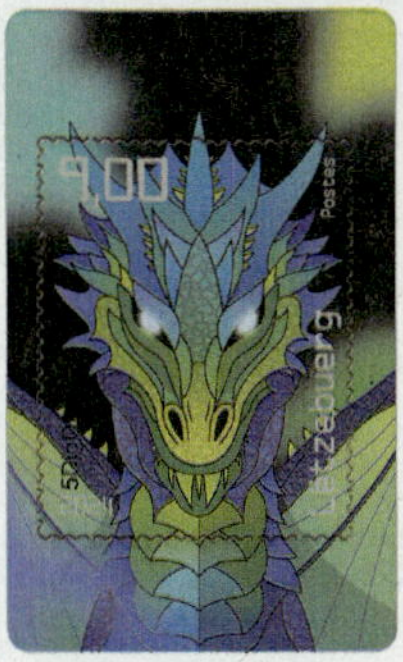


cfd

cfc) Drachenkopf

| | | | | | |
|---|---|---|---|---|---|
| **2376** | 9.00 (€) mehrfarbig | cfc | 21,— | 21,— |
| **Block 55** | (54×85 mm) | cfd | 21,— | 21,— |
| | FDC (Blockmarke) | | | 26,— |

Auf dem Objekt befindet sich ein QR-Code, der die Verwaltung der digitalen Marke ermöglicht.

Bl. 55 sind 5 virtuelle Farben in unterschiedlicher Häufigkeit zugeordnet, die mit Hilfe des QR-Codes eruierbar sind: Schwarz (7.845), Grün (4.005), Blau (1.995), Gelb (1.005) und Rot (150). Die angegebenen Preise beziehen sich auf die billigste (schwarze) Variante.

Auflage: 15.000 Blocks

*Parallelausgabe mit Belgien, Niederlande und Österreich MiNr. 3820/Bl. 156*

**2024, 12. Nov. Weihnachten. Odr. (3×4); gez. K 13¼.**

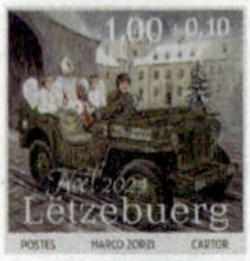


cfe) mit Engeln im Armee-Jeep

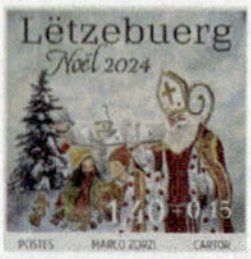


cff) begrüßt Kinder

cfe–cff) Amerikanischer Santa Claus ...

| | | | | | |
|---|---|---|---|---|---|
| **2377** | 1.00 (€) + 0.10 (€) mehrfarbig | cfe | 2,50 | 2,50 |
| **2378** | 1.40 (€) + 0.15 (€) mehrfarbig | cff | 3,60 | 3,60 |
| | Satzpreis (2 W.) | | 6,10 | 6,10 |
| | FDC | | | 7,10 |

Auflagen: MiNr. 2377 = 200.004, MiNr. 2378 = 100.008 Stück

**2024, 12. Nov. Heimische Orchideen (III). Digitaldr. (5×2); gez. K 12:12¼.**

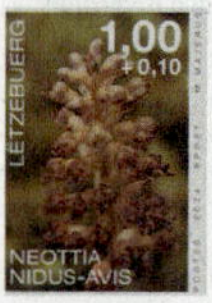


cfg) Vogel-Nestwurz (Neottia nidus-avis)

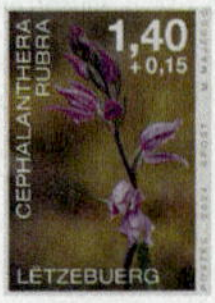


cfh) Rotes Waldvöglein (Cephalanthera rubra)

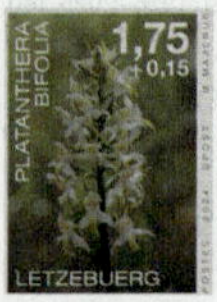


cfi) Zweiblättrige Waldhyazinthe (Platanthera bifolia)

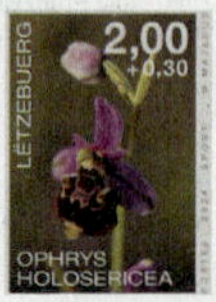


cfk) Hummel-Ragwurz (Ophrys holoserica)

| | | | | | |
|---|---|---|---|---|---|
| **2379** | 1.00 (€) + 0.10 (€) mehrfarbig | cfg | 2,50 | 2,50 |
| **2380** | 1.40 (€) + 0.15 (€) mehrfarbig | cfh | 3,60 | 3,60 |
| **2381** | 1.75 (€) + 0.15 (€) mehrfarbig | cfi | 4,40 | 4,40 |
| **2382** | 2.00 (€) + 0.30 (€) mehrfarbig | cfk | 5,30 | 5,30 |
| | Satzpreis (4 W.) | | 15,50 | 15,50 |
| | FDC | | | 16,50 |
| | Kleinbogensatz (4 Klb.) | | 155,— | 155,— |

Auflagen: MiNr. 2379–2380 je 100.000, MiNr. 2381–2382 je 75.000 Stück

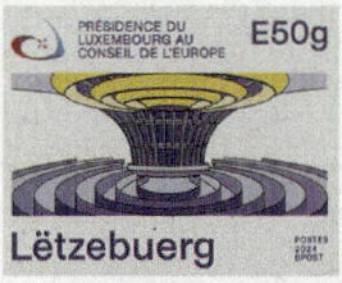


**2024, 12. Nov. Vorsitz Luxemburgs im Europarat. Odr. (2×5); gez. K 11½.**

cfl) Sitzungssaal des Europarates, Emblem

| | | | | | |
|---|---|---|---|---|---|
| **2383** | E50g mehrfarbig | cfl | 3,20 | 3,20 |
| | FDC | | | 4,20 |
| | Kleinbogen | | 32,— | 32,— |

Nominale zur Zeit der Ausgabe: 1.40 €

Auflage: 50.000 Stück

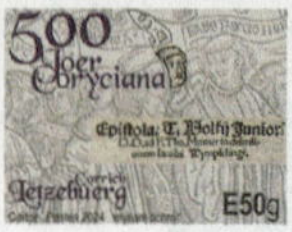


**2024, 12. Nov. 500 Jahre Schriftensammlung Coryciana. Odr. mit Lacküberzug (2×5); gez. K 13:13½.**

cfm) Illustration (1502) von Johannes Coricius (1457–1527), Gelehrter, Jurist, Geistlicher und Humanist, dem die Coryciana gewidmet ist; Inschrift

| | | | | | |
|---|---|---|---|---|---|
| **2384** | E50g mehrfarbig | cfm | 3,20 | 3,20 |
| | FDC | | | 4,20 |
| | Kleinbogen | | 32,— | 32,— |

Nominale zur Zeit der Ausgabe: 1.40 €

Auflage: 50.000 Stück

**2024, 12. Nov. Junge Wildsäugetiere. Odr., Markenheftchen (1×2 Zd); selbstklebend; gestanzt 12¼.**

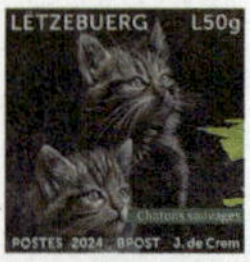


cfn) Europäische Wildkatze (Felis silvestris)

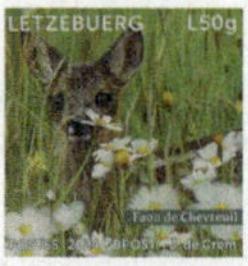


cfo) Reh (Capreolus capreolus)

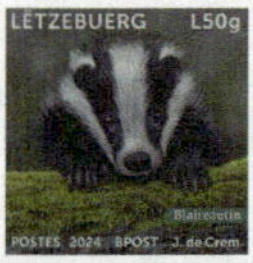


cfp) Europäischer Dachs (Meles meles)

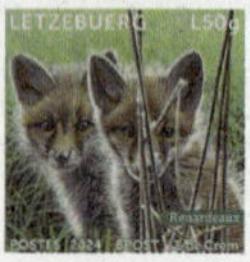


cfr) Rotfuchs (Vulpes vulpes)

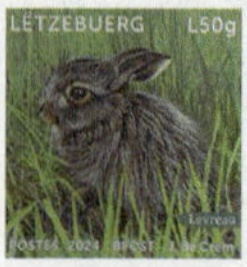


cfs) Wildkaninchen (Oryctolagus cuniculus)

cfn–cfs) Illustrationen von Johan de Crem (*1962), belgischer Maler

| | | | | | |
|---|---|---|---|---|---|
| **2385** | L50g mehrfarbig | cfn | 2,30 | 2,30 |
| **2386** | L50g mehrfarbig | cfo | 2,30 | 2,30 |
| **2387** | L50g mehrfarbig | cfp | 2,30 | 2,30 |
| **2388** | L50g mehrfarbig | cfr | 2,30 | 2,30 |
| **2389** | L50g mehrfarbig | cfs | 2,30 | 2,30 |
| | Satzpreis (5 W.) | | 11,50 | 11,50 |
| | FDC | | | 12,50 |
| | Fünferstreifen | | 11,50 | 11,50 |
| | Markenheftchen | | 23,— | 23,— |

Nominale zur Zeit der Ausgabe: je 1 €

MiNr. 2385–2389 wurden waagerecht zusammenhängend gedruckt.

Auflage: 100.000 Markenheftchen

**Posttarife Luxemburg (ab 3.2.2025)**

ermäßigter Inlandsbrief bis 50 g („ATR 50g"): 0.60 € (zuvor: 0.50 €)
Inlandsbrief bis 50 g („L 50g"): 1.20 € (zuvor: 1.00 €)
Auslandsbrief nach Europa bis 50 g („E 50g"): 1.70 € (zuvor: 1.40 €)
Auslandsbrief nach Übersee bis 50 g („M 50g"): 2.40 € (zuvor: 1.75 €)

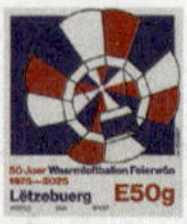


**2025, 11. März. 50. Jahrestag der ersten Fahrt des Heißluftballons „Feierwôn". Odr. (5×2); gez. K 11½.**

cft) Heißluftballon in Nationalfarben von unten

| | | | | | |
|---|---|---|---|---|---|
| **2390** | E50g mehrfarbig | cft | 3,90 | 3,90 |
| | FDC | | | 4,90 |
| | Kleinbogen | | 39,— | 39,— |

Nominale zur Zeit der Ausgabe: 1.70 €

Auflage: 30.000 Stück

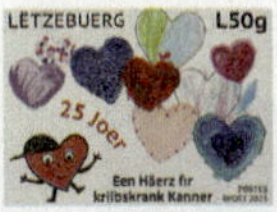


**2025, 11. März. 25 Jahre Wohltätigkeitsorganisation „Ein Herz für krebskranke Kinder". Odr. (2×5); gez. K 12¾.**

cfu) Maskottchen, gemalte und gebastelte Herzen

| | | | |
|---|---|---|---|
| **2391** L50g mehrfarbig | cfu | 2,80 | 2,80 |
| | FDC | | 3,80 |
| | Kleinbogen | 28,— | 28,— |

Nominale zur Zeit der Ausgabe: 1.20 €

Auflage: 30.000 Stück

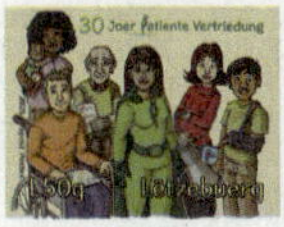


**2025, 11. März. 30 Jahre Interessenverband „Patientenvertretung". Odr. (2×5); gez. K 12¾.**

cfv) Superheldin mit Patienten

| | | | |
|---|---|---|---|
| **2392** L50g mehrfarbig | cfv | 2,80 | 2,80 |
| | FDC | | 3,80 |
| | Kleinbogen | 28,— | 28,— |

Nominale zur Zeit der Ausgabe: 1.20 €

Auflage: 30.000 Stück

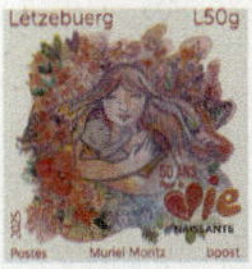


**2025, 11. März. 50 Jahre Wohltätigkeitsorganisation „Œuvre Vie naissante". Odr. (2×5); gez. K 12¾.**

cfw) Frau mit Baby umgeben von Blumen

| | | | |
|---|---|---|---|
| **2393** L50g mehrfarbig | cfw | 2,80 | 2,80 |
| | FDC | | 3,80 |
| | Kleinbogen | 28,— | 28,— |

Nominale zur Zeit der Ausgabe: 1.20 €

Auflage: 30.000 Stück

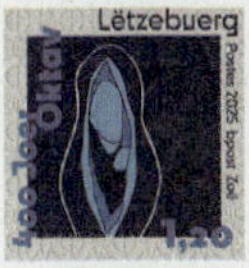


**2025, 11. März. 400 Jahre Muttergottesoktav. Komb. Odr. und Pdr. (2×5); gez. K 12¾.**

cfx) Stilisierte Marienstatue

| | | | |
|---|---|---|---|
| **2394** 1.20 (€) mehrfarbig | cfx | 2,80 | 2,80 |
| | FDC | | 3,80 |
| | Kleinbogen | 28,— | 28,— |

Auflage: 30.000 Stück

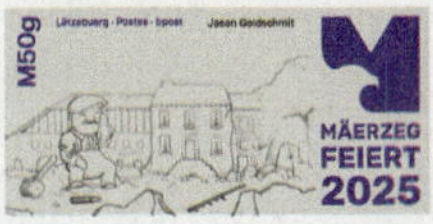


**2025, 11. März. 150 Jahre Gemeinde Mertzig. Odr. (2×5); gez. K 12¾.**

cfy) Arbeiter im Steinbruch, Haus aus lokalem Stein

| | | | |
|---|---|---|---|
| **2395** M50g lebhaftblauviolett/schwarz | cfy | 5,50 | 5,50 |
| | FDC | | 6,50 |
| | Kleinbogen | 55,— | 55,— |

Nominale zur Zeit der Ausgabe: 2.40 €

Auflage: 30.000 Stück

**2025, 11. März. 25 Jahre Großherzogliche Polizei; 15 Jahre Polizeimuseum. Odr. (2×5); gez. K 12¾.**

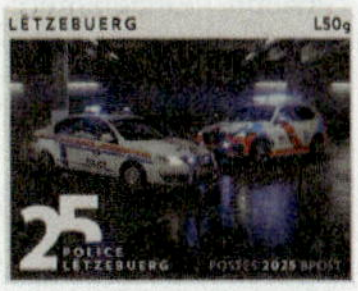


cfz) Polizeifahrzeuge (2025)

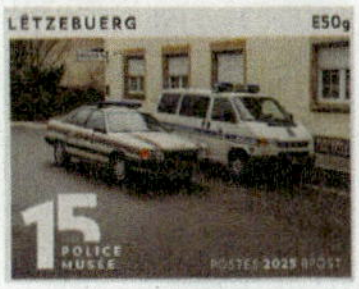


cga) Polizeifahrzeuge (2000)

| | | | |
|---|---|---|---|
| **2396** L50g mehrfarbig | cfz | 2,80 | 2,80 |
| **2397** E50g mehrfarbig | cga | 3,90 | 3,90 |
| | Satzpreis (2 W.) | 6,70 | 6,70 |
| | 2 FDC | | 8,70 |
| | Kleinbogensatz (2 Klb.) | 67,— | 67,— |

Nominalen zur Zeit der Ausgabe: MiNr. 2396 = 1.20 €, MiNr. 2397 = 1.70 €

Auflage: 30.000 Sätze

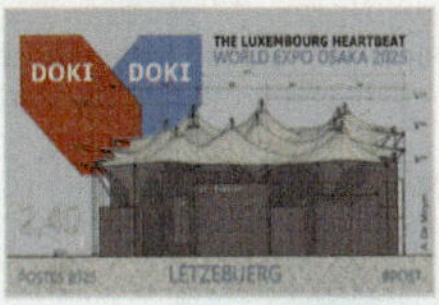


**2025, 6. Mai. Weltausstellung EXPO 2025, Osaka. Odr. (2×5); gez. K 12.**

cgb) Luxemburgischer Pavillon, Emblem

| | | | |
|---|---|---|---|
| **2398** 2.40 (€) mehrfarbig | cgb | 5,50 | 5,50 |
| | FDC | | 6,50 |
| | Kleinbogen | 55,— | 55,— |

Auflage: 30.000 Stück

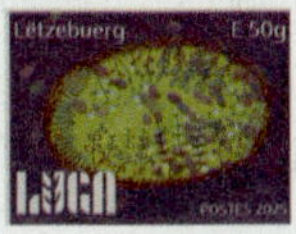


**2025, 6. Mai. Gartenschau LUGA – Luxemburg Urban Garden. Odr. (2×5); gez. K 13:13½.**

cgc) Stilisierte Pflanzenzelle, Emblem

| | | | |
|---|---|---|---|
| **2399** E 50g mehrfarbig | cgc | 3,90 | 3,90 |
| | FDC | | 4,90 |
| | Kleinbogen | 39,— | 39,— |

Nominale zur Zeit der Ausgabe: 1.70 €

MiNr. 2399 wurde im Kleinbogen zusammen mit einer Packung Pflanzensamen verkauft.

Auflage: 40.000 Stück

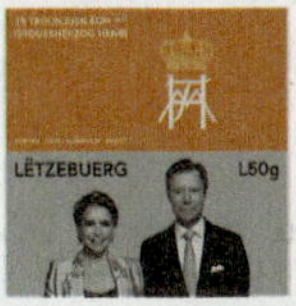


**2025, 6. Mai. 25. Jahrestag der Thronbesteigung von Großherzog Henri (I). Odr. (5×1 Zd); gez. K 12.**

cgd) Großherzogin Maria Teresa (*1956) und Großherzog Henri (*1955, reg. seit 2000); Monogramm

| | | | |
|---|---|---|---|
| **2400** L50g orange/schwarz | cgd | 3,90 | 3,90 |
| **2401** L50g blau/schwarz | cgd | 3,90 | 3,90 |
| | Satzpreis (2 W.) | 7,80 | 7,80 |
| | Paar | 7,80 | 7,80 |
| | FDC | | 8,80 |
| | Kleinbogen | 39,— | 39,— |

Nominale zur Zeit der Ausgabe: je 1.70 €

MiNr. 2400–2401 wurden senkrecht zusammenhängend gedruckt.

Auflage: 30.000 Sätze

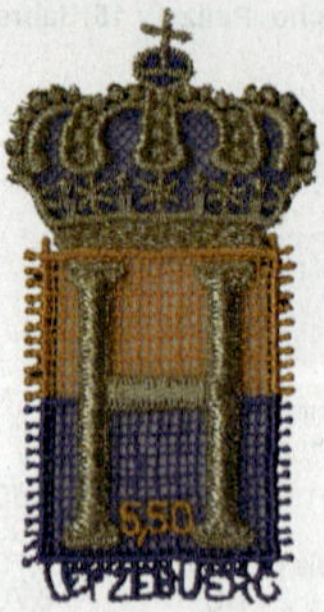


**2025, 6. Mai. 25. Jahrestag der Thronbesteigung von Großherzog Henri (II). Stickgarn auf Gewebe, Einzelanfertigung; selbstklebend; teilweise zähnungsähnliche Fransen.**

cge) Buchstabe „H", Großherzogskrone

| | | | | |
|---|---|---|---|---|
| **2402** | 5.50 (€) mehrfarbig | cge | 12,50 | 12,50 |
| | | FDC | | 13,50 |

Auflage: 20.000 Stück

**2025, 6. Mai. Aufbau von Europa: 40 Jahre Schengener Abkommen; 75. Jahrestag der Schumann-Erklärung. Odr. (2×5); gez. K 12.**

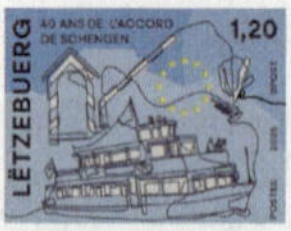


cgf) Ausflugsschiff „Princesse Marie-Astrid" (1985); Zollschranke, Europasterne, unterschreibende Hand

cgg) Robert Schuman (1886–1963), französischer Staatsmann; Stahlwerk, Europasterne

| | | | | |
|---|---|---|---|---|
| **2403** | 1.20 (€) mehrfarbig | cgf | 2,80 | 2,80 |
| **2404** | 1.70 (€) mehrfarbig | cgg | 3,90 | 3,90 |
| | | Satzpreis (2 W.) | 6,70 | 6,70 |
| | | FDC | | 7,70 |
| | | Kleinbogensatz (2 Klb.) | 67,— | 67,— |

Auflage: 30.000 Sätze

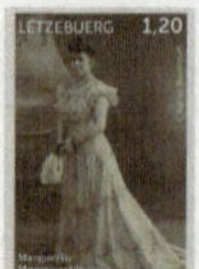


**2025, 6. Mai. 100. Todestag von Marguerite Mongenast-Servais. Odr. (5×2); gez. K 11¾:11½.**

cgh) Marguerite Mongenast-Servais (1885–1925), Frauenrechtlerin

| | | | | |
|---|---|---|---|---|
| **2405** | 1.20 (€) schwarz | cgh | 2,80 | 2,80 |
| | | FDC | | 3,80 |
| | | Kleinbogen | 28,— | 28,— |

Auflage: 30.000 Stück

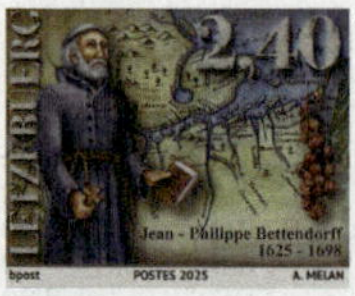


**2025, 6. Mai. 400. Geburtstag von Johann Bettendorff. Odr. (2×5); gez. K 11½.**

cgi) Johann Bettendorff (1625–1698), Jesuit und Missionar

| | | | | |
|---|---|---|---|---|
| **2406** | 2.40 (€) mehrfarbig | cgi | 5,50 | 5,50 |
| | | FDC | | 6,50 |
| | | Kleinbogen | 55,— | 55,— |

Auflage: 30.000 Stück

**2025, 6. Mai. Europa: Archäologische Entdeckungen. Odr. (2×5); gez. K 11½.**

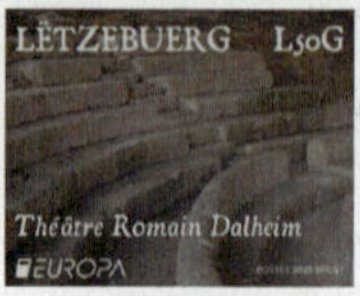


cgk) Gallorömisches Theater, Dalheim

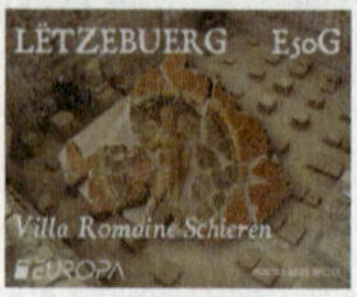


cgl) Fresken-Fragment und Hypokaustum der römischen Villa, Schieren

| | | | | |
|---|---|---|---|---|
| **2407** | L50g mehrfarbig | cgk | 2,80 | 2,80 |
| **2408** | E50g mehrfarbig | cgl | 3,90 | 3,90 |
| | | Satzpreis (2 W.) | 6,70 | 6,70 |
| | | FDC | | 7,70 |
| | | Kleinbogensatz (2 Klb.) | 67,— | 67,— |

Nominalen zur Zeit der Ausgabe: MiNr. 2407 = 1.20 €, MiNr. 2408 = 1.70 €

Auflage: 30.000 Sätze

*Ab MiNr. 1524 sind alle Ausgaben frankaturgültig, außerdem alle Marken ohne Wertangabe.*

## Neuheiten

# Jahrgangswerttabelle

Die Aufstellung folgt der numerischen Reihenfolge der Katalogisierung ohne Rücksicht auf die Chronologie eventueller Ergänzungswerte.

**Grundsätzlich ist nur die jeweils billigste Sorte pro Marke bzw. Ausgabe angegeben, sofern nichts anderes vermerkt.**

Zusammendrucke aus Bogen, Marken mit Zierfeldern usw. sind dann berücksichtigt, wenn sie als normale Ausgabeform anzusehen sind. Einzelmarken aus Blocks und Marken mit der Preisnotierung „—,—" sind nicht berücksichtigt.

Im neuen MICHEL-Redaktionssystem fließen Einzelwerte anstelle von Satzpreisen in die Berechnung ein. Zusätzlich werden alle Blockvarianten berücksichtigt. Dadurch können sich Änderungen zu früheren Jahrgangswertberechnungen ergeben.

| Jahr | MiNr. | ** | ⊙ |
|---|---|---|---|
| **1945** | 343–398 (370–381 ⊙), Bl. 4 | 15,90 | 320,80 |
| **1946** | 399–416, Bl. 5–6 | 64,50 | 515,— |
| **1947** | 417–430 | 80,— | 128,— |
| **1948** | 431–438 | 104,10 | 69,— |
| **1949** | 439–467, Bl. 7 | 180,20 | 185,70 |
| **1950** | 468–477 | 145,60 | 184,50 |
| **1951** | 478–487 | 209,— | 176,40 |
| **1952** | 488–504 | 255,50 | 285,90 |
| **1953** | 505–522 | 82,70 | 51,— |
| **1954** | 523–530 | 47,90 | 53,60 |
| **1955** | 531–546 | 51,80 | 53,20 |
| **1956** | 547–566 | 197,— | 127,20 |
| **1957** | 567–580 | 82,50 | 67,50 |
| **1958** | 581–600 | 30,70 | 24,70 |
| **1959** | 601–617 | 22,40 | 23,20 |
| **1960** | 618–636 | 21,80 | 23,40 |
| **1961** | 637–654 | 18,40 | 19,30 |
| **1962** | 655–665 | 8,30 | 12,20 |
| **1963** | 666–689 | 10,70 | 14,— |
| **1964** | 690–708 | 13,40 | 12,30 |
| **1965** | 709–722 | 6,20 | 7,80 |
| **1966** | 723–745 | 8,50 | 10,— |
| **1967** | 746–764 | 8,20 | 9,60 |
| **1968** | 765–784 | 11,10 | 9,60 |
| **1969** | 785–803, Bl. 8 | 10,10 | 13,40 |
| **1970** | 804–819 | 5,70 | 10,— |
| **1971** | 820–840 | 11,30 | 14,70 |
| **1972** | 841–857 | 10,90 | 15,80 |
| **1973** | 858–875 | 11,30 | 18,— |
| **1974** | 876–898, Bl. 9 | 20,60 | 27,90 |
| **1975** | 899–921 | 21,90 | 18,— |
| **1976** | 922–940 | 15,50 | 17,70 |
| **1977** | 941–961, Bl. 10 | 20,— | 20,90 |
| **1978** | 962–980, Bl. 11–12 | 16,40 | 17,80 |
| **1979** | 981–1002 | 18,20 | 17,40 |
| **1980** | 1003–1021 | 14,80 | 12,90 |
| **1981** | 1022–1045, Bl. 13 | 17,60 | 19,50 |
| **1982** | 1046–1067 | 17,— | 15,30 |
| **1983** | 1068–1090 | 24,— | 18,30 |
| **1984** | 1091–1116 | 39,90 | 27,20 |
| **1985** | 1117–1142, Bl. 14 | 43,40 | 26,90 |
| **1986** | 1143–1167 | 36,30 | 22,70 |
| **1987** | 1168–1189 | 39,20 | 25,50 |
| **1988** | 1190–1213, Bl. 15 | 41,20 | 28,80 |
| **1989** | 1214–1235 | 25,50 | 20,40 |
| **1990** | 1236–1262, Bl. 16 | 38,20 | 28,20 |
| **1991** | 1263–1287 | 36,40 | 26,20 |
| **1992** | 1288–1309 | 37,— | 23,60 |
| **1993** | 1310–1333 | 32,10 | 24,80 |
| **1994** | 1334–1356 | 40,40 | 32,90 |
| **1995** | 1357–1384 | 41,30 | 34,30 |
| **1996** | 1385–1409 | 39,30 | 31,80 |
| **1997** | 1410–1436 | 45,10 | 40,10 |
| **1998** | 1437–1465, Bl. 17 | 60,40 | 50,50 |
| **1999** | 1466–1489 | 47,70 | 44,60 |
| **2000** | 1490–1523, Bl. 18 | 60,20 | 53,— |
| **2001** | 1524–1558 | 43,80 | 41,90 |
| **2002** | 1559–1596, Bl. 19 | 55,40 | 52,40 |
| **2003** | 1597–1625 | 43,80 | 42,30 |
| **2004** | 1626–1658 | 44,70 | 44,70 |
| **2005** | 1659–1699 | 60,50 | 55,80 |
| **2006** | 1700–1729, Bl. 20 | 45,60 | 44,70 |
| **2007** | 1730–1770, Bl. 21 | 51,40 | 49,20 |
| **2008** | 1771–1817 | 62,90 | 50,70 |
| **2009** | 1818–1851, Bl. 22 | 61,70 | 52,90 |
| **2010** | 1852–1897, Bl. 23–25 | 93,30 | 76,50 |
| **2011** | 1898–1930, Bl. 26–27 | 51,60 | 48,70 |
| **2012** | 1931–1961, Bl. 28–30 | 66,40 | 64,90 |
| **2013** | 1962–1997, Bl. 31–32 | 60,50 | 55,60 |
| **2014** | 1998–2027, Bl. 33–34 | 53,20 | 52,80 |
| **2015** | 2028–2078, Bl. 35 | 88,40 | 80,— |
| **2016** | 2079–2117, Bl. 36 | 86,20 | 86,20 |
| **2017** | 2118–2157, Bl. 37–40 | 129,60 | 126,— |
| **2018** | 2158–2192, Bl. 41–42 | 68,80 | 64,80 |
| **2019** | 2193–2222, Bl. 43–45 | 64,70 | 64,70 |
| **2020** | 2223–2256 | 84,80 | 83,30 |
| **2021** | 2257–2289 | 65,— | 64,20 |
| **2022** | 2290–2324, Bl. 46–48 | 99,90 | 96,90 |
| **2023** | 2325–2354, Bl. 49–52 (ohne 2354) | 116,30 | 116,30 |
| **2024** | 2355–2389, Bl. 53–55 | 117,90 | 117,90 |
| **Gesamtsumme** | | **4331,70** | **4816,40** |

# Blockaufstellung

Block 1 siehe nach MiNr. 142
Block 2 siehe nach MiNr. 302
Block 3 siehe nach MiNr. 341
Block 4 siehe nach MiNr. 387
Block 5 siehe nach MiNr. 402
Block 6 siehe nach MiNr. 412
Block 7 siehe nach MiNr. 441
Block 8 siehe nach MiNr. 787
Block 9 siehe nach MiNr. 898
Block 10 siehe nach MiNr. 951
Block 11 siehe nach MiNr. 963
Block 12 siehe nach MiNr. 966
Block 13 siehe nach MiNr. 1024
Block 14 siehe nach MiNr. 1130
Block 15 siehe nach MiNr. 1198
Block 16 siehe nach MiNr. 1258
Block 17 siehe nach MiNr. 1450
Block 18 siehe nach MiNr. 1516
Block 19 siehe nach MiNr. 1584
Block 20 siehe nach MiNr. 1701
Block 21 siehe nach MiNr. 1759
Block 22 siehe nach MiNr. 1843
Block 23 siehe nach MiNr. 1854
Block 24 siehe nach MiNr. 1864
Block 25 siehe nach MiNr. 1873
Block 26 siehe nach MiNr. 1911
Block 27 siehe nach MiNr. 1924
Block 28 siehe nach MiNr. 1941
Block 29 siehe nach MiNr. 1946
Block 30 siehe nach MiNr. 1954
Block 31 siehe nach MiNr. 1971
Block 32 siehe nach MiNr. 1984
Block 33 siehe nach MiNr. 2003
Block 34 siehe nach MiNr. 2011
Block 35 siehe nach MiNr. 2050
Block 36 siehe nach MiNr. 2089
Block 37 siehe nach MiNr. 2125
Block 38 siehe nach MiNr. 2135
Block 39 siehe nach MiNr. 2136
Block 40 siehe nach MiNr. 2139
Block 41 siehe nach MiNr. 2172
Block 42 siehe nach MiNr. 2177
Block 43 siehe nach MiNr. 2209
Block 44 siehe nach MiNr. 2212
Block 45 siehe nach MiNr. 2222
Block 46 siehe nach MiNr. 2301
Block 47 siehe nach MiNr. 2309
Block 48 siehe nach MiNr. 2312
Block 49 siehe nach MiNr. 2326
Block 50 siehe nach MiNr. 2327
Block 51 siehe nach MiNr. 2327
Block 52 siehe nach MiNr. 2342
Block 53 siehe nach MiNr. 2356
Block 54 siehe nach MiNr. 2375
Block 55 siehe nach MiNr. 2376

# Übersichtstabellen

**Freimarken „Großherzog Jean, Krone"**

| Wert | Farbe | MiNr. |
|---|---|---|
| 25 C | schwarzgraubraun | 725 |
| 50 C | lebhaftrot | 710 |
| 1 Fr | dunkelblau, dunkelviolettblau | 711 |
| 1.50 Fr | schwarzlila | 726 |
| 2 Fr | dunkelgraulila, dunkelrotkarmin | 727 |
| 2.50 Fr | ziegelrot | 828 |
| 3 Fr | dunkelgraugrün, schwarzgrün | 712 |
| 3.50 Fr | orangebraun | 728 |
| 4 Fr | braunlila, bräunlichlila | 829 |
| 5 Fr | dunkelgrün, schwarzsmaragdgrün | 830 |
| 6 Fr | bräunlichviolett, grauviolett | 713 |
| 7 Fr | rotorange | 1080 |
| 8 Fr | grünblau | 831 |
| 9 Fr | dunkelgrünoliv | 919 |
| 10 Fr | schwarz | 899 |
| 12 Fr | orangerot | 920 |
| 14 Fr | schwarzviolettultramarin | 1263 |
| 16 Fr | dunkelbläulichgrün | 1051 |
| 18 Fr | braunoliv | 1150 |
| 20 Fr | dunkelblau | 921 |
| 22 Fr | schwarzorange | 1283 |

**Ausgabe „Sehenswürdigkeiten"**

| Wert | Motiv | MiNr. |
|---|---|---|
| 5 Fr | Mondorf | 985 |
| 6 Fr | Hauptbahnhof Luxemburg | 986 |
| 10 Fr | Wiltz | 1201 |
| 12 Fr | Esch-sur-Alzette | 1160 |
| 12 Fr | Grevenmacher | 1161 |
| 12 Fr | Differdange | 1202 |
| 12 Fr | Clervaux | 1230 |
| 12 Fr | Mondercange | 1251 |
| 12 Fr | Schifflange | 1252 |
| 14 Fr | Kayl | 1273 |
| 14 Fr | Redange | 1274 |
| 14 Fr | Schwebsingen | 1316 |
| 14 Fr | Steinfort | 1317 |
| 16 Fr | Erpeldingen | 1375 |
| 16 Fr | Schengen | 1376 |
| 16 Fr | Mersch | 1414 |
| 16 Fr | Koerich | 1415 |
| 16 Fr | Hesperange | 1440 |
| 16 Fr | Rodange | 1441 |
| 18 Fr | Titelberg | 1231 |
| 18 Fr | Bettembourg | 1291 |
| 18 Fr/0.45 € | Schifflange | 1524 |
| 18 Fr/0.45 € | Wormeldange | 1525 |
| 25 Fr | Walferdange | 1292 |
| 0.50 € | Differdange | 1601 |
| 0.50 € | Tetange | 1666 |
| 0.50 € | Sandweiler | 1702 |
| 0.50 € | Bettembourg | 1703 |
| 0.60 € | Fremdenverkehrsamt, Luxemburg | 1667 |
| 1.00 € | Schloß Mamer | 1602 |
| 1.00 € | Rodange | 1668 |
| 2.50 € | Esch-sur-Alzette | 1603 |
| A | Walferdange | 1495 |
| A | Wasserbillig | 1496 |
| A | Rindschleiden | 1776 |
| A | Leudelange | 1777 |
| A | Diekirch | 1778 |

# Automatenmarken

> **Im MICHEL-Europa werden in aller Regel nur die billigste Sorte einer Automatenmarkenausgabe sowie wesentliche Unterschiede des Vordruckpapiers berücksichtigt. Eine ausführliche Katalogisierung nach Unterarten wie Automatennummern, Typen, Papiersorten, Fehlverwendungen und anderen Unterschieden ist im MICHEL-Automatenmarken-Spezial zu finden.**

**Allgemeine Bewertung: 10 Fr Nominale = 0,50 €, ab 1.1.2002: 1 € Nominale = 2.20€, soweit nicht bereits ein höherer Wert angegeben ist.**

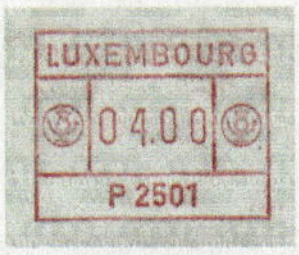


**1983, 18. Juli. Freimarke mit Automatennummern-Eindruck. Odr.; Typendruck über Farbband; □.**

a) Kronen

| | | ★★ | ⊙ | FDC |
|---|---|---|---|---|
| **1** 1 (Fr) – 84 (Fr) (in Stufen von 1 Fr) bräunlichrot, graulila, rotlila; Unterdruck: weißbläulichgrün . . . | a | 2,— | 3,50 | 6,— |

Laufzeit: 18.7.1983–16.3.1992

*Gültig bis 31.12.2002*

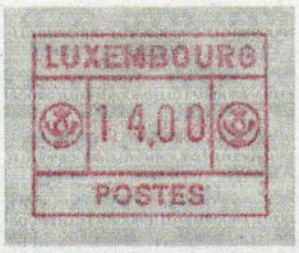


**1992, 16. März. Freimarke mit Inschrift „POSTES" (Format 14,5×2,5 mm). Odr.; Typendruck über Farbband; □.**

b) Kronen

**2** 1 (Fr) – 99 Fr (in Stufen von 1 Fr) rotlila; Unterdruck: weißbläulichgrün . . . b 1,80 2,50 5,—

Laufzeit: 16.3.1992–Dezember 2001

*Gültig bis 31.12.2002*

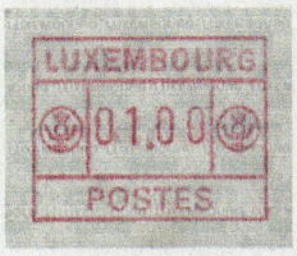


**1992, 16. Nov. Freimarke mit Inschrift „POSTES" (Format 17×3 mm). Odr.; Typendruck über Farbband; □.**

b I) Kronen

**3** 1 (Fr) – 99 Fr (in Stufen von 1 Fr) rotlila; Unterdruck: weißbläulichgrün . . b I 1,80 2,50 600,—

Laufzeit: 16.11.1992–Dezember 2001

*Gültig bis 31.12.2002*

**1997, 18. Febr. Freimarke. Odr.; selbstklebend; Nadeldruck; □.**

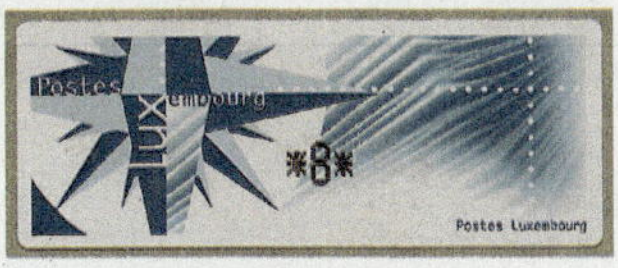


c) Windrose

**4** 1 (Fr) – 9999 (Fr) (in Stufen von 1 Fr) schwarz; Unterdruck: lebhaftpreußischblau . . . . . . . . . c 1,50 2,— 3,—

Laufzeit: 18.2.1997–Dezember 2001

*Gültig bis 31.12.2002*

**1998, 18. Juni. Internationale Briefmarkenausstellung der Jugend JUVALUX '98, Luxemburg-Stadt. Odr.; selbstklebend; Nadeldruck; □.**

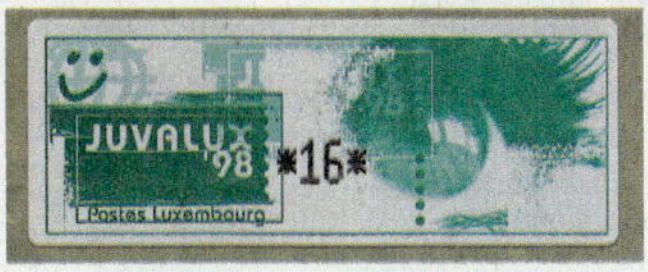


d) Auge, Ausstellungsemblem

**5** 1 (Fr) – 9999 (Fr) (in Stufen von 1 Fr) schwarz; Unterdruck: dunkelopalgrün . . . . . . . . . . . . . . d 4,— 5,— 6,50

Laufzeit: 18.6.1998–21.6.1998

*Gültig bis 31.12.2002*

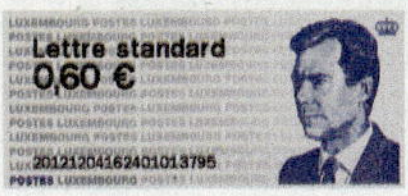


**2012, 4. Dez. Freimarke: Großherzog Henri. Odr.; selbstklebend; Thermodruck; gestanzt 12½:11.**

f) Henri von Nassau (*1955), Großherzog von Luxemburg

**6** 0.60 € – 2.20 € (in verschiedenen Portostufen) schwarz; Unterdruck: grau/ultramarin . . . . . . . . . . . . f 1,50 1,50 2,—

MiNr. 6 gibt es mit verschiedenen Eindrucken der Versendungsart.

Laufzeit: ab 4.12.2012

Auflage: 20.000 Stück

**2014, 2. Dez./2021, 21. Jan. Freimarke: 200 Jahre Staat und 175 Jahre Unabhängigkeit. Odr.; selbstklebend; Thermodruck; gestanzt 12½:11.**

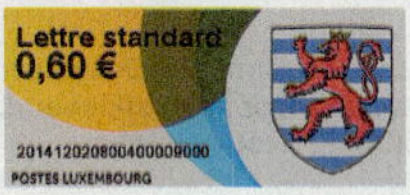


Type I

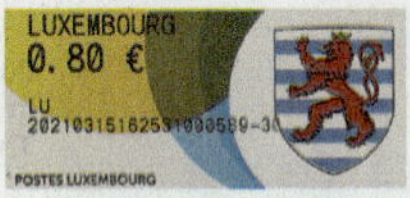


Type II

g) Farben der Luxemburgischen Post, Staatswappen

**I = Werteindruck fett, Nominale mit Komma (2.12.2014)**

**7 I** 0.60 € – 36.00 € (in verschiedenen Portostufen) schwarz; Unterdruck: mehrfarbig . . . . . g 1,50 1,50 2,—

**II = Werteindruck schmal, Nominale mit Punkt (21.1.2021)**

**7 II** 0.80 € – 1.60 € (in verschiedenen Portostufen) schwarz; Unterdruck: mehrfarbig . . . . . g 1,80 1,80 2,—

MiNr. 7 I gibt es mit verschiedenen Eindrucken der Versendungsart.

MiNr. 7 I gibt es auch mit erweitertem Thermodruck:
- „32. Tauschbörse in Ettelbrück" (ab 11.3.2018)
- „1983–2018 35 ans ATM / Frama ATM Luxembourg"

Laufzeit: MiNr. 7 I ab 2.12.2014, MiNr. 7 II ab 21.1.2021

**2018, 4. Dez./2021, 21. Jan. Freimarke: Luxemburgs neue Signatur. Odr.; selbstklebend; Thermodruck; gestanzt 12½:11.**

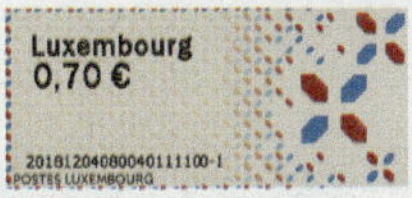


Type I

Type II

h) X-Symbol, die neue Signatur Luxemburgs

**I = Werteindruck fett, Nominale mit Komma (2.12.2014)**

**8 I** 0.70 € – 36.00 € (in verschiedenen Portostufen) schwarz; Unterdruck: mehrfarbig ..... h 1,70 1,70 2,—

**II = Werteindruck schmal, Nominale mit Punkt (21.1.2021)**

**8 II** 0.80 € – 1.60 € (in verschiedenen Portostufen) schwarz; Unterdruck: mehrfarbig ..... h 1,80 1,80 2,—

MiNr. 8 I gibt es auch mit erweitertem Thermodruck:
– „Multilaterale Luxemburg 2019" (ab 8.11.2019)
– „Cercle Philatélique Hollerich-Bonnevoie"

Laufzeit: MiNr. 8 I ab 4.12.2018, MiNr. 8 II ab 21.1.2021

**2021, 14. Sept. Freimarke: Keramikdekor „Vieux Luxembourg". Odr.; selbstklebend; Thermodruck; gestanzt 12½:11.**

Type I

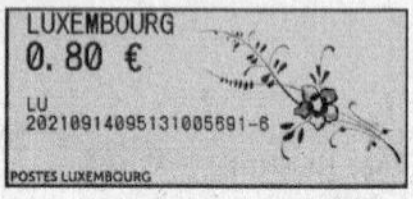

Type II

i) Dekor der Keramikserie „Vieux Luxembourg" von Villeroy & Boch (1770)

**I = Werteindruck fett, Nominale mit Komma**

**9 I** 0.80 € – 1.40 € (in verschiedenen Portostufen) schwarz; Unterdruck: mehrfarbig ...... i 1,80 1,80 3,—

**II = Werteindruck schmal, Nominale mit Punkt**

**9 II** 0.80 € – 1.40 € (in verschiedenen Portostufen) schwarz; Unterdruck: mehrfarbig ...... i 1,80 1,80 3,—

MiNr. 9 II gibt es auch mit erweitertem Thermodruck:
– „Exphimo '22 Technologie" (ab 4.6.2022)
– „5e Salon VphA 2022" (ab 4.6.2022)

Laufzeit: ab 14.9.2021

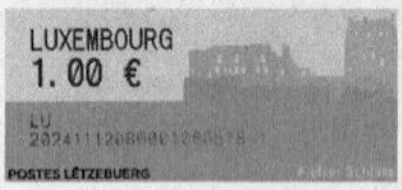


**2024, 12. Nov. Freimarke: Schlösser in Luxemburg. Odr.; selbstklebend; Thermodruck; gestanzt 14½.**

k) Silhouette von Burg Fels

**10** 1.00 € – 1.75 € (in verschiedenen Portostufen) schwarz; Unterdruck: mehrfarbig ...... k 2,30 2,30 3,30

Auflage: 500.000 Stück

Laufzeit: ab 12.11.2024

# Neuheiten

Ein Abonnement der MICHEL-Rundschau sichert Ihnen ein immer vollständiges Nachschlagewerk, zeigt Ihnen Preisänderungen an und bereichert Ihre philatelistischen Kenntnisse durch gut recherchierte Fachbeiträge.

## Verzeichnis der Markenheftchen mit Zusammendrucken

| MH | Bezeichnung | Ausgabe-datum | Nomi-nale | Enthält H-Blatt | Preise ★★ = ⊙ |
|---|---|---|---|---|---|
| **1*)** | R. Schuman | 26.6.1986 | 60 Fr. | 1, 2, 3 | 5,– |
| **2** | Großherzog Jean | 18.9.1989 | 60 Fr. | 4, 5, 6 | 15,– |
| **3** | Postmuseum | 23.9.1991 | 60 Fr. | 7, 8 | 7,– |

*) MH 1 gibt es mit blauem oder gelbem Deckel.

## Verzeichnis der Heftchenblätter ★★ = ⊙

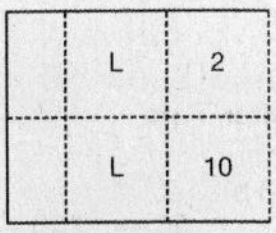

**H-Blatt 1**
mit Nr. 1156–1157 1,–

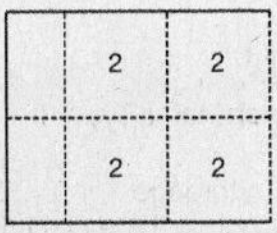

**H-Blatt 2**
mit 4 x Nr. 1156 1,50

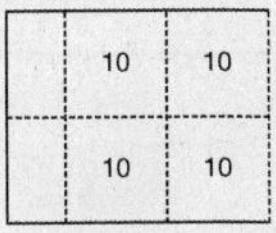

**H-Blatt 3**
mit Nr. 4 x 1157 2,50

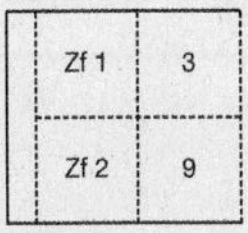

**H-Blatt 4**
mit Nr. 1225–1226 3,–

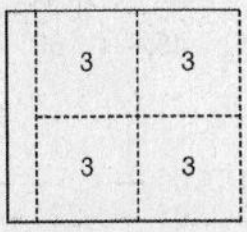

**H-Blatt 5**
mit 4 x Nr. 1225 6,–

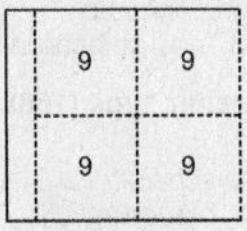

**H-Blatt 6**
mit Nr. 1226 6,–

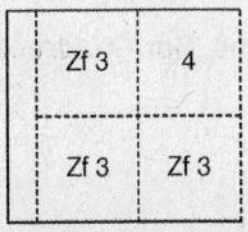

**H-Blatt 7**
mit Nr. 1281 2,50

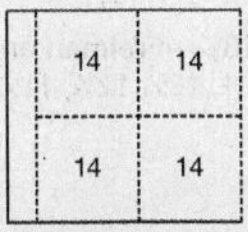

**H-Blatt 8**
mit 4 x Nr. 1282 4,–

## Neuheiten

# Dienstmarken

Die Dienstmarken MiNr. 1–46 sind echt gebraucht selten. Vorsicht vor falschen Aufdrucken und vor Falschstempeln.

FALSCH ©

**Preise ungebraucht bis MiNr. 34 ((✶)), MiNr. 35-108 ✶, ab MiNr. 109 ✶✶ (MiNr. 109–178 mit Falz ✶ ca. 20–40% der ✶✶-Preise, sofern nichts anderes angegeben).**

**MiNr. 1–16 gibt es mit normalem und kopfstehendem Aufdruck, die Preise gelten für normalen Aufdruck, sofern nicht ausdrücklich anders angegeben.**

MiNr. I siehe nach MiNr. 9 II.

**1875, 1. Juli. Freimarken MiNr. 13, 17–21 und 23–25 mit schrägem Bdr.-Aufdruck „OFFICIEL"; farbig ☐, MiNr. 2 I farblos ☐.**

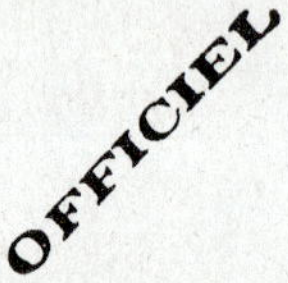


I = Aufdruck in breiter Type I (25 bis 25½ mm)

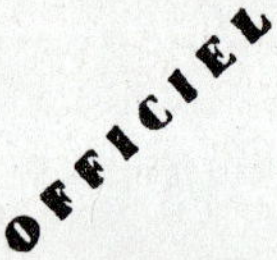


II = Aufdruck in schmaler Type II (24 mm)

**I = Aufdruck in breiter Type I (25 bis 25½ mm)**

| | | | | (✶) | ⊙ |
|---|---|---|---|---|---|
| **1 I** | 1 C | rotbraun | (24) | 36,— | 50,— |
| **2 I** | 2 C | schwarz | (13) | 36,— | 50,— |
| **3 I** | 10 C | violett | (17) | 3000,— | 3000,— |
| **4 I** | 12½ C | rosa | (18) | 600,— | 750,— |
| **5 I** | 20 C | graubraun | (19 a) | 50,— | 75,— |
| **6 I** | 25 C | | | | |
| a | | hellblau | (20 a) | 320,— | 180,— |
| b | | ultramarin | (20 b) | 2800,— | 1800,— |
| **7 I** | 30 C | lilarot | (21) | 45,— | 100,— |
| **8 I** | 40 C | | | | |
| a | | rotorange | (23 a) | 2200,— | 1800,— |
| b | | mattorange | (23 b) | 220,— | 320,— |
| **9 I** | 1 Fr | auf 37½ C gelbbraun | (25) | 200,— | 32,— |

**II = Aufdruck in schmaler Type II (24 mm)**

| | | | | | |
|---|---|---|---|---|---|
| **1 II** | 1 C | rotbraun | (24) | 170,— | 220,— |
| **5 II** | 20 C | graubraun | (19 a) | 250,— | 300,— |
| **7 II** | 30 C | lilarot | (21) | 1000,— | 750,— |
| **8 II** | 40 C | mattorange | (23 b) | 450,— | 600,— |
| **9 II** | 1 Fr | auf 37½ C gelbbraun | (25) | 750,— | 150,— |

*Nicht ausgegeben:*

| | | | | (✶) |
|---|---|---|---|---|
| I | 1 C | orange | (16 a) | *75,—* |

MiNr. 8 I a hat feinen Druck, glattes Papier (Freimarke MiNr. 23 a). MiNr. 8 I b, welche auch in einer dunkleren, der Freimarke MiNr. 23 a ähnlichen Nuance vorkommt, hat mattes Papier, groben Druck (Freimarke MiNr. 23 b).

**1875/1878. Freimarken MiNr. 27–33 und 36 mit schrägem Bdr.-Aufdruck „OFFICIEL".**

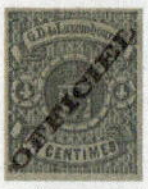


12 I

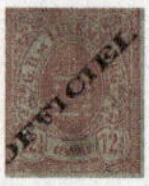


15 I

**I = Aufdruck in breiter Type**

| | | | | (✶) | ⊙ |
|---|---|---|---|---|---|
| **10 I** | 1 C | hell- bis dunkelbraun | (27) | 12,— | 38,— |
| **11 I** | 2 C | schwarz | (28) | 15,— | 45,— |
| **12 I** | 4 C | blaugrün | (29) | 120,— | 200,— |
| **13 I** | 5 C | | | | |
| a | | hellgrünlichgelb | (30 a) | 85,— | 100,— |
| b | | dunkelgelb (ocker) | (30 b) | 100,— | 150,— |
| **14 I** | 10 C | grau (Töne) | (31) | 120,— | 150,— |
| **15 I** | 12½ C | | | | |
| a | | lilarosa | (32 a) | 300,— | 360,— |
| b | | karminrosa | (32 b) | 110,— | 150,— |
| **16 I** | 25 C | blau | (33) | 15,— | 45,— |
| **17 I** | 1 Fr | auf 37½ C gelbbraun | (36) | 45,— | 75,— |

**II = Aufdruck in schmaler Type**

| | | | | | |
|---|---|---|---|---|---|
| **10 II** | 1 C | hell- bis dunkelbraun | (27) | 170,— | 220,— |
| **11 II** | 2 C | schwarz | (28) | 20,— | 40,— |
| **12 II** | 4 C | blaugrün | (29) | 200,— | 250,— |
| **13 II** | 5 C | hellgrünlichgelb | (30 a) | 420,— | 550,— |
| **14 II** | 10 C | grau (Töne) | (31) | 120,— | 150,— |
| **15 II** | 12½ C | | | | |
| a | | lilarosa | (32 a) | 600,— | 750,— |
| b | | karminrosa | (32 b) | 100,— | 150,— |
| **16 II** | 25 C | blau | (33) | 550,— | 750,— |

Die Preise der MiNr. 10 II, 11 II, 12 II und 14 II gelten für Stücke mit kopfstehendem Aufdruck.

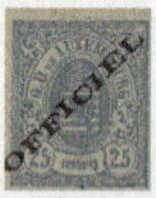


18

**1880, 30. März. Freimarke MiNr. 43 mit schrägem Bdr.-Aufdruck „OFFICIEL"; gez. 12½:12, 11½:12.**

**I = Aufdruck in breiter Type**

| | | | | | |
|---|---|---|---|---|---|
| **18** | 25 C | blau | (43) | 2,50 | 4,— |

MiNr. 19–20 entfallen.

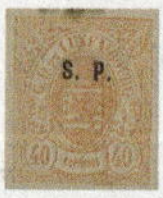


21 I

**1881, 1. Nov./1882. Freimarke MiNr. 23 mit Bdr.-Aufdruck „S. P."**

**I = „S. P." in schmaler Type, II = „S. P." in breiter Type**

| | | | | | |
|---|---|---|---|---|---|
| **21** | 40 C | mattorange | (23 b) | | |
| I | | schmale Type (1.11.1881) | | 50,— | 100,— |
| II | | breite Type (1882) | | 850,— | 1200,— |

**1881, 1. Nov./1882. Freimarken MiNr. 27–30, 32 und 36 mit Bdr.-Aufdruck „S. P."**

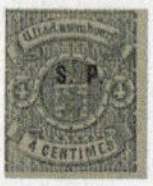


23 I

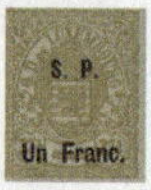


26 I

**I = „S. P." in schmaler Type (1.11.1881)**

| | | | | | |
|---|---|---|---|---|---|
| **22 I** | 1 C | hell- bis dunkelbraun | (27) | 160,— | 220,— |
| **23 I** | 4 C | blaugrün | (29) | 220,— | 250,— |
| **24 I** | 5 C | hellgrünlichgelb | (30 a) | 800,— | 1000,— |
| **26 I** | 1 Fr | auf 37½ C gelbbraun | (36) | 45,— | 60,— |

**II = „S. P." in breiter Type (1882)**

| | | | | | |
|---|---|---|---|---|---|
| **A 22 II** | 2 C | schwarz | (28) | 3200,— | —,— |
| **23 II** | 4 C | blaugrün | (29) | 200,— | 220,— |
| **24 II** | 5 C | hellgrünlichgelb | (30 a) | 2800,— | —,— |
| **25 II** | 12½ C | karminrosa | (32 b) | 2000,— | —,— |
| **26 II** | 1 Fr | auf 37½ C gelbbraun | (36) | 220,— | 300,— |

**1881, 1. Nov./1884. Freimarken MiNr. 37–44 mit Bdr.-Aufdruck „S. P."; gez. 13½, 12¾:12¼, 11½:12.**

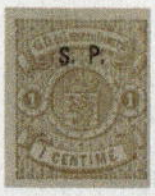


27 I

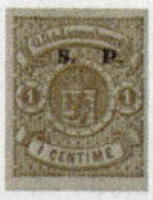


27 II

**I = „S. P.“ in schmaler Type (1.11.1881)**

| | | | | | |
|---|---|---|---|---|---|
| **27 I** | 1 C | braun | (37) | 11,— | 12,— |
| **28 I** | 2 C | schwarz | (38) | 12,— | 12,— |
| **29 I** | 5 C | gelb | (39) | 200,— | 250,— |
| **30 I** | 10 C | graulila | (40) | 200,— | 250,— |
| **31 I** | 12½ C | rosa | (41) | 220,— | 300,— |
| **32 I** | 20 C | graubraun | (42) | 90,— | 120,— |
| **33 I** | 25 C | blau | (43) | 90,— | 120,— |
| **34 I** | 30 C | lilarot | (44) | 100,— | 150,— |

**II = „S. P.“ in breiter Type (1884)**

| | | | | | |
|---|---|---|---|---|---|
| **27 II** | 1 C | braun | (37) | 50,— | 75,— |
| **28 II** | 2 C | schwarz | (38) | 50,— | 75,— |
| **29 II** | 5 C | gelb | (39) | 100,— | 120,— |
| **30 II** | 10 C | graulila | (40) | 160,— | 220,— |
| **31 II** | 12½ C | rosa | (41) | 160,— | 220,— |
| **32 II** | 20 C | graubraun | (42) | 110,— | 150,— |
| **34 II** | 30 C | lilarot | (44) | 120,— | 150,— |

FALSCH MiNr. 27–34 in Zähnung 12½ haben stets falsche Aufdrucke (I und II).

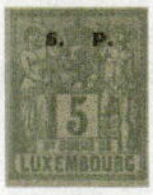

38

**1882, 1. Dez. Freimarken MiNr. 45–56 mit Bdr.-Aufdruck „S. P.“ (Aufdruck II); gez. 12½:12, 13½, 11½:12, 12½.**

| | | | | ✶ | ⊙ |
|---|---|---|---|---|---|
| **35** | 1 C | graulila | (45) | 0,30 | 0,40 |
| **36** | 2 C | | | | |
| a | | grünoliv | (46 a) | 0,30 | 0,40 |
| b | | olivbraun | (46 b) | 0,30 | 0,70 |
| **37** | 4 C | olivgelb | (47) | 0,30 | 0,50 |
| **38** | 5 C | hellgrün | (48) | 0,30 | 0,70 |
| **39** | 10 C | rosa | (49) | 14,— | 20,— |
| **40** | 12½ C | schieferblau | (50) | 1,70 | 6,— |
| **41** | 20 C | orangegelb | (51) | 1,70 | 5,— |
| **42** | 25 C | blau | (52) | 24,— | 30,— |
| **43** | 30 C | olivgrün | (53) | 5,— | 10,— |
| **44** | 50 C | hellbraun | (54) | 1,20 | 4,— |
| **45** | 1 Fr | lila | (55) | 1,20 | 5,— |
| **46** | 5 Fr | braunorange | (56) | 20,— | 48,— |
| | | | Satzpreis (12 W.) | 70,— | 130,— |

46 I Aufdruck „S. P.“ in Kursivschrift ... 1200,— 1000,—

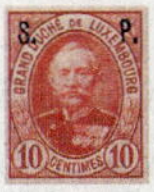

47

**1891. Freimarken MiNr. 57–66 mit Aufdruck „S. P.“; gez. 11½, 12½, 11, 11½:11.**

| | | | | | |
|---|---|---|---|---|---|
| **47** | 10 C | karmin | (57) | 0,30 | 0,50 |
| **48** | 12½ C | grünschiefer | (58) | 10,— | 8,— |
| **49** | 20 C | orange | (59) | 17,— | 11,— |
| **50** | 25 C | blau | (60) | 0,30 | 0,50 |
| **51** | 30 C | olivgrün | (61) | 10,— | 9,— |
| **52** | 37½ C | grün | (62) | 10,— | 9,— |
| **53** | 50 C | dunkelbraun | (63) | 7,50 | 10,— |
| **54** | 1 Fr | dunkelviolett | (64) | 10,— | 12,— |
| **55** | 2½ Fr | grauschwarz | (65) | 55,— | 90,— |
| **56** | 5 Fr | dunkellilarot | (66) | 50,— | 70,— |
| | | | Satzpreis (10 W.) | 170,— | 220,— |

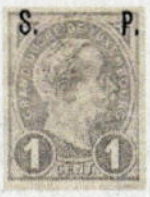

57

**1895. Freimarken MiNr. 67–71 mit Aufdruck „S. P.“**

| | | | | | |
|---|---|---|---|---|---|
| **57** | 1 C | graulila | (67) | 2,50 | 2,50 |
| **58** | 2 C | graubraun | (68) | 1,30 | 2,— |
| **59** | 4 C | olivgelb | (69) | 1,30 | 2,— |
| **60** | 5 C | hellgrün | (70) | 5,— | 6,— |
| **61** | 10 C | rosa | (71) | 30,— | 45,— |
| | | | Satzpreis (5 W.) | 40,— | 55,— |

**1899. Freimarken MiNr. 58–71 mit „OFFICIEL“ schräg durchlocht; gez. 12½, MiNr. 67–75 auch gez. 11½, 11 oder 11½:11¼.**

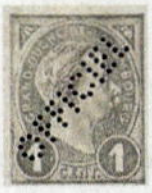
62

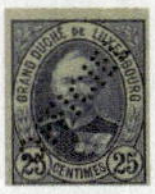

69

| | | | | | |
|---|---|---|---|---|---|
| **62** | 1 C | graulila | (67) | 0,30 | 1,20 |
| **63** | 2 C | graubraun | (68) | 0,30 | 0,40 |
| **64** | 4 C | olivgelb | (69) | 0,30 | 0,40 |
| **65** | 5 C | hellgrün | (70) | 0,30 | 0,40 |
| **66** | 10 C | rosa | (71) | 0,30 | 0,40 |
| **67** | 12½ C | grünschiefer | (58) | 0,30 | 0,40 |
| **68** | 20 C | orange | (59) | 0,30 | 0,40 |
| **69** | 25 C | blau | (60) | 0,30 | 0,40 |
| **70** | 30 C | olivgrün | (61) | 0,30 | 0,70 |
| **71** | 37½ C | grün | (62) | 0,30 | 1,— |
| **72** | 50 C | dunkelbraun | (63) | 0,30 | 1,— |
| **73** | 1 Fr | dunkelviolett | (64) | 0,30 | 1,— |
| **74** | 2½ Fr | grauschwarz | (65) | 5,— | 20,— |
| **75** | 5 Fr | dunkellilarot | (66) | 6,50 | 28,— |
| | | | Satzpreis (14 W.) | 15,— | 55,— |

FALSCH

**1908. Freimarken MiNr. 72–88 mit schrägem Bdr.-Aufdruck „Officiel“.**

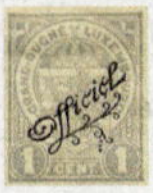

76

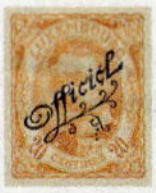

84

| | | | | | |
|---|---|---|---|---|---|
| **76** | 1 C | lilagrau | (84) | 0,30 | 0,50 |
| **77** | 2 C | braunoliv | (85) | 0,30 | 0,50 |
| **78** | 4 C | olivgelb | (86) | 0,30 | 0,50 |
| **79** | 5 C | grün | (87) | 0,30 | 0,50 |
| **80** | 6 C | violett | (88) | 0,30 | 0,50 |
| **81** | 10 C | scharlachrot | (72) | 0,30 | 0,50 |
| **82** | 12½ C | dunkelgrün | (73) | 0,30 | 0,50 |
| **83** | 15 C | rotbraun | (74) | 0,30 | 0,50 |
| **84** | 20 C | orange | (75) | 0,30 | 1,— |
| **85** | 25 C | ultramarin | (76) | 0,30 | 1,— |
| **86** | 30 C | hellolivgrün | (77) | 4,— | 7,50 |
| **87** | 37½ C | grün | (78) | 0,50 | 1,— |
| **88** | 50 C | dunkelbraun | (79) | 1,— | 2,— |
| **89** | 87½ C | blauschiefer | (80) | 2,50 | 4,50 |
| **90** | 1 Fr | dunkellila | (81) | 4,— | 5,— |
| **91** | 2½ Fr | rotorange | (82) | 80,— | 80,— |
| **92** | 5 Fr | dunkellilarot | (83) | 65,— | 54,— |
| | | | Satzpreis (17 W.) | 160,— | 160,— |

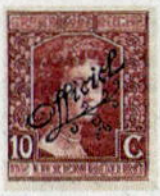

93

**1915, 14. Juni/1917, 1. März. Freimarken MiNr. 92–106 mit schrägem Bdr.-Aufdruck „Officiel“.**

| | | | | | |
|---|---|---|---|---|---|
| **93** | 10 C | lilarot | (92) | 0,30 | 1,— |
| **94** | 12½ C | dunkelgrün | (93) | 0,30 | 1,— |
| **95** | 15 C | olivschwarz | (94) | 0,30 | 1,— |
| **96** | 17½ C | braun (1.3.1917) | (95) | 0,30 | 1,— |
| **97** | 25 C | ultramarin | (96) | 0,30 | 1,— |
| **98** | 30 C | gelbbraun | (97) | 1,80 | 6,— |
| **99** | 35 C | dunkelblau | (98) | 0,30 | 1,50 |
| **100** | 37½ C | dunkellilabraun | (99) | 0,30 | 2,— |
| **101** | 40 C | orange | (100) | 0,30 | 1,50 |
| **102** | 50 C | grauschwarz | (101) | 0,30 | 1,20 |
| **103** | 62½ C | dunkelblaugrün | (102) | 0,30 | 2,— |
| **104** | 87½ C | orange (1.3.1917) | (103) | 0,30 | 2,— |
| **105** | 1 Fr | braun | (104) | 0,30 | 2,— |
| **106** | 2½ Fr | lebhaftrot | (105) | 0,30 | 3,20 |
| **107** | 5 Fr | dunkelviolett | (106) | 0,30 | 3,60 |
| | | | Satzpreis (15 W.) | 6,— | 30,— |

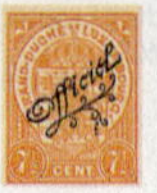

**1919. Freimarke MiNr. 120 mit schrägem Bdr.-Aufdruck „Officiel".**

108

| | | | | | |
|---|---|---|---|---|---|
| **108** | 7½ C | orange | (120) | 0,30 | 0,50 |

**1922. Freimarken MiNr. 122–136 mit schrägem Bdr.-Aufdruck „Officiel".**

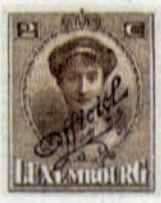
109
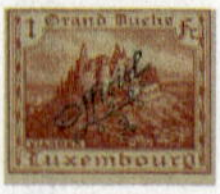
121
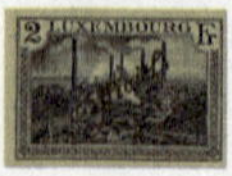
122
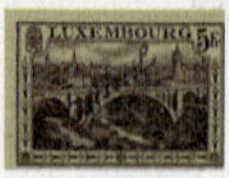
123

| | | | | ★★ | ⊙ |
|---|---|---|---|---|---|
| **109** | 2 C | braun | (122) | 0,30 | 0,30 |
| **110** | 3 C | oliv | (123) | 0,30 | 0,30 |
| **111** | 6 C | purpurviolett | (124) | 0,30 | 0,50 |
| **112** | 10 C | gelbgrün | (125) | 0,30 | 0,50 |
| **113** | 15 C | olivbraun | (126) | 0,30 | 0,50 |
| **114** | 20 C | rotorange | (127) | 0,30 | 0,50 |
| **115** | 25 C | blaugrün | (128) | 0,30 | 0,50 |
| **116** | 30 C | rosa | (129) | 0,30 | 0,50 |
| **117** | 40 C | braunorange | (130) | 0,30 | 0,50 |
| **118** | 50 C | blau | (131) | 0,30 | 0,70 |
| **119** | 75 C | hellrot | (132) | 0,30 | 0,70 |
| **120** | 80 C | schwarz | (133) | 10,— | 10,— |
| **121** | 1 Fr | rot | (134) | 1,— | 2,50 |
| **122** | 2 Fr | dunkelblau | (135) | 7,— | 7,— |
| **123** | 5 Fr | dunkelviolett | (136 A) | 45,— | 50,— |
| | | | Satzpreis (15 W.) | 65,— | 75,— |

**1922/1934. Freimarken MiNr. 133, 135–136, 143 und 147 mit schrägem rotem Bdr.-Aufdruck „Officiel".**

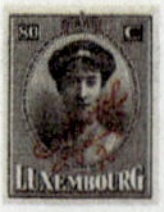
124
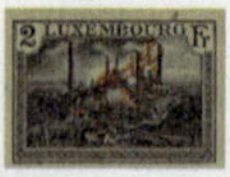
125
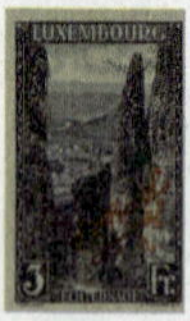
126
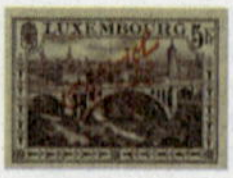
127
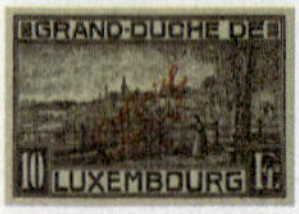
128

| | | | | | |
|---|---|---|---|---|---|
| **124** | 80 C | schwarz, gez. 11½ | (133) | 0,40 | 0,60 |
| **125** | 2 Fr | dunkelblau, gez. 11½:11 | (135) | 2,— | 2,50 |
| **126** | 3 Fr | schwarzblau | (147) | | |
| A | | gez. 11½:11 | | 1,70 | 1,80 |
| B | | gez. 12½ | | 1,50 | 1,80 |
| **127** | 5 Fr | dunkelviolett | (136) | | |
| A | | gez. 11½:11 | | 11,— | 12,— |
| B | | gez. 12½ (1934) | | 32,— | 25,— |
| **128** | 10 Fr | grauschwarz | (143) | | |
| A | | gez. 11½ | | 36,— | 30,— |
| B | | gez. 12½ | | 36,— | 36,— |
| | | | Satzpreis (5 W.) | 50,— | 46,— |

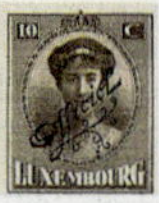

**1924. Freimarken MiNr. 152–155 mit schrägem Bdr.-Aufdruck „Officiel".**

129

| | | | | | |
|---|---|---|---|---|---|
| **129** | 10 C | braunoliv | (152) | 0,40 | 0,50 |
| **130** | 15 C | gelbgrün | (153) | 0,40 | 0,50 |
| **131** | 50 C | rot | (154) | 0,40 | 0,60 |
| **132** | 75 C | blau | (155) | 0,40 | 0,60 |
| | | | Satzpreis (4 W.) | 1,50 | 2,20 |

**1926. Freimarken MiNr. 161–165 mit schrägem Bdr.-Aufdruck „Officiel".**

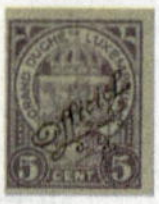
133
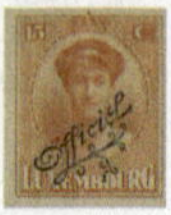
134
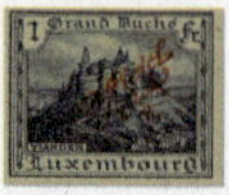
136
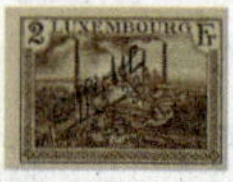
137

| | | | | | |
|---|---|---|---|---|---|
| **133** | 5 C | violett | (165) | 0,30 | 0,50 |
| **134** | 15 C | rotorange | (161) | 0,30 | 0,50 |
| **135** | 20 C | gelbgrün | (162) | 0,30 | 0,50 |
| **136** | 1 Fr | blau | (163) R | 0,60 | 1,50 |
| **137** | 2 Fr | rotbraun | (164) | 6,50 | 6,— |
| | | | Satzpreis (5 W.) | 8,— | 9,— |

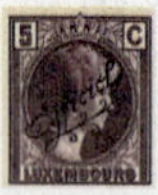

**1926, 10. Nov. Freimarken MiNr. 166–176 mit schrägem Bdr.-Aufdruck „Officiel".**

138

| | | | | | |
|---|---|---|---|---|---|
| **138** | 5 C | violett | (166) | 0,40 | 0,30 |
| **139** | 10 C | olivgrün | (167) | 0,40 | 0,30 |
| **140** | 20 C | rotorange | (168) | 0,40 | 0,30 |
| **141** | 25 C | grün | (169) | 0,40 | 0,30 |
| **142** | 40 C | schwarzoliv | (170) | 0,40 | 0,30 |
| **143** | 50 C | rotbraun | (171) | 0,40 | 0,30 |
| **144** | 65 C | violettbraun | (172) | 0,40 | 0,40 |
| **145** | 75 C | karminrosa | (173) | 0,40 | 0,40 |
| **146** | 80 C | olivbraun | (174) | 0,40 | 0,40 |
| **147** | 1 Fr | schwarzschiefer | (175) | 0,50 | 0,50 |
| **148** | 1¼ Fr | dunkelblau | (176) | 0,40 | 0,50 |
| | | | Satzpreis (11 W.) | 4,50 | 4,— |

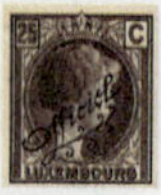

**1927. Freimarken MiNr. 187–191 mit schrägem Bdr.-Aufdruck „Officiel".**

149

| | | | | | |
|---|---|---|---|---|---|
| **149** | 25 C | graubraun | (187) | 0,70 | 0,70 |
| **150** | 30 C | olivgrün | (188) | 1,50 | 1,50 |
| **151** | 75 C | braunoliv | (189) | 1,— | 0,70 |
| **152** | 90 C | lilakarmin | (190) | 0,70 | 0,70 |
| **153** | 1½ Fr | blau | (191) | 1,20 | 1,50 |
| | | | Satzpreis (5 W.) | 5,— | 5,— |

**1928. Freimarken mit waagerechtem Bdr.-Aufdruck „Officiel"; Wz. 3; gez. 12.**

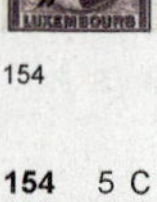
154
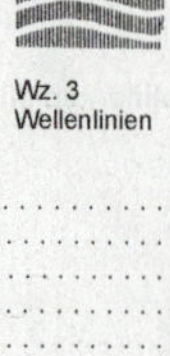
Wz. 3
Wellenlinien

| | | | | | |
|---|---|---|---|---|---|
| **154** | 5 C | violett | (166) | 0,30 | 0,50 |
| **155** | 10 C | olivgrün | (167) | 0,30 | 0,50 |
| **156** | 20 C | orange | (168) | 0,50 | 1,— |
| **157** | 25 C | graubraun | (187) | 0,50 | 1,— |
| **158** | 30 C | olivgrün | (188) | 1,— | 1,60 |
| **159** | 35 C | violett | (205) | 0,80 | 1,20 |
| **160** | 40 C | schwarzoliv | (170) | 0,80 | 1,— |
| **161** | 50 C | rotbraun | (171) | 0,80 | 1,— |
| **162** | 60 C | dunkelblaugrün | (206) | 0,80 | 1,— |
| **163** | 75 C | braunoliv | (189) | 0,80 | 1,— |

| | | | | |
|---|---|---|---|---|
| **164** | 90 C lilakarmin | (190) | 0,80 | 1,30 |
| **165** | 1 Fr schwarzschiefer | (175) | 0,80 | 1,30 |
| **166** | 1½ Fr dunkelblau | (191) | 0,80 | 1,60 |
| | Satzpreis (13 W.) | | 9,— | 14,— |

**1928, 16. Okt. Freimarke MiNr. 207 mit schrägem Bdr.-Aufdruck „Officiel"; Wz. 4; gez. 11½.**

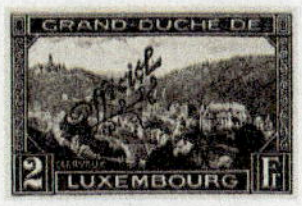


167

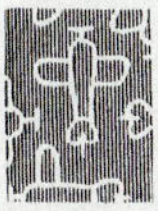

Wz. 4
Flugzeuge mehrfach

| | | | | |
|---|---|---|---|---|
| **167** | 2 Fr schwarz | (207) | 1,50 | 2,— |

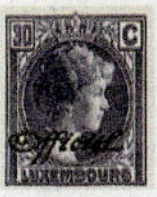

**1930, 15. Febr. Freimarken MiNr. 221–226 mit waagerechtem Bdr.-Aufdruck „Officiel"; Wz. 3.**

169

| | | | | |
|---|---|---|---|---|
| **168** | 15 C schwarz | (221) | 0,70 | 1,50 |
| **169** | 30 C grauviolett | (222) | 0,70 | 1,50 |
| **170** | 35 C gelbgrün | (223) | 0,70 | 1,50 |
| **171** | 1 Fr karmin | (224) | 1,20 | 3,— |
| **172** | 1¼ Fr dunkelgelb | (225) | 13,— | 8,— |
| **173** | 1¾ Fr blau | (226) | 1,20 | 2,— |
| | Satzpreis (6 W.) | | 17,— | 17,— |

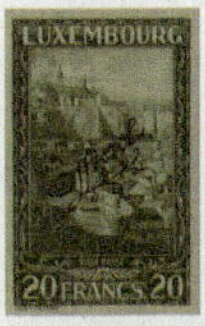


**1931, 20. Juni. Freimarke MiNr. 238 mit schrägem Bdr.-Aufdruck „Officiel"; Wz. 2.**

174

| | | | | |
|---|---|---|---|---|
| **174** | 20 Fr olivgrün | (238) | 6,— | 10,— |

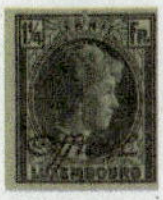

**1931. Freimarke MiNr. 239 mit waagerechtem Bdr.-Aufdruck „Officiel"; Wz. 3.**

175

| | | | | |
|---|---|---|---|---|
| **175** | 1¼ Fr dunkelgrün | (239) | 5,— | 5,— |

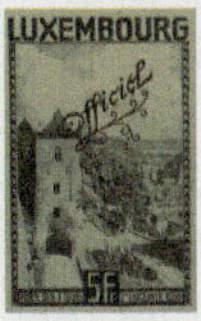


**1934, Aug. Freimarke MiNr. 258 mit schrägem Bdr.-Aufdruck „Officiel".**

176

| | | | | |
|---|---|---|---|---|
| **176** | 5 Fr dunkelgrün | (258) | 4,— | 7,50 |

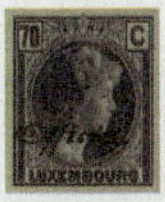

**1935, 1. Juni. Freimarke MiNr. 281 mit waagerechtem Bdr.-Aufdruck „Officiel"; Wz. 3.**

177

| | | | | |
|---|---|---|---|---|
| **177** | 70 C violett | (281) | 9,— | 9,— |

**1935, 15. Nov. Freimarke MiNr. 283 mit waagerechtem rotem Bdr.-Aufdruck „Officiel"; mit Fabrik-Wz. WT & Co. (Wz. 5); gez. 12½:12.**

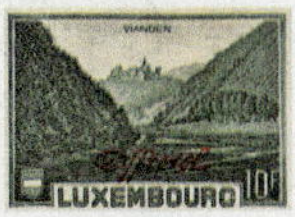


178

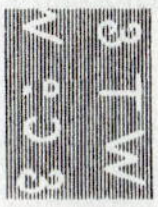

Wz. 5
WT & Co.

| | | | | |
|---|---|---|---|---|
| **178** | 10 Fr grün | (283) | 4,50 | 9,— |

# Portomarken

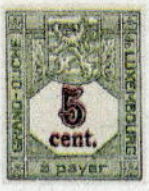


**1907, 15. Juni. Ziffernzeichnung. Wertangabe schwarz. Bdr. auf dünnem oder dickerem Papier; gez. K 12½.**

Pa

| | | | ✶ | ⊙ |
|---|---|---|---|---|
| **1** | 5 C hellgrün/schwarz | Pa | 0,30 | 0,30 |
| **2** | 10 C hellgrün/schwarz | Pa | 1,80 | 0,30 |
| **3** | 12½ C hellgrün/schwarz | Pa | 0,30 | 1,— |
| **4** | 20 C hellgrün/schwarz | Pa | 0,70 | 1,— |
| **5** | 25 C hellgrün/schwarz | Pa | 18,— | 1,40 |
| **6** | 50 C hellgrün/schwarz | Pa | 0,60 | 4,50 |
| **7** | 1 Fr hellgrün/schwarz | Pa | 0,30 | 4,50 |
| | Satzpreis (7 W.) | | 22,— | 13,— |

*Gültig bis 1.10.1940*

*MiNr. 3 und 5 mit Aufdruck: MiNr. 8–9*

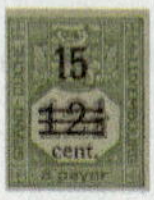


**1920, 25. Juli. Portomarken MiNr. 3 und 5 mit Bdr.-Aufdruck der neuen Wertstufe, alter Wert durchstrichen.**

8

| | | | ✶✶ | ⊙ |
|---|---|---|---|---|
| **8** | **15 (C)** auf 12½ C hellgrün/schwarz | (3) | 2,— | 10,— |
| **9** | **30 (C)** auf 25 C hellgrün/schwarz | (5) | 2,50 | 12,— |
| | Satzpreis (2 W.) | | 4,50 | 22,— |

*Gültig bis 1.10.1940*

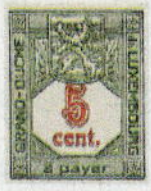


**1922/1935, 1. Juni. Ziffernzeichnung. Wertangabe rot; Bdr.; A = gez. K 12½, B = gez. K 13½:12½.**

Pa

**A = gez. K 12½**

| | | | | |
|---|---|---|---|---|
| **10 A** | 5 C grün/rot | Pa | 0,50 | 0,30 |
| **11 A** | 10 C grün/rot | Pa | 0,50 | 0,30 |
| **12 A** | 20 C grün/rot | Pa | 0,60 | 0,30 |
| **13 A** | 25 C grün/rot | Pa | 0,60 | 0,30 |
| **14 A** | 30 C grün/rot | Pa | 1,20 | 0,30 |
| **15 A** | 35 C grün/rot (1.6.1935) | Pa | 3,— | 0,30 |
| **16 A** | 50 C grün/rot | Pa | 2,— | 0,30 |
| **17 A** | 60 C grün/rot (1928) | Pa | 2,50 | 0,30 |
| **18 A** | 70 C grün/rot (1.6.1935) | Pa | 3,60 | 0,30 |
| **19 A** | 75 C grün/rot (15.2.1930) | Pa | 2,— | 0,30 |
| **20 A** | 1 Fr grün/rot | Pa | 2,50 | 0,50 |
| **21 A** | 2 Fr grün/rot (15.2.1930) | Pa | 3,— | 7,50 |
| **22 A** | 3 Fr grün/rot (15.2.1930) | Pa | 6,— | 15,— |
| | Satzpreis A (13 W.) | | 28,— | 26,— |

**B = gez. K 13½:12½**

| | | | | |
|---|---|---|---|---|
| **10 B** | 5 C grün/rot | Pa | 1,50 | 1,— |
| **11 B** | 10 C grün/rot | Pa | 1,50 | 1,— |
| **12 B** | 20 C grün/rot | Pa | 1,50 | 1,— |
| **14 B** | 30 C grün/rot | Pa | 2,— | 1,60 |
| **15 B** | 35 C grün/rot (1.6.1935) | Pa | 3,— | 0,70 |
| **16 B** | 50 C grün/rot | Pa | 2,50 | 1,60 |
| **18 B** | 70 C grün/rot (1.6.1935) | Pa | 4,— | 0,70 |
| | Satzpreis B (7 W.) | | 16,— | 7,50 |

*Gültig bis 1.10.1940*

**1946/1947, 16. Dez. Ziffernzeichnung. RaTdr.; gez. K 11½.**

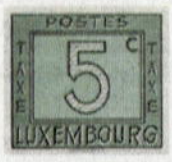


Pb

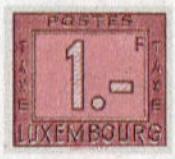


Pc

| | | | | |
|---|---|---|---|---|
| **23** | 5 C grün | Pb | 1,— | 0,50 |
| **24** | 10 C grün | Pb | 1,— | 0,50 |
| **25** | 20 C grün | Pb | 1,— | 0,50 |
| **26** | 30 C grün | Pb | 1,— | 0,50 |
| **27** | 50 C grün | Pb | 1,— | 0,50 |
| **28** | 70 C grün | Pb | 1,— | 0,50 |
| **29** | 75 C grün (16.12.1947) | Pb | 3,— | 0,50 |
| **30** | 1 Fr braunrot | Pc | 1,— | 0,50 |
| **31** | 1.50 Fr braunrot | Pc | 1,— | 0,50 |
| **32** | 2 Fr braunrot | Pc | 1,— | 0,50 |
| **33** | 3 Fr braunrot | Pc | 3,— | 0,50 |
| **34** | 5 Fr braunrot | Pc | 3,— | 0,50 |
| **35** | 10 Fr braunrot | Pc | 4,50 | 1,50 |
| **36** | 20 Fr braunrot | Pc | 7,50 | 28,— |
| | Satzpreis (14 W.) | | 30,— | 35,— |

Am 4. März 1965 wurden die besonderen Portomarken durch gewöhnliche Freimarken ersetzt, die zur Kenntlichmachung als Portomarken einen T-Stempel aufgedruckt erhielten. Seit 1971 werden auch spezielle Stempel für Nachtaxierungen verwendet.

# Telegraphenmarken

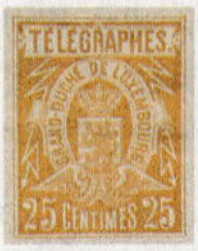


Ta

**1883, 1. Febr. Wappen mit Umschriften, oben „Télégraphes“. Bdr.; A = gez. 11½, B = gez. 14, C = gez. 14:11½, D = gez. 11:11½, E = gez. 11½:11, F = gez. 12:11½, G = gez. 11, H = gez. 13.**

| | | | | | |
|---|---|---|---|---|---|
| | | | | ★ | ⊙ |
| **1** | | 5 C grau | Ta | | |
| | A | gez. 11½ (1890) | | 0,70 | 5,— |
| | B | gez. 14 (1883) | | 5,— | 3,60 |
| | C | gez. 14:11½ (1888) | | 12,— | 8,50 |
| | D | gez. 11:11½ (1895) | | 2,50 | 0,60 |
| | E | gez. 11½:11 (1898) | | 20,— | 10,— |
| | F | gez. 12:11½ (1915) | | —,— | 200,— |
| **2** | | 25 C orange | Ta | | |
| | A | gez. 11½ (1890) | | 25,— | 30,— |
| | B | gez. 14 (1883) | | 25,— | 12,— |
| | C | gez. 14:11½ (1888) | | 50,— | 30,— |
| | D | gez. 11:11½ (1895) | | 8,50 | 6,— |
| | E | gez. 11½:11 (1898) | | 180,— | 150,— |
| | F | gez. 12:11½ (1915) | | 50,— | 30,— |
| | G | gez. 11 (1898) | | —,— | 300,— |
| **3** | | 50 C grün | Ta | | |
| | A | gez. 11½ (1890) | | 36,— | 36,— |
| | B | gez. 14 (1883) | | 75,— | 36,— |
| | D | gez. 11:11½ (1895) | | 30,— | 15,— |
| | E | gez. 11½:11 (1898) | | 180,— | 150,— |
| | F | gez. 12:11½ (1915) | | 50,— | 25,— |
| **4** | | 1 Fr rosa | Ta | | |
| | A | gez. 11½ (1890) | | 75,— | 36,— |
| | B | gez. 14 (1883) | | 75,— | 50,— |
| | C | gez. 14:11½ (1888) | | 180,— | 85,— |
| | D | gez. 11:11½ (1895) | | 36,— | 36,— |
| | E | gez. 11½:11 (1898) | | 180,— | 150,— |
| | F | gez. 12:11½ (1915) | | 100,— | 75,— |
| **5** | | 5 Fr blau | Ta | | |
| | A | gez. 11½ (1890) | | 120,— | 100,— |
| | B | gez. 14 (1883) | | 150,— | 100,— |
| | D | gez. 11:11½ (1895) | | 110,— | 75,— |
| | E | gez. 11½:11 (1898) | | 200,— | 180,— |
| | F | gez. 12:11½ (1915) | | 180,— | 150,— |
| | H | gez. 13 (1923) | | —,— | 300,— |

*Gültig bis 30.9.1940*

# Niederlande (Nederland)

Königreich in Westeuropa

Währung: 1 Gulden oder Florin (G) = 100 Cent (C); ab 1.1.2002: 1 Euro (€) = 100 Cent (C)

Eintritt in den Weltpostverein: 1. Juli 1875

Ab MiNr. 1929 sind alle Ausgaben frankaturgültig, außerdem die Marken MiNr. 1898–1907, 1909–1913 und 1918–1927.

Ab MiNr. 1375 sind alle Ausgaben – wenn nicht ausdrücklich anders angegeben – auf phosphoreszierendem Papier gedruckt.

**Preise ungebraucht bis MiNr. 96 ✶; ab MiNr. 97 ✶✶ (MiNr. 97–442 mit Falz ✶ ca. 20–40% der ✶✶-Preise, sofern nichts anderes angegeben).**

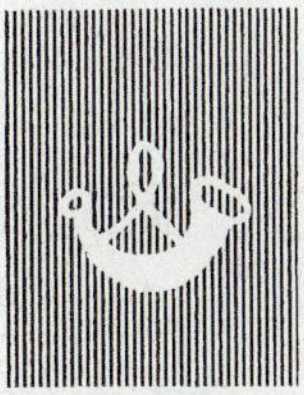

Wz. 1 Posthorn

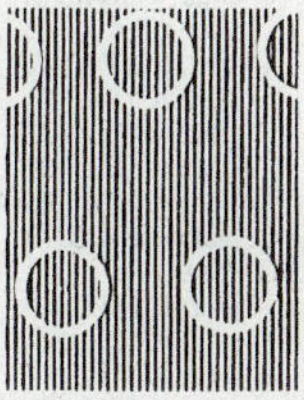

Wz. 2 Ringreihen (liegend)

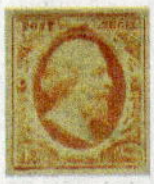

**1852, 1. Jan. Freimarken: König Willem III. StTdr. (10×10 in 4 Gruppen zu 5×5); Wz. 1; □.**

a) König Willem III. (1817–1890, reg. ab 1849)

| | | | | | ✶ | ⊙ |
|---|---|---|---|---|---|---|
| **1** | | 5 C | | a | | |
| | **a** | | hellblau bis dunkelblau | | 500,— | 35,— |
| | **b** | | graublau | | 1200,— | 90,— |
| | **c** | | mattkobalt | | 1200,— | 100,— |
| | **d** | | grünblau | | —,— | 150,— |
| | **e** | | hellblau (dünnes Papier) | | 550,— | 32,— |
| **2** | | 10 C | rosakarmin bis karmin | a | 550,— | 25,— |
| **3** | | 15 C | | a | | |
| | **a** | | gelborange bis orange | | 850,— | 140,— |
| | **b** | | dunkelorange | | 1200,— | 200,— |

| | | | |
|---|---|---|---|
| 2 I | mit Horn über dem Auge (Platte VII) | 600,— | 30,— |
| 2 II | retuschiertes Horn (Platte VIII) | 800,— | 50,— |

MiNr. 1 wurde von sechs verschiedenen (✶ 500,— bis 1200,— ⊙ 35,— bis 200,—), MiNr. 2 von elf verschiedenen Platten (✶ 550,— bis 2500,— ⊙ 25,— bis 200,—) und MiNr. 3 von einer einzigen Platte gedruckt.

**Nachdrucke**: Von der IV. Platte der MiNr. 2 hat Moesman 1895 privat Abdrucke in mehreren Farben und Schattierungen hergestellt. Das kartonartige Papier ist schmutzig und oWz.
Außerdem wurden als Beilage für das „Standaardwerk van Nederland en Koloniën" in Zinkätzung Viertelbogen zu 25 Stück in hellgrüner Farbe auf weißem Papier hergestellt, die meist auf der Rückseite jeder Marke, lithographisch aufgedruckt, das Wort „NADRUK" tragen.

Auflagen: MiNr. 1 = 19.445.818, MiNr. 2 = 15.876.612, MiNr. 3 = 2.126.289 Stück

*Gültig bis 31.10.1879*



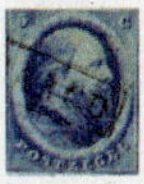

**1864, Mai/Nov. Freimarken: König Willem III. StTdr. (10×10 in 4 Gruppen zu 5×5); gez. K 12½:12.**

b) König Willem III. (1817–1890, reg. ab 1849)

| | | | | | |
|---|---|---|---|---|---|
| **4** | 5 C | (dunkel)blau, indigoblau (Mai) | b | 400,— | 20,— |
| **5** | 10 C | rot, dunkelrosa, rotkarmin (Mai) | b | 550,— | 10,— |
| **6** | 15 C | dunkel- bis gelborange (Nov.) | b | 1400,— | 110,— |
| | | Satzpreis (3 W.) | | 2200,— | 140,— |

MiNr. 4–6 wurden zunächst bei der Reichsmünze, ab. 1.10.1866 bei Joh. Enschedé gedruckt. Beide verwendeten die gleichen Platten und gleiches Papier. Eine Unterscheidung der beiden Auflagen ist z. T. anhand der Farben möglich, jedoch äußerst schwierig und in vielen Fällen unmöglich.

Auflagen: Reichsmünze: MiNr. 4 = 8.700.000, MiNr. 5 = 9.100.000, MiNr. 6 = 1.200.000; Enschedé: MiNr. 4 = 3.727.000, MiNr. 5 = 3.122.000, MiNr. 6 = 445.000 Stück

*Gültig bis 31.10.1879*

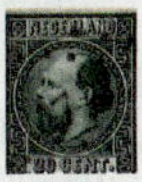

**1867, 1. Okt/1870. Freimarken: König Willem III. StTdr. (10×20): Wertangabe in zwei Typen; A = gez. K 12½:12, B = gez. K 10½:10¼, C = gez. K 13½, D = gez. L 14, E = gez. L 13¼:14**

c) König Willem III. (1817–1890, reg. ab 1849)

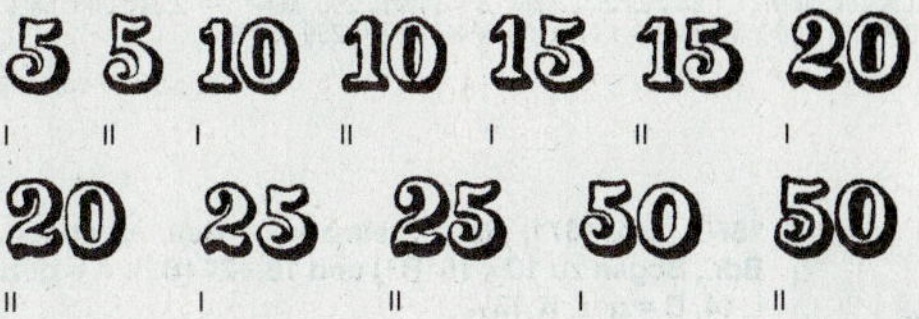


Typenunterschiede der Wertziffern

Type I: Die Firma J.M. van Kempen & Zonen in Voorschoten lieferte zunächst Platten, die trotz Beanstandungen von der Druckfirma Joh. Enschedé en Zonen sofort für den Markendruck benutzt wurden.
Type II: In der Wertbezeichnung verbesserte Platten von der gleichen Firma wurden später in Gebrauch genommen.

**Billigste Sorte:**

| | | | | | |
|---|---|---|---|---|---|
| **7** | 5 C | blau | c | 90,— | 2,50 |
| **8** | 10 C | karmin | c | 170,— | 3,50 |
| **9** | 15 C | rötlichbraun | c | 750,— | 35,— |
| **10** | 20 C | dunkelgrün | c | 650,— | 25,— |
| **11** | 25 C | dunkelviolett | c | 2500,— | 120,— |
| **12** | 50 C | golden | c | 3200,— | 180,— |

**I = Type I**

| | | | | | | |
|---|---|---|---|---|---|---|
| **7 I** | | 5 C | blau | c | | |
| | **A** | | gez. K 12½:12 (Dez. 1867) | | 250,— | 32,— |
| | **C** | | gez. K 13½ (1869/70) | | 1300,— | 850,— |
| | **D** | | gez. L 14 (1869/70) | | 1300,— | 380,— |
| | **E** | | gez. L 13¼:14 (1869/70) | | 400,— | 35,— |
| **8 I** | | 10 C | karmin | c | | |
| | **A** | | gez. K 12½:12 (Dez. 1867) | | 250,— | 5,50 |
| | **B** | | gez. K 10½:10¼ (1869) | | —,— | 1700,— |
| **9 I** | | 15 C | rötlichbraun | c | | |
| | **A** | | gez. K 12½:12 (Juni 1868) | | 750,— | 38,— |
| | **B** | | gez. K 10½:10¼ (1869) | | —,— | 1700,— |
| | **C** | | gez. K 13½ (1869/70) | | 800,— | 35,— |
| **10 I** | **A** | 20 C | dunkelgrün | c | 650,— | 25,— |
| **11 I** | **A** | 25 C | dunkelviolett | c | 2500,— | 120,— |
| **12 I** | **A** | 50 C | golden | c | 3200,— | 180,— |

**II = Type II**

| | | | | | * | ⊙ |
|---|---|---|---|---|---|---|
| **7 II** | 5 C | blau | | c | | |
| **A** | | gez. K 12½:12 (Dez. 1867) | | | 100,— | 3,— |
| **B** | | gez. K 10½:10¼ (1869) | | | 250,— | 15,— |
| **C** | | gez. K 13½ (1869/70) | | | 90,— | 2,50 |
| **D** | | gez. L 14 (1869/70) | | | 90,— | 3,— |
| **E** | | gez. L 13¼:14 (1869/70) | | | 100,— | 2,50 |
| **8 II** | 10 C | karmin | | c | | |
| **A** | | gez. K 12½:12 (Dez. 1867) | | | 250,— | 5,— |
| **B** | | gez. K 10½:10¼ (1869) | | | 300,— | 7,50 |
| **C** | | gez. K 13½ (1869/70) | | | 170,— | 3,50 |
| **D** | | gez. L 14 (1869/70) | | | 170,— | 3,50 |
| **E** | | gez. L 13¼:14 (1869/70) | | | 170,— | 3,50 |
| **9 II** | 15 C | rötlichbraun | | c | | |
| **B** | | gez. K 10½:10¼ (1869) | | | —,— | 1500,— |
| **C** | | gez. K 13½ (1869/70) | | | 800,— | 35,— |
| **D** | | gez. L 14 (1869/70) | | | 800,— | 35,— |
| **E** | | gez. L 13¼:14 (1869/70) | | | 800,— | 35,— |
| **10 II** | 20 C | dunkelgrün | | c | | |
| **A** | | gez. K 12½:12 (1867) | | | 700,— | 28,— |
| **B** | | gez. K 10½:10¼ (1869) | | | 1800,— | 160,— |
| **C** | | gez. K 13½ (1869/70) | | | 1200,— | 28,— |
| **D** | | gez. L 14 (1869/70) | | | 1300,— | 28,— |
| **E** | | gez. L 13¼:14 (1869/70) | | | 750,— | 28,— |
| **11 II** | 25 C | dunkelviolett | | c | | |
| **A** | | gez. K 12½:12 (1867) | | | 3000,— | 150,— |
| **C** | | gez. K 13½ (1869/70) | | | —,— | 11000,— |
| **D** | | gez. L 14 (1869/70) | | | —,— | 5000,— |
| **12 II** | 50 C | golden | | c | | |
| **A** | | gez. K 12½:12 | | | 3500,— | 200,— |
| **D** | | gez. L 14 | | | —,— | 12000,— |

| | | * |
|---|---|---|
| 7 II U | ungezähnt | 200,— |
| 8 II U | ungezähnt | 200,— |
| 9 II U | ungezähnt | 350,— |
| 10 II U | ungezähnt | 350,— |
| 11 II U | ungezähnt | 750,— |
| 12 II U | ungezähnt | 1000,— |

MiNr. 7–12 schlecht zentriert bzw. schlecht gezähnt sind wesentlich billiger. Oxidierte Stücke der MiNr. 12 werten 30–40 % weniger (Farbe dann schwärzlichbraun). Stücke in dem reinen Goldglanz der Schaltermarken —,—.

FALSCH MiNr. 8 I B, 9 I B, 9 II B, 11 II C, 11 II D, 12 II D

Auflagen: MiNr. 7 = 64.292.200, MiNr. 8 = 21.915.200, MiNr. 9 = 2.940.000, MiNr. 10 = 2.510.600, MiNr. 11 = 1.385.400, MiNr. 12 = 1.250.450 Stück

*Gültig bis 31.10.1879*

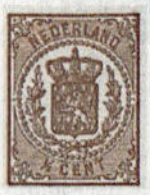

**1869, Jan./1871, Jan. Freimarken: Reichswappen. Bdr., Bogen zu 10×15 (B1) und 10×20 (B2); A = gez. L 14, B = gez. K 13¼.**

d) Reichswappen in einem Kranz von Eichen- und Lorbeerblättern

| | | | | | * | ⊙ |
|---|---|---|---|---|---|---|
| **13** | ½ C | lilabraun (Jan. 1871) | | d | | |
| **A** | | gez. L 14 (B1) | | | 3000,— | 1000,— |
| **B** | | gez. K 13¼ (B2) | | | 30,— | 4,50 |
| **14 A** | 1 C | schwarz (Jan. 1869) (B1) | | d | 250,— | 85,— |
| **15** | 1 C | grün (Mai 1869) | | d | | |
| **A** | | gez. L 14 (B1) | | | 32,— | 7,50 |
| **B** | | gez. K 13¼ (B1, B2) | | | 12,— | 2,50 |
| **16** | 1½ C | rosa (Mai 1869) | | d | | |
| **A** | | gez. L 14 (B1) | | | 190,— | 120,— |
| **B** | | gez. K 13¼ (B1, B2) | | | 160,— | 90,— |
| **17** | 2 C | gelb, gelbbraun (Jan. 1869) | | d | | |
| **A** | | gez. L 14 (B1) | | | 65,— | 17,— |
| **B** | | gez. K 13¼ (B1, B2) | | | 60,— | 16,— |
| **18** | 2½ C | violett, lila (Nov. 1870) | | d | | |
| **A** | | gez. L 14 (B1) | | | 1000,— | 500,— |
| **B** | | gez. K 13¼ (B2) | | | 600,— | 85,— |

| | | * |
|---|---|---|
| 13 U | ungezähnt | 200,— |
| 14 U | ungezähnt | 250,— |
| 15 U | ungezähnt | 200,— |
| 16 U | ungezähnt | 200,— |
| 17 U | ungezähnt | 200,— |
| 18 U | ungezähnt | 250,— |

FALSCH MiNr. 13 A, 18 A

Auflagen: MiNr. 13 B = 62.032.700, MiNr. 14 A = 5.482.350, MiNr. 15 A = 2.517.650, MiNr. 15 B = 86.391.800, MiNr. 16 A = 500.000, MiNr. 16 B = 2.727.750, MiNr. 17 A = 3.000.000, MiNr. 17 B = 10.629.600, MiNr. 18 B = 4.202.500 Stück

*Gültig bis 31.10.1879*

**1872/1888, 15. Dez. Freimarken: König Willem III. Bdr. (20×10 in 4 Gruppen zu 10×5, MiNr. 29 10×5); A = gez. L 14, C = gez. L 13¼:14, D = gez. K 12½:12, E = gez. K 11½:12, F = gez. K 13½:13¼, G = gez. K 12½.**

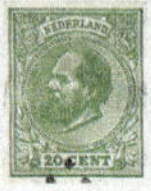

e

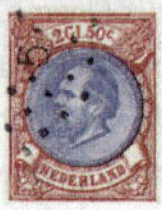

f

e–f) König Willem III. (1817–1890, reg. ab 1849)

| | | | | | * | ⊙ |
|---|---|---|---|---|---|---|
| **19** | 5 C | blau, ultramarin | | e | | |
| **A** | | gez. L 14 | | | —,— | 850,— |
| **C** | | gez. L 13¼:14 | | | 24,— | 3,— |
| **D** | | gez. K 12½:12 | | | 12,— | 0,30 |
| **E** | | gez. K 11½:12 | | | 20,— | 1,60 |
| **F** | | gez. K 13½:13¼ | | | 12,— | 0,30 |
| **G** | | gez. K 12½ (1884) | | | 12,— | 1,— |
| **20 D** | 7½ C | lilabraun (15.12.1888) | | e | 45,— | 20,— |
| **21** | 10 C | rosa | | e | | |
| **C** | | gez. L 13¼:14 | | | 100,— | 4,50 |
| **D** | | gez. K 12½:12 | | | 70,— | 2,— |
| **E** | | gez. K 11½:12 | | | 100,— | 4,50 |
| **F** | | gez. K 13½:13¼ | | | 75,— | 2,50 |
| **G** | | gez. K 12½ (1884) | | | 70,— | 1,80 |
| **22** | 12½ C | grau (1.7.1875) | | e | | |
| **D** | | gez. K 12½:12 | | | 75,— | 2,50 |
| **E** | | gez. K 11½:12 | | | 110,— | 10,— |
| **F** | | gez. K 13½:13¼ | | | 100,— | 3,— |
| **G** | | gez. K 12½ (1884) | | | 75,— | 2,50 |
| **23** | 15 C | braunorange | | e | | |
| **C** | | gez. L 13¼:14 | | | 450,— | 16,— |
| **D** | | gez. K 12½:12 | | | 450,— | 7,— |
| **E** | | gez. K 11½:12 | | | 600,— | 20,— |
| **F** | | gez. K 13½:13¼ | | | 500,— | 7,50 |
| **G** | | gez. K 12½ (1884) | | | 420,— | 6,50 |
| **24** | 20 C | hellgrün | | e | | |
| **A** | | gez. L 14 | | | 900,— | 200,— |
| **C** | | gez. L 13¼:14 | | | 650,— | 75,— |
| **D** | | gez. K 12½:12 | | | 500,— | 6,50 |
| **E** | | gez. K 11½:12 | | | 800,— | 20,— |
| **F** | | gez. K 13½:13¼ | | | 600,— | 7,50 |
| **G** | | gez. K 12½ (1884) | | | 500,— | 6,50 |
| **25** | 22½ C | dunkelgrün (15.12.1888) | | e | | |
| **D** | | gez. K 12½:12 | | | 100,— | 50,— |
| **G** | | gez. K 12½ (1884) | | | 350,— | 300,— |
| **26** | 25 C | violett | | e | | |
| **A** | | gez. L 14 (1875) | | | 1500,— | 150,— |
| **D** | | gez. K 12½:12 | | | 650,— | 5,— |
| **E** | | gez. K 11½:12 | | | 750,— | 30,— |
| **F** | | gez. K 13½:13¼ | | | 700,— | 6,— |
| **G** | | gez. K 12½ (1884) | | | 650,— | 6,— |
| **27** | 50 C | olivbraun | | e | | |
| **D** | | gez. K 12½:12 | | | 850,— | 13,— |
| **E** | | gez. K 11½:12 | | | 1800,— | 40,— |
| **F** | | gez. K 13½:13¼ | | | 950,— | 13,— |
| **G** | | gez. K 12½ (1884) | | | 850,— | 14,— |
| **28 D** | 1 G | dunkellila (15.12.1888) | | e | 600,— | 45,— |
| **29 A** | 2.50 G | rosa/blau | | f | 1100,— | 130,— |

FALSCH MiNr. 19 A, 25 G

Auflagen: MiNr. 19 = 762.957.950, MiNr. 20 = 1.772.000, MiNr. 21 = 67.241.075, MiNr. 22 = 75.542.900, MiNr. 23 = 20.010.800, MiNr. 24 = 18.189.700, MiNr. 25 = 410.200, MiNr. 26 = 15.639.000, MiNr. 27 = 4.238.250, MiNr. 28 = 395.200, MiNr. 29 = 256.500 Stück

*Gültig bis 31.12.1899*

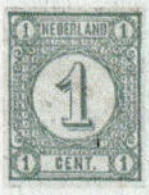

**1876. Freimarken für Drucksachen: Ziffern im Kreis. Bdr. (20×10 in 4 Gruppen zu 10×5); A = gez. L 14, C = gez. K 13½:13¼, D = gez. K 12½:12, E = gez. K 11½:12, F = gez. K 12½.**

g) Ziffern im Kreis

| | | | | |
|---|---|---|---|---|
| **30 a** | ½ C | stumpfrosa bis braunrot . . . . . g | | |
| I | | Type I gez. L 14 | | |
| A | | gez. L 14 . . . . . . . . . . . . . . . . . | 2000,— | 750,— |
| C | | gez. K 13½:13¼ . . . . . . . . . . . . | 17,— | 0,60 |
| D | | gez. K 12½:12 . . . . . . . . . . . . . | 17,— | 0,30 |
| E | | gez. K 11½:12 . . . . . . . . . . . . . | 34,— | 2,— |
| F | | gez. K 12½ . . . . . . . . . . . . . . . | 17,— | 0,60 |
| II | | Type II gez. K 13½:13¼ | | |
| C | | gez. K 13½:13¼ . . . . . . . . . . . . | 110,— | 7,50 |
| D | | gez. K 12½:12 . . . . . . . . . . . . . | 19,— | 0,50 |
| E | | gez. K 11½:12 . . . . . . . . . . . . . | 110,— | 20,— |
| F | | gez. K 12½ . . . . . . . . . . . . . . . | 15,— | 0,30 |
| **31 a** | 1 C | (hell)grün . . . . . . . . . . . . . . g | | |
| C | | gez. K 13½:13¼ . . . . . . . . . . . . | 13,— | 0,30 |
| D | | gez. K 12½:12 . . . . . . . . . . . . . | 13,— | 0,30 |
| E | | gez. K 11½:12 . . . . . . . . . . . . . | 40,— | 3,40 |
| F | | gez. K 12½ . . . . . . . . . . . . . . . | 11,— | 0,30 |
| **32 a** | 2 C | ockergelb bis gelborange . . . g | | |
| C | | gez. K 13½:13¼ . . . . . . . . . . . . | 90,— | 4,40 |
| D | | gez. K 12½:12 . . . . . . . . . . . . . | 90,— | 3,80 |
| E | | gez. K 11½:12 . . . . . . . . . . . . . | 150,— | 12,— |
| F | | gez. K 12½ . . . . . . . . . . . . . . . | 85,— | 3,80 |
| **33 a** | 2½ C | hellviolett bis lila . . . . . . . . g | | |
| C | | gez. K 13½:13¼ . . . . . . . . . . . . | 200,— | 2,50 |
| D | | gez. K 12½:12 . . . . . . . . . . . . . | 130,— | 1,20 |
| E | | gez. K 11½:12 . . . . . . . . . . . . . | 250,— | 11,— |
| F | | gez. K 12½ . . . . . . . . . . . . . . . | 120,— | 1,— |
| | | Satzpreis (4 W.) | 220,— | 5,— |
| | | senkrechtes Paar 30 I/II | *500,—* | —,— |
| | | senkrechtes Paar 30 II/I | *1000,—* | —,— |

Typenunterschiede von MiNr. 30 a: Type I = dicker, kurzer Bruchstrich (reicht nicht bis zum oberen Ende der 1), Type II = dünner, langer Bruchstrich (reicht bis zum oberen Ende der 1).

Ungezähnte Exemplare von MiNr. 30 a–33 a sind Probedrucke.

FALSCH MiNr. 30 a I A

Auflagen: MiNr. 30 a = 422.541.300, MiNr. 31 a = 581.801.200, MiNr. 32 a = 39.610.200, MiNr. 33 a = 127.968.300 Stück

*Gültig bis 31.12.1899*

*MiNr. 30 b–33 b siehe nach MiNr. 45 A.*

Vorausentwertungen:

Von den frühen Vorausentwertungen ist am bekanntesten die sog. Bos'sche Zähnung. Es handelt sich um eine Vorabstempelung von Adressenzettelbogen, die dann durch Perforierung geteilt wurden, wodurch an den Marken eine Doppelzähnung entstand. Die Stempelung erfolgte mit dem normalen Tagesstempel von s'Hertogenbosch. Vorausentwertungen aus anderen Orten sind auf Einzelmarken nicht als solche zu erkennen.

**1891/1893, Okt. Freimarken: Königin Wilhelmina. Bdr. (10×20, MiNr. 45 10×5), matte Naturfarben; gez. K 12½, MiNr. 45 A gez. L 11½.**

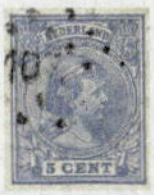
h

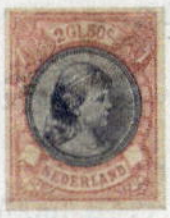
i

h–i) Königin Wilhelmina (1880–1962, reg. 1898–1948)

| | | | | | |
|---|---|---|---|---|---|
| **34 a** | 3 C | gelborange (1892), gelb . . . . . . | h | 15,— | 2,50 |
| **35 a** | 5 C | . . . . . . . . . . . . . . . . . . . . . . . | h | | |
| a | | grünlichblau . . . . . . . . . . . . . . | | 25,— | 1,— |
| b | | mattblau . . . . . . . . . . . . . . . . . | | 5,— | 0,30 |
| **36 a** | 7½ C | rotbraun . . . . . . . . . . . . . . . . | h | 22,— | 7,— |
| **37 a** | 10 C | karmin bis lilarot . . . . . . . . . . | h | 32,— | 1,70 |
| **38 a** | 12½ C | (hell)grau . . . . . . . . . . . . . . . | h | 32,— | 2,— |
| **39 a** | 15 C | braunorange . . . . . . . . . . . . . | h | 75,— | 5,50 |
| **40 a** | 20 C | grün . . . . . . . . . . . . . . . . . . . | h | 100,— | 3,50 |
| **41 a** | 22½ C | dunkelblaugrün . . . . . . . . . . . | h | 40,— | 15,— |
| **42 a** | 25 C | dunkelviolett . . . . . . . . . . . . . | h | 150,— | 6,50 |
| **43 a** | 50 C | . . . . . . . . . . . . . . . . . . . . . . . | h | | |
| a | | olivbraun . . . . . . . . . . . . . . . . | | —,— | 50,— |
| b | | gelbbraun . . . . . . . . . . . . . . . . | | 600,— | 20,— |
| **44 a** | 1 G | blauviolett . . . . . . . . . . . . . . . | h | 700,— | 85,— |
| **45 a A** | 2.50 G | lilarot/hellblau (Okt. 1893) . . . . . | i | 550,— | 170,— |

35 F gelborange . . . . . . . . . . . . . . . . . . . . . . . . . . . *6000,— 5000,—*

Eine Marke zu 5 C gelborange statt blau wurde in der Druckerei Enschedé von der Originalplatte unbefugt hergestellt und in ca. 50 Exemplaren in Verkehr gebracht, von der Post jedoch nie für ungültig erklärt. Es sind nur wenige Stücke erhalten.

☐ sind Probedrucke.

Auflagen: MiNr. 34 a = 11.740.000, MiNr. 35 a = 149.200.000, MiNr. 36 a = 1.935.200, MiNr. 37 a = 12.670.000, MiNr. 38 a = 18.255.000, MiNr. 39 a = 5.205.000, MiNr. 40 a = 4.700.000, MiNr. 41 a = 760.000, MiNr. 42 a = 5.065.000, MiNr. 43 a = 1.064.200, MiNr. 44 a = 194.560, MiNr. 45 a A = 48.000 Stück

*Gültig bis 31.12.1899*

*MiNr. 34 b–42 b und 45 b siehe folgenden Satz.*
*In gleichen Zeichnungen: MiNr. 46–48*

**1894/1898. Freimarken: Ziffern im Kreis und Königin Wilhelmina. MiNr. 30 a–43 a und 45 A in etwas geänderten, lebhafteren synthetischen Farben; Bdr. (10×20, MiNr. 45 10×5); MiNr. 30 b–43 b gez. K 12½, MiNr. 45 B gez. L 11½:11, MiNr. 45 C gez. L 11.**

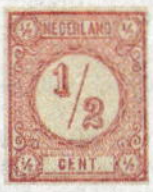
g) Ziffern im Kreis

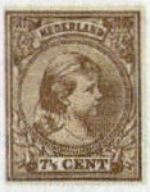
h

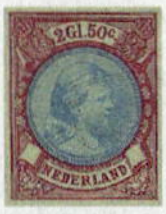
i

h–i) Königin Wilhelmina (1880–1962, reg. 1898–1948)

| | | | | | |
|---|---|---|---|---|---|
| **30 b** | ½ C | hellkarmin . . . . . . . . . . . . . . | g | 3,50 | 0,30 |
| **31 b** | 1 C | blaugrün . . . . . . . . . . . . . . . . | g | 2,60 | 0,30 |
| **32 b** | 2 C | olivgelb . . . . . . . . . . . . . . . . . | g | 40,— | 3,— |
| **33 b** | 2½ C | violett . . . . . . . . . . . . . . . . . . | g | 17,— | 0,30 |
| **34 b** | 3 C | orange . . . . . . . . . . . . . . . . . . | h | 10,— | 2,50 |
| **35 b** | 5 C | ultramarin . . . . . . . . . . . . . . . | h | 4,50 | 0,30 |
| **36 b** | 7½ C | (dunkel)braun . . . . . . . . . . . . | h | 22,— | 6,— |
| **37 b** | 10 C | . . . . . . . . . . . . . . . . . . . . . . . | h | | |
| a | | mittelbräunlichrot . . . . . . . . . . | | 90,— | 4,50 |
| b | | anilinrosa . . . . . . . . . . . . . . . . | | 30,— | 1,50 |
| **38 b** | 12½ C | bläulichgrau . . . . . . . . . . . . . | h | 30,— | 2,— |
| **39 b** | 15 C | hellbraun . . . . . . . . . . . . . . . . | h | 70,— | 4,50 |
| **40 b** | 20 C | hellsmaragdgrün . . . . . . . . . . | h | 80,— | 2,50 |
| **41 b** | 22½ C | blaugrün . . . . . . . . . . . . . . . . | h | 40,— | 12,— |
| **42 b** | 25 C | lila bis dunkellila . . . . . . . . . . | h | 140,— | 5,— |
| **43 b** | 50 C | hellolivbraun . . . . . . . . . . . . . | h | 750,— | 17,— |
| **45 b** | 2.50 G | anilinrosa/blau . . . . . . . . . . . | i | | |
| B | | gez. L 11½:11 . . . . . . . . . . . . . | | 550,— | 170,— |
| C | | gez. L 11 . . . . . . . . . . . . . . . . . | | 600,— | 160,— |

★

38 Uo oben ungezähnt . . . . . . . . . . . . . . . . . . . . . . . . . . . *4000,—*

Spezialisten unterscheiden verschiedene Platten und Papiersorten.

Auflagen: MiNr. 30 b = 212.608.800, MiNr. 31 b = 298.096.800, MiNr. 32 b = 15.057.200, MiNr. 33 b = 160.353.300, MiNr. 34 b = 27.000.000, MiNr. 35 b = 271.200.000, MiNr. 36 b = 4.780.000, MiNr. 37 b = 25.220.000, MiNr. 38 b = 36.920.000, MiNr. 39 b = 9.720.000, MiNr. 40 b = 9.780.000, MiNr. 41 b = 1.280.000, MiNr. 42 b = 7.920.200, MiNr. 45 b = 52.816 Stück

*Gültig bis 31.12.1899*

**1896, 16. Juli/Okt. Freimarken: Königin Wilhelmina. Bdr. (10×5); B = gez. L 11½:11, C = gez. L 11.**

| | | | | ★ | ⊙ |
|---|---|---|---|---|---|
| **46** | 50 C | grün/braun (Sept.) . . . . . . . . . | i | | |
| B | | gez. L 11½:11 . . . . . . . . . . . . . | | 90,— | 15,— |
| C | | gez. L 11 . . . . . . . . . . . . . . . . . | | 3200,— | 250,— |
| **47** | 1 G | braun/olivgrün (Okt.) . . . . . . . | i | | |
| B | | gez. L 11½:11 . . . . . . . . . . . . . | | 250,— | 25,— |
| C | | gez. L 11 . . . . . . . . . . . . . . . . . | | 300,— | 75,— |
| **48 C** | 5 G | grünbronze/braunrot (16. Juli) | i | 900,— | 500,— |

FALSCH

Auflagen: MiNr. 46 = 1.036.220, MiNr. 47 = 322.588, MiNr. 48 = 34.108 Stück

*Gültig bis 31.12.1899*

**1899, 1. Aug. Freimarken: Ziffern im Oval. Bdr., Bogen (B) und Markenheftchen (MH); gez. K 12½.**

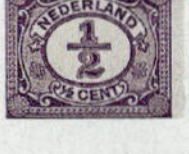
k

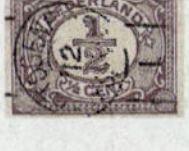
Vorausentwertung

| Nr. | | | | Bogen/MH | | * | ⊙ |
|---|---|---|---|---|---|---|---|
| **49** | ½ | C | violett, lila | (B) | k | 0,50 | 0,30 |
| **50** | 1 | C | rot | (B) (MH) | k | 1,20 | 0,30 |
| **51** | 2 | C | (hell)braun | (B) (MH) | k | 5,— | 0,30 |
| **52** | 2½ | C | (dunkel)grün | (B) (MH) | k | 4,— | 0,30 |
| | | | | Satzpreis (4 W.) | | 10,— | 0,80 |

Markenheftchen mit 24 × MiNr. 50 (1902) *2500,—*
Markenheftchen mit 24 × MiNr. 51 (1921) *1800,—*
Markenheftchen mit 24 × MiNr. 52 (1905) *2000,—*

**Vorausentwertungen (billigste Sorte):**

| | (✶) |
|---|---|
| 49 V | 2,50 |
| 50 V | 5,— |
| 51 V | 25,— |
| 52 V | 25,— |

| | | ✶ | ⊙ |
|---|---|---|---|
| 49 Ul | links ungezähnt | 2500,— | 3000,— |
| 50 U | ungezähnt | 1100,— | 1500,— |
| 50 Ul | links ungezähnt | 500,— | 500,— |
| 52 U | ungezähnt | 3600,— | |
| 52 Ul | links ungezähnt | 600,— | 600,— |

In größerem Umfange wurden Vorausentwertungen in den Jahren 1912 bis 1919 verwendet. In der Regel wurden die Vorausentwertungen bei auf Adresszetteln oder Streifbändern aufgeklebten Marken angebracht, nur in seltenen Fällen auf postfrischen Briefmarkenbogen. Benutzt wurde ein besonderer Rollstempel, der zwischen zwei Kreisen den Ortsnamen (90 verschiedene Städte) und im Innern die abgekürzte Jahreszahl (z.B. '15) zeigt. Sie finden sich vorwiegend auf MiNr. 49, seltener auch auf MiNr. 50, 51, 52, 75 und 76. Bei anderen Werten handelt es sich nicht um Vorausentwertungen, sondern um Verwendung des Rollstempels zur Entwertung von Marken auf Postsparkassenkarten.

Markenheftchen mit MiNr. 50 siehe auch nach MiNr. 68.
Markenheftchen mit MiNr. 51 siehe auch nach MiNr. 62.
Markenheftchen mit MiNr. 52 siehe auch nach MiNr. 68.

Auflagen: MiNr. 49 = 1.651.676.750, MiNr. 50 = 2.268.837.900, MiNr. 51 = 447.129.300, MiNr. 52 = 1.489.590.900 Stück

*Gültig bis 31.12.1935*

*MiNr. 50–52 mit Aufdruck: MiNr. 116; Dienstmarken MiNr. 1, 4–5; Portomarke MiNr. 66*
*In gleicher Zeichnung: MiNr. 75–76*
*In ähnlicher Zeichnung: MiNr. 107–109*

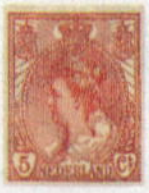

**1899, 1. Aug./1920. Freimarken: Königin Wilhelmina. Bdr., Bogen (B) (10×20, zweifarbige Werte 10×10) und Markenheftchen (MH); A = gez. K 12½, D = gez. L 11½, E = gez. L 11½:11.**

l) Königin Wilhelmina (1880–1962, reg. 1898–1948)

| Nr. | | | | | | | * | ⊙ |
|---|---|---|---|---|---|---|---|---|
| **53** | **A** | 3 | C | orange | (B) | l | 20,— | 3,50 |
| **54** | **A** | 5 | C | karmin | (B) (MH) | l | 1,80 | 0,30 |
| **55** | **A** | 7½ | C | braun bis rötlichbraun | (B) (MH) | l | 0,70 | 0,30 |
| **56** | **A** | 10 | C | violettgrau | (B) (MH) | l | 8,— | 0,30 |
| **57** | **A** | 12½ | C | blau | (B) (MH) | l | 4,— | 0,30 |
| **58** | **A** | 15 | C | hellbraun | (B) | l | 100,— | 3,50 |
| **59** | **A** | 20 | C | hellgrün | (B) | l | 130,— | 0,70 |
| **60** | | 22½ | C | braun/olivgrün | (B) | l | | |
| | **A** | | | gez. K 12½ | | | 12,— | 0,50 |
| | **D** | | | gez. L 11½ (1920) | | | 12,— | 2,— |
| | **E** | | | gez. L 11½:11 (1920) | | | 12,— | 1,— |
| **61** | | 25 | C | rosa/blau | (B) | l | | |
| | **A** | | | gez. K 12½ | | | 12,— | 0,40 |
| | **D** | | | gez. L 11½ (1920) | | | 14,— | 1,— |
| | **E** | | | gez. L 11½:11 (1920) | | | 14,— | 1,— |
| **62** | **A** | 50 | C | bronzegrün/rotbraun | (B) | l | 120,— | 1,20 |
| | | | | Satzpreis (10 W.) | | | 420,— | 11,— |

Markenheftchen mit 24 × MiNr. 54 (1902) *2500,—*
Markenheftchen mit 24 × MiNr. 55 (1919) *2000,—*
Markenheftchen mit 6 × MiNr. 51, 6 × MiNr. 55 und 12 × MiNr. 56 (1921) *1500,—*
Markenheftchen mit 24 × MiNr. 56 (1919) *2000,—*
Markenheftchen mit 24 × MiNr. 57 (1902) *1500,—*

| | | | |
|---|---|---|---|
| 54 K | Kehrdruckpaar aus Markenheftchenbogen | *15000,—* | |
| 54 Uo | oben ungezähnt | 500,— | |
| 55 K | Kehrdruckpaar aus Markenheftchenbogen | 85,— | 75,— |
| 55 KZ | dito mit Zwischensteg | 350,— | 1000,— |
| 55 Uo | oben ungezähnt | 3000,— | |

MiNr. 56 hat eng-, MiNr. 106 weitschraffierten Untergrund des Ovals.

Markenheftchen mit MiNr. 54 siehe auch nach MiNr. 68 und MiNr. 80.
Markenheftchen mit MiNr. 55 siehe auch nach MiNr. 80.

Bei den Zähnungen D und E handelt es sich um Notmaßnahmen wegen Schadens an der üblichen Zähnungsmaschine.

Auflagen: MiNr. 53 = 15.772.800, MiNr. 54 = 1.886.749.600, MiNr. 55 = 329.702.400, MiNr. 56 = 374.553.500, MiNr. 57 = 234.735.000, MiNr. 58 = 24.758.400, MiNr. 59 = 25.781.800, MiNr. 60 = 14.090.000, MiNr. 61 = 75.142.900, MiNr. 62 = 8.917.600 Stück

*Gültig bis 31.12.1935*

*MiNr. 54, 56–57 und 60 mit Aufdruck: MiNr. 119–120, 122; Dienstmarken MiNr. 7–8; Portomarke MiNr. 68; Postpaket-Verrechnungsmarke MiNr. 1*
*In gleicher Zeichnung: MiNr. 67–68, 77–80, 93–94, 97–98, 105–106, 110–111*

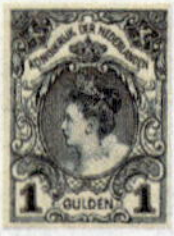

**1898, 6. Sept./1905, 21. Aug. Freimarken: Königin Wilhelmina. StTdr.; A = gez. L 11, B = gez. L 11½:11, C = gez. L 11:11½, D = gez. L 11½.**

m) Königin Wilhelmina (1880–1962, reg. 1898–1948)

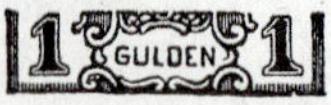
Type I

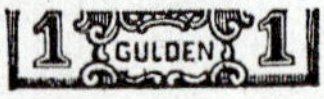
Type II

Bei Type I steht die Zahl näher zum Rande des Markenbildes, und die Buchstaben der Wertbezeichnung GULDEN sind feiner.

| Nr. | | | | | | * | ⊙ |
|---|---|---|---|---|---|---|---|
| **63** | | 1 | G | dkl'blaugrün | m | | |
| **I** | **B** | | | Type I (6.9.1898) | | 240,— | 140,— |
| **II** | | | | Type II (1.8.1899) | | | |
| | **A** | | | gez. L 11 | | 70,— | 0,80 |
| | **B** | | | gez. L 11½:11 | | 70,— | 1,20 |
| | **C** | | | gez. L 11:11½ | | 70,— | 0,70 |
| | **D** | | | gez. L 11½ | | 60,— | 0,80 |
| **64** | | 2½ | G | dkl'violett, grauviolett (1.8.1899) | m | | |
| | **A** | | | gez. L 11 | | 120,— | 4,— |
| | **B** | | | gez. L 11½:11 | | 120,— | 7,— |
| | **C** | | | gez. L 11:11½ | | 120,— | 3,— |
| | **D** | | | gez. L 11½ | | 110,— | 4,— |
| **65** | | 5 | G | lilarot (1.8.1899) | m | | |
| | **A** | | | gez. L 11 | | 260,— | 7,— |
| | **B** | | | gez. L 11½:11 | | 260,— | 12,— |
| | **C** | | | gez. L 11:11½ | | 350,— | 7,— |
| | **D** | | | gez. L 11½ | | 260,— | 6,50 |
| **66** | **A** | 10 | G | dkl'orange (21.8.1905) | m | 900,— | 700,— |

MiNr. 63 I erschien anlässlich des Amtsantrittes der Königin („Krönungsmarke").

Auflagen: MiNr. 63 I = 152.695, MiNr. 63 II = 9.629.826, MiNr. 64 = 973.620, MiNr. 65 = 451.280, MiNr. 66 = 15.430 Stück

*Gültig bis 31.12.1935*

*MiNr. 66 mit Aufdruck: MiNr. 99*

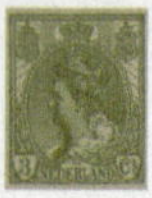

**1901/1906, 14. Juni. Freimarken: Königin Wilhelmina. Bdr., Bogen (B) (10×20) und Markenheftchen (MH); gez. K 12½.**

l) Königin Wilhelmina (1880–1962, reg. 1898–1948)

| Nr. | | | | | | * | ⊙ |
|---|---|---|---|---|---|---|---|
| **67** | 3 | C | olivgrün | (B) (MH) | l | 1,50 | 0,30 |
| **68** | 17½ | C | violett | (B) (14.6.1906) | l | 55,— | 15,— |
| | | | | Satzpreis (2 W.) | | 55,— | 15,— |

Markenheftchen mit 24 × MiNr. 67 (1902) *2500,—*
Markenheftchen mit 6 × MiNr. 50, 6 × MiNr. 67 und 12 × MiNr. 54 (1905) *2000,—*
Markenheftchen mit 6 × MiNr. 50, 52 und 67 und 12 × MiNr. 54 (1906) *2200,—*

| | | | |
|---|---|---|---|
| 67 Uo | oben ungezähnt | 2500,— | 3000,— |

Auflagen: MiNr. 67 = 427.361.000, MiNr. 68 = 1.969.200 Stück

*Gültig bis 31.12.1935*

*MiNr. 67 mit Aufdruck: MiNr. 118, 136, Dienstmarke MiNr. 6, Portomarke MiNr. 65*
*In gleicher Zeichnung siehe Fußnote nach MiNr. 62*

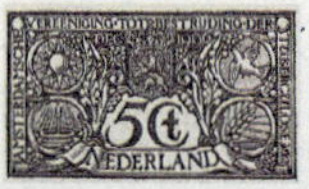

**1906, 21. Dez. Amsterdamer Vereinigung zum Kampf gegen die Tuberkulose. Bdr. (5×20); gez. K 12½.**

n) Reichswappen und Symbole für Luft, Licht und Lebenskraft

| | | | | ✶ | ⊙ | ◍ |
|---|---|---|---|---|---|---|
| **69** | 1 C | (+ 1 C) rot | n | 20,— | 14,— | 2,— |
| **70** | 3 C | (+ 3 C) olivgrün | n | 35,— | 32,— | 2,— |
| **71** | 5 C | (+ 5 C) violettgrau | n | 35,— | 19,— | 2,— |
| | | Satzpreis (3 W.) | | 90,— | 65,— | 6,— |

◍ Stempel „AMSTERDAM 31 JAN 07 10-12 N." (Bogenentwertung)

Auflage: 1.000.000 Sätze

*Gültig bis 31.1.1907 (nur für das Inland)*

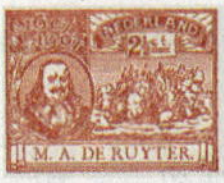

**1907, 23. März. 300. Geburtstag von Michiel de Ruyter. Bdr. (10×15); gez. K 12:12½.**

o) Michiel de Ruyter (1607–1676), Admiral; Gemälde „Seegefecht" von Ferdinand Bol (1618–1680)

| | | | | ✶ | ⊙ |
|---|---|---|---|---|---|
| **72** | ½ C | blau | o | 2,— | 1,50 |
| **73** | 1 C | rotlila | o | 4,— | 2,80 |
| **74** | 2½ C | ziegelrot | o | 7,50 | 2,80 |
| | | Satzpreis (3 W.) | | 13,— | 7,— |

Auflagen: MiNr. 72 = 3.152.950, MiNr. 73 = 3.184.700, MiNr. 74 = 2.844.550 Stück

*Gültig bis 31.5.1907 (nur für das Inland)*

*Mit Aufdruck: Portomarken MiNr. 29-41*

**1908/14. Freimarken: Ziffern im Oval und Königin Wilhelmina. Bdr., Bogen (B) und Markenheftchen (MH); A = gez. K 12½, D = gez. L 11½, E = gez. L 11½:11, F = gez. L 11:11½.**

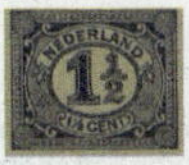

k) Ziffern im Oval

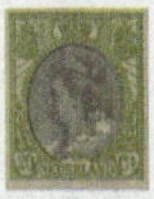

l) Königin Wilhelmina (1880–1962, reg. 1898–1948)

| | | | | | |
|---|---|---|---|---|---|
| **75** | 1½ C | ultramarin (B) (MH) | k | 8,— | 1,— |
| **76** | 1½ C | blau (B) (MH) (1913) | k | 3,— | 0,40 |
| **77** | 15 C | blau/rosa (B) | l | | |
| A | | gez. K 12½ | | 7,— | 0,30 |
| D | | gez. L 11½ (1920) | | 10,— | 1,20 |
| E | | gez. L 11½:11 (1920) | | 100,— | 20,— |
| F | | gez. L 11:11½ (1920) | | 1500,— | 750,— |
| **78** | 17½ C | ultramarin/braun (B) (1910) | l | | |
| A | | gez. K 12½ | | 20,— | 1,— |
| D | | gez. L 11½ (1920) | | 25,— | 4,50 |
| E | | gez. L 11½:11 (1920) | | 25,— | 4,— |
| **79** | 20 C | olivgrün/violettgrau (B) | l | | |
| A | | gez. K 12½ | | 12,— | 0,50 |
| E | | gez. L 11½:11 (1920) | | 15,— | 1,70 |
| **80** | 50 C | grau/violett (B) (1914) | l | | |
| A | | gez. K 12½ | | 80,— | 1,— |
| E | | gez. L 11½:11 (1920) | | 80,— | 22,— |
| | | Satzpreis (6 W.) | | 130,— | 4,20 |

Markenheftchen mit 24 × MiNr. 75 (1908) *2200,—*
Markenheftchen mit 24 × MiNr. 76 (1914) *2500,—*
Markenheftchen mit 6 × MiNr. 76, 6 × MiNr. 54 und 12 × MiNr. 55 (1905) *2000,—*

**Vorausentwertungen (billigste Sorte):**

| | (✶) |
|---|---|
| 75 V | 25,— |
| 76 V | 20,— |

| | | ✶ | ⊙ |
|---|---|---|---|
| 75 Ul | links ungezähnt | 1500,— | |
| 75 Uo | oben ungezähnt | 1500,— | 2000,— |
| 78 Uo | oben ungezähnt | 3000,— | 4000,— |
| 79 Uo | oben ungezähnt | 1000,— | —,— |

Zu Vorausentwertungen siehe Hinweis bei MiNr. 49-52.

Bei den Zähnungen D, E und F handelt es sich um Notmaßnahmen wegen Schadens an der üblichen Zähnungsmaschine.

Auflagen: MiNr. 75 = 71.237.900, MiNr. 76 = 239.642.800, MiNr. 77 = 87.542.400, MiNr. 78 = 9.350.600, MiNr. 79 = 67.700.350, MiNr. 80 = 20.162.350 Stück

*Gültig bis 31.12.1935*

*MiNr. 75–76 und 78 mit Aufdruck: MiNr. 117, 121, 137; Dienstmarken MiNr. 2–3; Portomarke MiNr. 67; Postpaket-Verrechnungsmarke MiNr. 2*

*In gleicher Zeichnung wie MiNr. 75–76: MiNr. 49–52; wie MiNr. 77 bis 80 siehe Fußnote nach MiNr. 62.*

**1913, 29. Nov. 100. Jahrestag der Wiederherstellung der Unabhängigkeit. StTdr. (10×8, MiNr. 88 und 92 10×4); A = gez. L 11½:11, B = gez. L 11½.**

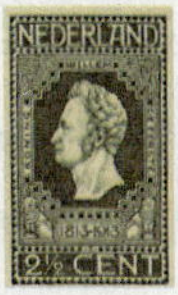

p) König Willem I. (1772–1843)

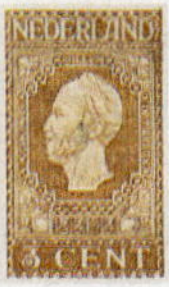

r) König Willem II. (1792–1849)

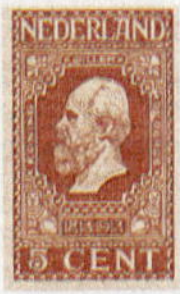

s) König Willem III. (1817–1890)

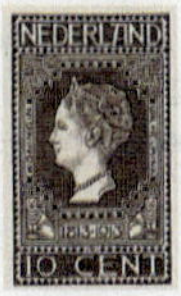

t) Königin Wilhelmina (1880–1962)

p–s) Bildnisse nach Münzen der staatlichen Münzsammlung

| | | | | | |
|---|---|---|---|---|---|
| **81** | 2½ C | grün auf hellgrün | p | | |
| A | | gez. L 11½:11 | | 1,— | 1,— |
| B | | gez. L 11½ | | 1,20 | 1,— |
| **82** | 3 C | braungelb auf gelblich | r | | |
| A | | gez. L 11½:11 | | 1,50 | 1,50 |
| B | | gez. L 11½ | | 1,50 | 1,50 |
| **83** | 5 C | rot auf rötlich | s | | |
| A | | gez. L 11½:11 | | 1,50 | 1,— |
| B | | gez. L 11½ | | 1,50 | 1,— |
| **84** | 10 C | schwarzbraun | t | | |
| A | | gez. L 11½:11 | | 5,— | 2,50 |
| B | | gez. L 11½ | | 5,— | 4,— |
| **85** | 12½ C | violettblau auf bläulich | p | | |
| A | | gez. L 11½:11 | | 3,50 | 2,50 |
| B | | gez. L 11½ | | 3,50 | 2,50 |
| **86** | 20 C | braun | r | | |
| A | | gez. L 11½:11 | | 15,— | 12,— |
| B | | gez. L 11½ | | 15,— | 12,— |
| **87 A** | 25 C | hellblau | s | 18,— | 10,— |
| **88 B** | 50 C | gelbgrün | t | 40,— | 35,— |
| **89** | 1 G | lilarot | p | | |
| A | | gez. L 11½:11 | | 55,— | 25,— |
| B | | gez. L 11½ | | 80,— | 25,— |
| **90 A** | 2½ G | violett | r | 140,— | 50,— |
| **91 B** | 5 G | (gold)gelb | s | 300,— | 40,— |
| **92 B** | 10 G | rotorange auf gelb | t | 950,— | 850,— |
| | | Satzpreis (12 W.) | | 1500,— | 1000,— |

| | | | |
|---|---|---|---|
| 81 A Uo | oben ungezähnt | 400,— | 500,— |
| 81 A Uu | unten ungezähnt | 1700,— | —,— |
| 82 A Uo | oben ungezähnt | 2000,— | —,— |
| 84 B Uu | unten ungezähnt | 2500,— | —,— |
| 85 A Uu | unten ungezähnt | 1700,— | —,— |
| 85 B Uu | unten ungezähnt | 1000,— | —,— |
| 86 B Uo | oben ungezähnt | 2500,— | —,— |
| 87 A Uo | oben ungezähnt | 2000,— | 2200,— |

FALSCH

Auflagen: MiNr. 81 und 83 je 3.000.000, MiNr. 82 und 84–85 je 1.500.000, MiNr. 86–87 je 500.000, MiNr. 88–89 je 200.000, MiNr. 90–91 je 100.000, MiNr. 92 = 22.800 Stück

*Gültig bis 31.12.1937*

*MiNr. 92 mit Aufdruck: MiNr. 100*

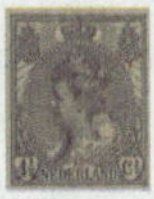

**1917/1919. Freimarken: Königin Wilhelmina. Bdr.; MiNr. 93 (10×20), MiNr. 94 (10×10); gez. K 12½.**

l) Königin Wilhelmina (1880–1962, reg. 1898–1948)

| | | | | | |
|---|---|---|---|---|---|
| **93** | 4½ C | violett (1919) | l | 4,— | 4,— |
| **94** | 30 C | purpur/dunkellila (1917) | l | 30,— | 0,50 |
| | | Satzpreis (2 W.) | | 34,— | 4,— |

Auflagen: MiNr. 93 = 3.766.400, MiNr. 94 = 21.551.100 Stück

*Gültig bis 31.12.1935*

*Mit Aufdruck: MiNr. 95–96, 101*
*In gleicher Zeichnung siehe Fußnote nach MiNr. 62.*

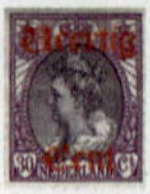

**1919, 1. Dez. Freimarken: Königin Wilhelmina. MiNr. 94 mit rotem bzw. schwarzem Bdr.-Aufdruck des neuen Wertes.**

95

| | | | | | | |
|---|---|---|---|---|---|---|
| **95** | **40 C** | auf 30 C purpur/dunkellila | (94) | R | 35,— | 5,— |
| **96** | **60 C** | auf 30 C purpur/dunkellila | (94) | S | 35,— | 5,— |
| | | Satzpreis (2 W.) | | | 70,— | 10,— |

95 I ohne Punkt auf „i" ........ 150,— 60,—

FALSCH Aufdruckfälschungen (nur ⊙)

Auflagen: MiNr. 95 = 1.580.700, davon 15.807 MiNr. 95 I; MiNr. 96 = 1.615.400 Stück

*Gültig bis 31.12.1935*

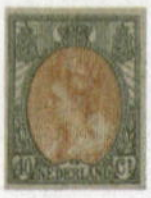

**1920. Freimarken: Königin Wilhelmina. Bdr. (10×10); A = gez. K 12½, D = gez. L 11½, E = gez. L 11½:11.**

l) Königin Wilhelmina (1880–1962, reg. 1898–1948)

| | | | | | ★★ | ⊙ |
|---|---|---|---|---|---|---|
| **97 A** | 40 C | grün/orange | l | | 120,— | 1,— |
| **98** | 60 C | oliv/grün | l | | | |
| A | | gez. K 12½ | | | 120,— | 1,20 |
| D | | gez. L 11½ | | | 700,— | 25,— |
| E | | gez. L 11½:11 | | | 190,— | 2,— |
| | | Satzpreis A (2 W.) | | | 240,— | 2,20 |

97 Uo oben ungezähnt ........ 2000,— —,—

Bei den Zähnungen D und E handelt es sich um Notmaßnahmen wegen Schadens an der üblichen Zähnungsmaschine.

Auflagen: MiNr. 97 = 13.856.600, MiNr. 98 = 10.941.900 Stück

*Gültig bis 31.12.1935*

*In gleicher Zeichnung siehe Fußnote nach MiNr. 62.*

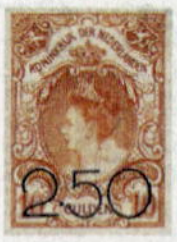

**1920, 17. Aug. Freimarken. MiNr. 66 und 92 mit Bdr.-Aufdruck des neuen Wertes.**

99

| | | | | | |
|---|---|---|---|---|---|
| **99** | **2.50 (G)** | auf 10 G dunkelorange | (66) | 450,— | 100,— |
| **100** | **2.50 (G)** | auf 10 G rotorange auf gelb | (92) | 400,— | 100,— |
| | | Satzpreis (2 W.) | | 850,— | 200,— |

FALSCH

Auflagen: MiNr. 99 = 51.800, MiNr. 100 = 76.000 Stück

*Gültig bis 31.12.1935*

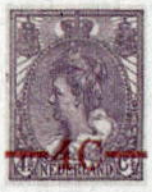

**1921, 1. März. Freimarke: Königin Wilhelmina. MiNr. 93 mit karminrotem Aufdruck.**

101

| | | | | | |
|---|---|---|---|---|---|
| **101** | **4 C** | auf 4½ C violett | (93) | 10,— | 2,— |

Auflage: 5.694.200 Stück

*Gültig bis 31.12.1935*

**(Flugzeug) 1921, 1. Mai. Flugpostmarken. Bdr.; gez. K 12½.**

Fa) Möwe im Flug; Holzschnitt von Chris Lebeau (1875–1945)

| | | | | | |
|---|---|---|---|---|---|
| **102** | 10 C | ziegelrot | Fa | 10,— | 1,40 |
| **103** | 15 C | grün | Fa | 40,— | 2,50 |
| **104** | 60 C | blau | Fa | 170,— | 0,30 |
| | | Satzpreis (3 W.) | | 220,— | 4,20 |

FALSCH

Auflagen: MiNr. 102 = 1.281.910, MiNr. 103 = 1.328.510, MiNr. 104 = 1.280.310 Stück

*Gültig bis 31.12.1935*

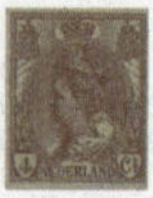

**1921/1923. Freimarken: Königin Wilhelmina. Bdr.; gez. K 12½.**

l) Königin Wilhelmina (1880–1962, reg. 1898–1948)

| | | | | | |
|---|---|---|---|---|---|
| **105** | | 4 C | l | | |
| | a | rötlichlila | | 3,50 | 1,20 |
| | b | purpur (1923) | | 7,— | 2,20 |
| **106** | | 10 C violettgrau (1922) | l | 100,— | 0,30 |

MiNr. 106 unterscheidet sich von MiNr. 56 durch die weite Schraffierung des Medaillons.

MiNr. 106 unklarer Druck, gez. 11.

Auflagen: MiNr. 105 = 13.452.800, MiNr. 160 = 213.397.200 Stück

*Gültig bis 31.12.1935*

*In gleicher Zeichnung siehe Fußnote bei MiNr. 62.*

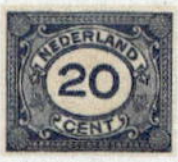

**1921, 5. Aug./1922, März. Freimarken: Ziffern im Oval. Bdr., Bogen (B) (20×10) und Markenheftchen (MH); gez. K 12½.**

w) Ziffern im Oval

| | | | | | |
|---|---|---|---|---|---|
| **107** | 5 C | grün (B) (März 1922) | w | 40,— | 0,30 |
| **108** | 12½ C | ziegelrot (B) (Jan. 1922) | w | 80,— | 2,40 |
| **109** | 20 C | hellblau (B, MH) (5.8.1921) | w | 120,— | 0,30 |
| | | Satzpreis (3 W.) | | 240,— | 3,— |
| | | Markenheftchen mit 24 × MiNr. 109 | | *5000,—* | |

MiNr. 108 ist in 2 Typen (flaches oder rundes „R" in „NEDERLAND") bekannt; gleicher Preis.

MiNr. 108, gez. L 11.

Auflagen: MiNr. 107 = 45.607.200, MiNr. 108 = 9.653.600, MiNr. 109 = 51.691.700 Stück

*Gültig bis 31.12.1935*

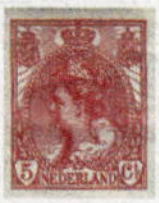

**1923, Jan. Freimarken: Königin Wilhelmina. MiNr. 54 und 106 wegen Streiks unfertig (ungezähnt) ausgegeben.**

l) Königin Wilhelmina (1880–1962, reg. 1898–1948)

| | | | | | |
|---|---|---|---|---|---|
| **110** | 5 C | karmin | l | 17,— | 10,— |
| **111** | 10 C | violettgrau | l | 15,— | 10,— |
| | | Satzpreis (2 W.) | | 32,— | 20,— |

MiNr. 110–111 kommen mit Nähmaschinendurchstich oder anderweitig (ungezähnt) vor.

Auflagen: MiNr. 110 = 350.000, MiNr. 111 = 380.000 Stück

*Gültig bis 31.12.1935*

*In gleicher Zeichnung siehe Fußnote bei MiNr. 62.*

**1923, März. Freimarken. Bdr.; gez. K 12½.**

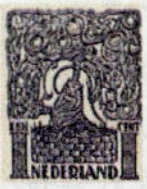
x) Orangenbaum und Löwe von Holland

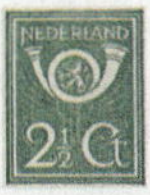
y) Posthorn und Löwe

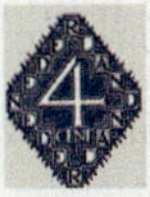
z) Ziffernzeichnung im Textrahmen

| | | | | | |
|---|---|---|---|---|---|
| **112** | 1 C | ultramarin | x | 2,— | 0,70 |
| **113** | 2 C | orangerot | x | 10,— | 0,30 |
| **114** | 2½ C | blaugrün | y | 5,— | 0,80 |
| **115** | 4 C | ultramarin | z | 3,— | 0,70 |
| | | Satzpreis (4 W.) | | 20,— | 2,50 |

Auflagen: MiNr. 112 = 3.655.600, MiNr. 113 = 93.156 600, MiNr. 114 = 6.867.000, MiNr. 115 = 11.018.400 Stück

*Gültig bis 31.12.1935*

**1923, Aug. Freimarken: Ziffern im Oval und Königin Wilhelmina mit Aufdruck.**

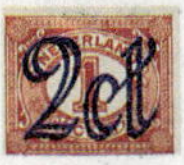
116

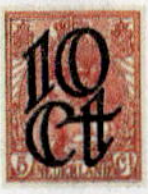
119

| | | | | | |
|---|---|---|---|---|---|
| **116** | **2 C** auf 1 C rot | (50) Bl | 1,— | 0,30 |
| **117** | **2 C** auf 1½ C blau | (76) S | 1,— | 0,30 |
| **118** | **10 C** auf 3 C olivgrün | (67) Br | 14,— | 0,30 |
| **119** | **10 C** auf 5 C karmin | (54) S | 24,— | 0,50 |
| **120** | **10 C** auf 12½ C blau | (57) R | 25,— | 0,60 |
| **121** | **10 C** auf 17½ C ultramarin/braun | | | |
| A | gez. K 12½ | (78 A) R | 10,— | 5,— |
| B | gez. L 11½ | (78 D) R | 4000,— | 800,— |
| C | gez. L 11½:11 | (78 E) R | 10,— | 4,— |
| **122** | **10 C** auf 22½ C braun/olivgrün | | | |
| A | gez. K 12½ | (60 A) R | 10,— | 5,— |
| B | gez. L 11½ | (60 D) R | 10,— | 4,— |
| C | gez. L 11½:11 | (60 E) R | 10,— | 4,— |
| | Satzpreis (7 W.) | | 85,— | 10,— |

FALSCH

Auflagen: MiNr. 116 = 16.120.000, MiNr. 117 = 24.000.000, MiNr. 118 = 18.000.000, MiNr. 119 = 5.600.000, MiNr. 120 = 5.494.000, MiNr. 121–122 je 1.040.000 Stück

*Gültig bis 31.12.1935*

**1923, 31. Aug. 25 Jahre Regentschaft von Königin Wilhelmina. StTdr.; verschieden gez. L 11–12½.**

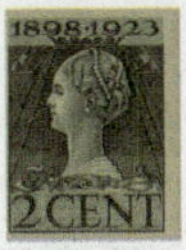
aa) Königin Wilhelmina (1880–1962, reg. 1898–1948)

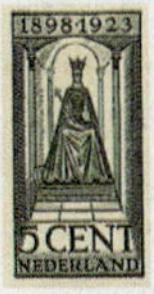
ab) Königin auf dem Thron

**Billigste Sorte:**

| | | | | | |
|---|---|---|---|---|---|
| **123** | 2 C | schwarzgrün | aa | 1,— | 0,50 |
| **124** | 5 C | grün | ab | 1,50 | 0,50 |
| **125** | 7½ C | karmin | aa | 2,50 | 0,50 |
| **126** | 10 C | ziegelrot | aa | 1,50 | 0,50 |
| **127** | 20 C | ultramarin | aa | 15,— | 2,— |
| **128** | 25 C | gelb | aa | 25,— | 3,— |
| **129** | 35 C | orange | aa | 20,— | 6,— |
| **130** | 50 C | schwarz | aa | 50,— | 2,— |
| **131** | 1 G | ziegelrot | ab | 80,— | 10,— |
| **132** | 2.50 G | braunschwarz | ab | 600,— | 250,— |
| **133** | 5 G | blau | ab | 500,— | 200,— |
| | | Satzpreis (11 W.) | | 1200,— | 450,— |

**A = gez. L 11½**

| | | | | | |
|---|---|---|---|---|---|
| **123 A** | 2 C | schwarzgrün | aa | 2,— | 0,80 |
| **124 A** | 5 C | grün | ab | 2,— | 1,50 |
| **125 A** | 7½ C | karmin | aa | 3,— | 2,— |
| **126 A** | 10 C | ziegelrot | aa | 2,50 | 0,80 |
| **127 A** | 20 C | ultramarin | aa | 10,— | 2,— |
| **129 A** | 35 C | orange | aa | 20,— | 6,— |
| **130 A** | 50 C | schwarz | aa | 60,— | 3,— |
| **131 A** | 1 G | ziegelrot | ab | 80,— | 10,— |
| **132 A** | 2.50 G | braunschwarz | ab | 600,— | 250,— |
| **133 A** | 5 G | blau | ab | 500,— | 200,— |

**B = gez. L 11½:11**

| | | | | | |
|---|---|---|---|---|---|
| **123 B** | 2 C | schwarzgrün | aa | 4,— | 0,50 |
| **125 B** | 7½ C | karmin | aa | 30,— | 10,— |
| **126 B** | 10 C | ziegelrot | aa | 40,— | 3,— |

**C = gez. L 11½:12**

| | | | | | |
|---|---|---|---|---|---|
| **123 C** | 2 C | schwarzgrün | aa | 2,— | 1,— |
| **124 C** | 5 C | grün | ab | 1,50 | 0,50 |
| **125 C** | 7½ C | karmin | aa | 2,50 | 1,— |
| **126 C** | 10 C | ziegelrot | aa | 2,50 | 1,— |
| **127 C** | 20 C | ultramarin | aa | 15,— | 2,50 |

**D = gez. L 11½:12½**

| | | | | | |
|---|---|---|---|---|---|
| **123 D** | 2 C | schwarzgrün | aa | 1,— | 0,50 |
| **125 D** | 7½ C | karmin | aa | 2,50 | 0,50 |
| **126 D** | 10 C | ziegelrot | aa | 1,50 | 0,50 |
| **127 D** | 20 C | ultramarin | aa | 15,— | 2,— |
| **128 D** | 25 C | gelb | aa | 25,— | 3,— |
| **130 D** | 50 C | schwarz | aa | 50,— | 2,— |

**E = gez. L 11**

| | | | | | |
|---|---|---|---|---|---|
| **129 E** | 35 C | orange | aa | *4000,—* | *2000,—* |

**F = gez. L 11:11½**

| | | | | | |
|---|---|---|---|---|---|
| **123 F** | 2 C | schwarzgrün | aa | 10,— | 1,50 |
| **124 F** | 5 C | grün | ab | 2,50 | 1,50 |
| **125 F** | 7½ C | karmin | aa | 60,— | 20,— |
| **126 F** | 10 C | ziegelrot | aa | 2,50 | 0,50 |
| **127 F** | 20 C | ultramarin | aa | 25,— | 5,— |
| **128 F** | 25 C | gelb | aa | 25,— | 3,50 |
| **129 F** | 35 C | orange | aa | 25,— | 10,— |

**G = gez. L 11:12**

| | | | | | |
|---|---|---|---|---|---|
| **123 G** | 2 C | schwarzgrün | aa | 10,— | 1,50 |
| **124 G** | 5 C | grün | ab | 5,— | 1,50 |
| **126 G** | 10 C | ziegelrot | aa | 50,— | 3,— |

**H = gez. L 11:12½**

| | | | | | |
|---|---|---|---|---|---|
| **123 H** | 2 C | schwarzgrün | aa | 3,50 | 0,80 |
| **125 H** | 7½ C | karmin | aa | 10,— | 2,50 |
| **126 H** | 10 C | ziegelrot | aa | 4,— | 1,— |
| **128 H** | 25 C | gelb | aa | 25,— | 4,— |
| **130 H** | 50 C | schwarz | aa | 150,— | 7,— |

**J = gez. L 12**

| | | | | | |
|---|---|---|---|---|---|
| **123 J** | 2 C | schwarzgrün | aa | 80,— | 15,— |
| **126 J** | 10 C | ziegelrot | aa | 280,— | 35,— |

**K = gez. L 12:11½**

| | | | | | |
|---|---|---|---|---|---|
| **123 K** | 2 C | schwarzgrün | aa | 4000,— | 400,— |
| **126 K** | 10 C | ziegelrot | aa | 150,— | 3,— |
| **127 K** | 20 C | ultramarin | aa | 100,— | 10,— |
| **128 K** | 25 C | gelb | aa | 100,— | 10,— |

**L = gez. L 12:12½**

| | | | | | |
|---|---|---|---|---|---|
| **123 L** | 2 C | schwarzgrün | aa | 90,— | 3,50 |
| **126 L** | 10 C | ziegelrot | aa | 45,— | 3,50 |
| **127 L** | 20 C | ultramarin | aa | 45,— | 10,— |
| **128 L** | 25 C | gelb | aa | 90,— | 15,— |

FALSCH MiNr. 123 K, 129 E

Auflagen (gesamt): MiNr. 123 = 111.411.400, MiNr. 124 = 20.638.000, MiNr. 125 = 28.355.000, MiNr. 126 = 104.920.000, MiNr. 127 = 12.390.700, MiNr. 128 = 2.708.500, MiNr. 129 = 1.726.000, MiNr. 130 = 2.940.500, MiNr. 131 = 406.425, MiNr. 132 = 51.025, MiNr. 133 = 37.050 Stück

*Gültig bis 31.12.1937*

**1923, 16. Dez. Künstlerhilfe. Bdr. auf rötlich getöntem Papier; gez. L 11½.**

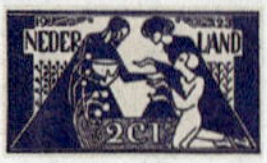
ac

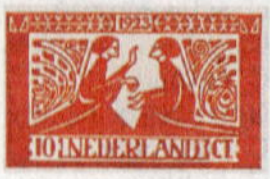
ad

ac–ad) Schenken und beschenkt werden; Graphiken von Jan Toorop (1858–1928)

| | | | | | |
|---|---|---|---|---|---|
| **134** | 2 C | ( + 5 C) violettblau | ac | 50,— | 20,— |
| **135** | 10 C | ( + 5 C) orangerot | ad | 50,— | 20,— |
| | | Satzpreis (2 W.) | | 100,— | 40,— |

FALSCH

Auflagen: MiNr. 134 = 199.897, MiNr. 135 = 208.846 Stück

*Gültig bis 31.12.1935*

**1923. Freimarken: Königin Wilhelmina. MiNr. 67 und 78 mit rotem Dienstmarkenaufdruck und weiterem farbigem Wertüberdruck.**

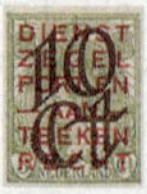
136

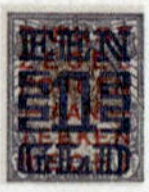
137

| | | | | | |
|---|---|---|---|---|---|
| **136** | **10 C** | auf 3 C olivgrün | (67) Br | 10,— | 1,50 |
| **137** | **1 G** | auf 17½ C ultramarin/braun | | | |
| A | | gez K 12½ | (78 A) Bl | 220,— | 19,— |
| B | | gez L 11½ | (78 D) Bl | 250,— | 42,— |
| C | | gez L 11½:11 | (78 E) Bl | 250,— | 32,— |

Die als Dienstmarken vorgesehen Urmarken von MiNr. 136–137 wurden nicht ausgegeben.

Auflagen: MiNr. 136 = 1.115.200, MiNr. 137 = 281.000 Stück

*Gültig bis 31.12.1935*

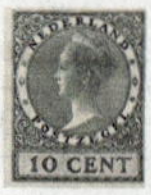

**1924, 6. Sept. Freimarken: Königin Wilhelmina; Internationale Briefmarken-Ausstellung in 's Gravenhage (Den Haag). RaTdr. (5×5); gez. K 12½.**

ae) Königin Wilhelmina (1880–1962, reg. 1898–1948)

| | | | | | |
|---|---|---|---|---|---|
| **138** | 10 C | grünschiefer | ae | 75,— | 45,— |
| **139** | 15 C | schwarz | ae | 100,— | 55,— |
| **140** | 35 C | ziegelrot | ae | 75,— | 45,— |
| | | Satzpreis (3 W.) | | 250,— | 140,— |
| | | Ausstellungs-Ⓢ | | | 150,— |

Auflage: 60.000 Sätze

*Gültig bis 31.3.1944*

*In gleicher Zeichnung siehe Übersicht nach Jahrgangswerttabelle.*

**1924, 15. Sept. 100 Jahre Rettungsgesellschaft. Odr.; gez. L 11½.**

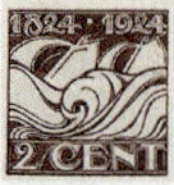
af) Schiff in Seenot

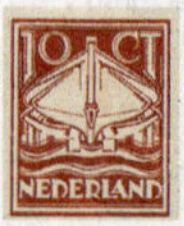
ag) Rettungsboot

| | | | | | |
|---|---|---|---|---|---|
| **141** | 2 C | dunkelbraun | af | 9,— | 3,— |
| **142** | 10 C | rotbraun auf gelblich | ag | 16,— | 2,50 |
| | | Satzpreis (2 W.) | | 25,— | 5,50 |

Auflagen: MiNr. 141 = 2.071.500, MiNr. 142 = 1.985.400 Stück

*Gültig bis 31.12.1935*

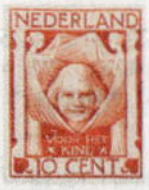

**1924, 15. Dez. „Voor het Kind". RaTdr. ; gez. K 12½.**

ah) Kinderkopf, von Engeln flankiert

| | | | | | |
|---|---|---|---|---|---|
| **143** | 2 C | (+ 2 C) blaugrün | ah | 3,50 | 2,— |
| **144** | 7½ C | (+ 3½ C) sepia | ah | 16,— | 9,— |
| **145** | 10 C | (+ 2½ C) zinnober | ah | 11,— | 2,— |
| | | Satzpreis (3 W.) | | 30,— | 13,— |

Auflagen: MiNr. 143 = 757.600, MiNr. 144 = 551.600, MiNr. 145 = 977.100 Stück

*Gültig bis 31.12.1935*

**Rollenzähnungen 1925–1934**

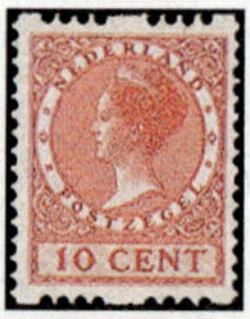
Rollenzähnung B

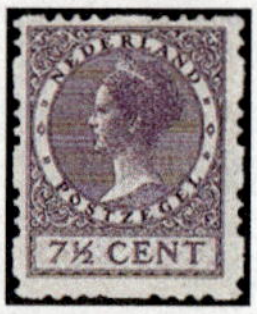
Rollenzähnung F

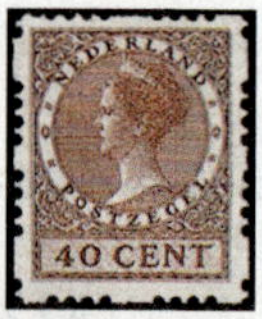
Rollenzähnung C

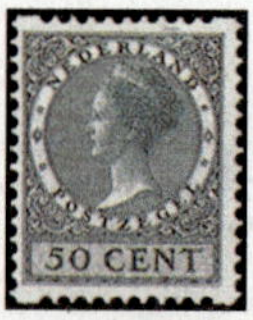
Rollenzähnung D

1925: Rollenzähnung **B** = gez. K 12½, mit zwei Gruppen zu je 4 Zähnungslöchern an der Schmalseite der Marke; Längsseiten durchgezähnt.

1927: Versuchsrollenzähnung **F** = gez. K 12½, mit zwei Gruppen zu je 4 Zähnungslöchern an der Schmalseite der Marke und 2 vollständigen Gruppen zu je 3 Zähnungslöchern an der Längsseite.

1928: Rollenzähnung **C** = gez. K 12½, mit je 2 vollständigen Gruppen zu je 4 Zähnungslöchern an allen Seiten der Marke.

1930: Rollenzähnung **D** = gez. K 12½, wobei an den Schmalseiten nur die beiden äußeren Zähnungslöcher fehlen; Längsseiten durchgezähnt.

1934: Rollenzähnung **E** = gez. K 13½:12¾ (Querformate ∼), alle Seiten vollständig gezähnt.

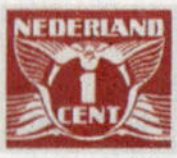

**1924, ab Sept./1925. Freimarken: Fliegende Taube. Odr.; oWz.; A = gez. K 12½; B = Rollenzähnung B.**

al) Fliegende Taube

**A = gez. K 12½**

| | | | | | |
|---|---|---|---|---|---|
| **146 A** | 1 C | karmin | al | 1,— | 0,80 |
| **147 A** | 2 C | orange | al | 4,— | 0,30 |
| **148 A** | 2½ C | grün | al | 5,— | 0,90 |
| **149 A** | 3 C | gelbgrün (1925) | al | 60,— | 1,20 |
| **150 A** | 4 C | ultramarin | al | 20,— | 0,80 |
| | | Satzpreis (5 W.) | | 90,— | 4,— |
| | | Markenheftchen mit 24 × MiNr. 147 A | | *650,—* | |

**B = Rollenzähnung B (1925)**

| | | | | | |
|---|---|---|---|---|---|
| **146 B** | 1 C | karmin | al | 2,— | 1,— |
| **147 B** | 2 C | orange | al | 5,— | 2,40 |
| **148 B** | 2½ C | grün | al | 5,— | 1,80 |
| **149 B** | 3 C | gelbgrün | al | 50,— | 22,— |
| **150 B** | 4 C | ultramarin | al | 8,— | 2,80 |
| | | Satzpreis (5 W.) | | 70,— | 30,— |

Weitere Markenheftchen mit MiNr. 146 A und 147 A siehe bei MiNr. 151–163.

Auflagen: MiNr. 146 = 4.838.200, MiNr. 147 = 241.057.800, MiNr. 148 = 14.822.400, MiNr. 149 = 25.798.800, MiNr. 150 = 20.796.200 Stück

*Gültig bis 30.6.1948*

*In gleicher Zeichnung siehe Übersicht nach Jahrgangswerttabelle.*

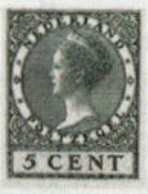

**1924/1925. Freimarken: Königin Wilhelmina. RaTdr.; oWz.; A = gez. K 12½, B = Rollenzähnung B.**

ae) Königin Wilhelmina (1880–1962, reg. 1898–1948)

**A = gez. K 12½**

| | | | | | |
|---|---|---|---|---|---|
| **151 A** | 5 C | dunkelgrün | ae | 8,— | 0,70 |
| **152 A** | 6 C | rotbraun | ae | 1,50 | 0,40 |
| **153 A** | 7½ C | gelb | ae | 0,70 | 0,30 |
| **154 A** | 10 C | | ae | | |
| a | | scharlach | | 10,— | 4,50 |
| b | | zinnober | | 6,— | 0,30 |
| **155 A** | 12½ C | dunkelrosa | ae | 6,— | 0,30 |
| **156 A** | 15 C | ultramarin | ae | 20,— | 0,40 |
| **157 A** | 20 C | graublau (1925) | ae | 30,— | 0,50 |
| **158 A** | 25 C | helloliv | ae | 150,— | 1,— |
| **159 A** | 30 C | lila | ae | 50,— | 0,60 |
| **160 A** | 35 C | braunoliv | ae | 80,— | 10,— |
| **161 A** | 40 C | braun | ae | 220,— | 1,— |
| **162 A** | 50 C | smaragdgrün | ae | 280,— | 0,50 |
| **163 A** | 60 C | violett | ae | 150,— | 1,— |
| | | Satzpreis (13 W.) | | 1000,— | 17,— |

Markenheftchen mit 24 × MiNr. 151 A *1500,—*
Markenheftchen mit 24 × MiNr. 154 A b *1000,—*
Markenheftchen mit 24 × MiNr. 156 A *1500,—*
Markenheftchen mit je 6 × MiNr. 146 A, 147 A, 151 A, 153 A *1000,—*

**B = Rollenzähnung B (1925)**

| | | | | | |
|---|---|---|---|---|---|
| **151 B** | 5 C | dunkelgrün | ae | 12,— | 3,— |
| **152 B** | 6 C | rotbraun | ae | 220,— | 120,— |
| **153 B** | 7½ C | gelb | ae | 2,— | 1,— |
| **154 B** | 10 C | zinnober | ae | 20,— | 3,50 |
| **155 B** | 12½ C | dunkelrosa | ae | 4,— | 2,— |
| **156 B** | 15 C | ultramarin | ae | 180,— | 7,50 |
| **157 B** | 20 C | graublau (1925) | ae | 22,— | 5,— |
| **158 B** | 25 C | helloliv | ae | 120,— | 50,— |
| **159 B** | 30 C | lila | ae | 40,— | 14,— |
| **161 B** | 40 C | braun | ae | 160,— | 50,— |
| **162 B** | 50 C | smaragdgrün | ae | 280,— | 30,— |
| **163 B** | 60 C | violett | ae | 240,— | 15,— |
| | | Satzpreis (12 W.) | | 1300,— | 300,— |

| | ✶ | ⊙ |
|---|---|---|
| 159 A Uo oben ungezähnt (Bogenrand) | 3200,— | —,— |

Auflagen: MiNr. 151= 40.526.400, MiNr. 152 = 11.082.600, MiNr. 153 = 74.756.000, MiNr. 154 = 23.874.000, MiNr. 155 = 10.379.000, MiNr. 156 = 36.184.400, MiNr. 157 = 17.983.400, MiNr. 158 = 7.874.600, MiNr. 159 = 10.460.700, MiNr. 160 = 1.663.000, MiNr. 161 = 6.774.200, MiNr. 162 = 6.379.000, MiNr. 163 = 3.692.600 Stück

*Gültig bis 31.3.1944*

*In gleicher Zeichnung siehe Übersicht nach Jahrgangswerttabelle.*

**1925, 17. Dez. „Voor het Kind": Provinzwappen und -symbole (I). RaTdr.; A = gez. K 12½, B = Rollenzähnung B.**

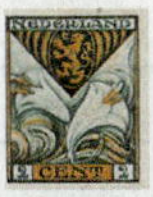

am) Weiße Lilie (Nord-Brabant)

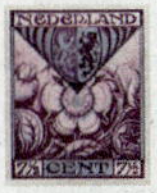

an) Mispel (Gelderland)

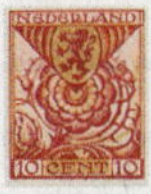

ao) Rose (Südholland)

**A = gez. K 12½**

| | | | | | ✶✶ | ⊙ |
|---|---|---|---|---|---|---|
| **164 A** | 2 C | (+ 2 C) grün/gelb | am | 2,20 | 1,— |
| **165 A** | 7½ C | (+ 3½ C) violett/blau | an | 10,— | 6,— |
| **166 A** | 10 C | (+ 2½ G) rot/gelb | ao | 10,— | 0,50 |
| | | Satzpreis A (3 W.) | | 22,— | 7,50 |

**B = Rollenzähnung B**

| | | | | | |
|---|---|---|---|---|---|
| **164 B** | 2 C | (+ 2 C) grün/gelb | am | 50,— | 25,— |
| **165 B** | 7½ C | (+ 3½ C) violett/blau | an | 100,— | 45,— |
| **166 B** | 10 C | (+ 2½ C) rot/gelb | ao | 170,— | 60,— |
| | | Satzpreis B (3 W.) | | 320,— | 130,— |

Auflagen: MiNr. 164 = 966.407, MiNr. 165 = 740.236, MiNr. 166 = 1.406.350 Stück

*Gültig bis 31.12.1935*

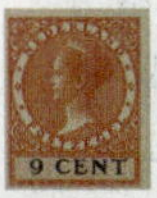

**1926. Freimarke: Königin Wilhelmina. RaTdr.; A = gez. K 12½, B = Rollenzähnung B.**

ae) Königin Wilhelmina (1880–1962, reg. 1898–1948)

| | | | | | |
|---|---|---|---|---|---|
| **167** | 9 C | ziegelrot/schwarz | ae | | |
| **A** | | gez. K 12½ | | 5,50 | 1,50 |
| **B** | | Rollenzähnung B | | 3,50 | 2,— |

Auflage: 5.336.200 Stück

*Gültig bis 31.3.1944*

*In gleicher Zeichnung siehe Übersicht nach Jahrgangswerttabelle.*

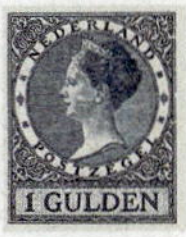

**1926/1930. Freimarken: Königin Wilhelmina. StTdr.; A = gez. L 11½, B = gez. L 12½.**

ap) Königin Wilhelmina (1880–1962, reg. 1898–1948)

**A = gez. L 11½**

| | | | | | |
|---|---|---|---|---|---|
| **168 A** | 1 G | blau (1926) | ap | 30,— | 0,50 |
| **169 A** | 2½ G | karminrosa (1927) | ap | 280,— | 6,— |
| **170 A** | 5 G | grau (1926) | ap | 350,— | 3,— |
| | | Satzpreis A (3 W.) | | 650,— | 9,— |

**B = gez. L 12½**

| | | | | | |
|---|---|---|---|---|---|
| **168 B** | 1 G | blau (1930) | ap | 35,— | 0,50 |
| **169 B** | 2½ G | karminrosa (1930) | ap | 260,— | 5,— |
| **170 B** | 5 G | grau (1930) | ap | 600,— | 3,80 |
| | | Satzpreis B (3 W.) | | 880,— | 9,— |

| | ✶ | ⊙ |
|---|---|---|
| 168 A Ul links ungezähnt | *3500,—* | —,— |

Auflagen: MiNr. 168 A = 3.464.700, MiNr. 169 A = 342.000, MiNr. 170 A = 499.200, MiNr. 168 B = 3.714.300, MiNr. 169 B = 573.000, MiNr. 170 B = 201.600 Stück

*Gültig bis 31.3.1944*

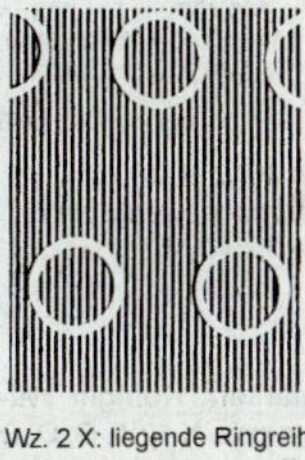

Wz. 2 X: liegende Ringreihen

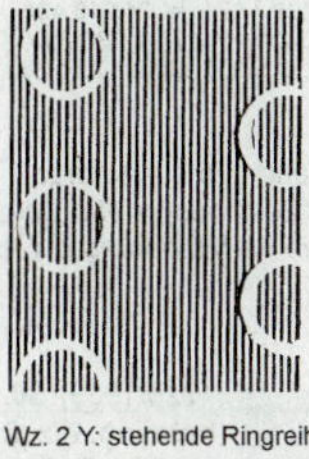

Wz. 2 Y: stehende Ringreihen

*Wenn nicht anders angegeben, immer Wz. 2 X (liegend).*

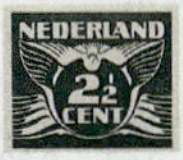

**1926/1941. Freimarken: Fliegende Taube. Odr., MiNr. 175 E b RaTdr.; Wz. 2 Y; A = gez. K 12½, B, C und D = Rollenzähnungen, E = gez. K 12¾:13½.**

al) Fliegende Taube

**A = gez. K 12½ (1926)**

| | | | | ✶✶ | ⊙ |
|---|---|---|---|---|---|
| **171 A** | ½ C | grau | al | 2,— | 0,30 |
| **172 A** | 1 C | karminrot | al | 0,50 | 0,30 |
| **173 A** | 1½ C | purpur | al | 4,— | 0,30 |
| **174 A** | 2 C | orange | al | 0,50 | 0,30 |
| **175 A** | 2½ C | grün | al | 12,— | 0,30 |
| **176 A** | 3 C | gelbgrün | al | 0,50 | 0,30 |
| **177 A** | 4 C | ultramarin | al | 0,50 | 0,30 |
| | | Satzpreis A (7 W.) | | 20,— | 2,— |

Markenheftchen mit 24 × MiNr. 173 A 350,—

**B = Rollenzähnung B (1926)**

| | | | | | |
|---|---|---|---|---|---|
| **174 B** | 2 C | orange | al | 1,20 | 0,50 |
| **176 B** | 3 C | gelbgrün | al | 1,50 | 1,— |
| **177 B** | 4 C | ultramarin | al | 1,80 | 1,— |
| | | Satzpreis B (3 W.) | | 4,50 | 2,50 |

**C = Rollenzähnung C (1928)**

| | | | | | |
|---|---|---|---|---|---|
| **171 C** | ½ C | grau | al | 1,— | 0,50 |
| **172 C** | 1 C | karminrot | al | 0,70 | 0,40 |
| **173 C** | 1½ C | purpur | al | 0,70 | 0,30 |
| **174 C** | 2 C | orange | al | 1,20 | 0,80 |
| **175 C** | 2½ C | grün | al | 5,— | 0,40 |
| **176 C** | 3 C | gelbgrün | al | 1,20 | 0,70 |
| **177 C** | 4 C | ultramarin | al | 1,20 | 0,70 |
| | | | Satzpreis C (7 W.) | 11,— | 3,80 |

**D = Rollenzähnung D (1930)**

| | | | | | |
|---|---|---|---|---|---|
| **171 D** | ½ C | grau | al | 1,40 | 0,70 |
| **172 D** | 1 C | karminrot | al | 1,20 | 0,70 |
| **173 D** | 1½ C | purpur | al | 1,— | 0,50 |
| **174 D** | 2 C | orange | al | 1,— | 0,70 |
| **175 D** | 2½ C | grün | al | 8,— | 0,60 |
| **176 D** | 3 C | gelbgrün | al | 1,40 | 0,70 |
| **177 D** | 4 C | ultramarin | al | 1,— | 0,50 |
| | | | Satzpreis D (7 W.) | 15,— | 4,40 |

**E = gez. K 12¾:13½ (1934)**

| | | | | | |
|---|---|---|---|---|---|
| **171 E** | ½ C | grau | al | 2,— | 0,30 |
| **172 E** | 1 C | karminrot | al | 0,50 | 0,30 |
| **173 E** | 1½ C | purpur | al | 4,— | 0,30 |
| **174 E** | 2 C | orange | al | 0,50 | 0,30 |
| **175 E** | 2½ C | | al | | |
| a | | grün, Odr. | | 7,— | 0,30 |
| b | | dunkelgrün, RaTdr. (1941) | | 2,— | 0,30 |
| **176 E** | 3 C | gelbgrün | al | 0,50 | 0,30 |
| **177 E** | 4 C | ultramarin | al | 0,50 | 0,30 |
| | | | Satzpreis E (8 W., mit a und b) | 17,— | 2,— |
| | | | Markenheftchen mit 24 × MiNr. 173 E | 450,— | |
| | | | Markenheftchen mit 24 × MiNr. 176 E | 200,— | |
| | | | Markenheftchen mit 24 × MiNr. 177 E | 1000,— | |

173 A I „CEN" statt „CENT" ............ 300,— 200,—

Weitere Markenheftchen mit MiNr. 172–177 siehe bei MiNr. 178–191, 215–217, 281, 341–350, 357–374 und 380–391. Zusammendrucke aus Automatenrollen siehe nach MiNr. 391.

Marken mit Firmendurchlochung stammen immer von Rollen, sie sind unbedingt vollwertig.

Auflagen: MiNr. 171 = 24.019.400, MiNr. 172 = 61.366.400, MiNr. 173 = 1.200.260.400, MiNr. 174 = 336.853.000, MiNr. 175 = 254.353.000, davon MiNr. 175 E b = 52.615.000, MiNr. 176 = 353.032.600, MiNr. 177 = 80.203.600 Stück

*Gültig bis 30.6.1948*

*MiNr. 173 und 175 mit Aufdruck: Dienstmarken MiNr. 9–10*
*In gleicher Zeichnung siehe Übersicht nach Jahrgangswerttabelle.*
*MiNr. 176 in Farbänderung mit Aufdruck: MiNr. 357–374*

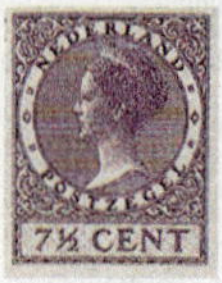

**1926/1939, 30. März. Freimarken: Königin Wilhelmina. Wz. 2 X; RaTdr.; A = gez. K 12½, B, C, D und F = Rollenzähnungen, E = gez. K 13½:12¾.**

ae) Königin Wilhelmina (1880–1962, reg. 1898–1948)

**A = gez. 12½**

| | | | | | |
|---|---|---|---|---|---|
| **178 A** | 5 C | grün (1926) | ae | 0,50 | 0,30 |
| **179 A** | 6 C | rotbraun (1926) | ae | 0,50 | 0,30 |
| **180 A** | 7½ C | violett (1927) | ae | 10,— | 0,30 |
| **181 A** | 9 C | ziegelrot/schwarz (1928) | ae | 25,— | 12,— |
| **182 A** | 10 C | zinnober (1926) | ae | 4,— | 0,30 |
| **183 A** | 12½ C | dunkelrosa (1927) | ae | 100,— | 4,— |
| **184 A** | 15 C | ultramarin (1926) | ae | 20,— | 0,30 |
| **185 A** | 20 C | blau (1928) | ae | 25,— | 0,30 |
| **186 A** | 22½ C | olivbraun (1927) | ae | 25,— | 3,— |
| **187 A** | 25 C | helloliv (1927) | ae | 25,— | 0,30 |
| **188 A** | 30 C | lila (1927) | ae | 15,— | 0,30 |
| **189 A** | 35 C | braunoliv (1926) | ae | 200,— | 16,— |
| **190 A** | 40 C | braun (1926) | ae | 35,— | 0,30 |
| **191 A** | 50 C | smaragdgrün (1926) | ae | 15,— | 0,30 |
| | | | Satzpreis A (14 W.) | 500,— | 38,— |
| | | | Markenheftchen mit 24 × MiNr. 178 A | 250,— | |
| | | | Markenheftchen mit 24 × MiNr. 179 A | 250,— | |
| | | | Markenheftchen mit 24 × MiNr. 180 A | 250,— | |
| | | | Markenheftchen mit 6 × MiNr. 172 A, 173 A, 178 A und 179 A | 300,— | |
| | | | Markenheftchen mit 6 × MiNr. 172 A, 174 A, 178 A und 180 A | 350,— | |

**B = Rollenzähnung B**

| | | | | | |
|---|---|---|---|---|---|
| **178 B** | 5 C | grün(1926) | ae | 1,70 | 1,— |
| **179 B** | 6 C | rotbraun (1926) | ae | 1,30 | 0,50 |
| **180 B** | 7½ C | violett (1927) | ae | 8,— | 2,50 |
| **182 B** | 10 C | zinnober (1926) | ae | 2,— | 1,50 |
| **184 B** | 15 C | ultramarin (1926) | ae | 14,— | 2,50 |
| **186 B** | 22½ C | olivbraun (1927) | ae | 18,— | 3,— |
| **187 B** | 25 C | helloliv (1927) | ae | 35,— | 17,— |
| **188 B** | 30 C | lila (1927) | ae | 30,— | 12,— |
| **189 B** | 35 C | braunoliv (1926) | ae | 220,— | 20,— |
| **190 B** | 40 C | braun (1926) | ae | 70,— | 40,— |
| | | | Satzpreis B (10 W.) | 400,— | 100,— |

**C = Rollenzähnung C (1928)**

| | | | | | |
|---|---|---|---|---|---|
| **178 C** | 5 C | grün | ae | 1,50 | 0,80 |
| **179 C** | 6 C | rotbraun | ae | 1,50 | 0,80 |
| **180 C** | 7½ C | violett | ae | 5,— | 2,— |
| **181 C** | 9 C | ziegelrot/schwarz | ae | 15,— | 10,— |
| **183 C** | 12½ C | dunkelrosa | ae | 140,— | 80,— |
| **184 C** | 15 C | ultramarin | ae | 11,— | 2,50 |
| **185 C** | 20 C | blau | ae | 12,— | 4,— |
| **187 C** | 25 C | helloliv | ae | 30,— | 10,— |
| **188 C** | 30 C | lila | ae | 24,— | 10,— |
| **190 C** | 40 C | braun | ae | 60,— | 30,— |
| **191 C** | 50 C | smaragdgrün | ae | 100,— | 50,— |
| | | | Satzpreis C (11 W.) | 400,— | 200,— |

**D = Rollenzähnung D (1930)**

| | | | | | |
|---|---|---|---|---|---|
| **178 D** | 5 C | grün | ae | 1,50 | 0,80 |
| **179 D** | 6 C | rotbraun | ae | 1,— | 0,80 |
| **185 D** | 20 C | blau | ae | 14,— | 4,50 |
| **188 D** | 30 C | lila | ae | 24,— | 9,— |
| **191 D** | 50 C | smaragdgrün | ae | 90,— | 45,— |
| | | | Satzpreis D (5 W.) | 130,— | 59,90 |

**E = gez. K 13½:12¾ (1934)**

| | | | | | |
|---|---|---|---|---|---|
| **178 E** | 5 C | grün | ae | 0,50 | 0,30 |
| **179 E** | 6 C | rotbraun | ae | 0,50 | 0,30 |
| **185 E** | 20 C | blau | ae | 22,— | 0,30 |
| **A 186** | 22½ C | rotorange (30.3.1939) | ae | 45,— | 22,— |
| **187 E** | 25 C | helloliv | ae | 17,— | 1,20 |
| **188 E** | 30 C | lila | ae | 15,— | 0,30 |
| **190 E** | 40 C | braun | ae | 35,— | 0,30 |
| **191 E** | 50 C | smaragdgrün | ae | 15,— | 0,30 |
| | | | Satzpreis E (8 W.) | 150,— | 25,— |
| | | | Markenheftchen mit 24 × MiNr. 178 E | 220,— | |
| | | | Markenheftchen mit 24 × MiNr. 179 E | 220,— | |
| | | | Markenheftchen mit 6 × MiNr. 172 E, 173 E, 178 E und 179 E | 260,— | |

**F = Versuchsrollenzähnung F**

| | | | | | |
|---|---|---|---|---|---|
| **180 F** | 7½ C | violett | ae | *8000,—* | *4000,—* |

181 A F Wertangabe fehlend ............ *15000,—* —,—

Weitere Markenheftchen mit MiNr. 178–179 siehe bei MiNr. 215–217 und 281.

Marken mit Firmendurchlochung stammen immer von Rollen, sie sind unbedingt vollwertig.

FALSCH MiNr. 180 F

Auflagen: MiNr. 178 = 1.260.956.050, MiNr. 179 = 1.456.683.000, MiNr. 180 = 192.406.750, MiNr. 180 F = 3.000, MiNr. 181 = 2.469.600, MiNr. 182 = 150.981.120, MiNr. 183 = 3.193.600, MiNr. 184 = 64.778.430, MiNr. 185 = 49.641.800, MiNr. 186 = 2.006.000, MiNr. A 186 = 525.600, MiNr. 187 = 31.850.400, MiNr. 188 = 42.509.400, MiNr. 189 = 1.274.600, MiNr. 190 = 29.727.600, MiNr. 191= 20.986.400 Stück

*Gültig bis 31.3.1944*

*MiNr. 186 und 188 mit Aufdruck: 228; Dienstmarke MiNr. 15*
*In gleicher Zeichnung siehe Übersicht nach Jahrgangswerttabelle.*

**1926, 1. Dez. „Voor het Kind": Provinzwappen und -symbole (II). RaTdr.; Wz. 2 X; A = gez. K 12½, B = Rollenzähnung B.**

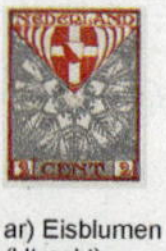

ar) Eisblumen (Utrecht)

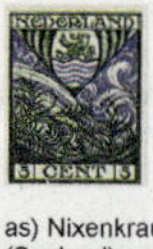

as) Nixenkraut (Seeland)

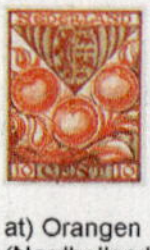

at) Orangen (Nordholland)

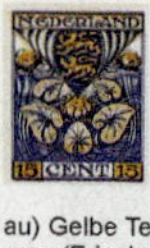

au) Gelbe Teichrose (Friesland)

**A = gez. K 12½**

| | | | | | |
|---|---|---|---|---|---|
| **192 A** | 2 C ( + 2 C) rot/silber | ar | 1,— | 0,30 |
| **193 A** | 5 C ( + 3 C) grün/blau | as | 6,— | 1,40 |
| **194 A** | 10 C ( + 3 C) rotorange/olivgrün | at | 8,— | 0,30 |
| **195 A** | 15 C ( + 3 C) blau/gelb | au | 17,— | 8,— |
| | Satzpreis A (4 W.) | | 32,— | 10,— |

**B = Rollenzähnung B**

| | | | | |
|---|---|---|---|---|
| **192 B** | 2 C ( + 2 C) rot/silber | ar | 15,— | 5,— |
| **193 B** | 5 C ( + 3 C) grün/blau | as | 25,— | 10,— |
| **194 B** | 10 C ( + 3 C) rotorange/olivgrün | at | 40,— | 10,— |
| **195 B** | 15 C ( + 3 C) blau/gelb | au | 50,— | 25,— |
| | Satzpreis B (4 W.) | | 130,— | 50,— |

| | | | |
|---|---|---|---|
| 192 A Y | Wz. 2 Y | 10,— | 4,50 |
| 193 A Y | Wz. 2 Y | 6,— | 2,20 |
| 194 A Y | Wz. 2 Y | 110,— | 25,— |
| 195 A Y | Wz. 2 Y | 240,— | 110,— |

Auflagen: MiNr. 192 = 1.107.003, MiNr. 193 = 861.491, MiNr. 194 = 1.423.860, MiNr. 195 = 579.663 Stück

*Gültig bis 31.12.1935*

**1927, 9./17. Juni. 60 Jahre Niederländisches Rotes Kreuz. MiNr. 196 und 199–200 RaTdr., MiNr. 197–198 StTdr.; A = gez. L 11½, B = gez. L 11½:12.**

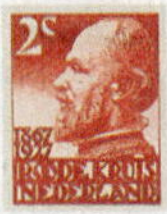
av) Willem III. (1817–1890)

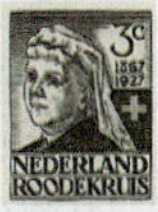
aw) Königin-mutter Emma (1858–1934)

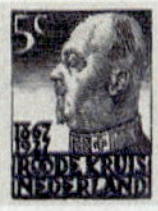
ax) Prinzgemahl Hendrik (1876–1934)

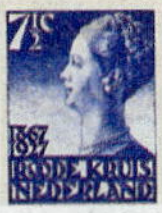
ay) Königin Wilhelmina (1880–1962)

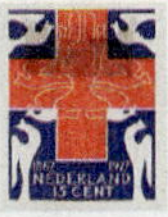
az) Rotes Kreuz; Graphik von Carel Adolph Lion Cachet (1864–1945)

| | | | | | |
|---|---|---|---|---|---|
| **196** | | 2 C ( + 2 C) rot (17. Juni) | av | | |
| | **A** | gez. L 11½ | | 7,— | 3,— |
| | **B** | gez. L 11½:12 | | 10,— | 5,— |
| **197** | **A** | 3 C ( + 2 C) grün (17. Juni) | aw | 17,— | 6,— |
| **198** | **A** | 5 C ( + 3 C) violettblau (9. Juni) | ax | 2,— | 1,— |
| **199** | | 7½ C ( + 3½ C) ultramarin (17. Juni) | ay | | |
| | **A** | gez. L 11½ | | 16,— | 1,— |
| | **B** | gez. L 11½:12 | | 15,— | 3,— |
| **200** | **A** | 15 C ( + 5 C) blau/rot (17. Juni) | az | 28,— | 9,— |
| | | Satzpreis (5 W.) | | 70,— | 20,— |

Markenheftchen mit 4 × MiNr. 196 A–200 A *1000,—*
Markenheftchen mit 10 × MiNr. 198 A–199 A *2000,—*
Markenheftchen mit 10 × MiNr. 199 A–200 A *2000,—*
Markenheftchen mit 20 × MiNr. 199 A *2500,—*

| | | ✶ |
|---|---|---|
| 197 Ul | links ungezähnt | *3500,—* |
| 198 Ur | rechts ungezähnt | *4000,—* |

Auflagen: MiNr. 196 = 398.016, MiNr. 197 = 330.210, MiNr. 198 = 556.346, MiNr. 199 = 486.448, MiNr. 200 = 314.543 Stück

*Gültig bis 31.12.1927*

**1927, 15. Dez. „Voor het Kind": Provinzwappen und -symbole (III). RaTdr.; Wz. 2 X; A = gez. K 12½, B = Rollenzähnung B.**

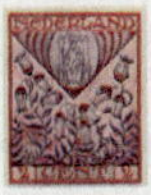
ba) Glockenheide (Drente)

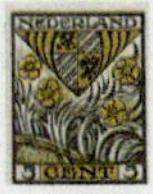
bb) Butterblume (Groningen)

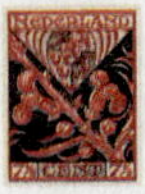
bc) Löwenmaul (Limburg)

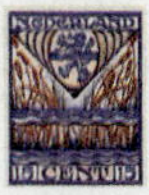
bd) Rohrkolben (Oberijssel)

**A = gez. K 12½**

| | | | ✶✶ | ⊙ |
|---|---|---|---|---|
| **201 A** | 2 C ( + 2 C) rosa/violett | ba | 2,— | 0,50 |
| **202 A** | 5 C ( + 3 C) graugrün/gelb | bb | 5,— | 2,— |
| **203 A** | 7½ C ( + 3½ C) rot/schwarz | bc | 9,— | 0,50 |
| **204 A** | 15 C ( + 3 C) blau/braun | bd | 14,— | 7,— |
| | Satzpreis A (4 W.) | | 30,— | 10,— |

**B = Rollenzähnung B**

| | | | | |
|---|---|---|---|---|
| **201 B** | 2 C ( + 2 C) rosa/violett | ba | 6,— | 2,— |
| **202 B** | 5 C ( + 3 C) graugrün/gelb | bb | 13,— | 2,— |
| **203 B** | 7½ C ( + 3½ C) rot/schwarz | bc | 16,— | 2,— |
| **204 B** | 15 C ( + 3 C) blau/braun | bd | 40,— | 14,— |
| | Satzpreis B (4 W.) | | 75,— | 20,— |

Auflagen: MiNr. 201 = 1.112.830, MiNr. 202 = 912.237, MiNr. 203 = 1.466.512, MiNr. 204 = 656.324 Stück

*Gültig bis 31.12.1935*

**1928, 27. März. Olympische Sommerspiele, Amsterdam. Odr.; Wz. 2 X, Querformate Wz. 2 Y; A = gez. L 11½, B = gez. L 11½:12, C = gez. L 12, D = gez. L 12:11½.**

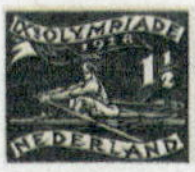
be) Rudern

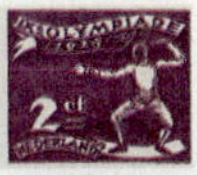
bf) Fechten

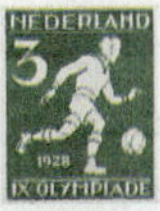
bg) Fußball

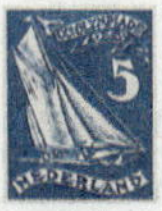
bh) Segeln

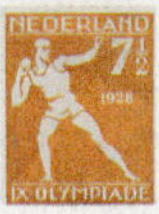
bi) Kugelstoßen

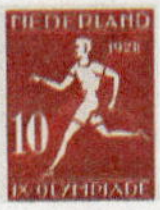
bk) Laufen

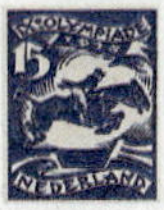
bl) Springreiten

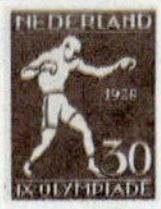
bm) Boxen

| | | | | | | |
|---|---|---|---|---|---|---|
| **205** | **C** | 1½ (C) ( + 1 C) dunkelgrün | be | 5,— | 2,— |
| **206** | **B** | 2 C ( + 1 C) lila | bf | 5,— | 2,50 |
| **207** | **C** | 3 (C) ( + 1 C) grün | bg | 10,— | 3,— |
| **208** | **C** | 5 (C) ( + 1 C) hellblau | bh | 15,— | 2,— |
| **209** | **C** | 7½ (C) ( + 2½ C) orange | bi | 15,— | 2,20 |
| **210** | | 10 (C) ( + 2 C) karminrot | bk | | |
| | **A** | gez. L 11½ | | 30,— | 7,50 |
| | **D** | gez. L 12:11½ | | 200,— | 85,— |
| **211** | **C** | 15 (C) ( + 2 C) blau | bl | 50,— | 5,— |
| **212** | **A** | 30 (C) ( + 3 C) dunkelbraun | bm | 90,— | 26,— |
| | | Satzpreis (8 W.) | | 220,— | 50,— |

| | | | |
|---|---|---|---|
| 210 Ur | rechts ungezähnt | 2000,— | —,— |

Auflagen: MiNr. 205 = 502.570, MiNr. 206 = 428.592, MiNr. 207 = 461.657, MiNr. 208 = 526.485, MiNr. 209 = 545.599, MiNr. 210 = 452.787, MiNr. 211 = 449.856, MiNr. 212 = 316.186 Stück

*Gültig bis 31.12.1928*

**✈ 1928, 20. Aug. Flugpostmarken für die Flüge nach Niederländisch-Indien. Odr.; X = Wz. 2 X, Y = Wz. 2 Y; gez. L 12.**

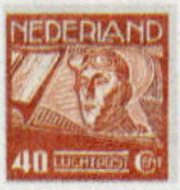
Fb) George Alexander Koppen (1890–1970), Fliegerleutnant

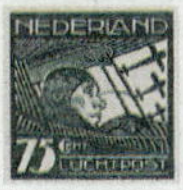
Fc) Jan Thomassen à Thuessink van der Hoop (1893–1969), Pilot

| | | | | | |
|---|---|---|---|---|---|
| **213** | | 40 C rot | Fb | | |
| | **X** | Wz. 2 X | | 1,— | 0,70 |
| | **Y** | Wz. 2 Y | | 2,— | 0,70 |
| **214** | | 75 C grün | Fc | | |
| | **X** | Wz. 2 X | | 1,— | 0,70 |
| | **Y** | Wz. 2 Y | | 4,— | 1,30 |
| | | Satzpreis X (2 W.) | | 2,— | 1,40 |
| | | Satzpreis Y (2 W.) | | 6,— | 2,— |

FALSCH StTdr., oWz., □

Auflagen: MiNr. 213 = 935.000, MiNr. 214 = 932.500 Stück

*Gültig bis 31.3.1944*

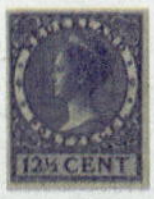

**1928/1934. Freimarken: Königin Wilhelmina. RaTdr.; Wz. 2 X; A = gez. K 12½, C = Rollenzähnung C, E = gez. K 13½:12¾.**

ae) Königin Wilhelmina (1880–1962, reg. 1898–1948)

**A = gez. K 12½ (1928)**

**215 A** 7½ C rot ........................ ae 0,70 0,30
**216 A** 12½ C ultramarin .................... ae 1,— 0,30
**217 A** 27½ C bräunlichgrau .................. ae 17,— 1,—
Satzpreis A (3 W.) 18,— 1,50
Markenheftchen mit 24 × MiNr. 215 A 1200,—
Markenheftchen mit 24 × MiNr. 216 A 500,—
Markenheftchen mit 6 × MiNr. 172 A, 173 A, 178 A und 215 A 250,—

**C = Rollenzähnung C (1928)**

**215 C** 7½ C rot ........................ ae 0,70 0,40
**216 C** 12½ C ultramarin .................... ae 3,— 0,60
**217 C** 27½ C bräunlichgrau .................. ae 7,50 2,—
Satzpreis C (3 W.) 11,— 3,—

**E = gez. K 13½:12¾ (1934)**

**215 E** 7½ C rot ........................ ae 1,20 0,30
**216 E** 12½ C ultramarin .................... ae 1,— 0,30
**217 E** 27½ C bräunlichgrau .................. ae 18,— 1,—
Satzpreis E (3 W.) 20,— 1,50
Markenheftchen mit 24 × MiNr. 216 E 500,—

Auflagen: MiNr. 215 = 217.282.400, MiNr. 216 = 162.522.650, MiNr. 217 = 13.736.200 Stück

*Gültig bis 31.3.1944*

*MiNr. 215–216 mit Aufdruck: Dienstmarken MiNr. 11, 13*
*In gleicher Zeichnung siehe Übersicht nach Jahrgangswerttabelle.*

**1928, 10. Dez. „Voor het Kind": Niederländische Wissenschaftler. RaTdr.; Wz. 2 Y; A = gez. L 12, B = gez. L 12:12½.**

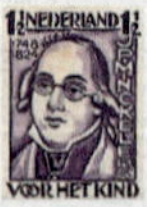
bn) Jan Peter Minckelers (1748–1824), Physiker

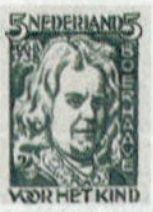
bo) Herman Boerhaave (1668–1738), Mediziner und Chemiker

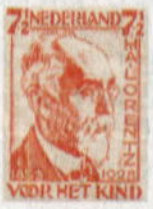
bp) Hendrik Antoon Lorentz (1853–1928), Physiker, Nobelpreis 1902

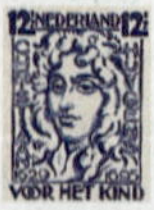
br) Christiaan Huygens (1629–1695), Physiker

**218 B** 1½ (C) (+1 C) lila .................. bn 2,50 0,50
**219 B** 5 (C) (+3 C) grün .................. bo 6,— 1,—
**220** 7½ (C) (+2½ C) rot ................. bp
**A** gez. L 12 ........................ 10,— 0,50
**B** gez. L 12:12½ .................... 20,— 2,50
**221** 12½ (C) (+3½ C) ultramarin ........ br
**A** gez. L 12 ........................ 32,— 8,50
**B** gez. L 12:12½ .................... 250,— 12,—
Satzpreis (4 W.) 50,— 10,—

Auflagen: MiNr. 218 = 1.486.958, MiNr. 219 = 1.150.765, MiNr. 220 = 1.741.001, MiNr. 221 = 651.974 Stück

*Gültig bis 31.12.1935*

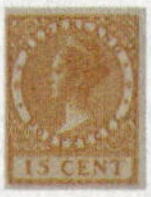

**1929, März/1934. Freimarken: Königin Wilhelmina. RaTdr.; Wz. 2 X; A = gez. K 12½, C und D = Rollenzähnungen, E = gez. K 13½:12¾.**

ae) Königin Wilhelmina (1880–1962, reg. 1898–1948)

**A = gez. K 12½ (1929)**

**222 A** 10 C violett ........................ ae 10,— 0,30
**223 A** 15 C orange ........................ ae 3,50 0,30
**224 A** 60 C schwarz ....................... ae 100,— 1,20
Satzpreis A (3 W.) 110,— 1,80

**C = Rollenzähnung C (1934)**

**222 C** 10 C violett ........................ ae 10,— 1,—
**223 C** 15 C orange ........................ ae 2,— 1,—
**224 C** 60 C schwarz ....................... ae 100,— 32,—
Satzpreis C (3 W.) 110,— 34,—

**D = Rollenzähnung D (1933)**

**222 D** 10 C violett ........................ ae 15,— 10,—

**E = gez. 13½:12¾ (1934)**

**222 E** 10 C violett ........................ ae 10,— 0,30
**223 E** 15 C orange ........................ ae 4,50 0,30
**224 E** 60 C schwarz ....................... ae 110,— 1,—
Satzpreis E (3 W.) 120,— 1,60

Auflagen: MiNr. 222 = 129.860.000, MiNr. 223 = 86.874.000, MiNr. 224 = 5.681.400 Stück

*Gültig bis 31.3.1944*

*MiNr. 223 mit Aufdruck: Dienstmarke MiNr. 14*
*In gleicher Zeichnung siehe Übersicht nach Jahrgangswerttabelle.*

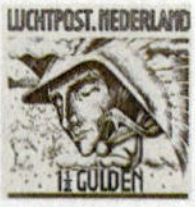

**✈ 1929, 16. Juli. Flugpostmarken für die Flüge nach Niederländisch-Indien. StTdr.; gez. L 11½.**

Fd) Merkurkopf über niederländischer Landschaft

**225** 1½ G schwarzgrau .................. Fd 6,— 2,—
**226** 4½ G karmin ...................... Fd 4,— 3,50
**227** 7½ G dunkelgrün .................. Fd 70,— 6,—
Satzpreis (3 W.) 80,— 11,—

Auflagen: MiNr. 225 = 329.100, MiNr. 226 = 189.900, MiNr. 227 = 195.400 Stück

*Gültig bis 31.3.1944*

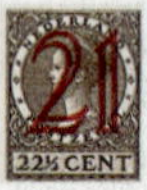

**1929, 11. Nov. Freimarke: Königin Wilhelmina. MiNr. 186 A mit rotem Aufdruck der neuen Wertziffer.**

228

**228 21 (C)** auf 22½ C olivbraun ........ (186 A) 60,— 1,70

Auflage: 1.831.100 Stück

*Gültig bis 31.3.1944*

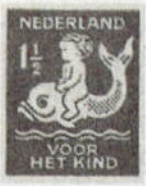

**1929, 10. Dez. „Voor het Kind". Odr.; Wz. 2 X; A = gez. K 12½, C = Rollenzähnung C.**

bs) Kind auf Delphin

**A = gez. K 12½**

**229 A** 1½ (C) (+1½ C) grau ............. bs 5,— 0,50
**230 A** 5 (C) (+3 C) dunkelgrün ......... bs 15,— 1,—
**231 A** 6 (C) (+4 C) karmin ............. bs 8,— 0,50
**232 A** 12½ (C) (+3½ C) dunkelblau ....... bs 48,— 16,—
Satzpreis A (4 W.) 75,— 18,—

**C = Rollenzähnung C**

**229 C** 1½ (C) (+1½ C) grau ............. bs 12,— 2,—
**230 C** 5 (C) (+3 C) dunkelgrün ......... bs 20,— 2,—
**231 C** 6 (C) (+4 C) karmin ............. bs 18,— 2,—
**232 C** 12½ (C) (+3½ C) dunkelblau ....... bs 60,— 16,—
Satzpreis C (4 W.) 110,— 22,—

Auflagen: MiNr. 229 A = 1.607.492, MiNr. 230 A = 1.173.442, MiNr. 231 A = 1.899.592, MiNr. 232 A = 622.356, MiNr. 229 C = 81.000, MiNr. 230 C = 84.000, MiNr. 231 C = 91.000, MiNr. 232 C = 83.000 Stück

*Gültig bis 31.12.1935*

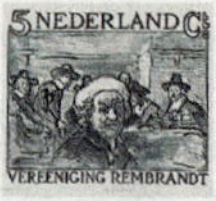

**1930, 15. Febr. Vereinigung „Rembrandt". StTdr.; gez. L 11½.**

bt) Rembrandt van Rijn (1606–1669) vor seinem Gemälde „De Staalmeesters"

**233** 5 C (+5 C) grün .................... bt 20,— 8,—
**234** 6 C (+5 C) sepia .................... bt 13,— 4,—

| | | | | | |
|---|---|---|---|---|---|
| **235** | 12½ C ( + 5 C) blau | bt | 32,— | 12,— |
| | Satzpreis (3 W.) | | 65,— | 24,— |

Auflagen: MiNr. 233 = 323.421, MiNr. 234 = 364.690, MiNr. 235 = 295.292 Stück

*Gültig bis 31.12.1930*

**1930, 10. Dez. „Voor het Kind": Die vier Jahreszeiten. StTdr.; A = gez. L 12½, D = Rollenzähnung D.**

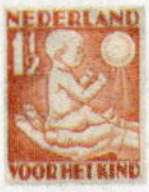

bu) Frühling

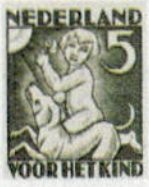

bv) Sommer

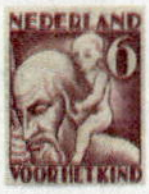

bw) Herbst

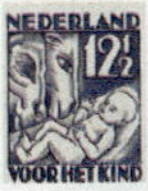

bx) Winter

**A = gez. K 12½**

| | | | | |
|---|---|---|---|---|
| **236 A** | 1½ (C) ( + 1½ C) rot | bu | 4,— | 0,50 |
| **237 A** | 5 (C) ( + 3 C) grün | bv | 10,— | 1,— |
| **238 A** | 6 (C) ( + 4 C) lila | bw | 10,— | 0,50 |
| **239 A** | 12½ (C) ( + 3½ C) blau | bx | 42,— | 10,— |
| | Satzpreis A (4 W.) | | 65,— | 12,— |

**D = Rollenzähnung D**

| | | | | |
|---|---|---|---|---|
| **236 D** | 1½ (C) ( + 1½ C) rot | bu | 9,— | 2,— |
| **237 D** | 5 (C) ( + 3 C) grün | bv | 12,— | 2,— |
| **238 D** | 6 (C) ( + 4 C) lila | bw | 9,— | 2,— |
| **239 D** | 12½ (C) ( + 3½ C) blau | bx | 55,— | 19,— |
| | Satzpreis D (4 W.) | | 85,— | 25,— |

Auflagen: MiNr. 236 = 1.541.086, MiNr. 237 = 1.057.117, MiNr. 238 = 1.665.667, MiNr. 239 = 512.138 Stück

*Gültig bis 31.12.1935*

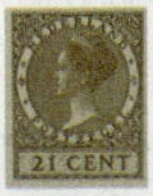


**1931, 1. Sept./1934. Freimarke: Königin Wilhelmina. RaTdr.; Wz. 2 X; A = gez. K 12½, D = Rollenzähnung D, E = gez. K 13½:12¾.**

ae) Königin Wilhelmina (1880–1962, reg. 1898–1948)

| | | | | |
|---|---|---|---|---|
| **240** | 21 C olivbraun | ae | | |
| A | gez. K 12½ (1.9.1931) | | 75,— | 0,80 |
| D | Rollenzähnung D (1934) | | 85,— | 7,50 |
| E | gez. K 13½:12¾ (1934) | | 80,— | 0,80 |

Auflage: 3.561.800 Stück

*Gültig bis 31.3.1944*

*In gleicher Zeichnung siehe Übersicht nach Jahrgangswerttabelle.*

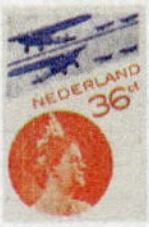


**✈ 1931, 24. Sept./1933. Flugpostmarke. RaTdr.; Wz. 2 X; A = gez. L 12½, B = gez. K 14¼:13¼.**

Fe) Königin Wilhelmina und Flugzeuge Fokker F VII

| | | | | |
|---|---|---|---|---|
| **241** | 36 C rot/ultramarin | Fe | | |
| A | gez. L 12½ (24.9.1931) | | 75,— | 1,— |
| B | gez. K 14¼:13¼ (1933) | | 90,— | 1,— |

Auflagen: MiNr. 241 A = 1.820.500, MiNr. 241 B = 2.907.100 Stück

*Gültig bis 31.3.1944*

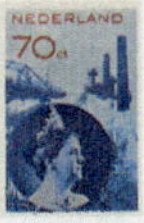


**1931, Okt./1940. Freimarke: Industrie. RaTdr.; Wz. 2 X; A = gez. L 12½, B = gez. K 14¼:13¼.**

by) Königin Wilhelmina und Industrieanlage

| | | | | |
|---|---|---|---|---|
| **242** | 70 C blau/karmin | by | | |
| A | gez. L 12½ (Okt. 1931) | | 130,— | 1,— |
| B | gez. K 14¼:13¼ (1940) | | 140,— | 11,— |

Auflage: MiNr. 242 A = 1.324.400, MiNr. 242 B = 154.500 Stück

*Gültig bis 31.3.1944*

**1931, 1. Okt. Wiederherstellung der Fenster der St.-Janskerk in Gouda. RaTdr.; Wz. 2 X; gez. L 12½.**

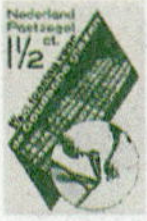
bz) Buntglasfenster von Innen

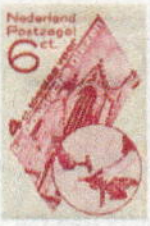
ca) Buntglasfenster von Außen

bz–ca) Reparatur der Fenster aus dem 16. Jh.

| | | | | |
|---|---|---|---|---|
| **243** | 1½ C + 1½ C grün | bz | 40,— | 20,— |
| **244** | 6 C + 4 C karmin | ca | 60,— | 25,— |
| | Satzpreis (2 W.) | | 100,— | 45,— |

Auflagen: MiNr. 243 = 211.755, MiNr. 244 = 213.864 Stück

*Gültig bis 31.12.1932*

**1931, 10. Dez. „Voor het Kind". RaTdr.; Wz. 2 X; A = gez. K 12½, D = Rollenzähnung D.**

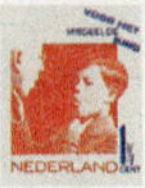

cb) Taubstummenunterricht

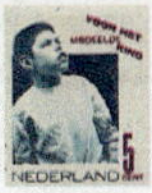

cc) Geistig behinderter Knabe

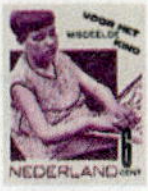

cd) Blindes Mädchen

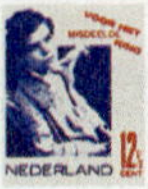

ce) Verwahrlostes Kind

**A = gez. K 12½**

| | | | | |
|---|---|---|---|---|
| **245 A** | 1½ C ( + 1½ C) rot/blau | cb | 5,— | 2,— |
| **246 A** | 5 C ( + 3 C) grün/lila | cc | 15,— | 2,— |
| **247 A** | 6 C ( + 4 C) lila/grün | cd | 15,— | 2,— |
| **248 A** | 12½ C ( + 3½ C) blau/rot | ce | 90,— | 30,— |
| | Satzpreis A (4 W.) | | 120,— | 35,— |

**D = Rollenzähnung D**

| | | | | |
|---|---|---|---|---|
| **245 D** | 1½ C ( + 1½ C) rot/blau | cb | 6,— | 2,— |
| **246 D** | 5 C ( + 3 C) grün/lila | cc | 18,— | 2,— |
| **247 D** | 6 C ( + 4 C) lila/grün | cd | 18,— | 2,— |
| **248 D** | 12½ C ( + 3½ C) blau/rot | ce | 100,— | 32,— |
| | Satzpreis D (4 W.) | | 140,— | 38,— |

Auflagen: MiNr. 245 = 1.722.174, MiNr. 246 = 1.017.857, MiNr. 247 = 1.721.816, MiNr. 248 = 424.464 Stück

*Gültig bis 31.12.1936*

**1932, 23. Mai. Allgemeiner Niederländischer Verein für Fremdenverkehr (A.N.V.V.). RaTdr.; Wz. 2 Y; gez. L 12½.**

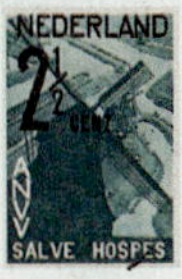

cf) Windmühle und Landschaft aus der Umgebung von Kinderdijk

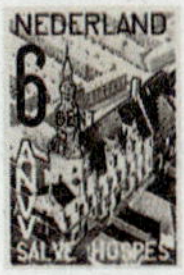

cg) Rathaus in Zierikzee und moderne Siedlungen in Amsterdam-Süd

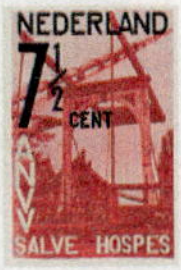

ch) Alte Zugbrücke Schipluiden und Eisenbahnbrücke über den Moerdijk

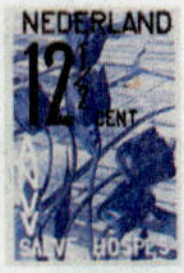

ci) Tulpen und Blumenfelder

| | | | | |
|---|---|---|---|---|
| **249** | 2½ C ( + 1½ C) blaugrün/schwarz | cf | 20,— | 6,— |
| **250** | 6 C ( + 4 C) schwarz | cg | 40,— | 6,— |
| **251** | 7½ C ( + 3½ C) karminrot/schwarz | ch | 100,— | 18,— |
| **252** | 12½ C ( + 2½ C) ultramarin/schwarz | ci | 120,— | 25,— |
| | Satzpreis (4 W.) | | 280,— | 55,— |

Auflagen: MiNr. 249 = 233.041, MiNr. 250 = 233.186, MiNr. 251 = 185.876, MiNr. 252 = 186.986 Stück

*Gültig bis 31.12.1933*

**1932, 10. Dez. „Voor het Kind". RaTdr.; Wz. 2 X; A = gez. K 12½, D = Rollenzähnung D.**

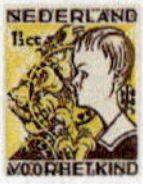
cl) Knabe mit Stechginster

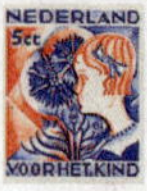
cm) Mädchen mit Kornblume

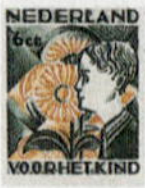
cn) Knabe mit Sonnenblume

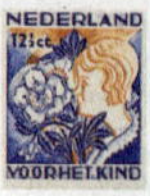
co) Mädchen mit Christrose

**A = gez. K 12½**

| | | | | | | | |
|---|---|---|---|---|---|---|---|
| **253 A** | 1½ C | ( + 1½ C) braun/gelb | cl | 5,— | 0,50 |
| **254 A** | 5 C | ( + 3 C) ultramarin/braunrot | cm | 10,— | 1,— |
| **255 A** | 6 C | ( + 4 C) dunkelgrün/gelbbraun | cn | 10,— | 0,50 |
| **256 A** | 12½ C | ( + 3½ C) ultramarin/braun | co | 90,— | 25,— |
| | | Satzpreis A (4 W.) | | 110,— | 26,— |

**D = Rollenzähnung D**

| | | | | | |
|---|---|---|---|---|---|
| **253 D** | 1½ C | ( + 1½ C) braun/gelb | cl | 7,50 | 2,20 |
| **254 D** | 5 C | ( + 3 C) ultramarin/braunrot | cm | 12,— | 2,20 |
| **255 D** | 6 C | ( + 4 C) dunkelgrün/gelbbraun | cn | 12,— | 2,20 |
| **256 D** | 12½ C | ( + 3½ C) ultramarin/braun | co | 100,— | 30,— |
| | | Satzpreis D (4 W.) | | 130,— | 35,— |

Auflagen: MiNr. 253 = 1.579.670, MiNr. 254 = 948.895, MiNr. 255 = 1.594.582, MiNr. 256 = 399.408 Stück

*Gültig bis 31.12.1937*

**1933, 1. April. 400. Geburtstag von Wilhelm I. von Oranien. StTdr.; gez. L 12½.**

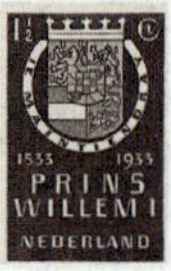
cp) Wappen von Wilhelm I.

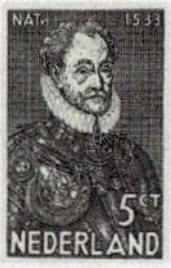
cr) Porträt von Hendrick Goltzius (1558–1617)

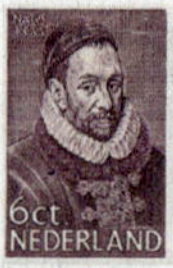
cs) Porträt von Adriaen Tomasz Key (1544–1589)

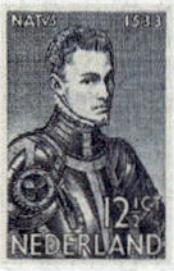
ct) Porträt von Anthonis Mor (um 1519–1576)

cr–ct) Wilhelm (Willem) I. von Oranien (1533–1584)

| | | | | | |
|---|---|---|---|---|---|
| **257** | 1½ C | schwarz | cp | 2,50 | 0,50 |
| **258** | 5 C | dunkelgrün | cr | 7,50 | 0,50 |
| **259** | 6 C | lila | cs | 10,— | 0,30 |
| **260** | 12½ C | blau | ct | 45,— | 4,20 |
| | | Satzpreis (4 W.) | | 65,— | 5,50 |

Auflagen: MiNr. 257 = 25.117.090, MiNr. 258 = 13.722.890, MiNr. 259 = 26.879.690, MiNr. 260 = 3.218.390 Stück

*Gültig bis 31.3.1944*

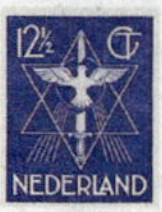

**1933, 18. Mai. Weltfrieden. RaTdr.; Wz. 2 Y; gez. L 12½.**

cu) Friedenstaube über zerbrochenem Schwert

| | | | | | |
|---|---|---|---|---|---|
| **261** | 12½ C | ultramarin | cu | 35,— | 1,— |

Auflage: 23.219.600 Stück

*Gültig bis 31.12.1937*

*Mit Aufdruck: Dienstmarke MiNr. 12*

**1933, 10. Juni. Seemannshilfe. RaTdr.; Wz. 2; gez. K 14¼:13¾.**

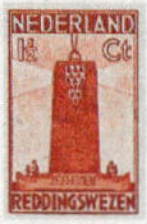
cv) Nationales Denkmal der Seenotrettung, Den Helder

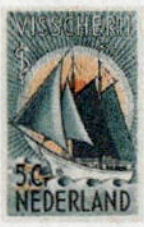
cw) Hospitalschiff „De Hoop"

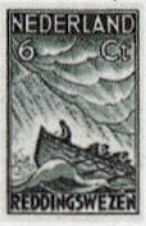
cx) Rettungsboot

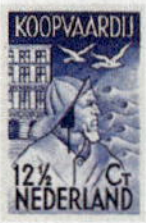
cy) Seemann und Seemannsheim

| | | | | | |
|---|---|---|---|---|---|
| **262** | 1½ C | ( + 1½ C) rot | cv | 7,50 | 2,— |
| **263** | 5 C | ( + 3 C) blaugrün/orange | cw | 35,— | 4,— |
| **264** | 6 C | ( + 4 C) dunkelgrün | cx | 45,— | 3,— |
| **265** | 12½ C | ( + 3½ C) ultramarin | cy | 65,— | 25,— |
| | | Satzpreis (4 W.) | | 150,— | 34,— |

Auflagen: MiNr. 262 = 434.929, MiNr. 263 = 406.517, MiNr. 264 = 478.875, MiNr. 265 = 299.659 Stück

*Gültig bis 31.12.1934*

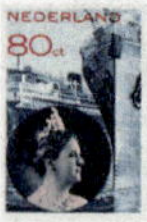

**1933, 26. Juli. Freimarke: Handel und Verkehr. RaTdr.; Wz. 2 X; gez. K 14¼:13¾.**

cz) Königin Wilhelmina und Passagierschiffe „Balorean" und „Christian Huygens"

| | | | | | |
|---|---|---|---|---|---|
| **266** | 80 C | blaugrün/rot | cz | 420,— | 4,— |

Auflage: 1.111.900 Stück

*Gültig bis 31.3.1944*

**✈ 1933, 30. Nov. Flugpostmarke für Sonderflüge. RaTdr.; Wz. 2 X; gez. L 12½.**

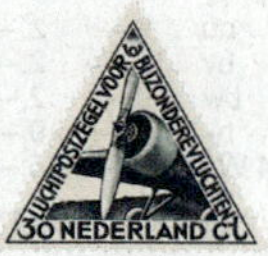
Ff) Flugzeug

| | | | | | |
|---|---|---|---|---|---|
| **267** | 30 C | dunkelgrün | Ff | 1,— | 1,— |

Auflage: 1.589.200 Stück

*Gültig nur für gewisse Sonderflüge bis 25.6.1946*

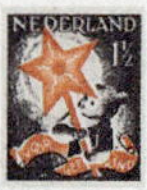

**1933, 10. Dez. „Voor het Kind". RaTdr.; Wz. 2 X; A = gez. K 12½, D = Rollenzähnung D.**

da) Kind mit Dreikönigenstern

**A = gez. K 12½**

| | | | | | |
|---|---|---|---|---|---|
| **268 A** | 1½ C | ( + 1½ C) grau/rot | da | 5,— | 0,70 |
| **269 A** | 5 C | ( + 3 C) mehrfarbig | da | 7,50 | 0,70 |
| **270 A** | 6 C | ( + 4 C) grün/golden | da | 10,— | 0,70 |
| **271 A** | 12½ C | ( + 3½ C) dunkelblau/silber | da | 80,— | 25,— |
| | | Satzpreis A (4 W.) | | 100,— | 26,— |

**D = Rollenzähnung D**

| | | | | | |
|---|---|---|---|---|---|
| **268 D** | 1½ C | ( + 1½ C) grau/rot | da | 8,— | 1,— |
| **269 D** | 5 C | ( + 3 C) mehrfarbig | da | 10,— | 1,— |
| **270 D** | 6 C | ( + 4 C) grün/golden | da | 12,— | 1,— |
| **271 D** | 12½ C | ( + 3½ C) dunkelblau/silber | da | 90,— | 28,— |
| | | Satzpreis D (4 W.) | | 120,— | 30,— |

Auflagen: MiNr. 268 = 1.539.341, MiNr. 269 = 995.022, MiNr. 270 = 1.523.536, MiNr. 271 = 395.468 Stück

*Gültig bis 31.12.1938*

Rollenzähnungen der Jahre 1925–1933 siehe Erläuterung nach MiNr. 145.

**1934, 30. April. Nationales Crisis-Komitee. StTdr.; gez. L 12½.**

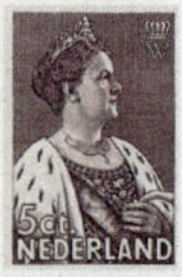
db) Königin Wilhelmina (1880–1962)

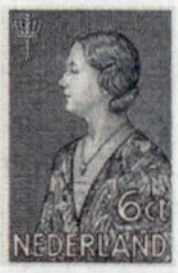
dc) Prinzessin Juliana (1909–2004)

**272** 5 C ( + 4 C) lila ........................ db 40,— 4,—
**273** 6 C ( + 5 C) blau ...................... dc 36,— 5,—
Satzpreis (2 W.) 75,— 9,—

Auflagen: MiNr. 272 = 688.894, MiNr. 273 = 832.568 Stück

*Gültig bis 31.5.1935*

**1934, 2. Juli. 300 Jahre Zugehörigkeit Curaçaos zu den Niederlanden. StTdr.; gez. K 14:12¾.**

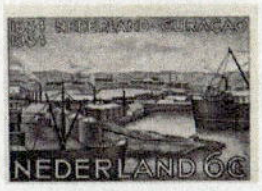


dd) Willemstad auf Curaçao mit Erdöltanks

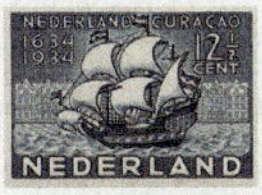


de) Wasserfront von Amsterdam im 17. Jh. mit Segelschiff

**274** 6 C schwarzgrau ........................ dd 5,— 0,30
**275** 12½ C blau ........................ de 95,— 2,20
Satzpreis (2 W.) 100,— 2,50

Auflagen: MiNr. 274 = 23.530.740, MiNr. 275 = 2.332.400 Stück

*Gültig bis 31.12.1935*

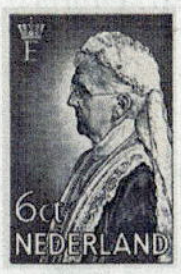


**1934, 1. Okt. Tod der Königinmutter Emma. StTdr.; gez. K 12¾:14.**

df) Königinmutter Emma (1858–1934)

**276** 6 C ( + 2 C) blau ........................ df 30,— 2,—

Auflage: 1.176.730 Stück

*Gültig bis 31.12.1935*

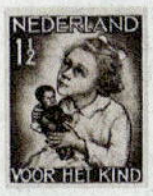


**1934, 10. Dez. „Voor het Kind". RaTdr.; Wz. 2; gez. K 13½:12½.**

dg) Kind mit Puppe

**277** 1½ (C) ( + 1½ C) schwarzbraun ........ dg 5,— 0,50
**278** 5 (C) ( + 3 C) karmin .............. dg 8,— 0,50
**279** 6 (C) ( + 4 C) grün ............ dg 8,— 0,50
**280** 12½ (C) ( + 3½ C) ultramarin ........... dg 90,— 14,—
Satzpreis (4 W.) 110,— 15,—

Auflagen: MiNr. 277 = 1.464.499, MiNr. 278 = 909.935, MiNr. 279 = 1.490.124, MiNr. 280 = 347.970 Stück

*Gültig bis 31.12.1939*

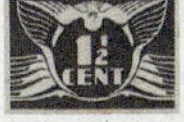


**1935, 15. Juni. Freimarke: Fliegende Taube. Odr.; Wz. 2 Y; gez. K 12¾:13½.**

al) Fliegende Taube

**281** 1½ C grau ........................ al 1,— 0,70
Markenheftchen mit 24 × MiNr. 281 70,—
Markenheftchen mit 6 × MiNr. 172 E, 281, 175 E a, 177 E und 178 E 400,—
Markenheftchen mit 6 × MiNr. 172 E, 281, 178 E und 179 E 400,—
Markenheftchen mit 6 × MiNr. 281, 175 E a, 176 E und 178 E 1000,—

Weitere Markenheftchen mit MiNr. 281 siehe bei MiNr. 341–350, 357–374 und 380–391.

PF Zu Spionagezwecken wurde von MiNr. 281 während des Zweiten Weltkrieges von Waterlow & Sons Ltd., London eine Postfälschung (oWz., gez. 11) hergestellt: ✶✶ 500,—. ⊙ ist sie bisher nicht bekannt geworden.

Auflage: 792.858.600 Stück

*Gültig bis 30.6.1948*

*In gleicher Zeichnung siehe Übersicht nach Jahrgangswerttabelle.*

**1935, 17./21. Juni. Sommermarken zugunsten kultureller und sozialer Fürsorge. StTdr.; MiNr. 282 und 284 gez. K 12½:12, MiNr. 283 und 285 gez. L 12.**

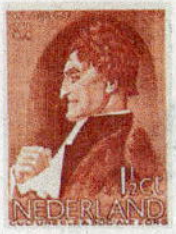


dh) Henri Daniel Guyot (1753–1828), Stifter der Taubstummenanstalt zu Groningen (1790)

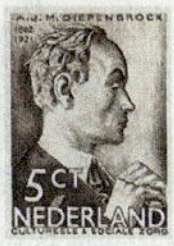


di) Alphons Diepenbrock (1862–1921), Komponist und Schriftsteller

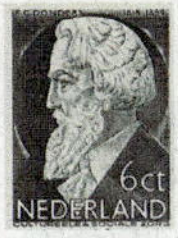


dk) Franciscus Cornelis Donders (1818–1889), Physiologe und Augenarzt

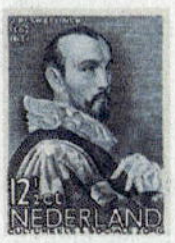


dl) Jan Pieterszoon Sweelinck (1562–1621), Organist und Komponist

**282** 1½ C ( + 1½ C) karmin (21. Juni) ....... dh 5,— 1,50
**283** 5 C ( + 3 C) schwarzbraun (17. Juni) .. di 15,— 3,—
**284** 6 C ( + 4 C) dunkelblaugrün (17. Juni) . dk 15,— 0,50
**285** 12½ C ( + 3½ C) blau (21. Juni) ......... dl 80,— 5,—
Satzpreis (4 W.) 110,— 10,—

Auflagen: MiNr. 282 = 743.798, MiNr. 283 = 636.622, MiNr. 284 = 1.076.356, MiNr. 285 = 396.050 Stück

*Gültig bis 31.12.1940*

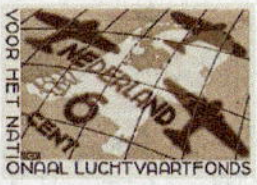


**1935, 16. Okt. Nationaler Luftfahrtfonds. RaTdr.; Wz. 2 Y; gez. K 13¾:12¾.**

dm) Flugzeugschatten über Karte der Niederlande

**286** 6 C ( + 4 C) rotbraun .................. dm 75,— 10,—

Auflage: 336.000 Stück

*Gültig bis 31.12.1936*

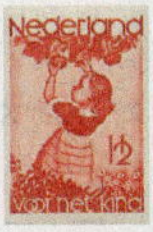


**1935, 4. Dez. „Voor het Kind". RaTdr.; Wz. 2 X; gez. K 14¼:13¼.**

dn) Mädchen pflückt Äpfel

**287** 1½ (C) ( + 1½ C) karmin .............. dn 4,— 0,50
**288** 5 (C) ( + 3 C) grün .................. dn 8,— 1,—
**289** 6 (C) ( + 4 C) schwarzbraun ........ dn 8,— 0,50
**290** 12½ (C) ( + 3½ C) ultramarin ............ dn 80,— 8,—
Satzpreis (4 W.) 100,— 10,—

Auflagen: MiNr. 287 = 1.611.540, MiNr. 288 = 962.941, MiNr. 289 = 1.498.196, MiNr. 290 = 446.797 Stück

*Gültig bis 31.12.1940*

**1936, 1. Mai. Sommermarken zugunsten kultureller und sozialer Fürsorge. StTdr.; gez. K 12½:12.**

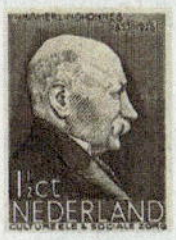


do) Heike Kamerlingh-Onnes (1853–1926), Physiker; Nobelpreis 1913

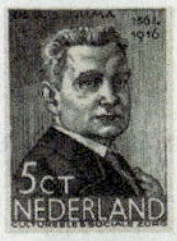


dp) Aritius Sybrandus Talma (1864–1916), Pfarrer und Politiker

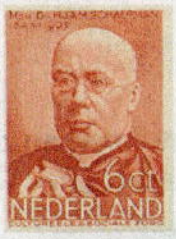


dr) Herman Schaepman (1844–1903), Priester und Journalist

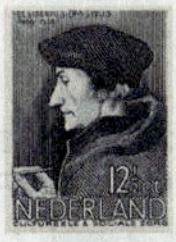


ds) Erasmus von Rotterdam (1466–1536), Humanist

**291** 1½ C ( + 1½ C) braunschwarz .......... do 2,50 1,20
**292** 5 C ( + 3 C) blaugrün ................ dp 15,— 4,—
**293** 6 C ( + 4 C) karminrot ............... dr 12,— 0,70
**294** 12½ C ( + 3½ C) dunkelblau ............ ds 46,— 3,60
Satzpreis (4 W.) 75,— 9,50

Auflagen: MiNr. 291 = 706.210, MiNr. 292 = 583.708, MiNr. 293 = 1.045.031, MiNr. 294 = 438.831 Stück

*Gültig bis 31.12.1941*

**1936, 15. Mai. 300 Jahre Universität Utrecht. RaTdr.; Wz. 2 Y; gez. L 12½.**

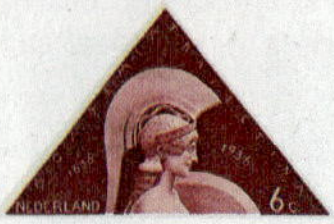

dt) Pallas Athene, Göttin der Weisheit

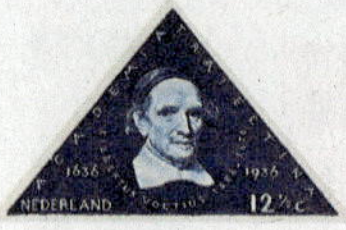

du) Gisbertus Voetius (1588–1676), Theologe; Porträt von Nicolaes Maes (1634–1693)

| | | | | | |
|---|---|---|---|---|---|
| 295 | 6 C | dunkelkarmin | dt | 5,— | 0,30 |
| 296 | 12½ C | dunkelblau | du | 15,— | 5,— |
| | | Satzpreis (2 W.) | | 20,— | 5,— |

| | ★★ |
|---|---|
| 295 UMs waagerechtes Paar, Mitte ungezähnt | 13000,— |

Auflagen: MiNr. 295 = 12.904.000, MiNr. 296 = 1.831.000 Stück

*Gültig bis 31.12.1936*

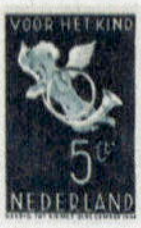

**1936, 1. Dez. „Voor het Kind". RaTdr.; Wz. 2 X; gez. K 14¼:13¼.**

dv) Engel mit Posthorn

| | | | | ★★ | ⊙ |
|---|---|---|---|---|---|
| 297 | 1½ C | ( + 1½ C) grau | dv | 2,— | 0,30 |
| 298 | 5 C | ( + 3 C) blaugrün | dv | 7,— | 0,90 |
| 299 | 6 C | ( + 4 C) rotbraun | dv | 6,— | 0,30 |
| 300 | 12½ C | ( + 3½ C) indigo | dv | 45,— | 6,— |
| | | Satzpreis (4 W.) | | 60,— | 7,50 |

Auflagen: MiNr. 297 = 1.808.041, MiNr. 298 = 936.550, MiNr. 299 = 1.724.826, MiNr. 300 = 554.749 Stück

*Gültig bis 31.12.1941*

**1937, 1. April. Weltpfadfindertreffen. RaTdr.; Wz. 2 X; gez. K 14¼:13¼.**

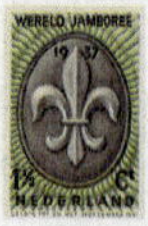

dw) Pfadfinderlilie

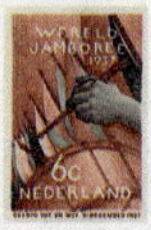

dx) Fahnen und Trommel

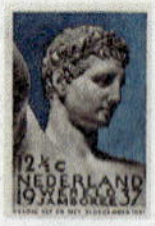

dy) Gott Hermes (nach Praxiteles)

| | | | | | |
|---|---|---|---|---|---|
| 301 | 1½ C | grün/schwarz | dw | 1,— | 0,30 |
| 302 | 6 C | rotbraun/schwarz | dx | 4,— | 0,30 |
| 303 | 12½ C | blauschwarz | dy | 10,— | 1,40 |
| | | Satzpreis (3 W.) | | 15,— | 2,— |

Auflagen: MiNr. 301 = 14.544.360, MiNr. 302 = 14.796.490, MiNr. 303 = 3.870.170 Stück

*Gültig bis 31.12.1937*

**1937, 1. Juni. Sommermarken zugunsten kultureller und sozialer Fürsorge. StTdr.; gez. K 12½:12.**

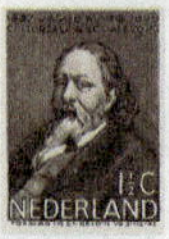

dz) Jacob Maris (1837–1899), Maler

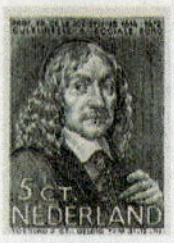

ea) Frans de la Boë (Franciscus Sylvius) (1614–1672), Mediziner

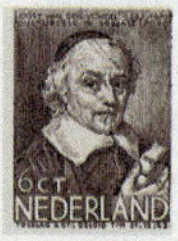

eb) Joost van den Vondel (1587–1679), Dichter

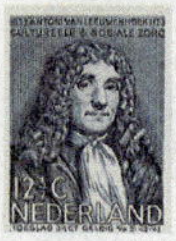

ec) Antoni van Leeuwenhoek (1632–1723), Naturforscher

| | | | | | |
|---|---|---|---|---|---|
| 304 | 1½ C | + 1½ C olivschwarz | dz | 1,50 | 0,50 |
| 305 | 5 C | + 3 C dunkelblaugrün | ea | 12,— | 3,50 |
| 306 | 6 C | + 4 C lilaschwarz | eb | 3,50 | 0,50 |
| 307 | 12½ C | + 3½ C dunkelblau | ec | 28,— | 1,50 |
| | | Satzpreis (4 W.) | | 45,— | 6,— |

Auflagen: MiNr. 304 = 703.484, MiNr. 305 = 551.574, MiNr. 306 = 1.036.794, MiNr. 307 = 500.700 Stück

*Gültig bis 31.12.1942*

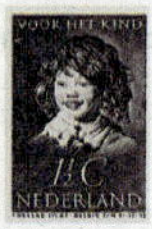

**1937, 1. Dez. „Voor het Kind". RaTdr.; Wz. 2 X; gez. K 14¼:13¼.**

ed) Lachender Junge nach Frans Hals (um 1580–1666)

| | | | | | |
|---|---|---|---|---|---|
| 308 | 1½ C | + 1½ C schwarzgrau | ed | 0,50 | 0,30 |
| 309 | 3 C | + 2 C gelblichgrün | ed | 4,50 | 1,20 |
| 310 | 4 C | + 2 C rotbraun | ed | 3,50 | 0,50 |
| 311 | 5 C | + 3 C blaugrün | ed | 3,50 | 0,30 |
| 312 | 12½ C | + 3½ C dunkelgraublau | ed | 28,— | 2,20 |
| | | Satzpreis (5 W.) | | 40,— | 4,50 |

Auflagen: MiNr. 308 = 2.047.983, MiNr. 309 = 905.268, MiNr. 310 = 1.057.635, MiNr. 311 = 2.583.665, MiNr. 312 = 825.268 Stück

*Gültig bis 31.12.1942*

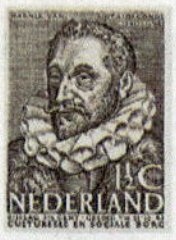

**1938, 16. Mai. Sommermarken zugunsten kultureller und sozialer Fürsorge. StTdr.; gez. K 12½:12.**

ee) Marnix van Sint Aldegonde (1540–1598), Schriftsteller und Staatsmann

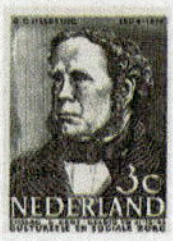

ef) Otto Gerhard Heldring (1804–1876), Gründer des Heimes für Mutterschutz in Zetten

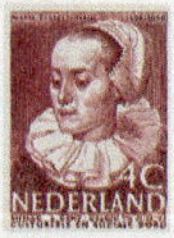

eg) Marja Tesselschade (1594–1649), Dichterin

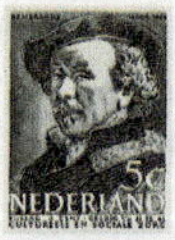

eh) Rembrandt van Rijn (1606–1669), Maler

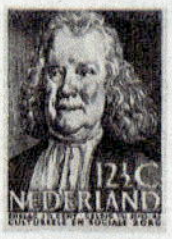

ei) Herman Boerhaave (1668–1738), Mediziner und Chemiker

| | | | | | |
|---|---|---|---|---|---|
| 313 | 1½ C | + 1½ C dunkelbraun | ee | 1,— | 0,50 |
| 314 | 3 C | + 2 C dunkelgrün | ef | 2,— | 0,50 |
| 315 | 4 C | + 2 C lilarot | eg | 6,— | 2,50 |
| 316 | 5 C | + 3 C dunkelolivgrün | eh | 9,— | 0,50 |
| 317 | 12½ C | + 3½ C schwarzblau | ei | 22,— | 1,50 |
| | | Satzpreis (5 W.) | | 40,— | 5,50 |

Auflagen: MiNr. 313 = 769.584, MiNr. 314 = 801.406, MiNr. 315 = 637.553, MiNr. 316 = 1.095.294, MiNr. 317 = 646.955 Stück

*Gültig bis 31.12.1943*

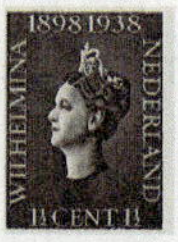

**1938, 27. Aug. 40. Regierungsjubiläum von Königin Wilhelmina. RaTdr.; Wz. 2 X; gez. K 12½:12.**

ek) Königin Wilhelmina (1880–1962, reg. 1898–1948)

| | | | | | |
|---|---|---|---|---|---|
| 318 | 1½ C | schwarz | ek | 1,— | 0,30 |
| 319 | 5 C | dunkelorange | ek | 2,— | 0,30 |
| 320 | 12½ C | dunkelblau | ek | 12,— | 1,40 |
| | | Satzpreis (3 W.) | | 15,— | 2,— |

Auflagen: MiNr. 318 = 18.715.600, MiNr. 319 = 23.618.640, MiNr. 320 = 3.368.880 Stück

*Gültig bis 31.12.1939*

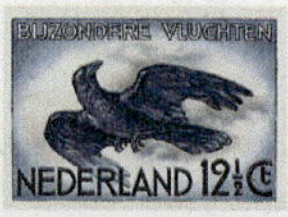

**✈ 1938, 22. Nov./1944. Flugpostmarken für Sonderflüge. RaTdr.; X = Wz. 2 X, Y = Wz. 2 Y; gez. K 13¼:14.**

Fg) Aaskrähe (Corvus corone)

| | | | | | |
|---|---|---|---|---|---|
| **321** | 12½ C | . . . . . . . . Fg | | | |
| a Y | | dunkelgraublau (22.11.1938) | | 0,70 | 0,50 |
| b | | mattblau | | | |
| X | | Wz. 2 X (1944) | | 0,70 | 0,50 |
| Y | | Wz. 2 Y (1941) | | 0,70 | 0,50 |

MiNr. 321 b X wurde nie für Sonderflüge verwendet.

Auflagen: MiNr. 321 a = 3.488.900, MiNr. 321 b X = 810.000, MiNr. 321 b Y = 943.450 Stück

*Gültig bis 25.6.1946*

*In gleicher Zeichnung: MiNr. 630*

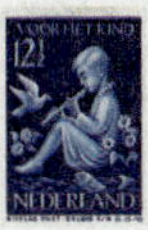


**1938, 1. Dez. „Voor het Kind". RaTdr.; Wz. 2 X; gez. K 14½:13½.**

el) Kind mit Blockflöte und Taube

| | | | | | |
|---|---|---|---|---|---|
| **322** | 1½ C + 1½ C schwarz | el | 1,— | 0,30 |
| **323** | 3 C + 2 C dunkelkarmin | el | 2,— | 0,30 |
| **324** | 4 C + 2 C dunkelgrün | el | 5,— | 0,80 |
| **325** | 5 C + 3 C rotbraun | el | 5,— | 0,30 |
| **326** | 12½ C + 3½ C dunkelblau | el | 32,— | 2,50 |
| | Satzpreis (5 W.) | | 45,— | 4,20 |

Auflagen: MiNr. 322 = 2.176.156, MiNr. 323 = 1.120.299, MiNr. 324 = 1.058.572, MiNr. 325 = 2.531.785, MiNr. 326 = 840.237 Stück

*Gültig bis 31.12.1943*

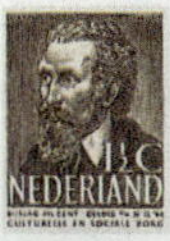


**1939, 1. Mai. Sommermarken zugunsten kultureller und sozialer Fürsorge. StTdr.; gez. K 12½:12.**

em) Matthijs Maris (1839–1917), Porträtmaler

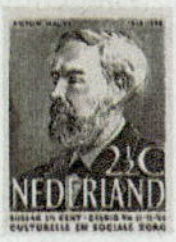


en) Anton Mauve (1838–1888), Landschaftsmaler

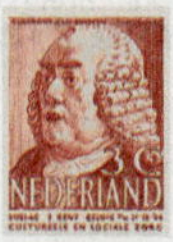


eo) Gerardus Freiherr van Swieten (1700–1772), Mediziner am österreichischen Hof

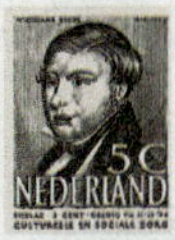


ep) Nicolaas Beets (1814–1903), Theologe und Schriftsteller

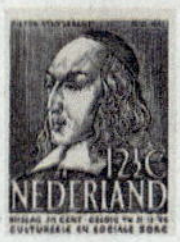


er) Pieter Stuyvesant (1612–1672), Gouverneur von Curaçao, später von Nieuw Amsterdam (New York)

| | | | | |
|---|---|---|---|---|
| **327** | 1½ C + 1½ C dunkelbraun | em | 1,— | 0,30 |
| **328** | 2½ C + 2½ C dunkelgraugrün | en | 8,— | 2,40 |
| **329** | 3 C + 3 C rot | eo | 3,— | 1,— |
| **330** | 5 C + 3 C schwarzgrün | ep | 8,— | 0,30 |
| **331** | 12½ C + 3½ C schwarzblau | er | 20,— | 1,— |
| | Satzpreis (5 W.) | | 40,— | 5,— |

Auflagen: MiNr. 327 = 643.946, MiNr. 328 = 493.032, MiNr. 329 = 650.985, MiNr. 330 = 933.510, MiNr. 331 = 545.561 Stück

*Gültig bis 31.12.1944*

**1939, 15. Juni. 1200. Todestag des hl. Willibrord. StTdr.; gez. K 12¾:13¾.**

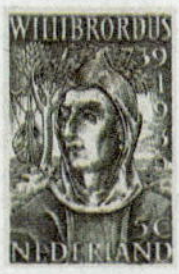


es) Hl. Willibrord in Katwijk

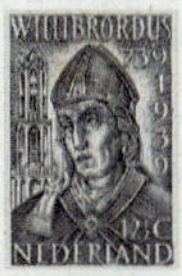


et) Hl. Willibrord (658–739) als Bischof von Utrecht; Kathedrale von Utrecht

| | | | | |
|---|---|---|---|---|
| **332** | 5 C dunkelgrün | es | 1,— | 0,30 |
| **333** | 12½ C indigo | et | 13,— | 2,20 |
| | Satzpreis (2 W.) | | 14,— | 2,50 |

Auflagen: MiNr. 332 = 6.733.614, MiNr. 333 = 1.692.313 Stück

*Gültig bis 31.12.1939*

**1939, 1. Sept. 100 Jahre Niederländische Eisenbahn. RaTdr.; Wz. 2 X; gez. K 14¼:13¼.**

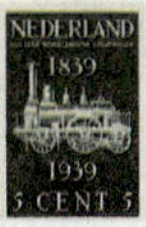


eu) 1 A 1-Schlepptenderlokomotive „De Arend" (1839)

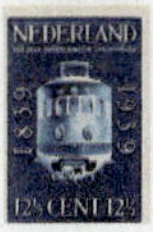


ev) Elektrischer Schnelltriebwagenzug (1936)

| | | | | |
|---|---|---|---|---|
| **334** | 5 C schwarzgrün | eu | 2,— | 0,30 |
| **335** | 12½ C dunkelblau | ev | 20,— | 4,70 |
| | Satzpreis (2 W.) | | 22,— | 5,— |

Auflagen: MiNr. 334 = 6.062.328, MiNr. 335 = 1.254.090 Stück

*Gültig bis 31.12.1939*

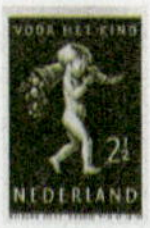


**1939, 1. Dez. „Voor het Kind". RaTdr.; Wz. 2 X; gez. K 14¼:13¼.**

ew) Kind mit Füllhorn

| | | | | |
|---|---|---|---|---|
| **336** | 1½ (C) + 1½ C schwarz | ew | 1,— | 0,30 |
| **337** | 2½ (C) + 2½ C oliv | ew | 20,— | 3,10 |
| **338** | 3 (C) + 3 C rotbraun | ew | 2,50 | 0,30 |
| **339** | 5 (C) + 3 C dunkelgrün | ew | 4,50 | 0,30 |
| **340** | 12½ (C) + 3½ C dunkelblau | ew | 14,— | 2,— |
| | Satzpreis (5 W.) | | 42,— | 6,— |

Auflagen: MiNr. 336 = 1.932.108, MiNr. 337 = 600.263, MiNr. 338 = 1.306.498, MiNr. 339 = 2.329.440, MiNr. 340 = 654.332 Stück

*Gültig bis 31.12.1944*

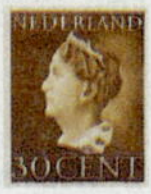


**1940, 1. April. Freimarken: Königin Wilhelmina. RaTdr. auf weißem (1940) oder graustichigem (1946) Papier; Wz. 2 X; gez. K 13½:12¾.**

ex) Königin Wilhelmina (1880–1962, reg. 1898–1948)

| | | | | |
|---|---|---|---|---|
| **341** | 5 C dunkelgrün | ex | 0,30 | 0,30 |
| **342** | 7½ C rot | ex | 0,30 | 0,30 |
| **343** | 10 C violettpurpur | ex | 0,30 | 0,30 |
| **344** | 12½ C dunkelblau | ex | 0,30 | 0,30 |
| **345** | 15 C hellblau | ex | 0,30 | 0,30 |
| **346** | 20 C dunkelviolett | ex | 0,50 | 0,30 |
| **347** | 22½ C olivgrün | ex | 2,50 | 1,50 |
| **348** | 25 C dunkelbräunlichkarmin | ex | 0,30 | 0,30 |
| **349** | 30 C olivbraun | ex | 0,70 | 0,30 |
| **350** | 40 C smaragdgrün | ex | 1,50 | 0,60 |
| | Satzpreis (10 W.) | | 7,— | 4,50 |
| | Markenheftchen mit 24 × MiNr. 341 | | 130,— | |
| | Markenheftchen mit 24 × MiNr. 342 | | 220,— | |
| | Markenheftchen mit 24 × MiNr. 344 | | 280,— | |
| | Markenheftchen mit 6 × MiNr. 281, 175 E b, 341 und 342 | | 130,— | |

| | | ★★ |
|---|---|---|
| 341 U | ungezähnt | 1,— |
| 343 U | ungezähnt | 1,— |
| 344 U | ungezähnt | 1,— |
| 345 U | ungezähnt | 1,— |

| | | ★★ | ⊙ |
|---|---|---|---|
| 344 I | „GENT" statt „CENT" | 55,— | 55,— |
| 344 I U | „GENT" statt „CENT", ungezähnt | 250,— | |

*Gültig bis 31.3.1944, erneut ab 16.5.1945 bis 30.9.1949*

*MiNr. 342–346 und 348–349 mit Aufdruck: Dienstmarken MiNr. 16–19, 20–24*

*In gleicher Zeichnung: MiNr. 449–452*

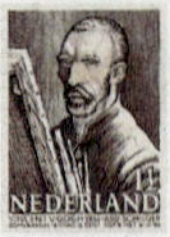

**1940, 11. Mai. Sommermarken zugunsten kultureller und sozialer Fürsorge (I). StTdr.; Wz. 2 X; gez. K 12½:12.**

ey) Vincent van Gogh (1853–1890), Maler

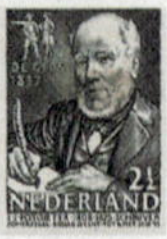

ez) Everhardus Johannes Potgieter (1808–1875), Dichter

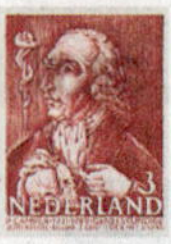

fa) Petrus Camper (1721–1789), Mediziner

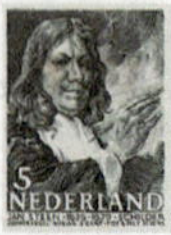

fb) Jan Steen (1626–1679), Maler

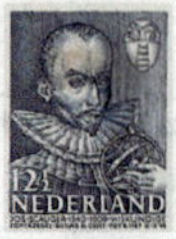

fc) Joseph Justus Scaliger (1540–1609), Philologe

| | | | | | |
|---|---|---|---|---|---|
| **351** | 1½ (C) | + 1½ C dunkelbraun | ey | 3,— | 0,50 |
| **352** | 2½ (C) | + 2½ C dunkelgrün | ez | 7,50 | 1,— |
| **353** | 3 (C) | + 3 C rot | fa | 4,50 | 1,— |
| **354** | 5 (C) | + 3 C schwarzgrün | fb | 10,— | 0,50 |
| **355** | 12½ (C) | + 3½ C schwarzblau | fc | 10,— | 0,50 |

Auflagen: MiNr. 351 = 553.791, MiNr. 352 = 456.786, MiNr. 353 = 560.665, MiNr. 354 = 757.561, MiNr. 355 = 441.531 Stück

*Gültig bis 31.12.1945*

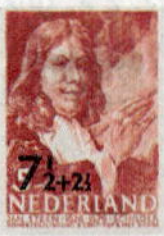

**1940, 7. Sept. Sommermarke zugunsten kultureller und sozialer Fürsorge (II). MiNr. 354 in Farbänderung mit Aufdruck.**

356

**356** **7½ (C) + 2½ (C)** auf 5 (C) + 3 C karminrot (fb) 0,80 0,50
Satzpreis MiNr. 351–356 (6 W.) 35,— 3,50
Markenheftchen mit 4 × MiNr. 354 450,—

Auflage: 606.501 Stück

*Gültig bis 31.12.1945*

MiNr. 356–427 sind während der deutschen Besetzung erschienen.

**1940, Okt. Freimarken: Fliegende Taube. MiNr. 176 in Farbänderung mit schwarzem, bei 12½ C mit blauschwarzem Wertaufdruck. RaTdr.; Wz. 2 Y; gez. K 12¾:13½.**

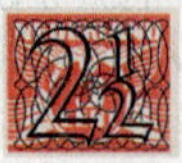

357

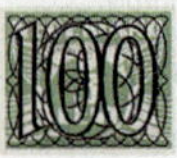

372

| | | | | | |
|---|---|---|---|---|---|
| **357** | **2½ (C)** | auf 3 C hellrot | (al) | 3,50 | 0,30 |
| **358** | **5 (C)** | auf 3 C hellgrün | (al) | 0,30 | 0,30 |
| **359** | **7½ (C)** | auf 3 C hellrot | (al) | 0,30 | 0,30 |
| **360** | **10 (C)** | auf 3 C hellgrün | (al) | 0,30 | 0,30 |
| **361** | **12½ (C)** | auf 3 C hellblau | (al) Bl | 0,30 | 0,30 |
| **362** | **17½ (C)** | auf 3 C hellgrün | (al) | 0,60 | 0,50 |
| **363** | **20 (C)** | auf 3 C hellgrün | (al) | 0,50 | 0,30 |
| **364** | **22½ (C)** | auf 3 C hellgrün | (al) | 3,50 | 3,50 |
| **365** | **25 (C)** | auf 3 C hellgrün | (al) | 0,60 | 0,50 |
| **366** | **30 (C)** | auf 3 C hellgrün | (al) | 0,60 | 0,50 |
| **367** | **40 (C)** | auf 3 C hellgrün | (al) | 4,— | 3,— |
| **368** | **50 (C)** | auf 3 C hellgrün | (al) | 1,— | 0,70 |
| **369** | **60 (C)** | auf 3 C hellgrün | (al) | 2,50 | 1,50 |
| **370** | **70 (C)** | auf 3 C hellgrün | (al) | 10,— | 5,— |
| **371** | **80 (C)** | auf 3 C hellgrün | (al) | 12,— | 8,— |
| **372** | **100 (C)** | auf 3 C hellgrün | (al) | 40,— | 40,— |
| **373** | **250 (C)** | auf 3 C hellgrün | (al) | 40,— | 45,— |
| **374** | **500 (C)** | auf 3 C hellgrün | (al) | 40,— | 50,— |
| | | Satzpreis (18 W.) | | 160,— | 160,— |
| | | Markenheftchen mit 24 × MiNr. 358 | | 150,— | |
| | | Markenheftchen mit 24 × MiNr. 359 | | 120,— | |
| | | Markenheftchen mit 24 × MiNr. 361 | | 150,— | |
| | | Markenheftchen mit 6 × MiNr. 281, 175 E a, 358 und 359 | | 130,— | |

**Zusammendrucke aus Automatenrollen:**

| | | | |
|---|---|---|---|
| MiNr. 359 + 357 | 7½ C + 2½ C | 10,— | 1,50 |
| MiNr. 357 + 359 | 2½ C + 7½ C | 30,— | 12,— |
| MiNr. 357 + 359 + 357 | 2½ C + 7½ C + 2½ C | 38,— | 30,— |
| MiNr. 359 + 357 + 359 | 7½ C + 2½ C + 7½ C | 40,— | 32,— |

MiNr. 357 wurde nur zusammenhängend mit MiNr. 359 in Automatenrollen zu 1000 Marken (500 je Sorte) gedruckt. Aus Automaten erhältlich war der Zusammendruck 7½ C + 2½ C, die übrigen Zusammendrucke wurden nur über die Sammlerschalter verkauft.

FALSCH MiNr. 372–374

Auflagen: MiNr. 357 = 12.685.500, MiNr. 358 = 40.988.816, MiNr. 359 = 89.600.424, MiNr. 360 = 8.717.400, MiNr. 361 = 3.382.584, MiNr. 362 = 1.118.000, MiNr. 363 = 2.565.000, MiNr. 364 = 551.600, MiNr. 365 = 1.589.000, MiNr. 366 = 1.203.400, MiNr. 367 = 537.400, MiNr. 368 = 680.000, MiNr. 369 = 429.600, MiNr. 370 = 290.200, MiNr. 371 = 218.000, MiNr. 372 = 154.700, MiNr. 373 = 112.600, MiNr. 374 = 110.700 Stück

*Gültig bis 31.3.1944*

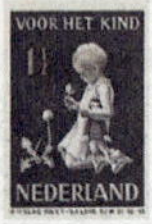

**1940, 2. Dez. „Voor het Kind". RaTdr.; Wz. 2 X; gez. K 14½:13½.**

fd) Kind mit Pusteblume (Löwenzahn)

| | | | | | |
|---|---|---|---|---|---|
| **375** | 1½ (C) | + 1½ C dunkelgrau | fd | 1,— | 0,30 |
| **376** | 2½ (C) | + 2½ C oliv | fd | 4,— | 0,90 |
| **377** | 4 (C) | + 3 C dunkelblau | fd | 4,50 | 1,— |
| **378** | 5 (C) | + 3 C schwarzgrün | fd | 4,50 | 0,30 |
| **379** | 7½ (C) | + 3½ C rotorangebraun | fd | 1,— | 0,30 |
| | | Satzpreis (5 W.) | | 15,— | 2,80 |

Auflagen: MiNr. 375 = 1.704.949, MiNr. 376 = 825.940, MiNr. 377 = 770.724, MiNr. 378 = 1.370.670, MiNr. 379 = 1.913.257 Stück

*Gültig bis 31.12.1945*

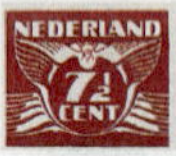

**1941, 1. bzw. 16. April. Freimarken: Fliegende Taube. RaTdr.; Wz. 2 Y; gez. K 12¾:13½.**

al) Fliegende Taube

| | | | | | |
|---|---|---|---|---|---|
| **380** | 5 C | smaragdgrün | al | 0,30 | 0,30 |
| **381** | 7½ C | dunkelbraunrot | al | 0,30 | 0,30 |
| **382** | 10 C | purpurviolett | al | 1,— | 0,30 |
| **383** | 12½ C | ultramarin | al | 0,30 | 0,30 |
| **384** | 15 C | hellblau | al | 1,— | 0,30 |
| **385** | 17½ C | orangerot | al | 0,30 | 0,30 |
| **386** | 20 C | grauviolett | al | 1,— | 0,30 |
| **387** | 22½ C | dunkelolivgrün | al | 0,30 | 0,30 |
| **388** | 25 C | braunkarmin | al | 0,40 | 0,30 |
| **389** | 30 C | braunoliv | al | 3,— | 0,30 |
| **390** | 40 C | grün | al | 0,30 | 0,30 |
| **391** | 50 C | braun | al | 0,30 | 0,30 |
| | | Satzpreis (12 W.) | | 8,50 | 3,— |
| | | Markenheftchen mit 24 × MiNr. 380 | | 80,— | |
| | | Markenheftchen mit 24 × MiNr. 381 | | 70,— | |
| | | Markenheftchen mit 24 × MiNr. 383 | | 120,— | |
| | | Markenheftchen mit 6 × MiNr. 281, 175 E b, 380 und 381 | | 90,— | |

| | | |
|---|---|---|
| 391 X Wz. 2 X | 5,— | 5,— |

**Zusammendrucke aus Automatenrollen:**

| | | | |
|---|---|---|---|
| MiNr. 175 E b + 381 | 2½ C + 7½ C | 1,70 | 0,70 |
| MiNr. 381 + 175 E b | 7½ C + 2½ C | 1,70 | 0,70 |
| MiNr. 175 E b + 381 + 175 E b | 2½ C + 7½ C + 2½ C | 3,60 | 3,— |
| MiNr. 381 + 175 E b + 381 | 7½ C + 2½ C + 7½ C | 2,20 | 3,— |

Auflagen: MiNr. 380 = 208.319.400, MiNr. 381 = 470.484.800, MiNr. 382 = 59.296.200, MiNr. 383 = 11.408.600, MiNr. 384 = 10.098.000, MiNr. 385 = 16.586.000, MiNr. 386 = 16.807.400, MiNr. 387 = 3.974.000, MiNr. 388 = 14.447.000, MiNr. 389 = 16.861.200, MiNr. 390 = 9.156.200, MiNr. 391 = 17.771.000 Stück

*Gültig bis 30.6.1948*

*In gleicher Zeichnung siehe Übersicht nach Jahrgangswerttabelle.*

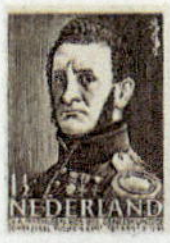

**1941, 29. Mai. Sommermarken zugunsten kultureller und sozialer Fürsorge. StTdr.; Wz. 2 X; gez. K 12½:12.**

fe) Antonius Mathijsen (1805–1878), Militärarzt

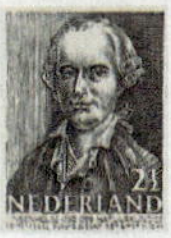

ff) Jan Ingenhousz (1730–1799), Arzt und Pflanzenphysiologe

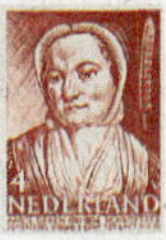

fg) Aagje Deken (1741–1804), Schriftstellerin

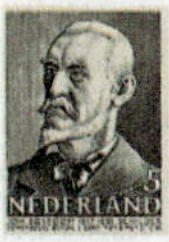

fh) Johannes Bosboom (1817–1891), Maler

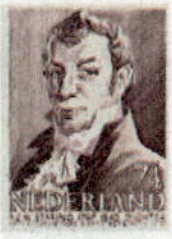

fi) Antoni Christiaan Winand Staring (1767–1840), Dichter

| | | | | | |
|---|---|---|---|---|---|
| **392** | 1½ (C) | + 1½ C schwarzbraun | fe | 1,— | 0,40 |
| **393** | 2½ (C) | + 2½ C schwarzblaugrün | ff | 1,— | 0,40 |
| **394** | 4 (C) | + 3 C dunkelrot | fg | 1,— | 0,40 |
| **395** | 5 (C) | + 3 C dunkelgrün | fh | 1,— | 0,40 |
| **396** | 7½ (C) | + 3½ C dunkelrotlila | fi | 1,— | 0,40 |
| | | Satzpreis (5 W.) | | 5,— | 2,— |

Auflagen: MiNr. 392 = 1.531.056, MiNr. 393 = 1.438.643, MiNr. 394 = 1.409.492, MiNr. 395 = 1.563.068, MiNr. 396 = 1.740.305 Stück

*Gültig bis 31.12.1945*

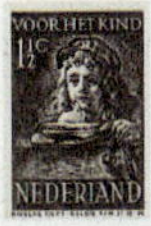

**1941, 1. Dez. „Voor het Kind". RaTdr.; Wz. 2 X; gez. K 14½:13½.**

fk) Titus am Schreibpult; Gemälde von Rembrandt van Rijn (1606–1669), Maler

| | | | | | |
|---|---|---|---|---|---|
| **397** | 1½ C | + 1½ C bräunlich/schwarz | fk | 0,60 | 0,40 |
| **398** | 2½ C | + 2½ C schwarzoliv | fk | 0,60 | 0,40 |
| **399** | 4 C | + 3 C dunkelblau | fk | 0,60 | 0,40 |
| **400** | 5 C | + 3 C schwarzgrün | fk | 0,60 | 0,40 |
| **401** | 7½ C | + 3½ C dunkelbraunrot | fk | 0,60 | 0,40 |
| | | Satzpreis (5 W.) | | 3,— | 2,— |

Auflagen: MiNr. 397 = 1.995.311, MiNr. 398 = 1.612.290, MiNr. 399 = 1.576.034, MiNr. 400 = 1.756.765, MiNr. 401 = 2.035.207 Stück

*Gültig bis 31.12.1946*

**1942, 1. Nov. Niederländische Legion. RaTdr. (10×10); Wz. 2 Y; gez. K 12½:12, Querformat ~.**

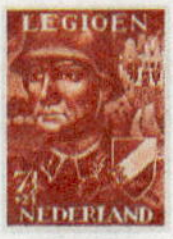

fl) Legionäroffizier

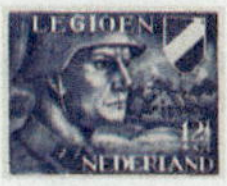

fm) Legionär

| | | | | | |
|---|---|---|---|---|---|
| **402** | 7½ (C) | + 2½ (C) dunkelbräunlichrot | fl | 1,— | 1,— |
| **403** | 12½ (C) | + 87½ (C) grauultramarin | fm | 7,— | 7,— |
| | | Satzpreis (2 W.) | | 8,— | 8,— |

**Blockausgabe**

| | | | | |
|---|---|---|---|---|
| **Block 1** | mit 10 × MiNr. 402 (155×110 mm) | fl I | 90,— | 90,— |
| **Block 2** | mit 4 × MiNr. 403 (96×97 mm) | fm I | 90,— | 90,— |

Auflagen: MiNr. 402 = 1.088.134, MiNr. 403 = 527.532 Stück, Bl. 1 = 131.424, Bl. 2 = 121.211 Blocks

*Gültig bis 31.12.1943*

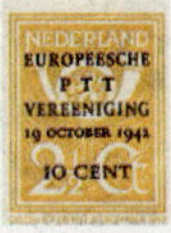

**1943, 15. Jan. Kongress der Europäischen Postvereinigung, Wien. MiNr. 114 in größerem Format und geänderter Farbe mit goldenem Bdr.-Aufdruck. RaTdr.; Wz. 2 X; gez. K 12½:12.**

fn

| | | | | |
|---|---|---|---|---|
| **404** | **10 C** auf 2½ C chromgelb | fn | 0,50 | 0,50 |
| 404 F | ohne Aufdruck | | *6000,—* | *6000,—* |

20 Exemplare ohne Aufdruck sind in Zevenaar am Postschalter verkauft worden (25.2.1943): davon blieben 14 Stück ★★, 6 Stück wurden gebraucht.

Auflage: 7.076.103 Stück

*Gültig bis 31.12.1943*

**1943, 15. Mai/1944, 1. April. Freimarken: Germanische Symbole und Seehelden. MiNr. 405–420 RaTdr., MiNr. 421 StTdr.; MiNr. 405, 407, 409 und 411 Wz. 2 Y, MiNr. 406, 408 und 410 Wz. 2 X, MiNr. 412–421 oWz.; gez. K 12:12½, Hochformate ~.**

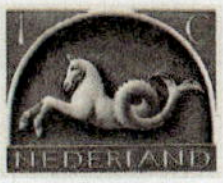

fo) Seepferd

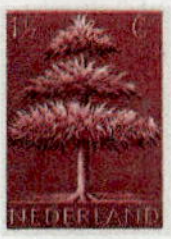

fp) Dreikronenbaum

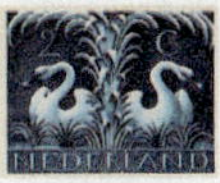

fr) Schwäne

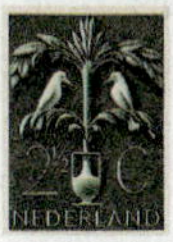

fs) Trauervögel

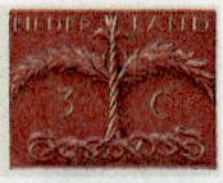

ft) Baum

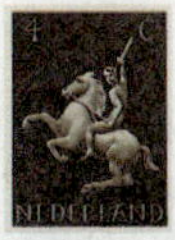

fu) Reiter

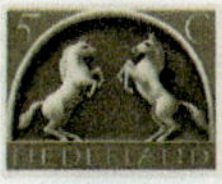

fv) Steigende Schimmel

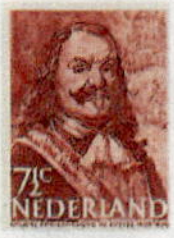

fw) Michiel Adriaanszoon de Ruyter (1607–1676)

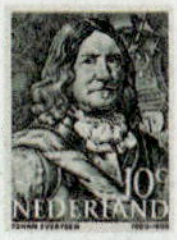

fx) Jan Evertsen (1600–1666)

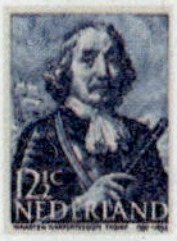

fy) Maarten Harpertszoon Tromp (1597–1653)

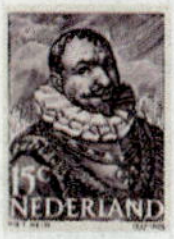

fz) Pieter Pieterzoon Hein (1577–1629)

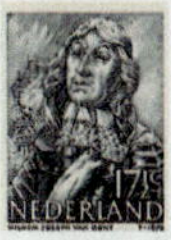

ga) Wilhelm Joseph van Gent (1626–1672)

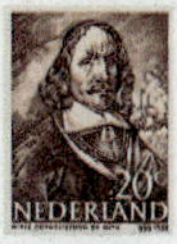

gb) Witte Corneliszoon de With (1599–1658), Vizeadmiral

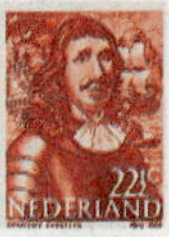

gc) Cornelis Evertsen (1610–1666)

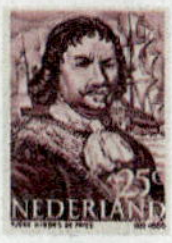

gd) Tjerk Hiddes de Vries (1622–1666)

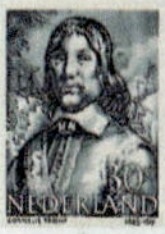

ge) Cornelis Tromp (1629–1691)

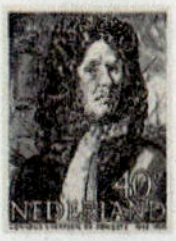

gf) Cornelis Evertsen d. J. (1642–1706)

| | | | | | |
|---|---|---|---|---|---|
| **405** | 1 C | grauschwarz (6.7.1943) | fo | 0,30 | 0,30 |
| **406** | 1½ C | karminbraun (16.8.1943) | fp | 0,30 | 0,30 |
| **407** | 2 C | schwarzblau (16.10.1943) | fr | 0,30 | 0,30 |
| **408** | 2½ C | dunkelblaugrün (1.7.1943) | fs | 0,30 | 0,30 |
| **409** | 3 C | dunkelbraunrot (16.12.1943) | ft | 0,30 | 0,30 |
| **410** | 4 C | braunschwarz (1.11.1943) | fu | 0,30 | 0,30 |
| **411** | 5 C | olivgrün (16.7.1943) | fv | 0,30 | 0,30 |
| **412** | 7½ C | dunkelbraunrot (16.6.1943) | fw | 0,30 | 0,30 |
| **413** | 10 C | dunkelgrün (1.7.1943) | fx | 0,30 | 0,30 |
| **414** | 12½ C | dunkelultramarin (16.7.1943) | fy | 0,30 | 0,30 |
| **415** | 15 C | schwarzlila (16.8.1943) | fz | 0,30 | 0,30 |
| **416** | 17½ C | indigo (15.5.1943) | ga | 0,30 | 0,30 |
| **417** | 20 C | lilabraun (16.9.1943) | gb | 0,30 | 0,30 |

| | | | | | |
|---|---|---|---|---|---|
| **418** | 22½ C | orangerot (15.5.1943) | gc | 0,30 | 0,30 |
| **419** | 25 C | schwarzlila (6.7.1943) | gd | 0,40 | 0,30 |
| **420** | 30 C | schwarzblaugrün (6.1.1944) | ge | 0,60 | 0,30 |
| **421** | 40 C | schwarzblau (1.4.1944) | gf | 0,80 | 0,30 |
| | | Satzpreis (17 W.) | | 6,— | 4,— |

MiNr. 407 mit Durchlochung und rückseitiger Kontrollziffer sowie MiNr. 411 mit Durchlochung P.Z.V. 50 sind privaten Ursprungs.

Auflagen: MiNr. 405 = 10.506.719, MiNr. 406 = 203.845.210, MiNr. 407 = 7.745.265, MiNr. 408 = 22.837.788, MiNr. 409 = 8.687.970, MiNr. 410 = 7.327.262, MiNr. 411 = 123.213.520, MiNr. 412 = 241.093.649, MiNr. 413 = 33.432.956, MiNr. 414 = 4.452.943, MiNr. 415 = 7.149.169, MiNr. 416 = 6.219.201, MiNr. 417 = 14.910.206, MiNr. 418 = 4.389.139, MiNr. 419 = 3.953.327, MiNr. 420 = 10.518.458, MiNr. 421 = 4.409.691 Stück

*Gültig bis 31.5.1946*

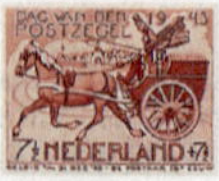


**1943, 9. Okt. Tag der Briefmarke. RaTdr.; gez. K 12:12½.**

gh) Postwagen (19. Jh.)

| | | | | | |
|---|---|---|---|---|---|
| **422** | 7½ (C) | + 7½ (C) dunkelbraunrot | gh | 0,50 | 0,50 |

Auflage: 5.801.291 Stück

*Gültig bis 31.12.1943*

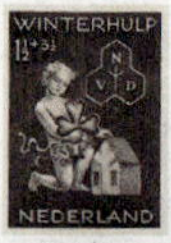


**1944, 6. März. Winterhilfe des Volksdienstes. RaTdr.; Wz. 2; gez. K 12½:12.**

gi) Symbolische Darstellung

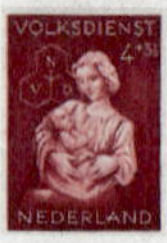


gk) Mutter mit Kind

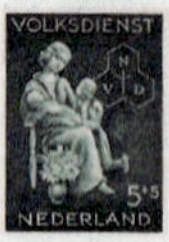


gl) Mutter mit Kindern

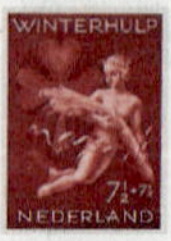


gm) Symbolische Darstellung

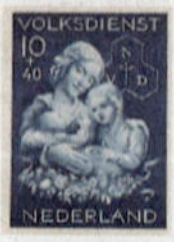


gn) Mutter mit Kindern

| | | | | | |
|---|---|---|---|---|---|
| **423** | 1½ (C) | + 3½ (C) schwarzgrau | gi | 0,30 | 0,30 |
| **424** | 4 (C) | + 3½ (C) dunkelbraunkarmin | gk | 0,30 | 0,30 |
| **425** | 5 (C) | + 5 (C) schwarzblaugrün | gl | 0,30 | 0,30 |
| **426** | 7½ (C) | + 7½ (C) rotbraun | gm | 0,30 | 0,30 |
| **427** | 10 (C) | + 40 (C) dunkelblau | gn | 0,30 | 0,30 |
| | | Satzpreis (5 W.) | | 1,50 | 1,50 |

Auflagen: MiNr. 423 = 2.539.590, MiNr. 424 = 2.496.269, MiNr. 425 = 2.446.103, MiNr. 426 = 2.441.786, MiNr. 427 = 2.413.669 Stück

*Gültig bis 31.12.1944*

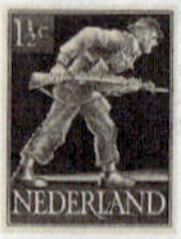


**1944, 15. Juni/1946, 1. April. Freimarken der Londoner Exilregierung. StTdr.; MiNr. 428 und 431–442 gez. K 12½, MiNr. 429–430 gez. L 12½.**

go) Infanterist

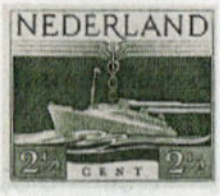


gp) Überseedampfer „Nieuw Amsterdam"

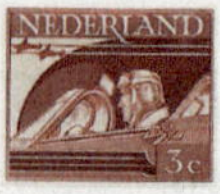


gr) Flieger

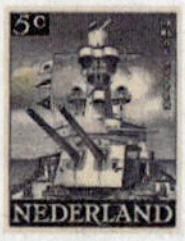


gs) Kreuzer „De Ruyter"

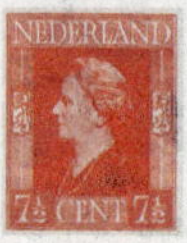


gt) Königin Wilhelmina

| | | | | | |
|---|---|---|---|---|---|
| **428** | 1½ C | dunkelgrau | go | 0,30 | 0,30 |
| **429** | 2½ C | grün | gp | 0,30 | 0,30 |
| **430** | 3 C | rotbraun | gr | 0,30 | 0,30 |
| **431** | 5 C | dunkelblau | gs | 0,30 | 0,30 |
| **432** | 7½ C | rot | gt | 0,30 | 0,30 |
| **433** | 10 C | orange | gt | 0,30 | 0,30 |
| **434** | 12½ C | blau | gt | 0,30 | 0,30 |
| **435** | 15 C | braunkarmin (1946) | gt | 1,60 | 1,60 |
| **436** | 17½ C | grauoliv (1946) | gt | 1,40 | 1,40 |
| **437** | 20 C | dunkelviolett | gt | 0,50 | 0,50 |
| **438** | 22½ C | karmin (1946) | gt | 1,20 | 1,20 |
| **439** | 25 C | gelbbraun (1946) | gt | 1,80 | 1,80 |
| **440** | 30 C | dunkelgrün | gt | 0,30 | 0,30 |
| **441** | 40 C | dunkelviolett (1946) | gt | 2,50 | 2,50 |
| **442** | 50 C | dunkellila (1946) | gt | 1,60 | 1,60 |
| | | Satzpreis (15 W.) | | 13,— | 13,— |

MiNr. 428–434, 437 und 440 konnten zunächst nur von niederländischen Schiffen verwendet werden. Nach der Befreiung der verschiedenen Landstriche der Niederlande wurden die Marken auch dort eingeführt.

Auflagen: MiNr. 428 = 13.448.900, MiNr. 429 = 8.162.000, MiNr. 430 = 8.241.700, MiNr. 431 = 8.332.300, MiNr. 432 = 29.372.100, MiNr. 433 = 5.340.300, MiNr. 434 = 11.379.300, MiNr. 435 = 1.488.100, MiNr. 436 = 1.489.100, MiNr. 437 = 2.391.900, MiNr. 438 = 1.500.000, MiNr. 439 = 1.489.300, MiNr. 440 = 2.392.200, MiNr. 441–442 je 1.489.700 Stück

*Gültig bis 31.12.1947*

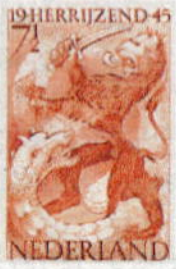


**1945, 15. Juli. Befreiung von deutscher Besatzung. StTdr.; gez. K 12¾:14.**

gu) Niederländischer Löwe im Kampf mit dem Drachen

| | | | | | |
|---|---|---|---|---|---|
| **443** | 7½ C | orangerot | gu | 0,50 | 0,50 |

Auflage: 56.788.994 Stück

*Gültig bis 31.12.1946*

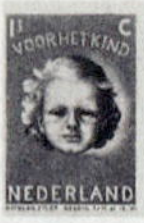


**1945, 1. Dez. „Voor het Kind". RaTdr.; Wz. 2 X; gez. K 14½:13½.**

gv) Mädchenkopf

| | | | | | |
|---|---|---|---|---|---|
| **444** | 1½ C | + 2½ C dunkelblaugrau | gv | 0,30 | 0,30 |
| **445** | 2½ C | + 3½ C dunkelblaugrün | gv | 0,30 | 0,30 |
| **446** | 5 C | + 5 C dunkelbraunkarmin | gv | 0,30 | 0,30 |
| **447** | 7½ C | + 4½ C rot | gv | 0,30 | 0,30 |
| **448** | 12½ C | + 5½ C grünlichblau | gv | 0,30 | 0,30 |
| | | Satzpreis (5 W.) | | 1,50 | 1,50 |

Auflagen: MiNr. 444 = 3.415.860, MiNr. 445 = 2.036.235, MiNr. 446 = 2.536.402, MiNr. 447 = 3.598.900, MiNr. 448 = 2.126.635 Stück

*Gültig bis 31.12.1946*

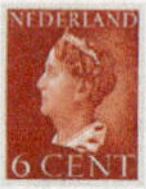


**1946/1947, Febr. Freimarken: Königin Wilhelmina. RaTdr.; Wz. 2 X; gez. K 13½:12¾.**

ex) Königin Wilhelmina (1880–1962, reg. 1898–1948)

| | | | | | |
|---|---|---|---|---|---|
| **449** | 6 C | braunrot (Febr. 1947) | ex | 0,50 | 0,30 |
| **450** | 17½ C | schiefer | ex | 1,50 | 1,— |
| **451** | 50 C | orange | ex | 10,— | 0,70 |
| **452** | 60 C | schwarzviolett | ex | 10,— | 3,— |
| | | Satzpreis (4 W.) | | 22,— | 5,— |

*Gültig bis 30.9.1949*

*In gleicher Zeichnung: MiNr. 341–350*

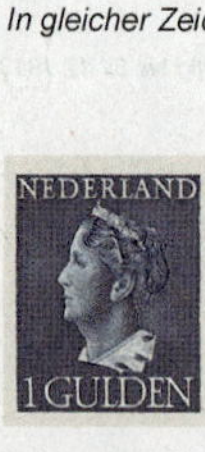


**1946. Freimarken: Königin Wilhelmina. StTdr.; gez. K 13½:14.**

gw) Königin Wilhelmina (1880–1962, reg. 1898–1948)

| | | | | | |
|---|---|---|---|---|---|
| **453** | 1 G | graublau | gw | 4,— | 1,— |
| **454** | 2½ G | rotbraun | gw | 200,— | 14,— |
| **455** | 5 G | grün | gw | 200,— | 38,— |

| | | | | | |
|---|---|---|---|---|---|
| **456** | 10 G violett | gw | 200,— | 38,— |
| | | Satzpreis (4 W.) | 600,— | 90,— |

Auflagen: MiNr. 453 = 5.642.500, MiNr. 454 = 510.200, MiNr. 455 = 363.500, MiNr. 456 = 291.600 Stück

*Gültig bis 30.9.1949*

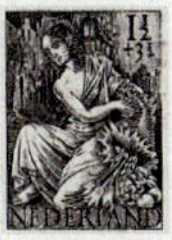


**1946, 1. Mai. Kriegsopferhilfe. StTdr.; gez. K 12½:12.**

gx) Frauengestalt mit Füllhorn vor Ruinen

| | | | | | |
|---|---|---|---|---|---|
| **457** | 1½ (C) + 3½ (C) schwarzbraun | gx | 0,50 | 0,30 |
| **458** | 2½ (C) + 5 (C) dunkelgrün | gx | 0,70 | 0,60 |
| **459** | 5 (C) + 10 (C) braunviolett | gx | 0,70 | 0,60 |
| **460** | 7½ (C) + 15 (C) weinrot | gx | 0,50 | 0,30 |
| **461** | 12½ (C) + 37½ (C) blau | gx | 1,20 | 0,70 |
| | | Satzpreis (5 W.) | 3,60 | 2,50 |

Auflagen: MiNr. 457 = 1.545.392, MiNr. 458 = 1.035.034, MiNr. 459 = 1.236.835, MiNr. 460 = 1.769.255, MiNr. 461 = 995.881 Stück

*Gültig bis 31.12.1947*

**1946, 16. Sept. Kinderhilfe und Kampf gegen die Tuberkulose: Prinzessinnen. StTdr.; gez. K 12½:12.**

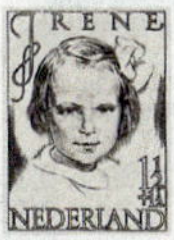


gy) Prinzessin Irene (*1939)

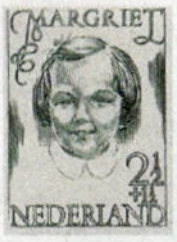


gz) Prinzessin Margriet (*1943)

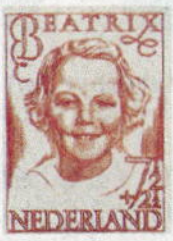


ha) Prinzessin Beatrix (*1938)

| | | | | | |
|---|---|---|---|---|---|
| **462** | 1½ (C) + 1½ (C) schwarzbraun | gy | 0,60 | 0,50 |
| **463** | 2½ (C) + 1½ (C) dunkelgrün | gz | 0,60 | 0,50 |
| **464** | 4 (C) + 2 (C) violett | gy | 0,70 | 0,50 |
| **465** | 5 (C) + 2 (C) braun | gz | 0,70 | 0,50 |
| **466** | 7½ (C) + 2½ (C) rot | ha | 0,60 | 0,30 |
| **467** | 12½ (C) + 7½ (C) blau | ha | 0,60 | 0,70 |
| | | Satzpreis (6 W.) | 3,80 | 3,— |

Auflagen: MiNr. 462 = 1.919.205, MiNr. 463 = 1.622.705, MiNr. 464 = 1.449.411, MiNr. 465 = 1.923.596, MiNr. 466 = 2.471.823, MiNr. 467 = 1.435.428 Stück

*Gültig bis 31.12.1947*

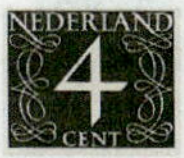


hb

**1946, 1. Nov./1969, 29. Jan. Freimarken: Ziffern. RaTdr.; X = Wz. 2 X, Y = Wz. 2 Y, Z = oWz.; x = normales Papier, y = Papier ph., z = Papier fl.; A = vierseitig, D = dreiseitig gez. K 12¾:13½.**

**X D = Wz. 2 X, dreiseitig gez. K 12¾:13½ (29.1.1969)**

| | | | | |
|---|---|---|---|---|
| **468 X D** | 1 C rot (⌧) | hb | | |
| x | normales Papier | | 0,30 | 0,30 |
| y | Papier ph. | | 0,30 | 0,30 |

**Y x A = Wz. 2 Y, normales Papier, vierseitig gez. K 12¾:13½**

| | | | | |
|---|---|---|---|---|
| **468 Y x A** | 1 C rot (1.11.1946) | hb | 0,30 | 0,30 |
| **469 Y x A** | 2 C blau (1.11.1946) | hb | 0,30 | 0,30 |
| **470 Y x A** | 2½ C orangegelb (15.10.1947) | hb | 6,— | 1,60 |
| **471 Y x A** | 4 C olivgrün (1.11.1946) | hb | 0,40 | 0,30 |
| | | Satzpreis A (4 W.) | 7,— | 2,50 |
| | | Markenheftchen mit 24 × MiNr. 469 Y x A | 60,— | |

**Z z A = oWz., Papier fl., vierseitig gez. K 12¾:13½**

| | | | | |
|---|---|---|---|---|
| **471 Z z A** | 4 C olivgrün (27.8.1962) | hb | 1,— | 0,80 |

Dreiseitig gezähnte Werte stammen aus Markenheftchen MH 8 x und 8 y.

MiNr. 469 mit rückseitiger schwarzer Zählnummer stammt aus Rollen.

Auflage: MiNr. 471 Z z A = 2.050.600 Stück

*Gültig bis 31.12.1985*

*In gleicher Zeichnung: MiNr. 612–614, 646, 691*

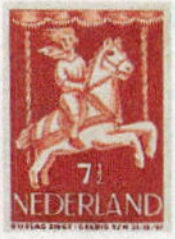


**1946, 2. Dez. „Voor het Kind". RaTdr.; Wz. 2 X; gez. K 12½:12.**

hc) Kind auf Karussellpferd

| | | | | | |
|---|---|---|---|---|---|
| **472** | 2 (C) + 2 C graulila | hc | 0,50 | 0,50 |
| **473** | 4 (C) + 2 C grün | hc | 0,50 | 0,50 |
| **474** | 7½ (C) + 2½ C rot | hc | 0,50 | 0,50 |
| **475** | 10 (C) + 5 C braunkarmin | hc | 0,70 | 0,30 |
| **476** | 20 (C) + 5 C blau | hc | 0,80 | 0,70 |
| | | Satzpreis (5 W.) | 3,— | 2,50 |

Auflagen: MiNr. 472 = 2.319.490, MiNr. 473 = 1.208.062, MiNr. 474 = 1.494.476, MiNr. 475 = 2.253.020, MiNr. 476 = 1.081.851 Stück

*Gültig bis 31.12.1947*

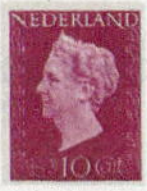


**1947/1948. Freimarken: Königin Wilhelmina. RaTdr.; Wz. 2 X; gez. K 13½:12½.**

hd) Königin Wilhelmina (1880–1962, reg. 1898–1948)

| | | | | | |
|---|---|---|---|---|---|
| **477** | 5 C gelbgrün | hd | 1,20 | 0,30 |
| **478** | 6 C schwarzbraun (1.6.1947) | hd | 0,30 | 0,30 |
| **479** | 6 C graublau (28.4.1948) | hd | 0,60 | 0,30 |
| **480** | 7½ C rotbraun (1948) | hd | 0,30 | 0,30 |
| **481** | 10 C rotviolett (1.6.1947) | hd | 0,60 | 0,30 |
| **482** | 12½ C rot (1948) | hd | 1,— | 0,40 |
| **483** | 15 C purpur | hd | 10,— | 0,30 |
| **484** | 20 C dunkelblau | hd | 10,— | 0,30 |
| **485** | 22½ C sepia (1948) | hd | 1,— | 0,60 |
| **486** | 25 C hellblau (4.10.1947) | hd | 20,— | 0,30 |
| **487** | 30 C orange | hd | 20,— | 0,30 |
| **488** | 35 C blaugrün | hd | 20,— | 0,40 |
| **489** | 40 C rotbraun (21.11.1947) | hd | 25,— | 0,40 |
| | | Satzpreis (13 W.) | 110,— | 4,50 |
| | | Markenheftchen mit 24 × MiNr. 481 | 180,— | |

Auflagen: MiNr. 477 = 70.608.000, MiNr. 478 = 42.534.800, MiNr. 479 = 116.322.200, MiNr. 480 = 6.837.600, MiNr. 481 = 402.789.400, MiNr. 482 = 5.375.400, MiNr. 483 = 24.990.200, MiNr. 484 = 77.804.000, MiNr. 485 = 5.715.600, MiNr. 486 = 17.956.600, MiNr. 487 = 15.705.400, MiNr. 488 = 7.897.000, MiNr. 489 = 10.488.800 Stück

*Gültig bis 30.9.1951*

*MiNr. 480 mit Aufdruck: MiNr. 551*

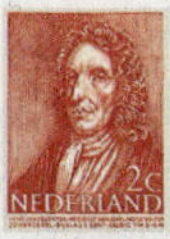


**1947, 1. Aug. Sommermarken zugunsten kultureller und sozialer Fürsorge. StTdr.; gez. K 12½:12.**

he) Hendrik van Deventer (1651–1724), Mediziner

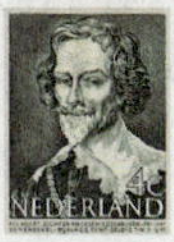


hf) Pieter Cornelis-zoon Hooft (1581–1647), Dichter und Historiker

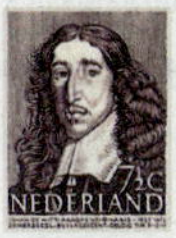


hg) Johan de Witt (1625–1672), Staatsmann

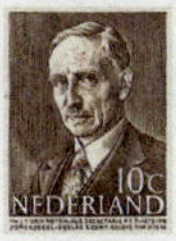


hh) Jean François van Royen (1878–1942), Generalsekretär der PTT

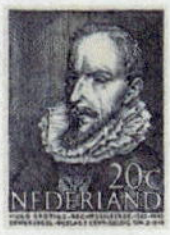


hi) Hugo de Groot (1583–1645), Philosoph und Rechtsgelehrter

| | | | | | |
|---|---|---|---|---|---|
| **490** | 2 C + 2 C rot | he | 0,70 | 0,50 |
| **491** | 4 C + 2 C grün | hf | 1,30 | 0,60 |
| **492** | 7½ C + 2½ C violett | hg | 2,— | 1,— |
| **493** | 10 C + 5 C braun | hh | 1,50 | 0,50 |
| **494** | 20 C + 5 C blau | hi | 1,— | 0,70 |
| | | Satzpreis (5 W.) | 6,50 | 3,20 |

Auflagen: MiNr. 490 = 1.170.066, MiNr. 491 = 876.888, MiNr. 492 = 940.101, MiNr. 493 = 1.533.994, MiNr. 494 = 841.885 Stück

*Gültig bis 31.12.1948*

**1947, 1. Dez. „Voor het Kind". RaTdr.; gez. K 12¾:14.**

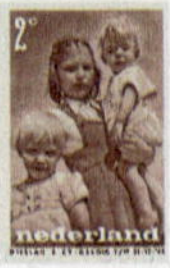


hk) Geschwister

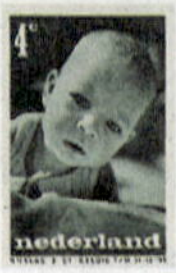


hl) Säugling

| | | | | |
|---|---|---|---|---|
| **495** | 2 C + 2 C braunkarmin | hk | 0,50 | 0,30 |
| **496** | 4 C + 2 C dunkelgrün | hl | 0,80 | 0,60 |
| **497** | 7½ C + 2½ C sepia | hl | 1,— | 0,80 |
| **498** | 10 C + 5 C rot | hl | 1,20 | 0,30 |
| **499** | 20 C + 5 C blau | hk | 2,— | 1,— |
| | Satzpreis (5 W.) | | 5,50 | 3,— |

Auflagen: MiNr. 495 = 3.306.990, MiNr. 496 = 1.410.029, MiNr. 497 = 1.610.302, MiNr. 498 = 3.325.204, MiNr. 499 = 1.230.047 Stück

*Gültig bis 31.12.1948*

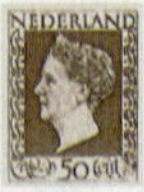


**1948. Freimarken: Königin Wilhelmina. StTdr.; Wz. 2 X; gez. K 13½:12½.**

hm) Königin Wilhelmina (1880–1962, reg. 1898–1948)

| | | | | |
|---|---|---|---|---|
| **500** | 45 C blau | hm | 25,— | 19,— |
| **501** | 50 C hellbraun | hm | 18,— | 0,50 |
| **502** | 60 C rotorange | hm | 22,— | 3,— |
| | Satzpreis (3 W.) | | 65,— | 22,— |

Auflagen: MiNr. 500 = 6.176.800, MiNr. 501 = 19.855.000, MiNr. 502 = 8.810.800 Stück

*Gültig bis 30.9.1951*

**1948, 17. Juni. Sommermarken zugunsten kultureller und sozialer Fürsorge: Jahrestage. StTdr.; gez. K 13½:14.**

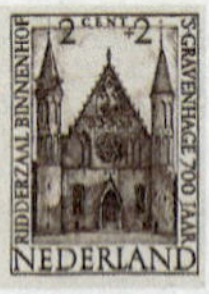


hn) 700 Jahre 's-Gravenhage: Rittersaal

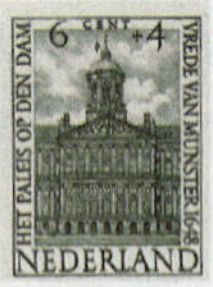


ho) 300. Jahrestag des Friedens von Münster: Paleis op den Dam, Amsterdam

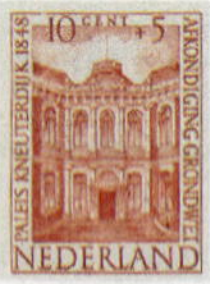


hp) 100 Jahre Verfassung: Paleis am Kneuterdijk, 's Gravenhage

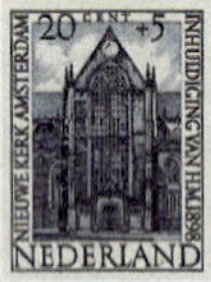


hr) 50 Jahre Nieuwe Kerk, Amsterdam

| | | | | |
|---|---|---|---|---|
| **503** | 2 C + 2 (C) dunkelbraun | hn | 2,— | 0,80 |
| **504** | 6 C + 4 (C) grün | ho | 2,50 | 0,80 |
| **505** | 10 C + 5 (C) orangerot | hp | 1,50 | 0,50 |
| **506** | 20 C + 5 (C) dunkelblau | hr | 2,50 | 1,40 |
| | Satzpreis (4 W.) | | 8,50 | 3,50 |

Auflagen: MiNr. 503 = 1.356.241, MiNr. 504 = 1.217.464, MiNr. 505 = 1.732.025, MiNr. 506 = 1.027.263 Stück

*Gültig bis 31.12.1949*

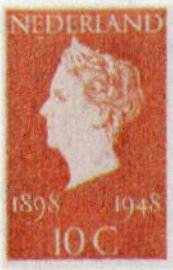


**1948, 30. Aug. 50. Regierungsjubiläum der Königin Wilhelmina. StTdr.; gez. 12¾:14.**

hs) Königin Wilhelmina (1880–1962, reg. 1898–1948)

| | | | | |
|---|---|---|---|---|
| **507** | 10 C orangerot | hs | 0,30 | 0,30 |
| **508** | 20 C blau | hs | 1,70 | 1,50 |
| | Satzpreis (2 W.) | | 2,— | 1,80 |

Auflagen: MiNr. 507 = 20.080.600, MiNr. 508 = 2.664.000 Stück

*Gültig bis 31.12.1949*

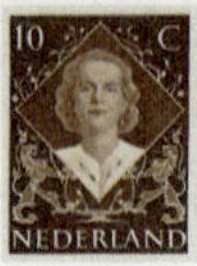


**1948, 7. Sept. Krönung der Königin Juliana. RaTdr.; MiNr. 509 Wz. 2 X, MiNr. 510 Wz. 2 Y; gez. K 14½:13¾ (13¼).**

ht) Königin Juliana (1909–2004, reg. 1948–1980)

| | | | | |
|---|---|---|---|---|
| **509** | 10 C olivbraun | ht | 1,50 | 0,30 |
| **510** | 20 C ultramarin | ht | 2,— | 0,70 |
| | Satzpreis (2 W.) | | 3,50 | 1,— |

Auflagen: MiNr. 509 = 185.076.800, MiNr. 510 = 9.392.400 Stück

*Gültig bis 31.8.1953*

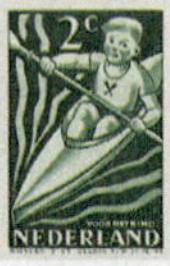


**1948, 15. Nov. „Voor het Kind". RaTdr.; gez. K 12¾:14.**

hu) Junge im Kajak

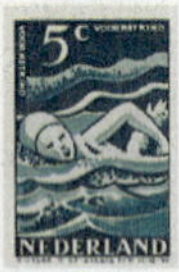


hv) Schwimmerin

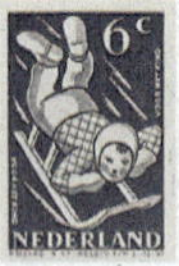


hw) Junge auf Rodelschlitten

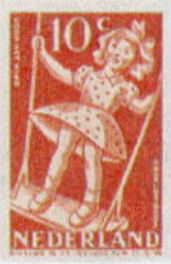


hx) Mädchen auf Schaukel

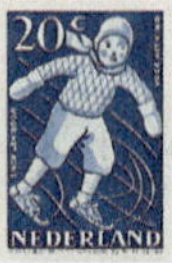


hy) Junge mit Schlittschuhen

| | | | | |
|---|---|---|---|---|
| **511** | 2 C + 2 C hellgrün | hu | 0,30 | 0,30 |
| **512** | 5 C + 3 C blaugrün | hv | 2,— | 0,90 |
| **513** | 6 C + 4 C grau | hw | 0,80 | 0,30 |
| **514** | 10 C + 5 C rot | hx | 0,30 | 0,30 |
| **515** | 20 C + 8 C ultramarin | hy | 1,60 | 1,20 |
| | Satzpreis (5 W.) | | 5,— | 3,— |

Auflagen: MiNr. 511 = 5.045.045, MiNr. 512 = 1.369.704, MiNr. 513 = 1.959.618, MiNr. 514 = 4.879.276, MiNr. 515 = 1.267.364 Stück

*Gültig bis 31.12.1949*

**1949, 2. Mai. Sommermarken zugunsten kultureller und sozialer Fürsorge. RaTdr.; MiNr. 516–517 Wz. 2 X, MiNr. 518–520 Wz. 2 Y; gez. K 14:12½.**

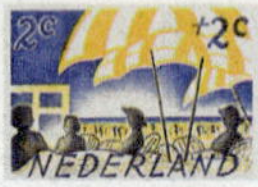


hz) Terrasse am Strand

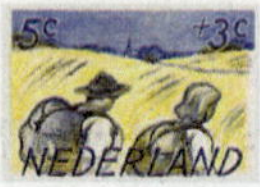


ia) Wandern

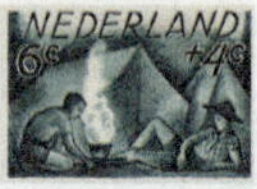


ib) Zelten

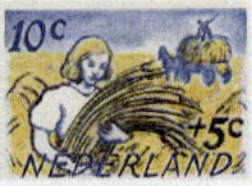


ic) Getreideernte

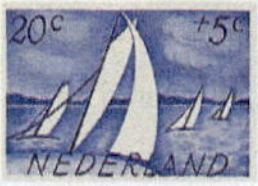


id) Segeln

| | | | | |
|---|---|---|---|---|
| **516** | 2 C + 2 C blau/orange | hz | 2,— | 0,30 |
| **517** | 5 C + 3 C blau/gelb | ia | 3,20 | 2,— |
| **518** | 6 C + 4 C dunkelgrün | ib | 2,60 | 0,40 |
| **519** | 10 C + 5 C blau/orange | ic | 3,20 | 0,30 |
| **520** | 20 C + 5 C blau | id | 4,— | 2,50 |
| | Satzpreis (5 W.) | | 15,— | 5,50 |

Auflagen: MiNr. 516 = 1.093.431, MiNr. 517 = 749.987, MiNr. 518 = 946.757, MiNr. 519 = 1.565.390, MiNr. 520 = 742.854 Stück

*Gültig bis 31.12.1950*

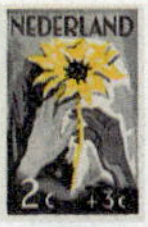


**1949, 1. Aug. Stiftung „Niederland hilft Indien". RaTdr.; gez. K 14½:13½.**

if) Weiße und braune Hand und Sonnenblume

| | | | | |
|---|---|---|---|---|
| **521** | 2 C + 3 C grau/gelb | if | 1,— | 0,40 |
| **522** | 6 C + 4 C rotbraun/gelb | if | 0,50 | 0,40 |
| **523** | 10 C + 5 C blau/gelb | if | 3,50 | 0,40 |
| **524** | 30 C + 10 C dunkelbraun/gelb | if | 10,— | 4,— |
| | Satzpreis (4 W.) | | 15,— | 5,— |

Auflagen: MiNr. 521 = 815.557, MiNr. 522 = 755.351, MiNr. 523 = 1.196.163, MiNr. 524 = 561.791 Stück

*Gültig bis 31.12.1950*

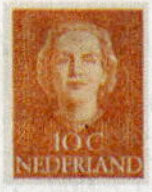


**1949/1951, März. Freimarken: Königin Juliana. RaTdr.; Wz. 2 X; gez. K 13½:12½.**

ig) Königin Juliana (1909–2004, reg. 1948–1980); Krone und Monogramm

| | | | | |
|---|---|---|---|---|
| **525** | 5 C dunkelgrauoliv | ig | 1,— | 0,30 |
| **526** | 6 C graublau | ig | 0,50 | 0,30 |
| **527** | 10 C dunkelorange (11.7.1949) | ig | 0,50 | 0,30 |
| **528** | 12 C ziegelrot (26.7.1949) | ig | 2,50 | 1,80 |
| **529** | 12 C zinnoberrot (März 1951) | ig | 8,50 | 0,30 |
| **530** | 15 C olivbraun | ig | 5,— | 0,30 |
| **531** | 20 C blau | ig | 5,— | 0,30 |
| **532** | 25 C braunrot | ig | 20,— | 0,30 |
| **533** | 30 C tiefviolett | ig | 15,— | 0,30 |
| **534** | 35 C graublau (1950) | ig | 30,— | 0,30 |
| **535** | 40 C rotlila (1950) | ig | 55,— | 0,30 |
| **536** | 45 C orange (26.7.1949) | ig | 2,— | 0,80 |
| **537** | 45 C violettgrau (1.3.1950) | ig | 60,— | 0,30 |
| **538** | 50 C bronzegrün | ig | 20,— | 0,30 |
| **539** | 60 C rotbraun | ig | 25,— | 0,30 |
| | Satzpreis (15 W.) | | 250,— | 6,50 |
| | Markenheftchen mit 24 × MiNr. 527 | | 320,— | |

Auflagen: MiNr. 525 = 192.588.200, MiNr. 526 = 301.410.000, MiNr. 528 = 5.821.200, MiNr. 529 = 9.020.400, MiNr. 530 = 54.702.000, MiNr. 531 = 77.892.200, MiNr. 532 = 41.768.600, MiNr. 533 = 39.134.400, MiNr. 534 = 11.175.000, MiNr. 535 = 20.545.600, MiNr. 536 = 2.890.800, MiNr. 537 = 12.382.200, MiNr. 538 = 28.574.200, MiNr. 539 = 17.245.800 Stück

*Gültig bis 31.12.1957*

*MiNr. 527 mit Aufdruck: MiNr. 606*
*In gleicher Zeichnung: MiNr. 582*

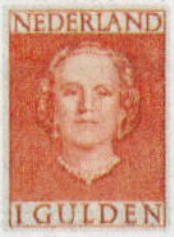


**1949. Freimarken: Königin Juliana. StTdr. gez. K 12½:12.**

ih) Königin Juliana (1909–2004, reg. 1948–1980)

| | | | | |
|---|---|---|---|---|
| **540** | 1 G rot (11. Juli) | ih | 5,— | 0,30 |
| **541** | 2½ G graubraun | ih | 200,— | 4,— |
| **542** | 5 G rotbraun | ih | 450,— | 6,— |
| **543** | 10 G dunkellilabraun | ih | 350,— | 15,— |
| | Satzpreis (4 W.) | | 1000,— | 25,— |

Auflagen: MiNr. 540 = 20.499.400, MiNr. 541 = 1.268.800, MiNr. 542 = 928.600, MiNr. 543 = 572.800 Stück

*Gültig bis 31.12.1957*

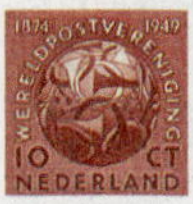


**1949, 1. Okt. 75 Jahre Weltpostverein (UPU). RaTdr.; Wz. 2 Y; gez. K 11½:12¾.**

ii) Weltkugel mit Posthörnern; Graphik von Maurits Cornelis Escher (1898–1972)

| | | | | |
|---|---|---|---|---|
| **544** | 10 C bräunlichrot | ii | 1,— | 0,30 |
| **545** | 20 C schieferblau | ii | 10,— | 3,30 |
| | Satzpreis (2 W.) | | 11,— | 3,60 |

Auflagen: MiNr. 544 = 21.371.712, MiNr. 545 = 1.927.288 Stück

*Gültig bis 31.12.1950*

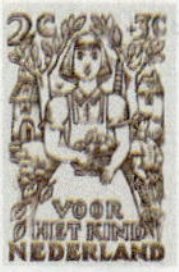


**1949, 14. Nov. „Voor het Kind". StTdr.; gez. K 12¾:14.**

ik) Herbst

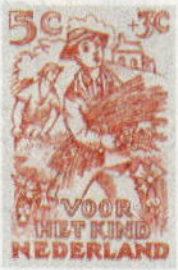


il) Sommer

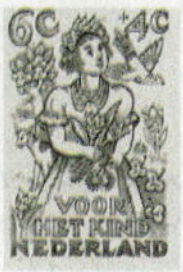


im) Frühling

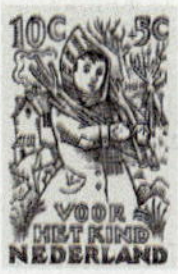


in) Winter

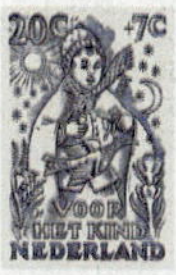


io) Neujahr

| | | | | |
|---|---|---|---|---|
| **546** | 2 C + 3 C braun | ik | 0,50 | 0,30 |
| **547** | 5 C + 3 C rot | il | 5,— | 1,50 |
| **548** | 6 C + 4 C grün | im | 4,— | 0,40 |
| **549** | 10 C + 5 C grauschwarz | in | 0,50 | 0,30 |
| **550** | 20 C + 7 C violettblau | io | 5,— | 1,50 |
| | Satzpreis (5 W.) | | 15,— | 4,— |

Auflagen: MiNr. 546 = 4.618.834, MiNr. 547 = 852.845, MiNr. 548 = 1.363.223, MiNr. 549 = 3.913.762, MiNr. 550 = 846.819 Stück

*Gültig bis 31.12.1950*

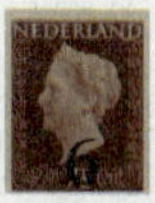


**1950, Mai. Freimarke: Königin Wilhelmina. MiNr. 480 mit Bdr.-Aufdruck der neuen Wertstufe.**

551

| | | | | |
|---|---|---|---|---|
| **551** | **6 (C)** auf 7½ C rotbraun | (480) | 1,80 | 0,30 |

Auflage: 17.318.800 Stück

*Gültig bis 30.9.1951*

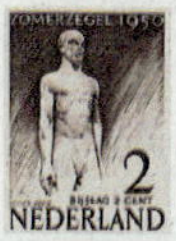


**1950, 2. Mai. Sommermarken zugunsten kultureller und sozialer Fürsorge. StTdr.; gez. K 12½:12, Querformate ~.**

ip) Denkmal für gefallene Postmitarbeiter in Den Haag von Hildo Krop (1884–1970)

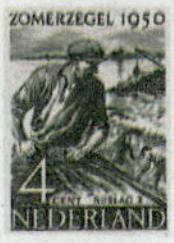


iq) Arbeiter beim Deichbau

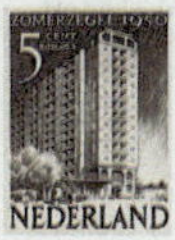


ir) Hochhaus in Rotterdam

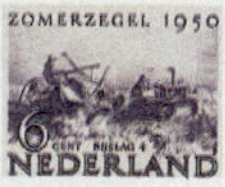


is) Mähmaschinen

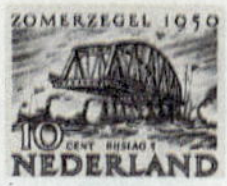


it) Transport eines Brückenbogens

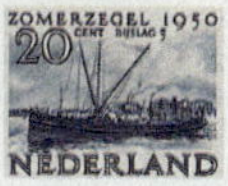


iu) Binnenschiff „Overijsel"

| | | | | |
|---|---|---|---|---|
| **552** | 2 C + 2 (C) dunkelbraun | ip | 2,— | 1,50 |
| **553** | 4 C + 2 (C) dunkelgrün | iq | 10,— | 8,— |
| **554** | 5 C + 3 (C) grauschwarz | ir | 8,— | 4,— |
| **555** | 6 C + 4 (C) violett | is | 4,— | 1,— |
| **556** | 10 C + 5 (C) blaugrau | it | 5,— | 0,50 |
| **557** | 20 C + 5 (C) blau | iu | 16,— | 10,— |
| | Satzpreis (6 W.) | | 45,— | 25,— |
| | FDC | | | 1400,— |

FDC

Auflagen: MiNr. 552 = 718.953, MiNr. 553 = 409.416, MiNr. 554 = 449.845, MiNr. 555 = 656.578, MiNr. 556 = 1.216.583, MiNr. 557 = 456.438 Stück

*Gültig bis 31.12.1951*

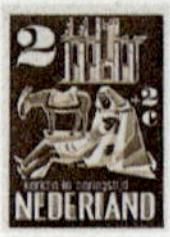

**1950, 17. Juli. Wiederaufbau im Kriege zerstörter Kirchen. RaTdr.; gez. K 12½:12.**

iv) Der barmherzige Samariter und Kirchenruine

| | | | | | | |
|---|---|---|---|---|---|---|
| **558** | 2 (C) | + 2 C dunkeloliv | iv | 10,— | 2,— |
| **559** | 5 (C) | + 3 C rotbraun | iv | 15,— | 10,— |
| **560** | 6 (C) | + 4 C blaugrün | iv | 10,— | 3,— |
| **561** | 10 (C) | + 5 C lilarot | iv | 20,— | 1,— |
| **562** | 20 (C) | + 5 C blau | iv | 30,— | 26,— |
| | | Satzpreis (5 W.) | | 85,— | 42,— |
| | | FDC | | | 500,— |

FDC

Auflagen: MiNr. 558 = 487.630, MiNr. 559 = 337.760, MiNr. 560 = 375.737, MiNr. 561 = 567.325, MiNr. 562 = 318.257 Stück

*Gültig bis 31.12.1951*

**1950, 3. Okt. 375 Jahre Universität Leiden. RaTdr.; Wz. 2 Y; gez. K 11¾:13.**

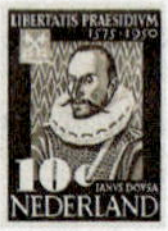

iw) Janus Dousa (1545–1609), erster Kurator

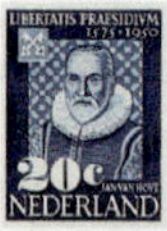

ix) Jan van Hout (1542–1609), erster Sekretär der Universität

| | | | | | |
|---|---|---|---|---|---|
| **563** | 10 C | schwarzoliv | iw | 6,— | 0,30 |
| **564** | 20 C | dunkelblau | ix | 6,— | 1,70 |
| | | Satzpreis (2 W.) | | 12,— | 2,— |
| | | FDC | | | 300,— |

FDC

Auflagen: MiNr. 563 = 19.037.172, MiNr. 564 = 1.949.603 Stück

*Gültig bis 31.12.1951*

**1950, 13. Nov. „Voor het Kind". RaTdr.; gez. K 13:12¼.**

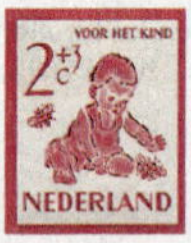

iy) Kind mit Bienen

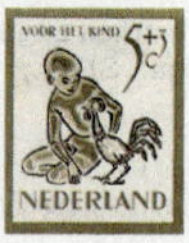

iz) Knabe mit Hahn

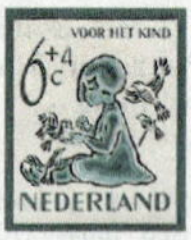

ka) Mädchen mit Vögeln

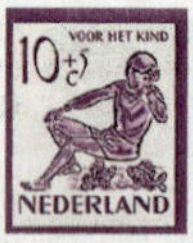

kb) Knabe mit Fischen

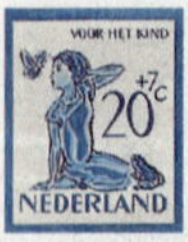

kc) Mädchen mit Schmetterling und Frosch

| | | | | | | |
|---|---|---|---|---|---|---|
| **565** | 2 C | + 3 (C) karmin | iy | 0,50 | 0,30 |
| **566** | 5 C | + 3 (C) oliv | iz | 10,— | 7,— |
| **567** | 6 C | + 4 (C) dunkelgrün | ka | 4,— | 0,40 |
| **568** | 10 C | + 5 (C) violett | kb | 0,50 | 0,30 |
| **569** | 20 C | + 7 (C) hellblau | kc | 10,— | 7,— |
| | | Satzpreis (5 W.) | | 25,— | 15,— |
| | | FDC | | | 250,— |

FDC

Auflagen: MiNr. 565 = 5.182.220, MiNr. 566 = 625.321, MiNr. 567 = 1.118.579, MiNr. 568 = 3.963.971, MiNr. 569 = 615.213 Stück

*Gültig bis 31.12.1951*

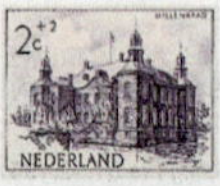

**1951, 15. Mai. Sommermarken zugunsten kultureller und sozialer Fürsorge: Burgen. StTdr.; gez. K 12:12½, Hochformate ~.**

kd) Hillenraad

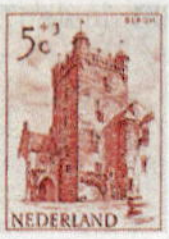

ke) Bergh

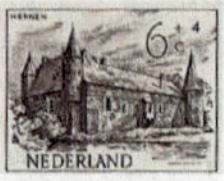

kf) Hernen

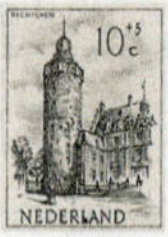

kg) Rechteren

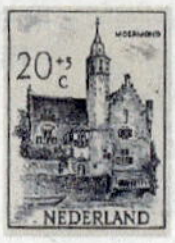

kh) Moermond

| | | | | | |
|---|---|---|---|---|---|
| **570** | 2 C | + 2 (C) blauviolett | kd | 1,50 | 1,— |
| **571** | 5 C | + 3 (C) rotbraun | ke | 8,— | 8,— |
| **572** | 6 C | + 4 (C) sepia | kf | 2,50 | 0,50 |
| **573** | 10 C | + 5 (C) oliv | kg | 5,— | 0,50 |
| **574** | 20 C | + 5 (C) blau | kh | 8,— | 8,— |
| | | Satzpreis (5 W.) | | 25,— | 18,— |
| | | FDC | | | 250,— |

FDC

Auflagen: MiNr. 570 = 890.962, MiNr. 571 = 563.807, MiNr. 572 = 793.434, MiNr. 573 = 1.272.000, MiNr. 574 = 571.000 Stück

*Gültig bis 31.12.1952*

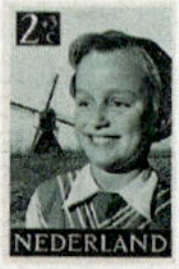

**1951, 12. Nov. „Voor het Kind". RaTdr.; gez. K 12½:14.**

ki) Mädchen und Windmühle

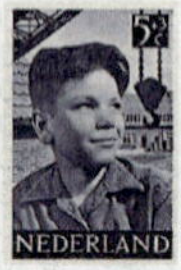

kk) Junge, Häuser im Wiederaufbau

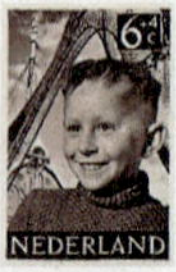

kl) Fischerjunge im Boot, Netz

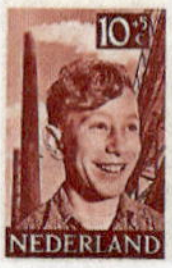

km) Arbeiterjunge, Schornstein und Eisenkonstruktionen

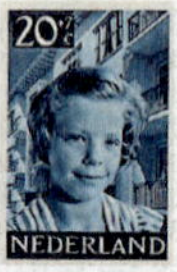

kn) Stadtmädchen, moderne Wohnhäuser

| | | | | | |
|---|---|---|---|---|---|
| **575** | 2 C | + 3 (C) dunkelgrün | ki | 0,50 | 0,30 |
| **576** | 5 C | + 3 (C) graublau | kk | 8,— | 4,— |
| **577** | 6 C | + 4 (C) sepia | kl | 5,— | 0,40 |
| **578** | 10 C | + 5 (C) braunkarmin | km | 0,50 | 0,30 |
| **579** | 20 C | + 7 (C) blau | kn | 8,— | 7,— |
| | | Satzpreis (5 W.) | | 22,— | 12,— |
| | | FDC | | | 190,— |

FDC

Auflagen: MiNr. 575 = 4.252.506, MiNr. 576 = 709.807, MiNr. 577 = 1.215.216, MiNr. 578 = 5.232.956, MiNr. 579 = 698.029 Stück

*Gültig bis 31.12.1952*

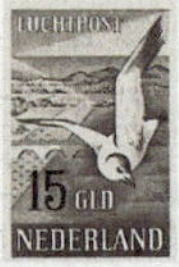

**✈ 1951, 12. Nov. Flugpostmarken. StTdr. (5×5); gez. K 12¾:14.**

ko) Silbermöwe über Landschaft

| | | | | | |
|---|---|---|---|---|---|
| **580** | 15 G | schwarzbraun | ko | 250,— | 100,— |
| **581** | 25 G | graublau | ko | 250,— | 100,— |
| | | Satzpreis (2 W.) | | 500,— | 200,— |

Auflage: 69.400 Sätze

*Gültig bis 31.12.1959*

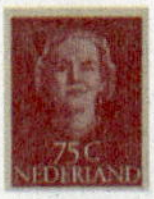

**1951, Dez. Freimarke: Königin Juliana. RaTdr.; Wz. 2 X; gez. K 13½:12½.**

ig) Königin Juliana (1909–2004, reg. 1948–1980); Krone und Monogramm

| | | | | | |
|---|---|---|---|---|---|
| **582** | 75 C | rot | ig | 80,— | 2,— |

Auflage: 4.023.400 Stück

*Gültig bis 31.12.1957*

*In gleicher Zeichnung: MiNr. 525–539*

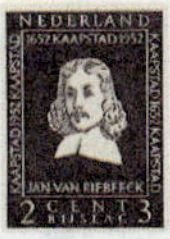

**1952, 14. März. 300. Jahrestag der Landung von Jan Anthoniszoon Riebeeck in Südafrika. RaTdr.; gez. K 12¾:12.**

kp) Jan Anthoniszoon Riebeeck (1619–1677), Kolonialbeamter und Gründer von Kapstadt

| | | | | | |
|---|---|---|---|---|---|
| **583** | 2 C | +3 (C) violettschwarz | kp | 4,50 | 4,— |
| **584** | 6 C | +4 (C) schwarzolivgrün | kp | 6,— | 5,— |
| **585** | 10 C | +5 (C) mittelbräunlichrot | kp | 7,— | 4,— |
| **586** | 20 C | +5 (C) blau | kp | 4,50 | 5,— |
| | | | Satzpreis (4 W.) | 22,— | 18,— |
| | | | FDC | | 120,— |

FDC

Auflagen: MiNr. 583 = 491.837, MiNr. 584 = 459.618, MiNr. 585 = 492.037, MiNr. 586 = 512.079 Stück

*Gültig bis 31.12.1953*

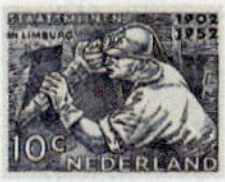

**1952, 16. April. 50 Jahre Staatskohlenminen in der Provinz Limburg. StTdr.; gez. K 12:12½.**

kr) Bergmann bei der Arbeit

| | | | | | |
|---|---|---|---|---|---|
| **587** | 10 C | graublau | kr | 1,80 | 0,30 |
| | | | FDC | | 90,— |

FDC

Auflage: 23.679.000 Stück

*Gültig bis 31.12.1953*

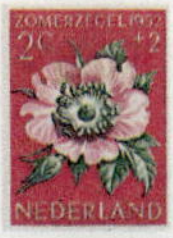

**1952, 1. Mai. Sommermarken zugunsten kultureller und sozialer Fürsorge: Blumen (I). Odr.; gez. K 12½:12.**

ks) Weinrose (Rosa rubiginosa)

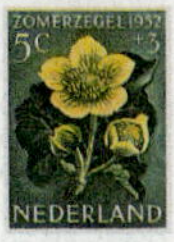

kt) Sumpfdotterblume (Caltha palustris)

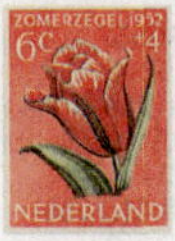

ku) Gartentulpe (Tulipa gesneriana)

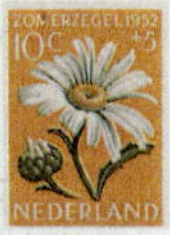

kv) Wiesen-Margerite (Chrysanthemum leucanthemum)

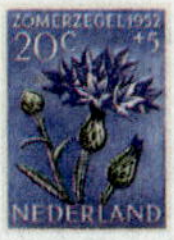

kw) Kornblume (Centaurea cyanus)

| | | | | | |
|---|---|---|---|---|---|
| **588** | 2 C | +2 (C) mehrfarbig | ks | 1,— | 0,80 |
| **589** | 5 C | +3 (C) mehrfarbig | kt | 4,— | 4,— |
| **590** | 6 C | +4 (C) mehrfarbig | ku | 1,50 | 1,60 |
| **591** | 10 C | +5 (C) gelb/dunkelgrün | kv | 1,50 | 0,60 |
| **592** | 20 C | +5 (C) mehrfarbig | kw | 10,— | 8,— |
| | | | Satzpreis (5 W.) | 18,— | 15,— |
| | | | FDC | | 110,— |

FDC

Auflagen: MiNr. 588 = 1.076.657, MiNr. 589 = 622.369, MiNr. 590 = 840.682, MiNr. 591 = 1.465.407, MiNr. 592 = 606.188 Stück

*Gültig bis 31.12.1953*

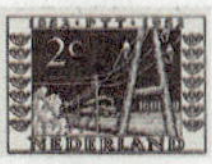

**1952, 28. Juni. 100 Jahre niederländische Reichstelegraphen; 100 Jahre niederländische Briefmarken. StTdr.; gez. K 13½:14½.**

kx) Telegraphenanlage und Eisenbahn (1852)

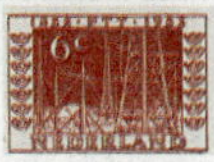

ky) Rundfunkmasten (1952)

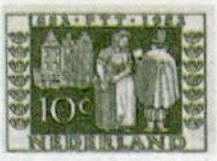

kz) Postzustellung (1852)

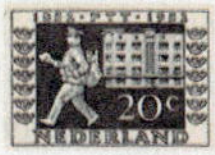

la) Postzustellung (1952)

| | | | | | |
|---|---|---|---|---|---|
| **593** | 2 C | graulila | kx | 0,50 | 0,30 |
| **594** | 6 C | lebhaftrot | ky | 0,50 | 0,30 |
| **595** | 10 C | grün | kz | 0,50 | 0,30 |
| **596** | 20 C | dunkelgrünblau | la | 6,50 | 1,60 |
| | | | Satzpreis (4 W.) | 8,— | 2,50 |
| | | | FDC | | 75,— |

FDC

Auflagen: MiNr. 593 = 242.298.000, MiNr. 594 = 9.422.000, MiNr. 595 = 23.661.900, MiNr. 596 = 2.710.500 Stück

*Gültig bis 31.12.1953*

*In gleichen Zeichnungen: MiNr. 597–600*

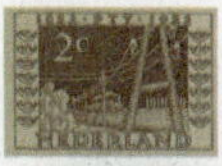

**1952, 28. Juni. Briefmarkenausstellung ITEP, Utrecht. StTdr.; gez. K 13½:14½.**

kx) Telegraphenanlage und Eisenbahn (1852)

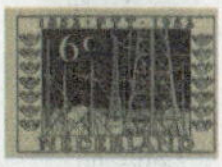

ky) Rundfunkmasten (1952)

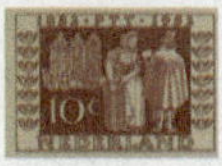

kz) Postzustellung (1852)

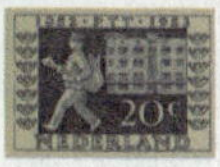

la) Postzustellung (1952)

| | | | | | |
|---|---|---|---|---|---|
| **597** | 2 C | hellbraun | kx | 25,— | 10,— |
| **598** | 6 C | blaugrün | ky | 25,— | 10,— |
| **599** | 10 C | karmin | kz | 25,— | 10,— |
| **600** | 20 C | blauviolett | la | 25,— | 10,— |
| | | | Satzpreis (4 W.) | 100,— | 40,— |
| | | | FDC | | 75,— |

Auflage: 205.700 Sätze

*Gültig bis 31.12.1953*

*In gleichen Zeichnungen: MiNr. 593–596*

**1952, 17. Nov. „Voor het Kind": Kind und Haustier. RaTdr.; gez. K 12:12½.**

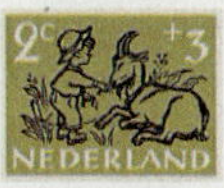

lb) Knabe mit Ziege

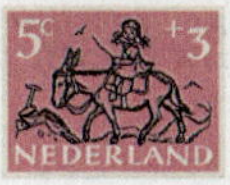

lc) Mädchen auf Esel

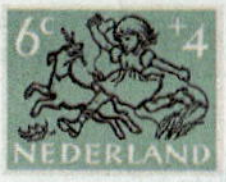

ld) Mädchen mit Hund

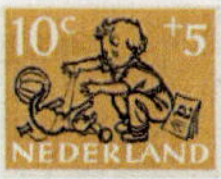

le) Knabe mit Katze

lf) Knabe mit Kaninchen

| | | | | | |
|---|---|---|---|---|---|
| **601** | 2 C | +3 (C) oliv/schwarz | lb | 0,30 | 0,30 |
| **602** | 5 C | +3 (C) lilarosa/schwarz | lc | 3,60 | 1,40 |
| **603** | 6 C | +4 (C) graugrün/schwarz | ld | 2,80 | 0,50 |
| **604** | 10 C | +5 (C) ocker/schwarz | le | 0,30 | 0,30 |
| **605** | 20 C | +7 (C) hellblau/schwarz | lf | 7,— | 6,— |
| | | | Satzpreis (5 W.) | 14,— | 8,50 |
| | | | FDC | | 100,— |

FDC

Auflagen: MiNr. 601 = 4.833.966, MiNr. 602 = 780.428, MiNr. 603 = 1.289.478, MiNr. 604 = 6.007.115, MiNr. 605 = 746.498 Stück

*Gültig bis 31.12.1953*

**Vorsicht:**

Von vielen FDC der Niederlande aus den Jahren 1950–1954 gibt es gefährliche Fälschungen.

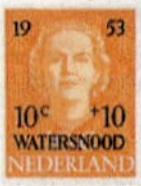

**1953, 10. Febr. Hilfe für die Opfer der Überschwemmung vom 1. Februar 1953. MiNr. 527 mit Aufdruck.**

606

| | | | | |
|---|---|---|---|---|
| **606** | **10 C + 10 (C)** auf 10 C dunkelorange | (527) | 0,50 | 0,30 |
| | | FDC | | 12,— |

FDC

Auflage: 15.689.867 Stück

*Gültig bis 31.12.1954*

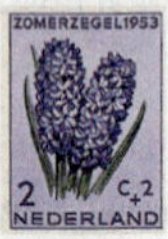

**1953, 1. Mai. Sommermarken zugunsten sozialer und kultureller Fürsorge: Blumen (II). RaTdr.; gez. K 12½:12.**

lg) Hyazinthe (Hyacinthus orientalis)

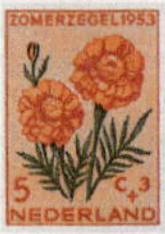

lh) Samtblume (Tagetes erecta)

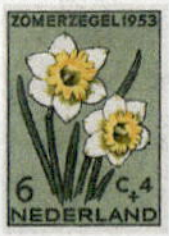

li) Gelbe Narzisse (Narcissus pseudonarcissus)

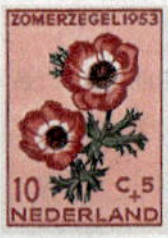

lk) Kronen-Anemone (Anemone coronaria)

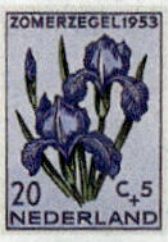

ll) Deutsche Schwertlilie (Iris germanica)

| | | | | |
|---|---|---|---|---|
| **607** | 2 C + 2 (C) mehrfarbig | lg | 1,— | 0,30 |
| **608** | 5 C + 3 (C) orangebraun/dunkelgrün | lh | 4,— | 4,— |
| **609** | 6 C + 4 (C) gelb/grün | li | 2,— | 1,40 |
| **610** | 10 C + 5 (C) karminrot/blaugrün | lk | 5,— | 0,30 |
| **611** | 20 C + 5 (C) ultramarin/dunkelgrün | ll | 10,— | 9,— |
| | Satzpreis (5 W.) | | 22,— | 15,— |
| | FDC | | | 110,— |

FDC

Auflagen: MiNr. 607 = 999.807, MiNr. 608 = 622.269, MiNr. 609 = 789.252, MiNr. 610 = 1.348.707, MiNr. 611 = 647.876 Stück

*Gültig bis 31.12.1954*

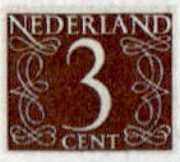

**1953, 27. Juni/1973, Jan. Freimarken: Ziffern. RaTdr.; X = Wz. 2 X, Y = Wz. 2 Y, Z = oWz.; x = normales Papier, y = Papier ph.; A = vierseitig, D = dreiseitig gez. K 12¾:13½.**

hb

X = Wz. 2 X

| | | | | |
|---|---|---|---|---|
| **613 X** | 5 C orange | hb | | |
| x | normales Papier (2.9.1964) | | | |
| Do | dreiseitig gez. (⌑) | | 10,— | 7,— |
| Du | dreiseitig gez. (⌑) | | 1,— | 0,30 |
| y D | Papier ph. (⌑) (18.1.1971) | | 0,70 | 0,30 |
| **614 X x** | 7 C ziegelrot, normales Papier (2.9.1964) | hb | | |
| Do | dreiseitig gez. (⌑) | | 0,30 | 0,30 |
| Du | dreiseitig gez. (⌑) | | 0,30 | 0,30 |
| | Paar 613 X x Do/Du | | 12,— | 10,— |
| | Paar 614 X x Do/Du | | 1,— | 0,50 |

Y = Wz. 2 Y

| | | | | |
|---|---|---|---|---|
| **612 Y x A** | 3 C orangebraun, normales Papier (12.8.1953) | hb | 0,30 | 0,30 |
| **613 Y** | 5 C orange | hb | | |
| x A | normales Papier (14.10.1953) | | 0,30 | 0,30 |
| y A | Papier ph. (Nov. 1971) | | 0,30 | 0,30 |
| **614 Y x A** | 7 C ziegelrot, normales Papier (27.6.1953) | hb | 0,30 | 0,30 |
| | Satzpreis Y (3 W.) | | 0,60 | 0,60 |

Z = oWz.

| | | | |
|---|---|---|---|
| **613 Z y D** | 5 C oWz., Papier ph. (⌑) (22.1.1973) | 0,30 | 0,30 |
| 613 x Uo | oben ungezähnt (mind. 2 cm) | *1500,—* | *1700,—* |

Dreiseitig gezähnte Werte stammen aus Markenheftchen.

*Gültig bis 31.12.1985*

*In gleicher Zeichnung: MiNr. 468–471, 646, 691*

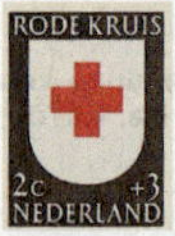

**1953, 24. Aug. Rotes Kreuz. StTdr.; gez. K 12½:12.**

lm) Rotes Kreuz im Schild

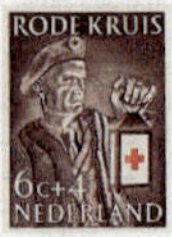

ln) Rot-Kreuz-Helfer mit Laterne

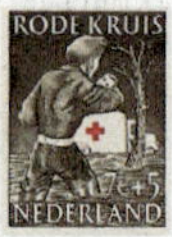

lo) Rot-Kreuz-Helfer bei Überschwemmung

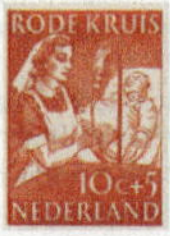

lp) Rot-Kreuz-Schwester bei Bluttransfusion

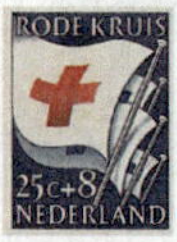

lr) Rot-Kreuz-Flaggen

| | | | | |
|---|---|---|---|---|
| **615** | 2 C + 3 (C) olivbraun/karminrot | lm | 1,— | 0,50 |
| **616** | 6 C + 4 (C) lilabraun/bräunlichrot | ln | 4,50 | 3,50 |
| **617** | 7 C + 5 (C) dunkelgelbgrün/bräunlichrot | lo | 1,50 | 0,70 |
| **618** | 10 C + 5 (C) bräunlichrot | lp | 1,— | 0,30 |
| **619** | 25 C + 8 (C) dunkelblau/braunrot | lr | 7,— | 5,— |
| | Satzpreis (5 W.) | | 15,— | 10,— |
| | FDC | | | 60,— |

FDC

Auflagen: MiNr. 615 = 1.161.375, MiNr. 616 = 633.627, MiNr. 617 = 866.978, MiNr. 618 = 2.084.936, MiNr. 619 = 658.982 Stück

*Gültig bis 31.12.1954*

**1953, 7. Sept./1971. Freimarken: Königin Juliana. RaTdr., vierseitig gezähnte Marken in Bogen und Rollen, dreiseitig gezähnte Marken in Markenheftchen; X = Wz. 2 X, Y = Wz. 2 Y; x = normales Papier, y = Papier ph.; A = vierseitig, D = dreiseitig gez. K 12½:12¾.**

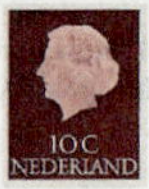

ls) Königin Juliana (1909–2004, reg. 1948–1980)

**X x = Wz. 2 X, normales Papier**

| | | | | |
|---|---|---|---|---|
| **620 X x A** | 10 C karminbraun (7.9.1953) | ls | 0,30 | 0,30 |
| **621 X x A** | 15 C karminrot (26.9.1953) | ls | 0,30 | 0,30 |
| **622 X x A** | 20 C schwarzviolettgrau (Jan. 1954) | ls | 0,30 | 0,30 |
| **623 X x A** | 25 C grauultramarin (30.9.1953) | ls | 0,30 | 0,30 |
| **624 X x A** | 30 C orangerot (Jan. 1954) | ls | 0,40 | 0,30 |
| **625 X x A** | 40 C dunkelgraublau (18.11.1953) | ls | 0,40 | 0,30 |
| **626 X x A** | 45 C bräunlichrot (Nov.1953) | ls | 0,40 | 0,30 |
| **627 X x A** | 50 C dunkelgelbgrün (Nov. 1953) | ls | 0,60 | 0,30 |
| **628 X x A** | 60 C braunocker (3.2.1954) | ls | 1,— | 0,30 |
| **629 X x A** | 75 C purpur (Okt. 1953) | ls | 1,— | 0,30 |
| | Satzpreis (10 W.) | | 5,— | 1,50 |

**X y = Wz. 2 X, phosphoreszierendes Papier**

| | | | | |
|---|---|---|---|---|
| **621 X y A** | 15 C karminrot (1967) | ls | 0,30 | 0,30 |
| **622 X y A** | 20 C schwarzviolettgrau (1967) | ls | 0,30 | 0,30 |
| **623 X y A** | 25 C grauultramarin (Febr. 1969) | ls | 0,30 | 0,30 |
| **624 X y A** | 30 C orangerot (1971) | ls | 1,10 | 0,30 |
| **625 X y A** | 40 C dunkelgraublau (1971) | ls | 6,— | 1,70 |
| **626 X y A** | 45 C bräunlichrot (1.2.1967) | ls | 0,80 | 0,40 |
| **627 X y A** | 50 C dunkelgelbgrün (1971) | ls | 2,— | 0,40 |
| **628 X y A** | 60 C braunocker (1971) | ls | 2,20 | 0,40 |
| **629 X y A** | 75 C purpur (1971) | ls | 2,— | 0,40 |
| | Satzpreis (9 W.) | | 15,— | 4,50 |

**Y x = Wz. 2 Y, normales Papier**

| | | | | | |
|---|---|---|---|---|---|
| **620 Y x Dr** | 10 C | karminbraun (⊡) (31.5.1965). | ls | 3,— | 2,20 |
| **621 Y x** | 15 C | karminrot (2.9.1964) | ls | | |
| **Dl** | | dreiseitig gez. (⊡) | | 0,30 | 0,30 |
| **Dr** | | dreiseitig gez. (⊡) | | 0,30 | 0,30 |
| **622 Y x** | 20 C | schwarzviolettgrau (5.5.1966) | ls | | |
| **Dl** | | dreiseitig gez. (⊡) | | 0,30 | 0,30 |
| **Dr** | | dreiseitig gez. (⊡) | | 0,30 | 0,30 |
| | | Paar 621 Y x Dl/Dr | | 0,60 | 0,50 |
| | | Paar 622 Y x Dl/Dr | | 0,50 | 0,50 |

**Y y = Wz. 2 Y, phosphoreszierendes Papier**

| | | | | | |
|---|---|---|---|---|---|
| **621 Y y** | 15 C | karminrot (18.1.1971) | ls | | |
| **Dl** | | dreiseitig gez. (⊡) | | 5,— | 1,50 |
| **Dr** | | dreiseitig gez. (⊡) | | 0,30 | 0,30 |
| **622 Y y** | 20 C | schwarzviolettgrau (1.8.1968) | ls | | |
| **Dl** | | dreiseitig gez. (⊡) | | 0,30 | 0,30 |
| **Dr** | | dreiseitig gez. (⊡) | | 0,30 | 0,30 |
| **624 Y y Dr** | 30 C | orangerot (⊡) (18.10.1971) | ls | 0,50 | 0,30 |
| | | Paar 621 Y y Dl/Dr | | 6,— | 2,— |
| | | Paar 622 Y y Dl/Dr | | 0,60 | 0,50 |

624 Y x A Wz. 2 Y, normales Papier ........ *2000,—* —,—

Marken mit rückseitigen Zählnummern stammen aus Rollen.

*Gültig bis 31.12.1985*

*MiNr. 620 mit Aufdruck: MiNr. 717*
*In gleicher Zeichnung: MiNr. 641–642, 677, 690, 720–722, 793, 842, 872*

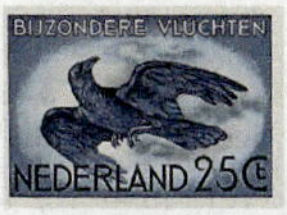

**✈ 1953, 9. Sept. Flugpostmarke für Sonderflüge. RaTdr.; Wz. 2 X; gez. K 13¼:14.**

Fg) Aaskrähe (Corvus corone)

| | | | | | |
|---|---|---|---|---|---|
| **630** | 25 C | preußischblau/dunkelgrau | Fg | 4,— | 2,— |

Auflage: 1.143.950 Stück

*Gültig bis 31.12.1985*

*In gleicher Zeichnung: MiNr. 321*

**1953, 16. Nov. „Voor het Kind". Odr.; gez. K 12:12½.**

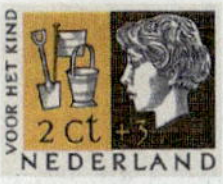

lt) Mädchenkopf, Spaten, Fähnchen, Eimer

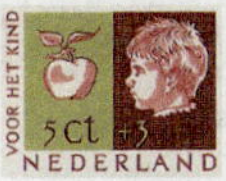

lu) Knabenkopf, Apfel

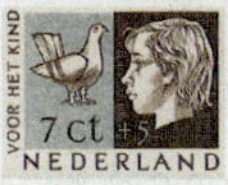

lv) Mädchenkopf, Taube

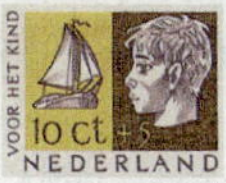

lw) Knabenkopf, Schiffchen

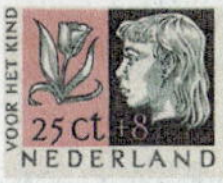

lx) Mädchenkopf, Tulpe

| | | | | | |
|---|---|---|---|---|---|
| **631** | 2 C | + 3 (C) graublau/orangegelb | lt | 0,30 | 0,30 |
| **632** | 5 C | + 3 (C) helllilarot/gelbgrün | lu | 3,40 | 2,40 |
| **633** | 7 C | + 5 (C) olivbraun/mattgrünlichblau | lv | 4,— | 1,— |
| **634** | 10 C | + 5 (C) grauviolett/gelboliv | lw | 0,30 | 0,30 |
| **635** | 25 C | + 8 (C) blaugrün/mattpurpur | lx | 10,— | 8,— |
| | | Satzpreis (5 W.) | | 18,— | 12,— |
| | | FDC | | | 70,— |

Auflagen: MiNr. 631 = 6.863.493, MiNr. 632 = 662.256, MiNr. 633 = 909.833, MiNr. 634 = 6.918.751, MiNr. 635 = 597.013 Stück

*Gültig bis 31.12.1954*

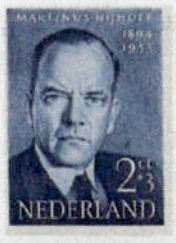

**1954, 1. Mai. Sommermarken zugunsten sozialer und kultureller Fürsorge. RaTdr.; gez. K 12½:12.**

ly) Martinus Nijhoff (1894–1953), Dichter

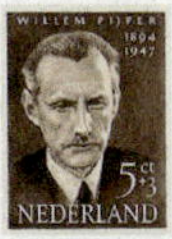

lz) Willem Pijper (1894–1947), Komponist

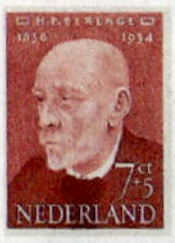

ma) Hendrik Pieter Berlage (1856–1934), Architekt

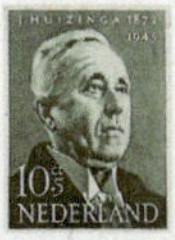

mb) Johan Huizinga (1872–1945), Historiker

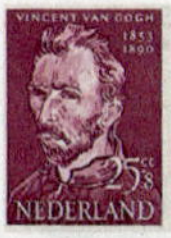

mc) Vincent van Gogh (1853–1890), Maler

| | | | | | |
|---|---|---|---|---|---|
| **636** | 2 C | + 3 (C) preußischblau | ly | 2,— | 1,50 |
| **637** | 5 C | + 3 (C) olivbraun | lz | 3,— | 3,— |
| **638** | 7 C | + 5 (C) bräunlichrot | ma | 4,— | 1,50 |
| **639** | 10 C | + 5 (C) dunkelgelbgrün | mb | 7,— | 1,— |
| **640** | 25 C | + 8 (C) dunkelrötlichlila | mc | 9,— | 9,— |
| | | Satzpreis (5 W.) | | 25,— | 16,— |
| | | FDC | | | 85,— |

Auflagen: MiNr. 636 = 915.038, MiNr. 637 = 600.094, MiNr. 638 = 756.002, MiNr. 639 = 1.504.240, MiNr. 640 = 534.064 Stück

*Gültig bis 31.12.1955*

**1954, 2. Juni/1968, 1. Aug. Freimarke: Königin Juliana. RaTdr., vierseitig gezähnte Marken in Bogen und Rollen, dreiseitig gezähnte Marken in Markenheftchen; X = Wz. 2 X, Y = Wz. 2 Y, Z = oWz.; x = normales Papier, y = Papier ph., z = Papier fl.; A = vierseitig, D = dreiseitig gez. K 12½:12¾.**

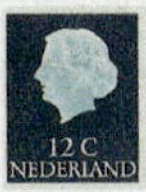

ls) Königin Juliana (1909–2004, reg. 1948–1980)

| | | | | | |
|---|---|---|---|---|---|
| **641** | 12 C | schwarzgrünblau | ls | | |
| **X** | | Wz. 2 X | | | |
| **x A** | | normales Papier (2.6.1954) | | 0,30 | 0,30 |
| **y A** | | Papier ph. (1.2.1967) | | 0,30 | 0,30 |
| **Y** | | Wz. 2 Y | | | |
| **x** | | normales Papier (31.1.1967) | | | |
| **Dl** | | dreiseitig gez. (⊡) | | 0,30 | 0,30 |
| **Dr** | | dreiseitig gez. (⊡) | | 0,30 | 0,30 |
| **y** | | Papier ph. (1.8.1968) | | | |
| **Dl** | | dreiseitig gez. (⊡) | | 0,30 | 0,30 |
| **Dr** | | dreiseitig gez. (⊡) | | 0,30 | 0,30 |
| **Z z A** | | oWz. Papier fl. (27.8.1962) | | 1,— | 0,70 |
| **642 X x A** | 35 C | dunkelbraunoliv (2.6.1954) | ls | 0,70 | 0,30 |
| | | Satzpreis A (2 W.) | | 1,— | 0,50 |
| | | Paar 641 Y x Dl/Dr | | 0,50 | 0,50 |
| | | Paar 641 Y y Dl/Dr | | 0,50 | 0,50 |

Marken mit rückseitigen Zählnummern stammen aus Rollen.

Auflage: MiNr. 641 Z z A = 2.424.400 Stück

*Gültig bis 31.12.1985*

*In gleicher Zeichnung: MiNr. 620–629, 677, 690, 720–722, 793, 842, 872*

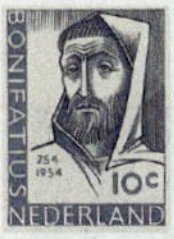

**1954, 16. Juni. 1200. Jahrestag der Ermordung des hl. Bonifatius durch die Friesen. StTdr.; gez. K 12½:12.**

md) Hl. Bonifatius (um 673–754), Missionar und Kirchenreformer

| | | | | | |
|---|---|---|---|---|---|
| **643** | 10 C | blau | md | 1,80 | 0,30 |
| | | FDC | | | 40,— |

Auflage: 37.120.663 Stück

*Gültig bis 31.12.1955*

**1954, 23. Aug. Nationaler Luftfahrtfonds: Jugend und Luftfahrt. RaTdr.; gez. K 12½:12.**

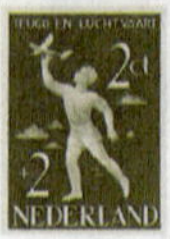


me) Knabe mit Modellflugzeug

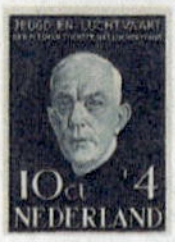


mf) Albert Plesman (1889–1954), Flugpionier und Stifter des Fonds

| | | | | |
|---|---|---|---|---|
| **644** | 2 C + 2 (C) dunkelgrünoliv | me | 1,— | 1,— |
| **645** | 10 C + 4 (C) graublau | mf | 3,50 | 0,80 |
| | Satzpreis (2 W.) | | 4,50 | 1,80 |
| | FDC | | | 38,— |

Auflagen: MiNr. 633 = 926.177, MiNr. 645 = 1.131.452 Stück

*Gültig bis 31.12.1955*

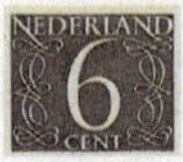


**1954, 18. Sept. Freimarke: Ziffern. RaTdr.; Wz. 2 Y; gez. K 12¾:13½.**

hb

| | | | | |
|---|---|---|---|---|
| **646** | 6 C braungrau | hb | 0,50 | 0,30 |

*Gültig bis 31.12.1985*

*In gleicher Zeichnung: MiNr. 468–471, 612–614, 691*

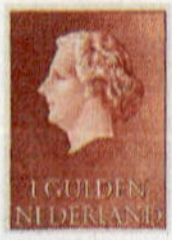


**1954, Okt./1955, April. Freimarken: Königin Juliana. StTdr.; gez. K 12½:12.**

mg) Königin Juliana (1909–2004, reg. 1948–1980)

| | | | | |
|---|---|---|---|---|
| **647** | 1 G braunrot (Okt. 1954) | mg | 2,— | 0,30 |
| **648** | 5 G schwarz (April 1955) | mg | 3,50 | 0,30 |
| | Satzpreis (2 W.) | | 5,50 | 0,50 |

Auflagen: MiNr. 647 = 165.034.011, MiNr. 648 = 7.455.064 Stück

*Gültig bis 31.12.1985*

*In gleicher Zeichnung: MiNr. 661, 706*

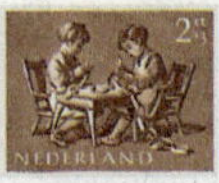


**1954, 15. Nov. „Voor het Kind". RaTdr.; gez. K 12:12½, Hochformate ∼.**

mh) Kinder kleben Papierketten (Fröbelarbeit)

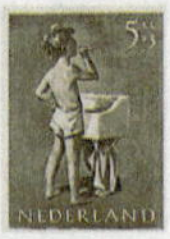


mi) Mädchen beim Zähneputzen

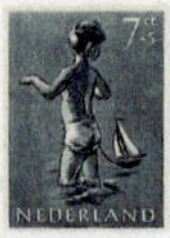


mk) Junge mit Schiffchen

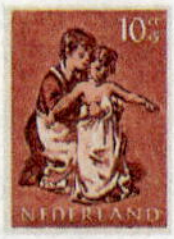


ml) Kinderschwester mit Kleinkind

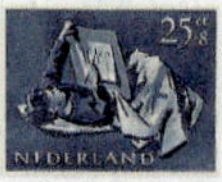


mm) Junge beim Zeichnen

| | | | | |
|---|---|---|---|---|
| **649** | 2 C + 3 (C) sepia | mh | 0,30 | 0,30 |
| **650** | 5 C + 3 (C) dunkeloliv | mi | 2,40 | 2,40 |
| **651** | 7 C + 5 (C) graublau | mk | 2,— | 0,50 |
| **652** | 10 C + 5 (C) braunrot | ml | 0,30 | 0,30 |
| **653** | 25 C + 8 (C) dunkelblau | mm | 7,— | 4,50 |
| | Satzpreis (5 W.) | | 12,— | 8,— |
| | FDC | | | 50,— |

Auflagen: MiNr. 649 = 8.027.668, MiNr. 650 = 800.565, MiNr. 651 = 1.031.634, MiNr. 652 = 8.421.943, MiNr. 653 = 674.713 Stück

*Gültig bis 31.12.1955*

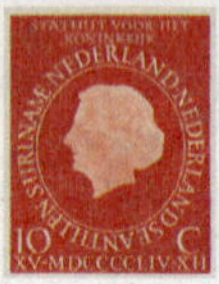

**1954, 15. Dez. Neues Statut für das Königreich der Niederlande, Surinam und die Niederländischen Antillen. RaTdr.; Wz. 2 Y; gez. 13½.**

mn) Kopf der Königin Juliana im Relief

| | | | | |
|---|---|---|---|---|
| **654** | 10 C rot | mn | 1,— | 0,30 |
| | FDC | | | 28,— |

Auflage: 26.620.000 Stück

*Gültig bis 31.12.1955*

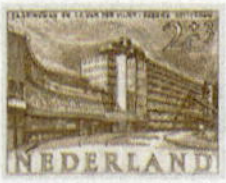


**1955, 25. April. Sommermarken zugunsten sozialer und kultureller Fürsorge: Architektur. StTdr.; gez. K 12:12½, Hochformat ∼.**

mo) Fabrikgebäude der Firma van Nelle, Rotterdam

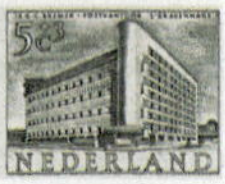


mp) Postamt, 's-Gravenhage

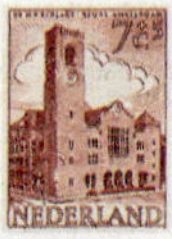


mr) Börse von Berlage, Amsterdam

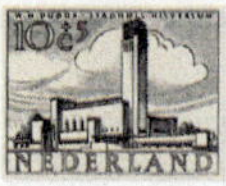


ms) Rathaus, Hilversum

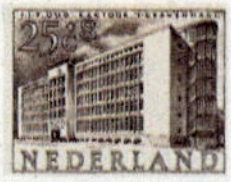


mt) Bürogebäude der Firma Shell, 's-Gravenhage

| | | | | |
|---|---|---|---|---|
| **655** | 2 C + 3 (C) olivbraun | mo | 1,50 | 1,— |
| **656** | 5 C + 3 (C) dunkelgrün | mp | 2,— | 2,— |
| **657** | 7 C + 5 (C) dunkelkarmin | mr | 1,50 | 0,70 |
| **658** | 10 C + 5 (C) dunkelgraublau | ms | 2,— | 0,30 |
| **659** | 25 C + 8 (C) dunkelbraunlila | mt | 9,— | 8,— |
| | Satzpreis (5 W.) | | 16,— | 12,— |
| | FDC | | | 50,— |

Auflagen: MiNr. 655 = 917.114, MiNr. 656 = 598.411, MiNr. 657 = 698.197, MiNr. 658 = 1.478.484, MiNr. 659 = 585.455 Stück

*Gültig bis 31.12.1956*

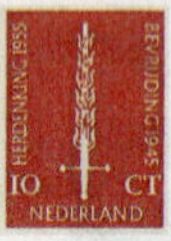


**1955, 4. Mai. 10. Jahrestag der Befreiung. RaTdr.; Wz. 2 Y; gez. K 12½:12.**

mu) Flammendes Schwert

| | | | | |
|---|---|---|---|---|
| **660** | 10 C blutrot | mu | 1,50 | 0,30 |
| | FDC | | | 22,— |

Auflage: 27.263.000 Stück

*Gültig bis 31.12.1956*

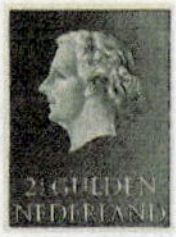


**1955, 11. Juni. Freimarke: Königin Juliana. StTdr.; gez. K 12½:12.**

mg) Königin Juliana (1909–2004, reg. 1948–1980)

| | | | | |
|---|---|---|---|---|
| **661** | 2½ G dunkelgrün | mg | 8,— | 0,30 |

Auflage: 16.904.117 Stück

*Gültig bis 31.12.1985*

*In gleicher Zeichnung: MiNr. 647–648, 706*

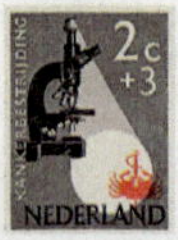


**1955, 15. Aug. Kampf gegen den Krebs. RaTdr.; gez. K 12½:12.**

mv) Mikroskop und durchbohrte Krabbe

| | | | | | | |
|---|---|---|---|---|---|---|
| **662** | 2 C | + 3 (C) schwarzgrau/rot | mv | 0,50 | 0,50 |
| **663** | 5 C | + 3 (C) schwarzblaugrün/rot | mv | 2,— | 2,— |
| **664** | 7 C | + 5 (C) braunviolett/rot | mv | 1,50 | 0,70 |
| **665** | 10 (C) | + 5 C graublau/rot | mv | 1,— | 0,30 |
| **666** | 25 (C) | + 8 C braunoliv/rot | mv | 6,— | 4,50 |
| | | | Satzpreis (5 W.) | 11,— | 8,— |
| | | | FDC | | 42,— |

Auflagen: MiNr. 662 = 930.633, MiNr. 663 = 639.694, MiNr. 664 = 761.283, MiNr. 665 = 1.607.917, MiNr. 666 = 607.378 Stück

*Gültig bis 31.12.1956*

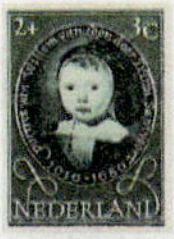

**1955, 14. Nov. „Voor het Kind": Kinderporträts aus dem 16. und 17. Jahrhundert. RaTdr.; gez. K 12½:12.**

mw) Willem van Loon (1633–1695), Bürgermeister von Amsterdam; von Dirck Santvoort (1610–1680)

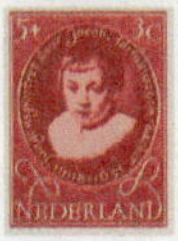

mx) Knabe in Grau; von Jacob Adriaenszoon Backer (um 1608–1651)

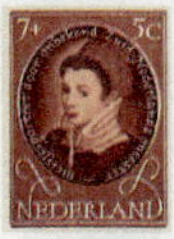

my) Mädchenbildnis aus „Familie des Pierre de Moucheron"; von Cornelis de Zeeuw (aktiv 1558–1569)

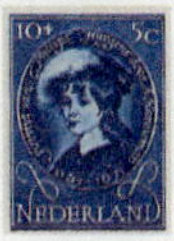

mz) Philips Huygens (1628–1697); von Adriaen Hanneman (um 1601–1671)

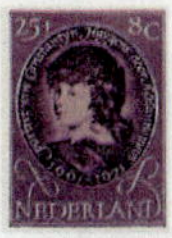

na) Constantijn Huygens (1596–1687); von Adriaen Hanneman

| | | | | | | |
|---|---|---|---|---|---|---|
| **667** | 2 (C) | + 3 C dunkelgrün | mw | 0,50 | 0,30 |
| **668** | 5 (C) | + 3 C dunkelrot | mx | 3,50 | 2,40 |
| **669** | 7 (C) | + 5 C karminbraun | my | 4,50 | 1,— |
| **670** | 10 (C) | + 5 C dunkelblau | mz | 0,50 | 0,30 |
| **671** | 25 (C) | + 8 C bräunlichviolett | na | 8,— | 6,— |
| | | | Satzpreis (5 W.) | 17,— | 10,— |
| | | | FDC | | 35,— |

Auflagen: MiNr. 667 = 9.410.859, MiNr. 668 = 848.244, MiNr. 669 = 1.015.440, MiNr. 670 = 9.717.635, MiNr. 671 = 712.746 Stück

*Gültig bis 31.12.1956*

**1956, 23. April. Sommermarken zugunsten sozialer und kultureller Fürsorge: 350. Geburtstag von Rembrandt van Rijn (1606–1669) – Radierungen. StTdr.; gez. K 13½:14.**

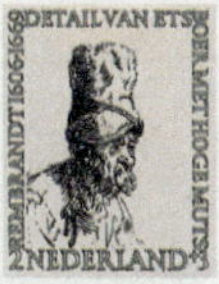

nb) „Bauer mit hoher Mütze" (1639)

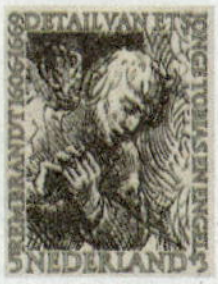

nc) „Der junge Tobias und Engel" (1641)

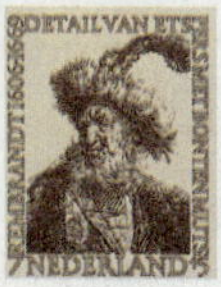

nd) „Perser mit bunter Mütze" (1632)

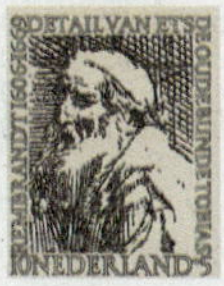

ne) „Der alte, blinde Tobias" (1651)

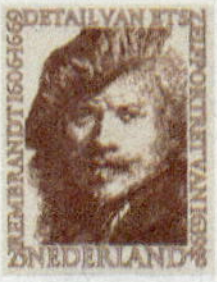

nf) Selbstbildnis (1639)

| | | | | | | |
|---|---|---|---|---|---|---|
| **672** | 2 (C) | + 3 (C) dunkelblaugrau | nb | 3,— | 3,— |
| **673** | 5 (C) | + 3 (C) schwarzoliv | nc | 3,— | 3,— |
| **674** | 7 (C) | + 5 (C) dunkelsiena | nd | 4,— | 4,— |
| **675** | 10 (C) | + 5 (C) schwarzolivgrün | ne | 11,— | 0,30 |
| **676** | 25 (C) | + 8 (C) rotbraun | nf | 17,— | 12,— |
| | | | Satzpreis (5 W.) | 38,— | 22,— |
| | | | FDC | | 55,— |

Auflagen: 672 = 926.539, MiNr. 673 = 694.356, MiNr. 674 = 781.407, MiNr. 675 = 1.525.466, MiNr. 676 = 638.324 Stück

*Gültig bis 31.12.1957*

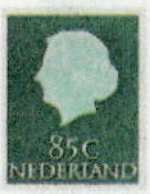

**1956, Mai. Freimarke: Königin Juliana. RaTdr.; Wz. 2 X; gez. K 13½:12¾.**

ls) Königin Juliana (1909–2004, reg. 1948–1980)

| | | | | | |
|---|---|---|---|---|---|
| **677** | 85 C | smaragdgrün | ls | 1,— | 0,30 |

Auflage: 21.261.264 Stück

*Gültig bis 31.12.1985*

*In gleicher Zeichnung: MiNr. 620–629, 641–642, 690, 720–722, 793, 842, 872*

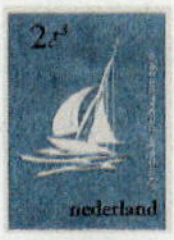

**1956, 27. Aug. Olympische Sommerspiele, Melbourne. Odr.; gez. K 12½:12.**

ng) Segeln

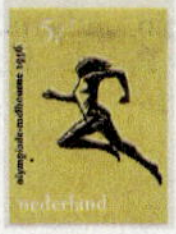

nh) Laufen

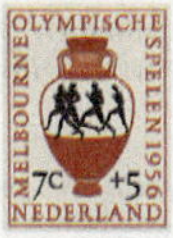

ni) Altgriechische Vase mit Läufern

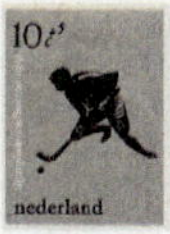

nk) Hockey

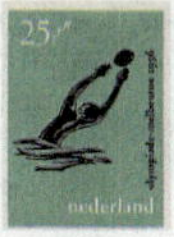

nl) Wasserball

| | | | | | | |
|---|---|---|---|---|---|---|
| **678** | 2 C | + 3 (C) hellblau/schwarz | ng | 1,— | 1,— |
| **679** | 5 C | + 3 (C) hellgelb/schwarz | nh | 1,20 | 1,— |
| **680** | 7 C | + 5 (C) rotbraun/schwarz | ni | 1,80 | 1,50 |
| **681** | 10 C | + 5 (C) grau/schwarz | nk | 2,— | 0,50 |
| **682** | 25 C | + 8 (C) smaragdgrün/schwarz | nl | 5,— | 4,— |
| | | | Satzpreis (5 W.) | 11,— | 8,— |
| | | | FDC | | 25,— |

Auflagen: MiNr. 678 = 772.741, MiNr. 679 = 679.725, MiNr. 680 = 690.053, MiNr. 681 = 851.192, MiNr. 682 = 615.602 Stück

*Gültig bis 31.12.1957*

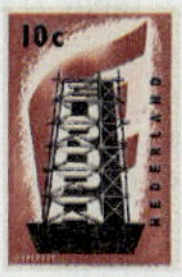

**1956, 15. Sept. Europa. RaTdr.; gez. K 12¾:14.**

nm) „EUROPA" hinter Stahlrohrgerüst, Europafahne

| | | | | | |
|---|---|---|---|---|---|
| **683** | 10 C | braunrot/schwarz | nm | 2,— | 0,30 |
| **684** | 25 C | hellblau/schwarz | nm | 28,— | 2,70 |
| | | | Satzpreis (2 W.) | 30,— | 3,— |
| | | | FDC | | 40,— |

Auflagen: MiNr. 683 = 44.517.700, MiNr. 684 = 5.339.500 Stück

*Gültig bis 31.12.1957*

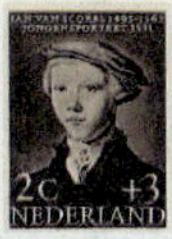

**1956, 12. Nov. „Voor het Kind": Kinderporträts aus dem 16. Jh. RaTdr.; gez. K 12½:12.**

nn) Schüler mit Federkiel (Detail); von Jan van Scorel (1495–1562)

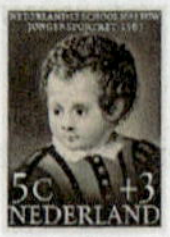


no) Familie des Pierre de Moucheron (Detail); von Cornelis de Zeeuw (aktiv 1558–1569)

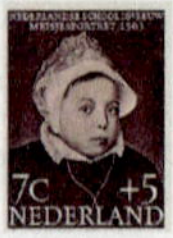


np) Mädchenbildnis; von Pieter Aertsen (um 1508–1575)

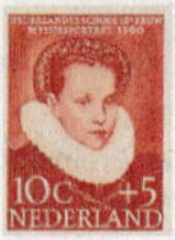


nr) Mädchenbildnis; von unbekanntem Meister

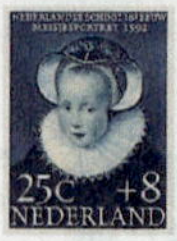


ns) Bildnis der Eechje Pieters; von unbekanntem Meister

| | | | | | |
|---|---|---|---|---|---|
| **685** | 2 C + 3 (C) blauschwarz | nn | 0,50 | 0,40 |
| **686** | 5 C + 3 (C) schwarzoliv | no | 1,50 | 1,— |
| **687** | 7 C + 5 (C) violettpurpur | np | 3,— | 2,— |
| **688** | 10 C + 5 (C) rot | nr | 0,50 | 0,30 |
| **689** | 25 C + 8 (C) preußischblau | ns | 5,50 | 4,30 |
| | Satzpreis (5 W.) | | 11,— | 8,— |
| | FDC | | | 28,— |

Auflagen: MiNr. 685 = 11.383.101, MiNr. 686 = 1.206.902, MiNr. 687 = 1.044.344, MiNr. 688 = 11.921.176, MiNr. 689 = 788.804 Stück

*Gültig bis 31.12.1957*

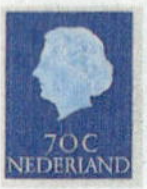


**1957, 1. April/1971. Freimarke: Königin Juliana. RaTdr.; Wz. 2 X; x = normales Papier, y = Papier ph.; gez. K 13½:12½.**

ls) Königin Juliana (1909–2004, reg. 1948–1980)

| | | | | | |
|---|---|---|---|---|---|
| **690** | | 70 C kobalt | ls | | |
| | x | normales Papier (1.4.1957) | | 0,80 | 0,30 |
| | y | Papier ph. (1971) | | 1,80 | 0,50 |

Marken mit schwarzen Zählnummern auf der Rückseite stammen aus Rollen.

Auflage: MiNr. 690 x = 51.131.208 Stück

*Gültig bis 31.12.1985*

*In gleicher Zeichnung: MiNr. 620–629, 641–642, 677, 720–722, 793, 842, 872*

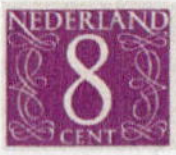


**1957, 1. April/1965, 31. Mai. Freimarke: Ziffern. RaTdr.; X = Wz. 2 X, Y = Wz. 2 Y, Z = oWz.; x = normales Papier, z = Papier fl.; A = vierseitig, D = dreiseitig gez. K 12¾:13½.**

hb

| | | | | | |
|---|---|---|---|---|---|
| **691** | | 8 C lila (Töne) | hb | | |
| | X | Wz. 2 X (31.5.1965) | | | |
| | x | normales Papier | | | |
| | Do | dreiseitig gez. (⌷) | | 0,30 | 0,30 |
| | Du | dreiseitig gez. (⌷) | | 0,30 | 0,30 |
| | Y x A | Wz. 2 Y, normales Papier (1.4.1957) | | 0,30 | 0,30 |
| | Z z A | oWz. Papier fl. (27.8.1962) | | 10,— | 8,— |
| | | Paar 691 X x Do/Du | | 0,60 | 0,50 |

Dreiseitig gezähnte Werte stammen aus Markenheftchen MH 3.

MiNr. 691 Y x A mit rückseitiger schwarzer Zählnummer stammt aus Rollen.

Auflage: MiNr. 691 Z z A = 710.800 Stück

*Gültig bis 31.12.1985*

*In gleicher Zeichnung: MiNr. 468–471, 612–614, 646*

**1957, 13. Mai. Sommermarken zugunsten sozialer und kultureller Fürsorge: Schiffe. RaTdr.; gez. K 14:12¾.**

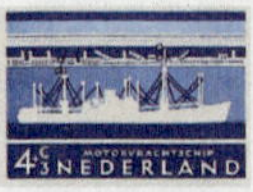


nt) Frachtmotorschiff „Gaasterland“ vor Kai

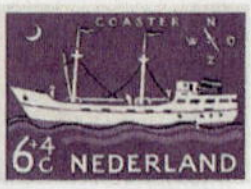


nu) Küstenmotorschiff

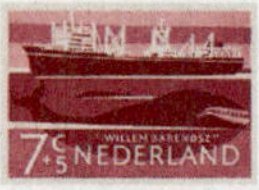


nv) Walfangmutterschiff „Willem Barendszoon“ und Wale

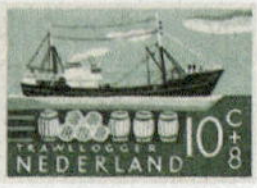


nw) Fischdampfer „Curaçao“

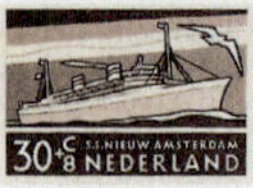


nx) Passagierschiff „Nieuw Amsterdam“

| | | | | | |
|---|---|---|---|---|---|
| **692** | 4 C + 3 (C) violettultramarin | nt | 1,— | 1,— |
| **693** | 6 C + 4 (C) bläulichviolett | nu | 2,50 | 2,50 |
| **694** | 7 C + 5 (C) rotlila | nv | 2,— | 1,50 |
| **695** | 10 C + 8 (C) dunkelgrün | nw | 3,— | 0,50 |
| **696** | 30 C + 8 (C) dunkelbraun | nx | 4,50 | 4,50 |
| | Satzpreis (5 W.) | | 13,— | 10,— |
| | FDC | | | 32,— |

Auflagen: MiNr. 692 = 848.205, MiNr. 693 = 613.854, MiNr. 694 = 652.799, MiNr. 695 = 1.390.038, MiNr. 696 = 637.603 Stück

*Gültig bis 31.12.1958*

**1957, 2. Juli. 350. Geburtstag von Michiel de Ruyter. StTdr.; gez. K 12½:12.**

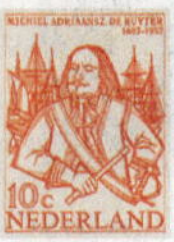


ny) Michiel de Ruyter (1607–1676), Admiral; Segelschiffe

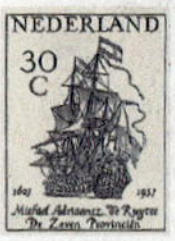


nz) Admiralsschiff „De Zeven Provinciën“ (Die sieben Provinzen)

| | | | | | |
|---|---|---|---|---|---|
| **697** | 10 C rotorange | ny | 1,— | 0,30 |
| **698** | 30 C dunkelblau | nz | 4,50 | 2,20 |
| | Satzpreis (2 W.) | | 5,50 | 2,50 |
| | FDC | | | 15,— |

Auflagen: MiNr. 697 = 26.401.600, MiNr. 698 = 2.742.200 Stück

*Gültig bis 31.12.1958*

**1957, 19. Aug. 90 Jahre Niederländischen Roten Kreuzes. Odr.; gez. K 12:12½.**

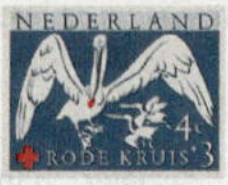


oa) Weißer Pelikan mit Jungen

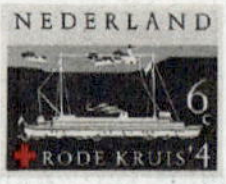


ob) Ausflugsschiff „Kasteel Staverden“ für chronisch Kranke und Invaliden

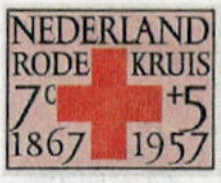


oc) Rotes Kreuz und Jahreszahlen

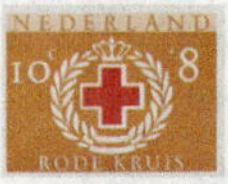


od) Rotes Kreuz in Lorbeerkranz mit Krone

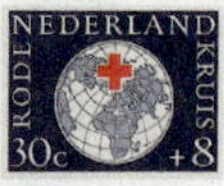


oe) Rotes Kreuz auf Weltkugel

| | | | | | |
|---|---|---|---|---|---|
| **699** | 4 C + 3 (C) hellblau/rot | oa | 0,70 | 0,60 |
| **700** | 6 C + 4 (C) schwarzblaugrün/rot | ob | 1,40 | 1,30 |
| **701** | 7 C + 5 (C) mehrfarbig | oc | 1,40 | 1,30 |
| **702** | 10 C + 8 (C) ocker/rot | od | 1,— | 0,30 |
| **703** | 30 C + 8 (C) preußischblau/rot | oe | 3,50 | 3,50 |
| | Satzpreis (5 W.) | | 8,— | 7,— |
| | FDC | | | 15,— |

Auflagen: MiNr. 699 = 1.012.129, MiNr. 700 = 719.268, MiNr. 701 = 747.841, MiNr. 702 = 1.563.942, MiNr. 703 = 705.431 Stück

*Gültig bis 31.12.1958*

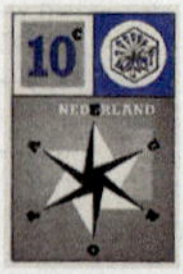

**1957, 16. Sept. Europa. RaTdr.; gez. K 12¾:14.**

of) Schaufelförmiger, sechszackiger Stern sowie Blatt- und Fruchtmotiv

| | | | | | | |
|---|---|---|---|---|---|---|
| **704** | 10 C | schwarz/lebhaftviolettultramarin | of | 1,— | 0,30 |
| **705** | 30 C | dunkelgrün/lebhaftviolettultramarin | of | 4,— | 2,20 |
| | | Satzpreis (2 W.) | | 5,— | 2,50 |
| | | FDC | | | 12,— |

Auflagen: MiNr. 704 = 32.542.250, MiNr. 705 = 3.743.800 Stück

*Gültig bis 31.12.1958*

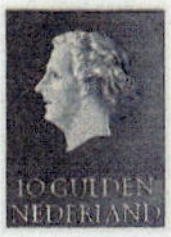


**1957, 5. Sept. Königin Juliana. StTdr.; gez. K 12½:12.**

mg) Königin Juliana (1909–2004, reg. 1948–1980)

| | | | | | |
|---|---|---|---|---|---|
| **706** | 10 G | dunkelblau | mg | 18,— | 2,50 |

Auflage: 3.797.194 Stück

*Gültig bis 31.12.1985*

*In gleicher Zeichnung: MiNr. 647–648, 661*

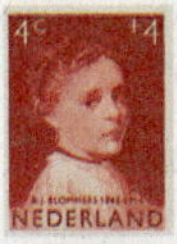


**1957, 18. Nov. „Voor het Kind": Kinderporträts aus dem 19. und 20. Jahrhundert. RaTdr.; gez. K 12½:12.**

og) Mädchenporträt von Bernardus Johannes Blommers (1845–1914)

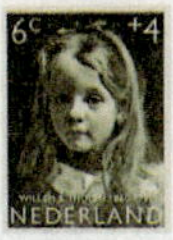


oh) Mädchenporträt von Willem Bostiaan Tholen (1860–1931)

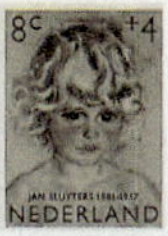


oi) Nackedei (Detail); von Jan Sluyters (1881–1957)

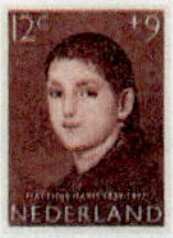


ok) Mädchenporträt von Matthijs Maris (1839–1917)

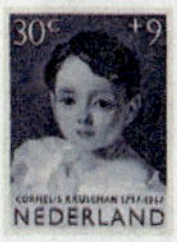


ol) Die Nichte des Malers; von Cornelius Kruseman (1797–1857)

| | | | | | | |
|---|---|---|---|---|---|---|
| **707** | 4 C | + 4 (C) karminrot | og | 0,50 | 0,30 |
| **708** | 6 C | + 4 (C) dunkelolivgrün | oh | 2,— | 2,— |
| **709** | 8 C | + 4 (C) dunkelolivgrau | oi | 3,— | 1,50 |
| **710** | 12 C | + 9 (C) karminbraun | ok | 0,50 | 0,30 |
| **711** | 30 C | + 9 (C) dunkelblau | ol | 8,— | 5,90 |
| | | Satzpreis (5 W.) | | 14,— | 10,— |
| | | FDC | | | 25,— |

Auflagen: MiNr. 707 = 5.553.888, MiNr. 708 = 721.872, MiNr. 709 = 828.559, MiNr. 710 = 10.051.641, MiNr. 711 = 717.919 Stück

*Gültig bis 31.12.1958*

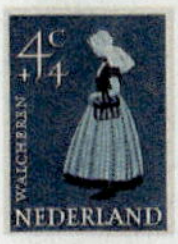


**1958, 28. April. Sommermarken zugunsten sozialer und kultureller Fürsorge: Trachten. RaTdr.; gez. K 12½:12.**

om) Walcheren

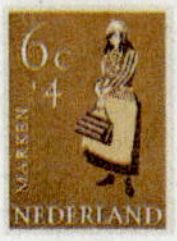


on) Marken

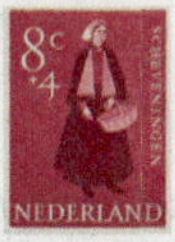


oo) Scheveningen

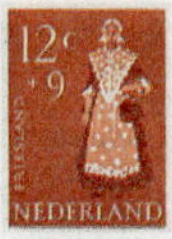


op) Friesland

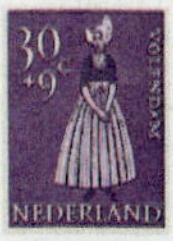


or) Volendam

| | | | | | |
|---|---|---|---|---|---|
| **712** | 4 C | + 4 (C) graublau | om | 1,— | 0,70 |
| **713** | 6 C | + 4 (C) ockerbraun | on | 2,— | 2,— |
| **714** | 8 C | + 4 (C) rotlila | oo | 3,— | 2,— |
| **715** | 12 C | + 9 (C) orangebraun | op | 2,— | 0,30 |
| **716** | 30 C | + 9 (C) bläulichviolett | or | 6,— | 5,— |
| | | Satzpreis (5 W.) | | 14,— | 10,— |
| | | FDC | | | 25,— |

Auflagen: MiNr. 712 = 853.261, MiNr. 713 = 643.639, MiNr. 714 = 698.155, MiNr. 715 = 1.295.130, MiNr. 716 = 665.110 Stück

*Gültig bis 31.12.1959*

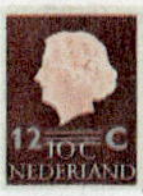


**1958, 16. Mai. Freimarke: Königin Juliana. MiNr. 620 mit silbernem Aufdruck.**

717

| | | | | | |
|---|---|---|---|---|---|
| **717** | 12 C | auf 10 C karminbraun | (620) | 1,50 | 0,30 |
| 717 DD | | doppelter Aufdruck | | 400,— | 450,— |
| 717 K | | Aufdruck kopfstehend | | 400,— | 450,— |

Auflage: 24.146.000 Stück

*Gültig bis 31.12.1985*

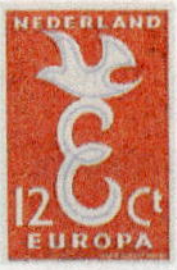


**1958, 13. Sept. Europa. Odr.; gez. K 12¾:14.**

os) Stilisierte Taube über Buchstabe „E"

| | | | | | |
|---|---|---|---|---|---|
| **718** | 12 C | orangerot/hellkobalt | os | 0,50 | 0,30 |
| **719** | 30 C | hellblau/karminrot | os | 1,50 | 0,70 |
| | | Satzpreis (2 W.) | | 2,— | 1,— |
| | | FDC | | | 4,50 |

Auflagen: MiNr. 718 = 48.798.050, MiNr. 719 = 4.494.350 Stück

*Gültig bis 31.12.1959*

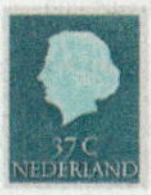


**1958, Okt./1971. Freimarken: Königin Juliana. RaTdr.; Wz. 2 X; x = normales Papier, y = Papier ph.; gez. K 13½:12¾.**

ls) Königin Juliana (1909–2004, reg. 1948–1980)

| | | | | | | |
|---|---|---|---|---|---|---|
| **720** | x | 37 C | bläulichgrün (Okt. 1958) | ls | 0,50 | 0,30 |
| **721** | x | 62 C | dunkelrötlichlila (Okt. 1958) | ls | 3,— | 3,20 |
| **722** | | 80 C | bläulichviolett | ls | | |
| | x | | normales Papier (Okt. 1958) | | 1,— | 0,30 |
| | y | | Papier ph. (1971) | | 5,— | 2,50 |
| | | | Satzpreis x (3 W.) | | 4,50 | 3,80 |

MiNr. 722 x mit schwarzen Zählnummern auf der Rückseite stammt aus Rollen.

Auflagen: MiNr. 720 x = 15.516.683, MiNr. 721 x = 3.584.449, MiNr. 722 x = 49.108.086 Stück

*Gültig bis 31.12.1985*

*In gleicher Zeichnung: MiNr. 620–629, 641–642, 677, 690, 793, 842, 872*

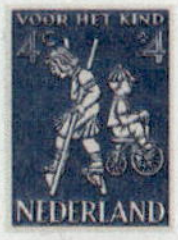


**1958. 17. Nov. „Voor het Kind": Spiele im Freien. Odr.; gez. K 12½:12.**

ot) Mädchen auf Stelzen und Knabe auf Dreirad

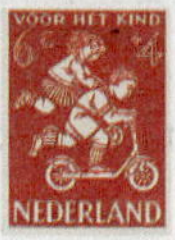


ou) Knabe und Mädchen auf Rollern

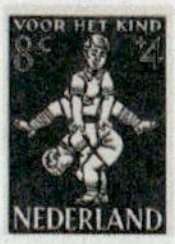


ov) Knaben beim Bockspringen

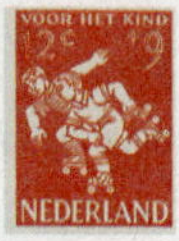


ow) Knaben auf Rollschuhen

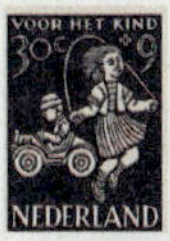


ox) Mädchen mit Springschnur und Knabe im Tretauto

| | | | | | |
|---|---|---|---|---|---|
| **723** | 4 C | + 4 (C) blau | ot | 0,30 | 0,30 |
| **724** | 6 C | + 4 (C) rot | ou | 3,— | 2,20 |
| **725** | 8 C | + 4 (C) dunkelblaugrün | ov | 2,40 | 1,— |
| **726** | 12 C | + 9 (C) zinnober | ow | 0,30 | 0,30 |
| **727** | 30 C | + 9 (C) schwarzblau | ox | 4,— | 3,20 |
| | | Satzpreis (5 W.) | | 10,— | 7,— |
| | | FDC | | | 20,— |

Auflagen: MiNr. 723 = 6.336.463, MiNr. 724 = 771.197, MiNr. 725 = 859.838, MiNr. 726 = 11.543.197, MiNr. 727 = 765.956 Stück

*Gültig bis 31.12.1959*

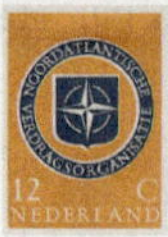


**1959, 3. April. 10 Jahre Nordatlantikpakt (NATO). Odr.; gez. K 12½:12.**

oy) NATO-Emblem auf Schild und Beschriftung

| | | | | |
|---|---|---|---|---|
| **728** | 12 C bräunocker/graublau | oy | 0,30 | 0,30 |
| **729** | 30 C bräunlichrot/graublau | oy | 0,70 | 0,70 |
| | Satzpreis (2 W.) | | 1,— | 1,— |
| | FDC | | | 3,— |

Auflagen: MiNr. 728 = 22.751.300, MiNr. 229 = 2.850.400 Stück

*Gültig bis 31.12.1960*

**1959, 11. Mai. Sommermarken zugunsten sozialer und kultureller Fürsorge: Arbeiten am Deltawerk. Odr.; gez. K 14:12¾.**

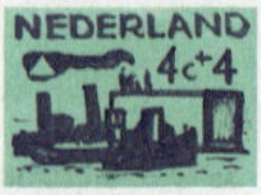

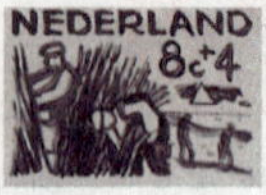


oz) Senkkasten mit Schleppbooten
pa) Bagger
pb) Reisholzarbeiter

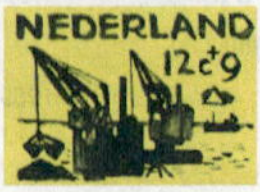

pc) Seilbagger
pd) Sandsauge- und Preßmaschine

| | | | | |
|---|---|---|---|---|
| **730** | 4 C + 4 (C) dkl'blau/blaugrün | oz | 1,50 | 1,10 |
| **731** | 6 C + 4 (C) orangerot/mattgrau | pa | 2,— | 1,80 |
| **732** | 8 C + 4 (C) blauviolett/mattkobalt | pb | 2,— | 1,80 |
| **733** | 12 C + 9 (C) dkl'blaugrün/hellgrünlichgelb | pc | 2,50 | 0,30 |
| **734** | 30 C + 9 (C) schwarz auf zinnober | pd | 5,— | 5,— |
| | Satzpreis (5 W.) | | 13,— | 10,— |
| | FDC | | | 20,— |

Auflagen: MiNr. 730 = 820.827, MiNr. 731 = 610.756, MiNr. 732 = 666.213, MiNr. 733 = 1.286.504, MiNr. 734 = 627.909 Stück

*Gültig bis 31.12.1960*

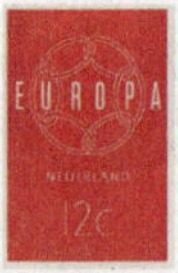


**1959, 19. Sept. Europa. Odr.; gez. K 12¾:14.**

pe) Sechsgliedrige Kette mit dem Wort „EUROPA"

| | | | | |
|---|---|---|---|---|
| **735** | 12 C scharlach | pe | 0,50 | 0,30 |
| **736** | 30 C dunkelolivgrün | pe | 4,50 | 2,20 |
| | Satzpreis (2 W.) | | 5,— | 2,50 |
| | FDC | | | 9,— |

Auflagen: MiNr. 735 = 24.252.000, MiNr. 736 = 3.203.300 Stück

*Gültig bis 31.12.1960*

**1959, 5. Okt. 40 Jahre Fluggesellschaft KLM. StTdr.; gez. K 14:12¾.**

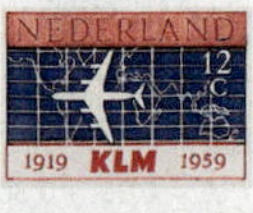


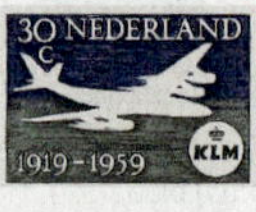


pf) Düsenflugzeug Douglas DC-8, Weltkarte
pg) Düsenflugzeug Douglas DC-8

| | | | | |
|---|---|---|---|---|
| **737** | 12 C braunrot/dunkelblau | pf | 0,30 | 0,30 |
| **738** | 30 C dunkelblau/dunkelgrün | pg | 1,30 | 1,— |
| | Satzpreis (2 W.) | | 1,60 | 1,30 |
| | FDC | | | 10,— |

Auflagen: MiNr. 737 = 28.376.300, MiNr. 738 = 3.387.600 Stück

*Gültig bis 31.12.1960*

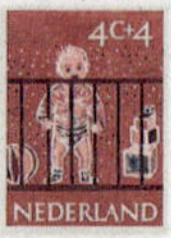


**1959, 16. Nov. „Voor het Kind". Odr.; gez. K 12½:12.**

ph) Kleinkind im Laufstall

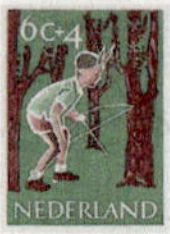


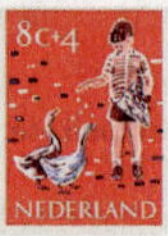


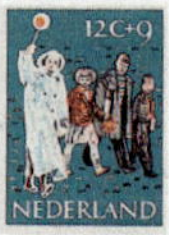


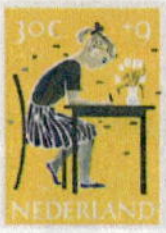


pi) Junge beim Indianerspiel
pk) Junge beim Gänsefüttern
pl) Schülerlotse führt Kinder
pm) Mädchen bei Schularbeiten

| | | | | |
|---|---|---|---|---|
| **739** | 4 C + 4 (C) dunkelrosa/schwarzblau | ph | 0,30 | 0,30 |
| **740** | 6 C + 4 (C) grün/braunlila | pi | 1,— | 1,— |
| **741** | 8 C + 4 (C) hellrot/blau | pk | 2,40 | 1,40 |
| **742** | 12 C + 9 (C) mehrfarbig | pl | 0,30 | 0,30 |
| **743** | 30 C + 9 (C) mehrfarbig | pm | 4,— | 3,— |
| | Satzpreis (5 W.) | | 8,— | 6,— |
| | FDC | | | 15,— |

Auflagen: MiNr. 739 = 7.714.520, MiNr. 740 = 898.007, MiNr. 741 = 907.034, MiNr. 742 = 14.105.687, MiNr. 743 = 791.855 Stück

*Gültig bis 31.12.1960*

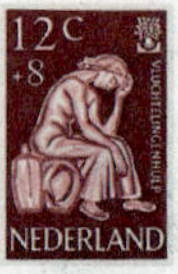


**1960, 7. April. Weltflüchtlingsjahr 1959/60. RaTdr.; gez. K 12¾:14.**

pn) Flüchtlingsfrau auf ihrer Habe sitzend

| | | | | |
|---|---|---|---|---|
| **744** | 12 C + 8 (C) schwarzlila | pn | 0,50 | 0,30 |
| **745** | 30 C + 10 (C) dunkelgelbgrün | pn | 3,— | 2,70 |
| | Satzpreis (2 W.) | | 3,50 | 3,— |
| | FDC | | | 5,50 |

Auflagen: MiNr. 744 = 3.244.382, MiNr. 745 = 997.476 Stück

*Gültig bis 31.12.1961*

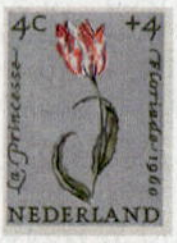


**1960, 23. Mai. Sommermarken zugunsten sozialer und kultureller Einrichtungen: Blumen (III). RaTdr.; gez. K 12½:12, Querformat ∼.**

po) Tulpe „La Princesse" (Tulpia hybr.)

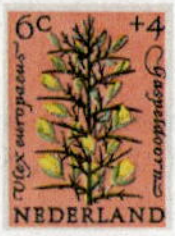


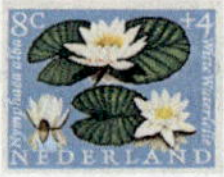


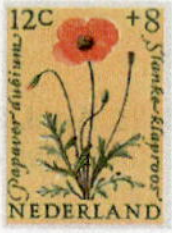


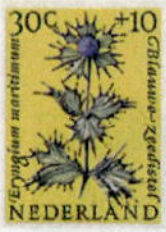


pp) Stechginster (Ulex europaeus)
pr) Weiße Seerose (Nymphaea alba)
ps) Saatmohn (Papaver dubium)
pt) Blaue Stranddistel (Eryngium maritimum)

| | | | | |
|---|---|---|---|---|
| **746** | 4 C + 4 (C) mehrfarbig | po | 1,— | 0,50 |
| **747** | 6 C + 4 (C) mehrfarbig | pp | 2,50 | 2,— |
| **748** | 8 C + 4 (C) mehrfarbig | pr | 3,50 | 2,20 |
| **749** | 12 C + 8 (C) mehrfarbig | ps | 3,— | 0,30 |
| **750** | 30 C + 10 (C) mehrfarbig | pt | 5,— | 5,— |
| | Satzpreis (5 W.) | | 15,— | 10,— |
| | FDC | | | 22,— |

Auflagen: MiNr. 746 = 1.042.651, MiNr. 747 = 788.772, MiNr. 748 = 860.274, MiNr. 749 = 1.499.826, MiNr. 750 = 793.796 Stück

*Gültig bis 31.12.1961*

**1960, 18. Juli. Jahr der geistigen Volksgesundheit. StTdr.; gez. K 12½:12.**

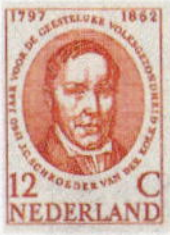

pu) Jacobus Schroeder van der Kolk (1797–1862), Psychiater

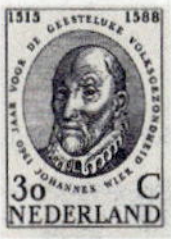

pv) Johannes Wier (Johann Weijer) (1515–1588), Arzt

| | | | | | | |
|---|---|---|---|---|---|---|
| **751** | 12 C | braunrot | pu | 1,— | 0,30 |
| **752** | 30 C | dunkelviolettblau | pv | 6,50 | 2,70 |
| | | Satzpreis (2 W.) | | 7,50 | 3,— |
| | | FDC | | | 11,— |

Auflagen: MiNr. 751 = 25.601.200, MiNr. 752 = 3.288.950 Stück

*Gültig bis 31.12.1961*

**1960, 19. Sept. Europa. RaTdr.; gez. K 12:12½.**

pw) „O" in „EUROPA" als Wagenrad mit 19 Speichen

| | | | | | |
|---|---|---|---|---|---|
| **753** | 12 C | karmin/gelb | pw | 0,30 | 0,30 |
| **754** | 30 C | preußischblau/gelb | pw | 1,70 | 1,70 |
| | | Satzpreis (2 W.) | | 2,— | 2,— |
| | | FDC | | | 10,— |

Auflagen: MiNr. 753 = 23.497.000, MiNr. 754 = 2.746.500 Stück

*Gültig bis 31.12.1961*

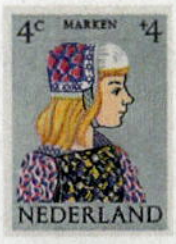

**1960, 14. Nov. „Voor het Kind": Kindertrachten. RaTdr.; gez. K 12½:12.**

px) Marken

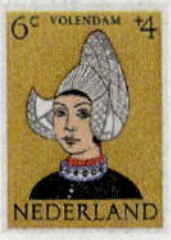

py) Volendam

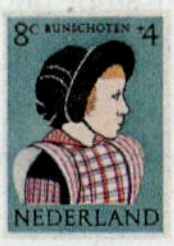

pz) Bunschoten

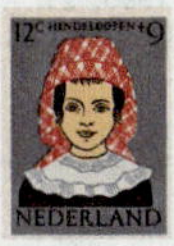

ra) Hindeloopen

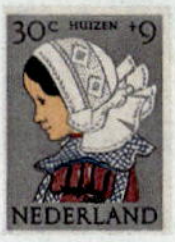

rb) Huizen

| | | | | | |
|---|---|---|---|---|---|
| **755** | 4 C + 4 (C) | mehrfarbig | px | 0,30 | 0,30 |
| **756** | 6 C + 4 (C) | mehrfarbig | py | 3,— | 2,40 |
| **757** | 8 C + 4 (C) | mehrfarbig | pz | 4,40 | 3,— |
| **758** | 12 C + 9 (C) | mehrfarbig | ra | 0,30 | 0,30 |
| **759** | 30 C + 9 (C) | mehrfarbig | rb | 7,— | 7,— |
| | | Satzpreis (5 W.) | | 15,— | 13,— |
| | | FDC | | | 20,— |

Auflagen: MiNr. 755 = 8.028.755, MiNr. 756 = 986.485, MiNr. 757 = 1.052.572, MiNr. 758 = 14.446.471, MiNr. 759 = 955.682 Stück

*Gültig bis 31.12.1961*

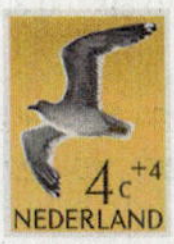

**1961, 24. April. Sommermarken zugunsten sozialer und kultureller Einrichtungen: Vögel. Odr.; gez. K 12½:12, Querformate ~.**

rc) Silbermöwe (Larus argentatus)

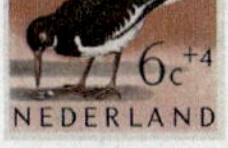

rd) Austernfischer (Haematopus ostralegus)

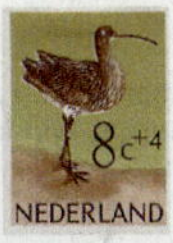

re) Großer Brachvogel (Numenius arquata)

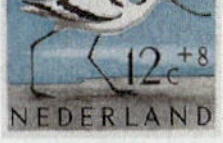

rf) Säbelschnäbler (Recurvirostra avosetta)

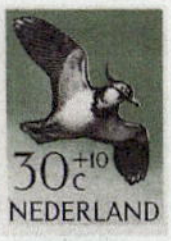

rg) Kiebitz (Vanellus vanellus)

| | | | | | |
|---|---|---|---|---|---|
| **760** | 4 C + 4 (C) | chromgelb/dunkelblaugrau | rc | 1,30 | 1,— |
| **761** | 6 C + 4 (C) | orangebraun/violettbraun | rd | 1,70 | 1,50 |
| **762** | 8 C + 4 (C) | gelboliv/braun | re | 1,— | 0,80 |
| **763** | 12 C + 8 (C) | grünblau/schwarzgrau | rf | 2,— | 0,50 |
| **764** | 30 C + 10 (C) | dunkelgrün/grauschwarz | rg | 3,— | 2,20 |
| | | Satzpreis (5 W.) | | 9,— | 6,— |
| | | FDC | | | 25,— |

Auflagen: MiNr. 760 = 1.223.505, MiNr. 761 = 894.822, MiNr. 762 = 966.638, MiNr. 763 = 1.753.651, MiNr. 764 = 912.318 Stück

*Gültig bis 31.12.1962*

**1961, 18. Sept. Europa. RaTdr.; gez. K 14:13.**

rh) Stilisierte Taube aus 19 Einzeltauben

| | | | | | |
|---|---|---|---|---|---|
| **765** | 12 C | braunocker | rh | 0,30 | 0,30 |
| **766** | 30 C | grünlichblau | rh | 0,30 | 0,30 |
| | | Satzpreis (2 W.) | | 0,50 | 0,50 |
| | | FDC | | | 2,50 |

Auflagen: MiNr. 765 = 35.601.500, MiNr. 766 = 5.265.500 Stück

*Gültig bis 31.12.1962*

**1961, 13. Nov. „Voor het Kind": Feiertagsumzüge. Odr.; gez. K 12½:12.**

ri) Sankt Nikolaus

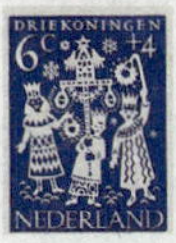

rk) Dreikönigsfest

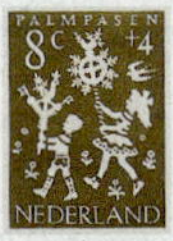

rl) Palmsonntag

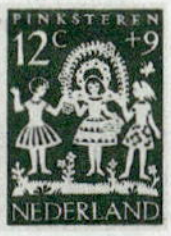

rm) Pfingsten

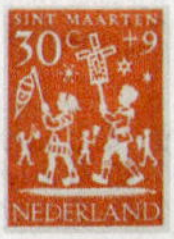

rn) Sankt Martin

| | | | | | |
|---|---|---|---|---|---|
| **767** | 4 C + 4 (C) | rot | ri | 0,30 | 0,30 |
| **768** | 6 C + 4 (C) | blau | rk | 1,20 | 1,— |
| **769** | 8 C + 4 (C) | hellbraunoliv | rl | 1,20 | 1,20 |
| **770** | 12 C + 9 (C) | dunkelbläulichgrün | rm | 0,30 | 0,30 |
| **771** | 30 C + 9 (C) | rotorange | rn | 3,— | 2,70 |
| | | Satzpreis (5 W.) | | 6,— | 5,50 |
| | | FDC | | | 11,— |

Auflagen: MiNr. 767 = 9.352.180, MiNr. 768 = 983.040, MiNr. 769 = 1.057.981, MiNr. 770 = 17.052.467, MiNr. 771 = 957.012 Stück

*Gültig bis 31.12.1962*

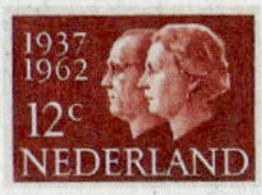

**1962, 5. Jan. Silberhochzeit Königin Julianas und Prinz Bernhards. RaTdr.; gez. K 14:12¾.**

ro) Königin Juliana und Prinz Bernhard

| | | | | | |
|---|---|---|---|---|---|
| **772** | 12 C | dunkelbraunrot | ro | 0,30 | 0,30 |
| **773** | 30 C | dunkelgelbgrün | ro | 1,50 | 0,70 |
| | | Satzpreis (2 W.) | | 1,80 | 1,— |
| | | FDC | | | 7,50 |

Auflagen: MiNr. 772 = 104.019.800, MiNr. 773 = 8.762.200 Stück

*Gültig bis 31.12.1963*

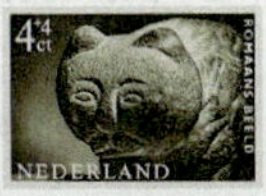

**1962, 27. April. Sommermarken zugunsten sozialer und kultureller Fürsorge. RaTdr.; gez. K 14:12¾, Hochformate ~.**

rp) Katze (römische Plastik)

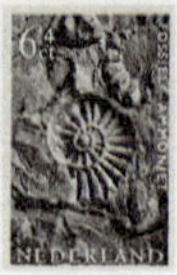


rr) Versteinerter Ammonit

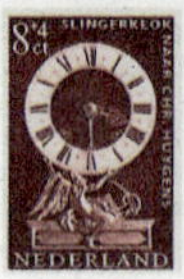


rs) Pendeluhr (nach Christian Huygens)

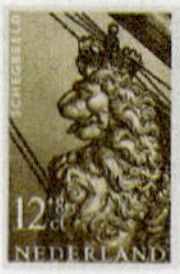


rt) Gallionsfigur (Löwenkopf)

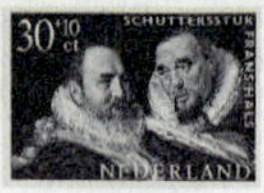


ru) Detail aus „Festmahlzeit der St. Georgsoffiziere“ von Frans Hals

| | | | | | | |
|---|---|---|---|---|---|---|
| **774** | 4 C | + 4 (C) schwarzoliv | rp | 1,10 | 1,— |
| **775** | 6 C | + 4 (C) grauschwarz | rr | 1,— | 0,80 |
| **776** | 8 C | + 4 (C) violettpurpur | rs | 1,20 | 1,20 |
| **777** | 12 (C) | + 8 C dunkelgelboliv | rt | 1,20 | 0,50 |
| **778** | 30 (C) | + 10 C schwarzblau | ru | 1,50 | 1,50 |
| | | Satzpreis (5 W.) | | 6,— | 5,— |
| | | FDC | | | 12,— |

Auflagen: MiNr. 774 = 1.165.526, MiNr. 775 = 906.397, MiNr. 776 = 964.999, MiNr. 777 = 1.702.462, MiNr. 778 = 927.821 Stück

*Gültig bis 31.12.1963*

**1962, 22. Mai. Vollautomatisierung des niederländischen Fernsprechnetzes. RaTdr.; gez. K 12¾:14, Querformat ~.**

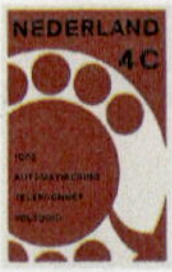


rv) Teil einer Wählscheibe

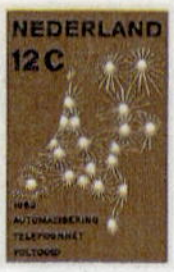


rw) Karte des niederländischen Fernsprechnetzes

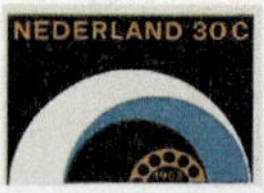


rx) Bogen mit Teil einer Wählscheibe

| | | | | | | |
|---|---|---|---|---|---|---|
| **779** | 4 C | karminbraun/schwarz | rv | 0,30 | 0,30 |
| **780** | 12 C | olivbraun/schwarz | rw | 0,50 | 0,30 |
| **781** | 30 C | mehrfarbig | rx | 1,70 | 1,40 |
| | | Satzpreis (3 W.) | | 2,50 | 2,— |
| | | FDC | | | 10,— |

Auflagen: MiNr. 779 = 74.772.100, MiNr. 780 = 78.084.700, MiNr. 781 = 8.464.300 Stück

*Gültig bis 31.12.1963*

**1962, 17. Sept. Europa. RaTdr.; gez. K 14:12¾.**

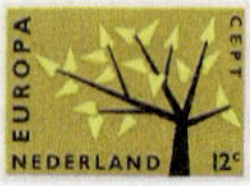


ry) Stilisierter Baum mit 19 Blättern

| | | | | | | |
|---|---|---|---|---|---|---|
| **782** | 12 C | mehrfarbig | ry | 0,50 | 0,30 |
| **783** | 30 C | mehrfarbig | ry | 1,— | 0,70 |
| | | Satzpreis (2 W.) | | 1,50 | 1,— |
| | | FDC | | | 2,50 |

Auflagen: MiNr. 782 = 34.736.400, MiNr. 783 = 4.568.600 Stück

*Gültig bis 31.12.1963*

**1962, 12. Sept. Freimarke: Landschaften. RaTdr. auf leicht grau gefärbtem Papier; Wz. 2 Y; gez. K 12:13½.**

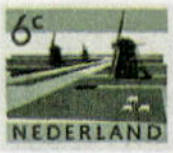


rz) Polderlandschaft

| | | | | | | |
|---|---|---|---|---|---|---|
| **784** | 6 C | dunkelgrün | rz | 0,50 | 0,30 |

Auflage: 42.662.600 Stück

*Gültig bis 31.12.1985*

*Weitere Werte: MiNr. 790, 800*

**1962, 12. Nov. „Voor het Kind“. RaTdr.; gez. K 12½:12.**

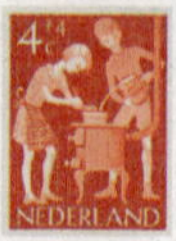


sa) Kinder beim Kochen

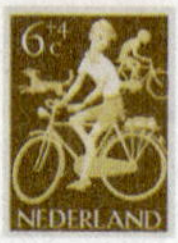


sb) Kinder beim Radfahren

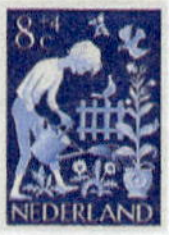


sc) Mädchen beim Blumengießen

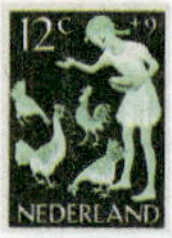


sd) Mädchen beim Hühnerfüttern

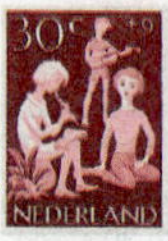


se) Kinder beim Musizieren

| | | | | | | |
|---|---|---|---|---|---|---|
| **785** | 4 C | + 4 (C) orangerot | sa | 0,30 | 0,30 |
| **786** | 6 C | + 4 (C) ockerbraun | sb | 1,— | 0,70 |
| **787** | 8 C | + 4 (C) lebhaftviolettultramarin | sc | 1,40 | 1,40 |
| **788** | 12 C | + 9 (C) dunkelgrün | sd | 0,30 | 0,30 |
| **789** | 30 C | + 9 (C) purpur | se | 2,— | 1,80 |
| | | Satzpreis (5 W.) | | 5,— | 4,50 |
| | | FDC | | | 10,— |

Auflagen: MiNr. 785 = 10.998.763, MiNr. 786 = 1.024.377, MiNr. 787 = 1.094.320, MiNr. 788 = 18.047.147, MiNr. 789 = 1.001.391 Stück

*Gültig bis 31.12.1963*

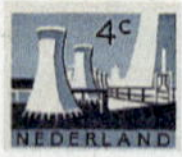


**1963, 7. Jan. Freimarke: Landschaften. RaTdr. auf leicht blaugrau gefärbtem Papier; Wz. 2 Y; gez. K 12½:13½.**

sf) Kühltürme der Staatsbergwerke in der Provinz Limburg

| | | | | | | |
|---|---|---|---|---|---|---|
| **790** | 4 C | dunkelviolettblau | sf | 0,30 | 0,30 |

Auflage: 249.834.800 Stück

*Gültig bis 31.12.1985*

*Weitere Werte: MiNr. 784, 800*

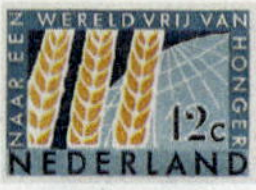


**1963, 21. März. Kampf gegen den Hunger. RaTdr.; gez. K 14:12¾.**

sg) Drei Kornähren vor Teil der Weltkugel

| | | | | | | |
|---|---|---|---|---|---|---|
| **791** | 12 C | graublau/braungelb | sg | 0,30 | 0,30 |
| **792** | 30 C | karminrot/braungelb | sg | 1,20 | 1,20 |
| | | Satzpreis (2 W.) | | 1,50 | 1,50 |
| | | FDC | | | 6,50 |

Auflagen: MiNr. 791 = 32.831.400, MiNr. 792 = 3.711.400 Stück

*Gültig bis 31.12.1964*

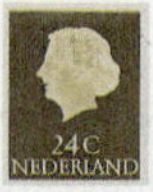


**1963, 12. April. Freimarke: Königin Juliana. RaTdr.; Wz. 2 X; gez. K 13½:12¾.**

ls) Königin Juliana (1909–2004, reg. 1948–1980)

| | | | | | | |
|---|---|---|---|---|---|---|
| **793** | 24 C | oliv | ls | 0,30 | 0,30 |

Auflage: 16.672.195 Stück

*Gültig bis 31.12.1985*

*In gleicher Zeichnung: MiNr. 620–629, 641–642, 677, 690, 720–722, 842, 872*

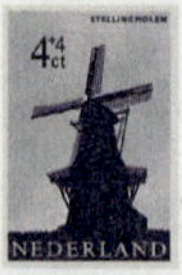


**1963, 24. April. Sommermarken zugunsten sozialer und kultureller Fürsorge: Windmühlen. Odr.; gez. K 12¾:14, Querformat ~.**

sh) Gerüstmühle

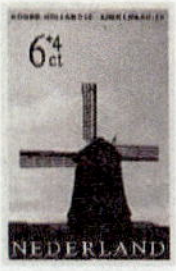


si) Nordholländische Poldermühle

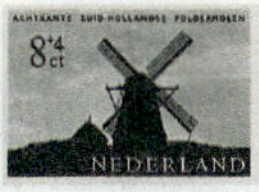


sk) Achteckige südholländische Poldermühle

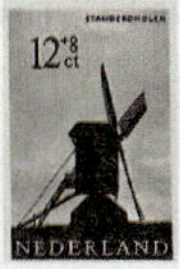


sl) Bockwindmühle

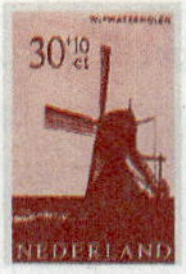


sm) Schöpfmühle

| | | | | | |
|---|---|---|---|---|---|
| **794** | 4 C + 4 (C) dunkelviolettblau | sh | 1,— | 1,— |
| **795** | 6 C + 4 (C) dunkelviolett | si | 1,— | 1,— |
| **796** | 8 C + 4 (C) dunkelgrünblau | sk | 1,20 | 1,10 |
| **797** | 12 C + 8 (C) braunschwarz | sl | 1,20 | 0,30 |
| **798** | 30 C + 10 (C) lilarot | sm | 1,60 | 1,60 |
| | Satzpreis (5 W.) | | 6,— | 5,— |
| | FDC | | | 17,— |

Auflagen: MiNr. 794 = 1.328.196, MiNr. 795 = 1.004.426, MiNr. 796 = 1.069.685, MiNr. 797 = 1.857.685, MiNr. 798 = 1.020.533 Stück

*Gültig bis 31.12.1964*

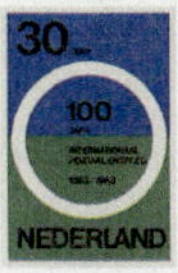


**1963, 7. Mai. 100. Jahrestag der 1. Internationalen Postkonferenz, Paris. Odr.; gez. K 12¾:14.**

sn) Inschrift

| | | | | |
|---|---|---|---|---|
| **799** | 30 C mehrfarbig | sn | 1,70 | 1,50 |
| | FDC | | | 4,— |

Auflage: 4.571.500 Stück

*Gültig bis 31.12.1964*

**1963, 8. Mai/1972, 10. Aug. Freimarke: Landschaften. RaTdr. auf sämisch gefärbtem Papier; X = Wz. 2 X, Y = Wz. 2 Y, Z = oWz.; x = normales Papier, y = Papier ph.; A = vierseitig, D = dreiseitig gez. K 12½:13½.**

so) Deltawerke

| | | | | |
|---|---|---|---|---|
| **800** | 10 C dkl'karmin auf hellsämisch | so | | |
| X | Wz. 2 X (5.5.1966) | | | |
| x | normales Papier | | | |
| Do | dreiseitig gez. (⌑) | | 0,30 | 0,30 |
| Du | dreiseitig gez. (⌑) | | 0,30 | 0,30 |
| Y x A | Wz. 2 Y vierseitig gez. (8.5.1963) | | 0,30 | 0,30 |
| Z | oWz. (10.8.1972) | | | |
| y | Papier ph. | | | |
| Do | dreiseitig gez. (⌑) | | 0,30 | 0,30 |
| Du | dreiseitig gez. (⌑) | | 12,— | 1,20 |
| | Paar 800 X x Do/Du | | 0,60 | 0,50 |
| | Paar 800 Z y Do/Du | | 15,— | 2,20 |
| | Markenheftchen mit 5 × MiNr. 800 X x Do/Du | | 3,— | |

MiNr. 800 x A mit rückseitiger schwarzer Zählnummer stammt aus Rollen.

MiNr. 800 y Do/Du stammen aus Markenheftchen MH 13.

Auflage: MiNr. 800 Y x A = 491.635.600 Stück

*Gültig bis 31.12.1985*

*Weitere Werte: MiNr. 784, 790*

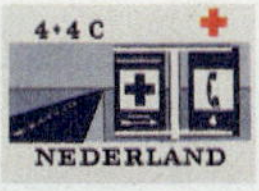


**1963, 20. Aug. 100 Jahre Internationales Rotes Kreuz. Odr.; gez. K 14:13.**

sp) Straße mit Hinweisschildern auf Rot-Kreuz-Hilfsstelle und Fernsprecher

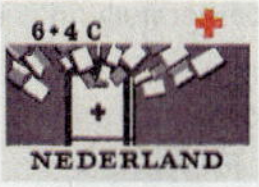


sr) Sammelkasten für Lektüre

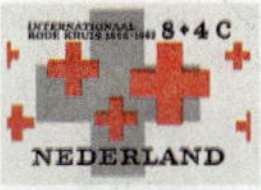


ss) Rote Kreuze

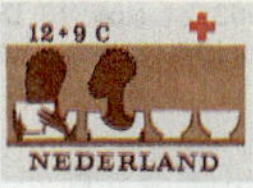


st) Kinder mit Suppenschüsseln

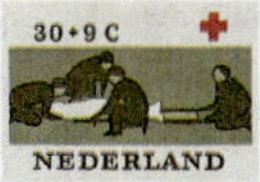


su) Freiwillige Helfer heben Kranken auf Trage

| | | | | |
|---|---|---|---|---|
| **801** | 4 (C) + 4 C violettultramarin/rot | sp | 0,40 | 0,40 |
| **802** | 6 (C) + 4 C bläulichviolett/rot | sr | 0,30 | 0,30 |
| **803** | 8 (C) + 4 C grauschwarz/rot | ss | 1,— | 1,— |
| **804** | 12 (C) + 9 C dunkelorangebraun/rot | st | 0,30 | 0,30 |
| **805** | 30 (C) + 9 C dunkelolivgrün/rot | su | 2,— | 2,— |
| | Satzpreis (5 W.) | | 4,— | 4,— |
| | FDC | | | 8,50 |

Auflagen: MiNr. 801 = 1.773.308, MiNr. 802 = 993.981, MiNr. 803 = 1.067.347, MiNr. 804 = 2.605.022, MiNr. 805 = 1.008.316 Stück

*Gültig bis 31.12.1964*

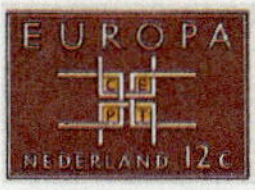


**1963, 16. Sept. Europa. RaTdr.; gez. K 14:12¾.**

sv) Buchstaben „CEPT“ in Ornament

| | | | | |
|---|---|---|---|---|
| **806** | 12 C karminbraun/orangegelb | sv | 0,30 | 0,30 |
| **807** | 30 C dunkelgrünblau/orangegelb | sv | 1,20 | 1,20 |
| | Satzpreis (2 W.) | | 1,50 | 1,50 |
| | FDC | | | 4,50 |

Auflagen: MiNr. 806 = 34.073.500, MiNr. 807 = 3.823.200 Stück

*Gültig bis 31.12.1964*

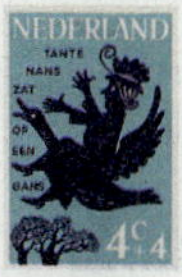


**1963, 12. Nov. „Voor het Kind“: Volkstümliche Kinderlieder. Odr.; gez. K 12¾:14.**

sw) „Tante Nans saß auf 'ner Gans“

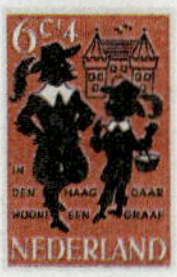


sx) „In Den Haag, da wohnt ein Graf“

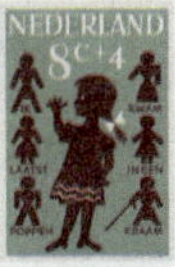


sy) „Ich kam jüngst in ein Puppenhaus“

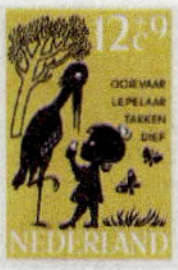


sz) „Storch, Storch, Klapperstorch“

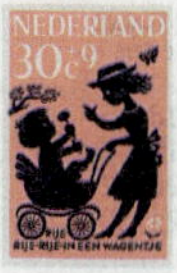


ta) „Fahren, fahren, fahren in dem Wägelchen klein“

| | | | | |
|---|---|---|---|---|
| **808** | 4 C + 4 (C) grünblau/dunkelblau | sw | 0,30 | 0,30 |
| **809** | 6 C + 4 (C) zinnober/schwarzblaugrün | sx | 0,40 | 0,50 |
| **810** | 8 C + 4 (C) graugrün/braun | sy | 1,— | 0,70 |
| **811** | 12 C + 9 (C) gelb/violett | sz | 0,30 | 0,30 |
| **812** | 30 C + 9 (C) hellrot/blauviolett | ta | 2,— | 2,— |
| | Satzpreis (5 W.) | | 4,— | 3,80 |
| | FDC | | | 7,50 |

Auflagen: MiNr. 808 = 10.504.446, MiNr. 809 = 1.151.136, MiNr. 810 = 1.200.328, MiNr. 811 = 19.227.049, MiNr. 812 = 1.108.556 Stück

*Gültig bis 31.12.1964*

**1963, 21. Nov./13. Dez. 150. Jahrestag der Wiederherstellung der Unabhängigkeit. RaTdr.; gez. K 12:12½.**

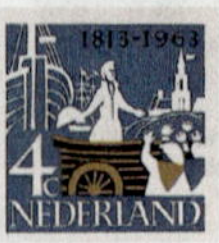


tb) Landung des Prinzen von Oranien in Scheveningen

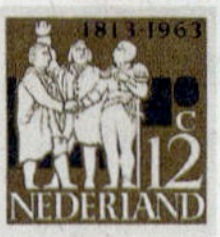


tc) Triumvirat Van Hogendorp, Van Limburg Stirum und Van der Duyn van Maasdam

td) Vereidigung von König Willem I. auf die Verfassung

| | | | | |
|---|---|---|---|---|
| **813** | 4 C mehrfarbig (21. Nov.) | tb | 0,30 | 0,30 |
| **814** | 5 C mehrfarbig (13. Dez.) | tb | 0,30 | 0,30 |
| **815** | 12 C mehrfarbig (21. Nov.) | tc | 0,30 | 0,30 |
| **816** | 30 C hellkarminbraun/schwarz (21. Nov.) | td | 0,40 | 0,40 |
| | Satzpreis (4 W.) | | 1,30 | 1,30 |
| | FDC | | | 8,50 |

Auflagen: MiNr. 813 = 42.193.400, MiNr. 814 = 76.655.500, MiNr. 815 = 80.101.200, MiNr. 816 = 9.932.300 Stück

*Gültig bis 31.12.1965*

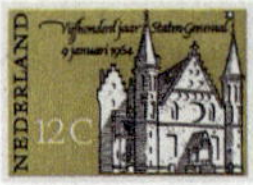


**1964, 9. Jan. 500. Jahrestag des ersten Zusammentritts der Generalstaaten. RaTdr.; gez. K 14:12¾.**

te) Rittersaal in 's-Gravenhage (Den Haag)

| | | | | |
|---|---|---|---|---|
| **817** | 12 C dunkelgelboliv/schwarz | te | 0,30 | 0,30 |
| | FDC | | | 6,— |

Auflage: 32.124.400 Stück

*Gültig bis 31.12.1965*

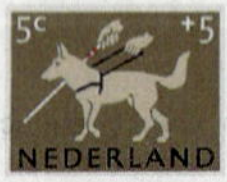


**1964, 21. April. Sommermarken zugunsten sozialer und kultureller Fürsorge: Säugetiere. Odr.; gez. K 12:12½.**

tf) Deutscher Schäferhund als Blindenhund

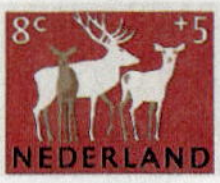


tg) Rotwild (Cervus elaphus)

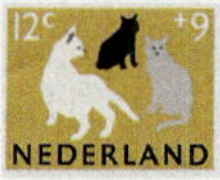


th) Hauskatzen

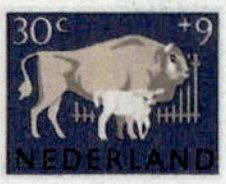


ti) Wisentkuh mit Kalb (Bison bonasus)

| | | | | |
|---|---|---|---|---|
| **818** | 5 C + 5 (C) mehrfarbig | tf | 0,70 | 0,50 |
| **819** | 8 C + 5 (C) mehrfarbig | tg | 0,50 | 0,40 |
| **820** | 12 C + 9 (C) mehrfarbig | th | 0,70 | 0,30 |
| **821** | 30 C + 9 (C) mehrfarbig | ti | 0,70 | 0,80 |
| | Satzpreis (4 W.) | | 2,60 | 2,— |
| | FDC | | | 10,— |

Auflagen: MiNr. 818 = 1.612.683, MiNr. 819 = 1.421.503, MiNr. 820 = 2.713.659, MiNr. 821= 1.351.489 Stück

*Gültig bis 31.12.1965*

**1964, 16. Juni. 350 Jahre Universität Groningen. StTdr.; gez. K 12½:12.**

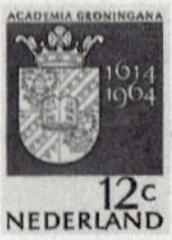


tk) Wappen der Universität Groningen

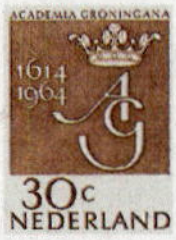


tl) Krone, Monogramm

| | | | | |
|---|---|---|---|---|
| **822** | 12 C schwarzblau | tk | 0,30 | 0,30 |
| **823** | 30 C gelbbraun | tl | 0,30 | 0,30 |
| | Satzpreis (2 W.) | | 0,50 | 0,50 |
| | FDC | | | 5,— |

Auflagen: MiNr. 822 = 20.689.200, MiNr. 823 = 4.023.500 Stück

*Gültig bis 31.12.1965*

**1964, 28. Juli. 125 Jahre Eisenbahn in den Niederlanden. RaTdr.; gez. K 14:12¾.**

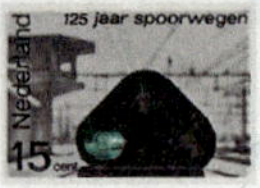


tm) „Zwergsignal" einer Bahnhofsicherungsanlage

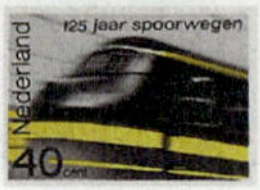


tn) Elektrischer Triebwagenzug BR TT (1964)

| | | | | |
|---|---|---|---|---|
| **824** | 15 C mehrfarbig | tm | 0,30 | 0,30 |
| **825** | 40 C mehrfarbig | tn | 0,90 | 0,90 |
| | Satzpreis (2 W.) | | 1,20 | 1,20 |
| | FDC | | | 7,50 |

Auflagen: MiNr. 824 = 29.250.500, MiNr. 825 = 3.745.500 Stück

*Gültig bis 31.12.1965*

**1964, 25. Aug. 150 Jahre Niederländische Bibelgesellschaft. RaTdr.; gez. K 14:12¾.**

to) Taube über Christusmonogramm auf Bibel

| | | | | |
|---|---|---|---|---|
| **826** | 15 C dunkelbräunlichkarmin | to | 0,30 | 0,30 |
| | FDC | | | 3,50 |

Auflage: 30.484.000 Stück

*Gültig bis 31.12.1965*

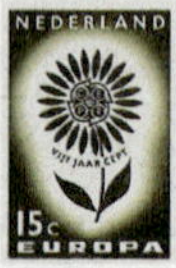


**1964, 14. Sept. Europa. RaTdr.; gez. K 12¾:14.**

tp) Stilisierte Blume mit 22 Blütenblättern um CEPT-Emblem

| | | | | |
|---|---|---|---|---|
| **827** | 15 C schwarzolivgrün | tp | 0,30 | 0,30 |
| **828** | 20 C hellbraun | tp | 0,70 | 0,50 |
| | Satzpreis (2 W.) | | 1,— | 0,80 |
| | FDC | | | 2,— |

Auflagen: MiNr. 827 = 29.770.300, MiNr. 828 = 4.842.100 Stück

*Gültig bis 31.12.1965*

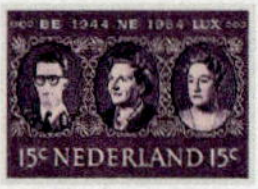


**1964, 12. Okt. 20 Jahre Zollunion „BENELUX". RaTdr.; gez. K 14:12½.**

tr) König Baudouin von Belgien, Königin Juliana der Niederlande und Großherzogin Charlotte von Luxemburg

| | | | | |
|---|---|---|---|---|
| **829** | 15 C dunkelviolett/hellsämisch | tr | 0,30 | 0,30 |
| | FDC | | | 2,— |

Auflage: 27.273.200 Stück

*Gültig bis 31.12.1965*

*Parallelausgabe mit Belgien MiNr. 1366 und Luxemburg MiNr. 700*

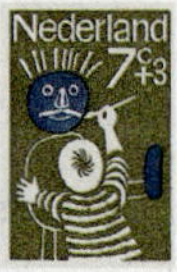


**1964, 17. Nov. „Voor het Kind": Kind und Kultur. RaTdr.; gez. K 12¾:14.**

ts) Malendes Kind

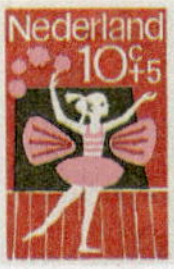
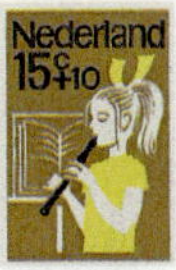
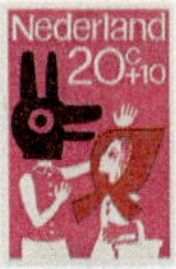
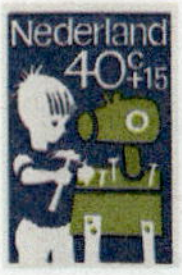

tt) Ballettanzendes Mädchen — tu) Flötespielendes Mädchen — tv) Als Wolf und Rotkäppchen maskierte Kinder — tw) Bastelnder Junge

| | | | | | |
|---|---|---|---|---|---|
| **830** | 7 C + 3 (C) dunkelgrauoliv/grünlichblau | ts | 0,70 | 0,70 |
| **831** | 10 C + 5 (C) mehrfarbig | tt | 0,50 | 0,50 |
| **832** | 15 C + 10 (C) mehrfarbig | tu | 0,30 | 0,30 |
| **833** | 20 C + 10 (C) mehrfarbig | tv | 0,50 | 0,50 |
| **834** | 40 C + 15 (C) grünlichblau/oliv | tw | 1,— | 1,— |
| | Satzpreis (5 W.) | | 3,— | 3,— |
| | FDC | | | 7,50 |

Auflagen: MiNr. 830 = 2.417.087, MiNr. 831 = 1.523.352, MiNr. 832 = 21.080.774, MiNr. 833 = 1.241.358, MiNr. 834 = 1.267.203 Stück

*Gültig bis 31.12.1965*

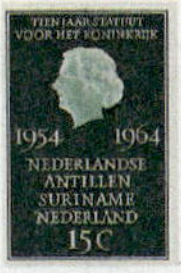

**1964, 15. Dez. 10 Jahre Statut für das Königreich der Niederlande, Surinam und die Niederländischen Antillen. RaTdr.; gez. K 12¾:14.**

tx) Königin Juliana, Inschrift

| | | | | |
|---|---|---|---|---|
| **835** | 15 C dunkelblaugrün | tx | 0,30 | 0,30 |
| | FDC | | | 1,50 |

Auflage: 31.670.500 Stück

*Gültig bis 31.12.1965*

**1965, 6. April. Widerstandsbewegung in den Niederlanden während des Zweiten Weltkrieges. RaTdr.; gez. K 12:12½.**

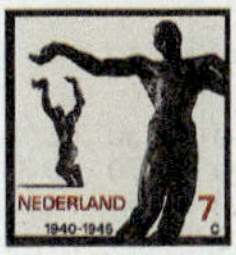
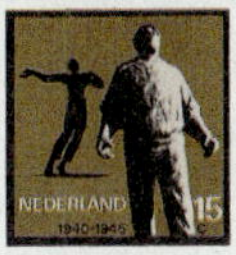
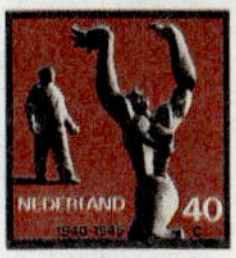

ty) Skulpturen „Gefallene" und „Verwüstete Stadt" (Waalwijk) — tz) Skulpturen „Hafenarbeiter" und „Gefallene" (Amsterdam) — ua) Skulpturen „Verwüstete Stadt" und „Hafenarbeiter" (Rotterdam)

| | | | | |
|---|---|---|---|---|
| **836** | 7 C schwarz/karminbraun | ty | 0,30 | 0,30 |
| **837** | 15 C schwarz/braunoliv | tz | 0,30 | 0,30 |
| **838** | 40 C schwarz/bräunlichkarmin | ua | 0,90 | 0,90 |
| | Satzpreis (3 W.) | | 1,50 | 1,50 |
| | FDC | | | 3,20 |

Auflagen: MiNr. 836 = 28.820.400, MiNr. 837 = 28.855.200, MiNr. 838 = 3.434.500 Stück

*Gültig bis 31.12.1966*

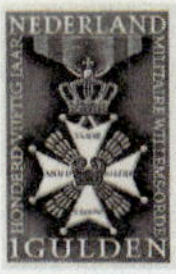

**1965, 29. April. 150 Jahre Militärischer Wilhelmsorden für Mut, Klugheit und Treue. RaTdr.; gez. K 12¾:14.**

ub) Militärischer Wilhelmsorden für den Ritter 4. Klasse

| | | | | |
|---|---|---|---|---|
| **839** | 1 G schwarzgrau | ub | 2,— | 0,70 |
| | FDC | | | 2,80 |

Auflage: 2.791.600 Stück

*Gültig bis 31.12.1966*

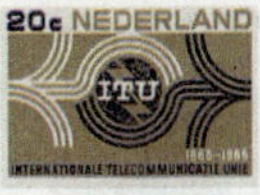

**1965, 17. Mai. 100 Jahre Internationale Fernmeldeunion (ITU). Odr.; gez. K 14:12¾.**

uc) Emblem der ITU mit symbolischer Darstellung des Fernmeldewesens

| | | | | |
|---|---|---|---|---|
| **840** | 20 C braunoliv/dunkelblau | uc | 0,30 | 0,30 |
| **841** | 40 C graublau/schwarzoliv | uc | 0,70 | 0,50 |
| | Satzpreis (2 W.) | | 1,— | 0,80 |
| | FDC | | | 2,— |

Auflagen: MiNr. 840 = 5.045.600, MiNr. 841 = 3.052.500 Stück

*Gültig bis 31.12.1966*

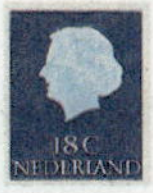

**1965, 31. Mai/1. Juni. Freimarke: Königin Juliana. RaTdr.; X = Wz. 2 X, Y = Wz. 2 Y; A = vierseitig , D = dreiseitig gez. K 13½:12¾.**

ls) Königin Juliana (1909–2004, reg. 1948–1980)

| | | | | | |
|---|---|---|---|---|---|
| **842** | | 18 C grünlichblau | ls | | |
| | X A | Wz. 2 X, vierseitig gez. (1. Juni) | | 0,30 | 0,30 |
| | Y | Wz. 2 Y (31. Mai) | | | |
| | Dl | dreiseitig gez. (⊏⊐) | | 0,30 | 0,30 |
| | Dr | dreiseitig gez. (⊏⊐) | | 0,30 | 0,30 |
| | | Paar 842 Y Dl/Dr | | 0,60 | 0,50 |

Dreiseitig gezähnte Werte stammen aus Markenheftchen MH 3 und MH4.

Auflage: MiNr. 842 x A = 229.927.471 Stück

*Gültig bis 31.12.1985*

*In gleicher Zeichnung: MiNr. 620–629, 641–642, 677, 690, 720–722, 793, 872*

**1965, 1. Juni. Sommermarken zugunsten sozialer und kultureller Fürsorge: Stadtansichten. Odr.; gez. K 14:12¾.**

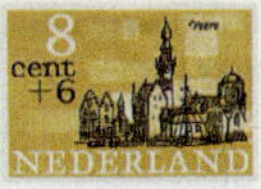
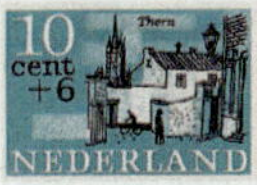
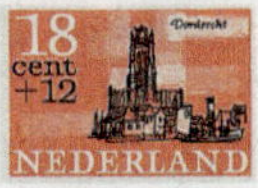

ud) Veere — ue) Thorn — uf) Dordrecht

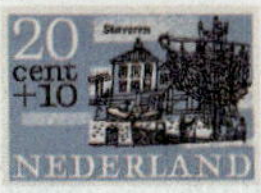
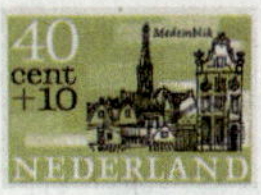

ug) Staveren — uh) Medemblik

| | | | | |
|---|---|---|---|---|
| **843** | 8 C + 6 (C) dunkelgelb/schwarz | ud | 0,30 | 0,30 |
| **844** | 10 C + 6 (C) grünblau/schwarz | ue | 0,40 | 0,30 |
| **845** | 18 C + 12 (C) hellrot/schwarz | uf | 0,50 | 0,30 |
| **846** | 20 C + 10 (C) hellblau/schwarz | ug | 0,60 | 0,50 |
| **847** | 40 C + 10 (C) grünoliv/schwarz | uh | 0,70 | 0,60 |
| | Satzpreis (5 W.) | | 2,50 | 2,— |
| | FDC | | | 4,— |

Auflagen: MiNr. 843 = 1.587.174, MiNr. 844 = 1.497.949, MiNr. 845 = 2.024.505, MiNr. 846 = 1.361.288, MiNr. 847 = 1.378.660 Stück

*Gültig bis 31.12.1966*

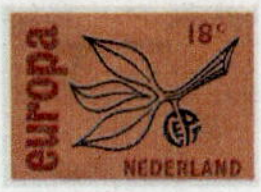

**1965, 27. Sept. Europa. RaTdr.; gez. K 14:12¾.**

ui) Zweig mit aus den Buchstaben „CEPT" gebildeter Frucht

| | | | | |
|---|---|---|---|---|
| **848** | 18 C mehrfarbig | ui | 0,30 | 0,30 |
| **849** | 20 C mehrfarbig | ui | 0,30 | 0,30 |
| | Satzpreis (2 W.) | | 0,50 | 0,50 |
| | FDC | | | 1,50 |

Auflagen: MiNr. 848 = 30.713.900, MiNr. 849 = 4.558.900 Stück

*Gültig bis 31.12.1966*

**1965, 16. Nov. „Voor het Kind": Kinderzeichnungen. RaTdr.; gez. K 14:12¾, Hochformat ~.**

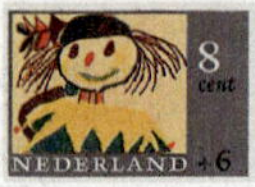


uk) Knabe mit Federhut

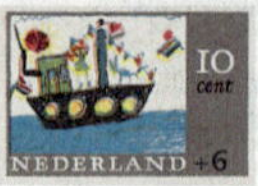


ul) Schiff

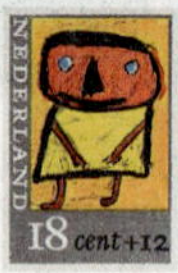


um) Mädchen

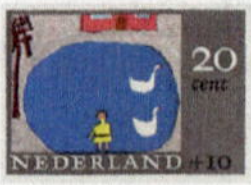


un) Ländliche Szene

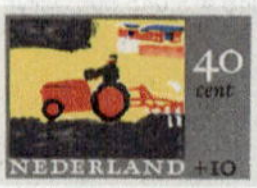


uo) Traktor auf dem Feld

| | | | | |
|---|---|---|---|---|
| **850** | 8 C + 6 (C) mehrfarbig | uk | 0,30 | 0,30 |
| **851** | 10 C + 6 (C) mehrfarbig | ul | 0,40 | 0,40 |
| **852** | 18 C + 12 (C) mehrfarbig | um | 0,30 | 0,30 |
| **853** | 20 C + 10 (C) mehrfarbig | un | 1,— | 0,80 |
| **854** | 40 C + 10 (C) mehrfarbig | uo | 1,— | 1,— |
| | Satzpreis (5 W.) | | 3,— | 2,80 |
| | FDC | | | 5,— |

**Blockausgabe mit 5 × MiNr. 850 und 6 × MiNr. 852**

| | | | | |
|---|---|---|---|---|
| **Block 3** | (143×124 mm) | up | 20,— | 25,— |

Auflagen: MiNr. 850 = 2.098.063, MiNr. 851 = 1.561.741, MiNr. 852 = 2.203.605, MiNr. 853 = 1.313.707, MiNr. 854 = 1.317.937 Stück, Bl. 3 = 2.286.812 Blocks

*Gültig bis 31.12.1966*

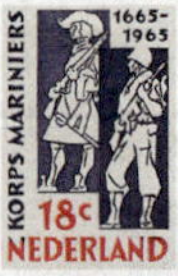


**1965, 10. Dez. 300 Jahre Korps der Marinesoldaten. StTdr.; gez. K 12¾:14.**

ur) Holländische Marinesoldaten von 1665 und 1965

| | | | | |
|---|---|---|---|---|
| **855** | 18 C karminrot/blau | ur | 0,30 | 0,30 |
| | FDC | | | 1,30 |

Auflage: 32.914.700 Stück

*Gültig bis 31.12.1966*

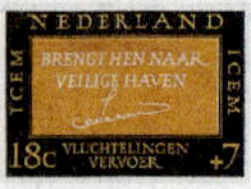


**1966, 31. Jan. Zwischenstaatliches Komitee für europäische Auswanderung (ICEM). RaTdr.; gez. K 14:12¾.**

us) Aufruf von Königin Juliana: „Verhelft ihnen zu einem sicheren Hafen" und Namenszug der Monarchin

| | | | | |
|---|---|---|---|---|
| **856** | 18 C + 7 (C) schwarz/braungelb | us | 0,50 | 0,30 |
| **857** | 40 C + 20 (C) schwarz/bräunlichrot | us | 0,50 | 0,30 |
| | Satzpreis (2 W.) | | 1,— | 0,50 |
| | FDC | | | 1,30 |

**Blockausgabe mit MiNr. 856 und 2 × MiNr. 857**

| | | | | |
|---|---|---|---|---|
| **Block 4** | (117×43 mm) | ut | 3,— | 1,20 |
| | FDC | | | 2,50 |

Auflagen: MiNr. 856 = 1.616.689, MiNr. 857 = 1.196.439 Stück, Bl. 4 = 1.456.579 Blocks

*Gültig bis bis 31.12.1967*

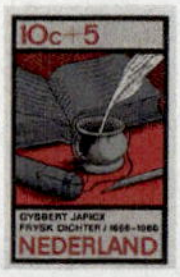


**1966, 3. Mai. Sommermarken zugunsten sozialer und kultureller Fürsorge: 300. Todestag des friesischen Dichters Gysbert Japicx (1603-1666) und 200 Jahre Niederländische Literaturgesellschaft. RaTdr.; gez. K 12¾:14.**

uu) Tintenfass, Federkiel und Buch als Symbole der Dichtkunst

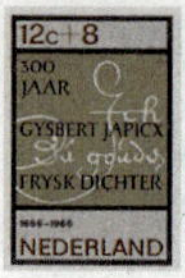


uv) Fragment, Handschrift des Dichters aus Gedicht „Wobbelke"

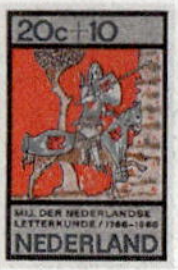


uw) Fragment der Miniatur „Ritter Walewein"

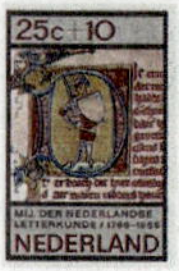


ux) Initiale und Manuskript aus Roman „Ferguut"

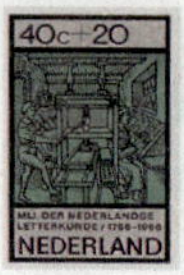


uy) Druckerei aus dem 16. Jh., nach Holzschnitt eines unbekannten Meisters

| | | | | |
|---|---|---|---|---|
| **858** | 10 C + 5 (C) mehrfarbig | uu | 0,50 | 0,40 |
| **859** | 12 C + 8 (C) mehrfarbig | uv | 0,50 | 0,40 |
| **860** | 20 C + 10 (C) mehrfarbig | uw | 0,50 | 0,40 |
| **861** | 25 C + 10 (C) mehrfarbig | ux | 1,— | 0,40 |
| **862** | 40 C + 20 (C) mehrfarbig | uy | 0,50 | 1,— |
| | Satzpreis (5 W.) | | 3,— | 2,50 |
| | FDC | | | 3,50 |

Auflagen: MiNr. 858 = 1.507.611, MiNr. 859 = 1.367.656, MiNr. 860 = 1.933.358, MiNr. 861 = 1.302.349, MiNr. 862 = 1.329.104 Stück

*Gültig bis 31.12.1967*

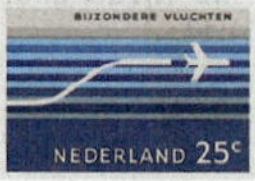


**✈ 1966, 8. Sept. Flugpostmarke für Sonderflüge. Odr.; gez. K 14:12¾.**

uz) Fluglinie mit stilisiertem Düsenflugzeug

| | | | | |
|---|---|---|---|---|
| **863** | 25 C mehrfarbig | uz | 0,50 | 0,50 |

Auflage: 3.332.500 Stück

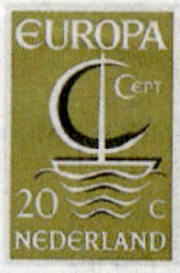


**1966, 26. Sept. Europa. RaTdr.; gez. K 12¾:14.**

va) Stilisiertes Boot mit geblähtem Segel und Inschrift „CEPT"

| | | | | |
|---|---|---|---|---|
| **864** | 20 C gelboliv/braunoliv | va | 0,30 | 0,30 |
| **865** | 40 C dunkelblau/dunkelschwarzblau | va | 0,70 | 0,70 |
| | Satzpreis (2 W.) | | 1,— | 1,— |
| | FDC | | | 1,50 |

Auflagen: MiNr. 864 = 30.949.400, MiNr. 865 = 4.919.900 Stück

*Gültig bis 31.12.1967*

**1966, 15. Nov. „Voor het Kind". RaTdr.; gez. K 14:12¾.**

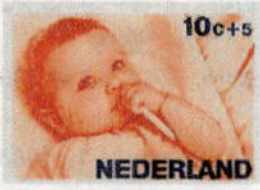


vb) Kleinkind im Bett

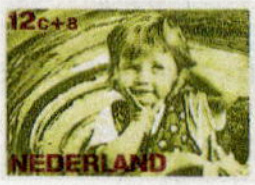


vc) Mädchen vor Gemälde

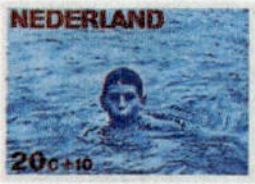


vd) Schüler beim Schwimmunterricht

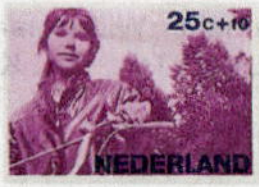


ve) Schülerin mit Moped

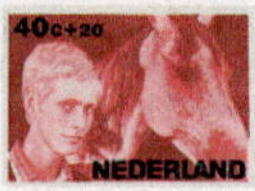


vf) Schüler vor Pferdekopf

| | | | | |
|---|---|---|---|---|
| **866** | 10 C + 5 (C) zinnober/blau | vb | 0,30 | 0,30 |
| **867** | 12 C + 8 (C) dunkelgelboliv/orangerot | vc | 0,30 | 0,30 |
| **868** | 20 C + 10 (C) blau/orangerot | vd | 0,30 | 0,30 |
| **869** | 25 C + 10 (C) lebhaftviolett/dunkelblau | ve | 0,80 | 0,80 |
| **870** | 40 C + 20 (C) rot/dunkelblaugrün | vf | 0,80 | 0,80 |
| | Satzpreis (5 W.) | | 2,50 | 2,50 |
| | FDC | | | 3,50 |

**Blockausgabe mit 4 × MiNr. 866, 5 × MiNr. 867 und 3 × MiNr. 868**

| | | | |
|---|---|---|---|
| **Block 5** (132×125 mm) | vg | 2,50 | 2,50 |

Auflagen: MiNr. 866 = 2.409.453, MiNr. 867 = 1.470.426, MiNr. 868 = 2.498.517, MiNr. 869 = 1.364.350, MiNr. 870 = 1.388.999 Stück, Bl. 5 = 2.762.376 Blocks

*Gültig bis 31.12.1967*

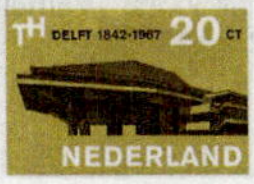


**1967, 5. Jan. 125 Jahre Technische Hochschule Delft. Odr.; gez. K 14:12¾.**

vh) Aula der Technischen Hochschule Delft

| | | | |
|---|---|---|---|
| **871** 20 C gelboliv/dunkelbraun | vh | 0,30 | 0,30 |
| | FDC | | 1,20 |

Auflage: 31.292.700 Stück

*Gültig bis 31.12.1968*

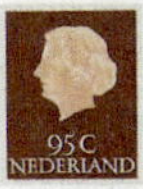


**1967, 17. Jan. Freimarke: Königin Juliana. RaTdr.; Wz. 2 X; gez. K 13½:12¾.**

ls) Königin Juliana (1909–2004, reg. 1948–1980)

| | | | |
|---|---|---|---|
| **872** 95 C dunkelorangebraun | ls | 2,— | 0,30 |

Marken mit rückseitiger schwarzer Zählnummer stammen aus Rollen.

Auflage: 8.167.489 Stück

*Gültig bis 31.12.1985*

*In gleicher Zeichnung: MiNr. 620–629, 641–642, 677, 690, 720–722, 793, 842*

**1967, 11. April. Sommermarken zugunsten sozialer und kultureller Fürsorge: Wirbellose Meerestiere. Odr.; gez. K 14:12¾.**

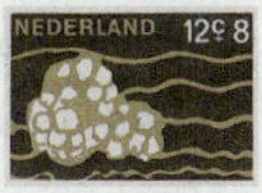


vi) Eikapsel der Wellhornschnecke (Buccinum undatum)

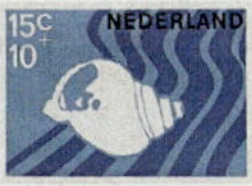


vk) Gehäuse der Wellhornschnecke

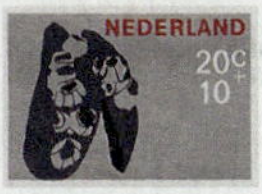


vl) Schalen der Miesmuschel (Mytilus edulis); Seepocken (Balanus balanoides)

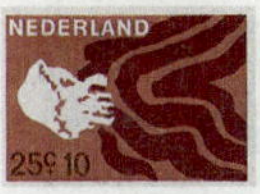


vm) Wurzelmundqualle (Rhizostoma octopus)

vn) Strandkrabbe (Carcinus maenas)

| | | | |
|---|---|---|---|
| **873** 12 C + 8 (C) schwarzoliv/hellgraubraun | vi | 0,30 | 0,30 |
| **874** 15 C + 10 (C) mehrfarbig | vk | 0,30 | 0,30 |
| **875** 20 C + 10 (C) mehrfarbig | vl | 0,30 | 0,30 |
| **876** 25 C + 10 (C) mehrfarbig | vm | 0,60 | 0,60 |
| **877** 45 C + 20 (C) mehrfarbig | vn | 1,— | 1,— |
| | Satzpreis (5 W.) | 2,50 | 2,50 |
| | FDC | | 4,— |

Auflagen: MiNr. 873 = 1.333.529, MiNr. 874 = 1.251.303, MiNr. 875 = 1.834.283, MiNr. 876 = 1.186.380, MiNr. 877 = 1.208.375 Stück

*Gültig bis 31.12.1968*

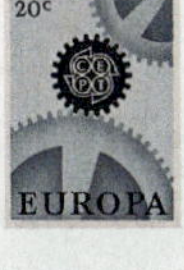


**1967, 2. Mai. Europa. RaTdr.; x = normales Papier oWz., y = Papier ph. mit Wz. 2 X; gez. K 12¾:14.**

vo) Ineinandergreifende Zahnräder, Antriebsrad mit CEPT-Emblem

**x = normales Papier oWz.**

| | | | |
|---|---|---|---|
| **878 x** 20 C graublau/dunkelblau | vo | 0,50 | 0,30 |
| **879 x** 45 C bräunlichlila/dunkelbraun | vo | 1,50 | 0,70 |
| | Satzpreis x (2 W.) | 2,— | 1,— |
| | FDC x | | 2,— |

**y = Papier ph. mit Wz. 2 X**

| | | | |
|---|---|---|---|
| **878 y** 20 C graublau/dunkelblau | vo | 1,20 | 0,30 |
| **879 y** 45 C bräunlichlila/dunkelbraun | vo | 1,80 | 0,70 |
| | Satzpreis y (2 W.) | 3,— | 1,— |
| | FDC y | | 10,— |

Auflagen: MiNr. 878 x = 21.188.600, MiNr. 878 y = 10.734.400, MiNr. 879 x = 2.875.300, MiNr. 879 y = 2.925.900 Stück

*Gültig bis 31.12.1968*

**1967, 8. Mai. Briefmarkenausstellung AMPHILEX '67, Amsterdam. StTdr. (5×2); gez. K 12¾:14.**

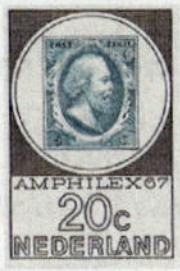


vp) Marke MiNr. 1

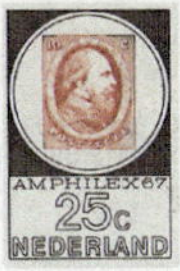


vr) Marke MiNr. 5

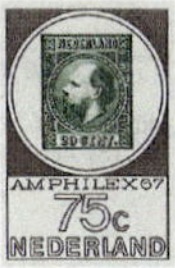


vs) Marke MiNr. 10

| | | | |
|---|---|---|---|
| **880** 20 C grau/graublau | vp | 2,— | 1,50 |
| **881** 25 C grau/dunkelrosa | vr | 2,50 | 2,— |
| **882** 75 C grau/dunkelgrün | vs | 3,50 | 3,— |
| | Satzpreis (3 W.) | 8,— | 6,50 |
| | FDC | | 8,— |
| | Kleinbogensatz | 100,— | 80,— |

MiNr. 880–882 wurden nur während der Ausstellung und nur in Verbindung mit einer Eintrittskarte für zusammen 3.70 G verkauft.

Auflage: 1.742.860 Sätze

*Gültig bis 31.12.1968*

**1967, 8. Aug. 100 Jahre Niederländisches Rotes Kreuz. Odr.; gez. K 14:12¾.**

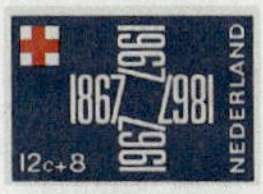


vt) Jahreszahlen in Kreuzanordnung

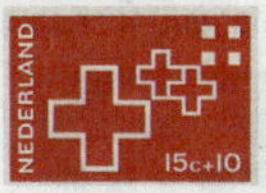


vu) Rote Kreuze

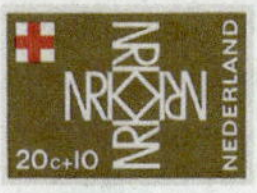


vv) „NRK" in Kreuzanordnung

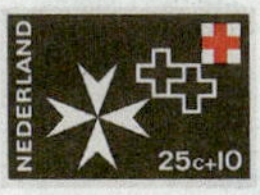


vw) Malteserkreuz

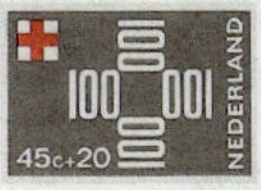


vx) Zahlen 100 in Kreuzanordnung

| | | | |
|---|---|---|---|
| **883** 12 C + 8 (C) dunkelblau/zinnober | vt | 0,30 | 0,30 |
| **884** 15 C + 10 (C) zinnober | vu | 0,60 | 0,40 |
| **885** 20 C + 10 (C) hellbrauoliv/zinnober | vv | 0,30 | 0,30 |
| **886** 25 C + 10 (C) dunkelolivgrün/zinnober | vw | 0,60 | 0,50 |
| **887** 45 C + 20 (C) grau/zinnober | vx | 1,20 | 1,— |
| | Satzpreis (5 W.) | 3,— | 2,50 |
| | FDC | | 3,— |

Auflagen: MiNr. 883 = 2.020.768, MiNr. 884 = 1.237.759, MiNr. 885 = 2.486.512, MiNr. 886 = 1.178.837, MiNr. 887 = 1.189.688 Stück

*Gültig bis 31.12.1968*

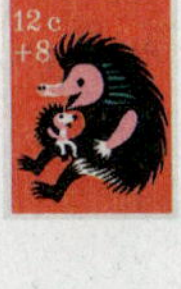


**1967, 7. Nov. „Voor het Kind": Kinderlieder. Odr.; gez. K 12¾:14.**

vy) Wiegenlied des Igels

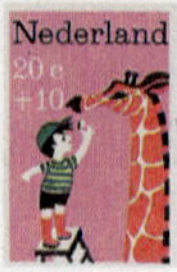

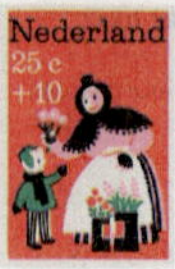

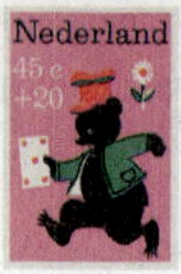


vz) „Das Pfeifkesselchen“ wa) „Dikkertje Dap“ wb) „Die schönsten Blumen“ wc) „Das Bärchen Pippeloentje“

vy–wc) Darstellungen aus Kinderversen der Schriftstellerin Anni M. G. Schmidt (1911–1995); Vertonung durch Paul Christiaan van Westering (1911–1991)

| | | | | |
|---|---|---|---|---|
| **888** | 12 C + 8 (C) mehrfarbig | vy | 0,30 | 0,30 |
| **889** | 15 C + 10 (C) mehrfarbig | vz | 0,30 | 0,30 |
| **890** | 20 C + 10 (C) mehrfarbig | wa | 0,30 | 0,30 |
| **891** | 25 C + 10 (C) mehrfarbig | wb | 1,— | 1,— |
| **892** | 45 C + 20 (C) mehrfarbig | wc | 1,10 | 1,10 |
| | Satzpreis (5 W.) | | 3,— | 3,— |
| | FDC | | | 3,50 |

**Blockausgabe mit 3 × MiNr. 888, 4 × MiNr. 889 und 3 × MiNr. 890**

| | | | | |
|---|---|---|---|---|
| **Block 6** | (150×107 mm) | wd | 4,50 | 4,50 |

Auflagen: MiNr. 888 = 2.231.001, MiNr. 889 = 1.331.049, MiNr. 890 = 2.499.511, MiNr. 891 = 1.187.463, MiNr. 892 = 1.209.112 Stück, Bl. 6 = 2.522.863 Blocks

*Gültig bis 31.12.1968*

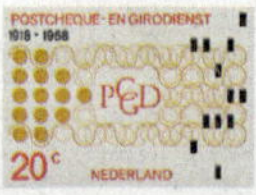


**1968, 16. Jan. 50 Jahre niederländischer Postscheck- und Girodienst. RaTdr.; Papier ph.; gez. K 14:12¾.**

we) Schematische Darstellung des automatisierten Postscheck- und Girodienstes: links Symbole für Geld, rechts für Lochkartensytem

| | | | | |
|---|---|---|---|---|
| **893** | 20 C mehrfarbig | we | 0,30 | 0,30 |
| | FDC | | | 1,50 |

Auflage: 33.497.300 Stück

*Gültig bis 31.12.1985*

**1968, 9. April. Sommermarken zugunsten sozialer und kultureller Fürsorge: Brücken. RaTdr. gez. K 14:12¾.**

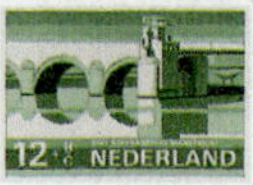

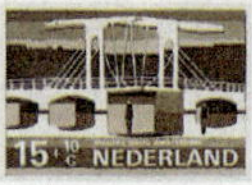

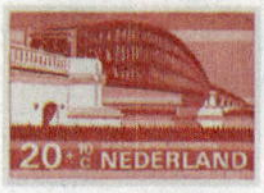


wf) St.-Servatius-Brücke, Maastricht (13. Jh.) wg) Magere Brücke, Amsterdam wh) Eisenbahnbrücke Culemborg

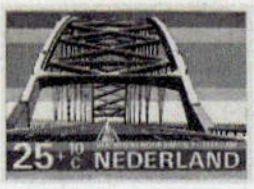

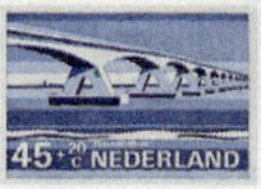


wi) Van-Brienennoordbrücke, Rotterdam wk) Zeelandbrücke über den östlichen Scheldearm

| | | | | |
|---|---|---|---|---|
| **894** | 12 (C) + 8 C dunkelgelblichgrün | wf | 0,60 | 0,70 |
| **895** | 15 (C) + 10 C sepia | wg | 0,90 | 0,90 |
| **896** | 20 (C) + 10 C braunrot | wh | 0,80 | 0,30 |
| **897** | 25 (C) + 10 C schwarzblau | wi | 0,60 | 0,60 |
| **898** | 45 (C) + 20 C violettblau | wk | 1,10 | 1,— |
| | Satzpreis (5 W.) | | 4,— | 3,50 |
| | FDC | | | 5,50 |

Auflagen: MiNr. 894 = 1.296.738, MiNr. 895 = 1.226.082, MiNr. 896 = 1.825.552, MiNr. 897 = 1.159.356, MiNr. 898 = 1.181.219 Stück

*Gültig bis 31.12.1985*

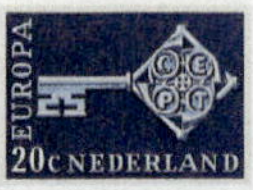


**1968, 29. April. Europa. RaTdr.; Papier ph.; gez. K 14:12¾.**

wl) Kreuzbartschlüssel mit CEPT-Emblem

| | | | | |
|---|---|---|---|---|
| **899** | 20 C preußischblau | wl | 0,30 | 0,30 |
| **900** | 45 C lebhaftrot | wl | 0,90 | 0,90 |
| | Satzpreis (2 W.) | | 1,20 | 1,20 |
| | FDC | | | 2,— |

Auflagen: MiNr. 899 = 31.322.000, MiNr. 900 = 5.654.300 Stück

*Gültig bis 31.12.1985*

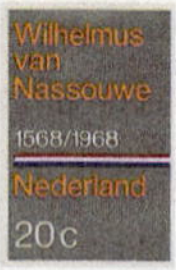


**1968, 27. Aug. 400 Jahre Nationalhymne „Wilhelmus“. Odr.; Papier ph.; gez. K 12¾:14.**

wm) Inschrift, Band in niederländischen Nationalfarben

| | | | | |
|---|---|---|---|---|
| **901** | 20 C mehrfarbig | wm | 0,30 | 0,30 |
| | FDC | | | 2,50 |

Auflage: 27.244.400 Stück

*Gültig bis 31.12.1985*

**1968, 1. Okt. Jahrestage der niederländischen Luftfahrt. RaTdr.; Papier ph.; gez. K 14:12¾.**

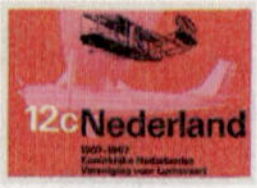

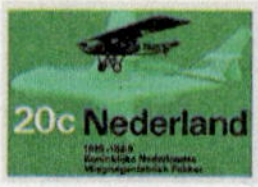

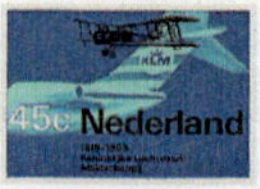


wn) Doppeldecker Wright Flyer, Cessna 150 F wo) Verkehrsflugzeuge Fokker F.II und Fokker F-28 Fellowship wp) Doppeldecker Airco D.H.9, Düsenverkehrsflugzeug Douglas DC-9

| | | | | |
|---|---|---|---|---|
| **902** | 12 C mehrfarbig | wn | 0,30 | 0,30 |
| **903** | 20 C mehrfarbig | wo | 0,30 | 0,30 |
| **904** | 45 C mehrfarbig | wp | 1,40 | 1,20 |
| | Satzpreis (3 W.) | | 2,— | 1,80 |
| | FDC | | | 4,— |

Auflagen: MiNr. 902 = 24.522.800, MiNr. 903 = 25.828.100, MiNr. 904 = 3.282.600 Stück

*Gültig bis 31.12.1985*

**1968, 12. Nov. „Voor het Kind“: Märchengestalten. RaTdr.; gez. K 14:12¾.**

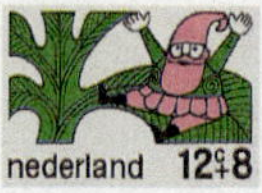

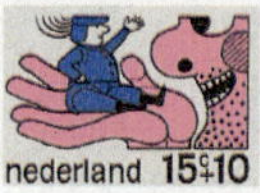

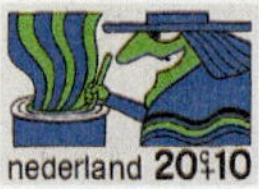


wr) Zwerg ws) Riese wt) Hexe

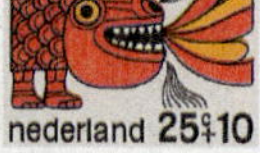


wu) Drache

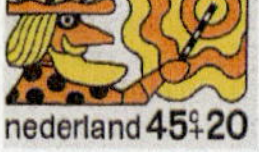


wv) Zauberer

| | | | | |
|---|---|---|---|---|
| **905** | 12 C + 8 (C) mehrfarbig | wr | 0,30 | 0,30 |
| **906** | 15 C + 10 (C) mehrfarbig | ws | 0,30 | 0,30 |
| **907** | 20 C + 10 (C) mehrfarbig | wt | 0,30 | 0,30 |
| **908** | 25 C + 10 (C) mehrfarbig | wu | 1,10 | 1,10 |
| **909** | 45 C + 20 (C) mehrfarbig | wv | 1,50 | 1,50 |
| | Satzpreis (5 W.) | | 3,50 | 3,50 |
| | FDC | | | 6,50 |

**Blockausgabe mit 3 × MiNr. 905, 4 × MiNr. 906 und 3 × MiNr. 907**

| | | | | |
|---|---|---|---|---|
| **Block 7** | (108×150 mm) | ww | 8,— | 8,— |

Auflagen: MiNr. 905 = 2.207.483, MiNr. 906 = 1.272.450, MiNr. 907 = 2.361.310, MiNr. 908 = 1.246.135, MiNr. 909 = 1.157.710 Stück, Bl. 7 = 2.536.347 Blocks

*Gültig bis 31.12.1985*

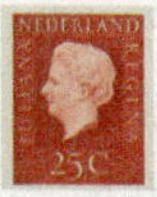


**1969, 29. Jan./1973, 22. Jan. Freimarke: Königin Juliana. RaTdr.; D = dreiseitig gez. K 13½:12½.**

wx) Königin Juliana (1909–2004, reg. 1948–1980)

| | | | | | |
|---|---|---|---|---|---|
| **910** | | 25 C .......................... | wx | | |
| | **a** | zinnober (29.1.1969) | | | |
| | **x** | normales Papier | | | |
| | **Dl** | links geschnitten (⌑) .......... | | 3,50 | 0,30 |
| | **Dr** | rechts geschnitten (⌑) .......... | | 3,50 | 0,30 |
| | **y** | Papier ph. | | | |
| | **Dl** | links geschnitten (⌑) .......... | | 2,— | 0,30 |
| | **Dr** | rechts geschnitten (⌑) .......... | | 2,— | 0,30 |
| | **b** | lebhaftrot (22.1.1973) | | | |
| | **y** | Papier ph. | | | |
| | **Dl** | links geschnitten (⌑) .......... | | 5,— | 2,20 |
| | **Dr** | rechts geschnitten (⌑) .......... | | 1,— | 0,30 |
| | | Paar 910 a x Dl/Dr | | 8,— | 0,50 |
| | | Paar 910 a y Dl/Dr | | 4,— | 0,50 |
| | | Paar 910 b y Dl/Dr | | 7,— | 2,50 |

MiNr. 910 b unterscheidet sich von MiNr. 910 a außer durch die Farbe auch durch den klareren Druck und den stärkeren Helligkeitskontrast zwischen Rahmen und Bild.

MiNr. 910 a stammt aus Markenheftchen MH 9, MiNr. 910 b aus MH 14 und 15.

*Gültig bis 31.10.2013*

*In gleicher Zeichnung siehe Übersicht nach Jahrgangswerttabelle.*

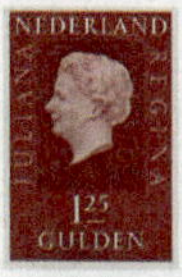


**1969, Febr. Freimarke: Königin Juliana. RaTdr.; gez. K 12¾:14.**

wy) Königin Juliana (1909–2004, reg. 1948–1980)

| | | | | |
|---|---|---|---|---|
| **911** | 1.25 G dunkelkarminbraun .............. | wy | 1,20 | 0,30 |

Marken mit rückseitiger schwarzer Zählnummer stammen aus Rollen.

*Gültig bis 31.10.2013*

*In gleicher Zeichnung siehe Übersicht nach Jahrgangswerttabelle.*

**1969, 25. Febr. 50 Jahre Internationale Arbeitsorganisation (ILO). StTdr.: Papier ph.; gez. K 14:12¾.**

wz) Buchstabengraphik, Initialen „IAO"

| | | | | |
|---|---|---|---|---|
| **912** | 25 C orangerot/schwarz ............... | wz | 0,50 | 0,30 |
| **913** | 45 C ultramarin/schwarz ............... | wz | 1,— | 0,90 |
| | Satzpreis (2 W.) | | 1,50 | 1,20 |
| | FDC | | | 4,— |

Auflagen: MiNr. 912 = 33.130.550, MiNr. 913 = 3.420.650 Stück

*Gültig bis 31.12.1985*

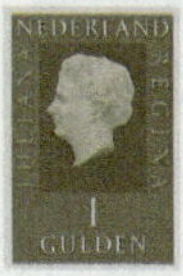


**1969, März/1981. Freimarke: Königin Juliana. RaTdr.; x = normales Papier, y = Papier ph.; gez. K 12¾:14.**

wy) Königin Juliana (1909–2004, reg. 1948–1980)

| | | | | | |
|---|---|---|---|---|---|
| **914** | | 1 G dunkelolivgrün ................... | wy | | |
| | **x** | normales Papier (1969) .............. | | 1,— | 0,30 |
| | **y** | Papier ph. (1981) .................... | | 1,30 | 0,50 |

Marken mit rückseitiger schwarzer Zählnummer stammen aus Rollen.

*Gültig bis 31.10.2013*

*In gleicher Zeichnung siehe Übersicht nach Jahrgangswerttabelle.*

**1969, 15. April. Sommermarken zugunsten sozialer und kultureller Fürsorge: Moderne Architektur. RaTdr.; gez. K 14:12¾.**

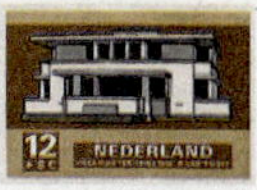


xa) Landhaus Huis ter Heide (1915); von Robert van t'Hoff (1887–1979)

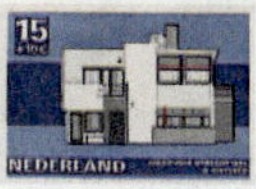


xb) Schröderhaus in Utrecht (1924); von Gerrit Rietveld (1888–1964)

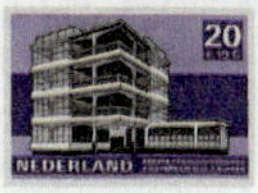


xc) 1. Freiluftschule in Amsterdam (1930); von Johannes Duiker (1890–1935)

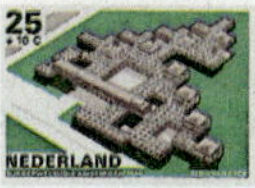


xd) Bürgerwaisenhaus in Amsterdam (1960); von Aldo van Eyck (1918–1999)

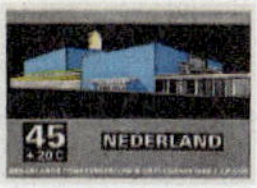


xe) Kongressgebäude in s'Gravenhage (1969); von Jacobus Johannes Pieter Oud (1890–1963)

| | | | | |
|---|---|---|---|---|
| **915** | 12 (C) + 8 C olivbraun/schwarzgrau ...... | xa | 0,70 | 0,70 |
| **916** | 15 (C) + 10 C mehrfarbig .............. | xb | 0,70 | 0,70 |
| **917** | 20 (C) + 10 C blauviolett/grünlichschwarz . | xc | 0,70 | 0,70 |
| **918** | 25 (C) + 10 C grün/dunkelviolettbraun .... | xd | 0,70 | 0,70 |
| **919** | 45 (C) + 20 C mehrfarbig .............. | xe | 0,70 | 0,70 |
| | Satzpreis (5 W.) | | 3,50 | 3,50 |
| | FDC | | | 5,50 |

Auflagen: MiNr. 915 = 1.110.927, MiNr. 916 = 1.036.205, MiNr. 917 = 1.071.404, MiNr. 918 = 1.550.955, MiNr. 919 = 1.037.405 Stück

*Gültig bis 31.12.1985*

**1969, 28. April. Europa. RaTdr., Bogen (10×10) und Rolle; Papier ph.; gez. K 14:12¾.**

xf) „EUROPA" und „CEPT" in Tempelform

| | | | | |
|---|---|---|---|---|
| **920** | 25 C schwarzblau (B) (R) .............. | xf | 0,30 | 0,30 |
| **921** | 45 C karminrot (B) ................... | xf | 1,20 | 1,20 |
| | Satzpreis (2 W.) | | 1,50 | 1,50 |
| | FDC | | | 4,50 |

Jede fünfte Rollenmarke trägt rückseitig eine schwarze Zählnummer.

Auflagen: MiNr. 920 = 31.577.230, MiNr. 921 = 3.550.400 Stück

*Gültig bis 31.12.1985*

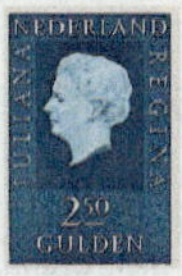


**1969, 14. Juli/1981. Freimarke: Königin Juliana. RaTdr.; x = normales Papier, y = Papier ph.; gez. K 12¾:14.**

wy) Königin Juliana (1909–2004, reg. 1948–1980)

| | | | | | |
|---|---|---|---|---|---|
| **922** | | 2.50 G grünlichblau ................... | wy | | |
| | **x** | normales Papier (14.7.1969) ...... | | 2,50 | 0,30 |
| | **y** | Papier ph. (1981) ................ | | 3,— | 2,50 |

Marken mit rückseitiger schwarzer Zählnummer stammen aus Rollen.

*Gültig bis 31.10.2013*

*In gleicher Zeichnung siehe Übersicht nach Jahrgangswerttabelle.*

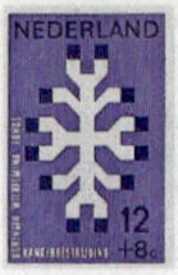


**1969, 12. Aug. 20 Jahre Königin-Wilhelmina-Fonds (KWF) für den Kampf gegen den Krebs. RaTdr.; gez. K 12¾:14.**

xg) Sinnbild für Krebs

| | | | | | |
|---|---|---|---|---|---|
| **923** | 12 (C) | + 8 C hellblauviolett | xg | 0,50 | 1,— |
| **924** | 25 (C) | + 10 C ziegelrot | xg | 1,— | 0,40 |
| **925** | 45 (C) | + 20 C blaugrün | xg | 1,50 | 1,60 |
| | | Satzpreis (3 W.) | | 3,— | 3,— |
| | | FDC | | | 5,— |

Auflagen: MiNr. 923 = 1.143.890, MiNr. 924 = 1.457.200, MiNr. 925 = 986.880 Stück

*Gültig bis 31.12.1985*

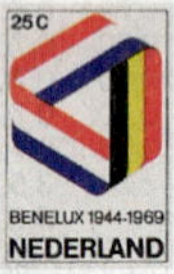


**1969, 8. Sept. 25 Jahre Zollunion BENELUX. RaTdr.; Papier ph.; gez. K 12¾:14.**

xh) Flaggenband

| | | | | | |
|---|---|---|---|---|---|
| **926** | 25 C | mehrfarbig | xh | 0,30 | 0,30 |
| | | FDC | | | 3,50 |

Auflage: 28.911.000 Stück

*Gültig bis 31.12.1985*

*Parallelausgabe mit Belgien MiNr. 1557 und Luxemburg MiNr. 793*

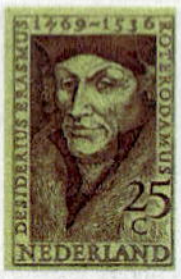


**1969, 30. Sept. 500. Geburtstag des Erasmus von Rotterdam. StTdr. auf farbigem Papier; gez. K 12¾:14.**

xi) Erasmus von Rotterdam, eigentlich Gerhard Gerhards (1469–1536), Humanist

| | | | | | |
|---|---|---|---|---|---|
| **927** | 25 C | dunkelbraunkarmin auf grünoliv | xi | 0,30 | 0,30 |
| | | FDC | | | 3,60 |

Auflage: 32.684.600 Stück

*Gültig bis 31.12.1985*

**1969, 11. Nov. „Voor het Kind“: Zeichnungen von Dick Bruna. RaTdr.; gez. K 12¾:14, Querformate ~.**

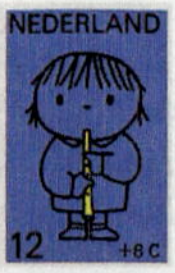


xk) Kind mit Flöte

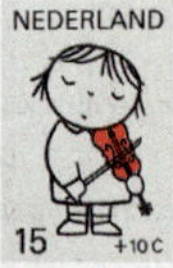


xl) Kind mit Geige

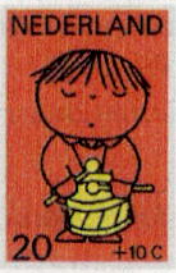


xm) Kind mit Trommel

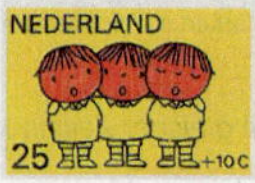


xn) Singende Kinder

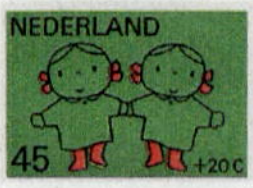


xo) Tanzende Kinder

| | | | | | |
|---|---|---|---|---|---|
| **928** | 12 (C) | + 8 C mehrfarbig | xk | 0,30 | 0,30 |
| **929** | 15 (C) | + 10 C schwarz/rot | xl | 0,30 | 0,30 |
| **930** | 20 (C) | + 10 C mehrfarbig | xm | 1,80 | 1,80 |
| **931** | 25 (C) | + 10 C mehrfarbig | xn | 0,30 | 0,30 |
| **932** | 45 (C) | + 20 C mehrfarbig | xo | 1,80 | 1,80 |
| | | Satzpreis (5 W.) | | 4,50 | 4,50 |
| | | FDC | | | 7,50 |

**Blockausgabe mit 4 × MiNr. 928, 4 × MiNr. 929 und 2 × MiNr. 931**

| | | | |
|---|---|---|---|
| **Block 8** (148×97 mm) | xp | 10,— | 10,— |

Auflagen: MiNr. 928 = 2.198.879, MiNr. 929 = 1.116.264, MiNr. 930 = 1.223.848, MiNr. 931 = 2.382.288, MiNr. 932 = 1.092.401 Stück, Bl. 8 = 2.707.796 Blocks

*Gültig bis 31.12.1985*

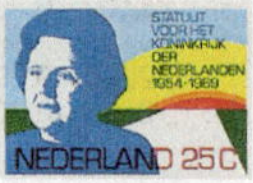


**1969, 15. Dez. 15 Jahre Statut für das Königreich der Niederlande, Surinam und die Niederländischen Antillen. RaTdr.; Papier ph.; gez. K 14:12¾.**

xr) Königin Juliana, aufgehende Sonne (stil.)

| | | | | | |
|---|---|---|---|---|---|
| **933** | 25 C | mehrfarbig | xr | 0,30 | 0,30 |
| | | FDC | | | 2,50 |

Auflage: 31.914.400 Stück

*Gültig bis 31.12.1985*

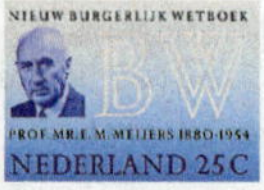


**1970, 13. Jan. Neues Bürgerliches Gesetzbuch. RaTdr.; Papier ph.; gez. K 14:12¾.**

xs) Eduard Maurits Meijers (1880–1954), Jurist und Bearbeiter des Gesetzbuches

| | | | | | |
|---|---|---|---|---|---|
| **934** | 25 C | mehrfarbig | xs | 0,30 | 0,30 |
| | | FDC | | | 2,20 |

Auflage: 30.334.500 Stück

*Gültig bis 31.12.1985*

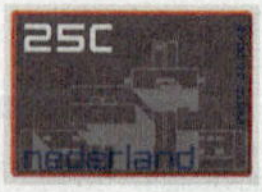


**1970, 10. März. Weltausstellung EXPO ’70, Osaka. RaTdr.; Papier ph.; gez. K 14:12¾.**

xt) Pavillon der Niederlande in Osaka

| | | | | | |
|---|---|---|---|---|---|
| **935** | 25 C | mehrfarbig | xt | 0,30 | 0,30 |
| | | FDC | | | 2,20 |

Auflage: 32.034.500 Stück

*Gültig bis 31.12.1985*

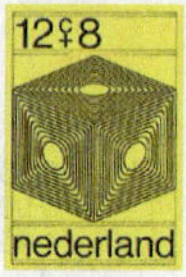


**1970, 7. April. Sommermarken zugunsten sozialer und kultureller Fürsorge: Computergraphiken. Komb. StTdr. und Odr.; gez. K 12¾:14.**

xu) Isometrische Projektion von Kreis nach Quadrat

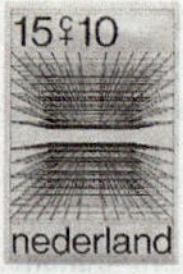


xv) Parallelflächen im Würfel

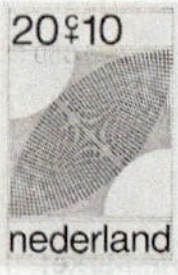


xw) Zwei Skala-Einteilungen

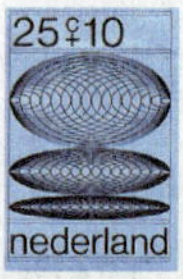


xx) Übergangsphasen von konzentrischen Kreisen mit ansteigendem Durchmesser

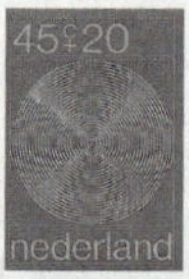


xy) Interferenzmuster

| | | | | | |
|---|---|---|---|---|---|
| **936** | 12 C | + 8 (C) hellgrünlichgelb/schwarz | xu | 1,20 | 1,20 |
| **937** | 15 C | + 10 (C) silber/schwarz | xv | 1,20 | 1,20 |
| **938** | 20 C | + 10 (C) schwarz | xw | 1,20 | 1,20 |
| **939** | 25 C | + 10 (C) hellblau/schwarz | xx | 1,20 | 1,20 |
| **940** | 45 C | + 20 (C) silber/weiß | xy | 1,20 | 1,20 |
| | | Satzpreis (5 W.) | | 6,— | 6,— |
| | | FDC | | | 7,50 |

Auflagen: MiNr. 936 = 1.125.643, MiNr. 937 = 1.042.153, MiNr. 938 = 1.073.825, MiNr. 939 = 1.563.921, MiNr. 940 = 1.044.406 Stück

*Gültig bis 31.12.1985*

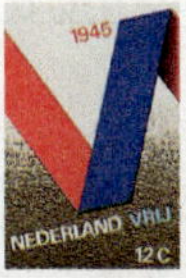

**1970, 21. April. 25. Jahrestag der Befreiung. RaTdr.; Papier ph.; gez. K 12¾:14.**

xz) Buchstabe „V“

**941** 12 C mehrfarbig . . . . . . . . . . xz 0,50 0,30
FDC 2,20

Auflage: 88.599.700 Stück

*Gültig bis 31.12.1985*

**1970, 4. Mai. Europa. RaTdr., Bogen (B) (10×10) und Rolle (R); Papier ph.; gez. K 14:12¾.**

ya) Flechtwerk als Sonnensymbol

**942** 25 C scharlach (B) (R) . . . . . . . . . . ya 0,50 0,30
**943** 45 C preußischblau (B) . . . . . . . . . . ya 1,— 0,70
Satzpreis (2 W.) 1,50 1,—
FDC 3,50

Jede fünfte Rollenmarke trägt rückseitig eine schwarze Zählnummer.

Auflagen: MiNr. 942 = 33.307.210, MiNr. 943 = 4.519.400 Stück

*Gültig bis 31.12.1985*

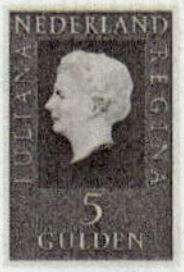

**1970, Juni/1981. Freimarke: Königin Juliana. RaTdr.; x = normales Papier, y = Papier ph.; gez. K 12¾:14.**

wy) Königin Juliana (1909–2004, reg. 1948–1980)

**x = normales Papier (Juni 1970)**

**944 x** 5 G dunkelgrau . . . . . . . . . . wy 5,— 0,30
**945 x** 10 G violettultramarin . . . . . . . . . . wy 10,— 1,20
Satzpreis x (2 W.) 15,— 1,50

**y = Papier ph. (1981)**

**944 y** 5 G dunkelgrau . . . . . . . . . . wy 5,— 4,—
**945 y** 10 G violettultramarin . . . . . . . . . . wy 11,— 2,—
Satzpreis y (2 W.) 16,— 6,—

MiNr. 944 x–945 x in Odr.

*Gültig bis 31.10.2013*

*In gleicher Zeichnung siehe Übersicht nach Jahrgangswerttabelle.*

**1970, 23. Juni. Konferenz der Interparlamentarischen Union; 25 Jahre Vereinte Nationen (UNO). RaTdr.; Papier ph.; gez. K 12¾:14.**

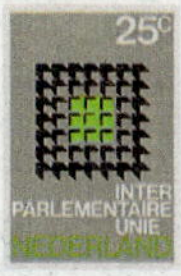

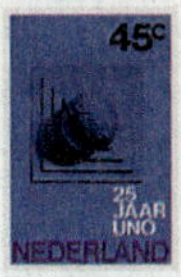

yb) Grüne und graue Stelen yc) Weltkugel auf Stufensockel

**946** 25 C mehrfarbig . . . . . . . . . . yb 0,50 0,30
**947** 45 C mehrfarbig . . . . . . . . . . yc 1,— 0,90
Satzpreis (2 W.) 1,50 1,20
FDC 3,50

Auflagen: MiNr. 946 = 38.025.700, MiNr. 947 = 4.290.100 Stück

*Gültig bis 31.12.1985*

**1970, 28. Juli. Kampf gegen Herzerkrankungen. RaTdr.; gez. K 13:14.**

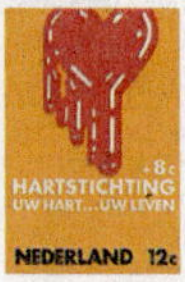
yd

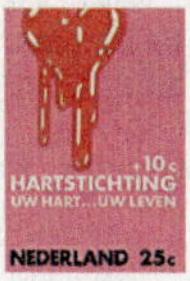
ye

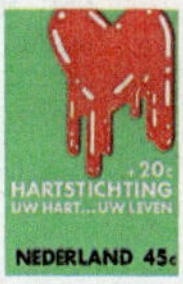
yf

yd–yf) Blutende Herzen

**948** 12 C + 8 C mehrfarbig . . . . . . . . . . yd 0,80 0,80
**949** 25 C + 10 C mehrfarbig . . . . . . . . . . ye 0,80 0,80
**950** 45 C + 20 C mehrfarbig . . . . . . . . . . yf 0,80 0,80
Satzpreis (3 W.) 2,40 2,40
FDC 6,50

Auflagen: MiNr. 948 = 1.197.620, MiNr. 949 = 1.383.927, MiNr. 950 = 1.092.739 Stück

*Gültig bis 31.12.1985*

**1970, 10. Nov. „Voor het Kind“: Farbige Kuben. RaTdr.; gez. K 12¾:14.**

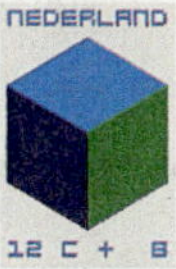
yg

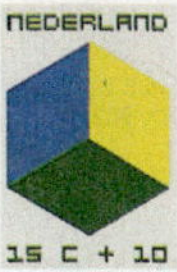
yh

yg–yh) Farbige Kuben

**951** 12 C + 8 (C) mehrfarbig . . . . . . . . . . yg 0,30 0,30
**952** 15 C + 10 (C) mehrfarbig . . . . . . . . . . yh 1,50 1,30
**953** 20 C + 10 (C) mehrfarbig . . . . . . . . . . yg 1,50 1,30
**954** 25 C + 10 (C) mehrfarbig . . . . . . . . . . yh 0,30 0,30
**955** 45 C + 20 (C) mehrfarbig . . . . . . . . . . yg 1,90 1,80
Satzpreis (5 W.) 5,50 5,—
FDC 9,—

**Blockausgabe mit 9 × MiNr. 951 und 2 × MiNr. 954**

**Block 9** (125×143 mm) . . . . . . . . . . yi 12,— 10,—

Auflagen: MiNr. 951 = 2.221.910, MiNr. 952 = 1.128.952, MiNr. 953 = 1.202.754, MiNr. 954 = 2.438.780, MiNr. 955 = 1.079.265 Stück, Bl. 9 = 2.734.528 Blocks

*Gültig bis 31.12.1985*

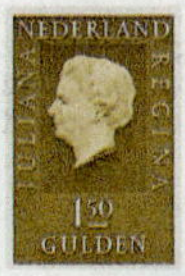

**1971, Febr./1981. Freimarke: Königin Juliana. RaTdr., x = normales Papier, y = Papier ph.; gez. K 12¾:14.**

wy) Königin Juliana (1909–2004, reg. 1948–1980)

**956** 1.50 G olivocker . . . . . . . . . . wy
x normales Papier (Febr. 1971) . . . . . . 1,50 0,30
y Papier ph. (1981) . . . . . . . . . . 6,— 6,—

MiNr. 956 x mit rückseitiger schwarzer Zählnummer stammt aus Rollen.

*Gültig bis 31.10.2013*

*In gleicher Zeichnung siehe Übersicht nach Jahrgangswerttabelle.*

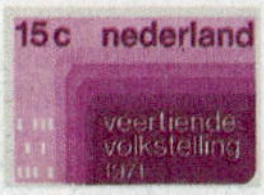

**1971, 16. Febr. Volkszählung. RaTdr.; Papier ph.; gez. K 14:12¾.**

yk) Lochkarte, Inschrift „Vierzehnte Volkszählung, 1971“

**957** 15 C rötlichviolett . . . . . . . . . . yk 0,30 0,30
FDC 2,50

Auflage: 16.563.000 Stück

*Gültig bis 31.12.1985*

**1971, 20. April. Sommermarken zugunsten sozialer und kultureller Fürsorge: 50 Jahre Volkshochschulen; Holzfiguren. MiNr. 958 Odr., MiNr. 959–962 komb. Odr. und RaTdr.; gez. K 12¾:14.**

yl) Menschen am Fuße der Zahl „50"

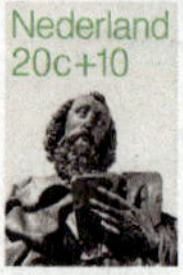


ym) Apostel Paulus

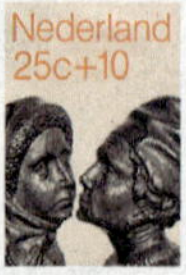


yn) Joachim und Anna

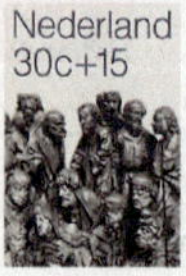


yo) Johannes der Täufer

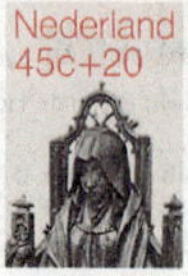


yp) Hl. Anna selbdritt

ym–yp) Holzfiguren aus dem Spätmittelalter

| | | | | |
|---|---|---|---|---|
| **958** | 15 C + 10 (C) mehrfarbig | yl | 1,30 | 1,30 |
| **959** | 20 C + 10 (C) mehrfarbig | ym | 1,30 | 1,30 |
| **960** | 25 C + 10 (C) mehrfarbig | yn | 1,30 | 0,80 |
| **961** | 30 C + 15 (C) mehrfarbig | yo | 1,30 | 1,30 |
| **962** | 45 C + 20 (C) mehrfarbig | yp | 1,30 | 1,30 |
| | Satzpreis (5 W.) | | 6,50 | 6,— |
| | FDC | | | 10,— |

Auflagen: MiNr. 958 = 1.088.221, MiNr. 959 = 1.030.561, MiNr. 960 = 1.448.248, MiNr. 961 = 977.727, MiNr. 962 = 997.297 Stück

*Gültig bis 31.12.1985*

**1971, 3. Mai. Europa. RaTdr., Bogen (B) (10×10) und Rolle (R); Papier ph.; gez. K 14:12¾.**

yr) Brüderlichkeit und Zusammenarbeit durch Kette symbolisiert

| | | | | |
|---|---|---|---|---|
| **963** | 25 C mehrfarbig (B) (R) | yr | 0,50 | 0,50 |
| **964** | 45 C mehrfarbig (B) | yr | 1,— | 1,— |
| | Satzpreis (2 W.) | | 1,50 | 1,50 |
| | FDC | | | 3,50 |

Jede fünfte Rollenmarke trägt rückseitig eine schwarze Zählnummer.

Auflagen: MiNr. 963 = 32.807.480, MiNr. 964 = 5.302.000 Stück

*Gültig bis 31.12.1985*

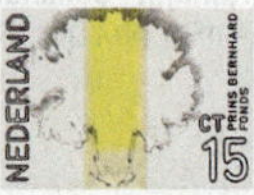


**1971, 29. Juni. 60. Geburtstag von Prinz Bernhard der Niederlande. MiNr. 965 und 967 RaTdr., MiNr. 966 und 968 Odr.; gez. K 14:12¾, Hochformate ~.**

ys) Nelke – Symbol des Prinz-Bernhard-Fonds

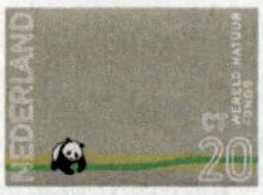


yt) Panda – Symbol des World Wide Fund for Nature (WWF)

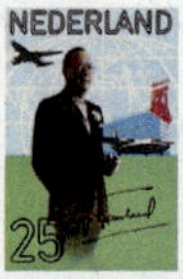


yu) Bildnis und Unterschrift des Prinzen, Messegebäude Utrecht, Hochofen, Flugzeuge

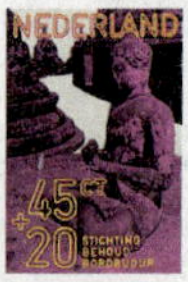


yv) Teil des buddhistischen Tempels von Borobudur (8. Jh.), Java

| | | | | |
|---|---|---|---|---|
| **965** | 15 C mehrfarbig | ys | 0,30 | 0,30 |
| **966** | 20 C mehrfarbig | yt | 0,90 | 0,40 |
| **967** | 25 C mehrfarbig | yu | 0,30 | 0,30 |
| **968** | 45 C + 20 (C) mehrfarbig | yv | 2,50 | 2,50 |
| | Satzpreis (4 W.) | | 4,— | 3,50 |
| | FDC | | | 6,— |

Auflagen: MiNr. 965 = 21.855.000, MiNr. 966 = 57.978.600, MiNr. 967 = 7.741.200, MiNr. 968 = 1.116.872 Stück

*Gültig bis 31.12.1985*

**1971, 9. Nov. „Voor het Kind". RaTdr.; gez. K 12¾:14, Querformate ~.**

yw) Die Erde

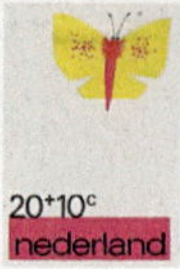


yx) Der Himmel

yy) Die Sonne

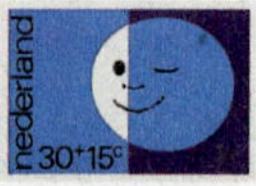


yz) Der Mond

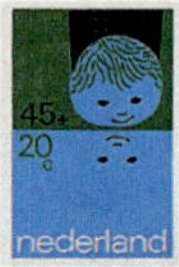


za) Das Wasser

yw–za) Kinderbuchillustrationen von Babs van Wely (1924–2007)

| | | | | |
|---|---|---|---|---|
| **969** | 15 (C) + 10 C mehrfarbig | yw | 0,30 | 0,30 |
| **970** | 20 (C) + 10 C mehrfarbig | yx | 0,30 | 0,30 |
| **971** | 25 (C) + 10 C mehrfarbig | yy | 0,30 | 0,30 |
| **972** | 30 (C) + 15 C mehrfarbig | yz | 1,10 | 0,60 |
| **973** | 45 (C) + 20 C mehrfarbig | za | 2,— | 2,— |
| | Satzpreis (5 W.) | | 4,— | 3,50 |
| | FDC | | | 7,50 |

**Blockausgabe mit 6 × MiNr. 969, 1 × MiNr. 970 und 2 × MiNr. 971**

| | | | | |
|---|---|---|---|---|
| **Block 10** | (100×144 mm) | zb | 8,— | 8,— |

Auflagen: MiNr. 969 = 1.122.200, MiNr. 970 = 2.215.752, MiNr. 971 = 1.215.752, MiNr. 972 = 2.099.518, MiNr. 973 = 1.086.131 Stück, Bl. 10 = 2.797.487 Blocks

*Gültig bis 31.12.1985*

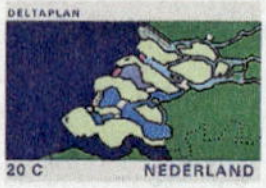


**1972, 16. Febr. Verwirklichung des Deltaplanes. RaTdr.; Papier ph.; gez. K 14:12¾.**

zc) Karte des Deltaabschnittes mit eingezeichneten Bauprojekten

| | | | | |
|---|---|---|---|---|
| **974** | 20 C mehrfarbig | zc | 0,30 | 0,30 |
| | FDC | | | 2,20 |

Auflage: 30.000.000 Stück

*Gültig bis 31.12.1985*

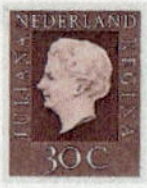


**1972, Febr./1980, 14. Jan. Freimarken: Königin Juliana. RaTdr.; Papier ph.; A = vierseitig, D = dreiseitig gez. K 13½:12¾.**

wx) Königin Juliana (1909–2004, reg. 1948–1980)

| | | | | | |
|---|---|---|---|---|---|
| **975** | | 30 C dunkelrotbraun | wx | | |
| | A | vierseitig gez. (Febr. 1972) | | 0,30 | 0,30 |
| | Dl | dreiseitig gez. (⌑) (22.8.1974) | | 2,— | 0,70 |
| | Dr | dreiseitig gez. (⌑) (22.8.1974) | | 0,30 | 0,30 |
| **976** | | 40 C dunkelkarminlila | wx | | |
| | A | vierseitig gez. (Febr. 1972) | | 0,50 | 0,30 |
| | Dl | dreiseitig gez. (⌑) (24.8.1973) | | 0,70 | 0,30 |
| | Dr | dreiseitig gez. (⌑) (24.8.1973) | | 0,40 | 0,30 |
| **977** | | 45 C violettultramarin | wx | | |
| | A | vierseitig gez. (Febr. 1972) | | 0,50 | 0,30 |
| | Dr | dreiseitig gez. (⌑) (22.8.1974) | | 0,50 | 0,30 |
| **978** | | 50 C violett | wx | | |
| | A | vierseitig gez. (Febr. 1972) | | 0,60 | 0,30 |
| | Dl | dreiseitig gez. (⌑) (26.3.1975) | | 0,60 | 0,30 |
| | Dr | dreiseitig gez. (⌑) (26.3.1975) | | 0,60 | 0,30 |
| **979** | | 60 C dunkelgraublau | wx | | |
| | A | vierseitig gez. (Febr. 1972) | | 0,60 | 0,30 |
| | Dl | dreiseitig gez. (⌑) (14.1.1980) | | 0,60 | 0,30 |
| | Dr | dreiseitig gez. (⌑) (14.1.1980) | | 0,60 | 0,30 |
| **980** | A | 70 C olivgelb (Febr. 1972) | wx | 0,60 | 0,30 |
| **981** | A | 75 C dunkelblaugrün (Febr. 1972) | wx | 0,60 | 0,30 |

**982 A** 80 C bräunlichrot (Febr. 1972) . . . . . . . wx 0,80 0,30
Satzpreis A (8 W.) 4,50 1,50
Paar 975 Dl/Dr 2,20 1,—
Paar 976 Dl/Dr 1,20 0,50
Paar 978 Dl/Dr 1,— 0,50
Paar 979 Dl/Dr 1,20 0,50

Dreiseitig gezähnte Marken stammen aus Markenheftchen. Marken mit rückseitiger schwarzer Zählnummer stammen aus Rollen.

*Gültig bis 31.10.2013*

*In gleicher Zeichnung siehe Übersicht nach Jahrgangswerttabelle.*

**1972, 11. April. Sommermarken zugunsten sozialer und kultureller Fürsorge: Gartenbauausstellung „Floriade '72"; Musikfest „Holland Festival '72". Odr.; Papier ph.; gez. K 12¾:14.**

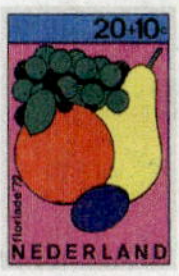

zd) Früchte

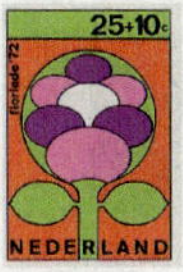

ze) Stilisierte Blume

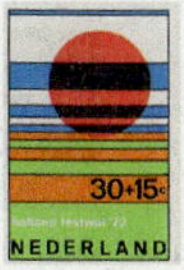

zf) Sonne über dem Land

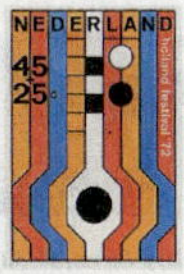

zg) Blasinstrument

**983** 20 (C) + 10 C mehrfarbig . . . . . . . . . . . . . . . zd 1,20 1,—
**984** 25 (C) + 10 C mehrfarbig . . . . . . . . . . . . . . . ze 1,20 1,—
**985** 30 (C) + 15 C mehrfarbig . . . . . . . . . . . . . . . zf 1,20 0,80
**986** 45 (C) + 25 C mehrfarbig . . . . . . . . . . . . . . . zg 1,20 1,—
Satzpreis (4 W.) 4,50 3,80
FDC 7,—

Auflagen: MiNr. 983 = 1.123.842, MiNr. 984 = 1.059.357, MiNr. 985 = 1.392.732, MiNr. 986 = 1.030.360 Stück

*Gültig bis 31.12.1985*

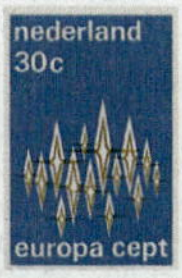


**1972, 5. Mai. Europa. RaTdr. Bogen (B) (10×10) und Rolle (R); Papier ph.; gez. K 12¾:14.**

zh) Sterne

**987** 30 C hellgrünlichblau/grünlichocker (B) (R). zh 0,50 0,50
**988** 45 C orange/grünlichocker (B) . . . . . . . . zh 1,— 1,—
Satzpreis (2 W.) 1,50 1,50
FDC 4,50

Jede fünfte Rollenmarke trägt rückseitig eine schwarze Zählnummer.

Auflagen: MiNr. 987 = 19.000.000, MiNr. 988 = 3.000.000 Stück

*Gültig bis 31.12.1985*

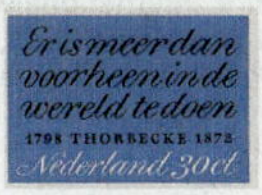


**1972, 2. Juni. 100. Todestag von Johan Rudolf Thorbecke. RaTdr., Bogen (10×10) und Rolle; Papier ph.; gez. K 14:12¾.**

zi) „Es gibt mehr als früher in der Welt zu tun"; Zitat von Johan Rudolf Thorbecke (1798–1872), Politiker

**989** 30 C blau/schwarz . . . . . . . . . . . . . . . . . . . . . . . zi 0,40 0,30
FDC 2,—

Jede fünfte Rollenmarke trägt rückseitig eine schwarze Zählnummer.

Auflage: 16.500.000 Stück

*Gültig bis 31.12.1985*

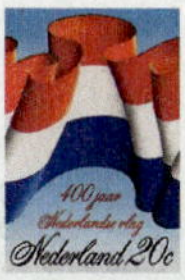


**1972, 4. Juli. 400 Jahre Nationalflagge (I). RaTdr., Bogen (10×10) und Rolle; Papier ph.; gez. K 12¾:14.**

zk) Niederländische Nationalflagge

**990** 20 C mehrfarbig . . . . . . . . . . . . . . . . . . . . . . zk 0,50 0,30
FDC 2,50

Jede fünfte Rollenmarke trägt rückseitig eine schwarze Zählnummer.

Auflage: 23.532.200 Stück

*Gültig bis 31.12.1985*

*In gleicher Zeichnung: MiNr. 1000*

**1972, 11. Juli. Olympische Sommerspiele, München. RaTdr., Papier ph.; gez. K 14:12¾.**

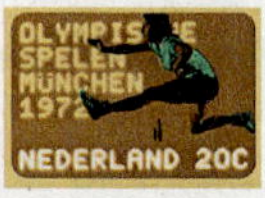

zl) Hürdenlauf

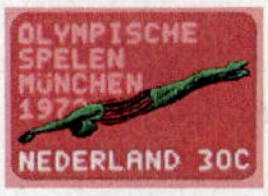

zm) Schwimmen

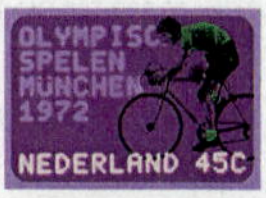

zn) Radfahren

**991** 20 C mehrfarbig . . . . . . . . . . . . . . . . . . . . . . zl 0,30 0,30
**992** 30 C mehrfarbig . . . . . . . . . . . . . . . . . . . . . . zm 0,30 0,30
**993** 45 C mehrfarbig . . . . . . . . . . . . . . . . . . . . . . zn 1,40 1,40
Satzpreis (3 W.) 2,— 2,—
FDC 7,—

Auflagen: MiNr. 991-992 je 15.000.000, MiNr. 993 = 3.000.000 Stück

*Gültig bis 31.12.1985*

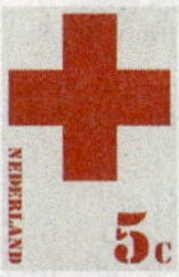


**1972, 15. Aug. Rotes Kreuz. MiNr. 994 RaTdr., MiNr. 995–998 Odr.; Papier ph.; gez. K 12¾:14.**

zo) Rotes Kreuz

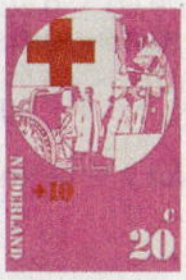

zp

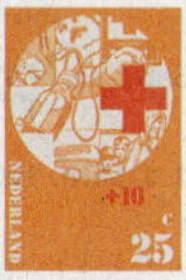

zr

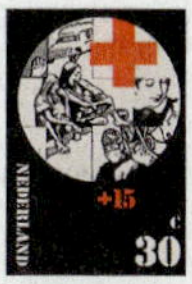

zs

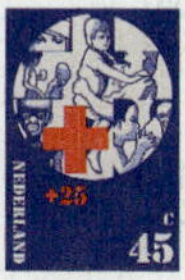

zt

zp–zt) Darstellungen aus den Einsatzbereichen des Roten Kreuzes

**994** 5 C orangerot . . . . . . . . . . . . . . . . . . . . . . zo 0,30 0,30
**995** 20 C + 10 (C) karminlila/orangerot . . . . . . . zp 0,30 0,30
**996** 25 C + 10 (C) orange/orangerot . . . . . . . . . . zr 1,20 1,20
**997** 30 C + 15 (C) schwarz/orangerot . . . . . . . . zs 1,— 1,—
**998** 45 C + 25 (C) lebhaftviolettultramarin/ orangerot . . . . . . . . . . . . . . . . . . . . . . zt 1,20 1,20
Satzpreis (5 W.) 4,— 4,—
FDC 9,—

Auflagen: MiNr. 994 = 12.563.000, MiNr. 995 = 2.378.948, MiNr. 996 = 1.265.608, MiNr. 997 = 2.840.995, MiNr. 998 = 1.174.429 Stück

*Gültig bis 31.12.1985*

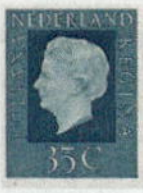


**1972, 10. Aug. Freimarke: Königin Juliana. RaTdr.; Papier ph.; A = vierseitig, D = dreiseitig gez. K 13:12½.**

wx) Königin Juliana (1909–2004, reg. 1948–1980)

**999** 35 C grünblau . . . . . . . . . . . . . . . . . . . . . . . wx
**A** vierseitig gez. . . . . . . . . . . . . . . . . . . . . . 0,30 0,30
**Dl** dreiseitig gez. (⌑) . . . . . . . . . . . . . . . . 0,50 0,30
**Dr** dreiseitig gez. (⌑) . . . . . . . . . . . . . . . . 0,50 0,30
Paar 999 Dl/Dr 1,— 0,50

Marken mit rückseitiger schwarzer Zählnummer stammen aus Rollen, dreiseitig gezähnte Marken aus Markenheftchen MH 13, MH 14 und MH 19.

*Gültig bis 31.10.2013*

*In gleicher Zeichnung siehe Übersicht nach Jahrgangswerttabelle.*

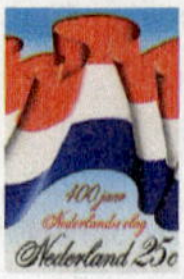


**1972, 1. Nov. 400 Jahre Nationalflagge (II). RaTdr., Bogen (10×10) und Rolle; Papier ph.; gez. K 12¾:14.**

zk) Niederländische Nationalflagge

| | | | | | |
|---|---|---|---|---|---|
| **1000** | 25 C mehrfarbig | | zk | 1,50 | 0,30 |
| | | | FDC | | 2,50 |

Jede fünfte Rollenmarke trägt rückseitig eine schwarze Zählnummer.

Auflage: 36.696.700 Stück

*Gültig bis 31.12.1985*

*In gleicher Zeichnung: MiNr. 990*

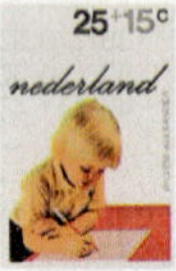


**1972, 7. Nov. „Voor het Kind": Prinzen. RaTdr.; Papier ph.; gez. K 12¾:14, Querformate ∼.**

zu) Willem-Alexander (*1967)

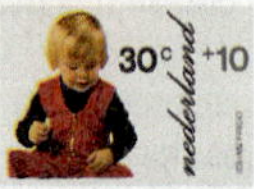


zv) Johan-Friso (*1968)

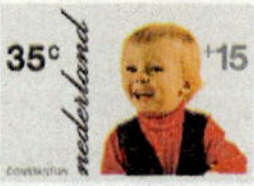


zw) Constantijn (*1969)

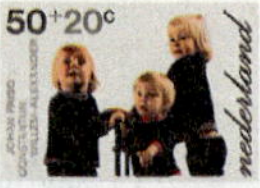


zx) Kinder von Kronprinzessin Beatrix und Prinz Claus

| | | | | | | |
|---|---|---|---|---|---|---|
| **1001** | 25 (C) | + 15 C mehrfarbig | zu | 0,30 | 0,30 |
| **1002** | 30 C | + 10 (C) mehrfarbig | zv | 0,70 | 0,70 |
| **1003** | 35 C | + 15 (C) mehrfarbig | zw | 0,60 | 0,30 |
| **1004** | 50 (C) | + 20 C mehrfarbig | zx | 2,40 | 2,20 |
| | | Satzpreis (4 W.) | | 4,— | 3,50 |
| | | FDC | | | 7,50 |

**Blockausgabe mit 4 × MiNr. 1001, 1 × MiNr. 1002 und 2 × MiNr. 1003**

| | | | | |
|---|---|---|---|---|
| **Block 11** (125×108 mm) | zy | 6,— | 5,— |

Auflagen: MiNr. 1001 = 2.228.433, MiNr. 1002 = 1.302.261, MiNr. 1003 = 2.258.993, MiNr. 1004 = 1.229.196 Stück, Bl. 11 = 2.736.059 Blocks

*Gültig bis 31.12.1985*

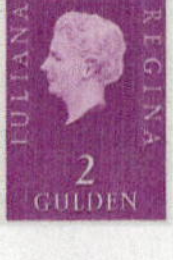


**1973, Jan./1981. Freimarke: Königin Juliana. RaTdr., x = normales Papier, y = Papier ph.; gez. K 12¾:14.**

wy) Königin Juliana (1909–2004, reg. 1948–1980)

| | | | | | |
|---|---|---|---|---|---|
| **1005** | 2 G rotviolett | wy | | |
| x | normales Papier (Jan. 1973) | | 2,— | 0,30 |
| y | Papier ph. (1981) | | 2,50 | 2,— |

Marken mit rückseitiger schwarzer Zählnummer stammen aus Rollen.

*Gültig bis 31.10.2013*

*In gleicher Zeichnung siehe Übersicht nach Jahrgangswerttabelle.*

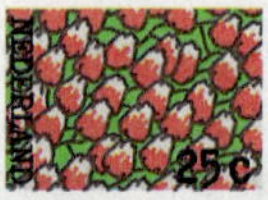


**1973, 20. März. Blumen. RaTdr. (10×10); Papier ph.; gez. K 14:12¾.**

zz) Blühende Tulpen

| | | | | | |
|---|---|---|---|---|---|
| **1006** | 25 C mehrfarbig | zz | 0,70 | 0,30 |
| | | FDC | | 2,20 |

Auflage: 24.776.900 Stück

*Gültig bis 31.12.1985*

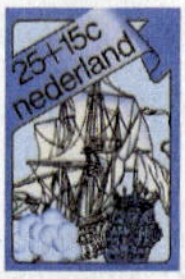


**1973, 10. April. Sommermarken zugunsten sozialer und kultureller Fürsorge: Schiffe. Odr.; Papier ph.; gez. K 12¾:14, Querformate ∼.**

aaa) Flaggschiff „De Zeven Provinciën" (um 1666)

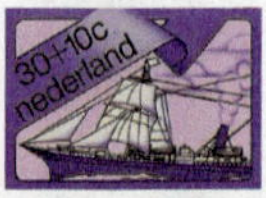


aab) Passagier- und Frachtdampfer „W. A. Scholten" (1874)

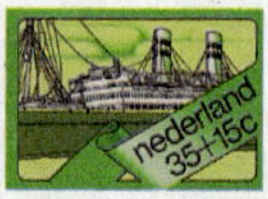


aac) Passagier- und Frachtdampfer „Veendam" (1923)

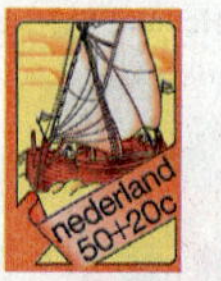


aad) Fischerboot mit Fischkarten (17. Jh.)

| | | | | | | |
|---|---|---|---|---|---|---|
| **1007** | 25 (C) | + 15 C mehrfarbig | aaa | 1,— | 1,— |
| **1008** | 30 (C) | + 10 C mehrfarbig | aab | 1,— | 1,— |
| **1009** | 35 (C) | + 15 C mehrfarbig | aac | 1,20 | 0,80 |
| **1010** | 50 (C) | + 20 C mehrfarbig | aad | 1,30 | 1,— |
| | | Satzpreis (4 W.) | | 4,50 | 3,80 |
| | | FDC | | | 6,— |

Auflagen: MiNr. 1007 = 1.173.973, MiNr. 1008 = 1.119.427, MiNr. 1009 = 1.437.864, MiNr. 1010 = 1.109.235 Stück

*Gültig bis 31.12.1985*

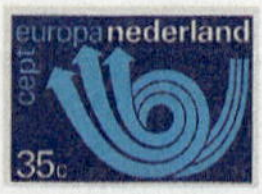


**1973, 1. Mai. Europa. RaTdr., Bogen (B) (10×10) und Rolle (R); Papier ph.; gez. K 14:12¾.**

aae) Stilisiertes Posthorn

| | | | | | |
|---|---|---|---|---|---|
| **1011** | 35 C blau (B) (R) | aae | 0,50 | 0,30 |
| **1012** | 50 C hellblauviolett (B) | aae | 1,— | 1,20 |
| | Satzpreis (2 W.) | | 1,50 | 1,50 |
| | FDC | | | 2,— |

Jede fünfte Rollenmarke trägt rückseitig eine schwarze Zählnummer.

Auflagen: MiNr. 1011 = 24.017.100, MiNr. 1012 = 3.230.700 Stück

*Gültig bis 31.12.1985*

**1973, 31. Juli. Jahrestage und -ereignisse: 75 Jahre Königlich Niederländischer Hockeybund und Hockey-WM in Amstelveen; WM in rhythmischer Sportgymnastik in Rotterdam; Inbetriebnahme der Erdfunkstelle in Burum; 100 Jahre internationale meteorologische Zusammenarbeit. MiNr. 1013 und 1015 RaTdr., MiNr. 1014 und 1016 Odr.; Papier ph.; gez. K 12¾:14, Querformate ∼.**

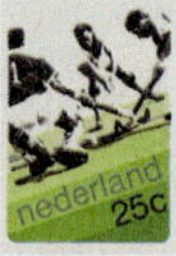


aaf) Hockey

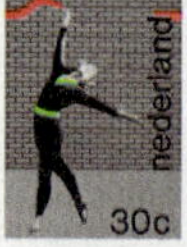


aag) Turnerin mit Band

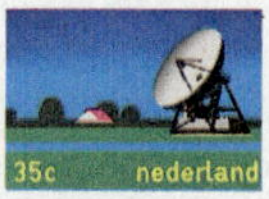


aah) Erdfunkstelle der PTT, Burum

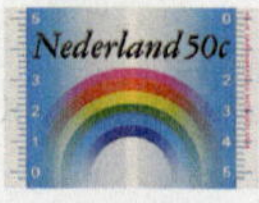


aai) Regenbogen

| | | | | | |
|---|---|---|---|---|---|
| **1013** | 25 C mehrfarbig | aaf | 0,40 | 0,30 |
| **1014** | 30 C mehrfarbig | aag | 2,— | 0,60 |
| **1015** | 35 C mehrfarbig | aah | 0,60 | 0,30 |

| | | | | | |
|---|---|---|---|---|---|
| **1016** | 50 C mehrfarbig | aai | 1,— | 1,— |
| | | Satzpreis (4 W.) | 4,— | 2,20 |
| | | FDC | | 5,— |

Auflagen: MiNr. 1013 = 12.714.900, MiNr. 1014 = 3.122.800, MiNr. 1015 = 6.810.000, MiNr. 1016 = 2.688.800 Stück

*Gültig bis 31.12.1985*

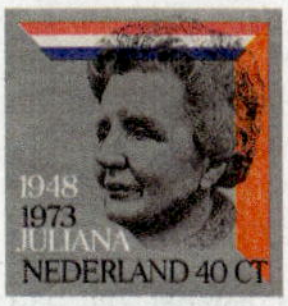


**1973, 4. Sept. 25 Jahre Regentschaft von Königin Juliana. RaTdr.; Papier ph.; gez. K 12¾:12¼.**

aak) Königin Juliana (1909–2004, reg. 1948–1980)

| | | | | |
|---|---|---|---|---|
| **1017** | 40 C mehrfarbig | aak | 0,50 | 0,30 |
| | | FDC | | 3,50 |

Auflage: 15.781.900 Stück

*Gültig bis 31.12.1985*

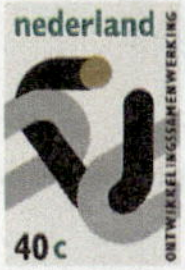


**1973, 16. Okt. Zusammenarbeit mit den Entwicklungsländern. RaTdr.; Papier ph.; gez. K 12¾:14.**

aal) Kettenglieder

| | | | | |
|---|---|---|---|---|
| **1018** | 40 C mehrfarbig | aal | 1,— | 0,30 |
| | | FDC | | 3,50 |

Auflage: 22.971.400 Stück

*Gültig bis 31.12.1985*

**1973, 13. Nov. „Voor het Kind": Gesellschaftsspiele. RaTdr.; Papier ph.; gez. K 12¾:14.**

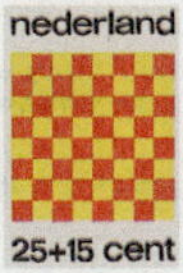


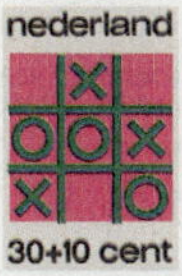


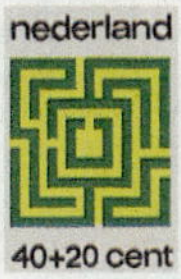


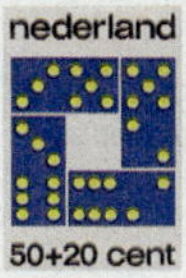


aam) Schach aan) Drei-in-einer-Reihe aao) Irrgarten aap) Domino

| | | | | |
|---|---|---|---|---|
| **1019** | 25 (C) + 15 C mehrfarbig | aam | 0,40 | 0,30 |
| **1020** | 30 (C) + 10 C mehrfarbig | aan | 1,— | 0,90 |
| **1021** | 40 (C) + 20 C mehrfarbig | aao | 0,40 | 0,30 |
| **1022** | 50 (C) + 20 C mehrfarbig | aap | 2,20 | 2,— |
| | | Satzpreis (4 W.) | 4,— | 3,50 |
| | | FDC | | 5,50 |

**Blockausgabe mit 2 × MiNr. 1019 , 1 × MiNr. 1020 und 3 × MiNr. 1021**

| | | | |
|---|---|---|---|
| **Block 12** (74×144 mm) | aar | 7,— | 6,— |

Auflagen: MiNr. 1019 = 2.045.451, MiNr. 1020 = 1.166.313, MiNr. 1021 = 1.920.639, MiNr. 1022 = 1.101.906 Stück, Bl. 12 = 2.747.998 Blocks

*Gültig bis 31.12.1985*

**1974, 19. Febr. Natur und Umwelt. RaTdr.; Papier ph.; gez. K 12¾:14.**

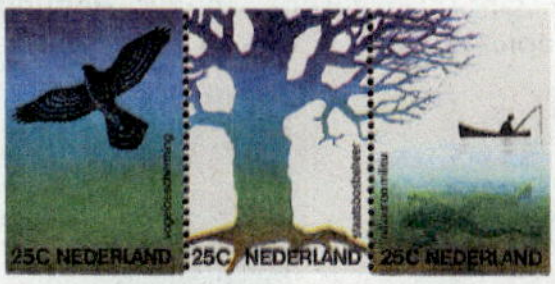


aas) Habicht (Accipiter gentilis) – 75 Jahre niederländischer Vogelschutzverein
aat) Baum – 75 Jahre Staatsforstverwaltung
aau) Fischer, Frosch

| | | | | |
|---|---|---|---|---|
| **1023** | 25 C mehrfarbig | aas | 1,40 | 0,70 |
| **1024** | 25 C mehrfarbig | aat | 1,40 | 0,70 |
| **1025** | 25 C mehrfarbig | aau | 1,40 | 0,70 |
| | | Satzpreis (3 W.) | 4,— | 2,— |
| | | Dreierstreifen | 4,50 | 4,— |
| | | FDC | | 7,50 |

Auflage: 27.258.400 Sätze

*Gültig bis 31.12.1985*

**1974, 23. April. Sommermarken zugunsten sozialer und kultureller Fürsorge: Musikfestival in Kerkrade; Modernes Ballett; 50. Todestag von Herman Heijermans; Volkstheater. MiNr. 1026–1027 Odr., MiNr. 1028–1029 RaTdr.; Papier ph.; gez. K 12¾:14.**

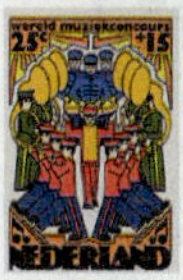


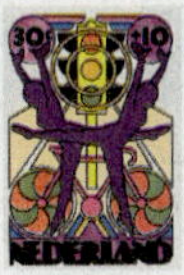


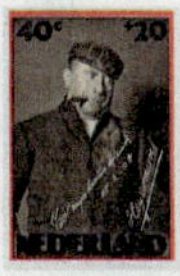


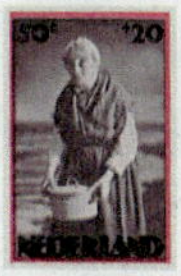


aav) Blasorchester aaw) Balletttänzerinnen, Verkehrsampel, Rennrad aax) Herman Heijermans (1864–1924), Dramatiker aay) Esther de Boer-van Rijk (1853–1939), Schauspielerin als „Kniertje"

| | | | | |
|---|---|---|---|---|
| **1026** | 25 C + 15 (C) mehrfarbig | aav | 1,— | 1,— |
| **1027** | 30 C + 10 (C) mehrfarbig | aaw | 1,— | 1,— |
| **1028** | 40 C + 20 (C) mehrfarbig | aax | 1,— | 1,— |
| **1029** | 50 C + 20 (C) mehrfarbig | aay | 1,— | 1,— |
| | | Satzpreis (4 W.) | 4,— | 4,— |
| | | FDC | | 7,— |

Auflagen: MiNr. 1026 = 1.222.178, MiNr. 1027 = 1.167.111, MiNr. 1028 = 1.413.019, MiNr. 1029 = 1.174.786 Stück

*Gültig bis 31.12.1985*

**1974, 5. Juni. Sport: Fußball-Weltmeisterschaft, Deutschland; 75 Jahre Königlich-Niederländischer Rasen-Tennisbund. RaTdr.; Papier ph.; gez. K 14:12¾, Hochformat ~.**

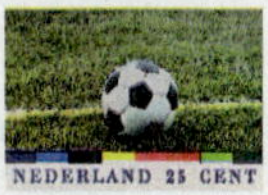


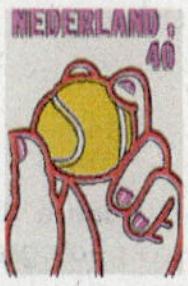


aaz) Fußball aba) Hand hält Tennisball

| | | | | |
|---|---|---|---|---|
| **1030** | 25 C mehrfarbig | aaz | 0,40 | 0,30 |
| **1031** | 40 C mehrfarbig | aba | 0,40 | 0,30 |
| | | Satzpreis (2 W.) | 0,80 | 0,40 |
| | | FDC | | 2,20 |

Auflagen: MiNr. 1030 = 10.171.800, MiNr. 1031 = 14.055.700 Stück

*Gültig bis 31.12.1985*

**1974, 30. Juli. Jahrestage: 100 Jahre Vereinigung Niederländisches Rindvieh-Herdbuch; 25 Jahre Königin-Wilhelmina-Fonds (Krebsbekämpfung); 150 Jahre Gesellschaften zur Rettung Schiffbrüchiger. RaTdr.; Papier ph.; gez. K 12¾:14.**

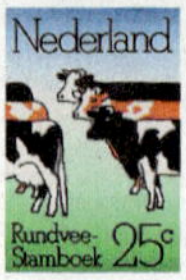

abb) Rinderrassen

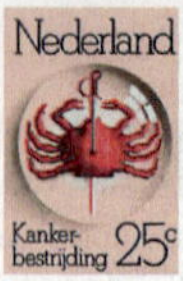

abc) Aufgespießte Krabbe

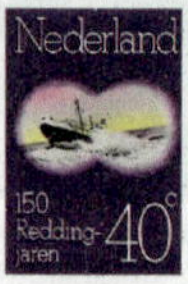

abd) Motorrettungsboot „Suzanna“ durch Fernglas gesehen

| | | | | | | |
|---|---|---|---|---|---|---|
| **1032** | 25 C | mehrfarbig | abb | 6,— | 2,40 |
| **1033** | 25 C | mehrfarbig | abc | 1,— | 0,30 |
| **1034** | 40 C | mehrfarbig | abd | 1,— | 0,30 |
| | | Satzpreis (3 W.) | | 8,— | 3,— |
| | | FDC | | | 10,— |

Auflagen: MiNr. 1032 = 4.536.600, MiNr. 1033 = 4.491.400, MiNr. 1034 = 8.169.500 Stück

*Gültig bis 31.12.1985*

**1974, 10. Sept. 30 Jahre Zollunion BENELUX; 25 Jahre Europarat; 25 Jahre Nordatlantikpakt (NATO). RaTdr.; Papier ph.; gez. K 14:12¾, Hochformate ~.**

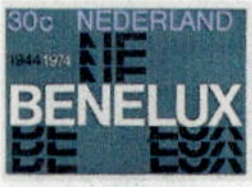

abe) Schriftzug

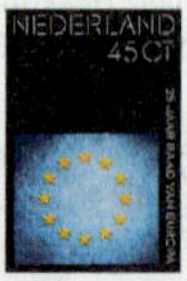

abf) Flagge des Europarates

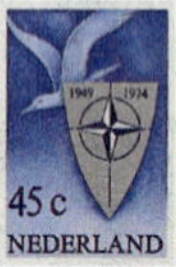

abg) Wappenschild mit NATO-Emblem; Möwe

| | | | | | | |
|---|---|---|---|---|---|---|
| **1035** | 30 C | mehrfarbig | abe | 0,50 | 0,30 |
| **1036** | 45 C | mehrfarbig | abf | 0,50 | 0,30 |
| **1037** | 45 C | mehrfarbig | abg | 0,50 | 0,30 |
| | | Satzpreis (3 W.) | | 1,50 | 0,50 |
| | | FDC | | | 2,— |

Auflagen: MiNr. 1035 = 19.650.300, MiNr. 1036 = 12.040.700, MiNr. 1037 = 12.041.100 Stück

*Gültig bis 31.12.1985*

*Parallelausgabe mit Belgien MiNr. 1775 und Luxemburg MiNr. 891*

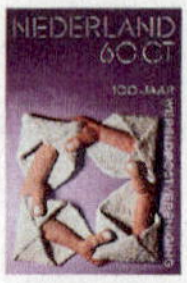


**1974, 9. Okt. 100 Jahre Weltpostverein (UPU). RaTdr.; Papier ph.; gez. K 12¾:14.**

abh) Symbolische Darstellung der Briefübergabe

| | | | | | | |
|---|---|---|---|---|---|---|
| **1038** | 60 C | mehrfarbig | abh | 0,70 | 0,60 |
| | | FDC | | | 2,— |

Auflage: 3.849.900 Stück

*Gültig bis 31.12.1985*

**1974, 12. Nov. 50 Jahre Jugendwohlfahrtsmarken „Voor het Kind“: Alte Kinderphotographien. RaTdr.; Papier ph.; gez. K 12¾:14.**

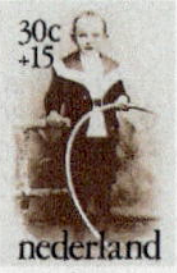

abi) Junge mit Reifen

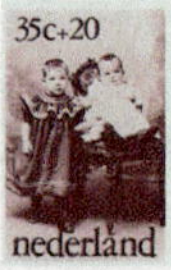

abk) Kinder

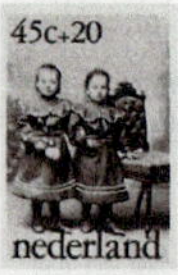

abl) Zwei Mädchen

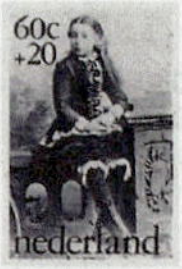

abm) Sitzendes Mädchen

| | | | | | | |
|---|---|---|---|---|---|---|
| **1039** | 30 C | + 15 (C) dunkelbraun/schwarz | abi | 0,30 | 0,30 |
| **1040** | 35 C | + 20 (C) dunkelpurpur | abk | 0,60 | 0,50 |
| **1041** | 45 C | + 20 (C) braunschwarz | abl | 0,60 | 0,30 |
| **1042** | 60 C | + 20 (C) schwarzblau/schwarz | abm | 1,50 | 1,40 |
| | | Satzpreis (4 W.) | | 3,— | 2,50 |
| | | FDC | | | 5,— |

**Blockausgabe mit 4 × MiNr. 1039, 1 × MiNr. 1040 und 1 × MiNr. 1041**

| | | | | |
|---|---|---|---|---|
| **Block 13** (74×143 mm) | abn | 4,50 | 4,50 |

Auflagen: MiNr. 1039 = 2.361.576, MiNr. 1040 = 1.309.030, MiNr. 1041 = 2.111.752, MiNr. 1042 = 1.290.151 Stück, Bl. 13 = 2.974.991 Blocks

*Gültig bis 31.12.1985*

**1975, 26. Febr./1. April. Geschichtliche Jahrestage: 700 Jahre Stadt Amsterdam; 300 Jahre Portugiesisch-Israelitische Synagoge in Amsterdam; 400 Jahre Reichsuniversität in Leiden. RaTdr.; Papier ph.; A = gez. K 12¾:14, C = waagerecht gez. 12¾ (aus Rollen).**

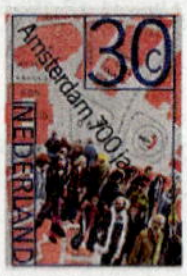

abo) Karte von Amsterdam, Menschenmenge

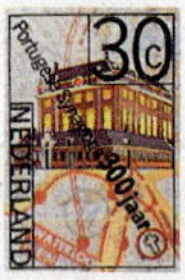

abp) Karte von Amsterdam, Synagogengebäude

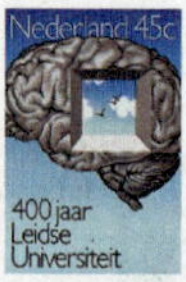

abr) Menschliches Gehirn mit Fenstersymbolik

| | | | | | | |
|---|---|---|---|---|---|---|
| **1043** | | 30 C | mehrfarbig (26. Febr.) | abo | | |
| | A | | vierseitig gez. | | 0,30 | 0,30 |
| | C | | waagerecht gez. 12¾ | | 0,30 | 0,30 |
| **1044** | A | 30 C | mehrfarbig (26. Febr.) | abp | 0,30 | 0,30 |
| **1045** | | 35 C | mehrfarbig (1. April) | abo | | |
| | A | | vierseitig gez. | | 0,30 | 0,30 |
| | C | | waagerecht gez. 12¾ | | 0,40 | 0,30 |
| **1046** | A | 45 C | mehrfarbig (26. Febr.) | abr | 0,40 | 0,30 |
| | | | Satzpreis A (4 W.) | | 1,30 | 1,20 |
| | | | FDC (1043 A, C; 1044 A; 1046 A) | | | 6,— |
| | | | FDC (1045 A, C) | | | 1,70 |

Jede fünfte Rollenmarke trägt rückseitig eine schwarze Zählnummer.

Auflagen: MiNr. 1043 A = 6.178.200, MiNr. 1043 C = 3.832.000, MiNr. 1044 A = 4.706.800, MiNr. 1045 A = 19.960.600, MiNr. 1045 C = 6.590.800, MiNr. 1046 A = 9.029.900 Stück

*Gültig bis 31.12.1985*

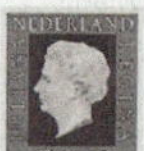


**1975, 1. April. Freimarke: Königin Juliana. RaTdr.; Papier ph.; gez. K 13½:12¾.**

wx) Königin Juliana (1909–2004, reg. 1948–1980)

| | | | | | | |
|---|---|---|---|---|---|---|
| **1047** | 90 C | dunkelgrau | wx | 1,— | 0,30 |

Marken mit rückseitiger schwarzer Zählnummer stammen aus Rollen.

*Gültig bis 31.10.2013*

*In gleicher Zeichnung siehe Übersicht nach Jahrgangswerttabelle.*

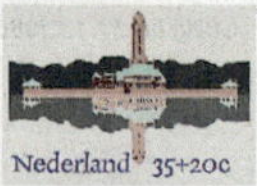


**1975, 4. April. Europäisches Denkmalschutzjahr. Odr.; Papier ph.; gez. K 14:12¾, Hochformate ~.**

abs) Jagdschloss St. Hubertus (1920) im Nationalpark Hoge Veluwe

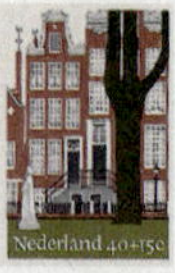

abt) Beginenhof (15.–17. Jh.), Amsterdam

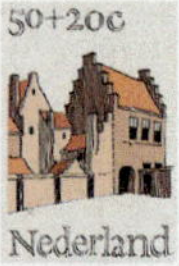

abu) Küferstor, Middelburg

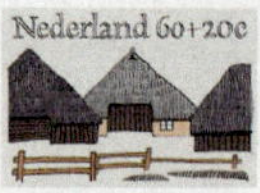

abv) Dorf Orvelte, Provinz Drente

**1048** 35 (C) + 20 C mehrfarbig ............ abs 0,50 0,50
**1049** 40 (C) + 15 C mehrfarbig ............ abt 0,50 0,50
**1050** 50 (C) + 20 C mehrfarbig ............ abu 0,70 0,70
**1051** 60 (C) + 20 C mehrfarbig ............ abv 0,80 0,80
Satzpreis (4 W.) 2,50 2,50
FDC 3,50

Auflagen: MiNr. 1048 = 1.371.887, MiNr. 1049 = 1.361.872, MiNr. 1050 = 1.584.838, MiNr. 1051 = 1.359.594 Stück

*Gültig bis 31.12.1985*

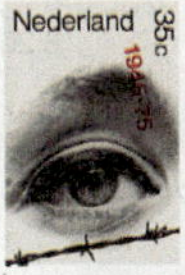


**1975, 29. April. 30. Jahrestag der Befreiung. RaTdr.; Papier ph.; gez. K 12¾:14.**

abw) Menschenauge hinter Stacheldraht

**1052** 35 C schwarz/lilarot ............ abw 0,30 0,30
FDC 1,20

Auflage: 14.965.500 Stück

*Gültig bis 31.12.1985*

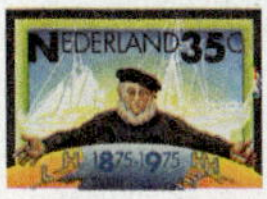


**1975, 21. Mai. 100 Jahre Niederländische Dampfschifffahrtsgesellschaft Zeeland. RaTdr.; Papier ph.; gez. K 14:12¾.**

abx) Emblem der „Stoomvaart-Maatschappij-Zeeland" vor Schiff „Middelburg"

**1053** 35 C mehrfarbig .................... abx 0,30 0,30

FDC siehe nach MiNr. 1054.

Auflage: 14.969.500 Stück

*Gültig bis 31.12.1985*

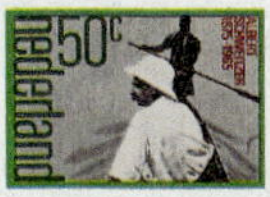


**1975, 21. Mai. 100. Geburtstag von Albert Schweitzer. RaTdr.; Papier ph.; gez. K 14:12¾.**

aby) Albert Schweitzer (1875–1965), elsässischer Missionsarzt, Theologe, Nobelpreis 1952

**1054** 50 C mehrfarbig .................... aby 0,40 0,30
FDC (MiNr. 1053–1054) 1,70

Auflage: 14.996.200 Stück

*Gültig bis 31.12.1985*

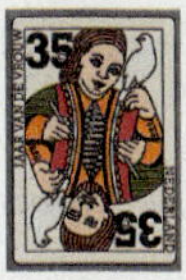


**1975, 29. Juli. Internationales Jahr der Frau. Odr.; Papier ph.; gez. K 12¾:14.**

abz) Mann und Frau mit Taube und Feder auf einer Spielkarte

**1055** 35 C mehrfarbig .................... abz 0,30 0,30

FDC siehe nach MiNr. 1056.

Auflage: 14.978.500 Stück

*Gültig bis 31.12.1985*

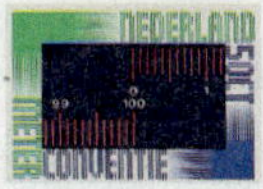


**1975, 29. Juli. 100 Jahre Internationale Meterkonvention. Odr.; Papier ph.; gez. K 14:12¾.**

aca) Messskala

**1056** 50 C mehrfarbig .................... aca 0,40 0,30
FDC (MiNr. 1055–1056) 1,80

Auflage: 14.981.500 Stück

*Gültig bis 31.12.1985*

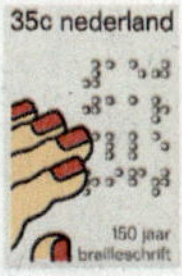


**1975, 7. Okt. 150 Jahre Braille-Blindenschrift. RaTdr.; Papier ph.; gez. K 12¾:14.**

acb) Finger tasten Braillepunkte ab

**1057** 35 C mehrfarbig .................... acb 0,30 0,30

FDC siehe unter MiNr. 1058.

Auflage: 12.407.000 Stück

*Gültig bis 31.12.1985*

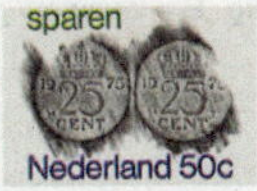


**1975, 7. Okt. „Sparen". RaTdr.; Papier ph.; gez. K 14:12¾.**

acc) Zwei Kwartjes (Viertelgulden)

**1058** 50 C mehrfarbig .................... acc 0,40 0,30
FDC (MiNr. 1057–1058) 1,40

Auflage: 12.367.500 Stück

*Gültig bis 31.12.1985*

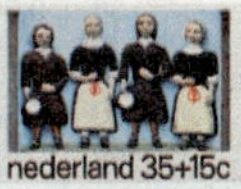


**1975, 11. Nov. „Voor het Kind": Historische Fassadenziersteine. RaTdr.; Papier ph.; gez. K 14:12¾.**

acd) Waisen (1785)

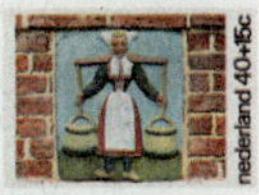


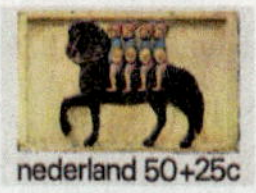


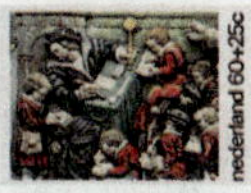


ace) Milchmädchen (17. Jh.)
acf) Die vier Haimonskinder (17. Jh.)
acg) Erziehung der Waisen (1557)

**1059** 35 (C) + 15 C mehrfarbig ............ acd 0,30 0,30
**1060** 40 (C) + 15 C mehrfarbig ............ ace 0,60 0,40
**1061** 50 (C) + 25 C mehrfarbig ............ acf 0,40 0,30
**1062** 60 (C) + 25 C mehrfarbig ............ acg 1,20 1,—
Satzpreis (4 W.) 2,50 2,—
FDC 2,20

**Blockausgabe mit 3 × MiNr. 1059 und 2 × MiNr. 1061**

**Block 14** (144×74 mm) .................... ach 3,— 3,—
FDC 40,—

Auflagen: MiNr. 1059 = 2.785.312, MiNr. 1060 = 1.516.013, MiNr. 1061 = 2.245.134, MiNr. 1062 = 1.526.521 Stück, Bl. 14 = 3.313.311 Blocks

*Gültig bis 31.12.1985*

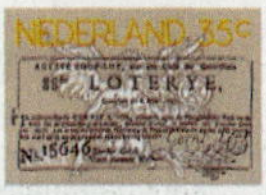


**1976, 3. Febr. 250 Jahre Staatslotterie. RaTdr.; Papier ph.; gez. K 14:12¾.**

aci) Lotterielos von 1797

**1063** 35 C mehrfarbig .................... aci 0,30 0,30
FDC 1,40

Auflage: 8.566.800 Stück

*Gültig bis 31.12.1985*

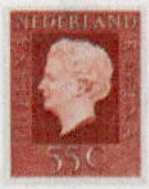


**1976, 10. März/23. Sept. Freimarke: Königin Juliana. RaTdr.; Papier ph.; A = vierseitig, D = dreiseitig gez. K 13½:12¾.**

wx) Königin Juliana (1909–2004, reg. 1948–1980)

| | | | | | |
|---|---|---|---|---|---|
| **1064** | 55 C | rot | wx | | |
| | **A** | vierseitig gez. (1. April) | | 0,50 | 0,30 |
| | **Dl** | dreiseitig gez. (▯) (23. Sept.) | | 0,70 | 0,30 |
| | **Dr** | dreiseitig gez. (▯) (10. März) | | 0,60 | 0,30 |
| | | Paar 1064 Dl/Dr | | 1,30 | 0,50 |

Marken mit rückseitiger schwarzer Zählnummer stammen aus Rollen, dreiseitig gezähnte Werte aus Markenheftchen MH 21, MH 23 und MH 27.

*Gültig bis 31.10.2013*

*In gleicher Zeichnung siehe Übersicht nach Jahrgangswerttabelle.*

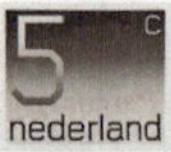


ack

**1976, 10. März/1982, 16. März. Freimarken: Ziffern. RaTdr.; Papier ph.; A = gez. K 12¾:13½, C = senkrecht gez. 13½, D = dreiseitig, E = zweiseitig gez. K 12¾:13½.**

| | | | | | |
|---|---|---|---|---|---|
| **1065** | 5 C | dunkelbraungrau | ack | | |
| | **A** | vierseitig gez. (Juni 1976) | | 0,30 | 0,30 |
| | **C** | senkrecht gez. (Juni 1976) | | 0,30 | 0,30 |
| | **Do** | dreiseitig gez. (▯) (2.1.1981) | | 0,30 | 0,30 |
| | **Du** | dreiseitig gez. (▯) (10.3.1976) | | 0,30 | 0,30 |
| | **E** | zweiseitig gez. (▯) (16.3.1982) | | 0,50 | 0,30 |
| **1066** | 10 C | blau | ack | | |
| | **A** | vierseitig gez. (Juni 1976) | | 0,30 | 0,30 |
| | **C** | senkrecht gez. (Juni 1976) | | 0,30 | 0,30 |
| | **Do** | dreiseitig gez. (▯) (10.3.1976) | | 0,30 | 0,30 |
| | **Du** | dreiseitig gez. (▯) (10.3.1976) | | 0,30 | 0,30 |
| | **E** | zweiseitig gez. (▯) (16.3.1982) | | 0,30 | 0,30 |
| **1067** | 25 C | hellblauviolett | ack | | |
| | **A** | vierseitig gez. (Juni 1976) | | 0,30 | 0,30 |
| | **C** | senkrecht gez. (Juni 1976) | | 0,30 | 0,30 |
| **1068** | 40 C | sepia | ack | | |
| | **A** | vierseitig gez. (Sept. 1976) | | 0,30 | 0,30 |
| | **C** | senkrecht gez. (Sept. 1976) | | 0,30 | 0,30 |
| | **Do** | dreiseitig gez. (▯) (10.3.1976) | | 0,40 | 0,30 |
| | **Du** | dreiseitig gez. (▯) (23.9.1976) | | 0,40 | 0,30 |
| **1069** | 45 C | cyanblau | ack | | |
| | **A** | vierseitig gez. (Nov. 1976) | | 0,30 | 0,30 |
| | **C** | senkrecht gez. (Nov. 1976) | | 0,30 | 0,30 |
| | **Do** | dreiseitig gez. (▯) (2.1.1981) | | 0,40 | 0,30 |
| | **Du** | dreiseitig gez. (▯) (14.1.1980) | | 0,40 | 0,30 |
| | | Satzpreis A (5 W.) | | 1,50 | 1,— |
| | | Satzpreis C (5 W.) | | 1,50 | 1,— |
| | | Satzpreis D (4 W.) | | 1,40 | 0,80 |
| | | Paar 1065 Do/Du | | 0,40 | 0,30 |
| | | Paar 1065 Du/E | | 0,60 | 0,50 |
| | | Paar 1066 Do/Du | | 0,70 | 0,50 |
| | | Paar 1066 Du/E | | 0,50 | 0,30 |
| | | Paar 1068 Do/Du | | 1,20 | 0,70 |

Senkrecht gezähnte Werte stammen aus Rollen, sonstige teilgezähnte Werte aus Markenheftchen.

Jede fünfte Rollenmarke trägt rückseitig eine schwarze Zählnummer.

Bei MiNr. 1067 A und C sind minimale Typenunterschiede (neue Platten) bekannt.

*Gültig bis 31.10.2013*

*In gleicher Zeichnung: MiNr. 1132, 1183–1184, 1297, 1415–1416, 1895–1897*

**1976, 6. April. Sommermarken zugunsten sozialer und kultureller Fürsorge: 100 Jahre Landwirtschaftsschule; 175 Jahre nationale Gesetzgebung auf dem Gebiet des Elementarunterrichts; 75 Jahre Sozialgesetzgebung; 75 Jahre Staatsversicherungsbank. MiNr. 1070–1071 Odr., MiNr. 1072–1073 RaTdr.; Papier ph.; gez. K 14:12¾, Hochformate ~.**

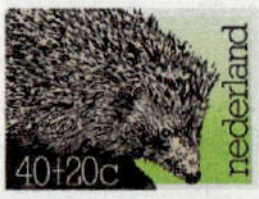


acl) Igel (Erinaceus europaeus)

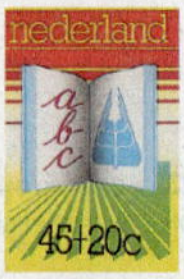


acm) Buch

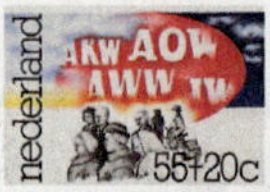


acn) Menschengruppe

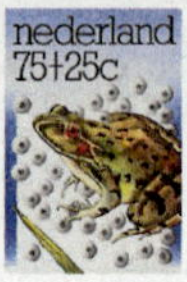


aco) Grasfrosch (Rana temporaria) inmitten von Froschlaich

| | | | | | |
|---|---|---|---|---|---|
| **1070** | 40 (C) | + 20 C mehrfarbig | acl | 0,70 | 0,60 |
| **1071** | 45 (C) | + 20 C mehrfarbig | acm | 0,70 | 0,60 |
| **1072** | 55 (C) | + 20 C mehrfarbig | acn | 0,70 | 0,40 |
| **1073** | 75 (C) | + 20 C mehrfarbig | aco | 1,— | 1,— |
| | | Satzpreis (4 W.) | | 3,— | 2,50 |
| | | FDC | | | 3,20 |

Auflagen: MiNr. 1070 = 1.546.848, MiNr. 1071 = 1.430.759, MiNr. 1072 = 1.637.628, MiNr. 1073 = 1.512.594 Stück

*Gültig bis 31.12.1985*

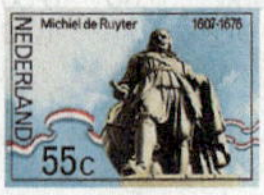


**1976, 22. April. 300. Todestag von Michiel de Ruyter. RaTdr.; Papier ph.; gez. K 14:12¾.**

acp) Michiel de Ruyter (1607–1676), Admiral; Denkmal in Vlissingen

| | | | | | |
|---|---|---|---|---|---|
| **1074** | 55 C | mehrfarbig | acp | 0,40 | 0,30 |
| | | FDC | | | 1,— |

Auflage: 9.992.800 Stück

*Gültig bis 31.12.1985*

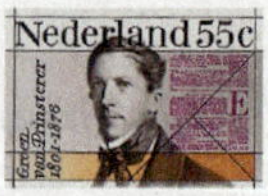


**1976, 19. Mai. 100. Todestag von Guillaume Groen van Prinsterer. RaTdr.; Papier ph.; gez. K 14:12¾.**

acr) Guillaume Groen van Prinsterer (1801–1876), Politiker und Historiker; Porträt von Johan Hendrik Hofmeister

| | | | | | |
|---|---|---|---|---|---|
| **1075** | 55 C | mehrfarbig | acr | 0,40 | 0,30 |
| | | FDC | | | 1,— |

Auflage: 9.993.400 Stück

*Gültig bis 31.12.1985*

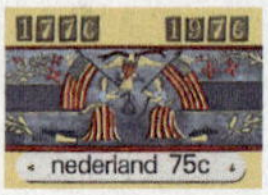


**1976, 25. Mai. 200 Jahre Unabhängigkeit der Vereinigten Staaten von Amerika. Odr.; Papier ph.; gez. K 14:12¾.**

acs) Frauen schwenken die amerikanische Flagge, Detail des ewigen Kalenders

| | | | | | |
|---|---|---|---|---|---|
| **1076** | 75 C | mehrfarbig | acs | 0,60 | 0,40 |
| | | FDC | | | 1,— |

Auflage: 4.121.000 Stück

*Gültig bis 31.12.1985*

**1976, 15. Juni. Sportjubiläen. MiNr. 1077 RaTdr., MiNr. 1078 Odr.; Papier ph.; gez. K 14:12¾.**

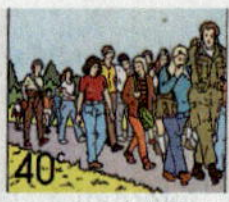


act) 60. Viertagesmarsch in Nimwegen: Wanderer

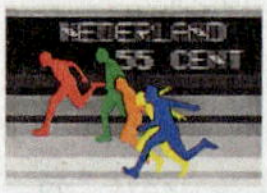


acu) 75 Jahre Königlich-Niederländische Athletik-Union (KNAU): 5 Läufer

| | | | | | |
|---|---|---|---|---|---|
| **1077** | 40 C | mehrfarbig | act | 0,40 | 0,30 |
| **1078** | 55 C | mehrfarbig | acu | 0,60 | 0,30 |
| | | Satzpreis (2 W.) | | 1,— | 0,50 |
| | | FDC | | | 1,— |

Auflagen: MiNr. 1077 = 10.084.800, MiNr. 1078 = 7.496.600 Stück

*Gültig bis 31.12.1985*

**1976, 2. Sept. Zuiderseeprojekt. Odr.; Papier ph.; gez. K 14:12¾.**

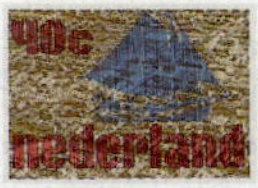


acv

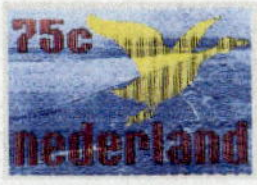


acw

acv–acw) Symbolische Darstellung „Land aus dem Wasser"

| | | | | | |
|---|---|---|---|---|---|
| **1079** | 40 C | mehrfarbig | acv | 0,40 | 0,30 |
| **1080** | 75 C | mehrfarbig | acw | 0,60 | 0,40 |
| | | Satzpreis (2 W.) | | 1,— | 0,70 |

FDC siehe nach MiNr. 1082.

Auflagen: MiNr. 1079 = 9.031.300, MiNr. 1080 = 3.501.500 Stück

*Gültig bis 31.12.1985*

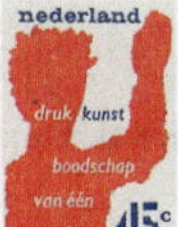


**1976, 2. Sept. 75 Jahre Königlich Niederländischer Druckereienverband. RaTdr.; Papier ph.; gez. K 12¾:14.**

acx) Gestikulierende Figur

| | | | | | |
|---|---|---|---|---|---|
| **1081** | 45 C | blau/hellrot | acx | 0,40 | 0,30 |

FDC siehe nach MiNr. 1082.

Auflage: 7.478.500 Stück

*Gültig bis 31.12.1985*

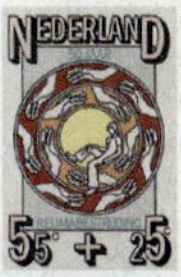


**1976, 2. Sept. 50 Jahre Niederländische Vereinigung zur Bekämpfung des Rheumatismus. Odr.; Papier ph.; gez. K 12¾:14.**

acy) Rheumatiker, von Händen umgeben

| | | | | | |
|---|---|---|---|---|---|
| **1082** | 55 C | + 25 C mehrfarbig | acy | 0,60 | 0,50 |
| | | FDC (MiNr. 1079–1082) | | | 2,50 |

Auflage: 2.004.562 Stück

*Gültig bis 31.12.1985*

**1976, 8. Okt. Internationale Briefmarkenausstellung AMPHILEX '77, Amsterdam (I). MiNr. 1083–1085 Odr., MiNr. 1086–1087 RaTdr.; (10×10); Papier ph.; gez. K 12¾:14.**

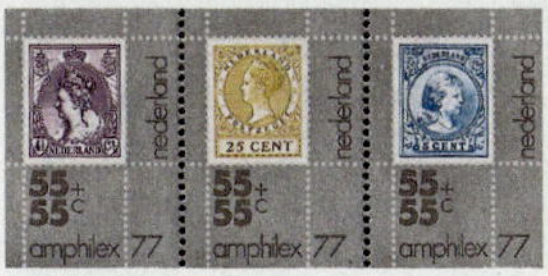


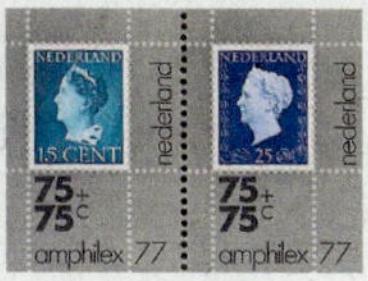


ada) MiNr. 93 (1919)
adb) MiNr. 158 (1924)
acz) MiNr. 35 (1891)
adc) MiNr. 345 (1940)
add) MiNr. 486 (1947)

acz–add) Briefmarken mit Bildnissen der Königin Wilhelmina (1880–1962)

| | | | | | |
|---|---|---|---|---|---|
| **1083** | 55 (C) | + 55 C mehrfarbig | acz | 0,90 | 0,80 |
| **1084** | 55 (C) | + 55 C mehrfarbig | ada | 0,90 | 0,80 |
| **1085** | 55 (C) | + 55 C mehrfarbig | adb | 0,90 | 0,80 |
| **1086** | 75 (C) | + 75 C mehrfarbig | adc | 0,90 | 0,80 |
| **1087** | 75 (C) | + 75 C mehrfarbig | add | 0,90 | 0,80 |
| | | Satzpreis (5 W.) | | 4,50 | 4,— |
| | | Dreierstreifen + Paar | | 5,— | 5,— |
| | | FDC | | | 5,50 |

Nominalgleiche Marken wurden zusammenhängend in alternierender Folge im Bogen gedruckt.

Auflagen: MiNr. 1083–1085 je 6.355.226, MiNr. 1086–1087 je 4.307.667 Stück

*Gültig bis 31.12.1985*

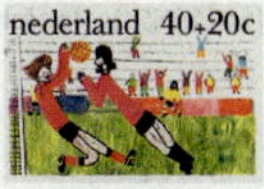


**1976, 16. Nov. „Voor het Kind": Kinderzeichnungen. RaTdr.; Papier ph.; gez. K 14:12¾.**

ade) Fußballspieler; von Jos Raats

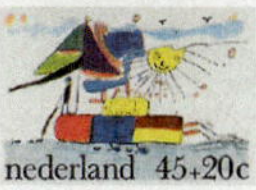


adf) Boot; von Leon Jacobs

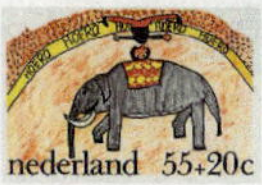


adg) Elefant; von Marianne Lugtenburg

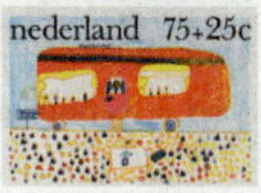


adh) Caravan; von Annemieke Seeleman

| | | | | | |
|---|---|---|---|---|---|
| **1088** | 40 (C) | + 20 C mehrfarbig | ade | 0,30 | 0,30 |
| **1089** | 45 (C) | + 20 C mehrfarbig | adf | 0,30 | 0,30 |
| **1090** | 55 (C) | + 20 C mehrfarbig | adg | 0,40 | 0,30 |
| **1091** | 75 (C) | + 25 C mehrfarbig | adh | 1,— | 0,80 |
| | | Satzpreis (4 W.) | | 2,— | 1,70 |
| | | FDC | | | 2,20 |

**Blockausgabe mit 2 × MiNr. 1088–1090**

| | | | | |
|---|---|---|---|---|
| **Block 15** | (143×75 mm) | adi | 2,20 | 2,— |
| | FDC | | | 38,— |

Auflagen: MiNr. 1088 = 2.083.562, MiNr. 1089 = 2.383.079, MiNr. 1090 = 2.421.179, MiNr. 1091 = 1.703.961 Stück, Bl. 15 = 3.359.267 Blocks

*Gültig bis 31.12.1985*

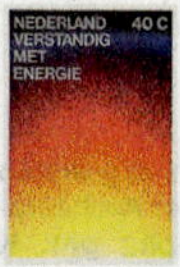


**1977, 25. Jan. Energiesparen. RaTdr.; Papier ph.; A = vierseitig gez. K 12¾:14, C = waagerecht gez. 12¾ (aus Rollen).**

adk) Wärmestrahlung

| | | | | | |
|---|---|---|---|---|---|
| **1092** | 40 C | mehrfarbig | adk | | |
| **A** | | vierseitig gez. | | 0,30 | 0,30 |
| **C** | | waagerecht gez. | | 0,30 | 0,30 |
| | | FDC (MiNr. 1092 A und C) | | | 1,20 |

Jede fünfte Rollenmarke trägt rückseitig eine schwarze Zählnummer.

Auflagen: MiNr. 1092 A = 10.007.600, MiNr. 1092 C = 5.777.500 Stück

*Gültig bis 31.10.2013*

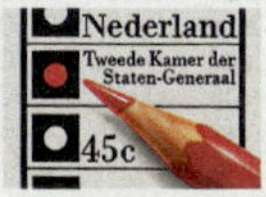


**1977, 25. Jan. Parlamentswahlen (I). RaTdr.; Papier ph.; A = vierseitig gez. K 14:12¾, C = senkrecht gez. 12¾ (aus Rollen).**

adl) Wahlzettel, Rotstift

| | | | | | |
|---|---|---|---|---|---|
| **1093** | 45 C | mehrfarbig | adl | | |
| **A** | | vierseitig gez. | | 0,50 | 0,30 |
| **C** | | senkrecht gez. | | 0,50 | 0,30 |
| | | FDC (MiNr. 1093 A und C) | | | 1,20 |

Jede fünfte Rollenmarke trägt rückseitig eine schwarze Zählnummer.

Auflagen: MiNr. 1093 A = 8.675.356, MiNr. 1093 C = 3.306.000 Stück

*Gültig bis 31.10.2013*

*In ähnlicher Zeichnung: MiNr. 1096 (mit Inschrift „25 MEI 77")*

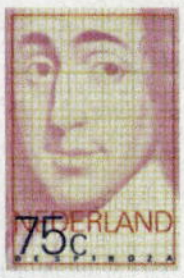


**1977, 21. Febr. 300. Todestag von Baruch (Benedictus) de Spinoza. RaTdr.; Papier ph.; gez. K 12¾:14.**

adm) Baruch de Spinoza (1632–1677), Philosoph

| | | | | | |
|---|---|---|---|---|---|
| **1094** | 75 C | mehrfarbig | adm | 0,70 | 0,40 |
| | | FDC | | | 1,— |

Auflage: 6.882.200 Stück

*Gültig bis 31.10.2013*

**1977, 8. März. 500 Jahre Delfter Bibel.** RaTdr. (5×10 Zd); Papier ph.; gez. K 14:12¾.

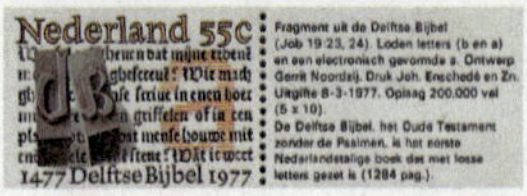

adn) Lettern vor Bibelfragment Zierfeld

| | | | | |
|---|---|---|---|---|
| **1095** | 55 C mehrfarbig | adn | 0,30 | 0,30 |
| | | 1095 Zf | 0,50 | 0,50 |
| | | FDC | | 1,60 |

Auflage: 10.019.500 Stück

*Gültig bis 31.10.2013*

**1977, 15. April. Parlamentswahlen (II).** RaTdr.; Papier ph.; gez. K 14:12¾.

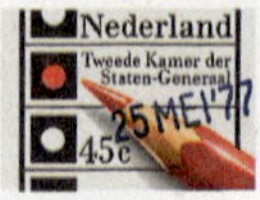

adl I) Wahlzettel, Rotstift, Datum der Wahlen

| | | | | |
|---|---|---|---|---|
| **1096** | 45 C mehrfarbig | adl I | 0,40 | 0,30 |
| | | FDC | | 1,— |

Auflage: 8.638.100 Stück

*Gültig bis 31.10.2013*

*In ähnlicher Zeichnung: MiNr. 1093 (ohne Inschrift „25 MEI '77")*

**1977, 19. April. Sommermarken zugunsten sozialer und kultureller Fürsorge: Archäologische Funde.** RaTdr.; Papier ph.; gez. K 14:12¾.

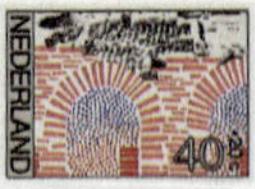

ado) Thermen in Heerlen (ca. 100 n.Chr.)

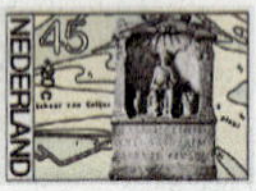

adp) Altar der Göttin Nehalennia vor Seekarte (ca. 200 n.Chr.)

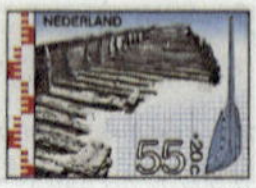

adr) Fragment des Zwammerdamer Schiffes, Steuerriemen (ca. 200 n.Chr.)

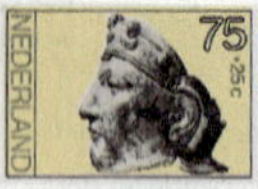

ads) Helm mit Maske (ca. 100 n.Chr.)

| | | | | |
|---|---|---|---|---|
| **1097** | 40 (C) + 20 C mehrfarbig | ado | 0,50 | 0,40 |
| **1098** | 45 (C) + 20 C mehrfarbig | adp | 0,60 | 0,40 |
| **1099** | 55 (C) + 20 C mehrfarbig | adr | 0,60 | 0,40 |
| **1100** | 75 (C) + 25 C mehrfarbig | ads | 0,80 | 0,60 |
| | | Satzpreis (4 W.) | 2,50 | 1,80 |
| | | FDC | | 2,— |

Auflagen: MiNr. 1097 = 2.055.334, MiNr. 1098 = 2.088.429, MiNr. 1099 = 2.259.888, MiNr. 1100 = 2.051.210 Stück

*Gültig bis 31.10.2013*

**1977, 26. Mai. Internationale Briefmarkenausstellung AMPHILEX '77, Amsterdam (II).** Odr. (5×10 Zd); Papier ph.; gez. K 12¾:14.

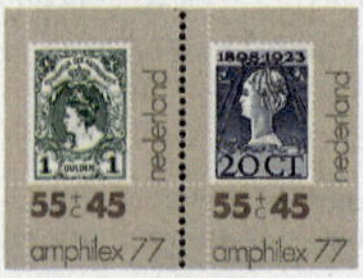

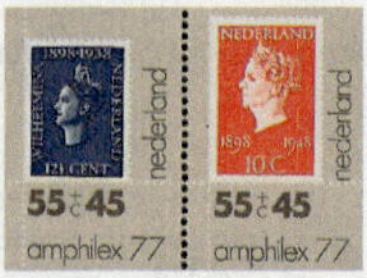

adt) MiNr. 63 (1898)
adu) MiNr. 127 (1923)
adv) MiNr. 320 (1938)
adw) MiNr. 507 (1948)

adt–adw) Briefmarken mit Bildnissen der Königin Wilhelmina (1880–1962)

| | | | | |
|---|---|---|---|---|
| **1101** | 55 C + 45 (C) mehrfarbig | adt | 0,70 | 0,60 |
| **1102** | 55 C + 45 (C) mehrfarbig | adu | 0,70 | 0,60 |
| **1103** | 55 C + 45 (C) mehrfarbig | adv | 0,70 | 0,60 |
| **1104** | 55 C + 45 (C) mehrfarbig | adw | 0,70 | 0,60 |
| | | Satzpreis (4 W.) | 2,80 | 2,40 |
| | | FDC | | 2,50 |
| | | 2 Paare | 3,— | 2,50 |

**Blockausgabe mit MiNr. 1101 und 1104**

| | | | | |
|---|---|---|---|---|
| **Block 16** | (100×72 mm) | adx | 1,50 | 1,— |
| | | FDC | | 1,20 |

Auflagen: MiNr. 1101–1104 = 9.888.267 Sätze, Bl. 16 = 2.347.408 Blocks

*Gültig bis 31.10.2013*

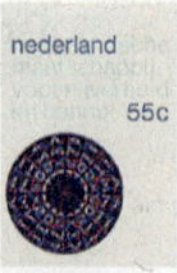

**1977, 9. Juni. 200 Jahre Niederländische Gesellschaft für Handel und Industrie.** Odr.; Papier ph.; gez. K 12¾:14.

ady) Symbolik

| | | | | |
|---|---|---|---|---|
| **1105** | 55 C mehrfarbig | ady | 0,50 | 0,30 |
| | | FDC | | 0,80 |

Auflage: 7.133.200 Stück

*Gültig bis 31.10.2013*

**1977, 6. Sept. Jahrestage: 50 Jahre Organisation „Arbeit für Körperbehinderte"; 50 Jahre Laboratorium für Wasser- und Strömungskunde in Delft; 100 Jahre zahnärztliche Ausbildung in den Niederlanden.** MiNr. 1106 RaTdr., MiNr. 1107–1108 Odr.; Papier ph.; gez. K 14:12¾, Hochformat ~.

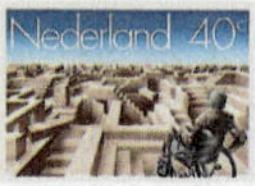

adz) Rollstuhlfahrer vor Treppenlabyrinth

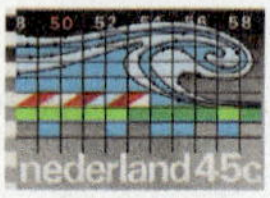

aea) Strömung in Welle

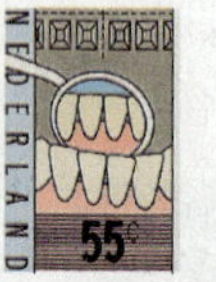

aeb) Gesundes Gebiss, Mundspiegel

| | | | | |
|---|---|---|---|---|
| **1106** | 40 C mehrfarbig | adz | 0,30 | 0,30 |
| **1107** | 45 C mehrfarbig | aea | 0,30 | 0,30 |
| **1108** | 55 C mehrfarbig | aeb | 0,40 | 0,30 |
| | | Satzpreis (3 W.) | 1,— | 0,80 |
| | | FDC | | 1,— |

Auflagen: MiNr. 1106 = 7.083.700, MiNr. 1107 = 7.127.000, MiNr. 1108 = 10.131.100 Stück

*Gültig bis 31.10.2013*

**1977, 15. Nov. „Voor het Kind": Sicherheit des Kindes.** RaTdr.; Papier ph.; gez. K 12¾:14.

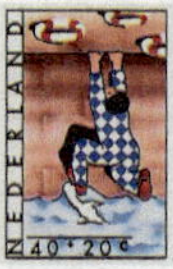

aec) Gefahr des Ertrinkens – Spiel am Wasser

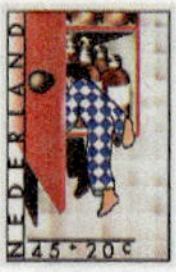

aed) Vergiftungsgefahr – Arzneimittelschrank

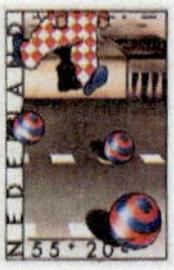

aee) Unfallgefahr – Straße, Bälle

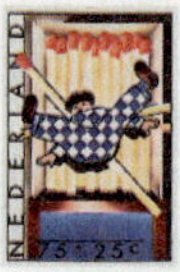

aef) Brandgefahr – Spiel mit Streichhölzern

| | | | | |
|---|---|---|---|---|
| **1109** | 40 (C) + 20 C mehrfarbig | aec | 0,40 | 0,30 |
| **1110** | 45 (C) + 20 C mehrfarbig | aed | 0,60 | 0,40 |
| **1111** | 55 (C) + 20 C mehrfarbig | aee | 0,60 | 0,40 |
| **1112** | 75 (C) + 25 C mehrfarbig | aef | 0,80 | 0,70 |
| | | Satzpreis (4 W.) | 2,40 | 1,80 |
| | | FDC | | 2,— |

**Blockausgabe mit 2 × MiNr. 1109–1111**

| | | | | |
|---|---|---|---|---|
| **Block 17** | (75×144 mm) | aeg | 3,— | 2,50 |
| | | FDC | | 3,— |

Auflagen: MiNr. 1109 = 2.586.430, MiNr. 1110 = 3.048.532, MiNr. 1111 = 2.994.737, MiNr. 1112 = 2.328.520 Stück, Bl. 17 = 3.977.673 Blocks

*Gültig bis 31.10.2013*

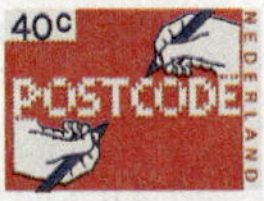

**1978, 14. März. Einführung von Postleitzahlen. RaTdr.; Papier ph.; gez. K 14:12¾.**

aeh) Schreibende Hände

| | | | | | |
|---|---|---|---|---|---|
| **1113** | 40 C ultramarin/lebhaftrot | aeh | 0,30 | 0,30 |
| **1114** | 45 C lebhaftrot/ultramarin | aeh | 0,40 | 0,30 |
| | Satzpreis (2 W.) | | 0,70 | 0,50 |
| | FDC | | | 2,20 |

Auflagen: MiNr. 1113 = 98.505.105, MiNr. 1114 = 176.763.008 Stück

*Gültig bis 31.10.2013*

**1978, 11. April. Sommermarken zugunsten sozialer und kultureller Fürsorge: Niederländische Sprache; Steingut. MiNr. 1115–1116 Odr., MiNr. 1117–1118 RaTdr.; Papier ph.; gez. K 12¾:14.**

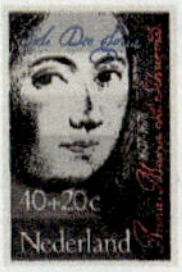

aei) Anna Maria van Schuurmann (1607–1678), Universalgelehrte

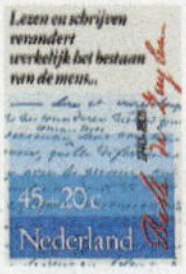

aek) Teil eines Briefes von Belle de Zuylen (1740–1805), Schriftstellerin

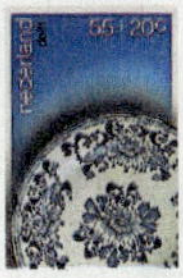

ael) Teller aus Delft

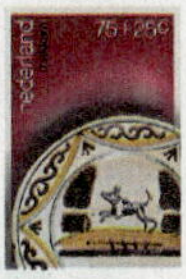

aem) Teller aus Makkum

| | | | | |
|---|---|---|---|---|
| **1115** | 40 (C) + 20 C mehrfarbig | aei | 0,50 | 0,30 |
| **1116** | 45 (C) + 20 C mehrfarbig | aek | 0,60 | 0,30 |
| **1117** | 55 (C) + 20 C mehrfarbig | ael | 0,60 | 0,30 |
| **1118** | 75 (C) + 25 C mehrfarbig | aem | 0,80 | 0,60 |
| | Satzpreis (4 W.) | | 2,50 | 1,50 |
| | FDC | | | 2,— |

Auflagen: MiNr. 1115 = 2.248.408, MiNr. 1116 = 2.227.170, MiNr. 1117 = 2.449.544, MiNr. 1118 = 2.274.103 Stück

*Gültig bis 31.10.2013*

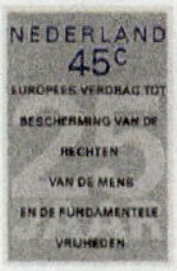

**1978, 2. Mai. 25 Jahre Europäische Konvention zum Schutz der Menschenrechte. RaTdr.; Papier ph.; gez. K 12¾:14.**

aen) Inschrift

| | | | | |
|---|---|---|---|---|
| **1119** | 45 C mehrfarbig | aen | 0,40 | 0,30 |
| | FDC | | | 1,— |

Auflage: 7.989.000 Stück

*Gültig bis 31.10.2013*

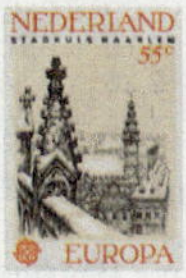

**1978, 2. Mai. Europa: Baudenkmäler. RaTdr.; Papier ph.; gez. K 12¾:14.**

aeo) Rathaus von Haarlem

| | | | | |
|---|---|---|---|---|
| **1120** | 55 C mehrfarbig | aeo | 1,— | 0,30 |
| | FDC | | | 1,— |

Auflage: 13.563.300 Stück

*Gültig bis 31.10.2013*

**1978, 1. Juni. Sport: 18. IBM-Schachturnier in Amsterdam; 75 Jahre Korbballsport in den Niederlanden. MiNr. 1121 RaTdr., MiNr. 1122 Odr.; Papier ph.; gez. K 12¾:14.**

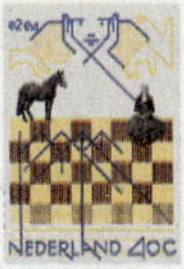

aep) Schachbrett, Figuren, angedeutete Schachzüge, Spieler

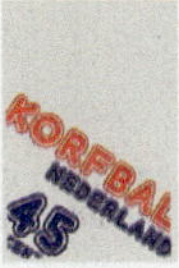

aer) Schriftzug

| | | | | |
|---|---|---|---|---|
| **1121** | 40 C mehrfarbig | aep | 0,30 | 0,30 |
| **1122** | 45 C lebhaftrot/dunkelblau | aer | 0,40 | 0,30 |
| | Satzpreis (2 W.) | | 0,70 | 0,50 |
| | FDC | | | 1,— |

Auflagen: MiNr. 1121 = 8.134.700, MiNr. 1122 = 7.537.700 Stück

*Gültig bis 31.10.2013*

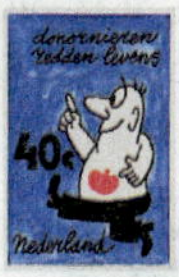

**1978, 22. Aug. Hilfe für Nierenleidende. RaTdr.; Papier ph.; gez. K 12¾:13½.**

aes) Aufruf zum Nierenspenden

| | | | | |
|---|---|---|---|---|
| **1123** | 40 C mehrfarbig | aes | 0,30 | 0,30 |
| | FDC | | | 1,— |

Auflage: 8.691.400 Stück

*Gültig bis 31.10.2013*

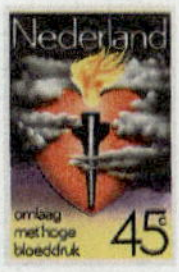

**1978, 22. Aug. Internationale Bluthochdruckkampagne. RaTdr.; Papier ph.; gez. K 12¾:14.**

aet) Herz mit Fackel und Blutdruckmessgerät, Wolken

| | | | | |
|---|---|---|---|---|
| **1124** | 45 C mehrfarbig | aet | 0,40 | 0,30 |
| | FDC | | | 1,— |

Auflage: 8.828.500 Stück

*Gültig bis 31.10.2013*

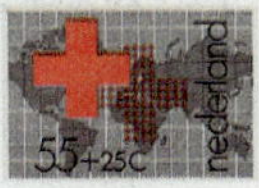

**1978, 22. Aug. Rotes Kreuz. RaTdr.; Papier ph.; gez. K 14:12¾.**

aeu) Rotes Kreuz vor Weltkarte

| | | | | |
|---|---|---|---|---|
| **1125** | 55 (C) + 25 C mehrfarbig | aeu | 0,60 | 0,60 |
| | FDC | | | 1,20 |

**Blockausgabe mit 3 × MiNr. 1125**

| | | | | |
|---|---|---|---|---|
| **Block 18** | (144×50 mm) | aev | 1,80 | 1,80 |
| | FDC | | | 2,— |

Auflagen: MiNr. 1125 = 2.892.582 Stück, Bl. 18 = 1.811.070 Blocks

*Gültig bis 31.10.2013*

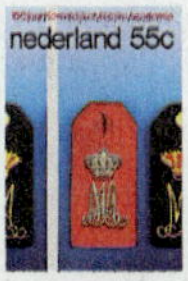

**1978, 12. Sept. 150 Jahre Königliche Militärakademie, Breda. RaTdr.; Papier ph.; gez. K 12¾:14.**

aew) Epauletten historischer Kadettenuniformen

**1126** 55 C mehrfarbig . . . . . . . . . . . . . . . . . . . . aew 0,50 0,30
FDC 1,—

Auflage: 17.290.000 Stück

*Gültig bis 31.10.2013*

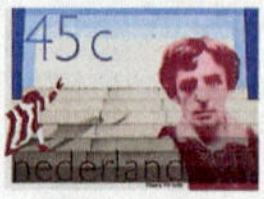


**1978, 17. Okt. 100. Geburtstag von Eduard Verkade. RaTdr.; Papier ph.; gez. K 12¾:14.**

aex) Eduard Verkade (1878–1961), Schauspieler und Regisseur; Szene aus „Hamlet"

**1127** 45 C mehrfarbig . . . . . . . . . . . . . . . . . . . . aex 0,40 0,30
FDC 0,80

Auflage: 8.166.900 Stück

*Gültig bis 31.10.2013*

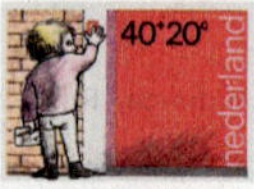


**1978, 14. Nov. „Voor het Kind": 30 Jahre Werbung für Kinderbriefmarken durch die Schulen. RaTdr.; Papier ph.; gez. K 14:12¾, Hochformat ∼.**

aey) Schüler verkauft Kinderbriefmarken

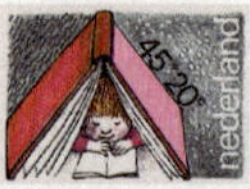


aez) Kind beim Lesen

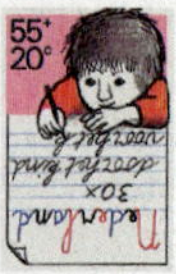


afa) Junge beim Schreiben

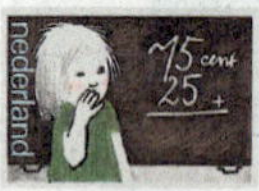


afb) Mädchen beim Rechnen

| | | | | | |
|---|---|---|---|---|---|
| **1128** | 40 (C) + 20 C mehrfarbig | . . . . . . . . . . . . | aey | 0,40 | 0,30 |
| **1129** | 45 (C) + 20 C mehrfarbig | . . . . . . . . . . . . | aez | 0,60 | 0,40 |
| **1130** | 55 (C) + 20 C mehrfarbig | . . . . . . . . . . . . | afa | 0,60 | 0,40 |
| **1131** | 75 C + 25 (C) mehrfarbig | . . . . . . . . . . . . | afb | 0,80 | 0,70 |
| | | | Satzpreis (4 W.) | 2,40 | 1,80 |
| | | | FDC | | 2,— |

**Blockausgabe mit 2 × MiNr. 1128–1130**

**Block 19** (144×75 mm) . . . . . . . . . . . . . . . . . . afc 3,— 2,—
FDC 3,—

Auflagen: MiNr. 1128 = 2.825.040, MiNr. 1129 = 3.437.553, MiNr. 1130 = 3.232.540, MiNr. 1131 = 2.650.696 Stück, Bl. 19 = 4.203.448 Blocks

*Gültig bis 31.10.2013*

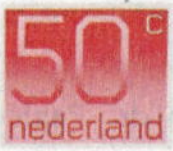


**1979, Jan./1982, 16. März. Freimarke: Ziffern. RaTdr.; Papier ph.; A = gez. K 12¾:13½, C = senkrecht gez. 13½, D = dreiseitig, E = zweiseitig gez. K 12¾:13½.**

ack

| | | | | | |
|---|---|---|---|---|---|
| **1132** | | 50 C karminrot . . . . . . . . . . . . . . . . . . | ack | | |
| | A | vierseitig gez. (Jan. 1980) . . . . . . . . . | | 0,60 | 0,30 |
| | C | senkrecht gez. (Jan. 1979) . . . . . . . . . | | 0,80 | 0,30 |
| | D | dreiseitig gez. (⌑) (14.1.1980) . . . . . | | 0,50 | 0,30 |
| | E | zweiseitig gez. (⌑) (16.3.1982) . . . . . | | 0,60 | 0,30 |
| | | | Paar 1132 D/E | 1,20 | 1,20 |

MiNr. 1132 C stammt aus Rollen, MiNr. 1132 D aus Markenheftchen MH 26 und MH 29, MiNr. 1132 E nur aus MH 29.

Jede fünfte Rollenmarke trägt rückseitig eine schwarze Zählnummer.

*Gültig bis 31.10.2013*

*In gleicher Zeichnung siehe Fußnote nach MiNr. 1069.*

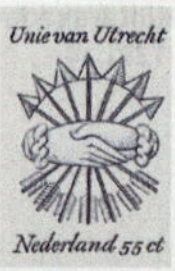


**1979, 23. Jan. 400. Jahrestag der Unterzeichnung des Utrechter Unionsvertrages. StTdr.; Papier ph.; gez. K 12¾:14.**

afd) Händedruck, Pfeile

**1133** 55 C dunkelblau . . . . . . . . . . . . . . . . . . . . afd 0,50 0,30
FDC 1,—

Auflage: 11.034.300 Stück

*Gültig bis 31.10.2013*

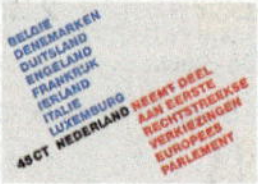

**1979, 20. Febr. Erste Direktwahlen zum Europäischen Parlament. Odr.; Papier ph.; gez. K 13½:12¾.**

afe) Inschrift

**1134** 45 C mehrfarbig . . . . . . . . . . . . . . . . . . . . afe 0,40 0,30
FDC 1,—

Auflage: 16.149.700 Stück

*Gültig bis 31.10.2013*

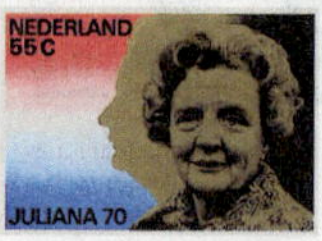


**1979, 13. März. 70. Geburtstag von Königin Juliana. RaTdr.; Papier ph.; gez. K 13½:14.**

aff) Königin Juliana (1909–2004, reg. 1948–1980)

**1135** 55 C mehrfarbig . . . . . . . . . . . . . . . . . . . . aff 0,50 0,30
FDC 1,—

Auflage: 12.595.500 Stück

*Gültig bis 31.10.2013*

**1979, 3. April. Sommermarken zugunsten sozialer und kultureller Fürsorge: 150 Jahre Gesellschaft zur Förderung der Tonkunst; Restaurierung der St.-Janskerk in Gouda. RaTdr.; Papier ph.; gez. K 12¾:14.**

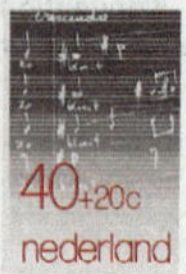


afg) Partitur der Psalmen-Trilogie von Jurriaan Andriessen (1925–1996)

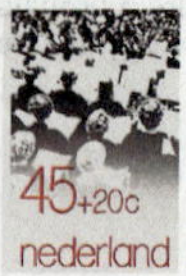


afh) Chorkonzert des Amsterdamer Tonkunstchors

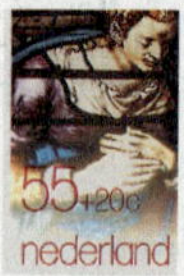


afi) Maria; Teil des Fensters „Christi Geburt"

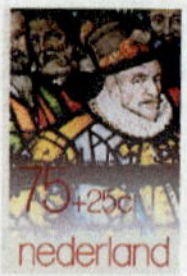


afk) Wilhelm von Oranien; Teil des Fensters „Der Entsatz von Leiden"

| | | | | | |
|---|---|---|---|---|---|
| **1136** | 40 (C) + 20 C schwarzgrau/lebhaftrot . . . | afg | | 0,40 | 0,40 |
| **1137** | 45 (C) + 20 C schwarzgrau/lebhaftrot . . . | afh | | 0,50 | 0,40 |
| **1138** | 55 (C) + 20 C mehrfarbig . . . . . . . . . . . . | afi | | 0,60 | 0,30 |
| **1139** | 75 (C) + 25 C mehrfarbig . . . . . . . . . . . . | afk | | 0,70 | 0,70 |
| | | | Satzpreis (4 W.) | 2,20 | 1,80 |
| | | | FDC | | 2,— |

Auflagen: MiNr. 1136 = 2.892.244, MiNr. 1137 = 2.890.512, MiNr. 1138 = 3.089.076, MiNr. 1139 = 2.921.107 Stück

*Gültig bis 31.10.2013*

**1979, 2. Mai. Europa: Geschichte des Post- und Fernmeldewesens. Odr.; Papier ph.; gez. K 12¾:13½.**

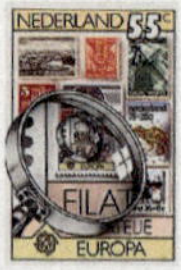


afl) Briefmarken, Lupe

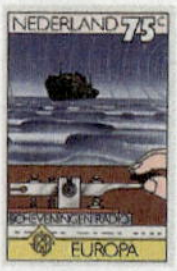


afm) Schiff, Hand mit Morsetaste

| | | | | | |
|---|---|---|---|---|---|
| **1140** | 55 C mehrfarbig | afl | 1,20 | 0,30 |
| **1141** | 75 C mehrfarbig | afm | 1,80 | 0,50 |
| | | Satzpreis (2 W.) | 3,— | 0,80 |
| | | FDC | | 1,50 |

Auflagen: MiNr. 1140 = 12.423.200, MiNr. 1141 = 6.005.500 Stück

*Gültig bis 31.10.2013*

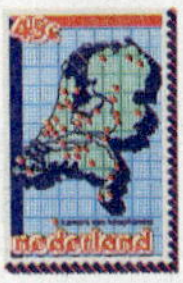


**1979, 5. Juni. Handelskammer. Odr.; Papier ph.; gez. K 12¾:14.**

afn) Karte der Niederlande mit den 36 Handelskammern

| | | | | |
|---|---|---|---|---|
| **1142** | 45 C mehrfarbig | afn | 0,40 | 0,30 |
| | | FDC | | 0,80 |

Auflage: 7.574.300 Stück

*Gültig bis 31.10.2013*

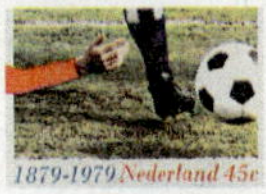


**1979, 28. Aug. 100 Jahre Fußballsport in den Niederlanden. Odr.; Papier ph.; gez. K 14:12¾.**

afo) Spielszene

| | | | | |
|---|---|---|---|---|
| **1143** | 45 C mehrfarbig | afo | 0,40 | 0,30 |
| | | FDC | | 0,70 |

Auflage: 9.508.700 Stück

*Gültig bis 31.10.2013*

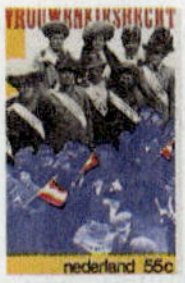


**1979, 28. Aug. 60 Jahre Frauenwahlrecht in den Niederlanden. RaTdr.; Papier ph.; gez. K 12¾:14.**

afp) Frauendemonstrationen

| | | | | |
|---|---|---|---|---|
| **1144** | 55 C mehrfarbig | afp | 0,50 | 0,30 |
| | | FDC | | 0,70 |

Auflage: 11.499.300 Stück

*Gültig bis 31.10.2013*

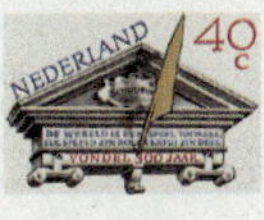


**1979, 2. Okt. 300. Todestag von Joost van den Vondel (1587–1679), Dichter. RaTdr.; Papier ph.; gez. K 14:12¾.**

afr) Tympanon der Pforte des alten Amsterdamer Stadttheaters

| | | | | |
|---|---|---|---|---|
| **1145** | 40 C mehrfarbig | afr | 0,30 | 0,30 |
| | | FDC | | 0,70 |

Auflage: 9.955.900 Stück

*Gültig bis 31.10.2013*

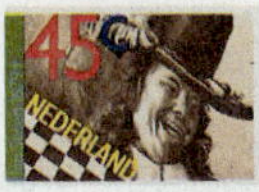


**1979, 2. Okt. 300. Todestag von Jan Steen. RaTdr.; Papier ph.; gez. K 14:12¾.**

afs) Fröhliches Beisammensein (Detail); Gemälde von Jan Steen (1626–1679)

| | | | | |
|---|---|---|---|---|
| **1146** | 45 C mehrfarbig | afs | 0,40 | 0,30 |
| | | FDC | | 0,70 |

Auflage: 9.747.500 Stück

*Gültig bis 31.10.2013*

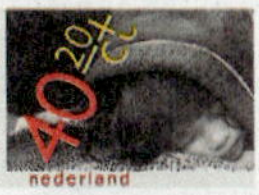


**1979, 13. Nov. „Voor het Kind": Internationales Jahr des Kindes. RaTdr.; Papier ph.; gez. K 14:12¾, Hochformate ~.**

aft) Hindustanisches Mädchen auf der Schulter seines Vaters (Recht auf Zuwendung)

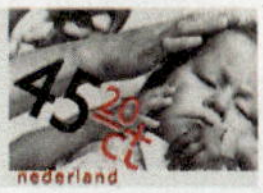


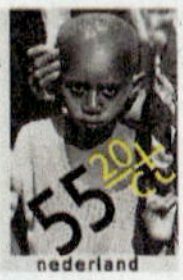


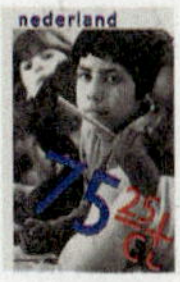


afu) Chilenisches Kind mit Heftpflaster (Recht auf medizinische Versorgung)

afv) Senegalesischer Junge (Recht auf Ernährung)

afw) Schulklasse in Amsterdam (Recht auf Bildung)

| | | | | | |
|---|---|---|---|---|---|
| **1147** | 40 (C) + 20 C mehrfarbig | aft | 0,40 | 0,30 |
| **1148** | 45 (C) + 20 C schwarz/lebhaftrot | afu | 0,60 | 0,40 |
| **1149** | 55 (C) + 20 C schwarz/gelb | afv | 0,60 | 0,40 |
| **1150** | 75 (C) + 25 C mehrfarbig | afw | 0,80 | 0,70 |
| | | Satzpreis (4 W.) | 2,40 | 1,80 |
| | | FDC | | 2,— |

**Blockausgabe mit 2 × MiNr. 1147–1149**

| | | | | |
|---|---|---|---|---|
| **Block 20** | (144×75 mm) | afx | 3,— | 2,— |
| | | FDC | | 2,50 |

Auflagen: MiNr. 1147 = 3.460.897, MiNr. 1148 = 4.232.939, MiNr. 1149 = 3.850.590, MiNr. 1150 = 3.177.651 Stück, Bl. 20 = 4.867.632 Blocks

*Gültig bis 31.10.2013*

**1980, 4. März. Niederländische Politiker. RaTdr.; Papier ph.; gez. K 12¾:13½.**

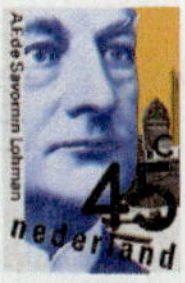


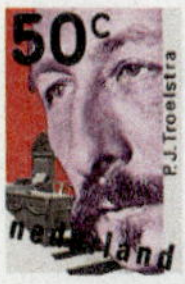


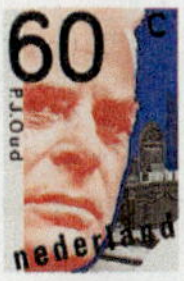


afy) Alexander de Savornin Lohman (1837–1924), Konfessionelle Partei

afz) Pieter Jelles Troelstra (1860–1930), Sozialistische Partei

aga) Pieter Jacobus Oud (1886–1968), Liberale Partei

| | | | | |
|---|---|---|---|---|
| **1151** | 45 C mehrfarbig | afy | 0,40 | 0,30 |
| **1152** | 50 C mehrfarbig | afz | 0,50 | 0,30 |
| **1153** | 60 C mehrfarbig | aga | 0,60 | 0,30 |
| | | Satzpreis (3 W.) | 1,50 | 0,60 |
| | | FDC | | 1,— |

Auflagen: MiNr. 1151 = 10.911.900, MiNr. 1152 = 10.343.400, MiNr. 1153 = 11.590.000 Stück

*Gültig bis 31.10.2013*

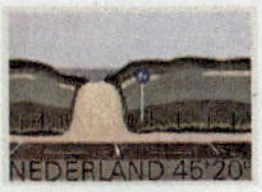


**1980, 15. April. Sommermarken zugunsten sozialer und kultureller Fürsorge: Tourismus und Erholung. Odr.; Papier ph.; gez. K 14:12¾, Hochformat ~.**

agb) Dünenlandschaft

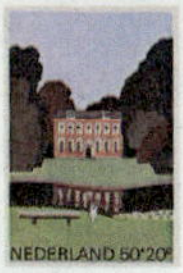

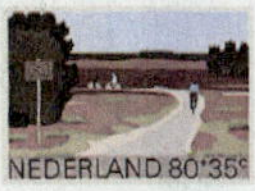


agc) Landsitz

agd) Seengebiet

age) Heidelandschaft

| | | | | |
|---|---|---|---|---|
| **1154** | 45 (C) + 20 C mehrfarbig | agb | 0,60 | 0,40 |
| **1155** | 50 (C) + 20 C mehrfarbig | agc | 0,60 | 0,40 |
| **1156** | 60 (C) + 25 C mehrfarbig | agd | 0,70 | 0,30 |

| | | | | | |
|---|---|---|---|---|---|
| **1157** | 80 (C) + 35 C mehrfarbig | age | 0,90 | 0,40 |
| | | Satzpreis (4 W.) | 2,80 | 1,50 |
| | | FDC | | 2,— |

Auflagen: MiNr. 1154 = 3.321.346, MiNr. 1155 = 3.347.923, MiNr. 1156 = 3.533.632, MiNr. 1157 = 3.395.061 Stück

*Gültig bis 31.10.2013*

**1980, 25. April. Besetzung und Befreiung. RaTdr.; Papier ph.; gez. K 12¾:14, Querformat ~.**

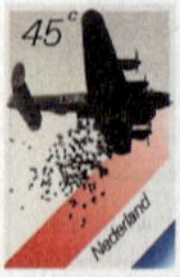

agf) Britischer Bomber (Avro Lancaster) wirft Lebensmittelpakete ab (1945)

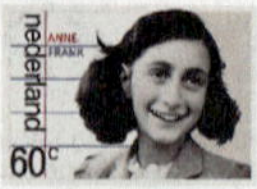

agg) Anne Frank (1929–1945), jüdisches deutsches Mädchen, verstorben im KZ Bergen-Belsen

| | | | | | |
|---|---|---|---|---|---|
| **1158** | 45 C mehrfarbig | agf | 0,40 | 0,30 |
| **1159** | 60 C mehrfarbig | agg | 0,60 | 0,30 |
| | | Satzpreis (2 W.) | 1,— | 0,40 |
| | | FDC | | 1,50 |

Auflagen: MiNr. 1158 = 13.042.000, MiNr. 1159 = 13.854.600 Stück

*Gültig bis 31.10.2013*

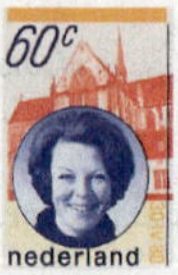

**1980, 30. April. Thronbesteigung von Königin Beatrix. RaTdr.; Papier ph.; A = gez. K 12¾:13¼, C = gez. K 12¾:14.**

agh) Königin Beatrix (*1938, reg. 1980–2013)

| | | | | |
|---|---|---|---|---|
| **1160** | 60 C mehrfarbig | agh | | |
| A | gez. K 12¾:13¼ | | 1,20 | 0,50 |
| C | gez. K 12¾:14 | | 0,50 | 0,30 |
| | | FDC | | 1,— |

Auflage: 118.271.800 Stück

*Gültig bis 31.10.2013*

*In gleicher Zeichnung: MiNr. 1175*

**1980, 1. Mai. Philatelie. RaTdr. (5×10 Zd); Papier ph.; gez. K 14:12¾.**

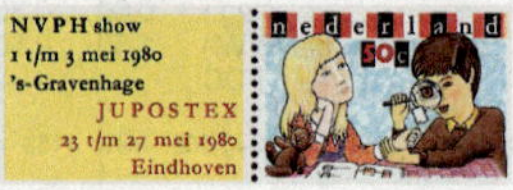

Zierfeld
agi) Mädchen und Junge mit Briefmarkenalbum

| | | | | |
|---|---|---|---|---|
| **1161** | 50 C mehrfarbig | agi | 0,30 | 0,30 |
| | | 1161 Zf | 0,50 | 0,50 |
| | | FDC | | 0,70 |

Auflage: 14.707.500 Stück

*Gültig bis 31.10.2013*

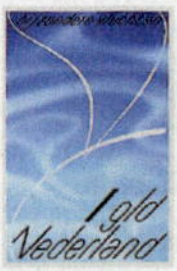

**✈ 1980, 20. Mai. Flugpostmarke für Sonderflüge: Erster Flug mit KLM-Hubschrauber. RaTdr. (10×5); Papier ph.; gez. K 12¾:14.**

agk) Symbolische Darstellung

| | | | | |
|---|---|---|---|---|
| **1162** | 1 G mehrfarbig | agk | 1,— | 1,— |

*Gültig bis 31.10.2013*

**1980, 3. Juni. Bridge-Olympiade, Valkenburg; Olympische Sommerspiele der Körperbehinderten, Arnheim und Veenendaal. Odr.; Papier ph.; gez. K 12¾:14.**

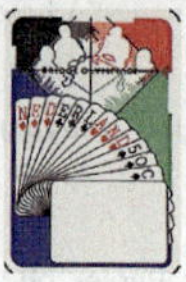

agl) Kartenspiel, Spieler

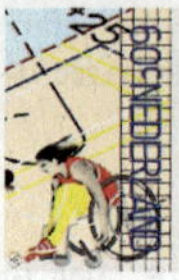

agm) Sportlerin im Rollstuhl, Spielfeld

| | | | | |
|---|---|---|---|---|
| **1163** | 50 C mehrfarbig | agl | 0,40 | 0,30 |
| **1164** | 60 C + 25 (C) mehrfarbig | agm | 0,70 | 0,30 |
| | | Satzpreis (2 W.) | 1,10 | 0,60 |
| | | FDC | | 1,— |

Auflagen: MiNr. 1163 = 13.752.954, MiNr. 1164 = 4.366.034 Stück

*Gültig bis 31.10.2013*

**1980, 26. Aug. Verkehr und Transport. RaTdr.; Papier ph.; gez. K 13½:12¾.**

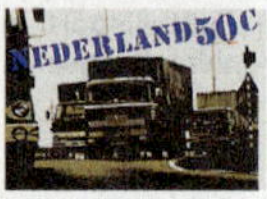

agn) Lastkraftwagen

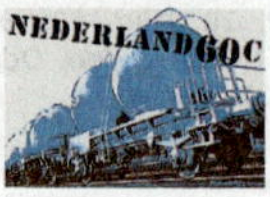

ago) Silowagen, Typ UCES

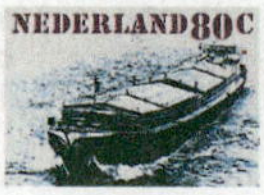

agp) Binnenschiff

| | | | | |
|---|---|---|---|---|
| **1165** | 50 C mehrfarbig | agn | 0,50 | 0,30 |
| **1166** | 60 C mehrfarbig | ago | 0,50 | 0,30 |
| **1167** | 80 C mehrfarbig | agp | 0,70 | 0,30 |
| | | Satzpreis (3 W.) | 1,70 | 0,80 |
| | | FDC | | 1,— |

Auflagen: MiNr. 1165 = 11.684.800, MiNr. 1166 = 10.751.600, MiNr. 1167 = 6.215.700 Stück

*Gültig bis 31.10.2013*

**1980, 23. Sept. Europa: Bedeutende Persönlichkeiten. Odr.; Papier ph.; gez. K 13½:12¾.**

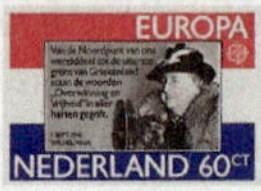

agr) Königin Wilhelmina (1880–1962, reg. 1898–1948)

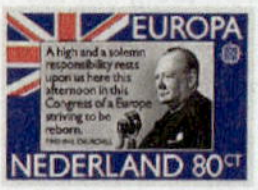

ags) Winston Churchill (1874–1965), Politiker

| | | | | |
|---|---|---|---|---|
| **1168** | 60 C mehrfarbig | agr | 0,60 | 0,30 |
| **1169** | 80 C mehrfarbig | ags | 1,40 | 0,30 |
| | | Satzpreis (2 W.) | 2,— | 0,50 |
| | | FDC | | 1,50 |

Auflagen: MiNr. 1168 = 12.222.100, MiNr. 1169 = 6.659.900 Stück

*Gültig bis 31.10.2013*

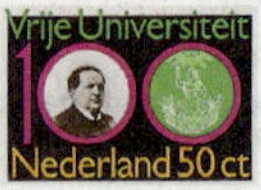

**1980, 14. Okt. 100 Jahre Freie Universität, Amsterdam. Odr.; Papier ph.; gez. K 13½:12¾.**

agt) Abraham Kuyper (1837–1920), Gründer der Freien Universität; Universitätssiegel

| | | | | |
|---|---|---|---|---|
| **1170** | 50 C mehrfarbig | agt | 0,50 | 0,30 |
| | | FDC | | 0,70 |

Auflage: 10.588.600 Stück

*Gültig bis 31.10.2013*

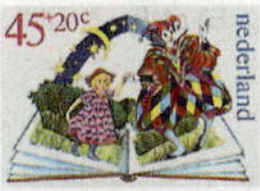


**1980, 11. Nov. „Voor het Kind": Das Kind und das Buch für verschiedene Altersklassen. RaTdr.; Papier ph.; gez. K 14:12¾, Hochformate ∼.**

agu) „Reliefbuch"

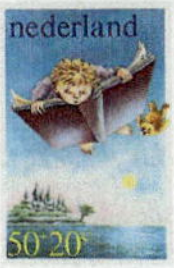


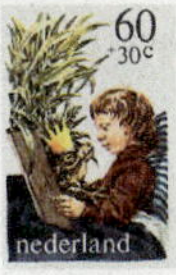


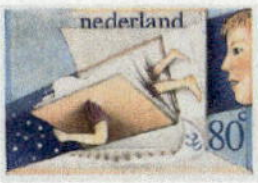


agv) „Auf Reisen in der Welt der Phantasie" agw) „Der Froschkönig" agx) „Ganz versunken in ein Buch..."

| | | | | | |
|---|---|---|---|---|---|
| **1171** | 45 (C) + 20 C mehrfarbig | | agu | 0,50 | 0,30 |
| **1172** | 50 (C) + 20 C mehrfarbig | | agv | 0,50 | 0,30 |
| **1173** | 60 (C) + 30 C mehrfarbig | | agw | 0,70 | 0,30 |
| **1174** | 80 (C) + 30 C mehrfarbig | | agx | 0,80 | 0,60 |
| | | Satzpreis (4 W.) | | 2,50 | 1,50 |
| | | FDC | | | 2,— |

**Blockausgabe mit 2 × MiNr. 1171 und 3 × MiNr. 1173**

| | | | | | |
|---|---|---|---|---|---|
| **Block 21** | (144×75 mm) | | agy | 3,— | 2,— |
| | | FDC | | | 3,— |

Auflagen: MiNr. 1171 = 4.144.083, MiNr. 1172 = 4.852.947, MiNr. 1173 = 4.302.966, MiNr. 1174 = 3.771.775 Stück, Block 21 = 5.427.259 Blocks

*Gültig bis 31.10.2013*

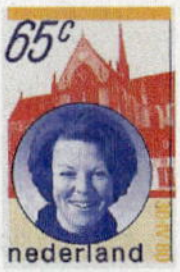


**1981, 6. Jan. Königin Beatrix. RaTdr.; Papier ph.; A = gez. K 12¾:13¼, C = gez. K 12¾:14.**

agh) Königin Beatrix (*1938, reg. 1980–2013)

| | | | | | |
|---|---|---|---|---|---|
| **1175** | | 65 C mehrfarbig | agh | | |
| | A | gez. K 12¾:13¼ | | 0,60 | 0,30 |
| | C | gez. K 12¾:14 | | 1,10 | 0,30 |
| | | FDC | | | 0,70 |

Auflage: 224.250.000 Stück

*Gültig bis 31.10.2013*

*In gleicher Zeichnung: MiNr. 1160*

**1981, 7. April. Sommermarken zugunsten sozialer und kultureller Fürsorge: Neulandgewinnung. RaTdr.; Papier ph.; gez. K 12¾:14.**

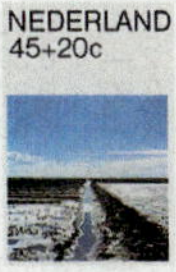


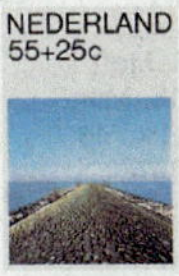


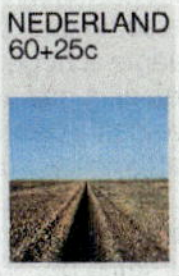


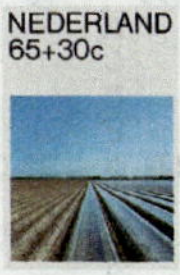


agz) Naturlandschaft (Anschwemmung) aha) Deich zum Schutz gegen Hochwasser ahb) Entwässerungsgraben ahc) Kulturlandschaft (Acker)

| | | | | | |
|---|---|---|---|---|---|
| **1176** | 45 (C) + 20 C mehrfarbig | | agz | 0,40 | 0,40 |
| **1177** | 55 (C) + 25 C mehrfarbig | | aha | 0,50 | 0,40 |
| **1178** | 60 (C) + 25 C mehrfarbig | | ahb | 0,60 | 0,50 |
| **1179** | 65 (C) + 30 C mehrfarbig | | ahc | 0,70 | 0,50 |
| | | Satzpreis (4 W.) | | 2,20 | 1,80 |
| | | FDC | | | 2,— |

Auflagen: MiNr. 1176 = 3.584.904, MiNr. 1177 = 3.611.316, MiNr. 1178 = 3.592.273, MiNr. 1179 = 3.726.744 Stück

*Gültig bis 31.10.2013*

**1981, 19. Mai. 100 Jahre PTT. Odr.; Papier ph.; gez. K 13½:12¾.**

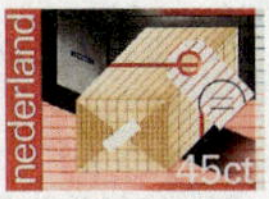


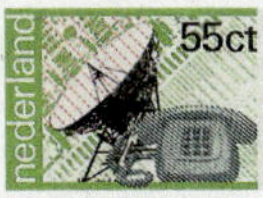


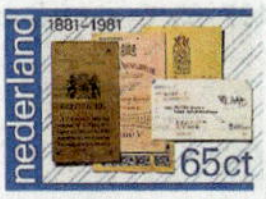


ahd) Postpaket ahe) Telefon, Antenne, Telefonbuch ahf) Sparkassenbücher, Zahlkarte

| | | | | | |
|---|---|---|---|---|---|
| **1180** | 45 C mehrfarbig | | ahd | 0,40 | 0,30 |
| **1181** | 55 C mehrfarbig | | ahe | 0,50 | 0,30 |
| **1182** | 65 C mehrfarbig | | ahf | 0,60 | 0,30 |
| | | Satzpreis (3 W.) | | 1,50 | 0,80 |
| | | FDC | | | 1,— |

**Blockausgabe mit MiNr. 1180–1182**

| | | | | | |
|---|---|---|---|---|---|
| **Block 22** | (144×75 mm) | | ahg | 1,50 | 1,20 |
| | | FDC | | | 1,50 |

Auflagen: MiNr. 1180 = 20.036.000, MiNr. 1181 = 20.052.100, MiNr. 1182 = 53.922.700 Stück, Block 22 = 3.109.700 Blocks

*Gültig bis 31.10.2013*

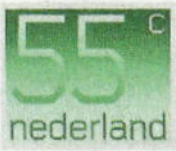


**1981, 11. Juni/1991, 1. Juli. Freimarken: Ziffern. RaTdr.; Papier ph.; A = gez. K 12¾:13½, C = senkrecht gez. 13½, D = dreiseitig, E = zweiseitig gez. K 12¾:13½.**

ack

| | | | | | |
|---|---|---|---|---|---|
| **1183** | | 55 C hellsmaragdgrün | ack | | |
| | A | vierseitig gez. (11.6.1981) | | 0,80 | 0,30 |
| | C | senkrecht gez. (11.6.1981) | | 0,80 | 0,30 |
| | D | dreiseitig gez. (⌷) (17.6.1986) | | 0,50 | 0,30 |
| | Eo | zweiseitig gez. (⌷) (17.6.1986) | | 0,70 | 0,30 |
| | Eu | zweiseitig gez. (⌷) (17.6.1986) | | 0,70 | 0,30 |
| **1184** | | 60 C dunkelolivgelb | ack | | |
| | A | vierseitig gez. (11.6.1981) | | 0,90 | 0,30 |
| | C | senkrecht gez. (11.6.1981) | | 0,90 | 0,30 |
| | D | dreiseitig gez. (⌷) (25.6.1991) | | 0,80 | 0,30 |
| | E | zweiseitig gez. (⌷) (25.6.1991) | | 0,80 | 0,30 |
| | | Satzpreis (2 W.) | | 1,30 | 0,50 |
| | | Paar 1183 D/Eo | | 1,50 | 0,40 |
| | | Paar 1183 Eo/Eu | | 1,50 | 0,40 |
| | | Paar 1184 D/E | | 1,70 | 0,50 |

Senkrecht gezähnte Werte stammen aus Rollen, MiNr. 1183 D und E aus Markenheftchen MH 34, MiNr. 1184 D und E aus MH 45.

Jede fünfte Rollenmarke trägt rückseitig eine schwarze Zählnummer.

*Gültig bis 31.10.2013*

*In gleicher Zeichnung siehe Fußnote nach MiNr. 1069.*

**1981, 16. Juni. Schloss „Huis ten Bosch". Odr.; Papier ph.; gez. K 13½:12¾.**

ahh) Königsschloss „Huis ten Bosch", Den Haag

| | | | | | |
|---|---|---|---|---|---|
| **1185** | 55 C mehrfarbig | | ahh | 0,50 | 0,30 |
| | | FDC | | | 0,70 |

Auflage: 38.312.600 Stück

*Gültig bis 31.10.2013*

**1981, 1. Sept. Europa: Folklore. Odr.; Papier ph.; gez. K 13½:12¾.**

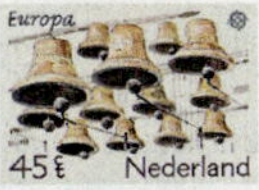


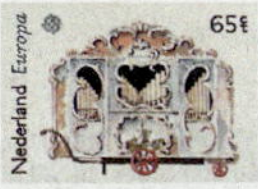


ahi) Glockenspiel ahk) Drehorgel

**1186** 45 C mehrfarbig ..................... ahi 0,50 0,30
**1187** 65 C mehrfarbig ..................... ahk 1,50 0,30
Satzpreis (2 W.) 2,— 0,50
FDC 1,—

Auflagen: MiNr. 1186 = 10.455.700, MiNr. 1187 = 14.200.000 Stück

*Gültig bis 31.10.2013*

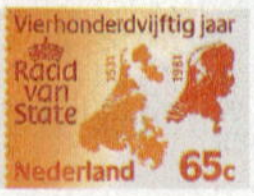


**1981, 1. Okt. 450 Jahre Staatsrat. RaTdr.; Papier ph.; gez. K 13½:12¾.**

ahl) Landkarten der Niederlande von 1531 und 1981

**1188** 65 C mehrfarbig ..................... ahl 0,60 0,30
FDC 0,70

Auflage: 63.421.600 Stück

*Gültig bis 31.10.2013*

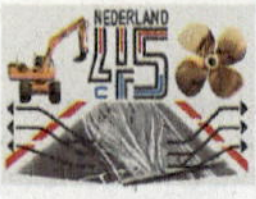

**1981, 20. Okt. Export industrieller und landwirtschaftlicher Produkte. RaTdr.; Papier ph.; gez. K 14:12¾.**

ahm) Trockenbagger, Schiffsschraube, Eisenbahnrangiergelände

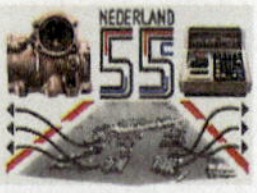
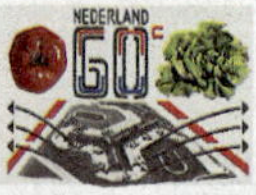
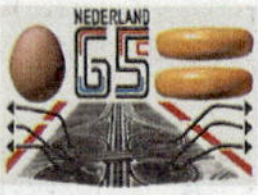

ahn) Gussstück, Wägegerät, Frachthafen
aho) Tomate, Salatkopf, Flughafen
ahp) Ei, Käse, Autobahnkreuz

**1189** 45 C mehrfarbig ..................... ahm 0,50 0,30
**1190** 55 C mehrfarbig ..................... ahn 0,50 0,30
**1191** 60 C mehrfarbig ..................... aho 0,60 0,30
**1192** 65 C mehrfarbig ..................... ahp 0,60 0,30
Satzpreis (4 W.) 2,20 1,—
FDC 1,20

Auflagen: MiNr. 1189 = 10.749.900, MiNr. 1190 = 12.686.400, MiNr. 1191 = 6.369.000, MiNr. 1192 = 13.256.900 Stück

*Gültig bis 31.10.2013*

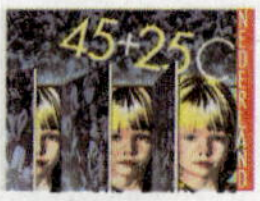

**1981, 10. Nov. „Voor het Kind": Internationales Jahr der Behinderten. RaTdr.; Papier ph.; gez. K 14:12¾, Hochformate ~.**

ahr) Integration in die Gesellschaft

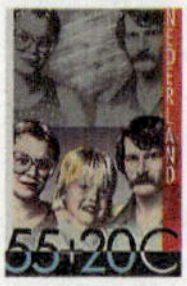
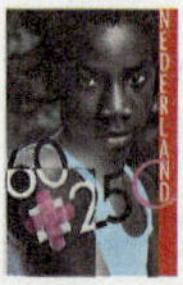
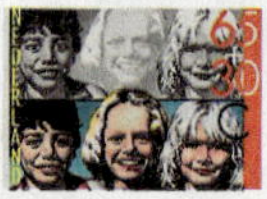

ahs) Integration in der Familie
aht) Präventivimpfung gegen Kinderlähmung
ahu) Integration unter Freunden

**1193** 45 (C) + 25 C mehrfarbig ............ ahr 0,40 0,30
**1194** 55 (C) + 20 C mehrfarbig ............ ahs 0,60 0,40
**1195** 60 (C) + 25 C mehrfarbig ............ aht 0,70 0,50
**1196** 65 (C) + 30 C mehrfarbig ............ ahu 0,80 0,30
Satzpreis (4 W.) 2,50 1,50
FDC 1,70

**Blockausgabe mit 3 × MiNr. 1193 und 2 × MiNr. 1196**

**Block 23** (144×75 mm) ..................... ahv 3,— 2,—
FDC 2,20

Auflagen: MiNr. 1193 = 3.946.283, MiNr. 1194 = 4.539.173, MiNr. 1195 = 3.533.406, MiNr. 1196 = 4.148.360 Stück, Bl. 23 = 5.292.873 Blocks

*Gültig bis 31.10.2013*

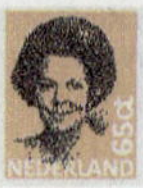

**1981, 15. Dez. Freimarke: Königin Beatrix. RaTdr.; Papier ph.; gez. K 13½:12¾.**

ahw) Königin Beatrix (*1938, reg. 1980–2013)

**1197** 65 C mittelchromgelb/schwarz ........ ahw 0,70 0,30

Auflage: 151.380.000 Stück

*Gültig bis 31.10.2013*

*Weitere Werte siehe Übersicht nach Jahrgangswerttabelle.*

**1982, 14. Jan. 350 Jahre Universität Amsterdam. Odr.; Papier ph.; gez. K 13½:12¾.**

ahx) Transparente, Agnieten-Kapelle

**1198** 65 C mehrfarbig ..................... ahx 0,60 0,30
FDC 1,—

Auflage: 16.066.400 Stück

*Gültig bis 31.10.2013*

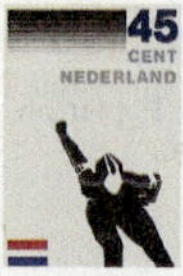


**1982, 26. Febr. 100 Jahre Königlich Niederländischer Schlittschuhläuferbund. Odr.; Papier ph.; gez. K 12¾:13½.**

ahy) Eisschnellläufer

**1199** 45 C mehrfarbig ..................... ahy 0,50 0,30
FDC 1,—

Auflage: 8.092.400 Stück

*Gültig bis 31.10.2013*

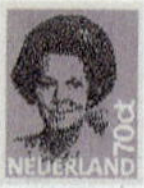

**1982, 9. März/2. Sept. Freimarken: Königin Beatrix. RaTdr.; Papier ph.; A = gez. K 13½:12¾, C = waagerecht gezähnt 13½, D = dreiseitig, E = zweiseitig gez. K 13½:12¾.**

ahw) Königin Beatrix (*1938, reg. 1980–2013)

**1200** 70 C hellblauviolett/schwarz ..... ahw
A vierseitig gez. (9. März) ......... 0,80 0,30
C waagerecht gez. (13. Mai) ....... 2,— 0,30
D dreiseitig gez. (⊏⊐) (16. März) .... 0,50 0,30
E zweiseitig gez. (⊏⊐) (16. März) .... 0,60 0,30
**1201** A 90 C mattgelblichgrün/schwarz
(9. März) .................. ahw 1,20 0,30
**1202** 6.50 G lilarosa/schwarz ........... ahw
A vierseitig gez. (9. März) ......... 7,— 0,30
C waagerecht gez. (2. Sept.) ........ 7,— 0,30
Satzpreis A (3 W.) 9,— 0,50
Paar 1200 D/E 1,20 0,50

Waagerecht gezähnte Werte stammen nur, MiNr. 1201 A auch aus Rollen. Jede fünfte Rollenmarke trägt rückseitig eine schwarze Zählnummer.
Sonstige teilgezähnte Marken stammen aus Markenheftchen MH 28.

[F] MiNr. 1202 C in Odr. auf normalem Papier

Auflagen: MiNr. 1200 = 1.248.289.800 (davon 152.260.000 aus Rollen), MiNr. 1201 = 101.773.400, MiNr. 1202 A = 30.671.800, MiNr. 1202 C = 9.305.500 Stück

*Gültig bis 31.10.2013*

*Weitere Werte siehe Übersicht nach Jahrgangswerttabelle.*

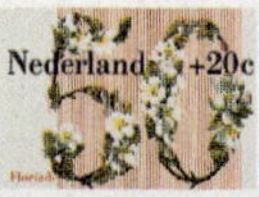


**1982, 7. April. Sommermarken zugunsten sozialer und kultureller Fürsorge: Gartenbauausstellung „Floriade '82", Amsterdam. Odr.; Papier ph.; gez. K 13¼:12¾.**

ahz) Wertziffer aus Apfelblüten

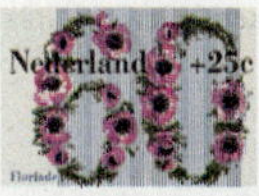


aia) Wertziffer aus Anemonen

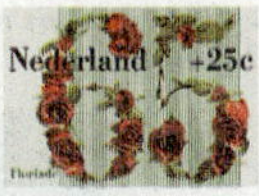


aib) Wertziffer aus Rosen

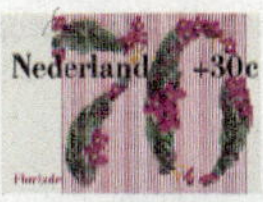


aic) Wertziffer aus Usambaraveilchen

| | | | | | |
|---|---|---|---|---|---|
| **1203** | 50 (C) + 20 C mehrfarbig | ahz | 0,60 | 0,50 |
| **1204** | 60 (C) + 25 C mehrfarbig | aia | 0,70 | 0,50 |
| **1205** | 65 (C) + 25 C mehrfarbig | aib | 0,80 | 0,50 |
| **1206** | 70 (C) + 30 C mehrfarbig | aic | 0,80 | 0,50 |
| | | Satzpreis (4 W.) | 2,80 | 2,— |
| | | FDC | | 2,50 |

Auflagen: MiNr. 1203 = 3.368.255, MiNr. 1204 = 3.348.240, MiNr. 1205 = 3.376.180, MiNr. 1206 = 3.497.230 Stück

*Gültig bis 31.10.2013*

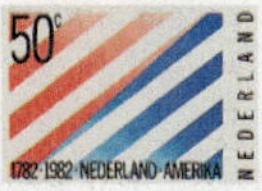


**1982, 20. April. 200 Jahre diplomatische Beziehungen zwischen den Niederlanden und den Vereinigten Staaten von Amerika. RaTdr.; Papier ph.; gez. K 13½:12¾.**

aid) Streifen in den Farben der beiden Länder

| | | | | |
|---|---|---|---|---|
| **1207** | 50 C mehrfarbig | aid | 0,50 | 0,30 |
| **1208** | 65 C mehrfarbig | aid | 0,60 | 0,30 |
| | | Satzpreis (2 W.) | 1,10 | 0,50 |
| | | FDC | | 1,— |

Auflagen: MiNr. 1207 = 12.240.000, MiNr. 1208 = 7.742.800 Stück

*Gültig bis 31.10.2013*

*Parallelausgabe mit Vereinigten Staaten von Amerika MiNr. 1582*

**1982, 8. Juni. Wattenmeer. Odr.; Papier ph.; gez. K 13½:12¾.**

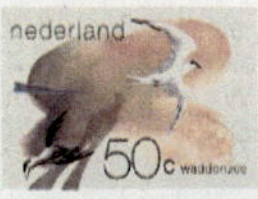


aie) Brandseeschwalbe (Sterna sandvicensis), Eiderente (Somateria mollissima)

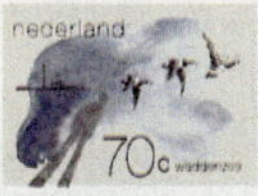


aif) Weißwangengans (Branta leucopsis)

| | | | | |
|---|---|---|---|---|
| **1209** | 50 C mehrfarbig | aie | 0,50 | 0,30 |
| **1210** | 70 C mehrfarbig | aif | 0,70 | 0,30 |
| | | Satzpreis (2 W.) | 1,20 | 0,50 |
| | | FDC | | 1,— |

Auflagen: MiNr. 1209 = 14.289.769, MiNr. 1210 = 14.258.600 Stück

*Gültig bis 31.10.2013*

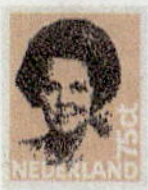


**1982, 1. Juli/1986. 17. Juni. Freimarken: Königin Beatrix. RaTdr.; Papier ph.; A = gez. K 13½:12¾, C = waagerecht gezähnt 13½, D = dreiseitig, E = zweiseitig gez. K 13½:12¾.**

ahw) Königin Beatrix (*1938, reg. 1980–2013)

| | | | | | |
|---|---|---|---|---|---|
| **1211** | | 75 C mattrot/schwarz | ahw | | |
| | A | vierseitig gez. (1.7.1982) | | 0,80 | 0,30 |
| | C | waagerecht gez. (1.7.1986) | | 0,80 | 0,30 |
| | Dl | dreiseitig gez. (⌑) (17.6.1986) | | 0,70 | 0,30 |
| | Dr | dreiseitig gez. (⌑) (17.6.1986) | | 0,70 | 0,30 |
| | El | zweiseitig gez. (⌑) (17.6.1986) | | 0,70 | 0,30 |
| | Er | zweiseitig gez. (⌑) (17.6.1986) | | 0,70 | 0,30 |
| **1212** | | 1 G hellebhaftviolett/schwarz (2.9.1982) | ahw | | |
| | A | vierseitig gez. | | 0,80 | 0,30 |
| | C | waagerecht gez. | | 1,— | 0,30 |
| **1213** | A | 1.40 G mattgrünlichblau/schwarz (1.7.1982) | ahw | 2,20 | 0,30 |
| **1214** | | 2 G hellorangegelb/schwarz | ahw | | |
| | A | vierseitig gez. | | 1,70 | 0,30 |
| | C | waagerecht gez. (2.9.1982) | | 1,70 | 0,30 |
| **1215** | A | 3 G mattviolettblau/schwarz (1.7.1982) | ahw | 2,50 | 0,30 |
| **1216** | A | 4 G hellgelblichgrün/schwarz (1.7.1982) | ahw | 3,50 | 0,30 |
| **1217** | A | 5 G hellebhaftgrünlichblau/schwarz (2.9.1982) | ahw | 4,50 | 0,30 |
| | | | Satzpreis A (7 W.) | 16,— | 1,50 |
| | | | Paar 1211 Dl/Dr | 1,50 | 0,50 |
| | | | Paar 1211 Dl/El | 1,50 | 0,50 |
| | | | Paar 1211 Dr/Er | 1,50 | 0,50 |
| | | | Paar 1211 El/Er | 1,50 | 0,50 |

Waagerecht gezähnte Marken stammen nur, MiNr. 1211 A und 1213 A auch aus Rollen. Jede fünfte Rollenmarke trägt rückseitig eine schwarze Zählnummer.

Sonstige teilgezähnte Werte stammen aus Markenheftchen MH 35.

[Symbol] MiNr. 1215 A–1216 A in Odr. auf normalem Papier

*Gültig bis 31.10.2013*

*Weitere Werte siehe Übersicht nach Jahrgangswerttabelle.*

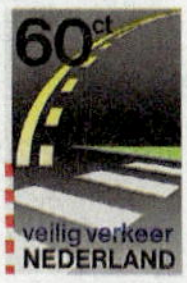


**1982, 24. Aug. 50 Jahre Niederländische Verkehrswacht. RaTdr.; Papier ph.; gez. K 12¾:14.**

aig) Fahrbahnmarkierung, Zebrastreifen

| | | | | |
|---|---|---|---|---|
| **1218** | 60 C mehrfarbig | aig | 0,60 | 0,40 |
| | | FDC | | 1,— |

Auflage: 11.953.300 Stück

*Gültig bis 31.10.2013*

**1982, 16. Sept. Europa: Historische Ereignisse. Odr.; Papier ph.; gez. K 12¾:13¼.**

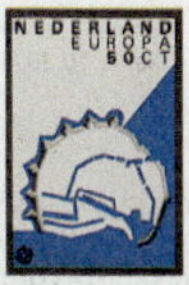


aih) Grundriss der Verteidigungsanlagen von Enkhuizen

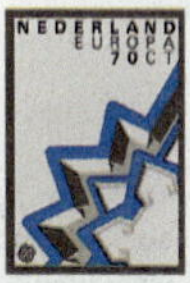


aii) Grundriss der Verteidigungsanlagen von Coevorden

| | | | | |
|---|---|---|---|---|
| **1219** | 50 C mehrfarbig | aih | 1,— | 0,30 |
| **1220** | 70 C mehrfarbig | aii | 1,— | 0,30 |
| | | Satzpreis (2 W.) | 2,— | 0,50 |
| | | FDC | | 1,50 |

Auflagen: MiNr. 1219 = 14.233.300, MiNr. 1220 = 14.610.200 Stück

*Gültig bis 31.10.2013*

**1982, 5. Okt. Königliches Schloss auf dem Dam, Amsterdam. Odr.; Papier ph.; gez. K 12¾:13¼.**

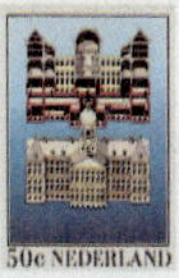


aik) Fassade, Grundriss und Querschnitt des Schlosses

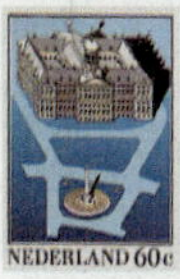


ail) Gesamtansicht des Schlosses, Befreiungsdenkmal

| | | | | |
|---|---|---|---|---|
| **1221** | 50 C mehrfarbig | aik | 0,50 | 0,30 |
| **1222** | 60 C mehrfarbig | ail | 0,50 | 0,30 |
| | | Satzpreis (2 W.) | 1,— | 0,50 |
| | | FDC | | 1,— |

Auflagen: MiNr. 1221 = 29.648.350, MiNr. 1222 = 26.557.400 Stück

*Gültig bis 31.10.2013*

**1982, 16. Nov. „Voor het Kind“: Beziehungen zwischen Kind und Tier. RaTdr.; Papier ph.; gez. K 12¾:14.**

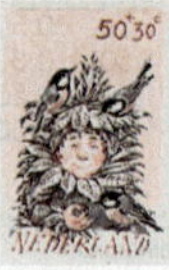


aim) Kohlmeisen in der kindlichen Phantasie

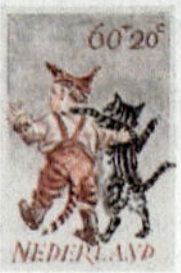


ain) Das Kind identifiziert sich mit der Katze

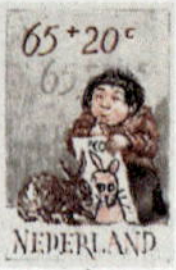


aio) Das Kind zeigt dem Kaninchen sein Ebenbild

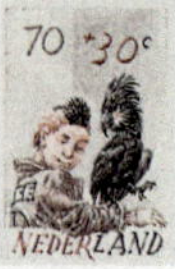


aip) Persönlichkeit des heranwachsenden Kindes

| | | | | | |
|---|---|---|---|---|---|
| **1223** | 50 (C) + 30 C mehrfarbig | aim | 0,50 | 0,30 |
| **1224** | 60 (C) + 20 C mehrfarbig | ain | 0,50 | 0,30 |
| **1225** | 65 (C) + 20 C mehrfarbig | aio | 0,70 | 0,60 |
| **1226** | 70 (C) + 30 C mehrfarbig | aip | 0,80 | 0,80 |
| | | Satzpreis (4 W.) | 2,50 | 2,— |
| | | FDC | | 2,20 |

**Blockausgabe mit 4 × MiNr. 1223 und 1 × MiNr. 1224**

| | | | | |
|---|---|---|---|---|
| **Block 24** (75×144 mm) | air | 3,— | 2,20 |
| | FDC | | 2,50 |

Auflagen: MiNr. 1223 = 3.415.323, MiNr. 1224 = 3.931.551, MiNr. 1225 = 3.136.120, MiNr. 1226 = 3.856.686 Stück, Bl. 24 = 5.054.540 Blocks

*Gültig bis 31.10.2013*

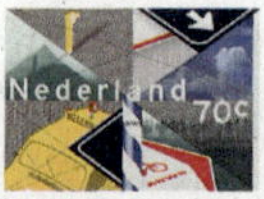


**1983, 1. März. 100 Jahre Königlich Niederländischer Touringklub (ANWB). Odr.; Papier ph.; gez. K 13¼:12¾.**

ais) Die vier Aufgabenbereiche Erholung, Tourismus, Beschilderung und technische Hilfe

| | | | | |
|---|---|---|---|---|
| **1227** | 70 C mehrfarbig | ais | 0,70 | 0,30 |
| | | FDC | | 1,— |

Auflage: 18.422.800 Stück

*Gültig bis 31.10.2013*

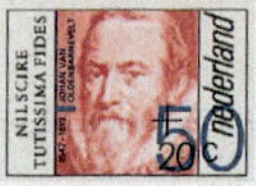


**1983, 19. April. Sommermarken zugungsten sozialer und kultureller Fürsorge: Kultur und Geschichte des 17. Jahrhunderts. RaTdr.; Papier ph.; gez. K 14:12¾.**

ait) Johan van Oldenbarneveldt (1547–1619), Politiker

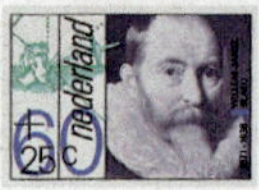


aiu) Willem Janzs Blaeu (1571–1638), Kartograph

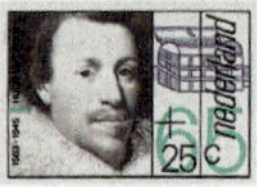


aiv) Hugo de Groot (Grotius) (1583–1645), Jurist

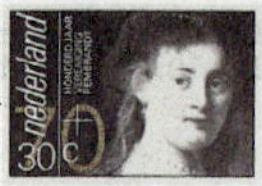


aiw) Saskia; Gemälde von Rembrandt van Rijn (1606–1669), Maler

| | | | | |
|---|---|---|---|---|
| **1228** | 50 (C) + 20 C mehrfarbig | ait | 0,60 | 0,40 |
| **1229** | 60 (C) + 25 C mehrfarbig | aiu | 0,80 | 0,40 |
| **1230** | 65 (C) + 25 C mehrfarbig | aiv | 0,80 | 0,70 |
| **1231** | 70 (C) + 30 C mehrfarbig | aiw | 0,80 | 0,70 |
| | | Satzpreis (4 W.) | 3,— | 2,20 |
| | | FDC | | 3,— |

Auflagen: MiNr. 1228 = 3.037.630, MiNr. 1229 = 3.014.041, MiNr. 1230 = 3.014.042, MiNr. 1231 = 3.198.954 Stück

*Gültig bis 31.10.2013*

**1983, 17. Mai. Europa: Große Werke des menschlichen Geistes. Odr.; Papier ph.; gez. K 12¾:13¼.**

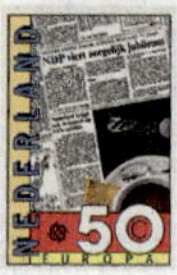


aix) Zeitungsausschnitt; 75 Jahre Vereinigung der niederländischen Tagespresse, ECS-Satellitenprogramm

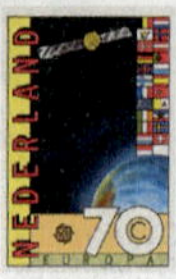


aiy) Europäischer Nachrichtensatellit ECS, Flaggen der Mitgliedsländer von EUTELSAT

| | | | | |
|---|---|---|---|---|
| **1232** | 50 C mehrfarbig | aix | 1,— | 0,30 |
| **1233** | 70 C mehrfarbig | aiy | 1,— | 0,30 |
| | | Satzpreis (2 W.) | 2,— | 0,50 |
| | | FDC | | 1,50 |

Auflagen: MiNr. 1232 = 16.243.800, MiNr. 1233 = 14.454.600 Stück

*Gültig bis 31.10.2013*

**1983, 21. Juni. Gemälde der Stijl-Bewegung (1917–1931). Odr.; Papier ph.; gez. K 12¾:13¼.**

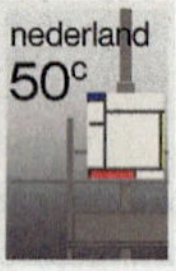


aiz) Komposition 1922

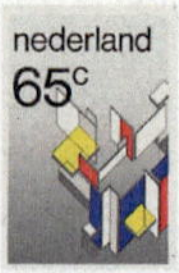


aka) Kontrakonstruktion des „Maison particulière“

aiz–aka) Gemälde von Piet Mondrian (1872–1944), Gründer der Stijl-Bewegung

| | | | | |
|---|---|---|---|---|
| **1234** | 50 C mehrfarbig | aiz | 0,50 | 0,30 |
| **1235** | 65 C mehrfarbig | aka | 0,60 | 0,30 |
| | | Satzpreis (2 W.) | 1,10 | 0,60 |
| | | FDC | | 1,30 |

Auflagen: MiNr. 1234 = 15.019.100, MiNr. 1235 = 8.628.000 Stück

*Gültig bis 31.10.2013*

**1983, 30. Aug. Rotes Kreuz: Recht auf Hilfe und Schutz. RaTdr.; Papier ph.; A = vierseitig gez. K 12¾:14, C = senkrecht, D = nur links gez. 13¾.**

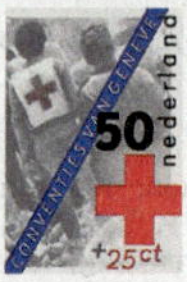


akb) Die vier Genfer Konventionen

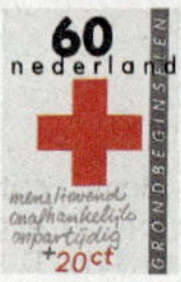


akc) Medizinisch-soziales Hilfswerk

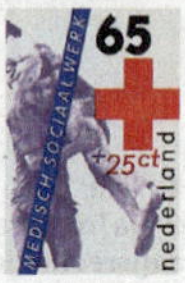


akd) Grundsätze des Roten Kreuzes

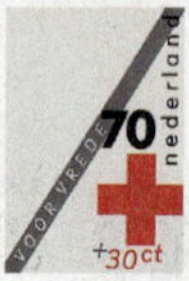


ake) Für den Frieden

| | | | | | |
|---|---|---|---|---|---|
| **1236** | | 50 (C) + 25 C mehrfarbig | akb | | |
| | A | vierseitig gez. | | 0,60 | 0,60 |
| | C | senkrecht gez. | | 0,50 | 0,30 |
| **1237** | A | 60 (C) + 20 C mehrfarbig | akc | 0,70 | 0,70 |
| **1238** | A | 65 (C) + 25 C mehrfarbig | akd | 0,80 | 0,80 |
| **1239** | | 70 (C) + 30 C mehrfarbig | ake | | |
| | A | vierseitig gez. | | 0,90 | 0,90 |
| | C | senkrecht gez. | | 3,— | 2,— |
| | D | nur links gez. | | 1,50 | 1,— |
| | | | Satzpreis A (4 W.) | 3,— | 3,— |
| | | | FDC | | 3,50 |
| | | | Paar 1239 C/D | 5,50 | 5,50 |

MiNr. 1236 C, 1239 C und 1239 D stammen aus Markenheftchen MH 30.

Auflagen: MiNr. 1236 A = 2.818.133, MiNr. 1236 C = 5.408.704, MiNr. 1237 A = 2.845.259, MiNr. 1238 A = 2.780.919, MiNr. 1239 A = 3.079.136, MiNr. 1239 C und 1239 D je 1.352.176 Stück

*Gültig bis 31.10.2013*

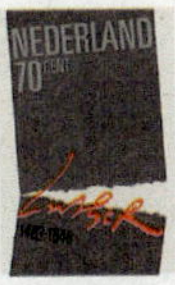

**1983, 11. Okt. 500. Geburtstag von Martin Luther. Odr.; Papier ph.; gez. K 12¾:13¼.**

akf) Namenszug von Martin Luther (1483–1546), deutscher Reformator

| | | | | |
|---|---|---|---|---|
| **1240** | 70 C mehrfarbig | akf | 0,70 | 0,30 |
| | | FDC | | 1,20 |

Auflage: 15.246.400 Stück

*Gültig bis 31.10.2013*

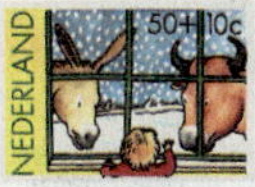

**1983, 16. Nov. „Voor het Kind": Das Kind und Weihnachten. RaTdr.; Papier ph.; gez. K 14:12¾.**

akg) Esel und Ochse blicken durchs Fenster

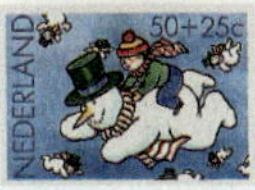

akh) Kind reitet auf fliegendem Schneemann

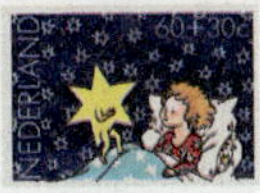

aki) Sternmännchen am Kinderbett

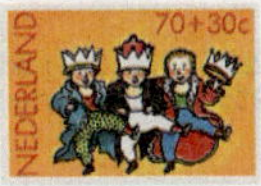

akk) Kinder als Hl. Drei Könige verkleidet

| | | | | |
|---|---|---|---|---|
| **1241** | 50 (C) + 10 C mehrfarbig | akg | 0,60 | 0,60 |
| **1242** | 50 (C) + 25 C mehrfarbig | akh | 0,70 | 0,30 |
| **1243** | 60 (C) + 30 C mehrfarbig | aki | 0,80 | 0,70 |
| **1244** | 70 (C) + 30 C mehrfarbig | akk | 0,90 | 0,40 |
| | | Satzpreis (4 W.) | 3,— | 2,— |
| | | FDC | | 2,60 |

**Blockausgabe mit 4 × MiNr. 1242 und 2 × MiNr. 1244**

| | | | | |
|---|---|---|---|---|
| **Block 25** | (144×75 mm) | akl | 4,50 | 4,50 |
| | | FDC | | 5,— |

Auflagen: MiNr. 1241 = 3.220.868, MiNr. 1242 = 2.836.497, MiNr. 1243 = 3.492.458, MiNr. 1244 = 3.376.834 Stück, Bl. 25 = 4.498.933 Blocks

*Gültig bis 31.10.2013*

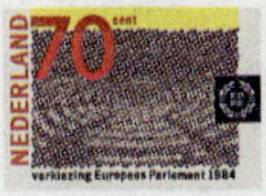

**1984, 13. März. Zweite Direktwahlen zum Europäischen Parlament. Odr.; Papier ph.; gez. K 13¼:12¾.**

akm) Sitzungssaal und Emblem des Europäischen Parlaments

| | | | | |
|---|---|---|---|---|
| **1245** | 70 C mehrfarbig | akm | 0,60 | 0,30 |
| | | FDC | | 1,— |

Auflage: 19.582.400 Stück

*Gültig bis 31.10.2013*

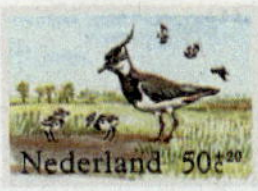

**1984, 3. April. Sommermarken zugunsten sozialer und kultureller Fürsorge: Wiesenvögel. RaTdr.; Papier ph.; A = vierseitig gez. K 13¾:12¾, Hochformate ~, C = waagerecht, D = senkrecht, E = nur links gez. 13½.**

akn) Kiebitz (Vanellus vanellus)

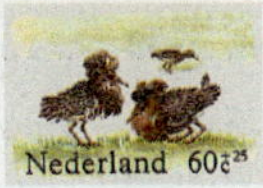

ako) Kampfläufer (Philomachus pugnax)

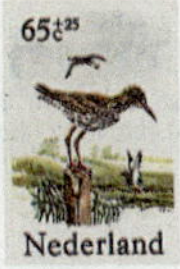

akp) Rotschenkel (Tringa totanus)

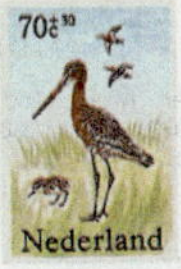

akr) Uferschnepfe (Limosa limosa)

| | | | | |
|---|---|---|---|---|
| **1246** | 50 C + 20 (C) mehrfarbig | akn | | |
| A | vierseitig gez. | | 0,80 | 0,60 |
| C | waagerecht gez. | | 1,50 | 0,30 |
| **1247** A | 60 C + 25 (C) mehrfarbig | ako | 1,— | 0,70 |
| **1248** A | 65 C + 25 (C) mehrfarbig | akp | 1,— | 0,80 |
| **1249** | 70 C + 30 (C) mehrfarbig | akr | | |
| A | vierseitig gez. | | 1,20 | 0,90 |
| D | senkrecht gez. | | 2,50 | 1,50 |
| E | nur links gez. | | 2,50 | 1,50 |
| | | Satzpreis A (4 W.) | 4,— | 3,— |
| | | FDC | | 4,— |
| | | Paar 1249 D/E | 5,— | 3,— |

MiNr. 1246 C, 1249 D und 1249 E stammen aus MH 31.

Auflagen: MiNr. 1246 A = 2.812.368, MiNr. 1246 C = 2.595.250, MiNr. 1247 A = 2.800.768, MiNr. 1248 A = 2.771.948, MiNr. 1249 A = 2.985.866, MiNr. 1249 C und 1249 D je 1.297.625 Stück

*Gültig bis 31.10.2013*

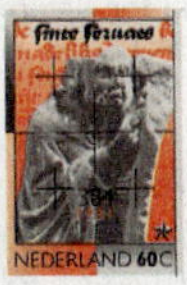

**1984, 8. Mai. 1600. Todestag des hl. Servatius. RaTdr.; Papier ph.; gez. K 12¾:14.**

aks) Hl. Servatius († 384), Bischof von Tongeren; Skulptur aus der St.-Servatius-Kirche, Maastricht

| | | | | |
|---|---|---|---|---|
| **1250** | 60 C mehrfarbig | aks | 0,60 | 0,30 |
| | | FDC | | 1,50 |

Auflage: 13.755.200 Stück

*Gültig bis 31.10.2013*

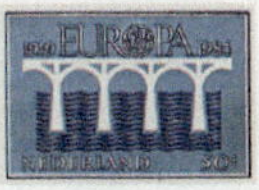

**1984, 22. Mai. Europa: 25 Jahre Europäische Konferenz der Verwaltungen für das Post- und Fernmeldewesen (CEPT). RaTdr., Bogen (10×10); Papier ph.; A = gez. K 13¼:12¾.**

akt) Brücke

| | | | | |
|---|---|---|---|---|
| **1251 A** | 50 C hellkobalt | akt | 1,— | 0,50 |
| **1252 A** | 70 C gelbgrün | akt | 1,— | 0,50 |
| | | Satzpreis A (2 W.) | 2,— | 1,— |
| | | FDC A | | 2,50 |

**Rollen, C = gez. K 13¾:12¾ (1985)**

| | | | | |
|---|---|---|---|---|
| **1251 C** | 50 C hellkobalt | akt | 5,— | 5,— |
| **1252 C** | 70 C gelbgrün | akt | 5,— | 5,— |
| | | Satzpreis C (2 W.) | 10,— | 10,— |

Jede fünfte Rollenmarke trägt rückseitig eine schwarze Zählnummer.

Auflagen: MiNr. 1251 A = 14.377.000, MiNr. 1251 C = 1.200 600, MiNr. 1252 A = 14.699.200, MiNr. 1252 C = 4.150.700 Stück

*Gültig bis 31.10.2013*

**1984, 13. Juni. Internationale Briefmarkenausstellung FILACENTO, Den Haag; 100 Jahre Briefmarkensammlervereine in den Niederlanden. Odr.; Papier ph.; gez. K 14:12¾.**

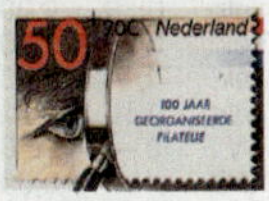

aku) Auge blickt durch Lupe

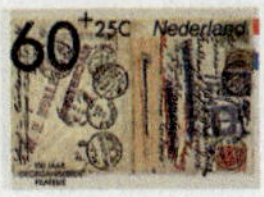

akv) Brief von 1909

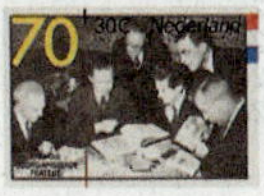

akw) Briefmarkensammlerverein

| | | | | |
|---|---|---|---|---|
| **1253** | 50 (C) + 20 C mehrfarbig | aku | 0,70 | 0,60 |
| **1254** | 60 (C) + 25 C mehrfarbig | akv | 0,70 | 0,70 |
| **1255** | 70 (C) + 30 C mehrfarbig | akw | 0,80 | 0,70 |
| | | Satzpreis (3 W.) | 2,20 | 2,— |
| | | FDC | | 3,— |

**Blockausgabe mit MiNr. 1253–1255 (5. Sept.)**

| | | | | |
|---|---|---|---|---|
| **Block 26** | (144×50 mm) | akx | 3,— | 2,50 |
| | | FDC | | 3,— |

Auflagen: MiNr. 1253 = 2.657.532, MiNr. 1254 = 2.681.066, MiNr. 1255 = 2.662.279 Stück, Bl. 26 = 1.679.399 Blocks

*Gültig bis 31.10.2013*

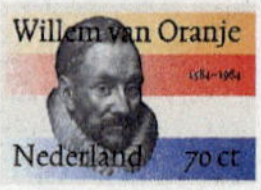


**1984, 10. Juli. 400. Todestag von Prinz Wilhelm I. von Oranien. RaTdr., Bogen (10×10) und Rolle; Papier ph.; gez. K 14:12¾.**

aky) Wilhelm I. von Oranien (1533–1584), Statthalter der Niederlande

| | | | | |
|---|---|---|---|---|
| **1256** | 70 C mehrfarbig | aky | 0,70 | 0,30 |
| | | FDC | | 1,30 |

Jede fünfte Rollenmarke trägt rückseitig eine schwarze Zählnummer.

Auflage: 22.601.400 Stück

*Gültig bis 31.10.2013*

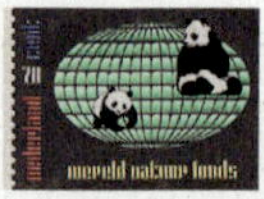


**1984, 18. Sept. World Wide Fund for Nature (WWF). Odr.; Papier ph.; gez. K 14:12¾.**

akz) Weltkugel, Pandabären

| | | | | |
|---|---|---|---|---|
| **1257** | 70 C mehrfarbig | akz | 1,— | 0,30 |
| | | FDC | | 1,30 |

Auflage: 16.461.200 Stück

*Gültig bis 31.10.2013*

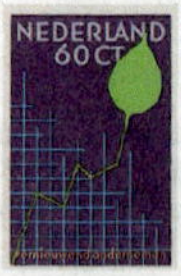


**1984, 23. Okt. Internationaler Kongress für Kleinunternehmer, Amsterdam. Odr.; Papier ph.; gez. K 12¾:13¼.**

ala) Statistische Kurve, Blatt

| | | | | |
|---|---|---|---|---|
| **1258** | 60 C mehrfarbig | ala | 0,60 | 0,30 |
| | | FDC | | 1,20 |

Auflage: 13.574.200 Stück

*Gültig bis 31.10.2013*

**1984, 14. Nov. „Voor het Kind“: Kind und Comic. Odr.; Papier ph.; gez. K 12¾:13¼.**

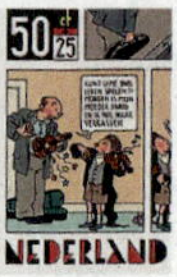


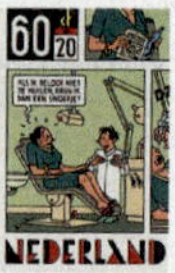


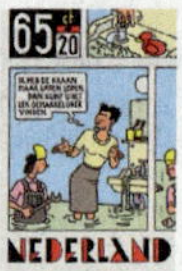


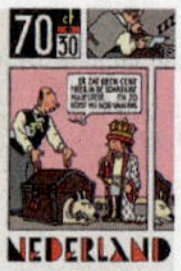


alb) Musikunterricht alc) Beim Zahnarzt ald) Klempner ale) König und Butler

alb–ale) Comics von Joost Swarte (*1947)

| | | | | |
|---|---|---|---|---|
| **1259** | 50 C + 25 (C) mehrfarbig | alb | 0,50 | 0,30 |
| **1260** | 60 C + 20 (C) mehrfarbig | alc | 0,70 | 0,70 |
| **1261** | 65 C + 20 (C) mehrfarbig | ald | 1,— | 0,70 |
| **1262** | 70 C + 30 (C) mehrfarbig | ale | 0,80 | 0,50 |
| | | Satzpreis (4 W.) | 3,— | 2,20 |
| | | FDC | | 3,50 |

**Blockausgabe mit 4 × MiNr. 1259 und 2 × MiNr. 1262**

| | | | | |
|---|---|---|---|---|
| **Block 27** | (75×144 mm) | alf | 4,— | 4,— |
| | | FDC | | 5,— |

Auflagen: MiNr. 1259 = 3.061.608, MiNr. 1260 = 3.458.165, MiNr. 1261 = 2.628.824, MiNr. 1262 = 3.299.854 Stück, Bl. 27 = 4.258.856 Blocks

*Gültig bis 31.10.2013*

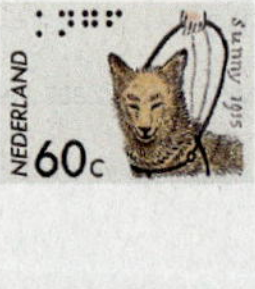


**1985, 21. Jan. 50 Jahre Königlich Niederländische Stiftung für Blindenhunde. Odr.; Papier ph.; gez. K 14:12¾.**

alg) Blindenhund

| | | | | |
|---|---|---|---|---|
| **1263** | 60 C mehrfarbig | alg | 0,60 | 0,30 |
| | | FDC | | 1,20 |

Auflage: 16.364.300 Stück

*Gültig bis 31.10.2013*

**1985, 26. Febr. Tourismus: 100 Jahre Fremdenverkehrsverein „Het Geuldal“, Valkenburg; 50 Jahre Nationalpark „Hoge Veluwe“. RaTdr., Bogen (B) (10×10) und Rolle (R); Papier ph.; gez. K 14:12¾.**

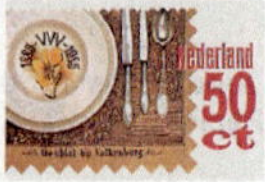


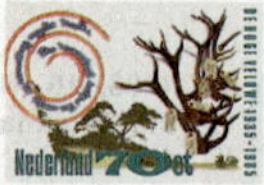


alh) Platzdeckchen mit Teller und Besteck

ali) Emblem des Kröller-Müller-Museums, Heidelandschaft, Hirschgeweih

| | | | | |
|---|---|---|---|---|
| **1264** | 50 C mehrfarbig (B) | alh | 0,40 | 0,30 |
| **1265** | 70 C mehrfarbig (B) (R) | ali | 0,60 | 0,30 |
| | | Satzpreis (2 W.) | 1,— | 0,50 |
| | | FDC | | 1,50 |

Jede fünfte Rollenmarke trägt rückseitig eine schwarze Zählnummer.

Auflagen: MiNr. 1264 = 18.428.900, MiNr. 1265 = 18.650.300 Stück

*Gültig bis 31.10.2013*

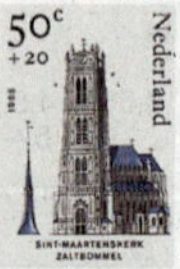


**1985, 26. März. Sommermarken zugunsten sozialer und kultureller Fürsorge: Sakrale Bauwerke. RaTdr.; Papier ph.; A = gez. K 12¾:14, Querformate ~, C = senkrecht, D = waagerecht, E = nur unten gez. 13½.**

alk) Kirche Sint Maarten, Zaltbommel

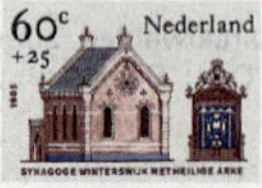


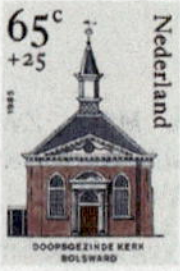


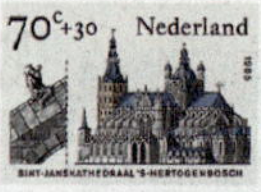


all) Synagoge in Winterswijk, Thoraschrein

alm) Mennoniten-Kirche, Bolsward

aln) Kathedrale Sint Jan, ’s-Hertogenbosch (Herzogenbusch)

| | | | | | |
|---|---|---|---|---|---|
| **1266** | | 50 C + 20 (C) mehrfarbig | alk | | |
| | A | vierseitig gez. | | 0,70 | 0,60 |
| | C | senkrecht gez. | | 1,50 | 0,30 |
| **1267** | A | 60 C + 25 (C) mehrfarbig | all | 0,70 | 0,60 |
| **1268** | A | 65 C + 25 (C) mehrfarbig | alm | 0,90 | 0,80 |
| **1269** | | 70 C + 30 (C) mehrfarbig | aln | | |
| | A | vierseitig gez. | | 0,90 | 0,40 |
| | D | waagerecht gez. | | 2,50 | 1,50 |
| | E | nur unten gez. | | 2,50 | 1,50 |
| | | | Satzpreis A (4 W.) | 3,20 | 2,40 |
| | | | FDC A | | 3,50 |
| | | | Paar 1269 D/E | 5,— | 3,— |

MiNr. 1266 C, 1269 D und 1269 E stammen aus MH 32.

Auflagen: MiNr. 1266 A = 2.131.539, MiNr. 1266 C = 2.154.834, 1267 A = 2.132.992, MiNr. 1268 A = 2.090.430, MiNr. 1269 A = 2.332.322, MiNr. 1269 D und 1269 E je 1.077.417 Stück

*Gültig bis 31.10.2013*

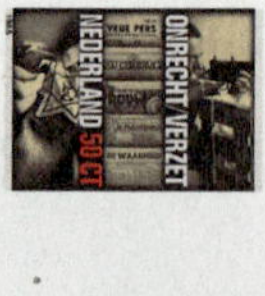


**1985, 6. Mai. 40. Jahrestag der Befreiung. RaTdr., Bogen (B) (10×10) und Rollen (R); Papier ph.; gez. K 14:12¾.**

alo) Unrecht und Widerstand

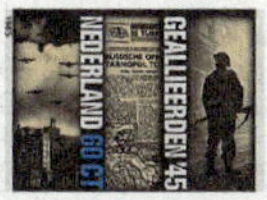


alp) Die Alliierten 1945

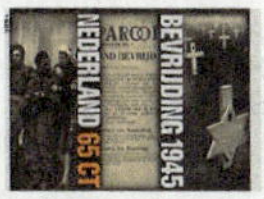


alr) Die Befreiung 1945

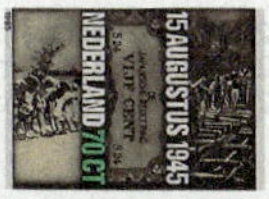


als) Kapitulation Japans (15.8.1945)

| | | | | |
|---|---|---|---|---|
| **1270** | 50 C mehrfarbig (B) | alo | 0,50 | 0,30 |
| **1271** | 60 C mehrfarbig (B) (R) | alp | 0,60 | 0,30 |
| **1272** | 65 C mehrfarbig (B) (R) | alr | 0,70 | 0,30 |
| **1273** | 70 C mehrfarbig (B) (R) | als | 0,70 | 0,30 |
| | | Satzpreis (4 W.) | 2,50 | 1,20 |
| | | FDC | | 2,80 |

Auflagen: MiNr. 1270 = 13.000.800, MiNr. 1271 = 15.199.500, MiNr. 1272 = 9.901.500, MiNr. 1273 = 17.189.700 Stück

*Gültig bis 31.10.2013*

**1985, 4. Juni. Europa: Europäisches Jahr der Musik. Odr.; Papier ph.; gez. K 12¾:13¼.**

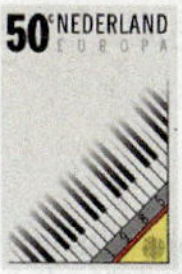


alt) Klaviatur

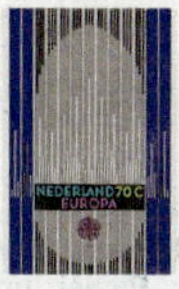


alu) Orgelpfeifen

| | | | | |
|---|---|---|---|---|
| **1274** | 50 C mehrfarbig | alt | 1,— | 0,50 |
| **1275** | 70 C mehrfarbig | alu | 1,— | 0,50 |
| | | Satzpreis (2 W.) | 2,— | 1,— |
| | | FDC | | 1,50 |

Auflagen: MiNr. 1274 = 15.393.300, MiNr. 1275 = 15.359.800 Stück

*Gültig bis 31.10.2013*

**1985, 2. Juli. Jahresereignisse in Amsterdam: 100 Jahre Reichsmuseum; 200 Jahre Schifffahrtskundliches Ausbildungswesen; Segelregatta „Sail '85". RaTdr., Bogen (B) (10×10) und Rollen (R); Papier ph.; A = gez. K 13¼:12¾, C = gez. K 14:12¾.**

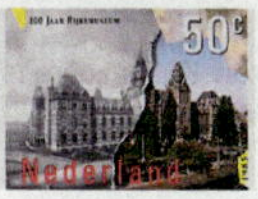


alv) Reichsmuseum 1885 und 1985

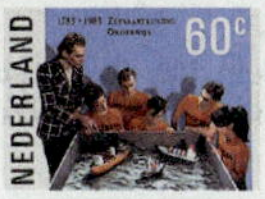


alw) Anschauungsunterricht an Modellen

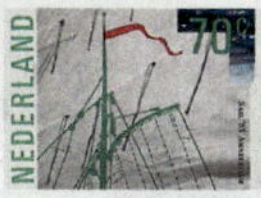


alx) Takelage eines Flachbootes

| | | | | | |
|---|---|---|---|---|---|
| **1276** | | 50 C mehrfarbig | alv | | |
| | A | gez. K 13¼:12¾ (B) | | 0,50 | 0,30 |
| | C | gez. K 14:12¾ (R) | | 5,— | 4,— |
| **1277** | | 60 C mehrfarbig | alw | | |
| | A | gez. K 13¼:12¾ (B) | | 5,— | 2,— |
| | C | gez. K 14:12¾ (B) (R) | | 0,50 | 0,30 |
| **1278** | C | 70 C mehrfarbig (B) (R) | alx | 0,50 | 0,40 |
| | | | Satzpreis (3 W.) | 1,50 | 1,— |
| | | | FDC | | 2,50 |

Auflagen: MiNr. 1276 = 17.329.000, MiNr. 1277 = 14.600.400, MiNr. 1278 = 21.682.200 Stück

*Gültig bis 31.10.2013*

**1985, 10. Sept. Seltene Tiere. Odr.; Papier ph.; gez. K 13¼:12¾.**

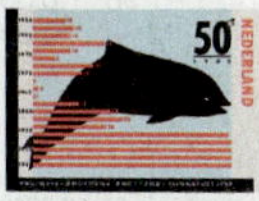


aly) Schweinswal (Phocaena phocaena); Statistik über gestrandete Tiere

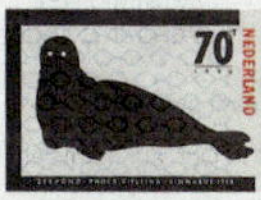


alz) Seehund (Phoca vitulina); Struktur des PCB-Moleküls

| | | | | |
|---|---|---|---|---|
| **1279** | 50 C mehrfarbig | aly | 0,40 | 0,30 |
| **1280** | 70 C mehrfarbig | alz | 0,60 | 0,30 |
| | | Satzpreis (2 W.) | 1,— | 0,50 |
| | | FDC | | 2,— |

Auflagen: MiNr. 1279 = 13.682.900, MiNr. 1280 = 13.949.800 Stück

*Gültig bis 31.10.2013*

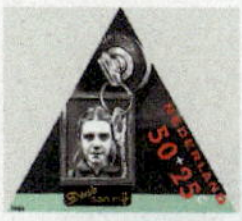


**1985, 13. Nov. „Voor het Kind": Kind und Straßenverkehr. RaTdr. (5×10); Papier ph.; gez. K 12¾:14.**

ama) Zündschlüssel, Kinderfoto

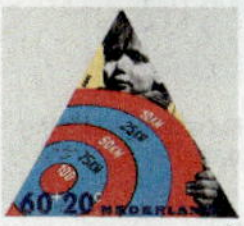


amb) Junge mit Zielscheibe

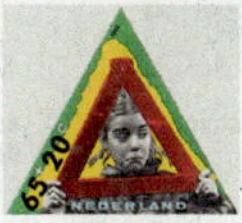


amc) Mädchen mit Warndreieck

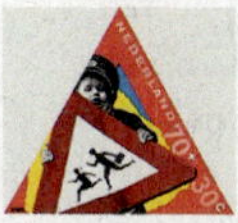


amd) Junge mit Warnschild „Kinder"

| | | | | |
|---|---|---|---|---|
| **1281** | 50 (C) + 25 C mehrfarbig | ama | 0,70 | 0,30 |
| **1282** | 60 (C) + 20 C mehrfarbig | amb | 0,70 | 0,70 |
| **1283** | 65 (C) + 20 C mehrfarbig | amc | 0,80 | 0,80 |
| **1284** | 70 (C) + 30 C mehrfarbig | amd | 0,80 | 0,60 |
| | | Satzpreis (4 W.) | 3,— | 2,40 |
| | | FDC | | 4,— |

**Blockausgabe mit 4 × MiNr. 1281 und 2 × MiNr. 1284**

| | | | | |
|---|---|---|---|---|
| **Block 28** | (132×80 mm) | ame | 4,50 | 4,50 |
| | | FDC | | 5,— |

Auflagen: MiNr. 1281 = 2.363.790, MiNr. 1282 = 2.682.173, MiNr. 1283 = 1.985.519, MiNr. 1284 = 2.641.006 Stück, Bl. 28 = 3.947.762 Blocks

*Gültig bis 31.10.2013*

**1986, 21. Jan. 100 Jahre niederländisches Strafgesetzbuch; 300. Jahrestag der Festlegung der geographischen Meereshöhe (NN) in Amsterdam. MiNr. 1285 Odr., MiNr. 1286 RaTdr.; Bogen (B) (10×10) und Rolle (R); Papier ph.; gez. K 14:12¾.**

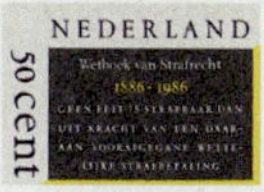


amf) Auszug aus dem Strafgesetzbuch (1886)

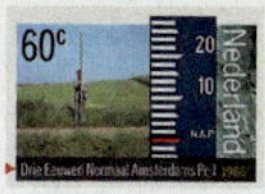


amg) Geodät mit Messlatte, Pegel

| | | | | |
|---|---|---|---|---|
| **1285** | 50 C mehrfarbig (B) | amf | 0,50 | 0,30 |
| **1286** | 60 C mehrfarbig (B) (R) | amg | 0,50 | 0,30 |
| | | Satzpreis (2 W.) | 1,— | 0,50 |
| | | FDC | | 1,70 |

Jede fünfte Rollenmarke trägt rückseitig eine schwarze Zählnummer.

Auflagen: MiNr. 1285 = 8.508.200, MiNr. 1286 = 14.860.700 Stück

*Gültig bis 31.10.2013*

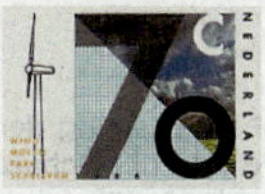


**1986, 4. März. Inbetriebnahme der Windenergie-Testanlage in Sexbierum. Odr.; Papier ph.; gez. K 14:12¾.**

amh) Windanlage, Millimeterpapier, Wolkenhimmel

| | | | | |
|---|---|---|---|---|
| **1287** | 70 C mehrfarbig | amh | 0,70 | 0,30 |
| | | FDC | | 1,50 |

Auflage: 14.659.200 Stück

*Gültig bis 31.10.2013*

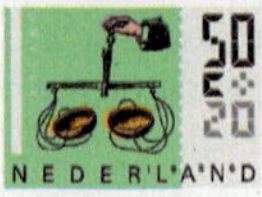

**1986, 8. April. Sommermarken zugunsten sozialer und kultureller Fürsorge: Alte Messinstrumente. I = Odr., II = RaTdr.; Papier ph.; A = gez. K 13¼:12¾, Hochformate ~, C = waagerecht, E = nur oben gez. 13½.**

ami) Balkenwaage

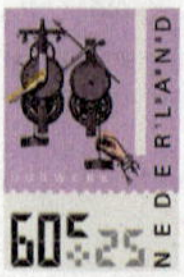

amk) Uhrwerk

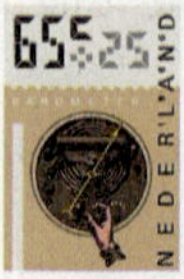

aml) Barometer

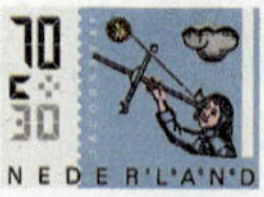

amm) Jakobsstab (Vorläufer des Sextanten)

| | | | | | |
|---|---|---|---|---|---|
| 1288 | | 50 C + 20 (C) mehrfarbig | ami | | |
| | I A | Odr., vierseitig gez. | | 0,60 | 0,40 |
| | II C | RaTdr., waagerecht gez. | | 1,50 | 0,30 |
| 1289 | I A | 60 C + 25 (C) mehrfarbig | amk | 0,80 | 0,50 |
| 1290 | I A | 65 C + 25 (C) mehrfarbig | aml | 0,80 | 0,80 |
| 1291 | | 70 C + 30 (C) mehrfarbig | amm | | |
| | I A | Odr., vierseitig gez. | | 0,80 | 0,80 |
| | II | RaTdr. | | | |
| | C | waagerecht gez. | | 2,50 | 1,50 |
| | E | nur oben gez. | | 2,50 | 1,50 |
| | | Satzpreis I A (4 W.) | | 3,— | 2,50 |
| | | FDC | | | 3,50 |
| | | Paar 1291 II C/E | | 5,— | 3,— |

MiNr. 1288 II C, 1291 II C und 1291 II E stammen aus MH 33.

Auflagen: MiNr. 1288 I A = 2.255.149, MiNr. 1288 II C = 2.311.346, MiNr. 1289 I A = 2.251.340, MiNr. 1290 I A = 2.227.903, MiNr. 1291 I A = 2.460.451, MiNr. 1290 II C und 1290 II E je 1.155.673 Stück

*Gültig bis 31.10.2013*

**1986, 13. Mai. Europa: Natur- und Umweltschutz. Odr., Bogen (B) (10×10) und Rolle (R); Papier ph.; gez. K 12¾:14.**

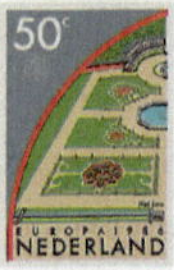

amn) Schlossgarten von Het Loo, Apeldoorn

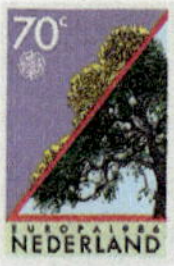

amo) Alter Baum

| | | | | |
|---|---|---|---|---|
| 1292 | 50 C mehrfarbig (B) | amn | 1,— | 0,50 |
| 1293 | 70 C mehrfarbig (B) (R) | amo | 1,— | 0,50 |
| | Satzpreis (2 W.) | | 2,— | 1,— |
| | FDC | | | 2,50 |

Jede fünfte Rollenmarke trägt rückseitig eine schwarze Zählnummer.

Auflagen: MiNr. 1292 = 7.422.900, MiNr. 1293 = 20.534.200 Stück

*Gültig bis 31.10.2013*

**1986, 10. Juni. Jahresereignisse in Utrecht: Fertigstellung der Restaurierungsarbeiten im Dom; 75 Jahre Verein zum Schutz niederländischer Baudenkmäler „Bond Heemschut"; 350 Jahre Universität. RaTdr.; Bogen (B) (10×10) und Rolle (R); Papier ph.; gez. K 12¾:14, Querformat ~.**

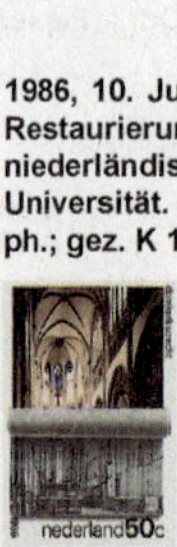

amp) Innenansicht des Doms

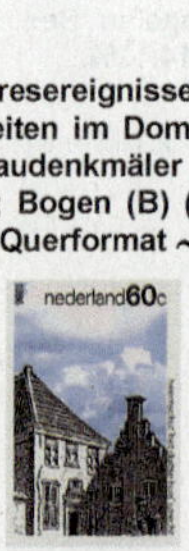

amr) „Das Deutsche Haus"

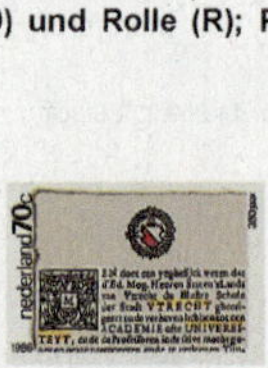

ams) Gründungsurkunde der Universität

| | | | | |
|---|---|---|---|---|
| 1294 | 50 C mehrfarbig (B) (R) | amp | 0,50 | 0,30 |
| 1295 | 60 C mehrfarbig (B) (R) | amr | 0,60 | 0,30 |
| 1296 | 70 C mehrfarbig (B) | ams | 0,90 | 0,40 |
| | Satzpreis (3 W.) | | 2,— | 1,— |
| | FDC | | | 2,50 |

Jede fünfte Rollenmarke trägt rückseitig eine schwarze Zählnummer.

Auflagen: MiNr. 1294 = 7.487.500, MiNr. 1295 = 8.694.300, MiNr. 1296 = 5.858.700 Stück

*Gültig bis 31.10.2013*

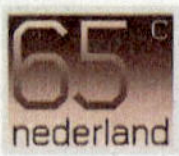

**1986, 17. Juni/10. Aug. Freimarke: Ziffern. RaTdr.; Papier ph.; A = gez. K 12¾:13½, C = senkrecht gez. 13½.**

ack

| | | | | | |
|---|---|---|---|---|---|
| 1297 | | 65 C dunkelbraunlila | ack | | |
| | A | vierseitig gez. (10. Aug.) | | 1,— | 0,30 |
| | C | senkrecht gez. (17. Juni) | | 1,20 | 0,30 |

MiNr. 1297 C stammt aus Rollen. Jede fünfte Rollenmarke trägt rückseitig eine schwarze Zählnummer.

*Gültig bis 31.10.2013*

*In gleicher Zeichnung siehe Fußnote nach MiNr. 1069.*

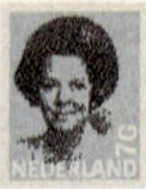

**1986, 17. Juni/10. Aug. Freimarke: Königin Beatrix. RaTdr.; Papier ph.; A = gez. K 13½:12¾, C = waagerecht gez. 13½.**

ahw) Königin Beatrix (*1938, reg. 1980–2013)

| | | | | | |
|---|---|---|---|---|---|
| 1298 | | 7 G mattkobalt/schwarz | ahw | | |
| | A | vierseitig gez. (10. Aug.) | | 7,— | 0,30 |
| | C | waagerecht gez. (17. Juni) | | 7,50 | 1,— |

MiNr. 1298 C stammt aus Rollen. Jede fünfte Rollenmarke trägt rückseitig eine schwarze Zählnummer.

[PA] MiNr. 1298 C in Odr. auf normalem Papier

*Gültig bis 31.10.2013*

*Weitere Werte siehe Übersicht nach Jahrgangswerttabelle.*

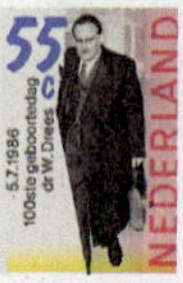

**1986, 1. Juli. 100. Geburtstag von Willem Drees. Odr.; Papier ph.; gez. K 12¾:13¼.**

amt) Willem Drees (1886–1988), Ministerpräsident

| | | | | |
|---|---|---|---|---|
| 1299 | 55 C mehrfarbig | amt | 0,70 | 0,30 |
| | FDC | | | 1,50 |

Auflage: 11.783.800 Stück

*Gültig bis 31.10.2013*

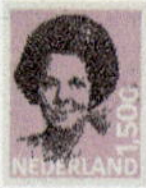

**1986, 10. Aug. Freimarke: Königin Beatrix. RaTdr.; Papier ph.; A = gez. K 13½:12¾, C = waagerecht gez. 13½.**

ahw) Königin Beatrix (*1938, reg. 1980–2013)

| | | | | | |
|---|---|---|---|---|---|
| 1300 | | 1.50 G mattviolett/schwarz | ahw | | |
| | A | vierseitig gez. | | 1,50 | 0,30 |
| | C | waagerecht gez. | | 2,— | 0,30 |

MiNr. 1300 C stammt aus Rollen.

[PA] MiNr. 1300 C in Odr. auf normalem Papier

*Gültig bis 31.10.2013*

*Weitere Werte siehe Übersicht nach Jahrgangswerttabelle.*

**1986, 9. Sept. Sport. RaTdr., Bogen (10×10) und Rollen; Papier ph.; gez. K 12¾:14, Querformat ~.**

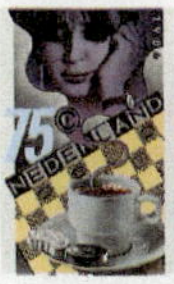
amu) Damespiel

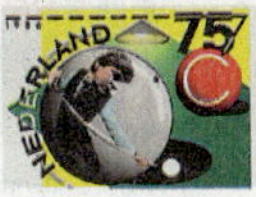
amv) Billard

| | | | | | | |
|---|---|---|---|---|---|---|
| 1301 | 75 C | mehrfarbig | amu | 0,80 | 0,30 |
| 1302 | 75 C | mehrfarbig | amv | 0,80 | 0,30 |
| | | | Satzpreis (2 W.) | 1,50 | 0,50 |
| | | | FDC | | 1,80 |

Jede fünfte Rollenmarke trägt rückseitig eine schwarze Zählnummer.

Auflagen: MiNr. 1301 = 9.788.800, MiNr. 1302 = 11.353.400 Stück

*Gültig bis 31.10.2013*

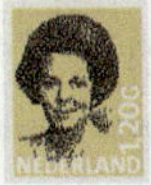

**1986, 23. Sept. Freimarken: Königin Beatrix. RaTdr.; Papier ph.; A = gez. K 13½:12¾, C = waagerecht gez. 13½.**

ahw) Königin Beatrix (*1938, reg. 1980–2013)

| | | | | | | |
|---|---|---|---|---|---|---|
| 1303 A | 1.20 G | olivgelb/schwarz | ahw | 1,50 | 0,30 |
| 1304 | 2.50 G | hellorange/schwarz | ahw | | |
| A | | vierseitig gez. | | 2,50 | 0,30 |
| C | | waagerecht gez. | | 2,50 | 0,30 |
| | | | Satzpreis A (2 W.) | 4,— | 0,50 |

MiNr. 1304 C stammt aus Rollen.

MiNr. 1304 C in Odr. auf normalem Papier

*Gültig bis 31.10.2013*

*Weitere Werte siehe Übersicht nach Jahrgangswerttabelle.*

**1986, 7. Okt. Fertigstellung des Sturmflutwehrs im Rheindelta. RaTdr., Bogen (10×10) und Rollen; Papier ph.; gez. K 14:12¾.**

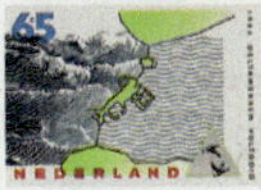
amw) Karte mit Sturmflutwehr

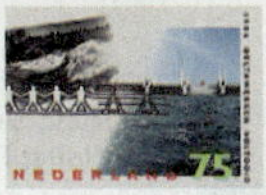
amx) Sturmflutwehr

| | | | | | |
|---|---|---|---|---|---|
| 1305 | 65 C | mehrfarbig | amw | 0,70 | 0,30 |
| 1306 | 75 C | mehrfarbig | amx | 0,80 | 0,30 |
| | | | Satzpreis (2 W.) | 1,50 | 0,50 |
| | | | FDC | | 1,50 |

Jede fünfte Rollenmarke trägt rückseitig eine schwarze Zählnummer.

Auflagen: MiNr. 1305 = 11.266.600, MiNr. 1306 = 12.305.900 Stück

*Gültig bis 31.10.2013*

**1986, 12. Nov. „Voor het Kind": Kind und Kultur. Odr.; Papier ph.; A = gez. 14:12¾, C = gez. K 13¼:12¾.**

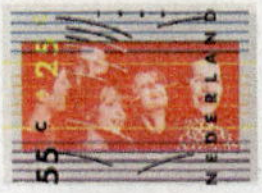
amy) Musik und Literatur

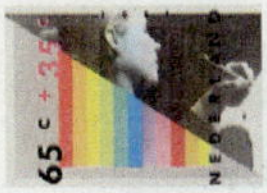
amz) Bildende Kunst und Baukunst

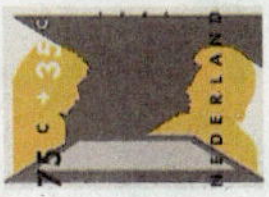
ana) Podiumskunst

| | | | | | |
|---|---|---|---|---|---|
| 1307 A | 55 C | + 25 C mehrfarbig | amy | 0,80 | 0,70 |
| 1308 C | 65 C | + 35 C mehrfarbig | amz | 1,— | 0,50 |
| 1309 C | 75 C | + 35 C mehrfarbig | ana | 1,— | 0,30 |
| | | | Satzpreis (3 W.) | 2,80 | 1,50 |
| | | | FDC | | 3,50 |

**Blockausgabe mit 1 × MiNr. 1307 A und 2 × MiNr. 1308 A–1309 A**

| | | | | | |
|---|---|---|---|---|---|
| 1308 A | 65 C | + 35 C mehrfarbig | amz | 0,70 | 0,70 |
| 1309 A | 75 C | + 35 C mehrfarbig | ana | 1,20 | 0,70 |
| Block 29 | | (72×150 mm) | anb | 5,— | 3,50 |
| | | | FDC | | 5,— |

Auflagen: MiNr. 1307 = 2.586.527, MiNr. 1308 = 2.761.904, MiNr. 1309 = 2.727.178 Stück, Block 29 = 4.212.146 Blocks

*Gültig bis 31.10.2013*

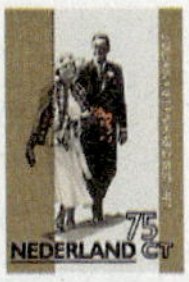

**1987, 6. Jan. Goldene Hochzeit von Prinzessin Juliana und Prinz Bernhard. RaTdr., Bogen (10×10) und Rolle; Papier ph.; gez. K 12¾:14.**

anc) Brautpaar

| | | | | | |
|---|---|---|---|---|---|
| 1310 | 75 C | mehrfarbig | anc | 0,90 | 0,30 |
| | | | FDC | | 2,50 |

Jede fünfte Rollenmarke trägt rückseitig eine schwarze Zählnummer.

Auflage: 21.169.700 Stück

*Gültig bis 31.10.2013*

*Parallelausgabe mit Aruba MiNr. 21 und Niederländische Antillen MiNr. 604/Bl. 31*

**1987, 10. Febr. Internationales Jahr für menschenwürdiges Wohnen; 100 Jahre Heilsarmee in den Niederlanden. RaTdr., Bogen (10×10) und Rollen; Papier ph.; gez. K 14:12¾.**

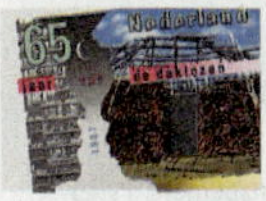
and) Hochhaus, verfallene Hütte

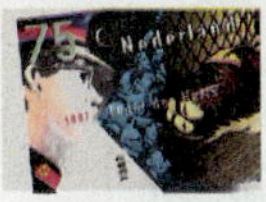
ane) Heilsarmist, schlafender Obdachloser

| | | | | | |
|---|---|---|---|---|---|
| 1311 | 65 C | mehrfarbig | and | 1,— | 0,30 |
| 1312 | 75 C | mehrfarbig | ane | 1,50 | 0,30 |
| | | | Satzpreis (2 W.) | 2,50 | 0,60 |
| | | | FDC | | 2,20 |

Jede fünfte Rollenmarke trägt rückseitig eine schwarze Zählnummer.

Auflagen: MiNr. 1311 = 12.545.000, MiNr. 1312 = 14.318.300 Stück

*Gültig bis 31.10.2013*

**1987, 10. März. Niederländische Literatur: 100. Todestag von Eduard Douwes Dekker (Multatuli), 300. Todestag von Constantijn Huygens. Odr.; Papier ph.; gez. K 13¼:12¾.**

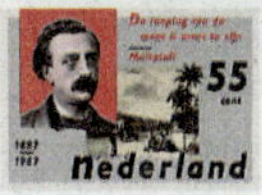
anf) Eduard Douwes Dekker, Pseudonym Multatuli (1820–1887), Schriftsteller; Vereinsgebäude „De Harmonie", Batavia (Java)

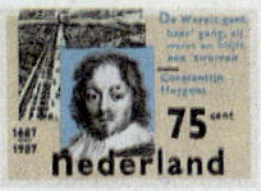
ang) Constantijn Huygens (1596–1687), Dichter und Komponist; Scheveningseweg, Den Haag

| | | | | | |
|---|---|---|---|---|---|
| 1313 | 55 C | mehrfarbig | anf | 0,50 | 0,30 |
| 1314 | 75 C | mehrfarbig | ang | 0,80 | 0,50 |
| | | | Satzpreis (2 W.) | 1,30 | 0,80 |
| | | | FDC | | 2,20 |

Auflagen: MiNr. 1313 = 9.607.650, MiNr. 1314 = 9.889.900 Stück

*Gültig bis 31.10.2013*

**1987, 7. April. Sommermarken zugunsten sozialer und kultureller Einrichtungen: Industrielle und technische Baudenkmäler. RaTdr.; Papier ph.; A = gez. K 14:12¾, C = waagerecht, D = nur oben gez. 13½.**

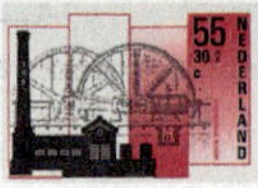

anh) Dampfbetriebenes Schöpfwerk, Nijkerk

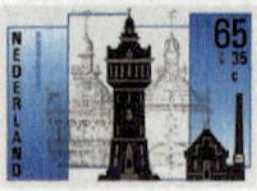

ani) Wasserturm, Deventer

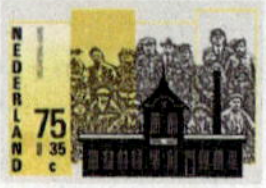

ank) Gelbgießerei, Joure

| | | | | | | |
|---|---|---|---|---|---|---|
| **1315** | | 55 (C) | + 30 C mehrfarbig | anh | | |
| | **A** | | vierseitig gez. | | 1,— | 1,— |
| | **C** | | waagerecht gez. | | 0,50 | 0,30 |
| **1316** | **A** | 65 (C) | + 35 C mehrfarbig | ani | 1,30 | 1,— |
| **1317** | | 75 (C) | + 35 C mehrfarbig | ank | | |
| | **A** | | vierseitig gez. | | 1,30 | 0,80 |
| | **C** | | waagerecht gez. | | 4,50 | 3,50 |
| | **D** | | nur oben gez. | | 2,50 | 1,50 |
| | | | Satzpreis A (3 W.) | | 3,60 | 2,80 |
| | | | FDC | | | 4,50 |
| | | | Paar 1317 C/D | | 7,— | 6,— |

MiNr. 1315 C, 1317 C und 1317 D stammen aus MH 36.

Auflagen: MiNr. 1315 A = 1.789.743, MiNr. 1315 C = 1.850.320, MiNr. 1316 A = 1.777.887, MiNr. 1317 A = 1.978.828, MiNr. 1317 C und 1317 D je 925.160 Stück

*Gültig bis 31.10.2013*

**1987, 12. Mai. Europa: Moderne Architektur. Odr.; Papier ph.; gez. K 14:12¾.**

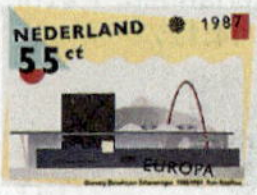

anl) Ballett-Theater in Scheveningen; von Rem Koolhaas (*1944)

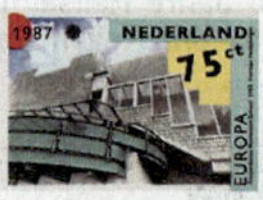

anm) Montessorischule, Amsterdam; von Herman Hertzberger (*1932)

| | | | | | |
|---|---|---|---|---|---|
| **1318** | 55 C | mehrfarbig | anl | 1,— | 0,50 |
| **1319** | 75 C | mehrfarbig | anm | 1,— | 0,50 |
| | | Satzpreis (2 W.) | | 2,— | 1,— |
| | | FDC | | | 2,50 |

Auflagen: MiNr. 1318 = 11.435.750, MiNr. 1319 = 11.905.300 Stück

*Gültig bis 31.10.2013*

**1987, 16. Juni. 100 Jahre Versteigerungssystem für Gemüse, Obst und Blumen; 150 Jahre Groninger Landwirtschaftliche Gesellschaft. RaTdr., Bogen (B) (10×10) und Rolle (R); Papier ph.; gez. K 14:12¾.**

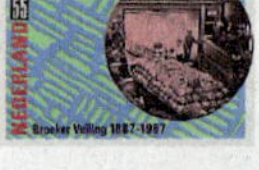

ann) Versteigerung in Broek op Langedijk, nordholländische Landschaft

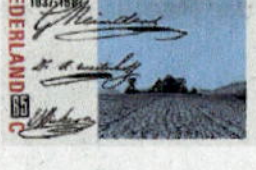

ano) Groninger Landschaft, Unterschriften der Gründungsmitglieder

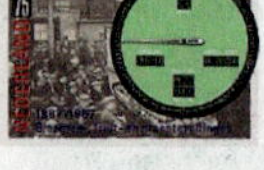

anp) Moderne Versteigerungsuhr, Versteigerung

| | | | | | |
|---|---|---|---|---|---|
| **1320** | 55 C | mehrfarbig (B) | ann | 0,50 | 0,30 |
| **1321** | 65 C | mehrfarbig (B) | ano | 0,70 | 0,30 |
| **1322** | 75 C | mehrfarbig (B) (R) | anp | 0,80 | 0,30 |
| | | Satzpreis (3 W.) | | 2,— | 0,80 |
| | | FDC | | | 2,50 |

Jede fünfte Rollenmarke trägt rückseitig eine schwarze Zählnummer.

Auflagen: MiNr. 1320 = 9.453.400, MiNr. 1322 = 7.833.250, MiNr. 1321 = 9.141.850 Stück

*Gültig bis 31.10.2013*

**1987, 1. Sept. Rotes Kreuz: Dienste des Hilfswerkes des Roten Kreuzes. RaTdr.; Papier ph.; A = gez. K 14:12¾, C = waagerecht, D = nur oben gez. 13½.**

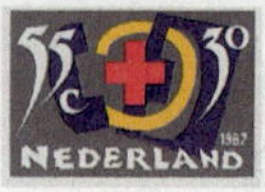

anr) Telefonkreis

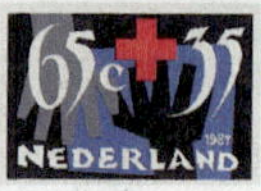

ans) Wohlfahrtspflege

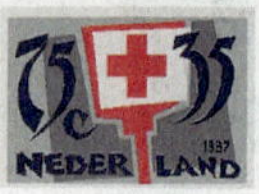

ant) Bluttransfusion

| | | | | | | |
|---|---|---|---|---|---|---|
| **1323** | | 55 C | + 30 (C) mehrfarbig | anr | | |
| | **A** | | vierseitig gez. | | 1,— | 0,70 |
| | **C** | | waagerecht gez. | | 0,50 | 0,30 |
| **1324** | **A** | 65 C | + 35 (C) mehrfarbig | ans | 1,— | 0,80 |
| **1325** | | 75 C | + 35 (C) mehrfarbig | ant | | |
| | **A** | | vierseitig gez. | | 1,— | 0,50 |
| | **C** | | waagerecht gez. | | 3,50 | 3,— |
| | **D** | | nur oben gez. | | 2,— | 1,20 |
| | | | Satzpreis A (3 W.) | | 3,— | 2,— |
| | | | FDC | | | 4,— |
| | | | Paar 1325 C/D | | 6,— | 5,— |

MiNr. 1323 C, 1325 C und 1325 D stammen aus MH 37.

Auflagen: MiNr. 1323 A = 1.176.669, MiNr. 1323 C = 1.952.556, MiNr. 1324 A = 1.753.342, MiNr. 1325 A = 2.032.099, MiNr. 1325 C und 1325 D je 976.278 Stück

*Gültig bis 31.10.2013*

**1987, 6. Okt. 75 Jahre Vereinigung der Niederländischen Gemeinden. Odr.; Papier ph.; gez. K 12¾:14.**

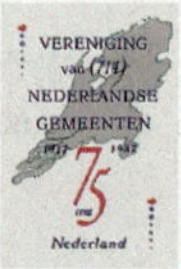

anu) Landkarte der Niederlande

| | | | | | |
|---|---|---|---|---|---|
| **1326** | 75 C | mehrfarbig | anu | 0,80 | 0,30 |
| | | FDC | | | 1,50 |

Auflage: 9.934.910 Stück

*Gültig bis 31.10.2013*

**1987, 27. Okt. Restaurierung des Noordeinde-Palastes, Den Haag. RaTdr., Bogen (10×10) und Rolle; Papier ph.; gez. K 14:12¾.**

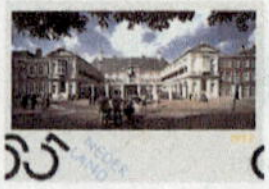

anv) Noordeinde-Palast

| | | | | | |
|---|---|---|---|---|---|
| **1327** | 65 C | mehrfarbig | anv | 0,70 | 0,30 |
| | | FDC | | | 1,50 |

Jede fünfte Rollenmarke trägt rückseitig eine schwarze Zählnummer.

Auflage: 34.319.700 Stück

*Gültig bis 31.10.2013*

**1987, 11. Nov. „Voor het Kind": Kind und Beruf. Odr.; Papier ph.; gez. K 12¾:14, Querformat ∼.**

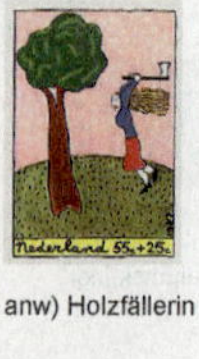

anw) Holzfällerin

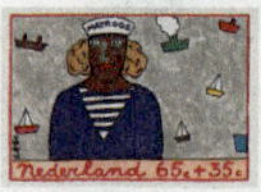

anx) Matrosin

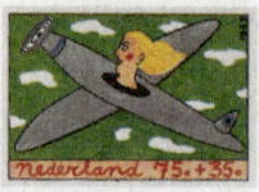

any) Pilotin

| | | | | | |
|---|---|---|---|---|---|
| **1328** | 55 C | + 25 C mehrfarbig | anw | 1,— | 0,60 |
| **1329** | 65 C | + 35 C mehrfarbig | anx | 1,— | 0,60 |
| **1330** | 75 C | + 35 C mehrfarbig | any | 1,— | 0,50 |
| | | Satzpreis (3 W.) | | 3,— | 1,70 |
| | | FDC | | | 3,50 |

**Blockausgabe mit 1 × MiNr. 1328 und 2 × MiNr. 1329–1330**

| | | | |
|---|---|---|---|
| **Block 30** (150×72 mm) | anz | 5,— | 4,— |
| | FDC | | 5,— |

Auflagen: MiNr. 1328 = 1.953.408, MiNr. 1329 = 2.012.772, MiNr. 1330 = 2.196.023 Stück, Bl. 30 = 3.930.602 Blocks

*Gültig bis 31.10.2013*

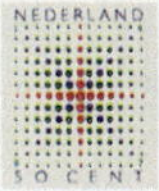


**1987, 1. Dez. Dezembermarken. RaTdr., Markenheftchen (2×10); Papier ph.; D = dreiseitig gez. 13½:12¾.**

aoa) Stern

| | | | | | |
|---|---|---|---|---|---|
| **1331** | | 50 C blau/grün/rot | aoa | | |
| | **Dl** | dreiseitig gez. (⌑) | | 0,90 | 0,30 |
| | **Dr** | dreiseitig gez. (⌑) | | 0,90 | 0,30 |
| **1332** | | 50 C rot/blau/gelb | aoa | | |
| | **Dl** | dreiseitig gez. (⌑) | | 0,90 | 0,30 |
| | **Dr** | dreiseitig gez. (⌑) | | 0,90 | 0,30 |
| **1333** | | 50 C blau/gelb/rot | aoa | | |
| | **Dl** | dreiseitig gez. (⌑) | | 0,90 | 0,30 |
| | **Dr** | dreiseitig gez. (⌑) | | 0,90 | 0,30 |
| **1334** | | 50 C rot/grün/gelb | aoa | | |
| | **Dl** | dreiseitig gez. (⌑) | | 0,90 | 0,30 |
| | **Dr** | dreiseitig gez. (⌑) | | 0,90 | 0,30 |
| **1335** | | 50 C grün/rot/blau | aoa | | |
| | **Dl** | dreiseitig gez. (⌑) | | 0,90 | 0,30 |
| | **Dr** | dreiseitig gez. (⌑) | | 0,90 | 0,30 |
| | | Satzpreis (5 W.) | | 4,50 | 1,50 |
| | | FDC | | | 3,20 |
| | | Paar 1331 Dl/Dr | | 2,— | 2,— |
| | | Paar 1332 Dl/Dr | | 2,— | 2,— |
| | | Paar 1333 Dl/Dr | | 2,— | 2,— |
| | | Paar 1334 Dl/Dr | | 2,— | 2,— |
| | | Paar 1335 Dl/Dr | | 2,— | 2,— |

Die Farbangaben wurden in der Reihenfolge Landesnamen-Jahreszahl-stehendes Kreuz vorgenommen.

MiNr. 1331–1335 stammen aus MH 38.

Auflage: 7.320.511 Markenheftchen

*Gültig bis 31.10.2013*

**1988, 23. Febr. Internationale Briefmarkenausstellung FILACEPT '88, Den Haag (I). Odr.; Papier ph.; gez. K 13¼:12¾.**

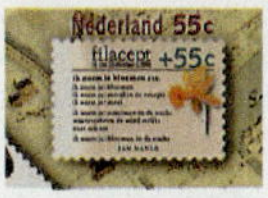


aob) Narcissus cyclamineus „Peeping Tom“, Gedicht „Ik noem je bloemen etc.“ von Jan Hanlo (1912–1969)

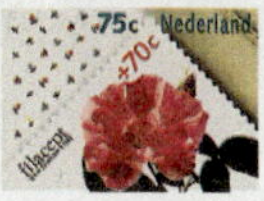


aoc) Rosa gallica „Versicolor“ (Detail), Gemälde von Daan van Golden (1936–2017)

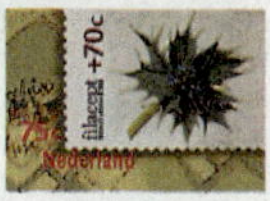


aod) Blaue Stranddistel (Eryngium maritimum), Detail eines Stadtplans von Den Haag (1270)

| | | | | |
|---|---|---|---|---|
| **1336** | 55 C + 55 C mehrfarbig | aob | 1,— | 1,— |
| **1337** | 75 C + 70 C mehrfarbig | aoc | 1,50 | 1,40 |
| **1338** | 75 C + 70 C mehrfarbig | aod | 1,50 | 1,40 |
| | Satzpreis (3 W.) | | 4,— | 3,80 |
| | FDC | | | 5,— |

MiNr. 1336–1338 stammen auch aus Bl. 31 (siehe nach MiNr. 1352).

Auflagen: MiNr. 1336 = 1.653.976, MiNr. 1337 = 1.657.869, MiNr. 1338 = 1.650.750 Stück

*Gültig bis 31.10.2013*

**1988, 22. März. Sommermarken zugunsten sozialer und kultureller Einrichtungen: 150 Jahre Amsterdamer Zoo „Artis“. RaTdr.; Papier ph.; A = gez. K 14:12¾, Hochformat ~, C = waagerecht, D = senkrecht, E = nur links gez. 13½.**

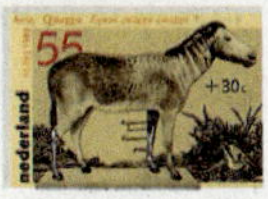


aoe) Quagga (Equus quagga quagga)

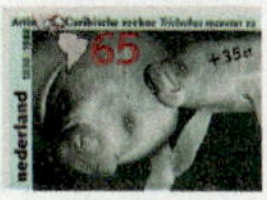


aof) Nagel-Manati (Trichechus manatus)

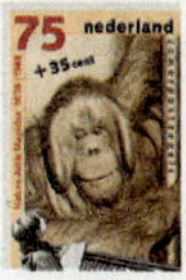


aog) Orang-Utan (Pongo pygmaeus)

| | | | | | |
|---|---|---|---|---|---|
| **1339** | | 55 (C) + 30 C mehrfarbig | aoe | | |
| | **A** | vierseitig gez. | | 1,— | 0,80 |
| | **C** | waagerecht gez. | | 0,50 | 0,30 |
| **1340** | **A** | 65 (C) + 35 C mehrfarbig | aof | 1,— | 1,— |
| **1341** | | 75 (C) + 35 C mehrfarbig | aog | | |
| | **A** | vierseitig gez. | | 1,— | 0,80 |
| | **D** | senkrecht gez. | | 4,50 | 3,50 |
| | **E** | nur links gez. | | 2,— | 1,50 |
| | | Satzpreis A (3 W.) | | 3,— | 2,60 |
| | | FDC | | | 4,— |
| | | Paar 1341 D/E | | 7,— | 6,— |

MiNr. 1339 C, 1341 D und 1341 E stammen aus MH 39.

Auflagen: MiNr. 1339 A = 1.591.486, MiNr. 1339 C = 1.786.134, MiNr. 1340 A = 1.579.776, MiNr. 1341 A = 1.795.152, MiNr. 1341 D und 1341 E je 893.067 Stück

*Gültig bis 31.10.2013*

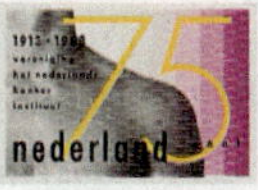


**1988, 19. April. 75 Jahre Niederländisches Krebsinstitut, Amsterdam. Odr.; Papier ph.; gez. K 13¼:12¾.**

aoh) Schulterpartie des menschlichen Körpers

| | | | | |
|---|---|---|---|---|
| **1342** | 75 C mehrfarbig | aoh | 0,80 | 0,30 |
| | FDC | | | 1,50 |

Auflage: 10.868.800 Stück

*Gültig bis 31.10.2013*

**1988, 17. Mai. Europa: Transport- und Kommunikationsmittel. Odr.; Papier ph.; gez. K 12¾:13¼, Querformat ~.**

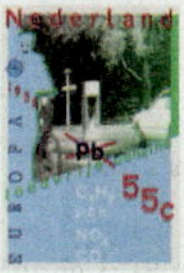


aoi) Radfahrer, Auto (Bleifreies Benzin)

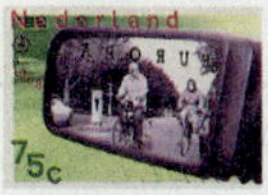


aok) Radfahrer im Außenspiegel eines Autos

| | | | | |
|---|---|---|---|---|
| **1343** | 55 C mehrfarbig | aoi | 1,— | 0,40 |
| **1344** | 75 C mehrfarbig | aok | 1,— | 0,40 |
| | Satzpreis (2 W.) | | 2,— | 0,80 |
| | FDC | | | 2,50 |

Auflagen: MiNr. 1343 = 11.447.100, MiNr. 1344 = 11.448.600 Stück

*Gültig bis 31.10.2013*

**1988, 14. Juni. 300. Jahrestag der Glorreichen Revolution in England. MiNr. 1345 Odr., MiNr. 1346 RaTdr.; Papier ph.; gez. K 14:12¾.**

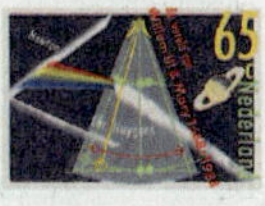


aol) Newtonsche Lichtbrechung; Pendeluhr von Christiaan Huygens; Saturn, entdeckt von Huygens

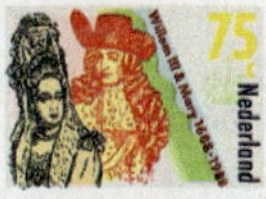


aom) König Willem III. von Oranien (1650–1702, reg. ab 1689) und Königin Maria II. Stuart (1662–1694, reg. ab 1689)

| | | | | |
|---|---|---|---|---|
| **1345** | 65 C mehrfarbig | aol | 0,70 | 0,30 |
| **1346** | 75 C mehrfarbig | aom | 0,80 | 0,30 |
| | | Satzpreis (2 W.) | 1,50 | 0,50 |
| | | FDC | | 1,70 |

Auflagen: MiNr. 1345 = 10.000.000, MiNr. 1346 = 12.000.000 Stück

*Gültig bis 31.10.2013*

**1988, 5. Juli. Moderne Gemälde. Odr.; Papier ph.; gez. K 13¼:12¾.**

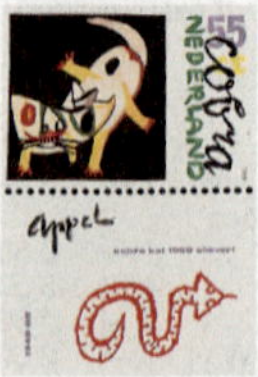


aon) COBRA-Katze; von Karel Appel (1921–2006) Zierfeld

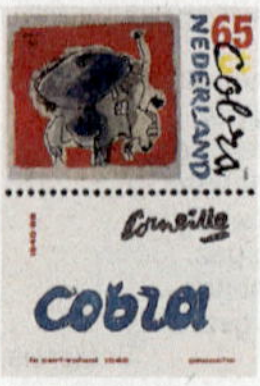


aoo) Der Papierdrachen; von Corneille (1922–2010) Zierfeld

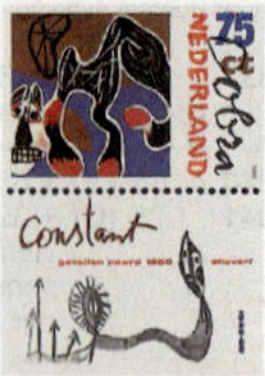


aop) Gestürztes Pferd; von Constant (1920–2005) Zierfeld

| | | | | |
|---|---|---|---|---|
| **1347** | 55 C mehrfarbig | aon | 0,50 | 0,30 |
| **1348** | 65 C mehrfarbig | aoo | 0,70 | 0,50 |
| **1349** | 75 C mehrfarbig | aop | 0,80 | 0,60 |
| | | Satzpreis (3 W.) | 2,— | 1,40 |
| | | 1347 Zf–1349 Zf | 2,50 | 2,— |
| | | FDC | | 3,50 |

Auflagen: MiNr. 1347 = 8.000.000, MiNr. 1348 = 7.000.000, MiNr. 1349 = 10.000.000 Stück

*Gültig bis 31.10.2013*

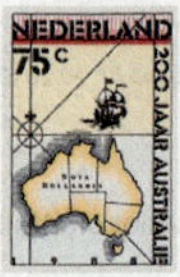


**1988, 30. Aug. 200. Jahrestag der Kolonisation von Australien. RaTdr., Bogen (10×10) und Rolle; Papier ph.; gez. K 12¾:14.**

aor) Karte Australiens, Segelschiff

| | | | | |
|---|---|---|---|---|
| **1350** | 75 C mehrfarbig | aor | 0,90 | 0,30 |
| | | FDC | | 1,50 |

Jede fünfte Rollenmarke trägt rückseitig eine schwarze Zählnummer.

Auflage: 12.708.400 Stück

*Gültig bis 31.10.2013*

**1988, 27. Sept. 75 Jahre Erasmus-Universität, Rotterdam; 100 Jahre Concertgebouw und Concertgebouw-Orchester, Amsterdam. Odr.; Papier ph.; gez. K 12¾:13¼.**

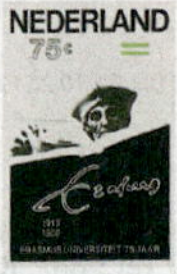


aos) Erasmus-Denkmal, Rotterdam

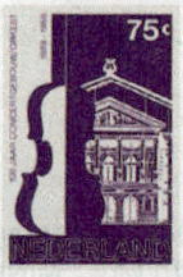


aot) Korpus eines Streichinstrumentes; Concertgebouw, Amsterdam

| | | | | |
|---|---|---|---|---|
| **1351** | 75 C schwarzbläulichgrün/gelbgrün | aos | 0,80 | 0,30 |
| **1352** | 75 C lebhaftpurpurviolett | aot | 0,80 | 0,30 |
| | | Satzpreis (2 W.) | 1,50 | 0,50 |
| | | FDC | | 2,20 |

Auflagen: MiNr. 1351 = 9.928.000, MiNr. 1352 = 9.881.600 Stück

*Gültig bis 31.10.2013*

**1988, 18. Okt. Blockausgabe: Internationale Briefmarkenausstellung FILACEPT '88, Den Haag (II). Odr.; Papier ph.; gez. Ks 13¼:12¾.**

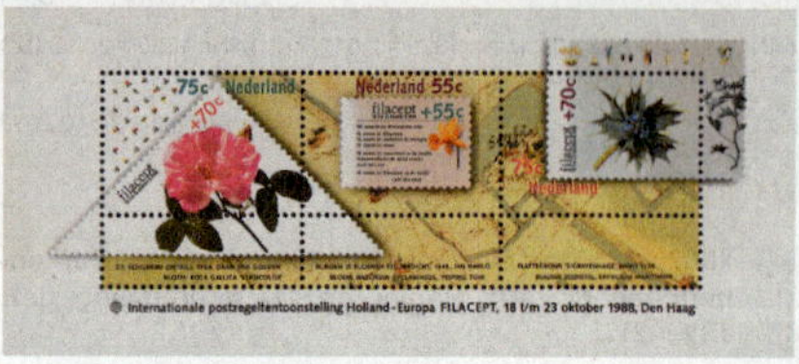


aou

aoc aob aod

aob) Narcissus cyclamineus „Peeping Tom", Gedicht „Ik noem je bloemen etc." von Jan Hanlo (1912–1969)
aoc) Rosa gallica „Versicolor" (Detail), Gemälde von Daan van Golden (1936–2017)
aod) Blaue Stranddistel (Eryngium maritimum), Detail eines Stadtplans von Den Haag (1270)

| | | | | |
|---|---|---|---|---|
| **Block 31** | mit MiNr. 1336–1338 (144×62 mm) | aou | 4,50 | 4,— |
| | | FDC | | 5,— |

Auflage: 1.156.077 Blocks

*Gültig bis 31.10.2013*

**1988, 16. Nov. „Voor het Kind": Das Kind und das Wasser. RaTdr.; Papier ph.; gez. K 14:12¾.**

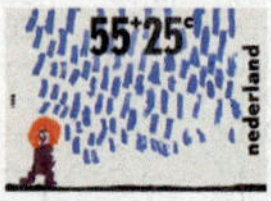


aov) Regen

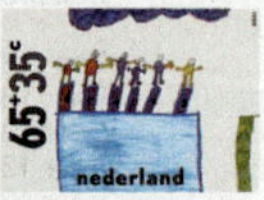


aow) Wettschwimmen

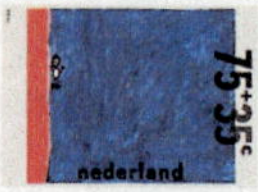


aox) Schwimmprüfung

| | | | | |
|---|---|---|---|---|
| **1353** | 55 (C) + 25 C mehrfarbig | aov | 0,80 | 0,70 |
| **1354** | 65 (C) + 35 C mehrfarbig | aow | 1,— | 0,60 |
| **1355** | 75 (C) + 35 C mehrfarbig | aox | 1,— | 0,40 |
| | | Satzpreis (3 W.) | 2,80 | 1,70 |
| | | FDC | | 3,— |

**Blockausgabe mit 1 × MiNr. 1353 und 2 × MiNr. 1354–1355**

| | | | | |
|---|---|---|---|---|
| **Block 32** | (70×149 mm) | aoy | 5,— | 4,50 |
| | | FDC | | 5,50 |

Auflagen: MiNr. 1353 = 1.882.567, MiNr. 1354 = 1.935.272, MiNr. 1355 = 2.173.579 Stück, Bl. 32 = 3.868.565 Blocks

*Gültig bis 31.10.2013*

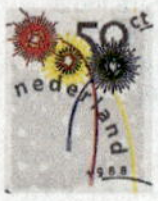


**1988, 1. Dez. Dezembermarke. RaTdr. (5×4); Papier ph.; gez. K 13½:12½.**

aoz) Feuerwerk

| | | | | |
|---|---|---|---|---|
| **1356** | 50 C mehrfarbig | aoz | 0,70 | 0,30 |
| | | FDC | | 1,— |
| | | Bogen | 14,— | 14,— |

MiNr. 1356 wurde von der Post nur im kompletten Bogen abgegeben.

Auflage: 143.751.232 Stück

*Gültig bis 31.10.2013*

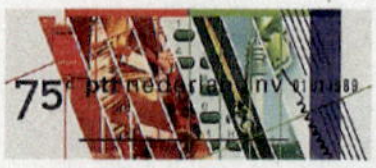


**1989, 3. Jan. Privatisierung der niederländischen Post (PTT). Komb. StTdr. und Odr.; Papier ph.; gez. K 12¾:13½.**

apa) Darstellungen aus dem Post- und Fernmeldewesen

| | | | | |
|---|---|---|---|---|
| **1357** | 75 C mehrfarbig | apa | 1,— | 0,30 |
| | | FDC | | 1,50 |

Auflage: 24.320.150 Stück

*Gültig bis 31.10.2013*

**1989, 7. Febr. Gewerkschaften. MiNr. 1358 Odr., Papier ph., gez. K 12¾:13¼; MiNr. 1359 RaTdr., Papier ph., gez. K 12¾:14.**

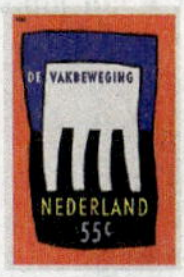


apb) Solidarität

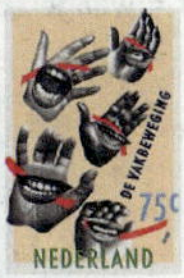


apc) Die mündigen Gewerkschaften

| | | | | | |
|---|---|---|---|---|---|
| **1358** | 55 C mehrfarbig | apb | 0,70 | 0,30 |
| **1359** | 75 C mehrfarbig | apc | 0,80 | 0,30 |
| | | Satzpreis (2 W.) | 1,50 | 0,50 |
| | | FDC | | 1,70 |

Auflagen: MiNr. 1358 = 8.298.350, MiNr. 1359 = 11.781.200 Stück

*Gültig bis 31.10.2013*

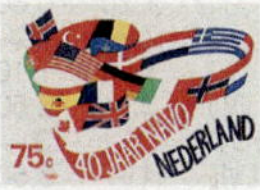


**1989, 14. März. 40 Jahre Nordatlantikpakt (NATO). Odr.; Papier ph.; gez. K 14:12¾.**

apd) Flaggen der NATO-Staaten

| | | | | |
|---|---|---|---|---|
| **1360** | 75 C mehrfarbig | apd | 0,80 | 0,30 |
| | | FDC | | 1,50 |

Auflage: 12.122.300 Stück

*Gültig bis 31.10.2013*

**1989, 11. April. Sommermarken zugunsten sozialer und kultureller Einrichtungen: Historische Schiffe. RaTdr.; Papier ph.; A = gez. K 12¾:14, Querformate ~, C = senkrecht, D = waagerecht, E = nur oben gez. 13½.**

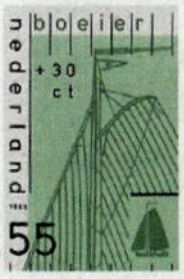


ape

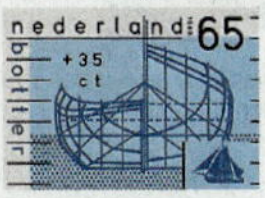


apf

apg

ape–apg) Konstruktionszeichnungen verschiedener Schiffe

| | | | | | |
|---|---|---|---|---|---|
| **1361** | | 55 (C) + 30 C schwarz/hellsmaragdgrün | ape | | |
| | A | vierseitig gez. | | 0,80 | 0,70 |
| | C | senkrecht gez. | | 1,20 | 1,— |
| **1362** | | 65 (C) + 35 C schwarz/lebhaftkobalt | apf | | |
| | A | vierseitig gez. | | 1,— | 0,80 |
| | D | waagerecht gez. | | 2,— | 1,70 |
| **1363** | | 75 (C) + 35 C schwarz/graulila | apg | | |
| | A | vierseitig gez. | | 1,20 | 1,— |
| | D | waagerecht gez. | | 2,— | 2,— |
| | E | nur oben gez. | | 1,50 | 1,20 |
| | | | Satzpreis A (3 W.) | 3,— | 2,50 |
| | | | FDC | | 4,— |
| | | | Paar 1363 D/E | 3,50 | 3,— |

MiNr. 1361 C, 1362 D, 1363 D und 1363 E stammen aus MH 40.

Auflagen: MiNr. 1361 A = 1.766.015, MiNr. 1361 C = 976.008, MiNr. 1362 A = 1.764.623, MiNr. 1362 D = 976.008, MiNr. 1363 A = 1.975.425, MiNr. 1363 D und 1363 E je 976.008 Stück

*Gültig bis 31.10.2013*

**1989, 9. Mai. Europa: Kinderspiele. Odr.; Papier ph.; gez. K 13¼:12¾.**

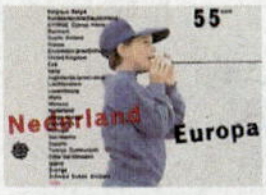


aph) Junge mit Schnurtelefon, Namen der CEPT-Länder in der jeweiligen Landessprache

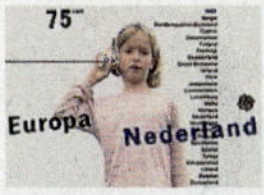


api) Mädchen mit Schnurtelefon, Namen der CEPT-Länder in niederländischer Sprache

| | | | | |
|---|---|---|---|---|
| **1364** | 55 C mehrfarbig | aph | 1,— | 0,50 |
| **1365** | 75 C mehrfarbig | api | 1,— | 0,50 |
| | | Satzpreis (2 W.) | 2,— | 1,— |
| | | FDC | | 2,50 |

Auflagen: MiNr. 1364 = 8.462.600, MiNr. 1365 = 12.286.750 Stück

*Gültig bis 31.10.2013*

**1989, 20. Juni. 150 Jahre Eisenbahn in den Niederlanden. Odr.; Papier ph.; gez. K 13¼:12¾.**

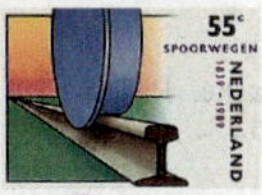


apk) Rad auf Eisenbahnschiene

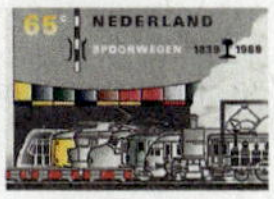


apl) Lokomotiven

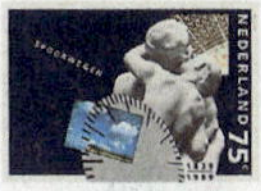


apm) Skulptur, Bahnhofsuhr

| | | | | |
|---|---|---|---|---|
| **1366** | 55 C mehrfarbig | apk | 0,60 | 0,30 |
| **1367** | 65 C mehrfarbig | apl | 0,60 | 0,30 |
| **1368** | 75 C mehrfarbig | apm | 0,80 | 0,40 |
| | | Satzpreis (3 W.) | 2,— | 1,— |
| | | FDC | | 2,50 |

Auflagen: MiNr. 1366 = 9.128.300, MiNr. 1367 = 11.632.450, MiNr. 1368 = 12.240.800 Stück

*Gültig bis 31.10.2013*

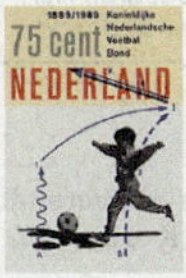


**1989, 5. Sept. 100 Jahre Königlich-Niederländischer Fußballbund (KNVB). RaTdr., Bogen (10 × 10) und Rolle; Papier ph.; gez. K 12¾:14.**

apn) Junge mit Fußball; schematische Darstellung eines Spielzuges

| | | | | |
|---|---|---|---|---|
| **1369** | 75 C mehrfarbig | apn | 0,80 | 0,30 |
| | | FDC | | 1,60 |

Jede fünfte Rollenmarke trägt rückseitig eine schwarze Zählnummer.

Auflage: 25.821.700 Stück

*Gültig bis 31.10.2013*

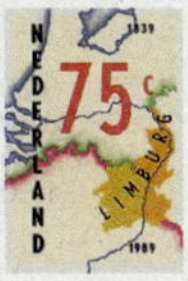


**1989, 2. Okt. 150 Jahre Provinz Limburg. Odr.; Papier ph.; gez. K 12¾:14.**

apo) Landkarte

| | | | | |
|---|---|---|---|---|
| **1370** | 75 C mehrfarbig | apo | 0,80 | 0,30 |
| | | FDC | | 1,30 |

Auflage: 14.862.500 Stück

*Gültig bis 31.10.2013*

*Parallelausgabe mit Belgien MiNr. 2390*

**1989, 8. Nov. „Voor het Kind": Das Kind und seine Rechte. Odr.; Papier ph.; A = gez. K 13¼:12¾.**

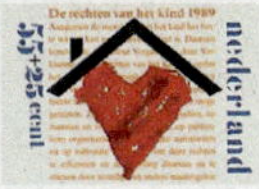


app) Recht auf Obdach

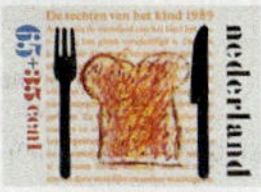


apr) Recht auf Nahrung

aps) Recht auf Bildung

| | | | | | |
|---|---|---|---|---|---|
| **1371** | A | 55 (C) + 25 C mehrfarbig | app | 0,70 | 0,70 |
| **1372** | A | 65 (C) + 35 C mehrfarbig | apr | 0,90 | 0,60 |
| **1373** | A | 75 (C) + 35 C mehrfarbig | aps | 0,90 | 0,50 |
| | | | Satzpreis (3 W.) | 2,50 | 1,80 |
| | | | FDC | | 3,20 |

**Blockausgabe mit 1 × MiNr. 1371 C und 2 × MiNr. 1372 C–1373 C, C = gez. K 14:12¾**

| | | | | |
|---|---|---|---|---|
| **1371 C** | 55 (C) + 25 C mehrfarbig ...... | app | 0,50 | 0,50 |
| **1372 C** | 65 (C) + 35 C mehrfarbig ...... | apr | 0,70 | 0,50 |
| **1373 C** | 75 (C) + 35 C mehrfarbig ...... | aps | 0,70 | 0,50 |
| **Block 33** | (72×150 mm) ......... | apt | 4,50 | 4,— |
| | | FDC | | 5,50 |

Auflagen: MiNr. 1371 A = 1.800.676, MiNr.1372 A = 2.166.541, MiNr. 1373 A = 2.348.315 Stück, Bl. 33 = 4.098.443 Blocks

*Gültig bis 31.10.2013*

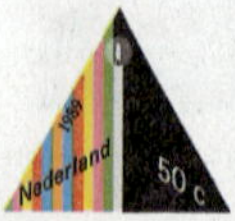

**1989, 30. Nov. Dezembermarke. RaTdr. (20); Papier ph.; gez. K 12¼:12¾:12¼.**

apu) Kerze

| | | | | |
|---|---|---|---|---|
| **1374** | 50 C mehrfarbig ..................... | apu | 0,70 | 0,30 |
| | | FDC | | 1,20 |
| | | Bogen | 14,— | 14,— |

MiNr. 1374 wurde von der Post nur im kompletten Bogen abgegeben.

Auflage: 157.823.360 Stück

*Gültig bis 31.10.2013*

Ab MiNr. 1375 sind alle Ausgaben – wenn nicht ausdrücklich anders angegeben – auf phosphoreszierendem Papier gedruckt.

**1990, 6. Febr. 400 Jahre Botanischer Garten der Universität Leiden; 100 Jahre Arbeitsinspektion. Odr.; gez. K 12¾:13¼, Querformat ~.**

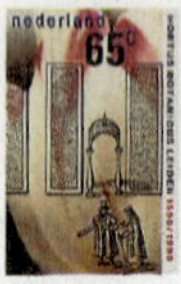

apv) Zeichnung des Botanischen Gartens (1601); Tulpe „Wapen van Leyden"

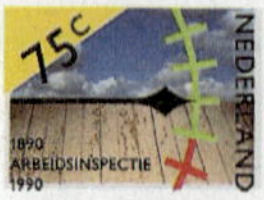

apw) Das Messen der Arbeitsbedingungen (Symbolische Darstellung)

| | | | | |
|---|---|---|---|---|
| **1375** | 65 C mehrfarbig .................... | apv | 0,70 | 0,30 |
| **1376** | 75 C mehrfarbig .................... | apw | 0,80 | 0,30 |
| | Satzpreis (2 W.) | | 1,50 | 0,50 |
| | | FDC | | 1,60 |

Auflagen: MiNr. 1375 = 9.748.250, MiNr. 1376 = 14.212.550 Stück

*Gültig bis 31.10.2013*

**1990, 6. März. 100. Todestag von Vincent van Gogh. Odr.; gez. K 12¾:13¼.**

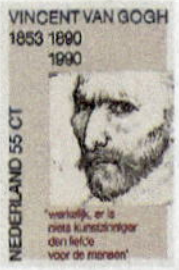

apx) Selbstbildnis (Detail); Bleistiftzeichnung

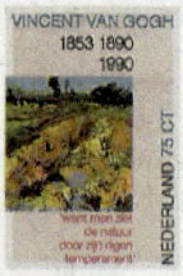

apy) Grüner Weinberg (Detail); Gemälde

apx–apy) Werke von Vincent van Gogh (1853–1890)

| | | | | |
|---|---|---|---|---|
| **1377** | 55 C mehrfarbig .................... | apx | 0,70 | 0,30 |
| **1378** | 75 C mehrfarbig .................... | apy | 0,90 | 0,30 |
| | Satzpreis (2 W.) | | 1,60 | 0,50 |
| | | FDC | | 5,— |

Auflagen: MiNr. 1377 = 11.734.200, MiNr. 1378 = 16.218.150 Stück

*Gültig bis 31.10.2013*

**1990, 3. April. Sommermarken zugunsten sozialer und kultureller Einrichtungen: Das Wetter. Odr.; A = vierseitig gez. K 14:12¾, Hochformate ~, C = waagerecht, D = senkrecht, E = nur links gez. 13½.**

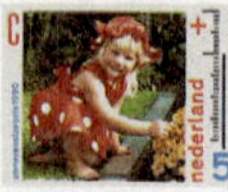

apz) Blumenpflückendes Mädchen

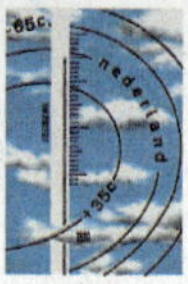

ara) Wolkenformation, Isobaren

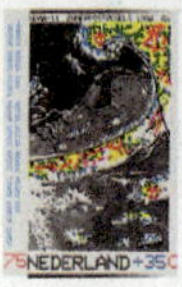

arb) Wetterkarte

| | | | | | |
|---|---|---|---|---|---|
| **1379** | 55 C | + 30 C mehrfarbig .......... | apz | | |
| | A | vierseitig gez. ................ | | 0,80 | 0,80 |
| | C | waagerecht gez. ............... | | 1,20 | 1,— |
| **1380** | 65 C | + 35 C mehrfarbig .......... | ara | | |
| | A | vierseitig gez. ................ | | 1,— | 0,90 |
| | D | senkrecht gez. ................ | | 2,— | 1,70 |
| **1381** | 75 (C) | + 35 C mehrfarbig .......... | arb | | |
| | A | vierseitig gez. ................ | | 1,20 | 0,80 |
| | D | senkrecht gez. ................ | | 2,20 | 2,— |
| | E | nur links gez. ................ | | 1,50 | 1,10 |
| | | Satzpreis A (3 W.) | | 3,— | 2,50 |
| | | | FDC | | 3,— |
| | | Paar 1381 D/E | | 4,— | 3,50 |

MiNr. 1379 C, 1380 D und 1381 D/E stammen aus MH 41.

Auflagen: MiNr. 1379 A = 2.508.235, MiNr. 1379 C = 1.017.349, MiNr. 1380 A = 1.846.216, MiNr. 1380 D = 1.017.349, MiNr. 1381 A = 2. 064.796, MiNr. 1381 D und E je 1.017.349 Stück

*Gültig bis 31.10.2013*

**1990, 8. Mai. 50. Jahrestag des deutschen Luftangriffs auf Rotterdam. Odr.; gez. K 13¼:12¾.**

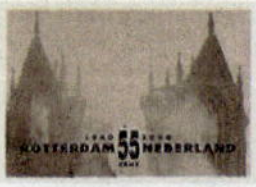

arc) Ruine der Zuiderkerk

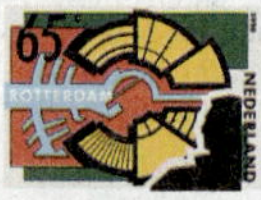

ard) „Die Stadt als Podium" (Gegenwart)

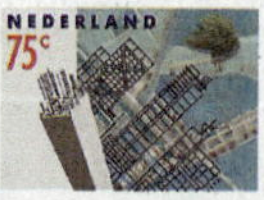

are) Zukünftige Stadtentwicklung

| | | | | |
|---|---|---|---|---|
| **1382** | 55 C mehrfarbig .................... | arc | 0,60 | 0,30 |
| **1383** | 65 C mehrfarbig .................... | ard | 0,70 | 0,30 |
| **1384** | 75 C mehrfarbig .................... | are | 0,70 | 0,40 |
| | Satzpreis (3 W.) | | 2,— | 1,— |
| | | FDC | | 2,50 |

Auflagen: MiNr. 1382 = 10.384.400, MiNr. 1383 = 13.501.250, MiNr. 1384 = 15.922.300 Stück

*Gültig bis 31.10.2013*

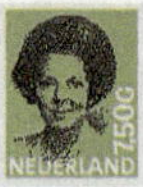

**1990, 29. Mai. Freimarke: Königin Beatrix. RaTdr.; gez. K 13½:12¾.**

ahw) Königin Beatrix (*1938, reg. 1980–2013)

| | | | | |
|---|---|---|---|---|
| **1385** | 7.50 G lebhaftolivgrün/schwarz ....... | ahw | 7,50 | 3,— |
| | | FDC | | 7,50 |

*Gültig bis 31.10.2013*

*Weitere Werte siehe Übersicht nach Jahrgangswerttabelle.*

**1990, 12. Juni. Europa: Postalische Einrichtungen. Odr.; gez. K 13:12¾.**

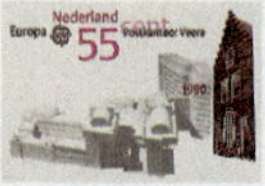

arf

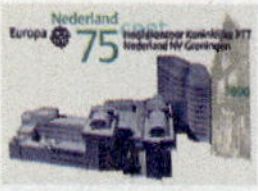

arg

arf–arg) Postamt Veere, Hauptgeschäftsstelle der Königlichen PTT Nederland N.V. in Groningen

| | | | | | |
|---|---|---|---|---|---|
| **1386** | 55 C mehrfarbig | arf | 1,— | 0,50 |
| **1387** | 75 C mehrfarbig | arg | 1,— | 0,50 |
| | Satzpreis (2 W.) | | 2,— | 1,— |
| | FDC | | | 2,— |

Auflagen: MiNr. 1386 = 10.658.750, MiNr. 1387 = 14.104.700 Stück

*Gültig bis 31.10.2013*

**1990, 3. Juli. Schifffahrt: V.O.C.-Schiffe und SAIL '90, Amsterdam; Odr.; gez. K 12¾:13½.**

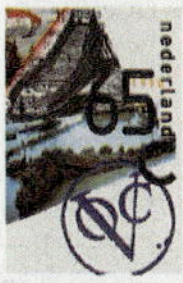


arh) Bau eines Schiffes der V.O.C. (Verenigde Oostindische Compagnie) im 17.Jh., Wrack der „Amsterdam" vor Hastings

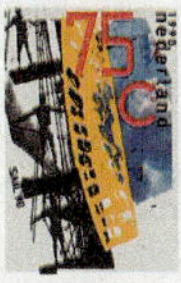


ari) Takelage eines Windjammers

| | | | | | |
|---|---|---|---|---|---|
| **1388** | 65 C mehrfarbig | arh | 0,70 | 0,30 |
| **1389** | 75 C mehrfarbig | ari | 0,80 | 0,30 |
| | Satzpreis (2 W.) | | 1,50 | 0,60 |
| | FDC | | | 2,— |

Auflagen: MiNr. 1388 = 11.279.400, MiNr. 1389 = 15.822.200 Stück

*Gültig bis 31.10.2013*

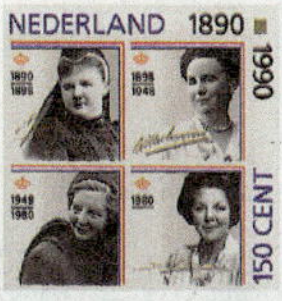


**1990, 5. Sept. 100 Jahre Königinnen aus dem Hause Oranien. Odr.; gez. K 13¼.**

ark) Königinnen Emma (reg. 1890–1898), Wilhelmina (reg. 1898–1948), Juliana (reg. 1948–1980) und Beatrix (reg. 1980–2013)

| | | | | | |
|---|---|---|---|---|---|
| **1390** | 150 C mehrfarbig | ark | 1,70 | 1,— |
| | FDC | | | 2,20 |

Auflage: 6.992.350 Stück

*Gültig bis 31.10.2013*

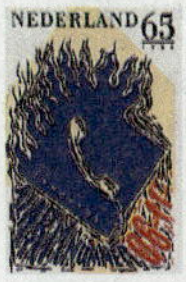


**1990, 9. Okt. Einführung der einheitlichen Notrufnummer „06-11". RaTdr.; gez. K 12¾:14.**

arl) Brandstelle, Notrufnummer, Telefon

| | | | | | |
|---|---|---|---|---|---|
| **1391** | 65 C mehrfarbig | arl | 0,70 | 0,30 |
| | FDC | | | 1,50 |

Auflage: 14.609.100 Stück

*Gültig bis 31.10.2013*

**1990, 7. Nov. „Voor het Kind": Das Kind und seine Hobbys. Odr.; A = gez. K 13¼:12¾, C = gez. K 14:12¾.**

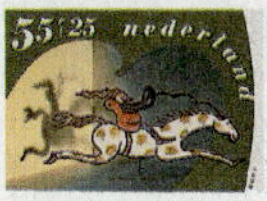


arm) Reitendes Kind

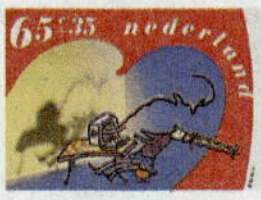


arn) Mädchen am Computer

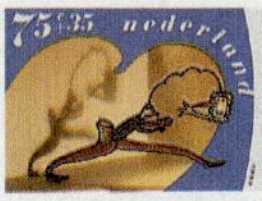


aro) Briefmarkensammler

| | | | | | |
|---|---|---|---|---|---|
| **1392 A** | 55 C + 25 (C) mehrfarbig | arm | 0,80 | 0,70 |
| **1393 A** | 65 C + 35 (C) mehrfarbig | arn | 1,— | 0,60 |
| **1394 A** | 75 C + 35 (C) mehrfarbig | aro | 1,— | 0,40 |
| | Satzpreis (3 W.) | | 2,80 | 1,70 |
| | FDC | | | 4,— |

**Blockausgabe mit 1 × MiNr. 1392 C, 2 × MiNr. 1393 C und 2 × MiNr. 1394 C**

| | | | | | |
|---|---|---|---|---|---|
| **1392 C** | 55 C + 25 (C) mehrfarbig | arm | 0,80 | 0,50 |
| **1393 C** | 65 C + 35 (C) mehrfarbig | arn | 1,— | 0,50 |
| **1394 C** | 75 C + 35 (C) mehrfarbig | aro | 1,— | 0,70 |
| **Block 34** | (71×150 mm) | arp | 5,— | 4,50 |
| | FDC | | | 6,— |

Auflagen: MiNr. 1392 A = 2.623.390, MiNr. 1393 A = 2.574.726, MiNr. 1459 A = 2.566.670 Stück, Bl. 34 = 3.918.604 Blocks

*Gültig bis 31.10.2013*

**1990, 29. Nov. Dezembermarke. RaTdr. (5×4); gez. K 14.**

arr) Inschrift

| | | | | | |
|---|---|---|---|---|---|
| **1395** | 50 C mehrfarbig | arr | 0,60 | 0,30 |
| | Bogen | | 12,— | 12,— |

MiNr. 1395 wurde von der Post nur im kompletten Bogen zu 20 Marken abgegeben.

Auflage: 166.045.792 Stück

*Gültig bis 31.10.2013*

**1991, 30. Jan. Umweltschutz. Odr.; gez. K 13¼:12¾.**

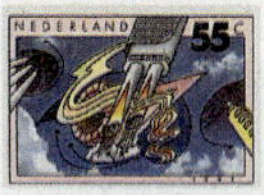


ars) Luftverschmutzung

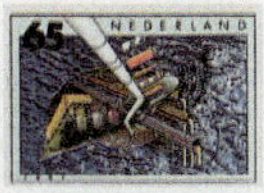


art) Wasserverschmutzung

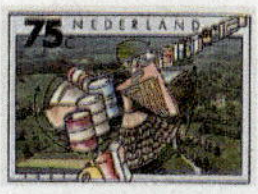


aru) Bodenverschmutzung

| | | | | | |
|---|---|---|---|---|---|
| **1396** | 55 C mehrfarbig | ars | 0,60 | 0,40 |
| **1397** | 65 C mehrfarbig | art | 0,70 | 0,30 |
| **1398** | 75 C mehrfarbig | aru | 0,90 | 0,30 |
| | Satzpreis (3 W.) | | 2,20 | 1,— |
| | FDC | | | 3,20 |

Auflagen: MiNr. 1396 = 8.360.550, MiNr. 1397 = 10.245.600, MiNr. 1398 = 14.112.450 Stück

*Gültig bis 31.10.2013*

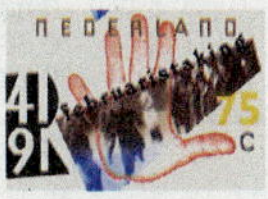


**1991, 25. Febr. 50. Jahrestag des Februar-Streiks. RaTdr.; gez. K 14:12¾.**

arv) Razzia auf dem Jonas-Daniël-Meyer-Platz, Amsterdam (22.2.1941)

| | | | | | |
|---|---|---|---|---|---|
| **1399** | 75 C mehrfarbig | arv | 0,80 | 0,30 |
| | FDC | | | 2,— |

Auflage: 15.728.350 Stück

*Gültig bis 31.10.2013*

**1991, 11. März. 25. Hochzeitstag von Königin Beatrix und Prinz Claus. Odr. (5×10 Zd); gez. K 13½:12½.**

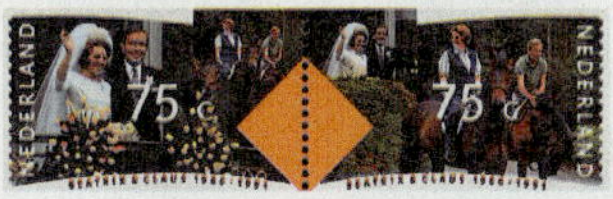


arw–arx) Königspaar auf dem Balkon des „Paleis op de Dam" (1966) und beim Ausritt auf dem Landsitz „Het Oude Loo"

| | | | | | |
|---|---|---|---|---|---|
| **1400** | 75 C mehrfarbig | arw | 0,80 | 0,30 |
| **1401** | 75 C mehrfarbig | arx | 0,80 | 0,30 |
| | | Satzpreis (2 W.) | 1,60 | 0,60 |
| | | Paar | 1,80 | 1,— |
| | | FDC | | 3,— |

Auflage: 7.322.600 Sätze

*Gültig bis 31.10.2013*

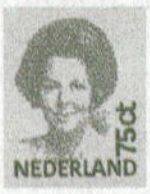

**1991, 14. März. Freimarke: Königin Beatrix. RaTdr.; A = gez. K 13½:12¾, C = waagerecht gez. 13½, D = dreiseitig gez. K 13½:12¾, E = zweiseitig gez. K 13½:12¾.**

ahw) Königin Beatrix (*1938, reg. 1980–2013)

| | | | | |
|---|---|---|---|---|
| **1402** | 75 C graugrün | ahw | | |
| A | vierseitig gez. | | 2,— | 0,30 |
| C | waagerecht gez. | | 2,80 | 1,40 |
| Dl | dreiseitig gez. (□) | | 2,20 | 0,60 |
| Dr | dreiseitig gez. (□) | | 2,20 | 0,60 |
| El | zweiseitig gez. (□) | | 1,50 | 0,60 |
| Er | zweiseitig gez. (□) | | 1,50 | 0,60 |
| | | FDC | | 1,60 |
| | | Paar 1402 Dl/Dr | 4,50 | 2,50 |
| | | Paar 1402 Dl/El | 4,— | 2,— |
| | | Paar 1402 Dr/Er | 4,— | 2,— |
| | | Paar 1402 El/Er | 3,— | 2,— |

MiNr. 1402 C stammt nur, MiNr. 1402 A auch aus Rollen; MiNr. 1402 D und E stammen aus MH 42.

*Gültig bis 31.10.2013*

*Weitere Werte siehe Übersicht nach Jahrgangswerttabelle.*

**1991, 16. April. Sommermarken zugunsten sozialer und kultureller Einrichtungen: Niederländische Bauernhöfe. I = Odr., II = RaTdr.; A = vierseitig gez. K 13¼:12¾, C = waagerecht, E = nur oben gez. 13½.**

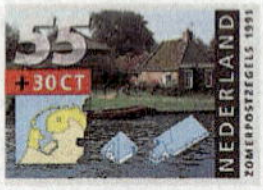

ary) Friesischer Bauernhof, Wartena

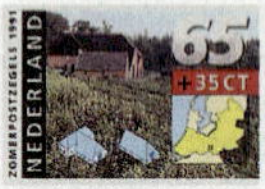

arz) Gelderscher T-Bauernhof, Kesteren

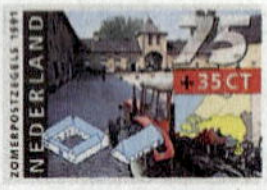

asa) Limburgischer Vierseithof, Nuth

| | | | | | |
|---|---|---|---|---|---|
| **1403** | | 55 (C) + 30 C mehrfarbig | ary | | |
| | I A | Odr., vierseitig gez. | | 1,— | 0,80 |
| | II C | RaTdr., waagerecht gez. | | 1,— | 0,50 |
| **1404** | I A | 65 (C) + 35 C mehrfarbig | arz | 1,— | 0,80 |
| **1405** | | 75 (C) + 35 C mehrfarbig | asa | | |
| | I A | Odr., vierseitig gez. | | 1,10 | 0,80 |
| | II | RaTdr. | | | |
| | C | waagerecht gez. | | 1,— | 0,50 |
| | E | nur oben gez. | | 3,50 | 3,50 |
| | | | Satzpreis I A (3 W.) | 3,— | 2,40 |
| | | | FDC | | 3,20 |
| | | | Paar 1405 II C/E | 5,— | 4,50 |

MiNr. 1403 II C, 1405 II C und 1405 II E stammen aus MH 43.

Auflagen: MiNr. 1403 I A = 1.677.345, MiNr. 1403 II C = 1.896.266, MiNr. 1404 I A = 1.695.925, MiNr. 1405 I A = 1.856.993, MiNr. 1405 II C = 1.896.266, MiNr. 1405 II E = 948.133 Stück

*Gültig bis 31.10.2013*

**1991, 15. Mai. 100 Jahre Elektrokonzern Philips; 75 Jahre Niederländisches Normeninstitut (NNI). RaTdr., Bogen (B) (10×10) und Rolle (R); gez. K 12¾:14, Querformat ~.**

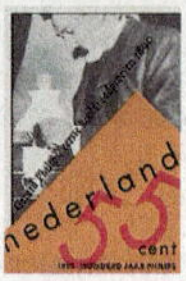

asb) Gerard Philips, erste Versuche mit der Kohlenfadenlampe (1890)

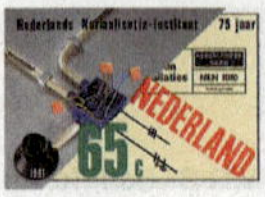

asc) NEN-Norm 1010: Sicherheitsbestimmungen für Niederspannungsanlagen

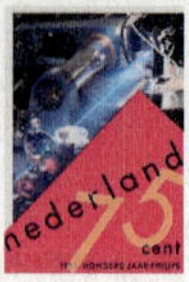

asd) Versuchsanordnung mit Laser

| | | | | |
|---|---|---|---|---|
| **1406** | 55 C mehrfarbig (B) | asb | 0,50 | 0,40 |
| **1407** | 65 C mehrfarbig (B) | asc | 0,70 | 0,30 |
| **1408** | 75 C mehrfarbig (B) (R) | asd | 0,80 | 0,30 |
| | | Satzpreis (3 W.) | 2,— | 1,— |
| | | FDC | | 3,— |

Jede fünfte Rollenmarke trägt rückseitig eine schwarze Zählnummer.

Auflagen: MiNr. 1406 = 7.986.750, MiNr. 1407 = 10.123.050, MiNr. 1408 = 14.836.150 Stück

*Gültig bis 31.10.2013*

**1991, 11. Juni. Europa: Europäische Weltraumfahrt. Odr.; gez. K 12¾:13¼.**

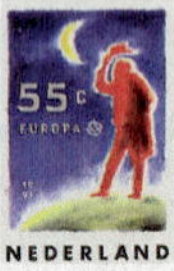

ase) Gruß an den Mond

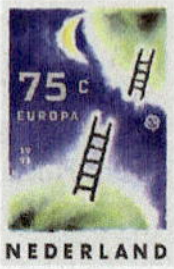

asf) Aufbruch zu anderen Planeten

| | | | | |
|---|---|---|---|---|
| **1409** | 55 C mehrfarbig | ase | 1,— | 0,50 |
| **1410** | 75 C mehrfarbig | asf | 1,— | 0,50 |
| | | Satzpreis (2 W.) | 2,— | 1,— |
| | | FDC | | 2,50 |

Auflagen: MiNr. 1409 = 6.955.800, MiNr. 1410 = 12.233.250 Stück

*Gültig bis 31.10.2013*

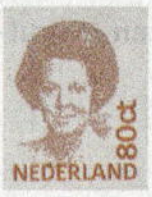

**1991, 25. Juni/1996, März. Freimarken: Königin Beatrix. RaTdr.; x = normales Papier, y = Papier ph.; A = gez. K 13½:12¾, C = waagerecht gez. 13½, D = dreiseitig gez. K 13½:12¾, E = zweiseitig gez. K 13½:12¾.**

ahw) Königin Beatrix (*1938, reg. 1980–2013)

| | | | | | | |
|---|---|---|---|---|---|---|
| **1411** | | 80 C | mittelrötlichbraun | ahw | | |
| | x A | | normales Papier (März 1996) | | 7,— | 3,— |
| | y | | Papier ph. | | | |
| | A | | vierseitig gez. (3.9.1991) | | 0,90 | 0,30 |
| | C | | waagerecht gez. (3.9.1991) | | 1,40 | 0,30 |
| | Dl | | dreiseitig gez. (□) (25.6.1991) | | 0,80 | 0,30 |
| | Dr | | dreiseitig gez. (□) (25.6.1991) | | 0,80 | 0,30 |
| | El | | zweiseitig gez. (□) (25.6.1991) | | 0,80 | 0,30 |
| | Er | | zweiseitig gez. (□) (25.6.1991) | | 0,80 | 0,30 |
| **1412** | y A | 1.30 G | hellultramarin (3.9.1991) | ahw | 1,40 | 0,30 |
| **1413** | y A | 1.40 G | graugrün (3.9.1991) | ahw | 1,40 | 0,30 |
| **1414** | y | 1.60 G | graulila | ahw | | |
| | A | | vierseitig gez. (25.6.1991) | | 1,80 | 0,30 |
| | C | | waagerecht gez. 13½ (1.7.1991) | | 1,80 | 0,40 |
| | | | | Satzpreis y A (4 W.) | 5,50 | 0,80 |
| | | | | Paar1411 y Dl/Dr | 2,— | 1,— |
| | | | | Paar 1411 y Dl/El | 2,— | 1,— |
| | | | | Paar 1411 y Dr/Er | 2,— | 1,— |
| | | | | Paar 1411 y El/Er | 2,— | 1,— |

Waagerecht gezähnte Werte stammen aus Rollen, sonstige teilgezähnte Marken aus MH 44.

Auflage: MiNr. 1411 x = ca. 3.600.000 Stück

*Gültig bis 31.10.2013*

*Weitere Werte siehe Übersicht nach Jahrgangswerttabelle.*

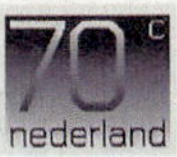

**1991, 25. Juni. Freimarken: Ziffern. RaTdr.; A = gez. K 12¾:13½, C = senkrecht gez. 13½, D = dreiseitig gez. K 12¾:13½, E = zweiseitig gez. K 12¾:13½**

ack

| | | | | | |
|---|---|---|---|---|---|
| **1415** | 70 C | schwarzblauviolett | ack | | |
| | A | vierseitig gez. | | 2,50 | 0,30 |
| | C | senkrecht gez. | | 2,50 | 0,30 |
| | Do | dreiseitig gez. (⌑) | | 0,60 | 0,30 |
| | Du | dreiseitig gez. (⌑) | | 0,80 | 0,30 |
| | E | zweiseitig gez. (⌑) | | 0,60 | 0,30 |
| **1416** | 80 C | dunkelpurpur | ack | | |
| | A | vierseitig gez. | | 3,50 | 0,30 |
| | C | senkrecht gez. | | 4,— | 0,30 |
| | | | Satzpreis (2 W.) | 4,— | 0,50 |
| | | | Paar 1415 Do/Du | 1,50 | 0,50 |
| | | | Paar 1415 Do/E | 1,50 | 0,50 |

Senkrecht gezähnte Werte stammen aus Rollen, sonstige teilgezähnte Werte aus MH 45 und 48.

*Gültig bis 31.10.2013*

*In gleicher Zeichnung siehe Fußnote nach MiNr. 1069.*

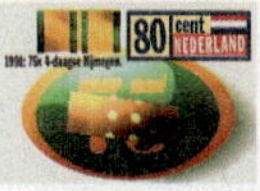

**1991, 9. Juli. 75 Jahre Internationaler Viertagemarsch von Nimwegen. RaTdr., Bogen (10×10) und Rolle; gez. K 14:12¾.**

asg) Anstecknadel, Wundpflaster

| | | | | |
|---|---|---|---|---|
| **1417** | 80 C mehrfarbig | asg | 0,90 | 0,30 |
| | | FDC | | 2,— |

Jede fünfte Rollenmarke trägt rückseitig eine schwarze Zählnummer.

Auflage: 16.950.700 Stück

*Gültig bis 31.10.2013*

**1991, 3. Sept. Nobelpreisträger (I). RaTdr., Bogen (B) (10×10) und Rolle (R); gez. 14:12¾.**

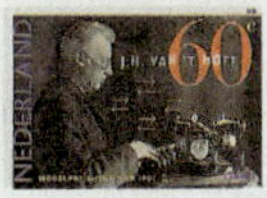

ash) Jacobus Henricus van 't Hoff (1852–1911), Nobelpreis für Chemie 1901

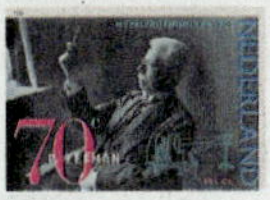

asi) Pieter Zeeman (1865–1943), Nobelpreis für Physik 1902

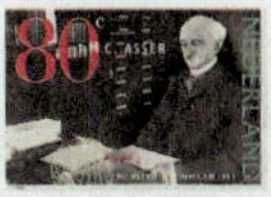

ask) Tobias Asser (1838–1913), Jurist, Friedensnobelpreis 1911

| | | | | |
|---|---|---|---|---|
| **1418** | 60 C mehrfarbig (B) | ash | 0,70 | 0,40 |
| **1419** | 70 C mehrfarbig (B) | asi | 0,80 | 0,30 |
| **1420** | 80 C mehrfarbig (B) (R) | ask | 1,— | 0,30 |
| | | Satzpreis (3 W.) | 2,50 | 1,— |
| | | FDC | | 3,— |

Jede fünfte Rollenmarke trägt rückseitig eine schwarze Zählnummer.

Auflagen: MiNr. 1418 = 10.234.850, MiNr. 1419 = 9.996.300, MiNr. 1420 = 15.201.250 Stück

*Gültig bis 31.10.2013*

**1991, 1. Okt. 100 Jahre öffentliche Bibliotheken. Odr.; gez. K 13¼:12¾.**

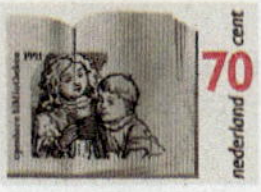

asl) Aufgeschlagenes Buch, lesende Kinder

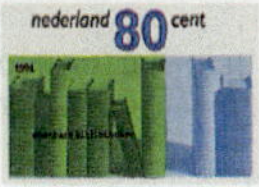

asm) Bücher

| | | | | |
|---|---|---|---|---|
| **1421** | 70 C mehrfarbig | asl | 0,70 | 0,30 |
| **1422** | 80 C mehrfarbig | asm | 0,90 | 0,30 |
| | | Satzpreis (2 W.) | 1,60 | 0,50 |
| | | FDC | | 2,50 |

Auflagen: MiNr. 1421 = 10.343.150, MiNr. 1422 = 15.316.700 Stück

*Gültig bis 31.10.2013*

**1991, 6. Nov. „Voor het Kind": Spiele im Freien. I = Odr., II = RaTdr.; A = gez. K 13¼:12¾, C = gez. K 14:13½.**

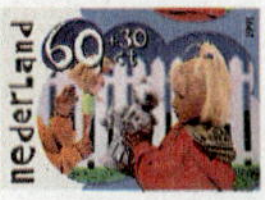

asn) Mädchen mit Puppe und Roboter

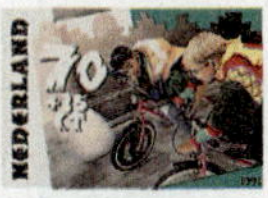

aso) Jungen beim Radfahren

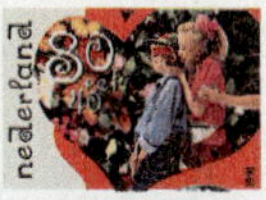

asp) Kinder spielen verstecken

| | | | | |
|---|---|---|---|---|
| **1423 I A** | 60 (C) + 30 C mehrfarbig | asn | 0,80 | 0,50 |
| **1424 I A** | 70 (C) + 35 C mehrfarbig | aso | 1,20 | 0,80 |
| **1425 I A** | 80 (C) + 40 C mehrfarbig | asp | 1,50 | 0,50 |
| | | Satzpreis (3 W.) | 3,50 | 1,80 |
| | | FDC | | 4,50 |

**Blockausgabe mit 4 × MiNr. 1423 II C und 2 × MiNr. 1425 II C**

| | | | | |
|---|---|---|---|---|
| **1423 II C** | 60 (C) + 30 C mehrfarbig | asn | 0,80 | 0,50 |
| **1425 II C** | 80 (C) + 40 C mehrfarbig | asp | 1,50 | 1,— |
| **Block 35** | (145×75 mm) | asr | 6,— | 5,— |
| | | FDC | | 6,— |

Auflagen: MiNr. 1423 I A = 1.897.877, MiNr. 1424 I A = 2.189.586, MiNr. 1425 I A = 2.171.413 Stück, Bl. 35 = 4.486.728 Blocks

*Gültig bis 31.10.2013*

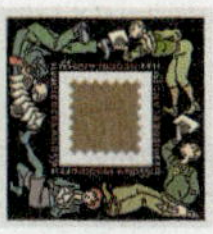

**1991, 28. Nov. Dezembermarke. RaTdr. (5×5); gez. K 14.**

ass) Post verbindet Menschen

| | | | | |
|---|---|---|---|---|
| **1426** | 55 C mehrfarbig | ass | 0,60 | 0,30 |
| | | FDC | | 1,20 |
| | | Bogen | 12,— | 12,— |

MiNr. 1426 wurde von der Post nur im kompletten Bogen zu 20 Marken und 3 verschiedenen Zierfeldern, davon 2 in doppelter Markengröße, abgegeben. Benachbarte Marken sind jeweils um 90° zueinander gedreht angeordnet.

Auflage: 180.289.960 Stück

*Gültig bis 31.10.2013*

**1992, 7. Jan. 150 Jahre Technische Universität Delft; Einführung des Neuen Bürgerlichen Gesetzbuches. Odr.; gez. K 13¼:12¾.**

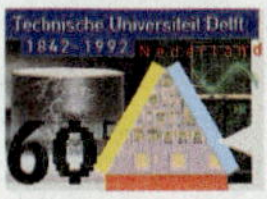

ast) Künstlicher Blitz, Mikrochips, Oszillograph

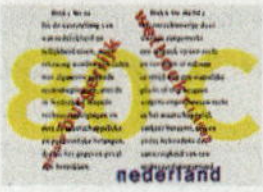

asu) Auszüge aus dem Neuen Bürgerlichen Gesetzbuch

| | | | | |
|---|---|---|---|---|
| **1427** | 60 C mehrfarbig | ast | 0,70 | 0,30 |
| **1428** | 80 C mehrfarbig | asu | 0,80 | 0,30 |
| | | Satzpreis (2 W.) | 1,50 | 0,50 |
| | | FDC | | 2,— |

Auflagen: MiNr. 1427 = 8.550.350, MiNr. 1428 = 13.450.700 Stück

*Gültig bis 31.10.2013*

**1992, 4. Febr. Blockausgabe: Olympische Spiele, Albertville und Barcelona. Odr.; gez. K 12¾:14.**

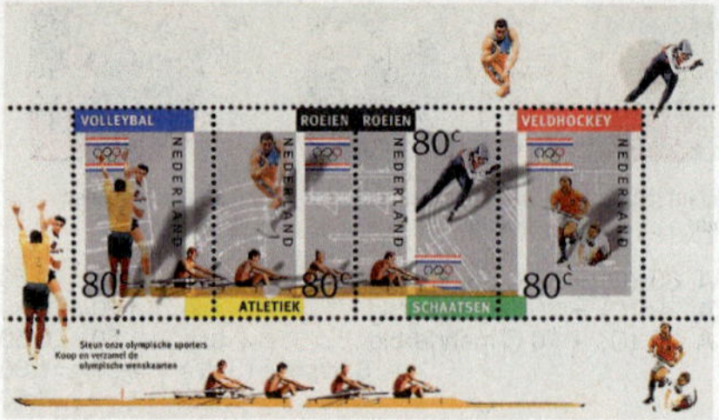


asz

asv) Volleyball, Rudern
asw) Leichtathletik, Rudern
asx) Eisschnelllauf, Rudern
asy) Feldhockey

| | | | | |
|---|---|---|---|---|
| 1429 | 80 C mehrfarbig | asv | 0,80 | 0,50 |
| 1430 | 80 C mehrfarbig | asw | 0,80 | 0,50 |
| 1431 | 80 C mehrfarbig | asx | 0,80 | 0,50 |
| 1432 | 80 C mehrfarbig | asy | 0,80 | 0,50 |
| Block 36 | (125×72 mm) | asz | 4,— | 3,50 |
| | | FDC | | 4,50 |

Auflage: 2.816.250 Blocks

*Gültig bis 31.10.2013*

**1992, 25. Febr. Weltausstellung EXPO '92, Sevilla. MiNr. 1433 Odr., gez. K 12¾:13¼; Bogen (B) (10×10) und Rolle (R); MiNr. 1434 RaTdr., gez. K 12¾:14.**

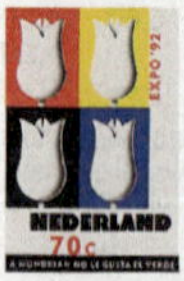


ata) Tulpen

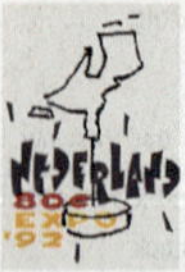


atb) Umrisskarte der Niederlande (stilis.)

| | | | | |
|---|---|---|---|---|
| 1433 | 70 C mehrfarbig (B) | ata | 0,70 | 0,30 |
| 1434 | 80 C mehrfarbig (B) (R) | atb | 0,90 | 0,30 |
| | | Satzpreis (2 W.) | 1,60 | 0,50 |
| | | FDC | | 2,— |

Jede fünfte Rollenmarke trägt rückseitig eine schwarze Zählnummer.

Auflagen: MiNr. 1433 = 9.028.300, MiNr. 1434 = 14.774.100 Stück

*Gültig bis 31.10.2013*

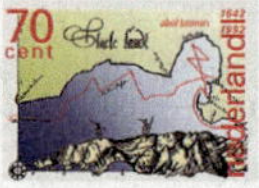


**1992, 12. März. 350. Jahrestag der Entdeckung Neuseelands durch Abel Tasman (1603–1659), niederländischer Seefahrer. RaTdr., Bogen und Rolle; gez. K 14:12¾.**

atc) Kartenausschnitt, Reiseroute

| | | | | |
|---|---|---|---|---|
| 1435 | 70 C mehrfarbig | atc | 0,80 | 0,30 |
| | | FDC | | 1,50 |

Jede fünfte Rollenmarke trägt rückseitig eine schwarze Zählnummer.

Auflage: 12.432.050 Stück

*Gültig bis 31.10.2013*

**1992, 7. April. Sommermarken zugunsten sozialer und kultureller Einrichtungen: Welt-Gartenausstellung „Floriade '92", Zoetermeer. I = Odr., II = RaTdr.; A = vierseitig gez. K 13¼:12¾, D = dreiseitig gez. K 14:13½.**

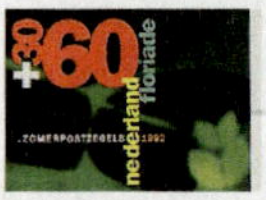


atd

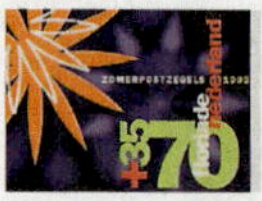


ate

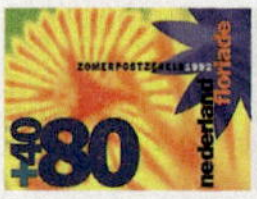


atf

atd–atf) Blumen

I A = Odr., vierseitig gez. K 13¼:12¾

| | | | | |
|---|---|---|---|---|
| 1436 I A | 60 (C) + 30 (C) mehrfarbig | atd | 1,10 | 1,— |
| 1437 I A | 70 (C) + 35 (C) mehrfarbig | ate | 1,30 | 1,— |
| 1438 I A | 80 (C) + 40 (C) mehrfarbig | atf | 1,60 | 1,— |
| | | Satzpreis I A (3 W.) | 4,— | 3,— |
| | | FDC I A | | 3,20 |

II D = RaTdr., dreiseitig gez. K 14:13½

| | | | | |
|---|---|---|---|---|
| 1436 II D | 60 (C) + 30 (C) mehrfarbig | atd | 1,— | 1,— |
| 1437 II D | 70 (C) + 35 (C) mehrfarbig | ate | 1,— | 1,— |
| 1438 II D | 80 (C) + 40 (C) mehrfarbig | atf | 4,— | 3,— |
| | | Satzpreis II D (3 W.) | 6,— | 5,— |

MiNr. 1436 II D–1438 II D stammen aus MH 46.

Auflagen: MiNr. 1436 I A = 1.494.393, MiNr. 1436 II D = 2.605.536, MiNr. 1437 I A = 1.480.529, MiNr. 1437 II D = 1.737.024, MiNr. 1438 I A = 1.687.195, MiNr. 1438 II D = 868.512 Stück

*Gültig bis 31.10.2013*

**1992, 28. April. 150 Jahre Bund Niederländischer Architekten (BNA); Einweihung des neuen Parlamentsgebäudes, Den Haag. Odr.; gez. K 12¾:13¼.**

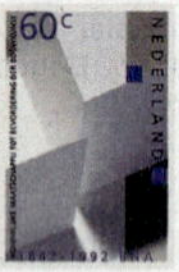


atg) Komposition mit Flächen

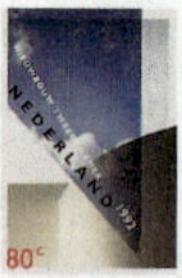


ath) Teil des neuen Parlamentsgebäudes

| | | | | |
|---|---|---|---|---|
| 1439 | 60 C mehrfarbig | atg | 0,70 | 0,30 |
| 1440 | 80 C mehrfarbig | ath | 0,90 | 0,30 |
| | | Satzpreis (2 W.) | 1,60 | 0,50 |
| | | FDC | | 1,70 |

Auflagen: MiNr. 1439 = 8.630.550, MiNr. 1440 = 8.393.400 Stück

*Gültig bis 31.10.2013*

**1992, 12. Mai. Europa: 500. Jahrestag der Entdeckung von Amerika. Odr.; gez. K 13¼:12¾, Hochformat ~.**

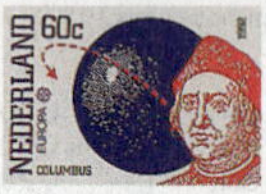


ati) Christoph Kolumbus (1451–1506), spanisch-italienischer Seefahrer; Weltkugel

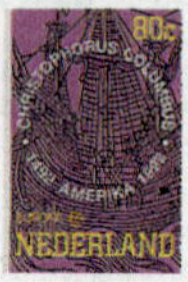


atk) Segelschiff (15. Jh.)

| | | | | |
|---|---|---|---|---|
| 1441 | 60 C mehrfarbig | ati | 1,— | 0,80 |
| 1442 | 80 C mehrfarbig | atk | 1,— | 0,80 |
| | | Satzpreis (2 W.) | 2,— | 1,50 |
| | | FDC | | 2,50 |

Auflagen: MiNr. 1441 = 8.643.450, MiNr. 1442 = 15.205.300 Stück

*Gültig bis 31.10.2013*

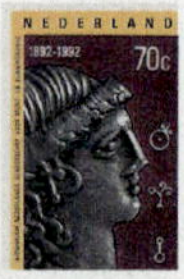


**1992, 19. Mai. 100 Jahre Königlich Niederländische Gesellschaft für Numismatik. RaTdr.; gez. K 12¾:14.**

atl) Relief der römischen Göttin Juno Moneta; alte Zeichen für Gold, Silber und Nickel

| | | | | |
|---|---|---|---|---|
| 1443 | 70 C mehrfarbig | atl | 0,80 | 0,30 |
| | | FDC | | 1,50 |

Auflage: 9.554.100 Stück

*Gültig bis 31.10.2013*

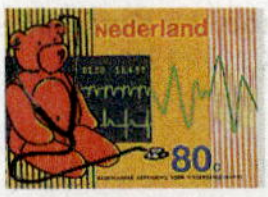

**1992, 16. Juni. Kinderheilkunde.** Odr.; gez. K 13¼:12¾.

atm) Teddybär mit Stethoskop, Monitor

| | | | | |
|---|---|---|---|---|
| **1444** | 80 C mehrfarbig | atm | 1,— | 0,30 |
| | | FDC | | 2,20 |

Auflage: 13.972.400 Stück

*Gültig bis 31.10.2013*

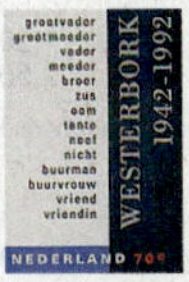

**1992, 25. Aug. 50. Jahrestag der Einrichtung des Durchgangslagers Westerbork.** Odr.; gez. K 12¾:13¼.

atn) Inschrift

| | | | | |
|---|---|---|---|---|
| **1445** | 70 C mehrfarbig | atn | 0,80 | 0,30 |
| | | FDC | | 2,— |

Auflage: 9.573.650 Stück

*Gültig bis 31.10.2013*

**1992, 8. Sept. 125 Jahre Niederländisches Rotes Kreuz.** Odr.; A = vierseitig gez. K 13¼:12¾, D = dreiseitig gez. K 14:13¾.

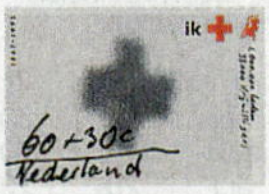

ato) Kreuzförmiger Schatten

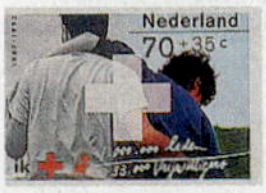

atp) Sanitäter hilft Verletztem, transparentes Kreuz

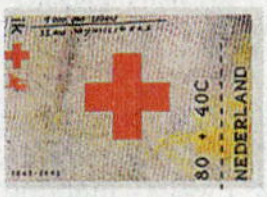

atr) Wundverband, Rotes Kreuz

| | | | | | |
|---|---|---|---|---|---|
| **1446** | | 60 (C) + 30 C mehrfarbig | ato | | |
| | A | vierseitig gez. | | 1,10 | 1,— |
| | D | dreiseitig gez. (⌑) | | 0,70 | 0,50 |
| **1447** | | 70 (C) + 35 C mehrfarbig | atp | | |
| | A | vierseitig gez. | | 1,30 | 1,— |
| | D | dreiseitig gez. (⌑) | | 0,70 | 0,60 |
| **1448** | | 80 (C) + 40 C mehrfarbig | atr | | |
| | A | vierseitig gez. | | 1,60 | 1,— |
| | D | dreiseitig gez. (⌑) | | 4,— | 3,— |
| | | Satzpreis A (3 W.) | | 4,— | 3,— |
| | | FDC | | | 4,— |

Dreiseitig gezähnte Werte stammen aus MH 47.

Auflagen: MiNr. 1346 A = 1.511.169, MiNr. 1346 D = 2.646.963, MiNr. 1347 A = 1.519.773, MiNr. 1347 D = 1.764.642, MiNr. 1348 A = 2.005.126, MiNr. 1348 D = 882.321 Stück

*Gültig bis 31.10.2013*

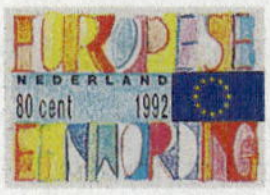

**1992, 6. Okt. Europäischer Binnenmarkt.** Odr.; gez. K 13¼:12¾.

ats) Inschrift, Europaratfahne

| | | | | |
|---|---|---|---|---|
| **1449** | 80 C mehrfarbig | ats | 1,— | 0,50 |
| | | FDC | | 1,80 |

Auflage: 16.998.300 Stück

*Gültig bis 31.10.2013*

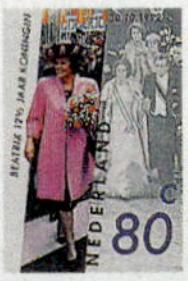

**1992, 30. Okt. 12½ Jahre Regentschaft von Königin Beatrix.** Odr.; gez. K 12¾:13¼.

att) Königin Beatrix (1992), Krönung (1980)

| | | | | |
|---|---|---|---|---|
| **1450** | 80 C mehrfarbig | att | 1,— | 0,30 |
| | | FDC | | 1,80 |

Auflage: 15.282.350 Stück

*Gültig bis 31.10.2013*

**1992, 11. Nov. „Voor het Kind": Das Kind und die Musik.** I = Odr., II = RaTdr.; A = gez. K 12¾:13¼, C = gez. K 13½:14.

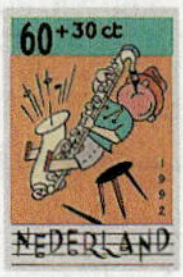

atu) Junge mit Saxophon

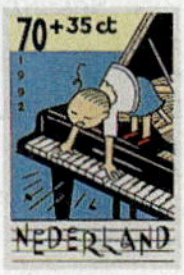

atv) Mädchen am Flügel

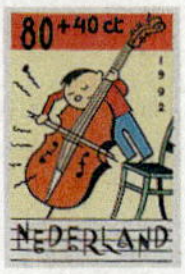

atw) Junge mit Kontrabass

| | | | | | |
|---|---|---|---|---|---|
| **1451** | I A | 60 (C) + 30 C mehrfarbig | atu | 1,— | 0,60 |
| **1452** | I A | 70 (C) + 35 C mehrfarbig | atv | 1,20 | 0,70 |
| **1453** | I A | 80 (C) + 40 C mehrfarbig | atw | 1,30 | 0,80 |
| | | Satzpreis (3 W.) | | 3,50 | 2,— |
| | | FDC | | | 4,50 |

**Blockausgabe mit 3 × MiNr. 1451 II C, 2 × MiNr. 1452 II C und 1 × MiNr. 1453 II C**

| | | | | | |
|---|---|---|---|---|---|
| **1451** | II C | 60 (C) + 30 C mehrfarbig | atu | 0,80 | 0,80 |
| **1452** | II C | 70 (C) + 35 C mehrfarbig | atv | 1,— | 1,— |
| **1453** | II C | 80 (C) + 40 C mehrfarbig | atw | 1,10 | 1,10 |
| **Block 37** | | (75×144 mm) | atx | 6,— | 6,— |
| | | FDC | | | 6,50 |

Auflagen: MiNr. 1451 I A = 1.594.322, MiNr. 1452 I A = 1.819.907, MiNr. 1453 I A = 1.898.759 Stück, Bl. 37 = 5.533.894 Blocks

*Gültig bis 31.10.2013*

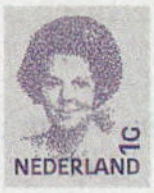

**1992, 11. Nov./1995, 5. Sept. Freimarken: Königin Beatrix.** RaTdr.; A = gez. K 13½:12¾, C = waagerecht gez. 13½.

ahw) Königin Beatrix (*1938, reg. 1980–2013)

| | | | | | |
|---|---|---|---|---|---|
| **1454** | | 1 G lebhaftblauviolett | ahw | | |
| | A | vierseitig gez. | | 1,50 | 0,40 |
| | C | waagerecht gez. (5.9.1995) | | 1,50 | 0,40 |
| **1455** | A | 2 G ockerbraun | ahw | 2,50 | 0,40 |
| **1456** | A | 3 G dunkeltürkisblau | ahw | 3,50 | 0,80 |
| **1457** | A | 5 G braunpurpur | ahw | 5,50 | 0,80 |
| | | Satzpreis A (4 W.) | | 13,— | 2,40 |
| | | FDC A | | | 10,— |

MiNr. 1454 C stammt aus Rollen.

PH MiNr. 1455 C in Odr. auf normalem Papier

*Gültig bis 31.10.2013*

*Weitere Werte siehe Übersicht nach Jahrgangswerttabelle*

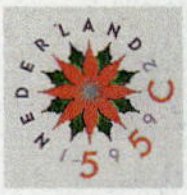

**1992, 30. Nov. Dezembermarken.** RaTdr. (5×4); gez. K 14.

aty) Weihnachtsstern

| | | | | |
|---|---|---|---|---|
| **1458** | 55 C mehrfarbig/Hochblätter rot | aty | 0,60 | 0,30 |
| **1459** | 55 C mehrfarbig/Hochblätter silber | aty | 0,60 | 0,30 |
| | Satzpreis (2 W.) | | 1,20 | 0,50 |
| | Paar | | 1,20 | 0,50 |
| | FDC | | | 1,50 |
| | Bogen | | 12,— | 12,— |

MiNr. 1458–1459 wurden schachbrettartig zusammenhängend im Bogen zu 20 Marken gedruckt, der von der Post nur unzertrennt abgegeben wurde.

Auflage: 95.521.340 Sätze

*Gültig bis 31.10.2013*

**1993, 5. Jan. 100 Jahre Verband der Zweirad- und Automobil-Industrie (RAI). Odr.; gez. K 13¼:12¾.**

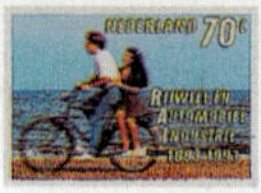


atz) Fahrrad

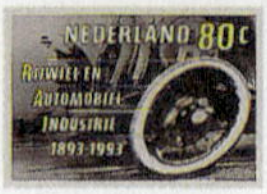


aua) Auto

| | | | | | |
|---|---|---|---|---|---|
| **1460** | 70 C | mehrfarbig | atz | 0,70 | 0,30 |
| **1461** | 80 C | mehrfarbig | aua | 0,90 | 0,30 |
| | | | Satzpreis (2 W.) | 1,60 | 0,60 |
| | | | FDC | | 2,50 |

Auflagen: MiNr. 1460 = 12.047.000, MiNr. 1461 = 12.086.800 Stück

*Gültig bis 31.10.2013*

**1993, 2. Febr. Grußmarken. RaTdr. (2×5); gez. K 13¾:13½.**

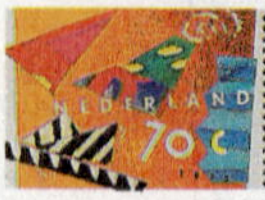

aub

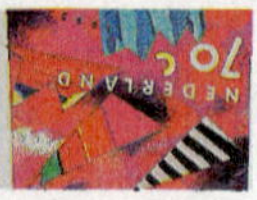

auc

aub–auc) Formen und Collagen

| | | | | | |
|---|---|---|---|---|---|
| **1462** | 70 C | mehrfarbig | aub | 0,60 | 0,30 |
| **1463** | 70 C | mehrfarbig | auc | 0,60 | 0,30 |
| | | | Satzpreis (2 W.) | 1,20 | 0,50 |
| | | | FDC | | 2,50 |
| | | | Kehrdruckpaar | 1,50 | 1,30 |
| | | | Kleinbogen | 7,50 | 6,50 |

MiNr. 1462–1463 wurden schachbrettartig zusammenhängend im Kleinbogen mit waagerechten und senkrechten Kehrdruckpaaren gedruckt, der von der Post nur unzertrennt abgegeben wurde.

Auflage: 12.500.000 Sätze

*Gültig bis 31.10.2013*

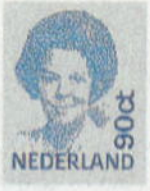


**1993, 2. Febr. Freimarke: Königin Beatrix. RaTdr.; gez. K 13½:12¾.**

ahw) Königin Beatrix (*1938, reg. 1980–2013)

| | | | | | |
|---|---|---|---|---|---|
| **1464** | 90 C | lebhaftcyanblau | ahw | 1,50 | 0,80 |
| | | | FDC | | 1,70 |

*Gültig bis 31.10.2013*

*Weitere Werte siehe Übersicht nach Jahrgangswerttabelle.*

**1993, 16. Febr. 100 Jahre Verband für Erste Hilfe, 200 Jahre Korps der reitenden Artillerie, 75 Jahre Landwirtschaftliche Universität Wageningen. Odr.; gez. K 12¾:13¼.**

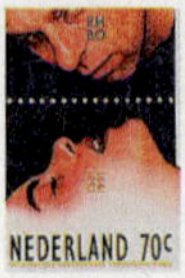


aud) Mund-zu-Mund-Beatmung

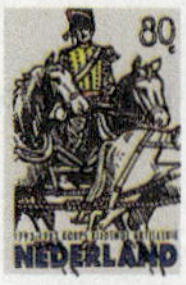


aue) Fahrkanonier mit Zugpferden

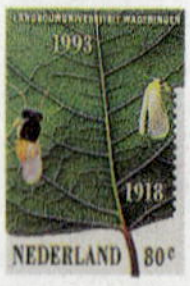


auf) Blatt mit Insekten

| | | | | | |
|---|---|---|---|---|---|
| **1465** | 70 C | mehrfarbig | aud | 0,80 | 0,40 |
| **1466** | 80 C | mehrfarbig | aue | 0,90 | 0,30 |
| **1467** | 80 C | mehrfarbig | auf | 0,90 | 0,30 |
| | | | Satzpreis (3 W.) | 2,50 | 1,— |
| | | | FDC | | 3,— |

Auflagen: MiNr. 1465 = 9.417.900, MiNr. 1466 = 13.745.700, MiNr. 1467 = 14.861.500 Stück

*Gültig bis 31.10.2013*

**1993, 2. März. 150 Jahre Königliche Niederländische Notarkammer. Komb. StTdr. und Odr. (5×10 ⊔⊓); gez. K 13¾:12¾.**

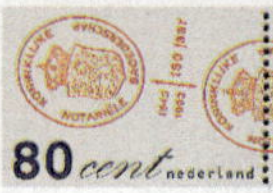


aug

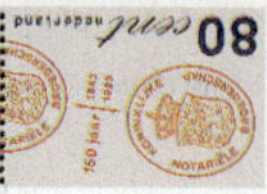


auh

aug–auh) Siegel der Notarkammer

| | | | | | |
|---|---|---|---|---|---|
| **1468** | 80 C | rotorange/dunkelbläulichviolett | aug | 0,80 | 0,30 |
| **1469** | 80 C | rotorange/dunkelbläulichviolett | auh | 0,80 | 0,30 |
| | | | Satzpreis (2 W.) | 1,50 | 0,50 |
| | | | Kehrdruckpaar | 1,80 | 1,20 |
| | | | FDC | | 2,50 |

MiNr. 1468–1469 wurden in waagerechten Kehrdruckpaaren zusammenhängend gedruckt.

Auflage: 9.432.350 Sätze

*Gültig bis 31.10.2013*

**1993, 23. März. Natur und Umwelt: Schmetterlinge. RaTdr.; gez. K 14:12¾.**

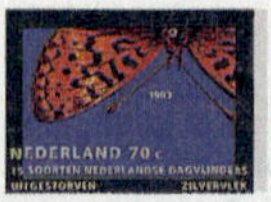


aui) Veilchen-Perlmutterfalter (Clossiana euphrosyne)

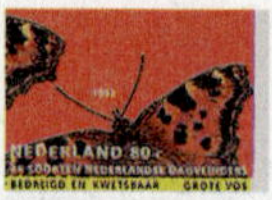


auk) Großer Fuchs (Nymphalis polychloros)

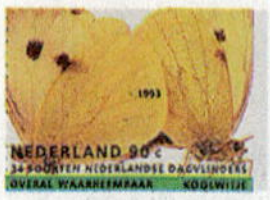


aul) Großer Kohlweißling (Pieris brassicae)

| | | | | | |
|---|---|---|---|---|---|
| **1470** | 70 C | mehrfarbig | aui | 0,80 | 0,30 |
| **1471** | 80 C | mehrfarbig | auk | 1,— | 0,30 |
| **1472** | 90 C | mehrfarbig | aul | 1,20 | 1,20 |
| | | | Satzpreis (3 W.) | 3,— | 1,80 |
| | | | FDC | | 3,— |

**Blockausgabe**

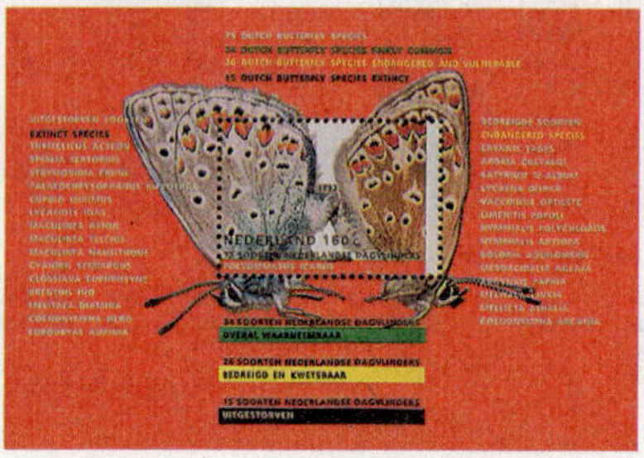

aun

aum) Hauhechel-Bläuling (Polyommatus icarus)

| | | | | | |
|---|---|---|---|---|---|
| **1473** | 160 C | mehrfarbig | aum | 2,50 | 2,50 |
| **Block 38** | | (104×71 mm) | aun | 3,— | 3,— |
| | | | FDC | | 3,20 |

Auflagen: MiNr. 1470 = 11.819.900, MiNr. 1471 = 15.276.600, MiNr. 1472 = 4.703.500 Stück, Bl. 38 = 1.556.400 Blocks

*Gültig bis 31.10.2013*

**1993, 20. April. Sommermarken zugunsten sozialer und kultureller Einrichtungen: Seniorenarbeit – Älter werden und selbständig wohnen. I = Odr., II = RaTdr.; A = vierseitig gez. K 12¾:13¼, D = dreiseitig gez. K 13¾:14.**

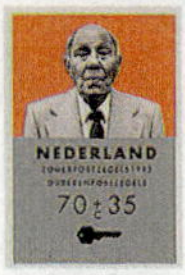
auo) Senior

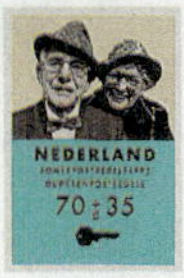
aup) Seniorenpaar

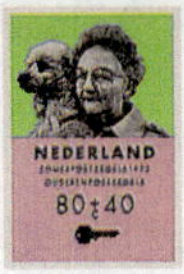
aur) Seniorin mit Hund

| | | | | | |
|---|---|---|---|---|---|
| 1474 | 70 C + 35 (C) mehrfarbig | auo | | | |
| | I A | Odr., vierseitig gez. | | 1,20 | 1,20 |
| | II D | RaTdr., dreiseitig gez. | | 4,50 | 4,— |
| 1475 | 70 C + 35 (C) mehrfarbig | aup | | | |
| | I A | Odr., vierseitig gez. | | 1,20 | 1,20 |
| | II D | RaTdr. dreiseitig gez. | | 0,80 | 0,80 |
| 1476 | 80 C + 40 (C) mehrfarbig | aur | | | |
| | I A | Odr., vierseitig gez. | | 1,60 | 1,20 |
| | II D | RaTdr., dreiseitig gez. | | 0,70 | 0,60 |
| | | Satzpreis I A (3 W.) | | 4,— | 3,50 |
| | | FDC | | | 4,— |

MiNr. 1474 II D–1476 II D stammen aus MH 49.

Auflagen: MiNr. 1474 I A = 1.448.557, MiNr. 1474 II D = 842.937, MiNr. 1475 I A = 1.450.724, MiNr. 1475 II D = 1.685.874, MiNr. 1476 I A = 2.848.511, MiNr. 1476 II D = 2.528.811 Stück

*Gültig bis 31.10.2013*

**1993, 5. Mai. Zweiter Weltkrieg: Illegaler Rundfunksender „Radio Oranje". RaTdr. (5×10 Zd); gez. K 13¾:12¾.**

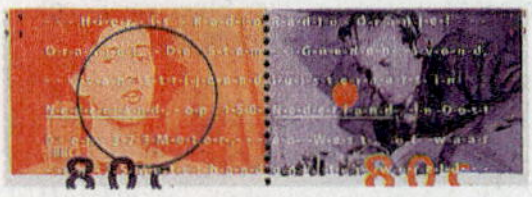
aus) Jetty Paerl (1921–2013), Sängerin
aut) Architekt Jan Kuijt (1884–1944) als Radiohörer

| | | | | |
|---|---|---|---|---|
| 1477 | 80 C mehrfarbig | aus | 0,80 | 0,30 |
| 1478 | 80 C mehrfarbig | aut | 0,80 | 0,30 |
| | | Satzpreis (2 W.) | 1,60 | 0,50 |
| | | Paar | 1,80 | 1,20 |
| | | FDC | | 2,50 |

Auflage: 8.937.475 Sätze

*Gültig bis 31.10.2013*

**1993, 1. Juni. 2. Europäisches Olympisches Jugendfestival, Valkenswaard. RaTdr.; gez. K 12¾:14.**

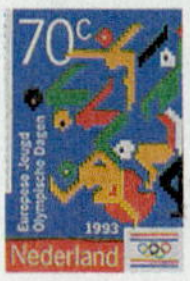
auu

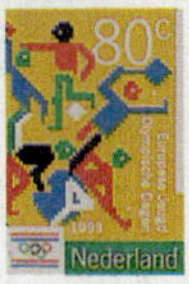
auv

auu–auv) Piktogramme olympischer Sportarten

| | | | | |
|---|---|---|---|---|
| 1479 | 70 C mehrfarbig | auu | 1,— | 0,30 |
| 1480 | 80 C mehrfarbig | auv | 1,— | 0,30 |
| | | Satzpreis (2 W.) | 2,— | 0,50 |
| | | FDC | | 2,50 |

Auflagen: MiNr. 1479 = 10.971.400, MiNr. 1480 = 14.368.800 Stück

*Gültig bis 31.10.2013*

**1993, 6. Juli. Europa: Zeitgenössische Kunst. Odr.; gez. K 13¼:12¾, Hochformat ~.**

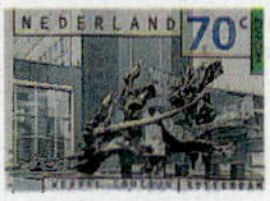
auw) Die verkörperte Einheit; Skulptur in Rotterdam von Wessel Couzijn (1912–1984) niederländischer Bildhauer

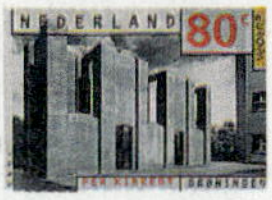
aux) Architektonisches Kunstobjekt in Groningen von Per Kirkeby (1938–2018), dänischer Bildhauer

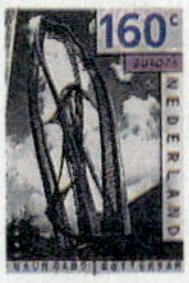
auy) Monumentalplastik in Rotterdam von Naum Gabo (1890–1977), russisch-amerikanischer Bildhauer

| | | | | |
|---|---|---|---|---|
| 1481 | 70 C mehrfarbig | auw | 1,— | 0,80 |
| 1482 | 80 C mehrfarbig | aux | 1,20 | 0,50 |
| 1483 | 160 C mehrfarbig | auy | 1,80 | 1,20 |
| | | Satzpreis (3 W.) | 4,— | 2,50 |
| | | FDC | | 4,— |

Auflagen: MiNr. 1481 = 8.201.900, MiNr. 1482 = 9.695.250, MiNr. 1483 = 3.805.700 Stück

*Gültig bis 31.10.2013*

**1993, 7. Sept. Nobelpreisträger (II). Odr.; gez. K 12¾:13¼.**

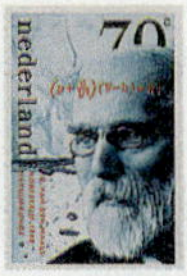
auz) Johannes Diderik van der Waals (1837 bis 1923), Nobelpreis Physik 1910

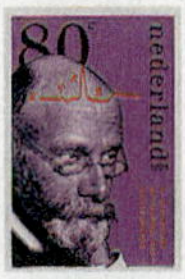
ava) Willem Einthoven (1860–1927), Nobelpreis Medizin 1924

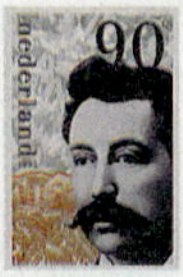
avb) Christiaan Eijkman (1858–1930), Nobelpreis Medizin 1929

| | | | | |
|---|---|---|---|---|
| 1484 | 70 C mehrfarbig | auz | 0,60 | 0,50 |
| 1485 | 80 C mehrfarbig | ava | 0,80 | 0,50 |
| 1486 | 90 C mehrfarbig | avb | 1,10 | 0,50 |
| | | Satzpreis (3 W.) | 2,50 | 1,50 |
| | | FDC | | 3,50 |

Auflagen: MiNr. 1484 = 8.212.500, MiNr. 1485 = 10.556.800, MiNr. 1486 = 3.788.900 Stück

*Gültig bis 31.10.2013*

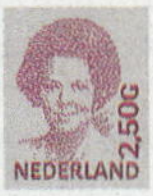

**1993, 7. Sept. Freimarke: Königin Beatrix. RaTdr.; gez. K 13½:12¾.**

ahw) Königin Beatrix (*1938, reg. 1980–2013)

| | | | | |
|---|---|---|---|---|
| 1487 | 2.50 G purpur | ahw | 2,80 | 1,— |
| | | FDC | | 3,— |

*Gültig bis 31.10.2013*

*Weitere Werte siehe Übersicht nach Jahrgangswerttabelle.*

**1993, 14. Sept./1994. Förderung des Briefschreibens. RaTdr. (2×5); A = gez. K 13¾:12¾, C = gez. K 13¾.**

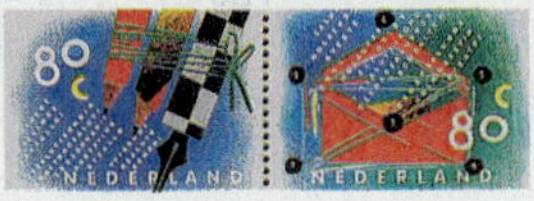
avc) Bleistifte und Feder
avd) Briefpapier und Kuvert

avc–avd) Collagen auf Leinen zum Thema „Schreiben – Post"

| | | | | | |
|---|---|---|---|---|---|
| 1488 | | 80 C mehrfarbig | avc | | |
| | A | gez. K 13¾:12¾ (14.9.1993) | | 0,90 | 0,30 |
| | C | gez. K 13¾ (1994) | | 0,90 | 0,30 |

| | | | | | |
|---|---|---|---|---|---|
| **1489** | 80 C mehrfarbig | avd | | | |
| A | gez. K 13¾:12¾ (14.9.1993) | | 0,90 | 0,30 | |
| C | gez. K 13¾ (1994) | | 0,90 | 0,30 | |
| | | Satzpreis (2 W.) | 1,80 | 0,50 | |
| | | Paar | 1,80 | 0,50 | |
| | | FDC | | 2,50 | |
| | | Kleinbogen A | 9,— | 9,— | |
| | | Kleinbogen C | 9,— | 9,— | |

MiNr. 1488–1489 wurden schachbrettartig zusammenhängend im Kleinbogen zu je 5 Marken gedruckt, der von der Post nur unzertrennt abgegeben wurde.

Auflage: 25.000.000 Sätze

*Gültig bis 31.10.2013*

**1993, 8. Okt. Tag der Briefmarke; „Die Post als Informationsübermittler". RaTdr.; gez. K 13¼:12¾.**

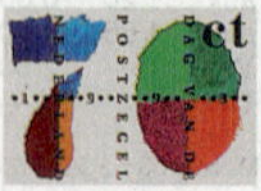

ave) Wertziffern

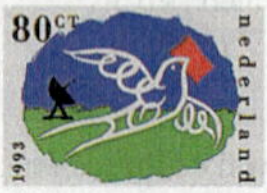


avf) Brieftaube, Satellitenantenne

| | | | | | |
|---|---|---|---|---|---|
| **1490** | 70 C mehrfarbig | ave | 0,70 | 0,30 |
| **1491** | 80 C mehrfarbig | avf | 0,80 | 0,30 |
| | | Satzpreis (2 W.) | 1,50 | 0,50 |
| | | FDC | | 2,50 |

Auflagen: MiNr. 1490 = 7.750.000, MiNr. 1491 = 9.181.700 Stück

*Gültig bis 31.10.2013*

**1993, 17. Nov. „Voor het Kind": Das Kind und die Medien. I = Odr., II = RaTdr.; A = gez. K 13¼:12¾, C = gez. K 14:13½.**

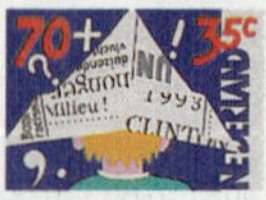

avg) Presse

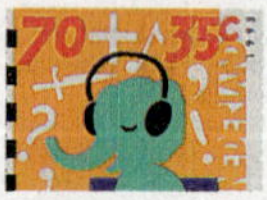

avh) Rundfunk

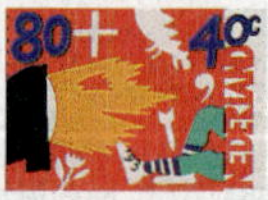

avi) Fernsehen

| | | | | |
|---|---|---|---|---|
| **1492 I A** | 70 (C) + 35 C mehrfarbig | avg | 1,10 | 0,70 |
| **1493 I A** | 70 (C) + 35 C mehrfarbig | avh | 1,10 | 0,70 |
| **1494 I A** | 80 (C) + 40 C mehrfarbig | avi | 1,30 | 0,70 |
| | | Satzpreis (3 W.) | 3,50 | 2,— |
| | | FDC | | 4,— |

**Blockausgabe mit 2 × MiNr. 1492 II C–1494 II C**

| | | | | |
|---|---|---|---|---|
| **1492 II C** | 70 (C) + 35 C mehrfarbig | avg | 1,— | 1,— |
| **1493 II C** | 70 (C) + 35 C mehrfarbig | avh | 1,— | 1,— |
| **1494 II C** | 80 (C) + 40 C mehrfarbig | avi | 1,— | 1,— |
| **Block 39** | (144×75 mm) | avk | 7,— | 6,— |
| | | FDC | | 7,— |

Auflagen: MiNr. 1492 I A = 1.554.837, MiNr. 1493 I A = 1.679.711, MiNr. 1494 I A = 1.787.476 Stück, Bl. 39 = 4.176.761 Blocks

*Gültig bis 31.10.2013*

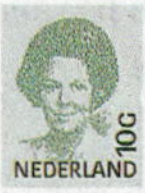


**1993, 29. Nov. Freimarke: Königin Beatrix. RaTdr.; Sicherheitszähnung K 13½:12¾.**

ahw) Königin Beatrix (*1938, reg. 1980–2013)

| | | | | |
|---|---|---|---|---|
| **1495** | 10 G dunkelgelblichgrün | ahw | 12,— | 1,50 |
| | | FDC | | 10,— |

*Gültig bis 31.10.2013*

*Weitere Werte siehe Übersicht nach Jahrgangswerttabelle.*

**1993, 29. Nov. Dezembermarken. RaTdr. (21); gez. K 12¼.**

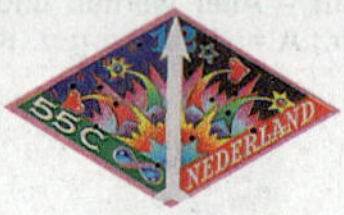


avl) Feuerwerk, Uhrzeiger

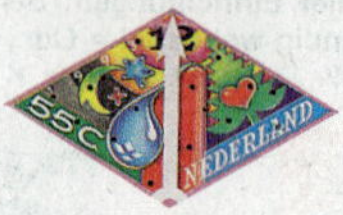


avm) Kerze, Weihnachtsbaum, Uhrzeiger

| | | | | |
|---|---|---|---|---|
| **1496** | 55 C mehrfarbig | avl | 0,60 | 0,30 |
| **1497** | 55 C mehrfarbig | avm | 0,60 | 0,30 |
| | | Satzpreis (2 W.) | 1,20 | 1,— |
| | | Paar | 1,20 | 1,— |
| | | FDC | | 2,— |
| | | Bogen | 12,— | 12,— |

MiNr. 1496–1497 wurden zusammenhängend im Bogen zu je 10 Marken und 1 Zierfeld in Anordnung eines stilisierten Weihnachtsbaumes gedruckt. Der Bogen wurde von der Post nur unzertrennt abgegeben. Die Marken weisen mehrere, unregelmäßig angeordnete Lochungen auf.

Auflage: 105.056.000 Sätze

*Gültig bis 31.10.2013*

**1994, 1. Febr. 50. Todestag von Piet Mondrian. Odr.; gez. K 13¼:12¾.**

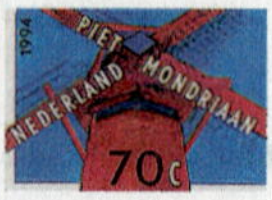


avn) Die rote Mühle (Detail)

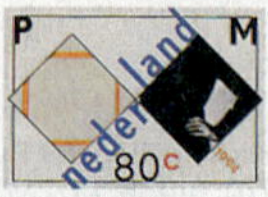


avo) Komposition mit gelben Linien

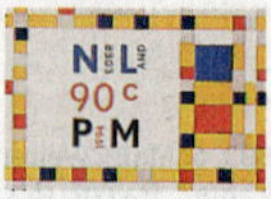


avp) Broadway-Boogie-Woogie (Detail)

avn–avp) Gemälde von Piet Mondrian (1872–1944)

| | | | | |
|---|---|---|---|---|
| **1498** | 70 C mehrfarbig | avn | 0,70 | 0,30 |
| **1499** | 80 C mehrfarbig | avo | 0,80 | 0,30 |
| **1500** | 90 C mehrfarbig | avp | 1,— | 0,90 |
| | | Satzpreis (3 W.) | 2,50 | 1,50 |
| | | FDC | | 5,— |

Auflagen: MiNr. 1498 = 8.380.100, MiNr. 1499 = 11.143.550, MiNr. 1500 = 3.652.550 Stück

*Gültig bis 31.10.2013*

**1994, 22. Febr./17. Okt. Internationale Briefmarkenausstellung FEPAPOST '94, Den Haag: Vögel (I). Odr.; A = gez. K 14:12¾, C = gez. Ks 13¼:12¾.**

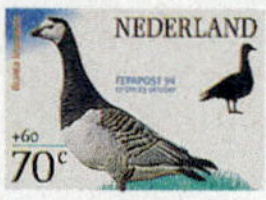


avr) Weißwangengans (Branta leucopsis)

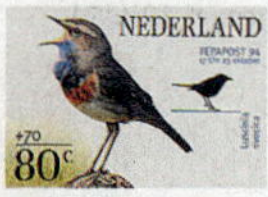


avs) Weißstern-Blaukehlchen (Luscinia svecica cyanecula)

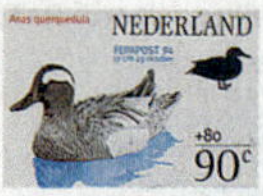


avt) Knäkente (Anas querquedula)

**A = gez. K 14:12¾ (22. Febr.)**

| | | | | |
|---|---|---|---|---|
| **1501 A** | 70 C + 60 (C) mehrfarbig | avr | 1,50 | 1,40 |
| **1502 A** | 80 C + 70 (C) mehrfarbig | avs | 1,50 | 1,40 |
| **1503 A** | 90 C + 80 (C) mehrfarbig | avt | 1,50 | 1,40 |
| | | Satzpreis A (3 W.) | 4,50 | 4,— |
| | | FDC A | | 5,— |

**C = gez. Ks 13¼:12¾ (17. Okt.)**

| | | | | |
|---|---|---|---|---|
| **1501 C** | 70 C + 60 (C) mehrfarbig | avr | 1,50 | 1,40 |
| **1502 C** | 80 C + 70 (C) mehrfarbig | avs | 1,50 | 1,40 |
| **1503 C** | 90 C + 80 (C) mehrfarbig | avt | 1,50 | 1,40 |

MiNr. 1501 C–1503 C stammen aus Bl. 41; siehe nach MiNr. 1524.

Auflagen: MiNr. 1501 A = 1.341.788, MiNr. 1502 A = 1.345.587, MiNr. 1503 A = 1.328.136 Stück

*Gültig bis 31.10.2013*

**1994, 15. März. Natur und Umwelt: Blumen. RaTdr.; gez. K 14:12¾.**

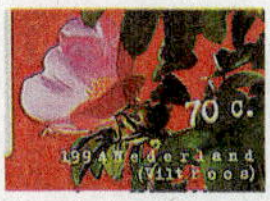


avu) Apfelrose (Rosa vellosa)

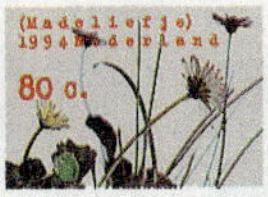


avv) Gänseblümchen (Bellis perennis)

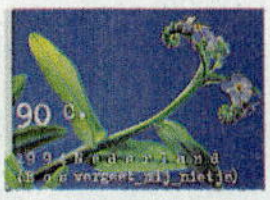


avw) Waldvergissmeinnicht (Myosotis sylvatica)

| | | | | |
|---|---|---|---|---|
| **1504** | 70 C mehrfarbig | avu | 0,70 | 0,60 |
| **1505** | 80 C mehrfarbig | avv | 0,80 | 0,60 |
| **1506** | 90 C mehrfarbig | avw | 1,— | 0,60 |
| | Satzpreis (3 W.) | | 2,50 | 1,80 |
| | FDC | | | 3,— |

**Blockausgabe**

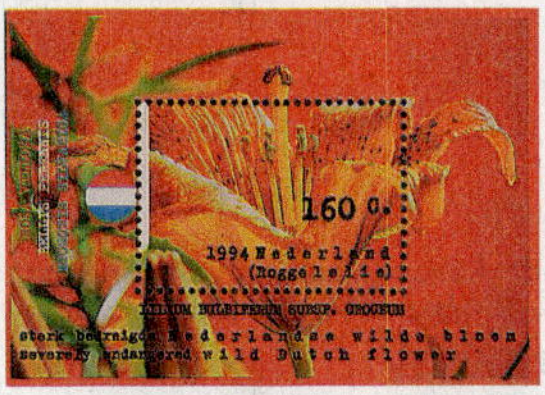


avy

avx) Feuerlilie (Lilium bulbiferum croceum)

| | | | | |
|---|---|---|---|---|
| **1507** | 160 C mehrfarbig | avx | 2,— | 2,— |
| **Block 40** | (72×50 mm) | avy | 2,50 | 2,50 |
| | FDC | | | 3,— |

Auflagen: MiNr. 1504 = 8.915.400, MiNr. 1505 = 10.800.850, MiNr. 1506 = 3.823.250 Stück, Bl. 40 = 1.882.100 Blocks

*Gültig bis 31.10.2013*

**1994, 6. April. Flugwesen: 75 Jahre Fluggesellschaft KLM, 75 Jahre Flugzeugfabrik Fokker, 75 Jahre Nationale Versuchsanstalt für Luft- und Raumfahrt (NLR). Odr.; gez. K 13¼:12¾.**

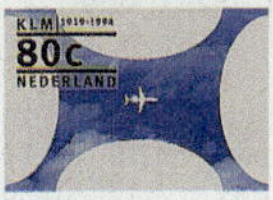


avz

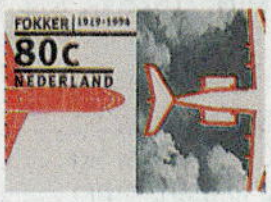


awa

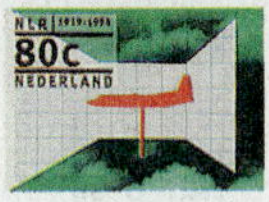


awb

avz–awb) Flugzeuge, Wolken

| | | | | |
|---|---|---|---|---|
| **1508** | 80 C schwarz/dunkelviolettblau | avz | 0,90 | 0,30 |
| **1509** | 80 C mehrfarbig | awa | 0,90 | 0,30 |
| **1510** | 80 C mehrfarbig | awb | 0,90 | 0,30 |
| | Satzpreis (3 W.) | | 2,70 | 0,60 |
| | FDC | | | 3,— |

Auflagen: MiNr. 1508 = 11.804.450, MiNr. 1509 = 12.538.600, MiNr. 1510 = 11.292.250 Stück

*Gültig bis 31.10.2013*

**1994, 26. April. Sommermarken zugunsten sozialer und kultureller Einrichtungen: Seniorenarbeit – Sicherheit im Wohnbereich. I = Odr., II = RaTdr.; A = vierseitig gez. K 12¾:13¼, D = dreiseitig gez. K 13¾:14.**

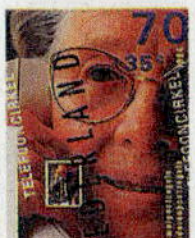


awc

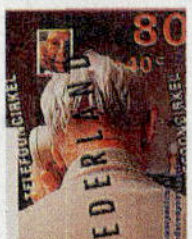


awd

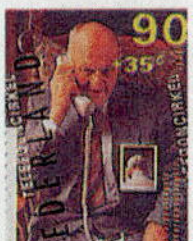


awe

awc–awe) Alte Menschen bilden Telefonkette

| | | | | | |
|---|---|---|---|---|---|
| **1511** | | 70 (C) + 35 C mehrfarbig | awc | | |
| | I A | Odr., vierseitig gez. | | 1,20 | 1,20 |
| | II D | RaTdr., dreiseitig gez. | | 0,70 | 0,60 |
| **1512** | | 80 (C) + 40 C mehrfarbig | awd | | |
| | I A | Odr., vierseitig gez. | | 1,30 | 1,30 |
| | II D | RaTdr., dreiseitig gez. | | 1,— | 0,80 |
| **1513** | | 90 (C) + 35 C mehrfarbig | awe | | |
| | I A | Odr., vierseitig gez. | | 1,50 | 1,50 |
| | II D | RaTdr., dreiseitig gez. | | 5,— | 4,— |
| | | Satzpreis I A (3 W.) | | 4,— | 4,— |
| | | FDC | | | 4,50 |

MiNr. 1511 II D–1513 II D stammen aus MH 50.

Auflagen: MiNr. 1511 I A = 1.444.386, MiNr. 1511 II D = 1.466.582, MiNr. 1512 I A = 1.576.717, MiNr. 1512 II D = 2.199.873, MiNr. 1513 I A = 1.355.347, MiNr. 1513 II D = 733.291 Stück

*Gültig bis 31.10.2013*

**1994, 5. Mai. 250. Geburtstag von Eise Eisinga; 25. Jahrestag der ersten bemannten Mondlandung. RaTdr.; gez. K 12¾:14.**

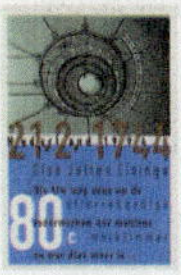


awf) Planetarium von Eise Eisinga (1744–1828) in seinem Haus in Franeker

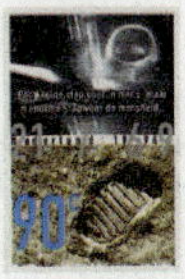


awg) Fernsehbild der 1. Mondlandung; Fußabdruck von Neil Armstrong

| | | | | |
|---|---|---|---|---|
| **1514** | 80 C mehrfarbig | awf | 1,— | 0,30 |
| **1515** | 90 C mehrfarbig | awg | 1,20 | 1,— |
| | Satzpreis (2 W.) | | 2,20 | 1,30 |
| | FDC | | | 3,— |

Auflagen: MiNr. 1514 = 12.222.050, MiNr. 1515 = 3.426.450 Stück

*Gültig bis 31.10.2013*

**1994, 1. Juni. Fußball-Weltmeisterschaft, USA. RaTdr. (5×10 Zd); gez. K 12¾:13¾.**

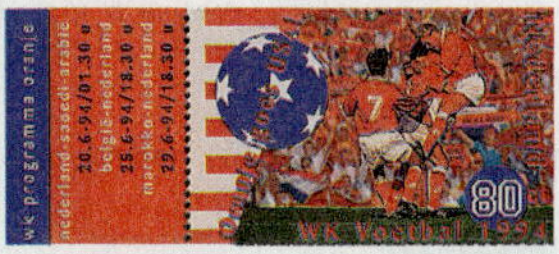


Zierfeld
awh) Spielszene

| | | | | |
|---|---|---|---|---|
| **1516** | 80 C mehrfarbig | awh | 0,80 | 0,30 |
| | | 1516 Zf | 1,— | 1,— |
| | FDC | | | 2,20 |

Auflage: 10.957.400 Stück

*Gültig bis 31.10.2013*

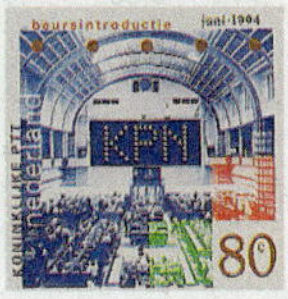


**1994, 13. Juni. Einführung der Aktien der Königlich-Niederländischen Post (KPN) an der Börse. Odr.; gez. K 13¼.**

awi) Börsensaal

| | | | | |
|---|---|---|---|---|
| **1517** | 80 C mehrfarbig | awi | 0,90 | 0,30 |
| | FDC | | | 2,— |

Auflage: 10.455.300 Stück

*Gültig bis 31.10.2013*

**1994, 14. Juni. 100 Jahre Ausschilderung der Verkehrsstraßen durch den Niederländischen Automobilklub (ANWB); Weltreiterspiele, Den Haag. MiNr. 1516 RaTdr., gez. K 14:12¾; MiNr. 1517 Odr., gez. K 13¼:12¾.**

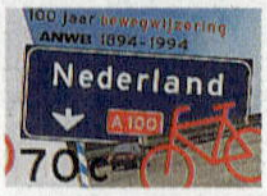


awk) Autobahnschild, Fahrrad, Autobahnteilstück

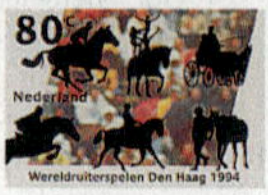


awl) Verschiedene Pferdesportdisziplinen

| | | | | |
|---|---|---|---|---|
| **1518** | 70 C mehrfarbig | awk | 0,70 | 0,40 |
| **1519** | 80 C mehrfarbig | awl | 0,90 | 0,30 |
| | | Satzpreis (2 W.) | 1,60 | 0,70 |
| | | FDC | | 2,50 |

Auflagen: MiNr. 1518 = 9.547.050, MiNr. 1519 = 11.611.750 Stück

*Gültig bis 31.10.2013*

**1994, 15. Aug. Zweiter Weltkrieg: Krieg in Niederländisch-Indien; Operation Market-Garden. RaTdr.; gez. K 14:12¾, Hochformat ~.**

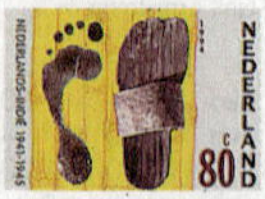


awm) Fußabdruck, Holzsandale

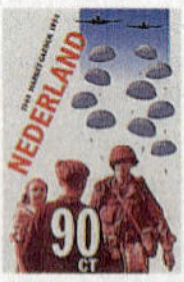


awn) Luftlandung der Alliierten bei Arnheim

| | | | | |
|---|---|---|---|---|
| **1520** | 80 C mehrfarbig | awm | 1,— | 0,30 |
| **1521** | 90 C mehrfarbig | awn | 1,— | 0,70 |
| | | Satzpreis (2 W.) | 2,— | 1,— |
| | | FDC | | 2,50 |

Auflagen: MiNr. 1520 = 12.283.200, MiNr. 1521 = 3.410.550 Stück

*Gültig bis 31.10.2013*

**1994, 13. Sept. Leuchttürme. Odr.; gez. K 13¼:12¾, Hochformate ~.**

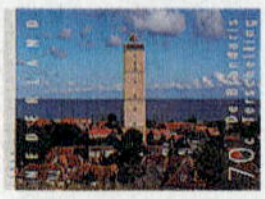


awo) Brandaris (1594) auf Terschelling

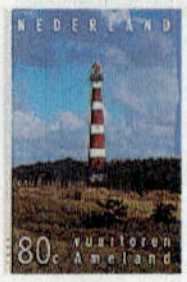


awp) Ameland (1881)

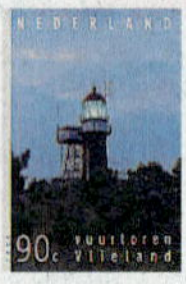


awr) Vlieland (1910)

| | | | | |
|---|---|---|---|---|
| **1522** | 70 C mehrfarbig | awo | 0,70 | 0,50 |
| **1523** | 80 C mehrfarbig | awp | 0,80 | 0,50 |
| **1524** | 90 C mehrfarbig | awr | 1,— | 1,— |
| | | Satzpreis (3 W.) | 2,50 | 2,— |
| | | FDC | | 3,— |

Auflagen: MiNr. 1522 = 9.660.350, MiNr. 1523 = 12.199.600, MiNr. 1524 = 4.414.050 Stück

*Gültig bis 31.10.2013*

**1994, 17. Okt. Blockausgabe: Internationale Briefmarkenausstellung FEPAPOST '94, Den Haag: Vögel (II). Odr.; gez. Ks 13¼:12¾.**

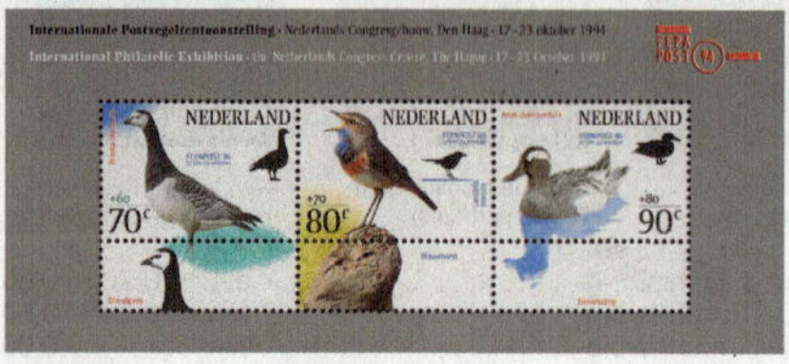


aws

avr) Weißwangengans (Branta leucopsis)
avs) Weißstern-Blaukehlchen (Luscinia svecica cyanecula)
avt) Knäkente (Anas querquedula)

| | | | | |
|---|---|---|---|---|
| **Block 41** | mit MiNr. 1501 C–1503 C (144×63 mm) | aws | 4,50 | 4,— |
| | | FDC | | 5,50 |

Auflage: 1.098.422 Blocks

*Gültig bis 31.10.2013*

**1994, 9. Nov. „Voor het Kind“: Aktion „Mach mit“. Odr.; A = gez. K 13¼:12¾, Hochformate ~, C = gez. K 14:12¾, Hochformate ~.**

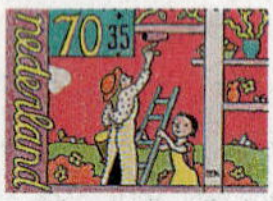


awt) Kind hilft bei Malerarbeit

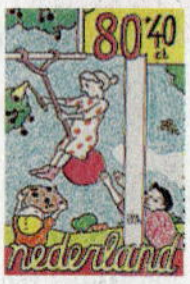


awu) Kinder helfen bei Obsternte

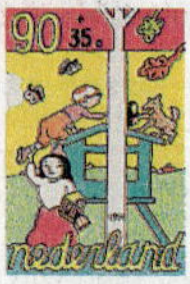


awv) Spielende Kinder

| | | | | |
|---|---|---|---|---|
| **1525 A** | 70 (C) + 35 C mehrfarbig | awt | 1,20 | 0,70 |
| **1526 A** | 80 (C) + 40 C mehrfarbig | awu | 1,30 | 0,70 |
| **1527 A** | 90 (C) + 35 C mehrfarbig | awv | 1,50 | 1,10 |
| | | Satzpreis (3 W.) | 4,— | 2,50 |
| | | FDC | | 4,50 |

**Blockausgabe mit 2 × MiNr. 1525 C, 3 × MiNr. 1526 C und 1 × MiNr. 1527 C**

| | | | | |
|---|---|---|---|---|
| **1525 C** | 70 (C) + 35 C mehrfarbig | awt | 1,— | 0,70 |
| **1526 C** | 80 (C) + 40 C mehrfarbig | awu | 1,10 | 0,70 |
| **1527 C** | 90 (C) + 35 C mehrfarbig | awv | 1,10 | 0,70 |
| **Block 42** | (75×144 mm) | aww | 7,— | 6,— |
| | | FDC | | 7,50 |

Auflagen: MiNr. 1525 A = 1.485.074, MiNr. 1526 A = 1.593.109, MiNr. 1527 A = 1.219.852 Stück, Bl. 42 = 4.299.329 Blocks

*Gültig bis 31.10.2013*

**1994, 28. Nov. Dezembermarken. RaTdr. (5×2 + 5×2); gez. K 13¾.**

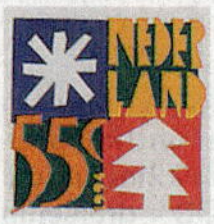


awx) Stern, Weihnachtsbaum

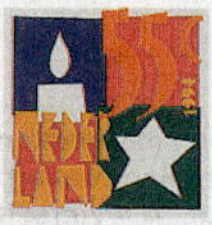


awy) Kerze, Stern

| | | | | |
|---|---|---|---|---|
| **1528** | 55 C mehrfarbig | awx | 0,50 | 0,30 |
| **1529** | 55 C mehrfarbig | awy | 0,50 | 0,30 |
| | | Satzpreis (2 W.) | 1,— | 0,60 |
| | | Paar | 1,20 | 1,20 |
| | | FDC | | 2,— |
| | | Bogen | 12,— | 12,— |

MiNr. 1528–1529 wurden schachbrettartig zusammenhängend im Bogen zu je 10 Marken mit Zwischensteg gedruckt, der von der Post nur unzertrennt abgegeben wurde.

Auflage: 106.480.000 Sätze

*Gültig bis 31.10.2013*

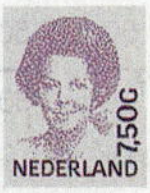


**1994, 28. Nov. Freimarke: Königin Beatrix. RaTdr.; Sicherheitszähnung K 13½:12¾.**

ahw) Königin Beatrix (*1938, reg. 1980–2013)

| | | | | |
|---|---|---|---|---|
| **1530** | 7.50 G violett | ahw | 14,— | 8,— |
| | | FDC | | 10,— |

*Gültig bis 31.10.2013*

*Weitere Werte siehe Übersicht nach Jahrgangswerttabelle.*

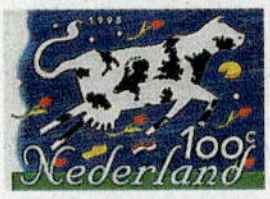


**1995, 2. Jan. „Zehn für Europa". RaTdr. (2×5); gez. K 13¾:13½.**

awz) Kuh mit europäischen Ländern als Flecken, niederländische Exportprodukte und Flagge

| | | | | |
|---|---|---|---|---|
| **1531** | 100 C mehrfarbig | awz | 1,50 | 0,50 |
| | | FDC | | 2,— |
| | | Kleinbogen | 15,— | 15,— |

*Gültig bis 31.10.2013*

**1995, 17. Jan. 50. Todestag von Hendrik Nicolaas Werkmann; Wiedereröffnung des Mesdag-Museums und des Mesdag-Panoramas, Den Haag; Erwerb einer „Blauen Mauritius" durch das niederländische Postmuseum, Den Haag. MiNr. 1532–1533 Odr., MiNr. 1534 komb. StTdr. und Odr.; gez. K 13¾:13¼, Querformat ∼.**

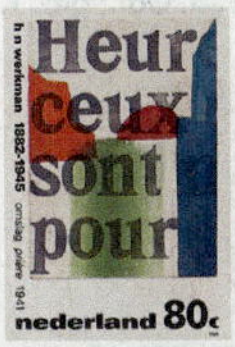


axa) Lettem von Hendrik Nicolaas Werkmann (1882–1945), Graphiker und Drucker

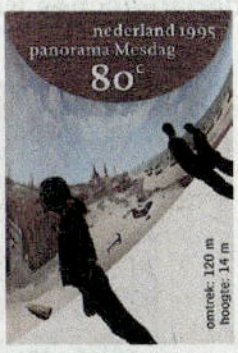


axb) Rundbild von Hendrik Mesdag (1831–1915), Maler und Kunstsammler

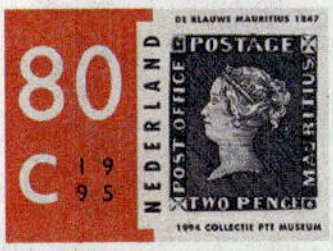


axc) Marke Mauritius MiNr. 2

| | | | | |
|---|---|---|---|---|
| **1532** | 80 C mehrfarbig | axa | 0,90 | 0,40 |
| **1533** | 80 C mehrfarbig | axb | 0,90 | 0,40 |
| **1534** | 80 C mehrfarbig | axc | 0,90 | 0,40 |
| | | Satzpreis (3 W.) | 2,70 | 1,— |
| | | FDC | | 3,— |

Auflagen: MiNr. 1532 = 5.681.550, MiNr. 1533 = 5.806.800, MiNr. 1534 = 5.941.250 Stück

*Gültig bis 31.10.2013*

**1995, 28. Febr. 100 Jahre Kino. RaTdr.; gez. K 14:12¾.**

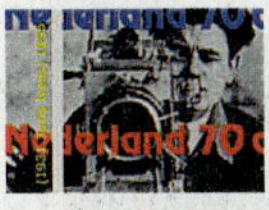


axd) Joris Ivens (1898–1989), Dokumentarfilmer

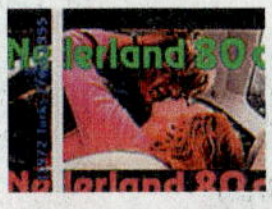


axe) Rutger Hauer und Monique van den Ven in „Türkische Früchte" (1973) von Paul Verhoeven

| | | | | |
|---|---|---|---|---|
| **1535** | 70 C mehrfarbig | axd | 0,70 | 0,30 |
| **1536** | 80 C mehrfarbig | axe | 0,90 | 0,30 |
| | | Satzpreis (2 W.) | 1,60 | 0,50 |
| | | FDC | | 2,20 |

Auflagen: MiNr. 1535 = 7.785.100, MiNr. 1536 = 10.926.850 Stück

*Gültig bis 31.10.2013*

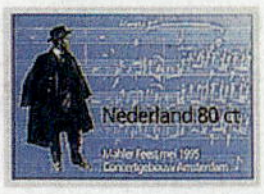


**1995, 21. März. Mahler-Festival, Amsterdam. Odr.; gez. K 13¼:12¾.**

axf) Gustav Mahler (1860–1911), österreichischer Komponist und Dirigent; Partitur seiner 7. Symphonie

| | | | | |
|---|---|---|---|---|
| **1537** | 80 C violettblau/schwarz | axf | 1,— | 0,30 |
| | | FDC | | 2,— |

Auflage: 7.455.450 Stück

*Gültig bis 31.10.2013*

**1995, 28. März. 100 Jahre Niederländisches Institut der Wirtschaftsprüfer (NIVRA); 100 Jahre Niederländischer Verband der Arbeitgeber im Bauwesen (NVOB). Odr.; gez. K 13¼:12¾.**

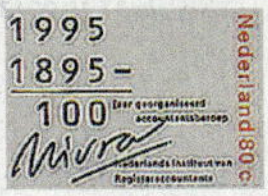


axg) Inschrift

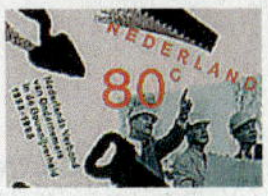


axh) Bauleitung; Maurerkelle, Säge

| | | | | |
|---|---|---|---|---|
| **1538** | 80 C mehrfarbig | axg | 1,— | 0,30 |
| **1539** | 80 C mehrfarbig | axh | 1,— | 0,30 |
| | | Satzpreis (2 W.) | 2,— | 0,50 |
| | | FDC | | 2,50 |

Auflagen: MiNr. 1538 = 5.719.750, MiNr. 1539 = 5.950.600 Stück

*Gültig bis 31.10.2013*

**1995, 11. April. Sommermarken zugunsten sozialer und kultureller Einrichtungen: Seniorenarbeit – Mobilität im Alter. Odr.; gez. K 13¼:12¾.**

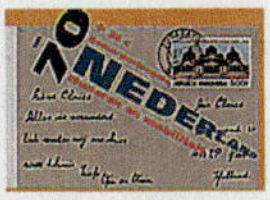


axi) Ansichtskarte aus Indonesien mit Marke MiNr. 1337

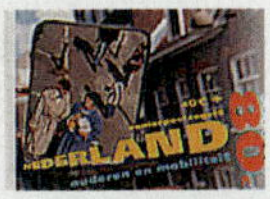


axk) Hausspiegel mit Blick auf älteres Paar bei Verwandtenbesuch

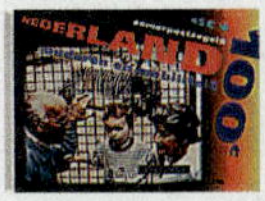


axl) Bildschirm mit Video eines Zoobesuchs

| | | | | |
|---|---|---|---|---|
| **1540** | 70 C + 35 C mehrfarbig | axi | 1,— | 0,70 |
| **1541** | 80 C + 40 C mehrfarbig | axk | 1,50 | 0,80 |
| **1542** | 100 C + 45 C mehrfarbig | axl | 1,50 | 1,50 |
| | | Satzpreis (3 W.) | 4,— | 3,— |
| | | FDC | | 4,20 |

**Blockausgabe mit 2 × MiNr. 1540, 3× MiNr. 1541 und 1× MiNr. 1542**

| | | | | |
|---|---|---|---|---|
| **Block 43** | (144×75 mm) | axm | 10,— | 7,50 |
| | | FDC | | 10,— |

Auflagen: MiNr. 1540 = 1.217.037, MiNr. 1541 = 1.341.668, MiNr. 1542 = 1.110.877 Stück, Bl. 43 = 660.128 Blocks

*Gültig bis 31.10.2013*

**1995, 3. Mai. 50. Jahrestag der Beendigung des Zweiten Weltkrieges; 50 Jahre Vereinte Nationen (UNO). Odr.; gez. K 12¾:13¼.**

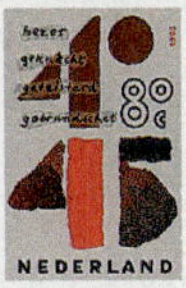


axn

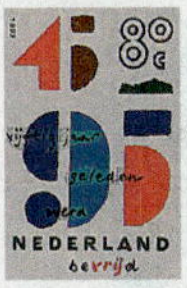


axo

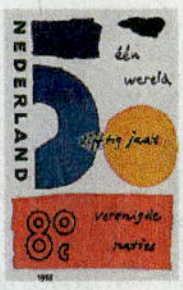


axp

axn–axp) Zahlen, Inschriften

| | | | | |
|---|---|---|---|---|
| **1543** | 80 C mehrfarbig | axn | 1,— | 0,40 |
| **1544** | 80 C mehrfarbig | axo | 1,— | 0,40 |

**1545** 80 C mehrfarbig .................... axp 1,— 0,40
Satzpreis (3 W.) 3,— 1,—
FDC 3,—

Auflagen: MiNr. 1543 = 5.433.400, MiNr. 1544 = 5.665.900, MiNr. 1545 = 5.764.450 Stück

*Gültig bis 31.10.2013*

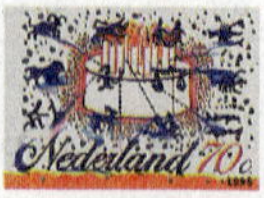


**1995, 22. Mai. Grußmarke. RaTdr. (2×5); gez. K 13¾:13½.**

axr) Geburtstagstorte, Tierkreiszeichen

**1546** 70 C mehrfarbig .................... axr 2,40 0,30
FDC 1,70
Kleinbogen 30,— 30,—

*Gültig bis 31.10.2013*

**1995, 6. Juni. Welt-Pfadfindertreffen, Dronten; Segelregatta SAIL '95, Amsterdam. Odr.; gez. K 12¾:13¼, Querformat ∼.**

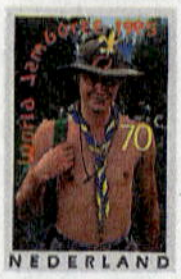


axs) Pfadfinder

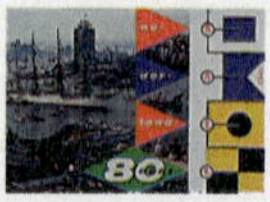


axt) Hafen, Amsterdam

**1547** 70 C mehrfarbig .................... axs 1,— 0,30
**1548** 80 C mehrfarbig .................... axt 1,— 0,30
Satzpreis (2 W.) 2,— 0,60
FDC 2,80

Auflagen: MiNr. 1547 = 8.423.100, MiNr. 1548 = 12.161.500 Stück

*Gültig bis 31.10.2013*

**1995, 5. Sept. Natur und Umwelt: Greifvögel; Europäisches Naturschutzjahr. RaTdr.; gez. K 12¾:14, Querformate ∼.**

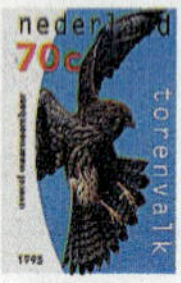


axu) Turmfalke (Falco tinnunculus)

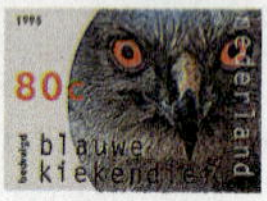


axv) Kornweihe (Circus cyaneus)

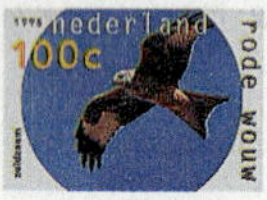


axw) Rotmilan (Milvus milvus)

**1549** 70 C mehrfarbig .................... axu 1,— 1,—
**1550** 80 C mehrfarbig .................... axv 1,— 1,—
**1551** 100 C mehrfarbig .................... axw 1,50 1,50
Satzpreis (3 W.) 3,50 3,50
FDC 4,—

**Blockausgabe**

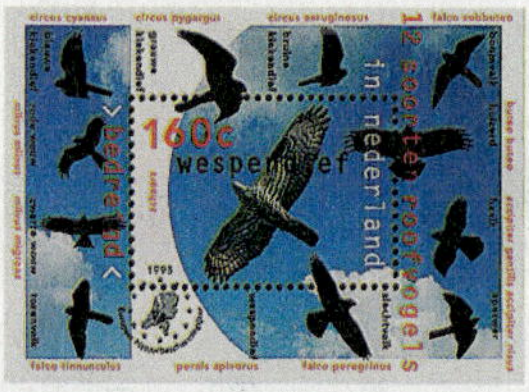


axy

axx) Wespenbussard (Pernis apivorus)

**1552** 160 C mehrfarbig .................... axx 2,50 2,50
**Block 44** (72×50 mm) .................... axy 3,— 3,—
FDC 3,50

Auflagen: MiNr. 1549 = 8.679.300, MiNr. 1549 = 12.082.950, MiNr. 1550 = 3.726.900 Stück, Bl. 43 = 1.502.000 Blocks

*Gültig bis 31.10.2013*

**1995, 26. Sept. Nobelpreisträger (III). Odr.; gez. K 13¼:12¾.**

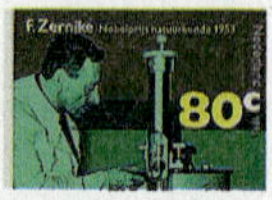


axz) Frederik Zernike (1888–1966), Nobelpreis Physik 1953

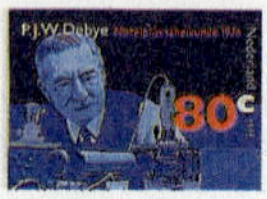


aya) Peter Debye (1884–1966), Physiker, Nobelpreis Chemie 1936

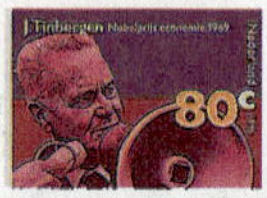


ayb) Jan Tinbergen (1903–1994), Nobelpreis Wirtschaftswissenschaften 1969

**1553** 80 C mehrfarbig .................... axz 0,90 0,30
**1554** 80 C mehrfarbig .................... aya 0,90 0,30
**1555** 80 C mehrfarbig .................... ayb 0,90 0,30
Satzpreis (3 W.) 2,70 0,60
FDC 3,—

Auflagen: MiNr. 1553 = 5.790.550, MiNr. 1554 = 5.794.900, MiNr. 1555 = 5.939.500 Stück

*Gültig bis 31.10.2013*

**1995, 17. Okt. 100 Jahre niederländisches Kabarett. Odr.; gez. K 13¼:13¾.**

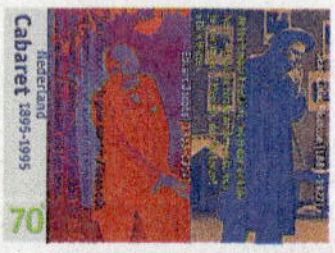


ayc) Eduard Jacobs (1868–1914), Jean-Louis Pisuisse (1880–1927)

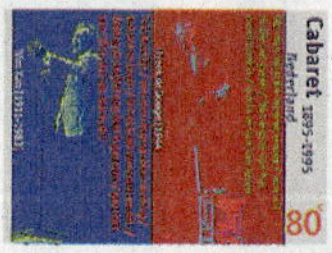


ayd) Wim Kan (1911–1983), Freek de Jonge (*1944)

**1556** 70 C mehrfarbig .................... ayc 0,70 0,30
**1557** 80 C mehrfarbig .................... ayd 0,90 0,30
Satzpreis (2 W.) 1,60 0,50
FDC 2,50

Auflagen: MiNr. 1556 = 7.295.250, MiNr. 1557 = 9.663.750 Stück

*Gültig bis 31.10.2013*

**1995, 15. Nov. „Voor het Kind": Das Kind und die Phantasie – Kinderzeichnungen auf Computer. Odr.; gez. K 13¼:12¾, Hochformat ∼.**

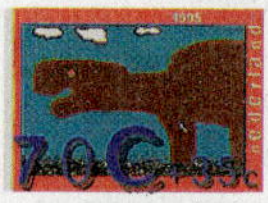


aye) Dino; von Sjoerd Freek de JongeStegeman ( 9 J.)

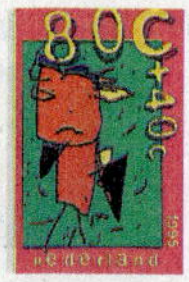


ayf) Die Lehrerin; von Leonie Ensing (6 J.)

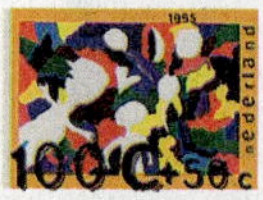


ayg) Kinder und Farben; von Marcel Jansen (12 J.)

**1558** 70 C + 35 C mehrfarbig .................... aye 1,— 0,80
**1559** 80 C + 40 C mehrfarbig .................... ayf 1,40 0,50
**1560** 100 C + 50 C mehrfarbig .................... ayg 1,80 1,50
Satzpreis (3 W.) 4,20 2,80
FDC 5,50

**Blockausgabe mit 2 × MiNr. 1558, 3 × MiNr. 1559 und 1 × MiNr. 1560**

**Block 45** (144×75 mm) .................... ayh 7,50 7,50
FDC 8,50

Auflagen: MiNr. 1558 = 1.232.260, MiNr. 1559 = 1.362.340, MiNr. 1560 = 1.084.796 Stück, Bl. 45 = 4.559.120 Blocks

*Gültig bis 31.10.2013*

**1995, 27. Nov. Dezembermarken.** RaTdr. (4×5); selbstklebend; gestanzt 12¾:13.

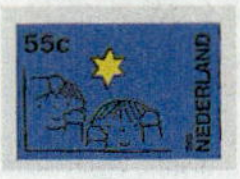


ayi) Junge und Mädchen, Stern

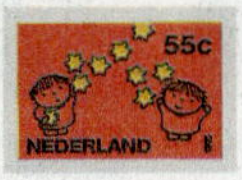


ayk) Junge und Mädchen, Sterne

| | | | | |
|---|---|---|---|---|
| **1561** | 55 C mehrfarbig | ayi | 0,70 | 0,30 |
| **1562** | 55 C mehrfarbig | ayk | 0,70 | 0,30 |
| | | Satzpreis (2 W.) | 1,40 | 0,50 |
| | | Paar | 1,40 | 0,50 |
| | | FDC | | 2,— |
| | | Folienbogen | 14,— | 14,— |

MiNr. 1561–1562 wurden zusammen auf einem Folienbogen zu je 10 Marken gedruckt, der von der Post nur unzertrennt abgegeben wurde.

Auflage: 101.312.000 Sätze

*Gültig bis 31.10.2013*

**1996, 27. Febr. Ausstellung von Vermeer-Gemälden, Washington und Den Haag.** Odr.; gez. K 12¾:13¼.

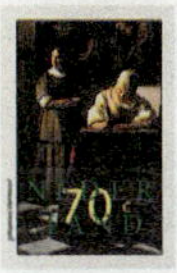

ayl) Briefschreiberin und Dienstmagd (Detail)

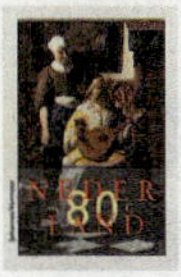

aym) Der Liebesbrief (Detail)

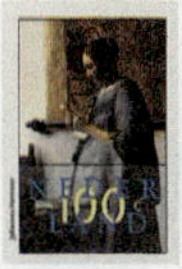

ayn) Briefleserin in Blau (Detail)

ayl–ayn) Gemälde von Johannes Vermeer (1632–1675)

| | | | | |
|---|---|---|---|---|
| **1563** | 70 C mehrfarbig | ayl | 0,80 | 0,40 |
| **1564** | 80 C mehrfarbig | aym | 0,90 | 0,30 |
| **1565** | 100 C mehrfarbig | ayn | 1,30 | 1,30 |
| | | Satzpreis (3 W.) | 3,— | 2,— |
| | | FDC | | 3,20 |

**Blockausgabe mit MiNr. 1563–1565**

| | | | | |
|---|---|---|---|---|
| **Block 46** | (144×75 mm) | ayo | 4,— | 3,— |
| | | FDC | | 3,20 |

Auflagen: MiNr. 1563 = 4.435.075, MiNr. 1564 = 5.964.825, MiNr. 1565 = 2.155.405 Stück, Bl. 46 = 1.192.550 Blocks

*Gültig bis 31.10.2013*

**1996, 21. März. Natur und Umwelt: Frühlingsblumen.** Odr.; gez. K 13¼:12¾.

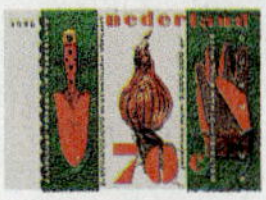

ayp) Garten-Handschaufel, Narzissenzwiebel, Arbeitshandschuh

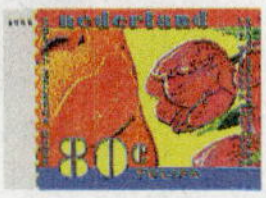

ayr) Frauengesicht, Tulpen

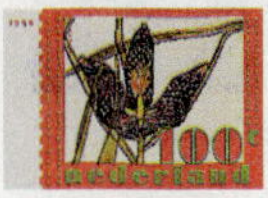

ays) Schachbrettblume (Fritillaria meleagris); Aquarell von Charles Rennie Mackintosh (1868–1928)

| | | | | |
|---|---|---|---|---|
| **1566** | 70 C mehrfarbig | ayp | 0,80 | 0,40 |
| **1567** | 80 C mehrfarbig | ayr | 0,90 | 0,30 |
| **1568** | 100 C mehrfarbig | ays | 1,30 | 1,30 |
| | | Satzpreis (3 W.) | 3,— | 2,— |
| | | FDC | | 3,20 |

**Blockausgabe**

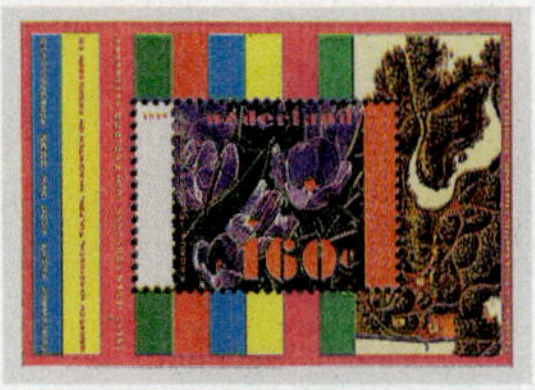

ayu

ayt) Krokus „Flower Record"

| | | | | |
|---|---|---|---|---|
| **1569** | 160 C mehrfarbig | ayt | 2,50 | 2,— |
| **Block 47** | (72×50 mm) | ayu | 3,— | 2,50 |
| | | FDC | | 3,— |

Auflagen: MiNr. 1566 = 4.262.875, MiNr. 1567 = 5.851.225, MiNr. 1568 = 2.301.405 Stück, Bl. 47 = 1.158.975 Blocks

*Gültig bis 31.10.2013*

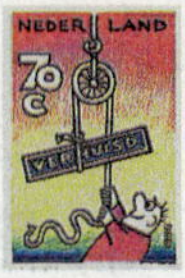

**1996, 1. April. Freimarke für Adressänderungsanzeigen.** RaTdr. (5×4); gez. K 12¾:14.

ayv) Mann zieht Straßennamensschild mit Inschrift „umgezogen" hoch

| | | | | |
|---|---|---|---|---|
| **1570** | 70 C mehrfarbig | ayv | 1,20 | 0,40 |
| | | FDC | | 1,80 |
| | | Bogen | 25,— | 25,— |

MiNr. 1570 wurde von der Post nur in kompletten Bogen zu 20 Marken abgegeben.

Auflage: 1.464.980 Stück

*Gültig bis 31.10.2013*

*In ähnlicher Zeichnung: MiNr. 1605 (selbstklebend)*

**1996, 23. April. Sommermarken zugunsten sozialer und kultureller Fürsorge: Seniorenarbeit – Aktiv am Leben teilnehmen.** Odr.; gez. K 13¼:12¾.

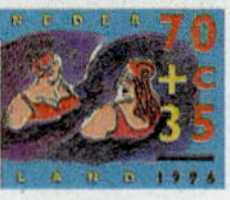

ayw) Seniorinnen beim Schwimmen

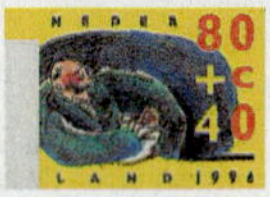

ayx) Senior als Babysitter

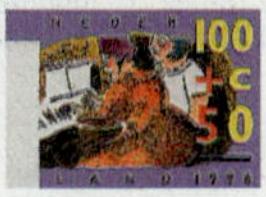

ayy) Seniorinnen beim Klavierspielen

| | | | | |
|---|---|---|---|---|
| **1571** | 70 C + 35 (C) mehrfarbig | ayw | 1,— | 0,70 |
| **1572** | 80 C + 40 (C) mehrfarbig | ayx | 1,40 | 0,80 |
| **1573** | 100 C + 50 (C) mehrfarbig | ayy | 1,80 | 1,30 |
| | | Satzpreis (3 W.) | 4,20 | 2,80 |
| | | FDC | | 4,20 |

**Blockausgabe mit 2 × MiNr. 1571, 3 × MiNr. 1572 und 1 × MiNr. 1573**

| | | | | |
|---|---|---|---|---|
| **Block 48** | (144×75 mm) | ayz | 8,— | 6,50 |
| | | FDC | | 7,50 |

Auflagen: MiNr. 1571 = 1.107.763, MiNr. 1572 = 1.207.956, MiNr. 1573 = 961.111 Stück, Bl. 48 = 624.875 Blocks

*Gültig bis 31.10.2013*

**1996, 14. Mai. Blockausgabe: Comics (I) – Herr Olivier B. Bommel. Odr.; gez. K 13¼:12¾.**

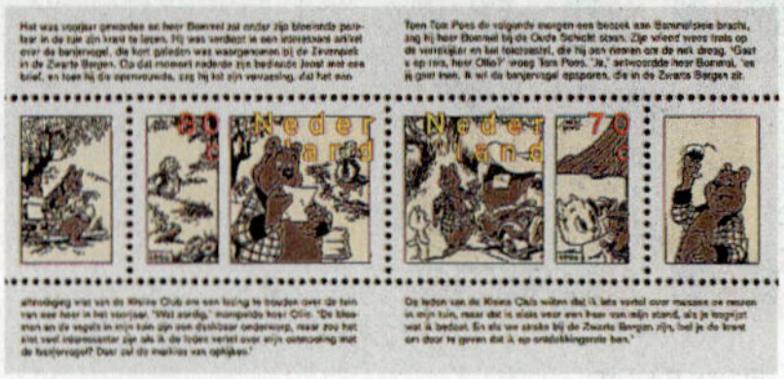

azc

azb aza

aza–azb) Comicfigur von Marten Toonder (1912–2005)

| | | | | | |
|---|---|---|---|---|---|
| **1574** | 70 C | mehrfarbig | aza | 1,20 | 0,90 |
| **1575** | 80 C | mehrfarbig | azb | 1,— | 0,90 |
| **Block 49** | | (108×50 mm) | azc | 2,50 | 2,— |
| | | | FDC | | 3,50 |

Auflage: 1.667.725 Blocks

*Gültig bis 31.10.2013*

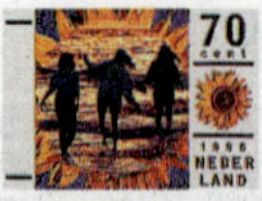


**1996, 31. Mai. Urlaub. Odr., Bogen (B) (10×10) und Kleinbogen (Klb.) (2×5); gez. K 13¼:12¾.**

azd) Strandspaziergang, Sonnenblume

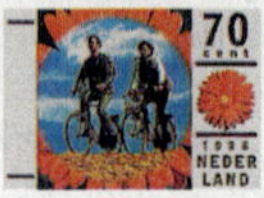


aze) Radfahren, Gerbera

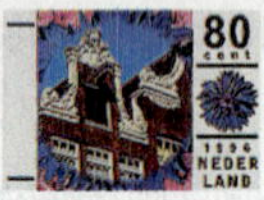


azf) Detail einer Hausfassade in Amsterdam, Kornblume

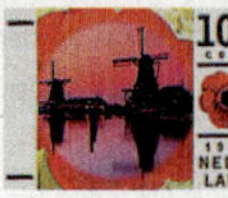


azg) Windmühlen im Freilichtmuseum „Zaanse Schans", Anemone

| | | | | | |
|---|---|---|---|---|---|
| **1576** | 70 C | mehrfarbig (B) (Klb.) | azd | 0,80 | 0,50 |
| **1577** | 70 C | mehrfarbig (B) | aze | 0,80 | 0,50 |
| **1578** | 80 C | mehrfarbig (B) | azf | 0,90 | 0,50 |
| **1579** | 100 C | mehrfarbig (B) (Klb.) | azg | 1,— | 0,50 |
| | | | Satzpreis (4 W.) | 3,50 | 2,— |
| | | | FDC | | 4,— |
| | | | Kleinbogen (MiNr. 1576) | 60,— | 60,— |
| | | | Kleinbogen (MiNr. 1579) | 15,— | 15,— |

Auflagen: MiNr. 1576 = 18.666.125, MiNr. 1577 = 4.817.500, MiNr. 1578 = 7.941.675, MiNr. 1579 = 28.201.825 Stück

*Gültig bis 31.10.2013*

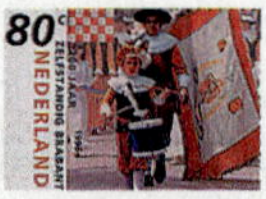


**1996, 13. Juni. 200 Jahre Provinz Nordbrabant. Odr.; gez. K 13¼:12¾.**

azh) Umzug mit historischen Trachten

| | | | | | |
|---|---|---|---|---|---|
| **1580** | 80 C | mehrfarbig | azh | 1,— | 0,30 |
| | | | FDC | | 1,70 |

Auflage: 8.133.815 Stück

*Gültig bis 31.10.2013*

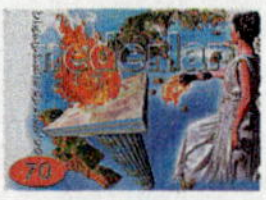

**1996, 25. Juni. Sport: Olympische Sommerspiele, Atlanta; Radrennen „Tour de France"; Fußball-Europameisterschaft, England. Odr. (10×10); gez. K 13¼:12¾.**

azi) Olympisches Feuer, Griechin mit olympischer Fackel, Landkarte von Griechenland

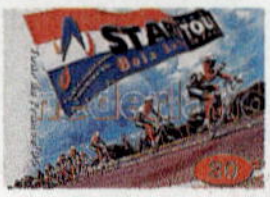

azk) Radrennfahrer, Starttransparent

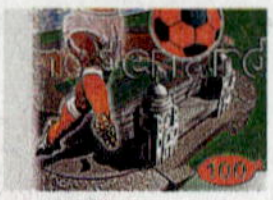

azl) Fußballspieler; Wembley-Stadion, London

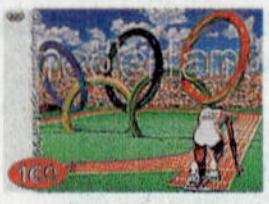

azm) Läufer; Olympiastadion, Atlanta; olympische Ringe

| | | | | | |
|---|---|---|---|---|---|
| **1581** | 70 C | mehrfarbig | azi | 0,70 | 0,30 |
| **1582** | 80 C | mehrfarbig | azk | 0,80 | 0,30 |
| **1583** | 100 C | mehrfarbig | azl | 1,— | 0,70 |
| **1584** | 160 C | mehrfarbig | azm | 1,50 | 0,70 |
| | | | Satzpreis (4 W.) | 4,— | 2,— |
| | | | FDC | | 4,50 |

Auflagen: MiNr. 1581 = 4.913.625, MiNr. 1582 = 7.950.525, MiNr. 1583 = 2.748.975, MiNr. 1584 = 2.762.500 Stück

*Gültig bis 31.10.2013*

**1996, 6. Aug. Tunnel und Brücken. Odr.; gez. K 13¼:12¾, Hochformat ∼.**

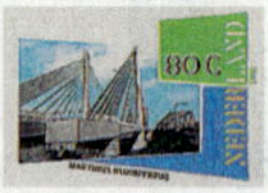


azn) Martinus-Nijhoff-Brücke über die Waal

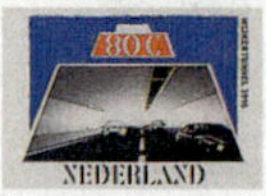


azo) Wijker-Tunnel unter dem Nordsee-Kanal

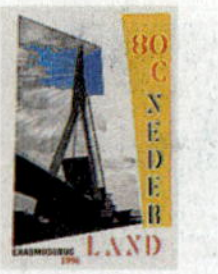


azp) Erasmus-Brücke, Rotterdam

| | | | | | |
|---|---|---|---|---|---|
| **1585** | 80 C | mehrfarbig | azn | 0,90 | 0,40 |
| **1586** | 80 C | mehrfarbig | azo | 0,90 | 0,40 |
| **1587** | 80 C | mehrfarbig | azp | 0,90 | 0,40 |
| | | | Satzpreis (3 W.) | 2,70 | 1,20 |
| | | | FDC | | 3,50 |

Auflagen: MiNr. 1585 = 7.762.775, MiNr. 1586 = 7.806.875, MiNr. 1587 = 7.835.075 Stück

*Gültig bis 31.10.2013*

**1996, 3. Sept. 20 Jahre Fernsehserie „Sesamstraße" in den Niederlanden. Odr., Bogen (10×10) und Kleinbogen (2×5); gez. K 13¼:12¾.**

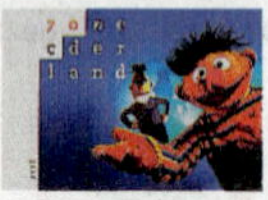

azr) Bert und Ernie

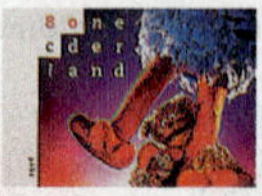

azs) Tommie, Pino und Ieniemienie

| | | | | | |
|---|---|---|---|---|---|
| **1588** | 70 C | mehrfarbig | azr | 1,— | 0,30 |
| **1589** | 80 C | mehrfarbig | azs | 1,— | 0,30 |
| | | | Satzpreis (2 W.) | 2,— | 0,50 |
| | | | FDC | | 3,— |
| | | | Kleinbogensatz (2 Klb.) | 70,— | 70,— |

Auflagen: MiNr. 1588 = 13.542.825, MiNr. 1589 = 56.003.975 Stück

*Gültig bis 31.10.2013*

**1996, 3. Sept. 50 Jahre Kinderhilfswerk der Vereinten Nationen (UNICEF). Odr.; gez. K 12¾:13¼.**

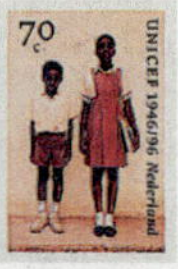


azt) Ghanaische Schulkinder

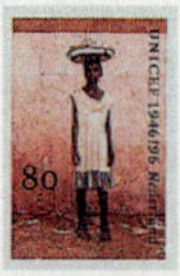


azu) Ghanaisches Mädchen

**1590** 70 C mehrfarbig . . . . . . . . . . . . . . . . . . . . azt 0,70 0,30
**1591** 80 C mehrfarbig . . . . . . . . . . . . . . . . . . . . azu 0,90 0,30
Satzpreis (2 W.) 1,60 0,50
FDC 2,50

Auflagen: MiNr. 1590 = 5.506.625, MiNr. 1591 = 7.876.975 Stück

*Gültig bis 31.10.2013*

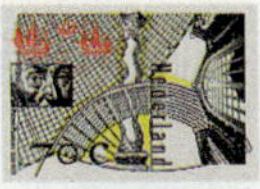

**1996, 1. Okt. Entdeckungsreisen. Odr.; gez. K 13¼:12¾.**

azv) Reise von Petrus Plancius (1552–1622), Kartograph

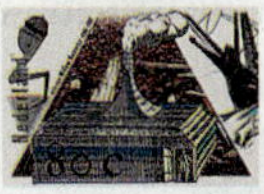

azw) Reise von Willem Barents (um 1550–1597)

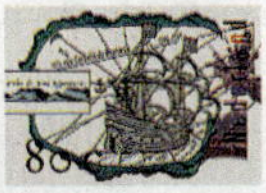

azx) Reise von Cornelis de Houtman (1540–1599)

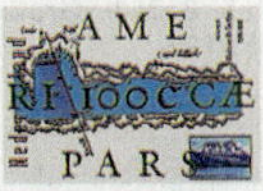

azy) Reise von Jacques Mahu (1564–1598) und Simon de Cordes (um 1559–1599)

**1592** 70 C mehrfarbig . . . . . . . . . . . . . . . . . . azv 0,70 0,40
**1593** 80 C mehrfarbig . . . . . . . . . . . . . . . . . . azw 0,80 0,30
**1594** 80 C mehrfarbig . . . . . . . . . . . . . . . . . . azx 0,80 0,30
**1595** 100 C mehrfarbig . . . . . . . . . . . . . . . . . azy 1,20 1,—
Satzpreis (4 W.) 3,50 2,—
FDC 4,—

Auflagen: MiNr. 1592 = 4.867.675, MiNr. 1593 = 7.943.575, MiNr. 1594 = 7.960.550, MiNr. 1595 = 2.759.775 Stück

*Gültig bis 31.10.2013*

**1996, 6. Nov. „Voor het Kind": Gestaltung der Zukunft. Odr.; gez. K 12¾:13¼.**

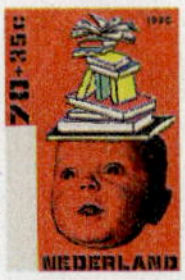

azz) Kleinkind, Bücher

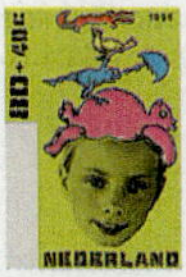

baa) Junge, Tiere

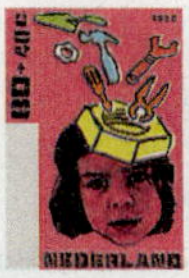

bab) Mädchen, Werkzeug

**1596** 70 (C) + 35 C mehrfarbig . . . . . . . . . . . . azz 1,10 0,70
**1597** 80 (C) + 40 C mehrfarbig . . . . . . . . . . . . baa 1,20 0,70
**1598** 80 (C) + 40 C mehrfarbig . . . . . . . . . . . . bab 1,20 0,70
Satzpreis (3 W.) 3,50 2,—
FDC 4,50

**Blockausgabe mit 2 × MiNr. 1596–1598**

**Block 50** (75×144 mm) . . . . . . . . . . . . . . . . . . bac 7,50 7,—
FDC 8,—

Auflagen: MiNr. 1596 = 1.846.455, MiNr. 1597 = 1.087.078, MiNr. 1598 = 1.108.293 Stück, Bl. 50 = 4.797.814 Blocks

*Gültig bis 31.10.2013*

**1996, 26. Nov. Dezembermarken. RaTdr. (4×5); Streifen ph.; selbstklebend; waagerecht gestanzt 9.**

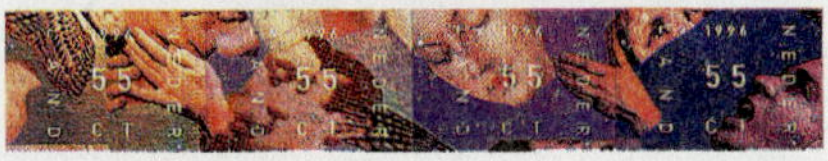

bad–bag) Gesichter und Hände

**1599** 55 C mehrfarbig . . . . . . . . . . . . . . . . . . . . bad 0,70 0,40
**1600** 55 C mehrfarbig . . . . . . . . . . . . . . . . . . . . bae 0,70 0,40
**1601** 55 C mehrfarbig . . . . . . . . . . . . . . . . . . . . baf 0,70 0,40
**1602** 55 C mehrfarbig . . . . . . . . . . . . . . . . . . . . bag 0,70 0,40
Satzpreis (4 W.) 2,80 1,50
Viererstreifen 2,80 1,50
FDC 3,—
Folienbogen 15,— 12,—

MiNr. 1599–1602 wurden zusammen im Folienbogen zu 20 Marken gedruckt, der von der Post nur unzertrennt abgegeben wurde.

Auflage: 55.674.800 Sätze

*Gültig bis 31.10.2013*

**1997, 2. Jan. Freimarken für Geschäftspost. RaTdr., Rollen (100); Streifen ph.; selbstklebend; oben mit 9, unten mit 23 Zacken, links und rechts gerade gestanzt.**

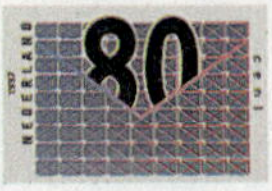


bah

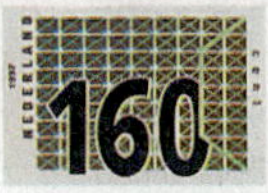


bai

bah–bai) Stilisierte Briefumschläge

**1603** 80 C mehrfarbig . . . . . . . . . . . . . . . . . . . . bah 0,80 0,30
**1604** 160 C mehrfarbig . . . . . . . . . . . . . . . . . . . bai 1,70 0,30
Satzpreis (2 W.) 2,50 0,50
FDC 3,—

*Gültig bis 31.10.2013*

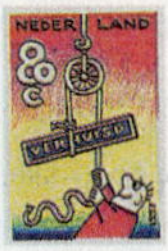

**1997, 2. Jan. Freimarke für Adressänderungsanzeigen. RaTdr. (5×4); selbstklebend; gestanzt 13:12¾.**

ayv I) Mann zieht Straßennamensschild mit Inschrift „umgezogen" hoch

**1605** 80 C mehrfarbig . . . . . . . . . . . . . . . . . . . ayv I 1,— 0,30
FDC 1,80

*Gültig bis 31.10.2013*

*In ähnlicher Zeichnung: MiNr. 1570 (nassklebend)*

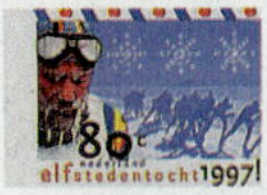

**1997, 4. Jan. Elf-Städte-Tour 1997. RaTdr.; gez. K 14:13½.**

bak) Schlittschuhläufer

**1606** 80 C mehrfarbig . . . . . . . . . . . . . . . . . . . . bak 1,— 0,30
FDC 2,40

Auflage: 8.301.000 Stück

*Gültig bis 31.10.2013*

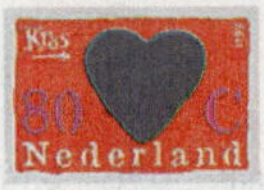


**1997, 21. Jan. Überraschungsmarken. RaTdr. (2×5); gez. K 14:13½.**

bal) Herz

**1607** 80 C mehrfarbig . . . . . . . . . . . . . . . . . . . . bal 1,— 0,50
FDC 1,60
Kleinbogen 10,— 10,—

MiNr. 1607 wurde mit einem herzförmigen Rubbelfeld mit darunterliegender Inschrift versehen. Jede Marke im Kleinbogen trägt eine andere Grußinschrift. Die Texte lauten im einzelnen „schrif me", „groetjes", „ik hou van je", „tot gauw", „ik denk aan je", „xxx-jes", „ik mis je", „geintje", „zomaar" und „wanneer ?". Die Preise gelten für Marken mit intakter Rubbelschicht.

*Gültig bis 31.10.2013*

**1997, 25. Febr. Nutztiere. Odr.; gez. K 13¼:12¾.**

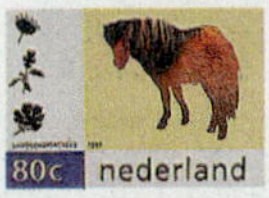


bam) Shetland-Pony

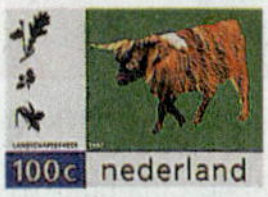


ban) Schottisches Hochlandrind

**1608** 80 C mehrfarbig .................. bam 0,80 0,30
**1609** 100 C mehrfarbig .................. ban 1,20 0,90
Satzpreis (2 W.) 2,— 1,20
FDC 2,50

**Blockausgabe**

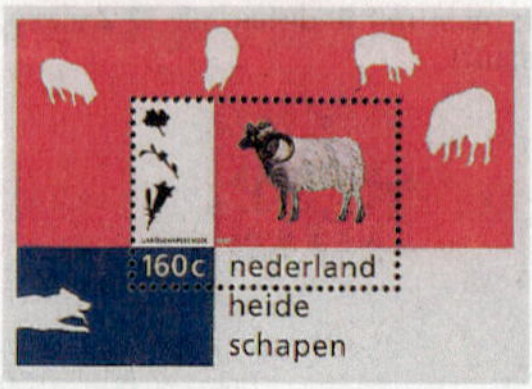


bap

bao) Drente-Heideschaf

**1610** 160 C mehrfarbig ............... bao 1,80 1,80
**Block 51** (72×50 mm) ............. bap 2,— 2,—
FDC 2,80

Auflagen: MiNr. 1608 = 8.294.200, MiNr. 1609 = 2.932.400 Stück, Bl. 51 = 1.202.150 Blocks

*Gültig bis 31.10.2013*

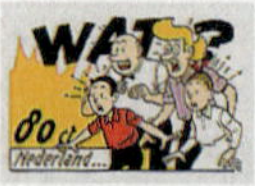


**1997, 18. März. Comics (II): Suske en Wiske. Odr. (2×5); gez. K 13¼:12¾.**

bar) Suske und Wiske, Tante Sidonia und Lambik

bar–bas) Comicfiguren von Willy Vandersteen (1913–1990)

**1611** 80 C mehrfarbig .......................... bar 1,— 0,30
FDC 1,60
Kleinbogen 10,— 10,—

**Blockausgabe mit MiNr. 1611–1612**

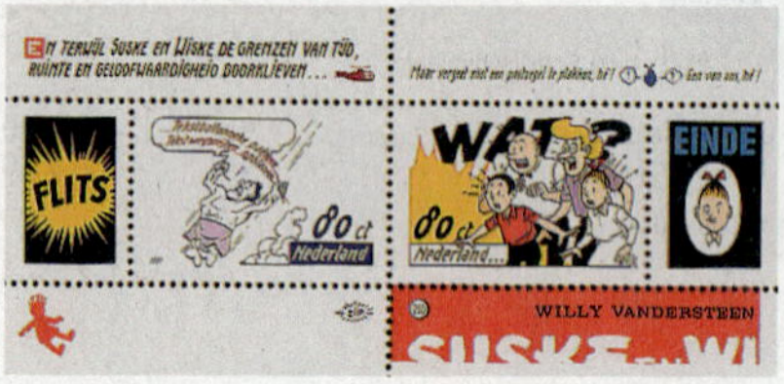


bat

bas bar

bar) Suske und Wiske, Tante Sidonia und Lambik
bas) Jerom

**1612** 80 C mehrfarbig ................. bas 0,70 0,70
**Block 52** (108×50 mm) ............. bat 2,50 2,—
FDC 3,50

Auflagen: MiNr. 1611 = 8.438.000 Stück, Bl. 52 = 1.890.300 Blocks

*Gültig bis 31.10.2013*

**1997, 15. April. Sommermarken zugunsten sozialer und kultureller Fürsorge: Seniorenarbeit – Vorbild sein. Odr.; gez. K 13¼:12¾.**

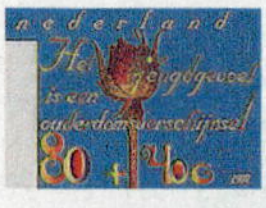

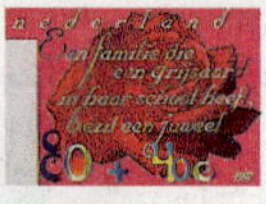

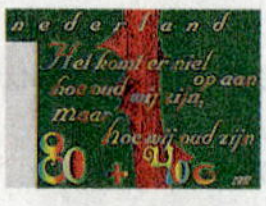

bau) Rosenknospe bav) Rosenblüte baw) Rosenstengel

**1613** 80 (C) + 40 C mehrfarbig ............ bau 1,20 1,—
**1614** 80 (C) + 40 C mehrfarbig ............ bav 1,20 1,—
**1615** 80 (C) + 40 C mehrfarbig ............ baw 1,20 1,—
Satzpreis (3 W.) 3,60 3,—
FDC 4,—

**Blockausgabe mit 2 × MiNr. 1613–1615**

**Block 53** (144×75 mm) .................... bax 7,— 6,50
FDC 7,50

Auflagen: MiNr. 1613 = 1.033.012, MiNr. 1614 = 1.025.106, MiNr. 1615 = 1.008.941 Stück, Bl. 53 = 596.267 Blocks

*Gültig bis 31.10.2013*

**1997, 6. Mai. Grußmarken. RaTdr. (2×5); Streifen ph.; gez. K 13¾:13½.**

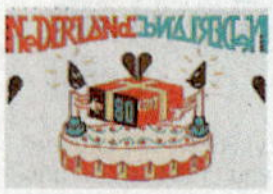

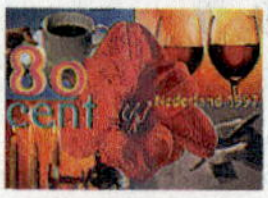


bay) Geburtstagstorte mit Kerzen, die Geschenkpaket halten

baz) Amaryllis, Kaffeetasse, Weingläser, Kerzen, schreibende Hand

**1616** 80 C mehrfarbig ........................ bay 0,80 0,30
**1617** 80 C mehrfarbig ........................ baz 0,80 0,30
Satzpreis (2 W.) 1,60 0,60
FDC 2,50
Kleinbogensatz (2 Klb.) 20,— 20,—

MiNr. 1617 gibt es mit senkrechtem Phosphorstreifen auf normalem und auf phosphoreszierendem Papier.

*Gültig bis 31.10.2013*

*In gleicher Zeichnung wie MiNr. 1617: MiNr. 1735 (selbstklebend)*

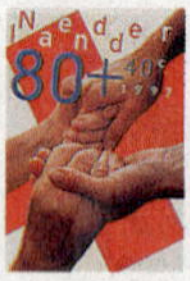


**1997, 27. Mai. Niederländisches Rotes Kreuz. Odr.; Streifen ph.; gez. K 12¾:13¼.**

bba) Helfende Hände, Rotes Kreuz

**1618** 80 (C) + 40 C mehrfarbig ............ bba 1,50 1,—
FDC 2,—

Auflage: 1.456.026 Stück

*Gültig bis 31.10.2013*

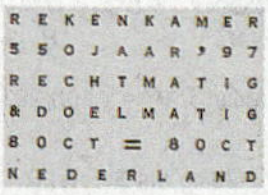


**1997, 27. Mai. 550 Jahre Rechnungshof. Odr.; gez. K 13¼:12¾.**

bbb) Inschrift

**1619** 80 C mehrfarbig ........................ bbb 1,— 0,30
FDC 1,60

Auflage: 7.113.200 Stück

*Gültig bis 31.10.2013*

**1997, 27. Mai. 50 Jahre Marshallplan. Odr. (5×10 Zd); gez. K 13¼:12¾.**

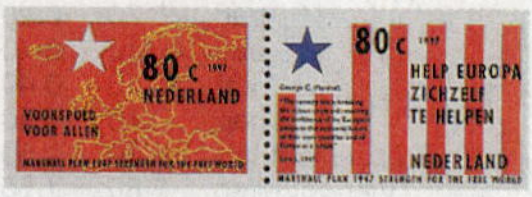


bbc) Landkarte Europas
bbd) Stilisierte Staatsflagge der USA

| | | | | | |
|---|---|---|---|---|---|
| **1620** | 80 C mehrfarbig | bbc | 0,80 | 0,50 |
| **1621** | 80 C mehrfarbig | bbd | 0,80 | 0,50 |
| | Satzpreis (2 W.) | | 1,60 | 1,— |
| | Paar | | 2,— | 2,— |
| | FDC | | | 2,50 |

Auflage: 4.122.350 Sätze

*Gültig bis 31.10.2013*

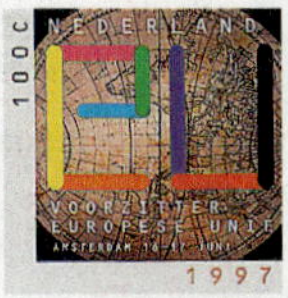

**1997, 17. Juni. Vorsitz der Niederlande im Rat der Europäischen Union und Gipfeltreffen des Ministerrates, Amsterdam. Odr.; gez. K 13¼.**

bbe) Weltkugel

| | | | | |
|---|---|---|---|---|
| **1622** | 100 C mehrfarbig | bbe | 1,50 | 1,— |
| | FDC | | | 2,50 |

Auflage: 2.763.900 Stück

*Gültig bis 31.10.2013*

**1997, 1. Juli. Niederlande – Wasserland (I): Tourismus. Odr., Bogen (B) (10×10) und Kleinbogen (Klb.) (2×5); gez. K 13¼:12¾.**

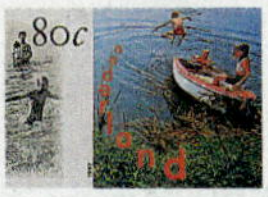

bbf) Badende Kinder mit Boot

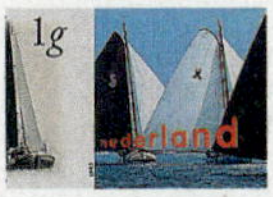

bbg) Segelboote

| | | | | |
|---|---|---|---|---|
| **1623** | 80 C mehrfarbig (B) (Klb.) | bbf | 0,80 | 0,30 |
| **1624** | 1 G mehrfarbig (B) | bbg | 1,— | 0,70 |
| | Satzpreis (2 W.) | | 1,80 | 1,— |
| | FDC | | | 2,50 |
| | Kleinbogen | | 10,— | 10,— |

*Gültig bis 31.10.2013*

**1997, 5. Aug. Jahrestage: 200. Geburtstag von Franz Schubert; 150 Jahre Königliches Institut für Ingenieue (KIVI); 100 Jahre Niederländisches Asthmazentrum, Davos; 100 Jahre Gartenbauschule „Florens College“, Aalsmeer. Odr.; gez. K 13¼:12¾.**

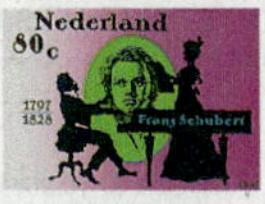

bbh) Franz Schubert (1797–1828), österreichischer Komponist

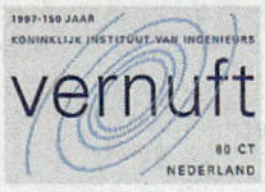

bbi) Inschrift

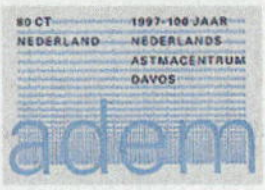

bbk) Inschrift

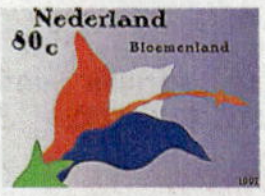

bbl) Stilisierte Blume

| | | | | |
|---|---|---|---|---|
| **1625** | 80 C mehrfarbig | bbh | 0,80 | 0,40 |
| **1626** | 80 C mehrfarbig | bbi | 0,80 | 0,40 |
| **1627** | 80 C mehrfarbig | bbk | 0,80 | 0,40 |
| **1628** | 80 C mehrfarbig | bbl | 0,80 | 0,40 |
| | Satzpreis (4 W.) | | 3,— | 1,50 |
| | FDC | | | 3,80 |

Auflagen: MiNr. 1625 = 7.384.050, MiNr. 1626 = 6.971.100, MiNr. 1627 = 6.966.350, MiNr. 1628 = 7.739.700 Stück

*Gültig bis 31.10.2013*

**1997, 2. Sept. Jugendtrends. Odr., Bogen (B) (10×10), Kleinbogen (Klb.) (2×5) und Markenheftchen (MH); gez. K 13¼:12¾.**

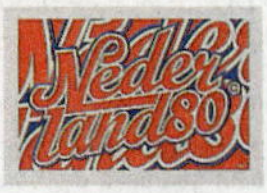

bbm) Flyergraphik

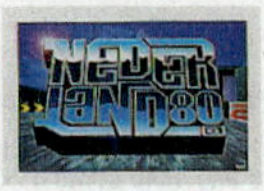

bbn) 3-D-Computergraphik

| | | | | |
|---|---|---|---|---|
| **1629** | 80 C mehrfarbig (B) (MH) | bbm | 0,80 | 0,30 |
| **1630** | 80 C mehrfarbig (B) (Klb.) | bbn | 0,80 | 0,30 |
| | Satzpreis (2 W.) | | 1,60 | 0,60 |
| | FDC | | | 2,50 |
| | Kleinbogen | | 9,— | 9,— |

MiNr. 1629 wurde auch im Markenheftchen (MH 54) ausgegeben.

*Gültig bis 31.10.2013*

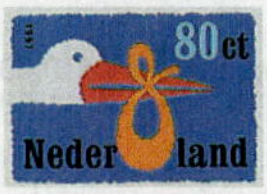

**1997, 7. Okt./1999, 26. Nov. Freimarke für Geburtsanzeigen. I = RaTdr., Folienblatt (F-Bl.) (2×5), II = Odr., Folienbogen (F-Bg.) (5×10); Streifen ph.; selbstklebend; gestanzt 13¼:12¾.**

bbo) Storch bringt Baby

| | | | | |
|---|---|---|---|---|
| **1631** | 80 C mehrfarbig | bbo | | |
| I | RaTdr. (F-Bl.) (7.10.1997) | | 1,— | 0,30 |
| II | Odr. (F-Bg.) (26.11.1999) | | 5,— | 5,— |
| | FDC I | | | 2,— |
| | Folienblatt I | | 10,— | 8,— |

*Gültig bis 31.10.2013*

*In gleicher Zeichnung: MiNr. 1733, 1898, 1974, 2476*
*In ähnlicher Zeichnung: MiNr. 2756*

**1997, 12. Nov. „Voor het Kind“: Märchen. Odr.; gez. K 13¼:12¾.**

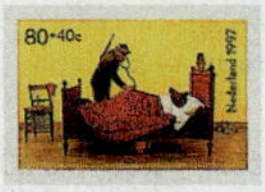

bbp) Rotkäppchen

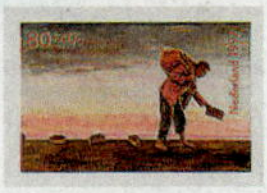

bbr) Der kleine Däumling

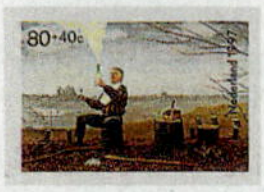

bbs) Der Geist in der Flasche

| | | | | |
|---|---|---|---|---|
| **1632** | 80 (C) + 40 C mehrfarbig | bbp | 1,20 | 0,50 |
| **1633** | 80 (C) + 40 C mehrfarbig | bbr | 1,20 | 0,50 |
| **1634** | 80 (C) + 40 C mehrfarbig | bbs | 1,20 | 0,50 |
| | Satzpreis (3 W.) | | 3,50 | 1,50 |
| | FDC | | | 4,— |

**Blockausgabe mit 2 × MiNr. 1632–1634**

| | | | | |
|---|---|---|---|---|
| **Block 54** | (144×75 mm) | bbt | 7,50 | 7,50 |
| | FDC | | | 8,50 |

Auflagen: MiNr. 1632 = 956.988, MiNr. 1633 = 909.793, MiNr. 1634 = 904.790 Stück, Bl. 54 = 4.805.054 Blocks

*Gültig bis 31.10.2013*

**1997, 25. Nov. Dezembermarken. RaTdr. (5×4); Aufdruck ph.; selbstklebend; gestanzt 4.**

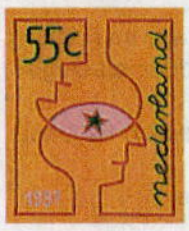

bbu) Sich überschneidende Köpfe, Stern

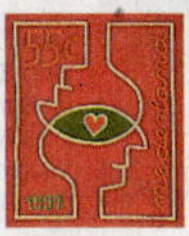

bbv) Sich überschneidende Köpfe, Herz

| | | | | |
|---|---|---|---|---|
| **1635** | 55 C mehrfarbig/orangegelb | bbu | 0,70 | 0,30 |
| **1636** | 55 C mehrfarbig/dunkelblau | bbu | 0,70 | 0,30 |
| **1637** | 55 C mehrfarbig/rotorange | bbv | 0,70 | 0,30 |
| **1638** | 55 C mehrfarbig/lilarot | bbv | 0,70 | 0,30 |
| **1639** | 55 C mehrfarbig/grünlicholiv | bbv | 0,70 | 0,30 |

| | | | | | |
|---|---|---|---|---|---|
| **1640** | 55 C | mehrfarbig/dunkelgrün | bbu | 0,70 | 0,30 |
| | | | Satzpreis (6 W.) | 4,— | 1,80 |
| | | | FDC | | 5,50 |
| | | | Folienbogen | 14,— | 10,— |

Die zusätzliche Farbangabe bezieht sich auf den Markenhintergrund.

MiNr. 1635–1640 wurden zusammen im Folienbogen zu 20 Marken (3 × MiNr. 1635, 1637–1638 und 1640 sowie 4 × MiNr. 1636 und 1639) gedruckt, der von der Post nur unzertrennt abgegeben wurde.

Auflagen: MiNr. 1635, 1637–1638 und 1640 je 35.553.000, MiNr. 1636 und 1639 je 47.404.000 Stück

*Gültig bis 31.10.2013*

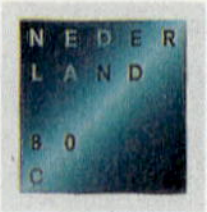


**1998, 2. Jan. Freimarke für Kondolenzbriefe. RaTdr., Bogen (10×8) und Rolle (1000); gez. K 13½.**

bbw) Symbolik

| | | | | | |
|---|---|---|---|---|---|
| **1641** | 80 C | mehrfarbig | bbw | 1,— | 0,30 |
| | | | FDC | | 1,80 |

Auflage: 20.000.000.000 Stück

*Gültig bis 31.10.2013*

*In gleicher Zeichnung: MiNr. 1825, 1904, 1980, 2477*
*In ähnlicher Zeichnung: MiNr. 2757, 3967*

**1998, 2. Jan. Freimarken: Delfter Fayencen. RaTdr., Rollen (R) (50) und Folienblatt (F-Bl.) (1×5); Streifen ph.; selbstklebend; dreiseitig mit zahnlochartigen Einbuchtungen, links gerade gestanzt.**

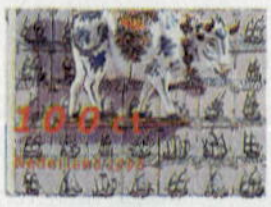

bbx) Porzellankuh, Keramikfliesen mit Segelschiffmotiven

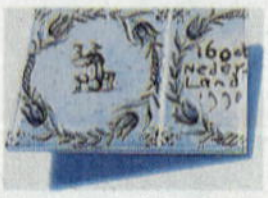

bby) Keramikfliese mit traditionellem Motiv

| | | | | | |
|---|---|---|---|---|---|
| **1642** | 100 C | mehrfarbig (R) | bbx | 0,90 | 0,30 |
| **1643** | 160 C | dunkelblau (R) (F-Bl.) | bby | 1,60 | 0,70 |
| | | | Satzpreis (2 W.) | 2,50 | 1,— |
| | | | FDC | | 4,— |
| | | | Folienblatt | 8,— | 8,— |

MiNr. 1642–1643 wurden mit dazugehörenden Briefpost-Aufklebern in Rollen zu je 50 Marken gedruckt, MiNr. 1643 gibt es auch als Folienblatt mit je 5 Marken und Aufklebern.

Auflagen: MiNr. 1642 = 25.000.000, MiNr. 1643 = 18.000.000 Stück

*Gültig bis 31.10.2013*

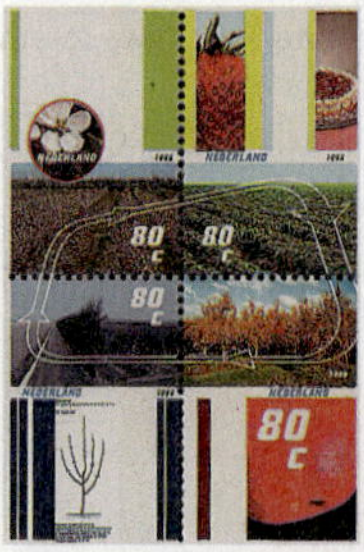

**1998, 17. Febr. Die vier Jahreszeiten (I): Obstanbau. Odr., Markenheftchen (2×2); Streifen ph.; gez. K 12¾:13¼.**

bbz) Erdbeerblüte, Erdbeerplantage im Frühling
bca) Erdbeere, Erdbeertorte, Erdbeerplantage im Sommer
bcb) Apfelbäume im Winter, Anleitung für Obstbaumschnitt
bcc) Apfelbäume im Herbst, Apfel

| | | | | | |
|---|---|---|---|---|---|
| **1644** | 80 C | mehrfarbig | bbz | 1,— | 1,— |
| **1645** | 80 C | mehrfarbig | bca | 1,— | 1,— |
| **1646** | 80 C | mehrfarbig | bcb | 1,— | 1,— |
| **1647** | 80 C | mehrfarbig | bcc | 1,— | 1,— |
| | | | Satzpreis (4 W.) | 4,— | 4,— |
| | | | FDC | | 5,50 |

MiNr. 1644–1647 stammen aus MH 51.

Auflage: 3.800.000 Markenheftchen

*Gültig bis 31.10.2013*

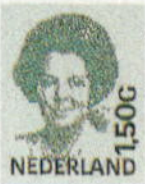


**1998, 17. März. Freimarke: Königin Beatrix. RaTdr. (10×10); gez. K 13½:12¾.**

ahw) Königin Beatrix (*1938, reg. 1980–2013)

| | | | | | |
|---|---|---|---|---|---|
| **1648** | 1.50 G | bläulichgrün | ahw | 2,50 | 0,80 |
| | | | FDC | | 2,20 |

*Gültig bis 31.10.2013*

*Weitere Werte siehe Übersicht nach Jahrgangswerttabelle.*

**1998, 17. März. Jahrestage: 350. Jahrestag des Westfälischen Friedens, 150 Jahre Verfassung, 50. Jahrestag der Allgemeinen Erklärung der Menschenrechte. Odr. (2×10 Zd); gez. K 13¼:12¾.**

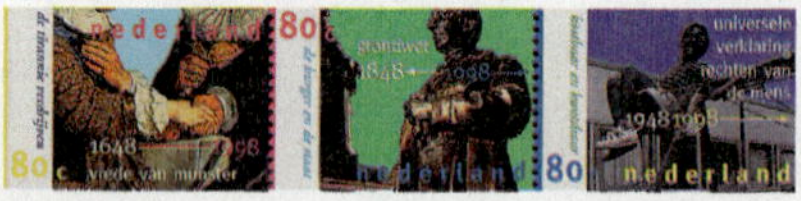

bcd) Händedruck; Detail eines Gemäldes von Bartholomeus van der Helst (1613–1670)
bce) Denkmal von Johan Rudolf Thorbecke (1798–1872), Politiker
bcf) Schaukelndes Kind in einem Asylantenheim

| | | | | | |
|---|---|---|---|---|---|
| **1649** | 80 C | mehrfarbig | bcd | 0,70 | 0,40 |
| **1650** | 80 C | mehrfarbig | bce | 0,70 | 0,40 |
| **1651** | 80 C | mehrfarbig | bcf | 0,70 | 0,40 |
| | | | Satzpreis (3 W.) | 2,— | 1,— |
| | | | Dreierstreifen | 3,— | 2,50 |
| | | | FDC | | 3,— |

Auflage: 30.000.000 Sätze

*Gültig bis 31.10.2013*

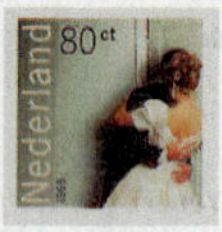

**1998, 17. März/2001. Freimarke für Hochzeitsglückwünsche. I = RaTdr., Folienblatt (F-Bl.) (10); II = Odr., Folienbogen (F-Bg.) (5×10); Streifen ph.; selbstklebend; gestanzt 13¼.**

bcg) Brautpaar

| | | | | | |
|---|---|---|---|---|---|
| **1652** | 80 C | mehrfarbig | bcg | | |
| | I | RaTdr. (F-Bl.) (17.3.1998) | | 1,— | 0,30 |
| | II | Odr. (F-Bg.) (2001) | | 5,— | 2,— |
| | | | FDC I | | 1,60 |
| | | | Folienblatt I | 10,— | 8,— |

Auflage: 2.650.000 Folienblätter

*Gültig bis 31.10.2013*

*In gleicher Zeichnung: MiNr. 1734 (nassklebend)*

**1998, 21. April. Sommermarken zugunsten sozialer und kultureller Fürsorge: Seniorenarbeit. Odr.; gez. K 13¼:12¾.**

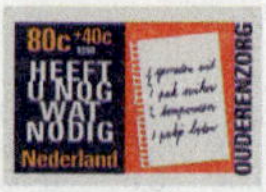

bch) Einkaufszettel

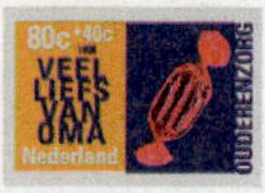

bci) Bonbon

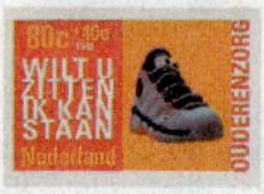

bck) Turnschuh

| | | | | | |
|---|---|---|---|---|---|
| **1653** | 80 C | + 40 C mehrfarbig | bch | 1,20 | 1,— |
| **1654** | 80 C | + 40 C mehrfarbig | bci | 1,20 | 1,— |
| **1655** | 80 C | + 40 C mehrfarbig | bck | 1,20 | 1,— |
| | | | Satzpreis (3 W.) | 3,60 | 3,— |
| | | | FDC | | 4,50 |

**Blockausgabe mit 2 × MiNr. 1653–1655**

| | | | |
|---|---|---|---|
| **Block 55** (144×75 mm) | bcl | 7,50 | 7,— |
| | FDC | | 8,— |

Auflagen: MiNr. 1653 = 1.169.621, MiNr. 1654 = 1.179.208, MiNr. 1655 = 1.193.956 Stück, Bl. 55 = 582.819 Blocks

*Gültig bis 31.10.2013*

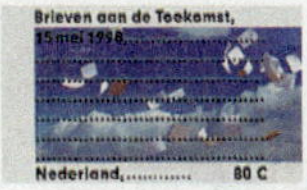


**1998, 8. Mai. Projekt „Brief an die Zukunft". Odr.; gez. K 13¼:13¾.**

bcm) Wolken, durch die Luft wirbelnde Briefe, Zeilenvordruck

| | | | |
|---|---|---|---|
| **1656** 80 C mehrfarbig | bcm | 1,— | 0,30 |
| | FDC | | 2,— |

Auflage: 8.000.000 Stück

*Gültig bis 31.10.2013*

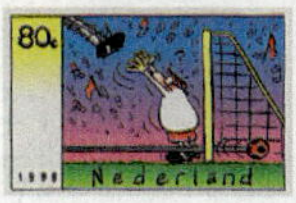


**1998, 19. Mai. Fußball. Odr. (2×5); gez. K 13¼:13¾.**

bcn) Torwart fängt Fußballschuh; Karikatur von Toon van Driel (*1945)

| | | | |
|---|---|---|---|
| **1657** 80 C mehrfarbig | bcn | 1,— | 0,30 |
| | FDC | | 2,50 |
| | Kleinbogen | 10,— | 7,50 |

Auflage: 3.200.000 Stück

*Gültig bis 31.10.2013*

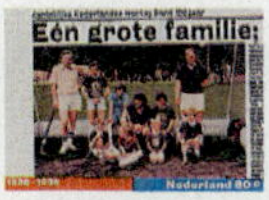


**1998, 19. Mai. 100 Jahre Königlich Niederländischer Hockeybund. Odr.; gez. K 13¼:12¾.**

bco) Hockeyspieler aller Altersklassen

| | | | |
|---|---|---|---|
| **1658** 80 C mehrfarbig | bco | 1,— | 0,30 |
| | FDC | | 2,— |

Auflage: 8.000.000 Stück

*Gültig bis 31.10.2013*

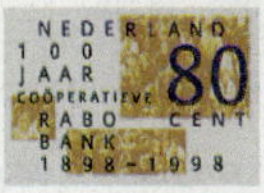


**1998, 19. Mai. 100 Jahre genossenschaftliche Rabobank. Odr.; gez. K 13¼:12¾.**

bcp) Menschenmenge

| | | | |
|---|---|---|---|
| **1659** 80 C mehrfarbig | bcp | 1,— | 0,30 |
| | FDC | | 2,— |

Auflage: 8.000.000 Stück

*Gültig bis 31.10.2013*

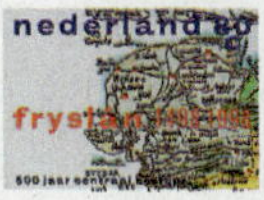


**1998, 9. Juni. 500 Jahre Zentralverwaltung Frieslands. Odr.; gez. K 13¼:12¾.**

bcr) Landkarte von Friesland (1498)

| | | | |
|---|---|---|---|
| **1660** 80 C mehrfarbig | bcr | 1,— | 0,30 |
| | FDC | | 2,— |

Auflage: 8.000.000 Stück

*Gültig bis 31.10.2013*

**1998, 9. Juni. Niederlande – Wasserland (II): Tourismus; 200 Jahre Wasserwirtschaftsamt. Odr., Bogen (B) (10×10) und Kleinbogen (Klb.) (2×5); gez. K 13¼:12¾.**

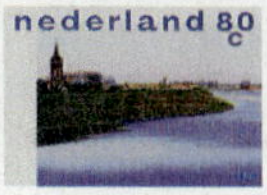


bcs) Die Waal bei Deest

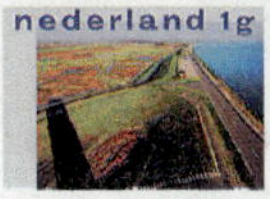


bct) Deich an der Nordseeküste

| | | | |
|---|---|---|---|
| **1661** 80 C mehrfarbig (B) | bcs | 0,80 | 0,30 |
| **1662** 1 G mehrfarbig (B) (Klb.) | bct | 1,— | 0,70 |
| | Satzpreis (2 W.) | 1,80 | 1,— |
| | FDC | | 2,80 |
| | Kleinbogen | 11,— | 11,— |

Auflage: 8.000.000 Sätze

*Gültig bis 31.10.2013*

**1998, 29. Juni. Trennung der Königlich Niederländischen PTT in TNT Postgruppe und KPN Telecom. Odr.; gez. K 13¼:12¾.**

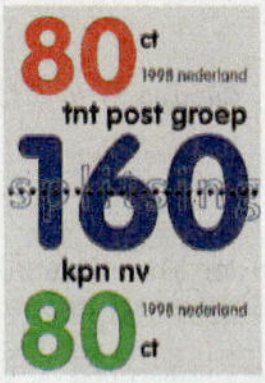


bcu) Ziffern, stilisierter Briefumschlag
bcv) Ziffern, stilisiertes Mobiltelefon

| | | | |
|---|---|---|---|
| **1663** 80 C mehrfarbig | bcu | 0,70 | 0,50 |
| **1664** 80 C mehrfarbig | bcv | 0,70 | 0,50 |
| | Satzpreis (2 W.) | 1,40 | 1,— |
| | Paar | 1,50 | 1,30 |
| | FDC | | 2,50 |

MiNr. 1663–1664 wurden schachbrettartig zusammenhängend gedruckt.

Auflage: 5.000.000 Sätze

*Gültig bis 31.10.2013*

**1998, 7. Juli. Kultur: 200 Jahre Königliche Bibliothek, 100. Geburtstag von Maurits Cornelis Escher, 100. Geburtstag von Simon Vestdijk. Odr.; gez. K 13¼:12¾, Hochformate ~.**

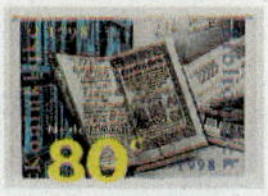


bcw) Buch, Bücherregal, Computertastatur

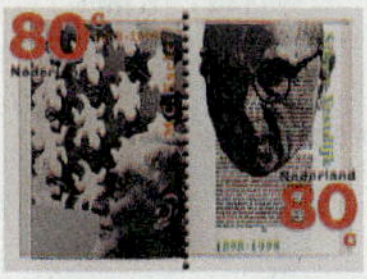


bcx) Maurits Cornelis Escher (1898–1972), Graphiker
bcy) Simon Vestdijk (1898–1971), Schriftsteller

| | | | |
|---|---|---|---|
| **1665** 80 C mehrfarbig | bcw | 0,90 | 0,30 |
| **1666** 80 C mehrfarbig | bcx | 0,90 | 0,30 |
| **1667** 80 C mehrfarbig | bcy | 0,90 | 0,30 |
| | Satzpreis (3 W.) | 2,70 | 0,90 |
| | Marke + Paar | 2,70 | 1,80 |
| | FDC | | 3,50 |

MiNr. 1666–1667 wurden waagerecht zusammenhängend gedruckt.

Auflage: 8.000.000 Sätze

*Gültig bis 31.10.2013*

**1998, 1. Sept. Grußmarken. Odr., Folienblatt (1×5 + 1×5); Rahmen ph.; selbstklebend; gestanzt 13¼:12¾.**

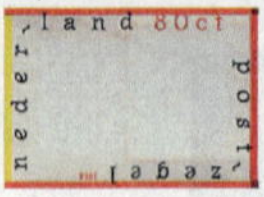

bcz) Inschrift

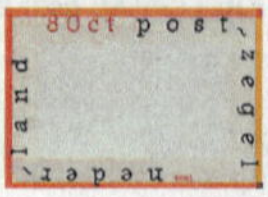

bda) Inschrift

| | | | | | |
|---|---|---|---|---|---|
| **1668** | 80 C mehrfarbig/rotorange | bcz | 1,— | 0,50 |
| **1669** | 80 C mehrfarbig/helllilarosa | bda | 1,— | 0,50 |
| **1670** | 80 C mehrfarbig/dunkelorange | bcz | 1,— | 0,50 |
| **1671** | 80 C mehrfarbig/hellgelblichorange | bda | 1,— | 0,50 |
| **1672** | 80 C mehrfarbig/dunkelgelborange | bcz | 1,— | 0,50 |
| | | Satzpreis (5 W.) | 5,— | 2,50 |
| | | FDC | | 4,50 |
| | | Folienblatt | 11,— | 9,— |

Die zusätzliche Farbangabe bezieht sich auf den Farbbalken, der sich unmittelbar über der Wertangabe befindet.

MiNr. 1668–1672 wurden auf vorder- und rückseitig bedrucktem Folienblatt zu insgesamt 10 Marken ausgegeben. Das Folienblatt enthält zusätzlich 20 verschiedene Grußvignetten, die bei Bedarf auf die leere Fläche der Marken geklebt werden können.

Auflage: 3.200.000 Folienblätter

*Gültig bis 31.10.2013*

**1998, 1. Sept. Blockausgabe: 100. Jahrestag der Thronbesteigung von Königin Wilhelmina; 100 Jahre Goldene Kutsche. Odr.; gez. K 13¼.**

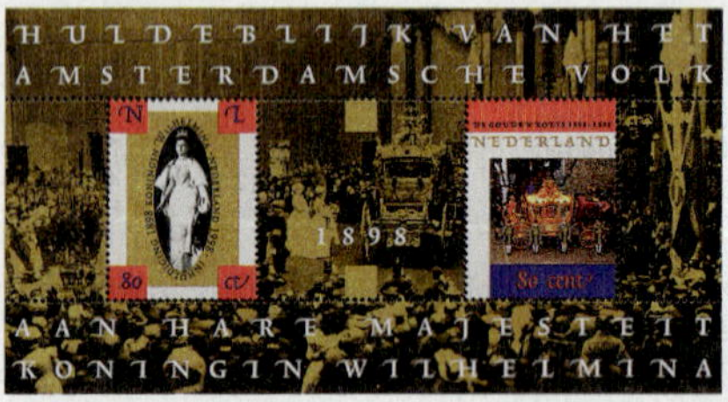

bdd

bdb) Königin Wilhelmina (1880–1962, reg. 1890–1948)
bdc) Goldene Königskutsche

| | | | | | |
|---|---|---|---|---|---|
| **1673** | 80 C mehrfarbig | | bdb | 1,— | 1,— |
| **1674** | 80 C mehrfarbig | | bdc | 1,— | 1,— |
| **Block 56** | | (144×75 mm) | bdd | 2,— | 2,— |
| | | | FDC | | 4,— |

Auflage: 2.000.000 Blocks

*Gültig bis 31.10.2013*

**1998, 22. Sept. Haustiere. Odr.; MiNr. 1675–1676 Bogen (10×10), MiNr. 1677 Kleinbogen (2×5); gez. K 13¼:12¾.**

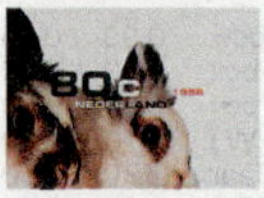
bde) Kaninchen

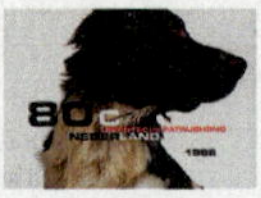
bdf) Drenter Jagdhund

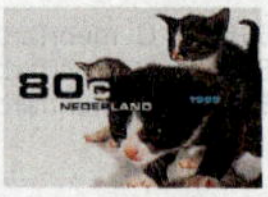
bdg) Junge Katzen

| | | | | |
|---|---|---|---|---|
| **1675** | 80 C mehrfarbig | bde | 1,— | 0,40 |
| **1676** | 80 C mehrfarbig | bdf | 1,— | 0,40 |
| **1677** | 80 C mehrfarbig | bdg | 1,— | 0,40 |
| | | Satzpreis (3 W.) | 3,— | 1,— |
| | | FDC | | 3,50 |
| | | Kleinbogen (MiNr. 1677) | 10,— | 10,— |

MiNr. 1676 wurde auch im Markenheftchen (MH 55) ausgegeben.

Auflagen: MiNr. 1675–1676 = 8.000.000 Sätze, MiNr. 1677 = 15.000.000 Stück

*Gültig bis 31.10.2013*

**1998, 6. Okt. Comics (III): „Jan, Jans en de Kinderen“. Odr., Markenheftchen (5×2); y = mit Phosphorstreifen; gez. K 13¼:12¾.**

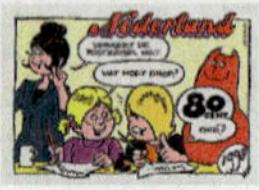

bdh) Cathy und Jeremy schreiben einen Brief

bdh–bdi) Comicfiguren von Jan Kruis (1933–2017)

| | | | | |
|---|---|---|---|---|
| **1678 y** | 80 C mehrfarbig | bdh | 1,— | 0,30 |
| | | FDC | | 1,60 |
| | | Markenheftchen | 10,— | 4,— |

**Blockausgabe, x = ohne Phosphorstreifen**

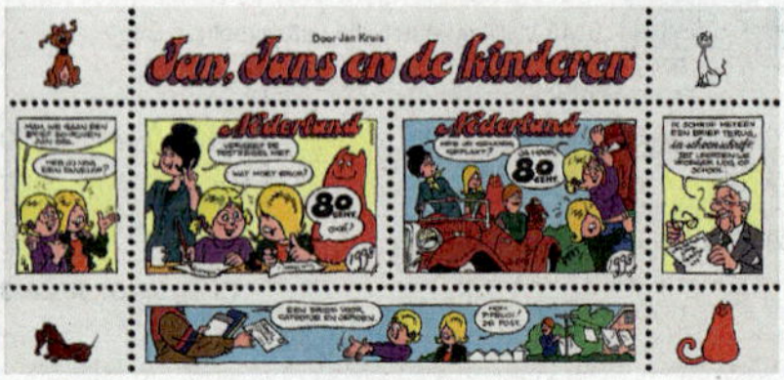

bdk

bdh) Cathy und Jeremy schreiben einen Brief
bdi) Cathy und Jeremy werfen den Brief ein

| | | | | | |
|---|---|---|---|---|---|
| **1678 x** | 80 C mehrfarbig | | bdh | 1,— | 1,— |
| **1679 x** | 80 C mehrfarbig | | bdi | 1,— | 1,— |
| **Block 57** | | (108×50 mm) | bdk | 2,— | 2,— |
| | | | FDC | | 4,— |

Das Markenheftchen enthält 10 × MiNr. 1678 y und 20 separat angeordnete Anhängsel.

Auflage: 2.000.000 Blocks

*Gültig bis 31.10.2013*

**1998, 11. Nov. „Voor het Kind“: Kinderfeste. Odr. (10×10); gez. K 13¼:12¾.**

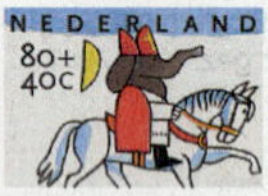

bdl) St.-Nikolaus-Tag

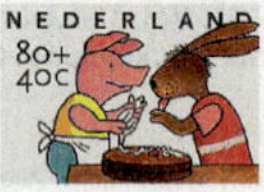

bdm) Geburtstagsfeier

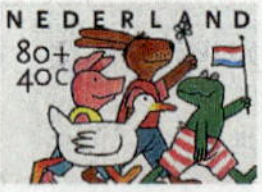

bdn) Kinderparade

| | | | | |
|---|---|---|---|---|
| **1680** | 80 (C) + 40 C mehrfarbig | bdl | 1,40 | 0,50 |
| **1681** | 80 (C) + 40 C mehrfarbig | bdm | 1,40 | 0,50 |
| **1682** | 80 (C) + 40 C mehrfarbig | bdn | 1,40 | 0,50 |
| | | Satzpreis (3 W.) | 4,20 | 1,50 |
| | | FDC | | 4,— |

**Blockausgabe mit 2 × MiNr. 1680–1682**

| | | | | |
|---|---|---|---|---|
| **Block 58** | (144×75 mm) | bdo | 8,50 | 7,— |
| | | FDC | | 8,— |

Auflagen: MiNr. 1680 = 1.019.656, MiNr. 1681 = 1.049.838, MiNr. 1682 = 1.110.762 Stück, Bl. 58 = 5.198.263 Blocks

*Gültig bis 31.10.2013*

**1998, 24. Nov. Dezembermarken. RaTdr. (5×4); Streifen ph.; selbstklebend; gestanzt 9.**

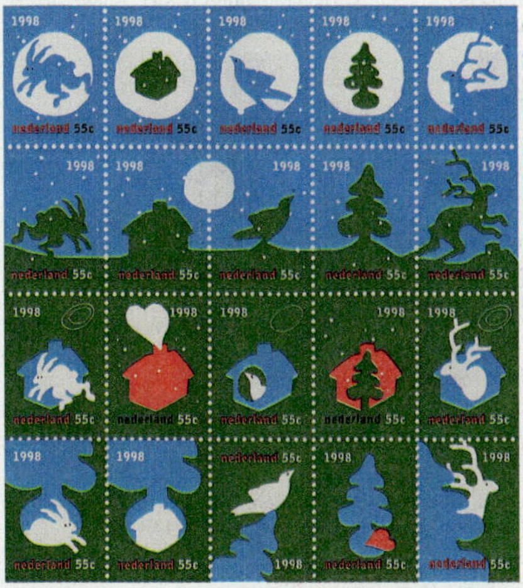

bdp) Hase
bdr) Haus
bds) Vogel
bdt) Baum
bdu) Hirsch

bdv) Hase
bdw) Haus
bdx) Vogel
bdy) Baum
bdz) Hirsch

bea) Hase im Haus
beb) Haus mit Herz
bec) Vogel im Haus
bed) Baum im Haus
bee) Hirsch im Haus

bef) Hase, Baum
beg) Haus, Baum
beh) Vogel auf Baum
bei) Baum mit Herz
bek) Hirsch, Baum

| | | | | |
|---|---|---|---|---|
| **1683** | 55 C mehrfarbig | bdp | 0,60 | 0,30 |
| **1684** | 55 C mehrfarbig | bdr | 0,60 | 0,30 |
| **1685** | 55 C mehrfarbig | bds | 0,60 | 0,30 |
| **1686** | 55 C mehrfarbig | bdt | 0,60 | 0,30 |
| **1687** | 55 C mehrfarbig | bdu | 0,60 | 0,30 |
| **1688** | 55 C mehrfarbig | bdv | 0,60 | 0,30 |
| **1689** | 55 C mehrfarbig | bdw | 0,60 | 0,30 |
| **1690** | 55 C mehrfarbig | bdx | 0,60 | 0,30 |
| **1691** | 55 C mehrfarbig | bdy | 0,60 | 0,30 |
| **1692** | 55 C mehrfarbig | bdz | 0,60 | 0,30 |
| **1693** | 55 C mehrfarbig | bea | 0,60 | 0,30 |
| **1694** | 55 C mehrfarbig | beb | 0,60 | 0,30 |
| **1695** | 55 C mehrfarbig | bec | 0,60 | 0,30 |
| **1696** | 55 C mehrfarbig | bed | 0,60 | 0,30 |
| **1697** | 55 C mehrfarbig | bee | 0,60 | 0,30 |
| **1698** | 55 C mehrfarbig | bef | 0,60 | 0,30 |
| **1699** | 55 C mehrfarbig | beg | 0,60 | 0,30 |
| **1700** | 55 C mehrfarbig | beh | 0,60 | 0,30 |
| **1701** | 55 C mehrfarbig | bei | 0,60 | 0,30 |
| **1702** | 55 C mehrfarbig | bek | 0,60 | 0,30 |
| | | Satzpreis (20 W.) | 12,— | 6,— |
| | | 4 FDC | | 16,— |
| | | Folienbogen | 12,— | 10,— |

MiNr. 1683–1702 wurden zusammen im Folienbogen gedruckt, der von der Post nur unzertrennt abgegeben wurde.

Auflage: 13.000.000 Sätze

*Gültig bis 31.10.2013*

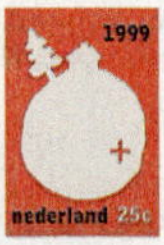


**1999, 5. Jan. Freimarke. Odr.; gez. K 12¾.**

bel) Stilisierte Weltkugel mit Baum und Haus

| | | | | |
|---|---|---|---|---|
| **1703** | 25 C rotorange/schwarz | bel | 0,30 | 0,30 |
| | | FDC | | 1,— |

Auflage: 8.000.000 Stück

*Gültig bis 31.10.2013*

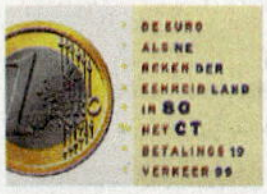

**1999, 5. Jan. Einführung des Euro als Recheneinheit im Zahlungsverkehr. Odr.; gez. K 13¼:12¾.**

bem) 1-Euro-Münze

| | | | | |
|---|---|---|---|---|
| **1704** | 80 C mehrfarbig | bem | 1,— | 1,— |
| | | FDC | | 3,— |

Auflage: 8.000.000 Stück

*Gültig bis 31.10.2013*

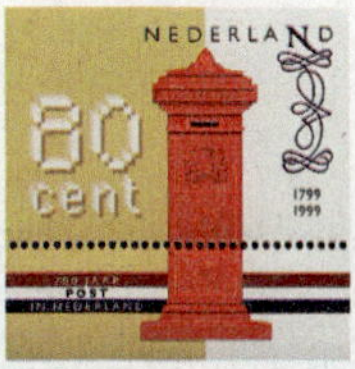


**1999, 15. Jan. 200 Jahre staatliches Postwesen in den Niederlanden (I). Odr.; gez. K 13¼:13¾.**

ben) Briefkasten
Zierfeld

| | | | | |
|---|---|---|---|---|
| **1705** | 80 C mehrfarbig | ben | 1,— | 0,70 |
| | | FDC | | 2,50 |

MiNr. 1705 wurde mit Zierfeld gedruckt. Die angegebenen Preise gelten für Marken mit Zierfeld.

Auflage: 7.000.000 Stück

*Gültig bis 31.10.2013*

**1999, 2. Febr. 100 Jahre Vogelschutzverband; Internationale Vereinbarung zum Schutz der Wasserzugvögel. Odr.; gez. K 12¾:13¼.**

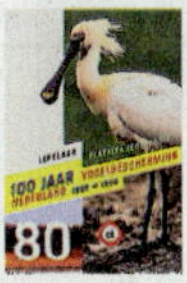

beo) Löffler (Platalea leucorodia)

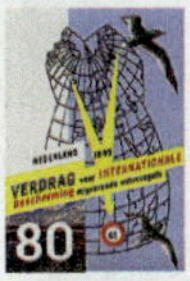

bep) Küstenseeschwalbe (Sterna paradisaea), Landkarte, Wattenmeer

| | | | | |
|---|---|---|---|---|
| **1706** | 80 C mehrfarbig | beo | 0,70 | 0,30 |
| **1707** | 80 C mehrfarbig | bep | 0,70 | 0,30 |
| | | Satzpreis (2 W.) | 1,40 | 0,60 |
| | | FDC | | 3,50 |

Auflage: 8.000.000 Sätze

*Gültig bis 31.10.2013*

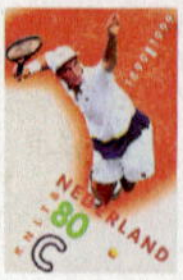

**1999, 2. Febr. 100 Jahre Königlicher Tennisbund. Odr., Markenheftchen (2×2); Streifen ph.; gez. K 12¾:13¼.**

ber) Richard Krajicek (*1971), Tennisspieler

| | | | | |
|---|---|---|---|---|
| **1708** | 80 C mehrfarbig | ber | 1,— | 0,30 |
| | | FDC | | 2,50 |
| | | Markenheftchen | 4,— | 1,80 |

Auflage: 1.500.000 Markenheftchen

*Gültig bis 31.10.2013*

**1999, 2. März. Die vier Jahreszeiten (II): Parklandschaften. Odr., Markenheftchen (2×2); Streifen ph.; gez. K 13¼.12¾.**

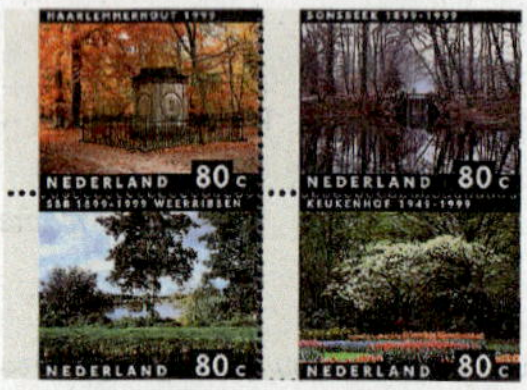


bes) Haarlemmerhout-Park im Herbst
bet) Landgut Sonsbeek im Winter
beu) Weerribben im Frühling
bev) Keukenhof im Sommer

| | | | | |
|---|---|---|---|---|
| **1709** | 80 C mehrfarbig | bes | 1,— | 1,— |
| **1710** | 80 C mehrfarbig | bet | 1,— | 1,— |
| **1711** | 80 C mehrfarbig | beu | 1,— | 1,— |
| **1712** | 80 C mehrfarbig | bev | 1,— | 1,— |
| | | Satzpreis (4 W.) | 4,— | 4,— |
| | | FDC | | 4,50 |

MiNr. 1709–1712 stammen aus MH 52.

Auflage: 2.200.000 Markenheftchen

*Gültig bis 31.10.2013*

**1999, 13. April. Sommermarken zugunsten sozialer und kultureller Fürsorge: Internationales Jahr der älteren Menschen. Odr. (10×10); gez. K 13¼:12¾.**

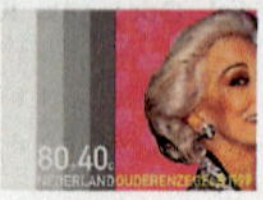

bew) Frau

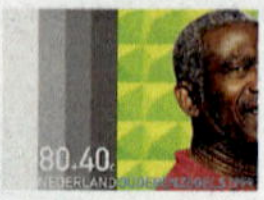

bex) Mann

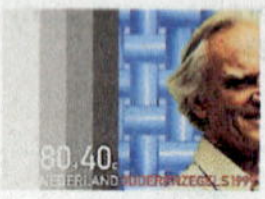

bey) Mann

| | | | | |
|---|---|---|---|---|
| **1713** | 80 (C) + 40 C mehrfarbig | bew | 1,40 | 1,40 |
| **1714** | 80 (C) + 40 C mehrfarbig | bex | 1,40 | 1,40 |
| **1715** | 80 (C) + 40 C mehrfarbig | bey | 1,40 | 1,40 |
| | | Satzpreis (3 W.) | 4,20 | 4,— |
| | | FDC | | 4,50 |

**Blockausgabe mit 2 × MiNr. 1713–1715**

| | | | | |
|---|---|---|---|---|
| **Block 59** | (144×75 mm) | bez | 8,50 | 8,— |
| | | FDC | | 8,50 |

*Gültig bis 31.10.2013*

**1999, 6. Mai. Niederlande – Wasserland (III): 175 Jahre Königlich Niederländische Rettungsgesellschaft (KNMR); 150 Jahre Königliche Schifffahrtsvereinigung (KSV) „Schuttevaer". Odr.; gez. K 12¾:13¼.**

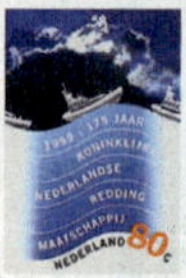

bfa) Seenotrettungskreuzer

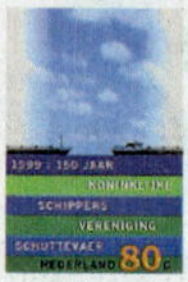

bfb) Frachtschiffe

| | | | | |
|---|---|---|---|---|
| **1716** | 80 C mehrfarbig | bfa | 0,80 | 0,30 |
| **1717** | 80 C mehrfarbig | bfb | 0,80 | 0,30 |
| | | Satzpreis (2 W.) | 1,60 | 0,60 |
| | | FDC | | 3,— |

Auflage: 8.000.000 Sätze

*Gültig bis 31.10.2013*

**1999, 6. Mai. Überraschungsmarken. Odr. mit Hologrammfolie, Markenheftchen (3×2); Aufdruck ph.; gez. K 13¼:12¾.**

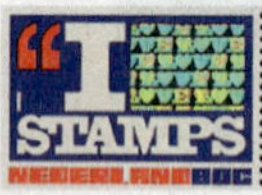


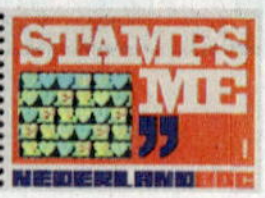

bfc) Inschrift „I LOVE STAMPS"
bfd) Inschrift „STAMPS LOVE ME"

| | | | | |
|---|---|---|---|---|
| **1718** | 80 C mehrfarbig | bfc | 1,— | 0,40 |
| **1719** | 80 C mehrfarbig | bfd | 1,— | 0,60 |
| | | Satzpreis (2 W.) | 2,— | 1,— |
| | | FDC | | 3,50 |
| | | Paar | 2,— | 1,— |

MiNr. 1718–1719 stammen aus MH 53.

Auflage: 1.700.000 Markenheftchen

*Gültig bis 31.10.2013*

**1999, 8. Juni. Niederländische Gemälde des 17. Jahrhunderts (I). Odr. (2×5); gez. K 13¼:12¾.**

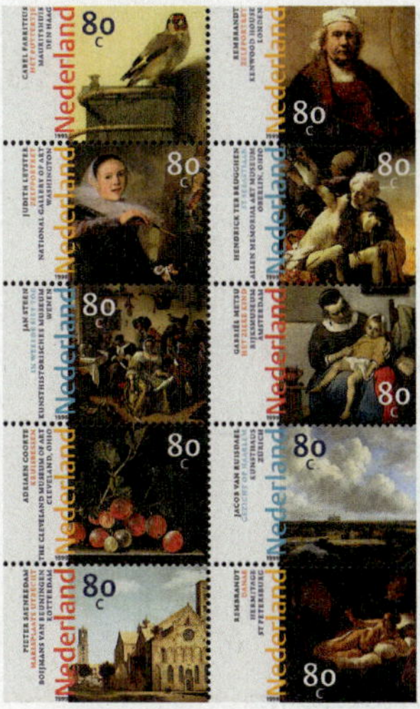

bfe) Distelfink; von Carel Fabritius (1622–1654)
bff) Selbstbildnis von Rembrandt van Rijn (1606–1669)
bfg) Selbstbildnis von Judith Leyster (1609–1660)
bfh) Hl. Sebastian; von Hendrick Terbrugghen (1588–1629)
bfi) Die verkehrte Welt; von Jan Steen (1626–1679)
bfk) Das kranke Kind; von Gabriel Metsu (1629–1667)
bfl) Stachelbeeren; von Adriaen Coorte (um 1665–nach 1707)
bfm) Ansicht von Haarlem; von Jacob van Ruisdael (1628/29–1682)
bfn) Marienplatz in Utrecht; von Pieter Saenredam (1597–1665)
bfo) Danae; von Rembrandt van Rijn (1606–1669)

| | | | | |
|---|---|---|---|---|
| **1720** | 80 C mehrfarbig | bfe | 0,90 | 0,90 |
| **1721** | 80 C mehrfarbig | bff | 0,90 | 0,90 |
| **1722** | 80 C mehrfarbig | bfg | 0,90 | 0,90 |
| **1723** | 80 C mehrfarbig | bfh | 0,90 | 0,90 |
| **1724** | 80 C mehrfarbig | bfi | 0,90 | 0,90 |
| **1725** | 80 C mehrfarbig | bfk | 0,90 | 0,90 |
| **1726** | 80 C mehrfarbig | bfl | 0,90 | 0,90 |
| **1727** | 80 C mehrfarbig | bfm | 0,90 | 0,90 |
| **1728** | 80 C mehrfarbig | bfn | 0,90 | 0,90 |
| **1729** | 80 C mehrfarbig | bfo | 0,90 | 0,90 |
| | | Satzpreis (10 W.) | 9,— | 9,— |
| | | 2 FDC | | 10,— |
| | | Kleinbogen | 11,— | 11,— |

Auflage: 2.500.000 Sätze

*Gültig bis 31.10.2013*

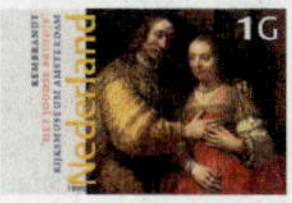

**1999, 8. Juni. Niederländische Gemälde des 17. Jahrhunderts (II). Odr. (1×5); selbstklebend; teils gerade, teils wellenförmig gestanzt.**

bfp) Judenbraut; von Rembrandt van Rijn (1606–1669), Maler

| | | | | |
|---|---|---|---|---|
| **1730** | 1 G mehrfarbig | bfp | 1,20 | 0,80 |
| | | FDC | | 1,70 |
| | | Folienblatt | 7,— | 6,— |

Auflage: 5.000.000 Stück

*Gültig bis 31.10.2013*

**1999, 6. Juli. Freimarke. Odr. (2×5); gez. K 13¼:12¾.**

bfr) Stilisierter Bildschirm mit Zahl „80"

| | | | | |
|---|---|---|---|---|
| **1731** | 80 C mehrfarbig | bfr | 1,— | 0,30 |
| | | FDC | | 1,60 |
| | | Kleinbogen | 10,— | 8,— |

Auflage: 25.000.000 Stück

*Gültig bis 31.10.2013*

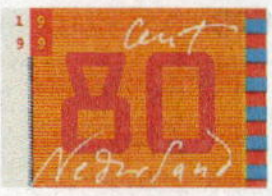

**1999, 6. Juli. Freimarke. Odr. (5×10); selbstklebend; teils gerade, teils wellenförmig gestanzt.**

bfr) Stilisierter Bildschirm mit Zahl „80"

| | | | | |
|---|---|---|---|---|
| **1732** | 80 C mehrfarbig | bfr | 1,— | 0,30 |
| | | FDC | | 1,60 |

Auflage: 26.000.000 Stück

*Gültig bis 31.10.2013*

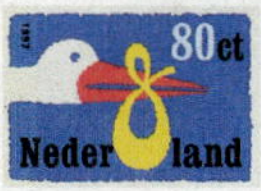

**1999, 6. Juli. Freimarke für Geburtsanzeigen. Odr., Markenheftchen (3×2); Streifen ph.; gez. K 13¼:12¾.**

bbo) Storch bringt Baby

| | | | | |
|---|---|---|---|---|
| **1733** | 80 C mehrfarbig | bbo | 1,— | 0,30 |
| | | FDC | | 1,60 |

MiNr. 1733 stammt aus MH 56.

Auflage: 850.000 Markenheftchen

*Gültig bis 31.10.2013*

*In gleicher Zeichnung: MiNr. 1631, 1898, 1974, 2476*
*In ähnlicher Zeichnung: MiNr. 2756*

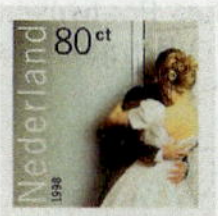

**1999, 6. Juli. Freimarke für Hochzeitsglückwünsche. Odr., Markenheftchen (5); Streifen ph.; gez. K 13¼.**

bcg) Brautpaar

| | | | | |
|---|---|---|---|---|
| **1734** | 80 C mehrfarbig | bcg | 1,— | 0,50 |
| | | FDC | | 1,60 |

MiNr. 1734 stammt aus MH 57.

*Gültig bis 31.10.2013*

*In gleicher Zeichnung: MiNr. 1652 (selbstklebend)*

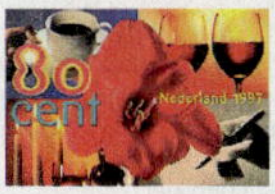

**1999, 6. Juli. Grußmarke. Odr. (5×10); Streifen ph.; selbstklebend; teils gerade, teils wellenförmig gestanzt.**

baz) Amaryllis, Kaffeetasse, Weingläser, Kerzen, schreibende Hand

| | | | | |
|---|---|---|---|---|
| **1735** | 80 C mehrfarbig | baz | 1,20 | 0,50 |
| | | FDC | | 1,60 |

Auflage: 13.500.000 Stück

*Gültig bis 31.10.2013*

*In gleicher Zeichnung: MiNr. 1617 (nassklebend)*

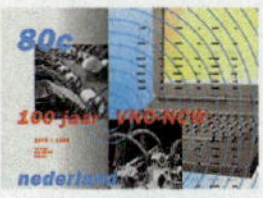

**1999, 7. Sept. 100 Jahre Arbeitgeberverband VNO-NCW. Odr.; gez. K 13¼:12¾.**

bfs) Alte Druckmaschinen, Zahnräder, Laptop

| | | | | |
|---|---|---|---|---|
| **1736** | 80 C mehrfarbig | bfs | 1,— | 0,30 |
| | | FDC | | 2,— |

Auflage: 5.500.000 Stück

*Gültig bis 31.10.2013*

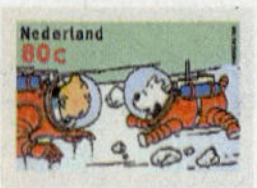


**1999, 8. Okt. Comics (IV): Tim und Struppi. Odr., Markenheftchen (3×2); y = mit Phosphorstreifen; gez. K 13¼:12¾.**

bft) Tim und Struppi mit Raumanzügen

bft–bfu) Illustrationen aus dem Comic „Schritte auf dem Mond" von Hergé, eigentlich Georges Rémy (1907–1983), Comiczeichner

| | | | | | |
|---|---|---|---|---|---|
| **1737** y | 80 C mehrfarbig | bft | 0,80 | 0,30 |
| | | FDC | | 2,— |

**Blockausgabe, x = ohne Phosphorstreifen**

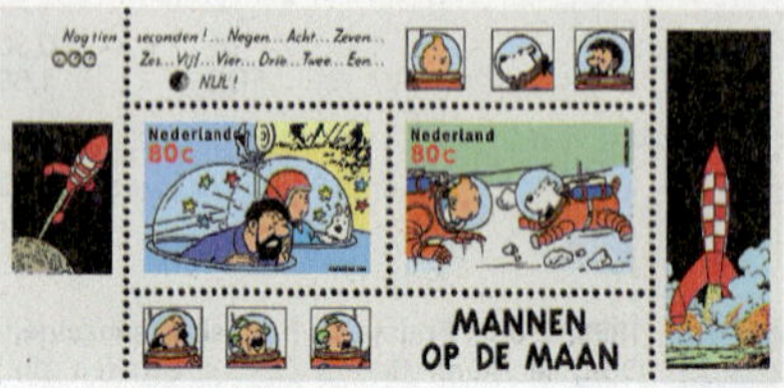


bfu bft bfv

bft) Tim und Struppi mit Raumanzügen
bfu) Kapitän Haddock, Tim und Struppi in Raketenkanzel

| | | | | |
|---|---|---|---|---|
| **1737** x | 80 C mehrfarbig | bft | 2,— | 2,— |
| **1738** x | 80 C mehrfarbig | bfu | 2,— | 2,— |
| **Block 60** | (108×50 mm) | bfv | 5,— | 5,— |
| | | FDC | | 7,— |

MiNr. 1737 y stammt aus MH 58.

Auflage: 1.500.000 Blocks

*Gültig bis 31.10.2013*

**1999, 15. Okt. Blockausgabe: 200 Jahre staatliches Postwesen in den Niederlanden (II). Komb. StTdr. und Odr.; gez. Ks 13¼:13¾.**

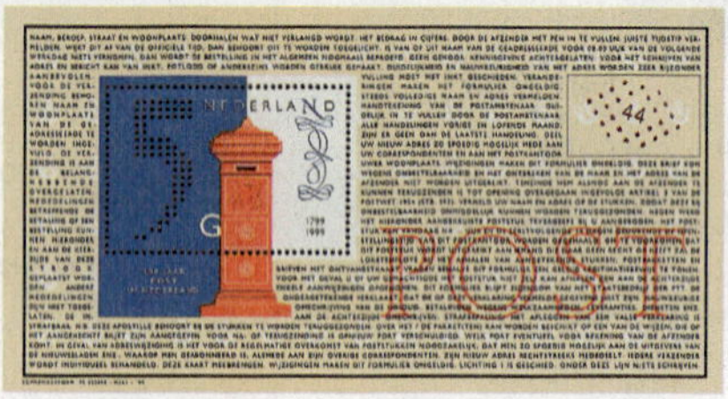


bfx

bfw) Briefkasten (1850)

| | | | | |
|---|---|---|---|---|
| **1739** | 5 G mehrfarbig | bfw | 5,— | 5,— |
| **Block 61** | (144×75 mm) | bfx | 5,50 | 5,50 |
| | | FDC | | 6,50 |

Die Wertziffer von MiNr. 1739 ist aus ausgestanzten Löchern gebildet.

Auflage: 1.500.000 Blocks

*Gültig bis 31.10.2013*

**1999, 25. Okt. Bedeutende Ereignisse des 20. Jahrhunderts. Odr. (2×5) Papier fl.; gez. K 13¼:12¾.**

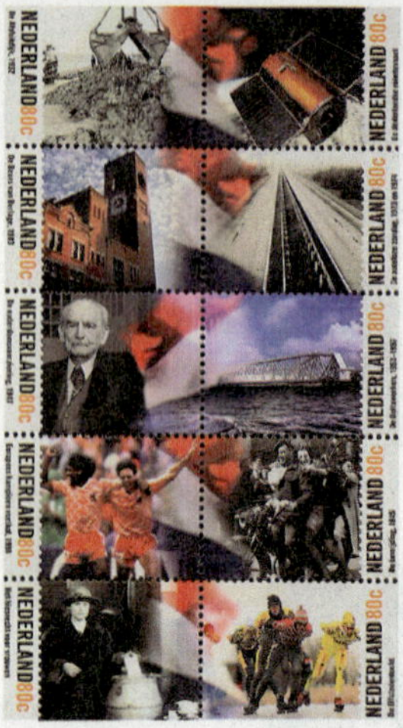


bfy) Bau des Abschlussdeichs der Zuiderzee (1932)
bfz) Erster Wettersatellit (1974)
bga) Börse, Amsterdam; erbaut von Hendrik Petrus Berlage (1903)
bgb) Autofreie Sonntage (1973 und 1974)
bgc) Einführung der Rentenversicherung durch Willem Drees (1947)
bgd) Deltaplan (1953)
bge) Gewinn der Fußball-Europameisterschaft (1988)
bgf) Befreiung (1945)
bgg) Einführung des Frauenwahlrechts (1918)
bgh) Erste Elf-Städte-Tour für Eisschnellläufer (1909)

| | | | | |
|---|---|---|---|---|
| **1740** | 80 C mehrfarbig | bfy | 1,60 | 1,30 |
| **1741** | 80 C mehrfarbig | bfz | 1,60 | 1,30 |
| **1742** | 80 C mehrfarbig | bga | 1,60 | 1,30 |
| **1743** | 80 C mehrfarbig | bgb | 1,60 | 1,30 |
| **1744** | 80 C mehrfarbig | bgc | 1,60 | 1,30 |
| **1745** | 80 C mehrfarbig | bgd | 1,60 | 1,30 |
| **1746** | 80 C mehrfarbig | bge | 1,60 | 1,30 |
| **1747** | 80 C mehrfarbig | bgf | 1,60 | 1,30 |
| **1748** | 80 C mehrfarbig | bgg | 1,60 | 1,30 |
| **1749** | 80 C mehrfarbig | bgh | 1,60 | 1,30 |
| | | Satzpreis (10 W.) | 16,— | 13,— |
| | | 2 FDC | | 15,— |
| | | Kleinbogen | 17,— | 17,— |

Auflage: 2.300.000 Sätze

*Gültig bis 31.10.2013*

**1999, 10. Nov. „Voor het Kind": Kinderbuchfiguren. Odr.; gez. K 13¼:12¾.**

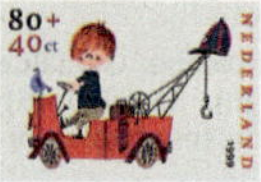


bgi) Pluk mit Kranwagen

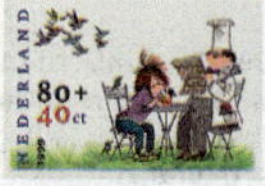


bgk) Das Mädchen Otje mit einem Koch

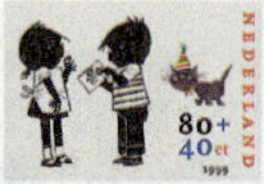


bgl) Heiner und Hanni

bgi–bgl) Illustrationen von Fiep Westendorp (1916–2004) aus Kinderbüchern von Anni M. G. Schmidt (1911–1995)

| | | | | |
|---|---|---|---|---|
| **1750** | 80 (C) + 40 C mehrfarbig | bgi | 1,50 | 0,50 |
| **1751** | 80 (C) + 40 C mehrfarbig | bgk | 1,50 | 0,50 |
| **1752** | 80 (C) + 40 C mehrfarbig | bgl | 1,50 | 0,50 |
| | | Satzpreis (3 W.) | 3,50 | 1,50 |
| | | FDC | | 4,50 |

**Blockausgabe mit 2 × MiNr. 1750–1752**

| | | | | |
|---|---|---|---|---|
| **Block 62** (144×75 mm) | bgm | 8,50 | 7,50 |
| | FDC | | 8,— |

*Gültig bis 31.10.2013*

**1999, 30. Nov. Dezembermarken. RaTdr. (5×4); Streifen ph.; selbstklebend; gestanzt 7.**

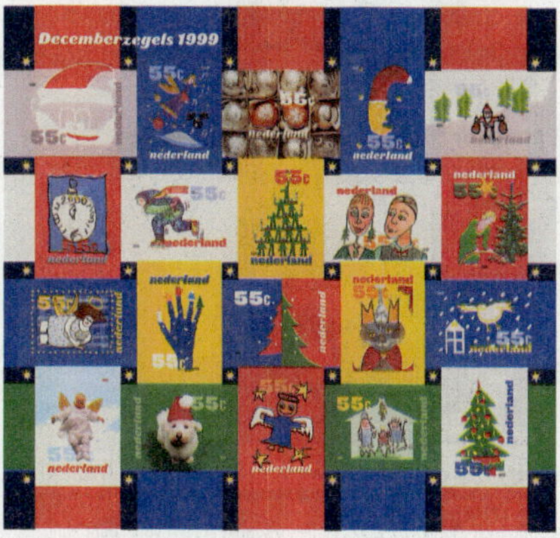


| | | | | |
|---|---|---|---|---|
| bgn | bgo | bgp | bgr | bgs |
| bgt | bgu | bgv | bgw | bgx |
| bgy | bgz | bha | bhb | bhc |
| bhd | bhe | bhf | bhg | bhh |

bgn–bhh) Weihnachtliche Motive

| | | | |
|---|---|---|---|
| **1753** 55 C mehrfarbig | bgn | 0,60 | 0,30 |
| **1754** 55 C mehrfarbig | bgo | 0,60 | 0,30 |
| **1755** 55 C mehrfarbig | bgp | 0,60 | 0,30 |
| **1756** 55 C mehrfarbig | bgr | 0,60 | 0,30 |
| **1757** 55 C mehrfarbig | bgs | 0,60 | 0,30 |
| **1758** 55 C mehrfarbig | bgt | 0,60 | 0,30 |
| **1759** 55 C mehrfarbig | bgu | 0,60 | 0,30 |
| **1760** 55 C mehrfarbig | bgv | 0,60 | 0,30 |
| **1761** 55 C mehrfarbig | bgw | 0,60 | 0,30 |
| **1762** 55 C mehrfarbig | bgx | 0,60 | 0,30 |
| **1763** 55 C mehrfarbig | bgy | 0,60 | 0,30 |
| **1764** 55 C mehrfarbig | bgz | 0,60 | 0,30 |
| **1765** 55 C mehrfarbig | bha | 0,60 | 0,30 |
| **1766** 55 C mehrfarbig | bhb | 0,60 | 0,30 |
| **1767** 55 C mehrfarbig | bhc | 0,60 | 0,30 |
| **1768** 55 C mehrfarbig | bhd | 0,60 | 0,30 |
| **1769** 55 C mehrfarbig | bhe | 0,60 | 0,30 |
| **1770** 55 C mehrfarbig | bhf | 0,60 | 0,30 |
| **1771** 55 C mehrfarbig | bhg | 0,60 | 0,30 |
| **1772** 55 C mehrfarbig | bhh | 0,60 | 0,30 |
| | Satzpreis (20 W.) | 12,— | 6,— |
| | FDC | | 11,— |
| | Folienbogen | 14,— | 10,— |

MiNr. 1753–1772 wurden zusammen im Folienbogen gedruckt, der von der Post nur unzertrennt abgegeben wurde.

Auflage: 14.300.000 Sätze

*Gültig bis 31.10.2013*

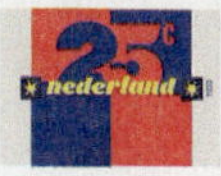


**2000, 4. Jan. Freimarke. Odr.; gez. K 12¾.**

bhi) Ziffern

| | | | |
|---|---|---|---|
| **1773** 25 C mehrfarbig | bhi | 0,30 | 0,30 |
| | FDC | | 2,50 |

Auflage: 9.500.000 Sätze

*Gültig bis 31.10.2013*

**2000, 4. Jan. Blockausgabe: 500. Geburtstag von Kaiser Karl V. (1500–1558, reg. 1530–1556). Odr.; gez. K 13¼.**

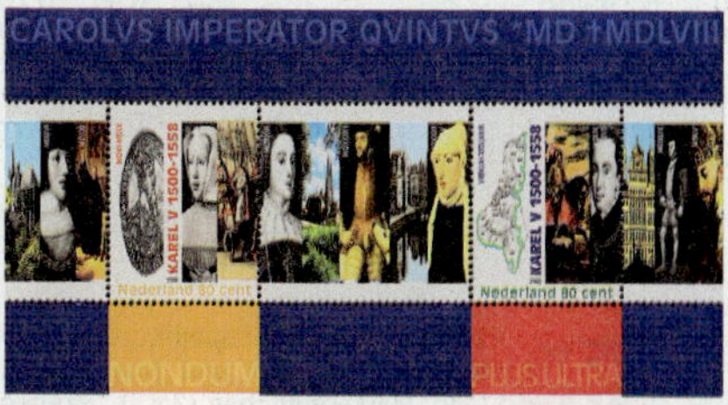


bhk Zierfeld bhl bhm

bhk) Carolus-Gulden (1506–1515); Margarete von Österreich (1480–1530), Statthalterin in den Niederlanden; Krönung Karls V. zum Kaiser (1530)

bhl) Karte der Niederlande (1543–1579); Karl V. nach der Schlacht bei Mühlberg (1547); Margarete von Parma (1522–1586), Statthalterin, Tochter Karls V.

| | | | |
|---|---|---|---|
| **1774** 80 C mehrfarbig | bhk | 1,10 | 0,70 |
| **1775** 80 C mehrfarbig | bhl | 1,10 | 0,70 |
| **Block 63** (143×75 mm) | bhm | 2,50 | 2,— |
| | FDC | | 3,40 |

Auflage: 1.300.000 Blocks

*Gültig bis 31.10.2013*

**2000, 29. Febr. Grußmarken. Odr. (2×5); gez. K 13¼:13¾.**

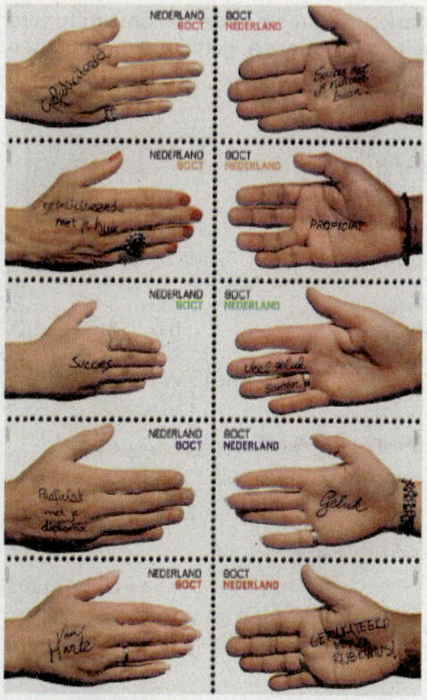


bhn) Glückwunsch
bho) Viel Erfolg im neuen Beruf
bhp) Viel Glück im neuen Haus
bhr) Gratulation
bhs) Viel Erfolg
bht) Viel Glück miteinander
bhu) Gratulation zum Zeugnis
bhv) Viel Glück
bhw) Von Herzen
bhx) Glückwunsch zum Führerschein

| | | | |
|---|---|---|---|
| **1776** 80 C mehrfarbig | bhn | 0,90 | 0,70 |
| **1777** 80 C mehrfarbig | bho | 0,90 | 0,70 |

| | | | | |
|---|---|---|---|---|
| **1778** | 80 C mehrfarbig | bhp | 0,90 | 0,70 |
| **1779** | 80 C mehrfarbig | bhr | 0,90 | 0,70 |
| **1780** | 80 C mehrfarbig | bhs | 0,90 | 0,70 |
| **1781** | 80 C mehrfarbig | bht | 0,90 | 0,70 |
| **1782** | 80 C mehrfarbig | bhu | 0,90 | 0,70 |
| **1783** | 80 C mehrfarbig | bhv | 0,90 | 0,70 |
| **1784** | 80 C mehrfarbig | bhw | 0,90 | 0,70 |
| **1785** | 80 C mehrfarbig | bhx | 0,90 | 0,70 |
| | Satzpreis (10 W.) | | 9,— | 7,— |
| | 2 FDC | | | 10,— |
| | Kleinbogen | | 10,— | 8,— |

Auflage: 250.000 Sätze

*Gültig bis 31.10.2013*

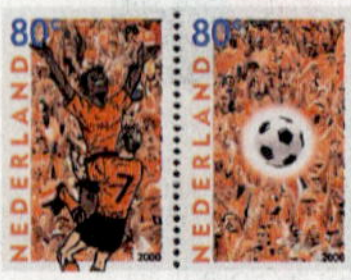


**2000, 25. März. Fußball-Europameisterschaft, Belgien und Niederlande. Odr., Markenheftchen (2×3); Streifen ph.; gez. K 12¾:13¼.**

bhy) Torjubel, Zuschauermenge
bhz) Fußball, Zuschauermenge

| | | | | |
|---|---|---|---|---|
| **1786** | 80 C mehrfarbig | bhy | 0,70 | 0,30 |
| **1787** | 80 C mehrfarbig | bhz | 0,70 | 0,50 |
| | Satzpreis (2 W.) | | 1,40 | 0,80 |
| | FDC | | | 3,50 |

MiNr. 1786–1787 stammen aus MH 59.

Auflage: 1.675.000 Markenheftchen

*Gültig bis 31.10.2013*

*Parallelausgabe mit Belgien MiNr. 2943–2945*

**2000, 4. April. Sommermarken zugunsten sozialer und kultureller Fürsorge: Seniorenarbeit – Das Leben gemeinsam gestalten. Odr.; gez. K 13¼:12¾.**

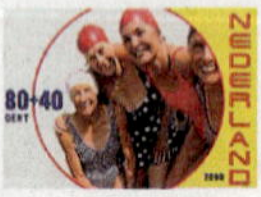


bia) Schwimmen

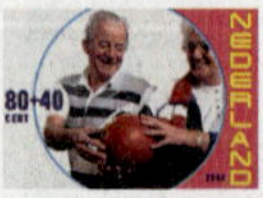


bib) Kegeln

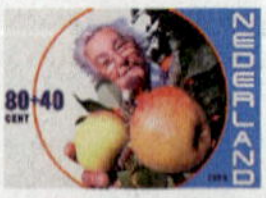


bic) Äpfel pflücken

| | | | | |
|---|---|---|---|---|
| **1788** | 80 C + 40 (C) mehrfarbig | bia | 1,50 | 1,20 |
| **1789** | 80 C + 40 (C) mehrfarbig | bib | 1,50 | 1,20 |
| **1790** | 80 C + 40 (C) mehrfarbig | bic | 1,50 | 1,20 |
| | Satzpreis (3 W.) | | 4,50 | 3,50 |
| | FDC | | | 5,50 |

**Blockausgabe mit 2 × MiNr. 1788–1790**

| | | | | |
|---|---|---|---|---|
| **Block 64** | (144×75 mm) | bid | 9,— | 7,50 |
| | FDC | | | 10,— |

Auflage: MiNr. 1788–1790 = 2.000.000 Sätze

*Gültig bis 31.10.2013*

**2000, 14. April. 200 Jahre Rijksmuseum, Amsterdam (I): Kunstwerke. Odr. (2×5); gez. K 13¼:13¾.**

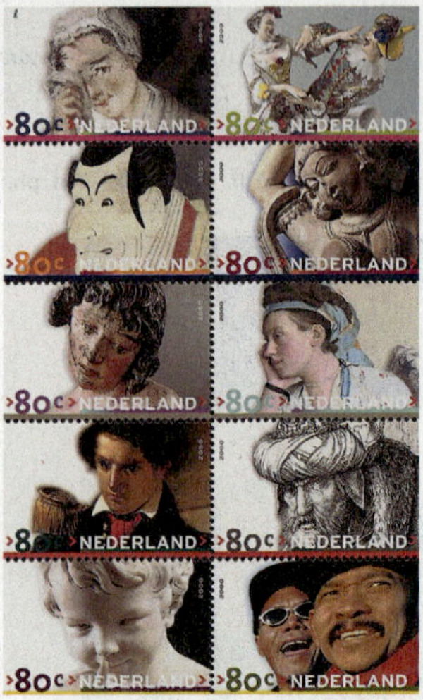


bie) Geheuchelte Traurigkeit; Gemälde von Cornelis Troost (1696–1750)
bif) Harlekin und Colombine; Meißner Porzellanskulptur von Johann Joachim Kändler (1706–1775)
big) Der Schauspieler Ichikawa Ebizo IV.; Holzschnitt (1794) von Tōshūsai Sharaku
bih) Himmlische Schönheit; Sandsteinfigur (10. Jh.) aus einem Tempel in Khajuraho (Indien)
bii) Hl. Vitus; Holzfigur (um 1500) von unbekanntem Ulmer Bildschnitzer
bik) Frau in türkischem Kostüm; Gemälde von Jean-Étienne Liotard (1702–1789)
bil) Jan van Speyk; Gemälde von Jacobus Schoemaker Doyer (1792–1867)
bim) König Saul; Kupferstich von Lucas van Leyden (1494–1533)
bin) Bedrohliche Liebe; Marmorskulptur von Étienne-Maurice Falconet (1716–1791)
bio) Fußballfans; Fotografie (1998) von Catrien Ariëns (*1944)

| | | | | |
|---|---|---|---|---|
| **1791** | 80 C mehrfarbig | bie | 0,90 | 0,80 |
| **1792** | 80 C mehrfarbig | bif | 0,90 | 0,80 |
| **1793** | 80 C mehrfarbig | big | 0,90 | 0,80 |
| **1794** | 80 C mehrfarbig | bih | 0,90 | 0,80 |
| **1795** | 80 C mehrfarbig | bii | 0,90 | 0,80 |
| **1796** | 80 C mehrfarbig | bik | 0,90 | 0,80 |
| **1797** | 80 C mehrfarbig | bil | 0,90 | 0,80 |
| **1798** | 80 C mehrfarbig | bim | 0,90 | 0,80 |
| **1799** | 80 C mehrfarbig | bin | 0,90 | 0,80 |
| **1800** | 80 C mehrfarbig | bio | 0,90 | 0,80 |
| | Satzpreis (10 W.) | | 9,— | 8,— |
| | 2 FDC | | | 10,— |
| | Kleinbogen | | 10,— | 9,— |

Auflage: 2.050.000 Sätze

*Gültig bis 31.10.2013*

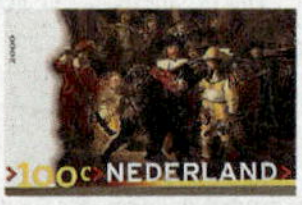


**2000, 14. April. 200 Jahre Rijksmuseum, Amsterdam (II): Rembrandt-Gemälde. Odr. (1×5); selbstklebend; teils gerade, teils wellenförmig gestanzt.**

bip) Nachtwache; Gemälde von Rembrandt van Rijn (1606–1669), Maler

| | | | | |
|---|---|---|---|---|
| **1801** | 100 C mehrfarbig | bip | 1,20 | 0,90 |
| | FDC | | | 3,50 |
| | Folienblatt | | 6,— | 6,— |

Auflage: 5.375.000 Stück

*Gültig bis 31.10.2013*

*In ähnlicher Zeichnung: MiNr. 1805 (selbstklebend)*

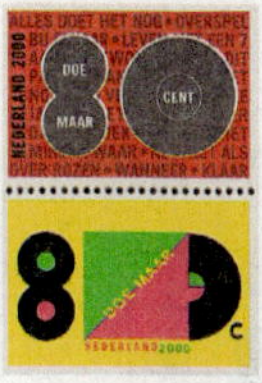

**2000, 2. Mai. Comeback der Musikgruppe „Doe Maar". Odr., Markenheftchen (3×2); gez. K 13¼:12¾.**

bir) CDs bilden Zahl „80"
bis) Schallplatten und Plattenhülle bilden Zahl „80"

| | | | | | |
|---|---|---|---|---|---|
| **1802** | 80 C | mehrfarbig | bir | 0,70 | 0,70 |
| **1803** | 80 C | mehrfarbig | bis | 0,70 | 0,70 |
| | | | Satzpreis (2 W.) | 1,40 | 1,40 |
| | | | FDC | | 3,50 |

MiNr. 1802–1803 wurden zusammenhängend im Markenheftchen (MH 60) ausgegeben.

Auflage: 1.375.000 Markenheftchen

*Gültig bis 31.10.2013*

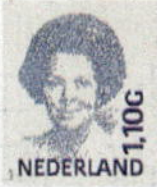

**2000, 1. Aug. Freimarke: Königin Beatrix. RaTdr., Rolle (1000); waagerecht gez. 13½.**

ahw) Königin Beatrix (*1938, reg. 1980–2013)

| | | | | | |
|---|---|---|---|---|---|
| **1804** | 1.10 G | kobalt | ahw | 2,50 | 2,— |
| | | | FDC | | 3,— |

*Gültig bis 31.10.2013*

*Weitere Werte siehe Übersicht nach Jahrgangswerttabelle.*

**2000, 1. Aug. Freimarken für Post mit vorrangiger Beförderung: Niederländische Gemälde. Odr., Folienblätter (F-Bl.) (1×5), Rolle (R) (50); selbstklebend; teils gerade, teils wellenförmig gestanzt, bei MiNr. 1805 in zwei Varianten.**

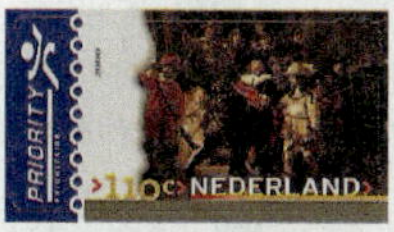

bit) Nachtwache; von Rembrandt van Rijn (1606–1669), Maler

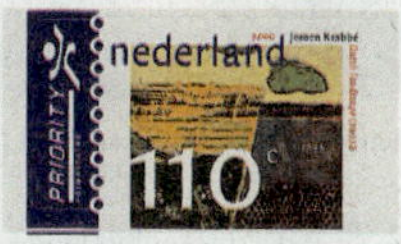

biu) Holländische Landschaft; von Jeroen Krabbé (*1944), Schauspieler und Filmregisseur

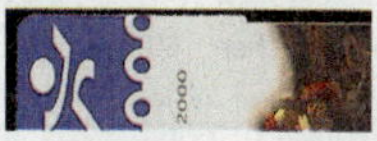

MiNr. 1805 BA (oben links Wellenschnitt mit nur 1 Stufe)

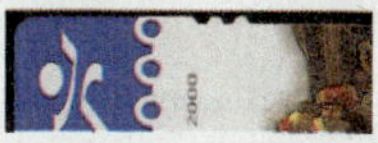

MiNr. 1805 BC (oben links Wellenschnitt mit zusätzlich 2 Zacken)

| | | | | | |
|---|---|---|---|---|---|
| **1805** | 110 C | mehrfarbig | bit | | |
| BA | | Wellenschnitt 1 (F-Bl.) | | 1,20 | 1,— |
| BC | | Wellenschnitt 2 (R) | | 1,20 | 1,— |
| **1806** | 110 C | mehrfarbig (F-Bl.) | biu | 1,20 | 1,— |
| | | | Satzpreis (2 W.) | 2,40 | 2,— |
| | | | FDC | | 2,80 |
| | | | 2 Folienblätter | 12,— | 10,— |

MiNr. 1805 BA und BC weisen außerdem noch einen leichten Farbunterschied auf.

Auflagen: MiNr. 1805 BA = 6.000.000, MiNr. 1805 BC = 10.000.000, MiNr. 1806 = 7.500.000 Stück

*Gültig bis 31.10.2013*

*In ähnlicher Zeichnung wie MiNr. 1805: MiNr. 1801 (nassklebend)*

**2000, 21. Aug. Schiffsparade „Sail Amsterdam". Odr. (2×5); gez. K 13¼:12¾.**

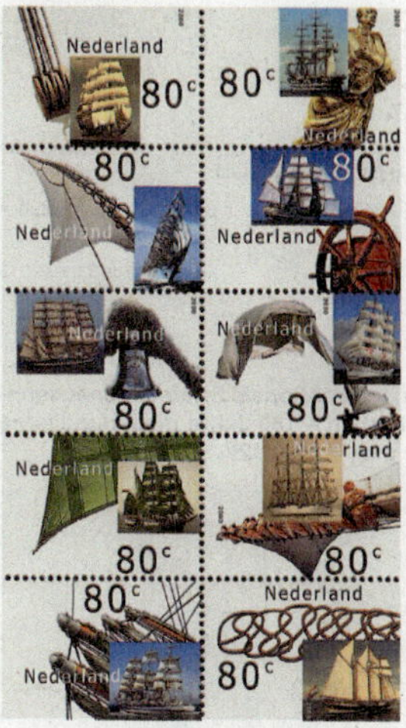

biv) Vollschiff „Libertad" (1963), Argentinien
biw) Vollschiff „Amerigo Vespucci" (1931), Italien
bix) Vollschiff „Dar Młodzieży" (1982), Polen
biy) Bark „Europa" (1911), Niederlande
biz) Bark „Krusenstern" (1926), Russland
bka) Bark „Sagres II" (1937), Portugal
bkb) Bark „Alexander von Humboldt" (1906), Deutschland
bkc) Bark „Sedow" (1921), Russland
bkd) Vollschiff „Mir" (1988), Russland
bke) Schoner „Oosterschelde" (1918), Niederlande

| | | | | | |
|---|---|---|---|---|---|
| **1807** | 80 C | mehrfarbig | biv | 0,90 | 0,80 |
| **1808** | 80 C | mehrfarbig | biw | 0,90 | 0,80 |
| **1809** | 80 C | mehrfarbig | bix | 0,90 | 0,80 |
| **1810** | 80 C | mehrfarbig | biy | 0,90 | 0,80 |
| **1811** | 80 C | mehrfarbig | biz | 0,90 | 0,80 |
| **1812** | 80 C | mehrfarbig | bka | 0,90 | 0,80 |
| **1813** | 80 C | mehrfarbig | bkb | 0,90 | 0,80 |
| **1814** | 80 C | mehrfarbig | bkc | 0,90 | 0,80 |
| **1815** | 80 C | mehrfarbig | bkd | 0,90 | 0,80 |
| **1816** | 80 C | mehrfarbig | bke | 0,90 | 0,80 |
| | | | Satzpreis (10 W.) | 9,— | 8,— |
| | | | 2 FDC | | 11,— |
| | | | Kleinbogen | 10,— | 9,— |

Auflage: 2.050.000 Sätze

*Gültig bis 31.10.2013*

**2000, 23. Sept. Comics (V): Sjors und Sjimmie. Odr.; MiNr. 1817–1818 Kleinbogen (1×5 Zd), MiNr. 1819–1820 Markenheftchen (3×2); gez. K 13¼:12¾.**

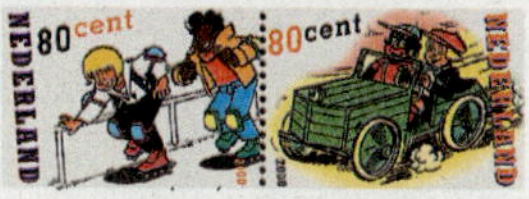

bkf, bkg

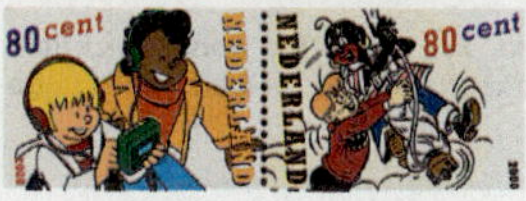

bkh, bki

bkf–bki) Comicfiguren aus der Serie „Sjors und Sjimmie" von Robert van der Kroft (*1952), Wilbert Plijnaar (*1954) und Jan van Die (*1956)

| | | | | | |
|---|---|---|---|---|---|
| **1817** | 80 C | mehrfarbig | bkf | 1,— | 0,50 |
| **1818** | 80 C | mehrfarbig | bkg | 1,— | 0,50 |
| **1819** | 80 C | mehrfarbig | bkh | 1,— | 0,50 |
| **1820** | 80 C | mehrfarbig | bki | 1,— | 0,50 |
| | | | Satzpreis (4 W.) | 4,— | 2,50 |
| | | | 2 Paare | 4,— | 2,50 |
| | | | FDC | | 4,— |
| | | | Kleinbogen (MiNr. 1817–1818) | 8,— | 8,— |

**Blockausgabe mit MiNr. 1818–1819**

| | | | | |
|---|---|---|---|---|
| **Block 65** | (108×50 mm) .................... | bkj | 2,— | 2,— |
| | | FDC | | 4,— |

MiNr. 1819–1820 stammen aus MH 61.

Die Heftchenmarken weisen einen Phosphorstreifen auf, die Marken aus Kleinbogen und Block sind vollflächig phosphoreszierend.

Auflagen: MiNr. 1817–1818 je 1.450.000, MiNr. 1819 = 3.000.000, MiNr. 1820 = 2.000.000 Stück, Bl. 65 = 1.345.000 Blocks

*Gültig bis 31.10.2013*

**2000, 10. Okt. Blockausgabe: Internationale Briefmarkenausstellung AMPHILEX 2002, Amsterdam – 150 Jahre niederländische Briefmarken (2002) (I). Odr.; gez. K 13¼:12¾.**

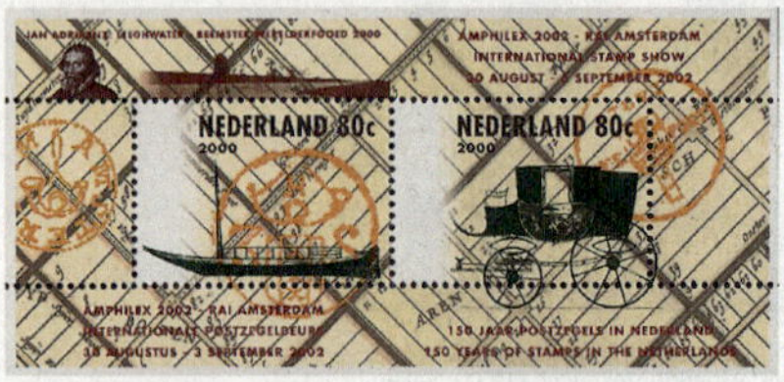


bkm

bkk) Postboot, 3-Stuiver-Poststempel (1667–1805)
bkl) Postkutsche, 6-Stuiver-Poststempel (1695–1796)

| | | | | | |
|---|---|---|---|---|---|
| **1821** | 80 C | mehrfarbig ............... | bkk | 0,80 | 0,70 |
| **1822** | 80 C | mehrfarbig ............... | bkl | 0,80 | 0,70 |
| **Block 66** | | (108×50 mm) ............ | bkm | 2,— | 2,— |
| | | | FDC | | 3,50 |

Auflage: 1.200.000 Blocks

*Gültig bis 31.10.2013*

**2000, 10. Okt. Naturschutz: Bedrohte Tiere. Odr., Markenheftchen (3×2); Streifen ph.; gez. K 13¼:12¾.**

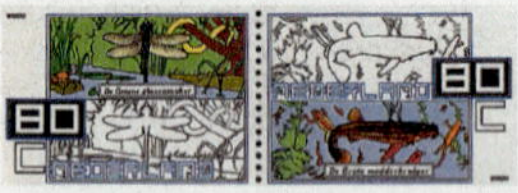


bkn) Mosaikjungfer (Aeshna viridis)
bko) Europäischer Schlammpeitzger (Misgurnus fossilis)

| | | | | | |
|---|---|---|---|---|---|
| **1823** | 80 C | mehrfarbig .................... | bkn | 0,90 | 0,30 |
| **1824** | 80 C | mehrfarbig .................... | bko | 0,90 | 0,50 |
| | | Satzpreis (2 W.) | | 1,80 | 0,80 |
| | | | FDC | | 3,50 |

MiNr. 1823–1824 stammen aus MH 62.

Auflage: 1.000.000 Markenheftchen

*Gültig bis 31.10.2013*

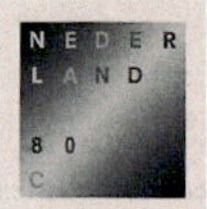


**2000, 10. Okt. Freimarke für Kondolenzbriefe. RaTdr., Markenheftchen; selbstklebend; gestanzt 13¼.**

bbw) Symbolik

| | | | | | |
|---|---|---|---|---|---|
| **1825** | 80 C | mehrfarbig .................... | bbw | 1,— | 0,50 |
| | | | FDC | | 1,70 |
| | | Markenheftchen | | 50,— | |

MiNr. 1825 wurde im Markenheftchen zu 50 Marken ausgegeben.

*Gültig bis 31.10.2013*

*In gleicher Zeichnung: MiNr. 1641, 1904, 1980, 2477*

*In ähnlicher Zeichnung: MiNr. 2757, 3967*

**2000, 8. Nov. Blockausgabe: „Voor het Kind" – Kind und Abenteuer. Odr.; gez. K 13¼:12¾.**

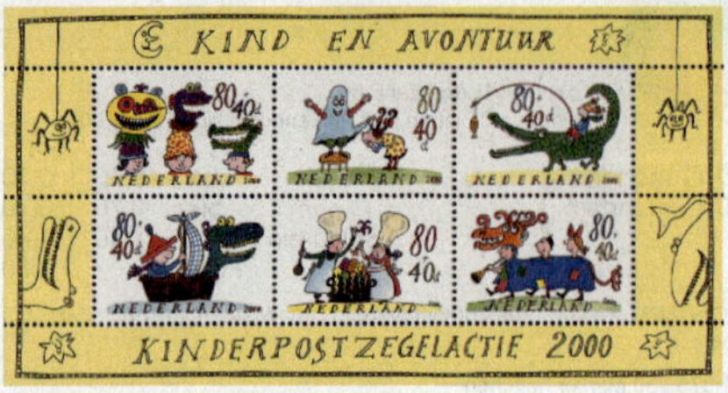


bkw

bkp) Kinder mit Masken
bkr) Kind als Gespenst verkleidet und Mädchen
bks) Mädchen reitet auf Drachen
bkt) Junge fährt in Drachenboot
bku) Kinder beim Kochen
bkv) Kinder in Drachenfigur

| | | | | | | |
|---|---|---|---|---|---|---|
| **1826** | 80 | (C) | + 40 C mehrfarbig ........ | bkp | 1,— | 1,— |
| **1827** | 80 | (C) | + 40 C mehrfarbig ........ | bkr | 1,— | 1,— |
| **1828** | 80 | (C) | + 40 C mehrfarbig ........ | bks | 1,— | 1,— |
| **1829** | 80 | (C) | + 40 C mehrfarbig ........ | bkt | 1,— | 1,— |
| **1830** | 80 | (C) | + 40 C mehrfarbig ........ | bku | 1,— | 1,— |
| **1831** | 80 | (C) | + 40 C mehrfarbig ........ | bkv | 1,— | 1,— |
| **Block 67** | | | (144×75 mm) ............ | bkw | 6,50 | 6,50 |
| | | | | FDC | | 8,50 |

*Gültig bis 31.10.2013*

**2000, 8. Nov. „Voor het Kind": Kind und Abenteuer. Odr., Markenheftchen (6×5); selbstklebend; gestanzt 15.**

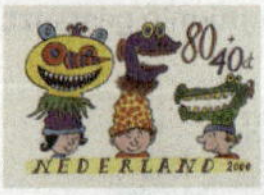


bkp) Kinder mit Masken

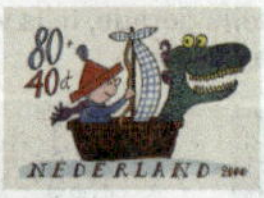


bkt) Junge fährt in Drachenboot

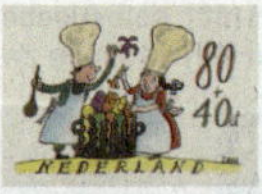


bku) Kinder beim Kochen

| | | | | | | |
|---|---|---|---|---|---|---|
| **1832** | 80 | (C) | + 40 C mehrfarbig ............ | bkp | 1,50 | 1,50 |
| **1833** | 80 | (C) | + 40 C mehrfarbig ............ | bkt | 1,50 | 1,50 |
| **1834** | 80 | (C) | + 40 C mehrfarbig ............ | bku | 1,50 | 1,50 |
| | | | Satzpreis (3 W.) | | 4,50 | 4,50 |
| | | | | FDC | | 5,50 |
| | | | Markenheftchen | | 50,— | |

MiNr. 1832–1834 wurden zusammen im Markenheftchen zu je 10 Marken ausgegeben.

*Gültig bis 31.10.2013*

**2000, 28. Nov. Dezembermarken. RaTdr., Folienbogen (5×4) und Rolle (100); Streifen ph.; selbstklebend; gestanzt 14½:15.**

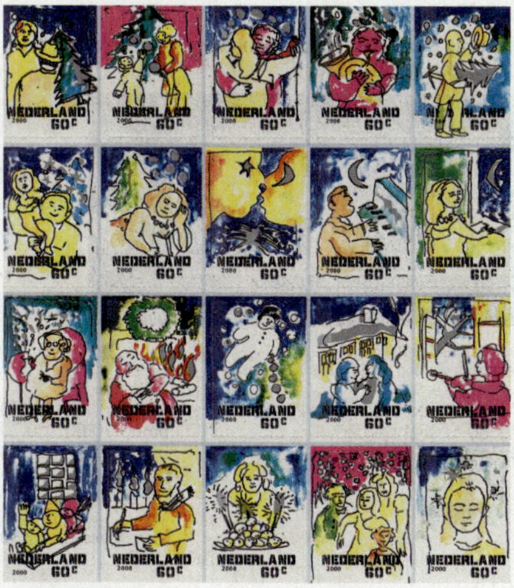

bkv) Christbaumkauf
bkw) Schneeballschlacht
bkx) Tanzpaar
bky) Tubabläser
bkz) Mann mit Christbaum

bla) Mann trägt Mädchen
blb) Lesende Frau
blc) Sich küssendes Paar
bld) Klavierspieler
ble) Frau sieht aus Fenster

blf) Frau im Sessel
blg) Mann am Kaminfeuer
blh) Schneemann
bli) Paar vor Haus
blk) Geigenspieler

bll) Schlittenfahrt
blm) Mann schreibt Brief
bln) Frau mit Weihnachtsgebäck
blo) Familie
blp) Schlafendes Mädchen

| | | | | |
|---|---|---|---|---|
| **1835** | 60 C mehrfarbig | bkv | 0,90 | 0,30 |
| **1836** | 60 C mehrfarbig | bkw | 0,90 | 0,30 |
| **1837** | 60 C mehrfarbig | bkx | 0,90 | 0,30 |
| **1838** | 60 C mehrfarbig | bky | 0,90 | 0,30 |
| **1839** | 60 C mehrfarbig | bkz | 0,90 | 0,30 |
| **1840** | 60 C mehrfarbig | bla | 0,90 | 0,30 |
| **1841** | 60 C mehrfarbig | blb | 0,90 | 0,30 |
| **1842** | 60 C mehrfarbig | blc | 0,90 | 0,30 |
| **1843** | 60 C mehrfarbig | bld | 0,90 | 0,30 |
| **1844** | 60 C mehrfarbig | ble | 0,90 | 0,30 |
| **1845** | 60 C mehrfarbig | blf | 0,90 | 0,30 |
| **1846** | 60 C mehrfarbig | blg | 0,90 | 0,30 |
| **1847** | 60 C mehrfarbig | blh | 0,90 | 0,30 |
| **1848** | 60 C mehrfarbig | bli | 0,90 | 0,30 |
| **1849** | 60 C mehrfarbig | blk | 0,90 | 0,30 |
| **1850** | 60 C mehrfarbig | bll | 0,90 | 0,30 |
| **1851** | 60 C mehrfarbig | blm | 0,90 | 0,30 |
| **1852** | 60 C mehrfarbig | bln | 0,90 | 0,30 |
| **1853** | 60 C mehrfarbig | blo | 0,90 | 0,30 |
| **1854** | 60 C mehrfarbig | blp | 0,90 | 0,30 |
| | | Satzpreis (20 W.) | 18,— | 4,— |
| | | FDC | | 12,— |
| | | Folienbogen | 20,— | 18,— |

MiNr. 1835–1854 wurden auch zusammen im Folienbogen gedruckt, der von der Post nur unzertrennt abgegeben wurde.

Auflage: 9.500.000 Sätze

*Gültig bis 31.10.2013*

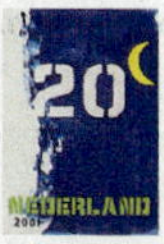

**2001, 2. Jan. Freimarke. Odr.; gez. K 12¾.**

blr) Mond am Nachthimmel

| | | | | |
|---|---|---|---|---|
| **1855** | 20 C mehrfarbig | blr | 0,30 | 0,30 |
| | | FDC | | 2,50 |

Auflage: 8.000.000 Sätze

*Gültig bis 31.10.2013*

**2001, 26. Jan. Ein Herz für die Natur; 100 Jahre Königlich Niederländischer Naturhistorischer Verein (KNNV). Odr., Markenheftchen (3×2); Streifen ph.; gez. K 13¼:12¾.**

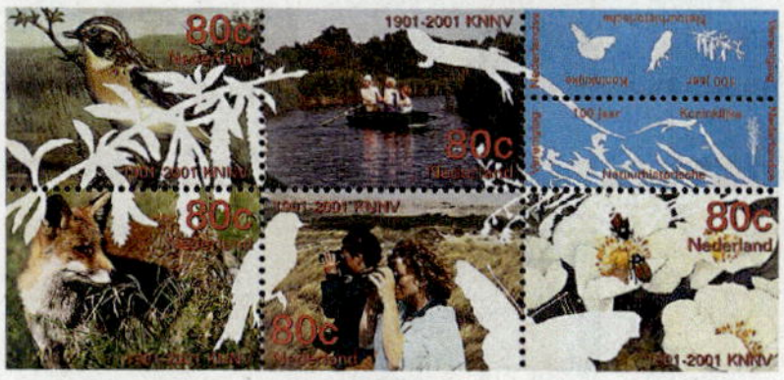

bls) Braunkehlchen (Saxicola rubetra)
blt) Bootsfahrt im Naturschutzgebiet Zierfeld

blu) Rotfuchs (Vulpes vulpes)
blv) Tierbeobachtung mit dem Fernglas
blw) Käfer auf Blüten

| | | | | |
|---|---|---|---|---|
| **1856** | 80 C mehrfarbig | bls | 0,70 | 0,60 |
| **1857** | 80 C mehrfarbig | blt | 0,70 | 0,60 |
| **1858** | 80 C mehrfarbig | blu | 0,70 | 0,60 |
| **1859** | 80 C mehrfarbig | blv | 0,70 | 0,60 |
| **1860** | 80 C mehrfarbig | blw | 0,70 | 0,60 |
| | | Satzpreis (5 W.) | 3,50 | 3,— |
| | | FDC | | 6,— |

MiNr. 1856–1860 stammen aus MH 63.

Auflage: 1.130.000 Sätze

*Gültig bis 31.10.2013*

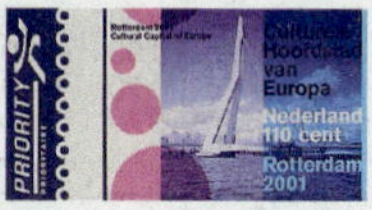

**2001, 14. März. Rotterdam – Kulturhauptstadt Europas 2001. Odr. (1×5); selbstklebend; teils gerade, teils wellenförmig gestanzt.**

blx) Erasmusbrücke

| | | | | |
|---|---|---|---|---|
| **1861** | 110 C mehrfarbig | blx | 1,50 | 1,50 |
| | | FDC | | 2,50 |
| | | Folienblatt | 7,50 | 7,50 |

Auflage: 3.750.000 Stück

*Gültig bis 31.10.2013*

**2001, 14. März. Buchwoche: Autoren zwischen zwei Kulturen. Odr. (2×5); gez. K 13¼:13¾.**

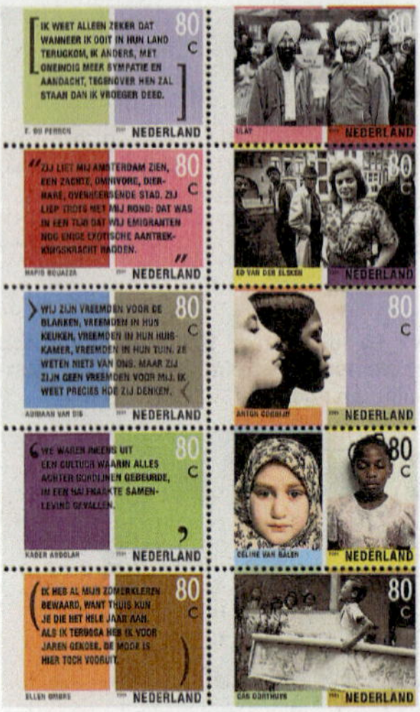

bly) Text aus „Das Land, wo du herkommst“; von Edgar du Perron (1899–1940)
blz) Albert-Cuyp-Markt, Amsterdam; Fotografie von Ulay (1943–2020)

bma) Text aus „Apollien“; von Hafid Bouazza (1970–2021)
bmb) Groenburgwal, Amsterdam; Fotografie von Ed van der Elsken (1925–1990)

bmc) Text aus „Das Gelobte Land“; von Adriaan van Dis (*1946)
bmd) Christy und Naomi, Dublin; Fotografie von Anton Corbijn (*1955)

bme) Text aus „Die Reise von den leeren Flaschen“; von Kader Abdolah (*1954)
bmf) Figen, Zaandam und Chima, Amsterdam; Fotografien von Céline van Balen (*1965)

bmg) Text aus „Frau fremd“; von Ellen Ombre (*1948)
bmh) Jakarta, Indonesien; Fotografie von Cas Oorthuys (1908–1975)

| | | | | |
|---|---|---|---|---|
| **1862** | 80 C mehrfarbig | bly | 0,90 | 0,80 |
| **1863** | 80 C mehrfarbig | blz | 0,90 | 0,80 |
| **1864** | 80 C mehrfarbig | bma | 0,90 | 0,80 |
| **1865** | 80 C mehrfarbig | bmb | 0,90 | 0,80 |
| **1866** | 80 C mehrfarbig | bmc | 0,90 | 0,80 |
| **1867** | 80 C mehrfarbig | bmd | 0,90 | 0,80 |
| **1868** | 80 C mehrfarbig | bme | 0,90 | 0,80 |
| **1869** | 80 C mehrfarbig | bmf | 0,90 | 0,80 |
| **1870** | 80 C mehrfarbig | bmg | 0,90 | 0,80 |
| **1871** | 80 C mehrfarbig | bmh | 0,90 | 0,80 |
| | Satzpreis (10 W.) | | 9,— | 8,— |
| | 2 FDC | | | 11,— |
| | Kleinbogen | | 10,— | 9,— |

Auflage: 1.300.000 Sätze

*Gültig bis 31.10.2013*

**2001, 3. April. Blockausgabe: 100. Geburtstag von Max Euwe. Odr.; gez. K 13¼:12¾.**

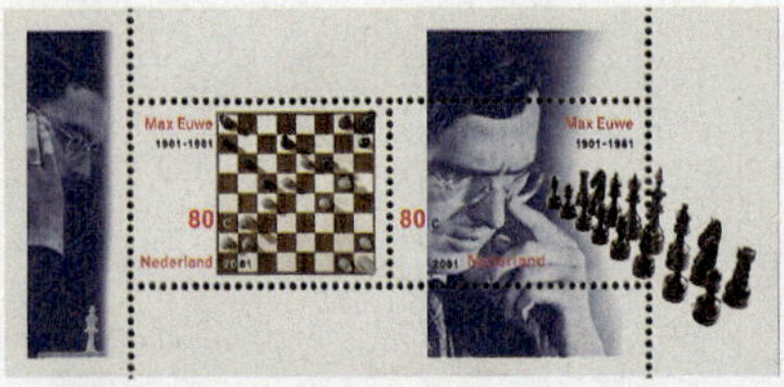

bml

bmi) Stellung der entscheidenden WM-Partie zwischen Max Euwe und Aleksandr Aljechin, Holland (1935)
bmk) Max Euwe (1901–1981), Schach-Großmeister, Präsident des Weltschachverbandes (FIDE)

| | | | | |
|---|---|---|---|---|
| **1872** | 80 C mehrfarbig | bmi | 0,80 | 0,70 |
| **1873** | 80 C mehrfarbig | bmk | 0,80 | 0,70 |
| **Block 68** | (108×50 mm) | bml | 2,— | 1,50 |
| | | FDC | | 3,— |

Auflage: 1.000.000 Blocks

*Gültig bis 31.10.2013*

**2001, 3. April. Blockausgabe: Internationales Jahr des Ehrenamtes. Odr.; gez. K 13¼:12¾.**

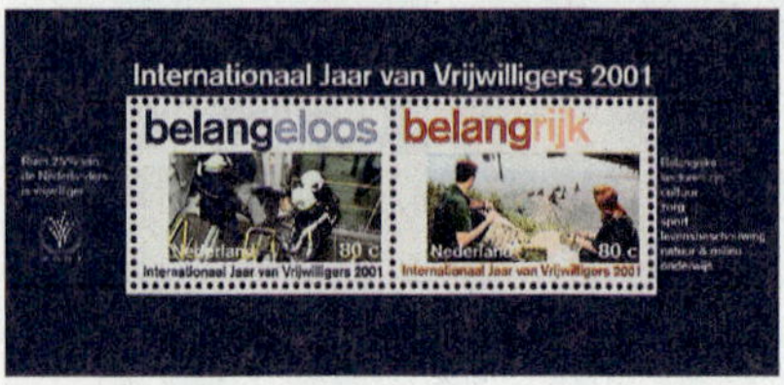


bmo

bmm) Bergung eines Verletzten
bmn) Entenküken werden in die Freiheit entlassen

| | | | | |
|---|---|---|---|---|
| **1874** | 80 C mehrfarbig | bmm | 0,80 | 0,70 |
| **1875** | 80 C mehrfarbig | bmn | 0,80 | 0,70 |
| **Block 69** | (108×50 mm) | bmo | 2,— | 1,50 |
| | | FDC | | 3,— |

Auflage: 1.000.000 Blocks

*Gültig bis 31.10.2013*

**2001, 24. April. Blockausgabe: Sommermarken zugunsten sozialer und kultureller Fürsorge – Gärten und Blumen. Odr.; gez. K 13¼:12¾.**

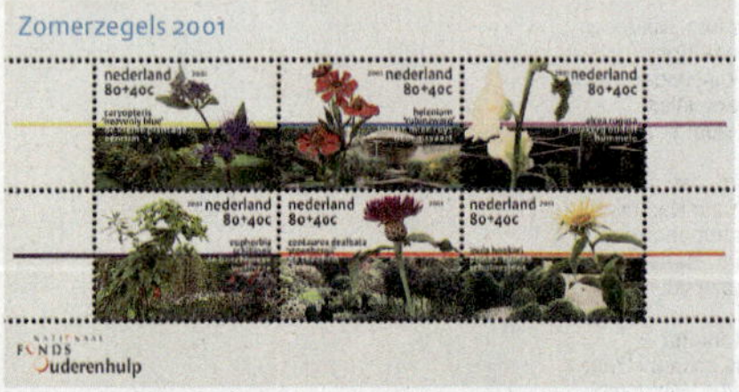


bmw

bmp) Caryopteris „Heavenly Blue“; Kleine Plantage Eenrum
bmr) Helenium „Rubinzwerg“; Mien-Ruys-Garten, Dedemsvaart
bms) Alcea rugosa; Züchterei Oudolf, Hummelo

bmt) Euphorbia schillingii; De Boschhoeve, Wolfheze
bmu) Centaurea dealbata „Steenbergii“; Der Teegarten, Weesp
bmv) Inula hookeri; Priona-Garten, Schuinesloot

| | | | | |
|---|---|---|---|---|
| **1876** | 80 (C) + 40 C mehrfarbig | bmp | 1,20 | 1,— |
| **1877** | 80 (C) + 40 C mehrfarbig | bmr | 1,20 | 1,— |
| **1878** | 80 (C) + 40 C mehrfarbig | bms | 1,20 | 1,— |
| **1879** | 80 (C) + 40 C mehrfarbig | bmt | 1,20 | 1,— |
| **1880** | 80 (C) + 40 C mehrfarbig | bmu | 1,20 | 1,— |
| **1881** | 80 (C) + 40 C mehrfarbig | bmv | 1,20 | 1,— |
| **Block 70** | (144×75 mm) | bmw | 7,50 | 6,50 |
| | | FDC | | 10,— |

Auflage: 1.200.000 Blocks

*Gültig bis 31.10.2013*

**2001, 24. April. Sommermarken zugunsten sozialer und kultureller Fürsorge – Gärten und Blumen. Odr. (2×5); selbstklebend; gestanzt 15.**

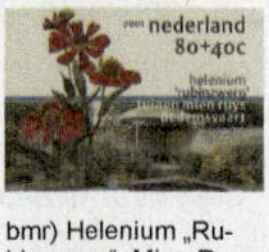

bmr) Helenium „Rubinzwerg“; Mien-Ruys-Garten, Dedemsvaart

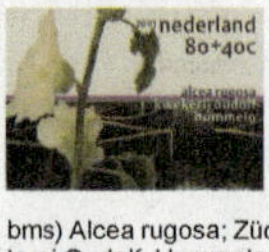

bms) Alcea rugosa; Züchterei Oudolf, Hummelo

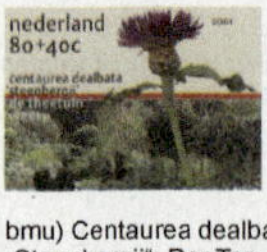

bmu) Centaurea dealbata „Steenbergii“; Der Teegarten, Weesp

| | | | | |
|---|---|---|---|---|
| **1882** | 80 (C) + 40 C mehrfarbig | bmr | *2,80* | 2,— |
| **1883** | 80 (C) + 40 C mehrfarbig | bms | *2,80* | 2,— |
| **1884** | 80 (C) + 40 C mehrfarbig | bmu | *2,80* | 2,— |
| | Satzpreis (3 W.) | | *8,40* | 6,— |
| | FDC | | | 9,— |
| | 3 Folienblätter | | *84,—* | 80,— |

*Gültig bis 31.10.2013*

**2001, 15. Mai. Jugendstil. Odr. (2×5); gez. K 14¾.**

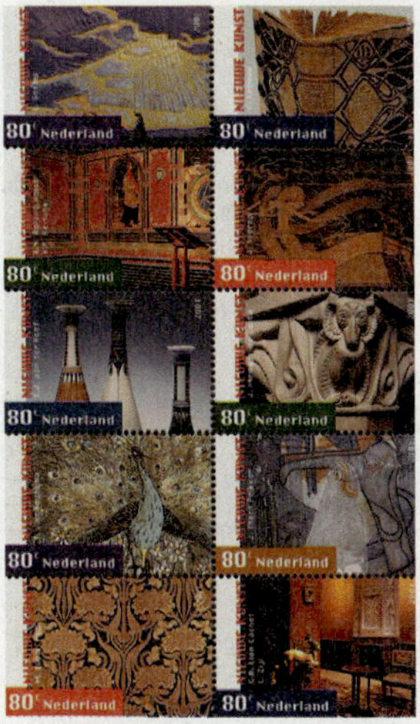

bmx) Herbst (Detail); Gemälde von Leo Gestel (1881–1941)
bmy) Die stille Kraft; Buch von Chris Lebeau (1878–1945)

bmz) Innenarchitektur des Bundesratsaals im ANDB-Gebäude von Richard Roland Holst (1868–1938) und Hendrik Petrus Berlage (1856–1934)
bna) Oh Grave, wo ist der Sieg; Kupferstich von Jan Toorop (1858–1928)

bnb) Vasen vor Amphore (Detail); Gemälde von Chris van der Hoef (1875–1933)
bnc) Säulenkapitell im Kontor „De Utrecht" von Joseph Mendes da Costa (1863–1939)

bnd) Pfau; Illustration aus „Die fröhlichen Eulen" von Theodoor van Hoytema (1863–1917)
bne) Die Braut (Detail); Gemälde von Johan Thorn Prikker (1868–1932)

bnf) Stoffmuster für industriellen Baumwolldruck von Michel Duco Crop (1863–1901)
bng) Zimmereinrichtung von Carel Adolph Lion Cachet (1864–1945) und Lambertus Zijl (1886–1947)

| | | | | |
|---|---|---|---|---|
| **1885** | 80 C mehrfarbig | bmx | 0,80 | 0,80 |
| **1886** | 80 C mehrfarbig | bmy | 0,80 | 0,80 |
| **1887** | 80 C mehrfarbig | bmz | 0,80 | 0,80 |
| **1888** | 80 C mehrfarbig | bna | 0,80 | 0,80 |
| **1889** | 80 C mehrfarbig | bnb | 0,80 | 0,80 |
| **1890** | 80 C mehrfarbig | bnc | 0,80 | 0,80 |
| **1891** | 80 C mehrfarbig | bnd | 0,80 | 0,80 |
| **1892** | 80 C mehrfarbig | bne | 0,80 | 0,80 |
| **1893** | 80 C mehrfarbig | bnf | 0,80 | 0,80 |
| **1894** | 80 C mehrfarbig | bng | 0,80 | 0,80 |
| | | Satzpreis (10 W.) | 8,— | 8,— |
| | | 2 FDC | | 12,— |
| | | Kleinbogen | 9,— | 9,— |

Auflage: 1.000.000 Sätze

*Gültig bis 31.10.2013*

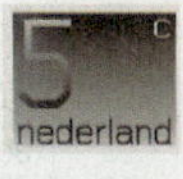


ack

**2001, 18. Juni. Freimarken: Ziffernzeichnung. RaTdr., Folienblätter (F-Bl.) (10) und Folienbogen (F-Bg.) (50); Streifen ph.; selbstklebend; gestanzt 14½.**

| | | | | |
|---|---|---|---|---|
| **1895** | 5 C dunkelbraungrau (F-Bl.) (F-Bg.) | ack | 0,30 | 0,30 |
| **1896** | 10 C blau (F-Bl.) (F-Bg.) | ack | 0,30 | 0,30 |
| **1897** | 25 C hellblauviolett (F-Bl.) | ack | 0,30 | 0,30 |
| | | Satzpreis (3 W.) | 0,50 | 0,50 |
| | | FDC | | 1,40 |
| | | 3 Folienblätter (10) | 7,— | 7,— |
| | | 2 Folienbogen (50) | 10,— | 10,— |

MiNr. 1895–1897 wurden jeweils auf vorder- und rückseitig beklebten Folienblättern zu 10 Marken ausgegeben, MiNr. 1895–1896 auch auf einseitig beklebten Folienbogen zu 50 Marken.

*Gültig bis 31.10.2013*

*In gleicher Zeichnung siehe Fußnote nach MiNr. 1069.*

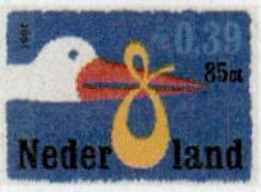


**2001, 2. Juli. Freimarke für Geburtsanzeigen. Odr., Folienbogen (10×5) und Markenheftchen (5); Streifen ph.; selbstklebend; gestanzt 13¼:12¾.**

bbo) Storch bringt Baby

| | | | | |
|---|---|---|---|---|
| **1898** | 85 C / 0.39 € mehrfarbig | bbo | 0,80 | 0,50 |
| | | FDC | | 1,80 |
| | | Markenheftchen | 5,— | 2,50 |

*In gleicher Zeichnung: MiNr. 1631, 1733, 1974, 2476*
*In ähnlicher Zeichnung: MiNr. 2756*

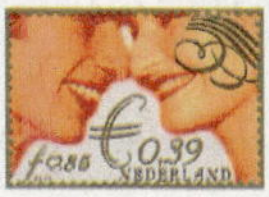

**2001, 2. Juli. Freimarke für Hochzeitsglückwünsche. RaTdr., Folienbogen (10×5) und Markenheftchen (5); Streifen ph.; selbstklebend; gestanzt 13¼:12¾.**

bnh) Brautpaar

| | | | | |
|---|---|---|---|---|
| **1899** | 0.85 G / 0.39 € mehrfarbig | bnh | 1,— | 0,60 |
| | | FDC | | 1,80 |
| | | Markenheftchen | 5,— | 3,— |

*In gleicher Zeichnung: MiNr. 1975*

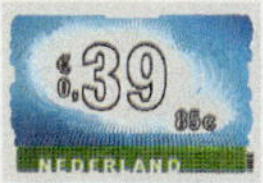


**2001, 2. Juli. Freimarke: Himmel. RaTdr., Folienbogen (10×5) und Markenheftchen (10); Streifen ph.; selbstklebend; gestanzt 13¼:12¾.**

bni) Landschaft mit Wolkenhimmel

| | | | | |
|---|---|---|---|---|
| **1900** | 85 C / 0.39 € mehrfarbig | bni | 0,80 | 0,30 |
| | | FDC | | 2,50 |
| | | Markenheftchen | 8,— | 3,— |

*In gleicher Zeichnung: MiNr. 1976*

**2001, 2. Juli. Einführung der Euro-Münzen und -Banknoten. RaTdr., Markenheftchen (5 und 50); Streifen ph.; selbstklebend; MiNr. 1901 gestanzt 13¼:12¾, MiNr. 1902–1903 teils gerade, teils wellenförmig gestanzt, B = ohne, D = mit Durchstich zwischen Priority-Feld und Markenbild bei MiNr. 1902–1903.**

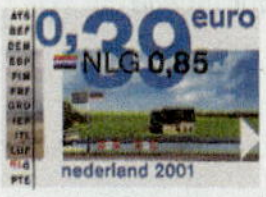


bnk) Kanalufer

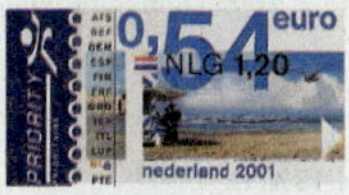


bnl) Sandstrand

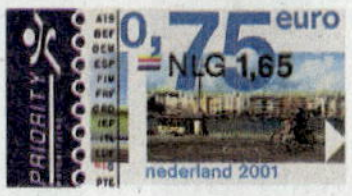


bnm) Hafen

| | | | | |
|---|---|---|---|---|
| **1901** | 0.85 G / 0.39 € mehrfarbig (5er-MH) | bnk | 1,— | 0,50 |
| **1902** | 1.20 G / 0.54 € mehrfarbig | bnl | | |
| B | ohne Durchstich (50er-MH) | | 1,50 | 1,— |
| D | mit Durchstich (5er-MH) | | 1,50 | 1,— |
| **1903** | 1.65 G / 0.75 € mehrfarbig | bnm | | |
| B | ohne Durchstich (50er-MH) | | 2,— | 1,50 |
| D | mit Durchstich (5er-MH) | | 2,— | 1,50 |
| | | Satzpreis (3 W.) | 4,50 | 3,— |
| | | FDC | | 5,— |
| | | 3 Markenheftchen (5) | 24,— | |
| | | 2 Markenheftchen (50) | 180,— | |

MiNr. 1902 D und 1903 D gibt es auch mit grobem (weitem) Durchstich.

*In gleichen Zeichnungen: MiNr. 1977–1979*

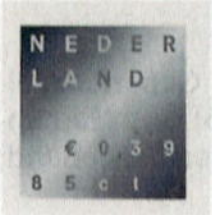


**2001, 2. Juli. Freimarke für Kondolenzbriefe. Odr., Folienbogen (10×5) und Folienblatt (5); Rahmen ph.; selbstklebend; gestanzt 13¼.**

bbw) Symbolik

| | | | | | |
|---|---|---|---|---|---|
| **1904** | 85 C / 0.39 € mehrfarbig | bbw | 1,80 | 0,80 |
| | | FDC | | 2,— |
| | | Folienblatt | 9,— | 9,— |

*In gleicher Zeichnung: MiNr. 1641, 1825, 1980, 2477*
*In ähnlicher Zeichnung: MiNr. 2757, 3967*

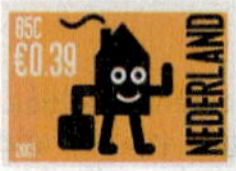


**2001, 2. Juli. Freimarke für Adressänderungsanzeigen. RaTdr. (4×5); Streifen ph.; selbstklebend; gestanzt 14½:13¾.**

bnn) Haus mit Koffer beim Umzug

| | | | | |
|---|---|---|---|---|
| **1905** | 85 C / 0.39 € mehrfarbig | bnn | 1,10 | 0,80 |
| | | FDC | | 1,80 |

*In gleicher Zeichnung: MiNr. 1981*

**2001, 2. Juli. Freimarke für standardisierte Inlandsbriefe. RaTdr., Rolle (100); Streifen ph.; selbstklebend; gestanzt 13¾.**

bno) Pfeile

| | | | | |
|---|---|---|---|---|
| **1906** | 0.85 G / 0.39 € braunviolett/silber | bno | 0,80 | 0,30 |
| | | FDC | | 2,50 |

*In ähnlicher Zeichnung: MiNr. 1968–1969*

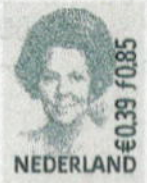


**2001, 2. Juli. Freimarken: Königin Beatrix. RaTdr. (5); selbstklebend; gestanzt 14¼.**

ahw) Königin Beatrix (*1938, reg. 1980–2013)

| | | | | |
|---|---|---|---|---|
| **1907** | 0.85 G / 0.39 € türkisblau | ahw | 1,— | 0,30 |
| **1908** | 1.45 G smaragdgrün | ahw | 2,— | 1,30 |
| | | Satzpreis (2 W.) | 3,— | 1,60 |
| | | FDC | | 3,20 |
| | | 2 Folienblätter | 15,— | 15,— |

*MiNr. 1908 gültig bis 31.10.2013*

*Weitere Werte siehe Übersicht nach Jahrgangswerttabelle.*

**2001, 28. Aug. Comics. Odr., Markenheftchen (3×2); Streifen ph.; gez. K 13¼:12¾.**

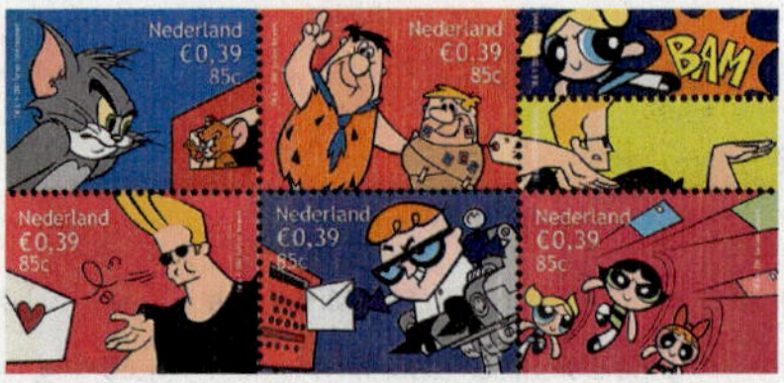


bnp) Tom und Jerry
bnr) Fred Feuerstein und Barney Geröllheimer
Zierfeld

bns) Johnny Bravo
bnt) Dexter
bnu) Powerpuff Girls

| | | | | |
|---|---|---|---|---|
| **1909** | 85 C / 0.39 € mehrfarbig | bnp | 1,— | 0,80 |
| **1910** | 85 C / 0.39 € mehrfarbig | bnr | 1,— | 0,80 |
| **1911** | 85 C / 0.39 € mehrfarbig | bns | 1,— | 0,80 |
| **1912** | 85 C / 0.39 € mehrfarbig | bnt | 1,— | 0,80 |
| **1913** | 85 C / 0.39 € mehrfarbig | bnu | 1,— | 0,80 |
| | | Satzpreis (5 W.) | 5,— | 4,— |
| | | FDC | | 5,50 |

MiNr. 1909–1913 stammen aus MH 64.

Auflage: 1.500.000 Sätze

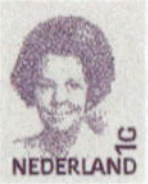


**2001, 3. Sept. Freimarken: Königin Beatrix. RaTdr. (5); selbstklebend; gestanzt 14¼.**

ahw) Königin Beatrix (*1938, reg. 1980–2013)

| | | | | |
|---|---|---|---|---|
| **1914** | 1 G bläulichviolett | ahw | 1,20 | 1,— |
| **1915** | 1.10 G ultramarin | ahw | 1,40 | 1,10 |
| **1916** | 2.50 G violettpurpur | ahw | 3,— | 2,50 |
| **1917** | 5 G dunkelbräunlichlila | ahw | 6,50 | 5,50 |
| | | Satzpreis (4 W.) | 12,— | 10,— |
| | | FDC | | 10,— |
| | | 4 Folienblätter | 60,— | 50,— |

*Gültig bis 31.10.2013*

*Weitere Werte siehe Übersicht nach Jahrgangswerttabelle.*

**2001, 3. Sept. Grußmarken. RaTdr., Markenheftchen (2×2 + 3×2); Streifen ph.; selbstklebend; gestanzt 12¾:13¼, Querformate ~.**

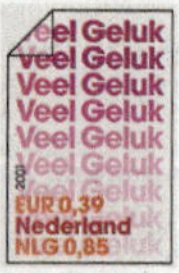


bnv) Viel Glück

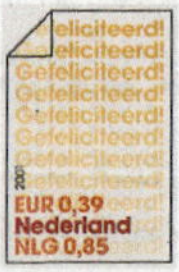


bnw) Glückwunsch!

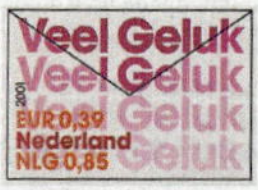


bnx) Viel Glück

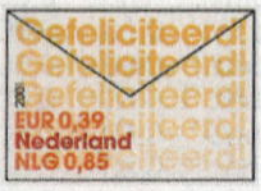


bny) Glückwunsch!

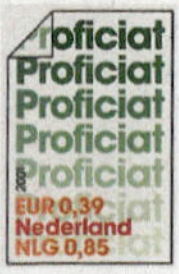


bnz) Herzlichen Glückwunsch

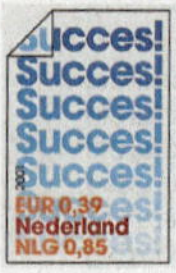


boa) Erfolg!

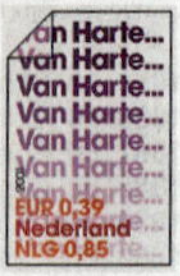


bob) Von Herzen...

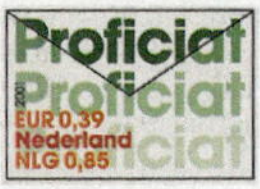


boc) Herzlichen Glückwunsch

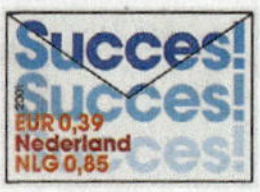


bod) Erfolg!

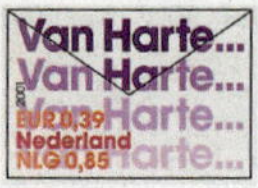


boe) Von Herzen...

| | | | | |
|---|---|---|---|---|
| **1918** | 0.85 G / 0.39 € mehrfarbig | bnv | 1,20 | 0,80 |
| **1919** | 0.85 G / 0.39 € mehrfarbig | bnw | 1,20 | 0,80 |
| **1920** | 0.85 G / 0.39 € mehrfarbig | bnx | 1,20 | 0,80 |
| **1921** | 0.85 G / 0.39 € mehrfarbig | bny | 1,20 | 0,80 |
| **1922** | 0.85 G / 0.39 € mehrfarbig | bnz | 1,20 | 0,80 |
| **1923** | 0.85 G / 0.39 € mehrfarbig | boa | 1,20 | 0,80 |
| **1924** | 0.85 G / 0.39 € mehrfarbig | bob | 1,20 | 0,80 |
| **1925** | 0.85 G / 0.39 € mehrfarbig | boc | 1,20 | 0,80 |
| **1926** | 0.85 G / 0.39 € mehrfarbig | bod | 1,20 | 0,80 |
| **1927** | 0.85 G / 0.39 € mehrfarbig | boe | 1,20 | 0,80 |
| | | Satzpreis (10 W.) | 12,— | 8,— |
| | | 2 FDC | | 11,— |
| | | Markenheftchen | 12,— | 8,— |

MiNr. 1918–1927 wurden zusammen im Markenheftchen gedruckt.

Auflage: 1.000.000 Sätze

*In ähnlichen Zeichnungen: MiNr. 1982–1991*

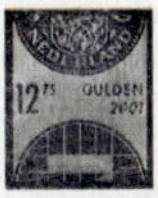

**2001, 25. Sept. Ende der Guldenwährung. Pdr. auf Silberfolie (Einzelherstellung); ohne Phosphor; selbstklebend; gestanzt 13.**

bof) Juliana- und Beatrix-Guldenmünzen (Details)

| | | | | |
|---|---|---|---|---|
| **1928** | 12.75 G silber | bof | 14,— | 11,— |
| | | FDC | | 15,— |

Auflage: 1.000.000 Stück

*Gültig bis 31.10.2013*

**2001, 12. Okt. Blockausgabe: Internationale Briefmarkenausstellung AMPHILEX 2002, Amsterdam – 150 Jahre niederländische Briefmarken (2002) (II). Odr.; gez. K 14:13½.**

boi

bog) Historische Stadtansicht von Willemstad (Curaçao)
boh) Historische Ansicht der Zuckerraffinerie von Pangka (Java)

| | | | | |
|---|---|---|---|---|
| **1929** | 85 C / 0.39 € mehrfarbig | bog | 0,80 | 0,80 |
| **1930** | 85 C / 0.39 € mehrfarbig | boh | 0,80 | 0,80 |
| **Block 71** | (108×50 mm) | boi | 2,— | 2,— |
| | | FDC | | 3,50 |

Auflage: 1.200.000 Blocks

> *Ab MiNr. 1929 sind alle Ausgaben frankaturgültig, außerdem die Marken MiNr. 1898–1907, 1909–1913 und 1918–1927.*

**2001, 12. Okt. Blockausgabe: 100 Jahre Königlich Niederländischer Druckereiverband (KVGO). Komb. Odr. und Pdr.; gez. K 14:13½.**

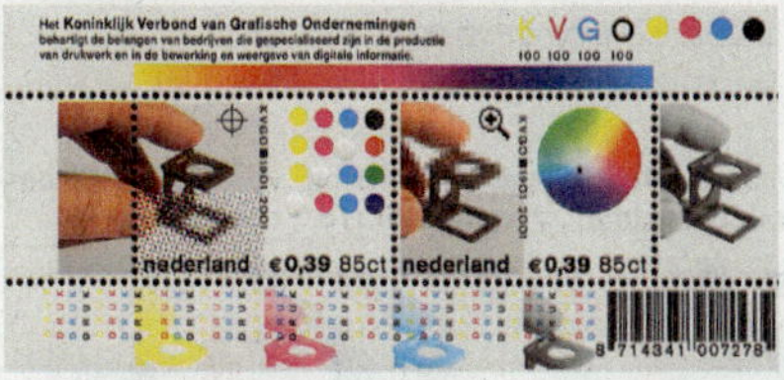


bom

bok) Hand mit Fadenzähler, Rasterpunkte
bol) Hand mit Fadenzähler, Farbspektrum

| | | | | |
|---|---|---|---|---|
| **1931** | 85 C / 0.39 € mehrfarbig | bok | 0,80 | 0,80 |
| **1932** | 85 C / 0.39 € mehrfarbig | bol | 0,80 | 0,80 |
| **Block 72** | (108×50 mm) | bom | 2,— | 2,— |
| | | FDC | | 3,50 |

Auflage: 900.000 Blocks

**2001, 6. Nov. Blockausgabe: „Voor het Kind" – Kind und Computer. RaTdr.; gez. K 14:13½.**

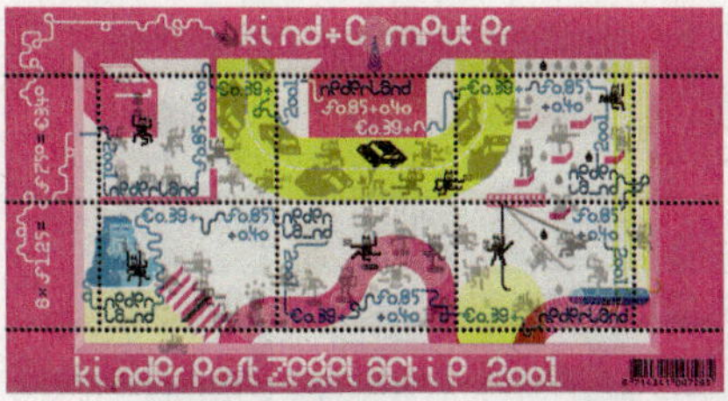

bou

bon–bot) Der Weg eines Briefes vom Computerausdruck bis zur Zustellung in Anlehnung an ein Computerspiel

| | | | | |
|---|---|---|---|---|
| **1933** | 0.85 G + 0.40 (G) / 0.39 € + (0.18 €) mehrfarbig | bon | 1,10 | 1,10 |
| **1934** | 0.85 G + 0.40 (G) / 0.39 € + (0.18 €) mehrfarbig | boo | 1,10 | 1,10 |
| **1935** | 0.85 G + 0.40 (G) / 0.39 € + (0.18 €) mehrfarbig | bop | 1,10 | 1,10 |
| **1936** | 0.85 G + 0.40 (G) / 0.39 € + (0.18 €) mehrfarbig | bor | 1,10 | 1,10 |
| **1937** | 0.85 G + 0.40 (G) / 0.39 € + (0.18 €) mehrfarbig | bos | 1,10 | 1,10 |
| **1938** | 0.85 G + 0.40 (G) / 0.39 € + (0.18 €) mehrfarbig | bot | 1,10 | 1,10 |
| **Block 73** | (146×76 mm) | bou | 7,— | 7,— |
| | | FDC | | 9,— |

Auflage: 6.000.000 Blocks

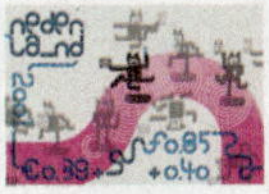

**2001, 6. Nov. „Voor het Kind": Kind und Computer. RaTdr. (5×10); selbstklebend; gestanzt 13¼:12¾.**

bos

| | | | | |
|---|---|---|---|---|
| **1939** | 0.85 G + 0.40 (G) / 0.39 € + (0.18 €) mfg. | bos | 2,— | 2,— |
| | | FDC | | 3,— |

**2001, 27. Nov. Dezembermarken. RaTdr., Folienbogen (4×5) und Rolle (100); Streifen ph.; selbstklebend; gestanzt 13¼:12¾.**

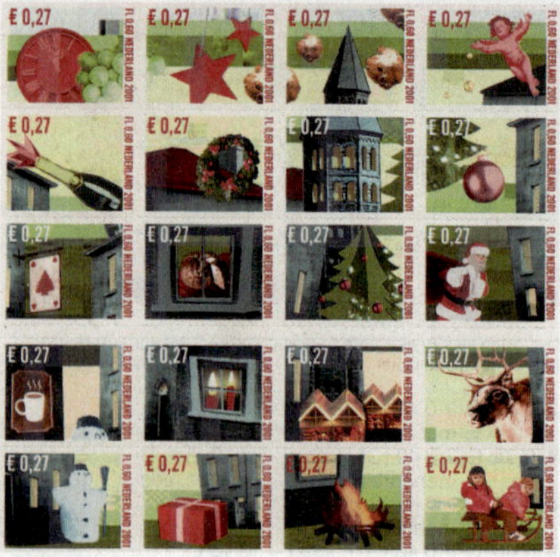


bov) Turmuhr, Trauben
bow) Sterne
box) Turmspitze
boy) Putto

boz) Sektflasche
bpa) Türkranz
bpb) Kirchturm
bpc) Christbaumkugel

bpd) Spielkarte als Zunftschild
bpe) Kuchen im Fenster
bpf) Christbaum
bpg) Weihnachtsmann

bph) Schild mit Kaffeetasse
bpi) Kerzen im Fenster
bpk) Häuser
bpl) Rentier

bpm) Schneemann
bpn) Geschenkpaket
bpo) Feuerstelle
bpp) Schlittenfahrt

| | | | | |
|---|---|---|---|---|
| **1940** | 0.60 G / 0.27 € mehrfarbig | bov | 0,60 | 0,30 |
| **1941** | 0.60 G / 0.27 € mehrfarbig | bow | 0,60 | 0,30 |
| **1942** | 0.60 G / 0.27 € mehrfarbig | box | 0,60 | 0,30 |
| **1943** | 0.60 G / 0.27 € mehrfarbig | boy | 0,60 | 0,30 |
| **1944** | 0.60 G / 0.27 € mehrfarbig | boz | 0,60 | 0,30 |
| **1945** | 0.60 G / 0.27 € mehrfarbig | bpa | 0,60 | 0,30 |
| **1946** | 0.60 G / 0.27 € mehrfarbig | bpb | 0,60 | 0,30 |
| **1947** | 0.60 G / 0.27 € mehrfarbig | bpc | 0,60 | 0,30 |
| **1948** | 0.60 G / 0.27 € mehrfarbig | bpd | 0,60 | 0,30 |
| **1949** | 0.60 G / 0.27 € mehrfarbig | bpe | 0,60 | 0,30 |
| **1950** | 0.60 G / 0.27 € mehrfarbig | bpf | 0,60 | 0,30 |
| **1951** | 0.60 G / 0.27 € mehrfarbig | bpg | 0,60 | 0,30 |
| **1952** | 0.60 G / 0.27 € mehrfarbig | bph | 0,60 | 0,30 |
| **1953** | 0.60 G / 0.27 € mehrfarbig | bpi | 0,60 | 0,30 |
| **1954** | 0.60 G / 0.27 € mehrfarbig | bpk | 0,60 | 0,30 |
| **1955** | 0.60 G / 0.27 € mehrfarbig | bpl | 0,60 | 0,30 |
| **1956** | 0.60 G / 0.27 € mehrfarbig | bpm | 0,60 | 0,30 |
| **1957** | 0.60 G / 0.27 € mehrfarbig | bpn | 0,60 | 0,30 |
| **1958** | 0.60 G / 0.27 € mehrfarbig | bpo | 0,60 | 0,30 |
| **1959** | 0.60 G / 0.27 € mehrfarbig | bpp | 0,60 | 0,30 |
| | Satzpreis (20 W.) | | 12,— | 5,— |
| | FDC | | | 14,— |
| | Folienbogen | | 12,— | 8,— |

MiNr. 1940–1959 wurden auch zusammen im Folienbogen gedruckt, der von der Post nur unzertrennt abgegeben wurde.

Auflage: 13.500.000 Sätze, davon 500.000 in der Rolle

*Neue Währung ab 1. Januar 2002:*
*1 Euro (€) = 100 Cent (C)*
*(2.20371 Niederländische Gulden = 1 Euro)*

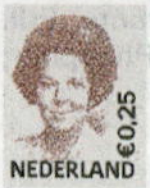


**2002, 2. Jan. Freimarken: Königin Beatrix. RaTdr., Folienblätter (5, MiNr. 1961 auch 10); selbstklebend; gestanzt 14¼.**

ahw) Königin Beatrix (*1938, reg. 1980–2013)

| | | | | |
|---|---|---|---|---|
| **1960** | 0.25 € orangebraun/gelblichgrün | ahw | 0,50 | 0,30 |
| **1961** | 0.39 € türkisblau/karminlila | ahw | 0,80 | 0,30 |
| **1962** | 0.40 € hellkobalt/braunorange | ahw | 0,80 | 0,30 |
| **1963** | 0.50 € bräunlichlila/smaragdgrün | ahw | 1,— | 0,30 |
| **1964** | 0.65 € opalgrün/violett | ahw | 1,30 | 0,30 |
| **1965** | 0.78 € lilaultramarin/braunoliv | ahw | 1,60 | 0,30 |
| **1966** | 1 € grün/cyanblau | ahw | 2,— | 0,30 |
| **1967** | 3 € purpur/gelblichgrün | ahw | 6,— | 0,40 |
| | Satzpreis (8 W.) | | 14,— | 2,50 |
| | FDC | | | 15,— |
| | 8 Folienblätter | | 70,— | 70,— |
| | Folienblatt mit 10 × MiNr. 1961 | | 8,— | 8,— |

[Tab] MiNr. 1966–1967 in Odr. auf normalem Papier

*Weitere Werte siehe Übersicht nach Jahrgangswerttabelle.*

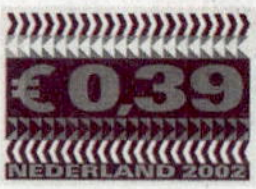


**2002, 2. Jan. Freimarken für Standardbriefe. RaTdr., Rollen (100); Streifen ph.; selbstklebend; gestanzt 13¾.**

bno I) Pfeile

| | | | | |
|---|---|---|---|---|
| **1968** | 0.39 € braunviolett/silber | bno I | 0,80 | 0,30 |
| **1969** | 0.78 € violettblau/gold | bno I | 1,60 | 0,30 |
| | Satzpreis (2 W.) | | 2,40 | 0,50 |
| | FDC | | | 3,40 |

*In ähnlicher Zeichnung: MiNr. 1906*

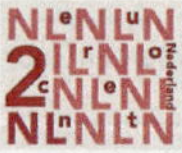

**2002, 2./28. Jan. Freimarken. RaTdr. (5); normales Papier; selbstklebend; gestanzt 14.**

bpr) „NL" mehrfach

| | | | | |
|---|---|---|---|---|
| **1970** | 2 C dunkelrosa (28. Jan.) | bpr | 0,30 | 0,30 |
| **1971** | 12 C dunkelgrün (2. Jan.) | bpr | 0,30 | 0,30 |
| | Satzpreis (2 W.) | | 0,50 | 0,50 |
| | 2 FDC | | | 2,20 |
| | 2 Folienblätter | | 4,— | 4,— |

*In gleicher Zeichnung: MiNr. 2032, 2049, 2072, 2482*

**2002, 10. Jan. Blockausgabe: Hochzeit von Prinz Willem-Alexander und Máxima Zorreguieta. RaTdr.; gez. Ks 14.**

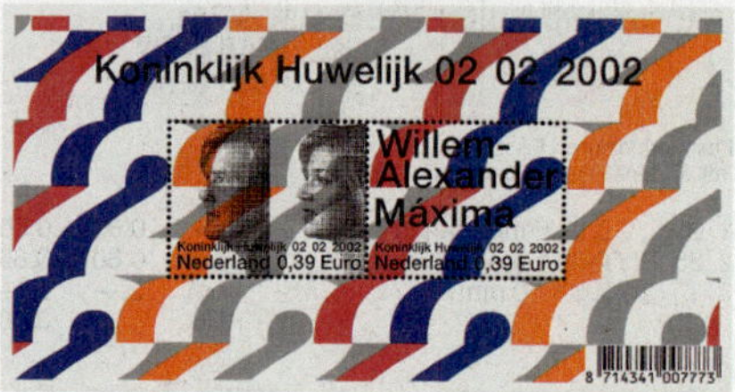


bpu

bps) Brautpaar
bpt) Inschrift

| | | | | |
|---|---|---|---|---|
| **1972** | 0.39 € mehrfarbig | bps | 0,80 | 0,80 |
| **1973** | 0.39 € mehrfarbig | bpt | 0,80 | 0,80 |
| **Block 74** | (145×75 mm) | bpu | 2,— | 2,— |
| | FDC | | | 3,— |

Auflage: 1.400.000 Blocks

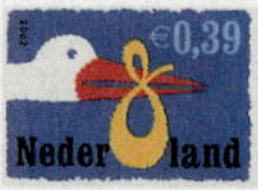


**2002, 28. Jan. Freimarke für Geburtsanzeigen. RaTdr., Folienbogen (10×5) und Markenheftchen (5); Streifen ph.; selbstklebend; gestanzt 13¼:12¾.**

bbo) Storch bringt Baby

**1974** 0.39 € mehrfarbig .................. bbo 0,80 0,30
FDC 1,80
Markenheftchen 4,— 2,—

*In gleicher Zeichnung: MiNr. 1631, 1733, 1898, 2476*
*In ähnlicher Zeichnung: MiNr. 2756*

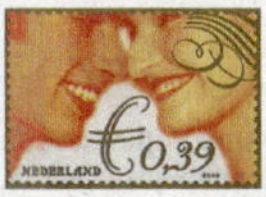

**2002, 28. Jan. Freimarke für Hochzeitsglückwünsche. RaTdr., Folienbogen (10×5) und Markenheftchen (5); Streifen ph.; selbstklebend; gestanzt 13¼:12¾.**

bnh I) Brautpaar

**1975** 0.39 € mehrfarbig .................. bnh I 1,— 0,30
FDC 1,80
Markenheftchen 5,— 3,—

*In ähnlicher Zeichnung: MiNr. 1899*

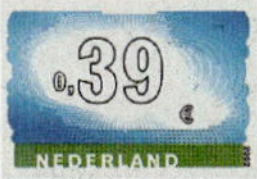


**2002, 28. Jan. Freimarke: Himmel. RaTdr., Folienbogen (10×5) und Markenheftchen (10); Streifen ph.; selbstklebend; gestanzt 13¼:12¾.**

bni) Landschaft mit Wolkenhimmel

**1976** 0.39 € mehrfarbig .................. bni 0,80 0,30
FDC 2,50
Markenheftchen 8,— 4,—

*In gleicher Zeichnung: MiNr. 1900*

**Phosphorstreifen**

Seit 2002 sind bei verschiedenen Marken der Niederlande unterschiedliche Anordnungen der Phosphorstreifen bekannt.

**2002, 28. Jan. Einführung der Euro-Münzen und -Banknoten. RaTdr., Markenheftchen MiNr. 1977 (5), MiNr. 1978–1979 (5 und 50); Streifen ph.; selbstklebend; MiNr. 1977 gestanzt 13¼:12¾, MiNr. 1978–1979 teils gerade, teils wellenförmig gestanzt mit Durchstich zwischen Priority-Feld und Markenbild.**

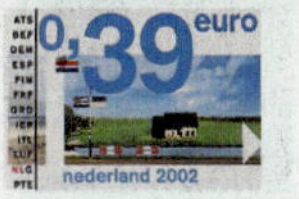


bnk) Kanalufer

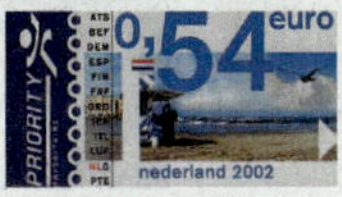


bnl) Sandstrand

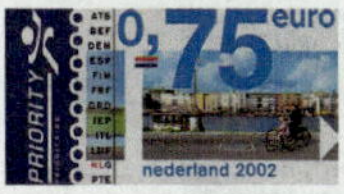


bnm) Hafen

**1977** 0.39 € mehrfarbig .................. bnk 1,— 1,—
**1978** 0.54 € mehrfarbig .................. bnl 1,20 1,20
**1979** 0.75 € mehrfarbig .................. bnm 1,80 1,80
Satzpreis (3 W.) 4,— 4,—
FDC 4,50
3 Markenheftchen (5) 20,—
2 Markenheftchen (50) 150,—

*In gleichen Zeichnungen: MiNr. 1901–1903*

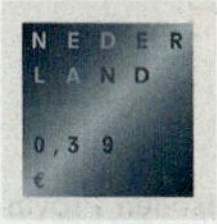

**2002, 28. Jan. Freimarke für Kondolenzbriefe. Odr. (10×5); selbstklebend; gestanzt 13¼.**

bbw) Symbolik

**1980** 0.39 € mehrfarbig .................. bbw 0,80 0,30
FDC 1,80

*In gleicher Zeichnung: MiNr. 1641, 1825, 1904, 2477*

*In ähnlicher Zeichnung: MiNr. 2757, 3967*

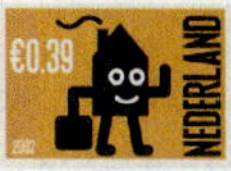


**2002, 28. Jan. Freimarke für Adressänderungsanzeigen. RaTdr. (4×5); Streifen ph.; selbstklebend; gestanzt 14½:13¾.**

bnn) Haus mit Koffer beim Umzug

**1981** 0.39 € mehrfarbig .................. bnn 0,80 0,30
FDC 1,80

*In gleicher Zeichnung: MiNr. 1905*

**2002, 28. Jan. Grußmarken. RaTdr., Markenheftchen (2×2 + 3×2); Streifen ph.; selbstklebend; gestanzt 12¾:13¼, Querformate ~.**

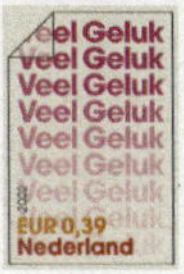


bnv I) Viel Glück

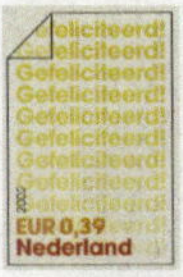


bnw I) Glückwunsch!

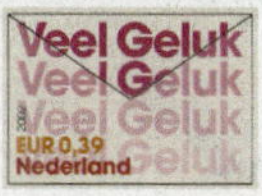


bnx I) Viel Glück

bny I) Glückwunsch!

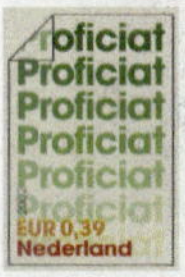


bnz I) Herzlichen Glückwunsch

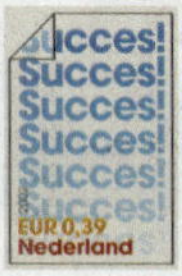


boa I) Erfolg!

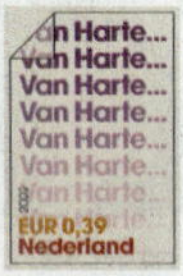


bob I) Von Herzen...

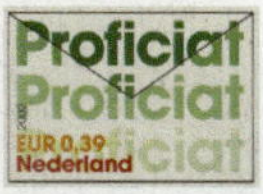


boc I) Herzlichen Glückwunsch

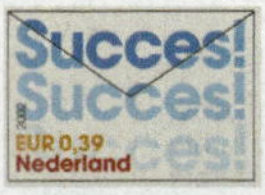


bod I) Erfolg!

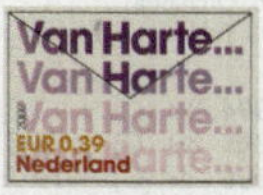


boe I) Von Herzen...

**1982** 0.39 € mehrfarbig .................. bnv I 0,80 0,50
**1983** 0.39 € mehrfarbig .................. bnw I 0,80 0,50
**1984** 0.39 € mehrfarbig .................. bnx I 0,80 0,50
**1985** 0.39 € mehrfarbig .................. bny I 0,80 0,50
**1986** 0.39 € mehrfarbig .................. bnz I 0,80 0,50
**1987** 0.39 € mehrfarbig .................. boa I 0,80 0,50
**1988** 0.39 € mehrfarbig .................. bob I 0,80 0,50
**1989** 0.39 € mehrfarbig .................. boc I 0,80 0,50
**1990** 0.39 € mehrfarbig .................. bod I 0,80 0,50
**1991** 0.39 € mehrfarbig .................. boe I 0,80 0,50
Satzpreis (10 W.) 8,— 5,—
2 FDC 9,—
Markenheftchen 8,— 6,—

MiNr. 1982–1991 wurden zusammen im Markenheftchen gedruckt.

*In ähnlichen Zeichnungen: MiNr. 1918–1927*

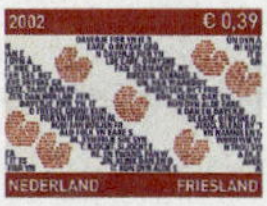


**2002, 12. März. Die niederländischen Provinzen (I): Friesland. Odr., Bogen (3×6) und Zd-Bogen (1×6 + 1×6); Streifen ph.; gez. K 14½:14¾.**

bpv) Provinzflagge aus Text der Hymne

**1992** 0.39 € mehrfarbig .................. bpv 0,80 0,40
FDC 3,50
1992 Zf 1,— 1,—

MiNr. 1992 wurde im Bogen zu 12 Marken und 6 verschiedenen Zierfeldern (mittlere Bogenspalte) gedruckt.

Zd-Bogen siehe Fußnote nach MiNr. 2029.

Auflage: 1.440.000 Stück

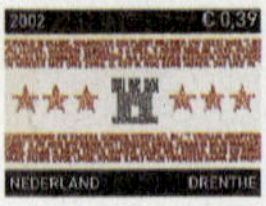

**2002, 26. März. Die niederländischen Provinzen (II): Drente. Odr., Bogen (3×6) und Zd-Bogen (1×6 + 1×6); Streifen ph.; gez. K 14½:14¾.**

bpw) Provinzflagge aus Text der Hymne

| | | | | |
|---|---|---|---|---|
| **1993** | 0.39 € mehrfarbig | bpw | 0,80 | 0,40 |
| | | FDC | | 3,50 |
| | | 1993 Zf | 1,— | 1,— |

MiNr. 1993 wurde im Bogen zu 12 Marken und 6 verschiedenen Zierfeldern (mittlere Bogenspalte) gedruckt.

Zd-Bogen siehe Fußnote nach MiNr. 2029.

Auflage: 1.200.000 Stück

**2002, 2. April. Sommermarken zugunsten sozialer und kultureller Fürsorge: Gartenbauausstellung FLORIADE '02. Odr. (5×2); Streifen ph.; gez. K 12¾:14.**

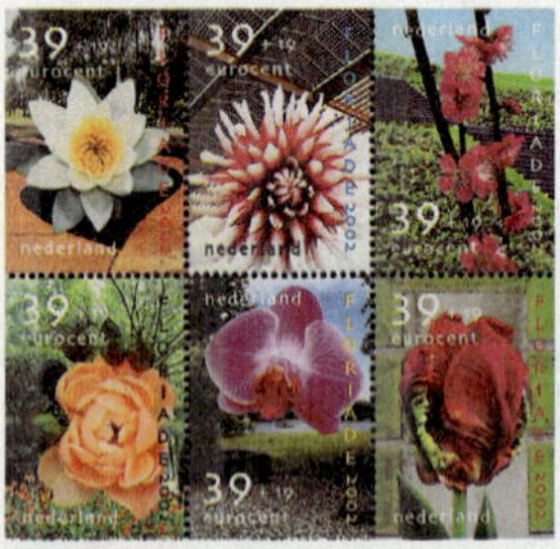

bpx) Seerose
bpy) Dahlie
bpz) Japanische Kirsche
bra) Rose
brb) Orchidee
brc) Tulpe

| | | | | |
|---|---|---|---|---|
| **1994** | 39 (C) + 19 C mehrfarbig | bpx | 1,20 | 1,— |
| **1995** | 39 (C) + 19 C mehrfarbig | bpy | 1,20 | 1,— |
| **1996** | 39 (C) + 19 C mehrfarbig | bpz | 1,20 | 1,— |
| **1997** | 39 (C) + 19 C mehrfarbig | bra | 1,20 | 1,— |
| **1998** | 39 (C) + 19 C mehrfarbig | brb | 1,20 | 1,— |
| **1999** | 39 (C) + 19 C mehrfarbig | brc | 1,20 | 1,— |
| | | Satzpreis (6 W.) | 7,20 | 6,— |
| | | Sechserblock | 7,20 | 7,20 |
| | | FDC | | 8,— |
| | | Kleinbogen | 12,— | 12,— |

Markenfolge im Kleinbogen: 1994-1995-1996-1995-1994, 1997-1998-1999-1998-1997

MiNr. 1994–1999 tragen Duftstoffe.

**2002, 9. April. Die niederländischen Provinzen (III): Nordholland. Odr., Bogen (3×6) und Zd-Bogen (1×6 + 1×6); Streifen ph.; gez. K 14½:14¾.**

brd) Provinzflagge aus Text der Hymne

| | | | | |
|---|---|---|---|---|
| **2000** | 0.39 € mehrfarbig | brd | 0,80 | 0,40 |
| | | FDC | | 3,50 |
| | | 2000 Zf | 1,— | 1,— |

MiNr. 2000 wurde im Bogen zu 12 Marken und 6 verschiedenen Zierfeldern (mittlere Bogenspalte) gedruckt.

Zd-Bogen siehe Fußnote nach MiNr. 2029.

Auflage: 1.200.000 Stück

**2002, 23. April. Die niederländischen Provinzen (IV): Gelderland. Odr., Bogen (3×6) und Zd-Bogen (1×6 + 1×6); Streifen ph.; gez. K 14½:14¾.**

bre) Provinzflagge aus Text der Hymne

| | | | | |
|---|---|---|---|---|
| **2001** | 0.39 € mehrfarbig | bre | 0,80 | 0,40 |
| | | FDC | | 3,50 |
| | | 2001 Zf | 1,— | 1,— |

MiNr. 2001 wurde im Bogen zu 12 Marken und 6 verschiedenen Zierfeldern (mittlere Bogenspalte) gedruckt.

Zd-Bogen siehe Fußnote nach MiNr. 2029.

Auflage: 1.200.000 Stück

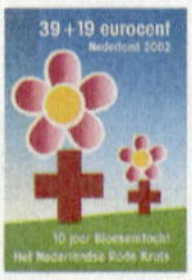

**2002, 27. April. Rotes Kreuz: 10 Jahre Volksmarsch „Bloesemtocht". Odr. (2×3); Streifen ph.; gez. K 14¾:14¼.**

brf) Wanderer aus Blüten und Kreuzen

| | | | | |
|---|---|---|---|---|
| **2002** | 39 (C) + 19 C mehrfarbig | brf | 1,20 | 1,— |
| | | FDC | | 2,50 |
| | | Kleinbogen | 7,50 | 7,50 |

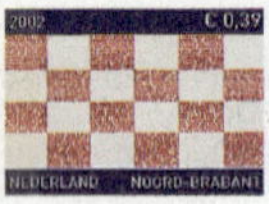

**2002, 7. Mai. Die niederländischen Provinzen (V): Nordbrabant. Odr., Bogen (3×6) und Zd-Bogen (1×6 + 1×6); Streifen ph.; gez. K 14½:14¾.**

brg) Provinzflagge aus Text der Hymne

| | | | | |
|---|---|---|---|---|
| **2003** | 0.39 € mehrfarbig | brg | 0,80 | 0,40 |
| | | FDC | | 3,50 |
| | | 2003 Zf | 1,— | 1,— |

MiNr. 2003 wurde im Bogen zu 12 Marken und 6 verschiedenen Zierfeldern (mittlere Bogenspalte) gedruckt.

Zd-Bogen siehe Fußnote nach MiNr. 2029.

Auflage: 1.200.000 Stück

**2002, 14. Mai. 50 Jahre Freizeitpark Efteling: Märchenfiguren. Odr., Markenheftchen (5); Streifen ph.; selbstklebend; gestanzt 13¼:12¾.**

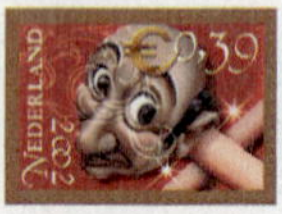

brh) Langnek

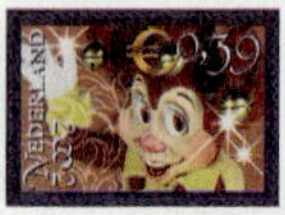

bri) Pardoes de Tovenar

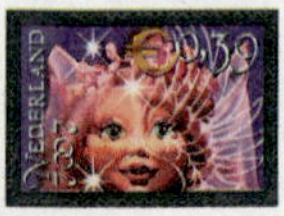

brk) Droomvlucht Elfje

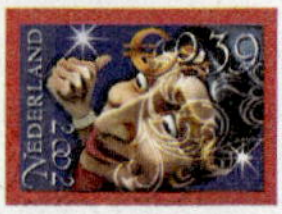

brl) Kleine Boodschap

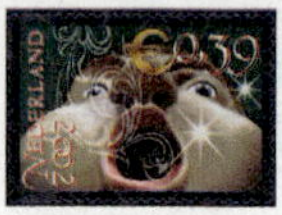

brm) Holle Bolle Gijs

| | | | | |
|---|---|---|---|---|
| **2004** | 0.39 € mehrfarbig | brh | 0,80 | 0,40 |
| **2005** | 0.39 € mehrfarbig | bri | 0,80 | 0,40 |
| **2006** | 0.39 € mehrfarbig | brk | 0,80 | 0,40 |
| **2007** | 0.39 € mehrfarbig | brl | 0,80 | 0,40 |
| **2008** | 0.39 € mehrfarbig | brm | 0,80 | 0,40 |
| | | Satzpreis (5 W.) | 4,— | 2,— |
| | | FDC | | 4,50 |
| | | Markenheftchen | 4,— | 2,50 |

MiNr. 2004–2008 wurden zusammen im Markenheftchen gedruckt.

Auflage: 900.000 Sätze

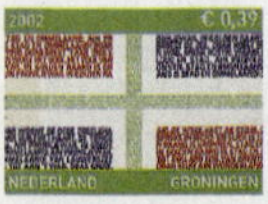

**2002, 21. Mai. Die niederländischen Provinzen (VI): Groningen. Odr., Bogen (3×6) und Zd-Bogen (1×6 + 1×6); Streifen ph.; gez. K 14½:14¾.**

brn) Provinzflagge aus Text der Hymne

**2009** 0.39 € mehrfarbig .................... brn 0,80 0,40
FDC 3,50
2009 Zf 1,— 1,—

MiNr. 2009 wurde im Bogen zu 12 Marken und 6 verschiedenen Zierfeldern (mittlere Bogenspalte) gedruckt.

Zd-Bogen siehe Fußnote nach MiNr. 2029.

Auflage: 1.200.000 Stück

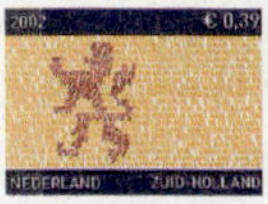


**2002, 4. Juni. Die niederländischen Provinzen (VII): Südholland. Odr., Bogen (3×6) und Zd-Bogen (1×6 + 1×6); Streifen ph.; gez. K 14½:14¾.**

bro) Provinzflagge aus Text der Hymne

**2010** 0.39 € mehrfarbig .................... bro 0,80 0,40
FDC 3,50
2010 Zf 1,— 1,—

MiNr. 2010 wurde im Bogen zu 12 Marken und 6 verschiedenen Zierfeldern (mittlere Bogenspalte) gedruckt.

Zd-Bogen siehe Fußnote nach MiNr. 2029.

Auflage: 1.200.000 Stück

**2002, 11. Juni. Europa: Zirkus. Odr. (1×3 ⅃⅂); Streifen ph.; gez. K 14½:14¾.**

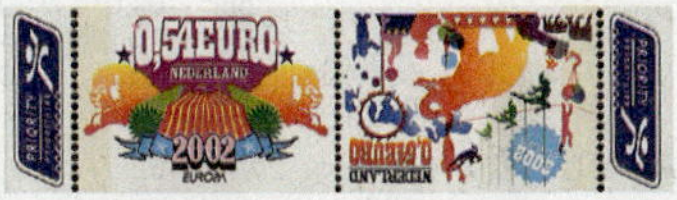


brp) Zirkuszelt, Löwen
brr) Verschiedene Zirkusattraktionen

**2011** 0.54 € mehrfarbig .................... brp 1,50 1,50
**2012** 0.54 € mehrfarbig .................... brr 1,50 1,50
Satzpreis (2 W.) 3,— 3,—
Kehrdruckpaar 3,50 3,50
FDC 5,—
Kleinbogen 11,— 11,—

MiNr. 2011–2012 wurden zusammenhängend im waagerechten Kehrdruckpaar gedruckt.

Auflage: 2.250.000 Sätze

**2002, 11. Juni. Landschaftsgemälde. Odr. (2×5); Streifen ph.; gez. K 14¾.**

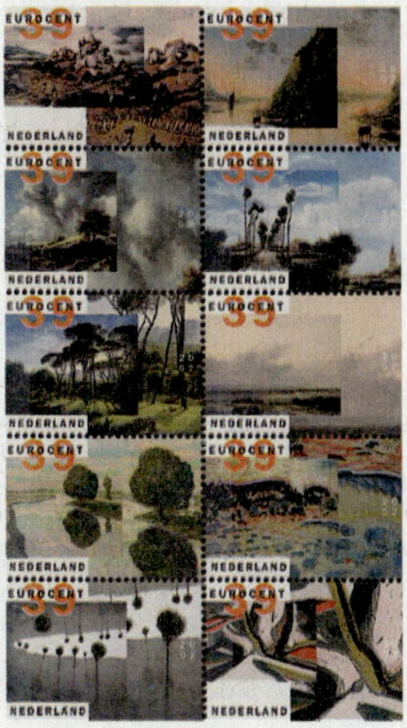


brs) Westindische Landschaft; von Jan Mostaert (um 1475–um 1555)
brt) Flussufer mit Kühen; von Aelbert Cuyp (1620–1691)
bru) Das Kornfeld; von Jacob van Ruisdael (um 1628–1682)
brv) Allee von Middelharnis; von Meindert Hobbema (1638–1709)
brw) Italienische Landschaft mit Parasoldennen; von Hendrik Voogd (1768–1839)
brx) Landschaft in der Normandie; von Andreas Schelfhout (1787–1870)
bry) Landschaft in Fahrt; Jan Toorop (1858–1928)
brz) Landschaft; von Jan Sluijters (1881–1957)
bsa) Kismet; von Michael Raedecker (*1963)
bsb) Ohne Titel; von Robert Zandvliet (*1970)

**2013** 39 C mehrfarbig .................... brs 0,80 0,80
**2014** 39 C mehrfarbig .................... brt 0,80 0,80
**2015** 39 C mehrfarbig .................... bru 0,80 0,80
**2016** 39 C mehrfarbig .................... brv 0,80 0,80
**2017** 39 C mehrfarbig .................... brw 0,80 0,80
**2018** 39 C mehrfarbig .................... brx 0,80 0,80
**2019** 39 C mehrfarbig .................... bry 0,80 0,80
**2020** 39 C mehrfarbig .................... brz 0,80 0,80
**2021** 39 C mehrfarbig .................... bsa 0,80 0,80
**2022** 39 C mehrfarbig .................... bsb 0,80 0,80
Satzpreis (10 W.) 8,— 8,—
Kleinbogen 8,— 8,—
FDC 9,—

Auflage: 1.500.000 Sätze

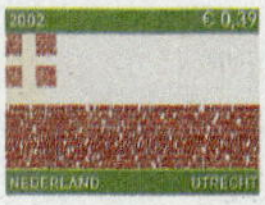


**2002, 18. Juni. Die niederländischen Provinzen (VIII): Utrecht. Odr., Bogen (3×6) und Zd-Bogen (1×6 + 1×6); Streifen ph.; gez. K 14½:14¾.**

bsc) Provinzflagge aus Text der Hymne

**2023** 0.39 € mehrfarbig .................... bsc 0,80 0,40
FDC 3,50
2023 Zf 1,— 1,—

MiNr. 2023 wurde im Bogen zu 12 Marken und 6 verschiedenen Zierfeldern (mittlere Bogenspalte) gedruckt.

Zd-Bogen siehe Fußnote nach MiNr. 2029.

Auflage: 1.200.000 Stück

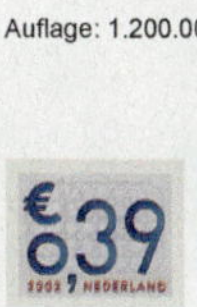


**2002, 1. Juli. Freimarken für Standardbriefe. RaTdr., Rollen (100); Streifen ph.; selbstklebend; gestanzt 14:14¼.**

bsd) Wertziffern

**2024** 0.39 € mehrfarbig .................... bsd 0,80 0,80
**2025** 0.78 € mehrfarbig .................... bsd 1,60 1,60
Satzpreis (2 W.) 2,40 2,40
FDC 3,40

*In gleicher Zeichnung mit Jahreszahl 2003: MiNr. 2149; mit Jahreszahl 2004: MiNr. 2226*

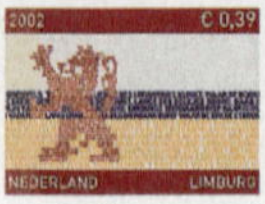


**2002, 2. Juli. Die niederländischen Provinzen (IX): Limburg. Odr., Bogen (3×6) und Zd-Bogen (1×6 + 1×6); Streifen ph.; gez. K 14½:14¾.**

bse) Provinzflagge aus Text der Hymne

**2026** 0.39 € mehrfarbig . . . . . . . . . . . . . . . . . . bse 0,80 0,40
FDC 3,50
2026 Zf 1,— 1,—

MiNr. 2026 wurde im Bogen zu 12 Marken und 6 verschiedenen Zierfeldern (mittlere Bogenspalte) gedruckt.

Zd-Bogen siehe Fußnote nach MiNr. 2029.

Auflage: 1.200.000 Stück

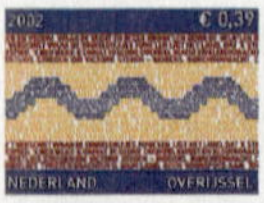


**2002, 16. Juli. Die niederländischen Provinzen (X): Overijssel. Odr., Bogen (3×6) und Zd-Bogen (1×6 + 1×6); Streifen ph.; gez. K 14½:14¾.**

bsf) Provinzflagge aus Text der Hymne

**2027** 0.39 € mehrfarbig . . . . . . . . . . . . . . . . . . bsf 0,80 0,40
FDC 3,50
2027 Zf 1,— 1,—

MiNr. 2027 wurde im Bogen zu 12 Marken und 6 verschiedenen Zierfeldern (mittlere Bogenspalte) gedruckt.

Zd-Bogen siehe Fußnote nach MiNr. 2029.

Auflage: 1.200.000 Stück

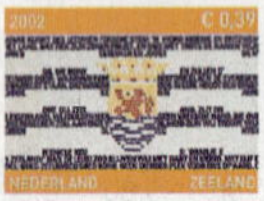


**2002, 30. Juli. Die niederländischen Provinzen (XI): Seeland. Odr., Bogen (3×6) und Zd-Bogen (1×6 + 1×6); Streifen ph.; gez. K 14½:14¾.**

bsg) Provinzflagge aus Text der Hymne

**2028** 0.39 € mehrfarbig . . . . . . . . . . . . . . . . . . bsg 0,80 0,40
FDC 3,50
2028 Zf 1,— 1,—

MiNr. 2028 wurde im Bogen zu 12 Marken und 6 verschiedenen Zierfeldern (mittlere Bogenspalte) gedruckt.

Zd-Bogen siehe Fußnote nach MiNr. 2029.

Auflage: 1.200.000 Stück

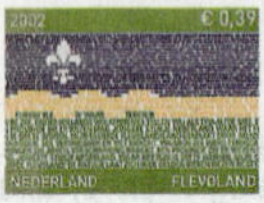


**2002, 13. Aug. Die niederländischen Provinzen (XII): Flevoland. Odr., Bogen (3×6) und Zd-Bogen (1×6 + 1×6); Streifen ph.; gez. K 14½:14¾.**

bsh) Provinzflagge aus Text der Hymne

**2029** 0.39 € mehrfarbig . . . . . . . . . . . . . . . . . . bsh 0,80 0,40
FDC 3,50
2029 Zf 1,— 1,—
Zd-Bogen 13,— 13,—

MiNr. 2029 wurde im Bogen zu 12 Marken und 6 verschiedenen Zierfeldern (mittlere Bogenspalte) gedruckt.

Am 30.8.2002 erschien auch ein Zd-Bogen, der alle 12 Marken der Ausgabe „Die niederländischen Provinzen“ MiNr. 1992–1993, 2000–2001, 2003, 2009–2010, 2023 und 2026–2029 vereint.

Auflage: 1.200.000 Stück

**2002, 30. Aug. Blockausgabe: Internationale Briefmarkenausstellung AMPHILEX 2002, Amsterdam – 150 Jahre niederländische Briefmarken (III). Odr.; gez. K 14:13½.**

bsl

bsi–bsk) Schiffe der VOC (Verenigde Oostindische Compagnie) (seit 1602)

**2030** 0.39 € mehrfarbig . . . . . . . . . . . . . . . bsi 0,80 0,80
**2031** 0.39 € mehrfarbig . . . . . . . . . . . . . . . bsk 0,80 0,80
**Block 75** (108×50 mm) . . . . . . . . . . . . bsl 2,— 2,—
FDC 2,50

Auflage: 850.000 Blocks

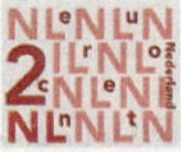

**2002, 2. Sept. Freimarke. RaTdr., Bogen (10×10) und Kleinbogen (5 bzw. 2×5); Streifen ph.; gez. K 14¼:13½.**

bpr) „NL“ mehrfach

**2032** 2 C dunkelrosa . . . . . . . . . . . . . . . . . . . . bpr 0,30 0,30
FDC 1,—
5er-Kleinbogen 2,50 2,50
10er-Kleinbogen 5,— 5,—

*In gleicher Zeichnung: MiNr. 1970–1971, 2049, 2072, 2482*

**2002, 24. Sept. Industrielles Erbe. Odr. (2×5); Streifen ph.; gez. K 14¾.**

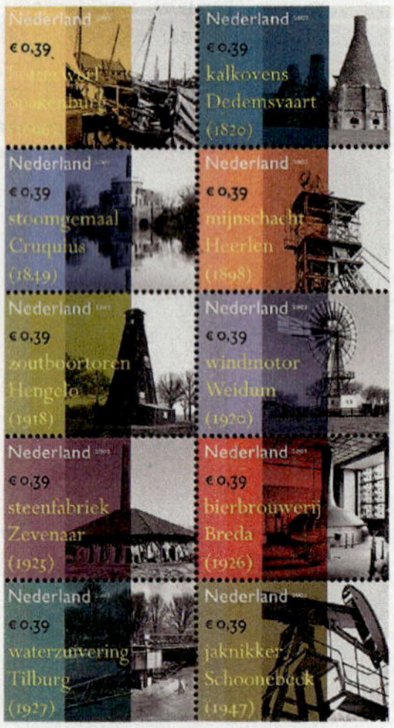


bsm) Bootswerft, Spakenburg (1696)
bsn) Kalköfen, Dedemsvaart (1820)
bso) Dampf-Pumpanlage, Cruquius
bsp) Kohleförderturm, Heerlen (1898)
bsr) Salzbohrturm, Hengelo (1918)
bss) Wind-Pumpanlage, Weidum (1920)
bst) Ziegelei, Zevenaar
bsu) Bierbrauerei, Breda (1926)
bsv) Klärwerk, Tilburg (1927)
bsw) Ölförderanlage, Schoonebeck (1947)

**2033** 0.39 € mehrfarbig . . . . . . . . . . . . . . . . . . bsm 0,80 0,80
**2034** 0.39 € mehrfarbig . . . . . . . . . . . . . . . . . . bsn 0,80 0,80
**2035** 0.39 € mehrfarbig . . . . . . . . . . . . . . . . . . bso 0,80 0,80
**2036** 0.39 € mehrfarbig . . . . . . . . . . . . . . . . . . bsp 0,80 0,80
**2037** 0.39 € mehrfarbig . . . . . . . . . . . . . . . . . . bsr 0,80 0,80
**2038** 0.39 € mehrfarbig . . . . . . . . . . . . . . . . . . bss 0,80 0,80
**2039** 0.39 € mehrfarbig . . . . . . . . . . . . . . . . . . bst 0,80 0,80

| | | | | | |
|---|---|---|---|---|---|
| **2040** | 0.39 € | mehrfarbig | bsu | 0,80 | 0,80 |
| **2041** | 0.39 € | mehrfarbig | bsv | 0,80 | 0,80 |
| **2042** | 0.39 € | mehrfarbig | bsw | 0,80 | 0,80 |
| | | | Satzpreis (10 W.) | 8,— | 8,— |
| | | | Kleinbogen | 9,— | 9,— |
| | | | FDC | | 9,— |

Auflage: 1.300.000 Sätze

**2002, 5. Nov. Blockausgabe: „Voor het Kind“ – Kind und Farbe. RaTdr.; gez. K 14:13½.**

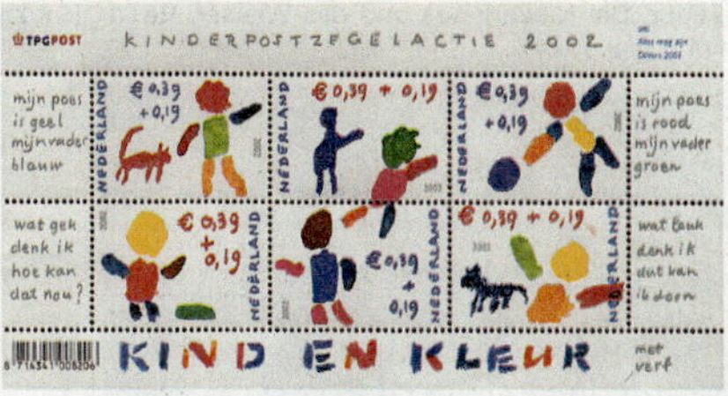


btd

bsx–btc) Spielende Kinder

| | | | | | |
|---|---|---|---|---|---|
| **2043** | 0.39 € + 0.19 (€) | mehrfarbig | bsx | 1,20 | 1,20 |
| **2044** | 0.39 € + 0.19 (€) | mehrfarbig | bsy | 1,20 | 1,20 |
| **2045** | 0.39 € + 0.19 (€) | mehrfarbig | bsz | 1,20 | 1,20 |
| **2046** | 0.39 € + 0.19 (€) | mehrfarbig | bta | 1,20 | 1,20 |
| **2047** | 0.39 € + 0.19 (€) | mehrfarbig | btb | 1,20 | 1,20 |
| **2048** | 0.39 € + 0.19 (€) | mehrfarbig | btc | 1,20 | 1,20 |
| **Block 76** | (145×76 mm) | | btd | 7,— | 7,— |
| | | | FDC | | 8,— |

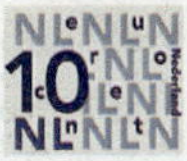

**2002, 26. Nov./2013. Freimarke. I = RaTdr., II = Odr., Bogen (10×10) und Kleinbogen (5 und 2×5); Streifen ph.; gez. K 14¼:13½.**

bpr) „NL“ mehrfach

| | | | | | |
|---|---|---|---|---|---|
| **2049** | 10 C | dunkellilaultramarin | bpr | | |
| | I | RaTdr. (26.11.2002) | | 0,30 | 0,30 |
| | II | Odr. (2013) | | 0,30 | 0,30 |
| | | | FDC I | | 1,— |
| | | | 5er-Kleinbogen I | 2,50 | 2,50 |
| | | | 10er-Kleinbogen I | 5,— | 5,— |
| | | | 10er-Kleinbogen II | 5,— | 5,— |

MiNr. 2049 I weist einen (links), MiNr. 2049 II zwei (links und unten) Phosphorstreifen auf.

*In gleicher Zeichnung: MiNr. 1970-1971, 2032, 2072, 2482*

**2002, 26. Nov. Dezembermarken. RaTdr., Folienbogen (5×4) und Rolle (100); selbstklebend; Streifen ph.; gestanzt 12¾:13.**

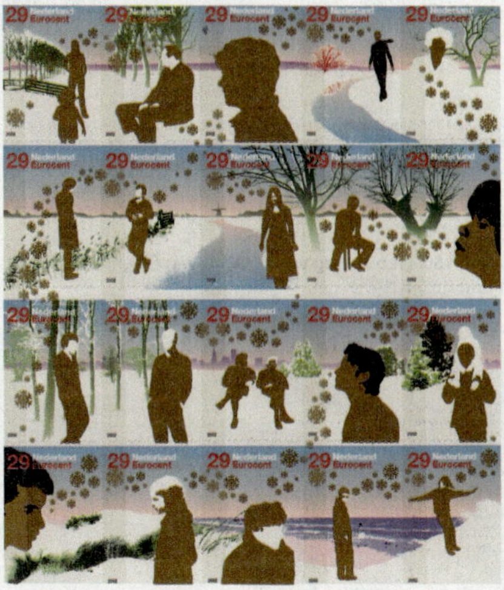

bte–btz) Spaziergänger in Winterlandschaft

| | | | | | |
|---|---|---|---|---|---|
| **2050** | 29 C | mehrfarbig | bte | 0,60 | 0,30 |
| **2051** | 29 C | mehrfarbig | btf | 0,60 | 0,30 |
| **2052** | 29 C | mehrfarbig | btg | 0,60 | 0,30 |
| **2053** | 29 C | mehrfarbig | bth | 0,60 | 0,30 |
| **2054** | 29 C | mehrfarbig | bti | 0,60 | 0,30 |
| **2055** | 29 C | mehrfarbig | btk | 0,60 | 0,30 |
| **2056** | 29 C | mehrfarbig | btl | 0,60 | 0,30 |
| **2057** | 29 C | mehrfarbig | btm | 0,60 | 0,30 |
| **2058** | 29 C | mehrfarbig | btn | 0,60 | 0,30 |
| **2059** | 29 C | mehrfarbig | bto | 0,60 | 0,30 |
| **2060** | 29 C | mehrfarbig | btp | 0,60 | 0,30 |
| **2061** | 29 C | mehrfarbig | btr | 0,60 | 0,30 |
| **2062** | 29 C | mehrfarbig | bts | 0,60 | 0,30 |
| **2063** | 29 C | mehrfarbig | btt | 0,60 | 0,30 |
| **2064** | 29 C | mehrfarbig | btu | 0,60 | 0,30 |
| **2065** | 29 C | mehrfarbig | btv | 0,60 | 0,30 |
| **2066** | 29 C | mehrfarbig | btw | 0,60 | 0,30 |
| **2067** | 29 C | mehrfarbig | btx | 0,60 | 0,30 |
| **2068** | 29 C | mehrfarbig | bty | 0,60 | 0,30 |
| **2069** | 29 C | mehrfarbig | btz | 0,60 | 0,30 |
| | | | Satzpreis (20 W.) | 12,— | 6,— |
| | | | FDC | | 14,— |
| | | | Folienbogen | 12,— | 6,— |

MiNr. 2050–2069 wurden auch zusammen im Folienbogen gedruckt, der von der Post nur unzertrennt abgegeben wurde.

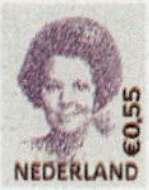

**2003, 2. Jan. Freimarken: Königin Beatrix. RaTdr. (5); selbstklebend; gestanzt 14¼.**

ahw) Königin Beatrix (*1938, reg. 1980–2013)

| | | | | | |
|---|---|---|---|---|---|
| **2070** | 0.55 € | purpurviolett/orangebraun | ahw | 1,10 | 1,10 |
| **2071** | 0.70 € | oliv/blaugrün | ahw | 1,40 | 1,40 |
| | | | Satzpreis (2 W.) | 2,50 | 2,50 |
| | | | FDC | | 3,50 |
| | | | 2 Folienblätter | 12,50 | |

Bei einer Neuauflage der MiNr. 2071 aus dem Jahre 2008 ist der Abstand des Euro-Zeichens zum Wort „NEDERLAND“ um ca. 0,4 mm geringer.

*Weitere Werte siehe Übersicht nach Jahrgangswerttabelle.*

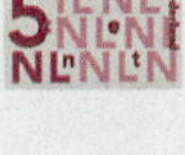

**2003, 2. Jan./2013. Freimarke. I = RaTdr., II = Odr., Bogen (10×10) und Kleinbogen (5 und 2×5); Streifen ph.; gez. K 14¼:13½.**

bpr) „NL“ mehrfach

| | | | | | |
|---|---|---|---|---|---|
| **2072** | 5 C dunkelrosa | bpr | | |
| I | RaTdr. (2.1.2003) | | 0,30 | 0,30 |
| II | Odr. (2013) | | 0,30 | 0,30 |
| | | FDC I | | 1,— |
| | | 5er-Kleinbogen I | 2,50 | 2,50 |
| | | 10er-Kleinbogen I (3.1.2005) | 5,— | 5,— |
| | | 10er-Kleinbogen II | 5,— | 5,— |

MiNr. 2072 aus 10er-Kleinbogen weist zwei (links und unten) statt einem (links) Phosphorstreifen auf.

*In gleicher Zeichnung: MiNr. 1970–1971, 2032, 2049, 2482*

**2003, 2. Jan. 150. Geburtstag von Vincent van Gogh. Odr. (2×5); Streifen ph.; gez. K 14¾.**

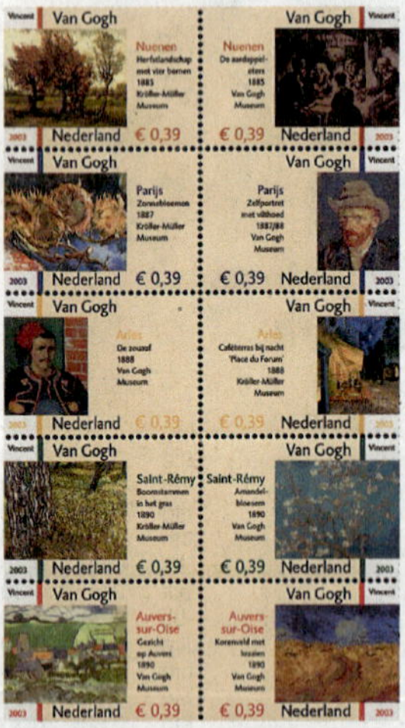

bua) Herbstlandschaft mit vier Bäumen
bub) Die Kartoffelesser
buc) Vier verblühte Sonnenblumen
bud) Selbstbildnis mit grauem Filzhut
bue) Der Zuave (Halbfigur)
buf) Terrasse des Cafés an der Place du Forum in Arles am Abend
bug) Blühende Wiese mit Baumstämmen und Löwenzahn
buh) Blühende Mandelbaumzweige
bui) Blick auf Auvers
buk) Weizenfeld mit Raben

bua–buk) Gemälde von Vincent van Gogh (1853–1890), Maler

| | | | | |
|---|---|---|---|---|
| **2073** | 0.39 € mehrfarbig | bua | 0,90 | 0,90 |
| **2074** | 0.39 € mehrfarbig | bub | 0,90 | 0,90 |
| **2075** | 0.39 € mehrfarbig | buc | 0,90 | 0,90 |
| **2076** | 0.39 € mehrfarbig | bud | 0,90 | 0,90 |
| **2077** | 0.39 € mehrfarbig | bue | 0,90 | 0,90 |
| **2078** | 0.39 € mehrfarbig | buf | 0,90 | 0,90 |
| **2079** | 0.39 € mehrfarbig | bug | 0,90 | 0,90 |
| **2080** | 0.39 € mehrfarbig | buh | 0,90 | 0,90 |
| **2081** | 0.39 € mehrfarbig | bui | 0,90 | 0,90 |
| **2082** | 0.39 € mehrfarbig | buk | 0,90 | 0,90 |
| | | Satzpreis (10 W.) | 9,— | 9,— |
| | | Kleinbogen | 10,— | 10,— |
| | | FDC | | 11,— |

Auflage: 1.200.000 Sätze

**2003, 2. Jan. 150. Geburtstag von Vincent van Gogh. RaTdr., Folienblätter MiNr. 2083 (10), MiNr. 2084–2085 (5); Streifen ph.; selbstklebend; MiNr. 2083 gestanzt 14¼, MiNr. 2084–2085 teils gerade, teils wellenförmig gestanzt mit Durchstich zwischen Priority-Feld und Markenbild.**

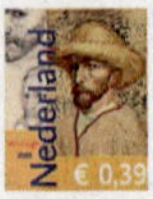

bul) Selbstbildnis mit Strohhut

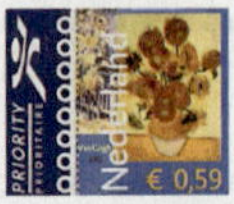

bum) 14 Sonnenblumen in einer Vase

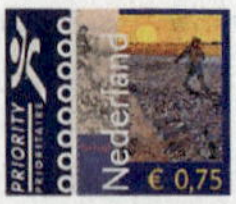

bun) Sämann bei untergehender Sonne

bul–bun) Gemälde von Vincent van Gogh (1853–1890), Maler

| | | | | |
|---|---|---|---|---|
| **2083** | 0.39 € mehrfarbig | bul | 1,— | 1,— |
| **2084** | 0.59 € mehrfarbig | bum | 1,20 | 1,20 |
| **2085** | 0.75 € mehrfarbig | bun | 1,80 | 1,80 |
| | | Satzpreis (3 W.) | 4,— | 4,— |
| | | FDC | | 5,— |
| | | 3 Folienblätter | 25,— | |

Der Rand des Folienblattes von MiNr. 2083 weist in der 1. Auflage den Druckfehler „Sonnenboemen“ auf, der aber in der 2. Auflage korrigiert wurde.

Auflagen: MiNr. 2083 = 45.000.000, MiNr. 2084–2085 je 10.000.000 Stück

**2003, 1. Febr. Die Niederlande und das Wasser. RaTdr. (5×2); Streifen ph.; gez. K 14¼.**

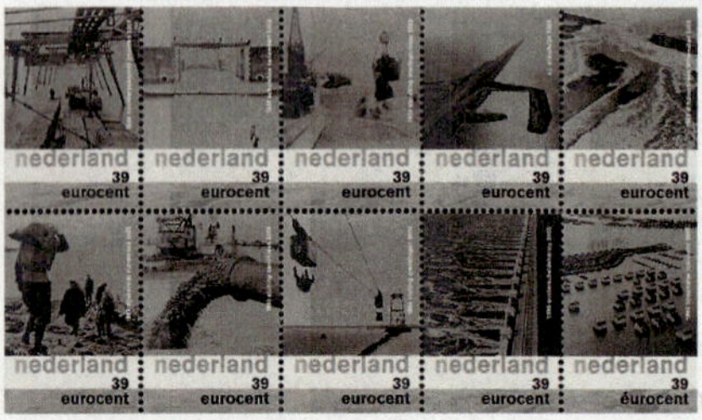

buo) Nordpier, Ijmuiden (1869)
bup) Hochwasserschleuse, Hansweert (1865)
bur) Einpolderung des Wieringermeeres (1929)
bus) Abschlussdeich des Ijsselmeeres
but) Deichdurchbruch bei Willemstad (1953)

buu) Deichausbesserung bei Stavenisse (1953)
buv) Eindeichung von Zandkreek (1960)
buw) Eindeichung von Grevelingen (1964)
bux) Flutbarriere Oosterschelde (1995)
buy) Hochwasser in Roermond (1993)

| | | | | |
|---|---|---|---|---|
| **2086** | 39 C silber/schwarz | buo | 0,80 | 0,80 |
| **2087** | 39 C silber/schwarz | bup | 0,80 | 0,80 |
| **2088** | 39 C silber/schwarz | bur | 0,80 | 0,80 |
| **2089** | 39 C silber/schwarz | bus | 0,80 | 0,80 |
| **2090** | 39 C silber/schwarz | but | 0,80 | 0,80 |
| **2091** | 39 C silber/schwarz | buu | 0,80 | 0,80 |
| **2092** | 39 C silber/schwarz | buv | 0,80 | 0,80 |
| **2093** | 39 C silber/schwarz | buw | 0,80 | 0,80 |
| **2094** | 39 C silber/schwarz | bux | 0,80 | 0,80 |
| **2095** | 39 C silber/schwarz | buy | 0,80 | 0,80 |
| | | Satzpreis (10 W.) | 8,— | 8,— |
| | | Kleinbogen | 8,— | 8,— |
| | | FDC | | 10,— |

Auflage: 800.000 Sätze

**2003, 4. März. 300 Jahre Wertzeichendruckerei Joh. Enschedé. Komb. Odr. und Pdr., MiNr. 2096 zusätzlich mit rückseitigem RaTdr. (1×5 Zd); gez. K 14:13.**

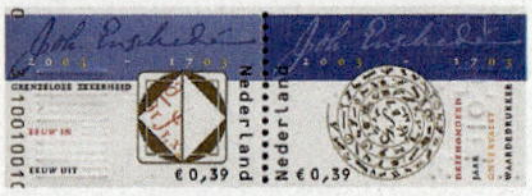

buz) Symbolik für zukünftige Drucktechnologie
bva) Symbolik für bisherige Drucktechnologie

| | | | | |
|---|---|---|---|---|
| **2096** | 0.39 € mehrfarbig | buz | 0,80 | 0,80 |
| **2097** | 0.39 € mehrfarbig | bva | 0,80 | 0,80 |
| | | Satzpreis (2 W.) | 1,60 | 1,60 |
| | | Paar | 1,60 | 1,60 |
| | | FDC | | 2,50 |
| | | Kleinbogen | 8,— | 8,— |

Auflage: 2.800.000 Sätze

**2003, 8. April. Sommermarken: Blumen. RaTdr. (2×5); Papier ph.; gez. K 14½:14¾.**

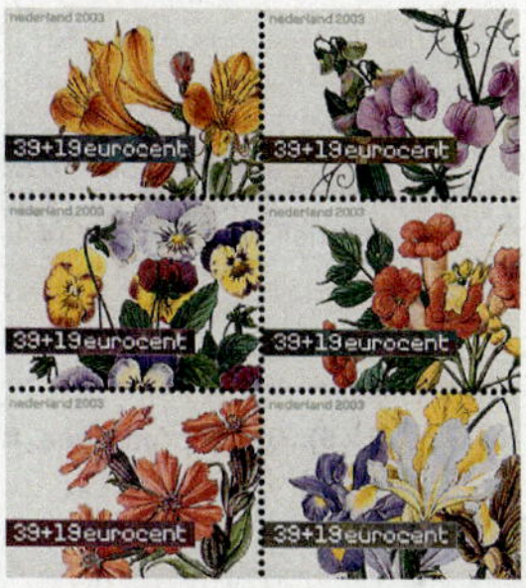

bvb) Inkalilie (Alstroemeria sp.)
bvc) Staudenwicke (Lathyrus latifolius)
bvd) Stiefmütterchen (Viola tricolor)
bve) Trompetenblume (Campsis radicans)
bvf) Lychnis sieboldii (Lichtnelke)
bvg) Schwertlilie (Iris xiphium)

| | | | | |
|---|---|---|---|---|
| **2098** | 39 (C) + 19 C mehrfarbig | bvb | 1,20 | 1,20 |
| **2099** | 39 (C) + 19 C mehrfarbig | bvc | 1,20 | 1,20 |
| **2100** | 39 (C) + 19 C mehrfarbig | bvd | 1,20 | 1,20 |
| **2101** | 39 (C) + 19 C mehrfarbig | bve | 1,20 | 1,20 |
| **2102** | 39 (C) + 19 C mehrfarbig | bvf | 1,20 | 1,20 |
| **2103** | 39 (C) + 19 C mehrfarbig | bvg | 1,20 | 1,20 |
| | Satzpreis (6 W.) | | 7,— | 7,— |
| | Sechserblock | | 7,— | 7,— |
| | FDC | | | 8,— |
| | Kleinbogen | | 12,— | 12,— |

Markenfolge im Kleinbogen: 2098-2099, 2100-2101, 2102-2103, 2100-2101, 2098-2099

Auflage: 900.000 Kleinbogen

**2003, 6. Mai. Blockausgabe: Tiere im niederländischen Watt. Odr.; Streifen ph.; gez. K 14¼.**

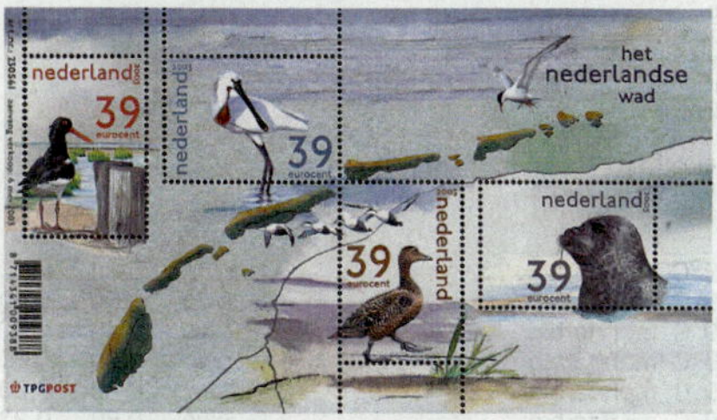

bvm

bvh) Austernfischer (Haematopus ostralegus)
bvi) Löffler (Platalea leucorodia)
bvk) Eiderente (Somateria mollissima)
bvl) Seehund (Phoca vitulina)

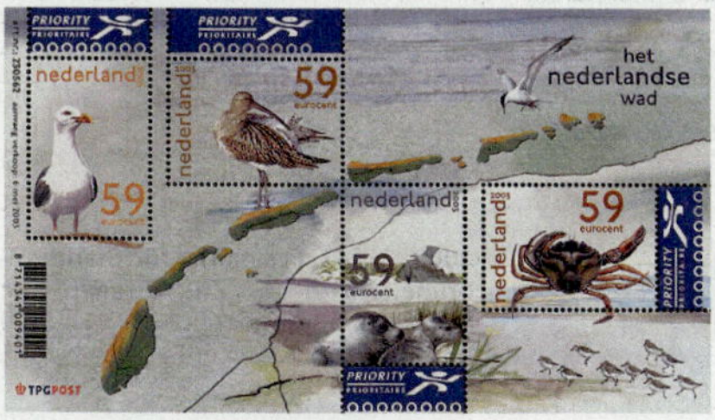

bvs

bvn) Heringsmöwe (Larus fuscus)
bvo) Großer Brachvogel (Numenius arquata)
bvp) Silbermöwe (Larus argentatus), Seehund
bvr) Strandkrabbe (Carcinus maenas)

| | | | | |
|---|---|---|---|---|
| **2104** | 39 C mehrfarbig | bvh | 0,80 | 0,80 |
| **2105** | 39 C mehrfarbig | bvi | 0,80 | 0,80 |
| **2106** | 39 C mehrfarbig | bvk | 0,80 | 0,80 |
| **2107** | 39 C mehrfarbig | bvl | 0,80 | 0,80 |
| **Block 77** | (145×81 mm) | bvm | 3,20 | 3,20 |
| | FDC | | | 4,— |
| **2108** | 59 C mehrfarbig | bvn | 1,20 | 1,20 |
| **2109** | 59 C mehrfarbig | bvo | 1,20 | 1,20 |
| **2110** | 59 C mehrfarbig | bvp | 1,20 | 1,20 |
| **2111** | 59 C mehrfarbig | bvr | 1,20 | 1,20 |
| **Block 78** | (145×81 mm) | bvs | 4,80 | 4,80 |
| | FDC | | | 5,50 |

Auflage: je 610.000 Blocks

**2003, 20. Mai. Grußmarken. RaTdr. (2×5 Zd); Streifen ph.; gez. K 13½:12½.**

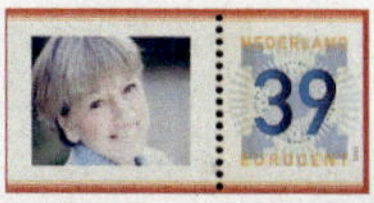

Zierfeld
bvt) Wertziffern

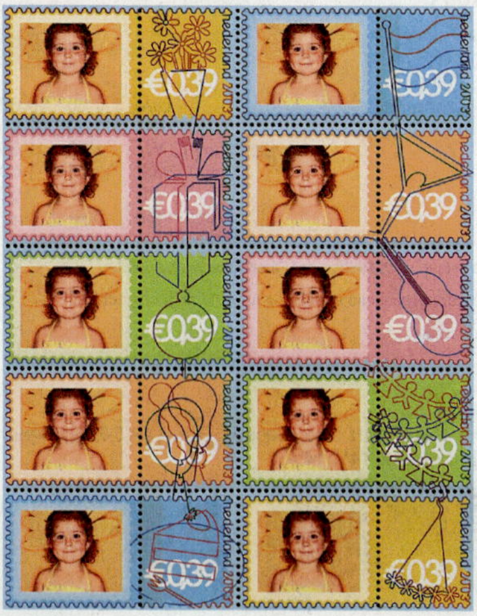

| | | | |
|---|---|---|---|
| Zierfeld | bvu | Zierfeld | bvv |
| Zierfeld | bvw | Zierfeld | bvx |
| Zierfeld | bvy | Zierfeld | bvz |
| Zierfeld | bwa | Zierfeld | bwb |
| Zierfeld | bwc | Zierfeld | bwd |

bvu) Blumenvase
bvv) Fahne
bvw) Geschenkpaket
bvx) Cocktailglas
bvy) Orden
bvz) Gitarre
bwa) Luftballons
bwb) Girlanden
bwc) Kuchenteller
bwd) Blumenampel

| | | | | |
|---|---|---|---|---|
| **2112** | 39 C mehrfarbig/cyanblau | bvt | 0,80 | 0,80 |
| **2113** | 39 C mehrfarbig/gelbgrün | bvt | 0,80 | 0,80 |
| **2114** | 39 C mehrfarbig/hellviolett | bvt | 0,80 | 0,80 |
| **2115** | 39 C mehrfarbig/rotlila | bvt | 0,80 | 0,80 |
| **2116** | 39 C mehrfarbig/orange | bvt | 0,80 | 0,80 |
| **2117** | 39 C mehrfarbig/gelb | bvt | 0,80 | 0,80 |
| **2118** | 39 C mehrfarbig/olivgrün | bvt | 0,80 | 0,80 |
| **2119** | 39 C mehrfarbig/hellblau | bvt | 0,80 | 0,80 |
| **2120** | 39 C mehrfarbig/rot | bvt | 0,80 | 0,80 |
| **2121** | 39 C mehrfarbig/braun | bvt | 0,80 | 0,80 |
| | Satzpreis (10 W.) | | 8,— | 8,— |
| | Kleinbogen | | 8,— | 8,— |
| | FDC | | | 10,— |
| **2122** | 0.39 € mehrfarbig | bvu | 0,80 | 0,80 |
| **2123** | 0.39 € mehrfarbig | bvv | 0,80 | 0,80 |
| **2124** | 0.39 € mehrfarbig | bvw | 0,80 | 0,80 |
| **2125** | 0.39 € mehrfarbig | bvx | 0,80 | 0,80 |
| **2126** | 0.39 € mehrfarbig | bvy | 0,80 | 0,80 |
| **2127** | 0.39 € mehrfarbig | bvz | 0,80 | 0,80 |
| **2128** | 0.39 € mehrfarbig | bwa | 0,80 | 0,80 |
| **2129** | 0.39 € mehrfarbig | bwb | 0,80 | 0,80 |
| **2130** | 0.39 € mehrfarbig | bwc | 0,80 | 0,80 |

| | | | | |
|---|---|---|---|---|
| **2131** | 0.39 € mehrfarbig | bwd | 0,80 | 0,80 |
| | | Satzpreis (10 W.) | 8,— | 8,— |
| | | Kleinbogen | 8,— | 8,— |
| | | FDC | | 10,— |

Die zusätzliche Farbangabe bei MiNr. 2112–2121 bezieht sich auf die Grundfarbe der Wertziffern.

MiNr. 2112–2121 und 2122–2131 gibt es auch mit individuell gestalteten Zierfeldern.

Auflage: je 575.000 Sätze

**2003, 3. Juni. 250 Jahre Douwe-Egberts-Kaffeerösterei. Odr. (2×5); gez. K 14½:14¾.**

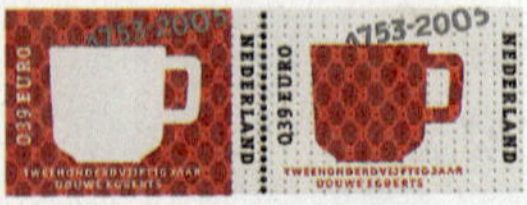


bwe) Kaffeetasse
bwf) Kaffeetasse

| | | | | |
|---|---|---|---|---|
| **2132** | 0.39 € mehrfarbig | bwe | 0,80 | 0,80 |
| **2133** | 0.39 € mehrfarbig | bwf | 0,80 | 0,80 |
| | | Satzpreis (2 W.) | 1,60 | 1,60 |
| | | Paar | 1,60 | 1,60 |
| | | FDC | | 2,50 |
| | | Kleinbogen | 8,— | 8,— |

MiNr. 2132–2133 setzen nach Reiben der Oberfläche Kaffeeduft frei.

MiNr. 2132–2133 wurden schachbrettartig zusammenhängend gedruckt.

Auflage: 2.875.000 Sätze

**2003, 24. Juni. Land, Luft und Wasser. Odr. (1×5 Zd); Papier ph.; Streifen ph.; gez. K 14½:14¾.**

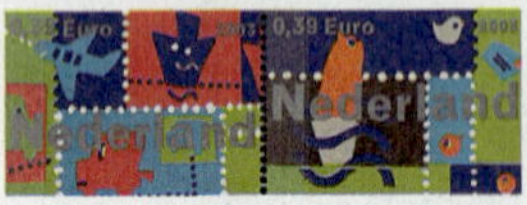


bwg) Flugzeug, Schiff und Auto
bwh) Vogel, Katze und Fische

bwg–bwh) Collagen von Carolien Schuuring, Gewinnerin des Briefmarken-Design-Wettbewerbes 2002

| | | | | |
|---|---|---|---|---|
| **2134** | 0.39 € mehrfarbig | bwg | 0,90 | 0,80 |
| **2135** | 0.39 € mehrfarbig | bwh | 0,90 | 0,80 |
| | | Satzpreis (2 W.) | 1,80 | 1,60 |
| | | Paar | 1,80 | 1,60 |
| | | FDC | | 2,50 |
| | | Kleinbogen | 10,— | 10,— |

Auflage: 2.050.000 Sätze

**2003, 18. Juli. 85. Geburtstag von Nelson Mandela. Odr. (1×5 Zd); Streifen ph.; gez. K 14½:14¾.**

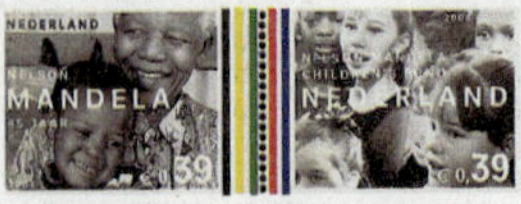


bwi) Nelson Mandela (1918–2013), südafrikanischer Politiker und Staatspräsident, Friedensnobelpreis 1993
bwk) Kinderschar

| | | | | |
|---|---|---|---|---|
| **2136** | 0.39 € mehrfarbig | bwi | 0,80 | 0,80 |
| **2137** | 0.39 € mehrfarbig | bwk | 0,80 | 0,80 |
| | | Satzpreis (2 W.) | 1,60 | 1,60 |
| | | Paar | 1,60 | 1,60 |
| | | FDC | | 2,50 |
| | | Kleinbogen | 8,— | 8,— |

Auflage: 2.175.000 Sätze

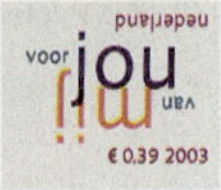


**2003, 1. Sept. Grußmarke. RaTdr., Markenheftchen (5); Streifen ph.; selbstklebend; gestanzt 14¼:14½.**

bwl) „Von mir für dich"

| | | | | |
|---|---|---|---|---|
| **2138** | 0.39 € mehrfarbig | bwl | 0,80 | 0,80 |
| | | FDC | | 3,40 |
| | | Markenheftchen | 4,— | 4,— |

Auflage: 4.000.000 Stück

**2003, 23. Sept. Alltagsszenen. Odr. (2×5); Streifen ph.; gez. K 14½.**

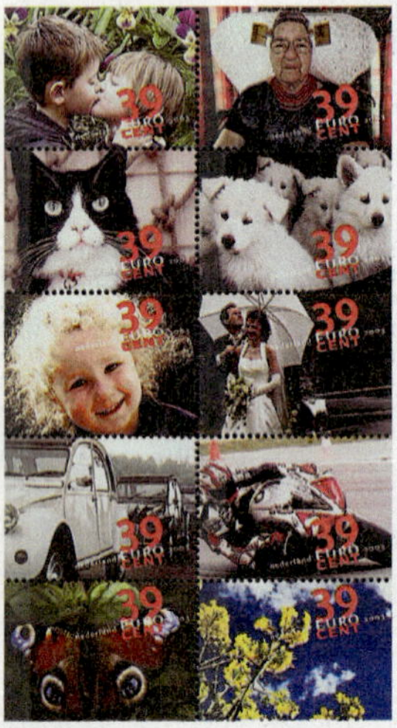

bwm) Kinder
bwn) Frau
bwo) Katze
bwp) Hunde
bwr) Kind
bws) Brautpaar
bwt) Autos
bwu) Motorradfahrer
bwv) Schmetterling
bww) Blumen

| | | | | |
|---|---|---|---|---|
| **2139** | 39 C mehrfarbig | bwm | 0,80 | 0,80 |
| **2140** | 39 C mehrfarbig | bwn | 0,80 | 0,80 |
| **2141** | 39 C mehrfarbig | bwo | 0,80 | 0,80 |
| **2142** | 39 C mehrfarbig | bwp | 0,80 | 0,80 |
| **2143** | 39 C mehrfarbig | bwr | 0,80 | 0,80 |
| **2144** | 39 C mehrfarbig | bws | 0,80 | 0,80 |
| **2145** | 39 C mehrfarbig | bwt | 0,80 | 0,80 |
| **2146** | 39 C mehrfarbig | bwu | 0,80 | 0,80 |
| **2147** | 39 C mehrfarbig | bwv | 0,80 | 0,80 |
| **2148** | 39 C mehrfarbig | bww | 0,80 | 0,80 |
| | | Satzpreis (10 W.) | 8,— | 8,— |
| | | Kleinbogen | 9,— | 9,— |
| | | FDC | | 10,— |

Auflage: 530.000 Sätze

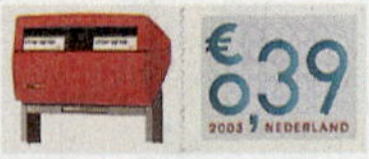


**2003, 2. Okt. Freimarke für Standardbriefe. RaTdr. (50 Zd); Streifen ph.; selbstklebend; gestanzt 13½, mit 4 Verbindungsstegen links.**

Zierfeld
bsd) Wertziffern

| | | | | |
|---|---|---|---|---|
| **2149** | 0.39 € mehrfarbig | bsd | 0,80 | 0,80 |
| | | 2149 Zf | 0,80 | 0,80 |
| | | FDC | | 1,80 |

Auflage: 2.400.000 Stück

*In gleicher Zeichnung mit Jahreszahl 2002: MiNr. 2024–2025; mit Jahreszahl 2004: MiNr. 2226*

**2003, 20. Okt. 75 Jahre Niederländischer Verband der Briefmarkenhändler (NVPH), Niederländischer Verband der Briefmarkensammler (NBFV). Odr., Kleinbogen (2×5) und Markenheftchen (2×2); Streifen ph.; gez. K 14½:14¾.**

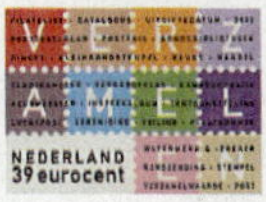


bwx) Stilisierte Briefmarken mit Inschrift „Sammeln"

| | | | | |
|---|---|---|---|---|
| **2150** | 39 C mehrfarbig . . . . . . . . . . . . . . . . . . . . | bwx | 0,80 | 0,80 |
| | | FDC | | 3,40 |
| | | Kleinbogen | 8,— | 8,— |
| | | Markenheftchen | 20,— | 20,— |

MiNr. 2150 wurde auch im Markenheftchen zu 8 Marken ausgegeben (Postpreis: 9.95 €).

Auflage: 4.100.000 Stück

**2003, 4. Nov. Blockausgabe: „Voor het Kind" – Kind und Kultur. RaTdr.; Streifen ph.; gez. K 14:13½.**

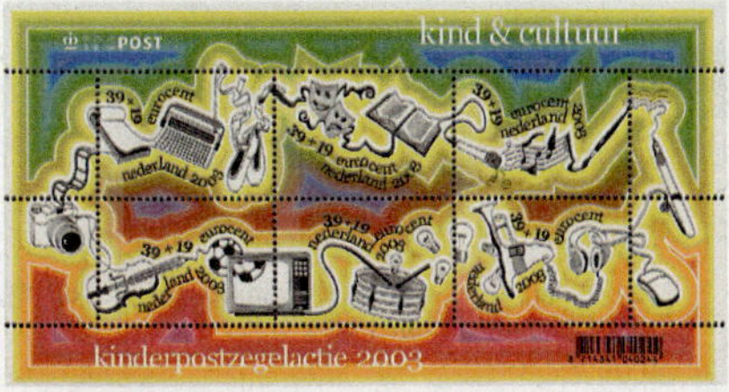


bxe

bwy) Notizblock, Kofferradio, Ballettschuhe
bwz) Theatermasken, Buch
bxa) Mikrophon, Notenzeile, Pinsel

bxb) Geige, Fußball, Fernseher
bxc) Fernseher, Trommel, Glühbirnen
bxd) Glühbirnen, Trompete, Kopfhörer

| | | | | |
|---|---|---|---|---|
| **2151** | 39 (C) + 19 C mehrfarbig . . . . . . . . | bwy | 1,20 | 1,20 |
| **2152** | 39 (C) + 19 C mehrfarbig . . . . . . . . | bwz | 1,20 | 1,20 |
| **2153** | 39 (C) + 19 C mehrfarbig . . . . . . . . | bxa | 1,20 | 1,20 |
| **2154** | 39 (C) + 19 C mehrfarbig . . . . . . . . | bxb | 1,20 | 1,20 |
| **2155** | 39 (C) + 19 C mehrfarbig . . . . . . . . | bxc | 1,20 | 1,20 |
| **2156** | 39 (C) + 19 C mehrfarbig . . . . . . . . | bxd | 1,20 | 1,20 |
| **Block 79** | (146×76 mm) . . . . . . . . . . | bxe | 7,— | 7,— |
| | | FDC | | 9,50 |

Auflage: 5.600.000 Blocks

**2003, 25. Nov. Dezembermarken. RaTdr. (5×4); Streifen ph.; selbstklebend; gestanzt 12¾:13.**

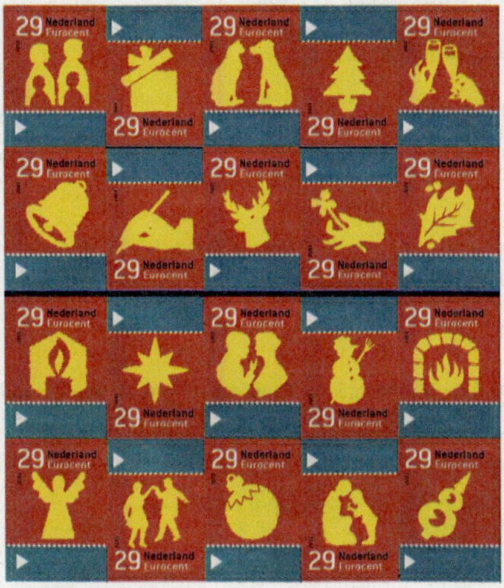


bxf) Eltern mit Kindern
bxg) Geschenkpaket
bxh) Katze und Hund
bxi) Weihnachtsbaum
bxk) Hände mit Sektgläsern

bxl) Glocke
bxm) Hand mit Stift
bxn) Rentier
bxo) Hand mit Glücksklee
bxp) Stechpalmenblatt

bxr) Kerze
bxs) Stern
bxt) Mann und Frau im Gespräch
bxu) Schneemann
bxv) Offener Kamin

bxw) Engel
bxx) Tanzpaar
bxy) Christbaumkugel
bxz) Frau mit Kind
bya) Christbaumspitze

| | | | | |
|---|---|---|---|---|
| **2157** | 29 C mehrfarbig . . . . . . . . . . . . . . . . . . | bxf | 0,60 | 0,60 |
| **2158** | 29 C mehrfarbig . . . . . . . . . . . . . . . . . . | bxg | 0,60 | 0,60 |
| **2159** | 29 C mehrfarbig . . . . . . . . . . . . . . . . . . | bxh | 0,60 | 0,60 |
| **2160** | 29 C mehrfarbig . . . . . . . . . . . . . . . . . . | bxi | 0,60 | 0,60 |
| **2161** | 29 C mehrfarbig . . . . . . . . . . . . . . . . . . | bxk | 0,60 | 0,60 |
| **2162** | 29 C mehrfarbig . . . . . . . . . . . . . . . . . . | bxl | 0,60 | 0,60 |
| **2163** | 29 C mehrfarbig . . . . . . . . . . . . . . . . . . | bxm | 0,60 | 0,60 |
| **2164** | 29 C mehrfarbig . . . . . . . . . . . . . . . . . . | bxn | 0,60 | 0,60 |
| **2165** | 29 C mehrfarbig . . . . . . . . . . . . . . . . . . | bxo | 0,60 | 0,60 |
| **2166** | 29 C mehrfarbig . . . . . . . . . . . . . . . . . . | bxp | 0,60 | 0,60 |
| **2167** | 29 C mehrfarbig . . . . . . . . . . . . . . . . . . | bxr | 0,60 | 0,60 |
| **2168** | 29 C mehrfarbig . . . . . . . . . . . . . . . . . . | bxs | 0,60 | 0,60 |
| **2169** | 29 C mehrfarbig . . . . . . . . . . . . . . . . . . | bxt | 0,60 | 0,60 |
| **2170** | 29 C mehrfarbig . . . . . . . . . . . . . . . . . . | bxu | 0,60 | 0,60 |
| **2171** | 29 C mehrfarbig . . . . . . . . . . . . . . . . . . | bxv | 0,60 | 0,60 |
| **2172** | 29 C mehrfarbig . . . . . . . . . . . . . . . . . . | bxw | 0,60 | 0,60 |
| **2173** | 29 C mehrfarbig . . . . . . . . . . . . . . . . . . | bxx | 0,60 | 0,60 |
| **2174** | 29 C mehrfarbig . . . . . . . . . . . . . . . . . . | bxy | 0,60 | 0,60 |
| **2175** | 29 C mehrfarbig . . . . . . . . . . . . . . . . . . | bxz | 0,60 | 0,60 |
| **2176** | 29 C mehrfarbig . . . . . . . . . . . . . . . . . . | bya | 0,60 | 0,60 |
| | | Satzpreis (20 W.) | 12,— | 12,— |
| | | FDC mit 1 Marke je | | 3,20 |
| | | Folienbogen | 12,— | 12,— |

MiNr. 2163–2176 wurden zusammen im Folienbogen gedruckt, der von der Post nur unzertrennt abgegeben wurde.

Auflage: 6.760.000 Sätze

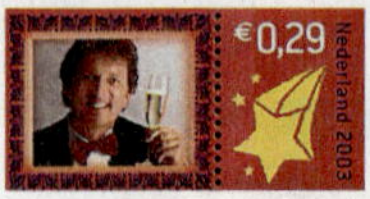

**2003, 25. Nov. Grußmarken.** RaTdr. (2×5 Zd); Streifen ph.; gez. K 13½:12½.

Zierfeld
byb) Sterne

| | | | | |
|---|---|---|---|---|
| **2177** | 0.29 € mehrfarbig | byb | 0,60 | 0,60 |
| | | 2177 Zf | 0,60 | 0,60 |
| | | FDC | | 3,20 |
| | | Kleinbogen | 6,— | 6,— |

MiNr. 2177 gibt es auch mit individuell gestaltbaren Zierfeldern.

Auflage: 2.350.000 Stück

**2003, 9. Dez. Die königliche Familie (I): Königin Beatrix und Prinz Claus.** RaTdr., Kleinbogen (2×5) und Markenheftchen (2×1 und 1); Streifen ph.; gez. K 14¼.

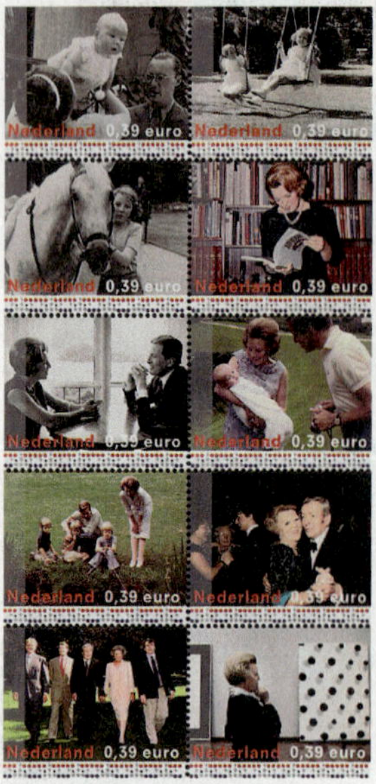

byc) als Säugling mit Eltern (1938)
byd) auf Schaukel (1943)
bye) mit Pferd (1951)
byf) in Bibliothek (1964)
byg) mit Prinz Claus im Gespräch (1965)
byh) mit Säugling und Prinz Claus (1967)
byi) mit Familie (1975)
byk) beim Tanzen (1998)
byl) mit Söhnen und Prinz Claus (1999)
bym) bei Kunstausstellung (2000)

byc–bym) Königin Beatrix (*1938, reg. 1980–2013)

| | | | | |
|---|---|---|---|---|
| **2178** | 0.39 € mehrfarbig | byc | 0,80 | 0,80 |
| **2179** | 0.39 € mehrfarbig | byd | 0,80 | 0,80 |
| **2180** | 0.39 € mehrfarbig | bye | 0,80 | 0,80 |
| **2181** | 0.39 € mehrfarbig | byf | 0,80 | 0,80 |
| **2182** | 0.39 € mehrfarbig | byg | 0,80 | 0,80 |
| **2183** | 0.39 € mehrfarbig | byh | 0,80 | 0,80 |
| **2184** | 0.39 € mehrfarbig | byi | 0,80 | 0,80 |
| **2185** | 0.39 € mehrfarbig | byk | 0,80 | 0,80 |
| **2186** | 0.39 € mehrfarbig | byl | 0,80 | 0,80 |
| **2187** | 0.39 € mehrfarbig | bym | 0,80 | 0,80 |
| | | Satzpreis (10 W.) | 8,— | 8,— |
| | | Kleinbogen | 9,— | 9,— |
| | | FDC | | 10,— |

MiNr. 2178–2187 wurden zusammen mit MiNr. 2188 auch im Markenheftchen (MH 65) ausgegeben.

Auflage: 700.000 Sätze

**2003, 16. Dez. Blockausgabe: Die königliche Familie (II) – Geburt von Prinzessin Catharina-Amalia.** Odr.; Streifen ph.; gez. Ks 13¾.

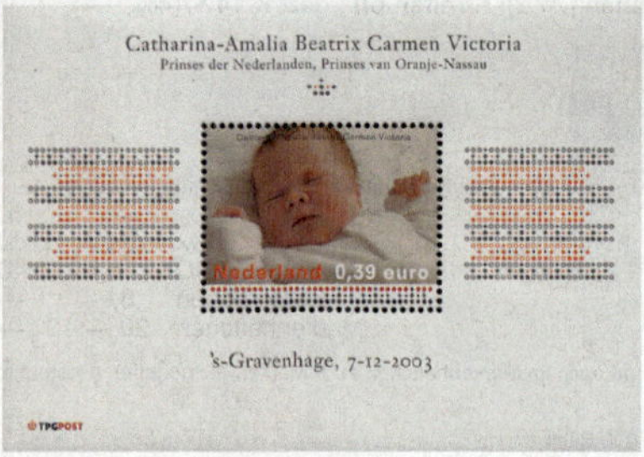


byo

byn) Prinzessin Catharina-Amalia (*2003)

| | | | | |
|---|---|---|---|---|
| **2188** | 0.39 € mehrfarbig | byn | 3,— | 3,— |
| **Block 80** | (104×71 mm) | byo | 3,50 | 3,50 |
| | | FDC | | 4,— |

MiNr. 2188 wurde auch sowohl mit MiNr. 2178–2187 zusammen im Markenheftchen (MH 65) als auch mit MiNr. 2216–2225 zusammen im Markenheftchen (MH 67) ausgegeben.

Auflage: 2.550.000 Blocks

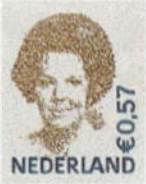

**2004, 2. Jan. Freimarken: Königin Beatrix.** RaTdr. (5); selbstklebend; gestanzt 14¼.

ahw) Königin Beatrix (*1938, reg. 1980–2013)

| | | | | |
|---|---|---|---|---|
| **2189** | 0.57 € ocker/türkisblau | ahw | 1,30 | 1,— |
| **2190** | 0.72 € cyanblau/violett | ahw | 1,70 | 1,50 |
| | | Satzpreis (2 W.) | 3,— | 2,50 |
| | | FDC | | 4,— |
| | | 2 Folienblätter | 15,— | 15,— |

*Weitere Werte siehe Übersicht nach Jahrgangswerttabelle.*

**2004, 2. Jan. Gemälde.** RaTdr., Folienblätter (F-Bl.) (5) und Folienbogen (F-Bg.) (10×5); Streifen ph.; selbstklebend; teils gerade, teils wellenförmig gestanzt, mit Durchstich zwischen Priority-Feld und Markenbild.

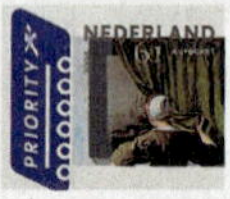

byp) Frau, einen Brief lesend (Detail); von Gabriel Metsu (1629–1667)

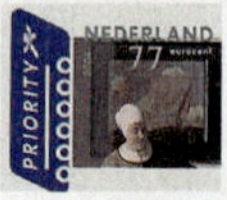

byr) Der Liebesbrief (Detail); von Jan Vermeer (1632–1675)

| | | | | |
|---|---|---|---|---|
| **2191** | 61 C mehrfarbig (F-Bl.) (F-Bg.) | byp | 1,20 | 1,20 |
| **2192** | 77 C mehrfarbig (F-Bl.) | byr | 1,60 | 1,60 |
| | | Satzpreis (2 W.) | 2,80 | 2,80 |
| | | FDC | | 5,50 |
| | | 2 Folienblätter | 14,— | 14,— |

Auflagen: MiNr. 2191 = 2.000.000, MiNr. 2192 = 1.000.000 Stück

**2004, 31. Jan. 150 Jahre Königlich-Niederländisches Meteorologisches Institut (KNMI).** Odr. (1 × 5 Zd); Streifen ph.; gez. K 14½:14¾.

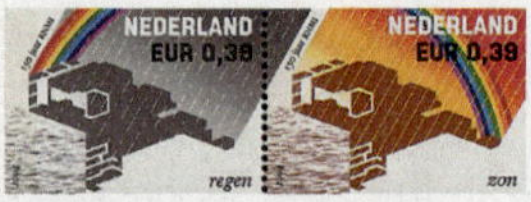

bys) Niederlande bei Regen
byt) Niederlande bei Sonnenschein

| | | | | | |
|---|---|---|---|---|---|
| **2193** | 0.39 € mehrfarbig | bys | 0,80 | 0,80 |
| **2194** | 0.39 € mehrfarbig | byt | 0,80 | 0,80 |
| | | Satzpreis (2 W.) | 1,60 | 1,60 |
| | | Paar | 1,60 | 1,60 |
| | | FDC | | 4,— |
| | | Kleinbogen | 8,— | 8,— |

Auflage: 2.250.000 Sätze

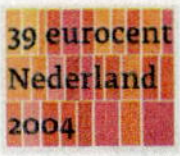


**2004, 2. März. Freimarken für Standardbriefe. RaTdr., Verkaufspackungen (100); Streifen ph.; selbstklebend; gestanzt 14¼.**

byu

| | | | | |
|---|---|---|---|---|
| **2195** | 39 C mehrfarbig | byu | 0,80 | 0,80 |
| **2196** | 78 C mehrfarbig | byu | 1,60 | 1,60 |
| | | Satzpreis (2 W.) | 2,40 | 2,40 |
| | | FDC | | 5,— |

Auflagen: MiNr. 2095 = 75.000.000, MiNr. 2096 = 11.000.000 Stück

*In gleicher Zeichnung: MiNr. 2478-2479*
*In ähnlicher Zeichnung: MiNr. 2758*

**2004, 6. April. Sommermarken: Blumen. RaTdr. (5×2); Streifen ph.; gez. K 14½:14¾.**

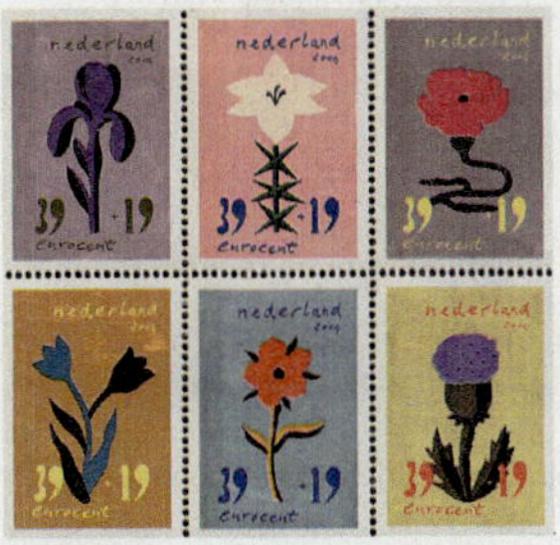

byv) Iris
byw) Lilie
byx) Mohnblume
byy) Tulpen
byz) Tudor-Rose
bza) Distel

byv–bza) Zeichnungen von Fons Haagmans (*1948)

| | | | | |
|---|---|---|---|---|
| **2197** | 39 (C) + 19 C mehrfarbig | byv | 1,20 | 1,20 |
| **2198** | 39 (C) + 19 C mehrfarbig | byw | 1,20 | 1,20 |
| **2199** | 39 (C) + 19 C mehrfarbig | byx | 1,20 | 1,20 |
| **2200** | 39 (C) + 19 C mehrfarbig | byy | 1,20 | 1,20 |
| **2201** | 39 (C) + 19 C mehrfarbig | byz | 1,20 | 1,20 |
| **2202** | 39 (C) + 19 C mehrfarbig | bza | 1,20 | 1,20 |
| | | Satzpreis (6 W.) | 7,— | 7,— |
| | | Sechserblock | 7,— | 7,— |
| | | FDC | | 9,50 |
| | | Kleinbogen | 12,— | 12,— |

Markenfolge im Kleinbogen: 2197-2198-2199-2198-2197, 2200-2201-2202-2201-2200

Auflage: 820.000 Kleinbogen

**2004, 7. Mai. 50 Jahre Niederländische Philatelistenjugend (JFN): Spyker-Automobile. Odr., Kleinbogen (1 × 5 Zd); Streifen ph.; A = gez. K 14½.**

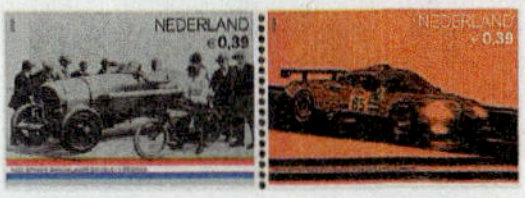

bzb) Spyker C4 (1922)
bzc) Spyker C8 Duble12 R (2003)

| | | | | |
|---|---|---|---|---|
| **2203 A** | 0.39 € mehrfarbig | bzb | 0,80 | 0,80 |
| **2204 A** | 0.39 € mehrfarbig | bzc | 0,80 | 0,80 |
| | | Satzpreis A (2 W.) | 1,60 | 1,60 |
| | | Paar | 1,60 | 1,60 |
| | | FDC A | | 4,— |
| | | Kleinbogen A | 8,— | 8,— |

**Markenheftchen, C = gez. K 13¼:12¾**

| | | | | |
|---|---|---|---|---|
| **2203 C** | 0.39 € mehrfarbig | bzb | 1,50 | 1,50 |
| **2204 C** | 0.39 € mehrfarbig | bzc | 1,50 | 1,50 |
| | | Satzpreis C (2 W.) | 3,— | 3,— |

MiNr. 2203 C–2204 C wurden zusammenhängend im Markenheftchen (MH 66) ausgegeben.

Auflage: MiNr. 2203 A–2204 A = 2.000.000 Sätze

**2004, 10. Mai. Erweiterung der Europäischen Union (EU). Odr. (2×5); Streifen ph.; gez. K 14¾.**

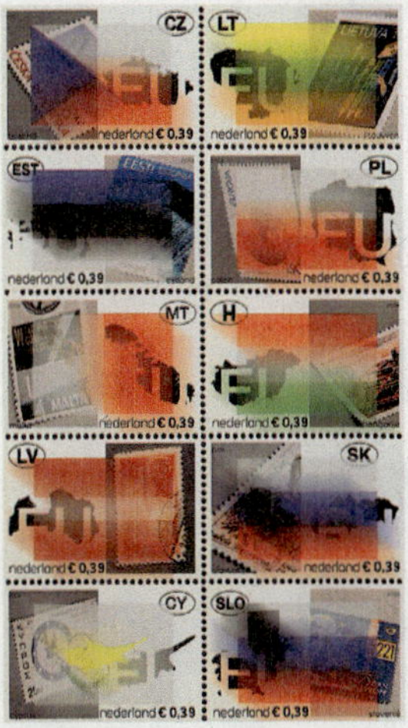

bzd) Tschechische Republik
bze) Litauen
bzf) Estland
bzg) Polen
bzh) Malta
bzi) Ungarn
bzk) Lettland
bzl) Slowakei
bzm) Zypern
bzn) Slowenien

bzd–bzn) Briefmarkenausgaben und Umrisskarten der 10 neuen Mitgliedsstaaten, Buchstaben „EU"

| | | | | |
|---|---|---|---|---|
| **2205** | 0.39 € mehrfarbig | bzd | 0,90 | 0,90 |
| **2206** | 0.39 € mehrfarbig | bze | 0,90 | 0,90 |
| **2207** | 0.39 € mehrfarbig | bzf | 0,90 | 0,90 |
| **2208** | 0.39 € mehrfarbig | bzg | 0,90 | 0,90 |
| **2209** | 0.39 € mehrfarbig | bzh | 0,90 | 0,90 |
| **2210** | 0.39 € mehrfarbig | bzi | 0,90 | 0,90 |
| **2211** | 0.39 € mehrfarbig | bzk | 0,90 | 0,90 |
| **2212** | 0.39 € mehrfarbig | bzl | 0,90 | 0,90 |
| **2213** | 0.39 € mehrfarbig | bzm | 0,90 | 0,90 |
| **2214** | 0.39 € mehrfarbig | bzn | 0,90 | 0,90 |
| | | Satzpreis (10 W.) | 9,— | 9,— |
| | | Kleinbogen | 9,— | 9,— |
| | | FDC | | 11,— |

Auflage: 630.000 Sätze

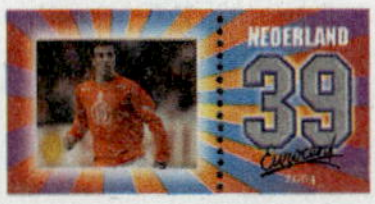

**2004, 1. Juni. Grußmarke. RaTdr. (2×5 Zd); Streifen ph.; gez. K 13½:12½.**

Zierfeld
bzo) Wertziffern

| | | | | | |
|---|---|---|---|---|---|
| **2215** | 39 C mehrfarbig | bzo | 0,80 | 0,80 |
| | | 2215 Zf | 0,80 | 0,80 |
| | | FDC | | 3,40 |
| | | Kleinbogen | 8,— | 8,— |

MiNr. 2215 gibt es auch mit individuell gestalteten Zierfeldern.

Auflage: 3.000.000 Stück

**2004, 23. Juni. Die königliche Familie (III): Kronprinz Willem-Alexander und Prinzessin Máxima. Odr., Kleinbogen (2×5) und Markenheftchen; Streifen ph.; gez. K 13¾.**

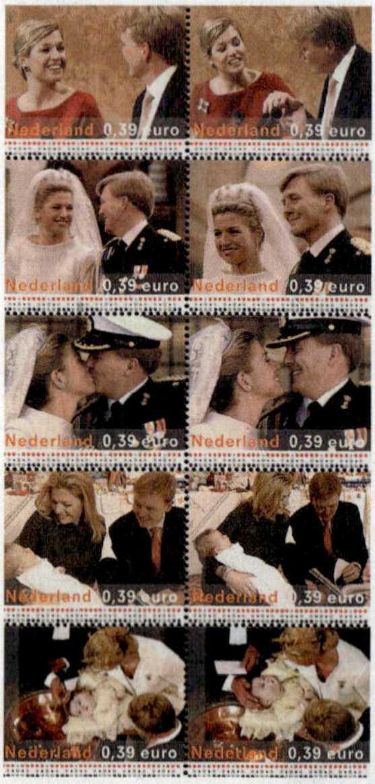

bzp bzr
bzs bzt
bzu bzv
bzw bzx
bzy bzz

bzp–bzr) Bekanntgabe der Verlobung
bzs–bzt) Kirchliche Hochzeit
bzu–bzv) Hochzeitskuss
bzw–bzx) mit Tochter Catharina-Amalia
bzy–bzz) Taufe von Prinzessin Catharina-Amalia
bzp–bzz) Kronprinz Willem-Alexander (*1968) und Prinzessin Máxima (*1972)

| | | | | |
|---|---|---|---|---|
| **2216** 0.39 € mehrfarbig | bzp | 0,80 | 0,80 |
| **2217** 0.39 € mehrfarbig | bzr | 0,80 | 0,80 |
| **2218** 0.39 € mehrfarbig | bzs | 0,80 | 0,80 |
| **2219** 0.39 € mehrfarbig | bzt | 0,80 | 0,80 |
| **2220** 0.39 € mehrfarbig | bzu | 0,80 | 0,80 |
| **2221** 0.39 € mehrfarbig | bzv | 0,80 | 0,80 |
| **2222** 0.39 € mehrfarbig | bzw | 0,80 | 0,80 |
| **2223** 0.39 € mehrfarbig | bzx | 0,80 | 0,80 |
| **2224** 0.39 € mehrfarbig | bzy | 0,80 | 0,80 |
| **2225** 0.39 € mehrfarbig | bzz | 0,80 | 0,80 |
| | Satzpreis (10 W.) | 8,— | 8,— |
| | Kleinbogen | 8,— | 8,— |
| | 2 FDC | | 13,— |

MiNr. 2216–2225 wurden auch zusammen mit MiNr. 2188 im Markenheftchen (MH 67) ausgegeben.

Auflage: 835.000 Sätze

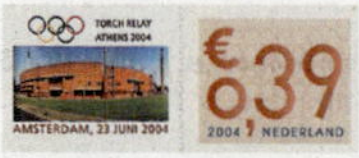

**2004, 23. Juni. Freimarke für Standardbriefe. RaTdr. (50 Zd); Streifen ph.; selbstklebend; gestanzt 13½, mit 4 Verbindungsstegen links.**

Zierfeld
bsd) Wertziffern

| | | | | |
|---|---|---|---|---|
| **2226** 0.39 € mehrfarbig | bsd | 0,80 | 0,80 |
| | 2226 Zf | 0,80 | 0,80 |
| | FDC | | 3,30 |

Auflage: 650.000 Stück

*In gleicher Zeichnung mit Jahreszahl 2002: MiNr. 2024–2025; mit Jahreszahl 2003: MiNr. 2149*

**2004, 6. Juli. Blockausgabe: Tiere aus dem Nationalpark „Hoge Veluwe". RaTdr.; Papier ph.; gez. K 13¼:12¾.**

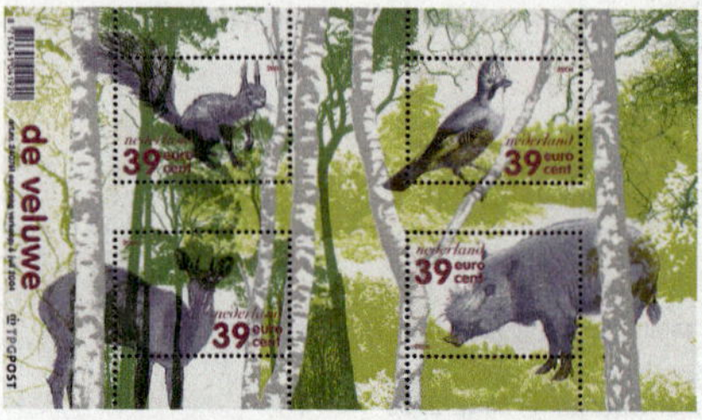


cae

caa) Eichhörnchen (Sciurus vulgaris)
cab) Eichelhäher (Garrulus glandarius)
cac) Reh (Capreolus capreolus)
cad) Wildschwein (Sus scrofa)

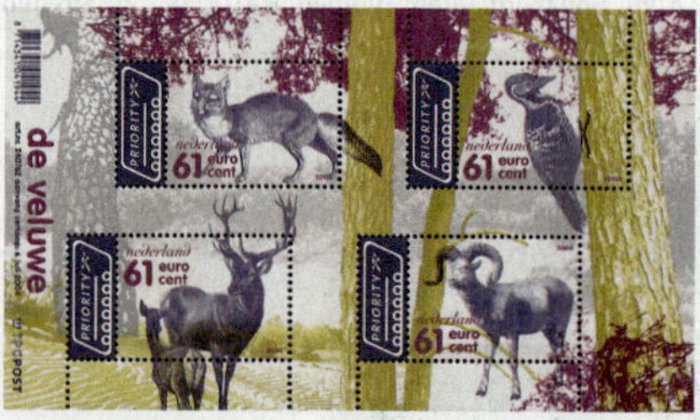


caj

caf) Rotfuchs (Vulpes vulpes)
cag) Weißrückenspecht (Dendrocopus leucotos)
cah) Rothirsch (Cervus elaphus)
cai) Mufflon (Ovis musimon)

| | | | | |
|---|---|---|---|---|
| **2227** 39 C mehrfarbig | caa | 1,— | 1,— |
| **2228** 39 C mehrfarbig | cab | 1,— | 1,— |
| **2229** 39 C mehrfarbig | cac | 1,— | 1,— |
| **2230** 39 C mehrfarbig | cad | 1,— | 1,— |
| **Block 81** (144×81 mm) | cae | 4,— | 4,— |
| | FDC | | 5,50 |
| **2231** 61 C mehrfarbig | caf | 1,50 | 1,50 |
| **2232** 61 C mehrfarbig | cag | 1,50 | 1,50 |
| **2233** 61 C mehrfarbig | cah | 1,50 | 1,50 |
| **2234** 61 C mehrfarbig | cai | 1,50 | 1,50 |
| **Block 82** (144×81 mm) | caj | 6,— | 6,— |
| | FDC | | 7,50 |

Auflage: je 620.000 Blocks

**2004, 1. Sept. Blockausgabe: Wochen der Glückwunschkarte. RaTdr.; Streifen ph.; gez. K 13¼:13¾.**

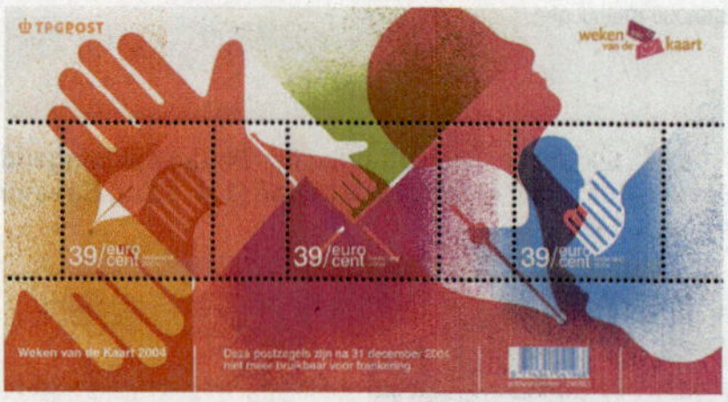


can

cak) Hände, Schreibfeder
cal) Hand, Karte
cam) Kopf

| | | | | | |
|---|---|---|---|---|---|
| **2235** | 39 C mehrfarbig | cak | 0,80 | 0,80 |
| **2236** | 39 C mehrfarbig | cal | 0,80 | 0,80 |
| **2237** | 39 C mehrfarbig | cam | 0,80 | 0,80 |
| **Block 83** | (144×75 mm) | can | 2,40 | 2,40 |
| | | FDC | | 3,20 |

Bl. 83 wurde in der Zeit vom 1.–18.9.2004 beim Kauf von 3 Glückwunschkarten zum Preis von mindestens 5 € in Filialen verschiedener Handelsketten sowie in den Postagenturen gratis abgegeben.

Auflage: 760.000 Blocks

*Gültig bis 31.12.2004*

**2004, 24. Sept. 350. Todestag von Carel Fabritius. Odr. (2×5); Streifen ph.; gez. K 14¼.**

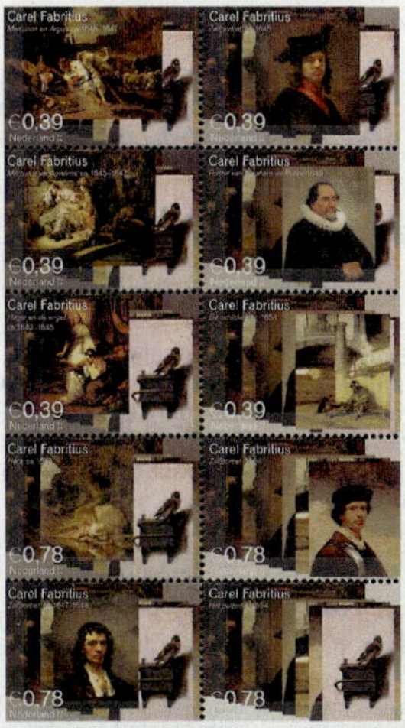

cao) Mercurius und Argus
cap) Selbstporträt (1645)
car) Mercurius und Aglauros
cas) Abraham de Potter
cat) Hagar und der Engel
cau) Die Torwache
cav) Hera
caw) Selbstporträt (1654)
cax) Selbstporträt (um 1647–1648)
cay) Distelfink

cao–cay) Gemälde von Carel Fabritius (1622–1654)

| | | | | |
|---|---|---|---|---|
| **2238** | 0.39 € mehrfarbig | cao | 0,80 | 0,80 |
| **2239** | 0.39 € mehrfarbig | cap | 0,80 | 0,80 |
| **2240** | 0.39 € mehrfarbig | car | 0,80 | 0,80 |
| **2241** | 0.39 € mehrfarbig | cas | 0,80 | 0,80 |
| **2242** | 0.39 € mehrfarbig | cat | 0,80 | 0,80 |
| **2243** | 0.39 € mehrfarbig | cau | 0,80 | 0,80 |
| **2244** | 0.78 € mehrfarbig | cav | 1,60 | 1,60 |
| **2245** | 0.78 € mehrfarbig | caw | 1,60 | 1,60 |
| **2246** | 0.78 € mehrfarbig | cax | 1,60 | 1,60 |
| **2247** | 0.78 € mehrfarbig | cay | 1,60 | 1,60 |
| | | Satzpreis (10 W.) | 11,— | 11,— |
| | | Kleinbogen | 11,— | 11,— |
| | | 2 FDC | | 13,— |

Auflage: 775.000 Sätze

**2004, 9. Nov. Blockausgabe: „Voor het Kind“ – Gesunde Ernährung und Sport. RaTdr.; Streifen ph.; gez. K 14½.**

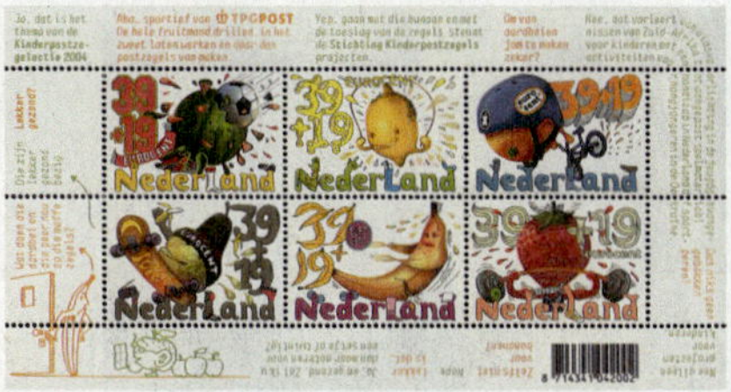

cbf

caz) Melone, Fußball
cba) Zitrone, Seilspringen
cbb) Apfelsine, Fahrradfahren
cbc) Birne, Skateboardfahren
cbd) Banane, Rudern
cbe) Erdbeere, Gewichtheben

| | | | | |
|---|---|---|---|---|
| **2248** | 39 (C) + 19 C mehrfarbig | caz | 1,20 | 1,20 |
| **2249** | 39 (C) + 19 C mehrfarbig | cba | 1,20 | 1,20 |
| **2250** | 39 (C) + 19 C mehrfarbig | cbb | 1,20 | 1,20 |
| **2251** | 39 (C) + 19 C mehrfarbig | cbc | 1,20 | 1,20 |
| **2252** | 39 (C) + 19 C mehrfarbig | cbd | 1,20 | 1,20 |
| **2253** | 39 (C) + 19 C mehrfarbig | cbe | 1,20 | 1,20 |
| **Block 84** | (144×75 mm) | cbf | 7,— | 7,— |
| | | FDC | | 9,— |

**2004, 25. Nov. Wohlfahrt: Hilfsorganisationen. RaTdr. (5×2 + 5×2); Streifen ph.; selbstklebend; gestanzt 9.**

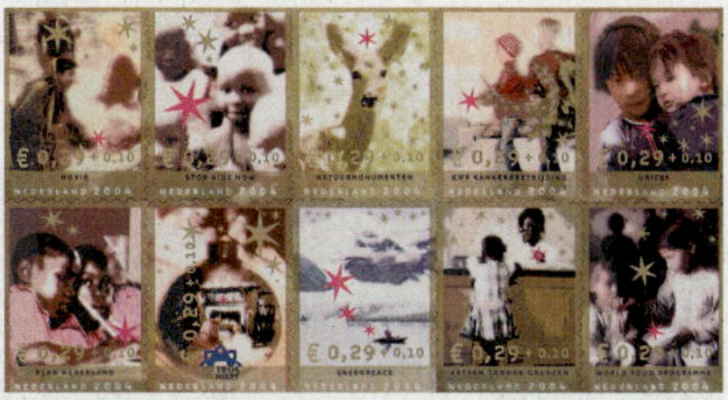

cbg cbh cbi cbk cbl
cbm cbn cbo cbp cbr

cbg) Novib
cbh) STOP Aids NOW
cbi) Naturmonumenten
cbk) KWF Krebsbekämpfung
cbl) UNICEF

cbm) Plan Nederland
cbn) Stiftung „TROS helpt“
cbo) Greenpeace
cbp) Ärzte ohne Grenzen
cbr) Welternährungsprogramm

| | | | | |
|---|---|---|---|---|
| **2254** | 0.29 € + 0.10 (€) mehrfarbig | cbg | 0,80 | 0,80 |
| **2255** | 0.29 € + 0.10 (€) mehrfarbig | cbh | 0,80 | 0,80 |
| **2256** | 0.29 € + 0.10 (€) mehrfarbig | cbi | 0,80 | 0,80 |
| **2257** | 0.29 € + 0.10 (€) mehrfarbig | cbk | 0,80 | 0,80 |
| **2258** | 0.29 € + 0.10 (€) mehrfarbig | cbl | 0,80 | 0,80 |
| **2259** | 0.29 € + 0.10 (€) mehrfarbig | cbm | 0,80 | 0,80 |
| **2260** | 0.29 € + 0.10 (€) mehrfarbig | cbn | | |
| I | ohne Stern an der „1“ | | 0,80 | 0,80 |
| II | mit Stern an der „1“ | | 0,80 | 0,80 |
| **2261** | 0.29 € + 0.10 (€) mehrfarbig | cbo | 0,80 | 0,80 |
| **2262** | 0.29 € + 0.10 (€) mehrfarbig | cbp | 0,80 | 0,80 |
| **2263** | 0.29 € + 0.10 (€) mehrfarbig | cbr | 0,80 | 0,80 |
| | | Satzpreis (10 W.) | 8,— | 8,— |
| | | Zehnerblock | 8,— | 8,— |
| | | FDC | | 12,— |
| | | Folienbogen | 18,— | 18,— |

Der Folienbogen enthält 2 × MiNr. 2254–2263, dabei je einmal MiNr. 2260 I und 2260 II.

**2004, 25. Nov. Dezembermarken. I = RaTdr., Folienbogen (5×2 + 5×2); Streifen ph.; selbstklebend; gestanzt 12¾:13¼.**

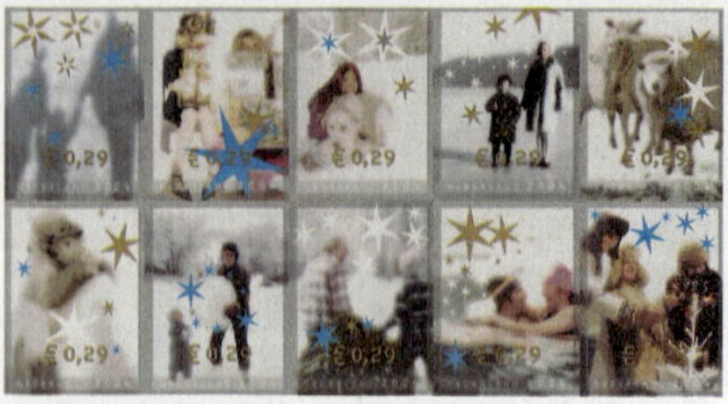

cbs) Schatten einer Familie
cbt) Kinder mit Geschenkestapeln
cbu) Mädchen mit Hund
cbv) Mädchen und Frau auf dem Eis
cbw) Schafherde im Schnee

cbx) Eisbären
cby) Kleinkind und Mann mit Schneekugel
cbz) Mann und Frau ziehen Weihnachtsbaum
cca) Mann und Frau im Eiswasser
ccb) Männer mit Pelzmützen und Wunderkerzen

| | | | | | |
|---|---|---|---|---|---|
| **2264** | I | 0.29 € mehrfarbig | cbs | 0,60 | 0,60 |
| **2265** | I | 0.29 € mehrfarbig | cbt | 0,60 | 0,60 |
| **2266** | I | 0.29 € mehrfarbig | cbu | 0,60 | 0,60 |
| **2267** | I | 0.29 € mehrfarbig | cbv | 0,60 | 0,60 |
| **2268** | I | 0.29 € mehrfarbig | cbw | 0,60 | 0,60 |
| **2269** | I | 0.29 € mehrfarbig | cbx | 0,60 | 0,60 |
| **2270** | I | 0.29 € mehrfarbig | cby | 0,60 | 0,60 |
| **2271** | I | 0.29 € mehrfarbig | cbz | 0,60 | 0,60 |
| **2272** | I | 0.29 € mehrfarbig | cca | 0,60 | 0,60 |
| **2273** | I | 0.29 € mehrfarbig | ccb | 0,60 | 0,60 |
| | | | Satzpreis I (10 W.) | 6,— | 6,— |
| | | | Zehnerblock | 6,— | 6,— |
| | | | FDC | | 8,— |
| | | | Folienbogen | 12,— | 12,— |

**Markenheftchen, II = Odr.**

| | | | | | |
|---|---|---|---|---|---|
| **2264** | II | 0.29 € mehrfarbig | cbs | *1,70* | *1,70* |
| **2265** | II | 0.29 € mehrfarbig | cbt | *1,70* | *1,70* |
| **2266** | II | 0.29 € mehrfarbig | cbu | *1,70* | *1,70* |
| **2267** | II | 0.29 € mehrfarbig | cbv | *1,70* | *1,70* |
| **2268** | II | 0.29 € mehrfarbig | cbw | *1,70* | *1,70* |
| **2269** | II | 0.29 € mehrfarbig | cbx | *1,70* | *1,70* |
| **2270** | II | 0.29 € mehrfarbig | cby | *1,70* | *1,70* |
| **2271** | II | 0.29 € mehrfarbig | cbz | *1,70* | *1,70* |
| **2272** | II | 0.29 € mehrfarbig | cca | *1,70* | *1,70* |
| **2273** | II | 0.29 € mehrfarbig | ccb | *1,70* | *1,70* |
| | | | Satzpreis II (10 W.) | *17,—* | *17,—* |

MiNr. 2264 II–2273 II stammen aus MH 68.

Auflage: MiNr. 2264 I–2273 I = 24.900.000 Sätze

**2004, 25. Nov. Grußmarke. Odr. (2×5 Zd); Streifen ph.; gez. K 13½:12¾.**

Zierfeld
ccc) Schneemann

| | | | | |
|---|---|---|---|---|
| **2274** | 0.29 € mehrfarbig | ccc | 0,80 | 0,60 |
| | | 2274 Zf | 1,— | 0,80 |
| | | FDC | | 3,— |
| | | Kleinbogen | 10,— | 6,— |

MiNr. 2274 gibt es auch mit individuell gestalteten Zierfeldern.

MiNr. 2274 wurde auch im Markenheftchen (MH 68) ausgegeben.

Auflage: 1.750.000 Stück

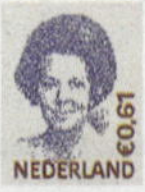


**2005, 3. Jan. Freimarken: Königin Beatrix. RaTdr. (5); selbstklebend; gestanzt 14¼.**

ahw) Königin Beatrix (*1938, reg. 1980–2013)

| | | | | |
|---|---|---|---|---|
| **2275** | 0.61 € violettblau/violettbraun | ahw | 1,20 | 1,20 |
| **2276** | 0.76 € braunoliv/grün | ahw | 1,50 | 1,50 |
| | | Satzpreis (2 W.) | 2,70 | 2,70 |
| | | FDC | | 3,70 |
| | | 2 Folienblätter | 13,50 | 13,50 |

Auflagen: MiNr. 2275 = 1.150.000, MiNr. 2276 = 750.000 Stück

*Weitere Werte siehe Übersicht nach Jahrgangswerttabelle.*

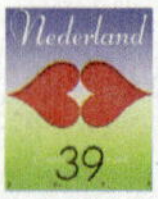


**2005, 3. Jan. Grußmarke: „Zehn für die Liebe". RaTdr., Folienbogen (50) und Folienblatt (10); Streifen ph.; selbstklebend; gestanzt 14¼.**

ccd) Kussmund aus zwei Herzen

| | | | | |
|---|---|---|---|---|
| **2277** | 39 C mehrfarbig | ccd | 0,80 | 0,80 |
| | | FDC | | 1,80 |
| | | Folienblatt | 8,— | 8,— |

Auflage: 7.300.000 Stück

*In gleicher Zeichnung: MiNr. 2475, 2755*

**2005, 3. Jan. Freimarken: Bauwerke. RaTdr.; Papier ph.; MiNr. 2278 Folienblatt (10) und Folienbogen (50), MiNr. 2279–2280 Folienblätter (5), MiNr. 2279 auch Folienbogen (50); Streifen ph.; selbstklebend; MiNr. 2278 gestanzt 14¼, MiNr. 2279–2280 teils gerade, teils wellenförmig gestanzt, mit Durchstich zwischen Priority-Feld und Markenbild.**

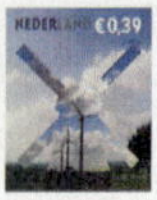

cce) Windkraftanlagen im Umriss einer historischen Windmühle; Landschaft

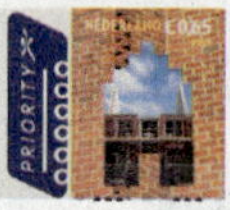

ccf) Wohnhaus-Rohbau im Umriss eines historischen Stadthauses; Ziegelmauerwerk

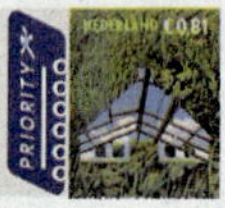

ccg) Treibhaus im Umriss eines historischen Gehöftes; Wiese

| | | | | |
|---|---|---|---|---|
| **2278** | 0.39 € mehrfarbig | cce | 0,80 | 0,80 |
| **2279** | 0.65 € mehrfarbig | ccf | 1,30 | 1,30 |
| **2280** | 0.81 € mehrfarbig | ccg | 1,60 | 1,60 |
| | | Satzpreis (3 W.) | 3,60 | 3,60 |
| | | FDC | | 4,60 |
| | | 3 Folienblätter | 22,50 | 22,50 |

Auflagen: MiNr. 2279 = 66.500.000, MiNr. 2280 = 15.000.000, MiNr. 2281 = 5.000.000 Stück

**2005, 8. Febr./14. Okt. Schöne Niederlande (I). Odr., Kleinbogen (Klb.) (5) und Markenheftchen (MH); Streifen ph.; A = gez. K 14½:14¼, C = gez. K 13½:12½.**

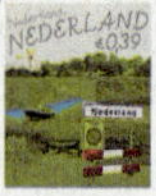

cch) Landschaft in der Overijssel

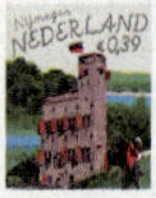

cci) Burg in Nimwegen

| | | | | |
|---|---|---|---|---|
| **2281** | 0.39 € mehrfarbig | cch | | |
| A | gez. K 14½:14¼ (Klb.) (8. Febr.) | | 0,80 | 0,80 |
| C | gez. K 13½:12½ (MH) (14. Okt.) | | 1,50 | 1,50 |
| **2282** | 0.39 € mehrfarbig | cci | | |
| A | gez. K 14½:14¼ (Klb.) (8. Febr.) | | 0,80 | 0,80 |
| C | gez. K 13½:12½ (MH) (14. Okt.) | | 1,50 | 1,50 |
| | | Satzpreis A (2 W.) | 1,60 | 1,60 |
| | | FDC | | 3,— |
| | | Kleinbogensatz A (2 Klb.) | 8,— | 8,— |

MiNr. 2281 A–2282 A stammen auch aus Bl. 91–92; siehe nach MiNr. 2337.

MiNr. 2281 C–2282 C wurden zusammen mit MiNr. 2308 C–2309 C, 2317 C bis 2318 C, 2319 C–2320 C und 2336 C–2337 C im Markenheftchen ausgegeben (Verkaufspreis des Heftchens: 9.95 €). Bewertung siehe nach MiNr. 2337.

Auflagen: MiNr. 2281 A = 750.000, MiNr. 2282 A = 1.000.000 Stück

**2005, 25. Febr. Kunst. Odr. (2×5); Streifen ph.; gez. K 14¼.**

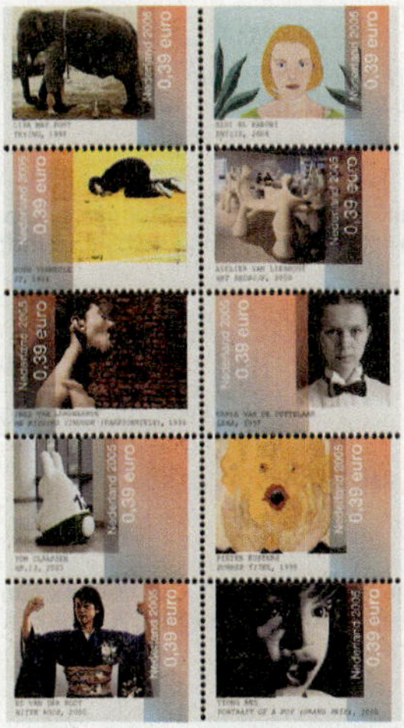

cck) Versuch; Photographie von Liza May Post (*1965)
ccl) Emilie; Gemälde von Sidi El Karchi (*1975)
ccm) ZT; Gemälde von Koen Vermeule (*1965)
ccn) Der Betrieb; Skulpturengruppe vom Atelier Van Lieshout
cco) Ich küsse Vinoodh (leidenschaftlich); Photobearbeitung von Inez van Lamsweerde (*1963)
ccp) Lena; Photographie von Carla van de Puttelaar (*1967)
ccr) Nr. 13; Skulptur von Tom Claassen (*1964)
ccs) Ohne Titel; Gemälde von Pieter Kusters (*1958)
cct) Weiße Rose; Photographie von Ed van der Kooy (*1956)
ccu) Porträt eines Knaben (Grand Prix); Photographie von Tiong Ang (*1961)

| | | | | |
|---|---|---|---|---|
| **2283** | 0.39 € mehrfarbig | cck | 0,80 | 0,80 |
| **2284** | 0.39 € mehrfarbig | ccl | 0,80 | 0,80 |
| **2285** | 0.39 € mehrfarbig | ccm | 0,80 | 0,80 |
| **2286** | 0.39 € mehrfarbig | ccn | 0,80 | 0,80 |
| **2287** | 0.39 € mehrfarbig | cco | 0,80 | 0,80 |
| **2288** | 0.39 € mehrfarbig | ccp | 0,80 | 0,80 |
| **2289** | 0.39 € mehrfarbig | ccr | 0,80 | 0,80 |
| **2290** | 0.39 € mehrfarbig | ccs | 0,80 | 0,80 |
| **2291** | 0.39 € mehrfarbig | cct | 0,80 | 0,80 |
| **2292** | 0.39 € mehrfarbig | ccu | 0,80 | 0,80 |
| | | Satzpreis (10 W.) | 8,— | 8,— |
| | | Kleinbogen | 8,50 | 8,50 |
| | | FDC | | 10,— |

Auflage: 960.000 Sätze

**2005, 22. März. Blockausgabe: 100 Jahre Naturdenkmäler Naardermeer und Brunssumerheide. I = RaTdr.; Streifen ph.; A = gez. K 13¼:12¾.**

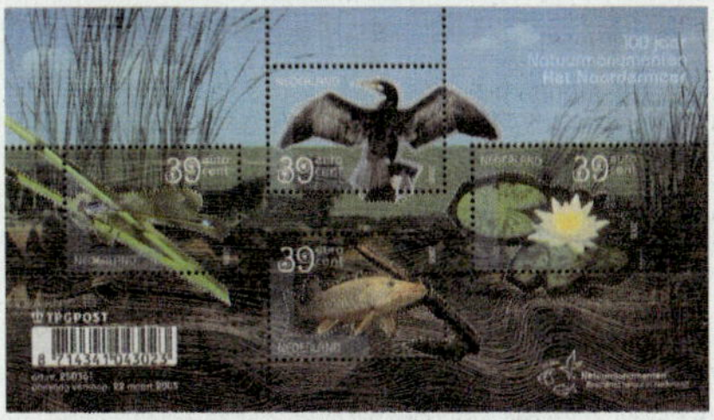

ccz

ccv) Kormoran (Phalacrocorax carbo)
ccw) Libelle
ccx) Weiße Seerose (Nymphaea alba)
ccy) Hecht (Esox lucius)

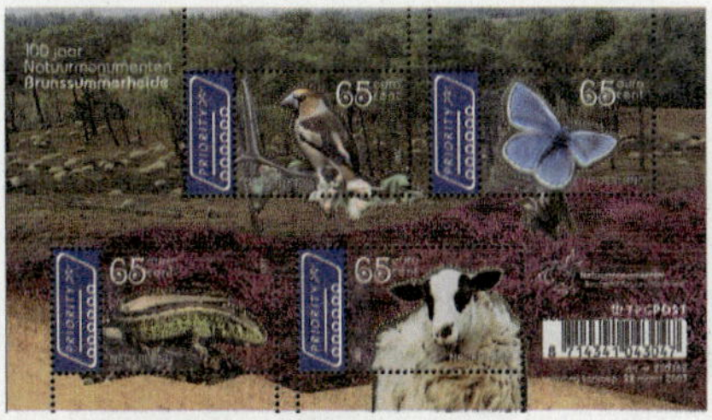

cde

cda) Kernbeißer (Coccothraustes coccothraustes)
cdb) Ikarus-Bläuling (Polyommatus icarus)
cdc) Westliche Smaragdeidechse (Lacerta bilineata)
cdd) Schonebeeker Hausschaf (Ovis ammon aries)

| | | | | | | | |
|---|---|---|---|---|---|---|---|
| **2293** | **I** | **A** | 39 C | mehrfarbig | ccv | 0,80 | 0,80 |
| **2294** | **I** | **A** | 39 C | mehrfarbig | ccw | 0,80 | 0,80 |
| **2295** | **I** | **A** | 39 C | mehrfarbig | ccx | 0,80 | 0,80 |
| **2296** | **I** | **A** | 39 C | mehrfarbig | ccy | 0,80 | 0,80 |
| **Block 85** | | | | (144×81 mm) | ccz | 3,20 | 3,20 |
| | | | | | FDC | | 5,80 |
| **2297** | **I** | **A** | 65 C | mehrfarbig | cda | 1,30 | 1,30 |
| **2298** | **I** | **A** | 65 C | mehrfarbig | cdb | 1,30 | 1,30 |
| **2299** | **I** | **A** | 65 C | mehrfarbig | cdc | 1,30 | 1,30 |
| **2300** | **I** | **A** | 65 C | mehrfarbig | cdd | 1,30 | 1,30 |
| **Block 86** | | | | (144×81 mm) | cde | 5,20 | 5,20 |
| | | | | | FDC | | 7,80 |

**Markenheftchen, II = Odr., C = gez. Ks 14:12¾**

| | | | | | | | |
|---|---|---|---|---|---|---|---|
| **2293** | **II** | **C** | 39 C | mehrfarbig | ccv | 1,90 | 1,90 |
| **2294** | **II** | **C** | 39 C | mehrfarbig | ccw | 1,90 | 1,90 |
| **2295** | **II** | **C** | 39 C | mehrfarbig | ccx | 1,90 | 1,90 |
| **2296** | **II** | **C** | 39 C | mehrfarbig | ccy | 1,90 | 1,90 |
| **2297** | **II** | **C** | 65 C | mehrfarbig | cda | 3,10 | 3,10 |
| **2298** | **II** | **C** | 65 C | mehrfarbig | cdb | 3,10 | 3,10 |
| **2299** | **II** | **C** | 65 C | mehrfarbig | cdc | 3,10 | 3,10 |
| **2300** | **II** | **C** | 65 C | mehrfarbig | cdd | 3,10 | 3,10 |
| | | | | | Satzpreis (8 W.) | 20,— | 20,— |
| | | | | | Markenheftchen | 25,— | |

Postpreis des Markenheftchens: 9.95 €

Auflagen: Bl. 85 = 1.350.000, Bl. 86 = 650.000 Blocks

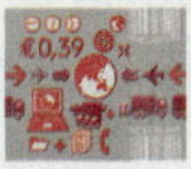

**2005, 22. März. Freimarke für Unternehmerpost. Odr. (50); Streifen ph.; selbstklebend; gestanzt 14¼.**

cdf) Kommunikationsmittel, Weltkugel

| | | | | |
|---|---|---|---|---|
| **2301** | 0.39 € mehrfarbig | cdf | 0,80 | 0,80 |
| | | FDC | | 1,80 |
| | | Folienbogen | 40,— | 40,— |

Auflage: 5.000.000 Stück

**2005, 5. April. Blockausgabe: Sommermarken – 100 Jahre Sing- und Lesebuch „Ot und Sien“. Odr.; Streifen ph.; gez. K 13¼:13¾.**

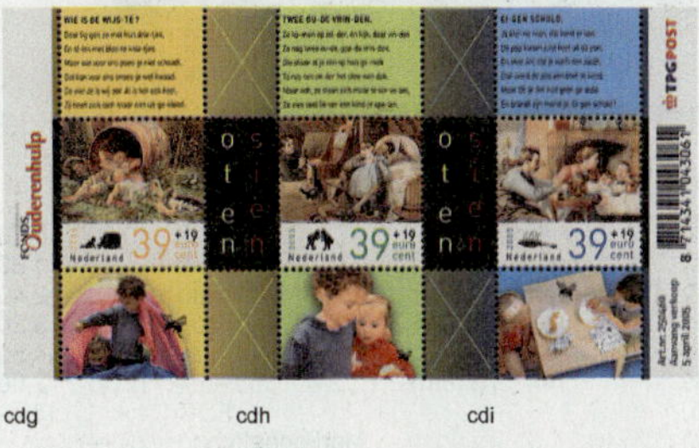

cdk

cdg cdh cdi

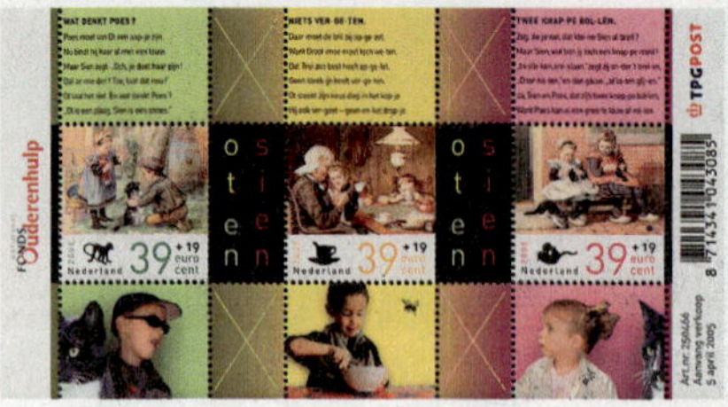

cdl cdm cdn cdo

cdg–cdi, cdl–cdn) Illustrationen aus dem Buch „Ot und Sien“ von Cornelis Jetses (1873–1955)

| | | | | |
|---|---|---|---|---|
| **2302** | 39 C + 19 (C) mehrfarbig | cdg | 1,20 | 1,20 |
| **2303** | 39 C + 19 (C) mehrfarbig | cdh | 1,20 | 1,20 |
| **2304** | 39 C + 19 (C) mehrfarbig | cdi | 1,20 | 1,20 |
| **Block 87** | (144×75 mm) | cdk | 3,60 | 3,60 |
| | | FDC | | 6,— |
| **2305** | 39 C + 19 (C) mehrfarbig | cdl | 1,20 | 1,20 |
| **2306** | 39 C + 19 (C) mehrfarbig | cdm | 1,20 | 1,20 |
| **2307** | 39 C + 19 (C) mehrfarbig | cdn | 1,20 | 1,20 |
| **Block 88** | (144×75 mm) | cdo | 3,60 | 3,60 |
| | | FDC | | 6,— |

**2005, 12. April/14. Okt. Schöne Niederlande (II). Odr., Kleinbogen (Klb.) (5) und Markenheftchen (MH); Streifen ph.; A = gez. K 14½:14¼, C = gez. K 13½:12½.**

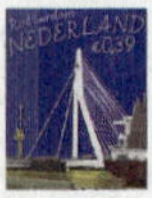

cdp) Erasmusbrücke, Rotterdam

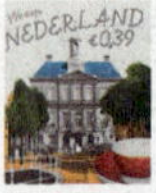

cdr) Rathaus, Weesp

| | | | | |
|---|---|---|---|---|
| **2308** | 0.39 € mehrfarbig | cdp | | |
| A | gez. K 14½:14¼ (Klb.) (12. April) | | 0,80 | 0,80 |
| C | gez. K 13½:12½ (MH) (14. Okt.) | | 1,50 | 1,50 |
| **2309** | 0.39 € mehrfarbig | cdr | | |
| A | gez. K 14½:14¼ (Klb.) (12. April) | | 0,80 | 0,80 |
| C | gez. K 13½:12½ (MH) (14. Okt.) | | 1,50 | 1,50 |
| | Satzpreis A (2 W.) | | 1,60 | 1,60 |
| | FDC A | | | 3,— |
| | Kleinbogensatz A (2 Klb.) | | 8,— | 8,— |

MiNr. 2308 A–2309 A stammen auch aus Bl. 91–92; siehe nach MiNr. 2337.

MiNr. 2308 C–2309 C wurden zusammen mit MiNr. 2281 C–2282 C, 2317 C bis 2318 C, 2319 C–2320 C und 2336 C–2337 C im Markenheftchen ausgegeben (Verkaufspreis des Heftchens: 9.95 €). Bewertung siehe nach MiNr. 2337.

**2005, 30. April. Blockausgabe: 25 Jahre Regentschaft von Königin Beatrix. Odr.; Streifen ph.; gez. K 13¼:13¾.**

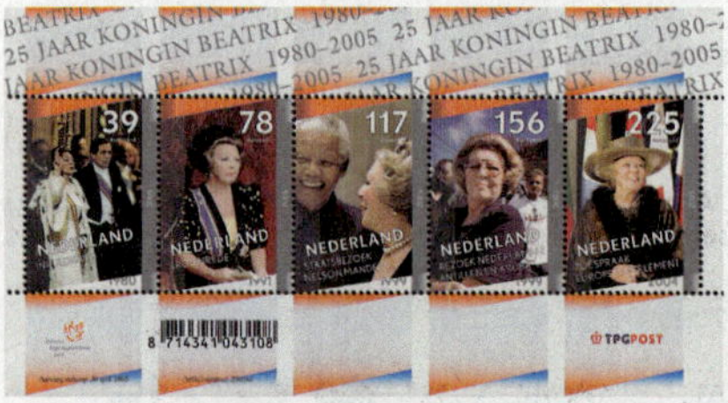

cdx

cds–cdw) Königin Beatrix (*1938, reg. 1980–2013)

| | | | | |
|---|---|---|---|---|
| **2310** | 39 C mehrfarbig | cds | 0,80 | 0,80 |
| **2311** | 78 C mehrfarbig | cdt | 1,60 | 1,60 |
| **2312** | 117 C mehrfarbig | cdu | 2,40 | 2,40 |
| **2313** | 156 C mehrfarbig | cdv | 3,20 | 3,20 |
| **2314** | 225 C mehrfarbig | cdw | 4,50 | 4,50 |
| **Block 89** | (144×75 mm) | cdx | 12,50 | 12,50 |
| | | FDC | | 15,— |
| | Markenheftchen | | 20,— | |

MiNr. 2310–2314 wurden auch im Markenheftchen ausgegeben (Postpreis: 9.95 €).

Auflage: 750.000 Blocks

*Parallelausgabe mit Aruba MiNr. 346–350/Bl. 3 und Niederländische Antillen MiNr. 1367–1371/Bl. 64*

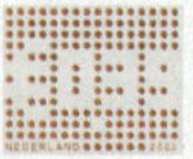

**2005, 24. Mai. Freimarken für Standardbriefe. RaTdr., Rollen (100); Streifen ph.; selbstklebend; gestanzt 14¼.**

cdy

| | | | | |
|---|---|---|---|---|
| **2315** | 0.39 € goldfarben | cdy | 0,80 | 0,50 |
| **2316** | 0.78 € silberfarben | cdy | 1,60 | 1,— |
| | Satzpreis (2 W.) | | 2,40 | 1,50 |
| | | FDC | | 5,— |

Auflagen: MiNr. 2315 = 70.600.000, MiNr. 2316 = 15.600.000 Stück

**2005, 14. Juni/14. Okt. Schöne Niederlande (III). Odr., Kleinbogen (Klb.) (5) und Markenheftchen (MH); Streifen ph.; A = gez. K 14½:14¼, C = gez. K 13½:12½.**

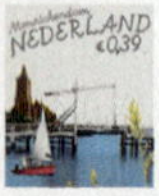

cdz) Kirche und Hafen, Monnickendam

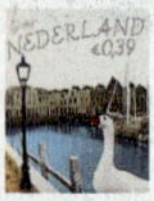

cea) Jachthafen, Goes

| | | | | |
|---|---|---|---|---|
| **2317** | 0.39 € mehrfarbig | cdz | | |
| A | gez. K 14½:14¼ (Klb.) (14. Juni) | | 0,80 | 0,80 |
| C | gez. K 13½:12½ (MH) (14. Okt.) | | 1,50 | 1,50 |
| **2318** | 0.39 € mehrfarbig | cea | | |
| A | gez. K 14½:14¼ (Klb.) (14. Juni) | | 0,80 | 0,80 |
| C | gez. K 13½:12½ (MH) (14. Okt.) | | 1,50 | 1,50 |
| | Satzpreis A (2 W.) | | 1,60 | 1,60 |
| | FDC A | | | 3,— |
| | Kleinbogensatz A (2 Klb.) | | 8,— | 8,— |

MiNr. 2317 A–2318 A stammen auch aus Bl. 91–92; siehe nach MiNr. 2337.

MiNr. 2317 C–2318 C wurden zusammen mit MiNr. 2281 C–2282 C, 2308 C bis 2309 C, 2319 C–2320 C und 2336 C–2337 C im Markenheftchen ausgegeben (Verkaufspreis des Heftchens: 9.95 €). Bewertung siehe nach MiNr. 2337.

**2005, 9. Aug/14. Okt. Schöne Niederlande (IV). Odr., Kleinbogen (Klb.) (5) und Markenheftchen (MH); Streifen ph.; A = gez. K 14½:14¼, C = gez. K 13½:12½.**

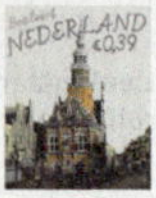

ceb) Stadthaus, Bolsward

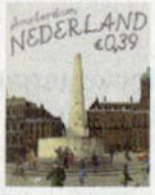

cec) Nationaldenkmal, Amsterdam

| | | | | |
|---|---|---|---|---|
| **2319** | 0.39 € mehrfarbig | ceb | | |
| A | gez. K 14½:14¼ (Klb.) (9. Aug.) | | 0,80 | 0,80 |
| C | gez. K 13½:12½ (MH) (14. Okt.) | | 1,50 | 1,50 |
| **2320** | 0.39 € mehrfarbig | cec | | |
| A | gez. K 14½:14¼ (Klb.) (9. Aug.) | | 0,80 | 0,80 |
| C | gez. K 13½:12½ (MH) (14. Okt.) | | 1,50 | 1,50 |
| | Satzpreis A (2 W.) | | 1,60 | 1,60 |
| | FDC A | | | 3,— |
| | Kleinbogensatz A (2 Klb.) | | 8,— | 8,— |

MiNr. 2319 A–2320 A stammen auch aus Bl. 91–92; siehe nach MiNr. 2337.

MiNr. 2319 C–2320 C wurden zusammen mit MiNr. 2281 C–2282 C, 2308 C bis 2309 C, 2317 C–2318 C und 2336 C–2337 C im Markenheftchen ausgegeben (Verkaufspreis des Heftchens: 9.95 €). Bewertung siehe nach MiNr. 2337.

**2005, 1. Sept. Blockausgabe: Wochen der Glückwunschkarte. RaTdr.; Streifen ph.; gez. K 13¼:13¾.**

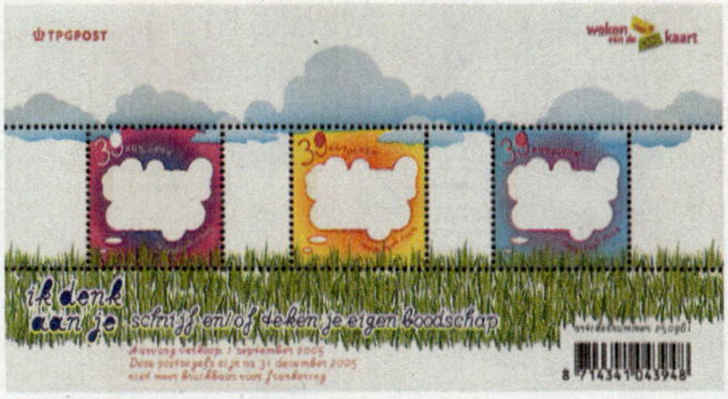

cee

ced  ced I  ced II

ced) Wolke

| | | | | | |
|---|---|---|---|---|---|
| **2321** | 39 C | mehrfarbig | ced | 0,80 | 0,80 |
| **2322** | 39 C | mehrfarbig | ced I | 0,80 | 0,80 |
| **2323** | 39 C | mehrfarbig | ced II | 0,80 | 0,80 |
| **Block 90** | | (144×75 mm) | cee | 2,40 | 2,40 |
| | | | FDC | | 3,20 |

Bl. 90 wurde in der Zeit vom 1.–18.9.2005 beim Kauf von 3 Glückwunschkarten zum Preis von mindestens 5 € in Filialen verschiedener Handelsketten sowie in den Postagenturen gratis abgegeben.

Auflage: 710.000 Blocks

*Gültig bis 31.12.2005*

**2005, 22. Sept. Wasserrad und Windmühlen. Odr. (1×5 Zd); Streifen ph.; gez. K 14½.**

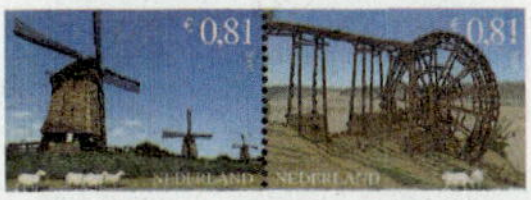

cef) Poldermühlen in den Niederlanden
ceg) Bewässerungsanlage mit Schöpfrad in China

| | | | | | |
|---|---|---|---|---|---|
| **2324** | 0.81 € | mehrfarbig | cef | 1,60 | 1,60 |
| **2325** | 0.81 € | mehrfarbig | ceg | 1,60 | 1,60 |
| | | | Satzpreis (2 W.) | 3,20 | 3,20 |
| | | | Paar | 3,20 | 3,20 |
| | | | FDC | | 5,— |
| | | | Kleinbogen | 16,— | 16,— |

*Parallelausgabe mit VR China MiNr. 3672–3673*

**2005, 8. Okt. 50 Jahre Stiftung „World Press Photo": Prämierte Photographien. RaTdr. (5×2); Streifen ph.; gez. K 14½.**

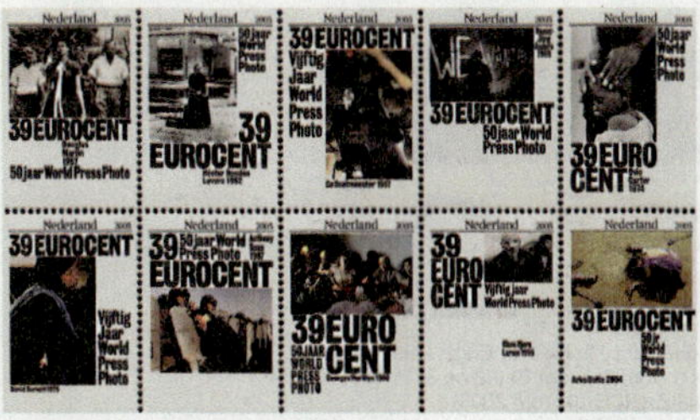

ceh) Die ersten schwarzen Studenten, North Carolina (1957); von Douglas Martin (USA)
cei) Priester Luis Padillo mit totem Soldaten, Venezuela (1962); von Héctor Rondón Lovera (1933–1984, Venezuela)
cek) Amerikanischer Panzerkommandant in Vietnam (1967); von Co Rentmeester (*1936, Niederlande)
cel) Junger Katholik während Scharmützel mit britischen Soldaten, Nordirland (1969); von Hans-Jörg Anders (*1942, Deutschland)
cem) Dürreopfer in Niger (1974); von Ovie Carter (*1946, USA)

cen) Mutter mit Kind wartet auf Nahrungsmittelverteilung, Thailand (1979); von David Burnett (*1946, USA)
ceo) Mutter fleht um ihren Sohn bei der Aufruhrpolizei, Südkorea (1987); von Anthony Suau (*1956, USA)
cep) Trauer um den Tod von Elshani Nashim, Kosovo (1990); von Georges Mérillon (*1957, Frankreich)
cer) Verwundete Kosovo-Albaner in Kukës, Albanien (1999); von Claus Bjørn Larsen (*1963, Dänemark)
ces) Trauer um ein Tsunami-Opfer in Indien (2004); von Arko Datta (*1969, Indien)

| | | | | | |
|---|---|---|---|---|---|
| **2326** | 39 C | mehrfarbig | ceh | 0,80 | 0,80 |
| **2327** | 39 C | mehrfarbig | cei | 0,80 | 0,80 |
| **2328** | 39 C | mehrfarbig | cek | 0,80 | 0,80 |
| **2329** | 39 C | mehrfarbig | cel | 0,80 | 0,80 |
| **2330** | 39 C | mehrfarbig | cem | 0,80 | 0,80 |
| **2331** | 39 C | mehrfarbig | cen | 0,80 | 0,80 |
| **2332** | 39 C | mehrfarbig | ceo | 0,80 | 0,80 |
| **2333** | 39 C | mehrfarbig | cep | 0,80 | 0,80 |
| **2334** | 39 C | mehrfarbig | cer | 0,80 | 0,80 |
| **2335** | 39 C | mehrfarbig | ces | 0,80 | 0,80 |
| | | | Satzpreis (10 W.) | 8,— | 8,— |
| | | | 2 FDC | | 12,— |
| | | | Kleinbogen | 8,50 | 8,50 |

Auflage: 225.000 Sätze

**2005, 14. Okt. Schöne Niederlande (V). Odr., Kleinbogen (Klb.) (5) und Markenheftchen (MH); Streifen ph.; A = gez. K 14½:14¼, C = gez. K 13½:12½.**

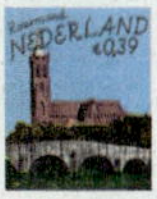

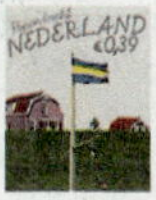

cet) Wehrkirche und Brücke, Roermond  ceu) Häuser hinter Deich, Papendrecht

| | | | | | |
|---|---|---|---|---|---|
| **2336** | 0.39 € | mehrfarbig | cet | | |
| | A | gez. K 14½:14¼ (Klb.) | | 0,80 | 0,80 |
| | C | gez. K 13½:12½ (MH) | | 1,50 | 1,50 |
| **2337** | 0.39 € | mehrfarbig | ceu | | |
| | A | gez. K 14½:14¼ (Klb.) | | 0,80 | 0,80 |
| | C | gez. K 13½:12½ (MH) | | 1,50 | 1,50 |
| | | | Satzpreis A (2 W.) | 1,60 | 1,60 |
| | | | FDC A | | 3,— |
| | | | Kleinbogensatz A (2 Klb.) | 8,— | 8,— |
| | | | Markenheftchen | 20,— | 20,— |

**Blockausgabe**

| | | | | |
|---|---|---|---|---|
| **Block 91** | mit MiNr. 2282 A, 2308 A, 2318 A, 2320 A und 2336 A (144×75 mm) | cev | 4,— | 4,— |
| | | FDC | | 5,50 |
| **Block 92** | mit MiNr. 2281 A, 2309 A, 2317 A, 2319 A und 2337 A (144×75 mm) | cew | 4,— | 4,— |
| | | FDC | | 5,50 |

MiNr. 2336 C–2337 C wurden zusammen mit MiNr. 2281 C–2282 C, 2308 C bis 2309 C, 2317 C–2318 C und 2319 C–2320 C im Markenheftchen ausgegeben (Verkaufspreis des Heftchens: 9.95 €).

Auflage: je 650.000 Blocks

**2005, 14. Okt. Eisenbahnen. Odr. (2×5); Streifen ph.; gez. K 14½:14¼.**

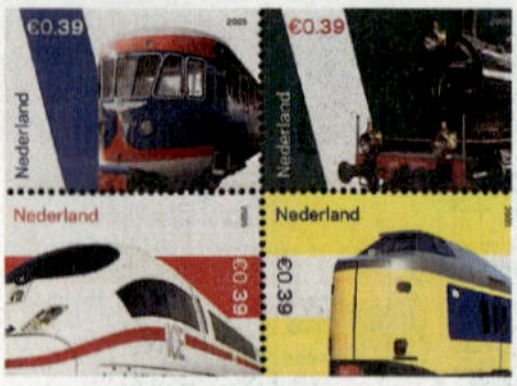

cex) Personenzug „de Blauwe Engel" (um 1955)
cey) Dampflokomotive der Baureihe 3737 (1911)
cez) Schnellzug ICE-3M (um 2000)
cfa) Schnellzug ICM-3 „Koploper"

| | | | |
|---|---|---|---|
| **2338** 0.39 € mehrfarbig | cex | 0,80 | 0,80 |
| **2339** 0.39 € mehrfarbig | cey | 0,80 | 0,80 |
| **2340** 0.39 € mehrfarbig | cez | 0,80 | 0,80 |
| **2341** 0.39 € mehrfarbig | cfa | 0,80 | 0,80 |
| | Satzpreis (4 W.) | 3,20 | 3,20 |
| | Viererblock | 3,20 | 3,20 |
| | FDC | | 4,80 |
| | Kleinbogen | 8,— | 8,— |

Markenfolge im Kleinbogen: 2338-2339, 2340-2341, 2338-2339, 2340-2341, 2338-2339

Auflage: 360.000 Kleinbogen

**2005, 8. Nov. Blockausgabe: „Voor het Kind" – 50 Jahre Kinderbuchfigur „Miffy". I = RaTdr.; Streifen ph.; A = gez. K 14½.**

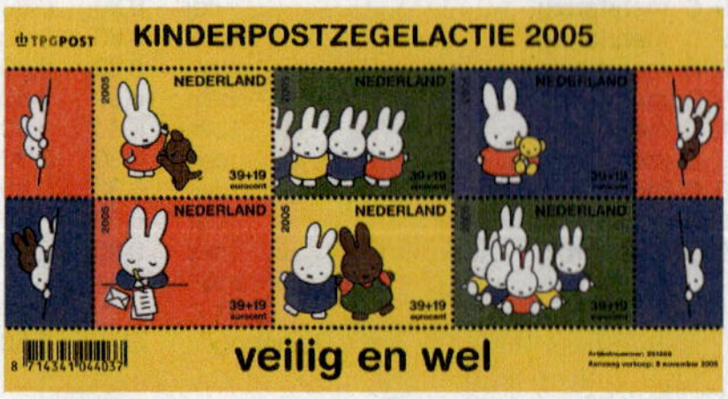


cfh

cfb–cfg) Miffy (Nijntje) und weitere Figuren von Dick Bruna (1927–2017)

| | | | |
|---|---|---|---|
| **2342 I A** 39 (C) + 19 C mehrfarbig | cfb | 1,20 | 1,20 |
| **2343 I A** 39 (C) + 19 C mehrfarbig | cfc | 1,20 | 1,20 |
| **2344 I A** 39 (C) + 19 C mehrfarbig | cfd | 1,20 | 1,20 |
| **2345 I A** 39 (C) + 19 C mehrfarbig | cfe | 1,20 | 1,20 |
| **2346 I A** 39 (C) + 19 C mehrfarbig | cff | 1,20 | 1,20 |
| **2347 I A** 39 (C) + 19 C mehrfarbig | cfg | 1,20 | 1,20 |
| **Block 93** (144×75 mm) | cfh | 7,— | 7,— |
| | FDC | | 8,50 |

**Markenheftchen, II = Odr., C = gez. K 14¼:13**

| | | | |
|---|---|---|---|
| **2342 II A** 39 (C) + 19 C mehrfarbig | cfb | 2,50 | 2,50 |
| **2343 II A** 39 (C) + 19 C mehrfarbig | cfc | 2,50 | 2,50 |
| **2344 II** 39 (C) + 19 C mehrfarbig | cfd | | |
| A gez. K 14½ | | 2,50 | 2,50 |
| C gez. K 14¼:13 | | 2,50 | 2,50 |
| **2345 II** 39 (C) + 19 C mehrfarbig | cfe | | |
| A gez. K 14½ | | 2,50 | 2,50 |
| C gez. K 14¼:13 | | 2,50 | 2,50 |
| **2346 II A** 39 (C) + 19 C mehrfarbig | cff | 2,50 | 2,50 |
| **2347 II A** 39 (C) + 19 C mehrfarbig | cfg | 2,50 | 2,50 |

MiNr. 2342 II–2347 II stammen aus MH 69.

Auflage: Bl. 93 = 5.600.000 Blocks

**2005, 24. Nov. Dezembermarken. RaTdr. (5×2 + 5×2); Streifen ph.; selbstklebend; gestanzt 12¾:13¼.**

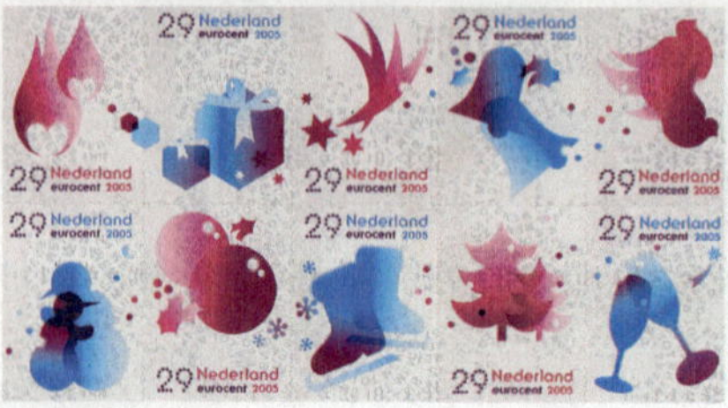


cfi) Flammen, Herzen
cfk) Geschenkpakete
cfl) Sterne
cfm) Glocken
cfn) Vögel
cfo) Schneemänner
cfp) Kugeln, Ilexblätter
cfr) Schlittschuhe
cfs) Fichten
cft) Sektgläser

| | | | |
|---|---|---|---|
| **2348** 29 C mehrfarbig | cfi | 0,60 | 0,60 |
| **2349** 29 C mehrfarbig | cfk | 0,60 | 0,60 |
| **2350** 29 C mehrfarbig | cfl | 0,60 | 0,60 |
| **2351** 29 C mehrfarbig | cfm | 0,60 | 0,60 |
| **2352** 29 C mehrfarbig | cfn | 0,60 | 0,60 |
| **2353** 29 C mehrfarbig | cfo | 0,60 | 0,60 |
| **2354** 29 C mehrfarbig | cfp | 0,60 | 0,60 |
| **2355** 29 C mehrfarbig | cfr | 0,60 | 0,60 |
| **2356** 29 C mehrfarbig | cfs | 0,60 | 0,60 |
| **2357** 29 C mehrfarbig | cft | 0,60 | 0,60 |
| | Satzpreis (10 W.) | 6,— | 6,— |
| | Zehnerblock | 6,— | 6,— |
| | FDC | | 7,50 |
| | Folienblatt | 12,— | 12,— |

Auflage: 24.600.000 Sätze

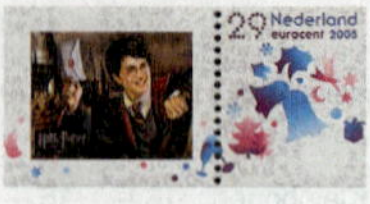


**2005, 24. Nov. Grußmarke. Odr. (2×5 Zd); Streifen ph.; gez. K 13½:12¾.**

Zierfeld
cfu) Weihnachtsschmuck

| | | | |
|---|---|---|---|
| **2358** 29 C mehrfarbig | cfu | 0,60 | 0,60 |
| | 2358 Zf | 0,60 | 0,60 |
| | FDC | | 2,— |
| | Kleinbogen | 6,— | 6,— |

MiNr. 2358 gibt es auch mit individuell gestalteten Zierfeldern.

Auflage: 2.200.000 Stück

**2005, 24. Nov. Wohlfahrt: Hilfsorganisationen; Weihnachten. Odr. (5×2 + 5×2); Streifen ph.; selbstklebend; gestanzt 8¾.**

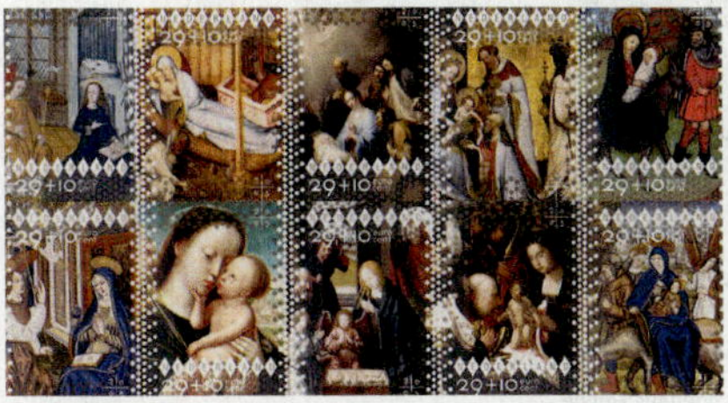

cfv) De Zonnebloem
cfw) Stiftung „De grootste familie helpt"
cfx) Welternährungsprogramm
cfy) UNICEF
cfz) KWF Krebsbekämpfung

cga) Tierschutzverein
cgb) Ronald-McDonald-Kinderfonds
cgc) Natuurmonumenten
cgd) STOP Aids NOW
cge) Novib

cfv–cge) Religiöse Kunst aus dem Museum Catharijneconvent, Utrecht

| | | | | |
|---|---|---|---|---|
| **2359** | 29 (C) + 10 C mehrfarbig | cfv | 0,60 | 0,60 |
| **2360** | 29 (C) + 10 C mehrfarbig | cfw | 0,60 | 0,60 |
| **2361** | 29 (C) + 10 C mehrfarbig | cfx | 0,60 | 0,60 |
| **2362** | 29 (C) + 10 C mehrfarbig | cfy | 0,60 | 0,60 |
| **2363** | 29 (C) + 10 C mehrfarbig | cfz | 0,60 | 0,60 |
| **2364** | 29 (C) + 10 C mehrfarbig | cga | 0,60 | 0,60 |
| **2365** | 29 (C) + 10 C mehrfarbig | cgb | 0,60 | 0,60 |
| **2366** | 29 (C) + 10 C mehrfarbig | cgc | 0,60 | 0,60 |
| **2367** | 29 (C) + 10 C mehrfarbig | cgd | 0,60 | 0,60 |
| **2368** | 29 (C) + 10 C mehrfarbig | cge | 0,60 | 0,60 |
| | Satzpreis (10 W.) | | 6,— | 6,— |
| | FDC | | | 7,50 |
| | Folienbogen | | 12,— | 12,— |

Auflage: 2.200.000 Sätze

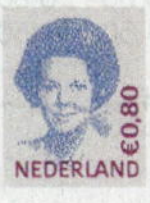

**2006, 2. Jan. Freimarken: Königin Beatrix. RaTdr. (5); selbstklebend; gestanzt 14¼.**

ahw) Königin Beatrix (*1938, reg. 1980–2013)

| | | | | |
|---|---|---|---|---|
| **2369** | 0.80 € lebhaftultramarin/purpur | ahw | 1,60 | 0,80 |
| | FDC | | | 3,— |
| | Folienblatt | | 8,— | 5,— |

Auflage: 750.000 Stück

*Weitere Werte siehe Übersicht nach Jahrgangswerttabelle.*

**2006, 2. Jan. Freimarken: Die Niederlande in den Augen von Künstlern. MiNr. 2370–2379 I = Odr., Markenheftchen (MH) (10), II = RaTdr., Folienbogen (F-Bg.) (50) Streifen ph., selbstklebend, gestanzt 14¼; MiNr. 2380–2389 RaTdr., Folienblätter (F-Bl.) (5) und Folienbogen (F-Bg.) (50), Streifen ph., selbstklebend, teils gerade, teils wellenförmig gestanzt, mit Durchstich zwischen Priority-Feld und Markenbild.**

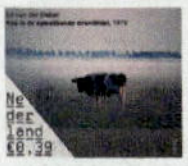
cgf) Kühe im beginnenden Abendnebel; von Ed van der Elsken (1925–1990)

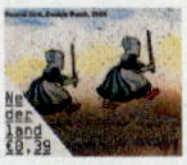
cgg) Double Dutch; von Berend Strik (*1960)

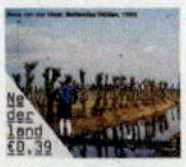
cgh) Holländische Felder; von Hans van der Meer (*1955)

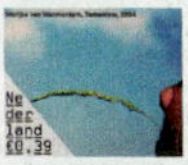
cgi) Tomorrow; von Marijke van Warmerdam (*1959)

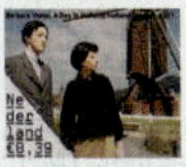
cgk) A Day in Holland/Holland in a Day; von Barbara Visser (*1966)

cgl) Komposition mit rotem Raster; von Daan van Golden (1936–2017)

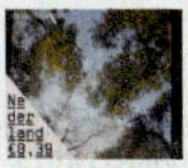
cgm) Baumkronen; von JCJ Vanderheyden (1928–2012)

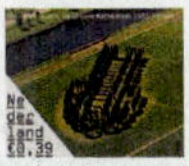
cgn) Die grüne Kathedrale, Almere; von Marinus Boezem (*1934)

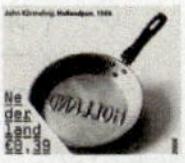
cgo) Hollandpfanne; von John Körmeling (*1951)

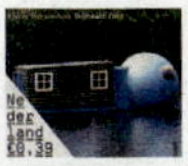
cgp) Treibbild; vom Atelier Van Lieshout

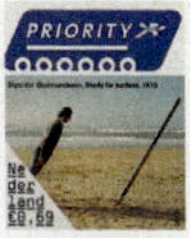
cgr) Study for horizon; von Sigurdur Gudmundsson (*1942)

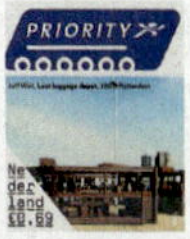
cgs) Depot des Fundbüros, Rotterdam; von Jeff Wall (*1946)

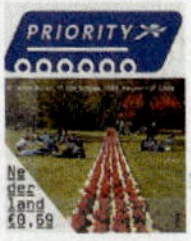
cgt) 11 000 Tulpen, Keukenhof, Lisse; von Daniel Buren (*1938)

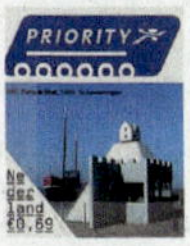
cgu) Fahrrad und Stall, Scheveningen; von FAT

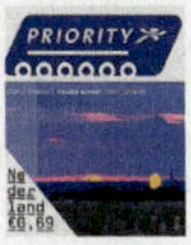
cgv) Doppelter Sonnenuntergang, Utrecht; von Olafur Eliasson (*1967)

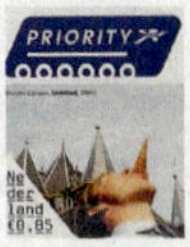
cgw) Ohne Titel; von Dustin Larson (*1976)

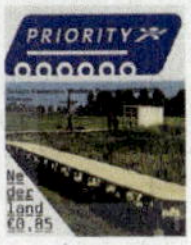
cgx) Arbeitsfortschritt, Alkmaar; von Tadashi Kawamata (*1953)

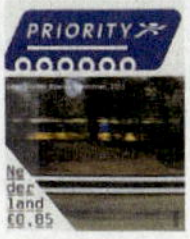
cgy) Boerderijgezichten; von Sean Snyder (*1972)

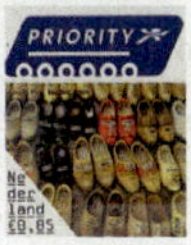
cgz) Toc Toc; von Amalia Pica (*1978)

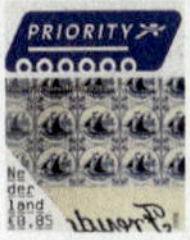
cha) Freude; von Rosemarie Trockel (*1952)

| | | | | | |
|---|---|---|---|---|---|
| **2370** | I | 0.39 € mehrfarbig (MH) | cgf | 0,80 | 0,80 |
| **2371** | | 0.39 € mehrfarbig | cgg | | |
| | I | Odr. (MH) | | 0,80 | 0,80 |
| | II | RaTdr. (F-Bg.) | | 1,50 | 1,50 |
| **2372** | I | 0.39 € mehrfarbig (MH) | cgh | 0,80 | 0,80 |
| **2373** | I | 0.39 € mehrfarbig (MH) | cgi | 0,80 | 0,80 |
| **2374** | I | 0.39 € mehrfarbig (MH) | cgk | 0,80 | 0,80 |
| **2375** | I | 0.39 € mehrfarbig (MH) | cgl | 0,80 | 0,80 |
| **2376** | I | 0.39 € mehrfarbig (MH) | cgm | 0,80 | 0,80 |
| **2377** | I | 0.39 € mehrfarbig (MH) | cgn | 0,80 | 0,80 |
| **2378** | I | 0.39 € mehrfarbig (MH) | cgo | 0,80 | 0,80 |
| **2379** | I | 0.39 € mehrfarbig (MH) | cgp | 0,80 | 0,80 |
| | | Satzpreis (10 W.) | | 8,— | 8,— |
| | | FDC | | | 9,50 |
| | | Markenheftchen | | 8,— | 8,— |

| | | | | |
|---|---|---|---|---|
| **2380** | 0.69 € mehrfarbig (F-Bl.) | cgr | 1,40 | 1,40 |
| **2381** | 0.69 € mehrfarbig (F-Bl.) | cgs | 1,40 | 1,40 |
| **2382** | 0.69 € mehrfarbig (F-Bl.) (F-Bg.) | cgt | 1,40 | 1,40 |
| **2383** | 0.69 € mehrfarbig (F-Bl.) | cgu | 1,40 | 1,40 |
| **2384** | 0.69 € mehrfarbig (F-Bl.) | cgv | 1,40 | 1,40 |
| | Satzpreis (5 W.) | | 7,— | 7,— |
| | FDC | | | 8,50 |
| | Folienblatt | | 7,— | 7,— |

| | | | | |
|---|---|---|---|---|
| **2385** | 0.85 € mehrfarbig (F-Bl.) | cgw | 1,70 | 1,70 |
| **2386** | 0.85 € mehrfarbig (F-Bl.) | cgx | 1,70 | 1,70 |
| **2387** | 0.85 € mehrfarbig (F-Bl.) | cgy | 1,70 | 1,70 |
| **2388** | 0.85 € mehrfarbig (F-Bl.) | cgz | 1,70 | 1,70 |
| **2389** | 0.85 € mehrfarbig (F-Bl.) | cha | 1,70 | 1,70 |
| | Satzpreis (5 W.) | | 8,50 | 8,50 |
| | FDC | | | 10,— |
| | Folienblatt | | 8,50 | 8,50 |

Auflagen: MiNr. 2370–2379 je 11.000.000 Markenheftchen, MiNr. 2380–2384 je 1.500.000, MiNr. 2385–2389 je 900.000 Folienblätter

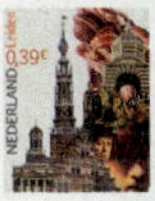

**2006, 1. Febr./10. Okt. Schöne Niederlande (VI). Odr., Kleinbogen (Klb.) (5) und Markenheftchen (MH); Streifen ph.; gez. K 14½:14¼.**

chb) Gebäude in Leiden, Gemäldedetails

| | | | | |
|---|---|---|---|---|
| **2390** | 0.39 € mehrfarbig | chb | | |
| A | gez. K 14½:14¼ (Klb.) (1. Febr.) | | 0,80 | 0,80 |
| C | gez. K 13½:12½ (MH) (10. Okt.) | | 1,50 | 1,50 |
| | | FDC A | | 2,— |
| | | Kleinbogen A | 4,— | 4,— |

MiNr. 2390 A stammt auch aus Bl. 98; siehe nach MiNr. 2420.

MiNr. 2390 C wurde zusammen mit MiNr. 2391 C, 2400 C, 2402 C, 2403 C bis 2404 C, 2416 C–2417 C und 2419 C–2420 C im Markenheftchen ausgegeben (Verkaufspreis des Heftchens: 9.95 €). Bewertung siehe nach MiNr. 2420.

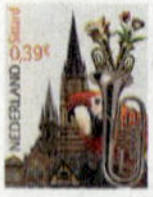

**2006, 3. Febr./10. Okt. Schöne Niederlande (VII). Odr., Kleinbogen (Klb.) (5) und Markenheftchen (MH); Streifen ph.; A = gez. K 14½:14¼, C = gez. K 13½:12½.**

chc) Kirche und Altstadthäuser in Sittard, Tubas mit Karnevalskappe und Tulpen, Papagei

| | | | | |
|---|---|---|---|---|
| **2391** | 0.39 € mehrfarbig | chc | | |
| A | gez. K 14½:14¼ (Klb.) (3. Febr.) | | 0,80 | 0,80 |
| C | gez. K 13½:12½ (MH) (10. Okt.) | | 1,50 | 1,50 |
| | | FDC A | | 2,— |
| | | Kleinbogen A | 4,— | 4,— |

MiNr. 2391 A stammt auch aus Bl. 98; siehe nach MiNr. 2420.

MiNr. 2391 C wurde zusammen mit MiNr. 2390 C, 2400 C, 2402 C, 2403 C bis 2404 C, 2416 C–2417 C und 2419 C–2420 C im Markenheftchen ausgegeben (Verkaufspreis des Heftchens: 9.95 €). Bewertung siehe nach MiNr. 2420.

**2006, 10. Febr. Olympische Winterspiele: Niederländische Goldmedaillengewinner. Odr. mit Kunststoffüberzug, Folienblatt (2) und Markenheftchen; Streifen ph.; selbstklebend; gestanzt 9¼.**

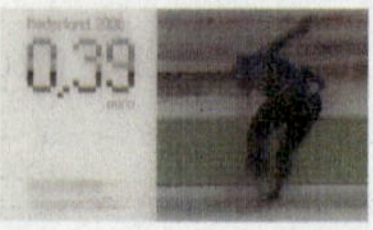

chd) Ard Schenk, Eisschnelllauf, Sapporo 1972

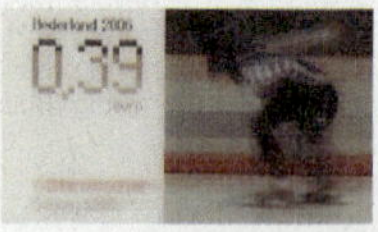

che) Yvonne van Gennip, Eisschnelllauf, Calgary 1988

| | | | | |
|---|---|---|---|---|
| **2392** | 0.39 € mehrfarbig | chd | 3,— | 3,— |
| **2393** | 0.39 € mehrfarbig | che | 3,— | 3,— |
| | | Satzpreis (2 W.) | 6,— | 6,— |
| | | FDC | | 6,— |
| | | Folienblatt | 6,— | 6,— |
| | | Markenheftchen | 30,— | 30,— |

MiNr. 2392–2393 wurden auch zusammen im Markenheftchen zu 10 Marken ausgegeben.

Auflage: 400.000 Sätze

**2006, 4. April. Blockausgabe: Sommermarken – Leseplättchen. Odr.; Streifen ph.; gez. K 13¼:13¾.**

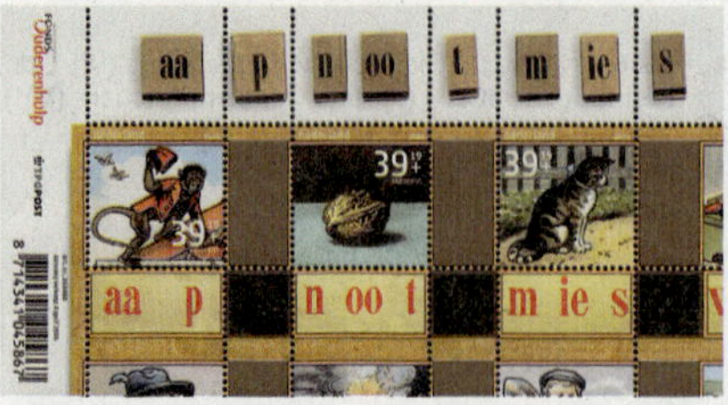

chi

chf) Affe
chg) Walnuss
chh) Katze

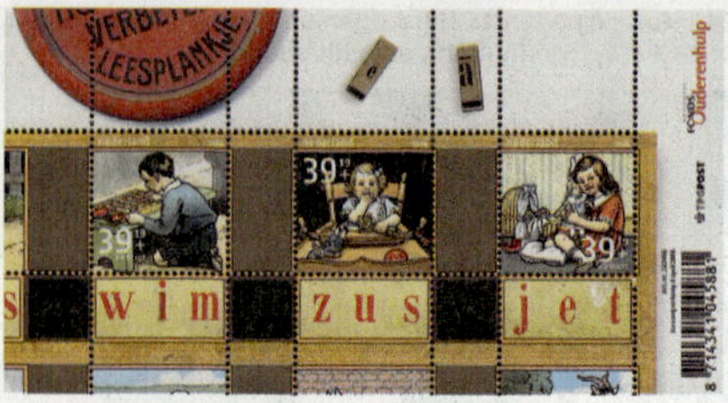

chn

chk) Kind mit Leseplättchen
chl) Mädchen mit Rassel
chm) Mädchen mit Puppe

chf–chh, chk–chm) Buchstabenplättchen von Jan Ligthart (1859–1916), Pädagoge, mit Illustrationen von Hindericus Scheepstra (1859–1913)

| | | | | |
|---|---|---|---|---|
| **2394** | 39 C + 19 (C) mehrfarbig | chf | 1,20 | 1,20 |
| **2395** | 39 C + 19 (C) mehrfarbig | chg | 1,20 | 1,20 |
| **2396** | 39 C + 19 (C) mehrfarbig | chh | 1,20 | 1,20 |
| **Block 94** | (144×75 mm) | chi | 3,60 | 3,60 |
| | | FDC | | 6,20 |
| **2397** | 39 C + 19 (C) mehrfarbig | chk | 1,20 | 1,20 |
| **2398** | 39 C + 19 (C) mehrfarbig | chl | 1,20 | 1,20 |
| **2399** | 39 C + 19 (C) mehrfarbig | chm | 1,20 | 1,20 |
| **Block 95** | (144×75 mm) | chn | 3,60 | 3,60 |
| | | FDC | | 6,20 |

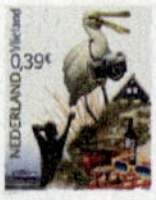

**2006, 28. April/10. Okt. Schöne Niederlande (VIII). Odr., Kleinbogen (Klb.) (5) und Markenheftchen (MH); Streifen ph.; A = gez. K 14½:14¼, C = gez. K 13½:12½.**

cho) Küstenansicht in Vlieland, Löffler mit Kamera, Picknickutensilien, Passagierschiff

| | | | | |
|---|---|---|---|---|
| **2400** | 0.39 € mehrfarbig | cho | | |
| A | gez. K 14½:14¼ (Klb.) (28. April) | | 0,80 | 0,80 |
| C | gez. K 13½:12½ (MH) (10. Okt.) | | 1,50 | 1,50 |
| | | FDC A | | 2,— |
| | | Kleinbogen A | 4,— | 4,— |

MiNr. 2400 A stammt auch aus Bl. 98; siehe nach MiNr. 2420.

MiNr. 2400 C wurde zusammen mit MiNr. 2390 C, 2391 C, 2402 C, 2403 C bis 2404 C, 2416 C–2417 C und 2419 C–2420 C im Markenheftchen ausgegeben (Verkaufspreis des Heftchens: 9.95 €). Bewertung siehe nach MiNr. 2420.

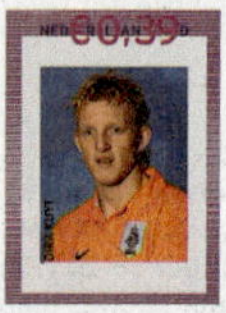

chp

**2006, 1. Mai. Meine Marke. Odr. (5×2); Streifen ph.; gez. K 13½:14.**

| | | | | |
|---|---|---|---|---|
| **2401** | 0.39 € mehrfarbig | chp | 0,80 | 0,80 |
| | | FDC | | 2,— |
| | | Kleinbogen | 8,— | 8,— |

MiNr. 2401 kann auch mit persönlich gestalteten Markenbildern bei der Niederländischen Post bezogen werden. Die Rahmenzeichnung bleibt unverändert. Die Versandstelle liefert anlässlich der Fußball-Weltmeisterschaft in Deutschland Kleinbogen mit Porträts der niederländischen Nationalspieler aus.

Auflage: 4.500.000 Stück mit posteigenem Motiv

*Weitere Werte: MiNr. 2484, 2520*

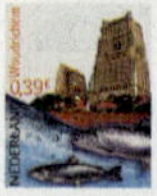

**2006, 24. Mai/10. Okt. Schöne Niederlande (IX). Odr., Kleinbogen (Klb.) (5) und Markenheftchen (MH); Streifen ph.; A = gez. K 14½:14¼, C = gez. K 13½:12½.**

chr) Festungsgebäude, Woudrichem; Fische

| | | | | | |
|---|---|---|---|---|---|
| **2402** | 0.39 € mehrfarbig | chr | | |
| A | gez. K 14½:14¼ (Klb.) (24. Mai) | | 0,80 | 0,80 |
| C | gez. K 13½:12½ (MH) (10. Okt.) | | 1,50 | 1,50 |
| | | FDC A | | 2,— |
| | | Kleinbogen A | 4,— | 4,— |

MiNr. 2402 A stammt auch aus Bl. 98; siehe nach MiNr. 2420.

MiNr. 2402 C wurde zusammen mit MiNr. 2390 C, 2391 C, 2400 C, 2403 C bis 2404 C, 2416 C–2417 C und 2419 C–2420 C im Markenheftchen ausgegeben (Verkaufspreis des Heftchens: 9.95 €). Bewertung siehe nach MiNr. 2420.

**2006, 2. Juni./10. Okt. Schöne Niederlande (X). Odr., Kleinbogen (Klb.) (5) und Markenheftchen (MH); Streifen ph.; A = gez. K 14½:14¼, C = gez. K 13½:12½.**

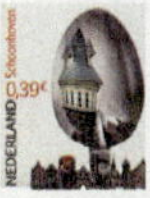

chs) Gebäude in Schoonhoven, Silberlöffel

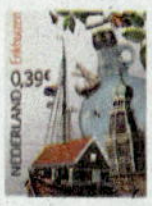

cht) Gebäude in Enkhuizen, Flasche

| | | | | |
|---|---|---|---|---|
| **2403** | 0.39 € mehrfarbig | chs | | |
| A | gez. K 14½:14¼ (Klb.) (2. Juni) | | 0,80 | 0,80 |
| C | gez. K 13½:12½ (MH) (10. Okt.) | | 1,50 | 1,50 |
| **2404** | 0.39 € mehrfarbig | cht | | |
| A | gez. K 14½:14¼ (Klb.) (2. Juni) | | 0,80 | 0,80 |
| C | gez. K 13½:12½ (MH) (10. Okt.) | | 1,50 | 1,50 |
| | | Satzpreis A (2 W.) | 1,60 | 1,60 |
| | | FDC A | | 2,80 |
| | | Kleinbogensatz A (2 Klb.) | 8,— | 8,— |

MiNr. 2403 A–2404 A stammen auch aus Bl. 98–99; siehe nach MiNr. 2420.

MiNr. 2403 C–2404 C wurden zusammen mit MiNr. 2390 C, 2391 C, 2400 C, 2402 C, 2416 C–2417 C und 2419 C–2420 C im Markenheftchen ausgegeben (Verkaufspreis des Heftchens: 9.95 €). Bewertung siehe nach MiNr. 2420.

**2006, 6. Juni. Wahl der beliebtesten Briefmarkenthemen. Odr. (3×5); Streifen ph.; gez. K 14½:14¼.**

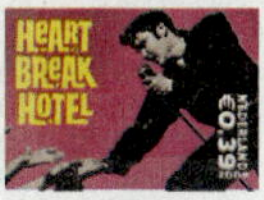


chu) 50. Jahrestag des ersten Nr.-1-Hits in Europa „Heart Break Hotel" von Elvis Presley (1935–1977), amerikanischer Rocksänger und Gitarrist

chv) 250 Jahre Freimaurerorden in den Niederlanden: Emblem

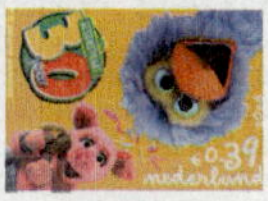

chw) 30 Jahre Fernsehserie „Sesamstraße": Handpuppen

chx) Kampagne „Sprich Deine Muttersprache": Inschrift in verschiedenen Dialekten

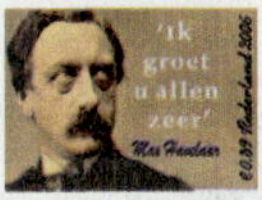

chy) Max Havelaar; Romanfigur von Eduard Douwes Dekker (1820–1887), Schriftsteller

| | | | | |
|---|---|---|---|---|
| **2405** | 0.39 € mehrfarbig | chu | 0,80 | 0,80 |
| **2406** | 0.39 € mehrfarbig | chv | 0,80 | 0,80 |
| **2407** | 0.39 € mehrfarbig | chw | 0,80 | 0,80 |
| **2408** | 0.39 € mehrfarbig | chx | 0,80 | 0,80 |
| **2409** | 0.39 € mehrfarbig | chy | 0,80 | 0,80 |
| | | Satzpreis (5 W.) | 4,— | 4,— |
| | | FDC | | 5,— |
| | | Kleinbogen | 8,— | 8,— |

MiNr. 2405–2409 wurden zusammenhängend im Kleinbogen zu 10 Marken und 5 Zierfeldern (Feld 3, 4, 9, 10 und 15) sowie 4 waagerechten Zwischenstegen gedruckt.

Auflage: 1.300.000 Sätze

**2006, 15. Juli. 400. Geburtstag von Rembrandt. Odr., Kleinbogen (1×2 Zd) und Markenheftchen; Streifen ph.; gez. K 13¾.**

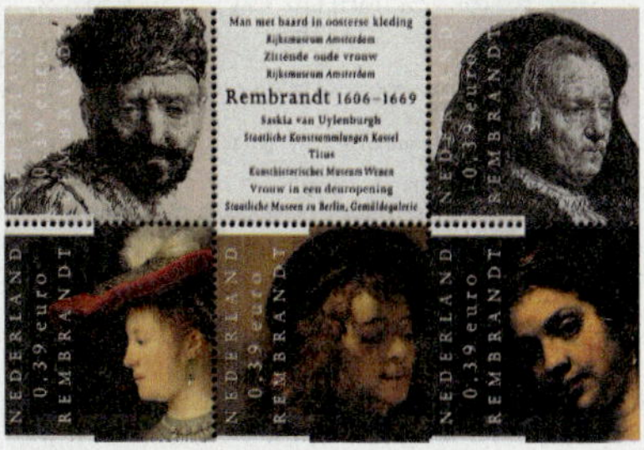


chz) Mann mit Bart in orientalischer Kleidung
Zierfeld
cia) Sitzende alte Frau

cib) Saskia von Uylenburgh
cic) Titus
cid) Frau an einer geöffneten Tür

chz–cie) Radierungen und Gemälde von Rembrandt van Rijn (1606–1669), Maler

| | | | | |
|---|---|---|---|---|
| **2410** | 0.39 € mehrfarbig | chz | 0,80 | 0,80 |
| **2411** | 0.39 € mehrfarbig | cia | 0,80 | 0,80 |
| **2412** | 0.39 € mehrfarbig | cib | 0,80 | 0,80 |
| **2413** | 0.39 € mehrfarbig | cic | 0,80 | 0,80 |
| **2414** | 0.39 € mehrfarbig | cid | 0,80 | 0,80 |
| | | Satzpreis (5 W.) | 4,— | 4,— |
| | | FDC | | 5,— |
| | | Sechserblock | 4,— | 4,— |
| | | Kleinbogen | 8,— | 8,— |

**Blockausgabe; komb. StTdr. und Odr., Blockrand Odr.; Kartonpapier**

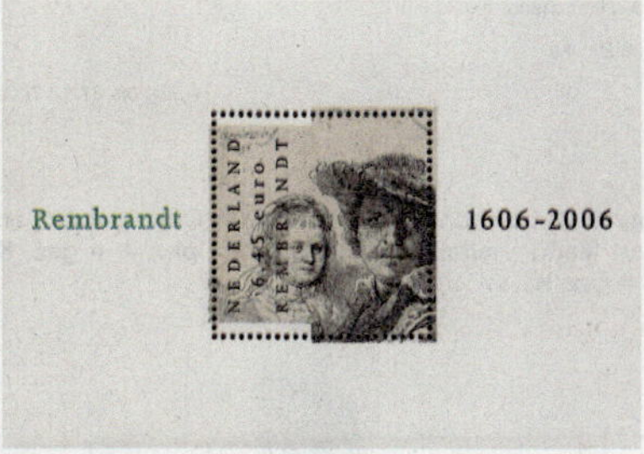


cif

cie) Selbstbildnis mit Saskia

| | | | | |
|---|---|---|---|---|
| **2415** | 6.45 € mehrfarbig | cie | 13,— | 13,— |
| **Block 96** | (104×71 mm) | cif | 13,— | 13,— |
| | | FDC | | 14,— |

MiNr. 2410–2414 wurden auch zusammen im Markenheftchen (MH 70) ausgegeben.

Auflagen: MiNr. 2410–2414 = 1.300.000 Sätze, Bl. 96 = 600.000 Blocks

*Parallelausgabe mit BR Deutschland MiNr. 2550*

**2006, 4. Aug./10. Okt. Schöne Niederlande (XI). Odr., Kleinbogen (Klb.) (5) und Markenheftchen (MH); Streifen ph.; A = gez. K 14½:14¼, C = gez. K 13½:12½.**

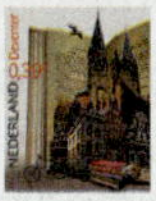

cig) Bergkirche und Stadtwaage in Deventer, Bücher, Fahrrad

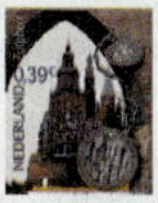

cih) St.-Walpurgis-Kirche, Weinhausturm und Drogenapstor in Zutphen; Kette mit Stadtsiegeln

| | | | | |
|---|---|---|---|---|
| **2416** | 0.39 € mehrfarbig | cig | | |
| A | gez. K 14½:14¼ (Klb.) (4. Aug.) | | 0,80 | 0,80 |
| C | gez. K 13½:12½ (MH) (10. Okt.) | | 1,50 | 1,50 |

| | | | | | |
|---|---|---|---|---|---|
| **2417** | 0.39 € | mehrfarbig | cih | | |
| A | | gez. K 14½:14¼ (Klb.) (4. Aug.) | | 0,80 | 0,80 |
| C | | gez. K 13½:12½ (MH) (10. Okt.) | | 1,50 | 1,50 |
| | | Satzpreis A (2 W.) | | 1,60 | 1,60 |
| | | FDC A | | | 2,80 |
| | | Kleinbogensatz A (2 Klb.) | | 8,— | 8,— |

MiNr. 2416 A–2417 A stammen auch aus Bl. 99; siehe nach MiNr. 2420.

MiNr. 2416 C–2417 C wurden zusammen mit MiNr. 2390 C, 2391 C, 2400 C, 2402 C, 2403 C–2404 C und 2419 C–2420 C im Markenheftchen ausgegeben (Verkaufspreis des Heftchens: 9.95 €). Bewertung siehe nach MiNr. 2420.

Auflagen: MiNr. 2416 A = 700.000, MiNr. 2417 A = 625.000 Stück

**2006, 1. Sept. Blockausgabe: Wochen der Glückwunschkarte. Odr.; Streifen ph.; gez. K 14½:14¼.**

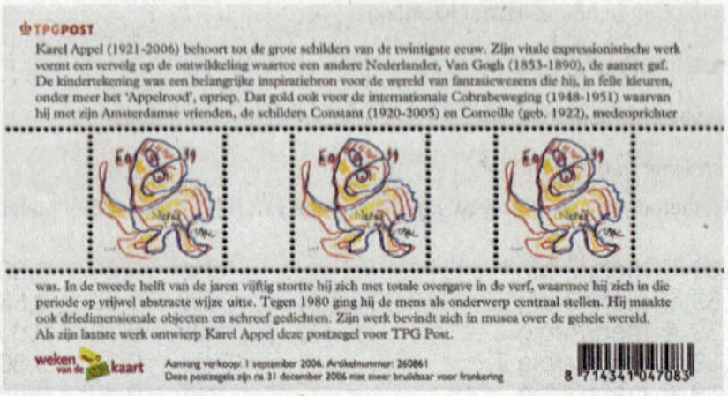

cik

cii) Wesen, halb Mensch halb Tier; Zeichnung von Karel Appel (1921–2006), Maler und Mitbegründer der Künstlergruppe COBRA

| | | | | | |
|---|---|---|---|---|---|
| **2418** | 39 C | mehrfarbig | cii | 0,80 | 0,80 |
| **Block 97** | | mit 3 × MiNr. 2418 (144×75 mm) | cik | 2,40 | 2,40 |
| | | FDC | | | 3,40 |
| | | Markenheftchen | | 20,— | 20,— |

MiNr. 2418 wurde auch im Markenheftchen zu 12 Marken ausgegeben. Verkaufspreis des Heftchens: 9.95 €.

Auflage: 475.000 Blocks

*Gültig bis 31.12.2006*

**2006, 1. Sept./10. Okt. Schöne Niederlande (XII). Odr., Kleinbogen (Klb.) (5) und Markenheftchen (MH); Streifen ph.; A = gez. K 14½:14¼, C = gez. K 13½:12½.**

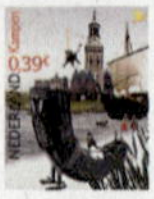

cil) Altes Rathaus, Alter Turm und Kornmarktpforte von Kampen; verziertes Trinkhorn, Kogge

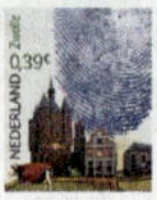

cim) Sassenpoort, Peperbus, Karl-V.-Haus und St.-Michaels-Kirche in Zwolle; Fingerabdruck

| | | | | | |
|---|---|---|---|---|---|
| **2419** | 0.39 € | mehrfarbig | cil | | |
| A | | gez. K 14½:14¼ (Klb.) (1. Sept.) | | 0,80 | 0,80 |
| C | | gez. K 13½:12½ (MH) (10. Okt.) | | 1,50 | 1,50 |
| **2420** | 0.39 € | mehrfarbig | cim | | |
| A | | gez. K 14½:14¼ (Klb.) (1. Sept.) | | 0,80 | 0,80 |
| C | | gez. K 13½:12½ (MH) (10. Okt.) | | 1,50 | 1,50 |
| | | Satzpreis A (2 W.) | | 1,60 | 1,60 |
| | | FDC A | | | 2,80 |
| | | Kleinbogensatz A (2 Klb.) | | 8,— | 8,— |
| | | Markenheftchen C | | 25,— | 25,— |

**Blockausgabe (10. Okt.)**

| | | | | |
|---|---|---|---|---|
| **Block 98** | mit MiNr. 2390 A, 2391 A, 2400 A, 2402 A und 2404 A (144×75 mm) | cin | 4,— | 4,— |
| | FDC | | | 5,50 |
| **Block 99** | mit MiNr. 2403 A, 2416 A, 2417 A, 2419 A und 2420 A (144×75 mm) | cio | 4,— | 4,— |
| | FDC | | | 5,50 |

MiNr. 2419 C–2420 C wurden zusammen mit MiNr. 2390 C, 2391 C, 2400 C, 2402 C, 2403 C–2404 C und 2416 C–2417 C im Markenheftchen ausgegeben (Verkaufspreis des Heftchens: 9.95 €).

Auflagen: MiNr. 2419 A = 625.000, MiNr. 2420 A = 700.000 Stück, Bl. 98–99 je 500.000 Blocks

**2006, 4. Okt. Bedrohte Tiere. Odr., Zd-Bogen (3×4) und Markenheftchen (3×1); Streifen ph.; gez. K 13¾.**

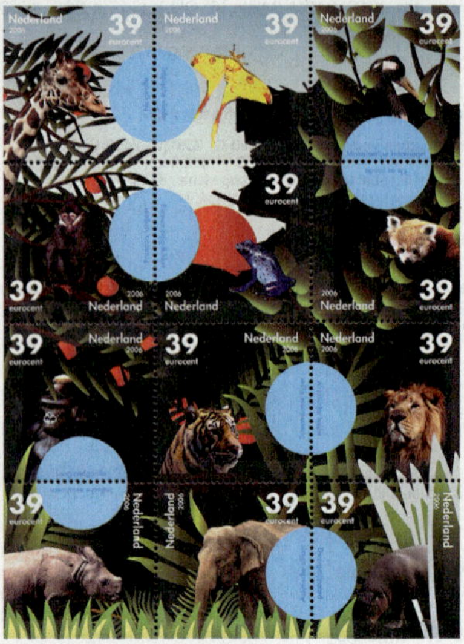

cip) Netzgiraffe (Giraffa camelopardalis reticulata)
cir) Blauer Kaisersegler (Papilio ulysses)
cis) Kranich (Grus grus)

cit) Hatinhlangur (Trachypithecus francoisi hatinhensis)
ciu) Blauer Pfeilgiftfrosch (Dendrobates azureus)
civ) Kleiner Panda (Ailurus fulgens)

ciw) Westlicher Flachlandgorilla (Gorilla gorilla gorilla)
cix) Sumatratiger (Panthera tigris sumatrae)
ciy) Indischer Löwe (Panthera leo persica)

ciz) Panzernashorn (Rhinoceros unicornis)
cka) Indischer Elefant (Elephas maximus)
ckb) Zwergflusspferd (Choeropsis liberiensis)

| | | | | | |
|---|---|---|---|---|---|
| **2421** | 39 C | mehrfarbig | cip | 0,80 | 0,80 |
| **2422** | 39 C | mehrfarbig | cir | 0,80 | 0,80 |
| **2423** | 39 C | mehrfarbig | cis | 0,80 | 0,80 |
| **2424** | 39 C | mehrfarbig | cit | 0,80 | 0,80 |
| **2425** | 39 C | mehrfarbig | ciu | 0,80 | 0,80 |
| **2426** | 39 C | mehrfarbig | civ | 0,80 | 0,80 |
| **2427** | 39 C | mehrfarbig | ciw | 0,80 | 0,80 |
| **2428** | 39 C | mehrfarbig | cix | 0,80 | 0,80 |
| **2429** | 39 C | mehrfarbig | ciy | 0,80 | 0,80 |
| **2430** | 39 C | mehrfarbig | ciz | 0,80 | 0,80 |
| **2431** | 39 C | mehrfarbig | cka | 0,80 | 0,80 |
| **2432** | 39 C | mehrfarbig | ckb | 0,80 | 0,80 |
| | | Satzpreis (12 W.) | | 9,50 | 9,50 |
| | | Zd-Bogen | | 10,— | 10,— |
| | | FDC | | | 11,— |

MiNr. 2421–2432 wurden auch zusammen im Markenheftchen (MH 71) ausgegeben.

Auflage: 650.000 Sätze

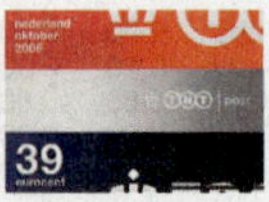

**2006, 16. Okt. TNT-Post. Odr. (2×5); Streifen ph.; gez. K 13¾.**

ckc) Nationalflagge, Postemblem

| | | | | | |
|---|---|---|---|---|---|
| **2433** | 39 C | mehrfarbig | ckc | 0,80 | 0,80 |
| | | Kleinbogen | | 8,— | 8,— |
| | | FDC | | | 10,— |

Auflage: 2.700.000 Stück

**2006, 7. Nov. Blockausgabe: „Voor het Kind" – Sicher in die Zukunft. RaTdr.; Streifen ph.; gez. K 14¼.**

ckk

ckd–cki) Kinder bei Spiel und Sport

2434 0.39 (€) + 0.19 € mehrfarbig ..... ckd 1,20 1,20
2435 0.39 (€) + 0.19 € mehrfarbig ..... cke 1,20 1,20
2436 0.39 (€) + 0.19 € mehrfarbig ..... ckf 1,20 1,20
2437 0.39 (€) + 0.19 € mehrfarbig ..... ckg 1,20 1,20
2438 0.39 (€) + 0.19 € mehrfarbig ..... ckh 1,20 1,20
2439 0.39 (€) + 0.19 € mehrfarbig ..... cki 1,20 1,20
**Block 100** (144×74 mm) .......... ckk 7,— 7,—
FDC 9,50

Auflage: 5.600.000 Blocks

**2006, 23. Nov. Dezembermarken. RaTdr. (5×2 + 5×2); Streifen ph.; selbstklebend; gestanzt 12¾:13¼.**

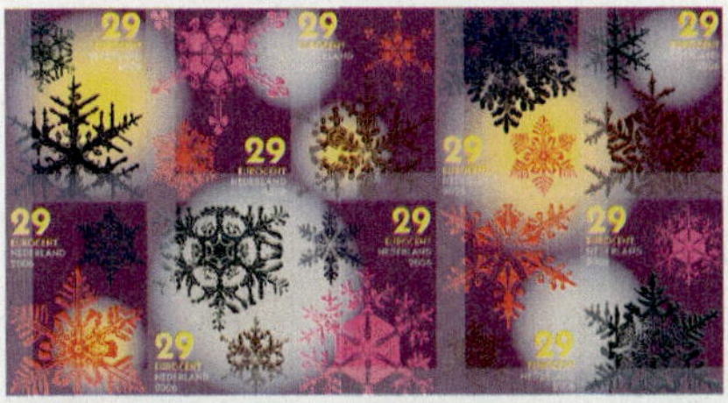

ckl–ckv) Schneekristalle

2440 29 C mehrfarbig .................. ckl 0,60 0,40
2441 29 C mehrfarbig .................. ckm 0,60 0,40
2442 29 C mehrfarbig .................. ckn 0,60 0,40
2443 29 C mehrfarbig .................. cko 0,60 0,40
2444 29 C mehrfarbig .................. ckp 0,60 0,40
2445 29 C mehrfarbig .................. ckr 0,60 0,40
2446 29 C mehrfarbig .................. cks 0,60 0,40
2447 29 C mehrfarbig .................. ckt 0,60 0,40
2448 29 C mehrfarbig .................. cku 0,60 0,40
2449 29 C mehrfarbig .................. ckv 0,60 0,40
Satzpreis (10 W.) 6,— 4,—
Zehnerblock 6,— 4,—
FDC 7,50
Folienbogen 12,— 8,—

Auflage: 24.400.000 Sätze

**2006, 23. Nov. Hilfsorganisationen: Engel. RaTdr. (5×2 + 5×2); Streifen ph.; selbstklebend; gestanzt 9.**

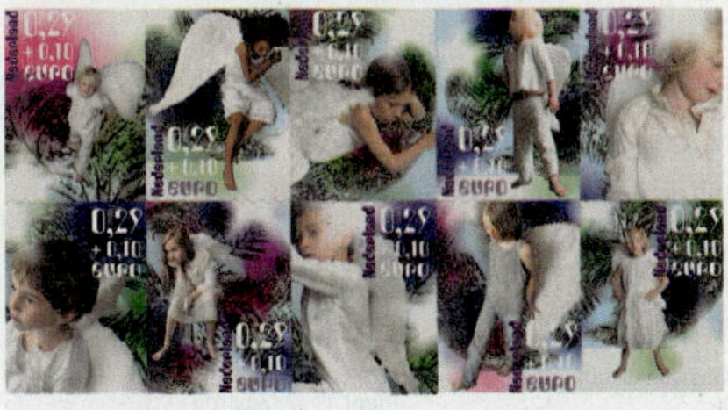

ckw–clf) Als Engel verkleidete Kinder

2450 0.29 (€) + 0.10 € mehrfarbig .......... ckw 0,80 0,60
2451 0.29 (€) + 0.10 € mehrfarbig .......... ckx 0,80 0,60
2452 0.29 (€) + 0.10 € mehrfarbig .......... cky 0,80 0,60
2453 0.29 (€) + 0.10 € mehrfarbig .......... ckz 0,80 0,60
2454 0.29 (€) + 0.10 € mehrfarbig .......... cla 0,80 0,60
2455 0.29 (€) + 0.10 € mehrfarbig .......... clb 0,80 0,60
2456 0.29 (€) + 0.10 € mehrfarbig .......... clc 0,80 0,60
2457 0.29 (€) + 0.10 € mehrfarbig .......... cld 0,80 0,60
2458 0.29 (€) + 0.10 € mehrfarbig .......... cle 0,80 0,60
2459 0.29 (€) + 0.10 € mehrfarbig .......... clf 0,80 0,60
Satzpreis (10 W.) 8,— 6,—
Zehnerblock 8,— 6,—
FDC 9,50
Folienbogen 16,— 12,—

Auflage: 3.000.000 Sätze

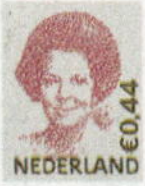

**2006, 11. Dez./2009, April. Freimarken: Königin Beatrix. RaTdr.; Folienblätter MiNr. 2460 (10), MiNr. 2461–2462 (5); selbstklebend; A = gestanzt 14¼, AS = Sicherheitsstanzung 14¼.**

ahw) Königin Beatrix (*1938, reg. 1980–2013)

2460 0.44 € graulila/gelboliv .......... ahw
AS Sicherheitsstanzung 14¼ (11.12.2006) .................. 0,90 0,90
A gestanzt 14¼ (April 2009) ...... 0,90 0,90
2461 A 0.67 € bläulichgrün/ultramarin (11.12.2006) .......... ahw 1,40 1,40
2462 A 0.88 € bläulichviolett/grünoliv (11.12.2006) .......... ahw 1,80 1,80
Satzpreis (3 W.) 4,— 4,—
FDC 6,—
3 Folienblätter 25,— 25,—
Folienblatt mit MiNr. 2460 A 9,— 9,—

*Weitere Werte siehe Übersicht nach Jahrgangswerttabelle.*

**2006, 11. Dez. Freimarken: Niederländische Produkte. MiNr. 2463–2472 I = Odr., Markenheftchen (MH) (10), II = RaTdr., Folienbogen (F-Bg.) (50), Streifen ph., selbstklebend, gestanzt 14¼; MiNr. 2473–2474 RaTdr., Folienblätter (F-Bl.) (5) und Folienbogen (F-Bg.) (50), Streifen ph., selbstklebend, gestanzt 11, mit Durchstich zwischen Priority-Feld und Markenbild.**

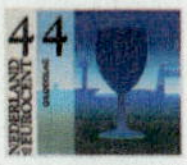
clg) Gilde-Glas

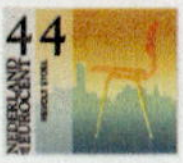
clh) Revolt-Stuhl

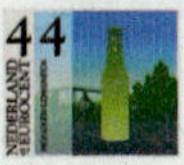
cli) Heineken-Longneckflaschen

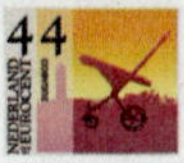
clk) Bugaboo-Kinderwagen

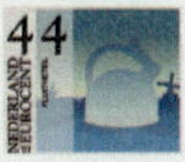
cll) Flötenkessel

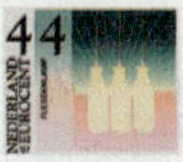
clm) Flessenlamp-Deckenlampe

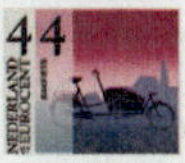
cln) Bakfiets-Lastentransportrad

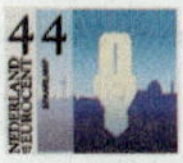
clo) Energiesparlampe

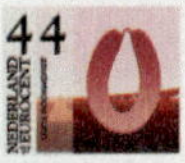
clp) Unox-Rauchwurst

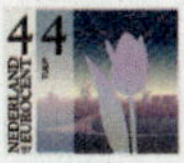
clr) Tulpe

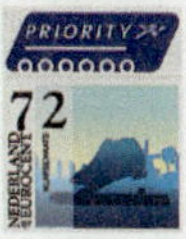

cls) Klappschlittschuh

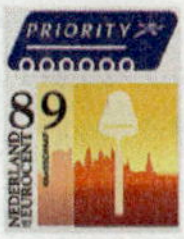

clt) Käsehobel

2463 I 44 C mehrfarbig (MH) ............. clg 0,90 0,90
2464 I 44 C mehrfarbig (MH) ............. clh 0,90 0,90
2465 I 44 C mehrfarbig (MH) ............. cli 0,90 0,90
2466 I 44 C mehrfarbig (MH) ............. clk 0,90 0,90
2467 I 44 C mehrfarbig (MH) ............. cll 0,90 0,90
2468 I 44 C mehrfarbig (MH) ............. clm 0,90 0,90
2469 I 44 C mehrfarbig (MH) ............. cln 0,90 0,90
2470 I 44 C mehrfarbig (MH) ............. clo 0,90 0,90
2471 44 C mehrfarbig ................. clp
I Odr. (MH) ..................... 0,90 0,90
II RaTdr. (F-Bg.) ................. 1,50 1,50
2472 I 44 C mehrfarbig (MH) ............. clr 0,90 0,90
Satzpreis I (10 W.) 9,— 9,—
FDC I 10,50
Markenheftchen 9,—

**2473** 72 C mehrfarbig (F-Bl.) (F-Bg.) ........ cls 1,50 1,50
**2474** 89 C mehrfarbig (F-Bl.) .................. clt 1,80 1,80
Satzpreis (2 W.) 3,20 3,20
FDC 5,—
2 Folienblätter 16,— 16,—

Bei MiNr. 2473 können die Marken aus Folienblättern und Folienbogen anhand der unterschiedlich gestanzten Markenecken unterschieden werden.

Auflagen: MiNr. 2463 I–2472 I = 3.300.000 Markenheftchen, MiNr. 2471 II = 10.100.000 Stück, MiNr. 2473–2474 je 1.145.000 Folienblätter

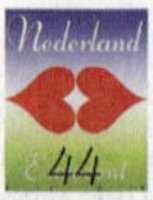

**2006, 11. Dez. Grußmarke: „Zehn für die Liebe". RaTdr., Folienbogen (50) und Folienblatt (10); Streifen ph.; selbstklebend; gestanzt 14¼.**

ccd) Kussmund aus zwei Herzen

**2475** 44 C mehrfarbig .......................... ccd 0,90 0,90
FDC 2,—
Folienblatt 9,— 9,—

Auflage: 3.950.000 Stück in Folienblättern

*In gleicher Zeichnung: MiNr. 2277, 2755*

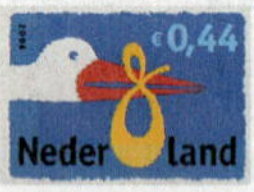

**2006, 11. Dez. Freimarke für Geburtsanzeigen. RaTdr. (10×5); Streifen ph.; selbstklebend; gestanzt 13¼:12¾.**

bbo I) Storch bringt Baby

**2476** 0.44 € mehrfarbig ................. bbo I 0,90 0,90
FDC 2,—

Auflage: 2.550.000 Stück

*In gleicher Zeichnung: MiNr. 1631, 1733, 1898, 1974*
*In ähnlicher Zeichnung: MiNr. 2756*

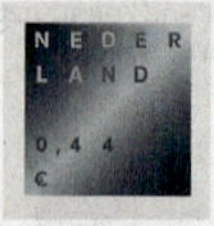

**2006, 11. Dez. Freimarke für Kondolenzbriefe. Odr. (5×10); Rahmen ph.; selbstklebend; gestanzt 13¼.**

bbw) Symbolik

**2477** 0.44 € mehrfarbig .................. bbw 0,90 0,90
FDC 2,—

Auflage: 2.550.000 Stück

*In gleicher Zeichnung: MiNr. 1641, 1825, 1904, 1980*
*In ähnlicher Zeichnung: MiNr. 2757, 3967*

**2006, 11. Dez. Freimarken für Standardbriefe. RaTdr. (100); Streifen ph.; selbstklebend; gestanzt 14¼.**

byu

**2478** 44 C mehrfarbig ...................... byu 0,90 0,50
**2479** 88 C mehrfarbig ...................... byu 1,80 1,20
Satzpreis (2 W.) 2,70 1,70
FDC 4,—

*In gleicher Zeichnung: MiNr. 2195–2196*
*In ähnlicher Zeichnung: MiNr. 2758*

**2006, 11. Dez. Freimarken für Standardbriefe. RaTdr., Rollen; Streifen ph.; selbstklebend; gestanzt 14¼.**

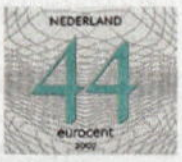
clu
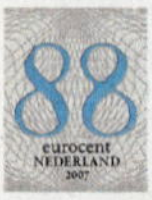
clv

clu–clv) Guillochen

**2480** 44 C mehrfarbig ........................ clu 0,90 0,90
**2481** 88 C mehrfarbig ........................ clv 1,80 1,80
Satzpreis (2 W.) 2,70 2,70
FDC 4,—

MiNr. 2480 in Odr. auf normalem Papier

*In gleicher Zeichnung wie MiNr. 2480: MiNr. 2483*
*In ähnlicher Zeichnung wie MiNr. 2480: MiNr. 2771–2772, 2773*

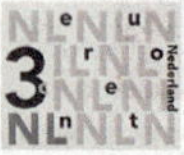

**2006, 11. Dez./2013. Freimarke. I = RaTdr., II = Odr., Bogen (10×10) und Kleinbogen (2×5) ; Streifen ph.; gez. K 14¼:13½.**

bpr) „NL" mehrfach

**2482** 3 C schwarzviolettbraun ............ bpr
I RaTdr. (11.12.2006) ........................ 0,30 0,30
II Odr. (2013) .................................. 0,30 0,30
FDC I 1,—
Kleinbogen I 1,— 1,—
Kleinbogen II 1,— 1,—

*In gleicher Zeichnung: MiNr. 1970–1971, 2032, 2049, 2072*

**2007, 2. Jan. Freimarke für Standardbriefe. Odr. (50 Zd); Streifen ph.; selbstklebend; zähnungsähnlich gestanzt 13½, mit 4 Verbindungsstegen links.**

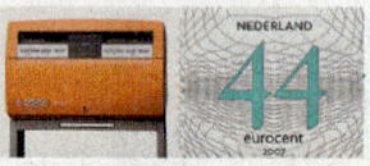

Zierfeld
clu) Guillochen

**2483** 44 C mehrfarbig ...................... clu 0,90 0,90
2483 Zf 0,90 0,90
FDC 1,80

Auflage: 550.000 Stück mit posteigenem Zierfeldmotiv

*In gleicher Zeichnung: MiNr. 2480*
*In ähnlicher Zeichnung: MiNr. 2771–2772, 2773*

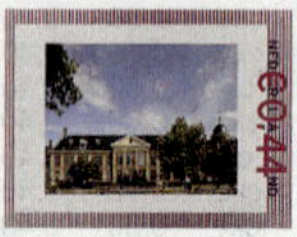

**2007, 2. Jan. Meine Marke. Odr. (2×5); Streifen ph.; gez. K 14:13½.**

chp

**2484** 0.44 € mehrfarbig ...................... chp 0,90 0,90
FDC 1,80
Kleinbogen 9,— 9,—

MiNr. 2484 kann auch mit persönlich gestalteten Markenbildern bei der Niederländischen Post bezogen werden. Die Rahmenzeichnung bleibt unverändert.

Auflage: 1.375.000 Stück mit posteigenem Motiv

*Weitere Werte: MiNr. 2401, 2520*

**2007, 7. Febr./17. Okt. Schöne Niederlande (XIII). Odr., Kleinbogen (Klb.) (5) und Markenheftchen (MH); Streifen ph.; A = gez. K 14½:14¼, C = gez. K 13½:12½.**

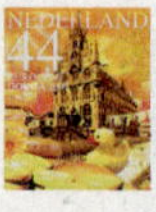

clw) Rathaus von Gouda, Käse, Gummiente

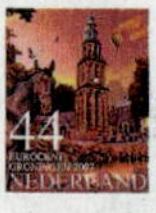

clx) Kirche am Grote Markt, Groningen; Pferd, Heißluftballon

**2485** 44 C mehrfarbig .................. clw
A gez. K 14½:14¼ (Klb.) (7. Febr.) .... 0,90 0,90
C gez. K 13½:12½ (MH) (17. Okt.) .... 2,— 2,—

| | | | | | |
|---|---|---|---|---|---|
| **2486** | 44 C | mehrfarbig | clx | | |
| **A** | | gez. K 14½:14¼ (Klb.) (21. Febr.) | | 0,90 | 0,90 |
| **C** | | gez. K 13½:12½ (MH) (17. Okt.) | | 2,— | 2,— |
| | | | Satzpreis A (2 W.) | 1,80 | 1,80 |
| | | | 2 FDC A | | 3,80 |
| | | | Kleinbogensatz A (2 Klb.) | 9,— | 9,— |

MiNr. 2485 A–2486 A stammen auch aus Bl. 106; siehe nach MiNr. 2522.

MiNr. 2485 C–2486 C wurden zusammen mit MiNr. 2489 C–2490 C, 2497 C, 2511 C, 2514 C–2515 C und 2521 C–2522 C im Markenheftchen ausgegeben (Verkaufspreis des Heftchens: 9.95 €). Bewertung siehe nach MiNr. 2522.

Auflagen: MiNr. 2485 A = 650.000, MiNr. 2486 A = 757.500 Stück

**2007, 23. März. Bäume im Frühling. Odr. (1 × 5 Zd); Streifen ph.; gez. K 14½:14¼.**

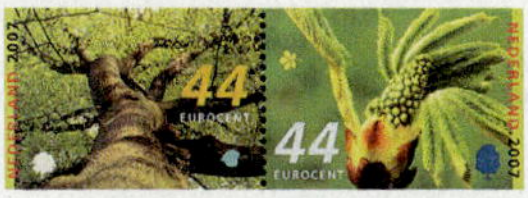

cly) Holländische Linde (Tilia × europaea)
clz) Gemeine Rosskastanie (Aesculus hippocastanum)

| | | | | | |
|---|---|---|---|---|---|
| **2487** | 44 C | mehrfarbig | cly | 0,90 | 0,90 |
| **2488** | 44 C | mehrfarbig | clz | 0,90 | 0,90 |
| | | | Satzpreis (2 W.) | 1,80 | 1,80 |
| | | | Paar | 1,80 | 1,80 |
| | | | FDC | | 2,80 |
| | | | Kleinbogen | 9,— | 9,— |

Auflage: 2.250.000 Sätze

**2007, 23./17. Okt. Schöne Niederlande (XIV). Odr., Kleinbogen (Klb.) (5) und Markenheftchen (MH); Streifen ph.; A = gez. K 14½:14¼, C = gez. K 13½:12½.**

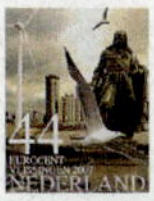

cma) De-Ruyter-Denkmal und Gebäude am Hafen, Vlissingen; Seemöwe

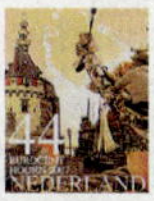

cmb) Kirche am Hafen von Hoorn; Mann an Klüverbaum

| | | | | | |
|---|---|---|---|---|---|
| **2489** | 44 C | mehrfarbig | cma | | |
| **A** | | gez. K 14½:14¼ (Klb.) (23. März) | | 0,90 | 0,90 |
| **C** | | gez. K 13½:12½ (MH) (17. Okt.) | | 2,— | 2,— |
| **2490** | 44 C | mehrfarbig | cmb | | |
| **A** | | gez. K 14½:14¼ (Klb.) (26. März) | | 0,90 | 0,90 |
| **C** | | gez. K 13½:12½ (MH) (17. Okt.) | | 2,— | 2,— |
| | | | Satzpreis A (2 W.) | 1,80 | 1,80 |
| | | | 2 FDC A | | 3,80 |
| | | | Kleinbogensatz A (2 Klb.) | 9,— | 9,— |

MiNr. 2489 A–2490 A stammen auch aus Bl. 107; siehe nach MiNr. 2522.

MiNr. 2489 C–2490 C wurden zusammen mit MiNr. 2485 C–2486 C, 2497 C, 2511 C, 2514 C–2515 C und 2521 C–2522 C im Markenheftchen ausgegeben (Verkaufspreis des Heftchens: 9.95 €). Bewertung siehe nach MiNr. 2522.

Auflagen: MiNr. 2489 A = 620.000, MiNr. 2490 A = 857.500 Stück

**2007, 4. April. Blockausgabe: Sommermarken – Strandszenen früherer Tage. Odr.; Streifen ph.; gez. K 13¼:13¾.**

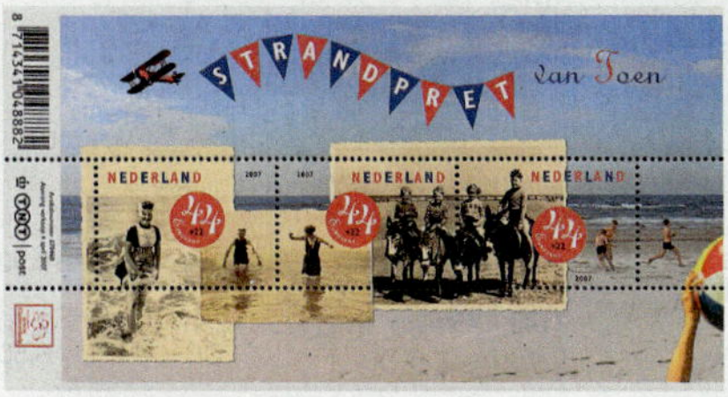


cmf

cmc) Frau in Tracht watet durchs Wasser
cmd) Junge und Frau in Badekleidung
cme) Kinder reiten auf Eseln

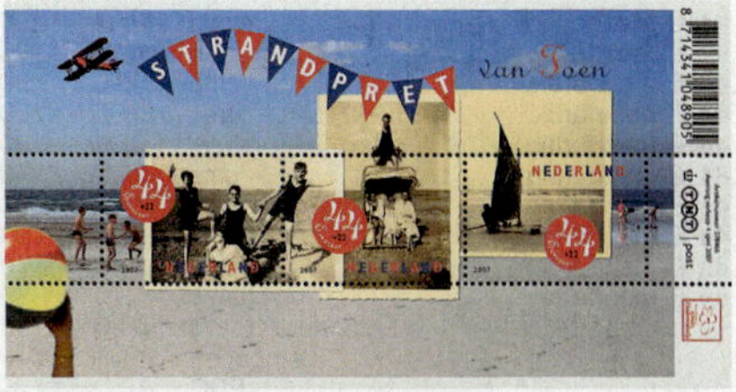


cmk

cmg) Jungen versuchen Menschenpyramide
cmh) Familie in und auf Strandkorb
cmi) Strandsegler

| | | | | | |
|---|---|---|---|---|---|
| **2491** | 44 C | + 22 (C) mehrfarbig | cmc | 1,30 | 1,30 |
| **2492** | 44 C | + 22 (C) mehrfarbig | cmd | 1,30 | 1,30 |
| **2493** | 44 C | + 22 (C) mehrfarbig | cme | 1,30 | 1,30 |
| **Block 101** | | (144 × 75 mm) | cmf | 4,— | 4,— |
| | | | FDC | | 6,50 |

| | | | | | |
|---|---|---|---|---|---|
| **2494** | 44 C | + 22 (C) mehrfarbig | cmg | 1,30 | 1,30 |
| **2495** | 44 C | + 22 (C) mehrfarbig | cmh | 1,30 | 1,30 |
| **2496** | 44 C | + 22 (C) mehrfarbig | cmi | 1,30 | 1,30 |
| **Block 102** | | (144 × 75 mm) | cmk | 4,— | 4,— |
| | | | FDC | | 6,50 |

Auflage: je 625.000 Blocks

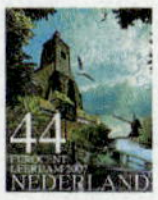

**2007, 13. April/17. Okt. Schöne Niederlande (XV). Odr., Kleinbogen (Klb.) (5) und Markenheftchen (MH); Streifen ph.; A = gez. K 14½:14¼, C = gez. K 13½:12½.**

cml) Große Kirche, Leerdam; Windmühle

| | | | | | |
|---|---|---|---|---|---|
| **2497** | 44 C | mehrfarbig | cml | | |
| **A** | | gez. K 14½:14¼ (Klb.) (13. April) | | 0,90 | 0,90 |
| **C** | | gez. K 13½:12½ (MH) (17. Okt.) | | 2,— | 2,— |
| | | | FDC A | | 1,90 |
| | | | Kleinbogen A | 4,50 | 4,50 |

MiNr. 2497 A stammt auch aus Bl. 106.

MiNr. 2497 C wurde zusammen mit MiNr. 2485 C–2486 C, 2489 C–2490 C, 2511 C, 2514 C–2515 C und 2521 C–2522 C im Markenheftchen ausgegeben (Verkaufspreis des Heftchens: 9.95 €). Bewertung siehe nach MiNr. 2522.

Auflage: MiNr. 2497 A = 622.500 Stück

**2007, 1. Mai. Blumengrüße. Odr. mit unter Folie aufgebrachten Blumensamen, Kleinbogen (2 × 5) und Markenheftchen; Streifen ph.; gez. K 13¼:13½.**

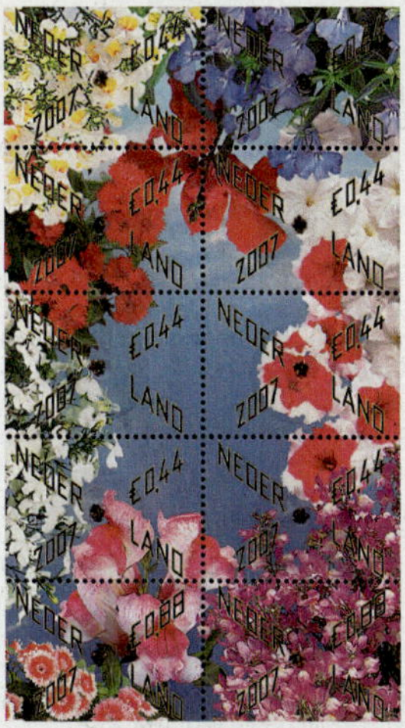

cmm–cmw) Blühende Gartenpflanzen

| | | | | | |
|---|---|---|---|---|---|
| 2498 | 0.44 € | mehrfarbig | cmm | 0,90 | 0,90 |
| 2499 | 0.44 € | mehrfarbig | cmn | 0,90 | 0,90 |
| 2500 | 0.44 € | mehrfarbig | cmo | 0,90 | 0,90 |
| 2501 | 0.44 € | mehrfarbig | cmp | 0,90 | 0,90 |
| 2502 | 0.44 € | mehrfarbig | cmr | 0,90 | 0,90 |
| 2503 | 0.44 € | mehrfarbig | cms | 0,90 | 0,90 |
| 2504 | 0.44 € | mehrfarbig | cmt | 0,90 | 0,90 |
| 2505 | 0.44 € | mehrfarbig | cmu | 0,90 | 0,90 |
| 2506 | 0.88 € | mehrfarbig | cmv | 1,70 | 1,70 |
| 2507 | 0.88 € | mehrfarbig | cmw | 1,70 | 1,70 |
| | | | Satzpreis (10 W.) | 10,50 | 10,50 |
| | | | Kleinbogen | 11,— | 11,— |
| | | | FDC | | 12,— |

MiNr. 2498–2507 wurden auch zusammenhängend im Markenheftchen (MH 72) ausgegeben.

Auflage: 550.000 Sätze

**2007, 21. Juni. Bäume im Sommer. Odr. (1×5 Zd); Streifen ph.; gez. K 14½:14¼.**

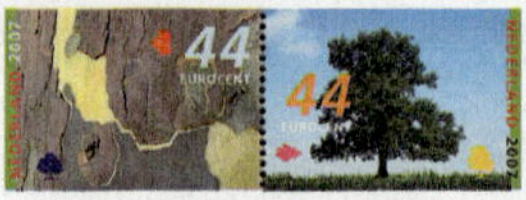

cmx) Ahornblättrige Platane (Platanus × hispanica)
cmy) Stieleiche (Quercus robur)

| | | | | | |
|---|---|---|---|---|---|
| 2508 | 44 C | mehrfarbig | cmx | 0,90 | 0,90 |
| 2509 | 44 C | mehrfarbig | cmy | 0,90 | 0,90 |
| | | | Satzpreis (2 W.) | 1,80 | 1,80 |
| | | | Paar | 1,80 | 1,80 |
| | | | FDC | | 2,80 |
| | | | Kleinbogen | 9,— | 9,— |

Auflage: 2.250.000 Sätze

**2007, 19. Juli. Blockausgabe: 140 Jahre Niederländisches Rotes Kreuz. Odr.; Streifen ph.; gez. K 13¾.**

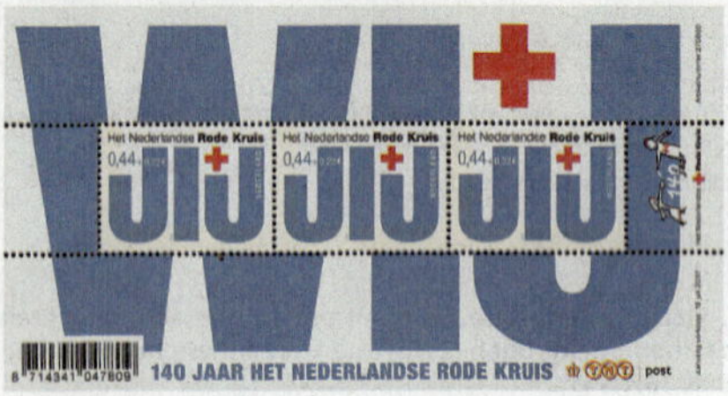


cna

cmz) Inschrift „JIJ", Rotes Kreuz

| | | | | | |
|---|---|---|---|---|---|
| 2510 | 0.44 (€) | + 0.22 € mehrfarbig | cmz | 1,30 | 1,30 |
| Block 103 | | mit 3 × MiNr. 2510 (144×75 mm) | cna | 4,— | 4,— |
| | | | FDC | | 6,50 |

Auflage: 337.500 Blocks

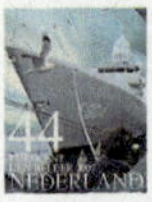

**2007, 24. Juli/17. Okt. Schöne Niederlande (XVI). Odr., Kleinbogen (Klb.) (5) und Markenheftchen (MH); Streifen ph.; A = gez. K 14½:14¼, C = gez. K 13½:12½.**

cnb) Fregatte im Hafen von Den Helder, Sturmmöwe (Larus canus)

| | | | | | |
|---|---|---|---|---|---|
| 2511 | 44 C | mehrfarbig | cnb | | |
| A | | gez. K 14½:14¼ (Klb.) (24. Juli) | | 0,90 | 0,90 |
| C | | gez. K 13½:12½ (MH) (17. Okt.) | | 2,— | 2,— |
| | | | FDC A | | 1,90 |
| | | | Kleinbogen A | 4,50 | 4,50 |

MiNr. 2511 A stammt auch aus Bl. 107; siehe nach MiNr. 2522.

MiNr. 2511 C wurde zusammen mit MiNr. 2485 C–2486 C, 2489 C–2490 C, 2497 C, 2514 C–2515 C und 2521 C–2522 C im Markenheftchen ausgegeben (Verkaufspreis des Heftchens: 9.95 €). Bewertung siehe nach MiNr. 2522.

Auflage: MiNr. 2511 A = 632.500 Stück

**2007, 26. Juli. Europa: Pfadfinder. Odr., Kleinbogen (2×5) und Markenheftchen; Streifen ph.; gez. K 13¼:13¾.**

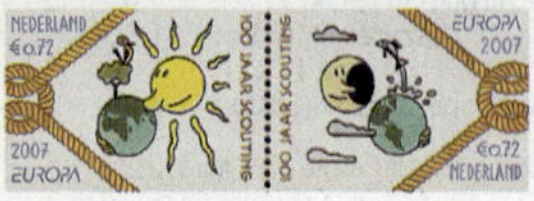

cnc) Sonne hält Weltkugel
cnd) Mond hält Weltkugel

| | | | | | |
|---|---|---|---|---|---|
| 2512 | 0.72 € | mehrfarbig | cnc | 1,60 | 1,60 |
| 2513 | 0.72 € | mehrfarbig | cnd | 1,60 | 1,60 |
| | | | Satzpreis (2 W.) | 3,20 | 3,20 |
| | | | Paar | 3,20 | 3,20 |
| | | | FDC | | 5,50 |
| | | | Kleinbogen | 16,— | 16,— |

MiNr. 2512–2513 wurden sowohl schachbrettartig zusammenhängend im Kleinbogen als auch waagerecht zusammenhängend im Markenheftchen (MH 73) gedruckt.

Auflage: 1.365.000 Sätze

**2007, 8./17. Okt. Schöne Niederlande (XVII). Odr., Kleinbogen (Klb.) (5) und Markenheftchen (MH); Streifen ph.; A = gez. K 14½:14¼, C = gez. K 13½:12½.**

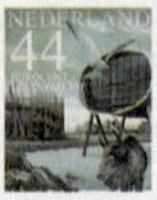

cne) Gebäude in Lelystad, Flussseeschwalbe (Sterna hirundo), Wisent (Bison bonasus)

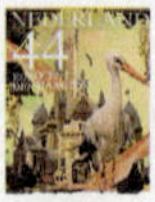

cnf) Gebäude in Den Haag, Weißstorch (Ciconia ciconia)

| | | | | | |
|---|---|---|---|---|---|
| 2514 | 44 C | mehrfarbig | cne | | |
| A | | gez. K 14½:14¼ | | 0,90 | 0,90 |
| C | | gez. K 13½:12½ (MH) (17. Okt.) | | 2,— | 2,— |
| 2515 | 44 C | mehrfarbig | cnf | | |
| A | | gez. K 14½:14¼ (Klb.) (15. Aug.) | | 0,90 | 0,90 |
| C | | gez. K 13½:12½ (MH) (17. Okt.) | | 2,— | 2,— |
| | | | Satzpreis A (2 W.) | 1,80 | 1,80 |
| | | | 2 FDC A | | 4,— |
| | | | Kleinbogensatz A (2 Klb.) | 9,— | 9,— |

MiNr. 2514 A–2515 A stammen auch aus Bl. 107; siehe nach MiNr. 2522.

MiNr. 2514 C–2515 C wurden zusammen mit MiNr. 2485 C–2486 C, 2489 C bis 2490 C, 2497 C, 2511 C und 2521 C–2522 C im Markenheftchen ausgegeben (Verkaufspreis des Heftchens: 9.95 €). Bewertung siehe nach MiNr. 2522.

Auflagen: MiNr. 2514 A = 632 500, MiNr. 2515 A = 795 000 Stück

**2007, 3. Sept. Blockausgabe: Wochen der Glückwunschkarte. Odr.; Papier ph.; gez. K 13¾.**

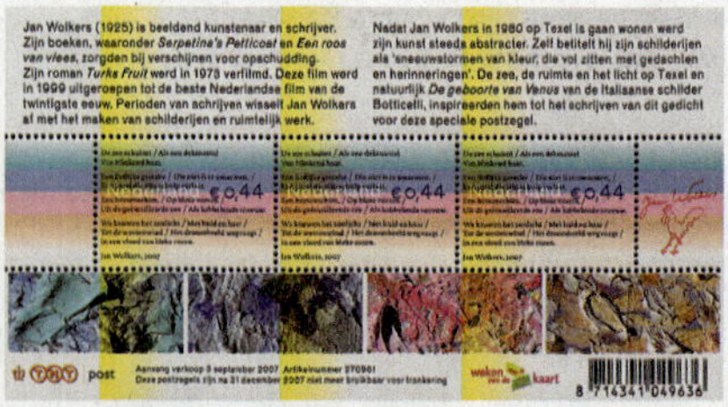

cnh

cng) Gedicht von Jan Wolkers (1925–2007), Dichter und Schriftsteller

| | | | | | |
|---|---|---|---|---|---|
| 2516 | 0.44 (€) | mehrfarbig | cng | 0,90 | 0,90 |
| Block 104 | | mit 3 × MiNr. 2516 (140×75 mm) | cnh | 2,70 | 2,70 |
| | | | FDC | | 6,50 |

Auflage: 490.500 Blocks

*Gültig bis 31.12.2007*

**2007, 11. Sept. Blockausgabe: 200 Jahre Prädikat „Königlich". Komb. Odr., Hfdr. und Pdr.; gez. Ks 13.**

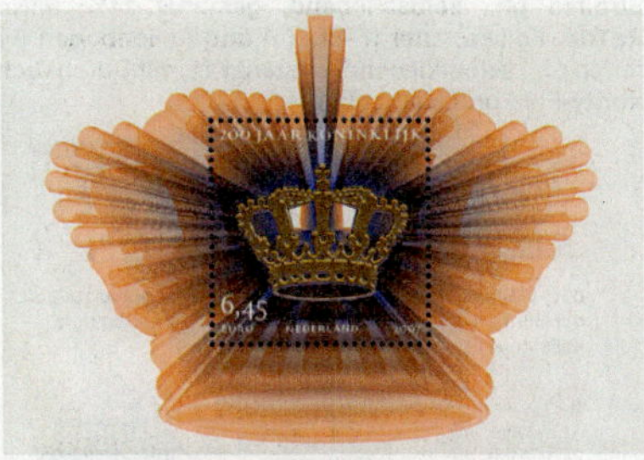


cnk

cni) Königskrone

| | | | | | |
|---|---|---|---|---|---|
| 2517 | 6.45 (€) mehrfarbig | cni | 13,— | 13,— |
| Block 105 | (104×71 mm) | cnk | 13,— | 13,— |
| | | FDC | | 15,— |
| | | Markenheftchen | 20,— | 20,— |

MiNr. 2517 wurde auch im Markenheftchen ausgegeben (Postpreis: 9.95 €).

Auflage: 360.000 Blocks

**2007, 21. Juni. Bäume im Herbst. Odr. (1×5 Zd); Streifen ph.; gez. K 14½:14¼.**

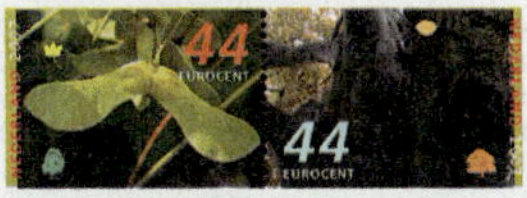


cnl) Spitzahorn (Acer platanoides)
cnm) Blutbuche (Fagus sylvatica „atropunicea")

| | | | | |
|---|---|---|---|---|
| 2518 | 44 C mehrfarbig | cnl | 0,90 | 0,90 |
| 2519 | 44 C mehrfarbig | cnm | 0,90 | 0,90 |
| | | Satzpreis (2 W.) | 1,80 | 1,80 |
| | | Paar | 1,80 | 1,80 |
| | | FDC | | 2,80 |
| | | Kleinbogen | 9,— | 9,— |

Auflage: 2.250.000 Sätze

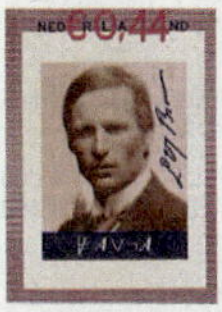

**2007, 21. Sept. Meine Marke. Odr. (10×5); Streifen ph.; selbstklebend; gestanzt 13¼.**

chp

| | | | | |
|---|---|---|---|---|
| 2520 | 0.44 € mehrfarbig | chp | 0,90 | 0,90 |
| | | FDC | | 1,80 |

MiNr. 2520 kann auch mit persönlich gestalteten Markenbildern bei der Niederländischen Post bezogen werden. Die Rahmenzeichnung bleibt unverändert.

Auflage: 600.000 Stück mit posteigenem Motiv

*Weitere Werte: MiNr. 2401, 2484*

**2007, 3./17. Okt. Schöne Niederlande (XVIII). Odr., Kleinbogen (Klb.) (5) und Markenheftchen (MH); Streifen ph.; A = gez. K 14½:14¼, C = gez. K 13½:12½.**

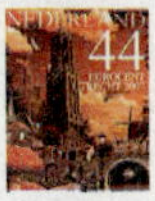

cnn) Dom von Utrecht, Radfahrerin, Fliegenpilze

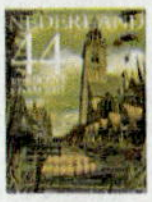

cno) Nikolaikirche, Edam; Käsefuhre, Paraglider

| | | | | |
|---|---|---|---|---|
| 2521 | 44 C mehrfarbig | cnn | | |
| A | gez. K 14½:14¼ (Klb.) (3. Okt.) | | 0,90 | 0,90 |
| C | gez. K 13½:12½ (MH) (17. Okt.) | | 2,— | 2,— |
| 2522 | 44 C mehrfarbig | cno | | |
| A | gez. K 14½:14¼ (Klb.) (10. Okt.) | | 0,90 | 0,90 |
| C | gez. K 13½:12½ (MH) (17. Okt.) | | 2,— | 2,— |
| | | Satzpreis A (2 W.) | 1,80 | 1,80 |
| | | 2 FDC A | | 4,— |
| | | Kleinbogensatz A (2 Klb.) | 9,— | 9,— |
| | | Markenheftchen C | 25,— | 25,— |

**Blockausgabe (17. Okt.)**

| | | | | |
|---|---|---|---|---|
| Block 106 | mit MiNr. 2485 A–2486 A, 2497 A und 2521 A–2522 A (144×75 mm) | cnp | 4,50 | 4,50 |
| | | FDC | | 5,50 |
| Block 107 | mit MiNr. 2489 A–2490 A, 2511 A und 2514 A–2515 A (144×75 mm) | cnr | 4,50 | 4,50 |
| | | FDC | | 5,50 |

MiNr. 2521 C–2522 C wurden zusammen mit MiNr. 2485 C–2486 C, 2489 C bis 2490 C, 2497 C, 2511 C und 2514 C–2515 C im Markenheftchen ausgegeben (Verkaufspreis des Heftchens: 9.95 €).

Auflagen: MiNr. 2521 A = 720.000, MiNr. 2522 A = 595.000 Stück, Bl. 106–107 je 438.500 Blocks

**2007, 6. Nov. Blockausgabe: „Voor het Kind" – Ein sicheres Zuhause. RaTdr.; Streifen ph.; gez. K 14¼.**

cny

cns) Junge beim Fernsehen
cnt) Mädchen nachts am Fenster
cnu) Kind im Bett mit Taschenlampe
cnv) Mädchen am Computer
cnw) Junge spielt mit Katze
cnx) Lesendes Mädchen

| | | | | |
|---|---|---|---|---|
| 2523 | 44 (C) + 22 C mehrfarbig | cns | 1,30 | 1,30 |
| 2524 | 44 (C) + 22 C mehrfarbig | cnt | 1,30 | 1,30 |
| 2525 | 44 (C) + 22 C mehrfarbig | cnu | 1,30 | 1,30 |
| 2526 | 44 (C) + 22 C mehrfarbig | cnv | 1,30 | 1,30 |
| 2527 | 44 (C) + 22 C mehrfarbig | cnw | 1,30 | 1,30 |
| 2528 | 44 (C) + 22 C mehrfarbig | cnx | 1,30 | 1,30 |
| Block 108 | (144×74 mm) | cny | 8,— | 8,— |
| | | FDC | | 9,50 |

Auflage: 5.405.000 Blocks

**2007, 12. Nov. Bäume im Winter. Odr. (1×5 Zd); Streifen ph.; gez. K 14½:14¼.**

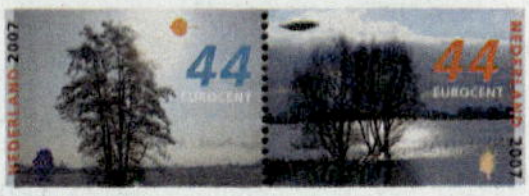


cnz) Erle (Alnus sp.)
coa) Weide (Salix sp.)

| | | | | |
|---|---|---|---|---|
| 2529 | 44 C mehrfarbig | cnz | 0,90 | 0,90 |
| 2530 | 44 C mehrfarbig | coa | 0,90 | 0,90 |
| | | Satzpreis (2 W.) | 1,80 | 1,80 |
| | | Paar | 1,80 | 1,80 |
| | | FDC | | 2,80 |
| | | Kleinbogen | 9,— | 9,— |

Auflage: 2.250.000 Sätze

**2007, 22. Nov. Dezembermarken (I). RaTdr. (5×2 + 5×2); Streifen ph.; selbstklebend; gestanzt 12¾:13¼.**

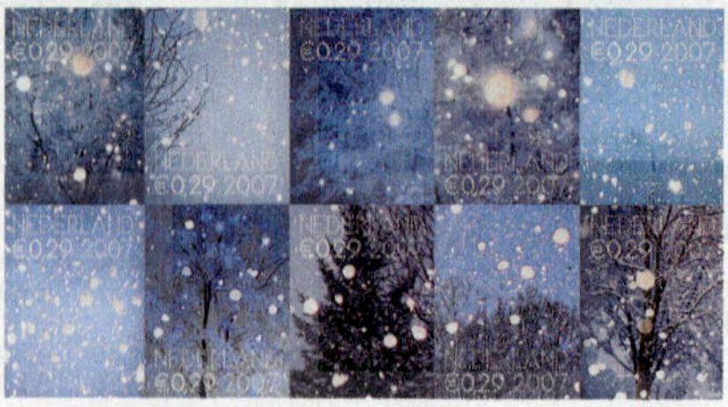

cob–col) Schneefall

| | | | | | | |
|---|---|---|---|---|---|---|
| **2531** | 0.29 € | mehrfarbig | cob | 0,60 | 0,40 | |
| **2532** | 0.29 € | mehrfarbig | coc | 0,60 | 0,40 | |
| **2533** | 0.29 € | mehrfarbig | cod | 0,60 | 0,40 | |
| **2534** | 0.29 € | mehrfarbig | coe | 0,60 | 0,40 | |
| **2535** | 0.29 € | mehrfarbig | cof | 0,60 | 0,40 | |
| **2536** | 0.29 € | mehrfarbig | cog | 0,60 | 0,40 | |
| **2537** | 0.29 € | mehrfarbig | coh | 0,60 | 0,40 | |
| **2538** | 0.29 € | mehrfarbig | coi | 0,60 | 0,40 | |
| **2539** | 0.29 € | mehrfarbig | cok | 0,60 | 0,40 | |
| **2540** | 0.29 € | mehrfarbig | col | 0,60 | 0,40 | |
| | | Satzpreis (10 W.) | | 6,— | 4,— | |
| | | Zehnerblock | | 6,— | 4,— | |
| | | FDC | | | 7,50 | |
| | | Folienblatt | | 12,— | 8,— | |

Auflage: 25.600.000 Sätze

**2007, 22. Nov. Dezembermarken (II). RaTdr. (5×2 Zd + 5×2 Zd); Streifen ph.; selbstklebend; gestanzt 12¾:12½.**

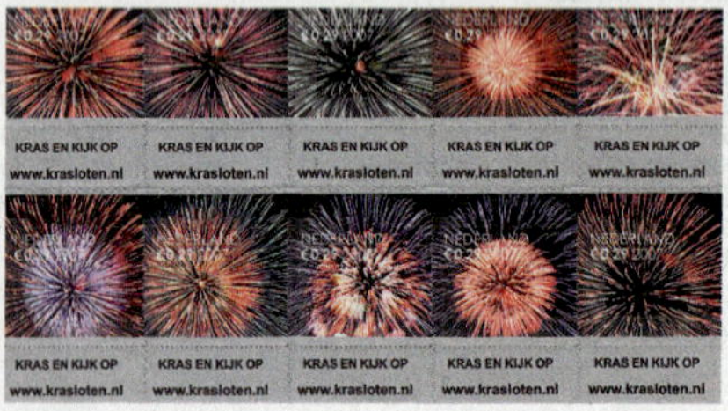


com Zierfeld, con Zierfeld, coo Zierfeld, cop Zierfeld, cor Zierfeld
cos Zierfeld, cot Zierfeld, cou Zierfeld, cov Zierfeld, cow Zierfeld

com–cow) Feuerwerk

| | | | | | |
|---|---|---|---|---|---|
| **2541** | 0.29 € | mehrfarbig | com | 0,60 | 0,60 |
| **2542** | 0.29 € | mehrfarbig | con | 0,60 | 0,60 |
| **2543** | 0.29 € | mehrfarbig | coo | 0,60 | 0,60 |
| **2544** | 0.29 € | mehrfarbig | cop | 0,60 | 0,60 |
| **2545** | 0.29 € | mehrfarbig | cor | 0,60 | 0,60 |
| **2546** | 0.29 € | mehrfarbig | cos | 0,60 | 0,60 |
| **2547** | 0.29 € | mehrfarbig | cot | 0,60 | 0,60 |
| **2548** | 0.29 € | mehrfarbig | cou | 0,60 | 0,60 |
| **2549** | 0.29 € | mehrfarbig | cov | 0,60 | 0,60 |
| **2550** | 0.29 € | mehrfarbig | cow | 0,60 | 0,60 |
| | | Satzpreis (10 W.) | | 6,— | 6,— |
| | | Zehnerblock | | 6,— | 6,— |
| | | FDC | | | 7,50 |
| | | Folienblatt | | 12,— | |

MiNr. 2541–2550 wurden jeweils mit einem durch Durchstich abtrennbaren Zierfeld gedruckt, das mit einem Rubbelfeld versehen ist und als Los diente.

Auflage: 1.500.000 Sätze

MiNr. 2551 entfällt.

**2008, 2. Jan. Freimarken: Umweltschutz. MiNr. 2552–2561 I = Odr., Folienblatt (F-Bl.) (10), II = RaTdr., Folienbogen (F-Bg.) (50), Streifen ph., selbstklebend, gestanzt 14¼; MiNr. 2562–2563 RaTdr., Folienblätter (F-Bl.) (5) und Folienbogen (F-Bg.) (50), Streifen ph., selbstklebend, gestanzt 11, mit Durchstich zwischen Priority-Feld und Markenbild.**

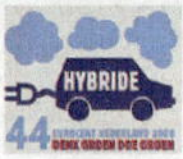


cox) Autos mit Hybridantrieb

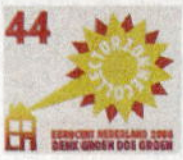


coy) Häuser mit Sonnenkollektoren

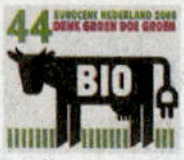


coz) Biologische Landwirtschaft

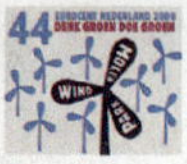


cpa) Nutzung der Windenergie

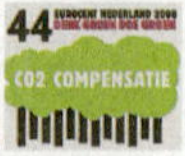


cpb) Minderung des $CO_2$-Ausstoßes

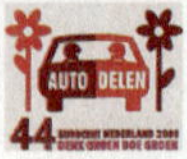


cpc) Fahrgemeinschaften bilden

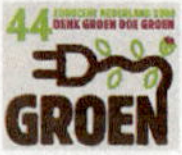


cpd) Ökologisch gewonnener Strom

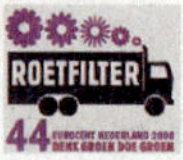


cpe) Dieselfahrzeuge mit Rußfilter

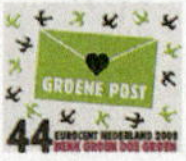


cpf) Umweltpapier bei Briefpost

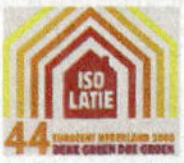


cpg) Gebäude mit Wärmeisolierung

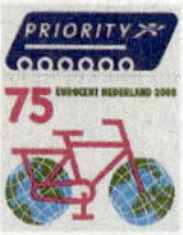


cph) Fahrrad mit Weltkugeln

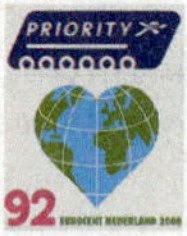


cpi) Herzförmiger Globus

| | | | | | | |
|---|---|---|---|---|---|---|
| **2552** | I | 44 C | mehrfarbig (F-Bl.) | cox | 0,90 | 0,90 |
| **2553** | I | 44 C | mehrfarbig (F-Bl.) | coy | 0,90 | 0,90 |
| **2554** | I | 44 C | mehrfarbig (F-Bl.) | coz | 0,90 | 0,90 |
| **2555** | I | 44 C | mehrfarbig (F-Bl.) | cpa | 0,90 | 0,90 |
| **2556** | I | 44 C | mehrfarbig (F-Bl.) | cpb | 0,90 | 0,90 |
| **2557** | I | 44 C | mehrfarbig (F-Bl.) | cpc | 0,90 | 0,90 |
| **2558** | | 44 C | mehrfarbig | cpd | | |
| | I | | Odr. (F-Bl.) | | 0,90 | 0,90 |
| | II | | RaTdr. (F-Bg.) | | 1,50 | 1,50 |
| **2559** | I | 44 C | mehrfarbig (F-Bl.) | cpe | 0,90 | 0,90 |
| **2560** | I | 44 C | mehrfarbig (F-Bl.) | cpf | 0,90 | 0,90 |
| **2561** | I | 44 C | mehrfarbig (F-Bl.) | cpg | 0,90 | 0,90 |
| | | | Satzpreis I (10 W.) | | 9,— | 9,— |
| | | | 2 FDC I | | | 10,50 |
| | | | Folienblatt I | | 9,— | 9,— |

| | | | | | |
|---|---|---|---|---|---|
| **2562** | 75 C | mehrfarbig (F-Bl.) (F-Bg.) | cph | 1,50 | 1,50 |
| **2563** | 92 C | mehrfarbig (F-Bl.) | cpi | 1,90 | 1,90 |
| | | Satzpreis (2 W.) | | 3,40 | 3,40 |
| | | FDC | | | 5,— |
| | | 2 Folienblätter | | 17,— | 17,— |

Bei MiNr. 2562 können die Marken aus Folienblättern und Folienbogen anhand der unterschiedlich gestanzten Markenecken unterschieden werden.

Auflagen: MiNr. 2552 I–2561 I = 4.000.000 Folienblätter, MiNr. 2558 II = 10.000.000 Stück, MiNr. 2562–2563 je 1.000.000 Folienblätter, MiNr. 2562 zusätzlich 100.000 Folienbogen

*In gleichen Zeichnungen: MiNr. 2633–2634*
*In ähnlichen Zeichnungen: MiNr. 2759–2770*

**2008, 2. Jan./18. März. Meine Marke. Odr., Kleinbogen (Klb.) (2×5, Hochformat ~) und Markenheftchen (MH); Streifen ph.; A = gez. K 13½:14, C = gez. K 13¼:13.**

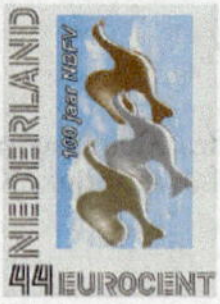


cpk

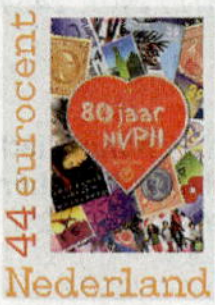


cpl

| | | | | | |
|---|---|---|---|---|---|
| **2564** A | 44 C | mehrfarbig (Klb.) (MH) | cpk | 0,90 | 0,90 |
| **2565** | 44 C | mehrfarbig | cpl | | |
| A | | gez. K 13½:14 (Klb.) (MH) | | 0,90 | 0,90 |
| C | | gez. K 13¼:13 (18. März) (Klb.) | | 0,90 | 0,90 |
| | | Satzpreis (2 W.) | | 1,80 | 1,80 |
| | | FDC | | | 3,50 |
| | | Kleinbogensatz A (2 Klb.) | | 18,— | 18,— |
| | | Kleinbogen C | | 9,— | 9,— |

MiNr. 2564–2565 können auch mit persönlich gestalteten Markenbildern bei der Niederländischen Post bezogen werden. Die Rahmenzeichnungen bleiben unverändert.

MiNr. 2565 C wurde von der Versandstelle anlässlich der Wahl der beliebtesten Briefmarkenthemen „Keuze van Nederland 2008“ im Kleinbogen mit 5 verschiedenen Bildmotiven ausgegeben. 2009 gab die Versandstelle von MiNr. 2565 C drei verschiedene Bildmotive „Schlösser in den Niederlanden“, jeweils im Kleinbogen zu 10 Marken, auf Albumblatt heraus.

MiNr. 2564 A–2565 A wurden auch zusammenhängend im Markenheftchen (MH 74) ausgegeben.

Auflagen: MiNr. 2564 A = 286.000, MiNr. 2565 A = 500.000, MiNr. 2565 C = 376.000 Folienblätter mit posteigenem Motiv

*In gleichen Zeichnungen: MiNr. 2647–2648 (selbstklebend)*

**2008, 25. März/12. Juni. Schöne Niederlande (XIX). Odr., Kleinbogen (5) und Markenheftchen (MH); Streifen ph.; A = gez. K 14½:14¼, C = gez. K 13½:12½.**

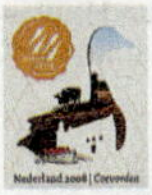

cpm) Silhouette einer Gans mit Schloss von Coevorden, Kuh und Ruderboot

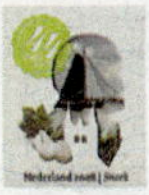

cpn) Segelschiff, Wassertor von Sneek

| | | | | | |
|---|---|---|---|---|---|
| **2566** | 44 C | mehrfarbig | cpm | | |
| A | | gez. K 14½:14¼ (Klb.) (25. März) | | 0,90 | 0,90 |
| C | | gez. K 13½:12½ (MH) (12. Juni) | | 2,— | 2,— |
| **2567** | 44 C | mehrfarbig | cpn | | |
| A | | gez. K 14½:14¼ (Klb.) (25. März) | | 0,90 | 0,90 |
| C | | gez. K 13½:12½ (MH) (12. Juni) | | 2,— | 2,— |
| | | Satzpreis A (2 W.) | | 1,80 | 1,80 |
| | | FDC A | | | 3,— |
| | | Kleinbogensatz A (2 Klb.) | | 9,— | 9,— |

MiNr. 2566 A–2567 A stammen auch aus Bl. 111; siehe nach MiNr. 2582.

MiNr. 2566 C–2567 C wurden zusammen mit MiNr. 2574 C–2575 C und 2582 C im Markenheftchen ausgegeben. Bewertung siehe nach MiNr. 2582.

Auflage: MiNr. 2566 A–2567 A = 547.500 Sätze

**2008, 1. April. Blockausgabe: Sommermarken – Vergesst die Älteren nicht. Odr.; Streifen ph.; gez. K 14¼.**

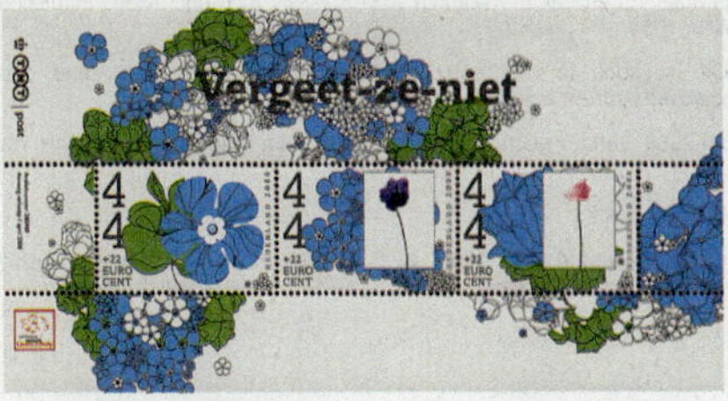


cps

cpo) Blüte
cpp) Storchschnabel, Blüten
cpr) Japanische Anemone, Blüte

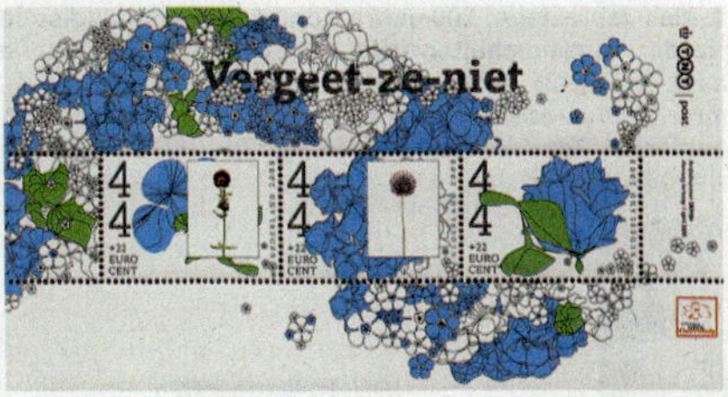


cpw

cpt) Rittersporn, Blüte
cpu) Kugeldistel, Blüten
cpv) Blüte

| | | | | | |
|---|---|---|---|---|---|
| **2568** | 44 (C) | + 22 C mehrfarbig | cpo | 1,30 | 1,30 |
| **2569** | 44 (C) | + 22 C mehrfarbig | cpp | 1,30 | 1,30 |
| **2570** | 44 (C) | + 22 C mehrfarbig | cpr | 1,30 | 1,30 |
| **Block 109** | | (144×75 mm) | cps | 4,— | 4,— |
| | | FDC | | | 5,50 |
| **2571** | 44 (C) | + 22 C mehrfarbig | cpt | 1,30 | 1,30 |
| **2572** | 44 (C) | + 22 C mehrfarbig | cpu | 1,30 | 1,30 |
| **2573** | 44 (C) | + 22 C mehrfarbig | cpv | 1,30 | 1,30 |
| **Block 110** | | (144×75 mm) | cpw | 4,— | 4,— |
| | | FDC | | | 5,50 |

Auflagen: Bl. 109 = 640.000, Bl. 110 = 565.000 Blocks

**2008, 22. April/12. Juni. Schöne Niederlande (XX). Odr., Kleinbogen (5) und Markenheftchen (MH); Streifen ph.; A = gez. K 14½:14¼, C = gez. K 13½:12½.**

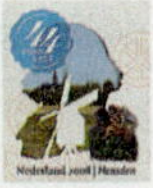

cpx) Kirche von Heusden, Windmühle

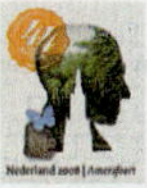

cpy) Piet Mondrian (1872-1944), Maler; Sint-Joris-Kirche, Amersfoort

| | | | | | |
|---|---|---|---|---|---|
| **2574** | 44 C | mehrfarbig | cpx | | |
| A | | gez. K 14½:14¼ (Klb.) (22. April) | | 0,90 | 0,90 |
| C | | gez. K 13½:12½ (MH) (12. Juni) | | 2,— | 2,— |
| **2575** | 44 C | mehrfarbig | cpy | | |
| A | | gez. K 14½:14¼ (Klb.) (22. April) | | 0,90 | 0,90 |
| C | | gez. K 13½:12½ (MH) (12. Juni) | | 2,— | 2,— |
| | | Satzpreis A (2 W.) | | 1,80 | 1,80 |
| | | FDC A | | | 3,— |
| | | Kleinbogensatz A (2 Klb.) | | 9,— | 9,— |

MiNr. 2574 A–2575 A stammen auch aus Bl. 111; siehe nach MiNr. 2582.

MiNr. 2574 C–2575 C wurden zusammen mit MiNr. 2566 C–2567 C und 2582 C im Markenheftchen ausgegeben. Bewertung siehe nach MiNr. 2582.

Auflagen: MiNr. 2574 A = 547.500, MiNr. 2575 A = 585.000 Stück

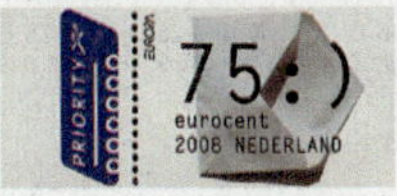


**2008, 20. Mai. Europa: Der Brief. Odr. (1×5 ⊔⊓); Streifen ph.; gez. K 13¼:13¾.**

cpz) Brief

| | | | | | |
|---|---|---|---|---|---|
| **2576** | 75 C | mehrfarbig | cpz | 1,80 | 1,80 |
| | | FDC | | | 2,80 |
| | | Kehrdruckpaar | | 3,60 | 3,60 |
| | | Kleinbogen | | 18,— | 18,— |

MiNr. 2576 wurde im waagerechten Kehrdruck gedruckt.

Auflage: 1.850.000 Stück

**2008, 20. Mai. Jahrestage: 200 Jahre Königlich Niederländische Akademie der Wissenschaften (KNAW), 10 Jahre Europäische Zentralbank (ECB), 25 Jahre Amsterdamer Aktienindex (AEX), 140 Jahre Buchhandelskette Bruna, 125 Jahre Königlich Niederländischer Touristenbund (ANWB). Odr. (3×5); Streifen ph.; gez. K 13¼:12¾.**

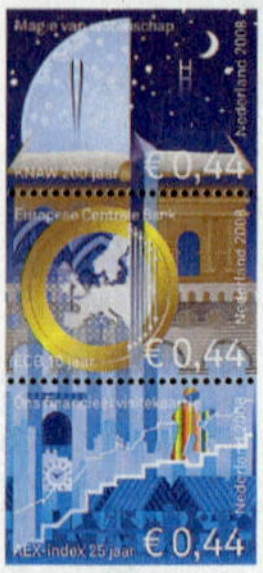

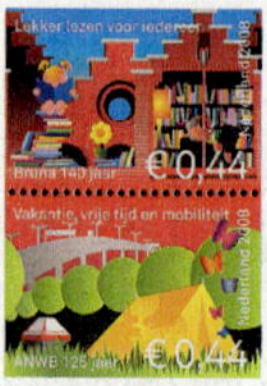

cra) Kuppel
crb) 1-Euro-Münze
crc) Aktienkurve
crd) Bücherschrank
cre) Straßenbrücke, Zelt

| | | | | | |
|---|---|---|---|---|---|
| **2577** | 0.44 € | mehrfarbig | cra | 0,90 | 0,90 |
| **2578** | 0.44 € | mehrfarbig | crb | 0,90 | 0,90 |
| **2579** | 0.44 € | mehrfarbig | crc | 0,90 | 0,90 |
| **2580** | 0.44 € | mehrfarbig | crd | 0,90 | 0,90 |
| **2581** | 0.44 € | mehrfarbig | cre | 0,90 | 0,90 |
| | | | Satzpreis (5 W.) | 4,50 | 4,50 |
| | | | FDC | | 5,80 |
| | | | Fünferstreifen | 4,50 | 4,50 |
| | | | Kleinbogen | 9,— | 9,— |

MiNr. 2577–2581 wurden senkrecht zusammenhängend im Kleinbogen zu je 2 Marken und 5 verschiedenen Zierfeldern (linke Bogenspalte) gedruckt.

Auflage: 902.000 Sätze

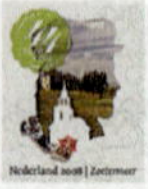

**2008, 3./12. Juni. Schöne Niederlande (XXI). Odr., Kleinbogen (Klb.) (5) und Markenheftchen (MH); Streifen ph.; A = gez. K 14½:14¼, C = gez. K 13½:12½.**

crf) Kirche von Zoetermeer, Landschaft, Eishockeyspieler

| | | | | | |
|---|---|---|---|---|---|
| **2582** | 44 C | mehrfarbig | crf | | |
| **A** | | gez. K 14½:14¼ (Klb.) (3. Juni) | | 0,90 | 0,90 |
| **C** | | gez. K 13½:12½ (MH) (12. Juni) | | 2,— | 2,— |
| | | | FDC A | | 2,— |
| | | | Kleinbogen A | 4,50 | 4,50 |
| | | | Markenheftchen C | 20,— | 20,— |

**Blockausgabe (12. Juni)**

| | | | | |
|---|---|---|---|---|
| **Block 111** | mit MiNr. 2566 A–2567 A, 2574 A–2575 A und 2582 A (144×75 mm) | crg | 4,50 | 4,50 |
| | | FDC | | 5,50 |

MiNr. 2582 C wurde zusammen mit MiNr. 2566 C–2567 C und 2574 C–2575 C im Markenheftchen ausgegeben, jede Marke ist 2×enthalten (Verkaufspreis des Heftchens: 9.95 €).

Auflagen: MiNr. 2582 A = 585.000 Stück, Bl. 111 = 471.500 Blocks

**2008, 12. Juni. Blockausgabe: 125 Jahre Rembrandt-Vereinigung. Komb. Odr. und Hfdr.; Papier ph.; gez. K 13¾.**

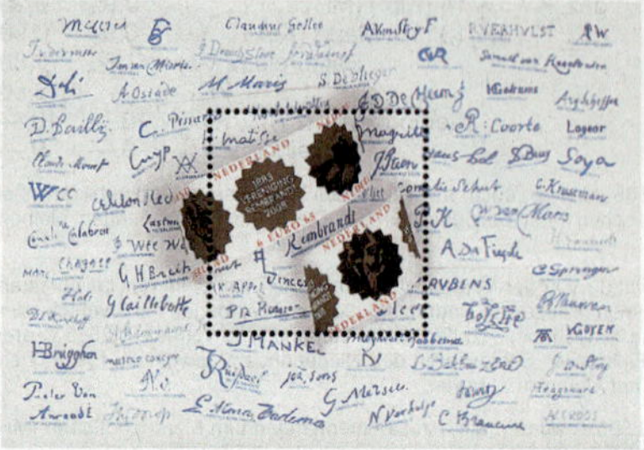

cri

crh) Unterschriften berühmter Maler

| | | | | | |
|---|---|---|---|---|---|
| **2583** | 6.65 € mehrfarbig | crh | 13,50 | 13,50 |
| **Block 112** | (104×71 mm) | cri | 13,50 | 13,50 |
| | | FDC | | 15,— |

Auflage: 438.500 Blocks

**2008, 8. Juli. Blockausgabe: Grenzenlose Niederlande (I) – Aruba und Niederländische Antillen. Odr.; Streifen ph.; gez. K 13¾.**

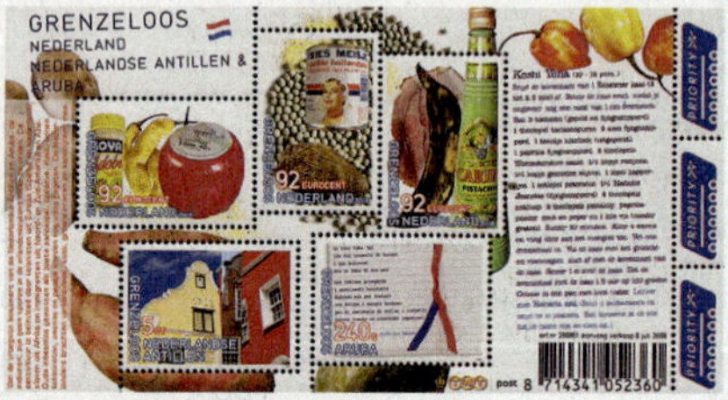

crn

crk) Streugewürz, Pfefferschoten, Edamer Käse
crl) Dosenmilch, Erbsen, Tarowurzel
crm) Krustenschinken, Banane, Pistazienlikör

| | | | | | |
|---|---|---|---|---|---|
| **2584** | 92 C mehrfarbig | crk | 1,90 | 1,90 |
| **2585** | 92 C mehrfarbig | crl | 1,90 | 1,90 |
| **2586** | 92 C mehrfarbig | crm | 1,90 | 1,90 |
| **Block 113** | (144×75 mm) | crn | 5,60 | 5,60 |
| | | FDC | | 7,— |

Postpreis: 2.76 €

Bl. 113 enthält außerdem die Marken Aruba MiNr. 421 und Niederländische Antillen MiNr. 1654.

MiNr. 2584 ist auch in den entsprechenden Blocks von Aruba und den Niederländischen Antillen enthalten.

MiNr. 2584–2586 wurden auch zusammenhängend im Markenheftchen (MH 75) ausgegeben.

Auflage: 431.500 Blocks

*Parallelausgabe mit Aruba MiNr. 421–423/Bl. 8 und Niederländische Antillen MiNr. 1654–1656/Bl. 74*

**2008, 1. Sept. Blockausgabe: Wochen der Glückwunschkarte. Odr.; Streifen ph.; gez. K 14½.**

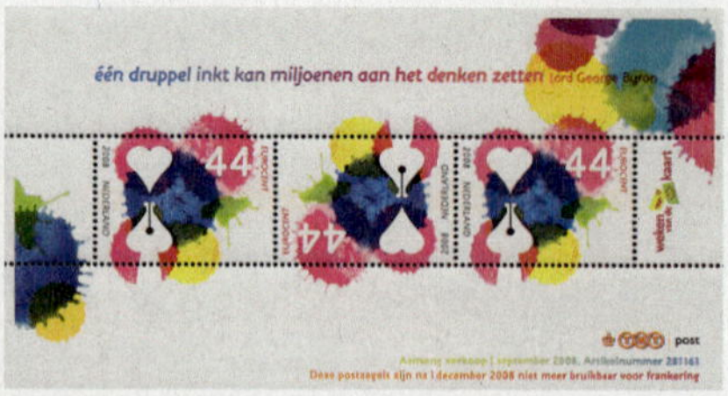


crp

cro) Schreibfeder, Herz

| | | | | | |
|---|---|---|---|---|---|
| **2587** | 44 C mehrfarbig | cro | 0,90 | 0,90 |
| **Block 114** | mit 3 × MiNr. 2587 (144×75 mm) | crp | 2,70 | 2,70 |
| | | FDC | | 6,50 |

Auflage: 402.500 Blocks

*Gültig bis 1.12.2008*

**2008, 1. Sept. Sternbilder des Tierkreises. Odr. (3×4); Streifen ph.; gez. K 13¾.**

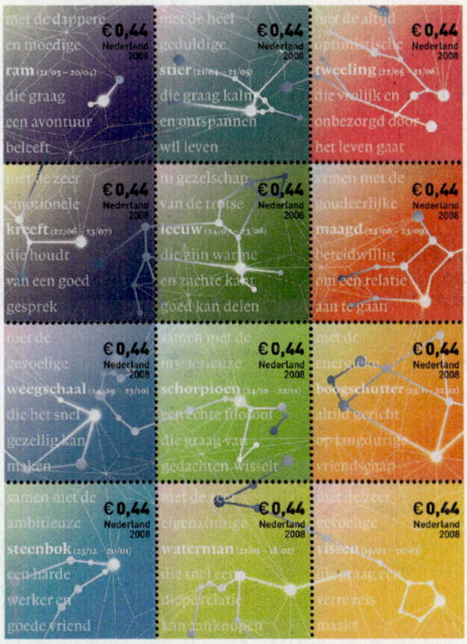


crr) Widder
crs) Stier
crt) Zwillinge

cru) Krebs
crv) Löwe
crw) Jungfrau

crx) Waage
cry) Skorpion
crz) Schütze

csa) Steinbock
csb) Wassermann
csc) Fische

| | | | | |
|---|---|---|---|---|
| **2588** | 0.44 € mehrfarbig | crr | 0,90 | 0,90 |
| **2589** | 0.44 € mehrfarbig | crs | 0,90 | 0,90 |
| **2590** | 0.44 € mehrfarbig | crt | 0,90 | 0,90 |
| **2591** | 0.44 € mehrfarbig | cru | 0,90 | 0,90 |
| **2592** | 0.44 € mehrfarbig | crv | 0,90 | 0,90 |
| **2593** | 0.44 € mehrfarbig | crw | 0,90 | 0,90 |
| **2594** | 0.44 € mehrfarbig | crx | 0,90 | 0,90 |
| **2595** | 0.44 € mehrfarbig | cry | 0,90 | 0,90 |
| **2596** | 0.44 € mehrfarbig | crz | 0,90 | 0,90 |
| **2597** | 0.44 € mehrfarbig | csa | 0,90 | 0,90 |
| **2598** | 0.44 € mehrfarbig | csb | 0,90 | 0,90 |
| **2599** | 0.44 € mehrfarbig | csc | 0,90 | 0,90 |
| | | Satzpreis (12 W.) | 10,50 | 10,50 |
| | | Zd-Bogen | 10,50 | 10,50 |
| | | FDC | | 12,— |

Auflage: 502.500 Sätze

**2008, 1. Okt. 100 Jahre Niederländische Mykologische Vereinigung: Pilze. Odr., Kleinbogen (5×2) und Markenheftchen; Streifen ph.; gez. K 14¼.**

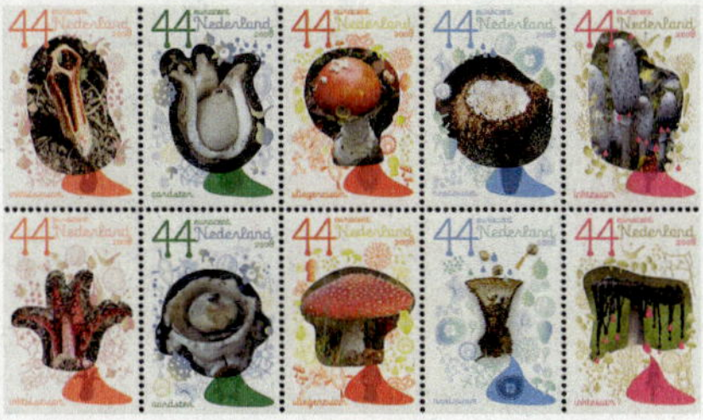


csd cse csf csg csh
csi csk csl csm csn

csd, csi) Tintenfischpilz (Clathrus archeri)
cse, csk) Halskrausen-Erdstern (Geastrum triplex)
csf, csl) Fliegenpilz (Amanita muscaria)
csg, csm) Gestreifter Teuerling (Cyathus striatus)
csh, csn) Schopftintling (Coprinus comatùs)

| | | | | |
|---|---|---|---|---|
| **2600** | 44 C mehrfarbig | csd | 0,90 | 0,90 |
| **2601** | 44 C mehrfarbig | cse | 0,90 | 0,90 |
| **2602** | 44 C mehrfarbig | csf | 0,90 | 0,90 |
| **2603** | 44 C mehrfarbig | csg | 0,90 | 0,90 |
| **2604** | 44 C mehrfarbig | csh | 0,90 | 0,90 |
| **2605** | 44 C mehrfarbig | csi | 0,90 | 0,90 |
| **2606** | 44 C mehrfarbig | csk | 0,90 | 0,90 |
| **2607** | 44 C mehrfarbig | csl | 0,90 | 0,90 |
| **2608** | 44 C mehrfarbig | csm | 0,90 | 0,90 |
| **2609** | 44 C mehrfarbig | csn | 0,90 | 0,90 |
| | | Satzpreis (10 W.) | 9,— | 9,— |
| | | Kleinbogen | 9,— | 9,— |
| | | FDC | | 11,50 |

MiNr. 2600–2609 wurden auch zusammenhängend im Markenheftchen (MH 76) ausgegeben.

Auflage: 510.000 Sätze

**2008, 1. Okt. Niederländische Kobolde. Odr. (2×5); Streifen ph.; gez. K 14¼.**

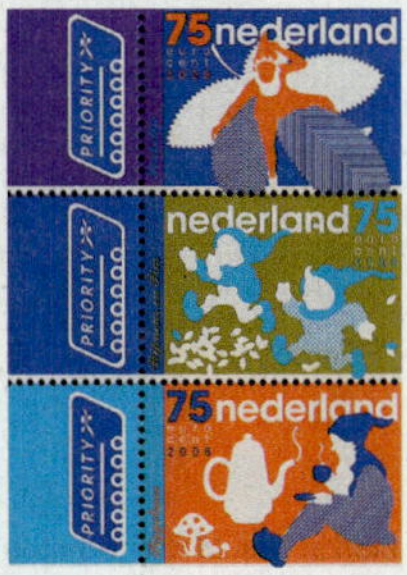


cso
csp
csr

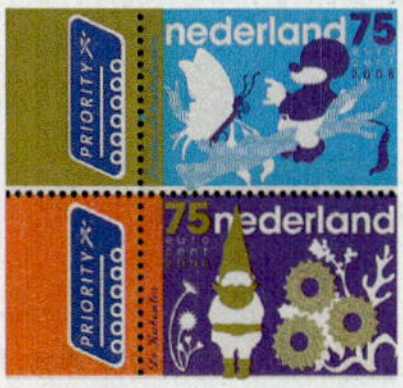


css
cst

| | | | | |
|---|---|---|---|---|
| **2610** | 75 C mehrfarbig | cso | 1,50 | 1,50 |
| **2611** | 75 C mehrfarbig | csp | 1,50 | 1,50 |
| **2612** | 75 C mehrfarbig | csr | 1,50 | 1,50 |
| **2613** | 75 C mehrfarbig | css | 1,50 | 1,50 |
| **2614** | 75 C mehrfarbig | cst | 1,50 | 1,50 |
| | | Satzpreis (5 W.) | 7,50 | 7,50 |
| | | Fünferstreifen | 7,50 | 7,50 |
| | | Kleinbogen | 15,— | 15,— |
| | | FDC | | 17,— |

MiNr. 2610–2614 wurden senkrecht zusammenhängend im Kleinbogen zu 10 Marken gedruckt, wobei die beiden Fünferstreifen im Kehrdruck angeordnet sind.

Auflage: 580.000 Sätze

**2008, 4. Nov. Blockausgabe: „Voor het Kind" – Lasst Kinder lernen (I). RaTdr.; Streifen ph.; gez. K 14¼.**

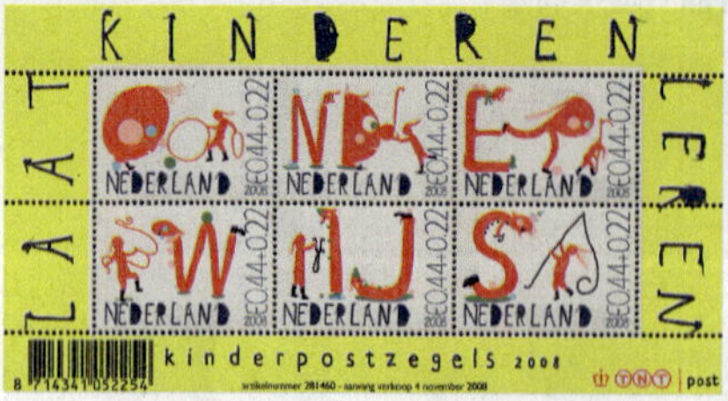


cta

csu–csz) Spielende Kinder bilden Wort „Onderwijs" (Unterricht)

| | | | | |
|---|---|---|---|---|
| **2615** | 0.44 € + 0.22 (€) mehrfarbig . . . . . | csu | 1,30 | 1,30 |
| **2616** | 0.44 € + 0.22 (€) mehrfarbig . . . . . | csv | 1,30 | 1,30 |
| **2617** | 0.44 € + 0.22 (€) mehrfarbig . . . . . | csw | 1,30 | 1,30 |
| **2618** | 0.44 € + 0.22 (€) mehrfarbig . . . . . | csx | 1,30 | 1,30 |
| **2619** | 0.44 € + 0.22 (€) mehrfarbig . . . . . | csy | 1,30 | 1,30 |
| **2620** | 0.44 € + 0.22 (€) mehrfarbig . . . . . | csz | 1,30 | 1,30 |
| **Block 115** | (144×75 mm) . . . . . . . . . . | cta | 8,— | 8,— |
| | | FDC | | 9,50 |

Auflage: 5.375.000 Blocks

**2008, 18. Nov. Dezembermarken. RaTdr. (5×2 + 5×2); Streifen ph.; selbstklebend; gestanzt 12¾:13¼.**

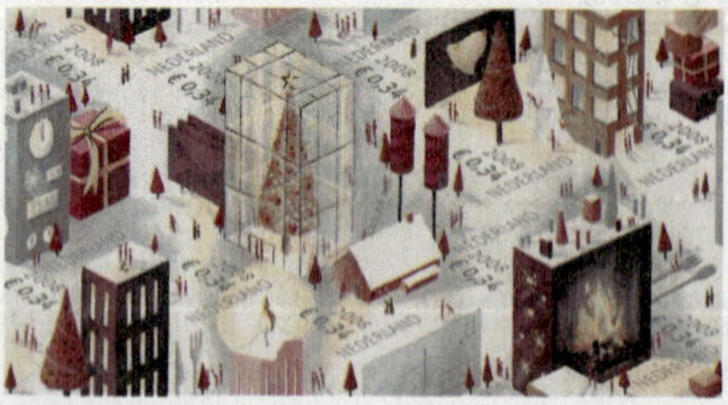

ctb–ctl) Weihnachlich geschmückter Stadtteil (Modell)

| | | | | |
|---|---|---|---|---|
| **2621** | 0.34 € mehrfarbig . . . . . . . . . . . . . . . . . . . | ctb | 0,70 | 0,40 |
| **2622** | 0.34 € mehrfarbig . . . . . . . . . . . . . . . . . . . | ctc | 0,70 | 0,40 |
| **2623** | 0.34 € mehrfarbig . . . . . . . . . . . . . . . . . . . | ctd | 0,70 | 0,40 |
| **2624** | 0.34 € mehrfarbig . . . . . . . . . . . . . . . . . . . | cte | 0,70 | 0,40 |
| **2625** | 0.34 € mehrfarbig . . . . . . . . . . . . . . . . . . . | ctf | 0,70 | 0,40 |
| **2626** | 0.34 € mehrfarbig . . . . . . . . . . . . . . . . . . . | ctg | 0,70 | 0,40 |
| **2627** | 0.34 € mehrfarbig . . . . . . . . . . . . . . . . . . . | cth | 0,70 | 0,40 |
| **2628** | 0.34 € mehrfarbig . . . . . . . . . . . . . . . . . . . | cti | 0,70 | 0,40 |
| **2629** | 0.34 € mehrfarbig . . . . . . . . . . . . . . . . . . . | ctk | 0,70 | 0,40 |
| **2630** | 0.34 € mehrfarbig . . . . . . . . . . . . . . . . . . . | ctl | 0,70 | 0,40 |
| | | Satzpreis (10 W.) | 7,— | 4,— |
| | | Zehnerblock | 7,— | 4,— |
| | | FDC | | 8,50 |
| | | Folienblatt | 14,— | 10,— |

Auflage: 24.800.000 Sätze

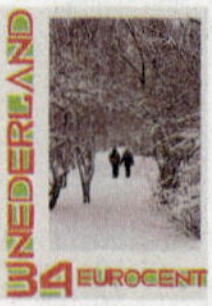


ctm

**2008, 18. Nov. Meine Marke. Odr. (5×2); Streifen ph.; selbstklebend; gestanzt 12.**

| | | | | |
|---|---|---|---|---|
| **2631** | 34 C mehrfarbig . . . . . . . . . . . . . . . . . . . . | ctm | 0,70 | 0,70 |
| | | FDC | | 2,— |
| | | Folienblatt | 7,— | 7,— |

MiNr. 2631 kann auch mit persönlich gestaltetem Markenbild bei der Niederländischen Post bezogen werden. Die Rahmenzeichnung bleibt unverändert.

Auflage: 1.100.000 Stück mit posteigenem Motiv

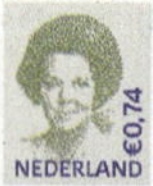


**2009, 2. Jan. Freimarke: Königin Beatrix. RaTdr., Folienblatt (5); selbstklebend; gestanzt 14¼.**

ahw) Königin Beatrix (*1938, reg. 1980–2013)

| | | | | |
|---|---|---|---|---|
| **2632** | 0.74 € olivgrün/violettblau . . . . . . . . . . . | ahw | 1,50 | 1,50 |
| | | FDC | | 2,50 |
| | | Folienblatt | 7,50 | 7,50 |

*Weitere Werte siehe Übersicht nach Jahrgangswerttabelle.*

**2009, 2. Jan. Freimarken: Umweltschutz. RaTdr., Folienblätter (Fbl.) (5) und Folienbogen (Fbg.) (50), Streifen ph.; selbstklebend; gestanzt 11, mit Durchstich zwischen Priority-Feld und Markenbild.**

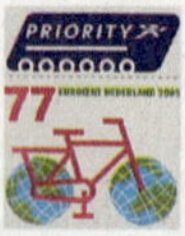


cph) Fahrrad mit Weltkugeln

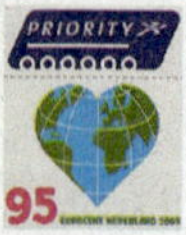


cpi) Herzförmiger Globus

| | | | | |
|---|---|---|---|---|
| **2633** | 77 C mehrfarbig (Fbl.) (Fbg.) . . . . . . . . . | cph | 1,60 | 1,60 |
| **2634** | 95 C mehrfarbig (Fbl.) . . . . . . . . . . . . . . . | cpi | 1,90 | 1,90 |
| | | Satzpreis (2 W.) | 3,50 | 3,50 |
| | | FDC | | 4,50 |
| | | 2 Folienblätter | 17,50 | 17,50 |

Auflagen: MiNr. 2633 = 11.562.500 davon 5.000.000 im Folienbogen, MiNr. 2634 = 5.562.500 Stück

*In gleichen Zeichnungen: MiNr. 2562–2563*
*In ähnlichen Zeichnungen: MiNr. 2769–2770*

**2009, 10. Jan. 200. Geburtstag von Louis Braille. Komb. Odr. und Pdr., Zd-Bogen (3×4) und Markenheftchen; Streifen ph.; gez. K 13¾.**

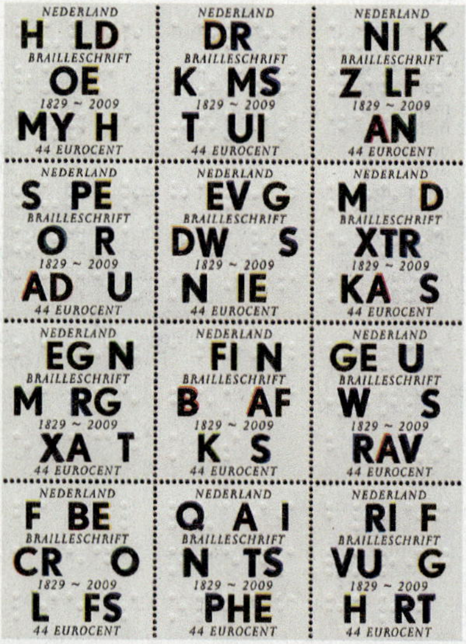


ctn–ctz) Inschrift; Blindenschrift von Louis Braille (1809–1852), französischer Blindenlehrer

| | | | | | |
|---|---|---|---|---|---|
| **2635** | 44 C | mehrfarbig | ctn | 0,90 | 0,90 |
| **2636** | 44 C | mehrfarbig | cto | 0,90 | 0,90 |
| **2637** | 44 C | mehrfarbig | ctp | 0,90 | 0,90 |
| **2638** | 44 C | mehrfarbig | ctr | 0,90 | 0,90 |
| **2639** | 44 C | mehrfarbig | cts | 0,90 | 0,90 |
| **2640** | 44 C | mehrfarbig | ctt | 0,90 | 0,90 |
| **2641** | 44 C | mehrfarbig | ctu | 0,90 | 0,90 |
| **2642** | 44 C | mehrfarbig | ctv | 0,90 | 0,90 |
| **2643** | 44 C | mehrfarbig | ctw | 0,90 | 0,90 |
| **2644** | 44 C | mehrfarbig | ctx | 0,90 | 0,90 |
| **2645** | 44 C | mehrfarbig | cty | 0,90 | 0,90 |
| **2646** | 44 C | mehrfarbig | ctz | 0,90 | 0,90 |
| | | | Satzpreis (12 W.) | 10,— | 10,— |
| | | | Zd-Bogen | 11,— | 11,— |
| | | | FDC | | 12,— |

MiNr. 2635–2646 wurden auch rückseitig bedruckt.

MiNr. 2635–2646 wurden auch im Markenheftchen (MH 77) ausgegeben.

Auflage: 450.000 Kleinbogen

**2009, 10. März. Meine Marke. Odr. (5×2); Streifen ph.; selbstklebend; gestanzt 12.**

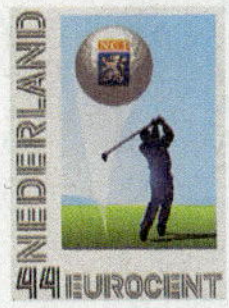
cpk

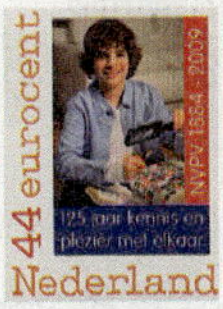
cpl

| | | | | | |
|---|---|---|---|---|---|
| **2647** | 44 C | mehrfarbig | cpk | 0,90 | 0,90 |
| **2648** | 44 C | mehrfarbig | cpl | 0,90 | 0,90 |
| | | | Satzpreis (2 W.) | 1,80 | 1,80 |
| | | | FDC | | 3,— |
| | | | 2 Folienblätter | 18,— | 18,— |

MiNr. 2647–2648 können auch mit persönlich gestalteten Markenbildern bei der Niederländischen Post bezogen werden. Die Rahmenzeichnungen bleiben unverändert.

Auflage: 2.100.000 Sätze mit posteigenem Motiv

*In gleichen Zeichnungen: MiNr. 2564–2565 (nassklebend)*

**2009, 10. März/16. Juni. Schöne Niederlande (XXII). Odr., Kleinbogen (Klb.) (5) und Markenheftchen (MH); Streifen ph.; A = gez. K 14½:14¼, C = gez. K 13½:12½.**

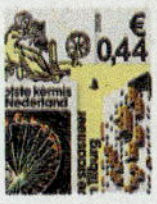
cua) Wollverarbeitung, Riesenrad und Hochhaus „De StadsHeer", Tilburg

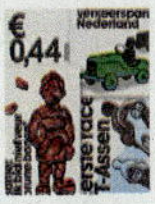
cub) Bartje-Denkmal aus roten Bohnen, Verkehrspark und Motorradrennen, Assen

| | | | | | |
|---|---|---|---|---|---|
| **2649** | 0.44 € | mehrfarbig | cua | | |
| A | | gez. K 14½:14¼ (Klb.) (10. März) | | 0,90 | 0,90 |
| C | | gez. K 13½:12½ (MH) (16. Juni) | | 2,— | 2,— |
| **2650** | 0.44 € | mehrfarbig | cub | | |
| A | | gez. K 14½:14¼ (Klb.) (10. März) | | 0,90 | 0,90 |
| C | | gez. K 13½:12½ (MH) (16. Juni) | | 2,— | 2,— |
| | | | Satzpreis A (2 W.) | 1,80 | 1,80 |
| | | | FDC A | | 3,— |
| | | | Kleinbogensatz A (2 Klb.) | 9,— | 9,— |

MiNr. 2649 A–2650 A stammen auch aus Bl. 118; siehe nach MiNr. 2667.

MiNr. 2649 C–2650 C wurden zusammen mit MiNr. 2659 C–2660 C und 2667 C im Markenheftchen ausgegeben. Bewertung siehe nach MiNr. 2667.

Auflage: MiNr. 2649 A–2650 A = 550.000 Sätze

**2009, 7. April. Europa: Astronomie. Odr. (1×5 ⊔⊓); Streifen ph.; gez. K 13¼:12¾.**

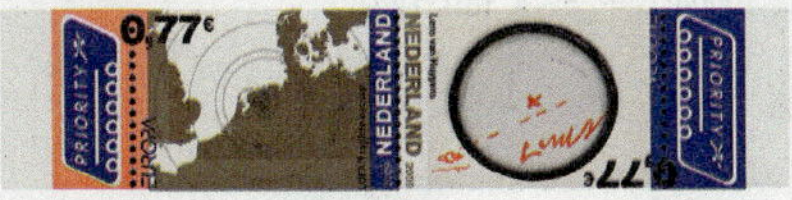

cuc) Karte mit geplanten Standorten der LOFAR-Radioteleskope
cud) Huygenssches Okular

| | | | | | |
|---|---|---|---|---|---|
| **2651** | 0.77 € | mehrfarbig | cuc | 1,80 | 1,80 |
| **2652** | 0.77 € | mehrfarbig | cud | 1,80 | 1,80 |
| | | | Satzpreis (2 W.) | 3,60 | 3,60 |
| | | | Paar | 3,60 | 3,60 |
| | | | FDC | | 4,50 |
| | | | Kleinbogen | 18,— | 18,— |

MiNr. 2651–2652 wurden zusammenhängend im waagerechten Kehrdruckpaar gedruckt.

Auflage: 850.000 Sätze

**2009, 7. April. Blockausgabe: Sommermarken – „Vergesst sie nicht". RaTdr.; Streifen ph.; gez. K 14¼.**

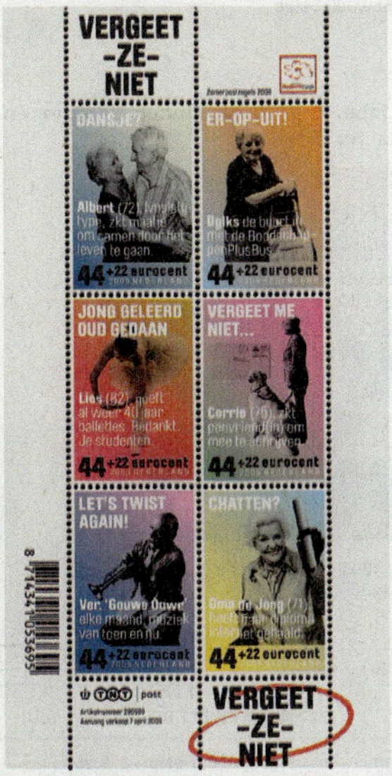

cul

cue) Seniorenpaar
cuf) Frau mit Einkaufswagen
cug) Ballettänzerin
cuh) Frau mit Hund
cui) Mann spielt Trompete
cuk) Frau mit Diplomurkunde

| | | | | | |
|---|---|---|---|---|---|
| **2653** | 44 (C) | + 22 C mehrfarbig | cue | 1,30 | 1,30 |
| **2654** | 44 (C) | + 22 C mehrfarbig | cuf | 1,30 | 1,30 |
| **2655** | 44 (C) | + 22 C mehrfarbig | cug | 1,30 | 1,30 |
| **2656** | 44 (C) | + 22 C mehrfarbig | cuh | 1,30 | 1,30 |
| **2657** | 44 (C) | + 22 C mehrfarbig | cui | 1,30 | 1,30 |
| **2658** | 44 (C) | + 22 C mehrfarbig | cuk | 1,30 | 1,30 |
| **Block 116** | | (75×144 mm) | cul | 8,— | 8,— |
| | | | FDC | | 9,50 |

Auflage: 400.000 Blocks

**2009, 28. April/16. Juni. Schöne Niederlande (XXIII). Odr., Kleinbogen (Klb.) (5) und Markenheftchen (MH); Streifen ph.; A = gez. K 14½:14¼, C = gez. K 13½:12½.**

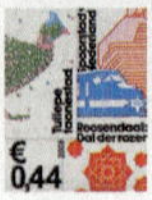

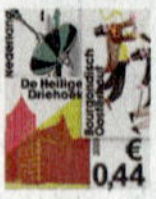

cum) Roosendaal: Fasan, elektrischer Triebwagen „Hundekopf“, Rosen

cun) Oosterhout: Brummkreisel, Varietékünstler, Kirche St. Driehoek

| | | | | | |
|---|---|---|---|---|---|
| 2659 | 0.44 € mehrfarbig | | cum | | |
| | A | gez. K 14½:14¼ (Klb.) (28. April) | | 0,90 | 0,90 |
| | C | gez. K 13½:12½ (MH) (16. Juni) | | 2,— | 2,— |
| 2660 | 0.44 € mehrfarbig | | cun | | |
| | A | gez. K 14½:14¼ (Klb.) (28. April) | | 0,90 | 0,90 |
| | C | gez. K 13½:12½ (MH) (16. Juni) | | 2,— | 2,— |
| | | Satzpreis A (2 W.) | | 1,80 | 1,80 |
| | | FDC A | | | 3,— |
| | | Kleinbogensatz A (2 Klb.) | | 9,— | 9,— |

MiNr. 2659 A–2660 A stammen auch aus Bl. 118; siehe nach MiNr. 2667.

MiNr. 2659 C–2660 C wurden zusammen mit MiNr. 2649 C–2650 C und 2667 C im Markenheftchen ausgegeben. Bewertung siehe nach MiNr. 2667.

Auflage: MiNr. 2659 A–2660 A = 550.000 Sätze

**2009, 28. April. Blockausgabe: Drei Generationen Königinnen. Komb. StTdr. und Odr.; gez. Ks 13½.**

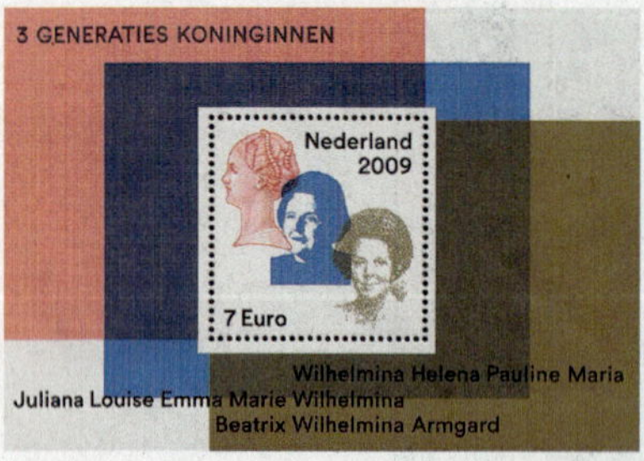


cup

cuo) Wilhelmina (1880–1962, reg. 1898–1948), Juliana (1909–2004, reg. 1948–1980), Beatrix (*1938, reg. 1980–2013)

| | | | | |
|---|---|---|---|---|
| 2661 | 7 € mehrfarbig | cuo | 14,— | 14,— |
| Block 117 | (104×71 mm) | cup | 14,— | 14,— |
| | FDC | | | 15,50 |
| | Markenheftchen | | 20,— | 20,— |

MiNr. 2661 wurde auch im Markenheftchen ausgegeben (Postpreis: 9.95 €).

Auflage: 320.000 Blocks

**2009, 12. Mai. Jahrestage: 60 Jahre Krebshilfefonds, 110 Jahre Vogelschutzbund, 95 Jahre Hilfsorganisation „Cordaid – Menschen in Not“, 60 Jahre Fürsorgevereinigung „Die Sonnenblume“, 60 Jahre SOS-Kinderdörfer. Odr. (3×5); Streifen ph.; gez. K 14½:14¼.**

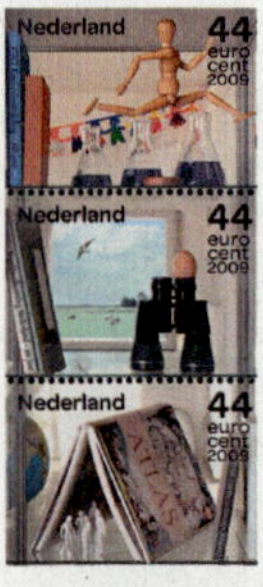

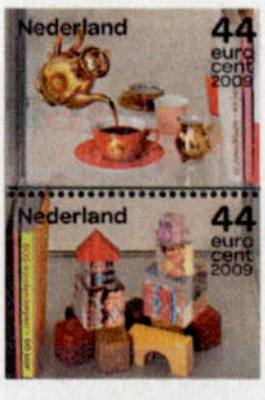

cur) Holzpuppe, Girlande, Glaskolben
cus) Fernglas, Seevögel
cut) Atlas als Schutzhaus
cuu) Teeservice
cuv) Holzbauklötzchen

| | | | | |
|---|---|---|---|---|
| 2662 | 44 C mehrfarbig | cur | 0,90 | 0,90 |
| 2663 | 44 C mehrfarbig | cus | 0,90 | 0,90 |
| 2664 | 44 C mehrfarbig | cut | 0,90 | 0,90 |
| 2665 | 44 C mehrfarbig | cuu | 0,90 | 0,90 |
| 2666 | 44 C mehrfarbig | cuv | 0,90 | 0,90 |
| | Satzpreis (5 W.) | | 4,50 | 4,50 |
| | Fünferstreifen | | 4,50 | 4,50 |
| | FDC | | | 5,50 |
| | Kleinbogen | | 9,— | 9,— |

MiNr. 2662–2666 wurden senkrecht zusammenhängend im Kleinbogen zu je 2 Marken und 5 verschiedenen Zierfeldern (linke Bogenspalte) gedruckt.

Auflage: 910.000 Sätze

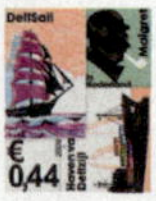

**2009, 16. Juni. Schöne Niederlande (XXIV). Odr., Kleinbogen (Klb.) (5) und Markenheftchen (MH); Streifen ph.; A = gez. K 14½:14¼, C = gez. K 13½:12½.**

cuw) Segelschiff und Containerschiff im Hafen von Delfzijl, Kommissar Maigret

| | | | | | |
|---|---|---|---|---|---|
| 2667 | 0.44 € mehrfarbig | | cuw | | |
| | A | gez. K 14½:14¼ (Klb.) | | 0,90 | 0,90 |
| | C | gez. K 13½:12½ (MH) | | 2,— | 2,— |
| | | FDC A | | | 2,— |
| | | Kleinbogen A | | 4,50 | 4,50 |
| | | Markenheftchen C | | 20,— | 20,— |

**Blockausgabe**

| | | | | |
|---|---|---|---|---|
| Block 118 | mit MiNr. 2649 A–2650 A, 2659 A–2660 A und 2667 A (144×75 mm) | cux | 4,50 | 4,50 |
| | FDC | | | 5,50 |

MiNr. 2667 C wurde zusammen mit MiNr. 2649 C–2650 C und 2659 C–2660 C im Markenheftchen ausgegeben, jede Marke ist 2 × enthalten (Verkaufspreis des Heftchens: 9.95 €).

Auflagen: MiNr. 2667 A = 550.000 Stück, Bl. 118 = 450.000 Blocks

**2009, 14. Juli. Musik in den Niederlanden. Odr. (2×5); Streifen ph.; gez. K 14½:14¼.**

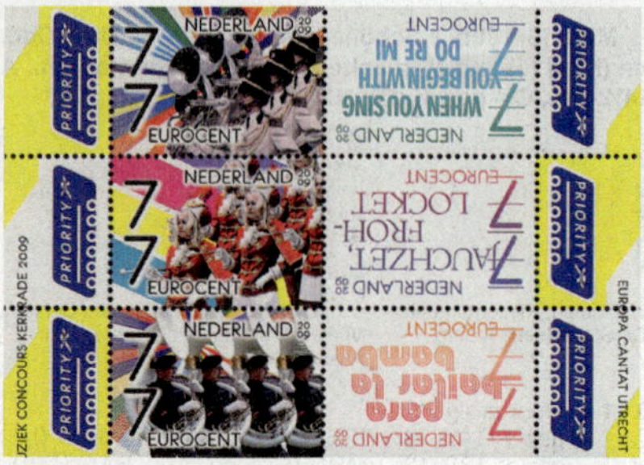

cuy) Sousaphonspieler
cuz) Inschrift „WHEN YOU SING YOU BEGIN WITH DO RE MI“
cva) Majorette
cvb) Inschrift „JAUCHZET, FROHLOCKET“
cvc) Sousaphonspieler
cvd) Inschrift „para bailar la bamba“

| | | | | |
|---|---|---|---|---|
| 2668 | 77 C mehrfarbig | cuy | 1,60 | 1,60 |
| 2669 | 77 C mehrfarbig | cuz | 1,60 | 1,60 |
| 2670 | 77 C mehrfarbig | cva | 1,60 | 1,60 |
| 2671 | 77 C mehrfarbig | cvb | 1,60 | 1,60 |
| 2672 | 77 C mehrfarbig | cvc | 1,60 | 1,60 |
| 2673 | 77 C mehrfarbig | cvd | 1,60 | 1,60 |
| | Satzpreis 6 W.) | | 9,50 | 9,50 |
| | Sechserblock | | 9,50 | 9,50 |
| | FDC | | | 10,50 |
| | Kleinbogen | | 16,— | 16,— |

MiNr. 2668-2673 wurden zusammenhängend im Kleinbogen gedruckt, wobei die rechte Markenspalte kopfstehend angeordnet ist.

Markenfolge im Kleinbogen: 2668-2669, 2670-2671, 2672-2673, 2670-2671, 2668-2669

Auflage: 220.000 Kleinbogen

**2009, 4. Aug. Blockausgabe: Grenzenlose Niederlande (II) – Brasilien. Odr.; Streifen ph.; gez. K 13¼:12¾.**

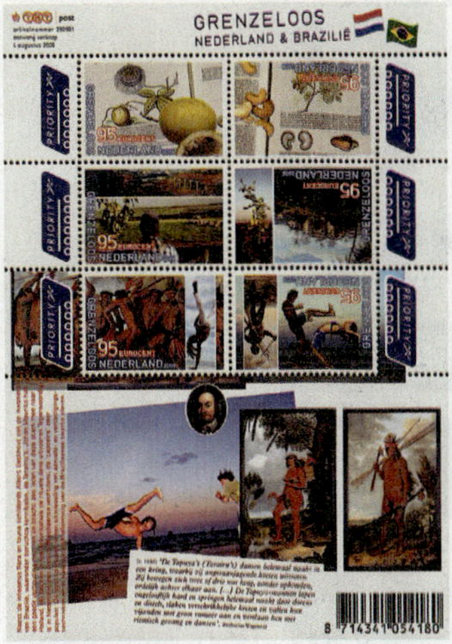


cvl

cve) Passionsfrucht
cvf) Cashewkerne
cvg) Landschaft mit Schafherde
cvh) Hazienda
cvi) Tarairiu-Indios
cvk) Tanzpaar am Strand

| | | | | |
|---|---|---|---|---|
| **2674** 95 C mehrfarbig | cve | 1,90 | 1,90 |
| **2675** 95 C mehrfarbig | cvf | 1,90 | 1,90 |
| **2676** 95 C mehrfarbig | cvg | 1,90 | 1,90 |
| **2677** 95 C mehrfarbig | cvh | 1,90 | 1,90 |
| **2678** 95 C mehrfarbig | cvi | 1,90 | 1,90 |
| **2679** 95 C mehrfarbig | cvk | 1,90 | 1,90 |
| **Block 119** Blockrand: Tarairiu-Indios (108×150 mm) | cvl | 11,50 | 11,50 |
| | FDC | | 12,— |
| **Block 120** Blockrand: Vrijburgh-Palast, Recife (108×150 mm) | cvm | 11,50 | 11,50 |
| | FDC | | 12,— |
| **Block 121** Blockrand: Tiere und Früchte (108×150 mm) | cvn | 11,50 | 11,50 |
| | FDC | | 12,— |

Die Marken sind in jedem Block anders angeordnet.

Auflage: je 126.000 Blocks

*Parallelausgabe mit Brasilien MiNr. 3651–3656/Bl. 143*

**2009, 25. Aug. Sporttalente und ihre Mentoren. Odr. (2×1 Zd); Streifen ph.; gez. K 14½:14¼.**

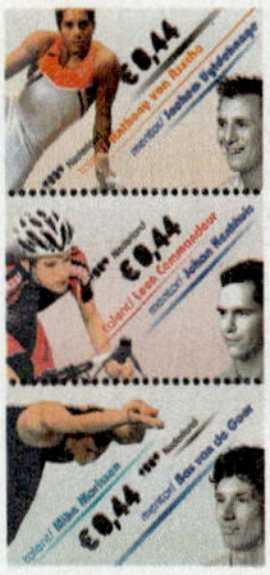

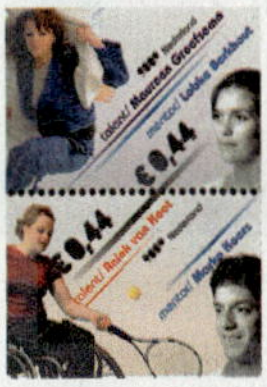

cvo) Anthony van Assche (*1989), Turner; Jochem Uytdehaage (*1976), Eisschnellläufer

cvp) Leon Commandeur (*1990), Radfahrer; Johan Kenkhuis (*1980), Schwimmer

cvr) Mike Marissen (*1992), Schwimmer; Bas van de Goor (*1971), Volleyballer

cvs) Maureen Groefsema (*1991), Judoka; Lobke Berkhout (*1980), Seglerin

cvt) Aniek van Koot (*1990), Tennisspielerin; Marko Koers (*1972), Leichtathlet

| | | | |
|---|---|---|---|
| **2680** 0.44 € mehrfarbig | cvo | 0,90 | 0,90 |
| **2681** 0.44 € mehrfarbig | cvp | 0,90 | 0,90 |
| **2682** 0.44 € mehrfarbig | cvr | 0,90 | 0,90 |
| **2683** 0.44 € mehrfarbig | cvs | 0,90 | 0,90 |
| **2684** 0.44 € mehrfarbig | cvt | 0,90 | 0,90 |
| | Satzpreis (5 W.) | 4,50 | 4,50 |
| | Fünferstreifen | 4,50 | 4,50 |
| | FDC | | 6,— |
| | Kleinbogen | 9,— | 9,— |

Auflage: 640.000 Sätze

**2009, 7. Sept. Blockausgabe: Wochen der Glückwunschkarte. Odr.; Streifen ph.; gez. K 14½.**

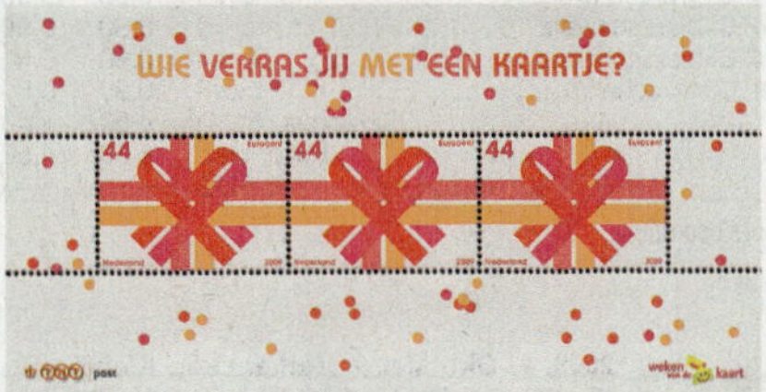


cvv

cvu) Schleife

| | | | |
|---|---|---|---|
| **2685** 44 C mehrfarbig | cvu | 0,90 | 0,90 |
| **Block 122** mit 3 × MiNr. 2685 (144×75 mm) | cvv | 2,70 | 2,70 |
| | FDC | | 4,60 |

Auflage: 386.000 Blocks

*Gültig bis 1.12.2009*

**2009, 22. Sept. Blockausgabe: Geburtstagsgrußmarken. Odr.; Streifen ph.; gez. K 13½:13¼.**

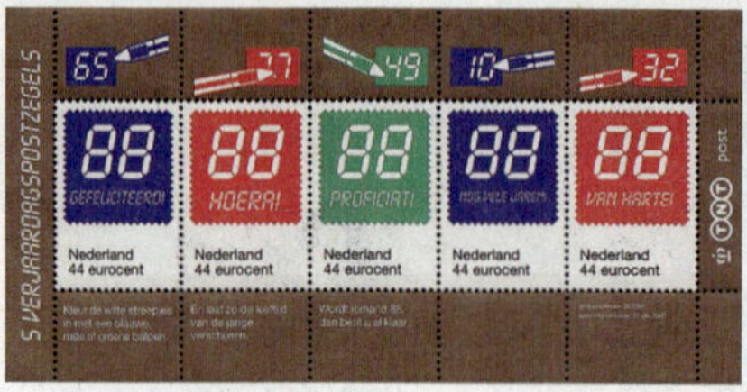

cwb

cvw) Glückwunsch!
cvx) Hurra!
cvy) Viel Erfolg!
cvz) Noch viele Jahre!
cwa) Von Herzen!

| | | | | | |
|---|---|---|---|---|---|
| **2686** | 44 C | blau/schwarz | cvw | 0,90 | 0,90 |
| **2687** | 44 C | rot/schwarz | cvx | 0,90 | 0,90 |
| **2688** | 44 C | grün/schwarz | cvy | 0,90 | 0,90 |
| **2689** | 44 C | blau/schwarz | cvz | 0,90 | 0,90 |
| **2690** | 44 C | rot/schwarz | cwa | 0,90 | 0,90 |
| **Block 123** | | (144×72 mm) | cwb | 4,50 | 4,50 |
| | | | FDC | | 6,— |

Auflage: 360.000 Blocks

**2009, 22. Sept. Geburtstagsgrußmarken. Odr. (5); Streifen ph.; selbstklebend; gestanzt 13¼:13.**

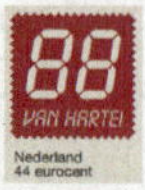
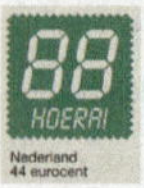
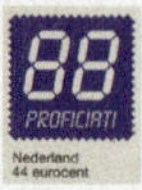
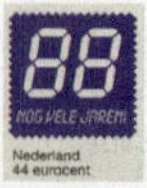
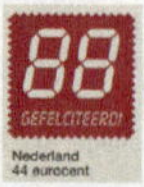

cwa I) Von Herzen! cvx I) Hurra! cvy I) Viel Erfolg! cvz I) Noch viele Jahre! cvw I) Glückwunsch!

| | | | | | |
|---|---|---|---|---|---|
| **2691** | 44 C | rot/schwarz | cwa I | 0,90 | 0,90 |
| **2692** | 44 C | grün/schwarz | cvx I | 0,90 | 0,90 |
| **2693** | 44 C | blau/schwarz | cvy I | 0,90 | 0,90 |
| **2694** | 44 C | blau/schwarz | cvz I | 0,90 | 0,90 |
| **2695** | 44 C | rot/schwarz | cvw I | 0,90 | 0,90 |
| | | | Satzpreis (5 W.) | 4,50 | 4,50 |
| | | | Folienblatt | 4,50 | 4,50 |
| | | | FDC | | 6,— |

Auflage: 415.000 Sätze

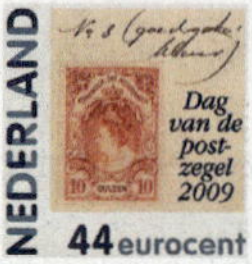

cwc

**2009, 1. Okt. Meine Marke. Odr., Kleinbogen (2×5) und Markenheftchen (1×2); Streifen ph.; gez. K 13¼.**

| | | | | | |
|---|---|---|---|---|---|
| **2696** | 44 C | mehrfarbig | cwc | 1,— | 1,— |
| | | | FDC | | 2,— |
| | | | Kleinbogen | 10,— | 10,— |
| | | | Markenheftchen | 20,— | |

MiNr. 2696 kann auch mit persönlich gestaltetem Markenbild bei der Niederländischen Post bezogen werden. Die Rahmenzeichnung bleibt unverändert.

MiNr. 2696 (mit posteigenem Motiv) wurde auch im Heftchen zu 10 Marken gedruckt. Verkaufspreis des Heftchens: 9.95 €

Auflage: 2.550.000 Stück mit posteigenem Motiv

*In gleicher Zeichnung: MiNr. 2725 (selbstklebend)*

**2009, 1. Okt. 100 Jahre motorisierte Luftfahrt in den Niederlanden. Odr., Kleinbogen (2×5) und Markenheftchen (2×1); Streifen ph.; gez. K 14½:14¼.**

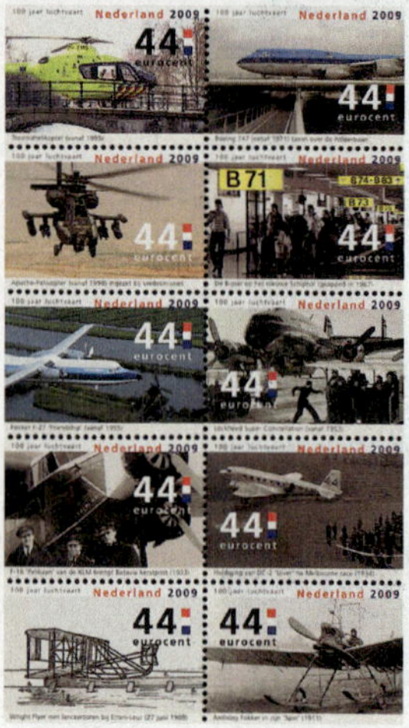

cwd) Rettungshubschrauber auf Brücke in Amsterdam (1995)
cwe) Boeing 747 auf der Polderbahn (1971)
cwf) Militärhubschrauber Apache (1998)
cwg) B-Flugsteig, Flughafen Schiphol (1967)
cwh) Fokker F-27 Friendship (1955)
cwi) Lockheed Super Constellation (1953)
cwk) Rückkehr der Fokker F-18 Pelikan von Batavia (1933)
cwl) DC-2 „Uiver" nach Wettflug in Melbourne (1934)
cwm) Wright-Flugzeug beim Erstflug in Etten-Leur (1909)
cwn) Anthony Fokker in seiner „Spinne" (1911)

| | | | | | |
|---|---|---|---|---|---|
| **2697** | 44 C | mehrfarbig | cwd | 0,90 | 0,90 |
| **2698** | 44 C | mehrfarbig | cwe | 0,90 | 0,90 |
| **2699** | 44 C | mehrfarbig | cwf | 0,90 | 0,90 |
| **2700** | 44 C | mehrfarbig | cwg | 0,90 | 0,90 |
| **2701** | 44 C | mehrfarbig | cwh | 0,90 | 0,90 |
| **2702** | 44 C | mehrfarbig | cwi | 0,90 | 0,90 |
| **2703** | 44 C | mehrfarbig | cwk | 0,90 | 0,90 |
| **2704** | 44 C | mehrfarbig | cwl | 0,90 | 0,90 |
| **2705** | 44 C | mehrfarbig | cwm | 0,90 | 0,90 |
| **2706** | 44 C | mehrfarbig | cwn | 0,90 | 0,90 |
| | | | Satzpreis (10 W.) | 9,— | 9,— |
| | | | Kleinbogen | 9,— | 9,— |
| | | | FDC | | 10,50 |

**Markenheftchen**

| | | | |
|---|---|---|---|
| **H-Blatt 115** | mit 1 × MiNr. 2697–2698 | 4,— | 4,— |
| **H-Blatt 116** | mit 1 × MiNr. 2699–2700 | 4,— | 4,— |
| **H-Blatt 117** | mit 1 × MiNr. 2701–2702 | 4,— | 4,— |
| **H-Blatt 118** | mit 1 × MiNr. 2703–2704 | 4,— | 4,— |
| **H-Blatt 119** | mit 1 × MiNr. 2705–2706 | 4,— | 4,— |
| **MH 78** | mit 1 × H-Blatt 115–119 | 20,— | |

Postpreis des Markenheftchens: 9.95 €

Auflage: 365.000 Kleinbogen

**2009, 3. Nov. Blockausgabe: „Voor het Kind" – Lasst Kinder lernen (II). RaTdr.; Streifen ph.; gez. K 14¼.**

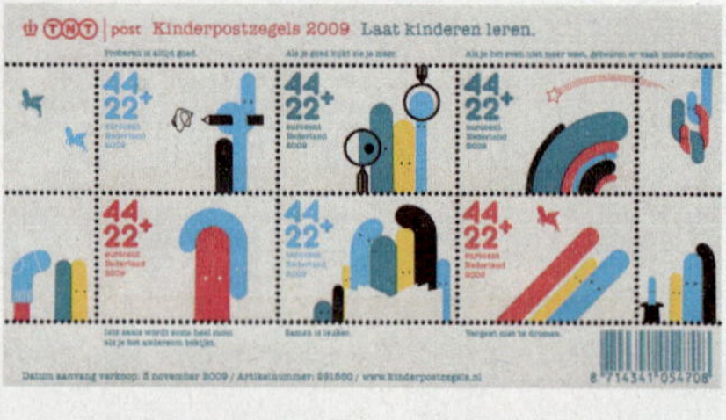

cwv

cwo–cwu) Bunte Streifen symbolisieren den Alltag der Schulkinder

| | | | | | |
|---|---|---|---|---|---|
| **2707** | 44 (C) + 22 C mehrfarbig | cwo | 1,30 | 1,30 |
| **2708** | 44 (C) + 22 C mehrfarbig | cwp | 1,30 | 1,30 |
| **2709** | 44 (C) + 22 C mehrfarbig | cwr | 1,30 | 1,30 |
| **2710** | 44 (C) + 22 C mehrfarbig | cws | 1,30 | 1,30 |
| **2711** | 44 (C) + 22 C mehrfarbig | cwt | 1,30 | 1,30 |
| **2712** | 44 (C) + 22 C mehrfarbig | cwu | 1,30 | 1,30 |
| **Block 124** | (144×75 mm) | cwv | 8,— | 8,— |
| | | FDC | | 9,50 |

Auflage: 4.800.000 Blocks

**2009, 17. Nov. Dezembermarken. Odr. (5×2 + 5×2); Streifen ph.; selbstklebend; gestanzt 12¾:13¼.**

cww–cxf) Geschenkpakete mit weihnachtlichen Motiven

| | | | | |
|---|---|---|---|---|
| **2713** | 0.34 € mehrfarbig | cww | 0,70 | 0,50 |
| **2714** | 0.34 € mehrfarbig | cwx | 0,70 | 0,50 |
| **2715** | 0.34 € mehrfarbig | cwy | 0,70 | 0,50 |
| **2716** | 0.34 € mehrfarbig | cwz | 0,70 | 0,50 |
| **2717** | 0.34 € mehrfarbig | cxa | 0,70 | 0,50 |
| **2718** | 0.34 € mehrfarbig | cxb | 0,70 | 0,50 |
| **2719** | 0.34 € mehrfarbig | cxc | 0,70 | 0,50 |
| **2720** | 0.34 € mehrfarbig | cxd | 0,70 | 0,50 |
| **2721** | 0.34 € mehrfarbig | cxe | 0,70 | 0,50 |
| **2722** | 0.34 € mehrfarbig | cxf | 0,70 | 0,50 |
| | | Satzpreis (10 W.) | 7,— | 5,— |
| | | Zehnerblock | 7,— | 5,— |
| | | FDC | | 8,50 |
| | | Folienblatt | 14,— | 10,— |

Auflage: 23.294.300 Sätze

**2010, 12. Jan./22. Juni. Schöne Niederlande (XXV). Odr., Kleinbogen (Klb.) (5) und Markenheftchen (MH); Streifen ph.; A = gez. K 14½:14¼, C = gez. K 13½:12½.**

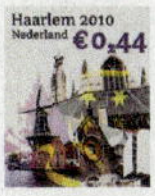


cxg) Windmühle „De Adriaan", St.-Bavo-Kirche und Theater „De Toneelschuur", Haarlem

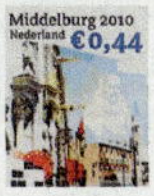


cxh) Rathaus und Kirche „Langer Jan", Middelburg

| | | | | | |
|---|---|---|---|---|---|
| **2723** | | 0.44 € mehrfarbig | cxg | | |
| | **A** | gez. K 14½:14¼ (Klb.) (12. Jan.) | | 0,90 | 0,90 |
| | **C** | gez. K 13½:12½ (MH) (22. Juni) | | 2,— | 2,— |
| **2724** | | 0.44 € mehrfarbig | cxh | | |
| | **A** | gez. K 14½:14¼ (Klb.) (12. Jan.) | | 0,90 | 0,90 |
| | **C** | gez. K 13½:12½ (MH) (22. Juni) | | 2,— | 2,— |
| | | Satzpreis A (2 W.) | | 1,80 | 1,80 |
| | | FDC A | | | 3,— |
| | | Kleinbogensatz A (2 Klb.) | | 9,— | 9,— |

MiNr. 2723 A–2724 A stammen auch aus Bl. 128; siehe nach MiNr. 2752.

MiNr. 2723 C–2724 C wurden zusammen mit MiNr. 2742 C–2743 C und 2771 C im Markenheftchen ausgegeben. MH-Bewertung siehe nach MiNr. 2752.

Auflagen: MiNr. 2723 A = 475.000, MiNr. 2724 A = 450.000 Stück

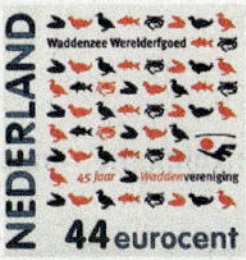


cwc

**2010, 12. Jan. Meine Marke. Odr. (2×5); Streifen ph.; selbstklebend; gez. K 12¾.**

| | | | | |
|---|---|---|---|---|
| **2725** | 44 C mehrfarbig | cwc | 1,— | 1,— |
| | | FDC | | 2,— |
| | | Folienblatt | 10,— | 10,— |

MiNr. 2725 kann auch mit persönlich gestaltetem Markenbild bei der Niederländischen Post bezogen werden. Die Rahmenzeichnung bleibt unverändert.

Auflage: 2.400.000 Stück mit posteigenem Motiv

*In gleicher Zeichnung: MiNr. 2696 (nassklebend)*

**2010, 9. Febr. 100 Jahre Patentgesetz: Niederländische Erfindungen. Odr., Kleinbogen (2×5) und Markenheftchen (2×1); Streifen ph.; gez. K 13¼:12¾.**

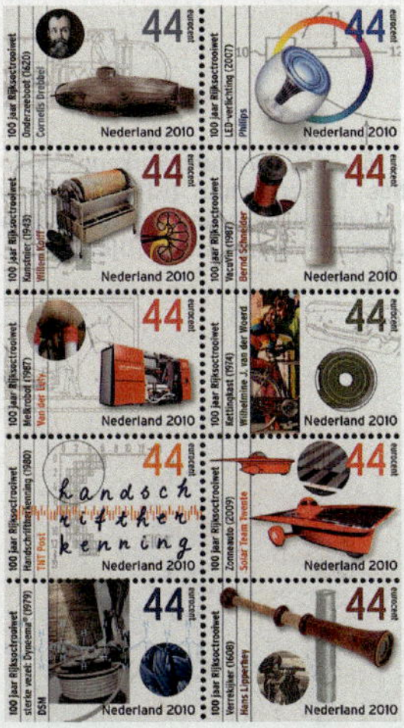


cxi) Tauchboot von Cornelis Drebbel (1620)
cxk) LED-Leuchte von Philips (2007)
cxl) Künstliche Niere von Willem Kolff (1943)
cxm) Weinflaschen-Vakuumverschluss VacuVin von Bernd Schneider (1987)
cxn) Melkroboter von Van der Lely (1987)
cxo) Fahrradkettenkasten von Wilhelmine J. van der Woerd (1974)
cxp) Handschriftenerkennungsgerät von TNT Post (1980)
cxr) Solarautomobil von Solar Team Twente (2009)
cxs) Polyethylenfaser „Dyneema" von DSM (1979)
cxt) Holländisches Fernrohr von Hans Lipperhey (1608)

| | | | | |
|---|---|---|---|---|
| **2726** | 44 C mehrfarbig | cxi | 0,90 | 0,90 |
| **2727** | 44 C mehrfarbig | cxk | 0,90 | 0,90 |
| **2728** | 44 C mehrfarbig | cxl | 0,90 | 0,90 |
| **2729** | 44 C mehrfarbig | cxm | 0,90 | 0,90 |
| **2730** | 44 C mehrfarbig | cxn | 0,90 | 0,90 |
| **2731** | 44 C mehrfarbig | cxo | 0,90 | 0,90 |
| **2732** | 44 C mehrfarbig | cxp | 0,90 | 0,90 |
| **2733** | 44 C mehrfarbig | cxr | 0,90 | 0,90 |
| **2734** | 44 C mehrfarbig | cxs | 0,90 | 0,90 |
| **2735** | 44 C mehrfarbig | cxt | 0,90 | 0,90 |
| | | Satzpreis (10 W.) | 9,— | 9,— |
| | | Kleinbogen | 9,— | 9,— |
| | | FDC | | 10,50 |

**Markenheftchen**

| | | | |
|---|---|---|---|
| **H-Blatt 120** | mit 1 × MiNr. 2726–2727 | 4,— | 4,— |
| **H-Blatt 121** | mit 1 × MiNr. 2728–2729 | 4,— | 4,— |
| **H-Blatt 122** | mit 1 × MiNr. 2730–2731 | 4,— | 4,— |
| **H-Blatt 123** | mit 1 × MiNr. 2732–2733 | 4,— | 4,— |
| **H-Blatt 124** | mit 1 × MiNr. 2734–2735 | 4,— | 4,— |
| **MH 79** | mit 1 × H-Blatt 120–124 | 20,— | |

Postpreis des Markenheftchens: 9.95 €

Auflage: 380.000 Kleinbogen

**2010, 9. März. Nationale Buchwoche. Odr., Einzelmarke; links ⌜⌟, o.G.**

Leerfeld
cxu) Buchstapel bilden Inschrift
Zierfeld

| | | | | |
|---|---|---|---|---|
| **2736** 2.20 € mehrfarbig | cxu | 4,40 | 4,40 |
| Dreierstreifen (komplett als Büchlein) | | 4,50 | 4,50 |
| | FDC | | 6,— |

MiNr. 2736 wurde in Buchform (mit eigener ISBN) hergestellt und gefaltet ausgeliefert. Innen sind noch 4 Textseiten eingefügt. Das Leerfeld wurde per Siebdruck gummiert, so dass die Marke auch komplett (als Büchlein) zur Frankatur verwendet werden kann.

Auflage: 250.000 Stück

**2010, 23. März. Jubiläen: 125 Jahre Fremdenverkehrsverein (VVV); 100 Jahre Königliches Tropeninstitut (KIT); 75 Jahre Urlaubs- und Freizeitpark Duinrell, Wassenaar; 50 Jahre Euromast, Rotterdam; 25 Jahre Reiseveranstalter Djoser. Odr. (3×5); Streifen ph.; gez. K 14½:14¼.**

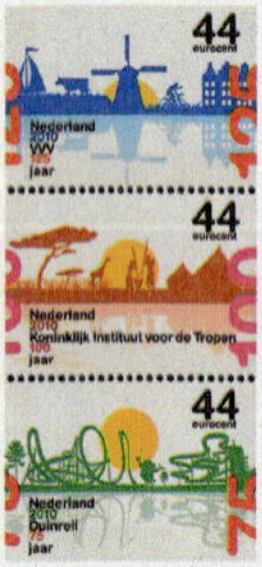


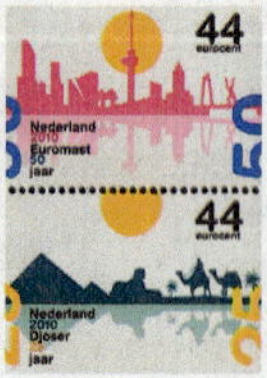


cxv) Niederländische Landschaft
cxw) Afrikanische Savanne
cxx) Attraktionen des Freizeitparks
cxy) Hafenviertel mit Aussichtsturm Euromast
cxz) Pyramiden von Giseh mit Sphinx

| | | | |
|---|---|---|---|
| **2737** 44 C mehrfarbig | cxv | 0,90 | 0,90 |
| **2738** 44 C mehrfarbig | cxw | 0,90 | 0,90 |
| **2739** 44 C mehrfarbig | cxx | 0,90 | 0,90 |
| **2740** 44 C mehrfarbig | cxy | 0,90 | 0,90 |
| **2741** 44 C mehrfarbig | cxz | 0,90 | 0,90 |
| | Satzpreis (5 W.) | 4,50 | 4,50 |
| | Fünferstreifen | 4,50 | 4,50 |
| | FDC | | 6,— |
| | Kleinbogen | 9,— | 9,— |

MiNr. 2737–2741 wurden senkrecht zusammenhängend im Kleinbogen zu je 2 Marken und 5 verschiedenen Zierfeldern (linke Bogenspalte) gedruckt.

Auflage: 820.000 Sätze

**2010, 29. März. Blockausgabe: Werbekampagne „Das ist eine Karte wert" (I). Odr.; Streifen ph.; gez. K 14½.**

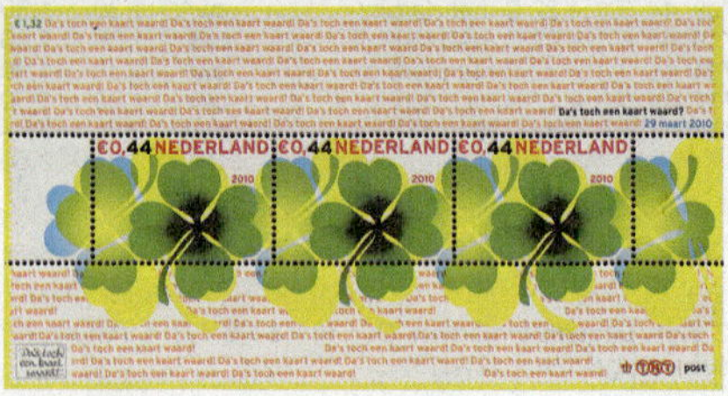


cyb

cya) Vierblättriger Klee

| | | | |
|---|---|---|---|
| **2742** 44 C mehrfarbig | cya | 0,90 | 0,90 |
| **Block 125** mit 3 × MiNr. 2742 (144×75 mm) | cyb | 2,70 | 2,70 |
| | FDC | | 4,60 |

Auflage: 410.000 Blocks

**2010, 29. März/22. Juni. Schöne Niederlande (XXVI). Odr., Kleinbogen (Klb.) (5) und Markenheftchen (MH); Streifen ph.; A = gez. K 14½:14¼, C = gez. K 13½:12½.**

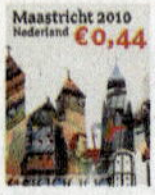


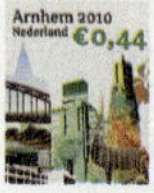


cyc) Bauwerke in Maastricht mit St.-Servatius-Basilika und Johanniskirche
cyd) Bauwerke in Arnheim mit Rathaus und Eusebiuskirche

| | | | |
|---|---|---|---|
| **2743** 0.44 € mehrfarbig | cyc | | |
| A gez. K 14½:14¼ (Klb.) (29. März) | | 0,90 | 0,90 |
| C gez. K 13½:12½ (MH) (22. Juni) | | 2,— | 2,— |
| **2744** 0.44 € mehrfarbig | cyd | | |
| A gez. K 14½:14¼ (Klb.) (29. März) | | 0,90 | 0,90 |
| C gez. K 13½:12½ (MH) (22. Juni) | | 2,— | 2,— |
| | Satzpreis A (2 W.) | 1,80 | 1,80 |
| | FDC A | | 3,— |
| | Kleinbogensatz A (2 Klb.) | 9,— | 9,— |

MiNr. 2743 A–2744 A stammen auch aus Bl. 128; siehe nach MiNr. 2752.

MiNr. 2743 C–2744 C wurden zusammen mit MiNr. 2723 C–2724 C und 2772 C im Markenheftchen ausgegeben. MH-Bewertung siehe nach MiNr. 2752.

Auflagen: MiNr. 2743 A = 485.000, MiNr. 2744 A = 472.500 Stück

**2010, 27. April. Blockausgabe: Sommermarken – Persönlichkeiten. Odr.; Streifen ph.; gez. K 14½.**

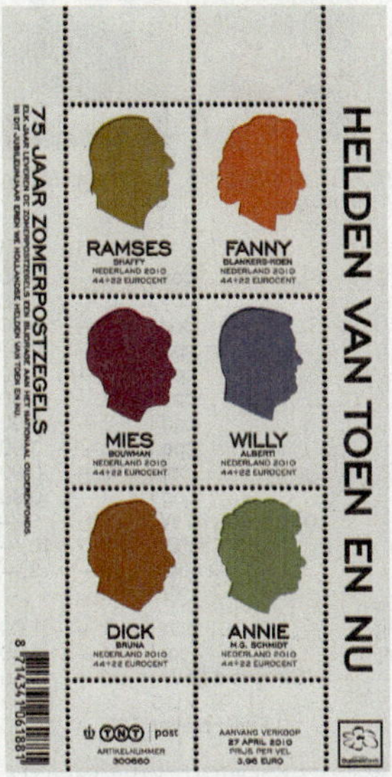

cyl

cye) Ramses Shaffy (1933–2009), Chansonsänger und Schauspieler
cyf) Fanny Blankers-Koen (1918–2004), Leichtathletin
cyg) Mies Bouwman (1929–2018), Fernsehmoderatorin und Kinderbuchautorin
cyh) Willy Alberti (1926–1985), Sänger
cyi) Dick Bruna (1927–2017), Illustrator und Kinderbuchautor
cyk) Annie M. G. Schmidt (1911–1995), Kinderbuchautorin und Journalistin

| | | | | |
|---|---|---|---|---|
| **2745** | 44 (C) + 22 C mehrfarbig | cye | 1,30 | 1,30 |
| **2746** | 44 (C) + 22 C mehrfarbig | cyf | 1,30 | 1,30 |
| **2747** | 44 (C) + 22 C mehrfarbig | cyg | 1,30 | 1,30 |
| **2748** | 44 (C) + 22 C mehrfarbig | cyh | 1,30 | 1,30 |
| **2749** | 44 (C) + 22 C mehrfarbig | cyi | 1,30 | 1,30 |
| **2750** | 44 (C) + 22 C mehrfarbig | cyk | 1,30 | 1,30 |
| **Block 126** | (75×144 mm) | cyl | 8,— | 8,— |
| | | FDC | | 9,50 |

Auflage: 440.000 Blocks

**2010, 27. April. Blockausgabe: Leuchttürme. Odr.; Streifen ph.; gez. Ks 13¾.**

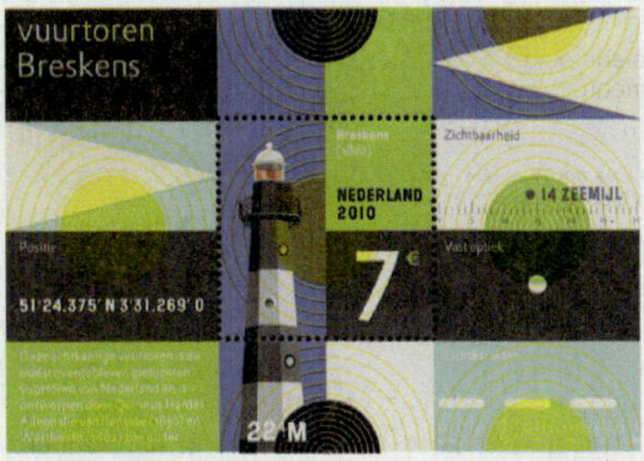

cyn

cym) Leuchtturm Breskens (erbaut 1867)

| | | | | |
|---|---|---|---|---|
| **2751** | 7 € mehrfarbig | cym | 14,— | 14,— |
| **Block 127** | (104×71 mm) | cyn | 14,— | 14,— |
| | | FDC | | 15,50 |

Auflage: 255.000 Blocks

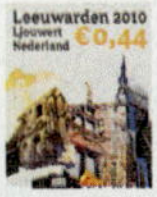

**2010, 22. Juni. Schöne Niederlande (XXVII). Odr., Kleinbogen (Klb.) (5) und Markenheftchen (MH); Streifen ph.; A = gez. K 14½:14¼, C = gez. K 13½:12½.**

cyo) Gebäude in Leeuwarden mit St.-Bonifatius-Kirche

| | | | | |
|---|---|---|---|---|
| **2752** | 0.44 € mehrfarbig | cyo | | |
| A | gez. K 14½:14¼ (Klb.) | | 0,90 | 0,90 |
| C | gez. K 13½:12½ (MH) | | 2,— | 2,— |
| | | FDC A | | 2,— |
| | | Kleinbogen A | 4,50 | 4,50 |
| | | Markenheftchen C | 20,— | |

**Blockausgabe**

| | | | | |
|---|---|---|---|---|
| **Block 128** | mit MiNr. 2723 A–2724 A, 2743 A–2744 A und 2752 A (144×75 mm) | cyp | 4,50 | 4,50 |
| | | FDC | | 5,50 |

MiNr. 2752 C wurde zusammen mit MiNr. 2723 C–2724 C und 2743 C–2744 C im Markenheftchen ausgegeben, jede Marke ist 2 × enthalten (Verkaufspreis des Heftchens: 9.95 €).

Auflagen: MiNr. 2752 A = 462.500 Stück, Bl. 128 = 540.000 Blocks

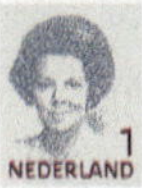

**2010, 1. Juli. Freimarken: Königin Beatrix. RaTdr., Folienblätter (10 bzw. 5); selbstklebend; gestanzt 14¼.**

ahw) Königin Beatrix (*1938, reg. 1980–2013)

| | | | | |
|---|---|---|---|---|
| **2753** | 1 graublau/dunkelviolettpurpur | ahw | 2,— | 0,90 |
| **2754** | 2 olivbraun/dunkelolivgrün | ahw | 4,— | 1,80 |
| | | Satzpreis (2 W.) | 6,— | 2,70 |
| | | FDC | | 3,70 |
| | | Folienblatt mit 10 × MiNr. 2753 | 20,— | 9,— |
| | | Folienblatt mit 5 × MiNr. 2754 | 20,— | 9,— |

Nominalen zur Zeit der Ausgabe: MiNr. 2753 = 0.44 €, MiNr. 2754 = 0.88 €

Auflagen: MiNr. 2753 = 40.650.000, MiNr. 2754 = 2.425.000 Stück

*Weitere Werte siehe Übersicht nach Jahrgangswerttabelle.*

**Niederländische Nominalkodierungen:**

1 = Inlandsbriefe bis 20 g

ab 1.7.2010: 0.44 €; ab 1.1.2011: 0.46 €; ab 1.1.2012: 0.50 €; ab 1.1.2013: 0.54 €; ab 1.8.2013: 0.60 €; ab 1.1.2014: 0.64 €; ab 1.1.2015: 0.69 €; ab 1.1.2016: 0.73 €; ab 1.1.2017: 0.78 €; ab 1.1.2018: 0.83 €; ab 1.1.2019: 0.87 €; ab 1.1.2020: 0.91 €; ab 1.1.2021: 0.96 €; ab 1.1.2023: 1.01 €; ab 1.1.2024: 1.09 €; ab 1.7.2024: 1.14 €; ab 1.1.2025: 1.21 €; ab 1.7.2025: 1.31 €

2 = Inlandsbriefe bis 50 g

ab 1.7.2010: 0.88 €; ab 1.1.2011: 0.92 €; ab 1.1.2012: 1.00 €; ab 1.1.2013: 1.08 €; ab 1.8.2013: 1.20 €; ab 1.1.2014: 1.28 €; ab 1.1.2015: 1.38 €; ab 1.1.2016: 1.46 €; ab 1.1.2017: 1.56 €; ab 1.1.2018: 1.66 €; ab 1.1.2019: 1.74 €; ab 1.1.2020: 1.82 €; ab 1.1.2021: 1.92 €; ab 1.1.2023: 2.02 €; ab 1.1.2024: 2.18 €; ab 1.7.2024: 2.28 €; ab 1.1.2025: 2.42 €; ab 1.7.2025: 2.62 €

EUROPA 1 = Briefe nach Europa bis 20 g

ab 1.7.2010: 0.77 €; ab 1.1.2011: 0.79 €; ab 1.1.2012: 0.85 €; ab 1.1.2013: 0.90 €; ab 1.8.2013: 0.96 €

WERELD 1 = Briefe nach Übersee bis 20 g

ab 1.7.2010: 0.95 €; ab 1.8.2013: 1.00 €

DECEMBER = Inlandstarif zwischen 24. November und 6. Januar

ab 1.7.2010: 0.34 €; ab 1.1.2011: 0.36 €; ab 1.1.2012: 0.40 €; ab 1.8.2013: 0.55 €; ab 1.1.2014: 0.59 €; ab 1.1.2015: 0.64 €; ab 1.1.2016: 0.65 €; ab 1.1.2017: 0.73 €; ab 1.1.2018: 0.78 €; ab 1.1.2019: 0.82 €; ab 1.1.2020: 0.86 €; ab 1.1.2021: 0.91 €; ab 1.1.2023: 0.96 €; ab 1.7.2024: 1.06 €

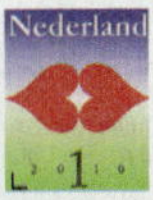

**2010, 1. Juli. Grußmarke: „Zehn für die Liebe“. Odr., Folienbogen (50) und Folienblatt (10); Streifen ph.; selbstklebend; gestanzt 14¼.**

ccd) Kussmund aus zwei Herzen

**2755** 1 mehrfarbig ........................ ccd 2,— 0,90
FDC 2,—
Folienblatt 20,— 9,—

Nominale zur Zeit der Ausgabe: 0.44 €

Auflage: 4.800.000 Stück, davon 2.300.000 im Folienblatt

*In gleicher Zeichnung: MiNr. 2277, 2475*

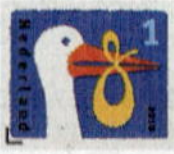

**2010, 1. Juli. Freimarke für Geburtsanzeigen. Odr. (10×5); Streifen ph.; selbstklebend; gestanzt 14¼.**

cyr) Storch bringt Baby

**2756** 1 mehrfarbig ........................ cyr 2,— 0,90
FDC 2,—

Nominale zur Zeit der Ausgabe: 0.44 €

Auflage: 6.250.000 Stück

*In ähnlicher Zeichnung: MiNr. 1631, 1733, 1898, 1974, 2476*

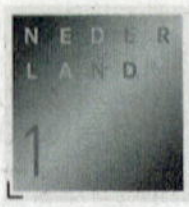

**2010, 1. Juli. Freimarke für Kondolenzbriefe. RaTdr. (50); Streifen ph.; selbstklebend; gestanzt 11¾.**

bbw I) Symbolik

**2757** 1 mehrfarbig ........................ bbw I 2,— 0,90
FDC 2,—

Nominale zur Zeit der Ausgabe: 0.44 €

Auflage: 12.500.000 Stück

*in gleicher Zeichnung: MiNr. 3967*
*In ähnlicher Zeichnung: MiNr. 1641, 1825, 1904, 1980, 2477*

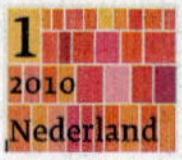

**2010, 1. Juli/2012. Freimarke für Standardbriefe. RaTdr. (50); Streifen ph.; selbstklebend; A = gestanzt 14¼, C = gestanzt 13½.**

cys) Bunte Rechtecke

**2758** 1 mehrfarbig ........................ cys
A gestanzt 14¼ (1.7.2010) ........ 2,— 0,90
C gestanzt 13½ (2012) ........ 2,— 1,—
FDC A 2,—

Nominale zur Zeit der Ausgabe: MiNr. 2758 A = 0.44 €, MiNr. 2758 C = 0.50 €

Auflage: MiNr. 2758 A = 25.200.000 Stück

*In ähnlicher Zeichnung: MiNr. 2195–2196, 2478–2479*

**2010, 1. Juli. Freimarken: Umweltschutz. MiNr. 2759–2768 Odr., Folienblatt (10), Streifen ph., selbstklebend, gestanzt 14¼; MiNr. 2769–2770 RaTdr., MiNr. 2769 Folienbogen (50) und Folienblatt (5), MiNr. 2770 Folienblatt (5), Streifen ph., selbstklebend, gestanzt 11, mit Durchstich zwischen Priority-Feld und Markenbild.**

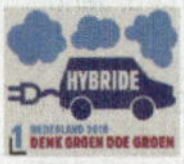

cox I) Autos mit Hybridantrieb

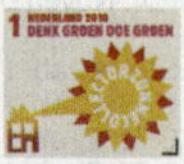

coy I) Häuser mit Sonnenkollektoren

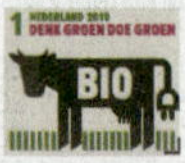

coz I) Biologische Landwirtschaft

cpa I) Nutzung der Windenergie

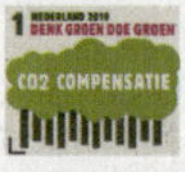

cpb) Minderung des $CO_2$-Ausstoßes

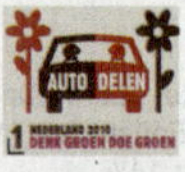

cpc I) Fahrgemeinschaften bilden

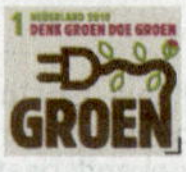

cpd I) Ökologisch gewonnener Strom

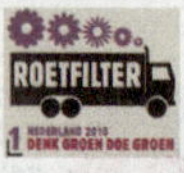

cpe I) Dieselfahrzeuge mit Rußfilter

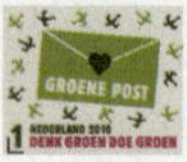

cpf I) Umweltpapier bei Briefpost

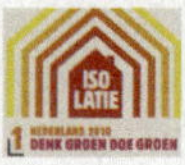

cpf I) Gebäude mit Wärmeisolierung

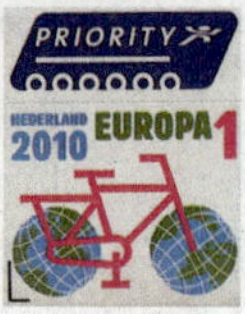

cph I) Fahrrad mit Weltkugeln

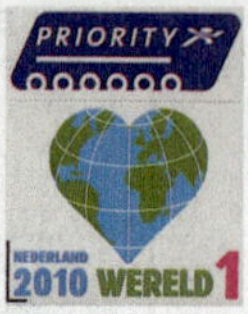

cpi I) Herzförmiger Globus

**2759** 1 mehrfarbig ........................ cox I 2,— 0,90
**2760** 1 mehrfarbig ........................ coy I 2,— 0,90
**2761** 1 mehrfarbig ........................ coz I 2,— 0,90
**2762** 1 mehrfarbig ........................ cpa I 2,— 0,90
**2763** 1 mehrfarbig ........................ cpb I 2,— 0,90
**2764** 1 mehrfarbig ........................ cpc I 2,— 0,90
**2765** 1 mehrfarbig ........................ cpd I 2,— 0,90
**2766** 1 mehrfarbig ........................ cpe I 2,— 0,90
**2767** 1 mehrfarbig ........................ cpf I 2,— 0,90
**2768** 1 mehrfarbig ........................ cpg I 2,— 0,90
Satzpreis (10 W.) 20,— 9,—
FDC 10,—
Folienblatt 20,— 9,—

**2769** 1 EUROPA mehrfarbig .............. cph I 3,— 1,60
**2770** 1 WERELD mehrfarbig .............. cpi I 3,— 1,90
Satzpreis (2 W.) 6,— 3,50
FDC 4,50
2 Folienblätter 30,— 17,50

Nominalen zur Zeit der Ausgabe: MiNr. 2759–2768 je 0.44 €, MiNr. 2769 = 0.77 €, MiNr. 2770 = 0.95 €

Bei MiNr. 2769 können die Marken aus Folienbogen und Folienblatt anhand der unterschiedlich gestanzten Markenecken unterschieden werden.

Auflagen: MiNr. 2759–2768 je 4.235.000, MiNr. 2769 = 15.050.000, MiNr. 2770 = 6.550.000 Stück

*In ähnlichen Zeichnungen: MiNr. 2552–2563, 2633–2634*

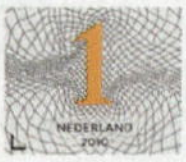

**2010, 1. Juli. Freimarken für Standardbriefe. RaTdr., Rollen; Streifen ph.; selbstklebend; A = gestanzt 14¼.**

cyt) Guilloche

**2771 A** 1 mehrfarbig ........................ cyt 2,— 0,90
**2772 A** 2 mehrfarbig ........................ cyt 4,— 1,80
Satzpreis A (2 W.) 6,— 2,70
FDC A 3,70

**C = gestanzt 13½ (Aug. 2012)**

**2771 C** 1 mehrfarbig ........................ cyt 2,— 1,—
**2772 C** 2 mehrfarbig ........................ cyt 4,— 2,—
Satzpreis C (2 W.) 6,— 3,—

Nominalen zur Zeit der Ausgabe: MiNr. 2771 A = 0.44 €, MiNr. 2771 C = 0.50 €, MiNr. 2772 A = 0.88 €, MiNr. 2772 C = 1.00 €

Auflagen: MiNr. 2771 A = 582.000, MiNr. 2772 A = 182.000 Rollen

*In gleicher Zeichnung: MiNr. 2773*
*In ähnlicher Zeichnung: MiNr. 2480, 2483*

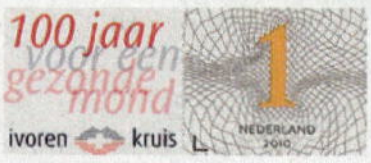


**2010, 1. Juli. Freimarke für Standardbriefe. Odr. (50 Zd); Streifen ph.; selbstklebend; gestanzt 13½, mit 4 Verbindungsstegen links.**

Zierfeld
cyt) Guilloche

**2773** 1 mehrfarbig ........................ cyt 2,— 0,90
2773 Zf 2,— 0,90
FDC 1,80

Nominale zur Zeit der Ausgabe: 0.44 €

Auflage: 3.500.000 Stück

*In gleicher Zeichnung: MiNr. 2771–2772*
*In ähnlicher Zeichnung: MiNr. 2480, 2483*

**2010, 1. Juli. Start des Radrennens „Tour de France 2010" in Rotterdam. RaTdr. (5×2); Streifen ph.; gez. K 14½.**

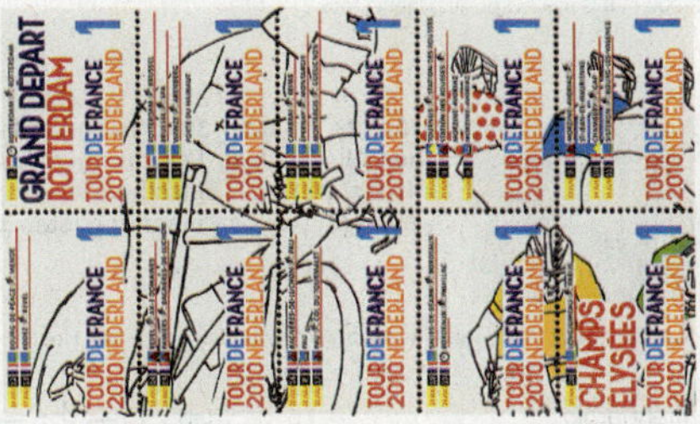


cyu–czd) Radrennfahrer, Tourdaten

| | | | | | |
|---|---|---|---|---|---|
| **2774** | 1 mehrfarbig | cyu | 2,— | 0,90 |
| **2775** | 1 mehrfarbig | cyv | 2,— | 0,90 |
| **2776** | 1 mehrfarbig | cyw | 2,— | 0,90 |
| **2777** | 1 mehrfarbig | cyx | 2,— | 0,90 |
| **2778** | 1 mehrfarbig | cyy | 2,— | 0,90 |
| **2779** | 1 mehrfarbig | cyz | 2,— | 0,90 |
| **2780** | 1 mehrfarbig | cza | 2,— | 0,90 |
| **2781** | 1 mehrfarbig | czb | 2,— | 0,90 |
| **2782** | 1 mehrfarbig | czc | 2,— | 0,90 |
| **2783** | 1 mehrfarbig | czd | 2,— | 0,90 |
| | Satzpreis (10 W.) | | 20,— | 9,— |
| | Kleinbogen | | 20,— | 9,— |
| | FDC | | | 10,— |

Nominale zur Zeit der Ausgabe: je 0.44 €

Auflage: 350.000 Sätze

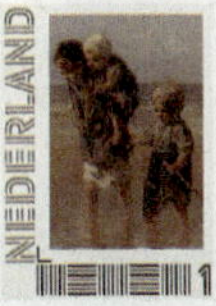


**2010, 1. Juli. Meine Marke. Odr., Kleinbogen (I = 5×2, II = 5×1) und Markenheftchen (3×1); Streifen ph.; gez. K 13¼:14.**

cze

| | | | | |
|---|---|---|---|---|
| **2784** | 1 mehrfarbig | cze | 2,— | 0,90 |
| | FDC | | | 2,— |
| | Kleinbogen I | | 20,— | 9,— |
| | Kleinbogen II | | 10,— | 4,50 |
| | Markenheftchen | | 20,— | 20,— |

Nominale zur Zeit der Ausgabe: 0.44 €

MiNr. 2784 kann auch mit persönlich gestaltetem Markenbild bei der Niederländischen Post bezogen werden. Die Rahmenzeichnung bleibt unverändert.

MiNr. 2784 (mit posteigenem Motiv) wurde auch in Markenheftchen zu 9 Marken ausgegeben. Verkaufspreis des Heftchens: 9.95 €.

Auflage: 3.300.000 Stück mit posteigenem Motiv

*In gleicher Rahmenzeichnung: MiNr. 2940–2941; selbstklebend: MiNr. 2826*

**2010, 17. Aug. 100 Jahre Königlich Niederländischer Verein zum Schutz des Waldes. Odr., Kleinbogen (2×5); Streifen ph.; A = gez. K 13¼:12¾.**

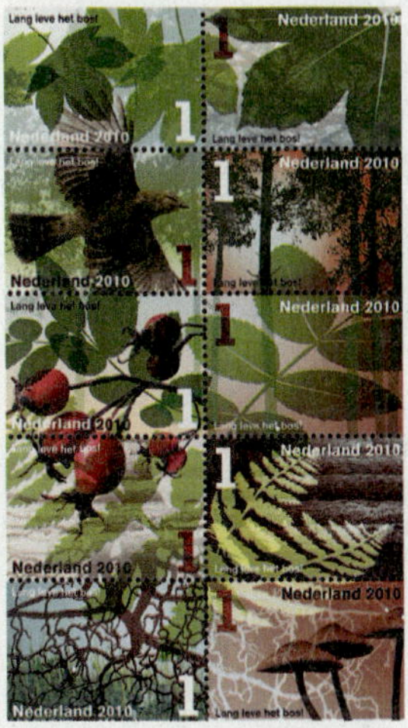


czf) Blätter
czg) Blatt
czh) Eichelhäher (Garrulus glandarius)
czi) Baumwipfel
czk) Hagebutten
czl) Zweig
czm) Hagebutte, Farn
czn) Farn
czo) Wurzeln
czp) Pilze

| | | | | | |
|---|---|---|---|---|---|
| **2785 A** | 1 mehrfarbig | czf | 2,— | 0,90 |
| **2786 A** | 1 mehrfarbig | czg | 2,— | 0,90 |
| **2787 A** | 1 mehrfarbig | czh | 2,— | 0,90 |
| **2788 A** | 1 mehrfarbig | czi | 2,— | 0,90 |
| **2789 A** | 1 mehrfarbig | czk | 2,— | 0,90 |
| **2790 A** | 1 mehrfarbig | czl | 2,— | 0,90 |
| **2791 A** | 1 mehrfarbig | czm | 2,— | 0,90 |
| **2792 A** | 1 mehrfarbig | czn | 2,— | 0,90 |
| **2793 A** | 1 mehrfarbig | czo | 2,— | 0,90 |
| **2794 A** | 1 mehrfarbig | czp | 2,— | 0,90 |
| | Satzpreis (10 W.) | | 20,— | 9,— |
| | Kleinbogen | | 20,— | 9,— |
| | FDC | | | 10,50 |

**Markenheftchen (2×1), C = gez. K 14½:14¼**

| | | | | |
|---|---|---|---|---|
| **2785 C** | 1 mehrfarbig | czf | 2,— | 2,— |
| **2786 C** | 1 mehrfarbig | czg | 2,— | 2,— |
| **2787 C** | 1 mehrfarbig | czh | 2,— | 2,— |
| **2788 C** | 1 mehrfarbig | czi | 2,— | 2,— |
| **2789 C** | 1 mehrfarbig | czk | 2,— | 2,— |
| **2790 C** | 1 mehrfarbig | czl | 2,— | 2,— |
| **2791 C** | 1 mehrfarbig | czm | 2,— | 2,— |
| **2792 C** | 1 mehrfarbig | czn | 2,— | 2,— |
| **2793 C** | 1 mehrfarbig | czo | 2,— | 2,— |
| **2794 C** | 1 mehrfarbig | czp | 2,— | 2,— |
| | Satzpreis (10 W.) | | 20,— | 20,— |

| | | | |
|---|---|---|---|
| **H-Blatt 125** | mit 1 × MiNr. 2785 C–2786 C | 4,— | 4,— |
| **H-Blatt 126** | mit 1 × MiNr. 2787 C–2788 C | 4,— | 4,— |
| **H-Blatt 127** | mit 1 × MiNr. 2789 C–2790 C | 4,— | 4,— |
| **H-Blatt 128** | mit 1 × MiNr. 2791 C–2792 C | 4,— | 4,— |
| **H-Blatt 129** | mit 1 × MiNr. 2793 C–2794 C | 4,— | 4,— |
| **MH 80** | mit 1 × H-Blatt 125–129 | 20,— | |

Nominale zur Zeit der Ausgabe: je 0.44 €

Postpreis des Markenheftchens: 9.95 €

Auflage: 350.000 Kleinbogen

**2010, 10. Aug. Blockausgabe: Grenzenlose Niederlande (III) – Surinam. Odr.; Streifen ph.; gez. K 13¼:12¾.**

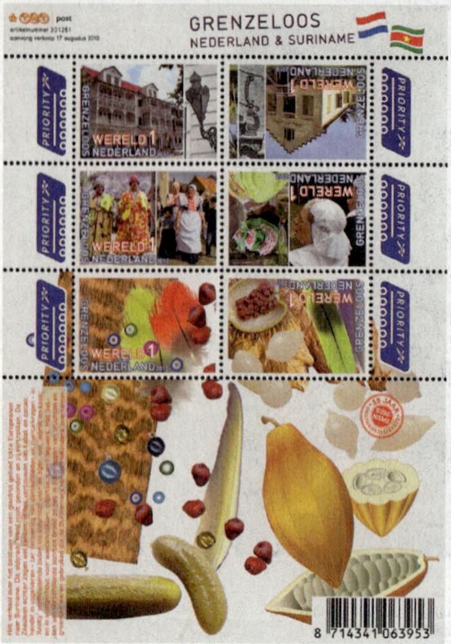


czx

czr) Gebäude im Kolonialstil, Surinam; Außenlampe
czs) Wohnhaus, Niederlande; Treppengeländer
czt) Frauentrachten aus Surinam und den Niederlanden
czu) Kopfbedeckungen aus Surinam und den Niederlanden
czv) Holz, bunte Vogelfedern, Früchte des Orleansstrauches (Bixa orellana)
czw) Vogelfeder, Silberzwiebeln, Früchte des Orleansstrauches, Tabakblätter

| | | | | |
|---|---|---|---|---|
| 2795 | 1 WERELD mehrfarbig | czr | 3,— | 1,90 |
| 2796 | 1 WERELD mehrfarbig | czs | 3,— | 1,90 |
| 2797 | 1 WERELD mehrfarbig | czt | 3,— | 1,90 |
| 2798 | 1 WERELD mehrfarbig | czu | 3,— | 1,90 |
| 2799 | 1 WERELD mehrfarbig | czv | 3,— | 1,90 |
| 2800 | 1 WERELD mehrfarbig | czw | 3,— | 1,90 |
| Block 129 | Blockrand: Landwirtschaft (108×150 mm) | czx | 18,— | 11,50 |
| | | FDC | | 12,— |
| Block 130 | Blockrand: Trachten (108×150 mm) | czy | 18,— | 11,50 |
| | | FDC | | 12,— |
| Block 131 | Blockrand: Architektur (108×150 mm) | czz | 18,— | 11,50 |
| | | FDC | | 12,— |

Nominale zur Zeit der Ausgabe: je 0.95 €

Die Marken sind in jedem Block anders angeordnet.

Auflage: je 350.000 Blocks

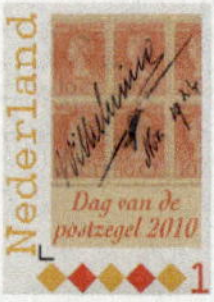


**2010, 14. Sept. Meine Marke. Odr., Kleinbogen (I = 5×2, II = 3×1) und Markenheftchen (2×1); Streifen ph.; gez. K 13¼:14.**

daa

| | | | | |
|---|---|---|---|---|
| 2801 | 1 mehrfarbig | daa | 2,— | 0,90 |
| | | FDC | | 2,— |
| | | Kleinbogen I | 20,— | 9,— |
| | | Kleinbogen II | 6,— | 2,70 |
| | | Markenheftchen | 20,— | 20,— |

Nominale zur Zeit der Ausgabe: 0.44 €

MiNr. 2801 kann auch mit persönlich gestaltetem Markenbild bei der Niederländischen Post bezogen werden. Die Rahmenzeichnung bleibt unverändert.

MiNr. 2801 (mit posteigenem Motiv) wurde auch im Markenheftchen zu 10 Marken ausgegeben. Verkaufspreis des Heftchens: 9.95 €.

Auflage: 2.000.000 Stück mit posteigenem Motiv

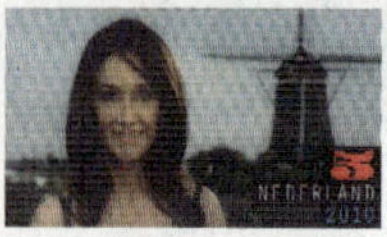


**2010, 29. Sept. 30. Niederländisches Filmfestival. Odr. mit geriffelter Kunststoffolie, Einzelherstellung; Streifen ph.; selbstklebend; gestanzt 9.**

dab) „Kleinster kürzester Film"; von Anton Corbijn (*1955) mit Carice Van Houten (*1976)

| | | | | |
|---|---|---|---|---|
| 2802 | 5 mehrfarbig | dab | 10,— | 5,— |
| | | FDC | | 5,50 |

Nominale zur Zeit der Ausgabe: 2.20 €

Auflage: 350.000 Stück

**2010, 12. Okt. Aidsbekämpfung. RaTdr. (5×2); Streifen ph.; gez. K 13¼:12¾.**

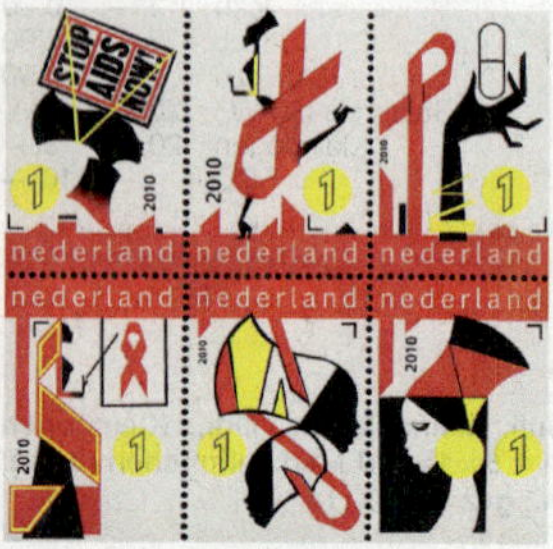


dac–dah) Frau, Aidsschleife

| | | | | |
|---|---|---|---|---|
| 2803 | 1 mehrfarbig | dac | 2,— | 0,90 |
| 2804 | 1 mehrfarbig | dad | 2,— | 0,90 |
| 2805 | 1 mehrfarbig | dae | 2,— | 0,90 |
| 2806 | 1 mehrfarbig | daf | 2,— | 0,90 |
| 2807 | 1 mehrfarbig | dag | 2,— | 0,90 |
| 2808 | 1 mehrfarbig | dah | 2,— | 0,90 |
| | | Satzpreis (6 W.) | 12,— | 5,40 |
| | | Sechserblock | 12,— | 5,40 |
| | | FDC | | 6,50 |
| | | Kleinbogen | 20,— | 9,— |

Nominale zur Zeit der Ausgabe: je 0.44 €

Markenfolge im Kleinbogen: 2803-2804-2805-2804-2803, 2806-2807-2808-2807-2806

Auflage: 350.000 Kleinbogen

**2010, 9. Nov. Blockausgabe: „Voor het Kind" – Kind und Schule. RaTdr.; Streifen ph.; gez. K 14:13½.**

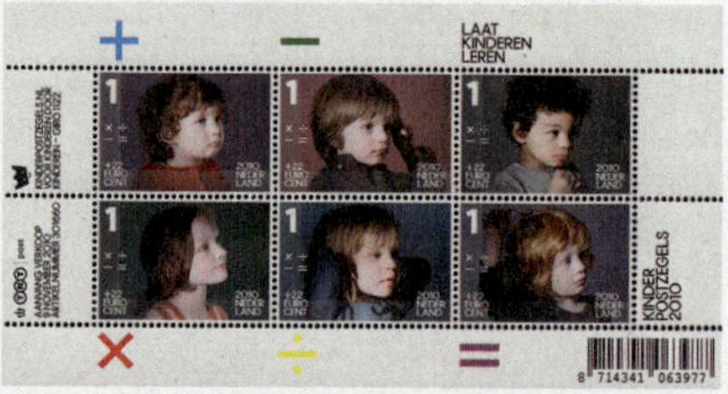


dap

dai–dao) Grundschüler beim Mathematikunterricht

| | | | | |
|---|---|---|---|---|
| 2809 | 1 + 22 C mehrfarbig | dai | 2,— | 1,30 |
| 2810 | 1 + 22 C mehrfarbig | dak | 2,— | 1,30 |
| 2811 | 1 + 22 C mehrfarbig | dal | 2,— | 1,30 |
| 2812 | 1 + 22 C mehrfarbig | dam | 2,— | 1,30 |
| 2813 | 1 + 22 C mehrfarbig | dan | 2,— | 1,30 |
| 2814 | 1 + 22 C mehrfarbig | dao | 2,— | 1,30 |

**Block 132** (144×75 mm) . . . . . . . . . . . dap 12,— 8,—
FDC 9,50

Nominale zur Zeit der Ausgabe: je 0.44 + 0.22 €

Auflage: 4.670.000 Blocks

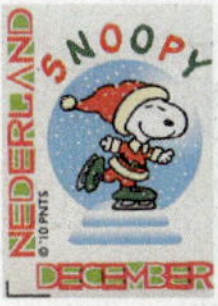


**2010, 23. Nov. Meine Marke. Odr. (5×2); Streifen ph.; gez. K 13¼:14.**

dar

**2815** — mehrfarbig . . . . . . . . . . . . . . . . . . . . . . . . dar 1,80 0,70
FDC 1,80
Kleinbogen 18,— 7,—

Nominale zur Zeit der Ausgabe: 0.34 €

MiNr. 2815 kann auch mit persönlich gestaltetem Markenbild bei der Niederländischen Post bezogen werden. Die Rahmenzeichnung bleibt unverändert.

Auflage: 1.500.000 Stück mit posteigenem Motiv

*In gleicher Zeichnung: MiNr. 2939 (selbstklebend)*

**2010, 23. Nov. Dezembermarken. Odr., Folienbogen (5×4) und Markenheftchen (5×2); Streifen ph.; selbstklebend; gestanzt 12¾.**

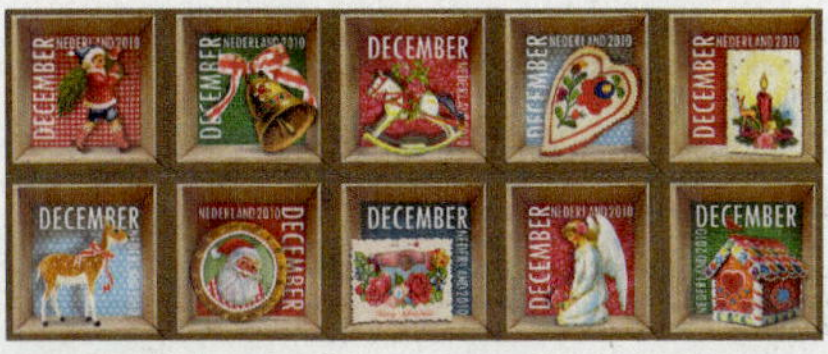


das) Weihnachtswichtel
dat) Glöckchen
dau) Schaukelpferd
dav) Herz
daw) Kerze

dax) Reh
day) Weihnachtsmann
daz) Händedruck
dba) Engel
dbb) Lebkuchenhaus

**2816** — mehrfarbig . . . . . . . . . . . . . . . . . . . . . . . . das 1,80 0,70
**2817** — mehrfarbig . . . . . . . . . . . . . . . . . . . . . . . . dat 1,80 0,70
**2818** — mehrfarbig . . . . . . . . . . . . . . . . . . . . . . . . dau 1,80 0,70
**2819** — mehrfarbig . . . . . . . . . . . . . . . . . . . . . . . . dav 1,80 0,70
**2820** — mehrfarbig . . . . . . . . . . . . . . . . . . . . . . . . daw 1,80 0,70
**2821** — mehrfarbig . . . . . . . . . . . . . . . . . . . . . . . . dax 1,80 0,70
**2822** — mehrfarbig . . . . . . . . . . . . . . . . . . . . . . . . day 1,80 0,70
**2823** — mehrfarbig . . . . . . . . . . . . . . . . . . . . . . . . daz 1,80 0,70
**2824** — mehrfarbig . . . . . . . . . . . . . . . . . . . . . . . . dba 1,80 0,70
**2825** — mehrfarbig . . . . . . . . . . . . . . . . . . . . . . . . dbb 1,80 0,70
Satzpreis (10 W.) 18,— 7,—
Zehnerblock 18,— 7,—
FDC 8,50
Folienbogen 36,— 14,—
Markenheftchen 36,— 20,—

Nominale zur Zeit der Ausgabe: je 0.34 €

MiNr. 2816–2825 wurden auch im Markenheftchen zu 20 Marken ausgegeben (Postpreis: 9.95 €).

Auflage: 22.200.000 Sätze im Folienbogen

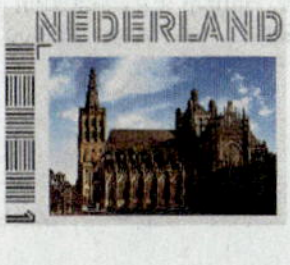


**2011, 10. Jan. Meine Marke. Odr. (2×5); Streifen ph.; selbstklebend; gestanzt 13:13¼.**

cza

**2826** 1 mehrfarbig . . . . . . . . . . . . . . . . . . . . . . . . cza 2,— 1,—
FDC 2,—
Folienblatt 20,— 10,—

Nominale zur Zeit der Ausgabe: 0.46 €

MiNr. 2826 kann auch mit persönlich gestaltetem Markenbild bei der Niederländischen Post bezogen werden. Die Rahmenzeichnung bleibt unverändert.

Auflage: 2.275.000 Stück mit posteigenem Motiv

*In gleicher Rahmenzeichnung: MiNr. 2784, 2940–2941 (nassklebend)*

**2011, 10. Jan./23. Mai. Schöne Niederlande (XXVIII). Odr., Kleinbogen (Klb.) (5) und Markenheftchen (MH); Streifen ph.; A = gez. K 14½:14¼, C = gez. K 13½:12½.**

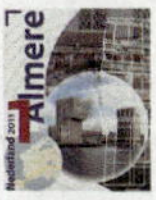


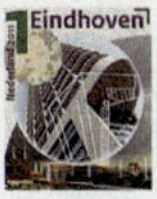


dbc) Stadtzentrum von Almere, Hochhaus Silverline, Landkarte

dbd) Landkarte, Vesteda-Turm, Stadtzentrum von Eindhoven

**2827** 1 mehrfarbig . . . . . . . . . . . . . . . . . . . . . . dbc
A gez. K 14½:14¼ (Klb.) (10. Jan.) . . . . . . . 2,— 1,—
C gez. K 13½:12½ (MH) (23. Mai) . . . . . . . 2,— 2,—
**2828** 1 mehrfarbig . . . . . . . . . . . . . . . . . . . . . . dbd
A gez. K 14½:14¼ (Klb.) (10. Jan.) . . . . . . . 2,— 1,—
C gez. K 13½:12½ (MH) (23. Mai) . . . . . . . 2,— 2,—
Satzpreis A (2 W.) 4,— 2,—
FDC A 3,—
Kleinbogensatz A (2 Klb.) 20,— 10,—

Nominale zur Zeit der Ausgabe: je 0.46 €

MiNr. 2827 A–2828 A stammen auch aus Bl. 134; siehe nach MiNr. 2869.

MiNr. 2827 C–2828 C wurden zusammen mit MiNr. 2851 C–2852 C und 2869 C im Markenheftchen ausgegeben. MH-Bewertung siehe nach MiNr. 2869.

Auflage: MiNr. 2827 A–2828 A = 425.000 Sätze

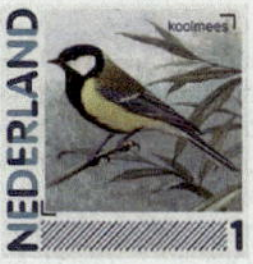


**2011, 31. Jan. Meine Marke. Odr. (2×5); Streifen ph.; gez. K 13¾.**

dbe

**2829** 1 mehrfarbig . . . . . . . . . . . . . . . . . . . . . . dbe 2,— 1,—
FDC 2,—
Kleinbogen 20,— 10,—

Nominale zur Zeit der Ausgabe: 0.46 €

MiNr. 2829 kann auch mit persönlich gestaltetem Markenbild bei der Niederländischen Post bezogen werden. Die Rahmenzeichnung bleibt unverändert.

74 von der Post eingedruckte Vogelmotive sowie 25 Bilder von Musikinterpreten tragen zusätzlich eine Codierung von Vogelstimmen bzw. Musikstücken, die mit einem dazu angebotenen Lesegerät hörbar gemacht werden kann.

Auflage: 3.750.000 Stück mit posteigenem Motiv

**2011, 28. März. 375 Jahre Universität Utrecht. Odr., Kleinbogen (2×5); Streifen ph.; gez. K 13¼:12¾.**

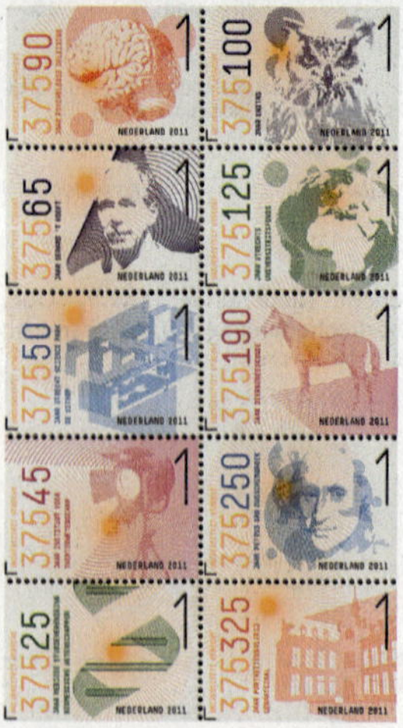


dbf) 90 Jahre Studiengang Psychologie
dbg) 100 Jahre UNITAS
dbh) 65. Geburtstag von Gerard 't Hooft (*1946), Physiker, Nobelpreis 1999
dbi) 125 Jahre Universitätsfonds
dbk) 50 Jahre Science Park De Uithof
dbl) 190 Jahre Tiermedizin
dbm) 45 Jahre Institut für Theaterwissenschaft
dbn) 250. Todestag von Petrus van Musschenbroek (1692–1761)
dbo) 25 Jahre Mebiose Studienvereinigung Biomedizinische Wissenschaften
dbp) 325 Jahre Porträtgalerie Senatssaal

| | | | | |
|---|---|---|---|---|
| **2830** | 1 mehrfarbig | dbf | 2,— | 1,— |
| **2831** | 1 mehrfarbig | dbg | 2,— | 1,— |
| **2832** | 1 mehrfarbig | dbh | 2,— | 1,— |
| **2833** | 1 mehrfarbig | dbi | 2,— | 1,— |
| **2834** | 1 mehrfarbig | dbk | 2,— | 1,— |
| **2835** | 1 mehrfarbig | dbl | 2,— | 1,— |
| **2836** | 1 mehrfarbig | dbm | 2,— | 1,— |
| **2837** | 1 mehrfarbig | dbn | 2,— | 1,— |
| **2838** | 1 mehrfarbig | dbo | 2,— | 1,— |
| **2839** | 1 mehrfarbig | dbp | 2,— | 1,— |
| | Satzpreis (10 W.) | | 20,— | 10,— |
| | Kleinbogen | | 20,— | 10,— |
| | FDC | | | 11,50 |

**Markenheftchen (2×1)**

| | | | |
|---|---|---|---|
| **H-Blatt 130** | mit 1 × MiNr. 2830–2831 | 4,— | 4,— |
| **H-Blatt 131** | mit 1 × MiNr. 2832–2833 | 4,— | 4,— |
| **H-Blatt 132** | mit 1 × MiNr. 2834–2835 | 4,— | 4,— |
| **H-Blatt 133** | mit 1 × MiNr. 2836–2837 | 4,— | 4,— |
| **H-Blatt 134** | mit 1 × MiNr. 2838–2839 | 4,— | 4,— |
| **MH 81** | mit 1 × H-Blatt 130–134 | 20,— | 20,— |

Nominale zur Zeit der Ausgabe: je 0.46 €

Postpreis des Markenheftchens: 9.95 €

Auflage: 245.000 Kleinbogen

**2011, 28. März. Stadt der Niederlande: Bauprojekte. Odr. (3×4); Streifen ph.; gez. K 13.**

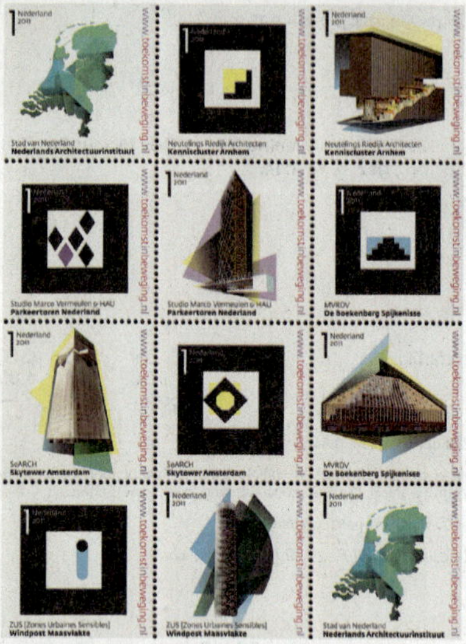


dbr) Landkarte der Niederlande
dbs) Kenniscluster, Arnheim (AR-Code)
dbt) Kenniscluster, Arnheim; Architektenbüro Neutelings Riedijk

dbu) Parkhausturm (AR-Code)
dbv) Parkhausturm; Studio Marco Vermeulen & HAU
dbw) Boekenberg, Spijkenisse (AR-Code)

dbx) Skytower, Overhoeks; Architektenbüro SeARCH
dby) Skytower, Overhoeks (AR-Code)
dbz) Boekenberg, Spijkenisse; Architektenbüro MVRDV

dca) Windpost, Hafen Maasvlakte 2, Rotterdam (AR-Code)
dcb) Windpost, Hafen Maasvlakte 2; Architektenbüro ZUS
dbr) Landkarte der Niederlande

| | | | | |
|---|---|---|---|---|
| **2840** | 1 mehrfarbig | dbr | 2,— | 1,— |
| **2841** | 1 mehrfarbig | dbs | 2,— | 1,— |
| **2842** | 1 mehrfarbig | dbt | 2,— | 1,— |
| **2843** | 1 mehrfarbig | dbu | 2,— | 1,— |
| **2844** | 1 mehrfarbig | dbv | 2,— | 1,— |
| **2845** | 1 mehrfarbig | dbw | 2,— | 1,— |
| **2846** | 1 mehrfarbig | dbx | 2,— | 1,— |
| **2847** | 1 mehrfarbig | dby | 2,— | 1,— |
| **2848** | 1 mehrfarbig | dbz | 2,— | 1,— |
| **2849** | 1 mehrfarbig | dca | 2,— | 1,— |
| **2850** | 1 mehrfarbig | dcb | 2,— | 1,— |
| | Satzpreis (11 W.) | | 22,— | 11,— |
| | Zd-Bogen | | 24,— | 12,— |
| | FDC | | | 13,50 |

Nominale zur Zeit der Ausgabe: je 0.46 €

MiNr. 2840–2850 wurden zusammenhängend im Bogen zu 12 Marken gedruckt, wobei MiNr. 2840 zweimal enthalten ist.

Auflage: 345.000 Zd-Bogen

**2011, 11. April/23. Mai. Schöne Niederlande (XXIX). Odr., Kleinbogen (Klb.) (5) und Markenheftchen (MH); Streifen ph.; A = gez. K 14½:14¼, C = gez. K 13½:12½.**

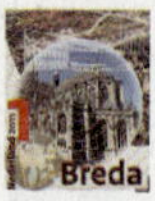


dcc) Luftaufnahme von Breda, Liebfrauenkirche, Landkarte

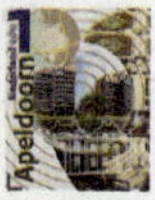


dcd) Landkarte, Häuser am Plantsoen Welgelegen, Garten des Palais Het Loo, Apeldoorn

| | | | | | |
|---|---|---|---|---|---|
| **2851** | | 1 mehrfarbig | dcc | | |
| | A | gez. K 14½:14¼ (Klb.) (11. April) | | 2,— | 1,— |
| | C | gez. K 13½:12½ (MH) (23. Mai) | | 2,— | 2,— |

| | | | | |
|---|---|---|---|---|
| **2852** | 1 mehrfarbig | dcd | | |
| A | gez. K 14½:14¼ (Klb.) (11. April) | | 2,— | 1,— |
| C | gez. K 13½:12½ (MH) (23. Mai) | | 2,— | 2,— |
| | Satzpreis A (2 W.) | | 4,— | 2,— |
| | FDC A | | | 3,— |
| | Kleinbogensatz A (2 Klb.) | | 20,— | 10,— |

Nominale zur Zeit der Ausgabe: je 0.46 €

MiNr. 2851 A–2852 A stammen auch aus Bl. 134; siehe nach MiNr. 2869.

MiNr. 2851 C–2852 C wurden zusammen mit MiNr. 2827 C–2828 C und 2869 C im Markenheftchen ausgegeben. MH-Bewertung siehe nach MiNr. 2869.

Auflage: MiNr. 2851 A–2852 A = 425.000 Sätze

**2011, 18. April. Blockausgabe: Werbekampagne „Das ist eine Karte wert“ (II). Odr.; Streifen ph.; gez. K 14½.**

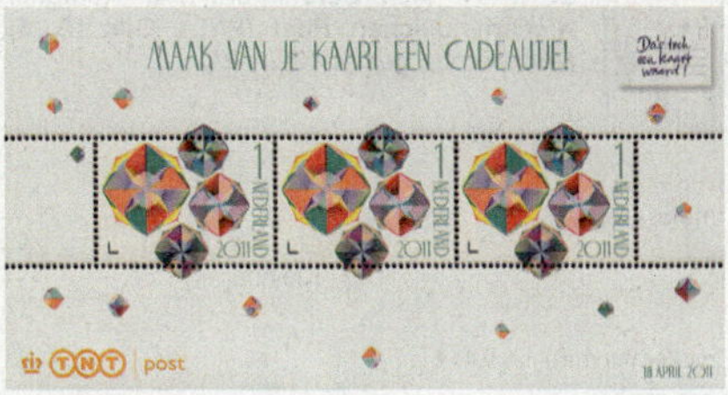


dcf

dce) Papierblumen

| | | | | |
|---|---|---|---|---|
| **2853** | 1 mehrfarbig | dce | 2,— | 1,— |
| **Block 133** | mit 3 × MiNr. 2853 (144×75 mm) | dcf | 6,— | 3,— |
| | FDC | | | 4,50 |

Nominale zur Zeit der Ausgabe: 0.46 €

Auflage: 420.000 Blocks

**2011, 2. Mai. Jubiläen: 50 Jahre Organisation für wirtschaftliche Zusammenarbeit und Entwicklung (OECD); 100 Jahre Niederländischer Billardverband (KNBB); 100 Jahre Königlich Niederländischer Dameverband (KNDB); 650 Jahre Schloss Loevestein; 100 Jahre Gesellschaft niederländischer Komponisten (GeNeCo). Odr. (3×5); Streifen ph.; gez. K 13½:12¾.**

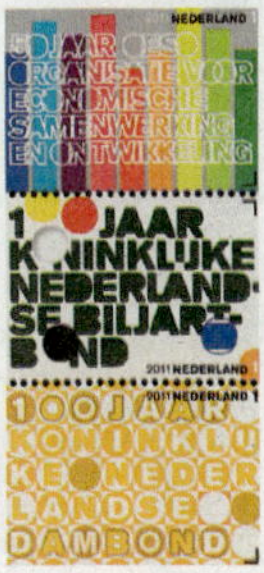

dcg
dch
dci

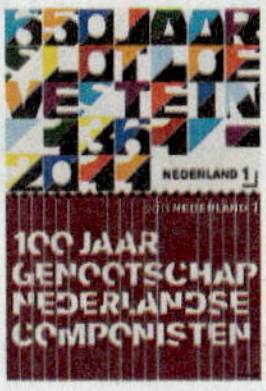


dck
dcl

dcg–dcl) Inschriften

| | | | | |
|---|---|---|---|---|
| **2854** | 1 mehrfarbig | dcg | 2,— | 1,— |
| **2855** | 1 mehrfarbig | dch | 2,— | 1,— |
| **2856** | 1 mehrfarbig | dci | 2,— | 1,— |
| **2857** | 1 mehrfarbig | dck | 2,— | 1,— |
| **2858** | 1 mehrfarbig | dcl | 2,— | 1,— |
| | Satzpreis (5 W.) | | 10,— | 5,— |
| | Fünferstreifen | | 10,— | 5,— |
| | FDC | | | 6,50 |
| | Kleinbogen | | 20,— | 10,— |

Nominale zur Zeit der Ausgabe: je 0.46 €

MiNr. 2854–2858 wurden senkrecht zusammenhängend im Kleinbogen zu 10 Marken und 5 Zierfeldern (mittlere Bogenspalte) gedruckt.

Auflage: 440.000 Sätze

**2011, 23. Mai. 65 Jahre Kinderhilfswerk der Vereinten Nationen (UNICEF): Die Rechte des Kindes. Odr., Kleinbogen (2×5); Streifen ph.; gez. K 13¼:12¾.**

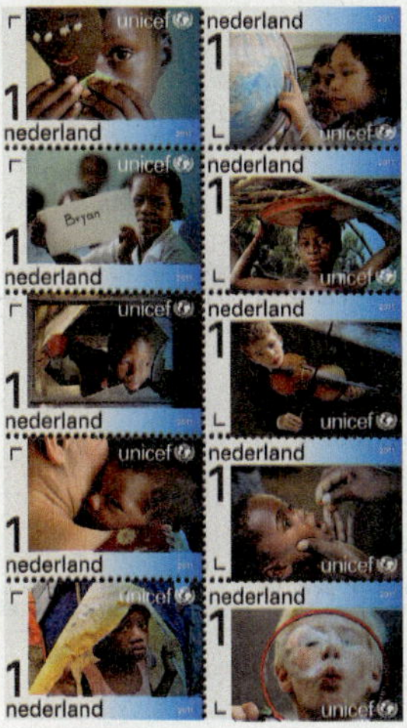

dcm) auf Schutz vor Misshandlung
dcn) auf Ausbildung
dco) auf einen Namen
dcp) auf Schutz vor Kinderarbeit
dcr) auf ein Zuhause
dcs) auf eine eigene Stimme
dct) auf eine Familie
dcu) auf medizinische Versorgung
dcv) auf Schutz als Flüchtling
dcw) auf Spiel und Erholung

| | | | | |
|---|---|---|---|---|
| **2859** | 1 mehrfarbig | dcm | 2,— | 1,— |
| **2860** | 1 mehrfarbig | dcn | 2,— | 1,— |
| **2861** | 1 mehrfarbig | dco | 2,— | 1,— |
| **2862** | 1 mehrfarbig | dcp | 2,— | 1,— |
| **2863** | 1 mehrfarbig | dcr | 2,— | 1,— |
| **2864** | 1 mehrfarbig | dcs | 2,— | 1,— |
| **2865** | 1 mehrfarbig | dct | 2,— | 1,— |
| **2866** | 1 mehrfarbig | dcu | 2,— | 1,— |
| **2867** | 1 mehrfarbig | dcv | 2,— | 1,— |
| **2868** | 1 mehrfarbig | dcw | 2,— | 1,— |
| | Satzpreis (10 W.) | | 20,— | 10,— |
| | 2 FDC | | | 18,— |
| | Kleinbogen I | | 20,— | 10,— |
| | Kleinbogen II | | 20,— | 14,— |
| | FDC | | | —,— |

**Markenheftchen (2×1)**

| | | | |
|---|---|---|---|
| **H-Blatt 135** | mit 1 × MiNr. 2859–2860 | 4,— | 4,— |
| **H-Blatt 136** | mit 1 × MiNr. 2861–2862 | 4,— | 4,— |
| **H-Blatt 137** | mit 1 × MiNr. 2863–2864 | 4,— | 4,— |
| **H-Blatt 138** | mit 1 × MiNr. 2865–2866 | 4,— | 4,— |
| **H-Blatt 139** | mit 1 × MiNr. 2867–2868 | 4,— | 4,— |
| **MH 82** | mit 1 × H-Blatt 135–139 | 20,— | |

Nominale zur Zeit der Ausgabe: je 0.46 €

Kleinbogen II trägt am unteren Rand die zusätzliche blaue Inschrift „met € 2.00 extra voor unicef“ (Postpreis: 6.60 €).

Postpreis des Markenheftchens: 9.95 €

Auflage: 220.000 Kleinbogen I und 80.000 Kleinbogen II

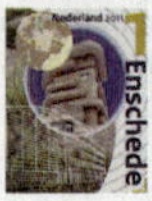

**2011, 23. Mai. Schöne Niederlande (XXX). Odr., Kleinbogen (Klb.) (5) und Markenheftchen (MH); Streifen ph.; A = gez. K 14½:14¼, C = gez. K 13½:12½.**

dcx) Landkarte, Gesundheitszentrum „De Eekenhof", Skizze des Gebäudes „Nationaal Muziekkwartier", Enschedé

| | | | | |
|---|---|---|---|---|
| **2869** | 1 mehrfarbig | dcx | | |
| A | gez. K 14½:14¼ (Klb.) | | 2,— | 1,— |
| C | gez. K 13½:12½ (MH) | | 2,— | 2,— |
| | | FDC A | | 2,— |
| | | Kleinbogen A | 10,— | 5,— |
| | | Markenheftchen C | 20,— | 20,— |

**Blockausgabe**

| | | | | |
|---|---|---|---|---|
| **Block 134** | mit MiNr. 2827 A–2828 A, 2851 A–2852 A und 2869 A (144×75 mm) | dcy | 10,— | 5,— |
| | | FDC | | 6,— |

Nominale zur Zeit der Ausgabe: 0.46 €

MiNr. 2869 C wurde zusammen mit MiNr. 2827 C–2828 C und 2851 C–2852 C im Markenheftchen ausgegeben, jede Marke ist 2 × enthalten (Verkaufspreis des Heftchens: 9.95 €).

Auflagen: MiNr. 2869 A = 425.000 Stück, Bl. 134 = 490.000 Blocks

**2011, 27. Mai. 100 Jahre Niederländische Gesellschaft für Mikrobiologie. Odr., Kleinbogen (2×5); Streifen ph.; gez. K 13¼:12¾.**

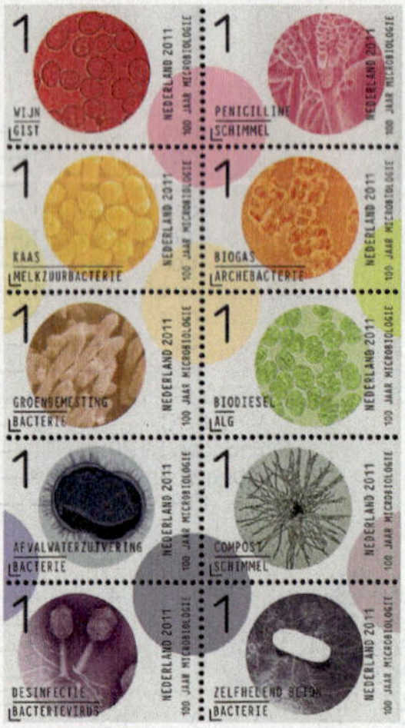

dcz) Hefe (Wein)
dda) Pilz (Penicillin)
ddb) Milchsäurebakterien (Käse)
ddc) Archaebakterien (Biogas)
ddd) Bakterien (Gründüngung)
dde) Algen (Biodiesel)
ddf) Bakterien (Abwasserreinigung)
ddg) Pilz (Kompost)
ddh) Bakterienviren (Desinfektion)
ddi) Bakterien (selbstheilender Beton)

dcz–ddi) Mikroorganismen unter dem Mikroskop und ihre Verwendungszwecke

| | | | | |
|---|---|---|---|---|
| **2870** | 1 mehrfarbig | dcz | 2,— | 1,— |
| **2871** | 1 mehrfarbig | dda | 2,— | 1,— |
| **2872** | 1 mehrfarbig | ddb | 2,— | 1,— |
| **2873** | 1 mehrfarbig | ddc | 2,— | 1,— |
| **2874** | 1 mehrfarbig | ddd | 2,— | 1,— |
| **2875** | 1 mehrfarbig | dde | 2,— | 1,— |
| **2876** | 1 mehrfarbig | ddf | 2,— | 1,— |
| **2877** | 1 mehrfarbig | ddg | 2,— | 1,— |
| **2878** | 1 mehrfarbig | ddh | 2,— | 1,— |
| **2879** | 1 mehrfarbig | ddi | 2,— | 1,— |
| | | Satzpreis (10 W.) | 20,— | 10,— |
| | | 2 FDC | | 18,— |
| | | Kleinbogen | 20,— | 10,— |

**Markenheftchen (2×1)**

| | | | |
|---|---|---|---|
| **H-Blatt 140** | mit 1 × MiNr. 2870–2871 | 4,— | 4,— |
| **H-Blatt 141** | mit 1 × MiNr. 2872–2873 | 4,— | 4,— |
| **H-Blatt 142** | mit 1 × MiNr. 2874–2875 | 4,— | 4,— |
| **H-Blatt 143** | mit 1 × MiNr. 2876–2877 | 4,— | 4,— |
| **H-Blatt 144** | mit 1 × MiNr. 2878–2879 | 4,— | 4,— |
| **MH 83** | mit 1 × H-Blatt 140–144 | 20,— | 20,— |

Nominale zur Zeit der Ausgabe: je 0.46 €

Postpreis des Markenheftchens: 9.95 €

Auflage: 260.000 Kleinbogen

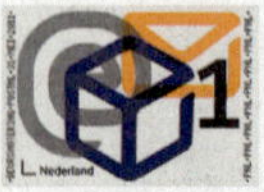

**2011, 31. Mai. Börsengang der Königlich Niederländischen Post (PNL). Odr. (2×5); Streifen ph.; gez. K 13¼:12¾.**

ddk) Symbole für Internetdienst, Brief- und Paketpost

| | | | | |
|---|---|---|---|---|
| **2880** | 1 mehrfarbig | ddk | 2,— | 1,— |
| | | FDC | | 2,— |
| | | Kleinbogen | 20,— | 10,— |

Nominale zur Zeit der Ausgabe: 0.46 €

Auflage: 1.685.000 Stück

**2011, 25. Juli. Blockausgabe: Grenzenlose Niederlande (IV) – Südafrika. Odr.; Streifen ph.; gez. K 13¼:12¾.**

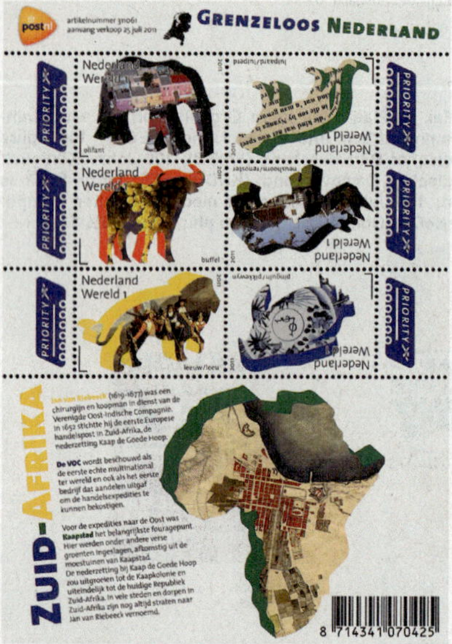


dds

ddl) Elefant
ddm) Leopard
ddn) Büffel
ddo) Nashorn
ddp) Löwe
ddr) Pinguin

| | | | | |
|---|---|---|---|---|
| **2881** | 1 WERELD mehrfarbig | ddl | 3,— | 1,90 |
| **2882** | 1 WERELD mehrfarbig | ddm | 3,— | 1,90 |
| **2883** | 1 WERELD mehrfarbig | ddn | 3,— | 1,90 |
| **2884** | 1 WERELD mehrfarbig | ddo | 3,— | 1,90 |
| **2885** | 1 WERELD mehrfarbig | ddp | 3,— | 1,90 |
| **2886** | 1 WERELD mehrfarbig | ddr | 3,— | 1,90 |
| **Block 135** | Blockrand: Umrisskarte von Afrika (108×150 mm) | dds | 18,— | 11,50 |
| | | FDC | | 12,— |

**Block 136** Blockrand: Umrisskarte von Südafrika (108×150 mm) . . . . . . . . ddt 18,— 11,50
FDC 12,—

**Block 137** Blockrand: Flagge mit Landschaft (108×150 mm) . . . . . . . . . . . . . . . . ddu 18,— 11,50
FDC 12,—

Nominale zur Zeit der Ausgabe: je 0.95 €

Die Marken sind in jedem Block anders angeordnet.

Auflage: je 239.700 Blocks

**2011, 22. Aug. 100 Jahre Vereinigung zum Schutz von Kulturdenkmälern „Bond Heemschut". RaTdr. (2×5); Streifen ph.; gez. K 13¼:12¾.**

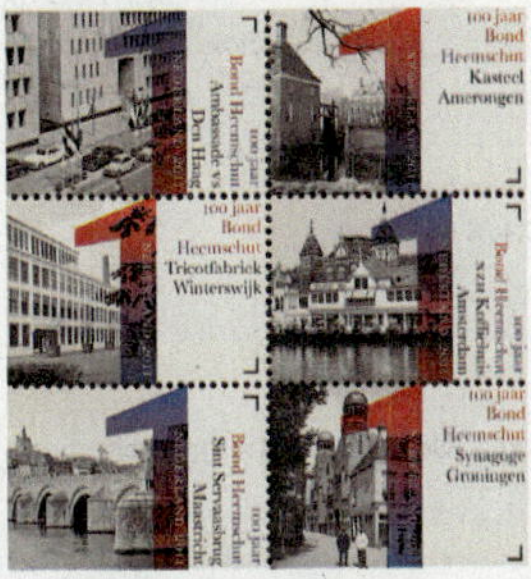

ddv) Botschaft der USA, Den Haag
ddw) Schloss Amerongen
ddx) Trikotfabrik, Winterswijk
ddy) Noord-Zuid-Hollands Koffiehuis, Amsterdam
ddz) Sint-Servaas-Brücke, Maastricht
dea) Synagoge, Groningen

| | | | | | |
|---|---|---|---|---|---|
| **2887** | 1 mehrfarbig . . . . . . . . . . . . . . . . . . . . . . . . . | ddv | 2,— | 1,— |
| **2888** | 1 mehrfarbig . . . . . . . . . . . . . . . . . . . . . . . . . | ddw | 2,— | 1,— |
| **2889** | 1 mehrfarbig . . . . . . . . . . . . . . . . . . . . . . . . . | ddx | 2,— | 1,— |
| **2890** | 1 mehrfarbig . . . . . . . . . . . . . . . . . . . . . . . . . | ddy | 2,— | 1,— |
| **2891** | 1 mehrfarbig . . . . . . . . . . . . . . . . . . . . . . . . . | ddz | 2,— | 1,— |
| **2892** | 1 mehrfarbig . . . . . . . . . . . . . . . . . . . . . . . . . | dea | 2,— | 1,— |
| | Satzpreis (6 W.) | | 12,— | 6,— |
| | Sechserblock | | 12,— | 6,— |
| | FDC | | | 7,— |
| | Kleinbogen | | 20,— | 10,— |

Nominale zur Zeit der Ausgabe: je 0.46 €

Markenfolge im Kleinbogen: 2887-2888, 2889-2890, 2891-2892, 2888-2887, 2890-2889

Auflage: 282.000 Kleinbogen

**2011, 1. Sept. Grüne Initiativen. MiNr. 2893–2902 Odr., Folienblatt (10), Streifen ph., selbstklebend, gestanzt 14¼; MiNr. 2903–2904 RaTdr., Folienblätter (Fbl.) (5) und Folienbogen (Fbg.) (50), Streifen ph., selbstklebend, gestanzt 11, mit Durchstich zwischen Priority-Feld und Markenbild.**

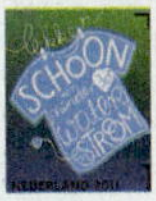
deb) T-Shirt

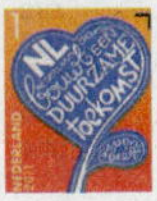
dec) Herz

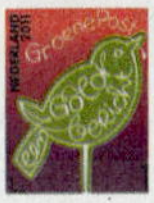
ded) Singvogel

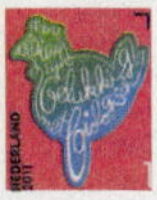
dee) Huhn

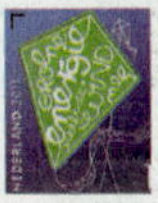
def) Drachen

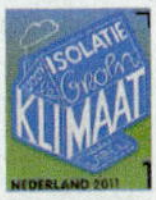
deg) Haus

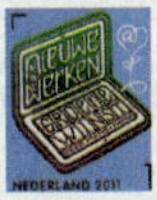
deh) Laptop

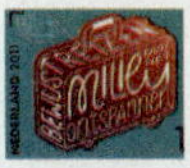
dei) Koffer

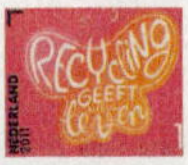
dek) Schmetterling

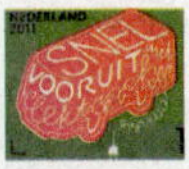
del) Kleinbus

dem) Glühbirne

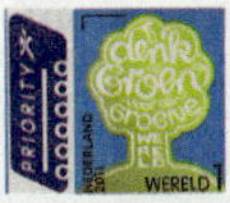
den) Baum

| | | | | |
|---|---|---|---|---|
| **2893** | 1 mehrfarbig . . . . . . . . . . . . . . . . . . . . . . . | deb | 2,— | 1,— |
| **2894** | 1 mehrfarbig . . . . . . . . . . . . . . . . . . . . . . . | dec | 2,— | 1,— |
| **2895** | 1 mehrfarbig . . . . . . . . . . . . . . . . . . . . . . . | ded | 2,— | 1,— |
| **2896** | 1 mehrfarbig . . . . . . . . . . . . . . . . . . . . . . . | dee | 2,— | 1,— |
| **2897** | 1 mehrfarbig . . . . . . . . . . . . . . . . . . . . . . . | def | 2,— | 1,— |
| **2898** | 1 mehrfarbig . . . . . . . . . . . . . . . . . . . . . . . | deg | 2,— | 1,— |
| **2899** | 1 mehrfarbig . . . . . . . . . . . . . . . . . . . . . . . | deh | 2,— | 1,— |
| **2900** | 1 mehrfarbig . . . . . . . . . . . . . . . . . . . . . . . | dei | 2,— | 1,— |
| **2901** | 1 mehrfarbig . . . . . . . . . . . . . . . . . . . . . . . | dek | 2,— | 1,— |
| **2902** | 1 mehrfarbig . . . . . . . . . . . . . . . . . . . . . . . | del | 2,— | 1,— |
| | Satzpreis (10 W.) | | 20,— | 10,— |
| | FDC | | | 11,50 |
| | Folienblatt | | 20,— | 10,— |

| | | | | |
|---|---|---|---|---|
| **2903** | 1 EUROPA mehrfarbig (F-Bl.) (F-Bg.) . . | dem | 3,— | 1,60 |
| **2904** | 1 WERELD mehrfarbig (F-Bl.) . . . . . . . . | den | 3,— | 1,90 |
| | Satzpreis (2 W.) | | 6,— | 3,50 |
| | FDC | | | 5,— |
| | 2 Folienblätter | | 30,— | 17,50 |

Nominalen zur Zeit der Ausgabe: MiNr. 2893–2902 je 0.46 €, MiNr. 2903 = 0.79 €, MiNr. 2904 = 0.95 €

Bei MiNr. 2903 können die Marken aus Folienblatt und Folienbogen anhand der unterschiedlich gestanzten Markenecken unterschieden werden.

**2011, 19. Sept. 100 Jahre Circus Renz. Odr. (5×2); Streifen ph.; gez. K 12¾:13¼.**

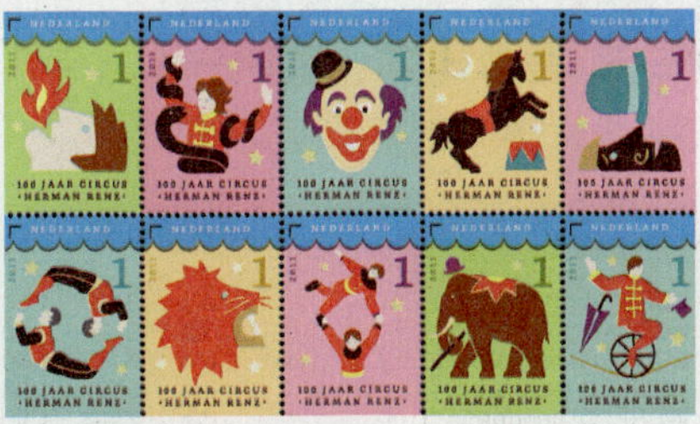

deo) Feuerschlucker
dep) Schlangenbeschwörer
der) Clown
des) Zirkuspferd
det) Äquilibrist

deu) Bodenakrobaten
dev) Löwe
dew) Akrobaten
dex) Elefant
dey) Hochseilartist

| | | | | |
|---|---|---|---|---|
| **2905** | 1 mehrfarbig . . . . . . . . . . . . . . . . . . . . . . . | deo | 2,— | 1,— |
| **2906** | 1 mehrfarbig . . . . . . . . . . . . . . . . . . . . . . . | dep | 2,— | 1,— |
| **2907** | 1 mehrfarbig . . . . . . . . . . . . . . . . . . . . . . . | der | 2,— | 1,— |
| **2908** | 1 mehrfarbig . . . . . . . . . . . . . . . . . . . . . . . | des | 2,— | 1,— |
| **2909** | 1 mehrfarbig . . . . . . . . . . . . . . . . . . . . . . . | det | 2,— | 1,— |
| **2910** | 1 mehrfarbig . . . . . . . . . . . . . . . . . . . . . . . | deu | 2,— | 1,— |
| **2911** | 1 mehrfarbig . . . . . . . . . . . . . . . . . . . . . . . | dev | 2,— | 1,— |
| **2912** | 1 mehrfarbig . . . . . . . . . . . . . . . . . . . . . . . | dew | 2,— | 1,— |
| **2913** | 1 mehrfarbig . . . . . . . . . . . . . . . . . . . . . . . | dex | 2,— | 1,— |
| **2914** | 1 mehrfarbig . . . . . . . . . . . . . . . . . . . . . . . | dey | 2,— | 1,— |
| | Satzpreis (10 W.) | | 20,— | 10,— |
| | Kleinbogen | | 20,— | 10,— |
| | FDC | | | 11,— |

Nominale zur Zeit der Ausgabe: je 0.46 €

Auflage: 282.000 Sätze

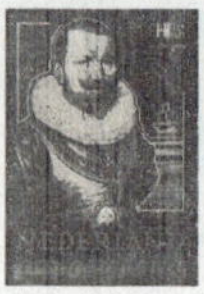

**2011, 10. Okt. Meine Marke. Lasergravur auf Silberfolie (Einzelherstellung); ohne Phosphor; selbstklebend; gestanzt 13.**

dez

| | | | | |
|---|---|---|---|---|
| **2915** | — silber | dez | 20,— | 14,— |
| | | FDC | | 21,— |

Nominale zur Zeit der Ausgabe: 7 €

MiNr. 2915 kann auch mit persönlich gestaltetem Markenbild bei der Niederländischen Post zum Preis von 34.95 € bezogen werden. Die Rahmenzeichnung bleibt unverändert.

Auflage: 250.000 Stück mit posteigenem Motiv

**2011, 14. Okt. Postkartennetzwerk „Postcrossing". Odr. (2×5); Streifen ph.; gez. K 13¼:12¾.**

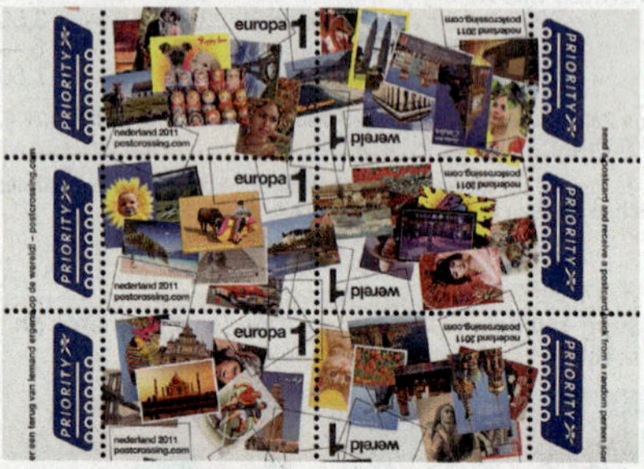


dfa dfd
dfb dfe
dfc dff

dfa–dff) Ansichtskarten aus aller Welt

| | | | | |
|---|---|---|---|---|
| **2916** | 1 EUROPA mehrfarbig | dfa | 3,— | 1,60 |
| **2917** | 1 EUROPA mehrfarbig | dfb | 3,— | 1,60 |
| **2918** | 1 EUROPA mehrfarbig | dfc | 3,— | 1,60 |
| **2919** | 1 WERELD mehrfarbig | dfd | 3,— | 1,90 |
| **2920** | 1 WERELD mehrfarbig | dfe | 3,— | 1,90 |
| **2921** | 1 WERELD mehrfarbig | dff | 3,— | 1,90 |
| | | Satzpreis (6 W.) | 18,— | 10,50 |
| | | Sechserblock | 18,— | 10,50 |
| | | FDC | | 16,50 |
| | | Kleinbogen | 30,— | 17,50 |

Nominalen zur Zeit der Ausgabe: MiNr. 2916–2918 je 0.79 €, MiNr. 2919–2921 je 0.95 €

Markenfolge im Kleinbogen: 2916-2919, 2917-2920, 2918-2921, 2916-2919, 2917-2920

Auflage: 313.000 Kleinbogen

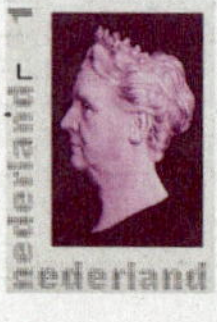


**2011, 14. Okt. Tag der Briefmarke. Odr., Kleinbogen (5×2) und Markenheftchen (2×1); Streifen ph.; gez. K 13¼:13½.**

dfg) Königin Wilhelmina (1880–1962, reg. 1898–1948)

| | | | | |
|---|---|---|---|---|
| **2922** | 1 mehrfarbig | dfg | 2,— | 1,— |
| | | FDC | | 4,— |
| | | Kleinbogen | 20,— | 10,— |
| | | Markenheftchen | 20,— | 20,— |

Nominale zur Zeit der Ausgabe: 0.46 €

MiNr. 2922 wurde auch im Markenheftchen zu 10 Marken ausgegeben (Postpreis: 9.95 €).

MiNr. 2922 kann auch mit persönlich gestaltetem Markenbild bei der Niederländischen Post bezogen werden. Die Rahmenzeichnung bleibt unverändert.

Auflage: 1.470.000 Stück mit posteigenem Motiv

**2011, 8. Nov. Blockausgabe: „Voor het Kind" – Ein sicheres Zuhause für Kinder. RaTdr.; Streifen ph.; gez. K 14½:14¼.**

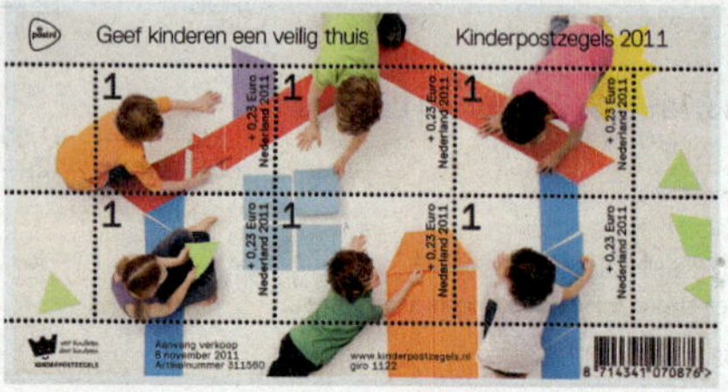


dfo

dfh–dfo) Spielende Kinder bauen gemeinsam ein Haus

| | | | | |
|---|---|---|---|---|
| **2923** | 1 mehrfarbig | dfh | 2,— | 1,40 |
| **2924** | 1 mehrfarbig | dfi | 2,— | 1,40 |
| **2925** | 1 mehrfarbig | dfk | 2,— | 1,40 |
| **2926** | 1 mehrfarbig | dfl | 2,— | 1,40 |
| **2927** | 1 mehrfarbig | dfm | 2,— | 1,40 |
| **2928** | 1 mehrfarbig | dfn | 2,— | 1,40 |
| **Block 138** | (144×75 mm) | dfo | 12,— | 8,50 |
| | | FDC | | 13,— |

Nominale zur Zeit der Ausgabe: je 0.46 € + 0.23 €

Auflage: 4.770.000 Blocks

**2011, 22. Nov. Dezembermarken. Odr. (2×5 + 2×5); Streifen ph.; selbstklebend; gestanzt 12½.**

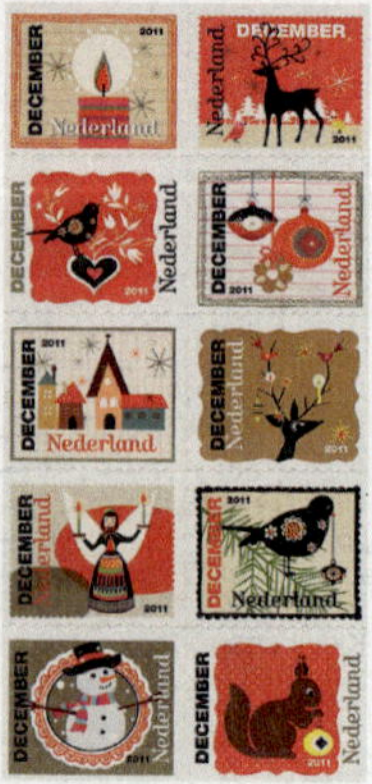


dfp) Kerze
dfr) Rentier
dfs) Schneemann
dft) Eichhörnchen
dfu) Vogel, Herz
dfv) Christbaumschmuck
dfw) Engel mit Kerzen
dfx) Vogel mit Christbaumschmuck
dfy) Kirche
dfz) Geschmücktes Geweih

| | | | | |
|---|---|---|---|---|
| **2929** | — mehrfarbig | dfp | 1,80 | 0,80 |
| **2930** | — mehrfarbig | dfr | 1,80 | 0,80 |
| **2931** | — mehrfarbig | dfs | 1,80 | 0,80 |
| **2932** | — mehrfarbig | dft | 1,80 | 0,80 |
| **2933** | — mehrfarbig | dfu | 1,80 | 0,80 |
| **2934** | — mehrfarbig | dfv | 1,80 | 0,80 |
| **2935** | — mehrfarbig | dfw | 1,80 | 0,80 |
| **2936** | — mehrfarbig | dfx | 1,80 | 0,80 |
| **2937** | — mehrfarbig | dfy | 1,80 | 0,80 |
| **2938** | — mehrfarbig | dfz | 1,80 | 0,80 |
| | | Satzpreis (10 W.) | 18,— | 8,— |
| | | 2 FDC | | 15,50 |
| | | Zehnerblock | 18,— | 8,— |
| | | Folienbogen | 36,— | 16,— |

Nominale zur Zeit der Ausgabe: je 0.36 €

Auflage: 21.356.000 Sätze

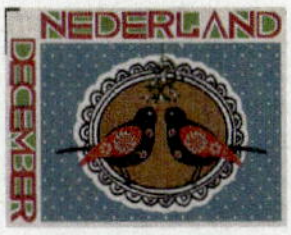


**2011, 22. Nov. Meine Marke. Odr., Rolle (100); Streifen ph.; selbstklebend; gestanzt 13:13¼.**

dar

**2939** 1 mehrfarbig . . . . . . . . . . dar 1,80 0,80
FDC 1,80

Nominale zur Zeit der Ausgabe: 0.36 €

MiNr. 2939 kann auch mit persönlich gestaltetem Markenbild bei der Niederländischen Post bezogen werden. Die Rahmenzeichnung bleibt unverändert.

Auflage: 258.000 Stück mit posteigenem Motiv

*In gleicher Zeichnung: MiNr. 2815 (nassklebend)*

**2012, 2. Jan. Meine Marke. Odr. (5×2); Streifen ph.; gez. K 13¼:14.**

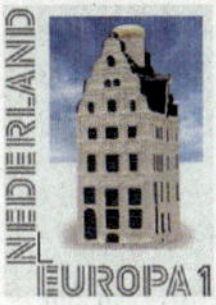


cze) Rembrandt-Haus, Amsterdam

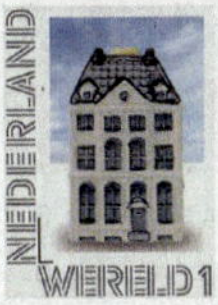


cze) Rembrandt-Haus, Amsterdam

**2940** 1 EUROPA mehrfarbig . . . . . . . . cze 3,— 1,70
**2941** 1 WERELD mehrfarbig . . . . . . . . cze 3,— 1,90
Satzpreis (2 W.) 6,— 3,60
FDC 8,50
Kleinbogensatz (2 Klb.) 60,— 36,—

Nominalen zur Zeit der Ausgabe: MiNr. 2940 = 0.85, MiNr. 2941 = 0.95 €

MiNr. 2940–2941 können auch mit persönlich gestaltetem Markenbild bei der Niederländischen Post bezogen werden. Die Rahmenzeichnung bleibt unverändert.

Auflage: 940.000 Sätze mit posteigenem Motiv

*In gleicher Rahmenzeichnung: MiNr. 2784; selbstklebend: MiNr. 2826*

**2012, 30. Jan. Blockausgabe: Rotes Kreuz – Erste Hilfe bei Unfällen. Odr.; Streifen ph.; gez. K 13½:13¾.**

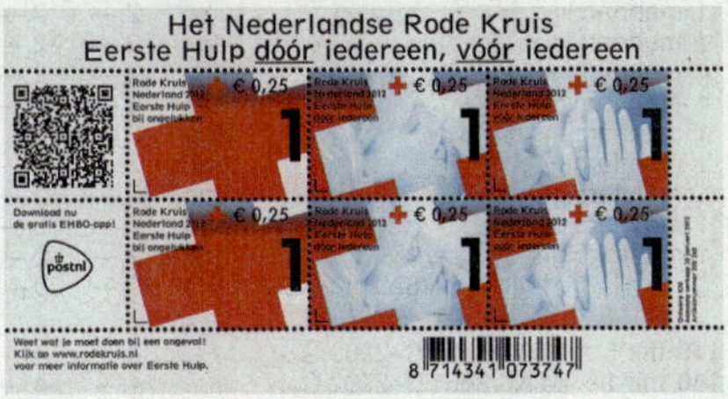


dgd

dga dgb dgc
dga dgb dgc

dga) Rotes Kreuz
dgb) Ersthelferin
dgc) Unfallopfer

**2942** 1 + 0.25 € mehrfarbig . . . . . . dga 2,— 1,50
**2943** 1 + 0.25 € mehrfarbig . . . . . . dgb 2,— 1,50
**2944** 1 + 0.25 € mehrfarbig . . . . . . dgc 2,— 1,50
**Block 139** mit 2 × MiNr. 2942–2944 (144×75 mm) . . . . . . dgd 12,— 9,—
FDC (Blockmarken) 9,—

Nominale zur Zeit der Ausgabe: je 0.50 + 0.25 €

Auflage: 210.000 Blocks

**2012, 30. Jan./21. Mai. Schöne Niederlande – Historische Landsitze (I). Kleinbogen (Klb.) (5) und Markenheftchen (MH); Streifen ph.; A = gez. K 14½:14¼, C = gez. K 13½:12½.**

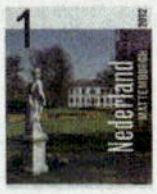

dge) Mattemburg

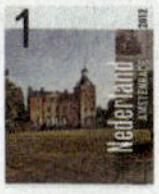

dgf) Amstenrade

**2945** 1 mehrfarbig . . . . . . . . . . dge
A gez. K 14½:14¼ (Klb.) (11. April) . . . . . 2,— 1,—
C gez. K 13½:12½ (MH) (21. Mai) . . . . . 2,— 2,—
**2946** 1 mehrfarbig . . . . . . . . . . dgf
A gez. K 14½:14¼ (Klb.) (11. April) . . . . . 2,— 1,—
C gez. K 13½:12½ (MH) (21. Mai) . . . . . 2,— 2,—
Satzpreis A (2 W.) 4,— 2,—
FDC A 3,—
Kleinbogensatz A (2 Klb.) 20,— 10,—

Nominale zur Zeit der Ausgabe: je 0.50 €

MiNr. 2945 A–2946 A stammen auch aus Bl. 141; siehe nach MiNr. 2969.

MiNr. 2945 C–2946 C wurden zusammen mit MiNr. 2947 C–2948 C und 2969 C im Markenheftchen ausgegeben. MH-Bewertung siehe nach MiNr. 2969.

Auflage: MiNr. 2945 A–2946 A = 425.000 Sätze

**2012, 27. Febr./21. Mai. Schöne Niederlande – Historische Landsitze (II). Odr., Kleinbogen (Klb.) (5) und Markenheftchen (MH); Streifen ph.; A = gez. K 14½:14¼, C = gez. K 13½:12½.**

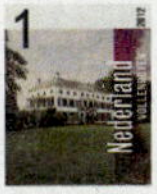

dgg) Vollenhoven

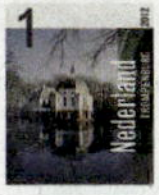

dgh) Trompenburg

**2947** 1 mehrfarbig . . . . . . . . . . dgg
A gez. K 14½:14¼ (Klb.) (27. Febr.) . . . . . 2,— 1,—
C gez. K 13½:12½ (MH) (21. Mai) . . . . . 2,— 2,—
**2948** 1 mehrfarbig . . . . . . . . . . dgh
A gez. K 14½:14¼ (Klb.) (27. Febr.) . . . . . 2,— 1,—
C gez. K 13½:12½ (MH) (21. Mai) . . . . . 2,— 2,—
Satzpreis A (2 W.) 4,— 2,—
FDC A 3,—
Kleinbogensatz A (2 Klb.) 20,— 10,—

Nominale zur Zeit der Ausgabe: je 0.50 €

MiNr. 2947 A–2948 A stammen auch aus Bl. 141; siehe nach MiNr. 2969.

MiNr. 2947 C–2948 C wurden zusammen mit MiNr. 2945 C–2946 C und 2969 C im Markenheftchen ausgegeben. MH-Bewertung siehe nach MiNr. 2969.

Auflage: MiNr. 2947 A–2948 A = 425.000 Sätze

**2012, 27. Febr. 125 Jahre Supermarktkette „Albert Heijn“. Odr. (5×2); Streifen ph.; selbstklebend; gez. K 13¼:13.**

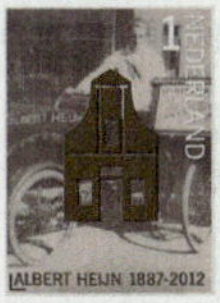


dgi) Lieferrad; Haus von Albert Heijn, Oostzaan

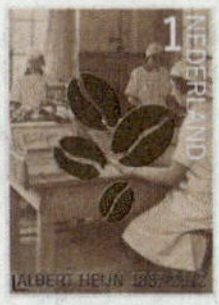


dgk) Arbeiterinnen in der Kaffeefabrik, Zaandam; Kaffeebohnen

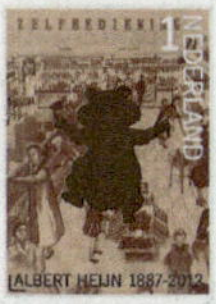


dgl) Werbeplakat für Selbstbedienung; Hamster

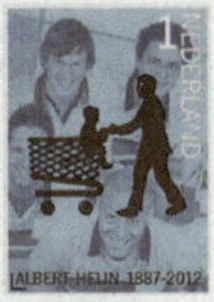


dgm) Albert-Heijn-Mitarbeiter; Kunde mit Einkaufswagen

**2949** 1 mehrfarbig . . . . . . . . . . dgi 2,— 1,—
**2950** 1 mehrfarbig . . . . . . . . . . dgk 2,— 1,—
**2951** 1 mehrfarbig . . . . . . . . . . dgl 2,— 1,—
**2952** 1 mehrfarbig . . . . . . . . . . dgm 2,— 1,—
Satzpreis (4 W.) 8,— 4,—
FDC 5,—
Viererblock 8,— 4,—
Folienblatt 20,— 10,—

Nominale zur Zeit der Ausgabe: je 0.50 €

Markenfolge im Folienblatt: 2949-2950-2949-2950-2949, 2951-2952-2951-2952-2951

Auflage: 560.000 Folienblätter

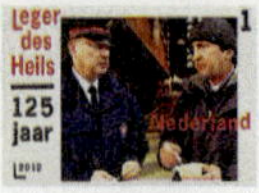

**2012, 27. Febr. 125 Jahre Heilsarmee in den Niederlanden. Odr. (2×5); Streifen ph.; gez. K 13¼:13½.**

dgn) Obdachloser erhält von einem Heilsarmisten einen Teller Suppe

| | | | | |
|---|---|---|---|---|
| **2953** | 1 mehrfarbig | dgn | 2,— | 1,— |
| | | FDC | | 2,— |
| | | Kleinbogen | 20,— | 10,— |

Nominale zur Zeit der Ausgabe: 0.50 €

Auflage: 2.300.000 Stück

**2012, 26. März. Besucht Amsterdam; Europa: Besuche. Odr. (2×3); Streifen ph.; gez. K 13¼:13½.**

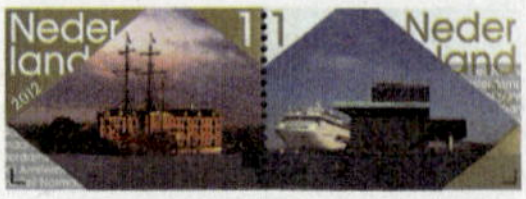

dgo) Schifffahrtsmuseum am Oosterdok, Segelschiff „Amsterdam"
dgp) Musikgebäude mit Bimhuis, Kreuzfahrtschiff „Lirica"

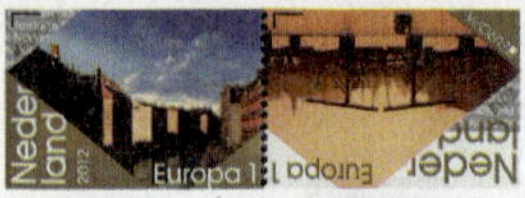

dgr) Die Kurve in der Herengracht; Gemälde von Gerrit Adriaensz. Berckheyde (1638–1698)
dgs) Magere Brücke über die Amstel

dgo–dgs) Ansichten von Amsterdam

| | | | | |
|---|---|---|---|---|
| **2954** | 1 mehrfarbig | dgo | 2,— | 1,20 |
| **2955** | 1 mehrfarbig | dgp | 2,— | 1,20 |
| **2956** | 1 EUROPA mehrfarbig | dgr | 3,— | 2,— |
| **2957** | 1 EUROPA mehrfarbig | dgs | 3,— | 2,— |
| | | Satzpreis (4 W.) | 10,— | 6,40 |
| | | 2 Kehrdruckpaare | 10,— | 6,40 |
| | | 2 FDC | | 7,50 |
| | | Kleinbogensatz (2 Klb.) | 30,— | 20,— |

Nominalen zur Zeit der Ausgabe: MiNr. 2954–2955 je 0.50 €, MiNr. 2956–2957 je 0.85 €

Nominalgleiche Marken wurden jeweils schachbrettartig zusammenhängend gedruckt; MiNr. 2954–2955 in senkrechten, MiNr. 2956–2957 in waagerechten Kehrdruckpaaren.

MiNr. 2956–2957 tragen die Inschrift „EUROPA".

Auflagen: MiNr. 2954–2955 je 1.080.000, MiNr. 2956–2957 je 990.000 Stück

**2012, 26. März. Blockausgabe: Werbekampagne „Das ist eine Karte wert" (III). Odr.; Streifen ph.; gez. K 13¼:13¾.**

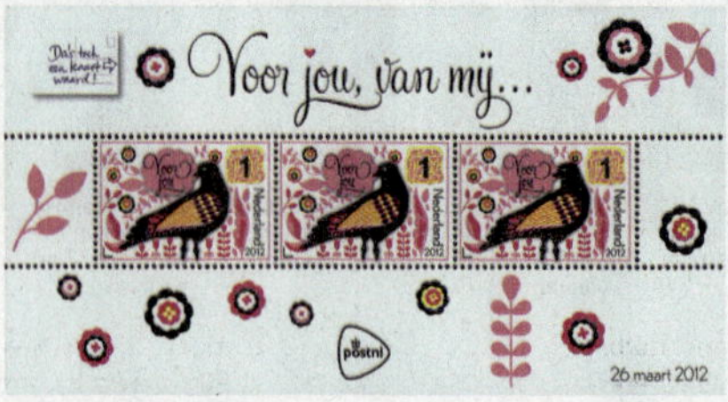


dgu

dgt) Brieftaube

| | | | | |
|---|---|---|---|---|
| **2958** | 1 mehrfarbig | dgt | 2,— | 1,— |
| **Block 140** | mit 3 × MiNr. 2958 (144×75 mm) | dgu | 6,— | 3,— |
| | | FDC | | 7,— |

Nominale zur Zeit der Ausgabe: 0.50 €

Auflage: 352.000 Blocks

**2012, 23. April. 100 Jahre Niederländisches Freilichtmuseum. Odr., Kleinbogen (2×5); Streifen ph.; A = gez. K 13¼:12¾.**

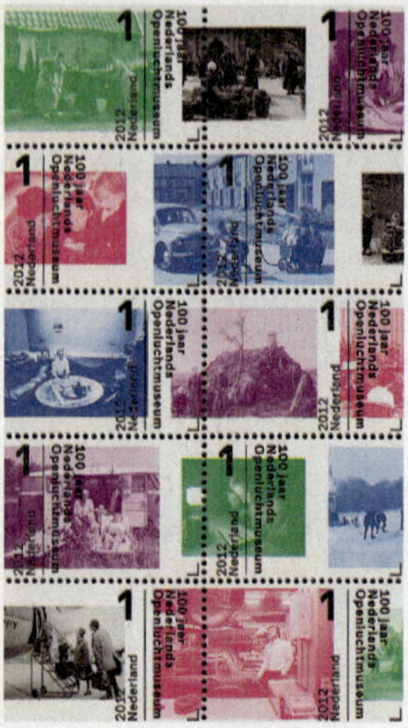

dgv) Frauen beim Saubermachen, Rijssen (um 1930)
dgw) Auf dem Markt, Zutphen (um 1930); Frau beim Nähen (um 1960)
dgx) Jugendliche mit Smartphone, Baarn (2010)
dgy) Kinder im Straßenverkehr (um 1960); spielende Kinder, Spakenburg (um 1930)
dgz) Gastarbeiterpension (1975)
dha) Plaggenhütte, Tange (1907); Kinder vor dem Fernseher (um 1960)
dhb) Picknick am Straßenrand (um 1965)
dhc) Jugendliche mit Tablet-Computer (2011); Freilichtmuseum im Winter (1949)
dhd) Passagiere steigen ins Flugzeug, Schiphol (um 1960)
dhe) Tankstelle, Hazeldonk (1985); Heuwagen, Eemnes (um 1930)

| | | | | |
|---|---|---|---|---|
| **2959 A** | 1 mehrfarbig | dgv | 2,— | 1,— |
| **2960 A** | 1 mehrfarbig | dgw | 2,— | 1,— |
| **2961 A** | 1 mehrfarbig | dgx | 2,— | 1,— |
| **2962 A** | 1 mehrfarbig | dgy | 2,— | 1,— |
| **2963 A** | 1 mehrfarbig | dgz | 2,— | 1,— |
| **2964 A** | 1 mehrfarbig | dha | 2,— | 1,— |
| **2965 A** | 1 mehrfarbig | dhb | 2,— | 1,— |
| **2966 A** | 1 mehrfarbig | dhc | 2,— | 1,— |
| **2967 A** | 1 mehrfarbig | dhd | 2,— | 1,— |
| **2968 A** | 1 mehrfarbig | dhe | 2,— | 1,— |
| | | Satzpreis A (10 W.) | 20,— | 10,— |
| | | 2 FDC A | | 12,— |
| | | Kleinbogen A | 10,— | 10,— |

**Markenheftchen (2×1), C = gez. K 14½**

| | | | | |
|---|---|---|---|---|
| **2959 C** | 1 mehrfarbig | dgv | 2,— | 2,— |
| **2960 C** | 1 mehrfarbig | dgw | 2,— | 2,— |
| **2961 C** | 1 mehrfarbig | dgx | 2,— | 2,— |
| **2962 C** | 1 mehrfarbig | dgy | 2,— | 2,— |
| **2963 C** | 1 mehrfarbig | dgz | 2,— | 2,— |
| **2964 C** | 1 mehrfarbig | dha | 2,— | 2,— |
| **2965 C** | 1 mehrfarbig | dhb | 2,— | 2,— |
| **2966 C** | 1 mehrfarbig | dhc | 2,— | 2,— |
| **2967 C** | 1 mehrfarbig | dhd | 2,— | 2,— |
| **2968 C** | 1 mehrfarbig | dhe | 2,— | 2,— |
| | | Satzpreis C (10 W.) | 20,— | 20,— |

| | | | |
|---|---|---|---|
| **H-Blatt 145** | mit 1 × MiNr. 2959 C–2960 C | 4,— | 4,— |
| **H-Blatt 146** | mit 1 × MiNr. 2961 C–2962 C | 4,— | 4,— |
| **H-Blatt 147** | mit 1 × MiNr. 2963 C–2964 C | 4,— | 4,— |
| **H-Blatt 148** | mit 1 × MiNr. 2965 C–2966 C | 4,— | 4,— |
| **H-Blatt 149** | mit 1 × MiNr. 2967 C–2968 C | 4,— | 4,— |
| **MH 84** | mit 1 × H-Blatt 145–149 | 20,— | 20,— |

Nominale zur Zeit der Ausgabe: je 0.50 €

Postpreis des Markenheftchens: 9.95 €

Auflage: MiNr. 2959 A–2968 A = 240.000 Sätze

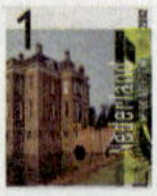

**2012, 21. Mai. Schöne Niederlande – Historische Landsitze (III). Odr., Kleinbogen (Klb.) (5) und Markenheftchen (MH); Streifen ph.; A = gez. K 14½:14¼, C = gez. K 13½:12½.**

dhf) Middachten

| | | | | | |
|---|---|---|---|---|---|
| **2969** | 1 mehrfarbig | dhf | | | |
| A | gez. K 14½:14¼ (Klb.) | | 2,— | 1,— | |
| C | gez. K 13½:12½ (MH) | | 2,— | 2,— | |
| | | FDC A | | 2,— | |
| | | Kleinbogen A | 10,— | 5,— | |
| | | Markenheftchen C | 20,— | 20,— | |

**Blockausgabe**

| | | | | |
|---|---|---|---|---|
| **Block 141** | mit MiNr. 2945 A–2948 A und 2969 A (144×75 mm) | dhg | 10,— | 5,— |
| | | FDC | | 6,— |

Nominale zur Zeit der Ausgabe: 0.50 €

MiNr. 2969 C wurde zusammen mit MiNr. 2845 C–2848 C im Markenheftchen ausgegeben, jede Marke ist 2 × enthalten (Verkaufspreis des Heftchens: 9.95 €).

Auflagen: MiNr. 2969 A = 425.000 Stück, Bl. 141 = 85.000 Blocks

**2012, 21. Mai. 60 Jahre Miniaturstadt Madurodam. Odr. (2×5); Streifen ph.; gez. K 13½.**

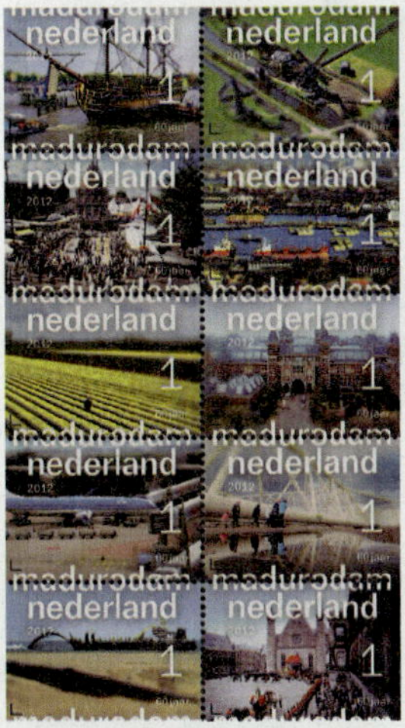


dhh) Schiff der Niederländischen Ostindienkompanie (VOC) „Die Amsterdam" (1749)
dhi) Windmühle beim Freilichtmuseum Zaanse Schans, Polderland
dhk) Käsemarkt, Alkmaar
dhl) Rotterdamer Hafen
dhm) Blumenfelder, Provinz Südholland
dhn) Rijksmuseum, Amsterdam
dho) Flugzeug der KLM, Flughafen Schiphol
dhp) Deltawerke
dhr) Maasvlakte 2
dhs) „Prinsjesdag", Haager Binnenhof

| | | | | |
|---|---|---|---|---|
| **2970** | 1 mehrfarbig | dhh | 2,— | 1,— |
| **2971** | 1 mehrfarbig | dhi | 2,— | 1,— |
| **2972** | 1 mehrfarbig | dhk | 2,— | 1,— |
| **2973** | 1 mehrfarbig | dhl | 2,— | 1,— |
| **2974** | 1 mehrfarbig | dhm | 2,— | 1,— |
| **2975** | 1 mehrfarbig | dhn | 2,— | 1,— |
| **2976** | 1 mehrfarbig | dho | 2,— | 1,— |
| **2977** | 1 mehrfarbig | dhp | 2,— | 1,— |
| **2978** | 1 mehrfarbig | dhr | 2,— | 1,— |
| **2979** | 1 mehrfarbig | dhs | 2,— | 1,— |
| | | Satzpreis (10 W.) | 20,— | 10,— |
| | | 2 FDC | | 12,— |
| | | Kleinbogen | 20,— | 12,— |

Nominale zur Zeit der Ausgabe: je 0.50 €

Auflage: 240.000 Sätze

**2012, 18. Juni. Die Niederlande im Bos-Schulatlas. Odr., Kleinbogen (2×5); Streifen ph.; A = gez. K 13¼:12¾.**

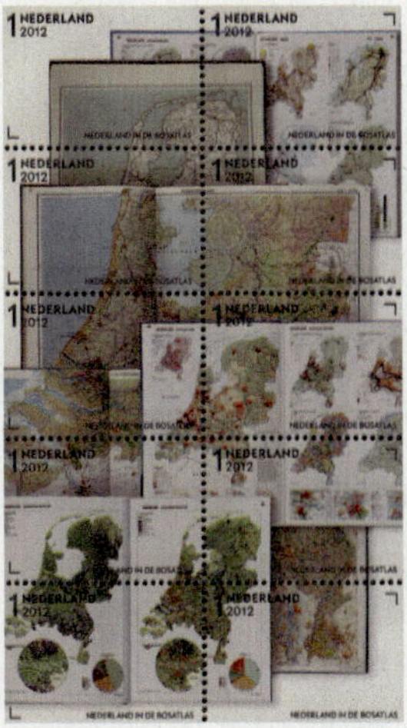


dht) Deich nach Ameland (Erstausgabe, 1877)
dhu) Energie (53. Ausgabe, 2007)
dhv) Landgewinnung Nordholland (41. Ausgabe, 1961)
dhw) Landgewinnung Overijssel und Gelderland (41. Ausgabe, 1961)
dhx) Deltawerke (47. Ausgabe, 1971)
dhy) Raumordnung (52. Ausgabe, 2001)
dhz) Entwicklung der Landschaft, nördlicher Teil (54. Ausgabe, 2012)
dia) Verstädterung (52. Auflage, 2001)
dib) Entwicklung der Landschaft, südlicher Teil (54. Ausgabe, 2012)
dic) Kiesgewinnung (49. Ausgabe, 1981)

| | | | | |
|---|---|---|---|---|
| **2980 A** | 1 mehrfarbig | dht | 2,— | 1,— |
| **2981 A** | 1 mehrfarbig | dhu | 2,— | 1,— |
| **2982 A** | 1 mehrfarbig | dhv | 2,— | 1,— |
| **2983 A** | 1 mehrfarbig | dhw | 2,— | 1,— |
| **2984 A** | 1 mehrfarbig | dhx | 2,— | 1,— |
| **2985 A** | 1 mehrfarbig | dhy | 2,— | 1,— |
| **2986 A** | 1 mehrfarbig | dhz | 2,— | 1,— |
| **2987 A** | 1 mehrfarbig | dia | 2,— | 1,— |
| **2988 A** | 1 mehrfarbig | dib | 2,— | 1,— |
| **2989 A** | 1 mehrfarbig | dic | 2,— | 1,— |
| | | Satzpreis A (10 W.) | 20,— | 10,— |
| | | 2 FDC A | | 12,— |
| | | Kleinbogen A | 20,— | 12,— |

**Markenheftchen (2×1), C = gez. K 14½**

| | | | | |
|---|---|---|---|---|
| **2980 C** | 1 mehrfarbig | dht | 2,— | 2,— |
| **2981 C** | 1 mehrfarbig | dhu | 2,— | 2,— |
| **2982 C** | 1 mehrfarbig | dhv | 2,— | 2,— |
| **2983 C** | 1 mehrfarbig | dhw | 2,— | 2,— |
| **2984 C** | 1 mehrfarbig | dhx | 2,— | 2,— |
| **2985 C** | 1 mehrfarbig | dhy | 2,— | 2,— |
| **2986 C** | 1 mehrfarbig | dhz | 2,— | 2,— |
| **2987 C** | 1 mehrfarbig | dia | 2,— | 2,— |
| **2988 C** | 1 mehrfarbig | dib | 2,— | 2,— |
| **2989 C** | 1 mehrfarbig | dic | 2,— | 2,— |
| | | Satzpreis C (10 W.) | 20,— | 20,— |

| | | | |
|---|---|---|---|
| **H-Blatt 150** | mit 1 × MiNr. 2980 C–2981 C | 4,— | 4,— |
| **H-Blatt 151** | mit 1 × MiNr. 2982 C–2983 C | 4,— | 4,— |
| **H-Blatt 152** | mit 1 × MiNr. 2984 C–2985 C | 4,— | 4,— |
| **H-Blatt 153** | mit 1 × MiNr. 2986 C–2987 C | 4,— | 4,— |
| **H-Blatt 154** | mit 1 × MiNr. 2988 C–2989 C | 4,— | 4,— |
| **MH 85** | mit 1 × H-Blatt 150–154 | 20,— | 20,— |

Nominale zur Zeit der Ausgabe: je 0.50 €

Postpreis des Markenheftchens: 9.95 €

Auflage: MiNr. 2980 A–2989 A = 240.000 Sätze

**2012, 4. Juli. 100 Jahre Nationales Olympisches Komitee: Niederländische Goldmedaillengewinner. Odr. (2×5); Streifen ph.; gez. K 13¼:12¾.**

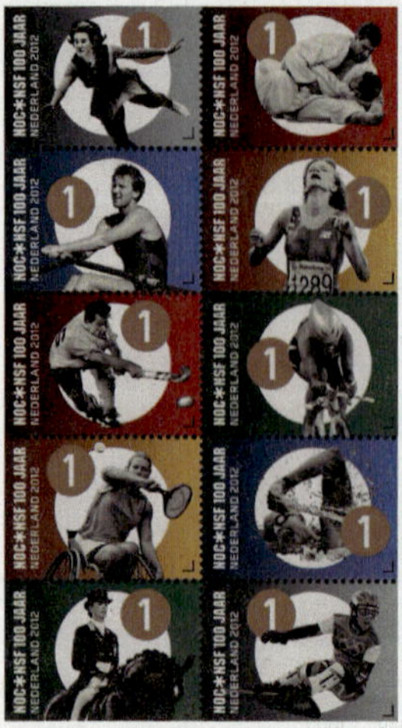

did) Sjoukje Dijkstra, Eiskunstlauf (Innsbruck 1964)
die) Anton Geesink, Judo (Tokio 1964)
dif) Nico Rienks, Rudern (Seoul 1988)
dig) Ellen van Langen, Mittelstreckenlauf (Barcelona 1992)
dih) Hockey-Nationalmannschaft (Atlanta 1996)
dii) Leontien Zijlaard-van Moorsel, Radfahren (Sydney 2000)
dik) Esther Vergeer, Rollstuhltennis (Athen 2004)
dil) Maarten van der Weijden, Schwimmen (Peking 2008)
dim) Anky van Grunsven, Dressurreiten (Peking 2008)
din) Nicolien Sauerbreij, Snowboard (Vancouver 2010)

| | | | | |
|---|---|---|---|---|
| **2990** | 1 mehrfarbig | did | 2,— | 1,— |
| **2991** | 1 mehrfarbig | die | 2,— | 1,— |
| **2992** | 1 mehrfarbig | dif | 2,— | 1,— |
| **2993** | 1 mehrfarbig | dig | 2,— | 1,— |
| **2994** | 1 mehrfarbig | dih | 2,— | 1,— |
| **2995** | 1 mehrfarbig | dii | 2,— | 1,— |
| **2996** | 1 mehrfarbig | dik | 2,— | 1,— |
| **2997** | 1 mehrfarbig | dil | 2,— | 1,— |
| **2998** | 1 mehrfarbig | dim | 2,— | 1,— |
| **2999** | 1 mehrfarbig | din | 2,— | 1,— |
| | | Satzpreis (10 W.) | 20,— | 10,— |
| | | 2 FDC | | 12,— |
| | | Kleinbogen | 20,— | 12,— |

Nominale zur Zeit der Ausgabe: je 0.50 €

Auflage: 250.000 Sätze

**2012, 16. Juli. 20 Jahre Lifestyle-Magazin „Seasons": Fotografien zum Thema „Die Jahreszeiten erleben". Odr. (5×2); Streifen ph.; gez. K 12¾:13¼.**

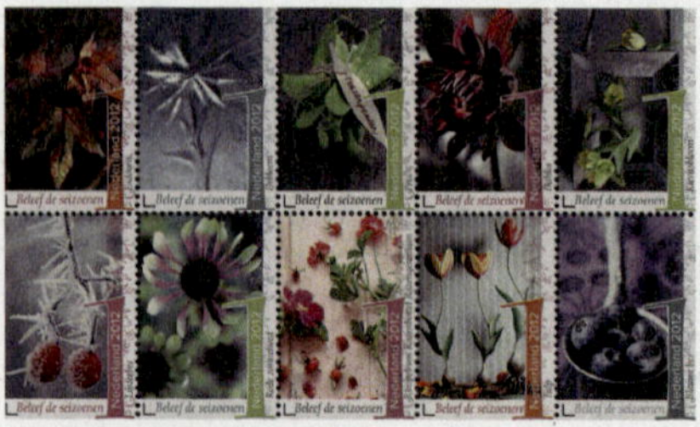

dio) Ahorn; von Erik van Lokven
dip) Eisblume; von Pieter Paul Koster
dir) Zuckerschote; von Erik van Lokven
dis) Dahlie; von Albert Roosenburg (*1945)
dit) Schachblume; von Rob van der Vet

diu) Vogelbeere; von Istockphoto
div) Purpursonnenhut; von Erik van Lokven
diw) Apfelrose, Hagebutte, Rosengeranie; von Albert Roosenburg
dix) Tulpe; von Albert Roosenburg
diy) Heidelbeere; von Rob van der Vet

| | | | | |
|---|---|---|---|---|
| **3000** | 1 mehrfarbig | dio | 2,— | 1,— |
| **3001** | 1 mehrfarbig | dip | 2,— | 1,— |
| **3002** | 1 mehrfarbig | dir | 2,— | 1,— |
| **3003** | 1 mehrfarbig | dis | 2,— | 1,— |
| **3004** | 1 mehrfarbig | dit | 2,— | 1,— |
| **3005** | 1 mehrfarbig | diu | 2,— | 1,— |
| **3006** | 1 mehrfarbig | div | 2,— | 1,— |
| **3007** | 1 mehrfarbig | diw | 2,— | 1,— |
| **3008** | 1 mehrfarbig | dix | 2,— | 1,— |
| **3009** | 1 mehrfarbig | diy | 2,— | 1,— |
| | | Satzpreis (10 W.) | 20,— | 10,— |
| | | 2 FDC | | 12,— |
| | | Kleinbogen | 20,— | 12,— |

Nominale zur Zeit der Ausgabe: je 0.50 €

Auflage: 415.000 Sätze

**2012, 13. Aug. Niederländische Rinderrassen. Odr., Kleinbogen (2×5); Streifen ph.; gez. K 13¼:12¾.**

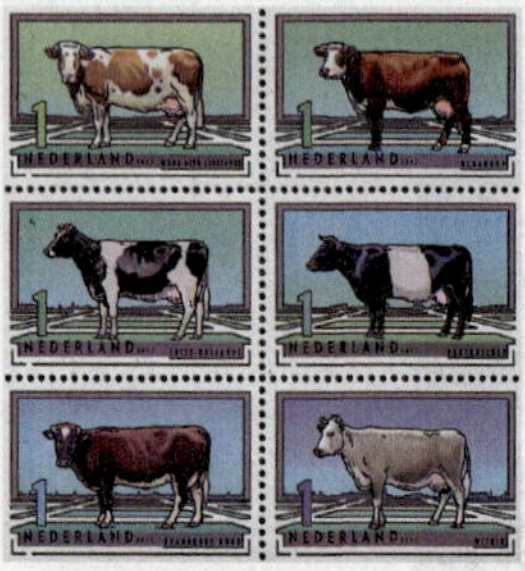

diz) Maas-Rijn-Ijssel-Rind
dka) Groninger-Blaarkop-Rind
dkb) Friesisch Holländisches Schwarzbunt-Rind
dkc) Lakenvelder-Rind
dkd) Brandrood-Rind
dke) Witrik-Rind

| | | | | |
|---|---|---|---|---|
| **3010** | 1 mehrfarbig | diz | 2,— | 1,— |
| **3011** | 1 mehrfarbig | dka | 2,— | 1,— |
| **3012** | 1 mehrfarbig | dkb | 2,— | 1,— |
| **3013** | 1 mehrfarbig | dkc | 2,— | 1,— |
| **3014** | 1 mehrfarbig | dkd | 2,— | 1,— |
| **3015** | 1 mehrfarbig | dke | 2,— | 1,— |
| | | Satzpreis (6 W.) | 12,— | 6,— |
| | | Sechserblock | 12,— | 7,— |
| | | FDC | | 7,— |
| | | Kleinbogen | 20,— | 12,— |

**Markenheftchen (2×1)**

| | | | |
|---|---|---|---|
| **H-Blatt 155** | mit 2 × MiNr. 3010 | 4,— | 4,— |
| **H-Blatt 156** | mit 2 × MiNr. 3011 | 4,— | 4,— |
| **H-Blatt 157** | mit 2 × MiNr. 3012 | 4,— | 4,— |
| **H-Blatt 158** | mit 2 × MiNr. 3013 | 4,— | 4,— |
| **H-Blatt 159** | mit 1 × MiNr. 3014–3015 | 4,— | 4,— |
| **MH 86** | mit 1 × H-Blatt 155–159 | 20,— | 20,— |

Nominale zur Zeit der Ausgabe: je 0.50 €

Markenfolge im Kleinbogen: 3010-3011, 3012-3013, 3014-3015, 3012-3013, 3 010-3011

Postpreis des Markenheftchens: 9.95 €

Auflage: 240.000 Kleinbogen

**2012, 13. Aug. Blockausgabe: Grenzenlose Niederlande (V) – Indonesien. Odr.; Streifen ph.; gez. K 13¼:12¾.**

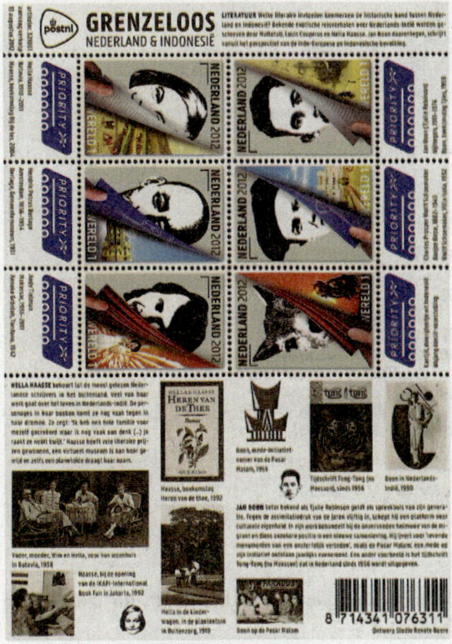


dkm

dkf) Hella Haase (1918–2011), Schriftstellerin
dkg) Jan Boon, auch Tjalie Robinson genannt (1911–1974), Schriftsteller
dkh) Hendrik Petrus Berlage (1856–1934), Architekt
dki) Charles Prosper Wolff Schoemaker (1882–1949), Architekt
dkk) Andy Tielman (1936–2011), Künstler und Musiker
dkl) Zwerghirsch Kantjil

| | | | | |
|---|---|---|---|---|
| **3016** | 1 WERELD mehrfarbig | dkf | 3,— | 1,90 |
| **3017** | 1 WERELD mehrfarbig | dkg | 3,— | 1,90 |
| **3018** | 1 WERELD mehrfarbig | dkh | 3,— | 1,90 |
| **3019** | 1 WERELD mehrfarbig | dki | 3,— | 1,90 |
| **3020** | 1 WERELD mehrfarbig | dkk | 3,— | 1,90 |
| **3021** | 1 WERELD mehrfarbig | dkl | 3,— | 1,90 |
| **Block 142** | Blockrand: Literatur (108 × 150 mm) | dkm | 18,— | 12,— |
| | | FDC | | 14,— |
| **Block 143** | Blockrand: Architektur (108 × 150 mm) | dkn | 18,— | 15,— |
| | | FDC | | 18,— |
| **Block 144** | Blockrand: Podiumskünste (108 × 150 mm) | dko | 18,— | 15,— |
| | | FDC | | 18,— |

Nominale zur Zeit der Ausgabe: je 0.95 €

Die Marken sind in jedem Block anders angeordnet.

Auflagen: Bl. 142 = 290.000, Bl. 143–144 je 15.000 Blocks

**2012, 10. Sept. 125 Jahre Königliches Theater „Carré“, Amsterdam. Odr., Kleinbogen (5 × 2); Streifen ph.; gez. K 12¾:13¼.**

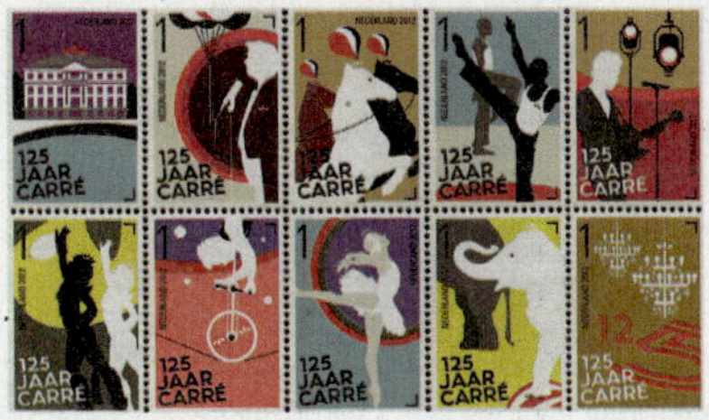


dkp) Theatergebäude
dkr) One Man Show von Toon Hermans
dks) Zirkus Oscar Carré
dkt) Modernes Ballett
dku) Konzert

dkv) Musical
dkw) Varieté
dkx) Klassisches Ballett
dky) Weltweihnachtszirkus
dkz) Kronleuchter

| | | | | |
|---|---|---|---|---|
| **3022** | 1 mehrfarbig | dkp | 2,— | 1,— |
| **3023** | 1 mehrfarbig | dkr | 2,— | 1,— |
| **3024** | 1 mehrfarbig | dks | 2,— | 1,— |
| **3025** | 1 mehrfarbig | dkt | 2,— | 1,— |
| **3026** | 1 mehrfarbig | dku | 2,— | 1,— |
| **3027** | 1 mehrfarbig | dkv | 2,— | 1,— |
| **3028** | 1 mehrfarbig | dkw | 2,— | 1,— |
| **3029** | 1 mehrfarbig | dkx | 2,— | 1,— |
| **3030** | 1 mehrfarbig | dky | 2,— | 1,— |
| **3031** | 1 mehrfarbig | dkz | 2,— | 1,— |
| | | Satzpreis (10 W.) | 20,— | 10,— |
| | | 2 FDC | | 11,— |
| | | Kleinbogen | 20,— | 10,— |

**Markenheftchen (1 × 2)**

| | | | |
|---|---|---|---|
| **H-Blatt 160** | mit 1 × MiNr. 3022 und 3024 | 4,— | 4,— |
| **H-Blatt 161** | mit 1 × MiNr. 3023 und 3031 | 4,— | 4,— |
| **H-Blatt 162** | mit 1 × MiNr. 3026–3027 | 4,— | 4,— |
| **H-Blatt 163** | mit 1 × MiNr. 3025 und 3029 | 4,— | 4,— |
| **H-Blatt 164** | mit 1 × MiNr. 3028 und 3030 | 4,— | 4,— |
| **MH 87** | mit 1 × H-Blatt 160–164 | 20,— | 20,— |

Nominale zur Zeit der Ausgabe: je 0.50 €

Postpreis des Markenheftchens: 9.95 €

Auflage: 250.000 Sätze

**2012, 24. Sept. Wiedereröffnung des Stedelijk-Museums, Amsterdam. Odr. (5×2); Streifen ph.; gez. K 12¾:13¼.**

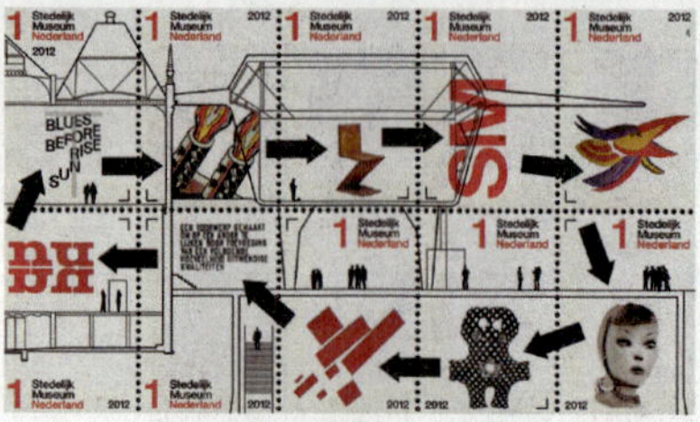

dla) Blues Before Sunrise; Plakat von Mevis & Van Deursen
dlb) Als ich das Feuer eröffnet; Gemälde von Roy Lichtenstein (1923–1997) amerikanischer Maler
dlc) Zick-Zack-Stuhl von Gerrit Rietveld (1888–1964), niederländischer Architekt und Designer
dld) Logo des Stedelijk-Museum von Wim Crouwel (1928–2019), niederländischer Graphiker und Maler
dle) Wandgemälde von Karel Appel (1921–2006), niederländischer Maler, Graphiker und Bildhauer

dlf) Nu 2; Graphik von Willem Sandberg (1897–1984), niederländischer Typograph und Graphikdesigner
dlg) Wortskulpturen von Lawrence Weiner (1942–2021), amerikanischer Künstler
dlh) Acht rote Rechtecke; Gemälde von Kasimir Malewitsch (1879–1935), russischer Maler und Kunsttheoretiker
dli) Empathy Displacement 7; Graphik von Mike Kelley (1954–2012), amerikanischer Installations- und Performancekünstler
dlk) Barbiepuppe; Gemälde von Marlene Dumas (*1953), südafrikanische Künstlerin

| | | | | |
|---|---|---|---|---|
| **3032** | 1 mehrfarbig | dla | 2,— | 1,— |
| **3033** | 1 mehrfarbig | dlb | 2,— | 1,— |
| **3034** | 1 mehrfarbig | dlc | 2,— | 1,— |
| **3035** | 1 mehrfarbig | dld | 2,— | 1,— |
| **3036** | 1 mehrfarbig | dle | 2,— | 1,— |
| **3037** | 1 mehrfarbig | dlf | 2,— | 1,— |
| **3038** | 1 mehrfarbig | dlg | 2,— | 1,— |
| **3039** | 1 mehrfarbig | dlh | 2,— | 1,— |
| **3040** | 1 mehrfarbig | dli | 2,— | 1,— |
| **3041** | 1 mehrfarbig | dlk | 2,— | 1,— |
| | | Satzpreis (10 W.) | 20,— | 10,— |
| | | Kleinbogen | 20,— | 10,— |
| | | FDC | | 11,— |

Nominale zur Zeit der Ausgabe: je 0.50 €

Auflage: 225.000 Sätze

**2012, 8. Okt. Blockausgabe: Woche des Kinderbuches. Odr. auf Kartonpapier; selbstklebend; gestanzt; Blockmarken mit aufklappbaren Deckeln.**

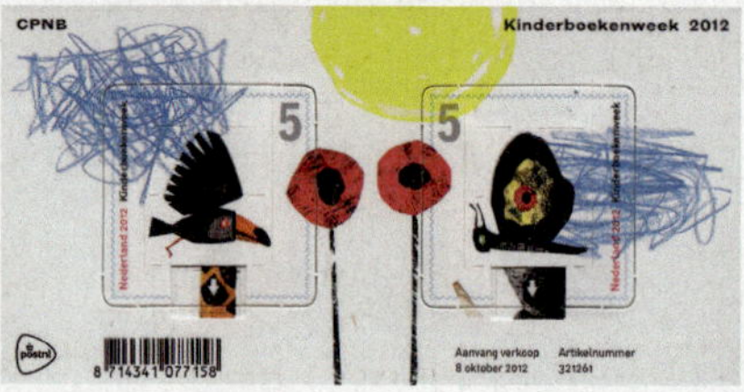


dln

dll) Vogel mit Giraffe
dlm) Schmetterling mit Elefanten

| | | | | |
|---|---|---|---|---|
| **3042** | 5 mehrfarbig | dll | 10,— | 5,— |
| **3043** | 5 mehrfarbig | dlm | 10,— | 5,— |
| **Block 145** | (140×70 mm) | dln | 20,— | 10,— |
| | | FDC | | 11,— |

Nominale zur Zeit der Ausgabe: je 2.50 €

Durch das Herausziehen der Lasche faltet sich die oberste Schicht auf, wodurch die Illusion entsteht, dass der Vogel und der Schmetterling zum Flug ansetzen.

Auflage: 225.000 Blocks

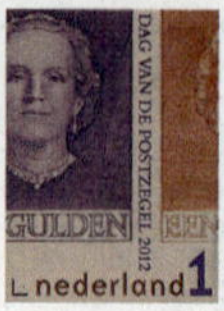


**2012, 19. Okt. Tag der Briefmarke. Odr., Kleinbogen (5×2); Streifen ph.; gez. K 13¼:14.**

dlo) Königin Juliana (1909–2004, reg. 1948–1980)

| | | | | |
|---|---|---|---|---|
| **3044** | 1 mehrfarbig | dlo | 2,— | 1,— |
| | | FDC | | 4,— |
| | | Kleinbogen | 20,— | 10,— |

**Markenheftchen (2×1)**

| | | | |
|---|---|---|---|
| **H-Blatt 165** | mit 2 × MiNr. 3044 (Text auf blauem Quadrat) | 4,— | 4,— |
| **H-Blatt 166** | mit 2 × MiNr. 3044 (Text auf blauem Streifen) | 4,— | 4,— |
| **H-Blatt 167** | mit 2 × MiNr. 3044 (ohne Text) | 4,— | 4,— |
| **H-Blatt 168** | mit 2 × MiNr. 3044 (Text auf braunem Hintergrund) | 4,— | 4,— |
| **H-Blatt 169** | mit 2 × MiNr. 3044 (Text auf violettem Hintergrund) | 4,— | 4,— |
| **MH 88** | mit 1 × H-Blatt 165–169 | 20,— | 20,— |

Nominale zur Zeit der Ausgabe: je 0.50 €

Postpreis des Markenheftchens: 9.95 €

Auflage: 120.000 Kleinbogen

**2012, 6. Nov. Blockausgabe: „Voor het Kind". RaTdr.; Streifen ph.; gez. K 14½:14¼.**

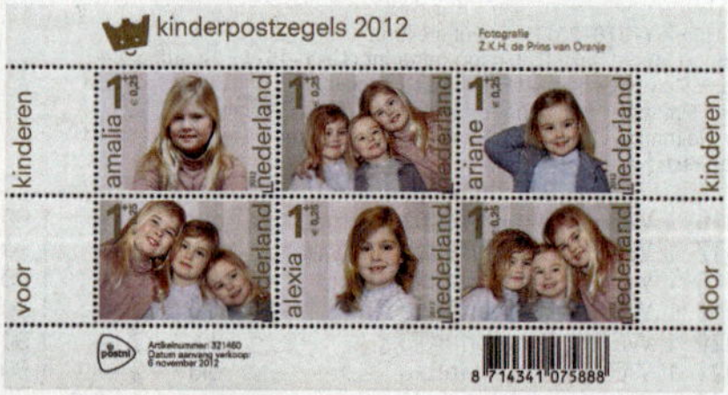


dlw

dlp) Prinzessin Amalia (*2003)
dlr) Die drei Prinzessinnen
dls) Prinzessin Ariane (*2007)
dlt) Die drei Prinzessinnen
dlu) Prinzessin Alexia (*2005)
dlv) Die drei Prinzessinnen

dlp–dlv) Kinder von Kronprinz Willem-Alexander (*1967) und Prinzessin Máxima (*1971)

| | | | | |
|---|---|---|---|---|
| **3045** | 1 + 0.25 € mehrfarbig | dlp | 2,— | 1,50 |
| **3046** | 1 + 0.25 € mehrfarbig | dlr | 2,— | 1,50 |
| **3047** | 1 + 0.25 € mehrfarbig | dls | 2,— | 1,50 |
| **3048** | 1 + 0.25 € mehrfarbig | dlt | 2,— | 1,50 |
| **3049** | 1 + 0.25 € mehrfarbig | dlu | 2,— | 1,50 |
| **3050** | 1 + 0.25 € mehrfarbig | dlv | 2,— | 1,50 |
| **Block 146** | (144×75 mm) | dlw | 12,— | 9,— |
| | | FDC | | 10,— |

Nominale zur Zeit der Ausgabe: je 0.50 € + 0.25 €

Auflage: 4.750.000 Blocks

**2012, 20. Nov. Dezembermarken. Odr. (2×5 + 2×5); Streifen ph.; selbstklebend; gestanzt 12½.**

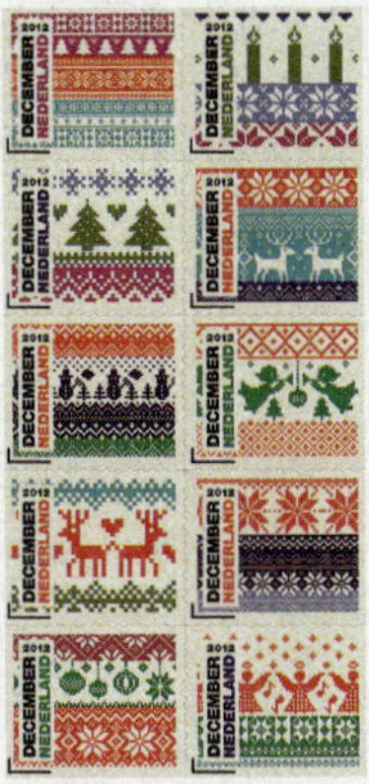


dlx) Weihnachtsmotive
dly) Kerzen
dlz) Weihnachtsbaum
dma) Rentiere
dmb) Schneemann
dmc) Musikengel
dmd) Rentiere
dme) Sterne
dmf) Christbaumschmuck
dmg) Engel

dlx–dmg) Traditionelle norwegische Strickmuster mit Weihnachtsmotiven

| | | | | |
|---|---|---|---|---|
| **3051** | — mehrfarbig | dlx | 1,80 | 0,80 |
| **3052** | — mehrfarbig | dly | 1,80 | 0,80 |
| **3053** | — mehrfarbig | dlz | 1,80 | 0,80 |
| **3054** | — mehrfarbig | dma | 1,80 | 0,80 |
| **3055** | — mehrfarbig | dmb | 1,80 | 0,80 |
| **3056** | — mehrfarbig | dmc | 1,80 | 0,80 |
| **3057** | — mehrfarbig | dmd | 1,80 | 0,80 |
| **3058** | — mehrfarbig | dme | 1,80 | 0,80 |
| **3059** | — mehrfarbig | dmf | 1,80 | 0,80 |
| **3060** | — mehrfarbig | dmg | 1,80 | 0,80 |
| | | Satzpreis (10 W.) | 18,— | 8,— |
| | | Zehnerblock | 18,— | 8,— |
| | | 2 FDC | | 16,50 |
| | | Folienbogen | 36,— | 16,— |

Nominale zur Zeit der Ausgabe: je 0.40 €

Auflage: 10.400.000 Sätze

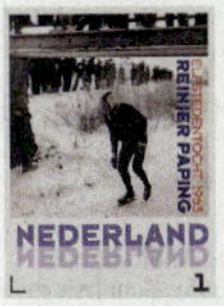


**2013, 2. Jan. Meine Marke. Odr. (5×2); Streifen ph.; gez. K 13¼:14.**

dmh

| | | | | |
|---|---|---|---|---|
| **3061** | 1 mehrfarbig | dmh | 2,— | 1,10 |
| | | FDC | | 4,— |
| | | Kleinbogen | 20,— | 11,— |

Nominale zur Zeit der Ausgabe: 0.54 €

MiNr. 3061 kann auch mit persönlich gestaltetem Markenbild bei der Niederländischen Post bezogen werden. Die Rahmenzeichnung bleibt unverändert.

Auflage: 1.150.000 Stück mit posteigenem Motiv

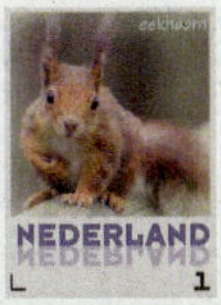


**2013, 2. Jan. Meine Marke. Odr., (5×2); Streifen ph.; selbstklebend; gez. K 13¼:14.**

dmh

| | | | | |
|---|---|---|---|---|
| **3062** | 1 mehrfarbig | dmh | 2,— | 1,10 |
| | | FDC | | 4,— |
| | | Folienblatt | 20,— | 11,— |

Nominale zur Zeit der Ausgabe: 0.54 €

MiNr. 3062 kann auch mit persönlich gestaltetem Markenbild bei der Niederländischen Post bezogen werden. Die Rahmenzeichnung bleibt unverändert.

Auflage: 3.500.000 Stück mit posteigenem Motiv

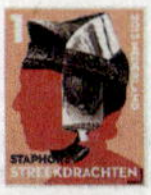


**2013, 28. Jan./21. Mai. Schöne Niederlande: Regionale Trachten – Kopfbedeckungen (I). Odr., Kleinbogen (Klb.) (5) und Markenheftchen (MH); Streifen ph.; A = gez. K 14½:14¼, C = gez. K 13½:12½.**

dmi) Staphorst

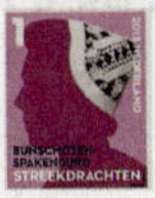


dmk) Bunschoten-Spakenburg

| | | | | |
|---|---|---|---|---|
| **3063** | 1 mehrfarbig | dmi | | |
| A | gez. K 14½:14¼ (Klb.) (28. Jan.) | | 2,— | 1,10 |
| C | gez. K 13½:12½ (MH) (21. Mai) | | 2,— | 2,— |
| **3064** | 1 mehrfarbig | dmk | | |
| A | gez. K 14½:14¼ (Klb.) (28. Jan.) | | 2,— | 1,10 |
| C | gez. K 13½:12½ (MH) (21. Mai) | | 2,— | 2,— |
| | | Satzpreis A (2 W.) | 4,— | 2,20 |
| | | FDC A | | 3,20 |
| | | Kleinbogensatz A (2 Klb.) | 20,— | 11,— |

Nominale zur Zeit der Ausgabe: je 0.54 €

MiNr. 3063 A–3064 A stammen auch aus Bl. 147; siehe nach MiNr. 3109.

MiNr. 3063 C–3064 C wurden zusammen mit MiNr. 3075 C–3076 C und 3109 C im Markenheftchen ausgegeben. MH-Bewertung siehe nach MiNr. 3109.

Auflage: MiNr. 3063 A–3064 A = 425.000 Sätze

**2013, 28. Jan. 125 Jahre Organisationen ARCADIS und KNHM der Niederländischen Heidegesellschaft. Odr. (2×5); Streifen ph.; gez. K 13½.**

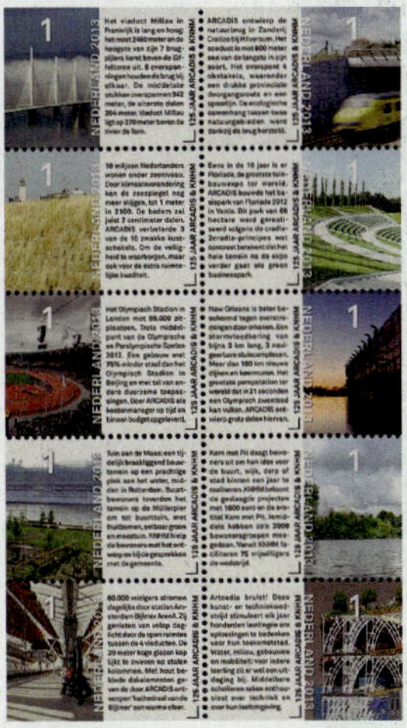

dml) Brücke von Millau (Frankreich)
dmm) Grünbrücke Zanderij Crailoo
dmn) Dünen- und Deichverstärkung
dmo) Floriade, Venlo
dmp) Olympiastadion, London
dmr) Sturmflutwehr, New Orleans
dms) Garten an der Maas, Rotterdam
dmt) Umweltwettbewerb „Kern met Pit“
dmu) Bahnhof Bijlmer Arena, Amsterdam
dmv) Schülerwettbewerb „Artcadia“

| | | | | |
|---|---|---|---|---|
| **3065** | 1 mehrfarbig | dml | 2,— | 1,10 |
| **3066** | 1 mehrfarbig | dmm | 2,— | 1,10 |
| **3067** | 1 mehrfarbig | dmn | 2,— | 1,10 |
| **3068** | 1 mehrfarbig | dmo | 2,— | 1,10 |

| | | | | |
|---|---|---|---|---|
| **3069** | 1 mehrfarbig | dmp | 2,— | 1,10 |
| **3070** | 1 mehrfarbig | dmr | 2,— | 1,10 |
| **3071** | 1 mehrfarbig | dms | 2,— | 1,10 |
| **3072** | 1 mehrfarbig | dmt | 2,— | 1,10 |
| **3073** | 1 mehrfarbig | dmu | 2,— | 1,10 |
| **3074** | 1 mehrfarbig | dmv | 2,— | 1,10 |
| | Satzpreis (10 W.) | | 20,— | 11,— |
| | 2 FDC | | | 20,— |
| | Kleinbogen | | 20,— | 11,— |

Nominale zur Zeit der Ausgabe: je 0.54 €

Auflage: 240.000 Sätze

**2013, 25. Febr./21. Mai. Schöne Niederlande: Regionale Trachten – Kopfbedeckungen (II). Odr., Kleinbogen (Klb.) (5) und Markenheftchen (MH); Streifen ph.; A = gez. K 14½:14¼, C = gez. K 13½:12½.**

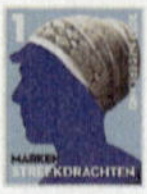
dmw) Marken

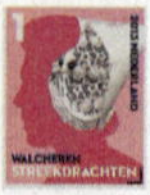
dmx) Walcheren

| | | | | | |
|---|---|---|---|---|---|
| **3075** | | 1 mehrfarbig | dmw | | |
| | A | gez. K 14½:14¼ (Klb.) (25. Febr.) | | 2,— | 1,10 |
| | C | gez. K 13½:12½ (MH) (21. Mai) | | 2,— | 2,— |
| **3076** | | 1 mehrfarbig | dmx | | |
| | A | gez. K 14½:14¼ (Klb.) (25. Febr.) | | 2,— | 1,10 |
| | C | gez. K 13½:12½ (MH) (21. Mai) | | 2,— | 2,— |
| | | Satzpreis A (2 W.) | | 4,— | 2,20 |
| | | FDC A | | | 3,20 |
| | | Kleinbogensatz A (2 Klb.) | | 20,— | 11,— |

Nominale zur Zeit der Ausgabe: je 0.54 €

MiNr. 3075 A–3076 A stammen auch aus Bl. 147; siehe nach MiNr. 3109.

MiNr. 3075 C–3076 C wurden zusammen mit MiNr. 3063 C–3064 C und 3109 C im Markenheftchen ausgegeben. MH-Bewertung siehe nach MiNr. 3109.

Auflage: MiNr. 3075 A–3076 A = 425.000 Sätze

**2013, 25. Febr. 100 Jahre Burgers' Zoo, Arnhem. Odr., Kleinbogen (2×5); Streifen ph.; gez. K 13½.**

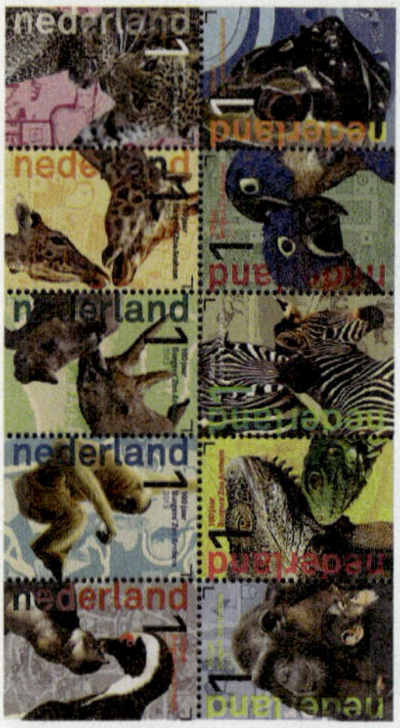

dmy) Sri-Lanka-Leopard (Panthera pardus kotiya)
dmz) Zebra-Kardinalfisch (Pterapogon kauderni)
dna) Ugandagiraffe (Giraffa camelopardalis rothschildi)
dnb) Hyazinthara (Anodorhynchus hyacinthinus)
dnc) Breitmaulnashorn (Ceratotherium simum)
dnd) Böhmzebra (Equus quagga boehmi)
dne) Südlicher Gelbwangen-Schopfgibbon (Nomascus gabriellae)
dnf) Grüner Leguan (Iguana iguana)
dng) Brillenpinguin (Spheniscus demersus)
dnh) Schimpanse (Pan troglodytes)

| | | | | |
|---|---|---|---|---|
| **3077** | 1 mehrfarbig | dmy | 2,— | 1,10 |
| **3078** | 1 mehrfarbig | dmz | 2,— | 1,10 |
| **3079** | 1 mehrfarbig | dna | 2,— | 1,10 |
| **3080** | 1 mehrfarbig | dnb | 2,— | 1,10 |
| **3081** | 1 mehrfarbig | dnc | 2,— | 1,10 |
| **3082** | 1 mehrfarbig | dnd | 2,— | 1,10 |
| **3083** | 1 mehrfarbig | dne | 2,— | 1,10 |
| **3084** | 1 mehrfarbig | dnf | 2,— | 1,10 |
| **3085** | 1 mehrfarbig | dng | 2,— | 1,10 |
| **3086** | 1 mehrfarbig | dnh | 2,— | 1,10 |
| | Satzpreis (10 W.) | | 20,— | 11,— |
| | 2 FDC | | | 20,— |
| | Kleinbogen | | 20,— | 12,— |

**Markenheftchen (1×2)**

| | | | |
|---|---|---|---|
| **H-Blatt 170** | mit 1 × MiNr. 3077–3078 | 4,— | 4,— |
| **H-Blatt 171** | mit 1 × MiNr. 3079–3080 | 4,— | 4,— |
| **H-Blatt 172** | mit 1 × MiNr. 3081–3082 | 4,— | 4,— |
| **H-Blatt 173** | mit 1 × MiNr. 3083–3084 | 4,— | 4,— |
| **H-Blatt 174** | mit 1 × MiNr. 3085–3086 | 4,— | 4,— |
| **MH 89** | mit 1 × H-Blatt 170–174 | 20,— | 20,— |

Nominale zur Zeit der Ausgabe: je 0.54 €

Postpreis des Markenheftchens: 9.95 €

Auflage: 410.000 Sätze

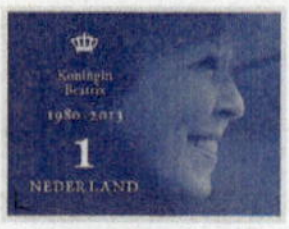

**2013, 25. März. Abdankung von Königin Beatrix. Odr. (1×5); Streifen ph.; gez. K 14:13½.**

dni) Königin Beatrix (*1938, reg. 1980–2013)

| | | | | |
|---|---|---|---|---|
| **3087** | 1 kobalt/hellkobalt | dni | 2,— | 1,10 |
| | FDC | | | 4,— |
| | Kleinbogen | | 10,— | 5,50 |

Nominale zur Zeit der Ausgabe: 0.54 €

Auflage: 1.250.000 Stück

**2013, 25. März. Frauen der niederländischen Geschichte: „1001 Frauen". Odr. (2×5); Streifen ph.; gez. K 13¼:12¾.**

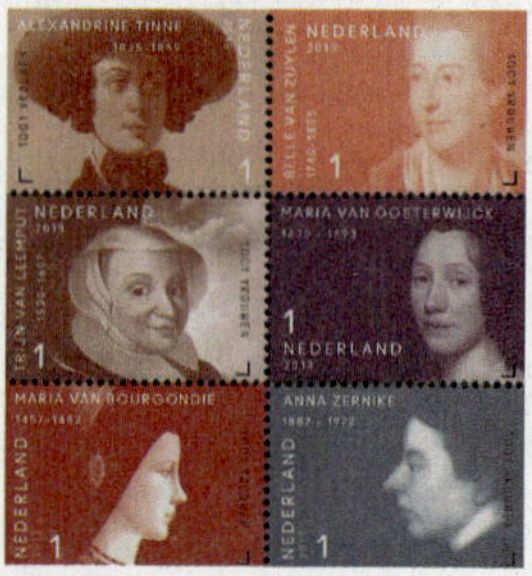

dnk) Alexandrine Tinne (1835–1869), Entdeckungsreisende und Photographin
dnl) Belle van Zuylen, eigentlich Isabelle de Charrière (1740–1805), Schriftstellerin
dnm) Trijn van Leemput, auch Catharina de Berghes ten Essendelle (ca. 1530–1607), Heldin von Utrecht
dnn) Maria van Oosterwijck (1630–1693), Malerin
dno) Maria von Burgund (1457–1482), Herzogin von Burgund (seit 1477)
dnp) Anna Zernike (1887–1972), mennonitische Theologin und erste Pfarrerin der Niederlande

| | | | | |
|---|---|---|---|---|
| **3088** | 1 mehrfarbig | dnk | 2,— | 1,10 |
| **3089** | 1 mehrfarbig | dnl | 2,— | 1,10 |
| **3090** | 1 mehrfarbig | dnm | 2,— | 1,10 |
| **3091** | 1 mehrfarbig | dnn | 2,— | 1,10 |
| **3092** | 1 mehrfarbig | dno | 2,— | 1,10 |
| **3093** | 1 mehrfarbig | dnp | 2,— | 1,10 |
| | Satzpreis (6 W.) | | 12,— | 6,50 |
| | Sechserblock | | 12,— | 6,50 |
| | FDC | | | 11,50 |
| | Kleinbogen | | 20,— | 11,— |

Nominale zur Zeit der Ausgabe: je 0.54 €

Markenfolge im Kleinbogen: 3088-3089, 3090-3091, 3092-3093, 3088-3089, 3090-3091

Auflage: 230.000 Kleinbogen

**2013, 25. März. Wiedereröffnung des Rijksmuseum, Amsterdam. Odr. (2×5); Streifen ph.; gez. K 13¼:12¾.**

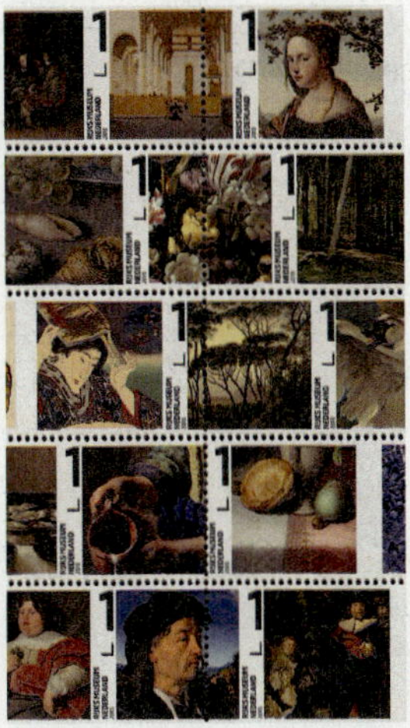

dnr) Die väterliche Ermahnung; Gemälde (1653) von Gerard ter Borch (1617–1681); Innenansicht der Sint Odulphuskerk in Assendelft; Gemälde (1649) von Pieter Jansz. Saenredam (1597–1665)
dns) Maria Magdalena; Gemälde (1530) von Jan van Scorel (1495–1562)

dnt) Stillleben mit Früchten und Blumen; Ölgemälde (1620) von Balthasar van der Ast (1593–1657)
dnu) Stillleben mit Blumen; Gemälde (1639) von Hans Bollongier (1598–1672); Vivi in einem roten Kleid im Wald; Autochromverfahren auf Glasdia (1910) von Jacob Olie Jr. (1879–1955)

dnv) Bunya no Yasuhide (aus der Serie Parodie der sechs Dichter); Farbholzschnitt auf Papier (1845) von Utagawa Kunisada (1786–1865)
dnw) Italienische Landschaft mit Pinien; Gemälde (1807) von Hendrik Voogd (1768–1839); Der bedrohte Schwan; Gemälde (1640) von Jan Asselijn (1610–1652)

dnx) Stillleben mit vergoldetem Pokal; Gemälde (1635) von Willem Claesz. Heda (1594–1680); Das Milchmädchen; Ölgemälde (1660) von Johannes Vermeer (1632–1675)
dny) Stillleben mit Käse; Gemälde (1615) von Floris Claesz. van Dijck (1575–1651); Kachelbild aus dem Weeshuis in Sommelsdijk (1725), anonymer Künstler, Fayence

dnz) Gerard Andriesz Bicker; Gemälde (1640) von Bartholomeus van der Helst (1613–1670); Porträt von Giuliano da Sangallo; Gemälde (1482) von Piero di Cosomo (1462–1522)
doa) Die Nachtwache; Gemälde (1642) von Rembrandt van Rijn (1606–1669)

| | | | | |
|---|---|---|---|---|
| **3094** | 1 mehrfarbig | dnr | 2,— | 1,10 |
| **3095** | 1 mehrfarbig | dns | 2,— | 1,10 |
| **3096** | 1 mehrfarbig | dnt | 2,— | 1,10 |
| **3097** | 1 mehrfarbig | dnu | 2,— | 1,10 |
| **3098** | 1 mehrfarbig | dnv | 2,— | 1,10 |
| **3099** | 1 mehrfarbig | dnw | 2,— | 1,10 |
| **3100** | 1 mehrfarbig | dnx | 2,— | 1,10 |
| **3101** | 1 mehrfarbig | dny | 2,— | 1,10 |
| **3102** | 1 mehrfarbig | dnz | 2,— | 1,10 |
| **3103** | 1 mehrfarbig | doa | 2,— | 1,10 |
| | | Satzpreis (10 W.) | 20,— | 11,— |
| | | 2 FDC | | 20,— |
| | | Kleinbogen | 20,— | 12,— |

Nominale zur Zeit der Ausgabe: je 0.54 €

Auflage: 230.000 Sätze

**2013, 22. April. Europa: Postfahrzeuge. Odr., Kleinbogen (1×5 ⅃⅂); Streifen ph.; A = gez. K 13¼:12¾.**

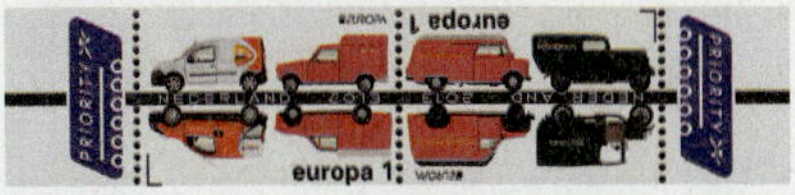


dob) Renault Kangoo (2013); Fiat Fiorino (2010); Simca 1100 VF (1976); Lieferwagen Daf 33 (1974)
doc) Lieferwagen Bedford CA (1960); Opel Blitz (1956); Opel P4 (1936); GMC 2,5t (1918)

| | | | | |
|---|---|---|---|---|
| **3104 A** | 1 EUROPA mehrfarbig | dob | 3,— | 2,20 |
| **3105 A** | 1 EUROPA mehrfarbig | doc | 3,— | 2,20 |
| | | Satzpreis A (2 W.) | 6,— | 4,40 |
| | | Kehrdruckpaar A | 6,— | 4,40 |
| | | FDC A | | 7,80 |
| | | Kleinbogen A | 30,— | 22,— |

**Markenheftchen (2×1), C = gez. Ks 14¼**

| | | | | |
|---|---|---|---|---|
| **3104 C** | 1 mehrfarbig | dob | 4,— | 4,— |
| **3105 C** | 1 mehrfarbig | doc | 4,— | 4,— |
| | | Satzpreis C (2 W.) | 8,— | 8,— |

| | | | |
|---|---|---|---|
| **H-Blatt 175** | mit 1 × MiNr. 3104 C–3105 C (mit rotem Auto) | 8,— | 8,— |
| **H-Blatt 176** | mit 1 × MiNr. 3104 C–3105 C (mit grünem Auto) | 8,— | 8,— |
| **H-Blatt 177** | mit 1 × MiNr. 3104 C–3105 C (ohne Auto) | 8,— | 8,— |
| **MH 90** | mit 1 × H-Blatt 175–177 | 25,— | 25,— |

Nominale zur Zeit der Ausgabe: je 0.90 €

MiNr. 3104–3105 wurden zusammenhängend im waagerechten Kehrdruck gedruckt.

Postpreis des Markenheftchens: 9.95 €

Auflage: MiNr. 3104 A–3105 A = 600.000 Sätze

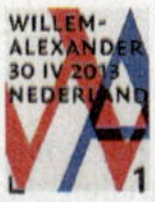


**2013, 30. April. Inthronisierung von König Willem-Alexander. Odr. (2×5); x = normales Papier mit Fluoreszenzstreifen, y = Papier ph. mit Fluoreszenzstreifen; selbstklebend; Sicherheitsstanzung 14¼.**

dod) Initialen von König Willem-Alexander (*1968)

| | | | | |
|---|---|---|---|---|
| **3106** | 1 mehrfarbig | dod | | |
| x | normales Papier | | 2,— | 1,10 |
| y | Papier ph. | | 2,— | 1,10 |
| **3107 y** | 2 mehrfarbig | dod | 4,— | 2,20 |
| | | Satzpreis (2 W.) | 6,— | 3,30 |
| | | FDC | | 7,30 |
| | | 2 Folienblätter | 60,— | 33,— |

Nominalen zur Zeit der Ausgabe: MiNr. 3106 = 0.54 €, MiNr. 3107 = 1.08 €

Auflagen: MiNr. 3106 = 41.170.000, MiNr. 3107 = 5.080.000 Stück

MiNr. 3108 entfällt. Die früher hier katalogisierte Marke erwies sich als personalisierte Variante von MiNr. 2915.

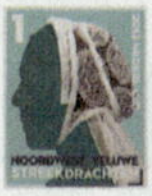


**2013, 21. Mai. Schöne Niederlande: Regionale Trachten – Kopfbedeckungen (III). Odr., Kleinbogen (Klb.) (5) und Markenheftchen (MH); Streifen ph.; A = gez. K 14½:14¼, C = gez. K 13½:12½.**

dof) Nordwest-Veluwe

| | | | | |
|---|---|---|---|---|
| **3109** | 1 mehrfarbig | dof | | |
| A | gez. K 14½:14¼ (Klb.) | | 2,— | 1,10 |
| C | gez. K 13½:12½ (MH) | | 2,— | 2,— |
| | | FDC A | | 2,20 |
| | | Kleinbogen A | 10,— | 5,50 |
| | | Markenheftchen C | 20,— | 20,— |

**Blockausgabe**

| | | | | |
|---|---|---|---|---|
| **Block 147** | mit MiNr. 3063 A–3064 A, 3075 A–3076 A und 3109 A (144×75 mm) | dog | 10,— | 5,50 |
| | | FDC | | 10,— |

Nominalen zur Zeit der Ausgabe: 0.54 €

MiNr. 3109 C wurde zusammen mit MiNr. 3063 C–3064 C und 3075 C–3076 C im Markenheftchen ausgegeben. Jede Marke ist 2 × enthalten (Verkaufspreis des Heftchens: 9.95 €).

Auflagen: MiNr. 3109 A = 425.000 Stück, Bl. 147 = 287.000 Blocks

**2013, 21. Mai. Schriftsteller. Odr. (5×3); Streifen ph.; gez. K 14¼.**

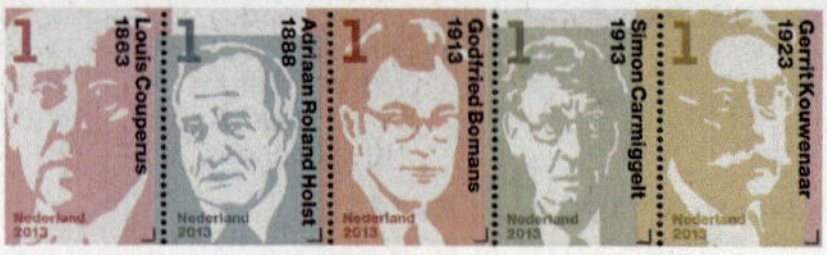


doh) Louis Couperus (1863–1923)
doi) Adriaan Roland Holst (1888–1976)
dok) Godfried Bomans (1913–1971)
dol) Simon Carmiggelt (1913–1987)
dom) Gerrit Kouwenaar (1923–2014)

| | | | | |
|---|---|---|---|---|
| **3110** | 1 mehrfarbig | doh | 2,— | 1,10 |
| **3111** | 1 mehrfarbig | doi | 2,— | 1,10 |
| **3112** | 1 mehrfarbig | dok | 2,— | 1,10 |
| **3113** | 1 mehrfarbig | dol | 2,— | 1,10 |
| **3114** | 1 mehrfarbig | dom | 2,— | 1,10 |
| | | Satzpreis (5 W.) | 10,— | 5,50 |
| | | Fünferstreifen | 10,— | 5,50 |
| | | FDC | | 10,— |
| | | Kleinbogen | 20,— | 11,— |

Nominale zur Zeit der Ausgabe: je 0.54 €

MiNr. 3110–3114 wurden zusammenhängend im Kleinbogen zu je 2 Marken und 5 verschiedenen Zierfeldern (mittlere Bogenzeile) gedruckt.

Auflage: 294.000 Sätze

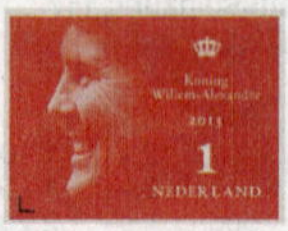

**2013, 21. Mai. Amtseinführung von König Willem-Alexander. Odr. (1×5); Streifen ph.; gez. K 14:13½.**

don) König Willem-Alexander (*1967, reg. ab 2013)

| | | | | |
|---|---|---|---|---|
| **3115** | 1 rosarot/blauschwarz | don | 2,— | 1,10 |
| | | FDC | | 4,— |
| | | Kleinbogen | 10,— | 5,50 |

Nominale zur Zeit der Ausgabe: 0.54 €

Auflage: 1.250.000 Stück

**2013, 17. Juni. Windmühlen. Odr., Kleinbogen (5×2); Streifen ph.; A = gez. K 14¼.**

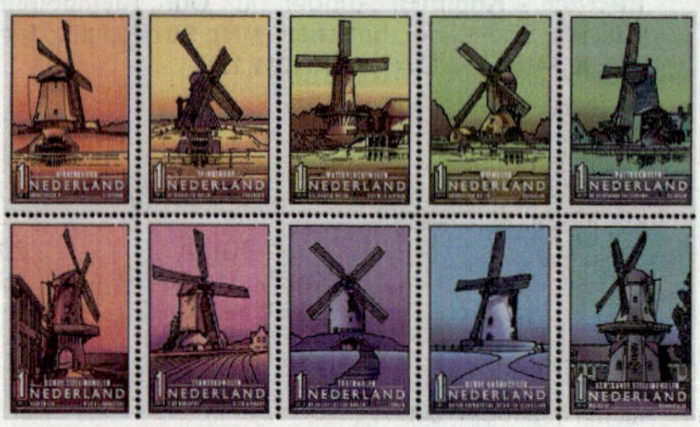

doo) Ondermolen O, Schermer
dop) Hiemerter Molen, Burgwerd
dor) Kilsdonske Molen, Heeswijk-Dinther
dos) Oudendijkse Molen, Hoornaar
dot) Gekroonde Poelenburg, Zaandam

dou) Rijn en Lek, Wijk bij Duurstede
dov) Sint Hubertus, Klein Genhout
dow) Grafelijke Torenmolen, Zeddam
dox) Buiten Verwachting, Nieuw- en Sint Joosland
doy) Woldzigt, Roderwolde

| | | | | |
|---|---|---|---|---|
| **3116 A** | 1 mehrfarbig | doo | 2,— | 1,10 |
| **3117 A** | 1 mehrfarbig | dop | 2,— | 1,10 |
| **3118 A** | 1 mehrfarbig | dor | 2,— | 1,10 |
| **3119 A** | 1 mehrfarbig | dos | 2,— | 1,10 |
| **3120 A** | 1 mehrfarbig | dot | 2,— | 1,10 |
| **3121 A** | 1 mehrfarbig | dou | 2,— | 1,10 |
| **3122 A** | 1 mehrfarbig | dov | 2,— | 1,10 |
| **3123 A** | 1 mehrfarbig | dow | 2,— | 1,10 |
| **3124 A** | 1 mehrfarbig | dox | 2,— | 1,10 |
| **3125 A** | 1 mehrfarbig | doy | 2,— | 1,10 |
| | | Satzpreis A (10 W.) | 20,— | 11,— |
| | | 2 FDC A | | 20,— |
| | | Kleinbogen A | 20,— | 12,— |

**Markenheftchen (1×2), C = gez. Ks 12¾:13¼**

| | | | | |
|---|---|---|---|---|
| **3116 C** | 1 mehrfarbig | doo | 2,— | 2,— |
| **3117 C** | 1 mehrfarbig | dop | 2,— | 2,— |
| **3118 C** | 1 mehrfarbig | dor | 2,— | 2,— |
| **3119 C** | 1 mehrfarbig | dos | 2,— | 2,— |
| **3120 C** | 1 mehrfarbig | dot | 2,— | 2,— |
| **3121 C** | 1 mehrfarbig | dou | 2,— | 2,— |
| **3122 C** | 1 mehrfarbig | dov | 2,— | 2,— |
| **3123 C** | 1 mehrfarbig | dow | 2,— | 2,— |
| **3124 C** | 1 mehrfarbig | dox | 2,— | 2,— |
| **3125 C** | 1 mehrfarbig | doy | 2,— | 2,— |
| | | Satzpreis C (10 W.) | 20,— | 20,— |

| | | | |
|---|---|---|---|
| **H-Blatt 178** | mit 1 × MiNr. 3116 C und 3121 C | 4,— | 4,— |
| **H-Blatt 179** | mit 1 × MiNr. 3117 C und 3122 C | 4,— | 4,— |
| **H-Blatt 180** | mit 1 × MiNr. 3118 C und 3123 C | 4,— | 4,— |
| **H-Blatt 181** | mit 1 × MiNr. 3119 C und 3124 C | 4,— | 4,— |
| **H-Blatt 182** | mit 1 × MiNr. 3120 C und 3125 C | 4,— | 4,— |
| **MH 91** | mit 1 × H-Blatt 178–182 | 20,— | 20,— |

Nominale zur Zeit der Ausgabe: je 0.54 €

Postpreis des Markenheftchens: 9.95 €

Auflage: MiNr. 3116 A–3125 A = 410.000 Sätze

**2013, 17. Juni. Weltblutspendetag. Odr. (5×2); Streifen ph.; gez. K 14¼.**

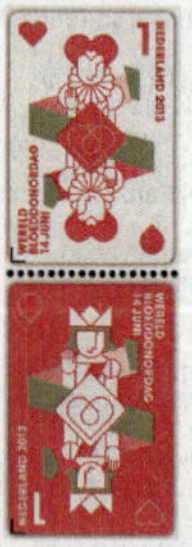

doz) Spielkarte Herz-Dame mit Blutstropfen
dpa) Spielkarte Herz-König mit Blutstropfen

| | | | | |
|---|---|---|---|---|
| **3126** | 1 mehrfarbig | doz | 2,— | 1,10 |
| **3127** | 1 mehrfarbig | dpa | 2,— | 1,10 |
| | | Satzpreis (2 W.) | 4,— | 2,20 |
| | | Kehrdruckpaar | 4,— | 2,20 |
| | | FDC | | 6,— |
| | | Kleinbogen | 20,— | 11,— |

Nominale zur Zeit der Ausgabe: je 0.54 €

MiNr. 3126–3127 wurden in Kehrdruckpaaren schachbrettartig zusammenhängend gedruckt.

Auflage: 550.000 Sätze

**2013, 12. Aug. 125 Jahre Königlicher Niederländischer Schwimmverband (KNZB). Odr. (5×2); Streifen ph.; gez. K 14¼.**

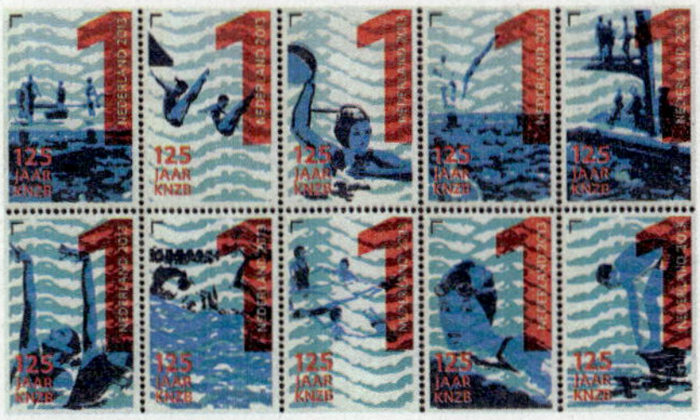

dpb) Schwimmbadszene
dpc) Synchronspringen
dpd) Wasserball
dpe) Tauchen
dpf) Sprungbrett

dpg) Synchronschwimmen
dph) Leistungsschwimmen
dpi) Treiben lassen
dpk) Zielanschlag
dpl) Startsprung

| | | | | | |
|---|---|---|---|---|---|
| **3128** | 1 | mehrfarbig | dpb | 2,— | 1,20 |
| **3129** | 1 | mehrfarbig | dpc | 2,— | 1,20 |
| **3130** | 1 | mehrfarbig | dpd | 2,— | 1,20 |
| **3131** | 1 | mehrfarbig | dpe | 2,— | 1,20 |
| **3132** | 1 | mehrfarbig | dpf | 2,— | 1,20 |
| **3133** | 1 | mehrfarbig | dpg | 2,— | 1,20 |
| **3134** | 1 | mehrfarbig | dph | 2,— | 1,20 |
| **3135** | 1 | mehrfarbig | dpi | 2,— | 1,20 |
| **3136** | 1 | mehrfarbig | dpk | 2,— | 1,20 |
| **3137** | 1 | mehrfarbig | dpl | 2,— | 1,20 |
| | | | Satzpreis (10 W.) | 20,— | 12,— |
| | | | 2 FDC | | 20,— |
| | | | Kleinbogen | 20,— | 12,— |

Nominale zur Zeit der Ausgabe: je 0.60 €

Auflage: 175.000 Sätze

**2013, 12. Aug. Blockausgabe: Grenzenlose Niederlande (VI) – Belgien. Odr.; Streifen ph.; gez. K 13¼:12¾.**

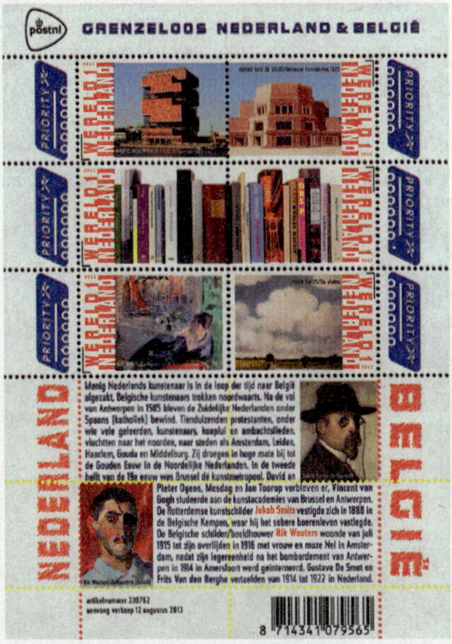


dpt

dpm) Museum am Fluss (MAS), Antwerpen
dpn) Skizze eines Entwurfes für das Kröller-Müller-Museum von Henry van de Velde (1863–1957), Architekt und Designer
dpo) Buchbände, unter anderem „Brouwers in Brussel" Erinnerungsbuch für Jeroen Brouwers, „Mijn Nederland" von Geert van Istendael, „Max Havelaar" von Multatuli
dpp) Buchbände, unter anderem „Villa des Roses" von Willem Elsschot, „Les Hollandais sont là" von Jos Vandeloo
dpr) Nachmittag in Amsterdam; Gemälde von Rik Wouters (1882–1916), belgischer Maler und Bildhauer
dps) Landschaft; Gemälde von Jakob Smits (1855–1928), Maler

| | | | | |
|---|---|---|---|---|
| **3138** 1 WERELD mehrfarbig | dpm | 3,— | 2,— |
| **3139** 1 WERELD mehrfarbig | dpn | 3,— | 2,— |
| **3140** 1 WERELD mehrfarbig | dpo | 3,— | 2,— |
| **3141** 1 WERELD mehrfarbig | dpp | 3,— | 2,— |
| **3142** 1 WERELD mehrfarbig | dpr | 3,— | 2,— |
| **3143** 1 WERELD mehrfarbig | dps | 3,— | 2,— |
| **Block 148** Blockrand: Bildende Kunst (108×150 mm) | dpt | 18,— | 12,— |
| FDC | | | 12,50 |
| **Block 149** Blockrand: Architektur (108×150 mm) | dpu | 18,— | 12,— |
| FDC | | | 12,50 |
| **Block 150** Blockrand: Literatur (108×150 mm) | dpv | 18,— | 12,— |
| FDC | | | 12,50 |

Nominale zur Zeit der Ausgabe: je 1 €

MiNr. 3138–3143 sind in jedem Block anders angeordnet.

Auflagen: Bl. 148 = 170.000, Bl. 149–150 je 25.000 Blocks

**2013, 9. Sept. Blockausgabe: Werbekampagne „Das ist eine Karte wert" (IV). Odr.; Streifen ph.; gez. K 14½.**

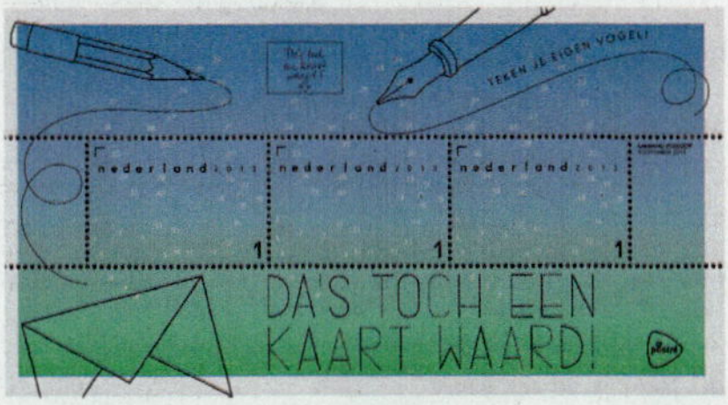


dpx

dpw) Zahlenrätsel

| | | | | | |
|---|---|---|---|---|---|
| **3144** | 1 mehrfarbig | dpw | 2,— | 1,20 |
| **Block 151** | mit 3 × MiNr. 3144 (144×75 mm) | dpx | 6,— | 3,60 |
| | | FDC | | 8,— |

Nominale zur Zeit der Ausgabe: 0.60 €

Auflage: 260.000 Blocks

**2013, 9. Sept. 100 Jahre Friedenspalast, Den Haag. Odr., Kleinbogen (2×5); Streifen ph.; gez. K 13½:12¾.**

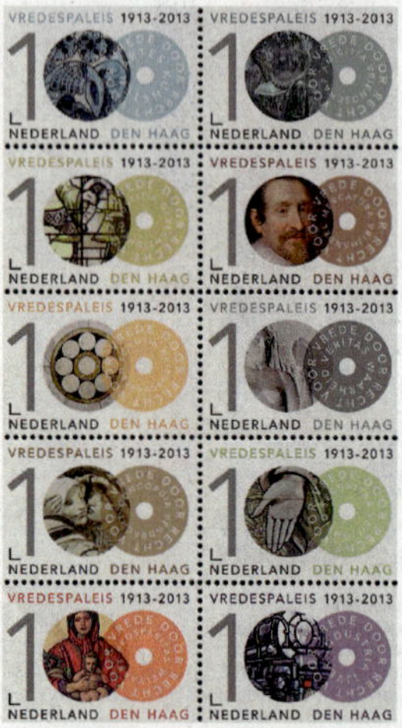


dpy) Kunst: Glasurwandfliese (Detail) von Leon Senf (1860–1940)
dpz) Freundschaft: Amicitia; Bronzemedaillon am Eingangstor von Bruno Möhring (1863–1929), deutscher Architekt

dra) Gerechtigkeit: Bleifenster (Detail) in der Zentralhalle von Adolf le Compte (1850–1921), Künstler
drb) Handelsfreiheit: Hugo Grotius; Gemälde von Michiel Jansz. von Mierevelt (1566–1641), Maler

drc) Wissenschaft: Mosaikfußboden (Detail) der Eingangshalle; von Hendrik Wijdeveld (1885–1987), Architekt
drd) Wahrheit: Veritas (Detail); Sandsteinrelief im Großen Gerichtssaal von Toon Dupuis (1877–1937), Bildhauer

dre) Eintracht: Gobelinentwurf (Detail) im Kleinen Gerichtssaal von Luc-Olivier Merson (1846–1920), Maler und Illustrator
drf) Sicherheit: Vestalin (Detail); Fliesentableau von Herman Rosse (1887–1965), amerikanischer Szenenbildner niederländischer Abstammung

drg) Wohlfahrt: Friedensgöttin mit Kind; Deckengemälde der Zentralhalle von Herman Rosse
drh) Fleiß: Bleifenster (Detail) im Parteienraum von Herman Rosse

| | | | | |
|---|---|---|---|---|
| **3145** | 1 mehrfarbig | dpy | 2,— | 1,20 |
| **3146** | 1 mehrfarbig | dpz | 2,— | 1,20 |
| **3147** | 1 mehrfarbig | dra | 2,— | 1,20 |
| **3148** | 1 mehrfarbig | drb | 2,— | 1,20 |
| **3149** | 1 mehrfarbig | drc | 2,— | 1,20 |
| **3150** | 1 mehrfarbig | drd | 2,— | 1,20 |
| **3151** | 1 mehrfarbig | dre | 2,— | 1,20 |
| **3152** | 1 mehrfarbig | drf | 2,— | 1,20 |
| **3153** | 1 mehrfarbig | drg | 2,— | 1,20 |
| **3154** | 1 mehrfarbig | drh | 2,— | 1,20 |
| | | Satzpreis (10 W.) | 20,— | 12,— |
| | | 2 FDC | | 20,— |
| | | Kleinbogen | 20,— | 12,— |

**Markenheftchen (1×2)**

| | | | |
|---|---|---|---|
| **H-Blatt 183** | mit 1 × MiNr. 3145–3146 | 4,— | 4,— |
| **H-Blatt 184** | mit 1 × MiNr. 3147–3148 | 4,— | 4,— |
| **H-Blatt 185** | mit 1 × MiNr. 3149–3150 | 4,— | 4,— |
| **H-Blatt 186** | mit 1 × MiNr. 3151–3152 | 4,— | 4,— |
| **H-Blatt 187** | mit 1 × MiNr. 3153–3154 | 4,— | 4,— |
| **MH 92** | mit 1 × H-Blatt 183–187 | 20,— | 20,— |

Nominale zur Zeit der Ausgabe: je 0.60 €

Postpreis des Markenheftchens: 9.95 €

Auflage: 200.000 Sätze

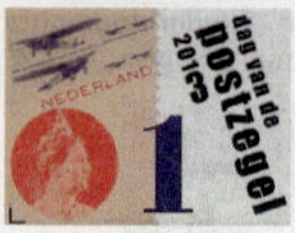


**2013, 18. Okt. Tag der Briefmarke. Odr., Kleinbogen (2×5); Streifen ph.; gez. K 14:13¼.**

dri) Motiv der Marke MiNr. 241

| | | | | |
|---|---|---|---|---|
| **3155** | 1 mehrfarbig | dri | 2,— | 1,20 |
| | | FDC | | 4,— |
| | | Kleinbogen | 20,— | 12,— |

**Markenheftchen (1×2)**

| | | | |
|---|---|---|---|
| **H-Blatt 188** | mit 2 × MiNr. 3155 | 4,— | 4,— |
| **MH 93** | mit 5 × H-Blatt 188 | 20,— | 20,— |

Nominale zur Zeit der Ausgabe: je 0.60 €

Postpreis des Markenheftchens: 9.95 €

Auflage: 105.000 Kleinbogen

**2013, 4. Nov. Blockausgabe: „Voor het Kind" – Lasst Kinder lernen. Odr.; Streifen ph.; gez. K 14¼:14½.**

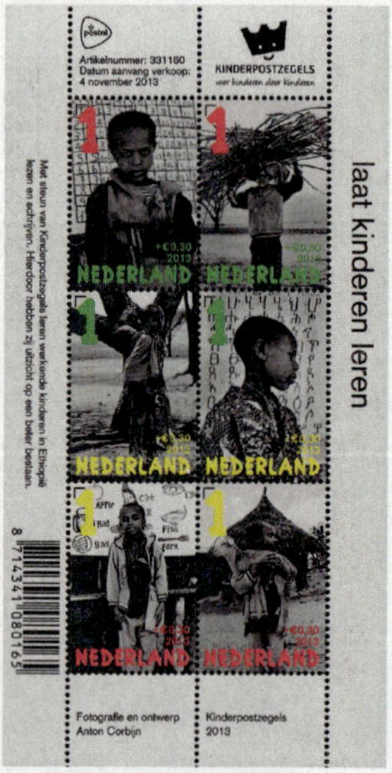


drr

drk) Junge beim Mathematikunterricht
drl) Junge mit Reisigbündel auf dem Kopf
drm) Mädchen trägt Kind am Rücken
drn) Mädchen beim Amharisch-Unterricht
dro) Junge beim Englischunterricht
drp) Junge hält Ziege im Arm

drk–drp) Äthiopische Kinder in der Schule und bei der Arbeit

| | | | | |
|---|---|---|---|---|
| **3156** | 1 + 30 C mehrfarbig | drk | 2,— | 1,80 |
| **3157** | 1 + 30 C mehrfarbig | drl | 2,— | 1,80 |
| **3158** | 1 + 30 C mehrfarbig | drm | 2,— | 1,80 |
| **3159** | 1 + 30 C mehrfarbig | drn | 2,— | 1,80 |
| **3160** | 1 + 30 C mehrfarbig | dro | 2,— | 1,80 |
| **3161** | 1 + 30 C mehrfarbig | drp | 2,— | 1,80 |
| **Block 152** | (75×144 mm) | drr | 12,— | 10,80 |
| | | FDC | | 17,— |

Nominale zur Zeit der Ausgabe: je 0.60 € + 0.30 €

Auflage: 4.750.000 Blocks

**2013, 4. Nov. Hl. Nikolaus. Odr. (5×2); Streifen ph.; gez. K 13¼:13¾.**

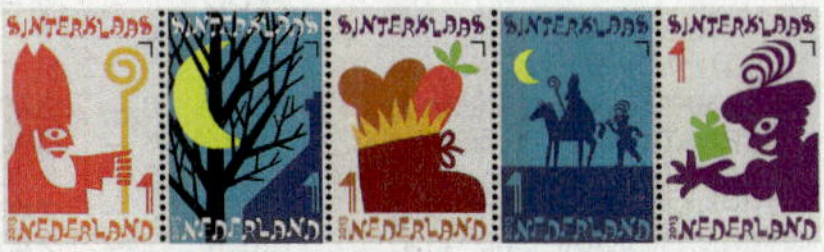


drs) Nikolaus mit Mitra und Krummstab
drt) Baum, Mond, Haus
dru) Gefüllter Nikolausstiefel
drv) Nikolaus auf Pferd, Schwarzer Peter
drw) Schwarzer Peter mit Geschenk

drs–drw) Illustrationen von Max Kismann (*1953), Graphiker

| | | | | |
|---|---|---|---|---|
| **3162** | 1 mehrfarbig | drs | 2,— | 1,20 |
| **3163** | 1 mehrfarbig | drt | 2,— | 1,20 |
| **3164** | 1 mehrfarbig | dru | 2,— | 1,20 |
| **3165** | 1 mehrfarbig | drv | 2,— | 1,20 |
| **3166** | 1 mehrfarbig | drw | 2,— | 1,20 |
| | | Satzpreis (5 W.) | 10,— | 6,— |
| | | Fünferstreifen | 10,— | 6,— |
| | | FDC | | 11,— |
| | | Kleinbogen | 20,— | 12,— |

Nominale zur Zeit der Ausgabe: je 0.60 €

MiNr. 3162–3166 riechen nach Spekulatius.

Markenfolge im Kleinbogen: 3162-3163-3164-3165-3166, 3165-3166-3163-3162-3164

Auflage: 150.000 Kleinbogen

**2013, 19. Nov. Dezembermarken. RaTdr. (2×5 + 2×5); Streifen ph.; selbstklebend; gestanzt 12½.**

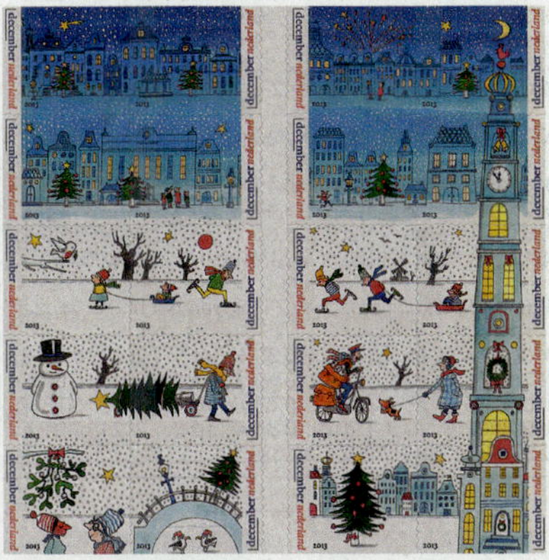


drx) Sternschnuppe, Häuser, Straßenlaterne, Christbaum
dry) Brunnen, Weihnachtsbaum, Häuser
drz) Paar beobachtet Feuerwerk
dsa) Häuserzeile, Kirchturmspitze

dsb) Weihnachtsbaum vor Häuserzeile
dsc) Passanten betrachten Stern
dsd) Junge läuft nach Hause
dse) Haus, Kirchturmuhr

dsf) Vogel auf Ast, Mädchen
dsg) Kind im Schlitten, Schlittschuhläufer, Bäume
dsh) Zwei Schlittschuhläufer, Windmühle
dsi) Mädchen im Schlitten, Kirchturm

dsk) Schneemann
dsl) Mann zieht Weihnachtsbaum
dsm) Briefträger, Hund
dsn) Frau, Kirchturm

dso) Pärchen unter einem Mistelzweig
dsp) Vogelpaar unter einer Brücke
dsr) Weihnachtsbaum, Häuser
dss) Häuser, Kirchturm

drx–dss) Zeichnungen von Sieb Posthuma (1960–2014), Illustrator

| | | | | |
|---|---|---|---|---|
| **3167** | — mehrfarbig | drx | 1,80 | 1,10 |
| **3168** | — mehrfarbig | dry | 1,80 | 1,10 |
| **3169** | — mehrfarbig | drz | 1,80 | 1,10 |
| **3170** | — mehrfarbig | dsa | 1,80 | 1,10 |
| **3171** | — mehrfarbig | dsb | 1,80 | 1,10 |
| **3172** | — mehrfarbig | dsc | 1,80 | 1,10 |
| **3173** | — mehrfarbig | dsd | 1,80 | 1,10 |
| **3174** | — mehrfarbig | dse | 1,80 | 1,10 |
| **3175** | — mehrfarbig | dsf | 1,80 | 1,10 |
| **3176** | — mehrfarbig | dsg | 1,80 | 1,10 |
| **3177** | — mehrfarbig | dsh | 1,80 | 1,10 |
| **3178** | — mehrfarbig | dsi | 1,80 | 1,10 |
| **3179** | — mehrfarbig | dsk | 1,80 | 1,10 |
| **3180** | — mehrfarbig | dsl | 1,80 | 1,10 |
| **3181** | — mehrfarbig | dsm | 1,80 | 1,10 |
| **3182** | — mehrfarbig | dsn | 1,80 | 1,10 |
| **3183** | — mehrfarbig | dso | 1,80 | 1,10 |
| **3184** | — mehrfarbig | dsp | 1,80 | 1,10 |
| **3185** | — mehrfarbig | dsr | 1,80 | 1,10 |
| **3186** | — mehrfarbig | dss | 1,80 | 1,10 |
| | | Satzpreis (20 W.) | 36,— | 22,— |
| | | FDC | | 24,— |
| | | Folienbogen | 36,— | 22,— |

Nominale zur Zeit der Ausgabe: je 0.55 €

Auflage: 9.000.000 Sätze

**2013, 30. Nov. 200 Jahre Königreich Niederlande (I). Odr. (5×2); Streifen ph.; gez. K 14¼.**

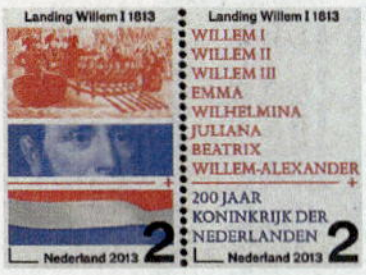


dst) König Wilhelm I. (1772–1843); Landung Wilhelms I. in Scheveningen (1813); Nationalflagge
dsu) Namen der niederländischen Monarchen

| | | | | |
|---|---|---|---|---|
| **3187** | 2 mehrfarbig | dst | 4,— | 2,40 |
| **3188** | 2 mehrfarbig | dsu | 4,— | 2,40 |
| | | Satzpreis (2 W.) | 8,— | 4,80 |
| | | Paar | 8,— | 4,80 |
| | | FDC | | 10,— |
| | | Kleinbogen | 40,— | 24,— |

Nominale zur Zeit der Ausgabe: je 1.20 €

MiNr. 3187–3188 wurden schachbrettartig zusammenhängend gedruckt.

Auflage: 575.000 Sätze

**2013, 30. Nov./2014, 23. Okt. Freimarken: König Willem-Alexander. RaTdr., MiNr. 3189 Folienblatt (10), MiNr. 3190–3191 Folienblätter (5); Streifen ph.; selbstklebend; MiNr. 3189 Sicherheitsstanzung 14¼, MiNr. 3190 gestanzt 11½:11, MiNr. 3191 gestanzt 14¼.**

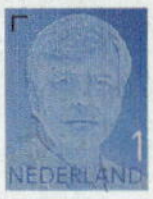

dsv

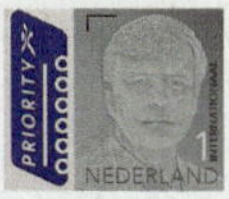

dsv I

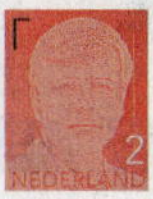

dsv

dsv–dsv I) König Willem-Alexander (*1967, reg. ab 2013)

**I = mit Jahreszahl 2013 (30.11.2013)**

| | | | | |
|---|---|---|---|---|
| **3189 I** | 1 cyanblau/blauschwarz | dsv | 2,— | 1,50 |
| **3190 I** | 1 INTERNATIONAAL mehrfarbig | dsv I | 3,— | 2,40 |
| **3191 I** | 2 rosarot/blauschwarz | dsv | 4,— | 3,— |
| | | Satzpreis I (3 W.) | 9,— | 6,80 |
| | | 3 Folienblätter I | 55,— | 42,— |

**II = mit Jahreszahl 2014 (23.10.2014)**

| | | | | |
|---|---|---|---|---|
| **3189 II** | 1 cyanblau/blauschwarz | dsv | 2,— | 1,50 |
| **3190 II** | 1 INTERNATIONAAL mehrfarbig | dsv I | 3,— | 2,40 |
| **3191 II** | 2 rosarot/blauschwarz | dsv | 4,— | 3,— |
| | | Satzpreis II (3 W.) | 9,— | 6,80 |
| | | 3 Folienblätter II | 55,— | 42,— |

Nominalen zur Zeit der Ausgabe: MiNr. 3189 I = 0.60 €, MiNr. 3189 II = 0.64 €, MiNr. 3190 I = 1 €, MiNr. 3190 II = 1.05 €, MiNr. 3191 I = 1.20 €, MiNr. 3191 II = 1.28 €

Auflagen: MiNr. 3189 I = 40.500.000, MiNr. 3190 I–3191 I je 2.820.000 Stück

*In ähnlichen Zeichnungen: MiNr. 3323, 3328–3329*

**2014, 2. Jan. Freimarken für Standardbriefe. Odr., Rollen (200 bzw. 100); Streifen ph.; selbstklebend; Sicherheitsstanzung 14¼.**

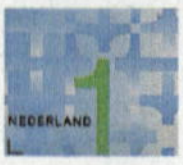
dsw

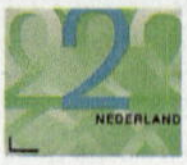
dsx

dsw–dsx) Ziffernzeichnung

| | | | | | |
|---|---|---|---|---|---|
| 3192 | 1 mehrfarbig | dsw | 2,— | 1,50 |
| 3193 | 2 mehrfarbig | dsx | 4,— | 3,— |
| | | Satzpreis (2 W.) | 6,— | 4,50 |
| | | FDC | | 10,— |

Nominalen zur Zeit der Ausgabe: MiNr. 3192 = 0.64 €, MiNr. 3193 = 1.28 €

Auflagen: MiNr. 3192 = 84.000.000, MiNr. 3193 = 13.800.000 Stück

**2014, 2. Jan. Niederländische Ikonen. MiNr. 3194–3203 Odr., Folienblatt (10), Streifen ph., selbstklebend, gestanzt 14¼; MiNr. 3204–3208 Odr., Folienblatt (5) und Folienbogen (50), Streifen ph., selbstklebend, gestanzt 11.**

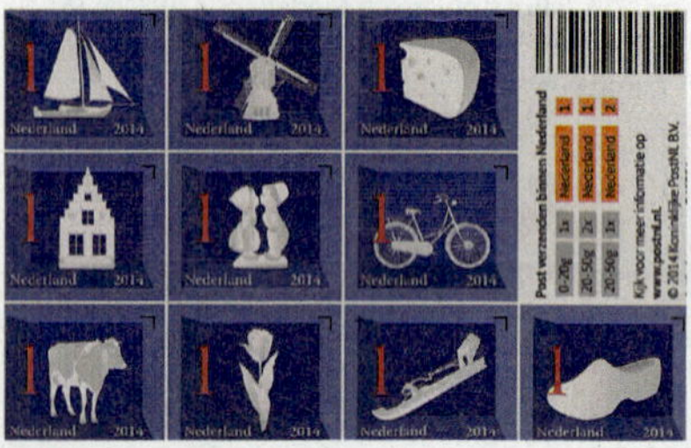

dsy) Friesisches Plattbodenschiff
dsz) Windmühle
dta) Gouda-Käse

dtb) Haus mit Treppengiebel
dtc) Küssendes Kinderpaar
dtd) Damenfahrrad

dte) Holstein-friesische Kuh
dtf) Tulpe
dtg) Schlittschuh
dth) Holzschuh

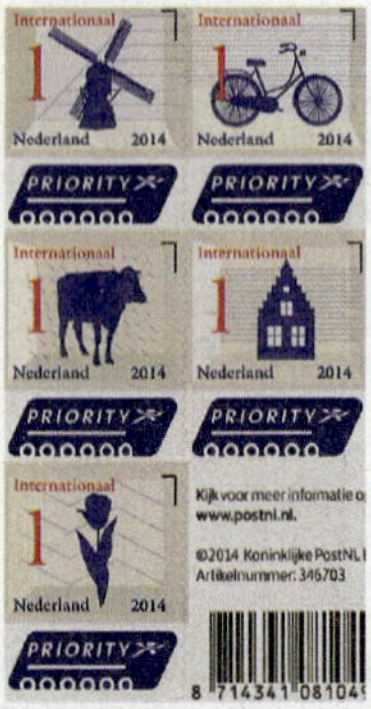

dsz I) Windmühle
dtd I) Damenfahrrad

dte I) Holstein-friesische Kuh
dtb I) Haus mit Treppengiebel

dtf I) Tulpe

| | | | | |
|---|---|---|---|---|
| 3194 | 1 mehrfarbig | dsy | 2,— | 1,50 |
| 3195 | 1 mehrfarbig | dsz | 2,— | 1,50 |
| 3196 | 1 mehrfarbig | dta | 2,— | 1,50 |
| 3197 | 1 mehrfarbig | dtb | 2,— | 1,50 |
| 3198 | 1 mehrfarbig | dtc | 2,— | 1,50 |
| 3199 | 1 mehrfarbig | dtd | 2,— | 1,50 |
| 3200 | 1 mehrfarbig | dte | 2,— | 1,50 |
| 3201 | 1 mehrfarbig | dtf | 2,— | 1,50 |
| 3202 | 1 mehrfarbig | dtg | 2,— | 1,50 |
| 3203 | 1 mehrfarbig | dth | 2,— | 1,50 |
| | | Satzpreis (10 W.) | 20,— | 15,— |
| | | 2 FDC | | 28,— |
| | | Folienblatt | 20,— | 15,— |
| 3204 | 1 INTERNATIONAAL mehrfarbig | dsz I | 3,— | 2,40 |
| 3205 | 1 INTERNATIONAAL mehrfarbig | dtd I | 3,— | 2,40 |
| 3206 | 1 INTERNATIONAAL mehrfarbig | dte I | 3,— | 2,40 |
| 3207 | 1 INTERNATIONAAL mehrfarbig | dtb I | 3,— | 2,40 |
| 3208 | 1 INTERNATIONAAL mehrfarbig | dtf I | 3,— | 2,40 |
| | | Satzpreis (5 W.) | 15,— | 12,— |
| | | FDC | | 18,— |
| | | Folienblatt | 15,— | 12,— |

Nominalen zur Zeit der Ausgabe: MiNr. 3194–3203 je 0.64 €, MiNr. 3204–3208 je 1.05 €

MiNr. 3194–3203 und 3204–3208 wurden jeweils zusammen in Folienblättern gedruckt, MiNr. 3204–3208 auch im Folienbogen.

Auflagen: MiNr. 3194–3203 je 2.000.000, MiNr. 3204–3208 je 2.140.000 Stück, davon 1.000.000 im Folienbogen

**Niederländische Nominalkodierungen:**

1 = Inlandsbriefe bis 20 g

ab 1.7.2010: 0.44 €; ab 1.1.2011: 0.46 €; ab 1.1.2012: 0.50 €; ab 1.1.2013: 0.54 €; ab 1.8.2013: 0.60 €; ab 1.1.2014: 0.64 €; ab 1.1.2015: 0.69 €; ab 1.1.2016: 0.73 €; ab 1.1.2017: 0.78 €; ab 1.1.2018: 0.83 €; ab 1.1.2019: 0.87 €; ab 1.1.2020: 0.91 €; ab 1.1.2021: 0.96 €; ab 1.1.2023: 1.01 €; ab 1.1.2024: 1.09 €; ab 1.7.2024: 1.14 €; ab 1.1.2025: 1.21 €; ab 1.7.2025: 1.31 €

2 = Inlandsbriefe bis 50 g

ab 1.7.2010: 0.88 €; ab 1.1.2011: 0.92 €; ab 1.1.2012: 1.00 €; ab 1.1.2013: 1.08 €; ab 1.8.2013: 1.20 €; ab 1.1.2014: 1.28 €; ab 1.1.2015: 1.38 €; ab 1.1.2016: 1.46 €; ab 1.1.2017: 1.56 €; ab 1.1.2018: 1.66 €; ab 1.1.2019: 1.74 €; ab 1.1.2020: 1.82 €; ab 1.1.2021: 1.92 €; ab 1.1.2023: 2.02 €; ab 1.1.2024: 2.18 €; ab 1.7.2024: 2.28 €; ab 1.1.2025: 2.42 €; ab 1.7.2025: 2.62 €

INTERNATIONAAL 1 = Auslandsbriefe bis 20 g

ab 1.1.2014: 1.05 €; ab 1.1.2015: 1.15 €; ab 1.1.2016: 1.25 €; ab 1.1.2017: 1.33 €; ab 1.1.2018: 1.40 €; ab 1.1.2019: 1.45 €; ab 1.1.2020: 1.50 €; ab 1.1.2023: 1.65 €; ab 1.1.2024: 1.75 €; ab 1.7.2024: 1.80 €; ab 1.1.2025: 1.90 €; ab 1.7.2025: 2.00 €

DECEMBER = Inlandstarif zwischen 24. November und 6. Januar

ab 1.7.2010: 0.34 €; ab 1.1.2011: 0.36 €; ab 1.1.2012: 0.40 €; ab 1.8.2013: 0.55 €; ab 1.1.2014: 0.59 €; ab 1.1.2015: 0.64 €; ab 1.1.2016: 0.65 €; ab 1.1.2017: 0.73 €; ab 1.1.2018: 0.78 €; ab 1.1.2019: 0.82 €; ab 1.1.2020: 0.86 €; ab 1.1.2021: 0.91 €; ab 1.1.2023: 0.96 €; ab 1.7.2024: 1.06 €

**2014, 27. Jan./19. Mai. Schöne Niederlande: Keramiken (I). Odr., Kleinbogen (Klb.) (5) und Markenheftchen (MH); Streifen ph.; A = gez. K 14½:14¼, C = gez. K 13½:12½.**

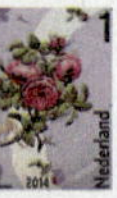

dti) Rosenmotiv; Dekor der Porzellanmanufaktur Loosdrecht

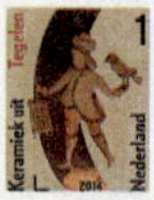

dtk) Vogelhändler; Motiv auf Schwarzkeramik aus Tegelen

| | | | | | |
|---|---|---|---|---|---|
| 3209 | | 1 mehrfarbig | dti | | |
| | A | gez. K 14½:14¼ (Klb.) (27. Jan.) | | 2,— | 1,50 |
| | C | gez. K 13½:12½ (MH) (19. Mai) | | 2,80 | 2,80 |
| 3210 | | 1 mehrfarbig | dtk | | |
| | A | gez. K 14½:14¼ (Klb.) (27. Jan.) | | 2,— | 1,50 |
| | C | gez. K 13½:12½ (MH) (19. Mai) | | 2,80 | 2,80 |
| | | | Satzpreis A (2 W.) | 4,— | 3,— |
| | | | FDC A | | 4,— |
| | | | Kleinbogensatz A (2 Klb.) | 20,— | 15,— |

Nominale zur Zeit der Ausgabe: je 0.64 €

MiNr. 3209 C–3210 C wurden zusammen mit MiNr. 3221 C–3222 C und 3239 C im Markenheftchen ausgegeben. MH-Bewertung siehe nach MiNr. 3239.

Auflage: MiNr. 3209 A–3210 A = 425.000 Sätze

**2014, 27. Jan. Klassische Automobile aus dem Louwman-Museum, Den Haag. Odr., Kleinbogen (2×5); Streifen ph.; gez. K 13½.**

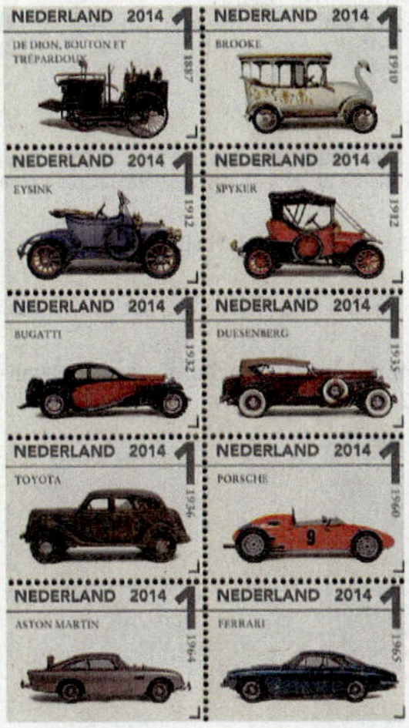


dtl) Dampfmobil De Dion, Bouton & Trépardoux (1887)
dtm) Brooke „Swan Car" (1910)
dtn) Eysink (1912)
dto) Spyker (1912)
dtp) Bugatti (1932)
dtr) Duesenberg (1935)
dts) Toyota (1936);
dtt) Porsche (1960)
dtu) Aston Martin (1964)
dtv) Ferrari (1965)

| | | | | | |
|---|---|---|---|---|---|
| **3211** | 1 | mehrfarbig | dtl | 2,— | 1,50 |
| **3212** | 1 | mehrfarbig | dtm | 2,— | 1,50 |
| **3213** | 1 | mehrfarbig | dtn | 2,— | 1,50 |
| **3214** | 1 | mehrfarbig | dto | 2,— | 1,50 |
| **3215** | 1 | mehrfarbig | dtp | 2,— | 1,50 |
| **3216** | 1 | mehrfarbig | dtr | 2,— | 1,50 |
| **3217** | 1 | mehrfarbig | dts | 2,— | 1,50 |
| **3218** | 1 | mehrfarbig | dtt | 2,— | 1,50 |
| **3219** | 1 | mehrfarbig | dtu | 2,— | 1,50 |
| **3220** | 1 | mehrfarbig | dtv | 2,— | 1,50 |
| | | | Satzpreis (10 W.) | 20,— | 15,— |
| | | | 2 FDC | | 27,— |
| | | | Kleinbogen | 20,— | 15,— |

**Markenheftchen (1×2)**

| | | | |
|---|---|---|---|
| **H-Blatt 189** | mit 1 × MiNr. 3211–3212 | 5,80 | 5,80 |
| **H-Blatt 190** | mit 1 × MiNr. 3213–3214 | 5,80 | 5,80 |
| **H-Blatt 191** | mit 1 × MiNr. 3215–3216 | 5,80 | 5,80 |
| **H-Blatt 192** | mit 1 × MiNr. 3217–3218 | 5,80 | 5,80 |
| **H-Blatt 193** | mit 1 × MiNr. 3219–3220 | 5,80 | 5,80 |
| **MH 94** | mit 1 × H-Blatt 189–193 | 29,— | 29,— |

Nominale zur Zeit der Ausgabe: je 0.64 €

Postpreis des Markenheftchens: 12.45 €

Auflage: 175.000 Kleinbogen

**2014, 24. Febr. Schöne Niederlande: Keramiken (II). Odr., Kleinbogen (Klb.) (5) und Markenheftchen (MH); Streifen ph.; A = gez. K 14½:14¼, C = gez. K 13½:12½.**

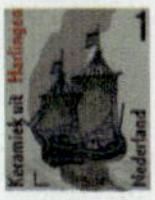

dtw) Zweimaster; Motiv auf Fliesen der Harlinger Fayence-Brennereien

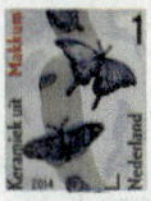

dtx) Schmetterlinge; Motiv auf Milchkannen der Makkumer Manufakturen Tichelaar und Kingma

| | | | | | |
|---|---|---|---|---|---|
| **3221** | | 1 mehrfarbig | dtw | | |
| | A | gez. K 14½:14¼ (Klb.) (24. Febr.) | | 2,— | 1,50 |
| | C | gez. K 13½:12½ (MH) (19. Mai) | | 2,80 | 2,80 |
| **3222** | | 1 mehrfarbig | dtx | | |
| | A | gez. K 14½:14¼ (Klb.) (24. Febr.) | | 2,— | 1,50 |
| | C | gez. K 13½:12½ (MH) (19. Mai) | | 2,80 | 2,80 |
| | | Satzpreis A (2 W.) | | 4,— | 3,— |
| | | FDC A | | | 4,— |
| | | Kleinbogensatz A (2 Klb.) | | 20,— | 15,— |

Nominale zur Zeit der Ausgabe: je 0.64 €

MiNr. 3221 C–3222 C wurden zusammen mit MiNr. 3209 C–3210 C und 3239 C im Markenheftchen ausgegeben. MH-Bewertung siehe nach MiNr. 3239.

Auflage: MiNr. 3221 A–3222 A = 425.000 Sätze

**2014, 24. März. Tag der Jugendphilatelie. Odr., (5×2); Streifen ph.; selbstklebend; an Konturen geschnitten.**

dty) Postigel

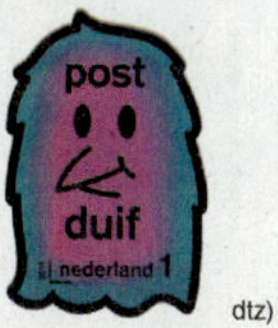


dtz) Brieftaube

| | | | | | |
|---|---|---|---|---|---|
| **3223** | 1 | mehrfarbig | dty | 2,— | 1,50 |
| **3224** | 1 | mehrfarbig | dtz | 2,— | 1,50 |
| | | | Satzpreis (2 W.) | 4,— | 3,— |
| | | | FDC | | 8,— |
| | | | Paar | 4,— | 3,— |
| | | | Folienblatt | 20,— | 15,— |

Nominale zur Zeit der Ausgabe: je 0.64 €

MiNr. 3223–3224 wurden zusammen im Folienblatt zu je 5 Marken gedruckt.

Auflage: 525.000 Sätze

**2014, 24. März. 200 Jahre Königreich Niederlande (II). Odr. (5×2); Streifen ph.; gez. K 14¼.**

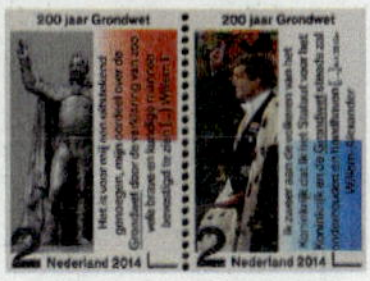


dua) König Wilhelm I. (1772–1843); Denkmal in Den Haag
dub) Vereidigung von König Willem-Alexander (*1967) in Amsterdam (2013)

| | | | | | |
|---|---|---|---|---|---|
| **3225** | 2 | mehrfarbig | dua | 4,— | 3,— |
| **3226** | 2 | mehrfarbig | dub | 4,— | 3,— |
| | | | Satzpreis (2 W.) | 8,— | 6,— |
| | | | Paar | 8,— | 6,— |
| | | | FDC | | 11,50 |
| | | | Kleinbogen | 40,— | 30,— |

Nominale zur Zeit der Ausgabe: je 1.28 €

MiNr. 3225–3226 wurden schachbrettartig zusammenhängend gedruckt.

Auflage: 430.000 Sätze

**2014, 22. April. Europa: Volksmusikinstrumente. Odr. (1×5 Zd); Streifen ph.; gez. K 13¼:13½.**

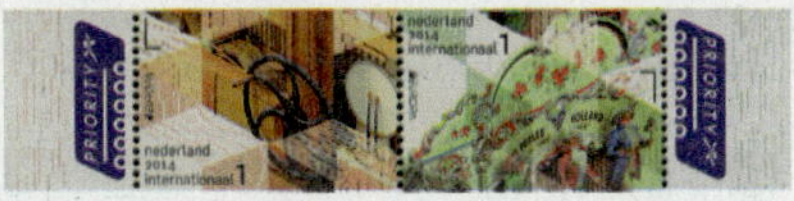


duc) Orgelrad, Trommel und Lochbuch
dud) Vorderseite mit Orgelfiguren

duc–dud) Straßendrehorgel De Drie Pruiken (1952) der Orgelbauerfamilie Perlee, Amsterdam

| | | | | | |
|---|---|---|---|---|---|
| **3227** | 1 INTERNATIONAAL mehrfarbig | duc | 3,— | 2,40 |
| **3228** | 1 INTERNATIONAAL mehrfarbig | dud | 3,— | 2,40 |
| | Satzpreis (2 W.) | | 6,— | 4,80 |
| | Paar | | 6,— | 4,80 |
| | FDC | | | 10,50 |
| | Kleinbogen | | 30,— | 24,— |

Nominale zur Zeit der Ausgabe: je 1.05 €

Auflage: 450.000 Sätze

**2014, 22. April. Orchideen aus dem Gerental. Odr., Kleinbogen (2×5); Streifen ph.; gez. K 13½.**

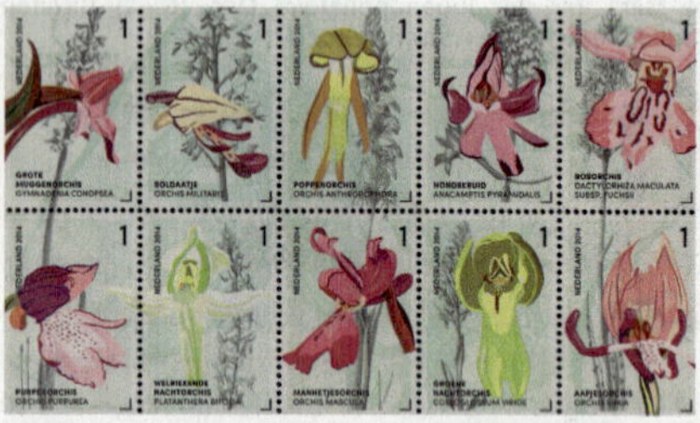

due) Gymnadenia conopsea
duf) Orchis militaris
dug) Orchis anthropophora
duh) Anacamptis pyramidalis
dui) Dactylorhiza maculata

duk) Orchis purpurea
dul) Platanthera bifolia
dum) Orchis mascula
dun) Col loglossum viride
duo) Orchis simia

| | | | | |
|---|---|---|---|---|
| **3229** | 1 mehrfarbig | due | 2,— | 1,50 |
| **3230** | 1 mehrfarbig | duf | 2,— | 1,50 |
| **3231** | 1 mehrfarbig | dug | 2,— | 1,50 |
| **3232** | 1 mehrfarbig | duh | 2,— | 1,50 |
| **3233** | 1 mehrfarbig | dui | 2,— | 1,50 |
| **3234** | 1 mehrfarbig | duk | 2,— | 1,50 |
| **3235** | 1 mehrfarbig | dul | 2,— | 1,50 |
| **3236** | 1 mehrfarbig | dum | 2,— | 1,50 |
| **3237** | 1 mehrfarbig | dun | 2,— | 1,50 |
| **3238** | 1 mehrfarbig | duo | 2,— | 1,50 |
| | Satzpreis (10 W.) | | 20,— | 15,— |
| | 2 FDC | | | 27,— |
| | Kleinbogen | | 20,— | 15,— |

**Markenheftchen (1×2)**

| | | | |
|---|---|---|---|
| **H-Blatt 194** | mit 1 × MiNr. 3229–3230 | 5,80 | 5,80 |
| **H-Blatt 195** | mit 1 × MiNr. 3231–3232 | 5,80 | 5,80 |
| **H-Blatt 196** | mit 1 × MiNr. 3233–3234 | 5,80 | 5,80 |
| **H-Blatt 197** | mit 1 × MiNr. 3235–3236 | 5,80 | 5,80 |
| **H-Blatt 198** | mit 1 × MiNr. 3237–3238 | 5,80 | 5,80 |
| **MH 95** | mit 1 × H-Blatt 194–198 | 29,— | 29,— |

Nominale zur Zeit der Ausgabe: je 0.64 €

Postpreis des Markenheftchens: 12.45 €

Auflage: 335.000 Kleinbogen

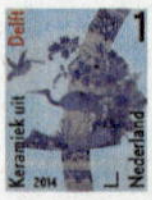

**2014, 19. Mai. Schöne Niederlande: Keramiken (III). Odr., Kleinbogen (Klb.) (5) und Markenheftchen (MH); Streifen ph.; A = gez. K 14½:14¼, C = gez. K 13½:12½.**

dup) Vogelmotiv auf Blumenvase der Delfter Keramikmanufaktur

| | | | | | |
|---|---|---|---|---|---|
| **3239** | | 1 mehrfarbig | dup | | |
| | A | gez. K 14½:14¼ (Klb.) | | 2,— | 1,50 |
| | C | gez. K 13½:12½ (MH) | | 2,80 | 2,80 |
| | | FDC A | | | 2,20 |
| | | Kleinbogen A | | 10,— | 7,50 |
| | | Markenheftchen C | | 28,— | 28,— |

**Blockausgabe**

| | | | | |
|---|---|---|---|---|
| **Block 153** | mit 3209 A–3210 A, 3221 A–3222 A und 3239 A (144×75 mm) | dur | 10,— | 7,50 |
| | FDC | | | 13,50 |

Nominale zur Zeit der Ausgabe: 0.64 €

MiNr. 3239 C wurde zusammen mit MiNr. 3209 C–3210 C und 3221 C–3222 C im Markenheftchen ausgegeben. Jede Marke ist 2 × enthalten (Verkaufspreis des Heftchens: 12.45 €).

Auflagen: MiNr. 3239 A = 425.000 Stück, Bl. 153 = 297.000 Blocks

**2014, 19. Mai. 10. Teilnahme der Niederlande an Fußball-Weltmeisterschaften. Odr. (2×5); Streifen ph.; gez. K 13½.**

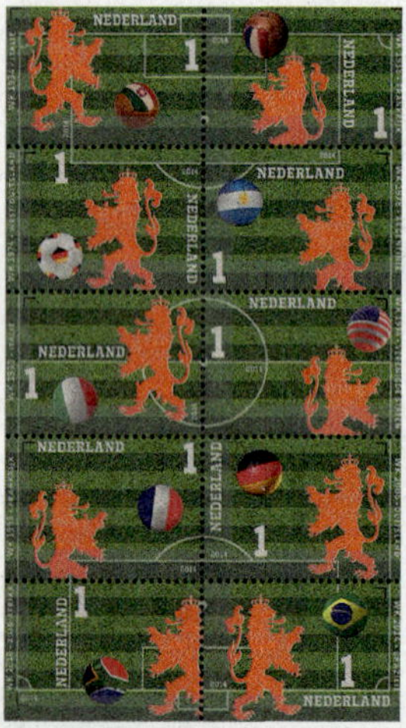

dus) Italien (1994)
dut) Frankreich (1938)
duu) BR Deutschland (1974)
duv) Argentinien (1978)
duw) Italien (1990)
dux) USA (1994)
duy) Frankreich (1998)
duz) Deutschland (2006)
dva) Südafrika (2010)
dvb) Brasilien (2014)

dus–dvb) Wappenlöwe mit Fußball in den Landesfarben der WM-Ausrichter

| | | | | |
|---|---|---|---|---|
| **3240** | 1 mehrfarbig | dus | 2,— | 1,50 |
| **3241** | 1 mehrfarbig | dut | 2,— | 1,50 |
| **3242** | 1 mehrfarbig | duu | 2,— | 1,50 |
| **3243** | 1 mehrfarbig | duv | 2,— | 1,50 |
| **3244** | 1 mehrfarbig | duw | 2,— | 1,50 |
| **3245** | 1 mehrfarbig | dux | 2,— | 1,50 |
| **3246** | 1 mehrfarbig | duy | 2,— | 1,50 |
| **3247** | 1 mehrfarbig | duz | 2,— | 1,50 |
| **3248** | 1 mehrfarbig | dva | 2,— | 1,50 |
| **3249** | 1 mehrfarbig | dvb | 2,— | 1,50 |
| | Satzpreis (10 W.) | | 20,— | 15,— |
| | 2 FDC | | | 27,— |
| | Kleinbogen | | 20,— | 15,— |

Nominale zur Zeit der Ausgabe: je 0.64 €

Auflage: 350.000 Sätze

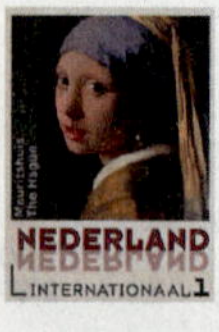

dvc

**2014, 1. Juli. Meine Marke. Odr. (5×2); Streifen ph.; gez. K 13¼:14.**

| | | | | | |
|---|---|---|---|---|---|
| **3250** | 1 INTERNATIONAAL mehrfarbig | dvc | 3,— | 2,40 |
| | | FDC | | 7,50 |
| | | Kleinbogen | 30,— | 24,— |

Nominale zur Zeit der Ausgabe: 1.05 €

MiNr. 3250 kann auch mit persönlich gestaltetem Markenbild bei der Niederländischen Post bezogen werden. Die Rahmenzeichnung bleibt unverändert.

Auflage: 750.000 Stück mit posteigenem Motiv

**2014, 14. Juli. Blockausgabe: Grenzenlose Niederlande (VII) – Japan. Odr.; Streifen ph.; gez. K 13¼:13½.**

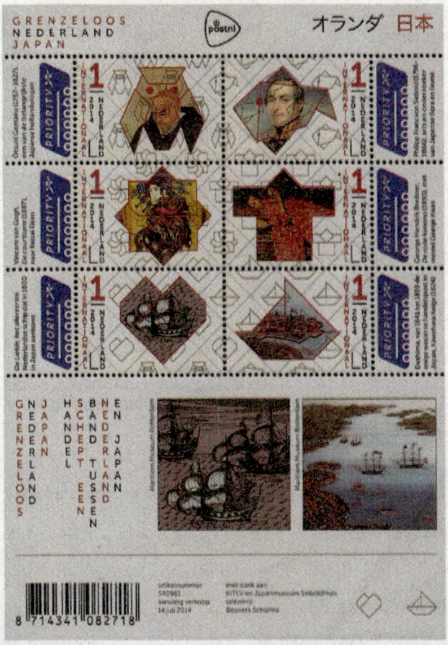

dvk

dvd) Ōtsuki Gentaku (1757–1827), japanischer Niederlandistiker
dve) Philipp Franz von Siebold (1796–1866), bayerischer Arzt, Japanforscher und Ethnologe
dvf) Die Kurtisane; Gemälde von Vincent van Gogh (1853–1890)
dvg) Mädchen im roten Kimono; Gemälde von George Hendrik Breitner (1857–1923)
dvh) Segelschiff „De Liefde" (1600)
dvi) Dejima

| | | | | |
|---|---|---|---|---|
| **3251** | 1 INTERNATIONAAL mehrfarbig | dvd | 3,— | 2,40 |
| **3252** | 1 INTERNATIONAAL mehrfarbig | dve | 3,— | 2,40 |
| **3253** | 1 INTERNATIONAAL mehrfarbig | dvf | 3,— | 2,40 |
| **3254** | 1 INTERNATIONAAL mehrfarbig | dvg | 3,— | 2,40 |
| **3255** | 1 INTERNATIONAAL mehrfarbig | dvh | 3,— | 2,40 |
| **3256** | 1 INTERNATIONAAL mehrfarbig | dvi | 3,— | 2,40 |
| **Block 154** | Blockrand: Handel (108×150 mm) | dvk | 18,— | 14,50 |
| | | FDC | | 22,— |
| **Block 155** | Blockrand: Wissenschaft (108×150 mm) | dvl | 18,— | 14,50 |
| | | FDC | | 22,— |
| **Block 156** | Blockrand: Kunst (108×150 mm) | dvm | 18,— | 14,50 |
| | | FDC | | 22,— |

Nominale zur Zeit der Ausgabe: je 1.05 €

MiNr. 3251–3256 sind in jedem Block anders angeordnet.

Auflagen: Bl. 154 = 155.000, Bl. 155–156 je 33.000 Blocks

**2014, 2. Aug. 12½. Jahrestag der Hochzeit von König Willem-Alexander und Königin Maxima. Odr. (2×5); Streifen ph.; gez. K 13½.**

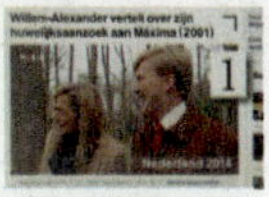

dvn) König Willem-Alexander erzählt von seinem Heiratsantrag an Maxima im Jahr 2001

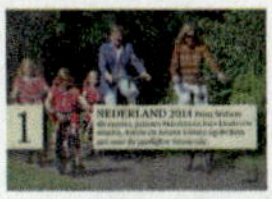

dvo) Radausflug der ganzen Familie

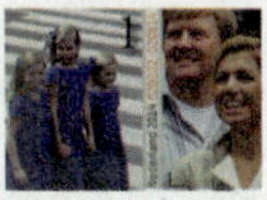

dvp) Prinzessinnen Alexia (*2005), Amalia (*2003) und Ariane (*2007); Königspaar

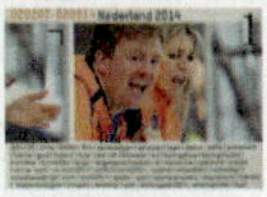

dvr) Königspaar bei den Olympischen Winterspielen 2014 in Sotschi

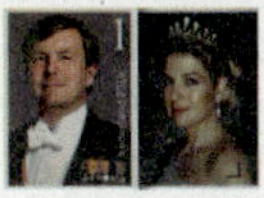

dvs) König Willem-Alexander (*1967), Königin Maxima (*1971)

| | | | | |
|---|---|---|---|---|
| **3257** | 1 mehrfarbig | dvn | 2,— | 1,50 |
| **3258** | 1 mehrfarbig | dvo | 2,— | 1,50 |
| **3259** | 1 mehrfarbig | dvp | 2,— | 1,50 |
| **3260** | 1 mehrfarbig | dvr | 2,— | 1,50 |
| **3261** | 1 mehrfarbig | dvs | 2,— | 1,50 |
| | | Satzpreis (5 W.) | 10,— | 7,50 |
| | | FDC | | 13,— |
| | | Fünferstreifen | 10,— | 7,50 |
| | | Kleinbogen | 20,— | 15,— |

Nominale zur Zeit der Ausgabe: je 0.64 €

Markenfolge im Kleinbogen: 3257-3258, 3259-3260, 3258-3261, 3260-3257, 3261-3259

Auflage: 140.000 Kleinbogen

**2014, 11. Aug. UNESCO-Welterbe. Odr., Kleinbogen (2×5); Streifen ph.; gez. K 13½.**

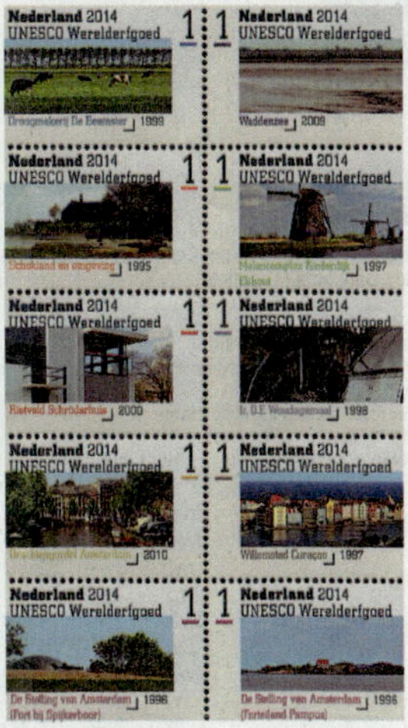

dvt) Polder Beemster (1999)
dvu) Wattenmeer (2009)
dvv) Schokland und Umgebung (1995)
dvw) Mühlenlandschaft Kinderdijk, Elshout (1997)
dvx) Rietveld-Schröder-Haus, Utrecht (2000)
dvy) Dampfschöpfwerk Woudagemaal (1998)
dvz) Amsterdamer Grachtengürtel (2010)
dwa) Willemstad, Curaçao (1997)
dwb) Verteidigungslinien von Amsterdam, Fort bei Spijkerboor (1996)
dwc) Verteidigungslinien von Amsterdam, Festungsinsel Pampus (1996)

| | | | | |
|---|---|---|---|---|
| **3262** | 1 mehrfarbig | dvt | 2,— | 1,50 |
| **3263** | 1 mehrfarbig | dvu | 2,— | 1,50 |
| **3264** | 1 mehrfarbig | dvv | 2,— | 1,50 |
| **3265** | 1 mehrfarbig | dvw | 2,— | 1,50 |
| **3266** | 1 mehrfarbig | dvx | 2,— | 1,50 |
| **3267** | 1 mehrfarbig | dvy | 2,— | 1,50 |
| **3268** | 1 mehrfarbig | dvz | 2,— | 1,50 |
| **3269** | 1 mehrfarbig | dwa | 2,— | 1,50 |

| | | | | |
|---|---|---|---|---|
| **3270** | 1 mehrfarbig | dwb | 2,— | 1,50 |
| **3271** | 1 mehrfarbig | dwc | 2,— | 1,50 |
| | | Satzpreis (10 W.) | 20,— | 15,— |
| | | 2 FDC | | 27,— |
| | | Kleinbogen | 20,— | 15,— |

**Markenheftchen (2×1)**

| | | | |
|---|---|---|---|
| **H-Blatt 199** | mit 1 × MiNr. 3262–3263 | 5,80 | 5,80 |
| **H-Blatt 200** | mit 1 × MiNr. 3264–3265 | 5,80 | 5,80 |
| **H-Blatt 201** | mit 1 × MiNr. 3266–3267 | 5,80 | 5,80 |
| **H-Blatt 202** | mit 1 × MiNr. 3268–3269 | 5,80 | 5,80 |
| **H-Blatt 203** | mit 1 × MiNr. 3270–3271 | 5,80 | 5,80 |
| **MH 96** | mit 1 × H-Blatt 199–203 | 29,— | 29,— |

Nominale zur Zeit der Ausgabe: je 0.64 €

Postpreis des Markenheftchens: 12.45 €

Auflage: 115.000 Kleinbogen

**2014, 8. Sept. 175 Jahre Niederländische Eisenbahn. Odr., Kleinbogen (2×5); Streifen ph.; gez. K 13½.**

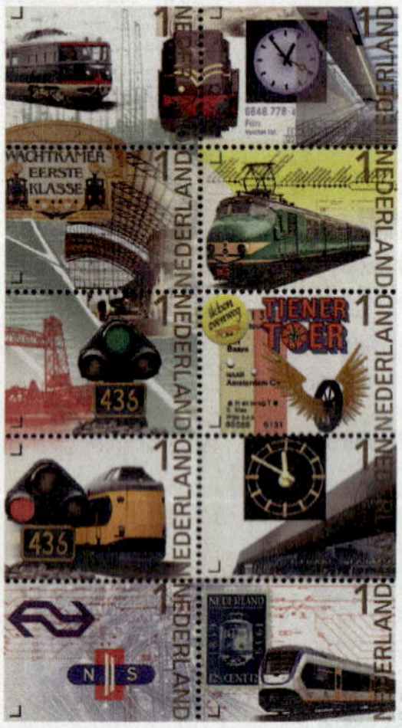


dwd) Dieselelektrische Schienenfahrzeuge: NS 20 „Kamel" und NS-Locserie 2200
dwe) Bahnhofsuhr, Neubautreppe des Bahnhofs in Arnheim
dwf) Bahnhof Haarlem
dwg) Streckennetzplan; Elektrolok NS 386 „Hundekopf"
dwh) Eisenbahnbrücke „De Hef" in Rotterdam, Signal „Grün"
dwi) „Tienertoer"-Fahrkarte; „geflügeltes Rad" (Hauptbahnhof in Amsterdam)
dwk) Signal „Rot", Elektrolok Intercitymaterieel (ICM)
dwl) Bahnhofsuhr, neue Halle des Hauptbahnhofs in Rotterdam
dwm) Neue und altes Logo der Niederländischen Eisenbahn
dwn) Marke MiNr. 335, elektrischer Nahverkehrstriebzug Sprinter Lighttrain (SLT)

| | | | | |
|---|---|---|---|---|
| **3272** | 1 mehrfarbig | dwd | 2,— | 1,50 |
| **3273** | 1 mehrfarbig | dwe | 2,— | 1,50 |
| **3274** | 1 mehrfarbig | dwf | 2,— | 1,50 |
| **3275** | 1 mehrfarbig | dwg | 2,— | 1,50 |
| **3276** | 1 mehrfarbig | dwh | 2,— | 1,50 |
| **3277** | 1 mehrfarbig | dwi | 2,— | 1,50 |
| **3278** | 1 mehrfarbig | dwk | 2,— | 1,50 |
| **3279** | 1 mehrfarbig | dwl | 2,— | 1,50 |
| **3280** | 1 mehrfarbig | dwm | 2,— | 1,50 |
| **3281** | 1 mehrfarbig | dwn | 2,— | 1,50 |
| | | Satzpreis (10 W.) | 20,— | 15,— |
| | | 2 FDC | | 27,— |
| | | Kleinbogen | 20,— | 15,— |

**Markenheftchen (2×1)**

| | | | |
|---|---|---|---|
| **H-Blatt 204** | mit 1 × MiNr. 3272–3273 | 5,80 | 5,80 |
| **H-Blatt 205** | mit 1 × MiNr. 3274–3275 | 5,80 | 5,80 |
| **H-Blatt 206** | mit 1 × MiNr. 3276–3277 | 5,80 | 5,80 |
| **H-Blatt 207** | mit 1 × MiNr. 3278–3279 | 5,80 | 5,80 |
| **H-Blatt 208** | mit 1 × MiNr. 3280–3281 | 5,80 | 5,80 |
| **MH 97** | mit 1 × H-Blatt 204–208 | 29,— | 29,— |

Nominale zur Zeit der Ausgabe: je 0.64 €

Postpreis des Markenheftchens: 12.45 €

Auflage: 179.000 Kleinbogen

**2014, 6. Okt. DJs (Diskjockeys). Odr. (5×2); Streifen ph.; gez. K 13½:13¼.**

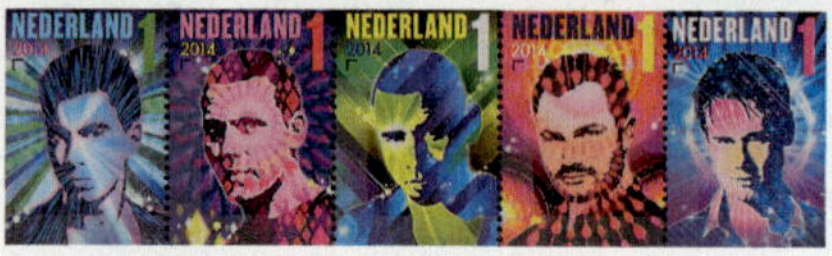


dwo) DJ Hardwell, eigentlich Robbert van de Corput (*1988)
dwp) DJ Tiësto, eigentlich Tijs Michiel Verwest (*1969)
dwr) DJ Afrojack, eigentlich Nick van de Wall (*1987)
dws) DJ Dash Berlin, eigentlich Jeffrey Sutorius (*1979)
dwt) DJ Armin van Buuren (*1976)

| | | | | |
|---|---|---|---|---|
| **3282** | 1 mehrfarbig | dwo | 2,— | 1,50 |
| **3283** | 1 mehrfarbig | dwp | 2,— | 1,50 |
| **3284** | 1 mehrfarbig | dwr | 2,— | 1,50 |
| **3285** | 1 mehrfarbig | dws | 2,— | 1,50 |
| **3286** | 1 mehrfarbig | dwt | 2,— | 1,50 |
| | | Satzpreis (5 W.) | 10,— | 7,50 |
| | | Fünferstreifen | 10,— | 7,50 |
| | | FDC | | 13,— |
| | | Kleinbogen | 20,— | 15,— |

Nominale zur Zeit der Ausgabe: je 0.64 €

Markenfolge im Kleinbogen: 3282-3283-3284-3285-3286, 3284-3286-3285-3282-3283

Auflage: 325.000 Sätze

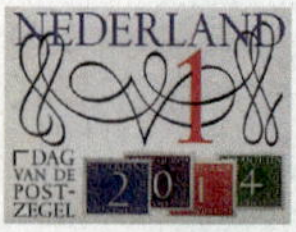


**2014, 17. Okt. Tag der Briefmarke. Odr., Kleinbogen (2×5); Streifen ph.; gez. K 13:13¼.**

dwu) Marken in Zeichnung hb bilden Jahreszahl „2014"

| | | | | |
|---|---|---|---|---|
| **3287** | 1 mehrfarbig | dwu | 2,— | 1,50 |
| | | FDC | | 5,50 |
| | | Kleinbogen | 20,— | 15,— |

**Markenheftchen (2×1)**

| | | | |
|---|---|---|---|
| **H-Blatt 209** | mit 2 × MiNr. 3287 (Rand blau) | 5,80 | 5,80 |
| **H-Blatt 210** | mit 2 × MiNr. 3287 (Rand lila) | 5,80 | 5,80 |
| **H-Blatt 211** | mit 2 × MiNr. 3287 (Rand rot) | 5,80 | 5,80 |
| **H-Blatt 212** | mit 2 × MiNr. 3287 (Rand grün) | 5,80 | 5,80 |
| **H-Blatt 213** | mit 2 × MiNr. 3287 (Rand orange) | 5,80 | 5,80 |
| **MH 98** | mit 1× H-Blatt 209–213 | 29,— | 29,— |

Nominale zur Zeit der Ausgabe: 0.64 €

Postpreis des Markenheftchens: 12.45 €

Auflage: 80.000 Kleinbogen

**2014, 3. Nov. Blockausgabe: „Voor het Kind" – Lasst Kinder lernen. Odr.; Streifen ph.; gez. K 14¼.**

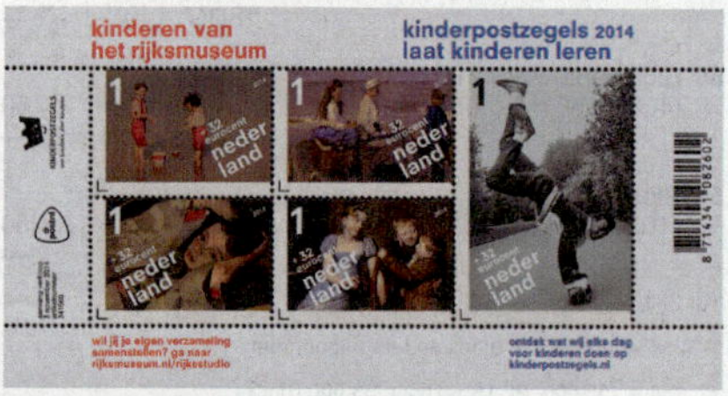


dxa

dwv) Spielende Kinder am Strand (Foto)
dww) Auf Esel reitendes Mädchen am Strand (Gemälde)
dwx) Skater im Vondelpark, Amsterdam (Foto)
dwy) Liegendes Mädchen in weißem Kimono
dwz) Klavier spielendes Mädchen mit ihren beiden Brüdern

dwv–dwz) Kunstwerke aus der Sammlung des Rijksmuseums in Amsterdam

| | | | | |
|---|---|---|---|---|
| **3288** | 1 + 32 C mehrfarbig | dwv | 2,30 | 2,30 |
| **3289** | 1 + 32 C mehrfarbig | dww | 2,30 | 2,30 |
| **3290** | 1 + 32 C schwarz | dwx | 2,30 | 2,30 |
| **3291** | 1 + 32 C mehrfarbig | dwy | 2,30 | 2,30 |
| **3292** | 1 + 32 C mehrfarbig | dwz | 2,30 | 2,30 |

| | | | | |
|---|---|---|---|---|
| **Block 157** | (144×75 mm) | dxa | 11,50 | 11,50 |
| | | FDC | | 20,— |

Nominale zur Zeit der Ausgabe: je 0.64 € + 0.32 €

Auflage: 3.980.000 Blocks

**2014, 17. Nov. Dezembermarken. RaTdr. (5×2 + 5×2); Streifen ph.; selbstklebend; gestanzt 12½.**

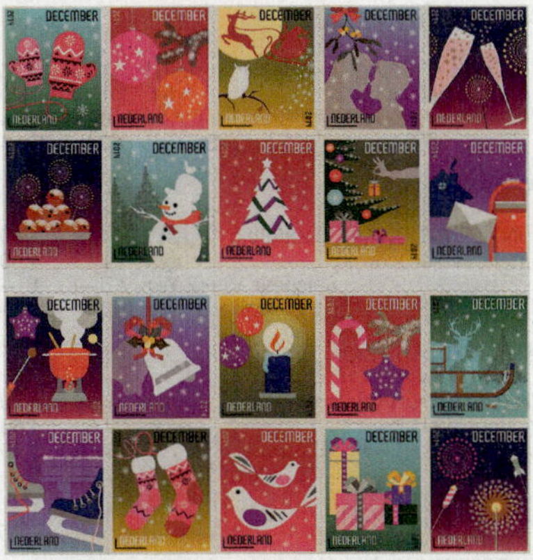

dxb) Fausthandschuhe, Schneeflöckchen
dxc) Weihnachtskugeln, Tannenzweig
dxd) Weihnachtsmann in Rentierschlitten vor Mond, Eule auf Zweig
dxe) Sich küssendes Paar unter Mistelzweig, Schneeflöckchen
dxf) Sektgläser, Wunderkerzen

dxg) Silvesterkrapfen, Wunderkerzen
dxh) Schneemann mit Vogel auf dem Hut im Wald
dxi) Christbaum, Schneeflöckchen
dxk) Geschenke unter Christbaum, Hand
dxl) Haus, Brief und Briefkasten

dxm) Fondue, Weihnachtsschmuck „Stern"
dxn) Weihnachtsglöckchen mit Mistelzweig
dxo) Weihnachtskugeln, Kerze
dxp) Weihnachtsschmuck, Tannenzweig
dxr) Schlitten, Rotwild, Tanne, Schneeflöckchen

dxs) Schlittschuhe, Bank
dxt) Nikolaussocken, Schneeflöckchen
dxu) Vögel, Schneeflöckchen
dxv) Verpackte Geschenke
dxw) Feuerwerk

| | | | | | |
|---|---|---|---|---|---|
| **3293** | — | mehrfarbig | dxb | 1,80 | 1,40 |
| **3294** | — | mehrfarbig | dxc | 1,80 | 1,40 |
| **3295** | — | mehrfarbig | dxd | 1,80 | 1,40 |
| **3296** | — | mehrfarbig | dxe | 1,80 | 1,40 |
| **3297** | — | mehrfarbig | dxf | 1,80 | 1,40 |
| **3298** | — | mehrfarbig | dxg | 1,80 | 1,40 |
| **3299** | — | mehrfarbig | dxh | 1,80 | 1,40 |
| **3300** | — | mehrfarbig | dxi | 1,80 | 1,40 |
| **3301** | — | mehrfarbig | dxk | 1,80 | 1,40 |
| **3302** | — | mehrfarbig | dxl | 1,80 | 1,40 |
| **3303** | — | mehrfarbig | dxm | 1,80 | 1,40 |
| **3304** | — | mehrfarbig | dxn | 1,80 | 1,40 |
| **3305** | — | mehrfarbig | dxo | 1,80 | 1,40 |
| **3306** | — | mehrfarbig | dxp | 1,80 | 1,40 |
| **3307** | — | mehrfarbig | dxr | 1,80 | 1,40 |
| **3308** | — | mehrfarbig | dxs | 1,80 | 1,40 |
| **3309** | — | mehrfarbig | dxt | 1,80 | 1,40 |
| **3310** | — | mehrfarbig | dxu | 1,80 | 1,40 |
| **3311** | — | mehrfarbig | dxv | 1,80 | 1,40 |
| **3312** | — | mehrfarbig | dxw | 1,80 | 1,40 |
| | | | Satzpreis (20 W.) | 36,— | 28,— |
| | | | FDC | | 5,— |
| | | | Folienbogen | 36,— | 32,— |

Nominale zur Zeit der Ausgabe: je 0.59 €

Auflage: 7.360.000 Sätze

**2015, 5. Jan. 50 Jahre Musikcharts „Top 40". Odr. (5×2); Streifen ph.; gez. K 13½:13¼.**

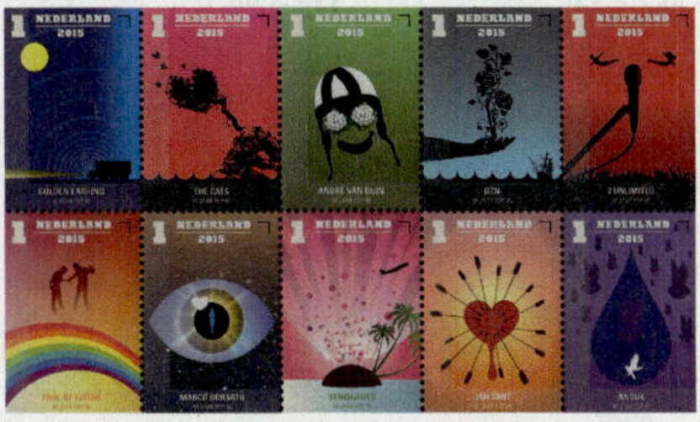

dxx) Golden Earring „Radar Love" (1973)
dxy) The Cats „One Way Wind" (1971)
dxz) André van Duin „Willempie" (1976)
dya) BZN „Mon Amour" (1976)
dyb) 2 Unlimited „No Limit" (1993)

dyc) Paul de Leeuw „Vlieg Met Me Mee" (1992)
dyd) Marco Borsato „Dromen Zijn Bedrog" (1994)
dye) Vengaboys „We're Going To Ibiza!" (1999)
dyf) Jan Smit „Cupido" (2006)
dyg) Anouk „Birds" (2013)

dxx–dyg) Illustrationen zu „Top 40"-Titeln

| | | | | | |
|---|---|---|---|---|---|
| **3313** | 1 | mehrfarbig | dxx | 2,— | 1,60 |
| **3314** | 1 | mehrfarbig | dxy | 2,— | 1,60 |
| **3315** | 1 | mehrfarbig | dxz | 2,— | 1,60 |
| **3316** | 1 | mehrfarbig | dya | 2,— | 1,60 |
| **3317** | 1 | mehrfarbig | dyb | 2,— | 1,60 |
| **3318** | 1 | mehrfarbig | dyc | 2,— | 1,60 |
| **3319** | 1 | mehrfarbig | dyd | 2,— | 1,60 |
| **3320** | 1 | mehrfarbig | dye | 2,— | 1,60 |
| **3321** | 1 | mehrfarbig | dyf | 2,— | 1,60 |
| **3322** | 1 | mehrfarbig | dyg | 2,— | 1,60 |
| | | | Satzpreis (10 W.) | 20,— | 16,— |
| | | | 2 FDC | | 26,— |
| | | | Kleinbogen | 20,— | 16,— |

Nominale zur Zeit der Ausgabe: je 0.69 €

Auflage: 160.000 Sätze

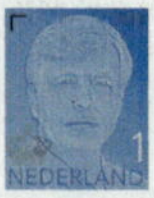

**2015, 5. Jan./2025, 1. Mai. Freimarke: König Willem-Alexander. RaTdr., Folienblatt (10); Streifen ph.; selbstklebend; Sicherheitsstanzung 14¼.**

dyh) König Willem-Alexander (*1967, reg. ab 2013); Krone

| | | | | | |
|---|---|---|---|---|---|
| **3323** | 1 | cyanblau/blauschwarz | dyh | | |
| | **I** | Jahreszahl 2015 (5.1.2015) | | 2,— | 1,60 |
| | **II** | Jahreszahl 2016 (22.9.2016) | | 2,— | 1,70 |
| | **III** | Jahreszahl 2017 (16.6.2017) | | 2,— | 1,80 |
| | **IV** | Jahreszahl 2018 (1.6.2018) | | 2,— | 1,90 |
| | **V** | Jahreszahl 2019 (10.5.2019) | | 2,— | 2,— |
| | **VI** | Jahreszahl 2020 (9.6.2020) | | 2,10 | 2,10 |
| | **VII** | Jahreszahl 2021 (15.6.2021) | | 2,20 | 2,20 |
| | **VIII** | Jahreszahl 2022 (2.5.2022) | | 2,20 | 2,20 |
| | **IX** | Jahreszahl 2023 (1.5.2023) | | 2,30 | 2,30 |
| | **X** | Jahreszahl 2024 (1.5.2024) | | 2,50 | 2,50 |
| | **XI** | Jahreszahl 2025 (1.5.2025) | | 2,80 | 2,80 |
| | | | Folienblatt I | 20,— | 16,— |
| | | | Folienblatt II | 20,— | 17,— |
| | | | Folienblatt III | 20,— | 18,— |
| | | | Folienblatt IV | 20,— | 19,— |
| | | | Folienblatt V | 20,— | 20,— |
| | | | Folienblatt VI | 21,— | 21,— |
| | | | Folienblatt VII | 22,— | 22,— |
| | | | Folienblatt VIII | 22,— | 22,— |
| | | | Folienblatt IX | 23,— | 23,— |
| | | | Folienblatt X | 25,— | 25,— |
| | | | Folienblatt XI | 28,— | 28,— |

Nominale zur Zeit der Ausgabe: MiNr. 3323 I = 0.69 €, MiNr. 3323 II = 0.73 €, MiNr. 3323 III = 0.78 €, MiNr. 3323 IV = 0.83 €, MiNr. 3324 V = 0.87 €, MiNr. 3323 VI = 0.91 €, MiNr. 3323 VII–VIII = 0.96 €, MiNr. 3323 IX = 1.01 €, MiNr. 3323 X = 1.09 €, MiNr. 3323 XI = 1.21 €

*In ähnlichen Zeichnungen: MiNr. 3189–3191, 3328–3329*

**2015, 2. Febr./26. Mai. Schöne Niederlande: Festungsstädte (I). Odr., Kleinbogen (Klb.) (5) und Markenheftchen (MH); Streifen ph.; A = gez. K 14½:14¼, C = gez. K 13½:12½.**

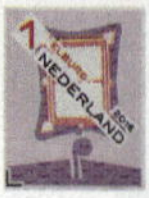

dyi) Grundriss von Elburg

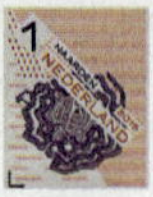

dyk) Grundriss von Naarden

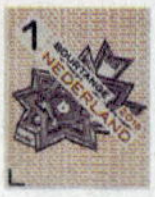

dyl) Grundriss von Bourtange

| | | | | | |
|---|---|---|---|---|---|
| 3324 | | 1 dunkelviolett/orangerot | dyi | | |
| | A | gez. K 14½:14¼ (Klb.) (2. Febr.) | | 2,— | 1,60 |
| | C | gez. K 13½:12½ (MH) (26. Mai) | | 3,20 | 3,20 |
| 3325 | | 1 orangerot/dunkelblauviolett | dyk | | |
| | A | gez. K 14½:14¼ (Klb.) (2. Febr.) | | 2,— | 1,60 |
| | C | gez. K 13½:12½ (MH) (26. Mai) | | 3,20 | 3,20 |
| 3326 | | 1 orangerot/dunkelblauviolett | dyl | | |
| | A | gez. K 14½:14¼ (Klb.) (2. Febr.) | | 2,— | 1,60 |
| | C | gez. K 13½:12½ (MH) (26. Mai) | | 3,20 | 3,20 |
| | | Satzpreis A (3 W.) | | 6,— | 4,80 |
| | | Kleinbogensatz A (3 Klb.) | | 30,— | 24,— |

Nominale zur Zeit der Ausgabe: je 0.69 €

MiNr. 3324 C–3326 C wurden zusammen mit MiNr. 3357 C–3358 C im Markenheftchen ausgegeben. MH-Bewertung siehe nach MiNr. 3358.

Auflage: MiNr. 3324 A–3326 A = 425.000 Sätze

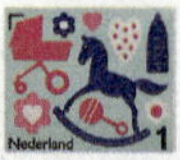

**2015, 2. März. Freimarke: Geburt. RaTdr., Markenheftchen (50); Streifen ph.; selbstklebend; gestanzt 14¼.**

dym) Kinderwagen, Schaukelpferd, Rassel, Babyflasche, Blumen, Herzen

| | | | | |
|---|---|---|---|---|
| 3327 | 1 mehrfarbig | dym | 2,— | 1,60 |
| | | FDC | | 5,50 |
| | | Markenheftchen | 100,— | 80,— |

Nominale zur Zeit der Ausgabe: 0.69 €

Auflage: 100.300 Markenheftchen

**2015, 2. März/2025, 1. Mai. Freimarken: König Willem-Alexander. RaTdr. (5); Streifen ph.; selbstklebend; MiNr. 3328 gestanzt 11¼, MiNr. 3329 gestanzt 14¼.**

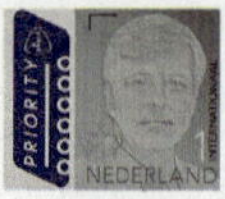

dyh I

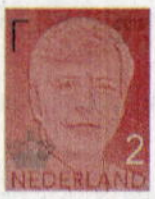

dyh

dyh I–dyh) König Willem-Alexander (*1967, reg. ab 2013); Krone

**I = Jahreszahl 2015 (2.3.2015)**

| | | | | |
|---|---|---|---|---|
| 3328 I | 1 INTERNATIONAAL mehrfarbig | dyh I | 3,— | 2,60 |
| 3329 I | 2 rosarot/blauschwarz | dyh | 4,— | 3,20 |
| | Satzpreis I (2 W.) | | 7,— | 5,80 |
| | 2 Folienblätter I | | 35,— | 29,— |

**II = Jahreszahl 2016 (31.5.2016)**

| | | | | |
|---|---|---|---|---|
| 3328 II | 1 INTERNATIONAAL mehrfarbig | dyh I | 3,— | 2,80 |
| 3329 II | 2 rosarot/blauschwarz | dyh | 4,— | 3,40 |
| | Satzpreis II (2 W.) | | 7,— | 6,20 |
| | 2 Folienblätter II | | 35,— | 31,— |

**III = Jahreszahl 2017 (16.6.2017)**

| | | | | |
|---|---|---|---|---|
| 3328 III | 1 INTERNATIONAAL mehrfarbig | dyh I | 3,— | 3,— |
| 3329 III | 2 rosarot/blauschwarz | dyh | 4,— | 3,60 |
| | Satzpreis III (2 W.) | | 7,— | 6,60 |
| | 2 Folienblätter III | | 35,— | 33,— |

**IV = Jahreszahl 2018 (1.6.2018)**

| | | | | |
|---|---|---|---|---|
| 3328 IV | 1 INTERNATIONAAL mehrfarbig | dyh I | 3,— | 3,20 |
| 3329 IV | 2 rosarot/blauschwarz | dyh | 4,— | 3,80 |
| | Satzpreis IV (2 W.) | | 7,— | 7,— |
| | 2 Folienblätter IV | | 35,— | 35,— |

**V = Jahreszahl 2019**

| | | | | |
|---|---|---|---|---|
| 3328 V | 1 INTERNATIONAAL mehrfarbig (10.5.2019) | dyh I | 3,30 | 3,30 |
| 3329 V | 2 rosarot/blauschwarz (14.5.2019) | dyh | 4,— | 4,— |
| | Satzpreis V (2 W.) | | 7,30 | 7,30 |
| | 2 Folienblätter V | | 36,50 | 36,50 |

**VI = Jahreszahl 2020 (15.7.2020)**

| | | | | |
|---|---|---|---|---|
| 3328 VI | 1 INTERNATIONAAL mehrfarbig | dyh I | 3,50 | 3,50 |
| 3329 VI | 2 rosarot/blauschwarz | dyh | 4,20 | 4,20 |
| | Satzpreis VI (2 W.) | | 7,70 | 7,70 |
| | 2 Folienblätter VI | | 38,— | 38,— |

**VII = Jahreszahl 2021 (15.6.2021)**

| | | | | |
|---|---|---|---|---|
| 3328 VII | 1 INTERNATIONAAL mehrfarbig | dyh I | 3,60 | 3,60 |
| 3329 VII | 2 rosarot/blauschwarz | dyh | 4,40 | 4,40 |
| | Satzpreis VII (2 W.) | | 8,— | 8,— |
| | 2 Folienblätter VII | | 40,— | 40,— |

**VIII = Jahreszahl 2022 (2.5.2022)**

| | | | | |
|---|---|---|---|---|
| 3328 VIII | 1 INTERNATIONAAL mehrfarbig | dyh I | 3,60 | 3,60 |
| 3329 VIII | 2 rosarot/blauschwarz | dyh | 4,40 | 4,40 |
| | Satzpreis VIII (2 W.) | | 8,— | 8,— |
| | 2 Folienblätter VIII | | 40,— | 40,— |

**IX = Jahreszahl 2023 (1.5.2023)**

| | | | | |
|---|---|---|---|---|
| 3328 IX | 1 INTERNATIONAAL mehrfarbig | dyh I | 3,80 | 3,80 |
| 3329 IX | 2 rosarot/blauschwarz | dyh | 4,60 | 4,60 |
| | Satzpreis IX (2 W.) | | 8,40 | 8,40 |
| | 2 Folienblätter IX | | 42,— | 42,— |

**X = Jahreszahl 2024 (1.5.2024)**

| | | | | |
|---|---|---|---|---|
| 3328 X | 1 INTERNATIONAAL mehrfarbig | dyh I | 4,— | 4,— |
| 3329 X | 2 rosarot/blauschwarz | dyh | 5,— | 5,— |
| | Satzpreis X (2 W.) | | 9,— | 9,— |
| | 2 Folienblätter X | | 45,— | 45,— |

**XI = Jahreszahl 2025 (1.5.2025)**

| | | | | |
|---|---|---|---|---|
| 3328 XI | 1 INTERNATIONAAL mehrfarbig | dyh I | 4,40 | 4,40 |
| 3329 XI | 2 rosarot/blauschwarz | dyh | 5,60 | 5,60 |
| | Satzpreis XI (2 W.) | | 10,— | 10,— |
| | 2 Folienblätter XI | | 50,— | 50,— |

Nominalen zur Zeit der Ausgabe: MiNr. 3328 I = 1.15 €, MiNr. 3328 II = 1.25 €, MiNr. 3328 III = 1.33 €, MiNr. 3328 IV = 1.40 €, MiNr. 3328 V = 1.45 €, MiNr. 3328 VI = 1.50 €, MiNr. 3328 VII–VIII = 1.55 €, MiNr. 3328 IX = 1.65 €, MiNr. 3328 X = 1.75 €, MiNr. 3328 XI = 1.90 €, MiNr. 3329 I = 1.38 €, MiNr. 3329 II = 1.46 €, MiNr. 3329 III = 1.56 €, MiNr. 3329 IV = 1.66 €, MiNr. 3329 V = 1.74 €, MiNr. 3329 VI = 1.82 €, MiNr. 3329 VII–VIII = 1.92 €, MiNr. 3329 IX = 2.02 €, MiNr. 3329 X = 2.18 €, MiNr. 3329 XI = 2.42 €

*In ähnlichen Zeichnungen: MiNr. 3189–3191, 3323*

**2015, 2. März. 200 Jahre Königreich der Niederlande (III). Odr. (5×2); Streifen ph.; gez. K 13½:13¼.**

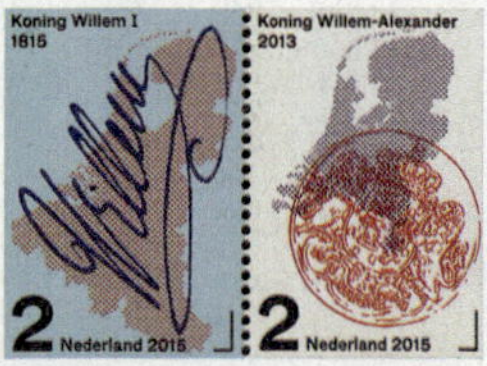


dyn) Inthronisierung von König Wilhelm I. (1815); seine Signatur
dyo) Inthronisierung von König Willem-Alexander (2013); königliches Großsiegel
dyn–dyo) Landkartenumrisse des Königreichs der Niederlande

| | | | | |
|---|---|---|---|---|
| 3330 | 2 mehrfarbig | dyn | 4,— | 3,20 |
| 3331 | 2 mehrfarbig | dyo | 4,— | 3,20 |
| | Satzpreis (2 W.) | | 8,— | 6,40 |
| | Paar | | 8,— | 6,40 |
| | FDC | | | 12,50 |
| | Kleinbogen | | 40,— | 32,— |

Nominale zur Zeit der Ausgabe: je 1.38 €

MiNr. 3330–3331 wurden schachbrettartig zusammenhängend gedruckt.

Auflage: 450.000 Sätze

**2015, 30. März. Brücken. Odr., Kleinbogen (2×5); Streifen ph.; A = gez. K 13¼:12¾.**

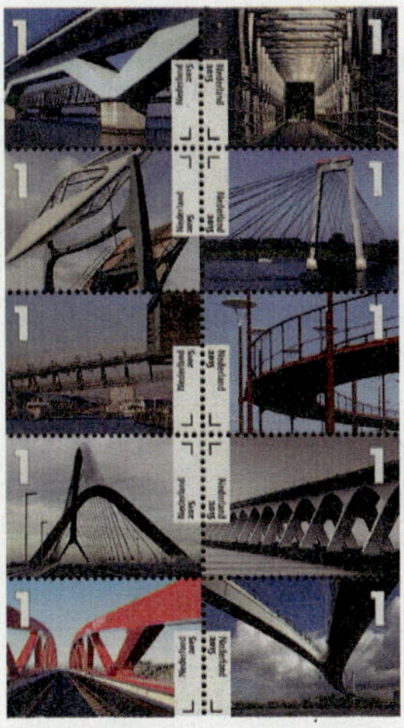

dyp) Hochgeschwindigkeitsstreckenbrücke, Moerdijk
dyr) Ehzerbrücke, Almen
dys) Kolenhafen-Zugbrücke, Delft
dyt) Schrägseilbrücke, Heusden
dyu) Zouthafen-Fußgängerbrücke, Amsterdam
dyv) Jan-Waaijer-Fußgängerbrücke, Zoetermeer
dyw) De-Oversteek-Brücke, Nimwegen
dyx) Seeland-Brücke, Oosterschelde
dyy) Hanzeboog-Eisenbahnbrücke, Zwolle
dyz) Nescio-Hängebrücke, Amsterdam

| | | | | | |
|---|---|---|---|---|---|
| **3332 A** | 1 mehrfarbig | dyp | 2,— | 1,60 |
| **3333 A** | 1 mehrfarbig | dyr | 2,— | 1,60 |
| **3334 A** | 1 mehrfarbig | dys | 2,— | 1,60 |
| **3335 A** | 1 mehrfarbig | dyt | 2,— | 1,60 |
| **3336 A** | 1 mehrfarbig | dyu | 2,— | 1,60 |
| **3337 A** | 1 mehrfarbig | dyv | 2,— | 1,60 |
| **3338 A** | 1 mehrfarbig | dyw | 2,— | 1,60 |
| **3339 A** | 1 mehrfarbig | dyx | 2,— | 1,60 |
| **3340 A** | 1 mehrfarbig | dyy | 2,— | 1,60 |
| **3341 A** | 1 mehrfarbig | dyz | 2,— | 1,60 |
| | | Satzpreis A (10 W.) | 20,— | 16,— |
| | | 2 FDC A | | 28,— |
| | | Kleinbogen | 20,— | 16,— |

**Markenheftchen (2×1), C = gez. K 14½**

| | | | | |
|---|---|---|---|---|
| **3332 C** | 1 mehrfarbig | dyp | 2,90 | 2,90 |
| **3333 C** | 1 mehrfarbig | dyr | 2,90 | 2,90 |
| **3334 C** | 1 mehrfarbig | dys | 2,90 | 2,90 |
| **3335 C** | 1 mehrfarbig | dyt | 2,90 | 2,90 |
| **3336 C** | 1 mehrfarbig | dyu | 2,90 | 2,90 |
| **3337 C** | 1 mehrfarbig | dyv | 2,90 | 2,90 |
| **3338 C** | 1 mehrfarbig | dyw | 2,90 | 2,90 |
| **3339 C** | 1 mehrfarbig | dyx | 2,90 | 2,90 |
| **3340 C** | 1 mehrfarbig | dyy | 2,90 | 2,90 |
| **3341 C** | 1 mehrfarbig | dyz | 2,90 | 2,90 |
| | | Satzpreis C (10 W.) | 29,— | 29,— |

| | | | |
|---|---|---|---|
| **H-Blatt 214** | mit 1 × MiNr. 3332 C–3333 C | 5,80 | 5,80 |
| **H-Blatt 215** | mit 1 × MiNr. 3334 C–3335 C | 5,80 | 5,80 |
| **H-Blatt 216** | mit 1 × MiNr. 3336 C–3337 C | 5,80 | 5,80 |
| **H-Blatt 217** | mit 1 × MiNr. 3338 C–3339 C | 5,80 | 5,80 |
| **H-Blatt 218** | mit 1 × MiNr. 3340 C–3341 C | 5,80 | 5,80 |
| **MH 99** | mit 1 × H-Blatt 214–218 | 29,— | 29,— |

Nominale zur Zeit der Ausgabe: je 0.69 €

Postpreis des Markenheftchens: 12.45 €

Auflage: MiNr. 3332 A–3341 A = 190.000 Sätze

**2015, 28. April. Flora und Fauna des Naturschutzgebietes Naardermeer. Odr., Kleinbogen (2×5); Streifen ph.; A = gez. K 13¼:12¾.**

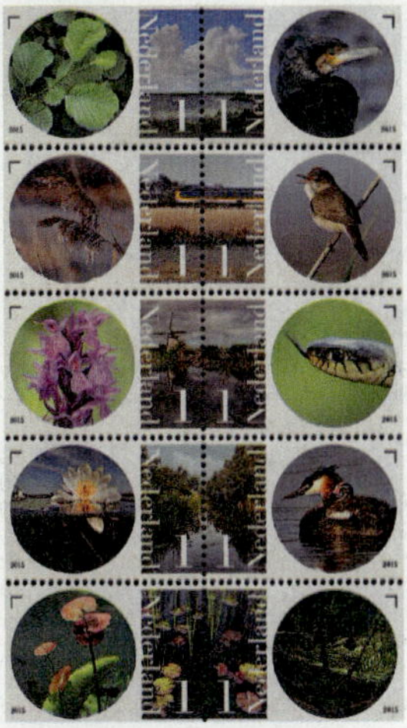

dza) Schwarzerle (Alnus glutinosa)
dzb) Kormoran (Phalacrocorax carbo)
dzc) Schilfrohr (Phragmites australis)
dzd) Teichrohrsänger (Acrocephalus scirpaceus)
dze) Übersehenes Knabenkraut (Dactylorhiza praetermissa)
dzf) Ringelnatter (Natrix natrix)
dzg) Seerose (Nymphaea alba)
dzh) Haubentaucher (Podiceps cristatus)
dzi) Europäische Seekanne (Nymphoides peltata)
dzk) Hecht (Esox lucius)

| | | | | |
|---|---|---|---|---|
| **3342 A** | 1 mehrfarbig | dza | 2,— | 1,60 |
| **3343 A** | 1 mehrfarbig | dzb | 2,— | 1,60 |
| **3344 A** | 1 mehrfarbig | dzc | 2,— | 1,60 |
| **3345 A** | 1 mehrfarbig | dzd | 2,— | 1,60 |
| **3346 A** | 1 mehrfarbig | dze | 2,— | 1,60 |
| **3347 A** | 1 mehrfarbig | dzf | 2,— | 1,60 |
| **3348 A** | 1 mehrfarbig | dzg | 2,— | 1,60 |
| **3349 A** | 1 mehrfarbig | dzh | 2,— | 1,60 |
| **3350 A** | 1 mehrfarbig | dzi | 2,— | 1,60 |
| **3351 A** | 1 mehrfarbig | dzk | 2,— | 1,60 |
| | | Satzpreis A (10 W.) | 20,— | 16,— |
| | | 2 FDC A | | 28,— |
| | | Kleinbogen | 20,— | 16,— |

**Markenheftchen (2×1), C = gez. Ks 14½**

| | | | | |
|---|---|---|---|---|
| **3342 C** | 1 mehrfarbig | dza | 2,90 | 2,90 |
| **3343 C** | 1 mehrfarbig | dzb | 2,90 | 2,90 |
| **3344 C** | 1 mehrfarbig | dzc | 2,90 | 2,90 |
| **3345 C** | 1 mehrfarbig | dzd | 2,90 | 2,90 |
| **3346 C** | 1 mehrfarbig | dze | 2,90 | 2,90 |
| **3347 C** | 1 mehrfarbig | dzf | 2,90 | 2,90 |
| **3348 C** | 1 mehrfarbig | dzg | 2,90 | 2,90 |
| **3349 C** | 1 mehrfarbig | dzh | 2,90 | 2,90 |
| **3350 C** | 1 mehrfarbig | dzi | 2,90 | 2,90 |
| **3351 C** | 1 mehrfarbig | dzk | 2,90 | 2,90 |
| | | Satzpreis C (10 W.) | 29,— | 29,— |

| | | | |
|---|---|---|---|
| **H-Blatt 219** | mit 1 × MiNr. 3350 C–3351 C | 5,80 | 5,80 |
| **H-Blatt 220** | mit 1 × MiNr. 3348 C–3349 C | 5,80 | 5,80 |
| **H-Blatt 221** | mit 1 × MiNr. 3346 C–3347 C | 5,80 | 5,80 |
| **H-Blatt 222** | mit 1 × MiNr. 3344 C–3345 C | 5,80 | 5,80 |
| **H-Blatt 223** | mit 1 × MiNr. 3342 C–3343 C | 5,80 | 5,80 |
| **MH 100** | mit 1 × H-Blatt 219–223 | 29,— | 29,— |

Nominale zur Zeit der Ausgabe: je 0.69 €

Postpreis des Markenheftchens: 12.45 €

Auflage: MiNr. 3342 A–3351 A = 190.000 Sätze

**2015, 28. April. Spielzeug von heute; Europa: Historisches Spielzeug. Odr. (1×3 Zd); Streifen ph.; gez. K 13¼:13½.**

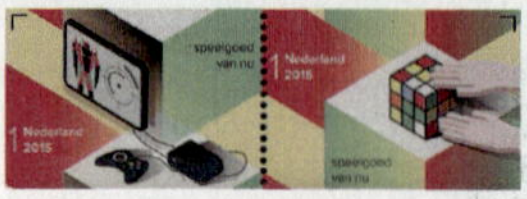

dzl) Spielkonsole mit Controller, Bildschirm
dzm) Zauberwürfel, Hände

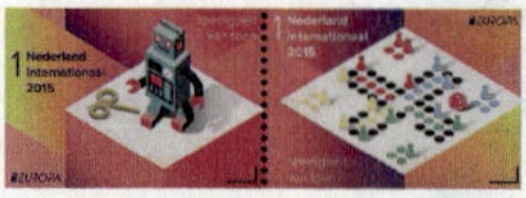

dzn) Spielzeugroboter mit Aufziehschlüssel
dzo) Brettspiel „Mensch ärgere Dich nicht"

| | | | | |
|---|---|---|---|---|
| **3352** | 1 mehrfarbig | dzl | 2,— | 1,60 |
| **3353** | 1 mehrfarbig | dzm | 2,— | 1,60 |
| **3354** | 1 INTERNATIONAAL mehrfarbig | dzn | 3,— | 2,60 |
| **3355** | 1 INTERNATIONAAL mehrfarbig | dzo | 3,— | 2,60 |
| | Satzpreis (4 W.) | | 10,— | 8,40 |
| | 2 Paare | | 10,— | 8,40 |
| | 2 FDC | | | 19,— |
| | Kleinbogensatz (2 Klb.) | | 30,— | 25,— |

Nominalen zur Zeit der Ausgabe: MiNr. 3352–3353 je 0.69 €, MiNr. 3354–3355 je 1.15 €

MiNr. 3354–3355 tragen die Inschrift „EUROPA".

Auflage: 348.000 Sätze

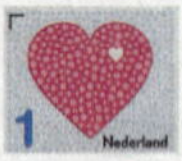

**2015, 28. April. Freimarke: Liebe. RaTdr. (10); Streifen ph.; selbstklebend; gestanzt 14¼.**

dzp) Herzen, Punkte

| | | | | |
|---|---|---|---|---|
| **3356** | 1 mehrfarbig | dzp | 2,— | 1,60 |
| | FDC | | | 5,50 |
| | Folienblatt | | 20,— | 16,— |

Nominale zur Zeit der Ausgabe: 0.69 €

Auflage: 2.030.000 Stück

**2015, 26. Mai. Schöne Niederlande: Festungsstädte (II). Odr., Kleinbogen (Klb.) (5) und Markenheftchen (MH); Streifen ph.; A = gez. K 14½:14¼, C = gez. K 13½:12½.**

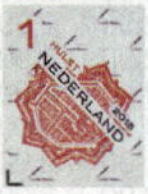

dzr) Grundriss der Festung Hulst

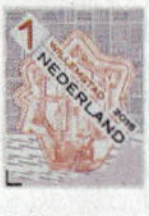

dzs) Grundriss der Festung Willemstad (Curaçao)

| | | | | |
|---|---|---|---|---|
| **3357** | 1 orangerot/dunkelblauviolett | dzr | | |
| A | gez. K 14½:14¼ (Klb.) | | 2,— | 1,60 |
| C | gez. K 13½:12½ (MH) | | 3,20 | 3,20 |
| **3358** | 1 dunkelviolett/orangerot | dzs | | |
| A | gez. K 14½:14¼ (Klb.) | | 2,— | 1,60 |
| C | gez. K 13½:12½ (MH) | | 4,— | 3,20 |
| | Satzpreis A (2 W.) | | 4,— | 3,20 |
| | Kleinbogensatz A (2 Klb.) | | 20,— | 16,— |
| | Markenheftchen C | | 28,— | 28,— |

**Blockausgabe**

| | | | | |
|---|---|---|---|---|
| **Block 158** | mit MiNr. 3324 A–3326 A und 3357 A–3358 A (144×75 mm) | dzt | 8,— | 5,50 |
| | FDC | | | 10,— |

Nominale zur Zeit der Ausgabe: je 0.69 €

MiNr. 3357 C–3358 C wurden zusammen mit MiNr. 3324 C–3326 C im Markenheftchen ausgegeben. Jede Marke ist 2 × enthalten (Verkaufspreis des Heftchens: 12.45 €).

Auflagen: MiNr. 3357 A–3358 A = 425.000 Sätze, Bl. 158 = 287.000 Blocks

**2015, 26. Mai. Den Haag, Etappenziel bei der Hochsee-Segelregatta „Volvo Ocean Race 2014/2015". Odr. (2×5); Streifen ph.; gez. K 13¼:13¾.**

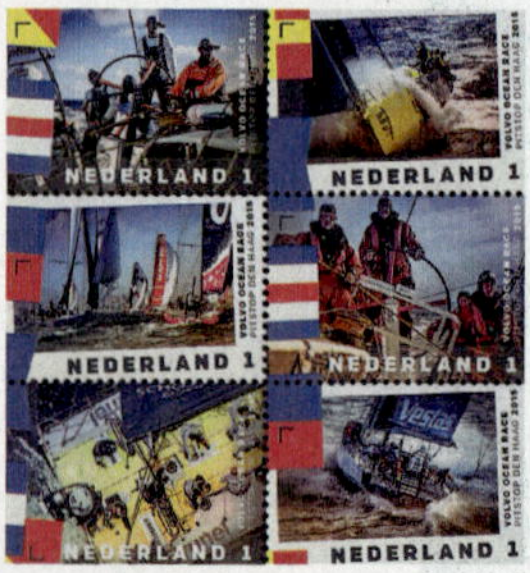

dzu) Team Vestas
dzv) Segeljacht Brunel
dzw) Segeljachten
dzx) Team Mapfre
dzy) Deck der Segeljacht Brunel
dzz) Segeljacht Vestas

| | | | | |
|---|---|---|---|---|
| **3359** | 1 mehrfarbig | dzu | 2,— | 1,60 |
| **3360** | 1 mehrfarbig | dzv | 2,— | 1,60 |
| **3361** | 1 mehrfarbig | dzw | 2,— | 1,60 |
| **3362** | 1 mehrfarbig | dzx | 2,— | 1,60 |
| **3363** | 1 mehrfarbig | dzy | 2,— | 1,60 |
| **3364** | 1 mehrfarbig | dzz | 2,— | 1,60 |
| | Satzpreis (6 W.) | | 12,— | 9,50 |
| | Sechserblock | | 12,— | 9,50 |
| | FDC | | | 11,50 |
| | Kleinbogen | | 20,— | 16,— |

Nominalen zur Zeit der Ausgabe: je 0.69 €

Markenfolge im Kleinbogen: 3359-3360, 3361-3362, 3363-3364, 3359-3360, 3361-3362

Auflage: 191.000 Kleinbogen

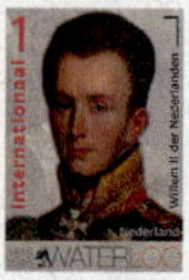

**2015, 22. Juni. 200. Jahrestag der Schlacht von Waterloo. Odr. (5×1); Streifen ph.; gez. K 13½:13¼.**

eaa) König Willem II. (1792–1849); Gemälde von Charles-Pierre Verhulst (1774–1820), flämischer Maler

| | | | | |
|---|---|---|---|---|
| **3365** | 1 INTERNATIONAAL mehrfarbig | eaa | 3,— | 2,60 |
| | FDC | | | 7,60 |
| | Kleinbogen | | 15,— | 13,— |

Nominale zur Zeit der Ausgabe: 1.15 €

Auflage: 490.000 Stück

**2015, 20. Juli. Wissenschaft für Kinder. Odr. (5×2); Streifen ph.; gez. K 13½:13¼.**

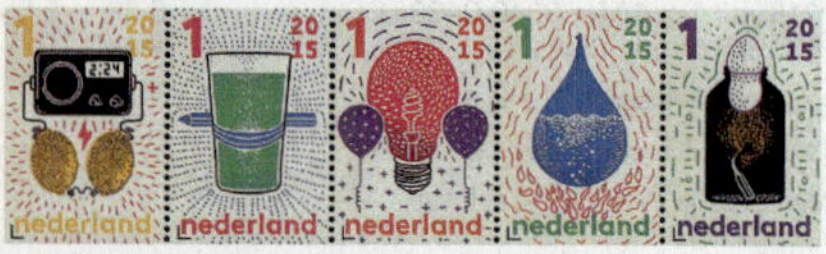

eab) Zitronenbatterie
eac) Optische Spielereien mit Wasserglas und Stift
ead) Statische Ladung bei Luftballons und Glühbirne
eae) Wassergefüllter Luftballon über Feuer
eaf) Unterdruck saugt Ei in die Flasche

| | | | | |
|---|---|---|---|---|
| **3366** | 1 mehrfarbig | eab | 2,— | 1,60 |
| **3367** | 1 mehrfarbig | eac | 2,— | 1,60 |
| **3368** | 1 mehrfarbig | ead | 2,— | 1,60 |
| **3369** | 1 mehrfarbig | eae | 2,— | 1,60 |

| | | | | |
|---|---|---|---|---|
| **3370** | 1 mehrfarbig | eaf | 2,— | 1,60 |
| | | Satzpreis (5 W.) | 10,— | 8,— |
| | | Fünferstreifen | 10,— | 8,— |
| | | FDC | | 14,— |
| | | Kleinbogen | 20,— | 16,— |

Nominale zur Zeit der Ausgabe: je 0.69 €

Markenfolge im Kleinbogen: 3366-3367-3368-3369-3370, 3370-3369-3366-3367-3368

Auflage: 275.000 Sätze

**2015, 17. Aug. Briefeschreiben. Odr., Kleinbogen (3×5); Streifen ph.; A = gez. K 13¼:12¾.**

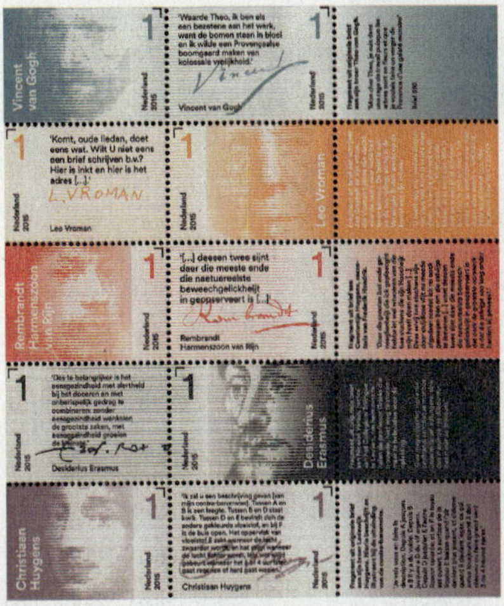


eag) Vincent van Gogh (1853–1890), Maler
eah) Auszug aus seinem Brief (1888) an Theo van Gogh (1857–1891), Kunsthändler und Sammler; Unterschrift
Zierfeld

eai) Briefauszug (1946) von Leo Vroman an Jan Greshoff (1888–1971), Journalist und Schriftsteller; Unterschrift
eak) Leo Vroman (1915–2014), niederländisch-amerikanischer Hämatologe, Zeichner und Schriftsteller
Zierfeld

eal) Rembrandt van Rijn (1606–1669), Maler
eam) Auszug aus seinem Brief (1639) an Constantijn Huygens (1596–1687), Dichter und Komponist; Unterschrift
Zierfeld

ean) Briefauszug (1527) von Erasmus von Rotterdam an Nicolaus Wary (Marvillanus), Leiter des Collegium Trilingue in Löwen, Belgien; Unterschrift
eao) Erasmus von Rotterdam (ca. 1469–1536), Humanist und Theologe
Zierfeld

eap) Christiaan Huygens (1629–1695), Astronom, Mathematiker und Physiker
ear) Auszug aus seinem Brief (1673) an Lodewijck Huygens (1631–1699), Diplomat; Unterschrift
Zierfeld

| | | | | |
|---|---|---|---|---|
| **3371 A** | 1 mehrfarbig | eag | 2,— | 1,60 |
| **3372 A** | 1 mehrfarbig | eah | 2,— | 1,60 |
| **3373 A** | 1 mehrfarbig | eai | 2,— | 1,60 |
| **3374 A** | 1 mehrfarbig | eak | 2,— | 1,60 |
| **3375 A** | 1 mehrfarbig | eal | 2,— | 1,60 |
| **3376 A** | 1 mehrfarbig | eam | 2,— | 1,60 |
| **3377 A** | 1 mehrfarbig | ean | 2,— | 1,60 |
| **3378 A** | 1 mehrfarbig | eao | 2,— | 1,60 |
| **3379 A** | 1 mehrfarbig | eap | 2,— | 1,60 |
| **3380 A** | 1 mehrfarbig | ear | 2,— | 1,60 |
| | | Satzpreis A (10 W.) | 20,— | 16,— |
| | | 2 FDC A | | 28,— |
| | | Kleinbogen A | 20,— | 16,— |

**Markenheftchen (3×1), C = gez. K 14½**

| | | | | |
|---|---|---|---|---|
| **3371 C** | 1 mehrfarbig | eag | 2,90 | 2,90 |
| **3372 C** | 1 mehrfarbig | eah | 2,90 | 2,90 |
| **3373 C** | 1 mehrfarbig | eai | 2,90 | 2,90 |
| **3374 C** | 1 mehrfarbig | eak | 2,90 | 2,90 |
| **3375 C** | 1 mehrfarbig | eal | 2,90 | 2,90 |
| **3376 C** | 1 mehrfarbig | eam | 2,90 | 2,90 |
| **3377 C** | 1 mehrfarbig | ean | 2,90 | 2,90 |
| **3378 C** | 1 mehrfarbig | eao | 2,90 | 2,90 |
| **3379 C** | 1 mehrfarbig | eap | 2,90 | 2,90 |
| **3380 C** | 1 mehrfarbig | ear | 2,90 | 2,90 |
| | | Satzpreis C (10 W.) | 29,— | 29,— |

| | | | |
|---|---|---|---|
| **H-Blatt 224** | mit 1 × MiNr. 3371 C–3372 C Zf | 6,— | 6,— |
| **H-Blatt 225** | mit 1 × MiNr. 3373 C–3374 C Zf | 6,— | 6,— |
| **H-Blatt 226** | mit 1 × MiNr. 3375 C–3376 C Zf | 6,— | 6,— |
| **H-Blatt 227** | mit 1 × MiNr. 3377 C–3378 C Zf | 6,— | 6,— |
| **H-Blatt 228** | mit 1 × MiNr. 3379 C–3380 C Zf | 6,— | 6,— |
| **MH 101** | mit 1 × H-Blatt 224–228 | 30,— | 30,— |

Nominale zur Zeit der Ausgabe: je 0.69 €

Postpreis des Markenheftchens: 12.45 €

Auflage: MiNr. 3371 A–3380 A = 171.000 Sätze

**2015, 14. Sept. Tierfotografien von Charlotte Dumas (*1977). Odr. (2×5); Streifen ph.; gez. K 13¼:13½.**

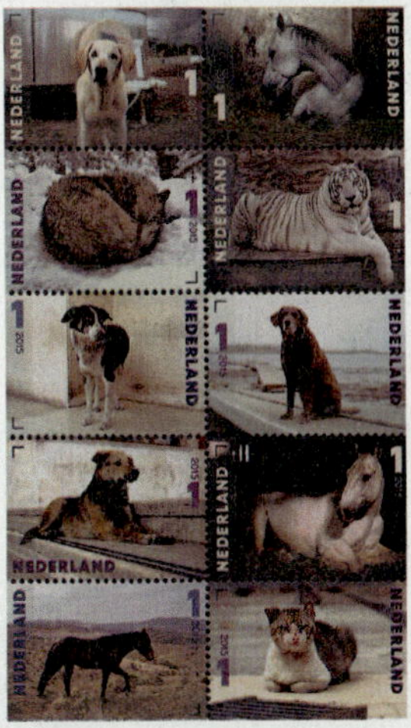


eas) Rettungshund Guinness (Highland, Kalifornien, USA, 2011)
eat) Polizeipferd Isolde (Rom, Italien, 2004)
eau) Wölfin Tarza (Lake George, Colorado, USA, 2005)
eav) Weißer Tiger Zeus (Bridgeport, Texas, USA, 2007)
eaw) Straßenhund Morandi (Palermo, Italien, 2008)
eax) Chesapeake-Bay-Retriever Moxie (Winthrop, Massachusetts, USA, 2011)
eay) Straßenhund (Palermo, Italien, 2006)
eaz) Friedhofspferd Ringo (Arlington, Virginia, USA, 2012)
eba) Mustang Rocky Road (Stagecoach, Nevada, USA, 2013)
ebb) Straßenkatze (Rabat, Marokko, 2012)

| | | | | |
|---|---|---|---|---|
| **3381** | 1 mehrfarbig | eas | 2,— | 1,60 |
| **3382** | 1 mehrfarbig | eat | 2,— | 1,60 |
| **3383** | 1 mehrfarbig | eau | 2,— | 1,60 |
| **3384** | 1 mehrfarbig | eav | 2,— | 1,60 |
| **3385** | 1 mehrfarbig | eaw | 2,— | 1,60 |
| **3386** | 1 mehrfarbig | eax | 2,— | 1,60 |
| **3387** | 1 mehrfarbig | eay | 2,— | 1,60 |
| **3388** | 1 mehrfarbig | eaz | 2,— | 1,60 |
| **3389** | 1 mehrfarbig | eba | 2,— | 1,60 |
| **3390** | 1 mehrfarbig | ebb | 2,— | 1,60 |
| | | Satzpreis (10 W.) | 20,— | 16,— |
| | | 2 FDC | | 28,— |
| | | Kleinbogen | 20,— | 16,— |

Nominale zur Zeit der Ausgabe: je 0.69 €

Auflage: 171.000 Sätze

**2015, 14. Sept. Blockausgabe: Grenzenlose Niederlande (VIII) – USA. Odr.; Streifen ph.; gez. K 13¼:13½.**

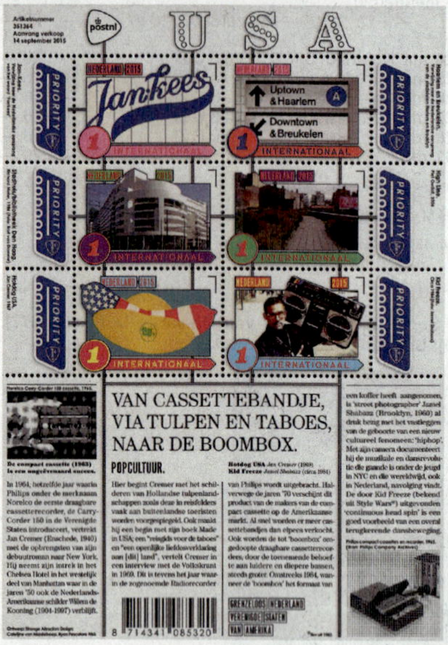


ebi

ebc) Baseballshirt mit „Jan-kees“-Emblem
ebd) Wegweiser in der New Yorker Metro
ebe) Neues Rathaus in Den Haag; von Richard Meier (*1934), amerikanischer Architekt
ebf) High Line Park, New York; von Piet Oudolf (*1944), niederländischer Landschaftsgärtner
ebg) Hotdog USA; Lithografie von Jan Cremer (*1940), niederländischer Schriftsteller, Maler und Graphiker
ebh) Kid Freeze (*1967), Breakdance-Tänzer; von Jamel Shabazz (*1960), amerikanischer Fotograf

| | | | | |
|---|---|---|---|---|
| **3391** | 1 INTERNATIONAAL mehrfarbig . . | ebc | 3,— | 2,60 |
| **3392** | 1 INTERNATIONAAL mehrfarbig . . | ebd | 3,— | 2,60 |
| **3393** | 1 INTERNATIONAAL mehrfarbig . . | ebe | 3,— | 2,60 |
| **3394** | 1 INTERNATIONAAL mehrfarbig . . | ebf | 3,— | 2,60 |
| **3395** | 1 INTERNATIONAAL mehrfarbig . . | ebg | 3,— | 2,60 |
| **3396** | 1 INTERNATIONAAL mehrfarbig . . | ebh | 3,— | 2,60 |
| **Block 159** | Blockrand: Popkultur (108×150 mm) . . . . . . . . . . . . | ebi | 18,— | 16,— |
| | FDC (Blockmarken) | | | 24,— |
| **Block 160** | Blockrand: Sprache (108×150 mm) . . . . . . . . . . . . | ebk | 18,— | 16,— |
| **Block 161** | Blockrand: Architektur (108×150 mm) . . . . . . . . . . . . | ebl | 18,— | 16,— |

Nominale zur Zeit der Ausgabe: je 1.15 €

MiNr. 3391–3396 sind in jedem Block anders angeordnet.

Auflagen: Bl. 159 = 140.000, Bl. 160–161 je 16.000 Blocks

**2015, 12. Okt. Schiffsmodelle des Maritimen Museums in Rotterdam. Odr., Kleinbogen (2×5); Streifen ph.; A = gez. K 13¼:12¾.**

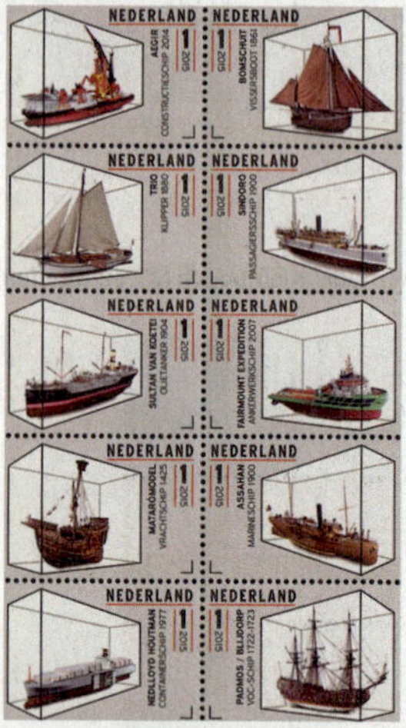


ebm) Arbeitsschiff „Aegir“ (2013)
ebn) Fischerboot „Bomschuit“ (1861)
ebo) Flussklipper „Trio“ (1880)
ebp) Passagierschiff „Sindoro“ (1900)
ebr) Öltanker „Sultan van Koetei“ (1904)
ebs) Ankerschlepper „Fairmount Expedition“ (2007)
ebt) Karacke „Mataró“ (1425)
ebu) Marineschiff „Assahan“ (1900)
ebv) Containerschiff „Nedlloyd Houtman“ (1977)
ebw) Karavelle „Padmos / Blijdorp“ (1722–1723)

| | | | | |
|---|---|---|---|---|
| **3397 A** | 1 mehrfarbig . . . . . . . . . . . . . . . . . . . . | ebm | 2,— | 1,60 |
| **3398 A** | 1 mehrfarbig . . . . . . . . . . . . . . . . . . . . | ebn | 2,— | 1,60 |
| **3399 A** | 1 mehrfarbig . . . . . . . . . . . . . . . . . . . . | ebo | 2,— | 1,60 |
| **3400 A** | 1 mehrfarbig . . . . . . . . . . . . . . . . . . . . | ebp | 2,— | 1,60 |
| **3401 A** | 1 mehrfarbig . . . . . . . . . . . . . . . . . . . . | ebr | 2,— | 1,60 |
| **3402 A** | 1 mehrfarbig . . . . . . . . . . . . . . . . . . . . | ebs | 2,— | 1,60 |
| **3403 A** | 1 mehrfarbig . . . . . . . . . . . . . . . . . . . . | ebt | 2,— | 1,60 |
| **3404 A** | 1 mehrfarbig . . . . . . . . . . . . . . . . . . . . | ebu | 2,— | 1,60 |
| **3405 A** | 1 mehrfarbig . . . . . . . . . . . . . . . . . . . . | ebv | 2,— | 1,60 |
| **3406 A** | 1 mehrfarbig . . . . . . . . . . . . . . . . . . . . | ebw | 2,— | 1,60 |
| | Satzpreis A (10 W.) | | 20,— | 16,— |
| | 2 FDC A | | | 28,— |
| | Kleinbogen A | | 20,— | 16,— |

**Markenheftchen (2×1), C = gez. Ks 14½**

| | | | | |
|---|---|---|---|---|
| **3397 C** | 1 mehrfarbig . . . . . . . . . . . . . . . . . . . . | ebm | 2,90 | 2,90 |
| **3398 C** | 1 mehrfarbig . . . . . . . . . . . . . . . . . . . . | ebn | 2,90 | 2,90 |
| **3399 C** | 1 mehrfarbig . . . . . . . . . . . . . . . . . . . . | ebo | 2,90 | 2,90 |
| **3400 C** | 1 mehrfarbig . . . . . . . . . . . . . . . . . . . . | ebp | 2,90 | 2,90 |
| **3401 C** | 1 mehrfarbig . . . . . . . . . . . . . . . . . . . . | ebr | 2,90 | 2,90 |
| **3402 C** | 1 mehrfarbig . . . . . . . . . . . . . . . . . . . . | ebs | 2,90 | 2,90 |
| **3403 C** | 1 mehrfarbig . . . . . . . . . . . . . . . . . . . . | ebt | 2,90 | 2,90 |
| **3404 C** | 1 mehrfarbig . . . . . . . . . . . . . . . . . . . . | ebu | 2,90 | 2,90 |
| **3405 C** | 1 mehrfarbig . . . . . . . . . . . . . . . . . . . . | ebv | 2,90 | 2,90 |
| **3406 C** | 1 mehrfarbig . . . . . . . . . . . . . . . . . . . . | ebw | 2,90 | 2,90 |
| | Satzpreis C (10 W.) | | 29,— | 29,— |

| | | | |
|---|---|---|---|
| **H-Blatt 229** | mit 1 × MiNr. 3403 C und 3406 C . . . . | 6,— | 6,— |
| **H-Blatt 230** | mit 1 × MiNr. 3398 C–3399 C . . . . . . . | 6,— | 6,— |
| **H-Blatt 231** | mit 1 × MiNr. 3400 C–3401 C . . . . . . . | 6,— | 6,— |
| **H-Blatt 232** | mit 1 × MiNr. 3404 C–3405 C . . . . . . . | 6,— | 6,— |
| **H-Blatt 233** | mit 1 × MiNr. 3397 C und 3402 C . . . . | 6,— | 6,— |
| **MH 102** | mit 1 × H-Blatt 229–233 . . . . . . . . . . . . | 30,— | 30,— |

Nominale zur Zeit der Ausgabe: je 0.69 €

Postpreis des Markenheftchens: 12.45 €

Auflage: MiNr. 3397 A–3406 A = 171.000 Sätze

**2015, 12. Okt. Leuchtende Niederlande bei Nacht. Odr. (2×5); Streifen ph.; gez. K 13¼:13½.**

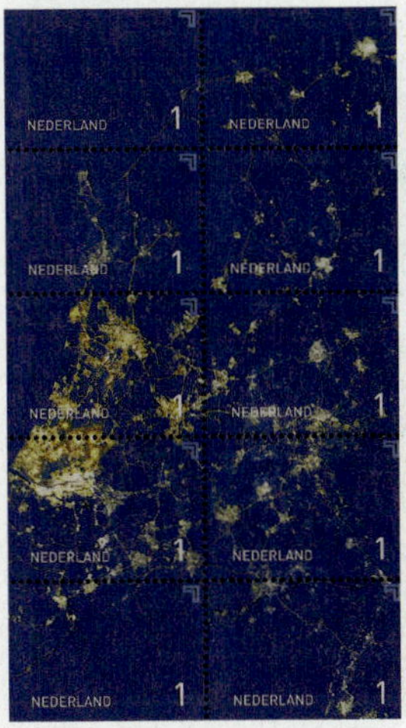


ebx–ecg) Niederlande vom Weltraum aus gesehen; Graphik von Daan Roosegaarde (*1979), Künstler und Designer

| | | | | |
|---|---|---|---|---|
| **3407** | 1 mehrfarbig | ebx | 2,— | 1,60 |
| **3408** | 1 mehrfarbig | eby | 2,— | 1,60 |
| **3409** | 1 mehrfarbig | ebz | 2,— | 1,60 |
| **3410** | 1 mehrfarbig | eca | 2,— | 1,60 |
| **3411** | 1 mehrfarbig | ecb | 2,— | 1,60 |
| **3412** | 1 mehrfarbig | ecc | 2,— | 1,60 |
| **3413** | 1 mehrfarbig | ecd | 2,— | 1,60 |
| **3414** | 1 mehrfarbig | ece | 2,— | 1,60 |
| **3415** | 1 mehrfarbig | ecf | 2,— | 1,60 |
| **3416** | 1 mehrfarbig | ecg | 2,— | 1,60 |
| | | Satzpreis (10 W.) | 20,— | 16,— |
| | | 2 FDC | | 28,— |
| | | Kleinbogen | 20,— | 16,— |

Nominale zur Zeit der Ausgabe: je 0.69 €

Auflage: 171.000 Sätze

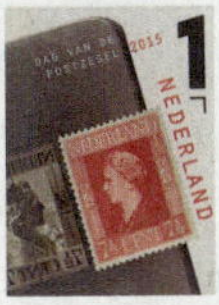


**2015, 16. Okt. Tag der Briefmarke. Odr. (5×2); Streifen ph.; gez. K 13¼:14.**

ech) Marke MiNr. 432 mit Stahlstichplatte

| | | | | |
|---|---|---|---|---|
| **3417** | 1 mehrfarbig | ech | 2,— | 1,60 |
| | | FDC | | 5,50 |
| | | Kleinbogen | 20,— | 16,— |

**Markenheftchen (2×1)**

| | | | |
|---|---|---|---|
| **H-Blatt 234** | mit 2 × MiNr. 3417 (Rand lila) | 5,80 | 5,80 |
| **H-Blatt 235** | mit 2 × MiNr. 3417 (Rand violett mit Bildern) | 5,80 | 5,80 |
| **H-Blatt 236** | mit 2 × MiNr. 3417 (Rand hellrot) | 5,80 | 5,80 |
| **H-Blatt 237** | mit 2 × MiNr. 3417 (Rand violett mit Text) | 5,80 | 5,80 |
| **H-Blatt 238** | mit 2 × MiNr. 3417 (Rand rosa) | 5,80 | 5,80 |
| **MH 103** | mit 1 × H-Blatt 234–238 | 29,— | 29,— |

Nominale zur Zeit der Ausgabe: je 0.69 €

Postpreis des Markenheftchens: 12.45 €

Auflage: 90.000 Kleinbogen

**2015, 2. Nov. Blockausgabe: „Voor het Kind" – Kinderbuchreihe „Gouden Boekjes". Odr.; Streifen ph.; gez. K 13¼.**

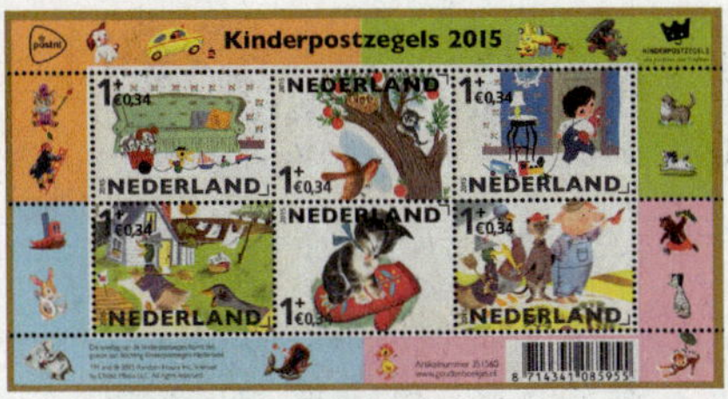


ecp

eci) Kätzchen und Welpe sitzen in Spielzeugzug
eck) Vogelmutter verteidigt ihre Küken vor Pinkie
ecl) Kiki mit Plüschhasen und Spielzeugzug
ecm) Ente und Gans erreichen Toks Haus
ecn) Pinkie sitzt auf einem Fäustling und putzt sich
eco) Ente, Gans, Katze und Schwein verabschieden sich von Tok

eci–eco) Illustrationen aus den Büchern „Zuhause bei Kiki" (eci, ecl), „Pinkie, die Katze" (eck, ecl), „Pinkie, die Katze" (eck, ecn) und „Tok, das Huhn" (ecm, eco)

| | | | | |
|---|---|---|---|---|
| **3418** | 1 + 0.34 € mehrfarbig | eci | 2,40 | 2,40 |
| **3419** | 1 + 0.34 € mehrfarbig | eck | 2,40 | 2,40 |
| **3420** | 1 + 0.34 € mehrfarbig | ecl | 2,40 | 2,40 |
| **3421** | 1 + 0.34 € mehrfarbig | ecm | 2,40 | 2,40 |
| **3422** | 1 + 0.34 € mehrfarbig | ecn | 2,40 | 2,40 |
| **3423** | 1 + 0.34 € mehrfarbig | eco | 2,40 | 2,40 |
| **Block 162** | (144×75 mm) | ecp | 14,50 | 14,50 |
| | | FDC | | 22,— |

Nominale zur Zeit der Ausgabe: je 0.69 € + 0.34 €

Auflage: 3.770.000 Blocks

**2015, 24. Nov. Dezembermarken. RaTdr. (5×2 + 5×2); Streifen ph.; selbstklebend; gestanzt 12½.**

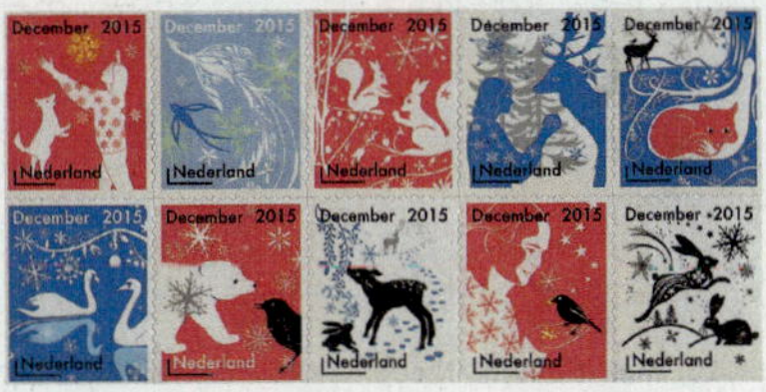


ecr) Mädchen und Hund fangen Schneeflocken
ecs) Phönix mit Schwalbe
ect) Eichhörnchen mit Nuss
ecu) Mädchen und Hirsch, Tannen
ecv) Fuchs im Bau, Hirsch mit Vogel;

ecw) Schwanenpaar
ecx) Eisbär und Amsel
ecy) Rehkitz mit Hasen, Hirsch
ecz) Mädchen mit Vogel
eda) Zwei Hasen im Schnee

| | | | | |
|---|---|---|---|---|
| **3424** | — mehrfarbig | ecr | 1,80 | 1,50 |
| **3425** | — mehrfarbig | ecs | 1,80 | 1,50 |
| **3426** | — mehrfarbig | ect | 1,80 | 1,50 |
| **3427** | — mehrfarbig | ecu | 1,80 | 1,50 |
| **3428** | — mehrfarbig | ecv | 1,80 | 1,50 |
| **3429** | — mehrfarbig | ecw | 1,80 | 1,50 |
| **3430** | — mehrfarbig | ecx | 1,80 | 1,50 |
| **3431** | — mehrfarbig | ecy | 1,80 | 1,50 |
| **3432** | — mehrfarbig | ecz | 1,80 | 1,50 |
| **3433** | — schwarz | eda | 1,80 | 1,50 |
| | | Satzpreis (10 W.) | 18,— | 15,— |
| | | 2 FDC | | 27,— |
| | | Zehnerblock | 18,— | 15,— |
| | | Folienbogen | 36,— | 30,— |

Nominale zur Zeit der Ausgabe: je 0.64 €

Markenfolge im Folienbogen: 3424-3425-3426-3427-3428, 3429-3430-3431-3432-3433, 3428-3427-3432-3429-3430, 3433-3426-3425-3424-3431

Auflage: 13.000.000 Sätze

**2016, 4. Jan. 500. Todestag von Hieronymus Bosch. Odr., Kleinbogen (5×2); Streifen ph.; gez. K 13½:13¼.**

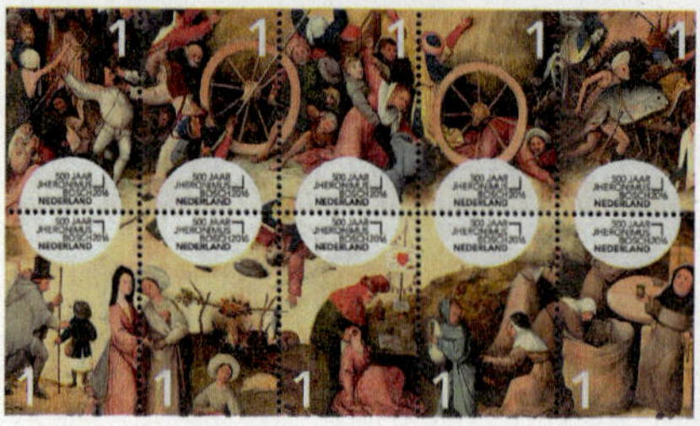

edb–edl) Der Heuwagen (Detail der Mitteltafel); Triptychon von Hieronymus Bosch (um 1450–1516), Maler

| | | | | |
|---|---|---|---|---|
| **3434** | 1 mehrfarbig | edb | 2,— | 1,70 |
| **3435** | 1 mehrfarbig | edc | 2,— | 1,70 |
| **3436** | 1 mehrfarbig | edd | 2,— | 1,70 |
| **3437** | 1 mehrfarbig | ede | 2,— | 1,70 |
| **3438** | 1 mehrfarbig | edf | 2,— | 1,70 |
| **3439** | 1 mehrfarbig | edg | 2,— | 1,70 |
| **3440** | 1 mehrfarbig | edh | 2,— | 1,70 |
| **3441** | 1 mehrfarbig | edi | 2,— | 1,70 |
| **3442** | 1 mehrfarbig | edk | 2,— | 1,70 |
| **3443** | 1 mehrfarbig | edl | 2,— | 1,70 |
| | Satzpreis (10 W.) | | 20,— | 17,— |
| | 2 FDC | | | 30,— |
| | Kleinbogen | | 20,— | 17,— |

**Markenheftchen (1×2)**

| | | | |
|---|---|---|---|
| **H-Blatt 239** | mit 1 × MiNr. 3434 und 3439 | 5,80 | 5,80 |
| **H-Blatt 240** | mit 1 × MiNr. 3435 und 3440 | 5,80 | 5,80 |
| **H-Blatt 241** | mit 1 × MiNr. 3436 und 3441 | 5,80 | 5,80 |
| **H-Blatt 242** | mit 1 × MiNr. 3437 und 3442 | 5,80 | 5,80 |
| **H-Blatt 243** | mit 1 × MiNr. 3438 und 3443 | 5,80 | 5,80 |
| **MH 104** | mit 1 × H-Blatt 239–243 | 29,— | 29,— |

Nominale zur Zeit der Ausgabe: je 0.73 €

Postpreis des Markenheftchens: 12.45 €

Auflage: 180.000 Kleinbogen

**2016, 1. Febr./23. Mai. Schöne Niederlande: Fischerdörfer (I). Odr., Kleinbogen (Klb.) (5) und Markenheftchen (MH); Streifen ph.; A = gez. K 14½:14¼, C = gez. K 13½:12½.**

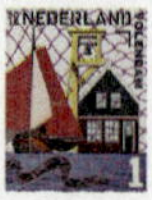

edm) Volendam: Flunderboot „Kwak VD 172", Glockenpfahl am Deich, Hausfassade, Meeraal (Conger conger), Fischernetz

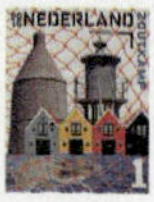

edn) Zoutkamp: Kalkbrennofen, Leuchtturm, bunte Fischerhäuser, Nordseegarnele (Crangon crangon) im Meer, Fischernetz

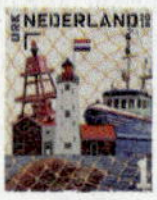

edo) Urk: Boje UK 1, Leuchtturm, Fischkutter UK 244, Häuser, Scholle (Pleuronectes platessa), Fischernetz

| | | | | | |
|---|---|---|---|---|---|
| **3444** | | 1 mehrfarbig | edm | | |
| | A | gez. K 14½:14¼ (Klb.) (1. Febr.) | | 2,— | 1,70 |
| | C | gez. K 13½:12½ (MH) (23. Mai) | | 2,90 | 2,90 |
| **3445** | | 1 mehrfarbig | edn | | |
| | A | gez. K 14½:14¼ (Klb.) (1. Febr.) | | 2,— | 1,70 |
| | C | gez. K 13½:12½ (MH) (23. Mai) | | 2,90 | 2,90 |
| **3446** | | 1 mehrfarbig | edo | | |
| | A | gez. K 14½:14¼ (Klb.) (1. Febr.) | | 2,— | 1,70 |
| | C | gez. K 13½:12½ (MH) (23. Mai) | | 2,90 | 2,90 |
| | | Satzpreis A (3 W.) | | 6,— | 5,— |
| | | Kleinbogensatz A (3 Klb.) | | 25,— | 25,— |

Nominale zur Zeit der Ausgabe: je 0.73 €

MiNr. 3444 C–3446 C wurden zusammen mit MiNr. 3469 C–3470 C im Markenheftchen ausgegeben. MH-Bewertung siehe nach MiNr. 3470.

Auflage: MiNr. 3444 A–3446 A = 300.000 Sätze

**2016, 29. März. Postkartennetzwerk „Postcrossing". Odr. (2×5); Streifen ph.; gez. K 13¼:13½.**

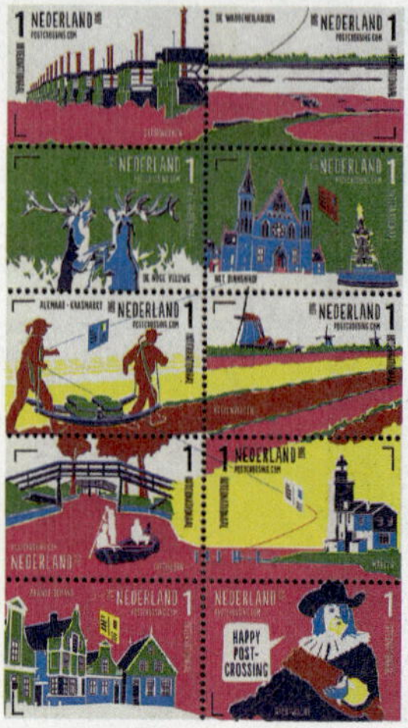

edp) Deltawerke
edr) Westfriesische Inseln
eds) Nationalpark De Hoge Veluwe: Hirsche beim Brunftkampf
edt) Fassade des Rittersaals, Springbrunnen, Binnenhof, Haag; Postkarte
edu) Käsemarkt in Alkmaar: Käseträger mit Käselaiben; Postkarte
edv) Blumenfelder, Windmühlen
edw) Giethoorn: Menschen im Boot in der Gracht, Holzbrücken
edx) Leuchtturm von Marken; Postkarte
edy) Alte holländische Häuser in Zaanse Schans; Postkarte
edz) Hauptmann Frans Banning Cocq (1605–1655), Ritter und Regent; Zeichnung nach dem Gemälde „Die Nachtwache" von Rembrandt van Rijn (1606–1669), Maler

| | | | | |
|---|---|---|---|---|
| **3447** | 1 INTERNATIONAAL mehrfarbig | edp | 3,— | 2,90 |
| **3448** | 1 INTERNATIONAAL mehrfarbig | edr | 3,— | 2,90 |
| **3449** | 1 INTERNATIONAAL mehrfarbig | eds | 3,— | 2,90 |
| **3450** | 1 INTERNATIONAAL mehrfarbig | edt | 3,— | 2,90 |
| **3451** | 1 INTERNATIONAAL mehrfarbig | edu | 3,— | 2,90 |
| **3452** | 1 INTERNATIONAAL mehrfarbig | edv | 3,— | 2,90 |
| **3453** | 1 INTERNATIONAAL mehrfarbig | edw | 3,— | 2,90 |
| **3454** | 1 INTERNATIONAAL mehrfarbig | edx | 3,— | 2,90 |
| **3455** | 1 INTERNATIONAAL mehrfarbig | edy | 3,— | 2,90 |
| **3456** | 1 INTERNATIONAAL mehrfarbig | edz | 3,— | 2,90 |
| | Satzpreis (10 W.) | | 30,— | 29,— |
| | 2 FDC | | | 45,— |
| | Kleinbogen | | 30,— | 29,— |

Nominale zur Zeit der Ausgabe: je 1.25 €

Auflage: 156.000 Sätze

**2016, 25. April. Europa: Umweltbewusst leben. Odr. (2×5); Streifen ph.; gez. K 13¼:13½.**

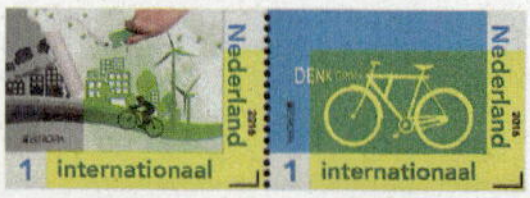


eea) Von Grau zu Grün; Graphik von Doxia Sergidou (Zypern)
eeb) Vanmoof-Fahrrad Modell S5; Graphik von Marga Scholma und Haico Beukers (Niederlande)

| | | | | |
|---|---|---|---|---|
| **3457** | 1 INTERNATIONAAL mehrfarbig | eea | 3,— | 2,90 |
| **3458** | 1 INTERNATIONAAL mehrfarbig | eeb | 3,— | 2,90 |
| | Satzpreis (2 W.) | | 6,— | 5,80 |
| | Paar | | 6,— | 5,80 |
| | FDC | | | 11,50 |
| | Kleinbogen | | 30,— | 29,— |

Nominale zur Zeit der Ausgabe: je 1.25 €

MiNr. 3457–3458 wurden schachbrettartig zusammenhängend gedruckt.

Auflage: 450.000 Sätze

**2016, 25. April. Naturschutzgebiet Griend: Wattenmeervögel. Odr., Kleinbogen (2×5); Streifen ph.; gez. K 13¼:13½.**

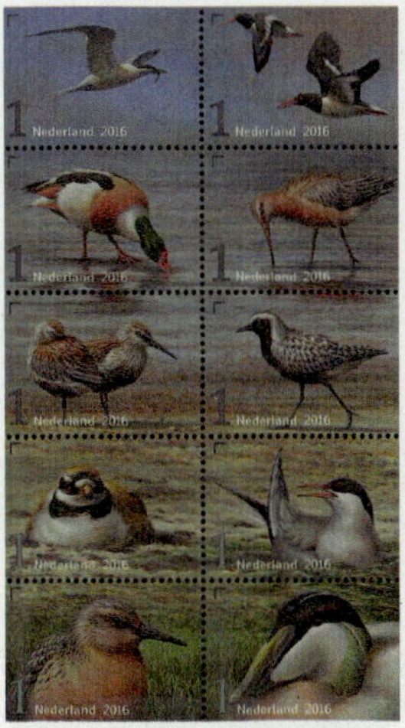

eec) Brandseeschwalbe (Thalasseus sandvicensis)
eed) Austernfischer (Haematopus ostralegus)
eee) Brandgans (Tadorna tadorna)
eef) Pfuhlschnepfe (Limosa lapponica)
eeg) Alpenstrandläufer (Calidris alpina)
eeh) Kiebitzregenpfeifer (Pluvialis squatarola)
eei) Sandregenpfeifer (Charadrius hiaticula)
eek) Fluss-Seeschwalbe (Sterna hirundo)
eel) Knuttstrandläufer (Calidris canutus)
eem) Eiderente (Somateria mollissima)

| | | | | |
|---|---|---|---|---|
| **3459** | 1 mehrfarbig | eec | 2,— | 1,70 |
| **3460** | 1 mehrfarbig | eed | 2,— | 1,70 |
| **3461** | 1 mehrfarbig | eee | 2,— | 1,70 |
| **3462** | 1 mehrfarbig | eef | 2,— | 1,70 |
| **3463** | 1 mehrfarbig | eeg | 2,— | 1,70 |
| **3464** | 1 mehrfarbig | eeh | 2,— | 1,70 |
| **3465** | 1 mehrfarbig | eei | 2,— | 1,70 |
| **3466** | 1 mehrfarbig | eek | 2,— | 1,70 |
| **3467** | 1 mehrfarbig | eel | 2,— | 1,70 |
| **3468** | 1 mehrfarbig | eem | 2,— | 1,70 |
| | Satzpreis (10 W.) | | 20,— | 17,— |
| | 2 FDC | | | 30,— |
| | Kleinbogen | | 20,— | 17,— |

**Markenheftchen (2×1)**

| | | | |
|---|---|---|---|
| **H-Blatt 244** | mit 1 × MiNr. 3459–3460 | 5,80 | 5,80 |
| **H-Blatt 245** | mit 1 × MiNr. 3461–3462 | 5,80 | 5,80 |
| **H-Blatt 246** | mit 1 × MiNr. 3463–3464 | 5,80 | 5,80 |
| **H-Blatt 247** | mit 1 × MiNr. 3465–3466 | 5,80 | 5,80 |
| **H-Blatt 248** | mit 1 × MiNr. 3467–3468 | 5,80 | 5,80 |
| **MH 105** | mit 1 × H-Blatt 244–248 | 29,— | 29,— |

Nominale zur Zeit der Ausgabe: je 0.73 €

Postpreis des Markenheftchens: 12.45 €

Auflage: 166.000 Kleinbogen

**2016, 23. Mai. Schöne Niederlande: Fischerdörfer (II). Odr., Kleinbogen (Klb.) (5) und Markenheftchen (MH); Streifen ph.; A = gez. K 14½:14¼, C = gez. K 13½:12½.**

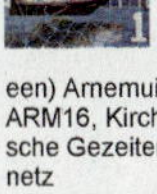

een) Arnemuiden: Fischereisegelboot ARM16, Kirchturmglocke, astronomische Gezeitenuhr, Kabeljau, Fischernetz

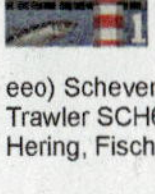

eeo) Scheveningen: Leuchtturm, Trawler SCH6 Alida, Leuchtbake, Hering, Fischernetz

| | | | | |
|---|---|---|---|---|
| **3469** | 1 mehrfarbig | een | | |
| A | gez. K 14½:14¼ (Klb.) | | 2,— | 1,70 |
| C | gez. K 13½:12½ (MH) | | 2,90 | 2,90 |
| **3470** | 1 mehrfarbig | eeo | | |
| A | gez. K 14½:14¼ (Klb.) | | 2,— | 1,70 |
| C | gez. K 13½:12½ (MH) | | 2,90 | 2,90 |
| | Satzpreis A (2 W.) | | 4,— | 3,40 |
| | Kleinbogensatz A (2 Klb.) | | 20,— | 17,— |
| | Markenheftchen C | | 29,— | 29,— |

**Blockausgabe**

| | | | | |
|---|---|---|---|---|
| **Block 163** | mit MiNr. 3444 A–3446 A und 3469 A–3470 A (144×75 mm) | eep | 10,— | 8,50 |
| | FDC | | | 15,— |

Nominale zur Zeit der Ausgabe: je 0.73 €

MiNr. 3469 C–3470 C wurden zusammen mit MiNr. 3444 C–3446 C im Markenheftchen ausgegeben. Jede Marke ist 2 × enthalten (Verkaufspreis des Heftchens: 12.45 €).

Auflagen: MiNr. 3469 A–3470 A = 300.000 Sätze, Bl. 163 = 220.000 Blocks

**2016, 23. Mai. 250. Jahrestag der Reise von Wolfgang Amadeus Mozart in die Niederlande. Odr. (2×5); Streifen ph.; gez. K 13¼:13½.**

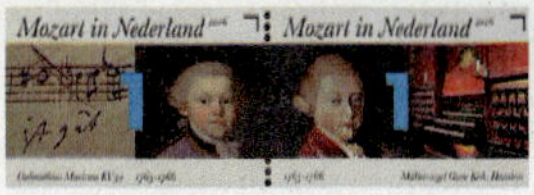

eer) Im Alter von 7 Jahren; Auszug aus der Partitur von Galimathias Musicum (1766)
ees) Im Alter von 14 Jahren; Müller-Orgel in der St.-Bavo-Kirche, Haarlem

eer–ees) Wolfgang Amadeus Mozart (1756–1791), österreichischer Komponist

| | | | | |
|---|---|---|---|---|
| **3471** | 1 mehrfarbig | eer | 2,— | 1,70 |
| **3472** | 1 mehrfarbig | ees | 2,— | 1,70 |
| | Satzpreis (2 W.) | | 4,— | 3,40 |
| | Paar | | 4,— | 3,40 |
| | FDC | | | 8,50 |
| | Kleinbogen | | 20,— | 17,— |

Nominale zur Zeit der Ausgabe: je 0.73 €

MiNr. 3471–3472 wurden schachbrettartig zusammenhängend gedruckt.

Auflage: 450.000 Sätze

**2016, 23. Mai. Restaurierung der Farbdias von Ed van der Elsken. Odr. (2×5); Streifen ph.; gez. K 13¼:13½.**

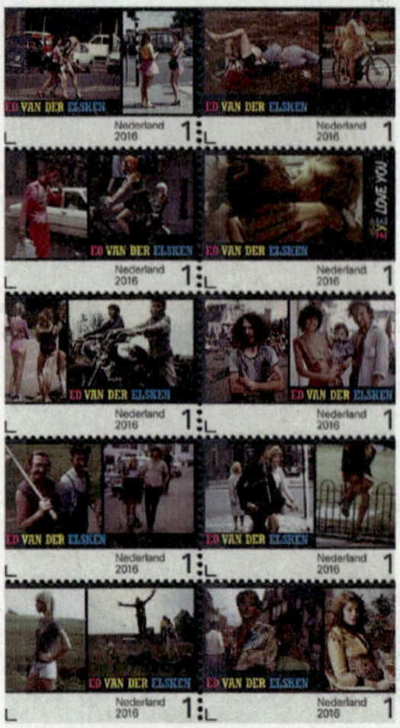


eet) Junge Frauen unterwegs in der Stadt
eeu) Auf der Wiese; Frau mit 2 Kindern auf dem Fahrrad
eev) Mann zündet Zigarette an; Frau mit Kind auf dem Fahrrad
eew) Küssendes Paar
eex) Mädchen in Badeanzügen; Jungs auf den Motorrädern
eey) Junger Hippie; Junge Familie mit Baby
eez) Arbeiter; Junge Familie mit Kinderwagen
efa) Mann in Schwarz mit Frau; Frau mit Sandalen
efb) Junge Frau; Familie mit Wagen
efc) Ein Paar; Frau im Flechtstuhl

eet–efc) Fotografien von Ed van der Elsken (1925–1990), Fotograf und Filmemacher

| | | | | |
|---|---|---|---|---|
| **3473** | 1 mehrfarbig | eet | 2,— | 1,70 |
| **3474** | 1 mehrfarbig | eeu | 2,— | 1,70 |
| **3475** | 1 mehrfarbig | eev | 2,— | 1,70 |
| **3476** | 1 mehrfarbig | eew | 2,— | 1,70 |
| **3477** | 1 mehrfarbig | eex | 2,— | 1,70 |
| **3478** | 1 mehrfarbig | eey | 2,— | 1,70 |
| **3479** | 1 mehrfarbig | eez | 2,— | 1,70 |
| **3480** | 1 mehrfarbig | efa | 2,— | 1,70 |
| **3481** | 1 mehrfarbig | efb | 2,— | 1,70 |
| **3482** | 1 mehrfarbig | efc | 2,— | 1,70 |
| | | Satzpreis (10 W.) | 20,— | 17,— |
| | | 2 FDC | | 30,— |
| | | Kleinbogen | 20,— | 17,— |

Nominale zur Zeit der Ausgabe: je 0.73 €

Auflage: 167.000 Kleinbogen

**2016, 3. Juni. 75 Jahre Tom Puss. Odr. (5×2); Streifen ph.; gez. K 13½:13¼.**

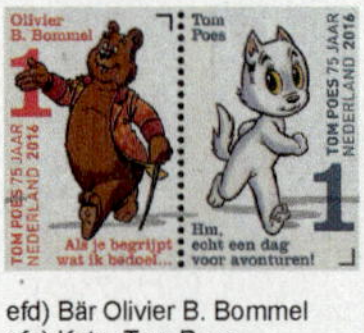


efd) Bär Olivier B. Bommel
efe) Kater Tom Puss

efd–efe) Comicfiguren von Marten Toonder (1912–2005), Comiczeichner

| | | | | |
|---|---|---|---|---|
| **3483** | 1 mehrfarbig | efd | 2,— | 1,70 |
| **3484** | 1 mehrfarbig | efe | 2,— | 1,70 |
| | | Satzpreis (2 W.) | 4,— | 3,40 |
| | | Paar | 4,— | 3,40 |
| | | FDC | | 8,50 |
| | | Kleinbogen | 20,— | 17,— |

Nominale zur Zeit der Ausgabe: je 0.73 €

MiNr. 3483–3484 wurden schachbrettartig zusammenhängend gedruckt.

Auflage: 455.000 Sätze

**2016, 18. Juli. Europride 2016, Amsterdam. Odr. (5×2); Streifen ph.; gez. K 13½:13¼.**

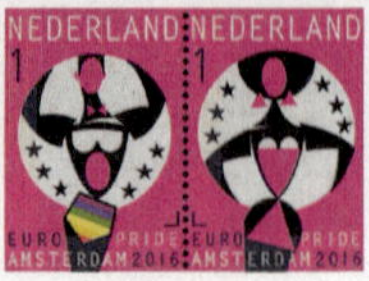


eff) Homosexueller Mann
efg) Homosexuelle Frau

| | | | | |
|---|---|---|---|---|
| **3485** | 1 mehrfarbig | eff | 2,— | 1,70 |
| **3486** | 1 mehrfarbig | efg | 2,— | 1,70 |
| | | Satzpreis (2 W.) | 4,— | 3,40 |
| | | Paar | 4,— | 3,40 |
| | | FDC | | 8,50 |
| | | Kleinbogen | 20,— | 17,— |

Nominale zur Zeit der Ausgabe: je 0.73 €

MiNr. 3485–3486 wurden schachbrettartig zusammenhängend gedruckt.

Auflage: 455.000 Sätze

**2016, 18. Juli. Blockausgabe: Olympische Sommerspiele, Rio de Janeiro. Odr.; Streifen ph.; gez. K 14½.**

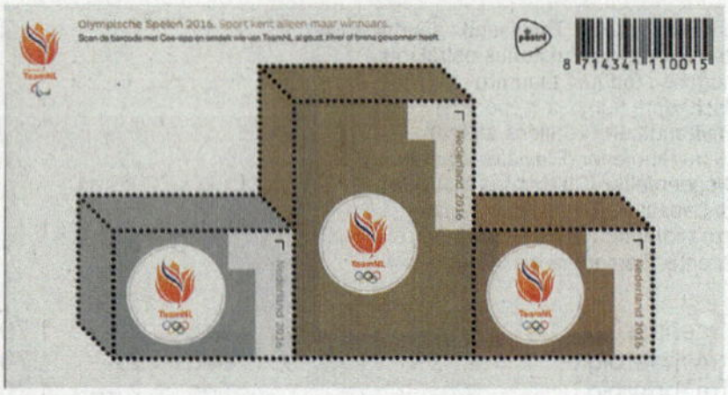


efl

efh) Silber
efi) Gold
efk) Bronze

efh–efk) Siegerpodest; Emblem der niederländischen Olympiamannschaft

| | | | | |
|---|---|---|---|---|
| **3487** | 1 mehrfarbig | efh | 2,— | 1,70 |
| **3488** | 1 mehrfarbig | efi | 2,— | 1,70 |
| **3489** | 1 mehrfarbig | efk | 2,— | 1,70 |
| **Block 164** | (144×75 mm) | efl | 6,— | 5,— |
| | | FDC | | 11,— |

Nominale zur Zeit der Ausgabe: je 0.73 €

Auflage: 135.000 Blocks

**2016, 15. Aug. Einheimische Apfel- und Birnensorten. Odr., Kleinbogen (2×5); Streifen ph.; gez. K 13¼:13½.**

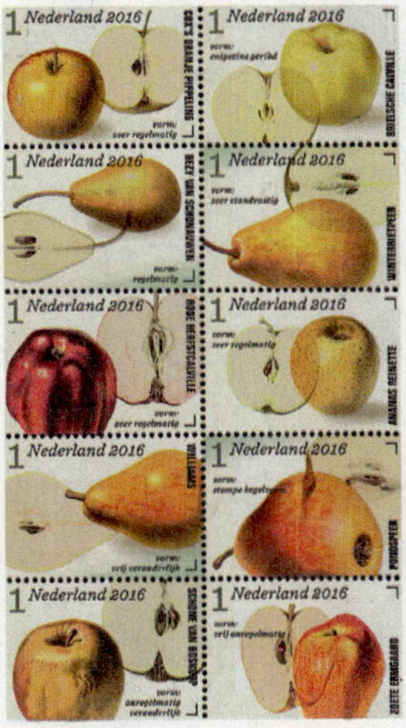


efm) Cox's Oranje Pippeling
efn) Brielsche Calville
efo) Bezy van Schonauwen
efp) Winterrietpeer
efr) Rode Herfstcalville
efs) Ananas Reinette
eft) Williams
efu) Pondspeer
efv) Schone van Boskoop
efw) Zoete Ermgaard

| | | | | | |
|---|---|---|---|---|---|
| **3490** | 1 mehrfarbig | efm | 2,— | 1,70 |
| **3491** | 1 mehrfarbig | efn | 2,— | 1,70 |
| **3492** | 1 mehrfarbig | efo | 2,— | 1,70 |
| **3493** | 1 mehrfarbig | efp | 2,— | 1,70 |
| **3494** | 1 mehrfarbig | efr | 2,— | 1,70 |
| **3495** | 1 mehrfarbig | efs | 2,— | 1,70 |
| **3496** | 1 mehrfarbig | eft | 2,— | 1,70 |
| **3497** | 1 mehrfarbig | efu | 2,— | 1,70 |
| **3498** | 1 mehrfarbig | efv | 2,— | 1,70 |
| **3499** | 1 mehrfarbig | efw | 2,— | 1,70 |
| | | Satzpreis (10 W.) | 20,— | 17,— |
| | | 2 FDC | | 30,— |
| | | Kleinbogen | 20,— | 17,— |

**Markenheftchen (2×1)**

| | | | |
|---|---|---|---|
| **H-Blatt 249** | mit 1 × MiNr. 3490–3491 | 5,80 | 5,80 |
| **H-Blatt 250** | mit 1 × MiNr. 3492–3493 | 5,80 | 5,80 |
| **H-Blatt 251** | mit 1 × MiNr. 3494–3495 | 5,80 | 5,80 |
| **H-Blatt 252** | mit 1 × MiNr. 3496–3497 | 5,80 | 5,80 |
| **H-Blatt 253** | mit 1 × MiNr. 3498–3499 | 5,80 | 5,80 |
| **MH 106** | mit 1 × H-Blatt 249–253 | 29,— | 29,— |

Nominale zur Zeit der Ausgabe: je 0.73 €

Postpreis des Markenheftchens: 12.45 €

Auflage: 167.000 Kleinbogen

**2016, 15. Aug. Blockausgabe: Grenzenlose Niederlande (IX) – Australien. Odr.; Streifen ph.; gez. K 13¼:13½.**

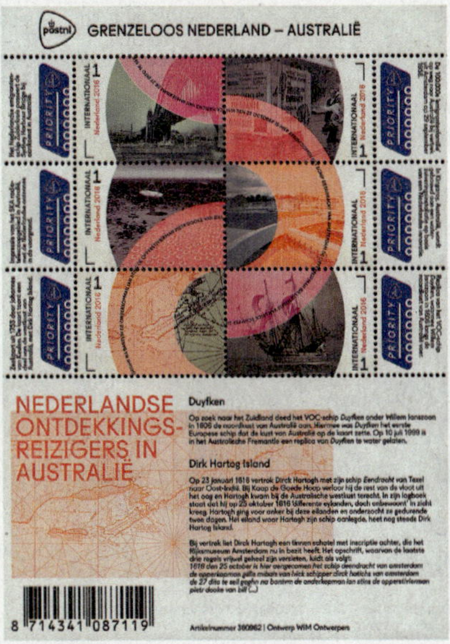


egd

efx) Emigrantenschiff „Zuiderkruiz" passiert die Sydney Harbour Bridge
efy) Die 100.000. Emigrantenfamilie bei Abfahrt aus Amsterdam (28.9.1958)
efz) SKA-Radioteleskopfläche (Square Kilometre Array) mit niederländischen Antennen
ega) Wasseraufbereitungsanlage in Kingaroy, Australien; gebaut auf Basis einer niederländischen Erfindung
egb) Westküste Australiens mit Dirk Hartog Island; Seekarte von Johannes van Keulen (1654–1715), niederländischer Kartograph
egc) Nachbau des Segelschiffs „Duyfken", mit dem William Jansz (1570–1630) Australien entdeckte

| | | | | |
|---|---|---|---|---|
| **3500** | 1 INTERNATIONAAL mehrfarbig | efx | 3,— | 2,90 |
| **3501** | 1 INTERNATIONAAL mehrfarbig | efy | 3,— | 2,90 |
| **3502** | 1 INTERNATIONAAL mehrfarbig | efz | 3,— | 2,90 |
| **3503** | 1 INTERNATIONAAL mehrfarbig | ega | 3,— | 2,90 |
| **3504** | 1 INTERNATIONAAL mehrfarbig | egb | 3,— | 2,90 |
| **3505** | 1 INTERNATIONAAL mehrfarbig | egc | 3,— | 2,90 |
| **Block 165** | Blockrand: Entdecker (108×150 mm) | egd | 18,— | 17,50 |
| | FDC (Blockmarken) | | | 26,— |
| **Block 166** | Blockrand: Auswanderung (108×150 mm) | ege | 18,— | 17,50 |
| **Block 167** | Blockrand: Naturwissenschaft (108×150 mm) | egf | 18,— | 17,50 |

Nominale zur Zeit der Ausgabe: je 1.25 €

MiNr. 3500–3505 sind in jedem Block anders angeordnet.

Auflagen: Bl. 165 = 128.000, Bl. 166–167 je 16.000 Blocks

**2016, 12. Sept. 100 Jahre Flughafen Schiphol, Amsterdam. Odr. (2×5); Streifen ph.; gez. K 13¼:13½.**

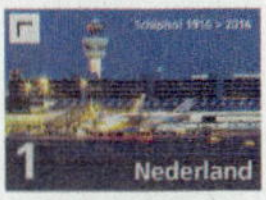


egg) Flugzeuge vor Halle 3 bei Nacht (2016)

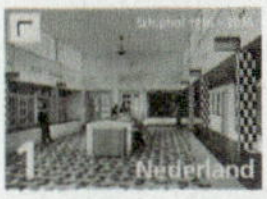


egh) Wartehalle (Ende 1920)

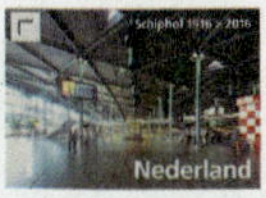


egi) Ankunftshalle (1990)

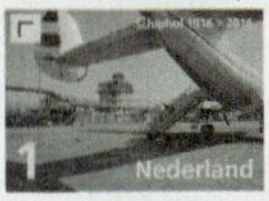


egk) Flugzeug auf Rollfeld (1950)

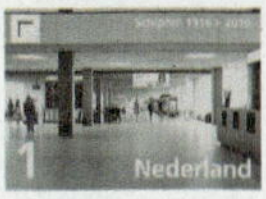


egl) Halle 1 mit Pier B (1960)

| | | | | |
|---|---|---|---|---|
| **3506** | 1 mehrfarbig | egg | 2,— | 1,70 |
| **3507** | 1 schwarz | egh | 2,— | 1,70 |

| | | | | |
|---|---|---|---|---|
| **3508** | 1 mehrfarbig | egi | 2,— | 1,70 |
| **3509** | 1 schwarz | egk | 2,— | 1,70 |
| **3510** | 1 schwarz | egl | 2,— | 1,70 |
| | Satzpreis (5 W.) | | 10,— | 8,50 |
| | FDC | | | 15,— |
| | Fünferstreifen | | 10,— | 8,50 |
| | Kleinbogen | | 20,— | 17,— |

Nominale zur Zeit der Ausgabe: je 0.73 €

Markenfolge im Kleinbogen: 3506-3507, 3508-3509, 3510-3510, 3509-3508, 3507-3506

Auflage: 237.000 Sätze

**2016, 12. Sept. Doutzen Kroes – Mode und Muse. Odr. (5×2); Streifen ph.; gez. K 13½:13¼.**

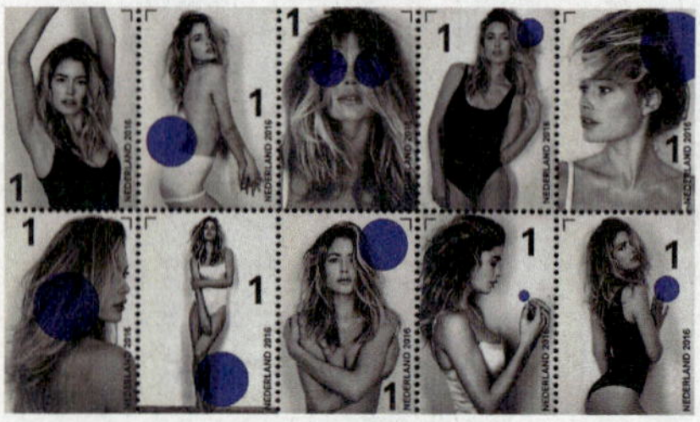

egm–egw) Doutzen Kroes (*1985), Modell; Fotografien von Anton Corbijn (*1955), Fotograf und Filmregisseur

| | | | | |
|---|---|---|---|---|
| **3511** | 1 mehrfarbig | egm | 2,— | 1,70 |
| **3512** | 1 mehrfarbig | egn | 2,— | 1,70 |
| **3513** | 1 mehrfarbig | ego | 2,— | 1,70 |
| **3514** | 1 mehrfarbig | egp | 2,— | 1,70 |
| **3515** | 1 mehrfarbig | egr | 2,— | 1,70 |
| **3516** | 1 mehrfarbig | egs | 2,— | 1,70 |
| **3517** | 1 mehrfarbig | egt | 2,— | 1,70 |
| **3518** | 1 mehrfarbig | egu | 2,— | 1,70 |
| **3519** | 1 mehrfarbig | egv | 2,— | 1,70 |
| **3520** | 1 mehrfarbig | egw | 2,— | 1,70 |
| | Satzpreis (10 W.) | | 20,— | 17,— |
| | 2 FDC | | | 30,— |
| | Kleinbogen | | 20,— | 17,— |

Nominale zur Zeit der Ausgabe: je 0.73 €

Auflage: 151.000 Sätze

**2016, 12. Sept. Jahr des Buches. Odr., Kleinbogen (2×5); Streifen ph.; gez. K 13¼:13½.**

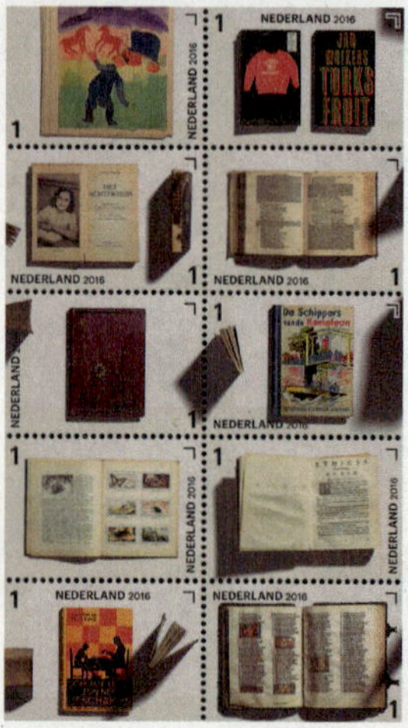

egx) Chassidische Legenden; von Hendrik Nicolaas Werkman (1882–1945), Künstler und Graphiker
egy) Türkisches Früchte; von Jan Wolkers (1925–2007), Schriftsteller und Künstler

egz) Tagebuch der Anne Frank; von Anne Frank (1929–1945), jüdisches deutsches Mädchen, verstorben im KZ Bergen-Belsen
eha) Das Schilder-Boeck; von Karel van Mander (1548–1606), Dichter, Schriftsteller, Maler und Zeichner

ehb) Mai; von Herman Gorter (1864–1927), Dichter
ehc) Die Skipper von der Chamäleon; von Hotze de Roos (1909–1991), Jugendbuchautor

ehd) Sommer; von Jac. P. Thijsse (1865–1945), Grundschullehrer und Naturschützer
ehe) Opera Posthuma; Werk von Baruch de Spinoza (1632–1677), Philosoph

ehf) Onkel John lehrt seinen Neffen Schach; von Max Euwe (1901–1981), Schachweltmeister, und Albert Loon (1887–?), Schriftsteller
ehg) Der naturen bloeme; von Jacob van Maerlant (um 1225–um 1299), Schriftsteller und Übersetzer

| | | | | |
|---|---|---|---|---|
| **3521** | 1 mehrfarbig | egx | 2,— | 1,70 |
| **3522** | 1 mehrfarbig | egy | 2,— | 1,70 |
| **3523** | 1 mehrfarbig | egz | 2,— | 1,70 |
| **3524** | 1 mehrfarbig | eha | 2,— | 1,70 |
| **3525** | 1 mehrfarbig | ehb | 2,— | 1,70 |
| **3526** | 1 mehrfarbig | ehc | 2,— | 1,70 |
| **3527** | 1 mehrfarbig | ehd | 2,— | 1,70 |
| **3528** | 1 mehrfarbig | ehe | 2,— | 1,70 |
| **3529** | 1 mehrfarbig | ehf | 2,— | 1,70 |
| **3530** | 1 mehrfarbig | ehg | 2,— | 1,70 |
| | Satzpreis (10 W.) | | 20,— | 17,— |
| | 2 FDC | | | 30,— |
| | Kleinbogen | | 20,— | 17,— |

**Markenheftchen (2×1)**

| | | | |
|---|---|---|---|
| **H-Blatt 254** | mit 1 × MiNr. 3521–3522 | 5,80 | 5,80 |
| **H-Blatt 255** | mit 1 × MiNr. 3523–3524 | 5,80 | 5,80 |
| **H-Blatt 256** | mit 1 × MiNr. 3525–3526 | 5,80 | 5,80 |
| **H-Blatt 257** | mit 1 × MiNr. 3527–3528 | 5,80 | 5,80 |
| **H-Blatt 258** | mit 1 × MiNr. 3529–3530 | 5,80 | 5,80 |
| **MH 107** | mit 1 × H-Blatt 254–258 | 29,— | 29,— |

Nominale zur Zeit der Ausgabe: je 0.73 €

Postpreis des Markenheftchens: 12.45 €

Auflage: 151.000 Kleinbogen

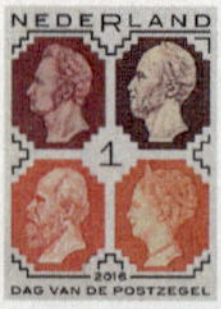


**2016, 14. Okt. Tag der Briefmarke. Odr. (5×2); Streifen ph.; gez. K 13¼:13.**

ehh) König Willem I. (1772–1843), König Willem II. (1792–1849), König Willem III. (1817–1890), Königin Wilhelmina (1880–1962) (Motive der Marken MiNr. 81–92)

| | | | | |
|---|---|---|---|---|
| **3531** | 1 mehrfarbig | ehh | 2,— | 1,70 |
| | | FDC | | 5,50 |
| | | Kleinbogen | 20,— | 17,— |

**Markenheftchen (2×1)**

| | | | |
|---|---|---|---|
| **H-Blatt 259** | mit 2 × MiNr. 3531 (Rand weinrot) | 5,80 | 5,80 |
| **H-Blatt 260** | mit 2 × MiNr. 3531 (Rand braun) | 5,80 | 5,80 |
| **H-Blatt 261** | mit 2 × MiNr. 3531 (Rand mit Farbpalette) | 5,80 | 5,80 |
| **H-Blatt 262** | mit 2 × MiNr. 3531 (Rand rot) | 5,80 | 5,80 |
| **H-Blatt 263** | mit 2 × MiNr. 3531 (Rand orange) | 5,80 | 5,80 |
| **MH 108** | mit 1× H-Blatt 259-263 | 29,— | 29,— |

Nominale zur Zeit der Ausgabe: 0.73 €

Postpreis des Markenheftchens: 12.45 €

Auflage: 82.000 Kleinbogen

**2016, 7. Nov. Blockausgabe: „Voor het Kind" – 100. Geburtstag von Fiep Westendorp. Odr.; Streifen ph.; gez. K 13¼.**

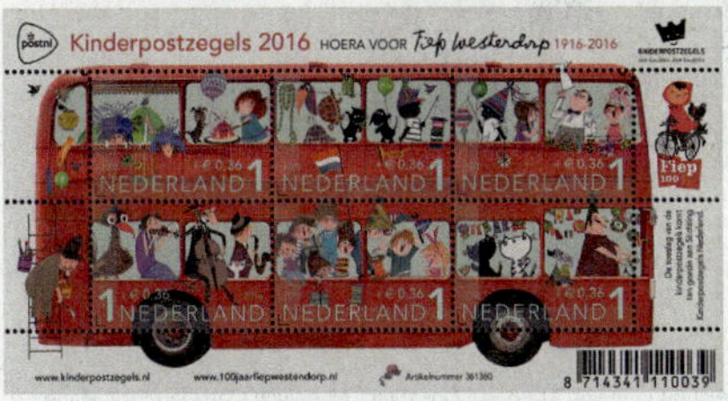

ehp

ehi–eho) Fiep-Bus mit Kinderbuchfiguren; Illustrationen von Fiep Westendorp (1916–2004) aus Kinderbüchern von Anni M. G. Schmidt (1911–1995)

| | | | | |
|---|---|---|---|---|
| **3532** | 1 + 0.36 € mehrfarbig | ehi | 2,50 | 2,50 |
| **3533** | 1 + 0.36 € mehrfarbig | ehk | 2,50 | 2,50 |
| **3534** | 1 + 0.36 € mehrfarbig | ehl | 2,50 | 2,50 |
| **3535** | 1 + 0.36 € mehrfarbig | ehm | 2,50 | 2,50 |
| **3536** | 1 + 0.36 € mehrfarbig | ehn | 2,50 | 2,50 |
| **3537** | 1 + 0.36 € mehrfarbig | eho | 2,50 | 2,50 |
| **Block 168** | (143×75 mm) | ehp | 15,— | 15,— |
| | | FDC | | 23,— |

Nominale zur Zeit der Ausgabe: je 0.73 € + 0.36 €

Auflage: 2.860.000 Blocks

**2016, 14. Nov. Dezembermarken. Odr.; Folienbogen (F-Bg.) (1 + 5×2 + 5×2) und Folienblatt (F-Bl.) (5×2); Streifen ph.; selbstklebend; gestanzt 12½.**

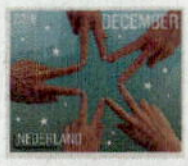
ehr) Stern aus Händen

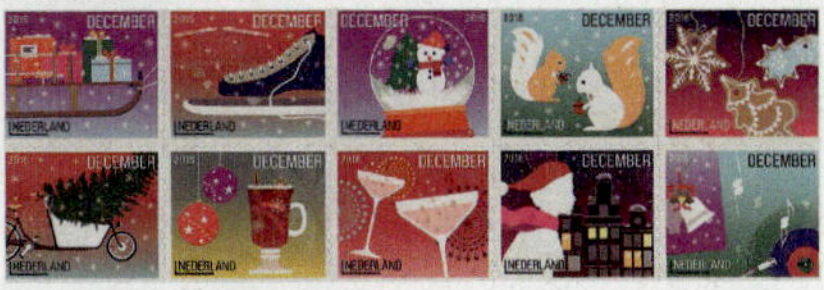

ehs) Schlitten mit Geschenken
eht) Schlittschuh
ehu) Schneekugel mit Schneemann und Tanne
ehv) Eichhörnchen mit Eicheln
ehw) Lebkuchen

ehx) Tanne im Lastenfahrrad
ehy) Glühwein, Christbaumkugeln
ehz) Sektgläser
eia) Frau mit Weihnachtsmütze, Haus
eib) Weihnachtsglocke, Schallplatte, Noten

| | | | | |
|---|---|---|---|---|
| **3538** | — mehrfarbig (F-Bg.) | ehr | 1,80 | 1,50 |
| **3539** | — mehrfarbig (F-Bg.) (F-Bl.) | ehs | 1,80 | 1,50 |
| **3540** | — mehrfarbig (F-Bg.) (F-Bl.) | eht | 1,80 | 1,50 |
| **3541** | — mehrfarbig (F-Bg.) (F-Bl.) | ehu | 1,80 | 1,50 |
| **3542** | — mehrfarbig (F-Bg.) (F-Bl.) | ehv | 1,80 | 1,50 |
| **3543** | — mehrfarbig (F-Bg.) (F-Bl.) | ehw | 1,80 | 1,50 |
| **3544** | — mehrfarbig (F-Bg.) (F-Bl.) | ehx | 1,80 | 1,50 |
| **3545** | — mehrfarbig (F-Bg.) (F-Bl.) | ehy | 1,80 | 1,50 |
| **3546** | — mehrfarbig (F-Bg.) (F-Bl.) | ehz | 1,80 | 1,50 |
| **3547** | — mehrfarbig (F-Bg.) (F-Bl.) | eia | 1,80 | 1,50 |
| **3548** | — mehrfarbig (F-Bg.) (F-Bl.) | eib | 1,80 | 1,50 |
| | | Satzpreis (11 W.) | 19,50 | 16,50 |
| | | 2 FDC | | 30,— |
| | | Folienblatt | 18,— | 15,— |
| | | Folienbogen | 37,50 | 31,50 |

Nominale zur Zeit der Ausgabe: je 0.65 €

Markenfolge im Folienbogen: 3538, 3539-3540-3541-3542-3543, 3544-3545-3546-3547-3548, 3548-3546-3547-3545-3544, 3543-3542-3541-3540-3539

MiNr. 3539–3548 stammen auch aus einem Folienblatt, das im Set zusammen mit 10 Postkarten ab 2.12.2016 angeboten wurde (Verkaufspreis: 10 €).

Auflagen: MiNr. 3538 = 5.490.000, MiNr. 3539–3548 je 10.980.000 Stück im Folienbogen und je 60.000 Stück im Folienblatt

**2017, 2. Jan. Niederländische Hühnerrassen. Odr., Kleinbogen (2×5); Streifen ph.; A = gez. K 13¼:12¾.**

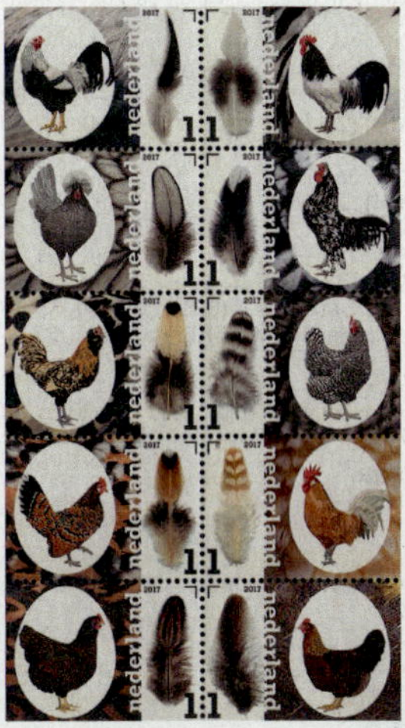


eic) Silberhalsiger Kraienkopp (Hahn)
eid) Lakenfelder Hahn
eie) Holländer Haubenhuhn
eif) Breda-Hahn
eig) Niederländischer Eulenbarthahn
eih) Nordholländisches Huhn
eii) Holländisches Zwerghuhn
eik) Friesenhahn
eil) Barnevelder-Huhn
eim) Welsumer-Huhn

| | | | | |
|---|---|---|---|---|
| **3549 A** | 1 mehrfarbig | eic | 2,— | 1,80 |
| **3550 A** | 1 mehrfarbig | eid | 2,— | 1,80 |
| **3551 A** | 1 mehrfarbig | eie | 2,— | 1,80 |
| **3552 A** | 1 mehrfarbig | eif | 2,— | 1,80 |
| **3553 A** | 1 mehrfarbig | eig | 2,— | 1,80 |
| **3554 A** | 1 mehrfarbig | eih | 2,— | 1,80 |
| **3555 A** | 1 mehrfarbig | eii | 2,— | 1,80 |
| **3556 A** | 1 mehrfarbig | eik | 2,— | 1,80 |
| **3557 A** | 1 mehrfarbig | eil | 2,— | 1,80 |
| **3558 A** | 1 mehrfarbig | eim | 2,— | 1,80 |
| | | Satzpreis A (10 W.) | 20,— | 18,— |
| | | 2 FDC A | | 32,— |
| | | Kleinbogen A | 20,— | 18,— |

**Markenheftchen (2×1), C = gez. Ks 14½**

| | | | | |
|---|---|---|---|---|
| **3549 C** | 1 mehrfarbig | eic | 2,90 | 2,90 |
| **3550 C** | 1 mehrfarbig | eid | 2,90 | 2,90 |
| **3551 C** | 1 mehrfarbig | eie | 2,90 | 2,90 |
| **3552 C** | 1 mehrfarbig | eif | 2,90 | 2,90 |
| **3553 C** | 1 mehrfarbig | eig | 2,90 | 2,90 |
| **3554 C** | 1 mehrfarbig | eih | 2,90 | 2,90 |
| **3555 C** | 1 mehrfarbig | eii | 2,90 | 2,90 |
| **3556 C** | 1 mehrfarbig | eik | 2,90 | 2,90 |
| **3557 C** | 1 mehrfarbig | eil | 2,90 | 2,90 |
| **3558 C** | 1 mehrfarbig | eim | 2,90 | 2,90 |
| | | Satzpreis C (10 W.) | 29,— | 29,— |

**H-Blatt 264** mit 1 × MiNr. 3549 C–3550 C ........ 6,— 6,—
**H-Blatt 265** mit 1 × MiNr. 3551 C–3552 C ........ 6,— 6,—
**H-Blatt 266** mit 1 × MiNr. 3553 C–3554 C ........ 6,— 6,—
**H-Blatt 267** mit 1 × MiNr. 3555 C–3556 C ........ 6,— 6,—
**H-Blatt 268** mit 1 × MiNr. 3557 C–3558 C ........ 6,— 6,—
**MH 109** mit 1 × H-Blatt 264–268 ............ 30,— 30,—

Nominale zur Zeit der Ausgabe: je 0.78 €

Postpreis des Markenheftchens: 12.45 €

Auflage: MiNr. 3549 A–3558 A = 135.000 Sätze

**2017, 30. Jan./22. Mai. Schöne Niederlande: Strom- und Flusstäler (I). Odr., Kleinbogen (Klb.) (5) und Markenheftchen (MH); Streifen ph.; A = gez. K 14¼, C = gez. K 13½:12½.**

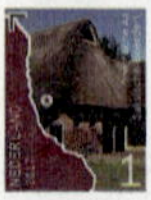
ein) Drentsche Aa: sächsisches Bauernhaus

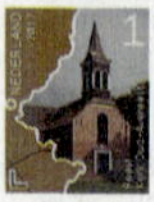
eio) Reest: Dorfkirche, Oud-Avereest

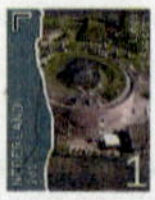
eip) Linge: Fort Asperen

**3559** 1 mehrfarbig ...................... ein
A gez. K 14¼ (Klb.) (30. Jan.) ........... 2,— 1,80
C gez. K 13½:12½ (MH) (22. Mai) ....... 2,90 2,90
**3560** 1 mehrfarbig ...................... eio
A gez. K 14¼ (Klb.) (30. Jan.) ........... 2,— 1,80
C gez. K 13½:12½ (MH) (22. Mai) ....... 2,90 2,90
**3561** 1 mehrfarbig ...................... eip
A gez. K 14¼ (Klb.) (30. Jan.) ........... 2,— 1,80
C gez. K 13½:12½ (MH) (22. Mai) ....... 2,90 2,90
Satzpreis A (3 W.) 6,— 5,40
Kleinbogensatz A (3 Klb.) 30,— 27,—

Nominale zur Zeit der Ausgabe: je 0.78 €

MiNr. 3559 C–3561 C wurden zusammen mit MiNr. 3600 C–3601 C im Markenheftchen ausgegeben. MH-Bewertung siehe nach MiNr. 3601.

Auflage: 3559 A–3561 A = 240.000 Sätze

**2017, 20. Febr. Europa: Burgen und Schlösser. Odr. (1×5 Zd); Streifen ph.; gez. K 13¼:12¾.**

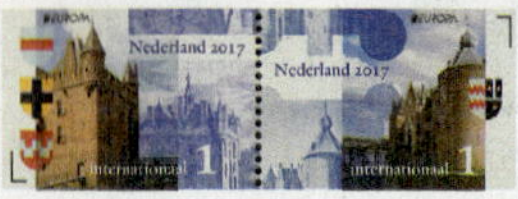

eir) Schloss Doornenburg, Familienwappen von van Doornick, van Bylandt und van Homoet
eis) Schloss Ammersoyen, Familienwappen von van Arkel-de la Kethullen

**3562** 1 INTERNATIONAAL mehrfarbig ....... eir 3,— 3,—
**3563** 1 INTERNATIONAAL mehrfarbig ....... eis 3,— 3,—
Satzpreis (2 W.) 6,— 6,—
Paar 6,— 6,—
FDC 12,50
Kleinbogen 30,— 30,—

Nominale zur Zeit der Ausgabe: je 1.33 €

Auflage: 620.000 Sätze

**2017, 27. März. 100 Jahre Künstlerbewegung De Stijl. Odr. (2×5); Streifen ph.; gez. K 13¼:12¾.**

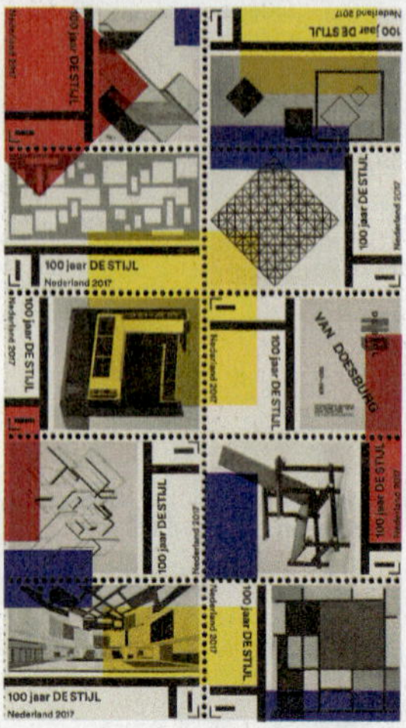

eit eiu
eiv eiw
eix eiy
eiz eka
ekb ekc

eit–eiv) Zeichnungen von Theo van Doesburg, eigentlich Christian Emil Marie Küpper (1883–1931), Maler, Schriftsteller, Architekt, Bildhauer, Typograph und Kunsttheoretiker

eiw) Rhombus mit grauen Linien; Gemälde von Piet Mondrian (1872–1944)
eix) Modell des Café De Unie in Rotterdam (1925); von Jacobus Johannes Pieter Oud (1890–1963), Architekt und Autor
eiy) Titelblatt der Zeitschrift „De Stijl" (Sonderausgabe 1931)
eiz) Cornelius van Eesteren (1923); von Theo van Doesburg
eka) Rot-blauer Stuhl; von Gerrit Rietveld (1888–1964), Architekt und Designer
ekb) Entwurf von Cornelis van Eesteren (1897–1988), Architekt und Stadtplaner
ekc) Komposition mit Rot, Gelb, Blau und Schwarz; von Piet Mondrian

**3564** 1 mehrfarbig ....................... eit 2,— 1,80
**3565** 1 mehrfarbig ....................... eiu 2,— 1,80
**3566** 1 mehrfarbig ....................... eiv 2,— 1,80
**3567** 1 mehrfarbig ....................... eiw 2,— 1,80
**3568** 1 mehrfarbig ....................... eix 2,— 1,80
**3569** 1 mehrfarbig ....................... eiy 2,— 1,80
**3570** 1 mehrfarbig ....................... eiz 2,— 1,80
**3571** 1 mehrfarbig ....................... eka 2,— 1,80
**3572** 1 mehrfarbig ....................... ekb 2,— 1,80
**3573** 1 mehrfarbig ....................... ekc 2,— 1,80
Satzpreis (10 W.) 20,— 18,—
2 FDC 32,—
Kleinbogen 20,— 18,—

Nominale zur Zeit der Ausgabe: je 0.78 €

Auflage: 135.000 Sätze

**2017, 27. März. Grußmarken für besondere Anlässe. Odr. (10); selbstklebend; MiNr. 3574–3576 und 3581–3583 Kreuz ph., herzförmig gestanzt; MiNr. 3577–3580 Streifen ph., gestanzt 14¼.**

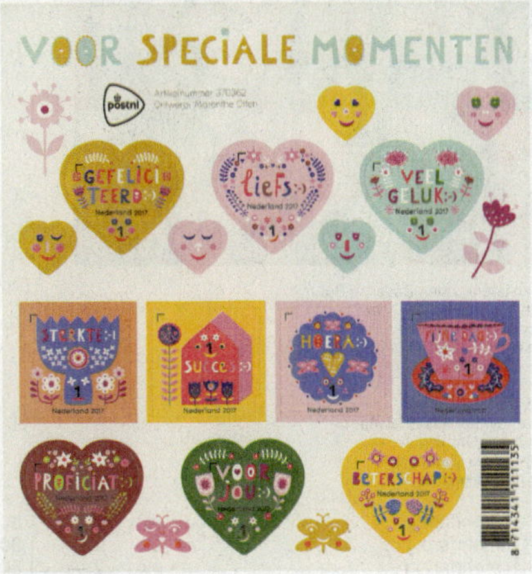


ekd) Herzlichen Glückwunsch
eke) Alles Liebe
ekf) Viel Glück

ekg) Herzliches Beileid
ekh) Viel Erfolg
eki) Hurra!
ekk) Einen schönen Tag

ekl) Glückwunsch
ekm) Für dich
ekn) Gute Besserung

| | | | | |
|---|---|---|---|---|
| **3574** | 1 mehrfarbig | ekd | 2,— | 1,80 |
| **3575** | 1 mehrfarbig | eke | 2,— | 1,80 |
| **3576** | 1 mehrfarbig | ekf | 2,— | 1,80 |
| **3577** | 1 mehrfarbig | ekg | 2,— | 1,80 |
| **3578** | 1 mehrfarbig | ekh | 2,— | 1,80 |
| **3579** | 1 mehrfarbig | eki | 2,— | 1,80 |
| **3580** | 1 mehrfarbig | ekk | 2,— | 1,80 |
| **3581** | 1 mehrfarbig | ekl | 2,— | 1,80 |
| **3582** | 1 mehrfarbig | ekm | 2,— | 1,80 |
| **3583** | 1 mehrfarbig | ekn | 2,— | 1,80 |
| | Satzpreis (10 W.) | | 20,— | 18,— |
| | 2 FDC | | | 32,— |
| | Folienblatt | | 20,— | 18,— |

Nominale zur Zeit der Ausgabe: je 0.78 €

Auflage: 138.000 Sätze

**2017, 24. April. Botanische Gärten in den Niederlanden. Odr., Kleinbogen (5×2); Streifen ph.; gez. K 12¾:13¼.**

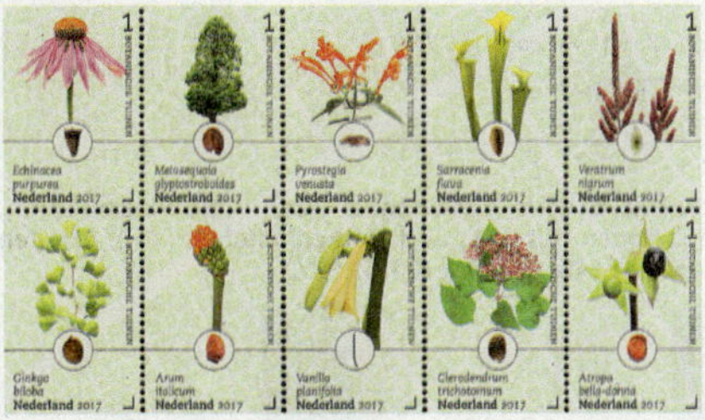


eko) Purpur-Sonnenhut (Echinacea purpurea), Hortus Alkmaar
ekp) Urweltmammutbaum (Metasequoia glyptostroboides), Pinetum Blijdenstein Hilversum
ekr) Feuerranke (Pyrostegia venusta), Botanischer Garten Utrecht
eks) Gelbe Schlauchpflanze (Sarracenia flava), Botanischer Garten Kerkrade
ekt) Schwarzer Germer (Veratrum nigrum), Niederländisches Freilichtmuseum Arnheim

eku) Ginkgo (Ginkgo biloba), Botanischer Garten Leiden
ekv) Italienischer Aronstab (Arum italicum), Hortus Nijmegen
ekw) Gewürzvanille (Vanilla planifolia), Oranjerie De Groene Parel Den Helder
ekx) Japanischer Losbaum (Clerodendrum trichotomum), Arboretum Poort Bulten De Lutte
eky) Schwarze Tollkirsche (Atropa belladonna), Hortus Botanicus Amsterdam

| | | | | |
|---|---|---|---|---|
| **3584** | 1 mehrfarbig | eko | 2,— | 1,80 |
| **3585** | 1 mehrfarbig | ekp | 2,— | 1,80 |
| **3586** | 1 mehrfarbig | ekr | 2,— | 1,80 |
| **3587** | 1 mehrfarbig | eks | 2,— | 1,80 |
| **3588** | 1 mehrfarbig | ekt | 2,— | 1,80 |
| **3589** | 1 mehrfarbig | eku | 2,— | 1,80 |
| **3590** | 1 mehrfarbig | ekv | 2,— | 1,80 |
| **3591** | 1 mehrfarbig | ekw | 2,— | 1,80 |
| **3592** | 1 mehrfarbig | ekx | 2,— | 1,80 |
| **3593** | 1 mehrfarbig | eky | 2,— | 1,80 |
| | Satzpreis (10 W.) | | 20,— | 18,— |
| | 2 FDC | | | 23,— |
| | Kleinbogen | | 20,— | 18,— |

**Markenheftchen (1×2)**

| | | | |
|---|---|---|---|
| **H-Blatt 269** | mit 1 × MiNr. 3584 und 3589 | 5,80 | 5,80 |
| **H-Blatt 270** | mit 1 × MiNr. 3585 und 3590 | 5,80 | 5,80 |
| **H-Blatt 271** | mit 1 × MiNr. 3586 und 3591 | 5,80 | 5,80 |
| **H-Blatt 272** | mit 1 × MiNr. 3587 und 3592 | 5,80 | 5,80 |
| **H-Blatt 273** | mit 1 × MiNr. 3588 und 3593 | 5,80 | 5,80 |
| **MH 110** | mit 1 × H-Blatt 269–273 | 29,— | 29,— |

Nominale zur Zeit der Ausgabe: je 0.78 €

Postpreis des Markenheftchens: 12.45 €

Auflage: 130.000 Kleinbogen

**2017, 24. April. Blockausgabe: 50. Geburtstag von König Willem-Alexander. Odr.; Streifen ph.; gez. K 14¼.**

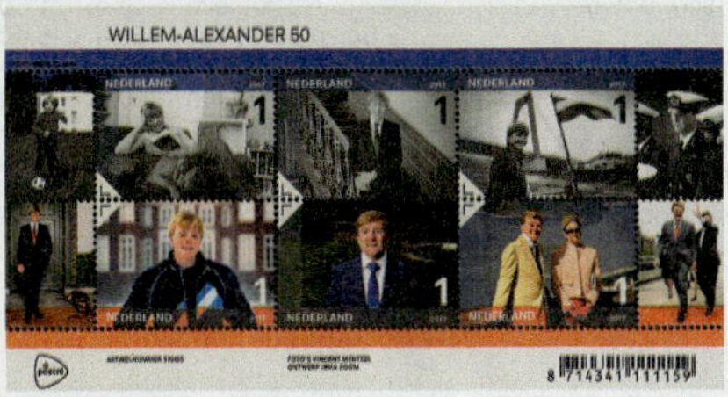


elf

ekz) mit Hund
ela) im Schloss Huis ten Bosch (1985)
elb) an der Willemsbrücke, Rotterdam
elc) vor Huis ten Bosch
eld) im Garten der Villa Eikenhorst (2016)
ele) mit Königin Maxima (*1971)

ekz–ele) König Willem-Alexander (*1967, reg. ab 2013); Fotografien von Vincent Mentzel (*1945)

| | | | | |
|---|---|---|---|---|
| **3594** | 1 mehrfarbig | ekz | 2,— | 1,80 |
| **3595** | 1 mehrfarbig | ela | 2,— | 1,80 |
| **3596** | 1 mehrfarbig | elb | 2,— | 1,80 |
| **3597** | 1 mehrfarbig | elc | 2,— | 1,80 |
| **3598** | 1 mehrfarbig | eld | 2,— | 1,80 |

| | | | | | |
|---|---|---|---|---|---|
| **3599** | 1 mehrfarbig | ele | 2,— | 1,80 |
| **Block 169** | (144×75 mm) | elf | 10,— | 9,— |
| | | FDC | | 18,— |

Nominale zur Zeit der Ausgabe: je 0.78 €

Auflage: 135.000 Blocks

**2017, 22. Mai. Schöne Niederlande: Strom- und Flusstäler (II). Odr., Kleinbogen (Klb.) (5) und Markenheftchen (MH); Streifen ph.; A = gez. K 14¼, C = gez. K 13½:12½.**

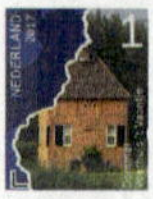

elg) Dommel: Fährhaus Vaantje

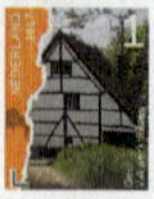

elh) Göhl: Fachwerkhaus

| | | | | | |
|---|---|---|---|---|---|
| **3600** | | 1 mehrfarbig | elg | | |
| | **A** | gez. K 14¼ (Klb.) | | 2,— | 1,80 |
| | **C** | gez. K 13½:12½ (MH) | | 2,90 | 2,90 |
| **3601** | | 1 mehrfarbig | elh | | |
| | **A** | gez. K 14¼ (Klb.) | | 2,— | 1,80 |
| | **C** | gez. K 13½:12½ (MH) | | 2,90 | 2,90 |
| | | Satzpreis A (2 W.) | | 4,— | 3,60 |
| | | Kleinbogensatz A (2 Klb.) | | 20,— | 18,— |
| | | Markenheftchen C | | 29,— | 29,— |

**Blockausgabe**

| | | | | |
|---|---|---|---|---|
| **Block 170** | mit MiNr. 3559 A–3561 A und 3600 A–3601 A (144×75 mm) | eli | 10,— | 9,— |
| | | FDC | | 16,— |

Nominale zur Zeit der Ausgabe: je 0.78 €

MiNr. 3600 C–3601 C wurden zusammen mit MiNr. 3559 C–3561 C im Markenheftchen ausgegeben. Jede Marke ist 2 × enthalten (Verkaufspreis des Heftchens: 12.45 €).

Auflagen: MiNr. 3600 A–3601 A = 240.000 Sätze, Bl. 170 = 186.000 Blocks

**2017, 22. Mai. 150 Jahre Niederländisches Rotes Kreuz. Odr. (2×3); Streifen ph.; gez. K 14½.**

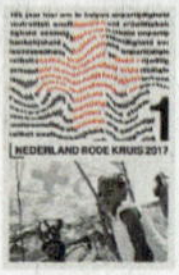

elk) Mädchen im Flüchtlingslager

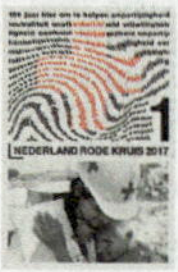

ell) Mann tröstet alte Frau

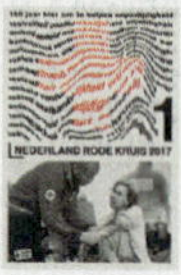

elm) Sanitäter untersucht Arm einer Frau

elk–elm) Grundsätze der Internationalen Rotkreuz- und Rothalbmondbewegung

| | | | | |
|---|---|---|---|---|
| **3602** | 1 schwarz/rot | elk | 2,— | 1,80 |
| **3603** | 1 schwarz/rot | ell | 2,— | 1,80 |
| **3604** | 1 schwarz/rot | elm | 2,— | 1,80 |
| | Satzpreis (3 W.) | | 6,— | 5,40 |
| | FDC | | | 11,— |
| | Dreierstreifen | | 6,— | 5,40 |
| | Kleinbogen | | 12,— | 11,— |

Nominale zur Zeit der Ausgabe: je 0.78 €

Markenfolge im Kleinbogen: 3602-3603, 3604-3602, 3603-3604

Auflage: 220.000 Sätze

**2017, 19. Juni. Niederländische Leckereien. Odr., Kleinbogen (5×2); Streifen ph.; A = gez. K 14¼.**

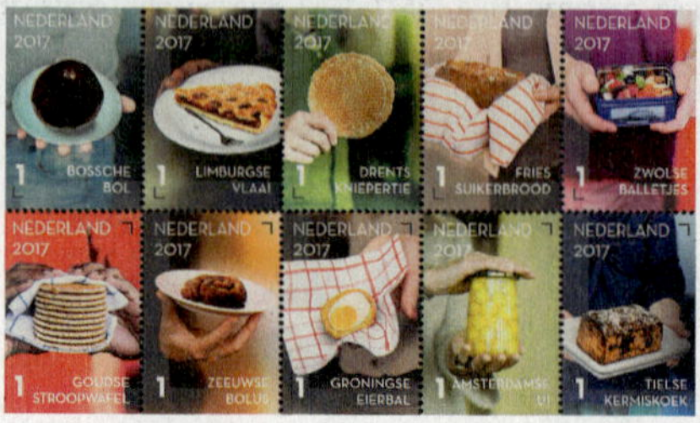

eln) Schokoladenkuchen Bossche Bol
elo) Obstkuchen Limburger Vlaai
elp) Knieperties aus Drente
elr) Friesisches Zuckerbrot
els) Zwoller Bällchen

elt) Sirupwaffel aus Gouda
elu) Kaffeebrötchen aus Zeeland
elv) Eierball aus Groningen
elw) Amsterdamer Zwiebeln
elx) Tieler Kirmeskuchen

| | | | | | |
|---|---|---|---|---|---|
| **3605 A** | 1 mehrfarbig | eln | 2,— | 1,80 |
| **3606 A** | 1 mehrfarbig | elo | 2,— | 1,80 |
| **3607 A** | 1 mehrfarbig | elp | 2,— | 1,80 |
| **3608 A** | 1 mehrfarbig | elr | 2,— | 1,80 |
| **3609 A** | 1 mehrfarbig | els | 2,— | 1,80 |
| **3610 A** | 1 mehrfarbig | elt | 2,— | 1,80 |
| **3611 A** | 1 mehrfarbig | elu | 2,— | 1,80 |
| **3612 A** | 1 mehrfarbig | elv | 2,— | 1,80 |
| **3613 A** | 1 mehrfarbig | elw | 2,— | 1,80 |
| **3614 A** | 1 mehrfarbig | elx | 2,— | 1,80 |
| | Satzpreis A (10 W.) | | 20,— | 18,— |
| | 2 FDC A | | | 32,— |
| | Kleinbogen A | | 20,— | 18,— |

**Markenheftchen (1×2), C = gez. Ks 12¾:13¼**

| | | | | |
|---|---|---|---|---|
| **3605 C** | 1 mehrfarbig | eln | 2,90 | 2,90 |
| **3606 C** | 1 mehrfarbig | elo | 2,90 | 2,90 |
| **3607 C** | 1 mehrfarbig | elp | 2,90 | 2,90 |
| **3608 C** | 1 mehrfarbig | elr | 2,90 | 2,90 |
| **3609 C** | 1 mehrfarbig | els | 2,90 | 2,90 |
| **3610 C** | 1 mehrfarbig | elt | 2,90 | 2,90 |
| **3611 C** | 1 mehrfarbig | elu | 2,90 | 2,90 |
| **3612 C** | 1 mehrfarbig | elv | 2,90 | 2,90 |
| **3613 C** | 1 mehrfarbig | elw | 2,90 | 2,90 |
| **3614 C** | 1 mehrfarbig | elx | 2,90 | 2,90 |
| | Satzpreis C (10 W.) | | 29,— | 29,— |

| | | | |
|---|---|---|---|
| **H-Blatt 274** | mit 1 × MiNr. 3605 C und 3610 C | 6,— | 6,— |
| **H-Blatt 275** | mit 1 × MiNr. 3606 C und 3611 C | 6,— | 6,— |
| **H-Blatt 276** | mit 1 × MiNr. 3607 C und 3612 C | 6,— | 6,— |
| **H-Blatt 277** | mit 1 × MiNr. 3608 C und 3613 C | 6,— | 6,— |
| **H-Blatt 278** | mit 1 × MiNr. 3609 C und 3614 C | 6,— | 6,— |
| **MH 111** | mit 1 × H-Blatt 274–278 | 30,— | 30,— |

Nominale zur Zeit der Ausgabe: je 0.78 €

Postpreis des Markenheftchens: 12.45 €

Auflage: MiNr. 3605 A–3614 A = 130.000 Sätze

**2017, 17. Juli. 1 Jahr Museum Voorlinden, Wassenaar. Odr. (2×5); Streifen ph.; gez. K 14¼.**

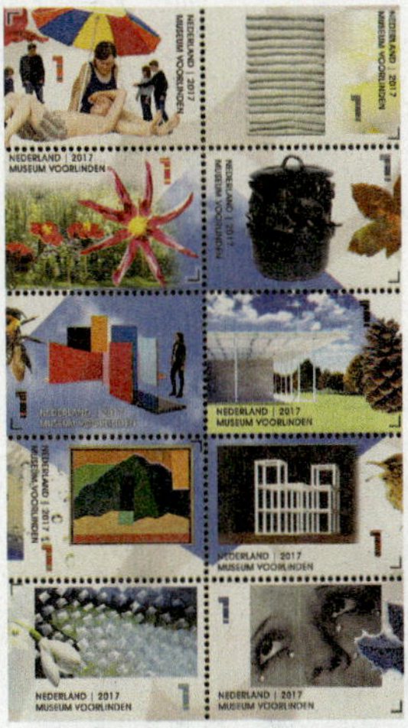

ely) Klatschmohn (Papaver rhoeas); „Pärchen unter Sonnenschirm" von Ron Mueck (*1958), englischer Bildhauer mit deutsch-australischen Wurzeln
elz) „r81-4" von Jan Schoonhoven (1914–1994), Künstler des Informel; Dahlie

ema) Blumen im Museumsgarten
emb) „Kochtopf mit Miesmuscheln" von Marcel Broodthaers (1924–1976), belgischer Künstler; Ahornblatt

emc) Hummel; „The performance" von Esther Tielemans (*1976), bildende Künstlerin
emd) Museumsgebäude, Tannenzapfen

eme) „Swimmingpool" von Leandro Erlich (*1973), argentinischer Konzeptkünstler; „California #10" von Etel Adnan (1925–2021), libanesische Schriftstellerin und Malerin
emf) „2×7×7" von Sol LeWitt (1928–2007), amerikanischer Künstler des Minimalismus; Zaunkönig (Troglodytes troglodytes)

emg) Schneeglöckchen (Galanthus); „Sondertitel" von Robert Zandvliet (*1970), Künstler
emh) „Glastränen" von Man Ray, eigentlich Emmanuel Rudnitzky (1890–1976), amerikanischer Fotograf, Filmregisseur, Maler und Objektkünstler; Stechpalmenblätter

ema–emf) „Skyspace" von James Turrell (*1943), amerikanischer Land-Art-Künstler

| | | | | |
|---|---|---|---|---|
| **3615** | 1 mehrfarbig | ely | 2,— | 1,80 |
| **3616** | 1 mehrfarbig | elz | 2,— | 1,80 |
| **3617** | 1 mehrfarbig | ema | 2,— | 1,80 |
| **3618** | 1 mehrfarbig | emb | 2,— | 1,80 |
| **3619** | 1 mehrfarbig | emc | 2,— | 1,80 |
| **3620** | 1 mehrfarbig | emd | 2,— | 1,80 |
| **3621** | 1 mehrfarbig | eme | 2,— | 1,80 |
| **3622** | 1 mehrfarbig | emf | 2,— | 1,80 |
| **3623** | 1 mehrfarbig | emg | 2,— | 1,80 |
| **3624** | 1 mehrfarbig | emh | 2,— | 1,80 |
| | | Satzpreis (10 W.) | 20,— | 18,— |
| | | 2 FDC | | 32,— |
| | | Kleinbogen | 20,— | 18,— |

Nominale zur Zeit der Ausgabe: je 0.78 €

Auflage: 130.000 Sätze

**2017, 17. Juli. Leben an der Nordsee. Odr., Kleinbogen (2×1 Zd); Streifen ph.; A = gez. K 13¼:12¾.**

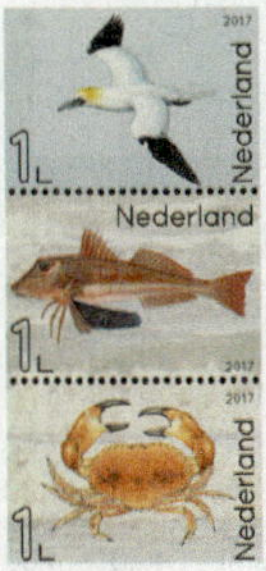

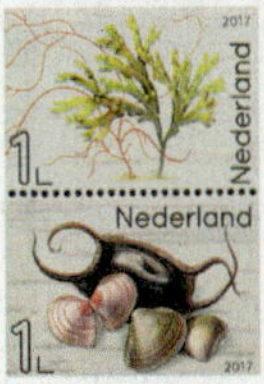

emi) Basstölpel (Morus bassanus)
emk) Roter Knurrhahn (Chelidonichthys lucernus)
eml) Taschenkrebs (Cancer pagurus)
emm) Blasentang (Fucus vesiculosus), Knotentang (Gracilariopsis longissimus)
emn) Eikapsel des Fleckenrochens (Raja montagui), Baltische Plattmuschel (Limecola balthica), Gedrungene Trogmuschel (Spisula subtruncata)

| | | | | |
|---|---|---|---|---|
| **3625 A** | 1 mehrfarbig | emi | 2,— | 1,80 |
| **3626 A** | 1 mehrfarbig | emk | 2,— | 1,80 |
| **3627 A** | 1 mehrfarbig | eml | 2,— | 1,80 |
| **3628 A** | 1 mehrfarbig | emm | 2,— | 1,80 |
| **3629 A** | 1 mehrfarbig | emn | 2,— | 1,80 |
| | | Satzpreis A (5 W.) | 10,— | 9,— |
| | | FDC A | | 16,— |
| | | Fünferstreifen | 10,— | 9,— |
| | | Kleinbogen A | 20,— | 18,— |

**Markenheftchen (2×1), C = gez. Ks 14¼**

| | | | | |
|---|---|---|---|---|
| **3625 C** | 1 mehrfarbig | emi | 2,90 | 2,90 |
| **3626 C** | 1 mehrfarbig | emk | 2,90 | 2,90 |
| **3627 C** | 1 mehrfarbig | eml | 2,90 | 2,90 |
| **3628 C** | 1 mehrfarbig | emm | 2,90 | 2,90 |
| **3629 C** | 1 mehrfarbig | emn | 2,90 | 2,90 |
| | | Satzpreis C (5 W.) | 14,50 | 14,50 |

| | | | |
|---|---|---|---|
| **H-Blatt 279** | mit 2 × MiNr. 3625 C | 6,— | 6,— |
| **H-Blatt 280** | mit 2 × MiNr. 3626 C | 6,— | 6,— |
| **H-Blatt 281** | mit 2 × MiNr. 3627 C | 6,— | 6,— |
| **H-Blatt 282** | mit 2 × MiNr. 3628 C | 6,— | 6,— |
| **H-Blatt 283** | mit 2 × MiNr. 3629 C | 6,— | 6,— |
| **MH 112** | mit 1 × H-Blatt 279–283 | 30,— | 30,— |

Nominale zur Zeit der Ausgabe: je 0.78 €

MiNr. 3625 A–3629 A wurden senkrecht zusammenhängend gedruckt.

Postpreis des Markenheftchens: 12.45 €

Auflage: MiNr. 3625 A–3629 A = 204.000 Sätze

**2017, 25. Aug. Blockausgabe: Multilaterale Briefmarkenausstellung HERTOGPOST 2017, 's-Hertogenbosch, Niederlande. Odr.; Streifen ph.; gez. Ks 14½.**

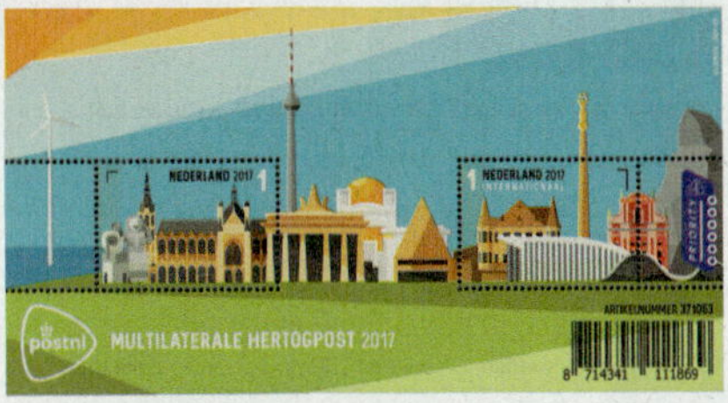


emr

emo) Statue von Zoete Lieve Gerritje mit Hahn, St.-Johannes-Kathedrale, 's-Hertogenbosch
emp) Großherzoglicher Palast, Philharmonie Luxemburg; Mariä-Verkündigung-Kirche, Ljubljana (Slowenien)

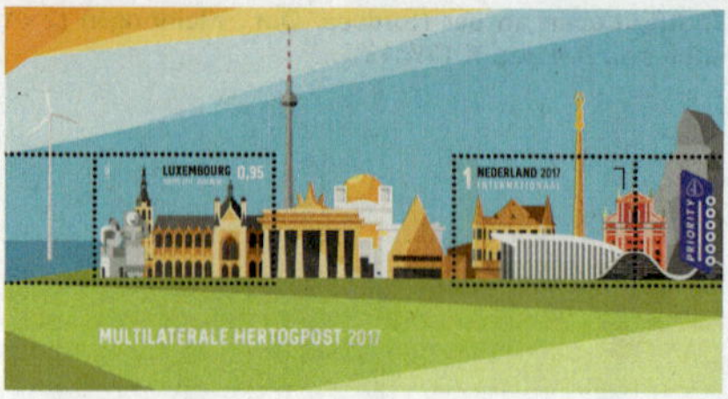


emr I

emp) Großherzoglicher Palast, Philharmonie Luxemburg; Mariä-Verkündigung-Kirche, Ljubljana (Slowenien)

| | | | | |
|---|---|---|---|---|
| **3630** | 1 mehrfarbig | emo | 1,80 | 1,80 |
| **3631** | 1 INTERNATIONAAL mehrfarbig | emp | 3,— | 3,— |
| **Block 171** | (144×75 mm) | emr | 4,80 | 4,80 |
| | | | FDC | 10,50 |
| **Block 172** | mit MiNr. 3631 (144×75 mm) | emr I | *20,—* | *20,—* |

Nominalen zur Zeit der Ausgabe: MiNr. 3630 = 0.78 €, MiNr. 3631 = 1.33 €

Bl. 172 stammt aus einer Verkaufspackung, die zusätzlich Bl. 171 postfrisch und gestempelt, Bl. 172 gestempelt und Luxemburg Bl. 38 postfrisch und gestempelt enthält (Verkaufspreis: 14.95 €). Er ist identisch mit Luxemburg Bl. 39 und enthält zusätzlich Marke Luxemburg MiNr. 2136, jedoch ist nur MiNr. 3631 im Postgebiet Niederlande frankaturgültig.

Auflagen: Bl. 171 = 120.000, Bl. 172 = 100.000 Blocks

*Parallelausgabe mit Luxemburg MiNr. 2134–2136/Bl. 38–39*

**2017, 11. Sept. Architektur des Wiederaufbaus. Odr. (2×5); Streifen ph.; gez. K 13¼:12¾.**

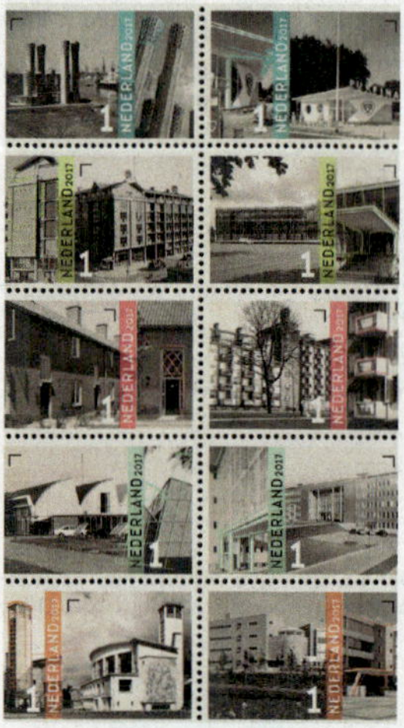

ems) Lüftungsgebäude Velsertunnel, Velsen (1957); von Dirk Roosenburg (1887–1962)
emt) Benzinstation Purfina, Arnheim (1957); von Sybold van Ravesteyn (1889–1983)

emu) Industriegebäude, Rotterdam (1951); von Huig Maaskant (1907–1977), Willem van Tijen (1894–1974) und Ernest Groosman (1917–1999)
emv) Bürogebäude „Van Leer Fassfabrik", Amstelveen (1958); von Marcel Breuer (1902–1981)

emw) Wohnviertel Soesterkwartier, Amersfoort (1957); von David Zuiderhoek (1911–1993)
emx) Gemeindewohnungen, Maastricht (1950); von Frans Dingemans (1905–1961)

emy) Weberei „De Ploeg", Bergeijk (1958); von Gerrit Rietveld (1888–1964)
emz) Hochöfen, IJmuiden (1951); von Willem Marinus Dudok (1884–1974)

ena) Vermessungslaboratorium, Fakultät für Geodäsie, Wageningen (1953); von Frants Edvard Röntgen (1904–1980)
enb) Vrijzinnig-Christelijk-Lyzeum, Den Haag (1956); von Jacobus Oud (1890–1963)

| | | | | |
|---|---|---|---|---|
| **3632** | 1 mehrfarbig | ems | 2,— | 1,80 |
| **3633** | 1 mehrfarbig | emt | 2,— | 1,80 |
| **3634** | 1 mehrfarbig | emu | 2,— | 1,80 |
| **3635** | 1 mehrfarbig | emv | 2,— | 1,80 |
| **3636** | 1 mehrfarbig | emw | 2,— | 1,80 |
| **3637** | 1 mehrfarbig | emx | 2,— | 1,80 |
| **3638** | 1 mehrfarbig | emy | 2,— | 1,80 |
| **3639** | 1 mehrfarbig | emz | 2,— | 1,80 |
| **3640** | 1 mehrfarbig | ena | 2,— | 1,80 |
| **3641** | 1 mehrfarbig | enb | 2,— | 1,80 |
| | | Satzpreis (10 W.) | 20,— | 18,— |
| | | 2 FDC | | 32,— |
| | | Kleinbogen | 20,— | 18,— |

Nominale zur Zeit der Ausgabe: je 0.78 €

Auflage: 130.000 Sätze

**2017, 11. Sept. 25 Jahre Modehaus Viktor & Rolf. Odr., Kleinbogen (5×2); Streifen ph.; gez. K 14¼.**

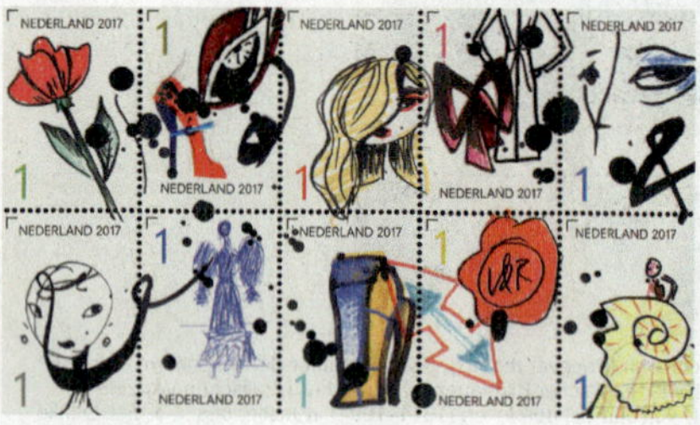

enc) Blume
end) Auge, High Heel
ene) Blondine
enf) Schleife, Kleid
eng) Auge

enh) Frau mit Glatze
eni) Blaues Kleid
enk) High Heel
enl) Emblem
enm) Kleid im Muscheldesign

enc–enm) Zeichnungen von Viktor Horsting (*1969) and Rolf Snoeren (*1969)

| | | | | |
|---|---|---|---|---|
| **3642** | 1 mehrfarbig | enc | 2,— | 1,80 |
| **3643** | 1 mehrfarbig | end | 2,— | 1,80 |
| **3644** | 1 mehrfarbig | ene | 2,— | 1,80 |
| **3645** | 1 mehrfarbig | enf | 2,— | 1,80 |
| **3646** | 1 mehrfarbig | eng | 2,— | 1,80 |
| **3647** | 1 mehrfarbig | enh | 2,— | 1,80 |
| **3648** | 1 mehrfarbig | eni | 2,— | 1,80 |
| **3649** | 1 mehrfarbig | enk | 2,— | 1,80 |
| **3650** | 1 mehrfarbig | enl | 2,— | 1,80 |
| **3651** | 1 mehrfarbig | enm | 2,— | 1,80 |
| | | Satzpreis (10 W.) | 20,— | 18,— |
| | | 2 FDC | | 32,— |
| | | Kleinbogen | 20,— | 18,— |

Nominale zur Zeit der Ausgabe: je 0.78 €

Auflage: 130.000 Sätze

**2017, 9. Okt. Blockausgabe: „Voor het Kind" – Tod von Johannes Andries „Jan" Kruis. Odr.; Streifen ph.; gez. K 14¼.**

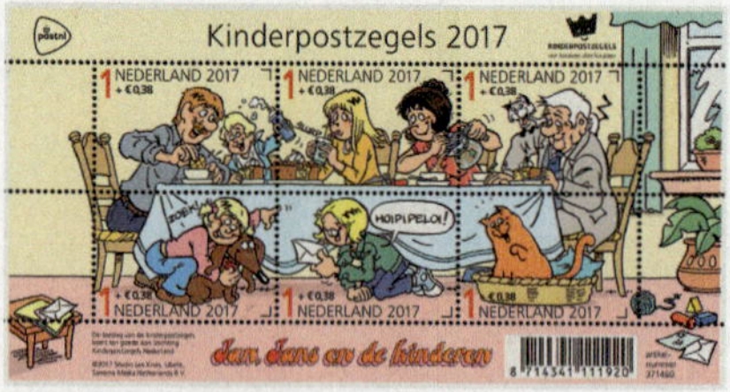


enu

enn) Vater Jan mit Baby Gertje
eno) Tochter Karlijn mit Mutter Jans
enp) Opa mit Katze Loedertje
enr) Tochter Catootje mit Dackel Lotje
ens) Sohn Jeroentje
ent) Roter Kater

enn–ent) Familie Jan am Esstisch; Comicfiguren von Jan Kruis (1933–2017), Comiczeichner und -autor

| | | | | | |
|---|---|---|---|---|---|
| **3652** | 1 + 0.38 € mehrfarbig | enn | 2,60 | 2,60 |
| **3653** | 1 + 0.38 € mehrfarbig | eno | 2,60 | 2,60 |
| **3654** | 1 + 0.38 € mehrfarbig | enp | 2,60 | 2,60 |
| **3655** | 1 + 0.38 € mehrfarbig | enr | 2,60 | 2,60 |
| **3656** | 1 + 0.38 € mehrfarbig | ens | 2,60 | 2,60 |
| **3657** | 1 + 0.38 € mehrfarbig | ent | 2,60 | 2,60 |
| **Block 173** | (144×75 mm) | enu | 16,— | 16,— |
| | | FDC | | 23,— |

Nominale zur Zeit der Ausgabe: je 0.78 € + 0.38 €

Auflage: 2.420.000 Blocks

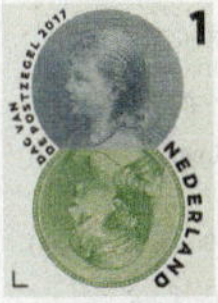

**2017, 20. Okt. Tag der Briefmarke. Odr., Kleinbogen (5×2); Streifen ph.; gez. K 13¼:14.**

env) Königin Wilhelmina (1880–1962, reg. 1898–1948)

| | | | | |
|---|---|---|---|---|
| **3658** | 1 mehrfarbig | env | 2,— | 1,80 |
| | | FDC | | 6,— |
| | | Kehrdruckpaar | 4,— | 3,60 |
| | | Kleinbogen | 20,— | 18,— |

**Markenheftchen (2×1)**

| | | | |
|---|---|---|---|
| **H-Blatt 284** | mit 2 × MiNr. 3531 (Rand weinrot) | 5,80 | 5,80 |
| **H-Blatt 285** | mit 2 × MiNr. 3531 (Rand braun) | 5,80 | 5,80 |
| **H-Blatt 286** | mit 2 × MiNr. 3531 (Rand mit Farbpalette) | 5,80 | 5,80 |
| **H-Blatt 287** | mit 2 × MiNr. 3531 (Rand rot) | 5,80 | 5,80 |
| **H-Blatt 288** | mit 2 × MiNr. 3531 (Rand orange) | 5,80 | 5,80 |
| **MH 113** | mit 1 × H-Blatt 284–288 | 29,— | 29,— |

Nominale zur Zeit der Ausgabe: 0.78 €

Die Marken auf Feld 1, 2, 6, 7 und 8 des Kleinbogens sind kopfstehend, deren Phosphorstreifen ebenfalls.

Postpreis des Markenheftchens: 12.45 €

Auflage: 70.000 Kleinbogen

**2017, 20. Nov. Dezembermarken. I = RaTdr. (5×2 + 5×2), II = Odr. (5×2); Streifen ph.; selbstklebend; gestanzt 11¼.**

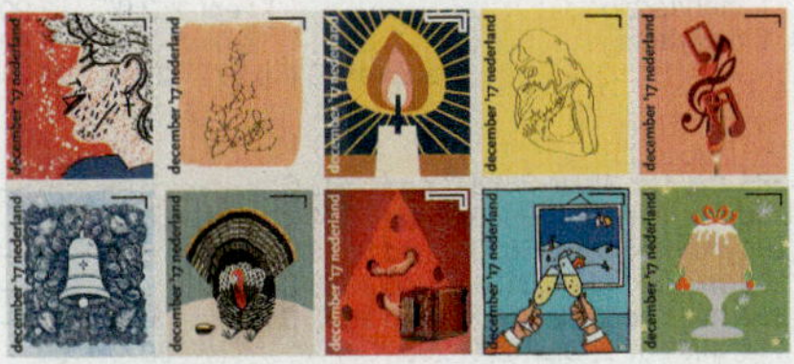

enw) George Michael (1963–2016), britischer Sänger; von Tim Hofman (*1988), Moderator und Jesse Strikwerda, Zeichner
enx) Weihnachtsbaum aus Lichterkette; von Wendy van Dijk (*1971), Schauspielerin, und Sella Molenaar, Zeichnerin
eny) Kerzenlicht; von Tineke Schouten (*1954), Kabarettistin und Jessica Nielsen, Künstlerin
enz) Frau umarmt 3 Sterne; von Lieke van Lexmond (*1982), Schauspielerin, und Loutje Hoekstra, Illustratorin und Fotografin
eoa) Gabel, Violinschlüssel und Noten; von Ruth Jacott (*1960), Sängerin und Adrian Woods & Gidi van Maarseveen, Fotografen

eob) Weihnachtsglocke mit Vögeln; von Anita Witzier (*1961), Moderatorin, und Nouchka Huijg, Graphikdesignerin
eoc) Truthahn (Meleagris gallopavo); von Loretta Schrijver (*1956), Fernsehmoderatorin, und Lieke van der Vorst, Künstlerin
eod) Abstrakter Pyramidenweihnachtsbaum mit Händen und Akkordeon; von René Froger (*1960), Sänger, Natasja Froger (*1965), Fernsehmoderatorin, und Anne Claire de Breij, Fotografin
eoe) Sektgläser, Gemälde mit Winterlandschaft; von Irene Moors (*1967), Schauspielerin, und Emilie van Spronsen (*1988), Künstlerin
eof) Weihnachtskuchen; von Janny van der Heijden (*1954), Schriftstellerin, und Arjen Roos, Fotograf

enw–eof) Weihnachten von Prominenten

**Folienbogen (5×2 + 5×2), I = RaTdr.**

| | | | | |
|---|---|---|---|---|
| **3659 I** | — mehrfarbig | enw | 1,80 | 1,70 |
| **3660 I** | — mehrfarbig | enx | 1,80 | 1,70 |
| **3661 I** | — mehrfarbig | eny | 1,80 | 1,70 |
| **3662 I** | — mehrfarbig | enz | 1,80 | 1,70 |
| **3663 I** | — mehrfarbig | eoa | 1,80 | 1,70 |
| **3664 I** | — mehrfarbig | eob | 1,80 | 1,70 |
| **3665 I** | — mehrfarbig | eoc | 1,80 | 1,70 |
| **3666 I** | — mehrfarbig | eod | 1,80 | 1,70 |
| **3667 I** | — mehrfarbig | eoe | 1,80 | 1,70 |
| **3668 I** | — mehrfarbig | eof | 1,80 | 1,70 |
| | | Satzpreis I (10 W.) | 18,— | 17,— |
| | | 2 FDC I | | 32,— |
| | | Zehnerblock I | 18,— | 17,— |

**Folienblatt (5×2), II = Odr.**

| | | | | |
|---|---|---|---|---|
| **3659 II** | — mehrfarbig | enw | 1,80 | 1,70 |
| **3660 II** | — mehrfarbig | enx | 1,80 | 1,70 |
| **3661 II** | — mehrfarbig | eny | 1,80 | 1,70 |
| **3662 II** | — mehrfarbig | enz | 1,80 | 1,70 |
| **3663 II** | — mehrfarbig | eoa | 1,80 | 1,70 |
| **3664 II** | — mehrfarbig | eob | 1,80 | 1,70 |
| **3665 II** | — mehrfarbig | eoc | 1,80 | 1,70 |
| **3666 II** | — mehrfarbig | eod | 1,80 | 1,70 |
| **3667 II** | — mehrfarbig | eoe | 1,80 | 1,70 |
| **3668 II** | — mehrfarbig | eof | 1,80 | 1,70 |
| | | Satzpreis II (10 W.) | 18,— | 17,— |
| | | Folienblatt II | 18,— | 17,— |

Nominale zur Zeit der Ausgabe: je 0.73 €

Markenfolge im Folienbogen: 3659-3660-3661-3662-3663, 3664-3665-3666-3667, 3663-3662-3659-3661-3660, 3668-3667-3664-3365-3666

Auflage: MiNr. 3659 I–3668 I = 9.400.000 Sätze, MiNr. 3659 II–3668 II = 10.000 Sätze

**2018, 2. Jan. Natur erleben (I): Reptilien und Amphibien. Odr. (5×2); Streifen ph.; selbstklebend; gez. K 13¼:14.**

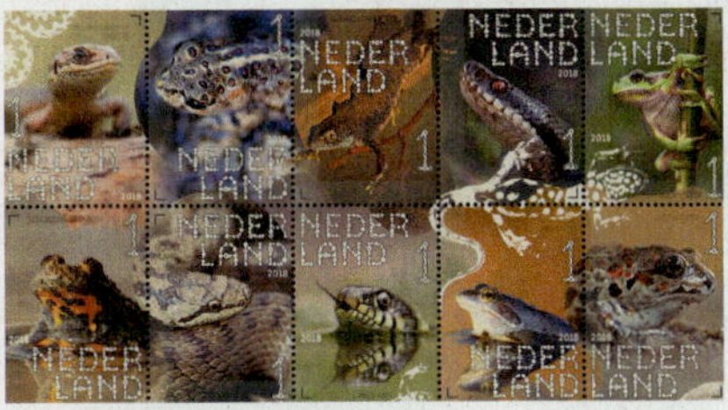

eog) Waldeidechse (Zootoca vivipara)
eoh) Kreuzkröte (Epidalea calamita)
eoi) Nördlicher Kammmolch (Triturus cristatus)
eok) Kreuzotter (Vipera berus)
eol) Europäischer Laubfrosch (Hyla arborea)

eom) Gelbbauchunke (Bombina variegata)
eon) Schlingnatter (Coronella austriaca)
eoo) Ringelnatter (Natrix natrix)
eop) Moorfrosch (Rana arvalis)
eor) Knoblauchkröte (Pelobates fuscus)

| | | | | |
|---|---|---|---|---|
| **3669** | 1 mehrfarbig | eog | 2,— | 1,80 |
| **3670** | 1 mehrfarbig | eoh | 2,— | 1,80 |
| **3671** | 1 mehrfarbig | eoi | 2,— | 1,80 |
| **3672** | 1 mehrfarbig | eok | 2,— | 1,80 |
| **3673** | 1 mehrfarbig | eol | 2,— | 1,80 |
| **3674** | 1 mehrfarbig | eom | 2,— | 1,80 |
| **3675** | 1 mehrfarbig | eon | 2,— | 1,80 |
| **3676** | 1 mehrfarbig | eoo | 2,— | 1,80 |
| **3677** | 1 mehrfarbig | eop | 2,— | 1,80 |
| **3678** | 1 mehrfarbig | eor | 2,— | 1,80 |
| | | Satzpreis (10 W.) | 20,— | 18,— |
| | | 2 FDC | | 33,— |
| | | Folienkleinbogen | 20,— | 18,— |

Nominale zur Zeit der Ausgabe: je 0.83 €

Auflage: 315.000 Sätze

**2018, 29. Jan./4. Juni. Schöne Niederlande: Stadttore (I). Odr.; Kleinbogen (Klb.) (5) und Markenheftchen (MH); Streifen ph.; A = gez. K 14½, C = gez. K 13½:12¾.**

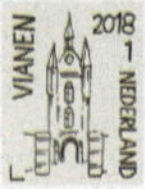

eos) Lektor, Vianen

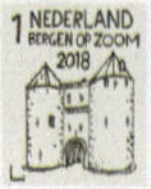

eot) Gevangenpoort, Bergen op Zoom

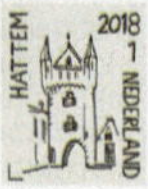

eou) Deichtor, Hattem

eos–eou) Federzeichnungen historischer Stadttore von Jan Rothuizen (*1968)

| | | | | | |
|---|---|---|---|---|---|
| 3679 | | 1 mehrfarbig | eos | | |
| | A | gez. K 14½ (Klb.) (29. Jan.) | | 2,— | 1,90 |
| | C | gez. K 13½:12¾ (MH) (4. Juni) | | 2,90 | 2,90 |
| 3680 | | 1 mehrfarbig | eot | | |
| | A | gez. K 14½ (Klb.) (29. Jan.) | | 2,— | 1,90 |
| | C | gez. K 13½:12¾ (MH) (4. Juni) | | 2,90 | 2,90 |
| 3681 | | 1 mehrfarbig | eou | | |
| | A | gez. K 14½ (Klb.) (29. Jan.) | | 2,— | 1,90 |
| | C | gez. K 13½:12¾ (MH) (4. Juni) | | 2,90 | 2,90 |
| | | Satzpreis A (3 W.) | | 6,— | 5,70 |
| | | Kleinbogensatz A (3 Klb.) | | 30,— | 28,50 |

Nominale zur Zeit der Ausgabe: je 0.83 €

MiNr. 3679 C–3681 C wurden zusammen mit MiNr. 3723 C–3724 C im Markenheftchen ausgegeben. MH-Bewertung siehe nach MiNr. 3724.

Auflage: MiNr. 3679 A–3681 A = 230.000 Sätze

**2018, 19. Febr. Blockausgabe: Geburtstagsbriefmarken. Odr.; Streifen ph.; gez. K 13½:13.**

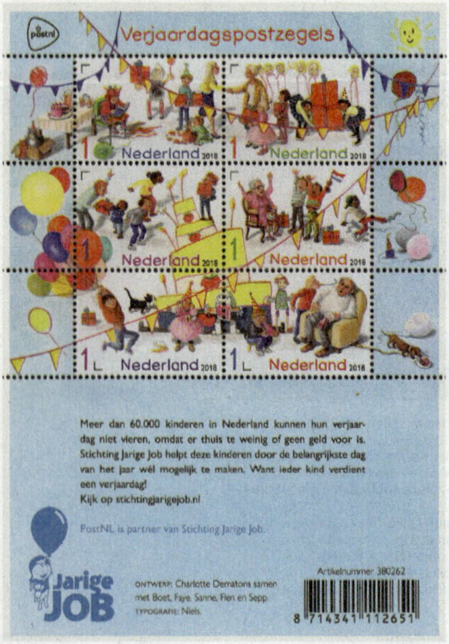


epb

eov–epa) Kindergeburtstag; Illustrationen von Charlotte Dematons (*1957)

| | | | | |
|---|---|---|---|---|
| 3682 | 1 mehrfarbig | eov | 2,— | 1,90 |
| 3683 | 1 mehrfarbig | eow | 2,— | 1,90 |
| 3684 | 1 mehrfarbig | eox | 2,— | 1,90 |
| 3685 | 1 mehrfarbig | eoy | 2,— | 1,90 |
| 3686 | 1 mehrfarbig | eoz | 2,— | 1,90 |
| 3687 | 1 mehrfarbig | epa | 2,— | 1,90 |
| Block 174 | (107×150 mm) | epb | 12,— | 11,50 |
| | | FDC | | 19,— |

Nominale zur Zeit der Ausgabe: je 0.83 €

Auflage: 125.000 Blocks

**2018, 19. Febr. 200 Jahre Rijksmuseum van Oudheden in Leiden. Odr., Kleinbogen (5×2); Streifen ph.; gez. K 14½.**

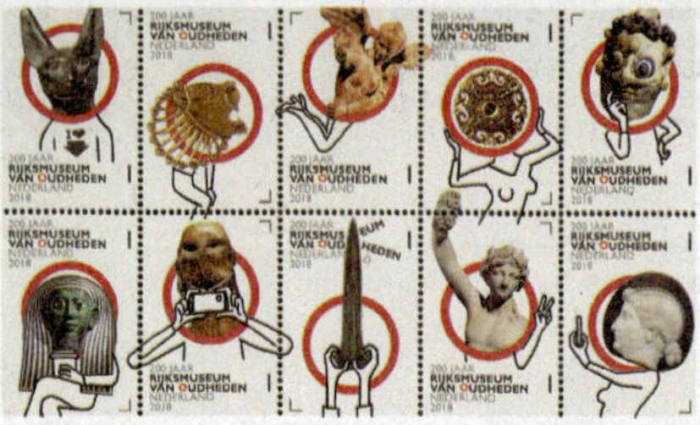

epc) Bronzefigur der ägyptischen Katzengottheit Bastet (ca. 700–330 v. Chr.)
epd) Löwenkopf aus Silber und Gold (ca. 400 v. Chr.), Hamadan (Iran)
epe) Eros mit Bogen (ca. 200–100 v. Chr.), Myrina (heutige Türkei)
epf) Fibel von Dorestad (ca. 800 n. Chr)
epg) Glasperle in Form eines Gesichts (ca. 500–200 v. Chr.), Ägypten

eph) Sarkophag (ca. 664–525 v. Chr.), Ägypten
epi) Mannetje van Willemstad, Figurine aus Eichenholz (ca. 5500–5200 v. Chr.), Niederlande
epk) Schwert von Ommerschans (ca. 1500–1350 v. Chr.), Niederlande
epl) Marmorstatue des Weingottes Bacchus (ca. 100–200 n. Chr.), Italien
epm) Portrait der Kaiserin Livia (58 v. Chr.–29 n. Chr.) aus Onyx (ca. 10 n. Chr.), Italien

epc–epm) Exponate des Reichsmuseum der Altertümer, Leiden

| | | | | |
|---|---|---|---|---|
| 3688 A | 1 mehrfarbig | epc | 2,— | 1,90 |
| 3689 A | 1 mehrfarbig | epd | 2,— | 1,90 |
| 3690 A | 1 mehrfarbig | epe | 2,— | 1,90 |
| 3691 A | 1 mehrfarbig | epf | 2,— | 1,90 |
| 3692 A | 1 mehrfarbig | epg | 2,— | 1,90 |
| 3693 A | 1 mehrfarbig | eph | 2,— | 1,90 |
| 3694 A | 1 mehrfarbig | epi | 2,— | 1,90 |
| 3695 A | 1 mehrfarbig | epk | 2,— | 1,90 |
| 3696 A | 1 mehrfarbig | epl | 2,— | 1,90 |
| 3697 A | 1 mehrfarbig | epm | 2,— | 1,90 |
| | Satzpreis A (10 W.) | | 20,— | 19,— |
| | Kleinbogen A | | 20,— | 19,— |
| | 2 FDC A | | | 33,— |

**Markenheftchen (1×2), C = gez. Ks 12¾:13¼**

| | | | | |
|---|---|---|---|---|
| 3688 C | 1 mehrfarbig | epc | 2,90 | 2,90 |
| 3689 C | 1 mehrfarbig | epd | 2,90 | 2,90 |
| 3690 C | 1 mehrfarbig | epe | 2,90 | 2,90 |
| 3691 C | 1 mehrfarbig | epf | 2,90 | 2,90 |
| 3692 C | 1 mehrfarbig | epg | 2,90 | 2,90 |
| 3693 C | 1 mehrfarbig | eph | 2,90 | 2,90 |
| 3694 C | 1 mehrfarbig | epi | 2,90 | 2,90 |
| 3695 C | 1 mehrfarbig | epk | 2,90 | 2,90 |
| 3696 C | 1 mehrfarbig | epl | 2,90 | 2,90 |
| 3697 C | 1 mehrfarbig | epm | 2,90 | 2,90 |
| | Satzpreis C (10 W.) | | 29,— | 29,— |

| | | | |
|---|---|---|---|
| H-Blatt 289 | mit 1 × MiNr. 3688 C und 3693 C | 6,— | 6,— |
| H-Blatt 290 | mit 1 × MiNr. 3689 C und 3694 C | 6,— | 6,— |
| H-Blatt 291 | mit 1 × MiNr. 3690 C und 3695 C | 6,— | 6,— |
| H-Blatt 292 | mit 1 × MiNr. 3691 C und 3696 C | 6,— | 6,— |
| H-Blatt 293 | mit 1 × MiNr. 3692 C und 3697 C | 6,— | 6,— |
| MH 114 | mit 1 × H-Blatt 289–293 | 30,— | 30,— |

Nominale zur Zeit der Ausgabe: je 0.83 €

Postpreis des Markenheftchens: 12.45 €

Auflage: MiNr. 3688 A–3697 A = 125.000 Sätze

**2018, 26. März. Europa: Brücken. Odr. (1×3 Zd); Streifen ph.; gez. K 13½:13.**

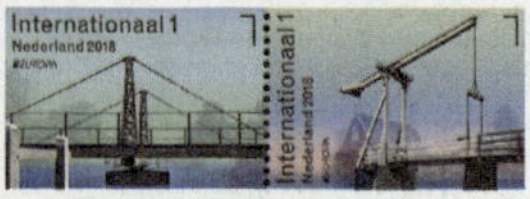

epn) Drehbrücke, Dedemsvaart
epo) Zugbrücke Kwakelbrug, Edam

| | | | | |
|---|---|---|---|---|
| **3698 A** | 1 INTERNATIONAAL mehrfarbig .... | epn | 3,20 | 3,20 |
| **3699 A** | 1 INTERNATIONAAL mehrfarbig .... | epo | 3,20 | 3,20 |
| | Satzpreis A (2 W.) | | 6,40 | 6,40 |
| | Paar A | | 6,40 | 6,40 |
| | FDC A | | | 12,70 |
| | Kleinbogen A | | 19,— | 19,— |

**Markenheftchen (1×2), C = gez. Ks 14¼**

| | | | | |
|---|---|---|---|---|
| **3698 C** | 1 INTERNATIONAAL mehrfarbig .... | epn | 4,70 | 4,70 |
| **3699 C** | 1 INTERNATIONAAL mehrfarbig .... | epo | 4,70 | 4,70 |
| | Satzpreis C (2 W.) | | 9,40 | 9,40 |

| | | | |
|---|---|---|---|
| **H-Blatt 294** | mit 1 × MiNr. 3698 C–3699 C ....... | 9,40 | 9,40 |
| **H-Blatt 295** | mit 2 × MiNr. 3698 C .............. | 9,40 | 9,40 |
| **H-Blatt 296** | mit 2 × MiNr. 3699 C .............. | 9,40 | 9,40 |
| **MH 115** | mit 1 × H-Blatt 294–296 ............ | 28,— | 28,— |

Nominale zur Zeit der Ausgabe: je 1.40 €

Postpreis des Markenheftchens: 12.45 €

Auflage: MiNr. 3698 A–3699 A = 60.000 Sätze

**2018, 9. April. Natur erleben (II): Wildblumen. Odr. (5×2); Streifen ph.; selbstklebend; gez. K 13½:14¼.**

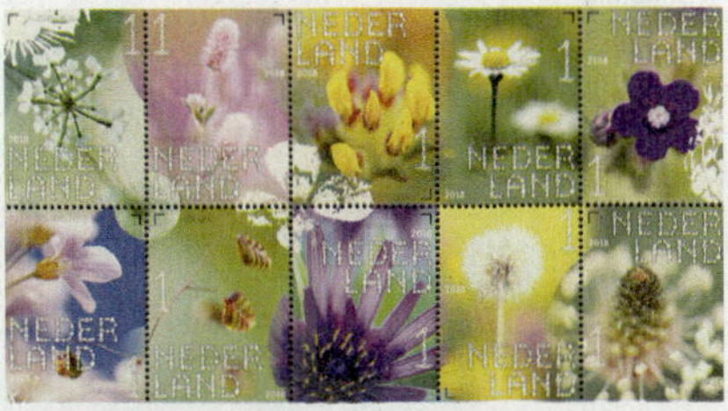

epp) Wiesen-Kerbel (Anthriscus sylvestris)
epr) Hasen-Klee (Trifolium arvense)
eps) Echter Wundklee (Anthyllis vulneraria)
ept) Gänseblümchen (Bellis perennis)
epu) Gemeine Ochsenzunge (Anchusa officinalis)

epv) Wiesen-Schaumkraut (Cardamine pratensis)
epw) Mittleres Zittergras (Briza media)
epx) Haferwurzel (Tragopogon porrifolius)
epy) Gewöhnliche Löwenzahn (Taraxacum officinale)
epz) Spitzwegerich (Plantago lanceolata)

| | | | | |
|---|---|---|---|---|
| **3700** | 1 mehrfarbig ........................ | epp | 2,— | 1,90 |
| **3701** | 1 mehrfarbig ........................ | epr | 2,— | 1,90 |
| **3702** | 1 mehrfarbig ........................ | eps | 2,— | 1,90 |
| **3703** | 1 mehrfarbig ........................ | ept | 2,— | 1,90 |
| **3704** | 1 mehrfarbig ........................ | epu | 2,— | 1,90 |
| **3705** | 1 mehrfarbig ........................ | epv | 2,— | 1,90 |
| **3706** | 1 mehrfarbig ........................ | epw | 2,— | 1,90 |
| **3707** | 1 mehrfarbig ........................ | epx | 2,— | 1,90 |
| **3708** | 1 mehrfarbig ........................ | epy | 2,— | 1,90 |
| **3709** | 1 mehrfarbig ........................ | epz | 2,— | 1,90 |
| | Satzpreis (10 W.) | | 20,— | 19,— |
| | 2 FDC | | | 33,— |
| | Kleinbogen | | 20,— | 19,— |

Nominale zur Zeit der Ausgabe: je 0.83 €

Auflage: 315.000 Sätze

**2018, 23. April. Meine Marke. Odr.; MiNr. 3710 (5×2), MiNr. 3711 (5×1); Streifen ph.; gez. K 13½:14.**

era

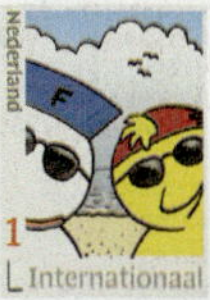


erb

| | | | | |
|---|---|---|---|---|
| **3710** | 1 mehrfarbig ........................ | era | 2,— | 1,90 |
| **3711** | 1 INTERNATIONAAL mehrfarbig ....... | erb | 3,20 | 3,20 |
| | Satzpreis (2 W.) | | 5,20 | 5,10 |
| | FDC | | | 11,— |
| | Kleinbogensatz (2 Klb.) | | 36,— | 35,— |

Nominalen zur Zeit der Ausgabe: MiNr. 3710 = 0.83 €, MiNr. 3711 = 1.40 €

MiNr. 3710–3711 kann auch mit persönlich gestaltetem Markenbild bei der Niederländischen Post bezogen werden. Die Rahmenzeichnung bleibt unverändert.

MiNr. 3710 gibt es ab 05.09.2018 auch mit komplett goldenem Schriftzug.

Auflagen: MiNr. 3710 = 70.000, MiNr. 3711 = 84.000 Stück mit posteigenem Motiv

*In gleicher Rahmenzeichnung wie MiNr. 3710: MiNr. 3712 (selbstklebend)*

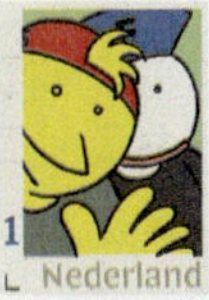


**2018, 23. April. Meine Marke. Odr. (5×2); Streifen ph.; selbstklebend; gez. K 13½:14.**

era

| | | | | |
|---|---|---|---|---|
| **3712** | 1 mehrfarbig ........................ | era | 2,— | 1,90 |
| | Kleinbogen | | 20,— | 19,— |

Nominale zur Zeit der Ausgabe: 0.83 €

MiNr. 3712 kann auch mit persönlich gestaltetem Markenbild bei der Niederländischen Post bezogen werden. Die Rahmenzeichnung bleibt unverändert.

Auflage: 70.000 Stück mit posteigenem Motiv

*In gleicher Rahmenzeichnung: MiNr. 3710 (nassklebend)*

**2018, 22. Mai. 100 Jahre Künstlergruppe „De Ploeg": Gemäldedetails. Odr., Kleinbogen (5×2); Streifen ph.; A = gez. K 13:13½.**

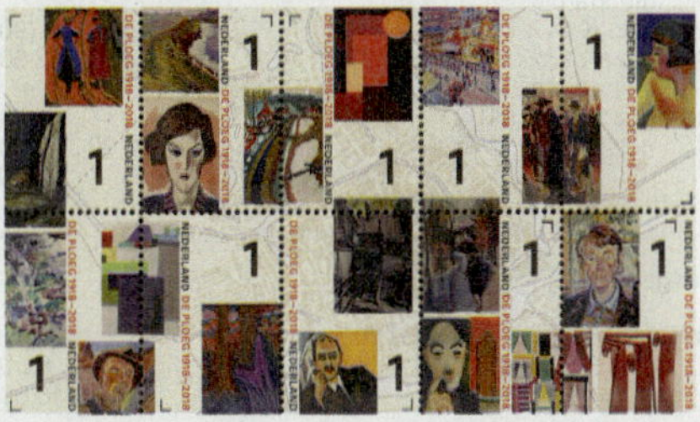

erc) „Blauwborgje, Schlagschatten" von Alida Pott (1888–1931); „Nach dem Besuch" von Jan Altink (1885–1971)
erd) „Damm entlang der Reitdiep" von Jan Altink (1885–1971); „Porträt eines HBS-Lehrlings" von Jan Gerrit Jordens (1883–1962)
ere) „Groninger Landschaft mit Kanal" von Jan Wiegers (1893–1959); „Komposition mit Diagonale" von Wobbe Alkema (1900–1984)
erf) „Groninger Mai-Kirmes" von Johan Dijkstra (1896–1978)
erg) „Sitzend nackt" von Jan Wiegers (1893–1959); „Menschen auf der Straße – Fischmarkt" von George Martens (1894–1979)

erh) „Blauwborgje" von Jacob Gerard Hansen (1899–1960); „Porträt von George Martens" von Ekke Kleima (1899–1958)
eri) „Landschaftskomposition" von Jan van der Zee (1898–1988); „Studentenpfad" von Johan Dijkstra (1896–1978)
erk) „Porträt von Jan Altink" von Jan Wiegers 1893–1959); „Innenhof im Winter" von Johan Dijkstra (1896–1978)
erl) „Kattendiep im Regen" von George Martens (1894–1979); „Porträt von H. N. Werkman" von Jan Altink (1885–1971); „Fassade" von Hendrik Nicolaas Werkman (1882–1945)
erm) „Porträt von Alida Pott" von George Martens (1894–1979); „Komposition mit dem Buchstaben O" von Hendrik Nicolaas Werkman (1882–1945)

| | | | | |
|---|---|---|---|---|
| **3713 A** | 1 mehrfarbig ..................... | erc | 2,— | 1,90 |
| **3714 A** | 1 mehrfarbig ..................... | erd | 2,— | 1,90 |
| **3715 A** | 1 mehrfarbig ..................... | ere | 2,— | 1,90 |
| **3716 A** | 1 mehrfarbig ..................... | erf | 2,— | 1,90 |
| **3717 A** | 1 mehrfarbig ..................... | erg | 2,— | 1,90 |
| **3718 A** | 1 mehrfarbig ..................... | erh | 2,— | 1,90 |
| **3719 A** | 1 mehrfarbig ..................... | eri | 2,— | 1,90 |
| **3720 A** | 1 mehrfarbig ..................... | erk | 2,— | 1,90 |
| **3721 A** | 1 mehrfarbig ..................... | erl | 2,— | 1,90 |

| | | | | | |
|---|---|---|---|---|---|
| 3722 A | 1 mehrfarbig | erm | 2,— | 1,90 |
| | | Satzpreis (10 W.) | 20,— | 19,— |
| | | 2 FDC A | | 33,— |
| | | Kleinbogen A | 20,— | 19,— |

**Markenheftchen (1×2), C = gez. Ks 12¾:13¼**

| | | | | |
|---|---|---|---|---|
| 3713 C | 1 mehrfarbig | erc | 2,90 | 2,90 |
| 3714 C | 1 mehrfarbig | erd | 2,90 | 2,90 |
| 3715 C | 1 mehrfarbig | ere | 2,90 | 2,90 |
| 3716 C | 1 mehrfarbig | erf | 2,90 | 2,90 |
| 3717 C | 1 mehrfarbig | erg | 2,90 | 2,90 |
| 3718 C | 1 mehrfarbig | erh | 2,90 | 2,90 |
| 3719 C | 1 mehrfarbig | eri | 2,90 | 2,90 |
| 3720 C | 1 mehrfarbig | erk | 2,90 | 2,90 |
| 3721 C | 1 mehrfarbig | erl | 2,90 | 2,90 |
| 3722 C | 1 mehrfarbig | erm | 2,90 | 2,90 |
| | | Satzpreis C (10 W.) | 29,— | 29,— |

| | | | |
|---|---|---|---|
| H-Blatt 297 | mit 1 × MiNr. 3713 C und 3618 C | 6,— | 6,— |
| H-Blatt 298 | mit 1 × MiNr. 3714 C und 3619 C | 6,— | 6,— |
| H-Blatt 299 | mit 1 × MiNr. 3715 C und 3620 C | 6,— | 6,— |
| H-Blatt 300 | mit 1 × MiNr. 3716 C und 3621 C | 6,— | 6,— |
| H-Blatt 301 | mit 1 × MiNr. 3717 C und 3622 C | 6,— | 6,— |
| MH 116 | mit 1 × H-Blatt 297–301 | 30,— | 30,— |

Nominale zur Zeit der Ausgabe: je 0.83 €

Postpreis des Markenheftchens: 12.45 €

Auflage: MiNr. 3613 A–3622 A = 125.000 Sätze

**2018, 4. Juni. Schöne Niederlande: Stadttore (II). Odr., Kleinbogen (Klb.) (5) und Markenheftchen (MH); Streifen ph.; A = gez. K 14½, C = gez. K 13½:12¾.**

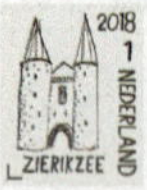


ern) Nobelpoort, Zierikzee

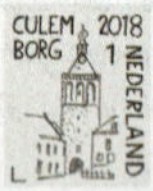


ero) Binnenpoort, Culemborg

erp–err) Federzeichnungen historischer Stadttore von Jan Rothuizen (*1968)

| | | | | | |
|---|---|---|---|---|---|
| 3723 | | 1 mehrfarbig | ern | | |
| | A | gez. K 14½ (Klb.) | | 2,— | 1,90 |
| | C | gez. K 13½:12¾ (MH) | | 2,90 | 2,90 |
| 3724 | | 1 mehrfarbig | ero | | |
| | A | gez. K 14½ (Klb.) | | 2,— | 1,90 |
| | C | gez. K 13½:12¾ (MH) | | 2,90 | 2,90 |
| | | | Satzpreis A (2 W.) | 4,— | 3,80 |
| | | | Kleinbogensatz A (2 Klb.) | 20,— | 19,— |
| | | | Markenheftchen C | 29,— | 29,— |

**Blockausgabe**

| | | | | |
|---|---|---|---|---|
| Block 175 | mit MiNr. 3679 A–3681 A und 3723 A–3724 A (144×75 mm) | erp | 10,— | 9,50 |
| | | FDC | | 16,50 |

Nominale zur Zeit der Ausgabe: je 0.83 €

MiNr. 3723 C–3724 C wurden zusammen mit MiNr. 3679 C–3681 C im Markenheftchen ausgegeben. Jede Marke ist 2× enthalten (Verkaufspreis des Heftchens: 12.45 €).

Auflagen: MiNr. 3723 A–3724 A = 230.000 Sätze, Bl. 175 = 171.000 Blocks

**2018, 4. Juni. Natur erleben (III): Insekten und Spinnen. Odr. (5×2); Streifen ph.; selbstklebend; gez. K 13½:14¼.**

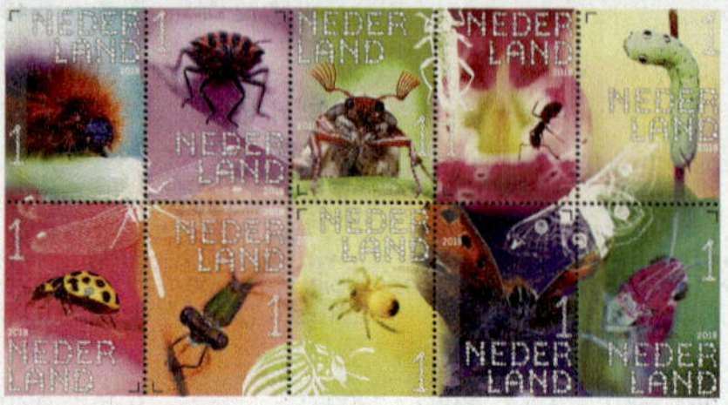

err) Raupe des Braunen Bären (Arctia caja)
ers) Streifenwanze (Graphosoma lineatum)
ert) Feldmaikäfer (Melolontha melolontha)
eru) Schwarze Wegameise (Lasius niger)
erv) Raupe des Mittleren Weinschwärmers (Deilephila elpenor)

erw) Zweiundzwanzigpunkt-Marienkäfer (Psyllobora vigintiduopunctata)
erx) Gemeine Binsenjungfer (Lestes sponsa)
ery) Gartenkreuzspinne (Araneus diadematus)
erz) Kleiner Feuerfalter (Lycaena phlaeas)
esa) Sumpfschrecke (Stethophyma grossum)

| | | | | |
|---|---|---|---|---|
| 3725 | 1 mehrfarbig | err | 2,— | 1,90 |
| 3726 | 1 mehrfarbig | ers | 2,— | 1,90 |
| 3727 | 1 mehrfarbig | ert | 2,— | 1,90 |
| 3728 | 1 mehrfarbig | eru | 2,— | 1,90 |
| 3729 | 1 mehrfarbig | erv | 2,— | 1,90 |
| 3730 | 1 mehrfarbig | erw | 2,— | 1,90 |
| 3731 | 1 mehrfarbig | erx | 2,— | 1,90 |
| 3732 | 1 mehrfarbig | ery | 2,— | 1,90 |
| 3733 | 1 mehrfarbig | erz | 2,— | 1,90 |
| 3734 | 1 mehrfarbig | esa | 2,— | 1,90 |
| | | Satzpreis (10 W.) | 20,— | 19,— |
| | | 2 FDC | | 33,— |
| | | Kleinbogen | 20,— | 19,— |

Nominale zur Zeit der Ausgabe: je 0.83 €

Auflage: 315.000 Sätze

**2018, 23. Juli. Numismatik: Niederländische Gulden. Odr. (2×5); Streifen ph.; A = gez. K 13¼:12¾.**

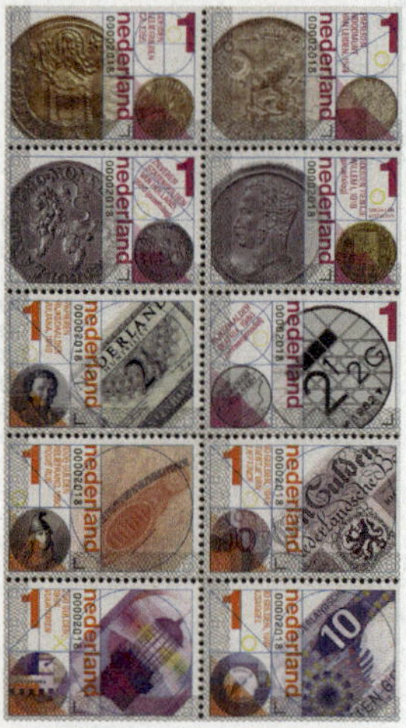

esb) Goldene Lilie-Gulden (14. Jh.)
esc) Notgeld, Leiden (1574)
esd) Probelauf Staatsgeld, Holland (1680)
ese) Probelauf neuer Münzen (1818) zu Ehren von König Wilhelm I. (1772–1843)
esf) Rijksdaalder aus Papier (1949) zu Ehren von Königin Juliana (1909–2004)
esg) Design für den Rijksdaalder (1980)
esh) „Roter Rücken" (1860)
esi) 10 Gulden von Lieftinck (1945)
esk) Erste 250-Gulden-Banknote (1986)
esl) 10 Gulden (1997)

| | | | | |
|---|---|---|---|---|
| 3735 A | 1 mehrfarbig | esb | 2,— | 1,90 |
| 3736 A | 1 mehrfarbig | esc | 2,— | 1,90 |
| 3737 A | 1 mehrfarbig | esd | 2,— | 1,90 |

| | | | | | |
|---|---|---|---|---|---|
| **3738 A** | 1 mehrfarbig | ese | 2,— | 1,90 |
| **3739 A** | 1 mehrfarbig | esf | 2,— | 1,90 |
| **3740 A** | 1 mehrfarbig | esg | 2,— | 1,90 |
| **3741 A** | 1 mehrfarbig | esh | 2,— | 1,90 |
| **3742 A** | 1 mehrfarbig | esi | 2,— | 1,90 |
| **3743 A** | 1 mehrfarbig | esk | 2,— | 1,90 |
| **3744 A** | 1 mehrfarbig | esl | 2,— | 1,90 |
| | Satzpreis A (10 W.) | | 20,— | 19,— |
| | 2 FDC A | | | 33,— |
| | Kleinbogen A | | 20,— | 19,— |

**Markenheftchen (2×1), C = gez. Ks 13¼:14¼**

| | | | | |
|---|---|---|---|---|
| **3735 C** | 1 mehrfarbig | esb | 2,90 | 2,90 |
| **3736 C** | 1 mehrfarbig | esc | 2,90 | 2,90 |
| **3737 C** | 1 mehrfarbig | esd | 2,90 | 2,90 |
| **3738 C** | 1 mehrfarbig | ese | 2,90 | 2,90 |
| **3739 C** | 1 mehrfarbig | esf | 2,90 | 2,90 |
| **3740 C** | 1 mehrfarbig | esg | 2,90 | 2,90 |
| **3741 C** | 1 mehrfarbig | esh | 2,90 | 2,90 |
| **3742 C** | 1 mehrfarbig | esi | 2,90 | 2,90 |
| **3743 C** | 1 mehrfarbig | esk | 2,90 | 2,90 |
| **3744 C** | 1 mehrfarbig | esl | 2,90 | 2,90 |
| | Satzpreis C (10 W.) | | 29,— | 29,— |

| | | | |
|---|---|---|---|
| **H-Blatt 302** | mit 1 × MiNr. 3735 C–3736 C | 5,80 | 5,80 |
| **H-Blatt 303** | mit 1 × MiNr. 3737 C–3738 C | 5,80 | 5,80 |
| **H-Blatt 304** | mit 1 × MiNr. 3739 C–3740 C | 5,80 | 5,80 |
| **H-Blatt 305** | mit 1 × MiNr. 3741 C–3742 C | 5,80 | 5,80 |
| **H-Blatt 306** | mit 1 × MiNr. 3743 C–3744 C | 5,80 | 5,80 |
| **MH 117** | mit 1 × H-Blatt 302–306 | 29,— | 29,— |

Nominale zur Zeit der Ausgabe: je 0.83 €

Postpreis des Markenheftchens: 12.45 €

Auflage: MiNr. 3736 A–3744 A = 120.000 Sätze

**2018, 17. Sept. Architekturbewegung „Neues Bauen". Odr. (2×5); Streifen ph.; gez. K 12:13.**

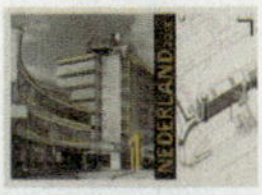

esm) Van-Nelle-Fabrik, Rotterdam (1923); von Leendert van der Vlugt (1894–1936) und Johannes Brinkman (1902–1949)

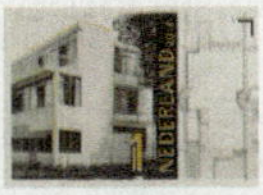

esn) Wohnhäuser, Utrecht (1931); von Gerrit Rietveld (1888–1964)

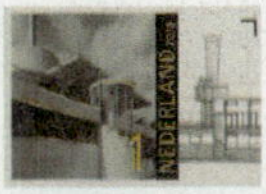

eso) Sanatorium Zonnestraal, Hilversum (1928); von Johannes Duiker (1890–1935) und Bernard Bijvoet (1889–1979)

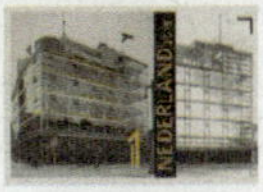

esp) Glaspaleis Schunck, Heerlen (1933); von Frits Peutz (1896–1974)

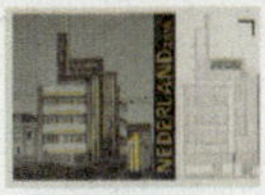

esr) Gebäude De Volharding, Den Haag (1927); von Jan Buijs (1889–1961)

| | | | | |
|---|---|---|---|---|
| **3745** | 1 mehrfarbig | esm | 2,— | 1,90 |
| **3746** | 1 mehrfarbig | esn | 2,— | 1,90 |
| **3747** | 1 mehrfarbig | eso | 2,— | 1,90 |
| **3748** | 1 mehrfarbig | esp | 2,— | 1,90 |
| **3749** | 1 mehrfarbig | esr | 2,— | 1,90 |
| | Satzpreis (5 W.) | | 10,— | 9,50 |
| | FDC | | | 16,50 |
| | Fünferstreifen | | 10,— | 9,50 |
| | Kleinbogen | | 20,— | 19,— |

Nominale zur Zeit der Ausgabe: je 0.83 €

Markenfolge im Kleinbogen: 3745-3746, 3747-3748, 3749-3747, 3748-3745, 3746-3749

Auflage: 190.000 Sätze

**2018, 17. Sept. Natur erleben (IV): Pilze. Odr. (5×2); Streifen ph.; selbstklebend; gez. K 13½:14¼.**

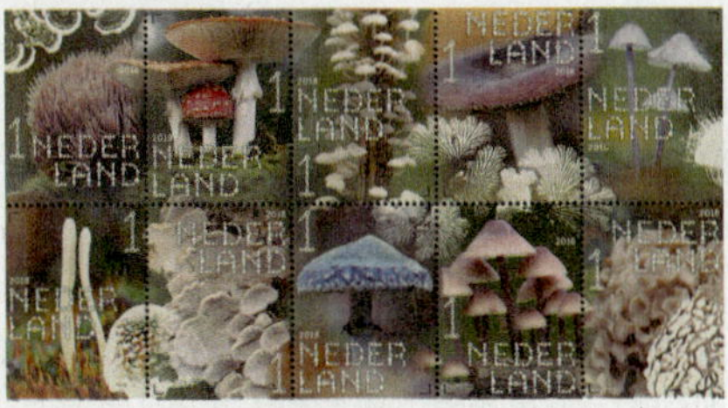

ess) Weißliche Borstenkoralle (Pterula multifida)
est) Fliegenpilz (Amanita muscaria)
esu) Ästchen-Zwergschwindling (Marasmiellus ramealis)
esv) Wechselfarbiger Spei-Täubling (Russula fragilis)
esw) Helmlingsschimmel (Spinellus fusiger)

esx) Heidekeule (Clavaria argillacea)
esy) Buchen-Adernzähling (Plicatura crispa)
esz) Grünspan-Träuschling (Psilocybe aeruginosa)
eta) Große Blut-Helmling (Mycena haematopus)
etb) Krause Glucke (Sparassis crispa)

| | | | | |
|---|---|---|---|---|
| **3750** | 1 mehrfarbig | ess | 2,— | 1,90 |
| **3751** | 1 mehrfarbig | est | 2,— | 1,90 |
| **3752** | 1 mehrfarbig | esu | 2,— | 1,90 |
| **3753** | 1 mehrfarbig | esv | 2,— | 1,90 |
| **3754** | 1 mehrfarbig | esw | 2,— | 1,90 |
| **3755** | 1 mehrfarbig | esx | 2,— | 1,90 |
| **3756** | 1 mehrfarbig | esy | 2,— | 1,90 |
| **3757** | 1 mehrfarbig | esz | 2,— | 1,90 |
| **3758** | 1 mehrfarbig | eta | 2,— | 1,90 |
| **3759** | 1 mehrfarbig | etb | 2,— | 1,90 |
| | Satzpreis (10 W.) | | 20,— | 19,— |
| | 2 FDC | | | 33,— |
| | Kleinbogen | | 20,— | 19,— |

Nominale zur Zeit der Ausgabe: je 0.83 €

Auflage: 315.000 Sätze

**2018, 8. Okt. Blockausgabe: „Voor het Kind" – 50 Jahre „De Fabeltjeskrant". Odr.; Streifen ph.; gez. K 14¼.**

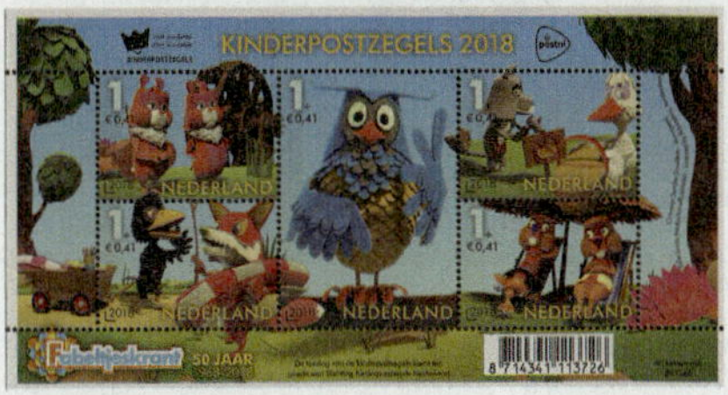


eth

etc) Martha und Myra Hamster
etd) Herr Eule
ete) Bor der Wolf und Frau Storch
etf) Herr Rabe und Lowieke der Fuchs
etg) Ed und Willem Biber

| | | | | |
|---|---|---|---|---|
| **3760** | 1 + 0.41 € mehrfarbig | etc | 2,90 | 2,90 |
| **3761** | 1 + 0.41 € mehrfarbig | etd | 2,90 | 2,90 |
| **3762** | 1 + 0.41 € mehrfarbig | ete | 2,90 | 2,90 |
| **3763** | 1 + 0.41 € mehrfarbig | etf | 2,90 | 2,90 |
| **3764** | 1 + 0.41 € mehrfarbig | etg | 2,90 | 2,90 |
| **Block 176** | (144×75 mm) | eth | 14,50 | 14,50 |
| | | FDC | | 22,50 |

Nominale zur Zeit der Ausgabe: je 0.83 € + 0.41 €

Auflage: 2.305.000 Blocks

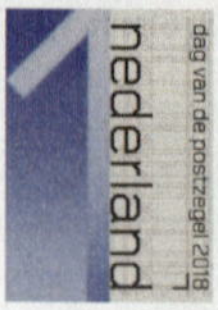


**2018, 19. Okt. Tag der Briefmarke. Odr. (5×2); Streifen ph.; gez. K 13¼:12½.**

eti) Marke MiNr. 1896 (Detail)

| | | | | |
|---|---|---|---|---|
| **3765** | 1 lilaultramarin/gelbschwarz | eti | 2,— | 1,90 |
| | | FDC | | 6,— |
| | | Kleinbogen | 20,— | 19,— |

**Markenheftchen (2×1)**

| | | | |
|---|---|---|---|
| **H-Blatt 307** | mit 2 × MiNr. 3765 (Markenabbildungen) | 2,90 | 2,90 |
| **H-Blatt 308** | mit 2 × MiNr. 3765 (Entwurfszeichnungen) | 2,90 | 2,90 |
| **H-Blatt 309** | mit 2 × MiNr. 3765 (Andruckbogen) | 2,90 | 2,90 |
| **H-Blatt 310** | mit 2 × MiNr. 3765 (Farbproben) | 2,90 | 2,90 |
| **H-Blatt 311** | mit 2 × MiNr. 3765 (Ziffernzeichnung) | 2,90 | 2,90 |
| **MH 118** | mit 1 × H-Blatt 307–311 | 14,50 | 14,50 |

Nominale zur Zeit der Ausgabe: 0.83 €

Postpreis des Markenheftchens: 12.45 €

Auflage: 64.000 Kleinbogen

**2018, 19. Okt. Blockausgabe: Gemüsegarten. Odr.; Streifen ph.; gez. K 14¼.**

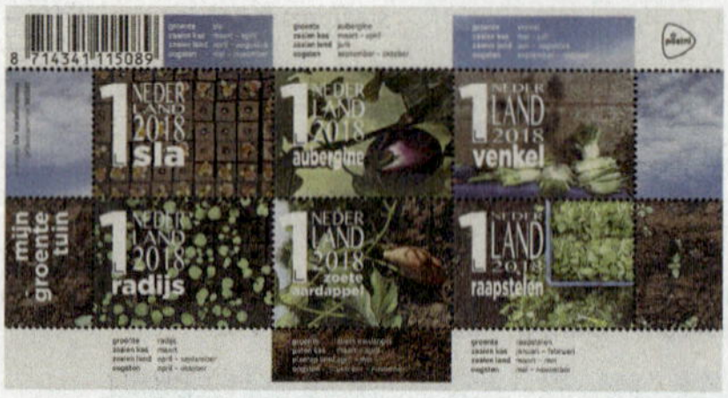


etr

etk) Salatbeet
etl) Aubergine
etm) Fenchel
etn) Radieschenbeet
eto) Süßkartoffel
etp) Rübstiel

| | | | | |
|---|---|---|---|---|
| **3766** | 1 mehrfarbig | etk | 2,— | 1,90 |
| **3767** | 1 mehrfarbig | etl | 2,— | 1,90 |
| **3768** | 1 mehrfarbig | etm | 2,— | 1,90 |
| **3769** | 1 mehrfarbig | etn | 2,— | 1,90 |
| **3770** | 1 mehrfarbig | eto | 2,— | 1,90 |
| **3771** | 1 mehrfarbig | etp | 2,— | 1,90 |
| **Block 177** | (144×75 mm) | etr | 12,— | 11,40 |
| | | FDC | | 19,— |

Nominale zur Zeit der Ausgabe: je 0.83 €

Auflage: 110.000 Blocks

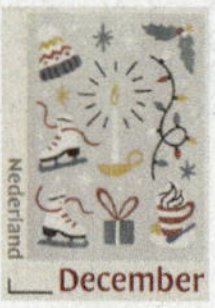


**2018, 5. Nov. Meine Marke. Odr. (5×2); selbstklebend; gez. K 13½:14.**

ets

| | | | | |
|---|---|---|---|---|
| **3772** | — mehrfarbig | ets | 1,80 | 1,80 |
| | | FDC | | 6,— |
| | | Kleinbogen | 18,— | 18,— |

Nominale zur Zeit der Ausgabe: 0.78 €

MiNr. 3772 kann auch mit persönlich gestaltetem Markenbild bei der Niederländischen Post bezogen werden. Die Rahmenzeichnung bleibt unverändert.

Auflage: 640.000 Stück mit posteigenem Motiv

**2018, 5. Nov. Dezembermarken. Odr. (5×2 + 5×2); Streifen ph.; selbstklebend; gestanzt 11.**

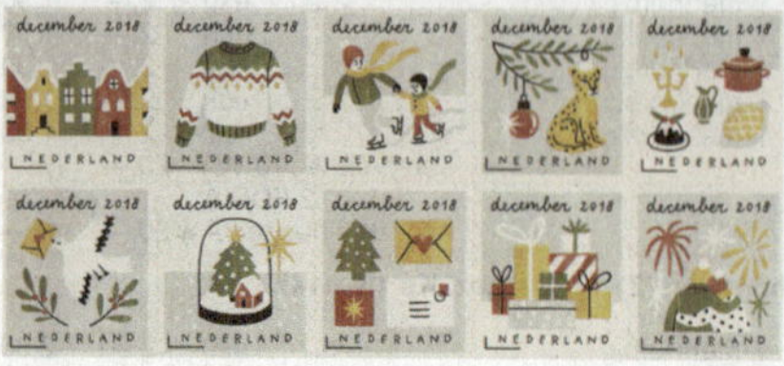

ett) Verschneite Häuser
etu) Weihnachtspullover
etv) Vater und Sohn fahren Schlittschuh
etw) Christbaumschmuck
etx) Weihnachtsessen

ety) Brieftaube, Mistelzweige
etz) Schneekugel
eua) Briefe
eub) Geschenke
euc) Pärchen, Feuerwerk

| | | | | |
|---|---|---|---|---|
| **3773** | — mehrfarbig | ett | 1,80 | 1,80 |
| **3774** | — mehrfarbig | etu | 1,80 | 1,80 |
| **3775** | — mehrfarbig | etv | 1,80 | 1,80 |
| **3776** | — mehrfarbig | etw | 1,80 | 1,80 |
| **3777** | — mehrfarbig | etx | 1,80 | 1,80 |
| **3778** | — mehrfarbig | ety | 1,80 | 1,80 |
| **3779** | — mehrfarbig | etz | 1,80 | 1,80 |
| **3780** | — mehrfarbig | eua | 1,80 | 1,80 |
| **3781** | — mehrfarbig | eub | 1,80 | 1,80 |
| **3782** | — mehrfarbig | euc | 1,80 | 1,80 |
| | | Satzpreis (10 W.) | 18,— | 18,— |
| | | 2 FDC | | 31,50 |
| | | Zehnerblock | 18,— | 18,— |
| | | Folienbogen | 36,— | 36,— |

Nominale zur Zeit der Ausgabe: je 0.78 €

Markenfolge im Folienbogen: 3773-3774-3775-3776-3777, 3778-3779-3780-3781-3782, 3777-3776-3773-3774-3775, 3780-3781-3782-3779-3778

Auflage: 7.600.000 Sätze

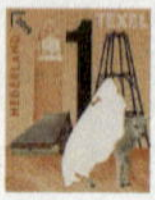

**2019, 2. Jan. Schöne Niederlande: Westfriesische Inseln (I). Odr., Kleinbogen (5) und Markenheftchen (5); Streifen ph.; gez. Ks 14¼.**

eud) Umriss der Insel Texel, Leuchtturm, Scheune, Schaf

| | | | | |
|---|---|---|---|---|
| **3783** | 1 mehrfarbig | eud | 2,— | 2,— |
| | | Kleinbogen | 10,— | 10,— |
| | | Markenheftchen | 29,— | 29,— |

Nominale zur Zeit der Ausgabe: 0.87 €

Das Markenheftchen enthält 2 Heftchenblätter mit je 5 × MiNr. 3783.

Postpreis des Markenheftchens: 12.45 €

Auflage: 36.000 Kleinbogen

**2019, 2. Jan. Natur erleben (V): Säugetiere. Odr. (5×2); Streifen ph.; selbstklebend; gez. K 13½:14¼.**

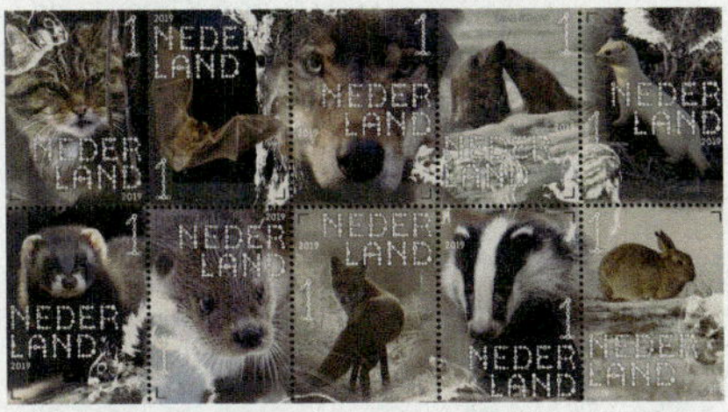

eue) Wildkatze (Felis silvestris)
euf) Wimperfledermaus (Myotis emarginatus)
eug) Wolf (Canis lupus)
euh) Kegelrobbe (Halichoerus grypus)
eui) Hermelin (Mustela erminea)

euk) Europäischer Iltis (Mustela putorius)
eul) Fischotter (Lutra lutra)
eum) Rotfuchs (Vulpes vulpes)
eun) Europäischer Dachs (Meles meles)
euo) Wildkaninchen (Oryctolagus cuniculus)

| | | | | | |
|---|---|---|---|---|---|
| **3784** | 1 mehrfarbig | eue | 2,— | 2,— |
| **3785** | 1 mehrfarbig | euf | 2,— | 2,— |
| **3786** | 1 mehrfarbig | eug | 2,— | 2,— |
| **3787** | 1 mehrfarbig | euh | 2,— | 2,— |
| **3788** | 1 mehrfarbig | eui | 2,— | 2,— |
| **3789** | 1 mehrfarbig | euk | 2,— | 2,— |
| **3790** | 1 mehrfarbig | eul | 2,— | 2,— |
| **3791** | 1 mehrfarbig | eum | 2,— | 2,— |
| **3792** | 1 mehrfarbig | eun | 2,— | 2,— |
| **3793** | 1 mehrfarbig | euo | 2,— | 2,— |
| | | Satzpreis (10 W.) | 20,— | 20,— |
| | | 2 FDC | | 34,50 |
| | | Kleinbogen | 20,— | 20,— |

Nominale zur Zeit der Ausgabe: je 0.87 €

Auflage: 315.000 Sätze

**2019, 24. Jan. Blockausgabe: 220 Jahre niederländisches Postunternehmen. Odr. mit Lacküberzug; Streifen ph.; gez. Ks 14¼.**

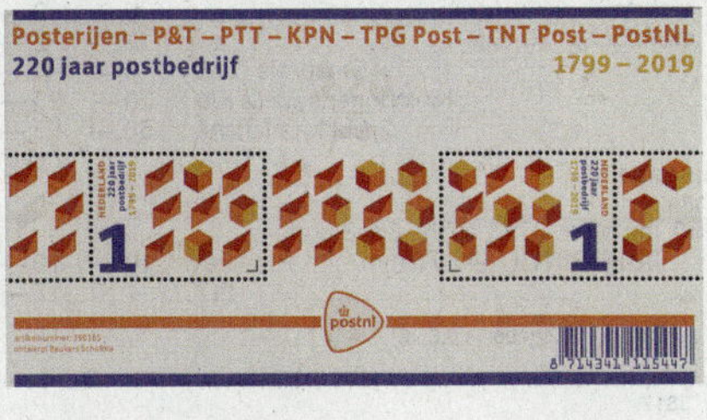


eus

eup–eur) Briefe und Pakete

| | | | | |
|---|---|---|---|---|
| **3794** | 1 mehrfarbig | eup | 2,— | 2,— |
| **3795** | 1 mehrfarbig | eur | 2,— | 2,— |
| **Block 178** | (144×75 mm) | eus | 4,— | 4,— |
| | | FDC | | 9,80 |

Nominale zur Zeit der Ausgabe: je 0.87 €

Auflagen: 175.000 Blocks

**2019, 15. Febr. 350. Todestag von Rembrandt van Rijn. Odr. (5×1); Streifen ph.; gez. K 13¼:14.**

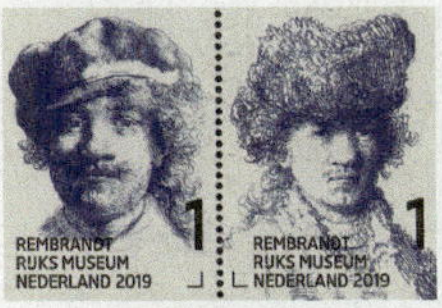

eut–euu) Selbstporträts; von Rembrandt van Rijn (1606–1669), Maler

| | | | | |
|---|---|---|---|---|
| **3796** | 1 schwärzlichlilaultramarin/schwarz | eut | 2,— | 2,— |
| **3797** | 1 schwärzlichlilaultramarin/schwarz | euu | 2,— | 2,— |
| | | Satzpreis (2 W.) | 4,— | 4,— |
| | | Paar | 4,— | 4,— |
| | | FDC | | 10,— |
| | | Kleinbogen | 10,— | 10,— |

Nominale zur Zeit der Ausgabe: je 0.87 €

Markenfolge im Kleinbogen: 3796-3797-3796-3797-3796

Auflagen: MiNr. 3796 = 330.000, MiNr. 3797 = 220.000 Stück

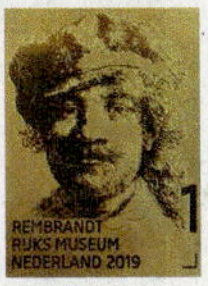

**2019, 15. Febr. 350. Todestag von Rembrandt van Rijn. I = Lasergravur auf Goldfolie, II = Lasergravur auf Silberfolie (Einzelherstellung); selbstklebend; gestanzt.**

eut) Selbstporträt; von Rembrandt van Rijn (1606–1669), Maler

| | | | | |
|---|---|---|---|---|
| **3798** | 1 | eut | | |
| | I gold | | 115,— | 115,— |
| | II silber | | —,— | —,— |

Nominale zur Zeit der Ausgabe: 8.45 €

MiNr. 3798 I stammt aus einer Verkaufspackung (Postpreis: 50 €).

MiNr. 3798 II wurde an die ersten 1000 Kunden verschenkt, welche Produkte im Wert von mindestens 100 € aus dem „Collect nummer 100"-Magazin bestellt haben.

Auflagen: MiNr. 3798 I = 3.500, MiNr. 3798 II = 1.000 Stück

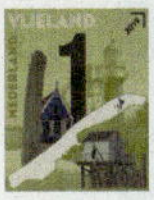

**2019, 25. Febr. Schöne Niederlande: Westfriesische Inseln (II). Odr., Kleinbogen (5) und Markenheftchen (5); Streifen ph.; gez. Ks 14¼.**

euv) Umriss der Insel Vlieland, Grabstein, Haus, Leuchtturm, Notunterkunft

| | | | | |
|---|---|---|---|---|
| **3799** | 1 mehrfarbig | euv | 2,— | 2,— |
| | | Kleinbogen | 10,— | 10,— |
| | | Markenheftchen | 29,— | 29,— |

Nominale zur Zeit der Ausgabe: 0.87 €

Das Markenheftchen enthält 2 Heftchenblätter mit je 5 × MiNr. 3799.

Postpreis des Markenheftchens: 12.45 €

Auflage: 36.000 Kleinbogen

**2019, 25. Febr. Natur erleben (VI): Stinsenpflanzen. Odr. (5×2); Streifen ph.; selbstklebend; gez. K 13½:14¼.**

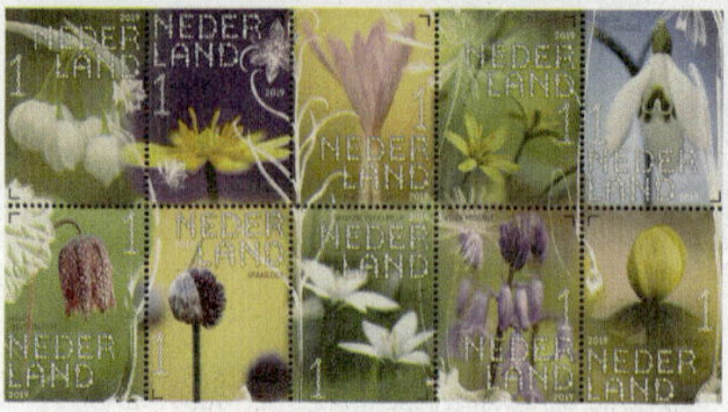


euw) Wunder-Lauch (Allium paradoxum)
eux) Scharbockskraut (Ficaria verna)
euy) Herbstzeitlose (Colchicum autumnale)
euz) Wald-Gelbstern (Gagea lutea)
eva) Kleine Schneeglöckchen (Galanthus nivalis)

evb) Schachblume (Fritillaria meleagris)
evc) Weinberg-Lauch (Allium vineale)
evd) Dolden-Milchstern (Ornithogalum umbellatum)
eve) Atlantische Hasenglöckchen (Hyacinthoides non-scripta)
evf) Winterling (Eranthis hyemalis)

| | | | | |
|---|---|---|---|---|
| **3800** | 1 mehrfarbig | euw | 2,— | 2,— |
| **3801** | 1 mehrfarbig | eux | 2,— | 2,— |
| **3802** | 1 mehrfarbig | euy | 2,— | 2,— |
| **3803** | 1 mehrfarbig | euz | 2,— | 2,— |
| **3804** | 1 mehrfarbig | eva | 2,— | 2,— |
| **3805** | 1 mehrfarbig | evb | 2,— | 2,— |
| **3806** | 1 mehrfarbig | evc | 2,— | 2,— |
| **3807** | 1 mehrfarbig | evd | 2,— | 2,— |
| **3808** | 1 mehrfarbig | eve | 2,— | 2,— |
| **3809** | 1 mehrfarbig | evf | 2,— | 2,— |
| | Satzpreis (10 W.) | | 20,— | 20,— |
| | 2 FDC | | | 34,50 |
| | Kleinbogen | | 20,— | 20,— |

Nominale zur Zeit der Ausgabe: je 0.87 €

Auflage: 315.000 Sätze

**2019, 11. März. Blockausgabe: 100 Jahre Luftfahrt. Odr.; Streifen ph.; gez. Ks 14:13¼.**

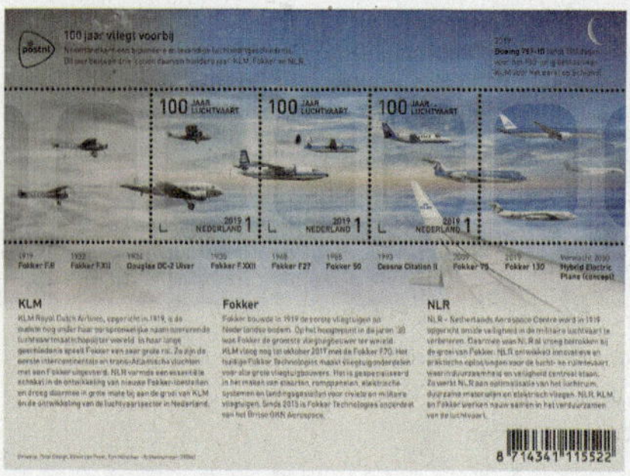


evk

evg) Douglas DC-2 Uiver, Fokker F.XXII
evh) Fokker F27, Fokker 50
evi) Cessna Citation II, Fokker 70

| | | | | |
|---|---|---|---|---|
| **3810** | 1 mehrfarbig | evg | 2,— | 2,— |
| **3811** | 1 mehrfarbig | evh | 2,— | 2,— |
| **3812** | 1 mehrfarbig | evi | 2,— | 2,— |
| **Block 179** | (170×122 mm) | evk | 6,— | 6,— |
| | FDC | | | 13,— |

Nominale zur Zeit der Ausgabe: je 0.87 €

Auflage: 108.000 Blocks

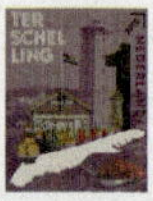


**2019, 25. März. Schöne Niederlande: Westfriesische Inseln (III). Odr., Kleinbogen (5) und Markenheftchen (5); Streifen ph.; gez. Ks 14¼.**

evl) Umriss der Insel Terschelling, Leuchtturm, „Behouden Huys"-Museum, Grabstein, Bojen, Löffel mit Cranberrys

| | | | | |
|---|---|---|---|---|
| **3813** | 1 mehrfarbig | evl | 2,— | 2,— |
| | Kleinbogen | | 10,— | 10,— |
| | Markenheftchen | | 29,— | 29,— |

Nominale zur Zeit der Ausgabe: je 0.87 €

Das Markenheftchen enthält 2 Heftchenblätter mit je 5 × MiNr. 3813.

Postpreis des Markenheftchens: 12.45 €

Auflage: 36.000 Kleinbogen

**2019, 23. April. Europa: Einheimische Vögel. Odr. (1×3 Zd); Streifen ph.; gez. K 13¼:12¾.**

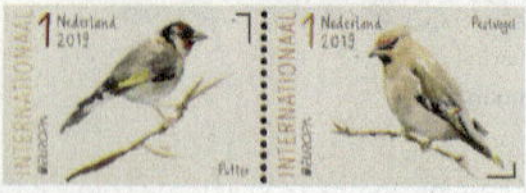


evm) Stieglitz (Carduelis carduelis)
evn) Seidenschwanz (Bombycilla garrulus)

| | | | | |
|---|---|---|---|---|
| **3814** | 1 INTERNATIONAAL mehrfarbig | evm | 3,30 | 3,30 |
| **3815** | 1 INTERNATIONAAL mehrfarbig | evn | 3,30 | 3,30 |
| | Satzpreis (2 W.) | | 6,60 | 6,60 |
| | Paar | | 6,60 | 6,60 |
| | FDC | | | 13,— |
| | Kleinbogen | | 20,— | 20,— |

Nominale zur Zeit der Ausgabe: je 1.45 €

Auflage: 180.000 Sätze

**2019, 23. April/20. Mai. Schöne Niederlande: Westfriesische Inseln (IV). Odr., Kleinbogen (5) und Markenheftchen (5); Streifen ph.; gez. Ks 14¼.**

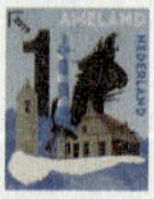


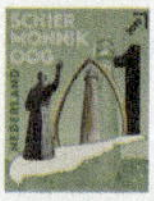


evo) Umriss der Insel Ameland, Leuchtturm, Pferd, Glockenturm, Museum Sorgdrager

evp) Umriss der Insel Schiermonnikoog, Denkmal „Der graue Mönch", Südturm, Leuchtturm

| | | | | |
|---|---|---|---|---|
| **3816** | 1 mehrfarbig (23. April) | evo | 2,— | 2,— |
| **3817** | 1 mehrfarbig (20. Mai) | evp | 2,— | 2,— |
| | Satzpreis (2 W.) | | 4,— | 4,— |
| | Kleinbogensatz (2 Klb.) | | 20,— | 20,— |
| | 2 Markenheftchen | | 58,— | 58,— |

**Blockausgabe**

| | | | | |
|---|---|---|---|---|
| **Block 180** | mit MiNr. 3783, 3799, 3813 und 3816–3817 (144×75 mm) | evr | 10,— | 10,— |
| | FDC | | | 17,— |

Nominale zur Zeit der Ausgabe: je 0.87 €

Die Markenheftchen enthalten jeweils 2 Heftchenblätter mit je 5 × MiNr. 3816 bzw. MiNr. 3817.

Postpreis pro Markenheftchen: 12.45 €

Auflagen: MiNr. 3816–3817 je 36.000 Kleinbogen, Bl. 180 = 171.000 Blocks

**2019, 20. Mai. Blockausgabe: Gartenvögel. Odr.; Streifen ph.; gez. K 13½:13.**

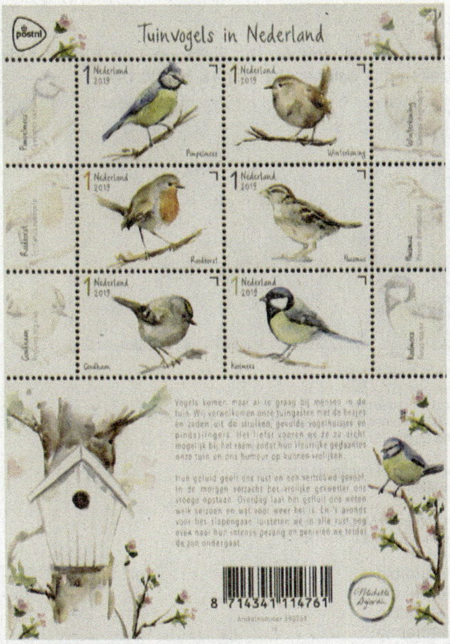


evy

evs) Blaumeise (Cyanistes caeruleus)
evt) Zaunkönig (Nannus troglodytes)
evu) Rotkehlchen (Erithacus rubecula)
evv) Haussperling (Passer domesticus)
evw) Wintergoldhähnchen (Regulus regulus)
evx) Kohlmeise (Parus major)

| | | | | | |
|---|---|---|---|---|---|
| 3818 | 1 | mehrfarbig | evs | 2,— | 2,— |
| 3819 | 1 | mehrfarbig | evt | 2,— | 2,— |
| 3820 | 1 | mehrfarbig | evu | 2,— | 2,— |
| 3821 | 1 | mehrfarbig | evv | 2,— | 2,— |
| 3822 | 1 | mehrfarbig | evw | 2,— | 2,— |
| 3823 | 1 | mehrfarbig | evx | 2,— | 2,— |
| Block 181 | | (108×150 mm) | evy | 12,— | 12,— |
| | | | FDC | | 20,— |

Nominale zur Zeit der Ausgabe: je 0.87 €

Auflage: 108.000 Blocks

**2019, 11. Juni. Natur erleben (VII): Schmetterlinge. Odr. (5×2); Streifen ph.; selbstklebend; gez. K 13½:14¼.**

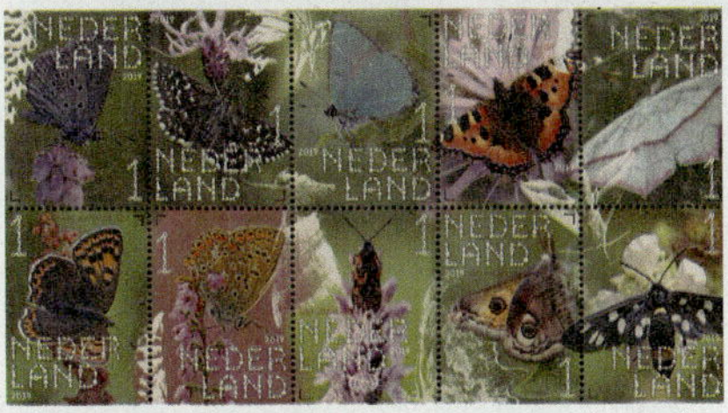

evz) Lungenenzian-Ameisenbläuling (Phengaris alcon)
ewa) Kleiner Würfel-Dickkopffalter (Pyrgus malvae)
ewb) Grüner Zipfelfalter (Callophrys rubi)
ewc) Kleiner Fuchs (Aglais urticae)
ewd) Ampferspanner (Timandra comae)

ewe) Brauner Feuerfalter (Lycaena tityrus)
ewf) Hauhechel-Bläuling (Polyommatus icarus)
ewg) Sechsfleck-Widderchen (Zygaena filipendulae)
ewh) Kleines Nachtpfauenauge (Saturnia pavonia)
ewi) Weißfleck-Widderchen (Amata phegea)

| | | | | | |
|---|---|---|---|---|---|
| 3824 | 1 | mehrfarbig | evz | 2,— | 2,— |
| 3825 | 1 | mehrfarbig | ewa | 2,— | 2,— |
| 3826 | 1 | mehrfarbig | ewb | 2,— | 2,— |
| 3827 | 1 | mehrfarbig | ewc | 2,— | 2,— |
| 3828 | 1 | mehrfarbig | ewd | 2,— | 2,— |
| 3829 | 1 | mehrfarbig | ewe | 2,— | 2,— |
| 3830 | 1 | mehrfarbig | ewf | 2,— | 2,— |
| 3831 | 1 | mehrfarbig | ewg | 2,— | 2,— |
| 3832 | 1 | mehrfarbig | ewh | 2,— | 2,— |
| 3833 | 1 | mehrfarbig | ewi | 2,— | 2,— |
| | | | Satzpreis (10 W.) | 20,— | 20,— |
| | | | 2 FDC | | 34,— |
| | | | Kleinbogen | 20,— | 20,— |

Nominale zur Zeit der Ausgabe: je 0.87 €

Auflage: 315.000 Sätze

**2019, 1. Juli. 40 Jahre Fotografien von Erwin Olaf. Odr. (1×2 Zd); Streifen ph.; gez. K 12¾:13¼.**

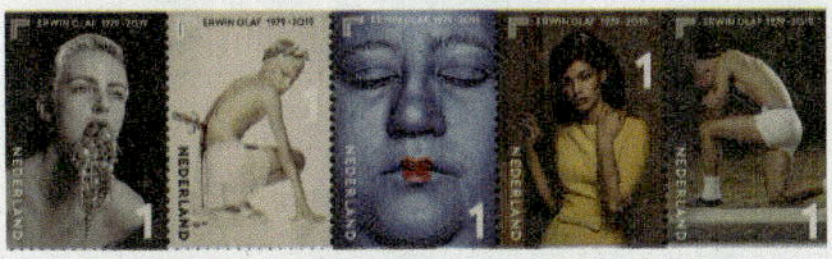

ewk) „Pearls", „Squares"-Serie (1986)
ewl) „Julius Caesar, † BC", „Royal Blood"-Serie (2000)
ewm) „Nadia", „Paradise Portraits"-Serie (2002)
ewn) „Portrait #5", „Hope"-Serie (2005)
ewo) „Portrait of Alex", „Palm Springs"-Serie (2018)

ewk–ewo) Fotografien von Erwin Olaf (*1959), Fotograf

| | | | | | |
|---|---|---|---|---|---|
| 3834 | 1 | mehrfarbig | ewk | 2,— | 2,— |
| 3835 | 1 | mehrfarbig | ewl | 2,— | 2,— |
| 3836 | 1 | mehrfarbig | ewm | 2,— | 2,— |
| 3837 | 1 | mehrfarbig | ewn | 2,— | 2,— |
| 3838 | 1 | mehrfarbig | ewo | 2,— | 2,— |
| | | | Satzpreis (5 W.) | 10,— | 10,— |
| | | | Fünferstreifen | 10,— | 10,— |
| | | | FDC | | 17,— |
| | | | Kleinbogen | 20,— | 20,— |

Nominale zur Zeit der Ausgabe: je 0.87 €

Auflage: 190.000 Sätze

**2019, 19. Aug. Blockausgabe: Öffentliche Verkehrsmittel in den Niederlanden. Odr.; Rahmen ph.; gez. K 13¼:12¾.**

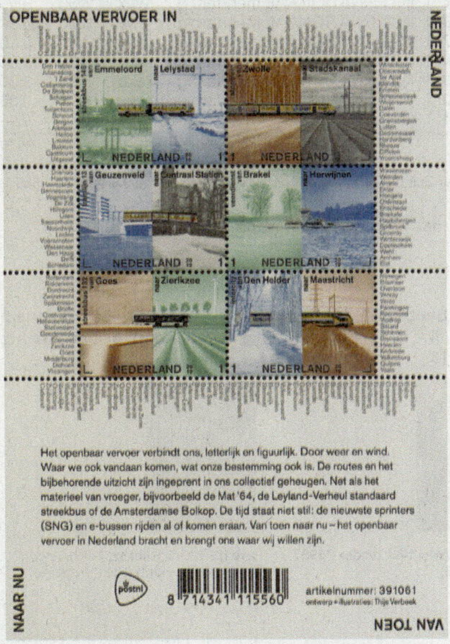


eww

ewp) Regionalbus Nr. 146 von Emmeloord nach Lelystad
ewr) Nahverkehrszug von Zwolle nach Stadskanaal
ews) Amsterdamer Straßenbahnlinie Nr. 13 von Geuzenveld zum Hauptbahnhof
ewt) Fähre von Brakel nach Herwijnen
ewu) Regionalbus Nr. 132 von Goes nach Zierikzee
ewv) Intercity von Den Helder nach Maastricht

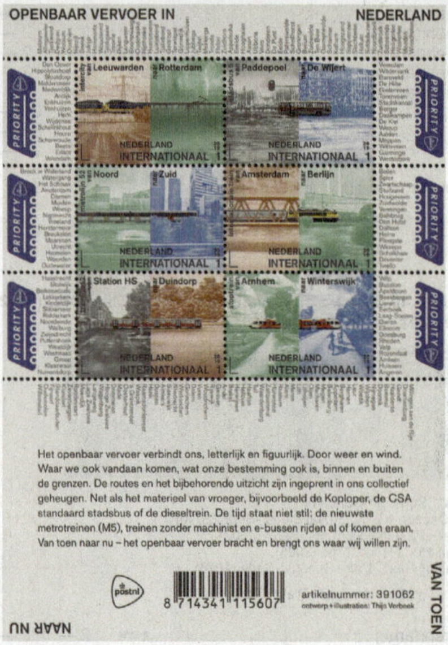

exd

ewx) Intercity von Leeuwarden nach Rotterdam
ewy) Stadtbus Nr. 5 von Paddepoel nach De Wijert
ewz) Metrolinie Nr. 52 von Noord nach Zuid
exa) Fernzug von Amsterdam nach Berlin
exb) Den Haager Straßenbahnlinie Nr. 12 von Station HS nach Duindorp
exc) Nahverkehrszug von Arnhem nach Winterswijk

| | | | | |
|---|---|---|---|---|
| **3839** | 1 mehrfarbig | ewp | 2,— | 2,— |
| **3840** | 1 mehrfarbig | ewr | 2,— | 2,— |
| **3841** | 1 mehrfarbig | ews | 2,— | 2,— |
| **3842** | 1 mehrfarbig | ewt | 2,— | 2,— |
| **3843** | 1 mehrfarbig | ewu | 2,— | 2,— |
| **3844** | 1 mehrfarbig | ewv | 2,— | 2,— |
| **Block 182** | (108×150 mm) | eww | 12,— | 12,— |
| | FDC (Blockmarken) | | | 20,— |
| **3845** | 1 INTERNATIONAAL mehrfarbig | ewx | 3,30 | 3,30 |
| **3846** | 1 INTERNATIONAAL mehrfarbig | ewy | 3,30 | 3,30 |
| **3847** | 1 INTERNATIONAAL mehrfarbig | ewz | 3,30 | 3,30 |
| **3848** | 1 INTERNATIONAAL mehrfarbig | exa | 3,30 | 3,30 |
| **3849** | 1 INTERNATIONAAL mehrfarbig | exb | 3,30 | 3,30 |
| **3850** | 1 INTERNATIONAAL mehrfarbig | exc | 3,30 | 3,30 |
| **Block 183** | (108×150 mm) | exd | 20,— | 20,— |
| | FDC (Blockmarken) | | | 30,— |

Nominale zur Zeit der Ausgabe: MiNr. 3839–3844 je 0.87 €, MiNr. 3845–3850 je 1.45 €

Auflagen: Bl. 182 = 108.000, Bl. 183 = 92.000 Blocks

**2019, 15. Sept./2020, 17. März. Meine Marke. I = Lasergravur auf Goldfolie, II = auf Silberfolie (Einzelherstellung); selbstklebend; gestanzt 13.**

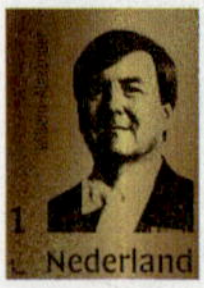

exe) König Willem-Alexander (*1967, reg. ab 2013)

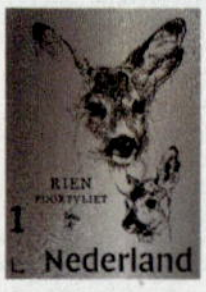

exe I) Reh mit Rehkitz; Zeichnungen von Marinus Harm „Rien" Poortvliet (1932–1995)

| | | | | | |
|---|---|---|---|---|---|
| **3851** | 1 | | | | |
| | I | gold (15.9.2019) | exe | 115,— | 115,— |
| | II | silber (17.3.2020) | exe I | *60,—* | *60,—* |

Nominale zur Zeit der Ausgabe: 0.87 €

MiNr. 3851 I stammt aus einer Verkaufspackung (Postpreis: 50 €).

MiNr. 3852 II stammt aus einer Verkaufspackung (Postpreis: 25 €). An die Kunden mit einem Bestellwert ab 75 € wurde sie auch verschenkt.

**2019, 16. Sept. Natur erleben (VIII): Bäume und Blätter. Odr. (5×2); Streifen ph.; selbstklebend; gez. K 13¼:14¾.**

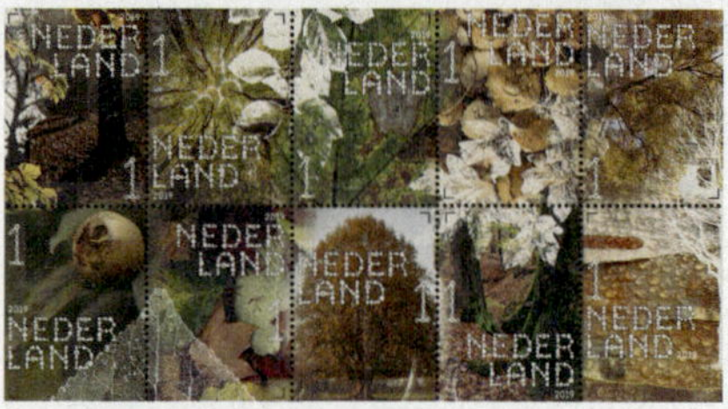


exf) Rotbuche (Fagus sylvatica)
exg) Sommerlinde (Tilia platyphyllos)
exh) Grünes Blatt mit Zellstruktur
exi) Braune Blätter einer Zitterpappel (Populus tremula)
exk) Gemeine Esche (Fraxinus excelsior)

exl) Zweig einer Mispel (Mespilus germanica)
exm) Bunte Blätter
exn) Linde (Tilia)
exo) Baumstämme mit Moos bedeckt
exp) Hänge-Birke (Betula pendula)

| | | | | |
|---|---|---|---|---|
| **3852** | 1 mehrfarbig | exf | 2,— | 2,— |
| **3853** | 1 mehrfarbig | exg | 2,— | 2,— |
| **3854** | 1 mehrfarbig | exh | 2,— | 2,— |
| **3855** | 1 mehrfarbig | exi | 2,— | 2,— |
| **3856** | 1 mehrfarbig | exk | 2,— | 2,— |
| **3857** | 1 mehrfarbig | exl | 2,— | 2,— |
| **3858** | 1 mehrfarbig | exm | 2,— | 2,— |
| **3859** | 1 mehrfarbig | exn | 2,— | 2,— |
| **3860** | 1 mehrfarbig | exo | 2,— | 2,— |
| **3861** | 1 mehrfarbig | exp | 2,— | 2,— |
| | Satzpreis (10 W.) | | 20,— | 20,— |
| | 2 FDC | | | 35,— |
| | Kleinbogen | | 20,— | 20,— |

Nominale zur Zeit der Ausgabe: je 0.87 €

Auflage: 315.000 Sätze

**2019, 3. Okt. „Voor het Kind": Kinderbücher. Odr. (5×2); Streifen ph.; gez. K 13:13¼.**

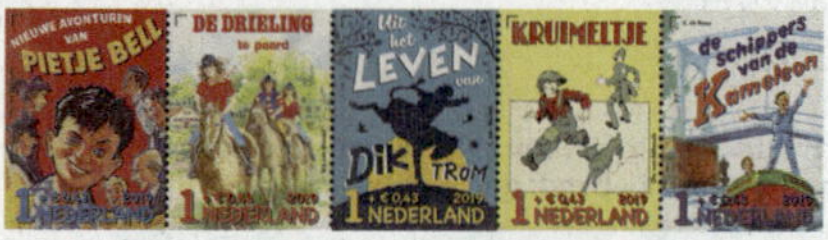


exr) „Pietje Bell" von Chris van Abkoude (1880–1960)
exs) „Die Drillinge zu Pferd" von Trix van Brussel (1920–2019)
ext) „Aus dem Leben von Dik Trom" von Cornelis Kieviet (1858–1931)
exu) „Krümel" von Chris van Abkoude (1880–1960)
exv) „Die Skippers von der Chamäleon" von Hotze de Roos (1909–1991)

| | | | | |
|---|---|---|---|---|
| **3862** | 1 + 0.43 € mehrfarbig | exr | 3,— | 3,— |
| **3863** | 1 + 0.43 € mehrfarbig | exs | 3,— | 3,— |
| **3864** | 1 + 0.43 € mehrfarbig | ext | 3,— | 3,— |
| **3865** | 1 + 0.43 € mehrfarbig | exu | 3,— | 3,— |
| **3866** | 1 + 0.43 € mehrfarbig | exv | 3,— | 3,— |
| | Satzpreis (5 W.) | | 15,— | 15,— |
| | Fünferstreifen | | 15,— | 15,— |
| | FDC | | | 22,— |
| | Kleinbogen | | 30,— | 30,— |

Nominale zur Zeit der Ausgabe: je 0.87 € + 0.43 €

Markenfolge im Kleinbogen: 3862-3863-3864-3865-3866,

3865-3866-3862-3863-3864

Auflage: 1.426.000 Sätze

**2019, 18. Okt. Blockausgabe: Niederländisches Design (I) – Gewöhnliche Dinge. Odr.; Streifen ph.; gez. K 13¼:12¾.**

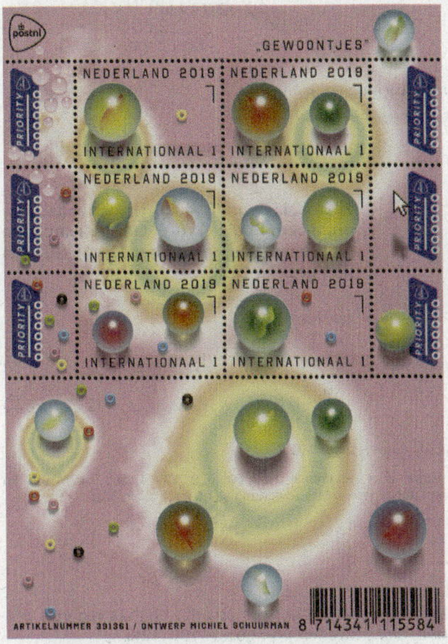


eyc

exw–eyb) Glasmurmeln und Perlen; von Michiel Schuurman

| | | | | |
|---|---|---|---|---|
| **3867** | 1 INTERNATIONAAL mehrfarbig | exw | 3,30 | 3,30 |
| **3868** | 1 INTERNATIONAAL mehrfarbig | exx | 3,30 | 3,30 |
| **3869** | 1 INTERNATIONAAL mehrfarbig | exy | 3,30 | 3,30 |
| **3870** | 1 INTERNATIONAAL mehrfarbig | exz | 3,30 | 3,30 |
| **3871** | 1 INTERNATIONAAL mehrfarbig | eya | 3,30 | 3,30 |
| **3872** | 1 INTERNATIONAAL mehrfarbig | eyb | 3,30 | 3,30 |
| **Block 184** | (108×150 mm) | eyc | 20,— | 20,— |
| | FDC (Blockmarken) | | | 30,— |

Nominale zur Zeit der Ausgabe: je 1.45 €

Auflage: 92.000 Blocks

**2019, 1. Nov. Tag der Briefmarke. Odr., Kleinbogen (2×5) und Markenheftchen (2×1); Streifen ph.; gez. K 14:13¼.**

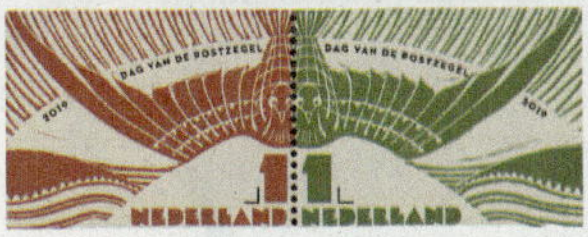


eyd–eye) Möwe im Flug; Holzschnitt von Chris Lebeau (1875–1945)

| | | | | |
|---|---|---|---|---|
| **3873** | 1 mehrfarbig | eyd | 2,— | 2,— |
| **3874** | 1 mehrfarbig | eye | 2,— | 2,— |
| | Satzpreis (2 W.) | | 4,— | 4,— |
| | Paar | | 4,— | 4,— |
| | FDC | | | 9,80 |
| | Viererblock | | 8,— | 8,— |
| | Kleinbogen | | 20,— | 20,— |

**Markenheftchen (2×1)**

| | | | |
|---|---|---|---|
| **H-Blatt 312** | mit 1 × MiNr. 3873–3874 („Reeds in 1919 was ...") | 5,80 | 5,80 |
| **H-Blatt 313** | mit 1 × MiNr. 3873–3874 („Het werk van de ...") | 5,80 | 5,80 |
| **H-Blatt 314** | mit 1 × MiNr. 3873–3874 („OPNIEUW BEHOEFTE AAN ...") | 5,80 | 5,80 |
| **H-Blatt 315** | mit 1 × MiNr. 3873–3874 („In het Maandblad voor ..") | 5,80 | 5,80 |
| **H-Blatt 316** | mit 1 × MiNr. 3873–3874 („Vanaf 22 maart 1930 ...") | 5,80 | 5,80 |
| **MH 119** | mit 1 × H-Blatt 312–316 | 29,— | 29,— |

Nominale zur Zeit der Ausgabe: je 0.87 €

MiNr. 3873–3874 wurden sowohl schachbrettartig zusammenhängend im Kleinbogen als auch waagerecht zusammenhängend im Markenheftchen (MH 119, Postpreis: 12.45 €) gedruckt.

Die Marken der zweiten und vierten Kleinbogenzeile sind kopfstehend, deren Phosphorstreifen ebenfalls.

Auflage: 64.000 Kleinbogen

**2019, 4. Nov. Dezembermarken. Odr. (5×2 + 5×2); Streifen ph.; selbstklebend; gest. 11¼.**

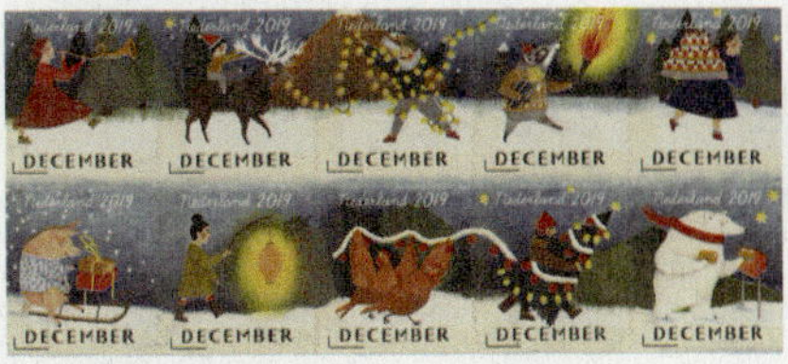


eyf) Frau mit Instrument
eyg) Junge auf Rentier
eyh) Mann mit Lichterkette
eyi) Waschbär mit Geschenk und Fackel
eyk) Frau mit Torte

eyl) Schwein mit Geschenken auf Schlitten
eym) Frau mit Laterne
eyn) Hühner
eyo) Mann mit Weihnachtsbaum
eyp) Eisbär versendet Weihnachtspost

| | | | | |
|---|---|---|---|---|
| **3875** | — mehrfarbig | eyf | 1,90 | 1,90 |
| **3876** | — mehrfarbig | eyg | 1,90 | 1,90 |
| **3877** | — mehrfarbig | eyh | 1,90 | 1,90 |
| **3878** | — mehrfarbig | eyi | 1,90 | 1,90 |
| **3879** | — mehrfarbig | eyk | 1,90 | 1,90 |
| **3880** | — mehrfarbig | eyl | 1,90 | 1,90 |
| **3881** | — mehrfarbig | eym | 1,90 | 1,90 |
| **3882** | — mehrfarbig | eyn | 1,90 | 1,90 |
| **3883** | — mehrfarbig | eyo | 1,90 | 1,90 |
| **3884** | — mehrfarbig | eyp | 1,90 | 1,90 |
| | Satzpreis (10 W.) | | 19,— | 19,— |
| | Zehnerblock | | 19,— | 19,— |
| | 2 FDC | | | 33,— |
| | Folienbogen | | 38,— | 38,— |

Nominale zur Zeit der Ausgabe: je 0.82 €

Auflage: 6.340.000 Sätze

**2020, 2. Jan. Natur erleben (IX): Raubvögel. Odr. (5×2); Streifen ph.; selbstklebend; gez. K 13¼:14¾.**

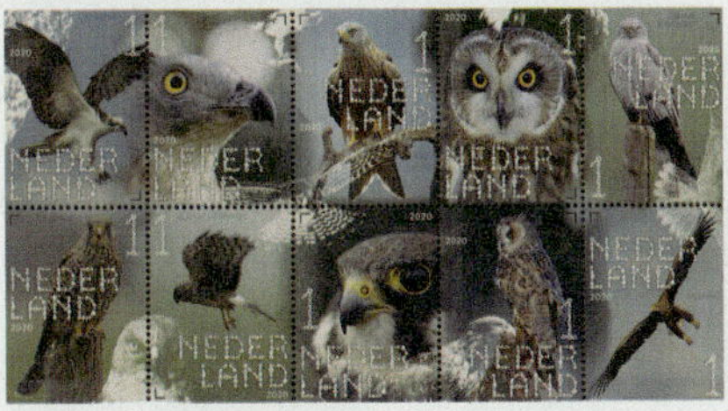


eyr) Fischadler (Pandion haliaetus)
eys) Wespenbussard (Pernis apivorus)
eyt) Rotmilan (Milvus milvus)
eyu) Sumpfohreule (Asio flammeus)
eyv) Wiesenweihe (Circus pygargus)

eyw) Turmfalke (Falco tinnunculus)
eyx) Kornweihe (Circus cyaneus)
eyy) Baumfalke (Falco subbuteo)
eyz) Waldohreule (Asio otus)
eza) Seeadler (Haliaeetus albicilla)

| | | | | |
|---|---|---|---|---|
| **3885** | 1 mehrfarbig | eyr | 2,10 | 2,10 |
| **3886** | 1 mehrfarbig | eys | 2,10 | 2,10 |

| | | | | |
|---|---|---|---|---|
| **3887** | 1 mehrfarbig | eyt | 2,10 | 2,10 |
| **3888** | 1 mehrfarbig | eyu | 2,10 | 2,10 |
| **3889** | 1 mehrfarbig | eyv | 2,10 | 2,10 |
| **3890** | 1 mehrfarbig | eyw | 2,10 | 2,10 |
| **3891** | 1 mehrfarbig | eyx | 2,10 | 2,10 |
| **3892** | 1 mehrfarbig | eyy | 2,10 | 2,10 |
| **3893** | 1 mehrfarbig | eyz | 2,10 | 2,10 |
| **3894** | 1 mehrfarbig | eza | 2,10 | 2,10 |
| | | Satzpreis (10 W.) | 21,— | 21,— |
| | | 2 FDC | | 40,— |
| | | Kleinbogen | 21,— | 21,— |

Nominale zur Zeit der Ausgabe: je 0.91 €

Auflage: 315.000 Sätze

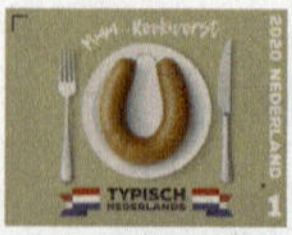


**2020, 2. Jan. Typisch Niederlande: Traditionelle Speisen (I). Odr., Kleinbogen (2×3) und Markenheftchen (2×1); Streifen ph.; gez. Ks 14:13¼.**

ezb) Geräucherte Wurst

| | | | | |
|---|---|---|---|---|
| **3895** | 1 mehrfarbig | ezb | 2,10 | 2,10 |
| | | FDC | | 8,— |
| | | Kleinbogen | 12,50 | 12,50 |

Nominale zur Zeit der Ausgabe: 0.91 €

MiNr. 3895 wurde auch zusammen mit MiNr. 3907, 3914, 3917 und 3926 im Markenheftchen ausgegeben. MH-Bewertung siehe nach MiNr. 3926.

Auflage: 78.000 Kleinbogen

**2020, 2. Jan. Freimarke: XL-Post. Odr., Folienblatt (1); Streifen ph.; selbstklebend; Sicherheitsstanzung 7.**

ezc) Pfeile

| | | | | |
|---|---|---|---|---|
| **3896** | XL mehrfarbig | ezc | 10,— | 10,— |
| | | FDC | | 19,50 |
| | | Folienblatt | 10,— | 10,— |

Nominale zur Zeit der Ausgabe: 4.40 €

MiNr. 3896 deckt das Porto für großformatige Briefe bis 2 kg Gewicht.

Auflage: 100.000 Stück

**2020, 24. Febr. Natur erleben (X): Feldvögel. Odr. (5×2); Streifen ph.; selbstklebend; gez. K 13¼:14¾.**

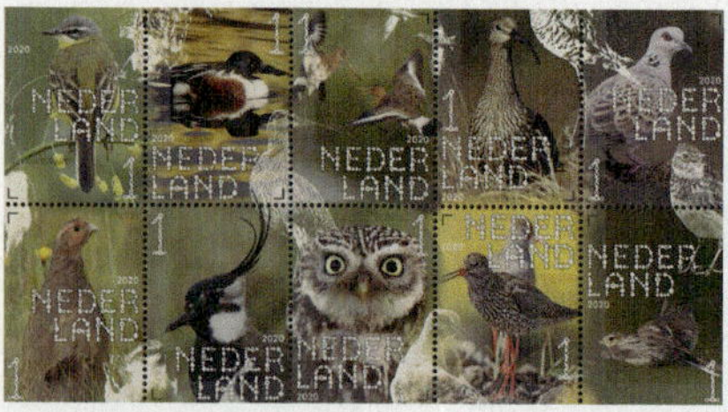


ezd) Schafstelze (Motacilla flava)
eze) Löffelente (Spatula clypeata)
ezf) Uferschnepfe (Limosa limosa)
ezg) Großer Brachvogel (Numenius arquata)
ezh) Turteltaube (Streptopelia turtur)

ezi) Rebhuhn (Perdix perdix)
ezk) Kiebitz (Vanellus vanellus)
ezl) Steinkauz (Athene vidalii)
ezm) Rotschenkel (Tringa totanus)
ezn) Feldlerche (Alauda arvensis)

| | | | | |
|---|---|---|---|---|
| **3897** | 1 mehrfarbig | ezd | 2,10 | 2,10 |
| **3898** | 1 mehrfarbig | eze | 2,10 | 2,10 |
| **3899** | 1 mehrfarbig | ezf | 2,10 | 2,10 |
| **3900** | 1 mehrfarbig | ezg | 2,10 | 2,10 |
| **3901** | 1 mehrfarbig | ezh | 2,10 | 2,10 |
| **3902** | 1 mehrfarbig | ezi | 2,10 | 2,10 |
| **3903** | 1 mehrfarbig | ezk | 2,10 | 2,10 |
| **3904** | 1 mehrfarbig | ezl | 2,10 | 2,10 |
| **3905** | 1 mehrfarbig | ezm | 2,10 | 2,10 |
| **3906** | 1 mehrfarbig | ezn | 2,10 | 2,10 |
| | | Satzpreis (10 W.) | 21,— | 21,— |
| | | 2 FDC | | 40,— |
| | | Kleinbogen | 21,— | 21,— |

Nominale zur Zeit der Ausgabe: je 0.91 €

Auflage: 315.000 Sätze

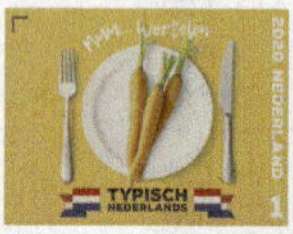


**2020, 24. Febr. Typisch Niederlande: Traditionelle Speisen (II). Odr., Kleinbogen (2×3) und Markenheftchen (2×1); Streifen ph.; gez. Ks 14:13¼.**

ezo) Karotten

| | | | | |
|---|---|---|---|---|
| **3907** | 1 mehrfarbig | ezo | 2,10 | 2,10 |
| | | FDC | | 8,— |
| | | Kleinbogen | 12,50 | 12,50 |

Nominale zur Zeit der Ausgabe: 0.91 €

MiNr. 3907 wurde auch zusammen mit MiNr. 3895, 3914, 3917 und 3926 im Markenheftchen ausgegeben. MH-Bewertung siehe nach MiNr. 3926.

Auflage: 78.000 Kleinbogen

**2020, 23. März. Blockausgabe: Historische Landkarten von den Niederlanden. Odr.; Streifen ph.; gez. K 13¼:12¾.**

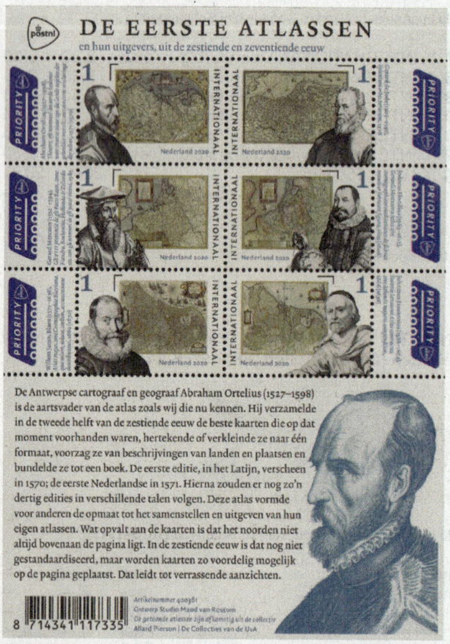


ezw

ezp) Abraham Ortelius (1527–1598), Geograph und Kartograph; Karte von 1570
ezr) Gerard de Jode (1509–1591), Kartograph, Kupferstecher und Verleger; Karte von 1578
ezs) Gerhard Mercator (1512–1594), Kartograph und Globenhersteller; Karte von 1585
ezt) Jodocus Hondius (1563–1612), Kartograph und Verleger; Karte von 1606
ezu) Willem Blaeu (1571–1638), Kartograph und Verleger; Karte von 1630
ezv) Johannes Janssonius (1588–1664), Kartograph, Verleger und Globenhersteller; Karte von 1638

| | | | | |
|---|---|---|---|---|
| **3908** | 1 INTERNATIONAAL mehrfarbig | ezp | 3,50 | 3,50 |
| **3909** | 1 INTERNATIONAAL mehrfarbig | ezr | 3,50 | 3,50 |
| **3910** | 1 INTERNATIONAAL mehrfarbig | ezs | 3,50 | 3,50 |
| **3911** | 1 INTERNATIONAAL mehrfarbig | ezt | 3,50 | 3,50 |

| | | | | |
|---|---|---|---|---|
| **3912** | 1 INTERNATIONAAL mehrfarbig | ezu | 3,50 | 3,50 |
| **3913** | 1 INTERNATIONAAL mehrfarbig | ezv | 3,50 | 3,50 |
| **Block 185** | (108×150 mm) | ezw | 21,— | 21,— |
| | FDC (Blockmarken) | | | 33,— |

**Markenheftchen (2×1)**

| | | | |
|---|---|---|---|
| **H-Blatt 317** | mit 1 × MiNr. 3908–3809 | 9,50 | 9,50 |
| **H-Blatt 318** | mit 1 × MiNr. 3910–3811 | 9,50 | 9,50 |
| **H-Blatt 319** | mit 1 × MiNr. 3912–3813 | 9,50 | 9,50 |
| **MH 120** | mit 1 × H-Blatt 317–319 | 29,— | 29,— |

Nominale zur Zeit der Ausgabe: je 1.50 €

Postpreis des Markenheftchens: 12.45 €

Auflage: 91.000 Blocks

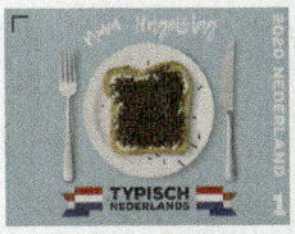


**2020, 23. März. Typisch Niederlande: Traditionelle Speisen (III). Odr., Kleinbogen (2×3) und Markenheftchen (2×1); Streifen ph.; gez. Ks 14:13¼.**

ezx) Butterbrot mit Schokostreusel „Hagelslag“

| | | | | |
|---|---|---|---|---|
| **3914** | 1 mehrfarbig | ezx | 2,10 | 2,10 |
| | FDC | | | 8,— |
| | Kleinbogen | | 12,50 | 12,50 |

Nominale zur Zeit der Ausgabe: 0.91 €

MiNr. 3914 wurde auch zusammen mit MiNr. 3895, 3907, 3917 und 3926 im Markenheftchen ausgegeben. MH-Bewertung siehe nach MiNr. 3926.

Auflage: 78.000 Kleinbogen

**2020, 4. April. 75. Jahrestag der Befreiung. Odr., Kleinbogen (2×3); Streifen ph.; A = gez. K 14¼.**

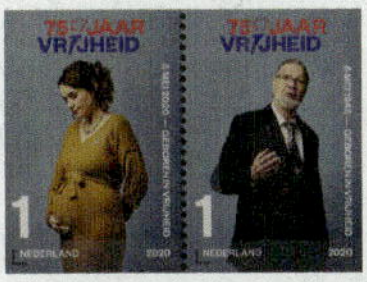


ezy) Yvette Hartman-Mercier, Schwangere (voraussichtlicher Geburtstermin: 5. Mai 2020)
ezz) Jan van der Linden (*5. Mai 1945)

ezy–ezz) Fotografien aus dem Buch „Geboren in der Freiheit“ von Bert Teunissen (*1959)

| | | | | |
|---|---|---|---|---|
| **3915 A** | 1 mehrfarbig | ezy | 2,10 | 2,10 |
| **3916 A** | 1 mehrfarbig | ezz | 2,10 | 2,10 |
| | Satzpreis A (2 W.) | | 4,20 | 4,20 |
| | Paar A | | 4,20 | 4,20 |
| | FDC A | | | 12,— |
| | Kleinbogen A | | 12,50 | 12,50 |

**Markenheftchen (3×1), C = gez. Ks 12¾:13¼**

| | | | | |
|---|---|---|---|---|
| **3915 C** | 1 mehrfarbig | ezy | 2,40 | 2,40 |
| **3916 C** | 1 mehrfarbig | ezz | 2,40 | 2,40 |
| | Satzpreis C (2 W.) | | 4,80 | 4,80 |

| | | | |
|---|---|---|---|
| **H-Blatt 320** | mit 2 × MiNr. 3915 C und 1 × MiNr. 3916 C („Generatie 1940-1955 ...“) | 7,20 | 7,20 |
| **H-Blatt 321** | mit 1 × MiNr. 3915 C und 2 × MiNr. 3916 C („DE TECHNIEK ACHTER VRIJHEID“) | 7,20 | 7,20 |
| **H-Blatt 322** | mit 2 × MiNr. 3915 C und 1 × MiNr. 3916 C („DE TECHNIEK ACHTER VRIJHEID“) | 7,20 | 7,20 |
| **H-Blatt 323** | mit 1 × MiNr. 3915 C und 2 × MiNr. 3916 C („Generatie na 2015 ...“) | 7,20 | 7,20 |
| **MH 121** | mit 1 × H-Blatt 320–323 | 29,— | 29,— |

Nominale zur Zeit der Ausgabe: je 0.91 €

MiNr. 3915–3916 wurden schachbrettartig zusammenhängend gedruckt (Postpreis des Markenheftchens: 12.45 €).

Auflage: MiNr. 3915 A–3916 A = 82.000 Sätze

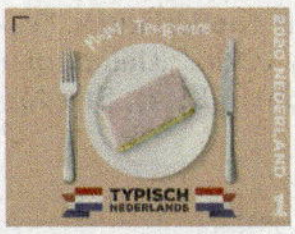


**2020, 6. April. Typisch Niederlande: Traditionelle Speisen (IV). Odr., Kleinbogen (2×3) und Markenheftchen (2×1); Streifen ph.; gez. Ks 14:13¼.**

faa) Kuchen „Tompouce“

| | | | | |
|---|---|---|---|---|
| **3917** | 1 mehrfarbig | faa | 2,10 | 2,10 |
| | FDC | | | 8,— |
| | Kleinbogen | | 12,50 | 12,50 |

Nominale zur Zeit der Ausgabe: 0.91 €

MiNr. 3917 wurde auch zusammen mit MiNr. 3895, 3907, 3914 und 3926 im Markenheftchen ausgegeben. MH-Bewertung siehe nach MiNr. 3926.

Auflage: 78.000 Kleinbogen

**2020, 11. Mai. Europa: Historische Postrouten. Odr., Kleinbogen (1×3 Zd) und Markenheftchen (2×1); Streifen ph.; gez. K 13¼:12¾.**

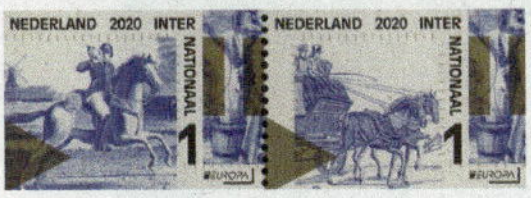


fab) Postreiter, Windmühle
fac) Postkutsche

| | | | | |
|---|---|---|---|---|
| **3918** | 1 INTERNATIONAAL mehrfarbig | fab | 3,50 | 3,50 |
| **3919** | 1 INTERNATIONAAL mehrfarbig | fac | 3,50 | 3,50 |
| | Satzpreis (2 W.) | | 7,— | 7,— |
| | Paar | | 7,— | 7,— |
| | FDC | | | 15,50 |
| | Kleinbogen | | 21,— | 21,— |

**Markenheftchen (2×1)**

| | | | |
|---|---|---|---|
| **H-Blatt 324** | mit 1 × MiNr. 3918–3819 | 9,70 | 9,70 |
| **H-Blatt 325** | mit 1 × MiNr. 3918–3819 | 9,70 | 9,70 |
| **H-Blatt 326** | mit 1 × MiNr. 3918–3819 | 9,70 | 9,70 |
| **MH 122** | mit 1 × H-Blatt 324–326 | 29,— | 29,— |

Nominale zur Zeit der Ausgabe: je 1.50 €

Postpreis des Markenheftchens: 12.45 €

Auflage: 60.000 Kleinbogen

**2020, 11. Mai. Blockausgabe: Emojis für jeden Anlass. Odr.; Streifen ph.; gez. K 14¼.**

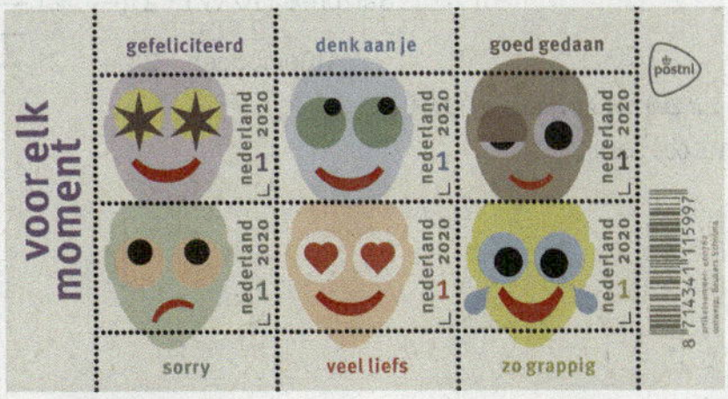


fak

fad) Herzliche Glückwünsche
fae) Denke an dich
faf) Gut gemacht
fag) Es tut mir leid
fah) Alles Liebe
fai) So lustig

| | | | | |
|---|---|---|---|---|
| **3920** | 1 mehrfarbig | fad | 2,10 | 2,10 |
| **3921** | 1 mehrfarbig | fae | 2,10 | 2,10 |
| **3922** | 1 mehrfarbig | faf | 2,10 | 2,10 |
| **3923** | 1 mehrfarbig | fag | 2,10 | 2,10 |
| **3924** | 1 mehrfarbig | fah | 2,10 | 2,10 |
| **3925** | 1 mehrfarbig | fai | 2,10 | 2,10 |
| **Block 186** | (144×75 mm) | fak | 12,50 | 12,50 |
| | FDC | | | 22,50 |

Nominale zur Zeit der Ausgabe: je 0.91 €

Auflage: 108.000 Blocks

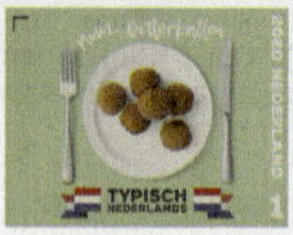


**2020, 15. Juni. Typisch Niederlande: Traditionelle Speisen (V). Odr., Kleinbogen (2×3) und Markenheftchen (2×1); Streifen ph.; gez. Ks 14:13¼.**

faa) Fleischkroketten „Bitterballen"

| | | | | |
|---|---|---|---|---|
| **3926** | 1 mehrfarbig | fal | 2,10 | 2,10 |
| | | FDC | | 8,— |
| | | Kleinbogen | 12,50 | 12,50 |
| | | Markenheftchen | 29,— | 29,— |

Nominale zur Zeit der Ausgabe: 0.91 €

MiNr. 3926 wurde auch zusammen mit MiNr. 3895, 3907, 3914 und 3917 im Markenheftchen zu je 2 Marken ausgegeben (Postpreis des Heftchens: 12.45 €).

Auflage: 78.000 Kleinbogen

**2020, 15. Juni. Natur erleben (XI): Küstenvögel. Odr. (5×2); Streifen ph.; selbstklebend; gez. K 13¼:14.**

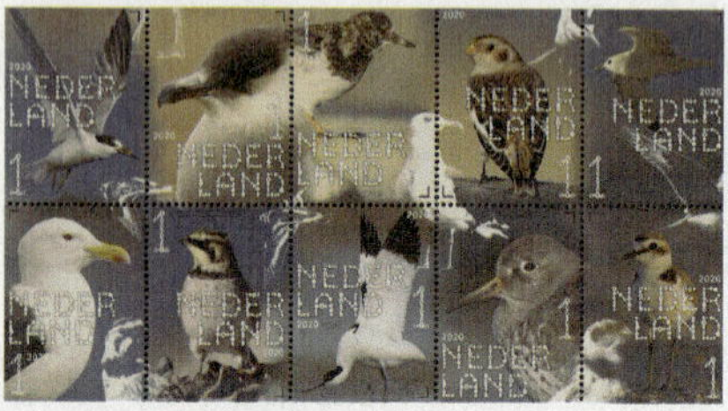


fam) Zwergseeschwalbe (Sternula albifrons)
fan) Schmarotzerraubmöwe (Stercorarius parasiticus)
fao) Steinwälzer (Arenaria interpres)
fap) Schneeammer (Plectrophenax nivalis)
far) Dreizehenmöwe (Rissa tridactyla)

fas) Mantelmöwe (Larus marinus)
fat) Ohrenlerche (Eremophila alpestris flava)
fau) Säbelschnäbler (Recurvirostra avosetta)
fav) Meerstrandläufer (Calidris maritima)
faw) Seeregenpfeifer (Charadrius alexandrinus)

| | | | | |
|---|---|---|---|---|
| **3927** | 1 mehrfarbig | fam | 2,10 | 2,10 |
| **3928** | 1 mehrfarbig | fan | 2,10 | 2,10 |
| **3929** | 1 mehrfarbig | fao | 2,10 | 2,10 |
| **3930** | 1 mehrfarbig | fap | 2,10 | 2,10 |
| **3931** | 1 mehrfarbig | far | 2,10 | 2,10 |
| **3932** | 1 mehrfarbig | fas | 2,10 | 2,10 |
| **3933** | 1 mehrfarbig | fat | 2,10 | 2,10 |
| **3934** | 1 mehrfarbig | fau | 2,10 | 2,10 |
| **3935** | 1 mehrfarbig | fav | 2,10 | 2,10 |
| **3936** | 1 mehrfarbig | faw | 2,10 | 2,10 |
| | | Satzpreis (10 W.) | 21,— | 21,— |
| | | 2 FDC | | 40,— |
| | | Kleinbogen | 21,— | 21,— |

Nominale zur Zeit der Ausgabe: je 0.91 €

Auflage: 315.000 Sätze

**2020, 17. Aug. Blockausgabe: Geschichte des Fahrrads. Odr.; Streifen ph.; A = gez. K 13¼:12¾.**

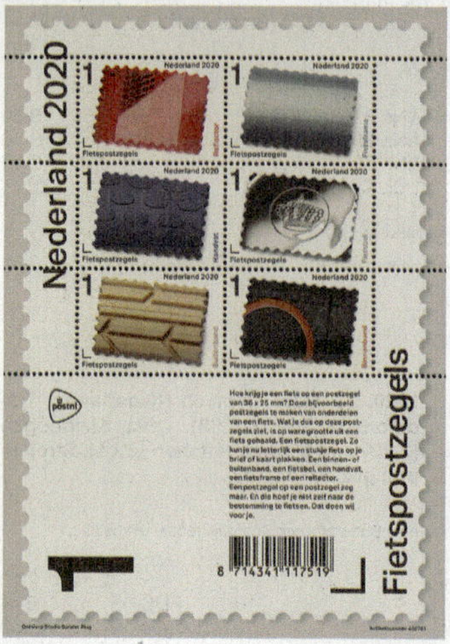


fbd

fax) Reflektor
fay) Rahmen
faz) Lenkergriff
fba) Klingel
fbb) Reifenprofil
fbc) Schlauch

fax–fbd) Fotografien von Sander Plug (*1969), Designer

| | | | | |
|---|---|---|---|---|
| **3937 A** | 1 mehrfarbig | fax | 2,10 | 2,10 |
| **3938 A** | 1 mehrfarbig | fay | 2,10 | 2,10 |
| **3939 A** | 1 mehrfarbig | faz | 2,10 | 2,10 |
| **3940 A** | 1 mehrfarbig | fba | 2,10 | 2,10 |
| **3941 A** | 1 mehrfarbig | fbb | 2,10 | 2,10 |
| **3942 A** | 1 mehrfarbig | fbc | 2,10 | 2,10 |
| **Block 187** | (108×150 mm) | fbd | 12,50 | 12,50 |
| | | FDC A | | 22,50 |

**Markenheftchen (2×1), C = gez. Ks 14¼**

| | | | | |
|---|---|---|---|---|
| **3937 C** | 1 mehrfarbig | fax | 2,90 | 2,90 |
| **3938 C** | 1 mehrfarbig | fay | 2,90 | 2,90 |
| **3939 C** | 1 mehrfarbig | faz | 2,90 | 2,90 |
| **3940 C** | 1 mehrfarbig | fba | 2,90 | 2,90 |
| **3941 C** | 1 mehrfarbig | fbb | 2,90 | 2,90 |
| **3942 C** | 1 mehrfarbig | fbc | 2,90 | 2,90 |
| | | Satzpreis C (6 W.) | 17,50 | 17,50 |

| | | | |
|---|---|---|---|
| **H-Blatt 327** | mit 1 × MiNr. 3937 C–3938 C („Voor dames en heren") | 5,80 | 5,80 |
| **H-Blatt 328** | mit 1 × MiNr. 3939 C–3940 C („Koning, keizer, admiraal...") | 5,80 | 5,80 |
| **H-Blatt 329** | mit 1 × MiNr. 3941 C–3942 C | 5,80 | 5,80 |
| **H-Blatt 330** | mit 1 × MiNr. 3939 C–3940 C („Met dank aan de ANWB") | 5,80 | 5,80 |
| **H-Blatt 331** | mit 1 × MiNr. 3937 C–3938 C („Een fiets voor iedereen") | 5,80 | 5,80 |
| **MH 123** | mit 1 × H-Blatt 327–331 | 29,— | 29,— |

Nominale zur Zeit der Ausgabe: je 0.91 €

Postpreis des Markenheftchens: 12.45 €

Auflage: Bl. 187 = 108.000 Blocks

**2020, 14. Sept. Natur erleben (XII): Vögel in Wald und Heide. Odr. (5×2); Streifen ph.; selbstklebend; gez. K 13¼:14.**

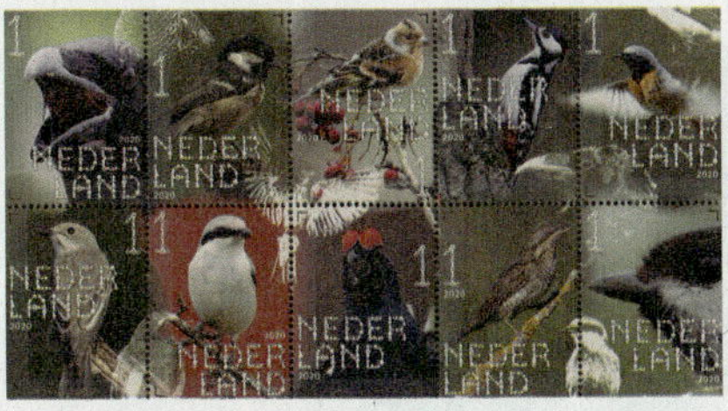


fbe) Kolkrabe (Corvus corax)
fbf) Tannenmeise (Periparus ater)
fbg) Bergfink (Fringilla montifringilla)
fbh) Buntspecht (Dendrocopos major)
fbi) Gartenrotschwanz (Phoenicurus phoenicurus)

fbk) Grauschnäpper (Muscicapa striata)
fbl) Raubwürger (Lanius excubitor)
fbm) Birkhuhn (Tetrao tetrix)
fbn) Wendehals (Jynx torquilla)
fbo) Weidenmeise (Poecile montanus)

| | | | | |
|---|---|---|---|---|
| **3943** | 1 mehrfarbig | fbe | 2,10 | 2,10 |
| **3944** | 1 mehrfarbig | fbf | 2,10 | 2,10 |
| **3945** | 1 mehrfarbig | fbg | 2,10 | 2,10 |
| **3946** | 1 mehrfarbig | fbh | 2,10 | 2,10 |
| **3947** | 1 mehrfarbig | fbi | 2,10 | 2,10 |
| **3948** | 1 mehrfarbig | fbk | 2,10 | 2,10 |
| **3949** | 1 mehrfarbig | fbl | 2,10 | 2,10 |
| **3950** | 1 mehrfarbig | fbm | 2,10 | 2,10 |
| **3951** | 1 mehrfarbig | fbn | 2,10 | 2,10 |
| **3952** | 1 mehrfarbig | fbo | 2,10 | 2,10 |
| | | Satzpreis (10 W.) | 21,— | 21,— |
| | | 2 FDC | | 40,— |
| | | Kleinbogen | 21,— | 21,— |

Nominale zur Zeit der Ausgabe: je 0.91 €

Auflage: 315.000 Sätze

**2020, 14. Sept. Blockausgabe: Niederländisches Design (II) – Kaleidoskop. Odr.; Streifen ph.; gez. K 12¾:13½.**

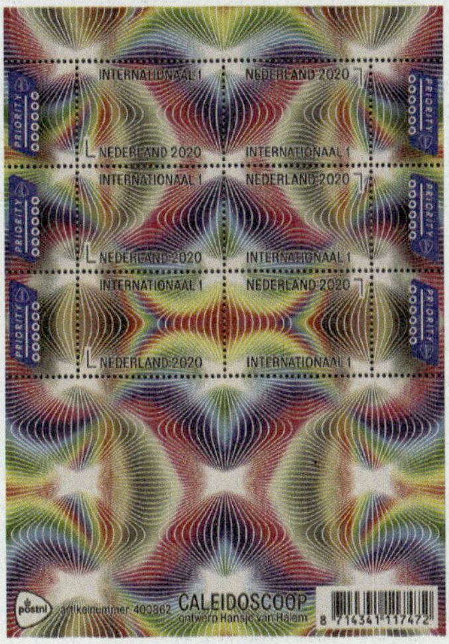


fbw

fbp–fbw) Bunte Wellenmuster von Hansje van Halem (*1978)

| | | | | |
|---|---|---|---|---|
| **3953** | 1 INTERNATIONAAL mehrfarbig | fbp | 3,50 | 3,50 |
| **3954** | 1 INTERNATIONAAL mehrfarbig | fbr | 3,50 | 3,50 |
| **3955** | 1 INTERNATIONAAL mehrfarbig | fbs | 3,50 | 3,50 |
| **3956** | 1 INTERNATIONAAL mehrfarbig | fbt | 3,50 | 3,50 |
| **3957** | 1 INTERNATIONAAL mehrfarbig | fbu | 3,50 | 3,50 |
| **3958** | 1 INTERNATIONAAL mehrfarbig | fbv | 3,50 | 3,50 |
| **Block 188** | (108×150 mm) | fbw | 21,— | 21,— |
| | FDC (Blockmarken) | | | 33,— |

Nominale zur Zeit der Ausgabe: je 1.50 €

Auflage: 91.000 Blocks

**2020, 5. Okt. Blockausgabe: „Voor het Kind" – 65 Jahre Kinderbuchfigur „Miffy". Odr.; Streifen ph.; gez. K 14½.**

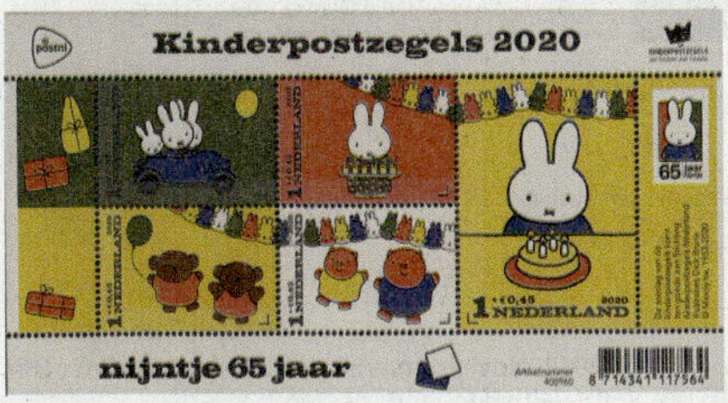


fcc

fbx) Miffy mit Eltern im Auto
fby) Miffy mit Limonaden
fbz) Miffy mit Geburtstagskuchen
fca) Bären mit Luftballon
fcb) Schweine mit Girlande

fbx–fcb) Cartoonfiguren aus der Serie „Miffy" (Nijntje) von Dick Bruna (1927–2007)

| | | | | |
|---|---|---|---|---|
| **3959** | 1 + 0.45 € mehrfarbig | fbx | 3,20 | 3,20 |
| **3960** | 1 + 0.45 € mehrfarbig | fby | 3,20 | 3,20 |
| **3961** | 1 + 0.45 € mehrfarbig | fbz | 3,20 | 3,20 |
| **3962** | 1 + 0.45 € mehrfarbig | fca | 3,20 | 3,20 |
| **3963** | 1 + 0.45 € mehrfarbig | fcb | 3,20 | 3,20 |
| **Block 189** | (144×75) | fcc | 16,— | 16,— |
| | | FDC | | 26,— |

Nominale zur Zeit der Ausgabe: je 0.91 + 0.45 €

Auflage: 1.451.000 Blocks

**2020, 16. Okt. Tag der Briefmarke. Odr., Kleinbogen (5×2) und Markenheftchen (2×1); Streifen ph.; gez. K 14:13¼.**

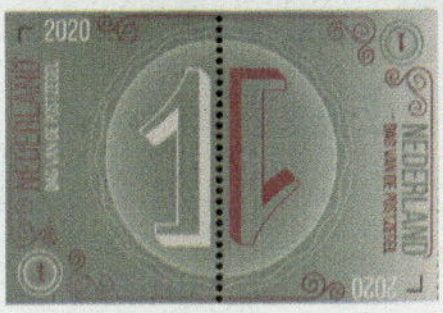


fcd) Weiße Zahl „1"
fce) Rote Zahl „1"

fcd–fce) Designelemente älterer Briefmarken

| | | | | |
|---|---|---|---|---|
| **3964** | 1 mehrfarbig | fcd | 2,10 | 2,10 |
| **3965** | 1 mehrfarbig | fce | 2,10 | 2,10 |
| | | Satzpreis (2 W.) | 4,20 | 4,20 |
| | | Paar | 4,20 | 4,20 |
| | | FDC | | 12,— |
| | | Kleinbogen | 21,— | 21,— |

**Markenheftchen**

| | | | |
|---|---|---|---|
| **H-Blatt 332** | mit 1 × MiNr. 3964–3965 („Amice! ...") | 5,80 | 5,80 |
| **H-Blatt 333** | mit 1 × MiNr. 3964–3965 („Onder de verschillende typen ...") | 5,80 | 5,80 |
| **H-Blatt 334** | mit 1 × MiNr. 3964–3965 („Nadat de cijferzegels ...") | 5,80 | 5,80 |
| **H-Blatt 335** | mit 1 × MiNr. 3964–3965 („Tussen 1891 en 1896 ...") | 5,80 | 5,80 |
| **H-Blatt 336** | mit 1 × MiNr. 3964–3965 („In totaal zijn ...") | 5,80 | 5,80 |
| **MH 124** | mit 1 × H-Blatt 332–336 | 29,— | 29,— |

Nominale zur Zeit der Ausgabe: je 0.91 €

MiNr. 3964–3965 wurden sowohl schachbrettartig zusammenhängend im Kleinbogen als auch waagerecht zusammenhängend im Markenheftchen (MH 124, Postpreis 12.45 €) gedruckt. MiNr. 3965 ist dabei stets kopfstehend.

Auflage: 68.000 Kleinbogen

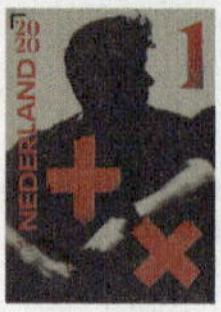

**2020, 21. Okt. Martin Garrix. Odr. (5×1); gez. K 13¼:14.**

fcf) Silhouette von Martin Garrix (*1996), DJ und Musikproduzent; Plus- und Malzeichen

| | | | | |
|---|---|---|---|---|
| **3966** | 1 mehrfarbig | fcf | 2,10 | 2,10 |
| | | FDC | | 8,— |
| | | Kleinbogen | 10,50 | 10,50 |

Nominale zur Zeit der Ausgabe: 0.91 €

Auflage: 345.000 Stück

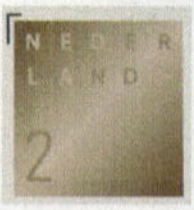

**2020, 2. Nov. Freimarke für Kondolenzbriefe. Odr. (50); selbstklebend; gestanzt 11¾.**

fcg) Symbolik

| | | | | |
|---|---|---|---|---|
| **3967** | 2 mehrfarbig | bbw I | 4,20 | 4,20 |
| | | FDC | | 12,50 |

Nominale zur Zeit der Ausgabe: 1.82 €

Auflage: 500.000 Stück

*In gleicher Zeichnung: MiNr. 2757*
*In ähnlicher Zeichnung: MiNr. 1641, 1825, 1904, 1980, 2477*

**2020, 16. Nov. Dezembermarken. Odr. (5×2 + 5×2); Streifen ph.; selbstklebend; gestanzt 11¼.**

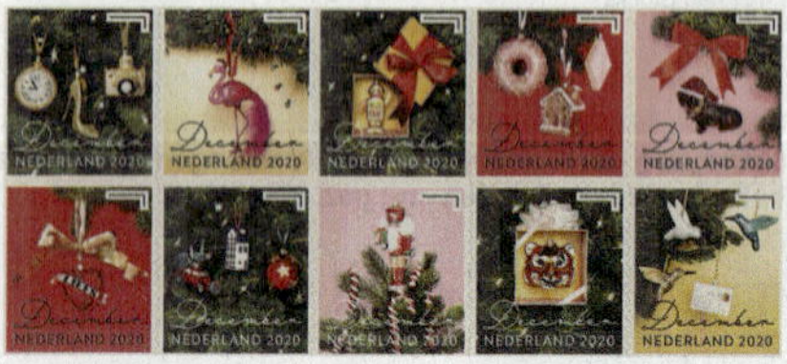

fcg) Taschenuhr, Schuh, Fotoapparat
fch) Flamingo
fci) Roboter in Geschenkverpackung
fck) Donut, Lebkuchenhaus, Waffel
fcl) Dackel mit Weihnachtsmütze

fcm) Herz mit Schleife
fcn) Auto, Grachtenhaus, Weihnachtskugel
fco) Nussknacker, Zuckerstangen
fcp) Tigerkopf in Geschenkverpackung
fcr) Kolibris, Brief

fcg–fcr) Weihnachtsbaumschmuck

| | | | | |
|---|---|---|---|---|
| **3968** | — mehrfarbig | fcg | 2,— | 2,— |
| **3969** | — mehrfarbig | fch | 2,— | 2,— |
| **3970** | — mehrfarbig | fci | 2,— | 2,— |
| **3971** | — mehrfarbig | fck | 2,— | 2,— |
| **3972** | — mehrfarbig | fcl | 2,— | 2,— |
| **3973** | — mehrfarbig | fcm | 2,— | 2,— |
| **3974** | — mehrfarbig | fcn | 2,— | 2,— |
| **3975** | — mehrfarbig | fco | 2,— | 2,— |
| **3976** | — mehrfarbig | fcp | 2,— | 2,— |
| **3977** | — mehrfarbig | fcr | 2,— | 2,— |
| | | Satzpreis (10 W.) | 20,— | 20,— |
| | | Zehnerblock | 20,— | 20,— |
| | | 2 FDC | | 38,— |
| | | Folienbogen | 40,— | 40,— |

Nominale zur Zeit der Ausgabe: je 0.86 €

Auflage: 7.030.000 Sätze

**2021, 4. Jan. Natur erleben (XIII): Fauna und Flora der Heidelandschaft. Odr. (2×5); Streifen ph.; selbstklebend; gez. K 13¼:14.**

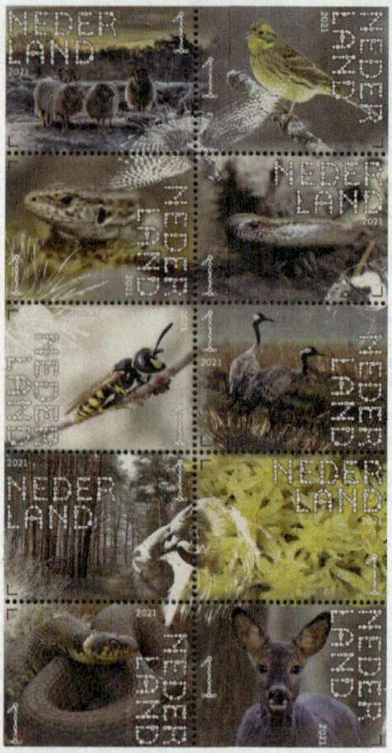

fcs) Drenthe Heideschaf (Ovis aries)
fct) Goldammer (Emberiza citrinella)
fcu) Zauneidechse (Lacerta agilis)
fcv) Blindschleiche (Anguis fragilis)
fcw) Bienenwolf (Philanthus triangulum)
fcx) Kranich (Grus grus)
fcy) Waldkiefer (Pinus sylvestris)
fdz) Torfmoos (Sphagnum sp.)
fda) Ringelnatter (Natrix natrix)
fdb) Reh (Capreolus capreolus)

| | | | | |
|---|---|---|---|---|
| **3978** | 1 mehrfarbig | fcs | 2,20 | 2,20 |
| **3979** | 1 mehrfarbig | fct | 2,20 | 2,20 |
| **3980** | 1 mehrfarbig | fcu | 2,20 | 2,20 |
| **3981** | 1 mehrfarbig | fcv | 2,20 | 2,20 |
| **3982** | 1 mehrfarbig | fcw | 2,20 | 2,20 |
| **3983** | 1 mehrfarbig | fcx | 2,20 | 2,20 |
| **3984** | 1 mehrfarbig | fcy | 2,20 | 2,20 |
| **3985** | 1 mehrfarbig | fcz | 2,20 | 2,20 |
| **3986** | 1 mehrfarbig | fda | 2,20 | 2,20 |
| **3987** | 1 mehrfarbig | fdb | 2,20 | 2,20 |
| | | Satzpreis (10 W.) | 22,— | 22,— |
| | | 2 FDC | | 42,— |
| | | Kleinbogen | 22,— | 22,— |

Nominale zur Zeit der Ausgabe: je 0.96 €

Auflage: 285.000 Sätze

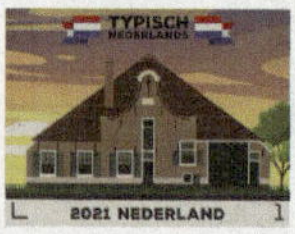

**2021, 4. Jan. Typisch Niederlande: Traditionelle Häuser (I). Odr., Kleinbogen (2×3) und Markenheftchen (2×1); Streifen ph.; gez. Ks 13:13½.**

fdc) Bauernhaus im Haubarg-Stil

| | | | | |
|---|---|---|---|---|
| **3988** | 1 mehrfarbig | fdc | 2,20 | 2,20 |
| | | FDC | | 8,30 |
| | | Kleinbogen | 13,— | 13,— |

Nominale zur Zeit der Ausgabe: 0.96 €

MiNr. 3988 wurde auch zusammen mit MiNr. 3999, 4002, 4003 und 4011 im Markenheftchen ausgegeben. MH-Bewertung siehe nach MiNr. 4011.

Auflage: 75.000 Kleinbogen

**2021, 22. Febr. Natur erleben (XIV): Fauna und Flora der Sumpflandschaft. Odr. (2×5); Streifen ph.; selbstklebend; gez. K 13¼:14.**

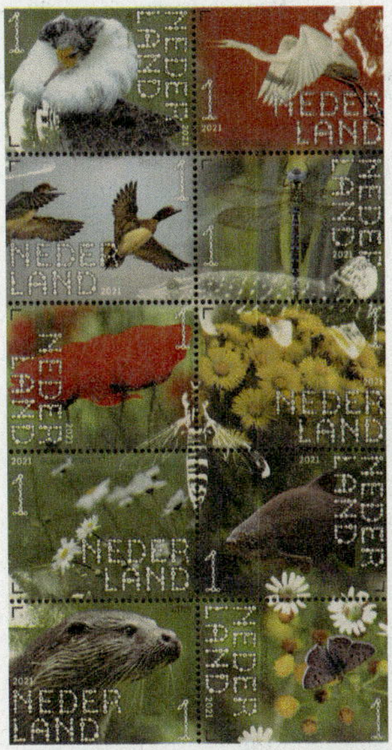


fdd) Kampfläufer (Calidris pugnax)
fde) Silberreiher (Ardea alba)
fdf) Pfeifente (Mareca penelope)
fdg) Grüne Mosaikjungfer (Aeshna viridis)
fdh) Klatschmohn (Papaver rhoeas)
fdi) Huflattich (Tussilago farfara)
fdk) Magerwiesen-Margerite (Leucanthemum vulgare)
fdl) Brachse (Abramis brama)
fdm) Eurasischer Fischotter (Lutra lutra)
fdn) Brauner Feuerfalter (Lycaena tityrus)

| | | | | |
|---|---|---|---|---|
| **3989** | 1 mehrfarbig | fdd | 2,20 | 2,20 |
| **3990** | 1 mehrfarbig | fde | 2,20 | 2,20 |
| **3991** | 1 mehrfarbig | fdf | 2,20 | 2,20 |
| **3992** | 1 mehrfarbig | fdg | 2,20 | 2,20 |
| **3993** | 1 mehrfarbig | fdh | 2,20 | 2,20 |
| **3994** | 1 mehrfarbig | fdi | 2,20 | 2,20 |
| **3995** | 1 mehrfarbig | fdk | 2,20 | 2,20 |
| **3996** | 1 mehrfarbig | fdl | 2,20 | 2,20 |
| **3997** | 1 mehrfarbig | fdm | 2,20 | 2,20 |
| **3998** | 1 mehrfarbig | fdn | 2,20 | 2,20 |
| | | Satzpreis (10 W.) | 22,— | 22,— |
| | | 2 FDC | | 42,— |
| | | Kleinbogen | 22,— | 22,— |

Nominale zur Zeit der Ausgabe: je 0.96 €

Auflage: 285.000 Sätze

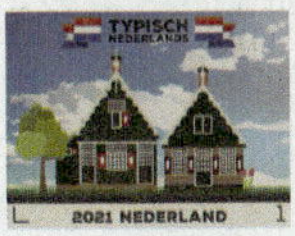


**2021, 22. Febr. Typisch Niederlande: Traditionelle Häuser (II). Odr., Kleinbogen (2×3) und Markenheftchen (2×1); Streifen ph.; gez. Ks 13:13½.**

fdo) Holzhäuser

| | | | | |
|---|---|---|---|---|
| **3999** | 1 mehrfarbig | fdo | 2,20 | 2,20 |
| | | FDC | | 8,30 |
| | | Kleinbogen | 13,— | 13,— |

Nominale zur Zeit der Ausgabe: 0.96 €

MiNr. 3999 wurde auch zusammen mit MiNr. 3988, 4002, 4003 und 4011 im Markenheftchen ausgegeben. MH-Bewertung siehe nach MiNr. 4011.

Auflage: 75.000 Kleinbogen

**2021, 22. März. Nachhaltigkeit. Odr. (1×3 Zd); Streifen ph.; A = gez. K 13¼:12¾.**

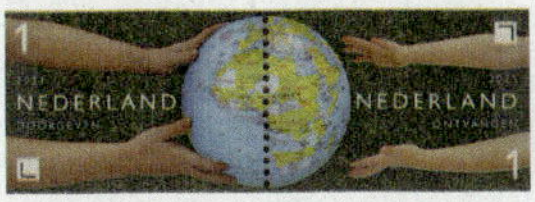


fdp) Erwachsenen-Hände reichen Globus weiter
fdr) Kinderhände empfangen Globus

| | | | | |
|---|---|---|---|---|
| **4000 A** | 1 mehrfarbig | fdp | 2,20 | 2,20 |
| **4001 A** | 1 mehrfarbig | fdr | 2,20 | 2,20 |
| | | Satzpreis A (2 W.) | 4,40 | 4,40 |
| | | Paar A | 4,40 | 4,40 |
| | | FDC A | | 12,50 |
| | | Kehrdruck-Viererblock A | 8,80 | 8,80 |
| | | Kleinbogen A | 13,— | 13,— |

**Markenheftchen (2×1), C = gez. K 14½**

| | | | | |
|---|---|---|---|---|
| **4000 C** | 1 mehrfarbig | fdp | 2,90 | 2,90 |
| **4001 C** | 1 mehrfarbig | fdr | 2,90 | 2,90 |
| | | Satzpreis (2 W.) | 5,80 | 5,80 |

| | | | |
|---|---|---|---|
| **H-Blatt 337** | mit 1 × MiNr. 4000 C–4001 C (Transporter) | 5,80 | 5,80 |
| **H-Blatt 338** | mit 1 × MiNr. 4000 C–4001 C (Elektro-Transporter) | 5,80 | 5,80 |
| **H-Blatt 339** | mit 1 × MiNr. 4000 C–4001 C (Elektro-Lkw) | 5,80 | 5,80 |
| **H-Blatt 340** | mit 1 × MiNr. 4000 C–4001 C (Lastenfahrrad) | 5,80 | 5,80 |
| **H-Blatt 341** | mit 1 × MiNr. 4000 C–4001 C (Fahrrad) | 5,80 | 5,80 |
| **MH 125** | mit 1 × H-Blatt 337–341 | 29,— | 29,— |

Nominale zur Zeit der Ausgabe: je 0.96 €

Die mittlere Kleinbogenzeile wurde kopfstehend gedruckt.

Postpreis des Markenheftchens: 12.45 €

Auflage: MiNr. 4000 A–4001 A = 210.000 Sätze

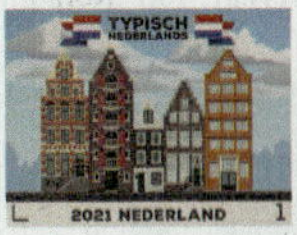


**2021, 22. März. Typisch Niederlande: Traditionelle Häuser (III). Odr., Kleinbogen (2×3) und Markenheftchen (2×1); Streifen ph.; gez. Ks 13:13½.**

fds) Grachtenhäuser

| | | | | |
|---|---|---|---|---|
| **4002** | 1 mehrfarbig | fds | 2,20 | 2,20 |
| | | FDC | | 8,30 |
| | | Kleinbogen | 13,— | 13,— |

Nominale zur Zeit der Ausgabe: 0.96 €

MiNr. 4002 wurde auch zusammen mit MiNr. 3988, 3999, 4003 und 4011 im Markenheftchen ausgegeben. MH-Bewertung siehe nach MiNr. 4011.

Auflage: 75.000 Kleinbogen

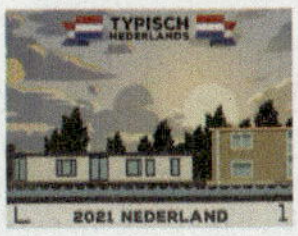


**2021, 6. April. Typisch Niederlande: Traditionelle Häuser (IV). Odr., Kleinbogen (2×3) und Markenheftchen (2×1); Streifen ph.; gez. Ks 13:13½.**

fdt) Hausboote

| | | | | |
|---|---|---|---|---|
| **4003** | 1 mehrfarbig | fdt | 2,20 | 2,20 |
| | | FDC | | 8,30 |
| | | Kleinbogen | 13,— | 13,— |

Nominale zur Zeit der Ausgabe: 0.96 €

MiNr. 4003 wurde auch zusammen mit MiNr. 3988, 3999, 4002 und 4011 im Markenheftchen ausgegeben. MH-Bewertung siehe nach MiNr. 4011.

Auflage: 75.000 Kleinbogen

**2021, 10. Mai. Europa: Gefährdete Wildtiere. Odr., Kleinbogen (1×3 Zd); Streifen ph.; A = gez. K 12¾:13¼.**

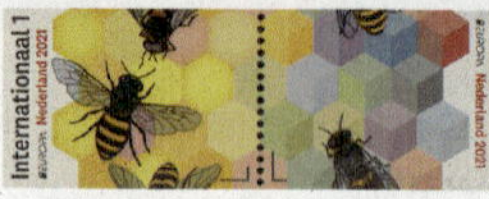


fdv) Bienenwaben
fdw) Bunte Würfel

fdv–fdw) Honigbiene (Apis mellifera)

| | | | | |
|---|---|---|---|---|
| **4004 A** | 1 INTERNATIONAAL mehrfarbig .... | fdv | 3,50 | 3,50 |
| **4005 A** | 1 INTERNATIONAAL mehrfarbig .... | fdw | 3,50 | 3,50 |
| | | Satzpreis A (2 W.) | 7,— | 7,— |
| | | Paar A | 7,— | 7,— |
| | | FDC A | | 16,— |
| | | Kleinbogen A | 21,— | 21,— |

**Markenheftchen (2×1), C = gez. K 13¾:14**

| | | | | |
|---|---|---|---|---|
| **4004 C** | 1 INTERNATIONAAL mehrfarbig .... | fdv | 4,80 | 4,80 |
| **4005 C** | 1 INTERNATIONAAL mehrfarbig .... | fdw | 4,80 | 4,80 |
| | | Satzpreis C (2 W.) | 9,60 | 9,60 |

| | | | |
|---|---|---|---|
| **H-Blatt 342** | mit 1 × MiNr. 4004 C–4005 C („Zandbij/Behangersbij") .......... | 9,60 | 9,60 |
| **H-Blatt 343** | mit 1 × MiNr. 4004 C–4005 C („Honigbij/Sachembij") .............. | 9,60 | 9,60 |
| **H-Blatt 344** | mit 1 × MiNr. 4004 C–4005 C („Maskertje/Blauzwarte houtbij") ..... | 9,60 | 9,60 |
| **MH 126** | mit 1 × H-Blatt 342–344 .......... | 29,— | 29,— |

Nominale zur Zeit der Auflage: je 1.55 €

Postpreis des Markenheftchens: 12.45 €

Auflage: MiNr. 4004 A–4005 A = 174.000 Sätze

**2021, 17. Mai. Blockausgabe: 50. Geburtstag von Königin Máxima. Odr.; Streifen ph.; gez. K 14½.**

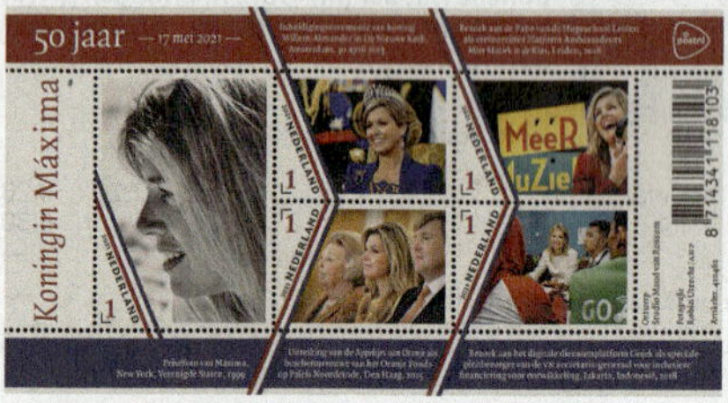


fec

fdx) in New York (1999)
fdy) bei Inthronisation von König Willem-Alexander (2013)
fdz) als Vorsitzende der Stiftung „Mehr Musik im Klassenzimmer" (2018)
fea) bei Verleihung des „Apfel von Oranje" (2015)
feb) als UN-Sonderbeauftragte in Jakarta (2018)

fdx–feb) Königin Máxima (*1971)

| | | | | |
|---|---|---|---|---|
| **4006** | 1 mehrfarbig .................... | fdx | 2,20 | 2,20 |
| **4007** | 1 mehrfarbig .................... | fdy | 2,20 | 2,20 |
| **4008** | 1 mehrfarbig .................... | fdz | 2,20 | 2,20 |
| **4009** | 1 mehrfarbig .................... | fea | 2,20 | 2,20 |
| **4010** | 1 mehrfarbig .................... | feb | 2,20 | 2,20 |
| **Block 190** | (144×75 mm) .................. | fec | 11,— | 11,— |
| | | FDC | | 21,— |

Nominale zur Zeit der Auflage: je 0.96 €

Auflage: 100.000 Blocks

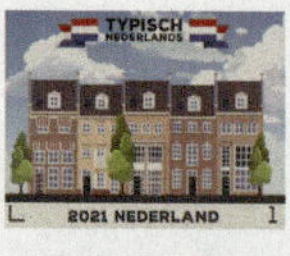


**2021, 14. Juni. Typisch Niederlande: Traditionelle Häuser (V). Odr., Kleinbogen (2×3) und Markenheftchen (2×1); Streifen ph.; gez. Ks 13:13½.**

fed) Reihenhäuser

| | | | | |
|---|---|---|---|---|
| **4011** | 1 mehrfarbig .................... | fed | 2,20 | 2,20 |
| | | FDC | | 8,30 |
| | | Kleinbogen | 13,— | 13,— |
| | | Markenheftchen | 29,— | 29,— |

Nominale zur Zeit der Ausgabe: 0.96 €

MiNr. 4011 wurde auch zusammen mit MiNr. 3988, 3999, 4002 und 4003 im Markenheftchen zu je 2 Marken ausgegeben (Postpreis des Heftchens: 12.45 €).

Auflage: 75.000 Kleinbogen

**2021, 14. Juni. Natur erleben (XV): Fauna und Flora der Dünenlandschaft. Odr. (2×5); Streifen ph.; selbstklebend; gez. K 13¼:14.**

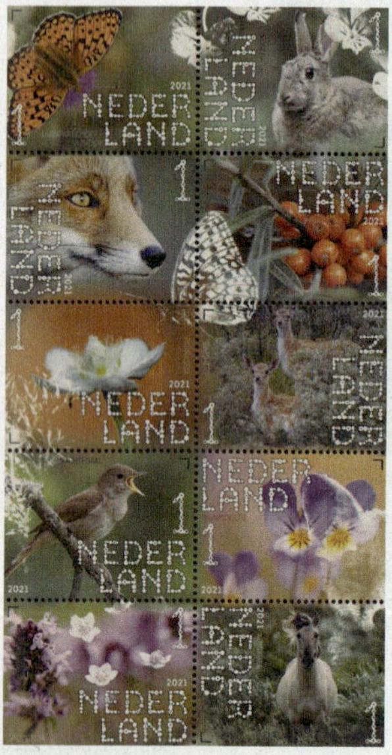


fee) Mittlerer Perlmuttfalter (Fabriciana niobe)
fef) Wildkaninchen (Oryctolagus cuniculus)
feg) Rotfuchs (Vulpes vulpes)
feh) Sanddorn (Hippophae rhamnoides)
fei) Sumpf-Herzblatt (Parnassia palustris)
fek) Damhirsch (Dama dama)
fel) Nachtigall (Luscinia megarhynchos)
fem) Sand-Stiefmütterchen (Viola tricolor curtisii)
fen) Breitblättriger Thymian (Thymus pulegioides)
feo) Konik (Equus ferus caballus)

| | | | | |
|---|---|---|---|---|
| **4012** | 1 mehrfarbig .................... | fee | 2,20 | 2,20 |
| **4013** | 1 mehrfarbig .................... | fef | 2,20 | 2,20 |
| **4014** | 1 mehrfarbig .................... | feg | 2,20 | 2,20 |
| **4015** | 1 mehrfarbig .................... | feh | 2,20 | 2,20 |
| **4016** | 1 mehrfarbig .................... | fei | 2,20 | 2,20 |
| **4017** | 1 mehrfarbig .................... | fek | 2,20 | 2,20 |
| **4018** | 1 mehrfarbig .................... | fel | 2,20 | 2,20 |
| **4019** | 1 mehrfarbig .................... | fem | 2,20 | 2,20 |
| **4020** | 1 mehrfarbig .................... | fen | 2,20 | 2,20 |
| **4021** | 1 mehrfarbig .................... | feo | 2,20 | 2,20 |
| | | Satzpreis (10 W.) | 22,— | 22,— |
| | | 2 FDC | | 42,— |
| | | Kleinbogen | 22,— | 22,— |

Nominale zur Zeit der Ausgabe: je 0.96 €

Auflage: 285.000 Sätze

**2021, 16. Aug. Natur erleben (XVI): Fauna und Flora des Landgutes Haarzuilens. Odr. (2 × 5); Streifen ph.; selbstklebend; gez. K 13¼:14.**

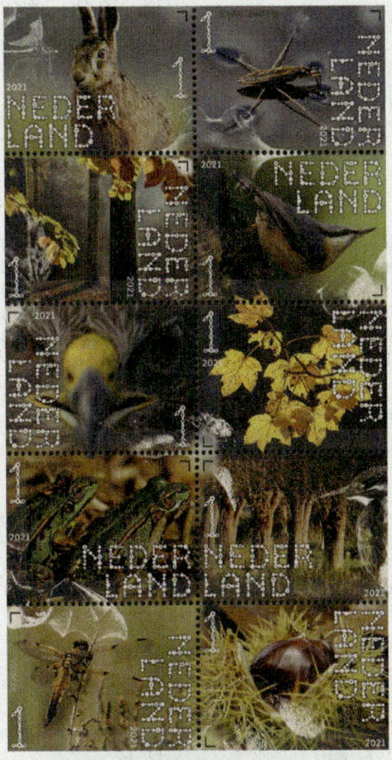


fep) Feldhase (Lepus europaeus)
fer) Gemeiner Wasserläufer (Gerris lacustris)
fes) Rotbuche (Fagus sylvatica)
fet) Kleiber (Sitta europaea)
feu) Mäusebussard (Buteo buteo)
fev) Berg-Ahorn (Acer pseudoplatanus)
few) Teichfrosch (Pelophylax esculentus)
fex) Weide (Salix)
fey) Vierfleck (Libellula quadrimaculata)
fez) Edelkastanie (Castanea sativa)

| | | | | |
|---|---|---|---|---|
| **4022** | 1 mehrfarbig | fep | 2,20 | 2,20 |
| **4023** | 1 mehrfarbig | fer | 2,20 | 2,20 |
| **4024** | 1 mehrfarbig | fes | 2,20 | 2,20 |
| **4025** | 1 mehrfarbig | fet | 2,20 | 2,20 |
| **4026** | 1 mehrfarbig | feu | 2,20 | 2,20 |
| **4027** | 1 mehrfarbig | fev | 2,20 | 2,20 |
| **4028** | 1 mehrfarbig | few | 2,20 | 2,20 |
| **4029** | 1 mehrfarbig | fex | 2,20 | 2,20 |
| **4030** | 1 mehrfarbig | fey | 2,20 | 2,20 |
| **4031** | 1 mehrfarbig | fez | 2,20 | 2,20 |
| | Satzpreis (10 W.) | | 22,— | 22,— |
| | 2 FDC | | | 42,— |
| | Kleinbogen | | 22,— | 22,— |

Nominale zur Zeit der Ausgabe: je 0.96 €

Auflage: 285.000 Sätze

**2021, 16. Aug. Innovationen. Odr. (2 × 5); Streifen ph.; gez. K 14:13½.**

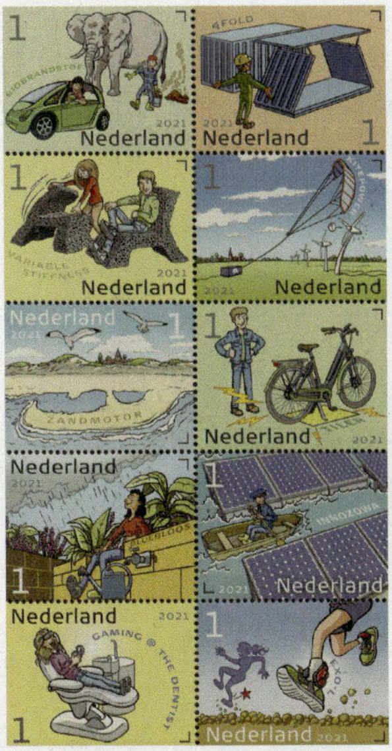


ffa) Biotreibstoff aus Elefantendung
ffb) Faltbare Frachtcontainer
ffc) 3D-Druckmaterial mit variabler Dichte
ffd) Windenergie-Gewinnung mit Flugdrachen
ffe) Küstenschutzprojekt „Sandmotor“ vor der Küste von Südholland
fff) Bodenfliesen zum drahtlosen Laden von Elektrofahrzeugen
ffg) Filtersystem „Bluebloqs“ für Regenwasseraufbereitung und Hochwasserschutz
ffh) Schwimmende Sonnenkollektoren
ffi) Videospielsysteme beim Zahnarzt
ffk) 3D-gedruckte Knöchelschiene

| | | | | |
|---|---|---|---|---|
| **4032** | 1 mehrfarbig | ffa | 2,20 | 2,20 |
| **4033** | 1 mehrfarbig | ffb | 2,20 | 2,20 |
| **4034** | 1 mehrfarbig | ffc | 2,20 | 2,20 |
| **4035** | 1 mehrfarbig | ffd | 2,20 | 2,20 |
| **4036** | 1 mehrfarbig | ffe | 2,20 | 2,20 |
| **4037** | 1 mehrfarbig | fff | 2,20 | 2,20 |
| **4038** | 1 mehrfarbig | ffg | 2,20 | 2,20 |
| **4039** | 1 mehrfarbig | ffh | 2,20 | 2,20 |
| **4040** | 1 mehrfarbig | ffi | 2,20 | 2,20 |
| **4041** | 1 mehrfarbig | ffk | 2,20 | 2,20 |
| | Satzpreis (10 W.) | | 22,— | 22,— |
| | 2 FDC | | | 27,— |
| | Kleinbogen | | 22,— | 22,— |

**Markenheftchen**

| | | | |
|---|---|---|---|
| **H-Blatt 345** | mit 1 × MiNr. 4032–4033 | 5,80 | 5,80 |
| **H-Blatt 346** | mit 1 × MiNr. 4034–4035 | 5,80 | 5,80 |
| **H-Blatt 347** | mit 1 × MiNr. 4036–4037 | 5,80 | 5,80 |
| **H-Blatt 348** | mit 1 × MiNr. 4038–4039 | 5,80 | 5,80 |
| **H-Blatt 349** | mit 1 × MiNr. 4040–4041 | 5,80 | 5,80 |
| **MH 127** | mit 1 × H-Blatt 345–349 | 29,— | 29,— |

Nominale zur Zeit der Ausgabe: je 0.96 €

Postpreis des Markenheftchens: 12.45 €

Auflage: 95.000 Kleinbogen

**2021, 13. Sept. Blockausgabe: Niederländisches Design (III) – Sprich mit der Hand. Odr.; Streifen ph.; gez. K 13½:14.**

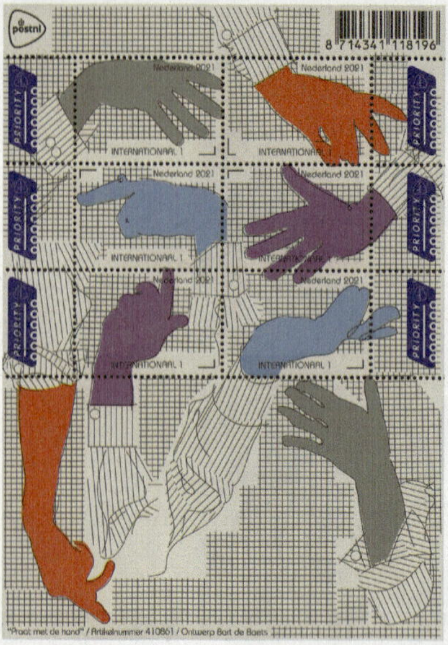


ffs

ffl) Graue Hand
ffm) Orangefarbene Hand
ffn) Blaue Hand zeigt nach links
ffo) Lila Hand offen
ffp) Lila Hand zeigt nach oben
ffr) Blaue Hand mit Handfläche nach oben

ffl–ffr) Graphiken von Bart de Baets (*1979)

| | | | | | |
|---|---|---|---|---|---|
| **4042** | 1 INTERNATIONAAL mehrfarbig .. | ffl | 3,60 | 3,60 |
| **4043** | 1 INTERNATIONAAL mehrfarbig .. | ffm | 3,60 | 3,60 |
| **4044** | 1 INTERNATIONAAL mehrfarbig .. | ffn | 3,60 | 3,60 |
| **4045** | 1 INTERNATIONAAL mehrfarbig .. | ffo | 3,60 | 3,60 |
| **4046** | 1 INTERNATIONAAL mehrfarbig .. | ffp | 3,60 | 3,60 |
| **4047** | 1 INTERNATIONAAL mehrfarbig .. | ffr | 3,60 | 3,60 |
| **Block 191** | (108×150 mm) ................ | ffs | 21,50 | 21,50 |
| | FDC (Blockmarken) | | | 32,50 |

Nominale zur Zeit der Ausgabe: je 1.55 €

Auflage: 80.000 Blocks

**2021, 13. Sept. Niederländische Pferderassen. Odr. (5×2); gez. K 12¾:13¼.**

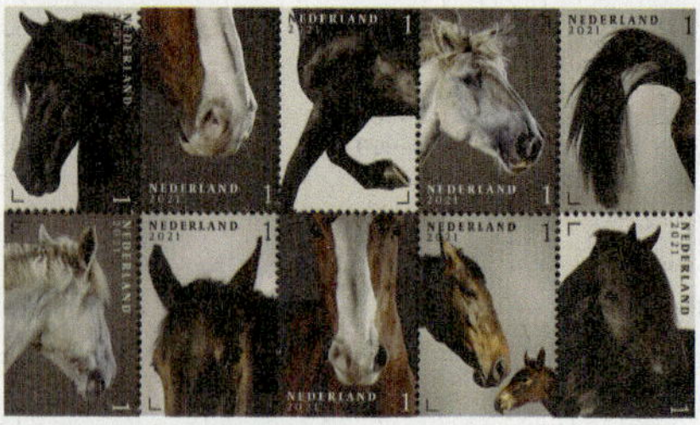


fft) Friese „Izaak“, Portrait nach links
ffu) Gelderländer „Hobyant“, Maul
ffv) Friese „Izaak“, Schulter und Beine
ffw) Niederländisches Kaltblut „Bonnie“, Portrait
ffx) Groninger „Legende“, Schweif

ffy) Niederländisches Kaltblut „Bonnie“, Portrait von hinten
ffz) Groninger „Legende“, Augen und Ohren
fga) Gelderländer „Hobyant“, Portrait
fgb) Groninger „Legende“ mit Fohlen „Sophia“
fgc) Friese „Izaak“, Portrait nach rechts

| | | | | |
|---|---|---|---|---|
| **4048** | 1 mehrfarbig ........................ | fft | 2,20 | 2,20 |
| **4049** | 1 mehrfarbig ........................ | ffu | 2,20 | 2,20 |
| **4050** | 1 mehrfarbig ........................ | ffv | 2,20 | 2,20 |
| **4051** | 1 mehrfarbig ........................ | ffw | 2,20 | 2,20 |
| **4052** | 1 mehrfarbig ........................ | ffx | 2,20 | 2,20 |
| **4053** | 1 mehrfarbig ........................ | ffy | 2,20 | 2,20 |
| **4054** | 1 mehrfarbig ........................ | ffz | 2,20 | 2,20 |
| **4055** | 1 mehrfarbig ........................ | fga | 2,20 | 2,20 |
| **4056** | 1 mehrfarbig ........................ | fgb | 2,20 | 2,20 |
| **4057** | 1 mehrfarbig ........................ | fgc | 2,20 | 2,20 |
| | Satzpreis (10 W.) | | 22,— | 22,— |
| | 2 FDC | | | 41,50 |
| | Kleinbogen | | 22,— | 22,— |

**Markenheftchen**

| | | | |
|---|---|---|---|
| **H-Blatt 350** | mit 1 × MiNr. 4048 und 4053 ........ | 5,80 | 5,80 |
| **H-Blatt 351** | mit 1 × MiNr. 4049 und 4054 ........ | 5,80 | 5,80 |
| **H-Blatt 352** | mit 1 × MiNr. 4050 und 4055 ........ | 5,80 | 5,80 |
| **H-Blatt 353** | mit 1 × MiNr. 4051 und 4056 ........ | 5,80 | 5,80 |
| **H-Blatt 354** | mit 1 × MiNr. 4052 und 4057 ........ | 5,80 | 5,80 |
| **MH 128** | mit 1 × H-Blatt 350–354 ............ | 29,— | 29,— |

Nominale zur Zeit der Ausgabe: je 0.96 €

Postpreis des Markenheftchens: 12.45 €

Auflage: 95.000 Kleinbogen

**2021, 11. Okt. Blockausgabe: „Voor het Kind“ – 80 Jahre Kinderbuchfigur „Tom Puss“. Odr.; Streifen ph.; gez. K 14½.**

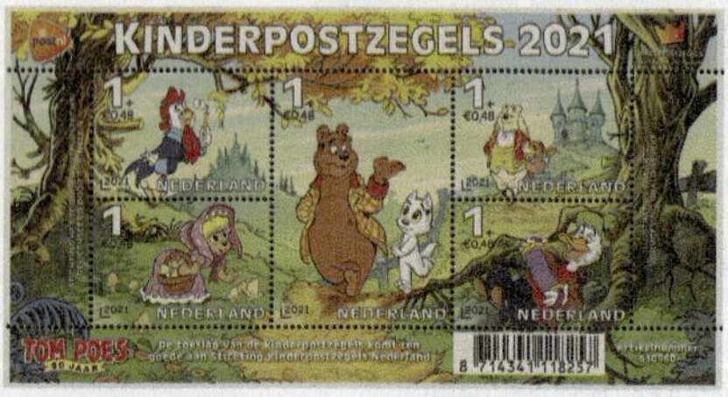


fgi

fgd) Marquis de Canteclaer
fge) Oliver Bommel und Tom Puss
fgf) Diener Justus
fgg) Fräulein Doddel
fgh) Wammes Waggel

fgd–fgh) Cartoonfiguren aus der Serie „Tom Puss“ von Marten Toonder (1912–2005), Comiczeichner.

| | | | | |
|---|---|---|---|---|
| **4058** | 1 + 0.48 € mehrfarbig ........... | fgd | 3,30 | 3,30 |
| **4059** | 1 + 0.48 € mehrfarbig ........... | fge | 3,30 | 3,30 |
| **4060** | 1 + 0.48 € mehrfarbig ........... | fgf | 3,30 | 3,30 |
| **4061** | 1 + 0.48 € mehrfarbig ........... | fgg | 3,30 | 3,30 |
| **4062** | 1 + 0.48 € mehrfarbig ........... | fgh | 3,30 | 3,30 |
| **Block 192** | (144×75 mm) ............... | fgi | 16,50 | 16,50 |
| | FDC | | | 28,— |

Nominale zur Zeit der Ausgabe: je 0.96 + 0.48 €

Auflage: 1.232.000 Blocks

**2021, 15. Okt. Tag der Briefmarke. Odr., Kleinbogen (2×5) und Markenheftchen (2×1); Streifen ph.; gez. K 14:13¼.**

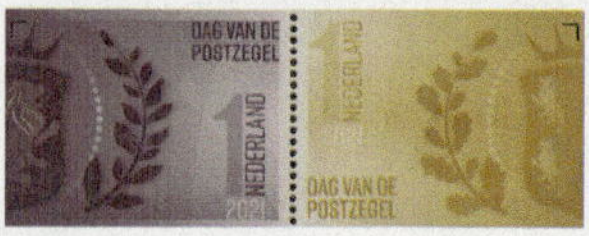


fgl fgk

fgk–fgl) Reichswappen aus Designelementen älterer Briefmarken

| | | | | |
|---|---|---|---|---|
| **4063** | 1 mehrfarbig ........................ | fgk | 2,20 | 2,20 |
| **4064** | 1 mehrfarbig ........................ | fgl | 2,20 | 2,20 |
| | Satzpreis (2 W.) | | 4,40 | 4,40 |
| | Paar | | 4,40 | 4,40 |
| | FDC | | | 12,50 |
| | Viererblock | | 8,80 | 8,80 |
| | Kleinbogen | | 22,— | 22,— |

**Markenheftchen (2×1)**

| | | | |
|---|---|---|---|
| **H-Blatt 355** | mit 1 × MiNr. 4063–4064 („Drie Wapenzegels ...") | 5,80 | 5,80 |
| **H-Blatt 356** | mit 1 × MiNr. 4063–4064 („SCHETSEN") | 5,80 | 5,80 |
| **H-Blatt 357** | mit 1 × MiNr. 4063–4064 („VAN 3 NAAR 130 MILJOEN ...") | 5,80 | 5,80 |
| **H-Blatt 358** | mit 1 × MiNr. 4063–4064 („Links: een strakke ...") | 5,80 | 5,80 |
| **H-Blatt 359** | mit 1 × MiNr. 4063–4064 („DE KLEUREN VAN DE ...") | 5,80 | 5,80 |
| **MH 129** | mit 1 × H-Blatt 355–359 | 29,— | 29,— |

Nominale zur Zeit der Ausgabe: je 0.96 €

MiNr. 4063–4064 wurden sowohl schachbrettartig zusammenhängend im Kleinbogen als auch waagerecht zusammenhängend im Markenheftchen (MH 129, Postpreis: 12.45 €) gedruckt.

Auflage: 73.000 Kleinbogen

**2021, 15. Nov. Dezembermarken. Odr. (5×2 + 5×2); Streifen ph.; selbstklebend; gestanzt 11¼.**

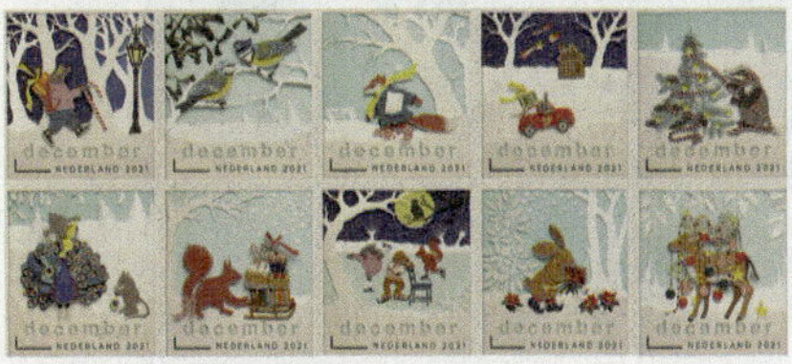

fgm) Maulwurf mit Zuckerstange und Geschenk im Rucksack
fgn) Blaumeisen und Mistelzweige
fgo) Fuchs mit Schal und gestreiften Socken
fgp) Maus in rotem Postauto liefert Geschenke; Feuerwerk über Lebkuchenhaus
fgr) Dachs schmückt Weihnachtsbaum mit Schal

fgs) Mäuse schmücken Pfau
fgt) Eichhörnchen bringt Geschenke und Gebäck auf Schlitten
fgu) Waldtiere beim Schlittschuhlaufen; Eule vor Mond
fgv) Hase sammelt Poinsettia
fgw) Hirsch mit Weihnachtsbaumschmuck

fgm–fgw) Weihnachtliche Waldtiere

| | | | | | |
|---|---|---|---|---|---|
| **4065** | — | mehrfarbig | fgm | 2,10 | 2,10 |
| **4066** | — | mehrfarbig | fgn | 2,10 | 2,10 |
| **4067** | — | mehrfarbig | fgo | 2,10 | 2,10 |
| **4068** | — | mehrfarbig | fgp | 2,10 | 2,10 |
| **4069** | — | mehrfarbig | fgr | 2,10 | 2,10 |
| **4070** | — | mehrfarbig | fgs | 2,10 | 2,10 |
| **4071** | — | mehrfarbig | fgt | 2,10 | 2,10 |
| **4072** | — | mehrfarbig | fgu | 2,10 | 2,10 |
| **4073** | — | mehrfarbig | fgv | 2,10 | 2,10 |
| **4074** | — | mehrfarbig | fgw | 2,10 | 2,10 |
| | | | Satzpreis (10 W.) | 21,— | 21,— |
| | | | Zehnerblock | 21,— | 21,— |
| | | | 2 FDC | | 40,— |
| | | | Folienbogen | 42,— | 42,— |

Nominale zur Zeit der Ausgabe: je 0.91 €

Auflage: 7.030.000 Sätze

**2022, 3. Jan. Natur erleben (XVII): Fauna und Flora am Fort Ellewoutsdijk. Odr. (2×5); Streifen ph.; selbstklebend; gez. K 13:13¼.**

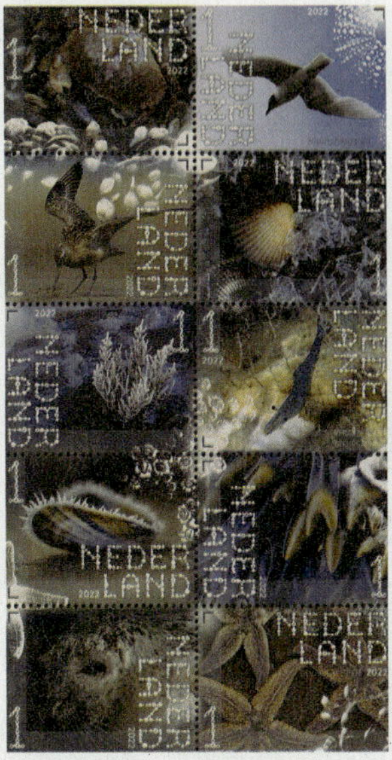

fgx) Taschenkrebs (Cancer pagurus)
fgy) Schwarzkopfmöwe (Ichthyaetus melanocephalus)
fgz) Pfuhlschnepfe (Limosa lapponica)
fha) Gemeine Herzmuschel (Cerastoderma edule)
fhb) Europäischer Queller (Salicornia europaea)
fhc) Farbwechselnde Garnele (Hippolyte varians)
fhd) Gemeine Miesmuschel (Mytilus edulis)
fhe) Spiraltang (Fucus spiralis)
fhf) Seehund (Phoca vitulina)
fhg) Gemeiner Seestern (Asterias rubens)

| | | | | | |
|---|---|---|---|---|---|
| **4075** | 1 | mehrfarbig | fgx | 2,20 | 2,20 |
| **4076** | 1 | mehrfarbig | fgy | 2,20 | 2,20 |
| **4077** | 1 | mehrfarbig | fgz | 2,20 | 2,20 |
| **4078** | 1 | mehrfarbig | fha | 2,20 | 2,20 |
| **4079** | 1 | mehrfarbig | fhb | 2,20 | 2,20 |
| **4080** | 1 | mehrfarbig | fhc | 2,20 | 2,20 |
| **4081** | 1 | mehrfarbig | fhd | 2,20 | 2,20 |
| **4082** | 1 | mehrfarbig | fhe | 2,20 | 2,20 |
| **4083** | 1 | mehrfarbig | fhf | 2,20 | 2,20 |
| **4084** | 1 | mehrfarbig | fhg | 2,20 | 2,20 |
| | | | Satzpreis (10 W.) | 22,— | 22,— |
| | | | 2 FDC | | 42,— |
| | | | Kleinbogen | 22,— | 22,— |

Nominale zur Zeit der Ausgabe: je 0.96 €

Auflage: 285.000 Sätze

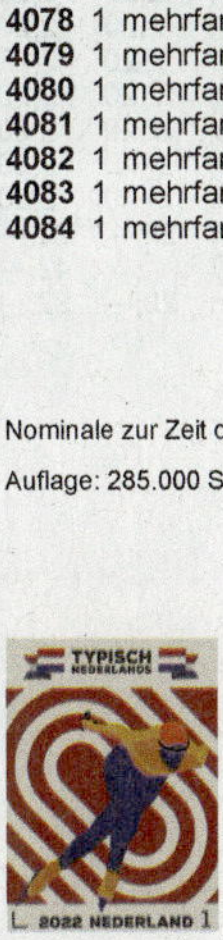

**2022, 3. Jan. Typisch Niederlande: Sport (I). Odr., Kleinbogen (2×3) und Markenheftchen (2×1); Streifen ph.; gez. K 13½:13.**

fhh) Eislaufen

| | | | | | |
|---|---|---|---|---|---|
| **4085** | 1 | mehrfarbig | fhh | 2,20 | 2,20 |
| | | | FDC | | 8,30 |
| | | | Kleinbogen | 13,— | 13,— |

Nominale zur Zeit der Ausgabe: 0.96 €

MiNr. 4085 wurde auch zusammen mit MiNr. 4102, 4109, 4110 und 4136 im Markenheftchen ausgegeben. MH-Bewertung siehe nach MiNr. 4136.

Auflage: 75.000 Kleinbogen

**2022, 21. Febr. Natur erleben (XVIII): Fauna und Flora im Naturschutzgebiet Niewkoopse Plassen. Odr. (2×5); Streifen ph.; selbstklebend; gez. K 13:13¼.**

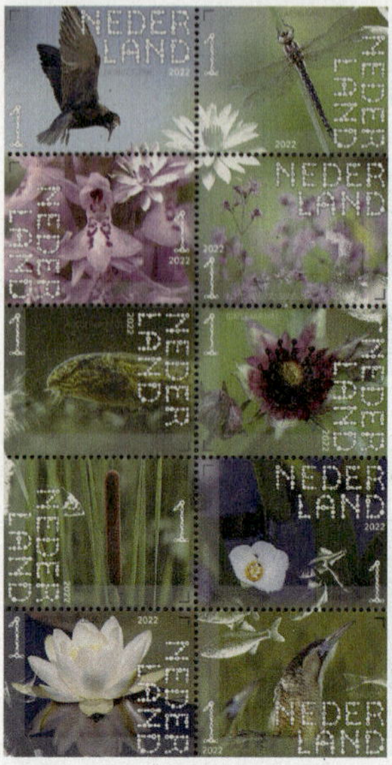

fhi) Trauerseeschwalbe (Chlidonias niger)
fhk) Früher Schilfjäger (Brachytron pratense)
fhl) Übersehenes Knabenkraut (Dactylorhiza praetermissa)
fhm) Kuckucks-Lichtnelke (Silene flos-cuculi)
fhn) Steinbeißer (Cobitis taenia)
fho) Sumpf-Blutauge (Potentilla palustris)
fhp) Schmalblättriger Rohrkolben (Typha angustifolia)
fhr) Krebsschere (Stratiotes aloides)
fhs) Weiße Seerose (Nymphaea alba)
fht) Rohrdommel (Botaurus stellaris)

| | | | | |
|---|---|---|---|---|
| **4086** | 1 mehrfarbig | fhi | 2,20 | 2,20 |
| **4087** | 1 mehrfarbig | fhk | 2,20 | 2,20 |
| **4088** | 1 mehrfarbig | fhl | 2,20 | 2,20 |
| **4089** | 1 mehrfarbig | fhm | 2,20 | 2,20 |
| **4090** | 1 mehrfarbig | fhn | 2,20 | 2,20 |
| **4091** | 1 mehrfarbig | fho | 2,20 | 2,20 |
| **4092** | 1 mehrfarbig | fhp | 2,20 | 2,20 |
| **4093** | 1 mehrfarbig | fhr | 2,20 | 2,20 |
| **4094** | 1 mehrfarbig | fhs | 2,20 | 2,20 |
| **4095** | 1 mehrfarbig | fht | 2,20 | 2,20 |
| | | Satzpreis (10 W.) | 22,— | 22,— |
| | | 2 FDC | | 42,— |
| | | Kleinbogen | 22,— | 22,— |

Nominale zur Zeit der Ausgabe: 0.96 €

Auflage: 285.000 Sätze

**2022, 21. Febr. Blockausgabe: 200 Jahre Museum Mauritshuis. Odr. (2×3); Streifen ph.; gez. K 14½.**

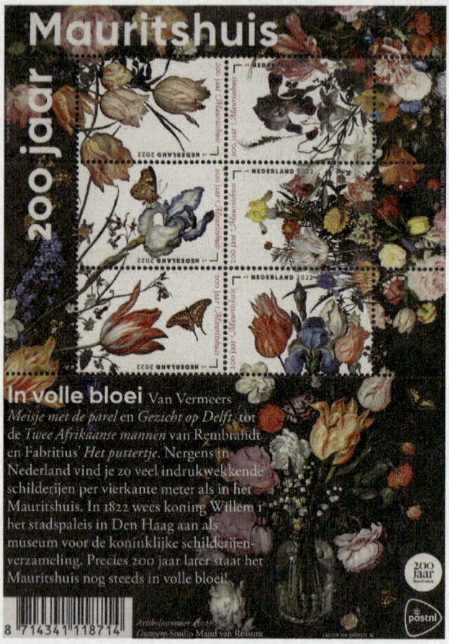


fia

fhu) Blumen in einer Wan-Li Vase (ca. 1609–1615); Gemälde von Jan Brueghel dem Älteren (1568–1625), Maler
fhv) Vase mit Blumen (1670); von Jan Davidsz de Heem (1606–1683 oder 1684), Maler
fhw) Blumen in einer Wan-Li Vase mit Muscheln (ca. 1640-1650); Gemälde von Balthasar van der Ast (1593 oder 1594–1657), Maler
fhx) Vase mit Blumen in einem Fenster (1618); Gemälde von Ambrosius Bosschaert dem Älteren (1573–1621), Maler
fhy) Blume aus „Blumen in einer Wan-Li Vase mit Muscheln“ von Balthasar van der Ast, Schmetterling aus „Blumen in einer Glasflasche“ von Jacob de Gheyn II.
fhz) Blumen in einer Glasflasche (1612); Gemälde von Jakob de Gheyn II. (um 1565–1629), Maler und Graveur

fhu–fhz) Ausschnitte aus Blumenstillleben

| | | | | |
|---|---|---|---|---|
| **4096** | 1 mehrfarbig | fhu | 2,20 | 2,20 |
| **4097** | 1 mehrfarbig | fhv | 2,20 | 2,20 |
| **4098** | 1 mehrfarbig | fhw | 2,20 | 2,20 |
| **4099** | 1 mehrfarbig | fhx | 2,20 | 2,20 |
| **4100** | 1 mehrfarbig | fhy | 2,20 | 2,20 |
| **4101** | 1 mehrfarbig | fhz | 2,20 | 2,20 |
| **Block 193** | (108×150 mm) | fia | 13,20 | 13,20 |
| | FDC (Blockmarken) | | | 23,50 |

**Markenheftchen (2×1)**

| | | | |
|---|---|---|---|
| **H-Blatt 360** | mit 1 × MiNr. 4096–4097 | 5,80 | 5,80 |
| **H-Blatt 361** | mit 1 × MiNr. 4098–4099 | 5,80 | 5,80 |
| **H-Blatt 362** | mit 1 × MiNr. 4100–4101 | 5,80 | 5,80 |
| **H-Blatt 363** | mit 1 × MiNr. 4098–4099 | 5,80 | 5,80 |
| **H-Blatt 364** | mit 1 × MiNr. 4096–4097 | 5,80 | 5,80 |
| **MH 130** | mit 1 H-Blatt 360–364 | 29,— | 29,— |

Nominale zur Zeit der Ausgabe: 0.96 €

Die Marken wurden jeweils liegend und zueinander kopfstehend gedruckt. Postpreis des Markenheftchens: 12.45 €

Auflagen: 95.000 Blocks

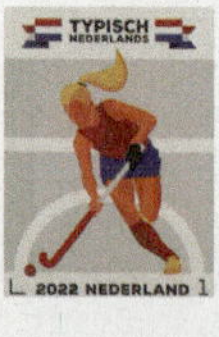


**2022, 21. März. Typisch Niederlande: Sport (II). Odr., Kleinbogen (3×2) und Markenheftchen (2×1); Streifen ph.; gez. K 13½:13.**

fib) Hockey

**4102** 1 mehrfarbig . . . . . . . . . . . . . . . . . . . . . . . . fib 2,20 2,20
FDC 8,30
Kleinbogen 13,— 13,—

Nominale zur Zeit der Ausgabe: 0.96 €

MiNr. 4102 wurde auch zusammen mit MiNr. 4085, 4109, 4110 und 4136 im Markenheftchen ausgegeben. MH-Bewertung siehe nach MiNr. 4136.

Auflage: 75.000 Kleinbogen

**2022, 21. März. Blockausgabe: Delfter Tulpenvasen. Odr.; Streifen ph.; gez. K 14½.**

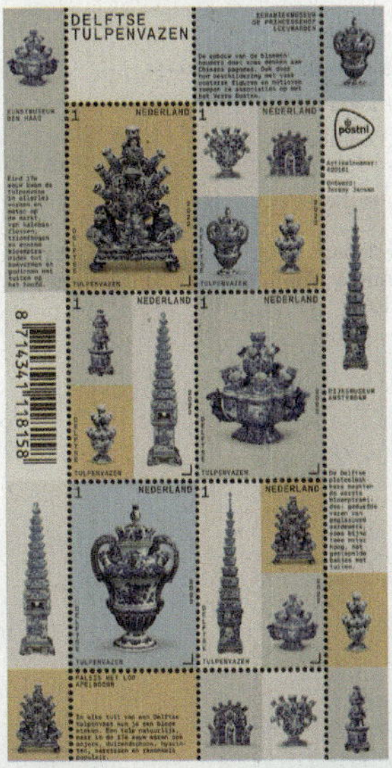


fii

fic) Blumenhalter mit Spiegelmonogramm „WR“ (ca. 1695–1702)
fid) Vier Vasen
fie) Blumenhalter in Form einer chinesischen Pagode (ca. 1700), zwei weitere Vasen
fif) Schalenförmiger Blumenhalter (ca. 1690)
fig) Blumenhalter in Form einer Amphore (ca. 1685–1691)
fih) Blumenpyramide aus elf Segmenten (1692–1700), zwei weitere Vasen

**4103** 1 mehrfarbig . . . . . . . . . . . . . . . . . . . . . fic 2,20 2,20
**4104** 1 mehrfarbig . . . . . . . . . . . . . . . . . . . . . fid 2,20 2,20
**4105** 1 mehrfarbig . . . . . . . . . . . . . . . . . . . . . fie 2,20 2,20
**4106** 1 mehrfarbig . . . . . . . . . . . . . . . . . . . . . fif 2,20 2,20
**4107** 1 mehrfarbig . . . . . . . . . . . . . . . . . . . . . fig 2,20 2,20
**4108** 1 mehrfarbig . . . . . . . . . . . . . . . . . . . . . fih 2,20 2,20
**Block 194** (75×144 mm) . . . . . . . . . . . . . . . fii 13,— 13,—
FDC (Blockmarken) 23,50

**Markenheftchen (2×1)**

**H-Blatt 365** mit 1 × MiNr. 4104–4105 . . . . . . . . . . . 5,80 5,80
**H-Blatt 366** mit 1 × MiNr. 4106–4107 . . . . . . . . . . . 5,80 5,80
**H-Blatt 367** mit 1 × MiNr. 4108–4109 . . . . . . . . . . . 5,80 5,80
**H-Blatt 368** mit 1 × MiNr. 4106–4107 . . . . . . . . . . . 5,80 5,80
**H-Blatt 369** mit 1 × MiNr. 4104–4105 . . . . . . . . . . . 5,80 5,80
**MH 131** mit 1 H-Blatt 365–369 . . . . . . . . . . . . . 29,— 29,—

Nominale zur Zeit der Ausgabe: 0.96 €

Postpreis des Markenheftchens: 12.45 €

Auflage: 91.000 Blocks

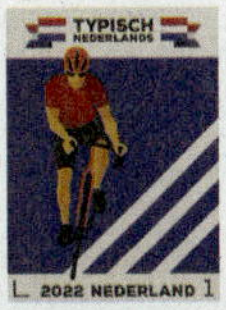


**2022, 4. April. Typisch Niederlande: Sport (III). Odr., Kleinbogen (3×2) und Markenheftchen (2×1); Streifen ph.; gez. K 13½:13.**

fik) Radsport

**4109** 1 mehrfarbig . . . . . . . . . . . . . . . . . . . . . . . . fik 2,20 2,20
FDC 8,30
Kleinbogen 13,— 13,—

Nominale zur Zeit der Ausgabe: 0.96 €

MiNr. 4109 wurde auch zusammen mit MiNr. 4085, 4102, 4110 und 4136 im Markenheftchen ausgegeben. MH-Bewertung siehe nach MiNr. 4136.

Auflage: 75.000 Kleinbogen

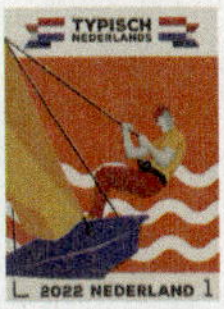


**2022, 9. Mai. Typisch Niederlande: Sport (IV). Odr., Kleinbogen (3×2) und Markenheftchen (2×1); Streifen ph.; gez. K 13½:13.**

fil) Segeln

**4110** 1 mehrfarbig . . . . . . . . . . . . . . . . . . . . . . . . fil 2,20 2,20
FDC 8,30
Kleinbogen 13,— 13,—

Nominale zur Zeit der Ausgabe: 0.96 €

MiNr. 4110 wurde auch zusammen mit MiNr. 4085, 4102, 4109 und 4136 im Markenheftchen ausgegeben. MH-Bewertung siehe nach MiNr. 4136.

Auflage: 75.000 Kleinbogen

**2022, 9. Mai. Europa: Geschichten und Mythen. Odr., Kleinbogen (1×3 Zd) und Markenheftchen (2×1); Streifen ph.; A = gez. K 13½:13.**

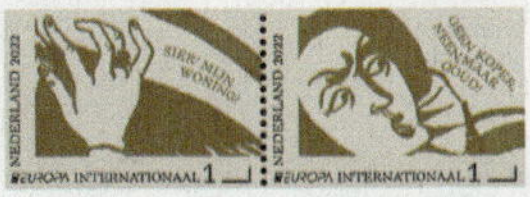


fim) Ring an der Hand der Frau von Stavoren
fin) Frau von Stavoren

**4111 A** 1 INTERNATIONAAL mehrfarbig . . . . . fim 3,60 3,60
**4112 A** 1 INTERNATIONAAL mehrfarbig . . . . . fin 3,60 3,60
Satzpreis A (2 W.) 7,20 7,20
Paar A 7,20 7,20
FDC A 16,—
Kleinbogen A 21,50 21,50

**Markenheftchen (2×1), C = gez. K 14:13½**

**4111 C** 1 INTERNATIONAAL mehrfarbig . . . . . fim 4,70 4,70
**4112 C** 1 INTERNATIONAAL mehrfarbig . . . . . fin 4,70 4,70
Satzpreis C (2 W.) 9,40 9,40

**H-Blatt 370** mit 1 × MiNr. 4111 C–4112 C („Mythen zijn klassieke ...“) . . . . . . . . . . 9,50 9,50
**H-Blatt 371** mit 1 × MiNr. 4111 C–4112 C („Sagen zijn verzonnen ...“) . . . . . . . . . . 9,50 9,50
**H-Blatt 372** mit 1 × MiNr. 4111 C–4112 C („Sprookjes zijn magische ...“) . . . . . . . . 9,50 9,50
**MH 132** mit 1 × H-Blatt 370–372 . . . . . . . . . . . . 28,50 28,50

Nominale zur Zeit der Ausgabe: je 0.96 €

Postpreis des Markenheftchens: 12.45 €

Auflage: MiNr. 4111 A–4112 A = 180.000 Sätze

**2022, 13. Juni. Natur erleben (XIX): Fauna und Flora im Naturschutzgebiet Sint Pietersberg. Odr. (2×5); Steifen ph.; selbstklebend; gez. K 13:13½.**

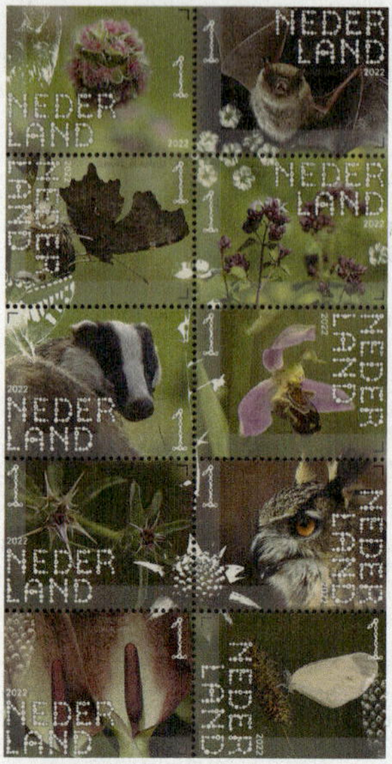


fio) Kleiner Wiesenknopf (Sanguisorba minor)
fip) Kleine Bartfledermaus (Myotis mystacinus)
fir) C-Falter (Polygonia c-album)
fis) Oregano (Origanum vulgare)
fit) Europäischer Dachs (Meles meles)
fiu) Bienen-Ragwurz (Ophrys apifera)
fiv) Stem-Flockenblume (Centaurea calcitrapa)
fiw) Uhu (Bubo bubo)
fix) Gefleckter Aronstab (Arum maculatum)
fiy) Senfweißling (Leptidea sinapis)

| | | | | | |
|---|---|---|---|---|---|
| **4113** | 1 | mehrfarbig | fio | 2,20 | 2,20 |
| **4114** | 1 | mehrfarbig | fip | 2,20 | 2,20 |
| **4115** | 1 | mehrfarbig | fir | 2,20 | 2,20 |
| **4116** | 1 | mehrfarbig | fis | 2,20 | 2,20 |
| **4117** | 1 | mehrfarbig | fit | 2,20 | 2,20 |
| **4118** | 1 | mehrfarbig | fiu | 2,20 | 2,20 |
| **4119** | 1 | mehrfarbig | fiv | 2,20 | 2,20 |
| **4120** | 1 | mehrfarbig | fiw | 2,20 | 2,20 |
| **4121** | 1 | mehrfarbig | fix | 2,20 | 2,20 |
| **4122** | 1 | mehrfarbig | fiy | 2,20 | 2,20 |
| | | | Satzpreis (10 W.) | 22,— | 22,— |
| | | | 2 FDC | | 42,— |
| | | | Kleinbogen | 22,— | 22,— |

Nominale zur Zeit der Ausgabe: je 0.96 €

Auflage: 285.000 Sätze

**2022, 20. Juni. 250. Geburtstag von König Wilhelm I. Odr., Kleinbogen (2×3) und Markenheftchen (2×1); Streifen ph.; A = gez. K 13½:13.**

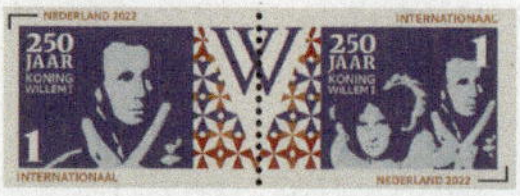


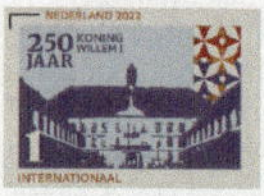


fiz) Wilhelm I. (1772–1843), König der Niederlande
fka) König Wilhelm I. mit seiner Frau Wilhelmine von Preußen (1774–1837)

fkb) Fuldaer Stadtschloss, Deutschland

| | | | | | |
|---|---|---|---|---|---|
| **4123 A** | 1 | INTERNATIONAAL mehrfarbig | fiz | 3,60 | 3,60 |
| **4124 A** | 1 | INTERNATIONAAL mehrfarbig | fka | 3,60 | 3,60 |
| **4125 A** | 1 | INTERNATIONAAL mehrfarbig | fkb | 3,60 | 3,60 |
| | | | Satzpreis A (3 W.) | 10,80 | 10,80 |
| | | | Paar + Marke | 10,80 | 10,80 |
| | | | FDC A | | 20,— |
| | | | Kleinbogen A | 21,50 | 21,50 |

**Markenheftchen (2×1), C = gez. K 14:13¾**

| | | | | | |
|---|---|---|---|---|---|
| **4123 C** | 1 | INTERNATIONAAL mehrfarbig | fiz | 4,70 | 4,70 |
| **4124 C** | 1 | INTERNATIONAAL mehrfarbig | fka | 4,70 | 4,70 |
| **4125 C** | 1 | INTERNATIONAAL mehrfarbig | fkb | 4,70 | 4,70 |
| | | | Satzpreis C (3 W.) | 14,— | 14,— |

| | | | |
|---|---|---|---|
| **H-Blatt 373** | mit 1 × MiNr. 4123 C–4124 C (oranger Hintergrund) | 9,50 | 9,50 |
| **H-Blatt 374** | mit 2 × MiNr. 4125 C | 9,50 | 9,50 |
| **H-Blatt 375** | mit 1 × MiNr. 4123 C–4124 C (roter Hintergrund) | 9,50 | 9,50 |
| **MH 133** | mit 1 × H-Blatt 373–375 | 28,50 | 28,50 |

Nominale zur Zeit der Ausgabe: je 1.55 €

Markenfolge im Kleinbogen: 4123-4124, 4125-4125, 4123-4124

Postpreis des Markenheftchens: 12.45 €

Auflage: MiNr. 4123 A–4125 A = 120.000 Sätze

**2022, 15. Aug. Natur erleben (XX): Fauna und Flora im Naturschutzgebiet Leuvenumer Wald. Odr. (2×5); Streifen ph.; selbstklebend; gez. K 13:13½.**

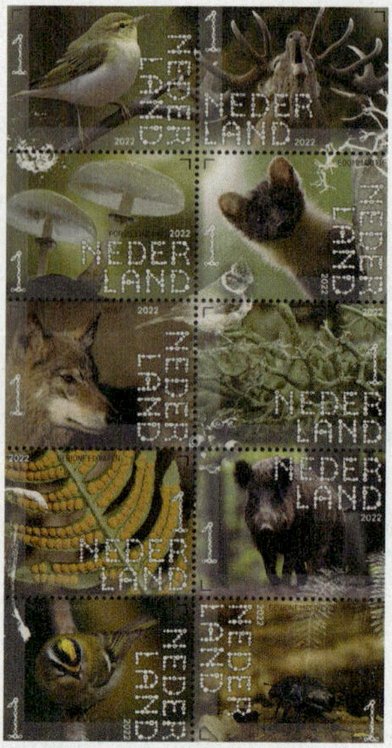


fkc) Waldlaubsänger (Phylloscopus sibilatrix)
fkd) Rothirsch (Cervus elaphus)
fke) Buchenschleimrübling (Mucidula mucida)
fkf) Baummarder (Martes martes)
fkg) Eurasischer Wolf (Canis lupus lupus)
fkh) Ebenästige Rentierflechte (Cladonia portentosa)
fki) Tüpfelfarn (Polypodium vulgare)
fkk) Europäisches Wildschwein (Sus scrofa scrofa)
fkl) Sommergoldhähnchen (Regulus ignicapilla)
fkm) Gemeiner Mistkäfer (Geotrupes stercorarius)

| | | | | | |
|---|---|---|---|---|---|
| **4126** | 1 | mehrfarbig | fkc | 2,20 | 2,20 |
| **4127** | 1 | mehrfarbig | fkd | 2,20 | 2,20 |
| **4128** | 1 | mehrfarbig | fke | 2,20 | 2,20 |
| **4129** | 1 | mehrfarbig | fkf | 2,20 | 2,20 |
| **4130** | 1 | mehrfarbig | fkg | 2,20 | 2,20 |
| **4131** | 1 | mehrfarbig | fkh | 2,20 | 2,20 |
| **4132** | 1 | mehrfarbig | fki | 2,20 | 2,20 |
| **4133** | 1 | mehrfarbig | fkk | 2,20 | 2,20 |
| **4134** | 1 | mehrfarbig | fkl | 2,20 | 2,20 |
| **4135** | 1 | mehrfarbig | fkm | 2,20 | 2,20 |
| | | | Satzpreis (10 W.) | 22,— | 22,— |
| | | | 2 FDC | | 42,— |
| | | | Kleinbogen | 22,— | 22,— |

Nominale zur Zeit der Ausgabe: je 0.96 €

Auflage: 285.000 Sätze

**2022, 15. Aug. Typisch Niederlande: Sport (V). Odr., Kleinbogen (3×2) und Markenheftchen (2×1); Streifen ph.; gez. K 13½:13.**

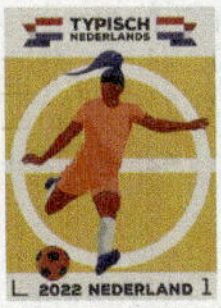


fkn) Fußball

| | | | | | |
|---|---|---|---|---|---|
| **4136** | 1 mehrfarbig | fkn | 2,20 | 2,20 |
| | | FDC | | 8,30 |
| | | Kleinbogen | 13,— | 13,— |
| | | Markenheftchen | 29,— | 29,— |

Nominale zur Zeit der Ausgabe: 0.96 €

MiNr. 4136 wurde auch zusammen mit MiNr. 4085, 4102, 4109 und 4110 im Markenheftchen zu je 2 Marken ausgegeben (Postpreis des Heftchens: 12.45 €).

Auflage: 75.000 Kleinbogen

**2022, 22. Sept. Blockausgabe: Kryptowährung (I). Komb. Odr., Siebdr. und Hfdr. auf Kunststoff; selbstklebend; gestanzt 10:9¾.**

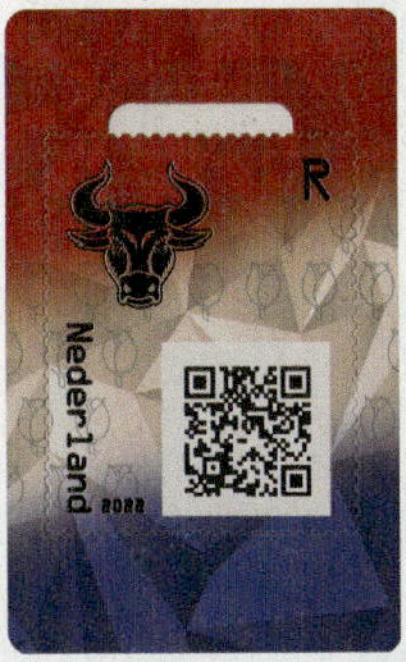


fkp

fko) Stierkopf, Tulpen, QR-Code

| | | | | |
|---|---|---|---|---|
| **4137** | R mehrfarbig | fko | 21,— | 21,— |
| **Block 195** | (54×85 mm) | fkp | 21,— | 21,— |
| | FDC (Blockmarke) | | | 32,— |

Nominale zur Zeit der Ausgabe: 9.05 €

Auf dem Objekt befindet sich ein QR-Code, der die Verwaltung der digitalen Marke ermöglicht.

Bl. 195 sind 5 virtuelle Farben in unterschiedlicher Häufigkeit zugeordnet, die mit Hilfe des QR-Codes eruierbar sind: Schwarz (73.266), Grün (37.334), Blau (18.666), Gelb (9.334) und Rot (1.400). Die angegebenen Preise beziehen sich auf die billigste (schwarze) Variante.

Bl. 195 stammt auch aus einer Verkaufspackung mit Österreich MiNr. 3677/Bl. 139.

Auflage: 140.000 Blocks

*Parallelausgabe mit Österreich MiNr. 3677/Bl. 139*

**2022, 26. Sept. Blockausgabe: Niederländisches Design (IV). Odr.; gez. K 13½:13.**

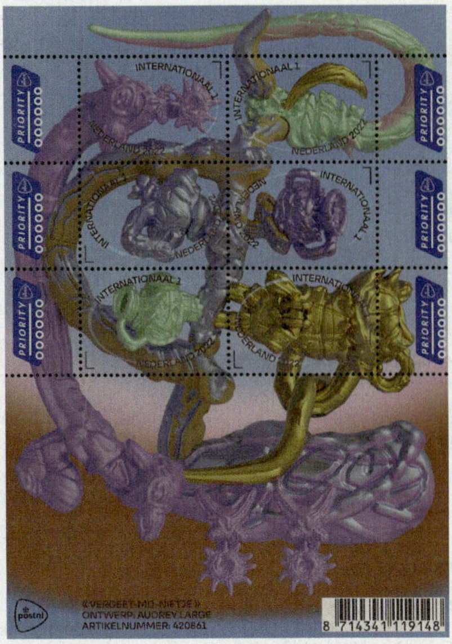


fkx

fkr fks
fkt fku
fkv fkw

fkr–fkw) „Vergissmeinnicht“; Skulptur von Audrey Large (*1994), französisch-niederländische Künstlerin

| | | | | |
|---|---|---|---|---|
| **4138** | 1 INTERNATIONAAL mehrfarbig | fkr | 3,60 | 3,60 |
| **4139** | 1 INTERNATIONAAL mehrfarbig | fks | 3,60 | 3,60 |
| **4140** | 1 INTERNATIONAAL mehrfarbig | fkt | 3,60 | 3,60 |
| **4141** | 1 INTERNATIONAAL mehrfarbig | fku | 3,60 | 3,60 |
| **4142** | 1 INTERNATIONAAL mehrfarbig | fkv | 3,60 | 3,60 |
| **4143** | 1 INTERNATIONAAL mehrfarbig | fkw | 3,60 | 3,60 |
| **Block 196** | (107×150 mm) | fkx | 21,50 | 21,50 |
| | | FDC | | 32,— |

Nominale zur Zeit der Ausgabe: je 1.55 €

Auflage: 80.000 Blocks

**2022, 10. Okt. Blockausgabe: „Voor het Kind“ – 70 Jahre Wochenzeitschrift „Donald Duck“. Odr.; Streifen ph.; gez. K 14½.**

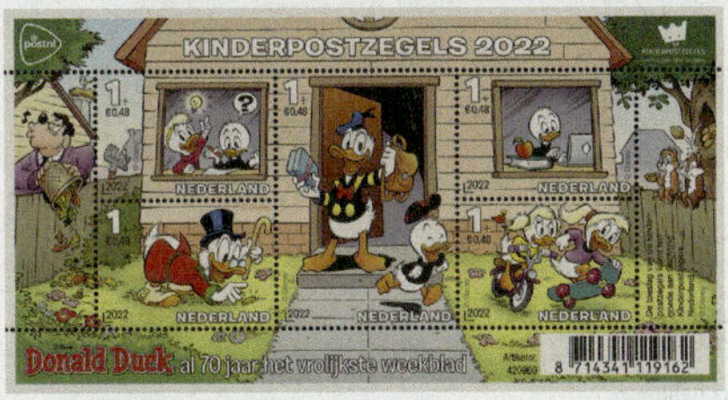


fcc

fky–flc) Cartoonfiguren aus der wöchentlichen Zeitschrift „Donald Duck“

| | | | | |
|---|---|---|---|---|
| **4144** | 1 + 0.48 € mehrfarbig | fky | 3,30 | 3,30 |
| **4145** | 1 + 0.48 € mehrfarbig | fkz | 3,30 | 3,30 |
| **4146** | 1 + 0.48 € mehrfarbig | fla | 3,30 | 3,30 |
| **4147** | 1 + 0.48 € mehrfarbig | flb | 3,30 | 3,30 |
| **4148** | 1 + 0.48 € mehrfarbig | flc | 3,30 | 3,30 |
| **Block 197** | (144×75 mm) | fld | 16,50 | 16,50 |
| | | FDC | | 28,— |

Nominale zur Zeit der Ausgabe: 0.96 € + 0.48 €

Auflage: 1.232.000 Blocks

**2022, 17. Okt. Tag der Briefmarke. Odr., Kleinbogen (2×5) und Markenheftchen (2×1); Streifen ph.; gez. K 13½:14.**

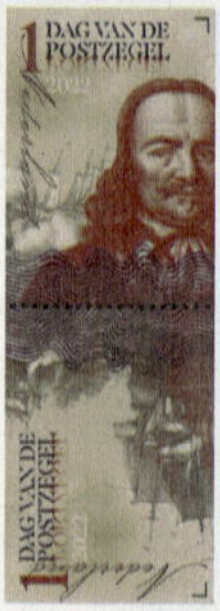


fle) Michiel de Ruyter (1607–1676), Admiral
flf) Niederländische Galeone (um 1666)

| | | | | |
|---|---|---|---|---|
| **4149** | 1 mehrfarbig | fle | 2,20 | 2,20 |
| **4150** | 1 mehrfarbig | flf | 2,20 | 2,20 |
| | | Satzpreis (2 W.) | 4,40 | 4,40 |
| | | Paar | 4,40 | 4,40 |
| | | FDC | | 12,50 |
| | | Viererblock | 8,80 | 8,80 |
| | | Kleinbogen | 22,— | 22,— |

**Markenheftchen (2×1)**

| | | | |
|---|---|---|---|
| **H-Blatt 376** | mit 1 × MiNr. 4149–4150 („SPRONG IN HET DIEPE") | 5,80 | 5,80 |
| **H-Blatt 377** | mit 1 × MiNr. 4149–4150 („OOK ANDERE INITIATIEVEN") | 5,80 | 5,80 |
| **H-Blatt 378** | mit 1 × MiNr. 4149–4150 („½, 1, EN 2½ CENT") | 5,80 | 5,80 |
| **H-Blatt 379** | mit 1 × MiNr. 4149–4150 („BOEKDRUK, GEEN PLAATDRUK") | 5,80 | 5,80 |
| **H-Blatt 380** | mit 1 × MiNr. 4149–4150 („OPLAGEN") | 5,80 | 5,80 |
| **MH 134** | mit 1 × H-Blatt 376–380 | 29,— | 29,— |

Nominale zur Zeit der Ausgabe: je 0.96 €

MiNr. 4149–4150 wurden sowohl schachbrettartig zusammenhängend im Kleinbogen als auch waagerecht zusammenhängend im Markenheftchen (Postpreis: 12.45 €) gedruckt.

MH 134 wurde früher als 135 katalogisiert.

Auflage: 73.000 Kleinbogen

**2022, 14. Nov. Dezembermarken. Odr. (5×2 + 5×2); Streifen ph.; selbstklebend; gestanzt 11¼.**

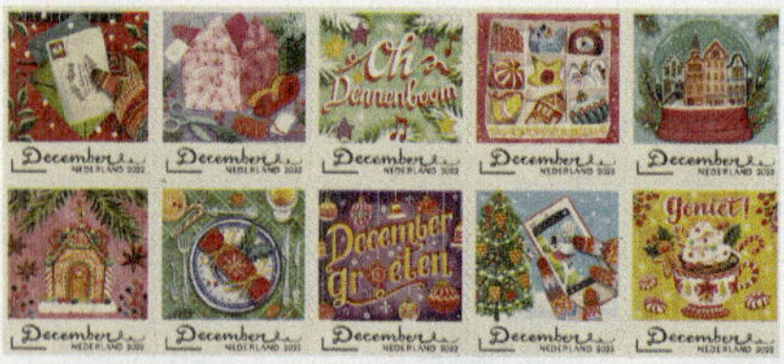


flg) Weihnachtspost
flh) Geschenke verpacken
fli) „Oh Tannenbaum"
flk) Weihnachtsbaumschmuck in Kiste
fll) Schneekugel

flm) Lebkuchenhaus
fln) Weihnachtsgedeck
flo) „Dezembergrüße"
flp) Vogel-Photographie auf Smartphone; Weihnachtsbaum
flr) Heiße Schokolade; „Genießt"

| | | | | |
|---|---|---|---|---|
| **4151** | — mehrfarbig | flg | 2,10 | 2,10 |
| **4152** | — mehrfarbig | flh | 2,10 | 2,10 |
| **4153** | — mehrfarbig | fli | 2,10 | 2,10 |
| **4154** | — mehrfarbig | flk | 2,10 | 2,10 |
| **4155** | — mehrfarbig | fll | 2,10 | 2,10 |
| **4156** | — mehrfarbig | flm | 2,10 | 2,10 |
| **4157** | — mehrfarbig | fln | 2,10 | 2,10 |
| **4158** | — mehrfarbig | flo | 2,10 | 2,10 |
| **4159** | — mehrfarbig | flp | 2,10 | 2,10 |
| **4160** | — mehrfarbig | flr | 2,10 | 2,10 |
| | | Satzpreis (10 W.) | 21,— | 21,— |
| | | Zehnerblock | 21,— | 21,— |
| | | 2 FDC | | 40,— |
| | | Folienbogen | 42,— | 42,— |

Nominale zur Zeit der Ausgabe: je 0.91 €

Auflage: 6.830.000 Sätze

MiNr. 4161 mit Klischeezeichen fls ist für die Ausgabe „Kryptomarken (II)", vom 22. November 2022, reserviert.

**2023, 2. Jan. Natur erleben (XXI): Fauna und Flora der Inselgruppe Marker Wadden. Odr. (2×5); Streifen ph.; selbstklebend; gez. K 14:13½.**

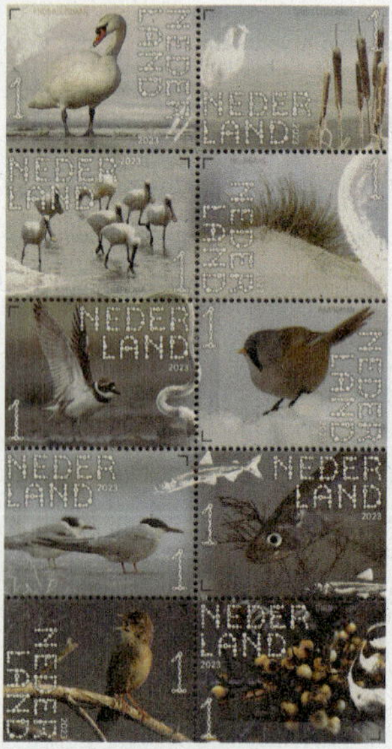


flt) Höckerschwan (Cygnus olor)
flu) Breitblättriger Rohrkolben (Typha latifolia)
flv) Löffler (Platalea leucorodia)
flw) Gewöhnlicher Strandhafer (Ammophila arenaria)
flx) Flussregenpfeifer (Charadrius dubius)
fly) Bartmeise (Panurus biarmicus)
flz) Flussseeschwalbe (Sterna hirundo)
fma) Europäischer Stint (Osmerus eperlanus)
fmb) Feldschwirl (Locustella naevia)
fmc) Sanddorn (Hippophae rhamnoides)

| | | | | |
|---|---|---|---|---|
| **4162** | 1 mehrfarbig | flt | 2,30 | 2,30 |
| **4163** | 1 mehrfarbig | flu | 2,30 | 2,30 |
| **4164** | 1 mehrfarbig | flv | 2,30 | 2,30 |
| **4165** | 1 mehrfarbig | flw | 2,30 | 2,30 |
| **4166** | 1 mehrfarbig | flx | 2,30 | 2,30 |
| **4167** | 1 mehrfarbig | fly | 2,30 | 2,30 |
| **4168** | 1 mehrfarbig | flz | 2,30 | 2,30 |
| **4169** | 1 mehrfarbig | fma | 2,30 | 2,30 |
| **4170** | 1 mehrfarbig | fmb | 2,30 | 2,30 |
| **4171** | 1 mehrfarbig | fmc | 2,30 | 2,30 |
| | | Satzpreis (10 W.) | 23,— | 23,— |
| | | 2 FDC | | 43,— |
| | | Kleinbogen | 23,— | 23,— |

Nominale zur Zeit der Ausgabe: je 1.01 €

Auflage: 285.000 Sätze

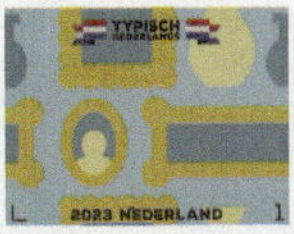


**2023, 2. Jan. Typisch Niederlande: Sehenswürdigkeiten (I). Odr., Kleinbogen (2×3) und Markenheftchen (2×1); Streifen ph.; gez. K 13½:13.**

fmd) Museen

| | | | | |
|---|---|---|---|---|
| **4172** | 1 mehrfarbig | fmd | 2,30 | 2,30 |
| | | FDC | | 10,— |
| | | Kleinbogen | 13,50 | 13,50 |

Nominale zur Zeit der Ausgabe: 1.01 €

MiNr. 4172 wurde auch zusammen mit MiNr. 4183, 4184, 4200 und 4238 im Markenheftchen ausgegeben. MH-Bewertung siehe nach MiNr. 4238.

Auflage: 75.000 Kleinbogen

**2023, 13. Febr. Natur erleben (XXII): Fauna und Flora der Naturschutzgebiete Skrok und Skrins. Odr. (2×5); Streifen ph.; selbstklebend; gez. K 14:13½.**

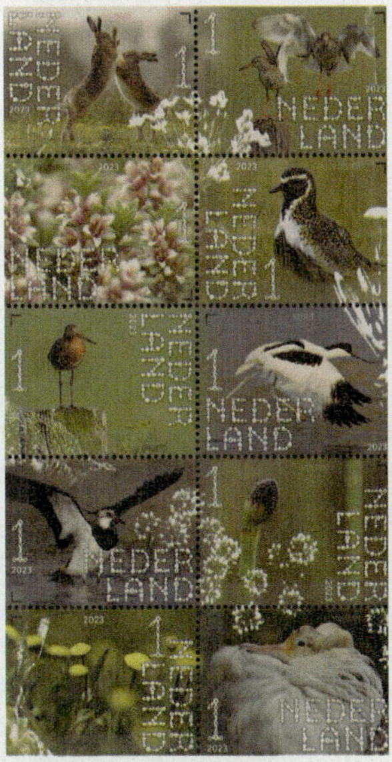


fme) Feldhase (Lepus europaeus)
fmf) Rotschenkel (Tringa totanus)
fmg) Strand-Milchkraut (Glaux maritima)
fmh) Goldregenpfeifer (Pluvialis apricaria)
fmi) Uferschnepfe (Limosa limosa)
fmk) Säbelschnäbler (Recurvirostra avosetta)
fml) Kiebitz (Vanellus vanellus)
fmm) Teich-Schachtelhalm (Equisetum fluviatile)
fmn) Krähenfuß-Laugenblume (Cotula coronopifolia)
fmo) Kampfläufer (Calidris pugnax)

| | | | | |
|---|---|---|---|---|
| **4173** | 1 mehrfarbig | fme | 2,30 | 2,30 |
| **4174** | 1 mehrfarbig | fmf | 2,30 | 2,30 |
| **4175** | 1 mehrfarbig | fmg | 2,30 | 2,30 |
| **4176** | 1 mehrfarbig | fmh | 2,30 | 2,30 |
| **4177** | 1 mehrfarbig | fmi | 2,30 | 2,30 |
| **4178** | 1 mehrfarbig | fmk | 2,30 | 2,30 |
| **4179** | 1 mehrfarbig | fml | 2,30 | 2,30 |
| **4180** | 1 mehrfarbig | fmm | 2,30 | 2,30 |
| **4181** | 1 mehrfarbig | fmn | 2,30 | 2,30 |
| **4182** | 1 mehrfarbig | fmo | 2,30 | 2,30 |
| | | Satzpreis (10 W.) | 23,— | 23,— |
| | | 2 FDC | | 43,— |
| | | Kleinbogen | 23,— | 23,— |

Nominale zur Zeit der Ausgabe: je 1.01 €

Auflage: 285.000 Sätze

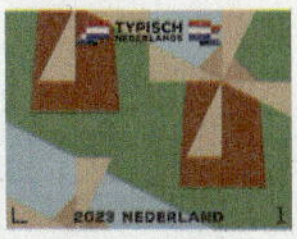


**2023, 13. Febr. Typisch Niederlande: Sehenswürdigkeiten (II). Odr., Kleinbogen (2×3) und Markenheftchen (2×1); Streifen ph.; gez. K 13:13½.**

fmp) Windmühlen

| | | | | |
|---|---|---|---|---|
| **4183** | 1 mehrfarbig | fmp | 2,30 | 2,30 |
| | | FDC | | 10,— |
| | | Kleinbogen | 13,50 | 13,50 |

Nominale zur Zeit der Ausgabe: 1.01 €

MiNr. 4183 wurde auch zusammen mit MiNr. 4172, 4184, 4200 und 4238 im Markenheftchen ausgegeben. MH-Bewertung siehe nach MiNr. 4238.

Auflage: 75.000 Kleinbogen

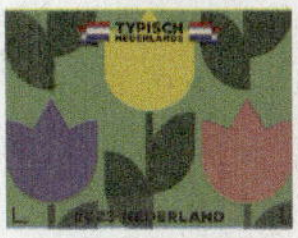


**2023, 20. März. Typisch Niederlande: Sehenswürdigkeiten (III). Odr., Kleinbogen (2×3) und Markenheftchen (2×1); Streifen ph.; gez. K 13:13½.**

fmr) Tulpenfelder

| | | | | |
|---|---|---|---|---|
| **4184** | 1 mehrfarbig | fmr | 2,30 | 2,30 |
| | | FDC | | 10,— |
| | | Kleinbogen | 13,50 | 13,50 |

Nominale zur Zeit der Ausgabe: 1.01 €

MiNr. 4184 wurde auch zusammen mit MiNr. 4172, 4183, 4200 und 4238 im Markenheftchen ausgegeben. MH-Bewertung siehe nach MiNr. 4238.

Auflage: 75.000 Kleinbogen

**2023, 21. April. Reise zum Mond. Odr., Folienblatt (9) und Markenheftchen (4 und 5); selbstklebend; an Konturen gestanzt.**

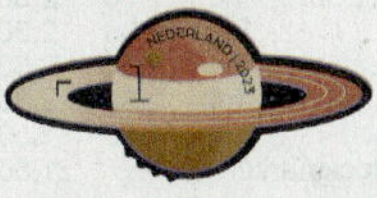

fms) Planet mit Ring

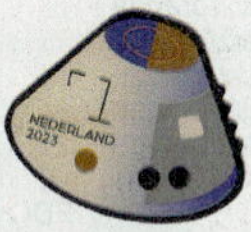

fmt) Raumkapsel

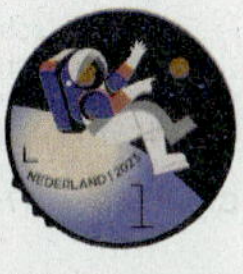

fmu) Astronaut vor blauem Planeten

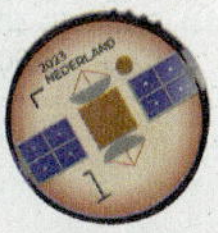

fmv) Satellit

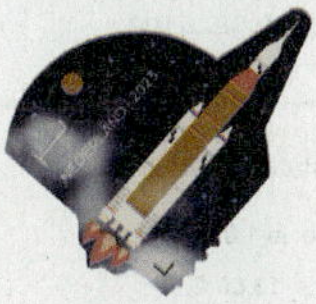

fmw) Raumschiff

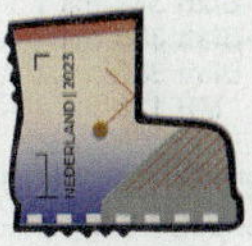

fmx) Stiefel

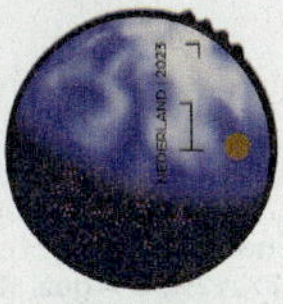

fmy) Planet mit Tag- und Nachtseite

fmz) Raumkapsel mit Fallschirmen

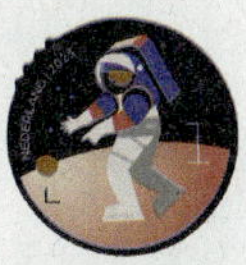

fna) Astronaut vor rotem Planeten

| | | | | |
|---|---|---|---|---|
| **4185** | 1 mehrfarbig | fms | 2,30 | 2,30 |
| **4186** | 1 mehrfarbig | fmt | 2,30 | 2,30 |
| **4187** | 1 mehrfarbig | fmu | 2,30 | 2,30 |
| **4188** | 1 mehrfarbig | fmv | 2,30 | 2,30 |
| **4189** | 1 mehrfarbig | fmw | 2,30 | 2,30 |
| **4190** | 1 mehrfarbig | fmx | 2,30 | 2,30 |
| **4191** | 1 mehrfarbig | fmy | 2,30 | 2,30 |
| **4192** | 1 mehrfarbig | fmz | 2,30 | 2,30 |
| **4193** | 1 mehrfarbig | fna | 2,30 | 2,30 |
| | | Satzpreis (9 W.) | 20,50 | 20,50 |
| | | 2 FDC | | 40,— |
| | | Folienblatt | 20,50 | 20,50 |

**Markenheftchen (4 und 5)**

| | | | |
|---|---|---|---|
| **H-Blatt 381** | mit 1 × MiNr. 4185–4188 | 14,— | 14,— |
| **H-Blatt 382** | mit 1 × MiNr. 4189–4193 | 18,— | 18,— |
| **MH 135** | mit 1 × H-Blatt 381–382 | 32,— | 32,— |

Nominale zur Zeit der Ausgabe: je 1.01 €

Postpreis des Markenheftchens: 13.85 €

MH 135 wurde früher als 136 katalogisiert.

Auflage: 110.000 Folienblätter

**2023, 28. April. Blockausgabe: 10. Jahrestag der Krönung von König Willem-Alexander. Odr., Blockrand komb. Odr. und Pdr.; Streifen ph.; gez. K 13½:14.**

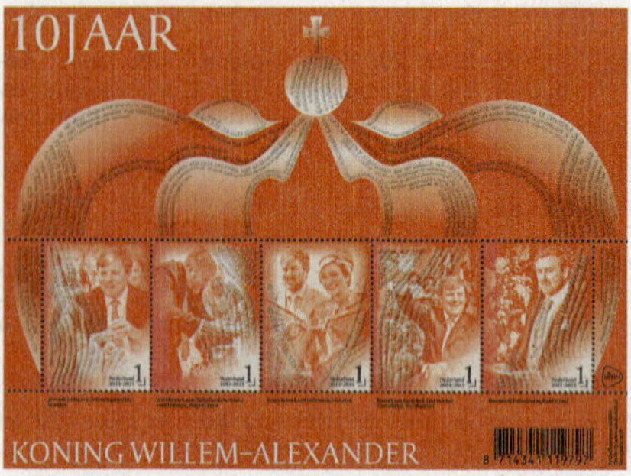


fng

fnb) Besuch des Sportfests „Königsspiele", Lemmer
fnc) Besuch des niederländischen Institutes für Ökologie, Wangeningen
fnd) Staatsbesuch in Sumatra, Indonesien
fne) Besuch in Sint Maarten
fnf) Thronrede am Prinzentag

fnb–fnf) König Willem-Alexander (*1967, reg. seit 2013)

| | | | | |
|---|---|---|---|---|
| **4194** | 1 schwarz/orange | fnb | 2,30 | 2,30 |
| **4195** | 1 schwarz/orange | fnc | 2,30 | 2,30 |
| **4196** | 1 schwarz/orange | fnd | 2,30 | 2,30 |
| **4197** | 1 schwarz/orange | fne | 2,30 | 2,30 |
| **4198** | 1 schwarz/orange | fnf | 2,30 | 2,30 |
| **Block 198** | (170×122 mm) | fng | 11,50 | 11,50 |
| | FDC (Blockmarken) | | | 21,50 |

**Markenheftchen (3×1 und 2×1)**

| | | | |
|---|---|---|---|
| **H-Blatt 383** | mit 1 × MiNr. 4194–4196 | 9,60 | 9,60 |
| **H-Blatt 384** | mit 1 × MiNr. 4197–4198 | 6,40 | 6,40 |
| **H-Blatt 385** | mit 1 × MiNr. 4194–4195 | 6,40 | 6,40 |
| **H-Blatt 386** | mit 1 × MiNr. 4196–4198 | 9,60 | 9,60 |
| **MH 136** | mit 1 × H-Blatt 383–386 | 32,— | 32,— |

Nominale zur Zeit der Ausgabe: je 1.01 €

Postpreis des Markenheftchens: 13.85 €

MH 136 wurde früher als 137 katalogisiert.

Auflage: 105.000 Blocks

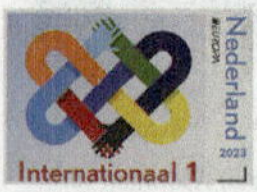


**2023, 9. Mai. Europa: Frieden – das höchste Gut der Menschheit. Odr., Kleinbogen (Klb.) (2×3) und Markenheftchen (MH) (2×1); Streifen ph.; A = gez. K 13¼:12¾, C = gez. K 14.**

fnh) Herzförmig verknotete Arme mit verschränkten Händen

| | | | | |
|---|---|---|---|---|
| **4199** | 1 Internationaal mehrfarbig | fnh | | |
| A | gez. K 13¼:12¾ (Klb.) | | 3,80 | 3,80 |
| C | gez. K 14 (MH) | | 5,30 | 5,30 |
| | FDC A | | | 12,— |
| | Kleinbogen A | | 23,— | 23,— |
| | Markenheftchen C | | 32,— | 32,— |

Nominale zur Zeit der Ausgabe: je 1.65 €

MiNr. 4199 C wurde im Markenheftchen zu 6 Marken ausgegeben (Postpreis des Heftchens: 13.85 €).

Auflage: MiNr. 4199 A = 360.000 Stück

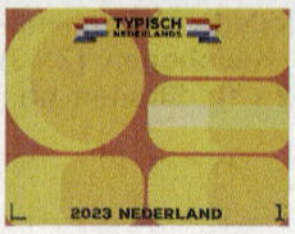


**2023, 15. Mai. Typisch Niederlande: Sehenswürdigkeiten (IV). Odr., Kleinbogen (2×3) und Markenheftchen (2×1); Streifen ph.; gez. K 13:13½.**

fni) Käsemärkte

| | | | | |
|---|---|---|---|---|
| **4200** | 1 mehrfarbig | fni | 2,30 | 2,30 |
| | FDC | | | 10,— |
| | Kleinbogen | | 13,50 | 13,50 |

Nominale zur Zeit der Ausgabe: 1.01 €

MiNr. 4200 wurde auch zusammen mit MiNr. 4172, 4183, 4184 und 4238 im Markenheftchen ausgegeben. MH-Bewertung siehe nach MiNr. 4238.

Auflage: 75.000 Kleinbogen

**2023, 12. Juni. Natur erleben (XXIII): Fauna und Flora des Nationalparks De Wieden. Odr. (2×5); Streifen ph.; selbstklebend; gez. K 13:13½.**

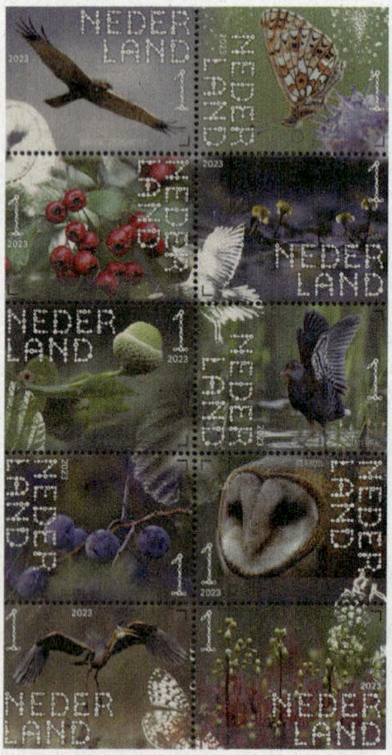


fnk) Rohrweihe (Circus aeruginosus)
fnl) Braunfleckiger Perlmuttfalter (Boloria selene)
fnm) Eingriffeliger Weißdorn (Crataegus monogyna)
fnn) Europäische Seekanne (Nymphoides peltata)
fno) Stieleiche (Quercus robur)
fnp) Wasserralle (Rallus aquaticus)
fnr) Schlehdorn (Prunus spinosa)
fns) Schleiereule (Tyto alba)
fnt) Purpurreiher (Ardea purpurea)
fnu) Mittlerer Sonnentau (Drosera intermedia)

| | | | | |
|---|---|---|---|---|
| **4201** | 1 mehrfarbig | fnk | 2,30 | 2,30 |
| **4202** | 1 mehrfarbig | fnl | 2,30 | 2,30 |
| **4203** | 1 mehrfarbig | fnm | 2,30 | 2,30 |
| **4204** | 1 mehrfarbig | fnn | 2,30 | 2,30 |
| **4205** | 1 mehrfarbig | fno | 2,30 | 2,30 |
| **4206** | 1 mehrfarbig | fnp | 2,30 | 2,30 |
| **4207** | 1 mehrfarbig | fnr | 2,30 | 2,30 |
| **4208** | 1 mehrfarbig | fns | 2,30 | 2,30 |
| **4209** | 1 mehrfarbig | fnt | 2,30 | 2,30 |
| **4210** | 1 mehrfarbig | fnu | 2,30 | 2,30 |
| | Satzpreis (10 W.) | | 23,— | 23,— |
| | 2 FDC | | | 43,— |
| | Kleinbogen | | 23,— | 23,— |

Nominale zur Zeit der Ausgabe: je 1.01 €

Auflage: 285.000 Sätze

**2023, 26. Juni. Tall Ships' Race „Sail Den Helder". Odr., Kleinbogen (2×5); Streifen ph.; gez. K 14:13½.**

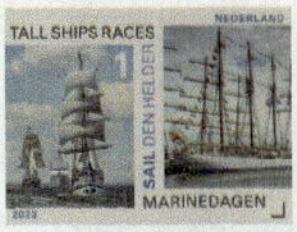


fnv) Zweimastschoner „Abel Tasman" (1913), Viermastrahschoner „Juan Sebastián de Elcano" (1927)

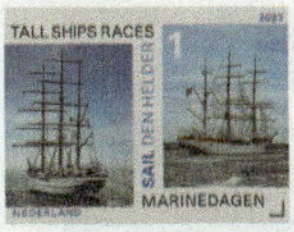


fnw) Bark „Cuauhtémoc" (1982), Bark „Mircea" (1939)

| | | | | |
|---|---|---|---|---|
| **4211** | 1 mehrfarbig | fnv | 2,30 | 2,30 |
| **4212** | 1 mehrfarbig | fnw | 2,30 | 2,30 |
| | | Satzpreis (2 W.) | 4,60 | 4,60 |
| | | FDC | | 13,— |
| | | Paar | 4,60 | 4,60 |
| | | Kleinbogen | 23,— | 23,— |

**Markenheftchen (2×1)**

| | | | |
|---|---|---|---|
| **H-Blatt 387** | mit 1 × MiNr. 4211–4212 („NIEUWE KONING NEEMT VLOOTSHOUW AF") | 6,40 | 6,40 |
| **H-Blatt 388** | mit 1 × MiNr. 4211–4212 („VLOOT DUURZAMER MAKEN") | 6,40 | 6,40 |
| **H-Blatt 389** | mit 1 × MiNr. 4211–4212 („29 GROTE MARINESHEEPEN") | 6,40 | 6,40 |
| **H-Blatt 390** | mit 1 × MiNr. 4211–4212 („BEDRIJVIGHEID IN DEN HELDER") | 6,40 | 6,40 |
| **H-Blatt 391** | mit 1 × MiNr. 4211–4212 („TALL SHIPS RACES 2023") | 6,40 | 6,40 |
| **MH 137** | mit 1 × H-Blatt 387–391 | 32,— | 32,— |

Nominale zur Zeit der Ausgabe: je 1.01 €

MiNr. 4211–4212 wurden im Kleinbogen schachbrettartig zusammenhängend gedruckt. Die Marken der linken Kleinbogenspalte wurden kopfstehend gedruckt.

Postpreis des Markenheftchens: 13.85 €

MH 137 wurde früher als 139 katalogisiert.

Auflage: 80.000 Kleinbogen

**2023, 3. Juli. Echt holländisch (I). Odr. (10); Streifen ph.; selbstklebend; gestanzt 14½.**

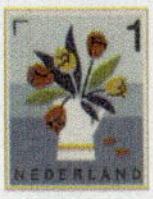

fnx) Tulpenvase

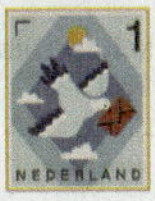

fny) Brieftaube

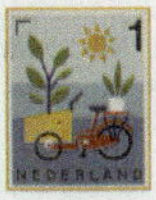

fnz) Lastenfahrrad

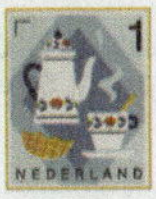

foa) Teekanne, Tasse und Stroopwaffel

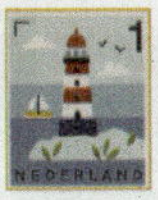

fob) Leuchtturm

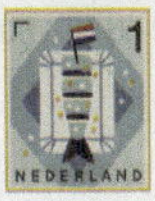

foc) Hering

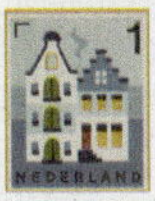

fod) Grachtenhäuser

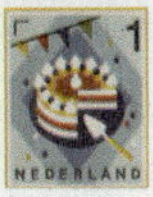

foe) Kuchen

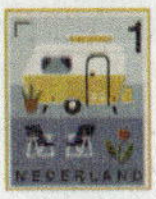

fof) Wohnwagen

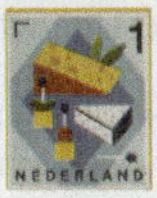

fog) Käse

| | | | | |
|---|---|---|---|---|
| **4213** | 1 mehrfarbig | fnx | 2,30 | 2,30 |
| **4214** | 1 mehrfarbig | fny | 2,30 | 2,30 |
| **4215** | 1 mehrfarbig | fnz | 2,30 | 2,30 |
| **4216** | 1 mehrfarbig | foa | 2,30 | 2,30 |
| **4217** | 1 mehrfarbig | fob | 2,30 | 2,30 |
| **4218** | 1 mehrfarbig | foc | 2,30 | 2,30 |
| **4219** | 1 mehrfarbig | fod | 2,30 | 2,30 |
| **4220** | 1 mehrfarbig | foe | 2,30 | 2,30 |
| **4221** | 1 mehrfarbig | fof | 2,30 | 2,30 |
| **4222** | 1 mehrfarbig | fog | 2,30 | 2,30 |
| | | Satzpreis (10 W.) | 23,— | 23,— |
| | | 2 FDC | | 43,— |
| | | Folienblatt | 23,— | 23,— |

Nominale zur Zeit der Ausgabe: je 1.01 €

Auflage: 2.050.000 Folienblätter

*In ähnlichen Zeichnungen wie MiNr. 4213–4214 und 4216–4218: MiNr. 4223–4227*

**2023, 3. Juli. Echt holländisch (II). Odr. (5 und 50); Streifen ph.; selbstklebend; gestanzt 14½.**

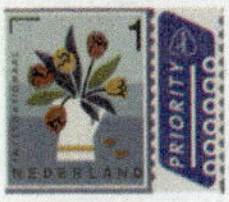

fnx I) Tulpenvase

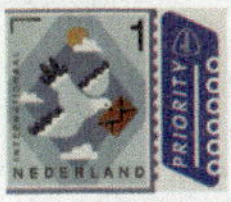

fny I) Brieftaube

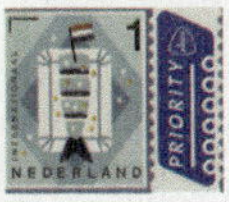

foc I) Hering

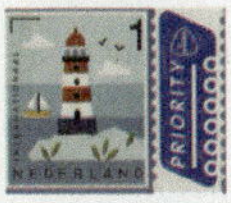

fob I) Leuchtturm

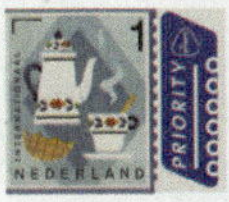

foa I) Teekanne, Tasse und Stroopwaffel

| | | | | |
|---|---|---|---|---|
| **4223** | 1 INTERNATIONAAL mehrfarbig | fnx I | 3,80 | 3,80 |
| **4224** | 1 INTERNATIONAAL mehrfarbig | fny I | 3,80 | 3,80 |
| **4225** | 1 INTERNATIONAAL mehrfarbig | foc I | 3,80 | 3,80 |
| **4226** | 1 INTERNATIONAAL mehrfarbig | fob I | 3,80 | 3,80 |
| **4227** | 1 INTERNATIONAAL mehrfarbig | foa I | 3,80 | 3,80 |
| | | Satzpreis (5 W.) | 19,— | 19,— |
| | | FDC | | 31,— |
| | | Folienblatt (5) | 19,— | 19,— |

Nominale zur Zeit der Ausgabe: je 1.65 €

Auflage: 1.060.000 Folienblätter

*In ähnlichen Zeichnungen: MiNr. 4213–4214, 4216–4218*

**2023, 14. Aug. Natur erleben (XXIV): Fauna und Flora im Naturschutzgebiet Oisterwijkse Bossen en Vennen. Odr. (2×5); Streifen ph.; selbstklebend; gez. K 13:13½.**

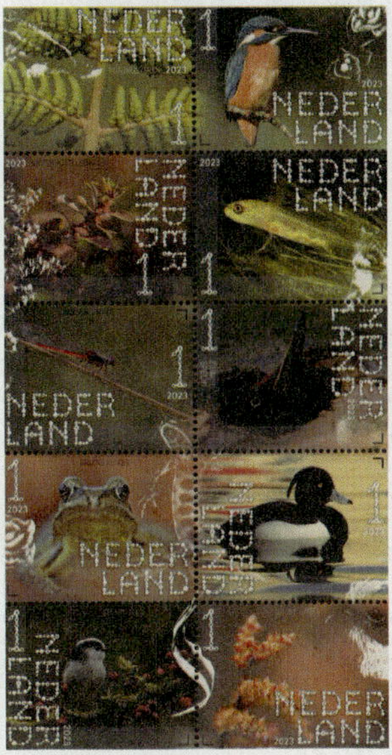

foh) Königsfarn (Osmunda regalis)
foi) Eisvogel (Alcedo atthis)
fok) Sumpfquendel (Lythrum portula)
fol) Teichmolch (Lissotriton vulgaris)
fom) Scharlachlibelle (Ceriagrion tenellum)
fon) Schwarzspecht (Dryocopus martius)
foo) Grasfrosch (Rana temporaria)
fop) Reiherente (Aythya fuligula)
for) Schwanzmeise (Aegithalos caudatus)
fos) Gagelstrauch (Myrica gale)

| | | | | |
|---|---|---|---|---|
| **4228** | 1 mehrfarbig | foh | 2,30 | 2,30 |
| **4229** | 1 mehrfarbig | foi | 2,30 | 2,30 |
| **4230** | 1 mehrfarbig | fok | 2,30 | 2,30 |
| **4231** | 1 mehrfarbig | fol | 2,30 | 2,30 |
| **4232** | 1 mehrfarbig | fom | 2,30 | 2,30 |
| **4233** | 1 mehrfarbig | fon | 2,30 | 2,30 |
| **4234** | 1 mehrfarbig | foo | 2,30 | 2,30 |
| **4235** | 1 mehrfarbig | fop | 2,30 | 2,30 |

| | | | | |
|---|---|---|---|---|
| **4236** | 1 mehrfarbig | for | 2,30 | 2,30 |
| **4237** | 1 mehrfarbig | fos | 2,30 | 2,30 |
| | Satzpreis (10 W.) | | 23,— | 23,— |
| | 2 FDC | | | 43,— |
| | Kleinbogen | | 23,— | 23,— |

Nominale zur Zeit der Ausgabe: je 1.01 €

Auflage: 285.000 Sätze

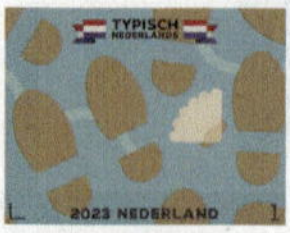


**2023, 14. Aug. Typisch Niederlande: Sehenswürdigkeiten (V). Odr., Kleinbogen (2×3) und Markenheftchen (2×1); Streifen ph.; gez. K 13:13½.**

fot) Wattwanderungen

| | | | | |
|---|---|---|---|---|
| **4238** | 1 mehrfarbig | fot | 2,30 | 2,30 |
| | FDC | | | 10,— |
| | Kleinbogen | | 13,50 | 13,50 |
| | Markenheftchen | | 32,— | 32,— |

Nominale zur Zeit der Ausgabe: 1.01 €

MiNr. 4238 wurde auch zusammen mit MiNr. 4172, 4183, 4184 und 4200 im Markenheftchen zu je 2 Marken ausgegeben (Postpreis des Heftchens: 13.85 €).

Auflage: 75.000 Kleinbogen

**2023, 9. Okt. Blockausgabe: „Voor het Kind" – Lego-Spielzeug. Odr.; Streifen ph.; gez. K 14½.**

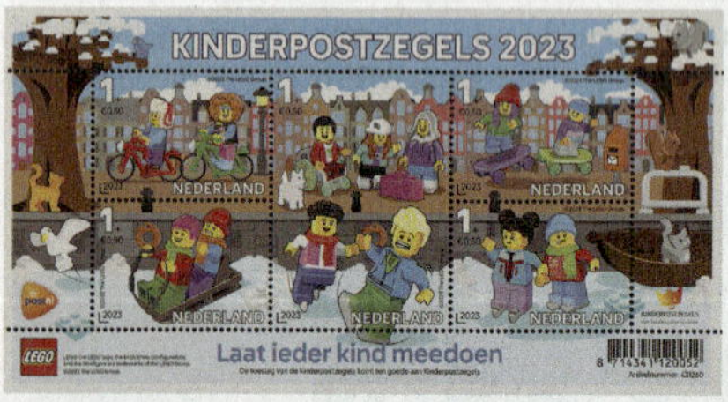


foz

fou) auf Fahrrädem
fov) beim Eislaufen sowie mit Rollstuhl, Radio und Hund
fow) mit Skateboards
fox) mit Rodelschlitten
foy) beim Eislaufen

fou–foy) Spielfiguren des Klemmbausteinsystems der Firma Lego

| | | | | |
|---|---|---|---|---|
| **4239** | 1 + 0.50 € mehrfarbig | fou | 3,50 | 3,50 |
| **4240** | 1 + 0.50 € mehrfarbig | fov | 3,50 | 3,50 |
| **4241** | 1 + 0.50 € mehrfarbig | fow | 3,50 | 3,50 |
| **4242** | 1 + 0.50 € mehrfarbig | fox | 3,50 | 3,50 |
| **4243** | 1 + 0.50 € mehrfarbig | foy | 3,50 | 3,50 |
| **Block 199** | (144×75 mm) | foz | 17,50 | 17,50 |
| | FDC | | | 29,— |

**Markenheftchen**

| | | | |
|---|---|---|---|
| **H-Blatt 392** | mit 1 × MiNr. 4240 | 5,70 | 5,70 |
| **H-Blatt 393** | mit 1 × MiNr. 4239 und 4242 | 11,40 | 11,40 |
| **H-Blatt 394** | mit 1 × MiNr. 4241 und 4243 | 11,40 | 11,40 |
| **H-Blatt 395** | mit 1 × MiNr. 4240 | 5,70 | 5,70 |
| **MH 138** | mit 1 × H-Blatt 392–395 | 34,— | 34,— |

Nominale zur Zeit der Ausgabe: je 1.01 € + 0.50 €

Postpreis des Markenheftchens: 14.85 €

MH 138 wurde früher als 141 katalogisiert.

Auflage: 1.200.000 Blocks

**2023, 10. Okt. Blockausgabe: Kryptomarken (III). Komb. Odr., Siebdr. und Hfdr. auf Kunststoff; selbstklebend; gestanzt 10:9¾.**

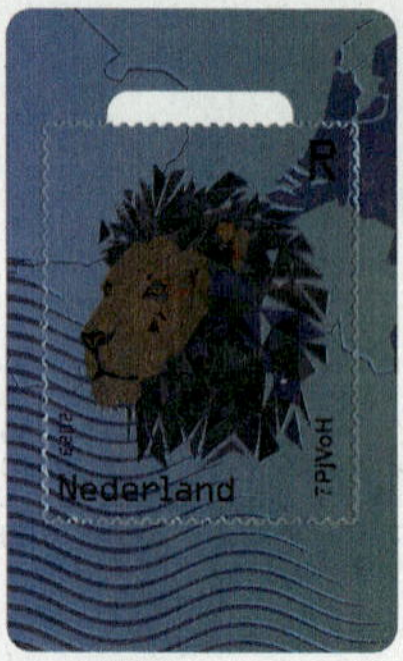


fpb

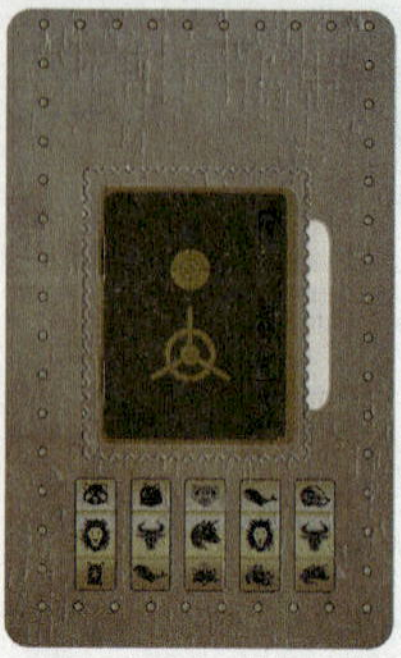

fpd

fpa) Löwenkopf

fpc) Tresor

| | | | | |
|---|---|---|---|---|
| **4244** | R mehrfarbig | fpa | 21,— | 21,— |
| **Block 200** | (54×85 mm) | fpb | 21,— | 21,— |
| | FDC | | | 32,— |
| **4245** | R mehrfarbig | fpc | 21,— | 21,— |
| **Block 201** | (54×85 mm) | fpd | 21,— | 21,— |
| | FDC | | | 32,— |

Nominale zur Zeit der Ausgabe: je 9.25 €

Auf dem Objekt befindet sich ein QR-Code, der die Verwaltung der digitalen Marke ermöglicht.

Bl. 200 sind 5 virtuelle Farben in unterschiedlicher Häufigkeit zugeordnet, die mit Hilfe des QR-Codes eruierbar sind: Schwarz (39.250), Grün (20.000), Blau (10.000), Gelb (5.000) und Rot (750).

Bl. 201 sind 3 virtuelle Muster in unterschiedlicher Häufigkeit zugeordnet, die mit Hilfe des QR-Codes eruierbar sind: Schnuller (13.750), Babyflasche (11.000), und Regenbogen (250).

Die angegebenen Preise beziehen sich auf die billigste Variante.

Die NFTs von Bl. 200 können mithilfe von Bl. 201 virtuell zu weiteren Mustern kombiniert werden.

Auflagen: Bl: 200 = 75.000, Bl. 201 = 25.000 Blocks

*Parallelausgabe mit Luxemburg MiNr. 2342/Bl. 52 und Österreich MiNr. 3677/Bl. 139*

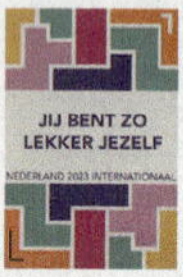


**2023, 23. Okt. Niederländisches Design (V). Odr. (3×2); Streifen ph.; gez. K 13:13½.**

fpe) Inschrift, farbige geometrische Blöcke; Entwurf von Studenten der Kunsthochschule ArtEZ, Zwolle

| | | | | |
|---|---|---|---|---|
| **4246** | 1 INTERNATIONAAL mehrfarbig | fpe | 3,80 | 3,80 |
| | FDC | | | 12,— |

Nominale zur Zeit der Ausgabe: 1.65 €

Auflage: 480.000 Stück

**2023, 13. Nov. Dezembermarken. Odr. (5×2 + 5×2); Streifen ph.; selbstklebend; gestanzt 11¼.**

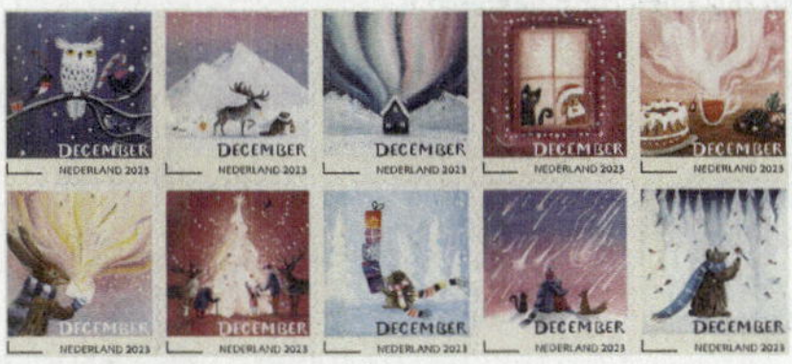


fpf) Weißer Uhu
fpg) Schneehuhn, Hirsch und Biber mit Laternen
fph) Haus unter Nordlicht
fpi) Katze und Hund hinter Fenster
fpk) Tasse Tee, Kuchen, Weihnachtsplätzchen

fpl) Hase mit Brief, aus dem Licht strömt
fpm) Menschen und Hirsche vor erleuchtetem Weihnachtsbaum
fpn) Igel trägt Stapel Geschenke
fpo) Menschen, Katze und Fuchs unter Meteoritenschauer
fpp) Bär mit Schal, Vogel

| | | | | |
|---|---|---|---|---|
| **4247** | — mehrfarbig | fpf | 2,20 | 2,20 |
| **4248** | — mehrfarbig | fpg | 2,20 | 2,20 |
| **4249** | — mehrfarbig | fph | 2,20 | 2,20 |
| **4250** | — mehrfarbig | fpi | 2,20 | 2,20 |
| **4251** | — mehrfarbig | fpk | 2,20 | 2,20 |
| **4252** | — mehrfarbig | fpl | 2,20 | 2,20 |
| **4253** | — mehrfarbig | fpm | 2,20 | 2,20 |
| **4254** | — mehrfarbig | fpn | 2,20 | 2,20 |
| **4255** | — mehrfarbig | fpo | 2,20 | 2,20 |
| **4256** | — mehrfarbig | fpp | 2,20 | 2,20 |
| | | Satzpreis (10 W.) | 22,— | 22,— |
| | | Zehnerblock | 22,— | 22,— |
| | | 2 FDC | | 42,— |
| | | Folienbogen | 44,— | 44,— |

Nominale zur Zeit der Ausgabe: je 0.96 €

Auflage: 6.500.000 Sätze

MiNr. 4257 mit Klischeezeichen fpr ist für die Ausgabe „Kryptomarken (IV)" vom 30. November 2023 reserviert.

**2024, 2. Jan. Natur erleben (XXV): Vögel auf Bonaire. Odr. (2×5); Streifen ph.; selbstklebend; gez. K 14:13½.**

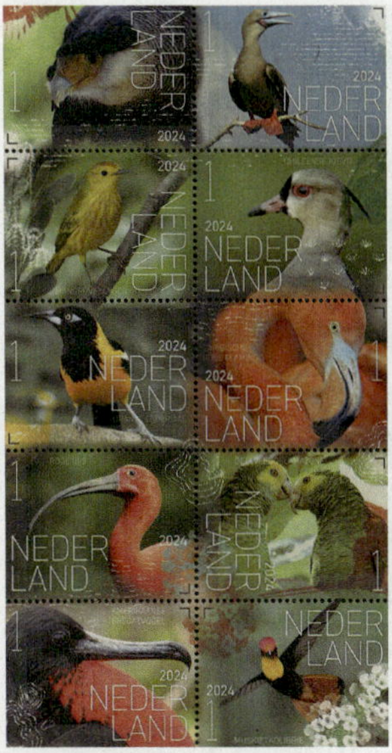


fps) Schopfkarakara (Caracara plancus)
fpt) Rotfußtölpel (Sula sula)
fpu) Goldwaldsänger (Setophaga petechia)
fpv) Bronzekiebitz (Vanellus chilensis)
fpw) Weißflügeltrupial (Icterus icterus)
fpx) Kuba-Flamingo (Phoenicopterus ruber)
fpy) Scharlachsichler (Eudocimus ruber)
fpz) Gelbschulteramazone (Amazona barbadensis)
fra) Prachtfregattvogel (Fregata magnificens)
frb) Moskitokolibri (Chrysolampis mosquitus)

| | | | | |
|---|---|---|---|---|
| **4258** | 1 mehrfarbig | fps | 2,50 | 2,50 |
| **4259** | 1 mehrfarbig | fpt | 2,50 | 2,50 |
| **4260** | 1 mehrfarbig | fpu | 2,50 | 2,50 |
| **4261** | 1 mehrfarbig | fpv | 2,50 | 2,50 |
| **4262** | 1 mehrfarbig | fpw | 2,50 | 2,50 |
| **4263** | 1 mehrfarbig | fpx | 2,50 | 2,50 |
| **4264** | 1 mehrfarbig | fpy | 2,50 | 2,50 |
| **4265** | 1 mehrfarbig | fpz | 2,50 | 2,50 |
| **4266** | 1 mehrfarbig | fra | 2,50 | 2,50 |
| **4267** | 1 mehrfarbig | frb | 2,50 | 2,50 |
| | | Satzpreis (10 W.) | 25,— | 25,— |
| | | 2 FDC | | 46,— |
| | | Kleinbogen | 25,— | 25,— |

Nominale zur Zeit der Ausgabe: je 1.09 €

Auflage: 285.000 Sätze

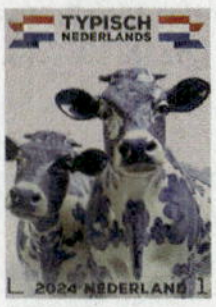


**2024, 2. Jan. Typisch Niederlande: Lieblingstiere (I). Odr. (3×2); Streifen ph.; gez. K 13½:13.**

frc) Kühe in Delfter Blau

| | | | | |
|---|---|---|---|---|
| **4268** | 1 mehrfarbig | frc | 2,50 | 2,50 |
| | | FDC | | 10,50 |
| | | Kleinbogen | 15,— | 15,— |

Nominale zur Zeit der Ausgabe: 1.09 €

Auflage: 75.000 Kleinbogen

**2024, 12. Febr. Natur erleben (XXVI): Schmetterlinge auf Bonaire. Odr. (2×5); Streifen ph.; selbstklebend; gez. K 14:13½.**

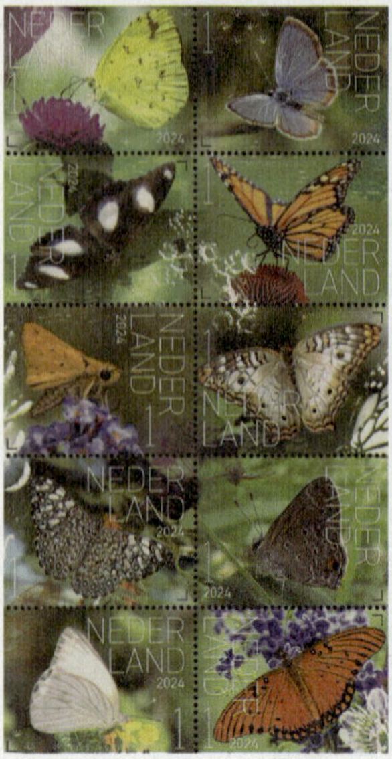

frd) Pyrisitia lisa
fre) Hanno-Bläuling (Hemiargus hanno)
frf) Afrikanischer Samtfalter (Hypolimnas misippus)
frg) Monarchfalter (Danaus plexippus)
frh) Feuerspringer (Hylephila phyleus)
fri) Anartia jatrophae
frk) Hamadryas feronia
frl) Strymon bubastus
frm) Amerikanischer Kohlweißling (Ascia monuste)
frn) Vanillefalter (Agraulis vanillae)

| | | | | |
|---|---|---|---|---|
| **4269** | 1 mehrfarbig | frd | 2,50 | 2,50 |
| **4270** | 1 mehrfarbig | fre | 2,50 | 2,50 |
| **4271** | 1 mehrfarbig | frf | 2,50 | 2,50 |
| **4272** | 1 mehrfarbig | frg | 2,50 | 2,50 |
| **4273** | 1 mehrfarbig | frh | 2,50 | 2,50 |
| **4274** | 1 mehrfarbig | fri | 2,50 | 2,50 |
| **4275** | 1 mehrfarbig | frk | 2,50 | 2,50 |
| **4276** | 1 mehrfarbig | frl | 2,50 | 2,50 |
| **4277** | 1 mehrfarbig | frm | 2,50 | 2,50 |
| **4278** | 1 mehrfarbig | frn | 2,50 | 2,50 |
| | | Satzpreis (10 W.) | 25,— | 25,— |
| | | 2 FDC | | 46,— |
| | | Kleinbogen | 25,— | 25,— |

Nominale zur Zeit der Ausgabe: je 1.09 €

Auflage: 285.000 Sätze

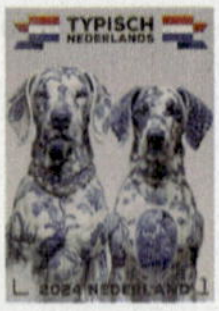



**2024, 12. Febr. Typisch Niederlande: Lieblingstiere (II). Odr. (3×2); Streifen ph.; gez. K 13½:13.**

fro) Hunde in Delfter Blau

| | | | | |
|---|---|---|---|---|
| **4279** | 1 mehrfarbig | fro | 2,50 | 2,50 |
| | | FDC | | 10,50 |
| | | Kleinbogen | 15,— | 15,— |

Nominale zur Zeit der Ausgabe: 1.09 €

Auflage: 75.000 Kleinbogen

**2024, 1. März. 75 Jahre Gartenanlage Keukenhof. Odr., Folienblatt (6) und Markenheftchen (3); selbstklebend; an Konturen teilweise rund gestanzt 6.**

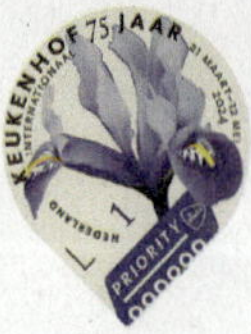



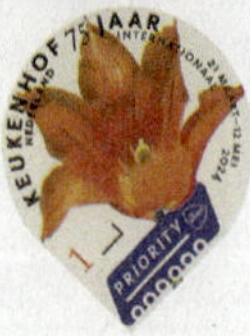



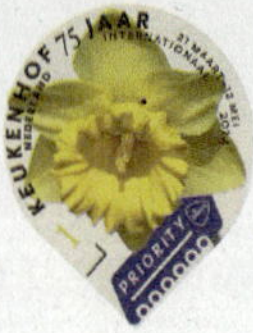



frp) Iris frr) Tulpe frs) Narzisse

| | | | | |
|---|---|---|---|---|
| **4280** | 1 INTERNATIONAAL mehrfarbig | frp | 4,— | 4,— |
| **4281** | 1 INTERNATIONAAL mehrfarbig | frr | 4,— | 4,— |
| **4282** | 1 INTERNATIONAAL mehrfarbig | frs | 4,— | 4,— |
| | | Satzpreis (3 W.) | 12,— | 12,— |
| | | FDC | | 22,— |
| | | Folienblatt | 24,— | 24,— |

**Markenheftchen (3)**

| | | | |
|---|---|---|---|
| **H-Blatt 396** | mit 1 × MiNr. 4280–4282 (blauer Hintergrund) | 17,— | 17,— |
| **H-Blatt 397** | mit 1 × MiNr. 4280–4282 (gelber Hintergrund) | 17,— | 17,— |
| **MH 139** | mit 1 × H-Blatt 396–397 | 34,— | 34,— |

Nominale zur Zeit der Ausgabe: je 1.75 €

MiNr. 4280–4282 wurden zusammen im Folienblatt zu je 2 Marken gedruckt.

Postpreis des Markenheftchens: 14.85 €

MH 139 wurde früher als 142 katalogisiert.

Auflage: 115.000 Folienblätter

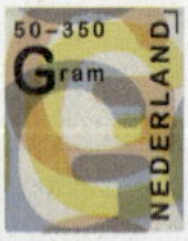



**2024, 1. März. Freimarke für schwere Postsendungen. Odr. (5); Streifen ph.; selbstklebend; gestanzt 11¼.**

frt) Letter „G"

| | | | | |
|---|---|---|---|---|
| **4283** | 50–350 Gram mehrfarbig | frt | 8,50 | 8,50 |
| | | Kleinbogen | 42,50 | 42,50 |

Nominale zur Zeit der Ausgabe: 3.70 €

Auflage: 1.250.000 Stück

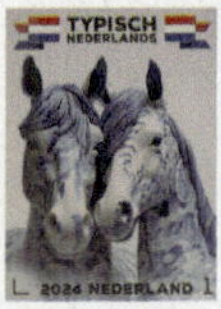



**2024, 25. März. Typisch Niederlande: Lieblingstiere (III). Odr. (3×2); Streifen ph.; gez. K 13½:13.**

fru) Pferde in Delfter Blau

| | | | | |
|---|---|---|---|---|
| **4284** | 1 mehrfarbig | fru | 2,50 | 2,50 |
| | | FDC | | 10,50 |
| | | Kleinbogen | 15,— | 15,— |

Nominale zur Zeit der Ausgabe: 1.09 €

Auflage: 75.000 Kleinbogen

**2024, 22. April. Formensprache der Natur. Odr. (2×4); Streifen ph.; gez. K 14:13¼.**

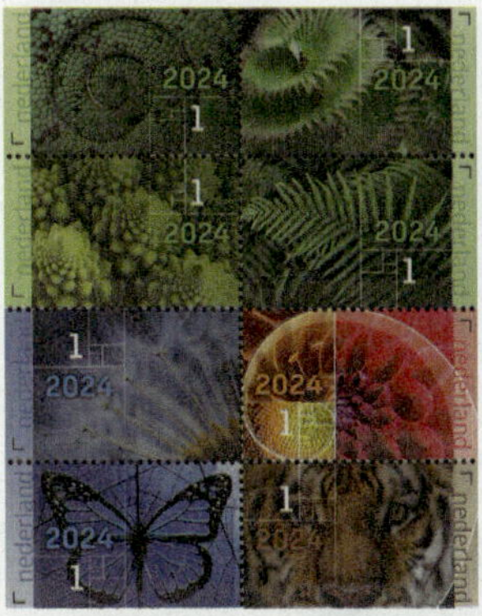

frv) Spirale: Schwanz eines Chamäleons
frw) Spirale: Weihnachtsbaumwurm (Spirobranchus giganteus)
frx) Fraktal: Romanesco-Brokkoli (Brassica oleracea var. botrytis)
fry) Fraktal: Farnblätter
frz) Fibonacci-Sequenz: Samenstand eines Löwenzahns
fsa) Fibonacci-Sequenz: Blüte einer Dahlie
fsb) Symmetrie: Schmetterlingsflügel
fsc) Symmetrie: Fellzeichnung eines Tigers (Panthera tigris)

| | | | | |
|---|---|---|---|---|
| **4285** | 1 mehrfarbig | frv | 2,50 | 2,50 |
| **4286** | 1 mehrfarbig | frw | 2,50 | 2,50 |
| **4287** | 1 mehrfarbig | frx | 2,50 | 2,50 |
| **4288** | 1 mehrfarbig | fry | 2,50 | 2,50 |
| **4289** | 1 mehrfarbig | frz | 2,50 | 2,50 |
| **4290** | 1 mehrfarbig | fsa | 2,50 | 2,50 |
| **4291** | 1 mehrfarbig | fsb | 2,50 | 2,50 |
| **4292** | 1 mehrfarbig | fsc | 2,50 | 2,50 |
| | | Satzpreis (8 W.) | 20,— | 20,— |
| | | 2 FDC | | 40,— |
| | | Kleinbogen | 20,— | 20,— |

**Markenheftchen (2×1)**

| | | | |
|---|---|---|---|
| **H-Blatt 398** | mit 1 × MiNr. 4289–4290 (blau) | 6,80 | 6,80 |
| **H-Blatt 399** | mit 1 × MiNr. 4285–4286 | 6,80 | 6,80 |
| **H-Blatt 400** | mit 1 × MiNr. 4287–4288 | 6,80 | 6,80 |
| **H-Blatt 401** | mit 1 × MiNr. 4291–4292 | 6,80 | 6,80 |
| **H-Blatt 402** | mit 1 × MiNr. 4289–4290 (rot) | 6,80 | 6,80 |
| **MH 140** | mit 1 × H-Blatt 398–402 | 34,— | 34,— |

Nominale zur Zeit der Ausgabe: je 1.09 €

Postpreis des Markenheftchens: 14.85 €

Auflage: 95.000 Kleinbogen

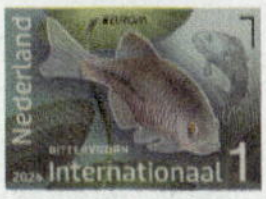

**2024, 13. Mai. Europa: Unterwasserfauna und -flora. Odr. (2×3); Streifen ph.; gez. K 13:13½.**

fsd) Bitterling (Rhodeus amarus)

| | | | | |
|---|---|---|---|---|
| **4293** | 1 Internationaal mehrfarbig | fsd | 4,— | 4,— |
| | | FDC | | 12,50 |
| | | Kleinbogen | 24,— | 24,— |

Nominale zur Zeit der Ausgabe: 1.75 €

Auflage: 450.000 Stück

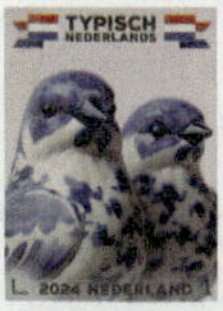

**2024, 13. Mai. Typisch Niederlande: Lieblingstiere (IV). Odr. (3×2); Streifen ph.; gez. K 13½:13.**

fse) Haussperlinge in Delfter Blau

| | | | | |
|---|---|---|---|---|
| **4294** | 1 mehrfarbig | fse | 2,50 | 2,50 |
| | | FDC | | 10,50 |
| | | Kleinbogen | 15,— | 15,— |

Nominale zur Zeit der Ausgabe: 1.09 €

Auflage: 75.000 Kleinbogen

**2024, 10. Juni. Natur erleben (XXVII): Unterwasserfauna auf Bonaire. Odr. (2×5); Streifen ph.; selbstklebend; gez. K 14:13½.**

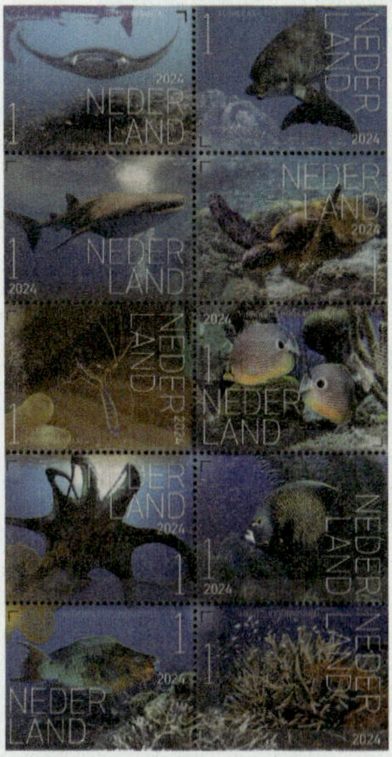

fsf) Riesenmanta (Mobula birostris)
fsg) Großer Tümmler (Tursiops truncatus)
fsh) Walhai (Rhincodon typus)
fsi) Grüne Meeresschildkröte (Chelonia mydas)
fsk) Pedersongamele (Ancylomenes pedersoni)
fsl) Vieraugen-Falterfisch (Chaetodon capistratus)
fsm) Gewöhnlicher Krake (Octopus vulgaris)
fsn) Franzosen-Kaiserfisch (Pomacanthus paru)
fso) Regenbogen-Papageifisch (Scarus guacamaia)
fsp) Hirschgeweihkoralle (Acropora cervicornis)

| | | | | |
|---|---|---|---|---|
| **4295** | 1 mehrfarbig | fsf | 2,50 | 2,50 |
| **4296** | 1 mehrfarbig | fsg | 2,50 | 2,50 |
| **4297** | 1 mehrfarbig | fsh | 2,50 | 2,50 |
| **4298** | 1 mehrfarbig | fsi | 2,50 | 2,50 |
| **4299** | 1 mehrfarbig | fsk | 2,50 | 2,50 |
| **4300** | 1 mehrfarbig | fsl | 2,50 | 2,50 |
| **4301** | 1 mehrfarbig | fsm | 2,50 | 2,50 |
| **4302** | 1 mehrfarbig | fsn | 2,50 | 2,50 |
| **4303** | 1 mehrfarbig | fso | 2,50 | 2,50 |
| **4304** | 1 mehrfarbig | fsp | 2,50 | 2,50 |
| | | Satzpreis (10 W.) | 25,— | 25,— |
| | | 2 FDC | | 46,— |
| | | Kleinbogen | 25,— | 25,— |

Nominale zur Zeit der Ausgabe: je 1.09 €

Auflage: 285.000 Sätze

**2024, 24. Juni. Blockausgabe: 60 Jahre Bühnenpräsenz von André van Duin. Odr.; gez. K 13½:13.**

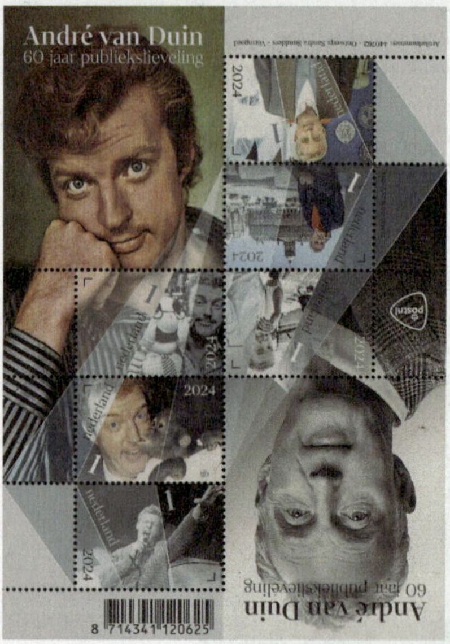


fsx

fsr
fss
fsu

fst
fsv
fsw

fsr) als Moderator von „Heel Holland Bakt"
fss) vor dem Amsterdamer Rathaus
fst) mit Puppe „Onkel Joop"
fsu) im Tonstudio
fsv) Orang-Utan-Baby Sabientje
fsw) mit Mikrofon

fsr–fsw) André van Duin (*1947), Komiker, Schauspieler und Sänger

| | | | | |
|---|---|---|---|---|
| **4305** | 1 mehrfarbig | fsr | 2,50 | 2,50 |
| **4306** | 1 mehrfarbig | fss | 2,50 | 2,50 |
| **4307** | 1 mehrfarbig | fst | 2,50 | 2,50 |
| **4308** | 1 mehrfarbig | fsu | 2,50 | 2,50 |
| **4309** | 1 mehrfarbig | fsv | 2,50 | 2,50 |
| **4310** | 1 mehrfarbig | fsw | 2,50 | 2,50 |
| **Block 202** | (108×150 mm) | fsx | 15,— | 15,— |
| | | FDC | | 26,— |

Nominale zur Zeit der Ausgabe: je 1.09 €

Auflage: 100.000 Blocks

**2024, 12. Aug. Natur erleben (XXVIII): Flora auf Bonaire. Odr. (2×5); Streifen ph.; selbstklebend; gez. K 14:13½.**

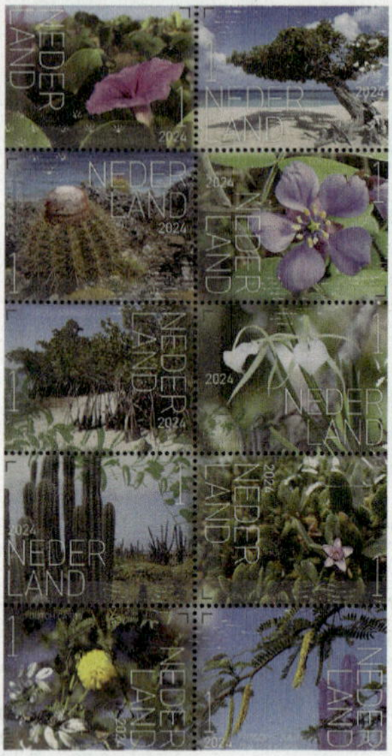

fsy) Ziegenfuß-Prunkwinde (Ipomoea pes-caprae)
fsz) Divi-Divi-Baum (Caesalpinia coriaria)
fta) Melocactus macracanthos
ftb) Guaiacum sanctum
ftc) Rote Mangrove (Rhizophora mangle)
ftd) Brassavola nodosa
fte) Stenocereus griseus
ftf) Sesuvium portulacastrum
ftg) Vachellia tortuosa
fth) Prosopis juliflora

| | | | | |
|---|---|---|---|---|
| **4311** | 1 mehrfarbig | fsy | 2,60 | 2,60 |
| **4312** | 1 mehrfarbig | fsz | 2,60 | 2,60 |
| **4313** | 1 mehrfarbig | fta | 2,60 | 2,60 |
| **4314** | 1 mehrfarbig | ftb | 2,60 | 2,60 |
| **4315** | 1 mehrfarbig | ftc | 2,60 | 2,60 |
| **4316** | 1 mehrfarbig | ftd | 2,60 | 2,60 |
| **4317** | 1 mehrfarbig | fte | 2,60 | 2,60 |
| **4318** | 1 mehrfarbig | ftf | 2,60 | 2,60 |
| **4319** | 1 mehrfarbig | ftg | 2,60 | 2,60 |
| **4320** | 1 mehrfarbig | fth | 2,60 | 2,60 |
| | | Satzpreis (10 W.) | 26,— | 26,— |
| | | 2 FDC | | 48,— |
| | | Kleinbogen | 26,— | 26,— |

Nominale zur Zeit der Ausgabe: je 1.14 €

Auflage: 285.000 Sätze

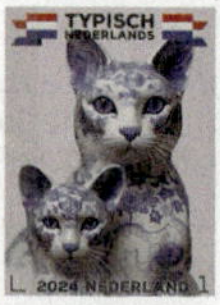


**2024, 12. Aug. Typisch Niederlande: Lieblingstiere (V). Odr., Kleinbogen (2×3) und Markenheftchen (2×1); Streifen ph.; gez. K 13:13½.**

fti) Katze in Delfter Blau

| | | | | |
|---|---|---|---|---|
| **4321** | 1 mehrfarbig | fti | 2,60 | 2,60 |
| | | FDC | | 10,80 |
| | | Kleinbogen | 15,50 | 15,50 |
| | | Markenheftchen | 34,— | 34,— |

Nominale zur Zeit der Ausgabe: 1.14 €

MiNr. 4321 wurde auch zusammen mit MiNr. 4268, 4279, 4284 und 4294 im Markenheftchen zu je 2 Marken ausgegeben (Postpreis des Heftchens: 14.85 €).

Auflage: 75.000 Kleinbogen

**2024, 16. Sept. Blockausgabe: Immaterielles Kulturerbe. Odr.; gez. K 13½:13.**

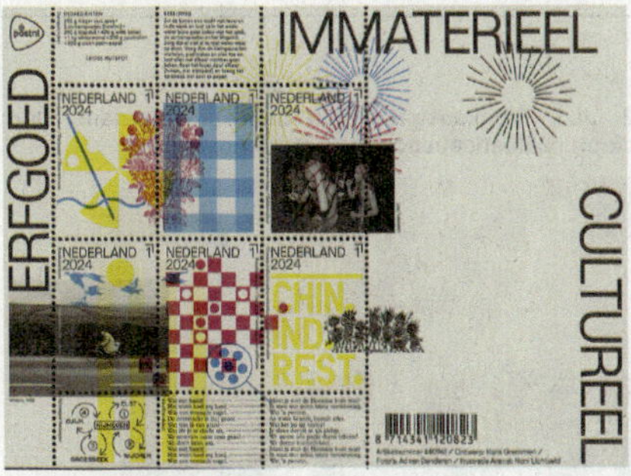


ftr

ftk) Windrad aus Käseecken
ftl) Kariertes Muster
ftm) Tanzende Menschen, Feuerwerk
ftn) Fahrradfahrer, Vögel
fto) Schachbrettmuster
ftp) Inschrift, Figuren

ftk–ftp) Graphiken von Hans Gremmen (*1976)

| | | | | | |
|---|---|---|---|---|---|
| **4322** | 1 | mehrfarbig | ftk | 2,60 | 2,60 |
| **4323** | 1 | mehrfarbig | ftl | 2,60 | 2,60 |
| **4324** | 1 | mehrfarbig | ftm | 2,60 | 2,60 |
| **4325** | 1 | mehrfarbig | ftn | 2,60 | 2,60 |
| **4326** | 1 | mehrfarbig | fto | 2,60 | 2,60 |
| **4327** | 1 | mehrfarbig | ftp | 2,60 | 2,60 |
| **Block 203** | | (150×107 mm) | ftr | 15,60 | 15,60 |
| | | 2 FDC (Blockmarken) | | | 43,60 |

**Markenheftchen**

| | | | |
|---|---|---|---|
| **H-Blatt 403** | mit 1 × MiNr. 4322–4324 und 4326–4327 | 13,— | 13,— |
| **H-Blatt 404** | mit 1 × MiNr. 4322–4323 und 4325–4327 | 13,— | 13,— |
| **MH 141** | mit 1 × H-Blatt 403–404 | 26,— | 26,— |

Nominale zur Zeit der Ausgabe: je 1.14 €

Auflage: 100.000 Blocks

**2024, 30. Sept. Gemeinsam die Zukunft gestalten. Odr. (6); Aufdruck ph.; selbstklebend; an Konturen gestanzt, MiNr. 4328 zweiseitig, MiNr. 4329 einseitig gestanzt 14½.**

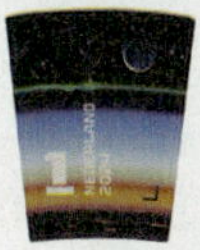

fts) Mond über Atmosphäre

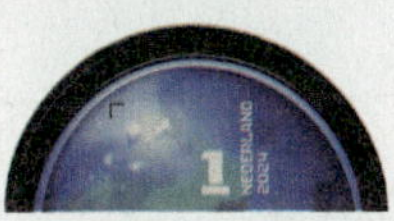

ftt) Erdkugel

| | | | | | |
|---|---|---|---|---|---|
| **4328** | 1 | mehrfarbig | fts | 2,60 | 2,60 |
| **4329** | 1 | mehrfarbig | ftt | 2,60 | 2,60 |
| | | Satzpreis (2 W.) | | 5,20 | 5,20 |
| | | FDC | | | 14,— |
| | | Folienblatt | | 15,50 | 15,50 |

Nominale zur Zeit der Ausgabe: je 1.14 €

MiNr. 4328–4329 wurden zusammen im Folienblatt (5 × MiNr. 4328 und 1 × MiNr. 4329) gedruckt.

Auflage: 110.000 Folienblätter

**2024, 1. Okt. Blockausgabe: Kryptomarken (V). Komb. Odr., Siebdr. und Hfdr. auf Kunststoff; selbstklebend; gestanzt 10:9¾.**

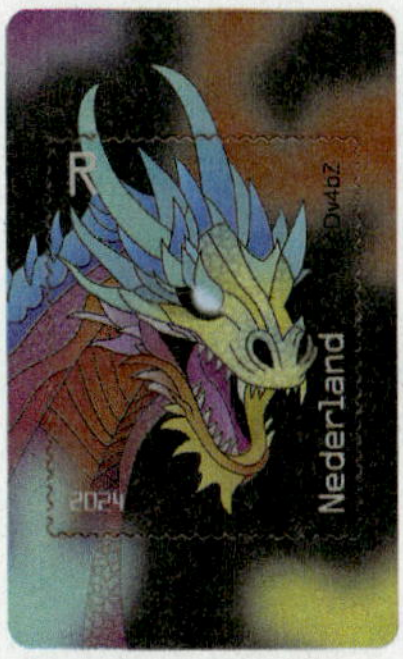


ftv

ftu) Drache

| | | | | | |
|---|---|---|---|---|---|
| **4330** | R | mehrfarbig | ftu | 25,— | 25,— |
| **Block 204** | | (54×85 mm) | ftv | 25,— | 25,— |

Nominale zur Zeit der Ausgabe: 10.80 €

Auf dem Objekt befindet sich ein QR-Code, der die Verwaltung der digitalen Marke ermöglicht.

Bl. 204 sind 5 virtuelle Farben in unterschiedlicher Häufigkeit zugeordnet, die mit Hilfe des QR-Codes eruierbar sind: Schwarz (7.767), Grün (3.515), Blau (1.973), Gelb (995) und Rot (150).

Die angegebenen Preise beziehen sich auf die billigste (schwarze) Variante.

Auflagen: 15.000 Blocks

*Parallelausgabe mit Belgien MiNr. 5321/Bl. 296, Luxemburg MiNr. 2376/Bl. 55 und Österreich MiNr. 3820/Bl. 156*

**2024, 3. Okt. 450. Jahrestag der Beendigung der Belagerung von Leiden. Odr. (1×3 Zd) und Markenheftchen (2×1); Streifen ph; gez. K 13½:13.**

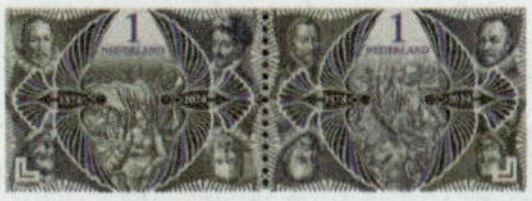


ftw) Hungernde Bevölkerung
ftx) Befreiung durch Boote

| | | | | | |
|---|---|---|---|---|---|
| **4331** | 1 | mehrfarbig | ftw | 2,60 | 2,60 |
| **4332** | 1 | mehrfarbig | ftx | 2,60 | 2,60 |
| | | Satzpreis (2 W.) | | 5,20 | 5,20 |
| | | Paar | | 5,20 | 5,20 |
| | | FDC | | | 14,— |
| | | Kleinbogen | | 15,50 | 15,50 |

**Markenheftchen**

| | | | |
|---|---|---|---|
| **H-Blatt 405** | mit 1 × MiNr. 4331–4332 (Jan van Hout) | 6,80 | 6,80 |
| **H-Blatt 406** | mit 1 × MiNr. 4331–4332 (Jan van der Does) | 6,80 | 6,80 |
| **H-Blatt 407** | mit 1 × MiNr. 4331–4332 (Louis de Boisot) | 6,80 | 6,80 |
| **H-Blatt 408** | mit 1 × MiNr. 4331–4332 (Magdalena Moons) | 6,80 | 6,80 |
| **H-Blatt 409** | mit 1 × MiNr. 4331–4332 (Willem Corneliszoon) | 6,80 | 6,80 |
| **MH 142** | mit 1 × H-Blatt 405–409 | 34,— | 34,— |

Nominale zur Zeit der Ausgabe: je 1.14 €

Postpreis des Markenheftchens: 14.85 €

Auflage: 480.000 Stück

**2024, 7. Okt. Blockausgabe: „Voor het Kind“: 100 Jahre Kinderbriefmarken. Odr.; Streifen ph.; gez. K 14½.**

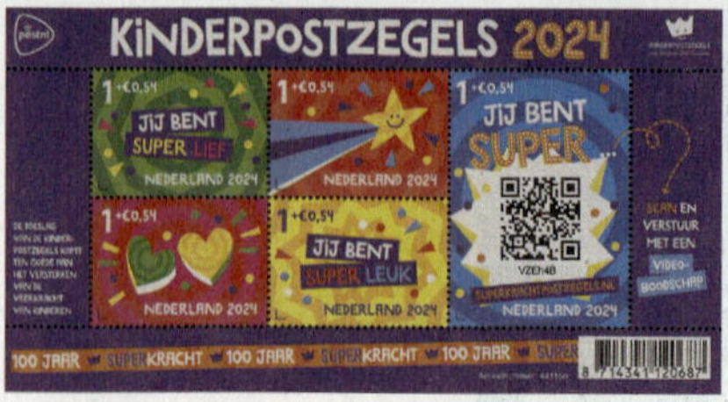


fud

fty) Inschrift auf grünem Grund
ftz) Sternschnuppe
fua) Inschrift und QR-Code
fub) Herzen
fuc) Inschrift auf gelbem Grund

| | | | | |
|---|---|---|---|---|
| **4333** | 1 + 0.54 € mehrfarbig | fty | 3,90 | 3,90 |
| **4334** | 1 + 0.54 € mehrfarbig | ftz | 3,90 | 3,90 |
| **4335** | 1 + 0.54 € mehrfarbig | fua | 3,90 | 3,90 |
| **4336** | 1 + 0.54 € mehrfarbig | fub | 3,90 | 3,90 |
| **4337** | 1 + 0.54 € mehrfarbig | fuc | 3,90 | 3,90 |
| **Block 205** | (144×75 mm) | fud | 19,50 | 19,50 |
| | | FDC | | 32,— |

**Markenheftchen**

| | | | |
|---|---|---|---|
| **H-Blatt 410** | mit 1 × MiNr. 4335 (1979: de Kindertelefoon) | 5,60 | 5,60 |
| **H-Blatt 411** | mit 1 × MiNr. 4333 und 4336 | 11,20 | 11,20 |
| **H-Blatt 412** | mit 1 × MiNr. 4334 und 4337 | 11,20 | 11,20 |
| **H-Blatt 413** | mit 1 × MiNr. 4335 (2019: Mockingbird-Model) | 5,60 | 5,60 |
| **MH 143** | mit 1 × H-Blatt 410–413 | 34,— | 34,— |

Nominale zur Zeit der Ausgabe: je 1.14 € + 0.54 €

Postpreis des Markenheftchens: 14.85 €

Auflage: 1.350.000 Blocks

**2024, 18. Nov. Dezembermarken. Odr. (5×2 + 5×2); Streifen ph.; selbstklebend; gestanzt 11¼.**

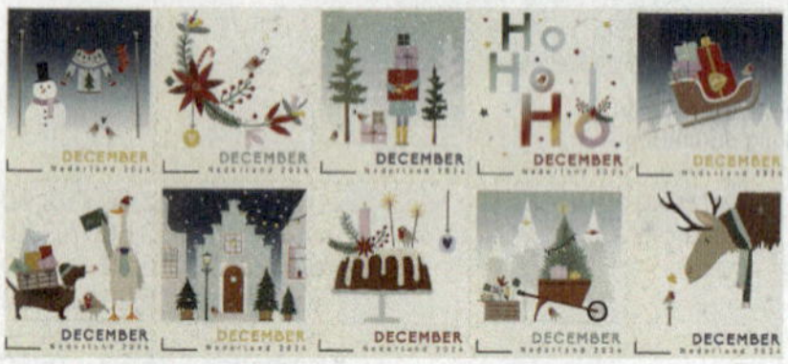


fue) Schneemann unter Wäscheleine
fuf) Dekoratives Gesteck
fug) Person hält Geschenke
fuh) Inschrift „Ho Ho Ho“
fui) Fliegender Schlitten mit Geschenken

fuk) Ente überreicht Brief an Dackel
ful) Verschneite Stadt
fum) Kuchen
fun) Schubkarre mit Geschenken und Weihnachtsbaum
fuo) Rentier mit Schal

fue–fuo) Rotkehlchen

| | | | | |
|---|---|---|---|---|
| **4338** | — mehrfarbig | fue | 2,40 | 2,40 |
| **4339** | — mehrfarbig | fuf | 2,40 | 2,40 |
| **4340** | — mehrfarbig | fug | 2,40 | 2,40 |
| **4341** | — mehrfarbig | fuh | 2,40 | 2,40 |
| **4342** | — mehrfarbig | fui | 2,40 | 2,40 |
| **4343** | — mehrfarbig | fuk | 2,40 | 2,40 |
| **4344** | — mehrfarbig | ful | 2,40 | 2,40 |
| **4345** | — mehrfarbig | fum | 2,40 | 2,40 |
| **4346** | — mehrfarbig | fun | 2,40 | 2,40 |
| **4347** | — mehrfarbig | fuo | 2,40 | 2,40 |
| | | Satzpreis (10 W.) | 24,— | 24,— |
| | | 2 FDC | | 45,— |
| | | Zehnerblock | 24,— | 24,— |
| | | Folienbogen | 48,— | 48,— |

Nominale zur Zeit der Ausgabe: je 1.06 €

Auflage: 6.000.000 Sätze

MiNr. 4348 mit Klischeezeichen fup ist für die Ausgabe „Kryptomarken (VI)“ vom 25. November 2024 reserviert.

**2025, 2. Jan. Blockausgabe: 750 Jahre Amsterdam. Odr.; Aufdruck ph.; selbstklebend; an Konturen gestanzt.**

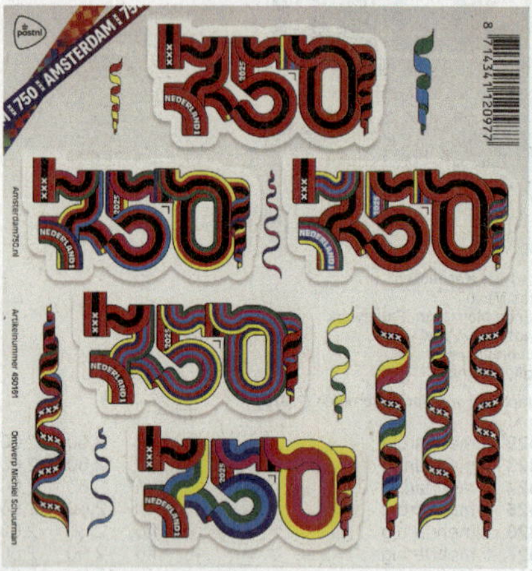


fuw

fur–fuv) Zahl „750“ gebildet aus Luftschlangen

| | | | | |
|---|---|---|---|---|
| **4349** | 1 mehrfarbig | fur | 2,80 | 2,80 |
| **4350** | 1 mehrfarbig | fus | 2,80 | 2,80 |
| **4351** | 1 mehrfarbig | fut | 2,80 | 2,80 |
| **4352** | 1 mehrfarbig | fuu | 2,80 | 2,80 |
| **4353** | 1 mehrfarbig | fuv | 2,80 | 2,80 |
| **Block 206** | (144×147 mm) | fuw | 14,— | 14,— |
| | | 2 FDC (Blockmarken) | | 33,— |

**Markenheftchen**

| | | | |
|---|---|---|---|
| **H-Blatt 414** | mit 1 × MiNr. 4349 und 4353 | 5,60 | 5,60 |
| **H-Blatt 415** | mit 1 × MiNr. 4350 | 2,80 | 2,80 |
| **H-Blatt 416** | mit 1 × MiNr. 4351–4352 | 5,60 | 5,60 |
| **MH 144** | mit 1 × H-Blatt 414–416 | 14,— | 14,— |

Nominale zur Zeit der Ausgabe: je 1.21 €

Auflage: 115.000 Blocks

**2025, 2. Jan. Natur erleben (XXIX): Vögel von Sint Eustatius. Odr. (2×5); Streifen ph.; selbstklebend; gez. K 14:13½.**

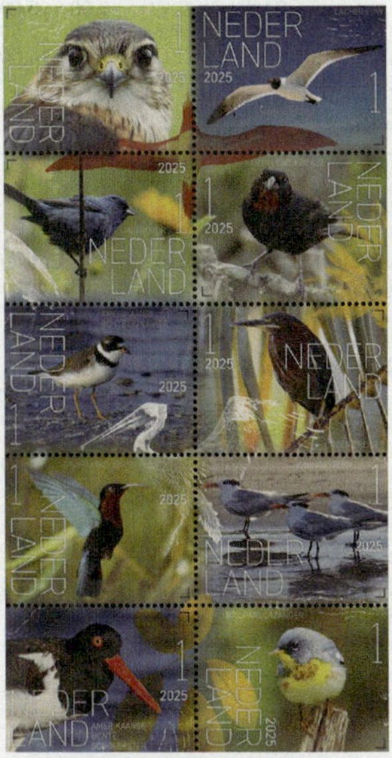

fux) Merlin (Falco columbarius)
fuy) Aztekenmöwe (Leucophaeus atricilla)
fuz) Indigofink (Passerina cyanea)
fva) Rotkehl-Gimpeltangare (Loxigilla noctis)
fvb) Amerika-Sandregenpfeifer (Charadrius semipalmatus)
fvc) Grünreiher (Butorides virescens)
fvd) Purpurkehl-Antillenkolibri (Eulampis jugularis)
fve) Königsseeschwalbe (Thalasseus maximus)
fvf) Braunmantel-Austernfischer (Haematopus palliatus)
fvg) Meisenwaldsänger (Setophaga americana)

| | | | | |
|---|---|---|---|---|
| **4354** | 1 mehrfarbig | fux | 2,80 | 2,80 |
| **4355** | 1 mehrfarbig | fuy | 2,80 | 2,80 |
| **4356** | 1 mehrfarbig | fuz | 2,80 | 2,80 |
| **4357** | 1 mehrfarbig | fva | 2,80 | 2,80 |
| **4358** | 1 mehrfarbig | fvb | 2,80 | 2,80 |
| **4359** | 1 mehrfarbig | fvc | 2,80 | 2,80 |
| **4360** | 1 mehrfarbig | fvd | 2,80 | 2,80 |
| **4361** | 1 mehrfarbig | fve | 2,80 | 2,80 |
| **4362** | 1 mehrfarbig | fvf | 2,80 | 2,80 |
| **4363** | 1 mehrfarbig | fvg | 2,80 | 2,80 |
| | Satzpreis (10 W.) | | 28,— | 28,— |
| | 2 FDC | | | 50,— |
| | Kleinbogen | | 28,— | 28,— |

Nominale zur Zeit der Ausgabe: je 1.21 €

Auflage: 275.000 Sätze

**2025, 17. Febr. Neues holländisches Design (I): Kaffee- und Teerituale. Odr. (1×3 Zd); Streifen ph.; gez. K 13:13½.**

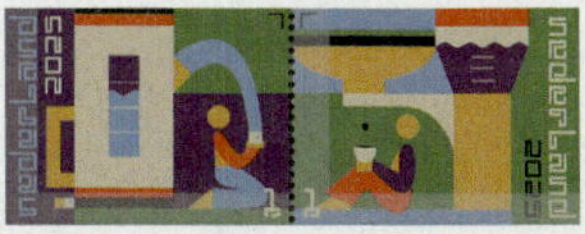

fvh) Riesiger Wasserkocher füllt Tasse von sitzendem Menschen
fvi) Riesige Kaffeemaschine füllt Tasse von sitzendem Menschen

| | | | | |
|---|---|---|---|---|
| **4364** | 1 mehrfarbig | fvh | 2,80 | 2,80 |
| **4365** | 1 mehrfarbig | fvi | 2,80 | 2,80 |
| | Satzpreis (2 W.) | | 5,60 | 5,60 |
| | Paar | | 5,60 | 5,60 |
| | FDC | | | 14,50 |
| | Kleinbogen | | 17,— | 17,— |

Nominale zur Zeit der Ausgabe: je 1.21 €

Auflage: 225.000 Sätze

**2025, 25. März. Blockausgabe: Kryptomarken (VII). Komb. Odr., Siebdr. und Hfdr. auf Kunststoff; selbstklebend; gestanzt 10:9¾.**

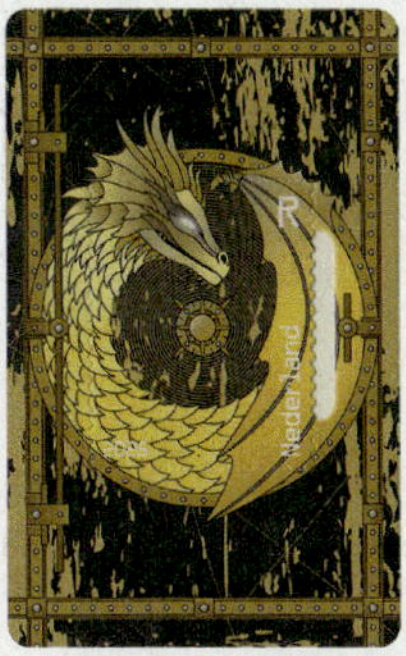

fvl

fvk) Drache umschließt Safe-Tür

| | | | | |
|---|---|---|---|---|
| **4366** | R mehrfarbig | fvk | 26,— | 26,— |
| **Block 207** | (54×85 mm) | fvl | 26,— | 26,— |

Nominale zur Zeit der Ausgabe: 11.30 €

Auf dem Objekt befindet sich ein QR-Code, der die Verwaltung der digitalen Marke ermöglicht.

Bl. 207 sind 2 virtuelle Muster in unterschiedlicher Häufigkeit zugeordnet, die mit Hilfe des QR-Codes eruierbar sind: Magisches Buch (1.500) und Schatz (1.500).

Die NFTs von Bl. 204 können mithilfe von Bl. 207 virtuell zu weiteren Mustern kombiniert werden.

Die angegebenen Preise beziehen sich auf die billigste Variante.

Auflagen: 3.000 Blocks

**2025, 31. März. Natur erleben (XXX): Schmetterlinge von Sint Eustatius. Odr. (2×5); Streifen ph.; selbstklebend; gez. K 14:13½.**

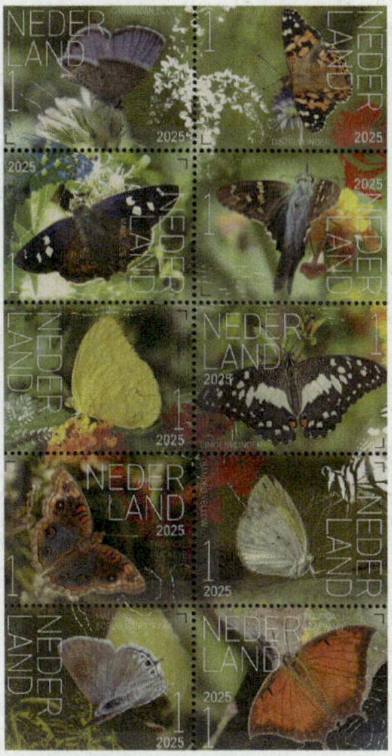

fvm) Cyclargus thomasi
fvn) Distelfalter (Vanessa cardui)
fvo) Polygonus savigny
fvp) Urbanus proteus
fvr) Phoebis sennae
fvs) Papilio demoleus
fvt) Junonia evarete
fvu) Eurema elathea
fvv) Strymon istapa
fvw) Anaea troglodyta

| | | | | |
|---|---|---|---|---|
| **4367** | 1 mehrfarbig | fvm | 2,80 | 2,80 |
| **4368** | 1 mehrfarbig | fvn | 2,80 | 2,80 |

| | | | | | |
|---|---|---|---|---|---|
| **4369** | 1 mehrfarbig | fvo | 2,80 | 2,80 |
| **4370** | 1 mehrfarbig | fvp | 2,80 | 2,80 |
| **4371** | 1 mehrfarbig | fvr | 2,80 | 2,80 |
| **4372** | 1 mehrfarbig | fvs | 2,80 | 2,80 |
| **4373** | 1 mehrfarbig | fvt | 2,80 | 2,80 |
| **4374** | 1 mehrfarbig | fvu | 2,80 | 2,80 |
| **4375** | 1 mehrfarbig | fvv | 2,80 | 2,80 |
| **4376** | 1 mehrfarbig | fvw | 2,80 | 2,80 |
| | | Satzpreis (10 W.) | 28,— | 28,— |
| | | 2 FDC | | 50,— |
| | | Kleinbogen | 28,— | 28,— |

Nominale zur Zeit der Ausgabe: je 1.21 €

Auflage: 275.000 Sätze

**2025, 22. April. Leseinitiative „RomanReuzen". Odr. (2×5) und Markenheftchen (1×2); Streifen ph.; selbstklebend; gez. K 14:13½.**

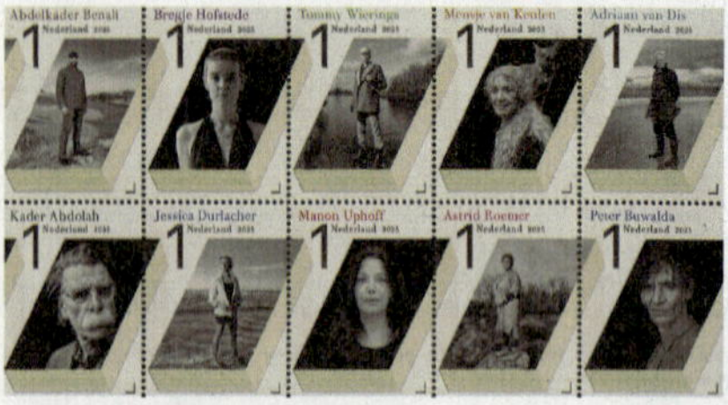


fvx) Abdelkader Benali (*1975)
fvy) Bregje Hofstede (*1988)
fvz) Tommy Wieringa (*1967)
fwa) Mensje van Keulen (*1946)
fwb) Adriaan van Dis (*1946)

fwc) Kader Abdolah (*1954)
fwd) Jessica Durlacher (*1961)
fwe) Manon Uphoff (*1962)
fwf) Astrid Roemer (*1947)
fwg) Peter Buwalda (*1971)

fvx–fwg) Niederländische Schriftsteller

| | | | | |
|---|---|---|---|---|
| **4377** | 1 mehrfarbig | fvx | 2,80 | 2,80 |
| **4378** | 1 mehrfarbig | fvy | 2,80 | 2,80 |
| **4379** | 1 mehrfarbig | fvz | 2,80 | 2,80 |
| **4380** | 1 mehrfarbig | fwa | 2,80 | 2,80 |
| **4381** | 1 mehrfarbig | fwb | 2,80 | 2,80 |
| **4382** | 1 mehrfarbig | fwc | 2,80 | 2,80 |
| **4383** | 1 mehrfarbig | fwd | 2,80 | 2,80 |
| **4384** | 1 mehrfarbig | fwe | 2,80 | 2,80 |
| **4385** | 1 mehrfarbig | fwf | 2,80 | 2,80 |
| **4386** | 1 mehrfarbig | fwg | 2,80 | 2,80 |
| | | Satzpreis (10 W.) | 28,— | 28,— |
| | | 2 FDC | | 50,— |
| | | Kleinbogen | 28,— | 28,— |

**Markenheftchen**

| | | | |
|---|---|---|---|
| **H-Blatt 417** | mit 1 × MiNr. 4377 und 4382 | 8,40 | 8,40 |
| **H-Blatt 418** | mit 1 × MiNr. 4378 und 4383 | 8,40 | 8,40 |
| **H-Blatt 419** | mit 1 × MiNr. 4379 und 4384 | 8,40 | 8,40 |
| **H-Blatt 420** | mit 1 × MiNr. 4380 und 4385 | 8,40 | 8,40 |
| **H-Blatt 421** | mit 1 × MiNr. 4381 und 4386 | 8,40 | 8,40 |
| **MH 145** | mit 1 × H-Blatt 417–421 | 42,— | 42,— |

Nominale zur Zeit der Ausgabe: je 1.21 €

Postpreis des Markenheftchens: 18.10 €

Auflage: 95.000 Sätze

**2025, 22. April. Neues holländisches Design (II): Ritual der Begrüßung. Odr. (1×3 Zd); Streifen ph.; gez. K 13:13½.**

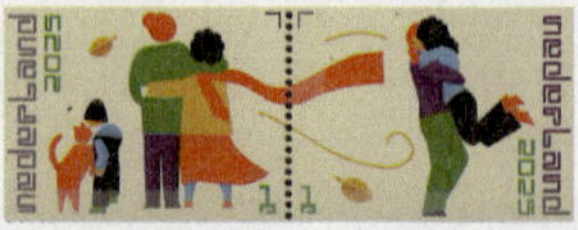


fwh) Familie mit Katze
fwi) Frauen umarmen sich

| | | | | |
|---|---|---|---|---|
| **4387** | 1 mehrfarbig | fwh | 2,80 | 2,80 |
| **4388** | 1 mehrfarbig | fwi | 2,80 | 2,80 |
| | | Satzpreis (2 W.) | 5,60 | 5,60 |
| | | Paar | 5,60 | 5,60 |
| | | FDC | | 14,50 |
| | | Kleinbogen | 17,— | 17,— |

Nominale zur Zeit der Ausgabe: je 1.21 €

Auflage: 225.000 Sätze

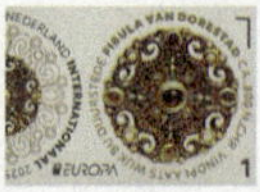

**2025, 9. Mai. Europa: Archäologische Entdeckungen. Odr. (2×3) und Markenheftchen (2×1); Streifen ph.; gez. K 13:13½.**

fwk) Fibel von Dorestad (9. Jh.)

| | | | | |
|---|---|---|---|---|
| **4389** | 1 Internationaal mehrfarbig | fwk | 4,40 | 4,40 |
| | | FDC | | 13,— |
| | | Kehrdruckpaar | 8,80 | 8,80 |
| | | Kleinbogen | 26,— | 26,— |
| | | Markenheftchen | 40,— | 40,— |

Nominale zur Zeit der Ausgabe: 1.90 €

MiNr. 4389 wurde auch im Markenheftchen zu 6 Marken (2 Marken je H-Blatt) ausgegeben (Postpreis des Heftchens: 17.40 €).

MiNr. 4389 wurde in der rechten Kleinbogenspalte sowie rechts im Markenheftchen kopfstehend gedruckt.

Auflage: 450.000 Stück

*Ab MiNr. 1929 sind alle Ausgaben frankaturgültig, außerdem die Marken MiNr. 1898–1907, 1909–1913 und 1918–1927.*

## Neuheiten

Ein Abonnement der MICHEL-Rundschau sichert Ihnen ein immer vollständiges Nachschlagewerk, zeigt Ihnen Preisänderungen an und bereichert Ihre philatelistischen Kenntnisse durch gut recherchierte Fachbeiträge.

## Jahrgangswerttabelle

Die Aufstellung folgt der numerischen Reihenfolge der Katalogisierung ohne Rücksicht auf die Chronologie eventueller Ergänzungswerte.

**Grundsätzlich ist nur die jeweils billigste Sorte pro Marke bzw. Ausgabe angegeben, sofern nichts anderes vermerkt.**

Zusammendrucke aus Bogen, Marken mit Zierfeldern usw. sind dann berücksichtigt, wenn sie als normale Ausgabeform anzusehen sind. Einzelmarken aus Blocks und Marken mit der Preisnotierung „—,—" sind nicht berücksichtigt.

Im neuen MICHEL-Redaktionssystem fließen Einzelwerte anstelle von Satzpreisen in die Berechnung ein. Zusätzlich werden alle Blockvarianten berücksichtigt. Dadurch können sich Änderungen zu früheren Jahrgangswertberechnungen ergeben.

| Jahr | MiNr. | ★★ | ⊙ |
|---|---|---|---|
| **1945** | 443–448 | 2,— | 2,— |
| **1946** | 449–476 | 643,40 | 106,50 |
| **1947** | 477–499 | 122,— | 10,80 |
| **1948** | 500–515 | 84,— | 31,80 |
| **1949** | 516–550 | 1311,— | 50,10 |
| **1950** | 551–569 | 168,80 | 84,30 |
| **1951** | 570–582 | 627,— | 232,— |
| **1952** | 583–605 | 163,80 | 84,30 |
| **1953** | 606–635 | 65,40 | 43,20 |
| **1954** | 636–654 | 51,30 | 27,90 |
| **1955** | 655–671 | 53,50 | 30,60 |
| **1956** | 672–689 | 91,— | 41,60 |
| **1957** | 690–711 | 64,60 | 35,10 |
| **1958** | 712–727 | 32,— | 22,10 |
| **1959** | 728–743 | 28,60 | 20,80 |
| **1960** | 744–759 | 43,— | 31,— |
| **1961** | 760–771 | 15,60 | 12,10 |
| **1962** | 772–789 | 17,30 | 13,80 |
| **1963** | 790–816 | 20,90 | 19,50 |
| **1964** | 817–835 | 9,60 | 8,80 |
| **1965** | 836–855, Bl. 3 | 31,20 | 34,— |
| **1966** | 856–870, Bl. 4–5 | 13,50 | 10,90 |
| **1967** | 871–892, Bl. 6 | 25,30 | 20,60 |
| **1968** | 893–909, Bl. 7 | 19,30 | 18,60 |
| **1969** | 910–933, Bl. 8 | 30,60 | 25,80 |
| **1970** | 934–955, Bl. 9 | 45,— | 28,— |
| **1971** | 956–973, Bl. 10 | 25,80 | 23,10 |
| **1972** | 974–1004, Bl. 11 | 29,70 | 23,70 |
| **1973** | 1005–1022, Bl. 12 | 25,20 | 18,20 |
| **1974** | 1023–1042, Bl. 13 | 26,70 | 18,20 |
| **1975** | 1043–1062, Bl. 14 | 12,70 | 11,10 |
| **1976** | 1063–1091, Bl. 15 | 18,50 | 15,50 |
| **1977** | 1092–1112, Bl. 16–17 | 15,90 | 12,30 |
| **1978** | 1113–1131, Bl. 18–19 | 14,70 | 10,70 |
| **1979** | 1132–1150, Bl. 20 | 14,50 | 9,10 |
| **1980** | 1151–1174, Bl. 21 | 17,90 | 10,50 |
| **1981** | 1175–1197, Bl. 22–23 | 18,60 | 11,— |
| **1982** | 1198–1226, Bl. 24 | 40,— | 12,60 |
| **1983** | 1227–1244, Bl. 25 | 17,90 | 13,20 |
| **1984** | 1245–1262, Bl. 26–27 | 21,70 | 15,90 |
| **1985** | 1263–1284, Bl. 28 | 19,30 | 13,70 |
| **1986** | 1285–1309, Bl. 29 | 33,80 | 13,30 |
| **1987** | 1310–1335, Bl. 30 | 28,30 | 15,10 |
| **1988** | 1336–1356, Bl. 31–32 | 28,30 | 20,40 |
| **1989** | 1357–1374, Bl. 33 | 19,60 | 12,40 |
| **1990** | 1375–1395, Bl. 34 | 29,90 | 17,10 |
| **1991** | 1396–1426, Bl. 35 | 37,70 | 16,80 |
| **1992** | 1427–1459, Bl. 36–37 | 46,40 | 25,10 |
| **1993** | 1460–1497, Bl. 38–39 | 57,10 | 28,60 |
| **1994** | 1498–1530, Bl. 40–42 | 58,40 | 40,50 |
| **1995** | 1531–1562, Bl. 43–45 | 54,10 | 34,70 |
| **1996** | 1563–1602, Bl. 46–50 | 61,— | 40,60 |
| **1997** | 1603–1640, Bl. 51–54 | 52,70 | 34,60 |
| **1998** | 1641–1702, Bl. 55–58 | 72,80 | 44,50 |
| **1999** | 1703–1772, Bl. 59–62 | 93,70 | 71,50 |
| **2000** | 1773–1854, Bl. 63–67 | 92,— | 67,80 |
| **2001** | 1855–1959, Bl. 68–73 | 125,— | 97,20 |
| **2002** | 1960–2069, Bl. 74–76 | 100,20 | 67,— |
| **2003** | 2070–2188, Bl. 77–80 | 103,10 | 102,90 |
| **2004** | 2189–2274, Bl. 81–84 | 82,60 | 81,90 |
| **2005** | 2275–2368, Bl. 85–93 | 133,90 | 133,— |
| **2006** | 2369–2482, Bl. 94–100 | 134,70 | 128,90 |
| **2007** | 2483–2550, Bl. 101–108 | 89,40 | 87,40 |
| **2008** | 2552–2631, Bl. 109–115 | 102,30 | 99,30 |
| **2009** | 2632–2722, Bl. 116–124 | 142,— | 140,— |
| **2010** | 2723–2825, Bl. 125–132 | 252,40 | 155,40 |
| **2011** | 2826–2939, Bl. 133–138 | 307,80 | 168,80 |
| **2012** | 2940–3060, Bl. 139–146 | 322,— | 183,— |
| **2013** | 3061–3191, Bl. 147–152 | 323,— | 196,70 |
| **2014** | 3192–3312, Bl. 153–157 | 305,50 | 237,20 |
| **2015** | 3313–3433, Bl. 158–162 | 302,50 | 250,20 |
| **2016** | 3434–3548, Bl. 163–168 | 294,80 | 263,20 |
| **2017** | 3549–3668, Bl. 169–173 | 272,80 | 251,— |
| **2018** | 3669–3782, Bl. 174–177 | 243,90 | 233,— |
| **2019** | 3783–3884, Bl. 178–184 | 288,60 | 288,60 |
| **2020** | 3885–3977, Bl. 185–189 | 246,60 | 246,60 |
| **2021** | 3978–4074, Bl. 190–192 | 228,80 | 228,80 |
| **2022** | 4075–4161, Bl. 193–197 (ohne 4161) | 244,10 | 244,10 |
| **2023** | 4162–4257, Bl. 198–201 (ohne 4257) | 271,40 | 271,40 |
| **2024** | 4258–4348, Bl. 202–205 (ohne 4348) | 267,60 | 267,60 |
| **Gesamtsumme** | | **10049,60** | **6171,20** |

# Blockaufstellung

## Übersicht der Marken in Zeichnung ae und al

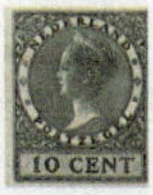

ae

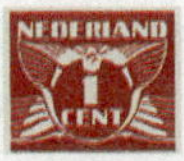

al

| Werte | Farbe | Zeichnung | oWz. | Wz. 2 |
|---|---|---|---|---|
| ½ C | grau | al | | 171 |
| 1 C | karmin (rot) | al | 146 | 172 |
| 1½ C | purpur | al | | 173 |
| 1½ C | grau | al | | 281 |
| 2 C | orange | al | 147 | 174 |
| 2½C | grün | al | 148 | 175 |
| 3 C | gelbgrün | al | 149 | 176 |
| 4 C | ultramarin | al | 150 | 177 |
| 5 C | smaragdgrün | al | | 380 |
| 7½ C | dunkelbraunrot | al | | 381 |
| 10 C | purpurviolett | al | | 382 |
| 12½ C | ultramarin | al | | 383 |
| 15 C | hellblau | al | | 384 |
| 17½ C | orangerot | al | | 385 |
| 20 C | grauviolett | al | | 386 |
| 22½ C | dunkelolivgrün | al | | 387 |
| 25 C | braunkarmin | al | | 388 |
| 30 C | braunoliv | al | | 389 |
| 40 C | grün | al | | 390 |
| 50 C | braun | al | | 391 |
| 5 C | (dunkel-)grün | ae | 151 | 178 |
| 6 C | rotbraun | ae | 152 | 179 |
| 7½C | gelb | ae | 153 | |
| 7½C | violett | ae | | 180 |
| 7½C | rot | ae | | 215 |
| 9 C | ziegelrot/schwarz | ae | 167 | 181 |
| 10 C | grünschiefer | ae | 138 | |
| 10 C | „a)“ scharlach | ae | 154 a | |
| | „b)“ zinnober | ae | 154 b | 182 |
| 10 C | violett | ae | | 222 |
| 12½ C | dunkelrosa | ae | 155 | 183 |
| 12½ C | ultramarin | ae | | 216 |
| 15 C | schwarz | ae | 139 | |
| 15 C | ultramarin | ae | 156 | 184 |
| 15 C | orange | ae | | 223 |
| 20 C | (grau-)blau | ae | 157 | 185 |
| 21 C | olivbraun | ae | | 240 |
| 22½ C | olivbraun | ae | | 186 |
| 22½ C | rotorange | ae | | A 186 |
| 25 C | helloliv | ae | 158 | 187 |
| 27½ C | bräunlichgrau | ae | | 217 |
| 30 C | lila | ae | 159 | 188 |
| 35 C | ziegelrot | ae | 140 | |
| 35 C | braunoliv | ae | 160 | 189 |
| 40 C | braun | ae | 161 | 190 |
| 50 C | smaragd | ae | 162 | 191 |
| 60 C | violett | ae | 163 | |
| 60 C | schwarz | ae | | 224 |

## Übersicht der Marken in Zeichnung „Königin Juliana“

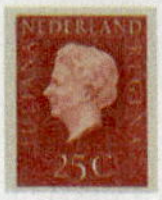

wx) (Centwerte)

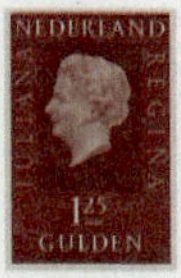

wy) (Guldenwerte)

| Werte | Farbe | MiNr. |
|---|---|---|
| 25 C | zinnober, lebhaftrot | 910 |
| 30 C | dunkelrotbraun | 975 |
| 35 C | grünblau | 999 |
| 40 C | dunkelkarminlila | 976 |
| 45 C | violettultramarin | 977 |
| 50 C | violett | 978 |
| 55 C | rot | 1064 |
| 60 C | dunkelgraublau | 979 |
| 70 C | olivgelb | 980 |
| 75 C | dunkelblaugrün | 981 |
| 80 C | bräunlichrot | 982 |
| 90 C | dunkelgrau | 1047 |
| 1 G | dunkelolivgrün | 914 |
| 1.25 G | dunkelkarminbraun | 911 |
| 1.50 G | olivocker | 956 |
| 2 G | rotviolett | 1005 |
| 2.50 G | grünlichblau | 922 |
| 5 G | dunkelgrau | 944 |
| 10 G | violettultramarin | 945 |

## Übersicht der Marken in Zeichnung „Königin Beatrix“

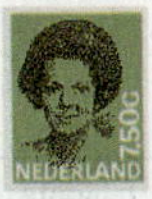

ahw (zweifarbig mit weißen Inschriften)

| Werte | Farbe | MiNr. |
|---|---|---|
| 65 C | mittelchromgelb/schwarz | 1197 |
| 70 C | hellblauviolett/schwarz | 1200 |
| 75 C | mattrot/schwarz | 1211 |
| 90 C | mattgelblichgrün/schwarz | 1201 |
| 1 G | lebhaftviolett/schwarz | 1212 |
| 1.20 G | olivgelb/schwarz | 1303 |
| 1.40 G | mattgrünlichblau/schwarz | 1213 |
| 1.50 G | mattviolett/schwarz | 1300 |
| 2 G | hellorangegelb/schwarz | 1214 |
| 2.50 G | hellorange/schwarz | 1304 |
| 3 G | mattviolettblau/schwarz | 1215 |
| 4 G | hellgelblichgrün/schwarz | 1216 |
| 5 G | hellebhaftgrünlichblau/schwarz | 1217 |
| 6.50 G | lilarosa/schwarz | 1202 |
| 7 G | mattkobalt/schwarz | 1298 |
| 7.50 G | lebhaftolivgrün/schwarz | 1385 |

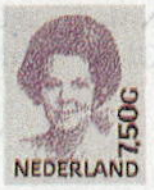

ahw) (einfarbig auf weißem Grund)

| Werte | Farbe | MiNr. |
|---|---|---|
| 75 C | graugrün | 1402 |
| 80 C | mittelrötlichbraun | 1411 |
| 0.85 G/0.39 € | türkisblau | 1907 |
| 90 C | lebhaftcyanblau | 1464 |
| 1 G | lebhaftblauviolett | 1454 |
| 1 G | bläulichviolett | 1914 |
| 1.10 G | kobalt | 1804 |
| 1.10 G | ultramarin | 1915 |
| 1.30 G | hellultramarin | 1412 |
| 1.40 G | graugrün | 1413 |
| 1.45 G | smaragdgrün | 1908 |
| 1.50 G | bläulichgrün | 1648 |
| 1.60 G | graulila | 1414 |
| 2 G | ockerbraun | 1455 |
| 2.50 G | purpur | 1487 |
| 2.50 G | violettpurpur | 1916 |
| 3 G | dunkeltürkisblau | 1456 |
| 5 G | braunpurpur | 1457 |
| 5 G | dunkelbräunlichlila | 1917 |
| 7.50 G | violett | 1530 |
| 10 G | dunkelgelblichgrün | 1495 |

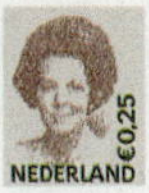

ahw) (zweifarbig auf weißem Grund)

| Werte | Farbe | MiNr. |
|---|---|---|
| 0.25 € | orangebraun/gelblichgrün | 1960 |
| 0.39 € | türkisblau/karminlila | 1961 |
| 0.40 € | hellkobalt/braunorange | 1962 |
| 0.44 € | graulila/gelboliv | 2460 |
| 0.50 € | bräunlichlila/smaragdgrün | 1963 |
| 0.55 € | purpurviolett/orangebraun | 2070 |
| 0.57 € | ocker/türkisblau | 2189 |
| 0.61 € | violettblau/violettbraun | 2275 |
| 0.65 € | opalgrün/violett | 1964 |
| 0.67 € | bläulichgrün/utramarin | 2461 |
| 0.70 € | oliv/blaugrün | 2071 |
| 0.72 € | cyanblau/violett | 2190 |
| 0.74 € | olivgrün/violettblau | 2632 |
| 0.76 € | braunoliv/grün | 2276 |
| 0.78 € | lilaultramarin/braunoliv | 1965 |
| 0.80 € | lebhaftultramarin/purpur | 2369 |
| 0.88 € | bläulichviolett/grünoliv | 2462 |
| 1 € | grün/cyanblau | 1966 |
| 3 € | purpur/gelblichgrün | 1967 |
| 1 | graublau/dunkelviolettpurpur | 2753 |
| 2 | olivbraun/dunkelolivgrün | 2754 |

## Automatenmarken

**Im MICHEL-Europa werden in aller Regel nur die billigste Sorte einer Automatenmarkenausgabe sowie wesentliche Unterschiede des Vordruckpapiers berücksichtigt. Eine ausführliche Katalogisierung nach Unterarten wie Automatennummern, Typen, Papiersorten, Fehlverwendungen und anderen Unterschieden ist im MICHEL-Automatenmarken-Spezial zu finden.**

**Allgemeine Bewertung: 100 C Nominale = 0,90 €, ab 1.1.2002: 1 € Nominale = 2,20 €, soweit nicht bereits ein höherer Wert angegeben ist.**

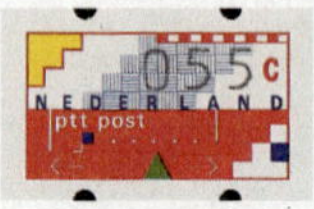


**1989, 22. Aug. Freimarke. RaTdr.; Papier ph.; Typendruck über Farbband; ☐ mit je 2 Transportlöchern am Ober- und Unterrand.**

a) Graphik

| | | ✶✶ | ⊙ | FDC |
|---|---|---|---|---|
| **1** 5 C – 700 C (in bestimmten Portostufen) schwarz; Unterdruck: mehrfarbig . | a | 1,50 | 1,50 | 4,— |

Laufzeit: 22.8.1989–19.6.2001

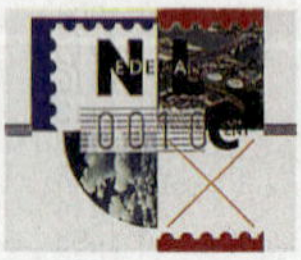

**1996, 21. Mai. Freimarke. Odr.; Typendruck über Farbband; ☐.**

b) Flusslandschaft mit Van-Brienenoord-Brücke, Rotterdam; Wolken

| | | | | |
|---|---|---|---|---|
| **2** 5 C – 9995 C (in Stufen von 5 C) Unterdruck: mehrfarbig . . . . . . . | b | 1,50 | 1,50 | 3,50 |

Laufzeit: 21.5.1996–April 2001

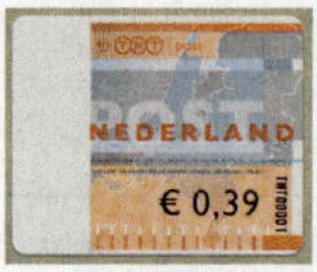


**2006, 6. Nov. Freimarke: TNT-Post. Odr.; selbstklebend; Nadeldruck; ☐.**

c) Landkarte

| | | | | |
|---|---|---|---|---|
| **3** 0.01 € – 99.99 € (in Stufen von 0.01 €) schwarz; Unterdruck: mehrfarbig | c | 2,50 | 3,— | 10,— |

Portowerte für Auslandssendungen Priority tragen den Zudruck PRIORITY.

Laufzeit: ab 6.11.2006

**2017, 28. Jan. Freimarken. RaTdr.; Rolle (1500); Papier ph.; selbstklebend; Thermodruck; gestanzt 14¼.**

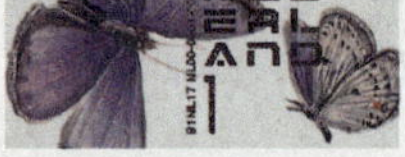

d) Hauhechelbläuling (Polyommatus icarus)

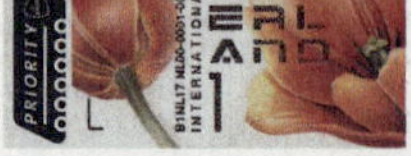


e) Tulpe (Tulipa sp.)

| | | | | |
|---|---|---|---|---|
| **4** 1 schwarz; Unterdruck: mehrfarbig . . . . | d | 1,60 | 1,60 | 3,— |
| **5** 1 INTERNATIONAAL schwarz; Unterdruck: mehrfarbig . . . . . . . . . . . . . . . . | e | 2,70 | 2,70 | 4,— |
| Satzpreis (2 W.) | | 20,— | | |

Nominalen zur Zeit der Ausgabe: MiNr. 4 = 0.78 €, MiNr. 5 = 1.33 €

Offizieller FDC trägt das Datum 30.1.2017.

MiNr. 4–5 gibt es auch mit erweitertem Thermodruck „Hilversum 2017" zur Briefmarkenaustellung in Hilversum (28.–29.1.2017).

MiNr. 4–5 gibt es mit erweitertem Thermodruck des Aufstellungsortes „Bussum" (ab 28.1.2017) und „Den Haag" (ab 30.1.2017).

Laufzeit: ab 28.1.2017

## Geschenkmarke

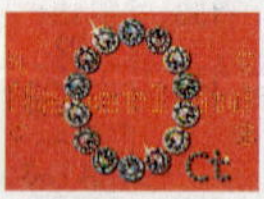

**1998, 29. Juni. Freimarke. Odr., Folienblatt mit einer Marke; selbstklebend; ☐ mit aufgedruckter Zähnung.**

a) Juwelen

| | | ✶✶ | ⊙ |
|---|---|---|---|
| **1** 0 C mehrfarbig . . . . . . . . . . . . . . . . . . . . . . . . | a | 17,— | 17,— |
| FDC | | | 22,— |
| Folienblatt | | 20,— | 20,— |

Je ein Stück von MiNr. 1 wurde im Januar 1998 von der Post an alle Haushalte mittels Postwurfsendung verteilt. Auf anderem Weg war die Marke nicht erhältlich. MiNr. 1 galt nur am Tag des Börsengangs der Niederländischen Post für Inlands-Standardbriefe (80 C). Vor- und Nachverwendungen kommen häufig vor. Die ⊙-Bewertung gilt nur für Stücke mit Abstempelung vom 29.6.1998.

*Gültig am 29.6.1998*

## Neuheiten

# Verzeichnis der Markenheftchen mit Zusammendrucken

| MH-MiNr. | Bezeichnung | Postamtl. Nr. | Ausgabe | Nominale | Enthält H-Blatt | Preise ✶✶ = ◍ |
|---|---|---|---|---|---|---|
| **1** | Königin Juliane/Ziffer | | 2. 9. 1964 | 1 G | 1 | 9,50 |
| **2** | Königin Juliane/Ziffer | | 2. 9. 1964 | 1 G | 2 | 9,50 |
| **3** | Königin Juliane/Ziffer | | 31. 5. 1965 | 1 G | 3 | 4,50 |
| **4** | Königin Juliane | | 31. 5. 1965 | 1 G | 4 | 6,— |
| **5** | Königin Juliane | | 10. 1. 1966 | 1 G | 5 | 6,— |
| **6x** | Königin Juliane | | 5. 5. 1966 | 1 G | 6x | 6,50 |
| **6y** | Königin Juliane | | 1. 8. 1968 | 1 G | 6y | 3,50 |
| **7x** | Königin Juliane | | 31. 1. 1967 | 1 G | 7x | 6,— |
| **7y** | Königin Juliane | | 1. 8. 1968 | 1 G | 7y | 9,50 |
| **8x** | Königin Juliane/Ziffer | | 29. 1. 1969 | 1 G | 8x | 13,— |
| **8y** | Königin Juliane/Ziffer | | 29. 1. 1969 | 1 G | 8y | 14,— |
| **9x** | Königin Juliane | | 29. 1. 1969 | 1 G | 9x | 35,— |
| **9y** | Königin Juliane | | 29. 1. 1969 | 1 G | 9y | 13,— |
| **10x** | Königin Juliane/Ziffer | PB 10 | 18. 1. 1971 | 1 G | 10x | 12,— |
| **10y** | Königin Juliane/Ziffer | PB 10 | 18. 1. 1971 | 1 G | 10y | 19,— |
| **11** | Königin Juliane/Ziffer | PB 11 | 18.10. 1971 | 1 G | 11 | 26,— |
| **12** | Königin Juliane | PB 6 | 25. 2. 1972 | 1 G | 12 | 50,— |
| **13** | Königin Juliane/Landschaften | PB 12 | 10. 8. 1972 | 1 G | 13 | 45,— |
| **14** | Königin Juliane | PB 13 | 22. 1. 1973 | 2 G | 14 | 38,— |
| **15** | Königin Juliane/Ziffer | PB 14 | 22. 1. 1973 | 2 G | 15 | 24,— |
| **16** | Königin Juliane | PB 15 | 24. 8. 1973 | 2 G | 16 | 9,— |
| **17** | Königin Juliane/Ziffer | PB 17 | 22. 8. 1974 | 2 G | 17 | 7,50 |
| **18** | Königin Juliane/Ziffer | PB 16 | 22. 8. 1974 | 2 G | 18 | 4,50 |
| **19** | Königin Juliane/Ziffer | PB 19 | 26. 3. 1975 | 2 G | 19 | 6,— |
| **20** | Königin Juliane | PB 18 | 26. 3. 1975 | 2 G | 20 | 4,— |
| **21** | Königin Juliane/Ziffer | PB 20 | 10. 3. 1976 | 2 G | 21 | 3,— |
| **22** | Ziffer | PB 21 | 10. 3. 1976 | 2 G | 22 | 3,50 |
| **23** | Königin Juliane/Ziffer | PB 22 | 23. 9. 1976 | 3 G | 23 | 3,50 |
| **24** | Ziffer | PB 23 | 23. 9. 1976 | 3 G | 24 | 4,— |
| **25** | Königin Juliane | PB 24 | 14. 1. 1980 | 3 G | 25 | 4,— |
| **26** | Ziffer | PB 25 | 14. 1. 1980 | 3 G | 26 | 4,50 |
| **27** | Königin Juliane/Ziffer | PB 26 | 2. 1. 1981 | 3 G | 27 | 4,— |
| **28** | Königin Beatrix/Ziffer | PB 27 | 16. 3. 1982 | 3 G | 28 | 6,— |
| **29** | Ziffer | PB 28 | 16. 3. 1982 | 3 G | 29 | 4,50 |
| **30** | Rotes Kreuz | PB 29 | 30. 8. 1983 | 5 G | 30 | 9,— |
| **31** | Sommermarken | PB 30 | 3. 4. 1984 | 3.40 G | 31 | 8,— |
| **32** | Sommermarken | PB 31 | 26. 3. 1985 | 3.40 G | 32 | 8,— |
| **33** | Sommermarken | PB 32 | 8. 4. 1986 | 3.40 G | 33 | 8,— |
| **34** | Ziffer | PB 33 | 17. 6. 1986 | 3 G | 34 | 5,— |
| **35** | Königin Beatrix | PB 34 | 17. 6. 1986 | 3 G | 35 | 4,— |
| **36** | Sommermarken | PB 35 | 7. 4. 1987 | 3.90 G | 36 | 9,50 |
| **37** | Rotes Kreuz | PB 36 | 1. 9. 1987 | 3.90 G | 37 | 8,50 |
| **38** | Freimarken: Weihnachten | PB 37 | 1.12. 1987 | 10 G | 38 | 16,— |
| **39** | Sommermarken | PB 38 | 22. 3. 1988 | 3.90 G | 39 | 8,50 |
| **40** | Sommermarken | PB 39 | 11. 4. 1989 | 4.05 G | 40 | 8,— |
| **41** | Sommermarken | PB 40 | 3. 4. 1990 | 4.05 G | 41 | 8,— |
| **42** | Königin Beatrix | PB 42 | 14. 3. 1991 | 3 G | 42 | 18,— |
| **43** | Sommermarken | PB 41 | 16. 4. 1991 | 5 G | 43 | 9,50 |
| **44** | Königin Beatrix | PB 43 | 25. 6. 1991 | 4 G | 44 | 5,— |
| **45** | Ziffern | PB 44 | 25. 6. 1991 | 4 G | 45 | 5,— |
| **46** | Sommermarken | PB 45 | 7. 4. 1992 | 6 G | 46 | 11,— |
| **47** | Rotes Kreuz | PB 46 | 8. 9. 1992 | 6 G | 47 | 9,50 |
| **48** | Ziffern | PB 47 | 2. 1. 1993 | 4 G | 48 | 5,50 |
| **49** | Sommermarken | PB 48 | 20. 4. 1993 | 6.75 G | 49 | 9,— |
| **50** | Sommermarken | PB 49 | 26. 4. 1994 | 6.95 G | 50 | 9,50 |
| **51** | Obstanbau | PB 50 | 17. 2. 1998 | 3.20 G | 51 | 4,— |
| **52** | Die vier Jahreszeiten (I) | PB 53 | 2. 3. 1999 | 3.20 G | 52 | 4,— |
| **53** | Überraschungsmarken | PB 54 | 6. 5. 1999 | 4 G | 53 | 5,— |
| **54** | Jugendtrends | PB 55 | 6. 7. 1999 | 4 G | 54 | 5,— |
| **55** | Haustiere | PB 56 | 6. 7. 1999 | 4 G | 55 | 5,— |
| **56** | Grußmarken | PB 57 | 6. 7. 1999 | 4 G | 56 | 5,— |
| **57** | Hochzeitsglückwünsche | PB 58 | 6. 7. 1999 | 4 G | 57 | 5,— |
| **58** | Comics | PB 59 | 8.10. 1999 | 4 G | 58 | 5,— |
| **59** | Fußball-EM | PB 60 | 25. 3. 2000 | 4 G | 59 | 5,— |
| **60** | Doe Maar | PB 61 | 2. 5. 2000 | 4 G | 60 | 5,— |
| **61** | Comics | PB 62 | 23. 9. 2000 | 4 G | 61 | 6,— |
| **62** | Naturschutz | PB 63 | 10.10. 2000 | 4 G | 62 | 6,— |
| **63** | Ein Herz für die Natur | PB 64 | 26. 1. 2001 | 4 G | 63 | 6,— |
| **64** | Comics | PB 72 | 28. 8. 2001 | 4.25 G/ 1.95 € | 64 | 6,50 |
| **65** | Königliche Familie (I) | | Jan. 2004 | 4.29 €* | 65–70 | 25,— |
| **66** | Spyker-Automobile | | 7. 5. 2004 | 3.90 €* | 71 (2), 72, 73 | 25,— |
| **67** | Königliche Familie (III) | | 23. 6. 2004 | 4.29 €* | 70, 74–78 | 25,— |
| **68** | Briefmarkensprache | | 25.11. 2004 | 4.06 €* | 79–82 | 25,— |
| **69** | Voor het Kind 2006 | | 8.11. 2005 | 4.64 €* | 83–86 | 25,— |
| **70** | Rembrandt | | 15. 7. 2005 | 3.51 €* | 87–90 | 80,— |
| **71** | Bedrohte Tiere | | 4.10. 2006 | 4.68 €* | 91–94 | 25,— |
| **72** | Blumengrüße | | 1. 5. 2007 | 5.28 €* | 95–99 | 25,— |
| **73** | Europa: Pfadfinder | | 26. 7. 2007 | 4.32 €* | 100–102 | 25,— |
| **74** | Meine Marke | | 2. 1. 2008 | 4.40 €* | 103 (2), 104 (3) | 25,— |
| **75** | Grenzenlose Niederlande | | 8. 7. 2008 | 5.52 €* | 105 (2) | 25,— |
| **76** | Pilze | | 1.10. 2008 | 4.40 €* | 106–110 | 25,— |
| **77** | Louis Braille | | 1.10. 2009 | 5.28 €* | 111–114 | 25,— |

*) Verkaufspreis: 9.95 €

# Verzeichnis der Heftchenblätter (Preise ★★ = ⊙)

x = normales Papier, y = Papier ph.

| | | | |
|---|---|---|---|
| 5 | 15 | 15 | 15 |
| 5 | 15 | 15 | 15 |

**H-Blatt 1** mit MiNr. 613 DXx, 621 DYx 9,–

| | | | | | |
|---|---|---|---|---|---|
| 15 | 7 | 7 | 7 | 7 | 7 |
| 15 | 7 | 7 | 7 | 7 | 7 |

**H-Blatt 2** mit MiNr. 614 DXx, 621 DYx 9,–

| | | | | |
|---|---|---|---|---|
| 18 | 18 | 8 | 8 | 8 |
| 8 | 8 | 8 | 8 | 8 |

**H-Blatt 3** mit MiNr. 691 DXx, 842 DY 4,20

H-Blatt 3 gibt es mit 9 oder 26 mm breitem linkem Rand

| | | |
|---|---|---|
| 10 | 18 | 18 |
| 18 | 18 | 18 |

**H-Blatt 4** mit MiNr. 620 DYx, 842 DY 5,50

| | | | |
|---|---|---|---|
| Text | 10 | 18 | 18 |
| | 18 | 18 | 18 |

**H-Blatt 5** mit MiNr. 620 DYx, 842 DY 5,50

| | | | |
|---|---|---|---|
| Text | 20 | 20 | 20 |
| | 20 | 20 | × |

**H-Blatt 6x** mit MiNr. 622 DYx 6,–
**H-Blatt 6y** mit MiNr. 622 DYy 3,20

| | | | | |
|---|---|---|---|---|
| Text | 12 | 12 | 12 | 12 |
| | 12 | 20 | 20 | × |

**H-Blatt 7x** mit MiNr. 622 DYx, 641 DYx 5,50
**H-Blatt 7y** mit MiNr. 622 DYy, 641 DYy 9,–

| | | | | | | |
|---|---|---|---|---|---|---|
| Text | 1 | 1 | 1 | 1 | 12 | 12 |
| | 12 | 12 | 12 | 12 | 12 | 12 |

**H-Blatt 8x** mit MiNr. 468 DXx, 641 DYx 12,–
**H-Blatt 8y** mit MiNr. 468 DXy, 641 DYy 13,–

| | | | |
|---|---|---|---|
| Text | × | 25 | 25 |
| | × | 25 | 25 |

**H-Blatt 9x** mit MiNr. 910 ax 34,–
**H-Blatt 9y** mit MiNr. 910 ay 12,–

| | | | | |
|---|---|---|---|---|
| Text | 15 | 15 | 15 | 15 |
| | 5 | 5 | 15 | 15 |

**H-Blatt 10x** mit MiNr. 613 DXx, 621 DYx 11,–
**H-Blatt 10y** mit MiNr. 613 DXy, 621 DYy 18,–

| | | | |
|---|---|---|---|
| Text | 30 | 30 | 30 |
| | × | 5 | 5 |

**H-Blatt 11** mit MiNr. 613 DXy, 624 DYy 25,–

| | | | |
|---|---|---|---|
| Text | 20 | 20 | × |
| | 20 | 20 | 20 |

**H-Blatt 12** mit MiNr. 622 DYy 48,–

| | | | |
|---|---|---|---|
| Text | 35 | 10 | 10 |
| | 35 | 10 | × |

**H-Blatt 13** mit MiNr. 800 DZy, 999 D 42,–

| | | | |
|---|---|---|---|
| Text | 35 | 35 | 35 |
| | 35 | 35 | 25 |

**H-Blatt 14** mit MiNr. 910y, 999 D 36,–

| | | | | | | |
|---|---|---|---|---|---|---|
| Text | 25 | 25 | 25 | 25 | 25 | 25 |
| | 25 | 5 | 5 | 5 | 5 | 5 |

**H-Blatt 15** mit MiNr. 613 DZy, 910y 22,–

| | | |
|---|---|---|
| 40 | 40 | 40 |
| × | 40 | 40 |

**H-Blatt 16** mit MiNr. 976 D 8,50

| | | | | | | |
|---|---|---|---|---|---|---|
| Text | × | 30 | 30 | 30 | 30 | 30 |
| | × | 30 | 5 | 5 | 5 | 5 |

**H-Blatt 17** mit MiNr. 613 DZy, 975 D 7,–

| | | | | |
|---|---|---|---|---|
| Text | 45 | 45 | 45 | 45 |
| | 5 | 5 | 5 | 5 |

**H-Blatt 18** mit MiNr. 613 DZy, 977 D 4,20

| | | | | | | |
|---|---|---|---|---|---|---|
| Text | × | 35 | 35 | 35 | 35 | 35 |
| | × | 5 | 5 | 5 | 5 | 5 |

**H-Blatt 19** mit MiNr. 613 DZy, 999 D 5,50

| | | | |
|---|---|---|---|
| Text | × | 50 | 50 |
| | × | 50 | 50 |

**H-Blatt 20** mit MiNr. 978 D 3,80

| | | | | |
|---|---|---|---|---|
| Text | 10 | 55 | 55 | 55 |
| | 10 | 5 | 5 | 5 |

**H-Blatt 21** mit MiNr. 1064 D, 1065 D, 1066 D 2,60

| | | | | | | |
|---|---|---|---|---|---|---|
| Text | × | 10 | 40 | 40 | 40 | 40 |
| | × | 10 | 5 | 5 | 5 | 5 |

**H-Blatt 22** mit MiNr. 1065 D, 1066 D, 1068 D 3,20

| | | | | |
|---|---|---|---|---|
| Text | 55 | 55 | 55 | 55 |
| | 5 | 10 | 10 | 55 |

**H-Blatt 23** mit MiNr. 1064 D, 1065 D, 1066 D 3,40

| | | | | | | |
|---|---|---|---|---|---|---|
| Text | 40 | 40 | 40 | 40 | 40 | 40 |
| | × | 5 | 5 | 5 | 5 | 40 |

**H-Blatt 24** mit MiNr. 1065 D, 1068 D 3,60

| | | | |
|---|---|---|---|
| Text | 60 | 60 | 60 |
| | × | 60 | 60 |

**H-Blatt 25** mit MiNr. 979 D 3,60

| | | | | |
|---|---|---|---|---|
| Text | 50 | 50 | 50 | 50 |
| | 5 | 5 | 45 | 45 |

**H-Blatt 26** mit MiNr. 1065 D, 1069 D, 1132 D 4,20

| | | | | | | | |
|---|---|---|---|---|---|---|---|
| Text | × | 55 | 55 | 55 | 45 | 45 | 5 |
| | × | 10 | 10 | 5 | 5 | 5 | 5 |

**H-Blatt 27** mit MiNr. 1064 D, 1065 D, 1066 D, 1069 D 3,60

| | | | | |
|---|---|---|---|---|
| Text | 70 | 70 | 70 | 70 |
| | 5 | 5 | 5 | 5 |

**H-Blatt 28** mit MiNr. 1065 D, E, 1200 D, E 5,50

| | | | | | | |
|---|---|---|---|---|---|---|
| Text | × | 50 | 50 | 50 | 50 | 50 |
| | × | 10 | 10 | 10 | 10 | 10 |

**H-Blatt 29** mit MiNr. 1066 D, E, 1132 D, E 4,40

| | | | | | | |
|---|---|---|---|---|---|---|
| Text | 50 | 50 | 50 | 50 | 70 | 70 |

**H-Blatt 30** mit MiNr. 1236 C, 1239 C, 1239 D 7,–

| | | | | |
|---|---|---|---|---|
| Text | 50 | 50 | 70 | 70 |

**H-Blatt 31** mit MiNr. 1246 C, 1249 D, 1249 E 8,–

| | | | | |
|---|---|---|---|---|
| Text | 50 | 50 | 70 | 70 |

**H-Blatt 32** mit MiNr. 1266 C, 1269 D, 1269 E 8,–

| | | | | |
|---|---|---|---|---|
| Text | 50 | 50 | 70 | 70 |

**H-Blatt 33** mit MiNr. 1288 II C, 1291 II C, 1291 II E 8,–

| | | | | |
|---|---|---|---|---|
| Text | 55 | 55 | 55 | 55 |
| | 5 | 10 | 10 | 55 |

**H-Blatt 34** mit MiNr. 1065 D, 1066 D, 1183 D, 1183 E 4,60

| | | | |
|---|---|---|---|
| Text | × | 75 | 75 |
| | × | 75 | 75 |

**H-Blatt 35** mit MiNr. 1211 D, 1211 E 3,80

| | | | | |
|---|---|---|---|---|
| Text | 55 | 55 | 75 | 75 |

**H-Blatt 36** mit MiNr. 1315 C, 1317 C, 1317 D 9,–

| | | | | |
|---|---|---|---|---|
| Text | 55 | 55 | 75 | 75 |

**H-Blatt 37** mit MiNr. 1323 C, 1325 C, 1325 D 8,–

| | | | | | | | | | |
|---|---|---|---|---|---|---|---|---|---|
| 50 (1331) | 50 (1331) | 50 (1332) | 50 (1332) | 50 (1333) | 50 (1333) | 50 (1334) | 50 (1334) | 50 (1335) | 50 (1335) |
| 50 (1331) | 50 (1331) | 50 (1332) | 50 (1332) | 50 (1333) | 50 (1333) | 50 (1334) | 50 (1334) | 50 (1335) | 50 (1335) |

**H-Blatt 38** mit MiNr. 1331–1335 15,–

| | | | | |
|---|---|---|---|---|
| Text | 55 | 55 | 75 | 75 |

**H-Blatt 39** mit MiNr. 1339 C, 1341 C, 1341 E 8,–

| | | | | |
|---|---|---|---|---|
| Text | 55 | 65 | 75 | 75 |

**H-Blatt 40** mit MiNr. 1361 C, 1362 D, 1363 D, 1363 E 7,50

| | | | | |
|---|---|---|---|---|
| Text | 55 | 65 | 75 | 75 |

**H-Blatt 41** mit MiNr. 1379 C, 1380 D, 1381 D, 1381 E 7,50

| | | | |
|---|---|---|---|
| Text | × | 75 | 75 |
| | × | 75 | 75 |

**H-Blatt 42** mit MiNr. 1402 D, 1402 E 15,–

| | | | | | |
|---|---|---|---|---|---|
| Text | 55 | 55 | 75 | 75 | 75 |

**H-Blatt 43** mit MiNr. 1403 II C, 1405 II C, 1405 II E 9,–

| | | | |
|---|---|---|---|
| Text | 80 | 80 | 80 |
| | × | 80 | 80 |

**H-Blatt 44** mit MiNr. 1411 D, 1411 E 4,60

| | | | |
|---|---|---|---|
| Text | 70 | 70 | 70 |
| | 70 | 60 | 60 |

**H-Blatt 45** mit MiNr. 1184 D, 1184 E, 1415 D, 1415 E 4,60

| | | | |
|---|---|---|---|
| Text | 60 | 70 | 60 |
| | 60 | 70 | 80 |

**H-Blatt 46** mit MiNr. 1436 II D–1438 II D 10,–

| | | | |
|---|---|---|---|
| Text | 70 | 70 | 80 |
| | 60 | 60 | 60 |

**H-Blatt 47** mit MiNr. 1446 D–1448 D 9,–

| | | | | | | |
|---|---|---|---|---|---|---|
| Text | × | 70 | 70 | 70 | 70 | 70 |
| | × | 10 | 10 | 10 | 10 | 10 |

**H-Blatt 48** mit MiNr. 1066 D, E, 1415 D, E 5,–

| | | | |
|---|---|---|---|
| Text | 80 | 80 | 80 |
| | 70 (aup) | 70 (aup) | 70 (auo) |

**H-Blatt 49** mit MiNr. 1474 II D–1476 II D 8,50

| | | | |
|---|---|---|---|
| Text | 80 | 80 | 80 |
| | 70 | 70 | 90 |

**H-Blatt 50** mit MiNr. 1511 II D–1513 II D 9,–

| | |
|---|---|
| 80 (bcb) | 80 (bzq) |
| 80 (bcc) | 80 (bca) |

**H-Blatt 51** mit MiNr. 1644–1647 4,–

| | |
|---|---|
| 80 (bes) | 80 (bet) |
| 80 (beu) | 80 (bev) |

**H-Blatt 52** mit MiNr. 1709–1712 4,–

| | | |
|---|---|---|
| 80 (bfc) | 80 (bfd) | Zf 1 |
| 80 (bfc) | 80 (bfd) | 80 (bfc) |

**H-Blatt 53** mit MiNr. 1718–1719 4,–

| | | |
|---|---|---|
| 80 | 80 | Zf 2 |
| 80 | 80 | 80 |

**H-Blatt 54** mit MiNr. 1629 3,50

Die Preisnotierungen der Heftchenblätter der Niederlande verstehen sich ohne anhängende Textfelder.

| | | |
|---|---|---|
| 80 | 80 | Zf 3 |
| 80 | 80 | 80 |

**H-Blatt 55** mit MiNr. 1676 3,50

| | | |
|---|---|---|
| 80 | 80 | Zf 4 |
| 80 | 80 | 80 |

**H-Blatt 56** mit MiNr. 1733 3,50

| | | |
|---|---|---|
| 80 | Zf 5 | 80 |
| | 80 | |
| 80 | Zf 6 | 80 |

**H-Blatt 57** mit MiNr. 1734 5,–

| | | |
|---|---|---|
| 80 | 80 | Zf 7 |
| 80 | 80 | 80 |

**H-Blatt 58** mit MiNr. 1737 y 4,–

| | | |
|---|---|---|
| 80 (bhz) | 80 (bhz) | Zf 8 |
| 80 (bhy) | 80 (bhy) | 80 (bhy) |

**H-Blatt 59** mit MiNr. 1786–1787 3,50

| | | |
|---|---|---|
| 80 (bir) | 80 (bir) | Zf 9 |
| 80 (bis) | 80 (bis) | 80 (bis) |

**H-Blatt 60** mit MiNr. 1802–1803 3,50

| | | |
|---|---|---|
| 80 (bkh) | 80 (bki) | Zf 10 |
| 80 (bkh) | 80 (bki) | 80 (bkh) |

**H-Blatt 61** mit MiNr. 1819–1820 5,–

| | | |
|---|---|---|
| 80 (bkn) | 80 (bko) | Zf 11 |
| 80 (bkn) | 80 (bko) | 80 (bkn) |

**H-Blatt 62** mit MiNr. 1823–1824 4,50

| | | |
|---|---|---|
| 80 (bls) | 80 (blt) | Zf 12 |
| 80 (blu) | 80 (blv) | 80 (blw) |

**H-Blatt 63** mit MiNr. 1856–1860 3,80

| | | |
|---|---|---|
| 85 (bnp) | 85 (bnr) | Zf 13 |
| 85 (bns) | 85 (bnt) | 85 (bnu) |

**H-Blatt 64** mit MiNr. 1909–1913 5,–

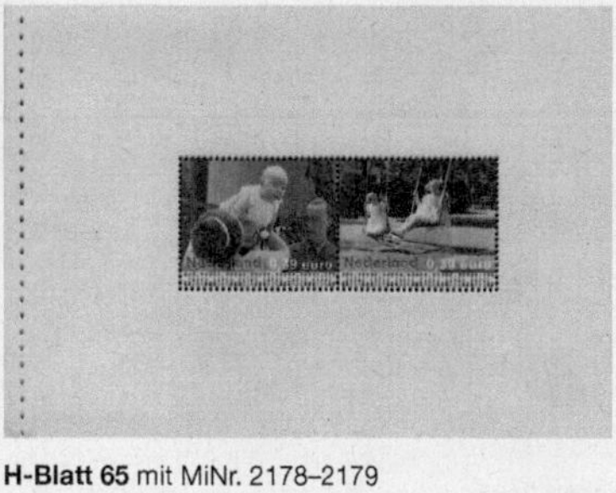

**H-Blatt 65** mit MiNr. 2178–2179 3,50

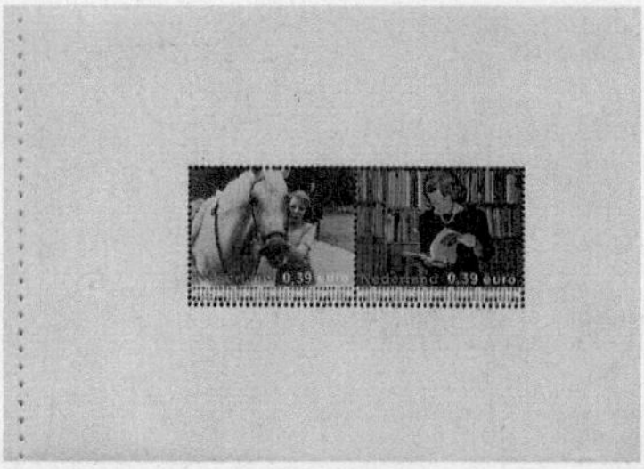

**H-Blatt 66** mit MiNr. 2180–2181 3,50

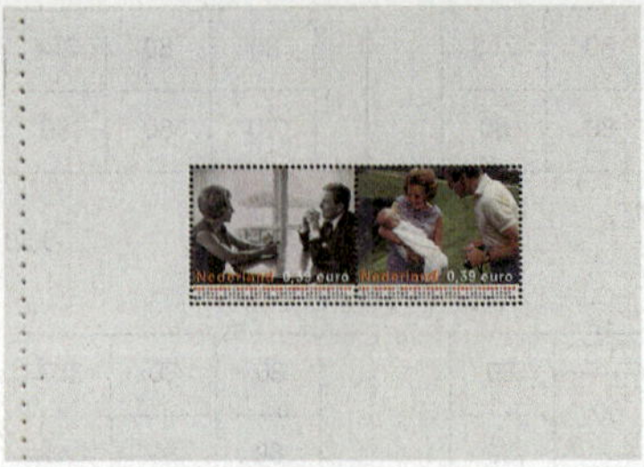

**H-Blatt 67** mit MiNr. 2182–2183 3,50

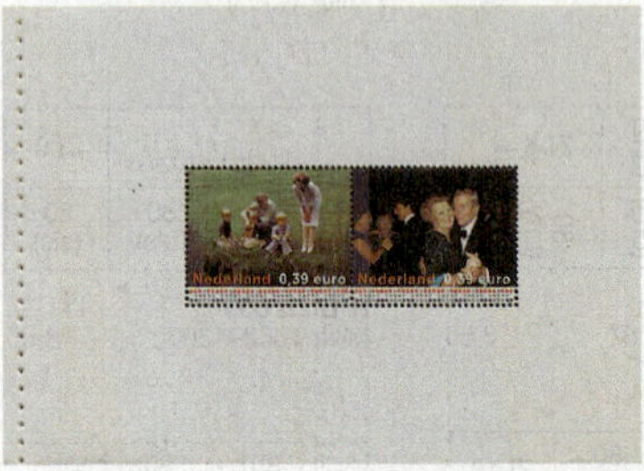

**H-Blatt 68** mit MiNr. 2184–2185 3,50

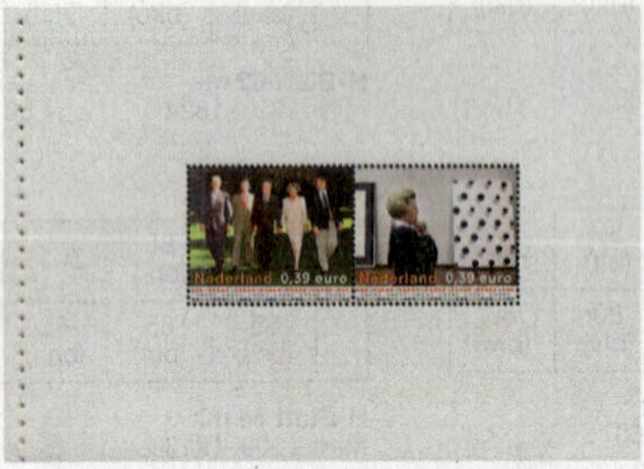

**H-Blatt 69** mit MiNr. 2186–2187 3,50

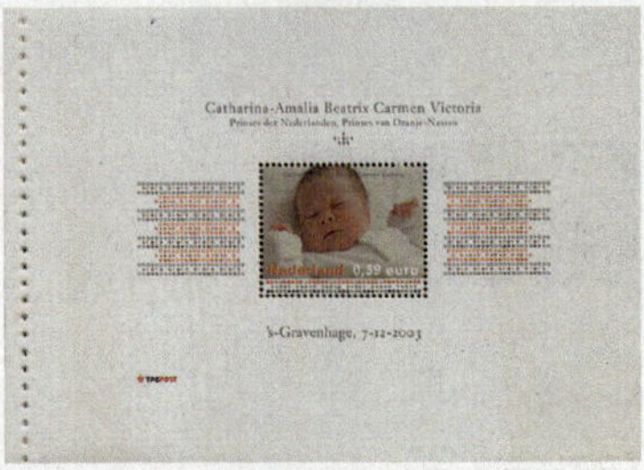


**H-Blatt 70** mit MiNr. 2188 2,–

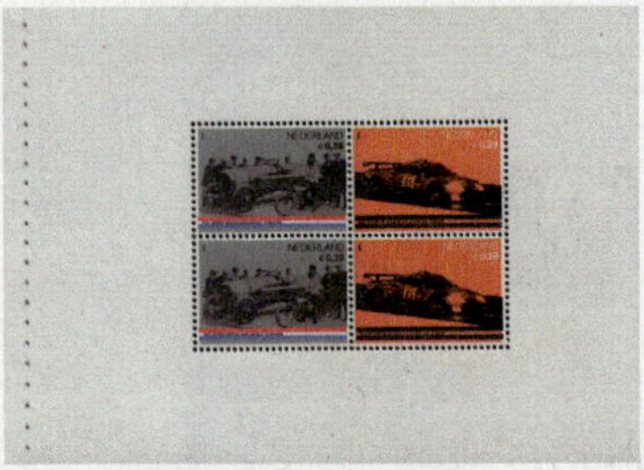

**H-Blatt 71** mit MiNr. 2203 C–2204 C 6,–

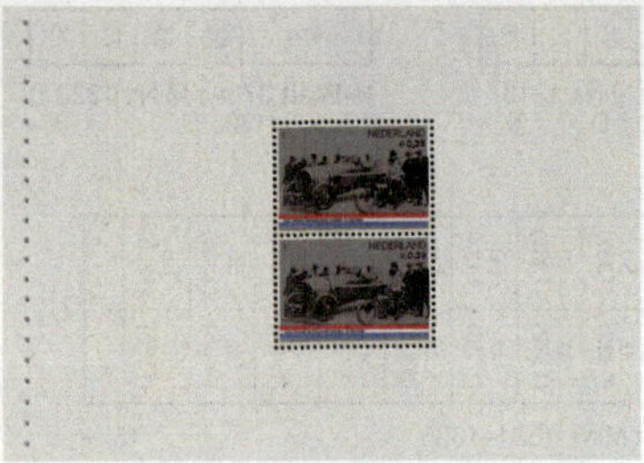

**H-Blatt 72** mit MiNr. 2203 C 4,–

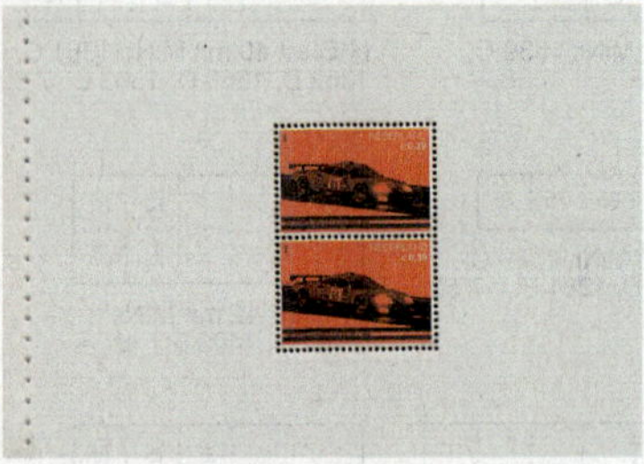

**H-Blatt 73** mit MiNr. 2204 C 4,–

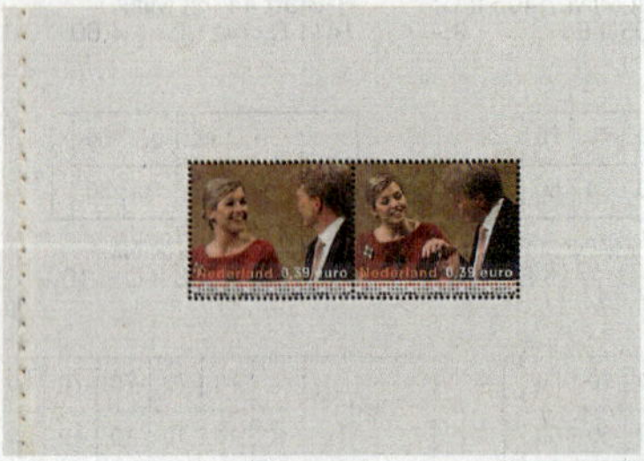

**H-Blatt 74** mit MiNr. 2216–2217 3,50

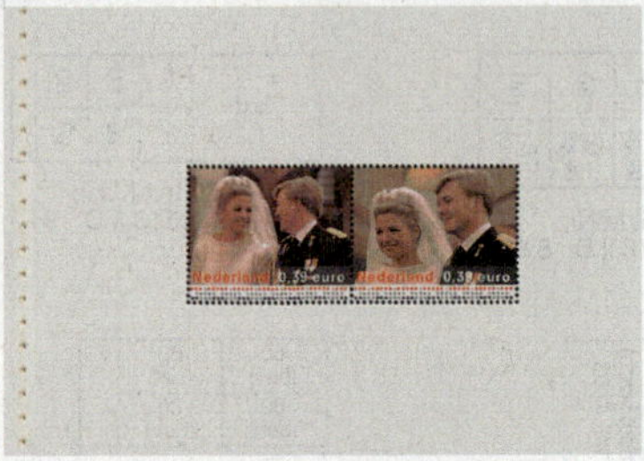

**H-Blatt 75** mit MiNr. 2218–2219 3,50

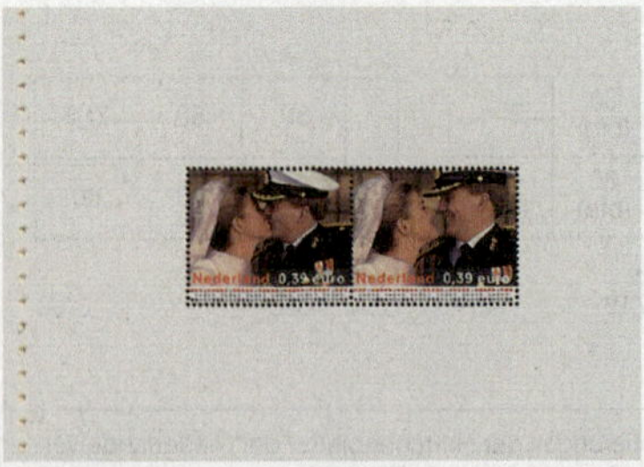

**H-Blatt 76** mit MiNr. 2220–2221 3,50

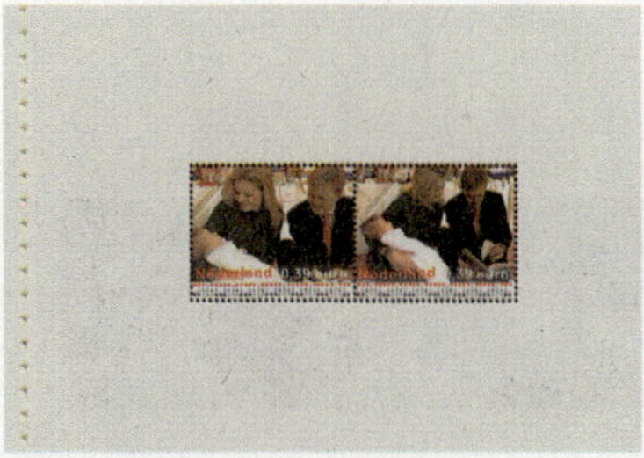

**H-Blatt 77** mit MiNr. 2222–2223 3,50

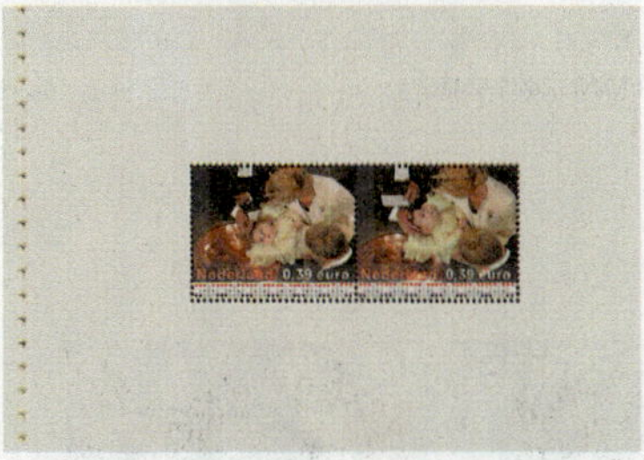

**H-Blatt 78** mit MiNr. 2224–2225 3,50

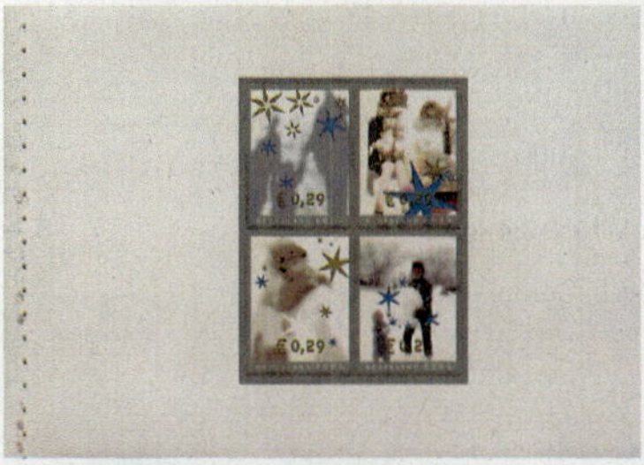

**H-Blatt 79** mit MiNr. 2264 II, 2265 II, 2269 II, 2270 II 7,–

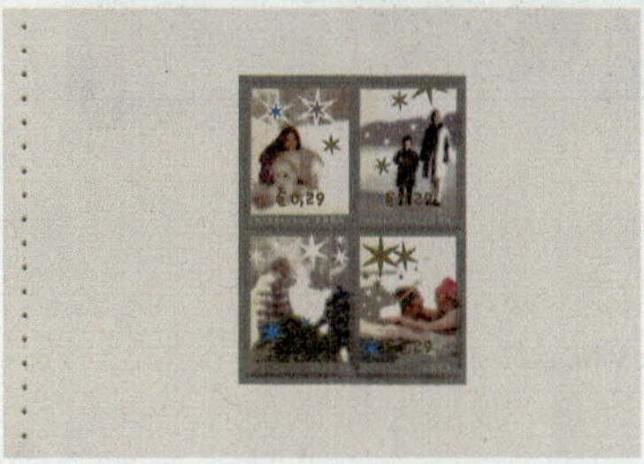

**H-Blatt 80** mit MiNr. 2266 II, 2267 II, 2271 II, 2272 II 7,–

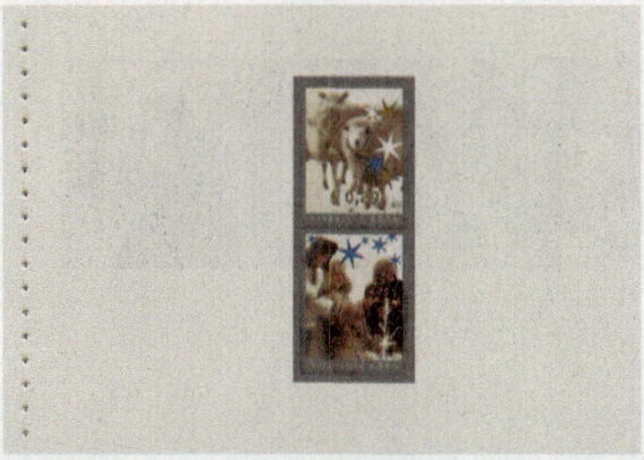

**H-Blatt 81** mit MiNr. 2268 II, 2273 II 3,50

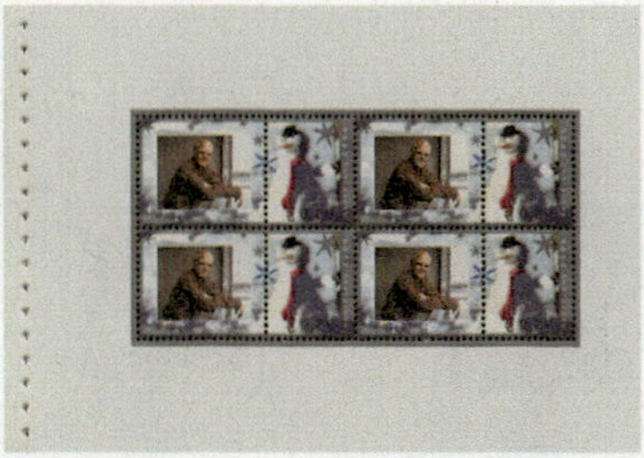

**H-Blatt 82** mit MiNr. 2274, Zf 14 2,40

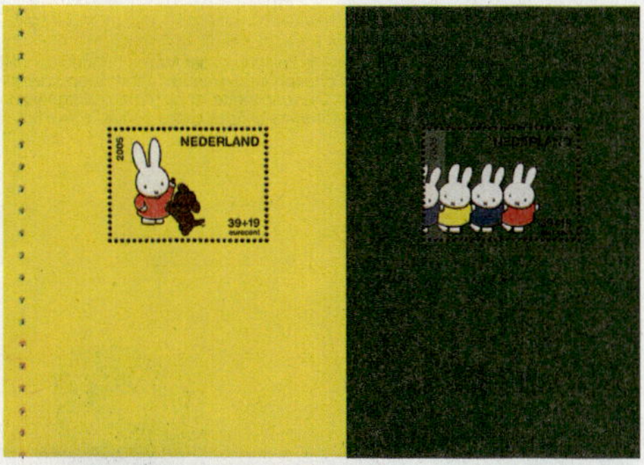

**H-Blatt 83** mit MiNr. 2342 II A–2343 II A 5,–
**H-Blatt 84** mit MiNr. 2344 II A–2345 II A 5,–
**H-Blatt 85** mit MiNr. 2346 II A–2346 II A 5,–

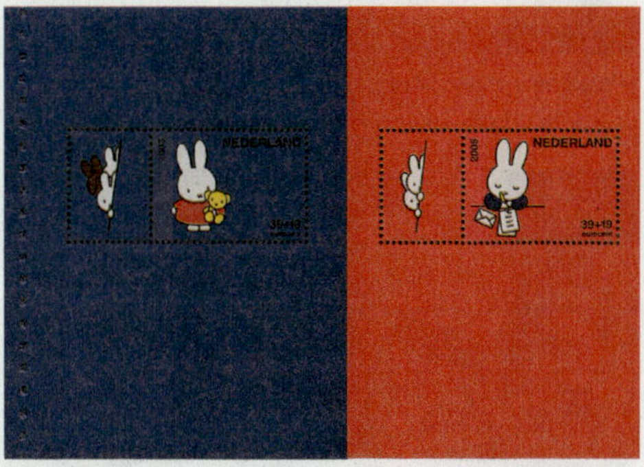

**H-Blatt 86** mit MiNr. 2344 II C–2345 II C, Zf 15–16 5,–

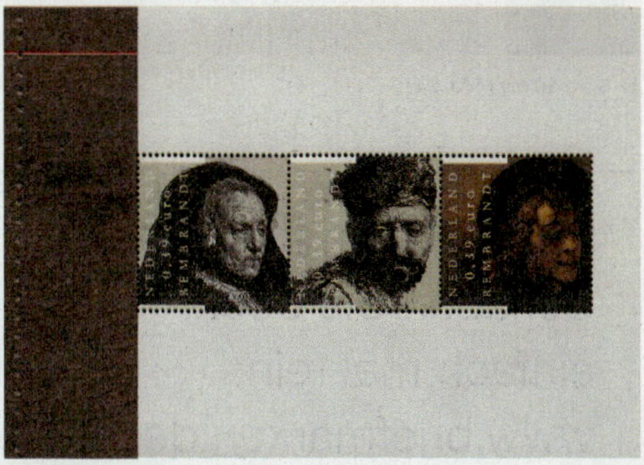

**H-Blatt 87** mit MiNr. 2410, 2411, 2413 18,–

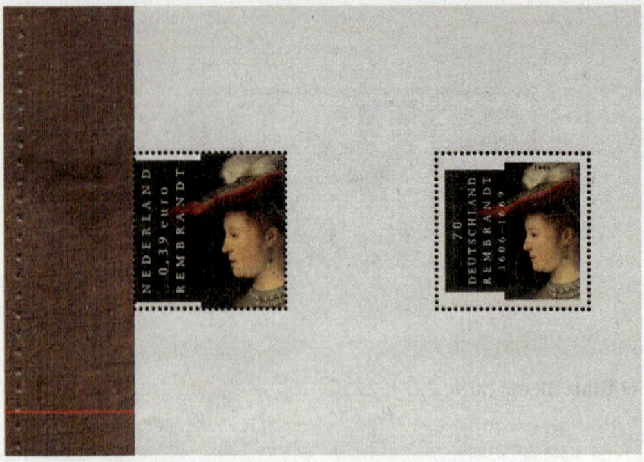


**H-Blatt 88** mit MiNr. 2412 *18,–*

H-Bl. 88 enthält zusätzlich eine Vignette in Zeichnung der Marke Bundesrepublik Deutschland MiNr. 2550, jedoch mit phosphoreszierendem statt fluoreszierendem Papier und feinerem Odr.-Raster. Diese Vignette ist nicht frankaturgültig, in den Niederlanden sollen jedoch mit ihr frankierte Poststücke geduldet werden.

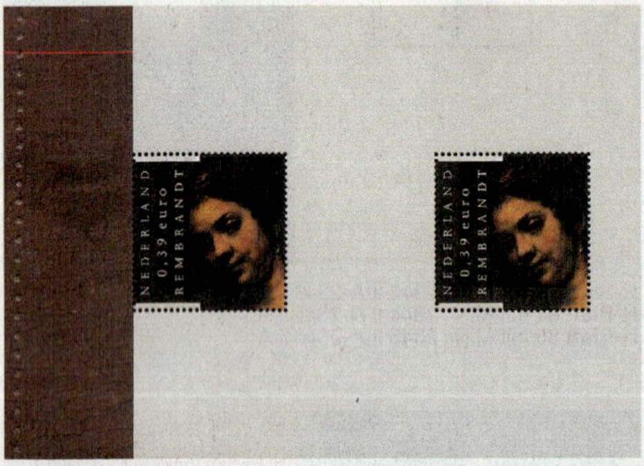


**H-Blatt 89** mit MiNr. 2414 *18,–*

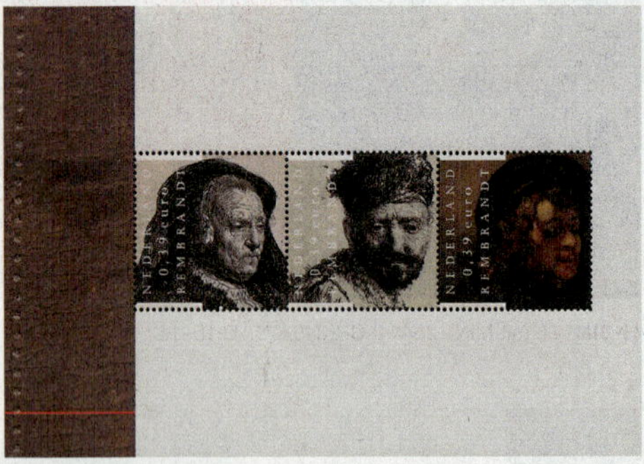


**H-Blatt 90** mit MiNr. 2410, 2411, 2413 *18,–*

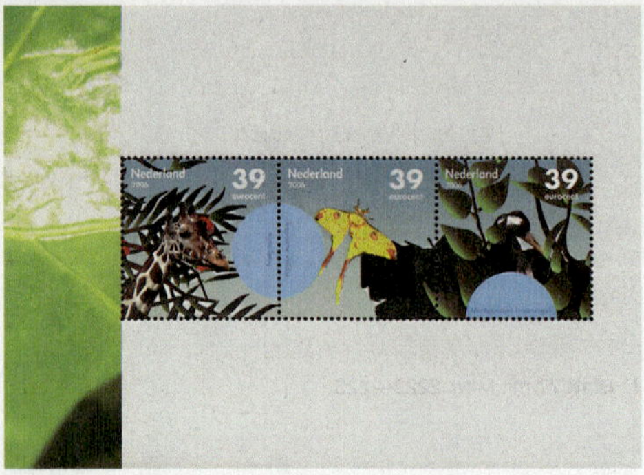


**H-Blatt 91** mit MiNr. 2421–2423 5,–

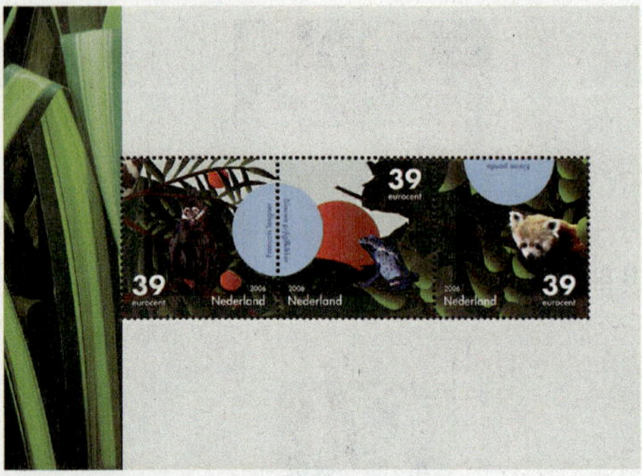


**H-Blatt 92** mit MiNr. 2424–2426 5,–

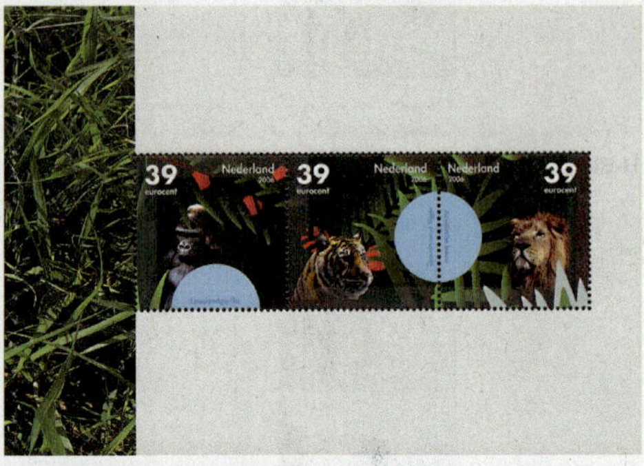


**H-Blatt 93** mit MiNr. 2427–2429 5,–

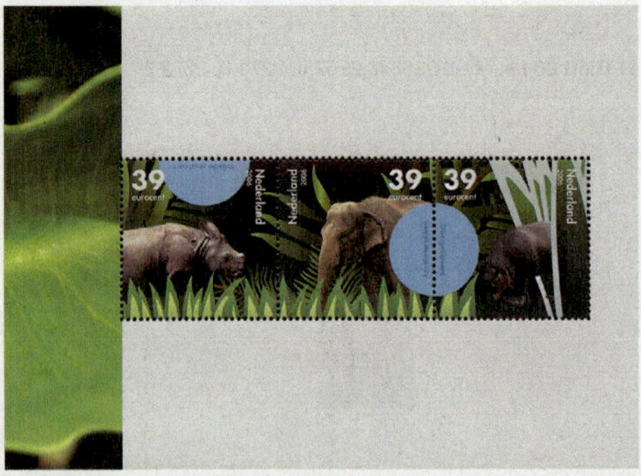


**H-Blatt 94** mit MiNr. 2430–2432 5,–

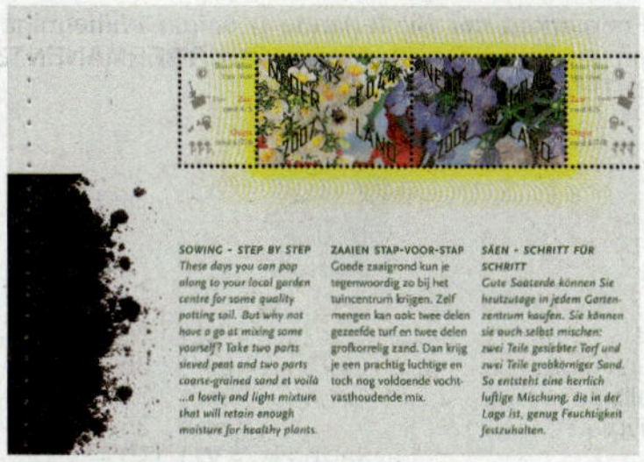

**H-Blatt 95** mit MiNr. 2498–2499, Zf 17 3,40
**H-Blatt 96** mit MiNr. 2500–2501, Zf 17 3,40
**H-Blatt 97** mit MiNr. 2502–2503, Zf 17 3,40
**H-Blatt 98** mit MiNr. 2504–2505, Zf 17 3,40
**H-Blatt 99** mit MiNr. 2506–2507, Zf 17 6,60

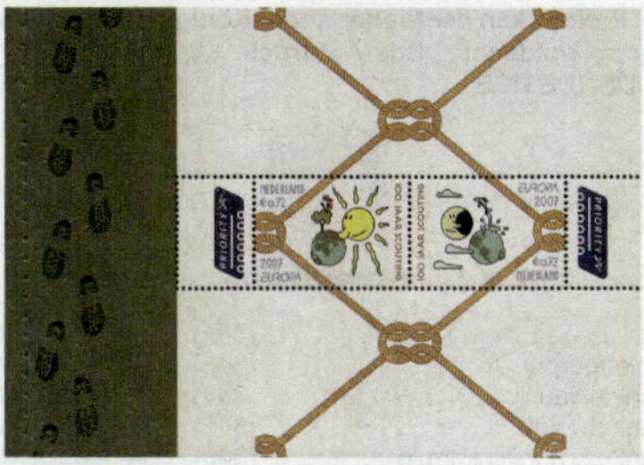

**H-Blatt 100** mit MiNr. 2512–2513, Zf 18 (Fußspuren abwärts) 6,50
**H-Blatt 101** mit MiNr. 2512–2513, Zf 18 (Fußspuren aufwärts) 6,50
**H-Blatt 102** mit MiNr. 2512–2513, Zf 18 (Fußspuren nur links oben) 6,50
**H-Blatt 103** mit MiNr. 2564 A–2565 A (mit Zusammendruck W 147) 4,–
**H-Blatt 104** mit MiNr. 2564 A–2565 A (mit Zusammendruck W 148) 4,–

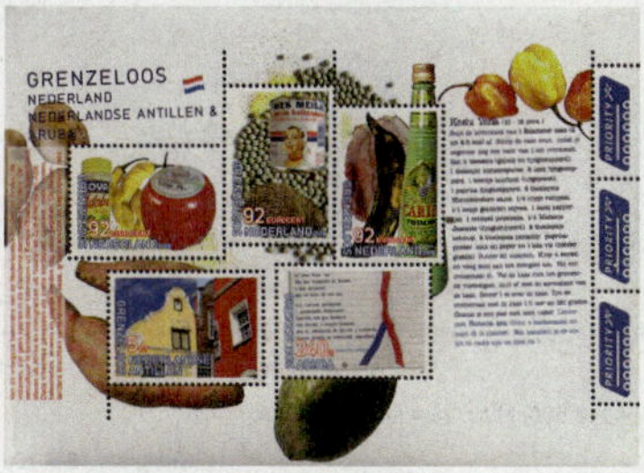


**H-Blatt 105** mit MiNr. 2584–2586 10,–

H-Bl. 105 enthält zusätzlich Marken von Aruba und den Niederländischen Antillen.

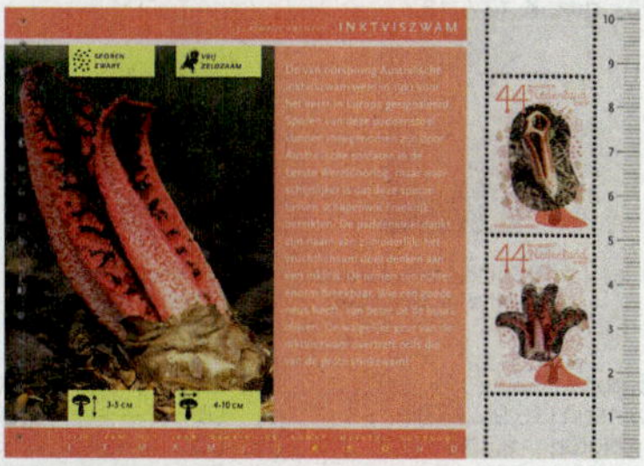

**H-Blatt 106** mit MiNr. 2600 und 2605 4,–
**H-Blatt 107** mit MiNr. 2601 und 2606 4,–
**H-Blatt 108** mit MiNr. 2602 und 2607 4,–
**H-Blatt 109** mit MiNr. 2603 und 2608 4,–
**H-Blatt 110** mit MiNr. 2604 und 2609 4,–

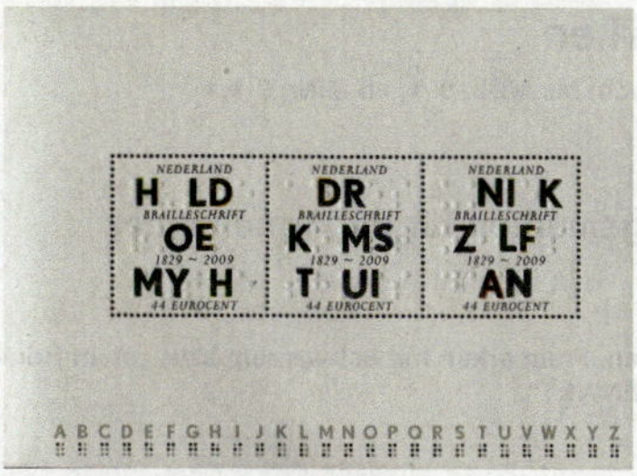


**H-Blatt 111** mit MiNr. 2635–2637 5,–
**H-Blatt 112** mit MiNr. 2638–2640 5,–
**H-Blatt 113** mit MiNr. 2641–2643 5,–
**H-Blatt 114** mit MiNr. 2644–2646 5,–

## Neuheiten

Ein Abonnement der MICHEL-Rundschau sichert Ihnen ein immer vollständiges Nachschlagewerk, zeigt Ihnen Preisänderungen an und bereichert Ihre philatelistischen Kenntnisse durch gut recherchierte Fachbeiträge.

# Dienstmarken

**Preise ungebraucht bis MiNr. 8 ✶, ab MiNr. 9 ✶✶**

## Verrechnungsmarken für die Armenämter

**1913/1918, 31. Jan. Freimarken mit schwarzem bzw. rotem Bdr.-Aufdruck „ARMENWET".**

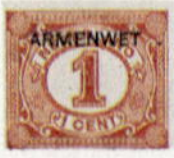
1

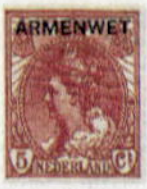
7

| | | | | | ✶ | ⊙ |
|---|---|---|---|---|---|---|
| **1** | 1 C | rot | (50) | S | 4,50 | 2,50 |
| **2** | 1½ C | ultramarin | (75) | S | 1,50 | 1,50 |
| **3** | 1½ C | blau (1918) | (76) | R | 140,— | 170,— |
| **4** | 2 C | hellbraun | (51) | S | 8,— | 8,— |
| **5** | 2½ C | dunkelgrün | (52) | S | 20,— | 13,— |
| **6** | 3 C | olivgrün | (67) | S | 4,50 | 1,— |
| **7** | 5 C | karmin | (54) | S | 4,50 | 5,50 |
| **8** | 10 C | violettgrau | (56) | S | 40,— | 50,— |
| | | | Satzpreis (8 W.) | | 220,— | 250,— |

✉ mindestens 500% Aufschlag

Aufdruckfehler: „A" mit abgebrochenem linken oder rechten Schenkel bei allen Werten: 1 I–8 I Satzpreis 2500,—.

FALSCH

Auflagen: MiNr. 1 = 93.000, MiNr. 2 = 56.000, MiNr. 3 = 19.000, MiNr. 4 = 51.100, MiNr. 5 = 50.500, MiNr. 6 = 117.800, MiNr. 7 = 62.200, MiNr. 8 = 56.700 Stück

## Internationaler Gerichtshof (ICJ)

Die Marken des Internationalen Gerichtshofs bis MiNr. 43 durften nur gestempelt an Interessenten abgegeben werden. Dennoch kommen in geringer Anzahl ungebrauchte Stücke vor.

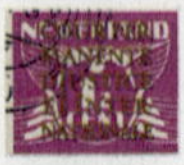
9

**1934/1938. Freimarken der Niederlande mit fünfzeiligem goldenem Bdr.-Aufdruck „COUR PERMANENTE DE JUSTICE INTERNATIONALE".**

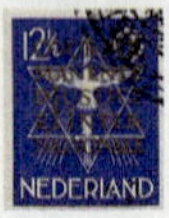
12

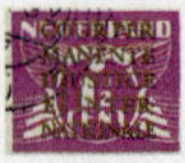
9

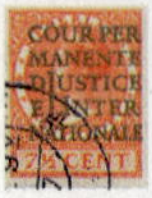
11

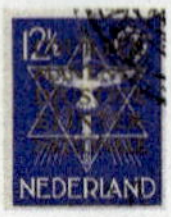
12

| | | | | ✶✶ | ⊘ |
|---|---|---|---|---|---|
| **9** | 1½ C | purpur | (173) | —,— | 0,70 |
| **10** | 2½ C | grün | (175) | —,— | 0,70 |
| **11** | 7½ C | rot | (215) | —,— | 1,20 |
| **12** | 12½ C | ultramarin | (261) | —,— | 40,— |
| **13** | 12½ C | ultramarin (1938) | (216 E) | —,— | 20,— |
| **14** | 15 C | orange | (223) | —,— | 1,70 |
| **15** | 30 C | lila | (188) | | |
| **A** | | gez. K 12½ | | —,— | 2,60 |
| **E** | | gez. K 13½:12¾ | | —,— | 2,60 |
| | | | Satzpreis (7 W.) | *7500,—* | 65,— |

Auflagen: MiNr. 9 = 107.800, MiNr. 10 = 106.600, MiNr. 11 = 76.100, MiNr. 12 = 72.800, MiNr. 13 = 67.400, MiNr. 14–15 je 80.650 Stück

*MiNr. 9–10 gültig bis 30.6.1948; MiNr. 11 und 13–15 gültig bis 31.3.1944; MiNr. 12 gültig bis 31.12.1937*

**1940, April. Freimarken der Niederlande (Königin Wilhelmina) mit fünfzeiligem goldenem Bdr.-Aufdruck „COUR PERMANENTE DE JUSTICE INTERNATIONALE".**

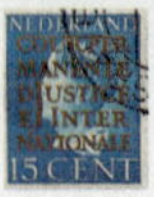
18

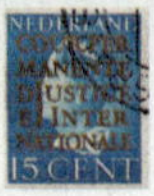
18

| | | | | | |
|---|---|---|---|---|---|
| **16** | 7½ C | rot | (342) | 35,— | 12,— |
| **17** | 12½ C | dunkelblau | (344) | 35,— | 12,— |
| **18** | 15 C | hellblau | (345) | 35,— | 12,— |
| **19** | 30 C | olivbraun | (349) | 35,— | 12,— |
| | | | Satzpreis (4 W.) | 140,— | 48,— |

Auflage: 50.800 Sätze

*Gültig bis 31.3.1944 und erneut vom 16.5.1945 bis 30.9.1949*

**1947, 10. Febr. Freimarken der Niederlande (Königin Wilhelmina) mit U-förmigem goldenem Bdr.-Aufdruck „COUR INTER / NATIONALE / DE JUSTICE".**

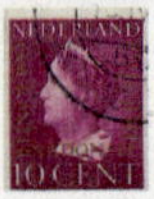
21

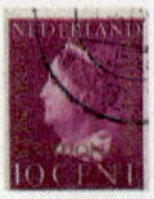
21

| | | | | | |
|---|---|---|---|---|---|
| **20** | 7½ C | rot | (342) | —,— | 1,40 |
| **21** | 10 C | violettpurpur | (343) | —,— | 1,40 |
| **22** | 12½ C | dunkelblau | (344) | —,— | 1,40 |
| **23** | 20 C | dunkelviolett | (346) | —,— | 1,40 |
| **24** | 25 C | dunkelbräunlichkarmin | (348) | —,— | 1,40 |
| | | | Satzpreis (5 W.) | *1100,—* | 7,— |

FALSCH

Auflagen: MiNr. 20 = 298.800, MiNr. 21 = 304.800, MiNr. 22 = 294.600, MiNr. 23 = 301.500, MiNr. 24 = 309.100 Stück

*Gültig bis 18.3.1951*

**1950, 31. Juli. Ziffernzeichnung. RaTdr. (10×10); gez. K 14¼:13¼.**

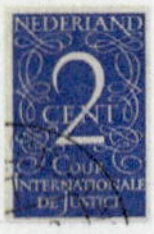
Da) Ziffer in Zierat

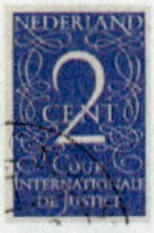
Da) Ziffer in Zierat

| | | | | | |
|---|---|---|---|---|---|
| **25** | 2 C | blau | Da | *400,—* | 10,— |
| **26** | 4 C | dunkelolivgrün | Da | *400,—* | 10,— |
| | | Satzpreis (2 W.) | | *800,—* | 20,— |

Auflagen: MiNr. 25 = 148.500, MiNr. 26 = 147.500 Stück

*Gültig bis 18.3.1951*

**1951, 19. März/1958, 21. April. Friedenspalast und Königin Juliana. MiNr. 27–30 und 32–33 RaTdr., MiNr. 31 und 34–40 StTdr. (10×10); gez. K 12½:12.**

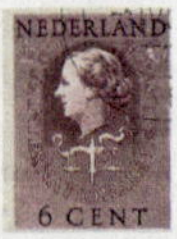
Dc) Königin Juliana (1909–2004, reg. 1948–1980)

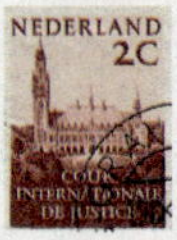
Db) Internationaler Gerichtshof, Den Haag

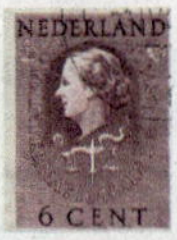
Dc) Königin Juliana (1909–2004, reg. 1948–1980)

| | | | | | |
|---|---|---|---|---|---|
| **27** | 2 C | rotbraun (19.3.1951) | Db | —,— | 0,60 |
| **28** | 3 C | ultramarin (16.9.1953) | Db | —,— | 0,60 |
| **29** | 4 C | dunkelgrün (19.3.1951) | Db | —,— | 0,60 |
| **30** | 5 C | sepia (16.9.1953) | Db | —,— | 0,60 |
| **31** | 6 C | trüblila (19.3.1951) | Dc | —,— | 3,— |
| **32** | 6 C | dunkelgelbgrün (16.9.1953) | Db | —,— | 1,— |
| **33** | 7 C | rot (16.9.1953) | Db | —,— | 1,— |
| **34** | 10 C | olivgrün (19.3.1951) | Dc | —,— | 0,30 |

| | | | | | | | |
|---|---|---|---|---|---|---|---|
| 35 | 12 | C | karminrosa (19.3.1951) | Dc | –,– | 2,– |
| 36 | 15 | C | braunrot (16.9.1953) | Dc | –,– | 0,30 |
| 37 | 20 | C | blau (19.3.1951) | Dc | –,– | 0,30 |
| 38 | 25 | C | lilabraun (19.3.1951) | Dc | –,– | 0,30 |
| 39 | 30 | C | purpur (21.4.1958) | Dc | –,– | 0,40 |
| 40 | 1 | G | schwarzgrau (19.3.1951) | Dc | –,– | 1,– |
| | | | Satzpreis (14 W.) | | *1700,–* | 12,– |

MiNr. 27-30 wurden auf verschiedenen Papiersorten (mit oder ohne optischem Aufheller, gelbliches und weißes Papier, Gummierung glänzend oder matt) gedruckt.

Auflagen: MiNr. 27 = 737.400, MiNr. 28 = 641.300, MiNr. 29 = 624.200, MiNr. 30 = 541.200, MiNr. 31 = 370.700, MiNr. 32 = 462.600, MiNr. 33 = 470.100, MiNr. 34 = 569.300, MiNr. 35 = 389.000, MiNr. 36 = 477.100, MiNr. 37 = 565.500, MiNr. 38 = 581.600, MiNr. 39 = 702.500, MiNr. 40 = 566.400 Stück

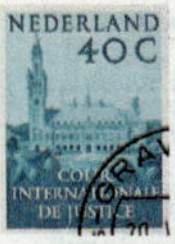


**1977, 20. Mai. Friedenspalast. RaTdr. (10×10), Papier ph.; gez. K 12½:12.**

Db) Internationaler Gerichtshof, Den Haag

| | | | | | | |
|---|---|---|---|---|---|---|
| 41 | 40 C | grünblau | Db | –,– | 0,50 |
| 42 | 45 C | orangerot | Db | –,– | 0,50 |
| 43 | 50 C | violett | Db | –,– | 0,50 |
| | | Satzpreis (3 W.) | | *4000,–* | 1,50 |

Auflage: 931.200 Sätze

**1989, 24. Okt. Friedenspalast und Kapitell. MiNr. 44–45 Odr. (10×5), MiNr. 46 komb. StTdr. und Odr. (5×5); Papier ph.; gez. K 12¾:14.**

Dd) Internationaler Gerichtshof, Den Haag; Olivenzweig

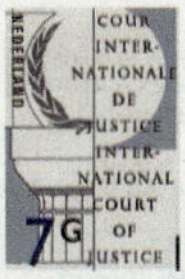


De) Kapitell; Olivenzweig

| | | | | | | |
|---|---|---|---|---|---|---|
| 44 | 55 C | schwarz/karminlila | Dd | 0,50 | 0,50 |
| 45 | 75 C | schwarz/hellgelb | Dd | 0,50 | 0,50 |
| 46 | 7 G | mehrfarbig | De | 7,– | 6,50 |
| | | Satzpreis (3 W.) | | 8,– | 7,50 |

**1990, 23. Okt. Friedenspalast und Kapitell. MiNr. 47–49 Odr. (10×5), MiNr. 50 komb. StTdr. und Odr. (5×5); Papier ph.; gez. K 12¾:14.**

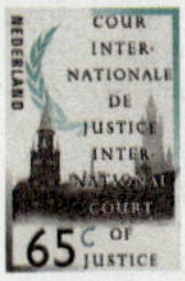


Dd) Internationaler Gerichtshof, Den Haag; Olivenzweig

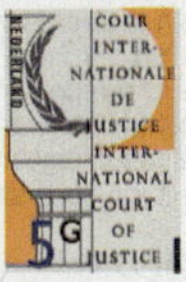


De) Kapitell; Olivenzweig

| | | | | | | |
|---|---|---|---|---|---|---|
| 47 | 65 C | schwarz/blaugrün | Dd | 0,50 | 0,50 |
| 48 | 1 G | schwarz/orange | Dd | 0,80 | 0,80 |
| 49 | 1.50 G | schwarz/lebhaftultramarin | Dd | 1,20 | 1,20 |
| 50 | 5 G | mehrfarbig | De | 4,50 | 4,50 |
| | | Satzpreis (4 W.) | | 7,– | 7,– |

**1991, 22. Okt. Friedenspalast. Odr. (10×5); Papier ph.; gez. K 12¾:14.**

Dd) Internationaler Gerichtshof, Den Haag; Olivenzweig

| | | | | | | |
|---|---|---|---|---|---|---|
| 51 | 5 C | schwarz/gelborange | Dd | 0,30 | 0,30 |
| 52 | 10 C | schwarz/cyanblau | Dd | 0,30 | 0,30 |
| 53 | 25 C | schwarz/lebhaftzinnoberrot | Dd | 0,30 | 0,30 |
| 54 | 50 C | schwarz/gelblichgrün | Dd | 0,30 | 0,30 |
| 55 | 60 C | schwarz/olivgelb | Dd | 0,40 | 0,40 |
| 56 | 70 C | schwarz/preußischblau | Dd | 0,60 | 0,60 |
| 57 | 80 C | schwarz/dunkelblaugrün | Dd | 0,80 | 0,80 |
| | | Satzpreis (7 W.) | | 3,– | 3,– |

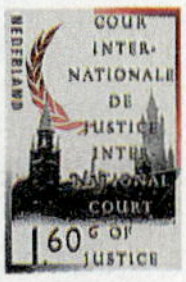


**1994, 28. Nov. Friedenspalast. Odr. (10×5); Papier ph.; gez. K 12¾:14.**

Dd) Internationaler Gerichtshof, Den Haag; Olivenzweig

| | | | | | | |
|---|---|---|---|---|---|---|
| 58 | 1.60 G | schwarz/bräunlichkarmin | Dd | 1,50 | 1,50 |

**2004, 2. Jan. Friedenspalast und Justitia. Odr. (5×2); Papier ph.; gez. K 15:14½.**

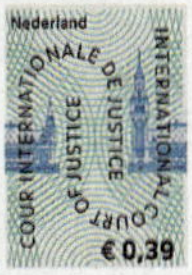


Df) Internationaler Gerichtshof, Den Haag

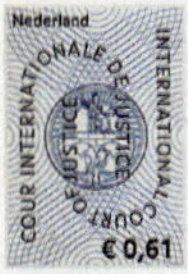


Dg) Emblem des Internationalen Gerichtshofes

| | | | | | | |
|---|---|---|---|---|---|---|
| 59 | 0.39 € | mehrfarbig | Df | 0,80 | 0,80 |
| 60 | 0.61 € | mehrfarbig | Dg | 1,20 | 1,20 |
| | | Satzpreis (2 W.) | | 2,– | 2,– |
| | | Kleinbogensatz (2 Klb.) | | 20,– | 20,– |

**2011, 1. April. Friedenspalast, Emblem und Friedenstauben. Odr. (5×2); Papier ph.; gez. K 15:14½.**

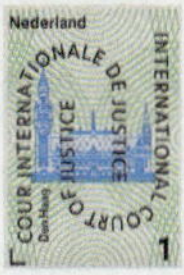


Dh) Friedenspalast, Den Haag

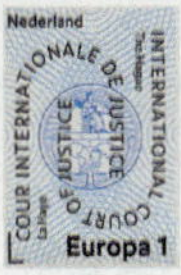


Di) Emblem des Internationalen Gerichtshofes

Dk) Friedenstauben

| | | | | | | |
|---|---|---|---|---|---|---|
| 61 | 1 | mehrfarbig | Dh | 1,– | 1,– |
| 62 | 1 | EUROPA mehrfarbig | Di | 1,60 | 1,60 |
| 63 | 1 | WERELD mehrfarbig | Dk | 1,90 | 1,90 |
| | | Satzpreis (3 W.) | | 4,50 | 4,50 |
| | | Kleinbogensatz (3 Klb.) | | 45,– | 45,– |

Nominalen zur Zeit der Ausgabe: MiNr. 61 = 0.46 €, MiNr. 62 = 0.79 €, MiNr. 63 = 0.95 €

Auflage: 500.000 Sätze

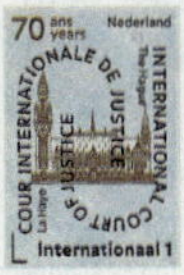


**2016, 25. April. 70 Jahre Internationaler Gerichtshof. Odr. (5×2); Streifen ph.; gez. K 13½.**

Dl) Friedenspalast, Den Haag

| | | | | | | |
|---|---|---|---|---|---|---|
| 64 | 1 | INTERNATIONAAL mehrfarbig | Dl | 2,90 | 2,90 |
| | | Kehrdruckpaar | | 5,80 | 5,80 |
| | | Kleinbogen | | 29,– | 29,– |

Nominale zur Zeit der Ausgabe: 1.25 €

MiNr. 64 wurde im senkrechten Kehrdruck gedruckt.

Auflage: 760 000 Stück

## Portofreiheitsmarken

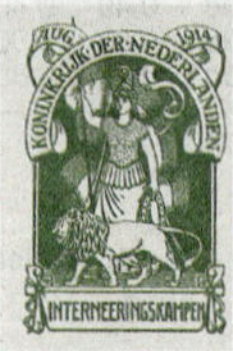


Pfa

**1916, Febr. Marken ohne Wertangabe für die in den Niederlanden internierten belgischen Kriegsgefangenen. Stdr.; gez. L 11½.**

| | | | ★ | ⊙ |
|---|---|---|---|---|
| 1 | — grün | Pfa | 160,— | 200,— |

Abgabepreis für 2 Stück: 1 C

MiNr. 1 wurde oft mit Ovalstempel bzw. handschriftlich entwertet.

FALSCH

Auflage: MiNr. 1 = 65.000 Stück

*Gültig nur im Februar 1916*

Auflage: 65.000 Stück

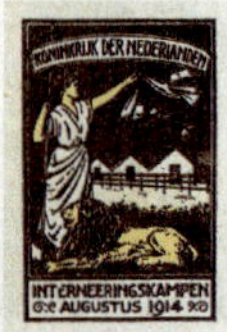


Pfb

*Nicht mehr zur Verwendung gekommen:*

| | | | ★ |
|---|---|---|---|
| I | — braun/gelblich | Pfb | 100,— |

FALSCH

Auflage: 64.800 Stück

## Portomarken

**Preise ungebraucht bis MiNr. 55 ✶, ab MiNr. 56 ✶✶**

Andersfarbige Portomarken in gleichen oder ähnlichen Zeichnungen siehe bei den Überseegebieten Curaçao (Niederländische Antillen), Niederländisch-Indien, Niederländisch–Neuguinea oder Surinam.

**1870, 15. Mai/1886. Große verzierte Wertziffer im Kreis. Bdr.; A = gez. K 13¼, B = gez. K 12½:12.**

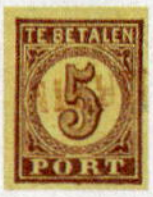


Pa

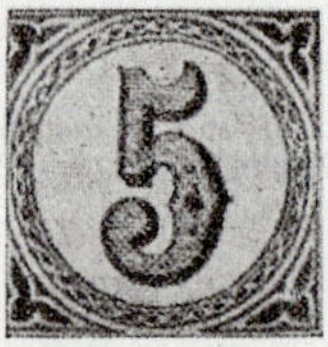

Platte I (1870–1875): breiter Kopf der 5, breiter Schatten an der rechten Seite und am Schlusspunkt der 5, unter der 5 geöffnete Glieder

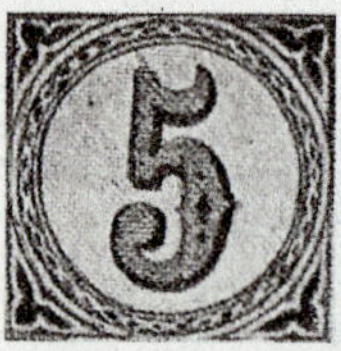

Platte II (1875–1887): schmaler Kopf der 5, spitzer Schatten, kleinere, geschlossene Glieder

| | | | | ★ | ⊙ |
|---|---|---|---|---|---|
| 1 A | 5 (C) | braun auf orange | Pa | | |
| I | | Platte I | | 120,— | 20,— |
| II | | Platte II (1874) | | 85,— | 15,— |
| 2 | 10 (C) | violett auf blau | Pa | | |
| A | | gez. K 13¼ | | 200,— | 20,— |
| B | | gez. K 12½:12 (1886) | | 360,— | 36,— |

Geschnittene Marken in Zeichnung Pa – auch in Wertstufen 25 C und 50 C – sind Probedrucke.

MiNr. 1 = 3.182.400, MiNr. 2 A = 2.025.000, MiNr. 2 B = 153.800 Stück

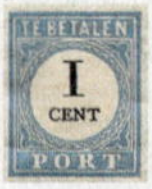


Pb

**1881, 1. April/1887. Kleine Ziffern und Wertangabe im Kreis mit Gliederkette. Bdr.; Type I–IV; A = gez. K 13½:13¼, C = gez. K 12½:12, D = gez. K 11½:12, E = gez. K 12½.**

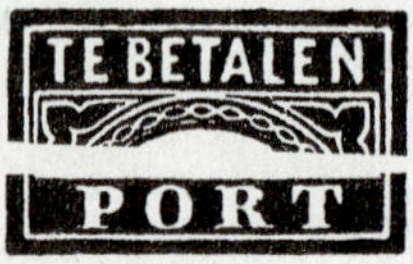


Type I:
Kette 34 Glieder, T von BETALEN steht etwas rechts über einem Gliede, oberer Balken E in TE kurz

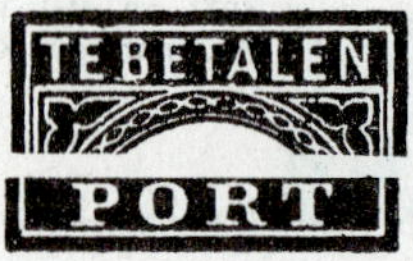


Type II:
Kette 33 Glieder, T steht in der Mitte zwischen 2 Gliedern, beide Balken des E in TE gleich lang, obere Inschrift dünn

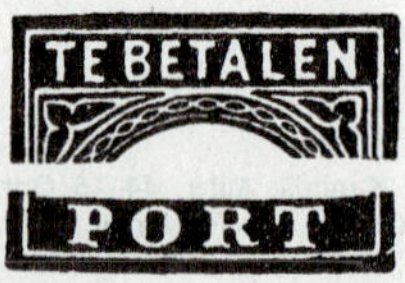


Type III:
Kette 32 Glieder, T steht etwas links über dem Gliede, oberer Balken des E in BE... kürzer als der untere

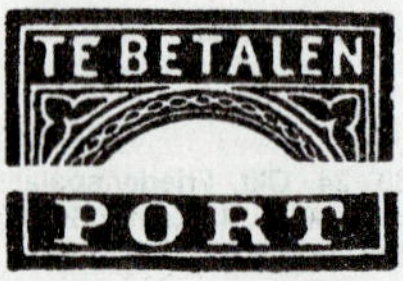


Type IV:
Kette 37 Glieder, PORT in breiteren Buchstaben, das P links der Umrahmung näher als bei den anderen Typen

Die Bogen von MiNr. 3–12 existieren in mehreren Satzanordnungen und enthalten entweder alle vier Typen pro Bogen oder nur die Typen I, II und III. Es gibt viele Plattenfehler.

**A = gez. K 13½:13¼, Type I**

| | | | | | | | |
|---|---|---|---|---|---|---|---|
| 3 | I | A | 1 C | hellblau/schwarz | Pb | 20,— | 20,— |
| 4 | I | A | 1½ C | hellblau/schwarz | Pb | 35,— | 20,— |
| 5 | I | A | 2½ C | hellblau/schwarz | Pb | 60,— | 18,— |
| 8 | I | A | 12½ C | hellblau/schwarz | Pb | 200,— | 60,— |
| 9 | I | A | 15 C | hellblau/schwarz | Pb | 150,— | 5,— |
| 10 | I | A | 20 C | hellblau/schwarz | Pb | 50,— | 5,— |
| 11 | I | A | 25 C | hellblau/schwarz | Pb | 400,— | 15,— |

**A = gez. K 13½:13¼, Type II**

| | | | | | | | |
|---|---|---|---|---|---|---|---|
| 3 | II | A | 1 C | hellblau/schwarz | Pb | 22,— | 25,— |
| 4 | II | A | 1½ C | hellblau/schwarz | Pb | 26,— | 30,— |
| 5 | II | A | 2½ C | hellblau/schwarz | Pb | 65,— | 25,— |
| 8 | II | A | 12½ C | hellblau/schwarz | Pb | 400,— | 60,— |
| 9 | II | A | 15 C | hellblau/schwarz | Pb | 180,— | 6,— |
| 10 | II | A | 20 C | hellblau/schwarz | Pb | 55,— | 6,— |
| 11 | II | A | 25 C | hellblau/schwarz | Pb | 450,— | 17,— |

**A = gez. K 13½:13¼, Type III**

| | | | | | | | |
|---|---|---|---|---|---|---|---|
| 3 | III | A | 1 C | hellblau/schwarz | Pb | 17,— | 20,— |
| 4 | III | A | 1½ C | hellblau/schwarz | Pb | 17,— | 20,— |
| 5 | III | A | 2½ C | hellblau/schwarz | Pb | 55,— | 14,— |
| 8 | III | A | 12½ C | hellblau/schwarz | Pb | 180,— | 50,— |
| 9 | III | A | 15 C | hellblau/schwarz | Pb | 130,— | 5,— |
| 10 | III | A | 20 C | hellblau/schwarz | Pb | 45,— | 4,— |
| 11 | III | A | 25 C | hellblau/schwarz | Pb | 350,— | 10,— |

**A = gez. K 13½:13¼, Type IV**

| | | | | | | | |
|---|---|---|---|---|---|---|---|
| 3 | IV | A | 1 C | hellblau/schwarz | Pb | 45,— | 50,— |
| 4 | IV | A | 1½ C | hellblau/schwarz | Pb | 75,— | 70,— |
| 5 | IV | A | 2½ C | hellblau/schwarz | Pb | 300,— | 150,— |
| 8 | IV | A | 12½ C | hellblau/schwarz | Pb | 450,— | 130,— |
| 9 | IV | A | 15 C | hellblau/schwarz | Pb | 180,— | 25,— |
| 10 | IV | A | 20 C | hellblau/schwarz | Pb | 170,— | 25,— |
| 11 | IV | A | 25 C | hellblau/schwarz | Pb | 700,— | 170,— |

C = gez. K 12½:12, Type I

| | | | | | |
|---|---|---|---|---|---|
| 3 I C | 1 C | hellblau/schwarz | Pb | 22,— | 25,— |
| 4 I C | 1½ C | hellblau/schwarz | Pb | 160,— | 85,— |
| 5 I C | 2½ C | hellblau/schwarz | Pb | 50,— | 6,50 |
| 6 I C | 5 C | hellblau/schwarz (1887) | Pb | 170,— | 6,— |
| 7 I C | 10 C | hellblau/schwarz (1887) | Pb | 150,— | 6,— |
| 8 I C | 12½ C | hellblau/schwarz | Pb | 180,— | 45,— |
| 9 I C | 15 C | hellblau/schwarz | Pb | 150,— | 5,— |
| 10 I C | 20 C | hellblau/schwarz | Pb | 50,— | 5,— |
| 11 I C | 25 C | hellblau/schwarz | Pb | 350,— | 3,50 |
| 12 I C | 1 G | hellblau/rot | Pb | 120,— | 40,— |

C = gez. K 12½:12, Type II

| | | | | | |
|---|---|---|---|---|---|
| 3 II C | 1 C | hellblau/schwarz | Pb | 30,— | 30,— |
| 4 II C | 1½ C | hellblau/schwarz | Pb | 150,— | 70,— |
| 5 II C | 2½ C | hellblau/schwarz | Pb | 65,— | 8,— |
| 6 II C | 5 C | hellblau/schwarz (1887) | Pb | 200,— | 6,50 |
| 7 II C | 10 C | hellblau/schwarz (1887) | Pb | 200,— | 6,50 |
| 8 II C | 12½ C | hellblau/schwarz | Pb | 260,— | 45,— |
| 9 II C | 15 C | hellblau/schwarz | Pb | 180,— | 17,— |
| 10 II C | 20 C | hellblau/schwarz | Pb | 70,— | 8,— |
| 11 II C | 25 C | hellblau/schwarz | Pb | 400,— | 5,— |
| 12 II C | 1 G | hellblau/rot | Pb | 140,— | 50,— |

C = gez. K 12½:12, Type III

| | | | | | |
|---|---|---|---|---|---|
| 3 III C | 1 C | hellblau/schwarz | Pb | 22,— | 24,— |
| 4 III C | 1½ C | hellblau/schwarz | Pb | 250,— | 100,— |
| 5 III C | 2½ C | hellblau/schwarz | Pb | 45,— | 6,— |
| 6 III C | 5 C | hellblau/schwarz (1887) | Pb | 160,— | 4,50 |
| 7 III C | 10 C | hellblau/schwarz (1887) | Pb | 150,— | 4,50 |
| 8 III C | 12½ C | hellblau/schwarz | Pb | 180,— | 35,— |
| 9 III C | 15 C | hellblau/schwarz | Pb | 150,— | 4,— |
| 10 III C | 20 C | hellblau/schwarz | Pb | 45,— | 4,— |
| 11 III C | 25 C | hellblau/schwarz | Pb | 300,— | 3,50 |
| 12 III C | 1 G | hellblau/rot | Pb | 110,— | 35,— |

C = gez. K 12½:12, Type IV

| | | | | | |
|---|---|---|---|---|---|
| 3 IV C | 1 C | hellblau/schwarz | Pb | 55,— | 60,— |
| 4 IV C | 1½ C | hellblau/schwarz | Pb | 400,— | 250,— |
| 5 IV C | 2½ C | hellblau/schwarz | Pb | 180,— | 120,— |
| 6 IV C | 5 C | hellblau/schwarz (1887) | Pb | 1600,— | 300,— |
| 7 IV C | 10 C | hellblau/schwarz (1887) | Pb | 2200,— | 350,— |
| 8 IV C | 12½ C | hellblau/schwarz | Pb | 700,— | 120,— |
| 9 IV C | 15 C | hellblau/schwarz | Pb | 240,— | 25,— |
| 10 IV C | 20 C | hellblau/schwarz | Pb | 220,— | 25,— |
| 11 IV C | 25 C | hellblau/schwarz | Pb | 550,— | 200,— |
| 12 IV C | 1 G | hellblau/rot | Pb | 220,— | 70,— |

D = gez. K 11½:12, Type I

| | | | | | |
|---|---|---|---|---|---|
| 3 I D | 1 C | hellblau/schwarz | Pb | 130,— | 100,— |
| 4 I D | 1½ C | hellblau/schwarz | Pb | 1600,— | 1200,— |
| 5 I D | 2½ C | hellblau/schwarz | Pb | 140,— | 140,— |
| 8 I D | 12½ C | hellblau/schwarz | Pb | 360,— | 150,— |
| 9 I D | 15 C | hellblau/schwarz | Pb | 220,— | 130,— |
| 10 I D | 20 C | hellblau/schwarz | Pb | 160,— | 130,— |
| 11 I D | 25 C | hellblau/schwarz | Pb | 450,— | 200,— |
| 12 I D | 1 G | hellblau/rot | Pb | 320,— | 220,— |

D = gez. K 11½:12, Type II

| | | | | | |
|---|---|---|---|---|---|
| 3 II D | 1 C | hellblau/schwarz | Pb | 90,— | 100,— |
| 4 II D | 1½ C | hellblau/schwarz | Pb | 320,— | 180,— |
| 5 II D | 2½ C | hellblau/schwarz | Pb | 80,— | 100,— |
| 8 II D | 12½ C | hellblau/schwarz | Pb | 340,— | 110,— |
| 9 II D | 15 C | hellblau/schwarz | Pb | 240,— | 90,— |
| 10 II D | 20 C | hellblau/schwarz | Pb | 130,— | 90,— |
| 11 II D | 25 C | hellblau/schwarz | Pb | 450,— | 110,— |
| 12 II D | 1 G | hellblau/rot | Pb | 160,— | 100,— |

D = gez. K 11½:12, Type III

| | | | | | |
|---|---|---|---|---|---|
| 3 III D | 1 C | hellblau/schwarz | Pb | 90,— | 110,— |
| 4 III D | 1½ C | hellblau/schwarz | Pb | 1600,— | 1200,— |
| 5 III D | 2½ C | hellblau/schwarz | Pb | 120,— | 120,— |
| 8 III D | 12½ C | hellblau/schwarz | Pb | 400,— | 130,— |
| 9 III D | 15 C | hellblau/schwarz | Pb | 250,— | 120,— |
| 10 III D | 20 C | hellblau/schwarz | Pb | 130,— | 90,— |
| 11 III D | 25 C | hellblau/schwarz | Pb | 450,— | 140,— |
| 12 III D | 1 G | hellblau/rot | Pb | 220,— | 140,— |

D = gez. K 11½:12, Type IV

| | | | | | |
|---|---|---|---|---|---|
| 3 IV D | 1 C | hellblau/schwarz | Pb | 220,— | 190,— |
| 4 IV D | 1½ C | hellblau/schwarz | Pb | 1800,— | 1600,— |
| 5 IV D | 2½ C | hellblau/schwarz | Pb | 650,— | 400,— |
| 8 IV D | 12½ C | hellblau/schwarz | Pb | 750,— | 260,— |
| 9 IV D | 15 C | hellblau/schwarz | Pb | 350,— | 150,— |
| 10 IV D | 20 C | hellblau/schwarz | Pb | 300,— | 150,— |
| 11 IV D | 25 C | hellblau/schwarz | Pb | 800,— | 220,— |
| 12 IV D | 1 G | hellblau/rot | Pb | 420,— | 200,— |

E = gez. K 12½, Type I

| | | | | | |
|---|---|---|---|---|---|
| 3 I E | 1 C | hellblau/schwarz | Pb | 15,— | 17,— |
| 4 I E | 1½ C | hellblau/schwarz | Pb | 17,— | 20,— |
| 5 I E | 2½ C | hellblau/schwarz | Pb | 42,— | 6,— |
| 6 I E | 5 C | hellblau/schwarz (1887) | Pb | 150,— | 4,50 |
| 7 I E | 10 C | hellblau/schwarz (1887) | Pb | 150,— | 4,20 |
| 8 I E | 12½ C | hellblau/schwarz | Pb | 150,— | 36,— |
| 9 I E | 15 C | hellblau/schwarz | Pb | 140,— | 4,50 |
| 10 I E | 20 C | hellblau/schwarz | Pb | 45,— | 4,50 |
| 11 I E | 25 C | hellblau/schwarz | Pb | 300,— | 3,50 |
| 12 I E | 1 G | hellblau/rot | Pb | 110,— | 38,— |

E = gez. K 12½, Type II

| | | | | | |
|---|---|---|---|---|---|
| 3 II E | 1 C | hellblau/schwarz | Pb | 20,— | 20,— |
| 4 II E | 1½ C | hellblau/schwarz | Pb | 25,— | 22,— |
| 5 II E | 2½ C | hellblau/schwarz | Pb | 50,— | 5,50 |
| 6 II E | 5 C | hellblau/schwarz (1887) | Pb | 170,— | 5,50 |
| 7 II E | 10 C | hellblau/schwarz (1887) | Pb | 190,— | 5,50 |
| 8 II E | 12½ C | hellblau/schwarz | Pb | 170,— | 40,— |
| 9 II E | 15 C | hellblau/schwarz | Pb | 170,— | 5,— |
| 10 II E | 20 C | hellblau/schwarz | Pb | 50,— | 5,— |
| 11 II E | 25 C | hellblau/schwarz | Pb | 400,— | 5,— |
| 12 II E | 1 G | hellblau/rot | Pb | 140,— | 36,— |

E = gez. K 12½, Type III

| | | | | | |
|---|---|---|---|---|---|
| 3 III E | 1 C | hellblau/schwarz | Pb | 15,— | 12,— |
| 4 III E | 1½ C | hellblau/schwarz | Pb | 18,— | 15,— |
| 5 III E | 2½ C | hellblau/schwarz | Pb | 38,— | 5,— |
| 6 III E | 5 C | hellblau/schwarz (1887) | Pb | 120,— | 4,— |
| 7 III E | 10 C | hellblau/schwarz (1887) | Pb | 120,— | 4,— |
| 8 III E | 12½ C | hellblau/schwarz | Pb | 120,— | 32,— |
| 9 III E | 15 C | hellblau/schwarz | Pb | 110,— | 3,50 |
| 10 III E | 20 C | hellblau/schwarz | Pb | 38,— | 3,50 |
| 11 III E | 25 C | hellblau/schwarz | Pb | 260,— | 3,50 |
| 12 III E | 1 G | hellblau/rot | Pb | 110,— | 28,— |

E = gez. K 12½, Type IV

| | | | | | |
|---|---|---|---|---|---|
| 6 IV E | 5 C | hellblau/schwarz (Juni 1887) | Pb | 2000,— | 750,— |

Die Wertangabe auf MiNr. 12 lautet „EEN GULDEN".

Marken in Zähnung D und C kommen auch waagerecht zusammenhängend vor.

FALSCH

*MiNr. 12 mit Aufdruck: MiNr. 27, 43*

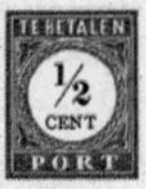

Pb

**1894/1910. Kleine Ziffern und Wertangabe im Kreis mit Gliederkette. Bdr.; Type I und III; gez. K 12½.**

Type I

| | | | | | |
|---|---|---|---|---|---|
| 13 I | ½ C | ultramarin/schwarz (1901) | Pb | 0,40 | 0,40 |
| 14 I | 1 C | ultramarin/schwarz | Pb | 1,60 | 0,40 |
| 15 I | 1½ C | ultramarin/schwarz | Pb | 0,80 | 0,60 |
| 16 I | 2½ C | ultramarin/schwarz | Pb | 2,— | 0,40 |
| 17 I | 3 C | ultramarin/schwarz (1910) | Pb | 2,— | 1,20 |
| 18 I | 4 C | ultramarin/schwarz (1909) | Pb | 2,— | 2,— |
| 19 I | 5 C | ultramarin/schwarz | Pb | 12,— | 0,40 |
| 20 I | 6½ C | ultramarin/schwarz (1907) | Pb | 42,— | 40,— |
| 21 I | 7½ C | ultramarin/schwarz (1904) | Pb | 2,20 | 0,70 |
| 22 I | 10 C | ultramarin/schwarz | Pb | 35,— | 0,70 |
| 23 I | 12½ C | ultramarin/schwarz | Pb | 30,— | 1,30 |
| 24 I | 15 C | ultramarin/schwarz | Pb | 35,— | 1,— |
| 25 I | 20 C | ultramarin/schwarz (1896) | Pb | 20,— | 8,— |
| 26 I | 25 C | ultramarin/schwarz | Pb | 42,— | 0,70 |

**Type III**

| | | | | | |
|---|---|---|---|---|---|
| 14 III | 1 C | ultramarin/schwarz | Pb | 3,— | 3,— |
| 15 III | 1½ C | ultramarin/schwarz | Pb | 3,— | 2,50 |
| 16 III | 2½ C | ultramarin/schwarz | Pb | 3,60 | 0,60 |
| 19 III | 5 C | ultramarin/schwarz | Pb | 20,— | 0,50 |
| 22 III | 10 C | ultramarin/schwarz | Pb | 50,— | 1,70 |
| 23 III | 12½ C | ultramarin/schwarz | Pb | 45,— | 3,20 |
| 24 III | 15 C | ultramarin/schwarz | Pb | 55,— | 1,20 |
| 25 III | 20 C | ultramarin/schwarz (1896) | Pb | 20,— | 8,— |
| 26 III | 25 C | ultramarin/schwarz | Pb | 50,— | 1,— |

Erläuterung der Typen siehe bei MiNr. 3-12.

Auflagen: MiNr. 13 I = 1.068.000, MiNr. 14 I = 4.132.400, MiNr. 14 III = 196.600, MiNr. 15 I = 2.985.000, MiNr. 15 III = 194.600, MiNr. 16 I = 3.668.200, MiNr. 16 III = 281.400, MiNr. 17 I = 5.830.000, MiNr. 18 I = 1.159.965, MiNr. 19 I = 12.037.800, MiNr. 19 III = 585.000, MiNr. 20 I = 39.800, MiNr. 21 I = 1.554.700, MiNr. 22 I = 3.275.800, MiNr. 22 III = 407.000, MiNr. 23 I = 970.400, MiNr. 23 III = 143.400, MiNr. 24 I = 1.136.200, MiNr. 24 III = 145.000, MiNr. 25 I = 128.800, MiNr. 25 III = 98.200, MiNr. 26 I = 1.136.200, MiNr. 26 III = 244.000 Stück

*MiNr. 20 und 25 mit Aufdruck: MiNr. 28, 42*

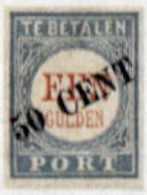

**1906. Portomarke MiNr. 12 mit schrägem Aufdruck „50 CENT"**

27

| | | | | | |
|---|---|---|---|---|---|
| 27 | 50 C | auf 1 G hellblau/rot | (P 12) | | |
| I | | Type I | | 180,— | 180,— |
| II | | Type II | | 200,— | 200,— |
| III | | Type III | | 160,— | 160,— |

Auflage: 50.000 Stück

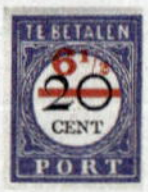

**1906, 1. Okt. Portomarke MiNr. 25 mit rotem Wertaufdruck „6½", alter Wert durchbalkt.**

28

| | | | | | |
|---|---|---|---|---|---|
| 28 | 6½ (C) | auf 20 C ultramarin | (P 25 I) | 4,50 | 5,50 |

Auflage: 360.000 Stück

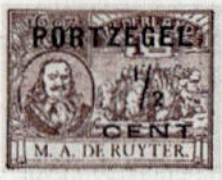

**1907, 1. Nov. 300. Geburtstag von Admiral de Ruyter. Freimarken MiNr. 72–74 mit Aufdruck „PORTZEGEL" und neuer Wertstufe.**

29

| | | | | | |
|---|---|---|---|---|---|
| 29 | ½ C | auf 1 C rotlila | (73) | 1,60 | 1,60 |
| 30 | 1 C | auf 1 C rotlila | (73) | 0,80 | 0,80 |
| 31 | 1½ C | auf 1 C rotlila | (73) | 0,80 | 0,80 |
| 32 | 2½ C | auf 1 C rotlila | (73) | 1,70 | 1,70 |
| 33 | 5 C | auf 2½ C ziegelrot | (74) | 2,— | 0,80 |
| 34 | 6½ C | auf 2½ C ziegelrot | (74) | 3,60 | 3,60 |
| 35 | 7½ C | auf ½ C blau | (72) | 2,20 | 1,70 |
| 36 | 10 C | auf ½ C blau | (72) | 2,20 | 1,— |
| 37 | 12½ C | auf ½ C blau | (72) | 5,50 | 5,50 |
| 38 | 15 C | auf 2½ C ziegelrot | (74) | 7,50 | 4,— |
| 39 | 25 C | auf ½ C blau | (72) | 10,— | 9,— |
| 40 | 50 C | auf ½ C blau | (72) | 50,— | 45,— |
| 41 | 1 G | auf ½ C blau | (72) | 70,— | 65,— |
| | | | Satzpreis (13 W.) | 150,— | 130,— |

FALSCH

Auflagen: MiNr. 29 = 111.525, MiNr. 30 = 239.925, MiNr. 31 = 181.875, MiNr. 32 = 123.275, MiNr. 33 = 961.000, MiNr. 34 = 126.800, MiNr. 35 = 210.000, MiNr. 36 = 388.000, MiNr. 37 = 122.400, MiNr. 38 = 144.500, MiNr. 39 = 108.900, MiNr. 40 = 54.450, MiNr. 41 = 31.300 Stück

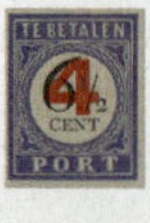

**1909, 1. Juni. Portomarke MiNr. 20 mit rotem Bdr.-Aufdruck der neuen Wertstufe.**

42

| | | | | | |
|---|---|---|---|---|---|
| 42 | 4 (C) | auf 6½ C ultramarin/schwarz | (P 20) | | |
| a | | Aufdruck hellrot | | 5,50 | 6,50 |
| b | | Aufdruck blutrot | | 18,— | 16,— |

Auflage: 154.000 Stück

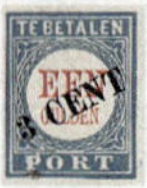

**1910, 10. Juni. Portomarke MiNr. 12 mit schrägem Aufdruck des neuen Wertes.**

43

| | | | | | |
|---|---|---|---|---|---|
| 43 | 3 C | auf 1 G hellblau/rot | (P 12) | | |
| I | | Type I | | 42,— | 42,— |
| II | | Type II | | 45,— | 45,— |
| III | | Type III | | 35,— | 35,— |

Auflage: 35.600 Stück

**1912/1934. Kleine Ziffern und Wertangabe im Kreis mit Gliederkette. Bdr.; MiNr. 46, 51 und 53 in je zwei Typen; A = gez. K 12½, E = gez. K 13½:12¾.**

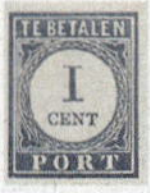

Pb

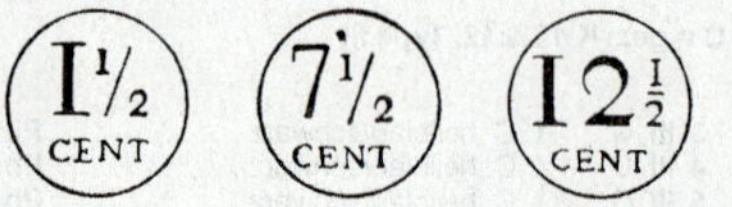

Type I

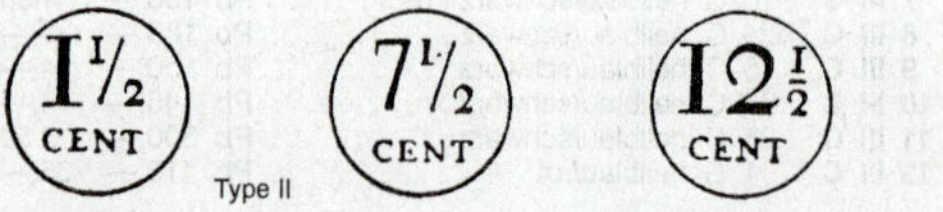

Type II

**A = gez. K 12½ (1912/1916)**

| | | | | | |
|---|---|---|---|---|---|
| 44 A | ½ C | mattultramarin | Pb | 0,40 | 0,40 |
| 45 A | 1 C | mattultramarin | Pb | 0,40 | 0,40 |
| 46 A | 1½ C | mattultramarin | Pb | | |
| I | | Type I | | 3,— | 2,20 |
| II | | Type II | | 1,70 | 1,70 |
| 47 A | 2½ C | mattultramarin | Pb | 0,40 | 0,40 |
| 48 A | 3 C | mattultramarin (1913) | Pb | 0,80 | 0,60 |
| 49 A | 4 C | mattultramarin | Pb | 0,40 | 0,40 |
| 50 A | 5 C | mattultramarin | Pb | 0,40 | 0,40 |
| 51 A | 7½ C | mattultramarin | Pb | | |
| I | | Type I | | 4,50 | 2,— |
| II | | Type II | | 4,— | 2,— |
| 52 A | 10 C | mattultramarin | Pb | 1,— | 0,60 |
| 53 A | 12½ C | mattultramarin | Pb | | |
| I | | Type I | | 6,50 | 2,60 |
| II | | Type II | | 0,70 | 0,70 |
| 54 A | 15 C | mattultramarin | Pb | 0,80 | 0,30 |
| 55 A | 25 C | mattultramarin (1916) | Pb | 75,— | 1,— |

**E = gez. K 13½:12¾ (1934/1946)**

| | | | | | |
|---|---|---|---|---|---|
| 44 E | ½ C | mattultramarin (1941) | Pb | 0,40 | 0,40 |
| 45 E | 1 C | mattultramarin (1934) | Pb | 0,40 | 0,40 |
| 47 E | 2½ C | mattultramarin (1934) | Pb | 0,40 | 0,40 |
| 48 E | 3 C | mattultramarin (1946) | Pb | 0,70 | 0,70 |
| 49 E | 4 C | mattultramarin (1934) | Pb | 0,40 | 0,40 |
| 50 E | 5 C | mattultramarin (1934) | Pb | 0,40 | 0,40 |
| 52 E | 10 C | mattultramarin (1934) | Pb | 0,70 | 0,70 |
| 53 E II | 12½ C | mattultramarin (1938) | Pb | 0,70 | 0,70 |
| 54 E | 15 C | mattultramarin (1934) | Pb | 0,70 | 0,70 |

Man unterscheidet außerdem den einmaligen Druckgang (Ziffern und Cent genau in der Mitte, MiNr. 44–59 und 69–79; ab 1915) vom zweimaligen Druckgang (Ziffern und Cent oft etwas andersfarbig, MiNr. 44–54, 58, 60; Preise teilweise erheblich höher).

◧ MiNr. 45 und 50: 3.–5. März 1921 wegen vorübergehend fehlender MiNr. 44 und 47 in Kampen.

*MiNr. 46, 48 und 51 mit Aufdruck: MiNr. 61, 63–64*

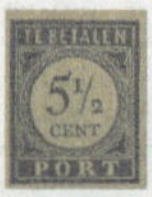

**1916/1941. Kleine Ziffern und Wertangabe im Kreis mit Gliederkette. Bdr.; A = gez. K 12½, E = gez. K 13½:12¾.**

Pb

**A = gez. K 12½**

| | | | | ★★ | ⊙ |
|---|---|---|---|---|---|
| **56 A** | 4½ C | mattultramarin (1916) | Pb | 6,— | 6,— |
| **57 A** | 5½ C | mattultramarin (1916) | Pb | 6,— | 5,50 |
| **58 A** | 7 C | (1919) | Pb | | |
| a | | mattultramarin | | 2,80 | 2,80 |
| b | | graublau | | 3,50 | 3,50 |
| **59 A** | 20 C | mattultramarin (1920) | Pb | 1,— | 0,40 |
| **60 A** | 50 C | mattultramarin (1920) | Pb | 1,— | 0,40 |

**E = gez. K 13½:12¾**

| | | | | | |
|---|---|---|---|---|---|
| **59 E** | 20 C | mattultramarin (1935) | Pb | 0,70 | 0,40 |
| **60 E** | 50 C | mattultramarin (1941) | Pb | 0,70 | 0,40 |

Auflagen: MiNr. 56 A = 594.300, MiNr. 57 A = 591.300, MiNr. 58 A = 420.980, MiNr. 59 A = 2.420.600, MiNr. 59 E = 5.267.000, MiNr. 60 A = 954.800, MiNr. 60 E = 1.444.000 Stück

*MiNr. 58 mit Aufdruck: MiNr. 62*

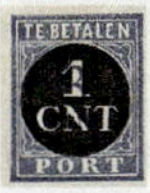


**1923, Dez. Portomarken mit Kreisaufdruck mit ausgesparter Wertangabe.**

61

| | | | | | |
|---|---|---|---|---|---|
| **61** | **1 C** | auf 3 C mattultramarin | (P 48) | 1,— | 0,80 |
| **62** | **2½ C** | auf 7 C | | | |
| a | | mattultramarin | (P 58 a) | 1,50 | 0,70 |
| b | | graublau | (P 58 b) | 1,50 | 0,70 |
| **63** | **25 C** | auf 1½ C mattultramarin | (P 46) | 22,— | 0,80 |
| **64** | **25 C** | auf 7½ C mattultramarin | (P 51) | 22,— | 0,50 |

Auflagen: MiNr. 61 = 320.000, MiNr. 62 = 700.000, MiNr. 63 = 354.000, MiNr. 64 = 672.000 Stück

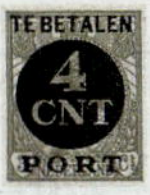


**1924, Aug. Freimarken MiNr. 50, 54, 67 und 76 mit Kreisaufdruck mit ausgesparter neuer Wertangabe sowie oben „TE BETALEN" und unten „PORT"; gez. K 12½.**

65

| | | | | | |
|---|---|---|---|---|---|
| **65** | **4 C** | auf 3 C olivgrün | (67) | 4,— | 1,30 |
| **66** | **5 C** | auf 1 C rot | (50) | 1,50 | 0,50 |
| **67** | **10 C** | auf 1½ C blau | (76) | 3,50 | 0,60 |
| **68** | **12½ C** | auf 5 C karmin | (54) | 3,50 | 0,60 |
| | | Kehrdruckpaar (MiNr. 67) | | 20,— | 10,— |
| | | Kehrdruckpaar (MiNr. 68) | | 20,— | 10,— |

FALSCH

Gleicher Aufdruck in den Wertstufen 11 und 15 CENT siehe Postpaket-Verrechnungsmarken MiNr. 1–2.

Auflagen: MiNr. 65 = 551.600, MiNr. 66 = 2.547.000, MiNr. 67 = 1.931.000, MiNr. 68 = 773.000 Stück

**1921/1938. Dicke Ziffern und Wertangabe im Kreis ohne Gliederkette. Bdr.; A = gez. K 12½, E = gez. K 13½:12¾.**

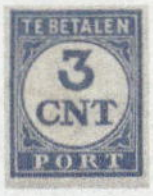


Pc

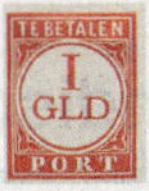


Pc

**A = gez K 12½**

| | | | | | |
|---|---|---|---|---|---|
| **69 A** | 3 C | hellblau (1928) | Pc | 1,70 | 0,50 |
| **70 A** | 6 C | hellblau (1927) | Pc | 1,20 | 0,50 |
| **71 A** | 7 C | hellblau (1928) | Pc | 2,— | 0,60 |
| **72 A** | 7½ C | hellblau (1926) | Pc | 2,— | 0,60 |
| **74 A** | 9 C | hellblau (1929) | Pc | 3,50 | 0,70 |
| **75 A** | 11 C | hellblau (1921) | Pc | 26,— | 4,— |
| **76 A** | 12 C | hellblau (1928) | Pc | 3,— | 0,50 |
| **77 A** | 25 C | hellblau (1925) | Pc | 4,50 | 0,50 |
| **79 A** | 1 G | zinnober (1921) | Pc | 7,— | 0,50 |
| | | Satzpreis A (9 W.) | | 50,— | 8,— |

**E = gez. K 13½:12¾**

| | | | | | |
|---|---|---|---|---|---|
| **69 E** | 3 C | hellblau (1934) | Pc | 0,80 | 0,50 |
| **70 E** | 6 C | hellblau (1934) | Pc | 0,80 | 0,50 |
| **71 E** | 7 C | hellblau (1934) | Pc | 1,— | 0,70 |
| **72 E** | 7½ C | hellblau (1934) | Pc | 1,— | 0,70 |
| **73 E** | 8 C | hellblau (1938) | Pc | 1,— | 0,70 |
| **74 E** | 9 C | hellblau (1934) | Pc | 1,50 | 0,70 |
| **76 E** | 12 C | hellblau (1934) | Pc | 1,— | 0,50 |
| **77 E** | 25 C | hellblau (1934) | Pc | 1,— | 0,50 |
| **78 E** | 30 C | hellblau (1935) | Pc | 1,— | 0,50 |
| **79 E** | 1 G | zinnober (1934) | Pc | 1,60 | 0,50 |
| | | Satzpreis E (10 W.) | | 10,— | 5,50 |

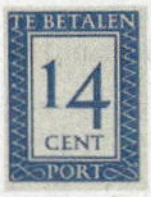


**1947/1956. Ziffern im Rechteck. RaTdr.; X = Wz. 2 X, Y = Wz. 2 Y; gez. K 13½:12¾.**

Pd

**X = Wz. 2 X**

| | | | | | |
|---|---|---|---|---|---|
| **80 X** | 1 C | blau (1948) | Pd | 0,30 | 0,30 |
| **81 X** | 3 C | blau (1948) | Pd | 0,30 | 0,30 |
| **82 X** | 4 C | blau | Pd | 13,— | 0,80 |
| **83 X** | 5 C | blau (1948) | Pd | 0,30 | 0,30 |
| **84 X** | 6 C | blau (1950) | Pd | 0,30 | 0,30 |
| **85 X** | 7 C | blau | Pd | 0,30 | 0,30 |
| **86 X** | 8 C | blau (1948) | Pd | 0,30 | 0,30 |
| **87 X** | 10 C | blau | Pd | 0,30 | 0,30 |
| **88 X** | 11 C | blau | Pd | 0,40 | 0,30 |
| **89 X** | 12 C | blau (1948) | Pd | 1,— | 0,80 |
| **90 X** | 14 C | blau (1.7.1953) | Pd | 1,— | 0,80 |
| **91 X** | 15 C | blau | Pd | 0,40 | 0,30 |
| **92 X** | 16 C | blau | Pd | 1,20 | 1,20 |
| **93 X** | 20 C | blau | Pd | 0,40 | 0,30 |
| **94 X** | 25 C | blau | Pd | 0,40 | 0,30 |
| **95 X** | 30 C | blau | Pd | 0,60 | 0,30 |
| **96 X** | 35 C | blau | Pd | 1,— | 0,30 |
| **97 X** | 40 C | blau | Pd | 1,— | 0,30 |
| **98 X** | 50 C | blau | Pd | 1,— | 0,30 |
| **99 X** | 85 C | blau (1950) | Pd | 20,— | 0,30 |
| **100 X** | 90 C | blau (Mai 1956) | Pd | 3,50 | 0,30 |
| **101 X** | 1 G | rot | Pd | 3,— | 0,30 |
| | | Satzpreis X (22 W.) | | 50,— | 9,— |

**Y = Wz. 2 Y**

| | | | | | |
|---|---|---|---|---|---|
| **80 Y** | 1 C | blau (1948) | Pd | 3,— | 0,30 |
| **82 Y** | 4 C | blau | Pd | 12,— | 1,20 |
| **83 Y** | 5 C | blau (1948) | Pd | 2,50 | 0,50 |
| **84 Y** | 6 C | blau (1950) | Pd | 15,— | 10,— |
| **85 Y** | 7 C | blau | Pd | 10,— | 2,20 |
| **86 Y** | 8 C | blau (1948) | Pd | 7,50 | 2,— |
| **87 Y** | 10 C | blau | Pd | 3,— | 0,50 |
| **89 Y** | 12 C | blau (1948) | Pd | 10,— | 2,20 |
| **91 Y** | 15 C | blau | Pd | 75,— | 10,— |
| **93 Y** | 20 C | blau | Pd | 10,— | 0,70 |
| **94 Y** | 25 C | blau | Pd | 10,— | 3,— |
| **95 Y** | 30 C | blau | Pd | 7,50 | 0,60 |
| **96 Y** | 35 C | blau | Pd | 7,50 | 0,60 |
| **97 Y** | 40 C | blau | Pd | 5,— | 0,50 |
| **98 Y** | 50 C | blau | Pd | 6,— | 0,60 |
| **99 Y** | 85 C | blau (1950) | Pd | 20,— | 0,60 |
| **101 Y** | 1 G | rot | Pd | 16,— | 0,50 |
| | | Satzpreis Y (17 W.) | | 220,— | 36,— |

Auflagen: MiNr. 80 X = 7.477.800, MiNr. 80 Y = 1.246.000, MiNr. 81 X = 1.572.400, MiNr. 82 X = 1.531.000, MiNr. 82 Y = 284.100, MiNr. 83 X = 8.851.100, MiNr. 83 Y = 1.655.700, MiNr. 84 X = 2.340.500, MiNr. 84 Y = 179.800, MiNr. 85 X = 3.160.200, MiNr. 85 Y = 435.600, MiNr. 86 X = 5.158.100, MiNr. 86 Y = 767.000, MiNr. 87 X = 17.847.300, MiNr. 87 Y = 1.954.100, MiNr. 88 X = 2.574.700, MiNr. 89 X = 1.463.700, MiNr. 89 Y = 428.300, MiNr. 90 X = 924.100, MiNr. 91 X = 5.702.000, MiNr. 91 Y = 185.000, MiNr. 92 X = 1.403.600, MiNr. 93 X = 7.013.600, MiNr. 93 Y = 709.200, MiNr. 94 X = 8.350.700, MiNr. 94 Y = 340.400, MiNr. 95 X = 4.824.200, MiNr. 95 Y = 1.818.900, MiNr. 96 X = 2.874.900, MiNr. 96 Y = 957.400, MiNr. 97 X = 7.925.500, MiNr. 97 Y = 1.797.200, MiNr. 98 X = 7.948.700, MiNr. 98 Y = 1.625.400, MiNr. 99 X = 661.700, MiNr. 99 Y = 526.400, MiNr. 100 X = 948.700, MiNr. 101 X = 13.079.300, MiNr. 101 Y = 657.600 Stück

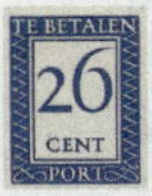


**1958. Ziffern im Rechteck. RaTdr.; Wz. 2 X; gez. K 13½:12½.**

Pd

| | | | | | |
|---|---|---|---|---|---|
| **102** | 24 C blau | Pd | 1,50 | 1,50 |
| **103** | 26 C blau (Juni) | Pd | 2,— | 2,— |
| **104** | 60 C blau (Juni) | Pd | 1,— | 0,60 |
| **105** | 95 C blau | Pd | 3,50 | 0,60 |
| **106** | 1.75 G rot | Pd | 7,— | 0,30 |
| | | Satzpreis (5 W.) | 15,— | 5,— |

Auflagen: MiNr. 102 = 2.730.100, MiNr. 103 = 943.100, MiNr. 104 = 946.800, MiNr. 105 = 2.703.400, MiNr. 106 = 1.897.400 Stück

## Postanweisungsmarken

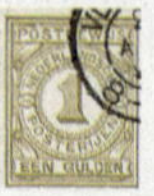

**1884, 1. Dez. Kontrollmarken für Postanweisungen. Bdr.; gez. K 12½.**

PAa

| | | | ✶ | ⊙ |
|---|---|---|---|---|
| **1** | 1 G hellbraun | PAa | 500,— | 8,— |
| **2** | 1½ G gelb | PAa | 500,— | 8,— |
| **3** | 2 G hellgrün | PAa | 500,— | 85,— |
| **4** | 3 G blau | PAa | 500,— | 100,— |
| **5** | 4 G violett | PAa | 500,— | 160,— |
| **6** | 5 G rosa | PAa | 1300,— | 10,— |
| **7** | 10 G grau | PAa | 1300,— | 35,— |
| | | Satzpreis (7 W.) | 5000,— | 400,— |

Diese Ausgabe diente (bis 31.12.1899) zur Kontrolle der Auszahlung (also nicht zu Portozwecken).

*Gültig bis 31.12.1899*

## Postpaket-Verrechnungsmarken

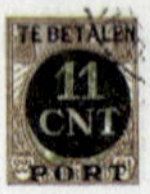

**1924, Aug. Freimarken MiNr. 60 und 78 mit Kreisaufdruck mit ausgesparter neuer Wertangabe sowie oben „TE BETALEN" und unten „PORT"; A = gez. K 12½, D = gez. L 11½, E = gez. L 11½:11.**

1

| | | | ✶ | ⊙ |
|---|---|---|---|---|
| **1** | **11 C** auf 22½ C braun/olivgrün | | | |
| A | gez. K 12½ | (60 A) | 1200,— | 4,— |
| D | gez. L 11½ | (60 D) | 1200,— | 11,— |
| E | gez. L 11½:11 | (60 E) | 1200,— | 4,— |
| **2** | **15 C** auf 17½ C ultramarin/braun | | | |
| A | gez. K 12½ | (78 A) | 14000,— | 70,— |
| D | gez. L 11½ | (78 D) | 18000,— | 90,— |
| E | gez. L 11½:11 | (78 E) | 160,— | |

FALSCH

Diese Marken, die erst 1925 durch postamtlich versteigerte Kiloware bekanntgeworden sind, wurden nicht an das Publikum abgegeben und nur im inneren Dienst des Postpaketverkehrs in einigen Großstädten zur Verrechnung verwendet. Ungebraucht sind nur je einige Stücke bekannt.

Auflage: MiNr. 1 = 66.300, MiNr. 2 = 25.300 Stück

## Schiffstresormarken

(Brandkastzegels)

**1921, 1. Febr. Ausgabe für die Schiffspostbeförderung nach Niederländisch-Indien in Tresoren. StTdr.; gez. L 11½.**

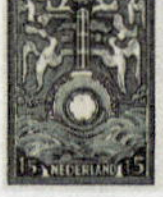

a

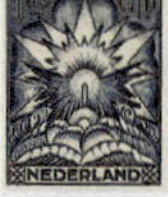

b

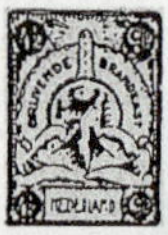

c

a–c) Treibender Tresor in stürmischer See

| | | | ✶✶ | ⊙ |
|---|---|---|---|---|
| **1** | 15 C dunkelblaugrün | a | 10,— | 60,— |
| **2** | 60 C lilarot | a | 12,— | 70,— |
| **3** | 75 C sepia | a | 15,— | 85,— |
| **4** | 1.50 G dunkelblau | b | 150,— | 600,— |
| **5** | 2.25 G rotbraun | b | 250,— | 800,— |
| **6** | 4.50 G dunkelgrau | c | 380,— | 1000,— |
| **7** | 7.50 G rot | c | 600,— | 1400,— |
| | | Satzpreis (7 W.) | 1400,— | 4000,— |

Der Nennwert stellte die Versicherungsgebühr für die in Tresoren gesondert aufbewahrte Schiffspost dar. Der Portobetrag war außerdem in Freimarken aufzukleben.

Die ⊙-Preise gelten für postalisch gebrauchte Stücke mit kontrollierbarem Gebrauchsdatum.

Auflagen: MiNr. 1 = 14.965, MiNr. 2 = 8.440, MiNr. 3 = 7.648, MiNr. 4 = 6.006, MiNr. 5 = 5.568, MiNr. 6 = 5.285, MiNr. 7 = 5.216 Stück

*Gültig bis 31.8.1923*

## Telegraphenmarken

**1877/1903, 1. Jan. Kreis im Sechseck. Bdr.; gez. L 13½.**

Ta

| | | | ✶ | ⊙ |
|---|---|---|---|---|
| **1** | 1 C lila/schwarz (1879) | Ta | 32,— | 32,— |
| **2** | 3 C lila/schwarz (1879) | Ta | 30,— | 30,— |
| **3** | 5 C lila/schwarz (1879) | Ta | 30,— | 3,50 |
| **4** | 12½ C lila/schwarz | Ta | 250,— | 130,— |
| **5** | 15 C lila/schwarz | Ta | 220,— | 26,— |
| **6** | 20 C lila/schwarz | Ta | 220,— | 7,50 |
| **7** | 25 C lila/schwarz (1903) | Ta | 1500,— | 1400,— |
| **8** | 30 C lila/schwarz | Ta | 250,— | 15,— |
| **9** | 50 C lila/schwarz | Ta | 260,— | 15,— |
| **10** | 60 C lila/schwarz | Ta | 320,— | 25,— |
| **11** | 1 G lila/rot | Ta | 1500,— | 25,— |
| **12** | 2 G lila/rot | Ta | 1200,— | 400,— |
| | | Satzpreis (12 W.) | 5500,— | 2000,— |

| | | ✶ |
|---|---|---|
| 1 U | ungezähnt | *2200,—* |
| 1 Ur | rechts ungezähnt | *10000,—* |
| 3 Ur | rechts ungezähnt | *7500,—* |
| 3 Udr | dreiseitig ungezähnt | *10000,—* |

*Gültig bis 31.12.1920*

## Stadtpostmarken

Im Rahmen des niederländischen Postgesetzes gibt es in größeren Orten besondere private Stadtpostdienste für den lokalen Postverkehr, die eigene Briefmarken ausgeben dürfen. Eine gesonderte Katalogisierung dieser Marken ist im MICHEL-Europa nicht möglich.

# Niederländische Kolonien

Indonesien (Niederländisch-Indien), Niederländische Antillen (Curaçao), Aruba, Niederländisch-Neu-Guinea und Surinam siehe MICHEL-Übersee.

# Fälschungsschutz und Echtheitsprüfung

Mit Täuschungsabsicht angefertigte falsche oder verfälschte philatelistische Objekte werden unter dem Begriff „Fälschungen" zusammengefasst. Neben Fälschungen als Kriegsmaßnahme und Fälschungen zum Schaden der Post sind dies Teil- oder Ganzfälschungen zum Schaden der Sammler und Händler, z.B. entfernte Zähnung und angesetzte Zähne, chemische Farbveränderungen, Nachgummierungen, Falschaufdrucke und -stempel oder Komplettfälschungen von Postwertzeichen und Ganzstücken.

Betroffen sind in erster Linie Raritäten und gehobene Standardware, doch auch preiswertere Objekte sind nicht ungefährdet. Wie schützt man sich am effektivsten davor, Fälschungen zu erwerben?

1. **Informationen** sammeln. Im MICHEL verweist das Zeichen [FALSCH] auf die Existenz von Fälschungen zum Schaden der Sammler und das Zeichen [PFä] auf Fälschungen zum Schaden der Post bzw. Kriegs- und Propagandafälschungen.
2. Briefmarken nur in **seriösen Fachgeschäften** kaufen
3. Bei fälschungsgefährdeten Stücken nur **geprüfte Ware** kaufen. Im MICHEL finden sich neben den Zeichen [FALSCH] und [PFä] vielfach Hinweise auf Marken, deren Preisnotierungen nur für geprüfte Stücke gelten. In diesen Fällen ist eine Echtheitsprüfung dringend zu empfehlen.

Die Prüfung der Echtheit und Unverfälschtheit sowie des Erhaltungszustandes eines philatelistischen Objektes erfolgt durch philatelistische Experten, die entweder frei prüfen oder in nationalen und internationalen Prüforganisationen zusammengeschlossen sind.

Zum Schutz der Sammler legt der Schwaneberger Verlag großen Wert auf Kompetenz, Zuverlässigkeit und Neutralität zuarbeitender philatelistischer Experten. Dabei spielt unter anderem eine hohe Marktdurchdringung, die Belastbarkeit von Prüfergebnissen und ein ausreichend vorhandenes, umfangreiches Belegmaterial in Vergleichssammlungen eine Rolle.

Zur Orientierung der Sammler sind auf den folgenden Seiten die Prüfordnung, die Prüfgebiete und die Kontaktdaten der im Bund Philatelistischer Prüfer e.V. (BPP) zusammengeschlossenen Experten abgedruckt. Für einen ersten Überblick über den Ablauf einer BPP-Prüfung empfiehlt sich besonders die Lektüre folgender Abschnitte der Prüfordnung: Punkte 3.1. und 3.2. zu den Aufgaben und Pflichten des Prüfers, Punkt 5 zu der Erstellung von Kurzbefunden, Befunden und Attesten, Punkte 6 und 7 zur Signierung echter und Kennzeichnung gefälschter Stücke, Punkt 10 zur Vergütung einer Prüfung.

Der Schwaneberger Verlag beachtet auch Referenzen anderer Prüfverbände, soweit sie den oben genannten Kriterien entsprechen.

SCHWANEBERGER VERLAG GMBH

# Prüfordnung des Bundes Philatelistischer Prüfer e.V.

Die Prüfordnung gilt in der jeweils für den Tag der Beauftragung gültigen Fassung. Der abgedruckte Text (Stand 20.7.2025) kann sich nach Redaktionsschluss dieses Kataloges zum Teil geändert haben. Die zum Prüfungszeitpunkt aktuelle und rechtlich verbindliche Fassung der Prüfordnung ist unter www.bpp.de oder www.bpp.eu einzusehen.

## 1. Allgemeines

Die Mitglieder des Bundes Philatelistischer Prüfer e.V. („Prüfer") stehen als philatelistische Experten in ihren jeweiligen Spezialgebieten zur Vornahme von philatelistischen Prüfungen zur Verfügung. Ihre Tätigkeit dient der Feststellung der Echtheit und Erhaltung von Briefmarken, Abstempelungen oder anderen philatelistischen Belegen sowie der Erkennung von Fälschungen und Manipulationen an solchen Prüfgegenständen. Die Prüfer des BPP orientieren sich bei allen Prüfungen und Gutachten an den philatelistischen Begriffsbestimmungen, die in der jeweils aktuellen Fassung im Internet unter www.bpp.eu oder www.bpp.de veröffentlicht sind.

## 2. Rechtsnatur der Geschäftsbeziehungen

2.1. Die rechtlichen Beziehungen zwischen dem Prüfer und seinem Auftraggeber richten sich nach dieser Prüfordnung. Ergänzend zu dieser Prüfordnung finden die Vorschriften des Bürgerlichen Gesetzbuches über die entgeltliche Geschäftsbesorgung (§ 675 BGB) und das Recht des Werkvertrages (§ 631 ff. BGB) Anwendung, soweit nicht aus der Natur des Prüfauftrages die Anwendung einzelner Vorschriften auszuschließen ist.

2.2. Der Auftraggeber bestätigt vor Zustandekommen des ersten Prüfvertrages schriftlich sein Einverständnis mit der Geltung der Prüfordnung und der für einige Gebiete bestehenden Sonderregelungen. Diese Sonderregelungen können bei den jeweiligen Prüfern angefordert werden. Die erstmalige Einverständniserklärung hat sich darauf zu erstrecken, dass die Prüfordnung bis auf schriftlichen Widerruf auch für alle zukünftigen Prüfverträge zwischen dem Prüfer und dem Auftraggeber gilt. Wird die Erklärung ganz oder teilweise verweigert, so hat der Prüfer den Prüfauftrag abzulehnen.

## 3. Aufgaben und Pflichten des Prüfers

3.1. Aufgabe des Prüfers ist die Erstellung eines Gutachtens durch Signierung, Kurzbefund, Befund oder Attest. Ergebnis der Begutachtung kann auch die Feststellung des Prüfers sein, dass ein Prüfurteil für den Prüfgegenstand im Ganzen oder in Teilen nicht mit hinreichender Sicherheit abgegeben werden kann. Das Gutachten ist unparteiisch und nach bestem Wissen und Gewissen zu erstellen. Der Prüfer darf – ggf. auch abweichend von einer vom Auftraggeber gewünschten Form der Bestätigung des Prüfergebnisses – eigenverantwortlich entscheiden, ob die Prüfung durch Signierung, Kurzbefund, Befund oder Attest abgeschlossen wird. Lehnt der Auftraggeber die eigenverantwortliche Entscheidung des Prüfers über die Form der Bestätigung des Prüfergebnisses ausdrücklich ab, so ist der Prüfer berechtigt, die Annahme des Auftrages zu verweigern oder von einem bereits angenommenen Auftrag aus wichtigem Grund zurückzutreten. Ein bestimmtes vom Auftraggeber gewünschtes Prüfergebnis wird nicht geschuldet.

3.2. Der Prüfer kann den Prüfauftrag nach Überprüfung des Auftragsinhaltes und -umfanges ohne Angabe von Gründen ganz oder teilweise ablehnen. In diesem Fall ist er verpflichtet, die Ablehnung dem Auftraggeber unverzüglich mitzuteilen. Auf Verlangen des Auftraggebers ist der Prüfer ferner verpflichtet, dem Vorstand des Bundes Philatelistischer Prüfer e.V. die Gründe für die Ablehnung des Prüfauftrages mitzuteilen.

3.3. Kann der Prüfer den Prüfauftrag nicht innerhalb von zwei Monaten (bei Typ-Prüfungen nicht innerhalb von drei Monaten) nach Zugang des Prüfauftrages inhaltlich überprüfen und ausführen, soll der Prüfer dem Auftraggeber einen Zwischenbescheid mit der Angabe der ungefähren Erledigungszeit erteilen. Dieser Zwischenbescheid erfolgt ohne Überprüfung des Auftragsinhaltes und stellt keine Auftragsannahme dar.
Der Prüfauftrag soll innerhalb von vier Monaten (bei Typ-Prüfungen innerhalb von sechs Monaten) angenommen und erledigt oder abgelehnt werden, wenn nichts anderes vereinbart ist oder wird. Verzugsbegründende Mahnungen des Auftraggebers müssen schriftlich erfolgen.

3.4. Der Prüfer erstellt sein Gutachten persönlich. Soweit es notwendig und zweckmäßig ist und die Eigenverantwortung des Prüfers erhalten bleibt, kann sich der Prüfer bei der Prüfung der Hilfe sachverständiger Dritter bedienen.

## 4. Umfang der Prüfung

4.1. Prüfgegenstände sind Postwertzeichen und Entstehungs-, Herstellungs- und Verwendungsbelege sowie Kriegs- und Propagandamarken und -fälschungen. Andere Vorlagen dürfen nicht signiert oder attestiert werden.

4.2. Die Prüfung erstreckt sich auf die Echtheit des Prüfgegenstandes in allen Teilen (z. B. Trennungsarten, Gummi, Aufdruck, Entwertung) und auf dessen Erhaltung/Qualität (etwaige Mängel, Reparaturen, Verschönerungen und sonstige Veränderungen). Die Tätigkeit des Prüfers kann die Einordnung des Prüfgegenstandes nach Druckart, Type, Wasserzeichen, Trennungsart, Farbe, Lochung und Papier gegen besondere Berechnung gemäß Ziffer 10.4. einschließen, soweit diese in den für das Prüfgebiet maßgeblichen Katalogen aufgeführt sind. Die Farbbezeichnung eines Prüfgegenstandes im Katalog kann mehrere Farbtönungsunterschiede enthalten. Solche entstehen in der Regel durch abweichende Mischungen der Druckfarbe. Sie können außerdem durch chemische oder physikalische Einflüsse entstanden sein (z. B. sog. Farbschwankungen durch unterschiedliche Sättigung einer Druckfarbe, die hellere oder dunklere Farbeindrücke hervorrufen). In Übergangs- und Grenzbereichen von Farbbezeichnungen können Prüfgegenstände nicht eindeutig einer Farbbezeichnung zuzuordnen sein. Auch unterliegt die Zuordnung eines Prüfgegenstandes zu einer bestimmten Farbbezeichnung im Katalog immer subjektiven Einschätzungen. Der Prüfer wird in der Regel die Bestimmung der Farbe visuell vornehmen. Die Anwendung aufwendiger oder besonders kostenintensiver Verfahren, wie z. B. Spektralanalyse, Spektralphotometrie, Fluoreszenzmikroskopie, chemische Methoden, ist zum Zweck der Farbzuordnung nicht geschuldet.

4.3. Weitergehende Feststellungen, wie Plattenfehler, nicht katalogisierte Unterarten und Abarten, Feldmerkmale, sowie Bewertungen sind nicht Aufgabe des Prüfers. Soweit er sie übernehmen will, ist er berechtigt, hierfür nach vorheriger Vereinbarung einen Zuschlag zur Prüfvergütung zu erheben.

4.4. Der Prüfer ist berechtigt, die zur Erreichung des Prüfzweckes notwendigen und üblichen Untersuchungen vorzunehmen, insbesondere lose Marken in kaltes oder warmes Wasser bzw. unempfindliche Stücke in ein Benzinbad zu legen. Bei Ganz- oder Briefstücken ist der Prüfer zur Ablösung der Marken nicht verpflichtet.

## 5. Attest, Kurzbefund und Befund

5.1. Ein Attest, Befund oder Kurzbefund – jeweils mit farbiger Abbildung des Prüfgegenstandes – kann dem Auftraggeber gegen gesonderte Berechnung erstellt werden (Ziffer 10.5.). Bei deren Ausstellung wird der Prüfgegenstand nur dann signiert, wenn dies zu seiner Identifizierung notwendig ist. Die Abbildungen sind zum Schutz vor Manipulationen durch ein Prägesiegel gesichert. Attest, Befund und Kurzbefund werden in der Regel in deutscher, auf besonderen Wunsch des Auftraggebers mit Zustimmung des Prüfers auch in englischer Sprache verfasst. Auf Wunsch des Auftraggebers darf der Prüfer zusätzlich auch eine anderssprachige Übersetzung liefern. Für Prüfgebiete, die zu den Sammelgebieten Deutschland, Österreich, Schweiz und Liechtenstein mit ihren sämtlichen Nebengebieten gehören, ist immer eine deutschsprachige Version zu erstellen und nur die deutschsprachige Fassung maßgeblich im Rechtsverkehr. Für alle übrigen Prüfgebiete kann dies auch eine englischsprachige Fassung sein. Der Prüfer ist in jedem Fall berechtigt, für die Anfertigung des Attestes, Befundes oder Kurzbefundes in englischer Sprache oder eine Übersetzung derselben in eine andere Sprache eine angemessene Vergütung zu verlangen.

5.2. Attest und Befund enthalten eine Bestätigung der Echtheit sowie die erforderliche Beschreibung des Prüfgegenstandes und seiner Erhaltung/Qualität. Ein Befund wird in der Regel ab einem MICHEL-Katalogwert von € 250,— und ein Attest ab einem MICHEL-Katalogwert von € 500,— ausgestellt.

5.3. Der Kurzbefund stellt entsprechend Ziffer 5.2. in standardisierter Form den Prüfgegenstand dar. Er wird in der Regel ab einem MICHEL-Katalogwert von € 150,— ausgestellt. Der Auftraggeber kann den Prüfer bei echten Prüfgegenständen beauftragen, auch wenn der MICHEL-Katalogwert unter € 150,— liegt, einen Kurzbefund gegen gesonderte Berechnung (Ziffer 10.5) auszustellen und von einer Signierung abzusehen.

5.4. Marken mit Aufdruck „Specimen“, Probedrucke, Essais und Vergleichbares erhalten ein Attest, einen Befund oder Kurzbefund. (Die frühere Praxis, diese Prüfgegenstände in der Mitte des Unterrandes zu signieren, entfällt.)

5.5. Der Prüfer ist berechtigt, mit dem Prüfauftrag zusammen vorgelegte, frühere Atteste, Befunde oder Kurzbefunde mit einem Hinweis auf die Vornahme seiner Prüfung zu versehen, wenn diese unzutreffend sind.

**6. Signierung echter Prüfgegenstände**

6.1. Für echt befundene Prüfgegenstände können durch rückseitige Anbringung des Prüfzeichens (Signum des Prüfers) in der in Ziffer 6.5. erläuterten Stellung gekennzeichnet (signiert) werden. Das Prüfzeichen enthält den Namen des Prüfers und den Zusatz „BPP“.

6.2. Bei Einheiten von Briefmarken kann der Prüfer im Falle der Signierung auf jeder Briefmarke sein Prüfzeichen anbringen. Zusammendrucke werden über die Marken bzw. über Marken und Leerfelder, Reklamefelder, Diagonalkreuze usw. signiert. Zusätzlich wird die linke Marke (bei waagerechten Zusammendrucken) bzw. die untere Marke (bei senkrechten Zusammendrucken) wie in Abb. 1A und 1B sowie 2A und 2B (Ziffer 6.5.) signiert mit der Maßgabe, dass die Stellung des Prüfzeichens zur Grundlinie die Qualität des gesamten Zusammendrucks zum Ausdruck bringen muss.

6.3. Aufgeklebte Marken (Briefstücke) werden auf der Rückseite des Papiers, auf welchem sie aufgeklebt sind, signiert.

6.4. Ganzstücke werden in der Regel nicht signiert, sondern nach Ziffer 5 behandelt, es sei denn, sie sind geringwertig. Nicht postalisch beförderte sowie nicht portogerecht frankierte Ganzstücke können auch wie Briefstücke signiert werden. Der Prüfer ist berechtigt, das Ganzstück zur Anbringung des Prüfzeichens zu öffnen.

6.5. Die Prüfzeichen werden grundsätzlich wie folgt mit schwarzer dokumentenechter Farbe gesetzt:

**Abbildungen 1 A und B**

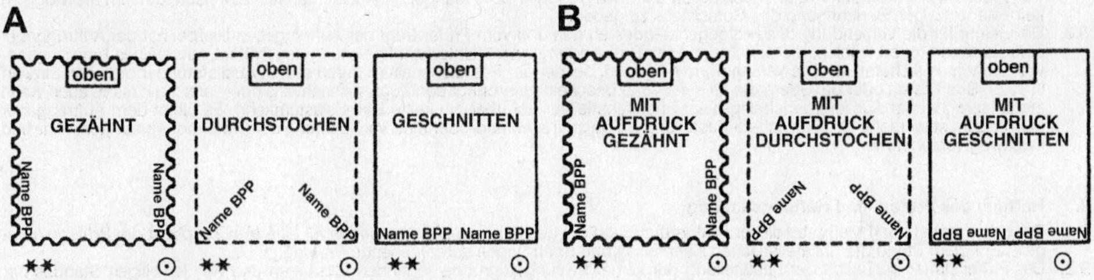


**Abbildungen 2 A und B**

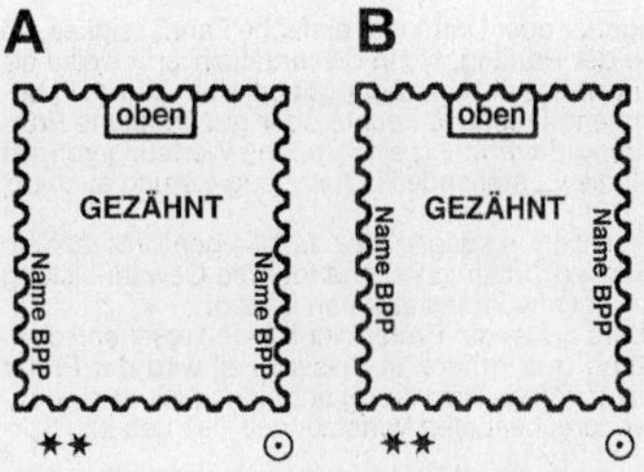


Ungezähnt gebliebene Marken werden wie geschnittene Marken signiert.

Beschädigte, reparierte oder verschönte Prüfgegenstände und ungebrauchte Marken ohne oder mit verändertem Gummi erhalten das Prüfzeichen, je nach Grad des Mangels, höhergesetzt (Abbildung 2 A). Stark beschädigte oder reparierte Prüfgegenstände werden bis zur Markenmitte erhöht signiert (Abbildung 2 B).

Prüfgegenstände ab einem Michelwert von 500 € oder einem Marktwert ab 150 €, den der Prüfer nach billigem Ermessen schätzt, werden in keinem Fall, insbesondere auch nicht bei Qualitätsbeeinträchtigungen, signiert. Solche Prüfgegenstände erhalten einen Kurzbefund, Befund oder ein Attest. Der Prüfer nimmt eine Signierung solcher Prüfgegenstände – auch auf Verlangen des Auftraggebers – nicht vor.

6.6. Geringwertige Prüfstücke erhalten in der Regel kein Prüfzeichen. Ein Prüfzeichen wird keinesfalls angebracht, wenn das geringwertige Prüfstück mit höherwertigen Marken verwechselt werden kann. Solche Prüfstücke können durch Typen-Stempel ohne namentliches Signum des Prüfers klassifiziert werden.

6.7. Prüfgegenstände mit zeitgerechten Abstempelungen zu philatelistischen Zwecken werden wie sonstige echt gestempelte Prüfgegenstände behandelt.

6.8. Amtliche Neudrucke oder Nachdrucke erhalten rückseitig das Signum „Neudruck“ bzw. „Nachdruck“ und das Prüfzeichen in der Mitte des Unterrandes. Private Neudrucke oder Nachdrucke werden nicht signiert. Auf unerlaubte Art oder in betrügerischer Absicht von echten oder nachgemachten Druckformen hergestellte Erzeugnisse sind wie Fälschungen zu behandeln.

6.9. Für das Prüfgebiet „Deutsche Inflation“ besteht aus historischen Gründen folgende Sonderregelung in der Signierungspraxis: Die Signierung in allen Teilen echter gebrauchter Prüfgegenstände erfolgt zusätzlich durch den Rundstempel „Echt – INFLA-Berlin“ oder den Quadratstempel „Echt – im Block geprüft – INFLA-Berlin“ zur Bestätigung der echten und zeitgerechten Entwertung.

**7. Kennzeichnung falscher Prüfgegenstände, Prüfungen ohne eindeutiges Ergebnis**

7.1. Falsche und verfälschte Prüfgegenstände erhalten den Stempel „falsch“ und das dazu quergestellte Prüfzeichen, und zwar Marken in der Mitte der Rückseite und Briefstücke sowie Ganzstücke zusätzlich vorderseitig neben der Marke bzw. dem Wertstempel oder Stempel.

7.2. Echte, aber falsch entwertete Prüfgegenstände (Stempelfälschungen und Stempelverfälschungen) erhalten den Vermerk „Stempel falsch“ und das dazu quergestellte Prüfzeichen, und zwar Marken in der Mitte der Rückseite und Briefstücke sowie Ganzstücke zusätzlich vorderseitig neben der Marke bzw. dem Wertstempel oder Stempel.
Falsch gummierte Marken erhalten rückseitig in der Markenmitte den Vermerk „Gummi falsch“ und das dazu quergestellte Prüfzeichen.

7.3. Fälschungen zum Schaden der Post, Spionagefälschungen und ähnliche zur Freimachung von Postsendungen bestimmte Erzeugnisse erhalten kein Prüfzeichen, sondern werden gemäß Ziffer 5 behandelt.

7.4. Der Prüfer ist zur gut sichtbaren und untilgbaren Kennzeichnung von Fälschungen berechtigt und verpflichtet. Auch vorhandene unzutreffende Atteste, Befunde oder Kurzbefunde werden entsprechend gekennzeichnet. Ausnahmen hiervon sind nur im Rahmen vom BPP veröffentlichter Sonderprüfungen zulässig.
**Der Auftraggeber erklärt sich hiermit ausdrücklich einverstanden.**

7.5. Kann der Prüfer auch unter Anwendung aller ihm zumutbarer Prüfmethoden und bei Berücksichtigung des für sein Prüfgebiet maßgeblichen Standes der philatelistischen Forschung nicht mit Sicherheit die Echtheit des Prüfgegenstandes oder das Vorliegen einer Fälschung bestätigen, so kann er den Prüfgegenstand mit dem Bemerken, dass ein eindeutiges Prüfergebnis nicht feststellbar sei, ohne jede Kennzeichnung zurückgeben.

## 8. Abwicklung des Prüfauftrages, Pflichten des Auftraggebers

8.1. Die Prüfgegenstände sind geordnet in sauberem, lose gestempelte Briefmarken in papier- und falzfreiem Zustand, mit einer Aufstellung bzw. Kopie der eingelieferten Prüfgegenstände vorzulegen. Prüfsendungen mit einem Marktwert von über 500 Euro sind vor der Absendung dem Prüfer telefonisch oder durch E-Mail an die der Homepage des BPP hinterlegte E-Mail-Adresse anzukündigen.

8.2. Der Auftraggeber ist verpflichtet, den Prüfer auf alle ihm bekannten Umstände aufmerksam zu machen, die zu einer Fehlbeurteilung führen können. Insbesondere sind dem Prüfer bereits bekannte Prüfungsurteile, Ergebnisse von Vorprüfungen, Fehler, Reparaturen, Nachzähnungen oder Nachgummierungen an dem Prüfgegenstand bei der Vorlage mitzuteilen und bereits vorhandene Befunde und/oder Atteste vorzulegen. Der Auftraggeber ist weiterhin verpflichtet, den Prüfer zu informieren, wenn ihm von dem Prüfgegenstand weitere gleiche Exemplare aus einer zerteilten oder noch ungeteilten Einheit, wie z. B. einem Briefmarkenbogen oder -teilbogen, vorliegen. Infolge der schuldhaften Verletzung der dem Auftraggeber gegenüber dem Prüfer obliegenden Verpflichtungen ist der Auftraggeber gegenüber dem Prüfer zum Ersatz des sich daraus ergebenden Schadens verpflichtet. Darüber hinaus ist der Auftraggeber verpflichtet, den Prüfer unverzüglich auf etwaige Fehler oder Mängel des Gutachtens hinzuweisen, um ihm die Möglichkeit einer etwaigen Berichtigung des Gutachtens zu geben.

8.3. Die Gefahr für die Versendung des Prüfgegenstandes an den und vom Prüfer trägt der Auftraggeber. Hierbei hat der Auftraggeber eine Versandform zu wählen, die den Zugang der Prüfsendung gegen Unterschriftsleistung des Prüfers oder seines Empfangsbevollmächtigten sicherstellt. Eine Versandform hingegen, bei der der Postdienstleister durch seinen Auslieferungsboten den Einwurf in einen Briefkasten oder die Übergabe an den Prüfer bescheinigt, erbringt den Zugangsnachweis oder -anschein nicht, auch wenn ein entsprechender Auslieferungsbeleg beim Postdienstleister abrufbar ist (keine Beweislastumkehr). Es bleibt dem Auftraggeber überlassen, seinerseits für eine sichere Zustellung Sorge zu tragen und/oder eine Versicherung der Prüfsendung auf dem Hin- und Rückweg vorzunehmen.

## 9. Haftung des Prüfers und Haftungsumfang

9.1. Der Prüfer haftet nach Maßgabe dieser Prüfordnung und der gesetzlichen Bestimmungen für eine zum Zeitpunkt der Prüfung fachgerechte, dem Stand der philatelistischen Kenntnisse und Erfahrungen entsprechende Prüfung.

9.2. Der Prüfer haftet bezüglich der Feststellung der seiner Prüfung zugrunde liegenden Tatsachen und des jeweiligen Standes der philatelistischen Kenntnisse dem Auftraggeber auch für einfache Fahrlässigkeit.
Die Einordnung eines Prüfgegenstandes zu einer bestimmten Farbbezeichnung im Katalog wird der Prüfer nach bestem Wissen und Gewissen vornehmen. Eine Haftung des Prüfers begründet die Einordnung in Übergangs- und Grenzbereichen von Farbbezeichnungen (vgl. Ziffer 4.2 der Prüfordnung) nicht, zumal diese subjektven Kriterien unterliegt.
Für die Verletzung unwesentlicher Vertragspflichten haftet der Prüfer im Falle einfacher Fahrlässigkeit nicht. Die vorstehende Haftungsbegrenzung gilt für Ansprüche aus jeglichem Rechtsgrund, die vom Auftraggeber oder auf der Grundlage des Prüfauftrages von Dritten gegenüber dem Prüfer geltend gemacht werden.
Hat der Auftraggeber oder Dritte einen Schaden und haftet der Prüfer dem Auftraggeber oder Dritten für einfache Fahrlässigkeit, so beschränkt sich seine Haftung auf den Wert des Prüfgegenstandes zum Zeitpunkt der Prüfung, wenn dieser fälschlicherweise als falsch oder schlecht erhalten beurteilt wurde. Wurde der Prüfgegenstand fälschlicherweise als echt oder gut erhalten beurteilt, beschränkt sich die Haftung des Prüfers auf den Wert, den eine dem Prüfgegenstand entsprechende echte oder gut erhaltene Prüfvorlage im Zeitpunkt der Prüfung hatte. Entgangener Gewinn, auch nach Durchführung der Prüfung eingetretene Wertsteigerungen werden nicht ersetzt. Liegen die Voraussetzungen des § 310 Abs. 1 BGB vor, so gilt die vorstehende Haftungsbegrenzung auch bei grob fahrlässigem Verhalten des Prüfers oder seiner Erfüllungsgehilfen.
Soweit in einem solchen Fall der Prüfer gegenüber einem Dritten haftet, entfällt diese Haftung gegenüber demjenigen Dritten, dem gegenüber in der Veräußerungskette zwischen Auftraggeber und Drittem bzw. zwischen Dritten untereinander die Gewährleistung ausgeschlossen oder beschränkt wurde, es sei denn, er hätte sich die Gewährleistungsansprüche abtreten lassen.
Für eine vorgenommene zutreffende Signierung ohne Zustimmung des Auftraggebers haftet der Prüfer nicht. Eine versehentlich in der Stellung des Prüfzeichens unzutreffende Signierung führt nicht zu einer Haftung des Prüfers. In diesem Fall wird der Prüfer kostenlos einen Kurzbefund, einen Befund oder ein Attest erstellen, in dem die unzutreffende Signierung richtig gestellt wird.

9.3. Die in Ziffer 9.2 aufgeführten Haftungsbeschränkungen gelten nicht bei dem Prüfer zurechenbaren Verletzungen des Lebens, Körpers oder der Gesundheit des Auftraggebers.

9.4. Soweit der Prüfer gegenüber Dritten aus dem Prüfvertrag haftet, reichen die gegen ihn gerichteten Ansprüche nicht weiter als die dem Auftraggeber selbst zustehenden Ansprüche. Auch für den Dritten gelten die in der Prüfordnung festgelegten Haftungsbeschränkungen.

9.5 Kommt der Prüfer nach Abschluss der Prüfung zu der Erkenntnis, dass das zunächst festgestellte Ergebnis seiner Prüfung unzutreffend ist, ist der Auftraggeber verpflichtet, dem Prüfer durch Vorlage des Prüfgegenstandes bzw. Attestes, Befundes oder Kurzbefundes am Sitz des Prüfers eine Korrektur zu ermöglichen. Das gleiche gilt im Falle der Geltendmachung eines Schadensersatzanspruches. Diese Verpflichtung entfällt, wenn der Auftraggeber weder Eigentümer noch Besitzer des Prüfgegenstandes ist. Das ursprüngliche Prüfergebnis muss erkennbar bleiben.

9.6. Eine Haftung des Bundes Philatelistischer Prüfer e.V. für seine als Prüfer tätigen Mitglieder ist ausgeschlossen.

9.7. Sind die Voraussetzungen für die Leistung von Schadensersatz durch den Prüfer gegeben, dann kann der Prüfer nach seiner Wahl entweder ein gleichwertiges Ersatzstück liefern oder den entstandenen Schaden in bar ersetzen.

9.8. Der Auftraggeber ist verpflichtet, alles zu tun, um den Eintritt und die Höhe des Schadens zu mindern (§ 254 BGB). Für den Fall seiner Inanspruchnahme durch Dritte hat der Auftraggeber dem Prüfer unverzüglich Anzeige zu machen.

## 10. Anspruch des Prüfers auf Vergütung

10.1. Der Prüfer berechnet für seine Tätigkeit, auch Neu- oder Nachprüfung, eine Vergütung.

10.2. Die Vergütung beträgt, wenn nichts anderes vereinbart ist, bis zu 4% vom jeweiligen MICHEL-Katalogwert oder, wenn ein solcher nicht feststellbar ist, bis zu 10% vom Handelswert, den der Prüfer nach billigem Ermessen schätzen darf. In einem solchen Fall können die Parteien die Prüfvergütung auch auf Grundlage einer individuellen Absprache vor Abschluss der Prüftätigkeit einvernehmlich festlegen.
Die Mindestvergütung beträgt für jede Prüfsendung € 30,–. Die Mindestvergütung für jede einzelne vorgelegte Marke beträgt € 4,–, für jedes Briefstück oder Ganzstück € 5,–, auch wenn keine Signatur angebracht wird.
Bei Briefstücken oder Ganzstücken mit mehr als drei verschiedenen Marken kann für die Typisierung eine zusätzliche Vergütung von € 1,– pro Marke berechnet werden.

10.3. Die Vergütung für als falsch oder verfälscht zu kennzeichnende Prüfgegenstände beträgt jeweils bezogen auf einen echten, gleichartigen Prüfgegenstand entweder bis zu 1% des MICHEL-Katalogwertes gemäß Ziffer 10.2. oder, wenn ein solcher nicht feststellbar ist, bis zu 2,5% des Handelswertes, den der Prüfer nach billigem Ermessen schätzen darf. Die Höhe der Mindestvergütung für jede Prüfsendung und jeden einzelnen Prüfgegenstand gemäß Ziffer 10.2 bleibt unverändert.
Ist die Feststellung eines eindeutigen Prüfergebnisses für einen Prüfgegenstand nicht möglich, darf nur die Mindestvergütung gemäß Ziffer 10.2 in Anrechnung gebracht werden, es sei denn, der Prüfer macht höheren Aufwand geltend.

10.4. Für besonders zeitintensive und schwierige Prüfungen kann der Prüfer einen vorher schriftlich zu vereinbarenden Aufschlag verlangen. Dies gilt auch für das Einordnen von Prüfgegenständen nach Druckart, Type, Wasserzeichen, Trennungsart, Farbe, Lochung und Papier.

10.5. Die zusätzliche Vergütung für die Ausstellung eines Attestes beträgt € 20,–, für einen Befund € 10,–, für einen Kurzbefund in Großformat € 8,– und für einen Kurzbefund in Kleinformat € 5,–.
Die zusätzliche Vergütung entfällt bei einzelnen Prüfgegenständen, für die die abgerechnete Prüfvergütung ohne die Vergütung für die Ausstellung des Attestes über 150 Euro (ohne Mehrwertsteuer) beträgt.

10.6. Die Vergütung wird mit Zugang der Prüfrechnung beim Auftraggeber fällig. Sie kann durch Nachnahme erhoben werden.

10.7. Neben der Vergütung berechnet der Prüfer seine Versand-, Versicherungs- und Verpackungskosten sowie gegebenenfalls, soweit er der Steuerpflicht unterliegt, die gesetzliche Mehrwertsteuer.

10.8. Der Prüfer kann eine Vorauszahlung in Höhe der zu erwartenden Vergütung einschließlich Versandkosten verlangen. Soweit nicht Vorauszahlung der Vergütung erfolgt oder diese nicht durch Nachnahme erhoben wird, kann der Prüfer die Prüfgegenstände bis zur Zahlung seiner Rechnung zurückbehalten.

10.9. Gegen Ansprüche des Prüfers auf Zahlung der Vergütung kann der Auftraggeber nur aufrechnen, wenn seine geltend gemachte Gegenforderung unbestritten oder rechtskräftig festgestellt ist.

## 11. Verjährung

Ansprüche des Auftraggebers wegen mangelhafter Vertragserfüllung sowie Schadensersatzansprüche gegen den Prüfer, gleich aus welchem Rechtsgrund, verjähren im Falle einfacher Fahrlässigkeit des Prüfers oder seiner Erfüllungsgehilfen spätestens nach einem Jahr, sofern sich aus den gesetzlichen Bestimmungen nicht eine kürzere Verjährungsfrist ergibt. Der Verjährungsbeginn richtet sich nach den gesetzlichen Vorschriften.
Die vorstehende Begrenzung der Verjährungsfrist gilt nicht im Falle von dem Prüfer zurechenbaren Verletzungen des Lebens, Körpers oder der Gesundheit des Auftraggebers.

## 12. Erfüllungsort und Gerichtsstand

12.1. Hat der Auftraggeber keinen allgemeinen Gerichtsstand im Inland oder verlegt er seinen Wohnsitz oder gewöhnlichen Aufenthaltsort aus dem Inland oder ist sein Wohnsitz oder gewöhnlicher Aufenthaltsort zum Zeitpunkt der Klageerhebung nicht bekannt, so ist der Wohnsitz des Prüfers ausschließlicher Gerichtsstand.
Hat der Prüfer keinen allgemeinen Gerichtsstand im Inland oder verlegt er seinen Wohnsitz oder gewöhnlichen Aufenthaltsort aus dem Inland oder ist ein solcher nicht bekannt, so ist der Sitz des Bundes Philatelistischer Prüfer e.V. ausschließlicher Gerichtsstand.

12.2. Ist der Auftraggeber Kaufmann, juristische Person des öffentlichen Rechts oder öffentlich rechtliches Sondervermögen, so ist der Wohnsitz des Prüfers ausschließlicher Gerichtsstand, sofern dieser zum Zeitpunkt der Klageerhebung in der Bundesrepublik Deutschland besteht.

12.3. Vorbehaltlich der Ziffern 12.1 und 12.2 ist der Erfüllungsort für alle Beteiligten der Wohnsitz des Prüfers.

12.4. Auf die Rechtsbeziehungen zwischen dem Prüfer und seinem Auftraggeber findet das Recht der Bundesrepublik Deutschland Anwendung.

## 13. Ergänzungen der Prüfordnung

Für einzelne Prüfgebiete bestehen aufgrund historischer Gegebenheiten und Besonderheiten des Prüfgebietes Sonderregeln, welche die Prüfordnung ergänzen. Auch diese sind entsprechend Ziffer 2.2 der Prüfordnung anzuerkennen.
Sämtliche Sonderregeln sind in jeweils gültiger Form im Internet (www.bpp.eu oder www.bpp.de) veröffentlicht und können vom jeweiligen Prüfer angefordert werden.

## 14. Schlussbestimmungen

Sollten einzelne Bestimmungen dieser Prüfordnung unwirksam sein oder werden, so wird hierdurch die Wirksamkeit der übrigen Bestimmungen nicht berührt.

Diese Prüfordnung tritt mit ihrer Veröffentlichung im Internet (www.bpp.eu oder www.bpp.de) zum 01. Juli 2003 in Kraft.
Änderungen wurden am 1.5.2004, 30.4.2005, 29.4.2006, 21.4.2007, 2.5.2009, 29.5.2010, 21.5.2011, 5.5.2012, 20.4.2013, 17.5.2014, 30.4.2016, 29.4.2017, 30.4.2022 und 27.4.2024 beschlossen. Letztere treten zum 1.7.2024 in Kraft. Die vorhergehenden Änderungen sind bereits jeweils zum 1.7. der betreffenden Jahre 2004 bis 2009, 2012 bis 2014 und 2017 bzw. zum 1.8. der Jahre 2010 und 2011 in Kraft getreten.

# Prüferliste des Bundes Philatelistischer Prüfer e.V.

(Stand 20.7.2025)

## Prüfgebiete

(In der Regel inkl. Ganzsachen, Barfrankaturen und Notentwertungen)

### Europa

**Weltraumpost:** Hopferwieser

**Estland:** Löbbering
**Färöer:** Møller
**Finnland** (mit Aunus, Karelien, Nordingermanland): Schwenson
**Gibraltar:** Hamilton-Bowen
**Grönland:** Møller
**Großbritannien:**
MiNr. 1–101 (ohne Dienst): Louis
**Irland:** Hamilton-Bowen
**Island:** Møller
**Jugoslawien:**
MiNr. 1–450, Porto MiNr. 1–73: Huzanic
**Kroatien:**
sogen. NDH Kroatien 1941–45: Huzanic
Lokalausgabe Banja Luka: Huzanic
**Liechtenstein:**
ab 1912 inkl. Mitläufer, ohne Flug- und Zeppelinpost: Hoffner
**Litauen:**
1918–1940: Huylmans
Lokalausgaben 1919/1920: Huylmans
**Luxemburg:**
Böttger (ohne Dienstmarken und Vorausentwertungen), Nosbaum
**Malta:** Hamilton-Bowen
**Österreich:**
1850–67: Goller
ab MiNr. 44 (ohne Lokalausgaben und Nebengebiete): Soecknick
ab MiNr. 660: Glavanovitz
Bosnien und Herzegowina: Goller, Soecknick
DDSG: Goller
Levante und Kreta: Goller
Lombardei und Venetien: Goller
**Polen:**
Port Gdansk: Gruber
Polnische Besetzung von Warwiszki: Huylmans
**Portugal:**
1853–1960, Azoren 1868–1930, Madeira 1868–1930: Ehrig
**Russland:**
1857–1875 (MiNr. 1–28): Citerne
Zemstvo Gadiach 1884–1917: Citerne
**Schweden:**
1855–1900: Obermüller Wilén
**Schweiz:**
Kantonalmarken und MiNr. 1–4: Neumann
ab MiNr. 95: Hoffner (Luftpostbelege nur auf Anfrage)
Dienstmarken 1938–1959 (MiNr. 28–74): Hoffner
Industrielle Kriegswirtschaft: Hoffner
Internationale Organisationen: Hoffner
**Spanien mit Kolonien:** Baschwitz
**Tschechoslowakei:** Darmietzel
1. Republik 1918–1938 (MiNr. 1–405, ohne Portomarken und Nebengebiete): Ch. Neumann
**Türkei:**
ab 1901 (ab MiNr. 86): Unger
**Vatikanstadt:** Lummer
**Westukraine:** Huylmans

# Anschriften der Prüfer im BPP (Stand 20.7.2025)

Jeweils aktuellster Stand der Prüferliste: www.bpp.de und www.bpp.eu

Geschäftsstelle: Gunnar Gruber, Fritz-Reichle-Ring 4, 78315 Radolfzell, Tel. (0 77 32) 5 24 12, Fax (0 77 32) 92 97 41
E-Mail: gruber@bpp.de. Anfragen nach Möglichkeit bitte per E-Mail.

Die angegebenen Vorwahlnummern gelten von Deutschland aus.

Die mit unterstrichenem Nachnamen aufgeführten Prüfer sind auch als öffentlich bestellte und vereidigte Sachverständige tätig.

**Bärsch**, Jürgen, Buschungstr. 76, 65205 Wiesbaden,
Tel. (06 11) 4 04 66 6, E-Mail: juergen.baersch@allianz.de

**Barth**, Norbert, Echter Str. 20, 41844 Wegberg,
Tel. (0 24 34) 2 46 64, E-Mail: nori.barth@t-online.de

**Baschwitz**, German, Avda. Alfonso XIII, 111 Semisotano,
28016 Madrid, SPANIEN,
Tel. (00 34) 65 68 10 74, Fax (00 34 91) 3 64 50 18,
E-Mail: german@basch.e.telefonica.net

**Bauer**, Josef, Clemensstr. 50, 80803 München,
Tel. (0 89) 1 29 21 03, E-Mail: Josef.g.bauer@t-online.de

**Berger**, Stefan, Wehrgasse 4, 07749 Jena,
Tel. (0 36 41) 2 22 72 79, E-Mail: s.c.berger@gmail.com

**Bernhard**, Leon Alexander, Korvettenweg 43, 26723 Emden,
Tel. 01 59 06 10 79 03, E-Mail: bernhard@bpp.de

**Bock**, Matthias, Schlangenkoppel 18, 22117 Hamburg,
Tel. (0 40) 27 86 66 86, E-Mail: mbock@cimw.de

**Böheim**, Julius, Fließhornstr. 8, 78465 Konstanz,
Tel. (0 75 33) 57 96, Fax (0 75 33) 45 84,
E-Mail: dr.boeheim@gmx.de

**Böttger**, Lars, 10, rue de Grundhof, 6315 Beaufort, LUXEMBURG,
Tel. (0 03 52) 67 71, E-Mail: lars.boettger@bdph.de

**Brekenfeld**, Carsten, Kadettenweg 74, 12205 Berlin,
Tel. (0 30) 8 84 30 80, Fax (0 30) 88 43 08 15,
E-Mail: CBrekenfeld@t-online.de

**Brett**, Marcell, Burgerstr. 22, 39288 Burg OT Detershagen,
Tel. (0 39 21) 4 59 99 05, E-Mail: marcellbrett@gmx.de

**Citerne**, Maxime J., Borngasse 3, 61462 Königstein,
Tel. 01 76 64 91 81 36, E-Mail: maxime@wahnam.fr

**Darmietzel**, Peter, Obere Leite 16, 97453 Marktsteinach,
Tel. (0 97 27) 17 66, E-Mail: peter@darmietzel.de

**Ehrig**, Michael, Kurt-Schumacher-Str. 51, 15827 Blankenfelde-Mahlow, Tel. (0 33 79) 37 16 94, Fax (0 33 79) 37 16 96,
E-Mail: m.ehrig@gmx.de

**Eichhorn**, Florian, Adolfsallee 17, 65185 Wiesbaden,
Tel. (06 11) 37 26 05, Fax (06 11) 30 62 68,
E-Mail: minatobay@yahoo.de

**El Majdoub**, Faycal, Weihbergstr. 32, 52382 Niederzier,
Tel. 01 79 7 09 11 13, E-Mail: elmajdoub@bpp.de

**Estelmann**, Oliver, Klarastr. 26, 16540 Hohen Neuendorf,
Tel. (0 33 03) 40 97 93, E-Mail: helgola@gmx.net

**Fleiner**, Udo, Emma-Herwegh-Str. 22, 79114 Freiburg,
Tel. (07 61) 61 05 05 50, E-Mail: udo.fleiner@t-online.de

**Fullgraf**, Heinrich, Im Wirrwinkel 35, 23879 Mölln,
Tel. (0 45 42) 36 06, E-Mail: Heinrich.Fullgraf@t-online.de

**Gärtner**, Sebastian, Auguste-Lazar-Str. 5, 01217 Dresden,
Tel. (03 51) 56 37 71 89, E-Mail: gaertner@bpp.de

**Geigle**, Christian E., Almrauschstr. 5, 82031 Grünwald,
Tel. (0 89) 69 39 51 81, Fax (0 89) 69 39 51 82,
E-Mail: chrgeigle@yahoo.com

**Glavanovitz**, Werner, Vorgartenstr. 63/38, 1200 Wien,
ÖSTERREICH,
Tel. (00 43) 66 42 54 83 70,
E-Mail: werner.glavanovitz@chello.at

**Gleich**, Alexander, Lessingstr. 2, 69493 Hirschberg,
Tel. (0 62 01) 87 36 51, E-Mail: alexandergleich@gmx.de

**Goller**, Arnold, 9640 Kötschach 283, ÖSTERREICH,
Tel. (00 43) 66 49 11 01 74, E-Mail: info@arnoldgoller.com

**Gruber**, Gunnar, Fritz-Reichle-Ring 4, 78315 Radolfzell,
Tel. (0 77 32) 5 24 12, Fax (0 77 32) 92 97 41,
E-Mail: gruber@bpp.de

**<u>Hamilton-Bowen</u>**, Roy, Postfach 11 24, 63083 Rodgau,
Eisenbahnstr. 8, 63110 Rodgau, Tel. (0 61 06) 30 23,
Fax (0 61 06) 30 24, E-Mail: roy.hb@online.de

**Harder**, Philipp, Saluferstr. 11, 7000 Chur, SCHWEIZ,
Tel. (0041 81) 3 53 60 61, E-Mail: philipp.harder@t-online.de

**Haslau**, Michael, Parkstr. 11, 13086 Berlin,
Tel. (0 30) 92 40 89 58, E-Mail: michael-haslau@t-online.de

**Haveman**, B. Walter, Saarstr. 17, 73431 Aalen,
Tel. (0 73 61) 3 71 07, E-Mail: haveman@gmx.de

**Heinrich**, Thomas, Eschenweg 66, 71364 Winnenden,
Tel. und Fax (0 71 95) 17 88 85,
E-Mail: heinrich.winnenden@gmx.de

**Heitmann**, Claus, Dachauer Str. 111, 80335 München,
Tel. (0 89) 54 35 67 74, E-Mail: claus.heitmann@t-online.de

**Hoffner**, Johannes, Hintermatt 9, 4417 Ziefen, SCHWEIZ,
Tel. (0041 61) 9 31 14 52, E-Mail: johanneshoffner@bluewin.ch

**Hopferwieser**, Walter Michael, Akazienweg 7, 7537 Neuberg im Burgenland, ÖSTERREICH,
Tel. (0043 6 64) 5 02 29 98, Fax (0043 6 62) 8 22 04 65,
E-Mail: walterhopferwieser@gmail.com

**Huylmans**, Tobias, Spiegelbergstr. 33, 55283 Nierstein,
Tel. (0 61 33) 9 24 67 48 , Fax (0 61 33) 9 24 67 49
E-Mail: huylmans@bpp.de

**Huzanic**, Mario, Schwandenrain 6b,
8910 Affoltern am Albis, SCHWEIZ,
Tel. (0041 79) 5 02 86 85, E-Mail: mario.huzanic@madebynet.ch

**Irtenkauf**, Klaus, Ekkehardstr. 3, 88046 Friedrichshafen,
Tel. (0 75 41) 3 52 86, E-Mail: k.irtenkauf@kabelbw.de

**<u>Jäschke-Lantelme</u>**, Michael, Ahlener Weg 13 c, 12207 Berlin
Tel. (0 30) 75 51 90 16, Fax (0 30) 75 51 90 18,
E-Mail: info@jaeschke-lantelme.com

**Jasch**, Michael, Ritterfelddamm 121, 14089 Berlin,
Tel. (0 30) 2 13 41 15, Fax (0 30) 2 13 46 23,
E-Mail: DrJasch@t-online.de

**Kalb**, Klaus, Germanenstr. 73, 58509 Lüdenscheid,
Tel. (0 23 51) 2 44 74, E-Mail: kaelbchens@t-online.de

**Klinkhammer**, Marc, Hirschstr. 12, 71254 Ditzingen,
Tel. (0 71 56) 96 69 22, E-Mail: marcinstruktion@t-online.de

**König**, Heiko, Haselnussweg 11, 06849 Dessau,
Tel. (03 40) 87 01 90 90, Fax (03 40) 87 01 90 91,
E-Mail: info@hettinger-auktionen.de

**Kramp**, Hans-Ludwig, Am Anger 7 A, 19217 Wendorf bei Rieps,
Tel. (03 88 73) 3 34 24, E-Mail: hans-ludwig.kramp@t-online.de

**Kramp**, Leif, Eickedorfer Vorweide 48, 28879 Grasberg,
Tel. 0 17 24 27 46 44, E-Mail: drkramp@bpp.de

**Krug**, Hansmichael, Postfach 94 01 03, 60459 Frankfurt/Main,
Burgfriedenstr. 42, 60489 Frankfurt/Main,
Tel. (0 69) 78 80 09 83, Fax (0 69) 78 80 09 82,
E-Mail: hansmichael.krug@gmx.de

**Kunz**, Jens, Am Hellenberg 15, 54579 Üxheim,
Tel. (0 26 96) 12 73, E-Mail: jk.online@gmx.de

**Löbbering**, Thomas, Rudolf-Dietz-Str. 9, 56379 Holzappel,
Tel. (0 64 39) 65 01, Fax (0 64 39) 92 97 23
E-Mail: thomas_loebbering@hotmail.com

**Louis**, Karl-Albert, c/o Fa. Heinrich Köhler, Wilhelmstr. 48,
65183 Wiesbaden, Tel. (06 11) 3 93 81,
E-Mail: karl.louis@t-online.de

**Lummer**, Maximilian, Narzissenstr. 31, 82110 Germering,
Tel. (0 89) 80 07 17 20, E-Mail: ML@Phila-lummer.de

**Mathies**, Jörg, Merkatorweg 31 b, 22119 Hamburg,
Tel. 01 57 88 85 69 80, E-Mail: mathies@bpp.de

**Mehlmann**, Volker, Norfer Str. 18, 41539 Dormagen, Tel. (0 21 33) 21 41 99,E-Mail: volker.mehlmann@web.de

**Møller**, Carl Aage, Röschkamp 11, 23774 Heiligenhafen, Tel. (0172) 1 71 20 33, E-Mail: camoller@icloud.com

**Mozek**, Christian, Bahnhofstr. 8, 26382 Wilhelmshaven, Tel. (0 44 21) 7 55 19 70, E-Mail: mozek@bpp.de

**Neumann**, Christian, Kurze Straße 6, 79618 Rheinfelden, Tel. (0 76 23) 6 26 21, E-Mail: kcneumann@gmx.de

**Neumann**, Till, Postfach 10 29 40, 28029 Bremen, Osterdeich 32, 28203 Bremen, Tel. (04 21) 7 94 02 60, Fax (04 21) 7 94 02 61, E-Mail: tn@klassische-philatelie.de

**Nosbaum**, Oliver, 135, rue de Bettembourg, 5811 Fentange, LUXEMBURG, Tel. (0 03 52) 49 12 10, E-Mail: o_nosbaum@hotmail.com

**Obermüller Wilén**, Helena, Observationsvägen 20, 14138 Huddinge, SCHWEDEN, Tel. (0046 8) 6 41 09 11, Fax (0046 8) 6 43 22 38, E-Mail: obermuller.wilen.helena@telia.com

**Petry**, Claus, Wilstedter Weg 35b, 22851 Norderstedt, Tel. (0 40) 5 37 22 42, E-Mail: clauspetry@web.de

**Pfeiffer**, Detlef, Marksuhler Ring 9, 71126 Gäufelden-Öschelbronn, Tel. (0 70 32) 95 42 21, Fax (0 70 32) 91 90 77, E-Mail: pfeiffer-detlef@t-online.de

**Provinsky**, Peter, Gardeschützenweg 127, 12203 Berlin, Tel. (0 30) 8 43 90 30, E-Mail: P.Provinsky@t-online.de

**Rolle**, Andreas, c/o Firma Schlegel, Kurfürstendamm 200, 10719 Berlin, Tel. 0171 7 00 33 63, E-Mail: rolle@bpp.de

**Ruscher**, Karsten, Marzahner Promenade 32, 12679 Berlin, Tel. (030) 70 07 98 39, E-Mail: k.ruscher@web.de

**Scheibert**, Roman, c/o ROSCH COMPUTER GMBH, Ostring 13, 65205 Wiesbaden, Tel. 01 60 - 8 81 00 03, E-Mail: scheibert@rosch-computer.de

**Schlegel**, Andreas, Kurfürstendamm 200, 10719 Berlin, Tel. (0 30) 88 55 09 35, Fax (0 30) 88 55 09 37, E-Mail: info@briefmarken-schlegel.de

**Schlegel**, Hans-Dieter, Berkaer Str. 44, 14199 Berlin, Tel. (0 30) 8 81 34 18, Fax (0 30) 88 55 09 75, E-Mail: hd@schlegel-philatelie.de

**Schulz**, Dirk, Wasserkunststr. 28, 39124 Magdeburg, Tel. (03 91) 25 54 81 06, Fax (03 91) 25 54 81 20, E-Mail: post@wehama.de

**Schweizer**, Michael, Moltkestr. 19/1, 73257 Köngen, Tel. (0 70 24) 98 98 10, E-Mail: MichaelSchweizer@t-online.de

**Schwenson**, Cyril, Lindenstr. 13, 29549 Bad Bevensen, Tel. (0 58 21) 4 11 19, E-Mail: c.schwenson@t-online.de

**Sem**, Peter, Kellerstr. 3, 96163 Gundelsheim, Tel. (09 51) 4 26 20, Fax (09 51) 4 30 48, E-Mail: peter@peter-sem.de

**Soecknick**, Rüdiger, Sebastianplatz 4/3/25, 1030 Wien, ÖSTERREICH, Tel. (00 43 1) 2 08 35 46, E-Mail: ruediger.soecknick@chello.at

**Stegmüller**, Franz, Traunreuter Str. 38, 81549 München, Tel. (0 89) 68 09 37 90, Fax (0 89) 68 09 37 91, E-Mail: franz.stegmueller@t-online.de

**Steuer**, Ronald F., Löwengasse 38/14, 1030 Wien, ÖSTERREICH, Tel. und Fax (0043 1) 9 69 90 14, E-Mail: ronald.steuer@chello.at

**Unger**, Arthur, Rodauer Str. 64, 1230 Wien, ÖSTERREICH, Tel. (00 43 1) 9 04 89 13, E-Mail: ab.unger@drei.at

**Vaatz**, Arnold, Grenzstraße 2, 01156 Dresden, Tel. (03 51) 4 53 94 22, Fax (03 51) 4 53 94 21, E-Mail: vaatz@bpp.de

**Wagner**, Günter, Grüner Weg 10, 98527 Suhl, Tel. (0 36 81) 41 65 00, E-Mail: assahun@web.de

**Wasels**, Heinrich, Rauhut Kruschel GmbH, Werdener Weg 44, 45470 Mülheim an der Ruhr, Tel. (00 44 77 71) 51 27 34, E-Mail: hwasels@yahoo.co.uk

**Wehner**, Andreas, Göttengrün 8, 07926 Gefell, Tel. (03 66 49) 79 00 53, E-Mail: awehner@web.de

**Weinbuch**, Dieter, Rothenburger Str. 4, 90613 Großhabersdorf, Tel. (0 91 05) 9 93 19 23, Fax (0 91 05) 9 93 19 22, E-Mail: dieter.weinbuch@t-online.de

**Wiegand**, Manfred, Max-Born-Ring 31, 37077 Göttingen, Tel. (05 51) 37 90 98, Fax (05 51) 3 07 01 91, E-Mail: wiegand.manfred@web.de

**Wilderbeek**, Hans, Boomschillerij 4, 5582 GV Waalre, NIEDERLANDE; c/o MEP Europe GmbH, Willstätterstraße 30, 40549 Düsseldorf, Tel. (00 31) 6 23 30 55 98, E-Mail: wilderbeek@gmail.com

**Zhang**, Wenyi, Bayerische Str. 10, 10707 Berlin, Tel. 01 72 7 02 58 31, E-Mail: wenyizhang1992@gmail.com

**Zill**, Alexander, Waldluststr. 54, 85540 Haar, Tel. (0 89) 46 98 51, E-Mail: zill.alexander@web.de

**Zirath**, Walter, Giselaweg 7, 22335 Hamburg, Tel. (0 40) 50 64 49, Fax (0 40) 50 63 87, E-Mail: BriefmarkenZirath@web.de

# Anschriften der öffentlich bestellten und vereidigten Sachverständigen im BPP (Stand 20.7.2025)

Die mit unterstrichenem Nachnamen aufgeführten öffentlich bestellten und vereidigten Sachverständigen sind auch als BPP-Prüfer tätig.

**12207 Berlin**

**Jäschke-Lantelme**, Michael, Ahlener Weg 13c, 12207 Berlin, Tel. (0 30) 75 51 90 16, Fax (0 30) 75 51 90 18, E-Mail: info@jaeschke-lantelme.com

**22459 Hamburg**

**Buhr,** Carl, Gandersheimer Weg 2, 22459 Hamburg, Tel. (0 40) 5 51 14 84, Fax (0 40) 5 55 33 87, E-Mail: carl.buhr@gmx.de

**50735 Köln**

**Binder,** Gerhard, Niehler Str. 336, 50735 Köln, Tel. (02 21) 25 91 25 31, E-Mail: infla@gmx.net (keine Sachverständigentätigkeit bis März 2025)

**63110 Rodgau**

**Hamilton-Bowen,** Roy, Eisenbahnstr. 8, 63110 Rodgau, Tel. (0 61 06) 30 23, Fax (0 61 06) 30 24, E-Mail: roy.hb@online.de

**65375 Oestrich-Winkel**

**Rott,** Klaus Peter, Schwarzgasse 4, 65375 Oestrich-Winkel, Tel. und Fax (0 67 23) 17 53, E-Mail: klaus-rott@gmx.de

**71254 Ditzingen**

**Fuchs,** Wilfried, Boelckestr. 15, 71254 Ditzingen, Tel. (07 11) 29 09 68, E-Mail: rauss-fuchs@t-online.de

**96163 Gundelsheim**

**Sem**, Peter, Kellerstr. 3, 96163 Gundelsheim, Tel. (09 51) 4 26 20, Fax (09 51) 4 30 48, E-Mail: peter@peter-sem.de

# Inhalts- und Stichwortverzeichnis

## L



## M

## N



## O



## P

## MICHEL-Korrekturvorschlag

Über entdeckte Fehler können Sie uns mit Hilfe dieses MICHEL-Korrekturvorschlags informieren. Bitte verwenden Sie für Ihre Fehlermitteilungen ausschließlich die Seite MICHEL-Korrekturvorschlag.

Anders eingehende Vorschläge können leider nicht berücksichtigt werden. Eine gesonderte Eingangsbestätigung oder Antwort erhalten Sie nur in besonderen Fällen oder bei erforderlichen Rückfragen. Bitte teilen Sie uns hierfür Ihre Anschrift und auch Ihre E-Mail-Adresse, Fax- und Telefonnummer mit. Vielen Dank für Ihre Mühe.

Korrekturen im MICHEL-Online erfolgen u.U. erst mit der nächsten Printausgabe des entsprechenden Sammelgebiets.

Ich habe folgenden Korrekturvorschlag für die nächste Ausgabe des MICHEL für
(bitte geben Sie den genauen Buchtitel mit Jahreszahl an)

______________________________________________

Sammelgebiet ______________________________________________

Untergebiet ______________________________________________

Seite ______________________________________________

Einzelmarke MiNr. __________ Satz MiNr. __________ bis MiNr. __________

Mein Korrekturvorschlag bezieht sich auf

das Ausgabedatum ______________________________________________

die Abbildung ______________________________________________

den Ausgabeanlass ______________________________________________

das Wasserzeichen ______________________________________________

die Farbangabe ______________________________________________

die Zähnung ______________________________________________

die Papiersorte ______________________________________________

das Druckverfahren ______________________________________________

die Gummierung ______________________________________________

anderes und zwar ______________________________________________

Meine Kontaktdaten

______________________________________________
Vorname Name

______________________________________________
Straße, Hausnummer

______________________________________________
PLZ, Ort Land

______________________________________________
E-Mail-Adresse Telefon

Wir bedanken uns vielmals für Ihren Korrekturvorschlag und Ihre Mühe und wünschen Ihnen weiterhin viel Spaß mit Ihrem wundervollen Hobby

Ihre MICHEL-Redaktion

Bitte schicken Sie Ihren Korrekturvorschlag an:

Schwaneberger Verlag, Industriestraße 1, 82110 Germering
Fax: +49 89 32393 248
E-Mail: korrektur@michel.de

# Notizen

# Händlerverzeichnis

| | Ladengeschäft | Versandgeschäft | Auktionen | Benelux | Frankreich | Griechenland | Großbritannien/Irland | Italien | Jugoslawien u. Nachfolgest. | Österreich | Russland/Sowjetunion | Schweiz/Liechtenstein | Skandinavien/Baltikum | Spanien/Portugal | Türkei | UNO | weitere Informationen |
|---|---|---|---|---|---|---|---|---|---|---|---|---|---|---|---|---|---|
| **01127 Dresden,** Dresdner Briefmarken-Auktion, Oschatzer Str. 32, Tel. 0351/8 48 93 67 **info@dresdner-briefmarkenauktion.de** **www.dresdner-briefmarkenauktion.de** | | | ● | | | | | | | | | | | | | | |
| **10719 Berlin,** Briefmarkenfachgeschäft, Andreas Schlegel GmbH, Kurfürstendamm 200, Tel. 030/88 55 09 35 **info@briefmarken-schlegel.de** **www.briefmarken-schlegel.de** | ● | ● | ● | | | | | | | | | | | | | | |
| **21502 Geesthacht,** Leuchtturm Gruppe GmbH & Co. KG, Am Spakenberg 45, Tel. 04152/801-200 **info@leuchtturm.com** **www.leuchtturm.com** | | ● | | | | | | | | | | | | | | | **For the collector in you** |
| **22967 Tremsbüttel,** Ralf Krenz, Wiesengrund 1, Tel. 04531/12 70 14 **buero@stamp.de** **www.bribest.de** | | ● | | ● | ● | ● | ● | ● | ● | ● | ● | ● | ● | ● | ● | ● | **www.bribest.de** |
| **23611 Sereetz,** Lutz Grözinger, Sereetzer Tannen 24, Tel. 0451/39 19 10 **lutz.groezinger@web.de** **www.briefmarken-groezinger.de** | | ● | | ● | ● | | ● | ● | | ● | ● | ● | ● | | | ● | **Ankauf Briefmarken Preisliste gratis Belege Website** |
| **24214 Lindhöft,** Nordphila E.K., Eichenweg 2, Tel. 04346/36 69 00 **info@nordphila.de** **www.nordphila.de** | | ● | ● | | | | | | | | | | | | | | **Über 10 000 Artikel im Online-Shop www.stamps123.com** |
| **28307 Bremen,** Holger Tietz, Osterholzer Dorfstr. 77A, Tel. 0421/45 60 00 **info@briefmarken-tietz.de** **www.briefmarken-tietz.de** | | ● | | ● | ● | ● | ● | ● | ● | ● | ● | ● | ● | ● | ● | ● | **Preislisten gratis Motive + Übersee Deutschland** |
| **31135 Hildesheim,** Veuskens, Auktions- und Handelshaus, Max-Planck-Str. 10, Tel. 05121/99 90 09-0 **info@veuskens.de** **www.veuskens.de** | | ● | ● | ● | ● | ● | ● | ● | ● | ● | ● | ● | ● | ● | ● | ● | **Großes Webshop-Angebot zu Festpreisen. 4 Auktionen jährlich** |
| **37130 Gleichen,** Dr. Rohde + Kornatz GbR, Am Bahnhof 7, Tel. 05508/9 79 79 87 **info@briefmarken-muenzen-shop.de** **www.briefmarken-muenzen-shop.de** | ● | ● | | ● | ● | ● | ● | ● | ● | ● | ● | ● | ● | ● | ● | ● | **Ankauf Briefmarken Münzen, Schätzung Gratis-Preislisten** |
| **41564 Kaarst,** Aix-Phila-Shop, Friedensstr. 10, Tel. 02131/3 68 71 30 **jopke@aol.com** **www.aixphilashop.de** | ● | ● | ● | ● | ● | | | | ● | ● | ● | ● | | | | ● | |
| **42489 Wülfrath,** Briefmarkenversand Dirk Wingen, Magdeburger Str. 14, Tel. 02058/7 15 42 **dirk.wingen@t-online.de** **www.wingen-briefmarken.de** | | ● | | ● | ● | ● | ● | ● | ● | ● | ● | ● | ● | ● | ● | ● | **Fehllisten-Bearbeitung auch von Übersee, nur **** |
| **45481 Mülheim a. d. Ruhr,** Peter Briefs, Solinger Str. 12, Tel. 0208/89 86 13 **philapeter@aol.com** **www.briefs-briefmarken.de** | | ● | | ● | ● | ● | ● | ● | ● | ● | ● | ● | ● | ● | ● | ● | **Ankauf von Sammlungen und Nachlässen** |
| **47799 Krefeld,** Thomas von Loeper, Albrechtplatz 16, Tel. 02151/4 46 15 66 Postfach 102337, 47723 Krefeld **thvl@gmx.de** | | ● | | ● | ● | ● | ● | | | ● | | | ● | ● | | | **ATM-Automatenmarken der ganzen Welt. Preislisten, Fehllisten, Neuheiten-Abos** |
| **47906 Kempen,** Philahandel GmbH, Vorster Str. 9, Tel. 02152/5 30 85 **info@philahandel.de** **www.philahandel.de** | ● | ● | | | | | | | | ● | | | ● | | | ● | **Erledigung Ihrer Fehlliste, Spezial: UNO** |
| **50354 Hürth,** Laribum Leusch & Schulz GbR, Bachstr. 56–58, Tel. 02233/9 79 95 50 **info@laribum.de** | ● | ● | | ● | ● | ● | ● | ● | ● | ● | ● | ● | ● | ● | ● | | **www.laribum.de** |